中国人口普查
CHINA POPULATION CENSUS

2020

浙江省人口普查年鉴

(第3册)

ZHEJIANG POPULATION CENSUS YEARBOOK 2020

(BOOK 3)

浙　江　省　统　计　局
浙江省人民政府第七次人口普查领导小组办公室　编

Compiled by
Zhejiang Provincial Bureau of Statistics
Office of the Leading Group of Zhejiang Province for the Seventh National Population Census

中国统计出版社
China Statistics Press

图书在版编目（CIP）数据

浙江省人口普查年鉴. 2020. 第 3 册 / 浙江省统计局, 浙江省人民政府第七次人口普查领导小组办公室编. -- 北京 : 中国统计出版社, 2022.8
ISBN 978-7-5037-9858-0

Ⅰ. ①浙… Ⅱ. ①浙… ②浙… Ⅲ. ①人口普查－统计资料－浙江－2020－年鉴 Ⅳ. ①C924.255.5-54

中国版本图书馆 CIP 数据核字(2022)第 124133 号

浙江省人口普查年鉴-2020（第 3 册）
Zhejiang Population Census Yearbook 2020 (Book 3)

作　　者/浙江省统计局　浙江省人民政府第七次人口普查领导小组办公室
责任编辑/熊丹书
封面设计/李雪燕
出版发行/中国统计出版社有限公司
通信地址/北京市丰台区西三环南路甲 6 号　邮政编码/100073
发行电话/邮购（010）63376909　书店（010）68783171
网　　址/http://www.zgtjcbs.com/
印　　刷/河北鑫兆源印刷有限公司
经　　销/新华书店
开　　本/880mm×1230mm　1/16
字　　数/1388 千字
印　　张/43.75
版　　别/2022 年 8 月第 1 版
版　　次/2022 年 8 月第 1 次印刷
定　　价/980.00 元（全四册附光盘）

目　　录

第 3 册

第二部分　长表数据资料（续）

第二部分　长表数据资料

第四卷　就业

4-1　各地区分性别、年龄的就业人口

单位：人

地　区 性　别	合计	16-19岁	20-24岁	25-29岁	30-34岁	35-39岁	40-44岁
合计	**3642236**	**48572**	**251886**	**425229**	**563500**	**461207**	**435378**
杭州市	**683289**	**7068**	**58288**	**100729**	**123498**	**91818**	**77696**
上城区	14358	158	1193	1975	2507	2284	1830
下城区	22898	203	2154	3509	4093	3567	2935
江干区	85689	1147	9771	15220	17902	12771	9467
拱墅区	32246	234	3109	5477	6413	5291	3824
西湖区	58130	517	6182	10537	10448	9109	6994
滨江区	28823	322	3837	6884	5797	3932	2708
萧山区	141699	1706	12164	20138	24619	16766	15606
余杭区	158794	1772	13094	24159	32902	22670	18115
富阳区	45761	355	2643	4979	6561	5695	5845
临安区	34048	248	1580	3072	4669	3901	3850
桐庐县	24067	264	1353	2334	3574	2711	2683
淳安县	16444	40	428	913	1488	1156	1726
建德市	20332	102	780	1532	2525	1965	2113
宁波市	**573896**	**8726**	**40907**	**66902**	**90833**	**75777**	**69733**
海曙区	59049	689	4212	7383	9731	8393	7684
江北区	26891	300	1849	3297	4775	4308	3469
北仑区	56047	991	4611	7602	10509	8051	6737
镇海区	33830	442	2273	4183	5844	4574	4204
鄞州区	94622	1146	7670	12503	16619	14108	12051
奉化区	34028	412	1934	3027	4251	3820	3930
象山县	29532	240	1172	2274	3610	3818	3577
宁海县	37933	462	2031	3382	4916	4643	4817
余姚市	76375	1373	5501	8641	11463	9054	8932
慈溪市	125589	2671	9654	14610	19115	15008	14332
温州市	**495699**	**6957**	**30265**	**56486**	**73522**	**69040**	**67448**
鹿城区	64297	1120	4778	8197	11334	10585	9359
龙湾区	45697	908	3816	5742	7133	6311	5856
瓯海区	54350	830	3732	6936	9270	8101	7654
洞头区	7085	62	324	675	920	848	836
永嘉县	36394	426	2205	4053	5073	4985	5028
平阳县	41922	365	1857	4355	5402	5340	5789
苍南县	40241	202	1676	4257	4520	5120	5591
文成县	8242	78	332	661	910	1036	1170
泰顺县	7114	40	293	631	762	839	904
瑞安市	79508	1171	4624	8591	11975	10836	10936
乐清市	86951	1515	5352	9617	13023	11760	10950
龙港市	23898	240	1276	2771	3200	3279	3375
嘉兴市	**350358**	**4903**	**24897**	**42676**	**58837**	**42126**	**37907**
南湖区	49051	758	4001	6635	8818	6375	5129
秀洲区	44855	844	3529	5629	7738	5589	4776
嘉善县	41647	650	3348	5347	6972	4932	4424
海盐县	28379	265	1557	3004	4036	3050	2867
海宁市	75570	927	4952	8872	13187	9622	9023
平湖市	44401	479	2846	5167	7368	4842	4343
桐乡市	66455	980	4664	8022	10718	7716	7345
湖州市	**196479**	**2243**	**12055**	**22547**	**31998**	**22860**	**21354**
吴兴区	64484	983	4592	8757	13175	8583	7086
南浔区	30338	276	1569	2927	4106	2975	3233
德清县	33002	327	1885	3395	4941	3714	3375
长兴县	37568	325	2138	4008	5110	3982	4240
安吉县	31087	332	1871	3460	4666	3606	3420

4-1 续表 1

单位：人

地区 性别	合计	16-19岁	20-24岁	25-29岁	30-34岁	35-39岁	40-44岁
绍兴市	**294152**	**3219**	**17311**	**30328**	**41047**	**32567**	**34843**
越城区	52403	500	3200	6113	8494	6718	6455
柯桥区	75959	1083	5271	9212	11913	8495	8705
上虞区	47455	447	2550	4770	6237	4640	5478
新昌县	21853	97	755	1391	2264	2629	2736
诸暨市	64203	895	4188	6360	8723	6817	7285
嵊州市	32279	197	1347	2482	3416	3268	4184
金华市	**404678**	**8414**	**33025**	**49336**	**63423**	**51708**	**50176**
婺城区	47404	620	3350	5204	6732	6180	6600
金东区	30560	658	2367	3398	4555	3816	3889
武义县	27990	535	2068	2943	3942	3219	3395
浦江县	25396	400	1563	2806	3362	3212	3354
磐安县	8918	70	364	613	757	810	1111
兰溪市	29430	185	1134	1998	2758	2676	3494
义乌市	123564	3332	13263	19447	23958	17303	13900
东阳市	58322	1115	4012	6797	9053	7645	7471
永康市	53094	1499	4904	6130	8306	6847	6962
衢州市	**108797**	**758**	**4626**	**8258**	**10828**	**11177**	**12619**
柯城区	25957	219	1556	2705	3370	3496	3378
衢江区	17734	141	782	1361	1623	1697	1833
常山县	12799	79	386	726	1136	1189	1454
开化县	10143	54	319	636	896	969	1273
龙游县	18002	118	720	1183	1755	1760	2104
江山市	24162	147	863	1647	2048	2066	2577
舟山市	**64854**	**492**	**2852**	**5449**	**9031**	**8231**	**7584**
定海区	25409	194	1223	2291	3853	3536	3094
普陀区	21057	194	888	1740	2632	2693	2500
岱山县	14867	93	652	1166	2193	1624	1621
嵊泗县	3521	11	89	252	353	378	369
台州市	**362610**	**4862**	**22145**	**34054**	**48469**	**44399**	**42607**
椒江区	49741	768	3842	5558	7554	6719	5802
黄岩区	35704	495	2377	3557	4902	4423	4148
路桥区	38213	628	2600	3870	5314	4728	4645
三门县	16522	84	662	1126	1809	2046	1941
天台县	18015	168	1083	1644	2261	2209	2316
仙居县	16345	175	951	1615	1647	1495	1634
温岭市	89179	1432	5347	8372	13055	10787	10304
临海市	56448	581	3121	4572	6032	6421	6210
玉环市	42443	531	2162	3740	5895	5571	5607
丽水市	**107424**	**930**	**5515**	**8464**	**12014**	**11504**	**13411**
莲都区	28401	343	1983	2846	3987	3558	3402
青田县	14566	171	829	1493	1848	1807	1883
缙云县	17478	156	823	1204	1732	1812	2323
遂昌县	8498	44	307	503	771	795	983
松阳县	11047	62	395	644	1058	877	1209
云和县	6575	42	291	493	729	725	909
庆元县	6074	23	198	371	496	580	816
景宁畲族自治县	4977	21	183	254	411	434	602
龙泉市	9808	68	506	656	982	916	1284
男	**2188814**	**31324**	**148060**	**247095**	**324437**	**263672**	**245419**
杭州市	**409756**	**4613**	**32812**	**56915**	**70120**	**52065**	**44142**
上城区	7903	106	604	974	1227	1140	943
下城区	12496	122	1084	1699	2077	1788	1497
江干区	49926	754	5127	8139	10041	7229	5512
拱墅区	18221	149	1534	2830	3387	2823	2136

4-1 续表 2

单位：人

地区 性别	合计	16-19岁	20-24岁	25-29岁	30-34岁	35-39岁	40-44岁
西湖区	33594	335	3304	5991	5763	4841	3902
滨江区	16659	195	2078	3864	3217	2187	1563
萧山区	87639	1162	7285	11944	14587	9942	8953
余杭区	97390	1149	7691	13948	19051	13460	10636
富阳区	28650	236	1619	2968	3805	3223	3346
临安区	21197	165	984	1849	2714	2275	2195
桐庐县	14408	154	829	1340	2044	1499	1474
淳安县	9249	25	218	466	749	574	862
建德市	12424	61	455	903	1458	1084	1123
宁波市	**342308**	**5726**	**24639**	**39064**	**51598**	**42346**	**38487**
海曙区	34532	410	2302	4178	5338	4577	4158
江北区	16310	199	1129	1891	2735	2352	1975
北仑区	34875	657	2977	4685	6250	4735	3902
镇海区	20857	302	1463	2513	3371	2637	2386
鄞州区	54779	748	4246	6837	8986	7555	6497
奉化区	20470	287	1191	1763	2422	2095	2207
象山县	17674	145	672	1298	2053	2117	2003
宁海县	22158	312	1191	1976	2757	2575	2573
余姚市	45080	881	3370	5114	6489	5011	4855
慈溪市	75573	1785	6098	8809	11197	8692	7931
温州市	**305170**	**4409**	**18444**	**34132**	**44185**	**40946**	**39364**
鹿城区	37878	666	2723	4606	6540	6000	5311
龙湾区	29308	616	2514	3689	4425	3908	3538
瓯海区	34281	509	2278	4203	5639	4977	4652
洞头区	4580	50	209	437	605	525	504
永嘉县	23435	271	1347	2452	3137	3130	3089
平阳县	25815	239	1141	2640	3285	3149	3333
苍南县	24598	125	1030	2516	2744	2988	3243
文成县	5339	49	187	382	542	645	718
泰顺县	4772	15	176	383	487	533	586
瑞安市	48670	757	2770	5220	7042	6382	6317
乐清市	51561	945	3252	5848	7724	6737	6102
龙港市	14933	167	817	1756	2015	1972	1971
嘉兴市	**206303**	**3188**	**15012**	**24649**	**33196**	**23636**	**20787**
南湖区	29020	526	2353	3747	4925	3506	2774
秀洲区	26170	512	2160	3194	4349	3059	2615
嘉善县	25448	458	2137	3314	4064	2921	2529
海盐县	16703	175	947	1785	2222	1702	1597
海宁市	44772	600	2951	5078	7565	5485	5064
平湖市	26075	325	1733	3005	4215	2676	2360
桐乡市	38115	592	2731	4526	5856	4287	3848
湖州市	**119090**	**1495**	**7208**	**12821**	**18121**	**12999**	**11806**
吴兴区	37979	638	2746	4854	7322	4840	3888
南浔区	18695	182	975	1760	2406	1743	1801
德清县	20225	238	1139	1933	2827	2125	1872
长兴县	22980	227	1242	2274	2939	2185	2310
安吉县	19211	210	1106	2000	2627	2106	1935
绍兴市	**174869**	**2067**	**10149**	**17418**	**23366**	**18118**	**19023**
越城区	30776	337	1832	3410	4645	3601	3428
柯桥区	45969	708	3252	5501	7023	4997	4910
上虞区	27952	306	1472	2705	3577	2558	2953
新昌县	12659	58	432	802	1234	1398	1449
诸暨市	37881	543	2383	3589	4876	3734	3951
嵊州市	19632	115	778	1411	2011	1830	2332

4-1 续表 3

单位：人

地区 性别	合计	16-19岁	20-24岁	25-29岁	30-34岁	35-39岁	40-44岁
金华市	**240428**	**5241**	**19301**	**29007**	**36826**	**30039**	**28511**
婺城区	28009	402	1894	2971	3819	3411	3692
金东区	18645	429	1484	2101	2718	2264	2234
武义县	16796	341	1291	1780	2263	1875	1964
浦江县	14764	234	865	1631	1917	1840	1822
磐安县	5323	52	211	359	429	458	595
兰溪市	17371	118	641	1156	1570	1458	1907
义乌市	72901	1988	7516	11326	13935	10261	7989
东阳市	34037	711	2282	3869	5139	4296	4244
永康市	32582	966	3117	3814	5036	4176	4064
衢州市	**65943**	**472**	**2497**	**4645**	**5993**	**6222**	**6821**
柯城区	15440	138	781	1492	1815	1890	1812
衢江区	11372	101	461	826	952	1019	1044
常山县	7710	49	209	410	614	668	781
开化县	6267	36	166	338	487	538	673
龙游县	11032	62	406	657	997	990	1146
江山市	14122	86	474	922	1128	1117	1365
舟山市	**43797**	**339**	**1835**	**3526**	**5824**	**5232**	**4745**
定海区	15997	129	744	1368	2170	2027	1799
普陀区	13610	136	535	1067	1606	1633	1459
岱山县	11842	69	506	941	1833	1344	1254
嵊泗县	2348	5	50	150	215	228	233
台州市	**215843**	**3169**	**13129**	**20057**	**28350**	**25451**	**24013**
椒江区	29151	518	2208	3164	4202	3712	3220
黄岩区	21648	320	1449	2168	2928	2622	2345
路桥区	22967	429	1589	2333	3172	2697	2654
三门县	10656	59	416	694	1119	1229	1151
天台县	10855	103	618	926	1312	1266	1308
仙居县	9836	104	515	928	959	834	899
温岭市	51814	902	3166	4931	7688	6276	5719
临海市	33484	365	1832	2647	3492	3653	3534
玉环市	25432	369	1336	2266	3478	3162	3183
丽水市	**65307**	**605**	**3034**	**4861**	**6858**	**6618**	**7720**
莲都区	17158	217	1088	1667	2302	1991	1974
青田县	8821	108	471	841	1064	1041	1054
缙云县	10830	110	451	714	1032	1084	1368
遂昌县	5229	31	177	287	426	444	555
松阳县	6406	44	212	355	595	496	679
云和县	3987	21	162	286	418	426	524
庆元县	3705	15	109	194	280	344	472
景宁畲族自治县	2990	17	93	127	201	235	356
龙泉市	6181	42	271	390	540	557	738
女	**1453422**	**17248**	**103826**	**178134**	**239063**	**197535**	**189959**
杭州市	**273533**	**2455**	**25476**	**43814**	**53378**	**39753**	**33554**
上城区	6455	52	589	1001	1280	1144	887
下城区	10402	81	1070	1810	2016	1779	1438
江干区	35763	393	4644	7081	7861	5542	3955
拱墅区	14025	85	1575	2647	3026	2468	1688
西湖区	24536	182	2878	4546	4685	4268	3092
滨江区	12164	127	1759	3020	2580	1745	1145
萧山区	54060	544	4879	8194	10032	6824	6653
余杭区	61404	623	5403	10211	13851	9210	7479
富阳区	17111	119	1024	2011	2756	2472	2499
临安区	12851	83	596	1223	1955	1626	1655
桐庐县	9659	110	524	994	1530	1212	1209
淳安县	7195	15	210	447	739	582	864
建德市	7908	41	325	629	1067	881	990

4-1　续表 4　　　　　　　　　　　　　　　　　　　　　　　单位：人

地区 性别	合计	16-19岁	20-24岁	25-29岁	30-34岁	35-39岁	40-44岁
宁波市	**231588**	**3000**	**16268**	**27838**	**39235**	**33431**	**31246**
海曙区	24517	279	1910	3205	4393	3816	3526
江北区	10581	101	720	1406	2040	1956	1494
北仑区	21172	334	1634	2917	4259	3316	2835
镇海区	12973	140	810	1670	2473	1937	1818
鄞州区	39843	398	3424	5666	7633	6553	5554
奉化区	13558	125	743	1264	1829	1725	1723
象山县	11858	95	500	976	1557	1701	1574
宁海县	15775	150	840	1406	2159	2068	2244
余姚市	31295	492	2131	3527	4974	4043	4077
慈溪市	50016	886	3556	5801	7918	6316	6401
温州市	**190529**	**2548**	**11821**	**22354**	**29337**	**28094**	**28084**
鹿城区	26419	454	2055	3591	4794	4585	4048
龙湾区	16389	292	1302	2053	2708	2403	2318
瓯海区	20069	321	1454	2733	3631	3124	3002
洞头区	2505	12	115	238	315	323	332
永嘉县	12959	155	858	1601	1936	1855	1939
平阳县	16107	126	716	1715	2117	2191	2456
苍南县	15643	77	646	1741	1776	2132	2348
文成县	2903	29	145	279	368	391	452
泰顺县	2342	25	117	248	275	306	318
瑞安市	30838	414	1854	3371	4933	4454	4619
乐清市	35390	570	2100	3769	5299	5023	4848
龙港市	8965	73	459	1015	1185	1307	1404
嘉兴市	**144055**	**1715**	**9885**	**18027**	**25641**	**18490**	**17120**
南湖区	20031	232	1648	2888	3893	2869	2355
秀洲区	18685	332	1369	2435	3389	2530	2161
嘉善县	16199	192	1211	2033	2908	2011	1895
海盐县	11676	90	610	1219	1814	1348	1270
海宁市	30798	327	2001	3794	5622	4137	3959
平湖市	18326	154	1113	2162	3153	2166	1983
桐乡市	28340	388	1933	3496	4862	3429	3497
湖州市	**77389**	**748**	**4847**	**9726**	**13877**	**9861**	**9548**
吴兴区	26505	345	1846	3903	5853	3743	3198
南浔区	11643	94	594	1167	1700	1232	1432
德清县	12777	89	746	1462	2114	1589	1503
长兴县	14588	98	896	1734	2171	1797	1930
安吉县	11876	122	765	1460	2039	1500	1485
绍兴市	**119283**	**1152**	**7162**	**12910**	**17681**	**14449**	**15820**
越城区	21627	163	1368	2703	3849	3117	3027
柯桥区	29990	375	2019	3711	4890	3498	3795
上虞区	19503	141	1078	2065	2660	2082	2525
新昌县	9194	39	323	589	1030	1231	1287
诸暨市	26322	352	1805	2771	3847	3083	3334
嵊州市	12647	82	569	1071	1405	1438	1852
金华市	**164250**	**3173**	**13724**	**20329**	**26597**	**21669**	**21665**
婺城区	19395	218	1456	2233	2913	2769	2908
金东区	11915	229	883	1297	1837	1552	1655
武义县	11194	194	777	1163	1679	1344	1431
浦江县	10632	166	698	1175	1445	1372	1532
磐安县	3595	18	153	254	328	352	516
兰溪市	12059	67	493	842	1188	1218	1587
义乌市	50663	1344	5747	8121	10023	7042	5911
东阳市	24285	404	1730	2928	3914	3349	3227
永康市	20512	533	1787	2316	3270	2671	2898

4-1 续表 5 单位：人

地区 性别	合计	16-19岁	20-24岁	25-29岁	30-34岁	35-39岁	40-44岁
衢州市	**42854**	**286**	**2129**	**3613**	**4835**	**4955**	**5798**
柯城区	10517	81	775	1213	1555	1606	1566
衢江区	6362	40	321	535	671	678	789
常山县	5089	30	177	316	522	521	673
开化县	3876	18	153	298	409	431	600
龙游县	6970	56	314	526	758	770	958
江山市	10040	61	389	725	920	949	1212
舟山市	**21057**	**153**	**1017**	**1923**	**3207**	**2999**	**2839**
定海区	9412	65	479	923	1683	1509	1295
普陀区	7447	58	353	673	1026	1060	1041
岱山县	3025	24	146	225	360	280	367
嵊泗县	1173	6	39	102	138	150	136
台州市	**146767**	**1693**	**9016**	**13997**	**20119**	**18948**	**18594**
椒江区	20590	250	1634	2394	3352	3007	2582
黄岩区	14056	175	928	1389	1974	1801	1803
路桥区	15246	199	1011	1537	2142	2031	1991
三门县	5866	25	246	432	690	817	790
天台县	7160	65	465	718	949	943	1008
仙居县	6509	71	436	687	688	661	735
温岭市	37365	530	2181	3441	5367	4511	4585
临海市	22964	216	1289	1925	2540	2768	2676
玉环市	17011	162	826	1474	2417	2409	2424
丽水市	**42117**	**325**	**2481**	**3603**	**5156**	**4886**	**5691**
莲都区	11243	126	895	1179	1685	1567	1428
青田县	5745	63	358	652	784	766	829
缙云县	6648	46	372	490	700	728	955
遂昌县	3269	13	130	216	345	351	428
松阳县	4641	18	183	289	463	381	530
云和县	2588	21	129	207	311	299	385
庆元县	2369	8	89	177	216	236	344
景宁畲族自治县	1987	4	90	127	210	199	246
龙泉市	3627	26	235	266	442	359	546

4-1 续表 6

单位：人

地区 性别	45-49岁	50-54岁	55-59岁	60-64岁	65-69岁	70-74岁	75岁及以上
合计	**491959**	**428745**	**282527**	**120739**	**81919**	**35149**	**15426**
杭州市	**81884**	**66998**	**45455**	**15386**	**9273**	**3673**	**1523**
上城区	1762	1371	1074	130	54	14	6
下城区	2785	1905	1435	204	84	20	4
江干区	8599	6138	3734	640	248	39	13
拱墅区	3475	2474	1645	204	79	15	6
西湖区	6088	4427	2897	582	258	75	16
滨江区	2167	1686	1064	258	128	25	15
萧山区	18539	15482	9857	3621	2051	845	305
余杭区	19326	14286	8385	2495	1185	326	79
富阳区	6781	5899	4092	1515	956	313	127
临安区	4707	4728	3723	1814	1149	436	171
桐庐县	3177	3054	2480	1105	833	371	128
淳安县	1996	2407	2359	1518	1298	703	412
建德市	2482	3141	2710	1300	950	491	241
宁波市	**80349**	**68649**	**41900**	**16188**	**9167**	**3557**	**1208**
海曙区	8296	6686	4030	1154	568	177	46
江北区	3683	2899	1690	366	190	48	17
北仑区	7111	5527	3157	1006	539	173	33
镇海区	4869	4049	2340	633	302	91	26
鄞州区	12669	9754	5714	1440	676	206	66
奉化区	4872	4910	3462	1626	1103	513	168
象山县	4247	4183	2990	1690	1067	482	182
宁海县	5547	5076	3348	1803	1125	531	252
余姚市	11071	9645	6005	2569	1427	507	187
慈溪市	17984	15920	9164	3901	2170	829	231
温州市	**70958**	**55262**	**34332**	**15188**	**9864**	**4145**	**2232**
鹿城区	8843	5662	3206	757	331	100	25
龙湾区	6866	5119	2690	786	356	85	29
瓯海区	7868	5466	2887	958	451	152	45
洞头区	1020	1000	739	361	196	79	25
永嘉县	5187	4030	2695	1293	838	366	215
平阳县	6130	5187	3644	1782	1267	533	271
苍南县	5738	4888	3467	2048	1534	742	458
文成县	1114	1006	815	452	372	188	108
泰顺县	1079	985	678	383	291	151	78
瑞安市	11975	9346	5582	2342	1413	496	221
乐清市	11826	9761	6095	3135	2245	1033	639
龙港市	3312	2812	1834	891	570	220	118
嘉兴市	**45606**	**40551**	**27721**	**11530**	**8940**	**3513**	**1151**
南湖区	5900	5385	3723	1148	759	314	106
秀洲区	5788	5036	3300	1265	927	334	100
嘉善县	5370	4827	3220	1113	952	367	125
海盐县	3841	3895	2885	1339	1076	448	116
海宁市	10096	7838	5567	2601	1950	726	209
平湖市	5756	5881	3999	1706	1348	511	155
桐乡市	8855	7689	5027	2358	1928	813	340
湖州市	**26012**	**25166**	**17555**	**7198**	**5103**	**1772**	**616**
吴兴区	7394	6696	4481	1446	896	290	105
南浔区	4125	4347	3187	1574	1387	490	142
德清县	4684	4515	3257	1502	950	319	138
长兴县	5443	5281	3764	1550	1117	430	180
安吉县	4366	4327	2866	1126	753	243	51

4－1　续表 7　　　　单位：人

地　区 性　别	45－49岁	50－54岁	55－59岁	60－64岁	65－69岁	70－74岁	75岁及以　上
绍兴市	**41563**	**38566**	**26849**	**12526**	**9261**	**4258**	**1814**
越城区	7543	6616	4124	1320	869	339	112
柯桥区	10658	9808	5976	2242	1583	694	319
上虞区	6623	6355	4635	2546	1879	934	361
新昌县	3013	2931	2443	1430	1107	639	418
诸暨市	8915	8518	6146	2899	2195	904	358
嵊州市	4811	4338	3525	2089	1628	748	246
金华市	**51543**	**44250**	**27917**	**11350**	**8306**	**3725**	**1505**
婺城区	6618	5536	3662	1337	1040	419	106
金东区	3946	3375	2316	1030	765	333	112
武义县	3721	3552	2301	1061	747	342	164
浦江县	3359	3260	2111	847	683	306	133
磐安县	1420	1401	1051	563	439	215	104
兰溪市	4000	4527	3687	1919	1676	937	439
义乌市	13485	10333	5496	1709	968	286	84
东阳市	8006	6644	4041	1639	1132	549	218
永康市	6988	5622	3252	1245	856	338	145
衢州市	**16182**	**15928**	**12028**	**6767**	**5488**	**2837**	**1301**
柯城区	3979	3315	2233	851	522	224	109
衢江区	2467	2669	2030	1315	1035	537	244
常山县	1843	1803	1490	991	922	504	276
开化县	1498	1517	1314	772	570	240	85
龙游县	2701	2875	2123	1079	903	497	184
江山市	3694	3749	2838	1759	1536	835	403
舟山市	**9833**	**9559**	**6664**	**2956**	**1566**	**489**	**148**
定海区	3840	3338	2380	931	522	163	44
普陀区	3181	3275	2196	1046	548	121	43
岱山县	2269	2338	1592	750	351	162	56
嵊泗县	543	608	496	229	145	43	5
台州市	**51732**	**48393**	**31421**	**16265**	**10486**	**5082**	**2695**
椒江区	6877	6161	3558	1326	918	454	204
黄岩区	5080	4688	3167	1467	873	375	152
路桥区	5691	5176	2943	1272	861	349	136
三门县	2568	2479	1673	1068	636	298	132
天台县	2501	2435	1703	850	516	232	97
仙居县	2387	2423	1864	1011	693	308	142
温岭市	11850	11186	7339	4118	2833	1500	1056
临海市	8197	7950	5678	3529	2281	1235	641
玉环市	6581	5895	3496	1624	875	331	135
丽水市	**16297**	**15423**	**10685**	**5385**	**4465**	**2098**	**1233**
莲都区	3787	3487	2396	1082	864	404	262
青田县	2028	1756	1209	682	493	192	175
缙云县	2580	2466	1743	1036	839	459	305
遂昌县	1371	1370	1000	580	476	202	96
松阳县	1696	1838	1328	759	668	366	147
云和县	1039	1015	738	291	205	69	29
庆元县	1242	1045	619	278	260	105	41
景宁畲族自治县	790	738	565	311	345	187	136
龙泉市	1764	1708	1087	366	315	114	42
男	**279511**	**274285**	**202083**	**83711**	**54990**	**23699**	**10528**
杭州市	**47439**	**45360**	**35335**	**11157**	**6353**	**2439**	**1006**
上城区	942	926	899	94	36	10	2
下城区	1530	1293	1197	138	53	15	3
江干区	5059	4271	3062	502	193	31	6
拱墅区	1922	1789	1421	157	58	12	3

4-1 续表 8

单位：人

地 区 性 别	45-49岁	50-54岁	55-59岁	60-64岁	65-69岁	70-74岁	75岁及 以 上
西湖区	3467	2991	2306	448	187	50	9
滨江区	1259	1150	839	187	92	18	10
萧山区	10889	10297	7561	2688	1522	588	221
余杭区	11422	10062	6846	1969	862	231	63
富阳区	4046	4052	3222	1154	681	219	79
临安区	2739	3106	2735	1255	756	302	122
桐庐县	1732	1931	1756	760	555	237	97
淳安县	1066	1474	1541	916	742	387	229
建德市	1366	2018	1950	889	616	339	162
宁波市	**44725**	**43865**	**30441**	**11418**	**6506**	**2576**	**917**
海曙区	4606	4437	3092	850	415	135	34
江北区	2125	2023	1404	296	127	39	15
北仑区	4111	3795	2442	757	399	138	27
镇海区	2825	2781	1788	486	217	70	18
鄞州区	7116	6522	4447	1099	516	159	51
奉化区	2727	3042	2357	1117	768	368	126
象山县	2373	2583	2024	1146	756	359	145
宁海县	2996	3094	2253	1171	715	367	178
余姚市	5977	5921	4234	1752	992	350	134
慈溪市	9869	9667	6400	2744	1601	591	189
温州市	**41933**	**35428**	**24118**	**10782**	**6813**	**3015**	**1601**
鹿城区	5053	3643	2444	565	224	84	19
龙湾区	4186	3393	2050	618	273	73	25
瓯海区	4911	3638	2196	776	349	117	36
洞头区	610	673	510	247	128	66	16
永嘉县	3286	2746	1937	972	631	281	156
平阳县	3534	3248	2486	1272	880	404	204
苍南县	3410	3102	2271	1352	984	510	323
文成县	710	670	602	319	264	162	89
泰顺县	696	693	512	289	216	124	62
瑞安市	6964	5944	3989	1726	1027	362	170
乐清市	6593	5908	3886	2034	1440	673	419
龙港市	1980	1770	1235	612	397	159	82
嘉兴市	**24880**	**25447**	**19467**	**7693**	**5579**	**2085**	**684**
南湖区	3292	3555	2821	772	507	177	65
秀洲区	3105	3164	2282	867	593	209	61
嘉善县	3009	3074	2280	750	618	224	70
海盐县	2052	2456	1973	857	633	241	63
海宁市	5646	4964	3875	1750	1230	434	130
平湖市	3112	3639	2730	1098	801	286	95
桐乡市	4664	4595	3506	1599	1197	514	200
湖州市	**14549**	**16426**	**13030**	**5307**	**3627**	**1290**	**411**
吴兴区	4046	4283	3325	1094	652	218	73
南浔区	2297	2732	2253	1156	965	337	88
德清县	2605	2978	2454	1076	664	231	83
长兴县	3099	3504	2843	1140	786	304	127
安吉县	2502	2929	2155	841	560	200	40
绍兴市	**22813**	**23996**	**18955**	**8622**	**6262**	**2849**	**1231**
越城区	4121	4353	3173	951	609	236	80
柯桥区	5934	6013	4181	1672	1107	454	217
上虞区	3558	3908	3222	1673	1196	598	226
新昌县	1615	1799	1655	885	679	399	254
诸暨市	4887	5163	4264	2035	1551	637	268
嵊州市	2698	2760	2460	1406	1120	525	186

4-1 续表 9

单位：人

地区 性别	45—49岁	50—54岁	55—59岁	60—64岁	65—69岁	70—74岁	75岁及以上
金华市	**29042**	**27235**	**18736**	**7648**	**5428**	**2404**	**1010**
婺城区	3725	3557	2640	887	665	269	77
金东区	2305	2114	1551	674	494	203	74
武义县	2105	2178	1529	691	458	214	107
浦江县	1881	1916	1361	553	448	207	89
磐安县	793	850	711	367	283	139	76
兰溪市	2142	2751	2409	1252	1062	605	300
义乌市	7627	6314	3714	1263	704	203	61
东阳市	4458	4039	2685	1100	738	340	136
永康市	4006	3516	2136	861	576	224	90
衢州市	**9291**	**10181**	**8499**	**4666**	**3682**	**2004**	**970**
柯城区	2285	2241	1715	649	385	156	81
衢江区	1499	1745	1453	944	725	410	193
常山县	1052	1149	1033	633	573	334	205
开化县	859	1011	942	553	422	168	74
龙游县	1579	1845	1489	737	614	363	147
江山市	2017	2190	1867	1150	963	573	270
舟山市	**6299**	**6912**	**5240**	**2251**	**1129**	**355**	**110**
定海区	2261	2357	1884	708	387	127	36
普陀区	1942	2233	1677	785	407	97	33
岱山县	1770	1882	1292	576	234	103	38
嵊泗县	326	440	387	182	101	28	3
台州市	**28979**	**29538**	**20924**	**10591**	**6698**	**3244**	**1700**
椒江区	3825	3909	2453	895	605	302	138
黄岩区	2822	2886	2162	1005	592	241	108
路桥区	3176	3166	1997	854	555	245	100
三门县	1569	1674	1193	760	455	231	106
天台县	1407	1506	1229	585	364	163	68
仙居县	1371	1514	1208	704	477	218	105
温岭市	6488	6592	4571	2478	1609	839	555
临海市	4662	4759	3685	2203	1449	774	429
玉环市	3659	3532	2426	1107	592	231	91
丽水市	**9561**	**9897**	**7338**	**3576**	**2913**	**1438**	**888**
莲都区	2239	2296	1689	727	537	251	180
青田县	1229	1134	838	448	338	135	120
缙云县	1540	1572	1198	681	566	302	212
遂昌县	801	894	708	373	312	151	70
松阳县	977	1071	799	450	385	234	109
云和县	577	641	500	209	144	56	23
庆元县	708	667	423	192	187	78	36
景宁畲族自治县	439	491	385	206	208	132	100
龙泉市	1051	1131	798	290	236	99	38
女	**212448**	**154460**	**80444**	**37028**	**26929**	**11450**	**4898**
杭州市	**34445**	**21638**	**10120**	**4229**	**2920**	**1234**	**517**
上城区	820	445	175	36	18	4	4
下城区	1255	612	238	66	31	5	1
江干区	3540	1867	672	138	55	8	7
拱墅区	1553	685	224	47	21	3	3
西湖区	2621	1436	591	134	71	25	7
滨江区	908	536	225	71	36	7	5
萧山区	7650	5185	2296	933	529	257	84
余杭区	7904	4224	1539	526	323	95	16
富阳区	2735	1847	870	361	275	94	48
临安区	1968	1622	988	559	393	134	49
桐庐县	1445	1123	724	345	278	134	31
淳安县	930	933	818	602	556	316	183
建德市	1116	1123	760	411	334	152	79

4-1　续表 10　　　　单位：人

地区 性别	45-49岁	50-54岁	55-59岁	60-64岁	65-69岁	70-74岁	75岁及以上
宁波市	**35624**	**24784**	**11459**	**4770**	**2661**	**981**	**291**
海曙区	3690	2249	938	304	153	42	12
江北区	1558	876	286	70	63	9	2
北仑区	3000	1732	715	249	140	35	6
镇海区	2044	1268	552	147	85	21	8
鄞州区	5553	3232	1267	341	160	47	15
奉化区	2145	1868	1105	509	335	145	42
象山县	1874	1600	966	544	311	123	37
宁海县	2551	1982	1095	632	410	164	74
余姚市	5094	3724	1771	817	435	157	53
慈溪市	8115	6253	2764	1157	569	238	42
温州市	**29025**	**19834**	**10214**	**4406**	**3051**	**1130**	**631**
鹿城区	3790	2019	762	192	107	16	6
龙湾区	2680	1726	640	168	83	12	4
瓯海区	2957	1828	691	182	102	35	9
洞头区	410	327	229	114	68	13	9
永嘉县	1901	1284	758	321	207	85	59
平阳县	2596	1939	1158	510	387	129	67
苍南县	2328	1786	1196	696	550	232	135
文成县	404	336	213	133	108	26	19
泰顺县	383	292	166	94	75	27	16
瑞安市	5011	3402	1593	616	386	134	51
乐清市	5233	3853	2209	1101	805	360	220
龙港市	1332	1042	599	279	173	61	36
嘉兴市	**20726**	**15104**	**8254**	**3837**	**3361**	**1428**	**467**
南湖区	2608	1830	902	376	252	137	41
秀洲区	2683	1872	1018	398	334	125	39
嘉善县	2361	1753	940	363	334	143	55
海盐县	1789	1439	912	482	443	207	53
海宁市	4450	2874	1692	851	720	292	79
平湖市	2644	2242	1269	608	547	225	60
桐乡市	4191	3094	1521	759	731	299	140
湖州市	**11463**	**8740**	**4525**	**1891**	**1476**	**482**	**205**
吴兴区	3348	2413	1156	352	244	72	32
南浔区	1828	1615	934	418	422	153	54
德清县	2079	1537	803	426	286	88	55
长兴县	2344	1777	921	410	331	126	53
安吉县	1864	1398	711	285	193	43	11
绍兴市	**18750**	**14570**	**7894**	**3904**	**2999**	**1409**	**583**
越城区	3422	2263	951	369	260	103	32
柯桥区	4724	3795	1795	570	476	240	102
上虞区	3065	2447	1413	873	683	336	135
新昌县	1398	1132	788	545	428	240	164
诸暨市	4028	3355	1882	864	644	267	90
嵊州市	2113	1578	1065	683	508	223	60
金华市	**22501**	**17015**	**9181**	**3702**	**2878**	**1321**	**495**
婺城区	2893	1979	1022	450	375	150	29
金东区	1641	1261	765	356	271	130	38
武义县	1616	1374	772	370	289	128	57
浦江县	1478	1344	750	294	235	99	44
磐安县	627	551	340	196	156	76	28
兰溪市	1858	1776	1278	667	614	332	139
义乌市	5858	4019	1782	446	264	83	23
东阳市	3548	2605	1356	539	394	209	82
永康市	2982	2106	1116	384	280	114	55

4-1 续表 11　　单位：人

地区 性别	45-49岁	50-54岁	55-59岁	60-64岁	65-69岁	70-74岁	75岁及以上
衢州市	**6891**	**5747**	**3529**	**2101**	**1806**	**833**	**331**
柯城区	1694	1074	518	202	137	68	28
衢江区	968	924	577	371	310	127	51
常山县	791	654	457	358	349	170	71
开化县	639	506	372	219	148	72	11
龙游县	1122	1030	634	342	289	134	37
江山市	1677	1559	971	609	573	262	133
舟山市	**3534**	**2647**	**1424**	**705**	**437**	**134**	**38**
定海区	1579	981	496	223	135	36	8
普陀区	1239	1042	519	261	141	24	10
岱山县	499	456	300	174	117	59	18
嵊泗县	217	168	109	47	44	15	2
台州市	**22753**	**18855**	**10497**	**5674**	**3788**	**1838**	**995**
椒江区	3052	2252	1105	431	313	152	66
黄岩区	2258	1802	1005	462	281	134	44
路桥区	2515	2010	946	418	306	104	36
三门县	999	805	480	308	181	67	26
天台县	1094	929	474	265	152	69	29
仙居县	1016	909	656	307	216	90	37
温岭市	5362	4594	2768	1640	1224	661	501
临海市	3535	3191	1993	1326	832	461	212
玉环市	2922	2363	1070	517	283	100	44
丽水市	**6736**	**5526**	**3347**	**1809**	**1552**	**660**	**345**
莲都区	1548	1191	707	355	327	153	82
青田县	799	622	371	234	155	57	55
缙云县	1040	894	545	355	273	157	93
遂昌县	570	476	292	207	164	51	26
松阳县	719	767	529	309	283	132	38
云和县	462	374	238	82	61	13	6
庆元县	534	378	196	86	73	27	5
景宁畲族自治县	351	247	180	105	137	55	36
龙泉市	713	577	289	76	79	15	4

4-1a 各地区分性别、年龄的就业人口(城市)

单位：人

地区 性别	合计	16-19岁	20-24岁	25-29岁	30-34岁	35-39岁	40-44岁
合计	**1912582**	**27918**	**152977**	**257422**	**337467**	**271992**	**241291**
杭州市	**512355**	**5576**	**48926**	**84448**	**100313**	**74195**	**59469**
上城区	14358	158	1193	1975	2507	2284	1830
下城区	22898	203	2154	3509	4093	3567	2935
江干区	85689	1147	9771	15220	17902	12771	9467
拱墅区	32246	234	3109	5477	6413	5291	3824
西湖区	56281	510	6054	10306	10142	8904	6777
滨江区	28823	322	3837	6884	5797	3932	2708
萧山区	104008	1306	9537	16020	19255	12833	11620
余杭区	112420	1206	9882	18501	24857	16813	12845
富阳区	32321	298	2057	3947	5205	4440	4346
临安区	16800	157	1028	1956	3013	2436	2262
桐庐县							
淳安县							
建德市	6511	35	304	653	1129	924	855
宁波市	**328676**	**5037**	**25282**	**41851**	**56881**	**47474**	**41678**
海曙区	50132	576	3714	6456	8620	7461	6646
江北区	21536	222	1479	2709	3988	3741	2824
北仑区	39307	693	3190	5275	7679	6029	4985
镇海区	27176	361	1874	3467	4919	3822	3451
鄞州区	56220	564	4988	8204	10707	9296	7271
奉化区	17022	245	1099	1840	2591	2232	2203
象山县							
宁海县							
余姚市	48193	944	3836	6009	7929	6177	5875
慈溪市	69090	1432	5102	7891	10448	8716	8423
温州市	**265932**	**4305**	**17729**	**32061**	**43361**	**39424**	**37014**
鹿城区	57970	1027	4369	7485	10378	9627	8478
龙湾区	27838	452	2099	3294	4106	3860	3680
瓯海区	45043	690	3149	5860	7854	6773	6307
洞头区	3397	11	134	289	445	428	449
永嘉县							
平阳县							
苍南县							
文成县							
泰顺县							
瑞安市	53879	780	3148	6177	8668	7740	7584
乐清市	55584	1125	3642	6363	8893	7907	7340
龙港市	22221	220	1188	2593	3017	3089	3176
嘉兴市	**138297**	**2070**	**10622**	**18276**	**26153**	**19766**	**17001**
南湖区	37842	609	3255	5350	7274	5395	4192
秀洲区	19762	310	1547	2602	3986	3088	2365
嘉善县							
海盐县							
海宁市	27604	317	1799	3357	4892	3879	3764
平湖市	17843	219	1331	2423	3406	2428	2089
桐乡市	35246	615	2690	4544	6595	4976	4591
湖州市	**39189**	**433**	**2550**	**4878**	**7506**	**5447**	**4930**
吴兴区	28246	280	1826	3566	5610	4142	3568
南浔区	10943	153	724	1312	1896	1305	1362
德清县							
长兴县							
安吉县							

4-1a 续表 1 单位：人

地区 性别	合计	16-19岁	20-24岁	25-29岁	30-34岁	35-39岁	40-44岁
绍兴市	**173794**	**2246**	**11807**	**20727**	**28662**	**22276**	**22525**
越城区	43359	428	2726	5192	7473	5959	5591
柯桥区	52922	779	3911	6791	9004	6594	6332
上虞区	29908	314	1859	3416	4630	3510	4056
新昌县							
诸暨市	31384	585	2513	3808	5243	4033	3973
嵊州市	16221	140	798	1520	2312	2180	2573
金华市	**192160**	**4715**	**18882**	**27509**	**34885**	**27033**	**24411**
婺城区	33301	557	2764	4154	5242	4737	4837
金东区	7252	87	587	918	1151	977	1027
武义县							
浦江县							
磐安县							
兰溪市	11864	82	586	977	1509	1470	1829
义乌市	80252	2262	9448	13696	16576	11408	8751
东阳市	27106	698	2175	3630	5019	3960	3626
永康市	32385	1029	3322	4134	5388	4481	4341
衢州市	**36033**	**300**	**2131**	**3773**	**4981**	**5034**	**5090**
柯城区	19450	179	1256	2157	2808	2914	2806
衢江区	6302	57	397	702	896	897	872
常山县							
开化县							
龙游县	63	1	3	1	7	6	6
江山市	10218	63	475	913	1270	1217	1406
舟山市	**30309**	**253**	**1428**	**2851**	**4554**	**4503**	**3914**
定海区	17266	113	828	1655	2792	2693	2285
普陀区	13043	140	600	1196	1762	1810	1629
岱山县							
嵊泗县							
台州市	**168837**	**2654**	**11566**	**18103**	**26081**	**23237**	**21620**
椒江区	36029	430	2800	4206	5763	5238	4415
黄岩区	22133	347	1563	2460	3438	2966	2802
路桥区	18068	312	1308	1933	2793	2422	2323
三门县							
天台县							
仙居县							
温岭市	42840	947	3141	4838	7278	5862	5544
临海市	19891	223	1206	1961	2601	2748	2539
玉环市	29876	395	1548	2705	4208	4001	3997
丽水市	**27000**	**329**	**2054**	**2945**	**4090**	**3603**	**3639**
莲都区	20518	277	1647	2411	3291	2895	2716
青田县							
缙云县							
遂昌县							
松阳县							
云和县							
庆元县							
景宁畲族自治县							
龙泉市	6482	52	407	534	799	708	923
男	**1130054**	**17675**	**87262**	**146118**	**190278**	**152337**	**134814**
杭州市	**303016**	**3595**	**26874**	**47026**	**56367**	**41724**	**33828**
上城区	7903	106	604	974	1227	1140	943
下城区	12496	122	1084	1699	2077	1788	1497
江干区	49926	754	5127	8139	10041	7229	5512
拱墅区	18221	149	1534	2830	3387	2823	2136

4-1a　续表 2　　　　单位：人

地　区 性　别	合计	16-19岁	20-24岁	25-29岁	30-34岁	35-39岁	40-44岁
西湖区	32420	328	3233	5866	5582	4719	3766
滨江区	16659	195	2078	3864	3217	2187	1563
萧山区	63918	874	5583	9337	11366	7561	6696
余杭区	67407	738	5588	10481	14151	9958	7527
富阳区	19919	195	1248	2338	2997	2444	2453
临安区	10322	107	638	1143	1713	1397	1297
桐庐县							
淳安县							
建德市	3825	27	157	355	609	478	438
宁波市	**192242**	**3176**	**14640**	**23698**	**31484**	**25852**	**22721**
海曙区	28996	332	1979	3604	4700	4038	3596
江北区	12844	145	872	1495	2240	2013	1587
北仑区	23967	437	2005	3163	4463	3479	2851
镇海区	16462	252	1178	2049	2763	2168	1921
鄞州区	31262	348	2564	4247	5536	4783	3804
奉化区	9878	171	657	1042	1396	1162	1203
象山县							
宁海县							
余姚市	28392	586	2340	3536	4487	3383	3199
慈溪市	40441	905	3045	4562	5899	4826	4560
温州市	**161658**	**2706**	**10660**	**19132**	**25714**	**23001**	**21446**
鹿城区	33799	605	2437	4169	5931	5402	4780
龙湾区	17724	297	1369	2076	2531	2335	2214
瓯海区	28340	430	1932	3503	4815	4140	3834
洞头区	2027	8	72	167	265	240	252
永嘉县							
平阳县							
苍南县							
文成县							
泰顺县							
瑞安市	32811	514	1891	3739	5043	4521	4387
乐清市	33051	697	2198	3831	5231	4515	4117
龙港市	13906	155	761	1647	1898	1848	1862
嘉兴市	**80173**	**1359**	**6261**	**10247**	**14279**	**10766**	**9139**
南湖区	22303	426	1896	2985	3999	2944	2236
秀洲区	11795	208	985	1521	2218	1727	1327
嘉善县							
海盐县							
海宁市	15969	208	1021	1876	2703	2095	2050
平湖市	10202	147	769	1342	1838	1277	1105
桐乡市	19904	370	1590	2523	3521	2723	2421
湖州市	**23567**	**284**	**1488**	**2729**	**4168**	**3024**	**2719**
吴兴区	16798	189	1048	1948	3051	2252	1943
南浔区	6769	95	440	781	1117	772	776
德清县							
长兴县							
安吉县							
绍兴市	**101875**	**1417**	**6853**	**11651**	**15959**	**12178**	**12183**
越城区	25327	289	1575	2851	4013	3166	2961
柯桥区	31640	493	2357	3960	5196	3811	3538
上虞区	17665	211	1092	1924	2608	1924	2208
新昌县							
诸暨市	17932	339	1384	2103	2857	2132	2111
嵊州市	9311	85	445	813	1285	1145	1365

4－1a 续表 3

单位：人

地区 性别	合计	16－19岁	20－24岁	25－29岁	30－34岁	35－39岁	40－44岁
金华市	**112933**	**2873**	**10751**	**15822**	**20013**	**15604**	**13759**
婺城区	19431	361	1542	2327	2985	2596	2667
金东区	4424	52	347	563	708	562	567
武义县							
浦江县							
磐安县							
兰溪市	6889	49	313	520	802	779	980
义乌市	47013	1320	5210	7909	9574	6753	5027
东阳市	15261	418	1200	1970	2720	2160	2021
永康市	19915	673	2139	2533	3224	2754	2497
衢州市	**20906**	**190**	**1081**	**2057**	**2649**	**2650**	**2713**
柯城区	11190	108	612	1164	1473	1499	1487
衢江区	3880	45	219	409	510	532	495
常山县							
开化县							
龙游县	35	1	1	1	4	4	3
江山市	5801	36	249	483	662	615	728
舟山市	**18359**	**160**	**806**	**1612**	**2456**	**2477**	**2157**
定海区	10324	67	465	936	1451	1463	1257
普陀区	8035	93	341	676	1005	1014	900
岱山县							
嵊泗县							
台州市	**99192**	**1720**	**6743**	**10445**	**14875**	**13053**	**12070**
椒江区	20794	276	1543	2339	3135	2821	2437
黄岩区	13499	235	991	1503	2045	1747	1599
路桥区	10806	206	772	1127	1608	1384	1339
三门县							
天台县							
仙居县							
温岭市	24823	591	1835	2795	4222	3364	3047
临海市	11506	141	655	1076	1416	1500	1390
玉环市	17764	271	947	1605	2449	2237	2258
丽水市	**16133**	**195**	**1105**	**1699**	**2314**	**2008**	**2079**
莲都区	12218	166	888	1393	1877	1584	1565
青田县							
缙云县							
遂昌县							
松阳县							
云和县							
庆元县							
景宁畲族自治县							
龙泉市	3915	29	217	306	437	424	514
女	**782528**	**10243**	**65715**	**111304**	**147189**	**119655**	**106477**
杭州市	**209339**	**1981**	**22052**	**37422**	**43946**	**32471**	**25641**
上城区	6455	52	589	1001	1280	1144	887
下城区	10402	81	1070	1810	2016	1779	1438
江干区	35763	393	4644	7081	7861	5542	3955
拱墅区	14025	85	1575	2647	3026	2468	1688
西湖区	23861	182	2821	4440	4560	4185	3011
滨江区	12164	127	1759	3020	2580	1745	1145
萧山区	40090	432	3954	6683	7889	5272	4924
余杭区	45013	468	4294	8020	10706	6855	5318
富阳区	12402	103	809	1609	2208	1996	1893
临安区	6478	50	390	813	1300	1039	965
桐庐县							
淳安县							
建德市	2686	8	147	298	520	446	417

4－1a　续表 4　　　　单位：人

地　区 性　别	合计	16－19岁	20－24岁	25－29岁	30－34岁	35－39岁	40－44岁
宁波市	**136434**	**1861**	**10642**	**18153**	**25397**	**21622**	**18957**
海曙区	21136	244	1735	2852	3920	3423	3050
江北区	8692	77	607	1214	1748	1728	1237
北仑区	15340	256	1185	2112	3216	2550	2134
镇海区	10714	109	696	1418	2156	1654	1530
鄞州区	24958	216	2424	3957	5171	4513	3467
奉化区	7144	74	442	798	1195	1070	1000
象山县							
宁海县							
余姚市	19801	358	1496	2473	3442	2794	2676
慈溪市	28649	527	2057	3329	4549	3890	3863
温州市	**104274**	**1599**	**7069**	**12929**	**17647**	**16423**	**15568**
鹿城区	24171	422	1932	3316	4447	4225	3698
龙湾区	10114	155	730	1218	1575	1525	1466
瓯海区	16703	260	1217	2357	3039	2633	2473
洞头区	1370	3	62	122	180	188	197
永嘉县							
平阳县							
苍南县							
文成县							
泰顺县							
瑞安市	21068	266	1257	2438	3625	3219	3197
乐清市	22533	428	1444	2532	3662	3392	3223
龙港市	8315	65	427	946	1119	1241	1314
嘉兴市	**58124**	**711**	**4361**	**8029**	**11874**	**9000**	**7862**
南湖区	15539	183	1359	2365	3275	2451	1956
秀洲区	7967	102	562	1081	1768	1361	1038
嘉善县							
海盐县							
海宁市	11635	109	778	1481	2189	1784	1714
平湖市	7641	72	562	1081	1568	1151	984
桐乡市	15342	245	1100	2021	3074	2253	2170
湖州市	**15622**	**149**	**1062**	**2149**	**3338**	**2423**	**2211**
吴兴区	11448	91	778	1618	2559	1890	1625
南浔区	4174	58	284	531	779	533	586
德清县							
长兴县							
安吉县							
绍兴市	**71919**	**829**	**4954**	**9076**	**12703**	**10098**	**10342**
越城区	18032	139	1151	2341	3460	2793	2630
柯桥区	21282	286	1554	2831	3808	2783	2794
上虞区	12243	103	767	1492	2022	1586	1848
新昌县							
诸暨市	13452	246	1129	1705	2386	1901	1862
嵊州市	6910	55	353	707	1027	1035	1208
金华市	**79227**	**1842**	**8131**	**11687**	**14872**	**11429**	**10652**
婺城区	13870	196	1222	1827	2257	2141	2170
金东区	2828	35	240	355	443	415	460
武义县							
浦江县							
磐安县							
兰溪市	4975	33	273	457	707	691	849
义乌市	33239	942	4238	5787	7002	4655	3724
东阳市	11845	280	975	1660	2299	1800	1605
永康市	12470	356	1183	1601	2164	1727	1844

4−1a 续表 5

单位：人

地区 性别	合计	16−19岁	20−24岁	25−29岁	30−34岁	35−39岁	40−44岁
衢州市	**15127**	**110**	**1050**	**1716**	**2332**	**2384**	**2377**
柯城区	8260	71	644	993	1335	1415	1319
衢江区	2422	12	178	293	386	365	377
常山县							
开化县							
龙游县	28		2		3	2	3
江山市	4417	27	226	430	608	602	678
舟山市	**11950**	**93**	**622**	**1239**	**2098**	**2026**	**1757**
定海区	6942	46	363	719	1341	1230	1028
普陀区	5008	47	259	520	757	796	729
岱山县							
嵊泗县							
台州市	**69645**	**934**	**4823**	**7658**	**11206**	**10184**	**9550**
椒江区	15235	154	1257	1867	2628	2417	1978
黄岩区	8634	112	572	957	1393	1219	1203
路桥区	7262	106	536	806	1185	1038	984
三门县							
天台县							
仙居县							
温岭市	18017	356	1306	2043	3056	2498	2497
临海市	8385	82	551	885	1185	1248	1149
玉环市	12112	124	601	1100	1759	1764	1739
丽水市	**10867**	**134**	**949**	**1246**	**1776**	**1595**	**1560**
莲都区	8300	111	759	1018	1414	1311	1151
青田县							
缙云县							
遂昌县							
松阳县							
云和县							
庆元县							
景宁畲族自治县							
龙泉市	2567	23	190	228	362	284	409

4-1a　续表 6　　　　单位：人

地　区 性　别	45−49岁	50−54岁	55−59岁	60−64岁	65−69岁	70−74岁	75岁及以　上
合计	**253576**	**196096**	**115219**	**33474**	**17582**	**5639**	**1929**
杭州市	**58984**	**43708**	**26871**	**6080**	**2817**	**734**	**234**
上城区	1762	1371	1074	130	54	14	6
下城区	2785	1905	1435	204	84	20	4
江干区	8599	6138	3734	640	248	39	13
拱墅区	3475	2474	1645	204	79	15	6
西湖区	5838	4217	2740	511	221	52	9
滨江区	2167	1686	1064	258	128	25	15
萧山区	13246	10530	6355	1922	949	325	110
余杭区	12922	8738	4805	1172	533	118	28
富阳区	4832	3819	2301	636	337	82	21
临安区	2406	1972	1148	276	113	23	10
桐庐县							
淳安县							
建德市	952	858	570	127	71	21	12
宁波市	**44962**	**35620**	**20289**	**5737**	**2812**	**821**	**232**
海曙区	6921	5378	3103	786	354	97	20
江北区	2861	2133	1243	211	98	20	7
北仑区	5029	3656	1966	513	224	56	12
镇海区	3795	3077	1744	406	195	52	13
鄞州区	6819	4877	2797	455	189	48	5
奉化区	2524	2194	1307	423	234	106	24
象山县							
宁海县							
余姚市	6924	5548	3172	1056	549	121	53
慈溪市	10089	8757	4957	1887	969	321	98
温州市	**38408**	**28298**	**15929**	**5339**	**2799**	**864**	**401**
鹿城区	7928	4970	2826	594	219	54	15
龙湾区	4384	3330	1803	509	237	65	19
瓯海区	6479	4478	2347	709	284	86	27
洞头区	530	503	332	159	78	30	9
永嘉县							
平阳县							
苍南县							
文成县							
泰顺县							
瑞安市	8137	6203	3449	1194	613	135	51
乐清市	7861	6222	3489	1380	869	316	177
龙港市	3089	2592	1683	794	499	178	103
嘉兴市	**18290**	**13660**	**8264**	**2326**	**1363**	**419**	**87**
南湖区	4618	3755	2498	528	266	84	18
秀洲区	2453	1785	1084	329	156	49	8
嘉善县							
海盐县							
海宁市	3992	2767	1740	590	376	118	13
平湖市	2404	1885	1113	304	178	47	16
桐乡市	4823	3468	1829	575	387	121	32
湖州市	**5136**	**4368**	**2818**	**658**	**367**	**80**	**18**
吴兴区	3520	3016	2055	421	201	31	10
南浔区	1616	1352	763	237	166	49	8
德清县							
长兴县							
安吉县							

4-1a 续表 7

单位：人

地 区 性 别	45-49岁	50-54岁	55-59岁	60-64岁	65-69岁	70-74岁	75岁及以 上
绍兴市	**25245**	**20535**	**12464**	**3827**	**2345**	**850**	**285**
越城区	6397	5225	3075	712	416	136	29
柯桥区	7303	6306	3622	1149	746	279	106
上虞区	4449	3573	2299	878	599	234	91
新昌县							
诸暨市	4384	3503	2193	670	335	109	35
嵊州市	2712	1928	1275	418	249	92	24
金华市	**23314**	**17347**	**9274**	**2671**	**1460**	**506**	**153**
婺城区	4674	3445	2017	486	283	91	14
金东区	987	745	463	162	101	40	7
武义县							
浦江县							
磐安县							
兰溪市	1891	1597	1106	369	275	123	50
义乌市	8161	5859	2844	773	359	91	24
东阳市	3419	2547	1319	405	195	79	34
永康市	4182	3154	1525	476	247	82	24
衢州市	**5889**	**4468**	**2751**	**840**	**512**	**198**	**66**
柯城区	3095	2256	1395	338	164	62	20
衢江区	999	733	443	165	94	35	12
常山县							
开化县							
龙游县	16	14	6	1	2		
江山市	1779	1465	907	336	252	101	34
舟山市	**4760**	**4154**	**2647**	**812**	**329**	**85**	**19**
定海区	2714	2160	1406	390	165	55	10
普陀区	2046	1994	1241	422	164	30	9
岱山县							
嵊泗县							
台州市	**24566**	**20603**	**11935**	**4614**	**2479**	**990**	**389**
椒江区	4923	4332	2402	755	487	195	83
黄岩区	3252	2678	1625	583	277	109	33
路桥区	2605	2259	1257	453	269	108	26
三门县							
天台县							
仙居县							
温岭市	5844	4550	2689	1138	622	258	129
临海市	3175	2598	1609	698	321	149	63
玉环市	4767	4186	2353	987	503	171	55
丽水市	**4022**	**3335**	**1977**	**570**	**299**	**92**	**45**
莲都区	2839	2314	1392	434	211	60	31
青田县							
缙云县							
遂昌县							
松阳县							
云和县							
庆元县							
景宁畲族自治县							
龙泉市	1183	1021	585	136	88	32	14
男	**143749**	**128314**	**87349**	**24481**	**12390**	**3922**	**1365**
杭州市	**34261**	**30150**	**21782**	**4657**	**2059**	**532**	**161**
上城区	942	926	899	94	36	10	2
下城区	1530	1293	1197	138	53	15	3
江干区	5059	4271	3062	502	193	31	6
拱墅区	1922	1789	1421	157	58	12	3

4-1a　续表 8　　单位：人

地区 性别	45-49岁	50-54岁	55-59岁	60-64岁	65-69岁	70-74岁	75岁及以上
西湖区	3302	2846	2174	396	164	38	6
滨江区	1259	1150	839	187	92	18	10
萧山区	7855	7144	5030	1468	697	228	79
余杭区	7541	6105	3896	919	390	90	23
富阳区	2886	2669	1877	494	250	54	14
临安区	1435	1360	922	208	75	20	7
桐庐县							
淳安县							
建德市	530	597	465	94	51	16	8
宁波市	**24929**	**23235**	**15389**	**4230**	**2091**	**618**	**179**
海曙区	3838	3575	2406	576	266	71	15
江北区	1642	1530	1062	175	63	14	6
北仑区	2895	2513	1533	394	178	48	8
镇海区	2170	2118	1346	313	137	38	9
鄞州区	3823	3359	2276	346	135	37	4
奉化区	1376	1372	943	299	162	76	19
象山县							
宁海县							
余姚市	3764	3481	2317	751	416	92	40
慈溪市	5421	5287	3506	1376	734	242	78
温州市	**22472**	**18143**	**11545**	**3921**	**1986**	**637**	**295**
鹿城区	4478	3179	2167	446	150	44	11
龙湾区	2635	2220	1402	388	185	56	16
瓯海区	4027	2980	1801	577	215	64	22
洞头区	294	327	218	109	45	25	5
永嘉县							
平阳县							
苍南县							
文成县							
泰顺县							
瑞安市	4743	3977	2500	915	450	92	39
乐清市	4435	3818	2318	943	590	227	131
龙港市	1860	1642	1139	543	351	129	71
嘉兴市	**9948**	**8905**	**6363**	**1677**	**909**	**263**	**57**
南湖区	2587	2575	2009	385	198	52	11
秀洲区	1345	1206	864	240	113	36	5
嘉善县							
海盐县							
海宁市	2196	1769	1296	434	239	72	10
平湖市	1270	1242	850	213	106	31	12
桐乡市	2550	2113	1344	405	253	72	19
湖州市	**2906**	**3066**	**2310**	**521**	**275**	**65**	**12**
吴兴区	1950	2150	1735	343	157	24	8
南浔区	956	916	575	178	118	41	4
德清县							
长兴县							
安吉县							
绍兴市	**13915**	**13221**	**9324**	**2766**	**1635**	**573**	**200**
越城区	3515	3551	2468	530	290	97	21
柯桥区	4063	3910	2601	892	549	186	84
上虞区	2470	2312	1726	585	389	157	59
新昌县							
诸暨市	2394	2203	1588	479	244	74	24
嵊州市	1473	1245	941	280	163	59	12

4-1a 续表 9 单位：人

地 区 性 别	45-49岁	50-54岁	55-59岁	60-64岁	65-69岁	70-74岁	75岁及以上
金华市	**13274**	**10970**	**6547**	**1891**	**1006**	**324**	**99**
婺城区	2589	2253	1522	339	188	54	8
金东区	594	492	329	111	65	29	5
武义县							
浦江县							
磐安县							
兰溪市	1044	1043	829	236	188	72	34
义乌市	4741	3633	1906	588	268	68	16
东阳市	1878	1528	896	278	122	46	24
永康市	2428	2021	1065	339	175	55	12
衢州市	**3320**	**2992**	**2120**	**607**	**334**	**145**	**48**
柯城区	1757	1556	1123	244	114	42	11
衢江区	591	516	334	123	68	28	10
常山县							
开化县							
龙游县	7	8	4	1	1		
江山市	965	912	659	239	151	75	27
舟山市	**2755**	**2858**	**2119**	**619**	**257**	**68**	**15**
定海区	1542	1515	1146	296	135	43	8
普陀区	1213	1343	973	323	122	25	7
岱山县							
嵊泗县							
台州市	**13621**	**12606**	**8357**	**3170**	**1633**	**636**	**263**
椒江区	2717	2772	1719	526	322	132	55
黄岩区	1847	1665	1148	433	190	69	27
路桥区	1479	1386	902	328	179	76	20
三门县							
天台县							
仙居县							
温岭市	3175	2722	1740	728	376	151	77
临海市	1767	1584	1165	467	213	85	47
玉环市	2636	2477	1683	688	353	123	37
丽水市	**2348**	**2168**	**1493**	**422**	**205**	**61**	**36**
莲都区	1665	1515	1046	315	144	35	25
青田县							
缙云县							
遂昌县							
松阳县							
云和县							
庆元县							
景宁畲族自治县							
龙泉市	683	653	447	107	61	26	11
女	**109827**	**67782**	**27870**	**8993**	**5192**	**1717**	**564**
杭州市	**24723**	**13558**	**5089**	**1423**	**758**	**202**	**73**
上城区	820	445	175	36	18	4	4
下城区	1255	612	238	66	31	5	1
江干区	3540	1867	672	138	55	8	7
拱墅区	1553	685	224	47	21	3	3
西湖区	2536	1371	566	115	57	14	3
滨江区	908	536	225	71	36	7	5
萧山区	5391	3386	1325	454	252	97	31
余杭区	5381	2633	909	253	143	28	5
富阳区	1946	1150	424	142	87	28	7
临安区	971	612	226	68	38	3	3
桐庐县							
淳安县							
建德市	422	261	105	33	20	5	4

4-1a　续表 10　　　　单位：人

地　区 性　别	45-49岁	50-54岁	55-59岁	60-64岁	65-69岁	70-74岁	75岁及以　上
宁波市	**20033**	**12385**	**4900**	**1507**	**721**	**203**	**53**
海曙区	3083	1803	697	210	88	26	5
江北区	1219	603	181	36	35	6	1
北仑区	2134	1143	433	119	46	8	4
镇海区	1625	959	398	93	58	14	4
鄞州区	2996	1518	521	109	54	11	1
奉化区	1148	822	364	124	72	30	5
象山县							
宁海县							
余姚市	3160	2067	855	305	133	29	13
慈溪市	4668	3470	1451	511	235	79	20
温州市	**15936**	**10155**	**4384**	**1418**	**813**	**227**	**106**
鹿城区	3450	1791	659	148	69	10	4
龙湾区	1749	1110	401	121	52	9	3
瓯海区	2452	1498	546	132	69	22	5
洞头区	236	176	114	50	33	5	4
永嘉县							
平阳县							
苍南县							
文成县							
泰顺县							
瑞安市	3394	2226	949	279	163	43	12
乐清市	3426	2404	1171	437	279	89	46
龙港市	1229	950	544	251	148	49	32
嘉兴市	**8342**	**4755**	**1901**	**649**	**454**	**156**	**30**
南湖区	2031	1180	489	143	68	32	7
秀洲区	1108	579	220	89	43	13	3
嘉善县							
海盐县							
海宁市	1796	998	444	156	137	46	3
平湖市	1134	643	263	91	72	16	4
桐乡市	2273	1355	485	170	134	49	13
湖州市	**2230**	**1302**	**508**	**137**	**92**	**15**	**6**
吴兴区	1570	866	320	78	44	7	2
南浔区	660	436	188	59	48	8	4
德清县							
长兴县							
安吉县							
绍兴市	**11330**	**7314**	**3140**	**1061**	**710**	**277**	**85**
越城区	2882	1674	607	182	126	39	8
柯桥区	3240	2396	1021	257	197	93	22
上虞区	1979	1261	573	293	210	77	32
新昌县							
诸暨市	1990	1300	605	191	91	35	11
嵊州市	1239	683	334	138	86	33	12
金华市	**10040**	**6377**	**2727**	**780**	**454**	**182**	**54**
婺城区	2085	1192	495	147	95	37	6
金东区	393	253	134	51	36	11	2
武义县							
浦江县							
磐安县							
兰溪市	847	554	277	133	87	51	16
义乌市	3420	2226	938	185	91	23	8
东阳市	1541	1019	423	127	73	33	10
永康市	1754	1133	460	137	72	27	12

4-1a 续表 11

单位：人

地区 性别	45-49岁	50-54岁	55-59岁	60-64岁	65-69岁	70-74岁	75岁及以上
衢州市	**2569**	**1476**	**631**	**233**	**178**	**53**	**18**
柯城区	1338	700	272	94	50	20	9
衢江区	408	217	109	42	26	7	2
常山县							
开化县							
龙游县	9	6	2		1		
江山市	814	553	248	97	101	26	7
舟山市	**2005**	**1296**	**528**	**193**	**72**	**17**	**4**
定海区	1172	645	260	94	30	12	2
普陀区	833	651	268	99	42	5	2
岱山县							
嵊泗县							
台州市	**10945**	**7997**	**3578**	**1444**	**846**	**354**	**126**
椒江区	2206	1560	683	229	165	63	28
黄岩区	1405	1013	477	150	87	40	6
路桥区	1126	873	355	125	90	32	6
三门县							
天台县							
仙居县							
温岭市	2669	1828	949	410	246	107	52
临海市	1408	1014	444	231	108	64	16
玉环市	2131	1709	670	299	150	48	18
丽水市	**1674**	**1167**	**484**	**148**	**94**	**31**	**9**
莲都区	1174	799	346	119	67	25	6
青田县							
缙云县							
遂昌县							
松阳县							
云和县							
庆元县							
景宁畲族自治县							
龙泉市	500	368	138	29	27	6	3

4-1b 各地区分性别、年龄的就业人口(镇)

单位：人

地区 性别	合计	16-19岁	20-24岁	25-29岁	30-34岁	35-39岁	40-44岁
合计	**773450**	**10939**	**50109**	**86560**	**119250**	**99125**	**98089**
杭州市	**60871**	**740**	**3891**	**6878**	**10282**	**7781**	**7699**
上城区							
下城区							
江干区							
拱墅区							
西湖区	12			3	2	1	
滨江区							
萧山区	9157	155	757	1196	1520	1082	1010
余杭区	17081	258	1317	2226	3468	2507	2118
富阳区	1631	5	96	145	167	171	222
临安区	3905	36	158	316	474	480	500
桐庐县	17747	235	1133	1970	3017	2282	2137
淳安县	7414	25	290	685	1128	843	1216
建德市	3924	26	140	337	506	415	496
宁波市	**119977**	**2061**	**8479**	**13457**	**18601**	**15726**	**14913**
海曙区	1229	10	54	135	138	122	170
江北区							
北仑区	4073	135	612	827	960	536	336
镇海区	2823	33	198	367	446	358	337
鄞州区	18983	280	1333	2273	3189	2709	2404
奉化区	3131	19	172	263	379	381	367
象山县	18947	165	831	1724	2663	2821	2638
宁海县	24681	345	1486	2506	3642	3470	3435
余姚市	15399	244	963	1456	2120	1763	1913
慈溪市	30711	830	2830	3906	5064	3566	3313
温州市	**110441**	**1290**	**6378**	**13048**	**15902**	**15457**	**15639**
鹿城区	247		10	25	41	40	48
龙湾区	17809	455	1715	2445	3016	2448	2170
瓯海区	979	22	63	123	138	137	130
洞头区	298	2	9	11	19	32	39
永嘉县	23706	307	1495	2851	3642	3522	3490
平阳县	26084	217	1137	2890	3671	3576	3829
苍南县	26828	134	1099	3088	3349	3773	3963
文成县	3985	29	151	366	484	540	614
泰顺县	3526	15	150	354	455	477	488
瑞安市	1205	6	59	83	120	146	168
乐清市	4854	92	431	703	861	658	577
龙港市	920	11	59	109	106	108	123
嘉兴市	**108011**	**1673**	**8206**	**13782**	**18923**	**13286**	**11943**
南湖区	3846	57	271	462	594	406	392
秀洲区	9967	214	865	1284	1675	1143	1017
嘉善县	30737	545	2673	4313	5653	4077	3475
海盐县	18097	181	1093	2089	2935	2269	2087
海宁市	24498	388	1871	3092	4471	3083	2803
平湖市	11111	136	751	1348	2048	1232	1115
桐乡市	9755	152	682	1194	1547	1076	1054
湖州市	**90139**	**1211**	**5880**	**11289**	**16355**	**11580**	**10446**
吴兴区	20717	516	1778	3423	5090	2892	2038
南浔区	6881	41	325	662	981	714	814
德清县	20205	210	1171	2202	3397	2604	2393
长兴县	23433	211	1366	2734	3570	2852	2882
安吉县	18903	233	1240	2268	3317	2518	2319

4-1b 续表 1

单位：人

地区 性别	合计	16-19岁	20-24岁	25-29岁	30-34岁	35-39岁	40-44岁
绍兴市	**40040**	**440**	**2103**	**3595**	**5172**	**4702**	**5409**
越城区	221		17	16	27	17	33
柯桥区	10660	200	707	1130	1469	997	1327
上虞区	2736	23	119	212	279	252	331
新昌县	14120	71	603	1157	1889	2145	2177
诸暨市	9525	135	575	910	1325	1082	1217
嵊州市	2778	11	82	170	183	209	324
金华市	**96996**	**2209**	**7670**	**11508**	**15178**	**12890**	**12735**
婺城区	3738	14	151	321	534	543	570
金东区	11782	415	1148	1474	1969	1618	1469
武义县	18833	397	1477	2178	2907	2383	2452
浦江县	11321	205	743	1304	1668	1569	1612
磐安县	4912	49	228	409	512	533	710
兰溪市	3762	40	130	275	346	328	420
义乌市	21759	674	2130	3090	4065	3132	2681
东阳市	15625	274	1178	1881	2362	2126	2111
永康市	5264	141	485	576	815	658	710
衢州市	**26510**	**176**	**1070**	**2093**	**2998**	**2988**	**3569**
柯城区	566	11	32	47	67	54	56
衢江区	1548	8	45	95	123	109	160
常山县	6139	41	240	456	734	721	817
开化县	5727	34	232	504	683	686	853
龙游县	9101	58	391	761	1173	1161	1342
江山市	3429	24	130	230	218	257	341
舟山市	**15936**	**106**	**715**	**1347**	**2378**	**1859**	**1855**
定海区	1707	26	83	147	233	200	214
普陀区	1180	7	42	83	140	152	135
岱山县	10721	64	525	943	1740	1233	1235
嵊泗县	2328	9	65	174	265	274	271
台州市	**62092**	**702**	**3588**	**5941**	**8279**	**7741**	**7764**
椒江区	452	21	63	59	66	50	43
黄岩区	1842	20	109	138	218	219	212
路桥区	6844	122	475	695	960	851	836
三门县	9269	49	436	779	1209	1330	1249
天台县	10113	104	600	1047	1437	1426	1478
仙居县	8757	95	524	997	1042	965	1020
温岭市	16771	217	920	1521	2410	1970	1972
临海市	6986	60	403	607	777	782	816
玉环市	1058	14	58	98	160	148	138
丽水市	**42437**	**331**	**2129**	**3622**	**5182**	**5115**	**6117**
莲都区	1122	6	66	62	131	137	116
青田县	8935	102	549	1037	1227	1225	1239
缙云县	10301	101	564	847	1213	1266	1620
遂昌县	4749	30	225	358	586	570	671
松阳县	5065	34	217	386	675	528	662
云和县	4906	28	220	412	601	583	706
庆元县	3971	13	140	301	404	444	599
景宁畲族自治县	2831	15	129	196	308	314	433
龙泉市	557	2	19	23	37	48	71
男	**468055**	**7275**	**30825**	**51191**	**69104**	**56974**	**55318**
杭州市	**36901**	**480**	**2389**	**4016**	**5877**	**4352**	**4205**
上城区							
下城区							
江干区							
拱墅区							

4-1b　续表 2　　　　单位：人

地　区 性　别	合计	16-19岁	20-24岁	25-29岁	30-34岁	35-39岁	40-44岁
西湖区	8				1	1	
滨江区							
萧山区	5906	115	498	814	930	671	580
余杭区	10602	183	838	1306	2030	1421	1212
富阳区	1039	4	55	84	99	105	129
临安区	2324	19	90	183	261	245	270
桐庐县	10462	132	688	1101	1706	1255	1171
淳安县	4213	13	138	341	564	416	594
建德市	2347	14	82	187	286	238	249
宁波市	**72352**	**1446**	**5430**	**8151**	**10736**	**8911**	**8278**
海曙区	762	5	35	84	71	62	89
江北区							
北仑区	2653	104	427	545	587	327	197
镇海区	1818	24	136	233	290	209	200
鄞州区	11461	186	828	1333	1806	1546	1334
奉化区	1888	13	110	154	214	200	202
象山县	10987	96	460	956	1440	1501	1449
宁海县	14214	230	868	1443	2003	1866	1824
余姚市	8951	158	577	871	1182	972	1045
慈溪市	19618	630	1989	2532	3143	2228	1938
温州市	**68324**	**841**	**3953**	**7837**	**9592**	**9199**	**9149**
鹿城区	153		7	18	25	22	27
龙湾区	11551	318	1144	1611	1887	1570	1320
瓯海区	611	14	35	74	77	92	72
洞头区	187	1	5	8	8	16	26
永嘉县	14805	195	898	1710	2182	2132	2090
平阳县	15895	142	696	1708	2215	2062	2165
苍南县	16311	78	656	1781	2013	2190	2314
文成县	2479	19	85	191	278	323	356
泰顺县	2229	3	85	207	261	285	297
瑞安市	721	3	25	48	73	83	92
乐清市	2806	60	279	413	501	349	324
龙港市	576	8	38	68	72	75	66
嘉兴市	**65188**	**1097**	**5162**	**8288**	**10943**	**7686**	**6769**
南湖区	2303	42	177	262	340	231	221
秀洲区	5758	120	530	746	945	620	550
嘉善县	18765	377	1709	2651	3239	2390	1989
海盐县	10746	120	681	1251	1603	1250	1170
海宁市	15174	249	1198	1871	2718	1863	1651
平湖市	6731	93	487	826	1219	713	625
桐乡市	5711	96	380	681	879	619	563
湖州市	**53335**	**797**	**3499**	**6318**	**9060**	**6455**	**5759**
吴兴区	11431	321	1083	1863	2775	1626	1095
南浔区	4157	27	204	392	553	405	422
德清县	12229	147	697	1246	1891	1440	1343
长兴县	14148	151	791	1533	2003	1547	1585
安吉县	11370	151	724	1284	1838	1437	1314
绍兴市	**24205**	**305**	**1340**	**2157**	**3015**	**2646**	**3018**
越城区	133		12	11	16	8	15
柯桥区	6910	149	501	755	969	642	798
上虞区	1608	17	60	113	166	133	185
新昌县	8076	47	342	658	1007	1120	1137
诸暨市	5735	87	369	526	739	614	689
嵊州市	1743	5	56	94	118	129	194

4-1b 续表 3 单位：人

地区 性别	合计	16-19岁	20-24岁	25-29岁	30-34岁	35-39岁	40-44岁
金华市	**57512**	**1434**	**4675**	**6852**	**8670**	**7402**	**7215**
婺城区	2198	10	84	197	281	289	314
金东区	7186	272	740	922	1141	980	853
武义县	11192	261	915	1302	1634	1371	1396
浦江县	6473	127	404	725	920	847	854
磐安县	2873	37	134	235	268	295	378
兰溪市	2219	28	82	165	201	175	237
义乌市	12707	421	1300	1810	2341	1820	1525
东阳市	9475	194	707	1132	1394	1235	1233
永康市	3189	84	309	364	490	390	425
衢州市	**15754**	**115**	**569**	**1140**	**1635**	**1642**	**1872**
柯城区	369	11	19	30	44	32	33
衢江区	1011	6	27	54	75	61	92
常山县	3584	30	119	245	379	392	421
开化县	3389	21	116	268	367	362	438
龙游县	5365	31	212	409	639	642	716
江山市	2036	16	76	134	131	153	172
舟山市	**12009**	**74**	**523**	**1001**	**1819**	**1386**	**1327**
定海区	1117	18	52	95	150	131	123
普陀区	756	4	22	56	77	91	84
岱山县	8675	49	413	755	1445	1009	961
嵊泗县	1461	3	36	95	147	155	159
台州市	**37121**	**461**	**2133**	**3421**	**4847**	**4404**	**4309**
椒江区	312	19	44	42	40	33	28
黄岩区	1054	9	55	80	123	126	105
路桥区	4119	88	309	427	601	491	468
三门县	5739	38	262	447	709	756	723
天台县	5944	64	336	561	787	788	809
仙居县	5076	48	273	532	580	496	536
温岭市	10199	142	593	931	1451	1206	1123
临海市	4045	44	229	348	450	422	441
玉环市	633	9	32	53	106	86	76
丽水市	**25354**	**225**	**1152**	**2010**	**2910**	**2891**	**3417**
莲都区	715	5	37	39	83	91	72
青田县	5283	64	308	576	719	685	670
缙云县	6246	74	306	500	685	727	926
遂昌县	2843	21	126	192	319	305	367
松阳县	2974	22	112	207	370	300	357
云和县	2943	15	120	236	345	345	398
庆元县	2362	10	73	155	219	249	341
景宁畲族自治县	1629	12	58	90	150	160	244
龙泉市	359	2	12	15	20	29	42
女	**305395**	**3664**	**19284**	**35369**	**50146**	**42151**	**42771**
杭州市	**23970**	**260**	**1502**	**2862**	**4405**	**3429**	**3494**
上城区							
下城区							
江干区							
拱墅区							
西湖区	4			3	1		
滨江区							
萧山区	3251	40	259	382	590	411	430
余杭区	6479	75	479	920	1438	1086	906
富阳区	592	1	41	61	68	66	93
临安区	1581	17	68	133	213	235	230
桐庐县	7285	103	445	869	1311	1027	966
淳安县	3201	12	152	344	564	427	622
建德市	1577	12	58	150	220	177	247

4-1b 续表 4

单位：人

地 区 性 别	合计	16-19岁	20-24岁	25-29岁	30-34岁	35-39岁	40-44岁
宁波市	**47625**	**615**	**3049**	**5306**	**7865**	**6815**	**6635**
海曙区	467	5	19	51	67	60	81
江北区							
北仑区	1420	31	185	282	373	209	139
镇海区	1005	9	62	134	156	149	137
鄞州区	7522	94	505	940	1383	1163	1070
奉化区	1243	6	62	109	165	181	165
象山县	7960	69	371	768	1223	1320	1189
宁海县	10467	115	618	1063	1639	1604	1611
余姚市	6448	86	386	585	938	791	868
慈溪市	11093	200	841	1374	1921	1338	1375
温州市	**42117**	**449**	**2425**	**5211**	**6310**	**6258**	**6490**
鹿城区	94		3	7	16	18	21
龙湾区	6258	137	571	834	1129	878	850
瓯海区	368	8	28	49	61	45	58
洞头区	111	1	4	3	11	16	13
永嘉县	8901	112	597	1141	1460	1390	1400
平阳县	10189	75	441	1182	1456	1514	1664
苍南县	10517	56	443	1307	1336	1583	1649
文成县	1506	10	66	175	206	217	258
泰顺县	1297	12	65	147	194	192	191
瑞安市	484	3	34	35	47	63	76
乐清市	2048	32	152	290	360	309	253
龙港市	344	3	21	41	34	33	57
嘉兴市	**42823**	**576**	**3044**	**5494**	**7980**	**5600**	**5174**
南湖区	1543	15	94	200	254	175	171
秀洲区	4209	94	335	538	730	523	467
嘉善县	11972	168	964	1662	2414	1687	1486
海盐县	7351	61	412	838	1332	1019	917
海宁市	9324	139	673	1221	1753	1220	1152
平湖市	4380	43	264	522	829	519	490
桐乡市	4044	56	302	513	668	457	491
湖州市	**36804**	**414**	**2381**	**4971**	**7295**	**5125**	**4687**
吴兴区	9286	195	695	1560	2315	1266	943
南浔区	2724	14	121	270	428	309	392
德清县	7976	63	474	956	1506	1164	1050
长兴县	9285	60	575	1201	1567	1305	1297
安吉县	7533	82	516	984	1479	1081	1005
绍兴市	**15835**	**135**	**763**	**1438**	**2157**	**2056**	**2391**
越城区	88		5	5	11	9	18
柯桥区	3750	51	206	375	500	355	529
上虞区	1128	6	59	99	113	119	146
新昌县	6044	24	261	499	882	1025	1040
诸暨市	3790	48	206	384	586	468	528
嵊州市	1035	6	26	76	65	80	130
金华市	**39484**	**775**	**2995**	**4656**	**6508**	**5488**	**5520**
婺城区	1540	4	67	124	253	254	256
金东区	4596	143	408	552	828	638	616
武义县	7641	136	562	876	1273	1012	1056
浦江县	4848	78	339	579	748	722	758
磐安县	2039	12	94	174	244	238	332
兰溪市	1543	12	48	110	145	153	183
义乌市	9052	253	830	1280	1724	1312	1156
东阳市	6150	80	471	749	968	891	878
永康市	2075	57	176	212	325	268	285

4-1b 续表 5 单位：人

地区 性别	合计	16-19岁	20-24岁	25-29岁	30-34岁	35-39岁	40-44岁
衢州市	**10756**	**61**	**501**	**953**	**1363**	**1346**	**1697**
柯城区	197		13	17	23	22	23
衢江区	537	2	18	41	48	48	68
常山县	2555	11	121	211	355	329	396
开化县	2338	13	116	236	316	324	415
龙游县	3736	27	179	352	534	519	626
江山市	1393	8	54	96	87	104	169
舟山市	**3927**	**32**	**192**	**346**	**559**	**473**	**528**
定海区	590	8	31	52	83	69	91
普陀区	424	3	20	27	63	61	51
岱山县	2046	15	112	188	295	224	274
嵊泗县	867	6	29	79	118	119	112
台州市	**24971**	**241**	**1455**	**2520**	**3432**	**3337**	**3455**
椒江区	140	2	19	17	26	17	15
黄岩区	788	11	54	58	95	93	107
路桥区	2725	34	166	268	359	360	368
三门县	3530	11	174	332	500	574	526
天台县	4169	40	264	486	650	638	669
仙居县	3681	47	251	465	462	469	484
温岭市	6572	75	327	590	959	764	849
临海市	2941	16	174	259	327	360	375
玉环市	425	5	26	45	54	62	62
丽水市	**17083**	**106**	**977**	**1612**	**2272**	**2224**	**2700**
莲都区	407	1	29	23	48	46	44
青田县	3652	38	241	461	508	540	569
缙云县	4055	27	258	347	528	539	694
遂昌县	1906	9	99	166	267	265	304
松阳县	2091	12	105	179	305	228	305
云和县	1963	13	100	176	256	238	308
庆元县	1609	3	67	146	185	195	258
景宁畲族自治县	1202	3	71	106	158	154	189
龙泉市	198		7	8	17	19	29

4-1b　续表 6　　单位：人

地　区 性　别	45-49岁	50-54岁	55-59岁	60-64岁	65-69岁	70-74岁	75岁及以　上
合计	**111045**	**94850**	**59765**	**22812**	**13812**	**5166**	**1928**
杭州市	**8352**	**7125**	**4973**	**1691**	**958**	**377**	**124**
上城区							
下城区							
江干区							
拱墅区							
西湖区	1	3	2				
滨江区							
萧山区	1278	1047	597	263	152	70	30
余杭区	2202	1594	1003	256	109	18	5
富阳区	228	251	187	72	46	31	10
临安区	606	554	421	195	108	43	14
桐庐县	2380	2046	1534	513	321	140	39
淳安县	1143	1001	725	210	107	33	8
建德市	514	629	504	182	115	42	18
宁波市	**17485**	**14812**	**8724**	**3262**	**1694**	**590**	**173**
海曙区	183	193	135	45	23	13	8
江北区							
北仑区	291	180	138	34	19	5	
镇海区	428	358	202	61	27	7	1
鄞州区	2717	2181	1278	369	181	58	11
奉化区	499	483	352	123	70	22	1
象山县	2931	2583	1572	577	310	102	30
宁海县	3788	3111	1745	679	320	103	51
余姚市	2376	2118	1304	604	358	143	37
慈溪市	4272	3605	1998	770	386	137	34
温州市	**15979**	**12430**	**7870**	**3328**	**1965**	**774**	**381**
鹿城区	36	31	7	4	4	1	
龙湾区	2474	1784	882	275	115	20	10
瓯海区	154	120	50	18	13	10	1
洞头区	40	50	43	20	27	5	1
永嘉县	3478	2444	1477	551	281	109	59
平阳县	3893	3131	2141	826	495	191	87
苍南县	3847	3201	2141	1092	702	291	148
文成县	561	501	375	166	116	45	37
泰顺县	556	479	318	129	71	22	12
瑞安市	204	184	115	60	33	23	4
乐清市	612	393	249	143	76	40	19
龙港市	124	112	72	44	32	17	3
嘉兴市	**14548**	**12367**	**7777**	**2808**	**1911**	**639**	**148**
南湖区	461	535	337	157	109	46	19
秀洲区	1388	1223	685	240	167	52	14
嘉善县	4035	3246	1843	493	289	77	18
海盐县	2649	2284	1529	528	335	107	11
海宁市	3244	2459	1652	703	505	177	50
平湖市	1430	1428	906	336	276	86	19
桐乡市	1341	1192	825	351	230	94	17
湖州市	**12255**	**10560**	**6572**	**2158**	**1279**	**409**	**145**
吴兴区	2055	1576	880	271	139	41	18
南浔区	1053	1021	698	281	214	63	14
德清县	3028	2608	1630	551	289	89	33
长兴县	3440	3035	2015	687	417	158	66
安吉县	2679	2320	1349	368	220	58	14

4-1b 续表 7 单位：人

地　区 性　别	45-49岁	50-54岁	55-59岁	60-64岁	65-69岁	70-74岁	75岁及以上
绍兴市	**6398**	**5657**	**3670**	**1481**	**920**	**371**	**122**
越城区	38	37	23	8	4	1	
柯桥区	1868	1648	870	254	131	46	13
上虞区	406	441	289	207	117	41	19
新昌县	2232	1836	1260	441	203	72	34
诸暨市	1446	1284	849	341	253	88	20
嵊州市	408	411	379	230	212	123	36
金华市	**13011**	**10942**	**6395**	**2282**	**1429**	**539**	**208**
婺城区	577	458	320	121	77	40	12
金东区	1464	1144	644	246	134	41	16
武义县	2621	2291	1259	456	271	103	38
浦江县	1522	1365	837	240	161	68	27
磐安县	826	738	511	196	128	55	17
兰溪市	467	617	507	268	218	101	45
义乌市	2560	1978	966	288	144	33	18
东阳市	2276	1774	1012	342	202	66	21
永康市	698	577	339	125	94	32	14
衢州市	**4145**	**3879**	**2753**	**1288**	**957**	**413**	**181**
柯城区	81	84	70	32	23	6	3
衢江区	183	283	202	145	105	61	29
常山县	946	834	581	308	283	115	63
开化县	966	780	585	217	132	39	16
龙游县	1447	1312	840	305	194	90	27
江山市	522	586	475	281	220	102	43
舟山市	**2506**	**2518**	**1684**	**604**	**264**	**90**	**10**
定海区	231	232	193	90	48	8	2
普陀区	166	183	155	76	32	9	
岱山县	1723	1704	1051	339	109	48	7
嵊泗县	386	399	285	99	75	25	1
台州市	**9298**	**8586**	**5530**	**2434**	**1410**	**577**	**242**
椒江区	55	56	32	5	1	1	
黄岩区	247	261	219	107	58	18	16
路桥区	1004	919	503	212	172	67	28
三门县	1506	1330	792	335	171	64	19
天台县	1490	1239	808	285	133	53	13
仙居县	1413	1262	836	321	198	70	14
温岭市	2414	2404	1529	742	397	183	92
临海市	1027	986	720	386	256	112	54
玉环市	142	129	91	41	24	9	6
丽水市	**7068**	**5974**	**3817**	**1476**	**1025**	**387**	**194**
莲都区	163	172	133	65	48	10	13
青田县	1328	1060	647	259	169	43	50
缙云县	1631	1416	869	363	233	124	54
遂昌县	843	683	456	163	98	49	17
松阳县	851	754	498	214	170	56	20
云和县	791	739	514	159	109	30	14
庆元县	843	641	353	111	84	31	7
景宁畲族自治县	505	404	272	110	94	37	14
龙泉市	113	105	75	32	20	7	5
男	**63225**	**60617**	**43162**	**16017**	**9457**	**3535**	**1355**
杭州市	**4756**	**4782**	**3793**	**1227**	**676**	**261**	**87**
上城区							
下城区							
江干区							
拱墅区							

4-1b　续表 8　　　　单位：人

地　区 性　别	45-49岁	50-54岁	55-59岁	60-64岁	65-69岁	70-74岁	75岁及以　上
西湖区	1	3	2				
滨江区							
萧山区	763	704	447	201	117	46	20
余杭区	1313	1163	839	200	82	12	3
富阳区	142	157	144	51	35	25	9
临安区	343	358	311	129	75	30	10
桐庐县	1288	1309	1106	361	219	98	28
淳安县	622	691	586	151	74	20	3
建德市	284	397	358	134	74	30	14
宁波市	**9751**	**9262**	**6311**	**2304**	**1224**	**409**	**139**
海曙区	105	137	109	35	14	11	5
江北区							
北仑区	168	142	106	28	18	4	
镇海区	260	242	148	51	18	6	1
鄞州区	1532	1434	982	288	139	44	9
奉化区	278	305	254	87	56	14	1
象山县	1636	1582	1146	402	222	70	27
宁海县	2024	1929	1238	464	215	70	40
余姚市	1253	1255	888	398	239	88	25
慈溪市	2495	2236	1440	551	303	102	31
温州市	**9600**	**8048**	**5497**	**2405**	**1354**	**561**	**288**
鹿城区	22	20	6	3	2	1	
龙湾区	1546	1171	643	229	86	17	9
瓯海区	105	81	29	15	9	7	1
洞头区	27	35	28	13	16	3	1
永嘉县	2151	1643	1060	417	203	80	44
平阳县	2262	1984	1508	605	344	138	66
苍南县	2295	2042	1431	739	460	203	109
文成县	345	330	280	116	82	42	32
泰顺县	341	319	237	109	55	20	10
瑞安市	114	123	82	35	25	15	3
乐清市	327	233	148	90	49	23	10
龙港市	65	67	45	34	23	12	3
嘉兴市	**8038**	**7913**	**5593**	**1935**	**1255**	**411**	**98**
南湖区	251	325	240	104	69	29	12
秀洲区	721	759	455	153	120	29	10
嘉善县	2261	2112	1406	356	210	54	11
海盐县	1408	1511	1104	367	210	63	8
海宁市	1888	1608	1169	491	316	118	34
平湖市	802	884	631	217	171	51	12
桐乡市	707	714	588	247	159	67	11
湖州市	**6794**	**6789**	**4997**	**1567**	**915**	**292**	**93**
吴兴区	1038	783	533	180	95	32	7
南浔区	574	641	533	205	151	40	10
德清县	1703	1760	1300	411	203	69	19
长兴县	1962	2041	1587	495	301	107	45
安吉县	1517	1564	1044	276	165	44	12
绍兴市	**3553**	**3517**	**2637**	**1037**	**652**	**243**	**85**
越城区	19	23	19	5	4	1	
柯桥区	1099	1037	631	197	91	32	9
上虞区	206	252	209	139	85	29	14
新昌县	1194	1167	912	294	141	40	17
诸暨市	799	792	607	245	187	64	17
嵊州市	236	246	259	157	144	77	28

4-1b 续表 9　　　　单位：人

地　区 性　别	45-49岁	50-54岁	55-59岁	60-64岁	65-69岁	70-74岁	75岁及以　上
金华市	**7243**	**6640**	**4372**	**1565**	**956**	**346**	**142**
婺城区	332	299	228	77	56	22	9
金东区	843	701	442	166	94	22	10
武义县	1457	1419	861	305	177	68	26
浦江县	854	822	588	159	103	49	21
磐安县	447	447	362	139	80	37	14
兰溪市	257	338	320	174	144	67	31
义乌市	1347	1123	658	223	103	23	13
东阳市	1315	1128	712	241	140	36	8
永康市	391	363	201	81	59	22	10
衢州市	**2375**	**2485**	**1997**	**865**	**641**	**287**	**131**
柯城区	50	49	51	26	18	4	2
衢江区	116	182	136	114	77	49	22
常山县	542	539	436	189	169	78	45
开化县	542	534	455	153	93	26	14
龙游县	835	853	612	204	130	62	20
江山市	290	328	307	179	154	68	28
舟山市	**1802**	**1957**	**1388**	**480**	**185**	**58**	**9**
定海区	132	153	151	71	33	6	2
普陀区	98	123	112	57	24	8	
岱山县	1351	1409	898	277	73	29	6
嵊泗县	221	272	227	75	55	15	1
台州市	**5265**	**5392**	**3816**	**1632**	**901**	**393**	**147**
椒江区	36	37	28	3	1	1	
黄岩区	131	156	143	66	38	13	9
路桥区	542	571	323	131	101	47	20
三门县	871	892	602	247	122	56	14
天台县	829	790	625	207	98	40	10
仙居县	801	797	577	243	136	49	8
温岭市	1398	1482	1010	474	233	108	48
临海市	578	585	447	235	162	71	33
玉环市	79	82	61	26	10	8	5
丽水市	**4048**	**3832**	**2761**	**1000**	**698**	**274**	**136**
莲都区	93	111	95	44	31	7	7
青田县	785	672	450	173	121	29	31
缙云县	942	909	634	255	165	83	40
遂昌县	480	457	356	109	63	35	13
松阳县	511	467	350	122	105	37	14
云和县	436	463	363	114	74	23	11
庆元县	474	408	258	81	64	24	6
景宁畲族自治县	266	266	202	78	64	29	10
龙泉市	61	79	53	24	11	7	4
女	**47820**	**34233**	**16603**	**6795**	**4355**	**1631**	**573**
杭州市	**3596**	**2343**	**1180**	**464**	**282**	**116**	**37**
上城区							
下城区							
江干区							
拱墅区							
西湖区							
滨江区							
萧山区	515	343	150	62	35	24	10
余杭区	889	431	164	56	27	6	2
富阳区	86	94	43	21	11	6	1
临安区	263	196	110	66	33	13	4
桐庐县	1092	737	428	152	102	42	11
淳安县	521	310	139	59	33	13	5
建德市	230	232	146	48	41	12	4

4-1b　续表 10　　　　单位：人

地　区 性　别	45-49岁	50-54岁	55-59岁	60-64岁	65-69岁	70-74岁	75岁及 以　上
宁波市	**7734**	**5550**	**2413**	**958**	**470**	**181**	**34**
海曙区	78	56	26	10	9	2	3
江北区							
北仑区	123	38	32	6	1	1	
镇海区	168	116	54	10	9	1	
鄞州区	1185	747	296	81	42	14	2
奉化区	221	178	98	36	14	8	
象山县	1295	1001	426	175	88	32	3
宁海县	1764	1182	507	215	105	33	11
余姚市	1123	863	416	206	119	55	12
慈溪市	1777	1369	558	219	83	35	3
温州市	**6379**	**4382**	**2373**	**923**	**611**	**213**	**93**
鹿城区	14	11	1	1	2		
龙湾区	928	613	239	46	29	3	1
瓯海区	49	39	21	3	4	3	
洞头区	13	15	15	7	11	2	
永嘉县	1327	801	417	134	78	29	15
平阳县	1631	1147	633	221	151	53	21
苍南县	1552	1159	710	353	242	88	39
文成县	216	171	95	50	34	3	5
泰顺县	215	160	81	20	16	2	2
瑞安市	90	61	33	25	8	8	1
乐清市	285	160	101	53	27	17	9
龙港市	59	45	27	10	9	5	
嘉兴市	**6510**	**4454**	**2184**	**873**	**656**	**228**	**50**
南湖区	210	210	97	53	40	17	7
秀洲区	667	464	230	87	47	23	4
嘉善县	1774	1134	437	137	79	23	7
海盐县	1241	773	425	161	125	44	3
海宁市	1356	851	483	212	189	59	16
平湖市	628	544	275	119	105	35	7
桐乡市	634	478	237	104	71	27	6
湖州市	**5461**	**3771**	**1575**	**591**	**364**	**117**	**52**
吴兴区	1017	793	347	91	44	9	11
南浔区	479	380	165	76	63	23	4
德清县	1325	848	330	140	86	20	14
长兴县	1478	994	428	192	116	51	21
安吉县	1162	756	305	92	55	14	2
绍兴市	**2845**	**2140**	**1033**	**444**	**268**	**128**	**37**
越城区	19	14	4	3			
柯桥区	769	611	239	57	40	14	4
上虞区	200	189	80	68	32	12	5
新昌县	1038	669	348	147	62	32	17
诸暨市	647	492	242	96	66	24	3
嵊州市	172	165	120	73	68	46	8
金华市	**5768**	**4302**	**2023**	**717**	**473**	**193**	**66**
婺城区	245	159	92	44	21	18	3
金东区	621	443	202	80	40	19	6
武义县	1164	872	398	151	94	35	12
浦江县	668	543	249	81	58	19	6
磐安县	379	291	149	57	48	18	3
兰溪市	210	279	187	94	74	34	14
义乌市	1213	855	308	65	41	10	5
东阳市	961	646	300	101	62	30	13
永康市	307	214	138	44	35	10	4

4-1b 续表 11 单位：人

地区 性别	45-49岁	50-54岁	55-59岁	60-64岁	65-69岁	70-74岁	75岁及以上
衢州市	**1770**	**1394**	**756**	**423**	**316**	**126**	**50**
柯城区	31	35	19	6	5	2	1
衢江区	67	101	66	31	28	12	7
常山县	404	295	145	119	114	37	18
开化县	424	246	130	64	39	13	2
龙游县	612	459	228	101	64	28	7
江山市	232	258	168	102	66	34	15
舟山市	**704**	**561**	**296**	**124**	**79**	**32**	**1**
定海区	99	79	42	19	15	2	
普陀区	68	60	43	19	8	1	
岱山县	372	295	153	62	36	19	1
嵊泗县	165	127	58	24	20	10	
台州市	**4033**	**3194**	**1714**	**802**	**509**	**184**	**95**
椒江区	19	19	4	2			
黄岩区	116	105	76	41	20	5	7
路桥区	462	348	180	81	71	20	8
三门县	635	438	190	88	49	8	5
天台县	661	449	183	78	35	13	3
仙居县	612	465	259	78	62	21	6
温岭市	1016	922	519	268	164	75	44
临海市	449	401	273	151	94	41	21
玉环市	63	47	30	15	14	1	1
丽水市	**3020**	**2142**	**1056**	**476**	**327**	**113**	**58**
莲都区	70	61	38	21	17	3	6
青田县	543	388	197	86	48	14	19
缙云县	689	507	235	108	68	41	14
遂昌县	363	226	100	54	35	14	4
松阳县	340	287	148	92	65	19	6
云和县	355	276	151	45	35	7	3
庆元县	369	233	95	30	20	7	1
景宁畲族自治县	239	138	70	32	30	8	4
龙泉市	52	26	22	8	9		1

4–1c　各地区分性别、年龄的就业人口(乡村)

单位：人

地区 性别	合计	16–19岁	20–24岁	25–29岁	30–34岁	35–39岁	40–44岁
合计	**956204**	**9715**	**48800**	**81247**	**106783**	**90090**	**95998**
杭州市	**110063**	**752**	**5471**	**9403**	**12903**	**9842**	**10528**
上城区							
下城区							
江干区							
拱墅区							
西湖区	1837	7	128	228	304	204	217
滨江区							
萧山区	28534	245	1870	2922	3844	2851	2976
余杭区	29293	308	1895	3432	4577	3350	3152
富阳区	11809	52	490	887	1189	1084	1277
临安区	13343	55	394	800	1182	985	1088
桐庐县	6320	29	220	364	557	429	546
淳安县	9030	15	138	228	360	313	510
建德市	9897	41	336	542	890	626	762
宁波市	**125243**	**1628**	**7146**	**11594**	**15351**	**12577**	**13142**
海曙区	7688	103	444	792	973	810	868
江北区	5355	78	370	588	787	567	645
北仑区	12667	163	809	1500	1870	1486	1416
镇海区	3831	48	201	349	479	394	416
鄞州区	19419	302	1349	2026	2723	2103	2376
奉化区	13875	148	663	924	1281	1207	1360
象山县	10585	75	341	550	947	997	939
宁海县	13252	117	545	876	1274	1173	1382
余姚市	12783	185	702	1176	1414	1114	1144
慈溪市	25788	409	1722	2813	3603	2726	2596
温州市	**119326**	**1362**	**6158**	**11377**	**14259**	**14159**	**14795**
鹿城区	6080	93	399	687	915	918	833
龙湾区	50	1	2	3	11	3	6
瓯海区	8328	118	520	953	1278	1191	1217
洞头区	3390	49	181	375	456	388	348
永嘉县	12688	119	710	1202	1431	1463	1538
平阳县	15838	148	720	1465	1731	1764	1960
苍南县	13413	68	577	1169	1171	1347	1628
文成县	4257	49	181	295	426	496	556
泰顺县	3588	25	143	277	307	362	416
瑞安市	24424	385	1417	2331	3187	2950	3184
乐清市	26513	298	1279	2551	3269	3195	3033
龙港市	757	9	29	69	77	82	76
嘉兴市	**104050**	**1160**	**6069**	**10618**	**13761**	**9074**	**8963**
南湖区	7363	92	475	823	950	574	545
秀洲区	15126	320	1117	1743	2077	1358	1394
嘉善县	10910	105	675	1034	1319	855	949
海盐县	10282	84	464	915	1101	781	780
海宁市	23468	222	1282	2423	3824	2660	2456
平湖市	15447	124	764	1396	1914	1182	1139
桐乡市	21454	213	1292	2284	2576	1664	1700
湖州市	**67151**	**599**	**3625**	**6380**	**8137**	**5833**	**5978**
吴兴区	15521	187	988	1768	2475	1549	1480
南浔区	12514	82	520	953	1229	956	1057
德清县	12797	117	714	1193	1544	1110	982
长兴县	14135	114	772	1274	1540	1130	1358
安吉县	12184	99	631	1192	1349	1088	1101

4-1c 续表 1　　单位：人

地区 性别	合计	16-19岁	20-24岁	25-29岁	30-34岁	35-39岁	40-44岁
绍兴市	**80318**	**533**	**3401**	**6006**	**7213**	**5589**	**6909**
越城区	8823	72	457	905	994	742	831
柯桥区	12377	104	653	1291	1440	904	1046
上虞区	14811	110	572	1142	1328	878	1091
新昌县	7733	26	152	234	375	484	559
诸暨市	23294	175	1100	1642	2155	1702	2095
嵊州市	13280	46	467	792	921	879	1287
金华市	**115522**	**1490**	**6473**	**10319**	**13360**	**11785**	**13030**
婺城区	10365	49	435	729	956	900	1193
金东区	11526	156	632	1006	1435	1221	1393
武义县	9157	138	591	765	1035	836	943
浦江县	14075	195	820	1502	1694	1643	1742
磐安县	4006	21	136	204	245	277	401
兰溪市	13804	63	418	746	903	878	1245
义乌市	21553	396	1685	2661	3317	2763	2468
东阳市	15591	143	659	1286	1672	1559	1734
永康市	15445	329	1097	1420	2103	1708	1911
衢州市	**46254**	**282**	**1425**	**2392**	**2849**	**3155**	**3960**
柯城区	5941	29	268	501	495	528	516
衢江区	9884	76	340	564	604	691	801
常山县	6660	38	146	270	402	468	637
开化县	4416	20	87	132	213	283	420
龙游县	8838	59	326	421	575	593	756
江山市	10515	60	258	504	560	592	830
舟山市	**18609**	**133**	**709**	**1251**	**2099**	**1869**	**1815**
定海区	6436	55	312	489	828	643	595
普陀区	6834	47	246	461	730	731	736
岱山县	4146	29	127	223	453	391	386
嵊泗县	1193	2	24	78	88	104	98
台州市	**131681**	**1506**	**6991**	**10010**	**14109**	**13421**	**13223**
椒江区	13260	317	979	1293	1725	1431	1344
黄岩区	11729	128	705	959	1246	1238	1134
路桥区	13301	194	817	1242	1561	1455	1486
三门县	7253	35	226	347	600	716	692
天台县	7902	64	483	597	824	783	838
仙居县	7588	80	427	618	605	530	614
温岭市	29568	268	1286	2013	3367	2955	2788
临海市	29571	298	1512	2004	2654	2891	2855
玉环市	11509	122	556	937	1527	1422	1472
丽水市	**37987**	**270**	**1332**	**1897**	**2742**	**2786**	**3655**
莲都区	6761	60	270	373	565	526	570
青田县	5631	69	280	456	621	582	644
缙云县	7177	55	259	357	519	546	703
遂昌县	3749	14	82	145	185	225	312
松阳县	5982	28	178	258	383	349	547
云和县	1669	14	71	81	128	142	203
庆元县	2103	10	58	70	92	136	217
景宁畲族自治县	2146	6	54	58	103	120	169
龙泉市	2769	14	80	99	146	160	290
男	**590705**	**6374**	**29973**	**49786**	**65055**	**54361**	**55287**
杭州市	**69839**	**538**	**3549**	**5873**	**7876**	**5989**	**6109**
上城区							
下城区							
江干区							
拱墅区							

4-1c　续表 2　　　　单位：人

地　区 性　别	合计	16-19岁	20-24岁	25-29岁	30-34岁	35-39岁	40-44岁
西湖区	1166	7	71	125	180	121	136
滨江区							
萧山区	17815	173	1204	1793	2291	1710	1677
余杭区	19381	228	1265	2161	2870	2081	1897
富阳区	7692	37	316	546	709	674	764
临安区	8551	39	256	523	740	633	628
桐庐县	3946	22	141	239	338	244	303
淳安县	5036	12	80	125	185	158	268
建德市	6252	20	216	361	563	368	436
宁波市	**77714**	**1104**	**4569**	**7215**	**9378**	**7583**	**7488**
海曙区	4774	73	288	490	567	477	473
江北区	3466	54	257	396	495	339	388
北仑区	8255	116	545	977	1200	929	854
镇海区	2577	26	149	231	318	260	265
鄞州区	12056	214	854	1257	1644	1226	1359
奉化区	8704	103	424	567	812	733	802
象山县	6687	49	212	342	613	616	554
宁海县	7944	82	323	533	754	709	749
余姚市	7737	137	453	707	820	656	611
慈溪市	15514	250	1064	1715	2155	1638	1433
温州市	**75188**	**862**	**3831**	**7163**	**8879**	**8746**	**8769**
鹿城区	3926	61	279	419	584	576	504
龙湾区	33	1	1	2	7	3	4
瓯海区	5330	65	311	626	747	745	746
洞头区	2366	41	132	262	332	269	226
永嘉县	8630	76	449	742	955	998	999
平阳县	9920	97	445	932	1070	1087	1168
苍南县	8287	47	374	735	731	798	929
文成县	2860	30	102	191	264	322	362
泰顺县	2543	12	91	176	226	248	289
瑞安市	15138	240	854	1433	1926	1778	1838
乐清市	15704	188	775	1604	1992	1873	1661
龙港市	451	4	18	41	45	49	43
嘉兴市	**60942**	**732**	**3589**	**6114**	**7974**	**5184**	**4879**
南湖区	4414	58	280	500	586	331	317
秀洲区	8617	184	645	927	1186	712	738
嘉善县	6683	81	428	663	825	531	540
海盐县	5957	55	266	534	619	452	427
海宁市	13629	143	732	1331	2144	1527	1363
平湖市	9142	85	477	837	1158	686	630
桐乡市	12500	126	761	1322	1456	945	864
湖州市	**42188**	**414**	**2221**	**3774**	**4893**	**3520**	**3328**
吴兴区	9750	128	615	1043	1496	962	850
南浔区	7769	60	331	587	736	566	603
德清县	7996	91	442	687	936	685	529
长兴县	8832	76	451	741	936	638	725
安吉县	7841	59	382	716	789	669	621
绍兴市	**48789**	**345**	**1956**	**3610**	**4392**	**3294**	**3822**
越城区	5316	48	245	548	616	427	452
柯桥区	7419	66	394	786	858	544	574
上虞区	8679	78	320	668	803	501	560
新昌县	4583	11	90	144	227	278	312
诸暨市	14214	117	630	960	1280	988	1151
嵊州市	8578	25	277	504	608	556	773

4-1c 续表 3

单位：人

地区 性别	合计	16-19岁	20-24岁	25-29岁	30-34岁	35-39岁	40-44岁
金华市	**69983**	**934**	**3875**	**6333**	**8143**	**7033**	**7537**
婺城区	6380	31	268	447	553	526	711
金东区	7035	105	397	616	869	722	814
武义县	5604	80	376	478	629	504	568
浦江县	8291	107	461	906	997	993	968
磐安县	2450	15	77	124	161	163	217
兰溪市	8263	41	246	471	567	504	690
义乌市	13181	247	1006	1607	2020	1688	1437
东阳市	9301	99	375	767	1025	901	990
永康市	9478	209	669	917	1322	1032	1142
衢州市	**29283**	**167**	**847**	**1448**	**1709**	**1930**	**2236**
柯城区	3881	19	150	298	298	359	292
衢江区	6481	50	215	363	367	426	457
常山县	4126	19	90	165	235	276	360
开化县	2878	15	50	70	120	176	235
龙游县	5632	30	193	247	354	344	427
江山市	6285	34	149	305	335	349	465
舟山市	**13429**	**105**	**506**	**913**	**1549**	**1369**	**1261**
定海区	4556	44	227	337	569	433	419
普陀区	4819	39	172	335	524	528	475
岱山县	3167	20	93	186	388	335	293
嵊泗县	887	2	14	55	68	73	74
台州市	**79530**	**988**	**4253**	**6191**	**8628**	**7994**	**7634**
椒江区	8045	223	621	783	1027	858	755
黄岩区	7095	76	403	585	760	749	641
路桥区	8042	135	508	779	963	822	847
三门县	4917	21	154	247	410	473	428
天台县	4911	39	282	365	525	478	499
仙居县	4760	56	242	396	379	338	363
温岭市	16792	169	738	1205	2015	1706	1549
临海市	17933	180	948	1223	1626	1731	1703
玉环市	7035	89	357	608	923	839	849
丽水市	**23820**	**185**	**777**	**1152**	**1634**	**1719**	**2224**
莲都区	4225	46	163	235	342	316	337
青田县	3538	44	163	265	345	356	384
缙云县	4584	36	145	214	347	357	442
遂昌县	2386	10	51	95	107	139	188
松阳县	3432	22	100	148	225	196	322
云和县	1044	6	42	50	73	81	126
庆元县	1343	5	36	39	61	95	131
景宁畲族自治县	1361	5	35	37	51	75	112
龙泉市	1907	11	42	69	83	104	182
女	**365499**	**3341**	**18827**	**31461**	**41728**	**35729**	**40711**
杭州市	**40224**	**214**	**1922**	**3530**	**5027**	**3853**	**4419**
上城区							
下城区							
江干区							
拱墅区							
西湖区	671		57	103	124	83	81
滨江区							
萧山区	10719	72	666	1129	1553	1141	1299
余杭区	9912	80	630	1271	1707	1269	1255
富阳区	4117	15	174	341	480	410	513
临安区	4792	16	138	277	442	352	460
桐庐县	2374	7	79	125	219	185	243
淳安县	3994	3	58	103	175	155	242
建德市	3645	21	120	181	327	258	326

4-1c　续表 4　　　　单位：人

地　区 性　别	合计	16-19岁	20-24岁	25-29岁	30-34岁	35-39岁	40-44岁
宁波市	**47529**	**524**	**2577**	**4379**	**5973**	**4994**	**5654**
海曙区	2914	30	156	302	406	333	395
江北区	1889	24	113	192	292	228	257
北仑区	4412	47	264	523	670	557	562
镇海区	1254	22	52	118	161	134	151
鄞州区	7363	88	495	769	1079	877	1017
奉化区	5171	45	239	357	469	474	558
象山县	3898	26	129	208	334	381	385
宁海县	5308	35	222	343	520	464	633
余姚市	5046	48	249	469	594	458	533
慈溪市	10274	159	658	1098	1448	1088	1163
温州市	**44138**	**500**	**2327**	**4214**	**5380**	**5413**	**6026**
鹿城区	2154	32	120	268	331	342	329
龙湾区	17		1	1	4		2
瓯海区	2998	53	209	327	531	446	471
洞头区	1024	8	49	113	124	119	122
永嘉县	4058	43	261	460	476	465	539
平阳县	5918	51	275	533	661	677	792
苍南县	5126	21	203	434	440	549	699
文成县	1397	19	79	104	162	174	194
泰顺县	1045	13	52	101	81	114	127
瑞安市	9286	145	563	898	1261	1172	1346
乐清市	10809	110	504	947	1277	1322	1372
龙港市	306	5	11	28	32	33	33
嘉兴市	**43108**	**428**	**2480**	**4504**	**5787**	**3890**	**4084**
南湖区	2949	34	195	323	364	243	228
秀洲区	6509	136	472	816	891	646	656
嘉善县	4227	24	247	371	494	324	409
海盐县	4325	29	198	381	482	329	353
海宁市	9839	79	550	1092	1680	1133	1093
平湖市	6305	39	287	559	756	496	509
桐乡市	8954	87	531	962	1120	719	836
湖州市	**24963**	**185**	**1404**	**2606**	**3244**	**2313**	**2650**
吴兴区	5771	59	373	725	979	587	630
南浔区	4745	22	189	366	493	390	454
德清县	4801	26	272	506	608	425	453
长兴县	5303	38	321	533	604	492	633
安吉县	4343	40	249	476	560	419	480
绍兴市	**31529**	**188**	**1445**	**2396**	**2821**	**2295**	**3087**
越城区	3507	24	212	357	378	315	379
柯桥区	4958	38	259	505	582	360	472
上虞区	6132	32	252	474	525	377	531
新昌县	3150	15	62	90	148	206	247
诸暨市	9080	58	470	682	875	714	944
嵊州市	4702	21	190	288	313	323	514
金华市	**45539**	**556**	**2598**	**3986**	**5217**	**4752**	**5493**
婺城区	3985	18	167	282	403	374	482
金东区	4491	51	235	390	566	499	579
武义县	3553	58	215	287	406	332	375
浦江县	5784	88	359	596	697	650	774
磐安县	1556	6	59	80	84	114	184
兰溪市	5541	22	172	275	336	374	555
义乌市	8372	149	679	1054	1297	1075	1031
东阳市	6290	44	284	519	647	658	744
永康市	5967	120	428	503	781	676	769

4-1c 续表 5

单位：人

地区 性别	合计	16-19岁	20-24岁	25-29岁	30-34岁	35-39岁	40-44岁
衢州市	**16971**	**115**	**578**	**944**	**1140**	**1225**	**1724**
柯城区	2060	10	118	203	197	169	224
衢江区	3403	26	125	201	237	265	344
常山县	2534	19	56	105	167	192	277
开化县	1538	5	37	62	93	107	185
龙游县	3206	29	133	174	221	249	329
江山市	4230	26	109	199	225	243	365
舟山市	**5180**	**28**	**203**	**338**	**550**	**500**	**554**
定海区	1880	11	85	152	259	210	176
普陀区	2015	8	74	126	206	203	261
岱山县	979	9	34	37	65	56	93
嵊泗县	306		10	23	20	31	24
台州市	**52151**	**518**	**2738**	**3819**	**5481**	**5427**	**5589**
椒江区	5215	94	358	510	698	573	589
黄岩区	4634	52	302	374	486	489	493
路桥区	5259	59	309	463	598	633	639
三门县	2336	14	72	100	190	243	264
天台县	2991	25	201	232	299	305	339
仙居县	2828	24	185	222	226	192	251
温岭市	12776	99	548	808	1352	1249	1239
临海市	11638	118	564	781	1028	1160	1152
玉环市	4474	33	199	329	604	583	623
丽水市	**14167**	**85**	**555**	**745**	**1108**	**1067**	**1431**
莲都区	2536	14	107	138	223	210	233
青田县	2093	25	117	191	276	226	260
缙云县	2593	19	114	143	172	189	261
遂昌县	1363	4	31	50	78	86	124
松阳县	2550	6	78	110	158	153	225
云和县	625	8	29	31	55	61	77
庆元县	760	5	22	31	31	41	86
景宁畲族自治县	785	1	19	21	52	45	57
龙泉市	862	3	38	30	63	56	108

4-1c　续表 6　　　　单位：人

地　区 性　别	45-49岁	50-54岁	55-59岁	60-64岁	65-69岁	70-74岁	75岁及以　上
合计	**127338**	**137799**	**107543**	**64453**	**50525**	**24344**	**11569**
杭州市	**14548**	**16165**	**13611**	**7615**	**5498**	**2562**	**1165**
上城区							
下城区							
江干区							
拱墅区							
西湖区	249	207	155	71	37	23	7
滨江区							
萧山区	4015	3905	2905	1436	950	450	165
余杭区	4202	3954	2577	1067	543	190	46
富阳区	1721	1829	1604	807	573	200	96
临安区	1695	2202	2154	1343	928	370	147
桐庐县	797	1008	946	592	512	231	89
淳安县	853	1406	1634	1308	1191	670	404
建德市	1016	1654	1636	991	764	428	211
宁波市	**17902**	**18217**	**12887**	**7189**	**4661**	**2146**	**803**
海曙区	1192	1115	792	323	191	67	18
江北区	822	766	447	155	92	28	10
北仑区	1791	1691	1053	459	296	112	21
镇海区	646	614	394	166	80	32	12
鄞州区	3133	2696	1639	616	306	100	50
奉化区	1849	2233	1803	1080	799	385	143
象山县	1316	1600	1418	1113	757	380	152
宁海县	1759	1965	1603	1124	805	428	201
余姚市	1771	1979	1529	909	520	243	97
慈溪市	3623	3558	2209	1244	815	371	99
温州市	**16571**	**14534**	**10533**	**6521**	**5100**	**2507**	**1450**
鹿城区	879	661	373	159	108	45	10
龙湾区	8	5	5	2	4		
瓯海区	1235	868	490	231	154	56	17
洞头区	450	447	364	182	91	44	15
永嘉县	1709	1586	1218	742	557	257	156
平阳县	2237	2056	1503	956	772	342	184
苍南县	1891	1687	1326	956	832	451	310
文成县	553	505	440	286	256	143	71
泰顺县	523	506	360	254	220	129	66
瑞安市	3634	2959	2018	1088	767	338	166
乐清市	3353	3146	2357	1612	1300	677	443
龙港市	99	108	79	53	39	25	12
嘉兴市	**12768**	**14524**	**11680**	**6396**	**5666**	**2455**	**916**
南湖区	821	1095	888	463	384	184	69
秀洲区	1947	2028	1531	696	604	233	78
嘉善县	1335	1581	1377	620	663	290	107
海盐县	1192	1611	1356	811	741	341	105
海宁市	2860	2612	2175	1308	1069	431	146
平湖市	1922	2568	1980	1066	894	378	120
桐乡市	2691	3029	2373	1432	1311	598	291
湖州市	**8621**	**10238**	**8165**	**4382**	**3457**	**1283**	**453**
吴兴区	1819	2104	1546	754	556	218	77
南浔区	1456	1974	1726	1056	1007	378	120
德清县	1656	1907	1627	951	661	230	105
长兴县	2003	2246	1749	863	700	272	114
安吉县	1687	2007	1517	758	533	185	37

4－1c 续表 7

单位：人

地区 性别	45－49岁	50－54岁	55－59岁	60－64岁	65－69岁	70－74岁	75岁及以上
绍兴市	**9920**	**12374**	**10715**	**7218**	**5996**	**3037**	**1407**
越城区	1108	1354	1026	600	449	202	83
柯桥区	1487	1854	1484	839	706	369	200
上虞区	1768	2341	2047	1461	1163	659	251
新昌县	781	1095	1183	989	904	567	384
诸暨市	3085	3731	3104	1888	1607	707	303
嵊州市	1691	1999	1871	1441	1167	533	186
金华市	**15218**	**15961**	**12248**	**6397**	**5417**	**2680**	**1144**
婺城区	1367	1633	1325	730	680	288	80
金东区	1495	1486	1209	622	530	252	89
武义县	1100	1261	1042	605	476	239	126
浦江县	1837	1895	1274	607	522	238	106
磐安县	594	663	540	367	311	160	87
兰溪市	1642	2313	2074	1282	1183	713	344
义乌市	2764	2496	1686	648	465	162	42
东阳市	2311	2323	1710	892	735	404	163
永康市	2108	1891	1388	644	515	224	107
衢州市	**6148**	**7581**	**6524**	**4639**	**4019**	**2226**	**1054**
柯城区	803	975	768	481	335	156	86
衢江区	1285	1653	1385	1005	836	441	203
常山县	897	969	909	683	639	389	213
开化县	532	737	729	555	438	201	69
龙游县	1238	1549	1277	773	707	407	157
江山市	1393	1698	1456	1142	1064	632	326
舟山市	**2567**	**2887**	**2333**	**1540**	**973**	**314**	**119**
定海区	895	946	781	451	309	100	32
普陀区	969	1098	800	548	352	82	34
岱山县	546	634	541	411	242	114	49
嵊泗县	157	209	211	130	70	18	4
台州市	**17868**	**19204**	**13956**	**9217**	**6597**	**3515**	**2064**
椒江区	1899	1773	1124	566	430	258	121
黄岩区	1581	1749	1323	777	538	248	103
路桥区	2082	1998	1183	607	420	174	82
三门县	1062	1149	881	733	465	234	113
天台县	1011	1196	895	565	383	179	84
仙居县	974	1161	1028	690	495	238	128
温岭市	3592	4232	3121	2238	1814	1059	835
临海市	3995	4366	3349	2445	1704	974	524
玉环市	1672	1580	1052	596	348	151	74
丽水市	**5207**	**6114**	**4891**	**3339**	**3141**	**1619**	**994**
莲都区	785	1001	871	583	605	334	218
青田县	700	696	562	423	324	149	125
缙云县	949	1050	874	673	606	335	251
遂昌县	528	687	544	417	378	153	79
松阳县	845	1084	830	545	498	310	127
云和县	248	276	224	132	96	39	15
庆元县	399	404	266	167	176	74	34
景宁畲族自治县	285	334	293	201	251	150	122
龙泉市	468	582	427	198	207	75	23
男	**72537**	**85354**	**71572**	**43213**	**33143**	**16242**	**7808**
杭州市	**8422**	**10428**	**9760**	**5273**	**3618**	**1646**	**758**
上城区							
下城区							
江干区							
拱墅区							

4-1c 续表 8

单位：人

地 区 性 别	45-49岁	50-54岁	55-59岁	60-64岁	65-69岁	70-74岁	75岁及以上
西湖区	164	142	130	52	23	12	3
滨江区							
萧山区	2271	2449	2084	1019	708	314	122
余杭区	2568	2794	2111	850	390	129	37
富阳区	1018	1226	1201	609	396	140	56
临安区	961	1388	1502	918	606	252	105
桐庐县	444	622	650	399	336	139	69
淳安县	444	783	955	765	668	367	226
建德市	552	1024	1127	661	491	293	140
宁波市	**10045**	**11368**	**8741**	**4884**	**3191**	**1549**	**599**
海曙区	663	725	577	239	135	53	14
江北区	483	493	342	121	64	25	9
北仑区	1048	1140	803	335	203	86	19
镇海区	395	421	294	122	62	26	8
鄞州区	1761	1729	1189	465	242	78	38
奉化区	1073	1365	1160	731	550	278	106
象山县	737	1001	878	744	534	289	118
宁海县	972	1165	1015	707	500	297	138
余姚市	960	1185	1029	603	337	170	69
慈溪市	1953	2144	1454	817	564	247	80
温州市	**9861**	**9237**	**7076**	**4456**	**3473**	**1817**	**1018**
鹿城区	553	444	271	116	72	39	8
龙湾区	5	2	5	1	2		
瓯海区	779	577	366	184	125	46	13
洞头区	289	311	264	125	67	38	10
永嘉县	1135	1103	877	555	428	201	112
平阳县	1272	1264	978	667	536	266	138
苍南县	1115	1060	840	613	524	307	214
文成县	365	340	322	203	182	120	57
泰顺县	355	374	275	180	161	104	52
瑞安市	2107	1844	1407	776	552	255	128
乐清市	1831	1857	1420	1001	801	423	278
龙港市	55	61	51	35	23	18	8
嘉兴市	**6894**	**8629**	**7511**	**4081**	**3415**	**1411**	**529**
南湖区	454	655	572	283	240	96	42
秀洲区	1039	1199	963	474	360	144	46
嘉善县	748	962	874	394	408	170	59
海盐县	644	945	869	490	423	178	55
海宁市	1562	1587	1410	825	675	244	86
平湖市	1040	1513	1249	668	524	204	71
桐乡市	1407	1768	1574	947	785	375	170
湖州市	**4849**	**6571**	**5723**	**3219**	**2437**	**933**	**306**
吴兴区	1058	1350	1057	571	400	162	58
南浔区	767	1175	1145	773	696	256	74
德清县	902	1218	1154	665	461	162	64
长兴县	1137	1463	1256	645	485	197	82
安吉县	985	1365	1111	565	395	156	28
绍兴市	**5345**	**7258**	**6994**	**4819**	**3975**	**2033**	**946**
越城区	587	779	686	416	315	138	59
柯桥区	772	1066	949	583	467	236	124
上虞区	882	1344	1287	949	722	412	153
新昌县	421	632	743	591	538	359	237
诸暨市	1694	2168	2069	1311	1120	499	227
嵊州市	989	1269	1260	969	813	389	146

4-1c 续表 9 单位：人

地区 性别	45-49岁	50-54岁	55-59岁	60-64岁	65-69岁	70-74岁	75岁及以上
金华市	**8525**	**9625**	**7817**	**4192**	**3466**	**1734**	**769**
婺城区	804	1005	890	471	421	193	60
金东区	868	921	780	397	335	152	59
武义县	648	759	668	386	281	146	81
浦江县	1027	1094	773	394	345	158	68
磐安县	346	403	349	228	203	102	62
兰溪市	841	1370	1260	842	730	466	235
义乌市	1539	1558	1150	452	333	112	32
东阳市	1265	1383	1077	581	476	258	104
永康市	1187	1132	870	441	342	147	68
衢州市	**3596**	**4704**	**4382**	**3194**	**2707**	**1572**	**791**
柯城区	478	636	541	379	253	110	68
衢江区	792	1047	983	707	580	333	161
常山县	510	610	597	444	404	256	160
开化县	317	477	487	400	329	142	60
龙游县	737	984	873	532	483	301	127
江山市	762	950	901	732	658	430	215
舟山市	**1742**	**2097**	**1733**	**1152**	**687**	**229**	**86**
定海区	587	689	587	341	219	78	26
普陀区	631	767	592	405	261	64	26
岱山县	419	473	394	299	161	74	32
嵊泗县	105	168	160	107	46	13	2
台州市	**10093**	**11540**	**8751**	**5789**	**4164**	**2215**	**1290**
椒江区	1072	1100	706	366	282	169	83
黄岩区	844	1065	871	506	364	159	72
路桥区	1155	1209	772	395	275	122	60
三门县	698	782	591	513	333	175	92
天台县	578	716	604	378	266	123	58
仙居县	570	717	631	461	341	169	97
温岭市	1915	2388	1821	1276	1000	580	430
临海市	2317	2590	2073	1501	1074	618	349
玉环市	944	973	682	393	229	100	49
丽水市	**3165**	**3897**	**3084**	**2154**	**2010**	**1103**	**716**
莲都区	481	670	548	368	362	209	148
青田县	444	462	388	275	217	106	89
缙云县	598	663	564	426	401	219	172
遂昌县	321	437	352	264	249	116	57
松阳县	466	604	449	328	280	197	95
云和县	141	178	137	95	70	33	12
庆元县	234	259	165	111	123	54	30
景宁畲族自治县	173	225	183	128	144	103	90
龙泉市	307	399	298	159	164	66	23
女	**54801**	**52445**	**35971**	**21240**	**17382**	**8102**	**3761**
杭州市	**6126**	**5737**	**3851**	**2342**	**1880**	**916**	**407**
上城区							
下城区							
江干区							
拱墅区							
西湖区	85	65	25	19	14	11	4
滨江区							
萧山区	1744	1456	821	417	242	136	43
余杭区	1634	1160	466	217	153	61	9
富阳区	703	603	403	198	177	60	40
临安区	734	814	652	425	322	118	42
桐庐县	353	386	296	193	176	92	20
淳安县	409	623	679	543	523	303	178
建德市	464	630	509	330	273	135	71

4-1c　续表 10　　单位：人

地　区 性　别	45-49岁	50-54岁	55-59岁	60-64岁	65-69岁	70-74岁	75岁及以上
宁波市	**7857**	**6849**	**4146**	**2305**	**1470**	**597**	**204**
海曙区	529	390	215	84	56	14	4
江北区	339	273	105	34	28	3	1
北仑区	743	551	250	124	93	26	2
镇海区	251	193	100	44	18	6	4
鄞州区	1372	967	450	151	64	22	12
奉化区	776	868	643	349	249	107	37
象山县	579	599	540	369	223	91	34
宁海县	787	800	588	417	305	131	63
余姚市	811	794	500	306	183	73	28
慈溪市	1670	1414	755	427	251	124	19
温州市	**6710**	**5297**	**3457**	**2065**	**1627**	**690**	**432**
鹿城区	326	217	102	43	36	6	2
龙湾区	3	3		1	2		
瓯海区	456	291	124	47	29	10	4
洞头区	161	136	100	57	24	6	5
永嘉县	574	483	341	187	129	56	44
平阳县	965	792	525	289	236	76	46
苍南县	776	627	486	343	308	144	96
文成县	188	165	118	83	74	23	14
泰顺县	168	132	85	74	59	25	14
瑞安市	1527	1115	611	312	215	83	38
乐清市	1522	1289	937	611	499	254	165
龙港市	44	47	28	18	16	7	4
嘉兴市	**5874**	**5895**	**4169**	**2315**	**2251**	**1044**	**387**
南湖区	367	440	316	180	144	88	27
秀洲区	908	829	568	222	244	89	32
嘉善县	587	619	503	226	255	120	48
海盐县	548	666	487	321	318	163	50
海宁市	1298	1025	765	483	394	187	60
平湖市	882	1055	731	398	370	174	49
桐乡市	1284	1261	799	485	526	223	121
湖州市	**3772**	**3667**	**2442**	**1163**	**1020**	**350**	**147**
吴兴区	761	754	489	183	156	56	19
南浔区	689	799	581	283	311	122	46
德清县	754	689	473	286	200	68	41
长兴县	866	783	493	218	215	75	32
安吉县	702	642	406	193	138	29	9
绍兴市	**4575**	**5116**	**3721**	**2399**	**2021**	**1004**	**461**
越城区	521	575	340	184	134	64	24
柯桥区	715	788	535	256	239	133	76
上虞区	886	997	760	512	441	247	98
新昌县	360	463	440	398	366	208	147
诸暨市	1391	1563	1035	577	487	208	76
嵊州市	702	730	611	472	354	144	40
金华市	**6693**	**6336**	**4431**	**2205**	**1951**	**946**	**375**
婺城区	563	628	435	259	259	95	20
金东区	627	565	429	225	195	100	30
武义县	452	502	374	219	195	93	45
浦江县	810	801	501	213	177	80	38
磐安县	248	260	191	139	108	58	25
兰溪市	801	943	814	440	453	247	109
义乌市	1225	938	536	196	132	50	10
东阳市	1046	940	633	311	259	146	59
永康市	921	759	518	203	173	77	39

4-1c 续表 11

单位：人

地区 性别	45-49岁	50-54岁	55-59岁	60-64岁	65-69岁	70-74岁	75岁及以上
衢州市	**2552**	**2877**	**2142**	**1445**	**1312**	**654**	**263**
柯城区	325	339	227	102	82	46	18
衢江区	493	606	402	298	256	108	42
常山县	387	359	312	239	235	133	53
开化县	215	260	242	155	109	59	9
龙游县	501	565	404	241	224	106	30
江山市	631	748	555	410	406	202	111
舟山市	**825**	**790**	**600**	**388**	**286**	**85**	**33**
定海区	308	257	194	110	90	22	6
普陀区	338	331	208	143	91	18	8
岱山县	127	161	147	112	81	40	17
嵊泗县	52	41	51	23	24	5	2
台州市	**7775**	**7664**	**5205**	**3428**	**2433**	**1300**	**774**
椒江区	827	673	418	200	148	89	38
黄岩区	737	684	452	271	174	89	31
路桥区	927	789	411	212	145	52	22
三门县	364	367	290	220	132	59	21
天台县	433	480	291	187	117	56	26
仙居县	404	444	397	229	154	69	31
温岭市	1677	1844	1300	962	814	479	405
临海市	1678	1776	1276	944	630	356	175
玉环市	728	607	370	203	119	51	25
丽水市	**2042**	**2217**	**1807**	**1185**	**1131**	**516**	**278**
莲都区	304	331	323	215	243	125	70
青田县	256	234	174	148	107	43	36
缙云县	351	387	310	247	205	116	79
遂昌县	207	250	192	153	129	37	22
松阳县	379	480	381	217	218	113	32
云和县	107	98	87	37	26	6	3
庆元县	165	145	101	56	53	20	4
景宁畲族自治县	112	109	110	73	107	47	32
龙泉市	161	183	129	39	43	9	

4-2 各地区分性别、受教育程度的就业人口

单位：人

地区 性别	合计	未上过学	学前教育	小学	初中	高中	大学专科	大学本科	硕士 研究生	博士 研究生
合计	**3642236**	**45157**	**2591**	**661770**	**1489995**	**592171**	**418005**	**389408**	**38795**	**4344**
杭州市	**683289**	**4116**	**332**	**83136**	**211335**	**117299**	**108860**	**133262**	**22107**	**2842**
上城区	14358	35	1	547	2581	2462	2743	4722	1144	123
下城区	22898	68	6	974	3709	3689	4852	7781	1608	211
江干区	85689	354	35	5179	20523	16810	16741	21524	3861	662
拱墅区	32246	90	9	1288	5248	5486	7193	10999	1755	178
西湖区	58130	159	11	3082	9281	8889	11944	19222	4574	968
滨江区	28823	97	1	1450	3842	3268	5859	11195	2916	195
萧山区	141699	1065	44	23913	51469	22789	19912	20127	2257	123
余杭区	158794	724	96	21340	58995	26690	23365	24075	3221	288
富阳区	45761	255	5	7146	17951	8538	6241	5267	326	32
临安区	34048	158	32	5943	14358	6466	3769	3049	223	50
桐庐县	24067	296	27	3942	10257	4847	2558	2037	95	8
淳安县	16444	681	50	4247	5368	3032	1511	1504	50	1
建德市	20332	134	15	4085	7753	4333	2172	1760	77	3
宁波市	**573896**	**3889**	**286**	**98682**	**246613**	**87712**	**67357**	**63456**	**5415**	**486**
海曙区	59049	231	17	8235	22929	9842	8752	8220	754	69
江北区	26891	142	5	3223	9820	3998	4393	4738	521	51
北仑区	56047	335	15	6496	25682	10180	7432	5559	323	25
镇海区	33830	218	17	5128	13552	5106	4530	4692	499	88
鄞州区	94622	562	23	11315	30989	14270	15576	19531	2168	188
奉化区	34028	232	24	7876	14902	5417	2981	2455	133	8
象山县	29532	483	56	7068	12399	4445	2701	2292	82	6
宁海县	37933	340	39	8576	16269	5960	3704	2901	141	3
余姚市	76375	620	47	14709	37263	11450	6911	5112	246	17
慈溪市	125589	726	43	26056	62808	17044	10377	7956	548	31
温州市	**495699**	**11396**	**506**	**110553**	**204048**	**80428**	**51190**	**34925**	**2374**	**279**
鹿城区	64297	550	40	7913	26540	10706	8561	8840	1043	104
龙湾区	45697	720	31	9178	20332	7784	4749	2728	161	14
瓯海区	54350	685	33	9690	25581	9229	4961	3625	435	111
洞头区	7085	185	5	1582	2831	1089	804	555	34	
永嘉县	36394	676	39	8000	15315	6843	3356	2085	76	4
平阳县	41922	1521	37	11993	15080	5864	4398	2917	107	5
苍南县	40241	2282	55	12620	13294	5550	4308	2072	55	5
文成县	8242	175	15	2336	3358	1051	655	633	19	
泰顺县	7114	255	9	2436	2149	935	755	559	16	
瑞安市	79508	2460	82	19699	34427	11146	6683	4792	202	17
乐清市	86951	1200	128	18392	36942	16323	9085	4695	171	15
龙港市	23898	687	32	6714	8199	3908	2875	1424	55	4
嘉兴市	**350358**	**3043**	**238**	**67452**	**157449**	**52398**	**36912**	**30901**	**1820**	**145**
南湖区	49051	286	24	6595	18089	7986	7380	7900	727	64
秀洲区	44855	494	15	8676	20490	6261	4665	3942	279	33
嘉善县	41647	438	31	7626	19269	6744	4424	2983	129	3
海盐县	28379	320	16	5669	12045	4099	3179	2926	121	4
海宁市	75570	670	72	14607	36034	11895	6767	5262	241	22
平湖市	44401	390	26	9169	19856	6049	5132	3638	133	8
桐乡市	66455	445	54	15110	31666	9364	5365	4250	190	11
湖州市	**196479**	**1244**	**118**	**39148**	**85894**	**31921**	**19522**	**17494**	**1057**	**81**
吴兴区	64484	323	49	9851	29443	10076	6917	7168	595	62
南浔区	30338	366	11	8098	13982	4098	2213	1515	52	3
德清县	33002	134	13	7677	13083	5627	3316	2993	150	9
长兴县	37568	201	41	7235	15393	6908	4206	3426	154	4
安吉县	31087	220	4	6287	13993	5212	2870	2392	106	3

4-2 续表 1 单位：人

地区 性别	合计	未上过学	学前教育	小学	初中	高中	大学专科	大学本科	硕士 研究生	博士 研究生
绍兴市	**294152**	**1764**	**209**	**47003**	**134766**	**50000**	**30311**	**28373**	**1584**	**142**
越城区	52403	152	68	7156	19458	8780	7216	8773	721	79
柯桥区	75959	604	48	13760	37682	11881	6202	5550	220	12
上虞区	47455	504	34	9203	20074	7544	5404	4432	240	20
新昌县	21853	184	33	3664	8270	4765	2528	2265	131	13
诸暨市	64203	218	8	8498	33589	10455	6006	5225	190	14
嵊州市	32279	102	18	4722	15693	6575	2955	2128	82	4
金华市	**404678**	**5719**	**233**	**65163**	**189369**	**71532**	**42754**	**28108**	**1651**	**149**
婺城区	47404	757	25	7054	15597	9199	7497	6502	673	100
金东区	30560	386	11	5587	14709	5012	2894	1828	127	6
武义县	27990	595	31	5692	13635	4452	2150	1383	49	3
浦江县	25396	446	18	4576	12798	3771	2123	1613	48	3
磐安县	8918	165	14	1857	3837	1538	814	673	18	2
兰溪市	29430	883	40	6690	12980	4800	2414	1571	48	4
义乌市	123564	945	35	14958	59477	24442	15346	7978	362	21
东阳市	58322	745	27	8676	29311	9617	5471	4244	223	8
永康市	53094	797	32	10073	27025	8701	4045	2316	103	2
衢州市	**108797**	**2810**	**205**	**22327**	**43668**	**18705**	**10389**	**10157**	**504**	**32**
柯城区	25957	242	15	2653	8592	5156	4313	4634	328	24
衢江区	17734	583	22	4120	8237	2861	1127	745	38	1
常山县	12799	874	63	3424	4829	1802	874	905	28	
开化县	10143	316	35	2553	3964	1527	855	869	24	
龙游县	18002	455	40	3688	8032	2906	1467	1376	33	5
江山市	24162	340	30	5889	10014	4453	1753	1628	53	2
舟山市	**64854**	**423**	**47**	**12339**	**26611**	**8979**	**7990**	**7897**	**510**	**58**
定海区	25409	131	15	3990	8939	3813	3730	4368	374	49
普陀区	21057	145	12	3994	8984	3094	2646	2077	96	9
岱山县	14867	110	17	3483	7289	1671	1296	972	29	
嵊泗县	3521	37	3	872	1399	401	318	480	11	
台州市	**362610**	**8625**	**221**	**90642**	**147685**	**56755**	**32654**	**24562**	**1363**	**103**
椒江区	49741	955	9	9778	17640	7876	6521	6346	560	56
黄岩区	35704	405	7	8327	14854	6390	3295	2325	93	8
路桥区	38213	854	13	9752	16050	6262	3084	2110	86	2
三门县	16522	1028	16	4011	6288	2422	1487	1221	47	2
天台县	18015	123	3	3145	7571	3371	2063	1686	49	4
仙居县	16345	292	33	2803	6549	3407	1875	1323	60	3
温岭市	89179	1730	117	26510	38380	12322	6038	3911	165	6
临海市	56448	1186	16	15285	21986	8902	5140	3688	223	22
玉环市	42443	2052	7	11031	18367	5803	3151	1952	80	
丽水市	**107424**	**2128**	**196**	**25325**	**42557**	**16442**	**10066**	**10273**	**410**	**27**
莲都区	28401	627	34	4989	9977	5253	3432	3810	258	21
青田县	14566	194	26	3719	6301	2414	890	997	24	1
缙云县	17478	158	26	3360	8510	2609	1525	1264	25	1
遂昌县	8498	234	22	2143	3346	1202	785	749	15	2
松阳县	11047	359	32	3219	4174	1516	904	809	33	1
云和县	6575	131	4	1740	2585	978	557	573	6	1
庆元县	6074	90	21	1851	2277	644	565	612	14	
景宁畲族自治县	4977	191	16	1773	1461	522	441	554	19	
龙泉市	9808	144	15	2531	3926	1304	967	905	16	
男	**2188814**	**15436**	**1172**	**377234**	**942739**	**388738**	**235997**	**203634**	**20978**	**2886**
杭州市	**409756**	**1385**	**170**	**49620**	**137129**	**76693**	**60612**	**70383**	**11907**	**1857**
上城区	7903	11		277	1635	1556	1451	2327	569	77
下城区	12496	18	1	532	2322	2251	2536	3883	819	134
江干区	49926	137	28	3167	13285	10486	9159	11289	1974	401
拱墅区	18221	32	4	759	3534	3418	3818	5601	934	121

4-2　续表 2

单位：人

地　区 性　别	合　计	未上过学	学前教育	小　学	初　中	高　中	大学专科	大学本科	硕　士 研究生	博　士 研究生
西湖区	33594	64	4	1847	6165	5656	6532	10243	2440	643
滨江区	16659	45	1	911	2539	1971	3207	6160	1697	128
萧山区	87639	367	21	14307	33767	15658	11511	10662	1254	92
余杭区	97390	310	64	13140	37943	17618	13199	13112	1808	196
富阳区	28650	111	5	4449	11885	5694	3542	2766	175	23
临安区	21197	56	14	3609	9382	4275	2115	1593	120	33
桐庐县	14408	81	11	2318	6281	3178	1423	1063	48	5
淳安县	9249	106	10	2016	3447	2007	867	764	31	1
建德市	12424	47	7	2288	4944	2925	1252	920	38	3
宁波市	**342308**	**1329**	**132**	**55302**	**154142**	**57460**	**37585**	**33000**	**3032**	**326**
海曙区	34532	72	9	4514	14302	6282	4759	4145	406	43
江北区	16310	55	3	1964	6466	2611	2428	2483	264	36
北仑区	34875	122	8	3840	16407	6800	4404	3100	175	19
镇海区	20857	62	12	3023	8842	3459	2602	2514	285	58
鄞州区	54779	179	13	6392	19588	8988	8276	10023	1203	117
奉化区	20470	78	14	4480	9271	3635	1673	1237	77	5
象山县	17674	201	24	4152	7743	2832	1538	1133	46	5
宁海县	22158	103	11	4524	9973	3864	2066	1533	83	1
余姚市	45080	224	24	8010	22683	7523	3890	2565	147	14
慈溪市	75573	233	14	14403	38867	11466	5949	4267	346	28
温州市	**305170**	**4385**	**236**	**64823**	**132274**	**53502**	**29980**	**18542**	**1234**	**194**
鹿城区	37878	173	20	4414	16724	6838	4664	4459	513	73
龙湾区	29308	277	17	5504	13613	5328	2915	1551	94	9
瓯海区	34281	290	19	5807	16865	6259	2891	1862	215	73
洞头区	4580	47	1	995	1927	770	503	321	16	
永嘉县	23435	296	25	5161	10267	4577	1960	1105	41	3
平阳县	25815	599	22	7139	9962	3894	2555	1588	51	5
苍南县	24598	889	24	7324	8753	3752	2637	1186	29	4
文成县	5339	93	8	1607	2246	690	370	315	10	
泰顺县	4772	116	8	1697	1523	684	448	285	11	
瑞安市	48670	1017	36	11638	22007	7420	3889	2529	120	14
乐清市	51561	389	47	9752	22845	10585	5321	2513	100	9
龙港市	14933	199	9	3785	5542	2705	1827	828	34	4
嘉兴市	**206303**	**931**	**92**	**36442**	**96038**	**34485**	**21376**	**15844**	**992**	**103**
南湖区	29020	83	7	3696	11414	5174	4171	4049	376	50
秀洲区	26170	145	3	4560	12404	4158	2711	2017	149	23
嘉善县	25448	157	12	4293	12121	4561	2702	1525	75	2
海盐县	16703	95	5	2973	7483	2698	1828	1548	69	4
海宁市	44772	186	37	7957	22002	7868	3902	2665	142	13
平湖市	26075	107	12	4842	12196	3992	2982	1867	71	6
桐乡市	38115	158	16	8121	18418	6034	3080	2173	110	5
湖州市	**119090**	**464**	**59**	**23242**	**54144**	**20771**	**10909**	**8876**	**570**	**55**
吴兴区	37979	102	22	5570	17919	6458	3898	3652	316	42
南浔区	18695	137	5	4802	8939	2759	1271	750	29	3
德清县	20225	61	8	4699	8420	3645	1818	1498	70	6
长兴县	22980	81	21	4372	9757	4505	2398	1749	95	2
安吉县	19211	83	3	3799	9109	3404	1524	1227	60	2
绍兴市	**174869**	**578**	**102**	**26051**	**82788**	**32521**	**17060**	**14798**	**873**	**98**
越城区	30776	59	32	4148	11992	5581	4000	4527	382	55
柯桥区	45969	201	27	7502	23916	7789	3478	2930	118	8
上虞区	27952	150	18	5084	12147	4900	3140	2349	151	13
新昌县	12659	50	11	1865	4966	3035	1446	1196	79	11
诸暨市	37881	78	4	4685	20050	6904	3326	2723	102	9
嵊州市	19632	40	10	2767	9717	4312	1670	1073	41	2

4-2 续表 3

单位：人

地区 性别	合计	未上过学	学前教育	小学	初中	高中	大学专科	大学本科	硕士 研究生	博士 研究生
金华市	**240428**	**1558**	**91**	**35145**	**116986**	**46787**	**23971**	**14921**	**869**	**100**
婺城区	28009	240	8	4058	9868	5879	4140	3393	354	69
金东区	18645	96	3	3090	9476	3303	1630	969	73	5
武义县	16796	165	14	3019	8630	3010	1210	721	25	2
浦江县	14764	105	6	2287	7588	2592	1266	893	25	2
磐安县	5323	40	6	943	2401	1069	476	377	9	2
兰溪市	17371	243	13	3631	7960	3246	1398	856	23	1
义乌市	72901	282	15	7750	35959	15740	8588	4372	180	15
东阳市	34037	189	12	4618	17736	6224	2967	2158	129	4
永康市	32582	198	14	5749	17368	5724	2296	1182	51	
衢州市	**65943**	**947**	**89**	**13073**	**28083**	**12248**	**5854**	**5346**	**280**	**23**
柯城区	15440	71	7	1607	5540	3236	2377	2404	180	18
衢江区	11372	208	11	2579	5548	1951	638	416	20	1
常山县	7710	298	22	1967	3168	1245	501	490	19	
开化县	6267	115	15	1541	2556	1055	496	477	12	
龙游县	11032	156	23	2220	5133	1891	853	737	17	2
江山市	14122	99	11	3159	6138	2870	989	822	32	2
舟山市	**43797**	**165**	**21**	**8460**	**19627**	**6046**	**4913**	**4243**	**278**	**44**
定海区	15997	47	6	2640	6172	2503	2168	2219	205	37
普陀区	13610	45	7	2495	6324	1989	1591	1106	46	7
岱山县	11842	58	8	2689	6136	1309	957	664	21	
嵊泗县	2348	15		636	995	245	197	254	6	
台州市	**215843**	**2950**	**95**	**50003**	**93908**	**37445**	**18148**	**12487**	**738**	**69**
椒江区	29151	322	2	5487	11168	5081	3540	3224	289	38
黄岩区	21648	128	3	4575	9686	4285	1776	1138	52	5
路桥区	22967	300	8	5435	10241	4148	1728	1056	49	2
三门县	10656	425	7	2465	4373	1799	903	663	20	1
天台县	10855	54	1	1823	4707	2259	1146	835	28	2
仙居县	9836	125	15	1681	4113	2191	984	692	33	2
温岭市	51814	459	48	13903	23978	7943	3387	2002	90	4
临海市	33484	408	8	8329	13809	5951	2954	1882	128	15
玉环市	25432	729	3	6305	11833	3788	1730	995	49	
丽水市	**65307**	**744**	**85**	**15073**	**27620**	**10780**	**5589**	**5194**	**205**	**17**
莲都区	17158	221	13	3037	6518	3406	1874	1946	130	13
青田县	8821	76	10	2178	4023	1556	486	480	11	1
缙云县	10830	51	13	2003	5512	1752	852	633	13	1
遂昌县	5229	70	7	1287	2233	770	462	393	7	
松阳县	6406	97	14	1762	2594	994	507	421	16	1
云和县	3987	49	4	1007	1683	650	298	289	6	1
庆元县	3705	23	10	1073	1499	454	336	304	6	
景宁畲族自治县	2990	79	6	1043	981	339	244	289	9	
龙泉市	6181	78	8	1683	2577	859	530	439	7	
女	**1453422**	**29721**	**1419**	**284536**	**547256**	**203433**	**182008**	**185774**	**17817**	**1458**
杭州市	**273533**	**2731**	**162**	**33516**	**74206**	**40606**	**48248**	**62879**	**10200**	**985**
上城区	6455	24	1	270	946	906	1292	2395	575	46
下城区	10402	50	5	442	1387	1438	2316	3898	789	77
江干区	35763	217	7	2012	7238	6324	7582	10235	1887	261
拱墅区	14025	58	5	529	1714	2068	3375	5398	821	57
西湖区	24536	95	7	1235	3116	3233	5412	8979	2134	325
滨江区	12164	52		539	1303	1297	2652	5035	1219	67
萧山区	54060	698	23	9606	17702	7131	8401	9465	1003	31
余杭区	61404	414	32	8200	21052	9072	10166	10963	1413	92
富阳区	17111	144		2697	6066	2844	2699	2501	151	9
临安区	12851	102	18	2334	4976	2191	1654	1456	103	17
桐庐县	9659	215	16	1624	3976	1669	1135	974	47	3
淳安县	7195	575	40	2231	1921	1025	644	740	19	
建德市	7908	87	8	1797	2809	1408	920	840	39	

4–2 续表 4

单位：人

地区 性别	合计	未上过学	学前教育	小学	初中	高中	大学专科	大学本科	硕士研究生	博士研究生
宁波市	**231588**	**2560**	**154**	**43380**	**92471**	**30252**	**29772**	**30456**	**2383**	**160**
海曙区	24517	159	8	3721	8627	3560	3993	4075	348	26
江北区	10581	87	2	1259	3354	1387	1965	2255	257	15
北仑区	21172	213	7	2656	9275	3380	3028	2459	148	6
镇海区	12973	156	5	2105	4710	1647	1928	2178	214	30
鄞州区	39843	383	10	4923	11401	5282	7300	9508	965	71
奉化区	13558	154	10	3396	5631	1782	1308	1218	56	3
象山县	11858	282	32	2916	4656	1613	1163	1159	36	1
宁海县	15775	237	28	4052	6296	2096	1638	1368	58	2
余姚市	31295	396	23	6699	14580	3927	3021	2547	99	3
慈溪市	50016	493	29	11653	23941	5578	4428	3689	202	3
温州市	**190529**	**7011**	**270**	**45730**	**71774**	**26926**	**21210**	**16383**	**1140**	**85**
鹿城区	26419	377	20	3499	9816	3868	3897	4381	530	31
龙湾区	16389	443	14	3674	6719	2456	1834	1177	67	5
瓯海区	20069	395	14	3883	8716	2970	2070	1763	220	38
洞头区	2505	138	4	587	904	319	301	234	18	
永嘉县	12959	380	14	2839	5048	2266	1396	980	35	1
平阳县	16107	922	15	4854	5118	1970	1843	1329	56	
苍南县	15643	1393	31	5296	4541	1798	1671	886	26	1
文成县	2903	82	7	729	1112	361	285	318	9	
泰顺县	2342	139	1	739	626	251	307	274	5	
瑞安市	30838	1443	46	8061	12420	3726	2794	2263	82	3
乐清市	35390	811	81	8640	14097	5738	3764	2182	71	6
龙港市	8965	488	23	2929	2657	1203	1048	596	21	
嘉兴市	**144055**	**2112**	**146**	**31010**	**61411**	**17913**	**15536**	**15057**	**828**	**42**
南湖区	20031	203	17	2899	6675	2812	3209	3851	351	14
秀洲区	18685	349	12	4116	8086	2103	1954	1925	130	10
嘉善县	16199	281	19	3333	7148	2183	1722	1458	54	1
海盐县	11676	225	11	2696	4562	1401	1351	1378	52	
海宁市	30798	484	35	6650	14032	4027	2865	2597	99	9
平湖市	18326	283	14	4327	7660	2057	2150	1771	62	2
桐乡市	28340	287	38	6989	13248	3330	2285	2077	80	6
湖州市	**77389**	**780**	**59**	**15906**	**31750**	**11150**	**8613**	**8618**	**487**	**26**
吴兴区	26505	221	27	4281	11524	3618	3019	3516	279	20
南浔区	11643	229	6	3296	5043	1339	942	765	23	
德清县	12777	73	5	2978	4663	1982	1498	1495	80	3
长兴县	14588	120	20	2863	5636	2403	1808	1677	59	2
安吉县	11876	137	1	2488	4884	1808	1346	1165	46	1
绍兴市	**119283**	**1186**	**107**	**20952**	**51978**	**17479**	**13251**	**13575**	**711**	**44**
越城区	21627	93	36	3008	7466	3199	3216	4246	339	24
柯桥区	29990	403	21	6258	13766	4092	2724	2620	102	4
上虞区	19503	354	16	4119	7927	2644	2264	2083	89	7
新昌县	9194	134	22	1799	3304	1730	1082	1069	52	2
诸暨市	26322	140	4	3813	13539	3551	2680	2502	88	5
嵊州市	12647	62	8	1955	5976	2263	1285	1055	41	2
金华市	**164250**	**4161**	**142**	**30018**	**72383**	**24745**	**18783**	**13187**	**782**	**49**
婺城区	19395	517	17	2996	5729	3320	3357	3109	319	31
金东区	11915	290	8	2497	5233	1709	1264	859	54	1
武义县	11194	430	17	2673	5005	1442	940	662	24	1
浦江县	10632	341	12	2289	5210	1179	857	720	23	1
磐安县	3595	125	8	914	1436	469	338	296	9	
兰溪市	12059	640	27	3059	5020	1554	1016	715	25	3
义乌市	50663	663	20	7208	23518	8702	6758	3606	182	6
东阳市	24285	556	15	4058	11575	3393	2504	2086	94	4
永康市	20512	599	18	4324	9657	2977	1749	1134	52	2

4-2 续表 5 单位：人

地区 性别	合计	未上过学	学前教育	小学	初中	高中	大学专科	大学本科	硕士研究生	博士研究生
衢州市	**42854**	**1863**	**116**	**9254**	**15585**	**6457**	**4535**	**4811**	**224**	**9**
柯城区	10517	171	8	1046	3052	1920	1936	2230	148	6
衢江区	6362	375	11	1541	2689	910	489	329	18	
常山县	5089	576	41	1457	1661	557	373	415	9	
开化县	3876	201	20	1012	1408	472	359	392	12	
龙游县	6970	299	17	1468	2899	1015	614	639	16	3
江山市	10040	241	19	2730	3876	1583	764	806	21	
舟山市	**21057**	**258**	**26**	**3879**	**6984**	**2933**	**3077**	**3654**	**232**	**14**
定海区	9412	84	9	1350	2767	1310	1562	2149	169	12
普陀区	7447	100	5	1499	2660	1105	1055	971	50	2
岱山县	3025	52	9	794	1153	362	339	308	8	
嵊泗县	1173	22	3	236	404	156	121	226	5	
台州市	**146767**	**5675**	**126**	**40639**	**53777**	**19310**	**14506**	**12075**	**625**	**34**
椒江区	20590	633	7	4291	6472	2795	2981	3122	271	18
黄岩区	14056	277	4	3752	5168	2105	1519	1187	41	3
路桥区	15246	554	5	4317	5809	2114	1356	1054	37	
三门县	5866	603	9	1546	1915	623	584	558	27	1
天台县	7160	69	2	1322	2864	1112	917	851	21	2
仙居县	6509	167	18	1122	2436	1216	891	631	27	1
温岭市	37365	1271	69	12607	14402	4379	2651	1909	75	2
临海市	22964	778	8	6956	8177	2951	2186	1806	95	7
玉环市	17011	1323	4	4726	6534	2015	1421	957	31	
丽水市	**42117**	**1384**	**111**	**10252**	**14937**	**5662**	**4477**	**5079**	**205**	**10**
莲都区	11243	406	21	1952	3459	1847	1558	1864	128	8
青田县	5745	118	16	1541	2278	858	404	517	13	
缙云县	6648	107	13	1357	2998	857	673	631	12	
遂昌县	3269	164	15	856	1113	432	323	356	8	2
松阳县	4641	262	18	1457	1580	522	397	388	17	
云和县	2588	82		733	902	328	259	284		
庆元县	2369	67	11	778	778	190	229	308	8	
景宁畲族自治县	1987	112	10	730	480	183	197	265	10	
龙泉市	3627	66	7	848	1349	445	437	466	9	

4—2a　各地区分性别、受教育程度的就业人口(城市)

单位：人

地　区 性　别	合　计	未上过学	学前教育	小　学	初　中	高　中	大学专科	大学本科	硕　士 研究生	博　士 研究生
合计	**1912582**	**14566**	**767**	**247603**	**708716**	**329188**	**275728**	**296958**	**34964**	**4092**
杭州市	**512355**	**2114**	**168**	**46351**	**139332**	**86344**	**91983**	**121806**	**21468**	**2789**
上城区	14358	35	1	547	2581	2462	2743	4722	1144	123
下城区	22898	68	6	974	3709	3689	4852	7781	1608	211
江干区	85689	354	35	5179	20523	16810	16741	21524	3861	662
拱墅区	32246	90	9	1288	5248	5486	7193	10999	1755	178
西湖区	56281	155	11	2786	8704	8517	11646	18962	4534	966
滨江区	28823	97	1	1450	3842	3268	5859	11195	2916	195
萧山区	104008	657	29	15123	35383	16610	15995	17943	2154	114
余杭区	112420	421	71	12830	39699	18099	17850	20259	2928	263
富阳区	32321	148	2	3844	12049	6285	5007	4651	306	29
临安区	16800	70	1	1858	5832	3556	2750	2487	199	47
桐庐县										
淳安县										
建德市	6511	19	2	472	1762	1562	1347	1283	63	1
宁波市	**328676**	**1542**	**106**	**41937**	**130672**	**52664**	**46890**	**49810**	**4618**	**437**
海曙区	50132	182	12	6104	18548	8491	8081	7902	743	69
江北区	21536	95	4	1956	6979	3283	4037	4614	517	51
北仑区	39307	149	10	3810	17226	7381	5844	4595	269	23
镇海区	27176	168	15	3406	10363	4171	4038	4437	491	87
鄞州区	56220	205	7	3224	12289	9180	12141	16965	2035	174
奉化区	17022	98	11	2573	6829	3246	2110	2035	113	7
象山县										
宁海县										
余姚市	48193	309	26	7711	23497	7362	4823	4225	227	13
慈溪市	69090	336	21	13153	34941	9550	5816	5037	223	13
温州市	**265932**	**3994**	**212**	**48490**	**110728**	**45166**	**30996**	**24075**	**2015**	**256**
鹿城区	57970	475	36	6673	23082	9657	8195	8710	1039	103
龙湾区	27838	440	16	5630	11492	4711	3274	2117	144	14
瓯海区	45043	497	28	7551	20655	7864	4478	3435	424	111
洞头区	3397	63		676	1219	527	486	406	20	
永嘉县										
平阳县										
苍南县										
文成县										
泰顺县										
瑞安市	53879	1467	49	11981	22556	8027	5333	4262	189	15
乐清市	55584	447	56	9939	24131	10681	6442	3734	145	9
龙港市	22221	605	27	6040	7593	3699	2788	1411	54	4
嘉兴市	**138297**	**703**	**50**	**16897**	**57797**	**22872**	**18817**	**19649**	**1394**	**118**
南湖区	37842	159	11	3607	12963	6462	6433	7432	713	62
秀洲区	19762	147	7	2125	7606	3332	3033	3217	267	28
嘉善县										
海盐县										
海宁市	27604	188	18	3816	12129	4741	3190	3353	155	14
平湖市	17843	101	5	2059	7034	3083	2934	2520	100	7
桐乡市	35246	108	9	5290	18065	5254	3227	3127	159	7
湖州市	**39189**	**259**	**5**	**4815**	**13250**	**7169**	**5928**	**7103**	**600**	**60**
吴兴区	28246	97	5	2554	8171	5419	5026	6348	566	60
南浔区	10943	162		2261	5079	1750	902	755	34	
德清县										
长兴县										
安吉县										

4－2a 续表 1

单位：人

地　　区 性　　别	合　计	未上过学	学前教育	小　学	初　中	高　中	大学专科	大学本科	硕　士 研究生	博　士 研究生
绍兴市	**173794**	**842**	**67**	**21460**	**74819**	**30631**	**21693**	**22795**	**1367**	**120**
越城区	43359	80	35	4733	15220	7555	6583	8365	710	78
柯桥区	52922	390	18	8241	25679	8913	4858	4620	195	8
上虞区	29908	235	11	4072	12042	5224	4214	3874	218	18
新昌县										
诸暨市	31384	90	2	3120	14841	5203	3856	4095	164	13
嵊州市	16221	47	1	1294	7037	3736	2182	1841	80	3
金华市	**192160**	**1725**	**59**	**23043**	**82095**	**38385**	**26537**	**18895**	**1298**	**123**
婺城区	33301	366	7	3819	9940	6687	6151	5631	604	96
金东区	7252	49	1	817	2462	1406	1253	1162	99	3
武义县										
浦江县										
磐安县										
兰溪市	11864	127	6	1534	4754	2548	1588	1264	41	2
义乌市	80252	459	24	8007	35498	17697	11923	6314	313	17
东阳市	27106	287	10	3260	13282	4683	2816	2616	148	4
永康市	32385	437	11	5606	16159	5364	2806	1908	93	1
衢州市	**36033**	**224**	**17**	**3321**	**11966**	**8045**	**5832**	**6223**	**380**	**25**
柯城区	19450	96	13	1200	5467	4173	3835	4336	307	23
衢江区	6302	87	1	839	2732	1409	722	483	29	
常山县										
开化县										
龙游县	63			7	40	12	2	2		
江山市	10218	41	3	1275	3727	2451	1273	1402	44	2
舟山市	**30309**	**137**	**12**	**3805**	**10089**	**4884**	**5113**	**5767**	**447**	**55**
定海区	17266	60	5	1793	5085	2759	3090	4061	365	48
普陀区	13043	77	7	2012	5004	2125	2023	1706	82	7
岱山县										
嵊泗县										
台州市	**168837**	**2759**	**56**	**33612**	**68969**	**27914**	**18019**	**16315**	**1104**	**89**
椒江区	36029	438	1	5749	11907	5928	5476	5930	544	56
黄岩区	22133	179	1	4204	9302	4192	2297	1866	85	7
路桥区	18068	248	2	3595	7528	3374	1802	1449	69	1
三门县										
天台县										
仙居县										
温岭市	42840	507	45	9712	19823	6405	3439	2768	136	5
临海市	19891	222	4	3063	7279	3782	2655	2665	201	20
玉环市	29876	1165	3	7289	13130	4233	2350	1637	69	
丽水市	**27000**	**267**	**15**	**3872**	**8999**	**5114**	**3920**	**4520**	**273**	**20**
莲都区	20518	197	7	2609	6600	4120	3054	3653	258	20
青田县										
缙云县										
遂昌县										
松阳县										
云和县										
庆元县										
景宁畲族自治县										
龙泉市	6482	70	8	1263	2399	994	866	867	15	
男	**1130054**	**5081**	**382**	**140681**	**443590**	**210914**	**153251**	**154637**	**18805**	**2713**
杭州市	**303016**	**797**	**104**	**27943**	**90145**	**55479**	**50764**	**64414**	**11544**	**1826**
上城区	7903	11		277	1635	1556	1451	2327	569	77
下城区	12496	18	1	532	2322	2251	2536	3883	819	134
江干区	49926	137	28	3167	13285	10486	9159	11289	1974	401
拱墅区	18221	32	4	759	3534	3418	3818	5601	934	121

4-2a　续表 2　　　　单位：人

地　　区 性　　别	合　计	未上过学	学前教育	小　学	初　中	高　中	大学专科	大学本科	硕　士 研究生	博　士 研究生
西湖区	32420	61	4	1659	5746	5409	6370	10115	2414	642
滨江区	16659	45	1	911	2539	1971	3207	6160	1697	128
萧山区	63918	234	13	9152	23350	11285	9108	9497	1192	87
余杭区	67407	164	49	7626	24890	11721	10005	11125	1643	184
富阳区	19919	59	2	2390	7919	4100	2813	2450	166	20
临安区	10322	31	1	1203	3844	2277	1524	1304	107	31
桐庐县										
淳安县										
建德市	3825	5	1	267	1081	1005	773	663	29	1
宁波市	**192242**	**505**	**62**	**23276**	**80454**	**33721**	**25760**	**25622**	**2553**	**289**
海曙区	28996	54	8	3321	11471	5350	4379	3968	402	43
江北区	12844	42	2	1229	4551	2087	2221	2413	263	36
北仑区	23967	49	5	2195	10730	4847	3436	2546	142	17
镇海区	16462	49	11	1947	6663	2789	2293	2373	280	57
鄞州区	31262	72	5	1828	7544	5514	6386	8674	1129	110
奉化区	9878	36	9	1397	4093	2105	1151	1015	68	4
象山县										
宁海县										
余姚市	28392	105	14	4181	14274	4809	2732	2131	136	10
慈溪市	40441	98	8	7178	21128	6220	3162	2502	133	12
温州市	**161658**	**1501**	**98**	**27776**	**71050**	**29625**	**17853**	**12540**	**1038**	**177**
鹿城区	33799	152	20	3713	14419	6103	4431	4378	511	72
龙湾区	17724	165	8	3413	7792	3177	1923	1152	85	9
瓯海区	28340	201	18	4527	13614	5340	2596	1764	207	73
洞头区	2027	17		391	773	336	276	226	8	
永嘉县										
平阳县										
苍南县										
文成县										
泰顺县										
瑞安市	32811	636	21	7028	14371	5296	3098	2236	112	13
乐清市	33051	152	24	5302	14939	6822	3760	1964	82	6
龙港市	13906	178	7	3402	5142	2551	1769	820	33	4
嘉兴市	**80173**	**215**	**16**	**9196**	**34508**	**14693**	**10677**	**10033**	**751**	**84**
南湖区	22303	42	3	2096	8144	4150	3615	3836	369	48
秀洲区	11795	51	1	1181	4743	2205	1775	1674	145	20
嘉善县										
海盐县										
海宁市	15969	49	7	2061	7255	3071	1778	1652	88	8
平湖市	10202	29	2	1104	4186	1915	1646	1263	52	5
桐乡市	19904	44	3	2754	10180	3352	1863	1608	97	3
湖州市	**23567**	**99**	**2**	**2964**	**8662**	**4581**	**3308**	**3592**	**318**	**41**
吴兴区	16798	39	2	1606	5397	3412	2782	3220	299	41
南浔区	6769	60		1358	3265	1169	526	372	19	
德清县										
长兴县										
安吉县										
绍兴市	**101875**	**290**	**34**	**11952**	**45445**	**19389**	**12087**	**11847**	**751**	**80**
越城区	25327	37	18	2746	9370	4761	3645	4319	377	54
柯桥区	31640	138	9	4565	16071	5666	2664	2417	105	5
上虞区	17665	76	5	2290	7279	3328	2466	2070	139	12
新昌县										
诸暨市	17932	25	2	1613	8645	3315	2107	2128	89	8
嵊州市	9311	14		738	4080	2319	1205	913	41	1

4-2a 续表 3 单位：人

地区 性别	合计	未上过学	学前教育	小学	初中	高中	大学专科	大学本科	硕士研究生	博士研究生
金华市	**112933**	**493**	**22**	**12509**	**50349**	**24260**	**14627**	**9914**	**677**	**82**
婺城区	19431	102	1	2155	6267	4210	3375	2934	321	66
金东区	4424	14	1	493	1651	895	696	617	55	2
武义县										
浦江县										
磐安县										
兰溪市	6889	36	1	859	2780	1619	894	679	20	1
义乌市	47013	145	11	4173	21456	11082	6572	3410	153	11
东阳市	15261	76	3	1621	7736	2949	1492	1302	80	2
永康市	19915	120	5	3208	10459	3505	1598	972	48	
衢州市	**20906**	**68**	**10**	**1872**	**7328**	**4958**	**3224**	**3216**	**210**	**20**
柯城区	11190	27	7	710	3370	2546	2106	2239	167	18
衢江区	3880	31	1	499	1759	915	392	267	16	
常山县										
开化县										
龙游县	35			3	24	4	2	2		
江山市	5801	10	2	660	2175	1493	724	708	27	2
舟山市	**18359**	**43**	**6**	**2380**	**6707**	**3038**	**2973**	**2934**	**237**	**41**
定海区	10324	22	2	1164	3326	1727	1786	2062	199	36
普陀区	8035	21	4	1216	3381	1311	1187	872	38	5
岱山县										
嵊泗县										
台州市	**99192**	**967**	**21**	**18427**	**43183**	**17877**	**9832**	**8235**	**590**	**60**
椒江区	20794	144		3219	7396	3766	2942	3009	280	38
黄岩区	13499	69	1	2351	6071	2763	1271	922	47	4
路桥区	10806	96	2	2014	4782	2179	977	718	37	1
三门县										
天台县										
仙居县										
温岭市	24823	141	15	5083	12174	4021	1896	1419	71	3
临海市	11506	82	1	1657	4385	2423	1498	1333	113	14
玉环市	17764	435	2	4103	8375	2725	1248	834	42	
丽水市	**16133**	**103**	**7**	**2386**	**5759**	**3293**	**2146**	**2290**	**136**	**13**
莲都区	12218	70	4	1591	4223	2645	1675	1867	130	13
青田县										
缙云县										
遂昌县										
松阳县										
云和县										
庆元县										
景宁畲族自治县										
龙泉市	3915	33	3	795	1536	648	471	423	6	
女	**782528**	**9485**	**385**	**106922**	**265126**	**118274**	**122477**	**142321**	**16159**	**1379**
杭州市	**209339**	**1317**	**64**	**18408**	**49187**	**30865**	**41219**	**57392**	**9924**	**963**
上城区	6455	24	1	270	946	906	1292	2395	575	46
下城区	10402	50	5	442	1387	1438	2316	3898	789	77
江干区	35763	217	7	2012	7238	6324	7582	10235	1887	261
拱墅区	14025	58	5	529	1714	2068	3375	5398	821	57
西湖区	23861	94	7	1127	2958	3108	5276	8847	2120	324
滨江区	12164	52		539	1303	1297	2652	5035	1219	67
萧山区	40090	423	16	5971	12033	5325	6887	8446	962	27
余杭区	45013	257	22	5204	14809	6378	7845	9134	1285	79
富阳区	12402	89		1454	4130	2185	2194	2201	140	9
临安区	6478	39		655	1988	1279	1226	1183	92	16
桐庐县										
淳安县										
建德市	2686	14	1	205	681	557	574	620	34	

4–2a　续表 4　　　　单位：人

地　区 性　别	合　计	未上过学	学前教育	小　学	初　中	高　中	大学专科	大学本科	硕　士 研究生	博　士 研究生
宁波市	**136434**	**1037**	**44**	**18661**	**50218**	**18943**	**21130**	**24188**	**2065**	**148**
海曙区	21136	128	4	2783	7077	3141	3702	3934	341	26
江北区	8692	53	2	727	2428	1196	1816	2201	254	15
北仑区	15340	100	5	1615	6496	2534	2408	2049	127	6
镇海区	10714	119	4	1459	3700	1382	1745	2064	211	30
鄞州区	24958	133	2	1396	4745	3666	5755	8291	906	64
奉化区	7144	62	2	1176	2736	1141	959	1020	45	3
象山县										
宁海县										
余姚市	19801	204	12	3530	9223	2553	2091	2094	91	3
慈溪市	28649	238	13	5975	13813	3330	2654	2535	90	1
温州市	**104274**	**2493**	**114**	**20714**	**39678**	**15541**	**13143**	**11535**	**977**	**79**
鹿城区	24171	323	16	2960	8663	3554	3764	4332	528	31
龙湾区	10114	275	8	2217	3700	1534	1351	965	59	5
瓯海区	16703	296	10	3024	7041	2524	1882	1671	217	38
洞头区	1370	46		285	446	191	210	180	12	
永嘉县										
平阳县										
苍南县										
文成县										
泰顺县										
瑞安市	21068	831	28	4953	8185	2731	2235	2026	77	2
乐清市	22533	295	32	4637	9192	3859	2682	1770	63	3
龙港市	8315	427	20	2638	2451	1148	1019	591	21	
嘉兴市	**58124**	**488**	**34**	**7701**	**23289**	**8179**	**8140**	**9616**	**643**	**34**
南湖区	15539	117	8	1511	4819	2312	2818	3596	344	14
秀洲区	7967	96	6	944	2863	1127	1258	1543	122	8
嘉善县										
海盐县										
海宁市	11635	139	11	1755	4874	1670	1412	1701	67	6
平湖市	7641	72	3	955	2848	1168	1288	1257	48	2
桐乡市	15342	64	6	2536	7885	1902	1364	1519	62	4
湖州市	**15622**	**160**	**3**	**1851**	**4588**	**2588**	**2620**	**3511**	**282**	**19**
吴兴区	11448	58	3	948	2774	2007	2244	3128	267	19
南浔区	4174	102		903	1814	581	376	383	15	
德清县										
长兴县										
安吉县										
绍兴市	**71919**	**552**	**33**	**9508**	**29374**	**11242**	**9606**	**10948**	**616**	**40**
越城区	18032	43	17	1987	5850	2794	2938	4046	333	24
柯桥区	21282	252	9	3676	9608	3247	2194	2203	90	3
上虞区	12243	159	6	1782	4763	1896	1748	1804	79	6
新昌县										
诸暨市	13452	65		1507	6196	1888	1749	1967	75	5
嵊州市	6910	33	1	556	2957	1417	977	928	39	2
金华市	**79227**	**1232**	**37**	**10534**	**31746**	**14125**	**11910**	**8981**	**621**	**41**
婺城区	13870	264	6	1664	3673	2477	2776	2697	283	30
金东区	2828	35		324	811	511	557	545	44	1
武义县										
浦江县										
磐安县										
兰溪市	4975	91	5	675	1974	929	694	585	21	1
义乌市	33239	314	13	3834	14042	6615	5351	2904	160	6
东阳市	11845	211	7	1639	5546	1734	1324	1314	68	2
永康市	12470	317	6	2398	5700	1859	1208	936	45	1

4-2a 续表 5

单位：人

地区 性别	合计	未上过学	学前教育	小学	初中	高中	大学专科	大学本科	硕士研究生	博士研究生
衢州市	**15127**	**156**	**7**	**1449**	**4638**	**3087**	**2608**	**3007**	**170**	**5**
柯城区	8260	69	6	490	2097	1627	1729	2097	140	5
衢江区	2422	56		340	973	494	330	216	13	
常山县										
开化县										
龙游县	28			4	16	8				
江山市	4417	31	1	615	1552	958	549	694	17	
舟山市	**11950**	**94**	**6**	**1425**	**3382**	**1846**	**2140**	**2833**	**210**	**14**
定海区	6942	38	3	629	1759	1032	1304	1999	166	12
普陀区	5008	56	3	796	1623	814	836	834	44	2
岱山县										
嵊泗县										
台州市	**69645**	**1792**	**35**	**15185**	**25786**	**10037**	**8187**	**8080**	**514**	**29**
椒江区	15235	294	1	2530	4511	2162	2534	2921	264	18
黄岩区	8634	110		1853	3231	1429	1026	944	38	3
路桥区	7262	152		1581	2746	1195	825	731	32	
三门县										
天台县										
仙居县										
温岭市	18017	366	30	4629	7649	2384	1543	1349	65	2
临海市	8385	140	3	1406	2894	1359	1157	1332	88	6
玉环市	12112	730	1	3186	4755	1508	1102	803	27	
丽水市	**10867**	**164**	**8**	**1486**	**3240**	**1821**	**1774**	**2230**	**137**	**7**
莲都区	8300	127	3	1018	2377	1475	1379	1786	128	7
青田县										
缙云县										
遂昌县										
松阳县										
云和县										
庆元县										
景宁畲族自治县										
龙泉市	2567	37	5	468	863	346	395	444	9	

4-2b　各地区分性别、受教育程度的就业人口(镇)

单位：人

地　区 性　别	合　计	未上过学	学前教育	小　学	初　中	高　中	大学专科	大学本科	硕　士 研究生	博　士 研究生
合计	**773450**	**8478**	**471**	**138862**	**344826**	**131812**	**81734**	**64203**	**2894**	**170**
杭州市	**60871**	**370**	**25**	**7894**	**24923**	**12786**	**7976**	**6457**	**405**	**35**
上城区										
下城区										
江干区										
拱墅区										
西湖区	12			1	2	5	3	1		
滨江区										
萧山区	9157	53	2	1482	4452	1683	997	454	33	1
余杭区	17081	60	6	2021	6529	3439	2632	2164	208	22
富阳区	1631	10	1	312	750	275	170	99	12	2
临安区	3905	22	1	646	2005	687	300	236	7	1
桐庐县	17747	155	11	2197	7410	3794	2193	1887	93	7
淳安县	7414	53	2	629	2127	1918	1294	1346	45	
建德市	3924	17	2	606	1648	985	387	270	7	2
宁波市	**119977**	**768**	**49**	**21796**	**54715**	**19198**	**12754**	**9994**	**662**	**41**
海曙区	1229	7		158	599	236	143	86		
江北区										
北仑区	4073	18		212	1588	1042	727	462	24	
镇海区	2823	20		588	1258	473	302	174	7	1
鄞州区	18983	106	7	3165	8792	2776	2211	1821	94	11
奉化区	3131	18	1	560	1410	599	347	184	12	
象山县	18947	133	12	3313	8029	3211	2126	2044	73	6
宁海县	24681	146	4	4161	10496	4309	2909	2523	130	3
余姚市	15399	154	10	3610	7711	2273	1134	494	10	3
慈溪市	30711	166	15	6029	14832	4279	2855	2206	312	17
温州市	**110441**	**2383**	**108**	**24251**	**43363**	**19040**	**12812**	**8208**	**263**	**13**
鹿城区	247	2		33	120	54	21	17		
龙湾区	17809	278	15	3537	8813	3068	1470	611	17	
瓯海区	979	12		218	549	126	46	28		
洞头区	298	8		98	114	36	33	9		
永嘉县	23706	224	23	4088	9937	4999	2561	1805	67	2
平阳县	26084	577	16	6017	9150	4115	3525	2585	94	5
苍南县	26828	1035	38	7183	8907	4192	3534	1886	50	3
文成县	3985	52	7	824	1472	591	475	549	15	
泰顺县	3526	55	2	853	1024	566	548	465	13	
瑞安市	1205	58		318	475	195	103	56		
乐清市	4854	43	7	737	2464	970	436	187	7	3
龙港市	920	39		345	338	128	60	10		
嘉兴市	**108011**	**873**	**52**	**19544**	**50946**	**17096**	**11281**	**7865**	**333**	**21**
南湖区	3846	38		1009	1734	515	359	185	6	
秀洲区	9967	89	3	2048	5380	1383	733	323	5	3
嘉善县	30737	257	16	4410	14093	5504	3670	2666	118	3
海盐县	18097	164	10	2697	7372	2764	2451	2529	107	3
海宁市	24498	176	17	4745	12043	4086	2211	1147	65	8
平湖市	11111	72	4	2279	5607	1412	1118	599	20	
桐乡市	9755	77	2	2356	4717	1432	739	416	12	4
湖州市	**90139**	**490**	**37**	**14436**	**41938**	**15600**	**9121**	**8113**	**387**	**17**
吴兴区	20717	117	16	3177	13520	2624	883	372	7	1
南浔区	6881	49	1	1349	3274	1086	692	421	8	1
德清县	20205	93	8	3390	7883	3883	2361	2443	136	8
长兴县	23433	113	11	3445	8993	4703	3118	2905	141	4
安吉县	18903	118	1	3075	8268	3304	2067	1972	95	3

4—2b 续表 1 单位：人

地区 性别	合计	未上过学	学前教育	小学	初中	高中	大学专科	大学本科	硕士研究生	博士研究生
绍兴市	**40040**	**175**	**23**	**5756**	**19499**	**7543**	**3753**	**3123**	**152**	**16**
越城区	221			42	117	30	18	11	3	
柯桥区	10660	50	8	2245	6210	1381	441	314	9	2
上虞区	2736	34	3	643	1347	420	190	96	1	2
新昌县	14120	47	9	1164	4786	3584	2231	2161	126	12
诸暨市	9525	29	2	1136	5588	1551	725	481	13	
嵊州市	2778	15	1	526	1451	577	148	60		
金华市	**96996**	**1327**	**46**	**16096**	**49147**	**15717**	**8500**	**5887**	**267**	**9**
婺城区	3738	59	5	589	1233	693	545	562	52	
金东区	11782	151	4	2054	6563	1832	821	338	19	
武义县	18833	348	9	3481	8917	3119	1692	1222	43	2
浦江县	11321	130	5	1450	5234	2003	1263	1197	37	2
磐安县	4912	47	4	716	2043	909	611	565	16	1
兰溪市	3762	95	3	955	1856	536	223	91	3	
义乌市	21759	230	7	3311	12580	3230	1563	801	35	2
东阳市	15625	181	6	2242	7917	2683	1507	1029	58	2
永康市	5264	86	3	1298	2804	712	275	82	4	
衢州市	**26510**	**479**	**42**	**4602**	**10686**	**4908**	**2735**	**2967**	**86**	**5**
柯城区	566	4	2	121	283	105	31	19	1	
衢江区	1548	52	1	384	784	215	70	41	1	
常山县	6139	217	17	1098	2219	1096	657	810	25	
开化县	5727	68	5	879	2126	1108	710	808	23	
龙游县	9101	100	14	1200	3613	1811	1129	1199	30	5
江山市	3429	38	3	920	1661	573	138	90	6	
舟山市	**15936**	**67**	**8**	**3101**	**7476**	**2063**	**1704**	**1479**	**38**	
定海区	1707	6		376	795	275	164	86	5	
普陀区	1180	5		204	505	201	166	96	3	
岱山县	10721	45	6	2079	5281	1303	1104	879	24	
嵊泗县	2328	11	2	442	895	284	270	418	6	
台州市	**62092**	**1048**	**42**	**13184**	**25295**	**10860**	**6472**	**5009**	**174**	**8**
椒江区	452	3		88	244	66	45	6		
黄岩区	1842	19		470	823	311	139	79	1	
路桥区	6844	120	2	1738	3142	1030	487	314	11	
三门县	9269	254	5	1636	3531	1597	1140	1067	38	1
天台县	10113	38	1	1191	3805	2058	1521	1451	44	4
仙居县	8757	84	13	1020	3011	2027	1393	1153	53	3
温岭市	16771	349	20	4854	7534	2435	1084	481	14	
临海市	6986	119	1	1936	2723	1173	611	414	9	
玉环市	1058	62		251	482	163	52	44	4	
丽水市	**42437**	**498**	**39**	**8202**	**16838**	**7001**	**4626**	**5101**	**127**	**5**
莲都区	1122	22	1	278	493	224	78	26		
青田县	8935	89	7	1933	3673	1617	702	892	21	1
缙云县	10301	53	10	1428	4796	1710	1152	1127	24	1
遂昌县	4749	71	4	696	1704	876	675	706	15	2
松阳县	5065	79	9	950	1792	850	645	709	30	1
云和县	4906	83		1165	1820	793	497	542	6	
庆元县	3971	57	4	930	1412	487	486	581	14	
景宁畲族自治县	2831	38	4	672	844	373	371	512	17	
龙泉市	557	6		150	304	71	20	6		
男	**468055**	**2828**	**213**	**78455**	**216019**	**87028**	**47615**	**34125**	**1656**	**116**
杭州市	**36901**	**106**	**11**	**4566**	**15558**	**8408**	**4651**	**3358**	**221**	**22**
上城区										
下城区										
江干区										
拱墅区										

4-2b　续表 2　　　　　　　　　　　　　　　　　　　　　　　　　　单位：人

地　区 性　别	合　计	未上过学	学前教育	小　学	初　中	高　中	大学专科	大学本科	硕　士 研究生	博　士 研究生
西湖区	8			1	1	4	2			
滨江区										
萧山区	5906	11		849	2856	1225	671	272	21	1
余杭区	10602	24	3	1262	4229	2299	1519	1142	112	12
富阳区	1039	4	1	193	498	185	103	48	5	2
临安区	2324	7		361	1247	415	182	109	2	1
桐庐县	10462	42	5	1259	4483	2442	1208	972	47	4
淳安县	4213	13		308	1233	1202	749	679	29	
建德市	2347	5	2	333	1011	636	217	136	5	2
宁波市	**72352**	**264**	**19**	**12048**	**33966**	**12758**	**7433**	**5433**	**402**	**29**
海曙区	762	2		91	385	159	79	46		
江北区										
北仑区	2653	4		130	1041	740	442	283	13	
镇海区	1818	7		355	825	328	199	99	4	1
鄞州区	11461	37	3	1784	5580	1839	1220	938	56	4
奉化区	1888	3	1	311	855	408	207	98	5	
象山县	10987	53	7	1841	4846	1999	1194	1002	40	5
宁海县	14214	35	1	2153	6321	2726	1588	1316	73	1
余姚市	8951	59	3	1944	4634	1446	621	235	6	3
慈溪市	19618	64	4	3439	9479	3113	1883	1416	205	15
温州市	**68324**	**917**	**50**	**14285**	**28079**	**12681**	**7644**	**4515**	**142**	**11**
鹿城区	153			15	81	36	11	10		
龙湾区	11551	112	9	2085	5801	2148	988	399	9	
瓯海区	611	5		120	360	86	27	13		
洞头区	187	2		55	80	24	21	5		
永嘉县	14805	89	12	2545	6441	3265	1463	953	36	1
平阳县	15895	219	8	3507	5976	2706	2020	1407	47	5
苍南县	16311	393	15	4086	5787	2787	2135	1078	28	2
文成县	2479	29	4	544	967	382	273	273	7	
泰顺县	2229	25	2	562	685	397	324	224	10	
瑞安市	721	19		187	292	139	60	24		
乐清市	2806	15		379	1386	614	281	123	5	3
龙港市	576	9		200	223	97	41	6		
嘉兴市	**65188**	**282**	**20**	**10818**	**31509**	**11402**	**6764**	**4184**	**195**	**14**
南湖区	2303	11		547	1107	342	204	90	2	
秀洲区	5758	27	1	1020	3194	917	437	159	1	2
嘉善县	18765	97	5	2507	8814	3670	2244	1358	68	2
海盐县	10746	51	2	1507	4546	1805	1410	1362	60	3
海宁市	15174	50	11	2685	7610	2753	1363	654	43	5
平湖市	6731	20	1	1243	3433	982	689	350	13	
桐乡市	5711	26		1309	2805	933	417	211	8	2
湖州市	**53335**	**160**	**16**	**8263**	**25464**	**9965**	**5087**	**4151**	**218**	**11**
吴兴区	11431	15	5	1447	7546	1680	534	199	4	1
南浔区	4157	12		793	2012	730	392	212	5	1
德清县	12229	45	5	2113	5023	2454	1301	1219	64	5
长兴县	14148	48	6	2101	5616	3003	1785	1497	90	2
安吉县	11370	40		1809	5267	2098	1075	1024	55	2
绍兴市	**24205**	**49**	**11**	**3102**	**12128**	**4960**	**2170**	**1679**	**92**	**14**
越城区	133			23	67	22	13	6	2	
柯桥区	6910	12	5	1187	4174	1053	291	180	6	2
上虞区	1608	8	2	369	813	261	104	50		1
新昌县	8076	12	2	586	2772	2199	1271	1145	78	11
诸暨市	5735	10	1	630	3375	1037	412	264	6	
嵊州市	1743	7	1	307	927	388	79	34		

4-2b 续表 3

单位：人

地区 性别	合计	未上过学	学前教育	小学	初中	高中	大学专科	大学本科	硕士 研究生	博士 研究生
金华市	**57512**	**344**	**20**	**8383**	**30140**	**10432**	**4894**	**3143**	**150**	**6**
婺城区	2198	24	3	338	772	416	317	302	26	
金东区	7186	35		1112	4164	1215	470	178	12	
武义县	11192	100	3	1795	5615	2060	960	635	23	1
浦江县	6473	30	3	704	3014	1321	738	642	20	1
磐安县	2873	13	2	352	1221	606	362	308	8	1
兰溪市	2219	24	2	505	1126	368	136	56	2	
义乌市	12707	53	2	1624	7392	2240	913	463	18	2
东阳市	9475	47	3	1251	5015	1753	847	519	39	1
永康市	3189	18	2	702	1821	453	151	40	2	
衢州市	**15754**	**150**	**20**	**2600**	**6545**	**3194**	**1590**	**1605**	**48**	**2**
柯城区	369	1		76	174	90	19	8	1	
衢江区	1011	20	1	254	537	138	39	22		
常山县	3584	62	9	605	1361	716	373	441	17	
开化县	3389	23	3	479	1269	737	419	447	12	
龙游县	5365	33	7	688	2194	1118	666	642	15	2
江山市	2036	11		498	1010	395	74	45	3	
舟山市	**12009**	**35**	**4**	**2355**	**6003**	**1520**	**1153**	**912**	**27**	
定海区	1117	1		232	552	195	88	46	3	
普陀区	756	1		133	330	132	97	61	2	
岱山县	8675	30	4	1684	4523	1025	806	585	18	
嵊泗县	1461	3		306	598	168	162	220	4	
台州市	**37121**	**357**	**22**	**7311**	**15912**	**7199**	**3655**	**2564**	**97**	**4**
椒江区	312	1		55	163	51	39	3		
黄岩区	1054	4		248	497	205	65	34	1	
路桥区	4119	35	1	923	1990	720	276	165	9	
三门县	5739	96	2	924	2326	1136	675	565	15	
天台县	5944	20		704	2320	1330	839	703	26	2
仙居县	5076	32	6	600	1833	1248	727	601	27	2
温岭市	10199	107	12	2713	4833	1637	634	253	10	
临海市	4045	42	1	999	1647	763	369	218	6	
玉环市	633	20		145	303	109	31	22	3	
丽水市	**25354**	**164**	**20**	**4724**	**10715**	**4509**	**2574**	**2581**	**64**	**3**
莲都区	715	8		168	330	148	51	10		
青田县	5283	29	2	1090	2309	1025	375	441	11	1
缙云县	6246	20	9	862	3037	1114	639	551	13	1
遂昌县	2843	25	1	403	1099	540	398	370	7	
松阳县	2974	25	5	532	1132	548	347	370	14	1
云和县	2943	25		672	1177	522	265	276	6	
庆元县	2362	11	1	528	905	334	284	293	6	
景宁畲族自治县	1629	18	2	369	532	234	201	266	7	
龙泉市	359	3		100	194	44	14	4		
女	**305395**	**5650**	**258**	**60407**	**128807**	**44784**	**34119**	**30078**	**1238**	**54**
杭州市	**23970**	**264**	**14**	**3328**	**9365**	**4378**	**3325**	**3099**	**184**	**13**
上城区										
下城区										
江干区										
拱墅区										
西湖区	4				1	1	1	1		
滨江区										
萧山区	3251	42	2	633	1596	458	326	182	12	
余杭区	6479	36	3	759	2300	1140	1113	1022	96	10
富阳区	592	6		119	252	90	67	51	7	
临安区	1581	15	1	285	758	272	118	127	5	
桐庐县	7285	113	6	938	2927	1352	985	915	46	3
淳安县	3201	40	2	321	894	716	545	667	16	
建德市	1577	12		273	637	349	170	134	2	

4-2b 续表 4 单位：人

地区 性别	合计	未上过学	学前教育	小学	初中	高中	大学专科	大学本科	硕士 研究生	博士 研究生
宁波市	**47625**	**504**	**30**	**9748**	**20749**	**6440**	**5321**	**4561**	**260**	**12**
海曙区	467	5		67	214	77	64	40		
江北区										
北仑区	1420	14		82	547	302	285	179	11	
镇海区	1005	13		233	433	145	103	75	3	
鄞州区	7522	69	4	1381	3212	937	991	883	38	7
奉化区	1243	15		249	555	191	140	86	7	
象山县	7960	80	5	1472	3183	1212	932	1042	33	1
宁海县	10467	111	3	2008	4175	1583	1321	1207	57	2
余姚市	6448	95	7	1666	3077	827	513	259	4	
慈溪市	11093	102	11	2590	5353	1166	972	790	107	2
温州市	**42117**	**1466**	**58**	**9966**	**15284**	**6359**	**5168**	**3693**	**121**	**2**
鹿城区	94	2		18	39	18	10	7		
龙湾区	6258	166	6	1452	3012	920	482	212	8	
瓯海区	368	7		98	189	40	19	15		
洞头区	111	6		43	34	12	12	4		
永嘉县	8901	135	11	1543	3496	1734	1098	852	31	1
平阳县	10189	358	8	2510	3174	1409	1505	1178	47	
苍南县	10517	642	23	3097	3120	1405	1399	808	22	1
文成县	1506	23	3	280	505	209	202	276	8	
泰顺县	1297	30		291	339	169	224	241	3	
瑞安市	484	39		131	183	56	43	32		
乐清市	2048	28	7	358	1078	356	155	64	2	
龙港市	344	30		145	115	31	19	4		
嘉兴市	**42823**	**591**	**32**	**8726**	**19437**	**5694**	**4517**	**3681**	**138**	**7**
南湖区	1543	27		462	627	173	155	95	4	
秀洲区	4209	62	2	1028	2186	466	296	164	4	1
嘉善县	11972	160	11	1903	5279	1834	1426	1308	50	1
海盐县	7351	113	8	1190	2826	959	1041	1167	47	
海宁市	9324	126	6	2060	4433	1333	848	493	22	3
平湖市	4380	52	3	1036	2174	430	429	249	7	
桐乡市	4044	51	2	1047	1912	499	322	205	4	2
湖州市	**36804**	**330**	**21**	**6173**	**16474**	**5635**	**4034**	**3962**	**169**	**6**
吴兴区	9286	102	11	1730	5974	944	349	173	3	
南浔区	2724	37	1	556	1262	356	300	209	3	
德清县	7976	48	3	1277	2860	1429	1060	1224	72	3
长兴县	9285	65	5	1344	3377	1700	1333	1408	51	2
安吉县	7533	78	1	1266	3001	1206	992	948	40	1
绍兴市	**15835**	**126**	**12**	**2654**	**7371**	**2583**	**1583**	**1444**	**60**	**2**
越城区	88			19	50	8	5	5	1	
柯桥区	3750	38	3	1058	2036	328	150	134	3	
上虞区	1128	26	1	274	534	159	86	46	1	1
新昌县	6044	35	7	578	2014	1385	960	1016	48	1
诸暨市	3790	19	1	506	2213	514	313	217	7	
嵊州市	1035	8		219	524	189	69	26		
金华市	**39484**	**983**	**26**	**7713**	**19007**	**5285**	**3606**	**2744**	**117**	**3**
婺城区	1540	35	2	251	461	277	228	260	26	
金东区	4596	116	4	942	2399	617	351	160	7	
武义县	7641	248	6	1686	3302	1059	732	587	20	1
浦江县	4848	100	2	746	2220	682	525	555	17	1
磐安县	2039	34	2	364	822	303	249	257	8	
兰溪市	1543	71	1	450	730	168	87	35	1	
义乌市	9052	177	5	1687	5188	990	650	338	17	
东阳市	6150	134	3	991	2902	930	660	510	19	1
永康市	2075	68	1	596	983	259	124	42	2	

4-2b 续表 5

单位：人

地区 性别	合计	未上过学	学前教育	小学	初中	高中	大学专科	大学本科	硕士 研究生	博士 研究生
衢州市	**10756**	**329**	**22**	**2002**	**4141**	**1714**	**1145**	**1362**	**38**	**3**
柯城区	197	3	2	45	109	15	12	11		
衢江区	537	32		130	247	77	31	19	1	
常山县	2555	155	8	493	858	380	284	369	8	
开化县	2338	45	2	400	857	371	291	361	11	
龙游县	3736	67	7	512	1419	693	463	557	15	3
江山市	1393	27	3	422	651	178	64	45	3	
舟山市	**3927**	**32**	**4**	**746**	**1473**	**543**	**551**	**567**	**11**	
定海区	590	5		144	243	80	76	40	2	
普陀区	424	4		71	175	69	69	35	1	
岱山县	2046	15	2	395	758	278	298	294	6	
嵊泗县	867	8	2	136	297	116	108	198	2	
台州市	**24971**	**691**	**20**	**5873**	**9383**	**3661**	**2817**	**2445**	**77**	**4**
椒江区	140	2		33	81	15	6	3		
黄岩区	788	15		222	326	106	74	45		
路桥区	2725	85	1	815	1152	310	211	149	2	
三门县	3530	158	3	712	1205	461	465	502	23	1
天台县	4169	18	1	487	1485	728	682	748	18	2
仙居县	3681	52	7	420	1178	779	666	552	26	1
温岭市	6572	242	8	2141	2701	798	450	228	4	
临海市	2941	77		937	1076	410	242	196	3	
玉环市	425	42		106	179	54	21	22	1	
丽水市	**17083**	**334**	**19**	**3478**	**6123**	**2492**	**2052**	**2520**	**63**	**2**
莲都区	407	14	1	110	163	76	27	16		
青田县	3652	60	5	843	1364	592	327	451	10	
缙云县	4055	33	1	566	1759	596	513	576	11	
遂昌县	1906	46	3	293	605	336	277	336	8	2
松阳县	2091	54	4	418	660	302	298	339	16	
云和县	1963	58		493	643	271	232	266		
庆元县	1609	46	3	402	507	153	202	288	8	
景宁畲族自治县	1202	20	2	303	312	139	170	246	10	
龙泉市	198	3		50	110	27	6	2		

4-2c　各地区分性别、受教育程度的就业人口(乡村)

单位：人

地区 性别	合计	未上过学	学前教育	小学	初中	高中	大学专科	大学本科	硕士研究生	博士研究生
合计	**956204**	**22113**	**1353**	**275305**	**436453**	**131171**	**60543**	**28247**	**937**	**82**
杭州市	**110063**	**1632**	**139**	**28891**	**47080**	**18169**	**8901**	**4999**	**234**	**18**
上城区										
下城区										
江干区										
拱墅区										
西湖区	1837	4		295	575	367	295	259	40	2
滨江区										
萧山区	28534	355	13	7308	11634	4496	2920	1730	70	8
余杭区	29293	243	19	6489	12767	5152	2883	1652	85	3
富阳区	11809	97	2	2990	5152	1978	1064	517	8	1
临安区	13343	66	30	3439	6521	2223	719	326	17	2
桐庐县	6320	141	16	1745	2847	1053	365	150	2	1
淳安县	9030	628	48	3618	3241	1114	217	158	5	1
建德市	9897	98	11	3007	4343	1786	438	207	7	
宁波市	**125243**	**1579**	**131**	**34949**	**61226**	**15850**	**7713**	**3652**	**135**	**8**
海曙区	7688	42	5	1973	3782	1115	528	232	11	
江北区	5355	47	1	1267	2841	715	356	124	4	
北仑区	12667	168	5	2474	6868	1757	861	502	30	2
镇海区	3831	30	2	1134	1931	462	190	81	1	
鄞州区	19419	251	9	4926	9908	2314	1224	745	39	3
奉化区	13875	116	12	4743	6663	1572	524	236	8	1
象山县	10585	350	44	3755	4370	1234	575	248	9	
宁海县	13252	194	35	4415	5773	1651	795	378	11	
余姚市	12783	157	11	3388	6055	1815	954	393	9	1
慈溪市	25788	224	7	6874	13035	3215	1706	713	13	1
温州市	**119326**	**5019**	**186**	**37812**	**49957**	**16222**	**7382**	**2642**	**96**	**10**
鹿城区	6080	73	4	1207	3338	995	345	113	4	1
龙湾区	50	2		11	27	5	5			
瓯海区	8328	176	5	1921	4377	1239	437	162	11	
洞头区	3390	114	5	808	1498	526	285	140	14	
永嘉县	12688	452	16	3912	5378	1844	795	280	9	2
平阳县	15838	944	21	5976	5930	1749	873	332	13	
苍南县	13413	1247	17	5437	4387	1358	774	186	5	2
文成县	4257	123	8	1512	1886	460	180	84	4	
泰顺县	3588	200	7	1583	1125	369	207	94	3	
瑞安市	24424	935	33	7400	11396	2924	1247	474	13	2
乐清市	26513	710	65	7716	10347	4672	2207	774	19	3
龙港市	757	43	5	329	268	81	27	3	1	
嘉兴市	**104050**	**1467**	**136**	**31011**	**48706**	**12430**	**6814**	**3387**	**93**	**6**
南湖区	7363	89	13	1979	3392	1009	588	283	8	2
秀洲区	15126	258	5	4503	7504	1546	899	402	7	2
嘉善县	10910	181	15	3216	5176	1240	754	317	11	
海盐县	10282	156	6	2972	4673	1335	728	397	14	1
海宁市	23468	306	37	6046	11862	3068	1366	762	21	
平湖市	15447	217	17	4831	7215	1554	1080	519	13	1
桐乡市	21454	260	43	7464	8884	2678	1399	707	19	
湖州市	**67151**	**495**	**76**	**19897**	**30706**	**9152**	**4473**	**2278**	**70**	**4**
吴兴区	15521	109	28	4120	7752	2033	1008	448	22	1
南浔区	12514	155	10	4488	5629	1262	619	339	10	2
德清县	12797	41	5	4287	5200	1744	955	550	14	1
长兴县	14135	88	30	3790	6400	2205	1088	521	13	
安吉县	12184	102	3	3212	5725	1908	803	420	11	

4-2c 续表 1　　单位：人

地区 性别	合计	未上过学	学前教育	小学	初中	高中	大学专科	大学本科	硕士研究生	博士研究生
绍兴市	**80318**	**747**	**119**	**19787**	**40448**	**11826**	**4865**	**2455**	**65**	**6**
越城区	8823	72	33	2381	4121	1195	615	397	8	1
柯桥区	12377	164	22	3274	5793	1587	903	616	16	2
上虞区	14811	235	20	4488	6685	1900	1000	462	21	
新昌县	7733	137	24	2500	3484	1181	297	104	5	1
诸暨市	23294	99	4	4242	13160	3701	1425	649	13	1
嵊州市	13280	40	16	2902	7205	2262	625	227	2	1
金华市	**115522**	**2667**	**128**	**26024**	**58127**	**17430**	**7717**	**3326**	**86**	**17**
婺城区	10365	332	13	2646	4424	1819	801	309	17	4
金东区	11526	186	6	2716	5684	1774	820	328	9	3
武义县	9157	247	22	2211	4718	1333	458	161	6	1
浦江县	14075	316	13	3126	7564	1768	860	416	11	1
磐安县	4006	118	10	1141	1794	629	203	108	2	1
兰溪市	13804	661	31	4201	6370	1716	603	216	4	2
义乌市	21553	256	4	3640	11399	3515	1860	863	14	2
东阳市	15591	277	11	3174	8112	2251	1148	599	17	2
永康市	15445	274	18	3169	8062	2625	964	326	6	1
衢州市	**46254**	**2107**	**146**	**14404**	**21016**	**5752**	**1822**	**967**	**38**	**2**
柯城区	5941	142		1332	2842	878	447	279	20	1
衢江区	9884	444	20	2897	4721	1237	335	221	8	1
常山县	6660	657	46	2326	2610	706	217	95	3	
开化县	4416	248	30	1674	1838	419	145	61	1	
龙游县	8838	355	26	2481	4379	1083	336	175	3	
江山市	10515	261	24	3694	4626	1429	342	136	3	
舟山市	**18609**	**219**	**27**	**5433**	**9046**	**2032**	**1173**	**651**	**25**	**3**
定海区	6436	65	10	1821	3059	779	476	221	4	1
普陀区	6834	63	5	1778	3475	768	457	275	11	2
岱山县	4146	65	11	1404	2008	368	192	93	5	
嵊泗县	1193	26	1	430	504	117	48	62	5	
台州市	**131681**	**4818**	**123**	**43846**	**53421**	**17981**	**8163**	**3238**	**85**	**6**
椒江区	13260	514	8	3941	5489	1882	1000	410	16	
黄岩区	11729	207	6	3653	4729	1887	859	380	7	1
路桥区	13301	486	9	4419	5380	1858	795	347	6	1
三门县	7253	774	11	2375	2757	825	347	154	9	1
天台县	7902	85	2	1954	3766	1313	542	235	5	
仙居县	7588	208	20	1783	3538	1380	482	170	7	
温岭市	29568	874	52	11944	11023	3482	1515	662	15	1
临海市	29571	845	11	10286	11984	3947	1874	609	13	2
玉环市	11509	825	4	3491	4755	1407	749	271	7	
丽水市	**37987**	**1363**	**142**	**13251**	**16720**	**4327**	**1520**	**652**	**10**	**2**
莲都区	6761	408	26	2102	2884	909	300	131		1
青田县	5631	105	19	1786	2628	797	188	105	3	
缙云县	7177	105	16	1932	3714	899	373	137	1	
遂昌县	3749	163	18	1447	1642	326	110	43		
松阳县	5982	280	23	2269	2382	666	259	100	3	
云和县	1669	48	4	575	765	185	60	31		1
庆元县	2103	33	17	921	865	157	79	31		
景宁畲族自治县	2146	153	12	1101	617	149	70	42	2	
龙泉市	2769	68	7	1118	1223	239	81	32	1	
男	**590705**	**7527**	**577**	**158098**	**283130**	**90796**	**35131**	**14872**	**517**	**57**
杭州市	**69839**	**482**	**55**	**17111**	**31426**	**12806**	**5197**	**2611**	**142**	**9**
上城区										
下城区										
江干区										
拱墅区										

4-2c 续表 2

单位：人

地区 性别	合计	未上过学	学前教育	小学	初中	高中	大学专科	大学本科	硕士研究生	博士研究生
西湖区	1166	3		187	418	243	160	128	26	1
滨江区										
萧山区	17815	122	8	4306	7561	3148	1732	893	41	4
余杭区	19381	122	12	4252	8824	3598	1675	845	53	
富阳区	7692	48	2	1866	3468	1409	626	268	4	1
临安区	8551	18	13	2045	4291	1583	409	180	11	1
桐庐县	3946	39	6	1059	1798	736	215	91	1	1
淳安县	5036	93	10	1708	2214	805	118	85	2	1
建德市	6252	37	4	1688	2852	1284	262	121	4	
宁波市	**77714**	**560**	**51**	**19978**	**39722**	**10981**	**4392**	**1945**	**77**	**8**
海曙区	4774	16	1	1102	2446	773	301	131	4	
江北区	3466	13	1	735	1915	524	207	70	1	
北仑区	8255	69	3	1515	4636	1213	526	271	20	2
镇海区	2577	6	1	721	1354	342	110	42	1	
鄞州区	12056	70	5	2780	6464	1635	670	411	18	3
奉化区	8704	39	4	2772	4323	1122	315	124	4	1
象山县	6687	148	17	2311	2897	833	344	131	6	
宁海县	7944	68	10	2371	3652	1138	478	217	10	
余姚市	7737	60	7	1885	3775	1268	537	199	5	1
慈溪市	15514	71	2	3786	8260	2133	904	349	8	1
温州市	**75188**	**1967**	**88**	**22762**	**33145**	**11196**	**4483**	**1487**	**54**	**6**
鹿城区	3926	21		686	2224	699	222	71	2	1
龙湾区	33			6	20	3	4			
瓯海区	5330	84	1	1160	2891	833	268	85	8	
洞头区	2366	28	1	549	1074	410	206	90	8	
永嘉县	8630	207	13	2616	3826	1312	497	152	5	2
平阳县	9920	380	14	3632	3986	1188	535	181	4	
苍南县	8287	496	9	3238	2966	965	502	108	1	2
文成县	2860	64	4	1063	1279	308	97	42	3	
泰顺县	2543	91	6	1135	838	287	124	61	1	
瑞安市	15138	362	15	4423	7344	1985	731	269	8	1
乐清市	15704	222	23	4071	6520	3149	1280	426	13	
龙港市	451	12	2	183	177	57	17	2	1	
嘉兴市	**60942**	**434**	**56**	**16428**	**30021**	**8390**	**3935**	**1627**	**46**	**5**
南湖区	4414	30	4	1053	2163	682	352	123	5	2
秀洲区	8617	67	1	2359	4467	1036	499	184	3	1
嘉善县	6683	60	7	1786	3307	891	458	167	7	
海盐县	5957	44	3	1466	2937	893	418	186	9	1
海宁市	13629	87	19	3211	7137	2044	761	359	11	
平湖市	9142	58	9	2495	4577	1095	647	254	6	1
桐乡市	12500	88	13	4058	5433	1749	800	354	5	
湖州市	**42188**	**205**	**41**	**12015**	**20018**	**6225**	**2514**	**1133**	**34**	**3**
吴兴区	9750	48	15	2517	4976	1366	582	233	13	
南浔区	7769	65	5	2651	3662	860	353	166	5	2
德清县	7996	16	3	2586	3397	1191	517	279	6	1
长兴县	8832	33	15	2271	4141	1502	613	252	5	
安吉县	7841	43	3	1990	3842	1306	449	203	5	
绍兴市	**48789**	**239**	**57**	**10997**	**25215**	**8172**	**2803**	**1272**	**30**	**4**
越城区	5316	22	14	1379	2555	798	342	202	3	1
柯桥区	7419	51	13	1750	3671	1070	523	333	7	1
上虞区	8679	66	11	2425	4055	1311	570	229	12	
新昌县	4583	38	9	1279	2194	836	175	51	1	
诸暨市	14214	43	1	2442	8030	2552	807	331	7	1
嵊州市	8578	19	9	1722	4710	1605	386	126		1

4-2c 续表 3 单位：人

地区 性别	合计	未上过学	学前教育	小学	初中	高中	大学专科	大学本科	硕士 研究生	博士 研究生
金华市	**69983**	**721**	**49**	**14253**	**36497**	**12095**	**4450**	**1864**	**42**	**12**
婺城区	6380	114	4	1565	2829	1253	448	157	7	3
金东区	7035	47	2	1485	3661	1193	464	174	6	3
武义县	5604	65	11	1224	3015	950	250	86	2	1
浦江县	8291	75	3	1583	4574	1271	528	251	5	1
磐安县	2450	27	4	591	1180	463	114	69	1	1
兰溪市	8263	183	10	2267	4054	1259	368	121	1	
义乌市	13181	84	2	1953	7111	2418	1103	499	9	2
东阳市	9301	66	6	1746	4985	1522	628	337	10	1
永康市	9478	60	7	1839	5088	1766	547	170	1	
衢州市	**29283**	**729**	**59**	**8601**	**14210**	**4096**	**1040**	**525**	**22**	**1**
柯城区	3881	43		821	1996	600	252	157	12	
衢江区	6481	157	9	1826	3252	898	207	127	4	1
常山县	4126	236	13	1362	1807	529	128	49	2	
开化县	2878	92	12	1062	1287	318	77	30		
龙游县	5632	123	16	1529	2915	769	185	93	2	
江山市	6285	78	9	2001	2953	982	191	69	2	
舟山市	**13429**	**87**	**11**	**3725**	**6917**	**1488**	**787**	**397**	**14**	**3**
定海区	4556	24	4	1244	2294	581	294	111	3	1
普陀区	4819	23	3	1146	2613	546	307	173	6	2
岱山县	3167	28	4	1005	1613	284	151	79	3	
嵊泗县	887	12		330	397	77	35	34	2	
台州市	**79530**	**1626**	**52**	**24265**	**34813**	**12369**	**4661**	**1688**	**51**	**5**
椒江区	8045	177	2	2213	3609	1264	559	212	9	
黄岩区	7095	55	2	1976	3118	1317	440	182	4	1
路桥区	8042	169	5	2498	3469	1249	475	173	3	1
三门县	4917	329	5	1541	2047	663	228	98	5	1
天台县	4911	34	1	1119	2387	929	307	132	2	
仙居县	4760	93	9	1081	2280	943	257	91	6	
温岭市	16792	211	21	6107	6971	2285	857	330	9	1
临海市	17933	284	6	5673	7777	2765	1087	331	9	1
玉环市	7035	274	1	2057	3155	954	451	139	4	
丽水市	**23820**	**477**	**58**	**7963**	**11146**	**2978**	**869**	**323**	**5**	**1**
莲都区	4225	143	9	1278	1965	613	148	69		
青田县	3538	47	8	1088	1714	531	111	39		
缙云县	4584	31	4	1141	2475	638	213	82		
遂昌县	2386	45	6	884	1134	230	64	23		
松阳县	3432	72	9	1230	1462	446	160	51	2	
云和县	1044	24	4	335	506	128	33	13		1
庆元县	1343	12	9	545	594	120	52	11		
景宁畲族自治县	1361	61	4	674	449	105	43	23	2	
龙泉市	1907	42	5	788	847	167	45	12	1	
女	**365499**	**14586**	**776**	**117207**	**153323**	**40375**	**25412**	**13375**	**420**	**25**
杭州市	**40224**	**1150**	**84**	**11780**	**15654**	**5363**	**3704**	**2388**	**92**	**9**
上城区										
下城区										
江干区										
拱墅区										
西湖区	671	1		108	157	124	135	131	14	1
滨江区										
萧山区	10719	233	5	3002	4073	1348	1188	837	29	4
余杭区	9912	121	7	2237	3943	1554	1208	807	32	3
富阳区	4117	49		1124	1684	569	438	249	4	
临安区	4792	48	17	1394	2230	640	310	146	6	1
桐庐县	2374	102	10	686	1049	317	150	59	1	
淳安县	3994	535	38	1910	1027	309	99	73	3	
建德市	3645	61	7	1319	1491	502	176	86	3	

4-2c　续表 4　　　　单位：人

地　　区 性　　别	合　计	未上过学	学前教育	小　学	初　中	高　中	大学专科	大学本科	硕　士 研究生	博　士 研究生
宁波市	**47529**	**1019**	**80**	**14971**	**21504**	**4869**	**3321**	**1707**	**58**	
海曙区	2914	26	4	871	1336	342	227	101	7	
江北区	1889	34		532	926	191	149	54	3	
北仑区	4412	99	2	959	2232	544	335	231	10	
镇海区	1254	24	1	413	577	120	80	39		
鄞州区	7363	181	4	2146	3444	679	554	334	21	
奉化区	5171	77	8	1971	2340	450	209	112	4	
象山县	3898	202	27	1444	1473	401	231	117	3	
宁海县	5308	126	25	2044	2121	513	317	161	1	
余姚市	5046	97	4	1503	2280	547	417	194	4	
慈溪市	10274	153	5	3088	4775	1082	802	364	5	
温州市	**44138**	**3052**	**98**	**15050**	**16812**	**5026**	**2899**	**1155**	**42**	**4**
鹿城区	2154	52	4	521	1114	296	123	42	2	
龙湾区	17	2		5	7	2	1			
瓯海区	2998	92	4	761	1486	406	169	77	3	
洞头区	1024	86	4	259	424	116	79	50	6	
永嘉县	4058	245	3	1296	1552	532	298	128	4	
平阳县	5918	564	7	2344	1944	561	338	151	9	
苍南县	5126	751	8	2199	1421	393	272	78	4	
文成县	1397	59	4	449	607	152	83	42	1	
泰顺县	1045	109	1	448	287	82	83	33	2	
瑞安市	9286	573	18	2977	4052	939	516	205	5	1
乐清市	10809	488	42	3645	3827	1523	927	348	6	3
龙港市	306	31	3	146	91	24	10	1		
嘉兴市	**43108**	**1033**	**80**	**14583**	**18685**	**4040**	**2879**	**1760**	**47**	**1**
南湖区	2949	59	9	926	1229	327	236	160	3	
秀洲区	6509	191	4	2144	3037	510	400	218	4	1
嘉善县	4227	121	8	1430	1869	349	296	150	4	
海盐县	4325	112	3	1506	1736	442	310	211	5	
海宁市	9839	219	18	2835	4725	1024	605	403	10	
平湖市	6305	159	8	2336	2638	459	433	265	7	
桐乡市	8954	172	30	3406	3451	929	599	353	14	
湖州市	**24963**	**290**	**35**	**7882**	**10688**	**2927**	**1959**	**1145**	**36**	**1**
吴兴区	5771	61	13	1603	2776	667	426	215	9	1
南浔区	4745	90	5	1837	1967	402	266	173	5	
德清县	4801	25	2	1701	1803	553	438	271	8	
长兴县	5303	55	15	1519	2259	703	475	269	8	
安吉县	4343	59		1222	1883	602	354	217	6	
绍兴市	**31529**	**508**	**62**	**8790**	**15233**	**3654**	**2062**	**1183**	**35**	**2**
越城区	3507	50	19	1002	1566	397	273	195	5	
柯桥区	4958	113	9	1524	2122	517	380	283	9	1
上虞区	6132	169	9	2063	2630	589	430	233	9	
新昌县	3150	99	15	1221	1290	345	122	53	4	1
诸暨市	9080	56	3	1800	5130	1149	618	318	6	
嵊州市	4702	21	7	1180	2495	657	239	101	2	
金华市	**45539**	**1946**	**79**	**11771**	**21630**	**5335**	**3267**	**1462**	**44**	**5**
婺城区	3985	218	9	1081	1595	566	353	152	10	1
金东区	4491	139	4	1231	2023	581	356	154	3	
武义县	3553	182	11	987	1703	383	208	75	4	
浦江县	5784	241	10	1543	2990	497	332	165	6	
磐安县	1556	91	6	550	614	166	89	39	1	
兰溪市	5541	478	21	1934	2316	457	235	95	3	2
义乌市	8372	172	2	1687	4288	1097	757	364	5	
东阳市	6290	211	5	1428	3127	729	520	262	7	1
永康市	5967	214	11	1330	2974	859	417	156	5	1

4-2c 续表 5 单位：人

地区 性别	合计	未上过学	学前教育	小学	初中	高中	大学专科	大学本科	硕士研究生	博士研究生
衢州市	**16971**	**1378**	**87**	**5803**	**6806**	**1656**	**782**	**442**	**16**	**1**
柯城区	2060	99		511	846	278	195	122	8	1
衢江区	3403	287	11	1071	1469	339	128	94	4	
常山县	2534	421	33	964	803	177	89	46	1	
开化县	1538	156	18	612	551	101	68	31	1	
龙游县	3206	232	10	952	1464	314	151	82	1	
江山市	4230	183	15	1693	1673	447	151	67	1	
舟山市	**5180**	**132**	**16**	**1708**	**2129**	**544**	**386**	**254**	**11**	
定海区	1880	41	6	577	765	198	182	110	1	
普陀区	2015	40	2	632	862	222	150	102	5	
岱山县	979	37	7	399	395	84	41	14	2	
嵊泗县	306	14	1	100	107	40	13	28	3	
台州市	**52151**	**3192**	**71**	**19581**	**18608**	**5612**	**3502**	**1550**	**34**	**1**
椒江区	5215	337	6	1728	1880	618	441	198	7	
黄岩区	4634	152	4	1677	1611	570	419	198	3	
路桥区	5259	317	4	1921	1911	609	320	174	3	
三门县	2336	445	6	834	710	162	119	56	4	
天台县	2991	51	1	835	1379	384	235	103	3	
仙居县	2828	115	11	702	1258	437	225	79	1	
温岭市	12776	663	31	5837	4052	1197	658	332	6	
临海市	11638	561	5	4613	4207	1182	787	278	4	1
玉环市	4474	551	3	1434	1600	453	298	132	3	
丽水市	**14167**	**886**	**84**	**5288**	**5574**	**1349**	**651**	**329**	**5**	**1**
莲都区	2536	265	17	824	919	296	152	62		1
青田县	2093	58	11	698	914	266	77	66	3	
缙云县	2593	74	12	791	1239	261	160	55	1	
遂昌县	1363	118	12	563	508	96	46	20		
松阳县	2550	208	14	1039	920	220	99	49	1	
云和县	625	24		240	259	57	27	18		
庆元县	760	21	8	376	271	37	27	20		
景宁畲族自治县	785	92	8	427	168	44	27	19		
龙泉市	862	26	2	330	376	72	36	20		

4-3 全省分年龄、性别、受教育程度的就业人口

单位：人

年龄组 性 别	合 计	未上过学	学前教育	小 学	初 中	高 中	大学专科	大学本科	硕 士 研究生	博 士 研究生
总 计	**3642236**	**45157**	**2591**	**661770**	**1489995**	**592171**	**418005**	**389408**	**38795**	**4344**
16-19岁	48572	23	6	1732	28334	14814	3165	494	2	2
20-24岁	251886	98	26	5676	78394	59099	67620	40014	931	28
25-29岁	425229	242	32	11460	128390	90741	92240	92037	9687	400
30-34岁	563500	532	54	24718	206324	119884	100592	98522	11712	1162
35-39岁	461207	919	48	31656	199384	87562	63981	68654	7993	1010
40-44岁	435378	2132	109	62334	216729	71671	38137	39504	4029	733
45-49岁	491959	4725	266	116090	255753	60238	26302	25866	2198	521
50-54岁	428745	7218	399	145751	204387	38946	14951	15481	1355	257
55-59岁	282527	6434	303	100472	119143	37696	9368	8093	814	204
60-64岁	120739	7672	396	68568	33668	8803	1054	502	54	22
65-69岁	81919	8006	468	57379	13642	1857	404	146	15	2
70-74岁	35149	4127	302	25714	4304	514	135	49	2	2
75岁及以上	15426	3029	182	10220	1543	346	56	46	3	1
男	**2188814**	**15436**	**1172**	**377234**	**942739**	**388738**	**235997**	**203634**	**20978**	**2886**
16-19岁	31324	11	3	1116	18662	9501	1804	223	2	2
20-24岁	148060	52	15	3677	51567	38610	35809	17964	351	15
25-29岁	247095	110	14	6721	80420	59310	50909	44822	4566	223
30-34岁	324437	231	30	13227	123506	75357	55380	50024	5943	739
35-39岁	263672	299	27	15618	118030	53730	35035	35843	4432	658
40-44岁	245419	522	43	29828	125972	43633	21136	21335	2462	488
45-49岁	279511	1149	110	56300	151211	38100	15540	15240	1503	358
50-54岁	274285	2300	187	81595	138639	29305	10622	10464	970	203
55-59岁	202083	2097	141	61717	90262	31515	8375	7113	687	176
60-64岁	83711	2754	175	44315	27815	7303	873	411	46	19
65-69岁	54990	2933	190	38125	11627	1634	347	119	13	2
70-74岁	23699	1604	147	17641	3711	432	120	40	2	2
75岁及以上	10528	1374	90	7354	1317	308	47	36	1	1
女	**1453422**	**29721**	**1419**	**284536**	**547256**	**203433**	**182008**	**185774**	**17817**	**1458**
16-19岁	17248	12	3	616	9672	5313	1361	271		
20-24岁	103826	46	11	1999	26827	20489	31811	22050	580	13
25-29岁	178134	132	18	4739	47970	31431	41331	47215	5121	177
30-34岁	239063	301	24	11491	82818	44527	45212	48498	5769	423
35-39岁	197535	620	21	16038	81354	33832	28946	32811	3561	352
40-44岁	189959	1610	66	32506	90757	28038	17001	18169	1567	245
45-49岁	212448	3576	156	59790	104542	22138	10762	10626	695	163
50-54岁	154460	4918	212	64156	65748	9641	4329	5017	385	54
55-59岁	80444	4337	162	38755	28881	6181	993	980	127	28
60-64岁	37028	4918	221	24253	5853	1500	181	91	8	3
65-69岁	26929	5073	278	19254	2015	223	57	27	2	
70-74岁	11450	2523	155	8073	593	82	15	9		
75岁及以上	4898	1655	92	2866	226	38	9	10	2	

4-3a 全省分年龄、性别、受教育程度的就业人口(城市)

单位：人

年龄组 性别	合计	未上过学	学前教育	小学	初中	高中	大学专科	大学本科	硕士 研究生	博士 研究生
总计	**1912582**	**14566**	**767**	**247603**	**708716**	**329188**	**275728**	**296958**	**34964**	**4092**
16-19岁	27918	14	2	878	16365	8337	1972	348	1	1
20-24岁	152977	51	12	2839	43951	33113	43108	29083	799	21
25-29岁	257422	111	18	5547	69967	49268	56522	67134	8503	352
30-34岁	337467	257	33	11997	108938	65660	64961	74088	10451	1082
35-39岁	271992	431	25	14638	98699	49710	44837	55328	7353	971
40-44岁	241291	939	44	28805	104704	42912	27810	31613	3757	707
45-49岁	253576	2197	127	53013	120112	36224	18949	20423	2030	501
50-54岁	196096	3285	184	60763	86301	21833	10272	11971	1248	239
55-59岁	115219	2385	105	35387	45589	18092	6321	6386	761	193
60-64岁	33474	2092	81	17236	9767	3180	647	404	46	21
65-69岁	17582	1788	69	11539	3205	625	227	114	13	2
70-74岁	5639	638	45	3827	856	158	79	34	1	1
75岁及以上	1929	378	22	1134	262	76	23	32	1	1
男	**1130054**	**5081**	**382**	**140681**	**443590**	**210914**	**153251**	**154637**	**18805**	**2713**
16-19岁	17675	8	1	558	10585	5274	1104	143	1	1
20-24岁	87262	27	5	1854	28525	21091	22557	12899	293	11
25-29岁	146118	57	8	3313	43454	31512	30846	32742	3992	194
30-34岁	190278	117	19	6534	64827	40401	35078	37368	5249	685
35-39岁	152337	149	14	7301	58005	29633	24030	28537	4034	634
40-44岁	134814	221	18	13879	60434	25453	15036	17026	2280	467
45-49岁	143749	546	57	25842	70552	22221	10911	11900	1378	342
50-54岁	128314	1073	87	34737	59579	16522	7256	7985	885	190
55-59岁	87349	847	62	23117	35830	15483	5636	5566	641	167
60-64岁	24481	845	37	11944	8147	2606	515	330	39	18
65-69岁	12390	747	36	8065	2706	535	195	92	12	2
70-74岁	3922	271	24	2670	738	120	71	26	1	1
75岁及以上	1365	173	14	867	208	63	16	23		1
女	**782528**	**9485**	**385**	**106922**	**265126**	**118274**	**122477**	**142321**	**16159**	**1379**
16-19岁	10243	6	1	320	5780	3063	868	205		
20-24岁	65715	24	7	985	15426	12022	20551	16184	506	10
25-29岁	111304	54	10	2234	26513	17756	25676	34392	4511	158
30-34岁	147189	140	14	5463	44111	25259	29883	36720	5202	397
35-39岁	119655	282	11	7337	40694	20077	20807	26791	3319	337
40-44岁	106477	718	26	14926	44270	17459	12774	14587	1477	240
45-49岁	109827	1651	70	27171	49560	14003	8038	8523	652	159
50-54岁	67782	2212	97	26026	26722	5311	3016	3986	363	49
55-59岁	27870	1538	43	12270	9759	2609	685	820	120	26
60-64岁	8993	1247	44	5292	1620	574	132	74	7	3
65-69岁	5192	1041	33	3474	499	90	32	22	1	
70-74岁	1717	367	21	1157	118	38	8	8		
75岁及以上	564	205	8	267	54	13	7	9	1	

4-3b 全省分年龄、性别、受教育程度的就业人口(镇)

单位：人

年龄组 性别	合 计	未上过学	学前教育	小 学	初 中	高 中	大学专科	大学本科	硕 士 研究生	博 士 研究生
总 计	**773450**	**8478**	**471**	**138862**	**344826**	**131812**	**81734**	**64203**	**2894**	**170**
16-19岁	10939	4	2	411	6504	3348	601	69		
20-24岁	50109	22	5	1344	18390	12493	11887	5883	81	4
25-29岁	86560	76	6	2914	30425	19604	17959	14750	799	27
30-34岁	119250	131	8	6140	48792	26693	19915	16556	963	52
35-39岁	99125	236	13	7781	48129	19770	12193	10437	537	29
40-44岁	98089	518	27	15055	51732	16219	7425	6869	225	19
45-49岁	111045	1043	61	26536	59084	13670	5621	4866	147	17
50-54岁	94850	1565	78	31713	45808	8945	3485	3148	93	15
55-59岁	59765	1291	54	20328	25668	8608	2260	1507	43	6
60-64岁	22812	1312	76	12427	6727	1936	255	73	5	1
65-69岁	13812	1323	88	9291	2627	369	91	23		
70-74岁	5166	580	38	3709	710	91	27	11		
75岁及以上	1928	377	15	1213	230	66	15	11	1	
男	**468055**	**2828**	**213**	**78455**	**216019**	**87028**	**47615**	**34125**	**1656**	**116**
16-19岁	7275	1		270	4365	2246	353	40		
20-24岁	30825	11	3	864	12195	8393	6584	2739	34	2
25-29岁	51191	26	3	1707	19005	12835	10114	7105	381	15
30-34岁	69104	50	4	3263	28778	16784	11226	8440	525	34
35-39岁	56974	72	7	3813	28139	12206	6829	5553	337	18
40-44岁	55318	127	12	7164	29931	9965	4286	3663	154	16
45-49岁	63225	243	20	12863	34825	8805	3416	2930	109	14
50-54岁	60617	481	39	17952	30822	6610	2440	2188	75	10
55-59岁	43162	414	23	12727	19415	7135	2039	1367	36	6
60-64岁	16017	489	36	8092	5527	1591	216	60	5	1
65-69岁	9457	493	36	6280	2229	325	74	20		
70-74岁	3535	235	22	2574	592	79	23	10		
75岁及以上	1355	186	8	886	196	54	15	10		
女	**305395**	**5650**	**258**	**60407**	**128807**	**44784**	**34119**	**30078**	**1238**	**54**
16-19岁	3664	3	2	141	2139	1102	248	29		
20-24岁	19284	11	2	480	6195	4100	5303	3144	47	2
25-29岁	35369	50	3	1207	11420	6769	7845	7645	418	12
30-34岁	50146	81	4	2877	20014	9909	8689	8116	438	18
35-39岁	42151	164	6	3968	19990	7564	5364	4884	200	11
40-44岁	42771	391	15	7891	21801	6254	3139	3206	71	3
45-49岁	47820	800	41	13673	24259	4865	2205	1936	38	3
50-54岁	34233	1084	39	13761	14986	2335	1045	960	18	5
55-59岁	16603	877	31	7601	6253	1473	221	140	7	
60-64岁	6795	823	40	4335	1200	345	39	13		
65-69岁	4355	830	52	3011	398	44	17	3		
70-74岁	1631	345	16	1135	118	12	4	1		
75岁及以上	573	191	7	327	34	12		1	1	

4-3c 全省分年龄、性别、受教育程度的就业人口(乡村)

单位：人

年龄组 性　别	合　计	未上过学	学前教育	小　学	初　中	高　中	大学专科	大学本科	硕　士 研究生	博　士 研究生
总　计	**956204**	**22113**	**1353**	**275305**	**436453**	**131171**	**60543**	**28247**	**937**	**82**
16-19岁	9715	5	2	443	5465	3129	592	77	1	1
20-24岁	48800	25	9	1493	16053	13493	12625	5048	51	3
25-29岁	81247	55	8	2999	27998	21869	17759	10153	385	21
30-34岁	106783	144	13	6581	48594	27531	15716	7878	298	28
35-39岁	90090	252	10	9237	52556	18082	6951	2889	103	10
40-44岁	95998	675	38	18474	60293	12540	2902	1022	47	7
45-49岁	127338	1485	78	36541	76557	10344	1732	577	21	3
50-54岁	137799	2368	137	53275	72278	8168	1194	362	14	3
55-59岁	107543	2758	144	44757	47886	10996	787	200	10	5
60-64岁	64453	4268	239	38905	17174	3687	152	25	3	
65-69岁	50525	4895	311	36549	7810	863	86	9	2	
70-74岁	24344	2909	219	18178	2738	265	29	4	1	1
75岁及以上	11569	2274	145	7873	1051	204	18	3	1	
男	**590705**	**7527**	**577**	**158098**	**283130**	**90796**	**35131**	**14872**	**517**	**57**
16-19岁	6374	2	2	288	3712	1981	347	40	1	1
20-24岁	29973	14	7	959	10847	9126	6668	2326	24	2
25-29岁	49786	27	3	1701	17961	14963	9949	4975	193	14
30-34岁	65055	64	7	3430	29901	18172	9076	4216	169	20
35-39岁	54361	78	6	4504	31886	11891	4176	1753	61	6
40-44岁	55287	174	13	8785	35607	8215	1814	646	28	5
45-49岁	72537	360	33	17595	45834	7074	1213	410	16	2
50-54岁	85354	746	61	28906	48238	6173	926	291	10	3
55-59岁	71572	836	56	25873	35017	8897	700	180	10	3
60-64岁	43213	1420	102	24279	14141	3106	142	21	2	
65-69岁	33143	1693	118	23780	6692	774	78	7	1	
70-74岁	16242	1098	101	12397	2381	233	26	4	1	1
75岁及以上	7808	1015	68	5601	913	191	16	3	1	
女	**365499**	**14586**	**776**	**117207**	**153323**	**40375**	**25412**	**13375**	**420**	**25**
16-19岁	3341	3		155	1753	1148	245	37		
20-24岁	18827	11	2	534	5206	4367	5957	2722	27	1
25-29岁	31461	28	5	1298	10037	6906	7810	5178	192	7
30-34岁	41728	80	6	3151	18693	9359	6640	3662	129	8
35-39岁	35729	174	4	4733	20670	6191	2775	1136	42	4
40-44岁	40711	501	25	9689	24686	4325	1088	376	19	2
45-49岁	54801	1125	45	18946	30723	3270	519	167	5	1
50-54岁	52445	1622	76	24369	24040	1995	268	71	4	
55-59岁	35971	1922	88	18884	12869	2099	87	20		2
60-64岁	21240	2848	137	14626	3033	581	10	4	1	
65-69岁	17382	3202	193	12769	1118	89	8	2	1	
70-74岁	8102	1811	118	5781	357	32	3			
75岁及以上	3761	1259	77	2272	138	13	2			

4-4　各地区分性别、行业大类的就业人口

单位：人

地区 性别	合计	农、林、牧、渔业						采矿业	
		小计	农业	林业	畜牧业	渔业	农、林、牧、渔专业及辅助性活动	小计	煤炭开采和洗选业
合计	**3642236**	**196953**	**157814**	**9042**	**9172**	**18670**	**2255**	**3621**	**304**
杭州市	**683289**	**22499**	**20111**	**598**	**1083**	**516**	**191**	**409**	**17**
上城区	14358	1				1		3	
下城区	22898	10	7	1	1		1	3	1
江干区	85689	154	111	15	11	10	7	24	7
拱墅区	32246	14	4	2	1	2	5	10	1
西湖区	58130	383	357	8	2	13	3	12	
滨江区	28823	45	29	5	4	2	5	12	4
萧山区	141699	4801	4377	67	115	209	33	35	
余杭区	158794	1923	1488	147	115	127	46	52	3
富阳区	45761	1695	1429	91	105	34	36	118	1
临安区	34048	3756	3416	166	131	10	33	42	
桐庐县	24067	891	752	31	78	30		19	
淳安县	16444	5654	5167	26	393	54	14	7	
建德市	20332	3172	2974	39	127	24	8	72	
宁波市	**573896**	**20032**	**14750**	**1106**	**609**	**3269**	**298**	**294**	**6**
海曙区	59049	692	581	70	22	14	5	32	1
江北区	26891	226	175	24	13	12	2	14	
北仑区	56047	1203	1013	126	13	37	14	10	1
镇海区	33830	557	479	30	6	28	14	21	1
鄞州区	94622	946	775	20	32	103	16	23	
奉化区	34028	2932	1723	438	90	622	59	30	1
象山县	29532	3527	1937	16	81	1481	12	32	
宁海县	37933	3393	2632	46	82	585	48	51	
余姚市	76375	2365	1895	203	113	103	51	58	2
慈溪市	125589	4191	3540	133	157	284	77	23	
温州市	**495699**	**20502**	**16096**	**345**	**1230**	**2573**	**258**	**894**	**255**
鹿城区	64297	253	198	2	30	18	5	8	2
龙湾区	45697	248	182	7	21	35	3	19	1
瓯海区	54350	596	539	9	29	13	6	18	3
洞头区	7085	560	138	4	17	389	12	11	
永嘉县	36394	2450	2212	8	140	21	69	33	2
平阳县	41922	2219	1740	28	230	207	14	167	101
苍南县	40241	4944	3828	19	167	877	53	439	105
文成县	8242	1177	1117	18	36	6		11	
泰顺县	7114	785	622	20	109	8	26	69	31
瑞安市	79508	2545	2032	69	176	251	17	38	
乐清市	86951	3882	2985	158	252	452	35	77	9
龙港市	23898	843	503	3	23	296	18	4	1
嘉兴市	**350358**	**10057**	**7872**	**519**	**813**	**718**	**135**	**18**	
南湖区	49051	1421	1231	57	55	71	7	1	
秀洲区	44855	958	737	82	22	87	30	1	
嘉善县	41647	1645	1471	13	35	121	5		
海盐县	28379	1205	981	21	78	112	13	6	
海宁市	75570	1476	1071	153	120	107	25	5	
平湖市	44401	1142	904	31	58	125	24	1	
桐乡市	66455	2210	1477	162	445	95	31	4	
湖州市	**196479**	**9538**	**5616**	**1346**	**487**	**1831**	**258**	**379**	**6**
吴兴区	64484	1288	768	155	71	271	23	142	1
南浔区	30338	1600	566	64	141	802	27	27	
德清县	33002	1894	986	139	113	643	13	81	1
长兴县	37568	3178	2189	615	118	91	165	78	3
安吉县	31087	1578	1107	373	44	24	30	51	1

4-4 续表 1

单位：人

地区 性别	合计	农、林、牧、渔业						采矿业	
		小计	农业	林业	畜牧业	渔业	农、林、牧、渔专业及辅助性活动	小计	煤炭开采和洗选业
绍兴市	**294152**	**20517**	**18484**	**814**	**652**	**445**	**122**	**198**	**1**
越城区	52403	672	498	44	32	75	23	34	
柯桥区	75959	1975	1702	103	66	75	29	21	
上虞区	47455	3026	2747	52	93	122	12	24	
新昌县	21853	4293	4103	117	61	6	6	20	
诸暨市	64203	5167	4724	89	187	135	32	79	1
嵊州市	32279	5384	4710	409	213	32	20	20	
金华市	**404678**	**21632**	**16872**	**3256**	**929**	**365**	**210**	**313**	**4**
婺城区	47404	3618	1498	1882	151	55	32	20	
金东区	30560	2785	1640	924	90	45	86	33	
武义县	27990	1818	1499	115	151	31	22	81	
浦江县	25396	1494	1397	19	53	15	10	20	
磐安县	8918	1396	1351	5	29	4	7	12	
兰溪市	29430	5252	4651	185	287	122	7	47	2
义乌市	123564	1306	1107	87	47	40	25	29	1
东阳市	58322	2447	2298	23	80	33	13	58	1
永康市	53094	1516	1431	16	41	20	8	13	
衢州市	**108797**	**18749**	**16195**	**441**	**1813**	**173**	**127**	**221**	**4**
柯城区	25957	1502	1398	23	46	21	14	26	
衢江区	17734	3969	3585	124	216	23	21	44	2
常山县	12799	3349	2623	26	647	14	39	32	
开化县	10143	1403	1195	102	88	16	2	14	
龙游县	18002	3475	2903	123	351	59	39	50	
江山市	24162	5051	4491	43	465	40	12	55	2
舟山市	**64854**	**5416**	**843**	**13**	**52**	**4315**	**193**	**230**	
定海区	25409	631	300	4	31	294	2	58	
普陀区	21057	1727	279	5	13	1407	23	57	
岱山县	14867	2236	242	4	7	1836	147	102	
嵊泗县	3521	822	22		1	778	21	13	
台州市	**362610**	**28493**	**22710**	**200**	**860**	**4333**	**390**	**202**	**11**
椒江区	49741	1509	1254	10	44	194	7	18	4
黄岩区	35704	1709	1601	42	45	18	3	12	
路桥区	38213	1331	1087	18	31	174	21	39	
三门县	16522	2973	2047	7	89	790	40	10	
天台县	18015	1522	1362	19	115	12	14	15	3
仙居县	16345	2493	2326	8	90	65	4	19	
温岭市	89179	6412	4440	37	150	1637	148	24	
临海市	56448	9222	7983	46	230	824	139	51	1
玉环市	42443	1322	610	13	66	619	14	14	3
丽水市	**107424**	**19518**	**18265**	**404**	**644**	**132**	**73**	**463**	
莲都区	28401	3037	2872	36	90	18	21	36	
青田县	14566	1861	1772	8	66	4	11	94	
缙云县	17478	3370	3112	39	138	68	13	41	
遂昌县	8498	2495	2370	68	45	4	8	132	
松阳县	11047	4496	4397	27	59	11	2	21	
云和县	6575	508	469	10	22	7		17	
庆元县	6074	1011	863	95	39	6	8	32	
景宁畲族自治县	4977	1337	1197	35	98	6	1	4	
龙泉市	9808	1403	1213	86	87	8	9	86	
男	**2188814**	**125152**	**95516**	**6583**	**5465**	**16228**	**1360**	**3197**	**274**
杭州市	**409756**	**12928**	**11341**	**444**	**622**	**385**	**136**	**333**	**12**
上城区	7903	1				1		2	
下城区	12496	8	6		1		1	2	1
江干区	49926	86	59	9	10	6	2	16	4
拱墅区	18221	9	2	1	1	1	4	8	1

4-4 续表 2

单位：人

地区 性别	合计	农、林、牧、渔业						采矿业	
		小计	农业	林业	畜牧业	渔业	农、林、牧、渔专业及辅助性活动	小计	煤炭开采和洗选业
西湖区	33594	213	195	4	2	9	3	10	
滨江区	16659	27	15	4	3	1	4	7	3
萧山区	87639	2808	2509	45	78	152	24	32	
余杭区	97390	1249	932	105	77	104	31	43	2
富阳区	28650	1051	871	72	56	27	25	100	1
临安区	21197	2249	2011	122	81	8	27	33	
桐庐县	14408	591	485	27	55	24		18	
淳安县	9249	2821	2579	21	178	35	8	5	
建德市	12424	1815	1677	34	80	17	7	57	
宁波市	**342308**	**13719**	**9395**	**861**	**407**	**2854**	**202**	**257**	**5**
海曙区	34532	496	414	49	17	12	4	28	1
江北区	16310	148	113	15	10	8	2	13	
北仑区	34875	791	652	86	11	33	9	10	1
镇海区	20857	345	293	19	4	21	8	20	1
鄞州区	54779	649	507	20	23	87	12	19	
奉化区	20470	2158	1160	335	58	567	38	25	1
象山县	17674	2720	1264	11	54	1381	10	29	
宁海县	22158	2115	1547	39	57	447	25	43	
余姚市	45080	1535	1170	177	72	76	40	48	1
慈溪市	75573	2762	2275	110	101	222	54	22	
温州市	**305170**	**14701**	**11255**	**289**	**855**	**2150**	**152**	**813**	**235**
鹿城区	37878	179	139	2	20	14	4	6	1
龙湾区	29308	171	115	6	15	33	2	17	1
瓯海区	34281	423	378	8	23	10	4	15	2
洞头区	4580	429	84	3	14	321	7	10	
永嘉县	23435	1745	1579	5	97	17	47	33	2
平阳县	25815	1714	1325	27	173	181	8	152	92
苍南县	24598	3383	2522	15	109	712	25	400	99
文成县	5339	853	808	17	25	3		10	
泰顺县	4772	555	436	19	80	5	15	64	29
瑞安市	48670	1948	1524	61	123	234	6	32	
乐清市	51561	2594	1960	123	158	331	22	70	8
龙港市	14933	707	385	3	18	289	12	4	1
嘉兴市	**206303**	**5440**	**3970**	**367**	**478**	**520**	**105**	**15**	
南湖区	29020	742	620	37	36	45	4	1	
秀洲区	26170	553	392	66	18	57	20	1	
嘉善县	25448	826	714	8	26	74	4		
海盐县	16703	603	443	11	50	88	11	5	
海宁市	44772	852	583	90	77	81	21	3	
平湖市	26075	639	458	27	35	100	19	1	
桐乡市	38115	1225	760	128	236	75	26	4	
湖州市	**119090**	**6247**	**3283**	**1057**	**298**	**1393**	**216**	**338**	**5**
吴兴区	37979	820	453	123	45	183	16	125	1
南浔区	18695	1072	339	42	96	571	24	25	
德清县	20225	1271	537	106	71	548	9	73	1
长兴县	22980	1959	1214	476	57	68	144	70	2
安吉县	19211	1125	740	310	29	23	23	45	1
绍兴市	**174869**	**12488**	**11062**	**619**	**390**	**335**	**82**	**176**	**1**
越城区	30776	413	295	25	20	59	14	27	
柯桥区	45969	1071	894	68	41	49	19	19	
上虞区	27952	1740	1550	28	57	94	11	20	
新昌县	12659	2380	2245	93	35	3	4	19	
诸暨市	37881	3338	3034	69	108	105	22	73	1
嵊州市	19632	3546	3044	336	129	25	12	18	

4-4 续表 3　　　　单位：人

地区 性别	合计	农、林、牧、渔业 小计	农业	林业	畜牧业	渔业	农、林、牧、渔专业及辅助性活动	采矿业 小计	煤炭开采和洗选业
金华市	**240428**	**13150**	**10023**	**2066**	**622**	**290**	**149**	**270**	**4**
婺城区	28009	2192	881	1143	106	39	23	17	
金东区	18645	1755	982	611	59	37	66	28	
武义县	16796	1147	916	89	102	25	15	69	
浦江县	14764	999	932	13	35	11	8	19	
磐安县	5323	803	772	4	20	2	5	11	
兰溪市	17371	3227	2820	115	184	103	5	44	2
义乌市	72901	823	686	61	33	31	12	27	1
东阳市	34037	1315	1209	16	55	26	9	44	1
永康市	32582	889	825	14	28	16	6	11	
衢州市	**65943**	**11014**	**9661**	**357**	**778**	**132**	**86**	**198**	**4**
柯城区	15440	973	893	20	31	19	10	25	
衢江区	11372	2516	2254	103	126	16	17	43	2
常山县	7710	1799	1650	23	97	9	20	22	
开化县	6267	883	735	83	50	14	1	13	
龙游县	11032	2124	1743	91	218	44	28	48	
江山市	14122	2719	2386	37	256	30	10	47	2
舟山市	**43797**	**4691**	**472**	**10**	**34**	**4150**	**25**	**208**	
定海区	15997	481	180	3	23	274	1	49	
普陀区	13610	1517	159	4	8	1340	6	57	
岱山县	11842	1939	121	3	2	1798	15	89	
嵊泗县	2348	754	12		1	738	3	13	
台州市	**215843**	**19002**	**14191**	**154**	**573**	**3928**	**156**	**182**	**8**
椒江区	29151	1043	817	9	30	182	5	16	3
黄岩区	21648	1138	1054	33	34	15	2	12	
路桥区	22967	882	670	15	20	166	11	37	
三门县	10656	2126	1377	6	70	641	32	9	
天台县	10855	928	822	17	68	9	12	14	3
仙居县	9836	1624	1509	6	59	47	3	13	
温岭市	51814	4320	2655	24	98	1499	44	21	
临海市	33484	5909	4895	34	148	790	42	48	
玉环市	25432	1032	392	10	46	579	5	12	2
丽水市	**65307**	**11772**	**10863**	**359**	**408**	**91**	**51**	**407**	
莲都区	17158	1759	1656	30	48	11	14	25	
青田县	8821	1162	1098	7	48	3	6	83	
缙云县	10830	2077	1893	35	93	46	10	39	
遂昌县	5229	1477	1375	60	31	4	7	108	
松阳县	6406	2347	2275	24	38	8	2	20	
云和县	3987	342	310	9	16	7		15	
庆元县	3705	675	557	82	29	3	4	32	
景宁畲族自治县	2990	820	738	34	43	4	1	4	
龙泉市	6181	1113	961	78	62	5	7	81	
女	**1453422**	**71801**	**62298**	**2459**	**3707**	**2442**	**895**	**424**	**30**
杭州市	**273533**	**9571**	**8770**	**154**	**461**	**131**	**55**	**76**	**5**
上城区	6455							1	
下城区	10402	2	1	1				1	
江干区	35763	68	52	6	1	4	5	8	3
拱墅区	14025	5	2	1		1	1	2	
西湖区	24536	170	162	4		4		2	
滨江区	12164	18	14	1	1	1	1	5	1
萧山区	54060	1993	1868	22	37	57	9	3	
余杭区	61404	674	556	42	38	23	15	9	1
富阳区	17111	644	558	19	49	7	11	18	
临安区	12851	1507	1405	44	50	2	6	9	
桐庐县	9659	300	267	4	23	6		1	
淳安县	7195	2833	2588	5	215	19	6	2	
建德市	7908	1357	1297	5	47	7	1	15	

4–4　续表 4　　　　单位：人

地　区 性　别	合计	农、林、牧、渔业 小计	农业	林业	畜牧业	渔业	农、林、牧、渔专业及辅助性活动	采矿业 小计	煤炭开采和洗选业
宁波市	**231588**	**6313**	**5355**	**245**	**202**	**415**	**96**	**37**	**1**
海曙区	24517	196	167	21	5	2	1	4	
江北区	10581	78	62	9	3	4		1	
北仑区	21172	412	361	40	2	4	5		
镇海区	12973	212	186	11	2	7	6	1	
鄞州区	39843	297	268		9	16	4	4	
奉化区	13558	774	563	103	32	55	21	5	
象山县	11858	807	673	5	27	100	2	3	
宁海县	15775	1278	1085	7	25	138	23	8	
余姚市	31295	830	725	26	41	27	11	10	1
慈溪市	50016	1429	1265	23	56	62	23	1	
温州市	**190529**	**5801**	**4841**	**56**	**375**	**423**	**106**	**81**	**20**
鹿城区	26419	74	59		10	4	1	2	1
龙湾区	16389	77	67	1	6	2	1	2	
瓯海区	20069	173	161	1	6	3	2	3	1
洞头区	2505	131	54	1	3	68	5	1	
永嘉县	12959	705	633	3	43	4	22		
平阳县	16107	505	415	1	57	26	6	15	9
苍南县	15643	1561	1306	4	58	165	28	39	6
文成县	2903	324	309	1	11	3		1	
泰顺县	2342	230	186	1	29	3	11	5	2
瑞安市	30838	597	508	8	53	17	11	6	
乐清市	35390	1288	1025	35	94	121	13	7	1
龙港市	8965	136	118		5	7	6		
嘉兴市	**144055**	**4617**	**3902**	**152**	**335**	**198**	**30**	**3**	
南湖区	20031	679	611	20	19	26	3		
秀洲区	18685	405	345	16	4	30	10		
嘉善县	16199	819	757	5	9	47	1		
海盐县	11676	602	538	10	28	24	2	1	
海宁市	30798	624	488	63	43	26	4	2	
平湖市	18326	503	446	4	23	25	5		
桐乡市	28340	985	717	34	209	20	5		
湖州市	**77389**	**3291**	**2333**	**289**	**189**	**438**	**42**	**41**	**1**
吴兴区	26505	468	315	32	26	88	7	17	
南浔区	11643	528	227	22	45	231	3	2	
德清县	12777	623	449	33	42	95	4	8	
长兴县	14588	1219	975	139	61	23	21	8	1
安吉县	11876	453	367	63	15	1	7	6	
绍兴市	**119283**	**8029**	**7422**	**195**	**262**	**110**	**40**	**22**	
越城区	21627	259	203	19	12	16	9	7	
柯桥区	29990	904	808	35	25	26	10	2	
上虞区	19503	1286	1197	24	36	28	1	4	
新昌县	9194	1913	1858	24	26	3	2	1	
诸暨市	26322	1829	1690	20	79	30	10	6	
嵊州市	12647	1838	1666	73	84	7	8	2	
金华市	**164250**	**8482**	**6849**	**1190**	**307**	**75**	**61**	**43**	
婺城区	19395	1426	617	739	45	16	9	3	
金东区	11915	1030	658	313	31	8	20	5	
武义县	11194	671	583	26	49	6	7	12	
浦江县	10632	495	465	6	18	4	2	1	
磐安县	3595	593	579	1	9	2	2	1	
兰溪市	12059	2025	1831	70	103	19	2	3	
义乌市	50663	483	421	26	14	9	13	2	
东阳市	24285	1132	1089	7	25	7	4	14	
永康市	20512	627	606	2	13	4	2	2	

4–4 续表 5 单位：人

地　区 性　别	合计	农、林、牧、渔业						采矿业	
		小计	农业	林业	畜牧业	渔业	农、林、牧、渔专业及辅助性活动	小计	煤炭开采和洗选业
衢州市	**42854**	**7735**	**6534**	**84**	**1035**	**41**	**41**	**23**	
柯城区	10517	529	505	3	15	2	4	1	
衢江区	6362	1453	1331	21	90	7	4	1	
常山县	5089	1550	973	3	550	5	19	10	
开化县	3876	520	460	19	38	2	1	1	
龙游县	6970	1351	1160	32	133	15	11	2	
江山市	10040	2332	2105	6	209	10	2	8	
舟山市	**21057**	**725**	**371**	**3**	**18**	**165**	**168**	**22**	
定海区	9412	150	120	1	8	20	1	9	
普陀区	7447	210	120	1	5	67	17		
岱山县	3025	297	121	1	5	38	132	13	
嵊泗县	1173	68	10			40	18		
台州市	**146767**	**9491**	**8519**	**46**	**287**	**405**	**234**	**20**	**3**
椒江区	20590	466	437	1	14	12	2	2	1
黄岩区	14056	571	547	9	11	3	1		
路桥区	15246	449	417	3	11	8	10	2	
三门县	5866	847	670	1	19	149	8	1	
天台县	7160	594	540	2	47	3	2	1	
仙居县	6509	869	817	2	31	18	1	6	
温岭市	37365	2092	1785	13	52	138	104	3	
临海市	22964	3313	3088	12	82	34	97	3	1
玉环市	17011	290	218	3	20	40	9	2	1
丽水市	**42117**	**7746**	**7402**	**45**	**236**	**41**	**22**	**56**	
莲都区	11243	1278	1216	6	42	7	7	11	
青田县	5745	699	674	1	18	1	5	11	
缙云县	6648	1293	1219	4	45	22	3	2	
遂昌县	3269	1018	995	8	14		1	24	
松阳县	4641	2149	2122	3	21	3		1	
云和县	2588	166	159	1	6			2	
庆元县	2369	336	306	13	10	3	4		
景宁畲族自治县	1987	517	459	1	55	2			
龙泉市	3627	290	252	8	25	3	2	5	

4-4　续表 6　　　　单位：人

地　区 性　别	采矿业 石油和天然气开采业	黑色金属矿采选业	有色金属矿采选业	非金属矿采选业	开采专业及辅助性活　动	其　他采矿业	制造业 小计	农副食品加工业	食　品制造业
合计	**45**	**183**	**300**	**2562**	**102**	**125**	**1389931**	**15221**	**12562**
杭州市	**22**	**9**	**68**	**264**	**24**	**5**	**152896**	**1805**	**2733**
上城区	1			1	1		627	7	19
下城区				1		1	1449	22	29
江干区	2	2	1	7	3	2	12703	93	481
拱墅区	4	1		4			1911	15	50
西湖区	1			6	5		3534	33	126
滨江区		1		3	4		3810	80	57
萧山区	1		3	29	1	1	46678	324	464
余杭区	13	3	2	23	7	1	45208	469	856
富阳区			24	93			12261	120	184
临安区		1	1	40			9502	443	242
桐庐县				16	3		8593	105	155
淳安县		1	4	2			1449	29	44
建德市			33	39			5171	65	26
宁波市	**6**	**1**	**4**	**266**	**8**	**3**	**260932**	**2443**	**1711**
海曙区				31			19167	88	198
江北区	1			12	1		8118	47	101
北仑区	2		1	6			28285	190	156
镇海区				19		1	12758	68	124
鄞州区				21	2		29228	158	139
奉化区		1	2	24	2		13471	192	194
象山县				32			10734	637	251
宁海县	1			49	1		16845	93	109
余姚市	1			54	1		45619	520	206
慈溪市	1		1	18	1	2	76707	450	233
温州市	**4**	**99**	**55**	**425**	**22**	**34**	**221029**	**1920**	**1866**
鹿城区				6			25513	65	79
龙湾区		1		17			24537	65	102
瓯海区				14	1		24317	158	190
洞头区				11			1743	45	15
永嘉县				30	1		15384	56	96
平阳县		7	5	42	7	5	17768	550	283
苍南县		81	46	182	5	20	13034	392	284
文成县	1			10			1367	24	23
泰顺县		3		30	4	1	792	26	25
瑞安市	2			31		5	42516	256	230
乐清市	1	7	4	49	4	3	42748	191	459
龙港市				3			11310	92	80
嘉兴市	**2**	**1**	**1**	**11**	**2**	**1**	**167364**	**1386**	**1778**
南湖区					1		15227	197	343
秀洲区				1			21479	98	509
嘉善县							20840	225	183
海盐县				5		1	13158	151	50
海宁市	2	1		1	1		40537	354	305
平湖市			1				22533	153	188
桐乡市				4			33590	208	200
湖州市	**3**	**5**	**4**	**326**	**9**	**26**	**81400**	**895**	**799**
吴兴区	1	2	4	122	3	9	26849	126	275
南浔区	1	1		22	2	1	14697	216	57
德清县	1	1		63	3	12	14010	210	201
长兴县				70	1	4	12303	151	110
安吉县		1		49			13541	192	156

4-4 续表 7 单位：人

地区 性别	采矿业						制造业		
	石油和天然气开采业	黑色金属矿采选业	有色金属矿采选业	非金属矿采选业	开采专业及辅助性活动	其他采矿业	小计	农副食品加工业	食品制造业
绍兴市	**2**	**17**	**64**	**109**	**3**	**2**	**113762**	**679**	**611**
越城区	1	9	16	6	1	1	14580	94	116
柯桥区		4	7	8	2		32792	121	101
上虞区			4	19		1	19518	131	60
新昌县				20			7695	26	98
诸暨市	1	3	37	37			28246	183	125
嵊州市		1		19			10931	124	111
金华市	**1**	**11**	**1**	**288**	**5**	**3**	**165671**	**1088**	**1471**
婺城区		1		19			10758	231	374
金东区		5		28			11088	129	260
武义县		3	1	71	3	3	16117	89	55
浦江县				20			13437	74	46
磐安县				12			2640	16	25
兰溪市		2		43			10213	138	136
义乌市				28			44486	255	284
东阳市	1			54	2		25711	99	171
永康市				13			31221	57	120
衢州市	**1**	**6**	**18**	**179**	**10**	**3**	**25663**	**582**	**439**
柯城区			5	17	1	3	4116	103	67
衢江区	1	3	1	36	1		4770	98	84
常山县			2	30			2625	84	34
开化县				14			1867	55	73
龙游县		3	10	32	5		5062	115	97
江山市				50	3		7223	127	84
舟山市	**2**			**226**		**2**	**13349**	**2029**	**144**
定海区	2			56			5450	506	42
普陀区				57			4112	1341	60
岱山县				100		2	3642	110	31
嵊泗县				13			145	72	11
台州市		**1**	**13**	**164**	**8**	**5**	**163152**	**1908**	**724**
椒江区				14			18308	174	119
黄岩区			4	8			17700	82	180
路桥区				39			18686	57	41
三门县				10			5588	44	36
天台县			2	9		1	5247	64	46
仙居县			3	4	8	4	5103	66	64
温岭市		1	3	20			46372	1183	102
临海市			1	49			20271	137	98
玉环市				11			25877	101	38
丽水市	**2**	**33**	**72**	**304**	**11**	**41**	**24713**	**486**	**286**
莲都区	1	2	9	16	4	4	4647	62	79
青田县	1	2	31	57		3	3181	43	16
缙云县			1	38	2		5591	78	82
遂昌县			18	110	4		1670	25	19
松阳县			4	17			1748	35	28
云和县		1		15	1		3082	37	9
庆元县		14		16		2	1667	126	15
景宁畲族自治县		2		2			401	20	14
龙泉市		12	9	33		32	2726	60	24
男	**34**	**167**	**246**	**2285**	**83**	**108**	**797790**	**8101**	**6091**
杭州市	**18**	**7**	**49**	**226**	**17**	**4**	**89747**	**963**	**1256**
上城区	1			1			399	6	7
下城区						1	910	13	16
江干区	1	2	1	6	1	1	8014	56	211
拱墅区	3	1		3			1163	8	27

4-4　续表 8　　　　单位：人

地区 性别	采矿业						制造业		
	石油和天然气开采业	黑色金属矿采选业	有色金属矿采选业	非金属矿采选业	开采专业及辅助性活动	其他采矿业	小计	农副食品加工业	食品制造业
西湖区	1			5	4		2189	22	61
滨江区		1		2	1		2450	47	35
萧山区	1		3	26	1	1	27329	157	225
余杭区	11	3	1	18	7	1	25375	274	410
富阳区			18	81			7615	61	71
临安区			1	32			5741	197	98
桐庐县				15	3		4646	62	65
淳安县			3	2			748	17	19
建德市			22	35			3168	43	11
宁波市	**5**		**3**	**236**	**6**	**2**	**148613**	**1256**	**788**
海曙区				27			9932	57	98
江北区	1			11	1		4807	28	49
北仑区	2		1	6			17238	116	71
镇海区				19			7617	48	59
鄞州区				17	2		16878	86	64
奉化区			1	22	1		7228	94	96
象山县				29			5568	282	52
宁海县	1			41	1		9508	50	44
余姚市				47			25846	275	122
慈溪市	1		1	17	1	2	43991	220	133
温州市	**3**	**95**	**48**	**383**	**20**	**29**	**131133**	**1074**	**964**
鹿城区				5			15588	43	52
龙湾区		1		15			15711	37	51
瓯海区				12	1		14532	90	98
洞头区				10			1058	24	7
永嘉县				30	1		9765	33	46
平阳县		7	4	37	7	5	10140	268	159
苍南县		77	40	164	4	16	6798	222	166
文成县	1			9			811	14	12
泰顺县		3		28	3	1	529	18	12
瑞安市	1			27		4	25578	144	136
乐清市	1	7	4	43	4	3	24085	121	181
龙港市				3			6538	60	44
嘉兴市	**1**		**1**	**10**	**2**	**1**	**92394**	**850**	**880**
南湖区					1		8804	122	161
秀洲区				1			11584	62	232
嘉善县							12490	137	78
海盐县				4		1	7258	94	26
海宁市	1			1	1		22690	206	156
平湖市			1				11946	95	110
桐乡市				4			17622	134	117
湖州市	**2**	**4**	**2**	**297**	**7**	**21**	**47490**	**545**	**354**
吴兴区	1	2	2	109	2	8	14998	81	109
南浔区		1		21	2	1	8568	128	30
德清县	1			61	2	8	8293	136	101
长兴县				63	1	4	7465	88	48
安吉县		1		43			8166	112	66
绍兴市	**1**	**15**	**55**	**100**	**2**	**2**	**63580**	**398**	**302**
越城区		7	13	6		1	7781	43	55
柯桥区		4	6	7	2		19470	81	54
上虞区			4	15		1	10350	75	31
新昌县				19			4442	13	45
诸暨市	1	3	32	36			15478	118	59
嵊州市		1		17			6059	68	58

4-4 续表 9

单位：人

地区 性别	采矿业						制造业		
	石油和天然气开采业	黑色金属矿采选业	有色金属矿采选业	非金属矿采选业	开采专业及辅助性活动	其他采矿业	小计	农副食品加工业	食品制造业
金华市	**1**	**8**	**1**	**250**	**4**	**2**	**93345**	**659**	**763**
婺城区		1		16			6156	126	195
金东区		2		26			6322	82	129
武义县		3	1	61	2	2	9561	52	23
浦江县				19			6995	40	21
磐安县				11			1333	9	9
兰溪市		2		40			5215	85	72
义乌市				26			24103	167	163
东阳市	1			40	2		14312	65	94
永康市				11			19348	33	57
衢州市	**1**	**6**	**16**	**158**	**10**	**3**	**15288**	**336**	**212**
柯城区			4	17	1	3	2761	62	26
衢江区	1	3	1	35	1		2952	42	37
常山县			1	21			1558	53	17
开化县				13			972	42	41
龙游县		3	10	30	5		2964	68	49
江山市				42	3		4081	69	42
舟山市	**1**			**206**		**1**	**9411**	**864**	**72**
定海区	1			48			3927	234	19
普陀区				57			2687	556	32
岱山县				88		1	2714	48	17
嵊泗县				13			83	26	4
台州市		**1**	**12**	**151**	**6**	**4**	**91863**	**897**	**372**
椒江区				13			10415	98	69
黄岩区			4	8			10591	41	66
路桥区				37			10927	35	25
三门县				9			3219	27	17
天台县			2	8		1	3031	38	29
仙居县			2	2	6	3	2971	44	33
温岭市		1	3	17			25191	473	60
临海市			1	47			10180	77	53
玉环市				10			15338	64	20
丽水市	**1**	**31**	**59**	**268**	**9**	**39**	**14926**	**259**	**128**
莲都区		2	6	11	3	3	2964	35	31
青田县	1	1	25	53		3	1965	24	10
缙云县			1	37	1		3393	49	38
遂昌县			15	89	4		1122	13	6
松阳县			4	16			1146	21	13
云和县		1		13	1		1746	25	5
庆元县		14		16		2	885	58	9
景宁畲族自治县		2		2			182	7	5
龙泉市		11	8	31		31	1523	27	11
女	**11**	**16**	**54**	**277**	**19**	**17**	**592141**	**7120**	**6471**
杭州市	**4**	**2**	**19**	**38**	**7**	**1**	**63149**	**842**	**1477**
上城区					1		228	1	12
下城区				1			539	9	13
江干区	1			1	2	1	4689	37	270
拱墅区	1			1			748	7	23
西湖区				1	1		1345	11	65
滨江区				1	3		1360	33	22
萧山区				3			19349	167	239
余杭区	2		1	5			19833	195	446
富阳区			6	12			4646	59	113
临安区		1		8			3761	246	144
桐庐县				1			3947	43	90
淳安县		1	1				701	12	25
建德市			11	4			2003	22	15

4-4 续表 10

单位：人

地区 性别	采矿业						制造业		
	石油和天然气开采业	黑色金属矿采选业	有色金属矿采选业	非金属矿采选业	开采专业及辅助性活动	其他采矿业	小计	农副食品加工业	食品制造业
宁波市	**1**	**1**	**1**	**30**	**2**	**1**	**112319**	**1187**	**923**
海曙区				4			9235	31	100
江北区				1			3311	19	52
北仑区							11047	74	85
镇海区						1	5141	20	65
鄞州区				4			12350	72	75
奉化区		1	1	2	1		6243	98	98
象山县				3			5166	355	199
宁海县				8			7337	43	65
余姚市	1			7	1		19773	245	84
慈溪市				1			32716	230	100
温州市	**1**	**4**	**7**	**42**	**2**	**5**	**89896**	**846**	**902**
鹿城区				1			9925	22	27
龙湾区				2			8826	28	51
瓯海区				2			9785	68	92
洞头区				1			685	21	8
永嘉县							5619	23	50
平阳县			1	5			7628	282	124
苍南县		4	6	18	1	4	6236	170	118
文成县				1			556	10	11
泰顺县				2	1		263	8	13
瑞安市	1			4		1	16938	112	94
乐清市				6			18663	70	278
龙港市							4772	32	36
嘉兴市	**1**	**1**		**1**			**74970**	**536**	**898**
南湖区							6423	75	182
秀洲区							9895	36	277
嘉善县							8350	88	105
海盐县				1			5900	57	24
海宁市	1	1					17847	148	149
平湖市							10587	58	78
桐乡市							15968	74	83
湖州市	**1**	**1**	**2**	**29**	**2**	**5**	**33910**	**350**	**445**
吴兴区			2	13	1	1	11851	45	166
南浔区	1			1			6129	88	27
德清县		1		2	1	4	5717	74	100
长兴县				7			4838	63	62
安吉县				6			5375	80	90
绍兴市	**1**	**2**	**9**	**9**	**1**		**50182**	**281**	**309**
越城区	1	2	3		1		6799	51	61
柯桥区			1	1			13322	40	47
上虞区				4			9168	56	29
新昌县				1			3253	13	53
诸暨市			5	1			12768	65	66
嵊州市				2			4872	56	53
金华市		**3**		**38**	**1**	**1**	**72326**	**429**	**708**
婺城区				3			4602	105	179
金东区		3		2			4766	47	131
武义县				10	1	1	6556	37	32
浦江县				1			6442	34	25
磐安县				1			1307	7	16
兰溪市				3			4998	53	64
义乌市				2			20383	88	121
东阳市				14			11399	34	77
永康市				2			11873	24	63

4-4 续表 11

单位：人

地区 性别	采矿业						制造业		
	石油和天然气开采业	黑色金属矿采选业	有色金属矿采选业	非金属矿采选业	开采专业及辅助性活动	其他采矿业	小计	农副食品加工业	食品制造业
衢州市			**2**	**21**			**10375**	**246**	**227**
柯城区			1				1355	41	41
衢江区				1			1818	56	47
常山县			1	9			1067	31	17
开化县				1			895	13	32
龙游县				2			2098	47	48
江山市				8			3142	58	42
舟山市	**1**			**20**		**1**	**3938**	**1165**	**72**
定海区	1			8			1523	272	23
普陀区							1425	785	28
岱山县				12		1	928	62	14
嵊泗县							62	46	7
台州市			**1**	**13**	**2**	**1**	**71289**	**1011**	**352**
椒江区				1			7893	76	50
黄岩区							7109	41	114
路桥区				2			7759	22	16
三门县				1			2369	17	19
天台县				1			2216	26	17
仙居县			1	2	2	1	2132	22	31
温岭市				3			21181	710	42
临海市				2			10091	60	45
玉环市				1			10539	37	18
丽水市	**1**	**2**	**13**	**36**	**2**	**2**	**9787**	**227**	**158**
莲都区	1		3	5	1	1	1683	27	48
青田县		1	6	4			1216	19	6
缙云县				1	1		2198	29	44
遂昌县			3	21			548	12	13
松阳县				1			602	14	15
云和县				2			1336	12	4
庆元县							782	68	6
景宁畲族自治县							219	13	9
龙泉市		1	1	2		1	1203	33	13

4-4 续表 12 单位：人

地区 性别	制造业								
	酒、饮料和精制茶制造业	烟草制品业	纺织业	纺织服装、服饰业	皮革、毛皮、羽毛及其制品和制鞋业	木材加工和木、竹、藤、棕、草制品业	家具制造业	造纸和纸制品业	印刷和记录媒介复制业
合计	**6623**	**445**	**116111**	**187549**	**104082**	**23264**	**36505**	**29261**	**18795**
杭州市	**1458**	**198**	**14746**	**26905**	**3052**	**1678**	**4076**	**3497**	**2147**
上城区	14	47	14	33	5	10	8	9	14
下城区	18	19	29	200	4	7	21	13	56
江干区	241	31	250	1474	77	31	449	141	182
拱墅区	23	6	60	115	12	18	55	39	43
西湖区	118	36	66	114	16	25	73	22	145
滨江区	15	28	62	89	16	10	21	17	38
萧山区	206	10	9108	3891	1719	558	1752	912	432
余杭区	238	10	3107	18714	369	342	896	581	773
富阳区	65	5	289	217	367	218	197	749	185
临安区	64	5	563	222	181	221	140	800	68
桐庐县	79	1	362	1539	262	108	303	175	152
淳安县	150		243	121	11	82	47	7	16
建德市	227		593	176	13	48	114	32	43
宁波市	**577**	**156**	**7405**	**25113**	**4497**	**1487**	**3816**	**4114**	**2806**
海曙区	67	14	504	4600	157	178	319	473	407
江北区	16	17	197	384	38	63	133	168	96
北仑区	59	3	579	4262	53	96	248	536	171
镇海区	18	8	514	539	83	71	102	126	88
鄞州区	61	87	792	2744	75	222	730	521	626
奉化区	87	18	209	1955	100	195	244	266	167
象山县	16		542	3703	10	51	56	71	37
宁海县	69	6	234	332	73	160	321	260	147
余姚市	111		977	318	692	177	768	677	443
慈溪市	73	3	2857	6276	3216	274	895	1016	624
温州市	**465**	**15**	**9124**	**15974**	**54179**	**1308**	**1529**	**5637**	**6385**
鹿城区	32	1	101	631	18858	49	78	119	269
龙湾区	62	6	148	1061	2861	119	197	273	306
瓯海区	67		198	3396	10299	101	180	205	382
洞头区	3		6	363	20	19	11	23	5
永嘉县	22		295	1762	3145	122	168	134	47
平阳县	42	2	1449	1528	2756	247	301	628	771
苍南县	31	2	2413	1600	828	112	120	1411	1405
文成县	22		69	477	270	37	45	3	3
泰顺县	16		42	85	58	48	15	1	4
瑞安市	61	1	1518	3712	14505	137	157	577	215
乐清市	85	3	376	977	497	244	227	335	209
龙港市	22		2509	382	82	73	30	1928	2769
嘉兴市	**400**	**11**	**25003**	**40572**	**12571**	**2385**	**4369**	**3335**	**1823**
南湖区	48	2	692	1706	509	189	360	419	178
秀洲区	26	3	6728	4766	262	64	368	173	101
嘉善县	56	1	1121	751	429	1441	1179	440	194
海盐县	48		776	2247	343	137	170	495	353
海宁市	140	1	8559	9779	5789	178	1476	596	582
平湖市	22		664	7600	1807	148	382	749	254
桐乡市	60	4	6463	13723	3432	228	434	463	161
湖州市	**778**	**7**	**10392**	**20765**	**542**	**6208**	**8415**	**1089**	**421**
吴兴区	144	3	2226	17097	47	343	137	56	127
南浔区	25		3034	1418	278	2835	938	196	69
德清县	130	1	1539	1666	124	968	824	407	100
长兴县	120	3	3285	438	30	230	167	154	56
安吉县	359		308	146	63	1832	6349	276	69

4-4 续表 13　　　　单位：人

地区 性别	制造业								
	酒、饮料和精制茶制造业	烟草制品业	纺织业	纺织服装、服饰业	皮革、毛皮、羽毛及其制品和制鞋业	木材加工和木、竹、藤、棕、草制品业	家具制造业	造纸和纸制品业	印刷和记录媒介复制业
绍兴市	**1052**	**10**	**33622**	**17816**	**809**	**762**	**1767**	**1585**	**903**
越城区	332	1	4827	2063	93	149	583	269	154
柯桥区	209		21425	1387	127	172	256	591	197
上虞区	99		1258	1421	36	111	287	225	288
新昌县	52	4	286	445	7	35	49	29	44
诸暨市	75	3	4954	10102	464	146	206	261	181
嵊州市	285	2	872	2398	82	149	386	210	39
金华市	**474**	**33**	**10474**	**27532**	**4357**	**3149**	**7246**	**5765**	**2706**
婺城区	77	4	441	703	434	251	318	284	192
金东区	63	3	620	1378	221	186	192	551	175
武义县	83		450	494	27	642	598	365	230
浦江县	22	1	1859	4713	284	53	62	335	87
磐安县	62	1	53	263	58	343	203	33	10
兰溪市	54	1	2964	708	80	159	136	289	76
义乌市	50	9	2681	13260	2043	195	279	2810	1404
东阳市	33	7	1104	5688	1058	794	4787	466	182
永康市	30	7	302	325	152	526	671	632	350
衢州市	**451**	**11**	**1158**	**1837**	**396**	**2718**	**1113**	**1582**	**162**
柯城区	51	2	81	142	65	63	85	107	32
衢江区	94	1	170	372	123	110	85	337	32
常山县	20		273	183	61	49	51	111	8
开化县	84		47	249	43	97	189	24	32
龙游县	134	8	427	374	28	154	406	888	28
江山市	68		160	517	76	2245	297	115	30
舟山市	**39**		**104**	**144**	**11**	**86**	**64**	**61**	**54**
定海区	16		64	110	3	51	40	47	27
普陀区	19		30	27	1	28	18	6	21
岱山县	2		10	4	7	3	3	8	6
嵊泗县	2			3		4	3		
台州市	**328**	**3**	**3724**	**10047**	**21800**	**1682**	**3411**	**2217**	**1237**
椒江区	31		598	2638	166	103	266	183	91
黄岩区	33		93	1045	94	128	118	209	193
路桥区	4		402	861	1051	344	92	484	567
三门县	3		161	738	103	67	178	39	15
天台县	154	1	593	136	18	140	103	33	24
仙居县	21		64	141	64	150	118	63	17
温岭市	12		396	2602	19990	273	140	739	174
临海市	52		1375	1631	97	404	1531	240	90
玉环市	18	2	42	255	217	73	865	227	66
丽水市	**601**	**1**	**359**	**844**	**1868**	**1801**	**699**	**379**	**151**
莲都区	49	1	100	172	436	70	76	60	66
青田县	10		33	166	1103	38	230	49	3
缙云县	85		95	260	104	135	91	82	30
遂昌县	77		29	60	24	130	17	69	4
松阳县	324		64	79	144	31	35	7	7
云和县	23		20	8		62	16	13	21
庆元县	7		5	36	2	705	114	54	10
景宁畲族自治县	7		5	30	29	56	20	1	2
龙泉市	19		8	33	26	574	100	44	8
男	**4195**	**301**	**59873**	**75209**	**54309**	**15418**	**24159**	**18039**	**11771**
杭州市	**943**	**141**	**7128**	**12257**	**1289**	**1214**	**2666**	**2089**	**1272**
上城区	10	38	8	13	4	9	2	6	6
下城区	12	11	16	77	2	5	16	8	33
江干区	163	24	122	683	42	27	275	98	109
拱墅区	16	5	34	31	6	11	27	21	24

4-4 续表 14 单位：人

地区 性别	制造业								
	酒、饮料和精制茶制造业	烟草制品业	纺织业	纺织服装、服饰业	皮革、毛皮、羽毛及其制品和制鞋业	木材加工和木、竹、藤、棕、草制品业	家具制造业	造纸和纸制品业	印刷和记录媒介复制业
西湖区	63	22	33	42	7	19	47	12	98
滨江区	9	19	33	39	10	8	11	10	22
萧山区	125	6	4645	1380	749	383	1137	491	269
余杭区	142	9	1462	9292	155	254	603	319	450
富阳区	47	4	116	59	127	152	131	478	93
临安区	37	2	264	79	79	165	95	541	45
桐庐县	55	1	119	522	96	78	200	86	87
淳安县	105		77	17	4	67	37	4	7
建德市	159		199	23	8	36	85	15	29
宁波市	**381**	**103**	**3848**	**8247**	**2085**	**1072**	**2569**	**2660**	**1648**
海曙区	50	9	228	1464	56	105	218	318	246
江北区	8	9	78	124	10	45	78	96	52
北仑区	44	3	281	1568	17	74	168	361	92
镇海区	9	4	223	135	22	48	67	66	42
鄞州区	38	62	384	952	29	160	488	317	352
奉化区	56	11	74	401	37	119	162	180	97
象山县	9		292	1105	5	34	44	37	19
宁海县	42	4	82	49	25	132	245	168	82
余姚市	77		513	113	372	127	478	422	261
慈溪市	48	1	1693	2336	1512	228	621	695	405
温州市	**324**	**12**	**4199**	**7159**	**30327**	**1068**	**1099**	**3254**	**4350**
鹿城区	19	1	62	311	11266	44	59	80	181
龙湾区	45	4	99	485	1442	88	143	188	210
瓯海区	48		111	1717	5964	83	138	147	265
洞头区	3		4	169	10	17	11	20	3
永嘉县	14		176	820	1684	97	125	97	31
平阳县	27	2	686	642	1364	195	200	341	474
苍南县	21	1	1083	547	451	93	97	692	928
文成县	15		44	260	90	35	41	2	2
泰顺县	9		25	36	23	40	14	1	3
瑞安市	43	1	829	1659	7757	124	117	404	144
乐清市	63	3	91	382	236	187	128	225	129
龙港市	17		989	131	40	65	26	1057	1980
嘉兴市	**257**	**9**	**13294**	**16730**	**6063**	**1561**	**2956**	**2194**	**1095**
南湖区	27	2	358	525	222	123	239	303	98
秀洲区	20	2	3541	2022	104	49	240	110	57
嘉善县	39	1	568	245	186	869	778	258	136
海盐县	29		364	739	127	102	124	342	189
海宁市	94	1	4714	4690	2890	146	975	372	367
平湖市	10		376	2595	796	87	282	517	155
桐乡市	38	3	3373	5914	1738	185	318	292	93
湖州市	**477**	**5**	**5310**	**9770**	**246**	**3801**	**5191**	**663**	**268**
吴兴区	92	2	1249	8668	21	212	95	30	86
南浔区	15		1461	399	117	1778	626	118	38
德清县	82	1	749	546	63	605	546	255	67
长兴县	62	2	1707	114	15	172	114	83	32
安吉县	226		144	43	30	1034	3810	177	45
绍兴市	**625**	**7**	**18919**	**6460**	**378**	**584**	**1246**	**922**	**484**
越城区	184	1	2587	545	33	102	380	154	97
柯桥区	116		12566	473	60	129	180	342	111
上虞区	53		600	341	17	86	211	113	116
新昌县	30	3	99	83	2	23	37	18	26
诸暨市	54	2	2630	4386	228	125	148	160	111
嵊州市	188	1	437	632	38	119	290	135	23

4-4 续表 15　　单位：人

地区 性别	制造业								
	酒、饮料和精制茶制造业	烟草制品业	纺织业	纺织服装、服饰业	皮革、毛皮、羽毛及其制品和制鞋业	木材加工和木、竹、藤、棕、草制品业	家具制造业	造纸和纸制品业	印刷和记录媒介复制业
金华市	**300**	**20**	**5159**	**11666**	**2048**	**2163**	**5025**	**3549**	**1715**
婺城区	52	3	212	171	131	180	208	158	104
金东区	42	1	338	593	115	130	133	357	112
武义县	44		172	84	14	443	334	233	126
浦江县	17		910	1928	143	42	50	242	52
磐安县	33		21	46	15	208	154	20	3
兰溪市	40		1302	156	27	112	100	155	46
义乌市	31	5	1488	6319	1074	146	213	1704	929
东阳市	22	5	598	2257	448	539	3424	284	122
永康市	19	6	118	112	81	363	409	396	221
衢州市	**280**	**2**	**452**	**330**	**165**	**1715**	**800**	**1053**	**89**
柯城区	29	1	31	26	40	48	59	62	19
衢江区	62		46	61	62	86	62	233	21
常山县	15		105	30	17	34	40	82	3
开化县	47		19	37	17	76	147	16	10
龙游县	82	1	196	92	13	106	276	596	21
江山市	45		55	84	16	1365	216	64	15
舟山市	**23**		**47**	**31**	**9**	**55**	**48**	**46**	**34**
定海区	10		35	25	2	34	32	36	15
普陀区	11		9	4	1	15	11	5	16
岱山县	1		3	1	6	2	2	5	3
嵊泗县	1			1		4	3		
台州市	**197**	**1**	**1347**	**2338**	**10678**	**1088**	**2124**	**1367**	**722**
椒江区	17		275	754	70	76	187	113	50
黄岩区	19		44	257	42	95	72	129	109
路桥区	2		192	249	461	192	63	278	337
三门县	2		61	89	40	36	130	28	10
天台县	97	1	261	38	6	116	84	15	11
仙居县	11		24	30	26	96	72	39	7
温岭市	6		155	610	9903	178	96	482	100
临海市	31		319	238	52	238	828	159	57
玉环市	12		16	73	78	61	592	124	41
丽水市	**388**	**1**	**170**	**221**	**1021**	**1097**	**435**	**242**	**94**
莲都区	27	1	59	72	265	55	58	36	40
青田县	8		16	67	605	33	148	29	2
缙云县	64		37	32	30	91	63	52	17
遂昌县	53		5	11	19	86	10	46	1
松阳县	198		39	18	82	23	22	6	4
云和县	16		9	2		56	14	12	18
庆元县	5		1	4		380	58	37	8
景宁畲族自治县	6		2	6	3	37	13	1	1
龙泉市	11		2	9	17	336	49	23	3
女	**2428**	**144**	**56238**	**112340**	**49773**	**7846**	**12346**	**11222**	**7024**
杭州市	**515**	**57**	**7618**	**14648**	**1763**	**464**	**1410**	**1408**	**875**
上城区	4	9	6	20	1	1	6	3	8
下城区	6	8	13	123	2	2	5	5	23
江干区	78	7	128	791	35	4	174	43	73
拱墅区	7	1	26	84	6	7	28	18	19
西湖区	55	14	33	72	9	6	26	10	47
滨江区	6	9	29	50	6	2	10	7	16
萧山区	81	4	4463	2511	970	175	615	421	163
余杭区	96	1	1645	9422	214	88	293	262	323
富阳区	18	1	173	158	240	66	66	271	92
临安区	27	3	299	143	102	56	45	259	23
桐庐县	24		243	1017	166	30	103	89	65
淳安县	45		166	104	7	15	10	3	9
建德市	68		394	153	5	12	29	17	14

4-4　续表 16

单位：人

地　区 性　别	制造业								
	酒、饮料和精制茶制造业	烟　草制品业	纺织业	纺织服装、服饰业	皮革、毛皮、羽毛及其制品和制鞋业	木材加工和木、竹、藤、棕、草制品业	家　具制造业	造纸和纸制品业	印刷和记录媒介复制业
宁波市	**196**	**53**	**3557**	**16866**	**2412**	**415**	**1247**	**1454**	**1158**
海曙区	17	5	276	3136	101	73	101	155	161
江北区	8	8	119	260	28	18	55	72	44
北仑区	15		298	2694	36	22	80	175	79
镇海区	9	4	291	404	61	23	35	60	46
鄞州区	23	25	408	1792	46	62	242	204	274
奉化区	31	7	135	1554	63	76	82	86	70
象山县	7		250	2598	5	17	12	34	18
宁海县	27	2	152	283	48	28	76	92	65
余姚市	34		464	205	320	50	290	255	182
慈溪市	25	2	1164	3940	1704	46	274	321	219
温州市	**141**	**3**	**4925**	**8815**	**23852**	**240**	**430**	**2383**	**2035**
鹿城区	13		39	320	7592	5	19	39	88
龙湾区	17	2	49	576	1419	31	54	85	96
瓯海区	19		87	1679	4335	18	42	58	117
洞头区			2	194	10	2		3	2
永嘉县	8		119	942	1461	25	43	37	16
平阳县	15		763	886	1392	52	101	287	297
苍南县	10	1	1330	1053	377	19	23	719	477
文成县	7		25	217	180	2	4	1	1
泰顺县	7		17	49	35	8	1		1
瑞安市	18		689	2053	6748	13	40	173	71
乐清市	22		285	595	261	57	99	110	80
龙港市	5		1520	251	42	8	4	871	789
嘉兴市	**143**	**2**	**11709**	**23842**	**6508**	**824**	**1413**	**1141**	**728**
南湖区	21		334	1181	287	66	121	116	80
秀洲区	6	1	3187	2744	158	15	128	63	44
嘉善县	17		553	506	243	572	401	182	58
海盐县	19		412	1508	216	35	46	153	164
海宁市	46		3845	5089	2899	32	501	224	215
平湖市	12		288	5005	1011	61	100	232	99
桐乡市	22	1	3090	7809	1694	43	116	171	68
湖州市	**301**	**2**	**5082**	**10995**	**296**	**2407**	**3224**	**426**	**153**
吴兴区	52	1	977	8429	26	131	42	26	41
南浔区	10		1573	1019	161	1057	312	78	31
德清县	48		790	1120	61	363	278	152	33
长兴县	58	1	1578	324	15	58	53	71	24
安吉县	133		164	103	33	798	2539	99	24
绍兴市	**427**	**3**	**14703**	**11356**	**431**	**178**	**521**	**663**	**419**
越城区	148		2240	1518	60	47	203	115	57
柯桥区	93		8859	914	67	43	76	249	86
上虞区	46		658	1080	19	25	76	112	172
新昌县	22	1	187	362	5	12	12	11	18
诸暨市	21	1	2324	5716	236	21	58	101	70
嵊州市	97	1	435	1766	44	30	96	75	16
金华市	**174**	**13**	**5315**	**15866**	**2309**	**986**	**2221**	**2216**	**991**
婺城区	25	1	229	532	303	71	110	126	88
金东区	21	2	282	785	106	56	59	194	63
武义县	39		278	410	13	199	264	132	104
浦江县	5	1	949	2785	141	11	12	93	35
磐安县	29	1	32	217	43	135	49	13	7
兰溪市	14	1	1662	552	53	47	36	134	30
义乌市	19	4	1193	6941	969	49	66	1106	475
东阳市	11	2	506	3431	610	255	1363	182	60
永康市	11	1	184	213	71	163	262	236	129

4-4 续表 17　　　　单位：人

地　区 性　别	制造业								
	酒、饮料和精制茶制造业	烟　草制品业	纺织业	纺织服装、服饰业	皮革、毛皮、羽毛及其制品和制鞋业	木材加工和木、竹、藤、棕、草制品业	家　具制造业	造纸和纸制品业	印刷和记录媒介复制业
衢州市	**171**	**9**	**706**	**1507**	**231**	**1003**	**313**	**529**	**73**
柯城区	22	1	50	116	25	15	26	45	13
衢江区	32	1	124	311	61	24	23	104	11
常山县	5		168	153	44	15	11	29	5
开化县	37		28	212	26	21	42	8	22
龙游县	52	7	231	282	15	48	130	292	7
江山市	23		105	433	60	880	81	51	15
舟山市	**16**		**57**	**113**	**2**	**31**	**16**	**15**	**20**
定海区	6		29	85	1	17	8	11	12
普陀区	8		21	23		13	7	1	5
岱山县	1		7	3	1	1	1	3	3
嵊泗县	1			2					
台州市	**131**	**2**	**2377**	**7709**	**11122**	**594**	**1287**	**850**	**515**
椒江区	14		323	1884	96	27	79	70	41
黄岩区	14		49	788	52	33	46	80	84
路桥区	2		210	612	590	152	29	206	230
三门县	1		100	649	63	31	48	11	5
天台县	57		332	98	12	24	19	18	13
仙居县	10		40	111	38	54	46	24	10
温岭市	6		241	1992	10087	95	44	257	74
临海市	21		1056	1393	45	166	703	81	33
玉环市	6	2	26	182	139	12	273	103	25
丽水市	**213**		**189**	**623**	**847**	**704**	**264**	**137**	**57**
莲都区	22		41	100	171	15	18	24	26
青田县	2		17	99	498	5	82	20	1
缙云县	21		58	228	74	44	28	30	13
遂昌县	24		24	49	5	44	7	23	3
松阳县	126		25	61	62	8	13	1	3
云和县	7		11	6		6	2	1	3
庆元县	2		4	32	2	325	56	17	2
景宁畲族自治县	1		3	24	26	19	7		1
龙泉市	8		6	24	9	238	51	21	5

4-4　续表 18　　　　　　　　　　　　　　　　　　　　　　　　　　　　　　单位：人

地　区 性　别	制造业								
	文教、工美、体育和娱乐用品制造业	石油、煤炭及其他燃料加工业	化学原料和化学制品制造业	医　药制造业	化学纤维制造业	橡胶和塑　料制品业	非金属矿　物制品业	黑色金属冶炼和压延加工业	有色金属冶炼和压延加工业
合计	**61130**	**2800**	**25037**	**13968**	**10929**	**80663**	**37582**	**8012**	**9227**
杭州市	**4684**	**141**	**4298**	**2876**	**2733**	**7077**	**5989**	**506**	**710**
上城区	12	1	22	42	2	57	16		2
下城区	18	5	45	107	4	34	28	5	3
江干区	90	9	268	606	32	1352	243	39	13
拱墅区	47	14	65	185	2	71	71	28	9
西湖区	60	3	107	202	4	94	113	7	8
滨江区	39	1	85	106	3	56	45	5	6
萧山区	1896	43	1448	306	2565	1732	1834	147	135
余杭区	524	40	701	570	59	1177	1214	159	166
富阳区	528	12	318	359	41	913	954	42	230
临安区	128	7	410	168	14	441	411	19	38
桐庐县	1098	3	190	102	4	300	433	32	59
淳安县	83		35	21	3	38	63	3	11
建德市	161	3	604	102		812	564	20	30
宁波市	**10434**	**1320**	**3949**	**961**	**924**	**20918**	**4846**	**1653**	**2673**
海曙区	776	35	240	115	9	1508	423	63	167
江北区	343	50	115	61	5	488	276	29	515
北仑区	1298	267	1045	112	20	1141	444	618	137
镇海区	396	832	935	69	24	730	384	76	114
鄞州区	812	83	318	237	25	1623	697	142	404
奉化区	488	11	130	40		935	490	37	95
象山县	85	2	81	21	5	404	215	19	28
宁海县	2256	13	201	79		1551	389	57	166
余姚市	766	5	419	84	148	6852	728	317	440
慈溪市	3214	22	465	143	688	5686	800	295	607
温州市	**6173**	**53**	**1319**	**415**	**196**	**13031**	**3355**	**893**	**1270**
鹿城区	303	4	117	66	1	235	249	36	16
龙湾区	981	10	177	64	7	906	416	511	270
瓯海区	141	3	121	40	5	353	395	47	63
洞头区	141		33	49	3	21	161	2	15
永嘉县	1093		71	10		431	175	10	48
平阳县	1127	4	200	50	6	2933	350	78	48
苍南县	942		56	19	6	2075	155	9	159
文成县	13		7	4		31	56	20	12
泰顺县	85	1	7	4		41	120	10	4
瑞安市	618	12	294	31	158	1590	465	97	292
乐清市	355	17	160	49	4	2371	597	69	329
龙港市	374	2	76	29	6	2044	216	4	14
嘉兴市	**2223**	**81**	**3131**	**712**	**3396**	**6082**	**5056**	**773**	**394**
南湖区	238	11	537	219	104	878	408	198	34
秀洲区	181	3	195	54	402	625	548	24	45
嘉善县	281	6	283	47	4	831	887	155	63
海盐县	178	5	194	47	102	573	483	173	122
海宁市	288	12	464	129	611	1827	497	104	39
平湖市	800	23	1111	140	186	698	735	75	26
桐乡市	257	21	347	76	1987	650	1498	44	65
湖州市	**1183**	**67**	**1652**	**791**	**1284**	**2334**	**4225**	**691**	**770**
吴兴区	154	15	385	120	429	302	496	274	490
南浔区	227	20	228	76	229	202	534	249	67
德清县	537	10	580	338	105	719	1131	84	37
长兴县	112	9	287	82	362	382	1726	58	117
安吉县	153	13	172	175	159	729	338	26	59

4-4 续表 19　　　　单位：人

地区 性别	制造业 文教、工美、体育和娱乐用品制造业	石油、煤炭及其他燃料加工业	化学原料和化学制品制造业	医药制造业	化学纤维制造业	橡胶和塑料制品业	非金属矿物制品业	黑色金属冶炼和压延加工业	有色金属冶炼和压延加工业
绍兴市	**3429**	**26**	**3265**	**2484**	**1451**	**3922**	**2631**	**309**	**1166**
越城区	311	7	313	609	253	464	439	17	88
柯桥区	2109	8	321	100	1014	646	601	80	192
上虞区	366	5	2329	596	34	1849	724	113	513
新昌县	116		42	975	1	184	59	5	27
诸暨市	394	3	166	78	146	604	514	64	304
嵊州市	133	3	94	126	3	175	294	30	42
金华市	**20029**	**70**	**3299**	**1581**	**774**	**11318**	**5323**	**495**	**792**
婺城区	513	10	339	308	14	642	524	51	50
金东区	1987	4	342	89	19	1407	660	14	22
武义县	828	4	277	46	1	545	299	92	105
浦江县	1592	2	88	38	128	538	1183	14	2
磐安县	575	10	35	31		357	68	4	9
兰溪市	750	8	337	224	12	925	816	15	127
义乌市	9523	14	1254	340	264	3564	378	18	53
东阳市	2589	14	397	490	312	1032	553	58	152
永康市	1672	4	230	15	24	2308	842	229	272
衢州市	**922**	**28**	**1829**	**285**	**83**	**1228**	**1633**	**884**	**452**
柯城区	65	4	952	94	24	152	225	461	127
衢江区	81	4	290	86	28	297	382	359	175
常山县	111	1	83	16		96	212	9	53
开化县	213	2	104	27	8	75	67	1	8
龙游县	231	12	151	18	14	191	309	14	72
江山市	221	5	249	44	9	417	438	40	17
舟山市	**139**	**943**	**78**	**42**	**21**	**256**	**634**	**16**	**18**
定海区	16	102	50	16	14	86	274	7	10
普陀区	4	8	19	20	1	71	88	7	5
岱山县	118	833	9	5	5	99	267	2	3
嵊泗县	1			1	1		5		
台州市	**7881**	**49**	**1444**	**3603**	**62**	**13714**	**2605**	**431**	**798**
椒江区	294	9	379	1138	10	1400	598	51	57
黄岩区	2016	1	223	318	1	4225	163	9	14
路桥区	275	8	96	36	5	2147	428	103	265
三门县	179	3	88	57	30	1085	176	10	12
天台县	1261	3	44	147	8	686	136	7	48
仙居县	2099		108	510		589	93	6	34
温岭市	676	9	119	76	1	1183	464	119	76
临海市	1005	7	342	1250	6	1234	348	80	48
玉环市	76	9	45	71	1	1165	199	46	244
丽水市	**4033**	**22**	**773**	**218**	**5**	**783**	**1285**	**1361**	**184**
莲都区	156	12	547	58	1	373	249	21	39
青田县	150	1	16	7	2	52	109	268	10
缙云县	392	3	26	32		194	213	112	28
遂昌县	15		82	31	1	23	136	348	70
松阳县	10	2	43	33		71	84	322	28
云和县	2373	1	6		1	22	32	170	1
庆元县	326	2	37	18		18	64		3
景宁畲族自治县	104		3	5		2	21	6	2
龙泉市	507	1	13	34		28	377	114	3
男	**29512**	**2234**	**17236**	**7875**	**6907**	**45185**	**28153**	**6414**	**6618**
杭州市	**2045**	**101**	**2921**	**1417**	**1714**	**4566**	**4603**	**407**	**551**
上城区	3	1	16	25		36	9		1
下城区	11	5	26	57	4	26	23	5	2
江干区	41	6	167	282	20	1006	177	33	12
拱墅区	18	8	39	91	1	45	51	23	5

4-4 续表 20

单位：人

地区 性别	制造业								
	文教、工美、体育和娱乐用品制造业	石油、煤炭及其他燃料加工业	化学原料和化学制品制造业	医药制造业	化学纤维制造业	橡胶和塑料制品业	非金属矿物制品业	黑色金属冶炼和压延加工业	有色金属冶炼和压延加工业
西湖区	33	3	66	98	3	63	94	6	7
滨江区	22	1	61	50	2	38	29	5	4
萧山区	817	31	1039	162	1614	1045	1424	111	107
余杭区	262	29	404	273	32	674	912	133	122
富阳区	223	10	216	165	26	638	741	32	189
临安区	55	4	292	100	9	264	311	12	27
桐庐县	443	1	117	55	2	161	349	27	42
淳安县	27		21	9	1	19	49	2	11
建德市	90	2	457	50		551	434	18	22
宁波市	**4857**	**1080**	**2882**	**533**	**628**	**10913**	**3589**	**1343**	**1924**
海曙区	340	29	142	55	6	710	315	56	106
江北区	171	40	71	32	3	237	226	18	376
北仑区	548	223	893	65	15	601	345	542	89
镇海区	152	686	739	43	16	395	284	56	87
鄞州区	360	61	212	134	14	885	537	113	302
奉化区	236	9	90	25		479	344	30	65
象山县	41	2	66	11	4	218	159	12	25
宁海县	1008	10	104	39		739	302	46	111
余姚市	329	4	261	48	101	3491	506	242	305
慈溪市	1672	16	304	81	469	3158	571	228	458
温州市	**3271**	**40**	**954**	**227**	**143**	**7624**	**2738**	**727**	**932**
鹿城区	209	2	87	48	1	157	208	30	12
龙湾区	479	8	134	32	5	601	337	405	198
瓯海区	78	3	82	22	4	225	314	41	38
洞头区	66		22	25	2	10	143	1	13
永嘉县	737		55	4		249	146	10	33
平阳县	603	4	128	27	3	1625	276	63	36
苍南县	419		36	10	4	1073	139	7	122
文成县	7		6	4		15	48	20	11
泰顺县	54	1	4	2		20	112	8	3
瑞安市	292	9	227	23	117	1055	368	86	234
乐清市	139	12	119	19	3	1351	480	52	222
龙港市	188	1	54	11	4	1243	167	4	10
嘉兴市	**1102**	**65**	**2377**	**388**	**2157**	**3768**	**3814**	**612**	**255**
南湖区	122	8	420	122	62	506	303	158	21
秀洲区	86	3	143	19	274	416	405	18	29
嘉善县	152	5	184	29	2	472	672	120	44
海盐县	83	4	164	26	43	357	364	127	71
海宁市	142	9	318	77	423	1214	376	87	26
平湖市	398	18	888	80	107	365	559	62	16
桐乡市	119	18	260	35	1246	438	1135	40	48
湖州市	**629**	**42**	**1122**	**397**	**790**	**1438**	**3145**	**544**	**553**
吴兴区	93	10	247	66	284	170	379	216	345
南浔区	115	12	186	49	142	138	398	201	48
德清县	292	6	375	181	65	447	838	66	31
长兴县	55	7	185	39	199	224	1278	42	91
安吉县	74	7	129	62	100	459	252	19	38
绍兴市	**1603**	**19**	**2294**	**1418**	**917**	**2071**	**1999**	**249**	**793**
越城区	122	3	217	268	175	294	330	17	66
柯桥区	1058	7	228	53	636	424	470	64	135
上虞区	174	4	1654	384	18	795	530	91	333
新昌县	40		29	594		114	50	4	18
诸暨市	142	2	99	33	86	338	393	50	212
嵊州市	67	3	67	86	2	106	226	23	29

4-4 续表 21

单位：人

地区 性别	制造业								
	文教、工美、体育和娱乐用品制造业	石油、煤炭及其他燃料加工业	化学原料和化学制品制造业	医药制造业	化学纤维制造业	橡胶和塑料制品业	非金属矿物制品业	黑色金属冶炼和压延加工业	有色金属冶炼和压延加工业
金华市	**10206**	**52**	**1867**	**819**	**447**	**6331**	**3661**	**379**	**545**
婺城区	240	7	185	149	9	333	394	40	28
金东区	1025	2	195	46	10	826	427	10	17
武义县	432	3	181	20		301	203	76	75
浦江县	894	1	52	25	77	321	752	12	1
磐安县	216	9	16	17		188	50	4	6
兰溪市	294	5	201	107	7	389	608	11	76
义乌市	4836	10	641	165	164	2033	268	15	28
东阳市	1273	11	259	283	164	602	427	38	105
永康市	996	4	137	7	16	1338	532	173	209
衢州市	**292**	**20**	**1287**	**130**	**53**	**604**	**1238**	**724**	**341**
柯城区	26	4	668	52	14	85	153	372	97
衢江区	22	4	214	37	21	163	278	297	129
常山县	45	1	61	5		40	168	9	41
开化县	59	2	75	11	8	26	51	1	7
龙游县	88	6	101	11	6	85	231	12	57
江山市	52	3	168	14	4	205	357	33	10
舟山市	**29**	**763**	**52**	**22**	**13**	**99**	**504**	**13**	**13**
定海区	4	78	33	6	8	46	198	6	7
普陀区	2	8	10	14		18	68	5	4
岱山县	22	677	9	1	4	35	234	2	2
嵊泗县	1			1	1		4		
台州市	**3445**	**38**	**995**	**2419**	**42**	**7301**	**1952**	**337**	**569**
椒江区	97	6	262	758	6	778	443	37	41
黄岩区	789		147	199		1999	130	8	10
路桥区	113	6	56	29	4	1141	305	83	193
三门县	62	2	62	42	21	683	143	9	9
天台县	568	3	33	96	4	434	99	6	34
仙居县	1092		76	355		363	63	5	28
温岭市	210	8	70	45	1	660	375	89	53
临海市	463	6	260	853	5	696	260	69	33
玉环市	51	7	29	42	1	547	134	31	168
丽水市	**2033**	**14**	**485**	**105**	**3**	**470**	**910**	**1079**	**142**
莲都区	68	7	326	36	1	227	187	16	30
青田县	125	1	12	2	1	34	86	189	8
缙云县	221	3	20	14		118	157	99	17
遂昌县	6		57	21		11	114	267	59
松阳县	4	1	32	14		50	55	262	21
云和县	1193	1	5		1	12	26	145	1
庆元县	144		19	7		5	58		1
景宁畲族自治县	27		2				20	3	2
龙泉市	245	1	12	11		13	207	98	3
女	**31618**	**566**	**7801**	**6093**	**4022**	**35478**	**9429**	**1598**	**2609**
杭州市	**2639**	**40**	**1377**	**1459**	**1019**	**2511**	**1386**	**99**	**159**
上城区	9		6	17	2	21	7		1
下城区	7		19	50		8	5		1
江干区	49	3	101	324	12	346	66	6	1
拱墅区	29	6	26	94	1	26	20	5	4
西湖区	27		41	104	1	31	19	1	1
滨江区	17		24	56	1	18	16		2
萧山区	1079	12	409	144	951	687	410	36	28
余杭区	262	11	297	297	27	503	302	26	44
富阳区	305	2	102	194	15	275	213	10	41
临安区	73	3	118	68	5	177	100	7	11
桐庐县	655	2	73	47	2	139	84	5	17
淳安县	56		14	12	2	19	14	1	
建德市	71	1	147	52		261	130	2	8

4-4　续表 22　　　　　　　　　　　　　　　　　　　　　　　　单位：人

地　区 性　别	制造业								
	文教、工美、体育和娱乐用品制造业	石油、煤炭及其他燃料加工业	化学原料和化学制品制造业	医　药制造业	化学纤维制造业	橡胶和塑　料制品业	非金属矿　物制品业	黑色金属冶炼和压延加工业	有色金属冶炼和压延加工业
宁波市	**5577**	**240**	**1067**	**428**	**296**	**10005**	**1257**	**310**	**749**
海曙区	436	6	98	60	3	798	108	7	61
江北区	172	10	44	29	2	251	50	11	139
北仑区	750	44	152	47	5	540	99	76	48
镇海区	244	146	196	26	8	335	100	20	27
鄞州区	452	22	106	103	11	738	160	29	102
奉化区	252	2	40	15		456	146	7	30
象山县	44		15	10	1	186	56	7	3
宁海县	1248	3	97	40		812	87	11	55
余姚市	437	1	158	36	47	3361	222	75	135
慈溪市	1542	6	161	62	219	2528	229	67	149
温州市	**2902**	**13**	**365**	**188**	**53**	**5407**	**617**	**166**	**338**
鹿城区	94	2	30	18		78	41	6	4
龙湾区	502	2	43	32	2	305	79	106	72
瓯海区	63		39	18	1	128	81	6	25
洞头区	75		11	24	1	11	18	1	2
永嘉县	356		16	6		182	29		15
平阳县	524		72	23	3	1308	74	15	12
苍南县	523		20	9	2	1002	16	2	37
文成县	6		1			16	8		1
泰顺县	31		3	2		21	8	2	1
瑞安市	326	3	67	8	41	535	97	11	58
乐清市	216	5	41	30	1	1020	117	17	107
龙港市	186	1	22	18	2	801	49		4
嘉兴市	**1121**	**16**	**754**	**324**	**1239**	**2314**	**1242**	**161**	**139**
南湖区	116	3	117	97	42	372	105	40	13
秀洲区	95		52	35	128	209	143	6	16
嘉善县	129	1	99	18	2	359	215	35	19
海盐县	95	1	30	21	59	216	119	46	51
海宁市	146	3	146	52	188	613	121	17	13
平湖市	402	5	223	60	79	333	176	13	10
桐乡市	138	3	87	41	741	212	363	4	17
湖州市	**554**	**25**	**530**	**394**	**494**	**896**	**1080**	**147**	**217**
吴兴区	61	5	138	54	145	132	117	58	145
南浔区	112	8	42	27	87	64	136	48	19
德清县	245	4	205	157	40	272	293	18	6
长兴县	57	2	102	43	163	158	448	16	26
安吉县	79	6	43	113	59	270	86	7	21
绍兴市	**1826**	**7**	**971**	**1066**	**534**	**1851**	**632**	**60**	**373**
越城区	189	4	96	341	78	170	109		22
柯桥区	1051	1	93	47	378	222	131	16	57
上虞区	192	1	675	212	16	1054	194	22	180
新昌县	76		13	381	1	70	9	1	9
诸暨市	252	1	67	45	60	266	121	14	92
嵊州市	66		27	40	1	69	68	7	13
金华市	**9823**	**18**	**1432**	**762**	**327**	**4987**	**1662**	**116**	**247**
婺城区	273	3	154	159	5	309	130	11	22
金东区	962	2	147	43	9	581	233	4	5
武义县	396	1	96	26	1	244	96	16	30
浦江县	698	1	36	13	51	217	431	2	1
磐安县	359	1	19	14		169	18		3
兰溪市	456	3	136	117	5	536	208	4	51
义乌市	4687	4	613	175	100	1531	110	3	25
东阳市	1316	3	138	207	148	430	126	20	47
永康市	676		93	8	8	970	310	56	63

4-4 续表 23

单位：人

地区 性别	制造业								
	文教、工美、体育和娱乐用品制造业	石油、煤炭及其他燃料加工业	化学原料和化学制品制造业	医药制造业	化学纤维制造业	橡胶和塑料制品业	非金属矿物制品业	黑色金属冶炼和压延加工业	有色金属冶炼和压延加工业
衢州市	**630**	**8**	**542**	**155**	**30**	**624**	**395**	**160**	**111**
柯城区	39		284	42	10	67	72	89	30
衢江区	59		76	49	7	134	104	62	46
常山县	66		22	11		56	44		12
开化县	154		29	16		49	16		1
龙游县	143	6	50	7	8	106	78	2	15
江山市	169	2	81	30	5	212	81	7	7
舟山市	**110**	**180**	**26**	**20**	**8**	**157**	**130**	**3**	**5**
定海区	12	24	17	10	6	40	76	1	3
普陀区	2		9	6	1	53	20	2	1
岱山县	96	156		4	1	64	33		1
嵊泗县							1		
台州市	**4436**	**11**	**449**	**1184**	**20**	**6413**	**653**	**94**	**229**
椒江区	197	3	117	380	4	622	155	14	16
黄岩区	1227	1	76	119	1	2226	33	1	4
路桥区	162	2	40	7	1	1006	123	20	72
三门县	117	1	26	15	9	402	33	1	3
天台县	693		11	51	4	252	37	1	14
仙居县	1007		32	155		226	30	1	6
温岭市	466	1	49	31		523	89	30	23
临海市	542	1	82	397	1	538	88	11	15
玉环市	25	2	16	29		618	65	15	76
丽水市	**2000**	**8**	**288**	**113**	**2**	**313**	**375**	**282**	**42**
莲都区	88	5	221	22		146	62	5	9
青田县	25		4	5	1	18	23	79	2
缙云县	171		6	18		76	56	13	11
遂昌县	9		25	10	1	12	22	81	11
松阳县	6	1	11	19		21	29	60	7
云和县	1180		1			10	6	25	
庆元县	182	2	18	11		13	6		2
景宁畲族自治县	77		1	5		2	1	3	
龙泉市	262		1	23		15	170	16	

4-4 续表 24

单位：人

地区 性别	制造业								
	金属制品业	通用设备制造业	专用设备制造业	汽车制造业	铁路、船舶、航空航天和其他运输设备制造业	电气机械和器材制造业	计算机、通信和其他电子设备制造业	仪器仪表制造业	其他制造业
合计	**112049**	**129593**	**59028**	**62821**	**14763**	**113581**	**55777**	**14081**	**16459**
杭州市	**10219**	**13322**	**5060**	**5128**	**1116**	**9234**	**11555**	**3090**	**1611**
上城区	23	70	34	24	6	31	72	18	
下城区	74	291	65	47	16	86	129	52	5
江干区	513	958	731	479	58	1071	2130	496	86
拱墅区	96	257	132	57	13	150	127	127	4
西湖区	184	361	274	98	30	331	484	280	66
滨江区	176	148	164	59	26	274	1951	221	6
萧山区	3588	4174	1073	3171	316	1526	1715	508	976
余杭区	2308	3643	1510	665	290	2527	1656	955	292
富阳区	1417	1370	454	298	190	1033	918	196	78
临安区	772	1178	167	82	11	1671	798	163	33
桐庐县	514	502	363	78	15	175	1392	35	7
淳安县	51	62	25	15	27	137	95	8	9
建德市	503	308	68	55	118	222	88	31	49
宁波市	**26052**	**30586**	**14145**	**19528**	**2950**	**41731**	**14537**	**5291**	**2715**
海曙区	1919	1730	739	1069	135	1523	953	474	212
江北区	767	1121	364	762	78	817	575	394	55
北仑区	2258	2727	2937	2771	509	2018	3053	173	113
镇海区	1476	2956	476	502	97	928	565	102	217
鄞州区	4488	3946	1378	2780	255	2829	2244	467	246
奉化区	1933	2573	206	618	60	1081	735	122	143
象山县	417	1006	802	966	351	565	125	12	46
宁海县	1468	1191	1779	1444	31	3532	459	64	193
余姚市	5533	4610	3008	2579	135	9300	2585	2671	329
慈溪市	5793	8726	2456	6037	1299	19138	3243	812	1161
温州市	**15535**	**20830**	**9925**	**11199**	**1044**	**24850**	**7454**	**1890**	**2342**
鹿城区	1685	682	854	83	16	466	127	83	125
龙湾区	2832	6314	1177	1255	55	3253	372	224	385
瓯海区	1727	845	2904	707	350	684	287	115	284
洞头区	68	152	75	126	7	249	105	6	7
永嘉县	1992	3855	237	25	22	385	70	129	960
平阳县	699	1371	362	684	52	636	284	13	223
苍南县	343	90	89	28	16	51	27	134	123
文成县	51	86	21	52	13	9	5	3	2
泰顺县	71	43	8	23	1	29	11	1	1
瑞安市	2672	4023	2004	7157	337	733	255	192	129
乐清市	3223	3243	2115	1051	167	18306	5890	986	69
龙港市	172	126	79	8	8	49	21	4	34
嘉兴市	**8145**	**9969**	**3356**	**4517**	**323**	**10165**	**12109**	**839**	**1524**
南湖区	1068	1513	695	909	46	1311	2012	164	109
秀洲区	743	788	517	736	47	1336	1861	88	101
嘉善县	1240	2596	500	640	69	947	5183	84	911
海盐县	1268	1924	387	335	19	1679	489	150	35
海宁市	1873	1332	615	373	66	2539	1553	96	201
平湖市	1319	1298	390	1219	51	1770	436	139	69
桐乡市	634	518	252	305	25	583	575	118	98
湖州市	**3420**	**4993**	**1279**	**1134**	**240**	**4035**	**1590**	**225**	**529**
吴兴区	698	867	405	227	63	601	435	22	103
南浔区	705	1461	154	71	21	1030	208	16	36
德清县	1099	1082	236	360	84	656	330	30	317
长兴县	448	945	359	370	47	1598	357	132	34
安吉县	470	638	125	106	25	150	260	25	39

4-4 续表 25

单位：人

地　区 性　别	制造业								
	金　属 制品业	通用设备 制造业	专用设备 制造业	汽　车 制造业	铁路、船舶、 航空航天和 其他运输 设备制造业	电气机械 和器材 制造业	计算机、 通信和其 他电子设 备制造业	仪器仪表 制造业	其　他 制造业
绍兴市	**5389**	**11524**	**3116**	**2879**	**339**	**6558**	**1817**	**422**	**2626**
越城区	551	569	369	170	24	1086	427	45	57
柯桥区	950	688	354	432	12	203	129	46	62
上虞区	1078	1658	806	363	25	2183	227	167	2421
新昌县	210	3556	367	370	172	168	238	108	13
诸暨市	2177	3889	1030	1452	76	275	122	35	32
嵊州市	423	1164	190	92	30	2643	674	21	41
金华市	**28606**	**8790**	**2945**	**2575**	**1745**	**4018**	**3896**	**1168**	**3067**
婺城区	1286	958	419	902	367	386	291	165	108
金东区	971	499	220	120	218	182	97	175	203
武义县	7041	2011	291	340	230	338	84	127	374
浦江县	1589	249	65	51	2	130	66	9	78
磐安县	167	65	19	43	22	38	99	4	18
兰溪市	711	348	120	217	94	275	113	5	305
义乌市	2078	435	440	188	11	663	631	109	987
东阳市	1004	466	298	36	24	704	2277	64	700
永康市	13759	3759	1073	678	777	1302	238	510	294
衢州市	**1961**	**1924**	**726**	**304**	**112**	**1460**	**829**	**137**	**199**
柯城区	239	416	139	36	10	176	112	23	18
衢江区	324	462	102	95	40	223	187	23	72
常山县	227	591	40	12	1	100	149	1	30
开化县	59	44	31	14	1	198	101	3	9
龙游县	636	149	110	41	56	94	178	56	26
江山市	476	262	304	106	4	669	102	31	44
舟山市	**491**	**630**	**1579**	**462**	**2264**	**267**	**74**	**101**	**66**
定海区	232	431	1350	95	1017	178	52	22	6
普陀区	72	145	53	24	643	19	21	75	28
岱山县	172	53	175	343	603	70	1	4	22
嵊泗县	15	1	1		1				10
台州市	**9859**	**24549**	**16184**	**14387**	**4281**	**10179**	**1568**	**761**	**1570**
椒江区	976	1666	3354	574	691	1520	831	61	58
黄岩区	444	481	5792	506	485	566	37	15	31
路桥区	2138	2614	1367	1439	1006	1809	142	40	72
三门县	268	703	227	446	196	623	38	11	8
天台县	218	205	127	711	92	103	65	35	12
仙居县	115	182	82	233	8	152	34	11	24
温岭市	2183	9599	732	1062	1215	2415	213	313	89
临海市	816	898	3182	686	428	2559	82	102	1263
玉环市	2701	8201	1321	8730	160	432	126	173	13
丽水市	**2372**	**2476**	**713**	**708**	**349**	**1084**	**348**	**157**	**210**
莲都区	367	797	99	146	7	412	59	51	14
青田县	184	396	57	7		79	50	34	62
缙云县	1254	712	431	79	335	460	173	59	29
遂昌县	216	84	49	22	2	66	34	1	31
松阳县	165	81	42	29		31	10	5	9
云和县	40	211	5		1	4	3	1	
庆元县	25	20	5	15	3	15	6	2	20
景宁畲族自治县	24	15	1	2		9	9	1	7
龙泉市	97	160	24	408	1	8	4	3	38
男	**73118**	**87000**	**41342**	**40014**	**10085**	**62421**	**30701**	**8027**	**7776**
杭州市	**7044**	**9560**	**3269**	**3541**	**757**	**5476**	**7000**	**1862**	**678**
上城区	15	53	22	17	4	20	47	8	
下城区	60	212	41	28	10	60	83	29	5
江干区	363	707	435	350	46	690	1445	298	55
拱墅区	71	185	91	33	10	104	82	80	1

4-4 续表 26

单位：人

地 区 性 别	制造业								
	金 属 制品业	通用设备 制造业	专用设备 制造业	汽 车 制造业	铁路、船舶、航空航天和其他运输设备制造业	电气机械和器材制造业	计算机、通信和其他电子设备制造业	仪器仪表 制造业	其 他 制造业
西湖区	111	254	191	72	22	203	295	163	32
滨江区	120	103	97	49	23	169	1289	137	3
萧山区	2476	2942	730	2232	205	951	1047	360	342
余杭区	1605	2611	910	427	223	1457	892	568	154
富阳区	1029	952	323	189	110	574	488	81	49
临安区	507	904	114	41	10	939	398	101	17
桐庐县	342	385	248	53	11	120	854	18	3
淳安县	42	41	17	12	15	76	36	3	3
建德市	303	211	50	38	68	113	44	16	14
宁波市	**16575**	**19395**	**10467**	**12483**	**1979**	**22134**	**7779**	**2807**	**1284**
海曙区	1236	1184	494	633	72	845	460	245	89
江北区	462	720	244	492	48	462	334	235	28
北仑区	1504	1891	2184	1884	380	1109	1758	103	56
镇海区	914	1806	344	271	66	487	261	54	119
鄞州区	2922	2482	901	1702	184	1508	1162	272	115
奉化区	1216	1644	141	404	44	579	371	50	63
象山县	301	712	664	556	276	359	69	9	36
宁海县	931	718	1444	870	18	1785	204	35	87
余姚市	3365	2785	2243	1534	82	4601	1470	1384	157
慈溪市	3724	5453	1808	4137	809	10399	1690	420	534
温州市	**10176**	**15443**	**7045**	**6811**	**629**	**13855**	**3523**	**1171**	**1294**
鹿城区	1059	480	569	45	14	287	74	52	72
龙湾区	1952	4731	773	823	37	1709	217	145	230
瓯海区	1083	625	1841	446	187	399	195	80	148
洞头区	53	101	50	84	4	155	42	5	3
永嘉县	1231	2981	190	21	19	258	45	90	557
平阳县	494	1055	275	444	35	360	154	9	112
苍南县	233	67	69	21	15	34	18	97	39
文成县	39	71	11	34	8	6	4	2	2
泰顺县	61	35	6	17	1	9	4	1	
瑞安市	1797	3102	1524	4325	198	437	152	119	82
乐清市	2039	2100	1671	543	104	10170	2603	567	29
龙港市	135	95	66	8	7	31	15	4	20
嘉兴市	**5377**	**6654**	**2308**	**2915**	**220**	**5549**	**6931**	**516**	**766**
南湖区	684	1022	451	592	31	737	1114	114	48
秀洲区	490	541	314	455	24	751	1007	50	42
嘉善县	826	1639	348	397	46	500	3165	47	473
海盐县	824	1228	269	199	10	816	273	89	14
海宁市	1195	931	488	248	55	1399	817	54	105
平湖市	916	942	278	806	38	1017	236	87	40
桐乡市	442	351	160	218	16	329	319	75	44
湖州市	**2511**	**3750**	**919**	**692**	**169**	**2366**	**856**	**132**	**284**
吴兴区	501	665	308	139	41	392	266	13	73
南浔区	532	1091	125	49	11	554	97	12	15
德清县	796	802	157	223	60	366	183	16	154
长兴县	355	745	258	205	33	960	143	77	21
安吉县	327	447	71	76	24	94	167	14	21
绍兴市	**3612**	**7524**	**2166**	**1826**	**246**	**3728**	**943**	**272**	**953**
越城区	385	396	236	101	19	601	233	31	32
柯桥区	746	513	249	281	9	133	78	30	30
上虞区	656	1040	552	216	18	1059	130	104	841
新昌县	138	2130	268	260	123	89	125	67	5
诸暨市	1379	2594	731	908	52	176	72	25	17
嵊州市	308	851	130	60	25	1670	305	15	28

4–4 续表 27

单位：人

地区 性别	制造业								
	金属制品业	通用设备制造业	专用设备制造业	汽车制造业	铁路、船舶、航空航天和其他运输设备制造业	电气机械和器材制造业	计算机、通信和其他电子设备制造业	仪器仪表制造业	其他制造业
金华市	**17942**	**5613**	**2092**	**1826**	**1129**	**2424**	**2114**	**622**	**1540**
婺城区	819	630	298	658	244	222	158	72	43
金东区	600	340	136	84	150	115	48	96	107
武义县	4433	1238	204	229	145	193	41	59	166
浦江县	929	187	46	35	2	73	38	8	38
磐安县	112	43	11	31	13	21	62	3	6
兰溪市	451	243	92	147	56	183	73	4	117
义乌市	1271	283	339	155	9	464	388	62	522
东阳市	654	305	179	20	14	392	1191	43	386
永康市	8673	2344	787	467	496	761	115	275	155
衢州市	**1356**	**1423**	**499**	**194**	**71**	**853**	**441**	**81**	**73**
柯城区	181	321	114	22	5	113	63	18	9
衢江区	232	358	80	73	23	141	102	15	21
常山县	162	414	29	6	1	72	83		9
开化县	49	33	15	10	1	97	58	2	6
龙游县	391	115	75	27	39	53	83	38	11
江山市	341	182	186	56	2	377	52	8	17
舟山市	**397**	**445**	**1302**	**266**	**1832**	**114**	**34**	**30**	**59**
定海区	181	299	1109	56	856	67	20	12	3
普陀区	57	116	44	21	480	12	13	17	27
岱山县	146	29	148	189	495	35	1	1	21
嵊泗县	13	1	1		1				8
台州市	**6488**	**15400**	**10824**	**9059**	**2828**	**5286**	**903**	**453**	**744**
椒江区	642	1131	1942	408	470	902	516	34	24
黄岩区	319	320	4699	318	297	285	23	6	7
路桥区	1318	1604	912	969	644	1015	65	25	23
三门县	191	462	180	296	156	389	22	7	3
天台县	148	149	86	499	59	42	30	16	6
仙居县	87	137	46	155	8	87	21	6	15
温岭市	1509	6194	520	683	795	1387	119	185	45
临海市	594	670	1656	445	307	898	47	61	614
玉环市	1680	4733	783	5286	92	281	60	113	7
丽水市	**1640**	**1793**	**451**	**401**	**225**	**636**	**177**	**81**	**101**
莲都区	271	553	73	91	6	280	33	21	9
青田县	119	285	33	1		43	26	22	32
缙云县	837	531	262	56	214	243	77	27	12
遂昌县	151	67	31	13	1	27	25	1	17
松阳县	115	61	28	18		17	6	4	7
云和县	32	160	3		1	3	3	1	
庆元县	21	17	5	8	2	12	3	1	9
景宁畲族自治县	19	12	1	2		6	1	1	1
龙泉市	75	107	15	212	1	5	3	3	14
女	**38931**	**42593**	**17686**	**22807**	**4678**	**51160**	**25076**	**6054**	**8683**
杭州市	**3175**	**3762**	**1791**	**1587**	**359**	**3758**	**4555**	**1228**	**933**
上城区	8	17	12	7	2	11	25	10	
下城区	14	79	24	19	6	26	46	23	
江干区	150	251	296	129	12	381	685	198	31
拱墅区	25	72	41	24	3	46	45	47	3
西湖区	73	107	83	26	8	128	189	117	34
滨江区	56	45	67	10	3	105	662	84	3
萧山区	1112	1232	343	939	111	575	668	148	634
余杭区	703	1032	600	238	67	1070	764	387	138
富阳区	388	418	131	109	80	459	430	115	29
临安区	265	274	53	41	1	732	400	62	16
桐庐县	172	117	115	25	4	55	538	17	4
淳安县	9	21	8	3	12	61	59	5	6
建德市	200	97	18	17	50	109	44	15	35

4-4　续表 28　　　　单位：人

地　区 性　别	制造业 金　属 制品业	通用设备 制造业	专用设备 制造业	汽　车 制造业	铁路、船舶、航空航天和其他运输设备制造业	电气机械和器材制造业	计算机、通信和其他电子设备制造业	仪器仪表 制造业	其　他 制造业
宁波市	**9477**	**11191**	**3678**	**7045**	**971**	**19597**	**6758**	**2484**	**1431**
海曙区	683	546	245	436	63	678	493	229	123
江北区	305	401	120	270	30	355	241	159	27
北仑区	754	836	753	887	129	909	1295	70	57
镇海区	562	1150	132	231	31	441	304	48	98
鄞州区	1566	1464	477	1078	71	1321	1082	195	131
奉化区	717	929	65	214	16	502	364	72	80
象山县	116	294	138	410	75	206	56	3	10
宁海县	537	473	335	574	13	1747	255	29	106
余姚市	2168	1825	765	1045	53	4699	1115	1287	172
慈溪市	2069	3273	648	1900	490	8739	1553	392	627
温州市	**5359**	**5387**	**2880**	**4388**	**415**	**10995**	**3931**	**719**	**1048**
鹿城区	626	202	285	38	2	179	53	31	53
龙湾区	880	1583	404	432	18	1544	155	79	155
瓯海区	644	220	1063	261	163	285	92	35	136
洞头区	15	51	25	42	3	94	63	1	4
永嘉县	761	874	47	4	3	127	25	39	403
平阳县	205	316	87	240	17	276	130	4	111
苍南县	110	23	20	7	1	17	9	37	84
文成县	12	15	10	18	5	3	1	1	
泰顺县	10	8	2	6		20	7		1
瑞安市	875	921	480	2832	139	296	103	73	47
乐清市	1184	1143	444	508	63	8136	3287	419	40
龙港市	37	31	13		1	18	6		14
嘉兴市	**2768**	**3315**	**1048**	**1602**	**103**	**4616**	**5178**	**323**	**758**
南湖区	384	491	244	317	15	574	898	50	61
秀洲区	253	247	203	281	23	585	854	38	59
嘉善县	414	957	152	243	23	447	2018	37	438
海盐县	444	696	118	136	9	863	216	61	21
海宁市	678	401	127	125	11	1140	736	42	96
平湖市	403	356	112	413	13	753	200	52	29
桐乡市	192	167	92	87	9	254	256	43	54
湖州市	**909**	**1243**	**360**	**442**	**71**	**1669**	**734**	**93**	**245**
吴兴区	197	202	97	88	22	209	169	9	30
南浔区	173	370	29	22	10	476	111	4	21
德清县	303	280	79	137	24	290	147	14	163
长兴县	93	200	101	165	14	638	214	55	13
安吉县	143	191	54	30	1	56	93	11	18
绍兴市	**1777**	**4000**	**950**	**1053**	**93**	**2830**	**874**	**150**	**1673**
越城区	166	173	133	69	5	485	194	14	25
柯桥区	204	175	105	151	3	70	51	16	32
上虞区	422	618	254	147	7	1124	97	63	1580
新昌县	72	1426	99	110	49	79	113	41	8
诸暨市	798	1295	299	544	24	99	50	10	15
嵊州市	115	313	60	32	5	973	369	6	13
金华市	**10664**	**3177**	**853**	**749**	**616**	**1594**	**1782**	**546**	**1527**
婺城区	467	328	121	244	123	164	133	93	65
金东区	371	159	84	36	68	67	49	79	96
武义县	2608	773	87	111	85	145	43	68	208
浦江县	660	62	19	16		57	28	1	40
磐安县	55	22	8	12	9	17	37	1	12
兰溪市	260	105	28	70	38	92	40	1	188
义乌市	807	152	101	33	2	199	243	47	465
东阳市	350	161	119	16	10	312	1086	21	314
永康市	5086	1415	286	211	281	541	123	235	139

4-4 续表 29

单位：人

地区 性别	制造业								
	金属制品业	通用设备制造业	专用设备制造业	汽车制造业	铁路、船舶、航空航天和其他运输设备制造业	电气机械和器材制造业	计算机、通信和其他电子设备制造业	仪器仪表制造业	其他制造业
衢州市	**605**	**501**	**227**	**110**	**41**	**607**	**388**	**56**	**126**
柯城区	58	95	25	14	5	63	49	5	9
衢江区	92	104	22	22	17	82	85	8	51
常山县	65	177	11	6		28	66	1	21
开化县	10	11	16	4		101	43	1	3
龙游县	245	34	35	14	17	41	95	18	15
江山市	135	80	118	50	2	292	50	23	27
舟山市	**94**	**185**	**277**	**196**	**432**	**153**	**40**	**71**	**7**
定海区	51	132	241	39	161	111	32	10	3
普陀区	15	29	9	3	163	7	8	58	1
岱山县	26	24	27	154	108	35		3	1
嵊泗县	2								2
台州市	**3371**	**9149**	**5360**	**5328**	**1453**	**4893**	**665**	**308**	**826**
椒江区	334	535	1412	166	221	618	315	27	34
黄岩区	125	161	1093	188	188	281	14	9	24
路桥区	820	1010	455	470	362	794	77	15	49
三门县	77	241	47	150	40	234	16	4	5
天台县	70	56	41	212	33	61	35	19	6
仙居县	28	45	36	78		65	13	5	9
温岭市	674	3405	212	379	420	1028	94	128	44
临海市	222	228	1526	241	121	1661	35	41	649
玉环市	1021	3468	538	3444	68	151	66	60	6
丽水市	**732**	**683**	**262**	**307**	**124**	**448**	**171**	**76**	**109**
莲都区	96	244	26	55	1	132	26	30	5
青田县	65	111	24	6		36	24	12	30
缙云县	417	181	169	23	121	217	96	32	17
遂昌县	65	17	18	9	1	39	9		14
松阳县	50	20	14	11		14	4	1	2
云和县	8	51	2			1			
庆元县	4	3		7	1	3	3	1	11
景宁畲族自治县	5	3				3	8		6
龙泉市	22	53	9	196		3	1		24

4–4　续表 30　　　　单位：人

地区 性别	制造业		电力、热力、燃气及水生产和供应业				建筑业		
	废弃资源综合利用业	金属制品、机械和设备修理业	小计	电力、热力生产和供应业	燃气生产和供应业	水的生产和供应业	小计	房屋建筑业	土木工程建筑业
合计	**5322**	**6691**	**25224**	**17021**	**3179**	**5024**	**370329**	**199734**	**43207**
杭州市	**685**	**567**	**3814**	**2465**	**568**	**781**	**84000**	**44082**	**12239**
上城区	1	14	134	112	12	10	920	461	135
下城区	8	9	125	82	23	20	1552	862	268
江干区	23	56	278	204	34	40	8086	3237	1344
拱墅区	3	17	210	125	52	33	3268	1888	435
西湖区	7	47	217	137	34	46	5428	2486	1029
滨江区		6	129	92	15	22	2447	1268	435
萧山区	27	122	784	481	122	181	19911	11597	2754
余杭区	224	173	586	305	110	171	21458	11149	2731
富阳区	260	54	349	218	63	68	7379	3682	1341
临安区	29	13	326	220	36	70	5533	3416	546
桐庐县	38	12	263	199	29	35	3129	1534	578
淳安县	1	12	166	109	12	45	2097	1241	197
建德市	64	32	247	181	26	40	2792	1261	446
宁波市	**665**	**929**	**3659**	**2451**	**450**	**758**	**50799**	**27034**	**5701**
海曙区	9	63	321	222	43	56	6596	2919	603
江北区	18	25	231	152	37	42	2846	1746	250
北仑区	94	197	437	302	79	56	3953	1709	606
镇海区	43	95	334	254	28	52	4437	2050	1036
鄞州区	28	71	653	471	52	130	8739	4212	1184
奉化区	95	52	185	109	32	44	3758	2133	452
象山县	5	205	249	163	24	62	3429	2202	243
宁海县	96	72	336	258	37	41	3488	2011	277
余姚市	160	61	412	253	37	122	5030	2783	388
慈溪市	117	88	501	267	81	153	8523	5269	662
温州市	**367**	**486**	**3192**	**2054**	**444**	**694**	**41121**	**24175**	**3655**
鹿城区	32	51	527	354	82	91	4478	2895	397
龙湾区	88	40	238	135	49	54	4233	2628	311
瓯海区	17	53	222	127	35	60	6233	3613	436
洞头区	5	8	73	53	3	17	1420	788	365
永嘉县	13	11	199	147	17	35	3298	1855	340
平阳县	45	46	312	186	54	72	3626	2029	362
苍南县	53	61	286	138	34	114	2508	1478	316
文成县	5	4	134	107	14	13	1308	719	300
泰顺县	4	8	90	77	5	8	1132	528	96
瑞安市	21	67	367	218	55	94	4683	2835	236
乐清市	51	93	552	383	66	103	6518	3789	426
龙港市	33	44	192	129	30	33	1684	1018	70
嘉兴市	**431**	**505**	**2313**	**1598**	**260**	**455**	**34809**	**20085**	**2946**
南湖区	83	47	440	302	70	68	5246	2898	563
秀洲区	18	69	239	168	18	53	3967	2236	356
嘉善县	59	34	244	140	30	74	4465	3092	215
海盐县	104	121	427	342	37	48	3533	2114	236
海宁市	86	73	355	239	42	74	7204	4098	635
平湖市	19	62	300	213	31	56	4708	2414	503
桐乡市	62	99	308	194	32	82	5686	3233	438
湖州市	**395**	**252**	**1742**	**1140**	**263**	**339**	**20877**	**11091**	**2329**
吴兴区	80	102	518	360	73	85	6876	3677	851
南浔区	63	34	203	106	49	48	3326	1859	243
德清县	68	37	276	168	49	59	3802	2232	421
长兴县	80	54	468	324	50	94	3968	1814	384
安吉县	104	25	277	182	42	53	2905	1509	430

4-4 续表 31 单位：人

地区 性别	制造业		电力、热力、燃气及水生产和供应业				建筑业		
	废弃资源综合利用业	金属制品、机械和设备修理业	小计	电力、热力生产和供应业	燃气生产和供应业	水的生产和供应业	小计	房屋建筑业	土木工程建筑业
绍兴市	**426**	**367**	**2013**	**1228**	**243**	**542**	**33742**	**16839**	**3382**
越城区	54	46	578	326	75	177	7204	3460	947
柯桥区	145	114	394	232	43	119	6708	3347	690
上虞区	88	57	343	205	42	96	7096	3644	601
新昌县	4	5	146	82	24	40	2167	1107	242
诸暨市	74	111	326	220	35	71	6987	3448	535
嵊州市	61	34	226	163	24	39	3580	1833	367
金华市	**567**	**318**	**2312**	**1531**	**321**	**460**	**35331**	**20088**	**3200**
婺城区	75	41	472	355	54	63	5624	2866	608
金东区	51	30	135	80	27	28	2897	1586	456
武义县	36	15	204	110	37	57	1724	1019	90
浦江县	49	28	171	114	22	35	1795	1054	91
磐安县	1	8	81	63	4	14	1439	885	188
兰溪市	43	27	221	165	21	35	3430	1780	260
义乌市	186	80	496	329	64	103	8678	4987	764
东阳市	101	51	306	195	40	71	7054	4660	505
永康市	25	38	226	120	52	54	2690	1251	238
衢州市	**99**	**119**	**1075**	**831**	**84**	**160**	**14198**	**7497**	**1702**
柯城区	7	38	385	297	31	57	3278	1697	475
衢江区	14	20	148	128	6	14	2205	1141	319
常山县	4	15	95	71	2	22	1714	830	195
开化县	2	7	86	68	6	12	2075	1172	240
龙游县	24	21	168	124	21	23	2097	1156	256
江山市	48	18	193	143	18	32	2829	1501	217
舟山市	**6**	**2526**	**893**	**632**	**95**	**166**	**11793**	**3988**	**3675**
定海区	6	580	447	318	66	63	3974	2133	459
普陀区		1258	206	133	19	54	2518	1377	194
岱山县		674	156	125	7	24	5063	404	2960
嵊泗县		14	84	56	3	25	238	74	62
台州市	**1588**	**558**	**2880**	**2008**	**360**	**512**	**30974**	**17024**	**3001**
椒江区	202	70	652	489	71	92	5154	2864	520
黄岩区	144	54	252	161	33	58	2971	1548	291
路桥区	704	89	193	117	25	51	2412	1178	324
三门县	8	36	353	306	17	30	1807	801	112
天台县	9	18	205	127	38	40	2116	1220	218
仙居县	44	11	162	117	14	31	1529	859	204
温岭市	91	126	339	194	55	90	6104	3561	484
临海市	194	86	423	283	80	60	6227	3296	650
玉环市	192	68	301	214	27	60	2654	1697	198
丽水市	**93**	**64**	**1331**	**1083**	**91**	**157**	**12685**	**7831**	**1377**
莲都区	51	17	370	297	24	49	4090	2739	246
青田县	3	3	121	91	7	23	1764	1413	58
缙云县	8	9	170	138	16	16	2021	1159	321
遂昌县	3	2	99	79	7	13	803	395	100
松阳县	15	14	144	108	16	20	978	489	124
云和县		2	88	80	4	4	580	363	46
庆元县	7	7	64	54	2	8	642	347	81
景宁畲族自治县	5	1	116	111	4	1	793	383	273
龙泉市	1	9	159	125	11	23	1014	543	128
男	**3893**	**5813**	**19380**	**13287**	**2342**	**3751**	**325260**	**174606**	**37385**
杭州市	**533**	**484**	**2822**	**1870**	**415**	**537**	**72265**	**38264**	**10248**
上城区	1	12	95	81	10	4	737	393	96
下城区	7	7	92	58	20	14	1246	723	206
江干区	19	52	192	143	25	24	6908	2796	1106
拱墅区	3	12	152	94	37	21	2671	1594	348

4-4　续表 32　　　　　　　　　　　　　　　　　　　　　　　　　　　　　单位：人

地　区 性　别	制造业		电力、热力、燃气及水生产和供应业				建筑业		
	废弃资源综合利用业	金属制品、机械和设备修理业	小计	电力、热力生产和供应业	燃气生产和供应业	水的生产和供应业	小计	房屋建筑业	土木工程建筑业
西湖区	6	41	154	100	27	27	4436	2120	820
滨江区		5	92	66	11	15	2009	1059	349
萧山区	22	105	570	363	88	119	17470	10252	2297
余杭区	174	143	448	237	81	130	18530	9658	2352
富阳区	198	43	264	173	44	47	6367	3174	1148
临安区	22	12	259	177	28	54	4787	2931	477
桐庐县	32	12	204	162	18	24	2797	1360	501
淳安县	1	9	125	89	5	31	1860	1097	164
建德市	48	31	175	127	21	27	2447	1107	384
宁波市	**503**	**801**	**2845**	**1926**	**352**	**567**	**45199**	**24193**	**4859**
海曙区	7	59	256	177	33	46	5902	2626	517
江北区	14	17	164	108	27	29	2476	1531	208
北仑区	77	176	345	244	63	38	3449	1500	509
镇海区	33	81	259	196	22	41	3896	1792	912
鄞州区	22	58	485	349	43	93	7526	3716	937
奉化区	67	44	149	92	25	32	3342	1911	399
象山县	3	166	200	133	21	46	3152	2003	218
宁海县	70	64	266	209	28	29	3137	1783	242
余姚市	122	56	323	204	28	91	4580	2539	338
慈溪市	88	80	398	214	62	122	7739	4792	579
温州市	**268**	**432**	**2473**	**1603**	**332**	**538**	**36502**	**21201**	**3231**
鹿城区	27	37	384	257	62	65	3747	2443	321
龙湾区	70	33	201	110	42	49	3623	2234	268
瓯海区	13	47	169	92	25	52	5551	3149	385
洞头区	5	6	52	38	3	11	1227	666	330
永嘉县	6	10	146	104	14	28	2941	1622	300
平阳县	34	45	235	141	38	56	3264	1794	329
苍南县	34	60	230	120	23	87	2333	1356	293
文成县	5	3	107	85	11	11	1162	618	274
泰顺县	3	7	71	64	2	5	1037	483	84
瑞安市	12	61	280	172	39	69	4232	2543	212
乐清市	33	83	439	311	50	78	5889	3408	371
龙港市	26	40	159	109	23	27	1496	885	64
嘉兴市	**295**	**436**	**1843**	**1272**	**211**	**360**	**30466**	**17561**	**2509**
南湖区	68	41	339	239	58	42	4522	2538	484
秀洲区	14	64	193	136	13	44	3478	1977	295
嘉善县	46	28	186	104	24	58	3809	2634	185
海盐县	54	107	334	266	30	38	2924	1749	182
海宁市	57	58	288	196	28	64	6335	3568	549
平湖市	16	54	251	177	28	46	4256	2194	425
桐乡市	40	84	252	154	30	68	5142	2901	389
湖州市	**294**	**227**	**1372**	**927**	**184**	**261**	**18191**	**9560**	**2067**
吴兴区	56	89	409	286	54	69	5848	3092	749
南浔区	52	31	165	87	34	44	2956	1630	217
德清县	51	33	208	131	33	44	3311	1919	371
长兴县	60	51	363	263	32	68	3531	1622	344
安吉县	75	23	227	160	31	36	2545	1297	386
绍兴市	**302**	**320**	**1555**	**989**	**161**	**405**	**30048**	**14900**	**2960**
越城区	36	38	431	249	49	133	6373	3036	830
柯桥区	106	108	308	192	28	88	5920	2925	588
上虞区	66	42	261	162	27	72	6438	3309	536
新昌县	4	5	113	66	17	30	1909	948	223
诸暨市	51	97	258	182	25	51	6256	3074	461
嵊州市	39	30	184	138	15	31	3152	1608	322

4-4 续表 33 单位：人

地区 性别	制造业		电力、热力、燃气及水生产和供应业				建筑业		
	废弃资源综合利用业	金属制品、机械和设备修理业	小计	电力、热力生产和供应业	燃气生产和供应业	水的生产和供应业	小计	房屋建筑业	土木工程建筑业
金华市	**401**	**268**	**1792**	**1211**	**227**	**354**	**30429**	**17033**	**2792**
婺城区	52	35	356	268	38	50	4626	2332	506
金东区	33	23	103	65	15	23	2426	1284	396
武义县	24	13	160	88	28	44	1510	886	76
浦江县	32	27	141	94	19	28	1663	966	86
磐安县	1	6	66	53	3	10	1254	740	175
兰溪市	32	24	166	128	15	23	3086	1577	219
义乌市	143	68	415	278	52	85	7548	4295	678
东阳市	67	41	227	146	26	55	6085	3949	445
永康市	17	31	158	91	31	36	2231	1004	211
衢州市	**69**	**105**	**828**	**644**	**70**	**114**	**12890**	**6753**	**1491**
柯城区	6	35	301	233	28	40	2881	1498	403
衢江区	12	18	117	101	5	11	2060	1058	287
常山县	2	14	76	59	2	15	1623	782	176
开化县	2	7	57	46	5	6	1890	1050	212
龙游县	18	17	138	101	17	20	1881	1033	224
江山市	29	14	139	104	13	22	2555	1332	189
舟山市	**3**	**2192**	**665**	**472**	**71**	**122**	**10576**	**3405**	**3406**
定海区	3	493	325	235	51	39	3393	1789	384
普陀区		1111	156	98	14	44	2232	1204	163
岱山县		575	126	102	5	19	4735	350	2799
嵊泗县		13	58	37	1	20	216	62	60
台州市	**1158**	**491**	**2174**	**1550**	**252**	**372**	**27677**	**15064**	**2623**
椒江区	150	59	478	364	45	69	4472	2485	445
黄岩区	109	52	173	113	24	36	2671	1370	258
路桥区	513	75	146	91	15	40	2136	1034	290
三门县	7	33	283	249	14	20	1701	747	100
天台县	7	16	151	95	29	27	1843	1033	191
仙居县	37	8	112	86	6	20	1347	748	177
温岭市	67	113	257	148	39	70	5400	3101	412
临海市	116	75	337	233	58	46	5757	3040	581
玉环市	152	60	237	171	22	44	2350	1506	169
丽水市	**67**	**57**	**1011**	**823**	**67**	**121**	**11017**	**6672**	**1199**
莲都区	36	14	269	218	17	34	3472	2321	206
青田县	1	3	100	76	6	18	1411	1090	55
缙云县	6	6	133	111	8	14	1838	1044	293
遂昌县	2	2	78	63	6	9	711	335	86
松阳县	12	13	108	81	11	16	845	408	106
云和县		2	68	60	4	4	536	330	42
庆元县	6	7	45	37	2	6	576	305	71
景宁畲族自治县	3	1	84	80	3	1	696	340	228
龙泉市	1	9	126	97	10	19	932	499	112
女	**1429**	**878**	**5844**	**3734**	**837**	**1273**	**45069**	**25128**	**5822**
杭州市	**152**	**83**	**992**	**595**	**153**	**244**	**11735**	**5818**	**1991**
上城区		2	39	31	2	6	183	68	39
下城区	1	2	33	24	3	6	306	139	62
江干区	4	4	86	61	9	16	1178	441	238
拱墅区		5	58	31	15	12	597	294	87
西湖区	1	6	63	37	7	19	992	366	209
滨江区		1	37	26	4	7	438	209	86
萧山区	5	17	214	118	34	62	2441	1345	457
余杭区	50	30	138	68	29	41	2928	1491	379
富阳区	62	11	85	45	19	21	1012	508	193
临安区	7	1	67	43	8	16	746	485	69
桐庐县	6		59	37	11	11	332	174	77
淳安县		3	41	20	7	14	237	144	33
建德市	16	1	72	54	5	13	345	154	62

4-4 续表 34　　　　单位：人

地　区 性　别	制造业		电力、热力、燃气及水生产和供应业				建筑业		
	废弃资源综合利用业	金属制品、机械和设备修理业	小计	电力、热力生产和供应业	燃气生产和供应业	水的生产和供应业	小计	房屋建筑业	土木工程建筑业
宁波市	**162**	**128**	**814**	**525**	**98**	**191**	**5600**	**2841**	**842**
海曙区	2	4	65	45	10	10	694	293	86
江北区	4	8	67	44	10	13	370	215	42
北仑区	17	21	92	58	16	18	504	209	97
镇海区	10	14	75	58	6	11	541	258	124
鄞州区	6	13	168	122	9	37	1213	496	247
奉化区	28	8	36	17	7	12	416	222	53
象山县	2	39	49	30	3	16	277	199	25
宁海县	26	8	70	49	9	12	351	228	35
余姚市	38	5	89	49	9	31	450	244	50
慈溪市	29	8	103	53	19	31	784	477	83
温州市	**99**	**54**	**719**	**451**	**112**	**156**	**4619**	**2974**	**424**
鹿城区	5	14	143	97	20	26	731	452	76
龙湾区	18	7	37	25	7	5	610	394	43
瓯海区	4	6	53	35	10	8	682	464	51
洞头区		2	21	15		6	193	122	35
永嘉县	7	1	53	43	3	7	357	233	40
平阳县	11	1	77	45	16	16	362	235	33
苍南县	19	1	56	18	11	27	175	122	23
文成县		1	27	22	3	2	146	101	26
泰顺县	1	1	19	13	3	3	95	45	12
瑞安市	9	6	87	46	16	25	451	292	24
乐清市	18	10	113	72	16	25	629	381	55
龙港市	7	4	33	20	7	6	188	133	6
嘉兴市	**136**	**69**	**470**	**326**	**49**	**95**	**4343**	**2524**	**437**
南湖区	15	6	101	63	12	26	724	360	79
秀洲区	4	5	46	32	5	9	489	259	61
嘉善县	13	6	58	36	6	16	656	458	30
海盐县	50	14	93	76	7	10	609	365	54
海宁市	29	15	67	43	14	10	869	530	86
平湖市	3	8	49	36	3	10	452	220	78
桐乡市	22	15	56	40	2	14	544	332	49
湖州市	**101**	**25**	**370**	**213**	**79**	**78**	**2686**	**1531**	**262**
吴兴区	24	13	109	74	19	16	1028	585	102
南浔区	11	3	38	19	15	4	370	229	26
德清县	17	4	68	37	16	15	491	313	50
长兴县	20	3	105	61	18	26	437	192	40
安吉县	29	2	50	22	11	17	360	212	44
绍兴市	**124**	**47**	**458**	**239**	**82**	**137**	**3694**	**1939**	**422**
越城区	18	8	147	77	26	44	831	424	117
柯桥区	39	6	86	40	15	31	788	422	102
上虞区	22	15	82	43	15	24	658	335	65
新昌县			33	16	7	10	258	159	19
诸暨市	23	14	68	38	10	20	731	374	74
嵊州市	22	4	42	25	9	8	428	225	45
金华市	**166**	**50**	**520**	**320**	**94**	**106**	**4902**	**3055**	**408**
婺城区	23	6	116	87	16	13	998	534	102
金东区	18	7	32	15	12	5	471	302	60
武义县	12	2	44	22	9	13	214	133	14
浦江县	17	1	30	20	3	7	132	88	5
磐安县		2	15	10	1	4	185	145	13
兰溪市	11	3	55	37	6	12	344	203	41
义乌市	43	12	81	51	12	18	1130	692	86
东阳市	34	10	79	49	14	16	969	711	60
永康市	8	7	68	29	21	18	459	247	27

4-4 续表 35

单位：人

地区 性别	制造业		电力、热力、燃气及水生产和供应业				建筑业		
	废弃资源综合利用业	金属制品、机械和设备修理业	小计	电力、热力生产和供应业	燃气生产和供应业	水的生产和供应业	小计	房屋建筑业	土木工程建筑业
衢州市	**30**	**14**	**247**	**187**	**14**	**46**	**1308**	**744**	**211**
柯城区	1	3	84	64	3	17	397	199	72
衢江区	2	2	31	27	1	3	145	83	32
常山县	2	1	19	12		7	91	48	19
开化县			29	22	1	6	185	122	28
龙游县	6	4	30	23	4	3	216	123	32
江山市	19	4	54	39	5	10	274	169	28
舟山市	**3**	**334**	**228**	**160**	**24**	**44**	**1217**	**583**	**269**
定海区	3	87	122	83	15	24	581	344	75
普陀区		147	50	35	5	10	286	173	31
岱山县		99	30	23	2	5	328	54	161
嵊泗县		1	26	19	2	5	22	12	2
台州市	**430**	**67**	**706**	**458**	**108**	**140**	**3297**	**1960**	**378**
椒江区	52	11	174	125	26	23	682	379	75
黄岩区	35	2	79	48	9	22	300	178	33
路桥区	191	14	47	26	10	11	276	144	34
三门县	1	3	70	57	3	10	106	54	12
天台县	2	2	54	32	9	13	273	187	27
仙居县	7	3	50	31	8	11	182	111	27
温岭市	24	13	82	46	16	20	704	460	72
临海市	78	11	86	50	22	14	470	256	69
玉环市	40	8	64	43	5	16	304	191	29
丽水市	**26**	**7**	**320**	**260**	**24**	**36**	**1668**	**1159**	**178**
莲都区	15	3	101	79	7	15	618	418	40
青田县	2		21	15	1	5	353	323	3
缙云县	2	3	37	27	8	2	183	115	28
遂昌县	1		21	16	1	4	92	60	14
松阳县	3	1	36	27	5	4	133	81	18
云和县			20	20			44	33	4
庆元县	1		19	17		2	66	42	10
景宁畲族自治县	2		32	31	1		97	43	45
龙泉市			33	28	1	4	82	44	16

4-4　续表 36

单位：人

地区 性别	建筑业		批发和零售业			交通运输、仓储和邮政业			
	建筑安装业	建筑装饰、装修和其他建筑业	小计	批发业	零售业	小计	铁路运输业	道路运输业	水上运输业
合计	**21798**	**105590**	**541459**	**196430**	**345029**	**157670**	**2402**	**96971**	**6564**
杭州市	**4294**	**23385**	**111780**	**49140**	**62640**	**33939**	**814**	**22027**	**304**
上城区	56	268	3195	1726	1469	692	128	285	8
下城区	97	325	4366	2461	1905	1024	54	584	13
江干区	494	3011	19695	9415	10280	4651	178	2947	34
拱墅区	195	750	6657	2765	3892	1525	39	1077	21
西湖区	310	1603	8588	3794	4794	1988	45	1307	40
滨江区	138	606	4317	1945	2372	604	30	315	9
萧山区	816	4744	20474	9198	11276	8481	114	4686	38
余杭区	1039	6539	26361	11708	14653	8237	158	6225	45
富阳区	443	1913	6906	2559	4347	2415	17	1834	26
临安区	264	1307	4214	1347	2867	1533	6	1125	4
桐庐县	207	810	3126	1123	2003	1223	17	651	11
淳安县	97	562	1513	371	1142	543	3	363	40
建德市	138	947	2368	728	1640	1023	25	628	15
宁波市	**3127**	**14937**	**71056**	**28591**	**42465**	**27872**	**257**	**17074**	**1632**
海曙区	318	2756	10007	4509	5498	3565	65	1843	85
江北区	116	734	4415	2178	2237	2032	50	1300	91
北仑区	410	1228	5301	1943	3358	5505	17	3312	823
镇海区	545	806	4268	2153	2115	2378	12	1570	199
鄞州区	533	2810	16203	7881	8322	4801	41	2556	253
奉化区	208	965	4820	2011	2809	1077	2	722	14
象山县	125	859	3247	886	2361	1167		748	82
宁海县	196	1004	4218	952	3266	1083	7	711	67
余姚市	272	1587	7534	2380	5154	2401	48	1635	6
慈溪市	404	2188	11043	3698	7345	3863	15	2677	12
温州市	**1697**	**11594**	**79313**	**22217**	**57096**	**17684**	**211**	**11250**	**307**
鹿城区	137	1049	10190	3531	6659	1960	45	1252	95
龙湾区	244	1050	6259	2089	4170	1722	4	938	19
瓯海区	177	2007	8342	2709	5633	2477	87	1710	14
洞头区	34	233	825	199	626	438		232	44
永嘉县	127	976	6313	1466	4847	1147	10	701	27
平阳县	140	1095	6443	1564	4879	1531	6	937	28
苍南县	67	647	8821	2087	6734	1721	9	1059	11
文成县	44	245	1277	157	1120	275	1	182	1
泰顺县	24	484	1168	119	1049	294		197	
瑞安市	164	1448	12002	3085	8917	2163	16	1265	14
乐清市	413	1890	13939	4252	9687	2725	31	1905	35
龙港市	126	470	3734	959	2775	1231	2	872	19
嘉兴市	**2011**	**9767**	**46928**	**19743**	**27185**	**13487**	**149**	**8419**	**267**
南湖区	273	1512	7759	3515	4244	2387	51	1458	20
秀洲区	196	1179	6999	3875	3124	1864	14	1155	8
嘉善县	105	1053	4479	1553	2926	1607	27	1204	17
海盐县	266	917	2615	846	1769	957	2	679	42
海宁市	432	2039	9741	3617	6124	2948	42	1657	26
平湖市	390	1401	4984	1945	3039	1732	4	991	132
桐乡市	349	1666	10351	4392	5959	1992	9	1275	22
湖州市	**1206**	**6251**	**25273**	**8314**	**16959**	**7725**	**106**	**5015**	**411**
吴兴区	343	2005	9359	3141	6218	2212	21	1292	53
南浔区	232	992	3550	1106	2444	1177	6	830	15
德清县	204	945	3405	1140	2265	1325	11	938	34
长兴县	275	1495	5322	1990	3332	1911	63	1245	215
安吉县	152	814	3637	937	2700	1100	5	710	94

4-4 续表 37 单位：人

地　区 性　别	建筑业		批发和零售业			交通运输、仓储和邮政业			
	建筑安装业	建筑装饰、装修和其他建筑业	小计	批发业	零售业	小计	铁路运输业	道路运输业	水上运输业
绍兴市	**2259**	**11262**	**46743**	**21266**	**25477**	**10416**	**174**	**6880**	**104**
越城区	330	2467	9606	4272	5334	2191	58	1462	18
柯桥区	366	2305	17397	11985	5412	2974	23	1964	9
上虞区	532	2319	5095	1311	3784	1676	34	1061	29
新昌县	118	700	2480	520	1960	549		423	1
诸暨市	714	2290	8229	2184	6045	1968	57	1186	43
嵊州市	199	1181	3936	994	2942	1058	2	784	4
金华市	**2280**	**9763**	**75908**	**28260**	**47648**	**20422**	**380**	**10976**	**40**
婺城区	396	1754	7741	2463	5278	2448	186	1515	9
金东区	197	658	4721	1756	2965	2381	72	941	3
武义县	136	479	2904	710	2194	658	18	364	2
浦江县	109	541	3288	749	2539	766	11	457	2
磐安县	103	263	973	301	672	235	2	163	
兰溪市	231	1159	3617	737	2880	972	24	651	10
义乌市	534	2393	36929	16915	20014	9275	40	4592	7
东阳市	394	1495	8597	2257	6340	1589	13	967	7
永康市	180	1021	7138	2372	4766	2098	14	1326	
衢州市	**849**	**4150**	**13621**	**3506**	**10115**	**4430**	**179**	**3184**	**24**
柯城区	188	918	4342	1389	2953	1189	58	825	3
衢江区	118	627	1951	440	1511	733	10	533	3
常山县	103	586	1308	257	1051	457	10	346	2
开化县	97	566	1227	277	950	396	22	303	1
龙游县	138	547	2096	556	1540	665	49	450	10
江山市	205	906	2697	587	2110	990	30	727	5
舟山市	**1568**	**2562**	**7068**	**2055**	**5013**	**5607**	**6**	**1647**	**2626**
定海区	157	1225	3121	805	2316	2266	2	728	807
普陀区	116	831	2758	874	1884	2236	1	643	1210
岱山县	1281	418	833	256	577	731	3	200	397
嵊泗县	14	88	356	120	236	374		76	212
台州市	**1929**	**9020**	**49064**	**10609**	**38455**	**12828**	**56**	**8303**	**836**
椒江区	336	1434	7348	1693	5655	1795	4	1101	177
黄岩区	144	988	4327	839	3488	1456	15	921	28
路桥区	149	761	6649	2173	4476	1724	3	1290	55
三门县	115	779	1836	398	1438	490	4	360	30
天台县	110	568	3436	344	3092	637		423	3
仙居县	111	355	1960	394	1566	443	2	277	
温岭市	377	1682	12112	2935	9177	3017	15	1837	417
临海市	401	1880	7347	1149	6198	2178	10	1365	92
玉环市	186	573	4049	684	3365	1088	3	729	34
丽水市	**578**	**2899**	**14705**	**2729**	**11976**	**3260**	**70**	**2196**	**13**
莲都区	188	917	4934	1175	3759	862	15	570	2
青田县	42	251	2906	281	2625	422	20	296	3
缙云县	99	442	1845	394	1451	527	11	373	4
遂昌县	38	270	836	139	697	249	3	186	1
松阳县	85	280	943	172	771	290	10	170	
云和县	25	146	650	119	531	186	1	135	
庆元县	33	181	676	111	565	208	5	135	
景宁畲族自治县	11	126	549	68	481	134	2	93	2
龙泉市	57	286	1366	270	1096	382	3	238	1
男	**19686**	**93583**	**283368**	**114618**	**168750**	**130806**	**1813**	**84307**	**5558**
杭州市	**3692**	**20061**	**56903**	**27359**	**29544**	**27551**	**632**	**18753**	**202**
上城区	41	207	1608	920	688	537	91	230	4
下城区	77	240	2154	1318	836	774	40	460	9
江干区	424	2582	9581	4750	4831	3648	126	2406	19
拱墅区	156	573	3336	1476	1860	1210	33	892	14

4-4 续表 38

单位：人

地区 性别	建筑业		批发和零售业			交通运输、仓储和邮政业			
	建筑安装业	建筑装饰、装修和其他建筑业	小计	批发业	零售业	小计	铁路运输业	道路运输业	水上运输业
西湖区	235	1261	4235	1931	2304	1637	33	1123	24
滨江区	107	494	2073	1012	1061	451	24	255	4
萧山区	728	4193	10741	5330	5411	6690	102	4003	24
余杭区	895	5625	14073	6981	7092	6966	136	5384	36
富阳区	399	1646	3586	1561	2025	2033	11	1587	22
临安区	233	1146	2048	783	1265	1318	5	991	3
桐庐县	188	748	1608	674	934	992	11	564	8
淳安县	81	518	726	216	510	444	2	313	22
建德市	128	828	1134	407	727	851	18	545	13
宁波市	**2791**	**13356**	**36394**	**16511**	**19883**	**22333**	**209**	**14676**	**1288**
海曙区	279	2480	5046	2518	2528	2676	56	1587	55
江北区	101	636	2316	1233	1083	1542	42	1069	62
北仑区	373	1067	2649	1148	1501	4504	15	2822	675
镇海区	492	700	2274	1286	988	1889	11	1274	162
鄞州区	447	2426	8058	4129	3929	3385	33	2072	180
奉化区	179	853	2581	1189	1392	923	1	648	12
象山县	116	815	1550	555	995	1009		670	67
宁海县	183	929	1992	556	1436	935	3	631	63
余姚市	244	1459	3873	1443	2430	2077	35	1476	3
慈溪市	377	1991	6055	2454	3601	3393	13	2427	9
温州市	**1533**	**10537**	**44384**	**13981**	**30403**	**15395**	**137**	**10069**	**268**
鹿城区	111	872	5455	2090	3365	1555	30	1040	73
龙湾区	211	910	3537	1334	2203	1439	4	833	15
瓯海区	163	1854	4716	1698	3018	2139	58	1523	11
洞头区	30	201	410	122	288	394		215	43
永嘉县	118	901	3678	952	2726	1003	8	618	27
平阳县	130	1011	3626	1011	2615	1345	3	847	28
苍南县	64	620	5060	1335	3725	1538	4	978	11
文成县	43	227	702	103	599	247		170	
泰顺县	24	446	644	85	559	273		186	
瑞安市	153	1324	6707	1931	4776	1878	9	1094	12
乐清市	366	1744	7650	2676	4974	2463	20	1756	29
龙港市	120	427	2199	644	1555	1121	1	809	19
嘉兴市	**1813**	**8583**	**24392**	**11594**	**12798**	**11293**	**115**	**7345**	**221**
南湖区	226	1274	4033	2091	1942	1887	36	1209	16
秀洲区	172	1034	3716	2207	1509	1531	12	994	7
嘉善县	96	894	2307	970	1337	1345	23	1031	12
海盐县	219	774	1280	518	762	851	1	623	34
海宁市	399	1819	5036	2156	2880	2463	35	1471	21
平湖市	370	1267	2585	1195	1390	1479	4	869	116
桐乡市	331	1521	5435	2457	2978	1737	4	1148	15
湖州市	**1096**	**5468**	**13140**	**5164**	**7976**	**6539**	**82**	**4430**	**289**
吴兴区	303	1704	4855	1861	2994	1828	15	1114	36
南浔区	224	885	1855	710	1145	1062	4	753	11
德清县	184	837	1791	736	1055	1115	9	823	24
长兴县	241	1324	2704	1269	1435	1597	52	1092	147
安吉县	144	718	1935	588	1347	937	2	648	71
绍兴市	**2081**	**10107**	**24067**	**12269**	**11798**	**8761**	**131**	**6009**	**76**
越城区	290	2217	4987	2436	2551	1773	48	1211	12
柯桥区	321	2086	9500	6852	2648	2542	16	1744	6
上虞区	502	2091	2391	815	1576	1416	26	944	20
新昌县	105	633	1125	306	819	485		379	1
诸暨市	680	2041	4091	1284	2807	1628	39	1040	34
嵊州市	183	1039	1973	576	1397	917	2	691	3

4-4 续表 39　　　　单位：人

地区 性别	建筑业		批发和零售业			交通运输、仓储和邮政业			
	建筑安装业	建筑装饰、装修和其他建筑业	小计	批发业	零售业	小计	铁路运输业	道路运输业	水上运输业
金华市	**2101**	**8503**	**40854**	**15844**	**25010**	**16596**	**284**	**9559**	**29**
婺城区	341	1447	3964	1430	2534	1972	143	1267	7
金东区	185	561	2561	1038	1523	1906	56	826	3
武义县	126	422	1542	417	1125	562	14	329	1
浦江县	105	506	1824	464	1360	673	3	425	1
磐安县	94	245	504	182	322	193	2	137	
兰溪市	224	1066	1851	443	1408	820	20	579	6
义乌市	498	2077	20167	9157	11010	7436	27	4030	5
东阳市	364	1327	4412	1225	3187	1283	10	814	6
永康市	164	852	4029	1488	2541	1751	9	1152	
衢州市	**802**	**3844**	**6579**	**2125**	**4454**	**3758**	**142**	**2777**	**19**
柯城区	173	807	2089	832	1257	961	48	672	3
衢江区	117	598	1013	282	731	647	6	493	3
常山县	97	568	647	160	487	401	9	309	1
开化县	91	537	560	159	401	326	20	253	1
龙游县	129	495	1028	339	689	567	37	397	6
江山市	195	839	1242	353	889	856	22	653	5
舟山市	**1469**	**2296**	**3430**	**1343**	**2087**	**4777**	**2**	**1399**	**2376**
定海区	141	1079	1476	509	967	1850		609	709
普陀区	107	758	1327	546	781	1936		549	1091
岱山县	1209	377	458	197	261	673	2	182	379
嵊泗县	12	82	169	91	78	318		59	197
台州市	**1774**	**8216**	**25544**	**6720**	**18824**	**11000**	**31**	**7319**	**779**
椒江区	298	1244	3594	1048	2546	1501	1	953	159
黄岩区	132	911	2185	538	1647	1219	9	789	25
路桥区	132	680	3595	1329	2266	1474	1	1144	50
三门县	112	742	1017	282	735	450	2	336	26
天台县	104	515	1907	212	1695	548		379	3
仙居县	101	321	1002	258	744	383	1	249	
温岭市	352	1535	6414	1902	4512	2647	8	1644	397
临海市	377	1759	3835	719	3116	1822	6	1174	85
玉环市	166	509	1995	432	1563	956	3	651	34
丽水市	**534**	**2612**	**7681**	**1708**	**5973**	**2803**	**48**	**1971**	**11**
莲都区	168	777	2609	726	1883	717	10	488	2
青田县	40	226	1519	169	1350	370	16	267	2
缙云县	91	410	970	258	712	460	6	347	4
遂昌县	37	253	408	88	320	222	1	173	1
松阳县	79	252	465	105	360	237	8	150	
云和县	25	139	353	74	279	158		119	
庆元县	30	170	352	74	278	189	3	127	
景宁畲族自治县	9	119	275	49	226	117	2	82	1
龙泉市	55	266	730	165	565	333	2	218	1
女	**2112**	**12007**	**258091**	**81812**	**176279**	**26864**	**589**	**12664**	**1006**
杭州市	**602**	**3324**	**54877**	**21781**	**33096**	**6388**	**182**	**3274**	**102**
上城区	15	61	1587	806	781	155	37	55	4
下城区	20	85	2212	1143	1069	250	14	124	4
江干区	70	429	10114	4665	5449	1003	52	541	15
拱墅区	39	177	3321	1289	2032	315	6	185	7
西湖区	75	342	4353	1863	2490	351	12	184	16
滨江区	31	112	2244	933	1311	153	6	60	5
萧山区	88	551	9733	3868	5865	1791	12	683	14
余杭区	144	914	12288	4727	7561	1271	22	841	9
富阳区	44	267	3320	998	2322	382	6	247	4
临安区	31	161	2166	564	1602	215	1	134	1
桐庐县	19	62	1518	449	1069	231	6	87	3
淳安县	16	44	787	155	632	99	1	50	18
建德市	10	119	1234	321	913	172	7	83	2

4-4　续表 40　　　　　　　　　　　　　　　　　　　　　　　　　　　　　　单位：人

地　区 性　别	建筑业		批发和零售业			交通运输、仓储和邮政业			
	建　筑 安装业	建筑装饰、装修和其他建筑业	小计	批发业	零售业	小计	铁　路 运输业	道　路 运输业	水　上 运输业
宁波市	**336**	**1581**	**34662**	**12080**	**22582**	**5539**	**48**	**2398**	**344**
海曙区	39	276	4961	1991	2970	889	9	256	30
江北区	15	98	2099	945	1154	490	8	231	29
北仑区	37	161	2652	795	1857	1001	2	490	148
镇海区	53	106	1994	867	1127	489	1	296	37
鄞州区	86	384	8145	3752	4393	1416	8	484	73
奉化区	29	112	2239	822	1417	154	1	74	2
象山县	9	44	1697	331	1366	158		78	15
宁海县	13	75	2226	396	1830	148	4	80	4
余姚市	28	128	3661	937	2724	324	13	159	3
慈溪市	27	197	4988	1244	3744	470	2	250	3
温州市	**164**	**1057**	**34929**	**8236**	**26693**	**2289**	**74**	**1181**	**39**
鹿城区	26	177	4735	1441	3294	405	15	212	22
龙湾区	33	140	2722	755	1967	283		105	4
瓯海区	14	153	3626	1011	2615	338	29	187	3
洞头区	4	32	415	77	338	44		17	1
永嘉县	9	75	2635	514	2121	144	2	83	
平阳县	10	84	2817	553	2264	186	3	90	
苍南县	3	27	3761	752	3009	183	5	81	
文成县	1	18	575	54	521	28	1	12	1
泰顺县		38	524	34	490	21		11	
瑞安市	11	124	5295	1154	4141	285	7	171	2
乐清市	47	146	6289	1576	4713	262	11	149	6
龙港市	6	43	1535	315	1220	110	1	63	
嘉兴市	**198**	**1184**	**22536**	**8149**	**14387**	**2194**	**34**	**1074**	**46**
南湖区	47	238	3726	1424	2302	500	15	249	4
秀洲区	24	145	3283	1668	1615	333	2	161	1
嘉善县	9	159	2172	583	1589	262	4	173	5
海盐县	47	143	1335	328	1007	106	1	56	8
海宁市	33	220	4705	1461	3244	485	7	186	5
平湖市	20	134	2399	750	1649	253		122	16
桐乡市	18	145	4916	1935	2981	255	5	127	7
湖州市	**110**	**783**	**12133**	**3150**	**8983**	**1186**	**24**	**585**	**122**
吴兴区	40	301	4504	1280	3224	384	6	178	17
南浔区	8	107	1695	396	1299	115	2	77	4
德清县	20	108	1614	404	1210	210	2	115	10
长兴县	34	171	2618	721	1897	314	11	153	68
安吉县	8	96	1702	349	1353	163	3	62	23
绍兴市	**178**	**1155**	**22676**	**8997**	**13679**	**1655**	**43**	**871**	**28**
越城区	40	250	4619	1836	2783	418	10	251	6
柯桥区	45	219	7897	5133	2764	432	7	220	3
上虞区	30	228	2704	496	2208	260	8	117	9
新昌县	13	67	1355	214	1141	64		44	
诸暨市	34	249	4138	900	3238	340	18	146	9
嵊州市	16	142	1963	418	1545	141		93	1
金华市	**179**	**1260**	**35054**	**12416**	**22638**	**3826**	**96**	**1417**	**11**
婺城区	55	307	3777	1033	2744	476	43	248	2
金东区	12	97	2160	718	1442	475	16	115	
武义县	10	57	1362	293	1069	96	4	35	1
浦江县	4	35	1464	285	1179	93	8	32	1
磐安县	9	18	469	119	350	42		26	
兰溪市	7	93	1766	294	1472	152	4	72	4
义乌市	36	316	16762	7758	9004	1839	13	562	2
东阳市	30	168	4185	1032	3153	306	3	153	1
永康市	16	169	3109	884	2225	347	5	174	

4—4 续表 41 单位：人

地区 性别	建筑业		批发和零售业			交通运输、仓储和邮政业			
	建筑安装业	建筑装饰、装修和其他建筑业	小计	批发业	零售业	小计	铁路运输业	道路运输业	水上运输业
衢州市	**47**	**306**	**7042**	**1381**	**5661**	**672**	**37**	**407**	**5**
柯城区	15	111	2253	557	1696	228	10	153	
衢江区	1	29	938	158	780	86	4	40	
常山县	6	18	661	97	564	56	1	37	1
开化县	6	29	667	118	549	70	2	50	
龙游县	9	52	1068	217	851	98	12	53	4
江山市	10	67	1455	234	1221	134	8	74	
舟山市	**99**	**266**	**3638**	**712**	**2926**	**830**	**4**	**248**	**250**
定海区	16	146	1645	296	1349	416	2	119	98
普陀区	9	73	1431	328	1103	300	1	94	119
岱山县	72	41	375	59	316	58	1	18	18
嵊泗县	2	6	187	29	158	56		17	15
台州市	**155**	**804**	**23520**	**3889**	**19631**	**1828**	**25**	**984**	**57**
椒江区	38	190	3754	645	3109	294	3	148	18
黄岩区	12	77	2142	301	1841	237	6	132	3
路桥区	17	81	3054	844	2210	250	2	146	5
三门县	3	37	819	116	703	40	2	24	4
天台县	6	53	1529	132	1397	89		44	
仙居县	10	34	958	136	822	60	1	28	
温岭市	25	147	5698	1033	4665	370	7	193	20
临海市	24	121	3512	430	3082	356	4	191	7
玉环市	20	64	2054	252	1802	132		78	
丽水市	**44**	**287**	**7024**	**1021**	**6003**	**457**	**22**	**225**	**2**
莲都区	20	140	2325	449	1876	145	5	82	
青田县	2	25	1387	112	1275	52	4	29	1
缙云县	8	32	875	136	739	67	5	26	
遂昌县	1	17	428	51	377	27	2	13	
松阳县	6	28	478	67	411	53	2	20	
云和县		7	297	45	252	28	1	16	
庆元县	3	11	324	37	287	19	2	8	
景宁畲族自治县	2	7	274	19	255	17		11	1
龙泉市	2	20	636	105	531	49	1	20	

4-4　续表 42

单位：人

地区 性别	交通运输、仓储和邮政业					住宿和餐饮业		
	航空运输业	管道运输业	多式联运和运输代理业	装卸搬运和仓储业	邮政业	小计	住宿业	餐饮业
合计	**2467**	**44**	**7000**	**13491**	**28731**	**156151**	**22678**	**133473**
杭州市	**1462**	**9**	**1001**	**1752**	**6570**	**34923**	**6756**	**28167**
上城区	72	2	26	13	158	1201	345	856
下城区	69		58	33	213	1658	486	1172
江干区	214	1	175	254	848	4822	829	3993
拱墅区	39		53	36	260	1664	463	1201
西湖区	58		100	49	389	4195	885	3310
滨江区	79		17	16	138	1468	202	1266
萧山区	854	5	273	464	2047	5521	1109	4412
余杭区	42		155	322	1290	7033	937	6096
富阳区	12	1	59	160	306	2192	242	1950
临安区	8		29	154	207	1736	256	1480
桐庐县	4		15	70	455	1373	322	1051
淳安县	1		16	40	80	1122	496	626
建德市	10		25	141	179	938	184	754
宁波市	**424**	**7**	**2958**	**2199**	**3321**	**21441**	**3262**	**18179**
海曙区	212		615	122	623	2692	442	2250
江北区	27		297	63	204	1102	220	882
北仑区	4	4	339	728	278	1912	196	1716
镇海区	3	1	209	206	178	1260	186	1074
鄞州区	161		1151	142	497	4099	812	3287
奉化区	5	1	77	93	163	1195	160	1035
象山县	2		20	212	103	1146	288	858
宁海县	4	1	43	86	164	1407	188	1219
余姚市	3		90	145	474	2610	363	2247
慈溪市	3		117	402	637	4018	407	3611
温州市	**315**	**1**	**412**	**2173**	**3015**	**22499**	**2008**	**20491**
鹿城区	100		50	72	346	3363	448	2915
龙湾区	126		68	137	430	1665	298	1367
瓯海区	37		67	257	305	2503	236	2267
洞头区	1		11	116	34	366	85	281
永嘉县	5		27	198	179	1988	117	1871
平阳县	7		34	184	335	1677	123	1554
苍南县	6		38	291	307	2136	169	1967
文成县	4		2	54	31	683	53	630
泰顺县	3		5	34	55	391	76	315
瑞安市	13		32	414	409	3101	148	2953
乐清市	6	1	66	234	447	3649	215	3434
龙港市	7		12	182	137	977	40	937
嘉兴市	**28**	**4**	**337**	**1197**	**3086**	**12455**	**1513**	**10942**
南湖区	6	1	71	222	558	2407	270	2137
秀洲区	5		44	141	497	1380	130	1250
嘉善县	5	2	9	150	193	1527	255	1272
海盐县	1		22	80	131	905	106	799
海宁市	6		58	195	964	2504	248	2256
平湖市	4	1	67	277	256	1393	132	1261
桐乡市	1		66	132	487	2339	372	1967
湖州市	**23**		**243**	**778**	**1149**	**9435**	**1895**	**7540**
吴兴区	6		58	312	470	2815	369	2446
南浔区			28	155	143	1200	189	1011
德清县	7		80	84	171	1638	412	1226
长兴县	2		46	146	194	2102	428	1674
安吉县	8		31	81	171	1680	497	1183

4-4 续表 43

单位：人

地区 性别	交通运输、仓储和邮政业					住宿和餐饮业		
	航空运输业	管道运输业	多式联运和运输代理业	装卸搬运和仓储业	邮政业	小计	住宿业	餐饮业
绍兴市	**35**	**1**	**403**	**974**	**1845**	**10695**	**1205**	**9490**
越城区	10		100	168	375	2120	300	1820
柯桥区	13		134	414	417	2439	275	2164
上虞区	5		70	120	357	1498	183	1315
新昌县		1	17	36	71	788	128	660
诸暨市	5		49	161	467	2249	190	2059
嵊州市	2		33	75	158	1601	129	1472
金华市	**58**	**8**	**1026**	**1727**	**6207**	**15883**	**1726**	**14157**
婺城区	5	1	106	185	441	2495	338	2157
金东区	1	2	89	152	1121	1037	73	964
武义县	1		30	67	176	942	126	816
浦江县	7		17	71	201	735	95	640
磐安县			13	26	31	430	59	371
兰溪市	4	2	29	54	198	1009	68	941
义乌市	28	1	642	824	3141	5212	461	4751
东阳市	10	1	48	138	405	2300	377	1923
永康市	2	1	52	210	493	1723	129	1594
衢州市	**22**		**88**	**408**	**525**	**4775**	**618**	**4157**
柯城区	15		25	129	134	1412	216	1196
衢江区	3		10	88	86	722	101	621
常山县	3		4	38	54	494	50	444
开化县			1	16	53	562	47	515
龙游县			16	49	91	748	66	682
江山市	1		32	88	107	837	138	699
舟山市	**43**	**9**	**217**	**729**	**330**	**3659**	**1274**	**2385**
定海区	17	9	116	398	189	1264	216	1048
普陀区	23		51	213	95	1784	812	972
岱山县	3		11	88	29	329	95	234
嵊泗县			39	30	17	282	151	131
台州市	**36**	**4**	**279**	**1275**	**2039**	**14085**	**1548**	**12537**
椒江区	7	1	51	180	274	2286	326	1960
黄岩区	3	2	16	238	233	1365	158	1207
路桥区	8		53	176	139	1396	160	1236
三门县	2		1	38	55	546	82	464
天台县	1	1	6	63	140	808	158	650
仙居县	4		10	66	84	1104	138	966
温岭市	5		76	252	415	3167	253	2914
临海市	5		42	134	530	1913	173	1740
玉环市	1		24	128	169	1500	100	1400
丽水市	**21**	**1**	**36**	**279**	**644**	**6301**	**873**	**5428**
莲都区	1	1	11	63	199	1600	290	1310
青田县			9	42	52	1816	93	1723
缙云县	2		4	29	104	724	61	663
遂昌县			5	13	41	449	91	358
松阳县	11		2	25	72	380	87	293
云和县	4			14	32	281	56	225
庆元县	1		2	18	47	238	29	209
景宁畲族自治县				16	21	276	52	224
龙泉市	2		3	59	76	537	114	423
男	**1584**	**32**	**4417**	**11314**	**21781**	**82411**	**9730**	**72681**
杭州市	**942**	**6**	**671**	**1326**	**5019**	**18988**	**3045**	**15943**
上城区	50		24	10	128	672	182	490
下城区	44		34	27	160	870	226	644
江干区	138	1	112	182	664	2844	370	2474
拱墅区	27		34	27	183	926	219	707

4-4　续表 44　　　　单位：人

地区 性别	交通运输、仓储和邮政业 航空运输业	管道运输业	多式联运和运输代理业	装卸搬运和仓储业	邮政业	住宿和餐饮业 小计	住宿业	餐饮业
西湖区	40		56	34	327	2452	421	2031
滨江区	47		6	13	102	833	99	734
萧山区	547	4	178	341	1491	3031	529	2502
余杭区	30		107	241	1032	3818	359	3459
富阳区	8	1	46	123	235	1083	99	984
临安区	4		23	128	164	854	122	732
桐庐县	2		13	61	333	675	133	542
淳安县			15	34	58	504	217	287
建德市	5		23	105	142	426	69	357
宁波市	**276**	**3**	**1494**	**1807**	**2580**	**11311**	**1411**	**9900**
海曙区	140		260	102	476	1467	207	1260
江北区	17		140	51	161	580	97	483
北仑区	4	1	230	552	205	983	70	913
镇海区	2	1	117	173	149	608	63	545
鄞州区	102		500	111	387	2292	393	1899
奉化区	4		53	78	127	575	56	519
象山县	1		15	186	70	508	117	391
宁海县	2	1	32	77	126	710	79	631
余姚市	2		59	131	371	1396	170	1226
慈溪市	2		88	346	508	2192	159	2033
温州市	**199**	**1**	**326**	**1978**	**2417**	**12532**	**909**	**11623**
鹿城区	63		24	61	264	1946	213	1733
龙湾区	75		51	114	347	889	133	756
瓯海区	25		55	228	239	1461	133	1328
洞头区			10	99	27	154	33	121
永嘉县	3		21	179	147	1127	55	1072
平阳县	4		29	166	268	901	53	848
苍南县	6		33	270	236	1184	69	1115
文成县	3		2	50	22	407	26	381
泰顺县	3		5	34	45	187	36	151
瑞安市	9		28	399	327	1786	64	1722
乐清市	4	1	56	216	381	1924	83	1841
龙港市	4		12	162	114	566	11	555
嘉兴市	**17**	**3**	**241**	**1008**	**2343**	**6591**	**634**	**5957**
南湖区	4	1	41	173	407	1272	115	1157
秀洲区	5		30	111	372	738	53	685
嘉善县	1	1	4	123	150	827	113	714
海盐县			19	72	102	442	47	395
海宁市	4		46	160	726	1359	99	1260
平湖市	3	1	43	244	199	698	53	645
桐乡市			58	125	387	1255	154	1101
湖州市	**14**		**160**	**673**	**891**	**4547**	**758**	**3789**
吴兴区	3		39	262	359	1442	157	1285
南浔区			23	146	125	568	66	502
德清县	5		52	75	127	771	142	629
长兴县	1		28	126	151	957	166	791
安吉县	5		18	64	129	809	227	582
绍兴市	**19**	**1**	**303**	**822**	**1400**	**5506**	**511**	**4995**
越城区	7		62	140	293	1083	131	952
柯桥区	7		102	334	333	1265	103	1162
上虞区	3		61	109	253	797	78	719
新昌县		1	14	31	59	345	57	288
诸暨市	1		40	142	332	1162	79	1083
嵊州市	1		24	66	130	854	63	791

4—4 续表 45 单位：人

地　区 性　别	交通运输、仓储和邮政业					住宿和餐饮业		
	航　空 运输业	管　道 运输业	多式联运 和运输 代理业	装卸搬运 和仓储业	邮政业	小计	住宿业	餐饮业
金华市	**40**	**6**	**765**	**1413**	**4500**	**8681**	**756**	**7925**
婺城区	4		71	152	328	1316	147	1169
金东区		2	76	127	816	545	39	506
武义县	1		25	56	136	480	57	423
浦江县	5		14	59	166	403	41	362
磐安县			10	20	24	198	26	172
兰溪市	1	2	23	46	143	507	25	482
义乌市	20	1	470	670	2213	3104	227	2877
东阳市	7	1	33	110	302	1147	141	1006
永康市	2		43	173	372	981	53	928
衢州市	**14**		**66**	**370**	**370**	**2142**	**210**	**1932**
柯城区	11		16	117	94	663	70	593
衢江区			9	75	61	331	38	293
常山县	3		4	36	39	203	15	188
开化县				16	36	226	14	212
龙游县			16	44	67	353	25	328
江山市			21	82	73	366	48	318
舟山市	**27**	**8**	**155**	**597**	**213**	**1544**	**485**	**1059**
定海区	10	8	82	312	120	549	67	482
普陀区	14		35	182	65	763	337	426
岱山县	3		10	79	18	121	24	97
嵊泗县			28	24	10	111	57	54
台州市	**24**	**3**	**212**	**1075**	**1557**	**7352**	**649**	**6703**
椒江区	6		34	150	198	1180	129	1051
黄岩区	3	2	13	210	168	744	62	682
路桥区	6		35	132	106	727	76	651
三门县			1	37	48	267	28	239
天台县		1	5	53	107	418	78	340
仙居县	3		10	59	61	593	56	537
温岭市	1		59	221	317	1645	101	1544
临海市	4		34	113	406	1038	80	958
玉环市	1		21	100	146	740	39	701
丽水市	**12**	**1**	**24**	**245**	**491**	**3217**	**362**	**2855**
莲都区	1	1	7	51	157	846	123	723
青田县			7	39	39	1007	45	962
缙云县	1		2	27	73	387	25	362
遂昌县			3	12	32	187	35	152
松阳县	6		1	21	51	160	26	134
云和县	2			11	26	137	21	116
庆元县	1		2	16	40	111	11	100
景宁畲族自治县				16	16	114	15	99
龙泉市	1		2	52	57	268	61	207
女	**883**	**12**	**2583**	**2177**	**6950**	**73740**	**12948**	**60792**
杭州市	**520**	**3**	**330**	**426**	**1551**	**15935**	**3711**	**12224**
上城区	22	2	2	3	30	529	163	366
下城区	25		24	6	53	788	260	528
江干区	76		63	72	184	1978	459	1519
拱墅区	12		19	9	77	738	244	494
西湖区	18		44	15	62	1743	464	1279
滨江区	32		11	3	36	635	103	532
萧山区	307	1	95	123	556	2490	580	1910
余杭区	12		48	81	258	3215	578	2637
富阳区	4		13	37	71	1109	143	966
临安区	4		6	26	43	882	134	748
桐庐县	2		2	9	122	698	189	509
淳安县	1		1	6	22	618	279	339
建德市	5		2	36	37	512	115	397

4–4　续表 46　　　　　　　　　　　　　　　　　　　　　　　　单位：人

地区 性别	交通运输、仓储和邮政业					住宿和餐饮业		
	航空运输业	管道运输业	多式联运和运输代理业	装卸搬运和仓储业	邮政业	小计	住宿业	餐饮业
宁波市	**148**	**4**	**1464**	**392**	**741**	**10130**	**1851**	**8279**
海曙区	72		355	20	147	1225	235	990
江北区	10		157	12	43	522	123	399
北仑区		3	109	176	73	929	126	803
镇海区	1		92	33	29	652	123	529
鄞州区	59		651	31	110	1807	419	1388
奉化区	1	1	24	15	36	620	104	516
象山县	1		5	26	33	638	171	467
宁海县	2		11	9	38	697	109	588
余姚市	1		31	14	103	1214	193	1021
慈溪市	1		29	56	129	1826	248	1578
温州市	**116**		**86**	**195**	**598**	**9967**	**1099**	**8868**
鹿城区	37		26	11	82	1417	235	1182
龙湾区	51		17	23	83	776	165	611
瓯海区	12		12	29	66	1042	103	939
洞头区	1		1	17	7	212	52	160
永嘉县	2		6	19	32	861	62	799
平阳县	3		5	18	67	776	70	706
苍南县			5	21	71	952	100	852
文成县	1			4	9	276	27	249
泰顺县					10	204	40	164
瑞安市	4		4	15	82	1315	84	1231
乐清市	2		10	18	66	1725	132	1593
龙港市	3			20	23	411	29	382
嘉兴市	**11**	**1**	**96**	**189**	**743**	**5864**	**879**	**4985**
南湖区	2		30	49	151	1135	155	980
秀洲区			14	30	125	642	77	565
嘉善县	4	1	5	27	43	700	142	558
海盐县	1		3	8	29	463	59	404
海宁市	2		12	35	238	1145	149	996
平湖市	1		24	33	57	695	79	616
桐乡市	1		8	7	100	1084	218	866
湖州市	**9**		**83**	**105**	**258**	**4888**	**1137**	**3751**
吴兴区	3		19	50	111	1373	212	1161
南浔区			5	9	18	632	123	509
德清县	2		28	9	44	867	270	597
长兴县	1		18	20	43	1145	262	883
安吉县	3		13	17	42	871	270	601
绍兴市	**16**		**100**	**152**	**445**	**5189**	**694**	**4495**
越城区	3		38	28	82	1037	169	868
柯桥区	6		32	80	84	1174	172	1002
上虞区	2		9	11	104	701	105	596
新昌县			3	5	12	443	71	372
诸暨市	4		9	19	135	1087	111	976
嵊州市	1		9	9	28	747	66	681
金华市	**18**	**2**	**261**	**314**	**1707**	**7202**	**970**	**6232**
婺城区	1	1	35	33	113	1179	191	988
金东区	1		13	25	305	492	34	458
武义县			5	11	40	462	69	393
浦江县	2		3	12	35	332	54	278
磐安县			3	6	7	232	33	199
兰溪市	3		6	8	55	502	43	459
义乌市	8		172	154	928	2108	234	1874
东阳市	3		15	28	103	1153	236	917
永康市		1	9	37	121	742	76	666

4-4 续表 47 单位：人

地区 性别	交通运输、仓储和邮政业					住宿和餐饮业		
	航空运输业	管道运输业	多式联运和运输代理业	装卸搬运和仓储业	邮政业	小计	住宿业	餐饮业
衢州市	**8**		**22**	**38**	**155**	**2633**	**408**	**2225**
柯城区	4		9	12	40	749	146	603
衢江区	3		1	13	25	391	63	328
常山县				2	15	291	35	256
开化县			1		17	336	33	303
龙游县				5	24	395	41	354
江山市	1		11	6	34	471	90	381
舟山市	**16**	**1**	**62**	**132**	**117**	**2115**	**789**	**1326**
定海区	7	1	34	86	69	715	149	566
普陀区	9		16	31	30	1021	475	546
岱山县			1	9	11	208	71	137
嵊泗县			11	6	7	171	94	77
台州市	**12**	**1**	**67**	**200**	**482**	**6733**	**899**	**5834**
椒江区	1	1	17	30	76	1106	197	909
黄岩区			3	28	65	621	96	525
路桥区	2		18	44	33	669	84	585
三门县	2			1	7	279	54	225
天台县	1		1	10	33	390	80	310
仙居县	1			7	23	511	82	429
温岭市	4		17	31	98	1522	152	1370
临海市	1		8	21	124	875	93	782
玉环市			3	28	23	760	61	699
丽水市	**9**		**12**	**34**	**153**	**3084**	**511**	**2573**
莲都区			4	12	42	754	167	587
青田县			2	3	13	809	48	761
缙云县	1		2	2	31	337	36	301
遂昌县			2	1	9	262	56	206
松阳县	5		1	4	21	220	61	159
云和县	2			3	6	144	35	109
庆元县				2	7	127	18	109
景宁畲族自治县					5	162	37	125
龙泉市	1		1	7	19	269	53	216

4–4　续表 48　　　　单位：人

地区 性别	信息传输、软件和信息技术服务业				金融业				
	小计	电信、广播电视和卫星传输服务	互联网和相关服务	软件和信息技术服务业	小计	货币金融服务	资本市场服务	保险业	其他金融业
合计	**70556**	**14210**	**17517**	**38829**	**53303**	**30503**	**4918**	**14586**	**3296**
杭州市	**40822**	**3593**	**9352**	**27877**	**14687**	**7110**	**2358**	**3695**	**1524**
上城区	796	150	149	497	876	529	147	151	49
下城区	1597	212	283	1102	1277	612	275	298	92
江干区	4385	483	852	3050	2420	1168	374	599	279
拱墅区	3258	268	710	2280	1221	555	232	295	139
西湖区	7954	441	1606	5907	1862	812	444	396	210
滨江区	5385	311	841	4233	938	427	174	180	157
萧山区	5097	506	972	3619	2082	1091	283	511	197
余杭区	10471	542	3536	6393	1971	826	299	597	249
富阳区	744	216	179	349	718	338	62	248	70
临安区	435	141	79	215	434	242	32	139	21
桐庐县	287	114	73	100	371	178	16	133	44
淳安县	157	96	11	50	203	134	8	58	3
建德市	256	113	61	82	314	198	12	90	14
宁波市	**6784**	**1644**	**1782**	**3358**	**8197**	**5165**	**626**	**2075**	**331**
海曙区	1195	262	364	569	1244	704	132	363	45
江北区	506	111	91	304	697	420	67	175	35
北仑区	471	138	112	221	545	315	30	180	20
镇海区	531	117	112	302	426	262	26	117	21
鄞州区	2419	376	645	1398	2590	1707	224	535	124
奉化区	275	96	82	97	350	232	13	86	19
象山县	161	90	33	38	381	255	14	104	8
宁海县	298	126	94	78	412	254	18	123	17
余姚市	414	146	117	151	657	404	44	186	23
慈溪市	514	182	132	200	895	612	58	206	19
温州市	**4803**	**1796**	**1595**	**1412**	**5675**	**3472**	**366**	**1582**	**255**
鹿城区	1189	434	379	376	1674	1077	97	422	78
龙湾区	452	134	150	168	453	283	33	109	28
瓯海区	625	203	231	191	555	324	33	161	37
洞头区	81	46	17	18	79	42	4	28	5
永嘉县	249	128	64	57	305	198	8	94	5
平阳县	407	124	182	101	423	241	21	139	22
苍南县	354	140	92	122	305	198	18	85	4
文成县	61	48	7	6	116	97	2	15	2
泰顺县	67	34	25	8	79	50		27	2
瑞安市	578	227	245	106	737	451	56	206	24
乐清市	591	227	174	190	733	406	82	206	39
龙港市	149	51	29	69	216	105	12	90	9
嘉兴市	**3570**	**1131**	**746**	**1693**	**3815**	**2266**	**247**	**1202**	**100**
南湖区	1131	278	171	682	1058	603	85	349	21
秀洲区	536	172	72	292	482	281	35	154	12
嘉善县	319	112	54	153	348	232	15	90	11
海盐县	257	114	29	114	321	190	13	112	6
海宁市	445	145	115	185	653	372	44	208	29
平湖市	278	139	27	112	380	244	13	122	1
桐乡市	604	171	278	155	573	344	42	167	20
湖州市	**1960**	**743**	**533**	**684**	**2648**	**1515**	**160**	**834**	**139**
吴兴区	863	312	248	303	1128	612	85	356	75
南浔区	200	83	51	66	226	139	13	63	11
德清县	316	118	75	123	484	288	26	142	28
长兴县	345	137	70	138	459	286	19	141	13
安吉县	236	93	89	54	351	190	17	132	12

4-4 续表 49 单位：人

地区 性别	信息传输、软件和信息技术服务业				金融业				
	小计	电信、广播电视和卫星传输服务	互联网和相关服务	软件和信息技术服务业	小计	货币金融服务	资本市场服务	保险业	其他金融业
绍兴市	**2868**	**1116**	**742**	**1010**	**4190**	**2467**	**382**	**1108**	**233**
越城区	893	439	159	295	1539	963	158	336	82
柯桥区	495	153	120	222	724	397	70	205	52
上虞区	541	185	168	188	540	353	41	131	15
新昌县	170	76	37	57	289	192	20	66	11
诸暨市	537	173	192	172	695	361	59	221	54
嵊州市	232	90	66	76	403	201	34	149	19
金华市	**3997**	**1315**	**1565**	**1117**	**4508**	**2375**	**275**	**1501**	**357**
婺城区	1161	398	258	505	1101	558	78	383	82
金东区	402	135	168	99	329	177	21	114	17
武义县	163	73	61	29	238	130	9	83	16
浦江县	145	91	26	28	239	135	11	85	8
磐安县	91	58	17	16	100	78		20	2
兰溪市	207	90	64	53	326	182	24	101	19
义乌市	951	228	483	240	1100	570	72	345	113
东阳市	489	155	257	77	609	301	29	218	61
永康市	388	87	231	70	466	244	31	152	39
衢州市	**1312**	**522**	**358**	**432**	**1752**	**1061**	**95**	**526**	**70**
柯城区	619	206	172	241	774	459	49	233	33
衢江区	161	70	29	62	166	94	9	58	5
常山县	100	54	31	15	162	111	7	39	5
开化县	98	62	14	22	136	90	3	41	2
龙游县	137	50	44	43	215	133	11	59	12
江山市	197	80	68	49	299	174	16	96	13
舟山市	**750**	**414**	**157**	**179**	**1140**	**820**	**38**	**263**	**19**
定海区	409	219	69	121	635	459	32	133	11
普陀区	242	126	68	48	331	220	6	97	8
岱山县	62	38	17	7	118	91		27	
嵊泗县	37	31	3	3	56	50		6	
台州市	**2584**	**1282**	**430**	**872**	**4992**	**3223**	**304**	**1263**	**202**
椒江区	798	378	131	289	1317	825	76	360	56
黄岩区	226	110	26	90	474	324	30	112	8
路桥区	246	123	34	89	549	386	42	98	23
三门县	109	63	15	31	217	153	10	44	10
天台县	143	87	20	36	275	171	23	66	15
仙居县	130	61	34	35	232	148	9	67	8
温岭市	432	203	88	141	888	578	52	222	36
临海市	326	159	53	114	648	414	47	159	28
玉环市	174	98	29	47	392	224	15	135	18
丽水市	**1106**	**654**	**257**	**195**	**1699**	**1029**	**67**	**537**	**66**
莲都区	503	252	150	101	709	397	33	250	29
青田县	85	56	15	14	179	132	3	43	1
缙云县	131	80	21	30	205	122	10	73	
遂昌县	99	63	20	16	111	63	3	40	5
松阳县	80	48	24	8	127	76	6	35	10
云和县	39	32	3	4	67	50	4	11	2
庆元县	47	36	5	6	85	52	3	23	7
景宁畲族自治县	41	33	4	4	71	50	1	18	2
龙泉市	81	54	15	12	145	87	4	44	10
男	**45108**	**8398**	**11237**	**25473**	**25081**	**14303**	**3026**	**5975**	**1777**
杭州市	**25816**	**2092**	**5676**	**18048**	**7145**	**3316**	**1425**	**1598**	**806**
上城区	511	85	101	325	423	240	85	70	28
下城区	962	106	149	707	620	269	164	139	48
江干区	2731	278	488	1965	1148	540	211	244	153
拱墅区	1987	155	416	1416	595	266	135	126	68

4-4 续表 50

单位：人

地区 性别	信息传输、软件和信息技术服务业				金融业				
	小计	电信、广播电视和卫星传输服务	互联网和相关服务	软件和信息技术服务业	小计	货币金融服务	资本市场服务	保险业	其他金融业
西湖区	5149	268	967	3914	946	371	270	186	119
滨江区	3379	179	495	2705	484	208	114	80	82
萧山区	3234	293	579	2362	1010	504	167	247	92
余杭区	6689	332	2222	4135	980	404	193	258	125
富阳区	464	124	110	230	322	152	45	86	39
临安区	274	81	58	135	194	109	18	52	15
桐庐县	176	66	45	65	173	80	12	55	26
淳安县	103	58	9	36	101	72	8	18	3
建德市	157	67	37	53	149	101	3	37	8
宁波市	**4405**	**966**	**1226**	**2213**	**3816**	**2313**	**396**	**909**	**198**
海曙区	846	159	289	398	602	320	89	164	29
江北区	330	70	56	204	336	199	37	74	26
北仑区	291	75	69	147	208	108	21	71	8
镇海区	313	63	64	186	187	106	16	54	11
鄞州区	1565	215	461	889	1259	781	141	266	71
奉化区	185	63	51	71	172	110	9	43	10
象山县	92	51	14	27	161	117	7	32	5
宁海县	186	74	57	55	180	108	14	48	10
余姚市	263	86	72	105	282	174	24	69	15
慈溪市	334	110	93	131	429	290	38	88	13
温州市	**3387**	**1104**	**1271**	**1012**	**2797**	**1721**	**259**	**660**	**157**
鹿城区	805	238	305	262	788	492	65	182	49
龙湾区	304	74	110	120	224	147	22	41	14
瓯海区	469	141	195	133	299	173	25	79	22
洞头区	53	32	6	15	34	18	4	8	4
永嘉县	178	81	55	42	151	97	6	45	3
平阳县	294	83	145	66	200	117	13	53	17
苍南县	254	96	67	91	167	117	14	32	4
文成县	31	26	2	3	55	45	1	8	1
泰顺县	47	24	16	7	39	32		7	
瑞安市	438	152	210	76	382	240	45	80	17
乐清市	409	127	140	142	353	188	57	89	19
龙港市	105	30	20	55	105	55	7	36	7
嘉兴市	**2268**	**683**	**479**	**1106**	**1749**	**1099**	**134**	**468**	**48**
南湖区	710	157	111	442	477	286	41	142	8
秀洲区	343	98	52	193	233	134	20	74	5
嘉善县	214	70	36	108	158	108	7	35	8
海盐县	153	63	16	74	126	80	11	34	1
海宁市	290	92	85	113	316	189	27	85	15
平湖市	167	85	14	68	167	117	9	41	
桐乡市	391	118	165	108	272	185	19	57	11
湖州市	**1262**	**469**	**345**	**448**	**1150**	**680**	**94**	**303**	**73**
吴兴区	530	187	154	189	518	277	55	145	41
南浔区	135	61	35	39	91	63	2	19	7
德清县	222	81	58	83	196	125	17	41	13
长兴县	228	86	45	97	190	130	11	43	6
安吉县	147	54	53	40	155	85	9	55	6
绍兴市	**1755**	**631**	**433**	**691**	**1882**	**1107**	**229**	**416**	**130**
越城区	520	235	82	203	732	447	91	144	50
柯桥区	298	85	68	145	325	164	51	81	29
上虞区	328	113	86	129	229	156	24	41	8
新昌县	105	41	24	40	126	92	10	19	5
诸暨市	356	107	130	119	296	166	32	74	24
嵊州市	148	50	43	55	174	82	21	57	14

4–4 续表 51

单位：人

地区 性别	信息传输、软件和信息技术服务业				金融业				
	小计	电信、广播电视和卫星传输服务	互联网和相关服务	软件和信息技术服务业	小计	货币金融服务	资本市场服务	保险业	其他金融业
金华市	**2632**	**829**	**1020**	**783**	**2139**	**1164**	**182**	**594**	**199**
婺城区	753	241	172	340	519	259	49	170	41
金东区	258	90	101	67	155	88	13	47	7
武义县	106	45	42	19	113	66	7	31	9
浦江县	97	58	16	23	126	78	9	34	5
磐安县	57	41	8	8	39	33		5	1
兰溪市	127	58	33	36	154	88	15	42	9
义乌市	633	141	316	176	577	307	48	153	69
东阳市	332	100	175	57	265	137	19	69	40
永康市	269	55	157	57	191	108	22	43	18
衢州市	**814**	**311**	**218**	**285**	**811**	**521**	**54**	**200**	**36**
柯城区	377	122	105	150	346	217	26	84	19
衢江区	99	40	15	44	76	45	7	23	1
常山县	60	31	18	11	89	65	6	14	4
开化县	65	40	9	16	70	51		17	2
龙游县	84	29	28	27	98	63	7	24	4
江山市	129	49	43	37	132	80	8	38	6
舟山市	**460**	**220**	**117**	**123**	**470**	**345**	**19**	**98**	**8**
定海区	241	110	49	82	269	194	16	54	5
普陀区	165	74	54	37	132	92	3	34	3
岱山县	34	21	11	2	53	44		9	
嵊泗县	20	15	3	2	16	15		1	
台州市	**1654**	**739**	**284**	**631**	**2362**	**1547**	**197**	**521**	**97**
椒江区	493	209	80	204	605	384	43	153	25
黄岩区	143	60	18	65	197	133	24	39	1
路桥区	156	67	25	64	264	189	25	38	12
三门县	72	33	13	26	110	78	9	16	7
天台县	86	47	10	29	126	81	12	26	7
仙居县	73	38	14	21	108	71	5	29	3
温岭市	285	120	62	103	433	289	35	93	16
临海市	229	106	41	82	345	223	33	72	17
玉环市	117	59	21	37	174	99	11	55	9
丽水市	**655**	**354**	**168**	**133**	**760**	**490**	**37**	**208**	**25**
莲都区	295	133	98	64	321	177	20	111	13
青田县	53	31	11	11	91	73	1	17	
缙云县	81	48	12	21	90	56	7	27	
遂昌县	56	33	13	10	43	26	1	14	2
松阳县	51	28	15	8	54	37	2	12	3
云和县	25	19	3	3	31	26	2	3	
庆元县	25	19	2	4	40	26	3	9	2
景宁畲族自治县	25	18	4	3	30	22	1	5	2
龙泉市	44	25	10	9	60	47		10	3
女	**25448**	**5812**	**6280**	**13356**	**28222**	**16200**	**1892**	**8611**	**1519**
杭州市	**15006**	**1501**	**3676**	**9829**	**7542**	**3794**	**933**	**2097**	**718**
上城区	285	65	48	172	453	289	62	81	21
下城区	635	106	134	395	657	343	111	159	44
江干区	1654	205	364	1085	1272	628	163	355	126
拱墅区	1271	113	294	864	626	289	97	169	71
西湖区	2805	173	639	1993	916	441	174	210	91
滨江区	2006	132	346	1528	454	219	60	100	75
萧山区	1863	213	393	1257	1072	587	116	264	105
余杭区	3782	210	1314	2258	991	422	106	339	124
富阳区	280	92	69	119	396	186	17	162	31
临安区	161	60	21	80	240	133	14	87	6
桐庐县	111	48	28	35	198	98	4	78	18
淳安县	54	38	2	14	102	62		40	
建德市	99	46	24	29	165	97	9	53	6

4-4 续表 52

单位：人

地区 性别	信息传输、软件和信息技术服务业				金融业				
	小计	电信、广播电视和卫星传输服务	互联网和相关服务	软件和信息技术服务业	小计	货币金融服务	资本市场服务	保险业	其他金融业
宁波市	**2379**	**678**	**556**	**1145**	**4381**	**2852**	**230**	**1166**	**133**
海曙区	349	103	75	171	642	384	43	199	16
江北区	176	41	35	100	361	221	30	101	9
北仑区	180	63	43	74	337	207	9	109	12
镇海区	218	54	48	116	239	156	10	63	10
鄞州区	854	161	184	509	1331	926	83	269	53
奉化区	90	33	31	26	178	122	4	43	9
象山县	69	39	19	11	220	138	7	72	3
宁海县	112	52	37	23	232	146	4	75	7
余姚市	151	60	45	46	375	230	20	117	8
慈溪市	180	72	39	69	466	322	20	118	6
温州市	**1416**	**692**	**324**	**400**	**2878**	**1751**	**107**	**922**	**98**
鹿城区	384	196	74	114	886	585	32	240	29
龙湾区	148	60	40	48	229	136	11	68	14
瓯海区	156	62	36	58	256	151	8	82	15
洞头区	28	14	11	3	45	24		20	1
永嘉县	71	47	9	15	154	101	2	49	2
平阳县	113	41	37	35	223	124	8	86	5
苍南县	100	44	25	31	138	81	4	53	
文成县	30	22	5	3	61	52	1	7	1
泰顺县	20	10	9	1	40	18		20	2
瑞安市	140	75	35	30	355	211	11	126	7
乐清市	182	100	34	48	380	218	25	117	20
龙港市	44	21	9	14	111	50	5	54	2
嘉兴市	**1302**	**448**	**267**	**587**	**2066**	**1167**	**113**	**734**	**52**
南湖区	421	121	60	240	581	317	44	207	13
秀洲区	193	74	20	99	249	147	15	80	7
嘉善县	105	42	18	45	190	124	8	55	3
海盐县	104	51	13	40	195	110	2	78	5
海宁市	155	53	30	72	337	183	17	123	14
平湖市	111	54	13	44	213	127	4	81	1
桐乡市	213	53	113	47	301	159	23	110	9
湖州市	**698**	**274**	**188**	**236**	**1498**	**835**	**66**	**531**	**66**
吴兴区	333	125	94	114	610	335	30	211	34
南浔区	65	22	16	27	135	76	11	44	4
德清县	94	37	17	40	288	163	9	101	15
长兴县	117	51	25	41	269	156	8	98	7
安吉县	89	39	36	14	196	105	8	77	6
绍兴市	**1113**	**485**	**309**	**319**	**2308**	**1360**	**153**	**692**	**103**
越城区	373	204	77	92	807	516	67	192	32
柯桥区	197	68	52	77	399	233	19	124	23
上虞区	213	72	82	59	311	197	17	90	7
新昌县	65	35	13	17	163	100	10	47	6
诸暨市	181	66	62	53	399	195	27	147	30
嵊州市	84	40	23	21	229	119	13	92	5
金华市	**1365**	**486**	**545**	**334**	**2369**	**1211**	**93**	**907**	**158**
婺城区	408	157	86	165	582	299	29	213	41
金东区	144	45	67	32	174	89	8	67	10
武义县	57	28	19	10	125	64	2	52	7
浦江县	48	33	10	5	113	57	2	51	3
磐安县	34	17	9	8	61	45		15	1
兰溪市	80	32	31	17	172	94	9	59	10
义乌市	318	87	167	64	523	263	24	192	44
东阳市	157	55	82	20	344	164	10	149	21
永康市	119	32	74	13	275	136	9	109	21

4-4 续表 53 单位：人

地区 性别	信息传输、软件和信息技术服务业 小计	电信、广播电视和卫星传输服务	互联网和相关服务	软件和信息技术服务业	金融业 小计	货币金融服务	资本市场服务	保险业	其他金融业
衢州市	**498**	**211**	**140**	**147**	**941**	**540**	**41**	**326**	**34**
柯城区	242	84	67	91	428	242	23	149	14
衢江区	62	30	14	18	90	49	2	35	4
常山县	40	23	13	4	73	46	1	25	1
开化县	33	22	5	6	66	39	3	24	
龙游县	53	21	16	16	117	70	4	35	8
江山市	68	31	25	12	167	94	8	58	7
舟山市	**290**	**194**	**40**	**56**	**670**	**475**	**19**	**165**	**11**
定海区	168	109	20	39	366	265	16	79	6
普陀区	77	52	14	11	199	128	3	63	5
岱山县	28	17	6	5	65	47		18	
嵊泗县	17	16		1	40	35		5	
台州市	**930**	**543**	**146**	**241**	**2630**	**1676**	**107**	**742**	**105**
椒江区	305	169	51	85	712	441	33	207	31
黄岩区	83	50	8	25	277	191	6	73	7
路桥区	90	56	9	25	285	197	17	60	11
三门县	37	30	2	5	107	75	1	28	3
天台县	57	40	10	7	149	90	11	40	8
仙居县	57	23	20	14	124	77	4	38	5
温岭市	147	83	26	38	455	289	17	129	20
临海市	97	53	12	32	303	191	14	87	11
玉环市	57	39	8	10	218	125	4	80	9
丽水市	**451**	**300**	**89**	**62**	**939**	**539**	**30**	**329**	**41**
莲都区	208	119	52	37	388	220	13	139	16
青田县	32	25	4	3	88	59	2	26	1
缙云县	50	32	9	9	115	66	3	46	
遂昌县	43	30	7	6	68	37	2	26	3
松阳县	29	20	9		73	39	4	23	7
云和县	14	13		1	36	24	2	8	2
庆元县	22	17	3	2	45	26		14	5
景宁畲族自治县	16	15		1	41	28		13	
龙泉市	37	29	5	3	85	40	4	34	7

4-4　续表 54　　　　　　　　　　　　　　　　　　　　　　　　　单位：人

地　区 性　别	房地产业		租赁和商务服务业			科学研究和技术服务业			
	小计	房地产业	小计	租赁业	商　务 服务业	小计	研究和 试验发展	专业技术 服务业	科技推广 和应用 服务业
合计	**67700**	**67700**	**100249**	**7264**	**92985**	**51306**	**7285**	**34320**	**9701**
杭州市	**21421**	**21421**	**38657**	**2450**	**36207**	**22377**	**3275**	**13743**	**5359**
上城区	580	580	1456	47	1409	597	99	396	102
下城区	960	960	2167	72	2095	1159	154	789	216
江干区	3471	3471	7312	336	6976	3508	572	1995	941
拱墅区	1429	1429	2834	143	2691	1710	107	1306	297
西湖区	2453	2453	5058	240	4818	3835	611	2380	844
滨江区	1086	1086	2087	59	2028	1839	392	881	566
萧山区	3432	3432	5810	561	5249	2924	339	1846	739
余杭区	5150	5150	7510	569	6941	4759	747	2800	1212
富阳区	1027	1027	1750	143	1607	863	147	515	201
临安区	846	846	887	84	803	480	48	328	104
桐庐县	387	387	710	72	638	293	31	201	61
淳安县	382	382	481	42	439	158	14	119	25
建德市	218	218	595	82	513	252	14	187	51
宁波市	**12102**	**12102**	**15334**	**1073**	**14261**	**8038**	**1780**	**5123**	**1135**
海曙区	1651	1651	2372	187	2185	1168	172	807	189
江北区	1073	1073	1221	82	1139	438	58	283	97
北仑区	881	881	1587	99	1488	651	106	431	114
镇海区	844	844	1120	85	1035	701	139	465	97
鄞州区	3427	3427	4388	276	4112	2579	348	1823	408
奉化区	752	752	842	49	793	269	55	174	40
象山县	433	433	577	63	514	188	17	145	26
宁海县	473	473	770	44	726	285	19	217	49
余姚市	856	856	970	81	889	461	95	307	59
慈溪市	1712	1712	1487	107	1380	1298	771	471	56
温州市	**6890**	**6890**	**7607**	**606**	**7001**	**3481**	**252**	**2841**	**388**
鹿城区	1745	1745	1354	77	1277	780	58	601	121
龙湾区	781	781	707	53	654	368	44	284	40
瓯海区	925	925	881	112	769	474	33	396	45
洞头区	83	83	167	21	146	42	6	32	4
永嘉县	357	357	476	32	444	222	8	202	12
平阳县	484	484	653	63	590	288	32	237	19
苍南县	438	438	555	29	526	219	25	163	31
文成县	71	71	123	12	111	33		31	2
泰顺县	187	187	150	12	138	52		51	1
瑞安市	810	810	970	107	863	431	15	374	42
乐清市	748	748	1116	77	1039	415	25	335	55
龙港市	261	261	455	11	444	157	6	135	16
嘉兴市	**7001**	**7001**	**7855**	**489**	**7366**	**4549**	**631**	**3183**	**735**
南湖区	1630	1630	1899	96	1803	1338	252	858	228
秀洲区	894	894	1254	66	1188	644	135	382	127
嘉善县	805	805	762	54	708	315	50	181	84
海盐县	514	514	613	19	594	778	52	680	46
海宁市	1316	1316	1312	121	1191	606	60	460	86
平湖市	813	813	944	67	877	441	38	320	83
桐乡市	1029	1029	1071	66	1005	427	44	302	81
湖州市	**3761**	**3761**	**4696**	**376**	**4320**	**2174**	**279**	**1460**	**435**
吴兴区	1584	1584	1758	125	1633	863	137	589	137
南浔区	350	350	530	36	494	144	14	106	24
德清县	566	566	691	48	643	362	44	269	49
长兴县	680	680	893	78	815	482	65	279	138
安吉县	581	581	824	89	735	323	19	217	87

4-4 续表 55

单位：人

地区 性别	房地产业		租赁和商务服务业			科学研究和技术服务业			
	小计	房地产业	小计	租赁业	商务服务业	小计	研究和试验发展	专业技术服务业	科技推广和应用服务业
绍兴市	**4837**	**4837**	**6282**	**400**	**5882**	**3079**	**407**	**2202**	**470**
越城区	1335	1335	1836	94	1742	1154	123	872	159
柯桥区	1312	1312	1502	86	1416	656	88	486	82
上虞区	739	739	920	59	861	430	81	288	61
新昌县	274	274	316	31	285	106	7	64	35
诸暨市	827	827	1099	81	1018	505	67	333	105
嵊州市	350	350	609	49	560	228	41	159	28
金华市	**3882**	**3882**	**8229**	**685**	**7544**	**2641**	**232**	**1998**	**411**
婺城区	1017	1017	1569	143	1426	866	90	613	163
金东区	414	414	948	85	863	228	27	178	23
武义县	142	142	334	34	300	111	12	83	16
浦江县	150	150	323	18	305	90	4	76	10
磐安县	67	67	196	32	164	55	4	46	5
兰溪市	245	245	444	61	383	150	11	104	35
义乌市	1033	1033	2902	126	2776	653	45	522	86
东阳市	555	555	876	124	752	246	29	184	33
永康市	259	259	637	62	575	242	10	192	40
衢州市	**1291**	**1291**	**2596**	**405**	**2191**	**1054**	**69**	**761**	**224**
柯城区	557	557	1100	100	1000	476	33	324	119
衢江区	229	229	363	55	308	149	11	113	25
常山县	80	80	238	31	207	94	2	77	15
开化县	85	85	198	41	157	49	1	40	8
龙游县	149	149	342	91	251	125	16	78	31
江山市	191	191	355	87	268	161	6	129	26
舟山市	**1298**	**1298**	**1694**	**115**	**1579**	**840**	**87**	**675**	**78**
定海区	686	686	832	43	789	415	51	308	56
普陀区	503	503	604	30	574	226	33	176	17
岱山县	71	71	178	36	142	175	2	169	4
嵊泗县	38	38	80	6	74	24	1	22	1
台州市	**3896**	**3896**	**5142**	**527**	**4615**	**2286**	**233**	**1674**	**379**
椒江区	1135	1135	1384	101	1283	621	69	475	77
黄岩区	496	496	446	66	380	232	18	182	32
路桥区	448	448	553	77	476	185	26	109	50
三门县	120	120	178	16	162	95	11	74	10
天台县	226	226	319	27	292	140	9	101	30
仙居县	156	156	275	24	251	105	17	69	19
温岭市	606	606	905	104	801	352	21	292	39
临海市	471	471	670	78	592	368	35	256	77
玉环市	238	238	412	34	378	188	27	116	45
丽水市	**1321**	**1321**	**2157**	**138**	**2019**	**787**	**40**	**660**	**87**
莲都区	612	612	1037	53	984	414	27	325	62
青田县	120	120	157	13	144	27	2	24	1
缙云县	111	111	189	23	166	84	4	74	6
遂昌县	78	78	150	11	139	60	1	56	3
松阳县	172	172	147	2	145	63	2	59	2
云和县	41	41	114	2	112	24		23	1
庆元县	53	53	114	6	108	38	2	29	7
景宁畲族自治县	55	55	72	3	69	25		24	1
龙泉市	79	79	177	25	152	52	2	46	4
男	**42172**	**42172**	**61123**	**6031**	**55092**	**34220**	**4691**	**23473**	**6056**
杭州市	**13244**	**13244**	**22353**	**1956**	**20397**	**14257**	**1983**	**9011**	**3263**
上城区	376	376	817	37	780	369	69	239	61
下城区	608	608	1165	46	1119	707	84	498	125
江干区	2156	2156	4107	263	3844	2177	348	1264	565
拱墅区	863	863	1491	109	1382	1085	67	830	188

4-4　续表 56　　　　　　　　　　　　　　　　　　　　　　　　　　单位：人

地区 性别	房地产业		租赁和商务服务业			科学研究和技术服务业			
	小计	房地产业	小计	租赁业	商务服务业	小计	研究和试验发展	专业技术服务业	科技推广和应用服务业
西湖区	1509	1509	2757	178	2579	2312	366	1460	486
滨江区	665	665	1123	45	1078	1136	235	537	364
萧山区	2164	2164	3586	462	3124	1927	200	1278	449
余杭区	3163	3163	4510	448	4062	3100	441	1930	729
富阳区	657	657	1128	123	1005	599	97	374	128
临安区	500	500	568	68	500	344	34	246	64
桐庐县	235	235	451	64	387	221	21	151	49
淳安县	217	217	257	39	218	121	11	90	20
建德市	131	131	393	74	319	159	10	114	35
宁波市	**7570**	**7570**	**9343**	**893**	**8450**	**5457**	**1230**	**3528**	**699**
海曙区	1085	1085	1432	158	1274	802	118	568	116
江北区	674	674	774	67	707	295	39	192	64
北仑区	494	494	1021	86	935	450	78	306	66
镇海区	483	483	641	69	572	487	104	323	60
鄞州区	2062	2062	2464	210	2254	1652	224	1182	246
奉化区	510	510	550	45	505	183	36	119	28
象山县	269	269	371	58	313	141	13	112	16
宁海县	285	285	503	39	464	196	10	160	26
余姚市	565	565	601	68	533	319	58	221	40
慈溪市	1143	1143	986	93	893	932	550	345	37
温州市	**4566**	**4566**	**4906**	**509**	**4397**	**2491**	**170**	**2062**	**259**
鹿城区	1151	1151	783	59	724	501	35	398	68
龙湾区	508	508	481	46	435	263	32	206	25
瓯海区	619	619	584	91	493	337	22	286	29
洞头区	51	51	110	15	95	28	3	21	4
永嘉县	251	251	327	27	300	179	5	163	11
平阳县	315	315	465	56	409	214	19	180	15
苍南县	304	304	394	22	372	164	19	124	21
文成县	41	41	84	12	72	25		23	2
泰顺县	153	153	104	11	93	41		40	1
瑞安市	518	518	613	94	519	306	14	264	28
乐清市	489	489	676	65	611	316	16	257	43
龙港市	166	166	285	11	274	117	5	100	12
嘉兴市	**4188**	**4188**	**5161**	**401**	**4760**	**3151**	**422**	**2246**	**483**
南湖区	957	957	1139	66	1073	920	169	601	150
秀洲区	526	526	779	56	723	454	95	273	86
嘉善县	484	484	527	46	481	209	34	121	54
海盐县	289	289	408	14	394	572	37	509	26
海宁市	802	802	897	110	787	399	34	312	53
平湖市	493	493	696	58	638	323	29	230	64
桐乡市	637	637	715	51	664	274	24	200	50
湖州市	**2250**	**2250**	**2920**	**332**	**2588**	**1468**	**181**	**1016**	**271**
吴兴区	948	948	1086	113	973	604	86	430	88
南浔区	191	191	351	33	318	100	10	76	14
德清县	358	358	419	39	380	212	33	154	25
长兴县	402	402	556	69	487	345	43	208	94
安吉县	351	351	508	78	430	207	9	148	50
绍兴市	**3040**	**3040**	**3808**	**340**	**3468**	**2055**	**267**	**1477**	**311**
越城区	799	799	1066	76	990	760	80	581	99
柯桥区	862	862	931	74	857	430	61	310	59
上虞区	484	484	542	53	489	302	56	199	47
新昌县	162	162	187	24	163	67	6	46	15
诸暨市	521	521	681	69	612	343	38	237	68
嵊州市	212	212	401	44	357	153	26	104	23

4-4 续表 57

单位：人

地区 性别	房地产业		租赁和商务服务业			科学研究和技术服务业			
	小计	房地产业	小计	租赁业	商务服务业	小计	研究和试验发展	专业技术服务业	科技推广和应用服务业
金华市	**2466**	**2466**	**5188**	**590**	**4598**	**1831**	**154**	**1412**	**265**
婺城区	598	598	985	114	871	586	61	426	99
金东区	257	257	649	72	577	167	16	138	13
武义县	82	82	208	30	178	69	5	53	11
浦江县	98	98	205	18	187	70	4	60	6
磐安县	40	40	141	30	111	45	4	36	5
兰溪市	169	169	300	55	245	108	6	79	23
义乌市	708	708	1719	110	1609	456	34	361	61
东阳市	360	360	577	105	472	162	16	125	21
永康市	154	154	404	56	348	168	8	134	26
衢州市	**734**	**734**	**1708**	**360**	**1348**	**736**	**47**	**543**	**146**
柯城区	306	306	677	78	599	328	22	230	76
衢江区	137	137	260	52	208	106	7	83	16
常山县	45	45	162	25	137	66	2	55	9
开化县	55	55	124	37	87	36	1	29	6
龙游县	77	77	241	87	154	87	12	57	18
江山市	114	114	244	81	163	113	3	89	21
舟山市	**690**	**690**	**1040**	**103**	**937**	**608**	**55**	**504**	**49**
定海区	359	359	493	36	457	291	34	220	37
普陀区	274	274	372	29	343	158	19	129	10
岱山县	34	34	128	35	93	142	1	139	2
嵊泗县	23	23	47	3	44	17	1	16	
台州市	**2603**	**2603**	**3278**	**431**	**2847**	**1622**	**164**	**1210**	**248**
椒江区	767	767	844	82	762	416	43	329	44
黄岩区	354	354	264	54	210	166	12	128	26
路桥区	316	316	354	62	292	137	19	81	37
三门县	69	69	112	14	98	70	8	55	7
天台县	131	131	207	23	184	96	7	73	16
仙居县	106	106	176	19	157	71	11	47	13
温岭市	385	385	604	85	519	273	16	230	27
临海市	311	311	449	64	385	275	26	199	50
玉环市	164	164	268	28	240	118	22	68	28
丽水市	**821**	**821**	**1418**	**116**	**1302**	**544**	**18**	**464**	**62**
莲都区	375	375	678	43	635	271	11	217	43
青田县	71	71	102	11	91	20		19	1
缙云县	66	66	127	18	109	64	4	54	6
遂昌县	39	39	95	10	85	47	1	43	3
松阳县	137	137	94	2	92	50	1	47	2
云和县	23	23	79	2	77	17		16	1
庆元县	36	36	77	6	71	29	1	24	4
景宁畲族自治县	28	28	43	3	40	18		18	
龙泉市	46	46	123	21	102	28		26	2
女	**25528**	**25528**	**39126**	**1233**	**37893**	**17086**	**2594**	**10847**	**3645**
杭州市	**8177**	**8177**	**16304**	**494**	**15810**	**8120**	**1292**	**4732**	**2096**
上城区	204	204	639	10	629	228	30	157	41
下城区	352	352	1002	26	976	452	70	291	91
江干区	1315	1315	3205	73	3132	1331	224	731	376
拱墅区	566	566	1343	34	1309	625	40	476	109
西湖区	944	944	2301	62	2239	1523	245	920	358
滨江区	421	421	964	14	950	703	157	344	202
萧山区	1268	1268	2224	99	2125	997	139	568	290
余杭区	1987	1987	3000	121	2879	1659	306	870	483
富阳区	370	370	622	20	602	264	50	141	73
临安区	346	346	319	16	303	136	14	82	40
桐庐县	152	152	259	8	251	72	10	50	12
淳安县	165	165	224	3	221	37	3	29	5
建德市	87	87	202	8	194	93	4	73	16

4-4　续表 58　　　　　　　　　　　　　　　　　　单位：人

地　区 性　别	房地产业		租赁和商务服务业			科学研究和技术服务业			
	小计	房地产业	小计	租赁业	商　务 服务业	小计	研究和 试验发展	专业技术 服务业	科技推广 和应用 服务业
宁波市	**4532**	**4532**	**5991**	**180**	**5811**	**2581**	**550**	**1595**	**436**
海曙区	566	566	940	29	911	366	54	239	73
江北区	399	399	447	15	432	143	19	91	33
北仑区	387	387	566	13	553	201	28	125	48
镇海区	361	361	479	16	463	214	35	142	37
鄞州区	1365	1365	1924	66	1858	927	124	641	162
奉化区	242	242	292	4	288	86	19	55	12
象山县	164	164	206	5	201	47	4	33	10
宁海县	188	188	267	5	262	89	9	57	23
余姚市	291	291	369	13	356	142	37	86	19
慈溪市	569	569	501	14	487	366	221	126	19
温州市	**2324**	**2324**	**2701**	**97**	**2604**	**990**	**82**	**779**	**129**
鹿城区	594	594	571	18	553	279	23	203	53
龙湾区	273	273	226	7	219	105	12	78	15
瓯海区	306	306	297	21	276	137	11	110	16
洞头区	32	32	57	6	51	14	3	11	
永嘉县	106	106	149	5	144	43	3	39	1
平阳县	169	169	188	7	181	74	13	57	4
苍南县	134	134	161	7	154	55	6	39	10
文成县	30	30	39		39	8		8	
泰顺县	34	34	46	1	45	11		11	
瑞安市	292	292	357	13	344	125	1	110	14
乐清市	259	259	440	12	428	99	9	78	12
龙港市	95	95	170		170	40	1	35	4
嘉兴市	**2813**	**2813**	**2694**	**88**	**2606**	**1398**	**209**	**937**	**252**
南湖区	673	673	760	30	730	418	83	257	78
秀洲区	368	368	475	10	465	190	40	109	41
嘉善县	321	321	235	8	227	106	16	60	30
海盐县	225	225	205	5	200	206	15	171	20
海宁市	514	514	415	11	404	207	26	148	33
平湖市	320	320	248	9	239	118	9	90	19
桐乡市	392	392	356	15	341	153	20	102	31
湖州市	**1511**	**1511**	**1776**	**44**	**1732**	**706**	**98**	**444**	**164**
吴兴区	636	636	672	12	660	259	51	159	49
南浔区	159	159	179	3	176	44	4	30	10
德清县	208	208	272	9	263	150	11	115	24
长兴县	278	278	337	9	328	137	22	71	44
安吉县	230	230	316	11	305	116	10	69	37
绍兴市	**1797**	**1797**	**2474**	**60**	**2414**	**1024**	**140**	**725**	**159**
越城区	536	536	770	18	752	394	43	291	60
柯桥区	450	450	571	12	559	226	27	176	23
上虞区	255	255	378	6	372	128	25	89	14
新昌县	112	112	129	7	122	39	1	18	20
诸暨市	306	306	418	12	406	162	29	96	37
嵊州市	138	138	208	5	203	75	15	55	5
金华市	**1416**	**1416**	**3041**	**95**	**2946**	**810**	**78**	**586**	**146**
婺城区	419	419	584	29	555	280	29	187	64
金东区	157	157	299	13	286	61	11	40	10
武义县	60	60	126	4	122	42	7	30	5
浦江县	52	52	118		118	20		16	4
磐安县	27	27	55	2	53	10		10	
兰溪市	76	76	144	6	138	42	5	25	12
义乌市	325	325	1183	16	1167	197	11	161	25
东阳市	195	195	299	19	280	84	13	59	12
永康市	105	105	233	6	227	74	2	58	14

4-4 续表 59 单位：人

地区 性别	房地产业		租赁和商务服务业			科学研究和技术服务业			
	小计	房地产业	小计	租赁业	商务服务业	小计	研究和试验发展	专业技术服务业	科技推广和应用服务业
衢州市	**557**	**557**	**888**	**45**	**843**	**318**	**22**	**218**	**78**
柯城区	251	251	423	22	401	148	11	94	43
衢江区	92	92	103	3	100	43	4	30	9
常山县	35	35	76	6	70	28		22	6
开化县	30	30	74	4	70	13		11	2
龙游县	72	72	101	4	97	38	4	21	13
江山市	77	77	111	6	105	48	3	40	5
舟山市	**608**	**608**	**654**	**12**	**642**	**232**	**32**	**171**	**29**
定海区	327	327	339	7	332	124	17	88	19
普陀区	229	229	232	1	231	68	14	47	7
岱山县	37	37	50	1	49	33	1	30	2
嵊泗县	15	15	33	3	30	7		6	1
台州市	**1293**	**1293**	**1864**	**96**	**1768**	**664**	**69**	**464**	**131**
椒江区	368	368	540	19	521	205	26	146	33
黄岩区	142	142	182	12	170	66	6	54	6
路桥区	132	132	199	15	184	48	7	28	13
三门县	51	51	66	2	64	25	3	19	3
天台县	95	95	112	4	108	44	2	28	14
仙居县	50	50	99	5	94	34	6	22	6
温岭市	221	221	301	19	282	79	5	62	12
临海市	160	160	221	14	207	93	9	57	27
玉环市	74	74	144	6	138	70	5	48	17
丽水市	**500**	**500**	**739**	**22**	**717**	**243**	**22**	**196**	**25**
莲都区	237	237	359	10	349	143	16	108	19
青田县	49	49	55	2	53	7	2	5	
缙云县	45	45	62	5	57	20		20	
遂昌县	39	39	55	1	54	13		13	
松阳县	35	35	53		53	13	1	12	
云和县	18	18	35		35	7		7	
庆元县	17	17	37		37	9	1	5	3
景宁畲族自治县	27	27	29		29	7		6	1
龙泉市	33	33	54	4	50	24	2	20	2

4-4　续表 60　　　　　　　　　　　　　　　　　　　　　　　　　　单位：人

地　　区 性　　别	水利、环境和公共设施管理业					居民服务、修理和其他服务业			
	小计	水　利 管理业	生态保护 和环境 治理业	公共设施 管理业	土　地 管理业	小计	居　民 服务业	机动车、 电子产品 和日用产 品修理业	其　他 服务业
合计	**26559**	**1415**	**2202**	**22556**	**386**	**105412**	**67776**	**24664**	**12972**
杭州市	**5815**	**335**	**571**	**4734**	**175**	**20402**	**13295**	**4364**	**2743**
上城区	146	15	9	116	6	448	343	52	53
下城区	192	23	19	144	6	795	636	110	49
江干区	526	41	40	409	36	2789	1792	516	481
拱墅区	245	14	40	186	5	1113	799	212	102
西湖区	594	18	51	517	8	1929	1362	312	255
滨江区	170	17	14	136	3	760	596	94	70
萧山区	1182	56	91	991	44	3543	2173	929	441
余杭区	1218	62	127	998	31	4487	2684	1040	763
富阳区	516	26	102	371	17	1738	1107	401	230
临安区	323	16	43	253	11	1041	649	273	119
桐庐县	276	20	11	244	1	757	509	181	67
淳安县	210	13	14	182	1	304	202	85	17
建德市	217	14	10	187	6	698	443	159	96
宁波市	**3594**	**231**	**306**	**3036**	**21**	**16479**	**10428**	**3967**	**2084**
海曙区	409	25	32	350	2	2140	1238	577	325
江北区	198	11	18	169		749	425	197	127
北仑区	366	21	39	304	2	1378	855	367	156
镇海区	288	4	23	257	4	952	575	255	122
鄞州区	649	48	90	507	4	3135	2135	654	346
奉化区	283	39	25	218	1	936	569	211	156
象山县	338	17	10	311		907	612	234	61
宁海县	278	27	27	223	1	1369	973	240	156
余姚市	262	19	22	221		1733	1118	514	101
慈溪市	523	20	20	476	7	3180	1928	718	534
温州市	**2636**	**165**	**172**	**2280**	**19**	**15321**	**10520**	**3507**	**1294**
鹿城区	344	14	23	304	3	2301	1835	371	95
龙湾区	315	11	27	276	1	1027	598	307	122
瓯海区	349	5	20	321	3	1405	857	394	154
洞头区	69	5	7	57		254	118	42	94
永嘉县	145	9	12	120	4	1132	798	253	81
平阳县	294	66	18	206	4	1320	887	297	136
苍南县	154	11	10	132	1	1189	793	293	103
文成县	36	2	1	33		402	326	49	27
泰顺县	72	3	2	65	2	646	550	63	33
瑞安市	307	7	7	293		2357	1632	566	159
乐清市	457	27	37	392	1	2643	1709	712	222
龙港市	94	5	8	81		645	417	160	68
嘉兴市	**3081**	**111**	**238**	**2717**	**15**	**8075**	**4851**	**2164**	**1060**
南湖区	393	14	28	347	4	1494	919	415	160
秀洲区	320	11	16	292	1	948	504	288	156
嘉善县	391	10	19	362		966	573	278	115
海盐县	323	18	31	273	1	575	312	167	96
海宁市	483	15	62	404	2	1573	964	401	208
平湖市	505	11	51	441	2	1047	643	212	192
桐乡市	666	32	31	598	5	1472	936	403	133
湖州市	**1963**	**94**	**178**	**1676**	**15**	**5200**	**3152**	**1283**	**765**
吴兴区	580	41	98	441		1530	932	357	241
南浔区	331	9	13	304	5	841	489	227	125
德清县	367	12	22	333		779	472	174	133
长兴县	378	12	34	322	10	1139	659	319	161
安吉县	307	20	11	276		911	600	206	105

4-4 续表 61 单位：人

地区 性别	水利、环境和公共设施管理业					居民服务、修理和其他服务业			
	小计	水利管理业	生态保护和环境治理业	公共设施管理业	土地管理业	小计	居民服务业	机动车、电子产品和日用产品修理业	其他服务业
绍兴市	**2077**	**172**	**196**	**1693**	**16**	**9062**	**5814**	**2075**	**1173**
越城区	500	46	46	403	5	1830	1202	454	174
柯桥区	373	16	38	313	6	2023	1302	450	271
上虞区	482	33	62	384	3	1575	1051	322	202
新昌县	127	12	6	109		584	384	132	68
诸暨市	366	39	24	302	1	1939	1181	456	302
嵊州市	229	26	20	182	1	1111	694	261	156
金华市	**2755**	**123**	**239**	**2345**	**48**	**11280**	**6932**	**2744**	**1604**
婺城区	439	28	39	363	9	1717	1082	447	188
金东区	265	9	22	228	6	962	513	267	182
武义县	174	7	8	156	3	623	380	141	102
浦江县	146	1	5	140		592	375	151	66
磐安县	95	1	5	74	15	209	117	61	31
兰溪市	238	8	53	177		826	504	205	117
义乌市	637	39	70	524	4	3239	2006	765	468
东阳市	515	11	34	466	4	1758	1099	371	288
永康市	246	19	3	217	7	1354	856	336	162
衢州市	**935**	**42**	**54**	**806**	**33**	**4292**	**2894**	**912**	**486**
柯城区	235	11	28	177	19	1266	872	248	146
衢江区	266	6	9	249	2	603	395	169	39
常山县	76	6	1	66	3	591	434	104	53
开化县	95	3	1	88	3	387	280	77	30
龙游县	139	12	9	117	1	638	394	137	107
江山市	124	4	6	109	5	807	519	177	111
舟山市	**795**	**16**	**45**	**731**	**3**	**1913**	**1315**	**352**	**246**
定海区	258	12	22	221	3	855	578	167	110
普陀区	376	1	16	359		675	487	133	55
岱山县	62	2	5	55		185	124	36	25
嵊泗县	99	1	2	96		198	126	16	56
台州市	**2150**	**76**	**150**	**1899**	**25**	**9777**	**6278**	**2543**	**956**
椒江区	405	4	30	370	1	1550	1069	330	151
黄岩区	142	8	16	117	1	1050	645	280	125
路桥区	259	4	6	246	3	1052	618	370	64
三门县	97	1	7	79	10	369	211	115	43
天台县	126	6	5	115		639	444	145	50
仙居县	155	34	5	112	4	582	430	94	58
温岭市	510	9	45	455	1	2166	1400	590	176
临海市	261	10	22	225	4	1389	845	379	165
玉环市	195		14	180	1	980	616	240	124
丽水市	**758**	**50**	**53**	**639**	**16**	**3611**	**2297**	**753**	**561**
莲都区	187	15	13	158	1	1137	715	212	210
青田县	65		1	63	1	438	328	78	32
缙云县	110	3	6	101		553	398	122	33
遂昌县	53		8	44	1	197	107	59	31
松阳县	78	16	9	49	4	307	194	79	34
云和县	61	3	3	55		141	93	39	9
庆元县	50	6	8	32	4	319	121	33	165
景宁畲族自治县	72	4	1	67		193	153	40	
龙泉市	82	3	4	70	5	326	188	91	47
男	**17820**	**1099**	**1692**	**14766**	**263**	**49156**	**22272**	**20760**	**6124**
杭州市	**3894**	**254**	**408**	**3124**	**108**	**8969**	**4170**	**3626**	**1173**
上城区	95	7	7	77	4	143	80	46	17
下城区	133	16	16	98	3	318	213	83	22
江干区	357	26	27	277	27	1233	614	434	185
拱墅区	150	8	26	114	2	483	267	171	45

4-4　续表 62　　　　单位：人

地　区 性　别	水利、环境和公共设施管理业					居民服务、修理和其他服务业			
	小计	水　利 管理业	生态保护 和环境 治理业	公共设施 管理业	土　地 管理业	小计	居　民 服务业	机动车、 电子产品 和日用产 品修理业	其　他 服务业
西湖区	361	13	30	314	4	761	397	250	114
滨江区	118	14	11	91	2	265	162	70	33
萧山区	779	43	67	646	23	1669	684	796	189
余杭区	883	59	93	715	16	2111	905	862	344
富阳区	350	18	70	251	11	775	335	332	108
临安区	235	12	34	180	9	439	174	224	41
桐庐县	188	17	10	160	1	343	165	151	27
淳安县	108	9	9	89	1	143	60	74	9
建德市	137	12	8	112	5	286	114	133	39
宁波市	**2545**	**180**	**239**	**2115**	**11**	**7825**	**3445**	**3326**	**1054**
海曙区	312	17	30	265		1083	427	495	161
江北区	142	6	16	120		359	136	169	54
北仑区	263	20	35	207	1	658	288	308	62
镇海区	189	2	19	166	2	459	201	207	51
鄞州区	450	36	61	351	2	1388	677	530	181
奉化区	194	32	18	144		432	187	175	70
象山县	212	13	7	192		417	192	192	33
宁海县	187	21	18	147	1	538	270	201	67
余姚市	207	17	18	172		900	404	441	55
慈溪市	389	16	17	351	5	1591	663	608	320
温州市	**1873**	**136**	**134**	**1591**	**12**	**7163**	**3558**	**3002**	**603**
鹿城区	236	12	14	208	2	921	565	309	47
龙湾区	209	7	18	183	1	491	195	254	42
瓯海区	253	5	15	232	1	717	297	350	70
洞头区	47	2	6	39		117	32	39	46
永嘉县	98	5	10	81	2	504	260	202	42
平阳县	241	62	16	160	3	626	288	267	71
苍南县	112	10	9	92	1	645	335	255	55
文成县	27	2	1	24		185	126	45	14
泰顺县	54	2	2	48	2	384	308	56	20
瑞安市	220	7	6	207		1101	547	472	82
乐清市	309	19	29	261		1140	462	604	74
龙港市	67	3	8	56		332	143	149	40
嘉兴市	**1975**	**96**	**192**	**1681**	**6**	**4238**	**1887**	**1804**	**547**
南湖区	248	11	23	212	2	748	317	337	94
秀洲区	205	9	14	182		516	189	242	85
嘉善县	268	8	14	246		506	214	229	63
海盐县	192	15	23	153	1	288	111	139	38
海宁市	316	15	48	252	1	810	379	335	96
平湖市	313	11	45	256	1	575	294	191	90
桐乡市	433	27	25	380	1	795	383	331	81
湖州市	**1354**	**72**	**142**	**1127**	**13**	**2591**	**1139**	**1083**	**369**
吴兴区	412	34	76	302		751	349	297	105
南浔区	225	7	11	202	5	409	149	194	66
德清县	233	6	16	211		382	164	148	70
长兴县	260	11	30	211	8	553	214	265	74
安吉县	224	14	9	201		496	263	179	54
绍兴市	**1367**	**125**	**160**	**1071**	**11**	**4074**	**1804**	**1752**	**518**
越城区	320	32	34	252	2	849	392	382	75
柯桥区	255	13	33	204	5	899	412	371	116
上虞区	310	18	50	239	3	639	266	280	93
新昌县	80	10	4	66		238	102	111	25
诸暨市	235	33	21	180	1	945	410	392	143
嵊州市	167	19	18	130		504	222	216	66

4—4 续表 63 单位：人

地区 性别	水利、环境和公共设施管理业					居民服务、修理和其他服务业			
	小计	水利管理业	生态保护和环境治理业	公共设施管理业	土地管理业	小计	居民服务业	机动车、电子产品和日用产品修理业	其他服务业
金华市	**1826**	**93**	**189**	**1504**	**40**	**5411**	**2279**	**2337**	**795**
婺城区	286	22	33	226	5	800	333	371	96
金东区	174	5	16	147	6	479	176	232	71
武义县	104	6	6	90	2	283	109	119	55
浦江县	110	1	3	106		329	163	131	35
磐安县	64	1	4	44	15	121	47	56	18
兰溪市	148	7	39	102		365	134	177	54
义乌市	470	31	58	378	3	1617	717	653	247
东阳市	302	7	28	264	3	801	338	312	151
永康市	168	13	2	147	6	616	262	286	68
衢州市	**574**	**27**	**44**	**477**	**26**	**1674**	**702**	**756**	**216**
柯城区	154	5	24	109	16	464	210	198	56
衢江区	149	3	5	140	1	248	93	143	12
常山县	55	5	1	48	1	189	74	84	31
开化县	55	3	1	48	3	158	76	68	14
龙游县	79	9	8	61	1	282	115	114	53
江山市	82	2	5	71	4	333	134	149	50
舟山市	**481**	**13**	**34**	**432**	**2**	**861**	**431**	**297**	**133**
定海区	162	10	15	135	2	363	168	137	58
普陀区	229	1	15	213		301	159	115	27
岱山县	40	1	3	36		91	45	33	13
嵊泗县	50	1	1	48		106	59	12	35
台州市	**1411**	**63**	**111**	**1216**	**21**	**4734**	**2197**	**2124**	**413**
椒江区	255	3	24	228		680	340	276	64
黄岩区	105	7	12	85	1	499	209	236	54
路桥区	172	3	4	164	1	572	226	314	32
三门县	76	1	6	59	10	222	103	102	17
天台县	82	3	4	75		320	185	116	19
仙居县	106	31	3	68	4	285	175	76	34
温岭市	321	8	31	281	1	987	427	489	71
临海市	169	7	17	141	4	711	327	312	72
玉环市	125		10	115		458	205	203	50
丽水市	**520**	**40**	**39**	**428**	**13**	**1616**	**660**	**653**	**303**
莲都区	130	13	8	109		479	200	188	91
青田县	48		1	47		172	88	64	20
缙云县	66	1	6	59		242	118	104	20
遂昌县	34		7	26	1	100	33	52	15
松阳县	59	13	7	35	4	134	49	65	20
云和县	45	2	1	42		72	29	36	7
庆元县	34	5	7	18	4	172	36	28	108
景宁畲族自治县	48	3	1	44		73	38	35	
龙泉市	56	3	1	48	4	172	69	81	22
女	**8739**	**316**	**510**	**7790**	**123**	**56256**	**45504**	**3904**	**6848**
杭州市	**1921**	**81**	**163**	**1610**	**67**	**11433**	**9125**	**738**	**1570**
上城区	51	8	2	39	2	305	263	6	36
下城区	59	7	3	46	3	477	423	27	27
江干区	169	15	13	132	9	1556	1178	82	296
拱墅区	95	6	14	72	3	630	532	41	57
西湖区	233	5	21	203	4	1168	965	62	141
滨江区	52	3	3	45	1	495	434	24	37
萧山区	403	13	24	345	21	1874	1489	133	252
余杭区	335	3	34	283	15	2376	1779	178	419
富阳区	166	8	32	120	6	963	772	69	122
临安区	88	4	9	73	2	602	475	49	78
桐庐县	88	3	1	84		414	344	30	40
淳安县	102	4	5	93		161	142	11	8
建德市	80	2	2	75	1	412	329	26	57

4-4　续表 64　　　　单位：人

地区 性别	水利、环境和公共设施管理业 小计	水利管理业	生态保护和环境治理业	公共设施管理业	土地管理业	居民服务、修理和其他服务业 小计	居民服务业	机动车、电子产品和日用产品修理业	其他服务业
宁波市	**1049**	**51**	**67**	**921**	**10**	**8654**	**6983**	**641**	**1030**
海曙区	97	8	2	85	2	1057	811	82	164
江北区	56	5	2	49		390	289	28	73
北仑区	103	1	4	97	1	720	567	59	94
镇海区	99	2	4	91	2	493	374	48	71
鄞州区	199	12	29	156	2	1747	1458	124	165
奉化区	89	7	7	74	1	504	382	36	86
象山县	126	4	3	119		490	420	42	28
宁海县	91	6	9	76		831	703	39	89
余姚市	55	2	4	49		833	714	73	46
慈溪市	134	4	3	125	2	1589	1265	110	214
温州市	**763**	**29**	**38**	**689**	**7**	**8158**	**6962**	**505**	**691**
鹿城区	108	2	9	96	1	1380	1270	62	48
龙湾区	106	4	9	93		536	403	53	80
瓯海区	96		5	89	2	688	560	44	84
洞头区	22	3	1	18		137	86	3	48
永嘉县	47	4	2	39	2	628	538	51	39
平阳县	53	4	2	46	1	694	599	30	65
苍南县	42	1	1	40		544	458	38	48
文成县	9			9		217	200	4	13
泰顺县	18	1		17		262	242	7	13
瑞安市	87		1	86		1256	1085	94	77
乐清市	148	8	8	131	1	1503	1247	108	148
龙港市	27	2		25		313	274	11	28
嘉兴市	**1106**	**15**	**46**	**1036**	**9**	**3837**	**2964**	**360**	**513**
南湖区	145	3	5	135	2	746	602	78	66
秀洲区	115	2	2	110	1	432	315	46	71
嘉善县	123	2	5	116		460	359	49	52
海盐县	131	3	8	120		287	201	28	58
海宁市	167		14	152	1	763	585	66	112
平湖市	192		6	185	1	472	349	21	102
桐乡市	233	5	6	218	4	677	553	72	52
湖州市	**609**	**22**	**36**	**549**	**2**	**2609**	**2013**	**200**	**396**
吴兴区	168	7	22	139		779	583	60	136
南浔区	106	2	2	102		432	340	33	59
德清县	134	6	6	122		397	308	26	63
长兴县	118	1	4	111	2	586	445	54	87
安吉县	83	6	2	75		415	337	27	51
绍兴市	**710**	**47**	**36**	**622**	**5**	**4988**	**4010**	**323**	**655**
越城区	180	14	12	151	3	981	810	72	99
柯桥区	118	3	5	109	1	1124	890	79	155
上虞区	172	15	12	145		936	785	42	109
新昌县	47	2	2	43		346	282	21	43
诸暨市	131	6	3	122		994	771	64	159
嵊州市	62	7	2	52	1	607	472	45	90
金华市	**929**	**30**	**50**	**841**	**8**	**5869**	**4653**	**407**	**809**
婺城区	153	6	6	137	4	917	749	76	92
金东区	91	4	6	81		483	337	35	111
武义县	70	1	2	66	1	340	271	22	47
浦江县	36		2	34		263	212	20	31
磐安县	31		1	30		88	70	5	13
兰溪市	90	1	14	75		461	370	28	63
义乌市	167	8	12	146	1	1622	1289	112	221
东阳市	213	4	6	202	1	957	761	59	137
永康市	78	6	1	70	1	738	594	50	94

4-4 续表 65　　　　单位：人

地区 性别	水利、环境和公共设施管理业					居民服务、修理和其他服务业			
	小计	水利管理业	生态保护和环境治理业	公共设施管理业	土地管理业	小计	居民服务业	机动车、电子产品和日用产品修理业	其他服务业
衢州市	**361**	**15**	**10**	**329**	**7**	**2618**	**2192**	**156**	**270**
柯城区	81	6	4	68	3	802	662	50	90
衢江区	117	3	4	109	1	355	302	26	27
常山县	21	1		18	2	402	360	20	22
开化县	40			40		229	204	9	16
龙游县	60	3	1	56		356	279	23	54
江山市	42	2	1	38	1	474	385	28	61
舟山市	**314**	**3**	**11**	**299**	**1**	**1052**	**884**	**55**	**113**
定海区	96	2	7	86	1	492	410	30	52
普陀区	147		1	146		374	328	18	28
岱山县	22	1	2	19		94	79	3	12
嵊泗县	49		1	48		92	67	4	21
台州市	**739**	**13**	**39**	**683**	**4**	**5043**	**4081**	**419**	**543**
椒江区	150	1	6	142	1	870	729	54	87
黄岩区	37	1	4	32		551	436	44	71
路桥区	87	1	2	82	2	480	392	56	32
三门县	21		1	20		147	108	13	26
天台县	44	3	1	40		319	259	29	31
仙居县	49	3	2	44		297	255	18	24
温岭市	189	1	14	174		1179	973	101	105
临海市	92	3	5	84		678	518	67	93
玉环市	70		4	65	1	522	411	37	74
丽水市	**238**	**10**	**14**	**211**	**3**	**1995**	**1637**	**100**	**258**
莲都区	57	2	5	49	1	658	515	24	119
青田县	17			16	1	266	240	14	12
缙云县	44	2		42		311	280	18	13
遂昌县	19		1	18		97	74	7	16
松阳县	19	3	2	14		173	145	14	14
云和县	16	1	2	13		69	64	3	2
庆元县	16	1	1	14		147	85	5	57
景宁畲族自治县	24	1		23		120	115	5	
龙泉市	26		3	22	1	154	119	10	25

4-4 续表 66

单位：人

地区 性别	教育		卫生和社会工作			文化、体育和娱乐业				
	小计	教育	小计	卫生	社会工作	小计	新闻和出版业	广播、电视、电影和录音制作业	文化艺术业	体育
合计	**118123**	**118123**	**64347**	**61064**	**3283**	**32833**	**2048**	**4604**	**5302**	**4198**
杭州市	**28545**	**28545**	**16185**	**15356**	**829**	**9570**	**720**	**1651**	**1993**	**1183**
上城区	658	658	905	876	29	357	29	89	95	26
下城区	1243	1243	1583	1515	68	665	141	110	107	67
江干区	4489	4489	2327	2214	113	1462	112	244	403	177
拱墅区	1898	1898	1269	1211	58	771	68	248	147	100
西湖区	4511	4511	1740	1647	93	1434	137	294	357	146
滨江区	1373	1373	812	776	36	609	44	149	120	64
萧山区	4033	4033	2383	2281	102	1320	49	197	227	154
余杭区	5306	5306	2188	2023	165	1644	86	238	312	225
富阳区	1906	1906	958	898	60	607	29	31	94	92
临安区	1128	1128	633	609	24	241	7	19	44	33
桐庐县	774	774	513	489	24	220	7	14	35	42
淳安县	613	613	432	397	35	140	4	9	26	37
建德市	613	613	442	420	22	100	7	9	26	20
宁波市	**16565**	**16565**	**9476**	**8915**	**561**	**4919**	**240**	**500**	**777**	**660**
海曙区	1990	1990	1430	1355	75	562	38	84	113	103
江北区	1012	1012	742	695	47	231	11	25	65	36
北仑区	1215	1215	607	573	34	455	9	47	48	70
镇海区	1125	1125	567	523	44	321	22	24	61	47
鄞州区	3755	3755	2261	2141	120	1208	91	125	247	185
奉化区	849	849	509	480	29	364	8	21	38	28
象山县	1009	1009	578	510	68	291	5	44	52	28
宁海县	1070	1070	577	552	25	422	17	31	49	30
余姚市	1869	1869	844	776	68	457	13	37	46	57
慈溪市	2671	2671	1361	1310	51	608	26	62	58	76
温州市	**17297**	**17297**	**8043**	**7693**	**350**	**3265**	**264**	**288**	**452**	**474**
鹿城区	2816	2816	2154	2062	92	815	132	110	108	94
龙湾区	1061	1061	403	394	9	215	26	14	32	41
瓯海区	1939	1939	1051	1023	28	322	15	25	47	60
洞头区	275	275	96	86	10	52		7	14	4
永嘉县	1106	1106	468	455	13	146	6	12	26	26
平阳县	1837	1837	741	695	46	245	12	17	45	37
苍南县	1358	1358	523	495	28	222	3	14	39	38
文成县	335	335	142	138	4	45	8	8	8	8
泰顺县	412	412	144	139	5	62	4	7	17	6
瑞安市	2468	2468	1110	1053	57	470	32	19	49	66
乐清市	2743	2743	963	915	48	534	19	34	56	72
龙港市	947	947	248	238	10	137	7	21	11	22
嘉兴市	**8500**	**8500**	**4903**	**4471**	**432**	**2733**	**104**	**199**	**367**	**449**
南湖区	1823	1823	1271	1205	66	570	38	55	99	98
秀洲区	941	941	583	543	40	263	13	36	34	42
嘉善县	910	910	488	428	60	381	5	21	39	35
海盐县	762	762	368	351	17	181	7	6	41	37
海宁市	1626	1626	894	776	118	515	13	31	65	108
平湖市	1023	1023	555	493	62	360	6	13	38	70
桐乡市	1415	1415	744	675	69	463	22	37	51	59
湖州市	**5705**	**5705**	**3403**	**3257**	**146**	**1632**	**120**	**92**	**215**	**315**
吴兴区	1934	1934	1363	1317	46	576	78	44	74	89
南浔区	667	667	322	304	18	136	3	9	13	12
德清县	978	978	505	479	26	356	6	17	40	116
长兴县	1293	1293	784	752	32	285	14	9	48	62
安吉县	833	833	429	405	24	279	19	13	40	36

4-4 续表 67 单位：人

地区 性别	教育		卫生和社会工作			文化、体育和娱乐业				
	小计	教育	小计	卫生	社会工作	小计	新闻和出版业	广播、电视、电影和录音制作业	文化艺术业	体育
绍兴市	**8718**	**8718**	**4562**	**4396**	**166**	**2074**	**149**	**164**	**361**	**308**
越城区	2195	2195	1288	1249	39	600	82	53	105	87
柯桥区	1592	1592	692	660	32	476	9	20	51	99
上虞区	1373	1373	682	656	26	301	21	24	58	27
新昌县	612	612	396	381	15	107	6	11	39	14
诸暨市	2075	2075	1005	971	34	378	26	35	51	49
嵊州市	871	871	499	479	20	212	5	21	57	32
金华市	**11466**	**11466**	**5955**	**5693**	**262**	**3442**	**113**	**1162**	**413**	**374**
婺城区	2598	2598	1311	1259	52	459	46	50	76	82
金东区	808	808	345	328	17	134	10	19	32	22
武义县	671	671	322	299	23	156	3	16	38	38
浦江县	715	715	391	376	15	127	3	14	19	13
磐安县	278	278	147	134	13	51		11	11	1
兰溪市	793	793	520	475	45	141	7	13	34	15
义乌市	2604	2604	1388	1329	59	760	18	60	89	129
东阳市	1813	1813	961	943	18	1332	15	958	77	36
永康市	1186	1186	570	550	20	282	11	21	37	38
衢州市	**3899**	**3899**	**2462**	**2367**	**95**	**800**	**102**	**89**	**143**	**80**
柯城区	1394	1394	998	982	16	371	56	47	65	33
衢江区	378	378	200	192	8	90	4	9	18	9
常山县	429	429	234	220	14	69	11	5	12	3
开化县	386	386	256	249	7	60	10	3	9	5
龙游县	556	556	336	316	20	84	5	11	16	9
江山市	756	756	438	408	30	126	16	14	23	21
舟山市	**2016**	**2016**	**1374**	**1266**	**108**	**853**	**62**	**75**	**103**	**49**
定海区	1149	1149	700	655	45	403	34	53	52	29
普陀区	598	598	438	401	37	325	17	13	40	16
岱山县	153	153	167	145	22	60	4	6	5	3
嵊泗县	116	116	69	65	4	65	7	3	6	1
台州市	**11118**	**11118**	**5668**	**5419**	**249**	**2722**	**111**	**278**	**309**	**220**
椒江区	2013	2013	914	886	28	539	45	80	82	54
黄岩区	1039	1039	611	573	38	215	8	31	16	31
路桥区	908	908	533	516	17	220	4	20	24	11
三门县	590	590	295	287	8	134	4	12	22	10
天台县	800	800	357	352	5	174	12	14	20	20
仙居县	713	713	357	349	8	101	3	16	15	10
温岭市	2094	2094	1144	1064	80	621	10	52	47	31
临海市	1838	1838	992	941	51	465	21	36	49	35
玉环市	1123	1123	465	451	14	253	4	17	34	18
丽水市	**4294**	**4294**	**2316**	**2231**	**85**	**823**	**63**	**106**	**169**	**86**
莲都区	1350	1350	918	897	21	312	33	38	47	38
青田县	520	520	178	172	6	66	6	11	6	7
缙云县	700	700	342	329	13	123	3	18	37	15
遂昌县	313	313	179	170	9	56	5	9	13	4
松阳县	362	362	180	171	9	62	1	8	15	5
云和县	177	177	107	106	1	23	5	1	1	4
庆元县	225	225	140	131	9	39	5	7	10	2
景宁畲族自治县	245	245	96	85	11	66	2	8	25	1
龙泉市	402	402	176	170	6	76	3	6	15	10
男	**37998**	**37998**	**20383**	**19387**	**996**	**16164**	**1105**	**2623**	**2443**	**2282**
杭州市	**9679**	**9679**	**4914**	**4676**	**238**	**4709**	**367**	**855**	**887**	**653**
上城区	207	207	276	273	3	177	16	36	38	10
下城区	435	435	491	470	21	341	75	54	41	35
江干区	1606	1606	719	684	35	693	58	125	174	86
拱墅区	617	617	357	341	16	391	29	115	64	68

4-4 续表 68

单位：人

地区 性别	教育		卫生和社会工作			文化、体育和娱乐业				
	小计	教育	小计	卫生	社会工作	小计	新闻和出版业	广播、电视、电影和录音制作业	文化艺术业	体育
西湖区	1770	1770	503	473	30	721	68	162	150	73
滨江区	428	428	253	242	11	290	17	85	55	34
萧山区	1155	1155	649	625	24	642	24	99	109	83
余杭区	1683	1683	692	646	46	835	47	134	146	142
富阳区	679	679	303	288	15	278	14	15	53	49
临安区	382	382	220	210	10	123	5	11	20	19
桐庐县	261	261	170	161	9	102	5	8	15	20
淳安县	231	231	145	135	10	64	2	5	12	22
建德市	225	225	136	128	8	52	7	6	10	12
宁波市	**4984**	**4984**	**2923**	**2757**	**166**	**2274**	**127**	**276**	**375**	**341**
海曙区	645	645	422	395	27	309	28	48	58	48
江北区	321	321	234	215	19	120	7	10	30	21
北仑区	319	319	206	198	8	191	2	27	20	41
镇海区	346	346	162	150	12	125	12	11	30	25
鄞州区	1145	1145	687	655	32	594	42	73	114	92
奉化区	270	270	168	160	8	113	5	6	18	11
象山县	271	271	161	145	16	135		27	27	17
宁海县	317	317	165	159	6	144	6	21	21	15
余姚市	553	553	282	263	19	224	9	21	29	30
慈溪市	797	797	436	417	19	319	16	32	28	41
温州市	**5573**	**5573**	**2836**	**2716**	**120**	**1788**	**152**	**174**	**234**	**291**
鹿城区	859	859	709	672	37	430	75	62	50	52
龙湾区	322	322	151	147	4	120	15	9	16	24
瓯海区	686	686	350	342	8	191	10	15	23	43
洞头区	76	76	34	29	5	30		4	8	3
永嘉县	380	380	151	147	4	81	4	9	14	15
平阳县	611	611	263	256	7	147	7	10	24	22
苍南县	529	529	197	191	6	135	2	10	25	24
文成县	102	102	49	47	2	28	4	6	2	5
泰顺县	127	127	54	54		41	2	5	13	3
瑞安市	720	720	404	383	21	238	18	11	22	40
乐清市	821	821	379	359	20	276	12	18	30	49
龙港市	340	340	95	89	6	71	3	15	7	11
嘉兴市	**2598**	**2598**	**1443**	**1327**	**116**	**1218**	**56**	**102**	**155**	**240**
南湖区	559	559	385	366	19	293	23	27	46	50
秀洲区	282	282	176	162	14	121	7	18	10	20
嘉善县	242	242	153	143	10	130	3	8	16	19
海盐县	223	223	84	79	5	83	2	3	15	17
海宁市	511	511	250	218	32	239	7	22	25	54
平湖市	325	325	178	160	18	137	2	7	15	40
桐乡市	456	456	217	199	18	215	12	17	28	40
湖州市	**1759**	**1759**	**1014**	**970**	**44**	**800**	**63**	**47**	**91**	**159**
吴兴区	645	645	396	382	14	292	42	24	34	41
南浔区	183	183	109	101	8	68	3	3	6	6
德清县	309	309	140	133	7	153	3	7	12	63
长兴县	368	368	238	228	10	148	5	5	21	28
安吉县	254	254	131	126	5	139	10	8	18	21
绍兴市	**2946**	**2946**	**1467**	**1415**	**52**	**1003**	**87**	**79**	**168**	**155**
越城区	763	763	398	381	17	310	48	30	61	38
柯桥区	497	497	224	216	8	246	7	10	27	55
上虞区	434	434	203	196	7	118	11	10	26	13
新昌县	218	218	117	115	2	51	5	4	14	10
诸暨市	719	719	337	326	11	174	14	15	18	22
嵊州市	315	315	188	181	7	104	2	10	22	17

4-4 续表 69　　单位：人

地区 性别	教育		卫生和社会工作			文化、体育和娱乐业				
	小计	教育	小计	卫生	社会工作	小计	新闻和出版业	广播、电视、电影和录音制作业	文化艺术业	体育
金华市	**3822**	**3822**	**2000**	**1905**	**95**	**2010**	**64**	**800**	**218**	**198**
婺城区	933	933	397	381	16	252	21	32	33	44
金东区	248	248	123	117	6	81	7	10	17	12
武义县	225	225	99	92	7	77	1	11	22	11
浦江县	268	268	152	145	7	65	1	8	11	8
磐安县	103	103	59	51	8	31		4	5	1
兰溪市	286	286	199	180	19	75	4	9	13	6
义乌市	856	856	481	464	17	399	14	38	42	82
东阳市	542	542	308	301	7	888	10	674	56	16
永康市	361	361	182	174	8	142	6	14	19	18
衢州市	**1281**	**1281**	**787**	**760**	**27**	**402**	**62**	**44**	**71**	**40**
柯城区	455	455	308	302	6	174	33	21	31	14
衢江区	112	112	57	55	2	42	4	4	6	5
常山县	140	140	87	80	7	40	8	2	9	2
开化县	135	135	92	88	4	36	8	2	4	4
龙游县	208	208	100	98	2	48	3	7	7	5
江山市	231	231	143	137	6	62	6	8	14	10
舟山市	**580**	**580**	**387**	**370**	**17**	**311**	**35**	**33**	**33**	**30**
定海区	335	335	184	174	10	133	18	26	16	18
普陀区	166	166	136	131	5	120	8	4	14	8
岱山县	41	41	53	51	2	31	3	1	2	3
嵊泗县	38	38	14	14		27	6	2	1	1
台州市	**3379**	**3379**	**1828**	**1739**	**89**	**1229**	**59**	**149**	**131**	**125**
椒江区	614	614	271	262	9	245	24	40	28	29
黄岩区	309	309	182	171	11	78	4	15	7	15
路桥区	263	263	174	167	7	122	3	14	12	5
三门县	209	209	91	87	4	56	3	7	11	6
天台县	245	245	93	92	1	76	6	9	4	11
仙居县	220	220	109	105	4	58		12	7	7
温岭市	624	624	428	401	27	276	4	31	24	18
临海市	586	586	314	293	21	212	13	17	25	23
玉环市	309	309	166	161	5	106	2	4	13	11
丽水市	**1397**	**1397**	**784**	**752**	**32**	**420**	**33**	**64**	**80**	**50**
莲都区	482	482	293	284	9	160	19	23	24	19
青田县	166	166	67	65	2	36	2	8	4	7
缙云县	197	197	116	112	4	70	3	8	20	11
遂昌县	115	115	61	57	4	31	2	5	5	3
松阳县	109	109	54	52	2	31		5	6	1
云和县	48	48	35	35		14	3	1	1	2
庆元县	80	80	55	50	5	15	2	3	5	1
景宁畲族自治县	92	92	38	34	4	26		7	9	
龙泉市	108	108	65	63	2	37	2	4	6	6
女	**80125**	**80125**	**43964**	**41677**	**2287**	**16669**	**943**	**1981**	**2859**	**1916**
杭州市	**18866**	**18866**	**11271**	**10680**	**591**	**4861**	**353**	**796**	**1106**	**530**
上城区	451	451	629	603	26	180	13	53	57	16
下城区	808	808	1092	1045	47	324	66	56	66	32
江干区	2883	2883	1608	1530	78	769	54	119	229	91
拱墅区	1281	1281	912	870	42	380	39	133	83	32
西湖区	2741	2741	1237	1174	63	713	69	132	207	73
滨江区	945	945	559	534	25	319	27	64	65	30
萧山区	2878	2878	1734	1656	78	678	25	98	118	71
余杭区	3623	3623	1496	1377	119	809	39	104	166	83
富阳区	1227	1227	655	610	45	329	15	16	41	43
临安区	746	746	413	399	14	118	2	8	24	14
桐庐县	513	513	343	328	15	118	2	6	20	22
淳安县	382	382	287	262	25	76	2	4	14	15
建德市	388	388	306	292	14	48		3	16	8

4-4　续表 70　　　　　　　　　　　　　　　　　　　　　　　　　　　　　　单位：人

地　区 性　别	教育		卫生和社会工作			文化、体育和娱乐业				
	小计	教育	小计	卫生	社会工作	小计	新闻和出版业	广播、电视、电影和录音制作业	文　化艺术业	体育
宁波市	**11581**	**11581**	**6553**	**6158**	**395**	**2645**	**113**	**224**	**402**	**319**
海曙区	1345	1345	1008	960	48	253	10	36	55	55
江北区	691	691	508	480	28	111	4	15	35	15
北仑区	896	896	401	375	26	264	7	20	28	29
镇海区	779	779	405	373	32	196	10	13	31	22
鄞州区	2610	2610	1574	1486	88	614	49	52	133	93
奉化区	579	579	341	320	21	251	3	15	20	17
象山县	738	738	417	365	52	156	5	17	25	11
宁海县	753	753	412	393	19	278	11	10	28	15
余姚市	1316	1316	562	513	49	233	4	16	17	27
慈溪市	1874	1874	925	893	32	289	10	30	30	35
温州市	**11724**	**11724**	**5207**	**4977**	**230**	**1477**	**112**	**114**	**218**	**183**
鹿城区	1957	1957	1445	1390	55	385	57	48	58	42
龙湾区	739	739	252	247	5	95	11	5	16	17
瓯海区	1253	1253	701	681	20	131	5	10	24	17
洞头区	199	199	62	57	5	22		3	6	1
永嘉县	726	726	317	308	9	65	2	3	12	11
平阳县	1226	1226	478	439	39	98	5	7	21	15
苍南县	829	829	326	304	22	87	1	4	14	14
文成县	233	233	93	91	2	17	4	2	6	3
泰顺县	285	285	90	85	5	21	2	2	4	3
瑞安市	1748	1748	706	670	36	232	14	8	27	26
乐清市	1922	1922	584	556	28	258	7	16	26	23
龙港市	607	607	153	149	4	66	4	6	4	11
嘉兴市	**5902**	**5902**	**3460**	**3144**	**316**	**1515**	**48**	**97**	**212**	**209**
南湖区	1264	1264	886	839	47	277	15	28	53	48
秀洲区	659	659	407	381	26	142	6	18	24	22
嘉善县	668	668	335	285	50	251	2	13	23	16
海盐县	539	539	284	272	12	98	5	3	26	20
海宁市	1115	1115	644	558	86	276	6	9	40	54
平湖市	698	698	377	333	44	223	4	6	23	30
桐乡市	959	959	527	476	51	248	10	20	23	19
湖州市	**3946**	**3946**	**2389**	**2287**	**102**	**832**	**57**	**45**	**124**	**156**
吴兴区	1289	1289	967	935	32	284	36	20	40	48
南浔区	484	484	213	203	10	68		6	7	6
德清县	669	669	365	346	19	203	3	10	28	53
长兴县	925	925	546	524	22	137	9	4	27	34
安吉县	579	579	298	279	19	140	9	5	22	15
绍兴市	**5772**	**5772**	**3095**	**2981**	**114**	**1071**	**62**	**85**	**193**	**153**
越城区	1432	1432	890	868	22	290	34	23	44	49
柯桥区	1095	1095	468	444	24	230	2	10	24	44
上虞区	939	939	479	460	19	183	10	14	32	14
新昌县	394	394	279	266	13	56	1	7	25	4
诸暨市	1356	1356	668	645	23	204	12	20	33	27
嵊州市	556	556	311	298	13	108	3	11	35	15
金华市	**7644**	**7644**	**3955**	**3788**	**167**	**1432**	**49**	**362**	**195**	**176**
婺城区	1665	1665	914	878	36	207	25	18	43	38
金东区	560	560	222	211	11	53	3	9	15	10
武义县	446	446	223	207	16	79	2	5	16	27
浦江县	447	447	239	231	8	62	2	6	8	5
磐安县	175	175	88	83	5	20		7	6	
兰溪市	507	507	321	295	26	66	3	4	21	9
义乌市	1748	1748	907	865	42	361	4	22	47	47
东阳市	1271	1271	653	642	11	444	5	284	21	20
永康市	825	825	388	376	12	140	5	7	18	20

4-4 续表 71 单位：人

地区 性别	教育		卫生和社会工作			文化、体育和娱乐业				
	小计	教育	小计	卫生	社会工作	小计	新闻和出版业	广播、电视、电影和录音制作业	文化艺术业	体育
衢州市	**2618**	**2618**	**1675**	**1607**	**68**	**398**	**40**	**45**	**72**	**40**
柯城区	939	939	690	680	10	197	23	26	34	19
衢江区	266	266	143	137	6	48		5	12	4
常山县	289	289	147	140	7	29	3	3	3	1
开化县	251	251	164	161	3	24	2	1	5	1
龙游县	348	348	236	218	18	36	2	4	9	4
江山市	525	525	295	271	24	64	10	6	9	11
舟山市	**1436**	**1436**	**987**	**896**	**91**	**542**	**27**	**42**	**70**	**19**
定海区	814	814	516	481	35	270	16	27	36	11
普陀区	432	432	302	270	32	205	9	9	26	8
岱山县	112	112	114	94	20	29	1	5	3	
嵊泗县	78	78	55	51	4	38	1	1	5	
台州市	**7739**	**7739**	**3840**	**3680**	**160**	**1493**	**52**	**129**	**178**	**95**
椒江区	1399	1399	643	624	19	294	21	40	54	25
黄岩区	730	730	429	402	27	137	4	16	9	16
路桥区	645	645	359	349	10	98	1	6	12	6
三门县	381	381	204	200	4	78	1	5	11	4
天台县	555	555	264	260	4	98	6	5	16	9
仙居县	493	493	248	244	4	43	3	4	8	3
温岭市	1470	1470	716	663	53	345	6	21	23	13
临海市	1252	1252	678	648	30	253	8	19	24	12
玉环市	814	814	299	290	9	147	2	13	21	7
丽水市	**2897**	**2897**	**1532**	**1479**	**53**	**403**	**30**	**42**	**89**	**36**
莲都区	868	868	625	613	12	152	14	15	23	19
青田县	354	354	111	107	4	30	4	3	2	
缙云县	503	503	226	217	9	53		10	17	4
遂昌县	198	198	118	113	5	25	3	4	8	1
松阳县	253	253	126	119	7	31	1	3	9	4
云和县	129	129	72	71	1	9	2			2
庆元县	145	145	85	81	4	24	3	4	5	1
景宁畲族自治县	153	153	58	51	7	40	2	1	16	1
龙泉市	294	294	111	107	4	39	1	2	9	4

4-4 续表 72

单位：人

地区 性别	娱乐业	公共管理、社会保障和社会组织						国际组织	
		小计	中国共产党机关	国家机构	人民政协、民主党派	社会保障	群众团体、社会团体和其他成员组织	基层群众自治组织	小计	国际组织
合计	**16681**	**110506**	**1507**	**86160**	**272**	**355**	**6404**	**15808**	**4**	**4**
杭州市	**4023**	**20546**	**340**	**15440**	**51**	**62**	**1182**	**3471**	**2**	**2**
上城区	118	766	2	667	4	2	40	51		
下城区	240	1073	36	870	8	1	58	100		
江干区	526	2587	51	2051	7	6	126	346		
拱墅区	208	1239	19	958	5	6	55	196		
西湖区	500	2415	72	1801	9	7	252	274		
滨江区	232	931	18	709	2	4	54	144	1	1
萧山区	693	3208	44	2218	3	10	251	682		
余杭区	783	3232	42	2443	4	9	173	561		
富阳区	361	1619	18	1080	3	4	81	433		
临安区	138	958	16	725	1	6	47	163		
桐庐县	122	862	5	633	1	1	17	205		
淳安县	64	813	12	655	4	4	15	123		
建德市	38	843	5	630		2	13	193	1	1
宁波市	**2742**	**16323**	**205**	**12581**	**33**	**79**	**1333**	**2092**		
海曙区	224	1816	15	1419	7	7	165	203		
江北区	94	1040	32	800	5	9	56	138		
北仑区	281	1285	4	1003	1	9	71	197		
镇海区	167	942	17	688		4	94	139		
鄞州区	560	3519	55	2845	13	17	235	354		
奉化区	269	1131	13	879	1	5	130	103		
象山县	162	1138	14	903	3	1	90	127		
宁海县	295	1158	21	905	1	4	126	101		
余姚市	304	1823	14	1331		7	149	322		
慈溪市	386	2471	20	1808	2	16	217	408		
温州市	**1787**	**14446**	**99**	**11450**	**34**	**72**	**904**	**1887**	**1**	**1**
鹿城区	371	2833	18	2546	10	6	83	170		
龙湾区	102	994	5	796	3	5	61	124		
瓯海区	175	1116	9	884	3	7	57	156		
洞头区	27	451	4	390	2		10	45		
永嘉县	76	976	9	742		10	51	164		
平阳县	134	1487	15	1096	3	15	133	225		
苍南县	128	1035		736	3	3	132	161		
文成县	13	646	4	534	2	1	16	89		
泰顺县	28	522	13	422	2	5	13	67		
瑞安市	304	1854	5	1490	5	7	82	265	1	1
乐清市	353	1918	16	1384	1	9	196	312		
龙港市	76	614	1	430		4	70	109		
嘉兴市	**1614**	**8845**	**104**	**6842**	**21**	**20**	**366**	**1492**		
南湖区	280	1556	28	1294	9	5	54	166		
秀洲区	138	1103	13	855		1	36	198		
嘉善县	281	1155	15	900	2	1	24	213		
海盐县	90	881	5	733	2	5	39	97		
海宁市	298	1377	17	988	3	2	66	301		
平湖市	233	1262	17	950	4	3	52	236		
桐乡市	294	1511	9	1122	1	3	95	281		
湖州市	**890**	**6968**	**125**	**5317**	**12**	**18**	**303**	**1193**		
吴兴区	291	2246	52	1823	4	8	83	276		
南浔区	99	811	6	508			36	261		
德清县	177	1167	40	900	1	4	39	183		
长兴县	152	1500	14	1102	6	5	66	307		
安吉县	171	1244	13	984	1	1	79	166		

4-4 续表 73

单位：人

地区 性别	娱乐业	公共管理、社会保障和社会组织 小计	中国共产党机关	国家机构	人民政协、民主党派	社会保障	群众团体、社会团体和其他成员组织	基层群众自治组织	国际组织 小计	国际组织
绍兴市	**1092**	**8317**	**122**	**6006**	**22**	**33**	**561**	**1573**		
越城区	273	2248	50	1719	7	12	142	318		
柯桥区	297	1414	13	885	4	4	123	385		
上虞区	171	1596	9	1020	2	7	141	417		
新昌县	37	734	28	586	3	3	52	62		
诸暨市	217	1526	6	1142	4	1	54	319		
嵊州市	97	799	16	654	2	6	49	72		
金华市	**1380**	**9050**	**144**	**7319**	**24**	**29**	**324**	**1210**	**1**	**1**
婺城区	205	1990	35	1709	3	4	61	178		
金东区	51	648	17	491	5	2	30	103		
武义县	61	608	11	482	1		28	86		
浦江县	78	772	13	658	4	3	26	68		
磐安县	28	423	7	356	1	1	15	43		
兰溪市	72	778	1	613	2		12	150	1	1
义乌市	464	1886	30	1425	3	6	34	388		
东阳市	246	1106	9	891	3	2	77	124		
永康市	175	839	21	694	2	11	41	70		
衢州市	**386**	**5672**	**71**	**4514**	**16**	**10**	**139**	**922**		
柯城区	170	1917	26	1670	9	3	47	162		
衢江区	50	587	3	435	1	1	11	136		
常山县	38	652	12	517	2		9	112		
开化县	33	763	14	499	2	1	15	232		
龙游县	43	920	12	754		3	35	116		
江山市	52	833	4	639	2	2	22	164		
舟山市	**564**	**4166**	**80**	**3172**	**13**	**14**	**450**	**437**		
定海区	235	1856	39	1526	6	4	105	176		
普陀区	239	1341	21	906	3	4	268	139		
岱山县	42	544		414			48	82		
嵊泗县	48	425	20	326	4	6	29	40		
台州市	**1804**	**10597**	**126**	**8674**	**26**	**7**	**628**	**1136**		
椒江区	278	1995	52	1707	11	2	90	133		
黄岩区	129	981	4	847			34	96		
路桥区	161	830	9	684	1		44	92		
三门县	86	715		617	3		34	61		
天台县	108	830	15	691	2	2	38	82		
仙居县	57	726	9	545	3		39	130		
温岭市	481	1914	16	1450	2	1	199	246		
临海市	324	1388	15	1144	2	2	59	166		
玉环市	180	1218	6	989	2		91	130		
丽水市	**399**	**5576**	**91**	**4845**	**20**	**11**	**214**	**395**		
莲都区	156	1646	13	1429	10	1	88	105		
青田县	36	566	2	470	1		21	72		
缙云县	50	641	4	573	2	1	14	47		
遂昌县	25	469	21	395	1	2	15	35		
松阳县	33	469	10	425	1	4	9	20		
云和县	12	389	1	361	1	1	12	13		
庆元县	15	426	7	380			20	19		
景宁畲族自治县	30	431	25	351	3		20	32		
龙泉市	42	539	8	461	1	2	15	52		
男	**7711**	**72222**	**1044**	**57385**	**189**	**158**	**3952**	**9494**	**3**	**3**
杭州市	**1947**	**13237**	**235**	**10266**	**37**	**30**	**646**	**2023**	**2**	**2**
上城区	77	458	2	407	3	1	20	25		
下城区	136	660	28	558	7		23	44		
江干区	250	1710	37	1403	5	3	62	200		
拱墅区	115	727	11	601	2	1	20	92		

4-4 续表 74 单位：人

地区 性别	娱乐业	公共管理、社会保障和社会组织							国际组织	
		小计	中国共产党机关	国家机构	人民政协、民主党派	社会保障	群众团体、社会团体和其他成员组织	基层群众自治组织	小计	国际组织
西湖区	268	1479	46	1149	6	2	134	142		
滨江区	99	575	14	444	1	1	32	83	1	1
萧山区	327	2153	24	1535	2	6	153	433		
余杭区	366	2242	34	1732	3	6	108	359		
富阳区	147	996	12	709	3	2	42	228		
临安区	68	629	10	484	1	5	29	100		
桐庐县	54	557	3	407	1		10	136		
淳安县	23	526	11	440	3	2	8	62		
建德市	17	525	3	397		1	5	119	1	1
宁波市	**1155**	**10495**	**145**	**8278**	**22**	**34**	**867**	**1149**		
海曙区	127	1191	8	963	5	1	115	99		
江北区	52	679	22	550	1	5	35	66		
北仑区	101	805	3	667	1	6	46	82		
镇海区	47	557	14	416		4	64	59		
鄞州区	273	2221	38	1858	9	7	155	154		
奉化区	73	712	10	559	1	3	72	67		
象山县	64	708	7	572	2		60	67		
宁海县	81	751	17	576	1		96	61		
余姚市	135	1206	11	902		3	72	218		
慈溪市	202	1665	15	1215	2	5	152	276		
温州市	**937**	**9856**	**65**	**7798**	**25**	**37**	**649**	**1282**	**1**	**1**
鹿城区	191	1835	8	1687	7	2	46	85		
龙湾区	56	647	4	523	2	1	36	81		
瓯海区	100	770	3	614	2	4	44	103		
洞头区	15	266	3	234	1		7	21		
永嘉县	39	697	6	531		5	39	116		
平阳县	84	1062	12	782	3	9	101	155		
苍南县	74	771		525	3	2	112	129		
文成县	11	413	1	330	2		14	66		
泰顺县	18	368	11	291	1	3	11	51		
瑞安市	147	1288	4	1046	3	4	55	176	1	1
乐清市	167	1279	12	917	1	5	128	216		
龙港市	35	460	1	318		2	56	83		
嘉兴市	**665**	**5880**	**75**	**4678**	**8**	**9**	**192**	**918**		
南湖区	147	984	20	859	3	2	25	75		
秀洲区	66	741	9	610		1	19	102		
嘉善县	84	767	9	610	1		16	131		
海盐县	46	588	4	486	2	2	31	63		
海宁市	131	916	14	684	1	1	38	178		
平湖市	73	846	13	637	1	2	27	166		
桐乡市	118	1038	6	792		1	36	203		
湖州市	**440**	**4658**	**85**	**3631**	**6**	**6**	**189**	**741**		
吴兴区	151	1472	36	1230	3	2	52	149		
南浔区	50	562	3	352			27	180		
德清县	68	768	27	597	1	2	25	116		
长兴县	89	1046	8	796	2	2	42	196		
安吉县	82	810	11	656			43	100		
绍兴市	**514**	**5291**	**87**	**3993**	**18**	**15**	**245**	**933**		
越城区	133	1391	36	1149	5	6	41	154		
柯桥区	147	907	10	588	4		63	242		
上虞区	58	950	5	651	2	3	50	239		
新昌县	18	490	20	385	2	3	37	43		
诸暨市	105	990	5	765	3	1	18	198		
嵊州市	53	563	11	455	2	2	36	57		

4-4 续表 75 单位：人

地区 性别	娱乐业	公共管理、社会保障和社会组织							国际组织	
		小计	中国共产党机关	国家机构	人民政协、民主党派	社会保障	群众团体、社会团体和其他成员组织	基层群众自治组织	小计	国际组织
金华市	**730**	**5986**	**107**	**4911**	**15**	**15**	**186**	**752**		
婺城区	122	1301	27	1142	3	3	33	93		
金东区	35	408	11	320	1	2	14	60		
武义县	32	399	7	307	1		17	67		
浦江县	37	527	10	448	2	2	11	54		
磐安县	21	261	4	222			4	31		
兰溪市	43	524	1	420	2		10	91		
义乌市	223	1362	23	1049	2	3	22	263		
东阳市	132	675	6	563	3		44	59		
永康市	85	529	18	440	1	5	31	34		
衢州市	**185**	**3725**	**49**	**3045**	**9**	**1**	**71**	**550**		
柯城区	75	1197	19	1071	4		19	84		
衢江区	23	407	1	310	1		5	90		
常山县	19	448	8	364	1		8	67		
开化县	18	514	10	346	2		9	147		
龙游县	26	625	9	524			22	70		
江山市	24	534	2	430	1	1	8	92		
舟山市	**180**	**2607**	**45**	**2042**	**10**	**5**	**328**	**177**		
定海区	55	1117	22	965	5	1	61	63		
普陀区	86	882	13	601	3	2	208	55		
岱山县	22	340		268			36	36		
嵊泗县	17	268	10	208	2	2	23	23		
台州市	**765**	**6949**	**93**	**5652**	**21**	**3**	**459**	**721**		
椒江区	124	1262	39	1077	8		66	72		
黄岩区	37	618	2	537			27	52		
路桥区	88	513	6	423	1		32	51		
三门县	29	497		434	2		12	49		
天台县	46	553	13	445	2	1	30	62		
仙居县	32	479	7	358	3		16	95		
温岭市	199	1303	12	977	1		160	153		
临海市	134	957	10	776	2	2	43	124		
玉环市	76	767	4	625	2		73	63		
丽水市	**193**	**3538**	**58**	**3091**	**18**	**3**	**120**	**248**		
莲都区	75	1013	6	893	9		55	50		
青田县	15	378	2	310	1		11	54		
缙云县	28	414	1	371	2		7	33		
遂昌县	16	295	17	246	1	1	7	23		
松阳县	19	305	8	279	1	1	5	11		
云和县	7	243	1	227	1	1	5	8		
庆元县	4	277	5	243			14	15		
景宁畲族自治县	10	277	14	224	3		10	26		
龙泉市	19	336	4	298			6	28		
女	**8970**	**38284**	**463**	**28775**	**83**	**197**	**2452**	**6314**	**1**	**1**
杭州市	**2076**	**7309**	**105**	**5174**	**14**	**32**	**536**	**1448**		
上城区	41	308		260	1	1	20	26		
下城区	104	413	8	312	1	1	35	56		
江干区	276	877	14	648	2	3	64	146		
拱墅区	93	512	8	357	3	5	35	104		
西湖区	232	936	26	652	3	5	118	132		
滨江区	133	356	4	265	1	3	22	61		
萧山区	366	1055	20	683	1	4	98	249		
余杭区	417	990	8	711	1	3	65	202		
富阳区	214	623	6	371		2	39	205		
临安区	70	329	6	241		1	18	63		
桐庐县	68	305	2	226		1	7	69		
淳安县	41	287	1	215	1	2	7	61		
建德市	21	318	2	233		1	8	74		

4-4　续表 76　　　　　　　　　　　　　　　　　　　　　　　　　　　　　　　　单位：人

地　区 性　别	娱乐业	公共管理、社会保障和社会组织						国际组织	
		小计	中国共产党机关	国家机构	人民政协、民主党派	社会保障	群众团体、社会团体和其他成员组织	基层群众自治组织	小计	国际组织
宁波市	**1587**	**5828**	**60**	**4303**	**11**	**45**	**466**	**943**		
海曙区	97	625	7	456	2	6	50	104		
江北区	42	361	10	250	4	4	21	72		
北仑区	180	480	1	336		3	25	115		
镇海区	120	385	3	272			30	80		
鄞州区	287	1298	17	987	4	10	80	200		
奉化区	196	419	3	320		2	58	36		
象山县	98	430	7	331	1	1	30	60		
宁海县	214	407	4	329		4	30	40		
余姚市	169	617	3	429		4	77	104		
慈溪市	184	806	5	593		11	65	132		
温州市	**850**	**4590**	**34**	**3652**	**9**	**35**	**255**	**605**		
鹿城区	180	998	10	859	3	4	37	85		
龙湾区	46	347	1	273	1	4	25	43		
瓯海区	75	346	6	270	1	3	13	53		
洞头区	12	185	1	156	1		3	24		
永嘉县	37	279	3	211		5	12	48		
平阳县	50	425	3	314		6	32	70		
苍南县	54	264		211		1	20	32		
文成县	2	233	3	204		1	2	23		
泰顺县	10	154	2	131	1	2	2	16		
瑞安市	157	566	1	444	2	3	27	89		
乐清市	186	639	4	467		4	68	96		
龙港市	41	154		112		2	14	26		
嘉兴市	**949**	**2965**	**29**	**2164**	**13**	**11**	**174**	**574**		
南湖区	133	572	8	435	6	3	29	91		
秀洲区	72	362	4	245			17	96		
嘉善县	197	388	6	290	1	1	8	82		
海盐县	44	293	1	247		3	8	34		
海宁市	167	461	3	304	2	1	28	123		
平湖市	160	416	4	313	3	1	25	70		
桐乡市	176	473	3	330	1	2	59	78		
湖州市	**450**	**2310**	**40**	**1686**	**6**	**12**	**114**	**452**		
吴兴区	140	774	16	593	1	6	31	127		
南浔区	49	249	3	156			9	81		
德清县	109	399	13	303		2	14	67		
长兴县	63	454	6	306	4	3	24	111		
安吉县	89	434	2	328	1	1	36	66		
绍兴市	**578**	**3026**	**35**	**2013**	**4**	**18**	**316**	**640**		
越城区	140	857	14	570	2	6	101	164		
柯桥区	150	507	3	297		4	60	143		
上虞区	113	646	4	369		4	91	178		
新昌县	19	244	8	201	1		15	19		
诸暨市	112	536	1	377	1		36	121		
嵊州市	44	236	5	199		4	13	15		
金华市	**650**	**3064**	**37**	**2408**	**9**	**14**	**138**	**458**	**1**	**1**
婺城区	83	689	8	567		1	28	85		
金东区	16	240	6	171	4		16	43		
武义县	29	209	4	175			11	19		
浦江县	41	245	3	210	2	1	15	14		
磐安县	7	162	3	134	1	1	11	12		
兰溪市	29	254		193			2	59	1	1
义乌市	241	524	7	376	1	3	12	125		
东阳市	114	431	3	328		2	33	65		
永康市	90	310	3	254	1	6	10	36		

4-4 续表 77

单位：人

地区 性别		公共管理、社会保障和社会组织							国际组织	
	娱乐业	小计	中国共产党机关	国家机构	人民政协、民主党派	社会保障	群众团体、社会团体和其他成员组织	基层群众自治组织	小计	国际组织
衢州市	**201**	**1947**	**22**	**1469**	**7**	**9**	**68**	**372**		
柯城区	95	720	7	599	5	3	28	78		
衢江区	27	180	2	125		1	6	46		
常山县	19	204	4	153	1		1	45		
开化县	15	249	4	153		1	6	85		
龙游县	17	295	3	230		3	13	46		
江山市	28	299	2	209	1	1	14	72		
舟山市	**384**	**1559**	**35**	**1130**	**3**	**9**	**122**	**260**		
定海区	180	739	17	561	1	3	44	113		
普陀区	153	459	8	305		2	60	84		
岱山县	20	204		146			12	46		
嵊泗县	31	157	10	118	2	4	6	17		
台州市	**1039**	**3648**	**33**	**3022**	**5**	**4**	**169**	**415**		
椒江区	154	733	13	630	3	2	24	61		
黄岩区	92	363	2	310			7	44		
路桥区	73	317	3	261			12	41		
三门县	57	218		183	1		22	12		
天台县	62	277	2	246		1	8	20		
仙居县	25	247	2	187			23	35		
温岭市	282	611	4	473	1	1	39	93		
临海市	190	431	5	368			16	42		
玉环市	104	451	2	364			18	67		
丽水市	**206**	**2038**	**33**	**1754**	**2**	**8**	**94**	**147**		
莲都区	81	633	7	536	1	1	33	55		
青田县	21	188		160			10	18		
缙云县	22	227	3	202		1	7	14		
遂昌县	9	174	4	149		1	8	12		
松阳县	14	164	2	146		3	4	9		
云和县	5	146		134			7	5		
庆元县	11	149	2	137			6	4		
景宁畲族自治县	20	154	11	127			10	6		
龙泉市	23	203	4	163	1	2	9	24		

4-4a 各地区分性别、行业大类的就业人口(城市)

单位：人

地区 性别	合计	农、林、牧、渔业						采矿业	
		小计	农业	林业	畜牧业	渔业	农、林、牧、渔专业及辅助性活动	小计	煤炭开采和洗选业
合计	**1912582**	**19825**	**14405**	**1029**	**936**	**3062**	**393**	**678**	**44**
杭州市	**512355**	**3628**	**3168**	**123**	**128**	**137**	**72**	**182**	**16**
上城区	14358	1				1		3	
下城区	22898	10	7	1	1		1	3	1
江干区	85689	154	111	15	11	10	7	24	7
拱墅区	32246	14	4	2	1	2	5	10	1
西湖区	56281	209	193	4	2	8	2	9	
滨江区	28823	45	29	5	4	2	5	12	4
萧山区	104008	1925	1793	26	28	56	22	23	
余杭区	112420	806	664	40	40	46	16	33	2
富阳区	32321	251	194	17	23	8	9	19	1
临安区	16800	85	68	5	7		5	13	
桐庐县									
淳安县									
建德市	6511	128	105	8	11	4		33	
宁波市	**328676**	**3086**	**2432**	**209**	**134**	**234**	**77**	**74**	**2**
海曙区	50132	258	218	14	17	5	4	5	1
江北区	21536	60	40	8	5	5	2	7	
北仑区	39307	238	175	23	5	23	12	6	
镇海区	27176	346	281	26	2	24	13	4	1
鄞州区	56220	116	84	4	9	14	5	7	
奉化区	17022	370	214	35	12	92	17	9	
象山县									
宁海县									
余姚市	48193	453	364	31	24	21	13	32	
慈溪市	69090	1245	1056	68	60	50	11	4	
温州市	**265932**	**2938**	**1902**	**77**	**137**	**767**	**55**	**93**	**14**
鹿城区	57970	69	42	2	8	12	5	6	2
龙湾区	27838	196	146	5	12	31	2	14	1
瓯海区	45043	286	260	4	11	9	2	11	3
洞头区	3397	179	29	3	10	133	4	2	
永嘉县									
平阳县									
苍南县									
文成县									
泰顺县									
瑞安市	53879	601	322	46	22	199	12	23	
乐清市	55584	888	664	14	59	133	18	34	7
龙港市	22221	719	439	3	15	250	12	3	1
嘉兴市	**138297**	**738**	**487**	**44**	**99**	**85**	**23**	**4**	
南湖区	37842	169	123	5	17	23	1	1	
秀洲区	19762	104	65	12	2	16	9	1	
嘉善县									
海盐县									
海宁市	27604	94	36	7	16	33	2		
平湖市	17843	92	58	5	21	8			
桐乡市	35246	279	205	15	43	5	11	2	
湖州市	**39189**	**205**	**113**	**13**	**18**	**48**	**13**	**51**	**1**
吴兴区	28246	156	97	7	13	30	9	49	1
南浔区	10943	49	16	6	5	18	4	2	
德清县									
长兴县									
安吉县									

4-4a 续表 1

单位：人

地区 性别	合计	农、林、牧、渔业						采矿业	
		小计	农业	林业	畜牧业	渔业	农、林、牧、渔专业及辅助性活动	小计	煤炭开采和洗选业
绍兴市	**173794**	**2027**	**1548**	**128**	**101**	**197**	**53**	**74**	**1**
越城区	43359	200	121	14	11	38	16	33	
柯桥区	52922	384	265	24	17	65	13	8	
上虞区	29908	458	360	13	16	66	3	10	
新昌县									
诸暨市	31384	460	398	16	22	16	8	15	1
嵊州市	16221	525	404	61	35	12	13	8	
金华市	**192160**	**2224**	**1709**	**324**	**81**	**76**	**34**	**48**	**3**
婺城区	33301	442	201	195	21	17	8	12	
金东区	7252	325	250	60	5	8	2	1	
武义县									
浦江县									
磐安县									
兰溪市	11864	566	474	24	32	34	2	9	2
义乌市	80252	239	176	41	3	4	15	5	1
东阳市	27106	297	271	4	12	7	3	16	
永康市	32385	355	337		8	6	4	5	
衢州市	**36033**	**937**	**792**	**10**	**102**	**22**	**11**	**27**	**2**
柯城区	19450	198	172	3	7	11	5	10	
衢江区	6302	206	185	2	14	5		9	
常山县									
开化县									
龙游县	63	2			2				
江山市	10218	531	435	5	79	6	6	8	2
舟山市	**30309**	**1089**	**98**	**3**	**17**	**963**	**8**	**15**	
定海区	17266	233	46		11	174	2	13	
普陀区	13043	856	52	3	6	789	6	2	
岱山县									
嵊泗县									
台州市	**168837**	**2447**	**1767**	**50**	**84**	**518**	**28**	**60**	**5**
椒江区	36029	504	366	4	12	119	3	14	1
黄岩区	22133	264	244	4	7	6	3	4	
路桥区	18068	171	142	13	4	8	4	5	
三门县									
天台县									
仙居县									
温岭市	42840	385	299	5	12	59	10	9	
临海市	19891	599	544	16	21	12	6	20	1
玉环市	29876	524	172	8	28	314	2	8	3
丽水市	**27000**	**506**	**389**	**48**	**35**	**15**	**19**	**50**	
莲都区	20518	279	220	23	10	10	16	22	
青田县									
缙云县									
遂昌县									
松阳县									
云和县									
庆元县									
景宁畲族自治县									
龙泉市	6482	227	169	25	25	5	3	28	
男	**1130054**	**13455**	**9091**	**748**	**633**	**2709**	**274**	**562**	**35**
杭州市	**303016**	**2215**	**1877**	**85**	**94**	**107**	**52**	**138**	**12**
上城区	7903	1				1		2	
下城区	12496	8	6		1		1	2	1
江干区	49926	86	59	9	10	6	2	16	4
拱墅区	18221	9	2	1	1	1	4	8	1

4-4a 续表 2

单位：人

地区 性别	合计	农、林、牧、渔业						采矿业	
		小计	农业	林业	畜牧业	渔业	农、林、牧、渔专业及辅助性活动	小计	煤炭开采和洗选业
西湖区	32420	124	110	3	2	7	2	7	
滨江区	16659	27	15	4	3	1	4	7	3
萧山区	63918	1148	1048	17	22	46	15	20	
余杭区	67407	507	405	27	27	36	12	27	2
富阳区	19919	166	127	11	14	7	7	17	1
临安区	10322	57	41	5	6		5	10	
桐庐县									
淳安县									
建德市	3825	82	64	8	8	2		22	
宁波市	**192242**	**2105**	**1598**	**162**	**92**	**196**	**57**	**63**	**2**
海曙区	28996	184	151	12	13	5	3	2	1
江北区	12844	40	25	5	4	4	2	6	
北仑区	23967	162	114	16	3	22	7	6	
镇海区	16462	210	169	15	2	17	7	3	1
鄞州区	31262	75	49	4	7	11	4	6	
奉化区	9878	275	143	31	7	81	13	9	
象山县									
宁海县									
余姚市	28392	302	231	28	15	16	12	27	
慈溪市	40441	857	716	51	41	40	9	4	
温州市	**161658**	**2256**	**1389**	**67**	**96**	**674**	**30**	**80**	**11**
鹿城区	33799	50	30	2	6	8	4	4	1
龙湾区	17724	139	94	4	9	30	2	12	1
瓯海区	28340	207	187	3	8	7	2	9	2
洞头区	2027	134	20	2	9	101	2	1	
永嘉县									
平阳县									
苍南县									
文成县									
泰顺县									
瑞安市	32811	507	259	42	16	187	3	19	
乐清市	33051	617	464	11	35	98	9	32	6
龙港市	13906	602	335	3	13	243	8	3	1
嘉兴市	**80173**	**418**	**262**	**33**	**50**	**58**	**15**	**4**	
南湖区	22303	96	64	3	12	16	1	1	
秀洲区	11795	69	39	12	2	10	6	1	
嘉善县									
海盐县									
海宁市	15969	63	25	5	11	21	1		
平湖市	10202	49	34	3	5	7			
桐乡市	19904	141	100	10	20	4	7	2	
湖州市	**23567**	**144**	**76**	**10**	**15**	**33**	**10**	**46**	**1**
吴兴区	16798	108	65	5	10	21	7	45	1
南浔区	6769	36	11	5	5	12	3	1	
德清县									
长兴县									
安吉县									
绍兴市	**101875**	**1263**	**929**	**97**	**61**	**140**	**36**	**63**	**1**
越城区	25327	125	70	9	7	29	10	26	
柯桥区	31640	251	168	19	12	42	10	7	
上虞区	17665	266	192	9	12	50	3	9	
新昌县									
诸暨市	17932	291	254	10	10	11	6	13	1
嵊州市	9311	330	245	50	20	8	7	8	

4-4a 续表 3　　　　单位：人

地区 性别	合计	农、林、牧、渔业						采矿业	
		小计	农业	林业	畜牧业	渔业	农、林、牧、渔专业及辅助性活动	小计	煤炭开采和洗选业
金华市	**112933**	**1377**	**1030**	**206**	**62**	**55**	**24**	**40**	**3**
婺城区	19431	283	127	122	18	10	6	10	
金东区	4424	209	155	41	5	6	2	1	
武义县									
浦江县									
磐安县									
兰溪市	6889	360	299	13	22	25	1	8	2
义乌市	47013	144	102	28	2	4	8	4	1
东阳市	15261	171	151	2	9	6	3	12	
永康市	19915	210	196		6	4	4	5	
衢州市	**20906**	**566**	**464**	**7**	**67**	**18**	**10**	**25**	**2**
柯城区	11190	134	112	2	6	9	5	9	
衢江区	3880	134	118	1	11	4		8	
常山县									
开化县									
龙游县	35								
江山市	5801	298	234	4	50	5	5	8	2
舟山市	**18359**	**1005**	**65**	**2**	**11**	**924**	**3**	**10**	
定海区	10324	203	34		8	160	1	8	
普陀区	8035	802	31	2	3	764	2	2	
岱山县									
嵊泗县									
台州市	**99192**	**1761**	**1145**	**38**	**59**	**496**	**23**	**56**	**3**
椒江区	20794	352	226	3	9	113	1	13	1
黄岩区	13499	185	170	3	4	6	2	4	
路桥区	10806	122	99	10	2	8	3	5	
三门县									
天台县									
仙居县									
温岭市	24823	286	210	4	8	54	10	9	
临海市	11506	369	326	11	16	10	6	18	
玉环市	17764	447	114	7	20	305	1	7	2
丽水市	**16133**	**345**	**256**	**41**	**26**	**8**	**14**	**37**	
莲都区	12218	180	134	20	8	6	12	13	
青田县									
缙云县									
遂昌县									
松阳县									
云和县									
庆元县									
景宁畲族自治县									
龙泉市	3915	165	122	21	18	2	2	24	
女	**782528**	**6370**	**5314**	**281**	**303**	**353**	**119**	**116**	**9**
杭州市	**209339**	**1413**	**1291**	**38**	**34**	**30**	**20**	**44**	**4**
上城区	6455							1	
下城区	10402	2	1	1				1	
江干区	35763	68	52	6	1	4	5	8	3
拱墅区	14025	5	2	1		1	1	2	
西湖区	23861	85	83	1		1		2	
滨江区	12164	18	14	1	1	1	1	5	1
萧山区	40090	777	745	9	6	10	7	3	
余杭区	45013	299	259	13	13	10	4	6	
富阳区	12402	85	67	6	9	1	2	2	
临安区	6478	28	27		1			3	
桐庐县									
淳安县									
建德市	2686	46	41		3	2		11	

4-4a　续表 4　　　　单位：人

地　区 性　别	合计	农、林、牧、渔业						采矿业	
		小计	农业	林业	畜牧业	渔业	农、林、牧、渔专业及辅助性活动	小计	煤炭开采和洗选业
宁波市	**136434**	**981**	**834**	**47**	**42**	**38**	**20**	**11**	
海曙区	21136	74	67	2	4		1	3	
江北区	8692	20	15	3	1	1		1	
北仑区	15340	76	61	7	2	1	5		
镇海区	10714	136	112	11		7	6	1	
鄞州区	24958	41	35		2	3	1	1	
奉化区	7144	95	71	4	5	11	4		
象山县									
宁海县									
余姚市	19801	151	133	3	9	5	1	5	
慈溪市	28649	388	340	17	19	10	2		
温州市	**104274**	**682**	**513**	**10**	**41**	**93**	**25**	**13**	**3**
鹿城区	24171	19	12		2	4	1	2	1
龙湾区	10114	57	52	1	3	1		2	
瓯海区	16703	79	73	1	3	2		2	1
洞头区	1370	45	9	1	1	32	2	1	
永嘉县									
平阳县									
苍南县									
文成县									
泰顺县									
瑞安市	21068	94	63	4	6	12	9	4	
乐清市	22533	271	200	3	24	35	9	2	1
龙港市	8315	117	104		2	7	4		
嘉兴市	**58124**	**320**	**225**	**11**	**49**	**27**	**8**		
南湖区	15539	73	59	2	5	7			
秀洲区	7967	35	26			6	3		
嘉善县									
海盐县									
海宁市	11635	31	11	2	5	12	1		
平湖市	7641	43	24	2	16	1			
桐乡市	15342	138	105	5	23	1	4		
湖州市	**15622**	**61**	**37**	**3**	**3**	**15**	**3**	**5**	
吴兴区	11448	48	32	2	3	9	2	4	
南浔区	4174	13	5	1		6	1	1	
德清县									
长兴县									
安吉县									
绍兴市	**71919**	**764**	**619**	**31**	**40**	**57**	**17**	**11**	
越城区	18032	75	51	5	4	9	6	7	
柯桥区	21282	133	97	5	5	23	3	1	
上虞区	12243	192	168	4	4	16		1	
新昌县									
诸暨市	13452	169	144	6	12	5	2	2	
嵊州市	6910	195	159	11	15	4	6		
金华市	**79227**	**847**	**679**	**118**	**19**	**21**	**10**	**8**	
婺城区	13870	159	74	73	3	7	2	2	
金东区	2828	116	95	19		2			
武义县									
浦江县									
磐安县									
兰溪市	4975	206	175	11	10	9	1	1	
义乌市	33239	95	74	13	1		7	1	
东阳市	11845	126	120	2	3	1		4	
永康市	12470	145	141		2	2			

4-4a 续表 5

单位：人

地区 性别	合计	农、林、牧、渔业						采矿业	
		小计	农业	林业	畜牧业	渔业	农、林、牧、渔专业及辅助性活动	小计	煤炭开采和洗选业
衢州市	**15127**	**371**	**328**	**3**	**35**	**4**	**1**	**2**	
柯城区	8260	64	60	1	1	2		1	
衢江区	2422	72	67	1	3	1		1	
常山县									
开化县									
龙游县	28	2			2				
江山市	4417	233	201	1	29	1	1		
舟山市	**11950**	**84**	**33**	**1**	**6**	**39**	**5**	**5**	
定海区	6942	30	12		3	14	1	5	
普陀区	5008	54	21	1	3	25	4		
岱山县									
嵊泗县									
台州市	**69645**	**686**	**622**	**12**	**25**	**22**	**5**	**4**	**2**
椒江区	15235	152	140	1	3	6	2	1	
黄岩区	8634	79	74	1	3		1		
路桥区	7262	49	43	3	2		1		
三门县									
天台县									
仙居县									
温岭市	18017	99	89	1	4	5			
临海市	8385	230	218	5	5	2		2	1
玉环市	12112	77	58	1	8	9	1	1	1
丽水市	**10867**	**161**	**133**	**7**	**9**	**7**	**5**	**13**	
莲都区	8300	99	86	3	2	4	4	9	
青田县									
缙云县									
遂昌县									
松阳县									
云和县									
庆元县									
景宁畲族自治县									
龙泉市	2567	62	47	4	7	3	1	4	

4-4a　续表 6　　　　单位：人

地区 性别	采矿业						制造业		
	石油和天然气开采业	黑色金属矿采选业	有色金属矿采选业	非金属矿采选业	开采专业及辅助性活动	其他采矿业	小计	农副食品加工业	食品制造业
合计	**31**	**35**	**81**	**422**	**44**	**21**	**629066**	**4725**	**5768**
杭州市	**21**	**8**	**28**	**84**	**21**	**4**	**97426**	**804**	**1779**
上城区	1			1	1		627	7	19
下城区				1		1	1449	22	29
江干区	2	2	1	7	3	2	12703	93	481
拱墅区	4	1		4			1911	15	50
西湖区	1			3	5		3413	33	119
滨江区		1		3	4		3810	80	57
萧山区	1		2	18	1	1	28487	243	290
余杭区	12	3	2	7	7		31827	188	461
富阳区			3	15			7464	57	106
临安区		1	1	11			4258	47	160
桐庐县									
淳安县									
建德市			19	14			1477	19	7
宁波市	**3**		**1**	**61**	**5**	**2**	**131576**	**654**	**849**
海曙区				4			14502	45	165
江北区	1			5	1		5689	29	79
北仑区	2		1	3			19322	104	125
镇海区				2		1	9233	45	96
鄞州区				5	2		8739	44	87
奉化区				8	1		6324	70	52
象山县									
宁海县									
余姚市				31	1		27495	62	101
慈溪市				3		1	40272	255	144
温州市	**3**	**3**	**1**	**64**	**5**	**3**	**120087**	**538**	**618**
鹿城区				4			21791	38	64
龙湾区		1		12			12944	34	45
瓯海区				7	1		19434	129	172
洞头区				2			596	17	7
永嘉县									
平阳县									
苍南县									
文成县									
泰顺县									
瑞安市	2			20		1	27655	165	117
乐清市	1	2	1	17	4	2	27317	77	158
龙港市				2			10350	78	55
嘉兴市				**3**	**1**		**53181**	**429**	**929**
南湖区					1		9818	118	290
秀洲区				1			7504	43	390
嘉善县									
海盐县									
海宁市							12238	142	67
平湖市							7568	79	133
桐乡市				2			16053	47	49
湖州市		**2**		**38**	**3**	**7**	**9153**	**106**	**215**
吴兴区		2		36	3	7	4444	62	197
南浔区				2			4709	44	18
德清县									
长兴县									
安吉县									

4—4a 续表 7

单位：人

地　区 性　别	采矿业						制造业		
	石油和天然气开采业	黑色金属矿采选业	有色金属矿采选业	非金属矿采选业	开采专业及辅助性活动	其他采矿业	小计	农副食品加工业	食品制造业
绍兴市	**1**	**9**	**29**	**31**	**2**	**1**	**62312**	**293**	**311**
越城区	1	9	16	5	1	1	11256	81	97
柯桥区			1	6	1		19887	75	81
上虞区			3	7			12437	72	39
新昌县									
诸暨市			9	5			12848	27	48
嵊州市				8			5884	38	46
金华市		**3**		**41**	**1**		**61453**	**325**	**545**
婺城区		1		11			7227	134	160
金东区		1					969	22	41
武义县									
浦江县									
磐安县									
兰溪市		1		6			4424	44	66
义乌市				4			19945	56	161
东阳市				15	1		10904	42	52
永康市				5			17984	27	65
衢州市		**3**	**5**	**14**	**2**	**1**	**8801**	**167**	**116**
柯城区			5	4		1	3190	68	43
衢江区		3		5	1		2408	26	43
常山县									
开化县									
龙游县							27	5	1
江山市				5	1		3176	68	29
舟山市	**2**			**13**			**3798**	**1029**	**66**
定海区	2			11			2158	145	23
普陀区				2			1640	884	43
岱山县									
嵊泗县									
台州市			**6**	**49**			**76314**	**323**	**277**
椒江区				13			10765	136	89
黄岩区			3	1			11402	54	86
路桥区				5			6236	19	27
三门县									
天台县									
仙居县									
温岭市			3	6			23281	30	19
临海市				19			6966	23	25
玉环市				5			17664	61	31
丽水市	**1**	**7**	**11**	**24**	**4**	**3**	**4965**	**57**	**63**
莲都区	1	2	5	8	4	2	3141	21	47
青田县									
缙云县									
遂昌县									
松阳县									
云和县									
庆元县									
景宁畲族自治县									
龙泉市		5	6	16		1	1824	36	16
男	**23**	**31**	**62**	**360**	**33**	**18**	**364468**	**2559**	**2823**
杭州市	**17**	**7**	**18**	**67**	**14**	**3**	**57466**	**436**	**812**
上城区	1			1			399	6	7
下城区						1	910	13	16
江干区	1	2	1	6	1	1	8014	56	211
拱墅区	3	1		3			1163	8	27

4-4a　续表 8　　　　单位：人

地区 性别	采矿业						制造业		
	石油和天然气开采业	黑色金属矿采选业	有色金属矿采选业	非金属矿采选业	开采专业及辅助性活动	其他采矿业	小计	农副食品加工业	食品制造业
西湖区	1			2	4		2109	22	57
滨江区		1		2	1		2450	47	35
萧山区	1		2	15	1	1	16583	113	140
余杭区	10	3	1	4	7		17447	107	215
富阳区			3	13			4712	26	39
临安区			1	9			2691	24	62
桐庐县									
淳安县									
建德市			10	12			988	14	3
宁波市	**3**		**1**	**52**	**4**	**1**	**74475**	**368**	**415**
海曙区				1			7383	26	81
江北区	1			4	1		3372	20	38
北仑区	2		1	3			11595	67	55
镇海区				2			5443	34	45
鄞州区				4	2		5121	26	38
奉化区				8	1		3461	32	25
象山县									
宁海县									
余姚市				27			15659	38	55
慈溪市				3		1	22441	125	78
温州市	**2**	**3**	**1**	**55**	**5**	**3**	**72141**	**329**	**345**
鹿城区				3			13272	25	43
龙湾区		1		10			8184	18	23
瓯海区				6	1		11630	74	86
洞头区				1			348	11	3
永嘉县									
平阳县									
苍南县									
文成县									
泰顺县									
瑞安市	1			17		1	16803	99	74
乐清市	1	2	1	16	4	2	15871	51	86
龙港市				2			6033	51	30
嘉兴市				**3**	**1**		**29087**	**266**	**463**
南湖区					1		5740	76	140
秀洲区				1			4214	28	182
嘉善县									
海盐县									
海宁市							6764	88	29
平湖市							4165	42	82
桐乡市				2			8204	32	30
湖州市		**2**		**34**	**2**	**7**	**5611**	**55**	**91**
吴兴区		2		33	2	7	2748	37	82
南浔区				1			2863	18	9
德清县									
长兴县									
安吉县									
绍兴市		**7**	**24**	**29**	**1**	**1**	**34949**	**171**	**156**
越城区		7	13	5		1	6222	39	48
柯桥区			1	5	1		11578	49	43
上虞区			3	6			6957	42	21
新昌县									
诸暨市			7	5			7020	17	20
嵊州市				8			3172	24	24

4-4a 续表 9

单位：人

地区 性别	采矿业						制造业		
	石油和天然气开采业	黑色金属矿采选业	有色金属矿采选业	非金属矿采选业	开采专业及辅助性活动	其他采矿业	小计	农副食品加工业	食品制造业
金华市		**3**		**33**	**1**		**35035**	**198**	**281**
婺城区		1		9			4190	72	79
金东区		1					559	14	22
武义县									
浦江县									
磐安县									
兰溪市		1		5			2516	30	35
义乌市				3			10701	35	84
东阳市				11	1		5774	31	30
永康市				5			11295	16	31
衢州市		**3**	**4**	**13**	**2**	**1**	**5587**	**97**	**53**
柯城区			4	4		1	2177	43	19
衢江区		3		4	1		1543	15	18
常山县									
开化县									
龙游县							11	3	1
江山市				5	1		1856	36	15
舟山市	**1**			**9**			**2403**	**423**	**34**
定海区	1			7			1494	75	10
普陀区				2			909	348	24
岱山县									
嵊泗县									
台州市			**6**	**47**			**44645**	**189**	**148**
椒江区				12			6253	76	49
黄岩区			3	1			7269	26	39
路桥区				5			3674	11	16
三门县									
天台县									
仙居县									
温岭市			3	6			13156	19	13
临海市				18			3779	15	15
玉环市				5			10514	42	16
丽水市		**6**	**8**	**18**	**3**	**2**	**3069**	**27**	**25**
莲都区		2	3	4	3	1	1995	11	17
青田县									
缙云县									
遂昌县									
松阳县									
云和县									
庆元县									
景宁畲族自治县									
龙泉市		4	5	14		1	1074	16	8
女	**8**	**4**	**19**	**62**	**11**	**3**	**264598**	**2166**	**2945**
杭州市	**4**	**1**	**10**	**17**	**7**	**1**	**39960**	**368**	**967**
上城区					1		228	1	12
下城区				1			539	9	13
江干区	1			1	2	1	4689	37	270
拱墅区	1			1			748	7	23
西湖区				1	1		1304	11	62
滨江区				1	3		1360	33	22
萧山区				3			11904	130	150
余杭区	2		1	3			14380	81	246
富阳区				2			2752	31	67
临安区		1		2			1567	23	98
桐庐县									
淳安县									
建德市			9	2			489	5	4

4-4a　续表 10　　　　单位：人

地　区 性　别	采矿业：石油和天然气开采业	采矿业：黑色金属矿采选业	采矿业：有色金属矿采选业	采矿业：非金属矿采选业	采矿业：开采专业及辅助性活动	采矿业：其他采矿业	制造业：小计	制造业：农副食品加工业	制造业：食品制造业
宁波市				**9**	**1**	**1**	**57101**	**286**	**434**
海曙区				3			7119	19	84
江北区				1			2317	9	41
北仑区							7727	37	70
镇海区						1	3790	11	51
鄞州区				1			3618	18	49
奉化区							2863	38	27
象山县									
宁海县									
余姚市				4	1		11836	24	46
慈溪市							17831	130	66
温州市	**1**			**9**			**47946**	**209**	**273**
鹿城区				1			8519	13	21
龙湾区				2			4760	16	22
瓯海区				1			7804	55	86
洞头区				1			248	6	4
永嘉县									
平阳县									
苍南县									
文成县									
泰顺县									
瑞安市	1			3			10852	66	43
乐清市				1			11446	26	72
龙港市							4317	27	25
嘉兴市							**24094**	**163**	**466**
南湖区							4078	42	150
秀洲区							3290	15	208
嘉善县									
海盐县									
海宁市							5474	54	38
平湖市							3403	37	51
桐乡市							7849	15	19
湖州市				**4**	**1**		**3542**	**51**	**124**
吴兴区				3	1		1696	25	115
南浔区				1			1846	26	9
德清县									
长兴县									
安吉县									
绍兴市	**1**	**2**	**5**	**2**	**1**		**27363**	**122**	**155**
越城区	1	2	3		1		5034	42	49
柯桥区				1			8309	26	38
上虞区				1			5480	30	18
新昌县									
诸暨市			2				5828	10	28
嵊州市							2712	14	22
金华市				**8**			**26418**	**127**	**264**
婺城区				2			3037	62	81
金东区							410	8	19
武义县									
浦江县									
磐安县									
兰溪市				1			1908	14	31
义乌市				1			9244	21	77
东阳市				4			5130	11	22
永康市							6689	11	34

4-4a 续表 11

单位：人

地区 性别	采矿业						制造业		
	石油和天然气开采业	黑色金属矿采选业	有色金属矿采选业	非金属矿采选业	开采专业及辅助性活动	其他采矿业	小计	农副食品加工业	食品制造业
衢州市			**1**	**1**			**3214**	**70**	**63**
柯城区			1				1013	25	24
衢江区				1			865	11	25
常山县									
开化县									
龙游县							16	2	
江山市							1320	32	14
舟山市	**1**			**4**			**1395**	**606**	**32**
定海区	1			4			664	70	13
普陀区							731	536	19
岱山县									
嵊泗县									
台州市				**2**			**31669**	**134**	**129**
椒江区				1			4512	60	40
黄岩区							4133	28	47
路桥区							2562	8	11
三门县									
天台县									
仙居县									
温岭市							10125	11	6
临海市				1			3187	8	10
玉环市							7150	19	15
丽水市	**1**	**1**	**3**	**6**	**1**	**1**	**1896**	**30**	**38**
莲都区	1		2	4	1	1	1146	10	30
青田县									
缙云县									
遂昌县									
松阳县									
云和县									
庆元县									
景宁畲族自治县									
龙泉市		1	1	2			750	20	8

4-4a 续表 12

单位：人

地区 性别	制造业								
	酒、饮料和精制茶制造业	烟草制品业	纺织业	纺织服装、服饰业	皮革、毛皮、羽毛及其制品和制鞋业	木材加工和木、竹、藤、棕、草制品业	家具制造业	造纸和纸制品业	印刷和记录媒介复制业
合计	**2525**	**348**	**46819**	**86923**	**64539**	**5900**	**10054**	**12118**	**10078**
杭州市	**865**	**183**	**8118**	**22500**	**1706**	**686**	**2029**	**1716**	**1368**
上城区	14	47	14	33	5	10	8	9	14
下城区	18	19	29	200	4	7	21	13	56
江干区	241	31	250	1474	77	31	449	141	182
拱墅区	23	6	60	115	12	18	55	39	43
西湖区	112	33	65	113	16	24	69	22	144
滨江区	15	28	62	89	16	10	21	17	38
萧山区	149	10	5376	2542	1030	311	847	356	300
余杭区	104	4	1885	17710	266	130	418	222	439
富阳区	26	5	159	104	179	80	92	466	110
临安区	20		182	104	100	56	37	425	39
桐庐县									
淳安县									
建德市	143		36	16	1	9	12	6	3
宁波市	**284**	**127**	**3498**	**15056**	**3688**	**491**	**1514**	**2028**	**1738**
海曙区	25	13	436	4042	123	131	222	370	353
江北区	12	17	148	289	29	31	101	110	75
北仑区	46	3	348	3355	38	40	185	426	126
镇海区	11	4	436	503	45	43	81	79	60
鄞州区	42	86	247	1176	21	50	137	114	261
奉化区	46	4	89	1035	60	55	102	112	118
象山县									
宁海县									
余姚市	56		466	194	600	56	404	394	362
慈溪市	46		1328	4462	2772	85	282	423	383
温州市	**194**	**4**	**3651**	**7633**	**36508**	**416**	**420**	**2707**	**3532**
鹿城区	30	1	85	482	17505	25	37	78	153
龙湾区	15		111	713	2268	56	63	108	115
瓯海区	56		152	3061	7589	69	117	152	313
洞头区	1		1	102	5	12	7	3	1
永嘉县									
平阳县									
苍南县									
文成县									
泰顺县									
瑞安市	37	1	1050	2561	8926	63	66	363	157
乐清市	35	2	69	439	137	132	102	214	166
龙港市	20		2183	275	78	59	28	1789	2627
嘉兴市	**119**	**8**	**5237**	**15973**	**5338**	**164**	**1382**	**854**	**610**
南湖区	43	2	505	1155	202	60	181	260	138
秀洲区	13	3	582	946	173	25	253	81	48
嘉善县									
海盐县									
海宁市	27		2111	2147	4004	31	532	121	222
平湖市	10		335	1410	729	12	198	253	132
桐乡市	26	3	1704	10315	230	36	218	139	70
湖州市	**121**	**3**	**787**	**1023**	**57**	**1553**	**449**	**102**	**98**
吴兴区	120	3	545	610	23	60	78	28	90
南浔区	1		242	413	34	1493	371	74	8
德清县									
长兴县									
安吉县									

4-4a 续表 13 单位：人

地区 性别	制造业								
	酒、饮料和精制茶制造业	烟草制品业	纺织业	纺织服装、服饰业	皮革、毛皮、羽毛及其制品和制鞋业	木材加工和木、竹、藤、棕、草制品业	家具制造业	造纸和纸制品业	印刷和记录媒介复制业
绍兴市	**569**	**4**	**20614**	**10841**	**319**	**300**	**1008**	**842**	**601**
越城区	287		3641	1474	71	81	485	207	116
柯桥区	155		12347	780	94	100	149	316	129
上虞区	58		814	531	13	46	171	159	228
新昌县									
诸暨市	15	3	3226	6513	76	33	34	90	101
嵊州市	54	1	586	1543	65	40	169	70	27
金华市	**107**	**15**	**3646**	**9707**	**1560**	**585**	**913**	**2521**	**1512**
婺城区	41	1	141	476	307	79	191	144	144
金东区	13		21	74	13	16	19	28	21
武义县									
浦江县									
磐安县									
兰溪市	13	1	1470	168	24	30	26	58	41
义乌市	17	3	1206	4155	804	66	80	1687	1006
东阳市	16	6	716	4726	378	153	291	298	146
永康市	7	4	92	108	34	241	306	306	154
衢州市	**126**	**3**	**201**	**427**	**143**	**1025**	**230**	**340**	**71**
柯城区	40	2	54	69	52	27	56	67	31
衢江区	60	1	65	124	76	32	49	221	19
常山县									
开化县									
龙游县			6					5	
江山市	26		76	234	15	966	125	47	21
舟山市	**25**		**42**	**70**	**1**	**26**	**14**	**33**	**43**
定海区	12		30	53		13	7	30	23
普陀区	13		12	17	1	13	7	3	20
岱山县									
嵊泗县									
台州市	**83**		**947**	**3537**	**14914**	**362**	**1999**	**883**	**434**
椒江区	27		471	1741	109	69	178	109	67
黄岩区	18		37	349	21	49	60	96	114
路桥区	3		102	507	752	61	36	86	56
三门县									
天台县									
仙居县									
温岭市	7		61	441	13947	60	57	390	88
临海市	15		246	351	27	77	1038	77	63
玉环市	13		30	148	58	46	630	125	46
丽水市	**32**	**1**	**78**	**156**	**305**	**292**	**96**	**92**	**71**
莲都区	22	1	71	139	283	29	36	54	63
青田县									
缙云县									
遂昌县									
松阳县									
云和县									
庆元县									
景宁畲族自治县									
龙泉市	10		7	17	22	263	60	38	8
男	**1580**	**249**	**24780**	**36469**	**35167**	**4035**	**6606**	**7501**	**6459**
杭州市	**550**	**133**	**4034**	**10852**	**750**	**483**	**1264**	**1037**	**813**
上城区	10	38	8	13	4	9	2	6	6
下城区	12	11	16	77	2	5	16	8	33
江干区	163	24	122	683	42	27	275	98	109
拱墅区	16	5	34	31	6	11	27	21	24

4-4a　续表 14　　　　单位：人

地　区 性　别	制造业 酒、饮料和精制茶制造业	烟　草制品业	纺织业	纺织服装、服饰业	皮革、毛皮、羽毛及其制品和制鞋业	木材加工和木、竹、藤、棕、草制品业	家　具制造业	造纸和纸制品业	印刷和记录媒介复制业
西湖区	59	22	32	42	7	19	45	12	97
滨江区	9	19	33	39	10	8	11	10	22
萧山区	88	6	2711	953	445	208	525	174	183
余杭区	74	4	915	8931	117	97	272	114	255
富阳区	16	4	71	40	63	53	58	311	57
临安区	7		82	40	54	40	25	281	26
桐庐县									
淳安县									
建德市	96		10	3		6	8	2	1
宁波市	**187**	**89**	**1782**	**5158**	**1763**	**346**	**993**	**1335**	**1040**
海曙区	17	9	196	1293	41	79	154	250	210
江北区	6	9	55	92	8	20	59	65	40
北仑区	34	3	168	1245	13	34	122	300	68
镇海区	6	3	189	124	9	31	52	39	25
鄞州区	26	61	128	436	11	29	81	72	155
奉化区	28	4	34	237	28	39	64	67	70
象山县									
宁海县									
余姚市	36		218	70	335	45	257	252	210
慈溪市	34		794	1661	1318	69	204	290	262
温州市	**133**	**4**	**1666**	**3625**	**20933**	**348**	**314**	**1633**	**2481**
鹿城区	17	1	51	251	10463	21	28	50	104
龙湾区	8		78	313	1133	44	45	85	75
瓯海区	40		85	1545	4423	55	86	111	216
洞头区	1		1	47	2	11	7	3	
永嘉县									
平阳县									
苍南县									
文成县									
泰顺县									
瑞安市	26	1	569	1169	4796	59	48	263	109
乐清市	26	2	36	197	79	105	76	146	102
龙港市	15		846	103	37	53	24	975	1875
嘉兴市	**68**	**6**	**2948**	**6527**	**2740**	**128**	**923**	**597**	**375**
南湖区	24	2	254	365	92	40	109	194	77
秀洲区	9	2	335	318	78	21	157	51	29
嘉善县									
海盐县									
海宁市	12		1156	843	2147	27	350	75	136
平湖市	5		189	460	323	9	148	190	85
桐乡市	18	2	1014	4541	100	31	159	87	48
湖州市	**76**	**2**	**415**	**362**	**20**	**974**	**298**	**63**	**62**
吴兴区	76	2	278	245	8	41	57	15	60
南浔区			137	117	12	933	241	48	2
德清县									
长兴县									
安吉县									
绍兴市	**332**	**3**	**11453**	**4434**	**158**	**226**	**687**	**490**	**325**
越城区	167		2041	436	26	57	308	122	74
柯桥区	92		6949	321	46	74	105	184	71
上虞区	28		419	143	10	33	126	79	99
新昌县									
诸暨市	10	2	1742	3113	46	27	25	59	63
嵊州市	35	1	302	421	30	35	123	46	18

4-4a 续表 15 单位：人

地　区 性　别	制造业								
	酒、饮料和精制茶制造业	烟　草制品业	纺织业	纺织服装、服饰业	皮革、毛皮、羽毛及其制品和制鞋业	木材加工和木、竹、藤、棕、草制品业	家　具制造业	造纸和纸制品业	印刷和记录媒介复制业
金华市	**68**	**10**	**1892**	**4224**	**740**	**429**	**632**	**1482**	**985**
婺城区	28	1	73	136	99	59	130	75	76
金东区	10		11	21	1	11	16	13	10
武义县									
浦江县									
磐安县									
兰溪市	9		723	44	11	24	21	31	29
义乌市	9	2	643	1949	403	49	59	986	670
东阳市	9	4	400	2040	207	119	206	182	96
永康市	3	3	42	34	19	167	200	195	104
衢州市	**81**	**1**	**82**	**92**	**76**	**635**	**165**	**221**	**41**
柯城区	23	1	23	12	32	20	39	39	18
衢江区	42		26	28	42	23	32	156	12
常山县									
开化县									
龙游县			3						
江山市	16		30	52	2	592	94	26	11
舟山市	**14**		**19**	**21**	**1**	**18**	**10**	**24**	**29**
定海区	7		14	17		11	6	22	13
普陀区	7		5	4	1	7	4	2	16
岱山县									
嵊泗县									
台州市	**50**		**447**	**1110**	**7788**	**265**	**1263**	**564**	**267**
椒江区	14		218	550	41	53	123	72	39
黄岩区	12		14	99	13	37	40	63	65
路桥区	2		49	172	333	43	27	58	36
三门县									
天台县									
仙居县									
温岭市	3		28	171	7372	44	37	254	53
临海市	10		128	66	13	51	612	53	43
玉环市	9		10	52	16	37	424	64	31
丽水市	**21**	**1**	**42**	**64**	**198**	**183**	**57**	**55**	**41**
莲都区	13	1	40	60	183	19	28	34	38
青田县									
缙云县									
遂昌县									
松阳县									
云和县									
庆元县									
景宁畲族自治县									
龙泉市	8		2	4	15	164	29	21	3
女	**945**	**99**	**22039**	**50454**	**29372**	**1865**	**3448**	**4617**	**3619**
杭州市	**315**	**50**	**4084**	**11648**	**956**	**203**	**765**	**679**	**555**
上城区	4	9	6	20	1	1	6	3	8
下城区	6	8	13	123	2	2	5	5	23
江干区	78	7	128	791	35	4	174	43	73
拱墅区	7	1	26	84	6	7	28	18	19
西湖区	53	11	33	71	9	5	24	10	47
滨江区	6	9	29	50	6	2	10	7	16
萧山区	61	4	2665	1589	585	103	322	182	117
余杭区	30		970	8779	149	33	146	108	184
富阳区	10	1	88	64	116	27	34	155	53
临安区	13		100	64	46	16	12	144	13
桐庐县									
淳安县									
建德市	47		26	13	1	3	4	4	2

4-4a 续表 16

单位：人

地区 性别	制造业								
	酒、饮料和精制茶制造业	烟草制品业	纺织业	纺织服装、服饰业	皮革、毛皮、羽毛及其制品和制鞋业	木材加工和木、竹、藤、棕、草制品业	家具制造业	造纸和纸制品业	印刷和记录媒介复制业
宁波市	**97**	**38**	**1716**	**9898**	**1925**	**145**	**521**	**693**	**698**
海曙区	8	4	240	2749	82	52	68	120	143
江北区	6	8	93	197	21	11	42	45	35
北仑区	12		180	2110	25	6	63	126	58
镇海区	5	1	247	379	36	12	29	40	35
鄞州区	16	25	119	740	10	21	56	42	106
奉化区	18		55	798	32	16	38	45	48
象山县									
宁海县									
余姚市	20		248	124	265	11	147	142	152
慈溪市	12		534	2801	1454	16	78	133	121
温州市	**61**		**1985**	**4008**	**15575**	**68**	**106**	**1074**	**1051**
鹿城区	13		34	231	7042	4	9	28	49
龙湾区	7		33	400	1135	12	18	23	40
瓯海区	16		67	1516	3166	14	31	41	97
洞头区				55	3	1			1
永嘉县									
平阳县									
苍南县									
文成县									
泰顺县									
瑞安市	11		481	1392	4130	4	18	100	48
乐清市	9		33	242	58	27	26	68	64
龙港市	5		1337	172	41	6	4	814	752
嘉兴市	**51**	**2**	**2289**	**9446**	**2598**	**36**	**459**	**257**	**235**
南湖区	19		251	790	110	20	72	66	61
秀洲区	4	1	247	628	95	4	96	30	19
嘉善县									
海盐县									
海宁市	15		955	1304	1857	4	182	46	86
平湖市	5		146	950	406	3	50	63	47
桐乡市	8	1	690	5774	130	5	59	52	22
湖州市	**45**	**1**	**372**	**661**	**37**	**579**	**151**	**39**	**36**
吴兴区	44	1	267	365	15	19	21	13	30
南浔区	1		105	296	22	560	130	26	6
德清县									
长兴县									
安吉县									
绍兴市	**237**	**1**	**9161**	**6407**	**161**	**74**	**321**	**352**	**276**
越城区	120		1600	1038	45	24	177	85	42
柯桥区	63		5398	459	48	26	44	132	58
上虞区	30		395	388	3	13	45	80	129
新昌县									
诸暨市	5	1	1484	3400	30	6	9	31	38
嵊州市	19		284	1122	35	5	46	24	9
金华市	**39**	**5**	**1754**	**5483**	**820**	**156**	**281**	**1039**	**527**
婺城区	13		68	340	208	20	61	69	68
金东区	3		10	53	12	5	3	15	11
武义县									
浦江县									
磐安县									
兰溪市	4	1	747	124	13	6	5	27	12
义乌市	8	1	563	2206	401	17	21	701	336
东阳市	7	2	316	2686	171	34	85	116	50
永康市	4	1	50	74	15	74	106	111	50

4-4a 续表 17 单位：人

地区 性别	制造业								
	酒、饮料和精制茶制造业	烟草制品业	纺织业	纺织服装、服饰业	皮革、毛皮、羽毛及其制品和制鞋业	木材加工和木、竹、藤、棕、草制品业	家具制造业	造纸和纸制品业	印刷和记录媒介复制业
衢州市	**45**	**2**	**119**	**335**	**67**	**390**	**65**	**119**	**30**
柯城区	17	1	31	57	20	7	17	28	13
衢江区	18	1	39	96	34	9	17	65	7
常山县									
开化县									
龙游县			3					5	
江山市	10		46	182	13	374	31	21	10
舟山市	**11**		**23**	**49**		**8**	**4**	**9**	**14**
定海区	5		16	36		2	1	8	10
普陀区	6		7	13		6	3	1	4
岱山县									
嵊泗县									
台州市	**33**		**500**	**2427**	**7126**	**97**	**736**	**319**	**167**
椒江区	13		253	1191	68	16	55	37	28
黄岩区	6		23	250	8	12	20	33	49
路桥区	1		53	335	419	18	9	28	20
三门县									
天台县									
仙居县									
温岭市	4		33	270	6575	16	20	136	35
临海市	5		118	285	14	26	426	24	20
玉环市	4		20	96	42	9	206	61	15
丽水市	**11**		**36**	**92**	**107**	**109**	**39**	**37**	**30**
莲都区	9		31	79	100	10	8	20	25
青田县									
缙云县									
遂昌县									
松阳县									
云和县									
庆元县									
景宁畲族自治县									
龙泉市	2		5	13	7	99	31	17	5

4-4a 续表 18　　　　单位：人

地　区 性　别	制造业 文教、工美、体育和娱乐用品制造业	石油、煤炭及其他燃料加工业	化学原料和化学制品制造业	医　药制造业	化学纤维制造业	橡胶和塑　料制品业	非金属矿　物制品业	黑色金属冶炼和压延加工业	有色金属冶炼和压延加工业
合计	**22507**	**1499**	**12690**	**7260**	**3964**	**35266**	**13318**	**3320**	**3400**
杭州市	**2174**	**94**	**2436**	**2197**	**1497**	**4455**	**2792**	**264**	**328**
上城区	12	1	22	42	2	57	16		2
下城区	18	5	45	107	4	34	28	5	3
江干区	90	9	268	606	32	1352	243	39	13
拱墅区	47	14	65	185	2	71	71	28	9
西湖区	60	3	105	196	4	91	101	6	8
滨江区	39	1	85	106	3	56	45	5	6
萧山区	1331	31	837	233	1367	982	1006	77	61
余杭区	287	24	348	397	41	565	476	64	66
富阳区	169	4	183	151	30	639	541	33	138
临安区	25	2	208	137	12	193	144	5	16
桐庐县									
淳安县									
建德市	96		270	37		415	121	2	6
宁波市	**4680**	**1150**	**2357**	**623**	**306**	**10826**	**2051**	**873**	**967**
海曙区	608	31	201	112	6	1023	251	38	120
江北区	264	50	86	53	4	274	198	22	303
北仑区	974	256	900	90	19	728	248	514	92
镇海区	317	722	522	36	5	426	235	47	53
鄞州区	253	74	169	153	5	518	187	52	63
奉化区	284	1	55	27		542	188	14	40
象山县									
宁海县									
余姚市	323	3	181	56	43	4594	392	66	125
慈溪市	1657	13	243	96	224	2721	352	120	171
温州市	**1860**	**38**	**738**	**248**	**167**	**5292**	**1561**	**600**	**562**
鹿城区	179	4	110	64	1	172	149	36	16
龙湾区	875	7	117	30	4	416	248	390	87
瓯海区	102	2	87	38	4	286	329	37	56
洞头区	12		26	41	3	10	42		8
永嘉县									
平阳县									
苍南县									
文成县									
泰顺县									
瑞安市	200	11	228	27	147	1042	252	82	165
乐清市	133	12	97	21	2	1452	335	51	216
龙港市	359	2	73	27	6	1914	206	4	14
嘉兴市	**722**	**30**	**1036**	**373**	**789**	**1774**	**1492**	**180**	**96**
南湖区	191	11	421	167	69	447	250	130	18
秀洲区	134	1	98	45	302	355	247	14	19
嘉善县									
海盐县									
海宁市	86	1	135	34	152	593	159	14	9
平湖市	165	4	186	92	15	183	173	14	5
桐乡市	146	13	196	35	251	196	663	8	45
湖州市	**65**	**14**	**178**	**99**	**38**	**155**	**343**	**220**	**84**
吴兴区	49	9	134	90	38	114	257	205	71
南浔区	16	5	44	9		41	86	15	13
德清县									
长兴县									
安吉县									

4-4a　续表 19　　　　　　　　　　　　　　　　　　　　　　　　　　　　单位：人

地　区 性　别	制造业								
	文教、工美、体育和娱乐用品制造业	石油、煤炭及其他燃料加工业	化学原料和化学制品制造业	医　药制造业	化学纤维制造业	橡胶和塑　料制品业	非金属矿　物制品业	黑色金属冶炼和压延加工业	有色金属冶炼和压延加工业
绍兴市	**2046**	**18**	**2276**	**1264**	**993**	**2184**	**1279**	**162**	**495**
越城区	203	7	244	518	236	388	212	3	69
柯桥区	1581	3	189	69	651	429	379	22	133
上虞区	176	5	1725	533	25	1179	422	81	237
新昌县									
诸暨市	58	1	68	48	78	98	131	32	26
嵊州市	28	2	50	96	3	90	135	24	30
金华市	**8747**	**16**	**1344**	**576**	**112**	**3991**	**1647**	**181**	**354**
婺城区	365	4	174	231	8	478	294	31	44
金东区	89		42	19	1	36	66	2	3
武义县									
浦江县									
磐安县									
兰溪市	269	5	188	143	1	371	348	6	64
义乌市	5892	4	585	81	44	1434	195	11	39
东阳市	1270	1	224	93	38	620	260	11	43
永康市	862	2	131	9	20	1052	484	120	161
衢州市	**132**	**7**	**1131**	**139**	**50**	**440**	**496**	**520**	**186**
柯城区	21	3	880	77	21	108	146	379	102
衢江区	27	2	135	38	26	175	144	128	75
常山县									
开化县									
龙游县			1			1			
江山市	84	2	115	24	3	156	206	13	9
舟山市	**12**	**93**	**44**	**29**	**2**	**80**	**150**	**7**	**3**
定海区	10	87	30	13	1	47	126	4	2
普陀区	2	6	14	16	1	33	24	3	1
岱山县									
嵊泗县									
台州市	**1709**	**34**	**704**	**1642**	**9**	**5748**	**1069**	**190**	**296**
椒江区	87	9	259	950	6	895	457	44	24
黄岩区	913		167	277	1	2889	99	4	12
路桥区	94	7	58	16	1	584	139	56	66
三门县									
天台县									
仙居县									
温岭市	62	6	43	45		464	166	37	20
临海市	501	4	151	317		370	108	10	32
玉环市	52	8	26	37	1	546	100	39	142
丽水市	**360**	**5**	**446**	**70**	**1**	**321**	**438**	**123**	**29**
莲都区	96	5	441	41	1	295	154	10	26
青田县									
缙云县									
遂昌县									
松阳县									
云和县									
庆元县									
景宁畲族自治县									
龙泉市	264		5	29		26	284	113	3
男	**10961**	**1195**	**8782**	**4033**	**2545**	**20222**	**9931**	**2660**	**2436**
杭州市	**998**	**67**	**1646**	**1086**	**935**	**2985**	**2139**	**207**	**249**
上城区	3	1	16	25		36	9		1
下城区	11	5	26	57	4	26	23	5	2
江干区	41	6	167	282	20	1006	177	33	12
拱墅区	18	8	39	91	1	45	51	23	5

4-4a　续表 20　　　　　　　　　　　　　　　　　　　　单位：人

地　区 性　别	制造业								
	文教、工美、体育和娱乐用品制造业	石油、煤炭及其他燃料加工业	化学原料和化学制品制造业	医　药制造业	化学纤维制造业	橡胶和塑　料制品业	非金属矿　物制品业	黑色金属冶炼和压延加工业	有色金属冶炼和压延加工业
西湖区	33	3	65	96	3	61	83	5	7
滨江区	22	1	61	50	2	38	29	5	4
萧山区	571	25	589	127	857	591	771	56	47
余杭区	149	14	202	190	24	328	371	51	47
富阳区	79	3	120	78	16	443	414	25	108
临安区	12	1	157	78	8	121	118	3	12
桐庐县									
淳安县									
建德市	59		204	12		290	93	1	4
宁波市	**2210**	**939**	**1773**	**352**	**204**	**5771**	**1485**	**724**	**689**
海曙区	254	26	120	55	3	494	185	33	77
江北区	133	40	53	31	3	132	164	11	220
北仑区	432	215	768	51	14	380	192	456	57
镇海区	121	591	406	18	5	228	178	37	41
鄞州区	123	54	114	83	4	319	138	39	45
奉化区	146		40	15		293	122	11	25
象山县									
宁海县									
余姚市	144	2	121	35	34	2380	264	48	90
慈溪市	857	11	151	64	141	1545	242	89	134
温州市	**937**	**28**	**558**	**145**	**123**	**3273**	**1256**	**484**	**411**
鹿城区	106	2	82	46	1	119	122	30	12
龙湾区	422	7	91	14	3	266	210	308	66
瓯海区	55	2	62	21	3	183	259	32	34
洞头区	4		17	22	2	4	37		7
永嘉县									
平阳县									
苍南县									
文成县									
泰顺县									
瑞安市	103	8	179	20	108	696	204	72	132
乐清市	67	8	75	13	2	828	267	38	150
龙港市	180	1	52	9	4	1177	157	4	10
嘉兴市	**331**	**24**	**774**	**200**	**519**	**1199**	**1097**	**136**	**66**
南湖区	101	8	321	98	39	293	192	99	12
秀洲区	61	1	76	14	214	248	164	10	14
嘉善县									
海盐县									
海宁市	35	1	92	20	103	433	121	10	6
平湖市	64	3	138	48	6	94	125	12	2
桐乡市	70	11	147	20	157	131	495	5	32
湖州市	**35**	**9**	**131**	**54**	**29**	**86**	**264**	**172**	**60**
吴兴区	25	6	93	47	29	58	200	159	50
南浔区	10	3	38	7		28	64	13	10
德清县									
长兴县									
安吉县									
绍兴市	**959**	**13**	**1597**	**716**	**623**	**1170**	**957**	**130**	**354**
越城区	81	3	167	243	163	252	159	3	54
柯桥区	758	3	135	37	397	272	303	18	93
上虞区	77	4	1223	346	14	527	293	67	164
新昌县									
诸暨市	29	1	39	21	47	59	100	24	22
嵊州市	14	2	33	69	2	60	102	18	21

4-4a 续表 21 单位：人

地区 性别	制造业								
	文教、工美、体育和娱乐用品制造业	石油、煤炭及其他燃料加工业	化学原料和化学制品制造业	医药制造业	化学纤维制造业	橡胶和塑料制品业	非金属矿物制品业	黑色金属冶炼和压延加工业	有色金属冶炼和压延加工业
金华市	**4500**	**9**	**734**	**309**	**69**	**2275**	**1180**	**136**	**252**
婺城区	165	2	87	106	5	256	216	24	25
金东区	50		24	13	1	20	48	2	2
武义县									
浦江县									
磐安县									
兰溪市	132	2	107	81	1	209	261	5	49
义乌市	2938	2	304	47	29	839	139	9	19
东阳市	691	1	140	57	20	346	213	8	30
永康市	524	2	72	5	13	605	303	88	127
衢州市	**41**	**6**	**798**	**70**	**35**	**253**	**363**	**419**	**131**
柯城区	9	3	619	39	12	64	101	302	76
衢江区	13	2	97	20	20	100	98	106	52
常山县									
开化县									
龙游县			1						
江山市	19	1	81	11	3	89	164	11	3
舟山市	**4**	**73**	**27**	**15**	**1**	**39**	**109**	**5**	**2**
定海区	3	67	21	4	1	31	87	3	1
普陀区	1	6	6	11		8	22	2	1
岱山县									
嵊泗县									
台州市	**763**	**25**	**479**	**1050**	**6**	**2972**	**795**	**143**	**200**
椒江区	33	6	174	620	4	490	335	34	17
黄岩区	386		113	175		1411	79	4	9
路桥区	36	5	34	13	1	306	99	46	46
三门县									
天台县									
仙居县									
温岭市	35	5	26	24		273	129	26	14
临海市	242	3	113	197		235	84	8	22
玉环市	31	6	19	21	1	257	69	25	92
丽水市	**183**	**2**	**265**	**36**	**1**	**199**	**286**	**104**	**22**
莲都区	40	2	260	25	1	187	121	7	19
青田县									
缙云县									
遂昌县									
松阳县									
云和县									
庆元县									
景宁畲族自治县									
龙泉市	143		5	11		12	165	97	3
女	**11546**	**304**	**3908**	**3227**	**1419**	**15044**	**3387**	**660**	**964**
杭州市	**1176**	**27**	**790**	**1111**	**562**	**1470**	**653**	**57**	**79**
上城区	9		6	17	2	21	7		1
下城区	7		19	50		8	5		1
江干区	49	3	101	324	12	346	66	6	1
拱墅区	29	6	26	94	1	26	20	5	4
西湖区	27		40	100	1	30	18	1	1
滨江区	17		24	56	1	18	16		2
萧山区	760	6	248	106	510	391	235	21	14
余杭区	138	10	146	207	17	237	105	13	19
富阳区	90	1	63	73	14	196	127	8	30
临安区	13	1	51	59	4	72	26	2	4
桐庐县									
淳安县									
建德市	37		66	25		125	28	1	2

4-4a 续表 22

单位：人

地区 性别	制造业								
	文教、工美、体育和娱乐用品制造业	石油、煤炭及其他燃料加工业	化学原料和化学制品制造业	医药制造业	化学纤维制造业	橡胶和塑料制品业	非金属矿物制品业	黑色金属冶炼和压延加工业	有色金属冶炼和压延加工业
宁波市	**2470**	**211**	**584**	**271**	**102**	**5055**	**566**	**149**	**278**
海曙区	354	5	81	57	3	529	66	5	43
江北区	131	10	33	22	1	142	34	11	83
北仑区	542	41	132	39	5	348	56	58	35
镇海区	196	131	116	18		198	57	10	12
鄞州区	130	20	55	70	1	199	49	13	18
奉化区	138	1	15	12		249	66	3	15
象山县									
宁海县									
余姚市	179	1	60	21	9	2214	128	18	35
慈溪市	800	2	92	32	83	1176	110	31	37
温州市	**923**	**10**	**180**	**103**	**44**	**2019**	**305**	**116**	**151**
鹿城区	73	2	28	18		53	27	6	4
龙湾区	453		26	16	1	150	38	82	21
瓯海区	47		25	17	1	103	70	5	22
洞头区	8		9	19	1	6	5		1
永嘉县									
平阳县									
苍南县									
文成县									
泰顺县									
瑞安市	97	3	49	7	39	346	48	10	33
乐清市	66	4	22	8		624	68	13	66
龙港市	179	1	21	18	2	737	49		4
嘉兴市	**391**	**6**	**262**	**173**	**270**	**575**	**395**	**44**	**30**
南湖区	90	3	100	69	30	154	58	31	6
秀洲区	73		22	31	88	107	83	4	5
嘉善县									
海盐县									
海宁市	51		43	14	49	160	38	4	3
平湖市	101	1	48	44	9	89	48	2	3
桐乡市	76	2	49	15	94	65	168	3	13
湖州市	**30**	**5**	**47**	**45**	**9**	**69**	**79**	**48**	**24**
吴兴区	24	3	41	43	9	56	57	46	21
南浔区	6	2	6	2		13	22	2	3
德清县									
长兴县									
安吉县									
绍兴市	**1087**	**5**	**679**	**548**	**370**	**1014**	**322**	**32**	**141**
越城区	122	4	77	275	73	136	53		15
柯桥区	823		54	32	254	157	76	4	40
上虞区	99	1	502	187	11	652	129	14	73
新昌县									
诸暨市	29		29	27	31	39	31	8	4
嵊州市	14		17	27	1	30	33	6	9
金华市	**4247**	**7**	**610**	**267**	**43**	**1716**	**467**	**45**	**102**
婺城区	200	2	87	125	3	222	78	7	19
金东区	39		18	6		16	18		1
武义县									
浦江县									
磐安县									
兰溪市	137	3	81	62		162	87	1	15
义乌市	2954	2	281	34	15	595	56	2	20
东阳市	579		84	36	18	274	47	3	13
永康市	338		59	4	7	447	181	32	34

4-4a 续表 23 单位：人

地区 性别	制造业								
	文教、工美、体育和娱乐用品制造业	石油、煤炭及其他燃料加工业	化学原料和化学制品制造业	医药制造业	化学纤维制造业	橡胶和塑料制品业	非金属矿物制品业	黑色金属冶炼和压延加工业	有色金属冶炼和压延加工业
衢州市	**91**	**1**	**333**	**69**	**15**	**187**	**133**	**101**	**55**
柯城区	12		261	38	9	44	45	77	26
衢江区	14		38	18	6	75	46	22	23
常山县									
开化县									
龙游县						1			
江山市	65	1	34	13		67	42	2	6
舟山市	**8**	**20**	**17**	**14**	**1**	**41**	**41**	**2**	**1**
定海区	7	20	9	9		16	39	1	1
普陀区	1		8	5	1	25	2	1	
岱山县									
嵊泗县									
台州市	**946**	**9**	**225**	**592**	**3**	**2776**	**274**	**47**	**96**
椒江区	54	3	85	330	2	405	122	10	7
黄岩区	527		54	102	1	1478	20		3
路桥区	58	2	24	3		278	40	10	20
三门县									
天台县									
仙居县									
温岭市	27	1	17	21		191	37	11	6
临海市	259	1	38	120		135	24	2	10
玉环市	21	2	7	16		289	31	14	50
丽水市	**177**	**3**	**181**	**34**		**122**	**152**	**19**	**7**
莲都区	56	3	181	16		108	33	3	7
青田县									
缙云县									
遂昌县									
松阳县									
云和县									
庆元县									
景宁畲族自治县									
龙泉市	121			18		14	119	16	

4-4a　续表 24　　　　　　　　　　　　　　　　　　　单位：人

地　区 性　别	制造业								
	金　属 制品业	通用设备 制造业	专用设备 制造业	汽　车 制造业	铁路、船舶、航空航天和其他运输设备制造业	电气机械和器材制造业	计算机、通信和其他电子设备制造业	仪器仪表 制造业	其　他 制造业
合计	**43991**	**57772**	**29543**	**31248**	**5757**	**58887**	**27513**	**8954**	**7777**
杭州市	**5277**	**8038**	**3307**	**3368**	**678**	**6378**	**8336**	**2319**	**1029**
上城区	23	70	34	24	6	31	72	18	
下城区	74	291	65	47	16	86	129	52	5
江干区	513	958	731	479	58	1071	2130	496	86
拱墅区	96	257	132	57	13	150	127	127	4
西湖区	169	340	272	97	29	320	477	270	64
滨江区	176	148	164	59	26	274	1951	221	6
萧山区	2126	2497	655	2073	203	1178	1356	315	606
余杭区	864	1844	887	311	197	1628	1012	591	198
富阳区	945	859	248	190	111	693	784	145	47
临安区	236	702	97	18	3	910	277	80	10
桐庐县									
淳安县									
建德市	55	72	22	13	16	37	21	4	3
宁波市	**10783**	**15858**	**7139**	**7128**	**1121**	**20931**	**8585**	**3937**	**1574**
海曙区	1200	1162	585	650	87	1099	780	391	169
江北区	504	803	253	491	62	600	418	308	42
北仑区	1363	1815	1875	1833	448	1372	1637	108	82
镇海区	982	2188	380	356	87	733	474	88	67
鄞州区	737	920	504	736	63	855	829	186	119
奉化区	779	1217	118	310	21	314	464	72	77
象山县									
宁海县									
余姚市	3010	2578	2170	1255	60	5325	1873	2371	222
慈溪市	2208	5175	1254	1497	293	10633	2110	413	796
温州市	**7444**	**9986**	**5998**	**6706**	**645**	**15734**	**3976**	**1168**	**694**
鹿城区	1070	382	409	81	16	308	105	59	58
龙湾区	1344	3693	649	175	21	770	116	145	235
瓯海区	1320	715	2578	558	208	632	272	103	248
洞头区	35	91	9	40	3	40	70	2	1
永嘉县									
平阳县									
苍南县									
文成县									
泰顺县									
瑞安市	1800	2689	991	5281	267	487	178	174	74
乐清市	1708	2293	1285	563	124	13452	3214	681	50
龙港市	167	123	77	8	6	45	21	4	28
嘉兴市	**1661**	**2414**	**1359**	**2130**	**115**	**3571**	**3547**	**374**	**268**
南湖区	480	819	403	623	34	768	1785	130	51
秀洲区	233	438	362	651	25	894	951	60	92
嘉善县									
海盐县									
海宁市	206	333	227	24	18	440	313	18	54
平湖市	489	512	215	587	21	1227	257	85	32
桐乡市	253	312	152	245	17	242	241	81	39
湖州市	**494**	**1298**	**245**	**190**	**37**	**820**	**205**	**17**	**45**
吴兴区	293	420	198	172	29	293	133	13	39
南浔区	201	878	47	18	8	527	72	4	6
德清县									
长兴县									
安吉县									

4-4a 续表 25 单位：人

地区 性别	制造业 金属制品业	通用设备制造业	专用设备制造业	汽车制造业	铁路、船舶、航空航天和其他运输设备制造业	电气机械和器材制造业	计算机、通信和其他电子设备制造业	仪器仪表制造业	其他制造业
绍兴市	**2357**	**3277**	**1704**	**938**	**77**	**4081**	**1042**	**192**	**1710**
越城区	430	447	305	128	18	967	379	37	43
柯桥区	702	466	268	292	9	123	75	45	43
上虞区	714	915	551	288	16	1531	116	93	1591
新昌县									
诸暨市	285	918	477	181	29	97	60	6	10
嵊州市	226	531	103	49	5	1363	412	11	23
金华市	**11037**	**3714**	**1447**	**1393**	**913**	**1587**	**750**	**574**	**1303**
婺城区	918	706	323	754	321	271	248	100	49
金东区	161	74	48	18	25	35	24	40	6
武义县									
浦江县									
磐安县									
兰溪市	363	182	79	119	47	128	50	3	86
义乌市	1133	222	137	29	9	137	123	63	451
东阳市	310	156	109	18	3	150	131	21	572
永康市	8152	2374	751	455	508	866	174	347	139
衢州市	**572**	**700**	**319**	**134**	**38**	**659**	**252**	**41**	**58**
柯城区	183	312	112	32	6	141	89	19	16
衢江区	203	258	59	60	31	158	115	16	27
常山县									
开化县									
龙游县	4	1	1			1	1		
江山市	182	129	147	42	1	359	47	6	15
舟山市	**136**	**390**	**354**	**80**	**403**	**129**	**42**	**18**	**15**
定海区	103	280	309	61	300	116	30	13	4
普陀区	33	110	45	19	103	13	12	5	11
岱山县									
嵊泗县									
台州市	**3900**	**11498**	**7592**	**8725**	**1725**	**4733**	**724**	**268**	**1040**
椒江区	461	924	1429	296	385	934	363	31	26
黄岩区	285	234	4469	340	333	343	22	8	16
路桥区	446	840	306	682	292	616	41	17	27
三门县									
天台县									
仙居县									
温岭市	639	4034	216	320	492	1292	148	82	43
临海市	227	353	184	161	119	1342	50	80	919
玉环市	1842	5113	988	6926	104	206	100	50	9
丽水市	**330**	**599**	**79**	**456**	**5**	**264**	**54**	**46**	**41**
莲都区	248	509	59	77	4	257	50	43	13
青田县									
缙云县									
遂昌县									
松阳县									
云和县									
庆元县									
景宁畲族自治县									
龙泉市	82	90	20	379	1	7	4	3	28
男	**29034**	**39057**	**20966**	**19744**	**3826**	**32932**	**15321**	**5127**	**3740**
杭州市	**3750**	**5798**	**2068**	**2321**	**484**	**3891**	**5244**	**1414**	**454**
上城区	15	53	22	17	4	20	47	8	
下城区	60	212	41	28	10	60	83	29	5
江干区	363	707	435	350	46	690	1445	298	55
拱墅区	71	185	91	33	10	104	82	80	1

4-4a 续表 26

单位：人

地区 性别	制造业 金属制品业	通用设备制造业	专用设备制造业	汽车制造业	铁路、船舶、航空航天和其他运输设备制造业	电气机械和器材制造业	计算机、通信和其他电子设备制造业	仪器仪表制造业	其他制造业
西湖区	100	237	190	71	21	196	291	158	31
滨江区	120	103	97	49	23	169	1289	137	3
萧山区	1520	1784	424	1433	137	747	837	222	217
余杭区	590	1325	516	197	153	970	587	366	104
富阳区	701	598	169	125	64	393	423	62	32
临安区	170	545	67	11	3	524	151	52	5
桐庐县									
淳安县									
建德市	40	49	16	7	13	18	9	2	1
宁波市	**6892**	**10211**	**5221**	**4509**	**764**	**11244**	**4523**	**2106**	**760**
海曙区	793	821	391	390	48	602	390	212	74
江北区	312	523	172	314	37	355	234	181	22
北仑区	889	1230	1348	1271	335	743	844	68	45
镇海区	613	1331	268	203	59	393	220	46	33
鄞州区	482	616	346	473	48	484	456	125	67
奉化区	501	841	83	211	12	178	248	29	35
象山县									
宁海县									
余姚市	1845	1548	1668	724	40	2686	1049	1243	101
慈溪市	1457	3301	945	923	185	5803	1082	202	383
温州市	**4920**	**7337**	**4157**	**4033**	**364**	**8949**	**1894**	**704**	**391**
鹿城区	671	287	280	44	14	205	63	41	36
龙湾区	921	2778	359	117	13	424	55	87	145
瓯海区	837	531	1631	353	104	371	185	73	131
洞头区	26	59	6	18	2	21	27	2	1
永嘉县									
平阳县									
苍南县									
文成县									
泰顺县									
瑞安市	1198	2101	825	3197	149	287	112	107	46
乐清市	1136	1487	991	296	77	7613	1437	390	16
龙港市	131	94	65	8	5	28	15	4	16
嘉兴市	**1147**	**1688**	**902**	**1377**	**79**	**2002**	**1975**	**240**	**120**
南湖区	329	589	263	386	24	443	1001	92	23
秀洲区	154	292	219	401	16	517	506	34	42
嘉善县									
海盐县									
海宁市	154	244	189	17	14	228	181	11	24
平湖市	333	349	140	394	16	678	145	56	17
桐乡市	177	214	91	179	9	136	142	47	14
湖州市	**374**	**988**	**177**	**128**	**26**	**431**	**108**	**11**	**35**
吴兴区	219	324	138	112	23	191	78	7	30
南浔区	155	664	39	16	3	240	30	4	5
德清县									
长兴县									
安吉县									
绍兴市	**1647**	**2311**	**1195**	**625**	**63**	**2350**	**579**	**129**	**701**
越城区	297	309	202	79	14	550	214	26	29
柯桥区	541	348	193	197	7	82	54	29	24
上虞区	448	599	392	184	13	760	74	62	629
新昌县									
诸暨市	205	667	341	131	24	73	42	6	6
嵊州市	156	388	67	34	5	885	195	6	13

4-4a 续表 27 单位：人

地 区 性 别	制造业								
	金 属制品业	通用设备制造业	专用设备制造业	汽 车制造业	铁路、船舶、航空航天和其他运输设备制造业	电气机械和器材制造业	计算机、通信和其他电子设备制造业	仪器仪表制造业	其 他制造业
金华市	**6978**	**2373**	**1038**	**995**	**594**	**965**	**409**	**313**	**703**
婺城区	602	456	235	549	213	156	130	48	20
金东区	89	51	31	11	14	22	14	24	4
武义县									
浦江县									
磐安县									
兰溪市	227	129	63	80	26	82	32	3	45
义乌市	683	139	95	24	7	95	67	40	238
东阳市	223	109	67	11	2	87	82	14	312
永康市	5154	1489	547	320	332	523	84	184	84
衢州市	**403**	**526**	**234**	**92**	**21**	**396**	**139**	**25**	**28**
柯城区	140	240	90	19	3	87	50	14	9
衢江区	134	195	47	49	17	104	61	11	11
常山县									
开化县									
龙游县	2		1						
江山市	127	91	96	24	1	205	28		8
舟山市	**111**	**287**	**265**	**53**	**315**	**49**	**24**	**13**	**13**
定海区	84	197	228	37	235	42	16	10	2
普陀区	27	90	37	16	80	7	8	3	11
岱山县									
嵊泗县									
台州市	**2562**	**7136**	**5649**	**5360**	**1111**	**2478**	**394**	**154**	**517**
椒江区	330	644	952	200	273	519	207	18	13
黄岩区	206	164	3615	219	194	179	12	2	5
路桥区	287	541	211	458	195	364	24	10	9
三门县									
天台县									
仙居县									
温岭市	439	2556	159	212	314	746	77	44	23
临海市	157	259	125	103	78	544	25	47	462
玉环市	1143	2972	587	4168	57	126	49	33	5
丽水市	**250**	**402**	**60**	**251**	**5**	**177**	**32**	**18**	**18**
莲都区	186	345	48	46	4	173	29	15	8
青田县									
缙云县									
遂昌县									
松阳县									
云和县									
庆元县									
景宁畲族自治县									
龙泉市	64	57	12	205	1	4	3	3	10
女	**14957**	**18715**	**8577**	**11504**	**1931**	**25955**	**12192**	**3827**	**4037**
杭州市	**1527**	**2240**	**1239**	**1047**	**194**	**2487**	**3092**	**905**	**575**
上城区	8	17	12	7	2	11	25	10	
下城区	14	79	24	19	6	26	46	23	
江干区	150	251	296	129	12	381	685	198	31
拱墅区	25	72	41	24	3	46	45	47	3
西湖区	69	103	82	26	8	124	186	112	33
滨江区	56	45	67	10	3	105	662	84	3
萧山区	606	713	231	640	66	431	519	93	389
余杭区	274	519	371	114	44	658	425	225	94
富阳区	244	261	79	65	47	300	361	83	15
临安区	66	157	30	7		386	126	28	5
桐庐县									
淳安县									
建德市	15	23	6	6	3	19	12	2	2

4-4a 续表 28

单位：人

地区 性别	制造业								
	金属制品业	通用设备制造业	专用设备制造业	汽车制造业	铁路、船舶、航空航天和其他运输设备制造业	电气机械和器材制造业	计算机、通信和其他电子设备制造业	仪器仪表制造业	其他制造业
宁波市	**3891**	**5647**	**1918**	**2619**	**357**	**9687**	**4062**	**1831**	**814**
海曙区	407	341	194	260	39	497	390	179	95
江北区	192	280	81	177	25	245	184	127	20
北仑区	474	585	527	562	113	629	793	40	37
镇海区	369	857	112	153	28	340	254	42	34
鄞州区	255	304	158	263	15	371	373	61	52
奉化区	278	376	35	99	9	136	216	43	42
象山县									
宁海县									
余姚市	1165	1030	502	531	20	2639	824	1128	121
慈溪市	751	1874	309	574	108	4830	1028	211	413
温州市	**2524**	**2649**	**1841**	**2673**	**281**	**6785**	**2082**	**464**	**303**
鹿城区	399	95	129	37	2	103	42	18	22
龙湾区	423	915	290	58	8	346	61	58	90
瓯海区	483	184	947	205	104	261	87	30	117
洞头区	9	32	3	22	1	19	43		
永嘉县									
平阳县									
苍南县									
文成县									
泰顺县									
瑞安市	602	588	166	2084	118	200	66	67	28
乐清市	572	806	294	267	47	5839	1777	291	34
龙港市	36	29	12		1	17	6		12
嘉兴市	**514**	**726**	**457**	**753**	**36**	**1569**	**1572**	**134**	**148**
南湖区	151	230	140	237	10	325	784	38	28
秀洲区	79	146	143	250	9	377	445	26	50
嘉善县									
海盐县									
海宁市	52	89	38	7	4	212	132	7	30
平湖市	156	163	75	193	5	549	112	29	15
桐乡市	76	98	61	66	8	106	99	34	25
湖州市	**120**	**310**	**68**	**62**	**11**	**389**	**97**	**6**	**10**
吴兴区	74	96	60	60	6	102	55	6	9
南浔区	46	214	8	2	5	287	42		1
德清县									
长兴县									
安吉县									
绍兴市	**710**	**966**	**509**	**313**	**14**	**1731**	**463**	**63**	**1009**
越城区	133	138	103	49	4	417	165	11	14
柯桥区	161	118	75	95	2	41	21	16	19
上虞区	266	316	159	104	3	771	42	31	962
新昌县									
诸暨市	80	251	136	50	5	24	18		4
嵊州市	70	143	36	15		478	217	5	10
金华市	**4059**	**1341**	**409**	**398**	**319**	**622**	**341**	**261**	**600**
婺城区	316	250	88	205	108	115	118	52	29
金东区	72	23	17	7	11	13	10	16	2
武义县									
浦江县									
磐安县									
兰溪市	136	53	16	39	21	46	18		41
义乌市	450	83	42	5	2	42	56	23	213
东阳市	87	47	42	7	1	63	49	7	260
永康市	2998	885	204	135	176	343	90	163	55

4-4a 续表 29 单位：人

地区 性别	制造业								
	金属制品业	通用设备制造业	专用设备制造业	汽车制造业	铁路、船舶、航空航天和其他运输设备制造业	电气机械和器材制造业	计算机、通信和其他电子设备制造业	仪器仪表制造业	其他制造业
衢州市	**169**	**174**	**85**	**42**	**17**	**263**	**113**	**16**	**30**
柯城区	43	72	22	13	3	54	39	5	7
衢江区	69	63	12	11	14	54	54	5	16
常山县									
开化县									
龙游县	2	1				1	1		
江山市	55	38	51	18		154	19	6	7
舟山市	**25**	**103**	**89**	**27**	**88**	**80**	**18**	**5**	**2**
定海区	19	83	81	24	65	74	14	3	2
普陀区	6	20	8	3	23	6	4	2	
岱山县									
嵊泗县									
台州市	**1338**	**4362**	**1943**	**3365**	**614**	**2255**	**330**	**114**	**523**
椒江区	131	280	477	96	112	415	156	13	13
黄岩区	79	70	854	121	139	164	10	6	11
路桥区	159	299	95	224	97	252	17	7	18
三门县									
天台县									
仙居县									
温岭市	200	1478	57	108	178	546	71	38	20
临海市	70	94	59	58	41	798	25	33	457
玉环市	699	2141	401	2758	47	80	51	17	4
丽水市	**80**	**197**	**19**	**205**		**87**	**22**	**28**	**23**
莲都区	62	164	11	31		84	21	28	5
青田县									
缙云县									
遂昌县									
松阳县									
云和县									
庆元县									
景宁畲族自治县									
龙泉市	18	33	8	174		3	1		18

4-4a 续表 30

单位：人

地区 性别	制造业		电力、热力、燃气及水生产和供应业				建筑业		
	废弃资源综合利用业	金属制品、机械和设备修理业	小计	电力、热力生产和供应业	燃气生产和供应业	水的生产和供应业	小计	房屋建筑业	土木工程建筑业
合计	**2171**	**2432**	**13415**	**9047**	**1748**	**2620**	**189723**	**101601**	**20694**
杭州市	**307**	**398**	**2687**	**1762**	**408**	**517**	**59628**	**30921**	**8414**
上城区	1	14	134	112	12	10	920	461	135
下城区	8	9	125	82	23	20	1552	862	268
江干区	23	56	278	204	34	40	8086	3237	1344
拱墅区	3	17	210	125	52	33	3268	1888	435
西湖区	7	44	211	135	33	43	4933	2127	984
滨江区		6	129	92	15	22	2447	1268	435
萧山区	9	90	602	370	90	142	15421	8863	2095
余杭区	93	107	354	185	77	92	14077	7400	1575
富阳区	129	41	281	190	38	53	5315	2779	851
临安区	7	6	197	128	27	42	2926	1810	194
桐庐县									
淳安县									
建德市	27	8	166	139	7	20	683	226	98
宁波市	**328**	**432**	**2315**	**1608**	**249**	**458**	**28375**	**13823**	**3459**
海曙区	6	58	283	197	37	49	5713	2646	522
江北区	12	22	203	141	29	33	2130	1238	209
北仑区	53	119	331	239	49	43	2521	1037	369
镇海区	27	85	294	235	23	36	3596	1633	807
鄞州区	3	48	512	387	33	92	4780	2024	846
奉化区	38	20	108	71	17	20	1652	869	170
象山县									
宁海县									
余姚市	117	36	277	176	27	74	3326	1738	256
慈溪市	72	44	307	162	34	111	4657	2638	280
温州市	**176**	**273**	**1706**	**1066**	**266**	**374**	**22426**	**13701**	**1494**
鹿城区	28	46	492	328	78	86	3939	2621	321
龙湾区	66	28	176	95	38	43	3198	1993	219
瓯海区	4	45	197	111	31	55	5472	3277	306
洞头区	3	4	45	31	2	12	542	297	90
永嘉县									
平阳县									
苍南县									
文成县									
泰顺县									
瑞安市	9	45	266	150	43	73	3476	2189	184
乐清市	33	64	343	224	44	75	4183	2326	307
龙港市	33	41	187	127	30	30	1616	998	67
嘉兴市	**90**	**117**	**967**	**659**	**123**	**185**	**14489**	**8026**	**1282**
南湖区	32	35	391	266	64	61	4164	2246	466
秀洲区	13	13	128	98	10	20	2173	1165	197
嘉善县									
海盐县									
海宁市	6	12	151	105	16	30	2940	1611	263
平湖市	4	11	143	98	19	26	1770	884	134
桐乡市	35	46	154	92	14	48	3442	2120	222
湖州市	**39**	**53**	**459**	**317**	**66**	**76**	**5387**	**2881**	**493**
吴兴区	24	47	414	298	50	66	3966	2043	444
南浔区	15	6	45	19	16	10	1421	838	49
德清县									
长兴县									
安吉县									

4-4a 续表 31

单位：人

地 区 性 别	制造业		电力、热力、燃气及水生产和供应业				建筑业		
	废弃资源综合利用业	金属制品、机械和设备修理业	小计	电力、热力生产和供应业	燃气生产和供应业	水的生产和供应业	小计	房屋建筑业	土木工程建筑业
绍兴市	**281**	**234**	**1402**	**881**	**161**	**360**	**19060**	**9894**	**1957**
越城区	47	35	525	297	66	162	5327	2738	746
柯桥区	88	94	270	169	29	72	4398	2352	445
上虞区	66	42	257	156	36	65	4088	2114	351
新昌县									
诸暨市	32	47	205	146	16	43	3385	1723	282
嵊州市	48	16	145	113	14	18	1862	967	133
金华市	**185**	**146**	**1010**	**667**	**150**	**193**	**16038**	**8747**	**1234**
婺城区	61	29	309	225	40	44	3918	1880	380
金东区	1	11	71	47	11	13	870	469	97
武义县									
浦江县									
磐安县									
兰溪市	16	15	128	91	13	24	1079	582	71
义乌市	68	47	207	119	37	51	5461	3053	378
东阳市	30	20	172	114	25	33	2963	1919	209
永康市	9	24	123	71	24	28	1747	844	99
衢州市	**32**	**46**	**525**	**408**	**39**	**78**	**3651**	**1836**	**475**
柯城区	5	29	339	266	27	46	2112	1087	322
衢江区	4	11	60	48	1	11	589	312	63
常山县									
开化县									
龙游县							7	5	1
江山市	23	6	126	94	11	21	943	432	89
舟山市	**4**	**458**	**473**	**318**	**67**	**88**	**4092**	**2292**	**405**
定海区	4	282	366	263	51	52	2488	1387	270
普陀区		176	107	55	16	36	1604	905	135
岱山县									
嵊泗县									
台州市	**696**	**253**	**1444**	**1013**	**187**	**244**	**12896**	**7246**	**1216**
椒江区	134	55	562	428	60	74	3565	1979	314
黄岩区	69	37	167	106	14	47	1475	829	121
路桥区	248	51	113	73	14	26	1345	620	180
三门县									
天台县									
仙居县									
温岭市	35	37	160	97	35	28	2741	1636	238
临海市	66	30	243	166	45	32	1895	978	243
玉环市	144	43	199	143	19	37	1875	1204	120
丽水市	**33**	**22**	**427**	**348**	**32**	**47**	**3681**	**2234**	**265**
莲都区	32	14	317	265	21	31	2944	1838	200
青田县									
缙云县									
遂昌县									
松阳县									
云和县									
庆元县									
景宁畲族自治县									
龙泉市	1	8	110	83	11	16	737	396	65
男	**1629**	**2099**	**9955**	**6825**	**1276**	**1854**	**163150**	**87742**	**17163**
杭州市	**231**	**335**	**1918**	**1288**	**297**	**333**	**50519**	**26604**	**6856**
上城区	1	12	95	81	10	4	737	393	96
下城区	7	7	92	58	20	14	1246	723	206
江干区	19	52	192	143	25	24	6908	2796	1106
拱墅区	3	12	152	94	37	21	2671	1594	348

4-4a　续表 32　　　　单位：人

地区 性别	制造业		电力、热力、燃气及水生产和供应业				建筑业		
	废弃资源综合利用业	金属制品、机械和设备修理业	小计	电力、热力生产和供应业	燃气生产和供应业	水的生产和供应业	小计	房屋建筑业	土木工程建筑业
西湖区	6	38	148	98	26	24	4012	1812	781
滨江区		5	92	66	11	15	2009	1059	349
萧山区	6	76	421	271	61	89	13405	7769	1711
余杭区	74	88	261	138	56	67	12009	6386	1320
富阳区	90	31	209	149	26	34	4500	2359	705
临安区	6	6	149	97	21	31	2457	1524	152
桐庐县									
淳安县									
建德市	19	8	107	93	4	10	565	189	82
宁波市	**246**	**376**	**1747**	**1232**	**189**	**326**	**24908**	**12305**	**2877**
海曙区	5	54	222	154	27	41	5099	2383	445
江北区	8	15	140	99	20	21	1823	1072	172
北仑区	44	104	257	190	40	27	2195	903	309
镇海区	21	74	227	184	17	26	3127	1419	703
鄞州区	3	39	369	281	27	61	3939	1735	646
奉化区	27	16	80	58	11	11	1450	778	146
象山县									
宁海县									
余姚市	88	33	213	140	20	53	3013	1591	214
慈溪市	50	41	239	126	27	86	4262	2424	242
温州市	**133**	**233**	**1299**	**814**	**200**	**285**	**19636**	**11887**	**1270**
鹿城区	23	34	360	238	60	62	3258	2195	248
龙湾区	53	23	142	72	31	39	2744	1688	186
瓯海区	3	39	152	83	22	47	4855	2853	261
洞头区	3	4	33	24	2	7	455	241	83
永嘉县									
平阳县									
苍南县									
文成县									
泰顺县									
瑞安市	6	40	194	112	29	53	3129	1956	162
乐清市	19	55	264	178	33	53	3764	2088	269
龙港市	26	38	154	107	23	24	1431	866	61
嘉兴市	**67**	**103**	**757**	**514**	**104**	**139**	**12605**	**7028**	**1080**
南湖区	23	31	300	207	54	39	3563	1958	400
秀洲区	10	11	97	75	8	14	1883	1023	159
嘉善县									
海盐县									
海宁市	6	12	121	83	12	26	2562	1394	223
平湖市	3	9	117	80	17	20	1546	782	107
桐乡市	25	40	122	69	13	40	3051	1871	191
湖州市	**29**	**46**	**355**	**248**	**43**	**64**	**4561**	**2435**	**421**
吴兴区	18	40	323	234	35	54	3318	1704	381
南浔区	11	6	32	14	8	10	1243	731	40
德清县									
长兴县									
安吉县									
绍兴市	**194**	**201**	**1055**	**693**	**105**	**257**	**16586**	**8620**	**1670**
越城区	31	28	388	224	43	121	4634	2384	645
柯桥区	65	88	207	140	20	47	3825	2039	379
上虞区	50	31	188	120	22	46	3643	1893	305
新昌县									
诸暨市	19	40	155	116	10	29	2911	1488	231
嵊州市	29	14	117	93	10	14	1573	816	110

4-4a 续表 33　　单位：人

地区 性别	制造业		电力、热力、燃气及水生产和供应业				建筑业		
	废弃资源综合利用业	金属制品、机械和设备修理业	小计	电力、热力生产和供应业	燃气生产和供应业	水的生产和供应业	小计	房屋建筑业	土木工程建筑业
金华市	**141**	**121**	**721**	**485**	**101**	**135**	**13374**	**7184**	**1044**
婺城区	43	24	221	162	26	33	3146	1491	308
金东区	1	9	53	36	7	10	728	378	78
武义县									
浦江县									
磐安县									
兰溪市	11	14	89	64	10	15	937	505	57
义乌市	60	38	160	91	31	38	4652	2571	330
东阳市	20	17	121	82	15	24	2483	1568	184
永康市	6	19	77	50	12	15	1428	671	87
衢州市	**22**	**41**	**391**	**306**	**32**	**53**	**3123**	**1571**	**386**
柯城区	4	27	263	207	24	32	1777	920	259
衢江区	3	9	43	35		8	521	272	53
常山县									
开化县									
龙游县							7	5	1
江山市	15	5	85	64	8	13	818	374	73
舟山市	**3**	**402**	**345**	**235**	**49**	**61**	**3483**	**1925**	**321**
定海区	3	247	266	194	38	34	2085	1144	213
普陀区		155	79	41	11	27	1398	781	108
岱山县									
嵊泗县									
台州市	**539**	**221**	**1051**	**752**	**131**	**168**	**11215**	**6276**	**1024**
椒江区	102	47	403	310	40	53	3039	1691	255
黄岩区	52	36	107	68	11	28	1289	699	110
路桥区	200	42	84	55	9	20	1180	541	156
三门县									
天台县									
仙居县									
温岭市	26	34	118	73	25	20	2382	1413	194
临海市	45	24	186	133	31	22	1683	872	209
玉环市	114	38	153	113	15	25	1642	1060	100
丽水市	**24**	**20**	**316**	**258**	**25**	**33**	**3140**	**1907**	**214**
莲都区	23	12	228	194	15	19	2469	1545	162
青田县									
缙云县									
遂昌县									
松阳县									
云和县									
庆元县									
景宁畲族自治县									
龙泉市	1	8	88	64	10	14	671	362	52
女	**542**	**333**	**3460**	**2222**	**472**	**766**	**26573**	**13859**	**3531**
杭州市	**76**	**63**	**769**	**474**	**111**	**184**	**9109**	**4317**	**1558**
上城区		2	39	31	2	6	183	68	39
下城区	1	2	33	24	3	6	306	139	62
江干区	4	4	86	61	9	16	1178	441	238
拱墅区		5	58	31	15	12	597	294	87
西湖区	1	6	63	37	7	19	921	315	203
滨江区		1	37	26	4	7	438	209	86
萧山区	3	14	181	99	29	53	2016	1094	384
余杭区	19	19	93	47	21	25	2068	1014	255
富阳区	39	10	72	41	12	19	815	420	146
临安区	1		48	31	6	11	469	286	42
桐庐县									
淳安县									
建德市	8		59	46	3	10	118	37	16

4-4a　续表 34　　单位：人

地区 性别	制造业		电力、热力、燃气及水生产和供应业				建筑业		
	废弃资源综合利用业	金属制品、机械和设备修理业	小计	电力、热力生产和供应业	燃气生产和供应业	水的生产和供应业	小计	房屋建筑业	土木工程建筑业
宁波市	**82**	**56**	**568**	**376**	**60**	**132**	**3467**	**1518**	**582**
海曙区	1	4	61	43	10	8	614	263	77
江北区	4	7	63	42	9	12	307	166	37
北仑区	9	15	74	49	9	16	326	134	60
镇海区	6	11	67	51	6	10	469	214	104
鄞州区		9	143	106	6	31	841	289	200
奉化区	11	4	28	13	6	9	202	91	24
象山县									
宁海县									
余姚市	29	3	64	36	7	21	313	147	42
慈溪市	22	3	68	36	7	25	395	214	38
温州市	**43**	**40**	**407**	**252**	**66**	**89**	**2790**	**1814**	**224**
鹿城区	5	12	132	90	18	24	681	426	73
龙湾区	13	5	34	23	7	4	454	305	33
瓯海区	1	6	45	28	9	8	617	424	45
洞头区			12	7		5	87	56	7
永嘉县									
平阳县									
苍南县									
文成县									
泰顺县									
瑞安市	3	5	72	38	14	20	347	233	22
乐清市	14	9	79	46	11	22	419	238	38
龙港市	7	3	33	20	7	6	185	132	6
嘉兴市	**23**	**14**	**210**	**145**	**19**	**46**	**1884**	**998**	**202**
南湖区	9	4	91	59	10	22	601	288	66
秀洲区	3	2	31	23	2	6	290	142	38
嘉善县									
海盐县									
海宁市			30	22	4	4	378	217	40
平湖市	1	2	26	18	2	6	224	102	27
桐乡市	10	6	32	23	1	8	391	249	31
湖州市	**10**	**7**	**104**	**69**	**23**	**12**	**826**	**446**	**72**
吴兴区	6	7	91	64	15	12	648	339	63
南浔区	4		13	5	8		178	107	9
德清县									
长兴县									
安吉县									
绍兴市	**87**	**33**	**347**	**188**	**56**	**103**	**2474**	**1274**	**287**
越城区	16	7	137	73	23	41	693	354	101
柯桥区	23	6	63	29	9	25	573	313	66
上虞区	16	11	69	36	14	19	445	221	46
新昌县									
诸暨市	13	7	50	30	6	14	474	235	51
嵊州市	19	2	28	20	4	4	289	151	23
金华市	**44**	**25**	**289**	**182**	**49**	**58**	**2664**	**1563**	**190**
婺城区	18	5	88	63	14	11	772	389	72
金东区		2	18	11	4	3	142	91	19
武义县									
浦江县									
磐安县									
兰溪市	5	1	39	27	3	9	142	77	14
义乌市	8	9	47	28	6	13	809	482	48
东阳市	10	3	51	32	10	9	480	351	25
永康市	3	5	46	21	12	13	319	173	12

4-4a 续表 35

单位：人

地区 性别	制造业		电力、热力、燃气及水生产和供应业				建筑业		
	废弃资源综合利用业	金属制品、机械和设备修理业	小计	电力、热力生产和供应业	燃气生产和供应业	水的生产和供应业	小计	房屋建筑业	土木工程建筑业
衢州市	**10**	**5**	**134**	**102**	**7**	**25**	**528**	**265**	**89**
柯城区	1	2	76	59	3	14	335	167	63
衢江区	1	2	17	13	1	3	68	40	10
常山县									
开化县									
龙游县									
江山市	8	1	41	30	3	8	125	58	16
舟山市	**1**	**56**	**128**	**83**	**18**	**27**	**609**	**367**	**84**
定海区	1	35	100	69	13	18	403	243	57
普陀区		21	28	14	5	9	206	124	27
岱山县									
嵊泗县									
台州市	**157**	**32**	**393**	**261**	**56**	**76**	**1681**	**970**	**192**
椒江区	32	8	159	118	20	21	526	288	59
黄岩区	17	1	60	38	3	19	186	130	11
路桥区	48	9	29	18	5	6	165	79	24
三门县									
天台县									
仙居县									
温岭市	9	3	42	24	10	8	359	223	44
临海市	21	6	57	33	14	10	212	106	34
玉环市	30	5	46	30	4	12	233	144	20
丽水市	**9**	**2**	**111**	**90**	**7**	**14**	**541**	**327**	**51**
莲都区	9	2	89	71	6	12	475	293	38
青田县									
缙云县									
遂昌县									
松阳县									
云和县									
庆元县									
景宁畲族自治县									
龙泉市			22	19	1	2	66	34	13

4-4a 续表 36 单位：人

地区 性别	建筑业		批发和零售业			交通运输、仓储和邮政业			
	建筑安装业	建筑装饰、装修和其他建筑业	小计	批发业	零售业	小计	铁路运输业	道路运输业	水上运输业
合计	**10684**	**56744**	**335171**	**134410**	**200761**	**91711**	**1705**	**55447**	**3544**
杭州市	**3098**	**17195**	**89897**	**39740**	**50157**	**25015**	**723**	**15928**	**194**
上城区	56	268	3195	1726	1469	692	128	285	8
下城区	97	325	4366	2461	1905	1024	54	584	13
江干区	494	3011	19695	9415	10280	4651	178	2947	34
拱墅区	195	750	6657	2765	3892	1525	39	1077	21
西湖区	293	1529	8379	3714	4665	1888	40	1230	40
滨江区	138	606	4317	1945	2372	604	30	315	9
萧山区	651	3812	16307	7260	9047	6451	98	3374	27
余杭区	662	4440	18259	7451	10808	5265	125	3948	28
富阳区	321	1364	5430	1974	3456	1793	15	1329	8
临安区	139	783	2442	794	1648	789	5	604	3
桐庐县									
淳安县									
建德市	52	307	850	235	615	333	11	235	3
宁波市	**1987**	**9106**	**48245**	**20702**	**27543**	**18584**	**222**	**11028**	**1221**
海曙区	263	2282	9152	4135	5017	3095	63	1557	83
江北区	88	595	3798	1935	1863	1671	44	1059	87
北仑区	311	804	4081	1434	2647	4098	15	2467	611
镇海区	459	697	3681	1887	1794	2000	11	1301	189
鄞州区	302	1608	12007	6064	5943	3335	36	1562	228
奉化区	107	506	2826	1077	1749	578	2	402	10
象山县									
宁海县									
余姚市	196	1136	5404	1820	3584	1639	43	1131	5
慈溪市	261	1478	7296	2350	4946	2168	8	1549	8
温州市	**947**	**6284**	**41808**	**13349**	**28459**	**9374**	**157**	**5942**	**201**
鹿城区	102	895	9431	3346	6085	1738	45	1104	93
龙湾区	167	819	3606	1329	2277	1246	4	718	18
瓯海区	138	1751	7080	2413	4667	1765	76	1148	14
洞头区	20	135	521	101	420	192		121	19
永嘉县									
平阳县									
苍南县									
文成县									
泰顺县									
瑞安市	120	983	8575	2455	6120	1499	10	821	11
乐清市	283	1267	9065	2810	6255	1805	20	1228	28
龙港市	117	434	3530	895	2635	1129	2	802	18
嘉兴市	**767**	**4414**	**23449**	**10305**	**13144**	**5076**	**86**	**3136**	**55**
南湖区	210	1242	6745	3178	3567	1779	47	1115	18
秀洲区	116	695	2915	1383	1532	841	13	530	5
嘉善县									
海盐县									
海宁市	158	908	4321	1597	2724	803	22	544	9
平湖市	95	657	2740	1093	1647	569	1	326	16
桐乡市	188	912	6728	3054	3674	1084	3	621	7
湖州市	**306**	**1707**	**6714**	**2097**	**4617**	**1837**	**16**	**1196**	**39**
吴兴区	218	1261	5000	1529	3471	1273	13	764	39
南浔区	88	446	1714	568	1146	564	3	432	
德清县									
长兴县									
安吉县									

4－4a　续表 37　　　　单位：人

地区 性别	建筑业		批发和零售业			交通运输、仓储和邮政业			
	建筑安装业	建筑装饰、装修和其他建筑业	小计	批发业	零售业	小计	铁路运输业	道路运输业	水上运输业
绍兴市	**1261**	**5948**	**33961**	**17185**	**16776**	**7136**	**137**	**4625**	**47**
越城区	230	1613	8376	3749	4627	1832	57	1222	16
柯桥区	262	1339	14914	10642	4272	2432	16	1578	5
上虞区	344	1279	3569	937	2632	1196	26	766	22
新昌县									
诸暨市	310	1070	4690	1364	3326	1060	38	595	4
嵊州市	115	647	2412	493	1919	616		464	
金华市	**903**	**5154**	**50401**	**20655**	**29746**	**12209**	**239**	**6433**	**24**
婺城区	259	1399	6045	1974	4071	1863	156	1111	7
金东区	84	220	1761	706	1055	469	28	300	2
武义县									
浦江县									
磐安县									
兰溪市	49	377	1854	339	1515	429	14	295	4
义乌市	252	1778	30485	14389	16096	7158	27	3377	6
东阳市	154	681	5533	1602	3931	817	6	452	5
永康市	105	699	4723	1645	3078	1473	8	898	
衢州市	**255**	**1085**	**5909**	**1670**	**4239**	**1732**	**79**	**1257**	**7**
柯城区	143	560	3464	1101	2363	854	52	621	2
衢江区	30	184	923	221	702	302	5	217	1
常山县									
开化县									
龙游县		1	6	2	4	9		7	
江山市	82	340	1516	346	1170	567	22	412	4
舟山市	**177**	**1218**	**4534**	**1358**	**3176**	**3253**	**3**	**928**	**1525**
定海区	113	718	2417	642	1775	1679	2	484	658
普陀区	64	500	2117	716	1401	1574	1	444	867
岱山县									
嵊泗县									
台州市	**816**	**3618**	**25116**	**6124**	**18992**	**6548**	**27**	**4378**	**229**
椒江区	257	1015	5982	1478	4504	1418	4	872	145
黄岩区	68	457	2631	568	2063	884	8	597	16
路桥区	89	456	4418	1568	2850	1101		857	2
三门县									
天台县									
仙居县									
温岭市	156	711	6039	1456	4583	1332	7	884	29
临海市	118	556	2993	544	2449	992	6	619	14
玉环市	128	423	3053	510	2543	821	2	549	23
丽水市	**167**	**1015**	**5137**	**1225**	**3912**	**947**	**16**	**596**	**2**
莲都区	120	786	4081	1006	3075	684	13	443	2
青田县									
缙云县									
遂昌县									
松阳县									
云和县									
庆元县									
景宁畲族自治县									
龙泉市	47	229	1056	219	837	263	3	153	
男	**9357**	**48888**	**173078**	**76227**	**96851**	**74391**	**1303**	**47302**	**2919**
杭州市	**2613**	**14446**	**45076**	**21539**	**23537**	**20063**	**559**	**13404**	**121**
上城区	41	207	1608	920	688	537	91	230	4
下城区	77	240	2154	1318	836	774	40	460	9
江干区	424	2582	9581	4750	4831	3648	126	2406	19
拱墅区	156	573	3336	1476	1860	1210	33	892	14

4-4a　续表 38　　　　单位：人

地区 性别	建筑业		批发和零售业			交通运输、仓储和邮政业			
	建筑安装业	建筑装饰、装修和其他建筑业	小计	批发业	零售业	小计	铁路运输业	道路运输业	水上运输业
西湖区	220	1199	4147	1894	2253	1559	29	1062	24
滨江区	107	494	2073	1012	1061	451	24	255	4
萧山区	579	3346	8454	4143	4311	5077	86	2904	14
余杭区	557	3746	9421	4262	5159	4414	108	3368	23
富阳区	288	1148	2761	1177	1584	1473	9	1126	6
临安区	118	663	1147	448	699	654	4	508	2
桐庐县									
淳安县									
建德市	46	248	394	139	255	266	9	193	2
宁波市	**1745**	**7981**	**24534**	**11698**	**12836**	**14475**	**182**	**9302**	**949**
海曙区	229	2042	4567	2279	2288	2277	54	1325	53
江北区	75	504	1959	1071	888	1242	38	855	59
北仑区	286	697	2000	843	1157	3359	13	2095	505
镇海区	408	597	1948	1121	827	1561	10	1034	154
鄞州区	238	1320	5860	3108	2752	2179	29	1192	161
奉化区	92	434	1484	620	864	483	1	349	8
象山县									
宁海县									
余姚市	174	1034	2772	1102	1670	1431	31	1019	3
慈溪市	243	1353	3944	1554	2390	1943	6	1433	6
温州市	**840**	**5639**	**23014**	**8269**	**14745**	**8051**	**107**	**5253**	**167**
鹿城区	79	736	5018	1960	3058	1375	30	910	73
龙湾区	150	720	1987	839	1148	1034	4	630	14
瓯海区	127	1614	3985	1507	2478	1523	53	1028	11
洞头区	17	114	252	55	197	175		112	19
永嘉县									
平阳县									
苍南县									
文成县									
泰顺县									
瑞安市	112	899	4741	1520	3221	1291	5	706	9
乐清市	244	1163	4958	1788	3170	1629	14	1126	23
龙港市	111	393	2073	600	1473	1024	1	741	18
嘉兴市	**675**	**3822**	**11978**	**5847**	**6131**	**4186**	**68**	**2677**	**43**
南湖区	168	1037	3477	1865	1612	1411	35	919	14
秀洲区	101	600	1521	807	714	684	11	451	5
嘉善县									
海盐县									
海宁市	143	802	2145	919	1226	688	19	477	8
平湖市	88	569	1333	620	713	474	1	282	12
桐乡市	175	814	3502	1636	1866	929	2	548	4
湖州市	**272**	**1433**	**3420**	**1264**	**2156**	**1535**	**9**	**1036**	**26**
吴兴区	187	1046	2534	909	1625	1031	8	646	26
南浔区	85	387	886	355	531	504	1	390	
德清县									
长兴县									
安吉县									
绍兴市	**1139**	**5157**	**17613**	**9858**	**7755**	**5911**	**106**	**3977**	**30**
越城区	195	1410	4341	2139	2202	1471	47	1000	10
柯桥区	228	1179	8156	6079	2077	2083	13	1406	4
上虞区	322	1123	1637	578	1059	995	21	669	13
新昌县									
诸暨市	290	902	2327	791	1536	844	25	507	3
嵊州市	104	543	1152	271	881	518		395	

4-4a 续表 39 单位：人

地区 性别	建筑业		批发和零售业			交通运输、仓储和邮政业			
	建筑安装业	建筑装饰、装修和其他建筑业	小计	批发业	零售业	小计	铁路运输业	道路运输业	水上运输业
金华市	**798**	**4348**	**27089**	**11369**	**15720**	**9760**	**182**	**5525**	**19**
婺城区	214	1133	3120	1144	1976	1476	122	913	6
金东区	78	194	992	432	560	399	23	257	2
武义县									
浦江县									
磐安县									
兰溪市	45	330	903	199	704	351	11	251	3
义乌市	229	1522	16560	7689	8871	5668	18	2952	4
东阳市	139	592	2872	872	2000	655	4	386	4
永康市	93	577	2642	1033	1609	1211	4	766	
衢州市	**234**	**932**	**2740**	**968**	**1772**	**1410**	**66**	**1049**	**7**
柯城区	128	470	1614	636	978	668	45	489	2
衢江区	30	166	466	129	337	261	3	196	1
常山县									
开化县									
龙游县		1	5	2	3	6		5	
江山市	76	295	655	201	454	475	18	359	4
舟山市	**159**	**1078**	**2148**	**839**	**1309**	**2720**		**782**	**1349**
定海区	102	626	1139	396	743	1344		390	573
普陀区	57	452	1009	443	566	1376		392	776
岱山县									
嵊泗县									
台州市	**734**	**3181**	**12762**	**3822**	**8940**	**5492**	**14**	**3783**	**206**
椒江区	225	868	2875	909	1966	1180	1	749	129
黄岩区	62	418	1315	374	941	735	4	504	15
路桥区	82	401	2412	945	1467	922		744	1
三门县									
天台县									
仙居县									
温岭市	145	630	3175	933	2242	1133	4	778	27
临海市	105	497	1501	342	1159	805	3	518	11
玉环市	115	367	1484	319	1165	717	2	490	23
丽水市	**148**	**871**	**2704**	**754**	**1950**	**788**	**10**	**514**	**2**
莲都区	103	659	2145	621	1524	562	8	375	2
青田县									
缙云县									
遂昌县									
松阳县									
云和县									
庆元县									
景宁畲族自治县									
龙泉市	45	212	559	133	426	226	2	139	
女	**1327**	**7856**	**162093**	**58183**	**103910**	**17320**	**402**	**8145**	**625**
杭州市	**485**	**2749**	**44821**	**18201**	**26620**	**4952**	**164**	**2524**	**73**
上城区	15	61	1587	806	781	155	37	55	4
下城区	20	85	2212	1143	1069	250	14	124	4
江干区	70	429	10114	4665	5449	1003	52	541	15
拱墅区	39	177	3321	1289	2032	315	6	185	7
西湖区	73	330	4232	1820	2412	329	11	168	16
滨江区	31	112	2244	933	1311	153	6	60	5
萧山区	72	466	7853	3117	4736	1374	12	470	13
余杭区	105	694	8838	3189	5649	851	17	580	5
富阳区	33	216	2669	797	1872	320	6	203	2
临安区	21	120	1295	346	949	135	1	96	1
桐庐县									
淳安县									
建德市	6	59	456	96	360	67	2	42	1

4-4a　续表 40　　　　　　　　　　　　　　　　　　　　　　　　　　　单位：人

地　区 性　别	建筑业		批发和零售业			交通运输、仓储和邮政业			
	建筑安装业	建筑装饰、装修和其他建筑业	小计	批发业	零售业	小计	铁路运输业	道路运输业	水上运输业
宁波市	**242**	**1125**	**23711**	**9004**	**14707**	**4109**	**40**	**1726**	**272**
海曙区	34	240	4585	1856	2729	818	9	232	30
江北区	13	91	1839	864	975	429	6	204	28
北仑区	25	107	2081	591	1490	739	2	372	106
镇海区	51	100	1733	766	967	439	1	267	35
鄞州区	64	288	6147	2956	3191	1156	7	370	67
奉化区	15	72	1342	457	885	95	1	53	2
象山县									
宁海县									
余姚市	22	102	2632	718	1914	208	12	112	2
慈溪市	18	125	3352	796	2556	225	2	116	2
温州市	**107**	**645**	**18794**	**5080**	**13714**	**1323**	**50**	**689**	**34**
鹿城区	23	159	4413	1386	3027	363	15	194	20
龙湾区	17	99	1619	490	1129	212		88	4
瓯海区	11	137	3095	906	2189	242	23	120	3
洞头区	3	21	269	46	223	17		9	
永嘉县									
平阳县									
苍南县									
文成县									
泰顺县									
瑞安市	8	84	3834	935	2899	208	5	115	2
乐清市	39	104	4107	1022	3085	176	6	102	5
龙港市	6	41	1457	295	1162	105	1	61	
嘉兴市	**92**	**592**	**11471**	**4458**	**7013**	**890**	**18**	**459**	**12**
南湖区	42	205	3268	1313	1955	368	12	196	4
秀洲区	15	95	1394	576	818	157	2	79	
嘉善县									
海盐县									
海宁市	15	106	2176	678	1498	115	3	67	1
平湖市	7	88	1407	473	934	95		44	4
桐乡市	13	98	3226	1418	1808	155	1	73	3
湖州市	**34**	**274**	**3294**	**833**	**2461**	**302**	**7**	**160**	**13**
吴兴区	31	215	2466	620	1846	242	5	118	13
南浔区	3	59	828	213	615	60	2	42	
德清县									
长兴县									
安吉县									
绍兴市	**122**	**791**	**16348**	**7327**	**9021**	**1225**	**31**	**648**	**17**
越城区	35	203	4035	1610	2425	361	10	222	6
柯桥区	34	160	6758	4563	2195	349	3	172	1
上虞区	22	156	1932	359	1573	201	5	97	9
新昌县									
诸暨市	20	168	2363	573	1790	216	13	88	1
嵊州市	11	104	1260	222	1038	98		69	
金华市	**105**	**806**	**23312**	**9286**	**14026**	**2449**	**57**	**908**	**5**
婺城区	45	266	2925	830	2095	387	34	198	1
金东区	6	26	769	274	495	70	5	43	
武义县									
浦江县									
磐安县									
兰溪市	4	47	951	140	811	78	3	44	1
义乌市	23	256	13925	6700	7225	1490	9	425	2
东阳市	15	89	2661	730	1931	162	2	66	1
永康市	12	122	2081	612	1469	262	4	132	

4-4a 续表 41

单位：人

地区 性别	建筑业		批发和零售业			交通运输、仓储和邮政业			
	建筑安装业	建筑装饰、装修和其他建筑业	小计	批发业	零售业	小计	铁路运输业	道路运输业	水上运输业
衢州市	**21**	**153**	**3169**	**702**	**2467**	**322**	**13**	**208**	
柯城区	15	90	1850	465	1385	186	7	132	
衢江区		18	457	92	365	41	2	21	
常山县									
开化县									
龙游县			1		1	3		2	
江山市	6	45	861	145	716	92	4	53	
舟山市	**18**	**140**	**2386**	**519**	**1867**	**533**	**3**	**146**	**176**
定海区	11	92	1278	246	1032	335	2	94	85
普陀区	7	48	1108	273	835	198	1	52	91
岱山县									
嵊泗县									
台州市	**82**	**437**	**12354**	**2302**	**10052**	**1056**	**13**	**595**	**23**
椒江区	32	147	3107	569	2538	238	3	123	16
黄岩区	6	39	1316	194	1122	149	4	93	1
路桥区	7	55	2006	623	1383	179		113	1
三门县									
天台县									
仙居县									
温岭市	11	81	2864	523	2341	199	3	106	2
临海市	13	59	1492	202	1290	187	3	101	3
玉环市	13	56	1569	191	1378	104		59	
丽水市	**19**	**144**	**2433**	**471**	**1962**	**159**	**6**	**82**	
莲都区	17	127	1936	385	1551	122	5	68	
青田县									
缙云县									
遂昌县									
松阳县									
云和县									
庆元县									
景宁畲族自治县									
龙泉市	2	17	497	86	411	37	1	14	

4-4a　续表 42　　　　单位：人

地区 性别	交通运输、仓储和邮政业 航空运输业	管道运输业	多式联运和运输代理业	装卸搬运和仓储业	邮政业	住宿和餐饮业 小计	住宿业	餐饮业
合计	**2152**	**21**	**5164**	**6896**	**16782**	**92476**	**13436**	**79040**
杭州市	**1357**	**5**	**811**	**1090**	**4907**	**27741**	**5204**	**22537**
上城区	72	2	26	13	158	1201	345	856
下城区	69		58	33	213	1658	486	1172
江干区	214	1	175	254	848	4822	829	3993
拱墅区	39		53	36	260	1664	463	1201
西湖区	55		98	47	378	4138	862	3276
滨江区	79		17	16	138	1468	202	1266
萧山区	775	1	207	353	1616	4695	965	3730
余杭区	32		107	151	874	5013	691	4322
富阳区	11	1	50	126	253	1721	181	1540
临安区	6		19	47	105	968	97	871
桐庐县								
淳安县								
建德市	5		1	14	64	393	83	310
宁波市	**377**	**5**	**2474**	**1215**	**2042**	**14129**	**2099**	**12030**
海曙区	187		582	85	538	2461	419	2042
江北区	26		279	52	124	889	185	704
北仑区	4	4	262	544	191	1529	171	1358
镇海区	3	1	186	165	144	1070	147	923
鄞州区	151		1009	79	270	2886	541	2345
奉化区	4		38	34	88	718	94	624
象山县								
宁海县								
余姚市	1		63	85	311	1902	263	1639
慈溪市	1		55	171	376	2674	279	2395
温州市	**275**		**255**	**1025**	**1519**	**12164**	**1201**	**10963**
鹿城区	99		50	67	280	3085	436	2649
龙湾区	117		50	82	257	1191	262	929
瓯海区	37		64	216	210	2040	194	1846
洞头区			10	26	16	220	39	181
永嘉县								
平阳县								
苍南县								
文成县								
泰顺县								
瑞安市	11		27	307	312	2219	117	2102
乐清市	5		43	162	319	2461	114	2347
龙港市	6		11	165	125	948	39	909
嘉兴市	**12**	**1**	**190**	**382**	**1214**	**6035**	**718**	**5317**
南湖区	4	1	64	157	373	2130	252	1878
秀洲区	5		30	62	196	791	89	702
嘉善县								
海盐县								
海宁市			21	44	163	1094	156	938
平湖市	3		24	59	140	738	68	670
桐乡市			51	60	342	1282	153	1129
湖州市	**5**		**50**	**214**	**317**	**2300**	**370**	**1930**
吴兴区	5		39	155	258	1743	256	1487
南浔区			11	59	59	557	114	443
德清县								
长兴县								
安吉县								

4-4a 续表 43 单位：人

地区 性别	交通运输、仓储和邮政业					住宿和餐饮业		
	航空运输业	管道运输业	多式联运和运输代理业	装卸搬运和仓储业	邮政业	小计	住宿业	餐饮业
绍兴市	**27**		**303**	**638**	**1359**	**7234**	**876**	**6358**
越城区	8		90	124	315	1924	275	1649
柯桥区	10		105	357	361	1953	221	1732
上虞区	4		56	62	260	1150	154	996
新昌县								
诸暨市	3		26	57	337	1351	133	1218
嵊州市	2		26	38	86	856	93	763
金华市	**28**	**4**	**718**	**1086**	**3677**	**9326**	**941**	**8385**
婺城区	4	1	86	134	364	1958	279	1679
金东区	1		11	55	72	317	23	294
武义县								
浦江县								
磐安县								
兰溪市	3		8	17	88	483	26	457
义乌市	15	1	556	658	2518	4152	389	3763
东阳市	5	1	24	62	262	1122	134	988
永康市		1	33	160	373	1294	90	1204
衢州市	**17**		**45**	**132**	**195**	**1897**	**297**	**1600**
柯城区	15		18	46	100	1111	166	945
衢江区	1		3	45	30	296	41	255
常山县								
开化县								
龙游县				1	1	2		2
江山市	1		24	40	64	488	90	398
舟山市	**33**	**5**	**142**	**399**	**218**	**2013**	**549**	**1464**
定海区	16	5	107	255	152	971	181	790
普陀区	17		35	144	66	1042	368	674
岱山县								
嵊泗县								
台州市	**19**	**1**	**164**	**622**	**1108**	**7912**	**878**	**7034**
椒江区	7	1	25	145	219	1984	293	1691
黄岩区	3		11	117	132	999	126	873
路桥区	4		30	117	91	885	105	780
三门县								
天台县								
仙居县								
温岭市	3		54	96	259	1881	169	1712
临海市	1		27	43	282	966	100	866
玉环市	1		17	104	125	1197	85	1112
丽水市	**2**		**12**	**93**	**226**	**1725**	**303**	**1422**
莲都区			10	46	170	1303	216	1087
青田县								
缙云县								
遂昌县								
松阳县								
云和县								
庆元县								
景宁畲族自治县								
龙泉市	2		2	47	56	422	87	335
男	**1385**	**12**	**3062**	**5697**	**12711**	**50090**	**5844**	**44246**
杭州市	**876**	**3**	**516**	**820**	**3764**	**15445**	**2383**	**13062**
上城区	50		24	10	128	672	182	490
下城区	44		34	27	160	870	226	644
江干区	138	1	112	182	664	2844	370	2474
拱墅区	27		34	27	183	926	219	707

4-4a　续表 44　　　　　　　　　　　　　　　　　　　　　　　　　　　　单位：人

地　区 性　别	交通运输、仓储和邮政业					住宿和餐饮业		
	航　空 运输业	管　道 运输业	多式联运 和运输 代理业	装卸搬运 和仓储业	邮政业	小计	住宿业	餐饮业
西湖区	39		54	33	318	2429	413	2016
滨江区	47		6	13	102	833	99	734
萧山区	496	1	128	268	1180	2605	467	2138
余杭区	22		72	117	704	2728	270	2458
富阳区	8	1	37	94	192	860	73	787
临安区	3		14	39	84	500	38	462
桐庐县								
淳安县								
建德市	2		1	10	49	178	26	152
宁波市	**245**	**2**	**1197**	**988**	**1610**	**7532**	**886**	**6646**
海曙区	124		239	73	409	1332	194	1138
江北区	16		131	43	100	469	75	394
北仑区	4	1	183	418	140	778	61	717
镇海区	2	1	102	135	123	514	44	470
鄞州区	94		432	59	212	1616	252	1364
奉化区	3		24	29	69	358	33	325
象山县								
宁海县								
余姚市	1		44	77	256	1015	126	889
慈溪市	1		42	154	301	1450	101	1349
温州市	**172**		**192**	**930**	**1230**	**6870**	**551**	**6319**
鹿城区	62		24	56	220	1790	209	1581
龙湾区	69		36	70	211	630	119	511
瓯海区	25		52	191	163	1213	109	1104
洞头区			9	23	12	93	12	81
永嘉县								
平阳县								
苍南县								
文成县								
泰顺县								
瑞安市	8		23	294	246	1277	48	1229
乐清市	4		37	150	275	1318	43	1275
龙港市	4		11	146	103	549	11	538
嘉兴市	**10**	**1**	**125**	**333**	**929**	**3194**	**298**	**2896**
南湖区	3	1	35	127	277	1140	109	1031
秀洲区	5		20	50	142	419	36	383
嘉善县								
海盐县								
海宁市			13	42	129	582	67	515
平湖市	2		14	56	107	364	30	334
桐乡市			43	58	274	689	56	633
湖州市	**3**		**30**	**183**	**248**	**1152**	**152**	**1000**
吴兴区	3		23	130	195	888	110	778
南浔区			7	53	53	264	42	222
德清县								
长兴县								
安吉县								
绍兴市	**15**		**220**	**533**	**1030**	**3775**	**353**	**3422**
越城区	5		54	106	249	980	117	863
柯桥区	7		77	288	288	1032	81	951
上虞区	2		50	57	183	623	67	556
新昌县								
诸暨市			19	52	238	704	45	659
嵊州市	1		20	30	72	436	43	393

4—4a　续表 45　　　　单位：人

地区 性别	交通运输、仓储和邮政业					住宿和餐饮业		
	航空运输业	管道运输业	多式联运和运输代理业	装卸搬运和仓储业	邮政业	小计	住宿业	餐饮业
金华市	**16**	**2**	**524**	**888**	**2604**	**5318**	**433**	**4885**
婺城区	3		57	110	265	1034	124	910
金东区			10	47	60	165	16	149
武义县								
浦江县								
磐安县								
兰溪市			7	15	64	239	5	234
义乌市	10	1	405	534	1744	2514	192	2322
东阳市	3	1	17	49	191	615	62	553
永康市			28	133	280	751	34	717
衢州市	**11**		**28**	**110**	**139**	**898**	**98**	**800**
柯城区	11		11	40	70	538	57	481
衢江区			2	35	24	138	10	128
常山县								
开化县								
龙游县				1		1		1
江山市			15	34	45	221	31	190
舟山市	**23**	**4**	**98**	**320**	**144**	**877**	**195**	**682**
定海区	10	4	74	194	99	435	59	376
普陀区	13		24	126	45	442	136	306
岱山县								
嵊泗县								
台州市	**13**		**125**	**514**	**837**	**4118**	**360**	**3758**
椒江区	6		19	121	155	1018	112	906
黄岩区	3		9	105	95	527	48	479
路桥区	2		19	87	69	461	50	411
三门县								
天台县								
仙居县								
温岭市			42	88	194	1008	73	935
临海市	1		21	33	218	507	44	463
玉环市	1		15	80	106	597	33	564
丽水市	**1**		**7**	**78**	**176**	**911**	**135**	**776**
莲都区			6	38	133	697	89	608
青田县								
缙云县								
遂昌县								
松阳县								
云和县								
庆元县								
景宁畲族自治县								
龙泉市	1		1	40	43	214	46	168
女	**767**	**9**	**2102**	**1199**	**4071**	**42386**	**7592**	**34794**
杭州市	**481**	**2**	**295**	**270**	**1143**	**12296**	**2821**	**9475**
上城区	22	2	2	3	30	529	163	366
下城区	25		24	6	53	788	260	528
江干区	76		63	72	184	1978	459	1519
拱墅区	12		19	9	77	738	244	494
西湖区	16		44	14	60	1709	449	1260
滨江区	32		11	3	36	635	103	532
萧山区	279		79	85	436	2090	498	1592
余杭区	10		35	34	170	2285	421	1864
富阳区	3		13	32	61	861	108	753
临安区	3		5	8	21	468	59	409
桐庐县								
淳安县								
建德市	3			4	15	215	57	158

4-4a　续表 46　　　　单位：人

地　区 性　别	交通运输、仓储和邮政业					住宿和餐饮业		
	航　空 运输业	管　道 运输业	多式联运 和运输 代理业	装卸搬运 和仓储业	邮政业	小计	住宿业	餐饮业
宁波市	**132**	**3**	**1277**	**227**	**432**	**6597**	**1213**	**5384**
海曙区	63		343	12	129	1129	225	904
江北区	10		148	9	24	420	110	310
北仑区		3	79	126	51	751	110	641
镇海区	1		84	30	21	556	103	453
鄞州区	57		577	20	58	1270	289	981
奉化区	1		14	5	19	360	61	299
象山县								
宁海县								
余姚市			19	8	55	887	137	750
慈溪市			13	17	75	1224	178	1046
温州市	**103**		**63**	**95**	**289**	**5294**	**650**	**4644**
鹿城区	37		26	11	60	1295	227	1068
龙湾区	48		14	12	46	561	143	418
瓯海区	12		12	25	47	827	85	742
洞头区			1	3	4	127	27	100
永嘉县								
平阳县								
苍南县								
文成县								
泰顺县								
瑞安市	3		4	13	66	942	69	873
乐清市	1		6	12	44	1143	71	1072
龙港市	2			19	22	399	28	371
嘉兴市	**2**		**65**	**49**	**285**	**2841**	**420**	**2421**
南湖区	1		29	30	96	990	143	847
秀洲区			10	12	54	372	53	319
嘉善县								
海盐县								
海宁市			8	2	34	512	89	423
平湖市	1		10	3	33	374	38	336
桐乡市			8	2	68	593	97	496
湖州市	**2**		**20**	**31**	**69**	**1148**	**218**	**930**
吴兴区	2		16	25	63	855	146	709
南浔区			4	6	6	293	72	221
德清县								
长兴县								
安吉县								
绍兴市	**12**		**83**	**105**	**329**	**3459**	**523**	**2936**
越城区	3		36	18	66	944	158	786
柯桥区	3		28	69	73	921	140	781
上虞区	2		6	5	77	527	87	440
新昌县								
诸暨市	3		7	5	99	647	88	559
嵊州市	1		6	8	14	420	50	370
金华市	**12**	**2**	**194**	**198**	**1073**	**4008**	**508**	**3500**
婺城区	1	1	29	24	99	924	155	769
金东区	1		1	8	12	152	7	145
武义县								
浦江县								
磐安县								
兰溪市	3		1	2	24	244	21	223
义乌市	5		151	124	774	1638	197	1441
东阳市	2		7	13	71	507	72	435
永康市		1	5	27	93	543	56	487

4-4a 续表 47 单位：人

地区 性别	交通运输、仓储和邮政业					住宿和餐饮业		
	航空运输业	管道运输业	多式联运和运输代理业	装卸搬运和仓储业	邮政业	小计	住宿业	餐饮业
衢州市	**6**		**17**	**22**	**56**	**999**	**199**	**800**
柯城区	4		7	6	30	573	109	464
衢江区	1		1	10	6	158	31	127
常山县								
开化县								
龙游县					1	1		1
江山市	1		9	6	19	267	59	208
舟山市	**10**	**1**	**44**	**79**	**74**	**1136**	**354**	**782**
定海区	6	1	33	61	53	536	122	414
普陀区	4		11	18	21	600	232	368
岱山县								
嵊泗县								
台州市	**6**	**1**	**39**	**108**	**271**	**3794**	**518**	**3276**
椒江区	1	1	6	24	64	966	181	785
黄岩区			2	12	37	472	78	394
路桥区	2		11	30	22	424	55	369
三门县								
天台县								
仙居县								
温岭市	3		12	8	65	873	96	777
临海市			6	10	64	459	56	403
玉环市			2	24	19	600	52	548
丽水市	**1**		**5**	**15**	**50**	**814**	**168**	**646**
莲都区			4	8	37	606	127	479
青田县								
缙云县								
遂昌县								
松阳县								
云和县								
庆元县								
景宁畲族自治县								
龙泉市	1		1	7	13	208	41	167

4-4a 续表 48

单位：人

地区 性别	信息传输、软件和信息技术服务业				金融业				
	小计	电信、广播电视和卫星传输服务	互联网和相关服务	软件和信息技术服务业	小计	货币金融服务	资本市场服务	保险业	其他金融业
合计	**57782**	**9592**	**14095**	**34095**	**39521**	**22300**	**4219**	**10373**	**2629**
杭州市	**38277**	**3060**	**8836**	**26381**	**13120**	**6298**	**2263**	**3159**	**1400**
上城区	796	150	149	497	876	529	147	151	49
下城区	1597	212	283	1102	1277	612	275	298	92
江干区	4385	483	852	3050	2420	1168	374	599	279
拱墅区	3258	268	710	2280	1221	555	232	295	139
西湖区	7865	433	1592	5840	1838	802	440	389	207
滨江区	5385	311	841	4233	938	427	174	180	157
萧山区	4734	428	914	3392	1832	966	259	425	182
余杭区	9149	417	3239	5493	1551	610	265	467	209
富阳区	624	185	156	283	606	287	58	200	61
临安区	333	100	64	169	332	192	28	95	17
桐庐县									
淳安县									
建德市	151	73	36	42	229	150	11	60	8
宁波市	**5260**	**1156**	**1313**	**2791**	**6513**	**4103**	**540**	**1602**	**268**
海曙区	1103	237	332	534	1195	677	129	347	42
江北区	475	96	90	289	673	409	66	163	35
北仑区	366	100	87	179	456	259	24	153	20
镇海区	486	106	98	282	398	249	25	104	20
鄞州区	1989	299	508	1182	2298	1529	201	462	106
奉化区	187	60	49	78	282	188	12	68	14
象山县									
宁海县									
余姚市	310	117	78	115	512	314	40	141	17
慈溪市	344	141	71	132	699	478	43	164	14
温州市	**3157**	**1157**	**1019**	**981**	**4056**	**2454**	**284**	**1114**	**204**
鹿城区	1163	418	373	372	1646	1058	96	416	76
龙湾区	364	121	105	138	399	257	27	92	23
瓯海区	556	173	206	177	514	300	32	147	35
洞头区	68	36	16	16	58	29	3	21	5
永嘉县									
平阳县									
苍南县									
文成县									
泰顺县									
瑞安市	447	193	174	80	627	378	45	182	22
乐清市	420	167	117	136	604	332	70	167	35
龙港市	139	49	28	62	208	100	11	89	8
嘉兴市	**2223**	**676**	**486**	**1061**	**2475**	**1493**	**181**	**752**	**49**
南湖区	986	245	159	582	998	578	84	316	20
秀洲区	412	129	50	233	367	211	30	121	5
嘉善县									
海盐县									
海宁市	201	86	34	81	440	270	24	135	11
平湖市	170	95	17	58	269	185	9	75	
桐乡市	454	121	226	107	401	249	34	105	13
湖州市	**774**	**314**	**185**	**275**	**1109**	**616**	**87**	**336**	**70**
吴兴区	698	276	163	259	1003	555	77	305	66
南浔区	76	38	22	16	106	61	10	31	4
德清县									
长兴县									
安吉县									

4-4a 续表 49

单位：人

地区 性别	信息传输、软件和信息技术服务业				金融业				
	小计	电信、广播电视和卫星传输服务	互联网和相关服务	软件和信息技术服务业	小计	货币金融服务	资本市场服务	保险业	其他金融业
绍兴市	**2093**	**838**	**505**	**750**	**3308**	**1967**	**318**	**832**	**191**
越城区	821	403	148	270	1451	914	152	307	78
柯桥区	368	111	90	167	564	311	59	156	38
上虞区	419	144	126	149	474	314	35	112	13
新昌县									
诸暨市	338	121	101	116	507	267	43	150	47
嵊州市	147	59	40	48	312	161	29	107	15
金华市	**2595**	**760**	**1040**	**795**	**2936**	**1556**	**197**	**945**	**238**
婺城区	981	319	225	437	941	477	67	321	76
金东区	179	85	39	55	216	115	12	79	10
武义县									
浦江县									
磐安县									
兰溪市	118	59	29	30	269	158	20	75	16
义乌市	726	134	398	194	810	419	61	240	90
东阳市	326	102	185	39	352	198	15	125	14
永康市	265	61	164	40	348	189	22	105	32
衢州市	**712**	**275**	**189**	**248**	**1014**	**590**	**64**	**317**	**43**
柯城区	508	180	137	191	694	410	47	208	29
衢江区	76	33	15	28	89	48	4	35	2
常山县									
开化县									
龙游县					1			1	
江山市	128	62	37	29	230	132	13	73	12
舟山市	**526**	**264**	**121**	**141**	**879**	**616**	**37**	**208**	**18**
定海区	344	178	63	103	589	429	31	118	11
普陀区	182	86	58	38	290	187	6	90	7
岱山县									
嵊泗县									
台州市	**1653**	**822**	**256**	**575**	**3314**	**2150**	**214**	**836**	**114**
椒江区	731	349	115	267	1210	763	71	325	51
黄岩区	156	76	15	65	344	233	23	81	7
路桥区	149	73	17	59	394	278	37	69	10
三门县									
天台县									
仙居县									
温岭市	278	132	60	86	594	410	33	127	24
临海市	193	108	26	59	441	277	36	118	10
玉环市	146	84	23	39	331	189	14	116	12
丽水市	**512**	**270**	**145**	**97**	**797**	**457**	**34**	**272**	**34**
莲都区	448	227	133	88	665	379	31	230	25
青田县									
缙云县									
遂昌县									
松阳县									
云和县									
庆元县									
景宁畲族自治县									
龙泉市	64	43	12	9	132	78	3	42	9
男	**36746**	**5537**	**8938**	**22271**	**18685**	**10386**	**2566**	**4329**	**1404**
杭州市	**24193**	**1757**	**5352**	**17084**	**6409**	**2927**	**1361**	**1380**	**741**
上城区	511	85	101	325	423	240	85	70	28
下城区	962	106	149	707	620	269	164	139	48
江干区	2731	278	488	1965	1148	540	211	244	153
拱墅区	1987	155	416	1416	595	266	135	126	68

4-4a　续表 50　　　　单位：人

地　区 性　别	信息传输、软件和信息技术服务业				金融业				
	小计	电信、广播电视和卫星传输服务	互联网和相关服务	软件和信息技术服务业	小计	货币金融服务	资本市场服务	保险业	其他金融业
西湖区	5084	263	957	3864	937	367	268	184	118
滨江区	3379	179	495	2705	484	208	114	80	82
萧山区	3013	247	547	2219	895	454	152	205	84
余杭区	5845	243	2037	3565	775	294	173	202	106
富阳区	385	103	94	188	273	131	42	65	35
临安区	201	53	47	101	147	83	15	36	13
桐庐县									
淳安县									
建德市	95	45	21	29	112	75	2	29	6
宁波市	**3421**	**665**	**923**	**1833**	**3058**	**1853**	**337**	**713**	**155**
海曙区	782	144	264	374	575	307	86	155	27
江北区	308	57	56	195	324	194	36	68	26
北仑区	224	50	54	120	187	96	18	65	8
镇海区	283	56	52	175	174	101	16	47	10
鄞州区	1287	167	370	750	1105	696	123	227	59
奉化区	134	43	31	60	138	90	8	34	6
象山县									
宁海县									
余姚市	189	67	47	75	220	136	20	53	11
慈溪市	214	81	49	84	335	233	30	64	8
温州市	**2183**	**674**	**810**	**699**	**1987**	**1198**	**202**	**465**	**122**
鹿城区	784	226	300	258	773	483	65	178	47
龙湾区	245	65	79	101	196	132	19	34	11
瓯海区	410	116	172	122	280	163	24	72	21
洞头区	43	25	5	13	24	12	3	5	4
永嘉县									
平阳县									
苍南县									
文成县									
泰顺县									
瑞安市	328	129	145	54	325	204	38	68	15
乐清市	276	85	90	101	288	152	47	72	17
龙港市	97	28	19	50	101	52	6	36	7
嘉兴市	**1405**	**407**	**306**	**692**	**1143**	**732**	**91**	**297**	**23**
南湖区	623	139	104	380	450	274	41	127	8
秀洲区	260	74	36	150	177	103	16	55	3
嘉善县									
海盐县									
海宁市	130	54	23	53	206	130	14	56	6
平湖市	97	56	6	35	121	93	6	22	
桐乡市	295	84	137	74	189	132	14	37	6
湖州市	**476**	**192**	**114**	**170**	**499**	**274**	**52**	**136**	**37**
吴兴区	425	165	99	161	461	249	50	127	35
南浔区	51	27	15	9	38	25	2	9	2
德清县									
长兴县									
安吉县									
绍兴市	**1260**	**470**	**284**	**506**	**1498**	**883**	**191**	**317**	**107**
越城区	479	218	77	184	693	430	86	129	48
柯桥区	216	60	52	104	245	122	42	60	21
上虞区	256	86	64	106	203	139	19	37	8
新昌县									
诸暨市	222	77	66	79	221	124	27	51	19
嵊州市	87	29	25	33	136	68	17	40	11

4-4a 续表 51 单位：人

地区 性别	信息传输、软件和信息技术服务业				金融业				
	小计	电信、广播电视和卫星传输服务	互联网和相关服务	软件和信息技术服务业	小计	货币金融服务	资本市场服务	保险业	其他金融业
金华市	**1697**	**459**	**680**	**558**	**1388**	**746**	**126**	**386**	**130**
婺城区	632	192	147	293	450	224	43	147	36
金东区	116	56	24	36	98	51	7	35	5
武义县									
浦江县									
磐安县									
兰溪市	74	38	15	21	128	77	11	31	9
义乌市	472	68	260	144	412	219	40	99	54
东阳市	221	68	124	29	154	92	10	42	10
永康市	182	37	110	35	146	83	15	32	16
衢州市	**436**	**160**	**115**	**161**	**454**	**281**	**35**	**116**	**22**
柯城区	312	103	87	122	316	199	25	76	16
衢江区	44	19	6	19	36	21	3	12	
常山县									
开化县									
龙游县									
江山市	80	38	22	20	102	61	7	28	6
舟山市	**322**	**135**	**89**	**98**	**373**	**266**	**18**	**81**	**8**
定海区	203	90	43	70	257	188	15	49	5
普陀区	119	45	46	28	116	78	3	32	3
岱山县									
嵊泗县									
台州市	**1054**	**479**	**171**	**404**	**1517**	**1011**	**135**	**325**	**46**
椒江区	452	195	69	188	549	354	39	134	22
黄岩区	98	43	11	44	130	90	17	22	1
路桥区	89	38	10	41	181	136	22	19	4
三门县									
天台县									
仙居县									
温岭市	183	76	47	60	280	196	22	52	10
临海市	137	78	17	42	232	151	25	52	4
玉环市	95	49	17	29	145	84	10	46	5
丽水市	**299**	**139**	**94**	**66**	**359**	**215**	**18**	**113**	**13**
莲都区	265	120	86	59	301	170	18	103	10
青田县									
缙云县									
遂昌县									
松阳县									
云和县									
庆元县									
景宁畲族自治县									
龙泉市	34	19	8	7	58	45		10	3
女	**21036**	**4055**	**5157**	**11824**	**20836**	**11914**	**1653**	**6044**	**1225**
杭州市	**14084**	**1303**	**3484**	**9297**	**6711**	**3371**	**902**	**1779**	**659**
上城区	285	65	48	172	453	289	62	81	21
下城区	635	106	134	395	657	343	111	159	44
江干区	1654	205	364	1085	1272	628	163	355	126
拱墅区	1271	113	294	864	626	289	97	169	71
西湖区	2781	170	635	1976	901	435	172	205	89
滨江区	2006	132	346	1528	454	219	60	100	75
萧山区	1721	181	367	1173	937	512	107	220	98
余杭区	3304	174	1202	1928	776	316	92	265	103
富阳区	239	82	62	95	333	156	16	135	26
临安区	132	47	17	68	185	109	13	59	4
桐庐县									
淳安县									
建德市	56	28	15	13	117	75	9	31	2

4-4a　续表 52　　　　单位：人

地　区 性　别	信息传输、软件和信息技术服务业				金融业				
	小计	电信、广播电视和卫星传输服务	互联网和相关服务	软件和信息技术服务业	小计	货币金融服　务	资本市场服　务	保险业	其　他金融业
宁波市	**1839**	**491**	**390**	**958**	**3455**	**2250**	**203**	**889**	**113**
海曙区	321	93	68	160	620	370	43	192	15
江北区	167	39	34	94	349	215	30	95	9
北仑区	142	50	33	59	269	163	6	88	12
镇海区	203	50	46	107	224	148	9	57	10
鄞州区	702	132	138	432	1193	833	78	235	47
奉化区	53	17	18	18	144	98	4	34	8
象山县									
宁海县									
余姚市	121	50	31	40	292	178	20	88	6
慈溪市	130	60	22	48	364	245	13	100	6
温州市	**974**	**483**	**209**	**282**	**2069**	**1256**	**82**	**649**	**82**
鹿城区	379	192	73	114	873	575	31	238	29
龙湾区	119	56	26	37	203	125	8	58	12
瓯海区	146	57	34	55	234	137	8	75	14
洞头区	25	11	11	3	34	17		16	1
永嘉县									
平阳县									
苍南县									
文成县									
泰顺县									
瑞安市	119	64	29	26	302	174	7	114	7
乐清市	144	82	27	35	316	180	23	95	18
龙港市	42	21	9	12	107	48	5	53	1
嘉兴市	**818**	**269**	**180**	**369**	**1332**	**761**	**90**	**455**	**26**
南湖区	363	106	55	202	548	304	43	189	12
秀洲区	152	55	14	83	190	108	14	66	2
嘉善县									
海盐县									
海宁市	71	32	11	28	234	140	10	79	5
平湖市	73	39	11	23	148	92	3	53	
桐乡市	159	37	89	33	212	117	20	68	7
湖州市	**298**	**122**	**71**	**105**	**610**	**342**	**35**	**200**	**33**
吴兴区	273	111	64	98	542	306	27	178	31
南浔区	25	11	7	7	68	36	8	22	2
德清县									
长兴县									
安吉县									
绍兴市	**833**	**368**	**221**	**244**	**1810**	**1084**	**127**	**515**	**84**
越城区	342	185	71	86	758	484	66	178	30
柯桥区	152	51	38	63	319	189	17	96	17
上虞区	163	58	62	43	271	175	16	75	5
新昌县									
诸暨市	116	44	35	37	286	143	16	99	28
嵊州市	60	30	15	15	176	93	12	67	4
金华市	**898**	**301**	**360**	**237**	**1548**	**810**	**71**	**559**	**108**
婺城区	349	127	78	144	491	253	24	174	40
金东区	63	29	15	19	118	64	5	44	5
武义县									
浦江县									
磐安县									
兰溪市	44	21	14	9	141	81	9	44	7
义乌市	254	66	138	50	398	200	21	141	36
东阳市	105	34	61	10	198	106	5	83	4
永康市	83	24	54	5	202	106	7	73	16

4−4a 续表 53 单位：人

地区 性别	信息传输、软件和信息技术服务业				金融业				
	小计	电信、广播电视和卫星传输服务	互联网和相关服务	软件和信息技术服务业	小计	货币金融服务	资本市场服务	保险业	其他金融业
衢州市	**276**	**115**	**74**	**87**	**560**	**309**	**29**	**201**	**21**
柯城区	196	77	50	69	378	211	22	132	13
衢江区	32	14	9	9	53	27	1	23	2
常山县									
开化县									
龙游县					1			1	
江山市	48	24	15	9	128	71	6	45	6
舟山市	**204**	**129**	**32**	**43**	**506**	**350**	**19**	**127**	**10**
定海区	141	88	20	33	332	241	16	69	6
普陀区	63	41	12	10	174	109	3	58	4
岱山县									
嵊泗县									
台州市	**599**	**343**	**85**	**171**	**1797**	**1139**	**79**	**511**	**68**
椒江区	279	154	46	79	661	409	32	191	29
黄岩区	58	33	4	21	214	143	6	59	6
路桥区	60	35	7	18	213	142	15	50	6
三门县									
天台县									
仙居县									
温岭市	95	56	13	26	314	214	11	75	14
临海市	56	30	9	17	209	126	11	66	6
玉环市	51	35	6	10	186	105	4	70	7
丽水市	**213**	**131**	**51**	**31**	**438**	**242**	**16**	**159**	**21**
莲都区	183	107	47	29	364	209	13	127	15
青田县									
缙云县									
遂昌县									
松阳县									
云和县									
庆元县									
景宁畲族自治县									
龙泉市	30	24	4	2	74	33	3	32	6

4-4a　续表 54　　　　　　　　　　　　　　　　　　　　　　　　单位：人

地　区 性　别	房地产业		租赁和商务服务业			科学研究和技术服务业			
	小计	房地产业	小计	租赁业	商　务 服务业	小计	研究和 试验发展	专业技术 服务业	科技推广 和应用 服务业
合计	**48073**	**48073**	**70993**	**4301**	**66692**	**38361**	**5338**	**25380**	**7643**
杭州市	**18374**	**18374**	**33752**	**1881**	**31871**	**20097**	**3022**	**12217**	**4858**
上城区	580	580	1456	47	1409	597	99	396	102
下城区	960	960	2167	72	2095	1159	154	789	216
江干区	3471	3471	7312	336	6976	3508	572	1995	941
拱墅区	1429	1429	2834	143	2691	1710	107	1306	297
西湖区	2391	2391	4930	228	4702	3758	599	2325	834
滨江区	1086	1086	2087	59	2028	1839	392	881	566
萧山区	3097	3097	4915	414	4501	2535	302	1559	674
余杭区	3641	3641	5814	413	5401	3780	620	2192	968
富阳区	882	882	1390	91	1299	699	129	416	154
临安区	689	689	579	53	526	354	38	241	75
桐庐县									
淳安县									
建德市	148	148	268	25	243	158	10	117	31
宁波市	**8506**	**8506**	**10777**	**656**	**10121**	**5745**	**856**	**3999**	**890**
海曙区	1544	1544	2172	164	2008	1097	154	761	182
江北区	901	901	1093	64	1029	398	52	257	89
北仑区	640	640	1133	61	1072	507	82	343	82
镇海区	744	744	966	65	901	662	133	441	88
鄞州区	2691	2691	3403	177	3226	2146	287	1517	342
奉化区	527	527	516	21	495	186	36	121	29
象山县									
宁海县									
余姚市	631	631	691	47	644	358	71	238	49
慈溪市	828	828	803	57	746	391	41	321	29
温州市	**4803**	**4803**	**4692**	**351**	**4341**	**2305**	**165**	**1851**	**289**
鹿城区	1695	1695	1312	62	1250	748	58	573	117
龙湾区	656	656	465	27	438	267	31	205	31
瓯海区	854	854	794	103	691	442	31	369	42
洞头区	35	35	104	19	85	29	6	19	4
永嘉县									
平阳县									
苍南县									
文成县									
泰顺县									
瑞安市	692	692	764	85	679	356	12	307	37
乐清市	620	620	831	45	786	311	21	248	42
龙港市	251	251	422	10	412	152	6	130	16
嘉兴市	**3905**	**3905**	**4216**	**241**	**3975**	**2520**	**417**	**1673**	**430**
南湖区	1471	1471	1709	86	1623	1190	227	760	203
秀洲区	618	618	779	38	741	503	109	297	97
嘉善县									
海盐县									
海宁市	763	763	622	41	581	357	32	280	45
平湖市	395	395	448	38	410	192	22	131	39
桐乡市	658	658	658	38	620	278	27	205	46
湖州市	**1395**	**1395**	**1560**	**103**	**1457**	**699**	**119**	**471**	**109**
吴兴区	1190	1190	1338	87	1251	639	115	424	100
南浔区	205	205	222	16	206	60	4	47	9
德清县									
长兴县									
安吉县									

4-4a 续表 55　　单位：人

地区 性别	房地产业		租赁和商务服务业			科学研究和技术服务业			
	小计	房地产业	小计	租赁业	商务服务业	小计	研究和试验发展	专业技术服务业	科技推广和应用服务业
绍兴市	**3701**	**3701**	**4524**	**224**	**4300**	**2407**	**346**	**1736**	**325**
越城区	1193	1193	1671	66	1605	1054	113	793	148
柯桥区	1092	1092	1110	61	1049	514	82	373	59
上虞区	560	560	590	33	557	341	70	221	50
新昌县									
诸暨市	601	601	728	38	690	346	53	239	54
嵊州市	255	255	425	26	399	152	28	110	14
金华市	**2515**	**2515**	**5100**	**351**	**4749**	**1719**	**149**	**1287**	**283**
婺城区	788	788	1285	113	1172	728	73	517	138
金东区	222	222	339	28	311	129	13	103	13
武义县									
浦江县									
磐安县									
兰溪市	179	179	256	29	227	80	8	46	26
义乌市	837	837	2331	94	2237	468	35	374	59
东阳市	300	300	463	47	416	130	12	100	18
永康市	189	189	426	40	386	184	8	147	29
衢州市	**707**	**707**	**1287**	**143**	**1144**	**585**	**40**	**413**	**132**
柯城区	444	444	900	80	820	407	30	271	106
衢江区	144	144	177	24	153	75	6	57	12
常山县									
开化县									
龙游县	1	1	1		1				
江山市	118	118	209	39	170	103	4	85	14
舟山市	**1005**	**1005**	**1103**	**38**	**1065**	**525**	**69**	**392**	**64**
定海区	606	606	678	25	653	348	43	256	49
普陀区	399	399	425	13	412	177	26	136	15
岱山县									
嵊泗县									
台州市	**2578**	**2578**	**2992**	**261**	**2731**	**1350**	**129**	**1018**	**203**
椒江区	984	984	1185	76	1109	554	57	426	71
黄岩区	391	391	286	44	242	159	10	127	22
路桥区	314	314	357	48	309	102	17	65	20
三门县									
天台县									
仙居县									
温岭市	409	409	505	37	468	220	9	188	23
临海市	302	302	347	35	312	176	21	123	32
玉环市	178	178	312	21	291	139	15	89	35
丽水市	**584**	**584**	**990**	**52**	**938**	**409**	**26**	**323**	**60**
莲都区	514	514	853	39	814	365	24	283	58
青田县									
缙云县									
遂昌县									
松阳县									
云和县									
庆元县									
景宁畲族自治县									
龙泉市	70	70	137	13	124	44	2	40	2
男	**29744**	**29744**	**41674**	**3422**	**38252**	**24985**	**3382**	**16894**	**4709**
杭州市	**11374**	**11374**	**19201**	**1446**	**17755**	**12636**	**1828**	**7878**	**2930**
上城区	376	376	817	37	780	369	69	239	61
下城区	608	608	1165	46	1119	707	84	498	125
江干区	2156	2156	4107	263	3844	2177	348	1264	565
拱墅区	863	863	1491	109	1382	1085	67	830	188

4-4a　续表 56　　　　单位：人

地区 性别	房地产业 小计	房地产业 房地产业	租赁和商务服务业 小计	租赁和商务服务业 租赁业	租赁和商务服务业 商务服务业	科学研究和技术服务业 小计	科学研究和技术服务业 研究和试验发展	科学研究和技术服务业 专业技术服务业	科学研究和技术服务业 科技推广和应用服务业
西湖区	1476	1476	2681	166	2515	2264	362	1421	481
滨江区	665	665	1123	45	1078	1136	235	537	364
萧山区	1953	1953	2978	333	2645	1633	175	1052	406
余杭区	2207	2207	3425	310	3115	2436	369	1488	579
富阳区	571	571	881	74	807	474	83	295	96
临安区	411	411	369	44	325	255	29	180	46
桐庐县									
淳安县									
建德市	88	88	164	19	145	100	7	74	19
宁波市	**5255**	**5255**	**6312**	**517**	**5795**	**3850**	**586**	**2721**	**543**
海曙区	1010	1010	1288	135	1153	750	108	531	111
江北区	565	565	679	52	627	267	35	174	58
北仑区	350	350	702	50	652	356	61	243	52
镇海区	413	413	541	51	490	457	99	305	53
鄞州区	1605	1605	1843	126	1717	1366	183	982	201
奉化区	358	358	322	19	303	124	23	80	21
象山县									
宁海县									
余姚市	414	414	425	38	387	251	47	171	33
慈溪市	540	540	512	46	466	279	30	235	14
温州市	**3121**	**3121**	**2864**	**286**	**2578**	**1589**	**111**	**1290**	**188**
鹿城区	1112	1112	749	46	703	478	35	379	64
龙湾区	422	422	300	21	279	182	24	136	22
瓯海区	574	574	524	83	441	314	21	265	28
洞头区	15	15	66	14	52	18	3	11	4
永嘉县									
平阳县									
苍南县									
文成县									
泰顺县									
瑞安市	443	443	464	73	391	252	11	216	25
乐清市	395	395	496	39	457	230	12	185	33
龙港市	160	160	265	10	255	115	5	98	12
嘉兴市	**2336**	**2336**	**2652**	**193**	**2459**	**1704**	**284**	**1140**	**280**
南湖区	865	865	1006	59	947	816	153	531	132
秀洲区	371	371	518	33	485	349	80	205	64
嘉善县									
海盐县									
海宁市	464	464	409	35	374	233	18	185	30
平湖市	231	231	304	34	270	132	17	88	27
桐乡市	405	405	415	32	383	174	16	131	27
湖州市	**808**	**808**	**962**	**95**	**867**	**486**	**73**	**342**	**71**
吴兴区	709	709	801	81	720	446	70	310	66
南浔区	99	99	161	14	147	40	3	32	5
德清县									
长兴县									
安吉县									
绍兴市	**2295**	**2295**	**2717**	**193**	**2524**	**1622**	**232**	**1165**	**225**
越城区	708	708	963	54	909	698	74	531	93
柯桥区	710	710	688	52	636	340	58	238	44
上虞区	356	356	351	31	320	242	51	151	40
新昌县									
诸暨市	375	375	445	32	413	237	31	169	37
嵊州市	146	146	270	24	246	105	18	76	11

4-4a 续表 57　　单位：人

地区 性别	房地产业		租赁和商务服务业			科学研究和技术服务业			
	小计	房地产业	小计	租赁业	商务服务业	小计	研究和试验发展	专业技术服务业	科技推广和应用服务业
金华市	**1589**	**1589**	**3057**	**292**	**2765**	**1164**	**103**	**880**	**181**
婺城区	452	452	790	90	700	494	52	357	85
金东区	137	137	230	22	208	93	8	77	8
武义县									
浦江县									
磐安县									
兰溪市	119	119	157	23	134	56	4	35	17
义乌市	580	580	1317	81	1236	309	26	241	42
东阳市	188	188	295	41	254	82	7	63	12
永康市	113	113	268	35	233	130	6	107	17
衢州市	**375**	**375**	**786**	**118**	**668**	**395**	**26**	**288**	**81**
柯城区	235	235	535	60	475	279	21	192	66
衢江区	77	77	119	22	97	46	3	38	5
常山县									
开化县									
龙游县	1	1							
江山市	62	62	132	36	96	70	2	58	10
舟山市	**541**	**541**	**643**	**31**	**612**	**355**	**45**	**268**	**42**
定海区	324	324	391	19	372	240	30	176	34
普陀区	217	217	252	12	240	115	15	92	8
岱山县									
嵊泗县									
台州市	**1706**	**1706**	**1847**	**210**	**1637**	**923**	**84**	**711**	**128**
椒江区	653	653	704	60	644	364	33	289	42
黄岩区	275	275	175	38	137	108	6	85	17
路桥区	209	209	227	36	191	76	12	47	17
三门县									
天台县									
仙居县									
温岭市	252	252	317	30	287	169	7	146	16
临海市	193	193	228	29	199	123	13	93	17
玉环市	124	124	196	17	179	83	13	51	19
丽水市	**344**	**344**	**633**	**41**	**592**	**261**	**10**	**211**	**40**
莲都区	305	305	544	32	512	237	10	188	39
青田县									
缙云县									
遂昌县									
松阳县									
云和县									
庆元县									
景宁畲族自治县									
龙泉市	39	39	89	9	80	24		23	1
女	**18329**	**18329**	**29319**	**879**	**28440**	**13376**	**1956**	**8486**	**2934**
杭州市	**7000**	**7000**	**14551**	**435**	**14116**	**7461**	**1194**	**4339**	**1928**
上城区	204	204	639	10	629	228	30	157	41
下城区	352	352	1002	26	976	452	70	291	91
江干区	1315	1315	3205	73	3132	1331	224	731	376
拱墅区	566	566	1343	34	1309	625	40	476	109
西湖区	915	915	2249	62	2187	1494	237	904	353
滨江区	421	421	964	14	950	703	157	344	202
萧山区	1144	1144	1937	81	1856	902	127	507	268
余杭区	1434	1434	2389	103	2286	1344	251	704	389
富阳区	311	311	509	17	492	225	46	121	58
临安区	278	278	210	9	201	99	9	61	29
桐庐县									
淳安县									
建德市	60	60	104	6	98	58	3	43	12

4-4a　续表 58　　　　单位：人

地　区 性　别	房地产业		租赁和商务服务业			科学研究和技术服务业			
	小计	房地产业	小计	租赁业	商　务 服务业	小计	研究和 试验发展	专业技术 服务业	科技推广 和应用 服务业
宁波市	**3251**	**3251**	**4465**	**139**	**4326**	**1895**	**270**	**1278**	**347**
海曙区	534	534	884	29	855	347	46	230	71
江北区	336	336	414	12	402	131	17	83	31
北仑区	290	290	431	11	420	151	21	100	30
镇海区	331	331	425	14	411	205	34	136	35
鄞州区	1086	1086	1560	51	1509	780	104	535	141
奉化区	169	169	194	2	192	62	13	41	8
象山县									
宁海县									
余姚市	217	217	266	9	257	107	24	67	16
慈溪市	288	288	291	11	280	112	11	86	15
温州市	**1682**	**1682**	**1828**	**65**	**1763**	**716**	**54**	**561**	**101**
鹿城区	583	583	563	16	547	270	23	194	53
龙湾区	234	234	165	6	159	85	7	69	9
瓯海区	280	280	270	20	250	128	10	104	14
洞头区	20	20	38	5	33	11	3	8	
永嘉县									
平阳县									
苍南县									
文成县									
泰顺县									
瑞安市	249	249	300	12	288	104	1	91	12
乐清市	225	225	335	6	329	81	9	63	9
龙港市	91	91	157		157	37	1	32	4
嘉兴市	**1569**	**1569**	**1564**	**48**	**1516**	**816**	**133**	**533**	**150**
南湖区	606	606	703	27	676	374	74	229	71
秀洲区	247	247	261	5	256	154	29	92	33
嘉善县									
海盐县									
海宁市	299	299	213	6	207	124	14	95	15
平湖市	164	164	144	4	140	60	5	43	12
桐乡市	253	253	243	6	237	104	11	74	19
湖州市	**587**	**587**	**598**	**8**	**590**	**213**	**46**	**129**	**38**
吴兴区	481	481	537	6	531	193	45	114	34
南浔区	106	106	61	2	59	20	1	15	4
德清县									
长兴县									
安吉县									
绍兴市	**1406**	**1406**	**1807**	**31**	**1776**	**785**	**114**	**571**	**100**
越城区	485	485	708	12	696	356	39	262	55
柯桥区	382	382	422	9	413	174	24	135	15
上虞区	204	204	239	2	237	99	19	70	10
新昌县									
诸暨市	226	226	283	6	277	109	22	70	17
嵊州市	109	109	155	2	153	47	10	34	3
金华市	**926**	**926**	**2043**	**59**	**1984**	**555**	**46**	**407**	**102**
婺城区	336	336	495	23	472	234	21	160	53
金东区	85	85	109	6	103	36	5	26	5
武义县									
浦江县									
磐安县									
兰溪市	60	60	99	6	93	24	4	11	9
义乌市	257	257	1014	13	1001	159	9	133	17
东阳市	112	112	168	6	162	48	5	37	6
永康市	76	76	158	5	153	54	2	40	12

4-4a 续表 59 单位：人

地区 性别	房地产业		租赁和商务服务业			科学研究和技术服务业			
	小计	房地产业	小计	租赁业	商务服务业	小计	研究和试验发展	专业技术服务业	科技推广和应用服务业
衢州市	**332**	**332**	**501**	**25**	**476**	**190**	**14**	**125**	**51**
柯城区	209	209	365	20	345	128	9	79	40
衢江区	67	67	58	2	56	29	3	19	7
常山县									
开化县									
龙游县			1		1				
江山市	56	56	77	3	74	33	2	27	4
舟山市	**464**	**464**	**460**	**7**	**453**	**170**	**24**	**124**	**22**
定海区	282	282	287	6	281	108	13	80	15
普陀区	182	182	173	1	172	62	11	44	7
岱山县									
嵊泗县									
台州市	**872**	**872**	**1145**	**51**	**1094**	**427**	**45**	**307**	**75**
椒江区	331	331	481	16	465	190	24	137	29
黄岩区	116	116	111	6	105	51	4	42	5
路桥区	105	105	130	12	118	26	5	18	3
三门县									
天台县									
仙居县									
温岭市	157	157	188	7	181	51	2	42	7
临海市	109	109	119	6	113	53	8	30	15
玉环市	54	54	116	4	112	56	2	38	16
丽水市	**240**	**240**	**357**	**11**	**346**	**148**	**16**	**112**	**20**
莲都区	209	209	309	7	302	128	14	95	19
青田县									
缙云县									
遂昌县									
松阳县									
云和县									
庆元县									
景宁畲族自治县									
龙泉市	31	31	48	4	44	20	2	17	1

4-4a　续表 60　　　　单位：人

地区 性别	水利、环境和公共设施管理业					居民服务、修理和其他服务业			
	小计	水利管理业	生态保护和环境治理业	公共设施管理业	土地管理业	小计	居民服务业	机动车、电子产品和日用产品修理业	其他服务业
合计	**13022**	**734**	**1156**	**10916**	**216**	**62031**	**41106**	**14278**	**6647**
杭州市	**4100**	**243**	**409**	**3309**	**139**	**16075**	**10812**	**3256**	**2007**
上城区	146	15	9	116	6	448	343	52	53
下城区	192	23	19	144	6	795	636	110	49
江干区	526	41	40	409	36	2789	1792	516	481
拱墅区	245	14	40	186	5	1113	799	212	102
西湖区	568	18	49	493	8	1871	1332	299	240
滨江区	170	17	14	136	3	760	596	94	70
萧山区	947	46	66	806	29	2973	1912	727	334
余杭区	724	36	82	585	21	3089	1916	697	476
富阳区	352	18	70	248	16	1357	901	320	136
临安区	168	10	19	132	7	638	424	160	54
桐庐县									
淳安县									
建德市	62	5	1	54	2	242	161	69	12
宁波市	**1812**	**112**	**149**	**1534**	**17**	**10599**	**7052**	**2547**	**1000**
海曙区	336	12	23	299	2	1883	1135	499	249
江北区	157	8	15	134		606	376	160	70
北仑区	194	13	29	150	2	1093	687	285	121
镇海区	226	3	15	205	3	813	510	196	107
鄞州区	347	29	44	272	2	2252	1659	381	212
奉化区	102	26	11	64	1	549	347	127	75
象山县									
宁海县									
余姚市	123	11	9	103		1310	858	390	62
慈溪市	327	10	3	307	7	2093	1480	509	104
温州市	**1462**	**57**	**97**	**1300**	**8**	**8537**	**5772**	**2037**	**728**
鹿城区	324	12	22	287	3	2155	1719	345	91
龙湾区	223	9	20	193	1	772	434	235	103
瓯海区	298	5	19	271	3	1239	758	340	141
洞头区	35	1	2	32		155	77	17	61
永嘉县									
平阳县									
苍南县									
文成县									
泰顺县									
瑞安市	227	6	6	215		1671	1103	451	117
乐清市	270	20	20	229	1	1957	1302	499	156
龙港市	85	4	8	73		588	379	150	59
嘉兴市	**934**	**42**	**68**	**816**	**8**	**3945**	**2628**	**969**	**348**
南湖区	277	12	20	242	3	1238	798	326	114
秀洲区	109	7	5	96	1	537	314	161	62
嘉善县									
海盐县									
海宁市	190	6	13	171		762	540	161	61
平湖市	152	9	18	124	1	495	352	103	40
桐乡市	206	8	12	183	3	913	624	218	71
湖州市	**397**	**35**	**63**	**299**		**1351**	**820**	**342**	**189**
吴兴区	311	34	60	217		975	596	245	134
南浔区	86	1	3	82		376	224	97	55
德清县									
长兴县									
安吉县									

4-4a 续表 61 单位：人

地区 性别	水利、环境和公共设施管理业					居民服务、修理和其他服务业			
	小计	水利管理业	生态保护和环境治理业	公共设施管理业	土地管理业	小计	居民服务业	机动车、电子产品和日用产品修理业	其他服务业
绍兴市	**1254**	**123**	**137**	**984**	**10**	**5813**	**3803**	**1333**	**677**
越城区	398	45	41	307	5	1520	1022	376	122
柯桥区	248	11	18	216	3	1535	1008	345	182
上虞区	311	28	45	237	1	981	639	213	129
新昌县									
诸暨市	171	23	16	132		1152	728	258	166
嵊州市	126	16	17	92	1	625	406	141	78
金华市	**1137**	**67**	**95**	**961**	**14**	**6523**	**4134**	**1578**	**811**
婺城区	298	21	22	246	9	1310	841	337	132
金东区	73	2	7	64		315	145	113	57
武义县									
浦江县									
磐安县									
兰溪市	96	3	14	79		383	242	100	41
义乌市	361	22	35	302	2	2508	1603	596	309
东阳市	159	6	14	137	2	1022	660	194	168
永康市	150	13	3	133	1	985	643	238	104
衢州市	**308**	**16**	**33**	**252**	**7**	**1533**	**1018**	**379**	**136**
柯城区	165	10	25	126	4	882	605	196	81
衢江区	92	3	3	85	1	220	130	80	10
常山县									
开化县									
龙游县						2	1	1	
江山市	51	3	5	41	2	429	282	102	45
舟山市	**378**	**9**	**19**	**347**	**3**	**1183**	**844**	**227**	**112**
定海区	169	9	18	139	3	653	449	119	85
普陀区	209		1	208		530	395	108	27
岱山县									
嵊泗县									
台州市	**1044**	**15**	**75**	**945**	**9**	**5337**	**3531**	**1350**	**456**
椒江区	307	3	27	276	1	1333	948	263	122
黄岩区	99	3	11	84	1	733	480	187	66
路桥区	138	2	4	129	3	696	433	236	27
三门县									
天台县									
仙居县									
温岭市	229	3	18	207	1	1143	767	288	88
临海市	130	4	8	116	2	662	417	184	61
玉环市	141		7	133	1	770	486	192	92
丽水市	**196**	**15**	**11**	**169**	**1**	**1135**	**692**	**260**	**183**
莲都区	138	15	9	113	1	891	550	192	149
青田县									
缙云县									
遂昌县									
松阳县									
云和县									
庆元县									
景宁畲族自治县									
龙泉市	58		2	56		244	142	68	34
男	**8659**	**526**	**856**	**7153**	**124**	**28126**	**13223**	**11915**	**2988**
杭州市	**2690**	**174**	**279**	**2152**	**85**	**6956**	**3393**	**2692**	**871**
上城区	95	7	7	77	4	143	80	46	17
下城区	133	16	16	98	3	318	213	83	22
江干区	357	26	27	277	27	1233	614	434	185
拱墅区	150	8	26	114	2	483	267	171	45

4-4a 续表 62

单位：人

地区 性别	水利、环境和公共设施管理业					居民服务、修理和其他服务业			
	小计	水利管理业	生态保护和环境治理业	公共设施管理业	土地管理业	小计	居民服务业	机动车、电子产品和日用产品修理业	其他服务业
西湖区	344	13	29	298	4	730	384	240	106
滨江区	118	14	11	91	2	265	162	70	33
萧山区	606	34	47	510	15	1358	592	622	144
余杭区	499	33	58	399	9	1462	647	584	231
富阳区	232	13	42	166	11	601	272	260	69
临安区	118	6	15	91	6	261	119	129	13
桐庐县									
淳安县									
建德市	38	4	1	31	2	102	43	53	6
宁波市	**1291**	**78**	**121**	**1084**	**8**	**4921**	**2329**	**2124**	**468**
海曙区	249	8	21	220		937	395	427	115
江北区	110	3	13	94		296	124	137	35
北仑区	144	12	27	104	1	511	227	236	48
镇海区	146	1	13	131	1	371	170	155	46
鄞州区	231	19	28	183	1	927	509	302	116
奉化区	72	19	8	45		255	115	108	32
象山县									
宁海县									
余姚市	92	9	9	74		675	308	338	29
慈溪市	247	7	2	233	5	949	481	421	47
温州市	**1007**	**42**	**70**	**891**	**4**	**3803**	**1758**	**1733**	**312**
鹿城区	221	11	13	195	2	851	521	285	45
龙湾区	151	6	14	130	1	372	140	197	35
瓯海区	215	5	14	195	1	627	263	300	64
洞头区	22		2	20		67	19	16	32
永嘉县									
平阳县									
苍南县									
文成县									
泰顺县									
瑞安市	165	6	5	154		787	354	375	58
乐清市	174	12	14	148		794	329	421	44
龙港市	59	2	8	49		305	132	139	34
嘉兴市	**589**	**36**	**52**	**498**	**3**	**1954**	**958**	**802**	**194**
南湖区	172	9	15	147	1	617	278	267	72
秀洲区	73	6	4	63		282	108	136	38
嘉善县									
海盐县									
海宁市	125	6	11	108		353	189	131	33
平湖市	90	9	14	66	1	252	144	93	15
桐乡市	129	6	8	114	1	450	239	175	36
湖州市	**277**	**29**	**50**	**198**		**648**	**272**	**286**	**90**
吴兴区	230	28	48	154		470	205	208	57
南浔区	47	1	2	44		178	67	78	33
德清县									
长兴县									
安吉县									
绍兴市	**835**	**82**	**112**	**636**	**5**	**2648**	**1238**	**1109**	**301**
越城区	268	31	29	206	2	703	334	310	59
柯桥区	163	8	14	139	2	696	331	283	82
上虞区	212	14	38	159	1	433	187	186	60
新昌县									
诸暨市	105	19	16	70		540	252	216	72
嵊州市	87	10	15	62		276	134	114	28

4-4a 续表 63

单位：人

地区 性别	水利、环境和公共设施管理业					居民服务、修理和其他服务业			
	小计	水利管理业	生态保护和环境治理业	公共设施管理业	土地管理业	小计	居民服务业	机动车、电子产品和日用产品修理业	其他服务业
金华市	**745**	**45**	**74**	**618**	**8**	**3030**	**1328**	**1315**	**387**
婺城区	194	15	17	157	5	607	263	272	72
金东区	48	1	5	42		159	40	100	19
武义县									
浦江县									
磐安县									
兰溪市	55	2	10	43		168	64	83	21
义乌市	259	16	29	213	1	1198	538	504	156
东阳市	92	3	11	77	1	453	216	158	79
永康市	97	8	2	86	1	445	207	198	40
衢州市	**187**	**7**	**27**	**149**	**4**	**637**	**285**	**301**	**51**
柯城区	104	5	21	75	3	345	164	153	28
衢江区	50	1	2	47		111	44	63	4
常山县									
开化县									
龙游县						1		1	
江山市	33	1	4	27	1	180	77	84	19
舟山市	**238**	**9**	**13**	**214**	**2**	**519**	**268**	**191**	**60**
定海区	117	9	12	94	2	290	141	100	49
普陀区	121		1	120		229	127	91	11
岱山县									
嵊泗县									
台州市	**669**	**11**	**54**	**599**	**5**	**2488**	**1174**	**1130**	**184**
椒江区	202	2	21	179		577	306	222	49
黄岩区	66	2	7	56	1	327	147	156	24
路桥区	86	1	3	81	1	360	145	201	14
三门县									
天台县									
仙居县									
温岭市	147	3	15	128	1	525	253	239	33
临海市	79	3	4	70	2	343	167	149	27
玉环市	89		4	85		356	156	163	37
丽水市	**131**	**13**	**4**	**114**		**522**	**220**	**232**	**70**
莲都区	94	13	4	77		397	173	170	54
青田县									
缙云县									
遂昌县									
松阳县									
云和县									
庆元县									
景宁畲族自治县									
龙泉市	37			37		125	47	62	16
女	**4363**	**208**	**300**	**3763**	**92**	**33905**	**27883**	**2363**	**3659**
杭州市	**1410**	**69**	**130**	**1157**	**54**	**9119**	**7419**	**564**	**1136**
上城区	51	8	2	39	2	305	263	6	36
下城区	59	7	3	46	3	477	423	27	27
江干区	169	15	13	132	9	1556	1178	82	296
拱墅区	95	6	14	72	3	630	532	41	57
西湖区	224	5	20	195	4	1141	948	59	134
滨江区	52	3	3	45	1	495	434	24	37
萧山区	341	12	19	296	14	1615	1320	105	190
余杭区	225	3	24	186	12	1627	1269	113	245
富阳区	120	5	28	82	5	756	629	60	67
临安区	50	4	4	41	1	377	305	31	41
桐庐县									
淳安县									
建德市	24	1		23		140	118	16	6

4-4a　续表 64　　　　　　　　　　　　　　　　　　　　　　　　　　　　　单位：人

地　区 性　别	水利、环境和公共设施管理业					居民服务、修理和其他服务业			
	小计	水　利 管理业	生态保护 和环境 治理业	公共设施 管理业	土　地 管理业	小计	居　民 服务业	机动车、 电子产品 和日用产 品修理业	其　他 服务业
宁波市	**521**	**34**	**28**	**450**	**9**	**5678**	**4723**	**423**	**532**
海曙区	87	4	2	79	2	946	740	72	134
江北区	47	5	2	40		310	252	23	35
北仑区	50	1	2	46	1	582	460	49	73
镇海区	80	2	2	74	2	442	340	41	61
鄞州区	116	10	16	89	1	1325	1150	79	96
奉化区	30	7	3	19	1	294	232	19	43
象山县									
宁海县									
余姚市	31	2		29		635	550	52	33
慈溪市	80	3	1	74	2	1144	999	88	57
温州市	**455**	**15**	**27**	**409**	**4**	**4734**	**4014**	**304**	**416**
鹿城区	103	1	9	92	1	1304	1198	60	46
龙湾区	72	3	6	63		400	294	38	68
瓯海区	83		5	76	2	612	495	40	77
洞头区	13	1		12		88	58	1	29
永嘉县									
平阳县									
苍南县									
文成县									
泰顺县									
瑞安市	62		1	61		884	749	76	59
乐清市	96	8	6	81	1	1163	973	78	112
龙港市	26	2		24		283	247	11	25
嘉兴市	**345**	**6**	**16**	**318**	**5**	**1991**	**1670**	**167**	**154**
南湖区	105	3	5	95	2	621	520	59	42
秀洲区	36	1	1	33	1	255	206	25	24
嘉善县									
海盐县									
海宁市	65		2	63		409	351	30	28
平湖市	62		4	58		243	208	10	25
桐乡市	77	2	4	69	2	463	385	43	35
湖州市	**120**	**6**	**13**	**101**		**703**	**548**	**56**	**99**
吴兴区	81	6	12	63		505	391	37	77
南浔区	39		1	38		198	157	19	22
德清县									
长兴县									
安吉县									
绍兴市	**419**	**41**	**25**	**348**	**5**	**3165**	**2565**	**224**	**376**
越城区	130	14	12	101	3	817	688	66	63
柯桥区	85	3	4	77	1	839	677	62	100
上虞区	99	14	7	78		548	452	27	69
新昌县									
诸暨市	66	4		62		612	476	42	94
嵊州市	39	6	2	30	1	349	272	27	50
金华市	**392**	**22**	**21**	**343**	**6**	**3493**	**2806**	**263**	**424**
婺城区	104	6	5	89	4	703	578	65	60
金东区	25	1	2	22		156	105	13	38
武义县									
浦江县									
磐安县									
兰溪市	41	1	4	36		215	178	17	20
义乌市	102	6	6	89	1	1310	1065	92	153
东阳市	67	3	3	60	1	569	444	36	89
永康市	53	5	1	47		540	436	40	64

4-4a 续表 65

单位：人

地区 性别	水利、环境和公共设施管理业					居民服务、修理和其他服务业			
	小计	水利管理业	生态保护和环境治理业	公共设施管理业	土地管理业	小计	居民服务业	机动车、电子产品和日用产品修理业	其他服务业
衢州市	**121**	**9**	**6**	**103**	**3**	**896**	**733**	**78**	**85**
柯城区	61	5	4	51	1	537	441	43	53
衢江区	42	2	1	38	1	109	86	17	6
常山县									
开化县									
龙游县						1	1		
江山市	18	2	1	14	1	249	205	18	26
舟山市	**140**		**6**	**133**	**1**	**664**	**576**	**36**	**52**
定海区	52		6	45	1	363	308	19	36
普陀区	88			88		301	268	17	16
岱山县									
嵊泗县									
台州市	**375**	**4**	**21**	**346**	**4**	**2849**	**2357**	**220**	**272**
椒江区	105	1	6	97	1	756	642	41	73
黄岩区	33	1	4	28		406	333	31	42
路桥区	52	1	1	48	2	336	288	35	13
三门县									
天台县									
仙居县									
温岭市	82		3	79		618	514	49	55
临海市	51	1	4	46		319	250	35	34
玉环市	52		3	48	1	414	330	29	55
丽水市	**65**	**2**	**7**	**55**	**1**	**613**	**472**	**28**	**113**
莲都区	44	2	5	36	1	494	377	22	95
青田县									
缙云县									
遂昌县									
松阳县									
云和县									
庆元县									
景宁畲族自治县									
龙泉市	21		2	19		119	95	6	18

4-4a　续表 66　　　　　　　　　　　　　　　　　　　　　　　　　　　　　单位：人

地区 性别	教育		卫生和社会工作			文化、体育和娱乐业				
	小计	教育	小计	卫生	社会工作	小计	新闻和出版业	广播、电视、电影和录音制作业	文化艺术业	体育
合计	**77944**	**77944**	**44343**	**42630**	**1713**	**22971**	**1697**	**2962**	**3808**	**2862**
杭州市	**24095**	**24095**	**13740**	**13128**	**612**	**8531**	**681**	**1555**	**1816**	**1009**
上城区	658	658	905	876	29	357	29	89	95	26
下城区	1243	1243	1583	1515	68	665	141	110	107	67
江干区	4489	4489	2327	2214	113	1462	112	244	403	177
拱墅区	1898	1898	1269	1211	58	771	68	248	147	100
西湖区	4430	4430	1702	1610	92	1405	137	290	350	143
滨江区	1373	1373	812	776	36	609	44	149	120	64
萧山区	3394	3394	2023	1951	72	1189	44	185	209	140
余杭区	3858	3858	1633	1544	89	1305	71	196	251	179
富阳区	1583	1583	796	761	35	531	26	24	83	81
临安区	802	802	432	420	12	176	4	15	33	22
桐庐县										
淳安县										
建德市	367	367	258	250	8	61	5	5	18	10
宁波市	**11623**	**11623**	**6992**	**6679**	**313**	**3544**	**194**	**378**	**559**	**488**
海曙区	1834	1834	1349	1283	66	522	36	79	99	91
江北区	946	946	680	642	38	208	8	20	60	34
北仑区	962	962	477	461	16	406	7	44	38	50
镇海区	1056	1056	516	490	26	278	21	24	42	45
鄞州区	2961	2961	1926	1854	72	1013	81	109	212	139
奉化区	638	638	383	373	10	269	5	14	23	25
象山县										
宁海县										
余姚市	1388	1388	642	591	51	395	12	30	36	47
慈溪市	1838	1838	1019	985	34	453	24	58	49	57
温州市	**10455**	**10455**	**5411**	**5211**	**200**	**2291**	**215**	**217**	**270**	**312**
鹿城区	2733	2733	2124	2033	91	795	128	109	105	87
龙湾区	829	829	323	315	8	167	23	12	26	34
瓯海区	1787	1787	993	970	23	302	14	25	44	54
洞头区	175	175	58	52	6	38		6	12	3
永嘉县										
平阳县										
苍南县										
文成县										
泰顺县										
瑞安市	1983	1983	955	924	31	406	31	18	34	55
乐清市	2020	2020	717	685	32	449	12	26	38	59
龙港市	928	928	241	232	9	134	7	21	11	20
嘉兴市	**5039**	**5039**	**3009**	**2833**	**176**	**1563**	**80**	**135**	**212**	**227**
南湖区	1678	1678	1181	1126	55	535	36	54	85	91
秀洲区	664	664	452	427	25	184	12	30	25	33
嘉善县										
海盐县										
海宁市	951	951	537	490	47	314	8	13	42	51
平湖市	752	752	379	351	28	205	6	10	28	14
桐乡市	994	994	460	439	21	325	18	28	32	38
湖州市	**1929**	**1929**	**1313**	**1280**	**33**	**525**	**74**	**44**	**73**	**76**
吴兴区	1645	1645	1194	1166	28	454	73	38	70	70
南浔区	284	284	119	114	5	71	1	6	3	6
德清县										
长兴县										
安吉县										

4-4a 续表 67 单位：人

地区 性别	教育 小计	教育 教育	卫生和社会工作 小计	卫生和社会工作 卫生	卫生和社会工作 社会工作	文化、体育和娱乐业 小计	新闻和出版业	广播、电视、电影和录音制作业	文化艺术业	体育
绍兴市	**6646**	**6646**	**3416**	**3329**	**87**	**1641**	**134**	**131**	**242**	**245**
越城区	2056	2056	1192	1161	31	562	80	52	96	79
柯桥区	1279	1279	564	546	18	404	8	15	38	85
上虞区	1118	1118	565	548	17	244	21	20	33	22
新昌县										
诸暨市	1498	1498	714	703	11	282	21	29	38	39
嵊州市	695	695	381	371	10	149	4	15	37	20
金华市	**6683**	**6683**	**3698**	**3599**	**99**	**1656**	**88**	**150**	**236**	**234**
婺城区	2135	2135	1128	1094	34	387	41	42	67	63
金东区	392	392	174	170	4	69	7	10	23	11
武义县										
浦江县										
磐安县										
兰溪市	522	522	338	316	22	82	4	10	22	6
义乌市	1789	1789	1013	994	19	652	14	53	73	109
东阳市	1008	1008	614	605	9	245	12	18	30	16
永康市	837	837	431	420	11	221	10	17	21	29
衢州市	**2032**	**2032**	**1321**	**1296**	**25**	**471**	**62**	**51**	**81**	**50**
柯城区	1256	1256	889	877	12	329	52	34	60	26
衢江区	209	209	103	102	1	55	2	4	8	7
常山县										
开化县										
龙游县	2	2	2	1	1					
江山市	565	565	327	316	11	87	8	13	13	17
舟山市	**1479**	**1479**	**930**	**886**	**44**	**621**	**50**	**60**	**78**	**37**
定海区	1009	1009	599	571	28	369	33	48	45	26
普陀区	470	470	331	315	16	252	17	12	33	11
岱山县										
嵊泗县										
台州市	**6386**	**6386**	**3512**	**3409**	**103**	**1765**	**84**	**199**	**183**	**140**
椒江区	1803	1803	843	817	26	508	45	77	75	52
黄岩区	746	746	453	439	14	189	7	27	11	26
路桥区	536	536	383	377	6	169	2	17	16	8
三门县										
天台县										
仙居县										
温岭市	1264	1264	754	733	21	439	9	37	30	19
临海市	1132	1132	679	652	27	241	18	25	29	19
玉环市	905	905	400	391	9	219	3	16	22	16
丽水市	**1577**	**1577**	**1001**	**980**	**21**	**363**	**35**	**42**	**58**	**44**
莲都区	1219	1219	846	829	17	295	32	36	43	35
青田县										
缙云县										
遂昌县										
松阳县										
云和县										
庆元县										
景宁畲族自治县										
龙泉市	358	358	155	151	4	68	3	6	15	9
男	**25381**	**25381**	**13916**	**13354**	**562**	**11075**	**914**	**1567**	**1717**	**1532**
杭州市	**8248**	**8248**	**4123**	**3942**	**181**	**4176**	**345**	**798**	**797**	**555**
上城区	207	207	276	273	3	177	16	36	38	10
下城区	435	435	491	470	21	341	75	54	41	35
江干区	1606	1606	719	684	35	693	58	125	174	86
拱墅区	617	617	357	341	16	391	29	115	64	68

4-4a　续表 68　　　　单位：人

地　区 性　别	教育		卫生和社会工作			文化、体育和娱乐业				
	小计	教育	小计	卫生	社会工作	小计	新闻和出版业	广播、电视、电影和录音制作业	文化艺术业	体育
西湖区	1738	1738	493	464	29	707	68	160	145	71
滨江区	428	428	253	242	11	290	17	85	55	34
萧山区	986	986	569	548	21	569	23	92	99	76
余杭区	1264	1264	503	477	26	661	39	108	115	115
富阳区	565	565	252	244	8	236	13	11	47	42
临安区	277	277	136	131	5	84	2	10	14	13
桐庐县										
淳安县										
建德市	125	125	74	68	6	27	5	2	5	5
宁波市	**3551**	**3551**	**2174**	**2074**	**100**	**1642**	**112**	**201**	**265**	**244**
海曙区	591	591	398	374	24	289	27	46	51	40
江北区	304	304	211	195	16	107	5	8	26	20
北仑区	249	249	160	156	4	166	2	25	17	29
镇海区	328	328	150	141	9	103	12	11	16	23
鄞州区	891	891	586	567	19	500	38	63	98	71
奉化区	203	203	121	120	1	71	3	2	9	9
象山县										
宁海县										
余姚市	418	418	218	204	14	189	9	16	24	23
慈溪市	567	567	330	317	13	217	16	30	24	29
温州市	**3271**	**3271**	**1873**	**1794**	**79**	**1199**	**120**	**128**	**132**	**192**
鹿城区	834	834	697	660	37	419	72	62	49	48
龙湾区	257	257	114	110	4	93	12	8	13	19
瓯海区	642	642	324	319	5	182	9	15	23	39
洞头区	44	44	19	17	2	19		3	6	2
永嘉县										
平阳县										
苍南县										
文成县										
泰顺县										
瑞安市	561	561	342	331	11	197	18	10	14	33
乐清市	604	604	285	270	15	219	6	15	20	40
龙港市	329	329	92	87	5	70	3	15	7	11
嘉兴市	**1630**	**1630**	**931**	**869**	**62**	**718**	**44**	**70**	**89**	**119**
南湖区	521	521	366	348	18	276	21	27	38	48
秀洲区	217	217	146	134	12	85	6	15	6	14
嘉善县										
海盐县										
海宁市	313	313	152	137	15	130	5	9	14	22
平湖市	240	240	131	119	12	77	2	7	13	8
桐乡市	339	339	136	131	5	150	10	12	18	27
湖州市	**620**	**620**	**395**	**382**	**13**	**273**	**42**	**20**	**34**	**38**
吴兴区	549	549	354	343	11	235	41	18	34	34
南浔区	71	71	41	39	2	38	1	2		4
德清县										
长兴县										
安吉县										
绍兴市	**2215**	**2215**	**1093**	**1061**	**32**	**790**	**76**	**69**	**120**	**114**
越城区	724	724	368	355	13	288	46	30	55	32
柯桥区	399	399	185	182	3	211	6	9	22	46
上虞区	353	353	170	163	7	89	11	10	12	10
新昌县										
诸暨市	500	500	228	224	4	130	11	12	16	17
嵊州市	239	239	142	137	5	72	2	8	15	9

4–4a 续表 69 单位：人

地区 性别	教育		卫生和社会工作			文化、体育和娱乐业				
	小计	教育	小计	卫生	社会工作	小计	新闻和出版业	广播、电视、电影和录音制作业	文化艺术业	体育
金华市	**2252**	**2252**	**1183**	**1151**	**32**	**876**	**50**	**101**	**110**	**129**
婺城区	785	785	331	322	9	211	19	27	28	34
金东区	119	119	53	52	1	44	5	7	11	8
武义县										
浦江县										
磐安县										
兰溪市	181	181	129	119	10	43	1	7	8	2
义乌市	587	587	342	337	5	329	12	35	32	65
东阳市	308	308	193	189	4	143	8	14	21	7
永康市	272	272	135	132	3	106	5	11	10	13
衢州市	**655**	**655**	**391**	**382**	**9**	**225**	**35**	**26**	**41**	**23**
柯城区	406	406	261	256	5	157	29	16	31	11
衢江区	61	61	25	25		23	2	2	1	3
常山县										
开化县										
龙游县	2	2								
江山市	186	186	105	101	4	45	4	8	9	9
舟山市	**430**	**430**	**268**	**258**	**10**	**212**	**26**	**27**	**24**	**24**
定海区	298	298	165	158	7	119	18	24	13	17
普陀区	132	132	103	100	3	93	8	3	11	7
岱山县										
嵊泗县										
台州市	**1978**	**1978**	**1161**	**1124**	**37**	**784**	**44**	**101**	**78**	**71**
椒江区	561	561	253	244	9	229	24	38	26	27
黄岩区	214	214	145	141	4	66	3	14	5	10
路桥区	152	152	125	123	2	89	1	11	6	4
三门县										
天台县										
仙居县										
温岭市	402	402	289	282	7	193	3	23	15	8
临海市	385	385	206	194	12	122	12	11	18	13
玉环市	264	264	143	140	3	85	1	4	8	9
丽水市	**531**	**531**	**324**	**317**	**7**	**180**	**20**	**26**	**27**	**23**
莲都区	432	432	270	264	6	147	18	22	21	17
青田县										
缙云县										
遂昌县										
松阳县										
云和县										
庆元县										
景宁畲族自治县										
龙泉市	99	99	54	53	1	33	2	4	6	6
女	**52563**	**52563**	**30427**	**29276**	**1151**	**11896**	**783**	**1395**	**2091**	**1330**
杭州市	**15847**	**15847**	**9617**	**9186**	**431**	**4355**	**336**	**757**	**1019**	**454**
上城区	451	451	629	603	26	180	13	53	57	16
下城区	808	808	1092	1045	47	324	66	56	66	32
江干区	2883	2883	1608	1530	78	769	54	119	229	91
拱墅区	1281	1281	912	870	42	380	39	133	83	32
西湖区	2692	2692	1209	1146	63	698	69	130	205	72
滨江区	945	945	559	534	25	319	27	64	65	30
萧山区	2408	2408	1454	1403	51	620	21	93	110	64
余杭区	2594	2594	1130	1067	63	644	32	88	136	64
富阳区	1018	1018	544	517	27	295	13	13	36	39
临安区	525	525	296	289	7	92	2	5	19	9
桐庐县										
淳安县										
建德市	242	242	184	182	2	34		3	13	5

4–4a　续表 70　　　　单位：人

地　区 性　别	教育		卫生和社会工作			文化、体育和娱乐业				
	小计	教育	小计	卫生	社会工作	小计	新闻和出版业	广播、电视、电影和录音制作业	文　化艺术业	体育
宁波市	**8072**	**8072**	**4818**	**4605**	**213**	**1902**	**82**	**177**	**294**	**244**
海曙区	1243	1243	951	909	42	233	9	33	48	51
江北区	642	642	469	447	22	101	3	12	34	14
北仑区	713	713	317	305	12	240	5	19	21	21
镇海区	728	728	366	349	17	175	9	13	26	22
鄞州区	2070	2070	1340	1287	53	513	43	46	114	68
奉化区	435	435	262	253	9	198	2	12	14	16
象山县										
宁海县										
余姚市	970	970	424	387	37	206	3	14	12	24
慈溪市	1271	1271	689	668	21	236	8	28	25	28
温州市	**7184**	**7184**	**3538**	**3417**	**121**	**1092**	**95**	**89**	**138**	**120**
鹿城区	1899	1899	1427	1373	54	376	56	47	56	39
龙湾区	572	572	209	205	4	74	11	4	13	15
瓯海区	1145	1145	669	651	18	120	5	10	21	15
洞头区	131	131	39	35	4	19		3	6	1
永嘉县										
平阳县										
苍南县										
文成县										
泰顺县										
瑞安市	1422	1422	613	593	20	209	13	8	20	22
乐清市	1416	1416	432	415	17	230	6	11	18	19
龙港市	599	599	149	145	4	64	4	6	4	9
嘉兴市	**3409**	**3409**	**2078**	**1964**	**114**	**845**	**36**	**65**	**123**	**108**
南湖区	1157	1157	815	778	37	259	15	27	47	43
秀洲区	447	447	306	293	13	99	6	15	19	19
嘉善县										
海盐县										
海宁市	638	638	385	353	32	184	3	4	28	29
平湖市	512	512	248	232	16	128	4	3	15	6
桐乡市	655	655	324	308	16	175	8	16	14	11
湖州市	**1309**	**1309**	**918**	**898**	**20**	**252**	**32**	**24**	**39**	**38**
吴兴区	1096	1096	840	823	17	219	32	20	36	36
南浔区	213	213	78	75	3	33		4	3	2
德清县										
长兴县										
安吉县										
绍兴市	**4431**	**4431**	**2323**	**2268**	**55**	**851**	**58**	**62**	**122**	**131**
越城区	1332	1332	824	806	18	274	34	22	41	47
柯桥区	880	880	379	364	15	193	2	6	16	39
上虞区	765	765	395	385	10	155	10	10	21	12
新昌县										
诸暨市	998	998	486	479	7	152	10	17	22	22
嵊州市	456	456	239	234	5	77	2	7	22	11
金华市	**4431**	**4431**	**2515**	**2448**	**67**	**780**	**38**	**49**	**126**	**105**
婺城区	1350	1350	797	772	25	176	22	15	39	29
金东区	273	273	121	118	3	25	2	3	12	3
武义县										
浦江县										
磐安县										
兰溪市	341	341	209	197	12	39	3	3	14	4
义乌市	1202	1202	671	657	14	323	2	18	41	44
东阳市	700	700	421	416	5	102	4	4	9	9
永康市	565	565	296	288	8	115	5	6	11	16

4–4a 续表 71

单位：人

地区 性别	教育		卫生和社会工作			文化、体育和娱乐业				
	小计	教育	小计	卫生	社会工作	小计	新闻和出版业	广播、电视、电影和录音制作业	文化艺术业	体育
衢州市	**1377**	**1377**	**930**	**914**	**16**	**246**	**27**	**25**	**40**	**27**
柯城区	850	850	628	621	7	172	23	18	29	15
衢江区	148	148	78	77	1	32		2	7	4
常山县										
开化县										
龙游县			2	1	1					
江山市	379	379	222	215	7	42	4	5	4	8
舟山市	**1049**	**1049**	**662**	**628**	**34**	**409**	**24**	**33**	**54**	**13**
定海区	711	711	434	413	21	250	15	24	32	9
普陀区	338	338	228	215	13	159	9	9	22	4
岱山县										
嵊泗县										
台州市	**4408**	**4408**	**2351**	**2285**	**66**	**981**	**40**	**98**	**105**	**69**
椒江区	1242	1242	590	573	17	279	21	39	49	25
黄岩区	532	532	308	298	10	123	4	13	6	16
路桥区	384	384	258	254	4	80	1	6	10	4
三门县										
天台县										
仙居县										
温岭市	862	862	465	451	14	246	6	14	15	11
临海市	747	747	473	458	15	119	6	14	11	6
玉环市	641	641	257	251	6	134	2	12	14	7
丽水市	**1046**	**1046**	**677**	**663**	**14**	**183**	**15**	**16**	**31**	**21**
莲都区	787	787	576	565	11	148	14	14	22	18
青田县										
缙云县										
遂昌县										
松阳县										
云和县										
庆元县										
景宁畲族自治县										
龙泉市	259	259	101	98	3	35	1	2	9	3

4-4a　续表 72　　　　单位：人

地区 性别	娱乐业	公共管理、社会保障和社会组织							国际组织	
		小计	中国共产党机关	国家机构	人民政协、民主党派	社会保障	群众团体、社会团体和其他成员组织	基层群众自治组织	小计	国际组织
合计	**11642**	**65474**	**1044**	**54017**	**201**	**216**	**3243**	**6753**	**2**	**2**
杭州市	**3470**	**15989**	**306**	**12440**	**46**	**49**	**992**	**2156**	**1**	**1**
上城区	118	766	2	667	4	2	40	51		
下城区	240	1073	36	870	8	1	58	100		
江干区	526	2587	51	2051	7	6	126	346		
拱墅区	208	1239	19	958	5	6	55	196		
西湖区	485	2343	72	1752	9	7	251	252		
滨江区	232	931	18	709	2	4	54	144	1	1
萧山区	611	2458	43	1817	3	7	186	402		
余杭区	608	2242	29	1734	4	7	127	341		
富阳区	317	1227	16	907	3	2	56	243		
临安区	102	619	15	531	1	5	33	34		
桐庐县										
淳安县										
建德市	23	504	5	444		2	6	47		
宁波市	**1925**	**10921**	**164**	**8909**	**27**	**54**	**647**	**1120**		
海曙区	217	1628	15	1308	7	6	141	151		
江北区	86	952	32	749	5	8	47	111		
北仑区	267	947	4	757	1	3	50	132		
镇海区	146	807	17	619		3	56	112		
鄞州区	472	2812	52	2419	11	13	120	197		
奉化区	202	798	12	688	1	3	54	40		
象山县										
宁海县										
余姚市	270	1305	12	1059		5	73	156		
慈溪市	265	1672	20	1310	2	13	106	221		
温州市	**1277**	**8167**	**54**	**6859**	**24**	**32**	**407**	**791**		
鹿城区	366	2724	18	2476	10	6	74	140		
龙湾区	72	802	3	653	3	5	48	90		
瓯海区	165	979	8	788	3	5	52	123		
洞头区	17	345	4	319	2		5	15		
永嘉县										
平阳县										
苍南县										
文成县										
泰顺县										
瑞安市	268	1437	4	1215	5	6	51	156		
乐清市	314	1289	16	987	1	6	114	165		
龙港市	75	591	1	421		4	63	102		
嘉兴市	**909**	**4529**	**76**	**3764**	**17**	**13**	**173**	**486**		
南湖区	269	1382	28	1174	9	4	47	120		
秀洲区	84	680	13	580		1	21	65		
嘉善县										
海盐县										
海宁市	200	826	12	647	3	2	41	121		
平湖市	147	766	16	642	4	3	30	71		
桐乡市	209	875	7	721	1	3	34	109		
湖州市	**258**	**2031**	**50**	**1741**	**4**	**7**	**55**	**174**		
吴兴区	203	1754	47	1523	4	7	45	128		
南浔区	55	277	3	218			10	46		
德清县										
长兴县										
安吉县										

4-4a 续表 73 单位：人

地区 性别	娱乐业	公共管理、社会保障和社会组织							国际组织	
		小计	中国共产党机关	国家机构	人民政协、民主党派	社会保障	群众团体、社会团体和其他成员组织	基层群众自治组织	小计	国际组织
绍兴市	**889**	**5785**	**88**	**4605**	**19**	**24**	**284**	**765**		
越城区	255	1968	48	1604	7	10	89	210		
柯桥区	258	998	11	679	4	3	61	240		
上虞区	148	1140	9	869	2	5	75	180		
新昌县										
诸暨市	155	1033	6	892	4	1	26	104		
嵊州市	73	646	14	561	2	5	33	31		
金华市	**948**	**4888**	**105**	**4229**	**14**	**17**	**124**	**399**	**1**	**1**
婺城区	174	1546	35	1360	3	2	47	99		
金东区	18	361	13	306	2	1	4	35		
武义县										
浦江县										
磐安县										
兰溪市	40	568		507	2		9	50	1	1
义乌市	403	1105	27	902	3	4	19	150		
东阳市	169	663	9	611	2	2	17	22		
永康市	144	645	21	543	2	8	28	43		
衢州市	**227**	**2584**	**33**	**2307**	**12**	**6**	**63**	**163**		
柯城区	157	1698	26	1521	9	3	40	99		
衢江区	34	269	3	237	1	1	7	20		
常山县										
开化县										
龙游县		1						1		
江山市	36	616	4	549	2	2	16	43		
舟山市	**396**	**2413**	**57**	**2036**	**9**	**7**	**135**	**169**		
定海区	217	1577	36	1357	6	4	76	98		
普陀区	179	836	21	679	3	3	59	71		
岱山县										
嵊泗县										
台州市	**1159**	**6169**	**94**	**5348**	**18**	**4**	**269**	**436**		
椒江区	259	1777	51	1540	11	2	75	98		
黄岩区	118	751	4	657			16	74		
路桥区	126	556	6	489	1		21	39		
三门县										
天台县										
仙居县										
温岭市	344	1177	16	996	2	1	81	81		
临海市	150	914	13	812	2	1	28	58		
玉环市	162	994	4	854	2		48	86		
丽水市	**184**	**1998**	**17**	**1779**	**11**	**3**	**94**	**94**		
莲都区	149	1513	9	1347	10	1	81	65		
青田县										
缙云县										
遂昌县										
松阳县										
云和县										
庆元县										
景宁畲族自治县										
龙泉市	35	485	8	432	1	2	13	29		
男	**5345**	**41913**	**719**	**35470**	**139**	**94**	**1848**	**3643**	**1**	**1**
杭州市	**1681**	**10169**	**210**	**8171**	**33**	**24**	**526**	**1205**	**1**	**1**
上城区	77	458	2	407	3	1	20	25		
下城区	136	660	28	558	7		23	44		
江干区	250	1710	37	1403	5	3	62	200		
拱墅区	115	727	11	601	2	1	20	92		

4-4a　续表 74　　　　单位：人

地　区 性　别	娱乐业	公共管理、社会保障和社会组织						国际组织	
		小计	中国共产党机关	国家机构	人民政协、民主党派	社会保障	群众团体、社会团体和其他成员组织	基层群众自治组织	小计	国际组织
西湖区	263	1431	46	1119	6	2	133	125		
滨江区	99	575	14	444	1	1	32	83	1	1
萧山区	279	1645	23	1246	2	5	112	257		
余杭区	284	1516	25	1198	3	5	77	208		
富阳区	123	751	11	586	3	1	26	124		
临安区	45	398	10	340	1	4	21	22		
桐庐县										
淳安县										
建德市	10	298	3	269		1		25		
宁波市	**820**	**6928**	**117**	**5822**	**18**	**24**	**402**	**545**		
海曙区	125	1061	8	889	5	1	94	64		
江北区	48	622	22	517	1	5	28	49		
北仑区	93	566	3	483	1	1	30	48		
镇海区	41	463	14	372		3	32	42		
鄞州区	230	1756	37	1556	8	4	74	77		
奉化区	48	480	9	420	1	2	28	20		
象山县										
宁海县										
余姚市	117	869	9	714		3	48	95		
慈溪市	118	1111	15	871	2	5	68	150		
温州市	**627**	**5414**	**32**	**4603**	**16**	**15**	**256**	**492**		
鹿城区	188	1754	8	1637	7	2	38	62		
龙湾区	41	520	2	429	2	1	29	57		
瓯海区	96	674	3	548	2	2	39	80		
洞头区	8	199	3	185	1		2	8		
永嘉县										
平阳县										
苍南县										
文成县										
泰顺县										
瑞安市	122	986	3	845	3	4	35	96		
乐清市	138	837	12	646	1	4	62	112		
龙港市	34	444	1	313		2	51	77		
嘉兴市	**396**	**2882**	**54**	**2488**	**5**	**6**	**83**	**246**		
南湖区	142	863	20	769	3	1	20	50		
秀洲区	44	429	9	395		1	9	15		
嘉善县										
海盐县										
海宁市	80	529	9	427	1	1	25	66		
平湖市	47	479	12	412	1	2	10	42		
桐乡市	83	582	4	485		1	19	73		
湖州市	**139**	**1299**	**34**	**1138**	**3**	**2**	**32**	**90**		
吴兴区	108	1123	33	1000	3	2	26	59		
南浔区	31	176	1	138			6	31		
德清县										
长兴县										
安吉县										
绍兴市	**411**	**3687**	**61**	**3052**	**16**	**9**	**131**	**418**		
越城区	125	1248	34	1074	5	5	36	94		
柯桥区	128	648	8	454	4		34	148		
上虞区	46	682	5	548	2	2	23	102		
新昌县										
诸暨市	74	664	5	590	3	1	12	53		
嵊州市	38	445	9	386	2	1	26	21		

4-4a 续表 75

单位：人

地区 性别	娱乐业	公共管理、社会保障和社会组织							国际组织	
		小计	中国共产党机关	国家机构	人民政协、民主党派	社会保障	群众团体、社会团体和其他成员组织	基层群众自治组织	小计	国际组织
金华市	**486**	**3238**	**80**	**2836**	**11**	**9**	**74**	**228**		
婺城区	103	1005	27	902	3	2	23	48		
金东区	13	221	9	196	1	1	1	13		
武义县										
浦江县										
磐安县										
兰溪市	25	376		342	2		7	25		
义乌市	185	805	20	656	2	1	12	114		
东阳市	93	429	6	399	2		10	12		
永康市	67	402	18	341	1	5	21	16		
衢州市	**100**	**1625**	**22**	**1499**	**6**	**1**	**25**	**72**		
柯城区	70	1060	19	981	4		17	39		
衢江区	15	174	1	157	1		2	13		
常山县										
开化县										
龙游县		1						1		
江山市	15	390	2	361	1	1	6	19		
舟山市	**111**	**1467**	**33**	**1290**	**8**	**3**	**79**	**54**		
定海区	47	946	20	854	5	1	37	29		
普陀区	64	521	13	436	3	2	42	25		
岱山县										
嵊泗县										
台州市	**490**	**3965**	**69**	**3444**	**14**	**1**	**185**	**252**		
椒江区	114	1117	38	969	8		52	50		
黄岩区	34	464	2	408			11	43		
路桥区	67	352	5	308	1		14	24		
三门县										
天台县										
仙居县										
温岭市	144	799	12	676	1		56	54		
临海市	68	610	8	541	2	1	18	40		
玉环市	63	623	4	542	2		34	41		
丽水市	**84**	**1239**	**7**	**1127**	**9**		**55**	**41**		
莲都区	69	937	3	847	9		50	28		
青田县										
缙云县										
遂昌县										
松阳县										
云和县										
庆元县										
景宁畲族自治县										
龙泉市	15	302	4	280			5	13		
女	**6297**	**23561**	**325**	**18547**	**62**	**122**	**1395**	**3110**	**1**	**1**
杭州市	**1789**	**5820**	**96**	**4269**	**13**	**25**	**466**	**951**		
上城区	41	308		260	1	1	20	26		
下城区	104	413	8	312	1	1	35	56		
江干区	276	877	14	648	2	3	64	146		
拱墅区	93	512	8	357	3	5	35	104		
西湖区	222	912	26	633	3	5	118	127		
滨江区	133	356	4	265	1	3	22	61		
萧山区	332	813	20	571	1	2	74	145		
余杭区	324	726	4	536	1	2	50	133		
富阳区	194	476	5	321		1	30	119		
临安区	57	221	5	191		1	12	12		
桐庐县										
淳安县										
建德市	13	206	2	175		1	6	22		

4-4a　续表 76　　　　单位：人

地区 性别	娱乐业	公共管理、社会保障和社会组织							国际组织	
		小计	中国共产党机关	国家机构	人民政协、民主党派	社会保障	群众团体、社会团体和其他成员组织	基层群众自治组织	小计	国际组织
宁波市	**1105**	**3993**	**47**	**3087**	**9**	**30**	**245**	**575**		
海曙区	92	567	7	419	2	5	47	87		
江北区	38	330	10	232	4	3	19	62		
北仑区	174	381	1	274		2	20	84		
镇海区	105	344	3	247			24	70		
鄞州区	242	1056	15	863	3	9	46	120		
奉化区	154	318	3	268		1	26	20		
象山县										
宁海县										
余姚市	153	436	3	345		2	25	61		
慈溪市	147	561	5	439		8	38	71		
温州市	**650**	**2753**	**22**	**2256**	**8**	**17**	**151**	**299**		
鹿城区	178	970	10	839	3	4	36	78		
龙湾区	31	282	1	224	1	4	19	33		
瓯海区	69	305	5	240	1	3	13	43		
洞头区	9	146	1	134	1		3	7		
永嘉县										
平阳县										
苍南县										
文成县										
泰顺县										
瑞安市	146	451	1	370	2	2	16	60		
乐清市	176	452	4	341		2	52	53		
龙港市	41	147		108		2	12	25		
嘉兴市	**513**	**1647**	**22**	**1276**	**12**	**7**	**90**	**240**		
南湖区	127	519	8	405	6	3	27	70		
秀洲区	40	251	4	185			12	50		
嘉善县										
海盐县										
海宁市	120	297	3	220	2	1	16	55		
平湖市	100	287	4	230	3	1	20	29		
桐乡市	126	293	3	236	1	2	15	36		
湖州市	**119**	**732**	**16**	**603**	**1**	**5**	**23**	**84**		
吴兴区	95	631	14	523	1	5	19	69		
南浔区	24	101	2	80			4	15		
德清县										
长兴县										
安吉县										
绍兴市	**478**	**2098**	**27**	**1553**	**3**	**15**	**153**	**347**		
越城区	130	720	14	530	2	5	53	116		
柯桥区	130	350	3	225		3	27	92		
上虞区	102	458	4	321		3	52	78		
新昌县										
诸暨市	81	369	1	302	1		14	51		
嵊州市	35	201	5	175		4	7	10		
金华市	**462**	**1650**	**25**	**1393**	**3**	**8**	**50**	**171**	**1**	**1**
婺城区	71	541	8	458			24	51		
金东区	5	140	4	110	1		3	22		
武义县										
浦江县										
磐安县										
兰溪市	15	192		165			2	25	1	1
义乌市	218	300	7	246	1	3	7	36		
东阳市	76	234	3	212		2	7	10		
永康市	77	243	3	202	1	3	7	27		

4-4a 续表 77 单位：人

地区 性别	娱乐业	公共管理、社会保障和社会组织 小计	中国共产党机关	国家机构	人民政协、民主党派	社会保障	群众团体、社会团体和其他成员组织	基层群众自治组织	国际组织 小计	国际组织
衢州市	**127**	**959**	**11**	**808**	**6**	**5**	**38**	**91**		
柯城区	87	638	7	540	5	3	23	60		
衢江区	19	95	2	80		1	5	7		
常山县										
开化县										
龙游县										
江山市	21	226	2	188	1	1	10	24		
舟山市	**285**	**946**	**24**	**746**	**1**	**4**	**56**	**115**		
定海区	170	631	16	503	1	3	39	69		
普陀区	115	315	8	243		1	17	46		
岱山县										
嵊泗县										
台州市	**669**	**2204**	**25**	**1904**	**4**	**3**	**84**	**184**		
椒江区	145	660	13	571	3	2	23	48		
黄岩区	84	287	2	249			5	31		
路桥区	59	204	1	181			7	15		
三门县										
天台县										
仙居县										
温岭市	200	378	4	320	1	1	25	27		
临海市	82	304	5	271			10	18		
玉环市	99	371		312			14	45		
丽水市	**100**	**759**	**10**	**652**	**2**	**3**	**39**	**53**		
莲都区	80	576	6	500	1	1	31	37		
青田县										
缙云县										
遂昌县										
松阳县										
云和县										
庆元县										
景宁畲族自治县										
龙泉市	20	183	4	152	1	2	8	16		

4-4b 各地区分性别、行业大类的就业人口(镇)

单位：人

地区 性别	合计	农、林、牧、渔业						采矿业	
		小计	农业	林业	畜牧业	渔业	农、林、牧、渔专业及辅助性活动	小计	煤炭开采和洗选业
合计	**773450**	**27100**	**18783**	**1259**	**1493**	**5144**	**421**	**1142**	**158**
杭州市	**60871**	**1603**	**1234**	**55**	**156**	**144**	**14**	**33**	**1**
上城区									
下城区									
江干区									
拱墅区									
西湖区	12								
滨江区									
萧山区	9157	389	244	4	54	85	2	4	
余杭区	17081	141	95	10	17	15	4	5	1
富阳区	1631	113	105	1	6	1			
临安区	3905	287	262	16	1	3	5	4	
桐庐县	17747	204	143	11	34	16		12	
淳安县	7414	195	130	8	33	22	2	3	
建德市	3924	274	255	5	11	2	1	5	
宁波市	**119977**	**2853**	**1591**	**133**	**97**	**984**	**48**	**71**	**2**
海曙区	1229	36	36					3	
江北区									
北仑区	4073	11	7	3		1		1	1
镇海区	2823	18	15		1	2		1	
鄞州区	18983	202	167	4	10	19	2	8	
奉化区	3131	171	98	42	6	10	15		
象山县	18947	961	150	3	10	795	3	8	
宁海县	24681	401	269	16	14	95	7	27	
余姚市	15399	542	404	57	34	37	10	17	1
慈溪市	30711	511	445	8	22	25	11	6	
温州市	**110441**	**3525**	**2610**	**69**	**220**	**570**	**56**	**475**	**148**
鹿城区	247	5	1		3	1		1	
龙湾区	17809	48	34	2	7	4	1	5	
瓯海区	979	7	4	1			2		
洞头区	298	30	18		1	11		3	
永嘉县	23706	514	464	1	36	6	7	11	2
平阳县	26084	595	377	14	64	130	10	80	49
苍南县	26828	1720	1236	8	53	388	35	347	86
文成县	3985	264	242	10	10	2		5	
泰顺县	3526	137	98	9	26	3	1	22	11
瑞安市	1205	45	35	3	6	1			
乐清市	4854	115	80	21	12	2		1	
龙港市	920	45	21		2	22			
嘉兴市	**108011**	**1603**	**1229**	**135**	**83**	**130**	**26**	**5**	
南湖区	3846	241	208	20	8	4	1		
秀洲区	9967	101	68	10	5	11	7		
嘉善县	30737	435	398	7	13	16	1		
海盐县	18097	181	118	6	19	35	3	3	
海宁市	24498	383	268	64	18	25	8		
平湖市	11111	134	99	5	7	21	2	1	
桐乡市	9755	128	70	23	13	18	4	1	
湖州市	**90139**	**1909**	**1222**	**186**	**102**	**347**	**52**	**93**	**4**
吴兴区	20717	99	59	6	11	22	1	6	
南浔区	6881	188	44	6	15	117	6	3	
德清县	20205	464	233	20	34	172	5	23	1
长兴县	23433	890	710	91	29	28	32	44	2
安吉县	18903	268	176	63	13	8	8	17	1

4-4b 续表 1 单位：人

地区 性别	合计	农、林、牧、渔业						采矿业	
		小计	农业	林业	畜牧业	渔业	农、林、牧、渔专业及辅助性活动	小计	煤炭开采和洗选业
绍兴市	**40040**	**1846**	**1566**	**152**	**87**	**33**	**8**	**18**	
越城区	221	9	6	1	2				
柯桥区	10660	156	132	4	14	2	4	7	
上虞区	2736	162	142	5	7	8			
新昌县	14120	454	413	29	12			4	
诸暨市	9525	305	252	12	19	21	1	7	
嵊州市	2778	760	621	101	33	2	3		
金华市	**96996**	**2475**	**1907**	**324**	**152**	**46**	**46**	**82**	
婺城区	3738	298	103	183	11	1		4	
金东区	11782	269	161	67	8	7	26	10	
武义县	18833	477	377	24	52	12	12	39	
浦江县	11321	189	154	8	20	4	3		
磐安县	4912	282	272	2	4	3	1	4	
兰溪市	3762	512	453	19	31	9		9	
义乌市	21759	91	73	10	7		1	4	
东阳市	15625	248	213	8	17	9	1	12	
永康市	5264	109	101	3	2	1	2		
衢州市	**26510**	**2558**	**2089**	**72**	**343**	**35**	**19**	**45**	**1**
柯城区	566	51	49		2			2	
衢江区	1548	314	282	8	19	1	4	6	1
常山县	6139	778	606	6	152	8	6	9	
开化县	5727	216	176	25	9	6		4	
龙游县	9101	512	386	28	74	16	8	20	
江山市	3429	687	590	5	87	4	1	4	
舟山市	**15936**	**1607**	**86**		**2**	**1463**	**56**	**91**	
定海区	1707	67	38			29		3	
普陀区	1180	81	8			71	2	3	
岱山县	10721	1090	23		1	1019	47	72	
嵊泗县	2328	369	17		1	344	7	13	
台州市	**62092**	**3921**	**2343**	**31**	**137**	**1336**	**74**	**39**	**2**
椒江区	452	11	9			1	1		
黄岩区	1842	112	103	2	7			1	
路桥区	6844	250	155	1	6	85	3	3	
三门县	9269	399	272	2	16	109		7	
天台县	10113	309	265	7	24	4	9	10	2
仙居县	8757	381	320	5	32	24		14	
温岭市	16771	1313	310	9	18	917	59	3	
临海市	6986	1093	897	5	31	158	2		
玉环市	1058	53	12		3	38		1	
丽水市	**42437**	**3200**	**2906**	**102**	**114**	**56**	**22**	**190**	
莲都区	1122	133	122	1	7	1	2	2	
青田县	8935	437	413	7	13	1	3	50	
缙云县	10301	727	625	10	43	40	9	19	
遂昌县	4749	414	382	14	14	1	3	60	
松阳县	5065	805	778	9	13	4	1	4	
云和县	4906	155	141	6	5	3		6	
庆元县	3971	236	192	26	12	3	3	13	
景宁畲族自治县	2831	199	171	18	7	3		3	
龙泉市	557	94	82	11			1	33	
男	**468055**	**18397**	**11620**	**980**	**897**	**4679**	**221**	**1023**	**147**
杭州市	**36901**	**1011**	**753**	**45**	**102**	**101**	**10**	**28**	
上城区									
下城区									
江干区									
拱墅区									

4-4b　续表 2

单位：人

地区 性别	合计	农、林、牧、渔业						采矿业	
		小计	农业	林业	畜牧业	渔业	农、林、牧、渔专业及辅助性活动	小计	煤炭开采和洗选业
西湖区	8								
滨江区									
萧山区	5906	231	134	3	34	58	2	4	
余杭区	10602	97	64	8	12	11	2	3	
富阳区	1039	77	71	1	4	1			
临安区	2324	180	162	12	1	2	3	3	
桐庐县	10462	152	106	10	24	12		11	
淳安县	4213	111	69	6	18	16	2	2	
建德市	2347	163	147	5	9	1	1	5	
宁波市	**72352**	**2199**	**1067**	**116**	**64**	**920**	**32**	**60**	**2**
海曙区	762	26	26					3	
江北区									
北仑区	2653	7	4	3				1	1
镇海区	1818	14	11		1	2		1	
鄞州区	11461	147	120	4	6	16	1	6	
奉化区	1888	137	80	36	5	7	9		
象山县	10987	890	106	2	7	772	3	7	
宁海县	14214	281	179	15	9	75	3	22	
余姚市	8951	345	239	49	21	28	8	14	1
慈溪市	19618	352	302	7	15	20	8	6	
温州市	**68324**	**2579**	**1856**	**57**	**157**	**483**	**26**	**433**	**139**
鹿城区	153	4	1		2	1		1	
龙湾区	11551	30	20	2	5	3		5	
瓯海区	611	4	2	1			1		
洞头区	187	17	7		1	9		3	
永嘉县	14805	371	334	1	26	6	4	11	2
平阳县	15895	489	296	13	53	120	7	73	45
苍南县	16311	1218	850	6	33	316	13	314	82
文成县	2479	192	177	9	5	1		5	
泰顺县	2229	105	75	9	18	2	1	20	10
瑞安市	721	36	28	3	4	1			
乐清市	2806	74	50	13	9	2		1	
龙港市	576	39	16		1	22			
嘉兴市	**65188**	**951**	**680**	**89**	**60**	**100**	**22**	**4**	
南湖区	2303	125	106	10	6	2	1		
秀洲区	5758	64	39	8	4	8	5		
嘉善县	18765	243	215	5	13	10			
海盐县	10746	106	61	4	10	28	3	2	
海宁市	15174	238	161	37	13	20	7		
平湖市	6731	87	58	5	5	17	2	1	
桐乡市	5711	88	40	20	9	15	4	1	
湖州市	**53335**	**1220**	**691**	**145**	**62**	**279**	**43**	**83**	**3**
吴兴区	11431	54	22	6	6	19	1	6	
南浔区	4157	139	29	5	12	87	6	3	
德清县	12229	315	134	13	20	146	2	20	1
长兴县	14148	509	379	70	14	19	27	38	1
安吉县	11370	203	127	51	10	8	7	16	1
绍兴市	**24205**	**1138**	**934**	**123**	**51**	**25**	**5**	**17**	
越城区	133	6	4	1	1				
柯桥区	6910	68	53	3	8	1	3	6	
上虞区	1608	113	99	4	4	6			
新昌县	8076	245	216	23	6			4	
诸暨市	5735	207	169	8	13	16	1	7	
嵊州市	1743	499	393	84	19	2	1		

4-4b 续表 3 单位：人

地区 性别	合计	农、林、牧、渔业 小计	农业	林业	畜牧业	渔业	农、林、牧、渔专业及辅助性活动	采矿业 小计	煤炭开采和洗选业
金华市	**57512**	**1519**	**1120**	**231**	**105**	**33**	**30**	**69**	
婺城区	2198	194	57	128	8	1		3	
金东区	7186	167	93	47	4	4	19	10	
武义县	11192	291	220	21	35	8	7	31	
浦江县	6473	128	106	4	14	2	2		
磐安县	2873	174	167	1	4	1	1	4	
兰溪市	2219	317	270	15	23	9		9	
义乌市	12707	63	52	6	5			4	
东阳市	9475	128	103	7	11	7		8	
永康市	3189	57	52	2	1	1	1		
衢州市	**15754**	**1490**	**1276**	**58**	**121**	**22**	**13**	**41**	**1**
柯城区	369	35	34		1			2	
衢江区	1011	225	202	8	12		3	6	1
常山县	3584	388	361	5	13	4	5	6	
开化县	3389	146	114	21	7	4		4	
龙游县	5365	319	240	20	45	10	4	20	
江山市	2036	377	325	4	43	4	1	3	
舟山市	**12009**	**1461**	**47**		**2**	**1406**	**6**	**82**	
定海区	1117	49	22			27		3	
普陀区	756	74	5			69		3	
岱山县	8675	1006	11		1	988	6	63	
嵊泗县	1461	332	9		1	322		13	
台州市	**37121**	**2869**	**1465**	**20**	**94**	**1270**	**20**	**31**	**2**
椒江区	312	7	5			1	1		
黄岩区	1054	72	66	1	5			1	
路桥区	4119	187	98	1	4	83	1	2	
三门县	5739	296	190	1	15	90		6	
天台县	5944	190	161	5	12	3	9	9	2
仙居县	5076	265	222	3	21	19		10	
温岭市	10199	1105	196	6	13	882	8	2	
临海市	4045	701	519	3	22	156	1		
玉环市	633	46	8		2	36		1	
丽水市	**25354**	**1960**	**1731**	**96**	**79**	**40**	**14**	**175**	
莲都区	715	80	75	1	2	1	1	2	
青田县	5283	252	234	6	11		1	45	
缙云县	6246	478	404	10	29	28	7	18	
遂昌县	2843	238	211	14	10	1	2	52	
松阳县	2974	427	408	8	7	3	1	4	
云和县	2943	103	90	6	4	3		6	
庆元县	2362	164	125	25	11	2	1	13	
景宁畲族自治县	1629	137	112	18	5	2		3	
龙泉市	359	81	72	8			1	32	
女	**305395**	**8703**	**7163**	**279**	**596**	**465**	**200**	**119**	**11**
杭州市	**23970**	**592**	**481**	**10**	**54**	**43**	**4**	**5**	**1**
上城区									
下城区									
江干区									
拱墅区									
西湖区	4								
滨江区									
萧山区	3251	158	110	1	20	27			
余杭区	6479	44	31	2	5	4	2	2	1
富阳区	592	36	34		2				
临安区	1581	107	100	4		1	2	1	
桐庐县	7285	52	37	1	10	4		1	
淳安县	3201	84	61	2	15	6		1	
建德市	1577	111	108		2	1			

4-4b　续表 4　　　　单位：人

地区 性别	合计	农、林、牧、渔业						采矿业	
		小计	农业	林业	畜牧业	渔业	农、林、牧、渔专业及辅助性活动	小计	煤炭开采和洗选业
宁波市	**47625**	**654**	**524**	**17**	**33**	**64**	**16**	**11**	
海曙区	467	10	10						
江北区									
北仑区	1420	4	3			1			
镇海区	1005	4	4						
鄞州区	7522	55	47		4	3	1	2	
奉化区	1243	34	18	6	1	3	6		
象山县	7960	71	44	1	3	23		1	
宁海县	10467	120	90	1	5	20	4	5	
余姚市	6448	197	165	8	13	9	2	3	
慈溪市	11093	159	143	1	7	5	3		
温州市	**42117**	**946**	**754**	**12**	**63**	**87**	**30**	**42**	**9**
鹿城区	94	1			1				
龙湾区	6258	18	14		2	1	1		
瓯海区	368	3	2				1		
洞头区	111	13	11			2			
永嘉县	8901	143	130		10		3		
平阳县	10189	106	81	1	11	10	3	7	4
苍南县	10517	502	386	2	20	72	22	33	4
文成县	1506	72	65	1	5	1			
泰顺县	1297	32	23		8	1		2	1
瑞安市	484	9	7		2				
乐清市	2048	41	30	8	3				
龙港市	344	6	5		1				
嘉兴市	**42823**	**652**	**549**	**46**	**23**	**30**	**4**	**1**	
南湖区	1543	116	102	10	2	2			
秀洲区	4209	37	29	2	1	3	2		
嘉善县	11972	192	183	2		6	1		
海盐县	7351	75	57	2	9	7		1	
海宁市	9324	145	107	27	5	5	1		
平湖市	4380	47	41		2	4			
桐乡市	4044	40	30	3	4	3			
湖州市	**36804**	**689**	**531**	**41**	**40**	**68**	**9**	**10**	**1**
吴兴区	9286	45	37		5	3			
南浔区	2724	49	15	1	3	30			
德清县	7976	149	99	7	14	26	3	3	
长兴县	9285	381	331	21	15	9	5	6	1
安吉县	7533	65	49	12	3		1	1	
绍兴市	**15835**	**708**	**632**	**29**	**36**	**8**	**3**	**1**	
越城区	88	3	2		1				
柯桥区	3750	88	79	1	6	1	1	1	
上虞区	1128	49	43	1	3	2			
新昌县	6044	209	197	6	6				
诸暨市	3790	98	83	4	6	5			
嵊州市	1035	261	228	17	14		2		
金华市	**39484**	**956**	**787**	**93**	**47**	**13**	**16**	**13**	
婺城区	1540	104	46	55	3			1	
金东区	4596	102	68	20	4	3	7		
武义县	7641	186	157	3	17	4	5	8	
浦江县	4848	61	48	4	6	2	1		
磐安县	2039	108	105	1		2			
兰溪市	1543	195	183	4	8				
义乌市	9052	28	21	4	2		1		
东阳市	6150	120	110	1	6	2	1	4	
永康市	2075	52	49	1	1		1		

4-4b 续表 5 单位：人

地区 性别	合计	农、林、牧、渔业						采矿业	
		小计	农业	林业	畜牧业	渔业	农、林、牧、渔专业及辅助性活动	小计	煤炭开采和洗选业
衢州市	**10756**	**1068**	**813**	**14**	**222**	**13**	**6**	**4**	
柯城区	197	16	15		1				
衢江区	537	89	80		7	1	1		
常山县	2555	390	245	1	139	4	1	3	
开化县	2338	70	62	4	2	2			
龙游县	3736	193	146	8	29	6	4		
江山市	1393	310	265	1	44			1	
舟山市	**3927**	**146**	**39**			**57**	**50**	**9**	
定海区	590	18	16			2			
普陀区	424	7	3			2	2		
岱山县	2046	84	12			31	41	9	
嵊泗县	867	37	8			22	7		
台州市	**24971**	**1052**	**878**	**11**	**43**	**66**	**54**	**8**	
椒江区	140	4	4						
黄岩区	788	40	37	1	2				
路桥区	2725	63	57		2	2	2	1	
三门县	3530	103	82	1	1	19		1	
天台县	4169	119	104	2	12	1		1	
仙居县	3681	116	98	2	11	5		4	
温岭市	6572	208	114	3	5	35	51	1	
临海市	2941	392	378	2	9	2	1		
玉环市	425	7	4		1	2			
丽水市	**17083**	**1240**	**1175**	**6**	**35**	**16**	**8**	**15**	
莲都区	407	53	47		5		1		
青田县	3652	185	179	1	2	1	2	5	
缙云县	4055	249	221		14	12	2	1	
遂昌县	1906	176	171		4		1	8	
松阳县	2091	378	370	1	6	1			
云和县	1963	52	51		1				
庆元县	1609	72	67	1	1	1	2		
景宁畲族自治县	1202	62	59		2	1			
龙泉市	198	13	10	3				1	

4-4b　续表 6　　　　　　　　　　　　　　　　　　　　单位：人

地　区 性　别	采矿业						制造业		
	石油和天然气开采业	黑色金属矿采选业	有色金属矿采选业	非金属矿采选业	开采专业及辅助性活　动	其　他采矿业	小计	农副食品加工业	食　品制造业
合计	**5**	**69**	**91**	**719**	**38**	**62**	**353149**	**4513**	**3087**
杭州市			**7**	**22**	**3**		**20558**	**271**	**410**
上城区									
下城区									
江干区									
拱墅区									
西湖区							1		
滨江区									
萧山区				4			5348	27	64
余杭区				4			4920	96	182
富阳区							693	7	7
临安区				4			1309	56	15
桐庐县				9	3		6266	60	116
淳安县			3				831	14	20
建德市			4	1			1190	11	6
宁波市	**2**		**1**	**64**	**1**	**1**	**65191**	**889**	**284**
海曙区				3			619		4
江北区									
北仑区							2759	35	4
镇海区				1			1614	3	8
鄞州区				8			9545	25	18
奉化区							1260	5	70
象山县				8			7076	386	59
宁海县	1			25	1		11115	52	50
余姚市				16			10454	271	44
慈溪市	1		1	3		1	20749	112	27
温州市	**1**	**59**	**40**	**195**	**11**	**21**	**45961**	**604**	**533**
鹿城区				1			111		
龙湾区				5			11579	31	57
瓯海区							681	14	3
洞头区				3			66	7	1
永嘉县				8	1		10839	30	61
平阳县		3	1	21	4	2	9761	220	159
苍南县		56	39	143	4	19	8121	247	195
文成县	1			4			474	18	6
泰顺县				9	2		365	10	9
瑞安市							339	9	5
乐清市				1			3068	10	14
龙港市							557	8	23
嘉兴市			**1**	**3**		**1**	**55724**	**475**	**479**
南湖区							1755	34	20
秀洲区							5459	20	43
嘉善县							15055	142	154
海盐县				2		1	7673	108	44
海宁市							13996	99	140
平湖市			1				6171	20	17
桐乡市				1			5615	52	61
湖州市				**82**	**4**	**3**	**42283**	**408**	**364**
吴兴区				6			15353	26	15
南浔区				3			3306	61	15
德清县				18	3	1	7963	126	139
长兴县				39	1	2	7437	73	79
安吉县				16			8224	122	116

4—4b 续表 7 单位：人

地　区 性　别	采矿业						制造业		
	石油和天然气开采业	黑色金属矿采选业	有色金属矿采选业	非金属矿采选业	开采专业及辅助性活动	其他采矿业	小计	农副食品加工业	食品制造业
绍兴市	**1**	**1**	**10**	**5**	**1**		**21680**	**100**	**131**
越城区							97		
柯桥区		1	4	1	1		8115	21	9
上虞区							1293	2	4
新昌县				4			5848	16	72
诸暨市	1		6				5401	38	25
嵊州市							926	23	21
金华市		**2**	**1**	**76**	**2**	**1**	**53044**	**243**	**390**
婺城区				4			1034	32	47
金东区				10			5911	41	131
武义县		1	1	34	2	1	11248	30	42
浦江县							5102	40	23
磐安县				4			1575	12	20
兰溪市		1		8			1626	19	22
义乌市				4			14847	52	45
东阳市				12			7895	12	46
永康市							3806	5	14
衢州市		**2**	**3**	**36**	**3**		**6982**	**168**	**172**
柯城区				2			167	4	7
衢江区				5			358	11	8
常山县				9			1477	51	22
开化县				4			997	29	51
龙游县		2	3	13	2		2721	57	63
江山市				3	1		1262	16	21
舟山市				**89**		**2**	**2866**	**322**	**34**
定海区				3			660	184	3
普陀区				3			116	7	1
岱山县				70		2	2010	91	22
嵊泗县				13			80	40	8
台州市			**5**	**22**	**8**	**2**	**26463**	**825**	**147**
椒江区							351	16	1
黄岩区				1			803	2	8
路桥区				3			4214	11	8
三门县				7			3613	23	29
天台县			2	5		1	2498	38	21
仙居县			3	2	8	1	2736	31	41
温岭市				3			9176	680	32
临海市							2401	22	7
玉环市				1			671	2	
丽水市	**1**	**5**	**23**	**125**	**5**	**31**	**12397**	**208**	**143**
莲都区						2	418	10	8
青田县	1	2	2	45			2304	15	11
缙云县			1	17	1		3811	51	54
遂昌县			18	39	3		1057	12	17
松阳县			2	2			971	18	20
云和县		1		4	1		2354	13	9
庆元县				11		2	1042	73	12
景宁畲族自治县		1		2			262	11	9
龙泉市		1		5		27	178	5	3
男	**5**	**65**	**79**	**641**	**31**	**55**	**206054**	**2386**	**1564**
杭州市			**6**	**19**	**3**		**11967**	**153**	**192**
上城区									
下城区									
江干区									
拱墅区									

4-4b　续表 8

单位：人

地　区 性　别	采矿业：石油和天然气开采业	采矿业：黑色金属矿采选业	采矿业：有色金属矿采选业	采矿业：非金属矿采选业	采矿业：开采专业及辅助性活动	采矿业：其他采矿业	制造业：小计	制造业：农副食品加工业	制造业：食品制造业
西湖区							1		
滨江区									
萧山区				4			3359	14	35
余杭区				3			2887	58	89
富阳区							414	4	2
临安区				3			713	28	4
桐庐县				8	3		3454	33	47
淳安县			2				433	9	13
建德市			4	1			706	7	2
宁波市	**2**		**1**	**53**	**1**	**1**	**37899**	**419**	**144**
海曙区				3			356		3
江北区									
北仑区							1891	19	3
镇海区				1			984	2	2
鄞州区				6			5482	16	11
奉化区							674	3	29
象山县				7			3612	157	28
宁海县	1			20	1		6354	31	23
余姚市				13			5846	138	28
慈溪市	1		1	3		1	12700	53	17
温州市	**1**	**56**	**34**	**177**	**9**	**17**	**27747**	**339**	**284**
鹿城区				1			66		
龙湾区				5			7519	19	28
瓯海区							408	5	
洞头区				3			28	4	
永嘉县				8	1		6890	17	33
平阳县		3	1	18	4	2	5722	116	86
苍南县		53	33	128	3	15	4341	145	110
文成县	1			4			276	11	4
泰顺县				9	1		267	8	4
瑞安市							184	3	3
乐清市				1			1731	6	3
龙港市							315	5	13
嘉兴市			**1**	**2**		**1**	**31909**	**294**	**243**
南湖区							964	17	9
秀洲区							2902	14	16
嘉善县							9068	92	68
海盐县				1		1	4330	67	24
海宁市							8245	57	83
平湖市			1				3317	15	6
桐乡市				1			3083	32	37
湖州市				**75**	**3**	**2**	**24323**	**246**	**174**
吴兴区				6			8149	19	6
南浔区				3			1912	42	7
德清县				17	2		4728	74	74
长兴县				34	1	2	4585	39	38
安吉县				15			4949	72	49
绍兴市	**1**	**1**	**9**	**5**	**1**		**13042**	**61**	**67**
越城区							43		
柯桥区		1	3	1	1		5274	14	6
上虞区							646	2	2
新昌县				4			3410	9	36
诸暨市	1		6				3128	26	13
嵊州市							541	10	10

4-4b 续表 9　　　　单位：人

地　区 性　别	采矿业						制造业		
	石油和天然气开采业	黑色金属矿采选业	有色金属矿采选业	非金属矿采选业	开采专业及辅助性活　动	其　他采矿业	小计	农副食品加工业	食　品制造业
金华市		**2**	**1**	**64**	**1**	**1**	**30272**	**148**	**210**
婺城区				3			581	16	25
金东区				10			3436	26	70
武义县		1	1	27	1	1	6716	20	18
浦江县							2704	24	13
磐安县				4			815	7	8
兰溪市		1		8			822	11	13
义乌市				4			8182	36	30
东阳市				8			4700	6	27
永康市							2316	2	6
衢州市		**2**	**3**	**32**	**3**		**4072**	**106**	**89**
柯城区				2			105	3	
衢江区				5			198	6	3
常山县				6			919	34	10
开化县				4			539	21	31
龙游县		2	3	13	2		1633	33	34
江山市				2	1		678	9	11
舟山市				**81**		**1**	**2083**	**140**	**14**
定海区				3			437	78	1
普陀区				3			91	3	1
岱山县				62		1	1506	40	11
嵊泗县				13			49	19	1
台州市			**4**	**17**	**6**	**2**	**15295**	**373**	**81**
椒江区							234	10	1
黄岩区				1			434	2	4
路桥区				2			2489	5	6
三门县				6			2163	15	12
天台县			2	4		1	1489	23	14
仙居县			2	1	6	1	1608	20	23
温岭市				2			5259	280	17
临海市							1221	17	4
玉环市				1			398	1	
丽水市	**1**	**4**	**20**	**116**	**4**	**30**	**7445**	**107**	**66**
莲都区						2	272	6	4
青田县	1	1	2	41			1396	9	7
缙云县			1	17			2317	32	25
遂昌县			15	34	3		701	8	5
松阳县			2	2			653	10	8
云和县		1		4	1		1348	10	5
庆元县				11		2	554	28	7
景宁畲族自治县		1		2			113	2	3
龙泉市		1		5		26	91	2	2
女		**4**	**12**	**78**	**7**	**7**	**147095**	**2127**	**1523**
杭州市			**1**	**3**			**8591**	**118**	**218**
上城区									
下城区									
江干区									
拱墅区									
西湖区									
滨江区									
萧山区							1989	13	29
余杭区				1			2033	38	93
富阳区							279	3	5
临安区				1			596	28	11
桐庐县				1			2812	27	69
淳安县			1				398	5	7
建德市							484	4	4

4-4b　续表 10　　　　单位：人

地区 性别	采矿业 石油和天然气开采业	采矿业 黑色金属矿采选业	采矿业 有色金属矿采选业	采矿业 非金属矿采选业	采矿业 开采专业及辅助性活动	采矿业 其他采矿业	制造业 小计	制造业 农副食品加工业	制造业 食品制造业
宁波市				**11**			**27292**	**470**	**140**
海曙区							263		1
江北区									
北仑区							868	16	1
镇海区							630	1	6
鄞州区				2			4063	9	7
奉化区							586	2	41
象山县				1			3464	229	31
宁海县				5			4761	21	27
余姚市				3			4608	133	16
慈溪市							8049	59	10
温州市		**3**	**6**	**18**	**2**	**4**	**18214**	**265**	**249**
鹿城区							45		
龙湾区							4060	12	29
瓯海区							273	9	3
洞头区							38	3	1
永嘉县							3949	13	28
平阳县				3			4039	104	73
苍南县		3	6	15	1	4	3780	102	85
文成县							198	7	2
泰顺县					1		98	2	5
瑞安市							155	6	2
乐清市							1337	4	11
龙港市							242	3	10
嘉兴市				**1**			**23815**	**181**	**236**
南湖区							791	17	11
秀洲区							2557	6	27
嘉善县							5987	50	86
海盐县				1			3343	41	20
海宁市							5751	42	57
平湖市							2854	5	11
桐乡市							2532	20	24
湖州市				**7**	**1**	**1**	**17960**	**162**	**190**
吴兴区							7204	7	9
南浔区							1394	19	8
德清县				1	1	1	3235	52	65
长兴县				5			2852	34	41
安吉县				1			3275	50	67
绍兴市			**1**				**8638**	**39**	**64**
越城区							54		
柯桥区			1				2841	7	3
上虞区							647		2
新昌县							2438	7	36
诸暨市							2273	12	12
嵊州市							385	13	11
金华市				**12**	**1**		**22772**	**95**	**180**
婺城区				1			453	16	22
金东区							2475	15	61
武义县				7	1		4532	10	24
浦江县							2398	16	10
磐安县							760	5	12
兰溪市							804	8	9
义乌市							6665	16	15
东阳市				4			3195	6	19
永康市							1490	3	8

4-4b 续表 11　　　　单位：人

地区 性别	采矿业						制造业		
	石油和天然气开采业	黑色金属矿采选业	有色金属矿采选业	非金属矿采选业	开采专业及辅助性活动	其他采矿业	小计	农副食品加工业	食品制造业
衢州市				**4**			**2910**	**62**	**83**
柯城区							62	1	7
衢江区							160	5	5
常山县				3			558	17	12
开化县							458	8	20
龙游县							1088	24	29
江山市				1			584	7	10
舟山市				**8**		**1**	**783**	**182**	**20**
定海区							223	106	2
普陀区							25	4	
岱山县				8		1	504	51	11
嵊泗县							31	21	7
台州市			**1**	**5**	**2**		**11168**	**452**	**66**
椒江区							117	6	
黄岩区							369		4
路桥区				1			1725	6	2
三门县				1			1450	8	17
天台县				1			1009	15	7
仙居县			1	1	2		1128	11	18
温岭市				1			3917	400	15
临海市							1180	5	3
玉环市							273	1	
丽水市		**1**	**3**	**9**	**1**	**1**	**4952**	**101**	**77**
莲都区							146	4	4
青田县		1		4			908	6	4
缙云县					1		1494	19	29
遂昌县			3	5			356	4	12
松阳县							318	8	12
云和县							1006	3	4
庆元县							488	45	5
景宁畲族自治县							149	9	6
龙泉市						1	87	3	1

4-4b　续表 12　　　　单位：人

地区 性别	制造业 酒、饮料和精制茶制造业	烟草制品业	纺织业	纺织服装、服饰业	皮革、毛皮、羽毛及其制品和制鞋业	木材加工和木、竹、藤、棕、草制品业	家具制造业	造纸和纸制品业	印刷和记录媒介复制业
合计	**1486**	**43**	**30169**	**50371**	**15355**	**7023**	**14298**	**7850**	**4760**
杭州市	**264**	**6**	**1820**	**2391**	**486**	**182**	**978**	**458**	**388**
上城区									
下城区									
江干区									
拱墅区									
西湖区									
滨江区									
萧山区	20		933	703	225	40	493	100	36
余杭区	45	1	292	551	36	46	158	116	161
富阳区	4		3	19	61	13	4	55	5
临安区	4	4	42	29	5	18	11	33	16
桐庐县	55	1	233	992	148	39	259	142	128
淳安县	115		134	50	7	18	19	5	13
建德市	21		183	47	4	8	34	7	29
宁波市	**125**	**8**	**2370**	**5789**	**305**	**352**	**1093**	**856**	**559**
海曙区	34		5	40	1	1	12	7	21
江北区									
北仑区	4		104	155	1	3	6	7	7
镇海区	1	1	21	8	25	2	12	23	14
鄞州区	8		291	934	23	62	184	215	176
奉化区	1	1	5	104	11	10	17	6	16
象山县	8		399	3034	4	22	26	41	23
宁海县	41	6	138	189	40	95	138	167	116
余姚市	16		367	83	73	52	278	143	43
慈溪市	12		1040	1242	127	105	420	247	143
温州市	**131**	**9**	**2144**	**3641**	**5739**	**354**	**575**	**1644**	**1864**
鹿城区				13	44		1		1
龙湾区	47	6	37	348	593	61	134	165	191
瓯海区	1		9	6	348	2	3	11	4
洞头区			1	4	1	1			
永嘉县	13		112	937	2662	56	99	71	37
平阳县	20	1	541	835	1395	115	217	419	591
苍南县	23	2	1207	1129	490	67	93	885	928
文成县	12		22	152	79	9	10		2
泰顺县	7		12	36	16	18	6		3
瑞安市	2		13	41	83	8	6	2	
乐清市	5		18	91	26	9	5	12	3
龙港市	1		172	49	2	8	1	79	104
嘉兴市	**155**	**1**	**7532**	**9461**	**2881**	**1588**	**1917**	**1287**	**548**
南湖区	5		24	195	88	76	75	53	13
秀洲区	5		2029	1340	43	7	52	45	20
嘉善县	35	1	522	475	281	1246	944	273	146
海盐县	28		389	1324	231	67	64	337	81
海宁市	71		3196	2400	745	79	660	298	194
平湖市	3		109	2798	340	50	48	175	48
桐乡市	8		1263	929	1153	63	74	106	46
湖州市	**207**	**4**	**4279**	**15213**	**185**	**1743**	**5123**	**471**	**206**
吴兴区	3		567	13485	18	48	8	3	19
南浔区	8		879	391	42	379	102	32	21
德清县	71	1	755	1014	67	427	489	193	85
长兴县	37	3	1934	244	20	63	64	79	35
安吉县	88		144	79	38	826	4460	164	46

4-4b 续表 13　　　　单位：人

地区 性别	制造业 酒、饮料和精制茶制造业	烟草制品业	纺织业	纺织服装、服饰业	皮革、毛皮、羽毛及其制品和制鞋业	木材加工和木、竹、藤、棕、草制品业	家具制造业	造纸和纸制品业	印刷和记录媒介复制业
绍兴市	**84**	**4**	**7283**	**1910**	**199**	**67**	**211**	**243**	**111**
越城区			72	3				2	
柯桥区	11		6625	255	15	8	37	82	49
上虞区	7		94	324		5	38	9	5
新昌县	26	4	196	341	5	16	41	16	31
诸暨市	13		265	878	175	28	27	72	23
嵊州市	27		31	109	4	10	68	62	3
金华市	**106**	**7**	**3173**	**9504**	**1435**	**1123**	**3452**	**1651**	**617**
婺城区	5	2	45	64	39	85	35	51	17
金东区	24	2	352	764	129	86	96	295	101
武义县	25		289	246	22	427	440	257	153
浦江县	7		907	1307	201	18	24	155	54
磐安县	10		31	126	38	153	106	14	10
兰溪市	12		359	131	20	31	26	85	12
义乌市	10	2	931	6436	684	86	63	648	204
东阳市	8	1	175	349	224	197	2552	59	18
永康市	5		84	81	78	40	110	87	48
衢州市	**132**	**3**	**507**	**468**	**102**	**472**	**292**	**649**	**50**
柯城区	3		7	13		5	8	7	
衢江区	7		17	41	13	7	8	15	1
常山县	9		190	57	30	22	33	73	2
开化县	36		25	132	13	38	84	16	22
龙游县	58	3	244	137	7	45	101	523	21
江山市	19		24	88	39	355	58	15	4
舟山市	**4**		**15**	**27**	**3**	**8**	**8**	**8**	**5**
定海区	1		10	21		5	4	2	
普陀区	2			3					
岱山县	1		5	3	3	3	3	6	5
嵊泗县							1		
台州市	**84**	**1**	**872**	**1587**	**2683**	**329**	**293**	**388**	**351**
椒江区	1		8	3	1		7	2	1
黄岩区	2		4	152	10	5	8	15	19
路桥区			114	87	85	87	5	155	246
三门县	3		119	369	58	28	106	20	12
天台县	62	1	171	38	12	50	29	15	17
仙居县	10		38	80	35	57	59	38	9
温岭市			114	650	2468	42	13	119	41
临海市	4		304	197	8	57	37	19	6
玉环市	2			11	6	3	29	5	
丽水市	**194**		**174**	**380**	**1337**	**805**	**356**	**195**	**61**
莲都区	9		10	6	75	10	14	4	1
青田县	7		24	85	1030	25	131	46	3
缙云县	61		43	152	79	61	66	49	19
遂昌县	21		26	37	17	74	13	49	4
松阳县	86		46	46	118	18	16	6	5
云和县	5		18	4		49	9	11	21
庆元县	2		3	29	2	481	89	29	6
景宁畲族自治县	2		4	19	16	38	13		2
龙泉市	1			2		49	5	1	
男	**964**	**25**	**16225**	**21325**	**7671**	**4563**	**9314**	**4846**	**3011**
杭州市	**171**	**3**	**892**	**891**	**198**	**135**	**652**	**266**	**242**
上城区									
下城区									
江干区									
拱墅区									

4-4b 续表 14

单位：人

地区 性别	制造业								
	酒、饮料和精制茶制造业	烟草制品业	纺织业	纺织服装、服饰业	皮革、毛皮、羽毛及其制品和制鞋业	木材加工和木、竹、藤、棕、草制品业	家具制造业	造纸和纸制品业	印刷和记录媒介复制业
西湖区									
滨江区									
萧山区	14		544	297	101	29	333	63	32
余杭区	19	1	129	215	16	31	102	77	97
富阳区	2		1	5	25	10	4	29	5
临安区	3	1	16	10	1	15	7	19	10
桐庐县	36	1	85	349	49	31	169	71	72
淳安县	80		41	9	3	13	15	3	4
建德市	17		76	6	3	6	22	4	22
宁波市	**85**	**4**	**1322**	**2011**	**130**	**274**	**744**	**534**	**323**
海曙区	27		1	15	1	1	7	6	13
江北区									
北仑区	3		60	60		2	5	5	3
镇海区	1		8	4	9	2	9	13	7
鄞州区	6		135	335	8	45	131	128	100
奉化区	1		1	25	1	6	14	4	13
象山县	5		243	996	2	16	19	27	12
宁海县	26	4	49	36	14	79	102	111	62
余姚市	11		221	34	32	34	165	87	26
慈溪市	5		604	506	63	89	292	153	87
温州市	**92**	**6**	**990**	**1521**	**2958**	**288**	**420**	**908**	**1259**
鹿城区				6	26		1		
龙湾区	37	4	21	172	309	43	98	103	135
瓯海区	1		5	2	208	2	3	7	4
洞头区						1			
永嘉县	7		50	433	1382	44	76	50	24
平阳县	12	1	258	341	700	93	144	228	377
苍南县	16	1	547	400	264	59	72	457	637
文成县	8		16	77	12	9	9		1
泰顺县	4		4	19	7	15	6		3
瑞安市	1		5	19	32	7	6	2	
乐清市	5		4	37	16	8	4	8	1
龙港市	1		80	15	2	7	1	53	77
嘉兴市	**105**	**1**	**3967**	**3942**	**1353**	**981**	**1279**	**823**	**338**
南湖区	3		11	52	40	47	54	36	6
秀洲区	3		1043	583	11	5	38	29	16
嘉善县	25	1	266	141	114	744	615	156	103
海盐县	16		185	437	86	45	43	239	40
海宁市	53		1791	1241	322	60	441	191	117
平湖市	1		53	1095	163	28	35	106	31
桐乡市	4		618	393	617	52	53	66	25
湖州市	**134**	**3**	**2220**	**7511**	**101**	**1064**	**3076**	**285**	**138**
吴兴区	2		338	6938	10	34	3	2	14
南浔区	5		444	117	19	235	70	19	15
德清县	45	1	384	350	39	286	319	111	60
长兴县	21	2	983	74	11	48	46	40	18
安吉县	61		71	32	22	461	2638	113	31
绍兴市	**48**	**3**	**4643**	**584**	**107**	**54**	**148**	**155**	**67**
越城区			27					1	
柯桥区	4		4336	74	10	7	26	59	30
上虞区	4		43	99		5	25	3	2
新昌县	15	3	76	68	2	13	30	10	20
诸暨市	8		142	316	94	23	20	44	14
嵊州市	17		19	27	1	6	47	38	1

4-4b 续表 15

单位：人

地区 性别	制造业								
	酒、饮料和精制茶制造业	烟草制品业	纺织业	纺织服装、服饰业	皮革、毛皮、羽毛及其制品和制鞋业	木材加工和木、竹、藤、棕、草制品业	家具制造业	造纸和纸制品业	印刷和记录媒介复制业
金华市	**70**	**4**	**1599**	**4295**	**738**	**761**	**2364**	**1063**	**374**
婺城区	4	2	22	15	12	53	22	37	11
金东区	14	1	195	361	74	60	60	201	65
武义县	14		131	47	12	292	240	162	84
浦江县	6		422	532	102	15	16	109	32
磐安县	7		12	19	11	97	77	6	3
兰溪市	9		151	33	5	21	20	51	6
义乌市	7		526	3186	380	60	45	412	133
东阳市	6	1	105	76	100	136	1823	30	13
永康市	3		35	26	42	27	61	55	27
衢州市	**69**		**245**	**95**	**30**	**302**	**208**	**446**	**29**
柯城区	1		1	7		5	4	4	
衢江区	2		6	5	6	7	7	12	
常山县	6		87	9	8	12	25	55	2
开化县	16		14	19	3	32	64	13	9
龙游县	32		126	45	3	29	68	354	15
江山市	12		11	10	10	217	40	8	3
舟山市	**4**		**7**	**6**	**2**	**6**	**6**	**5**	**2**
定海区	1		6	5		4	3	1	
普陀区	2								
岱山县	1		1	1	2	2	2	4	2
嵊泗县							1		
台州市	**60**	**1**	**262**	**392**	**1345**	**206**	**202**	**239**	**198**
椒江区	1		5				5	1	
黄岩区	1		2	49	6	4	4	9	13
路桥区			59	21	42	41	2	90	137
三门县	2		44	50	17	20	79	14	9
天台县	46	1	69	10	4	40	23	7	7
仙居县	6		13	21	9	35	40	23	4
温岭市			41	211	1258	30	8	80	24
临海市	3		29	29	6	33	19	14	4
玉环市	1			1	3	3	22	1	
丽水市	**126**		**78**	**77**	**709**	**492**	**215**	**122**	**41**
莲都区	4		9	1	36	8	11	2	1
青田县	5		10	29	565	21	80	27	2
缙云县	41		17	21	22	41	45	31	11
遂昌县	15		5	8	13	48	6	30	1
松阳县	52		26	12	71	14	10	5	2
云和县	5		8			45	7	10	18
庆元县	1		1	3		263	46	17	5
景宁畲族自治县	2		2	3	2	25	7		1
龙泉市	1					27	3		
女	**522**	**18**	**13944**	**29046**	**7684**	**2460**	**4984**	**3004**	**1749**
杭州市	**93**	**3**	**928**	**1500**	**288**	**47**	**326**	**192**	**146**
上城区									
下城区									
江干区									
拱墅区									
西湖区									
滨江区									
萧山区	6		389	406	124	11	160	37	4
余杭区	26		163	336	20	15	56	39	64
富阳区	2		2	14	36	3		26	
临安区	1	3	26	19	4	3	4	14	6
桐庐县	19		148	643	99	8	90	71	56
淳安县	35		93	41	4	5	4	2	9
建德市	4		107	41	1	2	12	3	7

4-4b　续表 16　　　　单位：人

地区 性别	制造业 酒、饮料和精制茶制造业	烟草制品业	纺织业	纺织服装、服饰业	皮革、毛皮、羽毛及其制品和制鞋业	木材加工和木、竹、藤、棕、草制品业	家具制造业	造纸和纸制品业	印刷和记录媒介复制业
宁波市	**40**	**4**	**1048**	**3778**	**175**	**78**	**349**	**322**	**236**
海曙区	7		4	25			5	1	8
江北区									
北仑区	1		44	95	1	1	1	2	4
镇海区		1	13	4	16		3	10	7
鄞州区	2		156	599	15	17	53	87	76
奉化区		1	4	79	10	4	3	2	3
象山县	3		156	2038	2	6	7	14	11
宁海县	15	2	89	153	26	16	36	56	54
余姚市	5		146	49	41	18	113	56	17
慈溪市	7		436	736	64	16	128	94	56
温州市	**39**	**3**	**1154**	**2120**	**2781**	**66**	**155**	**736**	**605**
鹿城区				7	18				1
龙湾区	10	2	16	176	284	18	36	62	56
瓯海区			4	4	140			4	
洞头区			1	4	1				
永嘉县	6		62	504	1280	12	23	21	13
平阳县	8		283	494	695	22	73	191	214
苍南县	7	1	660	729	226	8	21	428	291
文成县	4		6	75	67		1		1
泰顺县	3		8	17	9	3			
瑞安市	1		8	22	51	1			
乐清市			14	54	10	1	1	4	2
龙港市			92	34		1		26	27
嘉兴市	**50**		**3565**	**5519**	**1528**	**607**	**638**	**464**	**210**
南湖区	2		13	143	48	29	21	17	7
秀洲区	2		986	757	32	2	14	16	4
嘉善县	10		256	334	167	502	329	117	43
海盐县	12		204	887	145	22	21	98	41
海宁市	18		1405	1159	423	19	219	107	77
平湖市	2		56	1703	177	22	13	69	17
桐乡市	4		645	536	536	11	21	40	21
湖州市	**73**	**1**	**2059**	**7702**	**84**	**679**	**2047**	**186**	**68**
吴兴区	1		229	6547	8	14	5	1	5
南浔区	3		435	274	23	144	32	13	6
德清县	26		371	664	28	141	170	82	25
长兴县	16	1	951	170	9	15	18	39	17
安吉县	27		73	47	16	365	1822	51	15
绍兴市	**36**	**1**	**2640**	**1326**	**92**	**13**	**63**	**88**	**44**
越城区			45	3				1	
柯桥区	7		2289	181	5	1	11	23	19
上虞区	3		51	225			13	6	3
新昌县	11	1	120	273	3	3	11	6	11
诸暨市	5		123	562	81	5	7	28	9
嵊州市	10		12	82	3	4	21	24	2
金华市	**36**	**3**	**1574**	**5209**	**697**	**362**	**1088**	**588**	**243**
婺城区	1		23	49	27	32	13	14	6
金东区	10	1	157	403	55	26	36	94	36
武义县	11		158	199	10	135	200	95	69
浦江县	1		485	775	99	3	8	46	22
磐安县	3		19	107	27	56	29	8	7
兰溪市	3		208	98	15	10	6	34	6
义乌市	3	2	405	3250	304	26	18	236	71
东阳市	2		70	273	124	61	729	29	5
永康市	2		49	55	36	13	49	32	21

4-4b 续表 17　　单位：人

地区 性别	制造业								
	酒、饮料和精制茶制造业	烟草制品业	纺织业	纺织服装、服饰业	皮革、毛皮、羽毛及其制品和制鞋业	木材加工和木、竹、藤、棕、草制品业	家具制造业	造纸和纸制品业	印刷和记录媒介复制业
衢州市	**63**	**3**	**262**	**373**	**72**	**170**	**84**	**203**	**21**
柯城区	2		6	6			4	3	
衢江区	5		11	36	7		1	3	1
常山县	3		103	48	22	10	8	18	
开化县	20		11	113	10	6	20	3	13
龙游县	26	3	118	92	4	16	33	169	6
江山市	7		13	78	29	138	18	7	1
舟山市			**8**	**21**	**1**	**2**	**2**	**3**	**3**
定海区			4	16		1	1	1	
普陀区				3					
岱山县			4	2	1	1	1	2	3
嵊泗县									
台州市	**24**		**610**	**1195**	**1338**	**123**	**91**	**149**	**153**
椒江区			3	3	1		2	1	1
黄岩区	1		2	103	4	1	4	6	6
路桥区			55	66	43	46	3	65	109
三门县	1		75	319	41	8	27	6	3
天台县	16		102	28	8	10	6	8	10
仙居县	4		25	59	26	22	19	15	5
温岭市			73	439	1210	12	5	39	17
临海市	1		275	168	2	24	18	5	2
玉环市	1			10	3		7	4	
丽水市	**68**		**96**	**303**	**628**	**313**	**141**	**73**	**20**
莲都区	5		1	5	39	2	3	2	
青田县	2		14	56	465	4	51	19	1
缙云县	20		26	131	57	20	21	18	8
遂昌县	6		21	29	4	26	7	19	3
松阳县	34		20	34	47	4	6	1	3
云和县			10	4		4	2	1	3
庆元县	1		2	26	2	218	43	12	1
景宁畲族自治县			2	16	14	13	6		1
龙泉市				2		22	2	1	

4-4b　续表 18　　　　单位：人

地区 性别	制造业								
	文教、工美、体育和娱乐用品制造业	石油、煤炭及其他燃料加工业	化学原料和化学制品制造业	医药制造业	化学纤维制造业	橡胶和塑料制品业	非金属矿物制品业	黑色金属冶炼和压延加工业	有色金属冶炼和压延加工业
合计	**18186**	**983**	**6170**	**3595**	**3568**	**20033**	**8972**	**2145**	**2552**
杭州市	**1098**	**20**	**741**	**312**	**577**	**756**	**778**	**84**	**98**
上城区									
下城区									
江干区									
拱墅区									
西湖区							1		
滨江区									
萧山区	124	3	262	15	564	98	125	14	2
余杭区	95	9	126	74	6	203	175	44	52
富阳区	12	1	29	94		36	57	1	9
临安区	9	3	37	10		61	52		2
桐庐县	796	3	133	82	4	227	223	10	20
淳安县	31		23	12	3	28	26	3	7
建德市	31	1	131	25		103	119	12	6
宁波市	**2986**	**73**	**932**	**178**	**369**	**4683**	**877**	**429**	**825**
海曙区	17	2	2			51	10	5	3
江北区									
北仑区	37	1	66	8		44	7	52	5
镇海区	41	48	330	31	14	184	65	13	45
鄞州区	254	6	77	24	13	483	215	37	154
奉化区	20		7	3		52	15	1	6
象山县	38	1	51	13	2	298	87	6	11
宁海县	1322	11	141	62		986	173	28	115
余姚市	315	1	150	13	13	1231	144	165	211
慈溪市	942	3	108	24	327	1354	161	122	275
温州市	**1705**	**7**	**307**	**93**	**8**	**3909**	**701**	**167**	**321**
鹿城区	5					5	3		
龙湾区	106	3	60	34	3	489	168	121	183
瓯海区	9		24			7	7		
洞头区	10			1			10	1	2
永嘉县	305		51	8		210	94	7	31
平阳县	575	3	118	34	1	1590	218	21	11
苍南县	584		39	13	4	1394	82	4	80
文成县	4		3	2		5	37	7	5
泰顺县	44		3			24	54	2	1
瑞安市	42		1			11	4	3	
乐清市	11	1	6			100	17	1	8
龙港市	10		2	1		74	7		
嘉兴市	**740**	**29**	**1307**	**181**	**1409**	**2091**	**1641**	**228**	**138**
南湖区	21		8	14	1	237	52	5	11
秀洲区	17	1	26	5	56	136	100	3	20
嘉善县	232	5	220	34	2	610	482	39	39
海盐县	115	4	152	36	40	203	318	95	38
海宁市	118	3	198	58	359	562	190	64	19
平湖市	190	13	670	16	145	190	209	14	5
桐乡市	47	3	33	18	806	153	290	8	6
湖州市	**584**	**17**	**874**	**420**	**631**	**1394**	**1776**	**147**	**253**
吴兴区	21		155	6	72	99	34	4	102
南浔区	75	5	46	37	135	48	119	63	21
德清县	354	4	398	227	45	457	497	46	26
长兴县	58	5	190	51	242	252	949	27	88
安吉县	76	3	85	99	137	538	177	7	16

4-4b 续表 19

单位：人

地区 性别	制造业 文教、工美、体育和娱乐用品制造业	石油、煤炭及其他燃料加工业	化学原料和化学制品制造业	医药制造业	化学纤维制造业	橡胶和塑料制品业	非金属矿物制品业	黑色金属冶炼和压延加工业	有色金属冶炼和压延加工业
绍兴市	**390**	**5**	**204**	**838**	**221**	**589**	**253**	**56**	**372**
越城区	1			2	1	2	2		
柯桥区	175	4	93	6	182	101	53	44	37
上虞区	22		31			118	48	2	136
新昌县	86		39	809	1	147	41	3	20
诸暨市	94	1	28	15	37	202	73	5	173
嵊州市	12		13	6		19	36	2	6
金华市	**5417**	**29**	**1046**	**661**	**298**	**3285**	**1430**	**168**	**207**
婺城区	59	1	59	19	1	43	37	4	1
金东区	1166	1	188	49	16	876	341	5	11
武义县	510	4	195	40	1	377	162	72	89
浦江县	785	1	37	27	89	139	431	7	
磐安县	401	8	19	23		206	39	1	6
兰溪市	171		39	30	5	193	79	3	4
义乌市	1686	6	418	185	158	972	85	4	5
东阳市	418	8	68	285	28	154	132	37	75
永康市	221		23	3		325	124	35	16
衢州市	**352**	**14**	**322**	**54**	**12**	**297**	**401**	**36**	**89**
柯城区	17		4	1		7	25	3	2
衢江区	15		10	6		42	55	8	6
常山县	46		46	9		45	98	6	36
开化县	72	2	86	13	3	23	30	1	8
龙游县	165	12	105	11	7	102	130	11	34
江山市	37		71	14	2	78	63	7	3
舟山市	**72**	**776**	**13**	**4**	**9**	**44**	**279**	**2**	**7**
定海区		2	7		3	10	21		4
普陀区							8		
岱山县	71	774	6	3	5	34	248	2	3
嵊泗县	1			1	1		2		
台州市	**2313**	**7**	**277**	**773**	**30**	**2688**	**500**	**48**	**151**
椒江区	1		3	1	2	58	21		1
黄岩区	172		2	3		126	8		
路桥区	81		10	6	1	535	84	10	57
三门县	96	2	66	47	22	799	119	9	10
天台县	531	3	26	113	4	358	86	3	30
仙居县	1150		70	363		297	42	4	22
温岭市	193		37	11	1	346	104	20	11
临海市	88	2	62	228		95	28	2	1
玉环市	1		1	1		74	8		19
丽水市	**2529**	**6**	**147**	**81**	**4**	**297**	**336**	**780**	**91**
莲都区	4	1	9	1		6	14	8	2
青田县	139		7	7	2	46	42	86	8
缙云县	298	2	16	21		149	119	84	17
遂昌县	12		60	12	1	3	38	257	38
松阳县	4	1	29	19		61	29	204	21
云和县	1805		6		1	17	27	139	1
庆元县	138	2	16	17		14	28		3
景宁畲族自治县	79		3	4		1	10	2	1
龙泉市	50		1				29		
男	**9211**	**776**	**4180**	**2106**	**2298**	**11448**	**6610**	**1725**	**1841**
杭州市	**510**	**14**	**502**	**160**	**390**	**442**	**577**	**69**	**78**
上城区									
下城区									
江干区									
拱墅区									

4-4b　续表 20　　单位：人

地　区 性　别	制造业 文教、工美、体育和娱乐用品制造业	石油、煤炭及其他燃料加工业	化学原料和化学制品制造业	医　药制造业	化学纤维制造业	橡胶和塑　料制品业	非金属矿　物制品业	黑色金属冶炼和压延加工业	有色金属冶炼和压延加工业
西湖区							1		
滨江区									
萧山区	69	1	201	8	385	60	105	9	2
余杭区	49	9	68	36	2	118	110	37	41
富阳区	4	1	22	45		24	47	1	9
临安区	4	1	24	7		31	36		1
桐庐县	354	1	77	45	2	124	171	8	13
淳安县	9		13	4	1	16	20	2	7
建德市	21	1	97	15		69	87	12	5
宁波市	**1438**	**58**	**647**	**94**	**257**	**2457**	**658**	**335**	**589**
海曙区	5	2	2			24	7	4	2
江北区									
北仑区	15	1	55	8		25	6	40	2
镇海区	16	38	263	23	7	106	49	8	34
鄞州区	119	4	55	10	7	248	165	28	112
奉化区	11		6	1		25	14	1	4
象山县	20	1	42	7	2	161	62	4	9
宁海县	592	10	66	31		480	128	22	81
余姚市	139	1	85	7	9	602	105	131	145
慈溪市	521	1	73	7	232	786	122	97	200
温州市	**880**	**5**	**207**	**52**	**5**	**2255**	**555**	**139**	**241**
鹿城区	3					3	2		
龙湾区	57	1	43	18	2	334	127	97	132
瓯海区	5		11			7	3		
洞头区	1						9	1	2
永嘉县	201		43	3		123	77	7	22
平阳县	311	3	74	20	1	909	161	17	8
苍南县	251		25	8	2	750	73	4	65
文成县	2		2	2		2	30	7	4
泰顺县	29		1			17	47	2	1
瑞安市	10		1			8	3	3	
乐清市	5	1	6			66	16	1	7
龙港市	5		1	1		36	7		
嘉兴市	**382**	**22**	**992**	**101**	**892**	**1214**	**1213**	**194**	**90**
南湖区	7		7	9	1	107	32	5	5
秀洲区	10	1	17	3	35	78	83	3	12
嘉善县	127	4	147	19	1	349	346	29	27
海盐县	53	3	131	20	15	118	242	80	25
海宁市	65	2	133	33	254	355	139	57	13
平湖市	99	10	533	11	84	106	169	12	4
桐乡市	21	2	24	6	502	101	202	8	4
湖州市	**312**	**11**	**579**	**217**	**392**	**873**	**1316**	**116**	**197**
吴兴区	16		102	4	52	60	24	4	76
南浔区	36	3	38	25	82	29	89	53	17
德清县	188	3	255	117	26	291	368	31	23
长兴县	31	3	123	29	144	149	709	22	71
安吉县	41	2	61	42	88	344	126	6	10
绍兴市	**194**	**3**	**142**	**520**	**143**	**350**	**190**	**43**	**239**
越城区				1	1	2	2		
柯桥区	114	3	64	2	123	77	38	34	27
上虞区	11		22			46	35	2	87
新昌县	31		27	507		95	34	2	12
诸暨市	29		19	6	19	119	52	4	110
嵊州市	9		10	4		11	29	1	3

4-4b 续表 21　　　　单位：人

地区 性别	制造业								
	文教、工美、体育和娱乐用品制造业	石油、煤炭及其他燃料加工业	化学原料和化学制品制造业	医药制造业	化学纤维制造业	橡胶和塑料制品业	非金属矿物制品业	黑色金属冶炼和压延加工业	有色金属冶炼和压延加工业
金华市	**2887**	**25**	**586**	**356**	**182**	**1879**	**935**	**132**	**147**
婺城区	33	1	35	11		18	30	3	
金东区	635	1	98	28	8	537	206	3	8
武义县	273	3	118	19		214	108	58	63
浦江县	454		24	18	58	79	269	6	
磐安县	158	8	7	14		116	29	1	4
兰溪市	88		21	7	3	71	56	1	2
义乌市	930	6	222	87	94	561	61	3	3
东阳市	186	6	46	170	19	92	97	27	53
永康市	130		15	2		191	79	30	14
衢州市	**148**	**8**	**217**	**19**	**8**	**150**	**305**	**30**	**72**
柯城区	10		2	1		5	17	3	2
衢江区	5		8	2		22	40	5	4
常山县	21		34	3		24	76	6	30
开化县	28	2	62	3	3	10	22	1	7
龙游县	77	6	70	8	4	50	94	10	27
江山市	7		41	2	1	39	56	5	2
舟山市	**20**	**620**	**8**	**1**	**6**	**20**	**244**	**2**	**5**
定海区		1	2		1	5	18		3
普陀区							6		
岱山县	19	619	6		4	15	218	2	2
嵊泗县	1			1	1		2		
台州市	**1117**	**6**	**193**	**550**	**21**	**1614**	**363**	**39**	**113**
椒江区			3		1	38	17		1
黄岩区	66		1	2		64	5		
路桥区	38		5	4	1	295	59	8	42
三门县	37	1	46	37	16	514	93	8	8
天台县	241	3	18	71	2	229	60	2	20
仙居县	621		49	237		197	27	3	18
温岭市	71		21	8	1	176	80	16	7
临海市	42	2	49	191		61	18	2	1
玉环市	1		1			40	4		16
丽水市	**1323**	**4**	**107**	**36**	**2**	**194**	**254**	**626**	**70**
莲都区	2	1	6			3	12	6	1
青田县	115		5	2	1	33	36	62	7
缙云县	177	2	13	8		94	89	73	11
遂昌县	5		42	8		3	29	197	33
松阳县	1	1	21	11		49	21	166	15
云和县	917		5		1	8	21	120	1
庆元县	63		12	7		4	25		1
景宁畲族自治县	22		2				10	2	1
龙泉市	21		1				11		
女	**8975**	**207**	**1990**	**1489**	**1270**	**8585**	**2362**	**420**	**711**
杭州市	**588**	**6**	**239**	**152**	**187**	**314**	**201**	**15**	**20**
上城区									
下城区									
江干区									
拱墅区									
西湖区									
滨江区									
萧山区	55	2	61	7	179	38	20	5	
余杭区	46		58	38	4	85	65	7	11
富阳区	8		7	49		12	10		
临安区	5	2	13	3		30	16		1
桐庐县	442	2	56	37	2	103	52	2	7
淳安县	22		10	8	2	12	6	1	
建德市	10		34	10		34	32		1

4-4b　续表 22　　　　单位：人

地区 性别	制造业								
	文教、工美、体育和娱乐用品制造业	石油、煤炭及其他燃料加工业	化学原料和化学制品制造业	医药制造业	化学纤维制造业	橡胶和塑料制品业	非金属矿物制品业	黑色金属冶炼和压延加工业	有色金属冶炼和压延加工业
宁波市	**1548**	**15**	**285**	**84**	**112**	**2226**	**219**	**94**	**236**
海曙区	12					27	3	1	1
江北区									
北仑区	22		11			19	1	12	3
镇海区	25	10	67	8	7	78	16	5	11
鄞州区	135	2	22	14	6	235	50	9	42
奉化区	9		1	2		27	1		2
象山县	18		9	6		137	25	2	2
宁海县	730	1	75	31		506	45	6	34
余姚市	176		65	6	4	629	39	34	66
慈溪市	421	2	35	17	95	568	39	25	75
温州市	**825**	**2**	**100**	**41**	**3**	**1654**	**146**	**28**	**80**
鹿城区	2					2	1		
龙湾区	49	2	17	16	1	155	41	24	51
瓯海区	4		13				4		
洞头区	9			1			1		
永嘉县	104		8	5		87	17		9
平阳县	264		44	14		681	57	4	3
苍南县	333		14	5	2	644	9		15
文成县	2		1			3	7		1
泰顺县	15		2			7	7		
瑞安市	32					3	1		
乐清市	6					34	1		1
龙港市	5		1			38			
嘉兴市	**358**	**7**	**315**	**80**	**517**	**877**	**428**	**34**	**48**
南湖区	14		1	5		130	20		6
秀洲区	7		9	2	21	58	17		8
嘉善县	105	1	73	15	1	261	136	10	12
海盐县	62	1	21	16	25	85	76	15	13
海宁市	53	1	65	25	105	207	51	7	6
平湖市	91	3	137	5	61	84	40	2	1
桐乡市	26	1	9	12	304	52	88		2
湖州市	**272**	**6**	**295**	**203**	**239**	**521**	**460**	**31**	**56**
吴兴区	5		53	2	20	39	10		26
南浔区	39	2	8	12	53	19	30	10	4
德清县	166	1	143	110	19	166	129	15	3
长兴县	27	2	67	22	98	103	240	5	17
安吉县	35	1	24	57	49	194	51	1	6
绍兴市	**196**	**2**	**62**	**318**	**78**	**239**	**63**	**13**	**133**
越城区	1			1					
柯桥区	61	1	29	4	59	24	15	10	10
上虞区	11		9			72	13		49
新昌县	55		12	302	1	52	7	1	8
诸暨市	65	1	9	9	18	83	21	1	63
嵊州市	3		3	2		8	7	1	3
金华市	**2530**	**4**	**460**	**305**	**116**	**1406**	**495**	**36**	**60**
婺城区	26		24	8	1	25	7	1	1
金东区	531		90	21	8	339	135	2	3
武义县	237	1	77	21	1	163	54	14	26
浦江县	331	1	13	9	31	60	162	1	
磐安县	243		12	9		90	10		2
兰溪市	83		18	23	2	122	23	2	2
义乌市	756		196	98	64	411	24	1	2
东阳市	232	2	22	115	9	62	35	10	22
永康市	91		8	1		134	45	5	2

4－4b 续表 23 单位：人

地区 性别	制造业								
	文教、工美、体育和娱乐用品制造业	石油、煤炭及其他燃料加工业	化学原料和化学制品制造业	医药制造业	化学纤维制造业	橡胶和塑料制品业	非金属矿物制品业	黑色金属冶炼和压延加工业	有色金属冶炼和压延加工业
衢州市	**204**	**6**	**105**	**35**	**4**	**147**	**96**	**6**	**17**
柯城区	7		2			2	8		
衢江区	10		2	4		20	15	3	2
常山县	25		12	6		21	22		6
开化县	44		24	10		13	8		1
龙游县	88	6	35	3	3	52	36	1	7
江山市	30		30	12	1	39	7	2	1
舟山市	**52**	**156**	**5**	**3**	**3**	**24**	**35**		**2**
定海区		1	5		2	5	3		1
普陀区							2		
岱山县	52	155		3	1	19	30		1
嵊泗县									
台州市	**1196**	**1**	**84**	**223**	**9**	**1074**	**137**	**9**	**38**
椒江区	1			1	1	20	4		
黄岩区	106		1	1		62	3		
路桥区	43		5	2		240	25	2	15
三门县	59	1	20	10	6	285	26	1	2
天台县	290		8	42	2	129	26	1	10
仙居县	529		21	126		100	15	1	4
温岭市	122		16	3		170	24	4	4
临海市	46		13	37		34	10		
玉环市				1		34	4		3
丽水市	**1206**	**2**	**40**	**45**	**2**	**103**	**82**	**154**	**21**
莲都区	2		3	1		3	2	2	1
青田县	24		2	5	1	13	6	24	1
缙云县	121		3	13		55	30	11	6
遂昌县	7		18	4	1		9	60	5
松阳县	3		8	8		12	8	38	6
云和县	888		1			9	6	19	
庆元县	75	2	4	10		10	3		2
景宁畲族自治县	57		1	4		1			
龙泉市	29						18		

4-4b　续表 24

单位：人

地区 性别	制造业 金属制品业	通用设备制造业	专用设备制造业	汽车制造业	铁路、船舶、航空航天和其他运输设备制造业	电气机械和器材制造业	计算机、通信和其他电子设备制造业	仪器仪表制造业	其他制造业
合计	**31165**	**34764**	**11284**	**14087**	**3546**	**27790**	**16945**	**2459**	**3605**
杭州市	**1482**	**1774**	**725**	**536**	**212**	**1057**	**2180**	**270**	**81**
上城区									
下城区									
江干区									
拱墅区									
西湖区									
滨江区									
萧山区	239	383	110	318	22	76	195	126	13
余杭区	447	723	262	103	76	392	291	83	43
富阳区	65	49	45	13	38	42	7	2	
临安区	199	125	18	26	1	241	265	11	10
桐庐县	358	379	265	51	9	142	1328	24	7
淳安县	26	42	9	12	22	100	80	5	3
建德市	148	73	16	13	44	64	14	19	5
宁波市	**6443**	**6704**	**3904**	**6681**	**1051**	**11745**	**3156**	**669**	**450**
海曙区	66	111	31	78	2	77	20	13	6
江北区									
北仑区	220	110	289	314	4	233	1021	9	4
镇海区	197	234	45	72	4	75	54	6	31
鄞州区	1579	1381	440	850	88	1112	657	160	56
奉化区	91	479	12	23	3	258	32	6	2
象山县	185	499	496	681	143	317	56	3	12
宁海县	971	827	1311	962	20	2557	330	39	118
余姚市	1528	1157	502	686	44	2340	345	155	44
慈溪市	1606	1906	778	3015	743	4776	641	278	177
温州市	**3822**	**7257**	**1139**	**1603**	**112**	**5180**	**789**	**388**	**1022**
鹿城区	17	3	11			2	4	1	1
龙湾区	1487	2617	526	1080	34	2479	256	79	150
瓯海区	144	12	43	6		15	3		6
洞头区		5	2	2	1	9	8		
永嘉县	1246	3452	165	19	22	319	50	79	689
平阳县	478	857	211	370	39	397	159	10	103
苍南县	209	58	58	22	10	27	26	115	66
文成县	22	54	2	12		1	3		1
泰顺县	46	38	3	19		1	4	1	
瑞安市	33	23	29	20		1			1
乐清市	138	136	87	53	4	1928	276	103	1
龙港市	2	2	2		2	1			4
嘉兴市	**3429**	**4547**	**1219**	**1271**	**126**	**3497**	**6450**	**301**	**390**
南湖区	175	282	106	45	8	123	54	17	4
秀洲区	267	153	85	39	10	230	664	10	4
嘉善县	824	1817	413	546	53	749	4426	67	225
海盐县	782	1265	250	192	13	748	417	130	28
海宁市	1032	686	258	246	29	1357	727	46	83
平湖市	241	287	74	186	11	156	78	27	23
桐乡市	108	57	33	17	2	134	84	4	23
湖州市	**1519**	**1892**	**559**	**499**	**131**	**1946**	**759**	**111**	**315**
吴兴区	124	105	35	7	6	90	240	1	31
南浔区	225	210	54	30	3	228	43	5	6
德清县	617	689	150	144	65	366	210	15	241
长兴县	300	618	234	261	34	1182	135	68	23
安吉县	253	270	86	57	23	80	131	22	14

4-4b 续表 25 单位：人

地区 性别	制造业								
	金属制品业	通用设备制造业	专用设备制造业	汽车制造业	铁路、船舶、航空航天和其他运输设备制造业	电气机械和器材制造业	计算机、通信和其他电子设备制造业	仪器仪表制造业	其他制造业
绍兴市	**1232**	**4512**	**548**	**943**	**163**	**497**	**306**	**123**	**20**
越城区	1	5		1		2	2		
柯桥区	91	105	30	13	1	20	29		3
上虞区	49	225	35	19		79	17	17	3
新昌县	151	2614	286	296	145	130	214	93	6
诸暨市	909	1427	165	598	6	49	21	12	6
嵊州市	31	136	32	16	11	217	23	1	2
金华市	**9243**	**2401**	**831**	**517**	**391**	**1334**	**2602**	**296**	**985**
婺城区	122	91	44	28	9	31	19	13	27
金东区	410	242	107	67	78	59	52	79	121
武义县	5233	1285	212	225	181	216	69	120	294
浦江县	463	164	32	22	1	75	28	5	27
磐安县	107	51	12	39	19	27	82	3	8
兰溪市	118	38	12	50	23	64	16	2	55
义乌市	628	98	255	23	2	270	445	21	376
东阳市	329	135	74	8	18	486	1877	36	41
永康市	1833	297	83	55	60	106	14	17	36
衢州市	**740**	**578**	**153**	**79**	**35**	**370**	**292**	**26**	**57**
柯城区	13	31	1			1	7	1	
衢江区	16	26	4	2	4	11	8	5	9
常山县	138	364	28	7		48	93		14
开化县	32	26	16	6	1	154	66	1	8
龙游县	445	81	77	32	30	51	106	14	17
江山市	96	50	27	32		105	12	5	9
舟山市	**70**	**58**	**325**	**170**	**181**	**56**	**7**	**8**	**13**
定海区	26	18	232	12	30	10	6		
普陀区		3			22			7	1
岱山县	30	36	93	158	128	46	1	1	6
嵊泗县	14	1			1				6
台州市	**1753**	**3905**	**1561**	**1669**	**877**	**1568**	**182**	**188**	**169**
椒江区	13	47	46	56	42	15	4		
黄岩区	20	28	138	10	23	44			
路桥区	464	679	368	244	262	472	63	11	7
三门县	195	424	144	305	102	448	23	7	6
天台县	83	94	53	432	65	71	41	29	5
仙居县	51	94	43	105	1	25	11	5	14
温岭市	687	2214	202	329	343	300	30	116	11
临海市	178	97	562	52	34	147	4	4	126
玉环市	62	228	5	136	5	46	6	16	
丽水市	**1432**	**1136**	**320**	**119**	**267**	**540**	**222**	**79**	**103**
莲都区	71	104	14	3		33	1		
青田县	127	237	21			68	46	32	53
缙云县	906	473	226	61	262	342	121	39	25
遂昌县	168	54	25	16	1	57	32	1	7
松阳县	81	51	27	20		15	6	4	5
云和县	38	169	3		1	2	3	1	
庆元县	17	18	4	15	3	15	5	1	11
景宁畲族自治县	19	5		2		8	8	1	2
龙泉市	5	25		2					
男	**20293**	**23575**	**8229**	**9280**	**2400**	**15243**	**9748**	**1464**	**1859**
杭州市	**985**	**1262**	**488**	**389**	**135**	**597**	**1249**	**180**	**40**
上城区									
下城区									
江干区									
拱墅区									

4-4b 续表 26

单位：人

地 区 性 别	制造业								
	金 属 制品业	通用设备 制造业	专用设备 制造业	汽 车 制造业	铁路、船舶、航空航天和其他运输设备制造业	电气机械和器材制造业	计算机、通信和其他电子设备制造业	仪器仪表 制造业	其 他 制造业
西湖区									
滨江区									
萧山区	147	276	83	252	17	44	117	96	9
余杭区	326	501	167	67	56	220	144	53	23
富阳区	41	30	36	8	19	21	5	2	
临安区	127	92	12	9	1	124	117	5	3
桐庐县	236	291	172	36	7	103	826	13	3
淳安县	22	26	6	9	14	55	32	2	1
建德市	86	46	12	8	21	30	8	9	1
宁波市	**4150**	**4174**	**2994**	**4434**	**686**	**6221**	**1845**	**355**	**193**
海曙区	41	69	21	48	1	42	9	3	2
江北区									
北仑区	170	77	222	225	3	154	713	4	3
镇海区	109	133	38	25	4	35	22	3	10
鄞州区	1012	853	304	528	65	600	339	85	17
奉化区	58	286	11	16	2	120	14	2	2
象山县	141	355	417	380	116	212	31	2	10
宁海县	634	503	1077	561	13	1306	144	25	52
余姚市	936	720	338	390	27	1088	202	87	25
慈溪市	1049	1178	566	2261	455	2664	371	144	72
温州市	**2554**	**5508**	**891**	**1049**	**85**	**2803**	**456**	**265**	**568**
鹿城区	11	1	8			2	2	1	
龙湾区	1030	1949	413	706	24	1285	162	58	85
瓯海区	83	11	29	4		7	3		4
洞头区		1	2	1		5	1		
永嘉县	767	2655	135	16	19	217	33	56	390
平阳县	343	659	162	239	28	228	86	8	62
苍南县	143	43	47	16	10	20	17	80	23
文成县	16	46	1	9			2		1
泰顺县	43	32	2	14			2	1	
瑞安市	24	18	22	14		1			
乐清市	92	92	69	30	2	1037	148	61	1
龙港市	2	1	1		2	1			2
嘉兴市	**2272**	**3030**	**858**	**787**	**87**	**1940**	**3821**	**174**	**209**
南湖区	112	175	72	32	4	72	26	12	2
秀洲区	173	109	53	26	3	124	382	6	
嘉善县	544	1189	283	329	35	404	2713	36	117
海盐县	516	832	176	110	8	371	241	75	12
海宁市	662	477	199	164	26	800	376	26	52
平湖市	180	208	53	116	9	96	39	16	15
桐乡市	85	40	22	10	2	73	44	3	11
湖州市	**1097**	**1397**	**387**	**306**	**100**	**1196**	**449**	**64**	**166**
吴兴区	83	73	26	3	3	60	154		22
南浔区	157	146	44	18	2	151	23	3	3
德清县	444	506	97	85	47	217	126	10	117
长兴县	238	485	167	159	25	719	65	40	15
安吉县	175	187	53	41	23	49	81	11	9
绍兴市	**794**	**2798**	**390**	**611**	**117**	**281**	**151**	**75**	**10**
越城区	1	4		1		1	1		
柯桥区	77	83	21	7	1	13	11		
上虞区	32	133	20	8		45	9	7	1
新昌县	98	1555	208	208	104	72	111	58	3
诸暨市	561	928	118	376	3	31	11	9	4
嵊州市	25	95	23	11	9	119	8	1	2

4-4b 续表 27　　单位：人

地区 性别	制造业								
	金属制品业	通用设备制造业	专用设备制造业	汽车制造业	铁路、船舶、航空航天和其他运输设备制造业	电气机械和器材制造业	计算机、通信和其他电子设备制造业	仪器仪表制造业	其他制造业
金华市	**5751**	**1523**	**602**	**362**	**254**	**803**	**1416**	**169**	**495**
婺城区	65	63	26	20	8	19	11	7	10
金东区	268	168	66	46	49	38	24	49	65
武义县	3275	781	149	152	117	118	33	56	136
浦江县	278	120	19	16	1	37	14	4	12
磐安县	72	33	8	28	12	14	54	3	3
兰溪市	76	22	7	37	17	49	10	1	28
义乌市	371	71	211	16	2	195	286	10	198
东阳市	213	83	50	5	10	273	972	25	23
永康市	1133	182	66	42	38	60	12	14	20
衢州市	**490**	**411**	**97**	**42**	**20**	**200**	**153**	**12**	**26**
柯城区	11	23	1			1	3	1	
衢江区	13	20	1	2	3	5	6	3	2
常山县	103	250	21	3		35	53		5
开化县	29	19	5	5	1	78	32	1	6
龙游县	274	65	52	21	16	28	53	5	9
江山市	60	34	17	11		53	6	2	4
舟山市	**52**	**38**	**291**	**96**	**149**	**30**	**2**	**2**	**11**
定海区	14	14	206	9	21	6	1		
普陀区		2			18			1	1
岱山县	26	21	85	87	109	24	1	1	5
嵊泗县	12	1			1				5
台州市	**1195**	**2586**	**1027**	**1127**	**599**	**878**	**94**	**120**	**92**
椒江区	6	32	26	50	23	11	2		
黄岩区	17	20	122	9	13	17			
路桥区	289	415	265	150	174	258	22	7	4
三门县	141	272	114	199	85	292	12	5	2
天台县	61	70	41	312	37	27	20	12	5
仙居县	40	68	25	64	1	13	7	4	8
温岭市	479	1502	139	226	239	180	25	79	7
临海市	125	76	291	35	23	50	3	3	66
玉环市	37	131	4	82	4	30	3	10	
丽水市	**953**	**848**	**204**	**77**	**168**	**294**	**112**	**48**	**49**
莲都区	46	82	9	2		20			
青田县	81	174	14			38	24	21	24
缙云县	592	345	140	44	164	182	55	20	11
遂昌县	118	44	16	9	1	25	24	1	3
松阳县	55	39	20	11		10	3	3	5
云和县	30	128	1		1	1	3	1	
庆元县	13	15	4	8	2	12	2	1	6
景宁畲族自治县	14	3		2		6	1	1	
龙泉市	4	18		1					
女	**10872**	**11189**	**3055**	**4807**	**1146**	**12547**	**7197**	**995**	**1746**
杭州市	**497**	**512**	**237**	**147**	**77**	**460**	**931**	**90**	**41**
上城区									
下城区									
江干区									
拱墅区									
西湖区									
滨江区									
萧山区	92	107	27	66	5	32	78	30	4
余杭区	121	222	95	36	20	172	147	30	20
富阳区	24	19	9	5	19	21	2		
临安区	72	33	6	17		117	148	6	7
桐庐县	122	88	93	15	2	39	502	11	4
淳安县	4	16	3	3	8	45	48	3	2
建德市	62	27	4	5	23	34	6	10	4

4-4b　续表 28　　　　单位：人

地　区 性　别	制造业								
	金　属 制品业	通用设备 制造业	专用设备 制造业	汽　车 制造业	铁路、船舶、 航空航天和 其他运输 设备制造业	电气机械 和器材 制造业	计算机、 通信和其 他电子设 备制造业	仪器仪表 制造业	其　他 制造业
宁波市	**2293**	**2530**	**910**	**2247**	**365**	**5524**	**1311**	**314**	**257**
海曙区	25	42	10	30	1	35	11	10	4
江北区									
北仑区	50	33	67	89	1	79	308	5	1
镇海区	88	101	7	47		40	32	3	21
鄞州区	567	528	136	322	23	512	318	75	39
奉化区	33	193	1	7	1	138	18	4	
象山县	44	144	79	301	27	105	25	1	2
宁海县	337	324	234	401	7	1251	186	14	66
余姚市	592	437	164	296	17	1252	143	68	19
慈溪市	557	728	212	754	288	2112	270	134	105
温州市	**1268**	**1749**	**248**	**554**	**27**	**2377**	**333**	**123**	**454**
鹿城区	6	2	3				2		1
龙湾区	457	668	113	374	10	1194	94	21	65
瓯海区	61	1	14	2		8			2
洞头区		4		1	1	4	7		
永嘉县	479	797	30	3	3	102	17	23	299
平阳县	135	198	49	131	11	169	73	2	41
苍南县	66	15	11	6		7	9	35	43
文成县	6	8	1	3		1	1		
泰顺县	3	6	1	5		1	2		
瑞安市	9	5	7	6					1
乐清市	46	44	18	23	2	891	128	42	
龙港市		1	1						2
嘉兴市	**1157**	**1517**	**361**	**484**	**39**	**1557**	**2629**	**127**	**181**
南湖区	63	107	34	13	4	51	28	5	2
秀洲区	94	44	32	13	7	106	282	4	4
嘉善县	280	628	130	217	18	345	1713	31	108
海盐县	266	433	74	82	5	377	176	55	16
海宁市	370	209	59	82	3	557	351	20	31
平湖市	61	79	21	70	2	60	39	11	8
桐乡市	23	17	11	7		61	40	1	12
湖州市	**422**	**495**	**172**	**193**	**31**	**750**	**310**	**47**	**149**
吴兴区	41	32	9	4	3	30	86	1	9
南浔区	68	64	10	12	1	77	20	2	3
德清县	173	183	53	59	18	149	84	5	124
长兴县	62	133	67	102	9	463	70	28	8
安吉县	78	83	33	16		31	50	11	5
绍兴市	**438**	**1714**	**158**	**332**	**46**	**216**	**155**	**48**	**10**
越城区		1				1	1		
柯桥区	14	22	9	6		7	18		3
上虞区	17	92	15	11		34	8	10	2
新昌县	53	1059	78	88	41	58	103	35	3
诸暨市	348	499	47	222	3	18	10	3	2
嵊州市	6	41	9	5	2	98	15		
金华市	**3492**	**878**	**229**	**155**	**137**	**531**	**1186**	**127**	**490**
婺城区	57	28	18	8	1	12	8	6	17
金东区	142	74	41	21	29	21	28	30	56
武义县	1958	504	63	73	64	98	36	64	158
浦江县	185	44	13	6		38	14	1	15
磐安县	35	18	4	11	7	13	28		5
兰溪市	42	16	5	13	6	15	6	1	27
义乌市	257	27	44	7		75	159	11	178
东阳市	116	52	24	3	8	213	905	11	18
永康市	700	115	17	13	22	46	2	3	16

4-4b 续表 29　　单位：人

地区 性别	制造业								
	金属制品业	通用设备制造业	专用设备制造业	汽车制造业	铁路、船舶、航空航天和其他运输设备制造业	电气机械和器材制造业	计算机、通信和其他电子设备制造业	仪器仪表制造业	其他制造业
衢州市	**250**	**167**	**56**	**37**	**15**	**170**	**139**	**14**	**31**
柯城区	2	8					4		
衢江区	3	6	3		1	6	2	2	7
常山县	35	114	7	4		13	40		9
开化县	3	7	11	1		76	34		2
龙游县	171	16	25	11	14	23	53	9	8
江山市	36	16	10	21		52	6	3	5
舟山市	**18**	**20**	**34**	**74**	**32**	**26**	**5**	**6**	**2**
定海区	12	4	26	3	9	4	5		
普陀区		1			4			6	
岱山县	4	15	8	71	19	22			1
嵊泗县	2								1
台州市	**558**	**1319**	**534**	**542**	**278**	**690**	**88**	**68**	**77**
椒江区	7	15	20	6	19	4	2		
黄岩区	3	8	16	1	10	27			
路桥区	175	264	103	94	88	214	41	4	3
三门县	54	152	30	106	17	156	11	2	4
天台县	22	24	12	120	28	44	21	17	
仙居县	11	26	18	41		12	4	1	6
温岭市	208	712	63	103	104	120	5	37	4
临海市	53	21	271	17	11	97	1	1	60
玉环市	25	97	1	54	1	16	3	6	
丽水市	**479**	**288**	**116**	**42**	**99**	**246**	**110**	**31**	**54**
莲都区	25	22	5	1		13	1		
青田县	46	63	7			30	22	11	29
缙云县	314	128	86	17	98	160	66	19	14
遂昌县	50	10	9	7		32	8		4
松阳县	26	12	7	9		5	3	1	
云和县	8	41	2			1			
庆元县	4	3		7	1	3	3		5
景宁畲族自治县	5	2				2	7		2
龙泉市	1	7		1					

4-4b 续表 30 单位：人

地区 性别	制造业		电力、热力、燃气及水生产和供应业				建筑业		
	废弃资源综合利用业	金属制品、机械和设备修理业	小计	电力、热力生产和供应业	燃气生产和供应业	水的生产和供应业	小计	房屋建筑业	土木工程建筑业
合计	**974**	**1371**	**6437**	**4436**	**709**	**1292**	**73182**	**40716**	**9164**
杭州市	**67**	**56**	**514**	**349**	**54**	**111**	**7227**	**3989**	**931**
上城区									
下城区									
江干区									
拱墅区									
西湖区							2	2	
滨江区									
萧山区	14	4	33	24	2	7	874	592	160
余杭区	7	25	78	43	5	30	1996	1153	182
富阳区	14	1	11	2	5	4	187	78	19
临安区	4	2	38	29	3	6	583	371	50
桐庐县	21	11	203	156	23	24	2072	1044	339
淳安县		4	122	83	8	31	1023	573	102
建德市	7	9	29	12	8	9	490	176	79
宁波市	**119**	**287**	**718**	**449**	**98**	**171**	**10262**	**6542**	**776**
海曙区			10	3	3	4	88	25	8
江北区									
北仑区	6	3	20	9	8	3	147	53	42
镇海区	3	4	25	12		13	335	205	60
鄞州区	11	12	81	50	6	25	1753	918	135
奉化区	3	1	20	12	5	3	373	192	62
象山县	2	173	155	99	18	38	2096	1382	113
宁海县	53	57	218	156	26	36	2254	1368	187
余姚市	29	11	77	47	2	28	838	562	40
慈溪市	12	26	112	61	30	21	2378	1837	129
温州市	**87**	**106**	**873**	**554**	**104**	**215**	**8349**	**5081**	**718**
鹿城区							13	6	1
龙湾区	22	12	62	40	11	11	1016	617	91
瓯海区	2	2	2	1		1	56	23	11
洞头区			6	5		1	44	35	
永嘉县	7	7	135	99	7	29	1843	1171	117
平阳县	24	29	248	155	37	56	2206	1284	172
苍南县	24	40	229	106	28	95	1733	1080	171
文成县	2	4	92	70	12	10	628	421	109
泰顺县	3	5	59	52	4	3	449	216	35
瑞安市		2	10	7	1	2	131	90	3
乐清市	3	2	28	18	4	6	190	126	5
龙港市		3	2	1		1	40	12	3
嘉兴市	**204**	**202**	**835**	**595**	**80**	**160**	**11211**	**7121**	**812**
南湖区	7	2	10	7	2	1	466	292	44
秀洲区	1	28	43	33	2	8	763	439	77
嘉善县	33	20	191	109	23	59	3422	2407	174
海盐县	90	84	355	293	26	36	2386	1527	156
海宁市	59	20	117	74	17	26	2437	1554	178
平湖市	4	24	73	51	8	14	1140	577	139
桐乡市	10	24	46	28	2	16	597	325	44
湖州市	**157**	**96**	**799**	**533**	**113**	**153**	**7935**	**4313**	**761**
吴兴区	14	15	17	8	4	5	613	428	15
南浔区	7	16	65	32	15	18	577	244	83
德清县	25	20	194	114	37	43	2590	1578	200
长兴县	58	31	366	275	30	61	2407	1101	224
安吉县	53	14	157	104	27	26	1748	962	239

4-4b 续表 31　　单位：人

地区 性别	制造业		电力、热力、燃气及水生产和供应业				建筑业		
	废弃资源综合利用业	金属制品、机械和设备修理业	小计	电力、热力生产和供应业	燃气生产和供应业	水的生产和供应业	小计	房屋建筑业	土木工程建筑业
绍兴市	**24**	**41**	**256**	**138**	**31**	**87**	**3407**	**1617**	**353**
越城区	1		2	1		1	32	2	2
柯桥区	8	8	61	24	4	33	562	223	82
上虞区	2	2	16	9	2	5	393	157	58
新昌县	1	2	123	68	18	37	1465	790	105
诸暨市	11	25	34	24	3	7	747	377	52
嵊州市	1	4	20	12	4	4	208	68	54
金华市	**127**	**75**	**654**	**474**	**66**	**114**	**7038**	**4451**	**564**
婺城区	3	1	60	57	2	1	461	306	49
金东区	16	6	22	14	1	7	879	537	109
武义县	20	12	140	77	29	34	1081	648	50
浦江县	22	11	94	67	7	20	726	470	20
磐安县		4	57	45	2	10	635	390	78
兰溪市	5	2	17	13		4	370	188	36
义乌市	30	19	177	148	8	21	1113	736	97
东阳市	29	16	71	47	8	16	1586	1101	93
永康市	2	4	16	6	9	1	187	75	32
衢州市	**35**	**25**	**281**	**215**	**26**	**40**	**3223**	**1642**	**449**
柯城区			3	3			92	35	23
衢江区	2	1	9	8	1		189	114	24
常山县	3	7	73	58	2	13	610	284	101
开化县		3	60	45	5	10	1009	507	151
龙游县	20	12	120	92	16	12	884	467	97
江山市	10	2	16	9	2	5	439	235	53
舟山市		**338**	**246**	**196**	**12**	**38**	**4983**	**500**	**2886**
定海区		49	33	23	7	3	205	112	15
普陀区		62	11	11			69	29	15
岱山县		223	139	121	3	15	4543	298	2823
嵊泗县		4	63	41	2	20	166	61	33
台州市	**126**	**118**	**666**	**444**	**81**	**141**	**4867**	**2617**	**447**
椒江区	1		4		3	1	17	7	9
黄岩区	3	1	17	9	5	3	153	90	10
路桥区	47	15	31	16	2	13	306	169	40
三门县		22	177	143	12	22	896	347	86
天台县	7	10	162	105	30	27	1171	730	99
仙居县	34	7	124	87	12	25	779	418	76
温岭市	17	45	77	35	9	33	926	542	49
临海市	13	17	68	47	7	14	564	286	70
玉环市	4	1	6	2	1	3	55	28	8
丽水市	**28**	**27**	**595**	**489**	**44**	**62**	**4680**	**2843**	**467**
莲都区			13	12	1		174	141	2
青田县	3	3	84	60	4	20	1089	825	41
缙云县	8	7	122	100	12	10	1076	625	137
遂昌县	3	2	70	54	5	11	496	236	63
松阳县	5	10	106	79	16	11	545	282	55
云和县		2	61	56	3	2	397	246	19
庆元县	6	3	45	38		7	442	244	37
景宁畲族自治县	3		83	80	3		417	219	107
龙泉市			11	10		1	44	25	6
男	**695**	**1179**	**4998**	**3507**	**519**	**972**	**64451**	**35360**	**8148**
杭州市	**54**	**51**	**390**	**281**	**31**	**78**	**6272**	**3462**	**781**
上城区									
下城区									
江干区									
拱墅区									

4-4b　续表 32　　　　单位：人

地　区 性　别	制造业		电力、热力、燃气及水生产和供应业				建筑业		
	废弃资源综合利用业	金属制品、机械和设备修理业	小计	电力、热力生产和供应业	燃气生产和供应业	水的生产和供应业	小计	房屋建筑业	土木工程建筑业
西湖区							2	2	
滨江区									
萧山区	13	3	26	21	1	4	792	545	144
余杭区	5	21	64	38	3	23	1705	989	152
富阳区	11	1	7	1	4	2	170	72	16
临安区	3	2	29	23	2	4	500	308	44
桐庐县	18	11	151	124	12	15	1792	890	278
淳安县		4	91	67	2	22	880	496	77
建德市	4	9	22	7	7	8	431	160	70
宁波市	**92**	**232**	**573**	**362**	**76**	**135**	**9191**	**5844**	**663**
海曙区			9	3	3	3	79	23	6
江北区									
北仑区	5	3	17	9	5	3	117	47	29
镇海区	1	3	18	6		12	301	184	51
鄞州区	7	9	65	39	5	21	1598	845	119
奉化区	3	1	18	11	5	2	335	168	57
象山县	1	134	123	82	15	26	1898	1237	100
宁海县	41	51	168	123	20	25	2000	1209	155
余姚市	23	10	65	40	1	24	753	497	37
慈溪市	11	21	90	49	22	19	2110	1634	109
温州市	**66**	**98**	**671**	**433**	**76**	**162**	**7408**	**4466**	**627**
鹿城区							13	6	1
龙湾区	17	10	59	38	11	10	864	532	81
瓯海区	2	2	2	1		1	49	20	9
洞头区			3	3			41	33	
永嘉县	4	6	95	66	6	23	1603	1006	96
平阳县	19	28	183	117	24	42	1947	1115	149
苍南县	17	39	181	92	20	69	1600	984	155
文成县	2	3	70	53	9	8	548	359	98
泰顺县	2	4	45	41	2	2	408	201	27
瑞安市		2	8	6	1	1	120	83	3
乐清市	3	2	23	15	3	5	178	116	5
龙港市		2	2	1		1	37	11	3
嘉兴市	**128**	**177**	**659**	**471**	**62**	**126**	**9651**	**6110**	**689**
南湖区	7	2	7	6	1		410	257	38
秀洲区	1	25	35	27	1	7	685	394	71
嘉善县	27	17	148	83	20	45	2888	2037	148
海盐县	46	74	278	229	21	28	1961	1263	116
海宁市	39	17	96	62	10	24	2119	1339	153
平湖市	3	21	61	43	7	11	1043	527	123
桐乡市	5	21	34	21	2	11	545	293	40
湖州市	**112**	**84**	**628**	**438**	**82**	**108**	**6883**	**3712**	**661**
吴兴区	8	13	15	7	4	4	540	378	11
南浔区	7	13	57	27	13	17	532	225	76
德清县	17	17	146	90	25	31	2210	1335	171
长兴县	43	28	284	223	20	41	2099	962	195
安吉县	37	13	126	91	20	15	1502	812	208
绍兴市	**18**	**36**	**207**	**114**	**20**	**73**	**3040**	**1406**	**317**
越城区	1		2	1		1	31	2	1
柯桥区	5	8	51	20	1	30	521	204	72
上虞区	2	1	14	8	2	4	352	140	53
新昌县	1	2	93	53	12	28	1256	659	94
诸暨市	8	21	29	20	3	6	680	336	46
嵊州市	1	4	18	12	2	4	200	65	51

4-4b 续表 33

单位：人

地区 性别	制造业 废弃资源综合利用业	制造业 金属制品、机械和设备修理业	电力、热力、燃气及水生产和供应业 小计	电力、热力、燃气及水生产和供应业 电力、热力生产和供应业	电力、热力、燃气及水生产和供应业 燃气生产和供应业	电力、热力、燃气及水生产和供应业 水的生产和供应业	建筑业 小计	建筑业 房屋建筑业	建筑业 土木工程建筑业
金华市	**83**	**59**	**540**	**397**	**53**	**90**	**6107**	**3817**	**498**
婺城区	1	1	47	44	2	1	393	258	43
金东区	10	2	19	14		5	705	419	92
武义县	13	10	114	62	25	27	920	547	40
浦江县	13	11	75	55	7	13	654	419	18
磐安县		4	46	38	1	7	547	327	71
兰溪市	4	2	16	12		4	344	170	34
义乌市	23	17	155	128	7	20	1007	662	89
东阳市	17	10	57	39	6	12	1375	949	83
永康市	2	2	11	5	5	1	162	66	28
衢州市	**24**	**21**	**213**	**162**	**24**	**27**	**2902**	**1471**	**383**
柯城区			2	2			88	34	23
衢江区	2	1	8	7	1		182	110	22
常山县	1	6	56	46	2	8	553	252	87
开化县		3	40	29	5	6	911	454	129
龙游县	15	10	95	71	14	10	765	406	76
江山市	6	1	12	7	2	3	403	215	46
舟山市		**294**	**189**	**152**	**9**	**28**	**4641**	**421**	**2732**
定海区		37	22	15	6	1	176	92	13
普陀区		57	10	10			60	26	14
岱山县		196	113	100	2	11	4256	252	2673
嵊泗县		4	44	27	1	16	149	51	32
台州市	**99**	**103**	**493**	**336**	**58**	**99**	**4311**	**2267**	**392**
椒江区	1		3		2	1	15	7	7
黄岩区	3	1	12	7	2	3	140	80	10
路桥区	37	13	28	16	1	11	264	144	35
三门县		19	134	110	11	13	832	317	75
天台县	5	9	114	74	23	17	1009	614	84
仙居县	28	4	82	63	5	14	667	348	68
温岭市	13	41	60	26	7	27	815	466	41
临海市	10	15	57	39	7	11	522	264	67
玉环市	2	1	3	1		2	47	27	5
丽水市	**19**	**24**	**435**	**361**	**28**	**46**	**4045**	**2384**	**405**
莲都区			8	8			155	123	2
青田县	1	3	66	47	4	15	882	642	39
缙云县	6	5	91	78	4	9	960	552	123
遂昌县	2	2	53	42	4	7	428	196	51
松阳县	3	9	75	56	11	8	457	226	46
云和县		2	47	42	3	2	362	219	17
庆元县	5	3	30	25		5	396	212	33
景宁畲族自治县	2		58	56	2		362	190	88
龙泉市			7	7			43	24	6
女	**279**	**192**	**1439**	**929**	**190**	**320**	**8731**	**5356**	**1016**
杭州市	**13**	**5**	**124**	**68**	**23**	**33**	**955**	**527**	**150**
上城区									
下城区									
江干区									
拱墅区									
西湖区									
滨江区									
萧山区	1	1	7	3	1	3	82	47	16
余杭区	2	4	14	5	2	7	291	164	30
富阳区	3		4	1	1	2	17	6	3
临安区	1		9	6	1	2	83	63	6
桐庐县	3		52	32	11	9	280	154	61
淳安县			31	16	6	9	143	77	25
建德市	3		7	5	1	1	59	16	9

4-4b　续表 34　　　　单位：人

地　区 性　别	制造业		电力、热力、燃气及水生产和供应业				建筑业		
	废弃资源综合利用业	金属制品、机械和设备修理业	小计	电力、热力生产和供应业	燃气生产和供应业	水的生产和供应业	小计	房屋建筑业	土木工程建筑业
宁波市	**27**	**55**	**145**	**87**	**22**	**36**	**1071**	**698**	**113**
海曙区			1			1	9	2	2
江北区									
北仑区	1		3		3		30	6	13
镇海区	2	1	7	6		1	34	21	9
鄞州区	4	3	16	11	1	4	155	73	16
奉化区			2	1		1	38	24	5
象山县	1	39	32	17	3	12	198	145	13
宁海县	12	6	50	33	6	11	254	159	32
余姚市	6	1	12	7	1	4	85	65	3
慈溪市	1	5	22	12	8	2	268	203	20
温州市	**21**	**8**	**202**	**121**	**28**	**53**	**941**	**615**	**91**
鹿城区									
龙湾区	5	2	3	2		1	152	85	10
瓯海区							7	3	2
洞头区			3	2		1	3	2	
永嘉县	3	1	40	33	1	6	240	165	21
平阳县	5	1	65	38	13	14	259	169	23
苍南县	7	1	48	14	8	26	133	96	16
文成县		1	22	17	3	2	80	62	11
泰顺县	1	1	14	11	2	1	41	15	8
瑞安市			2	1		1	11	7	
乐清市			5	3	1	1	12	10	
龙港市		1					3	1	
嘉兴市	**76**	**25**	**176**	**124**	**18**	**34**	**1560**	**1011**	**123**
南湖区			3	1	1	1	56	35	6
秀洲区		3	8	6	1	1	78	45	6
嘉善县	6	3	43	26	3	14	534	370	26
海盐县	44	10	77	64	5	8	425	264	40
海宁市	20	3	21	12	7	2	318	215	25
平湖市	1	3	12	8	1	3	97	50	16
桐乡市	5	3	12	7		5	52	32	4
湖州市	**45**	**12**	**171**	**95**	**31**	**45**	**1052**	**601**	**100**
吴兴区	6	2	2	1		1	73	50	4
南浔区		3	8	5	2	1	45	19	7
德清县	8	3	48	24	12	12	380	243	29
长兴县	15	3	82	52	10	20	308	139	29
安吉县	16	1	31	13	7	11	246	150	31
绍兴市	**6**	**5**	**49**	**24**	**11**	**14**	**367**	**211**	**36**
越城区							1		1
柯桥区	3		10	4	3	3	41	19	10
上虞区		1	2	1		1	41	17	5
新昌县			30	15	6	9	209	131	11
诸暨市	3	4	5	4		1	67	41	6
嵊州市			2		2		8	3	3
金华市	**44**	**16**	**114**	**77**	**13**	**24**	**931**	**634**	**66**
婺城区	2		13	13			68	48	6
金东区	6	4	3		1	2	174	118	17
武义县	7	2	26	15	4	7	161	101	10
浦江县	9		19	12		7	72	51	2
磐安县			11	7	1	3	88	63	7
兰溪市	1		1	1			26	18	2
义乌市	7	2	22	20	1	1	106	74	8
东阳市	12	6	14	8	2	4	211	152	10
永康市		2	5	1	4		25	9	4

4-4b 续表 35　　单位：人

地区 性别	制造业		电力、热力、燃气及水生产和供应业				建筑业		
	废弃资源综合利用业	金属制品、机械和设备修理业	小计	电力、热力生产和供应业	燃气生产和供应业	水的生产和供应业	小计	房屋建筑业	土木工程建筑业
衢州市	**11**	**4**	**68**	**53**	**2**	**13**	**321**	**171**	**66**
柯城区			1	1			4	1	
衢江区			1	1			7	4	2
常山县	2	1	17	12		5	57	32	14
开化县			20	16		4	98	53	22
龙游县	5	2	25	21	2	2	119	61	21
江山市	4	1	4	2		2	36	20	7
舟山市		**44**	**57**	**44**	**3**	**10**	**342**	**79**	**154**
定海区		12	11	8	1	2	29	20	2
普陀区		5	1	1			9	3	1
岱山县		27	26	21	1	4	287	46	150
嵊泗县			19	14	1	4	17	10	1
台州市	**27**	**15**	**173**	**108**	**23**	**42**	**556**	**350**	**55**
椒江区			1		1		2		2
黄岩区			5	2	3		13	10	
路桥区	10	2	3		1	2	42	25	5
三门县		3	43	33	1	9	64	30	11
天台县	2	1	48	31	7	10	162	116	15
仙居县	6	3	42	24	7	11	112	70	8
温岭市	4	4	17	9	2	6	111	76	8
临海市	3	2	11	8		3	42	22	3
玉环市	2		3	1	1	1	8	1	3
丽水市	**9**	**3**	**160**	**128**	**16**	**16**	**635**	**459**	**62**
莲都区			5	4	1		19	18	
青田县	2		18	13		5	207	183	2
缙云县	2	2	31	22	8	1	116	73	14
遂昌县	1		17	12	1	4	68	40	12
松阳县	2	1	31	23	5	3	88	56	9
云和县			14	14			35	27	2
庆元县	1		15	13		2	46	32	4
景宁畲族自治县	1		25	24	1		55	29	19
龙泉市			4	3		1	1	1	

4-4b 续表 36

单位：人

地区 性别	建筑业		批发和零售业			交通运输、仓储和邮政业			
	建筑安装业	建筑装饰、装修和其他建筑业	小计	批发业	零售业	小计	铁路运输业	道路运输业	水上运输业
合计	**4828**	**18474**	**104184**	**29252**	**74932**	**29478**	**334**	**17771**	**1372**
杭州市	**370**	**1937**	**9588**	**3991**	**5597**	**3097**	**36**	**1984**	**55**
上城区									
下城区									
江干区									
拱墅区									
西湖区			2		2				
滨江区									
萧山区	23	99	987	429	558	445	4	326	
余杭区	90	571	3615	2003	1612	957	12	642	5
富阳区	9	81	187	65	122	76		70	
临安区	20	142	607	166	441	167		112	1
桐庐县	151	538	2543	913	1630	874	14	462	10
淳安县	47	301	1030	240	790	344	2	229	35
建德市	30	205	617	175	442	234	4	143	4
宁波市	**470**	**2474**	**12023**	**3708**	**8315**	**4132**	**11**	**2585**	**133**
海曙区	6	49	109	48	61	49		33	
江北区									
北仑区	11	41	248	98	150	208	1	101	31
镇海区	16	54	240	83	157	123		97	3
鄞州区	116	584	2329	995	1334	807	2	537	16
奉化区	12	107	440	207	233	86		57	
象山县	78	523	2406	635	1771	815		500	49
宁海县	120	579	3187	696	2491	749	6	479	29
余姚市	39	197	1229	294	935	463	1	286	1
慈溪市	72	340	1835	652	1183	832	1	495	4
温州市	**311**	**2239**	**20903**	**4914**	**15989**	**3852**	**20**	**2350**	**63**
鹿城区		6	52	4	48	9		7	1
龙湾区	77	231	2647	757	1890	472		217	1
瓯海区	2	20	71	17	54	37		28	
洞头区	2	7	30	3	27	32		13	2
永嘉县	57	498	4178	1025	3153	665	7	419	21
平阳县	90	660	4694	1114	3580	1005	4	634	24
苍南县	42	440	6834	1557	5277	1124	8	702	10
文成县	15	83	644	85	559	154	1	105	1
泰顺县	13	185	717	75	642	147		93	
瑞安市	1	37	312	42	270	41		25	1
乐清市	9	50	620	205	415	111		71	1
龙港市	3	22	104	30	74	55		36	1
嘉兴市	**603**	**2675**	**12814**	**4592**	**8222**	**4794**	**41**	**2978**	**110**
南湖区	22	108	423	121	302	253	2	118	2
秀洲区	26	221	1829	995	834	423		299	1
嘉善县	76	765	3566	1133	2433	1207	26	912	7
海盐县	175	528	1860	574	1286	625		456	18
海宁市	142	563	2859	1025	1834	1355	11	630	5
平湖市	126	298	1044	377	667	652	1	353	70
桐乡市	36	192	1233	367	866	279	1	210	7
湖州市	**428**	**2433**	**12070**	**3873**	**8197**	**3129**	**61**	**2054**	**130**
吴兴区	13	157	2672	957	1715	309	1	190	2
南浔区	41	209	923	235	688	276	1	181	6
德清县	118	694	2312	764	1548	820	11	557	15
长兴县	182	900	3687	1303	2384	1178	46	770	91
安吉县	74	473	2476	614	1862	546	2	356	16

4-4b 续表 37

单位：人

地区 性别	建筑业		批发和零售业			交通运输、仓储和邮政业			
	建筑安装业	建筑装饰、装修和其他建筑业	小计	批发业	零售业	小计	铁路运输业	道路运输业	水上运输业
绍兴市	**225**	**1212**	**4782**	**1158**	**3624**	**1020**	**4**	**739**	**4**
越城区	1	27	25	7	18	6		3	
柯桥区	25	232	652	288	364	145		109	
上虞区	23	155	317	66	251	80		61	
新昌县	91	479	2033	438	1595	396		303	1
诸暨市	73	245	1379	218	1161	293	4	184	3
嵊州市	12	74	376	141	235	100		79	
金华市	**422**	**1601**	**11791**	**3202**	**8589**	**3589**	**53**	**1658**	**6**
婺城区	26	80	604	146	458	148	11	101	
金东区	28	205	1635	538	1097	1213	10	302	
武义县	75	308	2044	485	1559	407	15	206	1
浦江县	50	186	1921	477	1444	382	5	212	2
磐安县	54	113	687	222	465	135	1	94	
兰溪市	31	115	490	102	388	127	3	93	2
义乌市	68	212	2384	740	1644	695	4	347	
东阳市	86	306	1488	300	1188	370	2	238	1
永康市	4	76	538	192	346	112	2	65	
衢州市	**213**	**919**	**3850**	**864**	**2986**	**1145**	**69**	**830**	**12**
柯城区	3	31	111	19	92	21		17	
衢江区	7	44	247	38	209	89		63	
常山县	44	181	819	154	665	250	6	193	2
开化县	60	291	904	210	694	254	21	184	
龙游县	65	255	1380	358	1022	404	41	275	10
江山市	34	117	389	85	304	127	1	98	
舟山市	**1226**	**371**	**1225**	**333**	**892**	**1124**	**2**	**331**	**536**
定海区	14	64	187	36	151	188		77	47
普陀区	3	22	123	18	105	130		53	58
岱山县	1196	226	635	187	448	553	2	148	296
嵊泗县	13	59	280	92	188	253		53	135
台州市	**335**	**1468**	**9120**	**1670**	**7450**	**2212**	**5**	**1329**	**316**
椒江区		1	15	8	7	19		12	1
黄岩区	11	42	332	28	304	82		50	
路桥区	20	77	813	177	636	205		139	17
三门县	68	395	1215	249	966	304	2	221	21
天台县	51	291	2037	234	1803	351		244	1
仙居县	74	211	1249	225	1024	263		163	
温岭市	68	267	2164	557	1607	696	2	319	252
临海市	39	169	1179	167	1012	261	1	161	24
玉环市	4	15	116	25	91	31		20	
丽水市	**225**	**1145**	**6018**	**947**	**5071**	**1384**	**32**	**933**	**7**
莲都区	14	17	135	34	101	24	1	15	
青田县	29	194	1802	173	1629	238	6	174	2
缙云县	49	265	1243	270	973	346	6	240	2
遂昌县	22	175	625	109	516	183	2	135	1
松阳县	58	150	643	105	538	186	10	92	
云和县	20	112	522	99	423	152	1	114	
庆元县	25	136	550	81	469	149	4	90	
景宁畲族自治县	5	86	407	61	346	94	2	64	2
龙泉市	3	10	91	15	76	12		9	
男	**4421**	**16522**	**54433**	**17987**	**36446**	**24882**	**253**	**15635**	**1214**
杭州市	**317**	**1712**	**5082**	**2434**	**2648**	**2539**	**24**	**1712**	**34**
上城区									
下城区									
江干区									
拱墅区									

4-4b 续表 38 单位：人

地区 性别	建筑业		批发和零售业			交通运输、仓储和邮政业			
	建筑安装业	建筑装饰、装修和其他建筑业	小计	批发业	零售业	小计	铁路运输业	道路运输业	水上运输业
西湖区			1		1				
滨江区									
萧山区	20	83	537	267	270	354	4	271	
余杭区	71	493	2082	1268	814	793	9	558	3
富阳区	8	74	108	44	64	67		62	
临安区	17	131	294	91	203	145		104	1
桐庐县	135	489	1302	546	756	705	9	401	7
淳安县	38	269	480	135	345	274	1	191	19
建德市	28	173	278	83	195	201	1	125	4
宁波市	**426**	**2258**	**6021**	**2216**	**3805**	**3471**	**8**	**2269**	**115**
海曙区	6	44	66	31	35	42		29	
江北区									
北仑区	6	35	106	45	61	155	1	74	30
镇海区	16	50	132	53	79	101		84	2
鄞州区	104	530	1181	540	641	654	2	472	11
奉化区	11	99	224	109	115	73		52	
象山县	71	490	1144	394	750	706		440	41
宁海县	110	526	1484	409	1075	640	3	420	28
余姚市	36	183	625	184	441	387	1	258	
慈溪市	66	301	1059	451	608	713	1	440	3
温州市	**280**	**2035**	**11768**	**3191**	**8577**	**3371**	**11**	**2118**	**61**
鹿城区		6	31	4	27	8		7	
龙湾区	61	190	1547	493	1054	401		200	1
瓯海区	2	18	49	14	35	33		26	
洞头区	2	6	16	3	13	30		13	2
永嘉县	52	449	2340	652	1688	568	5	359	21
平阳县	82	601	2610	721	1889	887	3	566	24
苍南县	40	421	3897	1018	2879	983	3	641	10
文成县	15	76	337	53	284	136		97	
泰顺县	13	167	387	55	332	134		86	
瑞安市	1	33	163	28	135	36		22	1
乐清市	9	48	320	125	195	103		67	1
龙港市	3	20	71	25	46	52		34	1
嘉兴市	**544**	**2308**	**6587**	**2787**	**3800**	**4005**	**34**	**2606**	**94**
南湖区	20	95	226	83	143	187		95	2
秀洲区	23	197	966	559	407	359		264	1
嘉善县	67	636	1796	697	1099	1009	22	777	6
海盐县	147	435	868	341	527	549		413	14
海宁市	131	496	1527	629	898	1100	11	561	3
平湖市	120	273	557	246	311	551	1	303	62
桐乡市	36	176	647	232	415	250		193	6
湖州市	**383**	**2127**	**6182**	**2359**	**3823**	**2630**	**50**	**1810**	**92**
吴兴区	13	138	1447	548	899	264	1	168	1
南浔区	38	193	458	152	306	250	1	163	5
德清县	101	603	1157	463	694	688	9	496	11
长兴县	161	781	1831	818	1013	974	38	667	61
安吉县	70	412	1289	378	911	454	1	316	14
绍兴市	**207**	**1110**	**2324**	**694**	**1630**	**884**	**2**	**654**	**3**
越城区	1	27	16	4	12	6		3	
柯桥区	24	221	351	166	185	132		99	
上虞区	21	138	151	39	112	71		55	
新昌县	80	423	904	263	641	342		266	1
诸暨市	70	228	699	138	561	245	2	159	2
嵊州市	11	73	203	84	119	88		72	

4-4b 续表 39　　　　单位：人

地区 性别	建筑业		批发和零售业			交通运输、仓储和邮政业			
	建筑安装业	建筑装饰、装修和其他建筑业	小计	批发业	零售业	小计	铁路运输业	道路运输业	水上运输业
金华市	**385**	**1407**	**6301**	**1898**	**4403**	**2923**	**41**	**1469**	**3**
婺城区	24	68	292	88	204	123	8	86	
金东区	26	168	876	313	563	934	6	267	
武义县	66	267	1080	285	795	340	13	182	
浦江县	46	171	1042	288	754	318	2	192	1
磐安县	46	103	363	137	226	108	1	79	
兰溪市	30	110	252	63	189	116	3	88	1
义乌市	63	193	1327	446	881	588	4	320	
东阳市	80	263	763	165	598	305	2	199	1
永康市	4	64	306	113	193	91	2	56	
衢州市	**199**	**849**	**1815**	**517**	**1298**	**961**	**58**	**709**	**7**
柯城区	3	28	60	14	46	20		16	
衢江区	7	43	138	27	111	79		60	
常山县	39	175	384	96	288	209	5	163	1
开化县	58	270	401	116	285	203	20	145	
龙游县	60	223	640	210	430	339	32	236	6
江山市	32	110	192	54	138	111	1	89	
舟山市	**1164**	**324**	**625**	**249**	**376**	**977**	**1**	**276**	**497**
定海区	14	57	88	21	67	169		70	45
普陀区	3	17	60	13	47	99		31	51
岱山县	1136	195	349	147	202	505	1	134	280
嵊泗县	11	55	128	68	60	204		41	121
台州市	**308**	**1344**	**4667**	**1052**	**3615**	**1944**	**4**	**1175**	**302**
椒江区		1	13	7	6	16		11	
黄岩区	10	40	161	16	145	63		38	
路桥区	15	70	414	109	305	185		132	15
三门县	66	374	634	163	471	274	1	201	18
天台县	48	263	1081	146	935	297		216	1
仙居县	66	185	622	149	473	217		137	
温岭市	63	245	1088	349	739	636	2	283	246
临海市	37	154	601	100	501	230	1	141	22
玉环市	3	12	53	13	40	26		16	
丽水市	**208**	**1048**	**3061**	**590**	**2471**	**1177**	**20**	**837**	**6**
莲都区	14	16	67	17	50	23	1	15	
青田县	27	174	931	106	825	205	3	155	2
缙云县	43	242	645	172	473	294	4	218	2
遂昌县	21	160	300	66	234	161		124	1
松阳县	53	132	297	63	234	140	8	77	
云和县	20	106	286	61	225	130		101	
庆元县	23	128	284	55	229	133	2	83	
景宁畲族自治县	4	80	203	43	160	81	2	56	1
龙泉市	3	10	48	7	41	10		8	
女	**407**	**1952**	**49751**	**11265**	**38486**	**4596**	**81**	**2136**	**158**
杭州市	**53**	**225**	**4506**	**1557**	**2949**	**558**	**12**	**272**	**21**
上城区									
下城区									
江干区									
拱墅区									
西湖区			1		1				
滨江区									
萧山区	3	16	450	162	288	91		55	
余杭区	19	78	1533	735	798	164	3	84	2
富阳区	1	7	79	21	58	9		8	
临安区	3	11	313	75	238	22		8	
桐庐县	16	49	1241	367	874	169	5	61	3
淳安县	9	32	550	105	445	70	1	38	16
建德市	2	32	339	92	247	33	3	18	

4-4b 续表 40

单位：人

地区 性别	建筑业		批发和零售业			交通运输、仓储和邮政业			
	建筑安装业	建筑装饰、装修和其他建筑业	小计	批发业	零售业	小计	铁路运输业	道路运输业	水上运输业
宁波市	**44**	**216**	**6002**	**1492**	**4510**	**661**	**3**	**316**	**18**
海曙区		5	43	17	26	7		4	
江北区									
北仑区	5	6	142	53	89	53		27	1
镇海区		4	108	30	78	22		13	1
鄞州区	12	54	1148	455	693	153		65	5
奉化区	1	8	216	98	118	13		5	
象山县	7	33	1262	241	1021	109		60	8
宁海县	10	53	1703	287	1416	109	3	59	1
余姚市	3	14	604	110	494	76		28	1
慈溪市	6	39	776	201	575	119		55	1
温州市	**31**	**204**	**9135**	**1723**	**7412**	**481**	**9**	**232**	**2**
鹿城区			21		21	1			1
龙湾区	16	41	1100	264	836	71		17	
瓯海区		2	22	3	19	4		2	
洞头区		1	14		14	2			
永嘉县	5	49	1838	373	1465	97	2	60	
平阳县	8	59	2084	393	1691	118	1	68	
苍南县	2	19	2937	539	2398	141	5	61	
文成县		7	307	32	275	18	1	8	1
泰顺县		18	330	20	310	13		7	
瑞安市		4	149	14	135	5		3	
乐清市		2	300	80	220	8		4	
龙港市		2	33	5	28	3		2	
嘉兴市	**59**	**367**	**6227**	**1805**	**4422**	**789**	**7**	**372**	**16**
南湖区	2	13	197	38	159	66	2	23	
秀洲区	3	24	863	436	427	64		35	
嘉善县	9	129	1770	436	1334	198	4	135	1
海盐县	28	93	992	233	759	76		43	4
海宁市	11	67	1332	396	936	255		69	2
平湖市	6	25	487	131	356	101		50	8
桐乡市		16	586	135	451	29	1	17	1
湖州市	**45**	**306**	**5888**	**1514**	**4374**	**499**	**11**	**244**	**38**
吴兴区		19	1225	409	816	45		22	1
南浔区	3	16	465	83	382	26		18	1
德清县	17	91	1155	301	854	132	2	61	4
长兴县	21	119	1856	485	1371	204	8	103	30
安吉县	4	61	1187	236	951	92	1	40	2
绍兴市	**18**	**102**	**2458**	**464**	**1994**	**136**	**2**	**85**	**1**
越城区			9	3	6				
柯桥区	1	11	301	122	179	13		10	
上虞区	2	17	166	27	139	9		6	
新昌县	11	56	1129	175	954	54		37	
诸暨市	3	17	680	80	600	48	2	25	1
嵊州市	1	1	173	57	116	12		7	
金华市	**37**	**194**	**5490**	**1304**	**4186**	**666**	**12**	**189**	**3**
婺城区	2	12	312	58	254	25	3	15	
金东区	2	37	759	225	534	279	4	35	
武义县	9	41	964	200	764	67	2	24	1
浦江县	4	15	879	189	690	64	3	20	1
磐安县	8	10	324	85	239	27		15	
兰溪市	1	5	238	39	199	11		5	1
义乌市	5	19	1057	294	763	107		27	
东阳市	6	43	725	135	590	65		39	
永康市		12	232	79	153	21		9	

4-4b 续表 41 单位：人

地区 性别	建筑业		批发和零售业			交通运输、仓储和邮政业			
	建筑安装业	建筑装饰、装修和其他建筑业	小计	批发业	零售业	小计	铁路运输业	道路运输业	水上运输业
衢州市	**14**	**70**	**2035**	**347**	**1688**	**184**	**11**	**121**	**5**
柯城区		3	51	5	46	1		1	
衢江区		1	109	11	98	10		3	
常山县	5	6	435	58	377	41	1	30	1
开化县	2	21	503	94	409	51	1	39	
龙游县	5	32	740	148	592	65	9	39	4
江山市	2	7	197	31	166	16		9	
舟山市	**62**	**47**	**600**	**84**	**516**	**147**	**1**	**55**	**39**
定海区		7	99	15	84	19		7	2
普陀区		5	63	5	58	31		22	7
岱山县	60	31	286	40	246	48	1	14	16
嵊泗县	2	4	152	24	128	49		12	14
台州市	**27**	**124**	**4453**	**618**	**3835**	**268**	**1**	**154**	**14**
椒江区			2	1	1	3		1	1
黄岩区	1	2	171	12	159	19		12	
路桥区	5	7	399	68	331	20		7	2
三门县	2	21	581	86	495	30	1	20	3
天台县	3	28	956	88	868	54		28	
仙居县	8	26	627	76	551	46		26	
温岭市	5	22	1076	208	868	60		36	6
临海市	2	15	578	67	511	31		20	2
玉环市	1	3	63	12	51	5		4	
丽水市	**17**	**97**	**2957**	**357**	**2600**	**207**	**12**	**96**	**1**
莲都区		1	68	17	51	1			
青田县	2	20	871	67	804	33	3	19	
缙云县	6	23	598	98	500	52	2	22	
遂昌县	1	15	325	43	282	22	2	11	
松阳县	5	18	346	42	304	46	2	15	
云和县		6	236	38	198	22	1	13	
庆元县	2	8	266	26	240	16	2	7	
景宁畲族自治县	1	6	204	18	186	13		8	1
龙泉市			43	8	35	2		1	

4-4b 续表 42

单位：人

地区 性别	交通运输、仓储和邮政业					住宿和餐饮业		
	航空运输业	管道运输业	多式联运和运输代理业	装卸搬运和仓储业	邮政业	小计	住宿业	餐饮业
合计	**110**	**4**	**865**	**2830**	**6192**	**33959**	**5024**	**28935**
杭州市	**18**		**81**	**179**	**744**	**3311**	**845**	**2466**
上城区								
下城区								
江干区								
拱墅区								
西湖区								
滨江区								
萧山区	6		19	24	66	237	50	187
余杭区	5		29	46	218	724	79	645
富阳区				2	4	58	9	49
临安区			2	20	32	216	48	168
桐庐县	4		13	43	328	1069	238	831
淳安县			15	18	45	795	383	412
建德市	3		3	26	51	212	38	174
宁波市	**13**		**212**	**543**	**635**	**4241**	**691**	**3550**
海曙区	1		3	6	6	48	4	44
江北区								
北仑区			18	48	9	96	7	89
镇海区			12	3	8	90	24	66
鄞州区	8		89	32	123	717	181	536
奉化区	1		6	8	14	182	25	157
象山县	1		18	182	65	844	174	670
宁海县	1		33	63	138	1111	148	963
余姚市			17	39	119	426	43	383
慈溪市	1		16	162	153	727	85	642
温州市	**27**		**100**	**461**	**831**	**5498**	**459**	**5039**
鹿城区	1					13	1	12
龙湾区	9		17	55	173	474	36	438
瓯海区				7	2	29	3	26
洞头区				15	2	16	5	11
永嘉县	2		18	77	121	1362	74	1288
平阳县	6		21	100	216	1175	90	1085
苍南县	4		29	149	222	1557	127	1430
文成县	1		2	23	21	343	32	311
泰顺县	2		5	13	34	209	43	166
瑞安市				3	12	70	5	65
乐清市	1		7	11	20	235	42	193
龙港市	1		1	8	8	15	1	14
嘉兴市	**7**	**2**	**71**	**449**	**1136**	**4098**	**590**	**3508**
南湖区	2		3	33	93	125	3	122
秀洲区			5	18	100	309	27	282
嘉善县	3	2	7	92	158	1280	225	1055
海盐县			12	47	92	686	84	602
海宁市	2		17	103	587	794	48	746
平湖市			25	136	67	374	45	329
桐乡市			2	20	39	530	158	372
湖州市	**10**		**123**	**280**	**471**	**4113**	**677**	**3436**
吴兴区			13	43	60	543	42	501
南浔区			5	39	44	298	28	270
德清县	5		56	47	129	977	161	816
长兴县	1		33	106	131	1307	191	1116
安吉县	4		16	45	107	988	255	733

4-4b 续表 43

单位：人

地区 性别	交通运输、仓储和邮政业 航空运输业	管道运输业	多式联运和运输代理业	装卸搬运和仓储业	邮政业	住宿和餐饮业 小计	住宿业	餐饮业
绍兴市	**1**		**50**	**80**	**142**	**1407**	**162**	**1245**
越城区				1	2	16	8	8
柯桥区			16	7	13	202	12	190
上虞区			1	6	12	78	3	75
新昌县			15	17	60	648	104	544
诸暨市	1		16	43	42	363	32	331
嵊州市			2	6	13	100	3	97
金华市	**11**	**1**	**136**	**284**	**1440**	**3650**	**473**	**3177**
婺城区			7	11	18	165	21	144
金东区			45	59	797	409	18	391
武义县	1		22	50	112	697	100	597
浦江县	2		4	38	119	455	55	400
磐安县			5	17	18	270	44	226
兰溪市		1	4	5	19	154	10	144
义乌市	4		33	59	248	600	42	558
东阳市	4		13	33	79	783	177	606
永康市			3	12	30	117	6	111
衢州市			**9**	**74**	**151**	**1355**	**136**	**1219**
柯城区			1		3	25	5	20
衢江区			1	10	15	87	8	79
常山县			2	15	32	297	34	263
开化县			1	13	35	382	34	348
龙游县			3	22	53	444	41	403
江山市			1	14	13	120	14	106
舟山市			**47**	**160**	**48**	**756**	**324**	**432**
定海区			3	51	10	76	9	67
普陀区			7	12		257	172	85
岱山县			9	77	21	245	59	186
嵊泗县			28	20	17	178	84	94
台州市	**7**	**1**	**18**	**229**	**307**	**2706**	**311**	**2395**
椒江区				3	3	9		9
黄岩区				13	19	78	3	75
路桥区	2		3	29	15	247	34	213
三门县			1	23	36	337	36	301
天台县		1	3	24	78	510	99	411
仙居县	3		4	40	53	609	77	532
温岭市			1	73	49	626	43	583
临海市	2		5	18	50	271	19	252
玉环市			1	6	4	19		19
丽水市	**16**		**18**	**91**	**287**	**2824**	**356**	**2468**
莲都区	1			3	4	80	31	49
青田县			7	11	38	1013	68	945
缙云县	1		4	18	75	512	50	462
遂昌县			5	9	31	321	51	270
松阳县	11		1	15	57	238	48	190
云和县	2			12	23	221	44	177
庆元县	1		1	13	40	192	19	173
景宁畲族自治县				10	16	221	42	179
龙泉市					3	26	3	23
男	**77**	**3**	**626**	**2390**	**4684**	**17221**	**2110**	**15111**
杭州市	**12**		**66**	**136**	**555**	**1647**	**365**	**1282**
上城区								
下城区								
江干区								
拱墅区								

4-4b　续表 44　　　　　　　　　　　　　　　　　　　　单位：人

地　区 性　别	交通运输、仓储和邮政业					住宿和餐饮业		
	航　空 运输业	管　道 运输业	多式联运 和运输 代理业	装卸搬运 和仓储业	邮政业	小计	住宿业	餐饮业
西湖区								
滨江区								
萧山区	4		15	13	47	118	20	98
余杭区	4		22	32	165	405	30	375
富阳区				2	3	23	3	20
临安区			2	15	23	88	24	64
桐庐县	2		11	35	240	536	96	440
淳安县			14	16	33	377	175	202
建德市	2		2	23	44	100	17	83
宁波市	**9**		**128**	**461**	**481**	**2211**	**305**	**1906**
海曙区	1		2	6	4	25	1	24
江北区								
北仑区			11	33	6	49	1	48
镇海区			6	3	6	50	13	37
鄞州区	6		42	26	95	399	93	306
奉化区	1		4	7	9	93	9	84
象山县			14	160	51	387	68	319
宁海县			26	57	106	563	61	502
余姚市			9	35	84	227	18	209
慈溪市	1		14	134	120	418	41	377
温州市	**20**		**86**	**409**	**666**	**2969**	**202**	**2767**
鹿城区	1					7		7
龙湾区	6		14	44	136	259	14	245
瓯海区				6	1	16	1	15
洞头区				14	1	7	2	5
永嘉县	2		14	66	101	745	29	716
平阳县	4		18	91	181	624	39	585
苍南县	4		25	133	167	858	61	797
文成县	1		2	21	15	201	16	185
泰顺县	2		5	13	28	93	20	73
瑞安市				3	10	40	4	36
乐清市			7	10	18	110	16	94
龙港市			1	8	8	9		9
嘉兴市	**3**	**1**	**53**	**361**	**853**	**2155**	**265**	**1890**
南湖区	1		3	22	64	64	2	62
秀洲区			3	12	79	171	14	157
嘉善县		1	3	77	123	691	102	589
海盐县			10	41	71	330	39	291
海宁市	2		15	75	433	429	16	413
平湖市			17	116	52	192	15	177
桐乡市			2	18	31	278	77	201
湖州市	**8**		**72**	**239**	**359**	**2035**	**279**	**1756**
吴兴区			11	38	45	307	16	291
南浔区			4	38	39	144	11	133
德清县	5		33	40	94	493	66	427
长兴县			18	87	103	611	69	542
安吉县	3		6	36	78	480	117	363
绍兴市	**1**		**43**	**69**	**112**	**667**	**70**	**597**
越城区				1	2	9	5	4
柯桥区			15	7	11	94	2	92
上虞区			1	5	10	42	2	40
新昌县			12	13	50	287	43	244
诸暨市	1		14	37	30	189	17	172
嵊州市			1	6	9	46	1	45

4-4b 续表 45 单位：人

地区 性别	交通运输、仓储和邮政业					住宿和餐饮业		
	航空运输业	管道运输业	多式联运和运输代理业	装卸搬运和仓储业	邮政业	小计	住宿业	餐饮业
金华市	**9**	**1**	**108**	**224**	**1068**	**1886**	**188**	**1698**
婺城区			4	10	15	77	6	71
金东区			37	47	577	221	6	215
武义县	1		18	42	84	364	47	317
浦江县	1		2	28	92	240	23	217
磐安县			5	12	11	129	19	110
兰溪市		1	3	4	16	76	6	70
义乌市	4		26	44	190	347	20	327
东阳市	3		10	27	63	368	57	311
永康市			3	10	20	64	4	60
衢州市			**8**	**72**	**107**	**575**	**49**	**526**
柯城区			1		3	9	1	8
衢江区			1	10	8	42	6	36
常山县			2	14	24	119	10	109
开化县				13	25	154	10	144
龙游县			3	21	41	196	15	181
江山市			1	14	6	55	7	48
舟山市			**36**	**138**	**29**	**321**	**129**	**192**
定海区			3	43	8	32	3	29
普陀区			6	11		121	82	39
岱山县			9	70	11	93	13	80
嵊泗县			18	14	10	75	31	44
台州市	**6**	**1**	**15**	**200**	**241**	**1380**	**123**	**1257**
椒江区				3	2	5		5
黄岩区				11	14	44	2	42
路桥区	2		1	21	14	127	15	112
三门县			1	22	31	166	9	157
天台县		1	2	21	56	265	50	215
仙居县	2		4	36	38	317	30	287
温岭市			1	65	39	306	9	297
临海市	2		5	16	43	143	8	135
玉环市			1	5	4	7		7
丽水市	**9**		**11**	**81**	**213**	**1375**	**135**	**1240**
莲都区	1			3	3	35	12	23
青田县			5	10	30	545	32	513
缙云县			2	17	51	272	24	248
遂昌县			3	9	24	134	19	115
松阳县	6			12	37	90	11	79
云和县	1			9	19	111	16	95
庆元县	1		1	11	35	86	6	80
景宁畲族自治县				10	12	90	13	77
龙泉市					2	12	2	10
女	**33**	**1**	**239**	**440**	**1508**	**16738**	**2914**	**13824**
杭州市	**6**		**15**	**43**	**189**	**1664**	**480**	**1184**
上城区								
下城区								
江干区								
拱墅区								
西湖区								
滨江区								
萧山区	2		4	11	19	119	30	89
余杭区	1		7	14	53	319	49	270
富阳区					1	35	6	29
临安区				5	9	128	24	104
桐庐县	2		2	8	88	533	142	391
淳安县			1	2	12	418	208	210
建德市	1		1	3	7	112	21	91

4-4b　续表 46　　　　单位：人

地区 性别	交通运输、仓储和邮政业					住宿和餐饮业		
	航空运输业	管道运输业	多式联运和运输代理业	装卸搬运和仓储业	邮政业	小计	住宿业	餐饮业
宁波市	**4**		**84**	**82**	**154**	**2030**	**386**	**1644**
海曙区			1		2	23	3	20
江北区								
北仑区			7	15	3	47	6	41
镇海区			6		2	40	11	29
鄞州区	2		47	6	28	318	88	230
奉化区			2	1	5	89	16	73
象山县	1		4	22	14	457	106	351
宁海县	1		7	6	32	548	87	461
余姚市			8	4	35	199	25	174
慈溪市			2	28	33	309	44	265
温州市	**7**		**14**	**52**	**165**	**2529**	**257**	**2272**
鹿城区						6	1	5
龙湾区	3		3	11	37	215	22	193
瓯海区				1	1	13	2	11
洞头区				1	1	9	3	6
永嘉县			4	11	20	617	45	572
平阳县	2		3	9	35	551	51	500
苍南县			4	16	55	699	66	633
文成县				2	6	142	16	126
泰顺县					6	116	23	93
瑞安市					2	30	1	29
乐清市	1			1	2	125	26	99
龙港市	1					6	1	5
嘉兴市	**4**	**1**	**18**	**88**	**283**	**1943**	**325**	**1618**
南湖区	1			11	29	61	1	60
秀洲区			2	6	21	138	13	125
嘉善县	3	1	4	15	35	589	123	466
海盐县			2	6	21	356	45	311
海宁市			2	28	154	365	32	333
平湖市			8	20	15	182	30	152
桐乡市				2	8	252	81	171
湖州市	**2**		**51**	**41**	**112**	**2078**	**398**	**1680**
吴兴区			2	5	15	236	26	210
南浔区			1	1	5	154	17	137
德清县			23	7	35	484	95	389
长兴县	1		15	19	28	696	122	574
安吉县	1		10	9	29	508	138	370
绍兴市			**7**	**11**	**30**	**740**	**92**	**648**
越城区						7	3	4
柯桥区			1		2	108	10	98
上虞区				1	2	36	1	35
新昌县			3	4	10	361	61	300
诸暨市			2	6	12	174	15	159
嵊州市			1		4	54	2	52
金华市	**2**		**28**	**60**	**372**	**1764**	**285**	**1479**
婺城区			3	1	3	88	15	73
金东区			8	12	220	188	12	176
武义县			4	8	28	333	53	280
浦江县	1		2	10	27	215	32	183
磐安县				5	7	141	25	116
兰溪市			1	1	3	78	4	74
义乌市			7	15	58	253	22	231
东阳市	1		3	6	16	415	120	295
永康市				2	10	53	2	51

4-4b 续表 47　　单位：人

地区 性别	交通运输、仓储和邮政业					住宿和餐饮业		
	航空运输业	管道运输业	多式联运和运输代理业	装卸搬运和仓储业	邮政业	小计	住宿业	餐饮业
衢州市			**1**	**2**	**44**	**780**	**87**	**693**
柯城区						16	4	12
衢江区					7	45	2	43
常山县				1	8	178	24	154
开化县			1		10	228	24	204
龙游县				1	12	248	26	222
江山市					7	65	7	58
舟山市			**11**	**22**	**19**	**435**	**195**	**240**
定海区				8	2	44	6	38
普陀区			1	1		136	90	46
岱山县				7	10	152	46	106
嵊泗县			10	6	7	103	53	50
台州市	**1**		**3**	**29**	**66**	**1326**	**188**	**1138**
椒江区					1	4		4
黄岩区				2	5	34	1	33
路桥区			2	8	1	120	19	101
三门县				1	5	171	27	144
天台县			1	3	22	245	49	196
仙居县	1			4	15	292	47	245
温岭市				8	10	320	34	286
临海市				2	7	128	11	117
玉环市				1		12		12
丽水市	**7**		**7**	**10**	**74**	**1449**	**221**	**1228**
莲都区					1	45	19	26
青田县			2	1	8	468	36	432
缙云县	1		2	1	24	240	26	214
遂昌县			2		7	187	32	155
松阳县	5		1	3	20	148	37	111
云和县	1			3	4	110	28	82
庆元县				2	5	106	13	93
景宁畲族自治县					4	131	29	102
龙泉市					1	14	1	13

4-4b 续表 48

单位：人

地区 性别	信息传输、软件和信息技术服务业				金融业				
	小计	电信、广播电视和卫星传输服务	互联网和相关服务	软件和信息技术服务业	小计	货币金融服务	资本市场服务	保险业	其他金融业
合计	**6709**	**2632**	**1707**	**2370**	**8605**	**5356**	**420**	**2447**	**382**
杭州市	**1183**	**279**	**265**	**639**	**831**	**444**	**50**	**269**	**68**
上城区									
下城区									
江干区									
拱墅区									
西湖区	2			2					
滨江区									
萧山区	65	13	13	39	29	18	3	7	1
余杭区	650	48	165	437	199	100	26	56	17
富阳区	14	2	4	8	18	3		15	
临安区	27	11	8	8	38	19		16	3
桐庐县	255	105	59	91	318	155	14	108	41
淳安县	121	79	6	36	186	123	6	54	3
建德市	49	21	10	18	43	26	1	13	3
宁波市	**855**	**279**	**249**	**327**	**1144**	**733**	**59**	**314**	**38**
海曙区	7	1		6	8	4	1	3	
江北区									
北仑区	34	10	10	14	27	14	3	10	
镇海区	32	6	11	15	8	5	1	2	
鄞州区	242	41	64	137	193	113	15	53	12
奉化区	32	16	8	8	21	15		4	2
象山县	128	72	27	29	342	230	13	92	7
宁海县	235	99	73	63	360	221	18	108	13
余姚市	64	18	25	21	76	50	1	23	2
慈溪市	81	16	31	34	109	81	7	19	2
温州市	**982**	**398**	**313**	**271**	**1156**	**746**	**53**	**320**	**37**
鹿城区	2	1	1		1	1			
龙湾区	88	13	45	30	52	26	5	16	5
瓯海区	6	5	1		4	1		2	1
洞头区	4	3		1	3	2		1	
永嘉县	187	94	50	43	247	162	5	75	5
平阳县	274	99	101	74	375	216	19	121	19
苍南县	291	116	74	101	268	177	15	72	4
文成县	44	37	4	3	92	80	2	10	
泰顺县	48	22	24	2	63	45		17	1
瑞安市	9	2	5	2	29	20	6	2	1
乐清市	24	5	8	11	16	13		3	
龙港市	5	1		4	6	3	1	1	1
嘉兴市	**835**	**277**	**138**	**420**	**819**	**493**	**37**	**262**	**27**
南湖区	83	14	4	65	22	10	1	11	
秀洲区	49	22	5	22	29	19	1	7	2
嘉善县	273	96	45	132	298	202	11	76	9
海盐县	188	87	21	80	261	153	11	92	5
海宁市	144	26	48	70	100	44	7	38	11
平湖市	53	18	4	31	46	25	2	19	
桐乡市	45	14	11	20	63	40	4	19	
湖州市	**724**	**292**	**202**	**230**	**1129**	**685**	**57**	**341**	**46**
吴兴区	62	8	46	8	41	18	4	15	4
南浔区	43	18	9	16	55	38	1	14	2
德清县	227	91	55	81	385	234	26	104	21
长兴县	250	108	52	90	378	237	13	117	11
安吉县	142	67	40	35	270	158	13	91	8

4-4b 续表 49 单位：人

地区 性别	信息传输、软件和信息技术服务业 小计	电信、广播电视和卫星传输服务	互联网和相关服务	软件和信息技术服务业	金融业 小计	货币金融服务	资本市场服务	保险业	其他金融业
绍兴市	**251**	**107**	**61**	**83**	**389**	**243**	**29**	**108**	**9**
越城区	1	1			2	1		1	
柯桥区	44	19	6	19	57	29	2	22	4
上虞区	16	7	6	3	9	4	2	2	1
新昌县	138	61	27	50	251	173	18	56	4
诸暨市	39	13	20	6	54	27	6	21	
嵊州市	13	6	2	5	16	9	1	6	
金华市	**658**	**258**	**257**	**143**	**873**	**477**	**40**	**276**	**80**
婺城区	63	21	8	34	90	57	5	25	3
金东区	104	11	77	16	43	24	5	11	3
武义县	120	56	44	20	198	111	8	67	12
浦江县	96	63	15	18	177	105	8	61	3
磐安县	65	47	9	9	85	67		17	1
兰溪市	26	9	9	8	7	1	2	4	
义乌市	71	19	33	19	123	64	3	39	17
东阳市	75	24	36	15	131	42	9	42	38
永康市	38	8	26	4	19	6		10	3
衢州市	**267**	**133**	**68**	**66**	**454**	**293**	**22**	**128**	**11**
柯城区	4	2	2		2	1		1	
衢江区	11	5	1	5	8	2	1	5	
常山县	72	42	21	9	126	86	7	32	1
开化县	74	48	10	16	118	79	2	36	1
龙游县	89	33	27	29	178	112	10	47	9
江山市	17	3	7	7	22	13	2	7	
舟山市	**98**	**67**	**19**	**12**	**187**	**150**		**36**	**1**
定海区	12	7	2	3	11	9		2	
普陀区	8	5	3		15	12		2	1
岱山县	50	31	13	6	112	86		26	
嵊泗县	28	24	1	3	49	43		6	
台州市	**423**	**242**	**64**	**117**	**891**	**613**	**44**	**194**	**40**
椒江区	2		2						
黄岩区	12	4	2	6	24	20		4	
路桥区	26	18	2	6	61	49		7	5
三门县	83	53	7	23	184	132	7	37	8
天台县	110	74	16	20	218	141	18	48	11
仙居县	92	47	19	26	197	130	7	54	6
温岭市	62	30	8	24	129	84	9	31	5
临海市	34	14	8	12	71	51	3	12	5
玉环市	2	2			7	6		1	
丽水市	**433**	**300**	**71**	**62**	**732**	**479**	**29**	**199**	**25**
莲都区	6	1	5		8	5		3	
青田县	71	49	10	12	164	126	3	34	1
缙云县	94	62	12	20	158	94	9	55	
遂昌县	83	55	16	12	97	54	3	35	5
松阳县	57	33	18	6	101	61	6	26	8
云和县	34	29	2	3	60	45	4	9	2
庆元县	46	36	5	5	76	45	3	21	7
景宁畲族自治县	37	31	2	4	66	47	1	16	2
龙泉市	5	4	1		2	2			
男	**4292**	**1555**	**1130**	**1607**	**3981**	**2602**	**270**	**891**	**218**
杭州市	**744**	**163**	**171**	**410**	**400**	**221**	**35**	**109**	**35**
上城区									
下城区									
江干区									
拱墅区									

4-4b　续表 50　　　　单位：人

地区 性别	信息传输、软件和信息技术服务业				金融业				
	小计	电信、广播电视和卫星传输服务	互联网和相关服务	软件和信息技术服务业	小计	货币金融服务	资本市场服务	保险业	其他金融业
西湖区	1			1					
滨江区									
萧山区	37	5	9	23	11	6	1	4	
余杭区	417	36	105	276	103	56	17	24	6
富阳区	10	1	3	6	12	2		10	
临安区	15	5	5	5	18	10		7	1
桐庐县	156	60	36	60	151	72	10	45	24
淳安县	77	45	6	26	89	63	6	17	3
建德市	31	11	7	13	16	12	1	2	1
宁波市	**536**	**160**	**154**	**222**	**503**	**315**	**40**	**124**	**24**
海曙区	3			3	5	2	1	2	
江北区									
北仑区	22	7	7	8	6	2	1	3	
镇海区	21	3	10	8	3	2		1	
鄞州区	153	24	40	89	98	50	13	28	7
奉化区	17	8	3	6	13	7		4	2
象山县	70	38	11	21	145	106	7	28	4
宁海县	143	57	43	43	151	90	14	39	8
余姚市	48	13	16	19	32	22	1	8	1
慈溪市	59	10	24	25	50	34	3	11	2
温州市	**684**	**257**	**242**	**185**	**570**	**391**	**36**	**116**	**27**
鹿城区	1		1		1	1			
龙湾区	59	9	31	19	27	15	2	7	3
瓯海区	5	4	1		1				1
洞头区	3	2		1					
永嘉县	129	57	41	31	121	83	4	31	3
平阳县	199	68	87	44	173	103	12	43	15
苍南县	209	76	56	77	143	102	12	25	4
文成县	19	18		1	45	39	1	5	
泰顺县	32	16	15	1	32	29		3	
瑞安市	9	2	5	2	18	11	4	2	1
乐清市	15	4	5	6	7	7			
龙港市	4	1		3	2	1	1		
嘉兴市	**535**	**165**	**89**	**281**	**365**	**228**	**26**	**96**	**15**
南湖区	51	6	3	42	7	3		4	
秀洲区	32	13	4	15	17	10	1	5	1
嘉善县	184	59	29	96	134	95	5	26	8
海盐县	111	48	10	53	102	63	10	28	1
海宁市	85	15	34	36	54	26	6	17	5
平湖市	39	12	4	23	19	9	1	9	
桐乡市	33	12	5	16	32	22	3	7	
湖州市	**477**	**180**	**136**	**161**	**488**	**318**	**32**	**112**	**26**
吴兴区	35	4	28	3	24	12	2	7	3
南浔区	29	12	6	11	26	20		4	2
德清县	158	62	42	54	163	106	17	28	12
长兴县	166	64	35	67	156	106	7	38	5
安吉县	89	38	25	26	119	74	6	35	4
绍兴市	**161**	**63**	**40**	**58**	**171**	**116**	**16**	**34**	**5**
越城区					1			1	
柯桥区	27	9	3	15	24	11	2	9	2
上虞区	11	6	4	1	4	2	1	1	
新昌县	87	34	19	34	111	83	9	16	3
诸暨市	27	9	13	5	23	16	3	4	
嵊州市	9	5	1	3	8	4	1	3	

4－4b 续表 51　　　　单位：人

地区 性别	信息传输、软件和信息技术服务业				金融业				
	小计	电信、广播电视和卫星传输服务	互联网和相关服务	软件和信息技术服务业	小计	货币金融服务	资本市场服务	保险业	其他金融业
金华市	**425**	**156**	**162**	**107**	**419**	**241**	**30**	**97**	**51**
婺城区	42	11	5	26	44	28	3	10	3
金东区	63	6	43	14	25	15	3	5	2
武义县	78	33	31	14	88	54	7	21	6
浦江县	63	41	8	14	89	55	6	27	1
磐安县	41	31	4	6	35	30		4	1
兰溪市	14	4	5	5	4		2	2	
义乌市	44	10	21	13	68	37	2	17	12
东阳市	53	15	26	12	59	19	7	8	25
永康市	27	5	19	3	7	3		3	1
衢州市	**161**	**77**	**39**	**45**	**225**	**163**	**12**	**45**	**5**
柯城区	2	1	1						
衢江区	7	3	1	3	2	1		1	
常山县	39	21	13	5	69	52	6	11	
开化县	48	30	6	12	62	47		14	1
龙游县	52	20	13	19	80	53	6	17	4
江山市	13	2	5	6	12	10		2	
舟山市	**55**	**36**	**14**	**5**	**76**	**64**		**12**	
定海区	8	4	2	2	3	1		2	
普陀区	6	4	2		9	8		1	
岱山县	26	16	9	1	49	41		8	
嵊泗县	15	12	1	2	15	14		1	
台州市	**257**	**135**	**35**	**87**	**439**	**313**	**27**	**77**	**22**
椒江区	1		1						
黄岩区	8	2	1	5	10	10			
路桥区	20	13	2	5	31	25		4	2
三门县	50	26	5	19	95	71	6	13	5
天台县	64	42	8	14	102	70	9	18	5
仙居县	50	25	8	17	93	64	4	23	2
温岭市	36	15	3	18	70	48	5	14	3
临海市	27	11	7	9	35	23	3	4	5
玉环市	1	1			3	2		1	
丽水市	**257**	**163**	**48**	**46**	**325**	**232**	**16**	**69**	**8**
莲都区	5	1	4		2	1		1	
青田县	44	27	7	10	82	69	1	12	
缙云县	55	33	9	13	67	41	6	20	
遂昌县	47	29	9	9	39	24	1	12	2
松阳县	35	17	12	6	43	30	2	9	2
云和县	21	17	2	2	27	22	2	3	
庆元县	24	19	2	3	35	23	3	7	2
景宁畲族自治县	22	17	2	3	29	21	1	5	2
龙泉市	4	3	1		1	1			
女	**2417**	**1077**	**577**	**763**	**4624**	**2754**	**150**	**1556**	**164**
杭州市	**439**	**116**	**94**	**229**	**431**	**223**	**15**	**160**	**33**
上城区									
下城区									
江干区									
拱墅区									
西湖区	1			1					
滨江区									
萧山区	28	8	4	16	18	12	2	3	1
余杭区	233	12	60	161	96	44	9	32	11
富阳区	4	1	1	2	6	1		5	
临安区	12	6	3	3	20	9		9	2
桐庐县	99	45	23	31	167	83	4	63	17
淳安县	44	34		10	97	60		37	
建德市	18	10	3	5	27	14		11	2

4-4b　续表 52　　　　单位：人

地区 性别	信息传输、软件和信息技术服务业				金融业				
	小计	电信、广播电视和卫星传输服务	互联网和相关服务	软件和信息技术服务业	小计	货币金融服务	资本市场服务	保险业	其他金融业
宁波市	**319**	**119**	**95**	**105**	**641**	**418**	**19**	**190**	**14**
海曙区	4	1		3	3	2		1	
江北区									
北仑区	12	3	3	6	21	12	2	7	
镇海区	11	3	1	7	5	3	1	1	
鄞州区	89	17	24	48	95	63	2	25	5
奉化区	15	8	5	2	8	8			
象山县	58	34	16	8	197	124	6	64	3
宁海县	92	42	30	20	209	131	4	69	5
余姚市	16	5	9	2	44	28		15	1
慈溪市	22	6	7	9	59	47	4	8	
温州市	**298**	**141**	**71**	**86**	**586**	**355**	**17**	**204**	**10**
鹿城区	1	1							
龙湾区	29	4	14	11	25	11	3	9	2
瓯海区	1	1			3	1		2	
洞头区	1	1			3	2		1	
永嘉县	58	37	9	12	126	79	1	44	2
平阳县	75	31	14	30	202	113	7	78	4
苍南县	82	40	18	24	125	75	3	47	
文成县	25	19	4	2	47	41	1	5	
泰顺县	16	6	9	1	31	16		14	1
瑞安市					11	9	2		
乐清市	9	1	3	5	9	6		3	
龙港市	1			1	4	2		1	1
嘉兴市	**300**	**112**	**49**	**139**	**454**	**265**	**11**	**166**	**12**
南湖区	32	8	1	23	15	7	1	7	
秀洲区	17	9	1	7	12	9		2	1
嘉善县	89	37	16	36	164	107	6	50	1
海盐县	77	39	11	27	159	90	1	64	4
海宁市	59	11	14	34	46	18	1	21	6
平湖市	14	6		8	27	16	1	10	
桐乡市	12	2	6	4	31	18	1	12	
湖州市	**247**	**112**	**66**	**69**	**641**	**367**	**25**	**229**	**20**
吴兴区	27	4	18	5	17	6	2	8	1
南浔区	14	6	3	5	29	18	1	10	
德清县	69	29	13	27	222	128	9	76	9
长兴县	84	44	17	23	222	131	6	79	6
安吉县	53	29	15	9	151	84	7	56	4
绍兴市	**90**	**44**	**21**	**25**	**218**	**127**	**13**	**74**	**4**
越城区	1	1			1	1			
柯桥区	17	10	3	4	33	18		13	2
上虞区	5	1	2	2	5	2	1	1	1
新昌县	51	27	8	16	140	90	9	40	1
诸暨市	12	4	7	1	31	11	3	17	
嵊州市	4	1	1	2	8	5		3	
金华市	**233**	**102**	**95**	**36**	**454**	**236**	**10**	**179**	**29**
婺城区	21	10	3	8	46	29	2	15	
金东区	41	5	34	2	18	9	2	6	1
武义县	42	23	13	6	110	57	1	46	6
浦江县	33	22	7	4	88	50	2	34	2
磐安县	24	16	5	3	50	37		13	
兰溪市	12	5	4	3	3	1		2	
义乌市	27	9	12	6	55	27	1	22	5
东阳市	22	9	10	3	72	23	2	34	13
永康市	11	3	7	1	12	3		7	2

4-4b 续表 53 单位：人

地区 性别	信息传输、软件和信息技术服务业				金融业				
	小计	电信、广播电视和卫星传输服务	互联网和相关服务	软件和信息技术服务业	小计	货币金融服务	资本市场服务	保险业	其他金融业
衢州市	**106**	**56**	**29**	**21**	**229**	**130**	**10**	**83**	**6**
柯城区	2	1	1		2	1		1	
衢江区	4	2		2	6	1	1	4	
常山县	33	21	8	4	57	34	1	21	1
开化县	26	18	4	4	56	32	2	22	
龙游县	37	13	14	10	98	59	4	30	5
江山市	4	1	2	1	10	3	2	5	
舟山市	**43**	**31**	**5**	**7**	**111**	**86**		**24**	**1**
定海区	4	3		1	8	8			
普陀区	2	1	1		6	4		1	1
岱山县	24	15	4	5	63	45		18	
嵊泗县	13	12		1	34	29		5	
台州市	**166**	**107**	**29**	**30**	**452**	**300**	**17**	**117**	**18**
椒江区	1		1						
黄岩区	4	2	1	1	14	10		4	
路桥区	6	5		1	30	24		3	3
三门县	33	27	2	4	89	61	1	24	3
天台县	46	32	8	6	116	71	9	30	6
仙居县	42	22	11	9	104	66	3	31	4
温岭市	26	15	5	6	59	36	4	17	2
临海市	7	3	1	3	36	28		8	
玉环市	1	1			4	4			
丽水市	**176**	**137**	**23**	**16**	**407**	**247**	**13**	**130**	**17**
莲都区	1		1		6	4		2	
青田县	27	22	3	2	82	57	2	22	1
缙云县	39	29	3	7	91	53	3	35	
遂昌县	36	26	7	3	58	30	2	23	3
松阳县	22	16	6		58	31	4	17	6
云和县	13	12		1	33	23	2	6	2
庆元县	22	17	3	2	41	22		14	5
景宁畲族自治县	15	14		1	37	26		11	
龙泉市	1	1			1	1			

4-4b　续表 54　　　　单位：人

地　区 性　别	房地产业		租赁和商务服务业			科学研究和技术服务业			
	小计	房地产业	小计	租赁业	商　务 服务业	小计	研究和 试验发展	专业技术 服务业	科技推广 和应用 服务业
合计	**10816**	**10816**	**14541**	**1338**	**13203**	**7272**	**1328**	**4914**	**1030**
杭州市	**1305**	**1305**	**2082**	**201**	**1881**	**979**	**131**	**664**	**184**
上城区									
下城区									
江干区									
拱墅区									
西湖区	1	1							
滨江区									
萧山区	85	85	159	36	123	67	12	42	13
余杭区	513	513	714	56	658	457	73	295	89
富阳区	8	8	49	3	46	18	7	8	3
临安区	27	27	97	6	91	28	2	26	
桐庐县	331	331	563	51	512	249	24	172	53
淳安县	314	314	382	31	351	125	12	94	19
建德市	26	26	118	18	100	35	1	27	7
宁波市	**2100**	**2100**	**2414**	**184**	**2230**	**1537**	**784**	**619**	**134**
海曙区	12	12	54	8	46	8		8	
江北区									
北仑区	55	55	146	9	137	40	6	22	12
镇海区	49	49	74	13	61	26	4	16	6
鄞州区	448	448	538	45	493	229	31	162	36
奉化区	56	56	76	10	66	20	7	13	
象山县	304	304	424	37	387	134	12	106	16
宁海县	414	414	548	27	521	230	16	174	40
余姚市	100	100	136	17	119	48	11	31	6
慈溪市	662	662	418	18	400	802	697	87	18
温州市	**1335**	**1335**	**1688**	**124**	**1564**	**741**	**72**	**609**	**60**
鹿城区	1	1	1	1		2		2	
龙湾区	125	125	242	26	216	101	13	79	9
瓯海区	5	5	7		7	6	1	3	2
洞头区	5	5	6		6	1		1	
永嘉县	296	296	295	19	276	152	6	138	8
平阳县	398	398	476	46	430	228	31	183	14
苍南县	360	360	422	23	399	173	21	128	24
文成县	40	40	71	3	68	22		20	2
泰顺县	66	66	90	4	86	35		34	1
瑞安市	7	7	19		19	9		9	
乐清市	28	28	32	1	31	7		7	
龙港市	4	4	27	1	26	5		5	
嘉兴市	**1867**	**1867**	**1947**	**129**	**1818**	**1390**	**135**	**1057**	**198**
南湖区	66	66	56	3	53	49	11	27	11
秀洲区	121	121	176	9	167	48	10	23	15
嘉善县	653	653	591	39	552	268	46	149	73
海盐县	403	403	436	13	423	682	40	604	38
海宁市	290	290	372	46	326	132	13	97	22
平湖市	206	206	201	7	194	158	5	126	27
桐乡市	128	128	115	12	103	53	10	31	12
湖州市	**1543**	**1543**	**1910**	**173**	**1737**	**945**	**96**	**642**	**207**
吴兴区	95	95	112	7	105	72	6	60	6
南浔区	64	64	124	14	110	45	8	28	9
德清县	418	418	486	38	448	268	25	207	36
长兴县	547	547	641	53	588	329	43	204	82
安吉县	419	419	547	61	486	231	14	143	74

4-4b 续表 55 单位：人

地区 性别	房地产业 小计	房地产业 房地产业	租赁和商务服务业 小计	租赁和商务服务业 租赁业	租赁和商务服务业 商务服务业	科学研究和技术服务业 小计	科学研究和技术服务业 研究和试验发展	科学研究和技术服务业 专业技术服务业	科学研究和技术服务业 科技推广和应用服务业
绍兴市	**426**	**426**	**556**	**54**	**502**	**201**	**6**	**142**	**53**
越城区	3	3	2		2	2		2	
柯桥区	59	59	141	12	129	46		38	8
上虞区	54	54	39	1	38	17		17	
新昌县	242	242	268	24	244	94	5	56	33
诸暨市	59	59	78	13	65	40	1	28	11
嵊州市	9	9	28	4	24	2		1	1
金华市	**726**	**726**	**1488**	**174**	**1314**	**428**	**31**	**338**	**59**
婺城区	71	71	84	10	74	37	1	28	8
金东区	93	93	351	28	323	40	5	30	5
武义县	113	113	240	24	216	93	8	72	13
浦江县	88	88	179	9	170	49	3	41	5
磐安县	52	52	97	14	83	39	1	36	2
兰溪市	15	15	47	10	37	32	1	28	3
义乌市	108	108	210	18	192	74	4	60	10
东阳市	174	174	242	57	185	52	7	36	9
永康市	12	12	38	4	34	12	1	7	4
衢州市	**261**	**261**	**572**	**129**	**443**	**202**	**15**	**153**	**34**
柯城区	8	8	9	1	8	5		5	
衢江区	5	5	31	5	26	9	1	5	3
常山县	43	43	151	24	127	57	1	46	10
开化县	69	69	158	27	131	38	1	30	7
龙游县	110	110	188	53	135	74	11	54	9
江山市	26	26	35	19	16	19	1	13	5
舟山市	**99**	**99**	**266**	**34**	**232**	**205**	**7**	**189**	**9**
定海区	13	13	40	7	33	24	4	17	3
普陀区	10	10	36	1	35	9		7	2
岱山县	59	59	120	23	97	148	2	143	3
嵊泗县	17	17	70	3	67	24	1	22	1
台州市	**597**	**597**	**842**	**85**	**757**	**388**	**41**	**272**	**75**
椒江区	2	2	2		2	4	4		
黄岩区	6	6	25	2	23	8		6	2
路桥区	49	49	56	9	47	28	2	13	13
三门县	99	99	122	10	112	74	8	56	10
天台县	173	173	246	17	229	108	6	80	22
仙居县	117	117	175	16	159	71	8	50	13
温岭市	105	105	127	18	109	49	9	35	5
临海市	42	42	76	12	64	41	4	28	9
玉环市	4	4	13	1	12	5		4	1
丽水市	**557**	**557**	**776**	**51**	**725**	**256**	**10**	**229**	**17**
莲都区	11	11	28	8	20	7	2	5	
青田县	102	102	108	12	96	23	2	20	1
缙云县	85	85	137	14	123	56	2	49	5
遂昌县	72	72	129	8	121	50	1	46	3
松阳县	155	155	111		111	48	1	45	2
云和县	38	38	97	2	95	21		20	1
庆元县	41	41	99	5	94	32	2	26	4
景宁畲族自治县	51	51	61	1	60	18		17	1
龙泉市	2	2	6	1	5	1		1	
男	**6743**	**6743**	**9425**	**1173**	**8252**	**5192**	**917**	**3603**	**672**
杭州市	**773**	**773**	**1276**	**179**	**1097**	**696**	**79**	**488**	**129**
上城区									
下城区									
江干区									
拱墅区									

4-4b 续表 56

单位：人

地 区 性 别	房地产业		租赁和商务服务业			科学研究和技术服务业			
	小计	房地产业	小计	租赁业	商 务 服务业	小计	研究和 试验发展	专业技术 服务业	科技推广 和应用 服务业
西湖区									
滨江区									
萧山区	53	53	119	31	88	42	7	27	8
余杭区	311	311	431	49	382	306	39	212	55
富阳区	3	3	30	3	27	15	6	8	1
临安区	16	16	72	5	67	21	1	20	
桐庐县	198	198	353	46	307	191	16	132	43
淳安县	175	175	197	29	168	100	9	74	17
建德市	17	17	74	16	58	21	1	15	5
宁波市	**1352**	**1352**	**1581**	**161**	**1420**	**1078**	**554**	**445**	**79**
海曙区	9	9	41	8	33	7		7	
江北区									
北仑区	34	34	96	9	87	22	4	15	3
镇海区	29	29	47	11	36	20	3	12	5
鄞州区	289	289	341	36	305	148	20	108	20
奉化区	38	38	49	8	41	13	3	10	
象山县	175	175	283	33	250	96	9	79	8
宁海县	245	245	346	24	322	161	9	130	22
余姚市	63	63	83	15	68	31	8	19	4
慈溪市	470	470	295	17	278	580	498	65	17
温州市	**903**	**903**	**1153**	**108**	**1045**	**551**	**47**	**465**	**39**
鹿城区	1	1	1	1		1		1	
龙湾区	86	86	181	25	156	81	8	70	3
瓯海区	4	4	5		5	3		2	1
洞头区	4	4	5		5	1		1	
永嘉县	206	206	184	15	169	119	4	108	7
平阳县	259	259	325	41	284	166	19	137	10
苍南县	241	241	290	18	272	125	16	94	15
文成县	23	23	52	3	49	16		14	2
泰顺县	56	56	60	3	57	25		24	1
瑞安市	3	3	15		15	5		5	
乐清市	18	18	20	1	19	7		7	
龙港市	2	2	15	1	14	2		2	
嘉兴市	**1113**	**1113**	**1324**	**118**	**1206**	**1004**	**91**	**785**	**128**
南湖区	40	40	38	2	36	35	7	20	8
秀洲区	58	58	90	9	81	36	6	19	11
嘉善县	392	392	397	36	361	175	32	97	46
海盐县	228	228	283	9	274	503	28	453	22
海宁市	180	180	274	45	229	94	9	74	11
平湖市	126	126	158	7	151	128	3	101	24
桐乡市	89	89	84	10	74	33	6	21	6
湖州市	**951**	**951**	**1151**	**148**	**1003**	**631**	**72**	**423**	**136**
吴兴区	68	68	74	5	69	45	5	37	3
南浔区	39	39	78	13	65	35	7	23	5
德清县	272	272	290	32	258	153	21	112	20
长兴县	323	323	386	46	340	250	32	155	63
安吉县	249	249	323	52	271	148	7	96	45
绍兴市	**275**	**275**	**355**	**46**	**309**	**137**	**5**	**105**	**27**
越城区	2	2	1		1	2		2	
柯桥区	40	40	98	11	87	33		30	3
上虞区	46	46	21	1	20	12		12	
新昌县	145	145	156	18	138	59	4	41	14
诸暨市	35	35	57	13	44	29	1	19	9
嵊州市	7	7	22	3	19	2		1	1

4-4b 续表 57 单位：人

地区 性别	房地产业		租赁和商务服务业			科学研究和技术服务业			
	小计	房地产业	小计	租赁业	商务服务业	小计	研究和试验发展	专业技术服务业	科技推广和应用服务业
金华市	**445**	**445**	**1006**	**152**	**854**	**317**	**20**	**255**	**42**
婺城区	34	34	61	9	52	25		20	5
金东区	58	58	243	25	218	31	3	25	3
武义县	63	63	151	20	131	64	4	49	11
浦江县	62	62	108	9	99	34	3	29	2
磐安县	32	32	66	13	53	32	1	29	2
兰溪市	9	9	36	10	26	26	1	23	2
义乌市	68	68	150	17	133	59	3	48	8
东阳市	113	113	169	46	123	36	4	26	6
永康市	6	6	22	3	19	10	1	6	3
衢州市	**152**	**152**	**381**	**116**	**265**	**139**	**9**	**105**	**25**
柯城区	5	5	9	1	8	3		3	
衢江区	3	3	22	4	18	7		4	3
常山县	23	23	95	20	75	36	1	29	6
开化县	44	44	95	24	71	29	1	22	6
龙游县	57	57	131	49	82	51	7	39	5
江山市	20	20	29	18	11	13		8	5
舟山市	**51**	**51**	**176**	**32**	**144**	**166**	**4**	**157**	**5**
定海区	7	7	26	7	19	20	2	16	2
普陀区	8	8	24	1	23	9		7	2
岱山县	26	26	85	22	63	120	1	118	1
嵊泗县	10	10	41	2	39	17	1	16	
台州市	**376**	**376**	**531**	**72**	**459**	**278**	**31**	**199**	**48**
椒江区	2	2	2		2	3	3		
黄岩区	4	4	12	2	10	6		5	1
路桥区	41	41	30	9	21	19	2	10	7
三门县	54	54	78	9	69	56	6	43	7
天台县	94	94	157	14	143	75	5	57	13
仙居县	79	79	107	12	95	47	5	33	9
温岭市	70	70	86	14	72	39	7	28	4
临海市	29	29	51	11	40	29	3	20	6
玉环市	3	3	8	1	7	4		3	1
丽水市	**352**	**352**	**491**	**41**	**450**	**195**	**5**	**176**	**14**
莲都区	7	7	21	6	15	5	1	4	
青田县	60	60	66	10	56	18		17	1
缙云县	50	50	83	9	74	44	2	37	5
遂昌县	34	34	79	7	72	39	1	35	3
松阳县	125	125	69		69	39		37	2
云和县	22	22	69	2	67	15		14	1
庆元县	26	26	65	5	60	24	1	21	2
景宁畲族自治县	27	27	35	1	34	11		11	
龙泉市	1	1	4	1	3				
女	**4073**	**4073**	**5116**	**165**	**4951**	**2080**	**411**	**1311**	**358**
杭州市	**532**	**532**	**806**	**22**	**784**	**283**	**52**	**176**	**55**
上城区									
下城区									
江干区									
拱墅区									
西湖区	1	1							
滨江区									
萧山区	32	32	40	5	35	25	5	15	5
余杭区	202	202	283	7	276	151	34	83	34
富阳区	5	5	19		19	3	1		2
临安区	11	11	25	1	24	7	1	6	
桐庐县	133	133	210	5	205	58	8	40	10
淳安县	139	139	185	2	183	25	3	20	2
建德市	9	9	44	2	42	14		12	2

4-4b　续表 58　　　　　　　　　　　　　　　　　　单位：人

地区 性别	房地产业		租赁和商务服务业			科学研究和技术服务业			
	小计	房地产业	小计	租赁业	商务服务业	小计	研究和试验发展	专业技术服务业	科技推广和应用服务业
宁波市	**748**	**748**	**833**	**23**	**810**	**459**	**230**	**174**	**55**
海曙区	3	3	13		13	1		1	
江北区									
北仑区	21	21	50		50	18	2	7	9
镇海区	20	20	27	2	25	6	1	4	1
鄞州区	159	159	197	9	188	81	11	54	16
奉化区	18	18	27	2	25	7	4	3	
象山县	129	129	141	4	137	38	3	27	8
宁海县	169	169	202	3	199	69	7	44	18
余姚市	37	37	53	2	51	17	3	12	2
慈溪市	192	192	123	1	122	222	199	22	1
温州市	**432**	**432**	**535**	**16**	**519**	**190**	**25**	**144**	**21**
鹿城区						1		1	
龙湾区	39	39	61	1	60	20	5	9	6
瓯海区	1	1	2		2	3	1	1	1
洞头区	1	1	1		1				
永嘉县	90	90	111	4	107	33	2	30	1
平阳县	139	139	151	5	146	62	12	46	4
苍南县	119	119	132	5	127	48	5	34	9
文成县	17	17	19		19	6		6	
泰顺县	10	10	30	1	29	10		10	
瑞安市	4	4	4		4	4		4	
乐清市	10	10	12		12				
龙港市	2	2	12		12	3		3	
嘉兴市	**754**	**754**	**623**	**11**	**612**	**386**	**44**	**272**	**70**
南湖区	26	26	18	1	17	14	4	7	3
秀洲区	63	63	86		86	12	4	4	4
嘉善县	261	261	194	3	191	93	14	52	27
海盐县	175	175	153	4	149	179	12	151	16
海宁市	110	110	98	1	97	38	4	23	11
平湖市	80	80	43		43	30	2	25	3
桐乡市	39	39	31	2	29	20	4	10	6
湖州市	**592**	**592**	**759**	**25**	**734**	**314**	**24**	**219**	**71**
吴兴区	27	27	38	2	36	27	1	23	3
南浔区	25	25	46	1	45	10	1	5	4
德清县	146	146	196	6	190	115	4	95	16
长兴县	224	224	255	7	248	79	11	49	19
安吉县	170	170	224	9	215	83	7	47	29
绍兴市	**151**	**151**	**201**	**8**	**193**	**64**	**1**	**37**	**26**
越城区	1	1	1		1				
柯桥区	19	19	43	1	42	13		8	5
上虞区	8	8	18		18	5		5	
新昌县	97	97	112	6	106	35	1	15	19
诸暨市	24	24	21		21	11		9	2
嵊州市	2	2	6	1	5				
金华市	**281**	**281**	**482**	**22**	**460**	**111**	**11**	**83**	**17**
婺城区	37	37	23	1	22	12	1	8	3
金东区	35	35	108	3	105	9	2	5	2
武义县	50	50	89	4	85	29	4	23	2
浦江县	26	26	71		71	15		12	3
磐安县	20	20	31	1	30	7		7	
兰溪市	6	6	11		11	6		5	1
义乌市	40	40	60	1	59	15	1	12	2
东阳市	61	61	73	11	62	16	3	10	3
永康市	6	6	16	1	15	2		1	1

4–4b 续表 59　　单位：人

地区 性别	房地产业		租赁和商务服务业			科学研究和技术服务业			
	小计	房地产业	小计	租赁业	商务服务业	小计	研究和试验发展	专业技术服务业	科技推广和应用服务业
衢州市	**109**	**109**	**191**	**13**	**178**	**63**	**6**	**48**	**9**
柯城区	3	3				2		2	
衢江区	2	2	9	1	8	2	1	1	
常山县	20	20	56	4	52	21		17	4
开化县	25	25	63	3	60	9		8	1
龙游县	53	53	57	4	53	23	4	15	4
江山市	6	6	6	1	5	6	1	5	
舟山市	**48**	**48**	**90**	**2**	**88**	**39**	**3**	**32**	**4**
定海区	6	6	14		14	4	2	1	1
普陀区	2	2	12		12				
岱山县	33	33	35	1	34	28	1	25	2
嵊泗县	7	7	29	1	28	7		6	1
台州市	**221**	**221**	**311**	**13**	**298**	**110**	**10**	**73**	**27**
椒江区						1	1		
黄岩区	2	2	13		13	2		1	1
路桥区	8	8	26		26	9		3	6
三门县	45	45	44	1	43	18	2	13	3
天台县	79	79	89	3	86	33	1	23	9
仙居县	38	38	68	4	64	24	3	17	4
温岭市	35	35	41	4	37	10	2	7	1
临海市	13	13	25	1	24	12	1	8	3
玉环市	1	1	5		5	1		1	
丽水市	**205**	**205**	**285**	**10**	**275**	**61**	**5**	**53**	**3**
莲都区	4	4	7	2	5	2	1	1	
青田县	42	42	42	2	40	5	2	3	
缙云县	35	35	54	5	49	12		12	
遂昌县	38	38	50	1	49	11		11	
松阳县	30	30	42		42	9	1	8	
云和县	16	16	28		28	6		6	
庆元县	15	15	34		34	8	1	5	2
景宁畲族自治县	24	24	26		26	7		6	1
龙泉市	1	1	2		2	1		1	

4-4b　续表 60　　　　单位：人

地区 性别	水利、环境和公共设施管理业					居民服务、修理和其他服务业			
	小计	水利管理业	生态保护和环境治理业	公共设施管理业	土地管理业	小计	居民服务业	机动车、电子产品和日用产品修理业	其他服务业
合计	**5526**	**307**	**501**	**4667**	**51**	**21127**	**13756**	**5184**	**2187**
杭州市	**605**	**40**	**69**	**492**	**4**	**1759**	**1134**	**449**	**176**
上城区									
下城区									
江干区									
拱墅区									
西湖区						1	1		
滨江区									
萧山区	35	1	3	31		97	46	42	9
余杭区	130	10	14	104	2	538	334	136	68
富阳区	47	3	19	25		36	18	10	8
临安区	29		6	23		113	68	35	10
桐庐县	190	16	11	162	1	599	409	143	47
淳安县	121	7	12	101	1	211	151	50	10
建德市	53	3	4	46		164	107	33	24
宁波市	**768**	**63**	**78**	**626**	**1**	**3067**	**1986**	**752**	**329**
海曙区	17	9	2	6		35	16	17	2
江北区									
北仑区	10	1	1	8		68	46	16	6
镇海区	20		8	11	1	65	30	32	3
鄞州区	155	7	31	117		485	285	148	52
奉化区	59	7	1	51		87	58	19	10
象山县	201	11	5	185		663	450	179	34
宁海县	184	23	17	144		958	690	177	91
余姚市	63	2	11	50		255	168	69	18
慈溪市	59	3	2	54		451	243	95	113
温州市	**584**	**37**	**38**	**503**	**6**	**3453**	**2398**	**808**	**247**
鹿城区						20	14	5	1
龙湾区	92	2	7	83		255	164	72	19
瓯海区	2			2		13	10	2	1
洞头区	3			3		16	8	2	6
永嘉县	92	9	10	71	2	764	527	190	47
平阳县	185	17	11	154	3	880	587	214	79
苍南县	101	7	9	84	1	862	582	224	56
文成县	12			12		202	164	25	13
泰顺县	46	2		44		237	193	32	12
瑞安市	3			3		69	51	10	8
乐清市	46		1	45		101	71	27	3
龙港市	2			2		34	27	5	2
嘉兴市	**938**	**30**	**104**	**802**	**2**	**2490**	**1453**	**711**	**326**
南湖区	29		2	26	1	111	58	44	9
秀洲区	57	2	5	50		199	108	63	28
嘉善县	215	6	11	198		785	483	232	70
海盐县	180	11	28	140	1	418	249	113	56
海宁市	139	5	34	100		464	255	121	88
平湖市	93		21	72		273	162	57	54
桐乡市	225	6	3	216		240	138	81	21
湖州市	**748**	**35**	**67**	**639**	**7**	**2370**	**1575**	**553**	**242**
吴兴区	62	1	18	43		272	201	49	22
南浔区	65	1	5	58	1	229	154	61	14
德清县	215	8	14	193		529	349	114	66
长兴县	233	10	22	195	6	771	471	206	94
安吉县	173	15	8	150		569	400	123	46

4-4b 续表 61

单位：人

地区 性别	水利、环境和公共设施管理业 小计	水利管理业	生态保护和环境治理业	公共设施管理业	土地管理业	居民服务、修理和其他服务业 小计	居民服务业	机动车、电子产品和日用产品修理业	其他服务业
绍兴市	**200**	**19**	**21**	**159**	**1**	**984**	**621**	**267**	**96**
越城区						3	1	2	
柯桥区	39	3	12	23	1	131	75	33	23
上虞区	16	1	2	13		94	63	26	5
新昌县	82	11	5	66		444	303	105	36
诸暨市	46	1	2	43		221	121	76	24
嵊州市	17	3		14		91	58	25	8
金华市	**655**	**21**	**61**	**563**	**10**	**2357**	**1555**	**546**	**256**
婺城区	22		3	19		127	79	37	11
金东区	46	3	2	40	1	333	212	75	46
武义县	93	5	5	81	2	462	303	97	62
浦江县	65	1		64		348	233	82	33
磐安县	51	1	5	38	7	136	81	44	11
兰溪市	52	1	20	31		89	61	23	5
义乌市	93	5	12	76		362	262	64	36
东阳市	218	4	14	200		404	265	101	38
永康市	15	1		14		96	59	23	14
衢州市	**238**	**17**	**5**	**212**	**4**	**1078**	**723**	**255**	**100**
柯城区	2			2		29	18	7	4
衢江区	32	1	1	30		60	35	22	3
常山县	45	5	1	36	3	256	170	67	19
开化县	62	1		60	1	257	183	54	20
龙游县	79	9	3	67		399	266	88	45
江山市	18	1		17		77	51	17	9
舟山市	**123**	**2**	**5**	**116**		**349**	**221**	**50**	**78**
定海区	9			9		50	38	11	1
普陀区	38			38		21	11	3	7
岱山县	32	2	3	27		142	101	23	18
嵊泗县	44		2	42		136	71	13	52
台州市	**336**	**17**	**25**	**284**	**10**	**1747**	**1138**	**464**	**145**
椒江区	1			1		6	3	2	1
黄岩区	4			4		47	24	16	7
路桥区	37	2	1	34		151	73	57	21
三门县	41		5	30	6	230	138	75	17
天台县	58	5	4	49		372	255	86	31
仙居县	85	6	2	74	3	350	255	66	29
温岭市	82	2	9	71		360	228	116	16
临海市	28	2	4	21	1	206	142	42	22
玉环市						25	20	4	1
丽水市	**331**	**26**	**28**	**271**	**6**	**1473**	**952**	**329**	**192**
莲都区	3			3		29	20	2	7
青田县	53			52	1	286	212	55	19
缙云县	69	1	4	64		346	244	84	18
遂昌县	37		7	29	1	143	80	41	22
松阳县	46	13	6	26	1	180	113	49	18
云和县	47	3	3	41		99	66	28	5
庆元县	32	6	8	17	1	218	86	30	102
景宁畲族自治县	41	3		38		147	115	32	
龙泉市	3			1	2	25	16	8	1
男	**3682**	**240**	**388**	**3013**	**41**	**10250**	**4852**	**4291**	**1107**
杭州市	**402**	**32**	**54**	**313**	**3**	**822**	**373**	**364**	**85**
上城区									
下城区									
江干区									
拱墅区									

4-4b 续表 62

单位：人

地区 性别	水利、环境和公共设施管理业					居民服务、修理和其他服务业			
	小计	水利管理业	生态保护和环境治理业	公共设施管理业	土地管理业	小计	居民服务业	机动车、电子产品和日用产品修理业	其他服务业
西湖区						1	1		
滨江区									
萧山区	26	1	3	22		54	15	35	4
余杭区	98	10	9	78	1	282	132	108	42
富阳区	36	1	17	18		16	5	7	4
临安区	26		4	22		45	14	27	4
桐庐县	127	13	10	103	1	277	137	120	20
淳安县	59	4	8	46	1	90	43	42	5
建德市	30	3	3	24		57	26	25	6
宁波市	**535**	**51**	**55**	**428**	**1**	**1484**	**699**	**617**	**168**
海曙区	13	6	2	5		19	4	14	1
江北区									
北仑区	8	1	1	6		33	17	12	4
镇海区	16		6	9	1	43	16	27	
鄞州区	113	6	22	85		256	108	122	26
奉化区	40	7	1	32		37	22	13	2
象山县	127	8	3	116		315	153	143	19
宁海县	125	18	11	96		399	212	148	39
余姚市	52	2	7	43		129	61	56	12
慈溪市	41	3	2	36		253	106	82	65
温州市	**409**	**27**	**32**	**347**	**3**	**1689**	**888**	**681**	**120**
鹿城区						11	6	5	
龙湾区	58	1	4	53		119	55	57	7
瓯海区	1			1		5	2	2	1
洞头区	3			3		7	4	2	1
永嘉县	58	5	8	45		345	181	142	22
平阳县	142	14	11	115	2	424	194	190	40
苍南县	70	6	8	55	1	458	232	195	31
文成县	8			8		99	71	23	5
泰顺县	33	1		32		128	94	27	7
瑞安市	1			1		29	16	9	4
乐清市	33		1	32		51	26	24	1
龙港市	2			2		13	7	5	1
嘉兴市	**618**	**26**	**79**	**511**	**2**	**1318**	**572**	**586**	**160**
南湖区	22		2	19	1	56	20	33	3
秀洲区	36	1	5	30		114	45	54	15
嘉善县	145	5	9	131		408	176	189	43
海盐县	109	10	20	78	1	200	84	95	21
海宁市	93	5	22	66		241	108	99	34
平湖市	67		19	48		158	81	49	28
桐乡市	146	5	2	139		141	58	67	16
湖州市	**513**	**23**	**55**	**429**	**6**	**1157**	**578**	**453**	**126**
吴兴区	44	1	14	29		136	89	37	10
南浔区	47		5	41	1	99	40	51	8
德清县	133	2	10	121		259	125	95	39
长兴县	164	9	20	130	5	372	161	165	46
安吉县	125	11	6	108		291	163	105	23
绍兴市	**141**	**18**	**15**	**107**	**1**	**444**	**186**	**222**	**36**
越城区						2		2	
柯桥区	33	3	11	18	1	56	25	26	5
上虞区	12	1	1	10		44	18	24	2
新昌县	49	10	3	36		174	79	85	10
诸暨市	34	1		33		131	48	67	16
嵊州市	13	3		10		37	16	18	3

4-4b 续表 63

单位：人

地区 性别	水利、环境和公共设施管理业					居民服务、修理和其他服务业			
	小计	水利管理业	生态保护和环境治理业	公共设施管理业	土地管理业	小计	居民服务业	机动车、电子产品和日用产品修理业	其他服务业
金华市	**420**	**17**	**52**	**342**	**9**	**1167**	**562**	**464**	**141**
婺城区	14		3	11		55	20	31	4
金东区	32	1	2	28	1	180	92	59	29
武义县	55	4	4	46	1	205	90	78	37
浦江县	45	1		44		180	94	71	15
磐安县	34	1	4	22	7	80	33	40	7
兰溪市	30	1	15	14		42	20	20	2
义乌市	73	5	12	56		194	114	56	24
东阳市	125	3	12	110		192	84	90	18
永康市	12	1		11		39	15	19	5
衢州市	**131**	**13**	**5**	**111**	**2**	**455**	**200**	**208**	**47**
柯城区	2			2		11	3	6	2
衢江区	18		1	17		27	7	20	
常山县	29	4	1	23	1	106	43	53	10
开化县	33	1		31	1	102	48	47	7
龙游县	40	7	3	30		177	86	68	23
江山市	9	1		8		32	13	14	5
舟山市	**61**	**1**	**2**	**58**		**152**	**64**	**43**	**45**
定海区	3			3		20	9	10	1
普陀区	18			18		8	3	3	2
岱山县	17	1	1	15		65	34	20	11
嵊泗县	23		1	22		59	18	10	31
台州市	**229**	**13**	**17**	**189**	**10**	**897**	**449**	**383**	**65**
椒江区	1			1		3	1	2	
黄岩区	4			4		26	8	13	5
路桥区	25	2		23		94	33	52	9
三门县	34		4	24	6	136	66	64	6
天台县	41	3	3	35		175	96	68	11
仙居县	52	5	1	43	3	166	98	53	15
温岭市	49	1	6	42		191	88	94	9
临海市	23	2	3	17	1	94	51	33	10
玉环市						12	8	4	
丽水市	**223**	**19**	**22**	**178**	**4**	**665**	**281**	**270**	**114**
莲都区	2			2		10	4	1	5
青田县	37			37		114	59	44	11
缙云县	43		4	39		157	77	69	11
遂昌县	25		6	18	1	69	24	34	11
松阳县	31	10	4	16	1	77	30	37	10
云和县	34	2	1	31		51	23	25	3
庆元县	23	5	7	10	1	119	30	26	63
景宁畲族自治县	27	2		25		55	28	27	
龙泉市	1				1	13	6	7	
女	**1844**	**67**	**113**	**1654**	**10**	**10877**	**8904**	**893**	**1080**
杭州市	**203**	**8**	**15**	**179**	**1**	**937**	**761**	**85**	**91**
上城区									
下城区									
江干区									
拱墅区									
西湖区									
滨江区									
萧山区	9			9		43	31	7	5
余杭区	32		5	26	1	256	202	28	26
富阳区	11	2	2	7		20	13	3	4
临安区	3		2	1		68	54	8	6
桐庐县	63	3	1	59		322	272	23	27
淳安县	62	3	4	55		121	108	8	5
建德市	23		1	22		107	81	8	18

4-4b　续表 64　　　　　　　　　　　　　　　　　　　　单位：人

地区 性别	水利、环境和公共设施管理业					居民服务、修理和其他服务业			
	小计	水利管理业	生态保护和环境治理业	公共设施管理业	土地管理业	小计	居民服务业	机动车、电子产品和日用产品修理业	其他服务业
宁波市	**233**	**12**	**23**	**198**		**1583**	**1287**	**135**	**161**
海曙区	4	3		1		16	12	3	1
江北区									
北仑区	2			2		35	29	4	2
镇海区	4		2	2		22	14	5	3
鄞州区	42	1	9	32		229	177	26	26
奉化区	19			19		50	36	6	8
象山县	74	3	2	69		348	297	36	15
宁海县	59	5	6	48		559	478	29	52
余姚市	11		4	7		126	107	13	6
慈溪市	18			18		198	137	13	48
温州市	**175**	**10**	**6**	**156**	**3**	**1764**	**1510**	**127**	**127**
鹿城区						9	8		1
龙湾区	34	1	3	30		136	109	15	12
瓯海区	1			1		8	8		
洞头区						9	4		5
永嘉县	34	4	2	26	2	419	346	48	25
平阳县	43	3		39	1	456	393	24	39
苍南县	31	1	1	29		404	350	29	25
文成县	4			4		103	93	2	8
泰顺县	13	1		12		109	99	5	5
瑞安市	2			2		40	35	1	4
乐清市	13			13		50	45	3	2
龙港市						21	20		1
嘉兴市	**320**	**4**	**25**	**291**		**1172**	**881**	**125**	**166**
南湖区	7			7		55	38	11	6
秀洲区	21	1		20		85	63	9	13
嘉善县	70	1	2	67		377	307	43	27
海盐县	71	1	8	62		218	165	18	35
海宁市	46		12	34		223	147	22	54
平湖市	26		2	24		115	81	8	26
桐乡市	79	1	1	77		99	80	14	5
湖州市	**235**	**12**	**12**	**210**	**1**	**1213**	**997**	**100**	**116**
吴兴区	18		4	14		136	112	12	12
南浔区	18	1		17		130	114	10	6
德清县	82	6	4	72		270	224	19	27
长兴县	69	1	2	65	1	399	310	41	48
安吉县	48	4	2	42		278	237	18	23
绍兴市	**59**	**1**	**6**	**52**		**540**	**435**	**45**	**60**
越城区						1	1		
柯桥区	6		1	5		75	50	7	18
上虞区	4		1	3		50	45	2	3
新昌县	33	1	2	30		270	224	20	26
诸暨市	12		2	10		90	73	9	8
嵊州市	4			4		54	42	7	5
金华市	**235**	**4**	**9**	**221**	**1**	**1190**	**993**	**82**	**115**
婺城区	8			8		72	59	6	7
金东区	14	2		12		153	120	16	17
武义县	38	1	1	35	1	257	213	19	25
浦江县	20			20		168	139	11	18
磐安县	17		1	16		56	48	4	4
兰溪市	22		5	17		47	41	3	3
义乌市	20			20		168	148	8	12
东阳市	93	1	2	90		212	181	11	20
永康市	3			3		57	44	4	9

4-4b 续表 65

单位：人

地区 性别	水利、环境和公共设施管理业					居民服务、修理和其他服务业			
	小计	水利管理业	生态保护和环境治理业	公共设施管理业	土地管理业	小计	居民服务业	机动车、电子产品和日用产品修理业	其他服务业
衢州市	**107**	**4**		**101**	**2**	**623**	**523**	**47**	**53**
柯城区						18	15	1	2
衢江区	14	1		13		33	28	2	3
常山县	16	1		13	2	150	127	14	9
开化县	29			29		155	135	7	13
龙游县	39	2		37		222	180	20	22
江山市	9			9		45	38	3	4
舟山市	**62**	**1**	**3**	**58**		**197**	**157**	**7**	**33**
定海区	6			6		30	29	1	
普陀区	20			20		13	8		5
岱山县	15	1	2	12		77	67	3	7
嵊泗县	21		1	20		77	53	3	21
台州市	**107**	**4**	**8**	**95**		**850**	**689**	**81**	**80**
椒江区						3	2		1
黄岩区						21	16	3	2
路桥区	12		1	11		57	40	5	12
三门县	7		1	6		94	72	11	11
天台县	17	2	1	14		197	159	18	20
仙居县	33	1	1	31		184	157	13	14
温岭市	33	1	3	29		169	140	22	7
临海市	5		1	4		112	91	9	12
玉环市						13	12		1
丽水市	**108**	**7**	**6**	**93**	**2**	**808**	**671**	**59**	**78**
莲都区	1			1		19	16	1	2
青田县	16			15	1	172	153	11	8
缙云县	26	1		25		189	167	15	7
遂昌县	12		1	11		74	56	7	11
松阳县	15	3	2	10		103	83	12	8
云和县	13	1	2	10		48	43	3	2
庆元县	9	1	1	7		99	56	4	39
景宁畲族自治县	14	1		13		92	87	5	
龙泉市	2			1	1	12	10	1	1

4-4b　续表 66　　　　单位：人

地　区 性　别	教育		卫生和社会工作			文化、体育和娱乐业				
	小计	教育	小计	卫生	社会工作	小计	新闻和出版业	广播、电视、电影和录音制作业	文　化艺术业	体育
合计	**24778**	**24778**	**12115**	**11608**	**507**	**6539**	**228**	**1359**	**857**	**825**
杭州市	**2309**	**2309**	**1245**	**1182**	**63**	**549**	**19**	**51**	**96**	**102**
上城区										
下城区										
江干区										
拱墅区										
西湖区	1	1				1			1	
滨江区										
萧山区	104	104	47	46	1	25		2	4	4
余杭区	699	699	242	219	23	162	9	25	35	22
富阳区	36	36	22	20	2	7		2		1
临安区	142	142	65	65		22			2	5
桐庐县	695	695	427	413	14	201	7	13	33	36
淳安县	483	483	358	337	21	111	2	8	17	29
建德市	149	149	84	82	2	20	1	1	4	5
宁波市	**3131**	**3131**	**1566**	**1473**	**93**	**918**	**28**	**80**	**104**	**112**
海曙区	42	42	26	25	1	10		1	1	8
江北区										
北仑区	71	71	47	45	2	12	1	2	3	2
镇海区	31	31	20	12	8	22	1		6	1
鄞州区	512	512	212	193	19	116	6	14	19	30
奉化区	70	70	42	37	5	18		1	4	
象山县	852	852	458	428	30	232	4	30	29	25
宁海县	873	873	500	484	16	368	15	27	37	27
余姚市	244	244	115	109	6	36	1	4	2	4
慈溪市	436	436	146	140	6	104		1	3	15
温州市	**4537**	**4537**	**1757**	**1713**	**44**	**637**	**33**	**58**	**114**	**94**
鹿城区	5	5	5	5		1				
龙湾区	232	232	80	79	1	48	3	2	6	7
瓯海区	17	17	7	7		6				4
洞头区	13	13	5	5		1			1	
永嘉县	885	885	360	354	6	110	5	11	19	19
平阳县	1496	1496	601	590	11	197	11	17	32	26
苍南县	1179	1179	437	419	18	184	3	14	33	25
文成县	247	247	111	110	1	29	7	5	6	3
泰顺县	315	315	106	102	4	38	4	6	12	3
瑞安市	46	46	14	11	3	6			1	1
乐清市	95	95	28	28		16		3	4	5
龙港市	7	7	3	3		1				1
嘉兴市	**2228**	**2228**	**1060**	**977**	**83**	**825**	**13**	**42**	**114**	**143**
南湖区	50	50	32	29	3	11		1	8	2
秀洲区	101	101	40	34	6	39		3	6	7
嘉善县	798	798	394	365	29	350	4	20	35	31
海盐县	614	614	279	272	7	151	5	5	39	26
海宁市	377	377	166	144	22	129	2	8	18	34
平湖市	145	145	72	68	4	88		2	3	31
桐乡市	143	143	77	65	12	57	2	3	5	12
湖州市	**2749**	**2749**	**1478**	**1435**	**43**	**794**	**38**	**35**	**101**	**183**
吴兴区	101	101	47	45	2	70	2	2	1	12
南浔区	210	210	115	108	7	28	1	2	5	2
德清县	763	763	398	386	12	297	6	16	29	111
长兴县	1028	1028	592	575	17	190	12	6	36	33
安吉县	647	647	326	321	5	209	17	9	30	25

4-4b 续表 67 单位：人

地区 性别	教育		卫生和社会工作			文化、体育和娱乐业				
	小计	教育	小计	卫生	社会工作	小计	新闻和出版业	广播、电视、电影和录音制作业	文化艺术业	体育
绍兴市	**948**	**948**	**527**	**508**	**19**	**155**	**8**	**17**	**49**	**15**
越城区	5	5	5	2	3					
柯桥区	91	91	34	33	1	18	1	2	3	1
上虞区	46	46	23	23		8			3	2
新昌县	530	530	352	340	12	93	6	11	34	10
诸暨市	225	225	97	95	2	23	1	2	5	1
嵊州市	51	51	16	15	1	13		2	4	1
金华市	**2669**	**2669**	**1247**	**1199**	**48**	**1370**	**6**	**942**	**98**	**79**
婺城区	194	194	73	72	1	20			3	7
金东区	210	210	77	76	1	34	1	5	2	7
武义县	538	538	255	244	11	105	2	12	24	32
浦江县	513	513	272	265	7	91	1	13	12	10
磐安县	225	225	124	115	9	39		10	9	
兰溪市	79	79	42	40	2	17	1		2	2
义乌市	388	388	168	154	14	37		3	6	8
东阳市	459	459	201	198	3	1009	1	898	39	11
永康市	63	63	35	35		18		1	1	2
衢州市	**1176**	**1176**	**702**	**678**	**24**	**192**	**27**	**21**	**35**	**13**
柯城区	5	5	9	8	1	3		1		
衢江区	20	20	14	14		7	2	2	1	1
常山县	318	318	178	174	4	53	9	5	8	1
开化县	321	321	209	205	4	51	9	3	8	4
龙游县	444	444	259	249	10	68	5	10	16	7
江山市	68	68	33	28	5	10	2		2	
舟山市	**307**	**307**	**244**	**223**	**21**	**123**	**10**	**9**	**13**	**9**
定海区	36	36	31	24	7	5				3
普陀区	27	27	26	22	4	16			3	2
岱山县	140	140	132	125	7	54	3	6	5	3
嵊泗县	104	104	55	52	3	48	7	3	5	1
台州市	**2572**	**2572**	**1223**	**1181**	**42**	**617**	**21**	**51**	**57**	**41**
椒江区	3	3				2				
黄岩区	61	61	30	29	1	6		1	1	
路桥区	168	168	67	64	3	24	1	2	2	1
三门县	497	497	250	245	5	122	4	12	15	10
天台县	667	667	310	308	2	141	12	12	12	18
仙居县	559	559	292	287	5	81	2	9	14	6
温岭市	344	344	147	130	17	106		6	5	4
临海市	253	253	119	110	9	133	2	9	8	2
玉环市	20	20	8	8		2				
丽水市	**2152**	**2152**	**1066**	**1039**	**27**	**359**	**25**	**53**	**76**	**34**
莲都区	16	16	14	14		3				2
青田县	408	408	162	158	4	54	6	10	4	6
缙云县	571	571	283	276	7	93	2	17	20	12
遂昌县	276	276	165	159	6	51	5	8	11	4
松阳县	287	287	144	141	3	48	1	5	13	3
云和县	155	155	102	101	1	21	4	1	1	4
庆元县	210	210	123	119	4	36	5	6	10	2
景宁畲族自治县	217	217	72	70	2	52	2	6	17	1
龙泉市	12	12	1	1		1				
男	**8023**	**8023**	**3927**	**3793**	**134**	**3241**	**123**	**885**	**389**	**442**
杭州市	**815**	**815**	**409**	**392**	**17**	**256**	**11**	**26**	**46**	**54**
上城区										
下城区										
江干区										
拱墅区										

4-4b　续表 68　　　　　　　　　　　　　　　　　　　　　　　　　单位：人

地区 性别	教育		卫生和社会工作			文化、体育和娱乐业				
	小计	教育	小计	卫生	社会工作	小计	新闻和出版业	广播、电视、电影和录音制作业	文化艺术业	体育
西湖区						1			1	
滨江区										
萧山区	29	29	18	18		12			3	1
余杭区	226	226	82	78	4	80	5	14	16	13
富阳区	17	17	6	6		2				1
临安区	51	51	25	25		11			1	3
桐庐县	242	242	139	132	7	89	5	7	14	15
淳安县	184	184	110	104	6	48		4	9	17
建德市	66	66	29	29		13	1	1	2	4
宁波市	**890**	**890**	**474**	**445**	**29**	**383**	**8**	**50**	**40**	**55**
海曙区	13	13	9	8	1	4				4
江北区										
北仑区	18	18	14	13	1	6		1	1	1
镇海区	8	8	4	3	1	7			3	1
鄞州区	153	153	76	69	7	48	3	9	7	10
奉化区	23	23	14	12	2	10		1	3	
象山县	240	240	134	125	9	97		17	13	14
宁海县	257	257	140	136	4	122	5	19	12	13
余姚市	63	63	36	34	2	19		3	1	3
慈溪市	115	115	47	45	2	70				9
温州市	**1547**	**1547**	**638**	**625**	**13**	**364**	**22**	**39**	**60**	**58**
鹿城区	1	1	2	2		1				
龙湾区	65	65	37	37		27	3	1	3	5
瓯海区	2	2	3	3		3				2
洞头区	5	5	2	2		1			1	
永嘉县	299	299	118	114	4	60	4	8	10	11
平阳县	503	503	216	213	3	108	7	10	13	15
苍南县	454	454	163	160	3	110	2	10	21	16
文成县	76	76	40	39	1	18	4	5	1	2
泰顺县	93	93	37	37		24	2	4	8	2
瑞安市	16	16	7	5	2	4			1	1
乐清市	28	28	13	13		8		1	2	4
龙港市	5	5								
嘉兴市	**638**	**638**	**305**	**290**	**15**	**320**	**4**	**18**	**47**	**81**
南湖区	13	13	10	10		5			4	1
秀洲区	31	31	9	9		14		1	2	5
嘉善县	220	220	131	126	5	113	2	7	15	17
海盐县	177	177	68	66	2	67	1	3	14	14
海宁市	117	117	45	41	4	64		5	9	20
平湖市	38	38	19	18	1	32			2	17
桐乡市	42	42	23	20	3	25	1	2	1	7
湖州市	**854**	**854**	**455**	**444**	**11**	**373**	**18**	**17**	**42**	**92**
吴兴区	40	40	15	15		33		2		4
南浔区	70	70	42	39	3	14	1	1	3	1
德清县	243	243	112	109	3	127	3	6	8	61
长兴县	300	300	193	189	4	98	5	4	16	12
安吉县	201	201	93	92	1	101	9	4	15	14
绍兴市	**347**	**347**	**159**	**156**	**3**	**68**	**7**	**5**	**18**	**11**
越城区	2	2	4	2	2					
柯桥区	29	29	10	10		8	1		1	1
上虞区	17	17	7	7		4			3	1
新昌县	186	186	100	99	1	42	5	4	12	7
诸暨市	94	94	33	33		9	1	1	1	1
嵊州市	19	19	5	5		5			1	1

4－4b 续表 69

单位：人

地区 性别	教育		卫生和社会工作			文化、体育和娱乐业				
	小计	教育	小计	卫生	社会工作	小计	新闻和出版业	广播、电视、电影和录音制作业	文化艺术业	体育
金华市	**933**	**933**	**445**	**428**	**17**	**885**	**4**	**655**	**61**	**33**
婺城区	54	54	25	25		12			2	3
金东区	64	64	35	35		19	1	2	1	2
武义县	195	195	78	75	3	50	1	8	12	11
浦江县	201	201	104	100	4	40		8	6	5
磐安县	86	86	49	43	6	22		3	3	
兰溪市	41	41	18	17	1	5	1			
义乌市	131	131	63	60	3	25		2	5	6
东阳市	145	145	64	64		701	1	631	31	5
永康市	16	16	9	9		11		1	1	1
衢州市	**402**	**402**	**215**	**209**	**6**	**106**	**20**	**11**	**18**	**7**
柯城区			2	2		1				
衢江区	8	8	1	1		3	2			1
常山县	105	105	60	58	2	29	7	2	6	
开化县	115	115	65	63	2	30	8	2	4	3
龙游县	156	156	73	72	1	39	3	7	7	3
江山市	18	18	14	13	1	4			1	
舟山市	**88**	**88**	**74**	**73**	**1**	**48**	**8**	**3**	**3**	**6**
定海区	8	8	9	8	1	3				1
普陀区	5	5	8	8		3			1	1
岱山县	40	40	47	47		27	2	1	2	3
嵊泗县	35	35	10	10		15	6	2		1
台州市	**823**	**823**	**384**	**371**	**13**	**262**	**11**	**30**	**22**	**23**
椒江区	2	2				1				
黄岩区	22	22	8	8		1				
路桥区	55	55	25	24	1	14	1	2		
三门县	183	183	77	74	3	49	3	7	8	6
天台县	200	200	81	81		59	6	7	1	10
仙居县	172	172	89	87	2	44		7	7	3
温岭市	100	100	55	51	4	41		2	3	3
临海市	83	83	46	43	3	51	1	5	3	1
玉环市	6	6	3	3		2				
丽水市	**686**	**686**	**369**	**360**	**9**	**176**	**10**	**31**	**32**	**22**
莲都区	2	2	7	7		1				1
青田县	125	125	61	59	2	30	2	7	2	6
缙云县	167	167	97	95	2	48	2	7	9	8
遂昌县	100	100	57	54	3	27	2	4	4	3
松阳县	88	88	42	42		23		3	4	1
云和县	40	40	32	32		12	2	1	1	2
庆元县	75	75	45	43	2	14	2	3	5	1
景宁畲族自治县	85	85	28	28		21		6	7	
龙泉市	4	4								
女	**16755**	**16755**	**8188**	**7815**	**373**	**3298**	**105**	**474**	**468**	**383**
杭州市	**1494**	**1494**	**836**	**790**	**46**	**293**	**8**	**25**	**50**	**48**
上城区										
下城区										
江干区										
拱墅区										
西湖区	1	1								
滨江区										
萧山区	75	75	29	28	1	13		2	1	3
余杭区	473	473	160	141	19	82	4	11	19	9
富阳区	19	19	16	14	2	5		2		
临安区	91	91	40	40		11			1	2
桐庐县	453	453	288	281	7	112	2	6	19	21
淳安县	299	299	248	233	15	63	2	4	8	12
建德市	83	83	55	53	2	7			2	1

4-4b　续表 70　　　　单位：人

地　区 性　别	教育		卫生和社会工作			文化、体育和娱乐业				
	小计	教育	小计	卫生	社会工作	小计	新闻和出版业	广播、电视、电影和录音制作业	文化艺术业	体育
宁波市	**2241**	**2241**	**1092**	**1028**	**64**	**535**	**20**	**30**	**64**	**57**
海曙区	29	29	17	17		6		1	1	4
江北区										
北仑区	53	53	33	32	1	6	1	1	2	1
镇海区	23	23	16	9	7	15	1		3	
鄞州区	359	359	136	124	12	68	3	5	12	20
奉化区	47	47	28	25	3	8			1	
象山县	612	612	324	303	21	135	4	13	16	11
宁海县	616	616	360	348	12	246	10	8	25	14
余姚市	181	181	79	75	4	17	1	1	1	1
慈溪市	321	321	99	95	4	34		1	3	6
温州市	**2990**	**2990**	**1119**	**1088**	**31**	**273**	**11**	**19**	**54**	**36**
鹿城区	4	4	3	3						
龙湾区	167	167	43	42	1	21		1	3	2
瓯海区	15	15	4	4		3				2
洞头区	8	8	3	3						
永嘉县	586	586	242	240	2	50	1	3	9	8
平阳县	993	993	385	377	8	89	4	7	19	11
苍南县	725	725	274	259	15	74	1	4	12	9
文成县	171	171	71	71		11	3		5	1
泰顺县	222	222	69	65	4	14	2	2	4	1
瑞安市	30	30	7	6	1	2				
乐清市	67	67	15	15		8		2	2	1
龙港市	2	2	3	3		1				1
嘉兴市	**1590**	**1590**	**755**	**687**	**68**	**505**	**9**	**24**	**67**	**62**
南湖区	37	37	22	19	3	6		1	4	1
秀洲区	70	70	31	25	6	25		2	4	2
嘉善县	578	578	263	239	24	237	2	13	20	14
海盐县	437	437	211	206	5	84	4	2	25	12
海宁市	260	260	121	103	18	65	2	3	9	14
平湖市	107	107	53	50	3	56		2	1	14
桐乡市	101	101	54	45	9	32	1	1	4	5
湖州市	**1895**	**1895**	**1023**	**991**	**32**	**421**	**20**	**18**	**59**	**91**
吴兴区	61	61	32	30	2	37	2		1	8
南浔区	140	140	73	69	4	14		1	2	1
德清县	520	520	286	277	9	170	3	10	21	50
长兴县	728	728	399	386	13	92	7	2	20	21
安吉县	446	446	233	229	4	108	8	5	15	11
绍兴市	**601**	**601**	**368**	**352**	**16**	**87**	**1**	**12**	**31**	**4**
越城区	**3**	**3**	**1**		**1**					
柯桥区	**62**	**62**	**24**	**23**	**1**	**10**		**2**	**2**	
上虞区	**29**	**29**	**16**	**16**		**4**				**1**
新昌县	344	344	252	241	11	51	1	7	22	3
诸暨市	131	131	64	62	2	14		1	4	
嵊州市	32	32	11	10	1	8		2	3	
金华市	**1736**	**1736**	**802**	**771**	**31**	**485**	**2**	**287**	**37**	**46**
婺城区	140	140	48	47	1	8			1	4
金东区	146	146	42	41	1	15		3	1	5
武义县	343	343	177	169	8	55	1	4	12	21
浦江县	312	312	168	165	3	51	1	5	6	5
磐安县	139	139	75	72	3	17		7	6	
兰溪市	38	38	24	23	1	12			2	2
义乌市	257	257	105	94	11	12		1	1	2
东阳市	314	314	137	134	3	308		267	8	6
永康市	47	47	26	26		7				1

4-4b 续表 71　　单位：人

地区 性别	教育		卫生和社会工作			文化、体育和娱乐业				
	小计	教育	小计	卫生	社会工作	小计	新闻和出版业	广播、电视、电影和录音制作业	文化艺术业	体育
衢州市	**774**	**774**	**487**	**469**	**18**	**86**	**7**	**10**	**17**	**6**
柯城区	5	5	7	6	1	2		1		
衢江区	12	12	13	13		4		2	1	
常山县	213	213	118	116	2	24	2	3	2	1
开化县	206	206	144	142	2	21	1	1	4	1
龙游县	288	288	186	177	9	29	2	3	9	4
江山市	50	50	19	15	4	6	2		1	
舟山市	**219**	**219**	**170**	**150**	**20**	**75**	**2**	**6**	**10**	**3**
定海区	28	28	22	16	6	2				2
普陀区	22	22	18	14	4	13			2	1
岱山县	100	100	85	78	7	27	1	5	3	
嵊泗县	69	69	45	42	3	33	1	1	5	
台州市	**1749**	**1749**	**839**	**810**	**29**	**355**	**10**	**21**	**35**	**18**
椒江区	1	1				1				
黄岩区	39	39	22	21	1	5		1	1	
路桥区	113	113	42	40	2	10			2	1
三门县	314	314	173	171	2	73	1	5	7	4
天台县	467	467	229	227	2	82	6	5	11	8
仙居县	387	387	203	200	3	37	2	2	7	3
温岭市	244	244	92	79	13	65		4	2	1
临海市	170	170	73	67	6	82	1	4	5	1
玉环市	14	14	5	5						
丽水市	**1466**	**1466**	**697**	**679**	**18**	**183**	**15**	**22**	**44**	**12**
莲都区	14	14	7	7		2				1
青田县	283	283	101	99	2	24	4	3	2	
缙云县	404	404	186	181	5	45		10	11	4
遂昌县	176	176	108	105	3	24	3	4	7	1
松阳县	199	199	102	99	3	25	1	2	9	2
云和县	115	115	70	69	1	9	2			2
庆元县	135	135	78	76	2	22	3	3	5	1
景宁畲族自治县	132	132	44	42	2	31	2		10	1
龙泉市	8	8	1	1		1				

4-4b 续表 72

单位：人

地区 性别	娱乐业	公共管理、社会保障和社会组织 小计	中国共产党机关	国家机构	人民政协、民主党派	社会保障	群众团体、社会团体和其他成员组织	基层群众自治组织	国际组织 小计	国际组织
合计	**3270**	**26791**	**378**	**21991**	**67**	**91**	**1322**	**2942**		
杭州市	**281**	**2093**	**27**	**1679**	**5**	**8**	**37**	**337**		
上城区										
下城区										
江干区										
拱墅区										
西湖区		1						1		
滨江区										
萧山区	15	127	1	73		1	6	46		
余杭区	71	341	9	255		1	8	68		
富阳区	4	51		25		1		25		
临安区	15	106	1	79			1	25		
桐庐县	112	676	5	559	1	1	12	98		
淳安县	55	659	11	589	4	4	8	43		
建德市	9	132		99			2	31		
宁波市	**594**	**2986**	**36**	**2361**	**6**	**13**	**248**	**322**		
海曙区		48		31			10	7		
江北区										
北仑区	4	73		63		1		9		
镇海区	14	30		25			1	4		
鄞州区	47	411	2	254	2	3	66	84		
奉化区	13	118	1	87		1	17	12		
象山县	144	848	14	748	3	1	36	46		
宁海县	262	949	17	800	1	3	76	52		
余姚市	25	216	2	135		2	25	52		
慈溪市	85	293		218		2	17	56		
温州市	**338**	**4135**	**32**	**3343**	**10**	**30**	**239**	**481**		
鹿城区	1	5		3				2		
龙湾区	30	191	2	142			13	34		
瓯海区	2	23		19			1	3		
洞头区		14		10			2	2		
永嘉县	56	771	5	636		7	32	91		
平阳县	111	1210	10	954	3	13	74	156		
苍南县	109	886		676	3	2	96	109		
文成县	8	511	4	462	2	1	9	33		
泰顺县	13	377	11	338	2	5	2	19		
瑞安市	4	46		32			1	13		
乐清市	4	93		66		2	8	17		
龙港市		8		5			1	2		
嘉兴市	**513**	**2528**	**23**	**2003**	**4**	**7**	**74**	**417**		
南湖区		64		41		1	3	19		
秀洲区	23	181		131			3	47		
嘉善县	260	956	15	782	2	1	17	139		
海盐县	76	716	5	631	2	5	25	48		
海宁市	67	244	1	156			10	77		
平湖市	52	187		124			8	55		
桐乡市	35	180	2	138			8	32		
湖州市	**437**	**3418**	**64**	**2779**	**8**	**10**	**153**	**404**		
吴兴区	53	171	4	134		1	8	24		
南浔区	18	267	1	181			9	76		
德清县	135	876	37	728	1	4	24	82		
长兴县	103	1158	11	934	6	4	49	154		
安吉县	128	946	11	802	1	1	63	68		

4-4b 续表 73 单位：人

地区 性别	娱乐业	公共管理、社会保障和社会组织 小计	中国共产党机关	国家机构	人民政协、民主党派	社会保障	群众团体、社会团体和其他成员组织	基层群众自治组织	国际组织 小计	国际组织
绍兴市	**66**	**987**	**28**	**768**	**3**	**4**	**61**	**123**		
越城区		11		7				4		
柯桥区	11	100		74			6	20		
上虞区	3	75		42		1	3	29		
新昌县	32	655	28	542	3	3	48	31		
诸暨市	14	114		83			4	27		
嵊州市	6	32		20				12		
金华市	**245**	**2202**	**31**	**1842**	**7**	**3**	**101**	**218**		
婺城区	10	183		161			5	17		
金东区	19	103		72	1	1	6	23		
武义县	35	483	11	418	1		13	40		
浦江县	55	574	13	510	3		13	35		
磐安县	20	354	7	309	1	1	10	26		
兰溪市	12	51		32			1	18		
义乌市	20	214		182		1	4	27		
东阳市	60	207		131	1		47	28		
永康市	14	33		27			2	4		
衢州市	**96**	**1929**	**34**	**1645**	**4**	**2**	**40**	**204**		
柯城区	2	18		11				7		
衢江区	1	52		37			1	14		
常山县	30	527	12	459	2		8	46		
开化县	27	544	10	452	2		13	67		
龙游县	30	728	12	653		2	18	43		
江山市	6	60		33				27		
舟山市	**82**	**1037**	**19**	**780**	**4**	**6**	**139**	**89**		
定海区	2	57	1	43			1	12		
普陀区	11	184		79			95	10		
岱山县	37	445		380			21	44		
嵊泗县	32	351	18	278	4	6	22	23		
台州市	**447**	**2462**	**20**	**2083**	**7**	**2**	**138**	**212**		
椒江区	2	4		2			2			
黄岩区	4	41		35			4	2		
路桥区	18	108	1	83			7	17		
三门县	81	619		569	3		26	21		
天台县	87	662	14	590	1	2	28	27		
仙居县	50	583	5	473	3		26	76		
温岭市	91	279		203			34	42		
临海市	112	146		115			6	25		
玉环市	2	20		13			5	2		
丽水市	**171**	**3014**	**64**	**2708**	**9**	**6**	**92**	**135**		
莲都区	1	18	1	13				4		
青田县	28	487	2	424	1		15	45		
缙云县	42	553	4	516	2	1	6	24		
遂昌县	23	420	20	373	1	1	14	11		
松阳县	26	390	10	355	1	3	7	14		
云和县	11	364	1	341	1	1	12	8		
庆元县	13	389	3	355			20	11		
景宁畲族自治县	26	383	23	325	3		16	16		
龙泉市	1	10		6			2	2		
男	**1402**	**17840**	**258**	**14761**	**49**	**39**	**883**	**1850**		
杭州市	**119**	**1372**	**20**	**1122**	**4**	**3**	**24**	**199**		
上城区										
下城区										
江干区										
拱墅区										

4-4b 续表 74　　　　单位：人

地区 性别	娱乐业	公共管理、社会保障和社会组织 小计	中国共产党机关	国家机构	人民政协、民主党派	社会保障	群众团体、社会团体和其他成员组织	基层群众自治组织	国际组织 小计	国际组织
西湖区		1						1		
滨江区										
萧山区	8	84	1	52			3	28		
余杭区	32	230	6	179			5	40		
富阳区	1	26		13		1		12		
临安区	7	72		56				16		
桐庐县	48	436	3	358	1		9	65		
淳安县	18	436	10	399	3	2	5	17		
建德市	5	87		65			2	20		
宁波市	**230**	**1911**	**24**	**1538**	**4**	**4**	**164**	**177**		
海曙区		33		20			10	3		
江北区										
北仑区	3	51		47		1		3		
镇海区	3	19		17				2		
鄞州区	19	254		174	1	2	44	33		
奉化区	6	80	1	66		1	7	5		
象山县	53	538	7	484	2		23	22		
宁海县	73	613	14	509	1		56	33		
余姚市	12	133	2	82			10	39		
慈溪市	61	190		139			14	37		
温州市	**185**	**2870**	**23**	**2304**	**9**	**14**	**188**	**332**		
鹿城区	1	3		2				1		
龙湾区	15	127	2	94			7	24		
瓯海区	1	18		15			1	2		
洞头区		11		8			2	1		
永嘉县	27	543	3	452		2	26	60		
平阳县	63	845	8	676	3	7	50	101		
苍南县	61	656		482	3	1	84	86		
文成县	6	318	1	284	2		9	22		
泰顺县	8	250	9	221	1	3	2	14		
瑞安市	2	27		20			1	6		
乐清市	1	66		47		1	5	13		
龙港市		6		3			1	2		
嘉兴市	**170**	**1727**	**16**	**1394**	**3**	**3**	**51**	**260**		
南湖区		43		30		1	2	10		
秀洲区	6	139		105			2	32		
嘉善县	72	623	9	521	1		11	81		
海盐县	35	474	4	416	2	2	19	31		
海宁市	30	173	1	121			7	44		
平湖市	13	138		92			7	39		
桐乡市	14	137	2	109			3	23		
湖州市	**204**	**2301**	**41**	**1910**	**3**	**3**	**88**	**256**		
吴兴区	27	135	2	110			6	17		
南浔区	8	183	1	127			6	49		
德清县	49	562	24	474	1	2	13	48		
长兴县	61	809	5	672	2	1	31	98		
安吉县	59	612	9	527			32	44		
绍兴市	**27**	**628**	**20**	**492**	**2**	**4**	**41**	**69**		
越城区		6		5				1		
柯桥区	5	55		41			4	10		
上虞区		41		24		1	2	14		
新昌县	14	426	20	350	2	3	34	17		
诸暨市	5	79		62			1	16		
嵊州市	3	21		10				11		

4-4b 续表 75

单位：人

地区 性别	娱乐业	公共管理、社会保障和社会组织							国际组织	
		小计	中国共产党机关	国家机构	人民政协、民主党派	社会保障	群众团体、社会团体和其他成员组织	基层群众自治组织	小计	国际组织
金华市	**132**	**1433**	**21**	**1200**	**4**	**2**	**56**	**150**		
婺城区	7	122		110			2	10		
金东区	13	68		47		1	2	18		
武义县	18	309	7	263	1		6	32		
浦江县	21	386	10	340	2		7	27		
磐安县	16	210	4	188			4	14		
兰溪市	4	42		25			1	16		
义乌市	12	159		138		1	3	17		
东阳市	33	114		72	1		29	12		
永康市	8	23		17			2	4		
衢州市	**50**	**1318**	**25**	**1146**	**3**		**25**	**119**		
柯城区	1	13		6				7		
衢江区		35		26			1	8		
常山县	14	359	8	320	1		7	23		
开化县	13	368	8	312	2		8	38		
龙游县	19	502	9	458			9	26		
江山市	3	41		24				17		
舟山市	**28**	**683**	**9**	**518**	**2**	**2**	**110**	**42**		
定海区	2	34	1	30			1	2		
普陀区	1	140		59			77	4		
岱山县	19	282		244			15	23		
嵊泗县	6	227	8	185	2	2	17	13		
台州市	**176**	**1655**	**15**	**1392**	**6**	**1**	**86**	**155**		
椒江区	1	4		2			2			
黄岩区	1	26		23			3			
路桥区	11	69		51			5	13		
三门县	25	422		400	2		6	14		
天台县	35	442	12	385	1	1	23	20		
仙居县	27	389	3	313	3		11	59		
温岭市	33	191		136			28	27		
临海市	41	102		76			5	21		
玉环市	2	10		6			3	1		
丽水市	**81**	**1942**	**44**	**1745**	**9**	**3**	**50**	**91**		
莲都区		11	1	8				2		
青田县	13	324	2	282	1		7	32		
缙云县	22	360	1	334	2		5	18		
遂昌县	14	260	16	231	1	1	6	5		
松阳县	15	259	8	236	1	1	4	9		
云和县	6	227	1	216	1	1	5	3		
庆元县	3	252	1	229			14	8		
景宁畲族自治县	8	242	14	205	3		8	12		
龙泉市		7		4			1	2		
女	**1868**	**8951**	**120**	**7230**	**18**	**52**	**439**	**1092**		
杭州市	**162**	**721**	**7**	**557**	**1**	**5**	**13**	**138**		
上城区										
下城区										
江干区										
拱墅区										
西湖区										
滨江区										
萧山区	7	43		21		1	3	18		
余杭区	39	111	3	76		1	3	28		
富阳区	3	25		12				13		
临安区	8	34	1	23			1	9		
桐庐县	64	240	2	201		1	3	33		
淳安县	37	223	1	190	1	2	3	26		
建德市	4	45		34				11		

4-4b 续表 76

单位：人

地区 性别	娱乐业	公共管理、社会保障和社会组织							国际组织	
		小计	中国共产党机关	国家机构	人民政协、民主党派	社会保障	群众团体、社会团体和其他成员组织	基层群众自治组织	小计	国际组织
宁波市	**364**	**1075**	**12**	**823**	**2**	**9**	**84**	**145**		
海曙区		15		11				4		
江北区										
北仑区	1	22		16				6		
镇海区	11	11		8			1	2		
鄞州区	28	157	2	80	1	1	22	51		
奉化区	7	38		21			10	7		
象山县	91	310	7	264	1	1	13	24		
宁海县	189	336	3	291		3	20	19		
余姚市	13	83		53		2	15	13		
慈溪市	24	103		79		2	3	19		
温州市	**153**	**1265**	**9**	**1039**	**1**	**16**	**51**	**149**		
鹿城区		2		1				1		
龙湾区	15	64		48			6	10		
瓯海区	1	5		4				1		
洞头区		3		2				1		
永嘉县	29	228	2	184		5	6	31		
平阳县	48	365	2	278		6	24	55		
苍南县	48	230		194		1	12	23		
文成县	2	193	3	178		1		11		
泰顺县	5	127	2	117	1	2		5		
瑞安市	2	19		12				7		
乐清市	3	27		19		1	3	4		
龙港市		2		2						
嘉兴市	**343**	**801**	**7**	**609**	**1**	**4**	**23**	**157**		
南湖区		21		11			1	9		
秀洲区	17	42		26			1	15		
嘉善县	188	333	6	261	1	1	6	58		
海盐县	41	242	1	215		3	6	17		
海宁市	37	71		35			3	33		
平湖市	39	49		32			1	16		
桐乡市	21	43		29			5	9		
湖州市	**233**	**1117**	**23**	**869**	**5**	**7**	**65**	**148**		
吴兴区	26	36	2	24		1	2	7		
南浔区	10	84		54			3	27		
德清县	86	314	13	254		2	11	34		
长兴县	42	349	6	262	4	3	18	56		
安吉县	69	334	2	275	1	1	31	24		
绍兴市	**39**	**359**	**8**	**276**	**1**		**20**	**54**		
越城区		5		2				3		
柯桥区	6	45		33			2	10		
上虞区	3	34		18			1	15		
新昌县	18	229	8	192	1		14	14		
诸暨市	9	35		21			3	11		
嵊州市	3	11		10				1		
金华市	**113**	**769**	**10**	**642**	**3**	**1**	**45**	**68**		
婺城区	3	61		51			3	7		
金东区	6	35		25	1		4	5		
武义县	17	174	4	155			7	8		
浦江县	34	188	3	170	1		6	8		
磐安县	4	144	3	121	1	1	6	12		
兰溪市	8	9		7				2		
义乌市	8	55		44			1	10		
东阳市	27	93		59			18	16		
永康市	6	10		10						

4-4b 续表 77 单位：人

地区 性别	娱乐业	公共管理、社会保障和社会组织							国际组织	
		小计	中国共产党机关	国家机构	人民政协、民主党派	社会保障	群众团体、社会团体和其他成员组织	基层群众自治组织	小计	国际组织
衢州市	**46**	**611**	**9**	**499**	**1**	**2**	**15**	**85**		
柯城区	1	5		5						
衢江区	1	17		11				6		
常山县	16	168	4	139	1		1	23		
开化县	14	176	2	140			5	29		
龙游县	11	226	3	195		2	9	17		
江山市	3	19		9				10		
舟山市	**54**	**354**	**10**	**262**	**2**	**4**	**29**	**47**		
定海区		23		13				10		
普陀区	10	44		20			18	6		
岱山县	18	163		136			6	21		
嵊泗县	26	124	10	93	2	4	5	10		
台州市	**271**	**807**	**5**	**691**	**1**	**1**	**52**	**57**		
椒江区	1									
黄岩区	3	15		12			1	2		
路桥区	7	39	1	32			2	4		
三门县	56	197		169	1		20	7		
天台县	52	220	2	205		1	5	7		
仙居县	23	194	2	160			15	17		
温岭市	58	88		67			6	15		
临海市	71	44		39			1	4		
玉环市		10		7			2	1		
丽水市	**90**	**1072**	**20**	**963**		**3**	**42**	**44**		
莲都区	1	7		5				2		
青田县	15	163		142			8	13		
缙云县	20	193	3	182		1	1	6		
遂昌县	9	160	4	142			8	6		
松阳县	11	131	2	119		2	3	5		
云和县	5	137		125			7	5		
庆元县	10	137	2	126			6	3		
景宁畲族自治县	18	141	9	120			8	4		
龙泉市	1	3		2			1			

4-4c　各地区分性别、行业大类的就业人口(乡村)

单位：人

地　区 性　别	合计	农、林、牧、渔业						采矿业	
		小计	农业	林业	畜牧业	渔业	农、林、牧、渔专业及辅助性活动	小计	煤炭开采和洗选业
合计	**956204**	**150028**	**124626**	**6754**	**6743**	**10464**	**1441**	**1801**	**102**
杭州市	**110063**	**17268**	**15709**	**420**	**799**	**235**	**105**	**194**	
上城区									
下城区									
江干区									
拱墅区									
西湖区	1837	174	164	4		5	1	3	
滨江区									
萧山区	28534	2487	2340	37	33	68	9	8	
余杭区	29293	976	729	97	58	66	26	14	
富阳区	11809	1331	1130	73	76	25	27	99	
临安区	13343	3384	3086	145	123	7	23	25	
桐庐县	6320	687	609	20	44	14		7	
淳安县	9030	5459	5037	18	360	32	12	4	
建德市	9897	2770	2614	26	105	18	7	34	
宁波市	**125243**	**14093**	**10727**	**764**	**378**	**2051**	**173**	**149**	**2**
海曙区	7688	398	327	56	5	9	1	24	
江北区	5355	166	135	16	8	7		7	
北仑区	12667	954	831	100	8	13	2	3	
镇海区	3831	193	183	4	3	2	1	16	
鄞州区	19419	628	524	12	13	70	9	8	
奉化区	13875	2391	1411	361	72	520	27	21	1
象山县	10585	2566	1787	13	71	686	9	24	
宁海县	13252	2992	2363	30	68	490	41	24	
余姚市	12783	1370	1127	115	55	45	28	9	1
慈溪市	25788	2435	2039	57	75	209	55	13	
温州市	**119326**	**14039**	**11584**	**199**	**873**	**1236**	**147**	**326**	**93**
鹿城区	6080	179	155		19	5		1	
龙湾区	50	4	2		2				
瓯海区	8328	303	275	4	18	4	2	7	
洞头区	3390	351	91	1	6	245	8	6	
永嘉县	12688	1936	1748	7	104	15	62	22	
平阳县	15838	1624	1363	14	166	77	4	87	52
苍南县	13413	3224	2592	11	114	489	18	92	19
文成县	4257	913	875	8	26	4		6	
泰顺县	3588	648	524	11	83	5	25	47	20
瑞安市	24424	1899	1675	20	148	51	5	15	
乐清市	26513	2879	2241	123	181	317	17	42	2
龙港市	757	79	43		6	24	6	1	
嘉兴市	**104050**	**7716**	**6156**	**340**	**631**	**503**	**86**	**9**	
南湖区	7363	1011	900	32	30	44	5		
秀洲区	15126	753	604	60	15	60	14		
嘉善县	10910	1210	1073	6	22	105	4		
海盐县	10282	1024	863	15	59	77	10	3	
海宁市	23468	999	767	82	86	49	15	5	
平湖市	15447	916	747	21	30	96	22		
桐乡市	21454	1803	1202	124	389	72	16	1	
湖州市	**67151**	**7424**	**4281**	**1147**	**367**	**1436**	**193**	**235**	**1**
吴兴区	15521	1033	612	142	47	219	13	87	
南浔区	12514	1363	506	52	121	667	17	22	
德清县	12797	1430	753	119	79	471	8	58	
长兴县	14135	2288	1479	524	89	63	133	34	1
安吉县	12184	1310	931	310	31	16	22	34	

4–4c 续表 1

单位：人

地区 性别	合计	农、林、牧、渔业						采矿业	
		小计	农业	林业	畜牧业	渔业	农、林、牧、渔专业及辅助性活动	小计	煤炭开采和洗选业
绍兴市	**80318**	**16644**	**15370**	**534**	**464**	**215**	**61**	**106**	
越城区	8823	463	371	29	19	37	7	1	
柯桥区	12377	1435	1305	75	35	8	12	6	
上虞区	14811	2406	2245	34	70	48	9	14	
新昌县	7733	3839	3690	88	49	6	6	16	
诸暨市	23294	4402	4074	61	146	98	23	57	
嵊州市	13280	4099	3685	247	145	18	4	12	
金华市	**115522**	**16933**	**13256**	**2608**	**696**	**243**	**130**	**183**	**1**
婺城区	10365	2878	1194	1504	119	37	24	4	
金东区	11526	2191	1229	797	77	30	58	22	
武义县	9157	1341	1122	91	99	19	10	42	
浦江县	14075	1305	1243	11	33	11	7	20	
磐安县	4006	1114	1079	3	25	1	6	8	
兰溪市	13804	4174	3724	142	224	79	5	29	
义乌市	21553	976	858	36	37	36	9	20	
东阳市	15591	1902	1814	11	51	17	9	30	1
永康市	15445	1052	993	13	31	13	2	8	
衢州市	**46254**	**15254**	**13314**	**359**	**1368**	**116**	**97**	**149**	**1**
柯城区	5941	1253	1177	20	37	10	9	14	
衢江区	9884	3449	3118	114	183	17	17	29	1
常山县	6660	2571	2017	20	495	6	33	23	
开化县	4416	1187	1019	77	79	10	2	10	
龙游县	8838	2961	2517	95	275	43	31	30	
江山市	10515	3833	3466	33	299	30	5	43	
舟山市	**18609**	**2720**	**659**	**10**	**33**	**1889**	**129**	**124**	
定海区	6436	331	216	4	20	91		42	
普陀区	6834	790	219	2	7	547	15	52	
岱山县	4146	1146	219	4	6	817	100	30	
嵊泗县	1193	453	5			434	14		
台州市	**131681**	**22125**	**18600**	**119**	**639**	**2479**	**288**	**103**	**4**
椒江区	13260	994	879	6	32	74	3	4	3
黄岩区	11729	1333	1254	36	31	12		7	
路桥区	13301	910	790	4	21	81	14	31	
三门县	7253	2574	1775	5	73	681	40	3	
天台县	7902	1213	1097	12	91	8	5	5	1
仙居县	7588	2112	2006	3	58	41	4	5	
温岭市	29568	4714	3831	23	120	661	79	12	
临海市	29571	7530	6542	25	178	654	131	31	
玉环市	11509	745	426	5	35	267	12	5	
丽水市	**37987**	**15812**	**14970**	**254**	**495**	**61**	**32**	**223**	
莲都区	6761	2625	2530	12	73	7	3	12	
青田县	5631	1424	1359	1	53	3	8	44	
缙云县	7177	2643	2487	29	95	28	4	22	
遂昌县	3749	2081	1988	54	31	3	5	72	
松阳县	5982	3691	3619	18	46	7	1	17	
云和县	1669	353	328	4	17	4		11	
庆元县	2103	775	671	69	27	3	5	19	
景宁畲族自治县	2146	1138	1026	17	91	3	1	1	
龙泉市	2769	1082	962	50	62	3	5	25	
男	**590705**	**93300**	**74805**	**4855**	**3935**	**8840**	**865**	**1612**	**92**
杭州市	**69839**	**9702**	**8711**	**314**	**426**	**177**	**74**	**167**	
上城区									
下城区									
江干区									
拱墅区									

4-4c 续表 2

单位：人

地区 性别	合计	农、林、牧、渔业						采矿业	
		小计	农业	林业	畜牧业	渔业	农、林、牧、渔专业及辅助性活动	小计	煤炭开采和洗选业
西湖区	1166	89	85	1		2	1	3	
滨江区									
萧山区	17815	1429	1327	25	22	48	7	8	
余杭区	19381	645	463	70	38	57	17	13	
富阳区	7692	808	673	60	38	19	18	83	
临安区	8551	2012	1808	105	74	6	19	20	
桐庐县	3946	439	379	17	31	12		7	
淳安县	5036	2710	2510	15	160	19	6	3	
建德市	6252	1570	1466	21	63	14	6	30	
宁波市	**77714**	**9415**	**6730**	**583**	**251**	**1738**	**113**	**134**	**1**
海曙区	4774	286	237	37	4	7	1	23	
江北区	3466	108	88	10	6	4		7	
北仑区	8255	622	534	67	8	11	2	3	
镇海区	2577	121	113	4	1	2	1	16	
鄞州区	12056	427	338	12	10	60	7	7	
奉化区	8704	1746	937	268	46	479	16	16	1
象山县	6687	1830	1158	9	47	609	7	22	
宁海县	7944	1834	1368	24	48	372	22	21	
余姚市	7737	888	700	100	36	32	20	7	
慈溪市	15514	1553	1257	52	45	162	37	12	
温州市	**75188**	**9866**	**8010**	**165**	**602**	**993**	**96**	**300**	**85**
鹿城区	3926	125	108		12	5		1	
龙湾区	33	2	1		1				
瓯海区	5330	212	189	4	15	3	1	6	
洞头区	2366	278	57	1	4	211	5	6	
永嘉县	8630	1374	1245	4	71	11	43	22	
平阳县	9920	1225	1029	14	120	61	1	79	47
苍南县	8287	2165	1672	9	76	396	12	86	17
文成县	2860	661	631	8	20	2		5	
泰顺县	2543	450	361	10	62	3	14	44	19
瑞安市	15138	1405	1237	16	103	46	3	13	
乐清市	15704	1903	1446	99	114	231	13	37	2
龙港市	451	66	34		4	24	4	1	
嘉兴市	**60942**	**4071**	**3028**	**245**	**368**	**362**	**68**	**7**	
南湖区	4414	521	450	24	18	27	2		
秀洲区	8617	420	314	46	12	39	9		
嘉善县	6683	583	499	3	13	64	4		
海盐县	5957	497	382	7	40	60	8	3	
海宁市	13629	551	397	48	53	40	13	3	
平湖市	9142	503	366	19	25	76	17		
桐乡市	12500	996	620	98	207	56	15	1	
湖州市	**42188**	**4883**	**2516**	**902**	**221**	**1081**	**163**	**209**	**1**
吴兴区	9750	658	366	112	29	143	8	74	
南浔区	7769	897	299	32	79	472	15	21	
德清县	7996	956	403	93	51	402	7	53	
长兴县	8832	1450	835	406	43	49	117	32	1
安吉县	7841	922	613	259	19	15	16	29	
绍兴市	**48789**	**10087**	**9199**	**399**	**278**	**170**	**41**	**96**	
越城区	5316	282	221	15	12	30	4	1	
柯桥区	7419	752	673	46	21	6	6	6	
上虞区	8679	1361	1259	15	41	38	8	11	
新昌县	4583	2135	2029	70	29	3	4	15	
诸暨市	14214	2840	2611	51	85	78	15	53	
嵊州市	8578	2717	2406	202	90	15	4	10	

4-4c 续表 3

单位：人

地区 性别	合计	农、林、牧、渔业						采矿业	
		小计	农业	林业	畜牧业	渔业	农、林、牧、渔专业及辅助性活动	小计	煤炭开采和洗选业
金华市	**69983**	**10254**	**7873**	**1629**	**455**	**202**	**95**	**161**	**1**
婺城区	6380	1715	697	893	80	28	17	4	
金东区	7035	1379	734	523	50	27	45	17	
武义县	5604	856	696	68	67	17	8	38	
浦江县	8291	871	826	9	21	9	6	19	
磐安县	2450	629	605	3	16	1	4	7	
兰溪市	8263	2550	2251	87	139	69	4	27	
义乌市	13181	616	532	27	26	27	4	19	
东阳市	9301	1016	955	7	35	13	6	24	1
永康市	9478	622	577	12	21	11	1	6	
衢州市	**29283**	**8958**	**7921**	**292**	**590**	**92**	**63**	**132**	**1**
柯城区	3881	804	747	18	24	10	5	14	
衢江区	6481	2157	1934	94	103	12	14	29	1
常山县	4126	1411	1289	18	84	5	15	16	
开化县	2878	737	621	62	43	10	1	9	
龙游县	5632	1805	1503	71	173	34	24	28	
江山市	6285	2044	1827	29	163	21	4	36	
舟山市	**13429**	**2225**	**360**	**8**	**21**	**1820**	**16**	**116**	
定海区	4556	229	124	3	15	87		38	
普陀区	4819	641	123	2	5	507	4	52	
岱山县	3167	933	110	3	1	810	9	26	
嵊泗县	887	422	3			416	3		
台州市	**79530**	**14372**	**11581**	**96**	**420**	**2162**	**113**	**95**	**3**
椒江区	8045	684	586	6	21	68	3	3	2
黄岩区	7095	881	818	29	25	9		7	
路桥区	8042	573	473	4	14	75	7	30	
三门县	4917	1830	1187	5	55	551	32	3	
天台县	4911	738	661	12	56	6	3	5	1
仙居县	4760	1359	1287	3	38	28	3	3	
温岭市	16792	2929	2249	14	77	563	26	10	
临海市	17933	4839	4050	20	110	624	35	30	
玉环市	7035	539	270	3	24	238	4	4	
丽水市	**23820**	**9467**	**8876**	**222**	**303**	**43**	**23**	**195**	
莲都区	4225	1499	1447	9	38	4	1	10	
青田县	3538	910	864	1	37	3	5	38	
缙云县	4584	1599	1489	25	64	18	3	21	
遂昌县	2386	1239	1164	46	21	3	5	56	
松阳县	3432	1920	1867	16	31	5	1	16	
云和县	1044	239	220	3	12	4		9	
庆元县	1343	511	432	57	18	1	3	19	
景宁畲族自治县	1361	683	626	16	38	2	1	1	
龙泉市	1907	867	767	49	44	3	4	25	
女	**365499**	**56728**	**49821**	**1899**	**2808**	**1624**	**576**	**189**	**10**
杭州市	**40224**	**7566**	**6998**	**106**	**373**	**58**	**31**	**27**	
上城区									
下城区									
江干区									
拱墅区									
西湖区	671	85	79	3		3			
滨江区									
萧山区	10719	1058	1013	12	11	20	2		
余杭区	9912	331	266	27	20	9	9	1	
富阳区	4117	523	457	13	38	6	9	16	
临安区	4792	1372	1278	40	49	1	4	5	
桐庐县	2374	248	230	3	13	2			
淳安县	3994	2749	2527	3	200	13	6	1	
建德市	3645	1200	1148	5	42	4	1	4	

4-4c 续表 4

单位：人

地区 性别	合计	农、林、牧、渔业						采矿业	
		小计	农业	林业	畜牧业	渔业	农、林、牧、渔专业及辅助性活动	小计	煤炭开采和洗选业
宁波市	**47529**	**4678**	**3997**	**181**	**127**	**313**	**60**	**15**	**1**
海曙区	2914	112	90	19	1	2		1	
江北区	1889	58	47	6	2	3			
北仑区	4412	332	297	33		2			
镇海区	1254	72	70		2				
鄞州区	7363	201	186		3	10	2	1	
奉化区	5171	645	474	93	26	41	11	5	
象山县	3898	736	629	4	24	77	2	2	
宁海县	5308	1158	995	6	20	118	19	3	
余姚市	5046	482	427	15	19	13	8	2	1
慈溪市	10274	882	782	5	30	47	18	1	
温州市	**44138**	**4173**	**3574**	**34**	**271**	**243**	**51**	**26**	**8**
鹿城区	2154	54	47		7				
龙湾区	17	2	1		1				
瓯海区	2998	91	86		3	1	1	1	
洞头区	1024	73	34		2	34	3		
永嘉县	4058	562	503	3	33	4	19		
平阳县	5918	399	334		46	16	3	8	5
苍南县	5126	1059	920	2	38	93	6	6	2
文成县	1397	252	244		6	2		1	
泰顺县	1045	198	163	1	21	2	11	3	1
瑞安市	9286	494	438	4	45	5	2	2	
乐清市	10809	976	795	24	67	86	4	5	
龙港市	306	13	9		2		2		
嘉兴市	**43108**	**3645**	**3128**	**95**	**263**	**141**	**18**	**2**	
南湖区	2949	490	450	8	12	17	3		
秀洲区	6509	333	290	14	3	21	5		
嘉善县	4227	627	574	3	9	41			
海盐县	4325	527	481	8	19	17	2		
海宁市	9839	448	370	34	33	9	2	2	
平湖市	6305	413	381	2	5	20	5		
桐乡市	8954	807	582	26	182	16	1		
湖州市	**24963**	**2541**	**1765**	**245**	**146**	**355**	**30**	**26**	
吴兴区	5771	375	246	30	18	76	5	13	
南浔区	4745	466	207	20	42	195	2	1	
德清县	4801	474	350	26	28	69	1	5	
长兴县	5303	838	644	118	46	14	16	2	
安吉县	4343	388	318	51	12	1	6	5	
绍兴市	**31529**	**6557**	**6171**	**135**	**186**	**45**	**20**	**10**	
越城区	3507	181	150	14	7	7	3		
柯桥区	4958	683	632	29	14	2	6		
上虞区	6132	1045	986	19	29	10	1	3	
新昌县	3150	1704	1661	18	20	3	2	1	
诸暨市	9080	1562	1463	10	61	20	8	4	
嵊州市	4702	1382	1279	45	55	3		2	
金华市	**45539**	**6679**	**5383**	**979**	**241**	**41**	**35**	**22**	
婺城区	3985	1163	497	611	39	9	7		
金东区	4491	812	495	274	27	3	13	5	
武义县	3553	485	426	23	32	2	2	4	
浦江县	5784	434	417	2	12	2	1	1	
磐安县	1556	485	474		9		2	1	
兰溪市	5541	1624	1473	55	85	10	1	2	
义乌市	8372	360	326	9	11	9	5	1	
东阳市	6290	886	859	4	16	4	3	6	
永康市	5967	430	416	1	10	2	1	2	

4-4c 续表 5 单位：人

地区 性别	合计	农、林、牧、渔业						采矿业	
		小计	农业	林业	畜牧业	渔业	农、林、牧、渔专业及辅助性活动	小计	煤炭开采和洗选业
衢州市	**16971**	**6296**	**5393**	**67**	**778**	**24**	**34**	**17**	
柯城区	2060	449	430	2	13		4		
衢江区	3403	1292	1184	20	80	5	3		
常山县	2534	1160	728	2	411	1	18	7	
开化县	1538	450	398	15	36		1	1	
龙游县	3206	1156	1014	24	102	9	7	2	
江山市	4230	1789	1639	4	136	9	1	7	
舟山市	**5180**	**495**	**299**	**2**	**12**	**69**	**113**	**8**	
定海区	1880	102	92	1	5	4		4	
普陀区	2015	149	96		2	40	11		
岱山县	979	213	109	1	5	7	91	4	
嵊泗县	306	31	2			18	11		
台州市	**52151**	**7753**	**7019**	**23**	**219**	**317**	**175**	**8**	**1**
椒江区	5215	310	293		11	6		1	1
黄岩区	4634	452	436	7	6	3			
路桥区	5259	337	317		7	6	7	1	
三门县	2336	744	588		18	130	8		
天台县	2991	475	436		35	2	2		
仙居县	2828	753	719		20	13	1	2	
温岭市	12776	1785	1582	9	43	98	53	2	
临海市	11638	2691	2492	5	68	30	96	1	
玉环市	4474	206	156	2	11	29	8	1	
丽水市	**14167**	**6345**	**6094**	**32**	**192**	**18**	**9**	**28**	
莲都区	2536	1126	1083	3	35	3	2	2	
青田县	2093	514	495		16		3	6	
缙云县	2593	1044	998	4	31	10	1	1	
遂昌县	1363	842	824	8	10			16	
松阳县	2550	1771	1752	2	15	2		1	
云和县	625	114	108	1	5			2	
庆元县	760	264	239	12	9	2	2		
景宁畲族自治县	785	455	400	1	53	1			
龙泉市	862	215	195	1	18		1		

4-4c　续表 6　　　　　　　　　　　　　　　　　　　　单位：人

地　区 性　别	采矿业						制造业		
	石油和天然气开采业	黑色金属矿采选业	有色金属矿采选业	非金属矿采选业	开采专业及辅助性活　动	其　他采矿业	小计	农副食品加工业	食　品制造业
合计	**9**	**79**	**128**	**1421**	**20**	**42**	**407716**	**5983**	**3707**
杭州市	**1**	**1**	**33**	**158**		**1**	**34912**	**730**	**544**
上城区									
下城区									
江干区									
拱墅区									
西湖区				3			120		7
滨江区									
萧山区			1	7			12843	54	110
余杭区	1			12		1	8461	185	213
富阳区			21	78			4104	56	71
临安区				25			3935	340	67
桐庐县				7			2327	45	39
淳安县		1	1	2			618	15	24
建德市			10	24			2504	35	13
宁波市	**1**	**1**	**2**	**141**	**2**		**64165**	**900**	**578**
海曙区				24			4046	43	29
江北区				7			2429	18	22
北仑区				3			6204	51	27
镇海区				16			1911	20	20
鄞州区				8			10944	89	34
奉化区		1	2	16	1		5887	117	72
象山县				24			3658	251	192
宁海县				24			5730	41	59
余姚市	1			7			7670	187	61
慈溪市				12	1		15686	83	62
温州市		**37**	**14**	**166**	**6**	**10**	**54981**	**778**	**715**
鹿城区				1			3611	27	15
龙湾区							14		
瓯海区				7			4202	15	15
洞头区				6			1081	21	7
永嘉县				22			4545	26	35
平阳县		4	4	21	3	3	8007	330	124
苍南县		25	7	39	1	1	4913	145	89
文成县				6			893	6	17
泰顺县		3		21	2	1	427	16	16
瑞安市				11		4	14522	82	108
乐清市		5	3	31		1	12363	104	287
龙港市				1			403	6	2
嘉兴市	**2**	**1**		**5**	**1**		**58459**	**482**	**370**
南湖区							3654	45	33
秀洲区							8516	35	76
嘉善县							5785	83	29
海盐县				3			5485	43	6
海宁市	2	1		1	1		14303	113	98
平湖市							8794	54	38
桐乡市				1			11922	109	90
湖州市	**3**	**3**	**4**	**206**	**2**	**16**	**29964**	**381**	**220**
吴兴区	1		4	80		2	7052	38	63
南浔区	1	1		17	2	1	6682	111	24
德清县	1	1		45		11	6047	84	62
长兴县				31		2	4866	78	31
安吉县		1		33			5317	70	40

4－4c 续表 7 单位：人

地区 性别	采矿业						制造业		
	石油和天然气开采业	黑色金属矿采选业	有色金属矿采选业	非金属矿采选业	开采专业及辅助性活动	其他采矿业	小计	农副食品加工业	食品制造业
绍兴市		**7**	**25**	**73**		**1**	**29770**	**286**	**169**
越城区				1			3227	13	19
柯桥区		3	2	1			4790	25	11
上虞区			1	12		1	5788	57	17
新昌县				16			1847	10	26
诸暨市		3	22	32			9997	118	52
嵊州市		1		11			4121	63	44
金华市	**1**	**6**		**171**	**2**	**2**	**51174**	**520**	**536**
婺城区				4			2497	65	167
金东区		4		18			4208	66	88
武义县		2		37	1	2	4869	59	13
浦江县				20			8335	34	23
磐安县				8			1065	4	5
兰溪市				29			4163	75	48
义乌市				20			9694	147	78
东阳市	1			27	1		6912	45	73
永康市				8			9431	25	41
衢州市	**1**	**1**	**10**	**129**	**5**	**2**	**9880**	**247**	**151**
柯城区				11	1	2	759	31	17
衢江区	1		1	26			2004	61	33
常山县			2	21			1148	33	12
开化县				10			870	26	22
龙游县		1	7	19	3		2314	53	33
江山市				42	1		2785	43	34
舟山市				**124**			**6685**	**678**	**44**
定海区				42			2632	177	16
普陀区				52			2356	450	16
岱山县				30			1632	19	9
嵊泗县							65	32	3
台州市		**1**	**2**	**93**		**3**	**60375**	**760**	**300**
椒江区				1			7192	22	29
黄岩区			1	6			5495	26	86
路桥区				31			8236	27	6
三门县				3			1975	21	7
天台县				4			2749	26	25
仙居县				2		3	2367	35	23
温岭市		1		11			13915	473	51
临海市			1	30			10904	92	66
玉环市				5			7542	38	7
丽水市		**21**	**38**	**155**	**2**	**7**	**7351**	**221**	**80**
莲都区			4	8			1088	31	24
青田县			29	12		3	877	28	5
缙云县				21	1		1780	27	28
遂昌县				71	1		613	13	2
松阳县			2	15			777	17	8
云和县				11			728	24	
庆元县		14		5			625	53	3
景宁畲族自治县		1					139	9	5
龙泉市		6	3	12		4	724	19	5
男	**6**	**71**	**105**	**1284**	**19**	**35**	**227268**	**3156**	**1704**
杭州市	**1**		**25**	**140**		**1**	**20314**	**374**	**252**
上城区									
下城区									
江干区									
拱墅区									

4-4c　续表 8　　　　单位：人

地区 性别	采矿业						制造业		
	石油和天然气开采业	黑色金属矿采选业	有色金属矿采选业	非金属矿采选业	开采专业及辅助性活动	其他采矿业	小计	农副食品加工业	食品制造业
西湖区				3			79		4
滨江区									
萧山区			1	7			7387	30	50
余杭区	1			11		1	5041	109	106
富阳区			15	68			2489	31	30
临安区				20			2337	145	32
桐庐县				7			1192	29	18
淳安县			1	2			315	8	6
建德市			8	22			1474	22	6
宁波市			**1**	**131**	**1**		**36239**	**469**	**229**
海曙区				23			2193	31	14
江北区				7			1435	8	11
北仑区				3			3752	30	13
镇海区				16			1190	12	12
鄞州区				7			6275	44	15
奉化区			1	14			3093	59	42
象山县				22			1956	125	24
宁海县				21			3154	19	21
余姚市				7			4341	99	39
慈溪市				11	1		8850	42	38
温州市		**36**	**13**	**151**	**6**	**9**	**31245**	**406**	**335**
鹿城区				1			2250	18	9
龙湾区							8		
瓯海区				6			2494	11	12
洞头区				6			682	9	4
永嘉县				22			2875	16	13
平阳县		4	3	19	3	3	4418	152	73
苍南县		24	7	36	1	1	2457	77	56
文成县				5			535	3	8
泰顺县		3		19	2	1	262	10	8
瑞安市				10		3	8591	42	59
乐清市		5	3	26		1	6483	64	92
龙港市				1			190	4	1
嘉兴市	**1**			**5**	**1**		**31398**	**290**	**174**
南湖区							2100	29	12
秀洲区							4468	20	34
嘉善县							3422	45	10
海盐县				3			2928	27	2
海宁市	1			1	1		7681	61	44
平湖市							4464	38	22
桐乡市				1			6335	70	50
湖州市	**2**	**2**	**2**	**188**	**2**	**12**	**17556**	**244**	**89**
吴兴区	1		2	70		1	4101	25	21
南浔区		1		17	2	1	3793	68	14
德清县	1			44		8	3565	62	27
长兴县				29		2	2880	49	10
安吉县		1		28			3217	40	17
绍兴市		**7**	**22**	**66**		**1**	**15589**	**166**	**79**
越城区				1			1516	4	7
柯桥区		3	2	1			2618	18	5
上虞区			1	9		1	2747	31	8
新昌县				15			1032	4	9
诸暨市		3	19	31			5330	75	26
嵊州市		1		9			2346	34	24

4-4c 续表 9 单位：人

地区 性别	采矿业 石油和天然气开采业	采矿业 黑色金属矿采选业	采矿业 有色金属矿采选业	采矿业 非金属矿采选业	采矿业 开采专业及辅助性活动	采矿业 其他采矿业	制造业 小计	制造业 农副食品加工业	制造业 食品制造业
金华市	**1**	**3**		**153**	**2**	**1**	**28038**	**313**	**272**
婺城区				4			1385	38	91
金东区		1		16			2327	42	37
武义县		2		34	1	1	2845	32	5
浦江县				19			4291	16	8
磐安县				7			518	2	1
兰溪市				27			1877	44	24
义乌市				19			5220	96	49
东阳市	1			21	1		3838	28	37
永康市				6			5737	15	20
衢州市	**1**	**1**	**9**	**113**	**5**	**2**	**5629**	**133**	**70**
柯城区				11	1	2	479	16	7
衢江区	1		1	26			1211	21	16
常山县			1	15			639	19	7
开化县				9			433	21	10
龙游县		1	7	17	3		1320	32	14
江山市				35	1		1547	24	16
舟山市				**116**			**4925**	**301**	**24**
定海区				38			1996	81	8
普陀区				52			1687	205	7
岱山县				26			1208	8	6
嵊泗县							34	7	3
台州市		**1**	**2**	**87**		**2**	**31923**	**335**	**143**
椒江区				1			3928	12	19
黄岩区			1	6			2888	13	23
路桥区				30			4764	19	3
三门县				3			1056	12	5
天台县				4			1542	15	15
仙居县				1		2	1363	24	10
温岭市		1		9			6776	174	30
临海市			1	29			5180	45	34
玉环市				4			4426	21	4
丽水市		**21**	**31**	**134**	**2**	**7**	**4412**	**125**	**37**
莲都区			3	7			697	18	10
青田县			23	12		3	569	15	3
缙云县				20	1		1076	17	13
遂昌县				55	1		421	5	1
松阳县			2	14			493	11	5
云和县				9			398	15	
庆元县		14		5			331	30	2
景宁畲族自治县		1					69	5	2
龙泉市		6	3	12		4	358	9	1
女	**3**	**8**	**23**	**137**	**1**	**7**	**180448**	**2827**	**2003**
杭州市		**1**	**8**	**18**			**14598**	**356**	**292**
上城区									
下城区									
江干区									
拱墅区									
西湖区							41		3
滨江区									
萧山区							5456	24	60
余杭区				1			3420	76	107
富阳区			6	10			1615	25	41
临安区				5			1598	195	35
桐庐县							1135	16	21
淳安县		1					303	7	18
建德市			2	2			1030	13	7

4-4c　续表 10　　　　　　　　　　　　　　　　　　　　　　　　　单位：人

地　区 性　别	采矿业						制造业		
	石油和天然气开采业	黑色金属矿采选业	有色金属矿采选业	非金属矿采选业	开采专业及辅助性活　动	其　他采矿业	小计	农副食品加工业	食　品制造业
宁波市	**1**	**1**	**1**	**10**	**1**		**27926**	**431**	**349**
海曙区				1			1853	12	15
江北区							994	10	11
北仑区							2452	21	14
镇海区							721	8	8
鄞州区				1			4669	45	19
奉化区		1	1	2	1		2794	58	30
象山县				2			1702	126	168
宁海县				3			2576	22	38
余姚市	1						3329	88	22
慈溪市				1			6836	41	24
温州市		**1**	**1**	**15**		**1**	**23736**	**372**	**380**
鹿城区							1361	9	6
龙湾区							6		
瓯海区				1			1708	4	3
洞头区							399	12	3
永嘉县							1670	10	22
平阳县			1	2			3589	178	51
苍南县		1		3			2456	68	33
文成县				1			358	3	9
泰顺县				2			165	6	8
瑞安市				1		1	5931	40	49
乐清市				5			5880	40	195
龙港市							213	2	1
嘉兴市	**1**	**1**					**27061**	**192**	**196**
南湖区							1554	16	21
秀洲区							4048	15	42
嘉善县							2363	38	19
海盐县							2557	16	4
海宁市	1	1					6622	52	54
平湖市							4330	16	16
桐乡市							5587	39	40
湖州市	**1**	**1**	**2**	**18**		**4**	**12408**	**137**	**131**
吴兴区			2	10		1	2951	13	42
南浔区	1						2889	43	10
德清县		1		1		3	2482	22	35
长兴县				2			1986	29	21
安吉县				5			2100	30	23
绍兴市			**3**	**7**			**14181**	**120**	**90**
越城区							1711	9	12
柯桥区							2172	7	6
上虞区				3			3041	26	9
新昌县				1			815	6	17
诸暨市			3	1			4667	43	26
嵊州市				2			1775	29	20
金华市		**3**		**18**		**1**	**23136**	**207**	**264**
婺城区							1112	27	76
金东区		3		2			1881	24	51
武义县				3		1	2024	27	8
浦江县				1			4044	18	15
磐安县				1			547	2	4
兰溪市				2			2286	31	24
义乌市				1			4474	51	29
东阳市				6			3074	17	36
永康市				2			3694	10	21

4-4c　续表 11　　　　单位：人

地　区 性　别	采矿业						制造业		
	石油和天然气开采业	黑色金属矿采选业	有色金属矿采选业	非金属矿采选业	开采专业及辅助性活　动	其　他采矿业	小计	农副食品加工业	食　品制造业
衢州市			**1**	**16**			**4251**	**114**	**81**
柯城区							280	15	10
衢江区							793	40	17
常山县			1	6			509	14	5
开化县				1			437	5	12
龙游县				2			994	21	19
江山市				7			1238	19	18
舟山市				**8**			**1760**	**377**	**20**
定海区				4			636	96	8
普陀区							669	245	9
岱山县				4			424	11	3
嵊泗县							31	25	
台州市				**6**		**1**	**28452**	**425**	**157**
椒江区							3264	10	10
黄岩区							2607	13	63
路桥区				1			3472	8	3
三门县							919	9	2
天台县							1207	11	10
仙居县				1		1	1004	11	13
温岭市				2			7139	299	21
临海市				1			5724	47	32
玉环市				1			3116	17	3
丽水市			**7**	**21**			**2939**	**96**	**43**
莲都区			1	1			391	13	14
青田县			6				308	13	2
缙云县				1			704	10	15
遂昌县				16			192	8	1
松阳县				1			284	6	3
云和县				2			330	9	
庆元县							294	23	1
景宁畲族自治县							70	4	3
龙泉市							366	10	4

4-4c　续表 12　　　　单位：人

地区 性别	制造业								
	酒、饮料和精制茶制造业	烟草制品业	纺织业	纺织服装、服饰业	皮革、毛皮、羽毛及其制品和制鞋业	木材加工和木、竹、藤、棕、草制品业	家具制造业	造纸和纸制品业	印刷和记录媒介复制业
合计	**2612**	**54**	**39123**	**50255**	**24188**	**10341**	**12153**	**9293**	**3957**
杭州市	**329**	**9**	**4808**	**2014**	**860**	**810**	**1069**	**1323**	**391**
上城区									
下城区									
江干区									
拱墅区									
西湖区	6	3	1	1		1	4		1
滨江区									
萧山区	37		2799	646	464	207	412	456	96
余杭区	89	5	930	453	67	166	320	243	173
富阳区	35		127	94	127	125	101	228	70
临安区	40	1	339	89	76	147	92	342	13
桐庐县	24		129	547	114	69	44	33	24
淳安县	35		109	71	4	64	28	2	3
建德市	63		374	113	8	31	68	19	11
宁波市	**168**	**21**	**1537**	**4268**	**504**	**644**	**1209**	**1230**	**509**
海曙区	8	1	63	518	33	46	85	96	33
江北区	4		49	95	9	32	32	58	21
北仑区	9		127	752	14	53	57	103	38
镇海区	6	3	57	28	13	26	9	24	14
鄞州区	11	1	254	634	31	110	409	192	189
奉化区	40	13	115	816	29	130	125	148	33
象山县	8		143	669	6	29	30	30	14
宁海县	28		96	143	33	65	183	93	31
余姚市	39		144	41	19	69	86	140	38
慈溪市	15	3	489	572	317	84	193	346	98
温州市	**140**	**2**	**3329**	**4700**	**11932**	**538**	**534**	**1286**	**989**
鹿城区	2		16	136	1309	24	40	41	115
龙湾区						2			
瓯海区	10		37	329	2362	30	60	42	65
洞头区	2		4	257	14	6	4	20	4
永嘉县	9		183	825	483	66	69	63	10
平阳县	22	1	908	693	1361	132	84	209	180
苍南县	8		1206	471	338	45	27	526	477
文成县	10		47	325	191	28	35	3	1
泰顺县	9		30	49	42	30	9	1	1
瑞安市	22		455	1110	5496	66	85	212	58
乐清市	45	1	289	447	334	103	120	109	40
龙港市	1		154	58	2	6	1	60	38
嘉兴市	**126**	**2**	**12234**	**15138**	**4352**	**633**	**1070**	**1194**	**665**
南湖区			163	356	219	53	104	106	27
秀洲区	8		4117	2480	46	32	63	47	33
嘉善县	21		599	276	148	195	235	167	48
海盐县	20		387	923	112	70	106	158	272
海宁市	42	1	3252	5232	1040	68	284	177	166
平湖市	9		220	3392	738	86	136	321	74
桐乡市	26	1	3496	2479	2049	129	142	218	45
湖州市	**450**		**5326**	**4529**	**300**	**2912**	**2843**	**516**	**117**
吴兴区	21		1114	3002	6	235	51	25	18
南浔区	16		1913	614	202	963	465	90	40
德清县	59		784	652	57	541	335	214	15
长兴县	83		1351	194	10	167	103	75	21
安吉县	271		164	67	25	1006	1889	112	23

4-4c 续表 13

单位：人

地区 性别	制造业								
	酒、饮料和精制茶制造业	烟草制品业	纺织业	纺织服装、服饰业	皮革、毛皮、羽毛及其制品和制鞋业	木材加工和木、竹、藤、棕、草制品业	家具制造业	造纸和纸制品业	印刷和记录媒介复制业
绍兴市	**399**	**2**	**5725**	**5065**	**291**	**395**	**548**	**500**	**191**
越城区	45	1	1114	586	22	68	98	60	38
柯桥区	43		2453	352	18	64	70	193	19
上虞区	34		350	566	23	60	78	57	55
新昌县	26		90	104	2	19	8	13	13
诸暨市	47		1463	2711	213	85	145	99	57
嵊州市	204	1	255	746	13	99	149	78	9
金华市	**261**	**11**	**3655**	**8321**	**1362**	**1441**	**2881**	**1593**	**577**
婺城区	31	1	255	163	88	87	92	89	31
金东区	26	1	247	540	79	84	77	228	53
武义县	58		161	248	5	215	158	108	77
浦江县	15	1	952	3406	83	35	38	180	33
磐安县	52	1	22	137	20	190	97	19	
兰溪市	29		1135	409	36	98	84	146	23
义乌市	23	4	544	2669	555	43	136	475	194
东阳市	9		213	613	456	444	1944	109	18
永康市	18	3	126	136	40	245	255	239	148
衢州市	**193**	**5**	**450**	**942**	**151**	**1221**	**591**	**593**	**41**
柯城区	8		20	60	13	31	21	33	1
衢江区	27		88	207	34	71	28	101	12
常山县	11		83	126	31	27	18	38	6
开化县	48		22	117	30	59	105	8	10
龙游县	76	5	177	237	21	109	305	360	7
江山市	23		60	195	22	924	114	53	5
舟山市	**10**		**47**	**47**	**7**	**52**	**42**	**20**	**6**
定海区	3		24	36	3	33	29	15	4
普陀区	4		18	7		15	11	3	1
岱山县	1		5	1	4			2	1
嵊泗县	2			3		4	2		
台州市	**161**	**2**	**1905**	**4923**	**4203**	**991**	**1119**	**946**	**452**
椒江区	3		119	894	56	34	81	72	23
黄岩区	13		52	544	63	74	50	98	60
路桥区	1		186	267	214	196	51	243	265
三门县			42	369	45	39	72	19	3
天台县	92		422	98	6	90	74	18	7
仙居县	11		26	61	29	93	59	25	8
温岭市	5		221	1511	3575	171	70	230	45
临海市	33		825	1083	62	270	456	144	21
玉环市	3	2	12	96	153	24	206	97	20
丽水市	**375**		**107**	**308**	**226**	**704**	**247**	**92**	**19**
莲都区	18		19	27	78	31	26	2	2
青田县	3		9	81	73	13	99	3	
缙云县	24		52	108	25	74	25	33	11
遂昌县	56		3	23	7	56	4	20	
松阳县	238		18	33	26	13	19	1	2
云和县	18		2	4		13	7	2	
庆元县	5		2	7		224	25	25	4
景宁畲族自治县	5		1	11	13	18	7	1	
龙泉市	8		1	14	4	262	35	5	
男	**1651**	**27**	**18868**	**17415**	**11471**	**6820**	**8239**	**5692**	**2301**
杭州市	**222**	**5**	**2202**	**514**	**341**	**596**	**750**	**786**	**217**
上城区									
下城区									
江干区									
拱墅区									

4-4c 续表 14

单位：人

地区 性别	制造业 酒、饮料和精制茶制造业	烟草制品业	纺织业	纺织服装、服饰业	皮革、毛皮、羽毛及其制品和制鞋业	木材加工和木、竹、藤、棕、草制品业	家具制造业	造纸和纸制品业	印刷和记录媒介复制业
西湖区	4		1				2		1
滨江区									
萧山区	23		1390	130	203	146	279	254	54
余杭区	49	4	418	146	22	126	229	128	98
富阳区	29		44	14	39	89	69	138	31
临安区	27	1	166	29	24	110	63	241	9
桐庐县	19		34	173	47	47	31	15	15
淳安县	25		36	8	1	54	22	1	3
建德市	46		113	14	5	24	55	9	6
宁波市	**109**	**10**	**744**	**1078**	**192**	**452**	**832**	**791**	**285**
海曙区	6		31	156	14	25	57	62	23
江北区	2		23	32	2	25	19	31	12
北仑区	7		53	263	4	38	41	56	21
镇海区	2	1	26	7	4	15	6	14	10
鄞州区	6	1	121	181	10	86	276	117	97
奉化区	27	7	39	139	8	74	84	109	14
象山县	4		49	109	3	18	25	10	7
宁海县	16		33	13	11	53	143	57	20
余姚市	30		74	9	5	48	56	83	25
慈溪市	9	1	295	169	131	70	125	252	56
温州市	**99**	**2**	**1543**	**2013**	**6436**	**432**	**365**	**713**	**610**
鹿城区	2		11	54	777	23	30	30	77
龙湾区						1			
瓯海区	7		21	170	1333	26	49	29	45
洞头区	2		3	122	8	5	4	17	3
永嘉县	7		126	387	302	53	49	47	7
平阳县	15	1	428	301	664	102	56	113	97
苍南县	5		536	147	187	34	25	235	291
文成县	7		28	183	78	26	32	2	1
泰顺县	5		21	17	16	25	8	1	
瑞安市	16		255	471	2929	58	63	139	35
乐清市	32	1	51	148	141	74	48	71	26
龙港市	1		63	13	1	5	1	29	28
嘉兴市	**84**	**2**	**6379**	**6261**	**1970**	**452**	**754**	**774**	**382**
南湖区			93	108	90	36	76	73	15
秀洲区	8		2163	1121	15	23	45	30	12
嘉善县	14		302	104	72	125	163	102	33
海盐县	13		179	302	41	57	81	103	149
海宁市	29	1	1767	2606	421	59	184	106	114
平湖市	4		134	1040	310	50	99	221	39
桐乡市	16	1	1741	980	1021	102	106	139	20
湖州市	**267**		**2675**	**1897**	**125**	**1763**	**1817**	**315**	**68**
吴兴区	14		633	1485	3	137	35	13	12
南浔区	10		880	165	86	610	315	51	21
德清县	37		365	196	24	319	227	144	7
长兴县	41		724	40	4	124	68	43	14
安吉县	165		73	11	8	573	1172	64	14
绍兴市	**245**	**1**	**2823**	**1442**	**113**	**304**	**411**	**277**	**92**
越城区	17	1	519	109	7	45	72	31	23
柯桥区	20		1281	78	4	48	49	99	10
上虞区	21		138	99	7	48	60	31	15
新昌县	15		23	15		10	7	8	6
诸暨市	36		746	957	88	75	103	57	34
嵊州市	136		116	184	7	78	120	51	4

4-4c 续表 15 单位：人

地区 性别	制造业								
	酒、饮料和精制茶制造业	烟草制品业	纺织业	纺织服装、服饰业	皮革、毛皮、羽毛及其制品和制鞋业	木材加工和木、竹、藤、棕、草制品业	家具制造业	造纸和纸制品业	印刷和记录媒介复制业
金华市	**162**	**6**	**1668**	**3147**	**570**	**973**	**2029**	**1004**	**356**
婺城区	20		117	20	20	68	56	46	17
金东区	18		132	211	40	59	57	143	37
武义县	30		41	37	2	151	94	71	42
浦江县	11		488	1396	41	27	34	133	20
磐安县	26		9	27	4	111	77	14	
兰溪市	22		428	79	11	67	59	73	11
义乌市	15	3	319	1184	291	37	109	306	126
东阳市	7		93	141	141	284	1395	72	13
永康市	13	3	41	52	20	169	148	146	90
衢州市	**130**	**1**	**125**	**143**	**59**	**778**	**427**	**386**	**19**
柯城区	5		7	7	8	23	16	19	1
衢江区	18		14	28	14	56	23	65	9
常山县	9		18	21	9	22	15	27	1
开化县	31		5	18	14	44	83	3	1
龙游县	50	1	67	47	10	77	208	242	6
江山市	17		14	22	4	556	82	30	1
舟山市	**5**		**21**	**4**	**6**	**31**	**32**	**17**	**3**
定海区	2		15	3	2	19	23	13	2
普陀区	2		4			8	7	3	
岱山县			2		4			1	1
嵊泗县	1			1		4	2		
台州市	**87**		**638**	**836**	**1545**	**617**	**659**	**564**	**257**
椒江区	2		52	204	29	23	59	40	11
黄岩区	6		28	109	23	54	28	57	31
路桥区			84	56	86	108	34	130	164
三门县			17	39	23	16	51	14	1
天台县	51		192	28	2	76	61	8	4
仙居县	5		11	9	17	61	32	16	3
温岭市	3		86	228	1273	104	51	148	23
临海市	18		162	143	33	154	197	92	10
玉环市	2		6	20	59	21	146	59	10
丽水市	**241**		**50**	**80**	**114**	**422**	**163**	**65**	**12**
莲都区	10		10	11	46	28	19		1
青田县	3		6	38	40	12	68	2	
缙云县	23		20	11	8	50	18	21	6
遂昌县	38			3	6	38	4	16	
松阳县	146		13	6	11	9	12	1	2
云和县	11		1	2		11	7	2	
庆元县	4			1		117	12	20	3
景宁畲族自治县	4			3	1	12	6	1	
龙泉市	2			5	2	145	17	2	
女	**961**	**27**	**20255**	**32840**	**12717**	**3521**	**3914**	**3601**	**1656**
杭州市	**107**	**4**	**2606**	**1500**	**519**	**214**	**319**	**537**	**174**
上城区									
下城区									
江干区									
拱墅区									
西湖区	2	3		1		1	2		
滨江区									
萧山区	14		1409	516	261	61	133	202	42
余杭区	40	1	512	307	45	40	91	115	75
富阳区	6		83	80	88	36	32	90	39
临安区	13		173	60	52	37	29	101	4
桐庐县	5		95	374	67	22	13	18	9
淳安县	10		73	63	3	10	6	1	
建德市	17		261	99	3	7	13	10	5

4-4c　续表 16　　　　单位：人

地　　区 性　　别	制造业								
	酒、饮料和精制茶制造业	烟　草制品业	纺织业	纺织服装、服饰业	皮革、毛皮、羽毛及其制品和制鞋业	木材加工和木、竹、藤、棕、草制品业	家　具制造业	造纸和纸制品业	印刷和记录媒介复制业
宁波市	**59**	**11**	**793**	**3190**	**312**	**192**	**377**	**439**	**224**
海曙区	2	1	32	362	19	21	28	34	10
江北区	2		26	63	7	7	13	27	9
北仑区	2		74	489	10	15	16	47	17
镇海区	4	2	31	21	9	11	3	10	4
鄞州区	5		133	453	21	24	133	75	92
奉化区	13	6	76	677	21	56	41	39	19
象山县	4		94	560	3	11	5	20	7
宁海县	12		63	130	22	12	40	36	11
余姚市	9		70	32	14	21	30	57	13
慈溪市	6	2	194	403	186	14	68	94	42
温州市	**41**		**1786**	**2687**	**5496**	**106**	**169**	**573**	**379**
鹿城区			5	82	532	1	10	11	38
龙湾区						1			
瓯海区	3		16	159	1029	4	11	13	20
洞头区			1	135	6	1		3	1
永嘉县	2		57	438	181	13	20	16	3
平阳县	7		480	392	697	30	28	96	83
苍南县	3		670	324	151	11	2	291	186
文成县	3		19	142	113	2	3	1	
泰顺县	4		9	32	26	5	1		1
瑞安市	6		200	639	2567	8	22	73	23
乐清市	13		238	299	193	29	72	38	14
龙港市			91	45	1	1		31	10
嘉兴市	**42**		**5855**	**8877**	**2382**	**181**	**316**	**420**	**283**
南湖区			70	248	129	17	28	33	12
秀洲区			1954	1359	31	9	18	17	21
嘉善县	7		297	172	76	70	72	65	15
海盐县	7		208	621	71	13	25	55	123
海宁市	13		1485	2626	619	9	100	71	52
平湖市	5		86	2352	428	36	37	100	35
桐乡市	10		1755	1499	1028	27	36	79	25
湖州市	**183**		**2651**	**2632**	**175**	**1149**	**1026**	**201**	**49**
吴兴区	7		481	1517	3	98	16	12	6
南浔区	6		1033	449	116	353	150	39	19
德清县	22		419	456	33	222	108	70	8
长兴县	42		627	154	6	43	35	32	7
安吉县	106		91	56	17	433	717	48	9
绍兴市	**154**	**1**	**2902**	**3623**	**178**	**91**	**137**	**223**	**99**
越城区	28		595	477	15	23	26	29	15
柯桥区	23		1172	274	14	16	21	94	9
上虞区	13		212	467	16	12	18	26	40
新昌县	11		67	89	2	9	1	5	7
诸暨市	11		717	1754	125	10	42	42	23
嵊州市	68	1	139	562	6	21	29	27	5
金华市	**99**	**5**	**1987**	**5174**	**792**	**468**	**852**	**589**	**221**
婺城区	11	1	138	143	68	19	36	43	14
金东区	8	1	115	329	39	25	20	85	16
武义县	28		120	211	3	64	64	37	35
浦江县	4	1	464	2010	42	8	4	47	13
磐安县	26	1	13	110	16	79	20	5	
兰溪市	7		707	330	25	31	25	73	12
义乌市	8	1	225	1485	264	6	27	169	68
东阳市	2		120	472	315	160	549	37	5
永康市	5		85	84	20	76	107	93	58

4-4c 续表 17 单位：人

地区 性别	制造业								
	酒、饮料和精制茶制造业	烟草制品业	纺织业	纺织服装、服饰业	皮革、毛皮、羽毛及其制品和制鞋业	木材加工和木、竹、藤、棕、草制品业	家具制造业	造纸和纸制品业	印刷和记录媒介复制业
衢州市	**63**	**4**	**325**	**799**	**92**	**443**	**164**	**207**	**22**
柯城区	3		13	53	5	8	5	14	
衢江区	9		74	179	20	15	5	36	3
常山县	2		65	105	22	5	3	11	5
开化县	17		17	99	16	15	22	5	9
龙游县	26	4	110	190	11	32	97	118	1
江山市	6		46	173	18	368	32	23	4
舟山市	**5**		**26**	**43**	**1**	**21**	**10**	**3**	**3**
定海区	1		9	33	1	14	6	2	2
普陀区	2		14	7		7	4		1
岱山县	1		3	1				1	
嵊泗县	1			2					
台州市	**74**	**2**	**1267**	**4087**	**2658**	**374**	**460**	**382**	**195**
椒江区	1		67	690	27	11	22	32	12
黄岩区	7		24	435	40	20	22	41	29
路桥区	1		102	211	128	88	17	113	101
三门县			25	330	22	23	21	5	2
天台县	41		230	70	4	14	13	10	3
仙居县	6		15	52	12	32	27	9	5
温岭市	2		135	1283	2302	67	19	82	22
临海市	15		663	940	29	116	259	52	11
玉环市	1	2	6	76	94	3	60	38	10
丽水市	**134**		**57**	**228**	**112**	**282**	**84**	**27**	**7**
莲都区	8		9	16	32	3	7	2	1
青田县			3	43	33	1	31	1	
缙云县	1		32	97	17	24	7	12	5
遂昌县	18		3	20	1	18		4	
松阳县	92		5	27	15	4	7		
云和县	7		1	2		2			
庆元县	1		2	6		107	13	5	1
景宁畲族自治县	1		1	8	12	6	1		
龙泉市	6		1	9	2	117	18	3	

4-4c　续表 18　　　　　　　　　　　　　　　　单位：人

地　区 性　别	制造业								
	文教、工美、体育和娱乐用品制造业	石油、煤炭及其他燃料加工业	化学原料和化学制品制造业	医　药制造业	化学纤维制造业	橡胶和塑　料制品业	非金属矿　物制品业	黑色金属冶炼和压延加工业	有色金属冶炼和压延加工业
合计	**20437**	**318**	**6177**	**3113**	**3397**	**25364**	**15292**	**2547**	**3275**
杭州市	**1412**	**27**	**1121**	**367**	**659**	**1866**	**2419**	**158**	**284**
上城区									
下城区									
江干区									
拱墅区									
西湖区			2	6		3	11	1	
滨江区									
萧山区	441	9	349	58	634	652	703	56	72
余杭区	142	7	227	99	12	409	563	51	48
富阳区	347	7	106	114	11	238	356	8	83
临安区	94	2	165	21	2	187	215	14	20
桐庐县	302		57	20		73	210	22	39
淳安县	52		12	9		10	37		4
建德市	34	2	203	40		294	324	6	18
宁波市	**2768**	**97**	**660**	**160**	**249**	**5409**	**1918**	**351**	**881**
海曙区	151	2	37	3	3	434	162	20	44
江北区	79		29	8	1	214	78	7	212
北仑区	287	10	79	14	1	369	189	52	40
镇海区	38	62	83	2	5	120	84	16	16
鄞州区	305	3	72	60	7	622	295	53	187
奉化区	184	10	68	10		341	287	22	49
象山县	47	1	30	8	3	106	128	13	17
宁海县	934	2	60	17		565	216	29	51
余姚市	128	1	88	15	92	1027	192	86	104
慈溪市	615	6	114	23	137	1611	287	53	161
温州市	**2608**	**8**	**274**	**74**	**21**	**3830**	**1093**	**126**	**387**
鹿城区	119		7	2		58	97		
龙湾区						1			
瓯海区	30	1	10	2	1	60	59	10	7
洞头区	119		7	7		11	109	1	5
永嘉县	788		20	2		221	81	3	17
平阳县	552	1	82	16	5	1343	132	57	37
苍南县	358		17	6	2	681	73	5	79
文成县	9		4	2		26	19	13	7
泰顺县	41	1	4	4		17	66	8	3
瑞安市	376	1	65	4	11	537	209	12	127
乐清市	211	4	57	28	2	819	245	17	105
龙港市	5		1	1		56	3		
嘉兴市	**761**	**22**	**788**	**158**	**1198**	**2217**	**1923**	**365**	**160**
南湖区	26		108	38	34	194	106	63	5
秀洲区	30	1	71	4	44	134	201	7	6
嘉善县	49	1	63	13	2	221	405	116	24
海盐县	63	1	42	11	62	370	165	78	84
海宁市	84	8	131	37	100	672	148	26	11
平湖市	445	6	255	32	26	325	353	47	16
桐乡市	64	5	118	23	930	301	545	28	14
湖州市	**534**	**36**	**600**	**272**	**615**	**785**	**2106**	**324**	**433**
吴兴区	84	6	96	24	319	89	205	65	317
南浔区	136	10	138	30	94	113	329	171	33
德清县	183	6	182	111	60	262	634	38	11
长兴县	54	4	97	31	120	130	777	31	29
安吉县	77	10	87	76	22	191	161	19	43

4-4c 续表 19

单位：人

地区 性别	制造业								
	文教、工美、体育和娱乐用品制造业	石油、煤炭及其他燃料加工业	化学原料和化学制品制造业	医药制造业	化学纤维制造业	橡胶和塑料制品业	非金属矿物制品业	黑色金属冶炼和压延加工业	有色金属冶炼和压延加工业
绍兴市	**993**	**3**	**785**	**382**	**237**	**1149**	**1099**	**91**	**299**
越城区	107		69	89	16	74	225	14	19
柯桥区	353	1	39	25	181	116	169	14	22
上虞区	168		573	63	9	552	254	30	140
新昌县	30		3	166		37	18	2	7
诸暨市	242	1	70	15	31	304	310	27	105
嵊州市	93	1	31	24		66	123	4	6
金华市	**5865**	**25**	**909**	**344**	**364**	**4042**	**2246**	**146**	**231**
婺城区	89	5	106	58	5	121	193	16	5
金东区	732	3	112	21	2	495	253	7	8
武义县	318		82	6		168	137	20	16
浦江县	807	1	51	11	39	399	752	7	2
磐安县	174	2	16	8		151	29	3	3
兰溪市	310	3	110	51	6	361	389	6	59
义乌市	1945	4	251	74	62	1158	98	3	9
东阳市	901	5	105	112	246	258	161	10	34
永康市	589	2	76	3	4	931	234	74	95
衢州市	**438**	**7**	**376**	**92**	**21**	**491**	**736**	**328**	**177**
柯城区	27	1	68	16	3	37	54	79	23
衢江区	39	2	145	42	2	80	183	223	94
常山县	65	1	37	7		51	114	3	17
开化县	141		18	14	5	52	37		
龙游县	66		45	7	7	88	179	3	38
江山市	100	3	63	6	4	183	169	20	5
舟山市	**55**	**74**	**21**	**9**	**10**	**132**	**205**	**7**	**8**
定海区	6	13	13	3	10	29	127	3	4
普陀区	2	2	5	4		38	56	4	4
岱山县	47	59	3	2		65	19		
嵊泗县							3		
台州市	**3859**	**8**	**463**	**1188**	**23**	**5278**	**1036**	**193**	**351**
椒江区	206		117	187	2	447	120	7	32
黄岩区	931	1	54	38		1210	56	5	2
路桥区	100	1	28	14	3	1028	205	37	142
三门县	83	1	22	10	8	286	57	1	2
天台县	730		18	34	4	328	50	4	18
仙居县	949		38	147		292	51	2	12
温岭市	421	3	39	20		373	194	62	45
临海市	416	1	129	705	6	769	212	68	15
玉环市	23	1	18	33		545	91	7	83
丽水市	**1144**	**11**	**180**	**67**		**165**	**511**	**458**	**64**
莲都区	56	6	97	16		72	81	3	11
青田县	11	1	9			6	67	182	2
缙云县	94	1	10	11		45	94	28	11
遂昌县	3		22	19		20	98	91	32
松阳县	6	1	14	14		10	55	118	7
云和县	568	1				5	5	31	
庆元县	188		21	1		4	36		
景宁畲族自治县	25			1		1	11	4	1
龙泉市	193	1	7	5		2	64	1	
男	**9340**	**263**	**4274**	**1736**	**2064**	**13515**	**11612**	**2029**	**2341**
杭州市	**537**	**20**	**773**	**171**	**389**	**1139**	**1887**	**131**	**224**
上城区									
下城区									
江干区									
拱墅区									

4-4c 续表 20

单位：人

地区 性别	制造业								
	文教、工美、体育和娱乐用品制造业	石油、煤炭及其他燃料加工业	化学原料和化学制品制造业	医药制造业	化学纤维制造业	橡胶和塑料制品业	非金属矿物制品业	黑色金属冶炼和压延加工业	有色金属冶炼和压延加工业
西湖区			1	2		2	10	1	
滨江区									
萧山区	177	5	249	27	372	394	548	46	58
余杭区	64	6	134	47	6	228	431	45	34
富阳区	140	6	74	42	10	171	280	6	72
临安区	39	2	111	15	1	112	157	9	14
桐庐县	89		40	10		37	178	19	29
淳安县	18		8	5		3	29		4
建德市	10	1	156	23		192	254	5	13
宁波市	**1209**	**83**	**462**	**87**	**167**	**2685**	**1446**	**284**	**646**
海曙区	81	1	20		3	192	123	19	27
江北区	38		18	1		105	62	7	156
北仑区	101	7	70	6	1	196	147	46	30
镇海区	15	57	70	2	4	61	57	11	12
鄞州区	118	3	43	41	3	318	234	46	145
奉化区	79	9	44	9		161	208	18	36
象山县	21	1	24	4	2	57	97	8	16
宁海县	416		38	8		259	174	24	30
余姚市	46	1	55	6	58	509	137	63	70
慈溪市	294	4	80	10	96	827	207	42	124
温州市	**1454**	**7**	**189**	**30**	**15**	**2096**	**927**	**104**	**280**
鹿城区	100		5	2		35	84		
龙湾区						1			
瓯海区	18	1	9	1	1	35	52	9	4
洞头区	61		5	3		6	97		4
永嘉县	536		12	1		126	69	3	11
平阳县	292	1	54	7	2	716	115	46	28
苍南县	168		11	2	2	323	66	3	57
文成县	5		4	2		13	18	13	7
泰顺县	25	1	3	2		3	65	6	2
瑞安市	179	1	47	3	9	351	161	11	102
乐清市	67	3	38	6	1	457	197	13	65
龙港市	3		1	1		30	3		
嘉兴市	**389**	**19**	**611**	**87**	**746**	**1355**	**1504**	**282**	**99**
南湖区	14		92	15	22	106	79	54	4
秀洲区	15	1	50	2	25	90	158	5	3
嘉善县	25	1	37	10	1	123	326	91	17
海盐县	30	1	33	6	28	239	122	47	46
海宁市	42	6	93	24	66	426	116	20	7
平湖市	235	5	217	21	17	165	265	38	10
桐乡市	28	5	89	9	587	206	438	27	12
湖州市	**282**	**22**	**412**	**126**	**369**	**479**	**1565**	**256**	**296**
吴兴区	52	4	52	15	203	52	155	53	219
南浔区	69	6	110	17	60	81	245	135	21
德清县	104	3	120	64	39	156	470	35	8
长兴县	24	4	62	10	55	75	569	20	20
安吉县	33	5	68	20	12	115	126	13	28
绍兴市	**450**	**3**	**555**	**182**	**151**	**551**	**852**	**76**	**200**
越城区	41		50	24	11	40	169	14	12
柯桥区	186	1	29	14	116	75	129	12	15
上虞区	86		409	38	4	222	202	22	82
新昌县	9		2	87		19	16	2	6
诸暨市	84	1	41	6	20	160	241	22	80
嵊州市	44	1	24	13		35	95	4	5

4–4c 续表 21

单位：人

地区 性别	制造业								
	文教、工美、体育和娱乐用品制造业	石油、煤炭及其他燃料加工业	化学原料和化学制品制造业	医药制造业	化学纤维制造业	橡胶和塑料制品业	非金属矿物制品业	黑色金属冶炼和压延加工业	有色金属冶炼和压延加工业
金华市	**2819**	**18**	**547**	**154**	**196**	**2177**	**1546**	**111**	**146**
婺城区	42	4	63	32	4	59	148	13	3
金东区	340	1	73	5	1	269	173	5	7
武义县	159		63	1		87	95	18	12
浦江县	440	1	28	7	19	242	483	6	1
磐安县	58	1	9	3		72	21	3	2
兰溪市	74	3	73	19	3	109	291	5	25
义乌市	968	2	115	31	41	633	68	3	6
东阳市	396	4	73	56	125	164	117	3	22
永康市	342	2	50		3	542	150	55	68
衢州市	**103**	**6**	**272**	**41**	**10**	**201**	**570**	**275**	**138**
柯城区	7	1	47	12	2	16	35	67	19
衢江区	4	2	109	15	1	41	140	186	73
常山县	24	1	27	2		16	92	3	11
开化县	31		13	8	5	16	29		
龙游县	11		30	3	2	35	137	2	30
江山市	26	2	46	1		77	137	17	5
舟山市	**5**	**70**	**17**	**6**	**6**	**40**	**151**	**6**	**6**
定海区	1	10	10	2	6	10	93	3	3
普陀区	1	2	4	3		10	40	3	3
岱山县	3	58	3	1		20	16		
嵊泗县							2		
台州市	**1565**	**7**	**323**	**819**	**15**	**2715**	**794**	**155**	**256**
椒江区	64		85	138	1	250	91	3	23
黄岩区	337		33	22		524	46	4	1
路桥区	39	1	17	12	2	540	147	29	105
三门县	25	1	16	5	5	169	50	1	1
天台县	327		15	25	2	205	39	4	14
仙居县	471		27	118		166	36	2	10
温岭市	104	3	23	13		211	166	47	32
临海市	179	1	98	465	5	400	158	59	10
玉环市	19	1	9	21		250	61	6	60
丽水市	**527**	**8**	**113**	**33**		**77**	**370**	**349**	**50**
莲都区	26	4	60	11		37	54	3	10
青田县	10	1	7			1	50	127	1
缙云县	44	1	7	6		24	68	26	6
遂昌县	1		15	13		8	85	70	26
松阳县	3		11	3		1	34	96	6
云和县	276	1				4	5	25	
庆元县	81		7			1	33		
景宁畲族自治县	5						10	1	1
龙泉市	81	1	6			1	31	1	
女	**11097**	**55**	**1903**	**1377**	**1333**	**11849**	**3680**	**518**	**934**
杭州市	**875**	**7**	**348**	**196**	**270**	**727**	**532**	**27**	**60**
上城区									
下城区									
江干区									
拱墅区									
西湖区			1	4		1	1		
滨江区									
萧山区	264	4	100	31	262	258	155	10	14
余杭区	78	1	93	52	6	181	132	6	14
富阳区	207	1	32	72	1	67	76	2	11
临安区	55		54	6	1	75	58	5	6
桐庐县	213		17	10		36	32	3	10
淳安县	34		4	4		7	8		
建德市	24	1	47	17		102	70	1	5

4-4c 续表 22 单位：人

地区 性别	制造业								
	文教、工美、体育和娱乐用品制造业	石油、煤炭及其他燃料加工业	化学原料和化学制品制造业	医药制造业	化学纤维制造业	橡胶和塑料制品业	非金属矿物制品业	黑色金属冶炼和压延加工业	有色金属冶炼和压延加工业
宁波市	**1559**	**14**	**198**	**73**	**82**	**2724**	**472**	**67**	**235**
海曙区	70	1	17	3		242	39	1	17
江北区	41		11	7	1	109	16		56
北仑区	186	3	9	8		173	42	6	10
镇海区	23	5	13		1	59	27	5	4
鄞州区	187		29	19	4	304	61	7	42
奉化区	105	1	24	1		180	79	4	13
象山县	26		6	4	1	49	31	5	1
宁海县	518	2	22	9		306	42	5	21
余姚市	82		33	9	34	518	55	23	34
慈溪市	321	2	34	13	41	784	80	11	37
温州市	**1154**	**1**	**85**	**44**	**6**	**1734**	**166**	**22**	**107**
鹿城区	19		2			23	13		
龙湾区									
瓯海区	12		1	1		25	7	1	3
洞头区	58		2	4		5	12	1	1
永嘉县	252		8	1		95	12		6
平阳县	260		28	9	3	627	17	11	9
苍南县	190		6	4		358	7	2	22
文成县	4					13	1		
泰顺县	16		1	2		14	1	2	1
瑞安市	197		18	1	2	186	48	1	25
乐清市	144	1	19	22	1	362	48	4	40
龙港市	2					26			
嘉兴市	**372**	**3**	**177**	**71**	**452**	**862**	**419**	**83**	**61**
南湖区	12		16	23	12	88	27	9	1
秀洲区	15		21	2	19	44	43	2	3
嘉善县	24		26	3	1	98	79	25	7
海盐县	33		9	5	34	131	43	31	38
海宁市	42	2	38	13	34	246	32	6	4
平湖市	210	1	38	11	9	160	88	9	6
桐乡市	36		29	14	343	95	107	1	2
湖州市	**252**	**14**	**188**	**146**	**246**	**306**	**541**	**68**	**137**
吴兴区	32	2	44	9	116	37	50	12	98
南浔区	67	4	28	13	34	32	84	36	12
德清县	79	3	62	47	21	106	164	3	3
长兴县	30		35	21	65	55	208	11	9
安吉县	44	5	19	56	10	76	35	6	15
绍兴市	**543**		**230**	**200**	**86**	**598**	**247**	**15**	**99**
越城区	66		19	65	5	34	56		7
柯桥区	167		10	11	65	41	40	2	7
上虞区	82		164	25	5	330	52	8	58
新昌县	21		1	79		18	2		1
诸暨市	158		29	9	11	144	69	5	25
嵊州市	49		7	11		31	28		1
金华市	**3046**	**7**	**362**	**190**	**168**	**1865**	**700**	**35**	**85**
婺城区	47	1	43	26	1	62	45	3	2
金东区	392	2	39	16	1	226	80	2	1
武义县	159		19	5		81	42	2	4
浦江县	367		23	4	20	157	269	1	1
磐安县	116	1	7	5		79	8		1
兰溪市	236		37	32	3	252	98	1	34
义乌市	977	2	136	43	21	525	30		3
东阳市	505	1	32	56	121	94	44	7	12
永康市	247		26	3	1	389	84	19	27

4-4c 续表 23 单位：人

地区 性别	制造业								
	文教、工美、体育和娱乐用品制造业	石油、煤炭及其他燃料加工业	化学原料和化学制品制造业	医药制造业	化学纤维制造业	橡胶和塑料制品业	非金属矿物制品业	黑色金属冶炼和压延加工业	有色金属冶炼和压延加工业
衢州市	**335**	**1**	**104**	**51**	**11**	**290**	**166**	**53**	**39**
柯城区	20		21	4	1	21	19	12	4
衢江区	35		36	27	1	39	43	37	21
常山县	41		10	5		35	22		6
开化县	110		5	6		36	8		
龙游县	55		15	4	5	53	42	1	8
江山市	74	1	17	5	4	106	32	3	
舟山市	**50**	**4**	**4**	**3**	**4**	**92**	**54**	**1**	**2**
定海区	5	3	3	1	4	19	34		1
普陀区	1		1	1		28	16	1	1
岱山县	44	1		1		45	3		
嵊泗县							1		
台州市	**2294**	**1**	**140**	**369**	**8**	**2563**	**242**	**38**	**95**
椒江区	142		32	49	1	197	29	4	9
黄岩区	594	1	21	16		686	10	1	1
路桥区	61		11	2	1	488	58	8	37
三门县	58		6	5	3	117	7		1
天台县	403		3	9	2	123	11		4
仙居县	478		11	29		126	15		2
温岭市	317		16	7		162	28	15	13
临海市	237		31	240	1	369	54	9	5
玉环市	4		9	12		295	30	1	23
丽水市	**617**	**3**	**67**	**34**		**88**	**141**	**109**	**14**
莲都区	30	2	37	5		35	27		1
青田县	1		2			5	17	55	1
缙云县	50		3	5		21	26	2	5
遂昌县	2		7	6		12	13	21	6
松阳县	3	1	3	11		9	21	22	1
云和县	292					1		6	
庆元县	107		14	1		3	3		
景宁畲族自治县	20			1		1	1	3	
龙泉市	112		1	5		1	33		

4-4c　续表 24　　　　单位：人

地　区 性　别	制造业 金　属 制品业	通用设备 制造业	专用设备 制造业	汽　车 制造业	铁路、船舶、 航空航天和 其他运输 设备制造业	电气机械 和器材 制造业	计算机、 通信和其 他电子设 备制造业	仪器仪表 制造业	其　他 制造业
合计	**36893**	**37057**	**18201**	**17486**	**5460**	**26904**	**11319**	**2668**	**5077**
杭州市	**3460**	**3510**	**1028**	**1224**	**226**	**1799**	**1039**	**501**	**501**
上城区									
下城区									
江干区									
拱墅区									
西湖区	15	21	2	1	1	11	7	10	2
滨江区									
萧山区	1223	1294	308	780	91	272	164	67	357
余杭区	997	1076	361	251	17	507	353	281	51
富阳区	407	462	161	95	41	298	127	49	31
临安区	337	351	52	38	7	520	256	72	13
桐庐县	156	123	98	27	6	33	64	11	
淳安县	25	20	16	3	5	37	15	3	6
建德市	300	163	30	29	58	121	53	8	41
宁波市	**8826**	**8024**	**3102**	**5719**	**778**	**9055**	**2796**	**685**	**691**
海曙区	653	457	123	341	46	347	153	70	37
江北区	263	318	111	271	16	217	157	86	13
北仑区	675	802	773	624	57	413	395	56	27
镇海区	297	534	51	74	6	120	37	8	119
鄞州区	2172	1645	434	1194	104	862	758	121	71
奉化区	1063	877	76	285	36	509	239	44	64
象山县	232	507	306	285	208	248	69	9	34
宁海县	497	364	468	482	11	975	129	25	75
余姚市	995	875	336	638	31	1635	367	145	63
慈溪市	1979	1645	424	1525	263	3729	492	121	188
温州市	**4269**	**3587**	**2788**	**2890**	**287**	**3936**	**2689**	**334**	**626**
鹿城区	598	297	434	2		156	18	23	66
龙湾区	1	4	2			4			
瓯海区	263	118	283	143	142	37	12	12	30
洞头区	33	56	64	84	3	200	27	4	6
永嘉县	746	403	72	6		66	20	50	271
平阳县	221	514	151	314	13	239	125	3	120
苍南县	134	32	31	6	6	24	1	19	57
文成县	29	32	19	40	13	8	2	3	1
泰顺县	25	5	5	4	1	28	7		1
瑞安市	839	1311	984	1856	70	245	77	18	54
乐清市	1377	814	743	435	39	2926	2400	202	18
龙港市	3	1				3			2
嘉兴市	**3055**	**3008**	**778**	**1116**	**82**	**3097**	**2112**	**164**	**866**
南湖区	413	412	186	241	4	420	173	17	54
秀洲区	243	197	70	46	12	212	246	18	5
嘉善县	416	779	87	94	16	198	757	17	686
海盐县	486	659	137	143	6	931	72	20	7
海宁市	635	313	130	103	19	742	513	32	64
平湖市	589	499	101	446	19	387	101	27	14
桐乡市	273	149	67	43	6	207	250	33	36
湖州市	**1407**	**1803**	**475**	**445**	**72**	**1269**	**626**	**97**	**169**
吴兴区	281	342	172	48	28	218	62	8	33
南浔区	279	373	53	23	10	275	93	7	24
德清县	482	393	86	216	19	290	120	15	76
长兴县	148	327	125	109	13	416	222	64	11
安吉县	217	368	39	49	2	70	129	3	25

4-4c 续表 25 单位：人

地　区 性　别	制造业								
	金　属 制品业	通用设备 制造业	专用设备 制造业	汽　车 制造业	铁路、船舶、航空航天和其他运输设备制造业	电气机械和器材制造业	计算机、通信和其他电子设备制造业	仪器仪表 制造业	其　他 制造业
绍兴市	**1800**	**3735**	**864**	**998**	**99**	**1980**	**469**	**107**	**896**
越城区	120	117	64	41	6	117	46	8	14
柯桥区	157	117	56	127	2	60	25	1	16
上虞区	315	518	220	56	9	573	94	57	827
新昌县	59	942	81	74	27	38	24	15	7
诸暨市	983	1544	388	673	41	129	41	17	16
嵊州市	166	497	55	27	14	1063	239	9	16
金华市	**8326**	**2675**	**667**	**665**	**441**	**1097**	**544**	**298**	**779**
婺城区	246	161	52	120	37	84	24	52	32
金东区	400	183	65	35	115	88	21	56	76
武义县	1808	726	79	115	49	122	15	7	80
浦江县	1126	85	33	29	1	55	38	4	51
磐安县	60	14	7	4	3	11	17	1	10
兰溪市	230	128	29	48	24	83	47		164
义乌市	317	115	48	136		256	63	25	160
东阳市	365	175	115	10	3	68	269	7	87
永康市	3774	1088	239	168	209	330	50	146	119
衢州市	**649**	**646**	**254**	**91**	**39**	**431**	**285**	**70**	**84**
柯城区	43	73	26	4	4	34	16	3	2
衢江区	105	178	39	33	5	54	64	2	36
常山县	89	227	12	5	1	52	56	1	16
开化县	27	18	15	8		44	35	2	1
龙游县	187	67	32	9	26	42	71	42	9
江山市	198	83	130	32	3	205	43	20	20
舟山市	**285**	**182**	**900**	**212**	**1680**	**82**	**25**	**75**	**38**
定海区	103	133	809	22	687	52	16	9	2
普陀区	39	32	8	5	518	6	9	63	16
岱山县	142	17	82	185	475	24		3	16
嵊泗县	1		1						4
台州市	**4206**	**9146**	**7031**	**3993**	**1679**	**3878**	**662**	**305**	**361**
椒江区	502	695	1879	222	264	571	464	30	32
黄岩区	139	219	1185	156	129	179	15	7	15
路桥区	1228	1095	693	513	452	721	38	12	38
三门县	73	279	83	141	94	175	15	4	2
天台县	135	111	74	279	27	32	24	6	7
仙居县	64	88	39	128	7	127	23	6	10
温岭市	857	3351	314	413	380	823	35	115	35
临海市	411	448	2436	473	275	1070	28	18	218
玉环市	797	2860	328	1668	51	180	20	107	4
丽水市	**610**	**741**	**314**	**133**	**77**	**280**	**72**	**32**	**66**
莲都区	48	184	26	66	3	122	8	8	1
青田县	57	159	36	7		11	4	2	9
缙云县	348	239	205	18	73	118	52	20	4
遂昌县	48	30	24	6	1	9	2		24
松阳县	84	30	15	9		16	4	1	4
云和县	2	42	2			2			
庆元县	8	2	1				1	1	9
景宁畲族自治县	5	10	1			1	1		5
龙泉市	10	45	4	27		1			10
男	**23791**	**24368**	**12147**	**10990**	**3859**	**14246**	**5632**	**1436**	**2177**
杭州市	**2309**	**2500**	**713**	**831**	**138**	**988**	**507**	**268**	**184**
上城区									
下城区									
江干区									
拱墅区									

4-4c 续表 26

单位：人

地区 性别	制造业								
	金属制品业	通用设备制造业	专用设备制造业	汽车制造业	铁路、船舶、航空航天和其他运输设备制造业	电气机械和器材制造业	计算机、通信和其他电子设备制造业	仪器仪表制造业	其他制造业
西湖区	11	17	1	1	1	7	4	5	1
滨江区									
萧山区	809	882	223	547	51	160	93	42	116
余杭区	689	785	227	163	14	267	161	149	27
富阳区	287	324	118	56	27	160	60	17	17
临安区	210	267	35	21	6	291	130	44	9
桐庐县	106	94	76	17	4	17	28	5	
淳安县	20	15	11	3	1	21	4	1	2
建德市	177	116	22	23	34	65	27	5	12
宁波市	**5533**	**5010**	**2252**	**3540**	**529**	**4669**	**1411**	**346**	**331**
海曙区	402	294	82	195	23	201	61	30	13
江北区	150	197	72	178	11	107	100	54	6
北仑区	445	584	614	388	42	212	201	31	8
镇海区	192	342	38	43	3	59	19	5	76
鄞州区	1428	1013	251	701	71	424	367	62	31
奉化区	657	517	47	177	30	281	109	19	26
象山县	160	357	247	176	160	147	38	7	26
宁海县	297	215	367	309	5	479	60	10	35
余姚市	584	517	237	420	15	827	219	54	31
慈溪市	1218	974	297	953	169	1932	237	74	79
温州市	**2702**	**2598**	**1997**	**1729**	**180**	**2103**	**1173**	**202**	**335**
鹿城区	377	192	281	1		80	9	10	36
龙湾区	1	4	1						
瓯海区	163	83	181	89	83	21	7	7	13
洞头区	27	41	42	65	2	129	14	3	2
永嘉县	464	326	55	5		41	12	34	167
平阳县	151	396	113	205	7	132	68	1	50
苍南县	90	24	22	5	5	14	1	17	16
文成县	23	25	10	25	8	6	2	2	1
泰顺县	18	3	4	3	1	9	2		
瑞安市	575	983	677	1114	49	149	40	12	36
乐清市	811	521	611	217	25	1520	1018	116	12
龙港市	2					2			2
嘉兴市	**1958**	**1936**	**548**	**751**	**54**	**1607**	**1135**	**102**	**437**
南湖区	243	258	116	174	3	222	87	10	23
秀洲区	163	140	42	28	5	110	119	10	
嘉善县	282	450	65	68	11	96	452	11	356
海盐县	308	396	93	89	2	445	32	14	2
海宁市	379	210	100	67	15	371	260	17	29
平湖市	403	385	85	296	13	243	52	15	8
桐乡市	180	97	47	29	5	120	133	25	19
湖州市	**1040**	**1365**	**355**	**258**	**43**	**739**	**299**	**57**	**83**
吴兴区	199	268	144	24	15	141	34	6	21
南浔区	220	281	42	15	6	163	44	5	7
德清县	352	296	60	138	13	149	57	6	37
长兴县	117	260	91	46	8	241	78	37	6
安吉县	152	260	18	35	1	45	86	3	12
绍兴市	**1171**	**2415**	**581**	**590**	**66**	**1097**	**213**	**68**	**242**
越城区	87	83	34	21	5	50	18	5	3
柯桥区	128	82	35	77	1	38	13	1	6
上虞区	176	308	140	24	5	254	47	35	211
新昌县	40	575	60	52	19	17	14	9	2
诸暨市	613	999	272	401	25	72	19	10	7
嵊州市	127	368	40	15	11	666	102	8	13

4—4c 续表 27　　单位：人

地区 性别	制造业								
	金属制品业	通用设备制造业	专用设备制造业	汽车制造业	铁路、船舶、航空航天和其他运输设备制造业	电气机械和器材制造业	计算机、通信和其他电子设备制造业	仪器仪表制造业	其他制造业
金华市	**5213**	**1717**	**452**	**469**	**281**	**656**	**289**	**140**	**342**
婺城区	152	111	37	89	23	47	17	17	13
金东区	243	121	39	27	87	55	10	23	38
武义县	1158	457	55	77	28	75	8	3	30
浦江县	651	67	27	19	1	36	24	4	26
磐安县	40	10	3	3	1	7	8		3
兰溪市	148	92	22	30	13	52	31		44
义乌市	217	73	33	115		174	35	12	86
东阳市	218	113	62	4	2	32	137	4	51
永康市	2386	673	174	105	126	178	19	77	51
衢州市	**463**	**486**	**168**	**60**	**30**	**257**	**149**	**44**	**19**
柯城区	30	58	23	3	2	25	10	3	
衢江区	85	143	32	22	3	32	35	1	8
常山县	59	164	8	3	1	37	30		4
开化县	20	14	10	5		19	26	1	
龙游县	115	50	22	6	23	25	30	33	2
江山市	154	57	73	21	1	119	18	6	5
舟山市	**234**	**120**	**746**	**117**	**1368**	**35**	**8**	**15**	**35**
定海区	83	88	675	10	600	19	3	2	1
普陀区	30	24	7	5	382	5	5	13	15
岱山县	120	8	63	102	386	11			16
嵊泗县	1		1						3
台州市	**2731**	**5678**	**4148**	**2572**	**1118**	**1930**	**415**	**179**	**135**
椒江区	306	455	964	158	174	372	307	16	11
黄岩区	96	136	962	90	90	89	11	4	2
路桥区	742	648	436	361	275	393	19	8	10
三门县	50	190	66	97	71	97	10	2	1
天台县	87	79	45	187	22	15	10	4	1
仙居县	47	69	21	91	7	74	14	2	7
温岭市	591	2136	222	245	242	461	17	62	15
临海市	312	335	1240	307	206	304	19	11	86
玉环市	500	1630	192	1036	31	125	8	70	2
丽水市	**437**	**543**	**187**	**73**	**52**	**165**	**33**	**15**	**34**
莲都区	39	126	16	43	2	87	4	6	1
青田县	38	111	19	1		5	2	1	8
缙云县	245	186	122	12	50	61	22	7	1
遂昌县	33	23	15	4		2	1		14
松阳县	60	22	8	7		7	3	1	2
云和县	2	32	2			2			
庆元县	8	2	1				1		3
景宁畲族自治县	5	9	1						1
龙泉市	7	32	3	6		1			4
女	**13102**	**12689**	**6054**	**6496**	**1601**	**12658**	**5687**	**1232**	**2900**
杭州市	**1151**	**1010**	**315**	**393**	**88**	**811**	**532**	**233**	**317**
上城区									
下城区									
江干区									
拱墅区									
西湖区	4	4	1			4	3	5	1
滨江区									
萧山区	414	412	85	233	40	112	71	25	241
余杭区	308	291	134	88	3	240	192	132	24
富阳区	120	138	43	39	14	138	67	32	14
临安区	127	84	17	17	1	229	126	28	4
桐庐县	50	29	22	10	2	16	36	6	
淳安县	5	5	5		4	16	11	2	4
建德市	123	47	8	6	24	56	26	3	29

4-4c　续表 28　　　　单位：人

地区 性别	制造业								
	金属制品业	通用设备制造业	专用设备制造业	汽车制造业	铁路、船舶、航空航天和其他运输设备制造业	电气机械和器材制造业	计算机、通信和其他电子设备制造业	仪器仪表制造业	其他制造业
宁波市	**3293**	**3014**	**850**	**2179**	**249**	**4386**	**1385**	**339**	**360**
海曙区	251	163	41	146	23	146	92	40	24
江北区	113	121	39	93	5	110	57	32	7
北仑区	230	218	159	236	15	201	194	25	19
镇海区	105	192	13	31	3	61	18	3	43
鄞州区	744	632	183	493	33	438	391	59	40
奉化区	406	360	29	108	6	228	130	25	38
象山县	72	150	59	109	48	101	31	2	8
宁海县	200	149	101	173	6	496	69	15	40
余姚市	411	358	99	218	16	808	148	91	32
慈溪市	761	671	127	572	94	1797	255	47	109
温州市	**1567**	**989**	**791**	**1161**	**107**	**1833**	**1516**	**132**	**291**
鹿城区	221	105	153	1		76	9	13	30
龙湾区			1			4			
瓯海区	100	35	102	54	59	16	5	5	17
洞头区	6	15	22	19	1	71	13	1	4
永嘉县	282	77	17	1		25	8	16	104
平阳县	70	118	38	109	6	107	57	2	70
苍南县	44	8	9	1	1	10		2	41
文成县	6	7	9	15	5	2		1	
泰顺县	7	2	1	1		19	5		1
瑞安市	264	328	307	742	21	96	37	6	18
乐清市	566	293	132	218	14	1406	1382	86	6
龙港市	1	1				1			
嘉兴市	**1097**	**1072**	**230**	**365**	**28**	**1490**	**977**	**62**	**429**
南湖区	170	154	70	67	1	198	86	7	31
秀洲区	80	57	28	18	7	102	127	8	5
嘉善县	134	329	22	26	5	102	305	6	330
海盐县	178	263	44	54	4	486	40	6	5
海宁市	256	103	30	36	4	371	253	15	35
平湖市	186	114	16	150	6	144	49	12	6
桐乡市	93	52	20	14	1	87	117	8	17
湖州市	**367**	**438**	**120**	**187**	**29**	**530**	**327**	**40**	**86**
吴兴区	82	74	28	24	13	77	28	2	12
南浔区	59	92	11	8	4	112	49	2	17
德清县	130	97	26	78	6	141	63	9	39
长兴县	31	67	34	63	5	175	144	27	5
安吉县	65	108	21	14	1	25	43		13
绍兴市	**629**	**1320**	**283**	**408**	**33**	**883**	**256**	**39**	**654**
越城区	33	34	30	20	1	67	28	3	11
柯桥区	29	35	21	50	1	22	12		10
上虞区	139	210	80	32	4	319	47	22	616
新昌县	19	367	21	22	8	21	10	6	5
诸暨市	370	545	116	272	16	57	22	7	9
嵊州市	39	129	15	12	3	397	137	1	3
金华市	**3113**	**958**	**215**	**196**	**160**	**441**	**255**	**158**	**437**
婺城区	94	50	15	31	14	37	7	35	19
金东区	157	62	26	8	28	33	11	33	38
武义县	650	269	24	38	21	47	7	4	50
浦江县	475	18	6	10		19	14		25
磐安县	20	4	4	1	2	4	9	1	7
兰溪市	82	36	7	18	11	31	16		120
义乌市	100	42	15	21		82	28	13	74
东阳市	147	62	53	6	1	36	132	3	36
永康市	1388	415	65	63	83	152	31	69	68

4-4c 续表 29

单位：人

地区 性别	制造业								
	金属制品业	通用设备制造业	专用设备制造业	汽车制造业	铁路、船舶、航空航天和其他运输设备制造业	电气机械和器材制造业	计算机、通信和其他电子设备制造业	仪器仪表制造业	其他制造业
衢州市	**186**	**160**	**86**	**31**	**9**	**174**	**136**	**26**	**65**
柯城区	13	15	3	1	2	9	6		2
衢江区	20	35	7	11	2	22	29	1	28
常山县	30	63	4	2		15	26	1	12
开化县	7	4	5	3		25	9	1	1
龙游县	72	17	10	3	3	17	41	9	7
江山市	44	26	57	11	2	86	25	14	15
舟山市	**51**	**62**	**154**	**95**	**312**	**47**	**17**	**60**	**3**
定海区	20	45	134	12	87	33	13	7	1
普陀区	9	8	1		136	1	4	50	1
岱山县	22	9	19	83	89	13		3	
嵊泗县									1
台州市	**1475**	**3468**	**2883**	**1421**	**561**	**1948**	**247**	**126**	**226**
椒江区	196	240	915	64	90	199	157	14	21
黄岩区	43	83	223	66	39	90	4	3	13
路桥区	486	447	257	152	177	328	19	4	28
三门县	23	89	17	44	23	78	5	2	1
天台县	48	32	29	92	5	17	14	2	6
仙居县	17	19	18	37		53	9	4	3
温岭市	266	1215	92	168	138	362	18	53	20
临海市	99	113	1196	166	69	766	9	7	132
玉环市	297	1230	136	632	20	55	12	37	2
丽水市	**173**	**198**	**127**	**60**	**25**	**115**	**39**	**17**	**32**
莲都区	9	58	10	23	1	35	4	2	
青田县	19	48	17	6		6	2	1	1
缙云县	103	53	83	6	23	57	30	13	3
遂昌县	15	7	9	2	1	7	1		10
松阳县	24	8	7	2		9	1		2
云和县		10							
庆元县								1	6
景宁畲族自治县		1				1	1		4
龙泉市	3	13	1	21					6

4−4c 续表 30

单位：人

地区 性别	制造业		电力、热力、燃气及水生产和供应业				建筑业		
	废弃资源综合利用业	金属制品、机械和设备修理业	小计	电力、热力生产和供应业	燃气生产和供应业	水的生产和供应业	小计	房屋建筑业	土木工程建筑业
合计	**2177**	**2888**	**5372**	**3538**	**722**	**1112**	**107424**	**57417**	**13349**
杭州市	**311**	**113**	**613**	**354**	**106**	**153**	**17145**	**9172**	**2894**
上城区									
下城区									
江干区									
拱墅区									
西湖区		3	6	2	1	3	493	357	45
滨江区									
萧山区	4	28	149	87	30	32	3616	2142	499
余杭区	124	41	154	77	28	49	5385	2596	974
富阳区	117	12	57	26	20	11	1877	825	471
临安区	18	5	91	63	6	22	2024	1235	302
桐庐县	17	1	60	43	6	11	1057	490	239
淳安县	1	8	44	26	4	14	1074	668	95
建德市	30	15	52	30	11	11	1619	859	269
宁波市	**218**	**210**	**626**	**394**	**103**	**129**	**12162**	**6669**	**1466**
海曙区	3	5	28	22	3	3	795	248	73
江北区	6	3	28	11	8	9	716	508	41
北仑区	35	75	86	54	22	10	1285	619	195
镇海区	13	6	15	7	5	3	506	212	169
鄞州区	14	11	60	34	13	13	2206	1270	203
奉化区	54	31	57	26	10	21	1733	1072	220
象山县	3	32	94	64	6	24	1333	820	130
宁海县	43	15	118	102	11	5	1234	643	90
余姚市	14	14	58	30	8	20	866	483	92
慈溪市	33	18	82	44	17	21	1488	794	253
温州市	**104**	**107**	**613**	**434**	**74**	**105**	**10346**	**5393**	**1443**
鹿城区	4	5	35	26	4	5	526	268	75
龙湾区							19	18	1
瓯海区	11	6	23	15	4	4	705	313	119
洞头区	2	4	22	17	1	4	834	456	275
永嘉县	6	4	64	48	10	6	1455	684	223
平阳县	21	17	64	31	17	16	1420	745	190
苍南县	29	21	57	32	6	19	775	398	145
文成县	3		42	37	2	3	680	298	191
泰顺县	1	3	31	25	1	5	683	312	61
瑞安市	12	20	91	61	11	19	1076	556	49
乐清市	15	27	181	141	18	22	2145	1337	114
龙港市			3	1		2	28	8	
嘉兴市	**137**	**186**	**511**	**344**	**57**	**110**	**9109**	**4938**	**852**
南湖区	44	10	39	29	4	6	616	360	53
秀洲区	4	28	68	37	6	25	1031	632	82
嘉善县	26	14	53	31	7	15	1043	685	41
海盐县	14	37	72	49	11	12	1147	587	80
海宁市	21	41	87	60	9	18	1827	933	194
平湖市	11	27	84	64	4	16	1798	953	230
桐乡市	17	29	108	74	16	18	1647	788	172
湖州市	**199**	**103**	**484**	**290**	**84**	**110**	**7555**	**3897**	**1075**
吴兴区	42	40	87	54	19	14	2297	1206	392
南浔区	41	12	93	55	18	20	1328	777	111
德清县	43	17	82	54	12	16	1212	654	221
长兴县	22	23	102	49	20	33	1561	713	160
安吉县	51	11	120	78	15	27	1157	547	191

4—4c 续表 31 单位：人

地区 性别	制造业		电力、热力、燃气及水生产和供应业				建筑业		
	废弃资源综合利用业	金属制品、机械和设备修理业	小计	电力、热力生产和供应业	燃气生产和供应业	水的生产和供应业	小计	房屋建筑业	土木工程建筑业
绍兴市	**121**	**92**	**355**	**209**	**51**	**95**	**11275**	**5328**	**1072**
越城区	6	11	51	28	9	14	1845	720	199
柯桥区	49	12	63	39	10	14	1748	772	163
上虞区	20	13	70	40	4	26	2615	1373	192
新昌县	3	3	23	14	6	3	702	317	137
诸暨市	31	39	87	50	16	21	2855	1348	201
嵊州市	12	14	61	38	6	17	1510	798	180
金华市	**255**	**97**	**648**	**390**	**105**	**153**	**12255**	**6890**	**1402**
婺城区	11	11	103	73	12	18	1245	680	179
金东区	34	13	42	19	15	8	1148	580	250
武义县	16	3	64	33	8	23	643	371	40
浦江县	27	17	77	47	15	15	1069	584	71
磐安县	1	4	24	18	2	4	804	495	110
兰溪市	22	10	76	61	8	7	1981	1010	153
义乌市	88	14	112	62	19	31	2104	1198	289
东阳市	42	15	63	34	7	22	2505	1640	203
永康市	14	10	87	43	19	25	756	332	107
衢州市	**32**	**48**	**269**	**208**	**19**	**42**	**7324**	**4019**	**778**
柯城区	2	9	43	28	4	11	1074	575	130
衢江区	8	8	79	72	4	3	1427	715	232
常山县	1	8	22	13		9	1104	546	94
开化县	2	4	26	23	1	2	1066	665	89
龙游县	4	9	48	32	5	11	1206	684	158
江山市	15	10	51	40	5	6	1447	834	75
舟山市	**2**	**1730**	**174**	**118**	**16**	**40**	**2718**	**1196**	**384**
定海区	2	249	48	32	8	8	1281	634	174
普陀区		1020	88	67	3	18	845	443	44
岱山县		451	17	4	4	9	520	106	137
嵊泗县		10	21	15	1	5	72	13	29
台州市	**766**	**187**	**770**	**551**	**92**	**127**	**13211**	**7161**	**1338**
椒江区	67	15	86	61	8	17	1572	878	197
黄岩区	72	16	68	46	14	8	1343	629	160
路桥区	409	23	49	28	9	12	761	389	104
三门县	8	14	176	163	5	8	911	454	26
天台县	2	8	43	22	8	13	945	490	119
仙居县	10	4	38	30	2	6	750	441	128
温岭市	39	44	102	62	11	29	2437	1383	197
临海市	115	39	112	70	28	14	3768	2032	337
玉环市	44	24	96	69	7	20	724	465	70
丽水市	**32**	**15**	**309**	**246**	**15**	**48**	**4324**	**2754**	**645**
莲都区	19	3	40	20	2	18	972	760	44
青田县			37	31	3	3	675	588	17
缙云县		2	48	38	4	6	945	534	184
遂昌县			29	25	2	2	307	159	37
松阳县	10	4	38	29		9	433	207	69
云和县			27	24	1	2	183	117	27
庆元县	1	4	19	16	2	1	200	103	44
景宁畲族自治县	2	1	33	31	1	1	376	164	166
龙泉市		1	38	32		6	233	122	57
男	**1569**	**2535**	**4427**	**2955**	**547**	**925**	**97659**	**51504**	**12074**
杭州市	**248**	**98**	**514**	**301**	**87**	**126**	**15474**	**8198**	**2611**
上城区									
下城区									
江干区									
拱墅区									

4-4c 续表 32

单位：人

地区 性别	制造业		电力、热力、燃气及水生产和供应业				建筑业		
	废弃资源综合利用业	金属制品、机械和设备修理业	小计	电力、热力生产和供应业	燃气生产和供应业	水的生产和供应业	小计	房屋建筑业	土木工程建筑业
西湖区		3	6	2	1	3	422	306	39
滨江区									
萧山区	3	26	123	71	26	26	3273	1938	442
余杭区	95	34	123	61	22	40	4816	2283	880
富阳区	97	11	48	23	14	11	1697	743	427
临安区	13	4	81	57	5	19	1830	1099	281
桐庐县	14	1	53	38	6	9	1005	470	223
淳安县	1	5	34	22	3	9	980	601	87
建德市	25	14	46	27	10	9	1451	758	232
宁波市	**165**	**193**	**525**	**332**	**87**	**106**	**11100**	**6044**	**1319**
海曙区	2	5	25	20	3	2	724	220	66
江北区	6	2	24	9	7	8	653	459	36
北仑区	28	69	71	45	18	8	1137	550	171
镇海区	11	4	14	6	5	3	468	189	158
鄞州区	12	10	51	29	11	11	1989	1136	172
奉化区	37	27	51	23	9	19	1557	965	196
象山县	2	32	77	51	6	20	1254	766	118
宁海县	29	13	98	86	8	4	1137	574	87
余姚市	11	13	45	24	7	14	814	451	87
慈溪市	27	18	69	39	13	17	1367	734	228
温州市	**69**	**101**	**503**	**356**	**56**	**91**	**9458**	**4848**	**1334**
鹿城区	4	3	24	19	2	3	476	242	72
龙湾区							15	14	1
瓯海区	8	6	15	8	3	4	647	276	115
洞头区	2	2	16	11	1	4	731	392	247
永嘉县	2	4	51	38	8	5	1338	616	204
平阳县	15	17	52	24	14	14	1317	679	180
苍南县	17	21	49	28	3	18	733	372	138
文成县	3		37	32	2	3	614	259	176
泰顺县	1	3	26	23		3	629	282	57
瑞安市	6	19	78	54	9	15	983	504	47
乐清市	11	26	152	118	14	20	1947	1204	97
龙港市			3	1		2	28	8	
嘉兴市	**100**	**156**	**427**	**287**	**45**	**95**	**8210**	**4423**	**740**
南湖区	38	8	32	26	3	3	549	323	46
秀洲区	3	28	61	34	4	23	910	560	65
嘉善县	19	11	38	21	4	13	921	597	37
海盐县	8	33	56	37	9	10	963	486	66
海宁市	12	29	71	51	6	14	1654	835	173
平湖市	10	24	73	54	4	15	1667	885	195
桐乡市	10	23	96	64	15	17	1546	737	158
湖州市	**153**	**97**	**389**	**241**	**59**	**89**	**6747**	**3413**	**985**
吴兴区	30	36	71	45	15	11	1990	1010	357
南浔区	34	12	76	46	13	17	1181	674	101
德清县	34	16	62	41	8	13	1101	584	200
长兴县	17	23	79	40	12	27	1432	660	149
安吉县	38	10	101	69	11	21	1043	485	178
绍兴市	**90**	**83**	**293**	**182**	**36**	**75**	**10422**	**4874**	**973**
越城区	4	10	41	24	6	11	1708	650	184
柯桥区	36	12	50	32	7	11	1574	682	137
上虞区	14	10	59	34	3	22	2443	1276	178
新昌县	3	3	20	13	5	2	653	289	129
诸暨市	24	36	74	46	12	16	2665	1250	184
嵊州市	9	12	49	33	3	13	1379	727	161

4-4c 续表 33

单位：人

地　区 性　别	制造业		电力、热力、燃气及水生产和供应业				建筑业		
	废弃资源综合利用业	金属制品、机械和设备修理业	小计	电力、热力生产和供应业	燃气生产和供应业	水的生产和供应业	小计	房屋建筑业	土木工程建筑业
金华市	**177**	**88**	**531**	**329**	**73**	**129**	**10948**	**6032**	**1250**
婺城区	8	10	88	62	10	16	1087	583	155
金东区	22	12	31	15	8	8	993	487	226
武义县	11	3	46	26	3	17	590	339	36
浦江县	19	16	66	39	12	15	1009	547	68
磐安县	1	2	20	15	2	3	707	413	104
兰溪市	17	8	61	52	5	4	1805	902	128
义乌市	60	13	100	59	14	27	1889	1062	259
东阳市	30	14	49	25	5	19	2227	1432	178
永康市	9	10	70	36	14	20	641	267	96
衢州市	**23**	**43**	**224**	**176**	**14**	**34**	**6865**	**3711**	**722**
柯城区	2	8	36	24	4	8	1016	544	121
衢江区	7	8	66	59	4	3	1357	676	212
常山县	1	8	20	13		7	1070	530	89
开化县	2	4	17	17			979	596	83
龙游县	3	7	43	30	3	10	1109	622	147
江山市	8	8	42	33	3	6	1334	743	70
舟山市		**1496**	**131**	**85**	**13**	**33**	**2452**	**1059**	**353**
定海区		209	37	26	7	4	1132	553	158
普陀区		899	67	47	3	17	774	397	41
岱山县		379	13	2	3	8	479	98	126
嵊泗县		9	14	10		4	67	11	28
台州市	**520**	**167**	**630**	**462**	**63**	**105**	**12151**	**6521**	**1207**
椒江区	47	12	72	54	3	15	1418	787	183
黄岩区	54	15	54	38	11	5	1242	591	138
路桥区	276	20	34	20	5	9	692	349	99
三门县	7	14	149	139	3	7	869	430	25
天台县	2	7	37	21	6	10	834	419	107
仙居县	9	4	30	23	1	6	680	400	109
温岭市	28	38	79	49	7	23	2203	1222	177
临海市	61	36	94	61	20	13	3552	1904	305
玉环市	36	21	81	57	7	17	661	419	64
丽水市	**24**	**13**	**260**	**204**	**14**	**42**	**3832**	**2381**	**580**
莲都区	13	2	33	16	2	15	848	653	42
青田县			34	29	2	3	529	448	16
缙云县		1	42	33	4	5	878	492	170
遂昌县			25	21	2	2	283	139	35
松阳县	9	4	33	25		8	388	182	60
云和县			21	18	1	2	174	111	25
庆元县	1	4	15	12	2	1	180	93	38
景宁畲族自治县	1	1	26	24	1	1	334	150	140
龙泉市		1	31	26		5	218	113	54
女	**608**	**353**	**945**	**583**	**175**	**187**	**9765**	**5913**	**1275**
杭州市	**63**	**15**	**99**	**53**	**19**	**27**	**1671**	**974**	**283**
上城区									
下城区									
江干区									
拱墅区									
西湖区							71	51	6
滨江区									
萧山区	1	2	26	16	4	6	343	204	57
余杭区	29	7	31	16	6	9	569	313	94
富阳区	20	1	9	3	6		180	82	44
临安区	5	1	10	6	1	3	194	136	21
桐庐县	3		7	5		2	52	20	16
淳安县		3	10	4	1	5	94	67	8
建德市	5	1	6	3	1	2	168	101	37

4-4c　续表 34　　　　单位：人

地区 性别	制造业		电力、热力、燃气及水生产和供应业				建筑业		
	废弃资源综合利用业	金属制品、机械和设备修理业	小计	电力、热力生产和供应业	燃气生产和供应业	水的生产和供应业	小计	房屋建筑业	土木工程建筑业
宁波市	**53**	**17**	**101**	**62**	**16**	**23**	**1062**	**625**	**147**
海曙区	1		3	2		1	71	28	7
江北区		1	4	2	1	1	63	49	5
北仑区	7	6	15	9	4	2	148	69	24
镇海区	2	2	1	1			38	23	11
鄞州区	2	1	9	5	2	2	217	134	31
奉化区	17	4	6	3	1	2	176	107	24
象山县	1		17	13		4	79	54	12
宁海县	14	2	20	16	3	1	97	69	3
余姚市	3	1	13	6	1	6	52	32	5
慈溪市	6		13	5	4	4	121	60	25
温州市	**35**	**6**	**110**	**78**	**18**	**14**	**888**	**545**	**109**
鹿城区		2	11	7	2	2	50	26	3
龙湾区							4	4	
瓯海区	3		8	7	1		58	37	4
洞头区		2	6	6			103	64	28
永嘉县	4		13	10	2	1	117	68	19
平阳县	6		12	7	3	2	103	66	10
苍南县	12		8	4	3	1	42	26	7
文成县			5	5			66	39	15
泰顺县			5	2	1	2	54	30	4
瑞安市	6	1	13	7	2	4	93	52	2
乐清市	4	1	29	23	4	2	198	133	17
龙港市									
嘉兴市	**37**	**30**	**84**	**57**	**12**	**15**	**899**	**515**	**112**
南湖区	6	2	7	3	1	3	67	37	7
秀洲区	1		7	3	2	2	121	72	17
嘉善县	7	3	15	10	3	2	122	88	4
海盐县	6	4	16	12	2	2	184	101	14
海宁市	9	12	16	9	3	4	173	98	21
平湖市	1	3	11	10		1	131	68	35
桐乡市	7	6	12	10	1	1	101	51	14
湖州市	**46**	**6**	**95**	**49**	**25**	**21**	**808**	**484**	**90**
吴兴区	12	4	16	9	4	3	307	196	35
南浔区	7		17	9	5	3	147	103	10
德清县	9	1	20	13	4	3	111	70	21
长兴县	5		23	9	8	6	129	53	11
安吉县	13	1	19	9	4	6	114	62	13
绍兴市	**31**	**9**	**62**	**27**	**15**	**20**	**853**	**454**	**99**
越城区	2	1	10	4	3	3	137	70	15
柯桥区	13		13	7	3	3	174	90	26
上虞区	6	3	11	6	1	4	172	97	14
新昌县			3	1	1	1	49	28	8
诸暨市	7	3	13	4	4	5	190	98	17
嵊州市	3	2	12	5	3	4	131	71	19
金华市	**78**	**9**	**117**	**61**	**32**	**24**	**1307**	**858**	**152**
婺城区	3	1	15	11	2	2	158	97	24
金东区	12	1	11	4	7		155	93	24
武义县	5		18	7	5	6	53	32	4
浦江县	8	1	11	8	3		60	37	3
磐安县		2	4	3		1	97	82	6
兰溪市	5	2	15	9	3	3	176	108	25
义乌市	28	1	12	3	5	4	215	136	30
东阳市	12	1	14	9	2	3	278	208	25
永康市	5		17	7	5	5	115	65	11

4-4c 续表 35 单位：人

地区 性别	制造业		电力、热力、燃气及水生产和供应业				建筑业		
	废弃资源综合利用业	金属制品、机械和设备修理业	小计	电力、热力生产和供应业	燃气生产和供应业	水的生产和供应业	小计	房屋建筑业	土木工程建筑业
衢州市	**9**	**5**	**45**	**32**	**5**	**8**	**459**	**308**	**56**
柯城区		1	7	4		3	58	31	9
衢江区	1		13	13			70	39	20
常山县			2			2	34	16	5
开化县			9	6	1	2	87	69	6
龙游县	1	2	5	2	2	1	97	62	11
江山市	7	2	9	7	2		113	91	5
舟山市	**2**	**234**	**43**	**33**	**3**	**7**	**266**	**137**	**31**
定海区	2	40	11	6	1	4	149	81	16
普陀区		121	21	20		1	71	46	3
岱山县		72	4	2	1	1	41	8	11
嵊泗县		1	7	5	1	1	5	2	1
台州市	**246**	**20**	**140**	**89**	**29**	**22**	**1060**	**640**	**131**
椒江区	20	3	14	7	5	2	154	91	14
黄岩区	18	1	14	8	3	3	101	38	22
路桥区	133	3	15	8	4	3	69	40	5
三门县	1		27	24	2	1	42	24	1
天台县		1	6	1	2	3	111	71	12
仙居县	1		8	7	1		70	41	19
温岭市	11	6	23	13	4	6	234	161	20
临海市	54	3	18	9	8	1	216	128	32
玉环市	8	3	15	12		3	63	46	6
丽水市	**8**	**2**	**49**	**42**	**1**	**6**	**492**	**373**	**65**
莲都区	6	1	7	4		3	124	107	2
青田县			3	2	1		146	140	1
缙云县		1	6	5		1	67	42	14
遂昌县			4	4			24	20	2
松阳县	1		5	4		1	45	25	9
云和县			6	6			9	6	2
庆元县			4	4			20	10	6
景宁畲族自治县	1		7	7			42	14	26
龙泉市			7	6		1	15	9	3

4-4c 续表 36

单位：人

地区 性别	建筑业		批发和零售业			交通运输、仓储和邮政业			
	建筑安装业	建筑装饰、装修和其他建筑业	小计	批发业	零售业	小计	铁路运输业	道路运输业	水上运输业
合计	**6286**	**30372**	**102104**	**32768**	**69336**	**36481**	**363**	**23753**	**1648**
杭州市	**826**	**4253**	**12295**	**5409**	**6886**	**5827**	**55**	**4115**	**55**
上城区									
下城区									
江干区									
拱墅区									
西湖区	17	74	207	80	127	100	5	77	
滨江区									
萧山区	142	833	3180	1509	1671	1585	12	986	11
余杭区	287	1528	4487	2254	2233	2015	21	1635	12
富阳区	113	468	1289	520	769	546	2	435	18
临安区	105	382	1165	387	778	577	1	409	
桐庐县	56	272	583	210	373	349	3	189	1
淳安县	50	261	483	131	352	199	1	134	5
建德市	56	435	901	318	583	456	10	250	8
宁波市	**670**	**3357**	**10788**	**4181**	**6607**	**5156**	**24**	**3461**	**278**
海曙区	49	425	746	326	420	421	2	253	2
江北区	28	139	617	243	374	361	6	241	4
北仑区	88	383	972	411	561	1199	1	744	181
镇海区	70	55	347	183	164	255	1	172	7
鄞州区	115	618	1867	822	1045	659	3	457	9
奉化区	89	352	1554	727	827	413		263	4
象山县	47	336	841	251	590	352		248	33
宁海县	76	425	1031	256	775	334	1	232	38
余姚市	37	254	901	266	635	299	4	218	
慈溪市	71	370	1912	696	1216	863	6	633	
温州市	**439**	**3071**	**16602**	**3954**	**12648**	**4458**	**34**	**2958**	**43**
鹿城区	35	148	707	181	526	213		141	1
龙湾区			6	3	3	4		3	
瓯海区	37	236	1191	279	912	675	11	534	
洞头区	12	91	274	95	179	214		98	23
永嘉县	70	478	2135	441	1694	482	3	282	6
平阳县	50	435	1749	450	1299	526	2	303	4
苍南县	25	207	1987	530	1457	597	1	357	1
文成县	29	162	633	72	561	121		77	
泰顺县	11	299	451	44	407	147		104	
瑞安市	43	428	3115	588	2527	623	6	419	2
乐清市	121	573	4254	1237	3017	809	11	606	6
龙港市	6	14	100	34	66	47		34	
嘉兴市	**641**	**2678**	**10665**	**4846**	**5819**	**3617**	**22**	**2305**	**102**
南湖区	41	162	591	216	375	355	2	225	
秀洲区	54	263	2255	1497	758	600	1	326	2
嘉善县	29	288	913	420	493	400	1	292	10
海盐县	91	389	755	272	483	332	2	223	24
海宁市	132	568	2561	995	1566	790	9	483	12
平湖市	169	446	1200	475	725	511	2	312	46
桐乡市	125	562	2390	971	1419	629	5	444	8
湖州市	**472**	**2111**	**6489**	**2344**	**4145**	**2759**	**29**	**1765**	**242**
吴兴区	112	587	1687	655	1032	630	7	338	12
南浔区	103	337	913	303	610	337	2	217	9
德清县	86	251	1093	376	717	505		381	19
长兴县	93	595	1635	687	948	733	17	475	124
安吉县	78	341	1161	323	838	554	3	354	78

4-4c 续表 37 单位：人

地区 性别	建筑业		批发和零售业			交通运输、仓储和邮政业			
	建筑安装业	建筑装饰、装修和其他建筑业	小计	批发业	零售业	小计	铁路运输业	道路运输业	水上运输业
绍兴市	**773**	**4102**	**8000**	**2923**	**5077**	**2260**	**33**	**1516**	**53**
越城区	99	827	1205	516	689	353	1	237	2
柯桥区	79	734	1831	1055	776	397	7	277	4
上虞区	165	885	1209	308	901	400	8	234	7
新昌县	27	221	447	82	365	153		120	
诸暨市	331	975	2160	602	1558	615	15	407	36
嵊州市	72	460	1148	360	788	342	2	241	4
金华市	**955**	**3008**	**13716**	**4403**	**9313**	**4624**	**88**	**2885**	**10**
婺城区	111	275	1092	343	749	437	19	303	2
金东区	85	233	1325	512	813	699	34	339	1
武义县	61	171	860	225	635	251	3	158	1
浦江县	59	355	1367	272	1095	384	6	245	
磐安县	49	150	286	79	207	100	1	69	
兰溪市	151	667	1273	296	977	416	7	263	4
义乌市	214	403	4060	1786	2274	1422	9	868	1
东阳市	154	508	1576	355	1221	402	5	277	1
永康市	71	246	1877	535	1342	513	4	363	
衢州市	**381**	**2146**	**3862**	**972**	**2890**	**1553**	**31**	**1097**	**5**
柯城区	42	327	767	269	498	314	6	187	1
衢江区	81	399	781	181	600	342	5	253	2
常山县	59	405	489	103	386	207	4	153	
开化县	37	275	323	67	256	142	1	119	1
龙游县	73	291	710	196	514	252	8	168	
江山市	89	449	792	156	636	296	7	217	1
舟山市	**165**	**973**	**1309**	**364**	**945**	**1230**	**1**	**388**	**565**
定海区	30	443	517	127	390	399		167	102
普陀区	49	309	518	140	378	532		146	285
岱山县	85	192	198	69	129	178	1	52	101
嵊泗县	1	29	76	28	48	121		23	77
台州市	**778**	**3934**	**14828**	**2815**	**12013**	**4068**	**24**	**2596**	**291**
椒江区	79	418	1351	207	1144	358		217	31
黄岩区	65	489	1364	243	1121	490	7	274	12
路桥区	40	228	1418	428	990	418	3	294	36
三门县	47	384	621	149	472	186	2	139	9
天台县	59	277	1399	110	1289	286		179	2
仙居县	37	144	711	169	542	180	2	114	
温岭市	153	704	3909	922	2987	989	6	634	136
临海市	244	1155	3175	438	2737	925	3	585	54
玉环市	54	135	880	149	731	236	1	160	11
丽水市	**186**	**739**	**3550**	**557**	**2993**	**929**	**22**	**667**	**4**
莲都区	54	114	718	135	583	154	1	112	
青田县	13	57	1104	108	996	184	14	122	1
缙云县	50	177	602	124	478	181	5	133	2
遂昌县	16	95	211	30	181	66	1	51	
松阳县	27	130	300	67	233	104		78	
云和县	5	34	128	20	108	34		21	
庆元县	8	45	126	30	96	59	1	45	
景宁畲族自治县	6	40	142	7	135	40		29	
龙泉市	7	47	219	36	183	107		76	1
男	**5908**	**28173**	**55857**	**20404**	**35453**	**31533**	**257**	**21370**	**1425**
杭州市	**762**	**3903**	**6745**	**3386**	**3359**	**4949**	**49**	**3637**	**47**
上城区									
下城区									
江干区									
拱墅区									

4-4c　续表 38

单位：人

地区 性别	建筑业		批发和零售业			交通运输、仓储和邮政业			
	建筑安装业	建筑装饰、装修和其他建筑业	小计	批发业	零售业	小计	铁路运输业	道路运输业	水上运输业
西湖区	15	62	87	37	50	78	4	61	
滨江区									
萧山区	129	764	1750	920	830	1259	12	828	10
余杭区	267	1386	2570	1451	1119	1759	19	1458	10
富阳区	103	424	717	340	377	493	2	399	16
临安区	98	352	607	244	363	519	1	379	
桐庐县	53	259	306	128	178	287	2	163	1
淳安县	43	249	246	81	165	170	1	122	3
建德市	54	407	462	185	277	384	8	227	7
宁波市	**620**	**3117**	**5839**	**2597**	**3242**	**4387**	**19**	**3105**	**224**
海曙区	44	394	413	208	205	357	2	233	2
江北区	26	132	357	162	195	300	4	214	3
北仑区	81	335	543	260	283	990	1	653	140
镇海区	68	53	194	112	82	227	1	156	6
鄞州区	105	576	1017	481	536	552	2	408	8
奉化区	76	320	873	460	413	367		247	4
象山县	45	325	406	161	245	303		230	26
宁海县	73	403	508	147	361	295		211	35
余姚市	34	242	476	157	319	259	3	199	
慈溪市	68	337	1052	449	603	737	6	554	
温州市	**413**	**2863**	**9602**	**2521**	**7081**	**3973**	**19**	**2698**	**40**
鹿城区	32	130	406	126	280	172		123	
龙湾区			3	2	1	4		3	
瓯海区	34	222	682	177	505	583	5	469	
洞头区	11	81	142	64	78	189		90	22
永嘉县	66	452	1338	300	1038	435	3	259	6
平阳县	48	410	1016	290	726	458		281	4
苍南县	24	199	1163	317	846	555	1	337	1
文成县	28	151	365	50	315	111		73	
泰顺县	11	279	257	30	227	139		100	
瑞安市	40	392	1803	383	1420	551	4	366	2
乐清市	113	533	2372	763	1609	731	6	563	5
龙港市	6	14	55	19	36	45		34	
嘉兴市	**594**	**2453**	**5827**	**2960**	**2867**	**3102**	**13**	**2062**	**84**
南湖区	38	142	330	143	187	289	1	195	
秀洲区	48	237	1229	841	388	488	1	279	1
嘉善县	29	258	511	273	238	336	1	254	6
海盐县	72	339	412	177	235	302	1	210	20
海宁市	125	521	1364	608	756	675	5	433	10
平湖市	162	425	695	329	366	454	2	284	42
桐乡市	120	531	1286	589	697	558	2	407	5
湖州市	**441**	**1908**	**3538**	**1541**	**1997**	**2374**	**23**	**1584**	**171**
吴兴区	103	520	874	404	470	533	6	300	9
南浔区	101	305	511	203	308	308	2	200	6
德清县	83	234	634	273	361	427		327	13
长兴县	80	543	873	451	422	623	14	425	86
安吉县	74	306	646	210	436	483	1	332	57
绍兴市	**735**	**3840**	**4130**	**1717**	**2413**	**1966**	**23**	**1378**	**43**
越城区	94	780	630	293	337	296	1	208	2
柯桥区	69	686	993	607	386	327	3	239	2
上虞区	159	830	603	198	405	350	5	220	7
新昌县	25	210	221	43	178	143		113	
诸暨市	320	911	1065	355	710	539	12	374	29
嵊州市	68	423	618	221	397	311	2	224	3

4-4c 续表 39

单位：人

地区 性别	建筑业		批发和零售业			交通运输、仓储和邮政业			
	建筑安装业	建筑装饰、装修和其他建筑业	小计	批发业	零售业	小计	铁路运输业	道路运输业	水上运输业
金华市	**918**	**2748**	**7464**	**2577**	**4887**	**3913**	**61**	**2565**	**7**
婺城区	103	246	552	198	354	373	13	268	1
金东区	81	199	693	293	400	573	27	302	1
武义县	60	155	462	132	330	222	1	147	1
浦江县	59	335	782	176	606	355	1	233	
磐安县	48	142	141	45	96	85	1	58	
兰溪市	149	626	696	181	515	353	6	240	2
义乌市	206	362	2280	1022	1258	1180	5	758	1
东阳市	145	472	777	188	589	323	4	229	1
永康市	67	211	1081	342	739	449	3	330	
衢州市	**369**	**2063**	**2024**	**640**	**1384**	**1387**	**18**	**1019**	**5**
柯城区	42	309	415	182	233	273	3	167	1
衢江区	80	389	409	126	283	307	3	237	2
常山县	58	393	263	64	199	192	4	146	
开化县	33	267	159	43	116	123		108	1
龙游县	69	271	383	127	256	222	5	156	
江山市	87	434	395	98	297	270	3	205	1
舟山市	**146**	**894**	**657**	**255**	**402**	**1080**	**1**	**341**	**530**
定海区	25	396	249	92	157	337		149	91
普陀区	47	289	258	90	168	461		126	264
岱山县	73	182	109	50	59	168	1	48	99
嵊泗县	1	27	41	23	18	114		18	76
台州市	**732**	**3691**	**8115**	**1846**	**6269**	**3564**	**13**	**2361**	**271**
椒江区	73	375	706	132	574	305		193	30
黄岩区	60	453	709	148	561	421	5	247	10
路桥区	35	209	769	275	494	367	1	268	34
三门县	46	368	383	119	264	176	1	135	8
天台县	56	252	826	66	760	251		163	2
仙居县	35	136	380	109	271	166	1	112	
温岭市	144	660	2151	620	1531	878	2	583	124
临海市	235	1108	1733	277	1456	787	2	515	52
玉环市	48	130	458	100	358	213	1	145	11
丽水市	**178**	**693**	**1916**	**364**	**1552**	**838**	**18**	**620**	**3**
莲都区	51	102	397	88	309	132	1	98	
青田县	13	52	588	63	525	165	13	112	
缙云县	48	168	325	86	239	166	2	129	2
遂昌县	16	93	108	22	86	61	1	49	
松阳县	26	120	168	42	126	97		73	
云和县	5	33	67	13	54	28		18	
庆元县	7	42	68	19	49	56	1	44	
景宁畲族自治县	5	39	72	6	66	36		26	
龙泉市	7	44	123	25	98	97		71	1
女	**378**	**2199**	**46247**	**12364**	**33883**	**4948**	**106**	**2383**	**223**
杭州市	**64**	**350**	**5550**	**2023**	**3527**	**878**	**6**	**478**	**8**
上城区									
下城区									
江干区									
拱墅区									
西湖区	2	12	120	43	77	22	1	16	
滨江区									
萧山区	13	69	1430	589	841	326		158	1
余杭区	20	142	1917	803	1114	256	2	177	2
富阳区	10	44	572	180	392	53		36	2
临安区	7	30	558	143	415	58		30	
桐庐县	3	13	277	82	195	62	1	26	
淳安县	7	12	237	50	187	29		12	2
建德市	2	28	439	133	306	72	2	23	1

4-4c　续表 40　　　　　　单位：人

地区 性别	建筑业 建筑安装业	建筑业 建筑装饰、装修和其他建筑业	批发和零售业 小计	批发和零售业 批发业	批发和零售业 零售业	交通运输、仓储和邮政业 小计	交通运输、仓储和邮政业 铁路运输业	交通运输、仓储和邮政业 道路运输业	交通运输、仓储和邮政业 水上运输业
宁波市	**50**	**240**	**4949**	**1584**	**3365**	**769**	**5**	**356**	**54**
海曙区	5	31	333	118	215	64		20	
江北区	2	7	260	81	179	61	2	27	1
北仑区	7	48	429	151	278	209		91	41
镇海区	2	2	153	71	82	28		16	1
鄞州区	10	42	850	341	509	107	1	49	1
奉化区	13	32	681	267	414	46		16	
象山县	2	11	435	90	345	49		18	7
宁海县	3	22	523	109	414	39	1	21	3
余姚市	3	12	425	109	316	40	1	19	
慈溪市	3	33	860	247	613	126		79	
温州市	**26**	**208**	**7000**	**1433**	**5567**	**485**	**15**	**260**	**3**
鹿城区	3	18	301	55	246	41		18	1
龙湾区			3	1	2				
瓯海区	3	14	509	102	407	92	6	65	
洞头区	1	10	132	31	101	25		8	1
永嘉县	4	26	797	141	656	47		23	
平阳县	2	25	733	160	573	68	2	22	
苍南县	1	8	824	213	611	42		20	
文成县	1	11	268	22	246	10		4	
泰顺县		20	194	14	180	8		4	
瑞安市	3	36	1312	205	1107	72	2	53	
乐清市	8	40	1882	474	1408	78	5	43	1
龙港市			45	15	30	2			
嘉兴市	**47**	**225**	**4838**	**1886**	**2952**	**515**	**9**	**243**	**18**
南湖区	3	20	261	73	188	66	1	30	
秀洲区	6	26	1026	656	370	112		47	1
嘉善县		30	402	147	255	64		38	4
海盐县	19	50	343	95	248	30	1	13	4
海宁市	7	47	1197	387	810	115	4	50	2
平湖市	7	21	505	146	359	57		28	4
桐乡市	5	31	1104	382	722	71	3	37	3
湖州市	**31**	**203**	**2951**	**803**	**2148**	**385**	**6**	**181**	**71**
吴兴区	9	67	813	251	562	97	1	38	3
南浔区	2	32	402	100	302	29		17	3
德清县	3	17	459	103	356	78		54	6
长兴县	13	52	762	236	526	110	3	50	38
安吉县	4	35	515	113	402	71	2	22	21
绍兴市	**38**	**262**	**3870**	**1206**	**2664**	**294**	**10**	**138**	**10**
越城区	5	47	575	223	352	57		29	
柯桥区	10	48	838	448	390	70	4	38	2
上虞区	6	55	606	110	496	50	3	14	
新昌县	2	11	226	39	187	10		7	
诸暨市	11	64	1095	247	848	76	3	33	7
嵊州市	4	37	530	139	391	31		17	1
金华市	**37**	**260**	**6252**	**1826**	**4426**	**711**	**27**	**320**	**3**
婺城区	8	29	540	145	395	64	6	35	1
金东区	4	34	632	219	413	126	7	37	
武义县	1	16	398	93	305	29	2	11	
浦江县		20	585	96	489	29	5	12	
磐安县	1	8	145	34	111	15		11	
兰溪市	2	41	577	115	462	63	1	23	2
义乌市	8	41	1780	764	1016	242	4	110	
东阳市	9	36	799	167	632	79	1	48	
永康市	4	35	796	193	603	64	1	33	

4-4c 续表 41 单位：人

地区 性别	建筑业		批发和零售业			交通运输、仓储和邮政业			
	建筑安装业	建筑装饰、装修和其他建筑业	小计	批发业	零售业	小计	铁路运输业	道路运输业	水上运输业
衢州市	**12**	**83**	**1838**	**332**	**1506**	**166**	**13**	**78**	
柯城区		18	352	87	265	41	3	20	
衢江区	1	10	372	55	317	35	2	16	
常山县	1	12	226	39	187	15		7	
开化县	4	8	164	24	140	19	1	11	
龙游县	4	20	327	69	258	30	3	12	
江山市	2	15	397	58	339	26	4	12	
舟山市	**19**	**79**	**652**	**109**	**543**	**150**		**47**	**35**
定海区	5	47	268	35	233	62		18	11
普陀区	2	20	260	50	210	71		20	21
岱山县	12	10	89	19	70	10		4	2
嵊泗县		2	35	5	30	7		5	1
台州市	**46**	**243**	**6713**	**969**	**5744**	**504**	**11**	**235**	**20**
椒江区	6	43	645	75	570	53		24	1
黄岩区	5	36	655	95	560	69	2	27	2
路桥区	5	19	649	153	496	51	2	26	2
三门县	1	16	238	30	208	10	1	4	1
天台县	3	25	573	44	529	35		16	
仙居县	2	8	331	60	271	14	1	2	
温岭市	9	44	1758	302	1456	111	4	51	12
临海市	9	47	1442	161	1281	138	1	70	2
玉环市	6	5	422	49	373	23		15	
丽水市	**8**	**46**	**1634**	**193**	**1441**	**91**	**4**	**47**	**1**
莲都区	3	12	321	47	274	22		14	
青田县		5	516	45	471	19	1	10	1
缙云县	2	9	277	38	239	15	3	4	
遂昌县		2	103	8	95	5		2	
松阳县	1	10	132	25	107	7		5	
云和县		1	61	7	54	6		3	
庆元县	1	3	58	11	47	3		1	
景宁畲族自治县	1	1	70	1	69	4		3	
龙泉市		3	96	11	85	10		5	

4-4c 续表 42

单位：人

地区 性别	交通运输、仓储和邮政业					住宿和餐饮业		
	航空运输业	管道运输业	多式联运和运输代理业	装卸搬运和仓储业	邮政业	小计	住宿业	餐饮业
合计	**205**	**19**	**971**	**3765**	**5757**	**29716**	**4218**	**25498**
杭州市	**87**	**4**	**109**	**483**	**919**	**3871**	**707**	**3164**
上城区								
下城区								
江干区								
拱墅区								
西湖区	3		2	2	11	57	23	34
滨江区								
萧山区	73	4	47	87	365	589	94	495
余杭区	5		19	125	198	1296	167	1129
富阳区	1		9	32	49	413	52	361
临安区	2		8	87	70	552	111	441
桐庐县			2	27	127	304	84	220
淳安县	1		1	22	35	327	113	214
建德市	2		21	101	64	333	63	270
宁波市	**34**	**2**	**272**	**441**	**644**	**3071**	**472**	**2599**
海曙区	24		30	31	79	183	19	164
江北区	1		18	11	80	213	35	178
北仑区			59	136	78	287	18	269
镇海区			11	38	26	100	15	85
鄞州区	2		53	31	104	496	90	406
奉化区		1	33	51	61	295	41	254
象山县	1		2	30	38	302	114	188
宁海县	3	1	10	23	26	296	40	256
余姚市	2		10	21	44	282	57	225
慈溪市	1		46	69	108	617	43	574
温州市	**13**	**1**	**57**	**687**	**665**	**4837**	**348**	**4489**
鹿城区				5	66	265	11	254
龙湾区			1					
瓯海区			3	34	93	434	39	395
洞头区	1		1	75	16	130	41	89
永嘉县	3		9	121	58	626	43	583
平阳县	1		13	84	119	502	33	469
苍南县	2		9	142	85	579	42	537
文成县	3			31	10	340	21	319
泰顺县	1			21	21	182	33	149
瑞安市	2		5	104	85	812	26	786
乐清市		1	16	61	108	953	59	894
龙港市				9	4	14		14
嘉兴市	**9**	**1**	**76**	**366**	**736**	**2322**	**205**	**2117**
南湖区			4	32	92	152	15	137
秀洲区			9	61	201	280	14	266
嘉善县	2		2	58	35	247	30	217
海盐县	1		10	33	39	219	22	197
海宁市	4		20	48	214	616	44	572
平湖市	1	1	18	82	49	281	19	262
桐乡市	1		13	52	106	527	61	466
湖州市	**8**		**70**	**284**	**361**	**3022**	**848**	**2174**
吴兴区	1		6	114	152	529	71	458
南浔区			12	57	40	345	47	298
德清县	2		24	37	42	661	251	410
长兴县	1		13	40	63	795	237	558
安吉县	4		15	36	64	692	242	450

4-4c 续表 43

单位：人

地区 性别	交通运输、仓储和邮政业					住宿和餐饮业		
	航空运输业	管道运输业	多式联运和运输代理业	装卸搬运和仓储业	邮政业	小计	住宿业	餐饮业
绍兴市	**7**	**1**	**50**	**256**	**344**	**2054**	**167**	**1887**
越城区	2		10	43	58	180	17	163
柯桥区	3		13	50	43	284	42	242
上虞区	1		13	52	85	270	26	244
新昌县		1	2	19	11	140	24	116
诸暨市	1		7	61	88	535	25	510
嵊州市			5	31	59	645	33	612
金华市	**19**	**3**	**172**	**357**	**1090**	**2907**	**312**	**2595**
婺城区	1		13	40	59	372	38	334
金东区		2	33	38	252	311	32	279
武义县			8	17	64	245	26	219
浦江县	5		13	33	82	280	40	240
磐安县			8	9	13	160	15	145
兰溪市	1	1	17	32	91	372	32	340
义乌市	9		53	107	375	460	30	430
东阳市	1		11	43	64	395	66	329
永康市	2		16	38	90	312	33	279
衢州市	**5**		**34**	**202**	**179**	**1523**	**185**	**1338**
柯城区			6	83	31	276	45	231
衢江区	2		6	33	41	339	52	287
常山县	3		2	23	22	197	16	181
开化县				3	18	180	13	167
龙游县			13	26	37	302	25	277
江山市			7	34	30	229	34	195
舟山市	**10**	**4**	**28**	**170**	**64**	**890**	**401**	**489**
定海区	1	4	6	92	27	217	26	191
普陀区	6		9	57	29	485	272	213
岱山县	3		2	11	8	84	36	48
嵊泗县			11	10		104	67	37
台州市	**10**	**2**	**97**	**424**	**624**	**3467**	**359**	**3108**
椒江区			26	32	52	293	33	260
黄岩区		2	5	108	82	288	29	259
路桥区	2		20	30	33	264	21	243
三门县	2			15	19	209	46	163
天台县	1		3	39	62	298	59	239
仙居县	1		6	26	31	495	61	434
温岭市	2		21	83	107	660	41	619
临海市	2		10	73	198	676	54	622
玉环市			6	18	40	284	15	269
丽水市	**3**	**1**	**6**	**95**	**131**	**1752**	**214**	**1538**
莲都区		1	1	14	25	217	43	174
青田县			2	31	14	803	25	778
缙云县	1			11	29	212	11	201
遂昌县				4	10	128	40	88
松阳县			1	10	15	142	39	103
云和县	2			2	9	60	12	48
庆元县			1	5	7	46	10	36
景宁畲族自治县				6	5	55	10	45
龙泉市			1	12	17	89	24	65
男	**122**	**17**	**729**	**3227**	**4386**	**15100**	**1776**	**13324**
杭州市	**54**	**3**	**89**	**370**	**700**	**1896**	**297**	**1599**
上城区								
下城区								
江干区								
拱墅区								

4-4c 续表 44

单位：人

地区 性别	交通运输、仓储和邮政业					住宿和餐饮业		
	航空运输业	管道运输业	多式联运和运输代理业	装卸搬运和仓储业	邮政业	小计	住宿业	餐饮业
西湖区	1		2	1	9	23	8	15
滨江区								
萧山区	47	3	35	60	264	308	42	266
余杭区	4		13	92	163	685	59	626
富阳区			9	27	40	200	23	177
临安区	1		7	74	57	266	60	206
桐庐县			2	26	93	139	37	102
淳安县			1	18	25	127	42	85
建德市	1		20	72	49	148	26	122
宁波市	**22**	**1**	**169**	**358**	**489**	**1568**	**220**	**1348**
海曙区	15		19	23	63	110	12	98
江北区	1		9	8	61	111	22	89
北仑区			36	101	59	156	8	148
镇海区			9	35	20	44	6	38
鄞州区	2		26	26	80	277	48	229
奉化区			25	42	49	124	14	110
象山县	1		1	26	19	121	49	72
宁海县	2	1	6	20	20	147	18	129
余姚市	1		6	19	31	154	26	128
慈溪市			32	58	87	324	17	307
温州市	**7**	**1**	**48**	**639**	**521**	**2693**	**156**	**2537**
鹿城区				5	44	149	4	145
龙湾区			1					
瓯海区			3	31	75	232	23	209
洞头区			1	62	14	54	19	35
永嘉县	1		7	113	46	382	26	356
平阳县			11	75	87	277	14	263
苍南县	2		8	137	69	326	8	318
文成县	2			29	7	206	10	196
泰顺县	1			21	17	94	16	78
瑞安市	1		5	102	71	469	12	457
乐清市		1	12	56	88	496	24	472
龙港市				8	3	8		8
嘉兴市	**4**	**1**	**63**	**314**	**561**	**1242**	**71**	**1171**
南湖区			3	24	66	68	4	64
秀洲区			7	49	151	148	3	145
嘉善县	1		1	46	27	136	11	125
海盐县			9	31	31	112	8	104
海宁市	2		18	43	164	348	16	332
平湖市	1	1	12	72	40	142	8	134
桐乡市			13	49	82	288	21	267
湖州市	**3**		**58**	**251**	**284**	**1360**	**327**	**1033**
吴兴区			5	94	119	247	31	216
南浔区			12	55	33	160	13	147
德清县			19	35	33	278	76	202
长兴县	1		10	39	48	346	97	249
安吉县	2		12	28	51	329	110	219
绍兴市	**3**	**1**	**40**	**220**	**258**	**1064**	**88**	**976**
越城区	2		8	33	42	94	9	85
柯桥区			10	39	34	139	20	119
上虞区	1		10	47	60	132	9	123
新昌县		1	2	18	9	58	14	44
诸暨市			7	53	64	269	17	252
嵊州市			3	30	49	372	19	353

4－4c 续表 45 单位：人

地区 性别	交通运输、仓储和邮政业					住宿和餐饮业		
	航空运输业	管道运输业	多式联运和运输代理业	装卸搬运和仓储业	邮政业	小计	住宿业	餐饮业
金华市	**15**	**3**	**133**	**301**	**828**	**1477**	**135**	**1342**
婺城区	1		10	32	48	205	17	188
金东区		2	29	33	179	159	17	142
武义县			7	14	52	116	10	106
浦江县	4		12	31	74	163	18	145
磐安县			5	8	13	69	7	62
兰溪市	1	1	13	27	63	192	14	178
义乌市	6		39	92	279	243	15	228
东阳市	1		6	34	48	164	22	142
永康市	2		12	30	72	166	15	151
衢州市	**3**		**30**	**188**	**124**	**669**	**63**	**606**
柯城区			4	77	21	116	12	104
衢江区			6	30	29	151	22	129
常山县	3		2	22	15	84	5	79
开化县				3	11	72	4	68
龙游县			13	22	26	156	10	146
江山市			5	34	22	90	10	80
舟山市	**4**	**4**	**21**	**139**	**40**	**346**	**161**	**185**
定海区		4	5	75	13	82	5	77
普陀区	1		5	45	20	200	119	81
岱山县	3		1	9	7	28	11	17
嵊泗县			10	10		36	26	10
台州市	**5**	**2**	**72**	**361**	**479**	**1854**	**166**	**1688**
椒江区			15	26	41	157	17	140
黄岩区		2	4	94	59	173	12	161
路桥区	2		15	24	23	139	11	128
三门县				15	17	101	19	82
天台县			3	32	51	153	28	125
仙居县	1		6	23	23	276	26	250
温岭市	1		16	68	84	331	19	312
临海市	1		8	64	145	388	28	360
玉环市			5	15	36	136	6	130
丽水市	**2**	**1**	**6**	**86**	**102**	**931**	**92**	**839**
莲都区		1	1	10	21	114	22	92
青田县			2	29	9	462	13	449
缙云县	1			10	22	115	1	114
遂昌县				3	8	53	16	37
松阳县			1	9	14	70	15	55
云和县	1			2	7	26	5	21
庆元县			1	5	5	25	5	20
景宁畲族自治县				6	4	24	2	22
龙泉市			1	12	12	42	13	29
女	**83**	**2**	**242**	**538**	**1371**	**14616**	**2442**	**12174**
杭州市	**33**	**1**	**20**	**113**	**219**	**1975**	**410**	**1565**
上城区								
下城区								
江干区								
拱墅区								
西湖区	2			1	2	34	15	19
滨江区								
萧山区	26	1	12	27	101	281	52	229
余杭区	1		6	33	35	611	108	503
富阳区	1			5	9	213	29	184
临安区	1		1	13	13	286	51	235
桐庐县				1	34	165	47	118
淳安县	1			4	10	200	71	129
建德市	1		1	29	15	185	37	148

4-4c　续表 46　　　　单位：人

地区 性别	交通运输、仓储和邮政业					住宿和餐饮业		
	航空运输业	管道运输业	多式联运和运输代理业	装卸搬运和仓储业	邮政业	小计	住宿业	餐饮业
宁波市	**12**	**1**	**103**	**83**	**155**	**1503**	**252**	**1251**
海曙区	9		11	8	16	73	7	66
江北区			9	3	19	102	13	89
北仑区			23	35	19	131	10	121
镇海区			2	3	6	56	9	47
鄞州区			27	5	24	219	42	177
奉化区		1	8	9	12	171	27	144
象山县			1	4	19	181	65	116
宁海县	1		4	3	6	149	22	127
余姚市	1		4	2	13	128	31	97
慈溪市	1		14	11	21	293	26	267
温州市	**6**		**9**	**48**	**144**	**2144**	**192**	**1952**
鹿城区					22	116	7	109
龙湾区								
瓯海区				3	18	202	16	186
洞头区	1			13	2	76	22	54
永嘉县	2		2	8	12	244	17	227
平阳县	1		2	9	32	225	19	206
苍南县			1	5	16	253	34	219
文成县	1			2	3	134	11	123
泰顺县					4	88	17	71
瑞安市	1			2	14	343	14	329
乐清市			4	5	20	457	35	422
龙港市				1	1	6		6
嘉兴市	**5**		**13**	**52**	**175**	**1080**	**134**	**946**
南湖区			1	8	26	84	11	73
秀洲区			2	12	50	132	11	121
嘉善县	1		1	12	8	111	19	92
海盐县	1		1	2	8	107	14	93
海宁市	2		2	5	50	268	28	240
平湖市			6	10	9	139	11	128
桐乡市	1			3	24	239	40	199
湖州市	**5**		**12**	**33**	**77**	**1662**	**521**	**1141**
吴兴区	1		1	20	33	282	40	242
南浔区				2	7	185	34	151
德清县	2		5	2	9	383	175	208
长兴县			3	1	15	449	140	309
安吉县	2		3	8	13	363	132	231
绍兴市	**4**		**10**	**36**	**86**	**990**	**79**	**911**
越城区			2	10	16	86	8	78
柯桥区	3		3	11	9	145	22	123
上虞区			3	5	25	138	17	121
新昌县				1	2	82	10	72
诸暨市	1			8	24	266	8	258
嵊州市			2	1	10	273	14	259
金华市	**4**		**39**	**56**	**262**	**1430**	**177**	**1253**
婺城区			3	8	11	167	21	146
金东区			4	5	73	152	15	137
武义县			1	3	12	129	16	113
浦江县	1		1	2	8	117	22	95
磐安县			3	1		91	8	83
兰溪市			4	5	28	180	18	162
义乌市	3		14	15	96	217	15	202
东阳市			5	9	16	231	44	187
永康市			4	8	18	146	18	128

4-4c 续表 47　　　　单位：人

地区 性别	交通运输、仓储和邮政业					住宿和餐饮业		
	航空运输业	管道运输业	多式联运和运输代理业	装卸搬运和仓储业	邮政业	小计	住宿业	餐饮业
衢州市	**2**		**4**	**14**	**55**	**854**	**122**	**732**
柯城区			2	6	10	160	33	127
衢江区	2			3	12	188	30	158
常山县				1	7	113	11	102
开化县					7	108	9	99
龙游县				4	11	146	15	131
江山市			2		8	139	24	115
舟山市	**6**		**7**	**31**	**24**	**544**	**240**	**304**
定海区	1		1	17	14	135	21	114
普陀区	5		4	12	9	285	153	132
岱山县			1	2	1	56	25	31
嵊泗县			1			68	41	27
台州市	**5**		**25**	**63**	**145**	**1613**	**193**	**1420**
椒江区			11	6	11	136	16	120
黄岩区			1	14	23	115	17	98
路桥区			5	6	10	125	10	115
三门县	2				2	108	27	81
天台县	1			7	11	145	31	114
仙居县				3	8	219	35	184
温岭市	1		5	15	23	329	22	307
临海市	1		2	9	53	288	26	262
玉环市			1	3	4	148	9	139
丽水市	**1**			**9**	**29**	**821**	**122**	**699**
莲都区				4	4	103	21	82
青田县				2	5	341	12	329
缙云县				1	7	97	10	87
遂昌县				1	2	75	24	51
松阳县				1	1	72	24	48
云和县	1				2	34	7	27
庆元县					2	21	5	16
景宁畲族自治县					1	31	8	23
龙泉市					5	47	11	36

4-4c　续表 48　　　　　　　　　　　　　　　　　　　　　单位：人

地　区 性　别	信息传输、软件和信息技术服务业				金融业				
	小计	电信、广播电视和卫星传输服务	互联网和相关服务	软件和信息技术服务业	小计	货币金融服务	资本市场服务	保险业	其他金融业
合计	**6065**	**1986**	**1715**	**2364**	**5177**	**2847**	**279**	**1766**	**285**
杭州市	**1362**	**254**	**251**	**857**	**736**	**368**	**45**	**267**	**56**
上城区									
下城区									
江干区									
拱墅区									
西湖区	87	8	14	65	24	10	4	7	3
滨江区									
萧山区	298	65	45	188	221	107	21	79	14
余杭区	672	77	132	463	221	116	8	74	23
富阳区	106	29	19	58	94	48	4	33	9
临安区	75	30	7	38	64	31	4	28	1
桐庐县	32	9	14	9	53	23	2	25	3
淳安县	36	17	5	14	17	11	2	4	
建德市	56	19	15	22	42	22		17	3
宁波市	**669**	**209**	**220**	**240**	**540**	**329**	**27**	**159**	**25**
海曙区	85	24	32	29	41	23	2	13	3
江北区	31	15	1	15	24	11	1	12	
北仑区	71	28	15	28	62	42	3	17	
镇海区	13	5	3	5	20	8		11	1
鄞州区	188	36	73	79	99	65	8	20	6
奉化区	56	20	25	11	47	29	1	14	3
象山县	33	18	6	9	39	25	1	12	1
宁海县	63	27	21	15	52	33		15	4
余姚市	40	11	14	15	69	40	3	22	4
慈溪市	89	25	30	34	87	53	8	23	3
温州市	**664**	**241**	**263**	**160**	**463**	**272**	**29**	**148**	**14**
鹿城区	24	15	5	4	27	18	1	6	2
龙湾区					2		1	1	
瓯海区	63	25	24	14	37	23	1	12	1
洞头区	9	7	1	1	18	11	1	6	
永嘉县	62	34	14	14	58	36	3	19	
平阳县	133	25	81	27	48	25	2	18	3
苍南县	63	24	18	21	37	21	3	13	
文成县	17	11	3	3	24	17		5	2
泰顺县	19	12	1	6	16	5		10	1
瑞安市	122	32	66	24	81	53	5	22	1
乐清市	147	55	49	43	113	61	12	36	4
龙港市	5	1	1	3	2	2			
嘉兴市	**512**	**178**	**122**	**212**	**521**	**280**	**29**	**188**	**24**
南湖区	62	19	8	35	38	15		22	1
秀洲区	75	21	17	37	86	51	4	26	5
嘉善县	46	16	9	21	50	30	4	14	2
海盐县	69	27	8	34	60	37	2	20	1
海宁市	100	33	33	34	113	58	13	35	7
平湖市	55	26	6	23	65	34	2	28	1
桐乡市	105	36	41	28	109	55	4	43	7
湖州市	**462**	**137**	**146**	**179**	**410**	**214**	**16**	**157**	**23**
吴兴区	103	28	39	36	84	39	4	36	5
南浔区	81	27	20	34	65	40	2	18	5
德清县	89	27	20	42	99	54		38	7
长兴县	95	29	18	48	81	49	6	24	2
安吉县	94	26	49	19	81	32	4	41	4

4-4c 续表 49　　单位：人

地区 性别	信息传输、软件和信息技术服务业 小计	电信、广播电视和卫星传输服务	互联网和相关服务	软件和信息技术服务业	金融业 小计	货币金融服务	资本市场服务	保险业	其他金融业
绍兴市	**524**	**171**	**176**	**177**	**493**	**257**	**35**	**168**	**33**
越城区	71	35	11	25	86	48	6	28	4
柯桥区	83	23	24	36	103	57	9	27	10
上虞区	106	34	36	36	57	35	4	17	1
新昌县	32	15	10	7	38	19	2	10	7
诸暨市	160	39	71	50	134	67	10	50	7
嵊州市	72	25	24	23	75	31	4	36	4
金华市	**744**	**297**	**268**	**179**	**699**	**342**	**38**	**280**	**39**
婺城区	117	58	25	34	70	24	6	37	3
金东区	119	39	52	28	70	38	4	24	4
武义县	43	17	17	9	40	19	1	16	4
浦江县	49	28	11	10	62	30	3	24	5
磐安县	26	11	8	7	15	11		3	1
兰溪市	63	22	26	15	50	23	2	22	3
义乌市	154	75	52	27	167	87	8	66	6
东阳市	88	29	36	23	126	61	5	51	9
永康市	85	18	41	26	99	49	9	37	4
衢州市	**333**	**114**	**101**	**118**	**284**	**178**	**9**	**81**	**16**
柯城区	107	24	33	50	78	48	2	24	4
衢江区	74	32	13	29	69	44	4	18	3
常山县	28	12	10	6	36	25		7	4
开化县	24	14	4	6	18	11	1	5	1
龙游县	48	17	17	14	36	21	1	11	3
江山市	52	15	24	13	47	29	1	16	1
舟山市	**126**	**83**	**17**	**26**	**74**	**54**	**1**	**19**	
定海区	53	34	4	15	35	21	1	13	
普陀区	52	35	7	10	26	21		5	
岱山县	12	7	4	1	6	5		1	
嵊泗县	9	7	2		7	7			
台州市	**508**	**218**	**110**	**180**	**787**	**460**	**46**	**233**	**48**
椒江区	65	29	14	22	107	62	5	35	5
黄岩区	58	30	9	19	106	71	7	27	1
路桥区	71	32	15	24	94	59	5	22	8
三门县	26	10	8	8	33	21	3	7	2
天台县	33	13	4	16	57	30	5	18	4
仙居县	38	14	15	9	35	18	2	13	2
温岭市	92	41	20	31	165	84	10	64	7
临海市	99	37	19	43	136	86	8	29	13
玉环市	26	12	6	8	54	29	1	18	6
丽水市	**161**	**84**	**41**	**36**	**170**	**93**	**4**	**66**	**7**
莲都区	49	24	12	13	36	13	2	17	4
青田县	14	7	5	2	15	6		9	
缙云县	37	18	9	10	47	28	1	18	
遂昌县	16	8	4	4	14	9		5	
松阳县	23	15	6	2	26	15		9	2
云和县	5	3	1	1	7	5		2	
庆元县	1			1	9	7		2	
景宁畲族自治县	4	2	2		5	3		2	
龙泉市	12	7	2	3	11	7	1	2	1
男	**4070**	**1306**	**1169**	**1595**	**2415**	**1315**	**190**	**755**	**155**
杭州市	**879**	**172**	**153**	**554**	**336**	**168**	**29**	**109**	**30**
上城区									
下城区									
江干区									
拱墅区									

4-4c 续表 50

单位：人

地区 性别	信息传输、软件和信息技术服务业				金融业				
	小计	电信、广播电视和卫星传输服务	互联网和相关服务	软件和信息技术服务业	小计	货币金融服务	资本市场服务	保险业	其他金融业
西湖区	64	5	10	49	9	4	2	2	1
滨江区									
萧山区	184	41	23	120	104	44	14	38	8
余杭区	427	53	80	294	102	54	3	32	13
富阳区	69	20	13	36	37	19	3	11	4
临安区	58	23	6	29	29	16	3	9	1
桐庐县	20	6	9	5	22	8	2	10	2
淳安县	26	13	3	10	12	9	2	1	
建德市	31	11	9	11	21	14		6	1
宁波市	**448**	**141**	**149**	**158**	**255**	**145**	**19**	**72**	**19**
海曙区	61	15	25	21	22	11	2	7	2
江北区	22	13		9	12	5	1	6	
北仑区	45	18	8	19	15	10	2	3	
镇海区	9	4	2	3	10	3		6	1
鄞州区	125	24	51	50	56	35	5	11	5
奉化区	34	12	17	5	21	13	1	5	2
象山县	22	13	3	6	16	11		4	1
宁海县	43	17	14	12	29	18		9	2
余姚市	26	6	9	11	30	16	3	8	3
慈溪市	61	19	20	22	44	23	5	13	3
温州市	**520**	**173**	**219**	**128**	**240**	**132**	**21**	**79**	**8**
鹿城区	20	12	4	4	14	8		4	2
龙湾区					1		1		
瓯海区	54	21	22	11	18	10	1	7	
洞头区	7	5	1	1	10	6	1	3	
永嘉县	49	24	14	11	30	14	2	14	
平阳县	95	15	58	22	27	14	1	10	2
苍南县	45	20	11	14	24	15	2	7	
文成县	12	8	2	2	10	6		3	1
泰顺县	15	8	1	6	7	3		4	
瑞安市	101	21	60	20	39	25	3	10	1
乐清市	118	38	45	35	58	29	10	17	2
龙港市	4	1	1	2	2	2			
嘉兴市	**328**	**111**	**84**	**133**	**241**	**139**	**17**	**75**	**10**
南湖区	36	12	4	20	20	9		11	
秀洲区	51	11	12	28	39	21	3	14	1
嘉善县	30	11	7	12	24	13	2	9	
海盐县	42	15	6	21	24	17	1	6	
海宁市	75	23	28	24	56	33	7	12	4
平湖市	31	17	4	10	27	15	2	10	
桐乡市	63	22	23	18	51	31	2	13	5
湖州市	**309**	**97**	**95**	**117**	**163**	**88**	**10**	**55**	**10**
吴兴区	70	18	27	25	33	16	3	11	3
南浔区	55	22	14	19	27	18		6	3
德清县	64	19	16	29	33	19		13	1
长兴县	62	22	10	30	34	24	4	5	1
安吉县	58	16	28	14	36	11	3	20	2
绍兴市	**334**	**98**	**109**	**127**	**213**	**108**	**22**	**65**	**18**
越城区	41	17	5	19	38	17	5	14	2
柯桥区	55	16	13	26	56	31	7	12	6
上虞区	61	21	18	22	22	15	4	3	
新昌县	18	7	5	6	15	9	1	3	2
诸暨市	107	21	51	35	52	26	2	19	5
嵊州市	52	16	17	19	30	10	3	14	3

4-4c 续表 51

单位：人

地区 性别	信息传输、软件和信息技术服务业				金融业				
	小计	电信、广播电视和卫星传输服务	互联网和相关服务	软件和信息技术服务业	小计	货币金融服务	资本市场服务	保险业	其他金融业
金华市	**510**	**214**	**178**	**118**	**332**	**177**	**26**	**111**	**18**
婺城区	79	38	20	21	25	7	3	13	2
金东区	79	28	34	17	32	22	3	7	
武义县	28	12	11	5	25	12		10	3
浦江县	34	17	8	9	37	23	3	7	4
磐安县	16	10	4	2	4	3		1	
兰溪市	39	16	13	10	22	11	2	9	
义乌市	117	63	35	19	97	51	6	37	3
东阳市	58	17	25	16	52	26	2	19	5
永康市	60	13	28	19	38	22	7	8	1
衢州市	**217**	**74**	**64**	**79**	**132**	**77**	**7**	**39**	**9**
柯城区	63	18	17	28	30	18	1	8	3
衢江区	48	18	8	22	38	23	4	10	1
常山县	21	10	5	6	20	13		3	4
开化县	17	10	3	4	8	4		3	1
龙游县	32	9	15	8	18	10	1	7	
江山市	36	9	16	11	18	9	1	8	
舟山市	**83**	**49**	**14**	**20**	**21**	**15**	**1**	**5**	
定海区	30	16	4	10	9	5	1	3	
普陀区	40	25	6	9	7	6		1	
岱山县	8	5	2	1	4	3		1	
嵊泗县	5	3	2		1	1			
台州市	**343**	**125**	**78**	**140**	**406**	**223**	**35**	**119**	**29**
椒江区	40	14	10	16	56	30	4	19	3
黄岩区	37	15	6	16	57	33	7	17	
路桥区	47	16	13	18	52	28	3	15	6
三门县	22	7	8	7	15	7	3	3	2
天台县	22	5	2	15	24	11	3	8	2
仙居县	23	13	6	4	15	7	1	6	1
温岭市	66	29	12	25	83	45	8	27	3
临海市	65	17	17	31	78	49	5	16	8
玉环市	21	9	4	8	26	13	1	8	4
丽水市	**99**	**52**	**26**	**21**	**76**	**43**	**3**	**26**	**4**
莲都区	25	12	8	5	18	6	2	7	3
青田县	9	4	4	1	9	4		5	
缙云县	26	15	3	8	23	15	1	7	
遂昌县	9	4	4	1	4	2		2	
松阳县	16	11	3	2	11	7		3	1
云和县	4	2	1	1	4	4			
庆元县	1			1	5	3		2	
景宁畲族自治县	3	1	2		1	1			
龙泉市	6	3	1	2	1	1			
女	**1995**	**680**	**546**	**769**	**2762**	**1532**	**89**	**1011**	**130**
杭州市	**483**	**82**	**98**	**303**	**400**	**200**	**16**	**158**	**26**
上城区									
下城区									
江干区									
拱墅区									
西湖区	23	3	4	16	15	6	2	5	2
滨江区									
萧山区	114	24	22	68	117	63	7	41	6
余杭区	245	24	52	169	119	62	5	42	10
富阳区	37	9	6	22	57	29	1	22	5
临安区	17	7	1	9	35	15	1	19	
桐庐县	12	3	5	4	31	15		15	1
淳安县	10	4	2	4	5	2		3	
建德市	25	8	6	11	21	8		11	2

4-4c　续表 52　　　　　　　　　　　　　　　　　　　　　　　　　　单位：人

地区 性别	信息传输、软件和信息技术服务业				金融业				
	小计	电信、广播电视和卫星传输服务	互联网和相关服务	软件和信息技术服务业	小计	货币金融服务	资本市场服务	保险业	其他金融业
宁波市	**221**	**68**	**71**	**82**	**285**	**184**	**8**	**87**	**6**
海曙区	24	9	7	8	19	12		6	1
江北区	9	2	1	6	12	6		6	
北仑区	26	10	7	9	47	32	1	14	
镇海区	4	1	1	2	10	5		5	
鄞州区	63	12	22	29	43	30	3	9	1
奉化区	22	8	8	6	26	16		9	1
象山县	11	5	3	3	23	14	1	8	
宁海县	20	10	7	3	23	15		6	2
余姚市	14	5	5	4	39	24		14	1
慈溪市	28	6	10	12	43	30	3	10	
温州市	**144**	**68**	**44**	**32**	**223**	**140**	**8**	**69**	**6**
鹿城区	4	3	1		13	10	1	2	
龙湾区					1			1	
瓯海区	9	4	2	3	19	13		5	1
洞头区	2	2			8	5		3	
永嘉县	13	10		3	28	22	1	5	
平阳县	38	10	23	5	21	11	1	8	1
苍南县	18	4	7	7	13	6	1	6	
文成县	5	3	1	1	14	11		2	1
泰顺县	4	4			9	2		6	1
瑞安市	21	11	6	4	42	28	2	12	
乐清市	29	17	4	8	55	32	2	19	2
龙港市	1			1					
嘉兴市	**184**	**67**	**38**	**79**	**280**	**141**	**12**	**113**	**14**
南湖区	26	7	4	15	18	6		11	1
秀洲区	24	10	5	9	47	30	1	12	4
嘉善县	16	5	2	9	26	17	2	5	2
海盐县	27	12	2	13	36	20	1	14	1
海宁市	25	10	5	10	57	25	6	23	3
平湖市	24	9	2	13	38	19		18	1
桐乡市	42	14	18	10	58	24	2	30	2
湖州市	**153**	**40**	**51**	**62**	**247**	**126**	**6**	**102**	**13**
吴兴区	33	10	12	11	51	23	1	25	2
南浔区	26	5	6	15	38	22	2	12	2
德清县	25	8	4	13	66	35		25	6
长兴县	33	7	8	18	47	25	2	19	1
安吉县	36	10	21	5	45	21	1	21	2
绍兴市	**190**	**73**	**67**	**50**	**280**	**149**	**13**	**103**	**15**
越城区	30	18	6	6	48	31	1	14	2
柯桥区	28	7	11	10	47	26	2	15	4
上虞区	45	13	18	14	35	20		14	1
新昌县	14	8	5	1	23	10	1	7	5
诸暨市	53	18	20	15	82	41	8	31	2
嵊州市	20	9	7	4	45	21	1	22	1
金华市	**234**	**83**	**90**	**61**	**367**	**165**	**12**	**169**	**21**
婺城区	38	20	5	13	45	17	3	24	1
金东区	40	11	18	11	38	16	1	17	4
武义县	15	5	6	4	15	7	1	6	1
浦江县	15	11	3	1	25	7		17	1
磐安县	10	1	4	5	11	8		2	1
兰溪市	24	6	13	5	28	12		13	3
义乌市	37	12	17	8	70	36	2	29	3
东阳市	30	12	11	7	74	35	3	32	4
永康市	25	5	13	7	61	27	2	29	3

4-4c 续表 53 单位：人

地区 性别	信息传输、软件和信息技术服务业				金融业				
	小计	电信、广播电视和卫星传输服务	互联网和相关服务	软件和信息技术服务业	小计	货币金融服务	资本市场服务	保险业	其他金融业
衢州市	**116**	**40**	**37**	**39**	**152**	**101**	**2**	**42**	**7**
柯城区	44	6	16	22	48	30	1	16	1
衢江区	26	14	5	7	31	21		8	2
常山县	7	2	5		16	12		4	
开化县	7	4	1	2	10	7	1	2	
龙游县	16	8	2	6	18	11		4	3
江山市	16	6	8	2	29	20		8	1
舟山市	**43**	**34**	**3**	**6**	**53**	**39**		**14**	
定海区	23	18		5	26	16		10	
普陀区	12	10	1	1	19	15		4	
岱山县	4	2	2		2	2			
嵊泗县	4	4			6	6			
台州市	**165**	**93**	**32**	**40**	**381**	**237**	**11**	**114**	**19**
椒江区	25	15	4	6	51	32	1	16	2
黄岩区	21	15	3	3	49	38		10	1
路桥区	24	16	2	6	42	31	2	7	2
三门县	4	3		1	18	14		4	
天台县	11	8	2	1	33	19	2	10	2
仙居县	15	1	9	5	20	11	1	7	1
温岭市	26	12	8	6	82	39	2	37	4
临海市	34	20	2	12	58	37	3	13	5
玉环市	5	3	2		28	16		10	2
丽水市	**62**	**32**	**15**	**15**	**94**	**50**	**1**	**40**	**3**
莲都区	24	12	4	8	18	7		10	1
青田县	5	3	1	1	6	2		4	
缙云县	11	3	6	2	24	13		11	
遂昌县	7	4		3	10	7		3	
松阳县	7	4	3		15	8		6	1
云和县	1	1			3	1		2	
庆元县					4	4			
景宁畲族自治县	1	1			4	2		2	
龙泉市	6	4	1	1	10	6	1	2	1

4-4c　续表 54　　　　单位：人

地　区 性　别	房地产业		租赁和商务服务业			科学研究和技术服务业			
	小计	房地产业	小计	租赁业	商　务 服务业	小计	研究和 试验发展	专业技术 服务业	科技推广 和应用 服务业
合计	**8811**	**8811**	**14715**	**1625**	**13090**	**5673**	**619**	**4026**	**1028**
杭州市	**1742**	**1742**	**2823**	**368**	**2455**	**1301**	**122**	**862**	**317**
上城区									
下城区									
江干区									
拱墅区									
西湖区	61	61	128	12	116	77	12	55	10
滨江区									
萧山区	250	250	736	111	625	322	25	245	52
余杭区	996	996	982	100	882	522	54	313	155
富阳区	137	137	311	49	262	146	11	91	44
临安区	130	130	211	25	186	98	8	61	29
桐庐县	56	56	147	21	126	44	7	29	8
淳安县	68	68	99	11	88	33	2	25	6
建德市	44	44	209	39	170	59	3	43	13
宁波市	**1496**	**1496**	**2143**	**233**	**1910**	**756**	**140**	**505**	**111**
海曙区	95	95	146	15	131	63	18	38	7
江北区	172	172	128	18	110	40	6	26	8
北仑区	186	186	308	29	279	104	18	66	20
镇海区	51	51	80	7	73	13	2	8	3
鄞州区	288	288	447	54	393	204	30	144	30
奉化区	169	169	250	18	232	63	12	40	11
象山县	129	129	153	26	127	54	5	39	10
宁海县	59	59	222	17	205	55	3	43	9
余姚市	125	125	143	17	126	55	13	38	4
慈溪市	222	222	266	32	234	105	33	63	9
温州市	**752**	**752**	**1227**	**131**	**1096**	**435**	**15**	**381**	**39**
鹿城区	49	49	41	14	27	30		26	4
龙湾区									
瓯海区	66	66	80	9	71	26	1	24	1
洞头区	43	43	57	2	55	12		12	
永嘉县	61	61	181	13	168	70	2	64	4
平阳县	86	86	177	17	160	60	1	54	5
苍南县	78	78	133	6	127	46	4	35	7
文成县	31	31	52	9	43	11		11	
泰顺县	121	121	60	8	52	17		17	
瑞安市	111	111	187	22	165	66	3	58	5
乐清市	100	100	253	31	222	97	4	80	13
龙港市	6	6	6		6				
嘉兴市	**1229**	**1229**	**1692**	**119**	**1573**	**639**	**79**	**453**	**107**
南湖区	93	93	134	7	127	99	14	71	14
秀洲区	155	155	299	19	280	93	16	62	15
嘉善县	152	152	171	15	156	47	4	32	11
海盐县	111	111	177	6	171	96	12	76	8
海宁市	263	263	318	34	284	117	15	83	19
平湖市	212	212	295	22	273	91	11	63	17
桐乡市	243	243	298	16	282	96	7	66	23
湖州市	**823**	**823**	**1226**	**100**	**1126**	**530**	**64**	**347**	**119**
吴兴区	299	299	308	31	277	152	16	105	31
南浔区	81	81	184	6	178	39	2	31	6
德清县	148	148	205	10	195	94	19	62	13
长兴县	133	133	252	25	227	153	22	75	56
安吉县	162	162	277	28	249	92	5	74	13

4-4c 续表 55　　　　单位：人

地区 性别	房地产业		租赁和商务服务业			科学研究和技术服务业			
	小计	房地产业	小计	租赁业	商务服务业	小计	研究和试验发展	专业技术服务业	科技推广和应用服务业
绍兴市	**710**	**710**	**1202**	**122**	**1080**	**471**	**55**	**324**	**92**
越城区	139	139	163	28	135	98	10	77	11
柯桥区	161	161	251	13	238	96	6	75	15
上虞区	125	125	291	25	266	72	11	50	11
新昌县	32	32	48	7	41	12	2	8	2
诸暨市	167	167	293	30	263	119	13	66	40
嵊州市	86	86	156	19	137	74	13	48	13
金华市	**641**	**641**	**1641**	**160**	**1481**	**494**	**52**	**373**	**69**
婺城区	158	158	200	20	180	101	16	68	17
金东区	99	99	258	29	229	59	9	45	5
武义县	29	29	94	10	84	18	4	11	3
浦江县	62	62	144	9	135	41	1	35	5
磐安县	15	15	99	18	81	16	3	10	3
兰溪市	51	51	141	22	119	38	2	30	6
义乌市	88	88	361	14	347	111	6	88	17
东阳市	81	81	171	20	151	64	10	48	6
永康市	58	58	173	18	155	46	1	38	7
衢州市	**323**	**323**	**737**	**133**	**604**	**267**	**14**	**195**	**58**
柯城区	105	105	191	19	172	64	3	48	13
衢江区	80	80	155	26	129	65	4	51	10
常山县	37	37	87	7	80	37	1	31	5
开化县	16	16	40	14	26	11		10	1
龙游县	38	38	153	38	115	51	5	24	22
江山市	47	47	111	29	82	39	1	31	7
舟山市	**194**	**194**	**325**	**43**	**282**	**110**	**11**	**94**	**5**
定海区	67	67	114	11	103	43	4	35	4
普陀区	94	94	143	16	127	40	7	33	
岱山县	12	12	58	13	45	27		26	1
嵊泗县	21	21	10	3	7				
台州市	**721**	**721**	**1308**	**181**	**1127**	**548**	**63**	**384**	**101**
椒江区	149	149	197	25	172	63	8	49	6
黄岩区	99	99	135	20	115	65	8	49	8
路桥区	85	85	140	20	120	55	7	31	17
三门县	21	21	56	6	50	21	3	18	
天台县	53	53	73	10	63	32	3	21	8
仙居县	39	39	100	8	92	34	9	19	6
温岭市	92	92	273	49	224	83	3	69	11
临海市	127	127	247	31	216	151	10	105	36
玉环市	56	56	87	12	75	44	12	23	9
丽水市	**180**	**180**	**391**	**35**	**356**	**122**	**4**	**108**	**10**
莲都区	87	87	156	6	150	42	1	37	4
青田县	18	18	49	1	48	4		4	
缙云县	26	26	52	9	43	28	2	25	1
遂昌县	6	6	21	3	18	10		10	
松阳县	17	17	36	2	34	15	1	14	
云和县	3	3	17		17	3		3	
庆元县	12	12	15	1	14	6		3	3
景宁畲族自治县	4	4	11	2	9	7		7	
龙泉市	7	7	34	11	23	7		5	2
男	**5685**	**5685**	**10024**	**1436**	**8588**	**4043**	**392**	**2976**	**675**
杭州市	**1097**	**1097**	**1876**	**331**	**1545**	**925**	**76**	**645**	**204**
上城区									
下城区									
江干区									
拱墅区									

4-4c　续表 56　　　　　　　　　　　　　　　　　　　　　　　　　　单位：人

地　区 性　别	房地产业		租赁和商务服务业			科学研究和技术服务业			
	小计	房地产业	小计	租赁业	商　务 服务业	小计	研究和 试验发展	专业技术 服务业	科技推广 和应用 服务业
西湖区	33	33	76	12	64	48	4	39	5
滨江区									
萧山区	158	158	489	98	391	252	18	199	35
余杭区	645	645	654	89	565	358	33	230	95
富阳区	83	83	217	46	171	110	8	71	31
临安区	73	73	127	19	108	68	4	46	18
桐庐县	37	37	98	18	80	30	5	19	6
淳安县	42	42	60	10	50	21	2	16	3
建德市	26	26	155	39	116	38	2	25	11
宁波市	**963**	**963**	**1450**	**215**	**1235**	**529**	**90**	**362**	**77**
海曙区	66	66	103	15	88	45	10	30	5
江北区	109	109	95	15	80	28	4	18	6
北仑区	110	110	223	27	196	72	13	48	11
镇海区	41	41	53	7	46	10	2	6	2
鄞州区	168	168	280	48	232	138	21	92	25
奉化区	114	114	179	18	161	46	10	29	7
象山县	94	94	88	25	63	45	4	33	8
宁海县	40	40	157	15	142	35	1	30	4
余姚市	88	88	93	15	78	37	3	31	3
慈溪市	133	133	179	30	149	73	22	45	6
温州市	**542**	**542**	**889**	**115**	**774**	**351**	**12**	**307**	**32**
鹿城区	38	38	33	12	21	22		18	4
龙湾区									
瓯海区	41	41	55	8	47	20	1	19	
洞头区	32	32	39	1	38	9		9	
永嘉县	45	45	143	12	131	60	1	55	4
平阳县	56	56	140	15	125	48		43	5
苍南县	63	63	104	4	100	39	3	30	6
文成县	18	18	32	9	23	9		9	
泰顺县	97	97	44	8	36	16		16	
瑞安市	72	72	134	21	113	49	3	43	3
乐清市	76	76	160	25	135	79	4	65	10
龙港市	4	4	5		5				
嘉兴市	**739**	**739**	**1185**	**90**	**1095**	**443**	**47**	**321**	**75**
南湖区	52	52	95	5	90	69	9	50	10
秀洲区	97	97	171	14	157	69	9	49	11
嘉善县	92	92	130	10	120	34	2	24	8
海盐县	61	61	125	5	120	69	9	56	4
海宁市	158	158	214	30	184	72	7	53	12
平湖市	136	136	234	17	217	63	9	41	13
桐乡市	143	143	216	9	207	67	2	48	17
湖州市	**491**	**491**	**807**	**89**	**718**	**351**	**36**	**251**	**64**
吴兴区	171	171	211	27	184	113	11	83	19
南浔区	53	53	112	6	106	25		21	4
德清县	86	86	129	7	122	59	12	42	5
长兴县	79	79	170	23	147	95	11	53	31
安吉县	102	102	185	26	159	59	2	52	5
绍兴市	**470**	**470**	**736**	**101**	**635**	**296**	**30**	**207**	**59**
越城区	89	89	102	22	80	60	6	48	6
柯桥区	112	112	145	11	134	57	3	42	12
上虞区	82	82	170	21	149	48	5	36	7
新昌县	17	17	31	6	25	8	2	5	1
诸暨市	111	111	179	24	155	77	6	49	22
嵊州市	59	59	109	17	92	46	8	27	11

4－4c　续表 57　　　　单位：人

地　区 性　别	房地产业		租赁和商务服务业			科学研究和技术服务业			
	小计	房地产业	小计	租赁业	商　务 服务业	小计	研究和 试验发展	专业技术 服务业	科技推广 和应用 服务业
金华市	**432**	**432**	**1125**	**146**	**979**	**350**	**31**	**277**	**42**
婺城区	112	112	134	15	119	67	9	49	9
金东区	62	62	176	25	151	43	5	36	2
武义县	19	19	57	10	47	5	1	4	
浦江县	36	36	97	9	88	36	1	31	4
磐安县	8	8	75	17	58	13	3	7	3
兰溪市	41	41	107	22	85	26	1	21	4
义乌市	60	60	252	12	240	88	5	72	11
东阳市	59	59	113	18	95	44	5	36	3
永康市	35	35	114	18	96	28	1	21	6
衢州市	**207**	**207**	**541**	**126**	**415**	**202**	**12**	**150**	**40**
柯城区	66	66	133	17	116	46	1	35	10
衢江区	57	57	119	26	93	53	4	41	8
常山县	22	22	67	5	62	30	1	26	3
开化县	11	11	29	13	16	7		7	
龙游县	19	19	110	38	72	36	5	18	13
江山市	32	32	83	27	56	30	1	23	6
舟山市	**98**	**98**	**221**	**40**	**181**	**87**	**6**	**79**	**2**
定海区	28	28	76	10	66	31	2	28	1
普陀区	49	49	96	16	80	34	4	30	
岱山县	8	8	43	13	30	22		21	1
嵊泗县	13	13	6	1	5				
台州市	**521**	**521**	**900**	**149**	**751**	**421**	**49**	**300**	**72**
椒江区	112	112	138	22	116	49	7	40	2
黄岩区	75	75	77	14	63	52	6	38	8
路桥区	66	66	97	17	80	42	5	24	13
三门县	15	15	34	5	29	14	2	12	
天台县	37	37	50	9	41	21	2	16	3
仙居县	27	27	69	7	62	24	6	14	4
温岭市	63	63	201	41	160	65	2	56	7
临海市	89	89	170	24	146	123	10	86	27
玉环市	37	37	64	10	54	31	9	14	8
丽水市	**125**	**125**	**294**	**34**	**260**	**88**	**3**	**77**	**8**
莲都区	63	63	113	5	108	29		25	4
青田县	11	11	36	1	35	2		2	
缙云县	16	16	44	9	35	20	2	17	1
遂昌县	5	5	16	3	13	8		8	
松阳县	12	12	25	2	23	11	1	10	
云和县	1	1	10		10	2		2	
庆元县	10	10	12	1	11	5		3	2
景宁畲族自治县	1	1	8	2	6	7		7	
龙泉市	6	6	30	11	19	4		3	1
女	**3126**	**3126**	**4691**	**189**	**4502**	**1630**	**227**	**1050**	**353**
杭州市	**645**	**645**	**947**	**37**	**910**	**376**	**46**	**217**	**113**
上城区									
下城区									
江干区									
拱墅区									
西湖区	28	28	52		52	29	8	16	5
滨江区									
萧山区	92	92	247	13	234	70	7	46	17
余杭区	351	351	328	11	317	164	21	83	60
富阳区	54	54	94	3	91	36	3	20	13
临安区	57	57	84	6	78	30	4	15	11
桐庐县	19	19	49	3	46	14	2	10	2
淳安县	26	26	39	1	38	12		9	3
建德市	18	18	54		54	21	1	18	2

4-4c　续表 58　　　　单位：人

地　区 性　别	房地产业		租赁和商务服务业			科学研究和技术服务业			
	小计	房地产业	小计	租赁业	商　务 服务业	小计	研究和 试验发展	专业技术 服务业	科技推广 和应用 服务业
宁波市	**533**	**533**	**693**	**18**	**675**	**227**	**50**	**143**	**34**
海曙区	29	29	43		43	18	8	8	2
江北区	63	63	33	3	30	12	2	8	2
北仑区	76	76	85	2	83	32	5	18	9
镇海区	10	10	27		27	3		2	1
鄞州区	120	120	167	6	161	66	9	52	5
奉化区	55	55	71		71	17	2	11	4
象山县	35	35	65	1	64	9	1	6	2
宁海县	19	19	65	2	63	20	2	13	5
余姚市	37	37	50	2	48	18	10	7	1
慈溪市	89	89	87	2	85	32	11	18	3
温州市	**210**	**210**	**338**	**16**	**322**	**84**	**3**	**74**	**7**
鹿城区	11	11	8	2	6	8		8	
龙湾区									
瓯海区	25	25	25	1	24	6		5	1
洞头区	11	11	18	1	17	3		3	
永嘉县	16	16	38	1	37	10	1	9	
平阳县	30	30	37	2	35	12	1	11	
苍南县	15	15	29	2	27	7	1	5	1
文成县	13	13	20		20	2		2	
泰顺县	24	24	16		16	1		1	
瑞安市	39	39	53	1	52	17		15	2
乐清市	24	24	93	6	87	18		15	3
龙港市	2	2	1		1				
嘉兴市	**490**	**490**	**507**	**29**	**478**	**196**	**32**	**132**	**32**
南湖区	41	41	39	2	37	30	5	21	4
秀洲区	58	58	128	5	123	24	7	13	4
嘉善县	60	60	41	5	36	13	2	8	3
海盐县	50	50	52	1	51	27	3	20	4
海宁市	105	105	104	4	100	45	8	30	7
平湖市	76	76	61	5	56	28	2	22	4
桐乡市	100	100	82	7	75	29	5	18	6
湖州市	**332**	**332**	**419**	**11**	**408**	**179**	**28**	**96**	**55**
吴兴区	128	128	97	4	93	39	5	22	12
南浔区	28	28	72		72	14	2	10	2
德清县	62	62	76	3	73	35	7	20	8
长兴县	54	54	82	2	80	58	11	22	25
安吉县	60	60	92	2	90	33	3	22	8
绍兴市	**240**	**240**	**466**	**21**	**445**	**175**	**25**	**117**	**33**
越城区	50	50	61	6	55	38	4	29	5
柯桥区	49	49	106	2	104	39	3	33	3
上虞区	43	43	121	4	117	24	6	14	4
新昌县	15	15	17	1	16	4		3	1
诸暨市	56	56	114	6	108	42	7	17	18
嵊州市	27	27	47	2	45	28	5	21	2
金华市	**209**	**209**	**516**	**14**	**502**	**144**	**21**	**96**	**27**
婺城区	46	46	66	5	61	34	7	19	8
金东区	37	37	82	4	78	16	4	9	3
武义县	10	10	37		37	13	3	7	3
浦江县	26	26	47		47	5		4	1
磐安县	7	7	24	1	23	3		3	
兰溪市	10	10	34		34	12	1	9	2
义乌市	28	28	109	2	107	23	1	16	6
东阳市	22	22	58	2	56	20	5	12	3
永康市	23	23	59		59	18		17	1

4-4c　续表 59　　　　单位：人

地　区 性　别	房地产业		租赁和商务服务业			科学研究和技术服务业			
	小计	房地产业	小计	租赁业	商　务 服务业	小计	研究和 试验发展	专业技术 服务业	科技推广 和应用 服务业
衢州市	**116**	**116**	**196**	**7**	**189**	**65**	**2**	**45**	**18**
柯城区	39	39	58	2	56	18	2	13	3
衢江区	23	23	36		36	12		10	2
常山县	15	15	20	2	18	7		5	2
开化县	5	5	11	1	10	4		3	1
龙游县	19	19	43		43	15		6	9
江山市	15	15	28	2	26	9		8	1
舟山市	**96**	**96**	**104**	**3**	**101**	**23**	**5**	**15**	**3**
定海区	39	39	38	1	37	12	2	7	3
普陀区	45	45	47		47	6	3	3	
岱山县	4	4	15		15	5		5	
嵊泗县	8	8	4	2	2				
台州市	**200**	**200**	**408**	**32**	**376**	**127**	**14**	**84**	**29**
椒江区	37	37	59	3	56	14	1	9	4
黄岩区	24	24	58	6	52	13	2	11	
路桥区	19	19	43	3	40	13	2	7	4
三门县	6	6	22	1	21	7	1	6	
天台县	16	16	23	1	22	11	1	5	5
仙居县	12	12	31	1	30	10	3	5	2
温岭市	29	29	72	8	64	18	1	13	4
临海市	38	38	77	7	70	28		19	9
玉环市	19	19	23	2	21	13	3	9	1
丽水市	**55**	**55**	**97**	**1**	**96**	**34**	**1**	**31**	**2**
莲都区	24	24	43	1	42	13	1	12	
青田县	7	7	13		13	2		2	
缙云县	10	10	8		8	8		8	
遂昌县	1	1	5		5	2		2	
松阳县	5	5	11		11	4		4	
云和县	2	2	7		7	1		1	
庆元县	2	2	3		3	1			1
景宁畲族自治县	3	3	3		3				
龙泉市	1	1	4		4	3		2	1

4-4c 续表 60

单位：人

地区 性别	水利、环境和公共设施管理业					居民服务、修理和其他服务业			
	小计	水利管理业	生态保护和环境治理业	公共设施管理业	土地管理业	小计	居民服务业	机动车、电子产品和日用产品修理业	其他服务业
合计	**8011**	**374**	**545**	**6973**	**119**	**22254**	**12914**	**5202**	**4138**
杭州市	**1110**	**52**	**93**	**933**	**32**	**2568**	**1349**	**659**	**560**
上城区									
下城区									
江干区									
拱墅区									
西湖区	26		2	24		57	29	13	15
滨江区									
萧山区	200	9	22	154	15	473	215	160	98
余杭区	364	16	31	309	8	860	434	207	219
富阳区	117	5	13	98	1	345	188	71	86
临安区	126	6	18	98	4	290	157	78	55
桐庐县	86	4		82		158	100	38	20
淳安县	89	6	2	81		93	51	35	7
建德市	102	6	5	87	4	292	175	57	60
宁波市	**1014**	**56**	**79**	**876**	**3**	**2813**	**1390**	**668**	**755**
海曙区	56	4	7	45		222	87	61	74
江北区	41	3	3	35		143	49	37	57
北仑区	162	7	9	146		217	122	66	29
镇海区	42	1		41		74	35	27	12
鄞州区	147	12	15	118	2	398	191	125	82
奉化区	122	6	13	103		300	164	65	71
象山县	137	6	5	126		244	162	55	27
宁海县	94	4	10	79	1	411	283	63	65
余姚市	76	6	2	68		168	92	55	21
慈溪市	137	7	15	115		636	205	114	317
温州市	**590**	**71**	**37**	**477**	**5**	**3331**	**2350**	**662**	**319**
鹿城区	20	2	1	17		126	102	21	3
龙湾区									
瓯海区	49		1	48		153	89	52	12
洞头区	31	4	5	22		83	33	23	27
永嘉县	53		2	49	2	368	271	63	34
平阳县	109	49	7	52	1	440	300	83	57
苍南县	53	4	1	48		327	211	69	47
文成县	24	2	1	21		200	162	24	14
泰顺县	26	1	2	21	2	409	357	31	21
瑞安市	77	1	1	75		617	478	105	34
乐清市	141	7	16	118		585	336	186	63
龙港市	7	1		6		23	11	5	7
嘉兴市	**1209**	**39**	**66**	**1099**	**5**	**1640**	**770**	**484**	**386**
南湖区	87	2	6	79		145	63	45	37
秀洲区	154	2	6	146		212	82	64	66
嘉善县	176	4	8	164		181	90	46	45
海盐县	143	7	3	133		157	63	54	40
海宁市	154	4	15	133	2	347	169	119	59
平湖市	260	2	12	245	1	279	129	52	98
桐乡市	235	18	16	199	2	319	174	104	41
湖州市	**818**	**24**	**48**	**738**	**8**	**1479**	**757**	**388**	**334**
吴兴区	207	6	20	181		283	135	63	85
南浔区	180	7	5	164	4	236	111	69	56
德清县	152	4	8	140		250	123	60	67
长兴县	145	2	12	127	4	368	188	113	67
安吉县	134	5	3	126		342	200	83	59

4-4c 续表 61 单位：人

地区 性别	水利、环境和公共设施管理业 小计	水利管理业	生态保护和环境治理业	公共设施管理业	土地管理业	居民服务、修理和其他服务业 小计	居民服务业	机动车、电子产品和日用产品修理业	其他服务业
绍兴市	**623**	**30**	**38**	**550**	**5**	**2265**	**1390**	**475**	**400**
越城区	102	1	5	96		307	179	76	52
柯桥区	86	2	8	74	2	357	219	72	66
上虞区	155	4	15	134	2	500	349	83	68
新昌县	45	1	1	43		140	81	27	32
诸暨市	149	15	6	127	1	566	332	122	112
嵊州市	86	7	3	76		395	230	95	70
金华市	**963**	**35**	**83**	**821**	**24**	**2400**	**1243**	**620**	**537**
婺城区	119	7	14	98		280	162	73	45
金东区	146	4	13	124	5	314	156	79	79
武义县	81	2	3	75	1	161	77	44	40
浦江县	81		5	76		244	142	69	33
磐安县	44			36	8	73	36	17	20
兰溪市	90	4	19	67		354	201	82	71
义乌市	183	12	23	146	2	369	141	105	123
东阳市	138	1	6	129	2	332	174	76	82
永康市	81	5		70	6	273	154	75	44
衢州市	**389**	**9**	**16**	**342**	**22**	**1681**	**1153**	**278**	**250**
柯城区	68	1	3	49	15	355	249	45	61
衢江区	142	2	5	134	1	323	230	67	26
常山县	31	1		30		335	264	37	34
开化县	33	2	1	28	2	130	97	23	10
龙游县	60	3	6	50	1	237	127	48	62
江山市	55		1	51	3	301	186	58	57
舟山市	**294**	**5**	**21**	**268**		**381**	**250**	**75**	**56**
定海区	80	3	4	73		152	91	37	24
普陀区	129	1	15	113		124	81	22	21
岱山县	30		2	28		43	23	13	7
嵊泗县	55	1		54		62	55	3	4
台州市	**770**	**44**	**50**	**670**	**6**	**2693**	**1609**	**729**	**355**
椒江区	97	1	3	93		211	118	65	28
黄岩区	39	5	5	29		270	141	77	52
路桥区	84		1	83		205	112	77	16
三门县	56	1	2	49	4	139	73	40	26
天台县	68	1	1	66		267	189	59	19
仙居县	70	28	3	38	1	232	175	28	29
温岭市	199	4	18	177		663	405	186	72
临海市	103	4	10	88	1	521	286	153	82
玉环市	54		7	47		185	110	44	31
丽水市	**231**	**9**	**14**	**199**	**9**	**1003**	**653**	**164**	**186**
莲都区	46		4	42		217	145	18	54
青田县	12		1	11		152	116	23	13
缙云县	41	2	2	37		207	154	38	15
遂昌县	16		1	15		54	27	18	9
松阳县	32	3	3	23	3	127	81	30	16
云和县	14			14		42	27	11	4
庆元县	18			15	3	101	35	3	63
景宁畲族自治县	31	1	1	29		46	38	8	
龙泉市	21	3	2	13	3	57	30	15	12
男	**5479**	**333**	**448**	**4600**	**98**	**10780**	**4197**	**4554**	**2029**
杭州市	**802**	**48**	**75**	**659**	**20**	**1191**	**404**	**570**	**217**
上城区									
下城区									
江干区									
拱墅区									

4-4c　续表 62　　　　　　　　　　　　　　　　　　　　　　　　　　　　单位：人

地　区 性　别	水利、环境和公共设施管理业					居民服务、修理和其他服务业			
	小计	水　利 管理业	生态保护 和环境 治理业	公共设施 管理业	土　地 管理业	小计	居　民 服务业	机动车、 电子产品 和日用产 品修理业	其　他 服务业
西湖区	17		1	16		30	12	10	8
滨江区									
萧山区	147	8	17	114	8	257	77	139	41
余杭区	286	16	26	238	6	367	126	170	71
富阳区	82	4	11	67		158	58	65	35
临安区	91	6	15	67	3	133	41	68	24
桐庐县	61	4		57		66	28	31	7
淳安县	49	5	1	43		53	17	32	4
建德市	69	5	4	57	3	127	45	55	27
宁波市	**719**	**51**	**63**	**603**	**2**	**1420**	**417**	**585**	**418**
海曙区	50	3	7	40		127	28	54	45
江北区	32	3	3	26		63	12	32	19
北仑区	111	7	7	97		114	44	60	10
镇海区	27	1		26		45	15	25	5
鄞州区	106	11	11	83	1	205	60	106	39
奉化区	82	6	9	67		140	50	54	36
象山县	85	5	4	76		102	39	49	14
宁海县	62	3	7	51	1	139	58	53	28
余姚市	63	6	2	55		96	35	47	14
慈溪市	101	6	13	82		389	76	105	208
温州市	**457**	**67**	**32**	**353**	**5**	**1671**	**912**	**588**	**171**
鹿城区	15	1	1	13		59	38	19	2
龙湾区									
瓯海区	37		1	36		85	32	48	5
洞头区	22	2	4	16		43	9	21	13
永嘉县	40		2	36	2	159	79	60	20
平阳县	99	48	5	45	1	202	94	77	31
苍南县	42	4	1	37		187	103	60	24
文成县	19	2	1	16		86	55	22	9
泰顺县	21	1	2	16	2	256	214	29	13
瑞安市	54	1	1	52		285	177	88	20
乐清市	102	7	14	81		295	107	159	29
龙港市	6	1		5		14	4	5	5
嘉兴市	**768**	**34**	**61**	**672**	**1**	**966**	**357**	**416**	**193**
南湖区	54	2	6	46		75	19	37	19
秀洲区	96	2	5	89		120	36	52	32
嘉善县	123	3	5	115		98	38	40	20
海盐县	83	5	3	75		88	27	44	17
海宁市	98	4	15	78	1	216	82	105	29
平湖市	156	2	12	142		165	69	49	47
桐乡市	158	16	15	127		204	86	89	29
湖州市	**564**	**20**	**37**	**500**	**7**	**786**	**289**	**344**	**153**
吴兴区	138	5	14	119		145	55	52	38
南浔区	131	6	4	117	4	132	42	65	25
德清县	100	4	6	90		123	39	53	31
长兴县	96	2	10	81	3	181	53	100	28
安吉县	99	3	3	93		205	100	74	31
绍兴市	**391**	**25**	**33**	**328**	**5**	**982**	**380**	**421**	**181**
越城区	52	1	5	46		144	58	70	16
柯桥区	59	2	8	47	2	147	56	62	29
上虞区	86	3	11	70	2	162	61	70	31
新昌县	31		1	30		64	23	26	15
诸暨市	96	13	5	77	1	274	110	109	55
嵊州市	67	6	3	58		191	72	84	35

4-4c 续表 63 单位：人

地区 性别	水利、环境和公共设施管理业					居民服务、修理和其他服务业			
	小计	水利管理业	生态保护和环境治理业	公共设施管理业	土地管理业	小计	居民服务业	机动车、电子产品和日用产品修理业	其他服务业
金华市	**661**	**31**	**63**	**544**	**23**	**1214**	**389**	**558**	**267**
婺城区	78	7	13	58		138	50	68	20
金东区	94	3	9	77	5	140	44	73	23
武义县	49	2	2	44	1	78	19	41	18
浦江县	65		3	62		149	69	60	20
磐安县	30			22	8	41	14	16	11
兰溪市	63	4	14	45		155	50	74	31
义乌市	138	10	17	109	2	225	65	93	67
东阳市	85	1	5	77	2	156	38	64	54
永康市	59	4		50	5	132	40	69	23
衢州市	**256**	**7**	**12**	**217**	**20**	**582**	**217**	**247**	**118**
柯城区	48		3	32	13	108	43	39	26
衢江区	81	2	2	76	1	110	42	60	8
常山县	26	1		25		83	31	31	21
开化县	22	2	1	17	2	56	28	21	7
龙游县	39	2	5	31	1	104	29	45	30
江山市	40		1	36	3	121	44	51	26
舟山市	**182**	**3**	**19**	**160**		**190**	**99**	**63**	**28**
定海区	42	1	3	38		53	18	27	8
普陀区	90	1	14	75		64	29	21	14
岱山县	23		2	21		26	11	13	2
嵊泗县	27	1		26		47	41	2	4
台州市	**513**	**39**	**40**	**428**	**6**	**1349**	**574**	**611**	**164**
椒江区	52	1	3	48		100	33	52	15
黄岩区	35	5	5	25		146	54	67	25
路桥区	61		1	60		118	48	61	9
三门县	42	1	2	35	4	86	37	38	11
天台县	41		1	40		145	89	48	8
仙居县	54	26	2	25	1	119	77	23	19
温岭市	125	4	10	111		271	86	156	29
临海市	67	2	10	54	1	274	109	130	35
玉环市	36		6	30		90	41	36	13
丽水市	**166**	**8**	**13**	**136**	**9**	**429**	**159**	**151**	**119**
莲都区	34		4	30		72	23	17	32
青田县	11		1	10		58	29	20	9
缙云县	23	1	2	20		85	41	35	9
遂昌县	9		1	8		31	9	18	4
松阳县	28	3	3	19	3	57	19	28	10
云和县	11			11		21	6	11	4
庆元县	11			8	3	53	6	2	45
景宁畲族自治县	21	1	1	19		18	10	8	
龙泉市	18	3	1	11	3	34	16	12	6
女	**2532**	**41**	**97**	**2373**	**21**	**11474**	**8717**	**648**	**2109**
杭州市	**308**	**4**	**18**	**274**	**12**	**1377**	**945**	**89**	**343**
上城区									
下城区									
江干区									
拱墅区									
西湖区	9		1	8		27	17	3	7
滨江区									
萧山区	53	1	5	40	7	216	138	21	57
余杭区	78		5	71	2	493	308	37	148
富阳区	35	1	2	31	1	187	130	6	51
临安区	35		3	31	1	157	116	10	31
桐庐县	25			25		92	72	7	13
淳安县	40	1	1	38		40	34	3	3
建德市	33	1	1	30	1	165	130	2	33

4-4c 续表 64

单位：人

地 区 性 别	水利、环境和公共设施管理业					居民服务、修理和其他服务业			
	小计	水 利 管理业	生态保护 和环境 治理业	公共设施 管理业	土 地 管理业	小计	居 民 服务业	机动车、 电子产品 和日用产 品修理业	其 他 服务业
宁波市	**295**	**5**	**16**	**273**	**1**	**1393**	**973**	**83**	**337**
海曙区	6	1		5		95	59	7	29
江北区	9			9		80	37	5	38
北仑区	51		2	49		103	78	6	19
镇海区	15			15		29	20	2	7
鄞州区	41	1	4	35	1	193	131	19	43
奉化区	40		4	36		160	114	11	35
象山县	52	1	1	50		142	123	6	13
宁海县	32	1	3	28		272	225	10	37
余姚市	13			13		72	57	8	7
慈溪市	36	1	2	33		247	129	9	109
温州市	**133**	**4**	**5**	**124**		**1660**	**1438**	**74**	**148**
鹿城区	5	1		4		67	64	2	1
龙湾区									
瓯海区	12			12		68	57	4	7
洞头区	9	2	1	6		40	24	2	14
永嘉县	13			13		209	192	3	14
平阳县	10	1	2	7		238	206	6	26
苍南县	11			11		140	108	9	23
文成县	5			5		114	107	2	5
泰顺县	5			5		153	143	2	8
瑞安市	23			23		332	301	17	14
乐清市	39		2	37		290	229	27	34
龙港市	1			1		9	7		2
嘉兴市	**441**	**5**	**5**	**427**	**4**	**674**	**413**	**68**	**193**
南湖区	33			33		70	44	8	18
秀洲区	58		1	57		92	46	12	34
嘉善县	53	1	3	49		83	52	6	25
海盐县	60	2		58		69	36	10	23
海宁市	56			55	1	131	87	14	30
平湖市	104			103	1	114	60	3	51
桐乡市	77	2	1	72	2	115	88	15	12
湖州市	**254**	**4**	**11**	**238**	**1**	**693**	**468**	**44**	**181**
吴兴区	69	1	6	62		138	80	11	47
南浔区	49	1	1	47		104	69	4	31
德清县	52		2	50		127	84	7	36
长兴县	49		2	46	1	187	135	13	39
安吉县	35	2		33		137	100	9	28
绍兴市	**232**	**5**	**5**	**222**		**1283**	**1010**	**54**	**219**
越城区	50			50		163	121	6	36
柯桥区	27			27		210	163	10	37
上虞区	69	1	4	64		338	288	13	37
新昌县	14	1		13		76	58	1	17
诸暨市	53	2	1	50		292	222	13	57
嵊州市	19	1		18		204	158	11	35
金华市	**302**	**4**	**20**	**277**	**1**	**1186**	**854**	**62**	**270**
婺城区	41		1	40		142	112	5	25
金东区	52	1	4	47		174	112	6	56
武义县	32		1	31		83	58	3	22
浦江县	16		2	14		95	73	9	13
磐安县	14			14		32	22	1	9
兰溪市	27		5	22		199	151	8	40
义乌市	45	2	6	37		144	76	12	56
东阳市	53		1	52		176	136	12	28
永康市	22	1		20	1	141	114	6	21

4-4c 续表 65 单位：人

地区 性别	水利、环境和公共设施管理业					居民服务、修理和其他服务业			
	小计	水利管理业	生态保护和环境治理业	公共设施管理业	土地管理业	小计	居民服务业	机动车、电子产品和日用产品修理业	其他服务业
衢州市	**133**	**2**	**4**	**125**	**2**	**1099**	**936**	**31**	**132**
柯城区	20	1		17	2	247	206	6	35
衢江区	61		3	58		213	188	7	18
常山县	5			5		252	233	6	13
开化县	11			11		74	69	2	3
龙游县	21	1	1	19		133	98	3	32
江山市	15			15		180	142	7	31
舟山市	**112**	**2**	**2**	**108**		**191**	**151**	**12**	**28**
定海区	38	2	1	35		99	73	10	16
普陀区	39		1	38		60	52	1	7
岱山县	7			7		17	12		5
嵊泗县	28			28		15	14	1	
台州市	**257**	**5**	**10**	**242**		**1344**	**1035**	**118**	**191**
椒江区	45			45		111	85	13	13
黄岩区	4			4		124	87	10	27
路桥区	23			23		87	64	16	7
三门县	14			14		53	36	2	15
天台县	27	1		26		122	100	11	11
仙居县	16	2	1	13		113	98	5	10
温岭市	74		8	66		392	319	30	43
临海市	36	2		34		247	177	23	47
玉环市	18		1	17		95	69	8	18
丽水市	**65**	**1**	**1**	**63**		**574**	**494**	**13**	**67**
莲都区	12			12		145	122	1	22
青田县	1			1		94	87	3	4
缙云县	18	1		17		122	113	3	6
遂昌县	7			7		23	18		5
松阳县	4			4		70	62	2	6
云和县	3			3		21	21		
庆元县	7			7		48	29	1	18
景宁畲族自治县	10			10		28	28		
龙泉市	3		1	2		23	14	3	6

4-4c 续表 66 单位：人

地区 性别	教育		卫生和社会工作			文化、体育和娱乐业				
	小计	教育	小计	卫生	社会工作	小计	新闻和出版业	广播、电视、电影和录音制作业	文化艺术业	体育
合计	**15401**	**15401**	**7889**	**6826**	**1063**	**3323**	**123**	**283**	**637**	**511**
杭州市	**2141**	**2141**	**1200**	**1046**	**154**	**490**	**20**	**45**	**81**	**72**
上城区										
下城区										
江干区										
拱墅区										
西湖区	80	80	38	37	1	28		4	6	3
滨江区										
萧山区	535	535	313	284	29	106	5	10	14	10
余杭区	749	749	313	260	53	177	6	17	26	24
富阳区	287	287	140	117	23	69	3	5	11	10
临安区	184	184	136	124	12	43	3	4	9	6
桐庐县	79	79	86	76	10	19		1	2	6
淳安县	130	130	74	60	14	29	2	1	9	8
建德市	97	97	100	88	12	19	1	3	4	5
宁波市	**1811**	**1811**	**918**	**763**	**155**	**457**	**18**	**42**	**114**	**60**
海曙区	114	114	55	47	8	30	2	4	13	4
江北区	66	66	62	53	9	23	3	5	5	2
北仑区	182	182	83	67	16	37	1	1	7	18
镇海区	38	38	31	21	10	21			13	1
鄞州区	282	282	123	94	29	79	4	2	16	16
奉化区	141	141	84	70	14	77	3	6	11	3
象山县	157	157	120	82	38	59	1	14	23	3
宁海县	197	197	77	68	9	54	2	4	12	3
余姚市	237	237	87	76	11	26		3	8	6
慈溪市	397	397	196	185	11	51	2	3	6	4
温州市	**2305**	**2305**	**875**	**769**	**106**	**337**	**16**	**13**	**68**	**68**
鹿城区	78	78	25	24	1	19	4	1	3	7
龙湾区										
瓯海区	135	135	51	46	5	14	1		3	2
洞头区	87	87	33	29	4	13		1	1	1
永嘉县	221	221	108	101	7	36	1	1	7	7
平阳县	341	341	140	105	35	48	1		13	11
苍南县	179	179	86	76	10	38			6	13
文成县	88	88	31	28	3	16	1	3	2	5
泰顺县	97	97	38	37	1	24		1	5	3
瑞安市	439	439	141	118	23	58	1	1	14	10
乐清市	628	628	218	202	16	69	7	5	14	8
龙港市	12	12	4	3	1	2				1
嘉兴市	**1233**	**1233**	**834**	**661**	**173**	**345**	**11**	**22**	**41**	**79**
南湖区	95	95	58	50	8	24	2		6	5
秀洲区	176	176	91	82	9	40	1	3	3	2
嘉善县	112	112	94	63	31	31	1	1	4	4
海盐县	148	148	89	79	10	30	2	1	2	11
海宁市	298	298	191	142	49	72	3	10	5	23
平湖市	126	126	104	74	30	67		1	7	25
桐乡市	278	278	207	171	36	81	2	6	14	9
湖州市	**1027**	**1027**	**612**	**542**	**70**	**313**	**8**	**13**	**41**	**56**
吴兴区	188	188	122	106	16	52	3	4	3	7
南浔区	173	173	88	82	6	37	1	1	5	4
德清县	215	215	107	93	14	59		1	11	5
长兴县	265	265	192	177	15	95	2	3	12	29
安吉县	186	186	103	84	19	70	2	4	10	11

4-4c 续表 67　　　　单位：人

地区 性别	教育		卫生和社会工作			文化、体育和娱乐业				
	小计	教育	小计	卫生	社会工作	小计	新闻和出版业	广播、电视、电影和录音制作业	文化艺术业	体育
绍兴市	**1124**	**1124**	**619**	**559**	**60**	**278**	**7**	**16**	**70**	**48**
越城区	134	134	91	86	5	38	2	1	9	8
柯桥区	222	222	94	81	13	54		3	10	13
上虞区	209	209	94	85	9	49		4	22	3
新昌县	82	82	44	41	3	14			5	4
诸暨市	352	352	194	173	21	73	4	4	8	9
嵊州市	125	125	102	93	9	50	1	4	16	11
金华市	**2114**	**2114**	**1010**	**895**	**115**	**416**	**19**	**70**	**79**	**61**
婺城区	269	269	110	93	17	52	5	8	6	12
金东区	206	206	94	82	12	31	2	4	7	4
武义县	133	133	67	55	12	51	1	4	14	6
浦江县	202	202	119	111	8	36	2	1	7	3
磐安县	53	53	23	19	4	12		1	2	1
兰溪市	192	192	140	119	21	42	2	3	10	7
义乌市	427	427	207	181	26	71	4	4	10	12
东阳市	346	346	146	140	6	78	2	42	8	9
永康市	286	286	104	95	9	43	1	3	15	7
衢州市	**691**	**691**	**439**	**393**	**46**	**137**	**13**	**17**	**27**	**17**
柯城区	133	133	100	97	3	39	4	12	5	7
衢江区	149	149	83	76	7	28		3	9	1
常山县	111	111	56	46	10	16	2		4	2
开化县	65	65	47	44	3	9	1		1	1
龙游县	110	110	75	66	9	16		1		2
江山市	123	123	78	64	14	29	6	1	8	4
舟山市	**230**	**230**	**200**	**157**	**43**	**109**	**2**	**6**	**12**	**3**
定海区	104	104	70	60	10	29	1	5	7	
普陀区	101	101	81	64	17	57		1	4	3
岱山县	13	13	35	20	15	6	1			
嵊泗县	12	12	14	13	1	17			1	
台州市	**2160**	**2160**	**933**	**829**	**104**	**340**	**6**	**28**	**69**	**39**
椒江区	207	207	71	69	2	29		3	7	2
黄岩区	232	232	128	105	23	20	1	3	4	5
路桥区	204	204	83	75	8	27	1	1	6	2
三门县	93	93	45	42	3	12			7	
天台县	133	133	47	44	3	33		2	8	2
仙居县	154	154	65	62	3	20	1	7	1	4
温岭市	486	486	243	201	42	76	1	9	12	8
临海市	453	453	194	179	15	91	1	2	12	14
玉环市	198	198	57	52	5	32	1	1	12	2
丽水市	**565**	**565**	**249**	**212**	**37**	**101**	**3**	**11**	**35**	**8**
莲都区	115	115	58	54	4	14	1	2	4	1
青田县	112	112	16	14	2	12		1	2	1
缙云县	129	129	59	53	6	30	1	1	17	3
遂昌县	37	37	14	11	3	5		1	2	
松阳县	75	75	36	30	6	14		3	2	2
云和县	22	22	5	5		2	1			
庆元县	15	15	17	12	5	3		1		
景宁畲族自治县	28	28	24	15	9	14		2	8	
龙泉市	32	32	20	18	2	7				1
男	**4594**	**4594**	**2540**	**2240**	**300**	**1848**	**68**	**171**	**337**	**308**
杭州市	**616**	**616**	**382**	**342**	**40**	**277**	**11**	**31**	**44**	**44**
上城区										
下城区										
江干区										
拱墅区										

4-4c　续表 68　　单位：人

地区 性别	教育		卫生和社会工作			文化、体育和娱乐业				
	小计	教育	小计	卫生	社会工作	小计	新闻和出版业	广播、电视、电影和录音制作业	文化艺术业	体育
西湖区	32	32	10	9	1	13		2	4	2
滨江区										
萧山区	140	140	62	59	3	61	1	7	7	6
余杭区	193	193	107	91	16	94	3	12	15	14
富阳区	97	97	45	38	7	40	1	4	6	6
临安区	54	54	59	54	5	28	3	1	5	3
桐庐县	19	19	31	29	2	13		1	1	5
淳安县	47	47	35	31	4	16	2	1	3	5
建德市	34	34	33	31	2	12	1	3	3	3
宁波市	**543**	**543**	**275**	**238**	**37**	**249**	**7**	**25**	**70**	**42**
海曙区	41	41	15	13	2	16	1	2	7	4
江北区	17	17	23	20	3	13	2	2	4	1
北仑区	52	52	32	29	3	19		1	2	11
镇海区	10	10	8	6	2	15			11	1
鄞州区	101	101	25	19	6	46	1	1	9	11
奉化区	44	44	33	28	5	32	2	3	6	2
象山县	31	31	27	20	7	38		10	14	3
宁海县	60	60	25	23	2	22	1	2	9	2
余姚市	72	72	28	25	3	16		2	4	4
慈溪市	115	115	59	55	4	32		2	4	3
温州市	**755**	**755**	**325**	**297**	**28**	**225**	**10**	**7**	**42**	**41**
鹿城区	24	24	10	10		10	3		1	4
龙湾区										
瓯海区	42	42	23	20	3	6	1			2
洞头区	27	27	13	10	3	10		1	1	1
永嘉县	81	81	33	33		21		1	4	4
平阳县	108	108	47	43	4	39			11	7
苍南县	75	75	34	31	3	25			4	8
文成县	26	26	9	8	1	10		1	1	3
泰顺县	34	34	17	17		17		1	5	1
瑞安市	143	143	55	47	8	37		1	7	6
乐清市	189	189	81	76	5	49	6	2	8	5
龙港市	6	6	3	2	1	1				
嘉兴市	**330**	**330**	**207**	**168**	**39**	**180**	**8**	**14**	**19**	**40**
南湖区	25	25	9	8	1	12	2		4	1
秀洲区	34	34	21	19	2	22	1	2	2	1
嘉善县	22	22	22	17	5	17	1	1	1	2
海盐县	46	46	16	13	3	16	1		1	3
海宁市	81	81	53	40	13	45	2	8	2	12
平湖市	47	47	28	23	5	28				15
桐乡市	75	75	58	48	10	40	1	3	9	6
湖州市	**285**	**285**	**164**	**144**	**20**	**154**	**3**	**10**	**15**	**29**
吴兴区	56	56	27	24	3	24	1	4		3
南浔区	42	42	26	23	3	16	1		3	1
德清县	66	66	28	24	4	26		1	4	2
长兴县	68	68	45	39	6	50		1	5	16
安吉县	53	53	38	34	4	38	1	4	3	7
绍兴市	**384**	**384**	**215**	**198**	**17**	**145**	**4**	**5**	**30**	**30**
越城区	37	37	26	24	2	22	2		6	6
柯桥区	69	69	29	24	5	27		1	4	8
上虞区	64	64	26	26		25			11	2
新昌县	32	32	17	16	1	9			2	3
诸暨市	125	125	76	69	7	35	2	2	1	4
嵊州市	57	57	41	39	2	27		2	6	7

4－4c　续表 69　　　　单位：人

地区 性别	教育		卫生和社会工作			文化、体育和娱乐业				
	小计	教育	小计	卫生	社会工作	小计	新闻和出版业	广播、电视、电影和录音制作业	文化艺术业	体育
金华市	**637**	**637**	**372**	**326**	**46**	**249**	**10**	**44**	**47**	**36**
婺城区	94	94	41	34	7	29	2	5	3	7
金东区	65	65	35	30	5	18	1	1	5	2
武义县	30	30	21	17	4	27		3	10	
浦江县	67	67	48	45	3	25	1		5	3
磐安县	17	17	10	8	2	9		1	2	1
兰溪市	64	64	52	44	8	27	2	2	5	4
义乌市	138	138	76	67	9	45	2	1	5	11
东阳市	89	89	51	48	3	44	1	29	4	4
永康市	73	73	38	33	5	25	1	2	8	4
衢州市	**224**	**224**	**181**	**169**	**12**	**71**	**7**	**7**	**12**	**10**
柯城区	49	49	45	44	1	16	4	5		3
衢江区	43	43	31	29	2	16		2	5	1
常山县	35	35	27	22	5	11	1		3	2
开化县	20	20	27	25	2	6				1
龙游县	50	50	27	26	1	9				2
江山市	27	27	24	23	1	13	2		4	1
舟山市	**62**	**62**	**45**	**39**	**6**	**51**	**1**	**3**	**6**	
定海区	29	29	10	8	2	11		2	3	
普陀区	29	29	25	23	2	24		1	2	
岱山县	1	1	6	4	2	4	1			
嵊泗县	3	3	4	4		12			1	
台州市	**578**	**578**	**283**	**244**	**39**	**183**	**4**	**18**	**31**	**31**
椒江区	51	51	18	18		15		2	2	2
黄岩区	73	73	29	22	7	11	1	1	2	5
路桥区	56	56	24	20	4	19	1	1	6	1
三门县	26	26	14	13	1	7			3	
天台县	45	45	12	11	1	17		2	3	1
仙居县	48	48	20	18	2	14		5		4
温岭市	122	122	84	68	16	42	1	6	6	7
临海市	118	118	62	56	6	39		1	4	9
玉环市	39	39	20	18	2	19	1		5	2
丽水市	**180**	**180**	**91**	**75**	**16**	**64**	**3**	**7**	**21**	**5**
莲都区	48	48	16	13	3	12	1	1	3	1
青田县	41	41	6	6		6		1	2	1
缙云县	30	30	19	17	2	22	1	1	11	3
遂昌县	15	15	4	3	1	4		1	1	
松阳县	21	21	12	10	2	8		2	2	
云和县	8	8	3	3		2	1			
庆元县	5	5	10	7	3	1				
景宁畲族自治县	7	7	10	6	4	5		1	2	
龙泉市	5	5	11	10	1	4				
女	**10807**	**10807**	**5349**	**4586**	**763**	**1475**	**55**	**112**	**300**	**203**
杭州市	**1525**	**1525**	**818**	**704**	**114**	**213**	**9**	**14**	**37**	**28**
上城区										
下城区										
江干区										
拱墅区										
西湖区	48	48	28	28		15		2	2	1
滨江区										
萧山区	395	395	251	225	26	45	4	3	7	4
余杭区	556	556	206	169	37	83	3	5	11	10
富阳区	190	190	95	79	16	29	2	1	5	4
临安区	130	130	77	70	7	15		3	4	3
桐庐县	60	60	55	47	8	6			1	1
淳安县	83	83	39	29	10	13			6	3
建德市	63	63	67	57	10	7			1	2

4-4c　续表 70

单位：人

地　区 性　别	教育		卫生和社会工作			文化、体育和娱乐业				
	小计	教育	小计	卫生	社会工作	小计	新闻和出版业	广播、电视、电影和录音制作业	文　化艺术业	体育
宁波市	**1268**	**1268**	**643**	**525**	**118**	**208**	**11**	**17**	**44**	**18**
海曙区	73	73	40	34	6	14	1	2	6	
江北区	49	49	39	33	6	10	1	3	1	1
北仑区	130	130	51	38	13	18	1		5	7
镇海区	28	28	23	15	8	6			2	
鄞州区	181	181	98	75	23	33	3	1	7	5
奉化区	97	97	51	42	9	45	1	3	5	1
象山县	126	126	93	62	31	21	1	4	9	
宁海县	137	137	52	45	7	32	1	2	3	1
余姚市	165	165	59	51	8	10		1	4	2
慈溪市	282	282	137	130	7	19	2	1	2	1
温州市	**1550**	**1550**	**550**	**472**	**78**	**112**	**6**	**6**	**26**	**27**
鹿城区	54	54	15	14	1	9	1	1	2	3
龙湾区										
瓯海区	93	93	28	26	2	8			3	
洞头区	60	60	20	19	1	3				
永嘉县	140	140	75	68	7	15	1		3	3
平阳县	233	233	93	62	31	9	1		2	4
苍南县	104	104	52	45	7	13			2	5
文成县	62	62	22	20	2	6	1	2	1	2
泰顺县	63	63	21	20	1	7				2
瑞安市	296	296	86	71	15	21	1		7	4
乐清市	439	439	137	126	11	20	1	3	6	3
龙港市	6	6	1	1		1				1
嘉兴市	**903**	**903**	**627**	**493**	**134**	**165**	**3**	**8**	**22**	**39**
南湖区	70	70	49	42	7	12			2	4
秀洲区	142	142	70	63	7	18		1	1	1
嘉善县	90	90	72	46	26	14			3	2
海盐县	102	102	73	66	7	14	1	1	1	8
海宁市	217	217	138	102	36	27	1	2	3	11
平湖市	79	79	76	51	25	39		1	7	10
桐乡市	203	203	149	123	26	41	1	3	5	3
湖州市	**742**	**742**	**448**	**398**	**50**	**159**	**5**	**3**	**26**	**27**
吴兴区	132	132	95	82	13	28	2		3	4
南浔区	131	131	62	59	3	21		1	2	3
德清县	149	149	79	69	10	33			7	3
长兴县	197	197	147	138	9	45	2	2	7	13
安吉县	133	133	65	50	15	32	1		7	4
绍兴市	**740**	**740**	**404**	**361**	**43**	**133**	**3**	**11**	**40**	**18**
越城区	97	97	65	62	3	16		1	3	2
柯桥区	153	153	65	57	8	27		2	6	5
上虞区	145	145	68	59	9	24		4	11	1
新昌县	50	50	27	25	2	5			3	1
诸暨市	227	227	118	104	14	38	2	2	7	5
嵊州市	68	68	61	54	7	23	1	2	10	4
金华市	**1477**	**1477**	**638**	**569**	**69**	**167**	**9**	**26**	**32**	**25**
婺城区	175	175	69	59	10	23	3	3	3	5
金东区	141	141	59	52	7	13	1	3	2	2
武义县	103	103	46	38	8	24	1	1	4	6
浦江县	135	135	71	66	5	11	1	1	2	
磐安县	36	36	13	11	2	3				
兰溪市	128	128	88	75	13	15		1	5	3
义乌市	289	289	131	114	17	26	2	3	5	1
东阳市	257	257	95	92	3	34	1	13	4	5
永康市	213	213	66	62	4	18		1	7	3

4-4c 续表 71

单位：人

地区 性别	教育		卫生和社会工作			文化、体育和娱乐业				
	小计	教育	小计	卫生	社会工作	小计	新闻和出版业	广播、电视、电影和录音制作业	文化艺术业	体育
衢州市	**467**	**467**	**258**	**224**	**34**	**66**	**6**	**10**	**15**	**7**
柯城区	84	84	55	53	2	23		7	5	4
衢江区	106	106	52	47	5	12		1	4	
常山县	76	76	29	24	5	5	1		1	
开化县	45	45	20	19	1	3	1		1	
龙游县	60	60	48	40	8	7		1		
江山市	96	96	54	41	13	16	4	1	4	3
舟山市	**168**	**168**	**155**	**118**	**37**	**58**	**1**	**3**	**6**	**3**
定海区	75	75	60	52	8	18	1	3	4	
普陀区	72	72	56	41	15	33			2	3
岱山县	12	12	29	16	13	2				
嵊泗县	9	9	10	9	1	5				
台州市	**1582**	**1582**	**650**	**585**	**65**	**157**	**2**	**10**	**38**	**8**
椒江区	156	156	53	51	2	14		1	5	
黄岩区	159	159	99	83	16	9		2	2	
路桥区	148	148	59	55	4	8				1
三门县	67	67	31	29	2	5			4	
天台县	88	88	35	33	2	16			5	1
仙居县	106	106	45	44	1	6	1	2	1	
温岭市	364	364	159	133	26	34		3	6	1
临海市	335	335	132	123	9	52	1	1	8	5
玉环市	159	159	37	34	3	13		1	7	
丽水市	**385**	**385**	**158**	**137**	**21**	**37**		**4**	**14**	**3**
莲都区	67	67	42	41	1	2		1	1	
青田县	71	71	10	8	2	6				
缙云县	99	99	40	36	4	8			6	
遂昌县	22	22	10	8	2	1			1	
松阳县	54	54	24	20	4	6		1		2
云和县	14	14	2	2						
庆元县	10	10	7	5	2	2		1		
景宁畲族自治县	21	21	14	9	5	9		1	6	
龙泉市	27	27	9	8	1	3				1

4-4c　续表 72　　　　单位：人

地区 性别	娱乐业	公共管理、社会保障和社会组织 小计	中国共产党机关	国家机构	人民政协、民主党派	社会保障	群众团体、社会团体和其他成员组织	基层群众自治组织	国际组织 小计	国际组织
合计	**1769**	**18241**	**85**	**10152**	**4**	**48**	**1839**	**6113**	**2**	**2**
杭州市	**272**	**2464**	**7**	**1321**		**5**	**153**	**978**	**1**	**1**
上城区										
下城区										
江干区										
拱墅区										
西湖区	15	71		49			1	21		
滨江区										
萧山区	67	623		328		2	59	234		
余杭区	104	649	4	454		1	38	152		
富阳区	40	341	2	148		1	25	165		
临安区	21	233		115		1	13	104		
桐庐县	10	186		74			5	107		
淳安县	9	154	1	66			7	80		
建德市	6	207		87			5	115	1	1
宁波市	**223**	**2416**	**5**	**1311**		**12**	**438**	**650**		
海曙区	7	140		80		1	14	45		
江北区	8	88		51		1	9	27		
北仑区	10	265		183		5	21	56		
镇海区	7	105		44		1	37	23		
鄞州区	41	296	1	172		1	49	73		
奉化区	54	215		104		1	59	51		
象山县	18	290		155			54	81		
宁海县	33	209	4	105		1	50	49		
余姚市	9	302		137			51	114		
慈溪市	36	506		280		1	94	131		
温州市	**172**	**2144**	**13**	**1248**		**10**	**258**	**615**	**1**	**1**
鹿城区	4	104		67			9	28		
龙湾区		1		1						
瓯海区	8	114	1	77		2	4	30		
洞头区	10	92		61			3	28		
永嘉县	20	205	4	106		3	19	73		
平阳县	23	277	5	142		2	59	69		
苍南县	19	149		60		1	36	52		
文成县	5	135		72			7	56		
泰顺县	15	145	2	84			11	48		
瑞安市	32	371	1	243		1	30	96	1	1
乐清市	35	536		331		1	74	130		
龙港市	1	15		4			6	5		
嘉兴市	**192**	**1788**	**5**	**1075**			**119**	**589**		
南湖区	11	110		79			4	27		
秀洲区	31	242		144			12	86		
嘉善县	21	199		118			7	74		
海盐县	14	165		102			14	49		
海宁市	31	307	4	185			15	103		
平湖市	34	309	1	184			14	110		
桐乡市	50	456		263			53	140		
湖州市	**195**	**1519**	**11**	**797**		**1**	**95**	**615**		
吴兴区	35	321	1	166			30	124		
南浔区	26	267	2	109			17	139		
德清县	42	291	3	172			15	101		
长兴县	49	342	3	168		1	17	153		
安吉县	43	298	2	182			16	98		

4-4c 续表 73 单位：人

地区 性别	娱乐业	公共管理、社会保障和社会组织 小计	中国共产党机关	国家机构	人民政协、民主党派	社会保障	群众团体、社会团体和其他成员组织	基层群众自治组织	国际组织 小计	国际组织
绍兴市	**137**	**1545**	**6**	**633**		**5**	**216**	**685**		
越城区	18	269	2	108		2	53	104		
柯桥区	28	316	2	132		1	56	125		
上虞区	20	381		109		1	63	208		
新昌县	5	79		44			4	31		
诸暨市	48	379		167			24	188		
嵊州市	18	121	2	73		1	16	29		
金华市	**187**	**1960**	**8**	**1248**	**3**	**9**	**99**	**593**		
婺城区	21	261		188		2	9	62		
金东区	14	184	4	113	2		20	45		
武义县	26	125		64			15	46		
浦江县	23	198		148	1	3	13	33		
磐安县	8	69		47			5	17		
兰溪市	20	159	1	74			2	82		
义乌市	41	567	3	341		1	11	211		
东阳市	17	236		149			13	74		
永康市	17	161		124		3	11	23		
衢州市	**63**	**1159**	**4**	**562**		**2**	**36**	**555**		
柯城区	11	201		138			7	56		
衢江区	15	266		161			3	102		
常山县	8	125		58			1	66		
开化县	6	219	4	47		1	2	165		
龙游县	13	191		101		1	17	72		
江山市	10	157		57			6	94		
舟山市	**86**	**716**	**4**	**356**		**1**	**176**	**179**		
定海区	16	222	2	126			28	66		
普陀区	49	321		148		1	114	58		
岱山县	5	99		34			27	38		
嵊泗县	16	74	2	48			7	17		
台州市	**198**	**1966**	**12**	**1243**	**1**	**1**	**221**	**488**		
椒江区	17	214	1	165			13	35		
黄岩区	7	189		155			14	20		
路桥区	17	166	2	112			16	36		
三门县	5	96		48			8	40		
天台县	21	168	1	101	1		10	55		
仙居县	7	143	4	72			13	54		
温岭市	46	458		251			84	123		
临海市	62	328	2	217		1	25	83		
玉环市	16	204	2	122			38	42		
丽水市	**44**	**564**	**10**	**358**		**2**	**28**	**166**		
莲都区	6	115	3	69			7	36		
青田县	8	79		46			6	27		
缙云县	8	88		57			8	23		
遂昌县	2	49	1	22		1	1	24		
松阳县	7	79		70		1	2	6		
云和县	1	25		20				5		
庆元县	2	37	4	25				8		
景宁畲族自治县	4	48	2	26			4	16		
龙泉市	6	44		23				21		
男	**964**	**12469**	**67**	**7154**	**1**	**25**	**1221**	**4001**	**2**	**2**
杭州市	**147**	**1696**	**5**	**973**		**3**	**96**	**619**	**1**	**1**
上城区										
下城区										
江干区										
拱墅区										

4-4c　续表 74　　　　单位：人

地区 性别	娱乐业	公共管理、社会保障和社会组织 小计	中国共产党机关	国家机构	人民政协、民主党派	社会保障	群众团体、社会团体和其他成员组织	基层群众自治组织	国际组织 小计	国际组织
西湖区	5	47		30			1	16		
滨江区										
萧山区	40	424		237		1	38	148		
余杭区	50	496	3	355		1	26	111		
富阳区	23	219	1	110			16	92		
临安区	16	159		88		1	8	62		
桐庐县	6	121		49			1	71		
淳安县	5	90	1	41			3	45		
建德市	2	140		63			3	74	1	1
宁波市	**105**	**1656**	**4**	**918**		**6**	**301**	**427**		
海曙区	2	97		54			11	32		
江北区	4	57		33			7	17		
北仑区	5	188		137		4	16	31		
镇海区	3	75		27		1	32	15		
鄞州区	24	211	1	128		1	37	44		
奉化区	19	152		73			37	42		
象山县	11	170		88			37	45		
宁海县	8	138	3	67			40	28		
余姚市	6	204		106			14	84		
慈溪市	23	364		205			70	89		
温州市	**125**	**1572**	**10**	**891**		**8**	**205**	**458**	**1**	**1**
鹿城区	2	78		48			8	22		
龙湾区										
瓯海区	3	78		51		2	4	21		
洞头区	7	56		41			3	12		
永嘉县	12	154	3	79		3	13	56		
平阳县	21	217	4	106		2	51	54		
苍南县	13	115		43		1	28	43		
文成县	5	95		46			5	44		
泰顺县	10	118	2	70			9	37		
瑞安市	23	275	1	181			19	74	1	1
乐清市	28	376		224			61	91		
龙港市	1	10		2			4	4		
嘉兴市	**99**	**1271**	**5**	**796**			**58**	**412**		
南湖区	5	78		60			3	15		
秀洲区	16	173		110			8	55		
嘉善县	12	144		89			5	50		
海盐县	11	114		70			12	32		
海宁市	21	214	4	136			6	68		
平湖市	13	229	1	133			10	85		
桐乡市	21	319		198			14	107		
湖州市	**97**	**1058**	**10**	**583**		**1**	**69**	**395**		
吴兴区	16	214	1	120			20	73		
南浔区	11	203	1	87			15	100		
德清县	19	206	3	123			12	68		
长兴县	28	237	3	124		1	11	98		
安吉县	23	198	2	129			11	56		
绍兴市	**76**	**976**	**6**	**449**		**2**	**73**	**446**		
越城区	8	137	2	70		1	5	59		
柯桥区	14	204	2	93			25	84		
上虞区	12	227		79			25	123		
新昌县	4	64		35			3	26		
诸暨市	26	247		113			5	129		
嵊州市	12	97	2	59		1	10	25		

4-4c 续表 75

单位：人

地区 性别	娱乐业	公共管理、社会保障和社会组织						国际组织	
		小计	中国共产党机关	国家机构	人民政协、民主党派	社会保障	群众团体、社会团体和其他成员组织	基层群众自治组织	小计	国际组织
金华市	**112**	**1315**	**6**	**875**		**4**	**56**	**374**		
婺城区	12	174		130		1	8	35		
金东区	9	119	2	77			11	29		
武义县	14	90		44			11	35		
浦江县	16	141		108		2	4	27		
磐安县	5	51		34				17		
兰溪市	14	106	1	53			2	50		
义乌市	26	398	3	255		1	7	132		
东阳市	6	132		92			5	35		
永康市	10	104		82			8	14		
衢州市	**35**	**782**	**2**	**400**			**21**	**359**		
柯城区	4	124		84			2	38		
衢江区	8	198		127			2	69		
常山县	5	89		44			1	44		
开化县	5	146	2	34			1	109		
龙游县	7	122		66			13	43		
江山市	6	103		45			2	56		
舟山市	**41**	**457**	**3**	**234**			**139**	**81**		
定海区	6	137	1	81			23	32		
普陀区	21	221		106			89	26		
岱山县	3	58		24			21	13		
嵊泗县	11	41	2	23			6	10		
台州市	**99**	**1329**	**9**	**816**	**1**	**1**	**188**	**314**		
椒江区	9	141	1	106			12	22		
黄岩区	2	128		106			13	9		
路桥区	10	92	1	64			13	14		
三门县	4	75		34			6	35		
天台县	11	111	1	60	1		7	42		
仙居县	5	90	4	45			5	36		
温岭市	22	313		165			76	72		
临海市	25	245	2	159		1	20	63		
玉环市	11	134		77			36	21		
丽水市	**28**	**357**	**7**	**219**			**15**	**116**		
莲都区	6	65	2	38			5	20		
青田县	2	54		28			4	22		
缙云县	6	54		37			2	15		
遂昌县	2	35	1	15			1	18		
松阳县	4	46		43			1	2		
云和县	1	16		11				5		
庆元县	1	25	4	14				7		
景宁畲族自治县	2	35		19			2	14		
龙泉市	4	27		14				13		
女	**805**	**5772**	**18**	**2998**	**3**	**23**	**618**	**2112**		
杭州市	**125**	**768**	**2**	**348**		**2**	**57**	**359**		
上城区										
下城区										
江干区										
拱墅区										
西湖区	10	24		19				5		
滨江区										
萧山区	27	199		91		1	21	86		
余杭区	54	153	1	99			12	41		
富阳区	17	122	1	38		1	9	73		
临安区	5	74		27			5	42		
桐庐县	4	65		25			4	36		
淳安县	4	64		25			4	35		
建德市	4	67		24			2	41		

4-4c　续表 76　　　　单位：人

地区 性别	娱乐业	公共管理、社会保障和社会组织 小计	中国共产党机关	国家机构	人民政协、民主党派	社会保障	群众团体、社会团体和其他成员组织	基层群众自治组织	国际组织 小计	国际组织
宁波市	**118**	**760**	**1**	**393**		**6**	**137**	**223**		
海曙区	5	43		26		1	3	13		
江北区	4	31		18		1	2	10		
北仑区	5	77		46		1	5	25		
镇海区	4	30		17			5	8		
鄞州区	17	85		44			12	29		
奉化区	35	63		31		1	22	9		
象山县	7	120		67			17	36		
宁海县	25	71	1	38		1	10	21		
余姚市	3	98		31			37	30		
慈溪市	13	142		75		1	24	42		
温州市	**47**	**572**	**3**	**357**		**2**	**53**	**157**		
鹿城区	2	26		19			1	6		
龙湾区		1		1						
瓯海区	5	36	1	26				9		
洞头区	3	36		20				16		
永嘉县	8	51	1	27			6	17		
平阳县	2	60	1	36			8	15		
苍南县	6	34		17			8	9		
文成县		40		26			2	12		
泰顺县	5	27		14			2	11		
瑞安市	9	96		62		1	11	22		
乐清市	7	160		107		1	13	39		
龙港市		5		2			2	1		
嘉兴市	**93**	**517**		**279**			**61**	**177**		
南湖区	6	32		19			1	12		
秀洲区	15	69		34			4	31		
嘉善县	9	55		29			2	24		
海盐县	3	51		32			2	17		
海宁市	10	93		49			9	35		
平湖市	21	80		51			4	25		
桐乡市	29	137		65			39	33		
湖州市	**98**	**461**	**1**	**214**			**26**	**220**		
吴兴区	19	107		46			10	51		
南浔区	15	64	1	22			2	39		
德清县	23	85		49			3	33		
长兴县	21	105		44			6	55		
安吉县	20	100		53			5	42		
绍兴市	**61**	**569**		**184**		**3**	**143**	**239**		
越城区	10	132		38		1	48	45		
柯桥区	14	112		39		1	31	41		
上虞区	8	154		30		1	38	85		
新昌县	1	15		9			1	5		
诸暨市	22	132		54			19	59		
嵊州市	6	24		14			6	4		
金华市	**75**	**645**	**2**	**373**	**3**	**5**	**43**	**219**		
婺城区	9	87		58		1	1	27		
金东区	5	65	2	36	2		9	16		
武义县	12	35		20			4	11		
浦江县	7	57		40	1	1	9	6		
磐安县	3	18		13			5			
兰溪市	6	53		21				32		
义乌市	15	169		86			4	79		
东阳市	11	104		57			8	39		
永康市	7	57		42		3	3	9		

4-4c 续表 77 单位：人

地区 性别	娱乐业	公共管理、社会保障和社会组织							国际组织	
		小计	中国共产党机关	国家机构	人民政协、民主党派	社会保障	群众团体、社会团体和其他成员组织	基层群众自治组织	小计	国际组织
衢州市	**28**	**377**	**2**	**162**		**2**	**15**	**196**		
柯城区	7	77		54			5	18		
衢江区	7	68		34			1	33		
常山县	3	36		14				22		
开化县	1	73	2	13		1	1	56		
龙游县	6	69		35		1	4	29		
江山市	4	54		12			4	38		
舟山市	**45**	**259**	**1**	**122**		**1**	**37**	**98**		
定海区	10	85	1	45			5	34		
普陀区	28	100		42		1	25	32		
岱山县	2	41		10			6	25		
嵊泗县	5	33		25			1	7		
台州市	**99**	**637**	**3**	**427**			**33**	**174**		
椒江区	8	73		59			1	13		
黄岩区	5	61		49			1	11		
路桥区	7	74	1	48			3	22		
三门县	1	21		14			2	5		
天台县	10	57		41			3	13		
仙居县	2	53		27			8	18		
温岭市	24	145		86			8	51		
临海市	37	83		58			5	20		
玉环市	5	70	2	45			2	21		
丽水市	**16**	**207**	**3**	**139**		**2**	**13**	**50**		
莲都区		50	1	31			2	16		
青田县	6	25		18			2	5		
缙云县	2	34		20			6	8		
遂昌县		14		7		1		6		
松阳县	3	33		27		1	1	4		
云和县		9		9						
庆元县	1	12		11				1		
景宁畲族自治县	2	13	2	7			2	2		
龙泉市	2	17		9				8		

4-5 全省分年龄、性别、行业大类的就业人口

单位：人

年龄组 性别	合计	农、林、牧、渔业						采矿业	
		小计	农业	林业	畜牧业	渔业	农、林、牧、渔专业及辅助性活动	小计	煤炭开采和洗选业
总　计	**3642236**	**196953**	**157814**	**9042**	**9172**	**18670**	**2255**	**3621**	**304**
16-19岁	48572	290	232	11	18	24	5	9	1
20-24岁	251886	1535	1147	78	101	163	46	77	2
25-29岁	425229	2900	2064	176	171	392	97	185	16
30-34岁	563500	5256	3575	312	333	928	108	310	23
35-39岁	461207	6643	4387	355	452	1333	116	328	32
40-44岁	435378	10210	6936	536	673	1901	164	494	45
45-49岁	491959	18404	12915	1008	1180	3032	269	630	58
50-54岁	428745	29863	21935	1591	1751	4168	418	720	60
55-59岁	282527	33260	25976	1705	1667	3531	381	582	48
60-64岁	120739	30394	25723	1357	1080	1965	269	186	11
65-69岁	81919	30361	26959	1255	975	943	229	84	7
70-74岁	35149	17962	16557	549	506	237	113	9	1
75岁及以上	15426	9875	9408	109	265	53	40	7	
男	**2188814**	**125152**	**95516**	**6583**	**5465**	**16228**	**1360**	**3197**	**274**
16-19岁	31324	208	158	8	16	22	4	8	
20-24岁	148060	1056	738	62	76	147	33	70	2
25-29岁	247095	1988	1314	137	118	351	68	156	15
30-34岁	324437	3552	2195	227	216	845	69	258	19
35-39岁	263672	4406	2593	261	271	1209	72	291	31
40-44岁	245419	6394	3886	378	393	1640	97	427	38
45-49岁	279511	11040	6821	749	697	2625	148	532	54
50-54岁	274285	17895	11914	1141	1014	3594	232	648	53
55-59岁	202083	20358	14782	1277	1018	3033	248	540	44
60-64岁	83711	19074	15588	976	644	1706	160	176	11
65-69岁	54990	19702	17307	885	565	806	139	76	6
70-74岁	23699	12297	11339	395	287	207	69	9	1
75岁及以上	10528	7182	6881	87	150	43	21	6	
女	**1453422**	**71801**	**62298**	**2459**	**3707**	**2442**	**895**	**424**	**30**
16-19岁	17248	82	74	3	2	2	1	1	1
20-24岁	103826	479	409	16	25	16	13	7	
25-29岁	178134	912	750	39	53	41	29	29	1
30-34岁	239063	1704	1380	85	117	83	39	52	4
35-39岁	197535	2237	1794	94	181	124	44	37	1
40-44岁	189959	3816	3050	158	280	261	67	67	7
45-49岁	212448	7364	6094	259	483	407	121	98	4
50-54岁	154460	11968	10021	450	737	574	186	72	7
55-59岁	80444	12902	11194	428	649	498	133	42	4
60-64岁	37028	11320	10135	381	436	259	109	10	
65-69岁	26929	10659	9652	370	410	137	90	8	1
70-74岁	11450	5665	5218	154	219	30	44		
75岁及以上	4898	2693	2527	22	115	10	19	1	

4－5 续表 1

单位：人

年龄组 性　别	采矿业						制造业		
	石油和天然气开采业	黑色金属矿采选业	有色金属矿采选业	非金属矿采选业	开采专业及辅助性活　动	其　他采矿业	小计	农副食品加工业	食　品制造业
总　计	**45**	**183**	**300**	**2562**	**102**	**125**	**1389931**	**15221**	**12562**
16－19岁	1			7			23646	110	200
20－24岁	2	3	2	66	1	1	90110	411	933
25－29岁	3	9	7	139	7	4	148775	813	1442
30－34岁	7	14	17	227	14	8	221743	1400	1767
35－39岁	5	13	18	233	17	10	186833	1345	1455
40－44岁	2	37	38	338	13	21	184035	1699	1452
45－49岁	9	34	69	416	16	28	212419	2521	1887
50－54岁	10	40	74	499	13	24	167386	2879	1545
55－59岁	3	22	59	413	13	24	94149	2112	1002
60－64岁	2	6	11	148	4	4	33355	964	484
65－69岁	1	4	3	64	4	1	18692	646	278
70－74岁				8			6454	239	90
75岁及以上		1	2	4			2334	82	27
男	**34**	**167**	**246**	**2285**	**83**	**108**	**797790**	**8101**	**6091**
16－19岁	1			7			15552	68	99
20－24岁	1	3	1	61	1	1	58746	257	482
25－29岁	2	9	5	118	4	3	91018	463	703
30－34岁	6	11	14	190	11	7	128952	780	852
35－39岁	4	12	14	210	13	7	105272	702	671
40－44岁	2	33	31	293	10	20	96819	816	615
45－49岁	7	32	52	353	12	22	107292	1140	784
50－54岁	6	40	61	455	12	21	94205	1443	797
55－59岁	3	18	54	386	12	23	61459	1267	582
60－64岁	2	6	9	140	4	4	21958	581	275
65－69岁		3	3	60	4		11602	388	163
70－74岁				8			3768	146	51
75岁及以上			2	4			1147	50	17
女	**11**	**16**	**54**	**277**	**19**	**17**	**592141**	**7120**	**6471**
16－19岁							8094	42	101
20－24岁	1		1	5			31364	154	451
25－29岁	1		2	21	3	1	57757	350	739
30－34岁	1	3	3	37	3	1	92791	620	915
35－39岁	1	1	4	23	4	3	81561	643	784
40－44岁		4	7	45	3	1	87216	883	837
45－49岁	2	2	17	63	4	6	105127	1381	1103
50－54岁	4		13	44	1	3	73181	1436	748
55－59岁		4	5	27	1	1	32690	845	420
60－64岁			2	8			11397	383	209
65－69岁	1	1		4		1	7090	258	115
70－74岁							2686	93	39
75岁及以上		1					1187	32	10

4-5　续表 2　　　　单位：人

年龄组 性别	制造业								
	酒、饮料和精制茶制造业	烟草制品业	纺织业	纺织服装、服饰业	皮革、毛皮、羽毛及其制品和制鞋业	木材加工和木、竹、藤、棕、草制品业	家具制造业	造纸和纸制品业	印刷和记录媒介复制业
总　计	**6623**	**445**	**116111**	**187549**	**104082**	**23264**	**36505**	**29261**	**18795**
16–19岁	29	3	1423	3050	2272	149	302	413	286
20–24岁	309	24	5620	10436	6718	773	2077	1498	1208
25–29岁	497	46	10392	20131	11738	1526	3844	2774	2120
30–34岁	816	89	15970	34740	18647	2354	5622	4291	3137
35–39岁	759	52	13593	28161	15230	2247	4562	3684	2862
40–44岁	808	49	15311	26175	14890	2690	4646	3920	2684
45–49岁	987	60	19702	28461	15757	4163	5796	4509	2649
50–54岁	928	61	17129	20188	10526	4277	5243	3847	1996
55–59岁	754	55	10138	9827	4844	2907	2893	2512	1141
60–64岁	348	3	3640	3183	1754	1150	912	990	386
65–69岁	263	1	2199	2023	1074	705	433	540	219
70–74岁	94	2	751	782	430	245	138	200	71
75岁及以上	31		243	392	202	78	37	83	36
男	**4195**	**301**	**59873**	**75209**	**54309**	**15418**	**24159**	**18039**	**11771**
16–19岁	14	2	920	1565	1363	117	209	287	203
20–24岁	190	17	3553	5255	4019	530	1392	1047	822
25–29岁	296	34	5870	9507	6663	992	2492	1819	1407
30–34岁	514	61	8409	15641	10200	1521	3483	2671	2004
35–39岁	458	34	6733	11993	8161	1392	2920	2277	1796
40–44岁	449	35	6942	9641	7483	1583	2882	2210	1586
45–49岁	551	35	8495	9179	7256	2500	3602	2550	1463
50–54岁	614	35	8527	6398	4904	2909	3689	2300	1192
55–59岁	570	45	6160	3691	2566	2186	2311	1719	809
60–64岁	261	1	2401	1224	926	904	722	671	268
65–69岁	184	1	1311	745	512	550	336	338	142
70–74岁	69	1	421	269	188	182	98	115	54
75岁及以上	25		131	101	68	52	23	35	25
女	**2428**	**144**	**56238**	**112340**	**49773**	**7846**	**12346**	**11222**	**7024**
16–19岁	15	1	503	1485	909	32	93	126	83
20–24岁	119	7	2067	5181	2699	243	685	451	386
25–29岁	201	12	4522	10624	5075	534	1352	955	713
30–34岁	302	28	7561	19099	8447	833	2139	1620	1133
35–39岁	301	18	6860	16168	7069	855	1642	1407	1066
40–44岁	359	14	8369	16534	7407	1107	1764	1710	1098
45–49岁	436	25	11207	19282	8501	1663	2194	1959	1186
50–54岁	314	26	8602	13790	5622	1368	1554	1547	804
55–59岁	184	10	3978	6136	2278	721	582	793	332
60–64岁	87	2	1239	1959	828	246	190	319	118
65–69岁	79		888	1278	562	155	97	202	77
70–74岁	25	1	330	513	242	63	40	85	17
75岁及以上	6		112	291	134	26	14	48	11

4-5 续表 3

单位：人

年龄组 性　别	制造业								
	文教、工美、体育和娱乐用品制造业	石油、煤炭及其他燃料加工业	化学原料和化学制品制造业	医　药制造业	化学纤维制造业	橡胶和塑　料制品业	非金属矿　物制品业	黑色金属冶炼和压延加工业	有色金属冶炼和压延加工业
总　计	**61130**	**2800**	**25037**	**13968**	**10929**	**80663**	**37582**	**8012**	**9227**
16-19岁	1142	3	253	127	193	1142	329	53	77
20-24岁	3757	261	1734	1345	966	4279	1705	328	469
25-29岁	5937	384	2828	2131	1546	7054	3040	610	806
30-34岁	8938	616	3964	2572	1973	10889	4865	1050	1216
35-39岁	7944	365	3285	2031	1446	10080	4386	1060	1099
40-44岁	8149	289	3115	1681	1375	11048	4761	1100	1302
45-49岁	9369	348	3829	1837	1546	13379	6186	1418	1667
50-54岁	7600	291	3075	1274	1084	11257	5891	1286	1313
55-59岁	4426	188	2061	725	576	6697	3987	773	808
60-64岁	1835	39	587	148	137	2646	1472	219	252
65-69岁	1234	12	204	67	63	1533	728	88	140
70-74岁	544	3	76	21	18	490	201	20	61
75岁及以上	255	1	26	9	6	169	31	7	17
男	**29512**	**2234**	**17236**	**7875**	**6907**	**45185**	**28153**	**6414**	**6618**
16-19岁	671	3	148	72	144	742	240	42	64
20-24岁	2085	205	1167	690	693	2695	1280	274	347
25-29岁	3187	308	1892	1147	1006	4340	2167	481	567
30-34岁	4405	495	2597	1379	1241	6377	3515	809	851
35-39岁	3926	293	2116	1073	828	5705	3102	798	752
40-44岁	3730	212	1946	855	737	5720	3304	830	870
45-49岁	3927	251	2469	988	838	6606	4395	1104	1146
50-54岁	3533	242	2411	920	761	6002	4628	1089	1006
55-59岁	2285	176	1771	581	478	4107	3396	693	646
60-64岁	883	35	477	110	116	1591	1293	192	205
65-69岁	566	11	166	42	45	928	637	78	108
70-74岁	227	3	58	13	15	284	174	19	42
75岁及以上	87		18	5	5	88	22	5	14
女	**31618**	**566**	**7801**	**6093**	**4022**	**35478**	**9429**	**1598**	**2609**
16-19岁	471		105	55	49	400	89	11	13
20-24岁	1672	56	567	655	273	1584	425	54	122
25-29岁	2750	76	936	984	540	2714	873	129	239
30-34岁	4533	121	1367	1193	732	4512	1350	241	365
35-39岁	4018	72	1169	958	618	4375	1284	262	347
40-44岁	4419	77	1169	826	638	5328	1457	270	432
45-49岁	5442	97	1360	849	708	6773	1791	314	521
50-54岁	4067	49	664	354	323	5255	1263	197	307
55-59岁	2141	12	290	144	98	2590	591	80	162
60-64岁	952	4	110	38	21	1055	179	27	47
65-69岁	668	1	38	25	18	605	91	10	32
70-74岁	317		18	8	3	206	27	1	19
75岁及以上	168	1	8	4	1	81	9	2	3

4-5 续表 4

单位：人

年龄组 性别	制造业								
	金属制品业	通用设备制造业	专用设备制造业	汽车制造业	铁路、船舶、航空航天和其他运输设备制造业	电气机械和器材制造业	计算机、通信和其他电子设备制造业	仪器仪表制造业	其他制造业
总计	**112049**	**129593**	**59028**	**62821**	**14763**	**113581**	**55777**	**14081**	**16459**
16–19岁	1561	1694	1118	1411	251	3175	2257	299	235
20–24岁	6301	7637	4475	5281	1020	10355	7300	1521	906
25–29岁	10241	12925	7318	8025	1421	14849	9713	2262	1502
30–34岁	15728	20159	11033	10979	2302	19024	10999	2701	2325
35–39岁	14634	17954	9585	8620	1983	15190	7624	2037	2103
40–44岁	15591	18029	7799	7991	1998	14056	5888	1665	2323
45–49岁	19005	20633	7458	9277	2393	15825	5577	1559	2654
50–54岁	15597	16177	5492	6425	1892	11381	3521	1092	2089
55–59岁	8624	9107	2996	3199	1008	5987	1818	589	1190
60–64岁	2848	3122	1037	969	324	2133	602	211	512
65–69岁	1412	1561	500	481	136	1104	327	92	379
70–74岁	393	454	174	133	27	370	121	38	177
75岁及以上	114	141	43	30	8	132	30	15	64
男	**73118**	**87000**	**41342**	**40014**	**10085**	**62421**	**30701**	**8027**	**7776**
16–19岁	1083	1319	897	1133	193	2061	1476	192	138
20–24岁	4423	5773	3429	3964	758	6674	4748	1039	523
25–29岁	6864	9148	5307	5512	1010	8931	5963	1407	807
30–34岁	10281	13720	7859	7092	1597	10578	6010	1547	1157
35–39岁	9425	11722	6707	5270	1314	8026	3883	1027	988
40–44岁	9668	11221	5152	4488	1258	6809	2674	852	1025
45–49岁	11435	12446	4748	5020	1464	7215	2355	706	1131
50–54岁	10159	10822	3697	3958	1304	5984	1790	589	895
55–59岁	6267	6865	2238	2327	790	3770	1156	418	581
60–64岁	2142	2372	774	751	266	1396	372	147	237
65–69岁	1018	1155	384	361	106	689	188	66	178
70–74岁	271	341	122	110	21	218	73	27	85
75岁及以上	82	96	28	28	4	70	13	10	31
女	**38931**	**42593**	**17686**	**22807**	**4678**	**51160**	**25076**	**6054**	**8683**
16–19岁	478	375	221	278	58	1114	781	107	97
20–24岁	1878	1864	1046	1317	262	3681	2552	482	383
25–29岁	3377	3777	2011	2513	411	5918	3750	855	695
30–34岁	5447	6439	3174	3887	705	8446	4989	1154	1168
35–39岁	5209	6232	2878	3350	669	7164	3741	1010	1115
40–44岁	5923	6808	2647	3503	740	7247	3214	813	1298
45–49岁	7570	8187	2710	4257	929	8610	3222	853	1523
50–54岁	5438	5355	1795	2467	588	5397	1731	503	1194
55–59岁	2357	2242	758	872	218	2217	662	171	609
60–64岁	706	750	263	218	58	737	230	64	275
65–69岁	394	406	116	120	30	415	139	26	201
70–74岁	122	113	52	23	6	152	48	11	92
75岁及以上	32	45	15	2	4	62	17	5	33

4-5 续表 5

单位：人

年龄组 性　别	制造业		电力、热力、燃气及水生产和供应业				建筑业		
	废弃资源综合利用业	金属制品、机械和设备修理业	小计	电力、热力生产和供应业	燃气生产和供应业	水的生产和供应业	小计	房屋建筑业	土木工程建筑业
总　计	**5322**	**6691**	**25224**	**17021**	**3179**	**5024**	**370329**	**199734**	**43207**
16—19岁	17	72	54	42	3	9	2246	1219	305
20—24岁	109	354	1151	816	134	201	15584	7615	2697
25—29岁	242	618	2683	1835	326	522	29415	14265	4448
30—34岁	411	1166	3730	2499	485	746	42311	20480	6081
35—39岁	467	990	3204	2148	421	635	36475	17513	4689
40—44岁	653	898	3062	2051	401	610	42483	21791	4674
45—49岁	968	999	3979	2783	443	753	62162	34061	6411
50—54岁	1172	858	3581	2589	359	633	68531	39352	6530
55—59岁	730	475	2762	1850	335	577	43958	25615	4676
60—64岁	290	158	628	277	157	194	16472	10578	1625
65—69岁	176	74	301	104	86	111	8330	5617	863
70—74岁	68	23	71	19	23	29	2053	1412	186
75岁及以上	19	6	18	8	6	4	309	216	22
男	**3893**	**5813**	**19380**	**13287**	**2342**	**3751**	**325260**	**174606**	**37385**
16—19岁	17	70	44	37	2	5	2027	1079	290
20—24岁	89	326	846	607	99	140	13161	6579	2264
25—29岁	189	539	1929	1343	232	354	25012	12325	3679
30—34岁	315	991	2747	1896	340	511	36118	17595	5112
35—39岁	321	859	2302	1609	276	417	30835	14693	3906
40—44岁	476	750	2215	1535	266	414	36261	18343	3930
45—49岁	654	839	2856	2028	313	515	53327	28670	5471
50—54岁	850	757	2998	2151	298	549	61760	34818	5912
55—59岁	567	441	2551	1731	282	538	41074	23685	4350
60—64岁	218	147	548	235	136	177	15608	9984	1500
65—69岁	137	69	259	90	69	100	7857	5297	792
70—74岁	50	21	68	18	23	27	1936	1339	160
75岁及以上	10	4	17	7	6	4	284	199	19
女	**1429**	**878**	**5844**	**3734**	**837**	**1273**	**45069**	**25128**	**5822**
16—19岁		2	10	5	1	4	219	140	15
20—24岁	20	28	305	209	35	61	2423	1036	433
25—29岁	53	79	754	492	94	168	4403	1940	769
30—34岁	96	175	983	603	145	235	6193	2885	969
35—39岁	146	131	902	539	145	218	5640	2820	783
40—44岁	177	148	847	516	135	196	6222	3448	744
45—49岁	314	160	1123	755	130	238	8835	5391	940
50—54岁	322	101	583	438	61	84	6771	4534	618
55—59岁	163	34	211	119	53	39	2884	1930	326
60—64岁	72	11	80	42	21	17	864	594	125
65—69岁	39	5	42	14	17	11	473	320	71
70—74岁	18	2	3	1		2	117	73	26
75岁及以上	9	2	1	1			25	17	3

4-5 续表 6

单位：人

年龄组 性 别	建筑业		批发和零售业			交通运输、仓储和邮政业			
	建 筑 安装业	建筑装 饰、装修 和其他 建筑业	小计	批发业	零售业	小计	铁 路 运输业	道 路 运输业	水 上 运输业
总 计	**21798**	**105590**	**541459**	**196430**	**345029**	**157670**	**2402**	**96971**	**6564**
16–19岁	143	579	6193	1614	4579	1427	21	434	11
20–24岁	1021	4251	39880	12660	27220	10171	256	4410	166
25–29岁	2035	8667	70611	24581	46030	18043	406	8815	440
30–34岁	3287	12463	95925	35491	60434	25071	343	13762	751
35–39岁	2833	11440	78641	30306	48335	21234	216	13340	820
40–44岁	2991	13027	69664	25889	43775	20773	244	14609	783
45–49岁	3400	18290	69209	25692	43517	23093	358	16313	1010
50–54岁	3067	19582	53694	20552	33142	19581	244	13584	1161
55–59岁	1987	11680	33660	12544	21116	12331	277	8202	929
60–64岁	673	3596	12668	3975	8693	3910	26	2356	392
65–69岁	287	1563	7251	2154	5097	1597	10	897	83
70–74岁	60	395	2863	729	2134	363	1	216	14
75岁及以上	14	57	1200	243	957	76		33	4
男	**19686**	**93583**	**283368**	**114618**	**168750**	**130806**	**1813**	**84307**	**5558**
16–19岁	134	524	3347	1008	2339	1076	4	331	9
20–24岁	915	3403	20174	6773	13401	7630	164	3517	121
25–29岁	1814	7194	36382	13404	22978	13919	289	7219	336
30–34岁	2912	10499	48254	19250	29004	19722	248	11481	554
35–39岁	2460	9776	38894	16546	22348	17152	147	11416	631
40–44岁	2644	11344	33643	14528	19115	17196	181	12527	637
45–49岁	3034	16152	34101	14871	19230	19308	272	14139	836
50–54岁	2869	18161	30799	13601	17198	17655	220	12556	1070
55–59岁	1902	11137	21909	9261	12648	11627	262	7840	884
60–64岁	655	3469	8406	3009	5397	3662	20	2220	383
65–69岁	277	1491	4749	1635	3114	1467	6	830	81
70–74岁	57	380	1899	546	1353	328		200	13
75岁及以上	13	53	811	186	625	64		31	3
女	**2112**	**12007**	**258091**	**81812**	**176279**	**26864**	**589**	**12664**	**1006**
16–19岁	9	55	2846	606	2240	351	17	103	2
20–24岁	106	848	19706	5887	13819	2541	92	893	45
25–29岁	221	1473	34229	11177	23052	4124	117	1596	104
30–34岁	375	1964	47671	16241	31430	5349	95	2281	197
35–39岁	373	1664	39747	13760	25987	4082	69	1924	189
40–44岁	347	1683	36021	11361	24660	3577	63	2082	146
45–49岁	366	2138	35108	10821	24287	3785	86	2174	174
50–54岁	198	1421	22895	6951	15944	1926	24	1028	91
55–59岁	85	543	11751	3283	8468	704	15	362	45
60–64岁	18	127	4262	966	3296	248	6	136	9
65–69岁	10	72	2502	519	1983	130	4	67	2
70–74岁	3	15	964	183	781	35	1	16	1
75岁及以上	1	4	389	57	332	12		2	1

4－5　续表 7　　单位：人

年龄组 性别	交通运输、仓储和邮政业					住宿和餐饮业		
	航空运输业	管道运输业	多式联运和运输代理业	装卸搬运和仓储业	邮政业	小计	住宿业	餐饮业
总　计	**2467**	**44**	**7000**	**13491**	**28731**	**156151**	**22678**	**133473**
16－19岁	8		30	132	791	5816	705	5111
20－24岁	351	4	627	621	3736	15394	2457	12937
25－29岁	528	5	1094	1033	5722	18742	2415	16327
30－34岁	532	8	1512	1551	6612	23800	2919	20881
35－39岁	357	2	1256	1318	3925	19555	2569	16986
40－44岁	235	3	807	1401	2691	18909	2769	16140
45－49岁	218	11	736	2026	2421	20444	3327	17117
50－54岁	138	4	521	2263	1666	17077	2841	14236
55－59岁	85	6	304	1666	862	10129	1725	8404
60－64岁	13		78	861	184	3836	607	3229
65－69岁	2	1	26	481	97	1858	280	1578
70－74岁			8	112	12	492	55	437
75岁及以上			1	26	12	99	9	90
男	**1584**	**32**	**4417**	**11314**	**21781**	**82411**	**9730**	**72681**
16－19岁	5		23	108	596	3945	392	3553
20－24岁	177	4	319	490	2838	9874	1131	8743
25－29岁	315	4	553	802	4401	11764	1154	10610
30－34岁	337	5	872	1193	5032	13674	1273	12401
35－39岁	244	2	711	1017	2984	10528	1091	9437
40－44岁	169	3	545	1130	2004	9098	1002	8096
45－49岁	147	4	564	1661	1685	8591	1054	7537
50－54岁	106	3	443	1997	1260	7018	1139	5879
55－59岁	70	6	283	1549	733	4809	926	3883
60－64岁	12		74	805	148	1896	349	1547
65－69岁	2	1	23	445	79	888	174	714
70－74岁			6	98	11	266	38	228
75岁及以上			1	19	10	60	7	53
女	**883**	**12**	**2583**	**2177**	**6950**	**73740**	**12948**	**60792**
16－19岁	3		7	24	195	1871	313	1558
20－24岁	174		308	131	898	5520	1326	4194
25－29岁	213	1	541	231	1321	6978	1261	5717
30－34岁	195	3	640	358	1580	10126	1646	8480
35－39岁	113		545	301	941	9027	1478	7549
40－44岁	66		262	271	687	9811	1767	8044
45－49岁	71	7	172	365	736	11853	2273	9580
50－54岁	32	1	78	266	406	10059	1702	8357
55－59岁	15		21	117	129	5320	799	4521
60－64岁	1		4	56	36	1940	258	1682
65－69岁			3	36	18	970	106	864
70－74岁			2	14	1	226	17	209
75岁及以上				7	2	39	2	37

4-5　续表 8　　　　单位：人

年龄组 性　别	信息传输、软件和信息技术服务业				金融业				
	小计	电信、广播电视和卫星传输服务	互联网和相关服务	软件和信息技术服务业	小计	货币金融服　务	资本市场服　　务	保险业	其　他金融业
总　计	**70556**	**14210**	**17517**	**38829**	**53303**	**30503**	**4918**	**14586**	**3296**
16–19岁	555	65	270	220	73	27	9	26	11
20–24岁	11018	989	3268	6761	4139	2598	313	924	304
25–29岁	19966	2364	5157	12445	10108	5842	948	2511	807
30–34岁	17275	3437	4403	9435	12919	7537	1205	3341	836
35–39岁	9961	2643	2125	5193	8732	4717	939	2572	504
40–44岁	5191	1652	1050	2489	5382	2595	554	1919	314
45–49岁	3282	1349	666	1267	5532	3181	471	1625	255
50–54岁	1954	993	339	622	3801	2339	290	1028	144
55–59岁	1079	582	175	322	2199	1441	153	507	98
60–64岁	186	95	39	52	288	157	25	88	18
65–69岁	65	28	19	18	92	48	9	30	5
70–74岁	21	12	6	3	27	14	1	12	
75岁及以上	3	1		2	11	7	1	3	
男	**45108**	**8398**	**11237**	**25473**	**25081**	**14303**	**3026**	**5975**	**1777**
16–19岁	340	38	151	151	44	12	6	19	7
20–24岁	6646	549	1886	4211	1869	1024	153	557	135
25–29岁	12458	1321	3153	7984	4823	2603	509	1290	421
30–34岁	10821	1796	2884	6141	5797	3242	715	1425	415
35–39岁	6375	1351	1450	3574	3709	1884	612	926	287
40–44岁	3459	994	756	1709	2207	1109	353	581	164
45–49岁	2321	942	490	889	2422	1528	288	458	148
50–54岁	1526	774	271	481	2247	1522	228	393	104
55–59岁	940	519	147	274	1727	1249	129	268	81
60–64岁	151	79	30	42	161	92	23	34	12
65–69岁	49	22	14	13	52	26	8	15	3
70–74岁	19	12	5	2	15	6	1	8	
75岁及以上	3	1		2	8	6	1	1	
女	**25448**	**5812**	**6280**	**13356**	**28222**	**16200**	**1892**	**8611**	**1519**
16–19岁	215	27	119	69	29	15	3	7	4
20–24岁	4372	440	1382	2550	2270	1574	160	367	169
25–29岁	7508	1043	2004	4461	5285	3239	439	1221	386
30–34岁	6454	1641	1519	3294	7122	4295	490	1916	421
35–39岁	3586	1292	675	1619	5023	2833	327	1646	217
40–44岁	1732	658	294	780	3175	1486	201	1338	150
45–49岁	961	407	176	378	3110	1653	183	1167	107
50–54岁	428	219	68	141	1554	817	62	635	40
55–59岁	139	63	28	48	472	192	24	239	17
60–64岁	35	16	9	10	127	65	2	54	6
65–69岁	16	6	5	5	40	22	1	15	2
70–74岁	2		1	1	12	8		4	
75岁及以上					3	1		2	

4-5 续表 9 单位：人

年龄组 性别	房地产业		租赁和商务服务业			科学研究和技术服务业			
	小计	房地产业	小计	租赁业	商务服务业	小计	研究和试验发展	专业技术服务业	科技推广和应用服务业
总计	**67700**	**67700**	**100249**	**7264**	**92985**	**51306**	**7285**	**34320**	**9701**
16-19岁	536	536	813	72	741	292	36	185	71
20-24岁	5128	5128	10008	464	9544	6010	720	4100	1190
25-29岁	9312	9312	17017	1007	16010	10512	1547	6831	2134
30-34岁	11051	11051	18710	1356	17354	11545	1839	7498	2208
35-39岁	8039	8039	13911	1026	12885	8039	1192	5381	1466
40-44岁	6786	6786	10884	948	9936	5158	729	3500	929
45-49岁	7542	7542	10233	959	9274	4046	502	2815	729
50-54岁	7441	7441	8499	785	7714	3010	358	2157	495
55-59岁	6354	6354	6458	410	6048	1984	274	1390	320
60-64岁	3136	3136	2035	136	1899	416	50	285	81
65-69岁	1901	1901	1153	77	1076	215	31	129	55
70-74岁	406	406	406	20	386	65	5	42	18
75岁及以上	68	68	122	4	118	14	2	7	5
男	**42172**	**42172**	**61123**	**6031**	**55092**	**34220**	**4691**	**23473**	**6056**
16-19岁	372	372	544	64	480	218	23	143	52
20-24岁	3085	3085	5101	370	4731	3711	418	2608	685
25-29岁	5520	5520	9087	794	8293	6683	917	4496	1270
30-34岁	6312	6312	10268	1127	9141	7414	1179	4915	1320
35-39岁	4571	4571	7868	833	7035	5279	807	3574	898
40-44岁	3715	3715	6497	798	5699	3418	449	2367	602
45-49岁	4316	4316	6455	777	5678	2798	339	1976	483
50-54岁	5140	5140	6669	690	5979	2380	259	1756	365
55-59岁	5016	5016	5616	369	5247	1743	232	1248	263
60-64岁	2380	2380	1689	119	1570	338	40	239	59
65-69岁	1381	1381	917	68	849	171	23	106	42
70-74岁	307	307	312	18	294	55	3	39	13
75岁及以上	57	57	100	4	96	12	2	6	4
女	**25528**	**25528**	**39126**	**1233**	**37893**	**17086**	**2594**	**10847**	**3645**
16-19岁	164	164	269	8	261	74	13	42	19
20-24岁	2043	2043	4907	94	4813	2299	302	1492	505
25-29岁	3792	3792	7930	213	7717	3829	630	2335	864
30-34岁	4739	4739	8442	229	8213	4131	660	2583	888
35-39岁	3468	3468	6043	193	5850	2760	385	1807	568
40-44岁	3071	3071	4387	150	4237	1740	280	1133	327
45-49岁	3226	3226	3778	182	3596	1248	163	839	246
50-54岁	2301	2301	1830	95	1735	630	99	401	130
55-59岁	1338	1338	842	41	801	241	42	142	57
60-64岁	756	756	346	17	329	78	10	46	22
65-69岁	520	520	236	9	227	44	8	23	13
70-74岁	99	99	94	2	92	10	2	3	5
75岁及以上	11	11	22		22	2		1	1

4-5 续表 10 单位：人

年龄组 性别	水利、环境和公共设施管理业					居民服务、修理和其他服务业			
	小计	水利管理业	生态保护和环境治理业	公共设施管理业	土地管理业	小计	居民服务业	机动车、电子产品和日用产品修理业	其他服务业
总计	**26559**	**1415**	**2202**	**22556**	**386**	**105412**	**67776**	**24664**	**12972**
16-19岁	64	2	4	57	1	3612	2450	1089	73
20-24岁	722	58	99	533	32	10035	6566	3052	417
25-29岁	1541	132	228	1116	65	13026	8702	3707	617
30-34岁	2198	190	280	1660	68	16308	10991	4520	797
35-39岁	2026	154	250	1589	33	12396	8207	3400	789
40-44岁	2267	150	250	1825	42	10444	6624	2814	1006
45-49岁	3196	218	286	2659	33	11680	7509	2500	1671
50-54岁	3740	214	320	3168	38	10674	6766	1743	2165
55-59岁	3820	192	250	3342	36	7555	4578	1111	1866
60-64岁	3014	59	124	2806	25	4300	2402	394	1504
65-69岁	2826	30	83	2706	7	3441	1807	219	1415
70-74岁	975	13	24	932	6	1434	838	75	521
75岁及以上	170	3	4	163		507	336	40	131
男	**17820**	**1099**	**1692**	**14766**	**263**	**49156**	**22272**	**20760**	**6124**
16-19岁	38	2	3	32	1	2240	1126	1067	47
20-24岁	469	42	71	330	26	5576	2491	2855	230
25-29岁	1006	94	161	719	32	6821	3216	3240	365
30-34岁	1438	133	188	1075	42	8054	3872	3704	478
35-39岁	1362	102	183	1058	19	6080	2965	2708	407
40-44岁	1438	110	183	1119	26	4635	1973	2229	433
45-49岁	1978	154	218	1578	28	4385	1888	1940	557
50-54岁	2586	183	261	2116	26	3948	1746	1426	776
55-59岁	2789	181	217	2360	31	3104	1332	961	811
60-64岁	2044	56	109	1859	20	1844	737	334	773
65-69岁	1852	26	72	1747	7	1551	542	194	815
70-74岁	690	13	22	650	5	665	261	65	339
75岁及以上	130	3	4	123		253	123	37	93
女	**8739**	**316**	**510**	**7790**	**123**	**56256**	**45504**	**3904**	**6848**
16-19岁	26		1	25		1372	1324	22	26
20-24岁	253	16	28	203	6	4459	4075	197	187
25-29岁	535	38	67	397	33	6205	5486	467	252
30-34岁	760	57	92	585	26	8254	7119	816	319
35-39岁	664	52	67	531	14	6316	5242	692	382
40-44岁	829	40	67	706	16	5809	4651	585	573
45-49岁	1218	64	68	1081	5	7295	5621	560	1114
50-54岁	1154	31	59	1052	12	6726	5020	317	1389
55-59岁	1031	11	33	982	5	4451	3246	150	1055
60-64岁	970	3	15	947	5	2456	1665	60	731
65-69岁	974	4	11	959		1890	1265	25	600
70-74岁	285		2	282	1	769	577	10	182
75岁及以上	40			40		254	213	3	38

4-5 续表 11 单位：人

年龄组 性别	教育		卫生和社会工作			文化、体育和娱乐业				
	小计	教育	小计	卫生	社会工作	小计	新闻和出版业	广播、电视、电影和录音制作业	文化艺术业	体育
总计	**118123**	**118123**	**64347**	**61064**	**3283**	**32833**	**2048**	**4604**	**5302**	**4198**
16-19岁	1396	1396	374	365	9	934	3	65	100	158
20-24岁	12521	12521	7234	7074	160	5097	129	723	689	834
25-29岁	19682	19682	11593	11386	207	6597	311	1000	932	996
30-34岁	19317	19317	11473	11193	280	6119	353	874	940	754
35-39岁	16936	16936	9099	8839	260	3892	316	612	635	421
40-44岁	16362	16362	6975	6687	288	2943	266	442	526	292
45-49岁	13405	13405	6357	5918	439	2751	280	373	513	256
50-54岁	9968	9968	4706	4153	553	2066	199	229	412	220
55-59岁	6331	6331	3334	2846	488	1508	155	218	348	152
60-64岁	1355	1355	1601	1298	303	507	22	40	99	64
65-69岁	630	630	1087	905	182	281	11	22	57	36
70-74岁	157	157	404	319	85	105	1	6	37	11
75岁及以上	63	63	110	81	29	33	2		14	4
男	**37998**	**37998**	**20383**	**19387**	**996**	**16164**	**1105**	**2623**	**2443**	**2282**
16-19岁	598	598	59	55	4	466	2	51	39	81
20-24岁	2657	2657	1200	1155	45	2466	49	361	277	525
25-29岁	4406	4406	2676	2617	59	3080	123	524	403	588
30-34岁	4839	4839	3041	2967	74	2817	153	484	403	366
35-39岁	4855	4855	2748	2674	74	1791	146	346	264	182
40-44岁	5504	5504	2520	2427	93	1414	145	257	225	129
45-49岁	5069	5069	2416	2313	103	1298	172	225	219	126
50-54岁	4567	4567	1954	1816	138	1144	146	153	220	117
55-59岁	4255	4255	1885	1718	167	1036	136	172	243	93
60-64岁	744	744	880	767	113	343	21	26	66	38
65-69岁	351	351	651	578	73	209	9	19	48	28
70-74岁	110	110	273	235	38	76	1	5	29	7
75岁及以上	43	43	80	65	15	24	2		7	2
女	**80125**	**80125**	**43964**	**41677**	**2287**	**16669**	**943**	**1981**	**2859**	**1916**
16-19岁	798	798	315	310	5	468	1	14	61	77
20-24岁	9864	9864	6034	5919	115	2631	80	362	412	309
25-29岁	15276	15276	8917	8769	148	3517	188	476	529	408
30-34岁	14478	14478	8432	8226	206	3302	200	390	537	388
35-39岁	12081	12081	6351	6165	186	2101	170	266	371	239
40-44岁	10858	10858	4455	4260	195	1529	121	185	301	163
45-49岁	8336	8336	3941	3605	336	1453	108	148	294	130
50-54岁	5401	5401	2752	2337	415	922	53	76	192	103
55-59岁	2076	2076	1449	1128	321	472	19	46	105	59
60-64岁	611	611	721	531	190	164	1	14	33	26
65-69岁	279	279	436	327	109	72	2	3	9	8
70-74岁	47	47	131	84	47	29		1	8	4
75岁及以上	20	20	30	16	14	9			7	2

4-5　续表 12

单位：人

年龄组 性　别	娱乐业	公共管理、社会保障和社会组织							国际组织	
		小计	中国共产党机关	国家机构	人民政协、民主党派	社会保障	群众团体、社会团体和其他成员组织	基层群众自治组织	小计	国际组织
总　计	**16681**	**110506**	**1507**	**86160**	**272**	**355**	**6404**	**15808**	**4**	**4**
16-19岁	608	242		205		1	28	8		
20-24岁	2722	6072	49	5396	2	20	228	377		
25-29岁	3358	14520	133	12607	12	48	523	1197	1	1
30-34岁	3198	18437	286	15320	25	75	789	1942	2	2
35-39岁	1908	15263	237	12534	29	64	761	1638		
40-44岁	1417	13356	219	10811	31	45	666	1584		
45-49岁	1329	13594	226	10435	28	49	781	2075	1	1
50-54岁	1006	12453	195	9301	55	32	821	2049		
55-59岁	635	11074	147	7979	86	16	671	2175		
60-64岁	282	2452	9	939	3	2	329	1170		
65-69岁	155	1754	5	444		1	346	958		
70-74岁	50	882	1	143	1	2	247	488		
75岁及以上	13	407		46			214	147		
男	**7711**	**72222**	**1044**	**57385**	**189**	**158**	**3952**	**9494**	**3**	**3**
16-19岁	293	198		173		1	19	5		
20-24岁	1254	3723	25	3384	1	6	123	184		
25-29岁	1442	8367	82	7456	4	17	259	549		
30-34岁	1411	10357	168	8947	14	26	438	764	2	2
35-39岁	853	9354	151	7966	15	27	470	725		
40-44岁	658	8559	149	7101	12	22	430	845		
45-49岁	556	9005	166	7123	19	22	520	1155	1	1
50-54岁	508	9146	156	6905	44	19	605	1417		
55-59岁	392	9645	134	7158	77	13	508	1755		
60-64岁	192	1809	7	697	2	2	220	881		
65-69岁	105	1206	5	317		1	179	704		
70-74岁	34	606	1	120	1	2	101	381		
75岁及以上	13	247		38			80	129		
女	**8970**	**38284**	**463**	**28775**	**83**	**197**	**2452**	**6314**	**1**	**1**
16-19岁	315	44		32			9	3		
20-24岁	1468	2349	24	2012	1	14	105	193		
25-29岁	1916	6153	51	5151	8	31	264	648	1	1
30-34岁	1787	8080	118	6373	11	49	351	1178		
35-39岁	1055	5909	86	4568	14	37	291	913		
40-44岁	759	4797	70	3710	19	23	236	739		
45-49岁	773	4589	60	3312	9	27	261	920		
50-54岁	498	3307	39	2396	11	13	216	632		
55-59岁	243	1429	13	821	9	3	163	420		
60-64岁	90	643	2	242	1		109	289		
65-69岁	50	548		127			167	254		
70-74岁	16	276		23			146	107		
75岁及以上		160		8			134	18		

4-5a 全省分年龄、性别、行业大类的就业人口(城市)

单位：人

年龄组 性 别	合计	农、林、牧、渔业						采矿业	
		小计	农业	林业	畜牧业	渔业	农、林、牧、渔专业及辅助性活动	小计	煤炭开采和洗选业
总 计	**1912582**	**19825**	**14405**	**1029**	**936**	**3062**	**393**	**678**	**44**
16-19岁	27918	54	44	3	1	4	2	1	
20-24岁	152977	319	239	17	12	32	19	15	1
25-29岁	257422	623	426	42	40	85	30	39	3
30-34岁	337467	1071	730	78	70	168	25	85	4
35-39岁	271992	1157	725	98	71	223	40	85	8
40-44岁	241291	1604	1032	101	93	335	43	76	4
45-49岁	253576	2514	1590	144	171	541	68	132	6
50-54岁	196096	3306	2138	196	171	736	65	125	8
55-59岁	115219	3115	2219	126	136	576	58	86	4
60-64岁	33474	2290	1838	107	66	258	21	21	3
65-69岁	17582	2057	1826	80	60	79	12	11	3
70-74岁	5639	1137	1050	29	32	18	8		
75岁及以上	1929	578	548	8	13	7	2	2	
男	**1130054**	**13455**	**9091**	**748**	**633**	**2709**	**274**	**562**	**35**
16-19岁	17675	36	29	2	1	2	2	1	
20-24岁	87262	209	147	12	11	25	14	13	1
25-29岁	146118	409	257	31	25	74	22	30	3
30-34岁	190278	711	445	58	48	142	18	63	2
35-39岁	152337	766	429	66	47	200	24	71	8
40-44岁	134814	1029	592	67	56	285	29	60	3
45-49岁	143749	1628	899	104	109	475	41	102	4
50-54岁	128314	2236	1270	146	120	656	44	111	5
55-59岁	87349	2175	1405	97	99	524	50	81	4
60-64岁	24481	1555	1185	80	41	233	16	20	3
65-69岁	12390	1425	1244	54	47	72	8	9	2
70-74岁	3922	826	762	23	20	16	5		
75岁及以上	1365	450	427	8	9	5	1	1	
女	**782528**	**6370**	**5314**	**281**	**303**	**353**	**119**	**116**	**9**
16-19岁	10243	18	15	1		2			
20-24岁	65715	110	92	5	1	7	5	2	
25-29岁	111304	214	169	11	15	11	8	9	
30-34岁	147189	360	285	20	22	26	7	22	2
35-39岁	119655	391	296	32	24	23	16	14	
40-44岁	106477	575	440	34	37	50	14	16	1
45-49岁	109827	886	691	40	62	66	27	30	2
50-54岁	67782	1070	868	50	51	80	21	14	3
55-59岁	27870	940	814	29	37	52	8	5	
60-64岁	8993	735	653	27	25	25	5	1	
65-69岁	5192	632	582	26	13	7	4	2	1
70-74岁	1717	311	288	6	12	2	3		
75岁及以上	564	128	121		4	2	1	1	

4-5a 续表 1 单位：人

年龄组 性 别	采矿业						制造业		
	石油和天然气开采业	黑色金属矿采选业	有色金属矿采选业	非金属矿采选业	开采专业及辅助性活动	其他采矿业	小计	农副食品加工业	食品制造业
总 计	**31**	**35**	**81**	**422**	**44**	**21**	**629066**	**4725**	**5768**
16-19岁				1			11620	40	123
20-24岁		2		12			43581	172	502
25-29岁	3	2	2	23	5	1	73095	307	788
30-34岁	5	3	6	60	7		110002	563	957
35-39岁	4	4	6	50	11	2	91478	518	753
40-44岁	1	6	7	51	4	3	86274	603	738
45-49岁	7	8	26	75	5	5	94699	822	831
50-54岁	8	5	21	71	4	8	67627	854	559
55-59岁	2	4	11	57	6	2	34360	531	318
60-64岁				17	1		9705	172	120
65-69岁	1		1	5	1		4703	102	65
70-74岁							1458	31	8
75岁及以上		1	1				464	10	6
男	**23**	**31**	**62**	**360**	**33**	**18**	**364468**	**2559**	**2823**
16-19岁				1			7452	24	53
20-24岁		2		10			27981	109	252
25-29岁	2	2	1	18	3	1	44239	166	388
30-34岁	4	2	4	46	5		63589	322	464
35-39岁	3	4	6	42	7	1	51599	257	347
40-44岁	1	5	5	41	3	2	45862	284	313
45-49岁	6	7	15	63	3	4	48650	373	339
50-54岁	5	5	18	66	4	8	39586	448	309
55-59岁	2	4	11	52	6	2	24079	353	226
60-64岁				16	1		6870	115	76
65-69岁			1	5	1		3275	79	48
70-74岁							1004	22	3
75岁及以上			1				282	7	5
女	**8**	**4**	**19**	**62**	**11**	**3**	**264598**	**2166**	**2945**
16-19岁							4168	16	70
20-24岁				2			15600	63	250
25-29岁	1		1	5	2		28856	141	400
30-34岁	1	1	2	14	2		46413	241	493
35-39岁	1			8	4	1	39879	261	406
40-44岁		1	2	10	1	1	40412	319	425
45-49岁	1	1	11	12	2	1	46049	449	492
50-54岁	3		3	5			28041	406	250
55-59岁				5			10281	178	92
60-64岁				1			2835	57	44
65-69岁	1						1428	23	17
70-74岁							454	9	5
75岁及以上		1					182	3	1

4−5a 续表 2　　单位：人

年龄组 性　别	制造业								
	酒、饮料和精制茶制造业	烟　草制品业	纺织业	纺织服装、服饰业	皮革、毛皮、羽毛及其制品和制鞋业	木材加工和木、竹、藤、棕、草制品业	家　具制造业	造纸和纸制品业	印刷和记录媒介复制业
总　计	**2525**	**348**	**46819**	**86923**	**64539**	**5900**	**10054**	**12118**	**10078**
16−19岁	13	1	667	1489	1636	40	75	162	156
20−24岁	177	19	2473	5186	4576	222	606	632	626
25−29岁	259	37	4565	9902	7916	474	1131	1208	1159
30−34岁	396	74	7263	17327	12449	792	1590	1982	1775
35−39岁	363	45	6069	14143	9787	678	1319	1715	1634
40−44岁	337	31	6495	12540	9095	750	1315	1761	1520
45−49岁	378	47	7903	13129	9550	980	1612	1900	1459
50−54岁	291	51	6273	8111	5837	1030	1402	1425	954
55−59岁	197	43	3424	3511	2379	624	741	873	548
60−64岁	62		1002	920	745	175	158	256	151
65−69岁	39		495	487	373	95	77	131	69
70−74岁	10		140	143	139	31	23	46	19
75岁及以上	3		50	35	57	9	5	27	8
男	**1580**	**249**	**24780**	**36469**	**35167**	**4035**	**6606**	**7501**	**6459**
16−19岁	7	1	416	754	984	33	48	109	112
20−24岁	105	15	1525	2467	2788	148	401	439	429
25−29岁	148	27	2561	4522	4579	301	736	771	780
30−34岁	251	55	3794	7674	6983	529	957	1234	1135
35−39岁	217	30	3069	6206	5411	420	834	1022	1037
40−44岁	184	24	3070	4837	4738	479	832	986	905
45−49岁	203	28	3536	4563	4627	606	965	1111	832
50−54岁	214	30	3323	2964	2922	746	988	903	615
55−59岁	168	39	2312	1671	1383	517	619	613	424
60−64岁	45		707	468	447	145	134	195	116
65−69岁	29		327	254	210	77	67	86	51
70−74岁	8		104	74	72	26	20	24	16
75岁及以上	1		36	15	23	8	5	8	7
女	**945**	**99**	**22039**	**50454**	**29372**	**1865**	**3448**	**4617**	**3619**
16−19岁	6		251	735	652	7	27	53	44
20−24岁	72	4	948	2719	1788	74	205	193	197
25−29岁	111	10	2004	5380	3337	173	395	437	379
30−34岁	145	19	3469	9653	5466	263	633	748	640
35−39岁	146	15	3000	7937	4376	258	485	693	597
40−44岁	153	7	3425	7703	4357	271	483	775	615
45−49岁	175	19	4367	8566	4923	374	647	789	627
50−54岁	77	21	2950	5147	2915	284	414	522	339
55−59岁	29	4	1112	1840	996	107	122	260	124
60−64岁	17		295	452	298	30	24	61	35
65−69岁	10		168	233	163	18	10	45	18
70−74岁	2		36	69	67	5	3	22	3
75岁及以上	2		14	20	34	1		19	1

4-5a　续表 3　　　　单位：人

年龄组 性　别	制造业								
	文教、工美、体育和娱乐用品制造业	石油、煤炭及其他燃料加工业	化学原料和化学制品制造业	医　药制造业	化学纤维制造业	橡胶和塑　料制品业	非金属矿　物制品业	黑色金属冶炼和压延加工业	有色金属冶炼和压延加工业
总　计	**22507**	**1499**	**12690**	**7260**	**3964**	**35266**	**13318**	**3320**	**3400**
16-19岁	553	2	100	77	52	539	105	22	29
20-24岁	1712	107	874	752	291	1973	663	136	177
25-29岁	2596	163	1479	1238	481	3271	1222	259	301
30-34岁	3961	270	2139	1440	679	5241	1985	450	462
35-39岁	3254	210	1846	1142	567	4716	1742	540	450
40-44岁	3137	192	1748	847	562	5094	1853	479	500
45-49岁	3296	237	1947	842	604	5960	2271	570	628
50-54岁	2356	177	1421	544	431	4652	1881	477	467
55-59岁	1087	122	881	296	226	2484	1122	287	272
60-64岁	306	14	170	49	45	788	301	62	59
65-69岁	164	4	53	25	20	402	127	28	37
70-74岁	61	1	21	4	3	110	44	10	14
75岁及以上	24		11	4	3	36	2		4
男	**10961**	**1195**	**8782**	**4033**	**2545**	**20222**	**9931**	**2660**	**2436**
16-19岁	309	2	62	40	40	335	73	15	25
20-24岁	899	85	600	385	216	1247	490	113	136
25-29岁	1326	138	1001	651	324	2020	901	208	216
30-34岁	1948	214	1398	755	441	3074	1431	352	312
35-39岁	1571	155	1193	608	333	2666	1214	404	303
40-44岁	1447	140	1106	428	324	2705	1313	365	323
45-49岁	1393	171	1261	436	339	3032	1613	450	432
50-54岁	1133	152	1172	411	284	2605	1503	408	367
55-59岁	600	119	776	259	185	1663	973	257	221
60-64岁	180	14	145	38	39	515	268	52	53
65-69岁	106	4	43	16	15	261	111	27	32
70-74岁	37	1	18	4	3	75	40	9	12
75岁及以上	12		7	2	2	24	1		4
女	**11546**	**304**	**3908**	**3227**	**1419**	**15044**	**3387**	**660**	**964**
16-19岁	244		38	37	12	204	32	7	4
20-24岁	813	22	274	367	75	726	173	23	41
25-29岁	1270	25	478	587	157	1251	321	51	85
30-34岁	2013	56	741	685	238	2167	554	98	150
35-39岁	1683	55	653	534	234	2050	528	136	147
40-44岁	1690	52	642	419	238	2389	540	114	177
45-49岁	1903	66	686	406	265	2928	658	120	196
50-54岁	1223	25	249	133	147	2047	378	69	100
55-59岁	487	3	105	37	41	821	149	30	51
60-64岁	126		25	11	6	273	33	10	6
65-69岁	58		10	9	5	141	16	1	5
70-74岁	24		3			35	4	1	2
75岁及以上	12		4	2	1	12	1		

4-5a 续表 4 单位：人

年龄组 性 别	制造业								
	金 属 制品业	通用设备 制造业	专用设备 制造业	汽 车 制造业	铁路、船舶、航空航天和其他运输设备制造业	电气机械和器材制造业	计算机、通信和其他电子设备制造业	仪器仪表 制造业	其 他 制造业
总 计	**43991**	**57772**	**29543**	**31248**	**5757**	**58887**	**27513**	**8954**	**7777**
16-19岁	611	779	607	578	121	1660	1041	185	114
20-24岁	2557	3569	2349	2218	450	5363	3489	1049	454
25-29岁	4304	6076	3885	3869	621	7857	5020	1575	792
30-34岁	6641	9422	5853	5659	968	10217	5762	1836	1230
35-39岁	6109	8418	4908	4482	808	8400	3923	1331	1023
40-44岁	6321	8213	3960	4186	764	7595	2909	1011	1122
45-49岁	7440	9239	3646	4797	877	8151	2668	872	1305
50-54岁	5820	6763	2488	3258	651	5581	1602	616	914
55-59岁	2955	3600	1250	1539	350	2735	755	313	456
60-64岁	776	1049	381	403	105	782	212	101	182
65-69岁	325	459	163	194	35	389	97	41	116
70-74岁	106	139	45	55	6	121	28	17	49
75岁及以上	26	46	8	10	1	36	7	7	20
男	**29034**	**39057**	**20966**	**19744**	**3826**	**32932**	**15321**	**5127**	**3740**
16-19岁	406	609	482	454	94	1059	684	112	67
20-24岁	1812	2740	1805	1634	325	3451	2211	699	274
25-29岁	2875	4273	2818	2609	438	4742	3044	965	427
30-34岁	4313	6406	4164	3634	648	5760	3193	1016	625
35-39岁	3926	5492	3394	2758	518	4517	2070	683	481
40-44岁	3965	5113	2597	2361	453	3735	1363	528	475
45-49岁	4574	5625	2409	2598	511	3869	1193	425	562
50-54岁	3918	4654	1798	2013	438	3054	845	356	413
55-59岁	2263	2839	1001	1154	280	1829	503	229	237
60-64岁	620	800	319	321	88	547	130	69	90
65-69岁	258	368	138	157	27	266	62	31	47
70-74岁	83	108	36	42	5	82	18	10	28
75岁及以上	21	30	5	9	1	21	5	4	14
女	**14957**	**18715**	**8577**	**11504**	**1931**	**25955**	**12192**	**3827**	**4037**
16-19岁	205	170	125	124	27	601	357	73	47
20-24岁	745	829	544	584	125	1912	1278	350	180
25-29岁	1429	1803	1067	1260	183	3115	1976	610	365
30-34岁	2328	3016	1689	2025	320	4457	2569	820	605
35-39岁	2183	2926	1514	1724	290	3883	1853	648	542
40-44岁	2356	3100	1363	1825	311	3860	1546	483	647
45-49岁	2866	3614	1237	2199	366	4282	1475	447	743
50-54岁	1902	2109	690	1245	213	2527	757	260	501
55-59岁	692	761	249	385	70	906	252	84	219
60-64岁	156	249	62	82	17	235	82	32	92
65-69岁	67	91	25	37	8	123	35	10	69
70-74岁	23	31	9	13	1	39	10	7	21
75岁及以上	5	16	3	1		15	2	3	6

4-5a 续表 5

单位：人

年龄组 性别	制造业		电力、热力、燃气及水生产和供应业				建筑业		
	废弃资源综合利用业	金属制品、机械和设备修理业	小计	电力、热力生产和供应业	燃气生产和供应业	水的生产和供应业	小计	房屋建筑业	土木工程建筑业
总计	**2171**	**2432**	**13415**	**9047**	**1748**	**2620**	**189723**	**101601**	**20694**
16-19岁	9	34	18	13	2	3	1299	702	143
20-24岁	53	154	541	346	82	113	9282	4494	1406
25-29岁	96	244	1432	964	189	279	17663	8498	2332
30-34岁	168	451	2080	1363	292	425	25547	12423	3207
35-39岁	196	389	1897	1273	261	363	21407	10331	2519
40-44岁	264	332	1774	1197	229	348	23318	12107	2399
45-49岁	402	336	2271	1567	265	439	32354	18195	3001
50-54岁	459	282	1862	1374	179	309	32541	19042	2881
55-59岁	292	149	1237	827	158	252	18853	11070	1953
60-64岁	120	39	187	84	52	51	4984	3126	547
65-69岁	77	14	89	34	30	25	1993	1291	262
70-74岁	27	7	20	2	7	11	417	278	39
75岁及以上	8	1	7	3	2	2	65	44	5
男	**1629**	**2099**	**9955**	**6825**	**1276**	**1854**	**163150**	**87742**	**17163**
16-19岁	9	34	13	9	2	2	1183	628	136
20-24岁	42	139	362	229	59	74	7701	3881	1139
25-29岁	72	212	986	685	125	176	14846	7354	1853
30-34岁	133	374	1468	988	200	280	21423	10647	2523
35-39岁	128	335	1327	933	171	223	17629	8582	1963
40-44岁	196	273	1274	889	159	226	19505	10124	1904
45-49岁	292	282	1562	1084	188	290	27269	15156	2476
50-54岁	347	253	1553	1128	157	268	28967	16657	2572
55-59岁	226	140	1160	784	137	239	17578	10235	1814
60-64岁	97	37	154	61	48	45	4740	2972	506
65-69岁	64	14	72	31	21	20	1868	1208	241
70-74岁	19	5	18	2	7	9	383	260	31
75岁及以上	4	1	6	2	2	2	58	38	5
女	**542**	**333**	**3460**	**2222**	**472**	**766**	**26573**	**13859**	**3531**
16-19岁			5	4		1	116	74	7
20-24岁	11	15	179	117	23	39	1581	613	267
25-29岁	24	32	446	279	64	103	2817	1144	479
30-34岁	35	77	612	375	92	145	4124	1776	684
35-39岁	68	54	570	340	90	140	3778	1749	556
40-44岁	68	59	500	308	70	122	3813	1983	495
45-49岁	110	54	709	483	77	149	5085	3039	525
50-54岁	112	29	309	246	22	41	3574	2385	309
55-59岁	66	9	77	43	21	13	1275	835	139
60-64岁	23	2	33	23	4	6	244	154	41
65-69岁	13		17	3	9	5	125	83	21
70-74岁	8	2	2			2	34	18	8
75岁及以上	4		1	1			7	6	

4-5a 续表 6 单位：人

年龄组 性 别	建筑业		批发和零售业			交通运输、仓储和邮政业			
	建 筑 安装业	建筑装 饰、装修 和其他 建筑业	小计	批发业	零售业	小计	铁 路 运输业	道 路 运输业	水 上 运输业
总 计	**10684**	**56744**	**335171**	**134410**	**200761**	**91711**	**1705**	**55447**	**3544**
16-19岁	89	365	4117	1101	3016	852	7	258	3
20-24岁	575	2807	27415	9381	18034	6513	145	2935	91
25-29岁	1147	5686	47344	18024	29320	11240	275	5506	278
30-34岁	1762	8155	64263	26148	38115	15719	249	8529	467
35-39岁	1484	7073	52014	22447	29567	13015	157	7921	546
40-44岁	1505	7307	44287	18228	26059	12505	184	8711	469
45-49岁	1642	9516	41582	16967	24615	13430	288	9354	555
50-54岁	1360	9258	28799	12157	16642	10338	183	7093	569
55-59岁	828	5002	16605	7004	9601	6002	200	3902	419
60-64岁	198	1113	5035	1771	3264	1386	12	812	125
65-69岁	71	369	2533	841	1692	564	5	334	16
70-74岁	20	80	857	265	592	116		77	4
75岁及以上	3	13	320	76	244	31		15	2
男	**9357**	**48888**	**173078**	**76227**	**96851**	**74391**	**1303**	**47302**	**2919**
16-19岁	83	336	2213	675	1538	644	3	190	3
20-24岁	494	2187	13654	4835	8819	4855	95	2352	67
25-29岁	1001	4638	23839	9548	14291	8516	192	4467	194
30-34岁	1520	6733	31874	13775	18099	12077	184	6983	328
35-39岁	1223	5861	25447	11894	13553	10211	110	6623	406
40-44岁	1285	6192	21228	9993	11235	10186	136	7342	376
45-49岁	1439	8198	20312	9693	10619	10997	218	7933	459
50-54岁	1249	8489	17031	8184	8847	9281	162	6516	540
55-59岁	786	4743	11459	5340	6119	5672	190	3741	404
60-64岁	189	1073	3479	1375	2104	1300	10	764	120
65-69岁	66	353	1734	648	1086	519	3	306	16
70-74岁	19	73	580	206	374	106		71	4
75岁及以上	3	12	228	61	167	27		14	2
女	**1327**	**7856**	**162093**	**58183**	**103910**	**17320**	**402**	**8145**	**625**
16-19岁	6	29	1904	426	1478	208	4	68	
20-24岁	81	620	13761	4546	9215	1658	50	583	24
25-29岁	146	1048	23505	8476	15029	2724	83	1039	84
30-34岁	242	1422	32389	12373	20016	3642	65	1546	139
35-39岁	261	1212	26567	10553	16014	2804	47	1298	140
40-44岁	220	1115	23059	8235	14824	2319	48	1369	93
45-49岁	203	1318	21270	7274	13996	2433	70	1421	96
50-54岁	111	769	11768	3973	7795	1057	21	577	29
55-59岁	42	259	5146	1664	3482	330	10	161	15
60-64岁	9	40	1556	396	1160	86	2	48	5
65-69岁	5	16	799	193	606	45	2	28	
70-74岁	1	7	277	59	218	10		6	
75岁及以上		1	92	15	77	4		1	

4－5a 续表 7 单位：人

年龄组 性别	交通运输、仓储和邮政业					住宿和餐饮业		
	航空运输业	管道运输业	多式联运和运输代理业	装卸搬运和仓储业	邮政业	小计	住宿业	餐饮业
总　计	**2152**	**21**	**5164**	**6896**	**16782**	**92476**	**13436**	**79040**
16－19岁	8		23	74	479	4110	462	3648
20－24岁	295	1	467	352	2227	10790	1696	9094
25－29岁	456	2	798	558	3367	12248	1551	10697
30－34岁	477	5	1149	911	3932	15012	1803	13209
35－39岁	330	1	1038	736	2286	11518	1572	9946
40－44岁	201	1	626	776	1537	10883	1668	9215
45－49岁	190	7	500	1107	1429	11674	1986	9688
50－54岁	110	1	325	1132	925	9000	1497	7503
55－59岁	74	3	183	750	471	4903	850	4053
60－64岁	9		38	309	81	1523	233	1290
65－69岁	2		14	158	35	645	97	548
70－74岁			3	28	4	140	19	121
75岁及以上				5	9	30	2	28
男	**1385**	**12**	**3062**	**5697**	**12711**	**50090**	**5844**	**44246**
16－19岁	5		16	60	367	2812	251	2561
20－24岁	145	1	218	270	1707	6900	770	6130
25－29岁	270	2	388	432	2571	7703	750	6953
30－34岁	300	2	637	690	2953	8632	771	7861
35－39岁	227	1	544	560	1740	6240	676	5564
40－44岁	150	1	393	613	1175	5297	610	4687
45－49岁	130	2	373	908	974	5001	625	4376
50－54岁	87		276	986	714	3791	647	3144
55－59岁	60	3	170	701	403	2471	508	1963
60－64岁	9		34	296	67	815	151	664
65－69岁	2		12	151	29	331	67	264
70－74岁			1	26	4	79	16	63
75岁及以上				4	7	18	2	16
女	**767**	**9**	**2102**	**1199**	**4071**	**42386**	**7592**	**34794**
16－19岁	3		7	14	112	1298	211	1087
20－24岁	150		249	82	520	3890	926	2964
25－29岁	186		410	126	796	4545	801	3744
30－34岁	177	3	512	221	979	6380	1032	5348
35－39岁	103		494	176	546	5278	896	4382
40－44岁	51		233	163	362	5586	1058	4528
45－49岁	60	5	127	199	455	6673	1361	5312
50－54岁	23	1	49	146	211	5209	850	4359
55－59岁	14		13	49	68	2432	342	2090
60－64岁			4	13	14	708	82	626
65－69岁			2	7	6	314	30	284
70－74岁			2	2		61	3	58
75岁及以上				1	2	12		12

4－5a 续表 8

单位：人

年龄组 性　别	信息传输、软件和信息技术服务业				金融业				
	小计	电信、广播电视和卫星传输服务	互联网和相关服务	软件和信息技术服务业	小计	货币金融服　务	资本市场服　务	保险业	其　他金融业
总　计	**57782**	**9592**	**14095**	**34095**	**39521**	**22300**	**4219**	**10373**	**2629**
16－19岁	419	50	198	171	44	17	6	14	7
20－24岁	9144	642	2625	5877	2691	1577	252	636	226
25－29岁	16784	1518	4259	11007	7077	3891	791	1767	628
30－34岁	14280	2336	3611	8333	9633	5484	1052	2413	684
35－39岁	8249	1903	1733	4613	7109	3861	832	1992	424
40－44岁	4205	1171	808	2226	4287	2123	484	1421	259
45－49岁	2506	928	494	1084	4272	2565	405	1096	206
50－54岁	1351	634	225	492	2741	1725	250	657	109
55－59岁	705	349	111	245	1456	957	119	308	72
60－64岁	95	41	21	33	149	76	18	46	9
65－69岁	34	14	9	11	45	17	8	15	5
70－74岁	8	5	1	2	12	4	1	7	
75岁及以上	2	1		1	5	3	1	1	
男	**36746**	**5537**	**8938**	**22271**	**18685**	**10386**	**2566**	**4329**	**1404**
16－19岁	254	31	112	111	27	8	4	12	3
20－24岁	5508	354	1513	3641	1242	641	121	381	99
25－29岁	10468	848	2585	7035	3371	1721	416	900	334
30－34岁	8939	1194	2337	5408	4334	2367	620	1015	332
35－39岁	5266	957	1159	3150	3037	1532	535	734	236
40－44岁	2788	678	579	1531	1802	901	303	464	134
45－49岁	1757	637	356	764	1921	1219	247	335	120
50－54岁	1050	481	184	385	1653	1094	196	286	77
55－59岁	609	308	92	209	1176	838	99	179	60
60－64岁	74	34	14	26	87	50	16	15	6
65－69岁	23	9	6	8	25	11	7	4	3
70－74岁	8	5	1	2	7	2	1	4	
75岁及以上	2	1		1	3	2	1		
女	**21036**	**4055**	**5157**	**11824**	**20836**	**11914**	**1653**	**6044**	**1225**
16－19岁	165	19	86	60	17	9	2	2	4
20－24岁	3636	288	1112	2236	1449	936	131	255	127
25－29岁	6316	670	1674	3972	3706	2170	375	867	294
30－34岁	5341	1142	1274	2925	5299	3117	432	1398	352
35－39岁	2983	946	574	1463	4072	2329	297	1258	188
40－44岁	1417	493	229	695	2485	1222	181	957	125
45－49岁	749	291	138	320	2351	1346	158	761	86
50－54岁	301	153	41	107	1088	631	54	371	32
55－59岁	96	41	19	36	280	119	20	129	12
60－64岁	21	7	7	7	62	26	2	31	3
65－69岁	11	5	3	3	20	6	1	11	2
70－74岁					5	2		3	
75岁及以上					2	1		1	

4-5a 续表 9

单位：人

年龄组 性别	房地产业		租赁和商务服务业			科学研究和技术服务业			
	小计	房地产业	小计	租赁业	商务服务业	小计	研究和试验发展	专业技术服务业	科技推广和应用服务业
总 计	**48073**	**48073**	**70993**	**4301**	**66692**	**38361**	**5338**	**25380**	**7643**
16-19岁	392	392	558	40	518	186	25	116	45
20-24岁	3640	3640	7444	297	7147	4403	502	2936	965
25-29岁	6648	6648	12718	659	12059	7856	1142	4965	1749
30-34岁	8091	8091	14009	853	13156	8752	1300	5636	1816
35-39岁	6107	6107	10597	623	9974	6346	876	4247	1223
40-44岁	5066	5066	8016	574	7442	4029	577	2727	725
45-49岁	5590	5590	7096	549	6547	2956	394	2028	534
50-54岁	5202	5202	5294	418	4876	2167	285	1543	339
55-59岁	4271	4271	3770	194	3576	1333	189	950	194
60-64岁	1785	1785	884	50	834	211	28	151	32
65-69岁	1036	1036	437	35	402	89	16	55	18
70-74岁	211	211	126	7	119	29	3	23	3
75岁及以上	34	34	44	2	42	4	1	3	
男	**29744**	**29744**	**41674**	**3422**	**38252**	**24985**	**3382**	**16894**	**4709**
16-19岁	269	269	359	35	324	138	18	89	31
20-24岁	2213	2213	3688	223	3465	2625	283	1791	551
25-29岁	3950	3950	6658	483	6175	4845	661	3161	1023
30-34岁	4604	4604	7454	669	6785	5488	819	3585	1084
35-39岁	3454	3454	5823	478	5345	4068	577	2750	741
40-44岁	2743	2743	4689	468	4221	2621	347	1815	459
45-49岁	3168	3168	4332	434	3898	2016	266	1395	355
50-54岁	3613	3613	4115	368	3747	1701	205	1246	250
55-59岁	3408	3408	3326	178	3148	1200	169	859	172
60-64岁	1393	1393	734	46	688	176	20	131	25
65-69岁	753	753	360	31	329	76	13	47	16
70-74岁	149	149	100	7	93	27	3	22	2
75岁及以上	27	27	36	2	34	4	1	3	
女	**18329**	**18329**	**29319**	**879**	**28440**	**13376**	**1956**	**8486**	**2934**
16-19岁	123	123	199	5	194	48	7	27	14
20-24岁	1427	1427	3756	74	3682	1778	219	1145	414
25-29岁	2698	2698	6060	176	5884	3011	481	1804	726
30-34岁	3487	3487	6555	184	6371	3264	481	2051	732
35-39岁	2653	2653	4774	145	4629	2278	299	1497	482
40-44岁	2323	2323	3327	106	3221	1408	230	912	266
45-49岁	2422	2422	2764	115	2649	940	128	633	179
50-54岁	1589	1589	1179	50	1129	466	80	297	89
55-59岁	863	863	444	16	428	133	20	91	22
60-64岁	392	392	150	4	146	35	8	20	7
65-69岁	283	283	77	4	73	13	3	8	2
70-74岁	62	62	26		26	2		1	1
75岁及以上	7	7	8		8				

4-5a 续表 10

单位：人

年龄组 性别	水利、环境和公共设施管理业					居民服务、修理和其他服务业			
	小计	水利管理业	生态保护和环境治理业	公共设施管理业	土地管理业	小计	居民服务业	机动车、电子产品和日用产品修理业	其他服务业
总计	**13022**	**734**	**1156**	**10916**	**216**	**62031**	**41106**	**14278**	**6647**
16-19岁	28	1	1	25	1	2526	1786	696	44
20-24岁	386	33	58	271	24	6931	4708	1931	292
25-29岁	858	90	131	597	40	8580	5947	2237	396
30-34岁	1357	117	185	1006	49	10398	7294	2598	506
35-39岁	1266	93	152	995	26	7564	5098	1974	492
40-44岁	1378	92	150	1113	23	6314	4068	1644	602
45-49岁	1844	120	156	1551	17	6850	4459	1379	1012
50-54岁	1969	79	146	1722	22	5822	3665	950	1207
55-59岁	1843	82	106	1644	11	3612	2170	550	892
60-64岁	990	13	34	941	2	1714	949	181	584
65-69岁	828	8	30	789	1	1187	647	93	447
70-74岁	232	4	7	221		416	249	27	140
75岁及以上	43	2		41		117	66	18	33
男	**8659**	**526**	**856**	**7153**	**124**	**28126**	**13223**	**11915**	**2988**
16-19岁	14	1		12	1	1519	809	682	28
20-24岁	244	23	39	163	19	3681	1713	1804	164
25-29岁	545	63	93	374	15	4293	2131	1933	229
30-34岁	874	77	123	646	28	4919	2512	2110	297
35-39岁	816	55	106	642	13	3532	1760	1538	234
40-44岁	872	60	107	696	9	2679	1154	1274	251
45-49岁	1106	80	112	900	14	2443	1083	1050	310
50-54岁	1355	65	120	1157	13	2066	869	774	423
55-59岁	1380	78	95	1198	9	1499	630	481	388
60-64岁	700	11	29	658	2	738	289	150	299
65-69岁	551	7	25	518	1	520	185	81	254
70-74岁	167	4	7	156		166	60	22	84
75岁及以上	35	2		33		71	28	16	27
女	**4363**	**208**	**300**	**3763**	**92**	**33905**	**27883**	**2363**	**3659**
16-19岁	14		1	13		1007	977	14	16
20-24岁	142	10	19	108	5	3250	2995	127	128
25-29岁	313	27	38	223	25	4287	3816	304	167
30-34岁	483	40	62	360	21	5479	4782	488	209
35-39岁	450	38	46	353	13	4032	3338	436	258
40-44岁	506	32	43	417	14	3635	2914	370	351
45-49岁	738	40	44	651	3	4407	3376	329	702
50-54岁	614	14	26	565	9	3756	2796	176	784
55-59岁	463	4	11	446	2	2113	1540	69	504
60-64岁	290	2	5	283		976	660	31	285
65-69岁	277	1	5	271		667	462	12	193
70-74岁	65			65		250	189	5	56
75岁及以上	8			8		46	38	2	6

4-5a　续表 11　　单位：人

年龄组 性　别	教育		卫生和社会工作			文化、体育和娱乐业				
	小计	教育	小计	卫生	社会工作	小计	新闻和出版业	广播、电视、电影和录音制作业	文　化艺术业	体育
总　计	**77944**	**77944**	**44343**	**42630**	**1713**	**22971**	**1697**	**2962**	**3808**	**2862**
16–19岁	710	710	208	203	5	665	2	22	73	91
20–24岁	8003	8003	4841	4735	106	3876	98	476	545	611
25–29岁	12483	12483	8036	7915	121	4846	244	644	703	738
30–34岁	13058	13058	8425	8233	192	4445	284	559	735	537
35–39岁	12178	12178	6911	6736	175	2816	280	406	485	278
40–44岁	11409	11409	5080	4895	185	2018	233	300	386	182
45–49岁	9003	9003	4344	4094	250	1791	240	234	355	159
50–54岁	6225	6225	3066	2787	279	1285	164	146	263	133
55–59岁	3859	3859	2048	1835	213	882	133	144	190	85
60–64岁	660	660	768	661	107	201	13	19	37	26
65–69岁	272	272	442	396	46	100	5	9	20	14
70–74岁	57	57	131	105	26	36		3	11	7
75岁及以上	27	27	43	35	8	10	1		5	1
男	**25381**	**25381**	**13916**	**13354**	**562**	**11075**	**914**	**1567**	**1717**	**1532**
16–19岁	286	286	42	40	2	320	1	13	28	42
20–24岁	1813	1813	854	823	31	1858	39	230	214	385
25–29岁	3004	3004	1910	1873	37	2228	99	322	311	424
30–34岁	3422	3422	2287	2233	54	2000	122	276	304	259
35–39岁	3549	3549	2081	2030	51	1286	125	211	202	125
40–44岁	3812	3812	1833	1769	64	934	123	151	165	80
45–49岁	3354	3354	1625	1557	68	844	147	134	150	71
50–54岁	2838	2838	1261	1180	81	731	123	90	147	67
55–59岁	2684	2684	1205	1112	93	638	118	115	142	54
60–64岁	389	389	445	396	49	138	13	15	27	9
65–69岁	174	174	259	243	16	66	3	7	16	10
70–74岁	39	39	83	72	11	25		3	9	5
75岁及以上	17	17	31	26	5	7	1		2	1
女	**52563**	**52563**	**30427**	**29276**	**1151**	**11896**	**783**	**1395**	**2091**	**1330**
16–19岁	424	424	166	163	3	345	1	9	45	49
20–24岁	6190	6190	3987	3912	75	2018	59	246	331	226
25–29岁	9479	9479	6126	6042	84	2618	145	322	392	314
30–34岁	9636	9636	6138	6000	138	2445	162	283	431	278
35–39岁	8629	8629	4830	4706	124	1530	155	195	283	153
40–44岁	7597	7597	3247	3126	121	1084	110	149	221	102
45–49岁	5649	5649	2719	2537	182	947	93	100	205	88
50–54岁	3387	3387	1805	1607	198	554	41	56	116	66
55–59岁	1175	1175	843	723	120	244	15	29	48	31
60–64岁	271	271	323	265	58	63		4	10	17
65–69岁	98	98	183	153	30	34	2	2	4	4
70–74岁	18	18	48	33	15	11			2	2
75岁及以上	10	10	12	9	3	3			3	

4-5a 续表 12 单位：人

年龄组 性　别		公共管理、社会保障和社会组织							国际组织	
	娱乐业	小计	中国共产党机关	国家机构	人民政协、民主党派	社会保障	群众团体、社会团体和其他成员组织	基层群众自治组织	小计	国际组织
总　计	**11642**	**65474**	**1044**	**54017**	**201**	**216**	**3243**	**6753**	**2**	**2**
16-19岁	477	111		101			10			
20-24岁	2146	3162	20	2810	1	6	136	189		
25-29岁	2517	7851	90	6838	11	27	286	599	1	1
30-34岁	2330	11240	176	9437	18	50	481	1078		
35-39岁	1367	10278	174	8658	20	43	450	933		
40-44岁	917	8768	164	7413	22	29	376	764		
45-49岁	803	8667	168	7062	23	30	404	980	1	1
50-54岁	579	7376	134	6021	45	21	407	748		
55-59岁	330	6279	112	5021	57	9	303	777		
60-64岁	106	886	3	423	3	1	132	324		
65-69岁	52	517	2	159			123	233		
70-74岁	15	236	1	54	1		78	102		
75岁及以上	3	103		20			57	26		
男	**5345**	**41913**	**719**	**35470**	**139**	**94**	**1848**	**3643**	**1**	**1**
16-19岁	236	93		85			8			
20-24岁	990	1861	9	1697	1	2	70	82		
25-29岁	1072	4278	51	3845	4	11	113	254		
30-34岁	1039	6120	104	5361	11	14	241	389		
35-39岁	623	6135	113	5371	11	18	246	376		
40-44岁	415	5600	116	4870	9	14	213	378		
45-49岁	342	5661	119	4789	15	16	232	490	1	1
50-54岁	304	5375	101	4439	35	11	286	503		
55-59岁	209	5549	100	4511	50	7	235	646		
60-64岁	74	674	3	334	2	1	88	246		
65-69岁	30	350	2	110			65	173		
70-74岁	8	155	1	43	1		29	81		
75岁及以上	3	62		15			22	25		
女	**6297**	**23561**	**325**	**18547**	**62**	**122**	**1395**	**3110**	**1**	**1**
16-19岁	241	18		16			2			
20-24岁	1156	1301	11	1113		4	66	107		
25-29岁	1445	3573	39	2993	7	16	173	345	1	1
30-34岁	1291	5120	72	4076	7	36	240	689		
35-39岁	744	4143	61	3287	9	25	204	557		
40-44岁	502	3168	48	2543	13	15	163	386		
45-49岁	461	3006	49	2273	8	14	172	490		
50-54岁	275	2001	33	1582	10	10	121	245		
55-59岁	121	730	12	510	7	2	68	131		
60-64岁	32	212		89	1		44	78		
65-69岁	22	167		49			58	60		
70-74岁	7	81		11			49	21		
75岁及以上		41		5			35	1		

4–5b 全省分年龄、性别、行业大类的就业人口(镇)

单位：人

年龄组 性 别	合计	农、林、牧、渔业						采矿业	
		小计	农业	林业	畜牧业	渔业	农、林、牧、渔专业及辅助性活动	小计	煤炭开采和洗选业
总 计	**773450**	**27100**	**18783**	**1259**	**1493**	**5144**	**421**	**1142**	**158**
16–19岁	10939	51	35	3	3	9	1	2	1
20–24岁	50109	273	173	16	21	55	8	20	1
25–29岁	86560	522	316	31	27	129	19	49	9
30–34岁	119250	1055	559	61	65	346	24	88	11
35–39岁	99125	1342	678	68	91	481	24	105	16
40–44岁	98089	1924	1013	92	148	631	40	189	23
45–49岁	111045	3210	1825	194	220	916	55	214	33
50–54岁	94850	4617	2861	230	289	1140	97	241	29
55–59岁	59765	4547	3127	220	257	871	72	174	30
60–64岁	22812	3569	2864	137	155	379	34	43	4
65–69岁	13812	3272	2840	131	127	140	34	13	1
70–74岁	5166	1777	1601	64	60	41	11	4	
75岁及以上	1928	941	891	12	30	6	2		
男	**468055**	**18397**	**11620**	**980**	**897**	**4679**	**221**	**1023**	**147**
16–19岁	7275	35	21	2	2	9	1	1	
20–24岁	30825	197	111	14	14	51	7	18	1
25–29岁	51191	360	185	26	19	120	10	41	8
30–34岁	69104	749	324	42	44	329	10	76	11
35–39岁	56974	976	404	52	60	446	14	98	16
40–44岁	55318	1312	573	67	86	566	20	164	20
45–49岁	63225	2170	1012	147	134	847	30	181	32
50–54岁	60617	3029	1608	182	170	1027	42	222	27
55–59岁	43162	3052	1887	177	162	781	45	165	27
60–64岁	16017	2353	1794	105	96	340	18	41	4
65–69岁	9457	2220	1903	108	66	126	17	12	1
70–74岁	3535	1247	1126	50	33	32	6	4	
75岁及以上	1355	697	672	8	11	5	1		
女	**305395**	**8703**	**7163**	**279**	**596**	**465**	**200**	**119**	**11**
16–19岁	3664	16	14	1	1			1	1
20–24岁	19284	76	62	2	7	4	1	2	
25–29岁	35369	162	131	5	8	9	9	8	1
30–34岁	50146	306	235	19	21	17	14	12	
35–39岁	42151	366	274	16	31	35	10	7	
40–44岁	42771	612	440	25	62	65	20	25	3
45–49岁	47820	1040	813	47	86	69	25	33	1
50–54岁	34233	1588	1253	48	119	113	55	19	2
55–59岁	16603	1495	1240	43	95	90	27	9	3
60–64岁	6795	1216	1070	32	59	39	16	2	
65–69岁	4355	1052	937	23	61	14	17	1	
70–74岁	1631	530	475	14	27	9	5		
75岁及以上	573	244	219	4	19	1	1		

4－5b 续表 1　　单位：人

年龄组 性　别	采矿业 石油和天然气开采业	采矿业 黑色金属矿采选业	采矿业 有色金属矿采选业	采矿业 非金属矿采选业	采矿业 开采专业及辅助性活　动	采矿业 其　他采矿业	制造业 小计	制造业 农副食品加工业	制造业 食　品制造业
总　计	**5**	**69**	**91**	**719**	**38**	**62**	**353149**	**4513**	**3087**
16－19岁				1			6391	34	43
20－24岁			1	16	1	1	24500	116	228
25－29岁		1	3	33	2	1	39321	240	332
30－34岁	1	7	5	55	5	4	57270	421	424
35－39岁	1	5	5	70	3	5	47433	409	387
40－44岁		18	12	116	6	14	46972	536	360
45－49岁	1	15	18	128	6	13	53703	774	470
50－54岁	1	12	25	157	9	8	41714	859	396
55－59岁		8	19	102	4	11	22566	608	239
60－64岁	1	1	3	30		4	7483	253	109
65－69岁		2		7	2	1	4096	177	73
70－74岁				4			1285	67	20
75岁及以上							415	19	6
男	**5**	**65**	**79**	**641**	**31**	**55**	**206054**	**2386**	**1564**
16－19岁				1			4359	20	25
20－24岁				15	1	1	16353	74	115
25－29岁		1	3	27	1	1	24360	139	170
30－34岁	1	6	5	45	5	3	33419	225	203
35－39岁	1	5	4	66	3	3	26976	216	190
40－44岁		17	11	98	4	14	25099	264	167
45－49岁	1	14	14	105	4	11	27641	353	210
50－54岁	1	12	22	145	8	7	24054	427	213
55－59岁		7	18	99	3	11	15028	377	148
60－64岁	1	1	2	29		4	5045	146	63
65－69岁		2		7	2		2663	96	42
70－74岁				4			811	37	14
75岁及以上							246	12	4
女		**4**	**12**	**78**	**7**	**7**	**147095**	**2127**	**1523**
16－19岁							2032	14	18
20－24岁			1	1			8147	42	113
25－29岁				6	1		14961	101	162
30－34岁		1		10		1	23851	196	221
35－39岁			1	4		2	20457	193	197
40－44岁		1	1	18	2		21873	272	193
45－49岁		1	4	23	2	2	26062	421	260
50－54岁			3	12	1	1	17660	432	183
55－59岁		1	1	3	1		7538	231	91
60－64岁			1	1			2438	107	46
65－69岁						1	1433	81	31
70－74岁							474	30	6
75岁及以上							169	7	2

4-5b　续表 2　　　　　　　　　　　　　　　　　　　　　　　　　　　　　　　单位：人

年龄组 性　别	制造业								
	酒、饮料和精制茶制造业	烟　草制品业	纺织业	纺织服装、服饰业	皮革、毛皮、羽毛及其制品和制鞋业	木材加工和木、竹、藤、棕、草制品业	家　具制造业	造纸和纸制品业	印刷和记录媒介复制业
总　计	**1486**	**43**	**30169**	**50371**	**15355**	**7023**	**14298**	**7850**	**4760**
16–19岁	7		402	869	269	62	124	124	74
20–24岁	59	3	1535	3022	925	269	876	407	334
25–29岁	115	1	2764	6040	1655	533	1669	745	530
30–34岁	197	8	4259	10135	2584	799	2511	1168	760
35–39岁	214	6	3532	7535	2158	762	1979	1035	698
40–44岁	215	10	4047	6643	2323	931	1828	1087	666
45–49岁	219	6	5234	7125	2332	1400	2195	1225	665
50–54岁	203	5	4502	5116	1708	1194	1815	1015	549
55–59岁	157	3	2424	2460	826	703	888	609	285
60–64岁	54	1	829	738	296	229	256	230	99
65–69岁	32		461	477	183	101	114	130	68
70–74岁	9		142	146	72	31	35	54	25
75岁及以上	5		38	65	24	9	8	21	7
男	**964**	**25**	**16225**	**21325**	**7671**	**4563**	**9314**	**4846**	**3011**
16–19岁	4		274	461	163	44	83	91	51
20–24岁	42	1	1004	1664	528	184	577	289	230
25–29岁	74	1	1620	3004	908	345	1073	502	359
30–34岁	125	4	2329	4769	1348	507	1546	727	498
35–39岁	133	3	1790	3256	1111	469	1243	666	450
40–44岁	120	7	1928	2545	1106	526	1112	626	399
45–49岁	123	5	2400	2416	994	810	1370	677	362
50–54岁	142	3	2408	1694	795	826	1264	586	322
55–59岁	125	1	1539	939	424	540	720	410	205
60–64岁	39		562	296	154	193	207	147	66
65–69岁	25		275	190	97	88	90	80	46
70–74岁	8		80	66	33	25	23	33	18
75岁及以上	4		16	25	10	6	6	12	5
女	**522**	**18**	**13944**	**29046**	**7684**	**2460**	**4984**	**3004**	**1749**
16–19岁	3		128	408	106	18	41	33	23
20–24岁	17	2	531	1358	397	85	299	118	104
25–29岁	41		1144	3036	747	188	596	243	171
30–34岁	72	4	1930	5366	1236	292	965	441	262
35–39岁	81	3	1742	4279	1047	293	736	369	248
40–44岁	95	3	2119	4098	1217	405	716	461	267
45–49岁	96	1	2834	4709	1338	590	825	548	303
50–54岁	61	2	2094	3422	913	368	551	429	227
55–59岁	32	2	885	1521	402	163	168	199	80
60–64岁	15	1	267	442	142	36	49	83	33
65–69岁	7		186	287	86	13	24	50	22
70–74岁	1		62	80	39	6	12	21	7
75岁及以上	1		22	40	14	3	2	9	2

4-5b 续表 3 单位：人

年龄组 性 别	制造业								
	文教、工美、体育和娱乐用品制造业	石油、煤炭及其他燃料加工业	化学原料和化学制品制造业	医 药制造业	化学纤维制造业	橡胶和塑 料制品业	非金属矿 物制品业	黑色金属冶炼和压延加工业	有色金属冶炼和压延加工业
总 计	**18186**	**983**	**6170**	**3595**	**3568**	**20033**	**8972**	**2145**	**2552**
16-19岁	308	1	95	26	97	309	85	19	25
20-24岁	1024	138	494	347	392	1073	424	90	146
25-29岁	1685	189	771	501	603	1847	724	154	248
30-34岁	2491	289	977	599	737	2643	1196	290	374
35-39岁	2389	126	761	478	457	2615	1099	257	309
40-44岁	2595	66	738	488	422	2844	1201	300	372
45-49岁	2910	75	946	544	419	3365	1488	409	449
50-54岁	2369	65	704	366	280	2706	1372	363	337
55-59岁	1426	21	465	183	114	1601	888	187	188
60-64岁	516	8	140	39	28	553	286	51	58
65-69岁	307	4	57	15	14	326	151	21	29
70-74岁	118		18	7	3	116	50	1	13
75岁及以上	48	1	4	2	2	35	8	3	4
男	**9211**	**776**	**4180**	**2106**	**2298**	**11448**	**6610**	**1725**	**1841**
16-19岁	203	1	57	18	75	207	59	17	21
20-24岁	611	106	317	178	277	684	322	78	107
25-29岁	945	146	511	282	390	1140	483	115	177
30-34岁	1253	232	644	341	451	1550	836	221	264
35-39岁	1229	110	484	250	276	1520	782	199	209
40-44岁	1208	52	455	265	233	1508	807	230	256
45-49岁	1277	55	620	311	229	1726	1042	312	318
50-54岁	1148	48	525	263	223	1462	1088	312	253
55-59岁	806	16	390	154	105	995	759	172	156
60-64岁	283	7	114	31	24	337	251	46	46
65-69岁	170	3	46	8	10	227	129	20	23
70-74岁	54		14	4	3	69	45	1	7
75岁及以上	24		3	1	2	23	7	2	4
女	**8975**	**207**	**1990**	**1489**	**1270**	**8585**	**2362**	**420**	**711**
16-19岁	105		38	8	22	102	26	2	4
20-24岁	413	32	177	169	115	389	102	12	39
25-29岁	740	43	260	219	213	707	241	39	71
30-34岁	1238	57	333	258	286	1093	360	69	110
35-39岁	1160	16	277	228	181	1095	317	58	100
40-44岁	1387	14	283	223	189	1336	394	70	116
45-49岁	1633	20	326	233	190	1639	446	97	131
50-54岁	1221	17	179	103	57	1244	284	51	84
55-59岁	620	5	75	29	9	606	129	15	32
60-64岁	233	1	26	8	4	216	35	5	12
65-69岁	137	1	11	7	4	99	22	1	6
70-74岁	64		4	3		47	5		6
75岁及以上	24	1	1	1		12	1	1	

4-5b 续表 4

单位：人

年龄组 性别	制造业								
	金属制品业	通用设备制造业	专用设备制造业	汽车制造业	铁路、船舶、航空航天和其他运输设备制造业	电气机械和器材制造业	计算机、通信和其他电子设备制造业	仪器仪表制造业	其他制造业
总计	**31165**	**34764**	**11284**	**14087**	**3546**	**27790**	**16945**	**2459**	**3605**
16-19岁	497	458	192	423	58	914	751	54	51
20-24岁	1938	2029	835	1512	244	2900	2594	242	203
25-29岁	3004	3477	1346	1955	349	3824	3118	360	344
30-34岁	4493	5509	2087	2461	499	4738	3343	423	524
35-39岁	4179	4888	1944	1946	422	3452	2245	348	527
40-44岁	4452	4977	1494	1690	509	3328	1706	310	530
45-49岁	5281	5613	1472	1898	611	3757	1526	326	586
50-54岁	4053	4269	1005	1277	490	2684	966	211	468
55-59岁	2155	2295	579	632	243	1343	474	113	225
60-64岁	685	753	186	185	74	504	131	43	71
65-69岁	315	375	95	85	38	253	69	19	61
70-74岁	86	90	42	16	6	72	21	5	11
75岁及以上	27	31	7	7	3	21	1	5	4
男	**20293**	**23575**	**8229**	**9280**	**2400**	**15243**	**9748**	**1464**	**1859**
16-19岁	353	355	171	360	43	613	501	39	32
20-24岁	1360	1529	677	1195	180	1876	1769	173	113
25-29岁	2018	2463	1028	1384	253	2265	1978	233	190
30-34岁	2890	3731	1516	1635	342	2572	1842	273	268
35-39岁	2691	3174	1408	1208	264	1805	1156	185	282
40-44岁	2748	3147	1035	946	319	1599	816	170	264
45-49岁	3162	3469	967	1024	365	1700	661	144	267
50-54岁	2676	2929	719	828	347	1408	532	106	221
55-59岁	1567	1793	447	464	188	842	330	85	135
60-64岁	516	601	143	143	64	331	99	34	41
65-69岁	229	287	80	71	29	164	49	14	35
70-74岁	61	74	32	15	5	53	14	4	10
75岁及以上	22	23	6	7	1	15	1	4	1
女	**10872**	**11189**	**3055**	**4807**	**1146**	**12547**	**7197**	**995**	**1746**
16-19岁	144	103	21	63	15	301	250	15	19
20-24岁	578	500	158	317	64	1024	825	69	90
25-29岁	986	1014	318	571	96	1559	1140	127	154
30-34岁	1603	1778	571	826	157	2166	1501	150	256
35-39岁	1488	1714	536	738	158	1647	1089	163	245
40-44岁	1704	1830	459	744	190	1729	890	140	266
45-49岁	2119	2144	505	874	246	2057	865	182	319
50-54岁	1377	1340	286	449	143	1276	434	105	247
55-59岁	588	502	132	168	55	501	144	28	90
60-64岁	169	152	43	42	10	173	32	9	30
65-69岁	86	88	15	14	9	89	20	5	26
70-74岁	25	16	10	1	1	19	7	1	1
75岁及以上	5	8	1		2	6		1	3

4-5b 续表 5　　　　单位：人

年龄组 性别	制造业		电力、热力、燃气及水生产和供应业				建筑业		
	废弃资源综合利用业	金属制品、机械和设备修理业	小计	电力、热力生产和供应业	燃气生产和供应业	水的生产和供应业	小计	房屋建筑业	土木工程建筑业
总　计	**974**	**1371**	**6437**	**4436**	**709**	**1292**	**73182**	**40716**	**9164**
16-19岁	4	16	23	19		4	438	262	61
20-24岁	19	82	318	235	31	52	2912	1499	492
25-29岁	58	140	697	480	78	139	5619	2950	904
30-34岁	81	250	989	678	113	198	8376	4207	1388
35-39岁	94	182	792	547	94	151	7264	3686	1002
40-44岁	110	194	804	548	94	162	8812	4705	1024
45-49岁	184	199	1035	745	96	194	12668	7018	1470
50-54岁	214	153	891	634	82	175	13742	7993	1457
55-59岁	132	100	678	466	67	145	8593	5173	950
60-64岁	43	35	139	59	38	42	3005	1994	260
65-69岁	29	17	57	19	14	24	1393	975	129
70-74岁	6	3	10	3	1	6	305	213	26
75岁及以上			4	3	1		55	41	1
男	**695**	**1179**	**4998**	**3507**	**519**	**972**	**64451**	**35360**	**8148**
16-19岁	4	14	20	18		2	382	224	57
20-24岁	17	76	247	181	26	40	2499	1297	415
25-29岁	46	118	517	361	61	95	4814	2533	758
30-34岁	64	213	738	524	76	138	7247	3584	1247
35-39岁	65	152	570	410	61	99	6217	3061	888
40-44岁	79	162	577	406	59	112	7532	3926	886
45-49岁	110	162	761	565	64	132	10885	5889	1294
50-54岁	151	135	749	533	65	151	12343	7028	1329
55-59岁	101	95	623	432	56	135	8022	4765	890
60-64岁	29	32	127	53	35	39	2848	1888	241
65-69岁	23	17	55	18	14	23	1328	932	118
70-74岁	6	3	10	3	1	6	283	196	24
75岁及以上			4	3	1		51	37	1
女	**279**	**192**	**1439**	**929**	**190**	**320**	**8731**	**5356**	**1016**
16-19岁		2	3	1		2	56	38	4
20-24岁	2	6	71	54	5	12	413	202	77
25-29岁	12	22	180	119	17	44	805	417	146
30-34岁	17	37	251	154	37	60	1129	623	141
35-39岁	29	30	222	137	33	52	1047	625	114
40-44岁	31	32	227	142	35	50	1280	779	138
45-49岁	74	37	274	180	32	62	1783	1129	176
50-54岁	63	18	142	101	17	24	1399	965	128
55-59岁	31	5	55	34	11	10	571	408	60
60-64岁	14	3	12	6	3	3	157	106	19
65-69岁	6		2	1		1	65	43	11
70-74岁							22	17	2
75岁及以上							4	4	

4-5b　续表 6　　　　单位：人

年龄组 性别	建筑业		批发和零售业			交通运输、仓储和邮政业			
	建筑安装业	建筑装饰、装修和其他建筑业	小计	批发业	零售业	小计	铁路运输业	道路运输业	水上运输业
总　计	**4828**	**18474**	**104184**	**29252**	**74932**	**29478**	**334**	**17771**	**1372**
16-19岁	21	94	1077	241	836	309	3	82	3
20-24岁	227	694	5836	1442	4394	1756	45	644	36
25-29岁	400	1365	11615	3048	8567	3083	67	1442	61
30-34岁	700	2081	16828	4748	12080	4433	44	2368	131
35-39岁	616	1960	14905	4278	10627	3902	31	2465	136
40-44岁	697	2386	14315	4046	10269	3934	35	2682	164
45-49岁	843	3337	14569	4160	10409	4445	47	3066	209
50-54岁	735	3557	11901	3671	8230	3860	30	2625	257
55-59岁	408	2062	7728	2262	5466	2541	30	1669	239
60-64岁	117	634	2955	763	2192	816	2	490	112
65-69岁	52	237	1602	416	1186	319		184	20
70-74岁	9	57	636	130	506	73		51	3
75岁及以上	3	10	217	47	170	7		3	1
男	**4421**	**16522**	**54433**	**17987**	**36446**	**24882**	**253**	**15635**	**1214**
16-19岁	20	81	567	154	413	240		71	3
20-24岁	214	573	3075	884	2191	1315	25	501	24
25-29岁	365	1158	6135	1800	4335	2448	51	1184	50
30-34岁	618	1798	8484	2738	5746	3547	33	1982	100
35-39岁	559	1709	7319	2488	4831	3236	21	2148	117
40-44岁	621	2099	6873	2400	4473	3279	27	2324	137
45-49岁	757	2945	7133	2475	4658	3776	38	2717	178
50-54岁	701	3285	6522	2408	4114	3493	29	2421	240
55-59岁	390	1977	4822	1635	3187	2418	27	1606	231
60-64岁	114	605	1916	559	1357	764	2	457	110
65-69岁	51	227	1021	318	703	291		172	20
70-74岁	8	55	414	93	321	68		49	3
75岁及以上	3	10	152	35	117	7		3	1
女	**407**	**1952**	**49751**	**11265**	**38486**	**4596**	**81**	**2136**	**158**
16-19岁	1	13	510	87	423	69	3	11	
20-24岁	13	121	2761	558	2203	441	20	143	12
25-29岁	35	207	5480	1248	4232	635	16	258	11
30-34岁	82	283	8344	2010	6334	886	11	386	31
35-39岁	57	251	7586	1790	5796	666	10	317	19
40-44岁	76	287	7442	1646	5796	655	8	358	27
45-49岁	86	392	7436	1685	5751	669	9	349	31
50-54岁	34	272	5379	1263	4116	367	1	204	17
55-59岁	18	85	2906	627	2279	123	3	63	8
60-64岁	3	29	1039	204	835	52		33	2
65-69岁	1	10	581	98	483	28		12	
70-74岁	1	2	222	37	185	5		2	
75岁及以上			65	12	53				

4-5b 续表 7 单位：人

年龄组 性别	交通运输、仓储和邮政业					住宿和餐饮业		
	航空运输业	管道运输业	多式联运和运输代理业	装卸搬运和仓储业	邮政业	小计	住宿业	餐饮业
总计	**110**	**4**	**865**	**2830**	**6192**	**33959**	**5024**	**28935**
16-19岁			3	37	181	982	146	836
20-24岁	19		77	153	782	2470	397	2073
25-29岁	23		126	227	1137	3639	501	3138
30-34岁	24	1	186	327	1352	4891	668	4223
35-39岁	8		112	278	872	4613	582	4031
40-44岁	9		99	283	662	4479	613	3866
45-49岁	9	2	116	430	566	4752	771	3981
50-54岁	11	1	69	476	391	4044	669	3375
55-59岁	5		62	352	184	2494	427	2067
60-64岁	2		11	158	41	971	163	808
65-69岁			2	91	22	474	70	404
70-74岁			2	15	2	125	17	108
75岁及以上				3		25		25
男	**77**	**3**	**626**	**2390**	**4684**	**17221**	**2110**	**15111**
16-19岁			3	31	132	664	92	572
20-24岁	11		53	123	578	1585	187	1398
25-29岁	13		66	186	898	2204	226	1978
30-34岁	17	1	120	259	1035	2702	296	2406
35-39岁	7		84	217	642	2415	235	2180
40-44岁	5		81	229	476	2120	229	1891
45-49岁	7	1	88	343	404	1956	242	1714
50-54岁	10	1	59	424	309	1650	235	1415
55-59岁	5		57	332	160	1129	216	913
60-64岁	2		11	148	34	485	96	389
65-69岁			2	82	15	228	46	182
70-74岁			2	13	1	69	10	59
75岁及以上				3		14		14
女	**33**	**1**	**239**	**440**	**1508**	**16738**	**2914**	**13824**
16-19岁				6	49	318	54	264
20-24岁	8		24	30	204	885	210	675
25-29岁	10		60	41	239	1435	275	1160
30-34岁	7		66	68	317	2189	372	1817
35-39岁	1		28	61	230	2198	347	1851
40-44岁	4		18	54	186	2359	384	1975
45-49岁	2	1	28	87	162	2796	529	2267
50-54岁	1		10	52	82	2394	434	1960
55-59岁			5	20	24	1365	211	1154
60-64岁				10	7	486	67	419
65-69岁				9	7	246	24	222
70-74岁				2	1	56	7	49
75岁及以上						11		11

4-5b　续表 8　　　　单位：人

年龄组 性　别	信息传输、软件和信息技术服务业				金融业				
	小计	电信、广播电视和卫星传输服务	互联网和相关服务	软件和信息技术服务业	小计	货币金融服　务	资本市场服　务	保险业	其　他金融业
总　计	**6709**	**2632**	**1707**	**2370**	**8605**	**5356**	**420**	**2447**	**382**
16-19岁	70	10	35	25	15	5	3	6	1
20-24岁	817	150	311	356	732	541	22	126	43
25-29岁	1500	416	445	639	1673	1118	82	387	86
30-34岁	1625	599	421	605	2084	1375	101	520	88
35-39岁	1031	471	219	341	1114	630	73	366	45
40-44岁	612	332	123	157	785	369	50	333	33
45-49岁	476	286	67	123	925	491	45	348	41
50-54岁	340	221	48	71	712	445	19	225	23
55-59岁	197	122	32	43	484	334	24	107	19
60-64岁	27	15	4	8	57	32	1	21	3
65-69岁	11	7	2	2	19	13		6	
70-74岁	3	3			3	1		2	
75岁及以上					2	2			
男	**4292**	**1555**	**1130**	**1607**	**3981**	**2602**	**270**	**891**	**218**
16-19岁	47	5	21	21	8	2	2	3	1
20-24岁	513	83	186	244	303	204	9	73	17
25-29岁	926	230	283	413	803	521	51	186	45
30-34岁	989	302	290	397	908	591	57	214	46
35-39岁	623	228	148	247	446	249	53	116	28
40-44岁	391	203	85	103	296	162	35	81	18
45-49岁	323	192	48	83	368	233	25	86	24
50-54岁	274	181	39	54	422	318	15	69	20
55-59岁	173	111	25	37	383	297	22	48	16
60-64岁	22	11	4	7	28	15	1	9	3
65-69岁	8	6	1	1	13	8		5	
70-74岁	3	3			1			1	
75岁及以上					2	2			
女	**2417**	**1077**	**577**	**763**	**4624**	**2754**	**150**	**1556**	**164**
16-19岁	23	5	14	4	7	3	1	3	
20-24岁	304	67	125	112	429	337	13	53	26
25-29岁	574	186	162	226	870	597	31	201	41
30-34岁	636	297	131	208	1176	784	44	306	42
35-39岁	408	243	71	94	668	381	20	250	17
40-44岁	221	129	38	54	489	207	15	252	15
45-49岁	153	94	19	40	557	258	20	262	17
50-54岁	66	40	9	17	290	127	4	156	3
55-59岁	24	11	7	6	101	37	2	59	3
60-64岁	5	4		1	29	17		12	
65-69岁	3	1	1	1	6	5		1	
70-74岁					2	1		1	
75岁及以上									

4-5b 续表 9

单位：人

年龄组 性别	房地产业		租赁和商务服务业			科学研究和技术服务业			
	小计	房地产业	小计	租赁业	商务服务业	小计	研究和试验发展	专业技术服务业	科技推广和应用服务业
总　计	**10816**	**10816**	**14541**	**1338**	**13203**	**7272**	**1328**	**4914**	**1030**
16-19岁	76	76	124	20	104	52	9	34	9
20-24岁	752	752	1209	79	1130	816	124	580	112
25-29岁	1374	1374	2170	163	2007	1411	265	945	201
30-34岁	1797	1797	2522	234	2288	1697	408	1063	226
35-39岁	1222	1222	1894	202	1692	1094	253	709	132
40-44岁	1105	1105	1632	177	1455	719	113	491	115
45-49岁	1172	1172	1695	193	1502	651	64	493	94
50-54岁	1206	1206	1456	131	1325	432	43	321	68
55-59岁	1055	1055	1165	92	1073	281	37	199	45
60-64岁	615	615	384	22	362	74	8	50	16
65-69岁	342	342	208	19	189	35	4	25	6
70-74岁	83	83	63	5	58	9		3	6
75岁及以上	17	17	19	1	18	1		1	
男	**6743**	**6743**	**9425**	**1173**	**8252**	**5192**	**917**	**3603**	**672**
16-19岁	55	55	93	18	75	38	5	26	7
20-24岁	467	467	701	70	631	554	78	411	65
25-29岁	804	804	1231	140	1091	974	169	680	125
30-34岁	1021	1021	1480	213	1267	1171	282	748	141
35-39岁	672	672	1092	172	920	783	188	509	86
40-44岁	617	617	979	155	824	508	82	345	81
45-49岁	670	670	1111	165	946	472	44	363	65
50-54岁	818	818	1164	120	1044	352	33	269	50
55-59岁	844	844	1014	84	930	244	27	184	33
60-64岁	454	454	325	16	309	59	7	41	11
65-69岁	244	244	170	16	154	29	2	23	4
70-74岁	62	62	48	3	45	7		3	4
75岁及以上	15	15	17	1	16	1		1	
女	**4073**	**4073**	**5116**	**165**	**4951**	**2080**	**411**	**1311**	**358**
16-19岁	21	21	31	2	29	14	4	8	2
20-24岁	285	285	508	9	499	262	46	169	47
25-29岁	570	570	939	23	916	437	96	265	76
30-34岁	776	776	1042	21	1021	526	126	315	85
35-39岁	550	550	802	30	772	311	65	200	46
40-44岁	488	488	653	22	631	211	31	146	34
45-49岁	502	502	584	28	556	179	20	130	29
50-54岁	388	388	292	11	281	80	10	52	18
55-59岁	211	211	151	8	143	37	10	15	12
60-64岁	161	161	59	6	53	15	1	9	5
65-69岁	98	98	38	3	35	6	2	2	2
70-74岁	21	21	15	2	13	2			2
75岁及以上	2	2	2		2				

4-5b　续表 10　　　　单位：人

年龄组 性　别	水利、环境和公共设施管理业					居民服务、修理和其他服务业			
	小计	水　利 管理业	生态保护 和环境 治理业	公共设施 管理业	土　地 管理业	小计	居　民 服务业	机动车、 电子产品 和日用产 品修理业	其　他 服务业
总　计	**5526**	**307**	**501**	**4667**	**51**	**21127**	**13756**	**5184**	**2187**
16-19岁	25		2	23		671	446	210	15
20-24岁	172	14	18	138	2	1760	1183	515	62
25-29岁	367	22	55	280	10	2486	1692	688	106
30-34岁	507	45	52	398	12	3392	2288	975	129
35-39岁	435	34	69	329	3	2766	1895	739	132
40-44岁	489	29	65	387	8	2285	1498	617	170
45-49岁	634	54	68	507	5	2390	1536	583	271
50-54岁	718	54	72	588	4	2047	1319	402	326
55-59岁	743	44	50	644	5	1440	866	271	303
60-64岁	617	4	28	583	2	871	491	92	288
65-69岁	603	4	18	581		644	321	59	264
70-74岁	195	2	4	189		278	157	23	98
75岁及以上	21	1		20		97	64	10	23
男	**3682**	**240**	**388**	**3013**	**41**	**10250**	**4852**	**4291**	**1107**
16-19岁	15		2	13		437	219	206	12
20-24岁	110	9	14	85	2	1003	482	486	35
25-29岁	244	14	38	185	7	1317	656	591	70
30-34岁	326	30	31	256	9	1682	819	781	82
35-39岁	297	27	51	217	2	1365	711	578	76
40-44岁	305	21	51	226	7	1035	472	489	74
45-49岁	394	36	56	299	3	972	423	445	104
50-54岁	515	50	59	402	4	884	422	322	140
55-59岁	552	44	44	459	5	654	292	229	133
60-64岁	389	4	23	360	2	402	167	82	153
65-69岁	385	2	15	368		305	105	52	148
70-74岁	134	2	4	128		139	56	20	63
75岁及以上	16	1		15		55	28	10	17
女	**1844**	**67**	**113**	**1654**	**10**	**10877**	**8904**	**893**	**1080**
16-19岁	10			10		234	227	4	3
20-24岁	62	5	4	53		757	701	29	27
25-29岁	123	8	17	95	3	1169	1036	97	36
30-34岁	181	15	21	142	3	1710	1469	194	47
35-39岁	138	7	18	112	1	1401	1184	161	56
40-44岁	184	8	14	161	1	1250	1026	128	96
45-49岁	240	18	12	208	2	1418	1113	138	167
50-54岁	203	4	13	186		1163	897	80	186
55-59岁	191		6	185		786	574	42	170
60-64岁	228		5	223		469	324	10	135
65-69岁	218	2	3	213		339	216	7	116
70-74岁	61			61		139	101	3	35
75岁及以上	5			5		42	36		6

4-5b 续表 11　　单位：人

年龄组 性别	教育		卫生和社会工作			文化、体育和娱乐业				
	小计	教育	小计	卫生	社会工作	小计	新闻和出版业	广播、电视、电影和录音制作业	文化艺术业	体育
总　计	**24778**	**24778**	**12115**	**11608**	**507**	**6539**	**228**	**1359**	**857**	**825**
16-19岁	303	303	81	79	2	189	1	37	17	44
20-24岁	2213	2213	1274	1254	20	833	16	203	71	133
25-29岁	3974	3974	2019	1987	32	1214	40	292	147	145
30-34岁	3931	3931	2016	1987	29	1210	40	271	133	139
35-39岁	3402	3402	1659	1618	41	767	29	172	106	98
40-44岁	3721	3721	1436	1383	53	649	28	121	98	79
45-49岁	3113	3113	1411	1333	78	632	29	118	91	70
50-54岁	2332	2332	998	910	88	483	24	72	85	56
55-59岁	1357	1357	605	544	61	336	12	57	67	33
60-64岁	259	259	308	259	49	133	6	8	22	17
65-69岁	124	124	206	173	33	60	1	7	11	9
70-74岁	33	33	80	65	15	26	1	1	7	2
75岁及以上	16	16	22	16	6	7	1		2	
男	**8023**	**8023**	**3927**	**3793**	**134**	**3241**	**123**	**885**	**389**	**442**
16-19岁	152	152	8	7	1	105	1	33	6	24
20-24岁	428	428	196	193	3	386	3	109	25	78
25-29岁	773	773	470	464	6	548	14	164	50	88
30-34岁	896	896	513	506	7	558	14	180	60	62
35-39岁	917	917	486	477	9	352	18	114	41	39
40-44岁	1317	1317	513	499	14	348	20	95	44	38
45-49岁	1284	1284	563	549	14	300	18	81	40	39
50-54岁	1080	1080	441	420	21	261	17	56	43	34
55-59岁	933	933	374	353	21	217	10	42	47	18
60-64岁	142	142	168	151	17	90	5	4	15	13
65-69岁	64	64	125	113	12	51	1	7	11	8
70-74岁	27	27	54	48	6	19	1		6	1
75岁及以上	10	10	16	13	3	6	1		1	
女	**16755**	**16755**	**8188**	**7815**	**373**	**3298**	**105**	**474**	**468**	**383**
16-19岁	151	151	73	72	1	84		4	11	20
20-24岁	1785	1785	1078	1061	17	447	13	94	46	55
25-29岁	3201	3201	1549	1523	26	666	26	128	97	57
30-34岁	3035	3035	1503	1481	22	652	26	91	73	77
35-39岁	2485	2485	1173	1141	32	415	11	58	65	59
40-44岁	2404	2404	923	884	39	301	8	26	54	41
45-49岁	1829	1829	848	784	64	332	11	37	51	31
50-54岁	1252	1252	557	490	67	222	7	16	42	22
55-59岁	424	424	231	191	40	119	2	15	20	15
60-64岁	117	117	140	108	32	43	1	4	7	4
65-69岁	60	60	81	60	21	9				1
70-74岁	6	6	26	17	9	7		1	1	1
75岁及以上	6	6	6	3	3	1			1	

4-5b　续表 12

单位：人

年龄组 性　别	娱乐业	公共管理、社会保障和社会组织							国际组织	
		小计	中国共产党机关	国家机构	人民政协、民主党派	社会保障	群众团体、社会团体和其他成员组织	基层群众自治组织	小计	国际组织
总　计	**3270**	**26791**	**378**	**21991**	**67**	**91**	**1322**	**2942**		
16-19岁	90	60		49			9	2		
20-24岁	410	1446	15	1299		6	46	80		
25-29岁	590	3827	30	3422	1	13	114	247		
30-34岁	627	4539	98	3898	6	15	153	369		
35-39岁	362	3385	55	2858	9	15	154	294		
40-44岁	323	3227	49	2662	8	13	142	353		
45-49岁	324	3350	48	2699	5	12	191	395		
50-54岁	246	3116	53	2488	9	8	183	375		
55-59岁	167	2781	27	2173	29	5	152	395		
60-64岁	80	486	2	248		1	54	181		
65-69岁	32	334	1	126		1	54	152		
70-74岁	15	178		53		2	38	85		
75岁及以上	4	62		16			32	14		
男	**1402**	**17840**	**258**	**14761**	**49**	**39**	**883**	**1850**		
16-19岁	41	49		42			6	1		
20-24岁	171	875	6	804			27	38		
25-29岁	232	2222	20	2015		1	67	119		
30-34岁	242	2598	58	2279	3	8	83	167		
35-39岁	140	2134	33	1854	4	7	87	149		
40-44岁	151	2053	28	1718	3	6	95	203		
45-49岁	122	2265	37	1854	4	3	135	232		
50-54岁	111	2344	47	1870	8	6	146	267		
55-59岁	100	2515	26	1997	27	4	124	337		
60-64岁	53	359	2	177		1	38	141		
65-69岁	24	245	1	90		1	33	120		
70-74岁	11	135		47		2	23	63		
75岁及以上	4	46		14			19	13		
女	**1868**	**8951**	**120**	**7230**	**18**	**52**	**439**	**1092**		
16-19岁	49	11		7			3	1		
20-24岁	239	571	9	495		6	19	42		
25-29岁	358	1605	10	1407	1	12	47	128		
30-34岁	385	1941	40	1619	3	7	70	202		
35-39岁	222	1251	22	1004	5	8	67	145		
40-44岁	172	1174	21	944	5	7	47	150		
45-49岁	202	1085	11	845	1	9	56	163		
50-54岁	135	772	6	618	1	2	37	108		
55-59岁	67	266	1	176	2	1	28	58		
60-64岁	27	127		71			16	40		
65-69岁	8	89		36			21	32		
70-74岁	4	43		6			15	22		
75岁及以上		16		2			13	1		

4—5c　全省分年龄、性别、行业大类的就业人口(乡村)

单位：人

年龄组 性　别	合计	农、林、牧、渔业						采矿业	
		小计	农业	林业	畜牧业	渔业	农、林、牧、渔专业及辅助性活动	小计	煤炭开采和洗选业
总　计	**956204**	**150028**	**124626**	**6754**	**6743**	**10464**	**1441**	**1801**	**102**
16—19岁	9715	185	153	5	14	11	2	6	
20—24岁	48800	943	735	45	68	76	19	42	
25—29岁	81247	1755	1322	103	104	178	48	97	4
30—34岁	106783	3130	2286	173	198	414	59	137	8
35—39岁	90090	4144	2984	189	290	629	52	138	8
40—44岁	95998	6682	4891	343	432	935	81	229	18
45—49岁	127338	12680	9500	670	789	1575	146	284	19
50—54岁	137799	21940	16936	1165	1291	2292	256	354	23
55—59岁	107543	25598	20630	1359	1274	2084	251	322	14
60—64岁	64453	24535	21021	1113	859	1328	214	122	4
65—69岁	50525	25032	22293	1044	788	724	183	60	3
70—74岁	24344	15048	13906	456	414	178	94	5	1
75岁及以上	11569	8356	7969	89	222	40	36	5	
男	**590705**	**93300**	**74805**	**4855**	**3935**	**8840**	**865**	**1612**	**92**
16—19岁	6374	137	108	4	13	11	1	6	
20—24岁	29973	650	480	36	51	71	12	39	
25—29岁	49786	1219	872	80	74	157	36	85	4
30—34岁	65055	2092	1426	127	124	374	41	119	6
35—39岁	54361	2664	1760	143	164	563	34	122	7
40—44岁	55287	4053	2721	244	251	789	48	203	15
45—49岁	72537	7242	4910	498	454	1303	77	249	18
50—54岁	85354	12630	9036	813	724	1911	146	315	21
55—59岁	71572	15131	11490	1003	757	1728	153	294	13
60—64岁	43213	15166	12609	791	507	1133	126	115	4
65—69岁	33143	16057	14160	723	452	608	114	55	3
70—74岁	16242	10224	9451	322	234	159	58	5	1
75岁及以上	7808	6035	5782	71	130	33	19	5	
女	**365499**	**56728**	**49821**	**1899**	**2808**	**1624**	**576**	**189**	**10**
16—19岁	3341	48	45	1	1		1		
20—24岁	18827	293	255	9	17	5	7	3	
25—29岁	31461	536	450	23	30	21	12	12	
30—34岁	41728	1038	860	46	74	40	18	18	2
35—39岁	35729	1480	1224	46	126	66	18	16	1
40—44岁	40711	2629	2170	99	181	146	33	26	3
45—49岁	54801	5438	4590	172	335	272	69	35	1
50—54岁	52445	9310	7900	352	567	381	110	39	2
55—59岁	35971	10467	9140	356	517	356	98	28	1
60—64岁	21240	9369	8412	322	352	195	88	7	
65—69岁	17382	8975	8133	321	336	116	69	5	
70—74岁	8102	4824	4455	134	180	19	36		
75岁及以上	3761	2321	2187	18	92	7	17		

4-5c　续表 1　　　　单位：人

年龄组 性　别	采矿业						制造业		
	石油和天然气开采业	黑色金属矿采选业	有色金属矿采选业	非金属矿采选业	开采专业及辅助性活　动	其　他采矿业	小计	农副食品加工业	食　品制造业
总　计	**9**	**79**	**128**	**1421**	**20**	**42**	**407716**	**5983**	**3707**
16-19岁	1			5			5635	36	34
20-24岁	2	1	1	38			22029	123	203
25-29岁		6	2	83		2	36359	266	322
30-34岁	1	4	6	112	2	4	54471	416	386
35-39岁		4	7	113	3	3	47922	418	315
40-44岁	1	13	19	171	3	4	50789	560	354
45-49岁	1	11	25	213	5	10	64017	925	586
50-54岁	1	23	28	271		8	58045	1166	590
55-59岁	1	10	29	254	3	11	37223	973	445
60-64岁	1	5	8	101	3		16167	539	255
65-69岁		2	2	52	1		9893	367	140
70-74岁				4			3711	141	62
75岁及以上			1	4			1455	53	15
男	**6**	**71**	**105**	**1284**	**19**	**35**	**227268**	**3156**	**1704**
16-19岁	1			5			3741	24	21
20-24岁	1	1	1	36			14412	74	115
25-29岁		6	1	73		1	22419	158	145
30-34岁	1	3	5	99	1	4	31944	233	185
35-39岁		3	4	102	3	3	26697	229	134
40-44岁	1	11	15	154	3	4	25858	268	135
45-49岁		11	23	185	5	7	31001	414	235
50-54岁		23	21	244		6	30565	568	275
55-59岁	1	7	25	235	3	10	22352	537	208
60-64岁	1	5	7	95	3		10043	320	136
65-69岁		1	2	48	1		5664	213	73
70-74岁				4			1953	87	34
75岁及以上			1	4			619	31	8
女	**3**	**8**	**23**	**137**	**1**	**7**	**180448**	**2827**	**2003**
16-19岁							1894	12	13
20-24岁	1			2			7617	49	88
25-29岁			1	10		1	13940	108	177
30-34岁		1	1	13	1		22527	183	201
35-39岁		1	3	11			21225	189	181
40-44岁		2	4	17			24931	292	219
45-49岁	1		2	28		3	33016	511	351
50-54岁	1		7	27		2	27480	598	315
55-59岁		3	4	19		1	14871	436	237
60-64岁			1	6			6124	219	119
65-69岁		1		4			4229	154	67
70-74岁							1758	54	28
75岁及以上							836	22	7

4-5c 续表 2 单位：人

年龄组 性 别	制造业 酒、饮料和精制茶制造业	烟草制品业	纺织业	纺织服装、服饰业	皮革、毛皮、羽毛及其制品和制鞋业	木材加工和木、竹、藤、棕、草制品业	家具制造业	造纸和纸制品业	印刷和记录媒介复制业
总 计	**2612**	**54**	**39123**	**50255**	**24188**	**10341**	**12153**	**9293**	**3957**
16-19岁	9	2	354	692	367	47	103	127	56
20-24岁	73	2	1612	2228	1217	282	595	459	248
25-29岁	123	8	3063	4189	2167	519	1044	821	431
30-34岁	223	7	4448	7278	3614	763	1521	1141	602
35-39岁	182	1	3992	6483	3285	807	1264	934	530
40-44岁	256	8	4769	6992	3472	1009	1503	1072	498
45-49岁	390	7	6565	8207	3875	1783	1989	1384	525
50-54岁	434	5	6354	6961	2981	2053	2026	1407	493
55-59岁	400	9	4290	3856	1639	1580	1264	1030	308
60-64岁	232	2	1809	1525	713	746	498	504	136
65-69岁	192	1	1243	1059	518	509	242	279	82
70-74岁	75	2	469	493	219	183	80	100	27
75岁及以上	23		155	292	121	60	24	35	21
男	**1651**	**27**	**18868**	**17415**	**11471**	**6820**	**8239**	**5692**	**2301**
16-19岁	3	1	230	350	216	40	78	87	40
20-24岁	43	1	1024	1124	703	198	414	319	163
25-29岁	74	6	1689	1981	1176	346	683	546	268
30-34岁	138	2	2286	3198	1869	485	980	710	371
35-39岁	108	1	1874	2531	1639	503	843	589	309
40-44岁	145	4	1944	2259	1639	578	938	598	282
45-49岁	225	2	2559	2200	1635	1084	1267	762	269
50-54岁	258	2	2796	1740	1187	1337	1437	811	255
55-59岁	277	5	2309	1081	759	1129	972	696	180
60-64岁	177	1	1132	460	325	566	381	329	86
65-69岁	130	1	709	301	205	385	179	172	45
70-74岁	53	1	237	129	83	131	55	58	20
75岁及以上	20		79	61	35	38	12	15	13
女	**961**	**27**	**20255**	**32840**	**12717**	**3521**	**3914**	**3601**	**1656**
16-19岁	6	1	124	342	151	7	25	40	16
20-24岁	30	1	588	1104	514	84	181	140	85
25-29岁	49	2	1374	2208	991	173	361	275	163
30-34岁	85	5	2162	4080	1745	278	541	431	231
35-39岁	74		2118	3952	1646	304	421	345	221
40-44岁	111	4	2825	4733	1833	431	565	474	216
45-49岁	165	5	4006	6007	2240	699	722	622	256
50-54岁	176	3	3558	5221	1794	716	589	596	238
55-59岁	123	4	1981	2775	880	451	292	334	128
60-64岁	55	1	677	1065	388	180	117	175	50
65-69岁	62		534	758	313	124	63	107	37
70-74岁	22	1	232	364	136	52	25	42	7
75岁及以上	3		76	231	86	22	12	20	8

4-5c　续表 3

单位：人

年龄组 性　别	制造业								
	文教、工美、体育和娱乐用品制造业	石油、煤炭及其他燃料加工业	化学原料和化学制品制造业	医　药制造业	化学纤维制造业	橡胶和塑　料制品业	非金属矿　物制品业	黑色金属冶炼和压延加工业	有色金属冶炼和压延加工业
总　计	**20437**	**318**	**6177**	**3113**	**3397**	**25364**	**15292**	**2547**	**3275**
16–19岁	281		58	24	44	294	139	12	23
20–24岁	1021	16	366	246	283	1233	618	102	146
25–29岁	1656	32	578	392	462	1936	1094	197	257
30–34岁	2486	57	848	533	557	3005	1684	310	380
35–39岁	2301	29	678	411	422	2749	1545	263	340
40–44岁	2417	31	629	346	391	3110	1707	321	430
45–49岁	3163	36	936	451	523	4054	2427	439	590
50–54岁	2875	49	950	364	373	3899	2638	446	509
55–59岁	1913	45	715	246	236	2612	1977	299	348
60–64岁	1013	17	277	60	64	1305	885	106	135
65–69岁	763	4	94	27	29	805	450	39	74
70–74岁	365	2	37	10	12	264	107	9	34
75岁及以上	183		11	3	1	98	21	4	9
男	**9340**	**263**	**4274**	**1736**	**2064**	**13515**	**11612**	**2029**	**2341**
16–19岁	159		29	14	29	200	108	10	18
20–24岁	575	14	250	127	200	764	468	83	104
25–29岁	916	24	380	214	292	1180	783	158	174
30–34岁	1204	49	555	283	349	1753	1248	236	275
35–39岁	1126	28	439	215	219	1519	1106	195	240
40–44岁	1075	20	385	162	180	1507	1184	235	291
45–49岁	1257	25	588	241	270	1848	1740	342	396
50–54岁	1252	42	714	246	254	1935	2037	369	386
55–59岁	879	41	605	168	188	1449	1664	264	269
60–64岁	420	14	218	41	53	739	774	94	106
65–69岁	290	4	77	18	20	440	397	31	53
70–74岁	136	2	26	5	9	140	89	9	23
75岁及以上	51		8	2	1	41	14	3	6
女	**11097**	**55**	**1903**	**1377**	**1333**	**11849**	**3680**	**518**	**934**
16–19岁	122		29	10	15	94	31	2	5
20–24岁	446	2	116	119	83	469	150	19	42
25–29岁	740	8	198	178	170	756	311	39	83
30–34岁	1282	8	293	250	208	1252	436	74	105
35–39岁	1175	1	239	196	203	1230	439	68	100
40–44岁	1342	11	244	184	211	1603	523	86	139
45–49岁	1906	11	348	210	253	2206	687	97	194
50–54岁	1623	7	236	118	119	1964	601	77	123
55–59岁	1034	4	110	78	48	1163	313	35	79
60–64岁	593	3	59	19	11	566	111	12	29
65–69岁	473		17	9	9	365	53	8	21
70–74岁	229		11	5	3	124	18		11
75岁及以上	132		3	1		57	7	1	3

4-5c 续表 4

单位：人

年龄组 性别	制造业								
	金属制品业	通用设备制造业	专用设备制造业	汽车制造业	铁路、船舶、航空航天和其他运输设备制造业	电气机械和器材制造业	计算机、通信和其他电子设备制造业	仪器仪表制造业	其他制造业
总计	**36893**	**37057**	**18201**	**17486**	**5460**	**26904**	**11319**	**2668**	**5077**
16-19岁	453	457	319	410	72	601	465	60	70
20-24岁	1806	2039	1291	1551	326	2092	1217	230	249
25-29岁	2933	3372	2087	2201	451	3168	1575	327	366
30-34岁	4594	5228	3093	2859	835	4069	1894	442	571
35-39岁	4346	4648	2733	2192	753	3338	1456	358	553
40-44岁	4818	4839	2345	2115	725	3133	1273	344	671
45-49岁	6284	5781	2340	2582	905	3917	1383	361	763
50-54岁	5724	5145	1999	1890	751	3116	953	265	707
55-59岁	3514	3212	1167	1028	415	1909	589	163	509
60-64岁	1387	1320	470	381	145	847	259	67	259
65-69岁	772	727	242	202	63	462	161	32	202
70-74岁	201	225	87	62	15	177	72	16	117
75岁及以上	61	64	28	13	4	75	22	3	40
男	**23791**	**24368**	**12147**	**10990**	**3859**	**14246**	**5632**	**1436**	**2177**
16-19岁	324	355	244	319	56	389	291	41	39
20-24岁	1251	1504	947	1135	253	1347	768	167	136
25-29岁	1971	2412	1461	1519	319	1924	941	209	190
30-34岁	3078	3583	2179	1823	607	2246	975	258	264
35-39岁	2808	3056	1905	1304	532	1704	657	159	225
40-44岁	2955	2961	1520	1181	486	1475	495	154	286
45-49岁	3699	3352	1372	1398	588	1646	501	137	302
50-54岁	3565	3239	1180	1117	519	1522	413	127	261
55-59岁	2437	2233	790	709	322	1099	323	104	209
60-64岁	1006	971	312	287	114	518	143	44	106
65-69岁	531	500	166	133	50	259	77	21	96
70-74岁	127	159	54	53	11	83	41	13	47
75岁及以上	39	43	17	12	2	34	7	2	16
女	**13102**	**12689**	**6054**	**6496**	**1601**	**12658**	**5687**	**1232**	**2900**
16-19岁	129	102	75	91	16	212	174	19	31
20-24岁	555	535	344	416	73	745	449	63	113
25-29岁	962	960	626	682	132	1244	634	118	176
30-34岁	1516	1645	914	1036	228	1823	919	184	307
35-39岁	1538	1592	828	888	221	1634	799	199	328
40-44岁	1863	1878	825	934	239	1658	778	190	385
45-49岁	2585	2429	968	1184	317	2271	882	224	461
50-54岁	2159	1906	819	773	232	1594	540	138	446
55-59岁	1077	979	377	319	93	810	266	59	300
60-64岁	381	349	158	94	31	329	116	23	153
65-69岁	241	227	76	69	13	203	84	11	106
70-74岁	74	66	33	9	4	94	31	3	70
75岁及以上	22	21	11	1	2	41	15	1	24

4-5c　续表 5　　　　　　　　　　　　　　　　　　　　　　　　　单位：人

年龄组 性　别	制造业		电力、热力、燃气及水生产和供应业				建筑业		
	废弃资源综合利用业	金属制品、机械和设备修理业	小计	电力、热力生产和供应业	燃气生产和供应业	水的生产和供应业	小计	房屋建筑业	土木工程建筑业
总　计	**2177**	**2888**	**5372**	**3538**	**722**	**1112**	**107424**	**57417**	**13349**
16-19岁	4	22	13	10	1	2	509	255	101
20-24岁	37	118	292	235	21	36	3390	1622	799
25-29岁	88	234	554	391	59	104	6133	2817	1212
30-34岁	162	465	661	458	80	123	8388	3850	1486
35-39岁	177	419	515	328	66	121	7804	3496	1168
40-44岁	279	372	484	306	78	100	10353	4979	1251
45-49岁	382	464	673	471	82	120	17140	8848	1940
50-54岁	499	423	828	581	98	149	22248	12317	2192
55-59岁	306	226	847	557	110	180	16512	9372	1773
60-64岁	127	84	302	134	67	101	8483	5458	818
65-69岁	70	43	155	51	42	62	4944	3351	472
70-74岁	35	13	41	14	15	12	1331	921	121
75岁及以上	11	5	7	2	3	2	189	131	16
男	**1569**	**2535**	**4427**	**2955**	**547**	**925**	**97659**	**51504**	**12074**
16-19岁	4	22	11	10		1	462	227	97
20-24岁	30	111	237	197	14	26	2961	1401	710
25-29岁	71	209	426	297	46	83	5352	2438	1068
30-34岁	118	404	541	384	64	93	7448	3364	1342
35-39岁	128	372	405	266	44	95	6989	3050	1055
40-44岁	201	315	364	240	48	76	9224	4293	1140
45-49岁	252	395	533	379	61	93	15173	7625	1701
50-54岁	352	369	696	490	76	130	20450	11133	2011
55-59岁	240	206	768	515	89	164	15474	8685	1646
60-64岁	92	78	267	121	53	93	8020	5124	753
65-69岁	50	38	132	41	34	57	4661	3157	433
70-74岁	25	13	40	13	15	12	1270	883	105
75岁及以上	6	3	7	2	3	2	175	124	13
女	**608**	**353**	**945**	**583**	**175**	**187**	**9765**	**5913**	**1275**
16-19岁			2		1	1	47	28	4
20-24岁	7	7	55	38	7	10	429	221	89
25-29岁	17	25	128	94	13	21	781	379	144
30-34岁	44	61	120	74	16	30	940	486	144
35-39岁	49	47	110	62	22	26	815	446	113
40-44岁	78	57	120	66	30	24	1129	686	111
45-49岁	130	69	140	92	21	27	1967	1223	239
50-54岁	147	54	132	91	22	19	1798	1184	181
55-59岁	66	20	79	42	21	16	1038	687	127
60-64岁	35	6	35	13	14	8	463	334	65
65-69岁	20	5	23	10	8	5	283	194	39
70-74岁	10		1	1			61	38	16
75岁及以上	5	2					14	7	3

4-5c 续表 6 单位：人

年龄组 性别	建筑业		批发和零售业			交通运输、仓储和邮政业			
	建筑安装业	建筑装饰、装修和其他建筑业	小计	批发业	零售业	小计	铁路运输业	道路运输业	水上运输业
总　计	**6286**	**30372**	**102104**	**32768**	**69336**	**36481**	**363**	**23753**	**1648**
16-19岁	33	120	999	272	727	266	11	94	5
20-24岁	219	750	6629	1837	4792	1902	66	831	39
25-29岁	488	1616	11652	3509	8143	3720	64	1867	101
30-34岁	825	2227	14834	4595	10239	4919	50	2865	153
35-39岁	733	2407	11722	3581	8141	4317	28	2954	138
40-44岁	789	3334	11062	3615	7447	4334	25	3216	150
45-49岁	915	5437	13058	4565	8493	5218	23	3893	246
50-54岁	972	6767	12994	4724	8270	5383	31	3866	335
55-59岁	751	4616	9327	3278	6049	3788	47	2631	271
60-64岁	358	1849	4678	1441	3237	1708	12	1054	155
65-69岁	164	957	3116	897	2219	714	5	379	47
70-74岁	31	258	1370	334	1036	174	1	88	7
75岁及以上	8	34	663	120	543	38		15	1
男	**5908**	**28173**	**55857**	**20404**	**35453**	**31533**	**257**	**21370**	**1425**
16-19岁	31	107	567	179	388	192	1	70	3
20-24岁	207	643	3445	1054	2391	1460	44	664	30
25-29岁	448	1398	6408	2056	4352	2955	46	1568	92
30-34岁	774	1968	7896	2737	5159	4098	31	2516	126
35-39岁	678	2206	6128	2164	3964	3705	16	2645	108
40-44岁	738	3053	5542	2135	3407	3731	18	2861	124
45-49岁	838	5009	6656	2703	3953	4535	16	3489	199
50-54岁	919	6387	7246	3009	4237	4881	29	3619	290
55-59岁	726	4417	5628	2286	3342	3537	45	2493	249
60-64岁	352	1791	3011	1075	1936	1598	8	999	153
65-69岁	160	911	1994	669	1325	657	3	352	45
70-74岁	30	252	905	247	658	154		80	6
75岁及以上	7	31	431	90	341	30		14	
女	**378**	**2199**	**46247**	**12364**	**33883**	**4948**	**106**	**2383**	**223**
16-19岁	2	13	432	93	339	74	10	24	2
20-24岁	12	107	3184	783	2401	442	22	167	9
25-29岁	40	218	5244	1453	3791	765	18	299	9
30-34岁	51	259	6938	1858	5080	821	19	349	27
35-39岁	55	201	5594	1417	4177	612	12	309	30
40-44岁	51	281	5520	1480	4040	603	7	355	26
45-49岁	77	428	6402	1862	4540	683	7	404	47
50-54岁	53	380	5748	1715	4033	502	2	247	45
55-59岁	25	199	3699	992	2707	251	2	138	22
60-64岁	6	58	1667	366	1301	110	4	55	2
65-69岁	4	46	1122	228	894	57	2	27	2
70-74岁	1	6	465	87	378	20	1	8	1
75岁及以上	1	3	232	30	202	8		1	1

4-5c　续表 7　　　　单位：人

年龄组 性　别	交通运输、仓储和邮政业					住宿和餐饮业		
	航　空 运输业	管　道 运输业	多式联运 和运输 代理业	装卸搬运 和仓储业	邮政业	小计	住宿业	餐饮业
总　计	**205**	**19**	**971**	**3765**	**5757**	**29716**	**4218**	**25498**
16-19岁			4	21	131	724	97	627
20-24岁	37	3	83	116	727	2134	364	1770
25-29岁	49	3	170	248	1218	2855	363	2492
30-34岁	31	2	177	313	1328	3897	448	3449
35-39岁	19	1	106	304	767	3424	415	3009
40-44岁	25	2	82	342	492	3547	488	3059
45-49岁	19	2	120	489	426	4018	570	3448
50-54岁	17	2	127	655	350	4033	675	3358
55-59岁	6	3	59	564	207	2732	448	2284
60-64岁	2		29	394	62	1342	211	1131
65-69岁		1	10	232	40	739	113	626
70-74岁			3	69	6	227	19	208
75岁及以上			1	18	3	44	7	37
男	**122**	**17**	**729**	**3227**	**4386**	**15100**	**1776**	**13324**
16-19岁			4	17	97	469	49	420
20-24岁	21	3	48	97	553	1389	174	1215
25-29岁	32	2	99	184	932	1857	178	1679
30-34岁	20	2	115	244	1044	2340	206	2134
35-39岁	10	1	83	240	602	1873	180	1693
40-44岁	14	2	71	288	353	1681	163	1518
45-49岁	10	1	103	410	307	1634	187	1447
50-54岁	9	2	108	587	237	1577	257	1320
55-59岁	5	3	56	516	170	1209	202	1007
60-64岁	1		29	361	47	596	102	494
65-69岁		1	9	212	35	329	61	268
70-74岁			3	59	6	118	12	106
75岁及以上			1	12	3	28	5	23
女	**83**	**2**	**242**	**538**	**1371**	**14616**	**2442**	**12174**
16-19岁				4	34	255	48	207
20-24岁	16		35	19	174	745	190	555
25-29岁	17	1	71	64	286	998	185	813
30-34岁	11		62	69	284	1557	242	1315
35-39岁	9		23	64	165	1551	235	1316
40-44岁	11		11	54	139	1866	325	1541
45-49岁	9	1	17	79	119	2384	383	2001
50-54岁	8		19	68	113	2456	418	2038
55-59岁	1		3	48	37	1523	246	1277
60-64岁	1			33	15	746	109	637
65-69岁			1	20	5	410	52	358
70-74岁				10		109	7	102
75岁及以上				6		16	2	14

4—5c 续表 8

单位：人

年龄组 性 别	信息传输、软件和信息技术服务业				金融业				
	小计	电信、广播电视和卫星传输服务	互联网和相关服务	软件和信息技术服务业	小计	货币金融服务	资本市场服务	保险业	其他金融业
总 计	**6065**	**1986**	**1715**	**2364**	**5177**	**2847**	**279**	**1766**	**285**
16—19岁	66	5	37	24	14	5		6	3
20—24岁	1057	197	332	528	716	480	39	162	35
25—29岁	1682	430	453	799	1358	833	75	357	93
30—34岁	1370	502	371	497	1202	678	52	408	64
35—39岁	681	269	173	239	509	226	34	214	35
40—44岁	374	149	119	106	310	103	20	165	22
45—49岁	300	135	105	60	335	125	21	181	8
50—54岁	263	138	66	59	348	169	21	146	12
55—59岁	177	111	32	34	259	150	10	92	7
60—64岁	64	39	14	11	82	49	6	21	6
65—69岁	20	7	8	5	28	18	1	9	
70—74岁	10	4	5	1	12	9		3	
75岁及以上	1			1	4	2		2	
男	**4070**	**1306**	**1169**	**1595**	**2415**	**1315**	**190**	**755**	**155**
16—19岁	39	2	18	19	9	2		4	3
20—24岁	625	112	187	326	324	179	23	103	19
25—29岁	1064	243	285	536	649	361	42	204	42
30—34岁	893	300	257	336	555	284	38	196	37
35—39岁	486	166	143	177	226	103	24	76	23
40—44岁	280	113	92	75	109	46	15	36	12
45—49岁	241	113	86	42	133	76	16	37	4
50—54岁	202	112	48	42	172	110	17	38	7
55—59岁	158	100	30	28	168	114	8	41	5
60—64岁	55	34	12	9	46	27	6	10	3
65—69岁	18	7	7	4	14	7	1	6	
70—74岁	8	4	4		7	4		3	
75岁及以上	1			1	3	2		1	
女	**1995**	**680**	**546**	**769**	**2762**	**1532**	**89**	**1011**	**130**
16—19岁	27	3	19	5	5	3		2	
20—24岁	432	85	145	202	392	301	16	59	16
25—29岁	618	187	168	263	709	472	33	153	51
30—34岁	477	202	114	161	647	394	14	212	27
35—39岁	195	103	30	62	283	123	10	138	12
40—44岁	94	36	27	31	201	57	5	129	10
45—49岁	59	22	19	18	202	49	5	144	4
50—54岁	61	26	18	17	176	59	4	108	5
55—59岁	19	11	2	6	91	36	2	51	2
60—64岁	9	5	2	2	36	22		11	3
65—69岁	2		1	1	14	11		3	
70—74岁	2		1	1	5	5			
75岁及以上					1			1	

4-5c　续表 9

单位：人

年龄组 性　别	房地产业		租赁和商务服务业			科学研究和技术服务业			
	小计	房地产业	小计	租赁业	商　务 服务业	小计	研究和 试验发展	专业技术 服务业	科技推广 和应用 服务业
总　计	**8811**	**8811**	**14715**	**1625**	**13090**	**5673**	**619**	**4026**	**1028**
16−19岁	68	68	131	12	119	54	2	35	17
20−24岁	736	736	1355	88	1267	791	94	584	113
25−29岁	1290	1290	2129	185	1944	1245	140	921	184
30−34岁	1163	1163	2179	269	1910	1096	131	799	166
35−39岁	710	710	1420	201	1219	599	63	425	111
40−44岁	615	615	1236	197	1039	410	39	282	89
45−49岁	780	780	1442	217	1225	439	44	294	101
50−54岁	1033	1033	1749	236	1513	411	30	293	88
55−59岁	1028	1028	1523	124	1399	370	48	241	81
60−64岁	736	736	767	64	703	131	14	84	33
65−69岁	523	523	508	23	485	91	11	49	31
70−74岁	112	112	217	8	209	27	2	16	9
75岁及以上	17	17	59	1	58	9	1	3	5
男	**5685**	**5685**	**10024**	**1436**	**8588**	**4043**	**392**	**2976**	**675**
16−19岁	48	48	92	11	81	42		28	14
20−24岁	405	405	712	77	635	532	57	406	69
25−29岁	766	766	1198	171	1027	864	87	655	122
30−34岁	687	687	1334	245	1089	755	78	582	95
35−39岁	445	445	953	183	770	428	42	315	71
40−44岁	355	355	829	175	654	289	20	207	62
45−49岁	478	478	1012	178	834	310	29	218	63
50−54岁	709	709	1390	202	1188	327	21	241	65
55−59岁	764	764	1276	107	1169	299	36	205	58
60−64岁	533	533	630	57	573	103	13	67	23
65−69岁	384	384	387	21	366	66	8	36	22
70−74岁	96	96	164	8	156	21		14	7
75岁及以上	15	15	47	1	46	7	1	2	4
女	**3126**	**3126**	**4691**	**189**	**4502**	**1630**	**227**	**1050**	**353**
16−19岁	20	20	39	1	38	12	2	7	3
20−24岁	331	331	643	11	632	259	37	178	44
25−29岁	524	524	931	14	917	381	53	266	62
30−34岁	476	476	845	24	821	341	53	217	71
35−39岁	265	265	467	18	449	171	21	110	40
40−44岁	260	260	407	22	385	121	19	75	27
45−49岁	302	302	430	39	391	129	15	76	38
50−54岁	324	324	359	34	325	84	9	52	23
55−59岁	264	264	247	17	230	71	12	36	23
60−64岁	203	203	137	7	130	28	1	17	10
65−69岁	139	139	121	2	119	25	3	13	9
70−74岁	16	16	53		53	6	2	2	2
75岁及以上	2	2	12		12	2		1	1

4－5c 续表 10 单位：人

年龄组 性别	水利、环境和公共设施管理业					居民服务、修理和其他服务业			
	小计	水利管理业	生态保护和环境治理业	公共设施管理业	土地管理业	小计	居民服务业	机动车、电子产品和日用产品修理业	其他服务业
总　计	**8011**	**374**	**545**	**6973**	**119**	**22254**	**12914**	**5202**	**4138**
16－19岁	11	1	1	9		415	218	183	14
20－24岁	164	11	23	124	6	1344	675	606	63
25－29岁	316	20	42	239	15	1960	1063	782	115
30－34岁	334	28	43	256	7	2518	1409	947	162
35－39岁	325	27	29	265	4	2066	1214	687	165
40－44岁	400	29	35	325	11	1845	1058	553	234
45－49岁	718	44	62	601	11	2440	1514	538	388
50－54岁	1053	81	102	858	12	2805	1782	391	632
55－59岁	1234	66	94	1054	20	2503	1542	290	671
60－64岁	1407	42	62	1282	21	1715	962	121	632
65－69岁	1395	18	35	1336	6	1610	839	67	704
70－74岁	548	7	13	522	6	740	432	25	283
75岁及以上	106		4	102		293	206	12	75
男	**5479**	**333**	**448**	**4600**	**98**	**10780**	**4197**	**4554**	**2029**
16－19岁	9	1	1	7		284	98	179	7
20－24岁	115	10	18	82	5	892	296	565	31
25－29岁	217	17	30	160	10	1211	429	716	66
30－34岁	238	26	34	173	5	1453	541	813	99
35－39岁	249	20	26	199	4	1183	494	592	97
40－44岁	261	29	25	197	10	921	347	466	108
45－49岁	478	38	50	379	11	970	382	445	143
50－54岁	716	68	82	557	9	998	455	330	213
55－59岁	857	59	78	703	17	951	410	251	290
60－64岁	955	41	57	841	16	704	281	102	321
65－69岁	916	17	32	861	6	726	252	61	413
70－74岁	389	7	11	366	5	360	145	23	192
75岁及以上	79		4	75		127	67	11	49
女	**2532**	**41**	**97**	**2373**	**21**	**11474**	**8717**	**648**	**2109**
16－19岁	2			2		131	120	4	7
20－24岁	49	1	5	42	1	452	379	41	32
25－29岁	99	3	12	79	5	749	634	66	49
30－34岁	96	2	9	83	2	1065	868	134	63
35－39岁	76	7	3	66		883	720	95	68
40－44岁	139		10	128	1	924	711	87	126
45－49岁	240	6	12	222		1470	1132	93	245
50－54岁	337	13	20	301	3	1807	1327	61	419
55－59岁	377	7	16	351	3	1552	1132	39	381
60－64岁	452	1	5	441	5	1011	681	19	311
65－69岁	479	1	3	475		884	587	6	291
70－74岁	159		2	156	1	380	287	2	91
75岁及以上	27			27		166	139	1	26

4-5c　续表 11　　　　　　　　　　　　　　　　　　　　　　　　　　　　　单位：人

年龄组 性　别	教育		卫生和社会工作			文化、体育和娱乐业				
	小计	教育	小计	卫生	社会工作	小计	新闻和出版业	广播、电视、电影和录音制作业	文　化艺术业	体育
总　计	**15401**	**15401**	**7889**	**6826**	**1063**	**3323**	**123**	**283**	**637**	**511**
16—19岁	383	383	85	83	2	80		6	10	23
20—24岁	2305	2305	1119	1085	34	388	15	44	73	90
25—29岁	3225	3225	1538	1484	54	537	27	64	82	113
30—34岁	2328	2328	1032	973	59	464	29	44	72	78
35—39岁	1356	1356	529	485	44	309	7	34	44	45
40—44岁	1232	1232	459	409	50	276	5	21	42	31
45—49岁	1289	1289	602	491	111	328	11	21	67	27
50—54岁	1411	1411	642	456	186	298	11	11	64	31
55—59岁	1115	1115	681	467	214	290	10	17	91	34
60—64岁	436	436	525	378	147	173	3	13	40	21
65—69岁	234	234	439	336	103	121	5	6	26	13
70—74岁	67	67	193	149	44	43		2	19	2
75岁及以上	20	20	45	30	15	16			7	3
男	**4594**	**4594**	**2540**	**2240**	**300**	**1848**	**68**	**171**	**337**	**308**
16—19岁	160	160	9	8	1	41		5	5	15
20—24岁	416	416	150	139	11	222	7	22	38	62
25—29岁	629	629	296	280	16	304	10	38	42	76
30—34岁	521	521	241	228	13	259	17	28	39	45
35—39岁	389	389	181	167	14	153	3	21	21	18
40—44岁	375	375	174	159	15	132	2	11	16	11
45—49岁	431	431	228	207	21	154	7	10	29	16
50—54岁	649	649	252	216	36	152	6	7	30	16
55—59岁	638	638	306	253	53	181	8	15	54	21
60—64岁	213	213	267	220	47	115	3	7	24	16
65—69岁	113	113	267	222	45	92	5	5	21	10
70—74岁	44	44	136	115	21	32		2	14	1
75岁及以上	16	16	33	26	7	11			4	1
女	**10807**	**10807**	**5349**	**4586**	**763**	**1475**	**55**	**112**	**300**	**203**
16—19岁	223	223	76	75	1	39		1	5	8
20—24岁	1889	1889	969	946	23	166	8	22	35	28
25—29岁	2596	2596	1242	1204	38	233	17	26	40	37
30—34岁	1807	1807	791	745	46	205	12	16	33	33
35—39岁	967	967	348	318	30	156	4	13	23	27
40—44岁	857	857	285	250	35	144	3	10	26	20
45—49岁	858	858	374	284	90	174	4	11	38	11
50—54岁	762	762	390	240	150	146	5	4	34	15
55—59岁	477	477	375	214	161	109	2	2	37	13
60—64岁	223	223	258	158	100	58		6	16	5
65—69岁	121	121	172	114	58	29		1	5	3
70—74岁	23	23	57	34	23	11			5	1
75岁及以上	4	4	12	4	8	5			3	2

4-5c 续表 12

单位：人

年龄组 性别		公共管理、社会保障和社会组织							国际组织	
	娱乐业	小计	中国共产党机关	国家机构	人民政协、民主党派	社会保障	群众团体、社会团体和其他成员组织	基层群众自治组织	小计	国际组织
总　计	**1769**	**18241**	**85**	**10152**	**4**	**48**	**1839**	**6113**	**2**	**2**
16－19岁	41	71		55		1	9	6		
20－24岁	166	1464	14	1287	1	8	46	108		
25－29岁	251	2842	13	2347		8	123	351		
30－34岁	241	2658	12	1985	1	10	155	495	2	2
35－39岁	179	1600	8	1018		6	157	411		
40－44岁	177	1361	6	736	1	3	148	467		
45－49岁	202	1577	10	674		7	186	700		
50－54岁	181	1961	8	792	1	3	231	926		
55－59岁	138	2014	8	785		2	216	1003		
60－64岁	96	1080	4	268			143	665		
65－69岁	71	903	2	159			169	573		
70－74岁	20	468		36			131	301		
75岁及以上	6	242		10			125	107		
男	**964**	**12469**	**67**	**7154**	**1**	**25**	**1221**	**4001**	**2**	**2**
16－19岁	16	56		46		1	5	4		
20－24岁	93	987	10	883		4	26	64		
25－29岁	138	1867	11	1596		5	79	176		
30－34岁	130	1639	6	1307		4	114	208	2	2
35－39岁	90	1085	5	741		2	137	200		
40－44岁	92	906	5	513		2	122	264		
45－49岁	92	1079	10	480		3	153	433		
50－54岁	93	1427	8	596	1	2	173	647		
55－59岁	83	1581	8	650		2	149	772		
60－64岁	65	776	2	186			94	494		
65－69岁	51	611	2	117			81	411		
70－74岁	15	316		30			49	237		
75岁及以上	6	139		9			39	91		
女	**805**	**5772**	**18**	**2998**	**3**	**23**	**618**	**2112**		
16－19岁	25	15		9			4	2		
20－24岁	73	477	4	404	1	4	20	44		
25－29岁	113	975	2	751		3	44	175		
30－34岁	111	1019	6	678	1	6	41	287		
35－39岁	89	515	3	277		4	20	211		
40－44岁	85	455	1	223	1	1	26	203		
45－49岁	110	498		194		4	33	267		
50－54岁	88	534		196		1	58	279		
55－59岁	55	433		135			67	231		
60－64岁	31	304	2	82			49	171		
65－69岁	20	292		42			88	162		
70－74岁	5	152		6			82	64		
75岁及以上		103		1			86	16		

4-6　各地区分性别、职业中类的就业人口

单位：人

地区 性别	合计	党的机关、国家机关、群众团体和社会组织、企事业单位负责人						
		小计	中国共产党机关负责人	国家机关负责人	民主党派和工商联负责人	人民团体和群众团体、社会组织及其他成员组织负责人	基层群众自治组织负责人	企事业单位负责人
合计	**3642236**	**105757**	**188**	**2561**	**12**	**1937**	**1911**	**99148**
杭州市	**683289**	**22308**	**31**	**361**	**2**	**275**	**310**	**21329**
上城区	14358	619		18	2	3	1	595
下城区	22898	1125	2	26		16	3	1078
江干区	85689	2833	2	47		14	15	2755
拱墅区	32246	1201	2	5		5	3	1186
西湖区	58130	2453	9	58		72	8	2306
滨江区	28823	1248		17		8	8	1215
萧山区	141699	4497	4	60		8	118	4307
余杭区	158794	4652		45		56	51	4500
富阳区	45761	1597	4	22		34	30	1507
临安区	34048	906		9		7	10	880
桐庐县	24067	434		22		21	23	368
淳安县	16444	255	3	25		3	25	199
建德市	20332	488	5	7		28	15	433
宁波市	**573896**	**18451**	**43**	**267**	**1**	**210**	**240**	**17690**
海曙区	59049	1162	3	27	1	14	7	1110
江北区	26891	1050	4	13		9	17	1007
北仑区	56047	1026	5	11		6	18	986
镇海区	33830	1394		15		4	4	1371
鄞州区	94622	4015	11	66		31	43	3864
奉化区	34028	1375	3	18		17	16	1321
象山县	29532	979	7	43		16	30	883
宁海县	37933	1663	7	25		30	25	1576
余姚市	76375	2386	1	18		9	43	2315
慈溪市	125589	3401	2	31		74	37	3257
温州市	**495699**	**16052**	**4**	**447**		**335**	**373**	**14893**
鹿城区	64297	2317	1	99		7	10	2200
龙湾区	45697	1535	1	24		84	13	1413
瓯海区	54350	1527		31		24	21	1451
洞头区	7085	204		12		5	6	181
永嘉县	36394	818		22		3	46	747
平阳县	41922	1108	2	47		39	42	978
苍南县	40241	1491		53		37	42	1359
文成县	8242	163		45		3	35	80
泰顺县	7114	107		10		3	10	84
瑞安市	79508	2382		32		18	59	2273
乐清市	86951	3101		56		100	68	2877
龙港市	23898	1299		16		12	21	1250
嘉兴市	**350358**	**8733**	**25**	**225**	**3**	**168**	**109**	**8203**
南湖区	49051	1172	2	44	1	19	15	1091
秀洲区	44855	1035	1	43		15	13	963
嘉善县	41647	1040	4	36		28	24	948
海盐县	28379	742		17		45	11	669
海宁市	75570	2431	12	23		34	14	2348
平湖市	44401	974	3	32	2	6	21	910
桐乡市	66455	1339	3	30		21	11	1274
湖州市	**196479**	**8480**	**7**	**179**	**3**	**182**	**115**	**7994**
吴兴区	64484	2776	3	67	3	59	24	2620
南浔区	30338	1675	1	20		49	32	1573
德清县	33002	1287		31		24	13	1219
长兴县	37568	1197	3	26		29	14	1125
安吉县	31087	1545		35		21	32	1457

4-6 续表 1 单位：人

地区 性别	合计	党的机关、国家机关、群众团体和社会组织、企事业单位负责人						
		小计	中国共产党机关负责人	国家机关负责人	民主党派和工商联负责人	人民团体和群众团体、社会组织及其他成员组织负责人	基层群众自治组织负责人	企事业单位负责人
绍兴市	**294152**	**6953**	**8**	**144**		**102**	**149**	**6550**
越城区	52403	1732	1	49		23	20	1639
柯桥区	75959	2346	1	17		38	29	2261
上虞区	47455	726		23		22	55	626
新昌县	21853	665	5	25		7	26	602
诸暨市	64203	677		12		2	13	650
嵊州市	32279	807	1	18		10	6	772
金华市	**404678**	**11274**	**8**	**228**		**417**	**133**	**10488**
婺城区	47404	940		48		17	11	864
金东区	30560	687	1	17		22	15	632
武义县	27990	1225		27		65	23	1110
浦江县	25396	950	2	38		7	10	893
磐安县	8918	326		15			13	298
兰溪市	29430	685	1	24		23	20	617
义乌市	123564	3833	1	24		264	28	3516
东阳市	58322	219	1	14		14	12	178
永康市	53094	2409	2	21		5	1	2380
衢州市	**108797**	**1681**	**27**	**157**		**34**	**142**	**1321**
柯城区	25957	530	9	53		11	33	424
衢江区	17734	115	2	8		3	21	81
常山县	12799	102	3	15		4	8	72
开化县	10143	171	2	29		2	29	109
龙游县	18002	287	8	31		3	27	218
江山市	24162	476	3	21		11	24	417
舟山市	**64854**	**1036**	**17**	**130**	**1**	**28**	**51**	**809**
定海区	25409	519	1	54		13	15	436
普陀区	21057	349	11	32	1	7	21	277
岱山县	14867	81	1	14		6	9	51
嵊泗县	3521	87	4	30		2	6	45
台州市	**362610**	**7709**	**4**	**220**		**149**	**199**	**7137**
椒江区	49741	1258	1	51		26	19	1161
黄岩区	35704	602		15		2	10	575
路桥区	38213	373		16		8	15	334
三门县	16522	507		27		14	16	450
天台县	18015	437	1	20		8	32	376
仙居县	16345	685	1	26		37	14	607
温岭市	89179	1619	1	19		19	40	1540
临海市	56448	963		34		31	35	863
玉环市	42443	1265		12		4	18	1231
丽水市	**107424**	**3080**	**14**	**203**	**2**	**37**	**90**	**2734**
莲都区	28401	1406		51		15	6	1334
青田县	14566	187		15		5	12	155
缙云县	17478	279		20	1	2	14	242
遂昌县	8498	147	2	29		1	11	104
松阳县	11047	309		20		1	3	285
云和县	6575	153		8		3	3	139
庆元县	6074	195	1	21		3	11	159
景宁畲族自治县	4977	109	8	28	1	5	19	48
龙泉市	9808	295	3	11		2	11	268
男	**2188814**	**79110**	**147**	**2118**	**8**	**1281**	**1584**	**73972**
杭州市	**409756**	**16428**	**25**	**274**	**1**	**176**	**232**	**15720**
上城区	7903	447		12	1	3	1	430
下城区	12496	787	2	16		9	1	759
江干区	49926	2104	1	37		9	11	2046
拱墅区	18221	876	2	5		2	2	865

4-6 续表 2

单位：人

地区 性别	合计	党的机关、国家机关、群众团体和社会组织、企事业单位负责人						
		小计	中国共产党机关负责人	国家机关负责人	民主党派和工商联负责人	人民团体和群众团体、社会组织及其他成员组织负责人	基层群众自治组织负责人	企事业单位负责人
西湖区	33594	1727	5	38		47	5	1632
滨江区	16659	886		14		1	4	867
萧山区	87639	3344	4	43		7	89	3201
余杭区	97390	3403		37		30	37	3299
富阳区	28650	1226	3	20		25	20	1158
临安区	21197	732		6		6	10	710
桐庐县	14408	339		19		17	20	283
淳安县	9249	194	3	22		2	19	148
建德市	12424	363	5	5		18	13	322
宁波市	**342308**	**13986**	**30**	**217**	**1**	**121**	**191**	**13426**
海曙区	34532	941	2	26	1	9	6	897
江北区	16310	790	4	10		5	15	756
北仑区	34875	804	1	9		3	15	776
镇海区	20857	1002		12		2	2	986
鄞州区	54779	3031	8	51		17	28	2927
奉化区	20470	1000	2	18		7	14	959
象山县	17674	746	6	33		12	25	670
宁海县	22158	1223	5	18		14	23	1163
余姚市	45080	1847	1	17		7	34	1788
慈溪市	75573	2602	1	23		45	29	2504
温州市	**305170**	**12627**	**3**	**382**		**240**	**331**	**11671**
鹿城区	37878	1780	1	83		6	6	1684
龙湾区	29308	1221		18		57	13	1133
瓯海区	34281	1200		25		17	21	1137
洞头区	4580	143		10		3	6	124
永嘉县	23435	682		18		2	41	621
平阳县	25815	873	2	42		29	39	761
苍南县	24598	1110		48		25	37	1000
文成县	5339	125		34		3	32	56
泰顺县	4772	83		9		1	10	63
瑞安市	48670	1905		31		15	52	1807
乐清市	51561	2481		48		70	56	2307
龙港市	14933	1024		16		12	18	978
嘉兴市	**206303**	**6498**	**20**	**183**	**1**	**103**	**82**	**6109**
南湖区	29020	903	2	36		9	9	847
秀洲区	26170	775	1	35		8	8	723
嘉善县	25448	765	4	28		17	20	696
海盐县	16703	549		16		31	6	496
海宁市	44772	1774	9	20		22	11	1712
平湖市	26075	732	2	24	1	2	19	684
桐乡市	38115	1000	2	24		14	9	951
湖州市	**119090**	**6106**	**4**	**141**	**2**	**121**	**88**	**5750**
吴兴区	37979	1947	2	53	2	40	19	1831
南浔区	18695	1191	1	11		34	29	1116
德清县	20225	965		26		14	8	917
长兴县	22980	912	1	25		18	9	859
安吉县	19211	1091		26		15	23	1027
绍兴市	**174869**	**5120**	**7**	**123**		**71**	**123**	**4796**
越城区	30776	1273	1	43		15	15	1199
柯桥区	45969	1660		16		26	23	1595
上虞区	27952	594		20		14	44	516
新昌县	12659	506	5	20		6	24	451
诸暨市	37881	530		11		2	12	505
嵊州市	19632	557	1	13		8	5	530

4-6 续表 3 单位：人

地区 性别	合计	党的机关、国家机关、群众团体和社会组织、企事业单位负责人						
		小计	中国共产党机关负责人	国家机关负责人	民主党派和工商联负责人	人民团体和群众团体、社会组织及其他成员组织负责人	基层群众自治组织负责人	企事业单位负责人
金华市	**240428**	**8093**	**6**	**195**		**279**	**118**	**7495**
婺城区	28009	662		39		7	10	606
金东区	18645	501	1	15		14	11	460
武义县	16796	857		22		41	23	771
浦江县	14764	701	1	35		5	9	651
磐安县	5323	246		14			12	220
兰溪市	17371	496	1	22		15	18	440
义乌市	72901	2693	1	20		184	24	2464
东阳市	34037	176	1	10		10	10	145
永康市	32582	1761	1	18		3	1	1738
衢州市	**65943**	**1329**	**23**	**132**		**22**	**120**	**1032**
柯城区	15440	413	7	44		7	24	331
衢江区	11372	91	2	6		3	17	63
常山县	7710	83	2	12		4	7	58
开化县	6267	146	2	25			26	93
龙游县	11032	226	8	27		1	24	166
江山市	14122	370	2	18		7	22	321
舟山市	**43797**	**834**	**14**	**112**	**1**	**20**	**39**	**648**
定海区	15997	411	1	43		11	10	346
普陀区	13610	288	9	30	1	3	18	227
岱山县	11842	66		13		4	6	43
嵊泗县	2348	69	4	26		2	5	32
台州市	**215843**	**5886**	**3**	**190**		**102**	**176**	**5415**
椒江区	29151	945	1	46		15	14	869
黄岩区	21648	473		15		1	8	449
路桥区	22967	298		14		5	11	268
三门县	10656	418		24		10	15	369
天台县	10855	322	1	16		4	30	271
仙居县	9836	468		21		26	14	407
温岭市	51814	1209	1	19		17	32	1140
临海市	33484	737		26		22	34	655
玉环市	25432	1016		9		2	18	987
丽水市	**65307**	**2203**	**12**	**169**	**2**	**26**	**84**	**1910**
莲都区	17158	946		39		10	6	891
青田县	8821	138		12		3	12	111
缙云县	10830	218		19	1	2	13	183
遂昌县	5229	118	2	23			11	82
松阳县	6406	208		18		1	2	187
云和县	3987	108		7		2	2	97
庆元县	3705	156	1	17		3	11	124
景宁畲族自治县	2990	89	7	24	1	3	17	37
龙泉市	6181	222	2	10		2	10	198
女	**1453422**	**26647**	**41**	**443**	**4**	**656**	**327**	**25176**
杭州市	**273533**	**5880**	**6**	**87**	**1**	**99**	**78**	**5609**
上城区	6455	172		6	1			165
下城区	10402	338		10		7	2	319
江干区	35763	729	1	10		5	4	709
拱墅区	14025	325				3	1	321
西湖区	24536	726	4	20		25	3	674
滨江区	12164	362		3		7	4	348
萧山区	54060	1153		17		1	29	1106
余杭区	61404	1249		8		26	14	1201
富阳区	17111	371	1	2		9	10	349
临安区	12851	174		3		1		170
桐庐县	9659	95		3		4	3	85
淳安县	7195	61		3		1	6	51
建德市	7908	125		2		10	2	111

4-6　续表 4

单位：人

地区 性别	合计	党的机关、国家机关、群众团体和社会组织、企事业单位负责人						
		小计	中国共产党机关负责人	国家机关负责人	民主党派和工商联负责人	人民团体和群众团体、社会组织及其他成员组织负责人	基层群众自治组织负责人	企事业单位负责人
宁波市	**231588**	**4465**	**13**	**50**		**89**	**49**	**4264**
海曙区	24517	221	1	1		5	1	213
江北区	10581	260		3		4	2	251
北仑区	21172	222	4	2		3	3	210
镇海区	12973	392		3		2	2	385
鄞州区	39843	984	3	15		14	15	937
奉化区	13558	375	1			10	2	362
象山县	11858	233	1	10		4	5	213
宁海县	15775	440	2	7		16	2	413
余姚市	31295	539		1		2	9	527
慈溪市	50016	799	1	8		29	8	753
温州市	**190529**	**3425**	**1**	**65**		**95**	**42**	**3222**
鹿城区	26419	537		16		1	4	516
龙湾区	16389	314	1	6		27		280
瓯海区	20069	327		6		7		314
洞头区	2505	61		2		2		57
永嘉县	12959	136		4		1	5	126
平阳县	16107	235		5		10	3	217
苍南县	15643	381		5		12	5	359
文成县	2903	38		11			3	24
泰顺县	2342	24		1		2		21
瑞安市	30838	477		1		3	7	466
乐清市	35390	620		8		30	12	570
龙港市	8965	275					3	272
嘉兴市	**144055**	**2235**	**5**	**42**	**2**	**65**	**27**	**2094**
南湖区	20031	269		8	1	10	6	244
秀洲区	18685	260		8		7	5	240
嘉善县	16199	275		8		11	4	252
海盐县	11676	193		1		14	5	173
海宁市	30798	657	3	3		12	3	636
平湖市	18326	242	1	8	1	4	2	226
桐乡市	28340	339	1	6		7	2	323
湖州市	**77389**	**2374**	**3**	**38**	**1**	**61**	**27**	**2244**
吴兴区	26505	829	1	14	1	19	5	789
南浔区	11643	484		9		15	3	457
德清县	12777	322		5		10	5	302
长兴县	14588	285	2	1		11	5	266
安吉县	11876	454		9		6	9	430
绍兴市	**119283**	**1833**	**1**	**21**		**31**	**26**	**1754**
越城区	21627	459		6		8	5	440
柯桥区	29990	686	1	1		12	6	666
上虞区	19503	132		3		8	11	110
新昌县	9194	159		5		1	2	151
诸暨市	26322	147		1			1	145
嵊州市	12647	250		5		2	1	242
金华市	**164250**	**3181**	**2**	**33**		**138**	**15**	**2993**
婺城区	19395	278		9		10	1	258
金东区	11915	186		2		8	4	172
武义县	11194	368		5		24		339
浦江县	10632	249	1	3		2	1	242
磐安县	3595	80		1			1	78
兰溪市	12059	189		2		8	2	177
义乌市	50663	1140		4		80	4	1052
东阳市	24285	43		4		4	2	33
永康市	20512	648	1	3		2		642

4-6 续表 5 单位：人

地区 性别	合计	党的机关、国家机关、群众团体和社会组织、企事业单位负责人						
		小计	中国共产党机关负责人	国家机关负责人	民主党派和工商联负责人	人民团体和群众团体、社会组织及其他成员组织负责人	基层群众自治组织负责人	企事业单位负责人
衢州市	**42854**	**352**	**4**	**25**		**12**	**22**	**289**
柯城区	10517	117	2	9		4	9	93
衢江区	6362	24		2			4	18
常山县	5089	19	1	3			1	14
开化县	3876	25		4		2	3	16
龙游县	6970	61		4		2	3	52
江山市	10040	106	1	3		4	2	96
舟山市	**21057**	**202**	**3**	**18**		**8**	**12**	**161**
定海区	9412	108		11		2	5	90
普陀区	7447	61	2	2		4	3	50
岱山县	3025	15	1	1		2	3	8
嵊泗县	1173	18		4			1	13
台州市	**146767**	**1823**	**1**	**30**		**47**	**23**	**1722**
椒江区	20590	313		5		11	5	292
黄岩区	14056	129				1	2	126
路桥区	15246	75		2		3	4	66
三门县	5866	89		3		4	1	81
天台县	7160	115		4		4	2	105
仙居县	6509	217	1	5		11		200
温岭市	37365	410				2	8	400
临海市	22964	226		8		9	1	208
玉环市	17011	249		3		2		244
丽水市	**42117**	**877**	**2**	**34**		**11**	**6**	**824**
莲都区	11243	460		12		5		443
青田县	5745	49		3		2		44
缙云县	6648	61		1			1	59
遂昌县	3269	29		6		1		22
松阳县	4641	101		2			1	98
云和县	2588	45		1		1	1	42
庆元县	2369	39		4				35
景宁畲族自治县	1987	20	1	4		2	2	11
龙泉市	3627	73	1	1			1	70

4-6 续表 6 单位：人

地区 性别	专业技术人员 小计	科学研究人员	工程技术人员	农业技术人员	飞机和船舶技术人员	卫生专业技术人员	经济和金融专业人员	法律、社会和宗教专业人员	教学人员	文学艺术、体育专业人员
合计	**376548**	**1957**	**90225**	**1300**	**1856**	**50876**	**109520**	**10465**	**94550**	**8839**
杭州市	**115500**	**1094**	**31321**	**302**	**109**	**13054**	**37798**	**3025**	**22720**	**3625**
上城区	3802	22	837	6	4	772	1212	178	572	121
下城区	6218	75	1380	14	2	1181	2036	189	1025	131
江干区	18217	267	4368	47	21	1967	6108	549	3746	673
拱墅区	9007	63	1795	12	2	991	3792	308	1586	272
西湖区	15318	314	3840	37	5	1416	4969	431	3428	483
滨江区	7477	50	2602	5	10	667	2409	130	947	425
萧山区	19816	58	6597	38	47	1942	6825	455	3273	364
余杭区	21023	164	6318	56	10	1787	6741	501	4110	896
富阳区	5712	51	1573	28	4	772	1423	119	1505	137
临安区	3262	14	753	15		514	938	44	886	46
桐庐县	2240	7	542	7	1	346	617	35	613	34
淳安县	1627	7	316	30	2	353	319	31	524	19
建德市	1781	2	400	7	1	346	409	55	505	24
宁波市	**59758**	**246**	**16167**	**166**	**369**	**7282**	**18649**	**1919**	**13178**	**915**
海曙区	7381	34	1347	19	16	1020	2806	257	1600	159
江北区	3664	17	866	7	8	558	1202	139	754	59
北仑区	5694	16	2199	10	8	460	1759	136	985	62
镇海区	4054	55	1315	6	5	443	1095	137	901	37
鄞州区	14586	67	3641	53	46	1793	4939	486	3060	270
奉化区	2865	6	754	5	80	399	755	80	675	49
象山县	2775	6	586	9	171	394	642	109	764	55
宁海县	3415	5	909	9	35	455	937	101	842	59
余姚市	5987	14	1617	20		651	1915	188	1468	63
慈溪市	9337	26	2933	28		1109	2599	286	2129	102
温州市	**41579**	**97**	**7343**	**105**	**31**	**6374**	**11299**	**1200**	**13902**	**659**
鹿城区	7348	23	812	20	11	1593	2202	214	2190	128
龙湾区	3689	21	1103	5	3	308	1239	57	843	54
瓯海区	4705	21	788	10	2	873	1270	94	1425	148
洞头区	625	1	209	4	2	75	115	11	193	6
永嘉县	2982	4	547	8	1	406	913	71	971	35
平阳县	3745	8	573	7	3	578	845	143	1473	66
苍南县	2678	3	381	13	4	409	526	109	1154	49
文成县	665		92	5		114	99	50	279	10
泰顺县	650		86	1		105	100	18	308	13
瑞安市	5671	6	812	15		896	1553	145	2138	50
乐清市	7084	3	1754	14	1	794	2022	215	2140	78
龙港市	1737	7	186	3	4	223	415	73	788	22
嘉兴市	**29732**	**114**	**7955**	**166**	**7**	**3740**	**9015**	**819**	**6744**	**657**
南湖区	7032	29	1952	27	1	988	2129	164	1473	144
秀洲区	3724	18	1041	17	2	439	1181	148	722	99
嘉善县	3239	18	1052	24		356	890	56	749	45
海盐县	2628	9	727	15		312	766	69	647	24
海宁市	5264	14	1283	42	2	678	1626	154	1206	170
平湖市	3454	7	984	20	1	401	1042	106	811	37
桐乡市	4391	19	916	21	1	566	1381	122	1136	138
湖州市	**17642**	**91**	**4764**	**80**	**9**	**2660**	**4499**	**395**	**4512**	**283**
吴兴区	6241	35	1638	24	4	1032	1455	177	1551	136
南浔区	2162	2	677	15		250	617	37	501	40
德清县	3205	13	1030	13	2	402	827	69	779	30
长兴县	3920	29	1042	22	3	643	988	65	1009	55
安吉县	2114	12	377	6		333	612	47	672	22

4-6 续表 7　　　　单位：人

地　区 性　别	专业技术人员									
	小计	科学研究人　员	工程技术人　员	农业技术人　员	飞机和船舶技术人　员	卫生专业技术人员	经济和金融专业人　员	法律、社会和宗教专业人员	教学人员	文学艺术、体育专业人员
绍兴市	**26478**	**93**	**6276**	**105**	**18**	**3736**	**7486**	**791**	**7160**	**394**
越城区	7142	25	1760	22	6	1041	1991	240	1859	81
柯桥区	5205	10	1090	14	5	558	1939	179	1250	95
上虞区	4575	10	1319	15	3	560	1265	143	1099	53
新昌县	2004	27	499	6	1	321	494	56	527	40
诸暨市	5067	12	1008	33	2	856	1197	112	1710	70
嵊州市	2485	9	600	15	1	400	600	61	715	55
金华市	**30830**	**91**	**5672**	**122**	**10**	**4750**	**7820**	**668**	**9322**	**1531**
婺城区	6438	26	1372	30	1	1027	1537	161	2037	108
金东区	2160	12	435	21		262	630	43	643	78
武义县	1917	6	427	13		246	562	39	546	43
浦江县	1578		191	6	2	320	346	50	580	38
磐安县	705		154	6	1	107	160	17	226	11
兰溪市	2073	12	349	14	2	398	542	33	638	28
义乌市	7380	18	1118	18	2	1178	1994	173	2146	370
东阳市	5200	15	880	11	2	758	990	93	1541	805
永康市	3379	2	746	3		454	1059	59	965	50
衢州市	**10443**	**36**	**2224**	**78**	**3**	**1969**	**2369**	**276**	**3105**	**171**
柯城区	4422	24	1043	26	2	820	1031	152	1144	71
衢江区	972	2	263	7		153	224	23	263	21
常山县	952	2	158	10		182	227	19	336	9
开化县	880	1	141	12		208	174	15	303	14
龙游县	1402	3	270	10	1	271	305	30	461	20
江山市	1815	4	349	13		335	408	37	598	36
舟山市	**7800**	**2**	**1730**	**28**	**1236**	**992**	**1713**	**324**	**1547**	**66**
定海区	3740		899	17	218	521	974	91	881	33
普陀区	2539	1	374	10	606	301	554	184	448	30
岱山县	1146		427	1	303	120	123	26	130	2
嵊泗县	375	1	30		109	50	62	23	88	1
台州市	**27183**	**67**	**5062**	**73**	**64**	**4442**	**7013**	**824**	**8873**	**395**
椒江区	5276	23	1152	8	20	687	1428	141	1576	104
黄岩区	3009	11	806	8	2	474	715	87	823	51
路桥区	2560	2	500	2	3	421	800	62	718	31
三门县	1293	5	228	7	6	232	242	49	489	14
天台县	1589	1	258	6	1	290	286	47	659	21
仙居县	1533	1	248	11	1	296	270	24	630	23
温岭市	4781	6	734	8	21	856	1242	210	1614	48
临海市	4343	17	837	14	3	792	988	91	1505	57
玉环市	2799	1	299	9	7	394	1042	113	859	46
丽水市	**9603**	**26**	**1711**	**75**		**1877**	**1859**	**224**	**3487**	**143**
莲都区	3361	15	673	21		728	695	87	1033	33
青田县	921	1	113	3		146	145	30	458	9
缙云县	1468	1	230	11		277	280	24	576	46
遂昌县	750	1	144	9		164	140	13	249	10
松阳县	770		151	2		136	154	15	282	8
云和县	404	5	58	2		90	82	10	143	8
庆元县	566	1	87	10		114	125	12	197	6
景宁畲族自治县	499		102	9		78	82	11	196	10
龙泉市	864	2	153	8		144	156	22	353	13
男	**164811**	**1122**	**75129**	**939**	**1828**	**14891**	**29212**	**5882**	**28192**	**4681**
杭州市	**52644**	**596**	**24610**	**193**	**98**	**3658**	**12097**	**1535**	**7158**	**1754**
上城区	1617	12	586	3	4	219	451	84	167	58
下城区	2656	38	1043	5	2	350	662	86	325	66
江干区	8286	135	3471	31	19	571	2022	253	1275	316
拱墅区	3913	32	1317	9	2	253	1488	134	482	128

4-6　续表 8　　单位：人

地　区 性　别	专业技术人员 小计	科学研究人员	工程技术人员	农业技术人员	飞机和船舶技术人员	卫生专业技术人员	经济和金融专业人员	法律、社会和宗教专业人员	教学人员	文学艺术、体育专业人员
西湖区	7014	174	2878	18	5	380	1636	226	1296	249
滨江区	3556	31	1988	2	10	177	743	75	265	194
萧山区	9456	33	5322	20	40	491	2191	256	835	185
余杭区	9619	94	4996	41	9	509	1960	257	1165	417
富阳区	2602	29	1304	17	3	221	346	66	501	77
临安区	1382	8	619	12		161	219	32	286	26
桐庐县	999	5	464	7	1	108	167	21	193	16
淳安县	742	4	269	22	2	119	101	13	191	9
建德市	802	1	353	6	1	99	111	32	177	13
宁波市	**26010**	**154**	**13741**	**125**	**367**	**2035**	**4010**	**1067**	**3693**	**463**
海曙区	2959	21	1167	16	15	248	712	154	484	81
江北区	1524	10	724	5	8	163	269	69	223	26
北仑区	2688	8	1884	6	8	145	299	60	234	27
镇海区	1881	39	1114	2	5	119	224	63	282	13
鄞州区	6184	42	3024	39	45	510	1165	251	882	138
奉化区	1311	4	661	4	80	120	133	51	204	23
象山县	1247	2	532	9	171	101	127	71	190	33
宁海县	1496	4	794	8	35	122	161	79	232	33
余姚市	2479	9	1393	14		203	355	79	372	34
慈溪市	4241	15	2448	22		304	565	190	590	55
温州市	**17265**	**67**	**6551**	**79**	**28**	**2132**	**2767**	**810**	**4181**	**400**
鹿城区	2626	16	675	14	9	494	583	122	578	72
龙湾区	1681	16	966	5	3	112	247	34	240	32
瓯海区	1961	12	684	6	2	266	329	65	467	98
洞头区	317	1	184	4	1	24	36	8	52	2
永嘉县	1327	3	508	7	1	127	273	53	322	21
平阳县	1625	5	520	5	3	201	250	106	466	45
苍南县	1244	2	348	12	4	156	159	90	425	32
文成县	295		88	1		43	42	29	80	5
泰顺县	287		81	1		39	45	14	91	8
瑞安市	2113	5	754	11		301	314	88	590	23
乐清市	3079	1	1575	10	1	287	380	150	606	44
龙港市	710	6	168	3	4	82	109	51	264	18
嘉兴市	**13115**	**71**	**6692**	**122**	**7**	**964**	**2360**	**435**	**1911**	**362**
南湖区	3084	14	1613	23	1	260	538	84	423	83
秀洲区	1629	13	851	12	2	106	311	70	191	54
嘉善县	1501	12	875	17		103	214	33	197	31
海盐县	1183	9	640	13		60	191	51	183	15
海宁市	2293	8	1077	28	2	173	435	80	361	94
平湖市	1553	6	831	15	1	119	250	67	234	19
桐乡市	1872	9	805	14	1	143	421	50	322	66
湖州市	**7759**	**54**	**4055**	**55**	**8**	**721**	**1061**	**207**	**1285**	**134**
吴兴区	2832	23	1416	14	4	262	391	87	463	65
南浔区	969	1	572	12		79	121	20	125	22
德清县	1447	7	844	7	2	99	192	33	237	12
长兴县	1685	17	891	16	2	183	227	36	259	25
安吉县	826	6	332	6		98	130	31	201	10
绍兴市	**11434**	**50**	**5282**	**82**	**15**	**1115**	**1809**	**400**	**2283**	**198**
越城区	3110	12	1402	13	5	301	549	92	635	45
柯桥区	2044	5	920	12	4	160	385	98	388	43
上虞区	2082	7	1152	13	3	147	298	61	318	27
新昌县	899	11	420	6	1	93	121	37	174	19
诸暨市	2163	11	883	24	2	270	300	67	536	41
嵊州市	1136	4	505	14		144	156	45	232	23

4-6 续表 9

单位：人

地区 性别	专业技术人员 小计	科学研究人员	工程技术人员	农业技术人员	飞机和船舶技术人员	卫生专业技术人员	经济和金融专业人员	法律、社会和宗教专业人员	教学人员	文学艺术、体育专业人员
金华市	**13095**	**55**	**4925**	**95**	**7**	**1462**	**1982**	**390**	**2832**	**942**
婺城区	2740	16	1150	22	1	285	384	91	678	57
金东区	917	8	385	17		87	162	20	178	42
武义县	798	4	386	10		74	97	26	164	25
浦江县	665		163	6	2	111	99	25	207	24
磐安县	335		140	3	1	42	44	9	80	7
兰溪市	930	8	307	10		144	168	22	223	13
义乌市	3113	9	990	13	1	355	626	116	624	206
东阳市	2287	9	756	11	2	227	231	46	413	540
永康市	1310	1	648	3		137	171	35	265	28
衢州市	**4499**	**22**	**1912**	**61**	**3**	**596**	**637**	**138**	**922**	**102**
柯城区	1952	15	889	21	2	247	278	61	344	44
衢江区	422	1	236	6		39	58	12	55	10
常山县	421	2	135	9		63	84	11	107	6
开化县	375	1	122	10		68	49	12	95	11
龙游县	594	1	239	5	1	75	81	18	147	9
江山市	735	2	291	10		104	87	24	174	22
舟山市	**4166**	**1**	**1532**	**18**	**1233**	**288**	**362**	**229**	**405**	**35**
定海区	1692		780	12	217	130	214	49	229	20
普陀区	1438		326	5	605	101	117	142	118	13
岱山县	828		398	1	302	45	22	18	33	1
嵊泗县	208	1	28		109	12	9	20	25	1
台州市	**10842**	**42**	**4365**	**55**	**62**	**1321**	**1621**	**550**	**2477**	**204**
椒江区	2196	16	978	7	20	193	341	92	438	59
黄岩区	1238	7	664	5	2	134	129	50	211	25
路桥区	1017		440	2	3	122	185	41	193	21
三门县	549	4	210	6	5	64	68	19	159	6
天台县	624	1	230	3		73	77	33	193	10
仙居县	601		216	8	1	84	75	9	185	8
温岭市	1930	4	634	6	21	281	332	157	450	25
临海市	1771	10	733	11	3	227	240	60	445	26
玉环市	916		260	7	7	143	174	89	203	24
丽水市	**3982**	**10**	**1464**	**54**		**599**	**506**	**121**	**1045**	**87**
莲都区	1426	7	561	12		224	189	46	325	25
青田县	361		96	2		48	47	15	137	9
缙云县	557		195	8		84	73	11	150	22
遂昌县	356	1	129	8		57	43	7	94	8
松阳县	315		139	1		38	37	8	79	5
云和县	147	2	55	2		27	18	4	30	6
庆元县	242		69	7		41	39	8	68	2
景宁畲族自治县	251		98	7		29	30	8	70	5
龙泉市	327		122	7		51	30	14	92	5
女	**211737**	**835**	**15096**	**361**	**28**	**35985**	**80308**	**4583**	**66358**	**4158**
杭州市	**62856**	**498**	**6711**	**109**	**11**	**9396**	**25701**	**1490**	**15562**	**1871**
上城区	2185	10	251	3		553	761	94	405	63
下城区	3562	37	337	9		831	1374	103	700	65
江干区	9931	132	897	16	2	1396	4086	296	2471	357
拱墅区	5094	31	478	3		738	2304	174	1104	144
西湖区	8304	140	962	19		1036	3333	205	2132	234
滨江区	3921	19	614	3		490	1666	55	682	231
萧山区	10360	25	1275	18	7	1451	4634	199	2438	179
余杭区	11404	70	1322	15	1	1278	4781	244	2945	479
富阳区	3110	22	269	11	1	551	1077	53	1004	60
临安区	1880	6	134	3		353	719	12	600	20
桐庐县	1241	2	78			238	450	14	420	18
淳安县	885	3	47	8		234	218	18	333	10
建德市	979	1	47	1		247	298	23	328	11

4-6　续表 10　　　　单位：人

地区 性别	专业技术人员									
	小计	科学研究人员	工程技术人员	农业技术人员	飞机和船舶技术人员	卫生专业技术人员	经济和金融专业人员	法律、社会和宗教专业人员	教学人员	文学艺术、体育专业人员
宁波市	**33748**	**92**	**2426**	**41**	**2**	**5247**	**14639**	**852**	**9485**	**452**
海曙区	4422	13	180	3	1	772	2094	103	1116	78
江北区	2140	7	142	2		395	933	70	531	33
北仑区	3006	8	315	4		315	1460	76	751	35
镇海区	2173	16	201	4		324	871	74	619	24
鄞州区	8402	25	617	14	1	1283	3774	235	2178	132
奉化区	1554	2	93	1		279	622	29	471	26
象山县	1528	4	54			293	515	38	574	22
宁海县	1919	1	115	1		333	776	22	610	26
余姚市	3508	5	224	6		448	1560	109	1096	29
慈溪市	5096	11	485	6		805	2034	96	1539	47
温州市	**24314**	**30**	**792**	**26**	**3**	**4242**	**8532**	**390**	**9721**	**259**
鹿城区	4722	7	137	6	2	1099	1619	92	1612	56
龙湾区	2008	5	137			196	992	23	603	22
瓯海区	2744	9	104	4		607	941	29	958	50
洞头区	308		25		1	51	79	3	141	4
永嘉县	1655	1	39	1		279	640	18	649	14
平阳县	2120	3	53	2		377	595	37	1007	21
苍南县	1434	1	33	1		253	367	19	729	17
文成县	370		4	4		71	57	21	199	5
泰顺县	363		5			66	55	4	217	5
瑞安市	3558	1	58	4		595	1239	57	1548	27
乐清市	4005	2	179	4		507	1642	65	1534	34
龙港市	1027	1	18			141	306	22	524	4
嘉兴市	**16617**	**43**	**1263**	**44**		**2776**	**6655**	**384**	**4833**	**295**
南湖区	3948	15	339	4		728	1591	80	1050	61
秀洲区	2095	5	190	5		333	870	78	531	45
嘉善县	1738	6	177	7		253	676	23	552	14
海盐县	1445		87	2		252	575	18	464	9
海宁市	2971	6	206	14		505	1191	74	845	76
平湖市	1901	1	153	5		282	792	39	577	18
桐乡市	2519	10	111	7		423	960	72	814	72
湖州市	**9883**	**37**	**709**	**25**	**1**	**1939**	**3438**	**188**	**3227**	**149**
吴兴区	3409	12	222	10		770	1064	90	1088	71
南浔区	1193	1	105	3		171	496	17	376	18
德清县	1758	6	186	6		303	635	36	542	18
长兴县	2235	12	151	6	1	460	761	29	750	30
安吉县	1288	6	45			235	482	16	471	12
绍兴市	**15044**	**43**	**994**	**23**	**3**	**2621**	**5677**	**391**	**4877**	**196**
越城区	4032	13	358	9	1	740	1442	148	1224	36
柯桥区	3161	5	170	2	1	398	1554	81	862	52
上虞区	2493	3	167	2		413	967	82	781	26
新昌县	1105	16	79			228	373	19	353	21
诸暨市	2904	1	125	9		586	897	45	1174	29
嵊州市	1349	5	95	1	1	256	444	16	483	32
金华市	**17735**	**36**	**747**	**27**	**3**	**3288**	**5838**	**278**	**6490**	**589**
婺城区	3698	10	222	8		742	1153	70	1359	51
金东区	1243	4	50	4		175	468	23	465	36
武义县	1119	2	41	3		172	465	13	382	18
浦江县	913		28			209	247	25	373	14
磐安县	370		14	3		65	116	8	146	4
兰溪市	1143	4	42	4	2	254	374	11	415	15
义乌市	4267	9	128	5	1	823	1368	57	1522	164
东阳市	2913	6	124			531	759	47	1128	265
永康市	2069	1	98			317	888	24	700	22

4-6 续表 11 单位：人

地区 性别	专业技术人员 小计	科学研究人员	工程技术人员	农业技术人员	飞机和船舶技术人员	卫生专业技术人员	经济和金融专业人员	法律、社会和宗教专业人员	教学人员	文学艺术、体育专业人员
衢州市	**5944**	**14**	**312**	**17**		**1373**	**1732**	**138**	**2183**	**69**
柯城区	2470	9	154	5		573	753	91	800	27
衢江区	550	1	27	1		114	166	11	208	11
常山县	531		23	1		119	143	8	229	3
开化县	505		19	2		140	125	3	208	3
龙游县	808	2	31	5		196	224	12	314	11
江山市	1080	2	58	3		231	321	13	424	14
舟山市	**3634**	**1**	**198**	**10**	**3**	**704**	**1351**	**95**	**1142**	**31**
定海区	2048		119	5	1	391	760	42	652	13
普陀区	1101	1	48	5	1	200	437	42	330	17
岱山县	318		29		1	75	101	8	97	1
嵊泗县	167		2			38	53	3	63	
台州市	**16341**	**25**	**697**	**18**	**2**	**3121**	**5392**	**274**	**6396**	**191**
椒江区	3080	7	174	1		494	1087	49	1138	45
黄岩区	1771	4	142	3		340	586	37	612	26
路桥区	1543	2	60			299	615	21	525	10
三门县	744	1	18	1	1	168	174	30	330	8
天台县	965		28	3	1	217	209	14	466	11
仙居县	932	1	32	3		212	195	15	445	15
温岭市	2851	2	100	2		575	910	53	1164	23
临海市	2572	7	104	3		565	748	31	1060	31
玉环市	1883	1	39	2		251	868	24	656	22
丽水市	**5621**	**16**	**247**	**21**		**1278**	**1353**	**103**	**2442**	**56**
莲都区	1935	8	112	9		504	506	41	708	8
青田县	560	1	17	1		98	98	15	321	
缙云县	911	1	35	3		193	207	13	426	24
遂昌县	394		15	1		107	97	6	155	2
松阳县	455		12	1		98	117	7	203	3
云和县	257	3	3			63	64	6	113	2
庆元县	324	1	18	3		73	86	4	129	4
景宁畲族自治县	248		4	2		49	52	3	126	5
龙泉市	537	2	31	1		93	126	8	261	8

4–6　续表 12

单位：人

地区 性别	专业技术人员		办事人员和有关人员				社会生产服务和生活服务人员		
	新闻出版、文化专业人员	其他专业技术人员	小计	办事人员	安全和消防人员	其他办事人员和有关人员	小计	批发与零售服务人员	交通运输、仓储和邮政业服务人员
合计	**5907**	**1053**	**209416**	**164065**	**44144**	**1207**	**1278473**	**551320**	**227095**
杭州市	**2146**	**306**	**21616**	**15868**	**5604**	**144**	**307895**	**112654**	**48453**
上城区	66	12	530	398	131	1	8193	2643	879
下城区	180	5	1088	805	283		12531	4326	1095
江干区	380	91	2164	1416	728	20	46236	19523	6240
拱墅区	185	1	1075	809	264	2	17260	6571	1851
西湖区	332	63	2652	2205	400	47	30766	9009	3106
滨江区	221	11	1129	924	200	5	15115	3554	990
萧山区	186	31	2846	1949	892	5	56493	20867	12603
余杭区	383	57	3955	2212	1714	29	70978	28269	12641
富阳区	83	17	2283	1724	550	9	17434	6757	3298
临安区	50	2	1094	935	154	5	12326	4473	2087
桐庐县	32	6	972	850	121	1	9261	3146	1729
淳安县	22	4	635	562	71	2	4932	1340	704
建德市	26	6	1193	1079	96	18	6370	2176	1230
宁波市	**757**	**110**	**42317**	**33497**	**8634**	**186**	**177221**	**70767**	**36306**
海曙区	113	10	5178	4102	1056	20	23292	9995	4289
江北区	38	16	3294	2726	560	8	10447	4112	2307
北仑区	54	5	3844	2887	949	8	17724	5604	5734
镇海区	49	11	3299	2720	558	21	10524	3665	2465
鄞州区	225	6	10275	8886	1358	31	35548	14461	5525
奉化区	40	22	2486	1849	624	13	9317	3653	1781
象山县	36	3	2077	1531	538	8	8410	3317	1674
宁海县	45	18	2334	1703	627	4	10375	4288	1709
余姚市	41	10	4883	3841	1040	2	20063	8670	4304
慈溪市	116	9	4647	3252	1324	71	31521	13002	6518
温州市	**519**	**50**	**28602**	**23329**	**5230**	**43**	**170869**	**85812**	**28230**
鹿城区	153	2	7028	6406	621	1	22677	9810	2865
龙湾区	49	7	2645	2093	550	2	13758	6056	3018
瓯海区	61	13	2898	2329	565	4	18905	8250	3944
洞头区	9		718	586	129	3	2320	895	523
永嘉县	21	5	1840	1416	422	2	13735	7592	2280
平阳县	40	9	2190	1727	460	3	14658	7733	2309
苍南县	23	7	1668	1310	346	12	15804	8999	2212
文成县	16		602	484	118		3099	1226	390
泰顺县	19		645	518	127		2775	1268	375
瑞安市	55	1	3522	2764	753	5	24959	13267	3978
乐清市	57	6	3906	3000	897	9	29835	16064	4908
龙港市	16		940	696	242	2	8344	4652	1428
嘉兴市	**459**	**56**	**20270**	**16281**	**3807**	**182**	**113674**	**47974**	**22481**
南湖区	123	2	3906	3253	647	6	19455	7617	3733
秀洲区	54	3	2596	1828	767	1	14751	6811	2989
嘉善县	39	10	2874	2625	224	25	13261	5293	2807
海盐县	53	6	2036	1634	399	3	7970	3062	1651
海宁市	71	18	3526	2649	743	134	22826	9809	4656
平湖市	45		2142	1815	326	1	13593	4846	2935
桐乡市	74	17	3190	2477	701	12	21818	10536	3710
湖州市	**220**	**129**	**14399**	**11494**	**2836**	**69**	**62365**	**26422**	**11581**
吴兴区	105	84	5202	4271	904	27	20500	9590	3315
南浔区	8	15	1680	1211	467	2	9353	3822	2037
德清县	31	9	2547	2018	525	4	9553	3541	1990
长兴县	44	20	2872	2334	523	15	13004	5074	2461
安吉县	32	1	2098	1660	417	21	9955	4395	1778

4-6 续表 13

单位：人

地区 性别	专业技术人员		办事人员和有关人员				社会生产服务和生活服务人员		
	新闻出版、文化专业人员	其他专业技术人员	小计	办事人员	安全和消防人员	其他办事人员和有关人员	小计	批发与零售服务人员	交通运输、仓储和邮政业服务人员
绍兴市	**321**	**98**	**18365**	**14592**	**3497**	**276**	**98075**	**46665**	**15651**
越城区	109	8	6265	5397	853	15	19659	8870	3079
柯桥区	48	17	3581	2787	783	11	28938	15461	5064
上虞区	77	31	3442	2720	699	23	13675	5450	2397
新昌县	26	7	919	633	283	3	5997	2745	911
诸暨市	46	21	2452	1711	522	219	20042	9796	2769
嵊州市	15	14	1706	1344	357	5	9764	4343	1431
金华市	**659**	**185**	**20988**	**15676**	**5231**	**81**	**144811**	**73639**	**28325**
婺城区	102	37	4952	3907	1028	17	18118	7793	3167
金东区	25	11	1965	1546	407	12	10426	4212	2867
武义县	27	8	1311	873	431	7	6873	2882	1587
浦江县	20	25	1095	788	298	9	6538	3339	1046
磐安县	20	3	520	357	162	1	2297	947	353
兰溪市	31	26	1599	1184	410	5	8220	3694	1556
义乌市	334	29	5051	3759	1281	11	57369	32835	11729
东阳市	74	31	2369	1732	622	15	18381	9537	2509
永康市	26	15	2126	1530	592	4	16589	8400	3511
衢州市	**177**	**35**	**8274**	**6599**	**1624**	**51**	**35189**	**13518**	**6151**
柯城区	93	16	3069	2504	550	15	10456	4201	1473
衢江区	16		841	676	163	2	5680	1916	1182
常山县	6	3	913	732	177	4	3533	1296	562
开化县	12		762	671	89	2	3446	1148	653
龙游县	23	8	1275	931	330	14	5324	2086	949
江山市	27	8	1414	1085	315	14	6750	2871	1332
舟山市	**136**	**26**	**6207**	**4967**	**1155**	**85**	**22451**	**6475**	**4939**
定海区	88	18	2796	2203	517	76	9708	2850	2083
普陀区	28	3	2002	1552	447	3	8603	2472	1922
岱山县	9	5	1027	896	125	6	2630	795	637
嵊泗县	11		382	316	66		1510	358	297
台州市	**342**	**28**	**20840**	**16024**	**4754**	**62**	**112007**	**52775**	**20098**
椒江区	125	12	4222	3354	842	26	18130	8042	2900
黄岩区	32		2249	1779	470		10904	4904	2074
路桥区	19	2	1681	1286	390	5	14848	7624	2843
三门县	21		997	738	257	2	4415	1948	765
天台县	20		1263	994	266	3	6782	3614	823
仙居县	23	6	1026	772	249	5	4735	1975	658
温岭市	42		3886	2872	1014		25636	12588	4715
临海市	34	5	3013	2336	656	21	15686	7461	2877
玉环市	26	3	2503	1893	610		10871	4619	2443
丽水市	**171**	**30**	**7538**	**5738**	**1772**	**28**	**33916**	**14619**	**4880**
莲都区	62	14	2742	2138	594	10	9717	4167	1392
青田县	16		794	606	188		6325	2983	664
缙云县	17	6	846	593	253		5122	2198	880
遂昌县	18	2	569	435	127	7	2276	844	349
松阳县	19	3	621	487	131	3	2423	967	360
云和县	6		443	346	97		1682	747	251
庆元县	9	5	470	345	124	1	1662	713	288
景宁畲族自治县	11		435	334	101		1501	576	195
龙泉市	13		618	454	157	7	3208	1424	501
男	**2202**	**733**	**129627**	**88941**	**40045**	**641**	**742876**	**287826**	**190066**
杭州市	**761**	**184**	**13653**	**8616**	**4962**	**75**	**178682**	**57581**	**40063**
上城区	24	9	321	210	110	1	4571	1287	712
下城区	77	2	674	437	237		6873	2176	894
江干区	144	49	1429	797	620	12	26018	9615	5157
拱墅区	67	1	633	412	221		9793	3350	1559

4-6　续表 14　　　　　　　　　　　　　　　　　　　　　　　　　　单位：人

地　区 性　别	专业技术人员		办事人员和有关人员				社会生产服务和生活服务人员		
	新闻出版、文化专业人员	其他专业技术人员	小计	办事人员	安全和消防人员	其他办事人员和有关人员	小计	批发与零售服务人员	交通运输、仓储和邮政业服务人员
西湖区	116	36	1418	1070	328	20	18003	4501	2629
滨江区	66	5	655	485	167	3	8691	1733	784
萧山区	66	17	1896	1093	799	4	33854	11065	9933
余杭区	132	39	2817	1221	1585	11	42476	14959	10745
富阳区	27	11	1452	944	500	8	9988	3450	2817
临安区	17	2	693	555	135	3	6953	2219	1757
桐庐县	12	5	586	471	114	1	5321	1594	1438
淳安县	9	3	408	346	60	2	2598	627	578
建德市	4	5	671	575	86	10	3543	1005	1060
宁波市	**272**	**83**	**25102**	**17093**	**7912**	**97**	**102864**	**36223**	**30155**
海曙区	52	9	3001	2032	963	6	13744	5159	3571
江北区	16	11	1873	1350	517	6	6287	2202	1921
北仑区	12	5	2218	1326	889	3	10746	2696	4793
镇海区	12	8	1826	1306	506	14	6103	1876	2066
鄞州区	85	3	5678	4461	1197	20	20063	7340	4401
奉化区	15	16	1550	980	561	9	5155	1780	1501
象山县	9	2	1324	826	493	5	4446	1561	1400
宁海县	16	12	1465	915	546	4	5397	1998	1399
余姚市	12	8	3138	2151	985	2	11731	4471	3509
慈溪市	43	9	3029	1746	1255	28	19192	7140	5594
温州市	**209**	**41**	**18096**	**13294**	**4778**	**24**	**103855**	**48240**	**24597**
鹿城区	61	2	4081	3529	552		13359	5292	2493
龙湾区	20	6	1611	1113	496	2	8568	3467	2548
瓯海区	21	11	1783	1268	513	2	11889	4524	3414
洞头区	5		438	319	118	1	1318	438	477
永嘉县	8	4	1212	824	386	2	8430	4463	1943
平阳县	17	7	1467	1049	416	2	8920	4354	2031
苍南县	10	6	1146	820	316	10	9818	5153	2034
文成县	7		377	276	101		1833	655	360
泰顺县	8		442	330	112		1620	689	353
瑞安市	26	1	2343	1637	703	3	15151	7483	3441
乐清市	21	4	2526	1685	840	1	17502	8904	4173
龙港市	5		670	444	225	1	5447	2818	1330
嘉兴市	**157**	**34**	**12021**	**8390**	**3543**	**88**	**66984**	**24529**	**18636**
南湖区	43	2	2191	1605	581	5	11396	3874	3045
秀洲区	16	3	1598	882	715	1	8798	3645	2479
嘉善县	16	3	1649	1434	201	14	7918	2756	2275
海盐县	16	5	1171	793	376	2	4588	1501	1344
海宁市	24	11	2151	1387	706	58	13273	4917	3864
平湖市	11		1137	843	293	1	8200	2384	2484
桐乡市	31	10	2124	1446	671	7	12811	5452	3145
湖州市	**77**	**102**	**8840**	**6151**	**2646**	**43**	**35299**	**13359**	**9752**
吴兴区	41	66	3126	2267	841	18	11463	4790	2801
南浔区	3	14	1084	631	452	1	5543	2019	1755
德清县	7	7	1507	1012	493	2	5400	1855	1642
长兴县	15	14	1837	1335	492	10	7270	2496	2085
安吉县	11	1	1286	906	368	12	5623	2199	1469
绍兴市	**136**	**64**	**11361**	**7947**	**3270**	**144**	**55661**	**24415**	**12975**
越城区	52	4	3697	2896	794	7	11112	4658	2533
柯桥区	20	9	2192	1435	749	8	17200	8734	4183
上虞区	34	22	2177	1507	659	11	7417	2599	2001
新昌县	11	6	600	345	253	2	3117	1288	709
诸暨市	16	13	1568	974	483	111	11336	4989	2319
嵊州市	3	10	1127	790	332	5	5479	2147	1230

4-6 续表 15 单位：人

地区 性别	专业技术人员		办事人员和有关人员				社会生产服务和生活服务人员		
	新闻出版、文化专业人员	其他专业技术人员	小计	办事人员	安全和消防人员	其他办事人员和有关人员	小计	批发与零售服务人员	交通运输、仓储和邮政业服务人员
金华市	**269**	**136**	**13649**	**8994**	**4612**	**43**	**85460**	**39274**	**23551**
婺城区	31	25	3049	2160	882	7	10341	3995	2576
金东区	11	7	1247	868	373	6	6383	2230	2353
武义县	6	6	842	501	335	6	3838	1419	1212
浦江县	10	18	759	481	274	4	3946	1792	932
磐安县	7	2	342	201	140	1	1263	460	308
兰溪市	16	19	1075	708	364	3	4610	1860	1308
义乌市	150	23	3376	2190	1177	9	34880	17699	10028
东阳市	26	26	1541	968	566	7	10165	4995	2050
永康市	12	10	1418	917	501		10034	4824	2784
衢州市	**76**	**30**	**5105**	**3637**	**1443**	**25**	**18859**	**6377**	**5175**
柯城区	37	14	1811	1326	475	10	5493	2022	1214
衢江区	5		502	348	154		3263	948	1017
常山县	3	1	617	448	166	3	1843	615	497
开化县	7		489	410	79		1801	489	542
龙游县	10	8	832	532	294	6	2879	982	797
江山市	14	7	854	573	275	6	3580	1321	1108
舟山市	**45**	**18**	**3862**	**2787**	**1028**	**47**	**12243**	**2986**	**4268**
定海区	30	11	1710	1218	451	41	5188	1271	1735
普陀区	8	3	1273	863	408	2	4718	1159	1705
岱山县	4	4	651	533	114	4	1549	407	571
嵊泗县	3		228	173	55		788	149	257
台州市	**125**	**20**	**13255**	**8895**	**4322**	**38**	**64177**	**27441**	**16655**
椒江区	42	10	2561	1785	760	16	9889	3974	2400
黄岩区	11		1357	929	428		6249	2456	1740
路桥区	9	1	1021	666	350	5	9042	4272	2375
三门县	8		694	455	238	1	2649	1063	656
天台县	4		815	572	242	1	3876	1969	716
仙居县	12	3	653	430	222	1	2599	988	549
温岭市	20		2560	1644	916		14706	6595	3995
临海市	12	4	1994	1376	604	14	9174	3845	2405
玉环市	7	2	1600	1038	562		5993	2279	1819
丽水市	**75**	**21**	**4683**	**3137**	**1529**	**17**	**18792**	**7401**	**4239**
莲都区	28	9	1660	1131	524	5	5318	2057	1210
青田县	7		527	357	170		3544	1542	600
缙云县	10	4	531	319	212		2908	1181	720
遂昌县	8	1	367	250	111	6	1199	400	306
松阳县	5	3	375	263	109	3	1292	455	305
云和县	3		274	193	81		989	391	219
庆元县	4	4	296	198	97	1	947	367	262
景宁畲族自治县	4		265	175	90		784	272	179
龙泉市	6		388	251	135	2	1811	736	438
女	**3705**	**320**	**79789**	**75124**	**4099**	**566**	**535597**	**263494**	**37029**
杭州市	**1385**	**122**	**7963**	**7252**	**642**	**69**	**129213**	**55073**	**8390**
上城区	42	3	209	188	21		3622	1356	167
下城区	103	3	414	368	46		5658	2150	201
江干区	236	42	735	619	108	8	20218	9908	1083
拱墅区	118		442	397	43	2	7467	3221	292
西湖区	216	27	1234	1135	72	27	12763	4508	477
滨江区	155	6	474	439	33	2	6424	1821	206
萧山区	120	14	950	856	93	1	22639	9802	2670
余杭区	251	18	1138	991	129	18	28502	13310	1896
富阳区	56	6	831	780	50	1	7446	3307	481
临安区	33		401	380	19	2	5373	2254	330
桐庐县	20	1	386	379	7		3940	1552	291
淳安县	13	1	227	216	11		2334	713	126
建德市	22	1	522	504	10	8	2827	1171	170

4–6　续表 16

单位：人

地区 性别	专业技术人员		办事人员和有关人员				社会生产服务和生活服务人员		
	新闻出版、文化专业人员	其他专业技术人员	小计	办事人员	安全和消防人员	其他办事人员和有关人员	小计	批发与零售服务人员	交通运输、仓储和邮政业服务人员
宁波市	**485**	**27**	**17215**	**16404**	**722**	**89**	**74357**	**34544**	**6151**
海曙区	61	1	2177	2070	93	14	9548	4836	718
江北区	22	5	1421	1376	43	2	4160	1910	386
北仑区	42		1626	1561	60	5	6978	2908	941
镇海区	37	3	1473	1414	52	7	4421	1789	399
鄞州区	140	3	4597	4425	161	11	15485	7121	1124
奉化区	25	6	936	869	63	4	4162	1873	280
象山县	27	1	753	705	45	3	3964	1756	274
宁海县	29	6	869	788	81		4978	2290	310
余姚市	29	2	1745	1690	55		8332	4199	795
慈溪市	73		1618	1506	69	43	12329	5862	924
温州市	**310**	**9**	**10506**	**10035**	**452**	**19**	**67014**	**37572**	**3633**
鹿城区	92		2947	2877	69	1	9318	4518	372
龙湾区	29	1	1034	980	54		5190	2589	470
瓯海区	40	2	1115	1061	52	2	7016	3726	530
洞头区	4		280	267	11	2	1002	457	46
永嘉县	13	1	628	592	36		5305	3129	337
平阳县	23	2	723	678	44	1	5738	3379	278
苍南县	13	1	522	490	30	2	5986	3846	178
文成县	9		225	208	17		1266	571	30
泰顺县	11		203	188	15		1155	579	22
瑞安市	29		1179	1127	50	2	9808	5784	537
乐清市	36	2	1380	1315	57	8	12333	7160	735
龙港市	11		270	252	17	1	2897	1834	98
嘉兴市	**302**	**22**	**8249**	**7891**	**264**	**94**	**46690**	**23445**	**3845**
南湖区	80		1715	1648	66	1	8059	3743	688
秀洲区	38		998	946	52		5953	3166	510
嘉善县	23	7	1225	1191	23	11	5343	2537	532
海盐县	37	1	865	841	23	1	3382	1561	307
海宁市	47	7	1375	1262	37	76	9553	4892	792
平湖市	34		1005	972	33		5393	2462	451
桐乡市	43	7	1066	1031	30	5	9007	5084	565
湖州市	**143**	**27**	**5559**	**5343**	**190**	**26**	**27066**	**13063**	**1829**
吴兴区	64	18	2076	2004	63	9	9037	4800	514
南浔区	5	1	596	580	15	1	3810	1803	282
德清县	24	2	1040	1006	32	2	4153	1686	348
长兴县	29	6	1035	999	31	5	5734	2578	376
安吉县	21		812	754	49	9	4332	2196	309
绍兴市	**185**	**34**	**7004**	**6645**	**227**	**132**	**42414**	**22250**	**2676**
越城区	57	4	2568	2501	59	8	8547	4212	546
柯桥区	28	8	1389	1352	34	3	11738	6727	881
上虞区	43	9	1265	1213	40	12	6258	2851	396
新昌县	15	1	319	288	30	1	2880	1457	202
诸暨市	30	8	884	737	39	108	8706	4807	450
嵊州市	12	4	579	554	25		4285	2196	201
金华市	**390**	**49**	**7339**	**6682**	**619**	**38**	**59351**	**34365**	**4774**
婺城区	71	12	1903	1747	146	10	7777	3798	591
金东区	14	4	718	678	34	6	4043	1982	514
武义县	21	2	469	372	96	1	3035	1463	375
浦江县	10	7	336	307	24	5	2592	1547	114
磐安县	13	1	178	156	22		1034	487	45
兰溪市	15	7	524	476	46	2	3610	1834	248
义乌市	184	6	1675	1569	104	2	22489	15136	1701
东阳市	48	5	828	764	56	8	8216	4542	459
永康市	14	5	708	613	91	4	6555	3576	727

4-6 续表 17 单位：人

地区 性别	专业技术人员		办事人员和有关人员				社会生产服务和生活服务人员		
	新闻出版、文化专业人员	其他专业技术人员	小计	办事人员	安全和消防人员	其他办事人员和有关人员	小计	批发与零售服务人员	交通运输、仓储和邮政业服务人员
衢州市	**101**	**5**	**3169**	**2962**	**181**	**26**	**16330**	**7141**	**976**
柯城区	56	2	1258	1178	75	5	4963	2179	259
衢江区	11		339	328	9	2	2417	968	165
常山县	3	2	296	284	11	1	1690	681	65
开化县	5		273	261	10	2	1645	659	111
龙游县	13		443	399	36	8	2445	1104	152
江山市	13	1	560	512	40	8	3170	1550	224
舟山市	**91**	**8**	**2345**	**2180**	**127**	**38**	**10208**	**3489**	**671**
定海区	58	7	1086	985	66	35	4520	1579	348
普陀区	20		729	689	39	1	3885	1313	217
岱山县	5	1	376	363	11	2	1081	388	66
嵊泗县	8		154	143	11		722	209	40
台州市	**217**	**8**	**7585**	**7129**	**432**	**24**	**47830**	**25334**	**3443**
椒江区	83	2	1661	1569	82	10	8241	4068	500
黄岩区	21		892	850	42		4655	2448	334
路桥区	10	1	660	620	40		5806	3352	468
三门县	13		303	283	19	1	1766	885	109
天台县	16		448	422	24	2	2906	1645	107
仙居县	11	3	373	342	27	4	2136	987	109
温岭市	22		1326	1228	98		10930	5993	720
临海市	22	1	1019	960	52	7	6512	3616	472
玉环市	19	1	903	855	48		4878	2340	624
丽水市	**96**	**9**	**2855**	**2601**	**243**	**11**	**15124**	**7218**	**641**
莲都区	34	5	1082	1007	70	5	4399	2110	182
青田县	9		267	249	18		2781	1441	64
缙云县	7	2	315	274	41		2214	1017	160
遂昌县	10	1	202	185	16	1	1077	444	43
松阳县	14		246	224	22		1131	512	55
云和县	3		169	153	16		693	356	32
庆元县	5	1	174	147	27		715	346	26
景宁畲族自治县	7		170	159	11		717	304	16
龙泉市	7		230	203	22	5	1397	688	63

4-6　续表 18　　　　　　　　　　　　　　　　　　　　　　　　　　　　　　单位：人

地　区 性　别	社会生产服务和生活服务人员								
	住宿和餐饮服务人　员	信息传输、软件和信息技术服务人　员	金融服务人　　员	房地产服务人员	租赁和商务服务人　员	技术辅助服务人员	水利、环境和公共设施管理服务人员	居民服务人　　员	电力、燃气及水供应服务人　员
合计	**149735**	**38373**	**30354**	**24736**	**41297**	**35519**	**59149**	**64140**	**8360**
杭州市	**33754**	**24767**	**8215**	**10285**	**18650**	**11060**	**13652**	**12237**	**1666**
上城区	1136	524	565	411	933	198	228	333	51
下城区	1462	837	565	565	625	384	235	590	57
江干区	4502	2389	1356	1678	3395	2044	1693	1567	163
拱墅区	1411	1868	667	687	1342	920	466	664	90
西湖区	3741	5002	885	1126	2684	1628	1277	1198	107
滨江区	1410	4185	635	519	1225	869	478	530	62
萧山区	6059	2663	1145	2137	2729	1501	2636	2044	286
余杭区	6379	6338	1058	1832	3137	2471	3738	2456	254
富阳区	2353	357	394	355	600	341	962	1034	168
临安区	1896	244	375	446	690	256	708	593	152
桐庐县	1445	137	250	183	509	248	554	545	93
淳安县	1068	115	147	288	366	83	292	214	117
建德市	892	108	173	58	415	117	385	469	66
宁波市	**20107**	**3245**	**4462**	**4100**	**5403**	**5490**	**8947**	**9835**	**1041**
海曙区	2321	486	567	677	873	838	1071	1095	114
江北区	1048	283	270	339	371	372	532	405	46
北仑区	1966	247	275	244	417	429	1059	842	88
镇海区	1200	255	230	246	365	336	683	520	73
鄞州区	3612	1022	1557	1430	1576	1498	1494	1915	157
奉化区	1243	139	167	97	236	255	593	574	85
象山县	1197	86	217	95	100	155	590	565	38
宁海县	1313	158	225	111	194	303	568	926	95
余姚市	2434	229	386	225	319	497	926	1051	114
慈溪市	3773	340	568	636	952	807	1431	1942	231
温州市	**19567**	**1951**	**3353**	**2476**	**2802**	**4790**	**5834**	**9667**	**938**
鹿城区	2833	342	936	756	886	943	760	1636	113
龙湾区	1499	178	269	245	277	460	627	551	73
瓯海区	2230	287	326	328	360	825	758	767	53
洞头区	359	42	35	25	33	47	169	121	12
永嘉县	1529	120	188	99	134	312	406	714	51
平阳县	1513	156	261	176	217	372	485	921	98
苍南县	1837	155	199	185	160	312	377	802	126
文成县	707	28	69	28	54	43	102	334	38
泰顺县	380	34	56	30	36	63	122	285	31
瑞安市	2749	222	498	237	243	627	718	1525	129
乐清市	3176	313	379	242	355	560	1087	1618	161
龙港市	755	74	137	125	47	226	223	393	53
嘉兴市	**13110**	**1659**	**2132**	**2157**	**4390**	**2840**	**7261**	**4737**	**694**
南湖区	2266	524	547	633	812	597	922	806	154
秀洲区	1412	207	261	292	352	316	1025	482	98
嘉善县	1486	168	204	219	686	327	921	494	59
海盐县	916	127	161	91	375	234	708	329	70
海宁市	2774	284	375	367	697	537	1358	1099	111
平湖市	1549	151	270	272	911	281	1200	571	75
桐乡市	2707	198	314	283	557	548	1127	956	127
湖州市	**8748**	**780**	**1388**	**867**	**1508**	**1579**	**3873**	**2980**	**601**
吴兴区	2606	308	522	348	599	569	994	880	149
南浔区	1158	105	130	78	179	265	733	489	71
德清县	1496	114	287	135	186	255	726	427	79
长兴县	2055	164	271	212	338	268	842	671	155
安吉县	1433	89	178	94	206	222	578	513	147

4-6 续表 19

单位：人

地区 性别	社会生产服务和生活服务人员								
	住宿和餐饮服务人员	信息传输、软件和信息技术服务人员	金融服务人员	房地产服务人员	租赁和商务服务人员	技术辅助服务人员	水利、环境和公共设施管理服务人员	居民服务人员	电力、燃气及水供应服务人员
绍兴市	**10830**	**1246**	**2385**	**1676**	**2114**	**2530**	**4775**	**5768**	**777**
越城区	2084	331	811	420	478	667	906	1080	125
柯桥区	2545	272	423	370	581	666	1347	1267	144
上虞区	1623	245	270	201	315	413	895	1149	120
新昌县	779	80	195	104	156	132	286	348	55
诸暨市	2292	216	450	425	458	423	889	1233	244
嵊州市	1507	102	236	156	126	229	452	691	89
金华市	**15119**	**1781**	**2392**	**1062**	**2483**	**2852**	**5136**	**6649**	**795**
婺城区	2391	467	488	289	442	490	761	980	113
金东区	1005	157	120	96	274	232	486	481	63
武义县	863	94	138	38	87	172	299	387	76
浦江县	666	64	138	35	93	179	296	370	55
磐安县	424	48	61	27	38	56	126	106	20
兰溪市	1093	90	153	44	88	149	512	483	74
义乌市	4689	551	632	302	971	929	1486	1842	203
东阳市	2242	184	386	153	327	374	671	1157	109
永康市	1746	126	276	78	163	271	499	843	82
衢州市	**4919**	**726**	**1001**	**497**	**1203**	**775**	**1811**	**2779**	**360**
柯城区	1330	324	406	225	389	262	432	825	105
衢江区	778	110	89	78	309	136	404	393	49
常山县	538	40	95	26	140	56	191	411	41
开化县	609	66	107	36	147	68	192	266	35
龙游县	813	76	144	56	106	112	309	392	68
江山市	851	110	160	76	112	141	283	492	62
舟山市	**3964**	**401**	**774**	**425**	**853**	**372**	**1575**	**1285**	**218**
定海区	1358	249	433	223	429	210	649	559	114
普陀区	1834	84	210	162	247	107	617	479	30
岱山县	468	40	87	29	103	32	189	122	42
嵊泗县	304	28	44	11	74	23	120	125	32
台州市	**13603**	**1321**	**3184**	**847**	**1432**	**2502**	**4798**	**6026**	**867**
椒江区	2275	415	754	252	270	539	933	997	114
黄岩区	1196	129	344	81	130	285	556	594	106
路桥区	1475	159	384	90	228	278	519	617	74
三门县	537	59	158	36	79	80	226	215	95
天台县	862	60	169	59	79	116	258	413	56
仙居县	954	51	130	31	75	108	211	365	41
温岭市	3279	156	588	132	257	472	980	1373	122
临海市	1674	199	405	122	202	329	586	835	179
玉环市	1351	93	252	44	112	295	529	617	80
丽水市	**6014**	**496**	**1068**	**344**	**459**	**729**	**1487**	**2177**	**403**
莲都区	1395	215	396	142	139	252	477	648	101
青田县	1740	31	127	43	30	66	130	327	35
缙云县	752	58	133	26	71	123	217	419	68
遂昌县	475	47	71	30	44	48	116	115	36
松阳县	337	33	90	30	57	70	128	199	41
云和县	251	23	49	14	29	45	92	91	36
庆元县	226	24	46	12	34	31	96	107	25
景宁畲族自治县	316	24	49	8	37	24	94	100	17
龙泉市	522	41	107	39	18	70	137	171	44
男	**72659**	**27086**	**13434**	**14538**	**28544**	**22142**	**26539**	**18693**	**6891**
杭州市	**16700**	**17379**	**3742**	**6347**	**12060**	**6396**	**5813**	**3338**	**1255**
上城区	627	346	267	259	597	123	87	63	30
下城区	753	595	254	386	409	231	117	172	42
江干区	2481	1710	607	1048	2051	1129	616	445	112
拱墅区	711	1265	309	418	767	536	179	192	60

4-6　续表 20　　单位：人

地　区 性　别	社会生产服务和生活服务人员 住宿和餐饮服务人员	信息传输、软件和信息技术服务人员	金融服务人员	房地产服务人员	租赁和商务服务人员	技术辅助服务人员	水利、环境和公共设施管理服务人员	居民服务人员	电力、燃气及水供应服务人员
西湖区	1997	3619	425	698	1630	926	543	306	87
滨江区	746	2940	314	311	707	452	205	130	42
萧山区	2983	1884	509	1406	1895	926	1189	546	205
余杭区	3071	4374	506	1086	2091	1426	1582	740	201
富阳区	1032	250	162	213	446	221	396	284	144
临安区	859	171	156	217	526	160	314	137	125
桐庐县	649	88	102	104	403	144	276	165	69
淳安县	416	70	67	177	205	50	135	55	83
建德市	375	67	64	24	333	72	174	103	55
宁波市	**9600**	**2424**	**1887**	**2320**	**3684**	**3386**	**4078**	**2838**	**879**
海曙区	1193	375	262	416	553	525	491	324	101
江北区	480	217	119	194	260	222	227	119	36
北仑区	926	194	89	115	287	267	471	247	68
镇海区	507	186	96	124	231	193	269	155	63
鄞州区	1862	758	703	831	1039	921	656	509	127
奉化区	561	103	72	56	168	135	251	163	74
象山县	469	59	89	41	55	101	243	152	30
宁海县	593	121	81	47	126	206	234	207	81
余姚市	1166	169	130	139	249	323	465	341	101
慈溪市	1843	242	246	357	716	493	771	621	198
温州市	**10240**	**1466**	**1603**	**1547**	**2139**	**3436**	**2703**	**2874**	**777**
鹿城区	1576	252	430	482	696	670	375	447	92
龙湾区	735	132	123	149	205	302	280	167	62
瓯海区	1246	226	179	200	280	607	341	222	45
洞头区	140	31	13	15	23	37	63	25	12
永嘉县	798	82	91	70	98	219	173	211	37
平阳县	769	123	114	99	172	273	286	270	79
苍南县	946	122	100	124	134	222	191	332	104
文成县	405	19	29	14	37	35	52	127	32
泰顺县	160	22	28	25	29	49	77	82	27
瑞安市	1490	167	255	130	199	460	343	490	108
乐清市	1555	231	175	164	232	396	393	380	134
龙港市	420	59	66	75	34	166	129	121	45
嘉兴市	**6541**	**1213**	**950**	**1235**	**3569**	**1678**	**3423**	**1597**	**615**
南湖区	1119	376	246	369	610	354	417	244	133
秀洲区	683	142	118	164	249	195	493	150	84
嘉善县	717	125	89	120	598	199	440	159	53
海盐县	419	96	73	48	318	144	290	109	60
海宁市	1430	216	181	222	551	302	584	381	96
平湖市	779	106	113	144	826	172	598	193	68
桐乡市	1394	152	130	168	417	312	601	361	121
湖州市	**3760**	**544**	**558**	**468**	**1090**	**943**	**1786**	**974**	**517**
吴兴区	1171	204	227	188	435	333	427	300	138
南浔区	495	79	54	42	127	166	373	143	62
德清县	640	79	103	74	131	144	319	124	66
长兴县	840	115	105	120	241	156	392	204	119
安吉县	614	67	69	44	156	144	275	203	132
绍兴市	**5187**	**849**	**1000**	**932**	**1588**	**1532**	**2088**	**1615**	**685**
越城区	1001	208	390	239	330	392	328	305	110
柯桥区	1184	183	168	214	445	389	603	364	126
上虞区	768	173	97	113	227	253	389	246	96
新昌县	330	56	80	43	112	89	117	82	46
诸暨市	1114	162	179	241	379	258	449	394	228
嵊州市	790	67	86	82	95	151	202	224	79

4-6 续表 21 单位：人

地区 性别	社会生产服务和生活服务人员 住宿和餐饮服务人员	信息传输、软件和信息技术服务人员	金融服务人员	房地产服务人员	租赁和商务服务人员	技术辅助服务人员	水利、环境和公共设施管理服务人员	居民服务人员	电力、燃气及水供应服务人员
金华市	**7690**	**1252**	**1062**	**615**	**1599**	**1829**	**2398**	**2008**	**655**
婺城区	1178	334	219	137	287	322	327	283	97
金东区	492	107	51	55	184	168	208	129	49
武义县	388	71	55	19	65	130	129	93	61
浦江县	339	46	66	20	65	116	180	138	48
磐安县	165	38	23	12	29	33	69	38	16
兰溪市	511	60	71	31	59	92	209	114	61
义乌市	2629	366	320	201	579	576	779	618	185
东阳市	1051	132	155	99	219	214	280	350	79
永康市	937	98	102	41	112	178	217	245	59
衢州市	**1972**	**468**	**434**	**248**	**928**	**492**	**771**	**588**	**306**
柯城区	572	199	168	107	289	173	172	178	84
衢江区	314	75	35	41	254	84	159	90	42
常山县	189	25	51	13	117	40	97	59	34
开化县	212	42	55	23	115	47	90	58	29
龙游县	345	53	61	23	82	62	138	96	64
江山市	340	74	64	41	71	86	115	107	53
舟山市	**1545**	**248**	**308**	**172**	**590**	**251**	**668**	**374**	**161**
定海区	549	139	180	80	304	138	255	155	81
普陀区	717	63	82	76	151	75	277	133	24
岱山县	166	27	37	12	89	19	83	40	37
嵊泗县	113	19	9	4	46	19	53	46	19
台州市	**6590**	**924**	**1432**	**468**	**1022**	**1722**	**2080**	**1915**	**706**
椒江区	1074	283	319	129	170	340	367	287	94
黄岩区	630	96	142	51	89	201	243	170	84
路桥区	709	105	180	54	178	188	261	204	65
三门县	234	43	78	15	66	59	110	99	77
天台县	399	42	77	27	50	86	116	158	41
仙居县	481	29	54	18	48	63	111	128	27
温岭市	1575	114	276	76	190	347	411	379	102
临海市	867	141	204	74	150	227	259	300	143
玉环市	621	71	102	24	81	211	202	190	73
丽水市	**2834**	**319**	**458**	**186**	**275**	**477**	**731**	**572**	**335**
莲都区	674	130	177	79	89	169	202	159	83
青田县	937	17	64	22	21	49	69	83	29
缙云县	362	45	54	13	36	79	105	108	55
遂昌县	175	28	25	13	21	28	57	36	30
松阳县	124	26	38	18	40	47	75	40	35
云和县	119	12	20	10	20	28	62	31	30
庆元县	90	19	20	7	17	23	44	30	22
景宁畲族自治县	117	19	18	4	24	14	49	31	12
龙泉市	236	23	42	20	7	40	68	54	39
女	**77076**	**11287**	**16920**	**10198**	**12753**	**13377**	**32610**	**45447**	**1469**
杭州市	**17054**	**7388**	**4473**	**3938**	**6590**	**4664**	**7839**	**8899**	**411**
上城区	509	178	298	152	336	75	141	270	21
下城区	709	242	311	179	216	153	118	418	15
江干区	2021	679	749	630	1344	915	1077	1122	51
拱墅区	700	603	358	269	575	384	287	472	30
西湖区	1744	1383	460	428	1054	702	734	892	20
滨江区	664	1245	321	208	518	417	273	400	20
萧山区	3076	779	636	731	834	575	1447	1498	81
余杭区	3308	1964	552	746	1046	1045	2156	1716	53
富阳区	1321	107	232	142	154	120	566	750	24
临安区	1037	73	219	229	164	96	394	456	27
桐庐县	796	49	148	79	106	104	278	380	24
淳安县	652	45	80	111	161	33	157	159	34
建德市	517	41	109	34	82	45	211	366	11

4-6　续表 22　　　　　　　　　　　　　　　　　　单位：人

地　区 性　别	社会生产服务和生活服务人员								
	住宿和餐饮服务人　员	信息传输、软件和信息技术服务人　员	金融服务人　员	房地产服务人员	租赁和商务服务人　员	技术辅助服务人员	水利、环境和公共设施管理服务人员	居民服务人　员	电力、燃气及水供应服务人　员
宁波市	**10507**	**821**	**2575**	**1780**	**1719**	**2104**	**4869**	**6997**	**162**
海曙区	1128	111	305	261	320	313	580	771	13
江北区	568	66	151	145	111	150	305	286	10
北仑区	1040	53	186	129	130	162	588	595	20
镇海区	693	69	134	122	134	143	414	365	10
鄞州区	1750	264	854	599	537	577	838	1406	30
奉化区	682	36	95	41	68	120	342	411	11
象山县	728	27	128	54	45	54	347	413	8
宁海县	720	37	144	64	68	97	334	719	14
余姚市	1268	60	256	86	70	174	461	710	13
慈溪市	1930	98	322	279	236	314	660	1321	33
温州市	**9327**	**485**	**1750**	**929**	**663**	**1354**	**3131**	**6793**	**161**
鹿城区	1257	90	506	274	190	273	385	1189	21
龙湾区	764	46	146	96	72	158	347	384	11
瓯海区	984	61	147	128	80	218	417	545	8
洞头区	219	11	22	10	10	10	106	96	
永嘉县	731	38	97	29	36	93	233	503	14
平阳县	744	33	147	77	45	99	199	651	19
苍南县	891	33	99	61	26	90	186	470	22
文成县	302	9	40	14	17	8	50	207	6
泰顺县	220	12	28	5	7	14	45	203	4
瑞安市	1259	55	243	107	44	167	375	1035	21
乐清市	1621	82	204	78	123	164	694	1238	27
龙港市	335	15	71	50	13	60	94	272	8
嘉兴市	**6569**	**446**	**1182**	**922**	**821**	**1162**	**3838**	**3140**	**79**
南湖区	1147	148	301	264	202	243	505	562	21
秀洲区	729	65	143	128	103	121	532	332	14
嘉善县	769	43	115	99	88	128	481	335	6
海盐县	497	31	88	43	57	90	418	220	10
海宁市	1344	68	194	145	146	235	774	718	15
平湖市	770	45	157	128	85	109	602	378	7
桐乡市	1313	46	184	115	140	236	526	595	6
湖州市	**4988**	**236**	**830**	**399**	**418**	**636**	**2087**	**2006**	**84**
吴兴区	1435	104	295	160	164	236	567	580	11
南浔区	663	26	76	36	52	99	360	346	9
德清县	856	35	184	61	55	111	407	303	13
长兴县	1215	49	166	92	97	112	450	467	36
安吉县	819	22	109	50	50	78	303	310	15
绍兴市	**5643**	**397**	**1385**	**744**	**526**	**998**	**2687**	**4153**	**92**
越城区	1083	123	421	181	148	275	578	775	15
柯桥区	1361	89	255	156	136	277	744	903	18
上虞区	855	72	173	88	88	160	506	903	24
新昌县	449	24	115	61	44	43	169	266	9
诸暨市	1178	54	271	184	79	165	440	839	16
嵊州市	717	35	150	74	31	78	250	467	10
金华市	**7429**	**529**	**1330**	**447**	**884**	**1023**	**2738**	**4641**	**140**
婺城区	1213	133	269	152	155	168	434	697	16
金东区	513	50	69	41	90	64	278	352	14
武义县	475	23	83	19	22	42	170	294	15
浦江县	327	18	72	15	28	63	116	232	7
磐安县	259	10	38	15	9	23	57	68	4
兰溪市	582	30	82	13	29	57	303	369	13
义乌市	2060	185	312	101	392	353	707	1224	18
东阳市	1191	52	231	54	108	160	391	807	30
永康市	809	28	174	37	51	93	282	598	23

4-6　续表 23　　单位：人

地　区 性　别	社会生产服务和生活服务人员								
	住宿和餐饮服务人　员	信息传输、软件和信息技术服务人　员	金融服务人　员	房地产服务人员	租赁和商务服务人　员	技术辅助服务人员	水利、环境和公共设施管理服务人员	居民服务人　员	电力、燃气及水供应服务人　员
衢州市	**2947**	**258**	**567**	**249**	**275**	**283**	**1040**	**2191**	**54**
柯城区	758	125	238	118	100	89	260	647	21
衢江区	464	35	54	37	55	52	245	303	7
常山县	349	15	44	13	23	16	94	352	7
开化县	397	24	52	13	32	21	102	208	6
龙游县	468	23	83	33	24	50	171	296	4
江山市	511	36	96	35	41	55	168	385	9
舟山市	**2419**	**153**	**466**	**253**	**263**	**121**	**907**	**911**	**57**
定海区	809	110	253	143	125	72	394	404	33
普陀区	1117	21	128	86	96	32	340	346	6
岱山县	302	13	50	17	14	13	106	82	5
嵊泗县	191	9	35	7	28	4	67	79	13
台州市	**7013**	**397**	**1752**	**379**	**410**	**780**	**2718**	**4111**	**161**
椒江区	1201	132	435	123	100	199	566	710	20
黄岩区	566	33	202	30	41	84	313	424	22
路桥区	766	54	204	36	50	90	258	413	9
三门县	303	16	80	21	13	21	116	116	18
天台县	463	18	92	32	29	30	142	255	15
仙居县	473	22	76	13	27	45	100	237	14
温岭市	1704	42	312	56	67	125	569	994	20
临海市	807	58	201	48	52	102	327	535	36
玉环市	730	22	150	20	31	84	327	427	7
丽水市	**3180**	**177**	**610**	**158**	**184**	**252**	**756**	**1605**	**68**
莲都区	721	85	219	63	50	83	275	489	18
青田县	803	14	63	21	9	17	61	244	6
缙云县	390	13	79	13	35	44	112	311	13
遂昌县	300	19	46	17	23	20	59	79	6
松阳县	213	7	52	12	17	23	53	159	6
云和县	132	11	29	4	9	17	30	60	6
庆元县	136	5	26	5	17	8	52	77	3
景宁畲族自治县	199	5	31	4	13	10	45	69	5
龙泉市	286	18	65	19	11	30	69	117	5

4-6 续表 24

单位：人

地区 性别	社会生产服务和生活服务人员				农、林、牧、渔业生产及辅助人员				
	修理及制作服务人员	文化、体育和娱乐服务人员	健康服务人员	其他社会生产和生活服务人员	小计	农业生产人员	林业生产人员	畜牧业生产人员	渔业生产人员
合计	**29621**	**12582**	**3024**	**3168**	**194879**	**156378**	**8725**	**8718**	**18495**
杭州市	**5592**	**3487**	**1243**	**2180**	**22797**	**20249**	**701**	**1065**	**495**
上城区	77	127	87	1	7			3	
下城区	142	167	188	1293	20	12	1	3	1
江干区	709	631	192	154	202	132	14	17	9
拱墅区	301	207	128	87	10	6	1	1	1
西湖区	426	416	122	39	500	458	14	7	12
滨江区	118	309	79	152	47	25	7	3	3
萧山区	1098	518	160	47	4871	4366	106	118	212
余杭区	1386	525	150	344	1671	1307	151	75	94
富阳区	488	225	46	56	1940	1639	98	108	47
临安区	304	86	15	1	3693	3317	184	133	9
桐庐县	231	153	37	1	921	780	39	69	28
淳安县	111	66	18	3	5675	5178	35	394	57
建德市	201	57	21	2	3240	3029	51	134	22
宁波市	**5042**	**2025**	**349**	**102**	**19052**	**14323**	**968**	**574**	**2911**
海曙区	707	184	62	13	698	546	89	19	23
江北区	264	72	24	2	211	174	14	10	9
北仑区	527	252	35	5	1136	931	134	12	46
镇海区	338	118	25	5	516	446	22	7	27
鄞州区	780	390	89	42	884	745	17	25	90
奉化区	284	190	17	3	2775	1772	375	90	487
象山县	246	107	22	1	3360	1905	16	80	1347
宁海县	284	173	24	4	3264	2571	21	78	555
余姚市	621	255	16	16	2161	1776	171	101	66
慈溪市	991	284	35	11	4047	3457	109	152	261
温州市	**3760**	**1138**	**361**	**190**	**20061**	**15882**	**303**	**1138**	**2535**
鹿城区	426	275	65	31	230	190	3	24	12
龙湾区	389	70	32	14	304	216	25	22	37
瓯海区	479	101	158	39	573	518	14	25	12
洞头区	41	15		3	509	131	2	17	358
永嘉县	238	38	9	25	2477	2207	8	132	22
平阳县	313	69	11	24	2155	1715	21	210	197
苍南县	317	85	14	24	4926	3766	9	167	953
文成县	61	10	7	2	1189	1119	26	34	7
泰顺县	71	14	3	7	727	598	23	101	3
瑞安市	564	162	37	3	2410	1983	43	157	219
乐清市	689	250	15	18	3717	2928	127	230	414
龙港市	172	49	10		844	511	2	19	301
嘉兴市	**2619**	**1374**	**217**	**29**	**9685**	**7611**	**516**	**754**	**685**
南湖区	524	258	57	5	1400	1235	43	42	68
秀洲区	352	126	27	1	880	670	82	22	83
嘉善县	352	217	20	8	1495	1327	13	33	117
海盐县	174	61	9	2	1176	951	32	68	111
海宁市	455	256	45	3	1449	1058	167	116	89
平湖市	257	249	25	1	1122	893	39	47	122
桐乡市	505	207	34	9	2163	1477	140	426	95
湖州市	**1412**	**457**	**108**	**61**	**9463**	**5535**	**1317**	**509**	**1778**
吴兴区	371	174	46	29	1228	747	145	64	264
南浔区	237	36	7	6	1546	546	59	146	768
德清县	200	95	16	6	1854	965	126	111	617
长兴县	380	80	23	10	3396	2324	635	159	102
安吉县	224	72	16	10	1439	953	352	29	27

4－6 续表 25　　　　单位：人

地区 性别	社会生产服务和生活服务人员				农、林、牧、渔业生产及辅助人员				
	修理及制作服务人员	文化、体育和娱乐服务人员	健康服务人员	其他社会生产和生活服务人员	小计	农业生产人员	林业生产人员	畜牧业生产人员	渔业生产人员
绍兴市	**2607**	**730**	**144**	**177**	**20246**	**18025**	**735**	**614**	**399**
越城区	552	210	41	5	629	501	37	25	59
柯桥区	557	190	23	28	1926	1649	104	62	69
上虞区	438	109	28	22	3085	2783	77	86	111
新昌县	164	26	16		4240	4048	124	61	6
诸暨市	568	140	22	117	5113	4417	77	173	121
嵊州市	328	55	14	5	5253	4627	316	207	33
金华市	**3275**	**947**	**205**	**151**	**21373**	**17027**	**3049**	**841**	**325**
婺城区	547	120	36	34	3602	1576	1817	132	50
金东区	362	40	17	14	2645	1649	843	92	38
武义县	191	42	9	8	1805	1530	97	130	32
浦江县	177	45	8	27	1427	1358	14	32	15
磐安县	67	8	12	4	1385	1346	8	23	3
兰溪市	237	34	10	3	5238	4699	136	273	116
义乌市	813	315	56	16	1355	1198	67	47	29
东阳市	439	243	34	16	2434	2271	45	76	26
永康市	442	100	23	29	1482	1400	22	36	16
衢州市	**1057**	**277**	**86**	**29**	**18636**	**16142**	**465**	**1743**	**164**
柯城区	302	126	50	6	1483	1373	33	46	19
衢江区	193	28	10	5	3969	3601	125	209	24
常山县	107	25	4	1	3317	2612	26	638	15
开化县	93	23	3		1417	1207	101	81	15
龙游县	176	24	9	4	3399	2866	121	326	49
江山市	186	51	10	13	5051	4483	59	443	42
舟山市	**423**	**484**	**58**	**205**	**4801**	**818**	**42**	**44**	**3716**
定海区	205	204	40	102	580	288	24	26	236
普陀区	166	208	11	54	1391	271	10	10	1084
岱山县	41	33	5	7	2106	238	6	8	1701
嵊泗县	11	39	2	42	724	21	2		695
台州市	**2971**	**1393**	**173**	**17**	**29223**	**22451**	**242**	**813**	**5361**
椒江区	392	224	21	2	1453	1195	30	39	183
黄岩区	334	142	29		1686	1569	42	41	18
路桥区	442	100	14	1	1575	1154	21	31	184
三门县	132	75	8	2	2963	2058	8	89	783
天台县	170	94	8	1	1458	1313	19	108	11
仙居县	92	34	8	2	2552	2343	17	78	61
温岭市	583	351	37	3	6381	4400	51	144	1762
临海市	531	251	32	3	9839	7829	42	220	1717
玉环市	295	122	16	3	1316	590	12	63	642
丽水市	**863**	**270**	**80**	**27**	**19542**	**18315**	**387**	**623**	**126**
莲都区	257	112	19	5	3038	2913	18	79	15
青田县	96	25	25	3	1884	1799	7	67	6
缙云县	130	36	10	1	3359	3108	36	139	70
遂昌县	76	19	6		2498	2374	73	43	4
松阳县	81	15	6	9	4472	4370	25	55	9
云和县	40	7	6	1	511	478	6	20	6
庆元县	40	10	6	4	1067	892	105	38	5
景宁畲族自治县	41	19		1	1337	1196	37	98	6
龙泉市	102	27	2	3	1376	1185	80	84	5
男	**26264**	**5652**	**951**	**1591**	**123281**	**94870**	**6405**	**5150**	**15245**
杭州市	**4978**	**1707**	**348**	**975**	**13164**	**11442**	**540**	**618**	**376**
上城区	66	76	30	1	4			2	
下城区	128	90	40	586	13	8		2	1
江干区	639	278	67	63	132	76	9	14	7
拱墅区	264	111	33	39	7	3	1	1	1

4-6 续表 26

单位：人

地区 性别	社会生产服务和生活服务人员				农、林、牧、渔业生产及辅助人员				
	修理及制作服务人员	文化、体育和娱乐服务人员	健康服务人员	其他社会生产和生活服务人员	小计	农业生产人员	林业生产人员	畜牧业生产人员	渔业生产人员
西湖区	373	216	32	21	283	251	11	5	10
滨江区	95	150	22	60	32	14	7	2	3
萧山区	992	257	36	28	2866	2499	73	83	156
余杭区	1242	258	51	144	1090	830	107	55	78
富阳区	430	103	11	29	1225	1023	80	60	35
临安区	262	44	5	1	2208	1947	144	81	8
桐庐县	207	70	12		615	504	35	49	24
淳安县	103	26	5	1	2834	2582	29	178	36
建德市	177	28	4	2	1855	1705	44	86	17
宁波市	**4452**	**763**	**112**	**63**	**13014**	**9167**	**754**	**383**	**2526**
海曙区	648	96	23	7	506	398	65	12	18
江北区	244	39	5	2	139	114	8	7	6
北仑区	487	93	11	2	750	598	93	9	40
镇海区	293	30	11	3	329	275	17	5	20
鄞州区	684	175	33	24	617	498	17	18	77
奉化区	254	30	5	2	2050	1215	289	63	453
象山县	215	26	5		2539	1242	11	55	1221
宁海县	251	44	5	4	2035	1516	19	53	425
余姚市	548	103	6	11	1403	1102	147	64	56
慈溪市	828	127	8	8	2646	2209	88	97	210
温州市	**3348**	**582**	**161**	**142**	**14443**	**11136**	**254**	**779**	**2141**
鹿城区	379	129	19	27	165	134	3	17	10
龙湾区	330	42	13	13	226	153	19	16	35
瓯海区	438	59	81	27	411	370	11	19	9
洞头区	36	6		2	413	80	2	13	318
永嘉县	209	19	5	12	1756	1569	7	91	18
平阳县	282	44	4	20	1667	1310	21	153	176
苍南县	287	47	4	18	3381	2481	8	111	761
文成县	57	7	2	2	864	812	22	24	4
泰顺县	64	8	1	6	515	416	22	73	2
瑞安市	495	71	17	2	1843	1485	38	106	208
乐清市	616	126	10	13	2494	1931	99	140	313
龙港市	155	24	5		708	395	2	16	287
嘉兴市	**2333**	**585**	**63**	**17**	**5267**	**3866**	**371**	**433**	**498**
南湖区	459	133	15	2	734	621	34	27	44
秀洲区	312	72	11	1	516	361	65	16	55
嘉善县	307	68	9	3	763	657	5	25	71
海盐县	155	30		1	595	436	19	44	86
海宁市	410	105	12	2	840	574	103	74	72
平湖市	240	86	6	1	625	454	27	28	97
桐乡市	450	91	10	7	1194	763	118	219	73
湖州市	**1255**	**224**	**33**	**36**	**6214**	**3249**	**1031**	**314**	**1364**
吴兴区	333	85	16	15	800	458	116	39	180
南浔区	205	17	1	5	1028	320	40	97	551
德清县	177	37	5	4	1241	533	87	66	530
长兴县	333	48	9	7	2111	1297	493	89	78
安吉县	207	37	2	5	1034	641	295	23	25
绍兴市	**2317**	**329**	**52**	**97**	**12315**	**10795**	**563**	**369**	**306**
越城区	506	92	17	3	385	290	23	17	49
柯桥区	488	92	7	20	1049	867	71	39	49
上虞区	394	38	8	15	1770	1570	44	55	84
新昌县	143	14	8		2347	2209	99	35	3
诸暨市	499	64	5	56	3297	2862	56	100	96
嵊州市	287	29	7	3	3467	2997	270	123	25

4-6 续表 27　　　单位：人

地区 性别	社会生产服务和生活服务人员 修理及制作服务人员	文化、体育和娱乐服务人员	健康服务人员	其他社会生产和生活服务人员	农、林、牧、渔业生产及辅助人员 小计	农业生产人员	林业生产人员	畜牧业生产人员	渔业生产人员
金华市	**2894**	**480**	**60**	**93**	**12994**	**10136**	**1932**	**562**	**264**
婺城区	489	71	8	18	2189	939	1099	89	39
金东区	317	27	5	8	1677	1007	560	61	32
武义县	171	17	3	5	1146	946	73	91	25
浦江县	163	22	2	17	961	908	11	23	12
磐安县	62	2	5	3	793	765	7	15	1
兰溪市	216	15	2	1	3218	2854	79	175	98
义乌市	726	140	26	8	840	720	55	33	22
东阳市	386	141	5	9	1302	1193	29	50	20
永康市	364	45	4	24	868	804	19	25	15
衢州市	**933**	**127**	**24**	**16**	**10967**	**9637**	**389**	**732**	**127**
柯城区	255	46	11	3	961	877	27	31	17
衢江区	179	18	6	1	2530	2271	113	120	17
常山县	93	12	1		1787	1645	24	94	10
开化县	84	13	2		897	741	87	46	13
龙游县	156	14	3	3	2063	1718	88	199	38
江山市	166	24	1	9	2729	2385	50	242	32
舟山市	**383**	**145**	**17**	**127**	**4096**	**469**	**33**	**27**	**3542**
定海区	183	54	12	52	442	175	18	18	228
普陀区	152	66	4	34	1195	160	8	6	1017
岱山县	37	16	1	7	1778	122	5	3	1633
嵊泗县	11	9		34	681	12	2		664
台州市	**2589**	**566**	**56**	**11**	**19014**	**14056**	**191**	**546**	**4008**
椒江区	345	98	8	1	1014	781	30	27	172
黄岩区	292	48	7		1127	1037	33	31	15
路桥区	390	57	3	1	1009	711	15	21	171
三门县	122	25	2		2121	1386	6	70	637
天台县	145	46	3	1	895	797	17	66	9
仙居县	76	21	4	2	1676	1537	13	52	43
温岭市	507	128	9	2	4286	2628	35	93	1510
临海市	448	96	13	2	5859	4800	30	142	866
玉环市	264	47	7	2	1027	379	12	44	585
丽水市	**782**	**144**	**25**	**14**	**11793**	**10917**	**347**	**387**	**93**
莲都区	228	56	3	2	1768	1694	14	39	11
青田县	82	16	10	3	1179	1118	7	47	4
缙云县	123	23	3	1	2068	1890	32	93	48
遂昌县	69	10	1		1478	1377	64	30	4
松阳县	74	8	2	5	2336	2261	22	36	7
云和县	39	5	3		342	317	5	14	6
庆元县	37	6	2	1	713	580	94	27	4
景宁畲族自治县	37	7		1	820	737	36	43	4
龙泉市	93	13	1	1	1089	943	73	58	5
女	**3357**	**6930**	**2073**	**1577**	**71598**	**61508**	**2320**	**3568**	**3250**
杭州市	**614**	**1780**	**895**	**1205**	**9633**	**8807**	**161**	**447**	**119**
上城区	11	51	57		3			1	
下城区	14	77	148	707	7	4	1	1	
江干区	70	353	125	91	70	56	5	3	2
拱墅区	37	96	95	48	3	3			
西湖区	53	200	90	18	217	207	3	2	2
滨江区	23	159	57	92	15	11		1	
萧山区	106	261	124	19	2005	1867	33	35	56
余杭区	144	267	99	200	581	477	44	20	16
富阳区	58	122	35	27	715	616	18	48	12
临安区	42	42	10		1485	1370	40	52	1
桐庐县	24	83	25	1	306	276	4	20	4
淳安县	8	40	13	2	2841	2596	6	216	21
建德市	24	29	17		1385	1324	7	48	5

4–6 续表 28 单位：人

地区 性别	社会生产服务和生活服务人员				农、林、牧、渔业生产及辅助人员				
	修理及制作服务人员	文化、体育和娱乐服务人员	健康服务人员	其他社会生产和生活服务人员	小计	农业生产人员	林业生产人员	畜牧业生产人员	渔业生产人员
宁波市	**590**	**1262**	**237**	**39**	**6038**	**5156**	**214**	**191**	**385**
海曙区	59	88	39	6	192	148	24	7	5
江北区	20	33	19		72	60	6	3	3
北仑区	40	159	24	3	386	333	41	3	6
镇海区	45	88	14	2	187	171	5	2	7
鄞州区	96	215	56	18	267	247		7	13
奉化区	30	160	12	1	725	557	86	27	34
象山县	31	81	17	1	821	663	5	25	126
宁海县	33	129	19		1229	1055	2	25	130
余姚市	73	152	10	5	758	674	24	37	10
慈溪市	163	157	27	3	1401	1248	21	55	51
温州市	**412**	**556**	**200**	**48**	**5618**	**4746**	**49**	**359**	**394**
鹿城区	47	146	46	4	65	56		7	2
龙湾区	59	28	19	1	78	63	6	6	2
瓯海区	41	42	77	12	162	148	3	6	3
洞头区	5	9		1	96	51		4	40
永嘉县	29	19	4	13	721	638	1	41	4
平阳县	31	25	7	4	488	405		57	21
苍南县	30	38	10	6	1545	1285	1	56	192
文成县	4	3	5		325	307	4	10	3
泰顺县	7	6	2	1	212	182	1	28	1
瑞安市	69	91	20	1	567	498	5	51	11
乐清市	73	124	5	5	1223	997	28	90	101
龙港市	17	25	5		136	116		3	14
嘉兴市	**286**	**789**	**154**	**12**	**4418**	**3745**	**145**	**321**	**187**
南湖区	65	125	42	3	666	614	9	15	24
秀洲区	40	54	16		364	309	17	6	28
嘉善县	45	149	11	5	732	670	8	8	46
海盐县	19	31	9	1	581	515	13	24	25
海宁市	45	151	33	1	609	484	64	42	17
平湖市	17	163	19		497	439	12	19	25
桐乡市	55	116	24	2	969	714	22	207	22
湖州市	**157**	**233**	**75**	**25**	**3249**	**2286**	**286**	**195**	**414**
吴兴区	38	89	30	14	428	289	29	25	84
南浔区	32	19	6	1	518	226	19	49	217
德清县	23	58	11	2	613	432	39	45	87
长兴县	47	32	14	3	1285	1027	142	70	24
安吉县	17	35	14	5	405	312	57	6	2
绍兴市	**290**	**401**	**92**	**80**	**7931**	**7230**	**172**	**245**	**93**
越城区	46	118	24	2	244	211	14	8	10
柯桥区	69	98	16	8	877	782	33	23	20
上虞区	44	71	20	7	1315	1213	33	31	27
新昌县	21	12	8		1893	1839	25	26	3
诸暨市	69	76	17	61	1816	1555	21	73	25
嵊州市	41	26	7	2	1786	1630	46	84	8
金华市	**381**	**467**	**145**	**58**	**8379**	**6891**	**1117**	**279**	**61**
婺城区	58	49	28	16	1413	637	718	43	11
金东区	45	13	12	6	968	642	283	31	6
武义县	20	25	6	3	659	584	24	39	7
浦江县	14	23	6	10	466	450	3	9	3
磐安县	5	6	7	1	592	581	1	8	2
兰溪市	21	19	8	2	2020	1845	57	98	18
义乌市	87	175	30	8	515	478	12	14	7
东阳市	53	102	29	7	1132	1078	16	26	6
永康市	78	55	19	5	614	596	3	11	1

4-6 续表 29

单位：人

地区 性别	社会生产服务和生活服务人员				农、林、牧、渔业生产及辅助人员				
	修理及制作服务人员	文化、体育和娱乐服务人员	健康服务人员	其他社会生产和生活服务人员	小计	农业生产人员	林业生产人员	畜牧业生产人员	渔业生产人员
衢州市	**124**	**150**	**62**	**13**	**7669**	**6505**	**76**	**1011**	**37**
柯城区	47	80	39	3	522	496	6	15	2
衢江区	14	10	4	4	1439	1330	12	89	7
常山县	14	13	3	1	1530	967	2	544	5
开化县	9	10	1		520	466	14	35	2
龙游县	20	10	6	1	1336	1148	33	127	11
江山市	20	27	9	4	2322	2098	9	201	10
舟山市	**40**	**339**	**41**	**78**	**705**	**349**	**9**	**17**	**174**
定海区	22	150	28	50	138	113	6	8	8
普陀区	14	142	7	20	196	111	2	4	67
岱山县	4	17	4		328	116	1	5	68
嵊泗县		30	2	8	43	9			31
台州市	**382**	**827**	**117**	**6**	**10209**	**8395**	**51**	**267**	**1353**
椒江区	47	126	13	1	439	414		12	11
黄岩区	42	94	22		559	532	9	10	3
路桥区	52	43	11		566	443	6	10	13
三门县	10	50	6	2	842	672	2	19	146
天台县	25	48	5		563	516	2	42	2
仙居县	16	13	4		876	806	4	26	18
温岭市	76	223	28	1	2095	1772	16	51	252
临海市	83	155	19	1	3980	3029	12	78	851
玉环市	31	75	9	1	289	211		19	57
丽水市	**81**	**126**	**55**	**13**	**7749**	**7398**	**40**	**236**	**33**
莲都区	29	56	16	3	1270	1219	4	40	4
青田县	14	9	15		705	681		20	2
缙云县	7	13	7		1291	1218	4	46	22
遂昌县	7	9	5		1020	997	9	13	
松阳县	7	7	4	4	2136	2109	3	19	2
云和县	1	2	3	1	169	161	1	6	
庆元县	3	4	4	3	354	312	11	11	1
景宁畲族自治县	4	12			517	459	1	55	2
龙泉市	9	14	1	2	287	242	7	26	

4-6　续表 30　　　　　　　　　　　　　　　　单位：人

地　区 性　别	农林牧渔生产辅助人员	其他农、林、牧、渔业生产加工人员	生产制造及有关人员 小计	农副产品加工人员	食品、饮料生产加工人员	烟草及其制品加工人员	纺织、针织、印染人员	纺织品、服装和皮革、毛皮制品加工制作人员	木材加工、家具与木制品制作人员
合计	**2443**	**120**	**1474992**	**8723**	**10800**	**204**	**77728**	**244651**	**48529**
杭州市	**281**	**6**	**193059**	**881**	**2178**	**103**	**8919**	**27347**	**4803**
上城区	4		1207	5	23	36	10	32	18
下城区	2	1	1915	7	24	6	10	134	23
江干区	30		16017	36	331	15	81	1275	343
拱墅区	1		3681	4	47	3	15	98	92
西湖区	9		6438	8	114	15	10	99	87
滨江区	8	1	3805	32	78	9	26	91	62
萧山区	69		53175	195	359	6	6256	5876	1541
余杭区	44		56446	146	447	6	1330	17191	1235
富阳区	44	4	16792	78	154	6	106	544	488
临安区	50		12767	215	148		223	415	308
桐庐县	5		10237	84	147	1	556	894	295
淳安县	11		3319	22	124		181	157	141
建德市	4		7260	49	182		115	541	170
宁波市	**263**	**13**	**256434**	**1488**	**1345**	**75**	**3758**	**24621**	**4864**
海曙区	21		21335	59	121	6	207	3648	505
江北区	4		8225	14	67	4	77	374	250
北仑区	13		26545	108	118	2	608	2946	469
镇海区	12	2	14034	29	88	4	205	649	238
鄞州区	7		29259	100	153	48	370	2091	666
奉化区	47	4	15112	116	120	7	88	1779	451
象山县	12		11931	418	149		298	2963	72
宁海县	33	6	16846	57	92	1	64	472	621
余姚市	47		40876	345	184		344	1152	670
慈溪市	67	1	72271	242	253	3	1497	8547	922
温州市	**180**	**23**	**218243**	**1122**	**1105**	**7**	**3754**	**60519**	**4386**
鹿城区	1		24695	20	85	1	83	16340	277
龙湾区	4		23703	18	71	1	70	2995	502
瓯海区	3	1	25716	84	91	2	108	10328	585
洞头区	1		2666	20	14			334	62
永嘉县	108		14538	38	64		66	3632	504
平阳县	9	3	18042	329	175		909	3719	577
苍南县	15	16	13657	216	151		925	3158	309
文成县	1	2	2524	17	21		42	765	99
泰顺县	2		2171	15	45		13	182	92
瑞安市	8		40542	159	182	1	892	15661	504
乐清市	17	1	39286	146	158	2	240	1443	741
龙港市	11		10703	60	48		406	1962	134
嘉兴市	**111**	**8**	**168178**	**595**	**1051**	**7**	**23028**	**37476**	**5462**
南湖区	12		16072	76	180	1	406	1506	348
秀洲区	23		21862	36	248		7202	2253	560
嘉善县	5		19737	75	132		444	1102	1808
海盐县	14		13822	74	57		564	2041	251
海宁市	17	2	40056	144	174	2	5547	12671	1312
平湖市	17	4	23113	94	119		419	8000	396
桐乡市	23	2	33516	96	141	4	8446	9903	787
湖州市	**304**	**20**	**83723**	**374**	**754**	**6**	**6262**	**19962**	**8518**
吴兴区	7	1	28419	54	272	4	1305	14733	632
南浔区	25	2	13882	67	63		1858	1569	2376
德清县	33	2	14517	81	152		819	1689	1307
长兴县	169	7	13145	51	129	2	2085	764	351
安吉县	70	8	13760	121	138		195	1207	3852

4-6 续表 31

单位：人

地区 性别			生产制造及有关人员						
	农林牧渔生产辅助人员	其他农、林、牧、渔业生产加工人员	小计	农副产品加工人员	食品、饮料生产加工人员	烟草及其制品加工人员	纺织、针织、印染人员	纺织品、服装和皮革、毛皮制品加工制作人员	木材加工、家具与木制品制作人员
绍兴市	**447**	**26**	**123978**	**478**	**932**	**2**	**23841**	**14936**	**2815**
越城区	7		16969	42	155	1	2051	2591	592
柯桥区	35	7	33959	70	125		13431	3711	433
上虞区	27	1	21948	101	130		785	2710	600
新昌县	1		8028	21	65		277	288	80
诸暨市	319	6	30852	169	148	1	6643	3814	571
嵊州市	58	12	12222	75	309		654	1822	539
金华市	**126**	**5**	**175273**	**568**	**1125**	**1**	**5363**	**25554**	**7960**
婺城区	26	1	13344	105	234	1	140	1037	563
金东区	21	2	12666	51	168		412	1369	382
武义县	16		14847	44	63		75	775	574
浦江县	8		13795	43	63		587	4713	113
磐安县	5		3676	9	65		15	528	445
兰溪市	13	1	11610	94	120		1647	994	318
义乌市	13	1	48571	115	167		1685	9619	445
东阳市	16		29716	66	160		735	5815	4587
永康市	8		27048	41	85		67	704	533
衢州市	**114**	**8**	**34495**	**321**	**584**		**564**	**2293**	**2800**
柯城区	11	1	5975	42	107		10	212	135
衢江区	10		6153	57	128		34	550	211
常山县	26		3973	55	68		165	253	80
开化县	12	1	3464	38	67		23	276	263
龙游县	35	2	6296	61	130		199	501	437
江山市	20	4	8634	68	84		133	501	1674
舟山市	**180**	**1**	**22556**	**1382**	**120**		**150**	**154**	**594**
定海区	5	1	8066	310	35		71	108	199
普陀区	16		6172	951	59		78	24	56
岱山县	153		7877	67	21			20	322
嵊泗县	6		441	54	5		1	2	17
台州市	**351**	**5**	**165590**	**1267**	**924**	**2**	**1939**	**29472**	**4228**
椒江区	6		19401	111	93		663	2278	414
黄岩区	16		17235	39	186	1	63	1090	417
路桥区	185		17174	38	51		283	1831	227
三门县	25		6347	26	22		58	844	207
天台县	7		6476	45	148		347	468	273
仙居县	53		5794	53	69		9	233	363
温岭市	24		46874	784	113		297	20210	281
临海市	26	5	22601	109	195	1	197	2158	1435
玉环市	9		23688	62	47		22	360	611
丽水市	**86**	**5**	**33463**	**247**	**682**	**1**	**150**	**2317**	**2099**
莲都区	11	2	8061	30	60		41	339	362
青田县	5		4443	30	25		18	1111	244
缙云县	5	1	6404	56	95		35	346	170
遂昌县	4		2257	16	85		8	96	119
松阳县	13		2448	27	316	1	20	242	55
云和县	1		3369	17	33		13	16	77
庆元县	26	1	1989	17	22		15	45	478
景宁畲族自治县			1049	14	12			61	63
龙泉市	21	1	3443	40	34			61	531
男	**1540**	**71**	**947726**	**4356**	**5803**	**142**	**37062**	**102125**	**37232**
杭州市	**186**	**2**	**135098**	**483**	**1136**	**76**	**4019**	**12049**	**3853**
上城区	2		943	4	7	28	7	13	14
下城区	2		1492	4	10	2	6	47	19
江干区	26		11939	25	159	10	43	571	282
拱墅区	1		2992	2	25	2	5	33	77

4-6　续表 32　　单位：人

地区 性别	农林牧渔生产辅助人员	其他农、林、牧、渔业生产加工人员	生产制造及有关人员 小计	农副产品加工人员	食品、饮料生产加工人员	烟草及其制品加工人员	纺织、针织、印染人员	纺织品、服装和皮革、毛皮制品加工制作人员	木材加工、家具与木制品制作人员
西湖区	6		5146	7	67	11	3	38	80
滨江区	6		2838	20	45	8	13	41	53
萧山区	55		36222	91	183	3	2973	2103	1117
余杭区	20		37935	90	215	6	559	8520	1068
富阳区	25	2	12154	39	71	5	33	147	395
临安区	28		9229	106	71		108	160	249
桐庐县	3		6546	50	82	1	190	229	231
淳安县	9		2472	12	76		32	27	122
建德市	3		5190	33	125		47	120	146
宁波市	**178**	**6**	**160903**	**699**	**697**	**52**	**1872**	**7951**	**4046**
海曙区	13		13378	41	65	4	96	1039	426
江北区	4		5697	8	30	2	31	99	224
北仑区	10		17622	58	70	2	294	971	399
镇海区	10	2	9710	18	43	4	79	175	209
鄞州区	7		19169	57	84	32	148	682	517
奉化区	29	1	9351	45	67	6	36	311	376
象山县	10		7372	135	42		148	820	52
宁海县	20	2	10520	31	39		18	80	559
余姚市	34		24470	191	114		198	510	499
慈溪市	41	1	43614	115	143	2	824	3264	785
温州市	**120**	**13**	**138696**	**597**	**660**	**2**	**1691**	**30267**	**3831**
鹿城区	1		15866	12	54		53	9488	254
龙湾区	3		15961	10	43		41	1387	435
瓯海区	2		17019	43	55		67	5469	531
洞头区			1925	11	6			163	57
永嘉县	71		10026	23	36		34	1762	443
平阳县	6	1	11245	150	99		444	1571	465
苍南县	10	10	7888	118	97		402	1105	281
文成县	1	1	1845	9	15		24	360	93
泰顺县	2		1799	10	25		7	77	88
瑞安市	6		25302	93	108	1	399	7796	464
乐清市	10	1	23465	84	98	1	34	510	594
龙港市	8		6355	34	24		186	579	126
嘉兴市	**92**	**7**	**102362**	**372**	**498**	**5**	**10365**	**15700**	**4110**
南湖区	8		10703	53	88	1	144	469	280
秀洲区	19		12850	23	98		3342	877	428
嘉善县	5		12852	43	61		202	373	1198
海盐县	10		8613	49	25		166	659	212
海宁市	15	2	24430	86	84	2	2537	6333	1010
平湖市	15	4	13825	58	64		219	2713	308
桐乡市	20	1	19089	60	78	2	3755	4276	674
湖州市	**244**	**12**	**54612**	**224**	**359**	**3**	**2818**	**8987**	**5823**
吴兴区	7		17733	36	127	1	708	7462	488
南浔区	19	1	8854	35	28		747	430	1529
德清县	23	2	9642	57	82		331	566	897
长兴县	149	5	9141	31	54	2	952	244	291
安吉县	46	4	9242	65	68		80	285	2618
绍兴市	**269**	**13**	**78941**	**300**	**536**	**1**	**12718**	**4710**	**2400**
越城区	6		11192	17	75	1	1019	723	500
柯桥区	20	3	21821	48	68		7661	1501	361
上虞区	16	1	13908	57	67		382	592	532
新昌县	1		5190	12	41		57	36	66
诸暨市	180	3	18987	113	90		3350	1415	511
嵊州市	46	6	7843	53	195		249	443	430

4-6 续表 33

单位：人

地区 性别	农林牧渔生产辅助人员	其他农、林、牧、渔业生产加工人员	生产制造及有关人员 小计	农副产品加工人员	食品、饮料生产加工人员	烟草及其制品加工人员	纺织、针织、印染人员	纺织品、服装和皮革、毛皮制品加工制作人员	木材加工、家具与木制品制作人员
金华市	**97**	**3**	**107065**	**352**	**626**	**1**	**2463**	**9860**	**6095**
婺城区	23		9023	65	117	1	71	247	426
金东区	16	1	7912	31	98		218	569	332
武义县	11		9308	25	37		41	139	437
浦江县	7		7721	23	36		333	1807	97
磐安县	5		2340	7	38		4	91	317
兰溪市	11	1	7040	58	75		512	243	261
义乌市	9	1	27998	78	103		877	4364	373
东阳市	10		18564	43	78		377	2183	3450
永康市	5		17159	22	44		30	217	402
衢州市	**76**	**6**	**25131**	**195**	**330**		**171**	**449**	**2021**
柯城区	8	1	4796	27	51		5	45	118
衢江区	9		4560	27	71		9	111	175
常山县	14		2953	37	40		39	44	66
开化县	9	1	2557	30	38		7	49	215
龙游县	19	1	4425	36	80		89	124	333
江山市	17	3	5840	38	50		22	76	1114
舟山市	**25**		**18595**	**463**	**57**		**37**	**41**	**528**
定海区	3		6554	119	13		24	30	166
普陀区	4		4697	300	30		13	7	41
岱山县	15		6970	27	11			4	305
嵊泗县	3		374	17	3				16
台州市	**209**	**4**	**102629**	**529**	**494**	**2**	**835**	**11138**	**3107**
椒江区	4		12545	57	56		267	597	363
黄岩区	11		11190	20	70	1	25	236	332
路桥区	91		10579	24	29		136	586	182
三门县	22		4225	15	13		22	101	163
天台县	6		4315	27	88		146	136	238
仙居县	31		3826	37	39		3	56	269
温岭市	20		27122	251	65		149	8975	220
临海市	17	4	13948	64	109	1	76	356	879
玉环市	7		14879	34	25		11	95	461
丽水市	**44**	**5**	**23694**	**142**	**410**		**73**	**973**	**1418**
莲都区	8	2	5989	16	32		27	168	303
青田县	3		3066	21	13		7	562	170
缙云县	4	1	4548	35	58		10	52	124
遂昌县	3		1710	8	52		4	23	82
松阳县	10		1878	15	195		12	126	42
云和县			2119	13	22		5	6	68
庆元县	7	1	1265	11	13		8	9	277
景宁畲族自治县			776	5	7			8	43
龙泉市	9	1	2343	18	18			19	309
女	**903**	**49**	**527266**	**4367**	**4997**	**62**	**40666**	**142526**	**11297**
杭州市	**95**	**4**	**57961**	**398**	**1042**	**27**	**4900**	**15298**	**950**
上城区	2		264	1	16	8	3	19	4
下城区		1	423	3	14	4	4	87	4
江干区	4		4078	11	172	5	38	704	61
拱墅区			689	2	22	1	10	65	15
西湖区	3		1292	1	47	4	7	61	7
滨江区	2	1	967	12	33	1	13	50	9
萧山区	14		16953	104	176	3	3283	3773	424
余杭区	24		18511	56	232		771	8671	167
富阳区	19	2	4638	39	83	1	73	397	93
临安区	22		3538	109	77		115	255	59
桐庐县	2		3691	34	65		366	665	64
淳安县	2		847	10	48		149	130	19
建德市	1		2070	16	57		68	421	24

4-6　续表 34　　　　　　　　　　　　　　　　　　　　　　　　　　　　单位：人

地　　区 性　　别	农林牧渔生产辅助人　　员	其他农、林、牧、渔业生产加工人员	生产制造及有关人员 小计	农副产品加工人员	食品、饮料生产加工人员	烟草及其制品加工人员	纺织、针织、印染人员	纺织品、服装和皮革、毛皮制品加工制作人员	木材加工、家具与木制品制作人员
宁波市	**85**	**7**	**95531**	**789**	**648**	**23**	**1886**	**16670**	**818**
海曙区	8		7957	18	56	2	111	2609	79
江北区			2528	6	37	2	46	275	26
北仑区	3		8923	50	48		314	1975	70
镇海区	2		4324	11	45		126	474	29
鄞州区			10090	43	69	16	222	1409	149
奉化区	18	3	5761	71	53	1	52	1468	75
象山县	2		4559	283	107		150	2143	20
宁海县	13	4	6326	26	53	1	46	392	62
余姚市	13		16406	154	70		146	642	171
慈溪市	26		28657	127	110	1	673	5283	137
温州市	**60**	**10**	**79547**	**525**	**445**	**5**	**2063**	**30252**	**555**
鹿城区			8829	8	31	1	30	6852	23
龙湾区	1		7742	8	28	1	29	1608	67
瓯海区	1	1	8697	41	36	2	41	4859	54
洞头区	1		741	9	8			171	5
永嘉县	37		4512	15	28		32	1870	61
平阳县	3	2	6797	179	76		465	2148	112
苍南县	5	6	5769	98	54		523	2053	28
文成县		1	679	8	6		18	405	6
泰顺县			372	5	20		6	105	4
瑞安市	2		15240	66	74		493	7865	40
乐清市	7		15821	62	60	1	206	933	147
龙港市	3		4348	26	24		220	1383	8
嘉兴市	**19**	**1**	**65816**	**223**	**553**	**2**	**12663**	**21776**	**1352**
南湖区	4		5369	23	92		262	1037	68
秀洲区	4		9012	13	150		3860	1376	132
嘉善县			6885	32	71		242	729	610
海盐县	4		5209	25	32		398	1382	39
海宁市	2		15626	58	90		3010	6338	302
平湖市	2		9288	36	55		200	5287	88
桐乡市	3	1	14427	36	63	2	4691	5627	113
湖州市	**60**	**8**	**29111**	**150**	**395**	**3**	**3444**	**10975**	**2695**
吴兴区		1	10686	18	145	3	597	7271	144
南浔区	6	1	5028	32	35		1111	1139	847
德清县	10		4875	24	70		488	1123	410
长兴县	20	2	4004	20	75		1133	520	60
安吉县	24	4	4518	56	70		115	922	1234
绍兴市	**178**	**13**	**45037**	**178**	**396**	**1**	**11123**	**10226**	**415**
越城区	1		5777	25	80		1032	1868	92
柯桥区	15	4	12138	22	57		5770	2210	72
上虞区	11		8040	44	63		403	2118	68
新昌县			2838	9	24		220	252	14
诸暨市	139	3	11865	56	58	1	3293	2399	60
嵊州市	12	6	4379	22	114		405	1379	109
金华市	**29**	**2**	**68208**	**216**	**499**		**2900**	**15694**	**1865**
婺城区	3	1	4321	40	117		69	790	137
金东区	5	1	4754	20	70		194	800	50
武义县	5		5539	19	26		34	636	137
浦江县	1		6074	20	27		254	2906	16
磐安县			1336	2	27		11	437	128
兰溪市	2		4570	36	45		1135	751	57
义乌市	4		20573	37	64		808	5255	72
东阳市	6		11152	23	82		358	3632	1137
永康市	3		9889	19	41		37	487	131

4-6 续表 35　　　　　　　　　　　　　　　　　　　　　　　　　　　　　　　　　单位：人

地区 性别			生产制造及有关人员						
	农林牧渔生产辅助人员	其他农、林、牧、渔业生产加工人员	小计	农副产品加工人员	食品、饮料生产加工人员	烟草及其制品加工人员	纺织、针织、印染人员	纺织品、服装和皮革、毛皮制品加工制作人员	木材加工、家具与木制品制作人员
衢州市	**38**	**2**	**9364**	**126**	**254**		**393**	**1844**	**779**
柯城区	3		1179	15	56		5	167	17
衢江区	1		1593	30	57		25	439	36
常山县	12		1020	18	28		126	209	14
开化县	3		907	8	29		16	227	48
龙游县	16	1	1871	25	50		110	377	104
江山市	3	1	2794	30	34		111	425	560
舟山市	**155**	**1**	**3961**	**919**	**63**		**113**	**113**	**66**
定海区	2	1	1512	191	22		47	78	33
普陀区	12		1475	651	29		65	17	15
岱山县	138		907	40	10			16	17
嵊泗县	3		67	37	2		1	2	1
台州市	**142**	**1**	**62961**	**738**	**430**		**1104**	**18334**	**1121**
椒江区	2		6856	54	37		396	1681	51
黄岩区	5		6045	19	116		38	854	85
路桥区	94		6595	14	22		147	1245	45
三门县	3		2122	11	9		36	743	44
天台县	1		2161	18	60		201	332	35
仙居县	22		1968	16	30		6	177	94
温岭市	4		19752	533	48		148	11235	61
临海市	9	1	8653	45	86		121	1802	556
玉环市	2		8809	28	22		11	265	150
丽水市	**42**		**9769**	**105**	**272**	**1**	**77**	**1344**	**681**
莲都区	3		2072	14	28		14	171	59
青田县	2		1377	9	12		11	549	74
缙云县	1		1856	21	37		25	294	46
遂昌县	1		547	8	33		4	73	37
松阳县	3		570	12	121	1	8	116	13
云和县	1		1250	4	11		8	10	9
庆元县	19		724	6	9		7	36	201
景宁畲族自治县			273	9	5			53	20
龙泉市	12		1100	22	16			42	222

4-6 续表 36

单位：人

地区 性别	生产制造及有关人员								
	纸及纸制品生产加工人员	印刷和记录媒介复制人员	文教、工美、体育和娱乐用品制造人员	石油加工和炼焦、煤化工生产人员	化学原料和化学制品制造人员	医药制造人员	化学纤维制造人员	橡胶和塑料制品制造人员	非金属矿物制品制造人员
合计	**14622**	**11358**	**29134**	**1036**	**10037**	**5286**	**4731**	**50362**	**16765**
杭州市	**1550**	**1314**	**2561**	**39**	**1493**	**1151**	**973**	**3458**	**2389**
上城区	4	13	11		13	18	1	28	13
下城区	2	35	13	1	10	20		4	9
江干区	70	127	70	4	120	249	23	714	136
拱墅区	11	37	22	4	9	70	2	17	18
西湖区	9	89	71	1	34	75		14	22
滨江区	7	36	23	3	32	78		18	27
萧山区	453	269	838	12	457	93	902	692	831
余杭区	223	390	238	8	179	199	13	553	403
富阳区	324	83	355	3	101	182	7	399	345
临安区	334	63	90	3	117	34	20	236	153
桐庐县	83	126	639		72	62	2	226	217
淳安县	4	12	60		8	13	2	28	35
建德市	26	34	131		341	58	1	529	180
宁波市	**1834**	**1823**	**4135**	**521**	**1520**	**302**	**495**	**15004**	**2051**
海曙区	220	227	252	12	89	63	3	1037	146
江北区	64	57	93	8	76	15	3	239	121
北仑区	230	110	570	104	410	51	7	791	183
镇海区	64	36	137	340	353	37	8	434	150
鄞州区	215	383	282	23	109	43	13	920	300
奉化区	123	77	118	5	32	17	1	382	153
象山县	22	24	81	2	27	3	3	255	76
宁海县	107	119	796	5	75	15	1	1088	145
余姚市	282	316	407	2	154	14	50	4800	346
慈溪市	507	474	1399	20	195	44	406	5058	431
温州市	**3565**	**3636**	**3106**	**11**	**634**	**347**	**61**	**8943**	**1390**
鹿城区	81	105	72		24	8		190	76
龙湾区	112	187	586	6	54	16	2	533	185
瓯海区	137	157	79	1	48	7	8	314	144
洞头区	9	5	93		12	32		7	56
永嘉县	45	45	453		204	6		421	73
平阳县	442	408	449		54	11	1	1947	118
苍南县	926	843	527		21	9	4	1339	86
文成县	1	7	9		3	1	1	25	26
泰顺县	3	6	71		4	2		32	88
瑞安市	307	170	441		131	9	40	1081	220
乐清市	119	173	195	4	66	239	2	1697	198
龙港市	1383	1530	131		13	7	3	1357	120
嘉兴市	**1607**	**923**	**1099**	**50**	**1259**	**190**	**1802**	**3750**	**2063**
南湖区	228	100	82	3	191	20	41	530	127
秀洲区	92	47	87		73	17	142	389	247
嘉善县	195	93	136	5	162	26	5	549	387
海盐县	179	195	77	3	75	18	34	311	149
海宁市	278	253	151		138	52	350	1011	234
平湖市	419	151	460	33	488	43	121	613	335
桐乡市	216	84	106	6	132	14	1109	347	584
湖州市	**529**	**248**	**656**	**10**	**488**	**259**	**431**	**1365**	**1677**
吴兴区	52	83	93	2	111	45	166	134	224
南浔区	85	37	154	2	74	17	32	90	163
德清县	201	49	217	3	152	86	97	440	435
长兴县	76	36	51	3	85	36	126	191	683
安吉县	115	43	141		66	75	10	510	172

4-6 续表 37　　　　单位：人

地区 性别	生产制造及有关人员								
	纸及纸制品生产加工人员	印刷和记录媒介复制人员	文教、工美、体育和娱乐用品制造人员	石油加工和炼焦、煤化工生产人员	化学原料和化学制品制造人员	医药制造人员	化学纤维制造人员	橡胶和塑料制品制造人员	非金属矿物制品制造人员
绍兴市	**793**	**369**	**1817**	**15**	**1492**	**757**	**490**	**2202**	**1154**
越城区	96	69	139	1	74	103	85	222	169
柯桥区	371	95	1030	6	97	27	304	296	264
上虞区	89	83	172	4	1180	359	11	1046	324
新昌县	8	22	28		34	203		122	24
诸暨市	117	75	333	3	70	23	86	394	202
嵊州市	112	25	115	1	37	42	4	122	171
金华市	**2420**	**1739**	**7949**	**20**	**1043**	**493**	**405**	**6071**	**3154**
婺城区	122	115	177	3	135	93	8	336	179
金东区	209	123	812	5	117	27	6	673	208
武义县	101	180	178	2	77	7	3	408	112
浦江县	152	69	300		28	8	85	303	1542
磐安县	20	9	179		7	18		222	40
兰溪市	178	66	465	5	111	54	7	519	227
义乌市	1159	707	3711	3	334	32	72	1483	183
东阳市	213	133	1776	2	172	251	220	604	285
永康市	266	337	351		62	3	4	1523	378
衢州市	**854**	**139**	**671**	**13**	**895**	**95**	**20**	**762**	**671**
柯城区	46	22	51	7	437	35	3	98	70
衢江区	221	30	50	3	225	31	9	188	149
常山县	60	20	97		40	3		61	115
开化县	15	20	131		41	13		51	39
龙游县	445	22	152	2	65	4	7	148	135
江山市	67	25	190	1	87	9	1	216	163
舟山市	**30**	**37**	**118**	**331**	**188**	**27**	**10**	**121**	**177**
定海区	22	21	12	28	24	10	8	63	103
普陀区	2	10	5	6	11	15		14	52
岱山县	6	5	101	297	153	2	2	42	18
嵊泗县		1						2	4
台州市	**1222**	**1002**	**4045**	**23**	**704**	**1595**	**44**	**8301**	**1486**
椒江区	88	82	164	3	202	366	2	879	470
黄岩区	110	198	1143		88	118	1	2212	98
路桥区	328	367	124	3	28	10	12	1541	158
三门县	20	13	69	3	51	31	9	693	95
天台县	20	26	372	3	42	81	1	420	99
仙居县	30	19	1194		59	215		352	58
温岭市	454	142	454	3	42	38	5	753	253
临海市	97	82	475	4	141	723	11	764	198
玉环市	75	73	50	4	51	13	3	687	57
丽水市	**218**	**128**	**2977**	**3**	**321**	**70**		**385**	**553**
莲都区	11	39	101		236	19		105	121
青田县	33	8	109		14	3		38	54
缙云县	41	30	195		9	5		159	90
遂昌县	65	5	19	1	21	9		27	83
松阳县	3	10	6		17	12		23	43
云和县	11	16	1728		3			11	19
庆元县	30	6	164		13	2		6	49
景宁畲族自治县		3	99		2	1		2	19
龙泉市	24	11	556	2	6	19		14	75
男	**8685**	**7533**	**13139**	**864**	**7338**	**3056**	**2915**	**27439**	**12868**
杭州市	**922**	**817**	**1031**	**29**	**1062**	**508**	**597**	**2235**	**1886**
上城区	3	7	5		9	10	1	17	7
下城区	1	23	6		6	10		4	8
江干区	54	70	31	3	76	104	16	559	106
拱墅区	6	23	8	2	6	33	2	10	17

4-6　续表 38　　　　单位：人

地　区 性　别	生产制造及有关人员								
	纸及纸制品生产加工人员	印刷和记录媒介复制人员	文教、工美、体育和娱乐用品制造人　员	石油加工和炼焦、煤化工生产人员	化学原料和化学制品制造人　员	医药制造人　　员	化学纤维制造人员	橡胶和塑料制品制造人员	非金属矿物制品制造人员
西湖区	6	64	35	1	18	29		10	20
滨江区	3	23	12	2	21	30		12	16
萧山区	223	177	316	11	341	50	552	413	683
余杭区	137	236	113	6	113	94	8	310	303
富阳区	185	47	138	2	70	65	5	274	267
临安区	242	46	43	2	83	21	11	132	119
桐庐县	47	70	232		50	31	2	126	187
淳安县	2	6	18		5	7		12	26
建德市	13	25	74		264	24		356	127
宁波市	**1166**	**1129**	**1758**	**453**	**1171**	**164**	**337**	**7534**	**1584**
海曙区	145	157	103	11	59	31	2	455	119
江北区	42	33	43	7	63	7	2	119	110
北仑区	157	68	224	99	365	29	5	431	142
镇海区	29	20	42	289	311	25	7	246	115
鄞州区	113	239	123	21	75	18	8	474	242
奉化区	91	44	56	5	27	13	1	187	108
象山县	11	14	32	2	22	1	1	117	61
宁海县	63	68	323	4	42	5	1	481	113
余姚市	168	189	161	2	89	9	32	2345	254
慈溪市	347	297	651	13	118	26	278	2679	320
温州市	**1831**	**2646**	**1373**	**9**	**469**	**113**	**48**	**4925**	**1171**
鹿城区	50	75	48		20	6		119	63
龙湾区	77	136	256	5	43	10	2	335	166
瓯海区	91	123	37	1	40	2	7	198	122
洞头区	8	2	39		10	16		1	51
永嘉县	30	26	273		128	4		216	66
平阳县	216	278	212		41	7	1	970	97
苍南县	417	600	156		12	6	3	604	79
文成县	1	3	3		3			11	24
泰顺县	2	5	44		2	1		18	85
瑞安市	191	112	181		107	7	33	672	174
乐清市	73	116	71	3	52	53	1	1047	159
龙港市	675	1170	53		11	1	1	734	85
嘉兴市	**1041**	**618**	**543**	**47**	**1030**	**90**	**1092**	**2267**	**1589**
南湖区	167	63	45	2	154	10	29	315	92
秀洲区	63	37	41		50	6	101	239	185
嘉善县	114	59	68	4	111	20	2	301	317
海盐县	121	120	32	3	67	5	11	185	113
海宁市	171	187	70		107	19	233	689	172
平湖市	281	100	235	32	427	25	66	303	270
桐乡市	124	52	52	6	114	5	650	235	440
湖州市	**319**	**164**	**345**	**7**	**345**	**138**	**257**	**843**	**1264**
吴兴区	27	57	55	2	72	17	101	84	187
南浔区	46	24	82	2	56	11	19	58	129
德清县	130	33	116	2	103	53	65	272	314
长兴县	46	20	28	1	60	22	64	102	493
安吉县	70	30	64		54	35	8	327	141
绍兴市	**450**	**233**	**744**	**12**	**1080**	**513**	**323**	**1108**	**930**
越城区	56	46	53	1	56	59	62	114	129
柯桥区	203	55	460	5	79	13	195	209	222
上虞区	45	45	73	3	842	258	6	410	254
新昌县	3	15	12		24	140		74	20
诸暨市	73	56	90	2	48	11	57	233	159
嵊州市	70	16	56	1	31	32	3	68	146

4-6 续表 39 单位：人

地 区 性 别	生产制造及有关人员 纸及纸制品生产加工人员	印刷和记录媒介复制人员	文教、工美、体育和娱乐用品制造人员	石油加工和炼焦、煤化工生产人员	化学原料和化学制品制造人员	医药制造人员	化学纤维制造人员	橡胶和塑料制品制造人员	非金属矿物制品制造人员
金华市	**1463**	**1140**	**3757**	**15**	**630**	**282**	**213**	**3392**	**2192**
婺城区	61	64	69	3	74	49	7	169	147
金东区	125	87	361	2	77	15	4	404	143
武义县	56	87	95	2	57	3	1	209	84
浦江县	114	42	144		20	4	50	190	964
磐安县	10	4	80		5	8		99	29
兰溪市	72	37	137	3	72	28	2	200	167
义乌市	722	533	1832	3	174	19	41	911	143
东阳市	138	93	836	2	110	155	106	370	244
永康市	165	193	203		41	1	2	840	271
衢州市	**626**	**88**	**193**	**11**	**670**	**36**	**15**	**352**	**537**
柯城区	30	14	22	6	327	14	2	56	52
衢江区	168	20	10	3	181	13	8	103	117
常山县	50	13	29		28	1		24	93
开化县	10	10	39		28	5		16	34
龙游县	333	17	53	1	39	1	5	65	107
江山市	35	14	40	1	67	2		88	134
舟山市	**22**	**21**	**24**	**261**	**169**	**12**	**6**	**60**	**132**
定海区	19	12	6	23	17	5	4	34	73
普陀区	1	7	3	6	10	7		6	40
岱山县	2	2	15	232	142		2	18	15
嵊泗县								2	4
台州市	**707**	**608**	**1761**	**18**	**518**	**1172**	**27**	**4517**	**1130**
椒江区	53	52	43	2	160	278	1	511	321
黄岩区	67	113	450		63	88		1121	74
路桥区	189	226	50	1	19	8	8	806	121
三门县	13	8	23	3	34	22	7	440	76
天台县	8	12	180	3	30	51		268	73
仙居县	16	11	619		44	170		215	42
温岭市	267	89	144	3	23	20	2	431	217
临海市	58	53	223	2	110	527	8	419	158
玉环市	36	44	29	4	35	8	1	306	48
丽水市	**138**	**69**	**1610**	**2**	**194**	**28**		**206**	**453**
莲都区	6	20	41		136	6		51	99
青田县	17	4	92		11	2		16	40
缙云县	26	18	99		7	3		92	71
遂昌县	44	1	8		13	5		18	78
松阳县	2	4	2		14	4		15	30
云和县	10	11	964		3			8	17
庆元县	22	5	86		4	1			45
景宁畲族自治县		2	25		1				19
龙泉市	11	4	293	2	5	7		6	54
女	**5937**	**3825**	**15995**	**172**	**2699**	**2230**	**1816**	**22923**	**3897**
杭州市	**628**	**497**	**1530**	**10**	**431**	**643**	**376**	**1223**	**503**
上城区	1	6	6		4	8		11	6
下城区	1	12	7	1	4	10			1
江干区	16	57	39	1	44	145	7	155	30
拱墅区	5	14	14	2	3	37		7	1
西湖区	3	25	36		16	46		4	2
滨江区	4	13	11	1	11	48		6	11
萧山区	230	92	522	1	116	43	350	279	148
余杭区	86	154	125	2	66	105	5	243	100
富阳区	139	36	217	1	31	117	2	125	78
临安区	92	17	47	1	34	13	9	104	34
桐庐县	36	56	407		22	31		100	30
淳安县	2	6	42		3	6	2	16	9
建德市	13	9	57		77	34	1	173	53

4-6 续表 40 单位：人

地区 性别	生产制造及有关人员 纸及纸制品生产加工人员	印刷和记录媒介复制人员	文教、工美、体育和娱乐用品制造人员	石油加工和炼焦、煤化工生产人员	化学原料和化学制品制造人员	医药制造人员	化学纤维制造人员	橡胶和塑料制品制造人员	非金属矿物制品制造人员
宁波市	**668**	**694**	**2377**	**68**	**349**	**138**	**158**	**7470**	**467**
海曙区	75	70	149	1	30	32	1	582	27
江北区	22	24	50	1	13	8	1	120	11
北仑区	73	42	346	5	45	22	2	360	41
镇海区	35	16	95	51	42	12	1	188	35
鄞州区	102	144	159	2	34	25	5	446	58
奉化区	32	33	62		5	4		195	45
象山县	11	10	49		5	2	2	138	15
宁海县	44	51	473	1	33	10		607	32
余姚市	114	127	246		65	5	18	2455	92
慈溪市	160	177	748	7	77	18	128	2379	111
温州市	**1734**	**990**	**1733**	**2**	**165**	**234**	**13**	**4018**	**219**
鹿城区	31	30	24		4	2		71	13
龙湾区	35	51	330	1	11	6		198	19
瓯海区	46	34	42		8	5	1	116	22
洞头区	1	3	54		2	16		6	5
永嘉县	15	19	180		76	2		205	7
平阳县	226	130	237		13	4		977	21
苍南县	509	243	371		9	3	1	735	7
文成县		4	6			1	1	14	2
泰顺县	1	1	27		2	1		14	3
瑞安市	116	58	260		24	2	7	409	46
乐清市	46	57	124	1	14	186	1	650	39
龙港市	708	360	78		2	6	2	623	35
嘉兴市	**566**	**305**	**556**	**3**	**229**	**100**	**710**	**1483**	**474**
南湖区	61	37	37	1	37	10	12	215	35
秀洲区	29	10	46		23	11	41	150	62
嘉善县	81	34	68	1	51	6	3	248	70
海盐县	58	75	45		8	13	23	126	36
海宁市	107	66	81		31	33	117	322	62
平湖市	138	51	225	1	61	18	55	310	65
桐乡市	92	32	54		18	9	459	112	144
湖州市	**210**	**84**	**311**	**3**	**143**	**121**	**174**	**522**	**413**
吴兴区	25	26	38		39	28	65	50	37
南浔区	39	13	72		18	6	13	32	34
德清县	71	16	101	1	49	33	32	168	121
长兴县	30	16	23	2	25	14	62	89	190
安吉县	45	13	77		12	40	2	183	31
绍兴市	**343**	**136**	**1073**	**3**	**412**	**244**	**167**	**1094**	**224**
越城区	40	23	86		18	44	23	108	40
柯桥区	168	40	570	1	18	14	109	87	42
上虞区	44	38	99	1	338	101	5	636	70
新昌县	5	7	16		10	63		48	4
诸暨市	44	19	243	1	22	12	29	161	43
嵊州市	42	9	59		6	10	1	54	25
金华市	**957**	**599**	**4192**	**5**	**413**	**211**	**192**	**2679**	**962**
婺城区	61	51	108		61	44	1	167	32
金东区	84	36	451	3	40	12	2	269	65
武义县	45	93	83		20	4	2	199	28
浦江县	38	27	156		8	4	35	113	578
磐安县	10	5	99		2	10		123	11
兰溪市	106	29	328	2	39	26	5	319	60
义乌市	437	174	1879		160	13	31	572	40
东阳市	75	40	940		62	96	114	234	41
永康市	101	144	148		21	2	2	683	107

4-6 续表 41

单位：人

地区 性别	生产制造及有关人员								
	纸及纸制品生产加工人员	印刷和记录媒介复制人员	文教、工美、体育和娱乐用品制造人员	石油加工和炼焦、煤化工生产人员	化学原料和化学制品制造人员	医药制造人员	化学纤维制造人员	橡胶和塑料制品制造人员	非金属矿物制品制造人员
衢州市	**228**	**51**	**478**	**2**	**225**	**59**	**5**	**410**	**134**
柯城区	16	8	29	1	110	21	1	42	18
衢江区	53	10	40		44	18	1	85	32
常山县	10	7	68		12	2		37	22
开化县	5	10	92		13	8		35	5
龙游县	112	5	99	1	26	3	2	83	28
江山市	32	11	150		20	7	1	128	29
舟山市	**8**	**16**	**94**	**70**	**19**	**15**	**4**	**61**	**45**
定海区	3	9	6	5	7	5	4	29	30
普陀区	1	3	2		1	8		8	12
岱山县	4	3	86	65	11	2		24	3
嵊泗县		1							
台州市	**515**	**394**	**2284**	**5**	**186**	**423**	**17**	**3784**	**356**
椒江区	35	30	121	1	42	88	1	368	149
黄岩区	43	85	693		25	30	1	1091	24
路桥区	139	141	74	2	9	2	4	735	37
三门县	7	5	46		17	9	2	253	19
天台县	12	14	192		12	30	1	152	26
仙居县	14	8	575		15	45		137	16
温岭市	187	53	310		19	18	3	322	36
临海市	39	29	252	2	31	196	3	345	40
玉环市	39	29	21		16	5	2	381	9
丽水市	**80**	**59**	**1367**	**1**	**127**	**42**		**179**	**100**
莲都区	5	19	60		100	13		54	22
青田县	16	4	17		3	1		22	14
缙云县	15	12	96		2	2		67	19
遂昌县	21	4	11	1	8	4		9	5
松阳县	1	6	4		3	8		8	13
云和县	1	5	764					3	2
庆元县	8	1	78		9	1		6	4
景宁畲族自治县		1	74		1	1		2	
龙泉市	13	7	263		1	12		8	21

4-6 续表 42

单位：人

地区 性别	生产制造及有关人员								
	采矿人员	金属冶炼和压延加工人员	机械制造基础加工人员	金属制品制造人员	通用设备制造人员	专用设备制造人员	汽车制造人员	铁路、船舶、航空设备制造人员	电气机械和器材制造人员
合计	**1702**	**10216**	**125980**	**60764**	**29022**	**9061**	**26798**	**4861**	**40580**
杭州市	**240**	**934**	**8917**	**5224**	**2607**	**1304**	**2453**	**254**	**2578**
上城区	2	3	7	9	27	13	13	7	7
下城区	4	6	34	18	72	11	11	3	15
江干区	18	22	465	241	182	281	283	10	256
拱墅区	6	14	54	47	34	24	16	4	28
西湖区	4	8	119	68	32	84	25	10	41
滨江区	9	10	134	65	42	73	39	9	111
萧山区	14	301	3592	2031	964	187	1325	74	457
余杭区	21	234	2094	1176	600	356	398	47	604
富阳区	67	174	1182	710	338	89	161	40	297
临安区	8	59	561	254	121	32	64	4	593
桐庐县	2	61	440	278	94	133	46	1	52
淳安县	5	7	65	40	14	7	14	5	48
建德市	80	35	170	287	87	14	58	40	69
宁波市	**109**	**2247**	**30856**	**15600**	**8076**	**1108**	**8218**	**1200**	**16902**
海曙区	10	78	1633	1332	281	54	437	30	322
江北区	3	219	752	423	211	58	318	27	209
北仑区	20	340	3476	959	593	100	1299	164	707
镇海区	21	107	1369	848	674	46	206	9	146
鄞州区	9	391	3773	1807	472	245	1334	105	623
奉化区	13	101	2360	952	181	20	169	13	210
象山县	6	27	1221	176	252	29	390	125	191
宁海县	16	91	2707	1059	196	27	377	10	1386
余姚市	8	392	6566	3366	1776	247	940	25	3374
慈溪市	3	501	6999	4678	3440	282	2748	692	9734
温州市	**496**	**1159**	**18581**	**10169**	**3956**	**2034**	**5526**	**336**	**4564**
鹿城区		29	617	1149	180	88	20	1	68
龙湾区	5	359	4331	2351	1150	246	454	13	638
瓯海区	3	92	1282	1017	135	1059	405	134	210
洞头区		1	123	72	11	5	57	2	14
永嘉县	16	32	1745	1661	1040	4	15	3	52
平阳县	91	90	1108	400	107	60	338	14	265
苍南县	307	87	175	318	32	5	30	4	16
文成县		13	47	45	25	1	45		2
泰顺县	35	18	49	29	3		22		2
瑞安市	12	254	4011	1453	760	464	3854	144	262
乐清市	25	165	4931	1568	496	85	284	17	3028
龙港市	2	19	162	106	17	17	2	4	7
嘉兴市	**15**	**877**	**6969**	**4108**	**2655**	**705**	**2482**	**71**	**5050**
南湖区	1	167	1035	558	371	125	460	9	508
秀洲区	1	66	597	287	239	178	527	12	797
嘉善县	1	167	1472	624	708	67	307	15	334
海盐县	3	198	1393	499	318	48	121	4	607
海宁市	5	129	808	1183	395	129	249	9	1517
平湖市	2	72	1125	616	534	91	676	12	1058
桐乡市	2	78	539	341	90	67	142	10	229
湖州市	**152**	**805**	**3747**	**1936**	**948**	**228**	**533**	**64**	**1245**
吴兴区	66	286	708	510	96	61	106	8	105
南浔区	7	206	756	201	305	20	35	4	345
德清县	33	154	966	450	221	74	152	30	236
长兴县	36	112	632	270	249	45	190	21	537
安吉县	10	47	685	505	77	28	50	1	22

4-6 续表 43 单位：人

地区 性别	生产制造及有关人员 采矿人员	金属冶炼和压延加工人员	机械制造基础加工人员	金属制品制造人员	通用设备制造人员	专用设备制造人员	汽车制造人员	铁路、船舶、航空设备制造人员	电气机械和器材制造人员
绍兴市	**86**	**720**	**9168**	**3634**	**1219**	**536**	**950**	**70**	**2088**
越城区	10	53	516	571	73	125	54	3	198
柯桥区	9	93	643	513	105	34	163	5	50
上虞区	10	352	1211	985	423	92	193	6	866
新昌县	14	19	2224	129	189	45	181	26	47
诸暨市	33	150	3613	1007	297	230	313	25	59
嵊州市	10	53	961	429	132	10	46	5	868
金华市	**134**	**1116**	**13529**	**12987**	**1146**	**331**	**763**	**164**	**1242**
婺城区	9	62	1209	617	126	76	287	42	96
金东区	10	59	612	469	162	17	38	43	103
武义县	39	313	2708	2323	218	13	44	13	124
浦江县	8	19	271	975	36	8	18		48
磐安县	5	16	128	125	10	2	10	6	9
兰溪市	11	83	460	325	61	22	124	33	89
义乌市	19	45	1566	817	62	63	93	2	172
东阳市	30	93	651	800	89	84	25	6	304
永康市	3	426	5924	6536	382	46	124	19	297
衢州市	**109**	**692**	**1433**	**1014**	**574**	**94**	**211**	**32**	**480**
柯城区	5	277	243	87	118	13	26	1	43
衢江区	26	238	384	138	109	20	82	13	95
常山县	15	45	170	134	230	9	6	2	106
开化县	7	14	45	59	8	10	2		67
龙游县	21	71	300	335	35	13	40	14	24
江山市	35	47	291	261	74	29	55	2	145
舟山市	**78**	**30**	**2980**	**194**	**150**	**31**	**297**	**986**	**111**
定海区	14	7	1439	86	88	26	68	256	70
普陀区	30	11	563	68	32	3	11	400	5
岱山县	23	12	964	35	30	2	216	327	36
嵊泗县	11		14	5			2	3	
台州市	**74**	**808**	**27845**	**4608**	**6926**	**2517**	**4968**	**1613**	**5989**
椒江区	8	70	1963	779	683	390	282	238	615
黄岩区	5	41	4634	147	189	116	221	190	240
路桥区	1	168	3163	749	582	222	670	360	834
三门县	2	17	587	229	161	18	239	69	378
天台县	6	23	309	159	49	8	764	15	49
仙居县	11	33	293	79	42	9	147	4	25
温岭市	10	166	5445	712	3623	76	559	544	1831
临海市	18	111	1888	547	396	1580	321	165	1941
玉环市	13	179	9563	1207	1201	98	1765	28	76
丽水市	**209**	**828**	**1955**	**1290**	**765**	**173**	**397**	**71**	**331**
莲都区	16	33	351	270	127	9	49	2	72
青田县	39	150	124	193	175	8	2	1	15
缙云县	16	118	893	550	190	131	26	65	201
遂昌县	59	207	199	59	15	10	10	1	26
松阳县	10	129	193	67	36	4	32	1	7
云和县	9	122	36	41	130		1		
庆元县	5	1	41	22	4	4	11		4
景宁畲族自治县		8	12	12	12			1	4
龙泉市	55	60	106	76	76	7	266		2
男	**1523**	**8126**	**96616**	**37173**	**19522**	**5222**	**16923**	**3373**	**20467**
杭州市	**191**	**761**	**6865**	**3444**	**1932**	**686**	**1773**	**182**	**1581**
上城区	1	2	5	5	18	9	8	7	5
下城区	4	4	29	12	60	9	11	3	9
江干区	13	20	374	176	125	113	210	8	190
拱墅区	5	13	50	30	27	13	9	4	19

4-6 续表 44

单位：人

地区 性别	生产制造及有关人员								
	采矿人员	金属冶炼和压延加工人员	机械制造基础加工人员	金属制品制造人员	通用设备制造人员	专用设备制造人员	汽车制造人员	铁路、船舶、航空设备制造人员	电气机械和器材制造人员
西湖区	1	7	94	52	24	36	18	8	27
滨江区	8	8	104	45	17	41	26	8	72
萧山区	13	245	2678	1275	717	119	978	47	286
余杭区	18	192	1646	826	450	179	288	41	344
富阳区	49	145	895	457	254	39	104	31	169
临安区	7	46	445	172	92	21	34	3	362
桐庐县	2	45	372	196	74	90	32	1	39
淳安县	3	6	43	28	9	4	12	1	24
建德市	67	28	130	170	65	13	43	20	35
宁波市	**97**	**1836**	**23606**	**9026**	**5031**	**618**	**5263**	**805**	**8295**
海曙区	9	48	1250	782	189	27	250	17	188
江北区	3	189	573	245	141	32	205	15	112
北仑区	20	298	2922	607	433	61	913	140	408
镇海区	20	91	1083	531	420	31	123	7	64
鄞州区	7	318	2735	1093	328	125	781	87	303
奉化区	10	86	1720	584	123	12	114	11	100
象山县	4	24	1027	129	169	20	207	117	104
宁海县	15	68	2132	548	106	13	217	6	544
余姚市	6	310	4751	1842	1023	144	565	12	1474
慈溪市	3	404	5413	2665	2099	153	1888	393	4998
温州市	**477**	**922**	**15019**	**6148**	**2995**	**1255**	**3190**	**190**	**2322**
鹿城区		18	464	738	115	49	11	1	37
龙湾区	5	297	3542	1321	864	95	299	10	267
瓯海区	3	67	1004	612	98	674	234	76	112
洞头区		1	89	53	8	5	38	1	6
永嘉县	16	27	1509	968	878	3	11	2	35
平阳县	88	69	923	277	84	41	219	8	147
苍南县	299	58	143	224	25	5	25	4	13
文成县		13	44	33	18	1	28		
泰顺县	33	18	49	16	2		16		
瑞安市	11	215	3184	906	598	318	2175	73	142
乐清市	20	125	3917	927	294	55	133	11	1557
龙港市	2	14	151	73	11	9	1	4	6
嘉兴市	**12**	**698**	**5272**	**2621**	**1885**	**423**	**1631**	**50**	**2664**
南湖区		127	721	337	258	68	311	8	284
秀洲区	1	55	459	188	159	93	322	6	428
嘉善县		133	1057	388	461	40	184	10	174
海盐县	3	148	995	320	226	23	72	2	250
海宁市	4	106	658	721	305	96	167	8	830
平湖市	2	62	943	447	404	64	479	8	588
桐乡市	2	67	439	220	72	39	96	8	110
湖州市	**140**	**644**	**3104**	**1400**	**771**	**147**	**325**	**46**	**675**
吴兴区	61	211	602	357	84	41	69	8	70
南浔区	6	177	613	143	236	14	20	1	154
德清县	29	132	787	326	176	41	93	20	112
长兴县	34	88	562	212	212	32	108	16	325
安吉县	10	36	540	362	63	19	35	1	14
绍兴市	**75**	**496**	**6579**	**2249**	**868**	**317**	**605**	**50**	**1087**
越城区	9	39	368	361	54	56	32	3	98
柯桥区	8	74	541	395	89	20	102	2	33
上虞区	6	200	892	528	281	49	116	3	401
新昌县	13	18	1432	83	128	33	120	20	21
诸暨市	32	122	2575	575	214	152	205	17	32
嵊州市	7	43	771	307	102	7	30	5	502

4-6 续表 45

单位：人

地区 性别	生产制造及有关人员								
	采矿人员	金属冶炼和压延加工人员	机械制造基础加工人员	金属制品制造人员	通用设备制造人员	专用设备制造人员	汽车制造人员	铁路、船舶、航空设备制造人员	电气机械和器材制造人员
金华市	**112**	**845**	**10038**	**7905**	**826**	**186**	**562**	**104**	**745**
婺城区	8	46	925	392	79	45	218	28	53
金东区	8	46	471	289	110	9	28	27	61
武义县	33	225	2050	1426	170	7	28	11	68
浦江县	8	17	205	564	25	7	16		27
磐安县	4	12	93	74	9		7	4	3
兰溪市	11	64	367	203	52	13	82	19	62
义乌市	15	35	1063	511	49	37	80	2	136
东阳市	22	63	477	520	66	38	14	3	175
永康市	3	337	4387	3926	266	30	89	10	160
衢州市	**96**	**577**	**1208**	**710**	**444**	**55**	**137**	**24**	**272**
柯城区	5	232	212	74	99	8	17	1	27
衢江区	24	206	336	100	80	17	61	8	60
常山县	10	37	144	81	170	6	6	1	80
开化县	5	7	34	51	6	3	1		27
龙游县	21	58	244	222	31	6	25	12	14
江山市	31	37	238	182	58	15	27	2	64
舟山市	**73**	**26**	**2648**	**143**	**103**	**17**	**173**	**839**	**57**
定海区	12	7	1305	69	57	17	39	215	28
普陀区	30	8	473	48	25		8	340	3
岱山县	20	11	856	22	21		124	281	26
嵊泗县	11		14	4			2	3	
台州市	**62**	**632**	**20677**	**2680**	**4092**	**1422**	**3033**	**1032**	**2588**
椒江区	8	56	1474	483	341	239	204	163	336
黄岩区	4	34	4088	113	129	62	119	117	126
路桥区	1	135	2279	400	325	121	437	216	428
三门县	2	16	473	146	106	9	152	55	186
天台县	6	16	217	110	32	5	422	9	18
仙居县	7	27	217	57	28	5	90	4	18
温岭市	10	123	3966	457	2416	56	345	329	884
临海市	15	93	1454	370	152	877	200	121	549
玉环市	9	132	6509	544	563	48	1064	18	43
丽水市	**188**	**689**	**1600**	**847**	**575**	**96**	**231**	**51**	**181**
莲都区	12	27	297	184	93	5	34	1	48
青田县	33	110	98	125	137	4	1	1	11
缙云县	16	100	726	341	137	72	21	47	99
遂昌县	52	168	156	43	10	4	4		13
松阳县	10	115	161	48	25	3	20	1	4
云和县	8	108	32	30	103		1		
庆元县	5	1	32	17	3	1	4		2
景宁畲族自治县		6	11	7	10			1	2
龙泉市	52	54	87	52	57	7	146		2
女	**179**	**2090**	**29364**	**23591**	**9500**	**3839**	**9875**	**1488**	**20113**
杭州市	**49**	**173**	**2052**	**1780**	**675**	**618**	**680**	**72**	**997**
上城区	1	1	2	4	9	4	5		2
下城区		2	5	6	12	2			6
江干区	5	2	91	65	57	168	73	2	66
拱墅区	1	1	4	17	7	11	7		9
西湖区	3	1	25	16	8	48	7	2	14
滨江区	1	2	30	20	25	32	13	1	39
萧山区	1	56	914	756	247	68	347	27	171
余杭区	3	42	448	350	150	177	110	6	260
富阳区	18	29	287	253	84	50	57	9	128
临安区	1	13	116	82	29	11	30	1	231
桐庐县		16	68	82	20	43	14		13
淳安县	2	1	22	12	5	3	2	4	24
建德市	13	7	40	117	22	1	15	20	34

4-6　续表 46　　　　　　　　　　　　　　　　　　　　单位：人

地　区 性　别	生产制造及有关人员 采矿人员	金属冶炼和压延加工人员	机械制造基础加工人员	金属制品制造人员	通用设备制造人员	专用设备制造人员	汽车制造人员	铁路、船舶、航空设备制造人员	电气机械和器材制造人员
宁波市	**12**	**411**	**7250**	**6574**	**3045**	**490**	**2955**	**395**	**8607**
海曙区	1	30	383	550	92	27	187	13	134
江北区		30	179	178	70	26	113	12	97
北仑区		42	554	352	160	39	386	24	299
镇海区	1	16	286	317	254	15	83	2	82
鄞州区	2	73	1038	714	144	120	553	18	320
奉化区	3	15	640	368	58	8	55	2	110
象山县	2	3	194	47	83	9	183	8	87
宁海县	1	23	575	511	90	14	160	4	842
余姚市	2	82	1815	1524	753	103	375	13	1900
慈溪市		97	1586	2013	1341	129	860	299	4736
温州市	**19**	**237**	**3562**	**4021**	**961**	**779**	**2336**	**146**	**2242**
鹿城区		11	153	411	65	39	9		31
龙湾区		62	789	1030	286	151	155	3	371
瓯海区		25	278	405	37	385	171	58	98
洞头区			34	19	3		19	1	8
永嘉县		5	236	693	162	1	4	1	17
平阳县	3	21	185	123	23	19	119	6	118
苍南县	8	29	32	94	7		5		3
文成县			3	12	7		17		2
泰顺县	2			13	1		6		2
瑞安市	1	39	827	547	162	146	1679	71	120
乐清市	5	40	1014	641	202	30	151	6	1471
龙港市		5	11	33	6	8	1		1
嘉兴市	**3**	**179**	**1697**	**1487**	**770**	**282**	**851**	**21**	**2386**
南湖区	1	40	314	221	113	57	149	1	224
秀洲区		11	138	99	80	85	205	6	369
嘉善县	1	34	415	236	247	27	123	5	160
海盐县		50	398	179	92	25	49	2	357
海宁市	1	23	150	462	90	33	82	1	687
平湖市		10	182	169	130	27	197	4	470
桐乡市		11	100	121	18	28	46	2	119
湖州市	**12**	**161**	**643**	**536**	**177**	**81**	**208**	**18**	**570**
吴兴区	5	75	106	153	12	20	37		35
南浔区	1	29	143	58	69	6	15	3	191
德清县	4	22	179	124	45	33	59	10	124
长兴县	2	24	70	58	37	13	82	5	212
安吉县		11	145	143	14	9	15		8
绍兴市	**11**	**224**	**2589**	**1385**	**351**	**219**	**345**	**20**	**1001**
越城区	1	14	148	210	19	69	22		100
柯桥区	1	19	102	118	16	14	61	3	17
上虞区	4	152	319	457	142	43	77	3	465
新昌县	1	1	792	46	61	12	61	6	26
诸暨市	1	28	1038	432	83	78	108	8	27
嵊州市	3	10	190	122	30	3	16		366
金华市	**22**	**271**	**3491**	**5082**	**320**	**145**	**201**	**60**	**497**
婺城区	1	16	284	225	47	31	69	14	43
金东区	2	13	141	180	52	8	10	16	42
武义县	6	88	658	897	48	6	16	2	56
浦江县		2	66	411	11	1	2		21
磐安县	1	4	35	51	1	2	3	2	6
兰溪市		19	93	122	9	9	42	14	27
义乌市	4	10	503	306	13	26	13		36
东阳市	8	30	174	280	23	46	11	3	129
永康市		89	1537	2610	116	16	35	9	137

4-6 续表 47 单位：人

地区 性别	生产制造及有关人员								
	采矿人员	金属冶炼和压延加工人员	机械制造基础加工人员	金属制品制造人员	通用设备制造人员	专用设备制造人员	汽车制造人员	铁路、船舶、航空设备制造人员	电气机械和器材制造人员
衢州市	**13**	**115**	**225**	**304**	**130**	**39**	**74**	**8**	**208**
柯城区		45	31	13	19	5	9		16
衢江区	2	32	48	38	29	3	21	5	35
常山县	5	8	26	53	60	3		1	26
开化县	2	7	11	8	2	7	1		40
龙游县		13	56	113	4	7	15	2	10
江山市	4	10	53	79	16	14	28		81
舟山市	**5**	**4**	**332**	**51**	**47**	**14**	**124**	**147**	**54**
定海区	2		134	17	31	9	29	41	42
普陀区		3	90	20	7	3	3	60	2
岱山县	3	1	108	13	9	2	92	46	10
嵊泗县				1					
台州市	**12**	**176**	**7168**	**1928**	**2834**	**1095**	**1935**	**581**	**3401**
椒江区		14	489	296	342	151	78	75	279
黄岩区	1	7	546	34	60	54	102	73	114
路桥区		33	884	349	257	101	233	144	406
三门县		1	114	83	55	9	87	14	192
天台县		7	92	49	17	3	342	6	31
仙居县	4	6	76	22	14	4	57		7
温岭市		43	1479	255	1207	20	214	215	947
临海市	3	18	434	177	244	703	121	44	1392
玉环市	4	47	3054	663	638	50	701	10	33
丽水市	**21**	**139**	**355**	**443**	**190**	**77**	**166**	**20**	**150**
莲都区	4	6	54	86	34	4	15	1	24
青田县	6	40	26	68	38	4	1		4
缙云县		18	167	209	53	59	5	18	102
遂昌县	7	39	43	16	5	6	6	1	13
松阳县		14	32	19	11	1	12		3
云和县	1	14	4	11	27				
庆元县			9	5	1	3	7		2
景宁畲族自治县		2	1	5	2				2
龙泉市	3	6	19	24	19		120		

4-6　续表 48

单位：人

地区 性别	生产制造及有关人员								不便分类的其他从业人员
	计算机、通信和其他电子设备制造人员	仪器仪表制造人员	废弃资源综合利用人员	电力、热力、气体、水生产和输配人员	建筑施工人员	运输设备和通用工程机械操作人员及有关人员	生产辅助人员	其他生产制造及有关人员	
合计	**72012**	**2940**	**2023**	**3633**	**304929**	**22320**	**220241**	**3944**	**2171**
杭州市	**10025**	**399**	**214**	**552**	**68621**	**4562**	**24285**	**731**	**114**
上城区	21	7	3	21	692	33	114	3	
下城区	23	5	3	16	1040	68	168	120	1
江干区	1627	29	11	43	6300	330	2223	102	20
拱墅区	135	19	2	14	2225	124	483	3	12
西湖区	364	40	7	24	3879	211	865	9	3
滨江区	382	10	6	29	1812	22	527	3	2
萧山区	806	64	38	114	16682	1048	6559	139	1
余杭区	2867	138	40	65	17795	1001	6206	243	69
富阳区	1520	55	57	56	6396	448	1990	37	3
临安区	797	13	2	68	4812	790	2229	1	
桐庐县	1152	3	31	24	2653	188	1654	21	2
淳安县	83	8	4	35	1849	98	240	10	1
建德市	248	8	10	43	2486	201	1027	40	
宁波市	**19848**	**984**	**309**	**587**	**40642**	**3632**	**41549**	**731**	**663**
海曙区	1500	68	17	41	5229	321	3363	24	3
江北区	669	73	8	23	2156	210	1365	39	
北仑区	2663	56	19	92	2810	705	5817	18	78
镇海区	1860	34	24	96	2950	418	2227	227	9
鄞州区	2591	168	16	67	6513	473	4945	11	55
奉化区	1624	42	29	27	3124	227	2438	113	98
象山县	150	1	2	64	3008	212	1679	5	
宁海县	1132	46	16	30	2939	234	2892	30	36
余姚市	3374	209	86	60	4368	276	6712	31	19
慈溪市	4285	287	92	87	7545	556	10111	233	365
温州市	**15942**	**759**	**141**	**285**	**33091**	**1861**	**26574**	**183**	**293**
鹿城区	171	33	39	12	2842	187	1894	3	2
龙湾区	1486	131	12	34	3296	275	3559	25	63
瓯海区	460	31	7	17	5058	275	3380	58	26
洞头区	301			9	1125	87	210	5	43
永嘉县	219	25	5	14	2500	113	1538	5	4
平阳县	423	1	11	27	2989	197	2765	17	24
苍南县	148	29	37	5	2011	70	1835	34	17
文成县	17	3		22	1097	61	129		
泰顺县	25		1	15	1233	56	125	5	39
瑞安市	374	177	13	54	4051	180	4658	23	22
乐清市	12271	328	15	50	5423	281	4889	7	22
龙港市	47	1	1	26	1466	79	1592	1	31
嘉兴市	**8564**	**148**	**169**	**544**	**29100**	**2226**	**23929**	**204**	**86**
南湖区	1453	21	26	87	4164	291	2945	12	14
秀洲区	897	18	52	53	3374	258	3109	4	7
嘉善县	3627	4	11	53	3766	306	3122	34	1
海盐县	548	22	22	107	3021	245	2599	39	5
海宁市	1194	8	32	70	6180	422	5391	18	18
平湖市	298	60	5	109	3875	400	2457	32	3
桐乡市	547	15	21	65	4720	304	4306	65	38
湖州市	**2507**	**35**	**124**	**219**	**17247**	**1724**	**10383**	**287**	**407**
吴兴区	574	11	16	39	5238	429	2230	26	118
南浔区	381	3	30	49	2863	290	1782	18	40
德清县	535	5	28	41	3218	325	2273	48	39
长兴县	620	11	19	51	3411	416	1806	50	34
安吉县	397	5	31	39	2517	264	2292	145	176

4-6 续表 49　　　　单位：人

地　区 性　别	生产制造及有关人员								不便分类的其他从业人员
	计算机、通信和其他电子设备制造人员	仪器仪表制造人员	废弃资源综合利用人员	电力、热力、气体、水生产和输配人员	建筑施工人员	运输设备和通用工程机械操作人员及有关人员	生产辅助人员	其他生产制造及有关人员	
绍兴市	**3753**	**73**	**137**	**246**	**27320**	**1414**	**20142**	**329**	**57**
越城区	669	9	46	33	5477	288	2438	16	7
柯桥区	496	7	35	97	5700	284	5416	49	4
上虞区	952	45	34	48	5565	299	3105	168	4
新昌县	322	3		16	1902	135	1564	40	
诸暨市	277	6	16	27	5603	269	6244	34	
嵊州市	1037	3	6	25	3073	139	1375	22	42
金华市	**5632**	**160**	**228**	**264**	**29947**	**1994**	**40880**	**891**	**129**
婺城区	594	7	18	59	4481	316	2045	52	10
金东区	245	80	25	13	2489	257	3434	48	11
武义县	752	9	9	40	1474	151	3885	133	12
浦江县	82	2	33	23	1631	92	2490	53	13
磐安县	66	1	3	8	1239	90	393	8	9
兰溪市	198	3	18	32	3091	189	1995	71	5
义乌市	1064	15	65	26	7323	429	16843	252	5
东阳市	1741	4	24	44	5935	265	4414	188	3
永康市	890	39	33	19	2284	205	5381	86	61
衢州市	**1244**	**31**	**52**	**203**	**12139**	**1155**	**4209**	**141**	**79**
柯城区	99	10	4	70	2586	251	861	6	22
衢江区	182	4	6	29	1877	269	753	42	4
常山县	146		3	18	1530	143	388	11	9
开化县	105	2	7	18	1708	104	328	3	3
龙游县	248	2	25	31	1815	188	812	14	19
江山市	464	13	7	37	2623	200	1067	65	22
舟山市	**202**	**99**	**8**	**208**	**9238**	**1266**	**3222**	**17**	**3**
定海区	145	10	5	79	3128	366	1260	5	
普陀区	19	42		89	2183	328	1105		1
岱山县	37	47	2	25	3737	530	786	12	
嵊泗县	1		1	15	190	42	71		2
台州市	**2652**	**219**	**626**	**309**	**26647**	**1776**	**21424**	**335**	**58**
椒江区	920	25	19	84	4322	329	2840	19	1
黄岩区	66	4	18	18	2558	182	2842		19
路桥区	179	18	394	25	2083	241	2433	51	2
三门县	97	10	14	23	1581	124	655	2	
天台县	103	12	4	23	1933	80	590	4	10
仙居县	89	3	12	22	1261	85	1013	12	20
温岭市	472	51	89	23	5371	294	3779		2
临海市	428	7	64	39	5202	272	2803	229	3
玉环市	298	89	12	52	2336	169	4469	18	1
丽水市	**1643**	**33**	**15**	**216**	**10937**	**710**	**3644**	**95**	**282**
莲都区	1262	3	4	23	3494	177	687	18	76
青田县	119	5		14	1599	65	224	23	12
缙云县	132	24	2	22	1769	103	916	15	
遂昌县	37		2	25	690	93	263	7	1
松阳县	33		3	22	865	72	193	6	4
云和县	9		2	30	517	31	495	2	13
庆元县	14	1		14	548	63	392	18	125
景宁畲族自治县	13		2	34	571	39	61	4	47
龙泉市	24			32	884	67	413	2	4
男	**37898**	**1535**	**1425**	**3122**	**274967**	**20400**	**126697**	**2180**	**1383**
杭州市	**5822**	**200**	**161**	**459**	**61283**	**4058**	**14601**	**396**	**87**
上城区	14	4	2	16	591	29	93	2	
下城区	20	5	2	13	911	60	131	63	1
江干区	1049	18	11	37	5681	276	1473	56	18
拱墅区	90	12	1	12	1970	118	365	3	7

4-6　续表 50　　　　单位：人

地　区 性　别	生产制造及有关人员								不便分类的其他从业人员
	计算机、通信和其他电子设备制造人　员	仪器仪表制造人员	废弃资源综合利用人　员	电力、热力、气体、水生产和输配人员	建筑施工人　员	运输设备和通用工程机械操作人员及有关人员	生产辅助人　员	其他生产制造及有关人员	
西湖区	194	24	6	22	3465	192	581	6	3
滨江区	231	9	4	21	1591	19	333	2	1
萧山区	490	39	26	94	15014	904	4006	55	1
余杭区	1583	57	34	57	15862	889	3547	144	50
富阳区	774	18	42	43	5652	430	1286	23	3
临安区	486	6	2	60	4252	681	1166	1	
桐庐县	715	1	22	19	2418	171	804	17	2
淳安县	38	5	3	28	1661	93	163	6	1
建德市	138	2	6	37	2215	196	653	18	
宁波市	**9834**	**455**	**232**	**514**	**37425**	**3344**	**23518**	**391**	**429**
海曙区	712	35	14	37	4851	295	1909	12	3
江北区	376	37	7	20	1947	189	766	20	
北仑区	1496	36	15	82	2557	663	3649	8	47
镇海区	1056	26	17	79	2688	386	1339	137	6
鄞州区	1276	70	11	55	5961	434	2748	4	37
奉化区	778	20	21	24	2871	204	1230	70	53
象山县	83		2	59	2819	183	964	3	
宁海县	462	23	15	28	2691	220	1592	13	22
余姚市	1525	93	65	53	4072	251	3507	16	12
慈溪市	2070	115	65	77	6968	519	5814	108	249
温州市	**7266**	**466**	**100**	**251**	**30034**	**1693**	**16620**	**115**	**188**
鹿城区	107	19	30	9	2549	153	1322	2	1
龙湾区	847	88	9	29	2869	237	2220	16	40
瓯海区	282	19	5	13	4595	242	2160	37	18
洞头区	139			8	981	83	144	5	26
永嘉县	129	15	4	14	2258	105	1008	3	2
平阳县	233	1	8	26	2741	188	1635	6	18
苍南县	98	18	23	5	1916	66	1063	23	11
文成县	15	2		20	968	59	98		
泰顺县	10		1	13	1118	56	101	2	26
瑞安市	207	109	8	43	3738	164	3057	16	13
乐清市	5164	194	11	45	4988	268	2856	4	14
龙港市	35	1	1	26	1313	72	956	1	19
嘉兴市	**4890**	**94**	**122**	**501**	**26156**	**2044**	**13822**	**110**	**56**
南湖区	826	16	20	79	3738	263	1731	4	9
秀洲区	446	12	35	45	3056	240	1812	3	4
嘉善县	2258	2	11	48	3272	263	1659	19	
海盐县	272	15	16	100	2583	233	1564	23	4
海宁市	650	5	19	64	5549	381	3159	8	11
平湖市	146	37	5	106	3620	374	1424	15	3
桐乡市	292	7	16	59	4338	290	2473	38	25
湖州市	**1470**	**25**	**90**	**194**	**15401**	**1572**	**6526**	**186**	**260**
吴兴区	381	7	14	35	4597	356	1394	22	78
南浔区	209	3	19	44	2585	271	1152	11	26
德清县	309	3	18	35	2842	302	1366	30	23
长兴县	314	7	17	46	3123	386	1215	34	24
安吉县	257	5	22	34	2254	257	1399	89	109
绍兴市	**2071**	**41**	**95**	**211**	**24857**	**1288**	**11827**	**167**	**37**
越城区	384	3	28	29	5005	258	1544	10	7
柯桥区	321	5	29	77	5180	256	3583	26	3
上虞区	461	25	24	44	5149	275	1814	74	4
新昌县	169	3		15	1695	117	802	21	
诸暨市	156	3	10	24	5093	247	3299	23	
嵊州市	580	2	4	22	2735	135	785	13	23

4-6 续表 51 　　单位：人

地区 性别	生产制造及有关人员								不便分类的其他从业人员
	计算机、通信和其他电子设备制造人员	仪器仪表制造人员	废弃资源综合利用人员	电力、热力、气体、水生产和输配人员	建筑施工人员	运输设备和通用工程机械操作人员及有关人员	生产辅助人员	其他生产制造及有关人员	
金华市	**3259**	**70**	**152**	**228**	**26156**	**1853**	**21044**	**499**	**72**
婺城区	364	3	13	51	3793	287	1125	23	5
金东区	141	31	15	12	2111	230	1829	28	8
武义县	402	3	5	35	1309	137	2047	79	7
浦江县	54	2	20	20	1516	90	1299	27	11
磐安县	37		3	5	1090	82	219	6	4
兰溪市	119	3	12	27	2803	176	1121	39	2
义乌市	725	8	46	22	6430	404	8123	139	1
东阳市	931	4	15	38	5192	251	2471	99	2
永康市	486	16	23	18	1912	196	2810	59	32
衢州市	**677**	**16**	**37**	**172**	**11308**	**1082**	**2550**	**72**	**53**
柯城区	56	8	2	61	2375	226	622	2	14
衢江区	113	3	6	24	1783	252	451	20	4
常山县	78		1	16	1486	134	233	6	6
开化县	55	1	5	14	1596	96	175		2
龙游县	125	1	17	27	1670	182	479	8	13
江山市	250	3	6	30	2398	192	590	36	14
舟山市	**98**	**45**	**8**	**174**	**8491**	**1193**	**2665**	**9**	**1**
定海区	67	6	5	62	2773	334	1011	2	
普陀区	12	4		79	1992	309	895		1
岱山县	18	35	2	20	3551	508	693	7	
嵊泗县	1		1	13	175	42	66		
台州市	**1547**	**105**	**417**	**249**	**24231**	**1613**	**11509**	**177**	**40**
椒江区	569	12	15	69	3880	284	1641	10	1
黄岩区	39	1	14	12	2372	159	1141		14
路桥区	83	10	259	21	1863	222	1362	32	1
三门县	64	8	12	21	1502	115	416	2	
天台县	49	2	4	16	1697	70	379	3	8
仙居县	49	1	9	18	1129	73	566	7	13
温岭市	264	16	64	20	4827	275	2214		1
临海市	273	5	33	32	4885	255	1480	111	1
玉环市	157	50	7	40	2076	160	2310	12	1
丽水市	**964**	**18**	**11**	**169**	**9625**	**660**	**2015**	**58**	**160**
莲都区	770	3	3	18	2985	160	435	9	51
青田县	73	5		13	1269	54	159	18	6
缙云县	47	10	2	19	1647	97	563	9	
遂昌县	22		1	20	616	89	169	7	1
松阳县	21		2	18	769	70	145	5	2
云和县	5		2	23	484	30	165	1	8
庆元县	6			10	500	61	134	8	86
景宁畲族自治县	4		1	22	520	36	46		5
龙泉市	16			26	835	63	199	1	1
女	**34114**	**1405**	**598**	**511**	**29962**	**1920**	**93544**	**1764**	**788**
杭州市	**4203**	**199**	**53**	**93**	**7338**	**504**	**9684**	**335**	**27**
上城区	7	3	1	5	101	4	21	1	
下城区	3		1	3	129	8	37	57	
江干区	578	11		6	619	54	750	46	2
拱墅区	45	7	1	2	255	6	118		5
西湖区	170	16	1	2	414	19	284	3	
滨江区	151	1	2	8	221	3	194	1	1
萧山区	316	25	12	20	1668	144	2553	84	
余杭区	1284	81	6	8	1933	112	2659	99	19
富阳区	746	37	15	13	744	18	704	14	
临安区	311	7		8	560	109	1063		
桐庐县	437	2	9	5	235	17	850	4	
淳安县	45	3	1	7	188	5	77	4	
建德市	110	6	4	6	271	5	374	22	

4–6 续表 52 单位：人

地区 性别	生产制造及有关人员								不便分类的其他从业人员
	计算机、通信和其他电子设备制造人员	仪器仪表制造人员	废弃资源综合利用人员	电力、热力、气体、水生产和输配人员	建筑施工人员	运输设备和通用工程机械操作人员及有关人员	生产辅助人员	其他生产制造及有关人员	
宁波市	**10014**	**529**	**77**	**73**	**3217**	**288**	**18031**	**340**	**234**
海曙区	788	33	3	4	378	26	1454	12	
江北区	293	36	1	3	209	21	599	19	
北仑区	1167	20	4	10	253	42	2168	10	31
镇海区	804	8	7	17	262	32	888	90	3
鄞州区	1315	98	5	12	552	39	2197	7	18
奉化区	846	22	8	3	253	23	1208	43	45
象山县	67	1		5	189	29	715	2	
宁海县	670	23	1	2	248	14	1300	17	14
余姚市	1849	116	21	7	296	25	3205	15	7
慈溪市	2215	172	27	10	577	37	4297	125	116
温州市	**8676**	**293**	**41**	**34**	**3057**	**168**	**9954**	**68**	**105**
鹿城区	64	14	9	3	293	34	572	1	1
龙湾区	639	43	3	5	427	38	1339	9	23
瓯海区	178	12	2	4	463	33	1220	21	8
洞头区	162			1	144	4	66		17
永嘉县	90	10	1		242	8	530	2	2
平阳县	190		3	1	248	9	1130	11	6
苍南县	50	11	14		95	4	772	11	6
文成县	2	1		2	129	2	31		
泰顺县	15			2	115		24	3	13
瑞安市	167	68	5	11	313	16	1601	7	9
乐清市	7107	134	4	5	435	13	2033	3	8
龙港市	12				153	7	636		12
嘉兴市	**3674**	**54**	**47**	**43**	**2944**	**182**	**10107**	**94**	**30**
南湖区	627	5	6	8	426	28	1214	8	5
秀洲区	451	6	17	8	318	18	1297	1	3
嘉善县	1369	2		5	494	43	1463	15	1
海盐县	276	7	6	7	438	12	1035	16	1
海宁市	544	3	13	6	631	41	2232	10	7
平湖市	152	23		3	255	26	1033	17	
桐乡市	255	8	5	6	382	14	1833	27	13
湖州市	**1037**	**10**	**34**	**25**	**1846**	**152**	**3857**	**101**	**147**
吴兴区	193	4	2	4	641	73	836	4	40
南浔区	172		11	5	278	19	630	7	14
德清县	226	2	10	6	376	23	907	18	16
长兴县	306	4	2	5	288	30	591	16	10
安吉县	140		9	5	263	7	893	56	67
绍兴市	**1682**	**32**	**42**	**35**	**2463**	**126**	**8315**	**162**	**20**
越城区	285	6	18	4	472	30	894	6	
柯桥区	175	2	6	20	520	28	1833	23	1
上虞区	491	20	10	4	416	24	1291	94	
新昌县	153			1	207	18	762	19	
诸暨市	121	3	6	3	510	22	2945	11	
嵊州市	457	1	2	3	338	4	590	9	19
金华市	**2373**	**90**	**76**	**36**	**3791**	**141**	**19836**	**392**	**57**
婺城区	230	4	5	8	688	29	920	29	5
金东区	104	49	10	1	378	27	1605	20	3
武义县	350	6	4	5	165	14	1838	54	5
浦江县	28		13	3	115	2	1191	26	2
磐安县	29	1		3	149	8	174	2	5
兰溪市	79		6	5	288	13	874	32	3
义乌市	339	7	19	4	893	25	8720	113	4
东阳市	810		9	6	743	14	1943	89	1
永康市	404	23	10	1	372	9	2571	27	29

4-6 续表 53 单位：人

地区 性别	生产制造及有关人员								不便分类的其他从业人员
	计算机、通信和其他电子设备制造人员	仪器仪表制造人员	废弃资源综合利用人员	电力、热力、气体、水生产和输配人员	建筑施工人员	运输设备和通用工程机械操作人员及有关人员	生产辅助人员	其他生产制造及有关人员	
衢州市	**567**	**15**	**15**	**31**	**831**	**73**	**1659**	**69**	**26**
柯城区	43	2	2	9	211	25	239	4	8
衢江区	69	1		5	94	17	302	22	
常山县	68		2	2	44	9	155	5	3
开化县	50	1	2	4	112	8	153	3	1
龙游县	123	1	8	4	145	6	333	6	6
江山市	214	10	1	7	225	8	477	29	8
舟山市	**104**	**54**		**34**	**747**	**73**	**557**	**8**	**2**
定海区	78	4		17	355	32	249	3	
普陀区	7	38		10	191	19	210		
岱山县	19	12		5	186	22	93	5	
嵊泗县				2	15		5		2
台州市	**1105**	**114**	**209**	**60**	**2416**	**163**	**9915**	**158**	**18**
椒江区	351	13	4	15	442	45	1199	9	
黄岩区	27	3	4	6	186	23	1701		5
路桥区	96	8	135	4	220	19	1071	19	1
三门县	33	2	2	2	79	9	239		
天台县	54	10		7	236	10	211	1	2
仙居县	40	2	3	4	132	12	447	5	7
温岭市	208	35	25	3	544	19	1565		1
临海市	155	2	31	7	317	17	1323	118	2
玉环市	141	39	5	12	260	9	2159	6	
丽水市	**679**	**15**	**4**	**47**	**1312**	**50**	**1629**	**37**	**122**
莲都区	492		1	5	509	17	252	9	25
青田县	46			1	330	11	65	5	6
缙云县	85	14		3	122	6	353	6	
遂昌县	15		1	5	74	4	94		
松阳县	12		1	4	96	2	48	1	2
云和县	4			7	33	1	330	1	5
庆元县	8	1		4	48	2	258	10	39
景宁畲族自治县	9		1	12	51	3	15	4	42
龙泉市	8			6	49	4	214	1	3

4-6a　各地区分性别、职业中类的就业人口(城市)

单位：人

地区 性别	合计	党的机关、国家机关、群众团体和社会组织、企事业单位负责人						
		小计	中国共产党机关负责人	国家机关负责人	民主党派和工商联负责人	人民团体和群众团体、社会组织及其他成员组织负责人	基层群众自治组织负责人	企事业单位负责人
合计	**1912582**	**67213**	**104**	**1562**	**10**	**1033**	**609**	**63895**
杭州市	**512355**	**18714**	**25**	**304**	**2**	**211**	**151**	**18021**
上城区	14358	619		18	2	3	1	595
下城区	22898	1125	2	26		16	3	1078
江干区	85689	2833	2	47		14	15	2755
拱墅区	32246	1201	2	5		5	3	1186
西湖区	56281	2438	9	57		72	8	2292
滨江区	28823	1248		17		8	8	1215
萧山区	104008	3759	3	58		6	70	3622
余杭区	112420	3309		41		39	30	3199
富阳区	32321	1306	4	21		23	9	1249
临安区	16800	646		8		5	3	630
桐庐县								
淳安县								
建德市	6511	230	3	6		20	1	200
宁波市	**328676**	**11894**	**24**	**186**	**1**	**87**	**93**	**11503**
海曙区	50132	1058	3	26	1	11	4	1013
江北区	21536	988	3	13		8	12	952
北仑区	39307	876	5	9		5	6	851
镇海区	27176	1157		15		3	4	1135
鄞州区	56220	3099	7	63		18	17	2994
奉化区	17022	892	3	14		10	4	861
象山县								
宁海县								
余姚市	48193	1620	1	15		7	22	1575
慈溪市	69090	2204	2	31		25	24	2122
温州市	**265932**	**10587**	**2**	**257**		**192**	**121**	**10015**
鹿城区	57970	2264	1	99		7	9	2148
龙湾区	27838	1011	1	21		58	11	920
瓯海区	45043	1408		31		22	15	1340
洞头区	3397	125		12		4	2	107
永嘉县								
平阳县								
苍南县								
文成县								
泰顺县								
瑞安市	53879	1940		29		13	36	1862
乐清市	55584	2558		49		77	30	2402
龙港市	22221	1281		16		11	18	1236
嘉兴市	**138297**	**4561**	**21**	**152**	**3**	**53**	**31**	**4301**
南湖区	37842	997	2	40	1	10	11	933
秀洲区	19762	761	1	40		12	5	703
嘉善县								
海盐县								
海宁市	27604	1404	12	17		19	6	1350
平湖市	17843	626	3	31	2	3	4	583
桐乡市	35246	773	3	24		9	5	732
湖州市	**39189**	**2365**	**3**	**74**	**3**	**48**	**18**	**2219**
吴兴区	28246	1577	3	62	3	16	10	1483
南浔区	10943	788		12		32	8	736
德清县								
长兴县								
安吉县								

4－6a　续表 1　　　　单位：人

地　区 性　别	合计	党的机关、国家机关、群众团体和社会组织、企事业单位负责人						
		小计	中国共产党机关负责人	国家机关负责人	民主党派和工商联负责人	人民团体和群众团体、社会组织及其他成员组织负责人	基层群众自治组织负责人	企事业单位负责人
绍兴市	**173794**	**5227**	**3**	**111**		**54**	**54**	**5005**
越城区	43359	1615	1	49		16	14	1535
柯桥区	52922	2047	1	15		24	13	1994
上虞区	29908	521		19		8	17	477
新昌县								
诸暨市	31384	389		11		2	7	369
嵊州市	16221	655	1	17		4	3	630
金华市	**192160**	**6246**	**4**	**129**		**274**	**20**	**5819**
婺城区	33301	730		41		14	5	670
金东区	7252	113		14		2		97
武义县								
浦江县								
磐安县								
兰溪市	11864	487		22		13	3	449
义乌市	80252	3200	1	21		240	6	2932
东阳市	27106	88	1	10			5	72
永康市	32385	1628	2	21		5	1	1599
衢州市	**36033**	**938**	**11**	**75**		**23**	**37**	**792**
柯城区	19450	497	9	52		11	23	402
衢江区	6302	56		5		3	8	40
常山县								
开化县								
龙游县	63							
江山市	10218	385	2	18		9	6	350
舟山市	**30309**	**739**	**7**	**75**	**1**	**16**	**21**	**619**
定海区	17266	468	1	54		12	11	390
普陀区	13043	271	6	21	1	4	10	229
岱山县								
嵊泗县								
台州市	**168837**	**4447**	**1**	**140**		**62**	**51**	**4193**
椒江区	36029	1112	1	51		25	12	1023
黄岩区	22133	450		12			6	432
路桥区	18068	237		13		3	8	213
三门县								
天台县								
仙居县								
温岭市	42840	1100		19		12	10	1059
临海市	19891	562		33		18	4	507
玉环市	29876	986		12		4	11	959
丽水市	**27000**	**1495**	**3**	**59**		**13**	**12**	**1408**
莲都区	20518	1251		49		12	3	1187
青田县								
缙云县								
遂昌县								
松阳县								
云和县								
庆元县								
景宁畲族自治县								
龙泉市	6482	244	3	10		1	9	221
男	**1130054**	**49852**	**75**	**1267**	**6**	**674**	**475**	**47355**
杭州市	**303016**	**13716**	**19**	**225**	**1**	**130**	**105**	**13236**
上城区	7903	447		12	1	3	1	430
下城区	12496	787	2	16		9	1	759
江干区	49926	2104	1	37		9	11	2046
拱墅区	18221	876	2	5		2	2	865

4-6a　续表 2　　　　　　　　　　　　　　　　　　　　　　　　　　　　单位：人

地区 性别	合计	党的机关、国家机关、群众团体和社会组织、企事业单位负责人						
		小计	中国共产党机关负责人	国家机关负责人	民主党派和工商联负责人	人民团体和群众团体、社会组织及其他成员组织负责人	基层群众自治组织负责人	企事业单位负责人
西湖区	32420	1719	5	38		47	5	1624
滨江区	16659	886		14		1	4	867
萧山区	63918	2792	3	41		5	50	2693
余杭区	67407	2416		34		22	21	2339
富阳区	19919	1001	3	19		15	7	957
临安区	10322	514		5		4	3	502
桐庐县								
淳安县								
建德市	3825	174	3	4		13		154
宁波市	**192242**	**8925**	**15**	**153**	**1**	**44**	**72**	**8640**
海曙区	28996	860	2	25	1	7	4	821
江北区	12844	736	3	10		4	10	709
北仑区	23967	680	1	7		2	5	665
镇海区	16462	830		12		1	2	815
鄞州区	31262	2290	5	48		8	11	2218
奉化区	9878	650	2	14		5	4	625
象山县								
宁海县								
余姚市	28392	1236	1	14		6	19	1196
慈溪市	40441	1643	1	23		11	17	1591
温州市	**161658**	**8315**	**1**	**220**		**139**	**102**	**7853**
鹿城区	33799	1732	1	83		6	5	1637
龙湾区	17724	810		17		41	11	741
瓯海区	28340	1094		25		16	15	1038
洞头区	2027	82		10		2	2	68
永嘉县								
平阳县								
苍南县								
文成县								
泰顺县								
瑞安市	32811	1563		28		11	31	1493
乐清市	33051	2026		41		52	23	1910
龙港市	13906	1008		16		11	15	966
嘉兴市	**80173**	**3371**	**16**	**120**	**1**	**30**	**22**	**3182**
南湖区	22303	760	2	32		5	7	714
秀洲区	11795	572	1	32		6	3	530
嘉善县								
海盐县								
海宁市	15969	1016	9	15		12	5	975
平湖市	10202	461	2	23	1	1	3	431
桐乡市	19904	562	2	18		6	4	532
湖州市	**23567**	**1711**	**2**	**53**	**2**	**32**	**14**	**1608**
吴兴区	16798	1162	2	48	2	9	7	1094
南浔区	6769	549		5		23	7	514
德清县								
长兴县								
安吉县								
绍兴市	**101875**	**3766**	**2**	**95**		**37**	**43**	**3589**
越城区	25327	1172	1	43		11	10	1107
柯桥区	31640	1432		14		17	10	1391
上虞区	17665	430		16		4	14	396
新昌县								
诸暨市	17932	296		10		2	6	278
嵊州市	9311	436	1	12		3	3	417

4−6a 续表 3

单位：人

地区 性别	合计	党的机关、国家机关、群众团体和社会组织、企事业单位负责人						
		小计	中国共产党机关负责人	国家机关负责人	民主党派和工商联负责人	人民团体和群众团体、社会组织及其他成员组织负责人	基层群众自治组织负责人	企事业单位负责人
金华市	**112933**	**4341**	**3**	**107**		**185**	**18**	**4028**
婺城区	19431	497		33		5	5	454
金东区	4424	88		12		2		74
武义县								
浦江县								
磐安县								
兰溪市	6889	335		20		10	2	303
义乌市	47013	2204	1	17		165	5	2016
东阳市	15261	70	1	7			5	57
永康市	19915	1147	1	18		3	1	1124
衢州市	**20906**	**723**	**8**	**62**		**16**	**26**	**611**
柯城区	11190	384	7	43		7	14	313
衢江区	3880	45		4		3	6	32
常山县								
开化县								
龙游县	35							
江山市	5801	294	1	15		6	6	266
舟山市	**18359**	**585**	**6**	**62**	**1**	**12**	**16**	**488**
定海区	10324	367	1	43		10	7	306
普陀区	8035	218	5	19	1	2	9	182
岱山县								
嵊泗县								
台州市	**99192**	**3390**	**1**	**123**		**40**	**46**	**3180**
椒江区	20794	833	1	46		14	9	763
黄岩区	13499	361		12			6	343
路桥区	10806	188		12		2	7	167
三门县								
天台县								
仙居县								
温岭市	24823	799		19		10	9	761
临海市	11506	417		25		12	4	376
玉环市	17764	792		9		2	11	770
丽水市	**16133**	**1009**	**2**	**47**		**9**	**11**	**940**
莲都区	12218	829		38		8	3	780
青田县								
缙云县								
遂昌县								
松阳县								
云和县								
庆元县								
景宁畲族自治县								
龙泉市	3915	180	2	9		1	8	160
女	**782528**	**17361**	**29**	**295**	**4**	**359**	**134**	**16540**
杭州市	**209339**	**4998**	**6**	**79**	**1**	**81**	**46**	**4785**
上城区	6455	172		6	1			165
下城区	10402	338		10		7	2	319
江干区	35763	729	1	10		5	4	709
拱墅区	14025	325				3	1	321
西湖区	23861	719	4	19		25	3	668
滨江区	12164	362		3		7	4	348
萧山区	40090	967		17		1	20	929
余杭区	45013	893		7		17	9	860
富阳区	12402	305	1	2		8	2	292
临安区	6478	132		3		1		128
桐庐县								
淳安县								
建德市	2686	56		2		7	1	46

4-6a 续表 4

单位：人

地区 性别	合计	党的机关、国家机关、群众团体和社会组织、企事业单位负责人						
		小计	中国共产党机关负责人	国家机关负责人	民主党派和工商联负责人	人民团体和群众团体、社会组织及其他成员组织负责人	基层群众自治组织负责人	企事业单位负责人
宁波市	**136434**	**2969**	**9**	**33**		**43**	**21**	**2863**
海曙区	21136	198	1	1		4		192
江北区	8692	252		3		4	2	243
北仑区	15340	196	4	2		3	1	186
镇海区	10714	327		3		2	2	320
鄞州区	24958	809	2	15		10	6	776
奉化区	7144	242	1			5		236
象山县								
宁海县								
余姚市	19801	384		1		1	3	379
慈溪市	28649	561	1	8		14	7	531
温州市	**104274**	**2272**	**1**	**37**		**53**	**19**	**2162**
鹿城区	24171	532		16		1	4	511
龙湾区	10114	201	1	4		17		179
瓯海区	16703	314		6		6		302
洞头区	1370	43		2		2		39
永嘉县								
平阳县								
苍南县								
文成县								
泰顺县								
瑞安市	21068	377		1		2	5	369
乐清市	22533	532		8		25	7	492
龙港市	8315	273					3	270
嘉兴市	**58124**	**1190**	**5**	**32**	**2**	**23**	**9**	**1119**
南湖区	15539	237		8	1	5	4	219
秀洲区	7967	189		8		6	2	173
嘉善县								
海盐县								
海宁市	11635	388	3	2		7	1	375
平湖市	7641	165	1	8	1	2	1	152
桐乡市	15342	211	1	6		3	1	200
湖州市	**15622**	**654**	**1**	**21**	**1**	**16**	**4**	**611**
吴兴区	11448	415	1	14	1	7	3	389
南浔区	4174	239		7		9	1	222
德清县								
长兴县								
安吉县								
绍兴市	**71919**	**1461**	**1**	**16**		**17**	**11**	**1416**
越城区	18032	443		6		5	4	428
柯桥区	21282	615	1	1		7	3	603
上虞区	12243	91		3		4	3	81
新昌县								
诸暨市	13452	93		1			1	91
嵊州市	6910	219		5		1		213
金华市	**79227**	**1905**	**1**	**22**		**89**	**2**	**1791**
婺城区	13870	233		8		9		216
金东区	2828	25		2				23
武义县								
浦江县								
磐安县								
兰溪市	4975	152		2		3	1	146
义乌市	33239	996		4		75	1	916
东阳市	11845	18		3				15
永康市	12470	481	1	3		2		475

4-6a 续表 5 单位：人

地区 性别	合计	党的机关、国家机关、群众团体和社会组织、企事业单位负责人						
		小计	中国共产党机关负责人	国家机关负责人	民主党派和工商联负责人	人民团体和群众团体、社会组织及其他成员组织负责人	基层群众自治组织负责人	企事业单位负责人
衢州市	**15127**	**215**	**3**	**13**		**7**	**11**	**181**
柯城区	8260	113	2	9		4	9	89
衢江区	2422	11		1			2	8
常山县								
开化县								
龙游县	28							
江山市	4417	91	1	3		3		84
舟山市	**11950**	**154**	**1**	**13**		**4**	**5**	**131**
定海区	6942	101		11		2	4	84
普陀区	5008	53	1	2		2	1	47
岱山县								
嵊泗县								
台州市	**69645**	**1057**		**17**		**22**	**5**	**1013**
椒江区	15235	279		5		11	3	260
黄岩区	8634	89						89
路桥区	7262	49		1		1	1	46
三门县								
天台县								
仙居县								
温岭市	18017	301				2	1	298
临海市	8385	145		8		6		131
玉环市	12112	194		3		2		189
丽水市	**10867**	**486**	**1**	**12**		**4**	**1**	**468**
莲都区	8300	422		11		4		407
青田县								
缙云县								
遂昌县								
松阳县								
云和县								
庆元县								
景宁畲族自治县								
龙泉市	2567	64	1	1			1	61

4-6a 续表 6

单位：人

地区 性别	专业技术人员 小计	科学研究人员	工程技术人员	农业技术人员	飞机和船舶技术人员	卫生专业技术人员	经济和金融专业人员	法律、社会和宗教专业人员	教学人员	文学艺术、体育专业人员
合计	**259283**	**1647**	**59822**	**647**	**812**	**35653**	**78878**	**7021**	**63522**	**6136**
杭州市	**100885**	**1053**	**26932**	**227**	**101**	**11222**	**33698**	**2712**	**19350**	**3362**
上城区	3802	22	837	6	4	772	1212	178	572	121
下城区	6218	75	1380	14	2	1181	2036	189	1025	131
江干区	18217	267	4368	47	21	1967	6108	549	3746	673
拱墅区	9007	63	1795	12	2	991	3792	308	1586	272
西湖区	15047	313	3768	37	4	1385	4884	424	3367	476
滨江区	7477	50	2602	5	10	667	2409	130	947	425
萧山区	16623	54	5289	26	46	1664	5841	368	2804	343
余杭区	16317	147	4924	42	7	1375	5286	389	3032	766
富阳区	4712	50	1201	23	4	651	1192	107	1290	114
临安区	2411	10	557	9		365	693	38	661	33
桐庐县										
淳安县										
建德市	1054	2	211	6	1	204	245	32	320	8
宁波市	**41453**	**216**	**10128**	**81**	**74**	**5481**	**13391**	**1242**	**9550**	**674**
海曙区	6820	33	1211	14	15	982	2589	225	1494	141
江北区	3440	17	788	4	8	533	1119	131	730	58
北仑区	4318	13	1555	5	5	386	1340	103	825	42
镇海区	3626	54	1135	5	4	411	983	102	852	35
鄞州区	11571	63	2705	26	40	1530	3927	363	2481	237
奉化区	1987	5	476	1	2	313	547	38	533	33
象山县										
宁海县										
余姚市	4366	11	1179	9		505	1322	118	1134	50
慈溪市	5325	20	1079	17		821	1564	162	1501	78
温州市	**25616**	**74**	**4087**	**54**	**22**	**4262**	**7331**	**650**	**8345**	**404**
鹿城区	7102	23	774	19	11	1569	2099	202	2138	116
龙湾区	2477	15	503	5	3	226	934	50	661	39
瓯海区	4312	21	703	10	2	827	1139	85	1317	139
洞头区	380	1	97		1	50	77	8	139	2
永嘉县										
平阳县										
苍南县										
文成县										
泰顺县										
瑞安市	4578	5	628	9		787	1224	109	1729	37
乐清市	5066	2	1202	9	1	587	1449	126	1586	49
龙港市	1701	7	180	2	4	216	409	70	775	22
嘉兴市	**17300**	**65**	**4333**	**63**	**4**	**2361**	**5158**	**467**	**4098**	**437**
南湖区	6397	28	1730	19	1	927	1913	151	1371	139
秀洲区	2756	13	820	13	2	339	808	97	545	75
嘉善县										
海盐县										
海宁市	3036	8	657	14	1	428	896	102	763	105
平湖市	2280	5	565	10		288	679	61	614	28
桐乡市	2831	11	561	7		379	862	56	805	90
湖州市	**6031**	**32**	**1466**	**24**	**4**	**1021**	**1467**	**172**	**1576**	**101**
吴兴区	5127	32	1233	22	4	925	1168	158	1344	82
南浔区	904		233	2		96	299	14	232	19
德清县										
长兴县										
安吉县										

4-6a　续表 7　　　　单位：人

地　区 性　别	专业技术人员 小计	科学研究人员	工程技术人员	农业技术人员	飞机和船舶技术人员	卫生专业技术人员	经济和金融专业人员	法律、社会和宗教专业人员	教学人员	文学艺术、体育专业人员
绍兴市	**19543**	**53**	**4280**	**49**	**12**	**2862**	**5556**	**545**	**5623**	**260**
越城区	6534	24	1558	17	5	986	1823	183	1762	71
柯桥区	3997	7	723	7	4	465	1522	123	1030	69
上虞区	3637	8	995	8	2	472	1004	94	930	35
新昌县										
诸暨市	3507	7	636	14		635	739	93	1293	53
嵊州市	1868	7	368	3	1	304	468	52	608	32
金华市	**17712**	**60**	**2948**	**48**	**5**	**3068**	**4493**	**392**	**5643**	**508**
婺城区	5339	24	1102	20		912	1235	133	1711	93
金东区	981	9	171	5		136	265	24	333	28
武义县										
浦江县										
磐安县										
兰溪市	1413	10	208	9	2	268	388	27	457	16
义乌市	5159	10	620	9	2	899	1354	122	1533	286
东阳市	2464	5	384	5	1	501	533	42	889	53
永康市	2356	2	463			352	718	44	720	32
衢州市	**5881**	**22**	**1257**	**31**	**2**	**1078**	**1374**	**172**	**1714**	**95**
柯城区	3923	20	861	21	2	745	924	129	1060	62
衢江区	576	1	164	1		78	137	12	163	11
常山县										
开化县										
龙游县	8					1	5		2	
江山市	1374	1	232	9		254	308	31	489	22
舟山市	**4994**	**1**	**951**	**20**	**556**	**711**	**1284**	**130**	**1167**	**54**
定海区	3164		681	14	176	468	837	68	798	31
普陀区	1830	1	270	6	380	243	447	62	369	23
岱山县										
嵊泗县										
台州市	**16111**	**56**	**2753**	**29**	**32**	**2781**	**4389**	**439**	**5184**	**201**
椒江区	4685	21	981	6	19	630	1254	128	1431	87
黄岩区	2204	11	555	6	1	366	527	57	626	27
路桥区	1538	2	237	1	2	303	480	31	454	16
三门县										
天台县										
仙居县										
温岭市	2859	5	358	2	4	590	706	95	1045	23
临海市	2610	16	400	8	1	551	595	57	932	25
玉环市	2215	1	222	6	5	341	827	71	696	23
丽水市	**3757**	**15**	**687**	**21**		**806**	**737**	**100**	**1272**	**40**
莲都区	2998	14	564	13		679	601	79	951	29
青田县										
缙云县										
遂昌县										
松阳县										
云和县										
庆元县										
景宁畲族自治县										
龙泉市	759	1	123	8		127	136	21	321	11
男	**111349**	**936**	**48848**	**437**	**790**	**10313**	**21684**	**3719**	**19364**	**3129**
杭州市	**45864**	**573**	**20997**	**137**	**90**	**3099**	**10973**	**1356**	**6174**	**1614**
上城区	1617	12	586	3	4	219	451	84	167	58
下城区	2656	38	1043	5	2	350	662	86	325	66
江干区	8286	135	3471	31	19	571	2022	253	1275	316
拱墅区	3913	32	1317	9	2	253	1488	134	482	128

4-6a 续表 8 单位：人

地区 性别	专业技术人员 小计	科学研究人员	工程技术人员	农业技术人员	飞机和船舶技术人员	卫生专业技术人员	经济和金融专业人员	法律、社会和宗教专业人员	教学人员	文学艺术、体育专业人员
西湖区	6890	174	2818	18	4	373	1611	222	1273	246
滨江区	3556	31	1988	2	10	177	743	75	265	194
萧山区	7911	32	4282	14	39	434	1925	203	740	170
余杭区	7491	84	3863	28	6	383	1567	196	882	351
富阳区	2104	28	998	14	3	184	286	59	438	63
临安区	1004	6	447	7		105	158	26	221	18
桐庐县										
淳安县										
建德市	436	1	184	6	1	50	60	18	106	4
宁波市	**17356**	**136**	**8502**	**56**	**72**	**1557**	**3027**	**634**	**2780**	**342**
海曙区	2713	20	1045	11	14	240	661	128	459	75
江北区	1430	10	661	3	8	153	257	64	221	26
北仑区	1964	8	1322	3	5	124	227	42	200	21
镇海区	1656	38	955	2	4	114	208	34	274	13
鄞州区	4786	38	2187	15	39	446	968	180	715	121
奉化区	820	3	413	1	2	90	96	23	161	16
象山县										
宁海县										
余姚市	1847	7	1001	8		163	263	61	304	27
慈溪市	2140	12	918	13		227	347	102	446	43
温州市	**9966**	**52**	**3604**	**40**	**19**	**1382**	**1647**	**398**	**2420**	**244**
鹿城区	2517	16	641	13	9	484	546	112	568	66
龙湾区	974	13	431	5	3	77	186	29	192	22
瓯海区	1795	12	609	6	2	249	295	58	444	92
洞头区	174	1	86			17	24	5	37	1
永嘉县										
平阳县										
苍南县										
文成县										
泰顺县										
瑞安市	1653	4	587	7		260	224	65	465	17
乐清市	2164		1087	7	1	215	266	81	457	28
龙港市	689	6	163	2	4	80	106	48	257	18
嘉兴市	**7536**	**37**	**3589**	**48**	**4**	**648**	**1361**	**247**	**1245**	**242**
南湖区	2806	14	1423	17	1	252	497	77	401	80
秀洲区	1246	10	667	9	2	86	217	40	163	41
嘉善县										
海盐县										
海宁市	1296	3	538	12	1	116	237	57	246	60
平湖市	978	4	476	6		89	155	40	186	15
桐乡市	1210	6	485	4		105	255	33	249	46
湖州市	**2634**	**21**	**1274**	**14**	**4**	**270**	**362**	**80**	**460**	**50**
吴兴区	2273	21	1072	13	4	239	310	75	409	40
南浔区	361		202	1		31	52	5	51	10
德清县										
长兴县										
安吉县										
绍兴市	**8278**	**29**	**3601**	**35**	**10**	**852**	**1356**	**292**	**1821**	**138**
越城区	2860	11	1253	10	4	288	509	84	611	40
柯桥区	1482	4	606	6	4	136	285	66	321	31
上虞区	1633	5	863	7	2	124	247	41	278	18
新昌县										
诸暨市	1494	6	568	9		195	195	61	412	35
嵊州市	809	3	311	3		109	120	40	199	14

4-6a 续表 9 单位：人

地区 性别	专业技术人员 小计	科学研究人员	工程技术人员	农业技术人员	飞机和船舶技术人员	卫生专业技术人员	经济和金融专业人员	法律、社会和宗教专业人员	教学人员	文学艺术、体育专业人员
金华市	**7178**	**35**	**2519**	**37**	**2**	**899**	**1163**	**229**	**1759**	**279**
婺城区	2267	14	919	15		249	315	73	591	48
金东区	391	7	146	4		35	75	9	99	13
武义县										
浦江县										
磐安县										
兰溪市	603	6	185	6		97	114	17	154	9
义乌市	2087	4	551	7	1	264	411	84	448	160
东阳市	918	3	316	5	1	148	120	21	247	31
永康市	912	1	402			106	128	25	220	18
衢州市	**2474**	**14**	**1072**	**24**	**2**	**308**	**335**	**75**	**521**	**56**
柯城区	1681	13	737	17	2	215	246	48	319	38
衢江区	248		146	1		16	27	7	43	5
常山县										
开化县										
龙游县	2								2	
江山市	543	1	189	6		77	62	20	157	13
舟山市	**2311**		**804**	**10**	**555**	**197**	**274**	**77**	**316**	**29**
定海区	1364		575	9	175	120	185	30	212	19
普陀区	947		229	1	380	77	89	47	104	10
岱山县										
嵊泗县										
台州市	**6221**	**33**	**2324**	**22**	**32**	**850**	**989**	**276**	**1484**	**110**
椒江区	1933	14	826	5	19	181	299	80	410	49
黄岩区	897	7	455	4	1	112	95	30	167	15
路桥区	576		212	1	2	87	116	22	121	8
三门县										
天台县										
仙居县										
温岭市	1116	3	304	1	4	197	198	62	317	14
临海市	1002	9	335	6	1	150	151	32	294	14
玉环市	697		192	5	5	123	130	50	175	10
丽水市	**1531**	**6**	**562**	**14**		**251**	**197**	**55**	**384**	**25**
莲都区	1255	6	466	7		210	173	42	298	21
青田县										
缙云县										
遂昌县										
松阳县										
云和县										
庆元县										
景宁畲族自治县										
龙泉市	276		96	7		41	24	13	86	4
女	**147934**	**711**	**10974**	**210**	**22**	**25340**	**57194**	**3302**	**44158**	**3007**
杭州市	**55021**	**480**	**5935**	**90**	**11**	**8123**	**22725**	**1356**	**13176**	**1748**
上城区	2185	10	251	3		553	761	94	405	63
下城区	3562	37	337	9		831	1374	103	700	65
江干区	9931	132	897	16	2	1396	4086	296	2471	357
拱墅区	5094	31	478	3		738	2304	174	1104	144
西湖区	8157	139	950	19		1012	3273	202	2094	230
滨江区	3921	19	614	3		490	1666	55	682	231
萧山区	8712	22	1007	12	7	1230	3916	165	2064	173
余杭区	8826	63	1061	14	1	992	3719	193	2150	415
富阳区	2608	22	203	9	1	467	906	48	852	51
临安区	1407	4	110	2		260	535	12	440	15
桐庐县										
淳安县										
建德市	618	1	27			154	185	14	214	4

4-6a 续表 10

单位：人

地区 性别	专业技术人员 小计	科学研究人员	工程技术人员	农业技术人员	飞机和船舶技术人员	卫生专业技术人员	经济和金融专业人员	法律、社会和宗教专业人员	教学人员	文学艺术、体育专业人员
宁波市	**24097**	**80**	**1626**	**25**	**2**	**3924**	**10364**	**608**	**6770**	**332**
海曙区	4107	13	166	3	1	742	1928	97	1035	66
江北区	2010	7	127	1		380	862	67	509	32
北仑区	2354	5	233	2		262	1113	61	625	21
镇海区	1970	16	180	3		297	775	68	578	22
鄞州区	6785	25	518	11	1	1084	2959	183	1766	116
奉化区	1167	2	63			223	451	15	372	17
象山县										
宁海县										
余姚市	2519	4	178	1		342	1059	57	830	23
慈溪市	3185	8	161	4		594	1217	60	1055	35
温州市	**15650**	**22**	**483**	**14**	**3**	**2880**	**5684**	**252**	**5925**	**160**
鹿城区	4585	7	133	6	2	1085	1553	90	1570	50
龙湾区	1503	2	72			149	748	21	469	17
瓯海区	2517	9	94	4		578	844	27	873	47
洞头区	206		11		1	33	53	3	102	1
永嘉县										
平阳县										
苍南县										
文成县										
泰顺县										
瑞安市	2925	1	41	2		527	1000	44	1264	20
乐清市	2902	2	115	2		372	1183	45	1129	21
龙港市	1012	1	17			136	303	22	518	4
嘉兴市	**9764**	**28**	**744**	**15**		**1713**	**3797**	**220**	**2853**	**195**
南湖区	3591	14	307	2		675	1416	74	970	59
秀洲区	1510	3	153	4		253	591	57	382	34
嘉善县										
海盐县										
海宁市	1740	5	119	2		312	659	45	517	45
平湖市	1302	1	89	4		199	524	21	428	13
桐乡市	1621	5	76	3		274	607	23	556	44
湖州市	**3397**	**11**	**192**	**10**		**751**	**1105**	**92**	**1116**	**51**
吴兴区	2854	11	161	9		686	858	83	935	42
南浔区	543		31	1		65	247	9	181	9
德清县										
长兴县										
安吉县										
绍兴市	**11265**	**24**	**679**	**14**	**2**	**2010**	**4200**	**253**	**3802**	**122**
越城区	3674	13	305	7	1	698	1314	99	1151	31
柯桥区	2515	3	117	1		329	1237	57	709	38
上虞区	2004	3	132	1		348	757	53	652	17
新昌县										
诸暨市	2013	1	68	5		440	544	32	881	18
嵊州市	1059	4	57		1	195	348	12	409	18
金华市	**10534**	**25**	**429**	**11**	**3**	**2169**	**3330**	**163**	**3884**	**229**
婺城区	3072	10	183	5		663	920	60	1120	45
金东区	590	2	25	1		101	190	15	234	15
武义县										
浦江县										
磐安县										
兰溪市	810	4	23	3	2	171	274	10	303	7
义乌市	3072	6	69	2	1	635	943	38	1085	126
东阳市	1546	2	68			353	413	21	642	22
永康市	1444	1	61			246	590	19	500	14

4−6a 续表 11 单位：人

地区 性别	专业技术人员									
	小计	科学研究人员	工程技术人员	农业技术人员	飞机和船舶技术人员	卫生专业技术人员	经济和金融专业人员	法律、社会和宗教专业人员	教学人员	文学艺术、体育专业人员
衢州市	**3407**	**8**	**185**	**7**		**770**	**1039**	**97**	**1193**	**39**
柯城区	2242	7	124	4		530	678	81	741	24
衢江区	328	1	18			62	110	5	120	6
常山县										
开化县										
龙游县	6					1	5			
江山市	831		43	3		177	246	11	332	9
舟山市	**2683**	**1**	**147**	**10**	**1**	**514**	**1010**	**53**	**851**	**25**
定海区	1800		106	5	1	348	652	38	586	12
普陀区	883	1	41	5		166	358	15	265	13
岱山县										
嵊泗县										
台州市	**9890**	**23**	**429**	**7**		**1931**	**3400**	**163**	**3700**	**91**
椒江区	2752	7	155	1		449	955	48	1021	38
黄岩区	1307	4	100	2		254	432	27	459	12
路桥区	962	2	25			216	364	9	333	8
三门县										
天台县										
仙居县										
温岭市	1743	2	54	1		393	508	33	728	9
临海市	1608	7	65	2		401	444	25	638	11
玉环市	1518	1	30	1		218	697	21	521	13
丽水市	**2226**	**9**	**125**	**7**		**555**	**540**	**45**	**888**	**15**
莲都区	1743	8	98	6		469	428	37	653	8
青田县										
缙云县										
遂昌县										
松阳县										
云和县										
庆元县										
景宁畲族自治县										
龙泉市	483	1	27	1		86	112	8	235	7

4-6a　续表 12　　　　单位：人

地区 性别	专业技术人员		办事人员和有关人员				社会生产服务和生活服务人员		
	新闻出版、文化专业人员	其他专业技术人员	小计	办事人员	安全和消防人员	其他办事人员和有关人员	小计	批发与零售服务人员	交通运输、仓储和邮政业服务人员
合计	**4529**	**616**	**129836**	**105661**	**23411**	**764**	**772407**	**335840**	**124096**
杭州市	**1964**	**264**	**16797**	**12342**	**4330**	**125**	**248123**	**91728**	**34677**
上城区	66	12	530	398	131	1	8193	2643	879
下城区	180	5	1088	805	283		12531	4326	1095
江干区	380	91	2164	1416	728	20	46236	19523	6240
拱墅区	185	1	1075	809	264	2	17260	6571	1851
西湖区	326	63	2595	2161	387	47	29995	8767	2965
滨江区	221	11	1129	924	200	5	15115	3554	990
萧山区	158	30	2281	1592	684	5	45144	16796	9171
余杭区	316	33	2669	1540	1110	19	50594	20618	7653
富阳区	67	13	1787	1407	373	7	13370	5343	2389
临安区	43	2	735	626	106	3	7142	2688	1016
桐庐县									
淳安县									
建德市	22	3	744	664	64	16	2543	899	428
宁波市	**566**	**50**	**29929**	**24937**	**4866**	**126**	**114970**	**47726**	**21337**
海曙区	107	9	4716	3816	880	20	20690	9118	3537
江北区	36	16	2953	2522	423	8	8624	3601	1776
北仑区	41	3	2892	2315	571	6	13127	4413	4023
镇海区	40	5	2937	2500	429	8	8897	3198	1969
鄞州区	193	6	8158	7304	823	31	24699	10525	2964
奉化区	34	5	1668	1347	314	7	5477	2304	906
象山县									
宁海县									
余姚市	34	4	3525	2876	647	2	13804	6012	2742
慈溪市	81	2	3080	2257	779	44	19652	8555	3420
温州市	**368**	**19**	**18122**	**15276**	**2830**	**16**	**92726**	**45008**	**14805**
鹿城区	149	2	6805	6201	603	1	20788	8996	2420
龙湾区	41		1842	1453	388	1	9404	4130	1899
瓯海区	59	10	2564	2078	484	2	15724	6920	3062
洞头区	5		470	402	66	2	1247	578	203
永嘉县									
平阳县									
苍南县									
文成县									
泰顺县									
瑞安市	49	1	2792	2280	508	4	17709	9451	2686
乐清市	49	6	2740	2182	554	4	20002	10537	3226
龙港市	16		909	680	227	2	7852	4396	1309
嘉兴市	**296**	**18**	**9888**	**8197**	**1628**	**63**	**51549**	**23155**	**8556**
南湖区	117	1	3318	2822	492	4	16295	6522	2818
秀洲区	44		1601	1271	330		6974	2844	1341
嘉善县									
海盐县									
海宁市	52	10	1758	1405	297	56	9243	4290	1361
平湖市	30		1336	1171	165		6417	2765	1119
桐乡市	53	7	1875	1528	344	3	12620	6734	1917
湖州市	**92**	**76**	**4855**	**4066**	**766**	**23**	**15048**	**6577**	**2597**
吴兴区	89	70	4191	3561	607	23	11008	4747	1701
南浔区	3	6	664	505	159		4040	1830	896
德清县									
长兴县									
安吉县									

4-6a 续表 13 单位：人

地区 性别	专业技术人员		办事人员和有关人员				社会生产服务和生活服务人员		
	新闻出版、文化专业人员	其他专业技术人员	小计	办事人员	安全和消防人员	其他办事人员和有关人员	小计	批发与零售服务人员	交通运输、仓储和邮政业服务人员
绍兴市	**238**	**65**	**14231**	**11778**	**2209**	**244**	**66612**	**32814**	**10200**
越城区	97	8	5722	5024	686	12	16811	7750	2477
柯桥区	32	15	2772	2228	539	5	23223	12994	3903
上虞区	64	25	2688	2221	455	12	9493	3850	1659
新昌县									
诸暨市	31	6	1794	1286	296	212	11273	5543	1336
嵊州市	14	11	1255	1019	233	3	5812	2677	825
金华市	**486**	**61**	**12312**	**9901**	**2387**	**24**	**86368**	**47239**	**15357**
婺城区	91	18	4085	3364	711	10	13708	6056	2303
金东区	10		984	852	128	4	3251	1555	599
武义县									
浦江县									
磐安县									
兰溪市	18	10	1134	904	229	1	4056	2024	689
义乌市	305	19	3295	2561	730	4	44281	26490	8336
东阳市	44	7	1373	1092	279	2	10221	5779	1203
永康市	18	7	1441	1128	310	3	10851	5335	2227
衢州市	**116**	**20**	**4206**	**3497**	**685**	**24**	**14415**	**6000**	**2280**
柯城区	86	13	2712	2245	453	14	8108	3411	1059
衢江区	9		507	431	75	1	2501	924	495
常山县									
开化县									
龙游县			2	1	1		27	12	6
江山市	21	7	985	820	156	9	3779	1653	720
舟山市	**100**	**20**	**3785**	**3086**	**633**	**66**	**13202**	**4048**	**2755**
定海区	74	17	2313	1894	354	65	7257	2188	1381
普陀区	26	3	1472	1192	279	1	5945	1860	1374
岱山县									
嵊泗县									
台州市	**234**	**13**	**12742**	**10230**	**2475**	**37**	**59007**	**26996**	**10084**
椒江区	117	11	3700	2987	688	25	14682	6393	2182
黄岩区	28		1705	1408	297		7055	3046	1247
路桥区	12		1010	790	218	2	9045	4749	1585
三门县									
天台县									
仙居县									
温岭市	31		2421	1931	490		12983	6194	2119
临海市	25		1850	1520	320	10	7088	3050	1289
玉环市	21	2	2056	1594	462		8154	3564	1662
丽水市	**69**	**10**	**2969**	**2351**	**602**	**16**	**10387**	**4549**	**1448**
莲都区	58	10	2420	1936	474	10	7889	3410	1089
青田县									
缙云县									
遂昌县									
松阳县									
云和县									
庆元县									
景宁畲族自治县									
龙泉市	11		549	415	128	6	2498	1139	359
男	**1715**	**414**	**78018**	**56553**	**21070**	**395**	**445278**	**174069**	**103375**
杭州市	**697**	**154**	**10414**	**6570**	**3779**	**65**	**142938**	**46504**	**28527**
上城区	24	9	321	210	110	1	4571	1287	712
下城区	77	2	674	437	237		6873	2176	894
江干区	144	49	1429	797	620	12	26018	9615	5157
拱墅区	67	1	633	412	221		9793	3350	1559

4-6a 续表 14 单位：人

地区 性别	专业技术人员		办事人员和有关人员				社会生产服务和生活服务人员		
	新闻出版、文化专业人员	其他专业技术人员	小计	办事人员	安全和消防人员	其他办事人员和有关人员	小计	批发与零售服务人员	交通运输、仓储和邮政业服务人员
西湖区	115	36	1386	1049	317	20	17550	4388	2512
滨江区	66	5	655	485	167	3	8691	1733	784
萧山区	56	16	1500	883	613	4	26809	8827	7245
余杭区	108	23	1842	817	1018	7	29825	10735	6484
富阳区	22	9	1108	772	330	6	7540	2690	1999
临安区	14	2	455	360	92	3	3908	1308	833
桐庐县									
淳安县									
建德市	4	2	411	348	54	9	1360	395	348
宁波市	**212**	**38**	**17200**	**12674**	**4465**	**61**	**66323**	**24461**	**17748**
海曙区	52	8	2696	1886	804	6	12061	4681	2938
江北区	16	11	1639	1243	390	6	5160	1916	1466
北仑区	9	3	1621	1085	534	2	7845	2096	3371
镇海区	10	4	1591	1201	385	5	5077	1629	1635
鄞州区	74	3	4433	3693	720	20	13490	5288	2314
奉化区	11	4	979	694	280	5	2976	1122	739
象山县									
宁海县									
余姚市	10	3	2237	1620	615	2	8031	3081	2302
慈溪市	30	2	2004	1252	737	15	11683	4648	2983
温州市	**145**	**15**	**11109**	**8525**	**2578**	**6**	**55842**	**25074**	**12855**
鹿城区	60	2	3941	3404	537		12151	4830	2121
龙湾区	16		1136	789	346	1	5830	2393	1612
瓯海区	20	8	1567	1128	438	1	9796	3777	2636
洞头区	3		273	214	58	1	655	281	187
永嘉县									
平阳县									
苍南县									
文成县									
泰顺县									
瑞安市	23	1	1818	1345	471	2	10651	5297	2329
乐清市	18	4	1727	1209	518		11655	5842	2755
龙港市	5		647	436	210	1	5104	2654	1215
嘉兴市	**102**	**13**	**5648**	**4141**	**1476**	**31**	**29494**	**11583**	**7112**
南湖区	43	1	1817	1378	436	3	9477	3308	2308
秀洲区	11		929	628	301		4121	1478	1100
嘉善县									
海盐县									
海宁市	19	7	1019	715	277	27	5052	2018	1140
平湖市	7		686	546	140		3585	1299	928
桐乡市	22	5	1197	874	322	1	7259	3480	1636
湖州市	**37**	**62**	**2832**	**2109**	**708**	**15**	**8484**	**3260**	**2201**
吴兴区	34	56	2435	1863	557	15	6117	2306	1421
南浔区	3	6	397	246	151		2367	954	780
德清县									
长兴县									
安吉县									
绍兴市	**104**	**40**	**8564**	**6386**	**2053**	**125**	**37762**	**17216**	**8429**
越城区	46	4	3332	2691	634	7	9511	4077	2021
柯桥区	15	8	1654	1137	513	4	13743	7263	3245
上虞区	30	18	1688	1259	424	5	5183	1808	1376
新昌县									
诸暨市	10	3	1098	725	267	106	6171	2801	1090
嵊州市	3	7	792	574	215	3	3154	1267	697

4-6a 续表 15　　　　单位：人

地区 性别	专业技术人员		办事人员和有关人员				社会生产服务和生活服务人员		
	新闻出版、文化专业人员	其他专业技术人员	小计	办事人员	安全和消防人员	其他办事人员和有关人员	小计	批发与零售服务人员	交通运输、仓储和邮政业服务人员
金华市	**210**	**46**	**7742**	**5646**	**2084**	**12**	**50853**	**25311**	**12771**
婺城区	29	14	2470	1872	595	3	7846	3142	1873
金东区	3		587	467	117	3	1989	864	510
武义县									
浦江县									
磐安县									
兰溪市	8	7	738	538	199	1	2197	968	563
义乌市	144	13	2131	1465	663	3	26548	14229	7058
东阳市	19	7	883	634	247	2	5727	3049	1002
永康市	7	5	933	670	263		6546	3059	1765
衢州市	**50**	**17**	**2451**	**1838**	**599**	**14**	**7614**	**2798**	**1858**
柯城区	35	11	1597	1199	389	9	4221	1623	848
衢江区	3		280	211	69		1404	445	405
常山县									
开化县									
龙游县							16	6	6
江山市	12	6	574	428	141	5	1973	724	599
舟山市	**36**	**13**	**2314**	**1720**	**560**	**34**	**7156**	**1832**	**2379**
定海区	29	10	1406	1065	307	34	3861	953	1148
普陀区	7	3	908	655	253		3295	879	1231
岱山县									
嵊泗县									
台州市	**91**	**10**	**7948**	**5680**	**2243**	**25**	**33097**	**13772**	**8238**
椒江区	41	9	2243	1606	622	15	7861	3096	1808
黄岩区	11		1017	753	264		3948	1529	1041
路桥区	7		615	417	196	2	5409	2645	1323
三门县									
天台县									
仙居县									
温岭市	16		1582	1137	445		7343	3214	1769
临海市	10		1177	881	288	8	4106	1526	1066
玉环市	6	1	1314	886	428		4430	1762	1231
丽水市	**31**	**6**	**1796**	**1264**	**525**	**7**	**5715**	**2258**	**1257**
莲都区	26	6	1450	1033	412	5	4321	1672	945
青田县									
缙云县									
遂昌县									
松阳县									
云和县									
庆元县									
景宁畲族自治县									
龙泉市	5		346	231	113	2	1394	586	312
女	**2814**	**202**	**51818**	**49108**	**2341**	**369**	**327129**	**161771**	**20721**
杭州市	**1267**	**110**	**6383**	**5772**	**551**	**60**	**105185**	**45224**	**6150**
上城区	42	3	209	188	21		3622	1356	167
下城区	103	3	414	368	46		5658	2150	201
江干区	236	42	735	619	108	8	20218	9908	1083
拱墅区	118		442	397	43	2	7467	3221	292
西湖区	211	27	1209	1112	70	27	12445	4379	453
滨江区	155	6	474	439	33	2	6424	1821	206
萧山区	102	14	781	709	71	1	18335	7969	1926
余杭区	208	10	827	723	92	12	20769	9883	1169
富阳区	45	4	679	635	43	1	5830	2653	390
临安区	29		280	266	14		3234	1380	183
桐庐县									
淳安县									
建德市	18	1	333	316	10	7	1183	504	80

4-6a　续表 16　　　　　　　　　　　　　　　　　　　　　　　　　　单位：人

地　区 性　别	专业技术人员		办事人员和有关人员				社会生产服务和生活服务人员		
	新闻出版、文化专业人员	其他专业技术人员	小计	办事人员	安全和消防人员	其他办事人员和有关人员	小计	批发与零售服务人员	交通运输、仓储和邮政业服务人员
宁波市	**354**	**12**	**12729**	**12263**	**401**	**65**	**48647**	**23265**	**3589**
海曙区	55	1	2020	1930	76	14	8629	4437	599
江北区	20	5	1314	1279	33	2	3464	1685	310
北仑区	32		1271	1230	37	4	5282	2317	652
镇海区	30	1	1346	1299	44	3	3820	1569	334
鄞州区	119	3	3725	3611	103	11	11209	5237	650
奉化区	23	1	689	653	34	2	2501	1182	167
象山县									
宁海县									
余姚市	24	1	1288	1256	32		5773	2931	440
慈溪市	51		1076	1005	42	29	7969	3907	437
温州市	**223**	**4**	**7013**	**6751**	**252**	**10**	**36884**	**19934**	**1950**
鹿城区	89		2864	2797	66	1	8637	4166	299
龙湾区	25		706	664	42		3574	1737	287
瓯海区	39	2	997	950	46	1	5928	3143	426
洞头区	2		197	188	8	1	592	297	16
永嘉县									
平阳县									
苍南县									
文成县									
泰顺县									
瑞安市	26		974	935	37	2	7058	4154	357
乐清市	31	2	1013	973	36	4	8347	4695	471
龙港市	11		262	244	17	1	2748	1742	94
嘉兴市	**194**	**5**	**4240**	**4056**	**152**	**32**	**22055**	**11572**	**1444**
南湖区	74		1501	1444	56	1	6818	3214	510
秀洲区	33		672	643	29		2853	1366	241
嘉善县									
海盐县									
海宁市	33	3	739	690	20	29	4191	2272	221
平湖市	23		650	625	25		2832	1466	191
桐乡市	31	2	678	654	22	2	5361	3254	281
湖州市	**55**	**14**	**2023**	**1957**	**58**	**8**	**6564**	**3317**	**396**
吴兴区	55	14	1756	1698	50	8	4891	2441	280
南浔区			267	259	8		1673	876	116
德清县									
长兴县									
安吉县									
绍兴市	**134**	**25**	**5667**	**5392**	**156**	**119**	**28850**	**15598**	**1771**
越城区	51	4	2390	2333	52	5	7300	3673	456
柯桥区	17	7	1118	1091	26	1	9480	5731	658
上虞区	34	7	1000	962	31	7	4310	2042	283
新昌县									
诸暨市	21	3	696	561	29	106	5102	2742	246
嵊州市	11	4	463	445	18		2658	1410	128
金华市	**276**	**15**	**4570**	**4255**	**303**	**12**	**35515**	**21928**	**2586**
婺城区	62	4	1615	1492	116	7	5862	2914	430
金东区	7		397	385	11	1	1262	691	89
武义县									
浦江县									
磐安县									
兰溪市	10	3	396	366	30		1859	1056	126
义乌市	161	6	1164	1096	67	1	17733	12261	1278
东阳市	25		490	458	32		4494	2730	201
永康市	11	2	508	458	47	3	4305	2276	462

4-6a 续表 17

单位：人

地区 性别	专业技术人员 新闻出版、文化专业人员	专业技术人员 其他专业技术人员	办事人员和有关人员 小计	办事人员和有关人员 办事人员	办事人员和有关人员 安全和消防人员	办事人员和有关人员 其他办事人员和有关人员	社会生产服务和生活服务人员 小计	社会生产服务和生活服务人员 批发与零售服务人员	社会生产服务和生活服务人员 交通运输、仓储和邮政业服务人员
衢州市	**66**	**3**	**1755**	**1659**	**86**	**10**	**6801**	**3202**	**422**
柯城区	51	2	1115	1046	64	5	3887	1788	211
衢江区	6		227	220	6	1	1097	479	90
常山县									
开化县									
龙游县			2	1	1		11	6	
江山市	9	1	411	392	15	4	1806	929	121
舟山市	**64**	**7**	**1471**	**1366**	**73**	**32**	**6046**	**2216**	**376**
定海区	45	7	907	829	47	31	3396	1235	233
普陀区	19		564	537	26	1	2650	981	143
岱山县									
嵊泗县									
台州市	**143**	**3**	**4794**	**4550**	**232**	**12**	**25910**	**13224**	**1846**
椒江区	76	2	1457	1381	66	10	6821	3297	374
黄岩区	17		688	655	33		3107	1517	206
路桥区	5		395	373	22		3636	2104	262
三门县									
天台县									
仙居县									
温岭市	15		839	794	45		5640	2980	350
临海市	15		673	639	32	2	2982	1524	223
玉环市	15	1	742	708	34		3724	1802	431
丽水市	**38**	**4**	**1173**	**1087**	**77**	**9**	**4672**	**2291**	**191**
莲都区	32	4	970	903	62	5	3568	1738	144
青田县									
缙云县									
遂昌县									
松阳县									
云和县									
庆元县									
景宁畲族自治县									
龙泉市	6		203	184	15	4	1104	553	47

4-6a　续表 18　　　　单位：人

地　区 性　别	社会生产服务和生活服务人员								
	住宿和餐饮服务人　员	信息传输、软件和信息技术服务人　员	金融服务人　员	房地产服务人员	租赁和商务服务人　员	技术辅助服务人员	水利、环境和公共设施管理服务人员	居民服务人　员	电力、燃气及水供应服务人　员
合计	**85281**	**31943**	**21810**	**18777**	**28021**	**24701**	**29434**	**37505**	**4080**
杭州市	**26180**	**23363**	**7159**	**9015**	**15501**	**9823**	**9538**	**9656**	**1163**
上城区	1136	524	565	411	933	198	228	333	51
下城区	1462	837	565	565	625	384	235	590	57
江干区	4502	2389	1356	1678	3395	2044	1693	1567	163
拱墅区	1411	1868	667	687	1342	920	466	664	90
西湖区	3670	4954	868	1103	2623	1594	1204	1175	104
滨江区	1410	4185	635	519	1225	869	478	530	62
萧山区	4946	2475	963	1940	2174	1281	1964	1728	216
余杭区	4490	5598	803	1419	2177	1999	2261	1720	163
富阳区	1777	294	333	288	459	281	604	807	126
临安区	1041	175	278	369	367	201	312	370	98
桐庐县									
淳安县									
建德市	335	64	126	36	181	52	93	172	33
宁波市	**12678**	**2430**	**3475**	**2951**	**3633**	**3878**	**4749**	**6500**	**588**
海曙区	2074	442	541	636	791	765	852	994	92
江北区	815	261	259	294	298	326	323	341	39
北仑区	1475	200	223	183	288	326	631	676	55
镇海区	990	236	208	217	308	311	534	469	52
鄞州区	2524	797	1364	1104	1102	1091	803	1443	97
奉化区	704	95	137	61	147	164	244	335	44
象山县									
宁海县									
余姚市	1697	180	296	178	198	384	554	787	69
慈溪市	2399	219	447	278	501	511	808	1455	140
温州市	**10422**	**1212**	**2318**	**1778**	**1809**	**3095**	**3293**	**5243**	**421**
鹿城区	2567	334	916	744	833	890	701	1528	108
龙湾区	1036	135	236	214	193	337	421	396	43
瓯海区	1827	249	301	294	315	723	643	677	41
洞头区	186	35	19	5	17	22	60	84	6
永嘉县									
平阳县									
苍南县									
文成县									
泰顺县									
瑞安市	1924	171	418	199	170	510	525	992	84
乐清市	2153	216	296	201	236	395	738	1207	90
龙港市	729	72	132	121	45	218	205	359	49
嘉兴市	**5887**	**951**	**1376**	**1382**	**1856**	**1510**	**2096**	**2353**	**309**
南湖区	1959	478	512	580	700	529	656	683	124
秀洲区	765	151	203	235	258	212	309	291	48
嘉善县									
海盐县									
海宁市	1147	109	267	213	306	251	421	484	44
平湖市	686	85	180	153	326	173	298	320	44
桐乡市	1330	128	214	201	266	345	412	575	49
湖州市	**1860**	**269**	**507**	**313**	**462**	**435**	**675**	**689**	**97**
吴兴区	1414	234	453	266	383	329	477	482	80
南浔区	446	35	54	47	79	106	198	207	17
德清县									
长兴县									
安吉县									

4-6a 续表 19

单位：人

地区 性别	社会生产服务和生活服务人员								
	住宿和餐饮服务人员	信息传输、软件和信息技术服务人员	金融服务人员	房地产服务人员	租赁和商务服务人员	技术辅助服务人员	水利、环境和公共设施管理服务人员	居民服务人员	电力、燃气及水供应服务人员
绍兴市	**7138**	**888**	**1814**	**1301**	**1395**	**1846**	**2595**	**3713**	**393**
越城区	1836	297	751	396	437	576	588	911	98
柯桥区	1985	195	323	289	448	500	907	967	99
上虞区	1207	187	224	169	214	315	484	672	87
新昌县									
诸暨市	1336	139	339	313	222	288	401	752	65
嵊州市	774	70	177	134	74	167	215	411	44
金华市	**8479**	**1121**	**1486**	**668**	**1417**	**1629**	**2282**	**3753**	**330**
婺城区	1765	375	401	230	322	407	495	734	76
金东区	290	76	62	35	66	89	144	131	15
武义县									
浦江县									
磐安县									
兰溪市	476	46	119	22	43	79	193	205	33
义乌市	3586	432	456	227	742	710	866	1399	97
东阳市	1093	107	234	92	128	182	278	680	65
永康市	1269	85	214	62	116	162	306	604	44
衢州市	**1806**	**384**	**526**	**289**	**460**	**406**	**551**	**926**	**142**
柯城区	1027	265	357	184	271	229	275	556	89
衢江区	320	49	49	53	129	81	150	125	11
常山县									
开化县									
龙游县	5						3		
江山市	454	70	120	52	60	96	123	245	42
舟山市	**1981**	**263**	**583**	**344**	**529**	**251**	**713**	**809**	**127**
定海区	962	206	400	201	357	171	411	425	103
普陀区	1019	57	183	143	172	80	302	384	24
岱山县									
嵊泗县									
台州市	**7351**	**833**	**2096**	**570**	**834**	**1533**	**2496**	**3264**	**398**
椒江区	1905	379	699	229	222	447	730	869	83
黄岩区	839	92	252	68	91	196	363	430	54
路桥区	898	90	268	68	150	163	277	402	35
三门县									
天台县									
仙居县									
温岭市	1827	90	394	85	141	321	484	698	71
临海市	827	104	275	86	140	188	278	386	100
玉环市	1055	78	208	34	90	218	364	479	55
丽水市	**1499**	**229**	**470**	**166**	**125**	**295**	**446**	**599**	**112**
莲都区	1097	198	370	132	111	233	349	475	81
青田县									
缙云县									
遂昌县									
松阳县									
云和县									
庆元县									
景宁畲族自治县									
龙泉市	402	31	100	34	14	62	97	124	31
男	**43147**	**22494**	**9760**	**11103**	**18445**	**15266**	**12479**	**10750**	**3270**
杭州市	**13442**	**16420**	**3294**	**5593**	**9665**	**5657**	**3944**	**2633**	**854**
上城区	627	346	267	259	597	123	87	63	30
下城区	753	595	254	386	409	231	117	172	42
江干区	2481	1710	607	1048	2051	1129	616	445	112
拱墅区	711	1265	309	418	767	536	179	192	60

4-6a　续表 20　　　　单位：人

地区 性别	社会生产服务和生活服务人员								
	住宿和餐饮服务人员	信息传输、软件和信息技术服务人员	金融服务人员	房地产服务人员	租赁和商务服务人员	技术辅助服务人员	水利、环境和公共设施管理服务人员	居民服务人员	电力、燃气及水供应服务人员
西湖区	1970	3583	418	688	1582	901	508	296	84
滨江区	746	2940	314	311	707	452	205	130	42
萧山区	2483	1754	431	1275	1452	811	862	460	148
余杭区	2209	3864	390	842	1363	1135	986	532	125
富阳区	806	203	140	173	331	184	228	218	107
临安区	508	120	114	179	266	119	117	90	78
桐庐县									
淳安县									
建德市	148	40	50	14	140	36	39	35	26
宁波市	**6235**	**1837**	**1496**	**1689**	**2416**	**2378**	**2113**	**1912**	**489**
海曙区	1064	346	252	388	493	482	366	295	80
江北区	393	200	115	169	202	194	142	104	30
北仑区	709	157	80	85	196	198	274	199	43
镇海区	420	173	86	108	191	179	204	139	47
鄞州区	1328	587	612	648	692	669	312	366	73
奉化区	347	74	58	32	103	86	106	101	38
象山县									
宁海县									
余姚市	799	137	104	107	152	258	263	256	59
慈溪市	1175	163	189	152	387	312	446	452	119
温州市	**5524**	**899**	**1111**	**1089**	**1388**	**2207**	**1416**	**1433**	**350**
鹿城区	1435	245	420	474	648	628	337	412	88
龙湾区	488	100	109	126	146	223	181	125	37
瓯海区	1035	192	168	179	250	527	283	196	35
洞头区	67	25	5	2	10	17	19	16	6
永嘉县									
平阳县									
苍南县									
文成县									
泰顺县									
瑞安市	1023	126	214	107	139	372	233	300	70
乐清市	1069	154	132	129	163	277	248	271	73
龙港市	407	57	63	72	32	163	115	113	41
嘉兴市	**3000**	**697**	**605**	**797**	**1437**	**910**	**928**	**711**	**274**
南湖区	993	349	224	339	524	306	293	210	108
秀洲区	378	106	91	137	189	137	140	79	40
嘉善县									
海盐县									
海宁市	599	88	123	128	256	153	169	135	39
平湖市	346	55	74	84	279	104	126	94	40
桐乡市	684	99	93	109	189	210	200	193	47
湖州市	**882**	**179**	**219**	**167**	**335**	**281**	**259**	**198**	**87**
吴兴区	696	150	199	146	278	207	190	131	72
南浔区	186	29	20	21	57	74	69	67	15
德清县									
长兴县									
安吉县									
绍兴市	**3491**	**585**	**779**	**712**	**1018**	**1121**	**1098**	**1110**	**334**
越城区	898	187	365	227	300	344	229	266	83
柯桥区	952	128	124	163	335	293	385	293	87
上虞区	596	128	83	89	152	189	222	159	68
新昌县									
诸暨市	659	101	141	167	180	179	176	251	55
嵊州市	386	41	66	66	51	116	86	141	41

4－6a 续表 21 单位：人

地　区 性　别	社会生产服务和生活服务人员 住宿和餐饮服务人员	信息传输、软件和信息技术服务人员	金融服务人员	房地产服务人员	租赁和商务服务人员	技术辅助服务人员	水利、环境和公共设施管理服务人员	居民服务人员	电力、燃气及水供应服务人员
金华市	**4647**	**770**	**678**	**389**	**860**	**1064**	**1020**	**1133**	**262**
婺城区	883	271	185	109	189	271	211	215	65
金东区	148	54	27	21	45	69	52	27	13
武义县									
浦江县									
磐安县									
兰溪市	236	33	59	16	29	54	77	43	24
义乌市	2085	276	228	151	424	458	440	434	85
东阳市	584	72	100	57	91	107	111	230	46
永康市	711	64	79	35	82	105	129	184	29
衢州市	**784**	**231**	**225**	**129**	**328**	**255**	**204**	**240**	**117**
柯城区	456	158	153	81	192	154	105	140	71
衢江区	132	29	20	24	105	43	52	43	10
常山县									
开化县									
龙游县	1						2		
江山市	195	44	52	24	31	58	45	57	36
舟山市	**812**	**155**	**239**	**137**	**353**	**161**	**308**	**237**	**92**
定海区	419	115	169	74	248	108	186	129	73
普陀区	393	40	70	63	105	53	122	108	19
岱山县									
嵊泗县									
台州市	**3605**	**582**	**907**	**310**	**573**	**1040**	**1005**	**981**	**319**
椒江区	896	258	297	115	130	278	292	250	67
黄岩区	426	70	92	41	57	141	151	119	38
路桥区	437	53	122	39	116	108	134	123	30
三门县									
天台县									
仙居县									
温岭市	929	64	177	49	100	236	179	205	57
临海市	428	79	135	47	106	126	117	144	77
玉环市	489	58	84	19	64	151	132	140	50
丽水市	**725**	**139**	**207**	**91**	**72**	**192**	**184**	**162**	**92**
莲都区	539	122	165	75	67	156	138	128	64
青田县									
缙云县									
遂昌县									
松阳县									
云和县									
庆元县									
景宁畲族自治县									
龙泉市	186	17	42	16	5	36	46	34	28
女	**42134**	**9449**	**12050**	**7674**	**9576**	**9435**	**16955**	**26755**	**810**
杭州市	**12738**	**6943**	**3865**	**3422**	**5836**	**4166**	**5594**	**7023**	**309**
上城区	509	178	298	152	336	75	141	270	21
下城区	709	242	311	179	216	153	118	418	15
江干区	2021	679	749	630	1344	915	1077	1122	51
拱墅区	700	603	358	269	575	384	287	472	30
西湖区	1700	1371	450	415	1041	693	696	879	20
滨江区	664	1245	321	208	518	417	273	400	20
萧山区	2463	721	532	665	722	470	1102	1268	68
余杭区	2281	1734	413	577	814	864	1275	1188	38
富阳区	971	91	193	115	128	97	376	589	19
临安区	533	55	164	190	101	82	195	280	20
桐庐县									
淳安县									
建德市	187	24	76	22	41	16	54	137	7

4-6a　续表 22　　　　　　　　　　　　　　　　　　　　　　　　　　　　　　单位：人

地　区 性　别	社会生产服务和生活服务人员								
	住宿和餐饮服务人员	信息传输、软件和信息技术服务人员	金融服务人员	房地产服务人员	租赁和商务服务人员	技术辅助服务人员	水利、环境和公共设施管理服务人员	居民服务人员	电力、燃气及水供应服务人员
宁波市	**6443**	**593**	**1979**	**1262**	**1217**	**1500**	**2636**	**4588**	**99**
海曙区	1010	96	289	248	298	283	486	699	12
江北区	422	61	144	125	96	132	181	237	9
北仑区	766	43	143	98	92	128	357	477	12
镇海区	570	63	122	109	117	132	330	330	5
鄞州区	1196	210	752	456	410	422	491	1077	24
奉化区	357	21	79	29	44	78	138	234	6
象山县									
宁海县									
余姚市	898	43	192	71	46	126	291	531	10
慈溪市	1224	56	258	126	114	199	362	1003	21
温州市	**4898**	**313**	**1207**	**689**	**421**	**888**	**1877**	**3810**	**71**
鹿城区	1132	89	496	270	185	262	364	1116	20
龙湾区	548	35	127	88	47	114	240	271	6
瓯海区	792	57	133	115	65	196	360	481	6
洞头区	119	10	14	3	7	5	41	68	
永嘉县									
平阳县									
苍南县									
文成县									
泰顺县									
瑞安市	901	45	204	92	31	138	292	692	14
乐清市	1084	62	164	72	73	118	490	936	17
龙港市	322	15	69	49	13	55	90	246	8
嘉兴市	**2887**	**254**	**771**	**585**	**419**	**600**	**1168**	**1642**	**35**
南湖区	966	129	288	241	176	223	363	473	16
秀洲区	387	45	112	98	69	75	169	212	8
嘉善县									
海盐县									
海宁市	548	21	144	85	50	98	252	349	5
平湖市	340	30	106	69	47	69	172	226	4
桐乡市	646	29	121	92	77	135	212	382	2
湖州市	**978**	**90**	**288**	**146**	**127**	**154**	**416**	**491**	**10**
吴兴区	718	84	254	120	105	122	287	351	8
南浔区	260	6	34	26	22	32	129	140	2
德清县									
长兴县									
安吉县									
绍兴市	**3647**	**303**	**1035**	**589**	**377**	**725**	**1497**	**2603**	**59**
越城区	938	110	386	169	137	232	359	645	15
柯桥区	1033	67	199	126	113	207	522	674	12
上虞区	611	59	141	80	62	126	262	513	19
新昌县									
诸暨市	677	38	198	146	42	109	225	501	10
嵊州市	388	29	111	68	23	51	129	270	3
金华市	**3832**	**351**	**808**	**279**	**557**	**565**	**1262**	**2620**	**68**
婺城区	882	104	216	121	133	136	284	519	11
金东区	142	22	35	14	21	20	92	104	2
武义县									
浦江县									
磐安县									
兰溪市	240	13	60	6	14	25	116	162	9
义乌市	1501	156	228	76	318	252	426	965	12
东阳市	509	35	134	35	37	75	167	450	19
永康市	558	21	135	27	34	57	177	420	15

4-6a 续表 23　　单位：人

地　区 性　别	社会生产服务和生活服务人员 住宿和餐饮服务人员	信息传输、软件和信息技术服务人员	金融服务人员	房地产服务人员	租赁和商务服务人员	技术辅助服务人员	水利、环境和公共设施管理服务人员	居民服务人员	电力、燃气及水供应服务人员
衢州市	**1022**	**153**	**301**	**160**	**132**	**151**	**347**	**686**	**25**
柯城区	571	107	204	103	79	75	170	416	18
衢江区	188	20	29	29	24	38	98	82	1
常山县									
开化县									
龙游县	4						1		
江山市	259	26	68	28	29	38	78	188	6
舟山市	**1169**	**108**	**344**	**207**	**176**	**90**	**405**	**572**	**35**
定海区	543	91	231	127	109	63	225	296	30
普陀区	626	17	113	80	67	27	180	276	5
岱山县									
嵊泗县									
台州市	**3746**	**251**	**1189**	**260**	**261**	**493**	**1491**	**2283**	**79**
椒江区	1009	121	402	114	92	169	438	619	16
黄岩区	413	22	160	27	34	55	212	311	16
路桥区	461	37	146	29	34	55	143	279	5
三门县									
天台县									
仙居县									
温岭市	898	26	217	36	41	85	305	493	14
临海市	399	25	140	39	34	62	161	242	23
玉环市	566	20	124	15	26	67	232	339	5
丽水市	**774**	**90**	**263**	**75**	**53**	**103**	**262**	**437**	**20**
莲都区	558	76	205	57	44	77	211	347	17
青田县									
缙云县									
遂昌县									
松阳县									
云和县									
庆元县									
景宁畲族自治县									
龙泉市	216	14	58	18	9	26	51	90	3

4-6a　续表 24　　　　单位：人

地　区 性　别	社会生产服务和生活服务人员				农、林、牧、渔业生产及辅助人员				
	修理及制作服务人员	文化、体育和娱乐服务人员	健康服务人员	其他社会生产和生活服务人员	小计	农业生产人员	林业生产人员	畜牧业生产人员	渔业生产人员
合计	**17103**	**9059**	**2163**	**2594**	**18743**	**13949**	**978**	**808**	**2637**
杭州市	**4157**	**3006**	**1095**	**2062**	**3700**	**3191**	**153**	**115**	**117**
上城区	77	127	87	1	7			3	
下城区	142	167	188	1293	20	12	1	3	1
江干区	709	631	192	154	202	132	14	17	9
拱墅区	301	207	128	87	10	6	1	1	1
西湖区	408	408	121	31	320	284	12	7	9
滨江区	118	309	79	152	47	25	7	3	3
萧山区	857	463	133	37	1965	1776	53	33	60
余杭区	916	400	113	264	566	500	30	12	19
富阳区	381	208	39	41	357	281	24	22	13
临安区	165	55	6	1	75	66	3	2	1
桐庐县									
淳安县									
建德市	83	31	9	1	131	109	8	12	1
宁波市	**3192**	**1522**	**239**	**72**	**2736**	**2166**	**161**	**120**	**216**
海曙区	607	175	55	11	264	203	23	14	13
江北区	204	63	23	1	46	34	4	1	7
北仑区	380	230	19	5	203	136	24	4	33
镇海区	267	113	23	2	274	224	14	3	24
鄞州区	459	321	71	34	94	72	3	5	12
奉化区	158	168	9	1	291	183	19	8	75
象山县									
宁海县									
余姚市	464	218	13	12	381	324	15	26	10
慈溪市	653	234	26	6	1183	990	59	59	42
温州市	**2157**	**826**	**250**	**89**	**2717**	**1835**	**68**	**109**	**688**
鹿城区	395	271	59	26	45	33	2	4	6
龙湾区	277	58	23	6	210	149	21	11	27
瓯海区	409	95	131	37	266	237	9	8	9
洞头区	17	12		3	145	24		7	114
永嘉县									
平阳县									
苍南县									
文成县									
泰顺县									
瑞安市	428	133	15	3	509	298	22	17	169
乐清市	471	210	12	14	817	643	12	48	108
龙港市	160	47	10		725	451	2	14	255
嘉兴市	**1188**	**787**	**136**	**7**	**713**	**483**	**50**	**81**	**83**
南湖区	430	251	49	4	159	116	5	14	21
秀洲区	203	90	23	1	97	62	8	3	20
嘉善县									
海盐县									
海宁市	158	168	24		96	41	13	9	29
平湖市	117	135	16		85	57	8	13	7
桐乡市	280	143	24	2	276	207	16	42	6
湖州市	**349**	**152**	**39**	**27**	**165**	**89**	**17**	**14**	**36**
吴兴区	246	132	37	27	117	76	8	10	19
南浔区	103	20	2		48	13	9	4	17
德清县									
长兴县									
安吉县									

4−6a　续表 25　　单位：人

地　区 性　别	社会生产服务和生活服务人员				农、林、牧、渔业生产及辅助人员				
	修理及制作服务人　员	文化、体育和娱乐服务人员	健康服务人　　员	其他社会生产和生活服务人　员	小计	农业生产人　　员	林业生产人　　员	畜牧业生产人员	渔业生产人　　员
绍兴市	**1665**	**608**	**88**	**154**	**1933**	**1495**	**130**	**93**	**179**
越城区	454	199	36	5	178	124	12	8	31
柯桥区	427	153	12	21	367	252	31	17	56
上虞区	291	99	17	18	478	379	21	14	62
新昌县									
诸暨市	305	112	12	110	452	393	17	18	18
嵊州市	188	45	11		458	347	49	36	12
金华市	**1822**	**633**	**125**	**27**	**2126**	**1699**	**273**	**63**	**64**
婺城区	410	95	31	8	437	218	184	12	15
金东区	158	20	9	2	305	252	40	5	7
武义县									
浦江县									
磐安县									
兰溪市	99	21	7		560	480	20	27	32
义乌市	600	294	39	7	194	174	12	1	1
东阳市	227	125	23	5	303	268	13	11	3
永康市	328	78	16	5	327	307	4	7	6
衢州市	**424**	**164**	**50**	**7**	**913**	**768**	**19**	**93**	**18**
柯城区	232	109	40	4	191	159	8	5	10
衢江区	91	18	5	1	199	181	2	12	3
常山县									
开化县									
龙游县	1				2			2	
江山市	100	37	5	2	521	428	9	74	5
舟山市	**280**	**343**	**38**	**138**	**838**	**85**	**7**	**16**	**710**
定海区	147	187	27	91	187	38	3	10	131
普陀区	133	156	11	47	651	47	4	6	579
岱山县									
嵊泗县									
台州市	**1572**	**890**	**83**	**7**	**2396**	**1709**	**68**	**74**	**516**
椒江区	310	215	17	2	499	357	18	8	112
黄岩区	228	129	20		262	241	3	7	7
路桥区	267	82	10	1	161	131	13	5	7
三门县									
天台县									
仙居县									
温岭市	302	239	15	3	373	292	10	12	55
临海市	243	114	7	1	572	528	15	17	8
玉环市	222	111	14		529	160	9	25	327
丽水市	**297**	**128**	**20**	**4**	**506**	**429**	**32**	**30**	**10**
莲都区	218	105	18	3	320	287	13	8	9
青田县									
缙云县									
遂昌县									
松阳县									
云和县									
庆元县									
景宁畲族自治县									
龙泉市	79	23	2	1	186	142	19	22	1
男	**15184**	**4025**	**664**	**1247**	**12750**	**8869**	**717**	**535**	**2365**
杭州市	**3704**	**1473**	**308**	**920**	**2291**	**1907**	**106**	**88**	**96**
上城区	66	76	30	1	4			2	
下城区	128	90	40	586	13	8		2	1
江干区	639	278	67	63	132	76	9	14	7
拱墅区	264	111	33	39	7	3	1	1	1

4-6a　续表 26

单位：人

地　区 性　别	社会生产服务和生活服务人员				农、林、牧、渔业生产及辅助人员				
	修理及制作服务人员	文化、体育和娱乐服务人员	健康服务人员	其他社会生产和生活服务人员	小计	农业生产人员	林业生产人员	畜牧业生产人员	渔业生产人员
西湖区	357	214	32	17	190	163	9	5	8
滨江区	95	150	22	60	32	14	7	2	3
萧山区	779	227	32	23	1183	1038	36	27	49
余杭区	827	191	37	105	354	307	17	10	16
富阳区	333	94	10	24	240	188	17	15	9
临安区	144	29	2	1	50	42	2	2	1
桐庐县									
淳安县									
建德市	72	13	3	1	86	68	8	8	1
宁波市	**2837**	**588**	**79**	**45**	**1886**	**1442**	**126**	**80**	**185**
海曙区	559	91	20	6	191	144	19	9	10
江北区	187	36	5	1	33	24	3	1	5
北仑区	347	82	6	2	141	90	17	2	28
镇海区	228	27	10	1	174	138	9	3	17
鄞州区	407	147	26	21	64	46	3	4	9
奉化区	143	24	3		222	124	16	7	71
象山县									
宁海县									
余姚市	418	82	4	9	249	206	14	15	9
慈溪市	548	99	5	5	812	670	45	39	36
温州市	**1930**	**391**	**104**	**71**	**2113**	**1348**	**54**	**74**	**623**
鹿城区	349	126	14	24	34	24	2	4	4
龙湾区	243	34	8	5	154	103	15	8	26
瓯海区	372	55	64	27	192	172	6	5	7
洞头区	15	3		2	121	17		6	98
永嘉县									
平阳县									
苍南县									
文成县									
泰顺县									
瑞安市	382	52	5	2	435	239	20	11	162
乐清市	426	97	8	11	569	445	9	27	84
龙港市	143	24	5		608	348	2	13	242
嘉兴市	**1061**	**341**	**33**	**5**	**411**	**268**	**37**	**37**	**56**
南湖区	373	130	10	2	94	65	3	10	14
秀洲区	182	52	11	1	62	39	7	1	12
嘉善县									
海盐县									
海宁市	145	55	4		71	30	11	7	19
平湖市	112	42	2		43	32	3	1	7
桐乡市	249	62	6	2	141	102	13	18	4
湖州市	**313**	**73**	**15**	**15**	**117**	**58**	**13**	**10**	**29**
吴兴区	227	64	15	15	82	49	7	6	17
南浔区	86	9			35	9	6	4	12
德清县									
长兴县									
安吉县									
绍兴市	**1483**	**266**	**35**	**85**	**1216**	**906**	**100**	**59**	**127**
越城区	414	82	15	3	114	73	9	6	23
柯桥区	377	77	5	16	246	164	24	12	39
上虞区	261	33	6	13	278	205	13	12	46
新昌县									
诸暨市	265	50	3	53	281	249	10	8	11
嵊州市	166	24	6		297	215	44	21	8

4-6a 续表 27 单位：人

地区 性别	社会生产服务和生活服务人员				农、林、牧、渔业生产及辅助人员				
	修理及制作服务人员	文化、体育和娱乐服务人员	健康服务人员	其他社会生产和生活服务人员	小计	农业生产人员	林业生产人员	畜牧业生产人员	渔业生产人员
金华市	**1594**	**304**	**33**	**17**	**1314**	**1026**	**175**	**45**	**49**
婺城区	364	58	6	4	281	139	116	9	11
金东区	143	14	1	1	198	159	28	5	5
武义县									
浦江县									
磐安县									
兰溪市	86	7	2		358	306	9	18	24
义乌市	534	124	18	4	109	92	11		1
东阳市	200	70	4	4	175	151	8	8	3
永康市	267	31	2	4	193	179	3	5	5
衢州市	**369**	**61**	**12**	**3**	**550**	**448**	**16**	**60**	**15**
柯城区	193	37	9	1	126	102	5	5	8
衢江区	84	9	3		131	116	2	9	3
常山县									
开化县									
龙游县	1								
江山市	91	15		2	293	230	9	46	4
舟山市	**253**	**106**	**12**	**80**	**769**	**60**	**6**	**9**	**689**
定海区	134	50	8	47	168	30	3	6	127
普陀区	119	56	4	33	601	30	3	3	562
岱山县									
嵊泗县									
台州市	**1372**	**359**	**29**	**5**	**1735**	**1116**	**56**	**53**	**488**
椒江区	273	93	7	1	358	222	18	7	108
黄岩区	201	38	4		186	169	3	4	7
路桥区	231	44	3	1	118	95	10	3	7
三门县									
天台县									
仙居县									
温岭市	261	97	4	2	274	208	6	8	49
临海市	201	48	5	1	348	315	10	13	6
玉环市	205	39	6		451	107	9	18	311
丽水市	**268**	**63**	**4**	**1**	**348**	**290**	**28**	**20**	**8**
莲都区	194	52	3	1	210	186	10	5	7
青田县									
缙云县									
遂昌县									
松阳县									
云和县									
庆元县									
景宁畲族自治县									
龙泉市	74	11	1		138	104	18	15	1
女	**1919**	**5034**	**1499**	**1347**	**5993**	**5080**	**261**	**273**	**272**
杭州市	**453**	**1533**	**787**	**1142**	**1409**	**1284**	**47**	**27**	**21**
上城区	11	51	57		3			1	
下城区	14	77	148	707	7	4	1	1	
江干区	70	353	125	91	70	56	5	3	2
拱墅区	37	96	95	48	3	3			
西湖区	51	194	89	14	130	121	3	2	1
滨江区	23	159	57	92	15	11		1	
萧山区	78	236	101	14	782	738	17	6	11
余杭区	89	209	76	159	212	193	13	2	3
富阳区	48	114	29	17	117	93	7	7	4
临安区	21	26	4		25	24	1		
桐庐县									
淳安县									
建德市	11	18	6		45	41		4	

4-6a　续表 28　　　　　　　　　　　　　　　　　　　　　　单位：人

地　区 性　别	社会生产服务和生活服务人员				农、林、牧、渔业生产及辅助人员				
	修理及制作服务人　员	文化、体育和娱乐服务人员	健康服务人　　员	其他社会生产和生活服务人　员	小计	农业生产人　　员	林业生产人　　员	畜牧业生产人员	渔业生产人　　员
宁波市	**355**	**934**	**160**	**27**	**850**	**724**	**35**	**40**	**31**
海曙区	48	84	35	5	73	59	4	5	3
江北区	17	27	18		13	10	1		2
北仑区	33	148	13	3	62	46	7	2	5
镇海区	39	86	13	1	100	86	5		7
鄞州区	52	174	45	13	30	26		1	3
奉化区	15	144	6	1	69	59	3	1	4
象山县									
宁海县									
余姚市	46	136	9	3	132	118	1	11	1
慈溪市	105	135	21	1	371	320	14	20	6
温州市	**227**	**435**	**146**	**18**	**604**	**487**	**14**	**35**	**65**
鹿城区	46	145	45	2	11	9			2
龙湾区	34	24	15	1	56	46	6	3	1
瓯海区	37	40	67	10	74	65	3	3	2
洞头区	2	9		1	24	7		1	16
永嘉县									
平阳县									
苍南县									
文成县									
泰顺县									
瑞安市	46	81	10	1	74	59	2	6	7
乐清市	45	113	4	3	248	198	3	21	24
龙港市	17	23	5		117	103		1	13
嘉兴市	**127**	**446**	**103**	**2**	**302**	**215**	**13**	**44**	**27**
南湖区	57	121	39	2	65	51	2	4	7
秀洲区	21	38	12		35	23	1	2	8
嘉善县									
海盐县									
海宁市	13	113	20		25	11	2	2	10
平湖市	5	93	14		42	25	5	12	
桐乡市	31	81	18		135	105	3	24	2
湖州市	**36**	**79**	**24**	**12**	**48**	**31**	**4**	**4**	**7**
吴兴区	19	68	22	12	35	27	1	4	2
南浔区	17	11	2		13	4	3		5
德清县									
长兴县									
安吉县									
绍兴市	**182**	**342**	**53**	**69**	**717**	**589**	**30**	**34**	**52**
越城区	40	117	21	2	64	51	3	2	8
柯桥区	50	76	7	5	121	88	7	5	17
上虞区	30	66	11	5	200	174	8	2	16
新昌县									
诸暨市	40	62	9	57	171	144	7	10	7
嵊州市	22	21	5		161	132	5	15	4
金华市	**228**	**329**	**92**	**10**	**812**	**673**	**98**	**18**	**15**
婺城区	46	37	25	4	156	79	68	3	4
金东区	15	6	8	1	107	93	12		2
武义县									
浦江县									
磐安县									
兰溪市	13	14	5		202	174	11	9	8
义乌市	66	170	21	3	85	82	1	1	
东阳市	27	55	19	1	128	117	5	3	
永康市	61	47	14	1	134	128	1	2	1

4-6a 续表 29

单位：人

地区 性别	社会生产服务和生活服务人员				农、林、牧、渔业生产及辅助人员				
	修理及制作服务人员	文化、体育和娱乐服务人员	健康服务人员	其他社会生产和生活服务人员	小计	农业生产人员	林业生产人员	畜牧业生产人员	渔业生产人员
衢州市	**55**	**103**	**38**	**4**	**363**	**320**	**3**	**33**	**3**
柯城区	39	72	31	3	65	57	3		2
衢江区	7	9	2	1	68	65		3	
常山县									
开化县									
龙游县					2			2	
江山市	9	22	5		228	198		28	1
舟山市	**27**	**237**	**26**	**58**	**69**	**25**	**1**	**7**	**21**
定海区	13	137	19	44	19	8		4	4
普陀区	14	100	7	14	50	17	1	3	17
岱山县									
嵊泗县									
台州市	**200**	**531**	**54**	**2**	**661**	**593**	**12**	**21**	**28**
椒江区	37	122	10	1	141	135		1	4
黄岩区	27	91	16		76	72		3	
路桥区	36	38	7		43	36	3	2	
三门县									
天台县									
仙居县									
温岭市	41	142	11	1	99	84	4	4	6
临海市	42	66	2		224	213	5	4	2
玉环市	17	72	8		78	53		7	16
丽水市	**29**	**65**	**16**	**3**	**158**	**139**	**4**	**10**	**2**
莲都区	24	53	15	2	110	101	3	3	2
青田县									
缙云县									
遂昌县									
松阳县									
云和县									
庆元县									
景宁畲族自治县									
龙泉市	5	12	1	1	48	38	1	7	

4-6a　续表 30　　　　单位：人

地　区 性　别	农林牧渔生产辅助人员	其他农、林、牧、渔业生产加工人员	生产制造及有关人员 小计	农副产品加工人员	食品、饮料生产加工人员	烟草及其制品加工人员	纺织、针织、印染人员	纺织品、服装和皮革、毛皮制品加工制作人员	木材加工、家具与木制品制作人员
合计	**338**	**33**	**664407**	**2448**	**4526**	**183**	**31688**	**122111**	**14481**
杭州市	**118**	**6**	**124036**	**341**	**1327**	**98**	**4878**	**21937**	**2443**
上城区	4		1207	5	23	36	10	32	18
下城区	2	1	1915	7	24	6	10	134	23
江干区	30		16017	36	331	15	81	1275	343
拱墅区	1		3681	4	47	3	15	98	92
西湖区	8		5883	8	107	15	10	97	81
滨江区	8	1	3805	32	78	9	26	91	62
萧山区	43		34235	133	226	6	3790	3619	826
余杭区	5		38907	55	228	3	812	16130	620
富阳区	13	4	10786	39	96	5	52	277	243
临安区	3		5791	13	71		68	151	97
桐庐县									
淳安县									
建德市	1		1809	9	96		4	33	38
宁波市	**70**	**3**	**127509**	**370**	**705**	**69**	**1781**	**14884**	**1931**
海曙区	11		16581	34	98	6	188	3172	389
江北区			5485	7	53	4	62	261	165
北仑区	6		17821	64	96	2	335	2427	252
镇海区	7	2	10276	19	66	4	178	549	184
鄞州区	2		8547	19	93	48	79	719	137
奉化区	6		6669	35	41	4	49	877	189
象山县									
宁海县									
余姚市	6		24485	43	104		161	859	282
慈溪市	32	1	37645	149	154	1	729	6020	333
温州市	**16**	**1**	**116038**	**309**	**388**	**2**	**1120**	**37365**	**1895**
鹿城区			20964	14	67		67	15186	215
龙湾区	2		12884	11	27		37	2273	335
瓯海区	2	1	20744	69	73	2	83	7868	489
洞头区			995	12	5			89	20
永嘉县									
平阳县									
苍南县									
文成县									
泰顺县									
瑞安市	3		26340	117	80		597	9759	303
乐清市	6		24386	47	88		21	536	412
龙港市	3		9725	39	48		315	1654	121
嘉兴市	**15**	**1**	**54253**	**183**	**499**	**7**	**7131**	**12816**	**1402**
南湖区	3		10669	53	135	1	267	920	179
秀洲区	4		7571	16	187		333	891	264
嘉善县									
海盐县									
海宁市	4		12066	51	49	2	1543	4348	451
平湖市			7097	47	70		189	1643	149
桐乡市	4	1	16850	16	58	4	4799	5014	359
湖州市	**8**	**1**	**10644**	**28**	**236**	**2**	**340**	**778**	**1278**
吴兴区	3	1	6152	21	211	2	223	388	220
南浔区	5		4492	7	25		117	390	1058
德清县									
长兴县									
安吉县									

4-6a 续表 31 单位：人

地区 性别	农林牧渔生产辅助人员	其他农、林、牧、渔业生产加工人员	生产制造及有关人员 小计	农副产品加工人员	食品、饮料生产加工人员	烟草及其制品加工人员	纺织、针织、印染人员	纺织品、服装和皮革、毛皮制品加工制作人员	木材加工、家具与木制品制作人员
绍兴市	**19**	**17**	**66223**	**156**	**399**	**2**	**13455**	**9131**	**1293**
越城区	3		12492	36	128	1	1539	1874	403
柯桥区	8	3	20512	38	97		6798	2432	253
上虞区	2		13089	41	73		463	1394	314
新昌县									
诸暨市	3	3	13969	22	49	1	4239	2304	115
嵊州市	3	11	6161	19	52		416	1127	208
金华市	**26**	**1**	**67339**	**145**	**374**	**1**	**1926**	**8390**	**1225**
婺城区	8		8996	49	118	1	19	672	329
金东区	1		1617	5	24		2	93	84
武义县									
浦江县									
磐安县									
兰溪市	1		4211	19	36		821	247	63
义乌市	5	1	24118	38	91		534	2937	168
东阳市	8		12655	19	66		527	4199	355
永康市	3		15742	15	39		23	242	226
衢州市	**14**	**1**	**9654**	**61**	**156**		**91**	**499**	**788**
柯城区	9		4005	21	72		6	114	74
衢江区	1		2461	8	64		12	203	73
常山县									
开化县									
龙游县			24		1		5		
江山市	4	1	3164	32	19		68	182	641
舟山市	**19**	**1**	**6750**	**643**	**66**		**69**	**75**	**81**
定海区	4	1	3877	50	23		37	58	64
普陀区	15		2873	593	43		32	17	17
岱山县									
嵊泗县									
台州市	**28**	**1**	**74122**	**183**	**319**	**2**	**874**	**16007**	**1646**
椒江区	4		11350	89	64		525	1390	222
黄岩区	4		10450	9	96	1	37	348	174
路桥区	5		6076	9	23		133	953	70
三门县									
天台县									
仙居县									
温岭市	4		23104	12	39		124	12520	94
临海市	3	1	7207	25	63	1	42	626	636
玉环市	8		15935	39	34		13	170	450
丽水市	**5**		**7839**	**29**	**57**		**23**	**229**	**499**
莲都区	3		5597	9	37		23	192	244
青田县									
缙云县									
遂昌县									
松阳县									
云和县									
庆元县									
景宁畲族自治县									
龙泉市	2		2242	20	20			37	255
男	**249**	**15**	**432353**	**1187**	**2337**	**130**	**15379**	**55173**	**11572**
杭州市	**92**	**2**	**87713**	**177**	**662**	**72**	**2244**	**10370**	**1973**
上城区	2		943	4	7	28	7	13	14
下城区	2		1492	4	10	2	6	47	19
江干区	26		11939	25	159	10	43	571	282
拱墅区	1		2992	2	25	2	5	33	77

4-6a　续表 32　　　　单位：人

地区 性别	农林牧渔生产辅助人员	其他农、林、牧、渔业生产加工人员	生产制造及有关人员 小计	农副产品加工人员	食品、饮料生产加工人员	烟草及其制品加工人员	纺织、针织、印染人员	纺织品、服装和皮革、毛皮制品加工制作人员	木材加工、家具与木制品制作人员
西湖区	5		4682	7	63	11	3	37	74
滨江区	6		2838	20	45	8	13	41	53
萧山区	33		23722	51	114	3	1757	1314	588
余杭区	4		25433	29	106	3	357	8160	550
富阳区	9	2	7923	22	40	5	19	86	200
临安区	3		4391	6	24		33	62	83
桐庐县									
淳安县									
建德市	1		1358	7	69		1	6	33
宁波市	**50**	**3**	**80435**	**196**	**389**	**48**	**870**	**5080**	**1654**
海曙区	9		10472	23	52	4	86	906	337
江北区			3846	4	24	2	24	64	149
北仑区	4		11675	38	57	2	171	822	212
镇海区	5	2	7128	14	32	4	64	145	165
鄞州区	2		6164	13	49	32	34	240	113
奉化区	4		4209	10	26	4	21	178	169
象山县									
宁海县									
余姚市	5		14783	29	62		75	404	218
慈溪市	21	1	22158	65	87		395	2321	291
温州市	**14**		**74239**	**174**	**235**		**539**	**19665**	**1719**
鹿城区			13423	8	43		43	8854	203
龙湾区	2		8815	6	14		25	1038	293
瓯海区	2		13879	35	45		53	4146	444
洞头区			703	7	1			46	18
永嘉县									
平阳县									
苍南县									
文成县									
泰顺县									
瑞安市	3		16684	69	49		268	4870	285
乐清市	4		14901	26	59		8	233	362
龙港市	3		5834	23	24		142	478	114
嘉兴市	**13**		**33691**	**118**	**223**	**5**	**3146**	**5487**	**1116**
南湖区	2		7345	35	66	1	96	280	151
秀洲区	3		4864	12	70		177	312	194
嘉善县									
海盐县									
海宁市	4		7514	33	13	2	599	2229	339
平湖市			4447	27	38		108	525	121
桐乡市	4		9521	11	36	2	2166	2141	311
湖州市	**7**		**7730**	**17**	**112**	**1**	**136**	**227**	**854**
吴兴区	3		4677	13	104	1	85	130	195
南浔区	4		3053	4	8		51	97	659
德清县									
长兴县									
安吉县									
绍兴市	**17**	**7**	**42273**	**93**	**211**	**1**	**7119**	**3245**	**1085**
越城区	3		8331	15	66	1	830	592	332
柯桥区	7		13080	25	55		3626	1013	215
上虞区	2		8451	25	35		252	367	274
新昌县									
诸暨市	2	1	8592	16	25		2247	987	110
嵊州市	3	6	3819	12	30		164	286	154

4-6a 续表 33

单位：人

地区 性别	农林牧渔生产辅助人员	其他农、林、牧、渔业生产加工人员	生产制造及有关人员 小计	农副产品加工人员	食品、饮料生产加工人员	烟草及其制品加工人员	纺织、针织、印染人员	纺织品、服装和皮革、毛皮制品加工制作人员	木材加工、家具与木制品制作人员
金华市	**18**	**1**	**41473**	**95**	**199**	**1**	**879**	**3442**	**979**
婺城区	6		6066	30	53	1	9	181	249
金东区	1		1170	4	12		2	29	70
武义县									
浦江县									
磐安县									
兰溪市	1		2656	14	25		305	89	53
义乌市	4	1	13933	25	56		288	1285	140
东阳市	5		7487	14	34		264	1776	295
永康市	1		10161	8	19		11	82	172
衢州市	**10**	**1**	**7075**	**37**	**87**		**25**	**119**	**545**
柯城区	6		3171	13	34		3	29	65
衢江区	1		1770	7	39		6	57	56
常山县									
开化县									
龙游县			17		1		2		
江山市	3	1	2117	17	13		14	33	424
舟山市	**5**		**5223**	**163**	**26**		**14**	**25**	**74**
定海区	2		3158	19	6		10	19	60
普陀区	3		2065	144	20		4	6	14
岱山县									
嵊泗县									
台州市	**21**	**1**	**46794**	**103**	**162**	**2**	**390**	**7403**	**1211**
椒江区	3		7565	46	34		206	404	192
黄岩区	3		7086	6	42	1	12	78	148
路桥区	3		3900	5	12		61	347	57
三门县									
天台县									
仙居县									
温岭市	3		13709	7	22		80	6387	73
临海市	3	1	4455	16	33	1	27	138	407
玉环市	6		10079	23	19		4	49	334
丽水市	**2**		**5707**	**14**	**31**		**17**	**110**	**362**
莲都区	2		4127	4	21		17	98	203
青田县									
缙云县									
遂昌县									
松阳县									
云和县									
庆元县									
景宁畲族自治县									
龙泉市			1580	10	10			12	159
女	**89**	**18**	**232054**	**1261**	**2189**	**53**	**16309**	**66938**	**2909**
杭州市	**26**	**4**	**36323**	**164**	**665**	**26**	**2634**	**11567**	**470**
上城区	2		264	1	16	8	3	19	4
下城区		1	423	3	14	4	4	87	4
江干区	4		4078	11	172	5	38	704	61
拱墅区			689	2	22	1	10	65	15
西湖区	3		1201	1	44	4	7	60	7
滨江区	2	1	967	12	33	1	13	50	9
萧山区	10		10513	82	112	3	2033	2305	238
余杭区	1		13474	26	122		455	7970	70
富阳区	4	2	2863	17	56		33	191	43
临安区			1400	7	47		35	89	14
桐庐县									
淳安县									
建德市			451	2	27		3	27	5

4-6a　续表 34

单位：人

地　区 性　别	农林牧渔生产辅助人员	其他农、林、牧、渔业生产加工人员	生产制造及有关人员						
			小计	农副产品加工人员	食品、饮料生产加工人员	烟草及其制品加工人员	纺织、针织、印染人员	纺织品、服装和皮革、毛皮制品加工制作人员	木材加工、家具与木制品制作人员
宁波市	**20**		**47074**	**174**	**316**	**21**	**911**	**9804**	**277**
海曙区	2		6109	11	46	2	102	2266	52
江北区			1639	3	29	2	38	197	16
北仑区	2		6146	26	39		164	1605	40
镇海区	2		3148	5	34		114	404	19
鄞州区			2383	6	44	16	45	479	24
奉化区	2		2460	25	15		28	699	20
象山县									
宁海县									
余姚市	1		9702	14	42		86	455	64
慈溪市	11		15487	84	67	1	334	3699	42
温州市	**2**	**1**	**41799**	**135**	**153**	**2**	**581**	**17700**	**176**
鹿城区			7541	6	24		24	6332	12
龙湾区			4069	5	13		12	1235	42
瓯海区		1	6865	34	28	2	30	3722	45
洞头区			292	5	4			43	2
永嘉县									
平阳县									
苍南县									
文成县									
泰顺县									
瑞安市			9656	48	31		329	4889	18
乐清市	2		9485	21	29		13	303	50
龙港市			3891	16	24		173	1176	7
嘉兴市	**2**	**1**	**20562**	**65**	**276**	**2**	**3985**	**7329**	**286**
南湖区	1		3324	18	69		171	640	28
秀洲区	1		2707	4	117		156	579	70
嘉善县									
海盐县									
海宁市			4552	18	36		944	2119	112
平湖市			2650	20	32		81	1118	28
桐乡市		1	7329	5	22	2	2633	2873	48
湖州市	**1**	**1**	**2914**	**11**	**124**	**1**	**204**	**551**	**424**
吴兴区		1	1475	8	107	1	138	258	25
南浔区	1		1439	3	17		66	293	399
德清县									
长兴县									
安吉县									
绍兴市	**2**	**10**	**23950**	**63**	**188**	**1**	**6336**	**5886**	**208**
越城区			4161	21	62		709	1282	71
柯桥区	1	3	7432	13	42		3172	1419	38
上虞区			4638	16	38		211	1027	40
新昌县									
诸暨市	1	2	5377	6	24	1	1992	1317	5
嵊州市		5	2342	7	22		252	841	54
金华市	**8**		**25866**	**50**	**175**		**1047**	**4948**	**246**
婺城区	2		2930	19	65		10	491	80
金东区			447	1	12			64	14
武义县									
浦江县									
磐安县									
兰溪市			1555	5	11		516	158	10
义乌市	1		10185	13	35		246	1652	28
东阳市	3		5168	5	32		263	2423	60
永康市	2		5581	7	20		12	160	54

4—6a 续表 35 单位：人

地 区 性 别	农林牧渔生产辅助人员	其他农、林、牧、渔业生产加工人员	生产制造及有关人员 小计	农副产品加工人员	食品、饮料生产加工人员	烟草及其制品加工人员	纺织、针织、印染人员	纺织品、服装和皮革、毛皮制品加工制作人员	木材加工、家具与木制品制作人员
衢州市	**4**		**2579**	**24**	**69**		**66**	**380**	**243**
柯城区	3		834	8	38		3	85	9
衢江区			691	1	25		6	146	17
常山县									
开化县									
龙游县			7				3		
江山市	1		1047	15	6		54	149	217
舟山市	**14**	**1**	**1527**	**480**	**40**		**55**	**50**	**7**
定海区	2	1	719	31	17		27	39	4
普陀区	12		808	449	23		28	11	3
岱山县									
嵊泗县									
台州市	**7**		**27328**	**80**	**157**		**484**	**8604**	**435**
椒江区	1		3785	43	30		319	986	30
黄岩区	1		3364	3	54		25	270	26
路桥区	2		2176	4	11		72	606	13
三门县									
天台县									
仙居县									
温岭市	1		9395	5	17		44	6133	21
临海市			2752	9	30		15	488	229
玉环市	2		5856	16	15		9	121	116
丽水市	**3**		**2132**	**15**	**26**		**6**	**119**	**137**
莲都区	1		1470	5	16		6	94	41
青田县									
缙云县									
遂昌县									
松阳县									
云和县									
庆元县									
景宁畲族自治县									
龙泉市	2		662	10	10			25	96

4-6a　续表 36　　　　单位：人

地　区 性　别	生产制造及有关人员								
	纸及纸制品生产加工人员	印刷和记录媒介复制人员	文教、工美、体育和娱乐用品制造人　员	石油加工和炼焦、煤化工生产人员	化学原料和化学制品制造人　员	医药制造人　　员	化学纤维制造人员	橡胶和塑料制品制造人员	非金属矿物制品制造人员
合计	**5787**	**5824**	**10131**	**514**	**4732**	**2510**	**1254**	**20464**	**5290**
杭州市	**707**	**860**	**1128**	**30**	**732**	**828**	**416**	**2050**	**1139**
上城区	4	13	11		13	18	1	28	13
下城区	2	35	13	1	10	20		4	9
江干区	70	127	70	4	120	249	23	714	136
拱墅区	11	37	22	4	9	70	2	17	18
西湖区	8	89	71	1	34	73		14	20
滨江区	7	36	23	3	32	78		18	27
萧山区	181	192	624	7	216	62	375	360	440
余杭区	96	241	120	5	86	134	7	276	179
富阳区	165	52	92	3	58	81	4	251	199
临安区	157	37	16	2	52	26	4	92	57
桐庐县									
淳安县									
建德市	6	1	66		102	17		276	41
宁波市	**872**	**1053**	**1819**	**412**	**817**	**175**	**122**	**7513**	**816**
海曙区	174	194	205	12	66	60	3	736	89
江北区	34	44	65	8	35	12	1	115	83
北仑区	198	84	413	96	371	34	6	530	94
镇海区	24	21	100	266	143	6	2	213	85
鄞州区	27	134	81	19	37	33	1	168	30
奉化区	49	41	49	1	19	10	1	179	56
象山县									
宁海县									
余姚市	158	232	199	1	75	3	7	3112	209
慈溪市	208	303	707	9	71	17	101	2460	170
温州市	**1687**	**1962**	**1012**	**5**	**267**	**73**	**44**	**3333**	**618**
鹿城区	42	64	50		22	7		120	30
龙湾区	46	78	554	2	40	11		132	125
瓯海区	92	134	61	1	36	6	5	217	117
洞头区	1	1	7		5	29		2	16
永嘉县									
平阳县									
苍南县									
文成县									
泰顺县									
瑞安市	173	122	136		102	6	34	680	108
乐清市	63	138	78	2	49	7	2	944	109
龙港市	1270	1425	126		13	7	3	1238	113
嘉兴市	**431**	**287**	**256**	**6**	**365**	**82**	**334**	**1022**	**544**
南湖区	159	73	64	1	149	19	18	208	69
秀洲区	37	25	68		35	10	131	219	107
嘉善县									
海盐县									
海宁市	70	92	32		33	12	21	309	43
平湖市	106	60	34	1	79	31	11	200	61
桐乡市	59	37	58	4	69	10	153	86	264
湖州市	**46**	**62**	**58**	**2**	**40**	**36**	**17**	**52**	**128**
吴兴区	15	52	37	2	27	33	15	36	105
南浔区	31	10	21		13	3	2	16	23
德清县									
长兴县									
安吉县									

4-6a 续表 37 单位：人

地区 性别	生产制造及有关人员								
	纸及纸制品生产加工人员	印刷和记录媒介复制人员	文教、工美、体育和娱乐用品制造人员	石油加工和炼焦、煤化工生产人员	化学原料和化学制品制造人员	医药制造人员	化学纤维制造人员	橡胶和塑料制品制造人员	非金属矿物制品制造人员
绍兴市	**419**	**220**	**1071**	**7**	**1072**	**500**	**280**	**1064**	**535**
越城区	71	47	89	1	64	97	80	161	77
柯桥区	209	70	845	4	60	17	151	159	168
上虞区	58	59	89	2	890	333	9	656	180
新昌县									
诸暨市	52	27	26		38	15	39	43	51
嵊州市	29	17	22		20	38	1	45	59
金华市	**994**	**889**	**3437**	**7**	**413**	**174**	**20**	**2054**	**704**
婺城区	56	89	112		66	71	2	240	90
金东区	10	15	51		19	15		22	21
武义县									
浦江县									
磐安县									
兰溪市	28	31	128	4	53	33	2	181	94
义乌市	640	496	2260	2	162	6		562	107
东阳市	144	90	727	1	81	48	15	322	166
永康市	116	168	159		32	1	1	727	226
衢州市	**183**	**52**	**103**	**7**	**520**	**49**	**12**	**227**	**162**
柯城区	24	20	19	6	400	28	3	61	36
衢江区	138	17	12	1	83	16	9	109	67
常山县									
开化县									
龙游县			1					1	
江山市	21	15	71		37	5		56	59
舟山市	**14**	**26**	**10**	**26**	**19**	**19**		**41**	**58**
定海区	13	19	6	24	13	7		35	47
普陀区	1	7	4	2	6	12		6	11
岱山县									
嵊泗县									
台州市	**405**	**375**	**858**	**11**	**307**	**546**	**9**	**3048**	**489**
椒江区	50	46	52	3	137	286		479	214
黄岩区	45	106	446		68	101		1384	58
路桥区	33	34	51		12	4	3	353	58
三门县									
天台县									
仙居县									
温岭市	204	89	74	2	21	21	2	318	76
临海市	33	47	210	2	43	127	2	206	47
玉环市	40	53	25	4	26	7	2	308	36
丽水市	**29**	**38**	**379**	**1**	**180**	**28**		**60**	**97**
莲都区	8	27	64		178	13		47	47
青田县									
缙云县									
遂昌县									
松阳县									
云和县									
庆元县									
景宁畲族自治县									
龙泉市	21	11	315	1	2	15		13	50
男	**3444**	**3976**	**4729**	**442**	**3469**	**1393**	**836**	**11440**	**4176**
杭州市	**422**	**541**	**487**	**22**	**497**	**356**	**279**	**1414**	**897**
上城区	3	7	5		9	10	1	17	7
下城区	1	23	6		6	10		4	8
江干区	54	70	31	3	76	104	16	559	106
拱墅区	6	23	8	2	6	33	2	10	17

4-6a　续表 38　　　　单位：人

地　区 性　别	生产制造及有关人员 纸及纸制品生产加工人员	印刷和记录媒介复制人员	文教、工美、体育和娱乐用品制造人　员	石油加工和炼焦、煤化工生产人员	化学原料和化学制品制造人　员	医药制造人　员	化学纤维制造人员	橡胶和塑料制品制造人员	非金属矿物制品制造人员
西湖区	5	64	35	1	18	28		10	18
滨江区	3	23	12	2	21	30		12	16
萧山区	76	122	242	7	160	32	251	220	352
余杭区	55	148	60	3	48	62	4	160	141
富阳区	103	32	38	2	34	31	3	175	154
临安区	114	28	9	2	39	14	2	55	48
桐庐县									
淳安县									
建德市	2	1	41		80	2		192	30
宁波市	**570**	**673**	**794**	**358**	**666**	**90**	**80**	**3860**	**620**
海曙区	114	134	82	11	47	29	2	328	71
江北区	22	25	30	7	29	6	1	60	76
北仑区	139	51	168	91	334	18	4	305	74
镇海区	9	10	27	222	130	2	1	126	66
鄞州区	13	91	37	17	30	14		118	23
奉化区	34	23	26	1	17	7	1	90	39
象山县									
宁海县									
余姚市	97	144	84	1	43	1	5	1517	150
慈溪市	142	195	340	8	36	13	66	1316	121
温州市	**884**	**1471**	**444**	**5**	**224**	**37**	**33**	**1954**	**507**
鹿城区	22	46	31		18	5		74	25
龙湾区	35	51	237	2	34	8		74	113
瓯海区	62	107	27	1	31	2	4	138	98
洞头区	1	1	3		3	15		1	14
永嘉县									
平阳县									
苍南县									
文成县									
泰顺县									
瑞安市	109	83	57		86	4	27	429	90
乐清市	43	97	37	2	41	2	1	560	88
龙港市	612	1086	52		11	1	1	678	79
嘉兴市	**299**	**208**	**139**	**6**	**307**	**37**	**217**	**677**	**406**
南湖区	115	45	39	1	120	10	10	129	51
秀洲区	26	19	36		28	4	96	149	77
嘉善县									
海盐县									
海宁市	41	68	12		30	4	14	234	34
平湖市	84	49	18	1	68	15	3	104	47
桐乡市	33	27	34	4	61	4	94	61	197
湖州市	**22**	**42**	**38**	**2**	**30**	**13**	**13**	**34**	**109**
吴兴区	5	34	21	2	19	12	11	22	90
南浔区	17	8	17		11	1	2	12	19
德清县									
长兴县									
安吉县									
绍兴市	**237**	**139**	**481**	**6**	**768**	**342**	**185**	**522**	**440**
越城区	41	31	36	1	48	56	58	91	62
柯桥区	116	42	380	4	47	7	94	105	149
上虞区	30	31	40	1	633	240	5	276	141
新昌县									
诸暨市	33	23	15		24	8	27	26	40
嵊州市	17	12	10		16	31	1	24	48

4-6a 续表 39 单位：人

地区 性别	生产制造及有关人员								
	纸及纸制品生产加工人员	印刷和记录媒介复制人员	文教、工美、体育和娱乐用品制造人员	石油加工和炼焦、煤化工生产人员	化学原料和化学制品制造人员	医药制造人员	化学纤维制造人员	橡胶和塑料制品制造人员	非金属矿物制品制造人员
金华市	**602**	**604**	**1716**	**5**	**235**	**95**	**13**	**1180**	**554**
婺城区	23	50	41		31	35	2	124	77
金东区	5	9	18		12	9		12	17
武义县									
浦江县									
磐安县									
兰溪市	15	19	46	2	33	18	1	99	72
义乌市	383	368	1132	2	86	3		354	82
东阳市	99	62	388	1	51	30	9	186	147
永康市	77	96	91		22		1	405	159
衢州市	**142**	**30**	**31**	**6**	**396**	**18**	**10**	**131**	**133**
柯城区	16	12	10	5	302	10	2	39	30
衢江区	114	11	5	1	65	7	8	62	52
常山县									
开化县									
龙游县									
江山市	12	7	16		29	1		30	51
舟山市	**11**	**17**	**4**	**22**	**14**	**9**		**24**	**48**
定海区	11	11	2	20	9	4		21	37
普陀区		6	2	2	5	5		3	11
岱山县									
嵊泗县									
台州市	**241**	**231**	**390**	**9**	**231**	**383**	**6**	**1619**	**386**
椒江区	29	31	17	2	107	213		284	161
黄岩区	30	58	197		49	77		713	45
路桥区	22	23	19		7	3	2	183	45
三门县									
天台县									
仙居县									
温岭市	124	56	36	2	16	9	1	174	65
临海市	21	32	106	1	32	77	2	133	39
玉环市	15	31	15	4	20	4	1	132	31
丽水市	**14**	**20**	**205**	**1**	**101**	**13**		**25**	**76**
莲都区	5	16	28		99	6		20	40
青田县									
缙云县									
遂昌县									
松阳县									
云和县									
庆元县									
景宁畲族自治县									
龙泉市	9	4	177	1	2	7		5	36
女	**2343**	**1848**	**5402**	**72**	**1263**	**1117**	**418**	**9024**	**1114**
杭州市	**285**	**319**	**641**	**8**	**235**	**472**	**137**	**636**	**242**
上城区	1	6	6		4	8		11	6
下城区	1	12	7	1	4	10			1
江干区	16	57	39	1	44	145	7	155	30
拱墅区	5	14	14	2	3	37		7	1
西湖区	3	25	36		16	45		4	2
滨江区	4	13	11	1	11	48		6	11
萧山区	105	70	382		56	30	124	140	88
余杭区	41	93	60	2	38	72	3	116	38
富阳区	62	20	54	1	24	50	1	76	45
临安区	43	9	7		13	12	2	37	9
桐庐县									
淳安县									
建德市	4		25		22	15		84	11

4-6a 续表 40

单位：人

地区 性别	生产制造及有关人员								
	纸及纸制品生产加工人员	印刷和记录媒介复制人员	文教、工美、体育和娱乐用品制造人员	石油加工和炼焦、煤化工生产人员	化学原料和化学制品制造人员	医药制造人员	化学纤维制造人员	橡胶和塑料制品制造人员	非金属矿物制品制造人员
宁波市	**302**	**380**	**1025**	**54**	**151**	**85**	**42**	**3653**	**196**
海曙区	60	60	123	1	19	31	1	408	18
江北区	12	19	35	1	6	6		55	7
北仑区	59	33	245	5	37	16	2	225	20
镇海区	15	11	73	44	13	4	1	87	19
鄞州区	14	43	44	2	7	19	1	50	7
奉化区	15	18	23		2	3		89	17
象山县									
宁海县									
余姚市	61	88	115		32	2	2	1595	59
慈溪市	66	108	367	1	35	4	35	1144	49
温州市	**803**	**491**	**568**		**43**	**36**	**11**	**1379**	**111**
鹿城区	20	18	19		4	2		46	5
龙湾区	11	27	317		6	3		58	12
瓯海区	30	27	34		5	4	1	79	19
洞头区			4		2	14		1	2
永嘉县									
平阳县									
苍南县									
文成县									
泰顺县									
瑞安市	64	39	79		16	2	7	251	18
乐清市	20	41	41		8	5	1	384	21
龙港市	658	339	74		2	6	2	560	34
嘉兴市	**132**	**79**	**117**		**58**	**45**	**117**	**345**	**138**
南湖区	44	28	25		29	9	8	79	18
秀洲区	11	6	32		7	6	35	70	30
嘉善县									
海盐县									
海宁市	29	24	20		3	8	7	75	9
平湖市	22	11	16		11	16	8	96	14
桐乡市	26	10	24		8	6	59	25	67
湖州市	**24**	**20**	**20**		**10**	**23**	**4**	**18**	**19**
吴兴区	10	18	16		8	21	4	14	15
南浔区	14	2	4		2	2		4	4
德清县									
长兴县									
安吉县									
绍兴市	**182**	**81**	**590**	**1**	**304**	**158**	**95**	**542**	**95**
越城区	30	16	53		16	41	22	70	15
柯桥区	93	28	465		13	10	57	54	19
上虞区	28	28	49	1	257	93	4	380	39
新昌县									
诸暨市	19	4	11		14	7	12	17	11
嵊州市	12	5	12		4	7		21	11
金华市	**392**	**285**	**1721**	**2**	**178**	**79**	**7**	**874**	**150**
婺城区	33	39	71		35	36		116	13
金东区	5	6	33		7	6		10	4
武义县									
浦江县									
磐安县									
兰溪市	13	12	82	2	20	15	1	82	22
义乌市	257	128	1128		76	3		208	25
东阳市	45	28	339		30	18	6	136	19
永康市	39	72	68		10	1		322	67

4－6a 续表 41 单位：人

地区 性别	生产制造及有关人员								
	纸及纸制品生产加工人员	印刷和记录媒介复制人员	文教、工美、体育和娱乐用品制造人员	石油加工和炼焦、煤化工生产人员	化学原料和化学制品制造人员	医药制造人员	化学纤维制造人员	橡胶和塑料制品制造人员	非金属矿物制品制造人员
衢州市	**41**	**22**	**72**	**1**	**124**	**31**	**2**	**96**	**29**
柯城区	8	8	9	1	98	18	1	22	6
衢江区	24	6	7		18	9	1	47	15
常山县									
开化县									
龙游县			1					1	
江山市	9	8	55		8	4		26	8
舟山市	**3**	**9**	**6**	**4**	**5**	**10**		**17**	**10**
定海区	2	8	4	4	4	3		14	10
普陀区	1	1	2		1	7		3	
岱山县									
嵊泗县									
台州市	**164**	**144**	**468**	**2**	**76**	**163**	**3**	**1429**	**103**
椒江区	21	15	35	1	30	73		195	53
黄岩区	15	48	249		19	24		671	13
路桥区	11	11	32		5	1	1	170	13
三门县									
天台县									
仙居县									
温岭市	80	33	38		5	12	1	144	11
临海市	12	15	104	1	11	50		73	8
玉环市	25	22	10		6	3	1	176	5
丽水市	**15**	**18**	**174**		**79**	**15**		**35**	**21**
莲都区	3	11	36		79	7		27	7
青田县									
缙云县									
遂昌县									
松阳县									
云和县									
庆元县									
景宁畲族自治县									
龙泉市	12	7	138			8		8	14

4-6a　续表 42　　　　单位：人

地　区 性　别	生产制造及有关人员								
	采矿人员	金属冶炼和压延加工人员	机械制造基础加工人　员	金属制品制造人员	通用设备制造人员	专用设备制造人员	汽车制造人　员	铁路、船舶、航空设备制造人　员	电气机械和器材制造人员
合计	**299**	**3612**	**51483**	**24531**	**13298**	**3949**	**12623**	**1638**	**19179**
杭州市	**110**	**434**	**4288**	**2680**	**1513**	**874**	**1502**	**163**	**1699**
上城区	2	3	7	9	27	13	13	7	7
下城区	4	6	34	18	72	11	11	3	15
江干区	18	22	465	241	182	281	283	10	256
拱墅区	6	14	54	47	34	24	16	4	28
西湖区	4	8	107	65	30	81	23	10	40
滨江区	9	10	134	65	42	73	39	9	111
萧山区	10	148	2005	1193	565	104	803	61	334
余杭区	12	108	766	581	260	216	167	33	374
富阳区	16	83	523	348	216	46	110	25	179
临安区	2	24	165	92	64	22	31	1	343
桐庐县									
淳安县									
建德市	27	8	28	21	21	3	6		12
宁波市	**43**	**823**	**12302**	**7320**	**4973**	**522**	**2910**	**380**	**8559**
海曙区	2	54	1045	786	180	45	295	28	245
江北区	1	103	425	281	131	36	187	25	151
北仑区	16	249	2038	644	412	55	812	151	451
镇海区	16	52	956	546	514	31	121	8	124
鄞州区	2	33	363	282	135	82	285	55	226
奉化区	3	31	1026	402	65	8	95	3	51
象山县									
宁海县									
余姚市	2	150	3356	2114	1478	162	496	6	1972
慈溪市	1	151	3093	2265	2058	103	619	104	5339
温州市	**17**	**648**	**9927**	**3688**	**1698**	**1357**	**3364**	**216**	**2587**
鹿城区		6	432	488	26	57	19	1	20
龙湾区	4	269	2265	627	684	200	40	3	185
瓯海区	3	84	1050	765	104	920	331	89	203
洞头区			48	29	7	1	8	1	2
永嘉县									
平阳县									
苍南县									
文成县									
泰顺县									
瑞安市	3	157	2712	953	513	107	2778	111	152
乐清市	5	113	3260	729	347	56	186	7	2020
龙港市	2	19	160	97	17	16	2	4	5
嘉兴市	**2**	**201**	**1422**	**812**	**647**	**305**	**1230**	**26**	**1598**
南湖区		96	446	231	202	73	294	8	203
秀洲区		36	282	105	123	111	445	2	362
嘉善县									
海盐县									
海宁市	1	26	153	108	80	34	17	6	145
平湖市		15	283	228	198	47	370	5	815
桐乡市	1	28	258	140	44	40	104	5	73
湖州市	**14**	**92**	**532**	**177**	**211**	**32**	**79**	**4**	**232**
吴兴区	14	71	334	137	34	22	71	3	31
南浔区		21	198	40	177	10	8	1	201
德清县									
长兴县									
安吉县									

4-6a 续表 43　　　　单位：人

地区 性别	生产制造及有关人员 采矿人员	金属冶炼和压延加工人员	机械制造基础加工人员	金属制品制造人员	通用设备制造人员	专用设备制造人员	汽车制造人员	铁路、船舶、航空设备制造人员	电气机械和器材制造人员
绍兴市	**22**	**292**	**2390**	**1828**	**598**	**255**	**375**	**9**	**1085**
越城区	10	30	385	487	59	93	38	1	171
柯桥区	2	36	447	341	70	29	106	4	33
上虞区	5	183	716	577	267	62	149	1	587
新昌县									
诸暨市	3	20	422	208	140	69	60	2	17
嵊州市	2	23	420	215	62	2	22	1	277
金华市	**17**	**384**	**5500**	**5388**	**378**	**117**	**402**	**74**	**437**
婺城区	3	34	880	424	87	45	227	36	67
金东区		3	93	68	19	3	7	8	9
武义县									
浦江县									
磐安县									
兰溪市	2	43	220	138	27	9	49	16	37
义乌市	5	34	662	430	34	16	20	1	83
东阳市	6	32	193	279	13	18	11	3	38
永康市	1	238	3452	4049	198	26	88	10	203
衢州市	**10**	**340**	**477**	**222**	**161**	**24**	**94**	**13**	**157**
柯城区	1	229	172	60	79	8	21	1	33
衢江区	5	90	182	63	62	9	53	10	67
常山县									
开化县									
龙游县			2	1		1			
江山市	4	21	121	98	20	6	20	2	57
舟山市	**13**	**12**	**422**	**71**	**75**	**17**	**51**	**106**	**42**
定海区	10	5	321	46	51	16	41	88	39
普陀区	3	7	101	25	24	1	10	18	3
岱山县									
嵊泗县									
台州市	**29**	**312**	**13919**	**2142**	**2967**	**443**	**2331**	**646**	**2743**
椒江区	7	37	1054	501	187	169	116	111	372
黄岩区	2	23	3520	94	62	109	149	120	149
路桥区	1	53	750	253	182	33	374	109	235
三门县									
天台县									
仙居县									
温岭市	4	56	1415	258	1768	23	245	235	995
临海市	6	38	668	254	77	28	79	54	932
玉环市	9	105	6512	782	691	81	1368	17	60
丽水市	**22**	**74**	**304**	**203**	**77**	**3**	**285**	**1**	**40**
莲都区	10	16	209	142	62	3	31	1	39
青田县									
缙云县									
遂昌县									
松阳县									
云和县									
庆元县									
景宁畲族自治县									
龙泉市	12	58	95	61	15		254		1
男	**246**	**2885**	**39995**	**15210**	**8863**	**2276**	**7828**	**1096**	**9856**
杭州市	**82**	**353**	**3354**	**1812**	**1113**	**427**	**1063**	**129**	**1083**
上城区	1	2	5	5	18	9	8	7	5
下城区	4	4	29	12	60	9	11	3	9
江干区	13	20	374	176	125	113	210	8	190
拱墅区	5	13	50	30	27	13	9	4	19

4-6a　续表 44　　　　单位：人

地　区 性　别	生产制造及有关人员								
	采矿人员	金属冶炼和压延加工人员	机械制造基础加工人员	金属制品制造人员	通用设备制造人员	专用设备制造人员	汽车制造人员	铁路、船舶、航空设备制造人员	电气机械和器材制造人员
西湖区	1	7	84	50	22	35	16	8	26
滨江区	8	8	104	45	17	41	26	8	72
萧山区	9	119	1500	757	418	66	565	43	209
余杭区	11	90	620	410	197	106	123	28	220
富阳区	8	67	423	243	159	18	70	19	105
临安区	2	17	139	68	54	14	20	1	223
桐庐县									
淳安县									
建德市	20	6	26	16	16	3	5		5
宁波市	**40**	**667**	**9674**	**4333**	**3099**	**305**	**1817**	**287**	**4294**
海曙区	2	32	819	480	128	22	160	16	137
江北区	1	86	340	167	92	21	114	13	83
北仑区	16	218	1691	401	293	33	597	129	255
镇海区	15	42	768	343	322	20	80	6	56
鄞州区	2	23	297	190	95	51	154	49	111
奉化区	2	25	773	255	48	8	67	3	28
象山县									
宁海县									
余姚市	1	118	2578	1155	851	98	286	6	905
慈溪市	1	123	2408	1342	1270	52	359	65	2719
温州市	**17**	**529**	**7834**	**2245**	**1248**	**827**	**1863**	**114**	**1331**
鹿城区		6	312	316	24	29	10	1	10
龙湾区	4	226	1822	366	511	69	25	3	82
瓯海区	3	61	816	466	78	599	195	50	108
洞头区			34	17	6	1	1		2
永嘉县									
平阳县									
苍南县									
文成县									
泰顺县									
瑞安市	3	135	2162	573	407	86	1548	52	70
乐清市	5	87	2539	443	211	34	83	4	1054
龙港市	2	14	149	64	11	9	1	4	5
嘉兴市	**2**	**163**	**1150**	**548**	**471**	**168**	**823**	**20**	**876**
南湖区		78	334	154	149	46	186	7	116
秀洲区		28	221	64	80	48	271		224
嘉善县									
海盐县									
海宁市	1	21	138	85	67	22	15	6	61
平湖市		13	235	157	143	29	276	4	440
桐乡市	1	23	222	88	32	23	75	3	35
湖州市	**14**	**78**	**464**	**126**	**171**	**20**	**55**	**3**	**99**
吴兴区	14	60	300	99	29	11	48	3	27
南浔区		18	164	27	142	9	7		72
德清县									
长兴县									
安吉县									
绍兴市	**17**	**187**	**1873**	**1210**	**447**	**157**	**243**	**6**	**560**
越城区	9	22	272	309	44	48	24	1	88
柯桥区	2	30	373	266	61	19	70	2	22
上虞区	3	104	553	316	188	37	96		266
新昌县									
诸暨市	2	14	335	160	102	52	38	2	13
嵊州市	1	17	340	159	52	1	15	1	171

4－6a 续表 45　　　　单位：人

地区 性别	生产制造及有关人员								
	采矿人员	金属冶炼和压延加工人员	机械制造基础加工人员	金属制品制造人员	通用设备制造人员	专用设备制造人员	汽车制造人员	铁路、船舶、航空设备制造人员	电气机械和器材制造人员
金华市	**13**	**313**	**4110**	**3347**	**261**	**73**	**289**	**48**	**276**
婺城区	3	24	673	288	55	31	168	25	37
金东区		3	80	38	12	1	6	6	4
武义县									
浦江县									
磐安县									
兰溪市	2	38	170	94	21	4	28	9	25
义乌市	3	26	466	261	27	10	13	1	68
东阳市	4	26	143	192	13	9	6	2	24
永康市	1	196	2578	2474	133	18	68	5	118
衢州市	**9**	**282**	**407**	**159**	**129**	**18**	**61**	**9**	**85**
柯城区	1	191	149	49	67	5	12	1	20
衢江区	4	75	156	40	45	8	41	6	43
常山县									
开化县									
龙游县			2	1					
江山市	4	16	100	69	17	5	8	2	22
舟山市	**11**	**10**	**381**	**56**	**51**	**11**	**33**	**92**	**15**
定海区	8	5	284	34	32	11	26	75	14
普陀区	3	5	97	22	19		7	17	1
岱山县									
嵊泗县									
台州市	**23**	**238**	**10489**	**1234**	**1819**	**270**	**1417**	**388**	**1213**
椒江区	7	27	818	321	124	117	83	75	181
黄岩区	1	21	3101	75	45	56	76	67	88
路桥区	1	41	561	145	113	25	236	69	125
三门县									
天台县									
仙居县									
温岭市	4	46	1062	175	1161	18	152	133	481
临海市	4	29	499	167	53	17	46	32	303
玉环市	6	74	4448	351	323	37	824	12	35
丽水市	**18**	**65**	**259**	**140**	**54**		**164**		**24**
莲都区	7	13	178	96	43		21		23
青田县									
缙云县									
遂昌县									
松阳县									
云和县									
庆元县									
景宁畲族自治县									
龙泉市	11	52	81	44	11		143		1
女	**53**	**727**	**11488**	**9321**	**4435**	**1673**	**4795**	**542**	**9323**
杭州市	**28**	**81**	**934**	**868**	**400**	**447**	**439**	**34**	**616**
上城区	1	1	2	4	9	4	5		2
下城区		2	5	6	12	2			6
江干区	5	2	91	65	57	168	73	2	66
拱墅区	1	1	4	17	7	11	7		9
西湖区	3	1	23	15	8	46	7	2	14
滨江区	1	2	30	20	25	32	13	1	39
萧山区	1	29	505	436	147	38	238	18	125
余杭区	1	18	146	171	63	110	44	5	154
富阳区	8	16	100	105	57	28	40	6	74
临安区		7	26	24	10	8	11		120
桐庐县									
淳安县									
建德市	7	2	2	5	5		1		7

4－6a　续表 46　　　　单位：人

地　区 性　别	生产制造及有关人员								
	采矿人员	金属冶炼和压延加工人员	机械制造基础加工人　员	金属制品制造人员	通用设备制造人员	专用设备制造人员	汽车制造人　员	铁路、船舶、航空设备制造人　员	电气机械和器材制造人员
宁波市	**3**	**156**	**2628**	**2987**	**1874**	**217**	**1093**	**93**	**4265**
海曙区		22	226	306	52	23	135	12	108
江北区		17	85	114	39	15	73	12	68
北仑区		31	347	243	119	22	215	22	196
镇海区	1	10	188	203	192	11	41	2	68
鄞州区		10	66	92	40	31	131	6	115
奉化区	1	6	253	147	17		28		23
象山县									
宁海县									
余姚市	1	32	778	959	627	64	210		1067
慈溪市		28	685	923	788	51	260	39	2620
温州市		**119**	**2093**	**1443**	**450**	**530**	**1501**	**102**	**1256**
鹿城区			120	172	2	28	9		10
龙湾区		43	443	261	173	131	15		103
瓯海区		23	234	299	26	321	136	39	95
洞头区			14	12	1		7	1	
永嘉县									
平阳县									
苍南县									
文成县									
泰顺县									
瑞安市		22	550	380	106	21	1230	59	82
乐清市		26	721	286	136	22	103	3	966
龙港市		5	11	33	6	7	1		
嘉兴市		**38**	**272**	**264**	**176**	**137**	**407**	**6**	**722**
南湖区		18	112	77	53	27	108	1	87
秀洲区		8	61	41	43	63	174	2	138
嘉善县									
海盐县									
海宁市		5	15	23	13	12	2		84
平湖市		2	48	71	55	18	94	1	375
桐乡市		5	36	52	12	17	29	2	38
湖州市		**14**	**68**	**51**	**40**	**12**	**24**	**1**	**133**
吴兴区		11	34	38	5	11	23		4
南浔区		3	34	13	35	1	1	1	129
德清县									
长兴县									
安吉县									
绍兴市	**5**	**105**	**517**	**618**	**151**	**98**	**132**	**3**	**525**
越城区	1	8	113	178	15	45	14		83
柯桥区		6	74	75	9	10	36	2	11
上虞区	2	79	163	261	79	25	53	1	321
新昌县									
诸暨市	1	6	87	48	38	17	22		4
嵊州市	1	6	80	56	10	1	7		106
金华市	**4**	**71**	**1390**	**2041**	**117**	**44**	**113**	**26**	**161**
婺城区		10	207	136	32	14	59	11	30
金东区			13	30	7	2	1	2	5
武义县									
浦江县									
磐安县									
兰溪市		5	50	44	6	5	21	7	12
义乌市	2	8	196	169	7	6	7		15
东阳市	2	6	50	87		9	5	1	14
永康市		42	874	1575	65	8	20	5	85

4-6a 续表 47 单位：人

地 区 性 别	生产制造及有关人员								
	采矿人员	金属冶炼和压延加工人员	机械制造基础加工人员	金属制品制造人员	通用设备制造人员	专用设备制造人员	汽车制造人员	铁路、船舶、航空设备制造人员	电气机械和器材制造人员
衢州市	**1**	**58**	**70**	**63**	**32**	**6**	**33**	**4**	**72**
柯城区		38	23	11	12	3	9		13
衢江区	1	15	26	23	17	1	12	4	24
常山县									
开化县									
龙游县						1			
江山市		5	21	29	3	1	12		35
舟山市	**2**	**2**	**41**	**15**	**24**	**6**	**18**	**14**	**27**
定海区	2		37	12	19	5	15	13	25
普陀区		2	4	3	5	1	3	1	2
岱山县									
嵊泗县									
台州市	**6**	**74**	**3430**	**908**	**1148**	**173**	**914**	**258**	**1530**
椒江区		10	236	180	63	52	33	36	191
黄岩区	1	2	419	19	17	53	73	53	61
路桥区		12	189	108	69	8	138	40	110
三门县									
天台县									
仙居县									
温岭市		10	353	83	607	5	93	102	514
临海市	2	9	169	87	24	11	33	22	629
玉环市	3	31	2064	431	368	44	544	5	25
丽水市	**4**	**9**	**45**	**63**	**23**	**3**	**121**	**1**	**16**
莲都区	3	3	31	46	19	3	10	1	16
青田县									
缙云县									
遂昌县									
松阳县									
云和县									
庆元县									
景宁畲族自治县									
龙泉市	1	6	14	17	4		111		

4-6a 续表 48

单位：人

地区 性别	生产制造及有关人员								不便分类的其他从业人员
	计算机、通信和其他电子设备制造人员	仪器仪表制造人员	废弃资源综合利用人员	电力、热力、气体、水生产和输配人员	建筑施工人员	运输设备和通用工程机械操作人员及有关人员	生产辅助人员	其他生产制造及有关人员	
合计	**36227**	**1492**	**708**	**1574**	**149633**	**10001**	**100725**	**1492**	**693**
杭州市	**6251**	**249**	**106**	**333**	**47419**	**2820**	**14239**	**442**	**100**
上城区	21	7	3	21	692	33	114	3	
下城区	23	5	3	16	1040	68	168	120	1
江干区	1627	29	11	43	6300	330	2223	102	20
拱墅区	135	19	2	14	2225	124	483	3	12
西湖区	353	38	7	20	3464	199	797	9	3
滨江区	382	10	6	29	1812	22	527	3	2
萧山区	507	41	21	69	12727	676	3820	94	1
余杭区	1555	45	14	28	11483	514	3680	79	58
富阳区	1263	47	35	40	4617	316	1279	26	3
临安区	353	5		27	2516	480	822	1	
桐庐县									
淳安县									
建德市	32	3	4	26	543	58	326	2	
宁波市	**10847**	**485**	**191**	**312**	**21415**	**1816**	**21150**	**122**	**185**
海曙区	1113	43	13	33	4482	232	2538	21	3
江北区	457	50	4	20	1558	143	943	21	
北仑区	1616	40	11	77	1747	478	4010	12	70
镇海区	1587	28	12	81	2304	309	1724	3	9
鄞州区	511	18		41	3075	208	1596	10	52
奉化区	753	21	8	10	1335	95	1131	32	38
象山县									
宁海县									
余姚市	2320	147	72	22	2853	156	3721	13	12
慈溪市	2490	138	71	28	4061	195	5487	10	1
温州市	**9467**	**465**	**51**	**138**	**17468**	**952**	**13830**	**85**	**126**
鹿城区	107	6	25	5	2389	151	1345	3	2
龙湾区	280	60	6	23	2461	199	1903	4	10
瓯海区	377	28	5	15	4425	195	2842	55	25
洞头区	147				456	38	69	2	35
永嘉县									
平阳县									
苍南县									
文成县									
泰顺县									
瑞安市	244	154	6	40	2969	129	3079	16	11
乐清市	8265	216	8	29	3379	164	3102	4	15
龙港市	47	1	1	26	1389	76	1490	1	28
嘉兴市	**2519**	**76**	**22**	**187**	**11556**	**860**	**7380**	**45**	**33**
南湖区	1250	15	9	70	3249	212	1989	7	7
秀洲区	621	12	2	21	1771	165	1188	2	2
嘉善县									
海盐县									
海宁市	205	4	4	27	2421	166	1608	5	1
平湖市	162	34	1	39	1325	150	740	4	2
桐乡市	281	11	6	30	2790	167	1855	27	21
湖州市	**374**	**3**	**10**	**37**	**4081**	**319**	**1325**	**19**	**81**
吴兴区	178	2	7	27	2810	208	804	12	74
南浔区	196	1	3	10	1271	111	521	7	7
德清县									
长兴县									
安吉县									

4-6a 续表 49

单位：人

地区 性别	生产制造及有关人员								
	计算机、通信和其他电子设备制造人员	仪器仪表制造人员	废弃资源综合利用人员	电力、热力、气体、水生产和输配人员	建筑施工人员	运输设备和通用工程机械操作人员及有关人员	生产辅助人员	其他生产制造及有关人员	不便分类的其他从业人员
绍兴市	**2220**	**45**	**94**	**137**	**14698**	**849**	**11532**	**190**	**25**
越城区	579	5	40	27	3889	234	1764	12	7
柯桥区	345	5	24	47	3674	223	3790	35	4
上虞区	528	32	20	34	2966	195	2084	122	2
新昌县									
诸暨市	120		5	12	2581	116	3159	14	
嵊州市	648	3	5	17	1588	81	735	7	12
金华市	**1797**	**54**	**57**	**68**	**13125**	**851**	**17640**	**297**	**57**
婺城区	513	3	12	28	3022	215	1444	42	6
金东区	34	15	2	4	706	53	230	2	1
武义县									
浦江县									
磐安县									
兰溪市	95	2	4	16	925	74	780	34	3
义乌市	351	11	11	6	4622	261	9509	59	5
东阳市	199		8	11	2377	116	2471	120	2
永康市	605	23	20	3	1473	132	3206	40	40
衢州市	**388**	**9**	**5**	**78**	**2791**	**323**	**1592**	**60**	**26**
柯城区	72	9	4	54	1534	156	684	4	14
衢江区	120			5	479	82	407	15	2
常山县									
开化县									
龙游县					8	2	2		
江山市	196		1	19	770	83	499	41	10
舟山市	**95**	**7**	**4**	**91**	**3250**	**310**	**1033**	**4**	**1**
定海区	83	7	4	57	1914	171	624	4	
普陀区	12			34	1336	139	409		1
岱山县									
嵊泗县									
台州市	**1150**	**97**	**164**	**162**	**10774**	**756**	**10188**	**220**	**12**
椒江区	403	4	13	78	2918	193	1615	15	1
黄岩区	35	3	12	6	1330	120	1843		7
路桥区	85	4	97	14	1124	135	886	5	1
三门县									
天台县									
仙居县									
温岭市	220	17	33	5	2349	102	1783		
临海市	206	6	1	20	1408	111	1019	190	2
玉环市	201	63	8	39	1645	95	3042	10	1
丽水市	**1119**	**2**	**4**	**31**	**3056**	**145**	**816**	**8**	**47**
莲都区	1102	2	4	14	2440	109	517	7	43
青田县									
缙云县									
遂昌县									
松阳县									
云和县									
庆元县									
景宁畲族自治县									
龙泉市	17			17	616	36	299	1	4
男	**18978**	**805**	**531**	**1330**	**133689**	**9045**	**59247**	**790**	**454**
杭州市	**3660**	**127**	**79**	**277**	**42094**	**2490**	**8932**	**225**	**80**
上城区	14	4	2	16	591	29	93	2	
下城区	20	5	2	13	911	60	131	63	1
江干区	1049	18	11	37	5681	276	1473	56	18
拱墅区	90	12	1	12	1970	118	365	3	7

4-6a　续表 50　　　　单位：人

地　区 性　别	生产制造及有关人员								不便分类的其他从业人员
	计算机、通信和其他电子设备制造人　员	仪器仪表制造人员	废弃资源综合利用人　员	电力、热力、气体、水生产和输配人员	建筑施工人　员	运输设备和通用工程机械操作人员及有关人员	生产辅助人　员	其他生产制造及有关人员	
西湖区	192	23	6	18	3102	181	531	6	3
滨江区	231	9	4	21	1591	19	333	2	1
萧山区	305	22	15	59	11385	596	2330	35	1
余杭区	873	17	14	26	10195	449	2129	39	46
富阳区	647	14	22	30	4005	299	833	17	3
临安区	221	2		24	2197	407	482	1	
桐庐县									
淳安县									
建德市	18	1	2	21	466	56	232	1	
宁波市	**5450**	**237**	**143**	**268**	**19729**	**1688**	**12388**	**68**	**117**
海曙区	541	21	11	31	4166	211	1459	10	3
江北区	263	28	4	17	1397	125	559	13	
北仑区	861	26	10	68	1588	449	2549	5	41
镇海区	917	23	9	65	2092	287	1066		6
鄞州区	289	14		32	2783	192	1054	4	35
奉化区	400	10	8	9	1235	84	587	21	22
象山县									
宁海县									
余姚市	1007	69	53	19	2668	149	1981	9	9
慈溪市	1172	46	48	27	3800	191	3133	6	1
温州市	**4294**	**269**	**42**	**119**	**15772**	**837**	**8949**	**58**	**74**
鹿城区	71	4	20	4	2133	119	990	2	1
龙湾区	156	27	5	21	2146	164	1254	4	5
瓯海区	241	17	4	11	4008	174	1820	35	17
洞头区	63				384	38	45	2	19
永嘉县									
平阳县									
苍南县									
文成县									
泰顺县									
瑞安市	134	92	5	32	2747	118	2083	11	7
乐清市	3594	128	7	25	3114	155	1856	3	9
龙港市	35	1	1	26	1240	69	901	1	16
嘉兴市	**1361**	**50**	**19**	**172**	**10439**	**787**	**4226**	**25**	**22**
南湖区	719	12	7	63	2923	189	1210	3	4
秀洲区	298	9	2	18	1600	151	648	2	1
嘉善县									
海盐县									
海宁市	117	2	4	27	2176	155	964	1	1
平湖市	79	23	1	38	1208	138	453	2	2
桐乡市	148	4	5	26	2532	154	951	17	14
湖州市	**224**	**3**	**9**	**32**	**3585**	**277**	**906**	**14**	**59**
吴兴区	116	2	6	23	2454	173	559	9	52
南浔区	108	1	3	9	1131	104	347	5	7
德清县									
长兴县									
安吉县									
绍兴市	**1304**	**25**	**63**	**116**	**13205**	**775**	**7120**	**91**	**16**
越城区	342	1	22	23	3512	209	1138	7	7
柯桥区	225	4	20	37	3320	201	2530	20	3
上虞区	283	18	15	31	2710	178	1253	50	2
新昌县									
诸暨市	77		3	10	2299	110	1784	10	
嵊州市	377	2	3	15	1364	77	415	4	4

4-6a 续表 51　　单位：人

地　区 性　别	生产制造及有关人员								
	计算机、通信和其他电子设备制造人员	仪器仪表制造人员	废弃资源综合利用人员	电力、热力、气体、水生产和输配人员	建筑施工人员	运输设备和通用工程机械操作人员及有关人员	生产辅助人员	其他生产制造及有关人员	不便分类的其他从业人员
金华市	**1088**	**27**	**42**	**55**	**11166**	**791**	**8819**	**156**	**32**
婺城区	324	1	8	22	2505	193	784	19	4
金东区	20	8	2	3	616	48	122	2	1
武义县									
浦江县									
磐安县									
兰溪市	58	2	3	14	817	68	494	18	2
义乌市	230	6	9	4	3976	245	4362	22	1
东阳市	115		6	10	2037	112	1361	71	1
永康市	341	10	14	2	1215	125	1696	24	23
衢州市	**231**	**7**	**3**	**64**	**2517**	**293**	**1057**	**34**	**19**
柯城区	41	7	2	46	1371	137	500	2	10
衢江区	74			4	440	75	260	9	2
常山县									
开化县									
龙游县					8	2	1		
江山市	116		1	14	698	79	296	23	7
舟山市	**48**	**5**	**4**	**77**	**2894**	**286**	**796**	**2**	**1**
定海区	39	5	4	46	1687	149	508	2	
普陀区	9			31	1207	137	288		1
岱山县									
嵊泗县									
台州市	**636**	**53**	**124**	**125**	**9639**	**693**	**5554**	**112**	**7**
椒江区	226	3	10	63	2605	167	1003	9	1
黄岩区	20	1	10	3	1205	103	758		4
路桥区	41	2	75	11	1011	125	530	3	
三门县									
天台县									
仙居县									
温岭市	117	7	23	5	2082	99	1092		
临海市	129	5	1	15	1282	106	608	94	1
玉环市	103	35	5	28	1454	93	1563	6	1
丽水市	**682**	**2**	**3**	**25**	**2649**	**128**	**500**	**5**	**27**
莲都区	671	2	3	12	2068	96	333	4	26
青田县									
缙云县									
遂昌县									
松阳县									
云和县									
庆元县									
景宁畲族自治县									
龙泉市	11			13	581	32	167	1	1
女	**17249**	**687**	**177**	**244**	**15944**	**956**	**41478**	**702**	**239**
杭州市	**2591**	**122**	**27**	**56**	**5325**	**330**	**5307**	**217**	**20**
上城区	7	3	1	5	101	4	21	1	
下城区	3		1	3	129	8	37	57	
江干区	578	11		6	619	54	750	46	2
拱墅区	45	7	1	2	255	6	118		5
西湖区	161	15	1	2	362	18	266	3	
滨江区	151	1	2	8	221	3	194	1	1
萧山区	202	19	6	10	1342	80	1490	59	
余杭区	682	28		2	1288	65	1551	40	12
富阳区	616	33	13	10	612	17	446	9	
临安区	132	3		3	319	73	340		
桐庐县									
淳安县									
建德市	14	2	2	5	77	2	94	1	

4-6a 续表 52

单位：人

地区 性别	生产制造及有关人员								不便分类的其他从业人员
	计算机、通信和其他电子设备制造人员	仪器仪表制造人员	废弃资源综合利用人员	电力、热力、气体、水生产和输配人员	建筑施工人员	运输设备和通用工程机械操作人员及有关人员	生产辅助人员	其他生产制造及有关人员	
宁波市	**5397**	**248**	**48**	**44**	**1686**	**128**	**8762**	**54**	**68**
海曙区	572	22	2	2	316	21	1079	11	
江北区	194	22		3	161	18	384	8	
北仑区	755	14	1	9	159	29	1461	7	29
镇海区	670	5	3	16	212	22	658	3	3
鄞州区	222	4		9	292	16	542	6	17
奉化区	353	11		1	100	11	544	11	16
象山县									
宁海县									
余姚市	1313	78	19	3	185	7	1740	4	3
慈溪市	1318	92	23	1	261	4	2354	4	
温州市	**5173**	**196**	**9**	**19**	**1696**	**115**	**4881**	**27**	**52**
鹿城区	36	2	5	1	256	32	355	1	1
龙湾区	124	33	1	2	315	35	649		5
瓯海区	136	11	1	4	417	21	1022	20	8
洞头区	84				72		24		16
永嘉县									
平阳县									
苍南县									
文成县									
泰顺县									
瑞安市	110	62	1	8	222	11	996	5	4
乐清市	4671	88	1	4	265	9	1246	1	6
龙港市	12				149	7	589		12
嘉兴市	**1158**	**26**	**3**	**15**	**1117**	**73**	**3154**	**20**	**11**
南湖区	531	3	2	7	326	23	779	4	3
秀洲区	323	3		3	171	14	540		1
嘉善县									
海盐县									
海宁市	88	2			245	11	644	4	
平湖市	83	11		1	117	12	287	2	
桐乡市	133	7	1	4	258	13	904	10	7
湖州市	**150**		**1**	**5**	**496**	**42**	**419**	**5**	**22**
吴兴区	62		1	4	356	35	245	3	22
南浔区	88			1	140	7	174	2	
德清县									
长兴县									
安吉县									
绍兴市	**916**	**20**	**31**	**21**	**1493**	**74**	**4412**	**99**	**9**
越城区	237	4	18	4	377	25	626	5	
柯桥区	120	1	4	10	354	22	1260	15	1
上虞区	245	14	5	3	256	17	831	72	
新昌县									
诸暨市	43		2	2	282	6	1375	4	
嵊州市	271	1	2	2	224	4	320	3	8
金华市	**709**	**27**	**15**	**13**	**1959**	**60**	**8821**	**141**	**25**
婺城区	189	2	4	6	517	22	660	23	2
金东区	14	7		1	90	5	108		
武义县									
浦江县									
磐安县									
兰溪市	37		1	2	108	6	286	16	1
义乌市	121	5	2	2	646	16	5147	37	4
东阳市	84		2	1	340	4	1110	49	1
永康市	264	13	6	1	258	7	1510	16	17

4-6a 续表 53

单位：人

地区 性别	生产制造及有关人员								不便分类的其他从业人员
	计算机、通信和其他电子设备制造人员	仪器仪表制造人员	废弃资源综合利用人员	电力、热力、气体、水生产和输配人员	建筑施工人员	运输设备和通用工程机械操作人员及有关人员	生产辅助人员	其他生产制造及有关人员	
衢州市	**157**	**2**	**2**	**14**	**274**	**30**	**535**	**26**	**7**
柯城区	31	2	2	8	163	19	184	2	4
衢江区	46			1	39	7	147	6	
常山县									
开化县									
龙游县							1		
江山市	80			5	72	4	203	18	3
舟山市	**47**	**2**		**14**	**356**	**24**	**237**	**2**	
定海区	44	2		11	227	22	116	2	
普陀区	3			3	129	2	121		
岱山县									
嵊泗县									
台州市	**514**	**44**	**40**	**37**	**1135**	**63**	**4634**	**108**	**5**
椒江区	177	1	3	15	313	26	612	6	
黄岩区	15	2	2	3	125	17	1085		3
路桥区	44	2	22	3	113	10	356	2	1
三门县									
天台县									
仙居县									
温岭市	103	10	10		267	3	691		
临海市	77	1		5	126	5	411	96	1
玉环市	98	28	3	11	191	2	1479	4	
丽水市	**437**		**1**	**6**	**407**	**17**	**316**	**3**	**20**
莲都区	431		1	2	372	13	184	3	17
青田县									
缙云县									
遂昌县									
松阳县									
云和县									
庆元县									
景宁畲族自治县									
龙泉市	6			4	35	4	132		3

4–6b　各地区分性别、职业中类的就业人口(镇)

单位：人

地　区 性　别	合计	党的机关、国家机关、群众团体和社会组织、企事业单位负责人						
		小计	中国共产党机关负责人	国家机关负责人	民主党派和工商联负责人	人民团体和群众团体、社会组织及其他成员组织负责人	基层群众自治组织负责人	企事业单位负责人
合计	**773450**	**23669**	**64**	**900**	**2**	**598**	**464**	**21641**
杭州市	**60871**	**1625**	**5**	**49**		**29**	**36**	**1506**
上城区								
下城区								
江干区								
拱墅区								
西湖区	12							
滨江区								
萧山区	9157	106		1		1	5	99
余杭区	17081	750		1		6	9	734
富阳区	1631	25					1	24
临安区	3905	63		1			1	61
桐庐县	17747	370		21		16	12	321
淳安县	7414	197	3	24		2	6	162
建德市	3924	114	2	1		4	2	105
宁波市	**119977**	**4086**	**16**	**72**		**85**	**51**	**3862**
海曙区	1229	15				1		14
江北区								
北仑区	4073	36		1			2	33
镇海区	2823	131						131
鄞州区	18983	576	2	1		10	14	549
奉化区	3131	150		3		2	4	141
象山县	18947	807	7	40		9	10	741
宁海县	24681	1272	7	24		26	14	1201
余姚市	15399	404		3		1	4	396
慈溪市	30711	695				36	3	656
温州市	**110441**	**3683**	**1**	**177**		**92**	**106**	**3307**
鹿城区	247	7						7
龙湾区	17809	520		3		26	2	489
瓯海区	979	7					1	6
洞头区	298	12					1	11
永嘉县	23706	642		20		3	20	599
平阳县	26084	962	1	47		20	29	865
苍南县	26828	1251		50		34	28	1139
文成县	3985	102		45		2	11	44
泰顺县	3526	72		10		2	4	56
瑞安市	1205	31		1		2	2	26
乐清市	4854	68		1		3	7	57
龙港市	920	9					1	8
嘉兴市	**108011**	**2578**	**3**	**59**		**104**	**39**	**2373**
南湖区	3846	101		2		3	2	94
秀洲区	9967	139		2		2	7	128
嘉善县	30737	877	3	35		28	12	799
海盐县	18097	557		16		44	3	494
海宁市	24498	589		1		15	5	568
平湖市	11111	161		1		2	9	149
桐乡市	9755	154		2		10	1	141
湖州市	**90139**	**4306**	**3**	**92**		**87**	**44**	**4080**
吴兴区	20717	780				29	7	744
南浔区	6881	451	1	6		8	12	424
德清县	20205	983		27		20	6	930
长兴县	23433	915	2	25		14	6	868
安吉县	18903	1177		34		16	13	1114

4-6b 续表 1

单位：人

地区 性别	合计	党的机关、国家机关、群众团体和社会组织、企事业单位负责人						
		小计	中国共产党机关负责人	国家机关负责人	民主党派和工商联负责人	人民团体和群众团体、社会组织及其他成员组织负责人	基层群众自治组织负责人	企事业单位负责人
绍兴市	**40040**	**857**	**5**	**27**		**16**	**21**	**788**
越城区	221	2				1		1
柯桥区	10660	78		1		1	4	72
上虞区	2736	36		1		7	4	24
新昌县	14120	602	5	25		7	13	552
诸暨市	9525	123						123
嵊州市	2778	16						16
金华市	**96996**	**2859**	**2**	**87**		**90**	**35**	**2645**
婺城区	3738	114		4			1	109
金东区	11782	332		3		8	5	316
武义县	18833	973		25		60	11	877
浦江县	11321	623	2	37		4	4	576
磐安县	4912	246		13			7	226
兰溪市	3762	45				1	2	42
义乌市	21759	316		2		15	3	296
东阳市	15625	33		3		2	2	26
永康市	5264	177						177
衢州市	**26510**	**511**	**7**	**75**		**8**	**35**	**386**
柯城区	566	4					3	1
衢江区	1548	12		2				10
常山县	6139	83	2	15		3	5	58
开化县	5727	140	2	27		2	13	96
龙游县	9101	245	3	30		3	11	198
江山市	3429	27		1			3	23
舟山市	**15936**	**187**	**9**	**50**		**4**	**14**	**110**
定海区	1707	19						19
普陀区	1180	24	4	8			2	10
岱山县	10721	63	1	14		3	7	38
嵊泗县	2328	81	4	28		1	5	43
台州市	**62092**	**1787**	**3**	**73**		**63**	**49**	**1599**
椒江区	452	1						1
黄岩区	1842	21				2		19
路桥区	6844	51		1		3	5	42
三门县	9269	438		27		10	5	396
天台县	10113	300	1	19		8	6	266
仙居县	8757	559	1	26		33	11	488
温岭市	16771	242	1			3	9	229
临海市	6986	147				4	13	130
玉环市	1058	28						28
丽水市	**42437**	**1190**	**10**	**139**	**2**	**20**	**34**	**985**
莲都区	1122	29		1		1	1	26
青田县	8935	154		13		5	6	130
缙云县	10301	224		20	1	2	6	195
遂昌县	4749	127	1	29			1	96
松阳县	5065	246		20			2	224
云和县	4906	141		8		3	2	128
庆元县	3971	165	1	21		3	4	136
景宁畲族自治县	2831	94	8	27	1	5	11	42
龙泉市	557	10				1	1	8
男	**468055**	**17624**	**53**	**762**	**2**	**392**	**383**	**16032**
杭州市	**36901**	**1219**	**5**	**42**		**20**	**30**	**1122**
上城区								
下城区								
江干区								
拱墅区								

4-6b 续表 2

单位：人

地区 性别	合计	党的机关、国家机关、群众团体和社会组织、企事业单位负责人						
		小计	中国共产党机关负责人	国家机关负责人	民主党派和工商联负责人	人民团体和群众团体、社会组织及其他成员组织负责人	基层群众自治组织负责人	企事业单位负责人
西湖区	8							
滨江区								
萧山区	5906	83		1		1	3	78
余杭区	10602	547				2	7	538
富阳区	1039	21					1	20
临安区	2324	53		1			1	51
桐庐县	10462	288		18		14	11	245
淳安县	4213	151	3	21		1	5	121
建德市	2347	76	2	1		2	2	69
宁波市	**72352**	**3114**	**12**	**55**		**52**	**37**	**2958**
海曙区	762	11				1		10
江北区								
北仑区	2653	33		1			2	30
镇海区	1818	89						89
鄞州区	11461	462	1	1		7	8	445
奉化区	1888	104		3			3	98
象山县	10987	609	6	30		7	7	559
宁海县	14214	926	5	17		11	12	881
余姚市	8951	323		3			2	318
慈溪市	19618	557				26	3	528
温州市	**68324**	**2844**	**1**	**150**		**60**	**92**	**2541**
鹿城区	153	5						5
龙湾区	11551	407		1		16	2	388
瓯海区	611	7					1	6
洞头区	187	9					1	8
永嘉县	14805	529		16		2	15	496
平阳县	15895	751	1	42		13	26	669
苍南县	16311	920		46		22	23	829
文成县	2479	75		34		2	11	28
泰顺县	2229	57		9		1	4	43
瑞安市	721	21		1		1	2	17
乐清市	2806	55		1		3	6	45
龙港市	576	8					1	7
嘉兴市	**65188**	**1902**	**3**	**50**		**68**	**29**	**1752**
南湖区	2303	85		2		2	1	80
秀洲区	5758	106		2		1	4	99
嘉善县	18765	638	3	27		17	10	581
海盐县	10746	409		15		31	2	361
海宁市	15174	422		1		10	3	408
平湖市	6731	120		1		1	8	110
桐乡市	5711	122		2		6	1	113
湖州市	**53335**	**3049**	**1**	**77**		**56**	**32**	**2883**
吴兴区	11431	493				22	5	466
南浔区	4157	318	1	4		4	10	299
德清县	12229	723		24		11	3	685
长兴县	14148	690		24		8	5	653
安吉县	11370	825		25		11	9	780
绍兴市	**24205**	**651**	**5**	**22**		**11**	**17**	**596**
越城区	133	1						1
柯桥区	6910	63		1		1	3	58
上虞区	1608	28		1		4	3	20
新昌县	8076	452	5	20		6	11	410
诸暨市	5735	95						95
嵊州市	1743	12						12

4-6b 续表 3 单位：人

地区 性别	合计	党的机关、国家机关、群众团体和社会组织、企事业单位负责人						
		小计	中国共产党机关负责人	国家机关负责人	民主党派和工商联负责人	人民团体和群众团体、社会组织及其他成员组织负责人	基层群众自治组织负责人	企事业单位负责人
金华市	**57512**	**2062**	**1**	**77**		**62**	**29**	**1893**
婺城区	2198	88		3			1	84
金东区	7186	237		3		6	3	225
武义县	11192	666		20		38	11	597
浦江县	6473	443	1	35		3	3	401
磐安县	2873	186		12			6	168
兰溪市	2219	39				1	2	36
义乌市	12707	238		2		12	2	222
东阳市	9475	28		2		2	1	23
永康市	3189	137						137
衢州市	**15754**	**411**	**6**	**64**		**4**	**32**	**305**
柯城区	369	4					3	1
衢江区	1011	10		2				8
常山县	3584	66	1	12		3	4	46
开化县	3389	116	2	23			11	80
龙游县	5365	191	3	26		1	11	150
江山市	2036	24		1			3	20
舟山市	**12009**	**153**	**8**	**45**		**2**	**10**	**88**
定海区	1117	17						17
普陀区	756	23	4	8			2	9
岱山县	8675	50		13		1	4	32
嵊泗县	1461	63	4	24		1	4	30
台州市	**37121**	**1332**	**2**	**61**		**43**	**45**	**1181**
椒江区	312	1						1
黄岩区	1054	16				1		15
路桥区	4119	40		1		2	3	34
三门县	5739	357		24		8	5	320
天台县	5944	219	1	15		4	6	193
仙居县	5076	385		21		23	11	330
温岭市	10199	179	1			3	7	168
临海市	4045	116				2	13	101
玉环市	633	19						19
丽水市	**25354**	**887**	**9**	**119**	**2**	**14**	**30**	**713**
莲都区	715	22		1			1	20
青田县	5283	114		11		3	6	94
缙云县	6246	173		19	1	2	5	146
遂昌县	2843	100	1	23			1	75
松阳县	2974	160		18			1	141
云和县	2943	98		7		2	1	88
庆元县	2362	134	1	17		3	4	109
景宁畲族自治县	1629	76	7	23	1	3	10	32
龙泉市	359	10				1	1	8
女	**305395**	**6045**	**11**	**138**		**206**	**81**	**5609**
杭州市	**23970**	**406**		**7**		**9**	**6**	**384**
上城区								
下城区								
江干区								
拱墅区								
西湖区	4							
滨江区								
萧山区	3251	23					2	21
余杭区	6479	203		1		4	2	196
富阳区	592	4						4
临安区	1581	10						10
桐庐县	7285	82		3		2	1	76
淳安县	3201	46		3		1	1	41
建德市	1577	38				2		36

4-6b　续表 4

单位：人

地区 性别	合计	党的机关、国家机关、群众团体和社会组织、企事业单位负责人						
		小计	中国共产党机关负责人	国家机关负责人	民主党派和工商联负责人	人民团体和群众团体、社会组织及其他成员组织负责人	基层群众自治组织负责人	企事业单位负责人
宁波市	**47625**	**972**	**4**	**17**		**33**	**14**	**904**
海曙区	467	4						4
江北区								
北仑区	1420	3						3
镇海区	1005	42						42
鄞州区	7522	114	1			3	6	104
奉化区	1243	46				2	1	43
象山县	7960	198	1	10		2	3	182
宁海县	10467	346	2	7		15	2	320
余姚市	6448	81				1	2	78
慈溪市	11093	138				10		128
温州市	**42117**	**839**		**27**		**32**	**14**	**766**
鹿城区	94	2						2
龙湾区	6258	113		2		10		101
瓯海区	368							
洞头区	111	3						3
永嘉县	8901	113		4		1	5	103
平阳县	10189	211		5		7	3	196
苍南县	10517	331		4		12	5	310
文成县	1506	27		11				16
泰顺县	1297	15		1		1		13
瑞安市	484	10				1		9
乐清市	2048	13					1	12
龙港市	344	1						1
嘉兴市	**42823**	**676**		**9**		**36**	**10**	**621**
南湖区	1543	16				1	1	14
秀洲区	4209	33				1	3	29
嘉善县	11972	239		8		11	2	218
海盐县	7351	148		1		13	1	133
海宁市	9324	167				5	2	160
平湖市	4380	41				1	1	39
桐乡市	4044	32				4		28
湖州市	**36804**	**1257**	**2**	**15**		**31**	**12**	**1197**
吴兴区	9286	287				7	2	278
南浔区	2724	133		2		4	2	125
德清县	7976	260		3		9	3	245
长兴县	9285	225	2	1		6	1	215
安吉县	7533	352		9		5	4	334
绍兴市	**15835**	**206**		**5**		**5**	**4**	**192**
越城区	88	1				1		
柯桥区	3750	15					1	14
上虞区	1128	8				3	1	4
新昌县	6044	150		5		1	2	142
诸暨市	3790	28						28
嵊州市	1035	4						4
金华市	**39484**	**797**	**1**	**10**		**28**	**6**	**752**
婺城区	1540	26		1				25
金东区	4596	95				2	2	91
武义县	7641	307		5		22		280
浦江县	4848	180	1	2		1	1	175
磐安县	2039	60		1			1	58
兰溪市	1543	6						6
义乌市	9052	78				3	1	74
东阳市	6150	5		1			1	3
永康市	2075	40						40

4-6b 续表 5 单位：人

地区 性别	合计	党的机关、国家机关、群众团体和社会组织、企事业单位负责人						
		小计	中国共产党机关负责人	国家机关负责人	民主党派和工商联负责人	人民团体和群众团体、社会组织及其他成员组织负责人	基层群众自治组织负责人	企事业单位负责人
衢州市	**10756**	**100**	**1**	**11**		**4**	**3**	**81**
柯城区	197							
衢江区	537	2						2
常山县	2555	17	1	3			1	12
开化县	2338	24		4		2	2	16
龙游县	3736	54		4		2		48
江山市	1393	3						3
舟山市	**3927**	**34**	**1**	**5**		**2**	**4**	**22**
定海区	590	2						2
普陀区	424	1						1
岱山县	2046	13	1	1		2	3	6
嵊泗县	867	18		4			1	13
台州市	**24971**	**455**	**1**	**12**		**20**	**4**	**418**
椒江区	140							
黄岩区	788	5				1		4
路桥区	2725	11				1	2	8
三门县	3530	81		3		2		76
天台县	4169	81		4		4		73
仙居县	3681	174	1	5		10		158
温岭市	6572	63					2	61
临海市	2941	31				2		29
玉环市	425	9						9
丽水市	**17083**	**303**	**1**	**20**		**6**	**4**	**272**
莲都区	407	7				1		6
青田县	3652	40		2		2		36
缙云县	4055	51		1			1	49
遂昌县	1906	27		6				21
松阳县	2091	86		2			1	83
云和县	1963	43		1		1	1	40
庆元县	1609	31		4				27
景宁畲族自治县	1202	18	1	4		2	1	10
龙泉市	198							

4-6b　续表 6　　　　单位：人

地　　区 性　　别	专业技术人员									
	小计	科学研究人　　员	工程技术人　　员	农业技术人　　员	飞机和船舶技术人　员	卫生专业技术人员	经济和金融专业人　员	法律、社会和宗教专业人员	教学人员	文学艺术、体育专业人员
合计	**69475**	**201**	**16603**	**281**	**484**	**9709**	**17257**	**1606**	**20463**	**1750**
杭州市	**7058**	**23**	**1889**	**33**	**3**	**965**	**1824**	**135**	**1927**	**146**
上城区										
下城区										
江干区										
拱墅区										
西湖区	2		1						1	
滨江区										
萧山区	670		374	4		29	164	11	76	5
余杭区	2306	10	634	3	2	205	695	45	584	82
富阳区	120		38			18	33	1	26	2
临安区	315	1	65	3		55	68	1	116	4
桐庐县	1954	6	450	6		293	521	35	580	29
淳安县	1335	6	251	17	1	299	274	29	424	15
建德市	356		76			66	69	13	120	9
宁波市	**11504**	**21**	**3808**	**29**	**104**	**1203**	**3236**	**287**	**2503**	**145**
海曙区	138		25	2		11	41	11	36	10
江北区										
北仑区	563	1	291	1	1	33	156	5	65	5
镇海区	211	1	96		1	11	65	3	22	1
鄞州区	1933	3	568	2	4	157	671	83	405	27
奉化区	257		66	1	1	30	81	9	57	4
象山县	2147	5	419	5	82	333	512	67	665	24
宁海县	2698	4	617	9	15	402	774	59	720	46
余姚市	886	2	235	1		86	336	23	185	9
慈溪市	2671	5	1491	8		140	600	27	348	19
温州市	**10264**	**18**	**1909**	**30**	**5**	**1458**	**2468**	**283**	**3821**	**138**
鹿城区	17		2	1		4	5		5	
龙湾区	1211	6	599			82	305	7	182	15
瓯海区	40		9			7	11		12	
洞头区	18		1			4	2	2	8	
永嘉县	2348	3	384	5	1	318	756	51	790	21
平阳县	3029	7	414	6	3	485	702	96	1229	46
苍南县	2281	2	299	11	1	350	458	82	1013	39
文成县	481		49	5		94	68	30	215	4
泰顺县	465		39	1		79	71	7	245	9
瑞安市	73		2	1		8	20	2	40	
乐清市	286		106			24	67	6	78	4
龙港市	15		5			3	3		4	
嘉兴市	**7796**	**39**	**2342**	**31**	**1**	**837**	**2310**	**176**	**1802**	**123**
南湖区	241	1	76			23	86	10	38	2
秀洲区	399	1	89	1		35	177	10	71	11
嘉善县	2706	18	870	9		294	726	51	664	34
海盐县	2123	8	602	10		247	599	47	539	20
海宁市	1249	4	401	6		129	386	23	250	34
平湖市	585	1	203	2	1	57	171	24	114	4
桐乡市	493	6	101	3		52	165	11	126	18
湖州市	**7935**	**36**	**1933**	**35**	**4**	**1216**	**2101**	**135**	**2234**	**120**
吴兴区	373		93	1		38	99	5	87	40
南浔区	620	1	183	5		85	162	10	161	7
德清县	2345	6	643	12	2	332	629	44	622	22
长兴县	2972	21	732	14	2	488	759	45	824	39
安吉县	1625	8	282	3		273	452	31	540	12

4－6b 续表 7 单位：人

地区 性别	专业技术人员 小计	科学研究人员	工程技术人员	农业技术人员	飞机和船舶技术人员	卫生专业技术人员	经济和金融专业人员	法律、社会和宗教专业人员	教学人员	文学艺术、体育专业人员
绍兴市	**3058**	**29**	**839**	**17**	**1**	**423**	**790**	**68**	**787**	**55**
越城区	32		18	3		2	6		3	
柯桥区	385		174	1		28	101	5	67	3
上虞区	173		50	2		19	52	5	38	4
新昌县	1771	25	423	6	1	286	439	55	469	34
诸暨市	569	4	136	3		75	164	3	174	6
嵊州市	128		38	2		13	28		36	8
金华市	**7527**	**15**	**1426**	**27**	**3**	**970**	**1751**	**137**	**2183**	**855**
婺城区	467		109	1		49	118	16	159	3
金东区	599		120	3		60	196	8	169	27
武义县	1544	5	341	8		200	453	23	451	31
浦江县	1057		107	4	1	221	231	27	425	17
磐安县	547		105	4	1	92	123	13	184	7
兰溪市	184		47			31	42	3	54	1
义乌市	1056	4	252	1		133	270	21	311	49
东阳市	1871	6	289	5	1	157	259	24	382	717
永康市	202		56	1		27	59	2	48	3
衢州市	**2738**	**5**	**436**	**22**		**578**	**603**	**45**	**971**	**34**
柯城区	41		15	5		9	6		5	1
衢江区	55		10	1		12	17	1	10	1
常山县	726	1	104	3		146	181	15	264	5
开化县	727	1	103	7		173	145	13	262	12
龙游县	1061	3	172	5		213	227	15	391	12
江山市	128		32	1		25	27	1	39	3
舟山市	**1546**	**1**	**432**	**1**	**351**	**183**	**218**	**84**	**246**	**3**
定海区	144		40	1	17	21	38	1	24	
普陀区	192		17		61	18	27	51	17	1
岱山县	910		349		202	104	100	15	124	2
嵊泗县	300	1	26		71	40	53	17	81	
台州市	**5466**	**5**	**915**	**18**	**12**	**983**	**1096**	**153**	**2149**	**63**
椒江区	9		3				4	1	1	
黄岩区	121		18			27	25	2	47	2
路桥区	434		112			57	117	13	128	4
三门县	1048	4	156	5	5	197	192	38	425	8
天台县	1279		183	2		250	213	36	564	11
仙居县	1189	1	152	7	1	245	217	19	509	14
温岭市	791		182	2	6	106	202	36	248	7
临海市	546		104	2		94	108	5	213	16
玉环市	49		5			7	18	3	14	1
丽水市	**4583**	**9**	**674**	**38**		**893**	**860**	**103**	**1840**	**68**
莲都区	69		26	3		7	18	3	10	1
青田县	745	1	75	3		136	114	25	370	5
缙云县	1183	1	167	10		234	218	17	490	26
遂昌县	665	1	113	7		152	125	13	228	7
松阳县	618		110	1		112	122	13	238	6
云和县	371	5	54	1		86	74	9	129	7
庆元县	491	1	60	4		101	110	12	186	6
景宁畲族自治县	422		66	9		64	76	10	179	9
龙泉市	19		3			1	3	1	10	1
男	**31150**	**118**	**14333**	**219**	**481**	**2948**	**4255**	**980**	**6293**	**1032**
杭州市	**3242**	**13**	**1575**	**28**	**3**	**305**	**493**	**72**	**632**	**70**
上城区										
下城区										
江干区										
拱墅区										

4-6b　续表 8　　　　　　　　　　　　　　　　　　　　　　　　　　　　单位：人

地　区 性　别	专业技术人员 小计	科学研究人员	工程技术人员	农业技术人员	飞机和船舶技术人员	卫生专业技术人员	经济和金融专业人员	法律、社会和宗教专业人员	教学人员	文学艺术、体育专业人员
西湖区	1		1							
滨江区										
萧山区	387		305	3		11	40	7	14	3
余杭区	1047	5	517	3	2	70	193	22	175	38
富阳区	57		32			6	6		10	2
临安区	136	1	55	3		19	14	1	39	3
桐庐县	858	4	388	6		89	135	21	187	13
淳安县	590	3	212	13	1	89	88	12	157	7
建德市	166		65			21	17	9	50	4
宁波市	**5328**	**13**	**3277**	**24**	**104**	**317**	**619**	**166**	**672**	**66**
海曙区	59		24	2		3	8	11	8	3
江北区										
北仑区	306		251	1	1	8	26	1	17	1
镇海区	102	1	79		1	1	10	1	3	
鄞州区	870	3	510	2	4	46	135	40	114	13
奉化区	111		58		1	9	9	4	22	2
象山县	896	2	380	5	82	85	104	40	179	10
宁海县	1104	3	545	8	15	104	132	42	206	23
余姚市	333	1	211			22	42	7	41	5
慈溪市	1547	3	1219	6		39	153	20	82	9
温州市	**4606**	**11**	**1718**	**22**	**5**	**519**	**712**	**205**	**1258**	**90**
鹿城区	7		2	1		1	2		1	
龙湾区	706	3	534			35	61	5	48	10
瓯海区	14		8			2	3		1	
洞头区	9		1			2		2	3	
永嘉县	1007	2	355	4	1	100	226	36	260	14
平阳县	1262	5	370	4	3	169	204	65	393	31
苍南县	1027	1	269	10	1	130	132	70	376	25
文成县	200		45	1		35	30	17	62	3
泰顺县	183		36	1		28	29	4	72	6
瑞安市	28		2	1		4	6	2	13	
乐清市	154		92			13	17	4	26	1
龙港市	9		4				2		3	
嘉兴市	**3591**	**27**	**2007**	**26**	**1**	**217**	**588**	**103**	**497**	**76**
南湖区	103		68			5	12	6	10	1
秀洲区	152	1	76	1		7	40	4	15	7
嘉善县	1264	12	723	9		95	176	28	182	23
海盐县	971	8	526	9		52	156	34	156	13
海宁市	606	3	346	3		33	109	11	76	20
平湖市	288	1	174	2	1	15	51	16	24	2
桐乡市	207	2	94	2		10	44	4	34	10
湖州市	**3348**	**21**	**1628**	**22**	**4**	**346**	**476**	**77**	**671**	**54**
吴兴区	168		67			12	31	4	32	19
南浔区	286	1	151	4		28	36	6	51	5
德清县	1002	3	527	6	2	80	143	22	200	9
长兴县	1269	13	635	9	2	147	178	24	222	17
安吉县	623	4	248	3		79	88	21	166	4
绍兴市	**1415**	**15**	**709**	**15**	**1**	**123**	**200**	**42**	**262**	**25**
越城区	20		14	2		2	2			
柯桥区	215		144	1		7	34	2	24	2
上虞区	77		46	2		7	4	2	13	2
新昌县	790	11	359	6	1	81	109	36	154	16
诸暨市	246	4	112	2		22	41	2	60	1
嵊州市	67		34	2		4	10		11	4

4—6b 续表 9 单位：人

地区 性别	专业技术人员 小计	科学研究人员	工程技术人员	农业技术人员	飞机和船舶技术人员	卫生专业技术人员	经济和金融专业人员	法律、社会和宗教专业人员	教学人员	文学艺术、体育专业人员
金华市	**3442**	**8**	**1247**	**20**	**3**	**330**	**416**	**89**	**687**	**564**
婺城区	192		93	1		15	25	9	42	1
金东区	257		110	1		28	42	6	45	14
武义县	650	3	306	7		59	81	17	147	19
浦江县	424		88	4	1	76	57	16	158	11
磐安县	249		94	1	1	35	32	8	65	5
兰溪市	107		42			14	15	3	28	
义乌市	495	2	212			49	95	14	91	25
东阳市	993	3	255	5	1	48	64	14	102	487
永康市	75		47	1		6	5	2	9	2
衢州市	**1116**	**3**	**370**	**16**		**160**	**183**	**25**	**313**	**21**
柯城区	20		11	4		2	2			1
衢江区	20		9	1		1	5	1	2	
常山县	296	1	84	2		45	62	7	87	4
开化县	304	1	90	5		48	44	10	89	10
龙游县	420	1	150	3		52	64	6	127	4
江山市	56		26	1		12	6	1	8	2
舟山市	**994**	**1**	**402**	**1**	**349**	**61**	**38**	**63**	**66**	**2**
定海区	72		36	1	17	5	7		6	
普陀区	130		14		60	6	7	38	4	1
岱山县	641		328		201	42	17	11	33	1
嵊泗县	151	1	24		71	8	7	14	23	
台州市	**2221**	**3**	**818**	**16**	**11**	**287**	**289**	**83**	**665**	**26**
椒江区	5		2				2	1		
黄岩区	41		14			7	6		13	1
路桥区	198		95			23	24	7	46	3
三门县	418	3	142	5	4	53	51	10	142	3
天台县	480		163	2		62	56	24	164	5
仙居县	454		133	6	1	70	66	8	154	4
温岭市	359		165	2	6	37	48	26	71	4
临海市	247		99	1		33	32	4	71	6
玉环市	19		5			2	4	3	4	
丽水市	**1847**	**3**	**582**	**29**		**283**	**241**	**55**	**570**	**38**
莲都区	27		17	2		3	1	1	2	1
青田县	275		61	2		43	36	11	110	5
缙云县	448		140	7		71	62	9	137	10
遂昌县	305	1	102	6		53	35	7	86	6
松阳县	244		99			30	27	8	70	4
云和县	135	2	51	1		25	17	3	28	5
庆元县	202		47	4		34	37	8	65	2
景宁畲族自治县	204		63	7		24	26	7	69	4
龙泉市	7		2					1	3	1
女	**38325**	**83**	**2270**	**62**	**3**	**6761**	**13002**	**626**	**14170**	**718**
杭州市	**3816**	**10**	**314**	**5**		**660**	**1331**	**63**	**1295**	**76**
上城区										
下城区										
江干区										
拱墅区										
西湖区	1								1	
滨江区										
萧山区	283		69	1		18	124	4	62	2
余杭区	1259	5	117			135	502	23	409	44
富阳区	63		6			12	27	1	16	
临安区	179		10			36	54		77	1
桐庐县	1096	2	62			204	386	14	393	16
淳安县	745	3	39	4		210	186	17	267	8
建德市	190		11			45	52	4	70	5

4-6b　续表 10　　　　　　　　　　　　　　　　　　　　单位：人

地区 性别	专业技术人员									
	小计	科学研究人员	工程技术人员	农业技术人员	飞机和船舶技术人员	卫生专业技术人员	经济和金融专业人员	法律、社会和宗教专业人员	教学人员	文学艺术、体育专业人员
宁波市	**6176**	**8**	**531**	**5**		**886**	**2617**	**121**	**1831**	**79**
海曙区	79		1			8	33		28	7
江北区										
北仑区	257	1	40			25	130	4	48	4
镇海区	109		17			10	55	2	19	1
鄞州区	1063		58			111	536	43	291	14
奉化区	146		8	1		21	72	5	35	2
象山县	1251	3	39			248	408	27	486	14
宁海县	1594	1	72	1		298	642	17	514	23
余姚市	553	1	24	1		64	294	16	144	4
慈溪市	1124	2	272	2		101	447	7	266	10
温州市	**5658**	**7**	**191**	**8**		**939**	**1756**	**78**	**2563**	**48**
鹿城区	10					3	3		4	
龙湾区	505	3	65			47	244	2	134	5
瓯海区	26		1			5	8		11	
洞头区	9					2	2		5	
永嘉县	1341	1	29	1		218	530	15	530	7
平阳县	1767	2	44	2		316	498	31	836	15
苍南县	1254	1	30	1		220	326	12	637	14
文成县	281		4	4		59	38	13	153	1
泰顺县	282		3			51	42	3	173	3
瑞安市	45					4	14		27	
乐清市	132		14			11	50	2	52	3
龙港市	6		1			3	1		1	
嘉兴市	**4205**	**12**	**335**	**5**		**620**	**1722**	**73**	**1305**	**47**
南湖区	138	1	8			18	74	4	28	1
秀洲区	247		13			28	137	6	56	4
嘉善县	1442	6	147			199	550	23	482	11
海盐县	1152		76	1		195	443	13	383	7
海宁市	643	1	55	3		96	277	12	174	14
平湖市	297		29			42	120	8	90	2
桐乡市	286	4	7	1		42	121	7	92	8
湖州市	**4587**	**15**	**305**	**13**		**870**	**1625**	**58**	**1563**	**66**
吴兴区	205		26	1		26	68	1	55	21
南浔区	334		32	1		57	126	4	110	2
德清县	1343	3	116	6		252	486	22	422	13
长兴县	1703	8	97	5		341	581	21	602	22
安吉县	1002	4	34			194	364	10	374	8
绍兴市	**1643**	**14**	**130**	**2**		**300**	**590**	**26**	**525**	**30**
越城区	12		4	1			4		3	
柯桥区	170		30			21	67	3	43	1
上虞区	96		4			12	48	3	25	2
新昌县	981	14	64			205	330	19	315	18
诸暨市	323		24	1		53	123	1	114	5
嵊州市	61		4			9	18		25	4
金华市	**4085**	**7**	**179**	**7**		**640**	**1335**	**48**	**1496**	**291**
婺城区	275		16			34	93	7	117	2
金东区	342		10	2		32	154	2	124	13
武义县	894	2	35	1		141	372	6	304	12
浦江县	633		19			145	174	11	267	6
磐安县	298		11	3		57	91	5	119	2
兰溪市	77		5			17	27		26	1
义乌市	561	2	40	1		84	175	7	220	24
东阳市	878	3	34			109	195	10	280	230
永康市	127		9			21	54		39	1

4－6b 续表 11 单位：人

地区 性别	专业技术人员 小计	科学研究人员	工程技术人员	农业技术人员	飞机和船舶技术人员	卫生专业技术人员	经济和金融专业人员	法律、社会和宗教专业人员	教学人员	文学艺术、体育专业人员
衢州市	**1622**	**2**	**66**	**6**		**418**	**420**	**20**	**658**	**13**
柯城区	21		4	1		7	4		5	
衢江区	35		1			11	12		8	1
常山县	430		20	1		101	119	8	177	1
开化县	423		13	2		125	101	3	173	2
龙游县	641	2	22	2		161	163	9	264	8
江山市	72		6			13	21		31	1
舟山市	**552**		**30**		**2**	**122**	**180**	**21**	**180**	**1**
定海区	72		4			16	31	1	18	
普陀区	62		3		1	12	20	13	13	
岱山县	269		21		1	62	83	4	91	1
嵊泗县	149		2			32	46	3	58	
台州市	**3245**	**2**	**97**	**2**	**1**	**696**	**807**	**70**	**1484**	**37**
椒江区	4		1				2		1	
黄岩区	80		4			20	19	2	34	1
路桥区	236		17			34	93	6	82	1
三门县	630	1	14		1	144	141	28	283	5
天台县	799		20			188	157	12	400	6
仙居县	735	1	19	1		175	151	11	355	10
温岭市	432		17			69	154	10	177	3
临海市	299		5	1		61	76	1	142	10
玉环市	30					5	14		10	1
丽水市	**2736**	**6**	**92**	**9**		**610**	**619**	**48**	**1270**	**30**
莲都区	42		9	1		4	17	2	8	
青田县	470	1	14	1		93	78	14	260	
缙云县	735	1	27	3		163	156	8	353	16
遂昌县	360		11	1		99	90	6	142	1
松阳县	374		11	1		82	95	5	168	2
云和县	236	3	3			61	57	6	101	2
庆元县	289	1	13			67	73	4	121	4
景宁畲族自治县	218		3	2		40	50	3	110	5
龙泉市	12		1			1	3		7	

4-6b　续表 12　　　　单位：人

地　区 性　别	专业技术人员		办事人员和有关人员				社会生产服务和生活服务人员		
	新闻出版、文化专业人员	其他专业技术人员	小计	办事人员	安全和消防人员	其他办事人员和有关人员	小计	批发与零售服务人员	交通运输、仓储和邮政业服务人员
合计	**883**	**238**	**46369**	**36473**	**9700**	**196**	**247421**	**109909**	**45792**
杭州市	**82**	**31**	**2288**	**1839**	**445**	**4**	**24540**	**9061**	**4846**
上城区									
下城区									
江干区									
拱墅区									
西湖区			1	1			6	2	
滨江区									
萧山区	7		100	61	39		2662	972	813
余杭区	24	22	470	275	194	1	7852	3287	1644
富阳区	2		60	41	19		497	191	111
临安区	2		102	87	15		1431	617	254
桐庐县	28	6	838	732	105	1	7144	2531	1276
淳安县	16	3	523	461	61	1	3503	927	477
建德市	3		194	181	12	1	1445	534	271
宁波市	**128**	**40**	**7026**	**5254**	**1740**	**32**	**32044**	**12819**	**6735**
海曙区	2		98	59	39		356	133	85
江北区									
北仑区	5		286	207	79		902	297	259
镇海区	6	5	152	86	53	13	668	224	165
鄞州区	13		1266	1005	261		6015	2324	1301
奉化区	1	7	267	186	80	1	873	337	144
象山县	33	2	1600	1218	375	7	5960	2449	1137
宁海县	37	15	1883	1449	430	4	7593	3248	1184
余姚市	5	4	724	546	178		3564	1567	885
慈溪市	26	7	750	498	245	7	6113	2240	1575
温州市	**115**	**19**	**6742**	**5466**	**1263**	**13**	**41285**	**22283**	**6239**
鹿城区			7	7			115	57	20
龙湾区	8	7	802	639	162	1	4340	1919	1114
瓯海区	1		42	31	11		258	85	78
洞头区	1		19	12	7		117	39	33
永嘉县	16	3	1406	1103	303		9071	5073	1395
平阳县	38	3	1809	1507	300	2	10223	5627	1405
苍南县	20	6	1413	1144	259	10	11781	6944	1423
文成县	16		466	389	77		1603	634	204
泰顺县	14		482	406	76		1544	746	197
瑞安市			53	35	18		587	350	55
乐清市	1		230	185	45		1376	665	252
龙港市			13	8	5		270	144	63
嘉兴市	**116**	**19**	**6280**	**5310**	**933**	**37**	**33924**	**13825**	**7509**
南湖区	4	1	205	166	38	1	1219	445	357
秀洲区	4		387	235	152		3448	1877	743
嘉善县	34	6	2371	2193	155	23	10074	4114	2043
海盐县	47	4	1592	1316	274	2	5373	2198	1017
海宁市	13	3	932	749	175	8	7247	2893	1884
平湖市	8		365	310	55		3242	936	899
桐乡市	6	5	428	341	84	3	3321	1362	566
湖州市	**92**	**29**	**6360**	**5178**	**1150**	**32**	**28119**	**12918**	**4825**
吴兴区	8	2	366	268	96	2	5142	3146	664
南浔区	1	5	451	346	105		2264	955	474
德清县	28	5	1787	1481	303	3	6036	2424	1167
长兴县	31	17	2302	1919	370	13	8618	3566	1549
安吉县	24		1454	1164	276	14	6059	2827	971

4-6b 续表 13

单位：人

地区 性别	专业技术人员		办事人员和有关人员				社会生产服务和生活服务人员		
	新闻出版、文化专业人员	其他专业技术人员	小计	办事人员	安全和消防人员	其他办事人员和有关人员	小计	批发与零售服务人员	交通运输、仓储和邮政业服务人员
绍兴市	**35**	**14**	**1505**	**1064**	**432**	**9**	**11384**	**5402**	**1903**
越城区			14	6	8		65	33	12
柯桥区	6		318	223	94	1	1914	714	505
上虞区	1	2	135	88	43	4	735	330	113
新昌县	26	7	800	587	210	3	4731	2222	677
诸暨市	1	3	167	111	55	1	3126	1698	458
嵊州市	1	2	71	49	22		813	405	138
金华市	**104**	**56**	**4660**	**3340**	**1294**	**26**	**27404**	**12370**	**5855**
婺城区	2	10	391	266	123	2	1367	662	194
金东区	8	8	436	323	109	4	3855	1459	1379
武义县	26	6	1008	706	297	5	4743	2048	1035
浦江县	15	9	806	641	159	6	3589	1869	488
磐安县	15	3	386	283	102	1	1486	655	206
兰溪市	6		134	71	61	2	1106	463	228
义乌市	11	4	816	600	212	4	5490	2572	1345
东阳市	20	11	550	371	177	2	4438	1935	700
永康市	1	5	133	79	54		1330	707	280
衢州市	**36**	**8**	**2482**	**1959**	**511**	**12**	**9433**	**3814**	**1557**
柯城区			23	17	6		222	106	30
衢江区	3		51	44	7		611	236	129
常山县	4	3	704	576	126	2	2049	815	311
开化县	11		603	530	71	2	2296	829	356
龙游县	18	5	962	712	242	8	3346	1420	551
江山市			139	80	59		909	408	180
舟山市	**22**	**5**	**1416**	**1195**	**209**	**12**	**4270**	**1212**	**989**
定海区	2		123	89	28	6	623	187	220
普陀区			124	90	33	1	619	123	97
岱山县	9	5	859	761	93	5	1954	613	468
嵊泗县	11		310	255	55		1074	289	204
台州市	**68**	**4**	**3991**	**3068**	**915**	**8**	**20152**	**9672**	**3329**
椒江区			10	6	4		96	18	41
黄岩区			95	67	28		620	318	99
路桥区	3		232	177	54	1	2116	1054	386
三门县	18		815	618	196	1	2897	1270	481
天台县	20		1027	852	172	3	4069	2124	429
仙居县	20	4	789	621	166	2	2875	1252	381
温岭市	2		616	412	204		4970	2344	1106
临海市	4		365	282	82	1	2246	1177	336
玉环市	1		42	33	9		263	115	70
丽水市	**85**	**13**	**3619**	**2800**	**808**	**11**	**14866**	**6533**	**2005**
莲都区	1		55	33	22		316	131	45
青田县	16		666	527	139		3933	1902	390
缙云县	14	6	693	514	179		3459	1499	579
遂昌县	17	2	491	381	103	7	1689	649	238
松阳县	14	2	505	407	96	2	1544	633	203
云和县	6		400	316	84		1355	614	204
庆元县	8	3	422	319	102	1	1295	591	195
景宁畲族自治县	9		375	299	76		1109	426	130
龙泉市			12	4	7	1	166	88	21
男	**322**	**169**	**29169**	**20347**	**8701**	**121**	**142058**	**56592**	**38187**
杭州市	**30**	**21**	**1443**	**1035**	**406**	**2**	**14235**	**4669**	**3996**
上城区									
下城区									
江干区									
拱墅区									

4-6b　续表 14　　　　单位：人

地　区 性　别	专业技术人员		办事人员和有关人员				社会生产服务和生活服务人员		
	新闻出版、文化专业人员	其他专业技术人员	小计	办事人员	安全和消防人员	其他办事人员和有关人员	小计	批发与零售服务人　员	交通运输、仓储和邮政业服务人员
西湖区			1	1			3	1	
滨江区									
萧山区	4		69	32	37		1658	535	638
余杭区	8	14	326	148	178		4830	1830	1378
富阳区	1		37	20	17		287	94	97
临安区	1		68	56	12		786	305	211
桐庐县	10	5	497	397	99	1	4069	1253	1044
淳安县	6	2	341	289	51	1	1813	421	386
建德市			104	92	12		789	230	242
宁波市	**39**	**31**	**4305**	**2713**	**1570**	**22**	**18327**	**6457**	**5504**
海曙区			62	27	35		231	82	65
江北区									
北仑区			158	82	76		533	140	201
镇海区	2	4	96	39	48	9	416	119	142
鄞州区	3		696	468	228		3622	1219	1056
奉化区	1	5	178	105	72	1	461	155	124
象山县	8	1	1016	668	343	5	3155	1143	950
宁海县	15	11	1174	795	375	4	3928	1498	967
余姚市	1	3	460	295	165		2072	808	679
慈溪市	9	7	465	234	228	3	3909	1293	1320
温州市	**49**	**17**	**4386**	**3239**	**1137**	**10**	**24819**	**12471**	**5437**
鹿城区			5	5			73	32	18
龙湾区	4	6	475	324	150	1	2728	1070	931
瓯海区			31	20	11		174	50	68
洞头区	1		12	5	7		70	20	30
永嘉县	6	3	912	640	272		5347	2875	1154
平阳县	15	3	1189	923	265	1	6139	3138	1250
苍南县	8	5	952	710	234	8	7201	3970	1294
文成县	7		282	214	68		932	328	184
泰顺县	7		317	253	64		871	380	185
瑞安市			36	19	17		330	187	48
乐清市	1		165	121	44		767	326	213
龙港市			10	5	5		187	95	62
嘉兴市	**38**	**11**	**3646**	**2755**	**870**	**21**	**20149**	**7027**	**6200**
南湖区		1	118	85	32	1	730	216	276
秀洲区	1		247	104	143		2059	1001	624
嘉善县	14	2	1334	1185	136	13	5915	2075	1662
海盐县	14	3	887	631	255	1	3009	1039	848
海宁市	3	2	584	413	168	3	4414	1530	1550
平湖市	2		188	135	53		2033	459	761
桐乡市	4	3	288	202	83	3	1989	707	479
湖州市	**29**	**20**	**3934**	**2857**	**1057**	**20**	**15529**	**6418**	**4013**
吴兴区	3		261	164	95	2	2817	1621	559
南浔区		4	289	188	101		1289	485	396
德清县	6	4	1050	768	281	1	3373	1242	959
长兴县	10	12	1464	1107	347	10	4759	1712	1311
安吉县	10		870	630	233	7	3291	1358	788
绍兴市	**13**	**10**	**976**	**573**	**398**	**5**	**6363**	**2720**	**1533**
越城区			9	1	8		42	21	10
柯桥区	1		211	120	91		1199	434	409
上虞区		1	87	44	40	3	417	163	95
新昌县	11	6	505	315	188	2	2409	1021	506
诸暨市	1	1	118	67	51		1845	875	392
嵊州市		2	46	26	20		451	206	121

4－6b 续表 15

单位：人

地区 性别	专业技术人员		办事人员和有关人员				社会生产服务和生活服务人员		
	新闻出版、文化专业人员	其他专业技术人员	小计	办事人员	安全和消防人员	其他办事人员和有关人员	小计	批发与零售服务人员	交通运输、仓储和邮政业服务人员
金华市	**39**	**39**	**3078**	**1952**	**1110**	**16**	**15943**	**6387**	**4803**
婺城区	1	5	256	152	103	1	727	322	151
金东区	5	6	297	199	96	2	2424	767	1102
武义县	6	5	641	404	232	5	2614	1004	779
浦江县	7	6	531	387	141	3	2060	991	413
磐安县	6	2	239	149	89	1	808	315	180
兰溪市	5		93	42	51		625	232	192
义乌市	3	4	563	367	193	3	3444	1356	1191
东阳市	6	8	365	199	165	1	2437	1006	567
永康市		3	93	53	40		804	394	228
衢州市	**19**	**6**	**1606**	**1143**	**459**	**4**	**4906**	**1726**	**1289**
柯城区			12	6	6		123	58	25
衢江区	1		33	26	7		369	126	115
常山县	3	1	461	344	116	1	1063	369	268
开化县	7		386	323	63		1147	340	288
龙游县	8	5	624	401	220	3	1728	636	449
江山市			90	43	47		476	197	144
舟山市	**7**	**4**	**901**	**709**	**183**	**9**	**2363**	**575**	**854**
定海区			80	50	25	5	364	94	183
普陀区			91	59	31	1	317	53	77
岱山县	4	4	541	456	82	3	1138	311	422
嵊泗县	3		189	144	45		544	117	172
台州市	**22**	**1**	**2623**	**1798**	**822**	**3**	**11330**	**4884**	**2821**
椒江区			7	4	3		69	13	32
黄岩区			64	36	28		336	144	80
路桥区			135	88	46	1	1273	573	320
三门县	5		566	387	179		1661	647	402
天台县	4		656	501	154	1	2219	1092	367
仙居县	11	1	485	341	144		1527	608	309
温岭市			419	237	182		2859	1178	959
临海市	1		267	189	77	1	1247	578	296
玉环市	1		24	15	9		139	51	56
丽水市	**37**	**9**	**2271**	**1573**	**689**	**9**	**8094**	**3258**	**1737**
莲都区			44	24	20		152	61	42
青田县	7		441	312	129		2177	976	352
缙云县	8	4	428	280	148		1921	787	464
遂昌县	8	1	315	218	91	6	878	302	211
松阳县	4	2	300	219	79	2	788	271	172
云和县	3		245	177	68		800	323	181
庆元县	3	2	265	183	81	1	725	298	179
景宁畲族自治县	4		227	159	68		566	198	118
龙泉市			6	1	5		87	42	18
女	**561**	**69**	**17200**	**16126**	**999**	**75**	**105363**	**53317**	**7605**
杭州市	**52**	**10**	**845**	**804**	**39**	**2**	**10305**	**4392**	**850**
上城区									
下城区									
江干区									
拱墅区									
西湖区							3	1	
滨江区									
萧山区	3		31	29	2		1004	437	175
余杭区	16	8	144	127	16	1	3022	1457	266
富阳区	1		23	21	2		210	97	14
临安区	1		34	31	3		645	312	43
桐庐县	18	1	341	335	6		3075	1278	232
淳安县	10	1	182	172	10		1690	506	91
建德市	3		90	89		1	656	304	29

4-6b 续表 16

单位：人

地区 性别	专业技术人员		办事人员和有关人员				社会生产服务和生活服务人员		
	新闻出版、文化专业人员	其他专业技术人员	小计	办事人员	安全和消防人员	其他办事人员和有关人员	小计	批发与零售服务人员	交通运输、仓储和邮政业服务人员
宁波市	**89**	**9**	**2721**	**2541**	**170**	**10**	**13717**	**6362**	**1231**
海曙区	2		36	32	4		125	51	20
江北区									
北仑区	5		128	125	3		369	157	58
镇海区	4	1	56	47	5	4	252	105	23
鄞州区	10		570	537	33		2393	1105	245
奉化区		2	89	81	8		412	182	20
象山县	25	1	584	550	32	2	2805	1306	187
宁海县	22	4	709	654	55		3665	1750	217
余姚市	4	1	264	251	13		1492	759	206
慈溪市	17		285	264	17	4	2204	947	255
温州市	**66**	**2**	**2356**	**2227**	**126**	**3**	**16466**	**9812**	**802**
鹿城区			2	2			42	25	2
龙湾区	4	1	327	315	12		1612	849	183
瓯海区	1		11	11			84	35	10
洞头区			7	7			47	19	3
永嘉县	10		494	463	31		3724	2198	241
平阳县	23		620	584	35	1	4084	2489	155
苍南县	12	1	461	434	25	2	4580	2974	129
文成县	9		184	175	9		671	306	20
泰顺县	7		165	153	12		673	366	12
瑞安市			17	16	1		257	163	7
乐清市			65	64	1		609	339	39
龙港市			3	3			83	49	1
嘉兴市	**78**	**8**	**2634**	**2555**	**63**	**16**	**13775**	**6798**	**1309**
南湖区	4		87	81	6		489	229	81
秀洲区	3		140	131	9		1389	876	119
嘉善县	20	4	1037	1008	19	10	4159	2039	381
海盐县	33	1	705	685	19	1	2364	1159	169
海宁市	10	1	348	336	7	5	2833	1363	334
平湖市	6		177	175	2		1209	477	138
桐乡市	2	2	140	139	1		1332	655	87
湖州市	**63**	**9**	**2426**	**2321**	**93**	**12**	**12590**	**6500**	**812**
吴兴区	5	2	105	104	1		2325	1525	105
南浔区	1	1	162	158	4		975	470	78
德清县	22	1	737	713	22	2	2663	1182	208
长兴县	21	5	838	812	23	3	3859	1854	238
安吉县	14		584	534	43	7	2768	1469	183
绍兴市	**22**	**4**	**529**	**491**	**34**	**4**	**5021**	**2682**	**370**
越城区			5	5			23	12	2
柯桥区	5		107	103	3	1	715	280	96
上虞区	1	1	48	44	3	1	318	167	18
新昌县	15	1	295	272	22	1	2322	1201	171
诸暨市		2	49	44	4	1	1281	823	66
嵊州市	1		25	23	2		362	199	17
金华市	**65**	**17**	**1582**	**1388**	**184**	**10**	**11461**	**5983**	**1052**
婺城区	1	5	135	114	20	1	640	340	43
金东区	3	2	139	124	13	2	1431	692	277
武义县	20	1	367	302	65		2129	1044	256
浦江县	8	3	275	254	18	3	1529	878	75
磐安县	9	1	147	134	13		678	340	26
兰溪市	1		41	29	10	2	481	231	36
义乌市	8		253	233	19	1	2046	1216	154
东阳市	14	3	185	172	12	1	2001	929	133
永康市	1	2	40	26	14		526	313	52

4－6b 续表 17 单位：人

地区 性别	专业技术人员		办事人员和有关人员				社会生产服务和生活服务人员		
	新闻出版、文化专业人员	其他专业技术人员	小计	办事人员	安全和消防人员	其他办事人员和有关人员	小计	批发与零售服务人员	交通运输、仓储和邮政业服务人员
衢州市	**17**	**2**	**876**	**816**	**52**	**8**	**4527**	**2088**	**268**
柯城区			11	11			99	48	5
衢江区	2		18	18			242	110	14
常山县	1	2	243	232	10	1	986	446	43
开化县	4		217	207	8	2	1149	489	68
龙游县	10		338	311	22	5	1618	784	102
江山市			49	37	12		433	211	36
舟山市	**15**	**1**	**515**	**486**	**26**	**3**	**1907**	**637**	**135**
定海区	2		43	39	3	1	259	93	37
普陀区			33	31	2		302	70	20
岱山县	5	1	318	305	11	2	816	302	46
嵊泗县	8		121	111	10		530	172	32
台州市	**46**	**3**	**1368**	**1270**	**93**	**5**	**8822**	**4788**	**508**
椒江区			3	2	1		27	5	9
黄岩区			31	31			284	174	19
路桥区	3		97	89	8		843	481	66
三门县	13		249	231	17	1	1236	623	79
天台县	16		371	351	18	2	1850	1032	62
仙居县	9	3	304	280	22	2	1348	644	72
温岭市	2		197	175	22		2111	1166	147
临海市	3		98	93	5		999	599	40
玉环市			18	18			124	64	14
丽水市	**48**	**4**	**1348**	**1227**	**119**	**2**	**6772**	**3275**	**268**
莲都区	1		11	9	2		164	70	3
青田县	9		225	215	10		1756	926	38
缙云县	6	2	265	234	31		1538	712	115
遂昌县	9	1	176	163	12	1	811	347	27
松阳县	10		205	188	17		756	362	31
云和县	3		155	139	16		555	291	23
庆元县	5	1	157	136	21		570	293	16
景宁畲族自治县	5		148	140	8		543	228	12
龙泉市			6	3	2	1	79	46	3

4-6b　续表 18　　　　单位：人

地　区 性　别	社会生产服务和生活服务人员								
	住宿和餐饮服务人员	信息传输、软件和信息技术服务人员	金融服务人员	房地产服务人员	租赁和商务服务人员	技术辅助服务人员	水利、环境和公共设施管理服务人员	居民服务人员	电力、燃气及水供应服务人员
合计	**32558**	**3227**	**5276**	**3518**	**6314**	**5929**	**10642**	**13142**	**2043**
杭州市	**3328**	**598**	**548**	**681**	**1310**	**601**	**1172**	**1158**	**219**
上城区									
下城区									
江干区									
拱墅区									
西湖区		1		1		1			
滨江区									
萧山区	304	32	24	53	139	54	114	57	8
余杭区	690	319	117	186	341	231	399	320	25
富阳区	70	7	3	6	22	6	31	25	5
临安区	225	15	33	12	67	10	57	68	15
桐庐县	1101	121	213	162	347	200	338	435	67
淳安县	734	86	135	254	288	69	148	155	89
建德市	204	17	23	7	106	30	85	98	10
宁波市	**4027**	**447**	**670**	**707**	**828**	**919**	**1523**	**1861**	**206**
海曙区	45	4	3	6	12	12	17	12	5
江北区									
北仑区	100	13	19	24	35	34	34	37	8
镇海区	101	11	5	17	23	11	41	20	8
鄞州区	621	141	124	204	245	231	308	272	27
奉化区	169	9	10	6	24	32	54	59	3
象山县	814	68	200	72	61	112	316	404	26
宁海县	983	113	199	102	135	242	343	638	53
余姚市	443	27	47	28	57	52	159	156	21
慈溪市	751	61	63	248	236	193	251	263	55
温州市	**4665**	**426**	**736**	**429**	**575**	**973**	**1270**	**2245**	**298**
鹿城区	14		1		1	2		14	
龙湾区	463	43	32	31	84	123	205	155	30
瓯海区	34	4	2	1	3	14	18	10	
洞头区	16	1	3	2	1	2	9	7	2
永嘉县	987	87	151	73	84	234	281	455	29
平阳县	1026	103	232	137	171	274	310	583	68
苍南县	1326	123	180	144	125	236	248	594	113
文成县	351	23	55	13	33	20	46	162	20
泰顺县	202	19	45	19	18	36	69	125	18
瑞安市	61	2	18	5	8	10	14	46	2
乐清市	172	20	13	2	47	16	68	68	15
龙港市	13	1	4	2		6	2	26	1
嘉兴市	**4256**	**405**	**451**	**512**	**1352**	**834**	**1869**	**1408**	**199**
南湖区	119	18	9	17	50	31	59	53	10
秀洲区	296	17	16	30	25	53	187	99	17
嘉善县	1207	143	172	191	489	272	474	410	47
海盐县	650	88	115	69	231	181	367	246	52
海宁市	870	92	59	99	220	166	388	323	34
平湖市	465	30	38	72	223	55	246	122	15
桐乡市	649	17	42	34	114	76	148	155	24
湖州市	**3788**	**297**	**637**	**385**	**575**	**720**	**1359**	**1449**	**275**
吴兴区	624	22	24	30	59	159	93	224	19
南浔区	283	22	37	19	35	68	124	154	15
德清县	842	82	224	101	129	169	352	297	53
长兴县	1233	116	215	164	226	180	481	444	114
安吉县	806	55	137	71	126	144	309	330	74

4-6b 续表 19 单位：人

地　区 性　别	社会生产服务和生活服务人员 住宿和餐饮服务人　员	信息传输、软件和信息技术服务人　员	金融服务人　员	房地产服务人员	租赁和商务服务人　员	技术辅助服务人员	水利、环境和公共设施管理服务人员	居民服务人　员	电力、燃气及水供应服务人　员
绍兴市	**1409**	**122**	**254**	**162**	**250**	**257**	**487**	**585**	**126**
越城区	11		2		1		1	2	
柯桥区	229	27	40	34	41	55	133	74	9
上虞区	81	9	6	3	16	20	45	59	7
新昌县	620	66	168	93	111	119	169	272	45
诸暨市	357	15	26	28	76	53	113	124	60
嵊州市	111	5	12	4	5	10	26	54	5
金华市	**3350**	**313**	**475**	**209**	**502**	**670**	**993**	**1490**	**195**
婺城区	166	32	45	22	33	35	31	77	7
金东区	365	33	20	34	96	78	101	162	11
武义县	584	75	108	33	58	135	145	303	45
浦江县	390	39	98	24	49	110	139	210	32
磐安县	252	33	50	13	25	37	70	73	13
兰溪市	168	10	4	4	17	17	70	73	10
义乌市	569	49	78	38	79	112	231	265	50
东阳市	736	38	62	39	135	113	179	259	15
永康市	120	4	10	2	10	33	27	68	12
衢州市	**1433**	**149**	**304**	**104**	**298**	**201**	**408**	**680**	**103**
柯城区	25	2	2	2	14	5	5	23	1
衢江区	84	12	8	1	25	12	37	32	7
常山县	318	28	68	16	80	37	97	154	35
开化县	404	47	93	29	104	57	95	166	26
龙游县	460	48	121	49	68	75	136	252	31
江山市	142	12	12	7	7	15	38	53	3
舟山市	**916**	**68**	**140**	**36**	**167**	**50**	**228**	**250**	**43**
定海区	87	8	7	4	13	9	22	34	4
普陀区	270	3	12	2	26	2	48	19	1
岱山县	365	34	83	23	74	21	87	97	16
嵊泗县	194	23	38	7	54	18	71	100	22
台州市	**2676**	**215**	**582**	**153**	**237**	**370**	**710**	**1105**	**181**
椒江区	19				2	3	4	1	4
黄岩区	75	8	19	2	6	9	21	29	15
路桥区	264	22	55	6	21	39	81	87	11
三门县	331	49	135	31	49	64	127	140	48
天台县	540	52	131	51	54	84	140	237	45
仙居县	497	39	108	23	44	74	112	215	30
温岭市	683	22	85	26	49	53	155	244	11
临海市	240	21	43	14	12	34	62	132	17
玉环市	27	2	6			10	8	20	
丽水市	**2710**	**187**	**479**	**140**	**220**	**334**	**623**	**911**	**198**
莲都区	77		6	3	4	5	17	19	1
青田县	954	27	117	37	22	60	93	209	26
缙云县	516	38	98	21	44	87	146	258	49
遂昌县	326	39	57	28	33	38	85	89	31
松阳县	202	19	70	25	37	52	84	117	30
云和县	196	19	43	11	21	40	78	60	30
庆元县	174	22	42	8	31	28	64	72	15
景宁畲族自治县	240	22	45	6	27	22	53	74	14
龙泉市	25	1	1	1	1	2	3	13	2
男	**15185**	**2276**	**2281**	**1970**	**4607**	**3716**	**4857**	**4184**	**1649**
杭州市	**1498**	**403**	**243**	**403**	**923**	**360**	**539**	**344**	**155**
上城区									
下城区									
江干区									
拱墅区									

4-6b　续表 20　　　　单位：人

地　区 性　别	社会生产服务和生活服务人员 住宿和餐饮服务人　员	信息传输、软件和信息技术服务人　员	金融服务人　员	房地产服务人员	租赁和商务服务人　员	技术辅助服务人员	水利、环境和公共设施管理服务人员	居民服务人　员	电力、燃气及水供应服务人　员
西湖区						1			
滨江区									
萧山区	137	19	10	32	111	27	60	17	4
余杭区	346	233	62	112	233	138	172	102	20
富阳区	26	5	3	5	16	3	14	6	4
临安区	83	7	14	5	58	9	33	12	11
桐庐县	514	77	88	93	274	126	168	145	45
淳安县	302	50	60	153	147	42	59	41	62
建德市	90	12	6	3	84	14	33	21	9
宁波市	**1922**	**315**	**266**	**379**	**562**	**590**	**700**	**572**	**173**
海曙区	24	2	2	4	9	8	11	4	5
江北区									
北仑区	51	9	5	12	22	26	19	10	7
镇海区	48	7	2	9	15	8	15	9	4
鄞州区	312	108	57	112	181	138	161	95	24
奉化区	86	4	6	2	11	17	17	16	3
象山县	339	48	84	28	34	74	126	122	19
宁海县	457	82	70	41	83	169	141	166	43
余姚市	220	18	13	19	46	27	82	51	20
慈溪市	385	37	27	152	161	123	128	99	48
温州市	**2381**	**319**	**338**	**271**	**427**	**680**	**590**	**753**	**237**
鹿城区	9		1		1	1		5	
龙湾区	247	32	14	23	59	79	98	42	25
瓯海区	15	4	1	1	3	12	11	2	
洞头区	7	1		1	1	2	1	3	2
永嘉县	498	56	71	50	59	155	102	144	18
平阳县	518	84	97	74	135	197	176	178	54
苍南县	688	97	89	93	104	164	108	236	91
文成县	198	15	24	7	20	18	21	67	16
泰顺县	75	11	23	17	14	29	43	39	15
瑞安市	33	2	10	2	7	7	6	13	2
乐清市	87	16	6	1	24	13	22	18	13
龙港市	6	1	2	2		3	2	6	1
嘉兴市	**2110**	**294**	**213**	**284**	**1112**	**481**	**845**	**510**	**173**
南湖区	56	12	5	10	39	20	25	20	8
秀洲区	155	9	9	11	18	32	82	39	13
嘉善县	600	104	76	105	416	160	221	135	44
海盐县	288	68	53	37	187	110	137	75	43
海宁市	435	66	34	64	158	91	165	128	30
平湖市	238	21	16	31	203	33	130	44	12
桐乡市	338	14	20	26	91	35	85	69	23
湖州市	**1647**	**206**	**250**	**207**	**406**	**403**	**592**	**492**	**225**
吴兴区	246	14	13	20	48	74	44	104	19
南浔区	136	15	18	11	21	35	63	34	12
德清县	387	57	83	54	83	96	151	88	42
长兴县	527	79	83	92	160	105	210	136	83
安吉县	351	41	53	30	94	93	124	130	69
绍兴市	**643**	**95**	**102**	**86**	**196**	**168**	**240**	**147**	**109**
越城区	6		1		1				
柯桥区	95	20	14	25	35	37	68	20	7
上虞区	45	9	3	3	12	11	26	10	5
新昌县	266	49	70	38	78	82	66	65	36
诸暨市	181	13	12	17	66	31	68	39	57
嵊州市	50	4	2	3	4	7	12	13	4

4-6b 续表 21　　　　单位：人

地　区 性　别	社会生产服务和生活服务人员 住宿和餐饮服务人员	信息传输、软件和信息技术服务人员	金融服务人员	房地产服务人员	租赁和商务服务人员	技术辅助服务人员	水利、环境和公共设施管理服务人员	居民服务人员	电力、燃气及水供应服务人员
金华市	**1607**	**232**	**197**	**118**	**340**	**403**	**460**	**480**	**168**
婺城区	75	26	19	5	27	19	10	20	6
金东区	186	20	10	20	64	49	51	56	9
武义县	275	53	39	16	42	104	59	75	38
浦江县	199	27	44	14	35	67	72	70	27
磐安县	101	29	19	5	19	19	34	30	11
兰溪市	77	6	2	2	12	8	24	24	10
义乌市	312	37	41	29	55	56	126	111	47
东阳市	319	30	20	26	80	58	71	78	12
永康市	63	4	3	1	6	23	13	16	8
衢州市	**539**	**95**	**139**	**54**	**232**	**129**	**159**	**163**	**85**
柯城区	9	1		1	12	4	4	4	
衢江区	39	8	2	1	21	8	14	6	4
常山县	110	15	34	9	68	23	39	33	28
开化县	143	29	48	18	78	38	36	35	21
龙游县	182	33	52	22	49	47	53	72	29
江山市	56	9	3	3	4	9	13	13	3
舟山市	**366**	**44**	**52**	**15**	**121**	**34**	**101**	**74**	**29**
定海区	31	3	2	2	9	5	6	7	3
普陀区	125	3	8	2	15	2	26	2	
岱山县	132	23	33	9	63	12	37	33	12
嵊泗县	78	15	9	2	34	15	32	32	14
台州市	**1247**	**147**	**280**	**78**	**166**	**245**	**327**	**398**	**136**
椒江区	11				2	2	3		3
黄岩区	40	5	9	2	3	4	12	10	13
路桥区	126	18	28	5	16	26	35	34	11
三门县	146	34	68	12	42	46	54	66	37
天台县	252	36	61	21	32	59	65	80	32
仙居县	246	21	45	13	28	45	58	63	18
温岭市	300	15	47	13	35	37	72	85	8
临海市	117	17	20	12	8	20	27	51	14
玉环市	9	1	2			6	1	9	
丽水市	**1225**	**126**	**201**	**75**	**122**	**223**	**304**	**251**	**159**
莲都区	28		2	1		3	7	3	1
青田县	494	16	58	19	15	45	45	57	21
缙云县	250	26	38	10	19	56	68	66	37
遂昌县	119	25	21	12	15	22	42	27	25
松阳县	71	14	30	15	26	36	44	25	26
云和县	94	9	17	9	15	26	48	22	24
庆元县	68	17	18	4	15	21	26	24	14
景宁畲族自治县	91	18	17	4	17	12	24	23	9
龙泉市	10	1		1		2		4	2
女	**17373**	**951**	**2995**	**1548**	**1707**	**2213**	**5785**	**8958**	**394**
杭州市	**1830**	**195**	**305**	**278**	**387**	**241**	**633**	**814**	**64**
上城区									
下城区									
江干区									
拱墅区									
西湖区		1		1					
滨江区									
萧山区	167	13	14	21	28	27	54	40	4
余杭区	344	86	55	74	108	93	227	218	5
富阳区	44	2		1	6	3	17	19	1
临安区	142	8	19	7	9	1	24	56	4
桐庐县	587	44	125	69	73	74	170	290	22
淳安县	432	36	75	101	141	27	89	114	27
建德市	114	5	17	4	22	16	52	77	1

4-6b　续表 22　　　　单位：人

地　区 性　别	社会生产服务和生活服务人员 住宿和餐饮服务人　员	信息传输、软件和信息技术服务人　员	金融服务人　员	房地产服务人员	租赁和商务服务人　员	技术辅助服务人员	水利、环境和公共设施管理服务人员	居民服务人　员	电力、燃气及水供应服务人　员
宁波市	**2105**	**132**	**404**	**328**	**266**	**329**	**823**	**1289**	**33**
海曙区	21	2	1	2	3	4	6	8	
江北区									
北仑区	49	4	14	12	13	8	15	27	1
镇海区	53	4	3	8	8	3	26	11	4
鄞州区	309	33	67	92	64	93	147	177	3
奉化区	83	5	4	4	13	15	37	43	
象山县	475	20	116	44	27	38	190	282	7
宁海县	526	31	129	61	52	73	202	472	10
余姚市	223	9	34	9	11	25	77	105	1
慈溪市	366	24	36	96	75	70	123	164	7
温州市	**2284**	**107**	**398**	**158**	**148**	**293**	**680**	**1492**	**61**
鹿城区	5					1		9	
龙湾区	216	11	18	8	25	44	107	113	5
瓯海区	19		1			2	7	8	
洞头区	9		3	1			8	4	
永嘉县	489	31	80	23	25	79	179	311	11
平阳县	508	19	135	63	36	77	134	405	14
苍南县	638	26	91	51	21	72	140	358	22
文成县	153	8	31	6	13	2	25	95	4
泰顺县	127	8	22	2	4	7	26	86	3
瑞安市	28		8	3	1	3	8	33	
乐清市	85	4	7	1	23	3	46	50	2
龙港市	7		2			3		20	
嘉兴市	**2146**	**111**	**238**	**228**	**240**	**353**	**1024**	**898**	**26**
南湖区	63	6	4	7	11	11	34	33	2
秀洲区	141	8	7	19	7	21	105	60	4
嘉善县	607	39	96	86	73	112	253	275	3
海盐县	362	20	62	32	44	71	230	171	9
海宁市	435	26	25	35	62	75	223	195	4
平湖市	227	9	22	41	20	22	116	78	3
桐乡市	311	3	22	8	23	41	63	86	1
湖州市	**2141**	**91**	**387**	**178**	**169**	**317**	**767**	**957**	**50**
吴兴区	378	8	11	10	11	85	49	120	
南浔区	147	7	19	8	14	33	61	120	3
德清县	455	25	141	47	46	73	201	209	11
长兴县	706	37	132	72	66	75	271	308	31
安吉县	455	14	84	41	32	51	185	200	5
绍兴市	**766**	**27**	**152**	**76**	**54**	**89**	**247**	**438**	**17**
越城区	5		1				1	2	
柯桥区	134	7	26	9	6	18	65	54	2
上虞区	36		3		4	9	19	49	2
新昌县	354	17	98	55	33	37	103	207	9
诸暨市	176	2	14	11	10	22	45	85	3
嵊州市	61	1	10	1	1	3	14	41	1
金华市	**1743**	**81**	**278**	**91**	**162**	**267**	**533**	**1010**	**27**
婺城区	91	6	26	17	6	16	21	57	1
金东区	179	13	10	14	32	29	50	106	2
武义县	309	22	69	17	16	31	86	228	7
浦江县	191	12	54	10	14	43	67	140	5
磐安县	151	4	31	8	6	18	36	43	2
兰溪市	91	4	2	2	5	9	46	49	
义乌市	257	12	37	9	24	56	105	154	3
东阳市	417	8	42	13	55	55	108	181	3
永康市	57		7	1	4	10	14	52	4

4-6b 续表 23　　　　单位：人

地　区 性　别	社会生产服务和生活服务人员 住宿和餐饮服务人　员	信息传输、软件和信息技术服务人　员	金融服务人　员	房地产服务人员	租赁和商务服务人　员	技术辅助服务人员	水利、环境和公共设施管理服务人员	居民服务人　员	电力、燃气及水供应服务人　员
衢州市	**894**	**54**	**165**	**50**	**66**	**72**	**249**	**517**	**18**
柯城区	16	1	2	1	2	1	1	19	1
衢江区	45	4	6		4	4	23	26	3
常山县	208	13	34	7	12	14	58	121	7
开化县	261	18	45	11	26	19	59	131	5
龙游县	278	15	69	27	19	28	83	180	2
江山市	86	3	9	4	3	6	25	40	
舟山市	**550**	**24**	**88**	**21**	**46**	**16**	**127**	**176**	**14**
定海区	56	5	5	2	4	4	16	27	1
普陀区	145		4		11		22	17	1
岱山县	233	11	50	14	11	9	50	64	4
嵊泗县	116	8	29	5	20	3	39	68	8
台州市	**1429**	**68**	**302**	**75**	**71**	**125**	**383**	**707**	**45**
椒江区	8					1	1	1	1
黄岩区	35	3	10		3	5	9	19	2
路桥区	138	4	27	1	5	13	46	53	
三门县	185	15	67	19	7	18	73	74	11
天台县	288	16	70	30	22	25	75	157	13
仙居县	251	18	63	10	16	29	54	152	12
温岭市	383	7	38	13	14	16	83	159	3
临海市	123	4	23	2	4	14	35	81	3
玉环市	18	1	4			4	7	11	
丽水市	**1485**	**61**	**278**	**65**	**98**	**111**	**319**	**660**	**39**
莲都区	49		4	2	4	2	10	16	
青田县	460	11	59	18	7	15	48	152	5
缙云县	266	12	60	11	25	31	78	192	12
遂昌县	207	14	36	16	18	16	43	62	6
松阳县	131	5	40	10	11	16	40	92	4
云和县	102	10	26	2	6	14	30	38	6
庆元县	106	5	24	4	16	7	38	48	1
景宁畲族自治县	149	4	28	2	10	10	29	51	5
龙泉市	15		1		1		3	9	

4-6b　续表 24　　　　单位：人

地　　区 性　　别	社会生产服务和生活服务人员				农、林、牧、渔业生产及辅助人员				
	修理及制作服务人　员	文化、体育和娱乐服务人员	健康服务人　员	其他社会生产和生活服务人　员	小计	农业生产人　员	林业生产人　员	畜牧业生产人员	渔业生产人　员
合计	**5995**	**2357**	**443**	**276**	**26579**	**18497**	**1175**	**1362**	**5136**
杭州市	**586**	**317**	**77**	**38**	**1606**	**1228**	**68**	**146**	**137**
上城区									
下城区									
江干区									
拱墅区									
西湖区		1							
滨江区									
萧山区	62	17	8	5	389	247	4	49	86
余杭区	174	73	17	29	125	81	13	8	10
富阳区	15	2	1	2	118	111		6	1
临安区	39	17	2		277	253	16	3	2
桐庐县	185	140	28		212	147	14	33	15
淳安县	67	57	16	1	205	130	14	35	21
建德市	44	10	5	1	280	259	7	12	2
宁波市	**881**	**344**	**67**	**10**	**2614**	**1492**	**117**	**81**	**890**
海曙区	18	1	3		33	32	1		
江北区									
北仑区	28	5	9		11	6	4		1
镇海区	39	3			19	11	4	1	2
鄞州区	156	47	10	4	186	158	2	9	16
奉化区	20	3	2	1	160	112	38	4	5
象山县	182	99	19	1	895	144	1	9	735
宁海县	198	135	19	1	342	231	9	13	82
余姚市	94	24	3	1	490	377	52	25	30
慈溪市	146	27	2	2	478	421	6	20	19
温州市	**849**	**187**	**41**	**69**	**3473**	**2570**	**61**	**199**	**605**
鹿城区	5	1			4			3	1
龙湾区	112	12	9	8	90	65	4	9	10
瓯海区	4	4	1		6	4	1		
洞头区	2				27	18		1	8
永嘉县	165	32	7	18	521	468	4	32	5
平阳县	209	51	8	19	546	347	12	56	125
苍南县	239	62	7	17	1700	1202	6	50	426
文成县	31	5	5	1	274	242	17	12	2
泰顺县	35	9	2	4	123	95	9	19	
瑞安市	12	2	2		45	36	3	4	2
乐清市	28	8		2	94	75	5	12	2
龙港市	7	1			43	18		1	24
嘉兴市	**816**	**425**	**50**	**13**	**1502**	**1165**	**124**	**66**	**117**
南湖区	44	1	5	1	237	223	5	4	2
秀洲区	65	20	3		95	65	17	2	7
嘉善县	286	203	18	5	396	360	6	13	14
海盐县	108	45	5	1	170	104	12	16	34
海宁市	149	57	10	3	350	241	65	15	22
平湖市	69	66	5	1	126	93	2	8	20
桐乡市	95	33	4	2	128	79	17	8	18
湖州市	**611**	**217**	**46**	**17**	**1852**	**1178**	**192**	**109**	**323**
吴兴区	48	28	2		83	43	7	10	23
南浔区	62	11	4	1	169	43	2	13	109
德清县	118	67	9	2	435	212	29	33	155
长兴县	248	56	17	9	947	744	96	46	31
安吉县	135	55	14	5	218	136	58	7	5

4-6b 续表 25 单位：人

地区 性别	社会生产服务和生活服务人员				农、林、牧、渔业生产及辅助人员				
	修理及制作服务人员	文化、体育和娱乐服务人员	健康服务人员	其他社会生产和生活服务人员	小计	农业生产人员	林业生产人员	畜牧业生产人员	渔业生产人员
绍兴市	**345**	**50**	**29**	**3**	**1837**	**1611**	**103**	**82**	**36**
越城区	3				7	6	1		
柯桥区	39	10	3	1	165	142	4	13	6
上虞区	37	4	4	1	157	132	10	7	8
新昌县	133	21	15		449	409	28	12	
诸暨市	99	12	7		303	252	12	17	19
嵊州市	34	3		1	756	670	48	33	3
金华市	**646**	**214**	**45**	**77**	**2390**	**1894**	**300**	**121**	**46**
婺城区	40	6	2	15	293	99	182	8	1
金东区	90	17	3	7	250	166	64	7	4
武义县	130	30	8	6	441	366	16	38	14
浦江县	86	37	6	12	161	142	3	11	3
磐安县	44	5	9	1	289	277	4	4	3
兰溪市	36	4	2		522	468	11	30	10
义乌市	80	11	9	2	85	69	8	6	
东阳市	116	97	3	11	245	207	12	15	9
永康市	24	7	3	23	104	100		2	2
衢州市	**301**	**61**	**13**	**7**	**2537**	**2085**	**68**	**326**	**36**
柯城区	6	1			50	46	1	2	
衢江区	25	1	1	1	317	283	10	19	3
常山县	69	19	2		773	604	4	151	8
开化县	68	19	3		214	178	18	9	6
龙游县	108	19	6	2	492	382	26	66	12
江山市	25	2	1	4	691	592	9	79	7
舟山市	**58**	**83**	**9**	**21**	**1397**	**81**	**1**	**2**	**1262**
定海区	15	5	3	5	58	38			20
普陀区	2	14			52	9			43
岱山县	32	31	4	6	993	18	1	2	924
嵊泗县	9	33	2	10	294	16			275
台州市	**531**	**349**	**36**	**6**	**4185**	**2315**	**38**	**128**	**1630**
椒江区	2	2			13	9			3
黄岩区	16	2	1		110	99	2	7	
路桥区	80	10			325	177	3	6	88
三门县	91	74	6	1	387	268	2	16	100
天台县	103	73	6		287	248	7	23	5
仙居县	63	27	8	2	398	336	10	23	21
温岭市	110	74	8		1292	298	8	17	967
临海市	63	86	7	2	1318	866	6	33	408
玉环市	3	1		1	55	14		3	38
丽水市	**371**	**110**	**30**	**15**	**3186**	**2878**	**103**	**102**	**54**
莲都区	4	3		1	123	118	1	3	1
青田县	73	19	1	3	428	408	5	11	1
缙云县	86	28	10		716	621	10	42	39
遂昌县	55	17	4		421	384	19	13	1
松阳县	53	10	3	6	791	766	7	11	4
云和县	26	6	6	1	154	143	3	5	2
庆元县	34	9	6	4	251	184	32	10	3
景宁畲族自治县	33	17			198	171	17	7	3
龙泉市	7	1			104	83	9		
男	**5229**	**998**	**152**	**175**	**17921**	**11520**	**921**	**808**	**4421**
杭州市	**511**	**143**	**26**	**22**	**1010**	**745**	**56**	**94**	**98**
上城区									
下城区									
江干区									
拱墅区									

4-6b　续表 26　　　　　　　　　　　　　　　　单位：人

地　区 性　别	社会生产服务和生活服务人员				农、林、牧、渔业生产及辅助人员				
	修理及制作服务人员	文化、体育和娱乐服务人员	健康服务人员	其他社会生产和生活服务人员	小计	农业生产人员	林业生产人员	畜牧业生产人员	渔业生产人员
西湖区		1							
滨江区									
萧山区	53	10	2	3	229	133	3	30	60
余杭区	149	32	5	18	86	56	9	6	7
富阳区	13		1		79	74		4	1
临安区	32	6			174	156	13	2	2
桐庐县	166	64	12		158	107	14	23	12
淳安县	62	23	5		119	71	11	19	15
建德市	36	7	1	1	165	148	6	10	1
宁波市	**756**	**104**	**21**	**6**	**2034**	**1016**	**104**	**54**	**834**
海曙区	14		1		25	24	1		
江北区									
北仑区	26	2	3		8	4	3		1
镇海区	35	3			18	10	4	1	2
鄞州区	135	18	4	2	142	119	2	5	15
奉化区	16	2	1	1	133	90	34	4	4
象山县	162	22	4		820	100	1	6	707
宁海县	174	31	5	1	246	157	9	8	66
余姚市	75	12	2		317	227	44	17	24
慈溪市	119	14	1	2	325	285	6	13	15
温州市	**746**	**102**	**17**	**50**	**2556**	**1833**	**54**	**142**	**503**
鹿城区	5	1			3			2	1
龙湾区	87	8	5	8	70	49	4	7	9
瓯海区	4	3			3	2	1		
洞头区	2				16	7		1	8
永嘉县	139	14	4	8	373	334	4	23	5
平阳县	190	28	3	17	456	278	12	44	118
苍南县	218	35	2	12	1210	827	5	33	334
文成县	29	3	1	1	200	177	14	7	1
泰顺县	31	5	1	3	93	71	9	13	
瑞安市	10	2	1		37	29	3	3	2
乐清市	24	3		1	58	45	2	9	2
龙港市	7				37	14			23
嘉兴市	**715**	**161**	**17**	**7**	**894**	**650**	**84**	**45**	**90**
南湖区	39	1	3		123	113	5	3	1
秀洲区	55	11			58	36	13	1	5
嘉善县	248	59	8	2	226	200	3	12	8
海盐县	97	26		1	103	57	8	9	26
海宁市	132	27	2	2	213	140	38	9	20
平湖市	60	22	2	1	81	55	2	6	15
桐乡市	84	15	2	1	90	49	15	5	15
湖州市	**538**	**107**	**14**	**11**	**1200**	**673**	**146**	**70**	**266**
吴兴区	40	14	1		49	18	6	5	20
南浔区	54	7	1	1	127	30	1	10	84
德清县	103	24	3	1	294	122	14	18	135
长兴县	216	31	8	6	561	402	78	30	22
安吉县	125	31	1	3	169	101	47	7	5
绍兴市	**291**	**23**	**9**	**1**	**1137**	**973**	**85**	**48**	**28**
越城区	3				5	4	1		
柯桥区	29	5	1		73	58	2	8	5
上虞区	33	1		1	110	93	7	4	6
新昌县	114	11	7		242	213	23	6	
诸暨市	88	5	1		207	170	8	11	15
嵊州市	24	1			500	435	44	19	2

4-6b 续表 27

单位：人

地 区 性 别	社会生产服务和生活服务人员				农、林、牧、渔业生产及辅助人员				
	修理及制作服务人员	文化、体育和娱乐服务人员	健康服务人员	其他社会生产和生活服务人员	小计	农业生产人员	林业生产人员	畜牧业生产人员	渔业生产人员
金华市	**566**	**118**	**15**	**49**	**1486**	**1127**	**213**	**85**	**35**
婺城区	34	3	1	9	192	54	128	6	1
金东区	70	12	2	6	161	105	41	4	3
武义县	114	10	3	3	276	220	14	27	9
浦江县	78	16	1	6	111	98	1	8	2
磐安县	41	2	3		184	174	4	4	1
兰溪市	34	2			324	279	10	22	10
义乌市	71	8	3	1	60	49	5	4	
东阳市	104	60	1	5	126	99	10	9	7
永康市	20	5	1	19	52	49		1	2
衢州市	**258**	**29**	**6**	**3**	**1475**	**1273**	**53**	**109**	**24**
柯城区	5				34	32		1	
衢江区	23	1	1		229	204	10	12	1
常山县	59	7	1		384	358	4	13	4
开化县	61	10	2		145	114	17	7	4
龙游县	90	11	2	1	302	236	16	39	9
江山市	20			2	381	329	6	37	6
舟山市	**54**	**27**	**2**	**15**	**1283**	**47**	**1**	**2**	**1224**
定海区	14	2	1	2	42	22			20
普陀区	2	2			48	6			42
岱山县	29	15	1	6	913	10	1	2	894
嵊泗县	9	8		7	280	9			268
台州市	**459**	**125**	**14**	**3**	**2900**	**1465**	**28**	**89**	**1280**
椒江区	2	1			8	5			2
黄岩区	12	1	1		72	65	1	5	
路桥区	74	7			225	114	1	4	83
三门县	81	24	2		289	188	1	15	84
天台县	86	33	3		177	152	6	12	4
仙居县	52	15	4	2	282	239	7	15	16
温岭市	93	15	2		1095	188	8	13	884
临海市	56	28	2	1	705	505	4	23	171
玉环市	3	1			47	9		2	36
丽水市	**335**	**59**	**11**	**8**	**1946**	**1718**	**97**	**70**	**39**
莲都区	3	1			75	73	1		1
青田县	62	13	1	3	247	231	5	9	
缙云县	82	15	3		470	402	10	28	27
遂昌县	48	8	1		243	212	18	9	1
松阳县	48	5	1	4	418	400	6	6	3
云和县	25	4	3		102	93	3	4	2
庆元县	32	6	2	1	170	122	30	9	3
景宁畲族自治县	29	6			136	112	17	5	2
龙泉市	6	1			85	73	7		
女	**766**	**1359**	**291**	**101**	**8658**	**6977**	**254**	**554**	**715**
杭州市	**75**	**174**	**51**	**16**	**596**	**483**	**12**	**52**	**39**
上城区									
下城区									
江干区									
拱墅区									
西湖区									
滨江区									
萧山区	9	7	6	2	160	114	1	19	26
余杭区	25	41	12	11	39	25	4	2	3
富阳区	2	2		2	39	37		2	
临安区	7	11	2		103	97	3	1	
桐庐县	19	76	16		54	40		10	3
淳安县	5	34	11	1	86	59	3	16	6
建德市	8	3	4		115	111	1	2	1

4-6b　续表 28　　　　　　　　　　　　　　　　　　　　　　　　　　　　单位：人

地　区 性　别	社会生产服务和生活服务人员				农、林、牧、渔业生产及辅助人员				
	修理及制作服务人　员	文化、体育和娱乐服务人员	健康服务人　　员	其他社会生产和生活服务人　员	小计	农业生产人　　员	林业生产人　　员	畜牧业生产人员	渔业生产人　　员
宁波市	**125**	**240**	**46**	**4**	**580**	**476**	**13**	**27**	**56**
海曙区	4	1	2		8	8			
江北区									
北仑区	2	3	6		3	2	1		
镇海区	4				1	1			
鄞州区	21	29	6	2	44	39		4	1
奉化区	4	1	1		27	22	4		1
象山县	20	77	15	1	75	44		3	28
宁海县	24	104	14		96	74		5	16
余姚市	19	12	1	1	173	150	8	8	6
慈溪市	27	13	1		153	136		7	4
温州市	**103**	**85**	**24**	**19**	**917**	**737**	**7**	**57**	**102**
鹿城区					1			1	
龙湾区	25	4	4		20	16		2	1
瓯海区		1	1		3	2			
洞头区					11	11			
永嘉县	26	18	3	10	148	134		9	
平阳县	19	23	5	2	90	69		12	7
苍南县	21	27	5	5	490	375	1	17	92
文成县	2	2	4		74	65	3	5	1
泰顺县	4	4	1	1	30	24		6	
瑞安市	2		1		8	7		1	
乐清市	4	5		1	36	30	3	3	
龙港市		1			6	4		1	1
嘉兴市	**101**	**264**	**33**	**6**	**608**	**515**	**40**	**21**	**27**
南湖区	5		2	1	114	110		1	1
秀洲区	10	9	3		37	29	4	1	2
嘉善县	38	144	10	3	170	160	3	1	6
海盐县	11	19	5		67	47	4	7	8
海宁市	17	30	8	1	137	101	27	6	2
平湖市	9	44	3		45	38		2	5
桐乡市	11	18	2	1	38	30	2	3	3
湖州市	**73**	**110**	**32**	**6**	**652**	**505**	**46**	**39**	**57**
吴兴区	8	14	1		34	25	1	5	3
南浔区	8	4	3		42	13	1	3	25
德清县	15	43	6	1	141	90	15	15	20
长兴县	32	25	9	3	386	342	18	16	9
安吉县	10	24	13	2	49	35	11		
绍兴市	**54**	**27**	**20**	**2**	**700**	**638**	**18**	**34**	**8**
越城区					2	2			
柯桥区	10	5	2	1	92	84	2	5	1
上虞区	4	3	4		47	39	3	3	2
新昌县	19	10	8		207	196	5	6	
诸暨市	11	7	6		96	82	4	6	4
嵊州市	10	2		1	256	235	4	14	1
金华市	**80**	**96**	**30**	**28**	**904**	**767**	**87**	**36**	**11**
婺城区	6	3	1	6	101	45	54	2	
金东区	20	5	1	1	89	61	23	3	1
武义县	16	20	5	3	165	146	2	11	5
浦江县	8	21	5	6	50	44	2	3	1
磐安县	3	3	6	1	105	103			2
兰溪市	2	2	2		198	189	1	8	
义乌市	9	3	6	1	25	20	3	2	
东阳市	12	37	2	6	119	108	2	6	2
永康市	4	2	2	4	52	51		1	

4-6b 续表 29 单位：人

地区 性别	社会生产服务和生活服务人员				农、林、牧、渔业生产及辅助人员				
	修理及制作服务人员	文化、体育和娱乐服务人员	健康服务人员	其他社会生产和生活服务人员	小计	农业生产人员	林业生产人员	畜牧业生产人员	渔业生产人员
衢州市	**43**	**32**	**7**	**4**	**1062**	**812**	**15**	**217**	**12**
柯城区	1	1			16	14	1	1	
衢江区	2			1	88	79		7	2
常山县	10	12	1		389	246		138	4
开化县	7	9	1		69	64	1	2	2
龙游县	18	8	4	1	190	146	10	27	3
江山市	5	2	1	2	310	263	3	42	1
舟山市	**4**	**56**	**7**	**6**	**114**	**34**			**38**
定海区	1	3	2	3	16	16			
普陀区		12			4	3			1
岱山县	3	16	3		80	8			30
嵊泗县		25	2	3	14	7			7
台州市	**72**	**224**	**22**	**3**	**1285**	**850**	**10**	**39**	**350**
椒江区		1			5	4			1
黄岩区	4	1			38	34	1	2	
路桥区	6	3			100	63	2	2	5
三门县	10	50	4	1	98	80	1	1	16
天台县	17	40	3		110	96	1	11	1
仙居县	11	12	4		116	97	3	8	5
温岭市	17	59	6		197	110		4	83
临海市	7	58	5	1	613	361	2	10	237
玉环市				1	8	5		1	2
丽水市	**36**	**51**	**19**	**7**	**1240**	**1160**	**6**	**32**	**15**
莲都区	1	2		1	48	45		3	
青田县	11	6			181	177		2	1
缙云县	4	13	7		246	219		14	12
遂昌县	7	9	3		178	172	1	4	
松阳县	5	5	2	2	373	366	1	5	1
云和县	1	2	3	1	52	50		1	
庆元县	2	3	4	3	81	62	2	1	
景宁畲族自治县	4	11			62	59		2	1
龙泉市	1				19	10	2		

4-6b 续表 30 单位：人

地区 性别	农林牧渔生产辅助人员	其他农、林、牧、渔业生产加工人员	生产制造及有关人员						
			小计	农副产品加工人员	食品、饮料生产加工人员	烟草及其制品加工人员	纺织、针织、印染人员	纺织品、服装和皮革、毛皮制品加工制作人员	木材加工、家具与木制品制作人员
合计	**383**	**26**	**359258**	**2583**	**2567**	**12**	**18955**	**57464**	**15486**
杭州市	**27**		**23744**	**151**	**403**	**3**	**1377**	**2278**	**731**
上城区									
下城区									
江干区									
拱墅区									
西湖区			3						
滨江区									
萧山区	3		5230	34	53		685	964	239
余杭区	13		5570	30	121	2	166	454	139
富阳区			811		3		3	29	17
临安区	3		1717	21	11		12	40	25
桐庐县	3		7227	44	102	1	360	598	225
淳安县	5		1651	11	86		103	60	46
建德市			1535	11	27		48	133	40
宁波市	**34**		**62537**	**570**	**241**	**2**	**1205**	**5486**	**1189**
海曙区			589		10		2	31	4
江北区									
北仑区			2275	17	4		112	45	5
镇海区	1		1642	2	6		7	38	12
鄞州区	1		9005	18	29		137	819	143
奉化区	1		1423	9	35		1	85	49
象山县	6		7538	260	43		214	2419	21
宁海县	7		10865	27	42	1	44	256	341
余姚市	6		9330	183	24		145	197	227
慈溪市	12		19870	54	48	1	543	1596	387
温州市	**23**	**15**	**44905**	**339**	**315**	**3**	**706**	**7932**	**1157**
鹿城区			97				1	48	1
龙湾区	2		10793	7	44	1	33	722	166
瓯海区	1		626	10	2		6	254	7
洞头区			104	2				2	1
永嘉县	12		9717	19	35		25	2564	299
平阳县	3	3	9501	140	88		196	1747	354
苍南县	4	12	8393	115	109		370	1936	204
文成县	1		1059	9	11		14	242	27
泰顺县			832	5	9		4	60	43
瑞安市			416	5	9		6	105	20
乐清市			2800	9	8	2	6	86	26
龙港市			567	18			45	166	9
嘉兴市	**29**	**1**	**55901**	**202**	**281**		**5112**	**10379**	**2692**
南湖区	3		1836	9	16		39	176	70
秀洲区	4		5497	3	23		1946	778	189
嘉善县	3		14312	43	105		149	674	1472
海盐县	4		8278	46	38		245	1274	131
海宁市	7		14120	56	56		1855	2947	596
平湖市	3		6631	14	19		64	2764	74
桐乡市	5	1	5227	31	24		814	1766	160
湖州市	**48**	**2**	**41371**	**173**	**286**	**4**	**2580**	**14215**	**3661**
吴兴区			13967	15	11	2	325	11553	63
南浔区	2		2912	15	16		571	347	362
德清县	6		8595	43	98		373	1098	700
长兴县	28	2	7652	19	81	2	1182	388	142
安吉县	12		8245	81	80		129	829	2394

4−6b 续表 31

单位：人

地 区 性 别	农林牧渔生产辅助人员	其他农、林、牧、渔业生产加工人员	生产制造及有关人员 小计	农副产品加工人员	食品、饮料生产加工人员	烟草及其制品加工人员	纺织、针织、印染人员	纺织品、服装和皮革、毛皮制品加工制作人员	木材加工、家具与木制品制作人员
绍兴市	**4**	**1**	**21388**	**66**	**133**		**5798**	**1758**	**326**
越城区			101				46	4	
柯桥区			7800	14	18		5030	731	43
上虞区			1500	11	6		86	216	58
新昌县			5767	16	40		185	203	59
诸暨市	2	1	5237	11	28		433	508	94
嵊州市	2		983	14	41		18	96	72
金华市	**27**	**2**	**52128**	**138**	**291**		**1582**	**8969**	**3371**
婺城区	3		1106	11	24		17	97	94
金东区	7	2	6309	24	79		258	773	132
武义县	7		10115	20	38		60	426	380
浦江县	2		5078	18	35		132	1680	34
磐安县	1		1950	6	13		6	302	177
兰溪市	3		1771	19	23		192	176	66
义乌市	2		13996	15	30		795	4750	120
东阳市	2		8487	20	37		106	578	2307
永康市			3316	5	12		16	187	61
衢州市	**22**		**8803**	**96**	**188**		**244**	**633**	**592**
柯城区	1		226	1	10			17	14
衢江区	2		501	11	17		4	61	21
常山县	6		1804	27	40		99	93	46
开化县	3		1745	18	31		8	147	123
龙游县	6		2993	28	60		119	199	104
江山市	4		1534	11	30		14	116	284
舟山市	**51**		**7118**	**238**	**21**		**10**	**30**	**331**
定海区			740	148	3		7	17	10
普陀区			169	4	2		2	2	2
岱山县	48		5942	60	13			10	308
嵊泗县	3		267	26	3		1	1	11
台州市	**71**	**3**	**26497**	**503**	**167**		**278**	**4217**	**645**
椒江区	1		323	7	1		9	7	6
黄岩区	2		873	6	8			156	35
路桥区	51		3686	11	11		54	232	47
三门县	1		3684	13	11		24	422	113
天台县	4		3147	26	46		91	206	113
仙居县	8		2939	24	50		3	116	151
温岭市	2		8860	399	23		55	2841	55
临海市	2	3	2364	17	16		42	224	109
玉环市			621		1			13	16
丽水市	**47**	**2**	**14866**	**107**	**241**		**63**	**1567**	**791**
莲都区			530	7	5			68	29
青田县	3		3004	10	14		16	965	140
缙云县	4		4026	38	62		13	211	94
遂昌县	4		1355	10	31		6	64	63
松阳县	3		1359	11	88		11	180	33
云和县	1		2474	6	14		12	9	56
庆元县	21	1	1280	14	18		5	32	299
景宁畲族自治县			592	8	5			37	38
龙泉市	11	1	246	3	4			1	39
男	**234**	**17**	**229718**	**1275**	**1416**	**7**	**9714**	**24023**	**11624**
杭州市	**17**		**15747**	**92**	**225**	**3**	**673**	**818**	**566**
上城区									
下城区									
江干区									
拱墅区									

4-6b　续表 32　　　　单位：人

地　区 性　别	农林牧渔生产辅助人员	其他农、林、牧、渔业生产加工人员	生产制造及有关人员 小计	农副产品加工人员	食品、饮料生产加工人员	烟草及其制品加工人员	纺织、针织、印染人员	纺织品、服装和皮革、毛皮制品加工制作人员	木材加工、家具与木制品制作人员
西湖区			3						
滨江区									
萧山区	3		3480	20	29		426	416	176
余杭区	8		3763	19	59	2	74	170	113
富阳区			558					11	15
临安区	1		1107	12	5		2	15	19
桐庐县	2		4590	27	56	1	128	161	173
淳安县	3		1199	6	60		19	10	39
建德市			1047	8	16		24	35	31
宁波市	**26**		**39130**	**240**	**128**	**1**	**641**	**1863**	**978**
海曙区			374		7		2	7	3
江北区									
北仑区			1615	8	2		48	13	5
镇海区	1		1097	1	2		4	14	10
鄞州区	1		5668	11	17		52	295	112
奉化区	1		901	5	18		1	12	48
象山县	6		4491	75	24		118	761	16
宁海县	6		6819	17	19		14	46	310
余姚市	5		5446	96	13		99	83	147
慈溪市	6		12719	27	26	1	303	632	327
温州市	**16**	**8**	**29051**	**186**	**185**	**1**	**313**	**3412**	**1000**
鹿城区			60					28	1
龙湾区	1		7130	4	29		16	349	142
瓯海区			382	3	1		4	141	6
洞头区			70	2					1
永嘉县	7		6636	11	18		10	1217	264
平阳县	3	1	6089	66	45		91	737	280
苍南县	4	7	4994	71	69		152	687	190
文成县	1		790	7	7		10	99	25
泰顺县			702	5	6		3	27	41
瑞安市			269	3	5		3	35	19
乐清市			1607	4	5	1	1	27	23
龙港市			322	10			23	65	8
嘉兴市	**24**	**1**	**34986**	**121**	**139**		**2337**	**4329**	**1908**
南湖区	1		1139	6	8		10	50	44
秀洲区	3		3135	2	7		858	331	150
嘉善县	3		9388	25	48		75	200	958
海盐县	3		5364	29	16		82	411	107
海宁市	6		8927	31	36		929	1462	456
平湖市	3		4020	9	9		24	1075	59
桐乡市	5	1	3013	19	15		359	800	134
湖州市	**43**	**2**	**26159**	**107**	**138**	**2**	**1161**	**6868**	**2547**
吴兴区			7640	12	4		172	6026	51
南浔区	2		1839	9	8		238	103	237
德清县	5		5776	30	51		165	398	495
长兴县	27	2	5385	11	39	2	524	135	124
安吉县	9		5519	45	36		62	206	1640
绍兴市	**2**	**1**	**13657**	**47**	**74**		**3575**	**616**	**267**
越城区			56				9	1	
柯桥区			5149	11	8		3284	346	33
上虞区			889	5	5		38	50	48
新昌县			3678	10	25		38	26	49
诸暨市	2	1	3224	10	18		199	170	82
嵊州市			661	11	18		7	23	55

4－6b 续表 33 单位：人

地区 性别	农林牧渔生产辅助人员	其他农、林、牧、渔业生产加工人员	生产制造及有关人员 小计	农副产品加工人员	食品、饮料生产加工人员	烟草及其制品加工人员	纺织、针织、印染人员	纺织品、服装和皮革、毛皮制品加工制作人员	木材加工、家具与木制品制作人员
金华市	**25**	**1**	**31483**	**79**	**162**		**788**	**3723**	**2547**
婺城区	3		743	4	10		8	26	64
金东区	7	1	3809	11	47		135	357	118
武义县	6		6340	16	23		35	92	283
浦江县	2		2898	11	21		75	650	29
磐安县	1		1203	4	6		3	55	131
兰溪市	3		1031	9	14		55	45	50
义乌市	2		7907	9	17		404	2271	97
东阳市	1		5525	13	18		66	166	1729
永康市			2027	2	6		7	61	46
衢州市	**16**		**6236**	**63**	**98**		**94**	**138**	**456**
柯城区	1		176	1	3			5	12
衢江区	2		349	7	6			11	20
常山县	5		1314	20	20		30	15	35
开化县	3		1290	14	17		3	26	102
龙游县	2		2098	15	38		58	63	85
江山市	3		1009	6	14		3	18	202
舟山市	**9**		**6315**	**93**	**10**		**4**	**6**	**311**
定海区			542	55	1		4	4	9
普陀区			147	2	1				1
岱山县	6		5392	24	7			2	291
嵊泗县	3		234	12	1				10
台州市	**36**	**2**	**16706**	**186**	**110**		**106**	**1560**	**505**
椒江区	1		222	4	1		5	3	4
黄岩区	1		524	4	5			54	25
路桥区	23		2248	6	9		28	69	35
三门县	1		2448	8	7		7	49	92
天台县	3		2191	17	34		32	65	100
仙居县	5		1937	15	29		1	23	123
温岭市	2		5288	119	13		26	1266	43
临海市		2	1463	13	11		7	28	68
玉环市			385		1			3	15
丽水市	**20**	**2**	**10248**	**61**	**147**		**22**	**690**	**539**
莲都区			395	4	2			31	23
青田县	2		2027	7	9		6	488	96
缙云县	3		2806	24	36		3	35	70
遂昌县	3		1001	5	18		3	15	43
松阳县	3		1063	5	56		5	106	26
云和县			1557	5	10		4	3	50
庆元县	5	1	820	8	10		1	7	182
景宁畲族自治县			415	1	3			5	25
龙泉市	4	1	164	2	3				24
女	**149**	**9**	**129540**	**1308**	**1151**	**5**	**9241**	**33441**	**3862**
杭州市	**10**		**7997**	**59**	**178**		**704**	**1460**	**165**
上城区									
下城区									
江干区									
拱墅区									
西湖区									
滨江区									
萧山区			1750	14	24		259	548	63
余杭区	5		1807	11	62		92	284	26
富阳区			253		3		3	18	2
临安区	2		610	9	6		10	25	6
桐庐县	1		2637	17	46		232	437	52
淳安县	2		452	5	26		84	50	7
建德市			488	3	11		24	98	9

4-6b 续表 34

单位：人

地区 性别	农林牧渔生产辅助人员	其他农、林、牧、渔业生产加工人员	生产制造及有关人员 小计	农副产品加工人员	食品、饮料生产加工人员	烟草及其制品加工人员	纺织、针织、印染人员	纺织品、服装和皮革、毛皮制品加工制作人员	木材加工、家具与木制品制作人员
宁波市	**8**		**23407**	**330**	**113**	**1**	**564**	**3623**	**211**
海曙区			215		3			24	1
江北区									
北仑区			660	9	2		64	32	
镇海区			545	1	4		3	24	2
鄞州区			3337	7	12		85	524	31
奉化区			522	4	17			73	1
象山县			3047	185	19		96	1658	5
宁海县	1		4046	10	23	1	30	210	31
余姚市	1		3884	87	11		46	114	80
慈溪市	6		7151	27	22		240	964	60
温州市	**7**	**7**	**15854**	**153**	**130**	**2**	**393**	**4520**	**157**
鹿城区			37				1	20	
龙湾区	1		3663	3	15	1	17	373	24
瓯海区	1		244	7	1		2	113	1
洞头区			34					2	
永嘉县	5		3081	8	17		15	1347	35
平阳县		2	3412	74	43		105	1010	74
苍南县		5	3399	44	40		218	1249	14
文成县			269	2	4		4	143	2
泰顺县			130		3		1	33	2
瑞安市			147	2	4		3	70	1
乐清市			1193	5	3	1	5	59	3
龙港市			245	8			22	101	1
嘉兴市	**5**		**20915**	**81**	**142**		**2775**	**6050**	**784**
南湖区	2		697	3	8		29	126	26
秀洲区	1		2362	1	16		1088	447	39
嘉善县			4924	18	57		74	474	514
海盐县	1		2914	17	22		163	863	24
海宁市	1		5193	25	20		926	1485	140
平湖市			2611	5	10		40	1689	15
桐乡市			2214	12	9		455	966	26
湖州市	**5**		**15212**	**66**	**148**	**2**	**1419**	**7347**	**1114**
吴兴区			6327	3	7	2	153	5527	12
南浔区			1073	6	8		333	244	125
德清县	1		2819	13	47		208	700	205
长兴县	1		2267	8	42		658	253	18
安吉县	3		2726	36	44		67	623	754
绍兴市	**2**		**7731**	**19**	**59**		**2223**	**1142**	**59**
越城区			45				37	3	
柯桥区			2651	3	10		1746	385	10
上虞区			611	6	1		48	166	10
新昌县			2089	6	15		147	177	10
诸暨市			2013	1	10		234	338	12
嵊州市	2		322	3	23		11	73	17
金华市	**2**	**1**	**20645**	**59**	**129**		**794**	**5246**	**824**
婺城区			363	7	14		9	71	30
金东区		1	2500	13	32		123	416	14
武义县	1		3775	4	15		25	334	97
浦江县			2180	7	14		57	1030	5
磐安县			747	2	7		3	247	46
兰溪市			740	10	9		137	131	16
义乌市			6089	6	13		391	2479	23
东阳市	1		2962	7	19		40	412	578
永康市			1289	3	6		9	126	15

4-6b 续表 35

单位：人

地区 性别	农林牧渔生产辅助人员	其他农、林、牧、渔业生产加工人员	生产制造及有关人员 小计	农副产品加工人员	食品、饮料生产加工人员	烟草及其制品加工人员	纺织、针织、印染人员	纺织品、服装和皮革、毛皮制品加工制作人员	木材加工、家具与木制品制作人员
衢州市	**6**		**2567**	**33**	**90**		**150**	**495**	**136**
柯城区			50		7			12	2
衢江区			152	4	11		4	50	1
常山县	1		490	7	20		69	78	11
开化县			455	4	14		5	121	21
龙游县	4		895	13	22		61	136	19
江山市	1		525	5	16		11	98	82
舟山市	**42**		**803**	**145**	**11**		**6**	**24**	**20**
定海区			198	93	2		3	13	1
普陀区			22	2	1		2	2	1
岱山县	42		550	36	6			8	17
嵊泗县			33	14	2		1	1	1
台州市	**35**	**1**	**9791**	**317**	**57**		**172**	**2657**	**140**
椒江区			101	3			4	4	2
黄岩区	1		349	2	3			102	10
路桥区	28		1438	5	2		26	163	12
三门县			1236	5	4		17	373	21
天台县	1		956	9	12		59	141	13
仙居县	3		1002	9	21		2	93	28
温岭市			3572	280	10		29	1575	12
临海市	2	1	901	4	5		35	196	41
玉环市			236					10	1
丽水市	**27**		**4618**	**46**	**94**		**41**	**877**	**252**
莲都区			135	3	3			37	6
青田县	1		977	3	5		10	477	44
缙云县	1		1220	14	26		10	176	24
遂昌县	1		354	5	13		3	49	20
松阳县			296	6	32		6	74	7
云和县	1		917	1	4		8	6	6
庆元县	16		460	6	8		4	25	117
景宁畲族自治县			177	7	2			32	13
龙泉市	7		82	1	1			1	15

4-6b　续表 36　　　　单位：人

地　区 性　别	生产制造及有关人员 纸及纸制品生产加工人员	印刷和记录媒介复制人员	文教、工美、体育和娱乐用品制造人员	石油加工和炼焦、煤化工生产人员	化学原料和化学制品制造人员	医药制造人员	化学纤维制造人员	橡胶和塑料制品制造人员	非金属矿物制品制造人员
合计	**3819**	**2943**	**8349**	**380**	**2547**	**1243**	**1881**	**13097**	**3915**
杭州市	**221**	**243**	**519**	**1**	**273**	**150**	**255**	**454**	**276**
上城区									
下城区									
江干区									
拱墅区									
西湖区									
滨江区									
萧山区	61	17	23	1	98	7	251	50	39
余杭区	42	66	40		30	35	1	87	56
富阳区	30	5	8		11	34		35	21
临安区	10	9	5		9	1		22	25
桐庐县	71	110	393		47	52	1	182	84
淳安县	3	11	22		7	5	1	16	15
建德市	4	25	28		71	16	1	62	36
宁波市	**365**	**381**	**1148**	**52**	**385**	**86**	**254**	**3560**	**355**
海曙区	4	8	2			2		30	6
江北区									
北仑区	1	1	21	2	9	7		24	3
镇海区	16	8	20	32	170	29	5	142	24
鄞州区	80	125	80	3	29	5	8	300	100
奉化区	2	9	7		5	3		26	13
象山县	14	14	46	1	16	2	1	165	22
宁海县	59	74	454	5	47	13		683	52
余姚市	50	53	157	1	38	4	6	924	60
慈溪市	139	89	361	8	71	21	234	1266	75
温州市	**1008**	**1070**	**801**	**4**	**230**	**31**	**5**	**2637**	**298**
鹿城区		1	1					2	
龙湾区	66	109	32	4	14	5	2	401	60
瓯海区	1	8	8		4			26	4
洞头区			10						14
永嘉县	17	40	123		164	5		170	30
平阳县	311	284	217		28	8	1	983	84
苍南县	542	538	339		17	7	2	810	50
文成县		5	3			1		5	12
泰顺县	1	5	27		3			22	30
瑞安市	3		35			1		10	2
乐清市	5	2	3			4		133	8
龙港市	62	78	3					75	4
嘉兴市	**571**	**289**	**410**	**35**	**556**	**61**	**895**	**1277**	**634**
南湖区	32	9	10		11			141	21
秀洲区	29	18	9		11	2	6	91	39
嘉善县	120	69	108	4	76	18	5	381	176
海盐县	104	57	57	2	58	13	13	106	66
海宁市	122	81	68		71	25	269	332	106
平湖市	121	32	130	28	312	2	103	138	107
桐乡市	43	23	28	1	17	1	499	88	119
湖州市	**203**	**109**	**230**	**3**	**213**	**130**	**141**	**849**	**613**
吴兴区	12	13	10		30	2	16	59	11
南浔区	14	9	51	1	8	6	9	23	39
德清县	89	32	94	1	98	58	32	283	187
长兴县	29	28	24	1	49	23	77	133	303
安吉县	59	27	51		28	41	7	351	73

4—6b 续表 37

单位：人

地区 性别	生产制造及有关人员 纸及纸制品生产加工人员	印刷和记录媒介复制人员	文教、工美、体育和娱乐用品制造人员	石油加工和炼焦、煤化工生产人员	化学原料和化学制品制造人员	医药制造人员	化学纤维制造人员	橡胶和塑料制品制造人员	非金属矿物制品制造人员
绍兴市	**109**	**54**	**148**	**1**	**85**	**162**	**159**	**396**	**129**
越城区									1
柯桥区	29	11	21		22	3	131	79	25
上虞区	5	5	16		15		1	65	16
新昌县	4	18	18		29	157		87	16
诸暨市	27	17	85	1	14	1	26	151	31
嵊州市	44	3	8		5	1	1	14	40
金华市	**673**	**431**	**1928**	**7**	**350**	**182**	**153**	**1810**	**1014**
婺城区	24	7	20	1	24	3	2	32	13
金东区	102	52	393	2	54	8	2	408	89
武义县	65	140	106	2	54	3	3	270	52
浦江县	65	40	82		12	5	73	90	680
磐安县	5	9	93		5	13		132	13
兰溪市	52	12	99		8	4	1	90	41
义乌市	301	104	734	1	132	15	66	477	37
东阳市	26	15	350	1	51	130	5	128	52
永康市	33	52	51		10	1	1	183	37
衢州市	**296**	**55**	**244**	**2**	**117**	**21**	**3**	**193**	**170**
柯城区	6		12		1			6	15
衢江区	9	3	8		9	1		28	20
常山县	30	15	41		15	3		25	36
开化县	8	17	48		32	11		15	16
龙游县	233	15	92	2	43	4	3	79	62
江山市	10	5	43		17	2		40	21
舟山市	**2**	**6**	**62**	**269**	**152**	**3**	**3**	**24**	**15**
定海区					4	1	1	6	5
普陀区		1			1	1			
岱山县	2	4	62	269	147	1	2	17	7
嵊泗县		1						1	3
台州市	**255**	**237**	**1139**	**5**	**137**	**399**	**13**	**1706**	**250**
椒江区					4	1		21	8
黄岩区	10	27	108			1		88	6
路桥区	134	149	29	1	3	1	3	416	32
三门县	9	8	30	2	40	29	8	505	69
天台县	4	18	173	2	29	63		205	45
仙居县	19	11	670		28	140		160	12
温岭市	72	18	92		16	10	1	171	55
临海市	5	6	35		14	154	1	98	20
玉环市	2		2		3			42	3
丽水市	**116**	**68**	**1720**	**1**	**49**	**18**		**191**	**161**
莲都区	2	4	4		5			4	12
青田县	30	8	97		6	2		26	11
缙云县	17	21	131		5	4		127	48
遂昌县	41	5	14	1	17	6		2	24
松阳县	2	9	1		10	4		17	14
云和县	10	14	1283		3			9	15
庆元县	14	4	58		1	1		5	23
景宁畲族自治县		3	73		2	1		1	9
龙泉市			59						5
男	**2292**	**1913**	**3965**	**293**	**1857**	**794**	**1180**	**7213**	**2948**
杭州市	**126**	**149**	**232**	**1**	**206**	**73**	**154**	**253**	**201**
上城区									
下城区									
江干区									
拱墅区									

4-6b 续表 38

单位：人

地区 性别	生产制造及有关人员								
	纸及纸制品生产加工人员	印刷和记录媒介复制人员	文教、工美、体育和娱乐用品制造人员	石油加工和炼焦、煤化工生产人员	化学原料和化学制品制造人员	医药制造人员	化学纤维制造人员	橡胶和塑料制品制造人员	非金属矿物制品制造人员
西湖区									
滨江区									
萧山区	39	13	13	1	83	5	152	29	29
余杭区	26	41	17		20	17	1	44	35
富阳区	11	5	3		9	16		16	17
临安区	5	4	2		6	1		9	19
桐庐县	40	62	171		31	24	1	102	69
淳安县	2	5	7		4	2		8	10
建德市	3	19	19		53	8		45	22
宁波市	**221**	**225**	**505**	**39**	**288**	**49**	**179**	**1812**	**290**
海曙区	3	6	2			1		11	5
江北区									
北仑区	1	1	9	2	6	7		18	3
镇海区	7	5	8	26	146	21	5	78	20
鄞州区	41	78	36	3	23		6	154	84
奉化区	2	6	5		4	2		9	11
象山县	8	7	18	1	13	1		73	20
宁海县	37	43	195	4	24	4		291	41
余姚市	26	27	60	1	22	3	3	461	49
慈溪市	96	52	172	2	50	10	165	717	57
温州市	**508**	**768**	**294**	**3**	**139**	**17**	**4**	**1401**	**262**
鹿城区								1	
龙湾区	42	85	19	3	9	2	2	261	53
瓯海区	1	6	5		1			16	2
洞头区			1						13
永嘉县	13	22	59		97	4		85	27
平阳县	154	197	92		20	5	1	507	68
苍南县	254	390	88		10	5	1	371	47
文成县		2	1					3	11
泰顺县	1	5	17		2			16	29
瑞安市	2		9			1		6	1
乐清市	2	1	2					101	7
龙港市	39	60	1					34	4
嘉兴市	**368**	**185**	**202**	**33**	**457**	**30**	**556**	**722**	**499**
南湖区	24	8	3		9			69	15
秀洲区	20	15	4		6	1	3	42	34
嘉善县	72	42	60	3	54	13	2	210	138
海盐县	74	33	24	2	51	3	4	62	55
海宁市	82	55	34		54	11	189	215	78
平湖市	69	18	66	27	270	2	60	66	94
桐乡市	27	14	11	1	13		298	58	85
湖州市	**119**	**75**	**120**	**2**	**145**	**78**	**81**	**518**	**462**
吴兴区	8	11	7		22	2	12	36	9
南浔区	6	8	27	1	4	4	5	14	29
德清县	53	21	47	1	64	33	19	175	135
长兴县	12	17	13		32	14	40	68	228
安吉县	40	18	26		23	25	5	225	61
绍兴市	**66**	**34**	**50**		**62**	**114**	**103**	**240**	**96**
越城区									1
柯桥区	20	6	11		19	1	89	60	15
上虞区	3	2	8		10			22	10
新昌县	1	12	9		20	112		57	13
诸暨市	15	13	16		9	1	13	94	20
嵊州市	27	1	6		4		1	7	37

4－6b 续表 39

单位：人

地区 性别	生产制造及有关人员								
	纸及纸制品生产加工人员	印刷和记录媒介复制人员	文教、工美、体育和娱乐用品制造人员	石油加工和炼焦、煤化工生产人员	化学原料和化学制品制造人员	医药制造人员	化学纤维制造人员	橡胶和塑料制品制造人员	非金属矿物制品制造人员
金华市	**428**	**262**	**930**	**5**	**213**	**106**	**88**	**1011**	**675**
婺城区	18	5	8	1	16	1	1	14	11
金东区	64	39	188		35	4		254	59
武义县	35	62	61	2	36	2	1	140	38
浦江县	47	24	38		8	3	45	48	430
磐安县	1	4	46		3	6		66	11
兰溪市	26	8	37		5	1		31	28
义乌市	203	82	374	1	67	9	38	277	30
东阳市	14	9	148	1	37	79	3	85	43
永康市	20	29	30		6	1		96	25
衢州市	**235**	**36**	**94**	**1**	**83**	**6**	**3**	**96**	**131**
柯城区	4		7					4	10
衢江区	8	2	1		9			15	14
常山县	28	11	15		13	1		12	30
开化县	7	9	18		22	4		7	13
龙游县	184	11	42	1	24	1	3	38	47
江山市	4	3	11		15			20	17
舟山市	**1**	**2**	**13**	**204**	**139**		**2**	**12**	**9**
定海区					2			3	2
普陀区		1			1				
岱山县	1	1	13	204	136		2	8	4
嵊泗县								1	3
台州市	**148**	**138**	**561**	**5**	**89**	**311**	**10**	**1039**	**187**
椒江区					3			16	6
黄岩区	4	17	36			1		46	3
路桥区	81	87	16	1	2	1	3	226	25
三门县	5	6	9	2	26	20	6	328	55
天台县	1	7	85	2	18	38		135	30
仙居县	10	6	352		21	104		108	9
温岭市	44	13	41		5	7		102	43
临海市	3	2	21		13	140	1	55	13
玉环市			1		1			23	3
丽水市	**72**	**39**	**964**		**36**	**10**		**109**	**136**
莲都区	1	1	2		4			3	11
青田县	15	4	82		5	1		10	10
缙云县	11	13	72		4	3		73	37
遂昌县	26	1	6		10	3		2	21
松阳县	2	4			9	2		15	12
云和县	9	11	723		3			6	13
庆元县	8	3	31			1			20
景宁畲族自治县		2	20		1				9
龙泉市			28						3
女	**1527**	**1030**	**4384**	**87**	**690**	**449**	**701**	**5884**	**967**
杭州市	**95**	**94**	**287**		**67**	**77**	**101**	**201**	**75**
上城区									
下城区									
江干区									
拱墅区									
西湖区									
滨江区									
萧山区	22	4	10		15	2	99	21	10
余杭区	16	25	23		10	18		43	21
富阳区	19		5		2	18		19	4
临安区	5	5	3		3			13	6
桐庐县	31	48	222		16	28		80	15
淳安县	1	6	15		3	3	1	8	5
建德市	1	6	9		18	8	1	17	14

4-6b　续表 40　　　　单位：人

地　区 性　别	生产制造及有关人员								
	纸及纸制品生产加工人员	印刷和记录媒介复制人员	文教、工美、体育和娱乐用品制造人　员	石油加工和炼焦、煤化工生产人员	化学原料和化学制品制造人　员	医药制造人　　员	化学纤维制造人员	橡胶和塑料制品制造人员	非金属矿物制品制造人员
宁波市	**144**	**156**	**643**	**13**	**97**	**37**	**75**	**1748**	**65**
海曙区	1	2				1		19	1
江北区									
北仑区			12		3			6	
镇海区	9	3	12	6	24	8		64	4
鄞州区	39	47	44		6	5	2	146	16
奉化区		3	2		1	1		17	2
象山县	6	7	28		3	1	1	92	2
宁海县	22	31	259	1	23	9		392	11
余姚市	24	26	97		16	1	3	463	11
慈溪市	43	37	189	6	21	11	69	549	18
温州市	**500**	**302**	**507**	**1**	**91**	**14**	**1**	**1236**	**36**
鹿城区		1	1					1	
龙湾区	24	24	13	1	5	3		140	7
瓯海区		2	3		3			10	2
洞头区			9						1
永嘉县	4	18	64		67	1		85	3
平阳县	157	87	125		8	3		476	16
苍南县	288	148	251		7	2	1	439	3
文成县		3	2			1		2	1
泰顺县			10		1			6	1
瑞安市	1		26					4	1
乐清市	3	1	1			4		32	1
龙港市	23	18	2					41	
嘉兴市	**203**	**104**	**208**	**2**	**99**	**31**	**339**	**555**	**135**
南湖区	8	1	7		2			72	6
秀洲区	9	3	5		5	1	3	49	5
嘉善县	48	27	48	1	22	5	3	171	38
海盐县	30	24	33		7	10	9	44	11
海宁市	40	26	34		17	14	80	117	28
平湖市	52	14	64	1	42		43	72	13
桐乡市	16	9	17		4	1	201	30	34
湖州市	**84**	**34**	**110**	**1**	**68**	**52**	**60**	**331**	**151**
吴兴区	4	2	3		8		4	23	2
南浔区	8	1	24		4	2	4	9	10
德清县	36	11	47		34	25	13	108	52
长兴县	17	11	11	1	17	9	37	65	75
安吉县	19	9	25		5	16	2	126	12
绍兴市	**43**	**20**	**98**	**1**	**23**	**48**	**56**	**156**	**33**
越城区									
柯桥区	9	5	10		3	2	42	19	10
上虞区	2	3	8		5		1	43	6
新昌县	3	6	9		9	45		30	3
诸暨市	12	4	69	1	5		13	57	11
嵊州市	17	2	2		1	1		7	3
金华市	**245**	**169**	**998**	**2**	**137**	**76**	**65**	**799**	**339**
婺城区	6	2	12		8	2	1	18	2
金东区	38	13	205	2	19	4	2	154	30
武义县	30	78	45		18	1	2	130	14
浦江县	18	16	44		4	2	28	42	250
磐安县	4	5	47		2	7		66	2
兰溪市	26	4	62		3	3	1	59	13
义乌市	98	22	360		65	6	28	200	7
东阳市	12	6	202		14	51	2	43	9
永康市	13	23	21		4		1	87	12

4-6b 续表 41

单位：人

地区 性别	生产制造及有关人员								
	纸及纸制品生产加工人员	印刷和记录媒介复制人员	文教、工美、体育和娱乐用品制造人员	石油加工和炼焦、煤化工生产人员	化学原料和化学制品制造人员	医药制造人员	化学纤维制造人员	橡胶和塑料制品制造人员	非金属矿物制品制造人员
衢州市	**61**	**19**	**150**	**1**	**34**	**15**		**97**	**39**
柯城区	2		5		1			2	5
衢江区	1	1	7			1		13	6
常山县	2	4	26		2	2		13	6
开化县	1	8	30		10	7		8	3
龙游县	49	4	50	1	19	3		41	15
江山市	6	2	32		2	2		20	4
舟山市	**1**	**4**	**49**	**65**	**13**	**3**	**1**	**12**	**6**
定海区					2	1	1	3	3
普陀区						1			
岱山县	1	3	49	65	11	1		9	3
嵊泗县		1							
台州市	**107**	**99**	**578**		**48**	**88**	**3**	**667**	**63**
椒江区					1	1		5	2
黄岩区	6	10	72					42	3
路桥区	53	62	13		1			190	7
三门县	4	2	21		14	9	2	177	14
天台县	3	11	88		11	25		70	15
仙居县	9	5	318		7	36		52	3
温岭市	28	5	51		11	3	1	69	12
临海市	2	4	14		1	14		43	7
玉环市	2		1		2			19	
丽水市	**44**	**29**	**756**	**1**	**13**	**8**		**82**	**25**
莲都区	1	3	2		1			1	1
青田县	15	4	15		1	1		16	1
缙云县	6	8	59		1	1		54	11
遂昌县	15	4	8	1	7	3			3
松阳县		5	1		1	2		2	2
云和县	1	3	560					3	2
庆元县	6	1	27		1			5	3
景宁畲族自治县		1	53		1	1		1	
龙泉市			31						2

4−6b　续表 42

单位：人

地区 性别	生产制造及有关人员								
	采矿人员	金属冶炼和压延加工人员	机械制造基础加工人员	金属制品制造人员	通用设备制造人员	专用设备制造人员	汽车制造人员	铁路、船舶、航空设备制造人员	电气机械和器材制造人员
合计	**522**	**2827**	**32987**	**16300**	**7209**	**1575**	**5935**	**1257**	**10693**
杭州市	**11**	**107**	**1489**	**803**	**330**	**187**	**310**	**30**	**258**
上城区									
下城区									
江干区									
拱墅区									
西湖区									
滨江区									
萧山区		20	410	154	89	24	156	3	31
余杭区	1	42	427	229	127	46	63	11	79
富阳区	1	7	114	71	11	8	7		20
临安区	1	4	110	56	13	3	8	1	36
桐庐县	1	22	327	184	55	100	38		43
淳安县	3	6	49	20	11	3	11	3	42
建德市	4	6	52	89	24	3	27	12	7
宁波市	**16**	**632**	**8805**	**3375**	**1428**	**293**	**2747**	**576**	**4860**
海曙区	1	2	117	40	12	2	11		11
江北区									
北仑区		30	243	52	22	12	135	1	96
镇海区		32	107	120	72	9	39	1	14
鄞州区	3	114	1396	644	123	67	434	27	215
奉化区	1	2	216	75	36	1	5	1	35
象山县	1	10	635	70	120	22	270	55	78
宁海县	7	53	1870	610	126	18	226	6	1085
余姚市	2	159	2028	604	169	26	244	13	841
慈溪市	1	230	2193	1160	748	136	1383	472	2485
温州市	**277**	**234**	**4671**	**3418**	**1476**	**105**	**642**	**24**	**1222**
鹿城区			1	12	1	6			
龙湾区	1	90	2065	1722	466	46	414	10	453
瓯海区			57	74	2	4	1		
洞头区			4	1	1	1	1		2
永嘉县	14	17	1462	1083	890	4	5	1	35
平阳县	35	54	642	211	52	28	157	11	146
苍南县	218	59	96	207	21	2	27	2	12
文成县		2	21	18	13		4		1
泰顺县	9	7	38	14	2		15		1
瑞安市		2	37	13	6	4	8		2
乐清市		3	247	56	22	10	10		570
龙港市			1	7					
嘉兴市	**3**	**311**	**2867**	**1713**	**1184**	**235**	**668**	**19**	**1800**
南湖区	1	14	259	115	43	11	8		31
秀洲区		16	129	79	66	39	41	3	300
嘉善县	1	74	885	323	541	63	267	8	257
海盐县	1	86	849	306	168	25	55	4	187
海宁市		85	395	717	224	68	186		902
平湖市		20	271	113	128	24	96	2	57
桐乡市		16	79	60	14	5	15	2	66
湖州市	**38**	**275**	**1588**	**937**	**345**	**97**	**210**	**45**	**562**
吴兴区		15	96	142	4	10	3	1	13
南浔区	1	76	206	54	38	3	12		56
德清县	11	74	540	254	124	46	59	27	111
长兴县	20	87	366	192	145	27	121	16	373
安吉县	6	23	380	295	34	11	15	1	9

4-6b 续表 43

单位：人

地区 性别	生产制造及有关人员 采矿人员	金属冶炼和压延加工人员	机械制造基础加工人员	金属制品制造人员	通用设备制造人员	专用设备制造人员	汽车制造人员	铁路、船舶、航空设备制造人员	电气机械和器材制造人员
绍兴市	**9**	**176**	**3333**	**645**	**220**	**63**	**212**	**28**	**236**
越城区			2						
柯桥区	5	27	59	61	18	2	9		9
上虞区		75	126	64	20	9	7	1	60
新昌县		13	1558	74	142	33	106	23	39
诸暨市	3	58	1488	412	27	17	80	3	4
嵊州市	1	3	100	34	13	2	10	1	124
金华市	**43**	**402**	**4254**	**3577**	**430**	**101**	**138**	**59**	**519**
婺城区	1	5	87	55	17	25	14		6
金东区	7	27	299	212	92	9	15	28	41
武义县	20	254	1903	1639	151	4	20	13	87
浦江县		8	125	311	22	1	15		31
磐安县	1	13	98	91	7	1	8	6	6
兰溪市	2	3	64	78	3	2	37	8	24
义乌市	3	4	574	263	11	33	9	1	64
东阳市	8	39	283	186	54	23	8	3	244
永康市	1	49	821	742	73	3	12		16
衢州市	**15**	**92**	**381**	**425**	**199**	**20**	**50**	**13**	**136**
柯城区		1	7	6	18		4		
衢江区	1	5	28	9	6	1	2	1	2
常山县	5	30	100	77	143	4	4	2	48
开化县	2	9	27	36	5	7	1		43
龙游县	6	40	178	236	19	5	25	10	8
江山市	1	7	41	61	8	3	14		35
舟山市	**21**	**4**	**765**	**33**	**18**	**2**	**96**	**62**	**34**
定海区			213	4	3		4	13	7
普陀区			9	1	2			1	
岱山县	10	4	531	23	13	2	90	48	27
嵊泗县	11		12	5			2		
台州市	**11**	**133**	**3729**	**663**	**1174**	**379**	**805**	**352**	**868**
椒江区		7	68	10	8	4	33	17	12
黄岩区		2	127	11	14	1	4	5	18
路桥区		31	795	170	140	42	103	103	245
三门县	1	14	322	147	104	13	174	46	235
天台县	5	11	130	60	36	3	284	10	35
仙居县	4	16	135	39	28	5	59	1	9
温岭市	1	35	1702	144	725	21	92	151	177
临海市		4	220	69	70	289	22	18	135
玉环市		13	230	13	49	1	34	1	2
丽水市	**78**	**461**	**1105**	**711**	**405**	**93**	**57**	**49**	**198**
莲都区		6	88	38	14	1	2	1	9
青田县	12	48	90	124	105	8	1		13
缙云县	6	86	612	400	115	69	16	46	145
遂昌县	23	146	141	37	10	8	6		20
松阳县	3	68	107	46	23	3	22	1	4
云和县	1	101	24	37	109				
庆元县	3	1	34	16	3	3	9		4
景宁畲族自治县		4	7	11	3			1	3
龙泉市	30	1	2	2	23	1	1		
男	**484**	**2236**	**25451**	**10033**	**5148**	**924**	**3923**	**820**	**5460**
杭州市	**8**	**86**	**1166**	**534**	**250**	**122**	**233**	**17**	**150**
上城区									
下城区									
江干区									
拱墅区									

4-6b 续表 44

单位：人

地区 性别	生产制造及有关人员								
	采矿人员	金属冶炼和压延加工人员	机械制造基础加工人员	金属制品制造人员	通用设备制造人员	专用设备制造人员	汽车制造人员	铁路、船舶、航空设备制造人员	电气机械和器材制造人员
西湖区									
滨江区									
萧山区		17	315	104	72	19	127	1	16
余杭区		36	331	161	89	29	44	10	40
富阳区	1	7	86	35	11	6	5		12
临安区		3	85	36	9	1	2	1	20
桐庐县	1	12	284	135	43	63	28		35
淳安县	2	5	30	12	7	2	9	1	22
建德市	4	6	35	51	19	2	18	4	5
宁波市	**13**	**505**	**6683**	**1959**	**865**	**166**	**1839**	**345**	**2318**
海曙区	1	1	90	18	8	1	9		6
江北区									
北仑区		27	218	39	15	7	99	1	72
镇海区		27	72	68	39	7	14	1	4
鄞州区	2	93	997	389	81	33	252	22	104
奉化区		1	162	49	20		3	1	11
象山县	1	9	549	60	73	16	134	52	44
宁海县	6	41	1486	343	72	9	130	4	425
余姚市	2	127	1376	335	95	12	131	4	333
慈溪市	1	179	1733	658	462	81	1067	260	1319
温州市	**270**	**180**	**3950**	**2022**	**1198**	**67**	**433**	**15**	**581**
鹿城区			1	6		4			
龙湾区	1	71	1720	955	353	26	274	7	185
瓯海区			46	41	2	1	1		
洞头区			2	1		1	1		
永嘉县	14	13	1265	636	751	3	4	1	26
平阳县	33	40	536	159	42	20	106	5	83
苍南县	213	43	83	148	17	2	22	2	10
文成县		2	19	14	10		2		
泰顺县	9	7	38	10	1		10		
瑞安市		2	31	10	5	2	6		2
乐清市		2	208	35	17	8	7		275
龙港市			1	7					
嘉兴市	**1**	**250**	**2203**	**1121**	**850**	**152**	**414**	**14**	**987**
南湖区		9	176	66	28	2	7		15
秀洲区		15	104	58	45	28	24	2	141
嘉善县		55	658	218	368	37	157	6	137
海盐县	1	68	627	204	125	10	33	2	77
海宁市		71	325	437	178	52	125		551
平湖市		18	240	90	94	20	60	2	37
桐乡市		14	73	48	12	3	8	2	29
湖州市	**34**	**230**	**1328**	**686**	**291**	**56**	**127**	**32**	**351**
吴兴区		14	84	90	3	5	3	1	5
南浔区		64	169	42	27		5		40
德清县	10	64	439	180	101	25	37	17	60
长兴县	18	70	332	157	131	19	73	13	239
安吉县	6	18	304	217	29	7	9	1	7
绍兴市	**7**	**130**	**2255**	**361**	**147**	**42**	**133**	**23**	**129**
越城区			2						
柯桥区	4	19	54	48	14	1	4		8
上虞区		51	71	35	11	3	3	1	34
新昌县		12	1003	42	93	26	66	18	19
诸暨市	3	47	1044	209	18	10	54	3	3
嵊州市		1	81	27	11	2	6	1	65

4－6b 续表 45　　　　单位：人

地区 性别	生产制造及有关人员 采矿人员	金属冶炼和压延加工人员	机械制造基础加工人员	金属制品制造人员	通用设备制造人员	专用设备制造人员	汽车制造人员	铁路、船舶、航空设备制造人员	电气机械和器材制造人员
金华市	**34**	**288**	**3165**	**2163**	**313**	**53**	**102**	**38**	**314**
婺城区	1	5	70	27	10	13	11		4
金东区	6	22	225	130	63	4	11	15	26
武义县	16	179	1442	990	117	2	14	11	49
浦江县		8	94	180	16	1	13		15
磐安县		10	70	54	6		6	4	1
兰溪市	2	2	56	47		1	28	6	19
义乌市	3	3	396	162	8	20	7	1	53
东阳市	5	23	202	129	37	11	4	1	138
永康市	1	36	610	444	56	1	8		9
衢州市	**12**	**72**	**305**	**297**	**155**	**10**	**33**	**10**	**79**
柯城区		1	6	6	16		4		
衢江区	1	4	24	9	5	1	2	1	
常山县	3	24	86	51	108	3	4	1	35
开化县	1	4	19	34	4	2	1		18
龙游县	6	33	141	159	18	2	16	8	6
江山市	1	6	29	38	4	2	6		20
舟山市	**21**	**3**	**742**	**24**	**11**		**50**	**48**	**26**
定海区			201	4	1		2	8	4
普陀区			8	1	1				
岱山县	10	3	521	15	9		46	40	22
嵊泗县	11		12	4			2		
台州市	**10**	**104**	**2758**	**420**	**761**	**203**	**524**	**242**	**423**
椒江区		6	44	5	5	2	31	8	7
黄岩区		2	113	9	10	1	4	2	8
路桥区		26	579	90	73	20	63	65	128
三门县	1	13	257	92	70	6	108	40	129
天台县	5	7	102	42	24	1	181	7	13
仙居县	3	13	100	29	18	3	36	1	7
温岭市	1	24	1237	98	512	15	67	103	96
临海市		4	168	49	27	155	15	16	34
玉环市		9	158	6	22		19		1
丽水市	**74**	**388**	**896**	**446**	**307**	**53**	**35**	**36**	**102**
莲都区		4	69	23	13		2	1	5
青田县	12	40	68	79	83	4	1		9
缙云县	6	75	506	241	79	40	13	33	69
遂昌县	21	114	111	25	6	4	2		11
松阳县	3	62	89	33	17	3	12	1	4
云和县	1	87	21	26	88				
庆元县	3	1	25	12	2	1	4		2
景宁畲族自治县		4	6	6	2			1	2
龙泉市	28	1	1	1	17	1	1		
女	**38**	**591**	**7536**	**6267**	**2061**	**651**	**2012**	**437**	**5233**
杭州市	**3**	**21**	**323**	**269**	**80**	**65**	**77**	**13**	**108**
上城区									
下城区									
江干区									
拱墅区									
西湖区									
滨江区									
萧山区		3	95	50	17	5	29	2	15
余杭区	1	6	96	68	38	17	19	1	39
富阳区			28	36		2	2		8
临安区	1	1	25	20	4	2	6		16
桐庐县		10	43	49	12	37	10		8
淳安县	1	1	19	8	4	1	2	2	20
建德市			17	38	5	1	9	8	2

4-6b　续表 46　　　　单位：人

地区 性别	生产制造及有关人员								
	采矿人员	金属冶炼和压延加工人员	机械制造基础加工人员	金属制品制造人员	通用设备制造人员	专用设备制造人员	汽车制造人员	铁路、船舶、航空设备制造人员	电气机械和器材制造人员
宁波市	**3**	**127**	**2122**	**1416**	**563**	**127**	**908**	**231**	**2542**
海曙区		1	27	22	4	1	2		5
江北区									
北仑区		3	25	13	7	5	36		24
镇海区		5	35	52	33	2	25		10
鄞州区	1	21	399	255	42	34	182	5	111
奉化区	1	1	54	26	16	1	2		24
象山县		1	86	10	47	6	136	3	34
宁海县	1	12	384	267	54	9	96	2	660
余姚市		32	652	269	74	14	113	9	508
慈溪市		51	460	502	286	55	316	212	1166
温州市	**7**	**54**	**721**	**1396**	**278**	**38**	**209**	**9**	**641**
鹿城区				6	1	2			
龙湾区		19	345	767	113	20	140	3	268
瓯海区			11	33		3			
洞头区			2		1				2
永嘉县		4	197	447	139	1	1		9
平阳县	2	14	106	52	10	8	51	6	63
苍南县	5	16	13	59	4		5		2
文成县			2	4	3		2		1
泰顺县				4	1		5		1
瑞安市			6	3	1	2	2		
乐清市		1	39	21	5	2	3		295
龙港市									
嘉兴市	**2**	**61**	**664**	**592**	**334**	**83**	**254**	**5**	**813**
南湖区	1	5	83	49	15	9	1		16
秀洲区		1	25	21	21	11	17	1	159
嘉善县	1	19	227	105	173	26	110	2	120
海盐县		18	222	102	43	15	22	2	110
海宁市		14	70	280	46	16	61		351
平湖市		2	31	23	34	4	36		20
桐乡市		2	6	12	2	2	7		37
湖州市	**4**	**45**	**260**	**251**	**54**	**41**	**83**	**13**	**211**
吴兴区		1	12	52	1	5			8
南浔区	1	12	37	12	11	3	7		16
德清县	1	10	101	74	23	21	22	10	51
长兴县	2	17	34	35	14	8	48	3	134
安吉县		5	76	78	5	4	6		2
绍兴市	**2**	**46**	**1078**	**284**	**73**	**21**	**79**	**5**	**107**
越城区									
柯桥区	1	8	5	13	4	1	5		1
上虞区		24	55	29	9	6	4		26
新昌县		1	555	32	49	7	40	5	20
诸暨市		11	444	203	9	7	26		1
嵊州市	1	2	19	7	2		4		59
金华市	**9**	**114**	**1089**	**1414**	**117**	**48**	**36**	**21**	**205**
婺城区			17	28	7	12	3		2
金东区	1	5	74	82	29	5	4	13	15
武义县	4	75	461	649	34	2	6	2	38
浦江县			31	131	6		2		16
磐安县	1	3	28	37	1	1	2	2	5
兰溪市		1	8	31	3	1	9	2	5
义乌市		1	178	101	3	13	2		11
东阳市	3	16	81	57	17	12	4	2	106
永康市		13	211	298	17	2	4		7

4-6b 续表 47 单位：人

地区 性别	生产制造及有关人员								
	采矿人员	金属冶炼和压延加工人员	机械制造基础加工人员	金属制品制造人员	通用设备制造人员	专用设备制造人员	汽车制造人员	铁路、船舶、航空设备制造人员	电气机械和器材制造人员
衢州市	**3**	**20**	**76**	**128**	**44**	**10**	**17**	**3**	**57**
柯城区			1		2				
衢江区		1	4		1				2
常山县	2	6	14	26	35	1		1	13
开化县	1	5	8	2	1	5			25
龙游县		7	37	77	1	3	9	2	2
江山市		1	12	23	4	1	8		15
舟山市		**1**	**23**	**9**	**7**	**2**	**46**	**14**	**8**
定海区			12		2		2	5	3
普陀区			1		1			1	
岱山县		1	10	8	4	2	44	8	5
嵊泗县				1					
台州市	**1**	**29**	**971**	**243**	**413**	**176**	**281**	**110**	**445**
椒江区		1	24	5	3	2	2	9	5
黄岩区			14	2	4			3	10
路桥区		5	216	80	67	22	40	38	117
三门县		1	65	55	34	7	66	6	106
天台县		4	28	18	12	2	103	3	22
仙居县	1	3	35	10	10	2	23		2
温岭市		11	465	46	213	6	25	48	81
临海市			52	20	43	134	7	2	101
玉环市		4	72	7	27	1	15	1	1
丽水市	**4**	**73**	**209**	**265**	**98**	**40**	**22**	**13**	**96**
莲都区		2	19	15	1	1			4
青田县		8	22	45	22	4			4
缙云县		11	106	159	36	29	3	13	76
遂昌县	2	32	30	12	4	4	4		9
松阳县		6	18	13	6		10		
云和县		14	3	11	21				
庆元县			9	4	1	2	5		2
景宁畲族自治县			1	5	1				1
龙泉市	2		1	1	6				

4-6b 续表 48 单位：人

地 区 性 别	生产制造及有关人员								不便分类的其他从业人员
	计算机、通信和其他电子设备制造人员	仪器仪表制造人员	废弃资源综合利用人员	电力、热力、气体、水生产和输配人员	建筑施工人员	运输设备和通用工程机械操作人员及有关人员	生产辅助人员	其他生产制造及有关人员	
合计	**19059**	**636**	**345**	**912**	**61028**	**5214**	**56445**	**1073**	**679**
杭州市	**1990**	**26**	**43**	**54**	**6107**	**560**	**4007**	**97**	**10**
上城区									
下城区									
江干区									
拱墅区									
西湖区					1		2		
滨江区									
萧山区	121	4	6	12	811	87	769	11	
余杭区	548	5	6	11	1565	179	901	61	8
富阳区	4		3	2	202	10	154	1	
临安区	101	4		10	540	69	571		
桐庐县	1072	3	26	7	1717	129	1220	13	2
淳安县	54	6	1	10	852	47	145	2	
建德市	90	4	1	2	419	39	245	9	
宁波市	**4315**	**212**	**34**	**122**	**8710**	**756**	**10153**	**224**	**166**
海曙区	45	3	1		67	17	161		
江北区									
北仑区	670	1			86	40	636		
镇海区	81	3	2	9	273	49	279	41	
鄞州区	972	54	4	9	1448	102	1517		2
奉化区	276	2	2	4	310	21	188	4	1
象山县	57	1	2	20	1773	103	1082	1	
宁海县	708	28	8	17	1827	150	2009	19	28
余姚市	584	22	9	25	747	74	1706	8	1
慈溪市	922	98	6	38	2179	200	2575	151	134
温州市	**2688**	**137**	**36**	**67**	**6634**	**346**	**6345**	**47**	**89**
鹿城区	1				14		8		
龙湾区	1206	71	6	11	816	76	1653	21	53
瓯海区	15				36	10	95	2	
洞头区	14				39	2	10		1
永嘉县	150	1	2	9	1371	53	1127	2	1
平阳县	202	1	4	16	1738	113	1641	9	14
苍南县	113	24	22	2	1328	39	1169	13	9
文成县	9			19	542	26	75		
泰顺县	5		1	9	425	14	83		8
瑞安市	1				117	4	26		
乐清市	972	40	1	1	162	7	407		
龙港市					46	2	51		3
嘉兴市	**4591**	**37**	**56**	**196**	**9440**	**750**	**8573**	**64**	**30**
南湖区	79	1	9	1	372	35	321	2	7
秀洲区	155	3	3	13	642	45	819		2
嘉善县	3160	2	6	28	2838	205	2239	15	1
海盐县	441	18	15	94	1992	156	1643	28	4
海宁市	648	3	16	19	2106	140	2021	6	11
平湖市	58	10	1	31	997	130	775	10	1
桐乡市	50		6	10	493	39	755	3	4
湖州市	**1186**	**22**	**26**	**85**	**6680**	**667**	**5063**	**135**	**196**
吴兴区	201	7		2	512	46	791	2	6
南浔区	61		3	12	449	77	390	3	14
德清县	383	2	3	22	2223	160	1330	40	24
长兴县	373	9	9	33	2030	238	1099	33	27
安吉县	168	4	11	16	1466	146	1453	57	125

4-6b 续表 49　　单位：人

地区 性别	生产制造及有关人员								不便分类的其他从业人员
	计算机、通信和其他电子设备制造人员	仪器仪表制造人员	废弃资源综合利用人员	电力、热力、气体、水生产和输配人员	建筑施工人员	运输设备和通用工程机械操作人员及有关人员	生产辅助人员	其他生产制造及有关人员	
绍兴市	**512**	**8**	**7**	**57**	**2958**	**188**	**3351**	**61**	**11**
越城区	1				30		17		
柯桥区	91		1	34	515	24	785	3	
上虞区	60	1	6	2	352	16	193	8	
新昌县	265	3		15	1288	84	1252	40	
诸暨市	58	4		2	603	45	1002	4	
嵊州市	37			4	170	19	102	6	11
金华市	**2726**	**72**	**54**	**83**	**6056**	**532**	**11854**	**329**	**28**
婺城区	11		2	6	351	22	128	7	
金东区	111	58	1	3	837	80	2093	20	1
武义县	553	8	7	22	882	110	2740	83	9
浦江县	45	1	16	8	633	61	842	13	7
磐安县	42		2	6	544	61	288	2	8
兰溪市	31		9	2	345	25	349	6	
义乌市	560		7	12	932	63	3714	169	
东阳市	1323	3	7	22	1371	94	1003	10	1
永康市	50	2	3	2	161	16	697	19	2
衢州市	**419**	**5**	**19**	**45**	**2657**	**309**	**1144**	**20**	**6**
柯城区	4			2	75	7	20		
衢江区	11	2		1	152	22	61	5	1
常山县	80		2	13	500	71	249	6	
开化县	82		2	6	816	69	165	1	2
龙游县	127	1	12	19	685	99	474	6	2
江山市	115	2	3	4	429	41	175	2	1
舟山市	**32**	**47**	**2**	**47**	**3631**	**469**	**685**	**4**	**2**
定海区	9			7	166	38	74		
普陀区		3		7	52	16	63		
岱山县	22	44	2	23	3298	393	506	4	
嵊泗县	1			10	115	22	42		2
台州市	**319**	**47**	**62**	**67**	**4143**	**334**	**3429**	**31**	**14**
椒江区	7	1	2		18	11	60	1	
黄岩区	3	1			125	11	106		2
路桥区	44	6	19	6	274	39	533	13	
三门县	62	10	9	18	737	71	436	2	
天台县	52	12	1	17	1092	43	332	3	4
仙居县	25		6	14	595	47	567	5	8
温岭市	90	13	16	11	803	75	996		
临海市	24		6	1	454	29	276	6	
玉环市	12	4	3		45	8	123	1	
丽水市	**281**	**23**	**6**	**89**	**4012**	**303**	**1841**	**61**	**127**
莲都区	25				150	17	39		
青田县	83	3		9	964	49	152	18	5
缙云县	86	20	2	9	918	65	650	10	
遂昌县	32		2	11	411	53	164	7	1
松阳县	22		2	11	502	33	127	5	2
云和县	6			14	344	21	384	2	11
庆元县	13			11	387	44	261	17	67
景宁畲族自治县	13			20	292	17	42	2	41
龙泉市	1			4	44	4	22		
男	**10659**	**342**	**247**	**776**	**54755**	**4801**	**32524**	**621**	**415**
杭州市	**1171**	**11**	**29**	**41**	**5413**	**506**	**2168**	**70**	**5**
上城区									
下城区									
江干区									
拱墅区									

4-6b 续表 50 单位：人

地区 性别	生产制造及有关人员 计算机、通信和其他电子设备制造人员	仪器仪表制造人员	废弃资源综合利用人员	电力、热力、气体、水生产和输配人员	建筑施工人员	运输设备和通用工程机械操作人员及有关人员	生产辅助人员	其他生产制造及有关人员	不便分类的其他从业人员
西湖区					1		2		
滨江区									
萧山区	71	3	3	10	733	76	476	6	
余杭区	306	1	4	9	1373	156	493	43	3
富阳区	2		3	1	189	10	87		
临安区	52	1		8	463	67	260		
桐庐县	666	1	18	4	1524	115	604	11	2
淳安县	25	4		7	755	43	101	2	
建德市	49	1	1	2	375	39	145	8	
宁波市	**2213**	**89**	**30**	**110**	**7986**	**673**	**5770**	**107**	**114**
海曙区	16	1	1		63	17	95		
江北区									
北仑区	460	1			78	37	438		
镇海区	34	1	1	8	252	40	155	27	
鄞州区	502	22	3	8	1353	92	803		1
奉化区	119	2	1	4	282	19	103	1	
象山县	31		2	19	1645	93	627	1	
宁海县	282	15	7	16	1665	139	1128	6	17
余姚市	288	8	9	22	683	61	866	4	
慈溪市	481	39	6	33	1965	175	1555	68	96
温州市	**1416**	**100**	**24**	**59**	**5995**	**327**	**3897**	**24**	**62**
鹿城区					14		5		
龙湾区	691	61	4	8	708	73	965	12	35
瓯海区	8				34	10	52	1	
洞头区	4				37	2	5		1
永嘉县	86	1	2	9	1209	48	740	1	1
平阳县	113	1	4	15	1571	108	987	3	9
苍南县	71	13	12	2	1262	36	716	7	7
文成县	8			17	473	24	56		
泰顺县	3		1	7	382	14	68		6
瑞安市	1				107	4	15		
乐清市	431	24	1	1	155	6	263		
龙港市					43	2	25		3
嘉兴市	**2759**	**22**	**42**	**175**	**8286**	**689**	**5102**	**33**	**20**
南湖区	48	1	8	1	331	32	169		5
秀洲区	84	1	2	10	582	44	522		1
嘉善县	1979		6	23	2443	181	1213	7	
海盐县	233	11	12	88	1699	148	1056	17	3
海宁市	356	2	9	15	1845	121	1205	3	8
平湖市	34	7	1	30	937	124	472	6	1
桐乡市	25		4	8	449	39	465		2
湖州市	**701**	**17**	**20**	**73**	**5944**	**619**	**3138**	**89**	**116**
吴兴区	126	5		2	460	35	433	2	3
南浔区	32		3	11	421	73	257	2	9
德清县	225	1	1	17	1927	148	812	25	11
长兴县	209	7	8	29	1834	222	744	21	20
安吉县	109	4	8	14	1302	141	892	39	73
绍兴市	**285**	**6**	**6**	**49**	**2663**	**169**	**1874**	**34**	**6**
越城区					30		13		
柯桥区	61		1	27	480	24	500	1	
上虞区	24		5	2	321	15	107	5	
新昌县	137	3		14	1121	76	655	21	
诸暨市	40	3		2	549	35	541	3	
嵊州市	23			4	162	19	58	4	6

4－6b 续表 51 单位：人

地区 性别	生产制造及有关人员								不便分类的其他从业人员
	计算机、通信和其他电子设备制造人员	仪器仪表制造人员	废弃资源综合利用人员	电力、热力、气体、水生产和输配人员	建筑施工人员	运输设备和通用工程机械操作人员及有关人员	生产辅助人员	其他生产制造及有关人员	
金华市	**1569**	**28**	**33**	**72**	**5296**	**484**	**6318**	**196**	**18**
婺城区	6		1	5	304	21	77	1	
金东区	66	21	1	3	676	68	1151	10	1
武义县	298	2	4	20	763	97	1462	48	5
浦江县	27	1	8	7	573	59	462	5	6
磐安县	25		2	3	474	55	155	2	4
兰溪市	17		7	2	320	25	186	4	
义乌市	395		4	10	852	56	1952	106	
东阳市	709	3	4	20	1191	89	542	6	1
永康市	26	1	2	2	143	14	331	14	1
衢州市	**210**	**2**	**13**	**37**	**2478**	**297**	**683**	**9**	**4**
柯城区	2			2	71	6	16		
衢江区	6	1		1	149	22	28	2	1
常山县	47		1	11	479	68	161	2	
开化县	37		1	4	758	67	98		1
龙游县	57	1	9	16	626	94	292	4	2
江山市	61		2	3	395	40	88	1	
舟山市	**15**	**35**	**2**	**36**	**3437**	**456**	**601**	**2**	
定海区	3			3	146	38	52		
普陀区				7	48	15	61		
岱山县	11	35	2	18	3136	381	448	2	
嵊泗县	1			8	107	22	40		
台州市	**177**	**20**	**44**	**55**	**3704**	**297**	**1990**	**19**	**9**
椒江区	3	1	2		16	11	39		
黄岩区	3				114	10	53		1
路桥区	16	3	12	6	233	36	301	8	
三门县	40	8	7	16	697	64	278	2	
天台县	24	2	1	11	944	38	222	3	2
仙居县	14		5	12	520	40	333	2	6
温岭市	53	3	13	9	712	66	557		
临海市	17		3	1	425	28	143	3	
玉环市	7	3	1		43	4	64	1	
丽水市	**143**	**12**	**4**	**69**	**3553**	**284**	**983**	**38**	**61**
莲都区	16				134	16	30		
青田县	50	3		8	777	44	103	13	2
缙云县	28	9	2	8	852	60	399	5	
遂昌县	20		1	10	363	51	102	7	1
松阳县	15		1	9	444	32	92	4	1
云和县	4			13	320	20	139	1	6
庆元县	5			7	353	42	84	8	46
景宁畲族自治县	4			11	268	15	30		5
龙泉市	1			3	42	4	4		
女	**8400**	**294**	**98**	**136**	**6273**	**413**	**23921**	**452**	**264**
杭州市	**819**	**15**	**14**	**13**	**694**	**54**	**1839**	**27**	**5**
上城区									
下城区									
江干区									
拱墅区									
西湖区									
滨江区									
萧山区	50	1	3	2	78	11	293	5	
余杭区	242	4	2	2	192	23	408	18	5
富阳区	2			1	13		67	1	
临安区	49	3		2	77	2	311		
桐庐县	406	2	8	3	193	14	616	2	
淳安县	29	2	1	3	97	4	44		
建德市	41	3			44		100	1	

4-6b　续表 52

单位：人

地区 性别	生产制造及有关人员								不便分类的其他从业人员
	计算机、通信和其他电子设备制造人员	仪器仪表制造人员	废弃资源综合利用人员	电力、热力、气体、水生产和输配人员	建筑施工人员	运输设备和通用工程机械操作人员及有关人员	生产辅助人员	其他生产制造及有关人员	
宁波市	**2102**	**123**	**4**	**12**	**724**	**83**	**4383**	**117**	**52**
海曙区	29	2			4		66		
江北区									
北仑区	210				8	3	198		
镇海区	47	2	1	1	21	9	124	14	
鄞州区	470	32	1	1	95	10	714		1
奉化区	157		1		28	2	85	3	1
象山县	26	1		1	128	10	455		
宁海县	426	13	1	1	162	11	881	13	11
余姚市	296	14		3	64	13	840	4	1
慈溪市	441	59		5	214	25	1020	83	38
温州市	**1272**	**37**	**12**	**8**	**639**	**19**	**2448**	**23**	**27**
鹿城区	1						3		
龙湾区	515	10	2	3	108	3	688	9	18
瓯海区	7				2		43	1	
洞头区	10				2		5		
永嘉县	64				162	5	387	1	
平阳县	89			1	167	5	654	6	5
苍南县	42	11	10		66	3	453	6	2
文成县	1			2	69	2	19		
泰顺县	2			2	43		15		2
瑞安市					10		11		
乐清市	541	16			7	1	144		
龙港市					3		26		
嘉兴市	**1832**	**15**	**14**	**21**	**1154**	**61**	**3471**	**31**	**10**
南湖区	31		1		41	3	152	2	2
秀洲区	71	2	1	3	60	1	297		1
嘉善县	1181	2		5	395	24	1026	8	1
海盐县	208	7	3	6	293	8	587	11	1
海宁市	292	1	7	4	261	19	816	3	3
平湖市	24	3		1	60	6	303	4	
桐乡市	25		2	2	44		290	3	2
湖州市	**485**	**5**	**6**	**12**	**736**	**48**	**1925**	**46**	**80**
吴兴区	75	2			52	11	358		3
南浔区	29			1	28	4	133	1	5
德清县	158	1	2	5	296	12	518	15	13
长兴县	164	2	1	4	196	16	355	12	7
安吉县	59		3	2	164	5	561	18	52
绍兴市	**227**	**2**	**1**	**8**	**295**	**19**	**1477**	**27**	**5**
越城区	1						4		
柯桥区	30			7	35		285	2	
上虞区	36	1	1		31	1	86	3	
新昌县	128			1	167	8	597	19	
诸暨市	18	1			54	10	461	1	
嵊州市	14				8		44	2	5
金华市	**1157**	**44**	**21**	**11**	**760**	**48**	**5536**	**133**	**10**
婺城区	5		1	1	47	1	51	6	
金东区	45	37			161	12	942	10	
武义县	255	6	3	2	119	13	1278	35	4
浦江县	18		8	1	60	2	380	8	1
磐安县	17			3	70	6	133		4
兰溪市	14		2		25		163	2	
义乌市	165		3	2	80	7	1762	63	
东阳市	614		3	2	180	5	461	4	
永康市	24	1	1		18	2	366	5	1

4－6b　续表 53　　　　单位：人

地　区 性　别	生产制造及有关人员								不便分类的其他从业人员
	计算机、通信和其他电子设备制造人　员	仪器仪表制造人员	废弃资源综合利用人　员	电力、热力、气体、水生产和输配人员	建筑施工人　员	运输设备和通用工程机械操作人员及有关人员	生产辅助人　员	其他生产制造及有关人员	
衢州市	**209**	**3**	**6**	**8**	**179**	**12**	**461**	**11**	**2**
柯城区	2				4	1	4		
衢江区	5	1			3		33	3	
常山县	33		1	2	21	3	88	4	
开化县	45		1	2	58	2	67	1	1
龙游县	70		3	3	59	5	182	2	
江山市	54	2	1	1	34	1	87	1	1
舟山市	**17**	**12**		**11**	**194**	**13**	**84**	**2**	**2**
定海区	6			4	20		22		
普陀区		3			4	1	2		
岱山县	11	9		5	162	12	58	2	
嵊泗县				2	8		2		2
台州市	**142**	**27**	**18**	**12**	**439**	**37**	**1439**	**12**	**5**
椒江区	4				2		21	1	
黄岩区		1			11	1	53		1
路桥区	28	3	7		41	3	232	5	
三门县	22	2	2	2	40	7	158		
天台县	28	10		6	148	5	110		2
仙居县	11		1	2	75	7	234	3	2
温岭市	37	10	3	2	91	9	439		
临海市	7		3		29	1	133	3	
玉环市	5	1	2		2	4	59		
丽水市	**138**	**11**	**2**	**20**	**459**	**19**	**858**	**23**	**66**
莲都区	9				16	1	9		
青田县	33			1	187	5	49	5	3
缙云县	58	11		1	66	5	251	5	
遂昌县	12		1	1	48	2	62		
松阳县	7		1	2	58	1	35	1	1
云和县	2			1	24	1	245	1	5
庆元县	8			4	34	2	177	9	21
景宁畲族自治县	9			9	24	2	12	2	36
龙泉市				1	2		18		

4-6c　各地区分性别、职业中类的就业人口(乡村)

单位：人

地　区 性　别	合计	党的机关、国家机关、群众团体和社会组织、企事业单位负责人						
		小计	中国共产党机关负责人	国家机关负责人	民主党派和工商联负责人	人民团体和群众团体、社会组织及其他成员组织负责人	基层群众自治组织负责人	企事业单位负责人
合计	**956204**	**14875**	**20**	**99**		**306**	**838**	**13612**
杭州市	**110063**	**1969**	**1**	**8**		**35**	**123**	**1802**
上城区								
下城区								
江干区								
拱墅区								
西湖区	1837	15		1				14
滨江区								
萧山区	28534	632	1	1		1	43	586
余杭区	29293	593		3		11	12	567
富阳区	11809	266		1		11	20	234
临安区	13343	197				2	6	189
桐庐县	6320	64		1		5	11	47
淳安县	9030	58		1		1	19	37
建德市	9897	144				4	12	128
宁波市	**125243**	**2471**	**3**	**9**		**38**	**96**	**2325**
海曙区	7688	89		1		2	3	83
江北区	5355	62	1			1	5	55
北仑区	12667	114		1		1	10	102
镇海区	3831	106				1		105
鄞州区	19419	340	2	2		3	12	321
奉化区	13875	333		1		5	8	319
象山县	10585	172		3		7	20	142
宁海县	13252	391		1		4	11	375
余姚市	12783	362				1	17	344
慈溪市	25788	502				13	10	479
温州市	**119326**	**1782**	**1**	**13**		**51**	**146**	**1571**
鹿城区	6080	46					1	45
龙湾区	50	4						4
瓯海区	8328	112				2	5	105
洞头区	3390	67				1	3	63
永嘉县	12688	176		2			26	148
平阳县	15838	146	1			19	13	113
苍南县	13413	240		3		3	14	220
文成县	4257	61				1	24	36
泰顺县	3588	35				1	6	28
瑞安市	24424	411		2		3	21	385
乐清市	26513	475		6		20	31	418
龙港市	757	9				1	2	6
嘉兴市	**104050**	**1594**	**1**	**14**		**11**	**39**	**1529**
南湖区	7363	74		2		6	2	64
秀洲区	15126	135		1		1	1	132
嘉善县	10910	163	1	1			12	149
海盐县	10282	185		1		1	8	175
海宁市	23468	438		5			3	430
平湖市	15447	187				1	8	178
桐乡市	21454	412		4		2	5	401
湖州市	**67151**	**1809**	**1**	**13**		**47**	**53**	**1695**
吴兴区	15521	419		5		14	7	393
南浔区	12514	436		2		9	12	413
德清县	12797	304		4		4	7	289
长兴县	14135	282	1	1		15	8	257
安吉县	12184	368		1		5	19	343

4-6c 续表 1

单位：人

地区 性别	合计	党的机关、国家机关、群众团体和社会组织、企事业单位负责人						
		小计	中国共产党机关负责人	国家机关负责人	民主党派和工商联负责人	人民团体和群众团体、社会组织及其他成员组织负责人	基层群众自治组织负责人	企事业单位负责人
绍兴市	**80318**	**869**		**6**		**32**	**74**	**757**
越城区	8823	115				6	6	103
柯桥区	12377	221		1		13	12	195
上虞区	14811	169		3		7	34	125
新昌县	7733	63					13	50
诸暨市	23294	165		1			6	158
嵊州市	13280	136		1		6	3	126
金华市	**115522**	**2169**	**2**	**12**		**53**	**78**	**2024**
婺城区	10365	96		3		3	5	85
金东区	11526	242	1			12	10	219
武义县	9157	252		2		5	12	233
浦江县	14075	327		1		3	6	317
磐安县	4006	80		2			6	72
兰溪市	13804	153	1	2		9	15	126
义乌市	21553	317		1		9	19	288
东阳市	15591	98		1		12	5	80
永康市	15445	604						604
衢州市	**46254**	**232**	**9**	**7**		**3**	**70**	**143**
柯城区	5941	29		1			7	21
衢江区	9884	47	2	1			13	31
常山县	6660	19	1			1	3	14
开化县	4416	31		2			16	13
龙游县	8838	42	5	1			16	20
江山市	10515	64	1	2		2	15	44
舟山市	**18609**	**110**	**1**	**5**		**8**	**16**	**80**
定海区	6436	32				1	4	27
普陀区	6834	54	1	3		3	9	38
岱山县	4146	18				3	2	13
嵊泗县	1193	6		2		1	1	2
台州市	**131681**	**1475**		**7**		**24**	**99**	**1345**
椒江区	13260	145				1	7	137
黄岩区	11729	131		3			4	124
路桥区	13301	85		2		2	2	79
三门县	7253	69				4	11	54
天台县	7902	137		1			26	110
仙居县	7588	126				4	3	119
温岭市	29568	277				4	21	252
临海市	29571	254		1		9	18	226
玉环市	11509	251					7	244
丽水市	**37987**	**395**	**1**	**5**		**4**	**44**	**341**
莲都区	6761	126		1		2	2	121
青田县	5631	33		2			6	25
缙云县	7177	55					8	47
遂昌县	3749	20	1			1	10	8
松阳县	5982	63				1	1	61
云和县	1669	12					1	11
庆元县	2103	30					7	23
景宁畲族自治县	2146	15		1			8	6
龙泉市	2769	41		1			1	39
男	**590705**	**11634**	**19**	**89**		**215**	**726**	**10585**
杭州市	**69839**	**1493**	**1**	**7**		**26**	**97**	**1362**
上城区								
下城区								
江干区								
拱墅区								

4-6c　续表 2　　　　单位：人

地　区 性　别	合计	党的机关、国家机关、群众团体和社会组织、企事业单位负责人						
		小计	中国共产党机关负责人	国家机关负责人	民主党派和工商联负责人	人民团体和群众团体、社会组织及其他成员组织负责人	基层群众自治组织负责人	企事业单位负责人
西湖区	1166	8						8
滨江区								
萧山区	17815	469	1	1		1	36	430
余杭区	19381	440		3		6	9	422
富阳区	7692	204		1		10	12	181
临安区	8551	165				2	6	157
桐庐县	3946	51		1		3	9	38
淳安县	5036	43		1		1	14	27
建德市	6252	113				3	11	99
宁波市	**77714**	**1947**	**3**	**9**		**25**	**82**	**1828**
海曙区	4774	70		1		1	2	66
江北区	3466	54	1			1	5	47
北仑区	8255	91		1		1	8	81
镇海区	2577	83				1		82
鄞州区	12056	279	2	2		2	9	264
奉化区	8704	246		1		2	7	236
象山县	6687	137		3		5	18	111
宁海县	7944	297		1		3	11	282
余姚市	7737	288				1	13	274
慈溪市	15514	402				8	9	385
温州市	**75188**	**1468**	**1**	**12**		**41**	**137**	**1277**
鹿城区	3926	43					1	42
龙湾区	33	4						4
瓯海区	5330	99				1	5	93
洞头区	2366	52				1	3	48
永嘉县	8630	153		2			26	125
平阳县	9920	122	1			16	13	92
苍南县	8287	190		2		3	14	171
文成县	2860	50				1	21	28
泰顺县	2543	26					6	20
瑞安市	15138	321		2		3	19	297
乐清市	15704	400		6		15	27	352
龙港市	451	8				1	2	5
嘉兴市	**60942**	**1225**	**1**	**13**		**5**	**31**	**1175**
南湖区	4414	58		2		2	1	53
秀洲区	8617	97		1		1	1	94
嘉善县	6683	127	1	1			10	115
海盐县	5957	140		1			4	135
海宁市	13629	336		4			3	329
平湖市	9142	151					8	143
桐乡市	12500	316		4		2	4	306
湖州市	**42188**	**1346**	**1**	**11**		**33**	**42**	**1259**
吴兴区	9750	292		5		9	7	271
南浔区	7769	324		2		7	12	303
德清县	7996	242		2		3	5	232
长兴县	8832	222	1	1		10	4	206
安吉县	7841	266		1		4	14	247
绍兴市	**48789**	**703**		**6**		**23**	**63**	**611**
越城区	5316	100				4	5	91
柯桥区	7419	165		1		8	10	146
上虞区	8679	136		3		6	27	100
新昌县	4583	54					13	41
诸暨市	14214	139		1			6	132
嵊州市	8578	109		1		5	2	101

4-6c 续表 3

单位：人

地区 性别	合计	党的机关、国家机关、群众团体和社会组织、企事业单位负责人						
		小计	中国共产党机关负责人	国家机关负责人	民主党派和工商联负责人	人民团体和群众团体、社会组织及其他成员组织负责人	基层群众自治组织负责人	企事业单位负责人
金华市	**69983**	**1690**	**2**	**11**		**32**	**71**	**1574**
婺城区	6380	77		3		2	4	68
金东区	7035	176	1			6	8	161
武义县	5604	191		2		3	12	174
浦江县	8291	258				2	6	250
磐安县	2450	60		2			6	52
兰溪市	8263	122	1	2		4	14	101
义乌市	13181	251		1		7	17	226
东阳市	9301	78		1		8	4	65
永康市	9478	477						477
衢州市	**29283**	**195**	**9**	**6**		**2**	**62**	**116**
柯城区	3881	25		1			7	17
衢江区	6481	36	2				11	23
常山县	4126	17	1			1	3	12
开化县	2878	30		2			15	13
龙游县	5632	35	5	1			13	16
江山市	6285	52	1	2		1	13	35
舟山市	**13429**	**96**		**5**		**6**	**13**	**72**
定海区	4556	27				1	3	23
普陀区	4819	47		3		1	7	36
岱山县	3167	16				3	2	11
嵊泗县	887	6		2		1	1	2
台州市	**79530**	**1164**		**6**		**19**	**85**	**1054**
椒江区	8045	111				1	5	105
黄岩区	7095	96		3			2	91
路桥区	8042	70		1		1	1	67
三门县	4917	61				2	10	49
天台县	4911	103		1			24	78
仙居县	4760	83				3	3	77
温岭市	16792	231				4	16	211
临海市	17933	204		1		8	17	178
玉环市	7035	205					7	198
丽水市	**23820**	**307**	**1**	**3**		**3**	**43**	**257**
莲都区	4225	95				2	2	91
青田县	3538	24		1			6	17
缙云县	4584	45					8	37
遂昌县	2386	18	1				10	7
松阳县	3432	48				1	1	46
云和县	1044	10					1	9
庆元县	1343	22					7	15
景宁畲族自治县	1361	13		1			7	5
龙泉市	1907	32		1			1	30
女	**365499**	**3241**	**1**	**10**		**91**	**112**	**3027**
杭州市	**40224**	**476**		**1**		**9**	**26**	**440**
上城区								
下城区								
江干区								
拱墅区								
西湖区	671	7		1				6
滨江区								
萧山区	10719	163					7	156
余杭区	9912	153				5	3	145
富阳区	4117	62				1	8	53
临安区	4792	32						32
桐庐县	2374	13				2	2	9
淳安县	3994	15					5	10
建德市	3645	31				1	1	29

4-6c　续表 4　　　　单位：人

地区 性别	合计	党的机关、国家机关、群众团体和社会组织、企事业单位负责人						
		小计	中国共产党机关负责人	国家机关负责人	民主党派和工商联负责人	人民团体和群众团体、社会组织及其他成员组织负责人	基层群众自治组织负责人	企事业单位负责人
宁波市	**47529**	**524**				**13**	**14**	**497**
海曙区	2914	19				1	1	17
江北区	1889	8						8
北仑区	4412	23					2	21
镇海区	1254	23						23
鄞州区	7363	61				1	3	57
奉化区	5171	87				3	1	83
象山县	3898	35				2	2	31
宁海县	5308	94				1		93
余姚市	5046	74					4	70
慈溪市	10274	100				5	1	94
温州市	**44138**	**314**		**1**		**10**	**9**	**294**
鹿城区	2154	3						3
龙湾区	17							
瓯海区	2998	13				1		12
洞头区	1024	15						15
永嘉县	4058	23						23
平阳县	5918	24				3		21
苍南县	5126	50		1				49
文成县	1397	11					3	8
泰顺县	1045	9				1		8
瑞安市	9286	90					2	88
乐清市	10809	75				5	4	66
龙港市	306	1						1
嘉兴市	**43108**	**369**		**1**		**6**	**8**	**354**
南湖区	2949	16				4	1	11
秀洲区	6509	38						38
嘉善县	4227	36					2	34
海盐县	4325	45				1	4	40
海宁市	9839	102		1				101
平湖市	6305	36				1		35
桐乡市	8954	96					1	95
湖州市	**24963**	**463**		**2**		**14**	**11**	**436**
吴兴区	5771	127				5		122
南浔区	4745	112				2		110
德清县	4801	62		2		1	2	57
长兴县	5303	60				5	4	51
安吉县	4343	102				1	5	96
绍兴市	**31529**	**166**				**9**	**11**	**146**
越城区	3507	15				2	1	12
柯桥区	4958	56				5	2	49
上虞区	6132	33				1	7	25
新昌县	3150	9						9
诸暨市	9080	26						26
嵊州市	4702	27				1	1	25
金华市	**45539**	**479**		**1**		**21**	**7**	**450**
婺城区	3985	19				1	1	17
金东区	4491	66				6	2	58
武义县	3553	61				2		59
浦江县	5784	69		1		1		67
磐安县	1556	20						20
兰溪市	5541	31				5	1	25
义乌市	8372	66				2	2	62
东阳市	6290	20				4	1	15
永康市	5967	127						127

4-6c 续表 5 单位：人

地区 性别	合计	党的机关、国家机关、群众团体和社会组织、企事业单位负责人						
		小计	中国共产党机关负责人	国家机关负责人	民主党派和工商联负责人	人民团体和群众团体、社会组织及其他成员组织负责人	基层群众自治组织负责人	企事业单位负责人
衢州市	**16971**	**37**		**1**		**1**	**8**	**27**
柯城区	2060	4						4
衢江区	3403	11		1			2	8
常山县	2534	2						2
开化县	1538	1					1	
龙游县	3206	7					3	4
江山市	4230	12				1	2	9
舟山市	**5180**	**14**	**1**			**2**	**3**	**8**
定海区	1880	5					1	4
普陀区	2015	7	1			2	2	2
岱山县	979	2						2
嵊泗县	306							
台州市	**52151**	**311**		**1**		**5**	**14**	**291**
椒江区	5215	34					2	32
黄岩区	4634	35					2	33
路桥区	5259	15		1		1	1	12
三门县	2336	8				2	1	5
天台县	2991	34					2	32
仙居县	2828	43				1		42
温岭市	12776	46					5	41
临海市	11638	50				1	1	48
玉环市	4474	46						46
丽水市	**14167**	**88**		**2**		**1**	**1**	**84**
莲都区	2536	31		1				30
青田县	2093	9		1				8
缙云县	2593	10						10
遂昌县	1363	2				1		1
松阳县	2550	15						15
云和县	625	2						2
庆元县	760	8						8
景宁畲族自治县	785	2					1	1
龙泉市	862	9						9

4-6c　续表 6　　　　单位：人

地　区 性　别	专业技术人员 小计	科学研究人员	工程技术人员	农业技术人员	飞机和船舶技术人员	卫生专业技术人员	经济和金融专业人员	法律、社会和宗教专业人员	教学人员	文学艺术、体育专业人员
合计	**47790**	**109**	**13800**	**372**	**560**	**5514**	**13385**	**1838**	**10565**	**953**
杭州市	**7557**	**18**	**2500**	**42**	**5**	**867**	**2276**	**178**	**1443**	**117**
上城区										
下城区										
江干区										
拱墅区										
西湖区	269	1	71		1	31	85	7	60	7
滨江区										
萧山区	2523	4	934	8	1	249	820	76	393	16
余杭区	2400	7	760	11	1	207	760	67	494	48
富阳区	880	1	334	5		103	198	11	189	21
临安区	536	3	131	3		94	177	5	109	9
桐庐县	286	1	92	1	1	53	96		33	5
淳安县	292	1	65	13	1	54	45	2	100	4
建德市	371		113	1		76	95	10	65	7
宁波市	**6801**	**9**	**2231**	**56**	**191**	**598**	**2022**	**390**	**1125**	**96**
海曙区	423	1	111	3	1	27	176	21	70	8
江北区	224		78	3		25	83	8	24	1
北仑区	813	2	353	4	2	41	263	28	95	15
镇海区	217		84	1		21	47	32	27	1
鄞州区	1082	1	368	25	2	106	341	40	174	6
奉化区	621	1	212	3	77	56	127	33	85	12
象山县	628	1	167	4	89	61	130	42	99	31
宁海县	717	1	292		20	53	163	42	122	13
余姚市	735	1	203	10		60	257	47	149	4
慈溪市	1341	1	363	3		148	435	97	280	5
温州市	**5699**	**5**	**1347**	**21**	**4**	**654**	**1500**	**267**	**1736**	**117**
鹿城区	229		36			20	98	12	47	12
龙湾区	1		1							
瓯海区	353		76			39	120	9	96	9
洞头区	227		111	4	1	21	36	1	46	4
永嘉县	634	1	163	3		88	157	20	181	14
平阳县	716	1	159	1		93	143	47	244	20
苍南县	397	1	82	2	3	59	68	27	141	10
文成县	184		43			20	31	20	64	6
泰顺县	185		47			26	29	11	63	4
瑞安市	1020	1	182	5		101	309	34	369	13
乐清市	1732	1	446	5		183	506	83	476	25
龙港市	21		1	1		4	3	3	9	
嘉兴市	**4636**	**10**	**1280**	**72**	**2**	**542**	**1547**	**176**	**844**	**97**
南湖区	394		146	8		38	130	3	64	3
秀洲区	569	4	132	3		65	196	41	106	13
嘉善县	533		182	15		62	164	5	85	11
海盐县	505	1	125	5		65	167	22	108	4
海宁市	979	2	225	22	1	121	344	29	193	31
平湖市	589	1	216	8		56	192	21	83	5
桐乡市	1067	2	254	11	1	135	354	55	205	30
湖州市	**3676**	**23**	**1365**	**21**	**1**	**423**	**931**	**88**	**702**	**62**
吴兴区	741	3	312	1		69	188	14	120	14
南浔区	638	1	261	8		69	156	13	108	14
德清县	860	7	387	1		70	198	25	157	8
长兴县	948	8	310	8	1	155	229	20	185	16
安吉县	489	4	95	3		60	160	16	132	10

4-6c 续表 7 单位：人

地区 性别	专业技术人员 小计	科学研究人员	工程技术人员	农业技术人员	飞机和船舶技术人员	卫生专业技术人员	经济和金融专业人员	法律、社会和宗教专业人员	教学人员	文学艺术、体育专业人员
绍兴市	**3877**	**11**	**1157**	**39**	**5**	**451**	**1140**	**178**	**750**	**79**
越城区	576	1	184	2	1	53	162	57	94	10
柯桥区	823	3	193	6	1	65	316	51	153	23
上虞区	765	2	274	5	1	69	209	44	131	14
新昌县	233	2	76			35	55	1	58	6
诸暨市	991	1	236	16	2	146	294	16	243	11
嵊州市	489	2	194	10		83	104	9	71	15
金华市	**5591**	**16**	**1298**	**47**	**2**	**712**	**1576**	**139**	**1496**	**168**
婺城区	632	2	161	9	1	66	184	12	167	12
金东区	580	3	144	13		66	169	11	141	23
武义县	373	1	86	5		46	109	16	95	12
浦江县	521		84	2	1	99	115	23	155	21
磐安县	158		49	2		15	37	4	42	4
兰溪市	476	2	94	5		99	112	3	127	11
义乌市	1165	4	246	8		146	370	30	302	35
东阳市	865	4	207	1		100	198	27	270	35
永康市	821		227	2		75	282	13	197	15
衢州市	**1824**	**9**	**531**	**25**	**1**	**313**	**392**	**59**	**420**	**42**
柯城区	458	4	167			66	101	23	79	8
衢江区	341	1	89	5		63	70	10	90	9
常山县	226	1	54	7		36	46	4	72	4
开化县	153		38	5		35	29	2	41	2
龙游县	333		98	5	1	57	73	15	68	8
江山市	313	3	85	3		56	73	5	70	11
舟山市	**1260**		**347**	**7**	**329**	**98**	**211**	**110**	**134**	**9**
定海区	432		178	2	25	32	99	22	59	2
普陀区	517		87	4	165	40	80	71	62	6
岱山县	236		78	1	101	16	23	11	6	
嵊泗县	75		4		38	10	9	6	7	1
台州市	**5606**	**6**	**1394**	**26**	**20**	**678**	**1528**	**232**	**1540**	**131**
椒江区	582	2	168	2	1	57	170	12	144	17
黄岩区	684		233	2	1	81	163	28	150	22
路桥区	588		151	1	1	61	203	18	136	11
三门县	245	1	72	2	1	35	50	11	64	6
天台县	310	1	75	4	1	40	73	11	95	10
仙居县	344		96	4		51	53	5	121	9
温岭市	1131	1	194	4	11	160	334	79	321	18
临海市	1187	1	333	4	2	147	285	29	360	16
玉环市	535		72	3	2	46	197	39	149	22
丽水市	**1263**	**2**	**350**	**16**		**178**	**262**	**21**	**375**	**35**
莲都区	294	1	83	5		42	76	5	72	3
青田县	176		38			10	31	5	88	4
缙云县	285		63	1		43	62	7	86	20
遂昌县	85		31	2		12	15		21	3
松阳县	152		41	1		24	32	2	44	2
云和县	33		4	1		4	8	1	14	1
庆元县	75		27	6		13	15		11	
景宁畲族自治县	77		36			14	6	1	17	1
龙泉市	86	1	27			16	17		22	1
男	**22312**	**68**	**11948**	**283**	**557**	**1630**	**3273**	**1183**	**2535**	**520**
杭州市	**3538**	**10**	**2038**	**28**	**5**	**254**	**631**	**107**	**352**	**70**
上城区										
下城区										
江干区										
拱墅区										

4-6c 续表 8 单位：人

地区 性别	专业技术人员 小计	科学研究人员	工程技术人员	农业技术人员	飞机和船舶技术人员	卫生专业技术人员	经济和金融专业人员	法律、社会和宗教专业人员	教学人员	文学艺术、体育专业人员
西湖区	123		59		1	7	25	4	23	3
滨江区										
萧山区	1158	1	735	3	1	46	226	46	81	12
余杭区	1081	5	616	10	1	56	200	39	108	28
富阳区	441	1	274	3		31	54	7	53	12
临安区	242	1	117	2		37	47	5	26	5
桐庐县	141	1	76	1	1	19	32		6	3
淳安县	152	1	57	9	1	30	13	1	34	2
建德市	200		104			28	34	5	21	5
宁波市	**3326**	**5**	**1962**	**45**	**191**	**161**	**364**	**267**	**241**	**55**
海曙区	187	1	98	3	1	5	43	15	17	3
江北区	94		63	2		10	12	5	2	
北仑区	418		311	2	2	13	46	17	17	5
镇海区	123		80			4	6	28	5	
鄞州区	528	1	327	22	2	18	62	31	53	4
奉化区	380	1	190	3	77	21	28	24	21	5
象山县	351		152	4	89	16	23	31	11	23
宁海县	392	1	249		20	18	29	37	26	10
余姚市	299	1	181	6		18	50	11	27	2
慈溪市	554		311	3		38	65	68	62	3
温州市	**2693**	**4**	**1229**	**17**	**4**	**231**	**408**	**207**	**503**	**66**
鹿城区	102		32			9	35	10	9	6
龙湾区	1		1							
瓯海区	152		67			15	31	7	22	6
洞头区	134		97	4	1	5	12	1	12	1
永嘉县	320	1	153	3		27	47	17	62	7
平阳县	363		150	1		32	46	41	73	14
苍南县	217	1	79	2	3	26	27	20	49	7
文成县	95		43			8	12	12	18	2
泰顺县	104		45			11	16	10	19	2
瑞安市	432	1	165	3		37	84	21	112	6
乐清市	761	1	396	3		59	97	65	123	15
龙港市	12		1	1		2	1	3	4	
嘉兴市	**1988**	**7**	**1096**	**48**	**2**	**99**	**411**	**85**	**169**	**44**
南湖区	175		122	6		3	29	1	12	2
秀洲区	231	2	108	2		13	54	26	13	6
嘉善县	237		152	8		8	38	5	15	8
海盐县	212	1	114	4		8	35	17	27	2
海宁市	391	2	193	13	1	24	89	12	39	14
平湖市	287	1	181	7		15	44	11	24	2
桐乡市	455	1	226	8	1	28	122	13	39	10
湖州市	**1777**	**12**	**1153**	**19**		**105**	**223**	**50**	**154**	**30**
吴兴区	391	2	277	1		11	50	8	22	6
南浔区	322		219	7		20	33	9	23	7
德清县	445	4	317	1		19	49	11	37	3
长兴县	416	4	256	7		36	49	12	37	8
安吉县	203	2	84	3		19	42	10	35	6
绍兴市	**1741**	**6**	**972**	**32**	**4**	**140**	**253**	**66**	**200**	**35**
越城区	230	1	135	1	1	11	38	8	24	5
柯桥区	347	1	170	5		17	66	30	43	10
上虞区	372	2	243	4	1	16	47	18	27	7
新昌县	109		61			12	12	1	20	3
诸暨市	423	1	203	13	2	53	64	4	64	5
嵊州市	260	1	160	9		31	26	5	22	5

4-6c 续表 9

单位：人

地区 性别	专业技术人员 小计	科学研究人员	工程技术人员	农业技术人员	飞机和船舶技术人员	卫生专业技术人员	经济和金融专业人员	法律、社会和宗教专业人员	教学人员	文学艺术、体育专业人员
金华市	**2475**	**12**	**1159**	**38**	**2**	**233**	**403**	**72**	**386**	**99**
婺城区	281	2	138	6	1	21	44	9	45	8
金东区	269	1	129	12		24	45	5	34	15
武义县	148	1	80	3		15	16	9	17	6
浦江县	241		75	2	1	35	42	9	49	13
磐安县	86		46	2		7	12	1	15	2
兰溪市	220	2	80	4		33	39	2	41	4
义乌市	531	3	227	6		42	120	18	85	21
东阳市	376	3	185	1		31	47	11	64	22
永康市	323		199	2		25	38	8	36	8
衢州市	**909**	**5**	**470**	**21**	**1**	**128**	**119**	**38**	**88**	**25**
柯城区	251	2	141			30	30	13	25	5
衢江区	154	1	81	4		22	26	4	10	5
常山县	125	1	51	7		18	22	4	20	2
开化县	71		32	5		20	5	2	6	1
龙游县	172		89	2	1	23	17	12	18	5
江山市	136	1	76	3		15	19	3	9	7
舟山市	**861**		**326**	**7**	**329**	**30**	**50**	**89**	**23**	**4**
定海区	256		169	2	25	5	22	19	11	1
普陀区	361		83	4	165	18	21	57	10	2
岱山县	187		70	1	101	3	5	7		
嵊泗县	57		4		38	4	2	6	2	1
台州市	**2400**	**6**	**1223**	**17**	**19**	**184**	**343**	**191**	**328**	**68**
椒江区	258	2	150	2	1	12	40	11	28	10
黄岩区	300		195	1	1	15	28	20	31	9
路桥区	243		133	1	1	12	45	12	26	10
三门县	131	1	68	1	1	11	17	9	17	3
天台县	144	1	67	1		11	21	9	29	5
仙居县	147		83	2		14	9	1	31	4
温岭市	455	1	165	3	11	47	86	69	62	7
临海市	522	1	299	4	2	44	57	24	80	6
玉环市	200		63	2	2	18	40	36	24	14
丽水市	**604**	**1**	**320**	**11**		**65**	**68**	**11**	**91**	**24**
莲都区	144	1	78	3		11	15	3	25	3
青田县	86		35			5	11	4	27	4
缙云县	109		55	1		13	11	2	13	12
遂昌县	51		27	2		4	8		8	2
松阳县	71		40	1		8	10		9	1
云和县	12		4	1		2	1	1	2	1
庆元县	40		22	3		7	2		3	
景宁畲族自治县	47		35			5	4	1	1	1
龙泉市	44		24			10	6		3	
女	**25478**	**41**	**1852**	**89**	**3**	**3884**	**10112**	**655**	**8030**	**433**
杭州市	**4019**	**8**	**462**	**14**		**613**	**1645**	**71**	**1091**	**47**
上城区										
下城区										
江干区										
拱墅区										
西湖区	146	1	12			24	60	3	37	4
滨江区										
萧山区	1365	3	199	5		203	594	30	312	4
余杭区	1319	2	144	1		151	560	28	386	20
富阳区	439		60	2		72	144	4	136	9
临安区	294	2	14	1		57	130		83	4
桐庐县	145		16			34	64		27	2
淳安县	140		8	4		24	32	1	66	2
建德市	171		9	1		48	61	5	44	2

4-6c 续表 10

单位：人

地区 性别	专业技术人员 小计	科学研究人员	工程技术人员	农业技术人员	飞机和船舶技术人员	卫生专业技术人员	经济和金融专业人员	法律、社会和宗教专业人员	教学人员	文学艺术、体育专业人员
宁波市	**3475**	**4**	**269**	**11**		**437**	**1658**	**123**	**884**	**41**
海曙区	236		13			22	133	6	53	5
江北区	130		15	1		15	71	3	22	1
北仑区	395	2	42	2		28	217	11	78	10
镇海区	94		4	1		17	41	4	22	1
鄞州区	554		41	3		88	279	9	121	2
奉化区	241		22			35	99	9	64	7
象山县	277	1	15			45	107	11	88	8
宁海县	325		43			35	134	5	96	3
余姚市	436		22	4		42	207	36	122	2
慈溪市	787	1	52			110	370	29	218	2
温州市	**3006**	**1**	**118**	**4**		**423**	**1092**	**60**	**1233**	**51**
鹿城区	127		4			11	63	2	38	6
龙湾区										
瓯海区	201		9			24	89	2	74	3
洞头区	93		14			16	24		34	3
永嘉县	314		10			61	110	3	119	7
平阳县	353	1	9			61	97	6	171	6
苍南县	180		3			33	41	7	92	3
文成县	89					12	19	8	46	4
泰顺县	81		2			15	13	1	44	2
瑞安市	588		17	2		64	225	13	257	7
乐清市	971		50	2		124	409	18	353	10
龙港市	9					2	2		5	
嘉兴市	**2648**	**3**	**184**	**24**		**443**	**1136**	**91**	**675**	**53**
南湖区	219		24	2		35	101	2	52	1
秀洲区	338	2	24	1		52	142	15	93	7
嘉善县	296		30	7		54	126		70	3
海盐县	293		11	1		57	132	5	81	2
海宁市	588		32	9		97	255	17	154	17
平湖市	302		35	1		41	148	10	59	3
桐乡市	612	1	28	3		107	232	42	166	20
湖州市	**1899**	**11**	**212**	**2**	**1**	**318**	**708**	**38**	**548**	**32**
吴兴区	350	1	35			58	138	6	98	8
南浔区	316	1	42	1		49	123	4	85	7
德清县	415	3	70			51	149	14	120	5
长兴县	532	4	54	1	1	119	180	8	148	8
安吉县	286	2	11			41	118	6	97	4
绍兴市	**2136**	**5**	**185**	**7**	**1**	**311**	**887**	**112**	**550**	**44**
越城区	346		49	1		42	124	49	70	5
柯桥区	476	2	23	1	1	48	250	21	110	13
上虞区	393		31	1		53	162	26	104	7
新昌县	124	2	15			23	43		38	3
诸暨市	568		33	3		93	230	12	179	6
嵊州市	229	1	34	1		52	78	4	49	10
金华市	**3116**	**4**	**139**	**9**		**479**	**1173**	**67**	**1110**	**69**
婺城区	351		23	3		45	140	3	122	4
金东区	311	2	15	1		42	124	6	107	8
武义县	225		6	2		31	93	7	78	6
浦江县	280		9			64	73	14	106	8
磐安县	72		3			8	25	3	27	2
兰溪市	256		14	1		66	73	1	86	7
义乌市	634	1	19	2		104	250	12	217	14
东阳市	489	1	22			69	151	16	206	13
永康市	498		28			50	244	5	161	7

4-6c 续表 11 单位：人

地区 性别	专业技术人员 小计	科学研究人员	工程技术人员	农业技术人员	飞机和船舶技术人员	卫生专业技术人员	经济和金融专业人员	法律、社会和宗教专业人员	教学人员	文学艺术、体育专业人员
衢州市	**915**	**4**	**61**	**4**		**185**	**273**	**21**	**332**	**17**
柯城区	207	2	26			36	71	10	54	3
衢江区	187		8	1		41	44	6	80	4
常山县	101		3			18	24		52	2
开化县	82		6			15	24		35	1
龙游县	161		9	3		34	56	3	50	3
江山市	177	2	9			41	54	2	61	4
舟山市	**399**		**21**			**68**	**161**	**21**	**111**	**5**
定海区	176		9			27	77	3	48	1
普陀区	156		4			22	59	14	52	4
岱山县	49		8			13	18	4	6	
嵊泗县	18					6	7		5	
台州市	**3206**		**171**	**9**	**1**	**494**	**1185**	**41**	**1212**	**63**
椒江区	324		18			45	130	1	116	7
黄岩区	384		38	1		66	135	8	119	13
路桥区	345		18			49	158	6	110	1
三门县	114		4	1		24	33	2	47	3
天台县	166		8	3	1	29	52	2	66	5
仙居县	197		13	2		37	44	4	90	5
温岭市	676		29	1		113	248	10	259	11
临海市	665		34			103	228	5	280	10
玉环市	335		9	1		28	157	3	125	8
丽水市	**659**	**1**	**30**	**5**		**113**	**194**	**10**	**284**	**11**
莲都区	150		5	2		31	61	2	47	
青田县	90		3			5	20	1	61	
缙云县	176		8			30	51	5	73	8
遂昌县	34		4			8	7		13	1
松阳县	81		1			16	22	2	35	1
云和县	21					2	7		12	
庆元县	35		5	3		6	13		8	
景宁畲族自治县	30		1			9	2		16	
龙泉市	42	1	3			6	11		19	1

4-6c　续表 12　　　　单位：人

地区 性别	专业技术人员		办事人员和有关人员				社会生产服务和生活服务人员		
	新闻出版、文化专业人员	其他专业技术人员	小计	办事人员	安全和消防人员	其他办事人员和有关人员	小计	批发与零售服务人员	交通运输、仓储和邮政业服务人员
合计	**495**	**199**	**33211**	**21931**	**11033**	**247**	**258645**	**105571**	**57207**
杭州市	**100**	**11**	**2531**	**1687**	**829**	**15**	**35232**	**11865**	**8930**
上城区									
下城区									
江干区									
拱墅区									
西湖区	6		56	43	13		765	240	141
滨江区									
萧山区	21	1	465	296	169		8687	3099	2619
余杭区	43	2	816	397	410	9	12532	4364	3344
富阳区	14	4	436	276	158	2	3567	1223	798
临安区	5		257	222	33	2	3753	1168	817
桐庐县	4		134	118	16		2117	615	453
淳安县	6	1	112	101	10	1	1429	413	227
建德市	1	3	255	234	20	1	2382	743	531
宁波市	**63**	**20**	**5362**	**3306**	**2028**	**28**	**30207**	**10222**	**8234**
海曙区	4	1	364	227	137		2246	744	667
江北区	2		341	204	137		1823	511	531
北仑区	8	2	666	365	299	2	3695	894	1452
镇海区	3	1	210	134	76		959	243	331
鄞州区	19		851	577	274		4834	1612	1260
奉化区	5	10	551	316	230	5	2967	1012	731
象山县	3	1	477	313	163	1	2450	868	537
宁海县	8	3	451	254	197		2782	1040	525
余姚市	2	2	634	419	215		2695	1091	677
慈溪市	9		817	497	300	20	5756	2207	1523
温州市	**36**	**12**	**3738**	**2587**	**1137**	**14**	**36858**	**18521**	**7186**
鹿城区	4		216	198	18		1774	757	425
龙湾区			1	1			14	7	5
瓯海区	1	3	292	220	70	2	2923	1245	804
洞头区	3		229	172	56	1	956	278	287
永嘉县	5	2	434	313	119	2	4664	2519	885
平阳县	2	6	381	220	160	1	4435	2106	904
苍南县	3	1	255	166	87	2	4023	2055	789
文成县			136	95	41		1496	592	186
泰顺县	5		163	112	51		1231	522	178
瑞安市	6		677	449	227	1	6663	3466	1237
乐清市	7		936	633	298	5	8457	4862	1430
龙港市			18	8	10		222	112	56
嘉兴市	**47**	**19**	**4102**	**2774**	**1246**	**82**	**28201**	**10994**	**6416**
南湖区	2		383	265	117	1	1941	650	558
秀洲区	6	3	608	322	285	1	4329	2090	905
嘉善县	5	4	503	432	69	2	3187	1179	764
海盐县	6	2	444	318	125	1	2597	864	634
海宁市	6	5	836	495	271	70	6336	2626	1411
平湖市	7		441	334	106	1	3934	1145	917
桐乡市	15	5	887	608	273	6	5877	2440	1227
湖州市	**36**	**24**	**3184**	**2250**	**920**	**14**	**19198**	**6927**	**4159**
吴兴区	8	12	645	442	201	2	4350	1697	950
南浔区	4	4	565	360	203	2	3049	1037	667
德清县	3	4	760	537	222	1	3517	1117	823
长兴县	13	3	570	415	153	2	4386	1508	912
安吉县	8	1	644	496	141	7	3896	1568	807

4－6c 续表 13 单位：人

地区 性别	专业技术人员		办事人员和有关人员				社会生产服务和生活服务人员		
	新闻出版、文化专业人员	其他专业技术人员	小计	办事人员	安全和消防人员	其他办事人员和有关人员	小计	批发与零售服务人员	交通运输、仓储和邮政业服务人员
绍兴市	**48**	**19**	**2629**	**1750**	**856**	**23**	**20079**	**8449**	**3548**
越城区	12		529	367	159	3	2783	1087	590
柯桥区	10	2	491	336	150	5	3801	1753	656
上虞区	12	4	619	411	201	7	3447	1270	625
新昌县			119	46	73		1266	523	234
诸暨市	14	12	491	314	171	6	5643	2555	975
嵊州市		1	380	276	102	2	3139	1261	468
金华市	**69**	**68**	**4016**	**2435**	**1550**	**31**	**31039**	**14030**	**7113**
婺城区	9	9	476	277	194	5	3043	1075	670
金东区	7	3	545	371	170	4	3320	1198	889
武义县	1	2	303	167	134	2	2130	834	552
浦江县	5	16	289	147	139	3	2949	1470	558
磐安县	5		134	74	60		811	292	147
兰溪市	7	16	331	209	120	2	3058	1207	639
义乌市	18	6	940	598	339	3	7598	3773	2048
东阳市	10	13	446	269	166	11	3722	1823	606
永康市	7	3	552	323	228	1	4408	2358	1004
衢州市	**25**	**7**	**1586**	**1143**	**428**	**15**	**11341**	**3704**	**2314**
柯城区	7	3	334	242	91	1	2126	684	384
衢江区	4		283	201	81	1	2568	756	558
常山县	2		209	156	51	2	1484	481	251
开化县	1		159	141	18		1150	319	297
龙游县	5	3	311	218	87	6	1951	654	392
江山市	6	1	290	185	100	5	2062	810	432
舟山市	**14**	**1**	**1006**	**686**	**313**	**7**	**4979**	**1215**	**1195**
定海区	12	1	360	220	135	5	1828	475	482
普陀区	2		406	270	135	1	2039	489	451
岱山县			168	135	32	1	676	182	169
嵊泗县			72	61	11		436	69	93
台州市	**40**	**11**	**4107**	**2726**	**1364**	**17**	**32848**	**16107**	**6685**
椒江区	8	1	512	361	150	1	3352	1631	677
黄岩区	4		449	304	145		3229	1540	728
路桥区	4	2	439	319	118	2	3687	1821	872
三门县	3		182	120	61	1	1518	678	284
天台县			236	142	94		2713	1490	394
仙居县	3	2	237	151	83	3	1860	723	277
温岭市	9		849	529	320		7683	4050	1490
临海市	5	5	798	534	254	10	6352	3234	1252
玉环市	4	1	405	266	139		2454	940	711
丽水市	**17**	**7**	**950**	**587**	**362**	**1**	**8663**	**3537**	**1427**
莲都区	3	4	267	169	98		1512	626	258
青田县			128	79	49		2392	1081	274
缙云县	3		153	79	74		1663	699	301
遂昌县	1		78	54	24		587	195	111
松阳县	5	1	116	80	35	1	879	334	157
云和县			43	30	13		327	133	47
庆元县	1	2	48	26	22		367	122	93
景宁畲族自治县	2		60	35	25		392	150	65
龙泉市	2		57	35	22		544	197	121
男	**165**	**150**	**22440**	**12041**	**10274**	**125**	**155540**	**57165**	**48504**
杭州市	**34**	**9**	**1796**	**1011**	**777**	**8**	**21509**	**6408**	**7540**
上城区									
下城区									
江干区									
拱墅区									

4-6c　续表 14　　　　　　　　　　　　　　　　　　　　　单位：人

地区 性别	专业技术人员		办事人员和有关人员				社会生产服务和生活服务人员		
	新闻出版、文化专业人员	其他专业技术人员	小计	办事人员	安全和消防人员	其他办事人员和有关人员	小计	批发与零售服务人员	交通运输、仓储和邮政业服务人员
西湖区	1		31	20	11		450	112	117
滨江区									
萧山区	6	1	327	178	149		5387	1703	2050
余杭区	16	2	649	256	389	4	7821	2394	2883
富阳区	4	2	307	152	153	2	2161	666	721
临安区	2		170	139	31		2259	606	713
桐庐县	2		89	74	15		1252	341	394
淳安县	3	1	67	57	9	1	785	206	192
建德市		3	156	135	20	1	1394	380	470
宁波市	**21**	**14**	**3597**	**1706**	**1877**	**14**	**18214**	**5305**	**6903**
海曙区		1	243	119	124		1452	396	568
江北区			234	107	127		1127	286	455
北仑区	3	2	439	159	279	1	2368	460	1221
镇海区			139	66	73		610	128	289
鄞州区	8		549	300	249		2951	833	1031
奉化区	3	7	393	181	209	3	1718	503	638
象山县	1	1	308	158	150		1291	418	450
宁海县	1	1	291	120	171		1469	500	432
余姚市	1	2	441	236	205		1628	582	528
慈溪市	4		560	260	290	10	3600	1199	1291
温州市	**15**	**9**	**2601**	**1530**	**1063**	**8**	**23194**	**10695**	**6305**
鹿城区	1		135	120	15		1135	430	354
龙湾区							10	4	5
瓯海区	1	3	185	120	64	1	1919	697	710
洞头区	1		153	100	53		593	137	260
永嘉县	2	1	300	184	114	2	3083	1588	789
平阳县	2	4	278	126	151	1	2781	1216	781
苍南县	2	1	194	110	82	2	2617	1183	740
文成县			95	62	33		901	327	176
泰顺县	1		125	77	48		749	309	168
瑞安市	3		489	273	215	1	4170	1999	1064
乐清市	2		634	355	278	1	5080	2736	1205
龙港市			13	3	10		156	69	53
嘉兴市	**17**	**10**	**2727**	**1494**	**1197**	**36**	**17341**	**5919**	**5324**
南湖区			256	142	113	1	1189	350	461
秀洲区	4	3	422	150	271	1	2618	1166	755
嘉善县	2	1	315	249	65	1	2003	681	613
海盐县	2	2	284	162	121	1	1579	462	496
海宁市	2	2	548	259	261	28	3807	1369	1174
平湖市	2		263	162	100	1	2582	626	795
桐乡市	5	2	639	370	266	3	3563	1265	1030
湖州市	**11**	**20**	**2074**	**1185**	**881**	**8**	**11286**	**3681**	**3538**
吴兴区	4	10	430	240	189	1	2529	863	821
南浔区		4	398	197	200	1	1887	580	579
德清县	1	3	457	244	212	1	2027	613	683
长兴县	5	2	373	228	145		2511	784	774
安吉县	1	1	416	276	135	5	2332	841	681
绍兴市	**19**	**14**	**1821**	**988**	**819**	**14**	**11536**	**4479**	**3013**
越城区	6		356	204	152		1559	560	502
柯桥区	4	1	327	178	145	4	2258	1037	529
上虞区	4	3	402	204	195	3	1817	628	530
新昌县			95	30	65		708	267	203
诸暨市	5	9	352	182	165	5	3320	1313	837
嵊州市		1	289	190	97	2	1874	674	412

4-6c 续表 15 单位：人

地区 性别	专业技术人员 新闻出版、文化专业人员	专业技术人员 其他专业技术人员	办事人员和有关人员 小计	办事人员和有关人员 办事人员	办事人员和有关人员 安全和消防人员	办事人员和有关人员 其他办事人员和有关人员	社会生产服务和生活服务人员 小计	社会生产服务和生活服务人员 批发与零售服务人员	社会生产服务和生活服务人员 交通运输、仓储和邮政业服务人员
金华市	**20**	**51**	**2829**	**1396**	**1418**	**15**	**18664**	**7576**	**5977**
婺城区	1	6	323	136	184	3	1768	531	552
金东区	3	1	363	202	160	1	1970	599	741
武义县		1	201	97	103	1	1224	415	433
浦江县	3	12	228	94	133	1	1886	801	519
磐安县	1		103	52	51		455	145	128
兰溪市	3	12	244	128	114	2	1788	660	553
义乌市	3	6	682	358	321	3	4888	2114	1779
东阳市	1	11	293	135	154	4	2001	940	481
永康市	5	2	392	194	198		2684	1371	791
衢州市	**7**	**7**	**1048**	**656**	**385**	**7**	**6339**	**1853**	**2028**
柯城区	2	3	202	121	80	1	1149	341	341
衢江区	1		189	111	78		1490	377	497
常山县			156	104	50	2	780	246	229
开化县			103	87	16		654	149	254
龙游县	2	3	208	131	74	3	1135	340	342
江山市	2	1	190	102	87	1	1131	400	365
舟山市	**2**	**1**	**647**	**358**	**285**	**4**	**2724**	**579**	**1035**
定海区	1	1	224	103	119	2	963	224	404
普陀区	1		274	149	124	1	1106	227	397
岱山县			110	77	32	1	411	96	149
嵊泗县			39	29	10		244	32	85
台州市	**12**	**9**	**2684**	**1417**	**1257**	**10**	**19750**	**8785**	**5596**
椒江区	1	1	311	175	135	1	1959	865	560
黄岩区			276	140	136		1965	783	619
路桥区	2	1	271	161	108	2	2360	1054	732
三门县	3		128	68	59	1	988	416	254
天台县			159	71	88		1657	877	349
仙居县	1	2	168	89	78	1	1072	380	240
温岭市	4		559	270	289		4504	2203	1267
临海市	1	4	550	306	239	5	3821	1741	1043
玉环市		1	262	137	125		1424	466	532
丽水市	**7**	**6**	**616**	**300**	**315**	**1**	**4983**	**1885**	**1245**
莲都区	2	3	166	74	92		845	324	223
青田县			86	45	41		1367	566	248
缙云县	2		103	39	64		987	394	256
遂昌县			52	32	20		321	98	95
松阳县	1	1	75	44	30	1	504	184	133
云和县			29	16	13		189	68	38
庆元县	1	2	31	15	16		222	69	83
景宁畲族自治县			38	16	22		218	74	61
龙泉市	1		36	19	17		330	108	108
女	**330**	**49**	**10771**	**9890**	**759**	**122**	**103105**	**48406**	**8703**
杭州市	**66**	**2**	**735**	**676**	**52**	**7**	**13723**	**5457**	**1390**
上城区									
下城区									
江干区									
拱墅区									
西湖区	5		25	23	2		315	128	24
滨江区									
萧山区	15		138	118	20		3300	1396	569
余杭区	27		167	141	21	5	4711	1970	461
富阳区	10	2	129	124	5		1406	557	77
临安区	3		87	83	2	2	1494	562	104
桐庐县	2		45	44	1		865	274	59
淳安县	3		45	44	1		644	207	35
建德市	1		99	99			988	363	61

4−6c　续表 16　　　　单位：人

地区 性别	专业技术人员		办事人员和有关人员				社会生产服务和生活服务人员		
	新闻出版、文化专业人员	其他专业技术人员	小计	办事人员	安全和消防人员	其他办事人员和有关人员	小计	批发与零售服务人员	交通运输、仓储和邮政业服务人员
宁波市	**42**	**6**	**1765**	**1600**	**151**	**14**	**11993**	**4917**	**1331**
海曙区	4		121	108	13		794	348	99
江北区	2		107	97	10		696	225	76
北仑区	5		227	206	20	1	1327	434	231
镇海区	3	1	71	68	3		349	115	42
鄞州区	11		302	277	25		1883	779	229
奉化区	2	3	158	135	21	2	1249	509	93
象山县	2		169	155	13	1	1159	450	87
宁海县	7	2	160	134	26		1313	540	93
余姚市	1		193	183	10		1067	509	149
慈溪市	5		257	237	10	10	2156	1008	232
温州市	**21**	**3**	**1137**	**1057**	**74**	**6**	**13664**	**7826**	**881**
鹿城区	3		81	78	3		639	327	71
龙湾区			1	1			4	3	
瓯海区			107	100	6	1	1004	548	94
洞头区	2		76	72	3	1	363	141	27
永嘉县	3	1	134	129	5		1581	931	96
平阳县		2	103	94	9		1654	890	123
苍南县	1		61	56	5		1406	872	49
文成县			41	33	8		595	265	10
泰顺县	4		38	35	3		482	213	10
瑞安市	3		188	176	12		2493	1467	173
乐清市	5		302	278	20	4	3377	2126	225
龙港市			5	5			66	43	3
嘉兴市	**30**	**9**	**1375**	**1280**	**49**	**46**	**10860**	**5075**	**1092**
南湖区	2		127	123	4		752	300	97
秀洲区	2		186	172	14		1711	924	150
嘉善县	3	3	188	183	4	1	1184	498	151
海盐县	4		160	156	4		1018	402	138
海宁市	4	3	288	236	10	42	2529	1257	237
平湖市	5		178	172	6		1352	519	122
桐乡市	10	3	248	238	7	3	2314	1175	197
湖州市	**25**	**4**	**1110**	**1065**	**39**	**6**	**7912**	**3246**	**621**
吴兴区	4	2	215	202	12	1	1821	834	129
南浔区	4		167	163	3	1	1162	457	88
德清县	2	1	303	293	10		1490	504	140
长兴县	8	1	197	187	8	2	1875	724	138
安吉县	7		228	220	6	2	1564	727	126
绍兴市	**29**	**5**	**808**	**762**	**37**	**9**	**8543**	**3970**	**535**
越城区	6		173	163	7	3	1224	527	88
柯桥区	6	1	164	158	5	1	1543	716	127
上虞区	8	1	217	207	6	4	1630	642	95
新昌县			24	16	8		558	256	31
诸暨市	9	3	139	132	6	1	2323	1242	138
嵊州市			91	86	5		1265	587	56
金华市	**49**	**17**	**1187**	**1039**	**132**	**16**	**12375**	**6454**	**1136**
婺城区	8	3	153	141	10	2	1275	544	118
金东区	4	2	182	169	10	3	1350	599	148
武义县	1	1	102	70	31	1	906	419	119
浦江县	2	4	61	53	6	2	1063	669	39
磐安县	4		31	22	9		356	147	19
兰溪市	4	4	87	81	6		1270	547	86
义乌市	15		258	240	18		2710	1659	269
东阳市	9	2	153	134	12	7	1721	883	125
永康市	2	1	160	129	30	1	1724	987	213

4-6c 续表 17

单位：人

地区 性别	专业技术人员		办事人员和有关人员				社会生产服务和生活服务人员		
	新闻出版、文化专业人员	其他专业技术人员	小计	办事人员	安全和消防人员	其他办事人员和有关人员	小计	批发与零售服务人员	交通运输、仓储和邮政业服务人员
衢州市	**18**		**538**	**487**	**43**	**8**	**5002**	**1851**	**286**
柯城区	5		132	121	11		977	343	43
衢江区	3		94	90	3	1	1078	379	61
常山县	2		53	52	1		704	235	22
开化县	1		56	54	2		496	170	43
龙游县	3		103	87	13	3	816	314	50
江山市	4		100	83	13	4	931	410	67
舟山市	**12**		**359**	**328**	**28**	**3**	**2255**	**636**	**160**
定海区	11		136	117	16	3	865	251	78
普陀区	1		132	121	11		933	262	54
岱山县			58	58			265	86	20
嵊泗县			33	32	1		192	37	8
台州市	**28**	**2**	**1423**	**1309**	**107**	**7**	**13098**	**7322**	**1089**
椒江区	7		201	186	15		1393	766	117
黄岩区	4		173	164	9		1264	757	109
路桥区	2	1	168	158	10		1327	767	140
三门县			54	52	2		530	262	30
天台县			77	71	6		1056	613	45
仙居县	2		69	62	5	2	788	343	37
温岭市	5		290	259	31		3179	1847	223
临海市	4	1	248	228	15	5	2531	1493	209
玉环市	4		143	129	14		1030	474	179
丽水市	**10**	**1**	**334**	**287**	**47**		**3680**	**1652**	**182**
莲都区	1	1	101	95	6		667	302	35
青田县			42	34	8		1025	515	26
缙云县	1		50	40	10		676	305	45
遂昌县	1		26	22	4		266	97	16
松阳县	4		41	36	5		375	150	24
云和县			14	14			138	65	9
庆元县			17	11	6		145	53	10
景宁畲族自治县	2		22	19	3		174	76	4
龙泉市	1		21	16	5		214	89	13

4-6c　续表 18

单位：人

地　区 性　别	社会生产服务和生活服务人员 住宿和餐饮服务人员	信息传输、软件和信息技术服务人员	金融服务人员	房地产服务人员	租赁和商务服务人员	技术辅助服务人员	水利、环境和公共设施管理服务人员	居民服务人员	电力、燃气及水供应服务人员
合计	**31896**	**3203**	**3268**	**2441**	**6962**	**4889**	**19073**	**13493**	**2237**
杭州市	**4246**	**806**	**508**	**589**	**1839**	**636**	**2942**	**1423**	**284**
上城区									
下城区									
江干区									
拱墅区									
西湖区	71	47	17	22	61	33	73	23	3
滨江区									
萧山区	809	156	158	144	416	166	558	259	62
余杭区	1199	421	138	227	619	241	1078	416	66
富阳区	506	56	58	61	119	54	327	202	37
临安区	630	54	64	65	256	45	339	155	39
桐庐县	344	16	37	21	162	48	216	110	26
淳安县	334	29	12	34	78	14	144	59	28
建德市	353	27	24	15	128	35	207	199	23
宁波市	**3402**	**368**	**317**	**442**	**942**	**693**	**2675**	**1474**	**247**
海曙区	202	40	23	35	70	61	202	89	17
江北区	233	22	11	45	73	46	209	64	7
北仑区	391	34	33	37	94	69	394	129	25
镇海区	109	8	17	12	34	14	108	31	13
鄞州区	467	84	69	122	229	176	383	200	33
奉化区	370	35	20	30	65	59	295	180	38
象山县	383	18	17	23	39	43	274	161	12
宁海县	330	45	26	9	59	61	225	288	42
余姚市	294	22	43	19	64	61	213	108	24
慈溪市	623	60	58	110	215	103	372	224	36
温州市	**4480**	**313**	**299**	**269**	**418**	**722**	**1271**	**2179**	**219**
鹿城区	252	8	19	12	52	51	59	94	5
龙湾区			1				1		
瓯海区	369	34	23	33	42	88	97	80	12
洞头区	157	6	13	18	15	23	100	30	4
永嘉县	542	33	37	26	50	78	125	259	22
平阳县	487	53	29	39	46	98	175	338	30
苍南县	511	32	19	41	35	76	129	208	13
文成县	356	5	14	15	21	23	56	172	18
泰顺县	178	15	11	11	18	27	53	160	13
瑞安市	764	49	62	33	65	107	179	487	43
乐清市	851	77	70	39	72	149	281	343	56
龙港市	13	1	1	2	2	2	16	8	3
嘉兴市	**2967**	**303**	**305**	**263**	**1182**	**496**	**3296**	**976**	**186**
南湖区	188	28	26	36	62	37	207	70	20
秀洲区	351	39	42	27	69	51	529	92	33
嘉善县	279	25	32	28	197	55	447	84	12
海盐县	266	39	46	22	144	53	341	83	18
海宁市	757	83	49	55	171	120	549	292	33
平湖市	398	36	52	47	362	53	656	129	16
桐乡市	728	53	58	48	177	127	567	226	54
湖州市	**3100**	**214**	**244**	**169**	**471**	**424**	**1839**	**842**	**229**
吴兴区	568	52	45	52	157	81	424	174	50
南浔区	429	48	39	12	65	91	411	128	39
德清县	654	32	63	34	57	86	374	130	26
长兴县	822	48	56	48	112	88	361	227	41
安吉县	627	34	41	23	80	78	269	183	73

4-6c 续表 19 单位：人

地区 性别	社会生产服务和生活服务人员								
	住宿和餐饮服务人员	信息传输、软件和信息技术服务人员	金融服务人员	房地产服务人员	租赁和商务服务人员	技术辅助服务人员	水利、环境和公共设施管理服务人员	居民服务人员	电力、燃气及水供应服务人员
绍兴市	**2283**	**236**	**317**	**213**	**469**	**427**	**1693**	**1470**	**258**
越城区	237	34	58	24	40	91	317	167	27
柯桥区	331	50	60	47	92	111	307	226	36
上虞区	335	49	40	29	85	78	366	418	26
新昌县	159	14	27	11	45	13	117	76	10
诸暨市	599	62	85	84	160	82	375	357	119
嵊州市	622	27	47	18	47	52	211	226	40
金华市	**3290**	**347**	**431**	**185**	**564**	**553**	**1861**	**1406**	**270**
婺城区	460	60	42	37	87	48	235	169	30
金东区	350	48	38	27	112	65	241	188	37
武义县	279	19	30	5	29	37	154	84	31
浦江县	276	25	40	11	44	69	157	160	23
磐安县	172	15	11	14	13	19	56	33	7
兰溪市	449	34	30	18	28	53	249	205	31
义乌市	534	70	98	37	150	107	389	178	56
东阳市	413	39	90	22	64	79	214	218	29
永康市	357	37	52	14	37	76	166	171	26
衢州市	**1680**	**193**	**171**	**104**	**445**	**168**	**852**	**1173**	**115**
柯城区	278	57	47	39	104	28	152	246	15
衢江区	374	49	32	24	155	43	217	236	31
常山县	220	12	27	10	60	19	94	257	6
开化县	205	19	14	7	43	11	97	100	9
龙游县	348	28	23	7	38	37	170	140	37
江山市	255	28	28	17	45	30	122	194	17
舟山市	**1067**	**70**	**51**	**45**	**157**	**71**	**634**	**226**	**48**
定海区	309	35	26	18	59	30	216	100	7
普陀区	545	24	15	17	49	25	267	76	5
岱山县	103	6	4	6	29	11	102	25	26
嵊泗县	110	5	6	4	20	5	49	25	10
台州市	**3576**	**273**	**506**	**124**	**361**	**599**	**1592**	**1657**	**288**
椒江区	351	36	55	23	46	89	199	127	27
黄岩区	282	29	73	11	33	80	172	135	37
路桥区	313	47	61	16	57	76	161	128	28
三门县	206	10	23	5	30	16	99	75	47
天台县	322	8	38	8	25	32	118	176	11
仙居县	457	12	22	8	31	34	99	150	11
温岭市	769	44	109	21	67	98	341	431	40
临海市	607	74	87	22	50	107	246	317	62
玉环市	269	13	38	10	22	67	157	118	25
丽水市	**1805**	**80**	**119**	**38**	**114**	**100**	**418**	**667**	**93**
莲都区	221	17	20	7	24	14	111	154	19
青田县	786	4	10	6	8	6	37	118	9
缙云县	236	20	35	5	27	36	71	161	19
遂昌县	149	8	14	2	11	10	31	26	5
松阳县	135	14	20	5	20	18	44	82	11
云和县	55	4	6	3	8	5	14	31	6
庆元县	52	2	4	4	3	3	32	35	10
景宁畲族自治县	76	2	4	2	10	2	41	26	3
龙泉市	95	9	6	4	3	6	37	34	11
男	**14327**	**2316**	**1393**	**1465**	**5492**	**3160**	**9203**	**3759**	**1972**
杭州市	**1760**	**556**	**205**	**351**	**1472**	**379**	**1330**	**361**	**246**
上城区									
下城区									
江干区									
拱墅区									

4−6c　续表 20　　　　　　　　　　　　　　　　　　　　　　　　　　单位：人

地　区 性　别	社会生产服务和生活服务人员 住宿和餐饮服务人　员	信息传输、软件和信息技术服务人　员	金融服务人　　员	房地产服务人员	租赁和商务服务人　员	技术辅助服务人员	水利、环境和公共设施管理服务人员	居民服务人　　员	电力、燃气及水供应服务人　员
西湖区	27	36	7	10	48	24	35	10	3
滨江区									
萧山区	363	111	68	99	332	88	267	69	53
余杭区	516	277	54	132	495	153	424	106	56
富阳区	200	42	19	35	99	34	154	60	33
临安区	268	44	28	33	202	32	164	35	36
桐庐县	135	11	14	11	129	18	108	20	24
淳安县	114	20	7	24	58	8	76	14	21
建德市	137	15	8	7	109	22	102	47	20
宁波市	**1443**	**272**	**125**	**252**	**706**	**418**	**1265**	**354**	**217**
海曙区	105	27	8	24	51	35	114	25	16
江北区	87	17	4	25	58	28	85	15	6
北仑区	166	28	4	18	69	43	178	38	18
镇海区	39	6	8	7	25	6	50	7	12
鄞州区	222	63	34	71	166	114	183	48	30
奉化区	128	25	8	22	54	32	128	46	33
象山县	130	11	5	13	21	27	117	30	11
宁海县	136	39	11	6	43	37	93	41	38
余姚市	147	14	13	13	51	38	120	34	22
慈溪市	283	42	30	53	168	58	197	70	31
温州市	**2335**	**248**	**154**	**187**	**324**	**549**	**697**	**688**	**190**
鹿城区	132	7	9	8	47	41	38	30	4
龙湾区							1		
瓯海区	196	30	10	20	27	68	47	24	10
洞头区	66	5	8	12	12	18	43	6	4
永嘉县	300	26	20	20	39	64	71	67	19
平阳县	251	39	17	25	37	76	110	92	25
苍南县	258	25	11	31	30	58	83	96	13
文成县	207	4	5	7	17	17	31	60	16
泰顺县	85	11	5	8	15	20	34	43	12
瑞安市	434	39	31	21	53	81	104	177	36
乐清市	399	61	37	34	45	106	123	91	48
龙港市	7	1	1	1	2		12	2	3
嘉兴市	**1431**	**222**	**132**	**154**	**1020**	**287**	**1650**	**376**	**168**
南湖区	70	15	17	20	47	28	99	14	17
秀洲区	150	27	18	16	42	26	271	32	31
嘉善县	117	21	13	15	182	39	219	24	9
海盐县	131	28	20	11	131	34	153	34	17
海宁市	396	62	24	30	137	58	250	118	27
平湖市	195	30	23	29	344	35	342	55	16
桐乡市	372	39	17	33	137	67	316	99	51
湖州市	**1231**	**159**	**89**	**94**	**349**	**259**	**935**	**284**	**205**
吴兴区	229	40	15	22	109	52	193	65	47
南浔区	173	35	16	10	49	57	241	42	35
德清县	253	22	20	20	48	48	168	36	24
长兴县	313	36	22	28	81	51	182	68	36
安吉县	263	26	16	14	62	51	151	73	63
绍兴市	**1053**	**169**	**119**	**134**	**374**	**243**	**750**	**358**	**242**
越城区	97	21	24	12	29	48	99	39	27
柯桥区	137	35	30	26	75	59	150	51	32
上虞区	127	36	11	21	63	53	141	77	23
新昌县	64	7	10	5	34	7	51	17	10
诸暨市	274	48	26	57	133	48	205	104	116
嵊州市	354	22	18	13	40	28	104	70	34

4-6c 续表 21　　　　　　　　　　　　　　　　　　　　　　　　单位：人

地　区 性　别	社会生产服务和生活服务人员								
	住宿和餐饮服务人　员	信息传输、软件和信息技术服务人　员	金融服务人　员	房地产服务人员	租赁和商务服务人　员	技术辅助服务人员	水利、环境和公共设施管理服务人员	居民服务人　员	电力、燃气及水供应服务人　员
金华市	**1436**	**250**	**187**	**108**	**399**	**362**	**918**	**395**	**225**
婺城区	220	37	15	23	71	32	106	48	26
金东区	158	33	14	14	75	50	105	46	27
武义县	113	18	16	3	23	26	70	18	23
浦江县	140	19	22	6	30	49	108	68	21
磐安县	64	9	4	7	10	14	35	8	5
兰溪市	198	21	10	13	18	30	108	47	27
义乌市	232	53	51	21	100	62	213	73	53
东阳市	148	30	35	16	48	49	98	42	21
永康市	163	30	20	5	24	50	75	45	22
衢州市	**649**	**142**	**70**	**65**	**368**	**108**	**408**	**185**	**104**
柯城区	107	40	15	25	85	15	63	34	13
衢江区	143	38	13	16	128	33	93	41	28
常山县	79	10	17	4	49	17	58	26	6
开化县	69	13	7	5	37	9	54	23	8
龙游县	162	20	9	1	33	15	83	24	35
江山市	89	21	9	14	36	19	57	37	14
舟山市	**367**	**49**	**17**	**20**	**116**	**56**	**259**	**63**	**40**
定海区	99	21	9	4	47	25	63	19	5
普陀区	199	20	4	11	31	20	129	23	5
岱山县	34	4	4	3	26	7	46	7	25
嵊泗县	35	4		2	12	4	21	14	5
台州市	**1738**	**195**	**245**	**80**	**283**	**437**	**748**	**536**	**251**
椒江区	167	25	22	14	38	60	72	37	24
黄岩区	164	21	41	8	29	56	80	41	33
路桥区	146	34	30	10	46	54	92	47	24
三门县	88	9	10	3	24	13	56	33	40
天台县	147	6	16	6	18	27	51	78	9
仙居县	235	8	9	5	20	18	53	65	9
温岭市	346	35	52	14	55	74	160	89	37
临海市	322	45	49	15	36	81	115	105	52
玉环市	123	12	16	5	17	54	69	41	23
丽水市	**884**	**54**	**50**	**20**	**81**	**62**	**243**	**159**	**84**
莲都区	107	8	10	3	22	10	57	28	18
青田县	443	1	6	3	6	4	24	26	8
缙云县	112	19	16	3	17	23	37	42	18
遂昌县	56	3	4	1	6	6	15	9	5
松阳县	53	12	8	3	14	11	31	15	9
云和县	25	3	3	1	5	2	14	9	6
庆元县	22	2	2	3	2	2	18	6	8
景宁畲族自治县	26	1	1		7	2	25	8	3
龙泉市	40	5		3	2	2	22	16	9
女	**17569**	**887**	**1875**	**976**	**1470**	**1729**	**9870**	**9734**	**265**
杭州市	**2486**	**250**	**303**	**238**	**367**	**257**	**1612**	**1062**	**38**
上城区									
下城区									
江干区									
拱墅区									
西湖区	44	11	10	12	13	9	38	13	
滨江区									
萧山区	446	45	90	45	84	78	291	190	9
余杭区	683	144	84	95	124	88	654	310	10
富阳区	306	14	39	26	20	20	173	142	4
临安区	362	10	36	32	54	13	175	120	3
桐庐县	209	5	23	10	33	30	108	90	2
淳安县	220	9	5	10	20	6	68	45	7
建德市	216	12	16	8	19	13	105	152	3

4-6c　续表 22　　　　　　　　　　　　　　　　　　　　　　　　　　单位：人

地　区 性　别	社会生产服务和生活服务人员								
	住宿和餐饮服务人员	信息传输、软件和信息技术服务人员	金融服务人员	房地产服务人员	租赁和商务服务人员	技术辅助服务人员	水利、环境和公共设施管理服务人员	居民服务人员	电力、燃气及水供应服务人员
宁波市	**1959**	**96**	**192**	**190**	**236**	**275**	**1410**	**1120**	**30**
海曙区	97	13	15	11	19	26	88	64	1
江北区	146	5	7	20	15	18	124	49	1
北仑区	225	6	29	19	25	26	216	91	7
镇海区	70	2	9	5	9	8	58	24	1
鄞州区	245	21	35	51	63	62	200	152	3
奉化区	242	10	12	8	11	27	167	134	5
象山县	253	7	12	10	18	16	157	131	1
宁海县	194	6	15	3	16	24	132	247	4
余姚市	147	8	30	6	13	23	93	74	2
慈溪市	340	18	28	57	47	45	175	154	5
温州市	**2145**	**65**	**145**	**82**	**94**	**173**	**574**	**1491**	**29**
鹿城区	120	1	10	4	5	10	21	64	1
龙湾区			1						
瓯海区	173	4	13	13	15	20	50	56	2
洞头区	91	1	5	6	3	5	57	24	
永嘉县	242	7	17	6	11	14	54	192	3
平阳县	236	14	12	14	9	22	65	246	5
苍南县	253	7	8	10	5	18	46	112	
文成县	149	1	9	8	4	6	25	112	2
泰顺县	93	4	6	3	3	7	19	117	1
瑞安市	330	10	31	12	12	26	75	310	7
乐清市	452	16	33	5	27	43	158	252	8
龙港市	6			1		2	4	6	
嘉兴市	**1536**	**81**	**173**	**109**	**162**	**209**	**1646**	**600**	**18**
南湖区	118	13	9	16	15	9	108	56	3
秀洲区	201	12	24	11	27	25	258	60	2
嘉善县	162	4	19	13	15	16	228	60	3
海盐县	135	11	26	11	13	19	188	49	1
海宁市	361	21	25	25	34	62	299	174	6
平湖市	203	6	29	18	18	18	314	74	
桐乡市	356	14	41	15	40	60	251	127	3
湖州市	**1869**	**55**	**155**	**75**	**122**	**165**	**904**	**558**	**24**
吴兴区	339	12	30	30	48	29	231	109	3
南浔区	256	13	23	2	16	34	170	86	4
德清县	401	10	43	14	9	38	206	94	2
长兴县	509	12	34	20	31	37	179	159	5
安吉县	364	8	25	9	18	27	118	110	10
绍兴市	**1230**	**67**	**198**	**79**	**95**	**184**	**943**	**1112**	**16**
越城区	140	13	34	12	11	43	218	128	
柯桥区	194	15	30	21	17	52	157	175	4
上虞区	208	13	29	8	22	25	225	341	3
新昌县	95	7	17	6	11	6	66	59	
诸暨市	325	14	59	27	27	34	170	253	3
嵊州市	268	5	29	5	7	24	107	156	6
金华市	**1854**	**97**	**244**	**77**	**165**	**191**	**943**	**1011**	**45**
婺城区	240	23	27	14	16	16	129	121	4
金东区	192	15	24	13	37	15	136	142	10
武义县	166	1	14	2	6	11	84	66	8
浦江县	136	6	18	5	14	20	49	92	2
磐安县	108	6	7	7	3	5	21	25	2
兰溪市	251	13	20	5	10	23	141	158	4
义乌市	302	17	47	16	50	45	176	105	3
东阳市	265	9	55	6	16	30	116	176	8
永康市	194	7	32	9	13	26	91	126	4

4-6c 续表 23 单位：人

地区 性别	社会生产服务和生活服务人员								
	住宿和餐饮服务人员	信息传输、软件和信息技术服务人员	金融服务人员	房地产服务人员	租赁和商务服务人员	技术辅助服务人员	水利、环境和公共设施管理服务人员	居民服务人员	电力、燃气及水供应服务人员
衢州市	**1031**	**51**	**101**	**39**	**77**	**60**	**444**	**988**	**11**
柯城区	171	17	32	14	19	13	89	212	2
衢江区	231	11	19	8	27	10	124	195	3
常山县	141	2	10	6	11	2	36	231	
开化县	136	6	7	2	6	2	43	77	1
龙游县	186	8	14	6	5	22	87	116	2
江山市	166	7	19	3	9	11	65	157	3
舟山市	**700**	**21**	**34**	**25**	**41**	**15**	**375**	**163**	**8**
定海区	210	14	17	14	12	5	153	81	2
普陀区	346	4	11	6	18	5	138	53	
岱山县	69	2		3	3	4	56	18	1
嵊泗县	75	1	6	2	8	1	28	11	5
台州市	**1838**	**78**	**261**	**44**	**78**	**162**	**844**	**1121**	**37**
椒江区	184	11	33	9	8	29	127	90	3
黄岩区	118	8	32	3	4	24	92	94	4
路桥区	167	13	31	6	11	22	69	81	4
三门县	118	1	13	2	6	3	43	42	7
天台县	175	2	22	2	7	5	67	98	2
仙居县	222	4	13	3	11	16	46	85	2
温岭市	423	9	57	7	12	24	181	342	3
临海市	285	29	38	7	14	26	131	212	10
玉环市	146	1	22	5	5	13	88	77	2
丽水市	**921**	**26**	**69**	**18**	**33**	**38**	**175**	**508**	**9**
莲都区	114	9	10	4	2	4	54	126	1
青田县	343	3	4	3	2	2	13	92	1
缙云县	124	1	19	2	10	13	34	119	1
遂昌县	93	5	10	1	5	4	16	17	
松阳县	82	2	12	2	6	7	13	67	2
云和县	30	1	3	2	3	3		22	
庆元县	30		2	1	1	1	14	29	2
景宁畲族自治县	50	1	3	2	3		16	18	
龙泉市	55	4	6	1	1	4	15	18	2

4-6c　续表 24　　　　　　　　　　　　　　　　　　　　　　　　　　　　单位：人

地　区 性　别	社会生产服务和生活服务人员				农、林、牧、渔业生产及辅助人员				
	修理及制作服务人　员	文化、体育和娱乐服务人员	健康服务人　员	其他社会生产和生活服务人　员	小计	农业生产人　员	林业生产人　员	畜牧业生产人员	渔业生产人　员
合计	**6523**	**1166**	**418**	**298**	**149557**	**123932**	**6572**	**6548**	**10722**
杭州市	**849**	**164**	**71**	**80**	**17491**	**15830**	**480**	**804**	**241**
上城区									
下城区									
江干区									
拱墅区									
西湖区	18	7	1	8	180	174	2		3
滨江区									
萧山区	179	38	19	5	2517	2343	49	36	66
余杭区	296	52	20	51	980	726	108	55	65
富阳区	92	15	6	13	1465	1247	74	80	33
临安区	100	14	7		3341	2998	165	128	6
桐庐县	46	13	9	1	709	633	25	36	13
淳安县	44	9	2	2	5470	5048	21	359	36
建德市	74	16	7		2829	2661	36	110	19
宁波市	**969**	**159**	**43**	**20**	**13702**	**10665**	**690**	**373**	**1805**
海曙区	82	8	4	2	401	311	65	5	10
江北区	60	9	1	1	165	140	10	9	2
北仑区	119	17	7		922	789	106	8	12
镇海区	32	2	2	3	223	211	4	3	1
鄞州区	165	22	8	4	604	515	12	11	62
奉化区	106	19	6	1	2324	1477	318	78	407
象山县	64	8	3		2465	1761	15	71	612
宁海县	86	38	5	3	2922	2340	12	65	473
余姚市	63	13		3	1290	1075	104	50	26
慈溪市	192	23	7	3	2386	2046	44	73	200
温州市	**754**	**125**	**70**	**32**	**13871**	**11477**	**174**	**830**	**1242**
鹿城区	26	3	6	5	181	157	1	17	5
龙湾区					4	2		2	
瓯海区	66	2	26	2	301	277	4	17	3
洞头区	22	3			337	89	2	9	236
永嘉县	73	6	2	7	1956	1739	4	100	17
平阳县	104	18	3	5	1609	1368	9	154	72
苍南县	78	23	7	7	3226	2564	3	117	527
文成县	30	5	2	1	915	877	9	22	5
泰顺县	36	5	1	3	604	503	14	82	3
瑞安市	124	27	20		1856	1649	18	136	48
乐清市	190	32	3	2	2806	2210	110	170	304
龙港市	5	1			76	42		4	22
嘉兴市	**615**	**162**	**31**	**9**	**7470**	**5963**	**342**	**607**	**485**
南湖区	50	6	3		1004	896	33	24	45
秀洲区	84	16	1		688	543	57	17	56
嘉善县	66	14	2	3	1099	967	7	20	103
海盐县	66	16	4	1	1006	847	20	52	77
海宁市	148	31	11		1003	776	89	92	38
平湖市	71	48	4		911	743	29	26	95
桐乡市	130	31	6	5	1759	1191	107	376	71
湖州市	**452**	**88**	**23**	**17**	**7446**	**4268**	**1108**	**386**	**1419**
吴兴区	77	14	7	2	1028	628	130	44	222
南浔区	72	5	1	5	1329	490	48	129	642
德清县	82	28	7	4	1419	753	97	78	462
长兴县	132	24	6	1	2449	1580	539	113	71
安吉县	89	17	2	5	1221	817	294	22	22

4–6c　续表 25　　　　单位：人

地区 性别	社会生产服务和生活服务人员				农、林、牧、渔业生产及辅助人员				
	修理及制作服务人员	文化、体育和娱乐服务人员	健康服务人员	其他社会生产和生活服务人员	小计	农业生产人员	林业生产人员	畜牧业生产人员	渔业生产人员
绍兴市	**597**	**72**	**27**	**20**	**16476**	**14919**	**502**	**439**	**184**
越城区	95	11	5		444	371	24	17	28
柯桥区	91	27	8	6	1394	1255	69	32	7
上虞区	110	6	7	3	2450	2272	46	65	41
新昌县	31	5	1		3791	3639	96	49	6
诸暨市	164	16	3	7	4358	3772	48	138	84
嵊州市	106	7	3	4	4039	3610	219	138	18
金华市	**807**	**100**	**35**	**47**	**16857**	**13434**	**2476**	**657**	**215**
婺城区	97	19	3	11	2872	1259	1451	112	34
金东区	114	3	5	5	2090	1231	739	80	27
武义县	61	12	1	2	1364	1164	81	92	18
浦江县	91	8	2	15	1266	1216	11	21	12
磐安县	23	3	3	3	1096	1069	4	19	
兰溪市	102	9	1	3	4156	3751	105	216	74
义乌市	133	10	8	7	1076	955	47	40	28
东阳市	96	21	8		1886	1796	20	50	14
永康市	90	15	4	1	1051	993	18	27	8
衢州市	**332**	**52**	**23**	**15**	**15186**	**13289**	**378**	**1324**	**110**
柯城区	64	16	10	2	1242	1168	24	39	9
衢江区	77	9	4	3	3453	3137	113	178	18
常山县	38	6	2	1	2544	2008	22	487	7
开化县	25	4			1203	1029	83	72	9
龙游县	67	5	3	2	2905	2484	95	258	37
江山市	61	12	4	7	3839	3463	41	290	30
舟山市	**85**	**58**	**11**	**46**	**2566**	**652**	**34**	**26**	**1744**
定海区	43	12	10	6	335	212	21	16	85
普陀区	31	38		7	688	215	6	4	462
岱山县	9	2	1	1	1113	220	5	6	777
嵊泗县	2	6		32	430	5	2		420
台州市	**868**	**154**	**54**	**4**	**22642**	**18427**	**136**	**611**	**3215**
椒江区	80	7	4		941	829	12	31	68
黄岩区	90	11	8		1314	1229	37	27	11
路桥区	95	8	4		1089	846	5	20	89
三门县	41	1	2	1	2576	1790	6	73	683
天台县	67	21	2	1	1171	1065	12	85	6
仙居县	29	7			2154	2007	7	55	40
温岭市	171	38	14		4716	3810	33	115	740
临海市	225	51	18		7949	6435	21	170	1301
玉环市	70	10	2	2	732	416	3	35	277
丽水市	**195**	**32**	**30**	**8**	**15850**	**15008**	**252**	**491**	**62**
莲都区	35	4	1	1	2595	2508	4	68	5
青田县	23	6	24		1456	1391	2	56	5
缙云县	44	8		1	2643	2487	26	97	31
遂昌县	21	2	2		2077	1990	54	30	3
松阳县	28	5	3	3	3681	3604	18	44	5
云和县	14	1			357	335	3	15	4
庆元县	6	1			816	708	73	28	2
景宁畲族自治县	8	2		1	1139	1025	20	91	3
龙泉市	16	3		2	1086	960	52	62	4
男	**5851**	**629**	**135**	**169**	**92610**	**74481**	**4767**	**3807**	**8459**
杭州市	**763**	**91**	**14**	**33**	**9863**	**8790**	**378**	**436**	**182**
上城区									
下城区									
江干区									
拱墅区									

4-6c　续表 26　　　　单位：人

地　区 性　别	社会生产服务和生活服务人员				农、林、牧、渔业生产及辅助人员				
	修理及制作服务人　员	文化、体育和娱乐服务人员	健康服务人　员	其他社会生产和生活服务人　员	小计	农业生产人　员	林业生产人　员	畜牧业生产人员	渔业生产人　员
西湖区	16	1		4	93	88	2		2
滨江区									
萧山区	160	20	2	2	1454	1328	34	26	47
余杭区	266	35	9	21	650	467	81	39	55
富阳区	84	9		5	906	761	63	41	25
临安区	86	9	3		1984	1749	129	77	5
桐庐县	41	6			457	397	21	26	12
淳安县	41	3		1	2715	2511	18	159	21
建德市	69	8			1604	1489	30	68	15
宁波市	**859**	**71**	**12**	**12**	**9094**	**6709**	**524**	**249**	**1507**
海曙区	75	5	2	1	290	230	45	3	8
江北区	57	3		1	106	90	5	6	1
北仑区	114	9	2		601	504	73	7	11
镇海区	30		1	2	137	127	4	1	1
鄞州区	142	10	3	1	411	333	12	9	53
奉化区	95	4	1	1	1695	1001	239	52	378
象山县	53	4	1		1719	1142	10	49	514
宁海县	77	13		3	1789	1359	10	45	359
余姚市	55	9		2	837	669	89	32	23
慈溪市	161	14	2	1	1509	1254	37	45	159
温州市	**672**	**89**	**40**	**21**	**9774**	**7955**	**146**	**563**	**1015**
鹿城区	25	2	5	3	128	110	1	11	5
龙湾区					2	1		1	
瓯海区	62	1	17		216	196	4	14	2
洞头区	19	3			276	56	2	6	212
永嘉县	70	5	1	4	1383	1235	3	68	13
平阳县	92	16	1	3	1211	1032	9	109	58
苍南县	69	12	2	6	2171	1654	3	78	427
文成县	28	4	1	1	664	635	8	17	3
泰顺县	33	3		3	422	345	13	60	2
瑞安市	103	17	11		1371	1217	15	92	44
乐清市	166	26	2	1	1867	1441	88	104	227
龙港市	5				63	33		3	22
嘉兴市	**557**	**83**	**13**	**5**	**3962**	**2948**	**250**	**351**	**352**
南湖区	47	2	2		517	443	26	14	29
秀洲区	75	9			396	286	45	14	38
嘉善县	59	9	1	1	537	457	2	13	63
海盐县	58	4			492	379	11	35	60
海宁市	133	23	6		556	404	54	58	33
平湖市	68	22	2		501	367	22	21	75
桐乡市	117	14	2	4	963	612	90	196	54
湖州市	**404**	**44**	**4**	**10**	**4897**	**2518**	**872**	**234**	**1069**
吴兴区	66	7			669	391	103	28	143
南浔区	65	1		4	866	281	33	83	455
德清县	74	13	2	3	947	411	73	48	395
长兴县	117	17	1	1	1550	895	415	59	56
安吉县	82	6	1	2	865	540	248	16	20
绍兴市	**543**	**40**	**8**	**11**	**9962**	**8916**	**378**	**262**	**151**
越城区	89	10	2		266	213	13	11	26
柯桥区	82	10	1	4	730	645	45	19	5
上虞区	100	4	2	1	1382	1272	24	39	32
新昌县	29	3	1		2105	1996	76	29	3
诸暨市	146	9	1	3	2809	2443	38	81	70
嵊州市	97	4	1	3	2670	2347	182	83	15

4-6c 续表 27 单位：人

地区 性别	社会生产服务和生活服务人员				农、林、牧、渔业生产及辅助人员				
	修理及制作服务人员	文化、体育和娱乐服务人员	健康服务人员	其他社会生产和生活服务人员	小计	农业生产人员	林业生产人员	畜牧业生产人员	渔业生产人员
金华市	**734**	**58**	**12**	**27**	**10194**	**7983**	**1544**	**432**	**180**
婺城区	91	10	1	5	1716	746	855	74	27
金东区	104	1	2	1	1318	743	491	52	24
武义县	57	7		2	870	726	59	64	16
浦江县	85	6	1	11	850	810	10	15	10
磐安县	21		2	3	609	591	3	11	
兰溪市	96	6		1	2536	2269	60	135	64
义乌市	121	8	5	3	671	579	39	29	21
东阳市	82	11			1001	943	11	33	10
永康市	77	9	1	1	623	576	16	19	8
衢州市	**306**	**37**	**6**	**10**	**8942**	**7916**	**320**	**563**	**88**
柯城区	57	9	2	2	801	743	22	25	9
衢江区	72	8	2	1	2170	1951	101	99	13
常山县	34	5			1403	1287	20	81	6
开化县	23	3			752	627	70	39	9
龙游县	65	3	1	2	1761	1482	72	160	29
江山市	55	9	1	5	2055	1826	35	159	22
舟山市	**76**	**12**	**3**	**32**	**2044**	**362**	**26**	**16**	**1629**
定海区	35	2	3	3	232	123	15	12	81
普陀区	31	8		1	546	124	5	3	413
岱山县	8	1		1	865	112	4	1	739
嵊泗县	2	1		27	401	3	2		396
台州市	**758**	**82**	**13**	**3**	**14379**	**11475**	**107**	**404**	**2240**
椒江区	70	4	1		648	554	12	20	62
黄岩区	79	9	2		869	803	29	22	8
路桥区	85	6			666	502	4	14	81
三门县	41	1			1832	1198	5	55	553
天台县	59	13		1	718	645	11	54	5
仙居县	24	6			1394	1298	6	37	27
温岭市	153	16	3		2917	2232	21	72	577
临海市	191	20	6		4806	3980	16	106	689
玉环市	56	7	1	2	529	263	3	24	238
丽水市	**179**	**22**	**10**	**5**	**9499**	**8909**	**222**	**297**	**46**
莲都区	31	3		1	1483	1435	3	34	3
青田县	20	3	9		932	887	2	38	4
缙云县	41	8		1	1598	1488	22	65	21
遂昌县	21	2			1235	1165	46	21	3
松阳县	26	3	1	1	1918	1861	16	30	4
云和县	14	1			240	224	2	10	4
庆元县	5				543	458	64	18	1
景宁畲族自治县	8	1		1	684	625	19	38	2
龙泉市	13	1		1	866	766	48	43	4
女	**672**	**537**	**283**	**129**	**56947**	**49451**	**1805**	**2741**	**2263**
杭州市	**86**	**73**	**57**	**47**	**7628**	**7040**	**102**	**368**	**59**
上城区									
下城区									
江干区									
拱墅区									
西湖区	2	6	1	4	87	86			1
滨江区									
萧山区	19	18	17	3	1063	1015	15	10	19
余杭区	30	17	11	30	330	259	27	16	10
富阳区	8	6	6	8	559	486	11	39	8
临安区	14	5	4		1357	1249	36	51	1
桐庐县	5	7	9	1	252	236	4	10	1
淳安县	3	6	2	1	2755	2537	3	200	15
建德市	5	8	7		1225	1172	6	42	4

4−6c　续表 28　　　　单位：人

地　区 性　别	社会生产服务和生活服务人员				农、林、牧、渔业生产及辅助人员				
	修理及制作服务人员	文化、体育和娱乐服务人员	健康服务人员	其他社会生产和生活服务人员	小计	农业生产人员	林业生产人员	畜牧业生产人员	渔业生产人员
宁波市	**110**	**88**	**31**	**8**	**4608**	**3956**	**166**	**124**	**298**
海曙区	7	3	2	1	111	81	20	2	2
江北区	3	6	1		59	50	5	3	1
北仑区	5	8	5		321	285	33	1	1
镇海区	2	2	1	1	86	84		2	
鄞州区	23	12	5	3	193	182		2	9
奉化区	11	15	5		629	476	79	26	29
象山县	11	4	2		746	619	5	22	98
宁海县	9	25	5		1133	981	2	20	114
余姚市	8	4		1	453	406	15	18	3
慈溪市	31	9	5	2	877	792	7	28	41
温州市	**82**	**36**	**30**	**11**	**4097**	**3522**	**28**	**267**	**227**
鹿城区	1	1	1	2	53	47		6	
龙湾区					2	1		1	
瓯海区	4	1	9	2	85	81		3	1
洞头区	3				61	33		3	24
永嘉县	3	1	1	3	573	504	1	32	4
平阳县	12	2	2	2	398	336		45	14
苍南县	9	11	5	1	1055	910		39	100
文成县	2	1	1		251	242	1	5	2
泰顺县	3	2	1		182	158	1	22	1
瑞安市	21	10	9		485	432	3	44	4
乐清市	24	6	1	1	939	769	22	66	77
龙港市		1			13	9		1	
嘉兴市	**58**	**79**	**18**	**4**	**3508**	**3015**	**92**	**256**	**133**
南湖区	3	4	1		487	453	7	10	16
秀洲区	9	7	1		292	257	12	3	18
嘉善县	7	5	1	2	562	510	5	7	40
海盐县	8	12	4	1	514	468	9	17	17
海宁市	15	8	5		447	372	35	34	5
平湖市	3	26	2		410	376	7	5	20
桐乡市	13	17	4	1	796	579	17	180	17
湖州市	**48**	**44**	**19**	**7**	**2549**	**1750**	**236**	**152**	**350**
吴兴区	11	7	7	2	359	237	27	16	79
南浔区	7	4	1	1	463	209	15	46	187
德清县	8	15	5	1	472	342	24	30	67
长兴县	15	7	5		899	685	124	54	15
安吉县	7	11	1	3	356	277	46	6	2
绍兴市	**54**	**32**	**19**	**9**	**6514**	**6003**	**124**	**177**	**33**
越城区	6	1	3		178	158	11	6	2
柯桥区	9	17	7	2	664	610	24	13	2
上虞区	10	2	5	2	1068	1000	22	26	9
新昌县	2	2			1686	1643	20	20	3
诸暨市	18	7	2	4	1549	1329	10	57	14
嵊州市	9	3	2	1	1369	1263	37	55	3
金华市	**73**	**42**	**23**	**20**	**6663**	**5451**	**932**	**225**	**35**
婺城区	6	9	2	6	1156	513	596	38	7
金东区	10	2	3	4	772	488	248	28	3
武义县	4	5	1		494	438	22	28	2
浦江县	6	2	1	4	416	406	1	6	2
磐安县	2	3	1		487	478	1	8	
兰溪市	6	3	1	2	1620	1482	45	81	10
义乌市	12	2	3	4	405	376	8	11	7
东阳市	14	10	8		885	853	9	17	4
永康市	13	6	3		428	417	2	8	

4－6c 续表 29 单位：人

地区 性别	社会生产服务和生活服务人员				农、林、牧、渔业生产及辅助人员				
	修理及制作服务人员	文化、体育和娱乐服务人员	健康服务人员	其他社会生产和生活服务人员	小计	农业生产人员	林业生产人员	畜牧业生产人员	渔业生产人员
衢州市	**26**	**15**	**17**	**5**	**6244**	**5373**	**58**	**761**	**22**
柯城区	7	7	8		441	425	2	14	
衢江区	5	1	2	2	1283	1186	12	79	5
常山县	4	1	2	1	1141	721	2	406	1
开化县	2	1			451	402	13	33	
龙游县	2	2	2		1144	1002	23	98	8
江山市	6	3	3	2	1784	1637	6	131	8
舟山市	**9**	**46**	**8**	**14**	**522**	**290**	**8**	**10**	**115**
定海区	8	10	7	3	103	89	6	4	4
普陀区		30		6	142	91	1	1	49
岱山县	1	1	1		248	108	1	5	38
嵊泗县		5		5	29	2			24
台州市	**110**	**72**	**41**	**1**	**8263**	**6952**	**29**	**207**	**975**
椒江区	10	3	3		293	275		11	6
黄岩区	11	2	6		445	426	8	5	3
路桥区	10	2	4		423	344	1	6	8
三门县			2	1	744	592	1	18	130
天台县	8	8	2		453	420	1	31	1
仙居县	5	1			760	709	1	18	13
温岭市	18	22	11		1799	1578	12	43	163
临海市	34	31	12		3143	2455	5	64	612
玉环市	14	3	1		203	153		11	39
丽水市	**16**	**10**	**20**	**3**	**6351**	**6099**	**30**	**194**	**16**
莲都区	4	1	1		1112	1073	1	34	2
青田县	3	3	15		524	504		18	1
缙云县	3				1045	999	4	32	10
遂昌县			2		842	825	8	9	
松阳县	2	2	2	2	1763	1743	2	14	1
云和县					117	111	1	5	
庆元县	1	1			273	250	9	10	1
景宁畲族自治县		1			455	400	1	53	1
龙泉市	3	2		1	220	194	4	19	

4-6c 续表 30

单位：人

地区 性别	农林牧渔生产辅助人员	其他农、林、牧、渔业生产加工人员	生产制造及有关人员 小计	农副产品加工人员	食品、饮料生产加工人员	烟草及其制品加工人员	纺织、针织、印染人员	纺织品、服装和皮革、毛皮制品加工制作人员	木材加工、家具与木制品制作人员
合计	**1722**	**61**	**451327**	**3692**	**3707**	**9**	**27085**	**65076**	**18562**
杭州市	**136**		**45279**	**389**	**448**	**2**	**2664**	**3132**	**1629**
上城区									
下城区									
江干区									
拱墅区									
西湖区	1		552		7			2	6
滨江区									
萧山区	23		13710	28	80		1781	1293	476
余杭区	26		11969	61	98	1	352	607	476
富阳区	31		5195	39	55	1	51	238	228
临安区	44		5259	181	66		143	224	186
桐庐县	2		3010	40	45		196	296	70
淳安县	6		1668	11	38		78	97	95
建德市	3		3916	29	59		63	375	92
宁波市	**159**	**10**	**66388**	**548**	**399**	**4**	**772**	**4251**	**1744**
海曙区	10		4165	25	13		17	445	112
江北区	4		2740	7	14		15	113	85
北仑区	7		6449	27	18		161	474	212
镇海区	4		2116	8	16		20	62	42
鄞州区	4		11707	63	31		154	553	386
奉化区	40	4	7020	72	44	3	38	817	213
象山县	6		4393	158	106		84	544	51
宁海县	26	6	5981	30	50		20	216	280
余姚市	35		7061	119	56		38	96	161
慈溪市	23		14756	39	51	1	225	931	202
温州市	**141**	**7**	**57300**	**474**	**402**	**2**	**1928**	**15222**	**1334**
鹿城区	1		3634	6	18	1	15	1106	61
龙湾区			26						1
瓯海区			4346	5	16		19	2206	89
洞头区	1		1567	6	9			243	41
永嘉县	96		4821	19	29		41	1068	205
平阳县	6		8541	189	87		713	1972	223
苍南县	11	4	5264	101	42		555	1222	105
文成县		2	1465	8	10		28	523	72
泰顺县	2		1339	10	36		9	122	49
瑞安市	5		13786	37	93	1	289	5797	181
乐清市	11	1	12100	90	62		213	821	303
龙港市	8		411	3			46	142	4
嘉兴市	**67**	**6**	**58024**	**210**	**271**		**10785**	**14281**	**1368**
南湖区	6		3567	14	29		100	410	99
秀洲区	15		8794	17	38		4923	584	107
嘉善县	2		5425	32	27		295	428	336
海盐县	10		5544	28	19		319	767	120
海宁市	6	2	13870	37	69		2149	5376	265
平湖市	14	4	9385	33	30		166	3593	173
桐乡市	14		11439	49	59		2833	3123	268
湖州市	**248**	**17**	**31708**	**173**	**232**		**3342**	**4969**	**3579**
吴兴区	4		8300	18	50		757	2792	349
南浔区	18	2	6478	45	22		1170	832	956
德清县	27	2	5922	38	54		446	591	607
长兴县	141	5	5493	32	48		903	376	209
安吉县	58	8	5515	40	58		66	378	1458

4-6c 续表 31 单位：人

地区 性别	农林牧渔生产辅助人员	其他农、林、牧、渔业生产加工人员	生产制造及有关人员 小计	农副产品加工人员	食品、饮料生产加工人员	烟草及其制品加工人员	纺织、针织、印染人员	纺织品、服装和皮革、毛皮制品加工制作人员	木材加工、家具与木制品制作人员
绍兴市	**424**	**8**	**36367**	**256**	**400**		**4588**	**4047**	**1196**
越城区	4		4376	6	27		466	713	189
柯桥区	27	4	5647	18	10		1603	548	137
上虞区	25	1	7359	49	51		236	1100	228
新昌县	1		2261	5	25		92	85	21
诸暨市	314	2	11646	136	71		1971	1002	362
嵊州市	53	1	5078	42	216		220	599	259
金华市	**73**	**2**	**55806**	**285**	**460**		**1855**	**8195**	**3364**
婺城区	15	1	3242	45	92		104	268	140
金东区	13		4740	22	65		152	503	166
武义县	9		4732	24	25		15	349	194
浦江县	6		8717	25	28		455	3033	79
磐安县	4		1726	3	52		9	226	268
兰溪市	9	1	5628	56	61		634	571	189
义乌市	6		10457	62	46		356	1932	157
东阳市	6		8574	27	57		102	1038	1925
永康市	5		7990	21	34		28	275	246
衢州市	**78**	**7**	**16038**	**164**	**240**		**229**	**1161**	**1420**
柯城区	1	1	1744	20	25		4	81	47
衢江区	7		3191	38	47		18	286	117
常山县	20		2169	28	28		66	160	34
开化县	9	1	1719	20	36		15	129	140
龙游县	29	2	3279	33	69		75	302	333
江山市	12	3	3936	25	35		51	203	749
舟山市	**110**		**8688**	**501**	**33**		**71**	**49**	**182**
定海区	1		3449	112	9		27	33	125
普陀区	1		3130	354	14		44	5	37
岱山县	105		1935	7	8			10	14
嵊泗县	3		174	28	2			1	6
台州市	**252**	**1**	**64971**	**581**	**438**		**787**	**9248**	**1937**
椒江区	1		7728	15	28		129	881	186
黄岩区	10		5912	24	82		26	586	208
路桥区	129		7412	18	17		96	646	110
三门县	24		2663	13	11		34	422	94
天台县	3		3329	19	102		256	262	160
仙居县	45		2855	29	19		6	117	212
温岭市	18		14910	373	51		118	4849	132
临海市	21	1	13030	67	116		113	1308	690
玉环市	1		7132	23	12		9	177	145
丽水市	**34**	**3**	**10758**	**111**	**384**	**1**	**64**	**521**	**809**
莲都区	8	2	1934	14	18		18	79	89
青田县	2		1439	20	11		2	146	104
缙云县	1	1	2378	18	33		22	135	76
遂昌县			902	6	54		2	32	56
松阳县	10		1089	16	228	1	9	62	22
云和县			895	11	19		1	7	21
庆元县	5		709	3	4		10	13	179
景宁畲族自治县			457	6	7			24	25
龙泉市	8		955	17	10			23	237
男	**1057**	**39**	**285655**	**1894**	**2050**	**5**	**11969**	**22929**	**14036**
杭州市	**77**		**31638**	**214**	**249**	**1**	**1102**	**861**	**1314**
上城区									
下城区									
江干区									
拱墅区									

4−6c　续表 32　　　　　　　　　　　　　　　　　　　　　　单位：人

地　区 性　别	农林牧渔生产辅助人员	其他农、林、牧、渔业生产加工人员	生产制造及有关人员 小计	农副产品加工人员	食品、饮料生产加工人员	烟草及其制品加工人员	纺织、针织、印染人员	纺织品、服装和皮革、毛皮制品加工制作人员	木材加工、家具与木制品制作人员
西湖区	1		461		4			1	6
滨江区									
萧山区	19		9020	20	40		790	373	353
余杭区	8		8739	42	50	1	128	190	405
富阳区	16		3673	17	31		14	50	180
临安区	24		3731	88	42		73	83	147
桐庐县	1		1956	23	26		62	68	58
淳安县	6		1273	6	16		13	17	83
建德市	2		2785	18	40		22	79	82
宁波市	**102**	**3**	**41338**	**263**	**180**	**3**	**361**	**1008**	**1414**
海曙区	4		2532	18	6		8	126	86
江北区	4		1851	4	6		7	35	75
北仑区	6		4332	12	11		75	136	182
镇海区	4		1485	3	9		11	16	34
鄞州区	4		7337	33	18		62	147	292
奉化区	24	1	4241	30	23	2	14	121	159
象山县	4		2881	60	18		30	59	36
宁海县	14	2	3701	14	20		4	34	249
余姚市	24		4241	66	39		24	23	134
慈溪市	14		8737	23	30	1	126	311	167
温州市	**90**	**5**	**35406**	**237**	**240**	**1**	**839**	**7190**	**1112**
鹿城区	1		2383	4	11		10	606	50
龙湾区			16						
瓯海区			2758	5	9		10	1182	81
洞头区			1152	2	5			117	38
永嘉县	64		3390	12	18		24	545	179
平阳县	3		5156	84	54		353	834	185
苍南县	6	3	2894	47	28		250	418	91
文成县		1	1055	2	8		14	261	68
泰顺县	2		1097	5	19		4	50	47
瑞安市	3		8349	21	54	1	128	2891	160
乐清市	6	1	6957	54	34		25	250	209
龙港市	5		199	1			21	36	4
嘉兴市	**55**	**6**	**33685**	**133**	**136**		**4882**	**5884**	**1086**
南湖区	5		2219	12	14		38	139	85
秀洲区	13		4851	9	21		2307	234	84
嘉善县	2		3464	18	13		127	173	240
海盐县	7		3249	20	9		84	248	105
海宁市	5	2	7989	22	35		1009	2642	215
平湖市	12	4	5358	22	17		87	1113	128
桐乡市	11		6555	30	27		1230	1335	229
湖州市	**194**	**10**	**20723**	**100**	**109**		**1521**	**1892**	**2422**
吴兴区	4		5416	11	19		451	1306	242
南浔区	13	1	3962	22	12		458	230	633
德清县	18	2	3866	27	31		166	168	402
长兴县	122	3	3756	20	15		428	109	167
安吉县	37	4	3723	20	32		18	79	978
绍兴市	**250**	**5**	**23011**	**160**	**251**		**2024**	**849**	**1048**
越城区	3		2805	2	9		180	130	168
柯桥区	13	3	3592	12	5		751	142	113
上虞区	14	1	4568	27	27		92	175	210
新昌县	1		1512	2	16		19	10	17
诸暨市	176	1	7171	87	47		904	258	319
嵊州市	43		3363	30	147		78	134	221

4－6c 续表 33

单位：人

地区 性别	农林牧渔生产辅助人员	其他农、林、牧、渔业生产加工人员	生产制造及有关人员 小计	农副产品加工人员	食品、饮料生产加工人员	烟草及其制品加工人员	纺织、针织、印染人员	纺织品、服装和皮革、毛皮制品加工制作人员	木材加工、家具与木制品制作人员
金华市	**54**	**1**	**34109**	**178**	**265**		**796**	**2695**	**2569**
婺城区	14		2214	31	54		54	40	113
金东区	8		2933	16	39		81	183	144
武义县	5		2968	9	14		6	47	154
浦江县	5		4823	12	15		258	1157	68
磐安县	4		1137	3	32		1	36	186
兰溪市	7	1	3353	35	36		152	109	158
义乌市	3		6158	44	30		185	808	136
东阳市	4		5552	16	26		47	241	1426
永康市	4		4971	12	19		12	74	184
衢州市	**50**	**5**	**11820**	**95**	**145**		**52**	**192**	**1020**
柯城区	1	1	1449	13	14		2	11	41
衢江区	6		2441	13	26		3	43	99
常山县	9		1639	17	20		9	29	31
开化县	6	1	1267	16	21		4	23	113
龙游县	17	1	2310	21	41		29	61	248
江山市	11	2	2714	15	23		5	25	488
舟山市	**11**		**7057**	**207**	**21**		**19**	**10**	**143**
定海区	1		2854	45	6		10	7	97
普陀区	1		2485	154	9		9	1	26
岱山县	9		1578	3	4			2	14
嵊泗县			140	5	2				6
台州市	**152**	**1**	**39129**	**240**	**222**		**339**	**2175**	**1391**
椒江区			4758	7	21		56	190	167
黄岩区	7		3580	10	23		13	104	159
路桥区	65		4431	13	8		47	170	90
三门县	21		1777	7	6		15	52	71
天台县	3		2124	10	54		114	71	138
仙居县	26		1889	22	10		2	33	146
温岭市	15		8125	125	30		43	1322	104
临海市	14	1	8030	35	65		42	190	404
玉环市	1		4415	11	5		7	43	112
丽水市	**22**	**3**	**7739**	**67**	**232**		**34**	**173**	**517**
莲都区	6	2	1467	8	9		10	39	77
青田县	1		1039	14	4		1	74	74
缙云县	1	1	1742	11	22		7	17	54
遂昌县			709	3	34		1	8	39
松阳县	7		815	10	139		7	20	16
云和县			562	8	12		1	3	18
庆元县	2		445	3	3		7	2	95
景宁畲族自治县			361	4	4			3	18
龙泉市	5		599	6	5			7	126
女	**665**	**22**	**165672**	**1798**	**1657**	**4**	**15116**	**42147**	**4526**
杭州市	**59**		**13641**	**175**	**199**	**1**	**1562**	**2271**	**315**
上城区									
下城区									
江干区									
拱墅区									
西湖区			91		3			1	
滨江区									
萧山区	4		4690	8	40		991	920	123
余杭区	18		3230	19	48		224	417	71
富阳区	15		1522	22	24	1	37	188	48
临安区	20		1528	93	24		70	141	39
桐庐县	1		1054	17	19		134	228	12
淳安县			395	5	22		65	80	12
建德市	1		1131	11	19		41	296	10

4-6c 续表 34 单位：人

地区 性别	农林牧渔生产辅助人员	其他农、林、牧、渔业生产加工人员	生产制造及有关人员 小计	农副产品加工人员	食品、饮料生产加工人员	烟草及其制品加工人员	纺织、针织、印染人员	纺织品、服装和皮革、毛皮制品加工制作人员	木材加工、家具与木制品制作人员
宁波市	**57**	**7**	**25050**	**285**	**219**	**1**	**411**	**3243**	**330**
海曙区	6		1633	7	7		9	319	26
江北区			889	3	8		8	78	10
北仑区	1		2117	15	7		86	338	30
镇海区			631	5	7		9	46	8
鄞州区			4370	30	13		92	406	94
奉化区	16	3	2779	42	21	1	24	696	54
象山县	2		1512	98	88		54	485	15
宁海县	12	4	2280	16	30		16	182	31
余姚市	11		2820	53	17		14	73	27
慈溪市	9		6019	16	21		99	620	35
温州市	**51**	**2**	**21894**	**237**	**162**	**1**	**1089**	**8032**	**222**
鹿城区			1251	2	7	1	5	500	11
龙湾区			10						1
瓯海区			1588		7		9	1024	8
洞头区	1		415	4	4			126	3
永嘉县	32		1431	7	11		17	523	26
平阳县	3		3385	105	33		360	1138	38
苍南县	5	1	2370	54	14		305	804	14
文成县		1	410	6	2		14	262	4
泰顺县			242	5	17		5	72	2
瑞安市	2		5437	16	39		161	2906	21
乐清市	5		5143	36	28		188	571	94
龙港市	3		212	2			25	106	
嘉兴市	**12**		**24339**	**77**	**135**		**5903**	**8397**	**282**
南湖区	1		1348	2	15		62	271	14
秀洲区	2		3943	8	17		2616	350	23
嘉善县			1961	14	14		168	255	96
海盐县	3		2295	8	10		235	519	15
海宁市	1		5881	15	34		1140	2734	50
平湖市	2		4027	11	13		79	2480	45
桐乡市	3		4884	19	32		1603	1788	39
湖州市	**54**	**7**	**10985**	**73**	**123**		**1821**	**3077**	**1157**
吴兴区			2884	7	31		306	1486	107
南浔区	5	1	2516	23	10		712	602	323
德清县	9		2056	11	23		280	423	205
长兴县	19	2	1737	12	33		475	267	42
安吉县	21	4	1792	20	26		48	299	480
绍兴市	**174**	**3**	**13356**	**96**	**149**		**2564**	**3198**	**148**
越城区	1		1571	4	18		286	583	21
柯桥区	14	1	2055	6	5		852	406	24
上虞区	11		2791	22	24		144	925	18
新昌县			749	3	9		73	75	4
诸暨市	138	1	4475	49	24		1067	744	43
嵊州市	10	1	1715	12	69		142	465	38
金华市	**19**	**1**	**21697**	**107**	**195**		**1059**	**5500**	**795**
婺城区	1	1	1028	14	38		50	228	27
金东区	5		1807	6	26		71	320	22
武义县	4		1764	15	11		9	302	40
浦江县	1		3894	13	13		197	1876	11
磐安县			589		20		8	190	82
兰溪市	2		2275	21	25		482	462	31
义乌市	3		4299	18	16		171	1124	21
东阳市	2		3022	11	31		55	797	499
永康市	1		3019	9	15		16	201	62

4-6c 续表 35 单位：人

地区 性别	农林牧渔生产辅助人员	其他农、林、牧、渔业生产加工人员	生产制造及有关人员 小计	农副产品加工人员	食品、饮料生产加工人员	烟草及其制品加工人员	纺织、针织、印染人员	纺织品、服装和皮革、毛皮制品加工制作人员	木材加工、家具与木制品制作人员
衢州市	**28**	**2**	**4218**	**69**	**95**		**177**	**969**	**400**
柯城区			295	7	11		2	70	6
衢江区	1		750	25	21		15	243	18
常山县	11		530	11	8		57	131	3
开化县	3		452	4	15		11	106	27
龙游县	12	1	969	12	28		46	241	85
江山市	1	1	1222	10	12		46	178	261
舟山市	**99**		**1631**	**294**	**12**		**52**	**39**	**39**
定海区			595	67	3		17	26	28
普陀区			645	200	5		35	4	11
岱山县	96		357	4	4			8	
嵊泗县	3		34	23				1	
台州市	**100**		**25842**	**341**	**216**		**448**	**7073**	**546**
椒江区	1		2970	8	7		73	691	19
黄岩区	3		2332	14	59		13	482	49
路桥区	64		2981	5	9		49	476	20
三门县	3		886	6	5		19	370	23
天台县			1205	9	48		142	191	22
仙居县	19		966	7	9		4	84	66
温岭市	3		6785	248	21		75	3527	28
临海市	7		5000	32	51		71	1118	286
玉环市			2717	12	7		2	134	33
丽水市	**12**		**3019**	**44**	**152**	**1**	**30**	**348**	**292**
莲都区	2		467	6	9		8	40	12
青田县	1		400	6	7		1	72	30
缙云县			636	7	11		15	118	22
遂昌县			193	3	20		1	24	17
松阳县	3		274	6	89	1	2	42	6
云和县			333	3	7			4	3
庆元县	3		264		1		3	11	84
景宁畲族自治县			96	2	3			21	7
龙泉市	3		356	11	5			16	111

4-6c　续表 36　　　　单位：人

地区 性别	生产制造及有关人员								
	纸及纸制品生产加工人员	印刷和记录媒介复制人员	文教、工美、体育和娱乐用品制造人员	石油加工和炼焦、煤化工生产人员	化学原料和化学制品制造人员	医药制造人员	化学纤维制造人员	橡胶和塑料制品制造人员	非金属矿物制品制造人员
合计	**5016**	**2591**	**10654**	**142**	**2758**	**1533**	**1596**	**16801**	**7560**
杭州市	**622**	**211**	**914**	**8**	**488**	**173**	**302**	**954**	**974**
上城区									
下城区									
江干区									
拱墅区									
西湖区	1					2			2
滨江区									
萧山区	211	60	191	4	143	24	276	282	352
余杭区	85	83	78	3	63	30	5	190	168
富阳区	129	26	255		32	67	3	113	125
临安区	167	17	69	1	56	7	16	122	71
桐庐县	12	16	246		25	10	1	44	133
淳安县	1	1	38		1	8	1	12	20
建德市	16	8	37		168	25		191	103
宁波市	**597**	**389**	**1168**	**57**	**318**	**41**	**119**	**3931**	**880**
海曙区	42	25	45		23	1		271	51
江北区	30	13	28		41	3	2	124	38
北仑区	31	25	136	6	30	10	1	237	86
镇海区	24	7	17	42	40	2	1	79	41
鄞州区	108	124	121	1	43	5	4	452	170
奉化区	72	27	62	4	8	4		177	84
象山县	8	10	35	1	11	1	2	90	54
宁海县	48	45	342		28	2	1	405	93
余姚市	74	31	51		41	7	37	764	77
慈溪市	160	82	331	3	53	6	71	1332	186
温州市	**870**	**604**	**1293**	**2**	**137**	**243**	**12**	**2973**	**474**
鹿城区	39	40	21		2	1		68	46
龙湾区									
瓯海区	44	15	10		8	1	3	71	23
洞头区	8	4	76		7	3		5	26
永嘉县	28	5	330		40	1		251	43
平阳县	131	124	232		26	3		964	34
苍南县	384	305	188		4	2	2	529	36
文成县	1	2	6		3		1	20	14
泰顺县	2	1	44		1	2		10	58
瑞安市	131	48	270		29	2	6	391	110
乐清市	51	33	114	2	17	228		620	81
龙港市	51	27	2					44	3
嘉兴市	**605**	**347**	**433**	**9**	**338**	**47**	**573**	**1451**	**885**
南湖区	37	18	8	2	31	1	23	181	37
秀洲区	26	4	10		27	5	5	79	101
嘉善县	75	24	28	1	86	8		168	211
海盐县	75	138	20	1	17	5	21	205	83
海宁市	86	80	51		34	15	60	370	85
平湖市	192	59	296	4	97	10	7	275	167
桐乡市	114	24	20	1	46	3	457	173	201
湖州市	**280**	**77**	**368**	**5**	**235**	**93**	**273**	**464**	**936**
吴兴区	25	18	46		54	10	135	39	108
南浔区	40	18	82	1	53	8	21	51	101
德清县	112	17	123	2	54	28	65	157	248
长兴县	47	8	27	2	36	13	49	58	380
安吉县	56	16	90		38	34	3	159	99

4-6c 续表 37 单位：人

地区 性别	生产制造及有关人员 纸及纸制品生产加工人员	印刷和记录媒介复制人员	文教、工美、体育和娱乐用品制造人员	石油加工和炼焦、煤化工生产人员	化学原料和化学制品制造人员	医药制造人员	化学纤维制造人员	橡胶和塑料制品制造人员	非金属矿物制品制造人员
绍兴市	**265**	**95**	**598**	**7**	**335**	**95**	**51**	**742**	**490**
越城区	25	22	50		10	6	5	61	91
柯桥区	133	14	164	2	15	7	22	58	71
上虞区	26	19	67	2	275	26	1	325	128
新昌县	4	4	10		5	46		35	8
诸暨市	38	31	222	2	18	7	21	200	120
嵊州市	39	5	85	1	12	3	2	63	72
金华市	**753**	**419**	**2584**	**6**	**280**	**137**	**232**	**2207**	**1436**
婺城区	42	19	45	2	45	19	4	64	76
金东区	97	56	368	3	44	4	4	243	98
武义县	36	40	72		23	4		138	60
浦江县	87	29	218		16	3	12	213	862
磐安县	15		86		2	5		90	27
兰溪市	98	23	238	1	50	17	4	248	92
义乌市	218	107	717		40	11	6	444	39
东阳市	43	28	699		40	73	200	154	67
永康市	117	117	141		20	1	2	613	115
衢州市	**375**	**32**	**324**	**4**	**258**	**25**	**5**	**342**	**339**
柯城区	16	2	20	1	36	7		31	19
衢江区	74	10	30	2	133	14		51	62
常山县	30	5	56		25			36	79
开化县	7	3	83		9	2		36	23
龙游县	212	7	59		22		4	68	73
江山市	36	5	76	1	33	2	1	120	83
舟山市	**14**	**5**	**46**	**36**	**17**	**5**	**7**	**56**	**104**
定海区	9	2	6	4	7	2	7	22	51
普陀区	1	2	1	4	4	2		8	41
岱山县	4	1	39	28	6	1		25	11
嵊泗县								1	1
台州市	**562**	**390**	**2048**	**7**	**260**	**650**	**22**	**3547**	**747**
椒江区	38	36	112		61	79	2	379	248
黄岩区	55	65	589		20	16	1	740	34
路桥区	161	184	44	2	13	5	6	772	68
三门县	11	5	39	1	11	2	1	188	26
天台县	16	8	199	1	13	18	1	215	54
仙居县	11	8	524		31	75		192	46
温岭市	178	35	288	1	5	7	2	264	122
临海市	59	29	230	2	84	442	8	460	131
玉环市	33	20	23		22	6	1	337	18
丽水市	**73**	**22**	**878**	**1**	**92**	**24**		**134**	**295**
莲都区	1	8	33		53	6		54	62
青田县	3		12		8	1		12	43
缙云县	24	9	64		4	1		32	42
遂昌县	24		5		4	3		25	59
松阳县	1	1	5		7	8		6	29
云和县	1	2	445					2	4
庆元县	16	2	106		12	1		1	26
景宁畲族自治县			26					1	10
龙泉市	3		182	1	4	4		1	20
男	**2949**	**1644**	**4445**	**129**	**2012**	**869**	**899**	**8786**	**5744**
杭州市	**374**	**127**	**312**	**6**	**359**	**79**	**164**	**568**	**788**
上城区									
下城区									
江干区									
拱墅区									

4-6c　续表 38　　　　单位：人

地　区 性　别	生产制造及有关人员								
	纸及纸制品生产加工人员	印刷和记录媒介复制人员	文教、工美、体育和娱乐用品制造人员	石油加工和炼焦、煤化工生产人员	化学原料和化学制品制造人员	医药制造人员	化学纤维制造人员	橡胶和塑料制品制造人员	非金属矿物制品制造人员
西湖区	1					1			2
滨江区									
萧山区	108	42	61	3	98	13	149	164	302
余杭区	56	47	36	3	45	15	3	106	127
富阳区	71	10	97		27	18	2	83	96
临安区	123	14	32		38	6	9	68	52
桐庐县	7	8	61		19	7	1	24	118
淳安县		1	11		1	5		4	16
建德市	8	5	14		131	14		119	75
宁波市	**375**	**231**	**459**	**56**	**217**	**25**	**78**	**1862**	**674**
海曙区	28	17	19		12	1		116	43
江北区	20	8	13		34	1	1	59	34
北仑区	17	16	47	6	25	4	1	108	65
镇海区	13	5	7	41	35	2	1	42	29
鄞州区	59	70	50	1	22	4	2	202	135
奉化区	55	15	25	4	6	4		88	58
象山县	3	7	14	1	9		1	44	41
宁海县	26	25	128		18	1	1	190	72
余姚市	45	18	17		24	5	24	367	55
慈溪市	109	50	139	3	32	3	47	646	142
温州市	**439**	**407**	**635**	**1**	**106**	**59**	**11**	**1570**	**402**
鹿城区	28	29	17		2	1		44	38
龙湾区									
瓯海区	28	10	5		8		3	44	22
洞头区	7	1	35		7	1			24
永嘉县	17	4	214		31			131	39
平阳县	62	81	120		21	2		463	29
苍南县	163	210	68		2	1	2	233	32
文成县	1	1	2		3			8	13
泰顺县	1		27			1		2	56
瑞安市	80	29	115		21	2	6	237	83
乐清市	28	18	32	1	11	51		386	64
龙港市	24	24						22	2
嘉兴市	**374**	**225**	**202**	**8**	**266**	**23**	**319**	**868**	**684**
南湖区	28	10	3	1	25		19	117	26
秀洲区	17	3	1		16	1	2	48	74
嘉善县	42	17	8	1	57	7		91	179
海盐县	47	87	8	1	16	2	7	123	58
海宁市	48	64	24		23	4	30	240	60
平湖市	128	33	151	4	89	8	3	133	129
桐乡市	64	11	7	1	40	1	258	116	158
湖州市	**178**	**47**	**187**	**3**	**170**	**47**	**163**	**291**	**693**
吴兴区	14	12	27		31	3	78	26	88
南浔区	23	8	38	1	41	6	12	32	81
德清县	77	12	69	1	39	20	46	97	179
长兴县	34	3	15	1	28	8	24	34	265
安吉县	30	12	38		31	10	3	102	80
绍兴市	**147**	**60**	**213**	**6**	**250**	**57**	**35**	**346**	**394**
越城区	15	15	17		8	3	4	23	66
柯桥区	67	7	69	1	13	5	12	44	58
上虞区	12	12	25	2	199	18	1	112	103
新昌县	2	3	3		4	28		17	7
诸暨市	25	20	59	2	15	2	17	113	99
嵊州市	26	3	40	1	11	1	1	37	61

4－6c　续表 39　　　　单位：人

地　区 性　别	生产制造及有关人员								
	纸及纸制品生产加工人员	印刷和记录媒介复制人员	文教、工美、体育和娱乐用品制造人员	石油加工和炼焦、煤化工生产人员	化学原料和化学制品制造人员	医药制造人员	化学纤维制造人员	橡胶和塑料制品制造人员	非金属矿物制品制造人员
金华市	**433**	**274**	**1111**	**5**	**182**	**81**	**112**	**1201**	**963**
婺城区	20	9	20	2	27	13	4	31	59
金东区	56	39	155	2	30	2	4	138	67
武义县	21	25	34		21	1		69	46
浦江县	67	18	106		12	1	5	142	534
磐安县	9		34		2	2		33	18
兰溪市	31	10	54	1	34	9	1	70	67
义乌市	136	83	326		21	7	3	280	31
东阳市	25	22	300		22	46	94	99	54
永康市	68	68	82		13		1	339	87
衢州市	**249**	**22**	**68**	**4**	**191**	**12**	**2**	**125**	**273**
柯城区	10	2	5	1	25	4		13	12
衢江区	46	7	4	2	107	6		26	51
常山县	22	2	14		15			12	63
开化县	3	1	21		6	1		9	21
龙游县	149	6	11		15		2	27	60
江山市	19	4	13	1	23	1		38	66
舟山市	**10**	**2**	**7**	**35**	**16**	**3**	**4**	**24**	**75**
定海区	8	1	4	3	6	1	4	10	34
普陀区	1		1	4	4	2		3	29
岱山县	1	1	2	28	6			10	11
嵊泗县								1	1
台州市	**318**	**239**	**810**	**4**	**198**	**478**	**11**	**1859**	**557**
椒江区	24	21	26		50	65	1	211	154
黄岩区	33	38	217		14	10		362	26
路桥区	86	116	15		10	4	3	397	51
三门县	8	2	14	1	8	2	1	112	21
天台县	7	5	95	1	12	13		133	43
仙居县	6	5	267		23	66		107	33
温岭市	99	20	67	1	2	4	1	155	109
临海市	34	19	96	1	65	310	5	231	106
玉环市	21	13	13		14	4		151	14
丽水市	**52**	**10**	**441**	**1**	**57**	**5**		**72**	**241**
莲都区		3	11		33			28	48
青田县	2		10		6	1		6	30
缙云县	15	5	27		3			19	34
遂昌县	18		2		3	2		16	57
松阳县			2		5	2			18
云和县	1		241					2	4
庆元县	14	2	55		4				25
景宁畲族自治县			5						10
龙泉市	2		88	1	3			1	15
女	**2067**	**947**	**6209**	**13**	**746**	**664**	**697**	**8015**	**1816**
杭州市	**248**	**84**	**602**	**2**	**129**	**94**	**138**	**386**	**186**
上城区									
下城区									
江干区									
拱墅区									
西湖区						1			
滨江区									
萧山区	103	18	130	1	45	11	127	118	50
余杭区	29	36	42		18	15	2	84	41
富阳区	58	16	158		5	49	1	30	29
临安区	44	3	37	1	18	1	7	54	19
桐庐县	5	8	185		6	3		20	15
淳安县	1		27			3	1	8	4
建德市	8	3	23		37	11		72	28

4-6c　续表 40　　　　　　　　　　　　　　　　　　　　　　　　　　　单位：人

地　区 性　别	生产制造及有关人员								
	纸及纸制品生产加工人员	印刷和记录媒介复制人员	文教、工美、体育和娱乐用品制造人员	石油加工和炼焦、煤化工生产人员	化学原料和化学制品制造人员	医药制造人员	化学纤维制造人员	橡胶和塑料制品制造人员	非金属矿物制品制造人员
宁波市	**222**	**158**	**709**	**1**	**101**	**16**	**41**	**2069**	**206**
海曙区	14	8	26		11			155	8
江北区	10	5	15		7	2	1	65	4
北仑区	14	9	89		5	6		129	21
镇海区	11	2	10	1	5			37	12
鄞州区	49	54	71		21	1	2	250	35
奉化区	17	12	37		2			89	26
象山县	5	3	21		2	1	1	46	13
宁海县	22	20	214		10	1		215	21
余姚市	29	13	34		17	2	13	397	22
慈溪市	51	32	192		21	3	24	686	44
温州市	**431**	**197**	**658**	**1**	**31**	**184**	**1**	**1403**	**72**
鹿城区	11	11	4					24	8
龙湾区									
瓯海区	16	5	5			1		27	1
洞头区	1	3	41			2		5	2
永嘉县	11	1	116		9	1		120	4
平阳县	69	43	112		5	1		501	5
苍南县	221	95	120		2	1		296	4
文成县		1	4				1	12	1
泰顺县	1	1	17		1	1		8	2
瑞安市	51	19	155		8			154	27
乐清市	23	15	82	1	6	177		234	17
龙港市	27	3	2					22	1
嘉兴市	**231**	**122**	**231**	**1**	**72**	**24**	**254**	**583**	**201**
南湖区	9	8	5	1	6	1	4	64	11
秀洲区	9	1	9		11	4	3	31	27
嘉善县	33	7	20		29	1		77	32
海盐县	28	51	12		1	3	14	82	25
海宁市	38	16	27		11	11	30	130	25
平湖市	64	26	145		8	2	4	142	38
桐乡市	50	13	13		6	2	199	57	43
湖州市	**102**	**30**	**181**	**2**	**65**	**46**	**110**	**173**	**243**
吴兴区	11	6	19		23	7	57	13	20
南浔区	17	10	44		12	2	9	19	20
德清县	35	5	54	1	15	8	19	60	69
长兴县	13	5	12	1	8	5	25	24	115
安吉县	26	4	52		7	24		57	19
绍兴市	**118**	**35**	**385**	**1**	**85**	**38**	**16**	**396**	**96**
越城区	10	7	33		2	3	1	38	25
柯桥区	66	7	95	1	2	2	10	14	13
上虞区	14	7	42		76	8		213	25
新昌县	2	1	7		1	18		18	1
诸暨市	13	11	163		3	5	4	87	21
嵊州市	13	2	45		1	2	1	26	11
金华市	**320**	**145**	**1473**	**1**	**98**	**56**	**120**	**1006**	**473**
婺城区	22	10	25		18	6		33	17
金东区	41	17	213	1	14	2		105	31
武义县	15	15	38		2	3		69	14
浦江县	20	11	112		4	2	7	71	328
磐安县	6		52			3		57	9
兰溪市	67	13	184		16	8	3	178	25
义乌市	82	24	391		19	4	3	164	8
东阳市	18	6	399		18	27	106	55	13
永康市	49	49	59		7	1	1	274	28

4—6c 续表 41 单位：人

地区 性别	生产制造及有关人员								
	纸及纸制品生产加工人员	印刷和记录媒介复制人员	文教、工美、体育和娱乐用品制造人员	石油加工和炼焦、煤化工生产人员	化学原料和化学制品制造人员	医药制造人员	化学纤维制造人员	橡胶和塑料制品制造人员	非金属矿物制品制造人员
衢州市	**126**	**10**	**256**		**67**	**13**	**3**	**217**	**66**
柯城区	6		15		11	3		18	7
衢江区	28	3	26		26	8		25	11
常山县	8	3	42		10			24	16
开化县	4	2	62		3	1		27	2
龙游县	63	1	48		7		2	41	13
江山市	17	1	63		10	1	1	82	17
舟山市	**4**	**3**	**39**	**1**	**1**	**2**	**3**	**32**	**29**
定海区	1	1	2	1	1	1	3	12	17
普陀区		2						5	12
岱山县	3		37			1		15	
嵊泗县									
台州市	**244**	**151**	**1238**	**3**	**62**	**172**	**11**	**1688**	**190**
椒江区	14	15	86		11	14	1	168	94
黄岩区	22	27	372		6	6	1	378	8
路桥区	75	68	29	2	3	1	3	375	17
三门县	3	3	25		3			76	5
天台县	9	3	104		1	5	1	82	11
仙居县	5	3	257		8	9		85	13
温岭市	79	15	221		3	3	1	109	13
临海市	25	10	134	1	19	132	3	229	25
玉环市	12	7	10		8	2	1	186	4
丽水市	**21**	**12**	**437**		**35**	**19**		**62**	**54**
莲都区	1	5	22		20	6		26	14
青田县	1		2		2			6	13
缙云县	9	4	37		1	1		13	8
遂昌县	6		3		1	1		9	2
松阳县	1	1	3		2	6		6	11
云和县		2	204						
庆元县	2		51		8	1		1	1
景宁畲族自治县			21					1	
龙泉市	1		94		1	4			5

4-6c　续表 42　　　　　　　　　　　　　　　　　　　　　　单位：人

地　区 性　别	生产制造及有关人员								
	采矿人员	金属冶炼和压延加工人员	机械制造基础加工人员	金属制品制造人员	通用设备制造人员	专用设备制造人员	汽车制造人员	铁路、船舶、航空设备制造人员	电气机械和器材制造人员
合计	**881**	**3777**	**41510**	**19933**	**8515**	**3537**	**8240**	**1966**	**10708**
杭州市	**119**	**393**	**3140**	**1741**	**764**	**243**	**641**	**61**	**621**
上城区									
下城区									
江干区									
拱墅区									
西湖区			12	3	2	3	2		1
滨江区									
萧山区	4	133	1177	684	310	59	366	10	92
余杭区	8	84	901	366	213	94	168	3	151
富阳区	50	84	545	291	111	35	44	15	98
临安区	5	31	286	106	44	7	25	2	214
桐庐县	1	39	113	94	39	33	8	1	9
淳安县	2	1	16	20	3	4	3	2	6
建德市	49	21	90	177	42	8	25	28	50
宁波市	**50**	**792**	**9749**	**4905**	**1675**	**293**	**2561**	**244**	**3483**
海曙区	7	22	471	506	89	7	131	2	66
江北区	2	116	327	142	80	22	131	2	58
北仑区	4	61	1195	263	159	33	352	12	160
镇海区	5	23	306	182	88	6	46		8
鄞州区	4	244	2014	881	214	96	615	23	182
奉化区	9	68	1118	475	80	11	69	9	124
象山县	5	17	586	106	132	7	120	70	113
宁海县	9	38	837	449	70	9	151	4	301
余姚市	4	83	1182	648	129	59	200	6	561
慈溪市	1	120	1713	1253	634	43	746	116	1910
温州市	**202**	**277**	**3983**	**3063**	**782**	**572**	**1520**	**96**	**755**
鹿城区		23	184	649	153	25	1		48
龙湾区			1	2					
瓯海区		8	175	178	29	135	73	45	7
洞头区		1	71	42	3	3	48	1	10
永嘉县	2	15	283	578	150		10	2	17
平阳县	56	36	466	189	55	32	181	3	119
苍南县	89	28	79	111	11	3	3	2	4
文成县		11	26	27	12	1	41		1
泰顺县	26	11	11	15	1		7		1
瑞安市	9	95	1262	487	241	353	1068	33	108
乐清市	20	49	1424	783	127	19	88	10	438
龙港市			1	2		1			2
嘉兴市	**10**	**365**	**2680**	**1583**	**824**	**165**	**584**	**26**	**1652**
南湖区		57	330	212	126	41	158	1	274
秀洲区	1	14	186	103	50	28	41	7	135
嘉善县		93	587	301	167	4	40	7	77
海盐县	2	112	544	193	150	23	66		420
海宁市	4	18	260	358	91	27	46	3	470
平湖市	2	37	571	275	208	20	210	5	186
桐乡市	1	34	202	141	32	22	23	3	90
湖州市	**100**	**438**	**1627**	**822**	**392**	**99**	**244**	**15**	**451**
吴兴区	52	200	278	231	58	29	32	4	61
南浔区	6	109	352	107	90	7	15	3	88
德清县	22	80	426	196	97	28	93	3	125
长兴县	16	25	266	78	104	18	69	5	164
安吉县	4	24	305	210	43	17	35		13

4-6c 续表 43

单位：人

地区 性别	生产制造及有关人员 采矿人员	金属冶炼和压延加工人员	机械制造基础加工人员	金属制品制造人员	通用设备制造人员	专用设备制造人员	汽车制造人员	铁路、船舶、航空设备制造人员	电气机械和器材制造人员
绍兴市	**55**	**252**	**3445**	**1161**	**401**	**218**	**363**	**33**	**767**
越城区		23	129	84	14	32	16	2	27
柯桥区	2	30	137	111	17	3	48	1	8
上虞区	5	94	369	344	136	21	37	4	219
新昌县	14	6	666	55	47	12	75	3	8
诸暨市	27	72	1703	387	130	144	173	20	38
嵊州市	7	27	441	180	57	6	14	3	467
金华市	**74**	**330**	**3775**	**4022**	**338**	**113**	**223**	**31**	**286**
婺城区	5	23	242	138	22	6	46	6	23
金东区	3	29	220	189	51	5	16	7	53
武义县	19	59	805	684	67	9	24		37
浦江县	8	11	146	664	14	7	3		17
磐安县	4	3	30	34	3	1	2		3
兰溪市	7	37	176	109	31	11	38	9	28
义乌市	11	7	330	124	17	14	64		25
东阳市	16	22	175	335	22	43	6		22
永康市	1	139	1651	1745	111	17	24	9	78
衢州市	**84**	**260**	**575**	**367**	**214**	**50**	**67**	**6**	**187**
柯城区	4	47	64	21	21	5	1		10
衢江区	20	143	174	66	41	10	27	2	26
常山县	10	15	70	57	87	5	2		58
开化县	5	5	18	23	3	3	1		24
龙游县	15	31	120	98	16	7	15	4	16
江山市	30	19	129	102	46	20	21		53
舟山市	**44**	**14**	**1793**	**90**	**57**	**12**	**150**	**818**	**35**
定海区	4	2	905	36	34	10	23	155	24
普陀区	27	4	453	42	6	2	1	381	2
岱山县	13	8	433	12	17		126	279	9
嵊泗县			2					3	
台州市	**34**	**363**	**10197**	**1803**	**2785**	**1695**	**1832**	**615**	**2378**
椒江区	1	26	841	268	488	217	133	110	231
黄岩区	3	16	987	42	113	6	68	65	73
路桥区		84	1618	326	260	147	193	148	354
三门县	1	3	265	82	57	5	65	23	143
天台县	1	12	179	99	13	5	480	5	14
仙居县	7	17	158	40	14	4	88	3	16
温岭市	5	75	2328	310	1130	32	222	158	659
临海市	12	69	1000	224	249	1263	220	93	874
玉环市	4	61	2821	412	461	16	363	10	14
丽水市	**109**	**293**	**546**	**376**	**283**	**77**	**55**	**21**	**93**
莲都区	6	11	54	90	51	5	16		24
青田县	27	102	34	69	70		1	1	2
缙云县	10	32	281	150	75	62	10	19	56
遂昌县	36	61	58	22	5	2	4	1	6
松阳县	7	61	86	21	13	1	10		3
云和县	8	21	12	4	21		1		
庆元县	2		7	6	1	1	2		
景宁畲族自治县		4	5	1	9				1
龙泉市	13	1	9	13	38	6	11		1
男	**793**	**3005**	**31170**	**11930**	**5511**	**2022**	**5172**	**1457**	**5151**
杭州市	**101**	**322**	**2345**	**1098**	**569**	**137**	**477**	**36**	**348**
上城区									
下城区									
江干区									
拱墅区									

4-6c　续表 44　　　　单位：人

地　区 性　别	生产制造及有关人员								
	采矿人员	金属冶炼和压延加工人员	机械制造基础加工人员	金属制品制造人员	通用设备制造人员	专用设备制造人员	汽车制造人员	铁路、船舶、航空设备制造人员	电气机械和器材制造人员
西湖区			10	2	2	1	2		1
滨江区									
萧山区	4	109	863	414	227	34	286	3	61
余杭区	7	66	695	255	164	44	121	3	84
富阳区	40	71	386	179	84	15	29	12	52
临安区	5	26	221	68	29	6	12	1	119
桐庐县	1	33	88	61	31	27	4	1	4
淳安县	1	1	13	16	2	2	3		2
建德市	43	16	69	103	30	8	20	16	25
宁波市	**44**	**664**	**7249**	**2734**	**1067**	**147**	**1607**	**173**	**1683**
海曙区	6	15	341	284	53	4	81	1	45
江北区	2	103	233	78	49	11	91	2	29
北仑区	4	53	1013	167	125	21	217	10	81
镇海区	5	22	243	120	59	4	29		4
鄞州区	3	202	1441	514	152	41	375	16	88
奉化区	8	60	785	280	55	4	44	7	61
象山县	3	15	478	69	96	4	73	65	60
宁海县	9	27	646	205	34	4	87	2	119
余姚市	3	65	797	352	77	34	148	2	236
慈溪市	1	102	1272	665	367	20	462	68	960
温州市	**190**	**213**	**3235**	**1881**	**549**	**361**	**894**	**61**	**410**
鹿城区		12	151	416	91	16	1		27
龙湾区									
瓯海区		6	142	105	18	74	38	26	4
洞头区		1	53	35	2	3	36	1	4
永嘉县	2	14	244	332	127		7	1	9
平阳县	55	29	387	118	42	21	113	3	64
苍南县	86	15	60	76	8	3	3	2	3
文成县		11	25	19	8	1	26		
泰顺县	24	11	11	6	1		6		
瑞安市	8	78	991	323	186	230	621	21	70
乐清市	15	36	1170	449	66	13	43	7	228
龙港市			1	2					1
嘉兴市	**9**	**285**	**1919**	**952**	**564**	**103**	**394**	**16**	**801**
南湖区		40	211	117	81	20	118	1	153
秀洲区	1	12	134	66	34	17	27	4	63
嘉善县		78	399	170	93	3	27	4	37
海盐县	2	80	368	116	101	13	39		173
海宁市	3	14	195	199	60	22	27	2	218
平湖市	2	31	468	200	167	15	143	2	111
桐乡市	1	30	144	84	28	13	13	3	46
湖州市	**92**	**336**	**1312**	**588**	**309**	**71**	**143**	**11**	**225**
吴兴区	47	137	218	168	52	25	18	4	38
南浔区	6	95	280	74	67	5	8	1	42
德清县	19	68	348	146	75	16	56	3	52
长兴县	16	18	230	55	81	13	35	3	86
安吉县	4	18	236	145	34	12	26		7
绍兴市	**51**	**179**	**2451**	**678**	**274**	**118**	**229**	**21**	**398**
越城区		17	94	52	10	8	8	2	10
柯桥区	2	25	114	81	14		28		3
上虞区	3	45	268	177	82	9	17	2	101
新昌县	13	6	429	41	35	7	54	2	2
诸暨市	27	61	1196	206	94	90	113	12	16
嵊州市	6	25	350	121	39	4	9	3	266

4-6c 续表 45 单位：人

地区 性别	生产制造及有关人员								
	采矿人员	金属冶炼和压延加工人员	机械制造基础加工人员	金属制品制造人员	通用设备制造人员	专用设备制造人员	汽车制造人员	铁路、船舶、航空设备制造人员	电气机械和器材制造人员
金华市	**65**	**244**	**2763**	**2395**	**252**	**60**	**171**	**18**	**155**
婺城区	4	17	182	77	14	1	39	3	12
金东区	2	21	166	121	35	4	11	6	31
武义县	17	46	608	436	53	5	14		19
浦江县	8	9	111	384	9	6	3		12
磐安县	4	2	23	20	3		1		2
兰溪市	7	24	141	62	31	8	26	4	18
义乌市	9	6	201	88	14	7	60		15
东阳市	13	14	132	199	16	18	4		13
永康市	1	105	1199	1008	77	11	13	5	33
衢州市	**75**	**223**	**496**	**254**	**160**	**27**	**43**	**5**	**108**
柯城区	4	40	57	19	16	3	1		7
衢江区	19	127	156	51	30	8	18	1	17
常山县	7	13	58	30	62	3	2		45
开化县	4	3	15	17	2	1			9
龙游县	15	25	101	62	13	4	9	4	8
江山市	26	15	109	75	37	8	13		22
舟山市	**41**	**13**	**1525**	**63**	**41**	**6**	**90**	**699**	**16**
定海区	4	2	820	31	24	6	11	132	10
普陀区	27	3	368	25	5		1	323	2
岱山县	10	8	335	7	12		78	241	4
嵊泗县			2					3	
台州市	**29**	**290**	**7430**	**1026**	**1512**	**949**	**1092**	**402**	**952**
椒江区	1	23	612	157	212	120	90	80	148
黄岩区	3	11	874	29	74	5	39	48	30
路桥区		68	1139	165	139	76	138	82	175
三门县	1	3	216	54	36	3	44	15	57
天台县	1	9	115	68	8	4	241	2	5
仙居县	4	14	117	28	10	2	54	3	11
温岭市	5	53	1667	184	743	23	126	93	307
临海市	11	60	787	154	72	705	139	73	212
玉环市	3	49	1903	187	218	11	221	6	7
丽水市	**96**	**236**	**445**	**261**	**214**	**43**	**32**	**15**	**55**
莲都区	5	10	50	65	37	5	11		20
青田县	21	70	30	46	54			1	2
缙云县	10	25	220	100	58	32	8	14	30
遂昌县	31	54	45	18	4		2		2
松阳县	7	53	72	15	8		8		
云和县	7	21	11	4	15		1		
庆元县	2		7	5	1				
景宁畲族自治县		2	5	1	8				
龙泉市	13	1	5	7	29	6	2		1
女	**88**	**772**	**10340**	**8003**	**3004**	**1515**	**3068**	**509**	**5557**
杭州市	**18**	**71**	**795**	**643**	**195**	**106**	**164**	**25**	**273**
上城区									
下城区									
江干区									
拱墅区									
西湖区			2	1		2			
滨江区									
萧山区		24	314	270	83	25	80	7	31
余杭区	1	18	206	111	49	50	47		67
富阳区	10	13	159	112	27	20	15	3	46
临安区		5	65	38	15	1	13	1	95
桐庐县		6	25	33	8	6	4		5
淳安县	1		3	4	1	2		2	4
建德市	6	5	21	74	12		5	12	25

4-6c　续表 46　　　　　　　　　　　　　　　　　　　　单位：人

地　区 性　别	生产制造及有关人员								
	采矿人员	金属冶炼和压延加工人员	机械制造基础加工人　员	金属制品制造人员	通用设备制造人员	专用设备制造人员	汽车制造人　员	铁路、船舶、航空设备制造人　员	电气机械和器材制造人员
宁波市	**6**	**128**	**2500**	**2171**	**608**	**146**	**954**	**71**	**1800**
海曙区	1	7	130	222	36	3	50	1	21
江北区		13	94	64	31	11	40		29
北仑区		8	182	96	34	12	135	2	79
镇海区		1	63	62	29	2	17		4
鄞州区	1	42	573	367	62	55	240	7	94
奉化区	1	8	333	195	25	7	25	2	63
象山县	2	2	108	37	36	3	47	5	53
宁海县		11	191	244	36	5	64	2	182
余姚市	1	18	385	296	52	25	52	4	325
慈溪市		18	441	588	267	23	284	48	950
温州市	**12**	**64**	**748**	**1182**	**233**	**211**	**626**	**35**	**345**
鹿城区		11	33	233	62	9			21
龙湾区			1	2					
瓯海区		2	33	73	11	61	35	19	3
洞头区			18	7	1		12		6
永嘉县		1	39	246	23		3	1	8
平阳县	1	7	79	71	13	11	68		55
苍南县	3	13	19	35	3				1
文成县			1	8	4		15		1
泰顺县	2			9			1		1
瑞安市	1	17	271	164	55	123	447	12	38
乐清市	5	13	254	334	61	6	45	3	210
龙港市						1			1
嘉兴市	**1**	**80**	**761**	**631**	**260**	**62**	**190**	**10**	**851**
南湖区		17	119	95	45	21	40		121
秀洲区		2	52	37	16	11	14	3	72
嘉善县		15	188	131	74	1	13	3	40
海盐县		32	176	77	49	10	27		247
海宁市	1	4	65	159	31	5	19	1	252
平湖市		6	103	75	41	5	67	3	75
桐乡市		4	58	57	4	9	10		44
湖州市	**8**	**102**	**315**	**234**	**83**	**28**	**101**	**4**	**226**
吴兴区	5	63	60	63	6	4	14		23
南浔区		14	72	33	23	2	7	2	46
德清县	3	12	78	50	22	12	37		73
长兴县		7	36	23	23	5	34	2	78
安吉县		6	69	65	9	5	9		6
绍兴市	**4**	**73**	**994**	**483**	**127**	**100**	**134**	**12**	**369**
越城区		6	35	32	4	24	8		17
柯桥区		5	23	30	3	3	20	1	5
上虞区	2	49	101	167	54	12	20	2	118
新昌县	1		237	14	12	5	21	1	6
诸暨市		11	507	181	36	54	60	8	22
嵊州市	1	2	91	59	18	2	5		201
金华市	**9**	**86**	**1012**	**1627**	**86**	**53**	**52**	**13**	**131**
婺城区	1	6	60	61	8	5	7	3	11
金东区	1	8	54	68	16	1	5	1	22
武义县	2	13	197	248	14	4	10		18
浦江县		2	35	280	5	1			5
磐安县		1	7	14		1	1		1
兰溪市		13	35	47		3	12	5	10
义乌市	2	1	129	36	3	7	4		10
东阳市	3	8	43	136	6	25	2		9
永康市		34	452	737	34	6	11	4	45

4－6c 续表 47

单位：人

地区 性别	生产制造及有关人员								
	采矿人员	金属冶炼和压延加工人员	机械制造基础加工人员	金属制品制造人员	通用设备制造人员	专用设备制造人员	汽车制造人员	铁路、船舶、航空设备制造人员	电气机械和器材制造人员
衢州市	**9**	**37**	**79**	**113**	**54**	**23**	**24**	**1**	**79**
柯城区		7	7	2	5	2			3
衢江区	1	16	18	15	11	2	9	1	9
常山县	3	2	12	27	25	2			13
开化县	1	2	3	6	1	2	1		15
龙游县		6	19	36	3	3	6		8
江山市	4	4	20	27	9	12	8		31
舟山市	**3**	**1**	**268**	**27**	**16**	**6**	**60**	**119**	**19**
定海区			85	5	10	4	12	23	14
普陀区		1	85	17	1	2		58	
岱山县	3		98	5	5		48	38	5
嵊泗县									
台州市	**5**	**73**	**2767**	**777**	**1273**	**746**	**740**	**213**	**1426**
椒江区		3	229	111	276	97	43	30	83
黄岩区		5	113	13	39	1	29	17	43
路桥区		16	479	161	121	71	55	66	179
三门县			49	28	21	2	21	8	86
天台县		3	64	31	5	1	239	3	9
仙居县	3	3	41	12	4	2	34		5
温岭市		22	661	126	387	9	96	65	352
临海市	1	9	213	70	177	558	81	20	662
玉环市	1	12	918	225	243	5	142	4	7
丽水市	**13**	**57**	**101**	**115**	**69**	**34**	**23**	**6**	**38**
莲都区	1	1	4	25	14		5		4
青田县	6	32	4	23	16		1		
缙云县		7	61	50	17	30	2	5	26
遂昌县	5	7	13	4	1	2	2	1	4
松阳县		8	14	6	5	1	2		3
云和县	1		1		6				
庆元县				1		1	2		
景宁畲族自治县		2			1				1
龙泉市			4	6	9		9		

4-6c　续表 48

单位：人

地区 性别	生产制造及有关人员								不便分类的其他从业人员
	计算机、通信和其他电子设备制造人员	仪器仪表制造人员	废弃资源综合利用人员	电力、热力、气体、水生产和输配人员	建筑施工人员	运输设备和通用工程机械操作人员及有关人员	生产辅助人员	其他生产制造及有关人员	
合计	**16726**	**812**	**970**	**1147**	**94268**	**7105**	**63071**	**1379**	**799**
杭州市	**1784**	**124**	**65**	**165**	**15095**	**1182**	**6039**	**192**	**4**
上城区									
下城区									
江干区									
拱墅区									
西湖区	11	2		4	414	12	66		
滨江区									
萧山区	178	19	11	33	3144	285	1970	34	
余杭区	764	88	20	26	4747	308	1625	103	3
富阳区	253	8	19	14	1577	122	557	10	
临安区	343	4	2	31	1756	241	836		
桐庐县	80		5	17	936	59	434	8	
淳安县	29	2	3	25	997	51	95	8	1
建德市	126	1	5	15	1524	104	456	29	
宁波市	**4686**	**287**	**84**	**153**	**10517**	**1060**	**10246**	**385**	**312**
海曙区	342	22	3	8	680	72	664	3	
江北区	212	23	4	3	598	67	422	18	
北仑区	377	15	8	15	977	187	1171	6	8
镇海区	192	3	10	6	373	60	224	183	
鄞州区	1108	96	12	17	1990	163	1832	1	1
奉化区	595	19	19	13	1479	111	1119	77	59
象山县	93			44	1235	109	597	4	
宁海县	424	18	8	13	1112	84	883	11	8
余姚市	470	40	5	13	768	46	1285	10	6
慈溪市	873	51	15	21	1305	161	2049	72	230
温州市	**3787**	**157**	**54**	**80**	**8989**	**563**	**6399**	**51**	**78**
鹿城区	63	27	14	7	439	36	541		
龙湾区					19		3		
瓯海区	68	3	2	2	597	70	443	1	1
洞头区	140			9	630	47	131	3	7
永嘉县	69	24	3	5	1129	60	411	3	3
平阳县	221		7	11	1251	84	1124	8	10
苍南县	35	5	15	3	683	31	666	21	8
文成县	8	3		3	555	35	54		
泰顺县	20			6	808	42	42	5	31
瑞安市	129	23	7	14	965	47	1553	7	11
乐清市	3034	72	6	20	1882	110	1380	3	7
龙港市					31	1	51		
嘉兴市	**1454**	**35**	**91**	**161**	**8104**	**616**	**7976**	**95**	**23**
南湖区	124	5	8	16	543	44	635	3	
秀洲区	121	3	47	19	961	48	1102	2	3
嘉善县	467	2	5	25	928	101	883	19	
海盐县	107	4	7	13	1029	89	956	11	1
海宁市	341	1	12	24	1653	116	1762	7	6
平湖市	78	16	3	39	1553	120	942	18	
桐乡市	216	4	9	25	1437	98	1696	35	13
湖州市	**947**	**10**	**88**	**97**	**6486**	**738**	**3995**	**133**	**130**
吴兴区	195	2	9	10	1916	175	635	12	38
南浔区	124	2	24	27	1143	102	871	8	19
德清县	152	3	25	19	995	165	943	8	15
长兴县	247	2	10	18	1381	178	707	17	7
安吉县	229	1	20	23	1051	118	839	88	51

4－6c 续表 49 单位：人

地区 性别	生产制造及有关人员								不便分类的其他从业人员
	计算机、通信和其他电子设备制造人员	仪器仪表制造人员	废弃资源综合利用人员	电力、热力、气体、水生产和输配人员	建筑施工人员	运输设备和通用工程机械操作人员及有关人员	生产辅助人员	其他生产制造及有关人员	
绍兴市	**1021**	**20**	**36**	**52**	**9664**	**377**	**5259**	**78**	**21**
越城区	89	4	6	6	1558	54	657	4	
柯桥区	60	2	10	16	1511	37	841	11	
上虞区	364	12	8	12	2247	88	828	38	2
新昌县	57			1	614	51	312		
诸暨市	99	2	11	13	2419	108	2083	16	
嵊州市	352		1	4	1315	39	538	9	19
金华市	**1109**	**34**	**117**	**113**	**10766**	**611**	**11386**	**265**	**44**
婺城区	70	4	4	25	1108	79	473	3	4
金东区	100	7	22	6	946	124	1111	26	9
武义县	199	1	2	18	592	41	1145	50	3
浦江县	37	1	17	15	998	31	1648	40	6
磐安县	24	1	1	2	695	29	105	6	1
兰溪市	72	1	5	14	1821	90	866	31	2
义乌市	153	4	47	8	1769	105	3620	24	
东阳市	219	1	9	11	2187	55	940	58	
永康市	235	14	10	14	650	57	1478	27	19
衢州市	**437**	**17**	**28**	**80**	**6691**	**523**	**1473**	**61**	**47**
柯城区	23	1		14	977	88	157	2	8
衢江区	51	2	6	23	1246	165	285	22	1
常山县	66		1	5	1030	72	139	5	9
开化县	23	2	5	12	892	35	163	2	1
龙游县	121	1	13	12	1122	87	336	8	17
江山市	153	11	3	14	1424	76	393	22	11
舟山市	**75**	**45**	**2**	**70**	**2357**	**487**	**1504**	**9**	
定海区	53	3	1	15	1048	157	562	1	
普陀区	7	39		48	795	173	633		
岱山县	15	3		2	439	137	280	8	
嵊泗县			1	5	75	20	29		
台州市	**1183**	**75**	**400**	**80**	**11730**	**686**	**7807**	**84**	**32**
椒江区	510	20	4	6	1386	125	1165	3	
黄岩区	28		6	12	1103	51	893		10
路桥区	50	8	278	5	685	67	1014	33	1
三门县	35		5	5	844	53	219		
天台县	51		3	6	841	37	258	1	6
仙居县	64	3	6	8	666	38	446	7	12
温岭市	162	21	40	7	2219	117	1000		2
临海市	198	1	57	18	3340	132	1508	33	1
玉环市	85	22	1	13	646	66	1304	7	
丽水市	**243**	**8**	**5**	**96**	**3869**	**262**	**987**	**26**	**108**
莲都区	135	1		9	904	51	131	11	33
青田县	36	2		5	635	16	72	5	7
缙云县	46	4		13	851	38	266	5	
遂昌县	5			14	279	40	99		
松阳县	11		1	11	363	39	66	1	2
云和县	3		2	16	173	10	111		2
庆元县	1	1		3	161	19	131	1	58
景宁畲族自治县			2	14	279	22	19	2	6
龙泉市	6			11	224	27	92	1	
男	**8261**	**388**	**647**	**1016**	**86523**	**6554**	**34926**	**769**	**514**
杭州市	**991**	**62**	**53**	**141**	**13776**	**1062**	**3501**	**101**	**2**
上城区									
下城区									
江干区									
拱墅区									

4-6c　续表 50　　　　　　　　　　　　　　　　　　　　　　　　　　　单位：人

地区 性别	生产制造及有关人员								不便分类的其他从业人员
	计算机、通信和其他电子设备制造人员	仪器仪表制造人员	废弃资源综合利用人员	电力、热力、气体、水生产和输配人员	建筑施工人员	运输设备和通用工程机械操作人员及有关人员	生产辅助人员	其他生产制造及有关人员	
西湖区	2	1		4	362	11	48		
滨江区									
萧山区	114	14	8	25	2896	232	1200	14	
余杭区	404	39	16	22	4294	284	925	62	1
富阳区	125	4	17	12	1458	121	366	6	
临安区	213	3	2	28	1592	207	424		
桐庐县	49		4	15	894	56	200	6	
淳安县	13	1	3	21	906	50	62	4	1
建德市	71		3	14	1374	101	276	9	
宁波市	**2171**	**129**	**59**	**136**	**9710**	**983**	**5360**	**216**	**198**
海曙区	155	13	2	6	622	67	355	2	
江北区	113	9	3	3	550	64	207	7	
北仑区	175	9	5	14	891	177	662	3	6
镇海区	105	2	7	6	344	59	118	110	
鄞州区	485	34	8	15	1825	150	891		1
奉化区	259	8	12	11	1354	101	540	48	31
象山县	52			40	1174	90	337	2	
宁海县	180	8	8	12	1026	81	464	7	5
余姚市	230	16	3	12	721	41	660	3	3
慈溪市	417	30	11	17	1203	153	1126	34	152
温州市	**1556**	**97**	**34**	**73**	**8267**	**529**	**3774**	**33**	**52**
鹿城区	36	15	10	5	402	34	327		
龙湾区					15		1		
瓯海区	33	2	1	2	553	58	288	1	1
洞头区	72			8	560	43	94	3	6
永嘉县	43	14	2	5	1049	57	268	2	1
平阳县	120		4	11	1170	80	648	3	9
苍南县	27	5	11	3	654	30	347	16	4
文成县	7	2		3	495	35	42		
泰顺县	7			6	736	42	33	2	20
瑞安市	72	17	3	11	884	42	959	5	6
乐清市	1139	42	3	19	1719	107	737	1	5
龙港市					30	1	30		
嘉兴市	**770**	**22**	**61**	**154**	**7431**	**568**	**4494**	**52**	**14**
南湖区	59	3	5	15	484	42	352	1	
秀洲区	64	2	31	17	874	45	642	1	2
嘉善县	279	2	5	25	829	82	446	12	
海盐县	39	4	4	12	884	85	508	6	1
海宁市	177	1	6	22	1528	105	990	4	2
平湖市	33	7	3	38	1475	112	499	7	
桐乡市	119	3	7	25	1357	97	1057	21	9
湖州市	**545**	**5**	**61**	**89**	**5872**	**676**	**2482**	**83**	**85**
吴兴区	139		8	10	1683	148	402	11	23
南浔区	69	2	13	24	1033	94	548	4	10
德清县	84	2	17	18	915	154	554	5	12
长兴县	105		9	17	1289	164	471	13	4
安吉县	148	1	14	20	952	116	507	50	36
绍兴市	**482**	**10**	**26**	**46**	**8989**	**344**	**2833**	**42**	**15**
越城区	42	2	6	6	1463	49	393	3	
柯桥区	35	1	8	13	1380	31	553	5	
上虞区	154	7	4	11	2118	82	454	19	2
新昌县	32			1	574	41	147		
诸暨市	39		7	12	2245	102	974	10	
嵊州市	180		1	3	1209	39	312	5	13

4-6c 续表 51 单位：人

地区 性别	生产制造及有关人员								不便分类的其他从业人员
	计算机、通信和其他电子设备制造人员	仪器仪表制造人员	废弃资源综合利用人员	电力、热力、气体、水生产和输配人员	建筑施工人员	运输设备和通用工程机械操作人员及有关人员	生产辅助人员	其他生产制造及有关人员	
金华市	**602**	**15**	**77**	**101**	**9694**	**578**	**5907**	**147**	**22**
婺城区	34	2	4	24	984	73	264	3	1
金东区	55	2	12	6	819	114	556	16	6
武义县	104	1	1	15	546	40	585	31	2
浦江县	27	1	12	13	943	31	837	22	5
磐安县	12		1	2	616	27	64	4	
兰溪市	44	1	2	11	1666	83	441	17	
义乌市	100	2	33	8	1602	103	1809	11	
东阳市	107	1	5	8	1964	50	568	22	
永康市	119	5	7	14	554	57	783	21	8
衢州市	**236**	**7**	**21**	**71**	**6313**	**492**	**810**	**29**	**30**
柯城区	13	1		13	933	83	106		4
衢江区	33	2	6	19	1194	155	163	9	1
常山县	31			5	1007	66	72	4	6
开化县	18	1	4	10	838	29	77		1
龙游县	68		8	11	1036	86	186	4	11
江山市	73	3	3	13	1305	73	206	12	7
舟山市	**35**	**5**	**2**	**61**	**2160**	**451**	**1268**	**5**	
定海区	25	1	1	13	940	147	451		
普陀区	3	4		41	737	157	546		
岱山县	7			2	415	127	245	5	
嵊泗县			1	5	68	20	26		
台州市	**734**	**32**	**249**	**69**	**10888**	**623**	**3965**	**46**	**24**
椒江区	340	8	3	6	1259	106	599	1	
黄岩区	16		4	9	1053	46	330		9
路桥区	26	5	172	4	619	61	531	21	1
三门县	24		5	5	805	51	138		
天台县	25		3	5	753	32	157		6
仙居县	35	1	4	6	609	33	233	5	7
温岭市	94	6	28	6	2033	110	565		1
临海市	127		29	16	3178	121	729	14	
玉环市	47	12	1	12	579	63	683	5	
丽水市	**139**	**4**	**4**	**75**	**3423**	**248**	**532**	**15**	**72**
莲都区	83	1		6	783	48	72	5	25
青田县	23	2		5	492	10	56	5	4
缙云县	19	1		11	795	37	164	4	
遂昌县	2			10	253	38	67		
松阳县	6		1	9	325	38	53	1	1
云和县	1		2	10	164	10	26		2
庆元县	1			3	147	19	50		40
景宁畲族自治县			1	11	252	21	16		
龙泉市	4			10	212	27	28		
女	**8465**	**424**	**323**	**131**	**7745**	**551**	**28145**	**610**	**285**
杭州市	**793**	**62**	**12**	**24**	**1319**	**120**	**2538**	**91**	**2**
上城区									
下城区									
江干区									
拱墅区									
西湖区	9	1			52	1	18		
滨江区									
萧山区	64	5	3	8	248	53	770	20	
余杭区	360	49	4	4	453	24	700	41	2
富阳区	128	4	2	2	119	1	191	4	
临安区	130	1		3	164	34	412		
桐庐县	31		1	2	42	3	234	2	
淳安县	16	1		4	91	1	33	4	
建德市	55	1	2	1	150	3	180	20	

4-6c 续表 52　　　　单位：人

地区 性别	生产制造及有关人员								不便分类的其他从业人员
	计算机、通信和其他电子设备制造人员	仪器仪表制造人员	废弃资源综合利用人员	电力、热力、气体、水生产和输配人员	建筑施工人员	运输设备和通用工程机械操作人员及有关人员	生产辅助人员	其他生产制造及有关人员	
宁波市	**2515**	**158**	**25**	**17**	**807**	**77**	**4886**	**169**	**114**
海曙区	187	9	1	2	58	5	309	1	
江北区	99	14	1		48	3	215	11	
北仑区	202	6	3	1	86	10	509	3	2
镇海区	87	1	3		29	1	106	73	
鄞州区	623	62	4	2	165	13	941	1	
奉化区	336	11	7	2	125	10	579	29	28
象山县	41			4	61	19	260	2	
宁海县	244	10		1	86	3	419	4	3
余姚市	240	24	2	1	47	5	625	7	3
慈溪市	456	21	4	4	102	8	923	38	78
温州市	**2231**	**60**	**20**	**7**	**722**	**34**	**2625**	**18**	**26**
鹿城区	27	12	4	2	37	2	214		
龙湾区					4		2		
瓯海区	35	1	1		44	12	155		
洞头区	68			1	70	4	37		1
永嘉县	26	10	1		80	3	143	1	2
平阳县	101		3		81	4	476	5	1
苍南县	8		4		29	1	319	5	4
文成县	1	1			60		12		
泰顺县	13				72		9	3	11
瑞安市	57	6	4	3	81	5	594	2	5
乐清市	1895	30	3	1	163	3	643	2	2
龙港市					1		21		
嘉兴市	**684**	**13**	**30**	**7**	**673**	**48**	**3482**	**43**	**9**
南湖区	65	2	3	1	59	2	283	2	
秀洲区	57	1	16	2	87	3	460	1	1
嘉善县	188				99	19	437	7	
海盐县	68		3	1	145	4	448	5	
海宁市	164		6	2	125	11	772	3	4
平湖市	45	9		1	78	8	443	11	
桐乡市	97	1	2		80	1	639	14	4
湖州市	**402**	**5**	**27**	**8**	**614**	**62**	**1513**	**50**	**45**
吴兴区	56	2	1		233	27	233	1	15
南浔区	55		11	3	110	8	323	4	9
德清县	68	1	8	1	80	11	389	3	3
长兴县	142	2	1	1	92	14	236	4	3
安吉县	81		6	3	99	2	332	38	15
绍兴市	**539**	**10**	**10**	**6**	**675**	**33**	**2426**	**36**	**6**
越城区	47	2			95	5	264	1	
柯桥区	25	1	2	3	131	6	288	6	
上虞区	210	5	4	1	129	6	374	19	
新昌县	25				40	10	165		
诸暨市	60	2	4	1	174	6	1109	6	
嵊州市	172			1	106		226	4	6
金华市	**507**	**19**	**40**	**12**	**1072**	**33**	**5479**	**118**	**22**
婺城区	36	2		1	124	6	209		3
金东区	45	5	10		127	10	555	10	3
武义县	95		1	3	46	1	560	19	1
浦江县	10		5	2	55		811	18	1
磐安县	12	1			79	2	41	2	1
兰溪市	28		3	3	155	7	425	14	2
义乌市	53	2	14		167	2	1811	13	
东阳市	112		4	3	223	5	372	36	
永康市	116	9	3		96		695	6	11

4－6c 续表 53　　单位：人

地　区 性　别	生产制造及有关人员								
	计算机、通信和其他电子设备制造人员	仪器仪表制造人员	废弃资源综合利用人员	电力、热力、气体、水生产和输配人员	建筑施工人员	运输设备和通用工程机械操作人员及有关人员	生产辅助人员	其他生产制造及有关人员	不便分类的其他从业人员
衢州市	**201**	**10**	**7**	**9**	**378**	**31**	**663**	**32**	**17**
柯城区	10			1	44	5	51	2	4
衢江区	18			4	52	10	122	13	
常山县	35		1		23	6	67	1	3
开化县	5	1	1	2	54	6	86	2	
龙游县	53	1	5	1	86	1	150	4	6
江山市	80	8		1	119	3	187	10	4
舟山市	**40**	**40**		**9**	**197**	**36**	**236**	**4**	
定海区	28	2		2	108	10	111	1	
普陀区	4	35		7	58	16	87		
岱山县	8	3			24	10	35	3	
嵊泗县					7		3		
台州市	**449**	**43**	**151**	**11**	**842**	**63**	**3842**	**38**	**8**
椒江区	170	12	1		127	19	566	2	
黄岩区	12		2	3	50	5	563		1
路桥区	24	3	106	1	66	6	483	12	
三门县	11				39	2	81		
天台县	26			1	88	5	101	1	
仙居县	29	2	2	2	57	5	213	2	5
温岭市	68	15	12	1	186	7	435		1
临海市	71	1	28	2	162	11	779	19	1
玉环市	38	10		1	67	3	621	2	
丽水市	**104**	**4**	**1**	**21**	**446**	**14**	**455**	**11**	**36**
莲都区	52			3	121	3	59	6	8
青田县	13				143	6	16		3
缙云县	27	3		2	56	1	102	1	
遂昌县	3			4	26	2	32		
松阳县	5			2	38	1	13		1
云和县	2			6	9		85		
庆元县		1			14		81	1	18
景宁畲族自治县			1	3	27	1	3	2	6
龙泉市	2			1	12		64	1	

4−7　全省分年龄、性别、职业中类的就业人口

单位：人

年龄组 性别	合计	党的机关、国家机关、群众团体和社会组织、企事业单位负责人						
		小计	中国共产党机关负责人	国家机关负责人	民主党派和工商联负责人	人民团体和群众团体、社会组织及其他成员组织负责人	基层群众自治组织负责人	企事业单位负责人
总　计	**3642236**	**105757**	**188**	**2561**	**12**	**1937**	**1911**	**99148**
16−19岁	48572	102				3		99
20−24岁	251886	1976	1	8		29	6	1932
25−29岁	425229	7549	4	59		135	50	7301
30−34岁	563500	16986	14	204		288	116	16364
35−39岁	461207	18338	25	292		285	166	17570
40−44岁	435378	17806	28	448	3	269	255	16803
45−49岁	491959	17256	44	565	3	304	361	15979
50−54岁	428745	13585	41	552	4	309	398	12281
55−59岁	282527	8893	29	416	2	198	373	7875
60−64岁	120739	2089	2	14		45	111	1917
65−69岁	81919	859		2		41	55	761
70−74岁	35149	244		1		15	17	211
75岁及以上	15426	74				16	3	55
男	**2188814**	**79110**	**147**	**2118**	**8**	**1281**	**1584**	**73972**
16−19岁	31324	73				3		70
20−24岁	148060	1352		2		21	5	1324
25−29岁	247095	5239	1	29		81	28	5100
30−34岁	324437	12017	11	137		159	66	11644
35−39岁	263672	12985	20	213		182	110	12460
40−44岁	245419	12992	18	364	2	174	197	12237
45−49岁	279511	12940	35	478	1	190	293	11943
50−54岁	274285	10997	32	496	4	225	356	9884
55−59岁	202083	7675	28	383	1	156	350	6757
60−64岁	83711	1838	2	13		33	107	1683
65−69岁	54990	732		2		34	52	644
70−74岁	23699	212		1		13	17	181
75岁及以上	10528	58				10	3	45
女	**1453422**	**26647**	**41**	**443**	**4**	**656**	**327**	**25176**
16−19岁	17248	29						29
20−24岁	103826	624	1	6		8	1	608
25−29岁	178134	2310	3	30		54	22	2201
30−34岁	239063	4969	3	67		129	50	4720
35−39岁	197535	5353	5	79		103	56	5110
40−44岁	189959	4814	10	84	1	95	58	4566
45−49岁	212448	4316	9	87	2	114	68	4036
50−54岁	154460	2588	9	56		84	42	2397
55−59岁	80444	1218	1	33	1	42	23	1118
60−64岁	37028	251		1		12	4	234
65−69岁	26929	127				7	3	117
70−74岁	11450	32				2		30
75岁及以上	4898	16				6		10

4-7 续表 1

单位：人

年龄组 性别	专业技术人员 小计	科学研究人员	工程技术人员	农业技术人员	飞机和船舶技术人员	卫生专业技术人员	经济和金融专业人员	法律、社会和宗教专业人员	教学人员	文学艺术、体育专业人员
总计	**376548**	**1957**	**90225**	**1300**	**1856**	**50876**	**109520**	**10465**	**94550**	**8839**
16－19岁	2445	8	530	4		335	282	17	940	265
20－24岁	41221	175	8822	106	32	6569	10262	582	11611	2075
25－29岁	72535	425	16919	133	60	10278	21133	1664	18063	2319
30－34岁	77899	483	19852	162	145	9762	25325	2084	16979	1636
35－39岁	58999	308	13927	169	221	7716	18671	1549	14486	971
40－44岁	44732	152	9487	113	232	5568	13596	1136	13280	550
45－49岁	35555	158	8303	134	294	4512	10719	1037	9379	421
50－54岁	23297	114	6607	173	404	2831	5502	924	6088	280
55－59岁	14125	110	4398	177	315	1712	3016	718	3192	224
60－64岁	3083	19	938	59	118	743	573	228	320	49
65－69岁	1612	4	344	50	35	536	259	223	115	27
70－74岁	704	1	78	13		240	126	170	55	15
75岁及以上	341		20	7		74	56	133	42	7
男	**164811**	**1122**	**75129**	**939**	**1828**	**14891**	**29212**	**5882**	**28192**	**4681**
16－19岁	1146	2	450	3		44	93	12	355	152
20－24岁	15044	86	7178	62	26	1011	2834	252	2234	986
25－29岁	28093	211	13720	81	54	2266	5624	715	3777	1094
30－34岁	31793	266	16366	108	139	2443	6053	975	3952	912
35－39岁	24230	180	11418	115	217	2208	4356	842	3958	558
40－44岁	18784	78	7792	74	232	1959	2915	693	4470	323
45－49岁	16564	105	6853	97	292	1735	2535	651	3772	251
50－54岁	13702	82	5870	135	401	1177	2066	740	2838	172
55－59岁	11182	90	4182	158	315	990	1982	613	2471	158
60－64岁	2337	17	882	52	117	444	382	163	219	33
65－69岁	1227	4	329	39	35	364	206	131	78	24
70－74岁	508	1	73	10		189	114	60	43	13
75岁及以上	201		16	5		61	52	35	25	5
女	**211737**	**835**	**15096**	**361**	**28**	**35985**	**80308**	**4583**	**66358**	**4158**
16－19岁	1299	6	80	1		291	189	5	585	113
20－24岁	26177	89	1644	44	6	5558	7428	330	9377	1089
25－29岁	44442	214	3199	52	6	8012	15509	949	14286	1225
30－34岁	46106	217	3486	54	6	7319	19272	1109	13027	724
35－39岁	34769	128	2509	54	4	5508	14315	707	10528	413
40－44岁	25948	74	1695	39		3609	10681	443	8810	227
45－49岁	18991	53	1450	37	2	2777	8184	386	5607	170
50－54岁	9595	32	737	38	3	1654	3436	184	3250	108
55－59岁	2943	20	216	19		722	1034	105	721	66
60－64岁	746	2	56	7	1	299	191	65	101	16
65－69岁	385		15	11		172	53	92	37	3
70－74岁	196		5	3		51	12	110	12	2
75岁及以上	140		4	2		13	4	98	17	2

4-7　续表 2　　　　单位：人

年龄组 性　别	专业技术人员		办事人员和有关人员				社会生产服务和生活服务人员		
	新闻出版、文化专业人员	其他专业技术人员	小计	办事人员	安全和消防人员	其他办事人员和有关人员	小计	批发与零售服务人　员	交通运输、仓储和邮政业服务人员
总　计	**5907**	**1053**	**209416**	**164065**	**44144**	**1207**	**1278473**	**551320**	**227095**
16-19岁	58	6	894	624	266	4	19759	6215	2384
20-24岁	890	97	13571	10725	2770	76	105595	43203	13781
25-29岁	1398	143	28678	23923	4589	166	171932	77188	24069
30-34岁	1252	219	37322	32158	4949	215	215148	103303	34312
35-39岁	820	161	30057	25980	3895	182	167457	81489	29581
40-44岁	505	113	24810	21154	3513	143	147001	68397	30682
45-49岁	460	138	24113	19820	4147	146	156035	66198	34777
50-54岁	276	98	20872	14987	5787	98	132393	51030	29584
55-59岁	209	54	18226	11525	6606	95	89793	31576	18799
60-64岁	23	13	5224	1927	3261	36	38389	11956	5903
65-69岁	11	8	3557	810	2718	29	24084	6852	2500
70-74岁	4	2	1609	323	1271	15	8342	2723	606
75岁及以上	1	1	483	109	372	2	2545	1190	117
男	**2202**	**733**	**129627**	**88941**	**40045**	**641**	**742876**	**287826**	**190066**
16-19岁	30	5	538	284	253	1	12205	3001	1930
20-24岁	309	66	6849	4288	2527	34	61431	21552	11080
25-29岁	463	88	14587	10384	4125	78	101618	40098	19625
30-34岁	432	147	18967	14542	4337	88	123030	52122	27719
35-39岁	266	112	16580	13078	3413	89	94984	40661	24153
40-44岁	175	73	14648	11541	3029	78	81387	33417	24859
45-49岁	174	99	15319	11595	3643	81	84218	32777	28468
50-54岁	148	73	16026	10518	5433	75	78508	29034	26113
55-59岁	174	49	16462	10044	6345	73	59025	20345	17525
60-64岁	17	11	4670	1628	3022	20	24464	7853	5568
65-69岁	9	8	3105	677	2413	15	14975	4403	2360
70-74岁	4	1	1433	272	1154	7	5355	1771	564
75岁及以上	1	1	443	90	351	2	1676	792	102
女	**3705**	**320**	**79789**	**75124**	**4099**	**566**	**535597**	**263494**	**37029**
16-19岁	28	1	356	340	13	3	7554	3214	454
20-24岁	581	31	6722	6437	243	42	44164	21651	2701
25-29岁	935	55	14091	13539	464	88	70314	37090	4444
30-34岁	820	72	18355	17616	612	127	92118	51181	6593
35-39岁	554	49	13477	12902	482	93	72473	40828	5428
40-44岁	330	40	10162	9613	484	65	65614	34980	5823
45-49岁	286	39	8794	8225	504	65	71817	33421	6309
50-54岁	128	25	4846	4469	354	23	53885	21996	3471
55-59岁	35	5	1764	1481	261	22	30768	11231	1274
60-64岁	6	2	554	299	239	16	13925	4103	335
65-69岁	2		452	133	305	14	9109	2449	140
70-74岁		1	176	51	117	8	2987	952	42
75岁及以上			40	19	21		869	398	15

4-7 续表 3　　　　单位：人

年龄组 性　别	社会生产服务和生活服务人员								
	住宿和餐饮服务人　员	信息传输、软件和信息技术服务人　员	金融服务人　　员	房地产服务人员	租赁和商务服务人　员	技术辅助服务人员	水利、环境和公共设施管理服务人员	居民服务人　　员	电力、燃气及水供应服务人　员
总　计	**149735**	**38373**	**30354**	**24736**	**41297**	**35519**	**59149**	**64140**	**8360**
16–19岁	5456	222	43	216	430	461	97	2244	30
20–24岁	13244	6189	2917	2246	4070	6362	568	5549	349
25–29岁	15691	12386	6384	3969	5685	8875	1131	7398	809
30–34岁	20053	9651	7742	4654	6047	7820	1868	9681	1161
35–39岁	17077	5158	4885	3307	4262	4871	2175	7564	980
40–44岁	17744	2272	2807	2708	3491	2864	3696	6496	1042
45–49岁	20963	1304	2815	2613	3936	2128	7712	7751	1320
50–54岁	18811	714	1745	2149	4651	1273	10936	7073	1208
55–59岁	12125	404	881	1801	4777	669	10876	4748	995
60–64岁	5113	51	95	614	1977	118	9046	2487	282
65–69岁	2635	14	24	345	1282	55	7932	1932	136
70–74岁	694	7	9	88	548	18	2615	855	38
75岁及以上	129	1	7	26	141	5	497	362	10
男	**72659**	**27086**	**13434**	**14538**	**28544**	**22142**	**26539**	**18693**	**6891**
16–19岁	3677	149	21	142	251	301	56	1031	22
20–24岁	8402	4213	1267	1381	2060	3643	365	2013	279
25–29岁	9681	8716	3001	2415	2962	5520	691	2573	641
30–34岁	11292	6688	3346	2467	3258	5003	1027	3133	910
35–39岁	8916	3664	1919	1664	2455	3127	1004	2467	746
40–44岁	7980	1649	1037	1303	2233	1793	1273	1658	827
45–49岁	7584	977	1104	1324	2871	1236	2144	1559	1018
50–54岁	6562	589	979	1494	4174	846	3708	1530	1077
55–59岁	4849	377	687	1469	4590	522	4798	1184	946
60–64岁	2201	45	47	502	1861	94	4777	662	259
65–69岁	1114	11	15	277	1195	43	4619	521	120
70–74岁	329	7	5	79	502	11	1703	244	37
75岁及以上	72	1	6	21	132	3	374	118	9
女	**77076**	**11287**	**16920**	**10198**	**12753**	**13377**	**32610**	**45447**	**1469**
16–19岁	1779	73	22	74	179	160	41	1213	8
20–24岁	4842	1976	1650	865	2010	2719	203	3536	70
25–29岁	6010	3670	3383	1554	2723	3355	440	4825	168
30–34岁	8761	2963	4396	2187	2789	2817	841	6548	251
35–39岁	8161	1494	2966	1643	1807	1744	1171	5097	234
40–44岁	9764	623	1770	1405	1258	1071	2423	4838	215
45–49岁	13379	327	1711	1289	1065	892	5568	6192	302
50–54岁	12249	125	766	655	477	427	7228	5543	131
55–59岁	7276	27	194	332	187	147	6078	3564	49
60–64岁	2912	6	48	112	116	24	4269	1825	23
65–69岁	1521	3	9	68	87	12	3313	1411	16
70–74岁	365		4	9	46	7	912	611	1
75岁及以上	57		1	5	9	2	123	244	1

4-7　续表 4　　单位：人

年龄组 性别	社会生产服务和生活服务人员 修理及制作服务人员	文化、体育和娱乐服务人员	健康服务人员	其他社会生产和生活服务人员	农、林、牧、渔业生产及辅助人员 小计	农业生产人员	林业生产人员	畜牧业生产人员	渔业生产人员
总计	**29621**	**12582**	**3024**	**3168**	**194879**	**156378**	**8725**	**8718**	**18495**
16-19岁	1315	580	41	25	263	204	9	19	22
20-24岁	3769	2616	375	357	1420	1058	66	98	149
25-29岁	4393	2927	465	562	2669	1915	144	155	378
30-34岁	5236	2452	535	633	4989	3379	265	286	895
35-39岁	3935	1296	407	470	6377	4262	306	392	1265
40-44岁	3257	892	329	324	9850	6699	507	632	1799
45-49岁	3124	737	319	338	18010	12710	932	1073	2945
50-54岁	2288	528	207	196	29460	21762	1486	1681	4102
55-59岁	1462	323	177	180	32988	25785	1682	1594	3462
60-64岁	498	118	91	40	30436	25687	1387	1068	2016
65-69岁	223	69	54	31	30484	26988	1265	956	1049
70-74岁	81	32	17	11	18045	16544	567	510	316
75岁及以上	40	12	7	1	9888	9385	109	254	97
男	**26264**	**5652**	**951**	**1591**	**123281**	**94870**	**6405**	**5150**	**15245**
16-19岁	1300	294	16	14	198	145	7	17	21
20-24岁	3586	1338	97	155	991	690	55	74	133
25-29岁	4035	1291	128	241	1848	1237	111	116	328
30-34岁	4637	1004	158	266	3367	2098	190	183	781
35-39岁	3392	492	119	205	4187	2527	234	230	1100
40-44岁	2769	338	91	160	6102	3780	356	361	1491
45-49岁	2567	292	102	195	10640	6716	689	618	2431
50-54岁	1927	260	69	146	17488	11827	1071	962	3368
55-59岁	1307	196	82	148	20036	14667	1270	967	2819
60-64岁	442	75	50	28	19084	15591	1015	635	1669
65-69岁	196	46	28	27	19786	17364	906	553	815
70-74岁	70	19	9	5	12349	11345	415	291	227
75岁及以上	36	7	2	1	7205	6883	86	143	62
女	**3357**	**6930**	**2073**	**1577**	**71598**	**61508**	**2320**	**3568**	**3250**
16-19岁	15	286	25	11	65	59	2	2	1
20-24岁	183	1278	278	202	429	368	11	24	16
25-29岁	358	1636	337	321	821	678	33	39	50
30-34岁	599	1448	377	367	1622	1281	75	103	114
35-39岁	543	804	288	265	2190	1735	72	162	165
40-44岁	488	554	238	164	3748	2919	151	271	308
45-49岁	557	445	217	143	7370	5994	243	455	514
50-54岁	361	268	138	50	11972	9935	415	719	734
55-59岁	155	127	95	32	12952	11118	412	627	643
60-64岁	56	43	41	12	11352	10096	372	433	347
65-69岁	27	23	26	4	10698	9624	359	403	234
70-74岁	11	13	8	6	5696	5199	152	219	89
75岁及以上	4	5	5		2683	2502	23	111	35

4-7 续表 5

单位：人

年龄组 性别			生产制造及有关人员						
	农林牧渔生产辅助人员	其他农、林、牧、渔业生产加工人员	小计	农副产品加工人员	食品、饮料生产加工人员	烟草及其制品加工人员	纺织、针织、印染人员	纺织品、服装和皮革、毛皮制品加工制作人员	木材加工、家具与木制品制作人员
总　计	**2443**	**120**	**1474992**	**8723**	**10800**	**204**	**77728**	**244651**	**48529**
16-19岁	9		24873	72	244		1421	4483	324
20-24岁	49		87913	194	906	21	4687	13787	1752
25-29岁	71	6	141691	358	1142	24	7895	25914	3391
30-34岁	156	8	210935	636	1345	34	11626	45122	5232
35-39岁	142	10	179783	621	1111	29	9583	36362	4773
40-44岁	202	11	190997	970	1158	17	10492	35111	5718
45-49岁	331	19	240731	1498	1521	30	13121	38262	8814
50-54岁	411	18	208846	1745	1440	29	10658	26022	9548
55-59岁	439	26	118314	1290	988	19	5234	11911	5870
60-64岁	273	5	41412	657	485	1	1679	3881	1912
65-69岁	213	13	21238	450	310		961	2296	858
70-74岁	106	2	6181	170	110		270	937	253
75岁及以上	41	2	2078	62	40		101	563	84
男	**1540**	**71**	**947726**	**4356**	**5803**	**142**	**37062**	**102125**	**37232**
16-19岁	8		17021	45	147		867	2516	267
20-24岁	39		62271	121	540	16	2925	7603	1404
25-29岁	51	5	95600	215	602	20	4380	13058	2600
30-34岁	111	4	135119	360	684	25	5862	21297	3886
35-39岁	92	4	110587	301	556	20	4392	16007	3484
40-44岁	108	6	111389	429	528	11	4278	13278	4045
45-49岁	175	11	139675	623	731	15	5088	12776	6381
50-54岁	248	12	137378	787	763	18	4750	8505	7566
55-59岁	299	14	87575	708	639	17	2873	4494	5019
60-64岁	170	4	31247	387	320		985	1465	1640
65-69岁	141	7	15105	256	199		508	740	701
70-74岁	69	2	3824	93	66		113	253	189
75岁及以上	29	2	935	31	28		41	133	50
女	**903**	**49**	**527266**	**4367**	**4997**	**62**	**40666**	**142526**	**11297**
16-19岁	1		7852	27	97		554	1967	57
20-24岁	10		25642	73	366	5	1762	6184	348
25-29岁	20	1	46091	143	540	4	3515	12856	791
30-34岁	45	4	75816	276	661	9	5764	23825	1346
35-39岁	50	6	69196	320	555	9	5191	20355	1289
40-44岁	94	5	79608	541	630	6	6214	21833	1673
45-49岁	156	8	101056	875	790	15	8033	25486	2433
50-54岁	163	6	71468	958	677	11	5908	17517	1982
55-59岁	140	12	30739	582	349	2	2361	7417	851
60-64岁	103	1	10165	270	165	1	694	2416	272
65-69岁	72	6	6133	194	111		453	1556	157
70-74岁	37		2357	77	44		157	684	64
75岁及以上	12		1143	31	12		60	430	34

4-7 续表 6 单位：人

年龄组 性 别	生产制造及有关人员								
	纸及纸制品生产加工人员	印刷和记录媒介复制人员	文教、工美、体育和娱乐用品制造人员	石油加工和炼焦、煤化工生产人员	化学原料和化学制品制造人员	医药制造人员	化学纤维制造人员	橡胶和塑料制品制造人员	非金属矿物制品制造人员
总 计	**14622**	**11358**	**29134**	**1036**	**10037**	**5286**	**4731**	**50362**	**16765**
16-19岁	227	256	515	3	117	64	119	903	181
20-24岁	744	895	1541	161	831	462	456	2789	769
25-29岁	1287	1521	2594	186	1101	751	693	4067	1273
30-34岁	1945	1956	3873	224	1399	865	905	6057	1993
35-39岁	1747	1731	3491	105	1162	720	623	5784	1835
40-44岁	1944	1625	3879	84	1221	634	600	6846	2144
45-49岁	2359	1477	4657	104	1702	826	624	8982	2854
50-54岁	2038	1102	3899	96	1361	570	416	7810	2758
55-59岁	1323	530	2356	56	818	284	207	4343	1785
60-64岁	528	152	1043	12	223	66	49	1594	724
65-69岁	300	78	748	5	77	28	28	839	357
70-74岁	109	26	357		21	11	9	240	79
75岁及以上	71	9	181		4	5	2	108	13
男	**8685**	**7533**	**13139**	**864**	**7338**	**3056**	**2915**	**27439**	**12868**
16-19岁	159	190	290	3	74	38	92	632	137
20-24岁	566	667	874	139	637	253	341	1918	627
25-29岁	891	1095	1389	154	844	417	457	2686	966
30-34岁	1256	1380	1844	185	1039	478	568	3699	1486
35-39岁	1051	1162	1635	88	789	388	353	3219	1339
40-44岁	1032	1017	1658	66	785	316	308	3315	1473
45-49岁	1225	834	1793	78	1087	447	319	4080	2071
50-54岁	1112	631	1678	83	1100	427	257	3878	2170
55-59岁	837	385	1094	53	714	232	156	2469	1542
60-64岁	323	104	425	10	189	42	41	911	652
65-69岁	162	48	296	5	61	12	17	481	327
70-74岁	44	16	118		17	4	6	108	71
75岁及以上	27	4	45		2	2		43	7
女	**5937**	**3825**	**15995**	**172**	**2699**	**2230**	**1816**	**22923**	**3897**
16-19岁	68	66	225		43	26	27	271	44
20-24岁	178	228	667	22	194	209	115	871	142
25-29岁	396	426	1205	32	257	334	236	1381	307
30-34岁	689	576	2029	39	360	387	337	2358	507
35-39岁	696	569	1856	17	373	332	270	2565	496
40-44岁	912	608	2221	18	436	318	292	3531	671
45-49岁	1134	643	2864	26	615	379	305	4902	783
50-54岁	926	471	2221	13	261	143	159	3932	588
55-59岁	486	145	1262	3	104	52	51	1874	243
60-64岁	205	48	618	2	34	24	8	683	72
65-69岁	138	30	452		16	16	11	358	30
70-74岁	65	10	239		4	7	3	132	8
75岁及以上	44	5	136		2	3	2	65	6

4-7 续表 7

单位：人

年龄组 性 别	生产制造及有关人员								
	采矿人员	金属冶炼和压延加工人员	机械制造基础加工人员	金属制品制造人员	通用设备制造人员	专用设备制造人员	汽车制造人员	铁路、船舶、航空设备制造人员	电气机械和器材制造人员
总 计	**1702**	**10216**	**125980**	**60764**	**29022**	**9061**	**26798**	**4861**	**40580**
16-19岁	3	94	2047	1318	539	271	897	110	1586
20-24岁	42	429	7656	4017	1969	817	2579	356	4292
25-29岁	86	770	12151	5851	2980	1132	3309	460	5117
30-34岁	122	1236	19369	8034	4382	1560	4342	697	6164
35-39岁	138	1165	17708	7545	3764	1387	3415	616	4761
40-44岁	239	1363	17982	8454	3897	1233	3434	653	4950
45-49岁	337	1927	21289	10390	4747	1179	4137	837	6016
50-54岁	369	1776	16392	8336	3732	863	2804	696	4263
55-59岁	268	1025	8150	4423	1968	422	1331	319	2087
60-64岁	71	289	2231	1441	658	122	364	83	747
65-69岁	24	114	839	695	288	64	148	27	381
70-74岁	1	21	136	194	74	7	27	5	149
75岁及以上	2	7	30	66	24	4	11	2	67
男	**1523**	**8126**	**96616**	**37173**	**19522**	**5222**	**16923**	**3373**	**20467**
16-19岁	3	79	1791	935	422	165	734	92	1060
20-24岁	39	361	6683	2847	1506	529	2054	272	2844
25-29岁	74	627	10137	3928	2123	719	2373	341	3103
30-34岁	102	1012	15624	5030	3039	898	2814	500	3259
35-39岁	120	873	13706	4602	2490	801	1998	406	2207
40-44岁	199	1021	12973	4748	2408	631	1780	425	2048
45-49岁	301	1448	14623	5587	2835	588	2116	498	2328
50-54岁	344	1442	11938	4967	2461	490	1680	478	1850
55-59岁	250	894	6500	2938	1477	282	946	261	1121
60-64岁	67	251	1843	1013	499	67	283	73	390
65-69岁	22	97	679	435	205	46	115	20	173
70-74岁	1	15	95	111	46	3	23	5	57
75岁及以上	1	6	24	32	11	3	7	2	27
女	**179**	**2090**	**29364**	**23591**	**9500**	**3839**	**9875**	**1488**	**20113**
16-19岁		15	256	383	117	106	163	18	526
20-24岁	3	68	973	1170	463	288	525	84	1448
25-29岁	12	143	2014	1923	857	413	936	119	2014
30-34岁	20	224	3745	3004	1343	662	1528	197	2905
35-39岁	18	292	4002	2943	1274	586	1417	210	2554
40-44岁	40	342	5009	3706	1489	602	1654	228	2902
45-49岁	36	479	6666	4803	1912	591	2021	339	3688
50-54岁	25	334	4454	3369	1271	373	1124	218	2413
55-59岁	18	131	1650	1485	491	140	385	58	966
60-64岁	4	38	388	428	159	55	81	10	357
65-69岁	2	17	160	260	83	18	33	7	208
70-74岁		6	41	83	28	4	4		92
75岁及以上	1	1	6	34	13	1	4		40

4-7　续表 8　　　　单位：人

年龄组 性　别	生产制造及有关人员								不便分类的其他从业人员
	计算机、通信和其他电子设备制造人　员	仪器仪表制造人员	废弃资源综合利用人　　员	电力、热力、气体、水生产和输配人员	建筑施工人　　员	运输设备和通用工程机械操作人员及有关人员	生产辅助人　　员	其他生产制造及有关人员	
总　计	**72012**	**2940**	**2023**	**3633**	**304929**	**22320**	**220241**	**3944**	**2171**
16—19岁	3076	57	8	12	1891	329	3646	60	236
20—24岁	8198	211	41	199	10551	1636	14682	243	190
25—29岁	9996	323	97	338	20444	2833	23191	416	175
30—34岁	12155	476	157	459	30900	3702	33377	591	221
35—39岁	9359	400	148	344	27745	2860	28258	493	196
40—44岁	8585	407	249	357	34841	2904	28507	499	182
45—49岁	9693	462	403	552	53974	3195	34148	614	259
50—54岁	6324	348	464	583	61108	2884	27939	473	292
55—59岁	3128	180	250	518	38902	1468	16550	311	188
60—64岁	914	53	101	171	14923	378	5728	132	106
65—69岁	403	16	75	81	7578	106	2999	65	85
70—74岁	129	7	24	16	1810	19	934	36	24
75岁及以上	52		6	3	262	6	282	11	17
男	**37898**	**1535**	**1425**	**3122**	**274967**	**20400**	**126697**	**2180**	**1383**
16—19岁	2030	34	4	10	1723	316	2124	42	143
20—24岁	5493	146	31	174	9574	1530	9413	144	122
25—29岁	6080	198	75	275	18527	2663	14358	225	110
30—34岁	6490	254	130	388	27785	3405	20002	338	144
35—39岁	4465	194	104	284	24470	2622	16204	257	119
40—44岁	3576	180	166	277	30491	2571	15085	271	117
45—49岁	3894	203	253	432	46968	2778	16962	313	155
50—54岁	3062	181	337	530	55437	2629	15586	241	186
55—59岁	1953	104	174	494	36579	1396	10771	203	128
60—64岁	562	26	81	161	14241	364	3745	87	71
65—69岁	212	11	53	78	7203	102	1800	41	60
70—74岁	63	4	15	16	1730	18	510	14	18
75岁及以上	18		2	3	239	6	137	4	10
女	**34114**	**1405**	**598**	**511**	**29962**	**1920**	**93544**	**1764**	**788**
16—19岁	1046	23	4	2	168	13	1522	18	93
20—24岁	2705	65	10	25	977	106	5269	99	68
25—29岁	3916	125	22	63	1917	170	8833	191	65
30—34岁	5665	222	27	71	3115	297	13375	253	77
35—39岁	4894	206	44	60	3275	238	12054	236	77
40—44岁	5009	227	83	80	4350	333	13422	228	65
45—49岁	5799	259	150	120	7006	417	17186	301	104
50—54岁	3262	167	127	53	5671	255	12353	232	106
55—59岁	1175	76	76	24	2323	72	5779	108	60
60—64岁	352	27	20	10	682	14	1983	45	35
65—69岁	191	5	22	3	375	4	1199	24	25
70—74岁	66	3	9		80	1	424	22	6
75岁及以上	34		4		23		145	7	7

4-7a 全省分年龄、性别、职业中类的就业人口(城市)

单位：人

年龄组 性别	合计	党的机关、国家机关、群众团体和社会组织、企事业单位负责人						
		小计	中国共产党机关负责人	国家机关负责人	民主党派和工商联负责人	人民团体和群众团体、社会组织及其他成员组织负责人	基层群众自治组织负责人	企事业单位负责人
总计	**1912582**	**67213**	**104**	**1562**	**10**	**1033**	**609**	**63895**
16-19岁	27918	62				1		61
20-24岁	152977	1318	1	4		21		1292
25-29岁	257422	5019	1	31		86	22	4879
30-34岁	337467	11458	8	110		159	52	11129
35-39岁	271992	12627	12	169		152	67	12227
40-44岁	241291	11772	14	277	2	160	98	11221
45-49岁	253576	10713	24	334	2	150	131	10072
50-54岁	196096	7835	28	340	4	163	109	7191
55-59岁	115219	4914	16	287	2	91	95	4423
60-64岁	33474	963		7		23	19	914
65-69岁	17582	398		2		16	9	371
70-74岁	5639	109		1		8	7	93
75岁及以上	1929	25				3		22
男	**1130054**	**49852**	**75**	**1267**	**6**	**674**	**475**	**47355**
16-19岁	17675	44				1		43
20-24岁	87262	877		1		15		861
25-29岁	146118	3445		14		51	9	3371
30-34岁	190278	8063	7	70		86	27	7873
35-39岁	152337	8885	10	117		91	39	8628
40-44岁	134814	8534	7	218	1	103	74	8131
45-49岁	143749	8003	15	282		89	104	7513
50-54岁	128314	6405	21	296	4	126	98	5860
55-59岁	87349	4296	15	260	1	72	89	3859
60-64岁	24481	843		6		17	19	801
65-69岁	12390	342		2		15	9	316
70-74岁	3922	98		1		7	7	83
75岁及以上	1365	17				1		16
女	**782528**	**17361**	**29**	**295**	**4**	**359**	**134**	**16540**
16-19岁	10243	18						18
20-24岁	65715	441	1	3		6		431
25-29岁	111304	1574	1	17		35	13	1508
30-34岁	147189	3395	1	40		73	25	3256
35-39岁	119655	3742	2	52		61	28	3599
40-44岁	106477	3238	7	59	1	57	24	3090
45-49岁	109827	2710	9	52	2	61	27	2559
50-54岁	67782	1430	7	44		37	11	1331
55-59岁	27870	618	1	27	1	19	6	564
60-64岁	8993	120		1		6		113
65-69岁	5192	56				1		55
70-74岁	1717	11				1		10
75岁及以上	564	8				2		6

4−7a　续表 1　　　　单位：人

年龄组 性　别	专业技术人员 小计	科学研究人员	工程技术人员	农业技术人员	飞机和船舶技术人员	卫生专业技术人员	经济和金融专业人员	法律、社会和宗教专业人员	教学人员	文学艺术、体育专业人员
总　计	**259283**	**1647**	**59822**	**647**	**812**	**35653**	**78878**	**7021**	**63522**	**6136**
16−19岁	1360	4	294	2		181	173	5	493	165
20−24岁	27514	127	5811	72	21	4363	7116	388	7383	1528
25−29岁	49378	348	11569	76	44	7080	14957	1194	11305	1683
30−34岁	54751	415	13486	106	95	7172	18253	1547	11413	1155
35−39岁	43260	273	9758	101	117	5885	14064	1165	10452	696
40−44岁	32310	132	6532	72	105	4102	10278	805	9415	374
45−49岁	24539	133	5268	65	115	3157	7920	684	6531	241
50−54岁	15016	100	3977	71	173	1913	3738	558	4046	168
55−59岁	8711	96	2538	66	111	1109	1917	415	2164	99
60−64岁	1454	17	414	9	29	361	283	104	206	13
65−69岁	618	2	125	4	2	217	111	75	68	6
70−74岁	251		37	3		79	48	49	26	6
75岁及以上	121		13			34	20	32	20	2
男	**111349**	**936**	**48848**	**437**	**790**	**10313**	**21684**	**3719**	**19364**	**3129**
16−19岁	635	1	249	1		30	65	4	175	84
20−24岁	10146	56	4603	41	17	716	2075	159	1519	706
25−29岁	19419	172	9148	43	38	1620	4202	488	2538	766
30−34岁	22266	222	10916	68	90	1839	4603	678	2817	600
35−39岁	17440	161	7809	63	114	1680	3444	581	2911	392
40−44岁	13263	67	5276	43	105	1439	2343	457	3127	215
45−49岁	10934	91	4330	44	113	1175	1912	400	2535	147
50−54岁	8603	71	3543	59	171	756	1435	434	1857	115
55−59岁	6889	78	2421	61	111	635	1304	367	1666	82
60−64岁	1054	15	389	9	29	203	165	76	143	11
65−69岁	444	2	119	3	2	136	79	46	47	4
70−74岁	178		35	2		58	38	18	18	6
75岁及以上	78		10			26	19	11	11	1
女	**147934**	**711**	**10974**	**210**	**22**	**25340**	**57194**	**3302**	**44158**	**3007**
16−19岁	725	3	45	1		151	108	1	318	81
20−24岁	17368	71	1208	31	4	3647	5041	229	5864	822
25−29岁	29959	176	2421	33	6	5460	10755	706	8767	917
30−34岁	32485	193	2570	38	5	5333	13650	869	8596	555
35−39岁	25820	112	1949	38	3	4205	10620	584	7541	304
40−44岁	19047	65	1256	29		2663	7935	348	6288	159
45−49岁	13605	42	938	21	2	1982	6008	284	3996	94
50−54岁	6413	29	434	12	2	1157	2303	124	2189	53
55−59岁	1822	18	117	5		474	613	48	498	17
60−64岁	400	2	25			158	118	28	63	2
65−69岁	174		6	1		81	32	29	21	2
70−74岁	73		2	1		21	10	31	8	
75岁及以上	43		3			8	1	21	9	1

4–7a　续表 2

单位：人

年龄组 性　别	专业技术人员		办事人员和有关人员				社会生产服务和生活服务人员		
	新闻出版、文化专业人员	其他专业技术人员	小计	办事人员	安全和消防人员	其他办事人员和有关人员	小计	批发与零售服务人员	交通运输、仓储和邮政业服务人员
总　计	**4529**	**616**	**129836**	**105661**	**23411**	**764**	**772407**	**335840**	**124096**
16–19岁	38	5	508	347	158	3	13331	4084	1382
20–24岁	658	47	7649	6164	1443	42	72572	29026	8438
25–29岁	1034	88	16639	14139	2391	109	115108	50573	14328
30–34岁	953	156	23737	20650	2947	140	141391	67721	19995
35–39岁	650	99	20871	18257	2487	127	107713	53171	16751
40–44岁	424	71	16962	14621	2248	93	90218	42700	17306
45–49岁	359	66	15883	13295	2486	102	91357	38935	19100
50–54岁	221	51	12803	9655	3092	56	70314	26562	14924
55–59岁	169	27	10484	7164	3265	55	43950	15040	8761
60–64岁	14	4	2213	891	1304	18	15049	4632	2058
65–69岁	7	1	1342	319	1011	12	8351	2313	840
70–74岁	2	1	585	122	457	6	2360	766	176
75岁及以上			160	37	122	1	693	317	37
男	**1715**	**414**	**78018**	**56553**	**21070**	**395**	**445278**	**174069**	**103375**
16–19岁	22	4	309	159	150		8164	1964	1118
20–24岁	222	32	3696	2381	1299	16	41654	14327	6790
25–29岁	350	54	8166	6006	2111	49	67109	25890	11698
30–34岁	332	101	11777	9196	2522	59	79901	33997	16211
35–39岁	217	68	11250	9033	2159	58	60316	26525	13674
40–44岁	150	41	9837	7845	1939	53	49616	20859	14043
45–49岁	142	45	9936	7705	2177	54	48880	19190	15505
50–54岁	123	39	9711	6758	2913	40	42309	15580	13187
55–59岁	140	24	9522	6335	3141	46	30095	10299	8211
60–64岁	10	4	1978	742	1226	10	9906	3158	1947
65–69岁	5	1	1181	267	907	7	5329	1550	800
70–74岁	2	1	509	98	409	2	1514	510	160
75岁及以上			146	28	117	1	485	220	31
女	**2814**	**202**	**51818**	**49108**	**2341**	**369**	**327129**	**161771**	**20721**
16–19岁	16	1	199	188	8	3	5167	2120	264
20–24岁	436	15	3953	3783	144	26	30918	14699	1648
25–29岁	684	34	8473	8133	280	60	47999	24683	2630
30–34岁	621	55	11960	11454	425	81	61490	33724	3784
35–39岁	433	31	9621	9224	328	69	47397	26646	3077
40–44岁	274	30	7125	6776	309	40	40602	21841	3263
45–49岁	217	21	5947	5590	309	48	42477	19745	3595
50–54岁	98	12	3092	2897	179	16	28005	10982	1737
55–59岁	29	3	962	829	124	9	13855	4741	550
60–64岁	4		235	149	78	8	5143	1474	111
65–69岁	2		161	52	104	5	3022	763	40
70–74岁			76	24	48	4	846	256	16
75岁及以上			14	9	5		208	97	6

4-7a　续表 3　　　　单位：人

年龄组 性　别	社会生产服务和生活服务人员								
	住宿和餐饮服务人　员	信息传输、软件和信息技术服务人　员	金融服务人　　员	房地产服务人员	租赁和商务服务人　员	技术辅助服务人员	水利、环境和公共设施管理服务人员	居民服务人　　员	电力、燃气及水供应服务人　员
总　计	**85281**	**31943**	**21810**	**18777**	**28021**	**24701**	**29434**	**37505**	**4080**
16－19岁	3856	163	27	176	297	303	59	1626	15
20－24岁	9348	5184	1815	1728	3115	4473	341	3906	172
25－29岁	10131	10582	4253	3012	4308	6180	698	4948	441
30－34岁	12474	8106	5604	3542	4574	5542	1184	6246	620
35－39岁	9807	4312	3902	2593	3260	3546	1377	4551	528
40－44岁	9943	1839	2179	2085	2564	2007	2257	3838	535
45－49岁	11647	965	2128	2021	2694	1393	4655	4527	656
50－54岁	9547	490	1246	1605	2848	769	6208	3696	552
55－59岁	5529	267	591	1362	2707	394	5546	2188	404
60－64岁	1943	23	48	376	920	60	3590	969	91
65－69岁	849	7	9	212	506	27	2719	668	48
70－74岁	173	4	4	50	181	6	676	263	14
75岁及以上	34	1	4	15	47	1	124	79	4
男	**43147**	**22494**	**9760**	**11103**	**18445**	**15266**	**12479**	**10750**	**3270**
16－19岁	2624	107	13	113	168	195	35	733	11
20－24岁	5874	3536	815	1081	1549	2481	207	1360	126
25－29岁	6214	7446	2006	1840	2201	3733	411	1654	349
30－34岁	7000	5635	2439	1885	2415	3488	631	1978	464
35－39岁	5150	3049	1539	1316	1838	2281	590	1398	397
40－44岁	4525	1330	835	1023	1626	1286	756	924	423
45－49岁	4350	712	883	1044	1936	844	1249	896	486
50－54岁	3496	402	722	1149	2555	550	2044	747	493
55－59岁	2467	250	477	1124	2611	329	2439	558	386
60－64岁	933	18	23	305	869	53	1996	257	80
65－69岁	405	4	4	164	469	22	1591	157	39
70－74岁	89	4	1	46	164	3	431	59	13
75岁及以上	20	1	3	13	44	1	99	29	3
女	**42134**	**9449**	**12050**	**7674**	**9576**	**9435**	**16955**	**26755**	**810**
16－19岁	1232	56	14	63	129	108	24	893	4
20－24岁	3474	1648	1000	647	1566	1992	134	2546	46
25－29岁	3917	3136	2247	1172	2107	2447	287	3294	92
30－34岁	5474	2471	3165	1657	2159	2054	553	4268	156
35－39岁	4657	1263	2363	1277	1422	1265	787	3153	131
40－44岁	5418	509	1344	1062	938	721	1501	2914	112
45－49岁	7297	253	1245	977	758	549	3406	3631	170
50－54岁	6051	88	524	456	293	219	4164	2949	59
55－59岁	3062	17	114	238	96	65	3107	1630	18
60－64岁	1010	5	25	71	51	7	1594	712	11
65－69岁	444	3	5	48	37	5	1128	511	9
70－74岁	84		3	4	17	3	245	204	1
75岁及以上	14		1	2	3		25	50	1

4-7a 续表 4

单位：人

年龄组 性 别	社会生产服务和生活服务人员				农、林、牧、渔业生产及辅助人员				
	修理及制作服务人员	文化、体育和娱乐服务人员	健康服务人员	其他社会生产和生活服务人员	小计	农业生产人员	林业生产人员	畜牧业生产人员	渔业生产人员
总 计	**17103**	**9059**	**2163**	**2594**	**18743**	**13949**	**978**	**808**	**2637**
16-19岁	851	438	34	20	40	33		2	4
20-24岁	2397	2036	290	303	271	200	8	17	30
25-29岁	2613	2221	351	469	504	360	32	31	66
30-34岁	3040	1817	392	534	927	643	55	57	132
35-39岁	2256	938	310	411	1019	696	63	47	175
40-44岁	1857	597	232	279	1439	945	91	77	271
45-49岁	1696	452	205	283	2295	1496	122	136	481
50-54岁	1266	309	151	141	3119	2091	190	147	638
55-59岁	756	170	111	124	3042	2189	157	121	511
60-64岁	220	47	54	18	2260	1837	118	70	224
65-69岁	101	19	22	11	2091	1840	106	57	78
70-74岁	32	8	7		1160	1070	28	35	19
75岁及以上	18	7	4	1	576	549	8	11	8
男	**15184**	**4025**	**664**	**1247**	**12750**	**8869**	**717**	**535**	**2365**
16-19岁	843	219	12	9	31	26		1	3
20-24岁	2287	1017	78	126	185	123	7	12	27
25-29岁	2401	984	88	194	338	220	22	24	60
30-34岁	2685	739	117	217	621	405	38	33	116
35-39岁	1935	365	86	173	680	412	43	34	164
40-44岁	1574	210	69	133	921	549	56	44	241
45-49岁	1384	176	64	161	1483	854	84	84	426
50-54岁	1071	154	53	106	2091	1245	139	99	573
55-59岁	678	110	49	107	2099	1373	129	89	457
60-64岁	193	32	32	10	1546	1194	92	42	207
65-69岁	91	10	13	10	1462	1260	80	44	69
70-74岁	26	5	3		841	776	20	22	16
75岁及以上	16	4		1	452	432	7	7	6
女	**1919**	**5034**	**1499**	**1347**	**5993**	**5080**	**261**	**273**	**272**
16-19岁	8	219	22	11	9	7		1	1
20-24岁	110	1019	212	177	86	77	1	5	3
25-29岁	212	1237	263	275	166	140	10	7	6
30-34岁	355	1078	275	317	306	238	17	24	16
35-39岁	321	573	224	238	339	284	20	13	11
40-44岁	283	387	163	146	518	396	35	33	30
45-49岁	312	276	141	122	812	642	38	52	55
50-54岁	195	155	98	35	1028	846	51	48	65
55-59岁	78	60	62	17	943	816	28	32	54
60-64岁	27	15	22	8	714	643	26	28	17
65-69岁	10	9	9	1	629	580	26	13	9
70-74岁	6	3	4		319	294	8	13	3
75岁及以上	2	3	4		124	117	1	4	2

4-7a　续表 5　　　　单位：人

年龄组 性　别			生产制造及有关人员						
	农林牧渔生产辅助人员	其他农、林、牧、渔业生产加工人员	小计	农副产品加工人员	食品、饮料生产加工人员	烟草及其制品加工人员	纺织、针织、印染人员	纺织品、服装和皮革、毛皮制品加工制作人员	木材加工、家具与木制品制作人员
总　计	**338**	**33**	**664407**	**2448**	**4526**	**183**	**31688**	**122111**	**14481**
16-19岁	1		12545	24	146		636	2674	87
20-24岁	16		43573	78	522	18	2166	7772	506
25-29岁	14	1	70704	125	626	21	3581	14181	1098
30-34岁	36	4	105101	218	693	32	5394	24481	1670
35-39岁	32	6	86432	197	530	26	4256	19175	1486
40-44岁	48	7	88527	337	506	16	4448	17487	1772
45-49岁	54	6	108709	482	602	25	5167	18619	2706
50-54岁	49	4	86922	505	481	27	3740	11257	2907
55-59岁	61	3	44080	304	270	18	1571	4406	1672
60-64岁	11		11520	98	84		445	1195	400
65-69岁	8	2	4774	61	48		222	567	133
70-74岁	8		1169	18	13		45	213	33
75岁及以上			351	1	5		17	84	11
男	**249**	**15**	**432353**	**1187**	**2337**	**130**	**15379**	**55173**	**11572**
16-19岁	1		8446	12	85		395	1494	73
20-24岁	16		30646	46	318	15	1316	4302	405
25-29岁	12		47602	73	320	17	1979	7229	863
30-34岁	28	1	67586	130	338	24	2682	11833	1281
35-39岁	25	2	53722	90	253	18	1953	8917	1113
40-44岁	27	4	52598	138	213	10	1863	7191	1334
45-49岁	32	3	64464	196	266	12	2045	6913	2018
50-54岁	32	3	59134	218	257	18	1744	4317	2420
55-59岁	50	1	34419	165	187	16	951	2048	1537
60-64岁	11		9145	63	57		286	578	370
65-69岁	8	1	3627	43	33		129	237	118
70-74岁	7		779	12	7		23	82	32
75岁及以上			185	1	3		13	32	8
女	**89**	**18**	**232054**	**1261**	**2189**	**53**	**16309**	**66938**	**2909**
16-19岁			4099	12	61		241	1180	14
20-24岁			12927	32	204	3	850	3470	101
25-29岁	2	1	23102	52	306	4	1602	6952	235
30-34岁	8	3	37515	88	355	8	2712	12648	389
35-39岁	7	4	32710	107	277	8	2303	10258	373
40-44岁	21	3	35929	199	293	6	2585	10296	438
45-49岁	22	3	44245	286	336	13	3122	11706	688
50-54岁	17	1	27788	287	224	9	1996	6940	487
55-59岁	11	2	9661	139	83	2	620	2358	135
60-64岁			2375	35	27		159	617	30
65-69岁		1	1147	18	15		93	330	15
70-74岁	1		390	6	6		22	131	1
75岁及以上			166		2		4	52	3

4−7a 续表 6

单位：人

年龄组 性 别	生产制造及有关人员								
	纸及纸制品生产加工人员	印刷和记录媒介复制人员	文教、工美、体育和娱乐用品制造人员	石油加工和炼焦、煤化工生产人员	化学原料和化学制品制造人员	医药制造人员	化学纤维制造人员	橡胶和塑料制品制造人员	非金属矿物制品制造人员
总 计	**5787**	**5824**	**10131**	**514**	**4732**	**2510**	**1254**	**20464**	**5290**
16−19岁	95	138	255	1	51	43	24	406	52
20−24岁	295	473	730	69	414	256	111	1230	288
25−29岁	561	837	1231	88	533	446	163	1813	514
30−34岁	866	1032	1771	101	698	453	229	2678	726
35−39岁	761	950	1379	44	563	359	199	2398	603
40−44岁	851	845	1409	59	614	283	171	2866	707
45−49岁	934	730	1536	66	825	329	163	3861	941
50−54岁	706	493	1054	48	600	215	121	3015	789
55−59岁	458	242	506	31	335	102	58	1480	462
60−64岁	131	55	138	3	66	17	9	453	136
65−69岁	80	21	76	4	24	6	4	199	58
70−74岁	25	7	31		7	1	2	44	11
75岁及以上	24	1	15		2			21	3
男	**3444**	**3976**	**4729**	**442**	**3469**	**1393**	**836**	**11440**	**4176**
16−19岁	66	102	135	1	34	26	18	274	38
20−24岁	220	356	411	60	318	139	95	849	246
25−29岁	385	593	646	75	414	232	117	1197	409
30−34岁	557	752	853	89	500	242	151	1662	570
35−39岁	450	643	649	38	379	185	120	1342	454
40−44岁	445	542	597	44	404	137	99	1420	517
45−49岁	491	428	587	51	538	157	93	1796	707
50−54岁	403	308	487	47	506	168	83	1560	632
55−59岁	284	192	246	30	292	92	45	904	410
60−64岁	86	37	62	3	58	12	9	276	126
65−69岁	44	16	38	4	20	2	4	127	54
70−74岁	6	6	14		6	1	2	24	11
75岁及以上	7	1	4					9	2
女	**2343**	**1848**	**5402**	**72**	**1263**	**1117**	**418**	**9024**	**1114**
16−19岁	29	36	120		17	17	6	132	14
20−24岁	75	117	319	9	96	117	16	381	42
25−29岁	176	244	585	13	119	214	46	616	105
30−34岁	309	280	918	12	198	211	78	1016	156
35−39岁	311	307	730	6	184	174	79	1056	149
40−44岁	406	303	812	15	210	146	72	1446	190
45−49岁	443	302	949	15	287	172	70	2065	234
50−54岁	303	185	567	1	94	47	38	1455	157
55−59岁	174	50	260	1	43	10	13	576	52
60−64岁	45	18	76		8	5		177	10
65−69岁	36	5	38		4	4		72	4
70−74岁	19	1	17		1			20	
75岁及以上	17		11		2			12	1

4-7a　续表 7　　　　　　　　　　　　　　　　　　　　　　　　　　单位：人

年龄组 性　别	生产制造及有关人员								
	采矿人员	金属冶炼和压延加工人员	机械制造基础加工人员	金属制品制造人员	通用设备制造人员	专用设备制造人员	汽车制造人员	铁路、船舶、航空设备制造人员	电气机械和器材制造人员
总　计	**299**	**3612**	**51483**	**24531**	**13298**	**3949**	**12623**	**1638**	**19179**
16-19岁		42	954	647	279	132	346	45	806
20-24岁	11	176	3406	1811	1060	417	1054	141	2136
25-29岁	23	280	5305	2583	1572	558	1603	170	2546
30-34岁	36	455	8359	3528	2137	705	2179	255	3079
35-39岁	38	468	7249	3174	1720	633	1647	210	2317
40-44岁	39	477	7326	3418	1735	542	1685	236	2412
45-49岁	57	708	8725	4178	2113	463	2036	249	2783
50-54岁	53	604	6407	3129	1542	320	1296	208	1883
55-59岁	32	313	2851	1446	820	136	582	92	821
60-64岁	8	62	647	390	217	24	123	23	236
65-69岁	1	23	202	165	82	14	60	7	110
70-74岁		3	41	45	18	3	7	2	38
75岁及以上	1	1	11	17	3	2	5		12
男	**246**	**2885**	**39995**	**15210**	**8863**	**2276**	**7828**	**1096**	**9856**
16-19岁		34	847	451	210	63	280	39	519
20-24岁	9	153	3011	1307	778	256	811	110	1417
25-29岁	20	229	4440	1740	1084	349	1097	124	1543
30-34岁	26	374	6772	2215	1433	390	1385	176	1649
35-39岁	32	358	5672	1926	1109	352	971	131	1107
40-44岁	27	354	5343	1921	1092	284	867	142	977
45-49岁	45	520	6048	2278	1248	237	1041	133	1108
50-54岁	49	498	4766	1916	1027	214	778	136	857
55-59岁	30	285	2344	1019	637	101	435	75	468
60-64岁	7	56	546	289	168	18	103	22	129
65-69岁	1	21	170	115	61	9	52	6	64
70-74岁		2	29	27	14	2	5	2	12
75岁及以上		1	7	6	2	1	3		6
女	**53**	**727**	**11488**	**9321**	**4435**	**1673**	**4795**	**542**	**9323**
16-19岁		8	107	196	69	69	66	6	287
20-24岁	2	23	395	504	282	161	243	31	719
25-29岁	3	51	865	843	488	209	506	46	1003
30-34岁	10	81	1587	1313	704	315	794	79	1430
35-39岁	6	110	1577	1248	611	281	676	79	1210
40-44岁	12	123	1983	1497	643	258	818	94	1435
45-49岁	12	188	2677	1900	865	226	995	116	1675
50-54岁	4	106	1641	1213	515	106	518	72	1026
55-59岁	2	28	507	427	183	35	147	17	353
60-64岁	1	6	101	101	49	6	20	1	107
65-69岁		2	32	50	21	5	8	1	46
70-74岁		1	12	18	4	1	2		26
75岁及以上	1		4	11	1	1	2		6

4-7a 续表 8 单位：人

年龄组 性　别	生产制造及有关人员 计算机、通信和其他电子设备制造人　员	仪器仪表制造人员	废弃资源综合利用人　员	电力、热力、气体、水生产和输配人员	建筑施工人　员	运输设备和通用工程机械操作人员及有关人员	生产辅助人　员	其他生产制造及有关人员	不便分类的其他从业人员
总　计	**36227**	**1492**	**708**	**1574**	**149633**	**10001**	**100725**	**1492**	**693**
16-19岁	1526	40	2	3	1103	170	1790	28	72
20-24岁	4033	113	20	82	6171	850	7082	82	80
25-29岁	4942	162	35	166	12052	1350	11369	170	70
30-34岁	6255	252	64	222	18068	1734	16499	232	102
35-39岁	4774	210	50	163	15453	1272	13918	210	70
40-44岁	4546	202	84	153	18255	1332	13513	201	63
45-49岁	4986	224	143	273	27413	1429	15706	237	80
50-54岁	3140	177	165	274	28538	1200	11866	162	87
55-59岁	1456	85	83	182	16237	540	6384	105	38
60-64岁	364	19	33	40	4301	92	1671	40	15
65-69岁	143	5	21	13	1685	27	700	13	8
70-74岁	48	3	7	3	313	3	177	8	5
75岁及以上	14		1		44	2	50	4	3
男	**18978**	**805**	**531**	**1330**	**133689**	**9045**	**59247**	**790**	**454**
16-19岁	1010	22	2	3	1012	162	1018	21	46
20-24岁	2609	75	16	67	5621	791	4471	48	58
25-29岁	2894	102	29	131	10926	1262	6998	85	39
30-34岁	3280	129	55	188	16211	1589	9922	128	64
35-39岁	2283	106	34	131	13526	1135	8141	104	44
40-44岁	1952	95	58	119	15822	1181	7311	99	45
45-49岁	2083	108	99	213	23583	1225	8089	108	49
50-54岁	1561	100	125	248	25648	1076	6873	94	61
55-59岁	963	52	63	176	15266	510	4532	64	29
60-64岁	231	11	28	38	4132	85	1231	28	9
65-69岁	80	4	17	13	1609	25	504	7	5
70-74岁	24	1	5	3	295	2	128	2	3
75岁及以上	8				38	2	29	2	2
女	**17249**	**687**	**177**	**244**	**15944**	**956**	**41478**	**702**	**239**
16-19岁	516	18			91	8	772	7	26
20-24岁	1424	38	4	15	550	59	2611	34	22
25-29岁	2048	60	6	35	1126	88	4371	85	31
30-34岁	2975	123	9	34	1857	145	6577	104	38
35-39岁	2491	104	16	32	1927	137	5777	106	26
40-44岁	2594	107	26	34	2433	151	6202	102	18
45-49岁	2903	116	44	60	3830	204	7617	129	31
50-54岁	1579	77	40	26	2890	124	4993	68	26
55-59岁	493	33	20	6	971	30	1852	41	9
60-64岁	133	8	5	2	169	7	440	12	6
65-69岁	63	1	4		76	2	196	6	3
70-74岁	24	2	2		18	1	49	6	2
75岁及以上	6		1		6		21	2	1

4—7b　全省分年龄、性别、职业中类的就业人口(镇)

单位：人

年龄组 性　别	合计	党的机关、国家机关、群众团体和社会组织、企事业单位负责人						
		小计	中国共产党机关负责人	国家机关负责人	民主党派和工商联负责人	人民团体和群众团体、社会组织及其他成员组织负责人	基层群众自治组织负责人	企事业单位负责人
总　计	**773450**	**23669**	**64**	**900**	**2**	**598**	**464**	**21641**
16—19岁	10939	26				1		25
20—24岁	50109	367		2		3	4	358
25—29岁	86560	1503	3	16		34	14	1436
30—34岁	119250	3582	5	85		100	28	3364
35—39岁	99125	3840	9	112		96	46	3577
40—44岁	98089	3959	13	159	1	80	75	3631
45—49岁	111045	4097	17	213	1	98	87	3681
50—54岁	94850	3352	10	200		85	88	2969
55—59岁	59765	2129	6	110		71	92	1850
60—64岁	22812	531	1	3		13	20	494
65—69岁	13812	195				8	9	178
70—74岁	5166	64				3	1	60
75岁及以上	1928	24				6		18
男	**468055**	**17624**	**53**	**762**	**2**	**392**	**383**	**16032**
16—19岁	7275	19				1		18
20—24岁	30825	265				2	3	260
25—29岁	51191	1048	1	7		21	8	1011
30—34岁	69104	2482	3	60		57	17	2345
35—39岁	56974	2691	7	85		66	34	2499
40—44岁	55318	2894	10	136	1	48	57	2642
45—49岁	63225	3026	17	178	1	59	66	2705
50—54岁	60617	2680	8	188		59	79	2346
55—59岁	43162	1824	6	105		56	89	1568
60—64岁	16017	460	1	3		9	20	427
65—69岁	9457	161				6	9	146
70—74岁	3535	53				3	1	49
75岁及以上	1355	21				5		16
女	**305395**	**6045**	**11**	**138**		**206**	**81**	**5609**
16—19岁	3664	7						7
20—24岁	19284	102		2		1	1	98
25—29岁	35369	455	2	9		13	6	425
30—34岁	50146	1100	2	25		43	11	1019
35—39岁	42151	1149	2	27		30	12	1078
40—44岁	42771	1065	3	23		32	18	989
45—49岁	47820	1071		35		39	21	976
50—54岁	34233	672	2	12		26	9	623
55—59岁	16603	305		5		15	3	282
60—64岁	6795	71				4		67
65—69岁	4355	34				2		32
70—74岁	1631	11						11
75岁及以上	573	3				1		2

4-7b 续表 1

单位：人

年龄组 性别	专业技术人员 小计	科学研究人员	工程技术人员	农业技术人员	飞机和船舶技术人员	卫生专业技术人员	经济和金融专业人员	法律、社会和宗教专业人员	教学人员	文学艺术、体育专业人员
总　计	**69475**	**201**	**16603**	**281**	**484**	**9709**	**17257**	**1606**	**20463**	**1750**
16-19岁	541	2	119	1		72	57	4	207	66
20-24岁	6852	33	1506	12	2	1177	1434	98	2084	363
25-29岁	12569	35	2968	19	7	1845	3023	248	3769	425
30-34岁	13935	44	3761	25	23	1752	3910	293	3568	330
35-39岁	10438	24	2558	37	57	1422	2772	191	3024	190
40-44岁	8588	20	1696	20	55	1144	2170	172	3097	122
45-49岁	7388	18	1650	29	95	1011	1908	174	2270	111
50-54岁	5126	12	1268	53	106	643	1139	170	1602	59
55-59岁	2937	10	821	52	99	354	618	145	738	59
60-64岁	643	1	185	20	30	161	127	37	64	13
65-69岁	286	2	62	11	10	73	60	34	21	8
70-74岁	115		6	1		42	28	23	10	3
75岁及以上	57		3	1		13	11	17	9	1
男	**31150**	**118**	**14333**	**219**	**481**	**2948**	**4255**	**980**	**6293**	**1032**
16-19岁	271		104	1		7	16	4	92	42
20-24岁	2523	20	1286	8	2	166	362	45	376	193
25-29岁	4844	15	2532	11	7	412	737	119	708	221
30-34岁	5746	27	3207	19	22	434	819	150	755	221
35-39岁	4328	14	2195	27	57	404	547	99	811	114
40-44岁	3648	11	1441	12	55	406	397	110	1099	76
45-49岁	3595	10	1394	23	95	405	422	110	1010	73
50-54岁	2994	9	1150	40	105	288	410	145	772	33
55-59岁	2351	9	781	49	99	231	378	124	601	40
60-64岁	492	1	175	17	29	100	85	30	44	8
65-69岁	231	2	60	10	10	53	44	26	13	8
70-74岁	90		6	1		32	28	11	8	2
75岁及以上	37		2	1		10	10	7	4	1
女	**38325**	**83**	**2270**	**62**	**3**	**6761**	**13002**	**626**	**14170**	**718**
16-19岁	270	2	15			65	41		115	24
20-24岁	4329	13	220	4		1011	1072	53	1708	170
25-29岁	7725	20	436	8		1433	2286	129	3061	204
30-34岁	8189	17	554	6	1	1318	3091	143	2813	109
35-39岁	6110	10	363	10		1018	2225	92	2213	76
40-44岁	4940	9	255	8		738	1773	62	1998	46
45-49岁	3793	8	256	6		606	1486	64	1260	38
50-54岁	2132	3	118	13	1	355	729	25	830	26
55-59岁	586	1	40	3		123	240	21	137	19
60-64岁	151		10	3	1	61	42	7	20	5
65-69岁	55		2	1		20	16	8	8	
70-74岁	25					10		12	2	1
75岁及以上	20		1			3	1	10	5	

4-7b 续表 2

单位：人

年龄组 性 别	专业技术人员		办事人员和有关人员				社会生产服务和生活服务人员		
	新闻出版、文化专业人员	其他专业技术人员	小计	办事人员	安全和消防人员	其他办事人员和有关人员	小计	批发与零售服务人员	交通运输、仓储和邮政业服务人员
总 计	**883**	**238**	**46369**	**36473**	**9700**	**196**	**247421**	**109909**	**45792**
16-19岁	13		185	132	52	1	3508	1089	502
20-24岁	116	27	2993	2378	596	19	16450	6757	2575
25-29岁	200	30	6725	5630	1070	25	28860	13398	4502
30-34岁	196	33	8271	7177	1065	29	39178	19170	6708
35-39岁	126	37	6090	5288	776	26	32525	15982	5993
40-44岁	64	28	5337	4589	721	27	30567	14489	6347
45-49岁	83	39	5385	4529	830	26	32875	14541	7165
50-54岁	47	27	4617	3374	1221	22	28437	11835	6155
55-59岁	29	12	4140	2669	1457	14	19410	7457	3990
60-64岁	3	2	1230	431	796	3	8286	2821	1211
65-69岁	3	2	888	186	700	2	5064	1531	499
70-74岁	2		382	69	311	2	1803	623	123
75岁及以上	1	1	126	21	105		458	216	22
男	**322**	**169**	**29169**	**20347**	**8701**	**121**	**142058**	**56592**	**38187**
16-19岁	5		111	61	49	1	2200	517	409
20-24岁	47	18	1553	994	550	9	9780	3466	2077
25-29岁	64	18	3496	2519	961	16	17011	7010	3668
30-34岁	70	22	4312	3346	955	11	22052	9523	5341
35-39岁	35	25	3441	2743	684	14	18101	7752	4855
40-44岁	20	21	3208	2585	607	16	16585	6922	5097
45-49岁	26	27	3461	2726	717	18	17585	7111	5869
50-54岁	21	21	3547	2397	1129	21	16490	6411	5419
55-59岁	27	12	3780	2377	1393	10	12478	4579	3707
60-64岁	1	2	1083	370	711	2	5154	1801	1138
65-69岁	3	2	742	155	585	2	3133	954	470
70-74岁	2		323	57	265	1	1167	397	116
75岁及以上	1	1	112	17	95		322	149	21
女	**561**	**69**	**17200**	**16126**	**999**	**75**	**105363**	**53317**	**7605**
16-19岁	8		74	71	3		1308	572	93
20-24岁	69	9	1440	1384	46	10	6670	3291	498
25-29岁	136	12	3229	3111	109	9	11849	6388	834
30-34岁	126	11	3959	3831	110	18	17126	9647	1367
35-39岁	91	12	2649	2545	92	12	14424	8230	1138
40-44岁	44	7	2129	2004	114	11	13982	7567	1250
45-49岁	57	12	1924	1803	113	8	15290	7430	1296
50-54岁	26	6	1070	977	92	1	11947	5424	736
55-59岁	2		360	292	64	4	6932	2878	283
60-64岁	2		147	61	85	1	3132	1020	73
65-69岁			146	31	115		1931	577	29
70-74岁			59	12	46	1	636	226	7
75岁及以上			14	4	10		136	67	1

4－7b 续表 3

单位：人

年龄组 性别	社会生产服务和生活服务人员								
	住宿和餐饮服务人员	信息传输、软件和信息技术服务人员	金融服务人员	房地产服务人员	租赁和商务服务人员	技术辅助服务人员	水利、环境和公共设施管理服务人员	居民服务人员	电力、燃气及水供应服务人员
总　计	**32558**	**3227**	**5276**	**3518**	**6314**	**5929**	**10642**	**13142**	**2043**
16－19岁	930	30	9	19	72	82	17	411	8
20－24岁	2089	428	557	278	470	988	107	1036	88
25－29岁	3062	809	1172	506	708	1410	193	1514	186
30－34岁	4091	795	1345	666	788	1291	325	2069	275
35－39岁	4080	481	645	470	572	780	366	1765	230
40－44岁	4207	277	442	423	478	513	658	1464	271
45－49岁	4808	212	520	381	640	432	1259	1557	363
50－54岁	4383	122	359	313	792	255	1836	1385	307
55－59岁	2899	66	196	253	924	131	1917	888	235
60－64岁	1211	5	21	125	396	27	1763	487	54
65－69岁	605	1	6	61	296	11	1593	352	20
70－74岁	162	1	2	20	135	6	537	157	4
75岁及以上	31		2	3	43	3	71	57	2
男	**15185**	**2276**	**2281**	**1970**	**4607**	**3716**	**4857**	**4184**	**1649**
16－19岁	624	22	4	14	44	56	11	204	5
20－24岁	1350	299	225	171	255	590	69	399	74
25－29岁	1826	566	552	297	392	911	119	567	140
30－34岁	2232	526	567	340	450	838	186	679	218
35－39岁	2074	344	241	218	330	490	188	621	165
40－44岁	1888	194	147	186	293	299	249	398	201
45－49岁	1712	161	171	172	465	239	357	350	277
50－54岁	1517	98	200	192	693	158	656	370	272
55－59岁	1097	60	157	198	887	100	853	255	220
60－64岁	513	4	9	110	373	22	849	150	52
65－69岁	253	1	5	53	268	8	913	114	19
70－74岁	81	1	1	17	118	3	351	53	4
75岁及以上	18		2	2	39	2	56	24	2
女	**17373**	**951**	**2995**	**1548**	**1707**	**2213**	**5785**	**8958**	**394**
16－19岁	306	8	5	5	28	26	6	207	3
20－24岁	739	129	332	107	215	398	38	637	14
25－29岁	1236	243	620	209	316	499	74	947	46
30－34岁	1859	269	778	326	338	453	139	1390	57
35－39岁	2006	137	404	252	242	290	178	1144	65
40－44岁	2319	83	295	237	185	214	409	1066	70
45－49岁	3096	51	349	209	175	193	902	1207	86
50－54岁	2866	24	159	121	99	97	1180	1015	35
55－59岁	1802	6	39	55	37	31	1064	633	15
60－64岁	698	1	12	15	23	5	914	337	2
65－69岁	352		1	8	28	3	680	238	1
70－74岁	81		1	3	17	3	186	104	
75岁及以上	13			1	4	1	15	33	

4-7b 续表 4

单位：人

年龄组 性 别	社会生产服务和生活服务人员				农、林、牧、渔业生产及辅助人员				
	修理及制作服务人员	文化、体育和娱乐服务人员	健康服务人员	其他社会生产和生活服务人员	小计	农业生产人员	林业生产人员	畜牧业生产人员	渔业生产人员
总 计	**5995**	**2357**	**443**	**276**	**26579**	**18497**	**1175**	**1362**	**5136**
16-19岁	238	96	2	3	48	34	2	2	8
20-24岁	622	392	40	23	253	160	17	23	48
25-29岁	809	487	57	47	500	295	30	22	135
30-34岁	1066	457	80	52	987	513	47	50	338
35-39岁	820	252	57	32	1272	649	60	70	460
40-44岁	712	206	54	26	1822	951	87	144	600
45-49岁	715	186	68	28	3109	1776	181	193	901
50-54岁	502	139	30	24	4503	2810	208	258	1146
55-59岁	322	81	26	25	4470	3102	208	239	855
60-64岁	107	34	16	8	3600	2866	149	149	401
65-69岁	53	19	12	5	3298	2861	115	124	178
70-74岁	22	7	1	3	1773	1594	60	59	51
75岁及以上	7	1			944	886	11	29	15
男	**5229**	**998**	**152**	**175**	**17921**	**11520**	**921**	**808**	**4421**
16-19岁	236	51		3	32	19	1	2	8
20-24岁	587	191	12	15	181	104	13	17	43
25-29岁	728	185	20	30	354	180	24	17	118
30-34岁	927	174	22	29	709	303	35	33	310
35-39岁	699	85	20	19	905	388	48	41	411
40-44岁	599	84	12	16	1244	550	65	84	527
45-49岁	586	74	23	18	2058	981	142	116	790
50-54岁	412	68	9	15	2924	1585	165	151	977
55-59岁	285	47	14	19	2959	1869	166	150	726
60-64岁	98	20	10	5	2376	1806	117	90	340
65-69岁	46	15	9	5	2236	1939	89	64	130
70-74岁	20	3	1	1	1248	1128	48	32	35
75岁及以上	6	1			695	668	8	11	6
女	**766**	**1359**	**291**	**101**	**8658**	**6977**	**254**	**554**	**715**
16-19岁	2	45	2		16	15	1		
20-24岁	35	201	28	8	72	56	4	6	5
25-29岁	81	302	37	17	146	115	6	5	17
30-34岁	139	283	58	23	278	210	12	17	28
35-39岁	121	167	37	13	367	261	12	29	49
40-44岁	113	122	42	10	578	401	22	60	73
45-49岁	129	112	45	10	1051	795	39	77	111
50-54岁	90	71	21	9	1579	1225	43	107	169
55-59岁	37	34	12	6	1511	1233	42	89	129
60-64岁	9	14	6	3	1224	1060	32	59	61
65-69岁	7	4	3		1062	922	26	60	48
70-74岁	2	4		2	525	466	12	27	16
75岁及以上	1				249	218	3	18	9

4-7b 续表 5　　　　单位：人

年龄组 性别			生产制造及有关人员						
	农林牧渔生产辅助人员	其他农、林、牧、渔业生产加工人员	小计	农副产品加工人员	食品、饮料生产加工人员	烟草及其制品加工人员	纺织、针织、印染人员	纺织品、服装和皮革、毛皮制品加工制作人员	木材加工、家具与木制品制作人员
总　计	**383**	**26**	**359258**	**2583**	**2567**	**12**	**18955**	**57464**	**15486**
16-19岁	2		6558	23	58		359	980	121
20-24岁	5		23149	48	197	3	1189	3309	671
25-29岁	16	2	36345	103	269		1931	6646	1305
30-34岁	37	2	53243	194	318	1	2790	11310	2022
35-39岁	32	1	44900	202	281	2	2268	8645	1761
40-44岁	39	1	47756	296	319		2594	8064	1996
45-49岁	51	7	58097	444	400	3	3340	8492	2827
50-54岁	75	6	48718	520	340	1	2708	5828	2673
55-59岁	64	2	26616	373	214	1	1242	2653	1469
60-64岁	33	2	8486	176	98	1	326	823	439
65-69岁	18	2	4056	137	55		165	482	154
70-74岁	8	1	1022	50	13		35	157	37
75岁及以上	3		312	17	5		8	75	11
男	**234**	**17**	**229718**	**1275**	**1416**	**7**	**9714**	**24023**	**11624**
16-19岁	2		4594	14	37		232	555	98
20-24岁	4		16494	25	112	1	785	1858	533
25-29岁	13	2	24400	62	149		1123	3326	998
30-34岁	27	1	33772	105	165	1	1491	5303	1486
35-39岁	17		27479	102	145	2	1106	3714	1259
40-44岁	18		27705	141	151		1119	2955	1379
45-49岁	24	5	33447	164	214	2	1443	2764	1974
50-54岁	43	3	31922	237	187		1328	1947	2068
55-59岁	46	2	19727	220	151	1	770	1026	1264
60-64岁	21	2	6426	98	61		202	324	392
65-69岁	13	1	2938	71	33		97	175	134
70-74岁	4	1	649	27	7		15	54	32
75岁及以上	2		165	9	4		3	22	7
女	**149**	**9**	**129540**	**1308**	**1151**	**5**	**9241**	**33441**	**3862**
16-19岁			1964	9	21		127	425	23
20-24岁	1		6655	23	85	2	404	1451	138
25-29岁	3		11945	41	120		808	3320	307
30-34岁	10	1	19471	89	153		1299	6007	536
35-39岁	15	1	17421	100	136		1162	4931	502
40-44岁	21	1	20051	155	168		1475	5109	617
45-49岁	27	2	24650	280	186	1	1897	5728	853
50-54岁	32	3	16796	283	153	1	1380	3881	605
55-59岁	18		6889	153	63		472	1627	205
60-64岁	12		2060	78	37	1	124	499	47
65-69岁	5	1	1118	66	22		68	307	20
70-74岁	4		373	23	6		20	103	5
75岁及以上	1		147	8	1		5	53	4

4-7b 续表 6

单位：人

年龄组 性 别	生产制造及有关人员								
	纸及纸制品生产加工人员	印刷和记录媒介复制人员	文教、工美、体育和娱乐用品制造人员	石油加工和炼焦、煤化工生产人员	化学原料和化学制品制造人员	医药制造人员	化学纤维制造人员	橡胶和塑料制品制造人员	非金属矿物制品制造人员
总 计	**3819**	**2943**	**8349**	**380**	**2547**	**1243**	**1881**	**13097**	**3915**
16-19岁	64	59	131	1	39	6	70	253	59
20-24岁	201	233	379	78	278	123	232	751	183
25-29岁	320	363	662	79	312	157	320	1134	315
30-34岁	506	500	988	100	380	184	401	1543	488
35-39岁	475	438	1033	38	313	152	222	1572	477
40-44岁	532	438	1205	16	302	174	231	1898	529
45-49岁	630	404	1391	25	395	215	208	2292	655
50-54岁	543	309	1237	26	305	150	120	1971	617
55-59岁	309	136	762	13	164	68	51	1123	388
60-64岁	126	38	284	3	44	9	17	317	115
65-69岁	76	21	168	1	12	4	6	165	68
70-74岁	23	4	74		2	1	3	58	20
75岁及以上	14		35		1			20	1
男	**2292**	**1913**	**3965**	**293**	**1857**	**794**	**1180**	**7213**	**2948**
16-19岁	46	48	82	1	23	5	56	181	43
20-24岁	158	174	228	66	212	72	170	528	153
25-29岁	226	278	370	62	240	94	210	741	226
30-34岁	331	340	466	74	294	107	247	938	344
35-39岁	300	289	488	31	226	84	126	888	346
40-44岁	290	263	525	13	179	104	119	933	357
45-49岁	308	221	567	15	249	138	108	1065	465
50-54岁	300	162	560	17	242	118	81	978	493
55-59岁	198	99	412	11	142	62	43	634	337
60-64岁	75	24	140	2	36	8	12	180	107
65-69岁	42	12	85	1	11	2	5	112	57
70-74岁	11	3	29		2		3	24	19
75岁及以上	7		13		1			11	1
女	**1527**	**1030**	**4384**	**87**	**690**	**449**	**701**	**5884**	**967**
16-19岁	18	11	49		16	1	14	72	16
20-24岁	43	59	151	12	66	51	62	223	30
25-29岁	94	85	292	17	72	63	110	393	89
30-34岁	175	160	522	26	86	77	154	605	144
35-39岁	175	149	545	7	87	68	96	684	131
40-44岁	242	175	680	3	123	70	112	965	172
45-49岁	322	183	824	10	146	77	100	1227	190
50-54岁	243	147	677	9	63	32	39	993	124
55-59岁	111	37	350	2	22	6	8	489	51
60-64岁	51	14	144	1	8	1	5	137	8
65-69岁	34	9	83		1	2	1	53	11
70-74岁	12	1	45			1		34	1
75岁及以上	7		22					9	

4－7b 续表 7

单位：人

年龄组 性　别	生产制造及有关人员								
	采矿人员	金属冶炼和压延加工人员	机械制造基础加工人员	金属制品制造人员	通用设备制造人员	专用设备制造人员	汽车制造人员	铁路、船舶、航空设备制造人员	电气机械和器材制造人员
总　计	**522**	**2827**	**32987**	**16300**	**7209**	**1575**	**5935**	**1257**	**10693**
16－19岁		22	557	348	126	43	288	24	486
20－24岁	8	126	2098	1131	451	148	735	83	1310
25－29岁	10	227	3220	1598	669	203	754	122	1419
30－34岁	26	362	5125	2176	1103	272	910	161	1623
35－39岁	37	335	4704	2110	973	240	739	135	1208
40－44岁	98	418	4804	2333	1042	204	746	187	1303
45－49岁	105	524	5601	2834	1252	215	843	235	1534
50－54岁	126	480	4118	2113	938	144	566	189	1064
55－59岁	83	236	2025	1129	431	71	263	89	494
60－64岁	22	71	525	331	149	19	65	26	151
65－69岁	7	22	186	151	59	14	23	5	72
70－74岁		3	18	36	13	1	2		23
75岁及以上		1	6	10	3	1	1	1	6
男	**484**	**2236**	**25451**	**10033**	**5148**	**924**	**3923**	**820**	**5460**
16－19岁		19	492	259	106	32	243	18	340
20－24岁	7	104	1822	801	371	104	618	55	870
25－29岁	8	187	2665	1051	513	135	574	91	848
30－34岁	23	290	4081	1335	808	163	618	103	846
35－39岁	31	248	3621	1308	683	137	430	79	546
40－44岁	86	310	3494	1328	658	103	385	119	532
45－49岁	98	398	3896	1525	828	101	427	128	597
50－54岁	123	374	3076	1291	667	78	373	130	460
55－59岁	80	219	1677	754	337	46	186	70	286
60－64岁	21	66	446	245	120	12	48	22	83
65－69岁	7	18	163	106	46	12	18	4	35
70－74岁		2	13	24	9		2		14
75岁及以上		1	5	6	2	1	1	1	3
女	**38**	**591**	**7536**	**6267**	**2061**	**651**	**2012**	**437**	**5233**
16－19岁		3	65	89	20	11	45	6	146
20－24岁	1	22	276	330	80	44	117	28	440
25－29岁	2	40	555	547	156	68	180	31	571
30－34岁	3	72	1044	841	295	109	292	58	777
35－39岁	6	87	1083	802	290	103	309	56	662
40－44岁	12	108	1310	1005	384	101	361	68	771
45－49岁	7	126	1705	1309	424	114	416	107	937
50－54岁	3	106	1042	822	271	66	193	59	604
55－59岁	3	17	348	375	94	25	77	19	208
60－64岁	1	5	79	86	29	7	17	4	68
65－69岁		4	23	45	13	2	5	1	37
70－74岁		1	5	12	4	1			9
75岁及以上			1	4	1				3

4-7b 续表 8

单位：人

年龄组 性别	生产制造及有关人员								不便分类的其他从业人员
	计算机、通信和其他电子设备制造人员	仪器仪表制造人员	废弃资源综合利用人员	电力、热力、气体、水生产和输配人员	建筑施工人员	运输设备和通用工程机械操作人员及有关人员	生产辅助人员	其他生产制造及有关人员	
总　计	**19059**	**636**	**345**	**912**	**61028**	**5214**	**56445**	**1073**	**679**
16-19岁	928	7		8	385	83	1012	18	73
20-24岁	2646	45	7	46	1993	362	4001	84	45
25-29岁	3097	91	19	83	3983	689	6127	118	58
30-34岁	3405	113	36	123	6273	871	8753	186	54
35-39岁	2465	96	24	98	5730	663	7328	136	60
40-44岁	2050	75	56	101	7464	666	7481	134	60
45-49岁	2200	94	62	142	11102	744	8720	169	94
50-54岁	1404	67	71	132	12229	667	6953	109	97
55-59岁	637	32	42	131	7611	353	3944	79	63
60-64岁	157	13	14	29	2689	89	1293	27	36
65-69岁	56	1	11	16	1266	23	620	10	25
70-74岁	11	2	2	2	258	3	169	2	7
75岁及以上	3		1	1	45	1	44	1	7
男	**10659**	**342**	**247**	**776**	**54755**	**4801**	**32524**	**621**	**415**
16-19岁	621	5		6	340	81	599	12	48
20-24岁	1840	33	5	40	1783	338	2580	48	29
25-29岁	1981	51	11	68	3597	652	3790	73	38
30-34岁	1891	66	33	99	5616	802	5199	107	31
35-39岁	1253	46	18	81	5034	618	4161	79	29
40-44岁	889	34	33	79	6487	598	3960	82	34
45-49岁	877	42	36	113	9630	652	4308	94	53
50-54岁	734	37	59	123	11043	610	3976	50	60
55-59岁	416	18	32	123	7155	339	2567	52	43
60-64岁	114	7	12	26	2572	85	869	17	26
65-69岁	34	1	7	15	1216	22	390	7	16
70-74岁	9	2	1	2	242	3	100		5
75岁及以上				1	40	1	25		3
女	**8400**	**294**	**98**	**136**	**6273**	**413**	**23921**	**452**	**264**
16-19岁	307	2		2	45	2	413	6	25
20-24岁	806	12	2	6	210	24	1421	36	16
25-29岁	1116	40	8	15	386	37	2337	45	20
30-34岁	1514	47	3	24	657	69	3554	79	23
35-39岁	1212	50	6	17	696	45	3167	57	31
40-44岁	1161	41	23	22	977	68	3521	52	26
45-49岁	1323	52	26	29	1472	92	4412	75	41
50-54岁	670	30	12	9	1186	57	2977	59	37
55-59岁	221	14	10	8	456	14	1377	27	20
60-64岁	43	6	2	3	117	4	424	10	10
65-69岁	22		4	1	50	1	230	3	9
70-74岁	2		1		16		69	2	2
75岁及以上	3		1		5		19	1	4

4－7c 全省分年龄、性别、职业中类的就业人口(乡村)

单位：人

年龄组 性别	合计	党的机关、国家机关、群众团体和社会组织、企事业单位负责人						
		小计	中国共产党机关负责人	国家机关负责人	民主党派和工商联负责人	人民团体和群众团体、社会组织及其他成员组织负责人	基层群众自治组织负责人	企事业单位负责人
总　计	**956204**	**14875**	**20**	**99**		**306**	**838**	**13612**
16－19岁	9715	14				1		13
20－24岁	48800	291		2		5	2	282
25－29岁	81247	1027		12		15	14	986
30－34岁	106783	1946	1	9		29	36	1871
35－39岁	90090	1871	4	11		37	53	1766
40－44岁	95998	2075	1	12		29	82	1951
45－49岁	127338	2446	3	18		56	143	2226
50－54岁	137799	2398	3	12		61	201	2121
55－59岁	107543	1850	7	19		36	186	1602
60－64岁	64453	595	1	4		9	72	509
65－69岁	50525	266				17	37	212
70－74岁	24344	71				4	9	58
75岁及以上	11569	25				7	3	15
男	**590705**	**11634**	**19**	**89**		**215**	**726**	**10585**
16－19岁	6374	10				1		9
20－24岁	29973	210		1		4	2	203
25－29岁	49786	746		8		9	11	718
30－34岁	65055	1472	1	7		16	22	1426
35－39岁	54361	1409	3	11		25	37	1333
40－44岁	55287	1564	1	10		23	66	1464
45－49岁	72537	1911	3	18		42	123	1725
50－54岁	85354	1912	3	12		40	179	1678
55－59岁	71572	1555	7	18		28	172	1330
60－64岁	43213	535	1	4		7	68	455
65－69岁	33143	229				13	34	182
70－74岁	16242	61				3	9	49
75岁及以上	7808	20				4	3	13
女	**365499**	**3241**	**1**	**10**		**91**	**112**	**3027**
16－19岁	3341	4						4
20－24岁	18827	81		1		1		79
25－29岁	31461	281		4		6	3	268
30－34岁	41728	474		2		13	14	445
35－39岁	35729	462	1			12	16	433
40－44岁	40711	511		2		6	16	487
45－49岁	54801	535				14	20	501
50－54岁	52445	486				21	22	443
55－59岁	35971	295		1		8	14	272
60－64岁	21240	60				2	4	54
65－69岁	17382	37				4	3	30
70－74岁	8102	10				1		9
75岁及以上	3761	5				3		2

4-7c　续表 1　　　　单位：人

年龄组 性　别	专业技术人员									
	小计	科学研究人员	工程技术人员	农业技术人员	飞机和船舶技术人员	卫生专业技术人员	经济和金融专业人员	法律、社会和宗教专业人员	教学人员	文学艺术、体育专业人员
总　计	**47790**	**109**	**13800**	**372**	**560**	**5514**	**13385**	**1838**	**10565**	**953**
16−19岁	544	2	117	1		82	52	8	240	34
20−24岁	6855	15	1505	22	9	1029	1712	96	2144	184
25−29岁	10588	42	2382	38	9	1353	3153	222	2989	211
30−34岁	9213	24	2605	31	27	838	3162	244	1998	151
35−39岁	5301	11	1611	31	47	409	1835	193	1010	85
40−44岁	3834		1259	21	72	322	1148	159	768	54
45−49岁	3628	7	1385	40	84	344	891	179	578	69
50−54岁	3155	2	1362	49	125	275	625	196	440	53
55−59岁	2477	4	1039	59	105	249	481	158	290	66
60−64岁	986	1	339	30	59	221	163	87	50	23
65−69岁	708		157	35	23	246	88	114	26	13
70−74岁	338	1	35	9		119	50	98	19	6
75岁及以上	163		4	6		27	25	84	13	4
男	**22312**	**68**	**11948**	**283**	**557**	**1630**	**3273**	**1183**	**2535**	**520**
16−19岁	240	1	97	1		7	12	4	88	26
20−24岁	2375	10	1289	13	7	129	397	48	339	87
25−29岁	3830	24	2040	27	9	234	685	108	531	107
30−34岁	3781	17	2243	21	27	170	631	147	380	91
35−39岁	2462	5	1414	25	46	124	365	162	236	52
40−44岁	1873		1075	19	72	114	175	126	244	32
45−49岁	2035	4	1129	30	84	155	201	141	227	31
50−54岁	2105	2	1177	36	125	133	221	161	209	24
55−59岁	1942	3	980	48	105	124	300	122	204	36
60−64岁	791	1	318	26	59	141	132	57	32	14
65−69岁	552		150	26	23	175	83	59	18	12
70−74岁	240	1	32	7		99	48	31	17	5
75岁及以上	86		4	4		25	23	17	10	3
女	**25478**	**41**	**1852**	**89**	**3**	**3884**	**10112**	**655**	**8030**	**433**
16−19岁	304	1	20			75	40	4	152	8
20−24岁	4480	5	216	9	2	900	1315	48	1805	97
25−29岁	6758	18	342	11		1119	2468	114	2458	104
30−34岁	5432	7	362	10		668	2531	97	1618	60
35−39岁	2839	6	197	6	1	285	1470	31	774	33
40−44岁	1961		184	2		208	973	33	524	22
45−49岁	1593	3	256	10		189	690	38	351	38
50−54岁	1050		185	13		142	404	35	231	29
55−59岁	535	1	59	11		125	181	36	86	30
60−64岁	195		21	4		80	31	30	18	9
65−69岁	156		7	9		71	5	55	8	1
70−74岁	98		3	2		20	2	67	2	1
75岁及以上	77			2		2	2	67	3	1

4-7c 续表 2

单位：人

年龄组 性　别	专业技术人员		办事人员和有关人员				社会生产服务和生活服务人员		
	新闻出版、文化专业人员	其他专业技术人员	小计	办事人员	安全和消防人员	其他办事人员和有关人员	小计	批发与零售服务人　员	交通运输、仓储和邮政业服务人员
总　计	**495**	**199**	**33211**	**21931**	**11033**	**247**	**258645**	**105571**	**57207**
16-19岁	7	1	201	145	56		2920	1042	500
20-24岁	116	23	2929	2183	731	15	16573	7420	2768
25-29岁	164	25	5314	4154	1128	32	27964	13217	5239
30-34岁	103	30	5314	4331	937	46	34579	16412	7609
35-39岁	44	25	3096	2435	632	29	27219	12336	6837
40-44岁	17	14	2511	1944	544	23	26216	11208	7029
45-49岁	18	33	2845	1996	831	18	31803	12722	8512
50-54岁	8	20	3452	1958	1474	20	33642	12633	8505
55-59岁	11	15	3602	1692	1884	26	26433	9079	6048
60-64岁	6	7	1781	605	1161	15	15054	4503	2634
65-69岁	1	5	1327	305	1007	15	10669	3008	1161
70-74岁		1	642	132	503	7	4179	1334	307
75岁及以上			197	51	145	1	1394	657	58
男	**165**	**150**	**22440**	**12041**	**10274**	**125**	**155540**	**57165**	**48504**
16-19岁	3	1	118	64	54		1841	520	403
20-24岁	40	16	1600	913	678	9	9997	3759	2213
25-29岁	49	16	2925	1859	1053	13	17498	7198	4259
30-34岁	30	24	2878	2000	860	18	21077	8602	6167
35-39岁	14	19	1889	1302	570	17	16567	6384	5624
40-44岁	5	11	1603	1111	483	9	15186	5636	5719
45-49岁	6	27	1922	1164	749	9	17753	6476	7094
50-54岁	4	13	2768	1363	1391	14	19709	7043	7507
55-59岁	7	13	3160	1332	1811	17	16452	5467	5607
60-64岁	6	5	1609	516	1085	8	9404	2894	2483
65-69岁	1	5	1182	255	921	6	6513	1899	1090
70-74岁			601	117	480	4	2674	864	288
75岁及以上			185	45	139	1	869	423	50
女	**330**	**49**	**10771**	**9890**	**759**	**122**	**103105**	**48406**	**8703**
16-19岁	4		83	81	2		1079	522	97
20-24岁	76	7	1329	1270	53	6	6576	3661	555
25-29岁	115	9	2389	2295	75	19	10466	6019	980
30-34岁	73	6	2436	2331	77	28	13502	7810	1442
35-39岁	30	6	1207	1133	62	12	10652	5952	1213
40-44岁	12	3	908	833	61	14	11030	5572	1310
45-49岁	12	6	923	832	82	9	14050	6246	1418
50-54岁	4	7	684	595	83	6	13933	5590	998
55-59岁	4	2	442	360	73	9	9981	3612	441
60-64岁		2	172	89	76	7	5650	1609	151
65-69岁			145	50	86	9	4156	1109	71
70-74岁		1	41	15	23	3	1505	470	19
75岁及以上			12	6	6		525	234	8

4-7c 续表 3

单位：人

年龄组 性 别	社会生产服务和生活服务人员								
	住宿和餐饮服务人员	信息传输、软件和信息技术服务人员	金融服务人员	房地产服务人员	租赁和商务服务人员	技术辅助服务人员	水利、环境和公共设施管理服务人员	居民服务人员	电力、燃气及水供应服务人员
总 计	**31896**	**3203**	**3268**	**2441**	**6962**	**4889**	**19073**	**13493**	**2237**
16—19岁	670	29	7	21	61	76	21	207	7
20—24岁	1807	577	545	240	485	901	120	607	89
25—29岁	2498	995	959	451	669	1285	240	936	182
30—34岁	3488	750	793	446	685	987	359	1366	266
35—39岁	3190	365	338	244	430	545	432	1248	222
40—44岁	3594	156	186	200	449	344	781	1194	236
45—49岁	4508	127	167	211	602	303	1798	1667	301
50—54岁	4881	102	140	231	1011	249	2892	1992	349
55—59岁	3697	71	94	186	1146	144	3413	1672	356
60—64岁	1959	23	26	113	661	31	3693	1031	137
65—69岁	1181	6	9	72	480	17	3620	912	68
70—74岁	359	2	3	18	232	6	1402	435	20
75岁及以上	64		1	8	51	1	302	226	4
男	**14327**	**2316**	**1393**	**1465**	**5492**	**3160**	**9203**	**3759**	**1972**
16—19岁	429	20	4	15	39	50	10	94	6
20—24岁	1178	378	227	129	256	572	89	254	79
25—29岁	1641	704	443	278	369	876	161	352	152
30—34岁	2060	527	340	242	393	677	210	476	228
35—39岁	1692	271	139	130	287	356	226	448	184
40—44岁	1567	125	55	94	314	208	268	336	203
45—49岁	1522	104	50	108	470	153	538	313	255
50—54岁	1549	89	57	153	926	138	1008	413	312
55—59岁	1285	67	53	147	1092	93	1506	371	340
60—64岁	755	23	15	87	619	19	1932	255	127
65—69岁	456	6	6	60	458	13	2115	250	62
70—74岁	159	2	3	16	220	5	921	132	20
75岁及以上	34		1	6	49		219	65	4
女	**17569**	**887**	**1875**	**976**	**1470**	**1729**	**9870**	**9734**	**265**
16—19岁	241	9	3	6	22	26	11	113	1
20—24岁	629	199	318	111	229	329	31	353	10
25—29岁	857	291	516	173	300	409	79	584	30
30—34岁	1428	223	453	204	292	310	149	890	38
35—39岁	1498	94	199	114	143	189	206	800	38
40—44岁	2027	31	131	106	135	136	513	858	33
45—49岁	2986	23	117	103	132	150	1260	1354	46
50—54岁	3332	13	83	78	85	111	1884	1579	37
55—59岁	2412	4	41	39	54	51	1907	1301	16
60—64岁	1204		11	26	42	12	1761	776	10
65—69岁	725		3	12	22	4	1505	662	6
70—74岁	200			2	12	1	481	303	
75岁及以上	30			2	2	1	83	161	

4－7c　续表 4　　　　单位：人

年龄组 性　别	社会生产服务和生活服务人员				农、林、牧、渔业生产及辅助人员				
	修理及制作服务人　员	文化、体育和娱乐服务人员	健康服务人　　员	其他社会生产和生活服务人　员	小计	农业生产人　　员	林业生产人　　员	畜牧业生产人员	渔业生产人　　员
总　计	**6523**	**1166**	**418**	**298**	**149557**	**123932**	**6572**	**6548**	**10722**
16－19岁	226	46	5	2	175	137	7	15	10
20－24岁	750	188	45	31	896	698	41	58	71
25－29岁	971	219	57	46	1665	1260	82	102	177
30－34岁	1130	178	63	47	3075	2223	163	179	425
35－39岁	859	106	40	27	4086	2917	183	275	630
40－44岁	688	89	43	19	6589	4803	329	411	928
45－49岁	713	99	46	27	12606	9438	629	744	1563
50－54岁	520	80	26	31	21838	16861	1088	1276	2318
55－59岁	384	72	40	31	25476	20494	1317	1234	2096
60－64岁	171	37	21	14	24576	20984	1120	849	1391
65－69岁	69	31	20	15	25095	22287	1044	775	793
70－74岁	27	17	9	8	15112	13880	479	416	246
75岁及以上	15	4	3		8368	7950	90	214	74
男	**5851**	**629**	**135**	**169**	**92610**	**74481**	**4767**	**3807**	**8459**
16－19岁	221	24	4	2	135	100	6	14	10
20－24岁	712	130	7	14	625	463	35	45	63
25－29岁	906	122	20	17	1156	837	65	75	150
30－34岁	1025	91	19	20	2037	1390	117	117	355
35－39岁	758	42	13	13	2602	1727	143	155	525
40－44岁	596	44	10	11	3937	2681	235	233	723
45－49岁	597	42	15	16	7099	4881	463	418	1215
50－54岁	444	38	7	25	12473	8997	767	712	1818
55－59岁	344	39	19	22	14978	11425	975	728	1636
60－64岁	151	23	8	13	15162	12591	806	503	1122
65－69岁	59	21	6	12	16088	14165	737	445	616
70－74岁	24	11	5	4	10260	9441	347	237	176
75岁及以上	14	2	2		6058	5783	71	125	50
女	**672**	**537**	**283**	**129**	**56947**	**49451**	**1805**	**2741**	**2263**
16－19岁	5	22	1		40	37	1	1	
20－24岁	38	58	38	17	271	235	6	13	8
25－29岁	65	97	37	29	509	423	17	27	27
30－34岁	105	87	44	27	1038	833	46	62	70
35－39岁	101	64	27	14	1484	1190	40	120	105
40－44岁	92	45	33	8	2652	2122	94	178	205
45－49岁	116	57	31	11	5507	4557	166	326	348
50－54岁	76	42	19	6	9365	7864	321	564	500
55－59岁	40	33	21	9	10498	9069	342	506	460
60－64岁	20	14	13	1	9414	8393	314	346	269
65－69岁	10	10	14	3	9007	8122	307	330	177
70－74岁	3	6	4	4	4852	4439	132	179	70
75岁及以上	1	2	1		2310	2167	19	89	24

4-7c 续表 5

单位：人

年龄组 性别	农林牧渔生产辅助人员	其他农、林、牧、渔业生产加工人员	生产制造及有关人员 小计	农副产品加工人员	食品、饮料生产加工人员	烟草及其制品加工人员	纺织、针织、印染人员	纺织品、服装和皮革、毛皮制品加工制作人员	木材加工、家具与木制品制作人员
总 计	**1722**	**61**	**451327**	**3692**	**3707**	**9**	**27085**	**65076**	**18562**
16-19岁	6		5770	25	40		426	829	116
20-24岁	28		21191	68	187		1332	2706	575
25-29岁	41	3	34642	130	247	3	2383	5087	988
30-34岁	83	2	52591	224	334	1	3442	9331	1540
35-39岁	78	3	48451	222	300	1	3059	8542	1526
40-44岁	115	3	54714	337	333	1	3450	9560	1950
45-49岁	226	6	73925	572	519	2	4614	11151	3281
50-54岁	287	8	73206	720	619	1	4210	8937	3968
55-59岁	314	21	47618	613	504		2421	4852	2729
60-64岁	229	3	21406	383	303		908	1863	1073
65-69岁	187	9	12408	252	207		574	1247	571
70-74岁	90	1	3990	102	84		190	567	183
75岁及以上	38	2	1415	44	30		76	404	62
男	**1057**	**39**	**285655**	**1894**	**2050**	**5**	**11969**	**22929**	**14036**
16-19岁	5		3981	19	25		240	467	96
20-24岁	19		15131	50	110		824	1443	466
25-29岁	26	3	23598	80	133	3	1278	2503	739
30-34岁	56	2	33761	125	181		1689	4161	1119
35-39岁	50	2	29386	109	158		1333	3376	1112
40-44岁	63	2	31086	150	164	1	1296	3132	1332
45-49岁	119	3	41764	263	251	1	1600	3099	2389
50-54岁	173	6	46322	332	319		1678	2241	3078
55-59岁	203	11	33429	323	301		1152	1420	2218
60-64岁	138	2	15676	226	202		497	563	878
65-69岁	120	5	8540	142	133		282	328	449
70-74岁	58	1	2396	54	52		75	117	125
75岁及以上	27	2	585	21	21		25	79	35
女	**665**	**22**	**165672**	**1798**	**1657**	**4**	**15116**	**42147**	**4526**
16-19岁	1		1789	6	15		186	362	20
20-24岁	9		6060	18	77		508	1263	109
25-29岁	15		11044	50	114		1105	2584	249
30-34岁	27		18830	99	153	1	1753	5170	421
35-39岁	28	1	19065	113	142	1	1726	5166	414
40-44岁	52	1	23628	187	169		2154	6428	618
45-49岁	107	3	32161	309	268	1	3014	8052	892
50-54岁	114	2	26884	388	300	1	2532	6696	890
55-59岁	111	10	14189	290	203		1269	3432	511
60-64岁	91	1	5730	157	101		411	1300	195
65-69岁	67	4	3868	110	74		292	919	122
70-74岁	32		1594	48	32		115	450	58
75岁及以上	11		830	23	9		51	325	27

4－7c 续表 6　　　　单位：人

年龄组 性　别	生产制造及有关人员								
	纸及纸制品生产加工人员	印刷和记录媒介复制人员	文教、工美、体育和娱乐用品制造人　员	石油加工和炼焦、煤化工生产人员	化学原料和化学制品制造人　员	医药制造人　员	化学纤维制造人员	橡胶和塑料制品制造人员	非金属矿物制品制造人员
总　计	**5016**	**2591**	**10654**	**142**	**2758**	**1533**	**1596**	**16801**	**7560**
16－19岁	68	59	129	1	27	15	25	244	70
20－24岁	248	189	432	14	139	83	113	808	298
25－29岁	406	321	701	19	256	148	210	1120	444
30－34岁	573	424	1114	23	321	228	275	1836	779
35－39岁	511	343	1079	23	286	209	202	1814	755
40－44岁	561	342	1265	9	305	177	198	2082	908
45－49岁	795	343	1730	13	482	282	253	2829	1258
50－54岁	789	300	1608	22	456	205	175	2824	1352
55－59岁	556	152	1088	12	319	114	98	1740	935
60－64岁	271	59	621	6	113	40	23	824	473
65－69岁	144	36	504		41	18	18	475	231
70－74岁	61	15	252		12	9	4	138	48
75岁及以上	33	8	131		1	5	2	67	9
男	**2949**	**1644**	**4445**	**129**	**2012**	**869**	**899**	**8786**	**5744**
16－19岁	47	40	73	1	17	7	18	177	56
20－24岁	188	137	235	13	107	42	76	541	228
25－29岁	280	224	373	17	190	91	130	748	331
30－34岁	368	288	525	22	245	129	170	1099	572
35－39岁	301	230	498	19	184	119	107	989	539
40－44岁	297	212	536	9	202	75	90	962	599
45－49岁	426	185	639	12	300	152	118	1219	899
50－54岁	409	161	631	19	352	141	93	1340	1045
55－59岁	355	94	436	12	280	78	68	931	795
60－64岁	162	43	223	5	95	22	20	455	419
65－69岁	76	20	173		30	8	8	242	216
70－74岁	27	7	75		9	3	1	60	41
75岁及以上	13	3	28		1	2		23	4
女	**2067**	**947**	**6209**	**13**	**746**	**664**	**697**	**8015**	**1816**
16－19岁	21	19	56		10	8	7	67	14
20－24岁	60	52	197	1	32	41	37	267	70
25－29岁	126	97	328	2	66	57	80	372	113
30－34岁	205	136	589	1	76	99	105	737	207
35－39岁	210	113	581	4	102	90	95	825	216
40－44岁	264	130	729		103	102	108	1120	309
45－49岁	369	158	1091	1	182	130	135	1610	359
50－54岁	380	139	977	3	104	64	82	1484	307
55－59岁	201	58	652		39	36	30	809	140
60－64岁	109	16	398	1	18	18	3	369	54
65－69岁	68	16	331		11	10	10	233	15
70－74岁	34	8	177		3	6	3	78	7
75岁及以上	20	5	103			3	2	44	5

4-7c 续表 7

单位：人

年龄组 性 别	生产制造及有关人员								
	采矿人员	金属冶炼和压延加工人员	机械制造基础加工人员	金属制品制造人员	通用设备制造人员	专用设备制造人员	汽车制造人员	铁路、船舶、航空设备制造人员	电气机械和器材制造人员
总 计	**881**	**3777**	**41510**	**19933**	**8515**	**3537**	**8240**	**1966**	**10708**
16-19岁	3	30	536	323	134	96	263	41	294
20-24岁	23	127	2152	1075	458	252	790	132	846
25-29岁	53	263	3626	1670	739	371	952	168	1152
30-34岁	60	419	5885	2330	1142	583	1253	281	1462
35-39岁	63	362	5755	2261	1071	514	1029	271	1236
40-44岁	102	468	5852	2703	1120	487	1003	230	1235
45-49岁	175	695	6963	3378	1382	501	1258	353	1699
50-54岁	190	692	5867	3094	1252	399	942	299	1316
55-59岁	153	476	3274	1848	717	215	486	138	772
60-64岁	41	156	1059	720	292	79	176	34	360
65-69岁	16	69	451	379	147	36	65	15	199
70-74岁	1	15	77	113	43	3	18	3	88
75岁及以上	1	5	13	39	18	1	5	1	49
男	**793**	**3005**	**31170**	**11930**	**5511**	**2022**	**5172**	**1457**	**5151**
16-19岁	3	26	452	225	106	70	211	35	201
20-24岁	23	104	1850	739	357	169	625	107	557
25-29岁	46	211	3032	1137	526	235	702	126	712
30-34岁	53	348	4771	1480	798	345	811	221	764
35-39岁	57	267	4413	1368	698	312	597	196	554
40-44岁	86	357	4136	1499	658	244	528	164	539
45-49岁	158	530	4679	1784	759	250	648	237	623
50-54岁	172	570	4096	1760	767	198	529	212	533
55-59岁	140	390	2479	1165	503	135	325	116	367
60-64岁	39	129	851	479	211	37	132	29	178
65-69岁	14	58	346	214	98	25	45	10	74
70-74岁	1	11	53	60	23	1	16	3	31
75岁及以上	1	4	12	20	7	1	3	1	18
女	**88**	**772**	**10340**	**8003**	**3004**	**1515**	**3068**	**509**	**5557**
16-19岁		4	84	98	28	26	52	6	93
20-24岁		23	302	336	101	83	165	25	289
25-29岁	7	52	594	533	213	136	250	42	440
30-34岁	7	71	1114	850	344	238	442	60	698
35-39岁	6	95	1342	893	373	202	432	75	682
40-44岁	16	111	1716	1204	462	243	475	66	696
45-49岁	17	165	2284	1594	623	251	610	116	1076
50-54岁	18	122	1771	1334	485	201	413	87	783
55-59岁	13	86	795	683	214	80	161	22	405
60-64岁	2	27	208	241	81	42	44	5	182
65-69岁	2	11	105	165	49	11	20	5	125
70-74岁		4	24	53	20	2	2		57
75岁及以上		1	1	19	11		2		31

4-7c 续表 8

单位：人

年龄组 性 别	生产制造及有关人员								不便分类的其他从业人员
	计算机、通信和其他电子设备制造人员	仪器仪表制造人员	废弃资源综合利用人员	电力、热力、气体、水生产和输配人员	建筑施工人员	运输设备和通用工程机械操作人员及有关人员	生产辅助人员	其他生产制造及有关人员	
总 计	**16726**	**812**	**970**	**1147**	**94268**	**7105**	**63071**	**1379**	**799**
16-19岁	622	10	6	1	403	76	844	14	91
20-24岁	1519	53	14	71	2387	424	3599	77	65
25-29岁	1957	70	43	89	4409	794	5695	128	47
30-34岁	2495	111	57	114	6559	1097	8125	173	65
35-39岁	2120	94	74	83	6562	925	7012	147	66
40-44岁	1989	130	109	103	9122	906	7513	164	59
45-49岁	2507	144	198	137	15459	1022	9722	208	85
50-54岁	1780	104	228	177	20341	1017	9120	202	108
55-59岁	1035	63	125	205	15054	575	6222	127	87
60-64岁	393	21	54	102	7933	197	2764	65	55
65-69岁	204	10	43	52	4627	56	1679	42	52
70-74岁	70	2	15	11	1239	13	588	26	12
75岁及以上	35		4	2	173	3	188	6	7
男	**8261**	**388**	**647**	**1016**	**86523**	**6554**	**34926**	**769**	**514**
16-19岁	399	7	2	1	371	73	507	9	49
20-24岁	1044	38	10	67	2170	401	2362	48	35
25-29岁	1205	45	35	76	4004	749	3570	67	33
30-34岁	1319	59	42	101	5958	1014	4881	103	49
35-39岁	929	42	52	72	5910	869	3902	74	46
40-44岁	735	51	75	79	8182	792	3814	90	38
45-49岁	934	53	118	106	13755	901	4565	111	53
50-54岁	767	44	153	159	18746	943	4737	97	65
55-59岁	574	34	79	195	14158	547	3672	87	56
60-64岁	217	8	41	97	7537	194	1645	42	36
65-69岁	98	6	29	50	4378	55	906	27	39
70-74岁	30	1	9	11	1193	13	282	12	10
75岁及以上	10		2	2	161	3	83	2	5
女	**8465**	**424**	**323**	**131**	**7745**	**551**	**28145**	**610**	**285**
16-19岁	223	3	4		32	3	337	5	42
20-24岁	475	15	4	4	217	23	1237	29	30
25-29岁	752	25	8	13	405	45	2125	61	14
30-34岁	1176	52	15	13	601	83	3244	70	16
35-39岁	1191	52	22	11	652	56	3110	73	20
40-44岁	1254	79	34	24	940	114	3699	74	21
45-49岁	1573	91	80	31	1704	121	5157	97	32
50-54岁	1013	60	75	18	1595	74	4383	105	43
55-59岁	461	29	46	10	896	28	2550	40	31
60-64岁	176	13	13	5	396	3	1119	23	19
65-69岁	106	4	14	2	249	1	773	15	13
70-74岁	40	1	6		46		306	14	2
75岁及以上	25		2		12		105	4	2

中国人口普查
CHINA POPULATION CENSUS

2020

浙江省人口普查年鉴

（第4册）

ZHEJIANG POPULATION CENSUS YEARBOOK 2020

(BOOK 4)

浙　　江　　省　　统　　计　　局
浙江省人民政府第七次人口普查领导小组办公室　编

Compiled by
Zhejiang Provincial Bureau of Statistics
Office of the Leading Group of Zhejiang Province for the Seventh National Population Census

中国统计出版社
China Statistics Press

图书在版编目（CIP）数据

浙江省人口普查年鉴. 2020. 第 4 册 / 浙江省统计局，浙江省人民政府第七次人口普查领导小组办公室编. -- 北京 : 中国统计出版社, 2022.8
ISBN 978-7-5037-9858-0

Ⅰ. ①浙… Ⅱ. ①浙… ②浙… Ⅲ. ①人口普查－统计资料－浙江－2020－年鉴 Ⅳ. ①C924.255.5-54

中国版本图书馆 CIP 数据核字(2022)第 124134 号

浙江省人口普查年鉴-2020（第 4 册）
Zhejiang Population Census Yearbook 2020 (Book 4)

作　　者/浙江省统计局　浙江省人民政府第七次人口普查领导小组办公室
责任编辑/熊丹书
封面设计/李雪燕
出版发行/中国统计出版社有限公司
通信地址/北京市丰台区西三环南路甲 6 号　邮政编码/100073
发行电话/邮购（010）63376909　书店（010）68783171
网　　址/http://www.zgtjcbs.com/
印　　刷/河北鑫兆源印刷有限公司
经　　销/新华书店
开　　本/880mm×1230mm　1/16
字　　数/1690 千字
印　　张/53.5
版　　别/2022 年 8 月第 1 版
版　　次/2022 年 8 月第 1 次印刷
定　　价/980.00 元（全四册附光盘）

目　录

第 4 册

第二部分　长表数据资料（续）

第五卷　婚姻

第六卷　生育

第八卷 老年人口

第三部分　附　录

第二部分　长表数据资料

第五卷　婚姻

5-1 各地区分性别、婚姻状况的15岁及以上人口

单位：人

地区	15岁及以上人口			未婚		
	合计	男	女	小计	男	女
合计	**5632551**	**2945227**	**2687324**	**1013698**	**628317**	**385381**
杭州市	**1063040**	**557108**	**505932**	**241019**	**139853**	**101166**
上城区	27357	13252	14105	5786	2989	2797
下城区	41251	20055	21196	9609	4930	4679
江干区	135400	70518	64882	44333	24152	20181
拱墅区	54707	27288	27419	14413	7506	6907
西湖区	97334	50265	47069	31620	17539	14081
滨江区	42926	22216	20710	15654	8617	7037
萧山区	205717	110881	94836	39044	24256	14788
余杭区	225574	122063	103511	44656	27492	17164
富阳区	74449	39480	34969	12426	7726	4700
临安区	56101	29476	26625	9613	5800	3813
桐庐县	38888	19926	18962	6093	3904	2189
淳安县	27133	13319	13814	3073	1887	1186
建德市	36203	18369	17834	4699	3055	1644
宁波市	**853032**	**446274**	**406758**	**144923**	**91010**	**53913**
海曙区	93495	47842	45653	17681	10247	7434
江北区	42803	22552	20251	8037	4956	3081
北仑区	78415	43106	35309	13958	9590	4368
镇海区	49366	26658	22708	8993	5686	3307
鄞州区	142949	72867	70082	29173	16533	12640
奉化区	51364	26996	24368	7219	4695	2524
象山县	48128	24201	23927	5822	3750	2072
宁海县	57304	29348	27956	8399	5547	2852
余姚市	114075	59327	54748	17419	11282	6137
慈溪市	175133	93377	81756	28222	18724	9498
温州市	**784661**	**416651**	**368010**	**141426**	**91644**	**49782**
鹿城区	101754	53084	48670	20639	12644	7995
龙湾区	62954	35892	27062	12765	8970	3795
瓯海区	83272	45851	37421	19528	12055	7473
洞头区	12087	6547	5540	2476	1646	830
永嘉县	65715	35176	30539	12562	7885	4677
平阳县	71376	37208	34168	11678	7672	4006
苍南县	66235	34122	32113	10949	7003	3946
文成县	17460	9202	8258	2668	1734	934
泰顺县	17712	9187	8525	2896	1764	1132
瑞安市	124638	65553	59085	18531	12203	6328
乐清市	124537	65530	59007	20994	14190	6804
龙港市	36921	19299	17622	5740	3878	1862
嘉兴市	**501005**	**262648**	**238357**	**77749**	**49207**	**28542**
南湖区	76348	39481	36867	15451	9108	6343
秀洲区	62132	32654	29478	9835	6429	3406
嘉善县	60384	32599	27785	10309	6963	3346
海盐县	42002	21669	20333	5037	3153	1884
海宁市	103777	55147	48630	14937	9516	5421
平湖市	63499	33314	30185	8901	5756	3145
桐乡市	92863	47784	45079	13279	8282	4997
湖州市	**305566**	**158834**	**146732**	**44805**	**27892**	**16913**
吴兴区	95705	49601	46104	16037	9801	6236
南浔区	48788	25380	23408	5233	3408	1825
德清县	50795	26850	23945	7261	4586	2675
长兴县	60616	31184	29432	8713	5386	3327
安吉县	49662	25819	23843	7561	4711	2850

5-1　续表 1　　单位：人

地　区	15岁及以上人口			未　婚		
	合计	男	女	小计	男	女
绍兴市	**465288**	**239268**	**226020**	**75240**	**46067**	**29173**
越城区	88251	44593	43658	16062	9097	6965
柯桥区	104465	56089	48376	17453	11168	6285
上虞区	75060	37878	37182	11380	6934	4446
新昌县	34310	17627	16683	4938	3175	1763
诸暨市	104014	52674	51340	16488	10087	6401
嵊州市	59188	30407	28781	8919	5606	3313
金华市	**609602**	**320595**	**289007**	**120297**	**76702**	**43595**
婺城区	79852	40800	39052	18676	10711	7965
金东区	45125	24403	20722	9215	6074	3141
武义县	40061	21394	18667	6238	4327	1911
浦江县	40012	20708	19304	6845	4470	2375
磐安县	14718	7526	7192	1976	1277	699
兰溪市	48678	24656	24022	7789	4808	2981
义乌市	170395	91568	78827	38040	24286	13754
东阳市	92730	47328	45402	15768	10138	5630
永康市	78031	42212	35819	15750	10611	5139
衢州市	**186002**	**93754**	**92248**	**27123**	**16849**	**10274**
柯城区	44571	22377	22194	8239	4751	3488
衢江区	30016	15714	14302	4402	2959	1443
常山县	20774	10499	10275	2563	1652	911
开化县	20178	9713	10465	2245	1361	884
龙游县	30867	15777	15090	4338	2764	1574
江山市	39596	19674	19922	5336	3362	1974
舟山市	**108156**	**58669**	**49487**	**14949**	**9711**	**5238**
定海区	44534	22884	21650	7253	4386	2867
普陀区	35333	18354	16979	4419	2828	1591
岱山县	22054	14209	7845	2680	2101	579
嵊泗县	6235	3222	3013	597	396	201
台州市	**567063**	**293900**	**273163**	**95033**	**60184**	**34849**
椒江区	71433	37519	33914	14394	8831	5563
黄岩区	60919	31391	29528	9911	6242	3669
路桥区	55091	29099	25992	8711	5724	2987
三门县	30620	15589	15031	4363	2793	1570
天台县	37879	19070	18809	7378	4458	2920
仙居县	33841	17034	16807	6632	3897	2735
温岭市	126505	66303	60202	19862	13113	6749
临海市	93124	47119	46005	15686	9550	6136
玉环市	57651	30776	26875	8096	5576	2520
丽水市	**189136**	**97526**	**91610**	**31134**	**19198**	**11936**
莲都区	45348	23859	21489	9243	5499	3744
青田县	29382	15035	14347	5338	3255	2083
缙云县	32155	16366	15789	5265	3379	1886
遂昌县	16025	8296	7729	2078	1396	682
松阳县	17024	8696	8328	2314	1445	869
云和县	10597	5585	5012	1522	984	538
庆元县	11073	5620	5453	1389	843	546
景宁畲族自治县	8136	4147	3989	1135	699	436
龙泉市	19396	9922	9474	2850	1698	1152

5-1 续表 2

单位：人

地区	有配偶			离婚			丧偶		
	小计	男	女	小计	男	女	小计	男	女
合计	**4228430**	**2186950**	**2041480**	**129742**	**70555**	**59187**	**260681**	**59405**	**201276**
杭州市	**758975**	**396886**	**362089**	**24629**	**12229**	**12400**	**38417**	**8140**	**30277**
上城区	19281	9641	9640	929	389	540	1361	233	1128
下城区	28400	14200	14200	1332	525	807	1910	400	1510
江干区	85312	44467	40845	3126	1379	1747	2629	520	2109
拱墅区	37071	18795	18276	1448	639	809	1775	348	1427
西湖区	61070	31289	29781	2195	921	1274	2449	516	1933
滨江区	25805	13226	12579	621	249	372	846	124	722
萧山区	155523	83115	72408	3656	1966	1690	7494	1544	5950
余杭区	170746	91017	79729	4429	2254	2175	5743	1300	4443
富阳区	56422	29821	26601	2100	1174	926	3501	759	2742
临安区	41797	22038	19759	1733	960	773	2958	678	2280
桐庐县	29189	14878	14311	1176	642	534	2430	502	1928
淳安县	20885	10404	10481	756	455	301	2419	573	1846
建德市	27474	13995	13479	1128	676	452	2902	643	2259
宁波市	**651365**	**336282**	**315083**	**21004**	**10937**	**10067**	**35740**	**8045**	**27695**
海曙区	69675	35663	34012	2494	1152	1342	3645	780	2865
江北区	31959	16670	15289	1228	614	614	1579	312	1267
北仑区	60253	31971	28282	1824	991	833	2380	554	1826
镇海区	37426	19899	17527	1375	713	662	1572	360	1212
鄞州区	105333	53663	51670	3632	1619	2013	4811	1052	3759
奉化区	39809	20742	19067	1518	877	641	2818	682	2136
象山县	37688	18948	18740	1477	785	692	3141	718	2423
宁海县	44003	22244	21759	1656	892	764	3246	665	2581
余姚市	88579	45367	43212	2392	1346	1046	5685	1332	4353
慈溪市	136640	71115	65525	3408	1948	1460	6863	1590	5273
温州市	**592071**	**308318**	**283753**	**15423**	**8736**	**6687**	**35741**	**7953**	**27788**
鹿城区	74802	38533	36269	2629	1268	1361	3684	639	3045
龙湾区	47509	25892	21617	1046	654	392	1634	376	1258
瓯海区	60229	32596	27633	1225	694	531	2290	506	1784
洞头区	8500	4599	3901	255	160	95	856	142	714
永嘉县	48638	25729	22909	958	617	341	3557	945	2612
平阳县	53975	27713	26262	1707	975	732	4016	848	3168
苍南县	50303	25448	24855	1111	705	406	3872	966	2906
文成县	12963	6792	6171	476	321	155	1353	355	998
泰顺县	12829	6636	6193	618	405	213	1369	382	987
瑞安市	98084	50825	47259	2354	1289	1065	5669	1236	4433
乐清市	95356	48822	46534	2343	1285	1058	5844	1233	4611
龙港市	28883	14733	14150	701	363	338	1597	325	1272
嘉兴市	**389769**	**201700**	**188069**	**12134**	**6398**	**5736**	**21353**	**5343**	**16010**
南湖区	55654	28606	27048	2310	1067	1243	2933	700	2233
秀洲区	48513	24863	23650	1349	711	638	2435	651	1784
嘉善县	46279	24283	21996	1449	788	661	2347	565	1782
海盐县	33768	17446	16322	979	522	457	2218	548	1670
海宁市	82469	43323	39146	2292	1253	1039	4079	1055	3024
平湖市	49847	25918	23929	1528	803	725	3223	837	2386
桐乡市	73239	37261	35978	2227	1254	973	4118	987	3131
湖州市	**237463**	**122914**	**114549**	**7954**	**4389**	**3565**	**15344**	**3639**	**11705**
吴兴区	73760	37780	35980	2430	1218	1212	3478	802	2676
南浔区	39200	20551	18649	1080	635	445	3275	786	2489
德清县	39685	20933	18752	1239	688	551	2610	643	1967
长兴县	46669	23923	22746	1748	1038	710	3486	837	2649
安吉县	38149	19727	18422	1457	810	647	2495	571	1924

5-1　续表 3

单位：人

地　　区	有配偶			离　婚			丧　偶		
	小计	男	女	小计	男	女	小计	男	女
绍兴市	**356564**	**182689**	**173875**	**8706**	**4881**	**3825**	**24778**	**5631**	**19147**
越城区	66894	34012	32882	1422	664	758	3873	820	3053
柯桥区	81464	43210	38254	1522	866	656	4026	845	3181
上虞区	57452	29006	28446	1498	859	639	4730	1079	3651
新昌县	26346	13412	12934	712	441	271	2314	599	1715
诸暨市	79451	40075	39376	2264	1259	1005	5811	1253	4558
嵊州市	44957	22974	21983	1288	792	496	4024	1035	2989
金华市	**450427**	**230810**	**219617**	**12637**	**7232**	**5405**	**26241**	**5851**	**20390**
婺城区	55635	28299	27336	2125	1087	1038	3416	703	2713
金东区	32797	17266	15531	1069	652	417	2044	411	1633
武义县	30909	15985	14924	968	601	367	1946	481	1465
浦江县	30083	15256	14827	861	479	382	2223	503	1720
磐安县	11369	5748	5621	287	190	97	1086	311	775
兰溪市	35937	18261	17676	1079	744	335	3873	843	3030
义乌市	125209	64703	60506	3179	1693	1486	3967	886	3081
东阳市	70549	35186	35363	1688	966	722	4725	1038	3687
永康市	57939	30106	27833	1381	820	561	2961	675	2286
衢州市	**140785**	**70903**	**69882**	**5072**	**3082**	**1990**	**13022**	**2920**	**10102**
柯城区	32585	16458	16127	1435	705	730	2312	463	1849
衢江区	22812	11721	11091	708	505	203	2094	529	1565
常山县	16003	8088	7915	609	394	215	1599	365	1234
开化县	15809	7677	8132	458	293	165	1666	382	1284
龙游县	23298	11916	11382	913	574	339	2318	523	1795
江山市	30278	15043	15235	949	611	338	3033	658	2375
舟山市	**82850**	**45561**	**37289**	**3854**	**2070**	**1784**	**6503**	**1327**	**5176**
定海区	33359	17231	16128	1548	751	797	2374	516	1858
普陀区	27214	14282	12932	1469	802	667	2231	442	1789
岱山县	17489	11498	5991	551	355	196	1334	255	1079
嵊泗县	4788	2550	2238	286	162	124	564	114	450
台州市	**427191**	**218849**	**208342**	**13347**	**7622**	**5725**	**31492**	**7245**	**24247**
椒江区	52658	27271	25387	1613	822	791	2768	595	2173
黄岩区	46172	23621	22551	1323	734	589	3513	794	2719
路桥区	42717	22145	20572	1252	686	566	2411	544	1867
三门县	23504	11910	11594	653	415	238	2100	471	1629
天台县	26691	13440	13251	918	529	389	2892	643	2249
仙居县	24069	12085	11984	760	442	318	2380	610	1770
温岭市	96903	49943	46960	2763	1643	1120	6977	1604	5373
临海市	69543	34919	34624	2056	1212	844	5839	1438	4401
玉环市	44934	23515	21419	2009	1139	870	2612	546	2066
丽水市	**140970**	**72038**	**68932**	**4982**	**2979**	**2003**	**12050**	**3311**	**8739**
莲都区	32796	17169	15627	1379	700	679	1930	491	1439
青田县	21280	10801	10479	678	446	232	2086	533	1553
缙云县	23787	11918	11869	770	480	290	2333	589	1744
遂昌县	12270	6268	6002	459	296	163	1218	336	882
松阳县	12994	6616	6378	436	281	155	1280	354	926
云和县	8145	4204	3941	320	199	121	610	198	412
庆元县	8739	4413	4326	220	133	87	725	231	494
景宁畲族自治县	6216	3131	3085	238	146	92	547	171	376
龙泉市	14743	7518	7225	482	298	184	1321	408	913

5-1a 各地区分性别、婚姻状况的15岁及以上人口(城市)

单位：人

地区	15岁及以上人口			未婚		
	合计	男	女	小计	男	女
合计	**2910746**	**1512519**	**1398227**	**614805**	**362685**	**252120**
杭州市	**790645**	**412740**	**377905**	**203660**	**114838**	**88822**
上城区	27357	13252	14105	5786	2989	2797
下城区	41251	20055	21196	9609	4930	4679
江干区	135400	70518	64882	44333	24152	20181
拱墅区	54707	27288	27419	14413	7506	6907
西湖区	94469	48710	45759	31210	17306	13904
滨江区	42926	22216	20710	15654	8617	7037
萧山区	150472	80928	69544	31370	18897	12473
余杭区	156274	83707	72567	34316	20472	13844
富阳区	49237	26091	23146	8535	5175	3360
临安区	26718	14128	12590	6524	3686	2838
桐庐县						
淳安县						
建德市	11834	5847	5987	1910	1108	802
宁波市	**491856**	**253909**	**237947**	**93258**	**55497**	**37761**
海曙区	78726	40064	38662	15699	8877	6822
江北区	34918	18151	16767	6832	4099	2733
北仑区	54368	29505	24863	10037	6654	3383
镇海区	40356	21422	18934	7745	4753	2992
鄞州区	87641	43207	44434	21006	11001	10005
奉化区	25776	13223	12553	4110	2573	1537
象山县						
宁海县						
余姚市	70564	36786	33778	12043	7679	4364
慈溪市	99507	51551	47956	15786	9861	5925
温州市	**399473**	**212433**	**187040**	**76433**	**48637**	**27796**
鹿城区	92003	47660	44343	19021	11532	7489
龙湾区	39615	22208	17407	7442	5063	2379
瓯海区	68933	37920	31013	17081	10383	6698
洞头区	5589	2798	2791	993	593	400
永嘉县						
平阳县						
苍南县						
文成县						
泰顺县						
瑞安市	81414	42713	38701	12595	8170	4425
乐清市	77630	41160	36470	13889	9246	4643
龙港市	34289	17974	16315	5412	3650	1762
嘉兴市	**202265**	**104225**	**98040**	**37671**	**22453**	**15218**
南湖区	61214	31370	29844	13588	7793	5795
秀洲区	27852	14784	13068	5397	3467	1930
嘉善县						
海盐县						
海宁市	39134	20224	18910	6089	3614	2475
平湖市	26354	13376	12978	4528	2696	1832
桐乡市	47711	24471	23240	8069	4883	3186
湖州市	**65662**	**33193**	**32469**	**11284**	**6307**	**4977**
吴兴区	49490	24675	24815	9171	4988	4183
南浔区	16172	8518	7654	2113	1319	794
德清县						
长兴县						
安吉县						

5-1a　续表 1　　　　　　　　　　　　　　　　　　　　　　　　　　单位：人

地　区	15岁及以上人口			未　婚		
	合计	男	女	小计	男	女
绍兴市	**269238**	**137740**	**131498**	**48745**	**28656**	**20089**
越城区	74040	37344	36696	14203	7939	6264
柯桥区	73497	39010	34487	13171	8138	5033
上虞区	46340	23575	22765	8101	4795	3306
新昌县						
诸暨市	48014	24089	23925	8848	5171	3677
嵊州市	27347	13722	13625	4422	2613	1809
金华市	**284218**	**149241**	**134977**	**68310**	**41215**	**27095**
婺城区	55800	28286	27514	15079	8305	6774
金东区	12205	6435	5770	3570	2048	1522
武义县						
浦江县						
磐安县						
兰溪市	21403	10599	10804	4132	2277	1855
义乌市	108494	58190	50304	26879	16539	10340
东阳市	39900	20287	19613	7922	4897	3025
永康市	46416	25444	20972	10728	7149	3579
衢州市	**59849**	**29759**	**30090**	**11015**	**6323**	**4692**
柯城区	32760	16277	16483	6698	3707	2991
衢江区	10087	5270	4817	1825	1185	640
常山县						
开化县						
龙游县	103	52	51	8	5	3
江山市	16899	8160	8739	2484	1426	1058
舟山市	**52518**	**26134**	**26384**	**8502**	**4879**	**3623**
定海区	30361	15106	15255	5465	3113	2352
普陀区	22157	11028	11129	3037	1766	1271
岱山县						
嵊泗县						
台州市	**250067**	**130025**	**120042**	**46237**	**28397**	**17840**
椒江区	53066	27492	25574	11245	6625	4620
黄岩区	35704	18644	17060	6387	4004	2383
路桥区	26459	13844	12615	4340	2732	1608
三门县						
天台县						
仙居县						
温岭市	60005	31612	28393	11286	7208	4078
临海市	34450	17017	17433	7001	3835	3166
玉环市	40383	21416	18967	5978	3993	1985
丽水市	**44955**	**23120**	**21835**	**9690**	**5483**	**4207**
莲都区	33277	17250	16027	7577	4309	3268
青田县						
缙云县						
遂昌县						
松阳县						
云和县						
庆元县						
景宁畲族自治县						
龙泉市	11678	5870	5808	2113	1174	939

5-1a 续表 2

单位：人

地区	有配偶			离婚			丧偶		
	小计	男	女	小计	男	女	小计	男	女
合计	**2137105**	**1099335**	**1037770**	**68161**	**31674**	**36487**	**90675**	**18825**	**71850**
杭州市	**548006**	**285608**	**262398**	**18062**	**8085**	**9977**	**20917**	**4209**	**16708**
上城区	19281	9641	9640	929	389	540	1361	233	1128
下城区	28400	14200	14200	1332	525	807	1910	400	1510
江干区	85312	44467	40845	3126	1379	1747	2629	520	2109
拱墅区	37071	18795	18276	1448	639	809	1775	348	1427
西湖区	58843	30044	28799	2119	880	1239	2297	480	1817
滨江区	25805	13226	12579	621	249	372	846	124	722
萧山区	111839	59717	52122	2793	1393	1400	4470	921	3549
余杭区	116134	61255	54879	2931	1375	1556	2893	605	2288
富阳区	37692	19898	17794	1471	694	777	1539	324	1215
临安区	18715	9932	8783	891	388	503	588	122	466
桐庐县									
淳安县									
建德市	8914	4433	4481	401	174	227	609	132	477
宁波市	**370023**	**189194**	**180829**	**12246**	**5627**	**6619**	**16329**	**3591**	**12738**
海曙区	58099	29667	28432	2199	962	1237	2729	558	2171
江北区	25854	13362	12492	1016	456	560	1216	234	982
北仑区	41783	21934	19849	1247	629	618	1301	288	1013
镇海区	30297	15858	14439	1106	532	574	1208	279	929
鄞州区	61745	30836	30909	2398	889	1509	2492	481	2011
奉化区	19881	10055	9826	825	387	438	960	208	752
象山县									
宁海县									
余姚市	54450	27747	26703	1463	737	726	2608	623	1985
慈溪市	77914	39735	38179	1992	1035	957	3815	920	2895
温州市	**301989**	**157337**	**144652**	**7833**	**3932**	**3901**	**13218**	**2527**	**10691**
鹿城区	67316	34464	32852	2451	1152	1299	3215	512	2703
龙湾区	30385	16498	13887	643	390	253	1145	257	888
瓯海区	49181	26633	22548	1021	552	469	1650	352	1298
洞头区	4080	2078	2002	141	72	69	375	55	320
永嘉县									
平阳县									
苍南县									
文成县									
泰顺县									
瑞安市	64472	33266	31206	1515	742	773	2832	535	2297
乐清市	59694	30684	29010	1404	696	708	2643	534	2109
龙港市	26861	13714	13147	658	328	330	1358	282	1076
嘉兴市	**152951**	**77836**	**75115**	**5553**	**2487**	**3066**	**6090**	**1449**	**4641**
南湖区	43533	22224	21309	1950	849	1101	2143	504	1639
秀洲区	21107	10855	10252	649	297	352	699	165	534
嘉善县									
海盐县									
海宁市	30720	15798	14922	1082	496	586	1243	316	927
平湖市	20296	10223	10073	657	255	402	873	202	671
桐乡市	37295	18736	18559	1215	590	625	1132	262	870
湖州市	**50122**	**25562**	**24560**	**1889**	**827**	**1062**	**2367**	**497**	**1870**
吴兴区	36985	18663	18322	1544	668	876	1790	356	1434
南浔区	13137	6899	6238	345	159	186	577	141	436
德清县									
长兴县									
安吉县									

5−1a 续表 3

单位：人

地区	有配偶			离婚			丧偶		
	小计	男	女	小计	男	女	小计	男	女
绍兴市	**206183**	**104853**	**101330**	**4935**	**2249**	**2686**	**9375**	**1982**	**7393**
越城区	55879	28328	27551	1199	510	689	2759	567	2192
柯桥区	57136	29908	27228	993	508	485	2197	456	1741
上虞区	35280	17882	17398	963	458	505	1996	440	1556
新昌县									
诸暨市	36674	18175	18499	1094	462	632	1398	281	1117
嵊州市	21214	10560	10654	686	311	375	1025	238	787
金华市	**203107**	**103728**	**99379**	**6004**	**2966**	**3038**	**6797**	**1332**	**5465**
婺城区	37592	18952	18640	1597	747	850	1532	282	1250
金东区	7947	4162	3785	300	157	143	388	68	320
武义县									
浦江县									
磐安县									
兰溪市	15615	7821	7794	488	271	217	1168	230	938
义乌市	78037	40368	37669	2003	963	1040	1575	320	1255
东阳市	30093	14783	15310	790	394	396	1095	213	882
永康市	33823	17642	16181	826	434	392	1039	219	820
衢州市	**44466**	**22081**	**22385**	**1889**	**892**	**997**	**2479**	**463**	**2016**
柯城区	23564	11811	11753	1172	525	647	1326	234	1092
衢江区	7678	3883	3795	250	136	114	334	66	268
常山县									
开化县									
龙游县	85	43	42	3	2	1	7	2	5
江山市	13139	6344	6795	464	229	235	812	161	651
舟山市	**39590**	**19868**	**19722**	**2085**	**905**	**1180**	**2341**	**482**	**1859**
定海区	22512	11266	11246	1119	458	661	1265	269	996
普陀区	17078	8602	8476	966	447	519	1076	213	863
岱山县									
嵊泗县									
台州市	**188152**	**96555**	**91597**	**6404**	**3140**	**3264**	**9274**	**1933**	**7341**
椒江区	38703	19896	18807	1314	608	706	1804	363	1441
黄岩区	27062	13928	13134	845	426	419	1410	286	1124
路桥区	20503	10584	9919	703	336	367	913	192	721
三门县									
天台县									
仙居县									
温岭市	45414	23349	22065	1261	641	620	2044	414	1630
临海市	25175	12463	12712	830	372	458	1444	347	1097
玉环市	31295	16335	14960	1451	757	694	1659	331	1328
丽水市	**32516**	**16713**	**15803**	**1261**	**564**	**697**	**1488**	**360**	**1128**
莲都区	23763	12306	11457	970	424	546	967	211	756
青田县									
缙云县									
遂昌县									
松阳县									
云和县									
庆元县									
景宁畲族自治县									
龙泉市	8753	4407	4346	291	140	151	521	149	372

5-1b 各地区分性别、婚姻状况的15岁及以上人口(镇)

单位：人

地区	15岁及以上人口			未婚		
	合计	男	女	小计	男	女
合计	**1179091**	**620315**	**558776**	**201137**	**128837**	**72300**
杭州市	**93832**	**49130**	**44702**	**15486**	**9765**	**5721**
上城区						
下城区						
江干区						
拱墅区						
西湖区	29	14	15	2		2
滨江区						
萧山区	12048	6960	5088	2120	1560	560
余杭区	25328	13612	11716	4383	2789	1594
富阳区	2660	1423	1237	349	233	116
临安区	6181	3147	3034	797	504	293
桐庐县	27369	14030	13339	4932	3036	1896
淳安县	12737	6202	6535	1828	982	846
建德市	7480	3742	3738	1075	661	414
宁波市	**171593**	**90973**	**80620**	**28433**	**18990**	**9443**
海曙区	2511	1269	1242	441	261	180
江北区						
北仑区	5231	3046	2185	1466	1121	345
镇海区	3802	2172	1630	588	443	145
鄞州区	27680	14596	13084	4409	2861	1548
奉化区	4735	2472	2263	658	424	234
象山县	29253	14563	14690	4067	2478	1589
宁海县	36128	18396	17732	5854	3726	2128
余姚市	22477	11653	10824	3003	1955	1048
慈溪市	39776	22806	16970	7947	5721	2226
温州市	**180120**	**94834**	**85286**	**34262**	**21825**	**12437**
鹿城区	531	277	254	61	40	21
龙湾区	23283	13649	9634	5319	3903	1416
瓯海区	1453	796	657	316	207	109
洞头区	605	292	313	60	42	18
永嘉县	38229	20464	17765	8303	5049	3254
平阳县	44401	22931	21470	7724	4919	2805
苍南县	44583	22753	21830	7868	4876	2992
文成县	8207	4155	4052	1267	765	502
泰顺县	8252	4088	4164	1443	773	670
瑞安市	2642	1282	1360	496	263	233
乐清市	6491	3425	3066	1214	853	361
龙港市	1443	722	721	191	135	56
嘉兴市	**152441**	**81746**	**70695**	**24045**	**15895**	**8150**
南湖区	5248	2798	2450	687	487	200
秀洲区	13143	6942	6201	1850	1261	589
嘉善县	44291	23894	20397	8357	5543	2814
海盐县	27136	14032	13104	3666	2275	1391
海宁市	32822	18227	14595	5593	3714	1879
平湖市	15352	8354	6998	1974	1387	587
桐乡市	14449	7499	6950	1918	1228	690
湖州市	**132703**	**69081**	**63622**	**21221**	**13260**	**7961**
吴兴区	23439	12419	11020	3781	2642	1139
南浔区	11700	5960	5740	1401	864	537
德清县	30811	16271	14540	4918	3048	1870
长兴县	37602	19273	18329	5886	3517	2369
安吉县	29151	15158	13993	5235	3189	2046

5-1b 续表 1

单位：人

地区	15岁及以上人口			未婚		
	合计	男	女	小计	男	女
绍兴市	**60447**	**32063**	**28384**	**9525**	**6153**	**3372**
越城区	359	186	173	33	27	6
柯桥区	12565	7585	4980	1947	1486	461
上虞区	4356	2208	2148	555	341	214
新昌县	21967	11175	10792	3450	2121	1329
诸暨市	15349	7891	7458	2626	1615	1011
嵊州市	5851	3018	2833	914	563	351
金华市	**138338**	**73676**	**64662**	**26375**	**17508**	**8867**
婺城区	6184	3187	2997	1186	706	480
金东区	15557	8697	6860	3385	2355	1030
武义县	25444	13643	11801	4280	2913	1367
浦江县	18132	9249	8883	3501	2153	1348
磐安县	7607	3875	3732	1129	699	430
兰溪市	5617	2859	2758	843	518	325
义乌市	28436	15396	13040	6072	4208	1864
东阳市	23982	12787	11195	4675	3050	1625
永康市	7379	3983	3396	1304	906	398
衢州市	**45279**	**22625**	**22654**	**6882**	**4108**	**2774**
柯城区	1009	525	484	136	95	41
衢江区	2980	1523	1457	494	297	197
常山县	10018	5013	5005	1441	878	563
开化县	10431	5024	5407	1543	865	678
龙游县	15169	7680	7489	2490	1492	998
江山市	5672	2860	2812	778	481	297
舟山市	**24041**	**14604**	**9437**	**3083**	**2241**	**842**
定海区	2757	1424	1333	388	250	138
普陀区	1827	960	867	201	138	63
岱山县	15415	10201	5214	2072	1585	487
嵊泗县	4042	2019	2023	422	268	154
台州市	**104807**	**53576**	**51231**	**19228**	**11663**	**7565**
椒江区	537	334	203	127	105	22
黄岩区	3089	1527	1562	460	259	201
路桥区	9404	5029	4375	1675	1097	578
三门县	16380	8315	8065	2751	1669	1082
天台县	20530	10200	10330	4611	2622	1989
仙居县	17978	8841	9137	4079	2255	1824
温岭市	24140	12879	11261	3526	2409	1117
临海市	11315	5688	5627	1805	1113	692
玉环市	1434	763	671	194	134	60
丽水市	**75490**	**38007**	**37483**	**12597**	**7429**	**5168**
莲都区	1664	902	762	177	123	54
青田县	17781	8907	8874	3470	2003	1467
缙云县	18360	9190	9170	3281	1981	1300
遂昌县	8461	4302	4159	1264	787	477
松阳县	8264	4154	4110	1339	745	594
云和县	7746	4062	3684	1139	709	430
庆元县	7144	3523	3621	1017	573	444
景宁畲族自治县	4873	2347	2526	793	433	360
龙泉市	1197	620	577	117	75	42

5-1b 续表 2

单位：人

地区	有配偶			离婚			丧偶		
	小计	男	女	小计	男	女	小计	男	女
合计	**900651**	**465696**	**434955**	**28135**	**14880**	**13255**	**49168**	**10902**	**38266**
杭州市	**71650**	**37108**	**34542**	**2755**	**1425**	**1330**	**3941**	**832**	**3109**
上城区									
下城区									
江干区									
拱墅区									
西湖区	24	12	12	2	2		1		1
滨江区									
萧山区	9262	5151	4111	244	158	86	422	91	331
余杭区	19543	10331	9212	644	328	316	758	164	594
富阳区	2051	1103	948	65	42	23	195	45	150
临安区	4830	2454	2376	228	132	96	326	57	269
桐庐县	20396	10326	10070	886	426	460	1155	242	913
淳安县	9939	4908	5031	427	200	227	543	112	431
建德市	5605	2823	2782	259	137	122	541	121	420
宁波市	**132296**	**68390**	**63906**	**4356**	**2208**	**2148**	**6508**	**1385**	**5123**
海曙区	1879	948	931	43	24	19	148	36	112
江北区									
北仑区	3518	1828	1690	129	71	58	118	26	92
镇海区	2945	1630	1315	124	73	51	145	26	119
鄞州区	21647	11166	10481	640	326	314	984	243	741
奉化区	3718	1918	1800	138	80	58	221	50	171
象山县	23028	11439	11589	961	407	554	1197	239	958
宁海县	27809	13932	13877	1105	483	622	1360	255	1105
余姚市	17758	9129	8629	497	288	209	1219	281	938
慈溪市	29994	16400	13594	719	456	263	1116	229	887
温州市	**135160**	**69614**	**65546**	**3361**	**1819**	**1542**	**7337**	**1576**	**5761**
鹿城区	439	228	211	5	2	3	26	7	19
龙湾区	17073	9363	7710	403	264	139	488	119	369
瓯海区	1048	558	490	17	12	5	72	19	53
洞头区	467	232	235	11	7	4	67	11	56
永嘉县	28324	14896	13428	439	245	194	1163	274	889
平阳县	33562	17089	16473	1141	552	589	1974	371	1603
苍南县	34027	17051	16976	679	376	303	2009	450	1559
文成县	6187	3149	3038	215	128	87	538	113	425
泰顺县	6139	3078	3061	255	129	126	415	108	307
瑞安市	1906	964	942	35	18	17	205	37	168
乐清市	4875	2453	2422	137	67	70	265	52	213
龙港市	1113	553	560	24	19	5	115	15	100
嘉兴市	**119263**	**62550**	**56713**	**3583**	**1918**	**1665**	**5550**	**1383**	**4167**
南湖区	4192	2177	2015	150	85	65	219	49	170
秀洲区	10591	5412	5179	281	154	127	421	115	306
嘉善县	33595	17514	16081	1105	559	546	1234	278	956
海盐县	21714	11173	10541	657	321	336	1099	263	836
海宁市	25483	13845	11638	645	389	256	1101	279	822
平湖市	12219	6513	5706	401	219	182	758	235	523
桐乡市	11469	5916	5553	344	191	153	718	164	554
湖州市	**102995**	**52947**	**50048**	**3588**	**1807**	**1781**	**4899**	**1067**	**3832**
吴兴区	18922	9470	9452	426	244	182	310	63	247
南浔区	9286	4755	4531	326	183	143	687	158	529
德清县	23955	12578	11377	817	398	419	1121	247	874
长兴县	28822	14791	14031	1123	571	552	1771	394	1377
安吉县	22010	11353	10657	896	411	485	1010	205	805

5-1b 续表 3 单位：人

地区	有配偶			离婚			丧偶		
	小计	男	女	小计	男	女	小计	男	女
绍兴市	**46928**	**24569**	**22359**	**1176**	**670**	**506**	**2818**	**671**	**2147**
越城区	291	146	145	2	2		33	11	22
柯桥区	10078	5876	4202	232	156	76	308	67	241
上虞区	3417	1747	1670	81	50	31	303	70	233
新昌县	17154	8595	8559	471	238	233	892	221	671
诸暨市	11677	5954	5723	282	153	129	764	169	595
嵊州市	4311	2251	2060	108	71	37	518	133	385
金华市	**104107**	**53458**	**50649**	**2954**	**1619**	**1335**	**4902**	**1091**	**3811**
婺城区	4591	2370	2221	140	53	87	267	58	209
金东区	11393	6058	5335	354	204	150	425	80	345
武义县	19760	10202	9558	651	361	290	753	167	586
浦江县	13508	6756	6752	425	182	243	698	158	540
磐安县	5966	2995	2971	153	89	64	359	92	267
兰溪市	4197	2169	2028	120	82	38	457	90	367
义乌市	21192	10719	10473	567	329	238	605	140	465
东阳市	17841	9255	8586	424	244	180	1042	238	804
永康市	5659	2934	2725	120	75	45	296	68	228
衢州市	**34508**	**17306**	**17202**	**1231**	**671**	**560**	**2658**	**540**	**2118**
柯城区	798	410	388	17	11	6	58	9	49
衢江区	2201	1124	1077	60	48	12	225	54	171
常山县	7705	3857	3848	318	172	146	554	106	448
开化县	8108	3923	4185	247	127	120	533	109	424
龙游县	11381	5799	5582	477	233	244	821	156	665
江山市	4315	2193	2122	112	80	32	467	106	361
舟山市	**19023**	**11758**	**7265**	**708**	**388**	**320**	**1227**	**217**	**1010**
定海区	2128	1090	1038	81	46	35	160	38	122
普陀区	1448	768	680	69	40	29	109	14	95
岱山县	12315	8294	4021	358	206	152	670	116	554
嵊泗县	3132	1606	1526	200	96	104	288	49	239
台州市	**77702**	**39438**	**38264**	**2484**	**1310**	**1174**	**5393**	**1165**	**4228**
椒江区	387	216	171	15	12	3	8	1	7
黄岩区	2330	1164	1166	73	42	31	226	62	164
路桥区	7208	3754	3454	174	98	76	347	80	267
三门县	12434	6267	6167	394	218	176	801	161	640
天台县	14366	7143	7223	526	240	286	1027	195	832
仙居县	12587	6189	6398	404	173	231	908	224	684
温岭市	18682	9830	8852	579	357	222	1353	283	1070
临海市	8583	4291	4292	269	141	128	658	143	515
玉环市	1125	584	541	50	29	21	65	16	49
丽水市	**57019**	**28558**	**28461**	**1939**	**1045**	**894**	**3935**	**975**	**2960**
莲都区	1307	711	596	79	42	37	101	26	75
青田县	12997	6494	6503	335	182	153	979	228	751
缙云县	13710	6758	6952	457	241	216	912	210	702
遂昌县	6482	3262	3220	276	145	131	439	108	331
松阳县	6254	3180	3074	235	129	106	436	100	336
云和县	6023	3104	2919	237	135	102	347	114	233
庆元县	5609	2779	2830	145	71	74	373	100	273
景宁畲族自治县	3686	1778	1908	143	76	67	251	60	191
龙泉市	951	492	459	32	24	8	97	29	68

5-1c 各地区分性别、婚姻状况的15岁及以上人口(乡村)

单位：人

地区	15岁及以上人口			未婚		
	合计	男	女	小计	男	女
合计	**1542714**	**812393**	**730321**	**197756**	**136795**	**60961**
杭州市	**178563**	**95238**	**83325**	**21873**	**15250**	**6623**
上城区						
下城区						
江干区						
拱墅区						
西湖区	2836	1541	1295	408	233	175
滨江区						
萧山区	43197	22993	20204	5554	3799	1755
余杭区	43972	24744	19228	5957	4231	1726
富阳区	22552	11966	10586	3542	2318	1224
临安区	23202	12201	11001	2292	1610	682
桐庐县	11519	5896	5623	1161	868	293
淳安县	14396	7117	7279	1245	905	340
建德市	16889	8780	8109	1714	1286	428
宁波市	**189583**	**101392**	**88191**	**23232**	**16523**	**6709**
海曙区	12258	6509	5749	1541	1109	432
江北区	7885	4401	3484	1205	857	348
北仑区	18816	10555	8261	2455	1815	640
镇海区	5208	3064	2144	660	490	170
鄞州区	27628	15064	12564	3758	2671	1087
奉化区	20853	11301	9552	2451	1698	753
象山县	18875	9638	9237	1755	1272	483
宁海县	21176	10952	10224	2545	1821	724
余姚市	21034	10888	10146	2373	1648	725
慈溪市	35850	19020	16830	4489	3142	1347
温州市	**205068**	**109384**	**95684**	**30731**	**21182**	**9549**
鹿城区	9220	5147	4073	1557	1072	485
龙湾区	56	35	21	4	4	
瓯海区	12886	7135	5751	2131	1465	666
洞头区	5893	3457	2436	1423	1011	412
永嘉县	27486	14712	12774	4259	2836	1423
平阳县	26975	14277	12698	3954	2753	1201
苍南县	21652	11369	10283	3081	2127	954
文成县	9253	5047	4206	1401	969	432
泰顺县	9460	5099	4361	1453	991	462
瑞安市	40582	21558	19024	5440	3770	1670
乐清市	40416	20945	19471	5891	4091	1800
龙港市	1189	603	586	137	93	44
嘉兴市	**146299**	**76677**	**69622**	**16033**	**10859**	**5174**
南湖区	9886	5313	4573	1176	828	348
秀洲区	21137	10928	10209	2588	1701	887
嘉善县	16093	8705	7388	1952	1420	532
海盐县	14866	7637	7229	1371	878	493
海宁市	31821	16696	15125	3255	2188	1067
平湖市	21793	11584	10209	2399	1673	726
桐乡市	30703	15814	14889	3292	2171	1121
湖州市	**107201**	**56560**	**50641**	**12300**	**8325**	**3975**
吴兴区	22776	12507	10269	3085	2171	914
南浔区	20916	10902	10014	1719	1225	494
德清县	19984	10579	9405	2343	1538	805
长兴县	23014	11911	11103	2827	1869	958
安吉县	20511	10661	9850	2326	1522	804

5–1c　续表 1　　　　单位：人

地　区	15岁及以上人口			未　婚		
	合计	男	女	小计	男	女
绍兴市	**135603**	**69465**	**66138**	**16970**	**11258**	**5712**
越城区	13852	7063	6789	1826	1131	695
柯桥区	18403	9494	8909	2335	1544	791
上虞区	24364	12095	12269	2724	1798	926
新昌县	12343	6452	5891	1488	1054	434
诸暨市	40651	20694	19957	5014	3301	1713
嵊州市	25990	13667	12323	3583	2430	1153
金华市	**187046**	**97678**	**89368**	**25612**	**17979**	**7633**
婺城区	17868	9327	8541	2411	1700	711
金东区	17363	9271	8092	2260	1671	589
武义县	14617	7751	6866	1958	1414	544
浦江县	21880	11459	10421	3344	2317	1027
磐安县	7111	3651	3460	847	578	269
兰溪市	21658	11198	10460	2814	2013	801
义乌市	33465	17982	15483	5089	3539	1550
东阳市	28848	14254	14594	3171	2191	980
永康市	24236	12785	11451	3718	2556	1162
衢州市	**80874**	**41370**	**39504**	**9226**	**6418**	**2808**
柯城区	10802	5575	5227	1405	949	456
衢江区	16949	8921	8028	2083	1477	606
常山县	10756	5486	5270	1122	774	348
开化县	9747	4689	5058	702	496	206
龙游县	15595	8045	7550	1840	1267	573
江山市	17025	8654	8371	2074	1455	619
舟山市	**31597**	**17931**	**13666**	**3364**	**2591**	**773**
定海区	11416	6354	5062	1400	1023	377
普陀区	11349	6366	4983	1181	924	257
岱山县	6639	4008	2631	608	516	92
嵊泗县	2193	1203	990	175	128	47
台州市	**212189**	**110299**	**101890**	**29568**	**20124**	**9444**
椒江区	17830	9693	8137	3022	2101	921
黄岩区	22126	11220	10906	3064	1979	1085
路桥区	19228	10226	9002	2696	1895	801
三门县	14240	7274	6966	1612	1124	488
天台县	17349	8870	8479	2767	1836	931
仙居县	15863	8193	7670	2553	1642	911
温岭市	42360	21812	20548	5050	3496	1554
临海市	47359	24414	22945	6880	4602	2278
玉环市	15834	8597	7237	1924	1449	475
丽水市	**68691**	**36399**	**32292**	**8847**	**6286**	**2561**
莲都区	10407	5707	4700	1489	1067	422
青田县	11601	6128	5473	1868	1252	616
缙云县	13795	7176	6619	1984	1398	586
遂昌县	7564	3994	3570	814	609	205
松阳县	8760	4542	4218	975	700	275
云和县	2851	1523	1328	383	275	108
庆元县	3929	2097	1832	372	270	102
景宁畲族自治县	3263	1800	1463	342	266	76
龙泉市	6521	3432	3089	620	449	171

5-1c 续表 2

单位：人

地区	有配偶			离婚			丧偶		
	小计	男	女	小计	男	女	小计	男	女
合计	**1190674**	**621919**	**568755**	**33446**	**24001**	**9445**	**120838**	**29678**	**91160**
杭州市	**139319**	**74170**	**65149**	**3812**	**2719**	**1093**	**13559**	**3099**	**10460**
上城区									
下城区									
江干区									
拱墅区									
西湖区	2203	1233	970	74	39	35	151	36	115
滨江区									
萧山区	34422	18247	16175	619	415	204	2602	532	2070
余杭区	35069	19431	15638	854	551	303	2092	531	1561
富阳区	16679	8820	7859	564	438	126	1767	390	1377
临安区	18252	9652	8600	614	440	174	2044	499	1545
桐庐县	8793	4552	4241	290	216	74	1275	260	1015
淳安县	10946	5496	5450	329	255	74	1876	461	1415
建德市	12955	6739	6216	468	365	103	1752	390	1362
宁波市	**149046**	**78698**	**70348**	**4402**	**3102**	**1300**	**12903**	**3069**	**9834**
海曙区	9697	5048	4649	252	166	86	768	186	582
江北区	6105	3308	2797	212	158	54	363	78	285
北仑区	14952	8209	6743	448	291	157	961	240	721
镇海区	4184	2411	1773	145	108	37	219	55	164
鄞州区	21941	11661	10280	594	404	190	1335	328	1007
奉化区	16210	8769	7441	555	410	145	1637	424	1213
象山县	14660	7509	7151	516	378	138	1944	479	1465
宁海县	16194	8312	7882	551	409	142	1886	410	1476
余姚市	16371	8491	7880	432	321	111	1858	428	1430
慈溪市	28732	14980	13752	697	457	240	1932	441	1491
温州市	**154922**	**81367**	**73555**	**4229**	**2985**	**1244**	**15186**	**3850**	**11336**
鹿城区	7047	3841	3206	173	114	59	443	120	323
龙湾区	51	31	20				1		1
瓯海区	10000	5405	4595	187	130	57	568	135	433
洞头区	3953	2289	1664	103	81	22	414	76	338
永嘉县	20314	10833	9481	519	372	147	2394	671	1723
平阳县	20413	10624	9789	566	423	143	2042	477	1565
苍南县	16276	8397	7879	432	329	103	1863	516	1347
文成县	6776	3643	3133	261	193	68	815	242	573
泰顺县	6690	3558	3132	363	276	87	954	274	680
瑞安市	31706	16595	15111	804	529	275	2632	664	1968
乐清市	30787	15685	15102	802	522	280	2936	647	2289
龙港市	909	466	443	19	16	3	124	28	96
嘉兴市	**117555**	**61314**	**56241**	**2998**	**1993**	**1005**	**9713**	**2511**	**7202**
南湖区	7929	4205	3724	210	133	77	571	147	424
秀洲区	16815	8596	8219	419	260	159	1315	371	944
嘉善县	12684	6769	5915	344	229	115	1113	287	826
海盐县	12054	6273	5781	322	201	121	1119	285	834
海宁市	26266	13680	12586	565	368	197	1735	460	1275
平湖市	17332	9182	8150	470	329	141	1592	400	1192
桐乡市	24475	12609	11866	668	473	195	2268	561	1707
湖州市	**84346**	**44405**	**39941**	**2477**	**1755**	**722**	**8078**	**2075**	**6003**
吴兴区	17853	9647	8206	460	306	154	1378	383	995
南浔区	16777	8897	7880	409	293	116	2011	487	1524
德清县	15730	8355	7375	422	290	132	1489	396	1093
长兴县	17847	9132	8715	625	467	158	1715	443	1272
安吉县	16139	8374	7765	561	399	162	1485	366	1119

5-1c 续表 3

单位：人

地区	有配偶			离婚			丧偶		
	小计	男	女	小计	男	女	小计	男	女
绍兴市	**103453**	**53267**	**50186**	**2595**	**1962**	**633**	**12585**	**2978**	**9607**
越城区	10724	5538	5186	221	152	69	1081	242	839
柯桥区	14250	7426	6824	297	202	95	1521	322	1199
上虞区	18755	9377	9378	454	351	103	2431	569	1862
新昌县	9192	4817	4375	241	203	38	1422	378	1044
诸暨市	31100	15946	15154	888	644	244	3649	803	2846
嵊州市	19432	10163	9269	494	410	84	2481	664	1817
金华市	**143213**	**73624**	**69589**	**3679**	**2647**	**1032**	**14542**	**3428**	**11114**
婺城区	13452	6977	6475	388	287	101	1617	363	1254
金东区	13457	7046	6411	415	291	124	1231	263	968
武义县	11149	5783	5366	317	240	77	1193	314	879
浦江县	16575	8500	8075	436	297	139	1525	345	1180
磐安县	5403	2753	2650	134	101	33	727	219	508
兰溪市	16125	8271	7854	471	391	80	2248	523	1725
义乌市	25980	13616	12364	609	401	208	1787	426	1361
东阳市	22615	11148	11467	474	328	146	2588	587	2001
永康市	18457	9530	8927	435	311	124	1626	388	1238
衢州市	**61811**	**31516**	**30295**	**1952**	**1519**	**433**	**7885**	**1917**	**5968**
柯城区	8223	4237	3986	246	169	77	928	220	708
衢江区	12933	6714	6219	398	321	77	1535	409	1126
常山县	8298	4231	4067	291	222	69	1045	259	786
开化县	7701	3754	3947	211	166	45	1133	273	860
龙游县	11832	6074	5758	433	339	94	1490	365	1125
江山市	12824	6506	6318	373	302	71	1754	391	1363
舟山市	**24237**	**13935**	**10302**	**1061**	**777**	**284**	**2935**	**628**	**2307**
定海区	8719	4875	3844	348	247	101	949	209	740
普陀区	8688	4912	3776	434	315	119	1046	215	831
岱山县	5174	3204	1970	193	149	44	664	139	525
嵊泗县	1656	944	712	86	66	20	276	65	211
台州市	**161337**	**82856**	**78481**	**4459**	**3172**	**1287**	**16825**	**4147**	**12678**
椒江区	13568	7159	6409	284	202	82	956	231	725
黄岩区	16780	8529	8251	405	266	139	1877	446	1431
路桥区	15006	7807	7199	375	252	123	1151	272	879
三门县	11070	5643	5427	259	197	62	1299	310	989
天台县	12325	6297	6028	392	289	103	1865	448	1417
仙居县	11482	5896	5586	356	269	87	1472	386	1086
温岭市	32807	16764	16043	923	645	278	3580	907	2673
临海市	35785	18165	17620	957	699	258	3737	948	2789
玉环市	12514	6596	5918	508	353	155	888	199	689
丽水市	**51435**	**26767**	**24668**	**1782**	**1370**	**412**	**6627**	**1976**	**4651**
莲都区	7726	4152	3574	330	234	96	862	254	608
青田县	8283	4307	3976	343	264	79	1107	305	802
缙云县	10077	5160	4917	313	239	74	1421	379	1042
遂昌县	5788	3006	2782	183	151	32	779	228	551
松阳县	6740	3436	3304	201	152	49	844	254	590
云和县	2122	1100	1022	83	64	19	263	84	179
庆元县	3130	1634	1496	75	62	13	352	131	221
景宁畲族自治县	2530	1353	1177	95	70	25	296	111	185
龙泉市	5039	2619	2420	159	134	25	703	230	473

5－2　全省分性别、职业、婚姻状况的人口

单位：人

职业大类	15岁及以上人口			未　婚		
	合计	男	女	小计	男	女
总　计	**3643820**	**2189765**	**1454055**	**605892**	**407301**	**198591**
党的机关、国家机关、群众团体和社会组织、企事业单位负责人	105763	79115	26648	7166	5120	2046
专业技术人员	376679	164869	211810	98353	43177	55176
办事人员和有关人员	209438	129638	79800	36666	21183	15483
社会生产服务和生活服务人员	1279136	743291	535845	253161	164062	89099
农、林、牧、渔业生产及辅助人员	194902	123296	71606	8312	7512	800
生产制造及有关人员	1475661	948140	527521	201577	165820	35757
不便分类的其他从业人员	2241	1416	825	657	427	230

5－2　续表

单位：人

职业大类	有配偶			离　婚			丧　偶		
	小计	男	女	小计	男	女	小计	男	女
总　计	**2908191**	**1715388**	**1192803**	**91404**	**53928**	**37476**	**38333**	**13148**	**25185**
党的机关、国家机关、群众团体和社会组织、企事业单位负责人	95526	72301	23225	2731	1549	1182	340	145	195
专业技术人员	269275	118507	150768	7927	2848	5079	1124	337	787
办事人员和有关人员	165926	104468	61458	5727	3250	2477	1119	737	382
社会生产服务和生活服务人员	975280	556545	418735	38417	19283	19134	12278	3401	8877
农、林、牧、渔业生产及辅助人员	171160	107773	63387	4352	3769	583	11078	4242	6836
生产制造及有关人员	1229526	754845	474681	32191	23195	8996	12367	4280	8087
不便分类的其他从业人员	1498	949	549	59	34	25	27	6	21

5-2a　全省分性别、职业、婚姻状况的人口(城市)

单位：人

职业大类	15岁及以上人口			未婚		
	合计	男	女	小计	男	女
总　计	**1913394**	**1130556**	**782838**	**367841**	**234784**	**133057**
党的机关、国家机关、群众团体和社会组织、企事业单位负责人	67216	49854	17362	5015	3496	1519
专业技术人员	259332	111370	147962	67460	29281	38179
办事人员和有关人员	129845	78020	51825	21459	11840	9619
社会生产服务和生活服务人员	772799	445529	327270	174092	109395	64697
农、林、牧、渔业生产及辅助人员	18745	12751	5994	916	741	175
生产制造及有关人员	664745	432566	232179	98662	79868	18794
不便分类的其他从业人员	712	466	246	237	163	74

5-2a　续表

单位：人

职业大类	有配偶			离婚			丧偶		
	小计	男	女	小计	男	女	小计	男	女
总　计	**1489408**	**868568**	**620840**	**46742**	**24062**	**22680**	**9403**	**3142**	**6261**
党的机关、国家机关、群众团体和社会组织、企事业单位负责人	60251	45315	14936	1789	972	817	161	71	90
专业技术人员	185917	80218	105699	5386	1716	3670	569	155	414
办事人员和有关人员	104424	64086	40338	3495	1820	1675	467	274	193
社会生产服务和生活服务人员	571453	324591	246862	22676	10301	12375	4578	1242	3336
农、林、牧、渔业生产及辅助人员	16908	11465	5443	397	321	76	524	224	300
生产制造及有关人员	550006	342601	207405	12979	8922	4057	3098	1175	1923
不便分类的其他从业人员	449	292	157	20	10	10	6	1	5

5-2b 全省分性别、职业、婚姻状况的人口(镇)

单位：人

职业大类	15岁及以上人口			未婚		
	合计	男	女	小计	男	女
总 计	**773810**	**468269**	**305541**	**118292**	**83730**	**34562**
党的机关、国家机关、群众团体和社会组织、企事业单位负责人	23672	17627	6045	1254	932	322
专业技术人员	69507	31165	38342	16069	7399	8670
办事人员和有关人员	46373	29171	17202	8008	4729	3279
社会生产服务和生活服务人员	247569	142153	105416	39397	26486	12911
农、林、牧、渔业生产及辅助人员	26585	17923	8662	1134	999	135
生产制造及有关人员	359406	229807	129599	52264	43079	9185
不便分类的其他从业人员	698	423	275	166	106	60

5-2b 续表

单位：人

职业大类	有配偶			离婚			丧偶		
	小计	男	女	小计	男	女	小计	男	女
总 计	**628520**	**370781**	**257739**	**20141**	**11545**	**8596**	**6857**	**2213**	**4644**
党的机关、国家机关、群众团体和社会组织、企事业单位负责人	21735	16350	5385	592	315	277	91	30	61
专业技术人员	51760	23135	28625	1479	568	911	199	63	136
办事人员和有关人员	36876	23576	13300	1261	726	535	228	140	88
社会生产服务和生活服务人员	197432	111139	86293	8038	3838	4200	2702	690	2012
农、林、牧、渔业生产及辅助人员	23728	16011	7717	610	500	110	1113	413	700
生产制造及有关人员	296479	180259	116220	8147	5594	2553	2516	875	1641
不便分类的其他从业人员	510	311	199	14	4	10	8	2	6

5-2c　全省分性别、职业、婚姻状况的人口(乡村)

单位：人

职业大类	15岁及以上人口			未　婚		
	合计	男	女	小计	男	女
总　计	**956616**	**590940**	**365676**	**119759**	**88787**	**30972**
党的机关、国家机关、群众团体和社会组织、企事业单位负责人	14875	11634	3241	897	692	205
专业技术人员	47840	22334	25506	14824	6497	8327
办事人员和有关人员	33220	22447	10773	7199	4614	2585
社会生产服务和生活服务人员	258768	155609	103159	39672	28181	11491
农、林、牧、渔业生产及辅助人员	149572	92622	56950	6262	5772	490
生产制造及有关人员	451510	285767	165743	50651	42873	7778
不便分类的其他从业人员	831	527	304	254	158	96

5-2c　续表

单位：人

职业大类	有配偶			离　婚			丧　偶		
	小计	男	女	小计	男	女	小计	男	女
总　计	**790263**	**476039**	**314224**	**24521**	**18321**	**6200**	**22073**	**7793**	**14280**
党的机关、国家机关、群众团体和社会组织、企事业单位负责人	13540	10636	2904	350	262	88	88	44	44
专业技术人员	31598	15154	16444	1062	564	498	356	119	237
办事人员和有关人员	24626	16806	7820	971	704	267	424	323	101
社会生产服务和生活服务人员	206395	120815	85580	7703	5144	2559	4998	1469	3529
农、林、牧、渔业生产及辅助人员	130524	80297	50227	3345	2948	397	9441	3605	5836
生产制造及有关人员	383041	231985	151056	11065	8679	2386	6753	2230	4523
不便分类的其他从业人员	539	346	193	25	20	5	13	3	10

5-3 全省分年龄、性别、受教育

受教育程度 / 年龄	15岁及以上人口			未婚		
	合计	男	女	小计	男	女
总 计	**5632551**	**2945227**	**2687324**	**1013698**	**628317**	**385381**
15-19岁	**286245**	**153696**	**132549**	**282903**	**152828**	**130075**
15	51779	27233	24546	51750	27225	24525
16	65359	34869	30490	65208	34852	30356
17	59932	32431	27501	59529	32330	27199
18	48836	26954	21882	47915	26728	21187
19	60339	32209	28130	58501	31693	26808
20-24岁	**370072**	**201042**	**169030**	**313554**	**181132**	**132422**
20	65474	35346	30128	62240	34417	27823
21	66199	35980	30219	60595	34259	26336
22	73369	40280	33089	63540	37066	26474
23	79490	43206	36284	64469	37881	26588
24	85540	46230	39310	62710	37509	25201
25-29岁	**493561**	**266709**	**226852**	**220686**	**144507**	**76179**
25	95036	51700	43336	61019	37976	23043
26	92201	50037	42164	50133	32259	17874
27	99634	53561	46073	44351	29349	15002
28	101201	54596	46605	35731	24428	11303
29	105489	56815	48674	29452	20495	8957
30-34岁	**640418**	**342183**	**298235**	**97126**	**69973**	**27153**
30	130234	70012	60222	28718	20511	8207
31	129293	69045	60248	22754	16329	6425
32	123831	66205	57626	17764	12807	4957
33	139468	74148	65320	16170	11693	4477
34	117592	62773	54819	11720	8633	3087
35-39岁	**524128**	**279078**	**245050**	**34380**	**25260**	**9120**
35	98737	52654	46083	8608	6278	2330
36	102141	54566	47575	7443	5471	1972
37	103794	55068	48726	6693	4926	1767
38	119094	63246	55848	6801	5009	1792
39	100362	53544	46818	4835	3576	1259
40-44岁	**496128**	**261799**	**234329**	**17777**	**13685**	**4092**
40	88774	47361	41413	4001	3062	939
41	102941	54489	48452	3947	2989	958
42	100925	53269	47656	3530	2720	810
43	97928	51249	46679	3187	2462	725
44	105560	55431	50129	3112	2452	660
45-49岁	**575686**	**301418**	**274268**	**13971**	**11191**	**2780**
45	105119	55230	49889	2966	2339	627
46	110168	57571	52597	2848	2280	568
47	119421	62315	57106	2886	2274	612
48	118397	61920	56477	2612	2111	501
49	122581	64382	58199	2659	2187	472
50-54岁	**586614**	**307143**	**279471**	**10893**	**9321**	**1572**
50	126559	65934	60625	2604	2161	443
51	122681	64266	58415	2392	2052	340
52	121091	63502	57589	2095	1771	324
53	101989	53386	48603	1863	1616	247
54	114294	60055	54239	1939	1721	218
55-59岁	**483086**	**250720**	**232366**	**7343**	**6506**	**837**
55	113239	59278	53961	1820	1602	218
56	106879	55507	51372	1693	1501	192
57	120610	62680	57930	1810	1604	206
58	92704	47967	44737	1314	1175	139
59	49654	25288	24366	706	624	82
60-64岁	**345068**	**176962**	**168106**	**4817**	**4454**	**363**
60	64445	32986	31459	907	829	78
61	57544	29804	27740	799	741	58
62	71090	36511	34579	979	918	61
63	79962	41144	38818	1119	1024	95
64	72027	36517	35510	1013	942	71
65岁及以上	**831545**	**404477**	**427068**	**10248**	**9460**	**788**

程度、婚姻状况的人口

单位：人

有配偶			离婚			丧偶		
小计	男	女	小计	男	女	小计	男	女
4228430	**2186950**	**2041480**	**129742**	**70555**	**59187**	**260681**	**59405**	**201276**
3334	**865**	**2469**	**8**	**3**	**5**			
29	8	21						
151	17	134						
403	101	302						
915	224	691	6	2	4			
1836	515	1321	2	1	1			
56120	**19781**	**36339**	**391**	**127**	**264**	**7**	**2**	**5**
3223	926	2297	11	3	8			
5577	1714	3863	27	7	20			
9773	3197	6576	55	16	39	1	1	
14915	5291	9624	104	34	70	2		2
22632	8653	13979	194	67	127	4	1	3
268048	**120177**	**147871**	**4732**	**2000**	**2732**	**95**	**25**	**70**
33587	13559	20028	424	165	259	6		6
41493	17582	23911	564	193	371	11	3	8
54397	23839	30558	868	368	500	18	5	13
64227	29632	34595	1219	531	688	24	5	19
74344	35565	38779	1657	743	914	36	12	24
526497	**263827**	**262670**	**16463**	**8292**	**8171**	**332**	**91**	**241**
99089	48323	50766	2385	1164	1221	42	14	28
103628	51281	52347	2866	1423	1443	45	12	33
102803	51770	51033	3195	1609	1586	69	19	50
119041	60335	58706	4169	2092	2077	88	28	60
101936	52118	49818	3848	2004	1844	88	18	70
469746	**243328**	**226418**	**19303**	**10312**	**8991**	**699**	**178**	**521**
86750	44650	42100	3294	1700	1594	85	26	59
90990	47117	43873	3597	1948	1649	111	30	81
93073	48046	45027	3890	2069	1821	138	27	111
107462	55693	51769	4652	2497	2155	179	47	132
91471	47822	43649	3870	2098	1772	186	48	138
456809	**236965**	**219844**	**19972**	**10763**	**9209**	**1570**	**386**	**1184**
81087	42297	38790	3504	1952	1552	182	50	132
94500	49161	45339	4249	2278	1971	245	61	184
92841	48199	44642	4206	2256	1950	348	94	254
90474	46602	43872	3906	2101	1805	361	84	277
97907	50706	47201	4107	2176	1931	434	97	337
537042	**278001**	**259041**	**20922**	**11352**	**9570**	**3751**	**874**	**2877**
97675	50628	47047	4024	2162	1862	454	101	353
102686	52934	49752	4029	2206	1823	605	151	454
111481	57518	53963	4295	2360	1935	759	163	596
110720	57313	53407	4204	2277	1927	861	219	642
114480	59608	54872	4370	2347	2023	1072	240	832
547933	**285474**	**262459**	**18670**	**10256**	**8414**	**9118**	**2092**	**7026**
118303	61116	57187	4319	2346	1973	1333	311	1022
114654	59574	55080	4081	2249	1832	1554	391	1163
113296	59234	54062	3816	2082	1734	1884	415	1469
95201	49732	45469	3082	1659	1423	1843	379	1464
106479	55818	50661	3372	1920	1452	2504	596	1908
446788	**233216**	**213572**	**13748**	**7658**	**6090**	**15207**	**3340**	**11867**
105363	55119	50244	3325	1890	1435	2731	667	2064
99022	51626	47396	3126	1719	1407	3038	661	2377
111459	58304	53155	3463	1907	1556	3878	865	3013
85508	44719	40789	2454	1371	1083	3428	702	2726
45436	23448	21988	1380	771	609	2132	445	1687
310774	**162863**	**147911**	**7675**	**4606**	**3069**	**21802**	**5039**	**16763**
58586	30420	28166	1689	993	696	3263	744	2519
52216	27528	24688	1419	838	581	3110	697	2413
64016	33565	30451	1677	1016	661	4418	1012	3406
71799	37876	33923	1610	992	618	5434	1252	4182
64157	33474	30683	1280	767	513	5577	1334	4243
605339	**342453**	**262886**	**7858**	**5186**	**2672**	**208100**	**47378**	**160722**

5-3 续表 1

受教育程度 年龄	15岁及以上人口			未婚		
	合计	男	女	小计	男	女
未上过学	**202929**	**48784**	**154145**	**7532**	**6196**	**1336**
15-19岁	**276**	**147**	**129**	**268**	**147**	**121**
15	51	28	23	50	28	22
16	55	34	21	55	34	21
17	53	21	32	53	21	32
18	62	34	28	60	34	26
19	55	30	25	50	30	20
20-24岁	**381**	**214**	**167**	**339**	**209**	**130**
20	67	32	35	60	32	28
21	71	41	30	63	40	23
22	76	52	24	70	51	19
23	80	43	37	75	43	32
24	87	46	41	71	43	28
25-29岁	**613**	**293**	**320**	**387**	**249**	**138**
25	108	66	42	86	61	25
26	109	49	60	76	47	29
27	121	58	63	82	51	31
28	121	52	69	70	41	29
29	154	68	86	73	49	24
30-34岁	**1017**	**476**	**541**	**437**	**307**	**130**
30	153	81	72	78	51	27
31	188	89	99	83	56	27
32	224	95	129	90	64	26
33	244	115	129	106	76	30
34	208	96	112	80	60	20
35-39岁	**1497**	**518**	**979**	**398**	**269**	**129**
35	230	86	144	63	44	19
36	250	98	152	70	50	20
37	281	90	191	78	51	27
38	357	119	238	92	56	36
39	379	125	254	95	68	27
40-44岁	**3051**	**791**	**2260**	**467**	**332**	**135**
40	424	122	302	84	63	21
41	547	154	393	96	64	32
42	590	162	428	101	75	26
43	657	167	490	90	63	27
44	833	186	647	96	67	29
45-49岁	**6753**	**1521**	**5232**	**545**	**395**	**150**
45	964	226	738	97	72	25
46	1132	253	879	103	74	29
47	1405	316	1089	111	78	33
48	1541	341	1200	111	78	33
49	1711	385	1326	123	93	30
50-54岁	**12355**	**3055**	**9300**	**768**	**640**	**128**
50	2095	532	1563	164	135	29
51	2441	605	1836	155	125	30
52	2611	648	1963	143	121	22
53	2338	565	1773	141	117	24
54	2870	705	2165	165	142	23
55-59岁	**14930**	**3146**	**11784**	**648**	**590**	**58**
55	2968	717	2251	145	136	9
56	2966	685	2281	159	141	18
57	3461	722	2739	155	138	17
58	3383	637	2746	119	110	9
59	2152	385	1767	70	65	5
60-64岁	**24256**	**5265**	**18991**	**712**	**665**	**47**
60	3406	733	2673	114	108	6
61	3702	813	2889	112	104	8
62	5161	1156	4005	144	137	7
63	6058	1277	4781	168	160	8
64	5929	1286	4643	174	156	18
65岁及以上	**137800**	**33358**	**104442**	**2563**	**2393**	**170**

单位：人

有配偶			离婚			丧偶		
小计	男	女	小计	男	女	小计	男	女
125741	**34123**	**91618**	**1673**	**792**	**881**	**67983**	**7673**	**60310**
8		**8**						
1		1						
2		2						
5		5						
41	**5**	**36**	**1**		**1**			
7		7						
7	1	6	1		1			
6	1	5						
5		5						
16	3	13						
220	**43**	**177**	**6**	**1**	**5**			
22	5	17						
32	2	30	1		1			
38	7	31	1		1			
50	11	39	1		1			
78	18	60	3	1	2			
554	**162**	**392**	**22**	**7**	**15**	**4**		**4**
74	30	44	1		1			
102	32	70	3	1	2			
128	30	98	4	1	3	2		2
129	35	94	7	4	3	2		2
121	35	86	7	1	6			
1057	**240**	**817**	**38**	**9**	**29**	**4**		**4**
160	40	120	5	2	3	2		2
175	48	127	5		5			
196	37	159	7	2	5			
248	58	190	15	5	10	2		2
278	57	221	6		6			
2473	**426**	**2047**	**76**	**30**	**46**	**35**	**3**	**32**
327	53	274	10	6	4	3		3
431	82	349	12	6	6	8	2	6
471	81	390	15	5	10	3	1	2
539	99	440	21	5	16	7		7
705	111	594	18	8	10	14		14
5918	**1058**	**4860**	**146**	**56**	**90**	**144**	**12**	**132**
828	148	680	23	6	17	16		16
981	170	811	26	7	19	22	2	20
1248	225	1023	26	10	16	20	3	17
1365	248	1117	27	13	14	38	2	36
1496	267	1229	44	20	24	48	5	43
10852	**2266**	**8586**	**235**	**96**	**139**	**500**	**53**	**447**
1832	359	1473	48	31	17	51	7	44
2153	456	1697	54	13	41	79	11	68
2315	502	1813	52	15	37	101	10	91
2057	421	1636	41	14	27	99	13	86
2495	528	1967	40	23	17	170	12	158
12962	**2389**	**10573**	**240**	**97**	**143**	**1080**	**70**	**1010**
2603	543	2060	49	23	26	171	15	156
2580	522	2058	45	13	32	182	9	173
2983	544	2439	67	25	42	256	15	241
2941	489	2452	56	24	32	267	14	253
1855	291	1564	23	12	11	204	17	187
20311	**4251**	**16060**	**291**	**133**	**158**	**2942**	**216**	**2726**
2905	573	2332	58	33	25	329	19	310
3147	657	2490	54	24	30	389	28	361
4329	944	3385	66	28	38	622	47	575
5046	1036	4010	67	30	37	777	51	726
4884	1041	3843	46	18	28	825	71	754
71345	**23283**	**48062**	**618**	**363**	**255**	**63274**	**7319**	**55955**

5-3 续表 2

受教育程度 年　　龄	15岁及以上人口			未　　婚		
	合计	男	女	小计	男	女
学前教育	**9374**	**2982**	**6392**	**448**	**328**	**120**
15-19岁	**120**	**69**	**51**	**119**	**69**	**50**
15	53	26	27	53	26	27
16	30	22	8	30	22	8
17	9	5	4	8	5	3
18	19	12	7	19	12	7
19	9	4	5	9	4	5
20-24岁	**59**	**31**	**28**	**55**	**31**	**24**
20	10	6	4	10	6	4
21	12	8	4	12	8	4
22	11	6	5	11	6	5
23	12	4	8	9	4	5
24	14	7	7	13	7	6
25-29岁	**52**	**20**	**32**	**27**	**14**	**13**
25	7	3	4	6	3	3
26	12	4	8	3	2	1
27	13	4	9	11	4	7
28	13	6	7	7	5	2
29	7	3	4			
30-34岁	**80**	**38**	**42**	**25**	**16**	**9**
30	16	7	9	7	4	3
31	11	5	6	3	3	
32	20	8	12	7	3	4
33	14	9	5	3	2	1
34	19	9	10	5	4	1
35-39岁	**81**	**40**	**41**	**20**	**17**	**3**
35	19	7	12	3	3	
36	12	6	6	4	2	2
37	12	8	4	3	3	
38	21	11	10	8	7	1
39	17	8	9	2	2	
40-44岁	**141**	**54**	**87**	**17**	**12**	**5**
40	16	8	8	3	3	
41	21	10	11	2	1	1
42	37	16	21	5	4	1
43	27	6	21	3	1	2
44	40	14	26	4	3	1
45-49岁	**332**	**121**	**211**	**16**	**13**	**3**
45	46	19	27	1	1	
46	67	18	49	2	1	1
47	63	27	36	6	5	1
48	81	28	53	2	1	1
49	75	29	46	5	5	
50-54岁	**584**	**215**	**369**	**28**	**23**	**5**
50	89	35	54	4	3	1
51	101	36	65	5	4	1
52	142	59	83	5	5	
53	116	37	79	7	4	3
54	136	48	88	7	7	
55-59岁	**632**	**194**	**438**	**26**	**23**	**3**
55	124	47	77	6	5	1
56	129	47	82	10	9	1
57	137	38	99	3	2	1
58	149	37	112	6	6	
59	93	25	68	1	1	
60-64岁	**1065**	**298**	**767**	**29**	**27**	**2**
60	157	54	103	9	9	
61	144	51	93	8	8	
62	222	53	169	3	3	
63	272	68	204	5	3	2
64	270	72	198	4	4	
65岁及以上	**6228**	**1902**	**4326**	**86**	**83**	**3**

单位：人

有配偶			离　婚			丧　偶		
小计	男	女	小计	男	女	小计	男	女
6003	**2139**	**3864**	**105**	**67**	**38**	**2818**	**448**	**2370**
1		**1**						
1		1						
4		**4**						
3		3						
1		1						
25	**6**	**19**						
1		1						
9	2	7						
2		2						
6	1	5						
7	3	4						
53	**22**	**31**	**1**		**1**	**1**		**1**
9	3	6						
8	2	6						
13	5	8						
9	7	2	1		1	1		1
14	5	9						
60	**22**	**38**	**1**	**1**				
16	4	12						
8	4	4						
9	5	4						
13	4	9						
14	5	9	1	1				
117	**38**	**79**	**5**	**4**	**1**	**2**		**2**
13	5	8						
19	9	10						
29	10	19	2	2		1		1
23	4	19	1	1				
33	10	23	2	1	1	1		1
304	**104**	**200**	**6**	**4**	**2**	**6**		**6**
42	18	24	1		1	2		2
64	17	47	1		1			
57	22	35						
75	25	50	2	2		2		2
66	22	44	2	2		2		2
516	**176**	**340**	**14**	**9**	**5**	**26**	**7**	**19**
80	28	52	4	3	1	1	1	
92	31	61	2	1	1	2		2
127	50	77	3	2	1	7	2	5
99	30	69	4	3	1	6		6
118	37	81	1		1	10	4	6
547	**157**	**390**	**14**	**7**	**7**	**45**	**7**	**38**
114	41	73	1	1		3		3
104	33	71	6	4	2	9	1	8
120	33	87	2	1	1	12	2	10
127	28	99	4	1	3	12	2	10
82	22	60	1		1	9	2	7
887	**236**	**651**	**22**	**15**	**7**	**127**	**20**	**107**
133	38	95	5	5		10	2	8
111	39	72	6	3	3	19	1	18
192	43	149	2	2		25	5	20
234	57	177	6	3	3	27	5	22
217	59	158	3	2	1	46	7	39
3489	**1378**	**2111**	**42**	**27**	**15**	**2611**	**414**	**2197**

5-3 续表 3

受教育程度 年 龄	15岁及以上人口			未 婚		
	合计	男	女	小计	男	女
小 学	**1338902**	**626898**	**712004**	**42786**	**36239**	**6547**
15-19岁	**2737**	**1610**	**1127**	**2442**	**1559**	**883**
15	265	150	115	256	149	107
16	399	223	176	377	221	156
17	550	348	202	513	338	175
18	647	379	268	560	371	189
19	876	510	366	736	480	256
20-24岁	**7102**	**4148**	**2954**	**4349**	**3207**	**1142**
20	1022	599	423	792	538	254
21	1162	712	450	824	611	213
22	1531	888	643	973	698	275
23	1567	927	640	876	684	192
24	1820	1022	798	884	676	208
25-29岁	**13710**	**7381**	**6329**	**4232**	**3317**	**915**
25	2173	1225	948	949	731	218
26	2204	1204	1000	800	620	180
27	2657	1426	1231	840	662	178
28	3170	1664	1506	844	660	184
29	3506	1862	1644	799	644	155
30-34岁	**28689**	**14185**	**14504**	**4144**	**3355**	**789**
30	4741	2410	2331	901	718	183
31	5433	2806	2627	946	766	180
32	5539	2737	2802	786	648	138
33	6589	3189	3400	785	633	152
34	6387	3043	3344	726	590	136
35-39岁	**36710**	**16703**	**20007**	**3039**	**2497**	**542**
35	6129	2854	3275	614	497	117
36	6602	3004	3598	594	492	102
37	6791	3119	3672	582	480	102
38	8477	3829	4648	659	528	131
39	8711	3897	4814	590	500	90
40-44岁	**72427**	**32076**	**40351**	**3426**	**2893**	**533**
40	9497	4176	5321	546	459	87
41	12920	5849	7071	715	610	105
42	14506	6374	8132	684	566	118
43	15845	7032	8813	693	589	104
44	19659	8645	11014	788	669	119
45-49岁	**139379**	**60902**	**78477**	**4156**	**3589**	**567**
45	21767	9491	12276	794	664	130
46	24916	10757	14159	825	707	118
47	28353	12499	15854	813	705	108
48	30761	13388	17373	863	755	108
49	33582	14767	18815	861	758	103
50-54岁	**202404**	**91539**	**110865**	**4518**	**4094**	**424**
50	38487	17100	21387	899	794	105
51	41562	18984	22578	1002	906	96
52	42802	19382	23420	863	773	90
53	37220	16800	20420	859	788	71
54	42333	19273	23060	895	833	62
55-59岁	**172651**	**75804**	**96847**	**3424**	**3175**	**249**
55	40718	18358	22360	845	775	70
56	37628	16576	21052	776	711	65
57	41518	18273	23245	844	790	54
58	34134	14683	19451	629	589	40
59	18653	7914	10739	330	310	20
60-64岁	**171083**	**78995**	**92088**	**2773**	**2633**	**140**
60	27196	11941	15255	462	433	29
61	26537	12062	14475	422	401	21
62	35135	16229	18906	593	566	27
63	41834	19688	22146	676	634	42
64	40381	19075	21306	620	599	21
65岁及以上	**492010**	**243555**	**248455**	**6283**	**5920**	**363**

单位：人

有配偶			离婚			丧偶		
小计	男	女	小计	男	女	小计	男	女
1128260	**539975**	**588285**	**24284**	**14956**	**9328**	**143572**	**35728**	**107844**
295	**51**	**244**						
9	1	8						
22	2	20						
37	10	27						
87	8	79						
140	30	110						
2729	**929**	**1800**	**23**	**12**	**11**	**1**		**1**
228	60	168	2	1	1			
335	100	235	3	1	2			
555	187	368	3	3				
688	241	447	3	2	1			
923	341	582	12	5	7	1		1
9266	**3975**	**5291**	**205**	**85**	**120**	**7**	**4**	**3**
1210	487	723	14	7	7			
1377	575	802	26	8	18	1	1	
1785	754	1031	29	9	20	3	1	2
2270	978	1292	54	25	29	2	1	1
2624	1181	1443	82	36	46	1	1	
23745	**10407**	**13338**	**761**	**410**	**351**	**39**	**13**	**26**
3742	1641	2101	94	50	44	4	1	3
4339	1967	2372	140	69	71	8	4	4
4593	1997	2596	153	90	63	7	2	5
5617	2453	3164	177	101	76	10	2	8
5454	2349	3105	197	100	97	10	4	6
32407	**13552**	**18855**	**1180**	**632**	**548**	**84**	**22**	**62**
5316	2266	3050	188	88	100	11	3	8
5786	2397	3389	202	108	94	20	7	13
5967	2513	3454	234	125	109	8	1	7
7526	3145	4381	272	149	123	20	7	13
7812	3231	4581	284	162	122	25	4	21
66300	**27773**	**38527**	**2371**	**1334**	**1037**	**330**	**76**	**254**
8610	3535	5075	309	175	134	32	7	25
11726	4971	6755	444	258	186	35	10	25
13261	5524	7737	495	270	225	66	14	52
14569	6138	8431	501	283	218	82	22	60
18134	7605	10529	622	348	274	115	23	92
130134	**54841**	**75293**	**3868**	**2229**	**1639**	**1221**	**243**	**978**
20223	8442	11781	620	358	262	130	27	103
23235	9629	13606	688	384	304	168	37	131
26498	11283	15215	805	470	335	237	41	196
28754	12075	16679	847	498	349	297	60	237
31424	13412	18012	908	519	389	389	78	311
188789	**83683**	**105106**	**4960**	**2963**	**1997**	**4137**	**799**	**3338**
36066	15625	20441	1002	585	417	520	96	424
38788	17286	21502	1084	641	443	688	151	537
40075	17848	22227	1031	608	423	833	153	680
34579	15337	19242	873	511	362	909	164	745
39281	17587	21694	970	618	352	1187	235	952
158323	**68959**	**89364**	**3821**	**2392**	**1429**	**7083**	**1278**	**5805**
37609	16689	20920	982	612	370	1282	282	1000
34611	15088	19523	880	544	336	1361	233	1128
38040	16620	21420	895	566	329	1739	297	1442
31168	13386	17782	692	434	258	1645	274	1371
16895	7176	9719	372	236	136	1056	192	864
152549	**71613**	**80936**	**2965**	**1961**	**1004**	**12796**	**2788**	**10008**
24451	10781	13670	559	372	187	1724	355	1369
23835	10963	12872	527	331	196	1753	367	1386
31356	14697	16659	662	438	224	2524	528	1996
37203	17877	19326	657	450	207	3298	727	2571
35704	17295	18409	560	370	190	3497	811	2686
363723	**204192**	**159531**	**4130**	**2938**	**1192**	**117874**	**30505**	**87369**

5-3 续表 4

受教育程度 年　龄	15岁及以上人口 合计	男	女	未婚 小计	男	女
初　中	**2010388**	**1139688**	**870700**	**234550**	**173023**	**61527**
15-19岁	**61173**	**36090**	**25083**	**58760**	**35461**	**23299**
15	18906	10260	8646	18889	10253	8636
16	9925	5742	4183	9818	5731	4087
17	9140	5648	3492	8841	5575	3266
18	10437	6486	3951	9780	6327	3453
19	12765	7954	4811	11432	7575	3857
20-24岁	**91634**	**55462**	**36172**	**61326**	**44262**	**17064**
20	14076	8780	5296	11911	8144	3767
21	16006	9858	6148	12380	8697	3683
22	19081	11635	7446	13256	9656	3600
23	20147	11988	8159	12154	9018	3136
24	22324	13201	9123	11625	8747	2878
25-29岁	**148254**	**85010**	**63244**	**46263**	**36593**	**9670**
25	26018	15297	10721	11544	8969	2575
26	26218	15180	11038	9799	7657	2142
27	29516	16871	12645	9198	7317	1881
28	31409	17893	13516	8128	6593	1535
29	35093	19769	15324	7594	6057	1537
30-34岁	**233934**	**129563**	**104371**	**30624**	**25122**	**5502**
30	45503	25420	20083	8086	6584	1502
31	45907	25490	20417	6845	5624	1221
32	45043	25095	19948	5712	4653	1059
33	51430	28243	23187	5580	4607	973
34	46051	25315	20736	4401	3654	747
35--39岁	**227973**	**124778**	**103195**	**14323**	**11856**	**2467**
35	41084	22588	18496	3350	2742	608
36	43199	23744	19455	3064	2547	517
37	44898	24551	20347	2797	2322	475
38	52533	28586	23947	2944	2476	468
39	46259	25309	20950	2168	1769	399
40-44岁	**248573**	**134585**	**113988**	**8406**	**7017**	**1389**
40	42448	23252	19196	1887	1575	312
41	50323	27337	22986	1850	1521	329
42	50689	27454	23235	1697	1419	278
43	50349	27000	23349	1526	1282	244
44	54764	29542	25222	1446	1220	226
45-49岁	**298779**	**162988**	**135791**	**6449**	**5362**	**1087**
45	55246	29933	25313	1419	1179	240
46	58348	31670	26678	1320	1100	220
47	62525	33866	28659	1360	1112	248
48	60867	33417	27450	1168	959	209
49	61793	34102	27691	1182	1012	170
50-54岁	**276035**	**155143**	**120892**	**4116**	**3562**	**554**
50	62058	34322	27736	1073	926	147
51	57710	32273	25437	893	781	112
52	56027	31791	24236	799	679	120
53	47693	26976	20717	662	572	90
54	52547	29781	22766	689	604	85
55-59岁	**195864**	**111683**	**84181**	**2350**	**2070**	**280**
55	51265	28830	22435	618	536	82
56	46087	25757	20330	545	492	53
57	48527	27505	21022	585	517	68
58	33533	19776	13757	393	343	50
59	16452	9815	6637	209	182	27
60-64岁	**95434**	**59976**	**35458**	**966**	**886**	**80**
60	20071	12110	7961	235	215	20
61	16655	10486	6169	179	165	14
62	19904	12624	7280	183	174	9
63	21244	13626	7618	197	178	19
64	17560	11130	6430	172	154	18
65岁及以上	**132735**	**84410**	**48325**	**967**	**832**	**135**

单位：人

有配偶			离婚			丧偶		
小计	男	女	小计	男	女	小计	男	女
1684846	**921545**	**763301**	**58356**	**34191**	**24165**	**32636**	**10929**	**21707**
2406	**627**	**1779**	**7**	**2**	**5**			
17	7	10						
107	11	96						
299	73	226						
652	158	494	5	1	4			
1331	378	953	2	1	1			
30096	**11129**	**18967**	**210**	**71**	**139**	**2**		**2**
2159	635	1524	6	1	5			
3610	1157	2453	16	4	12			
5796	1971	3825	29	8	21			
7927	2949	4978	64	21	43	2		2
10604	4417	6187	95	37	58			
99877	**47435**	**52442**	**2072**	**972**	**1100**	**42**	**10**	**32**
14262	6234	8028	208	94	114	4		4
16143	7421	8722	269	101	168	7	1	6
19906	9354	10552	404	199	205	8	1	7
22753	11061	11692	523	238	285	5	1	4
26813	13365	13448	668	340	328	18	7	11
196550	**100639**	**95911**	**6631**	**3764**	**2867**	**129**	**38**	**91**
36434	18317	18117	963	511	452	20	8	12
37905	19227	18678	1142	634	508	15	5	10
38058	19716	18342	1244	718	526	29	8	21
44148	22672	21476	1676	952	724	26	12	14
40005	20707	19298	1606	949	657	39	5	34
204524	**107463**	**97061**	**8779**	**5367**	**3412**	**347**	**92**	**255**
36274	18989	17285	1420	843	577	40	14	26
38478	20198	18280	1603	982	621	54	17	37
40269	21127	19142	1753	1085	668	79	17	62
47391	24785	22606	2117	1307	810	81	18	63
42112	22364	19748	1886	1150	736	93	26	67
229280	**121268**	**108012**	**10081**	**6086**	**3995**	**806**	**214**	**592**
38785	20562	18223	1682	1086	596	94	29	65
46272	24546	21726	2064	1230	834	137	40	97
46641	24673	21968	2168	1310	858	183	52	131
46615	24490	22125	2030	1185	845	178	43	135
50967	26997	23970	2137	1275	862	214	50	164
279643	**150907**	**128736**	**10809**	**6229**	**4580**	**1878**	**490**	**1388**
51479	27470	24009	2115	1226	889	233	58	175
54562	29234	25328	2137	1245	892	329	91	238
58519	31345	27174	2251	1314	937	395	95	300
57191	31141	26050	2101	1196	905	407	121	286
57892	31717	26175	2205	1248	957	514	125	389
259123	**145285**	**113838**	**9140**	**5274**	**3866**	**3656**	**1022**	**2634**
58222	31978	26244	2143	1246	897	620	172	448
54223	30172	24051	1959	1139	820	635	181	454
52638	29847	22791	1837	1065	772	753	200	553
44797	25371	19426	1535	859	676	699	174	525
49243	27917	21326	1666	965	701	949	295	654
182555	**104717**	**77838**	**5917**	**3455**	**2462**	**5042**	**1441**	**3601**
48081	27108	20973	1559	900	659	1007	286	721
43013	24146	18867	1393	794	599	1136	325	811
45110	25715	19395	1485	870	615	1347	403	944
31167	18586	12581	957	574	383	1016	273	743
15184	9162	6022	523	317	206	536	154	382
87667	**55962**	**31705**	**2631**	**1658**	**973**	**4170**	**1470**	**2700**
18482	11304	7178	568	342	226	786	249	537
15376	9808	5568	488	312	176	612	201	411
18292	11751	6541	562	378	184	867	321	546
19482	12728	6754	559	356	203	1006	364	642
16035	10371	5664	454	270	184	899	335	564
113125	**76113**	**37012**	**2079**	**1313**	**766**	**16564**	**6152**	**10412**

5-3 续表 5

受教育程度 年　龄	15岁及以上人口			未　婚		
	合计	男	女	小计	男	女
高　中	**947893**	**545707**	**402186**	**307876**	**190860**	**117016**
15-19岁	**166299**	**89005**	**77294**	**165749**	**88840**	**76909**
15	32241	16619	15622	32240	16619	15621
16	54268	28475	25793	54249	28472	25777
17	47657	25057	22600	47598	25043	22555
18	20011	11484	8527	19851	11429	8422
19	12122	7370	4752	11811	7277	4534
20-24岁	**73613**	**45180**	**28433**	**60386**	**40386**	**20000**
20	12292	7590	4702	11624	7397	4227
21	12748	7900	4848	11537	7541	3996
22	14710	8995	5715	12387	8214	4173
23	16162	9873	6289	12515	8527	3988
24	17701	10822	6879	12323	8707	3616
25-29岁	**108154**	**64256**	**43898**	**46278**	**34523**	**11755**
25	20135	12208	7927	12101	8758	3343
26	20119	12106	8013	10345	7675	2670
27	21841	12950	8891	9422	7071	2351
28	22569	13304	9265	7807	5952	1855
29	23490	13688	9802	6603	5067	1536
30-34岁	**140651**	**80429**	**60222**	**22257**	**17226**	**5031**
30	29379	17022	12357	6660	5157	1503
31	28568	16373	12195	5261	4081	1180
32	27576	15713	11863	4163	3226	937
33	30587	17454	13133	3645	2819	826
34	24541	13867	10674	2528	1943	585
35-39岁	**101995**	**57601**	**44394**	**6759**	**5103**	**1656**
35	19149	10842	8307	1780	1356	424
36	19599	11081	8518	1410	1077	333
37	20095	11355	8740	1306	990	316
38	23408	13165	10243	1363	1029	334
39	19744	11158	8586	900	651	249
40-44岁	**82867**	**46875**	**35992**	**2734**	**2016**	**718**
40	16793	9514	7279	716	547	169
41	18639	10472	8167	630	466	164
42	16924	9551	7373	544	399	145
43	15361	8710	6651	450	317	133
44	15150	8628	6522	394	287	107
45-49岁	**71051**	**41618**	**29433**	**1638**	**1202**	**436**
45	14178	8283	5895	351	253	98
46	13775	8071	5704	358	273	85
47	14617	8353	6264	326	230	96
48	14022	8233	5789	289	213	76
49	14459	8678	5781	314	233	81
50-54岁	**55775**	**33274**	**22501**	**916**	**685**	**231**
50	13739	8092	5647	294	213	81
51	12135	7164	4971	196	151	45
52	11302	6650	4652	186	137	49
53	8589	5201	3388	122	91	31
54	10010	6167	3843	118	93	25
55-59岁	**70118**	**40862**	**29256**	**656**	**508**	**148**
55	11505	7026	4479	141	110	31
56	13568	8138	5430	151	118	33
57	19456	11184	8272	164	123	41
58	16269	9342	6927	126	103	23
59	9320	5172	4148	74	54	20
60-64岁	**38624**	**22364**	**16260**	**264**	**200**	**64**
60	10406	5969	4437	72	57	15
61	7902	4549	3353	63	53	10
62	7728	4425	3303	45	32	13
63	7314	4276	3038	52	37	15
64	5274	3145	2129	32	21	11
65岁及以上	**38746**	**24243**	**14503**	**239**	**171**	**68**

单位：人

有配偶			离婚			丧偶		
小计	男	女	小计	男	女	小计	男	女
605143	**339154**	**265989**	**25243**	**12619**	**12624**	**9631**	**3074**	**6557**
549	**164**	**385**	**1**	**1**				
1		1						
19	3	16						
59	14	45						
159	54	105	1	1				
311	93	218						
13119	**4764**	**8355**	**105**	**28**	**77**	**3**	**2**	**1**
665	192	473	3	1	2			
1207	358	849	4	1	3			
2301	775	1526	21	5	16	1	1	
3621	1338	2283	26	8	18			
5325	2101	3224	51	13	38	2	1	1
60502	**29163**	**31339**	**1351**	**564**	**787**	**23**	**6**	**17**
7911	3408	4503	122	42	80	1		1
9618	4380	5238	154	50	104	2	1	1
12170	5774	6396	246	103	143	3	2	1
14394	7187	7207	359	163	196	9	2	7
16409	8414	7995	470	206	264	8	1	7
113791	**60840**	**52951**	**4524**	**2342**	**2182**	**79**	**21**	**58**
22003	11518	10485	708	344	364	8	3	5
22488	11872	10616	810	420	390	9		9
22557	12048	10509	839	434	405	17	5	12
25770	14024	11746	1147	602	545	25	9	16
20973	11378	9595	1020	542	478	20	4	16
90715	**50132**	**40583**	**4390**	**2333**	**2057**	**131**	**33**	**98**
16561	9079	7482	793	402	391	15	5	10
17368	9567	7801	804	434	370	17	3	14
17862	9879	7983	902	484	418	25	2	23
20926	11544	9382	1080	580	500	39	12	27
17998	10063	7935	811	433	378	35	11	24
75886	**42755**	**33131**	**4019**	**2045**	**1974**	**228**	**59**	**169**
15280	8548	6732	774	412	362	23	7	16
17035	9509	7526	934	492	442	40	5	35
15495	8717	6778	836	419	417	49	16	33
14095	7975	6120	760	403	357	56	15	41
13981	8006	5975	715	319	396	60	16	44
65456	**38443**	**27013**	**3626**	**1885**	**1741**	**331**	**88**	**243**
13066	7641	5425	716	376	340	45	13	32
12645	7407	5238	719	380	339	53	11	42
13486	7732	5754	728	372	356	77	19	58
12913	7604	5309	745	391	354	75	25	50
13346	8059	5287	718	366	352	81	20	61
51667	**31190**	**20477**	**2654**	**1252**	**1402**	**538**	**147**	**391**
12700	7565	5135	654	295	359	91	19	72
11212	6661	4551	624	319	305	103	33	70
10441	6220	4221	554	261	293	121	32	89
8006	4922	3084	373	166	207	88	22	66
9308	5822	3486	449	211	238	135	41	94
65203	**38710**	**26493**	**2671**	**1227**	**1444**	**1588**	**417**	**1171**
10683	6616	4067	483	238	245	198	62	136
12595	7711	4884	562	247	315	260	62	198
18148	10615	7533	720	336	384	424	110	314
15160	8874	6286	558	247	311	425	118	307
8617	4894	3723	348	159	189	281	65	216
35590	**21110**	**14480**	**1299**	**619**	**680**	**1471**	**435**	**1036**
9577	5618	3959	403	196	207	354	98	256
7281	4283	2998	268	129	139	290	84	206
7091	4185	2906	268	119	149	324	89	235
6779	4047	2732	221	107	114	262	85	177
4862	2977	1885	139	68	71	241	79	162
32665	**21883**	**10782**	**603**	**323**	**280**	**5239**	**1866**	**3373**

5-3 续表 6

受教育程度 年龄	15岁及以上人口 合计	男	女	未婚 小计	男	女
大学专科	**559357**	**296237**	**263120**	**204078**	**115706**	**88372**
15-19岁	**31867**	**16359**	**15508**	**31801**	**16337**	**15464**
15	206	116	90	205	116	89
16	579	322	257	577	321	256
17	1899	1086	813	1894	1083	811
18	10023	5186	4837	10010	5182	4828
19	19160	9649	9511	19115	9635	9480
20-24岁	**99686**	**51777**	**47909**	**92315**	**49585**	**42730**
20	19661	10197	9464	19515	10164	9351
21	17622	9174	8448	17264	9090	8174
22	19486	10312	9174	18563	10088	8475
23	21136	10922	10214	19104	10335	8769
24	21781	11172	10609	17869	9908	7961
25-29岁	**107165**	**54972**	**52193**	**54544**	**33529**	**21015**
25	23021	11957	11064	16653	9742	6911
26	21159	10955	10204	12869	7818	5051
27	21631	11041	10590	10758	6766	3992
28	20679	10545	10134	8053	5137	2916
29	20675	10474	10201	6211	4066	2145
30-34岁	**115153**	**58385**	**56768**	**18374**	**12070**	**6304**
30	24455	12479	11976	5899	3898	2001
31	24186	12246	11940	4439	2935	1504
32	22127	11173	10954	3222	2104	1118
33	24840	12482	12358	2900	1864	1036
34	19545	10005	9540	1914	1269	645
35-39岁	**72459**	**37019**	**35440**	**4537**	**2779**	**1758**
35	14961	7616	7345	1281	829	452
36	14863	7653	7210	1068	669	399
37	14687	7398	7289	874	527	347
38	16005	8160	7845	805	456	349
39	11943	6192	5751	509	298	211
40-44岁	**42392**	**22325**	**20067**	**1340**	**748**	**592**
40	9221	4795	4426	379	217	162
41	9795	5100	4695	298	161	137
42	8660	4558	4102	246	140	106
43	7464	3883	3581	210	111	99
44	7252	3989	3263	207	119	88
45-49岁	**29190**	**16488**	**12702**	**635**	**357**	**278**
45	6248	3475	2773	165	97	68
46	5767	3208	2559	123	68	55
47	6110	3461	2649	144	79	65
48	5495	3178	2317	102	62	40
49	5570	3166	2404	101	51	50
50-54岁	**19975**	**11580**	**8395**	**284**	**163**	**121**
50	5157	2917	2240	89	49	40
51	4461	2560	1901	74	46	28
52	4133	2362	1771	54	27	27
53	2999	1794	1205	36	23	13
54	3225	1947	1278	31	18	13
55-59岁	**16215**	**10022**	**6193**	**134**	**73**	**61**
55	3361	2042	1319	37	20	17
56	3549	2204	1345	31	17	14
57	4287	2642	1645	34	17	17
58	3143	1985	1158	18	11	7
59	1875	1149	726	14	8	6
60-64岁	**9837**	**6533**	**3304**	**43**	**27**	**16**
60	2060	1315	745	8	2	6
61	1763	1191	572	9	7	2
62	1980	1330	650	6	4	2
63	2234	1480	754	13	8	5
64	1800	1217	583	7	6	1
65岁及以上	**15418**	**10777**	**4641**	**71**	**38**	**33**

单位：人

有配偶			离婚			丧偶		
小计	男	女	小计	男	女	小计	男	女
341057	**174823**	**166234**	**11710**	**4789**	**6921**	**2512**	**919**	**1593**
66	**22**	**44**						
1		1						
2	1	1						
5	3	2						
13	4	9						
45	14	31						
7329	**2178**	**5151**	**41**	**14**	**27**	**1**		**1**
146	33	113						
356	83	273	2	1	1			
922	224	698	1		1			
2023	584	1439	9	3	6			
3882	1254	2628	29	10	19	1		1
51863	**21174**	**30689**	**741**	**265**	**476**	**17**	**4**	**13**
6304	2194	4110	63	21	42	1		1
8209	3111	5098	80	26	54	1		1
10735	4234	6501	134	40	94	4	1	3
12434	5331	7103	186	76	110	6	1	5
14181	6304	7877	278	102	176	5	2	3
94024	**45198**	**48826**	**2705**	**1106**	**1599**	**50**	**11**	**39**
18149	8402	9747	399	177	222	8	2	6
19245	9114	10131	491	194	297	11	3	8
18314	8829	9485	585	239	346	6	1	5
21246	10356	10890	679	259	420	15	3	12
17070	8497	8573	551	237	314	10	2	8
65202	**33069**	**32133**	**2652**	**1152**	**1500**	**68**	**19**	**49**
13173	6562	6611	495	222	273	12	3	9
13251	6738	6513	531	243	288	13	3	10
13268	6646	6622	533	220	313	12	5	7
14558	7431	7127	627	267	360	15	6	9
10952	5692	5260	466	200	266	16	2	14
38974	**20793**	**18181**	**1973**	**766**	**1207**	**105**	**18**	**87**
8407	4408	3999	411	165	246	24	5	19
9018	4753	4265	464	185	279	15	1	14
8000	4273	3727	387	141	246	27	4	23
6872	3636	3236	359	135	224	23	1	22
6677	3723	2954	352	140	212	16	7	9
27055	**15557**	**11498**	**1397**	**550**	**847**	**103**	**24**	**79**
5765	3260	2505	301	118	183	17		17
5378	3037	2341	244	95	149	22	8	14
5672	3267	2405	280	114	166	14	1	13
5102	3003	2099	266	107	159	25	6	19
5138	2990	2148	306	116	190	25	9	16
18576	**11017**	**7559**	**964**	**365**	**599**	**151**	**35**	**116**
4761	2748	2013	274	110	164	33	10	23
4155	2439	1716	206	66	140	26	9	17
3839	2256	1583	199	71	128	41	8	33
2800	1709	1091	138	58	80	25	4	21
3021	1865	1156	147	60	87	26	4	22
15180	**9604**	**5576**	**647**	**268**	**379**	**254**	**77**	**177**
3140	1946	1194	140	63	77	44	13	31
3328	2109	1219	132	61	71	58	17	41
4007	2546	1461	176	59	117	70	20	50
2957	1902	1055	121	54	67	47	18	29
1748	1101	647	78	31	47	35	9	26
9241	**6271**	**2970**	**336**	**155**	**181**	**217**	**80**	**137**
1947	1271	676	63	29	34	42	13	29
1659	1141	518	55	29	26	40	14	26
1850	1274	576	83	35	48	41	17	24
2102	1428	674	72	30	42	47	14	33
1683	1157	526	63	32	31	47	22	25
13547	**9940**	**3607**	**254**	**148**	**106**	**1546**	**651**	**895**

5-3 续表 7

受教育程度 年　龄	15岁及以上人口 合计	男	女	未婚 小计	男	女
大学本科	**507237**	**254595**	**252642**	**193988**	**94870**	**99118**
15-19岁	**23740**	**10402**	**13338**	**23731**	**10401**	**13330**
15	57	34	23	57	34	23
16	103	51	52	102	51	51
17	621	263	358	619	262	357
18	7626	3370	4256	7624	3370	4254
19	15333	6684	8649	15329	6684	8645
20-24岁	**90305**	**40803**	**49502**	**87569**	**40052**	**47517**
20	18298	8117	10181	18280	8111	10169
21	18360	8197	10163	18298	8182	10116
22	17014	7684	9330	16824	7646	9178
23	17846	8252	9594	17212	8077	9135
24	18787	8553	10234	16955	8036	8919
25-29岁	**101423**	**47909**	**53514**	**58305**	**30953**	**27352**
25	20379	9434	10945	16644	8261	8383
26	19630	9215	10415	13797	7220	6577
27	21013	9841	11172	11880	6380	5500
28	20513	9819	10694	9130	5181	3949
29	19888	9600	10288	6854	3911	2943
30-34岁	**106870**	**52027**	**54843**	**17800**	**10053**	**7747**
30	22844	11025	11819	5932	3469	2463
31	21970	10569	11401	4277	2396	1881
32	20581	10049	10532	3163	1786	1377
33	22970	11183	11787	2679	1440	1239
34	18505	9201	9304	1749	962	787
35-39岁	**73920**	**37163**	**36757**	**4571**	**2374**	**2197**
35	15217	7603	7614	1307	701	606
36	15616	7892	7724	1046	536	510
37	15144	7507	7637	914	486	428
38	16186	8206	7980	802	401	401
39	11757	5955	5802	502	250	252
40-44岁	**41700**	**22057**	**19643**	**1168**	**569**	**599**
40	9146	4758	4388	328	172	156
41	9494	4852	4642	304	140	164
42	8573	4574	3999	205	97	108
43	7417	3953	3464	181	82	99
44	7070	3920	3150	150	78	72
45-49岁	**27371**	**15859**	**11512**	**453**	**235**	**218**
45	6015	3345	2670	119	60	59
46	5587	3201	2386	93	48	45
47	5748	3393	2355	112	58	54
48	5134	3001	2133	69	39	30
49	4887	2919	1968	60	30	30
50-54岁	**17739**	**11102**	**6637**	**228**	**133**	**95**
50	4492	2647	1845	70	36	34
51	3892	2389	1503	62	37	25
52	3708	2339	1369	37	24	13
53	2768	1818	950	32	19	13
54	2879	1909	970	27	17	10
55-59岁	**11443**	**8047**	**3396**	**98**	**63**	**35**
55	2961	2004	957	24	18	6
56	2658	1874	784	20	12	8
57	2900	2043	857	24	16	8
58	1918	1377	541	23	13	10
59	1006	749	257	7	4	3
60-64岁	**4399**	**3224**	**1175**	**27**	**14**	**13**
60	1058	789	269	7	5	2
61	783	603	180	6	3	3
62	886	629	257	3	1	2
63	920	656	264	7	3	4
64	752	547	205	4	2	2
65岁及以上	**8327**	**6002**	**2325**	**38**	**23**	**15**

单位：人

有配偶			离婚			丧偶		
小计	男	女	小计	男	女	小计	男	女
304115	**156247**	**147868**	**7644**	**2865**	**4779**	**1490**	**613**	**877**
9	**1**	**8**						
1		1						
2	1	1						
2		2						
4		4						
2725	**749**	**1976**	**11**	**2**	**9**			
18	6	12						
61	15	46	1		1			
189	38	151	1		1			
632	175	457	2		2			
1825	515	1310	7	2	5			
42771	**16845**	**25926**	**341**	**110**	**231**	**6**	**1**	**5**
3720	1172	2548	15	1	14			
5800	1987	3813	33	8	25			
9081	3445	5636	52	16	36			
11288	4610	6678	93	28	65	2		2
12882	5631	7251	148	57	91	4	1	3
87349	**41347**	**46002**	**1691**	**619**	**1072**	**30**	**8**	**22**
16703	7479	9224	207	77	130	2		2
17432	8073	9359	259	100	159	2		2
17059	8140	8919	351	120	231	8	3	5
19837	9581	10256	445	160	285	9	2	7
16318	8074	8244	429	162	267	9	3	6
67252	**34043**	**33209**	**2033**	**734**	**1299**	**64**	**12**	**52**
13548	6772	6776	357	129	228	5	1	4
14144	7190	6954	419	166	253	7		7
13815	6885	6930	402	134	268	13	2	11
14875	7632	7243	487	169	318	22	4	18
10870	5564	5306	368	136	232	17	5	12
39154	**21027**	**18127**	**1316**	**446**	**870**	**62**	**15**	**47**
8514	4486	4028	298	98	200	6	2	4
8879	4616	4263	301	93	208	10	3	7
8081	4377	3704	270	94	176	17	6	11
7009	3787	3222	212	81	131	15	3	12
6671	3761	2910	235	80	155	14	1	13
25878	**15239**	**10639**	**976**	**368**	**608**	**64**	**17**	**47**
5657	3208	2449	228	74	154	11	3	8
5287	3065	2222	198	86	112	9	2	7
5431	3257	2174	189	74	115	16	4	12
4852	2890	1962	197	67	130	16	5	11
4651	2819	1832	164	67	97	12	3	9
16762	**10668**	**6094**	**642**	**272**	**370**	**107**	**29**	**78**
4230	2537	1693	175	68	107	17	6	11
3672	2281	1391	139	65	74	19	6	13
3510	2248	1262	133	57	76	28	10	18
2614	1754	860	105	43	62	17	2	15
2736	1848	888	90	39	51	26	5	21
10846	**7751**	**3095**	**390**	**187**	**203**	**109**	**46**	**63**
2810	1929	881	101	48	53	26	9	17
2511	1799	712	97	50	47	30	13	17
2747	1970	777	101	41	60	28	16	12
1821	1329	492	59	33	26	15	2	13
957	724	233	32	15	17	10	6	4
4179	**3124**	**1055**	**118**	**58**	**60**	**75**	**28**	**47**
1005	762	243	29	15	14	17	7	10
749	588	161	21	10	11	7	2	5
836	609	227	32	14	18	15	5	10
874	635	239	23	13	10	16	5	11
715	530	185	13	6	7	20	9	11
7190	**5453**	**1737**	**126**	**69**	**57**	**973**	**457**	**516**

5-3 续表 8

受教育程度 年龄	15岁及以上人口			未婚		
	合计	男	女	小计	男	女
硕士研究生	**50203**	**26350**	**23853**	**20163**	**9777**	**10386**
15-19岁	**30**	**12**	**18**	**30**	**12**	**18**
15						
16						
17	3	3		3	3	
18	11	3	8	11	3	8
19	16	6	10	16	6	10
20-24岁	**6820**	**3166**	**3654**	**6748**	**3140**	**3608**
20	43	21	22	43	21	22
21	190	73	117	189	73	116
22	1365	658	707	1361	657	704
23	2394	1118	1276	2379	1114	1265
24	2828	1296	1532	2776	1275	1501
25-29岁	**12840**	**6100**	**6740**	**9543**	**4692**	**4851**
25	2929	1367	1562	2778	1309	1469
26	2481	1176	1305	2188	1079	1109
27	2563	1205	1358	1926	957	969
28	2479	1169	1310	1508	750	758
29	2388	1183	1205	1143	597	546
30-34岁	**12580**	**6185**	**6395**	**2951**	**1504**	**1447**
30	2840	1382	1458	999	528	471
31	2722	1310	1412	764	397	367
32	2451	1176	1275	532	269	263
33	2489	1267	1222	397	201	196
34	2078	1050	1028	259	109	150
35-39岁	**8407**	**4561**	**3846**	**614**	**299**	**315**
35	1756	934	822	175	83	92
36	1786	952	834	155	79	76
37	1676	905	771	121	58	63
38	1844	1006	838	109	49	60
39	1345	764	581	54	30	24
40-44岁	**4214**	**2530**	**1684**	**181**	**80**	**101**
40	1059	621	438	52	24	28
41	1025	599	426	40	20	20
42	784	474	310	40	16	24
43	685	418	267	30	14	16
44	661	418	243	19	6	13
45-49岁	**2300**	**1559**	**741**	**62**	**29**	**33**
45	539	375	164	16	10	6
46	466	319	147	18	5	13
47	491	326	165	10	6	4
48	398	266	132	6	3	3
49	406	273	133	12	5	7
50-54岁	**1475**	**1027**	**448**	**27**	**16**	**11**
50	375	241	134	9	4	5
51	322	209	113	3	1	2
52	307	229	78	5	3	2
53	230	164	66	4	2	2
54	241	184	57	6	6	
55-59岁	**998**	**767**	**231**	**5**	**3**	**2**
55	275	207	68	2	1	1
56	238	181	57	1	1	
57	266	219	47	1	1	
58	141	102	39			
59	78	58	20	1		1
60-64岁	**311**	**256**	**55**	**2**	**2**	
60	77	63	14			
61	45	38	7			
62	65	58	7	1	1	
63	71	59	12	1	1	
64	53	38	15			
65岁及以上	**228**	**187**	**41**			

单位：人

有配偶			离婚			丧偶		
小计	男	女	小计	男	女	小计	男	女
29371	**16324**	**13047**	**634**	**232**	**402**	**35**	**17**	**18**
72	**26**	**46**						
1		1						
4	1	3						
15	4	11						
52	21	31						
3284	**1405**	**1879**	**13**	**3**	**10**			
150	58	92	1		1			
292	97	195	1		1			
635	247	388	2	1	1			
969	418	551	2	1	1			
1238	585	653	7	1	6			
9511	**4642**	**4869**	**118**	**39**	**79**			
1829	850	979	12	4	8			
1941	909	1032	17	4	13			
1901	901	1000	18	6	12			
2058	1053	1005	34	13	21			
1782	929	853	37	12	25			
7588	**4190**	**3398**	**204**	**72**	**132**	**1**		**1**
1551	841	710	30	10	20			
1600	859	741	31	14	17			
1500	830	670	54	17	37	1		1
1689	940	749	46	17	29			
1248	720	528	43	14	29			
3920	**2406**	**1514**	**111**	**43**	**68**	**2**	**1**	**1**
990	589	401	17	8	9			
961	569	392	24	10	14			
712	442	270	30	15	15	2	1	1
636	398	238	19	6	13			
621	408	213	21	4	17			
2161	**1509**	**652**	**73**	**21**	**52**	**4**		**4**
506	363	143	17	2	15			
434	307	127	12	7	5	2		2
470	317	153	11	3	8			
373	260	113	18	3	15	1		1
378	262	116	15	6	9	1		1
1390	**988**	**402**	**55**	**23**	**32**	**3**		**3**
350	230	120	16	7	9			
304	203	101	13	5	8	2		2
295	223	72	7	3	4			
214	158	56	12	4	8			
227	174	53	7	4	3	1		1
946	**741**	**205**	**43**	**21**	**22**	**4**	**2**	**2**
264	202	62	9	4	5			
225	174	51	11	6	5	1		1
248	209	39	15	7	8	2	2	
135	98	37	6	4	2			
74	58	16	2		2	1		1
295	**248**	**47**	**11**	**5**	**6**	**3**	**1**	**2**
73	62	11	4	1	3			
45	38	7						
62	55	7	2	2				
65	55	10	4	2	2	1	1	
50	38	12	1		1	2		2
204	**169**	**35**	**6**	**5**	**1**	**18**	**13**	**5**

5-3 续表 9

受教育程度 年龄	15岁及以上人口 合计	男	女	未婚 小计	男	女
博士研究生	**6268**	**3986**	**2282**	**2277**	**1318**	**959**
15-19岁	**3**	**2**	**1**	**3**	**2**	**1**
15						
16						
17						
18						
19	3	2	1	3	2	1
20-24岁	**472**	**261**	**211**	**467**	**260**	**207**
20	5	4	1	5	4	1
21	28	17	11	28	17	11
22	95	50	45	95	50	45
23	146	79	67	145	79	66
24	198	111	87	194	110	84
25-29岁	**1350**	**768**	**582**	**1107**	**637**	**470**
25	266	143	123	258	142	116
26	269	148	121	256	141	115
27	279	165	114	234	141	93
28	248	144	104	184	109	75
29	288	168	120	175	104	71
30-34岁	**1444**	**895**	**549**	**514**	**320**	**194**
30	303	186	117	156	102	54
31	308	157	151	136	71	65
32	270	159	111	89	54	35
33	305	206	99	75	51	24
34	258	187	71	58	42	16
35-39岁	**1086**	**695**	**391**	**119**	**66**	**53**
35	192	124	68	35	23	12
36	214	136	78	32	19	13
37	210	135	75	18	9	9
38	263	164	99	19	7	12
39	207	136	71	15	8	7
40-44岁	**763**	**506**	**257**	**38**	**18**	**20**
40	170	115	55	6	2	4
41	177	116	61	12	6	6
42	162	106	56	8	4	4
43	123	80	43	4	3	1
44	131	89	42	8	3	5
45-49岁	**531**	**362**	**169**	**17**	**9**	**8**
45	116	83	33	4	3	1
46	110	74	36	6	4	2
47	109	74	35	4	1	3
48	98	68	30	2	1	1
49	98	63	35	1		1
50-54岁	**272**	**208**	**64**	**8**	**5**	**3**
50	67	48	19	2	1	1
51	57	46	11	2	1	1
52	59	42	17	3	2	1
53	36	31	5			
54	53	41	12	1	1	
55-59岁	**235**	**195**	**40**	**2**	**1**	**1**
55	62	47	15	2	1	1
56	56	45	11			
57	58	54	4			
58	34	28	6			
59	25	21	4			
60-64岁	**59**	**51**	**8**	**1**		**1**
60	14	12	2			
61	13	11	2			
62	9	7	2	1		1
63	15	14	1			
64	8	7	1			
65岁及以上	**53**	**43**	**10**	**1**		**1**

单位：人

有配偶			离婚			丧偶		
小计	男	女	小计	男	女	小计	男	女
3894	**2620**	**1274**	**93**	**44**	**49**	**4**	**4**	
5	**1**	**4**						
1		1						
4	1	3						
240	**131**	**109**	**3**		**3**			
7	1	6	1		1			
13	7	6						
45	24	21						
63	35	28	1		1			
112	64	48	1		1			
920	**570**	**350**	**10**	**5**	**5**			
146	83	63	1	1				
168	85	83	4	1	3			
180	104	76	1	1				
227	154	73	3	1	2			
199	144	55	1	1				
941	**617**	**324**	**26**	**12**	**14**			
151	97	54	6	4	2			
180	116	64	2	1	1			
187	124	63	5	2	3			
236	154	82	8	3	5			
187	126	61	5	2	3			
705	**479**	**226**	**20**	**9**	**11**			
161	111	50	3	2	1			
159	106	53	6	4	2			
151	102	49	3		3			
116	75	41	3	2	1			
118	85	33	5	1	4			
493	**343**	**150**	**21**	**10**	**11**			
109	78	31	3	2	1			
100	68	32	4	2	2			
100	70	30	5	3	2			
95	67	28	1		1			
89	60	29	8	3	5			
258	**201**	**57**	**6**	**2**	**4**			
62	46	16	3	1	2			
55	45	10						
56	40	16						
35	30	5	1	1				
50	40	10	2		2			
226	**188**	**38**	**5**	**4**	**1**	**2**	**2**	
59	45	14	1	1				
55	44	11				1	1	
56	52	4	2	2				
32	27	5	1		1	1	1	
24	20	4	1	1				
55	**48**	**7**	**2**	**2**		**1**	**1**	
13	11	2				1	1	
13	11	2						
8	7	1						
14	13	1	1	1				
7	6	1	1	1				
51	**42**	**9**				**1**	**1**	

5－3a 全省分年龄、性别、受教育

受教育程度 / 年龄	15岁及以上人口			未婚		
	合计	男	女	小计	男	女
总计	**2910746**	**1512519**	**1398227**	**614805**	**362685**	**252120**
15－19岁	**164763**	**87681**	**77082**	**162959**	**87227**	**75732**
15	26006	13732	12274	25990	13727	12263
16	35827	19162	16665	35751	19152	16599
17	33715	18232	15483	33474	18177	15297
18	28275	15458	12817	27774	15334	12440
19	40940	21097	19843	39970	20837	19133
20－24岁	**237531**	**125672**	**111859**	**206508**	**114578**	**91930**
20	45235	23547	21688	43553	23036	20517
21	43828	23083	20745	40768	22134	18634
22	46413	24852	21561	41108	23085	18023
23	49552	26371	23181	41160	23331	17829
24	52503	27819	24684	39919	22992	16927
25－29岁	**296315**	**157749**	**138566**	**139148**	**87063**	**52085**
25	57668	30758	26910	38548	22942	15606
26	55421	29589	25832	31647	19489	12158
27	59557	31553	28004	27799	17595	10204
28	60504	32212	28292	22540	14730	7810
29	63165	33637	29528	18614	12307	6307
30－34岁	**380233**	**200142**	**180091**	**60006**	**40681**	**19325**
30	77861	41345	36516	18073	12259	5814
31	77089	40456	36633	14144	9566	4578
32	73656	38751	34905	10919	7378	3541
33	82388	43196	39192	9886	6690	3196
34	69239	36394	32845	6984	4788	2196
35－39岁	**305494**	**160358**	**145136**	**20071**	**13564**	**6507**
35	58260	30551	27709	5199	3486	1713
36	60372	31795	28577	4447	3058	1389
37	60928	31964	28964	3855	2605	1250
38	68924	36027	32897	3898	2610	1288
39	57010	30021	26989	2672	1805	867
40－44岁	**271452**	**142837**	**128615**	**9125**	**6473**	**2652**
40	49687	26330	23357	2126	1499	627
41	57344	29968	27376	2085	1437	648
42	55325	29192	26133	1769	1259	510
43	53009	27705	25304	1600	1142	458
44	56087	29642	26445	1545	1136	409
45－49岁	**293835**	**154235**	**139600**	**6530**	**4793**	**1737**
45	55064	28977	26087	1459	1072	387
46	56974	29913	27061	1373	1017	356
47	61055	32010	29045	1383	996	387
48	59569	31151	28418	1160	844	316
49	61173	32184	28989	1155	864	291
50－54岁	**275854**	**143814**	**132040**	**4233**	**3278**	**955**
50	61821	32083	29738	1100	823	277
51	58328	30509	27819	933	725	208
52	57411	30003	27408	869	662	207
53	46500	24213	22287	670	530	140
54	51794	27006	24788	661	538	123
55－59岁	**218983**	**112076**	**106907**	**2489**	**1974**	**515**
55	50731	26311	24420	633	504	129
56	48371	24811	23560	565	448	117
57	55411	28363	27048	651	513	138
58	41790	21339	20451	412	329	83
59	22680	11252	11428	228	180	48
60－64岁	**149613**	**75348**	**74265**	**1345**	**1116**	**229**
60	28861	14474	14387	278	231	47
61	25623	13027	12596	237	201	36
62	31039	15725	15314	247	206	41
63	34051	17159	16892	315	254	61
64	30039	14963	15076	268	224	44
65岁及以上	**316673**	**152607**	**164066**	**2391**	**1938**	**453**

程度、婚姻状况的人口(城市)

单位：人

有配偶			离婚			丧偶		
小计	男	女	小计	男	女	小计	男	女
2137105	**1099335**	**1037770**	**68161**	**31674**	**36487**	**90675**	**18825**	**71850**
1800	**452**	**1348**	**4**	**2**	**2**			
16	5	11						
76	10	66						
241	55	186						
498	122	376	3	2	1			
969	260	709	1		1			
30827	**11036**	**19791**	**192**	**57**	**135**	**4**	**1**	**3**
1679	510	1169	3	1	2			
3043	945	2098	17	4	13			
5281	1762	3519	23	4	19	1	1	
8345	3028	5317	47	12	35			
12479	4791	7688	102	36	66	3		3
154527	**69624**	**84903**	**2603**	**1055**	**1548**	**37**	**7**	**30**
18897	7728	11169	220	88	132	3		3
23467	9999	13468	305	101	204	2		2
31275	13758	17517	475	199	276	8	1	7
37281	17213	20068	672	266	406	11	3	8
43607	20926	22681	931	401	530	13	3	10
310773	**155152**	**155621**	**9311**	**4272**	**5039**	**143**	**37**	**106**
58433	28465	29968	1338	614	724	17	7	10
61264	30124	31140	1663	761	902	18	5	13
60888	30514	30374	1823	852	971	26	7	19
70104	35449	34655	2365	1049	1316	33	8	25
60084	30600	29484	2122	996	1126	49	10	39
274445	**141691**	**132754**	**10664**	**5025**	**5639**	**314**	**78**	**236**
51173	26217	24956	1850	838	1012	38	10	28
53829	27722	26107	2054	1004	1050	42	11	31
54862	28339	26523	2153	1008	1145	58	12	46
62425	32230	30195	2509	1163	1346	92	24	68
52156	27183	24973	2098	1012	1086	84	21	63
251047	**131209**	**119838**	**10630**	**4994**	**5636**	**650**	**161**	**489**
45639	23911	21728	1845	899	946	77	21	56
52836	27416	25420	2328	1093	1235	95	22	73
51145	26834	24311	2249	1052	1197	162	47	115
49193	25553	23640	2066	974	1092	150	36	114
52234	27495	24739	2142	976	1166	166	35	131
275176	**144237**	**130939**	**10642**	**4887**	**5755**	**1487**	**318**	**1169**
51366	26952	24414	2056	918	1138	183	35	148
53259	27861	25398	2094	976	1118	248	59	189
57201	29931	27270	2169	1021	1148	302	62	240
55954	29250	26704	2126	982	1144	329	75	254
57396	30243	27153	2197	990	1207	425	87	338
258856	**135578**	**123278**	**9227**	**4210**	**5017**	**3538**	**748**	**2790**
58018	30163	27855	2173	979	1194	530	118	412
54764	28708	26056	2032	933	1099	599	143	456
53896	28308	25588	1923	880	1043	723	153	570
43621	22894	20727	1480	655	825	729	134	595
48557	25505	23052	1619	763	856	957	200	757
203468	**105875**	**97593**	**6988**	**3095**	**3893**	**6038**	**1132**	**4906**
47431	24863	22568	1581	720	861	1086	224	862
45062	23463	21599	1535	662	873	1209	238	971
51462	26777	24685	1788	779	1009	1510	294	1216
38725	20192	18533	1293	576	717	1360	242	1118
20788	10580	10208	791	358	433	873	134	739
135966	**70600**	**65366**	**4147**	**2047**	**2100**	**8155**	**1585**	**6570**
26359	13571	12788	916	432	484	1308	240	1068
23439	12222	11217	754	373	381	1193	231	962
28219	14716	13503	891	443	448	1682	360	1322
30902	16112	14790	870	432	438	1964	361	1603
27047	13979	13068	716	367	349	2008	393	1615
240220	**133881**	**106339**	**3753**	**2030**	**1723**	**70309**	**14758**	**55551**

5-3a 续表 1

受教育程度 年龄	15岁及以上人口 合计	男	女	未婚 小计	男	女
未上过学	**65531**	**15134**	**50397**	**1899**	**1404**	**495**
15-19岁	**118**	**58**	**60**	**112**	**58**	**54**
15	22	9	13	21	9	12
16	25	16	9	25	16	9
17	15	7	8	15	7	8
18	26	12	14	24	12	12
19	30	14	16	27	14	13
20-24岁	**151**	**86**	**65**	**132**	**84**	**48**
20	26	13	13	21	13	8
21	24	11	13	21	10	11
22	36	22	14	34	22	12
23	34	20	14	31	20	11
24	31	20	11	25	19	6
25-29岁	**216**	**105**	**111**	**126**	**78**	**48**
25	35	23	12	29	20	9
26	43	17	26	27	16	11
27	37	18	19	26	14	12
28	48	22	26	25	16	9
29	53	25	28	19	12	7
30-34岁	**397**	**187**	**210**	**137**	**95**	**42**
30	47	26	21	18	10	8
31	74	36	38	23	18	5
32	89	37	52	30	21	9
33	101	45	56	35	22	13
34	86	43	43	31	24	7
35-39岁	**596**	**206**	**390**	**116**	**79**	**37**
35	85	34	51	16	12	4
36	100	38	62	21	15	6
37	110	38	72	22	15	7
38	149	48	101	23	12	11
39	152	48	104	34	25	9
40-44岁	**1221**	**299**	**922**	**143**	**96**	**47**
40	160	44	116	23	15	8
41	198	56	142	28	18	10
42	258	67	191	32	23	9
43	247	60	187	27	18	9
44	358	72	286	33	22	11
45-49岁	**2962**	**668**	**2294**	**180**	**118**	**62**
45	422	91	331	26	19	7
46	508	119	389	30	20	10
47	617	147	470	43	28	15
48	657	138	519	37	24	13
49	758	173	585	44	27	17
50-54岁	**5359**	**1277**	**4082**	**195**	**148**	**47**
50	955	226	729	40	31	9
51	1049	262	787	37	28	9
52	1168	283	885	46	34	12
53	997	224	773	39	30	9
54	1190	282	908	33	25	8
55-59岁	**5743**	**1163**	**4580**	**130**	**106**	**24**
55	1207	284	923	28	23	5
56	1153	251	902	33	23	10
57	1312	276	1036	31	26	5
58	1265	228	1037	22	19	3
59	806	124	682	16	15	1
60-64岁	**8476**	**1807**	**6669**	**148**	**127**	**21**
60	1187	265	922	25	24	1
61	1296	263	1033	17	15	2
62	1835	399	1436	25	23	2
63	2158	436	1722	39	32	7
64	2000	444	1556	42	33	9
65岁及以上	**40292**	**9278**	**31014**	**480**	**415**	**65**

单位：人

有配偶			离　婚			丧　偶		
小计	男	女	小计	男	女	小计	男	女
43147	**11543**	**31604**	**647**	**226**	**421**	**19838**	**1961**	**17877**
6		**6**						
1		1						
2		2						
3		3						
19	**2**	**17**						
5		5						
3	1	2						
2		2						
3		3						
6	1	5						
88	**26**	**62**	**2**	**1**	**1**			
6	3	3						
15	1	14	1		1			
11	4	7						
23	6	17						
33	12	21	1	1				
251	**87**	**164**	**8**	**5**	**3**	**1**		**1**
29	16	13						
50	18	32	1		1			
58	15	43	1	1				
60	19	41	5	4	1	1		1
54	19	35	1		1			
461	**122**	**339**	**16**	**5**	**11**	**3**		**3**
67	22	45				2		2
77	23	54	2		2			
85	21	64	3	2	1			
116	33	83	9	3	6	1		1
116	23	93	2		2			
1039	**190**	**849**	**30**	**13**	**17**	**9**		**9**
132	25	107	5	4	1			
165	36	129	4	2	2	1		1
219	41	178	6	3	3	1		1
209	42	167	9		9	2		2
314	46	268	6	4	2	5		5
2663	**525**	**2138**	**68**	**21**	**47**	**51**	**4**	**47**
378	71	307	9	1	8	9		9
459	97	362	13	2	11	6		6
549	111	438	17	7	10	8	1	7
603	111	492	8	3	5	9		9
674	135	539	21	8	13	19	3	16
4885	**1079**	**3806**	**100**	**31**	**69**	**179**	**19**	**160**
878	182	696	19	11	8	18	2	16
972	230	742	17	1	16	23	3	20
1061	239	822	25	4	21	36	6	30
896	183	713	24	7	17	38	4	34
1078	245	833	15	8	7	64	4	60
5120	**1003**	**4117**	**91**	**29**	**62**	**402**	**25**	**377**
1092	246	846	18	8	10	69	7	62
1030	226	804	17	2	15	73		73
1164	237	927	29	8	21	88	5	83
1131	197	934	17	7	10	95	5	90
703	97	606	10	4	6	77	8	69
7241	**1576**	**5665**	**129**	**42**	**87**	**958**	**62**	**896**
1017	222	795	30	13	17	115	6	109
1135	232	903	22	9	13	122	7	115
1566	355	1211	26	7	19	218	14	204
1851	387	1464	30	7	23	238	10	228
1672	380	1292	21	6	15	265	25	240
21374	**6933**	**14441**	**203**	**79**	**124**	**18235**	**1851**	**16384**

5-3a 续表 2

受教育程度 年龄	15岁及以上人口			未婚		
	合计	男	女	小计	男	女
学前教育	**2563**	**819**	**1744**	**153**	**94**	**59**
15-19岁	**51**	**23**	**28**	**51**	**23**	**28**
15	28	12	16	28	12	16
16	13	7	6	13	7	6
17	1	1		1	1	
18	7	3	4	7	3	4
19	2		2	2		2
20-24岁	**25**	**12**	**13**	**24**	**12**	**12**
20	4	3	1	4	3	1
21	6	4	2	6	4	2
22	4	2	2	4	2	2
23	7	2	5	6	2	4
24	4	1	3	4	1	3
25-29岁	**26**	**10**	**16**	**10**	**5**	**5**
25	2	1	1	2	1	1
26	9	2	7	2	1	1
27	5	1	4	4	1	3
28	6	3	3	2	2	
29	4	3	1			
30-34岁	**42**	**22**	**20**	**11**	**7**	**4**
30	10	4	6	3	1	2
31	8	4	4	2	2	
32	11	6	5	2	2	
33	5	4	1	1		1
34	8	4	4	3	2	1
35-39岁	**35**	**19**	**16**	**9**	**8**	**1**
35	11	6	5	2	2	
36	5	2	3	1		1
37	4	3	1	2	2	
38	9	5	4	3	3	
39	6	3	3	1	1	
40-44岁	**55**	**22**	**33**	**6**	**4**	**2**
40	7	4	3	1	1	
41	10	5	5	1	1	
42	12	6	6	1	1	
43	8	1	7	1		1
44	18	6	12	2	1	1
45-49岁	**146**	**61**	**85**	**4**	**3**	**1**
45	18	8	10			
46	26	10	16			
47	31	14	17	2	1	1
48	42	17	25			
49	29	12	17	2	2	
50-54岁	**252**	**95**	**157**	**6**	**4**	**2**
50	40	14	26	2	1	1
51	38	15	23			
52	58	25	33	2	2	
53	53	19	34	2	1	1
54	63	22	41			
55-59岁	**213**	**76**	**137**	**4**	**2**	**2**
55	42	20	22	2	1	1
56	48	19	29	1		1
57	44	14	30			
58	48	14	34	1	1	
59	31	9	22			
60-64岁	**279**	**73**	**206**	**4**	**3**	**1**
60	47	18	29			
61	36	10	26	1	1	
62	59	10	49			
63	71	21	50	3	2	1
64	66	14	52			
65岁及以上	**1439**	**406**	**1033**	**24**	**23**	**1**

单位：人

有配偶			离婚			丧偶		
小计	男	女	小计	男	女	小计	男	女
1721	**630**	**1091**	**27**	**14**	**13**	**662**	**81**	**581**
1		**1**						
1		1						
16	**5**	**11**						
7	1	6						
1		1						
4	1	3						
4	3	1						
31	**15**	**16**						
7	3	4						
6	2	4						
9	4	5						
4	4							
5	2	3						
26	**11**	**15**						
9	4	5						
4	2	2						
2	1	1						
6	2	4						
5	2	3						
47	**17**	**30**	**2**	**1**	**1**			
6	3	3						
9	4	5						
11	5	6						
7	1	6						
14	4	10	2	1	1			
137	**57**	**80**	**2**	**1**	**1**	**3**		**3**
17	8	9				1		1
25	10	15	1		1			
29	13	16						
41	17	24				1		1
25	9	16	1	1		1		1
235	**85**	**150**	**4**	**2**	**2**	**7**	**4**	**3**
37	13	24	1		1			
38	15	23						
53	21	32				3	2	1
48	16	32	2	2		1		1
59	20	39	1		1	3	2	1
189	**70**	**119**	**5**	**2**	**3**	**15**	**2**	**13**
37	18	19	1	1		2		2
41	17	24	3	1	2	3	1	2
41	13	28				3	1	2
45	13	32	1		1	1		1
25	9	16				6		6
234	**63**	**171**	**4**	**2**	**2**	**37**	**5**	**32**
45	18	27				2		2
29	8	21	3	1	2	3		3
50	8	42				9	2	7
58	17	41				10	2	8
52	12	40	1	1		13	1	12
805	**307**	**498**	**10**	**6**	**4**	**600**	**70**	**530**

5-3a 续表 3

受教育程度 年 龄	15岁及以上人口 合计	男	女	未婚 小计	男	女
小 学	**505975**	**231974**	**274001**	**15868**	**12623**	**3245**
15-19岁	**1325**	**775**	**550**	**1193**	**757**	**436**
15	124	70	54	120	69	51
16	213	113	100	202	111	91
17	260	162	98	241	159	82
18	308	178	130	269	177	92
19	420	252	168	361	241	120
20-24岁	**3478**	**2069**	**1409**	**2193**	**1623**	**570**
20	482	290	192	384	258	126
21	571	362	209	414	316	98
22	756	446	310	497	353	144
23	788	474	314	454	359	95
24	881	497	384	444	337	107
25-29岁	**6505**	**3582**	**2923**	**2082**	**1618**	**464**
25	1053	606	447	462	359	103
26	1044	570	474	390	294	96
27	1216	673	543	401	313	88
28	1518	824	694	427	333	94
29	1674	909	765	402	319	83
30-34岁	**13723**	**6939**	**6784**	**2059**	**1660**	**399**
30	2259	1216	1043	452	365	87
31	2650	1372	1278	481	381	100
32	2652	1338	1314	382	315	67
33	3103	1539	1564	404	324	80
34	3059	1474	1585	340	275	65
35-39岁	**16550**	**7699**	**8851**	**1397**	**1112**	**285**
35	2829	1314	1515	291	231	60
36	3015	1407	1608	283	223	60
37	3065	1441	1624	242	191	51
38	3824	1781	2043	317	249	68
39	3817	1756	2061	264	218	46
40-44岁	**32607**	**14696**	**17911**	**1332**	**1103**	**229**
40	4244	1885	2359	217	177	40
41	5833	2691	3142	298	254	44
42	6526	2905	3621	252	202	50
43	7113	3196	3917	253	204	49
44	8891	4019	4872	312	266	46
45-49岁	**62300**	**27552**	**34748**	**1568**	**1292**	**276**
45	9839	4390	5449	343	285	58
46	11367	4960	6407	333	272	61
47	12861	5752	7109	323	272	51
48	13593	5950	7643	299	239	60
49	14640	6500	8140	270	224	46
50-54岁	**85129**	**38662**	**46467**	**1410**	**1194**	**216**
50	16777	7497	9280	310	259	51
51	17618	8138	9480	288	240	48
52	18099	8251	9848	305	257	48
53	15424	6982	8442	258	219	39
54	17211	7794	9417	249	219	30
55-59岁	**65652**	**28861**	**36791**	**861**	**738**	**123**
55	15908	7229	8679	233	195	38
56	14575	6383	8192	191	162	29
57	15836	7007	8829	231	201	30
58	12727	5503	7224	135	118	17
59	6606	2739	3867	71	62	9
60-64岁	**59315**	**26617**	**32698**	**581**	**511**	**70**
60	9568	4026	5542	101	88	13
61	9530	4204	5326	93	81	12
62	12212	5540	6672	119	103	16
63	14310	6570	7740	143	124	19
64	13695	6277	7418	125	115	10
65岁及以上	**159391**	**74522**	**84869**	**1192**	**1015**	**177**

单位：人

有配偶			离婚			丧偶		
小计	男	女	小计	男	女	小计	男	女
435374	**204854**	**230520**	**9376**	**4757**	**4619**	**45357**	**9740**	**35617**
132	**18**	**114**						
4	1	3						
11	2	9						
19	3	16						
39	1	38						
59	11	48						
1274	**442**	**832**	**10**	**4**	**6**	**1**		**1**
98	32	66						
156	46	110	1		1			
259	93	166						
333	115	218	1		1			
428	156	272	8	4	4	1		1
4323	**1915**	**2408**	**98**	**48**	**50**	**2**	**1**	**1**
585	243	342	6	4	2			
645	270	375	9	6	3			
804	357	447	11	3	8			
1060	474	586	29	16	13	2	1	1
1229	571	658	43	19	24			
11258	**5072**	**6186**	**391**	**200**	**191**	**15**	**7**	**8**
1753	822	931	51	28	23	3	1	2
2089	955	1134	77	34	43	3	2	1
2183	976	1207	85	46	39	2	1	1
2610	1165	1445	86	49	37	3	1	2
2623	1154	1469	92	43	49	4	2	2
14599	**6318**	**8281**	**531**	**261**	**270**	**23**	**8**	**15**
2444	1045	1399	90	37	53	4	1	3
2628	1129	1499	99	53	46	5	2	3
2716	1198	1518	107	52	55			
3389	1478	1911	110	50	60	8	4	4
3422	1468	1954	125	69	56	6	1	5
30091	**13018**	**17073**	**1073**	**545**	**528**	**111**	**30**	**81**
3889	1642	2247	128	64	64	10	2	8
5306	2318	2988	216	114	102	13	5	8
6014	2580	3434	235	118	117	25	5	20
6602	2863	3739	231	120	111	27	9	18
8280	3615	4665	263	129	134	36	9	27
58843	**25465**	**33378**	**1479**	**719**	**760**	**410**	**76**	**334**
9204	3980	5224	253	120	133	39	5	34
10707	4555	6152	276	124	152	51	9	42
12175	5325	6850	279	138	141	84	17	67
12859	5518	7341	331	173	158	104	20	84
13898	6087	7811	340	164	176	132	25	107
80415	**36264**	**44151**	**1873**	**936**	**937**	**1431**	**268**	**1163**
15892	7009	8883	395	193	202	180	36	144
16663	7636	9027	420	212	208	247	50	197
17119	7749	9370	395	195	200	280	50	230
14534	6554	7980	307	150	157	325	59	266
16207	7316	8891	356	186	170	399	73	326
61078	**27113**	**33965**	**1363**	**649**	**714**	**2350**	**361**	**1989**
14876	6775	8101	350	174	176	449	85	364
13620	6009	7611	303	135	168	461	77	384
14725	6570	8155	320	154	166	560	82	478
11811	5197	6614	249	117	132	532	71	461
6046	2562	3484	141	69	72	348	46	302
53484	**24774**	**28710**	**1141**	**601**	**540**	**4109**	**731**	**3378**
8671	3737	4934	204	108	96	592	93	499
8660	3919	4741	204	102	102	573	102	471
11045	5146	5899	253	130	123	795	161	634
12869	6128	6741	258	138	120	1040	180	860
12239	5844	6395	222	123	99	1109	195	914
119877	**64455**	**55422**	**1417**	**794**	**623**	**36905**	**8258**	**28647**

5-3a 续表 4

受教育程度 年龄	15岁及以上人口			未婚		
	合计	男	女	小计	男	女
初　中	**978574**	**543930**	**434644**	**124241**	**88901**	**35340**
15-19岁	**31584**	**18618**	**12966**	**30274**	**18291**	**11983**
15	8632	4743	3889	8623	4739	3884
16	4807	2793	2014	4755	2787	1968
17	4963	3015	1948	4781	2974	1807
18	5854	3600	2254	5493	3510	1983
19	7328	4467	2861	6622	4281	2341
20-24岁	**51116**	**30580**	**20536**	**34902**	**24545**	**10357**
20	7962	4892	3070	6839	4558	2281
21	8996	5468	3528	7047	4843	2204
22	10723	6496	4227	7653	5447	2206
23	11162	6565	4597	6846	4947	1899
24	12273	7159	5114	6517	4750	1767
25-29岁	**80274**	**45739**	**34535**	**25602**	**19576**	**6026**
25	14282	8312	5970	6454	4833	1621
26	14191	8134	6057	5400	4088	1312
27	16007	9115	6892	5068	3900	1168
28	16887	9572	7315	4440	3504	936
29	18907	10606	8301	4240	3251	989
30-34岁	**122226**	**67668**	**54558**	**16437**	**12983**	**3454**
30	24494	13617	10877	4468	3517	951
31	24263	13447	10816	3689	2942	747
32	23573	13137	10436	3088	2417	671
33	26502	14551	11951	2950	2340	610
34	23394	12916	10478	2242	1767	475
35-39岁	**111147**	**60871**	**50276**	**7032**	**5552**	**1480**
35	20692	11428	9264	1716	1328	388
36	21465	11854	9611	1556	1258	298
37	21823	12002	9821	1334	1063	271
38	25084	13625	11459	1405	1114	291
39	22083	11962	10121	1021	789	232
40-44岁	**118550**	**64109**	**54441**	**3795**	**3012**	**783**
40	20282	11079	9203	855	685	170
41	23989	12857	11132	840	638	202
42	24135	13137	10998	754	602	152
43	24070	12901	11169	693	561	132
44	26074	14135	11939	653	526	127
45-49岁	**139828**	**75766**	**64062**	**2763**	**2163**	**600**
45	26254	14163	12091	599	469	130
46	27554	14903	12651	580	460	120
47	29085	15706	13379	585	453	132
48	28367	15421	12946	500	380	120
49	28568	15573	12995	499	401	98
50-54岁	**121917**	**67178**	**54739**	**1644**	**1326**	**318**
50	28141	15319	12822	444	354	90
51	25689	14179	11510	369	299	70
52	24983	13923	11060	316	249	67
53	20437	11263	9174	249	203	46
54	22667	12494	10173	266	221	45
55-59岁	**85496**	**46602**	**38894**	**937**	**768**	**169**
55	22044	11888	10156	246	204	42
56	19966	10722	9244	212	181	31
57	21362	11579	9783	247	200	47
58	14713	8288	6425	153	120	33
59	7411	4125	3286	79	63	16
60-64岁	**45938**	**26494**	**19444**	**408**	**347**	**61**
60	9446	5355	4091	108	89	19
61	7950	4649	3301	83	73	10
62	9654	5630	4024	65	59	6
63	10129	5863	4266	78	65	13
64	8759	4997	3762	74	61	13
65岁及以上	**70498**	**40305**	**30193**	**447**	**338**	**109**

单位：人

有配偶			离婚			丧偶		
小计	男	女	小计	男	女	小计	男	女
810796	**436497**	**374299**	**27916**	**14265**	**13651**	**15621**	**4267**	**11354**
1307	**326**	**981**	**3**	**1**	**2**			
9	4	5						
52	6	46						
182	41	141						
359	89	270	2	1	1			
705	186	519	1		1			
16107	**6003**	**10104**	**107**	**32**	**75**			
1122	334	788	1		1			
1937	622	1315	12	3	9			
3055	1046	2009	15	3	12			
4288	1610	2678	28	8	20			
5705	2391	3314	51	18	33			
53536	**25681**	**27855**	**1117**	**481**	**636**	**19**	**1**	**18**
7714	3433	4281	111	46	65	3		3
8646	3995	4651	144	51	93	1		1
10717	5107	5610	217	108	109	5		5
12160	5958	6202	285	110	175	2		2
14299	7188	7111	360	166	194	8	1	7
102352	**52914**	**49438**	**3389**	**1760**	**1629**	**48**	**11**	**37**
19506	9843	9663	512	253	259	8	4	4
19949	10189	9760	619	314	305	6	2	4
19847	10383	9464	631	337	294	7		7
22690	11775	10915	856	433	423	6	3	3
20360	10724	9636	771	423	348	21	2	19
100068	**53100**	**46968**	**3927**	**2186**	**1741**	**120**	**33**	**87**
18282	9726	8556	681	368	313	13	6	7
19118	10149	8969	773	441	332	18	6	12
19711	10508	9203	752	426	326	26	5	21
22756	12005	10751	892	499	393	31	7	24
20201	10712	9489	829	452	377	32	9	23
109971	**58598**	**51373**	**4492**	**2417**	**2075**	**292**	**82**	**210**
18676	9967	8709	717	417	300	34	10	24
22170	11716	10454	932	488	444	47	15	32
22324	11967	10357	987	543	444	70	25	45
22423	11870	10553	886	453	433	68	17	51
24378	13078	11300	970	516	454	73	15	58
131469	**71041**	**60428**	**4881**	**2394**	**2487**	**715**	**168**	**547**
24624	13199	11425	943	471	472	88	24	64
25855	13920	11935	982	486	496	137	37	100
27322	14703	12619	1035	522	513	143	28	115
26784	14551	12233	939	452	487	144	38	106
26884	14668	12216	982	463	519	203	41	162
114719	**63528**	**51191**	**4161**	**1992**	**2169**	**1393**	**332**	**1061**
26490	14453	12037	969	456	513	238	56	182
24186	13388	10798	904	428	476	230	64	166
23537	13187	10350	850	423	427	280	64	216
19233	10693	8540	678	313	365	277	54	223
21273	11807	9466	760	372	388	368	94	274
79531	**43964**	**35567**	**2924**	**1399**	**1525**	**2104**	**471**	**1633**
20678	11254	9424	721	335	386	399	95	304
18632	10133	8499	671	306	365	451	102	349
19835	10895	8940	728	351	377	552	133	419
13611	7828	5783	501	247	254	448	93	355
6775	3854	2921	303	160	143	254	48	206
42010	**24762**	**17248**	**1570**	**849**	**721**	**1950**	**536**	**1414**
8636	5009	3627	336	166	170	366	91	275
7304	4348	2956	275	151	124	288	77	211
8858	5251	3607	320	192	128	411	128	283
9259	5498	3761	333	179	154	459	121	338
7953	4656	3297	306	161	145	426	119	307
59726	**36580**	**23146**	**1345**	**754**	**591**	**8980**	**2633**	**6347**

5-3a 续表 5

受教育程度 年龄	15岁及以上人口 合计	男	女	未婚 小计	男	女
高 中	**540114**	**301441**	**238673**	**169581**	**102942**	**66639**
15-19岁	**91255**	**48853**	**42402**	**90944**	**48759**	**42185**
15	17035	8794	8241	17034	8794	8240
16	30257	15944	14313	30246	15942	14304
17	26854	14184	12670	26820	14177	12643
18	10733	6125	4608	10641	6093	4548
19	6376	3806	2570	6203	3753	2450
20-24岁	**40315**	**24263**	**16052**	**33116**	**21555**	**11561**
20	6643	4013	2630	6280	3895	2385
21	7113	4314	2799	6432	4106	2326
22	8181	4870	3311	6912	4425	2487
23	8902	5363	3539	6851	4574	2277
24	9476	5703	3773	6641	4555	2086
25-29岁	**57860**	**33932**	**23928**	**25127**	**17989**	**7138**
25	10786	6374	4412	6528	4525	2003
26	10593	6328	4265	5555	3975	1580
27	11655	6790	4865	5086	3638	1448
28	12082	7086	4996	4302	3158	1144
29	12744	7354	5390	3656	2693	963
30-34岁	**76641**	**43087**	**33554**	**12573**	**9176**	**3397**
30	15962	9123	6839	3746	2732	1014
31	15501	8717	6784	2946	2149	797
32	15050	8408	6642	2339	1695	644
33	16553	9330	7223	2080	1533	547
34	13575	7509	6066	1462	1067	395
35-39岁	**57847**	**31776**	**26071**	**3866**	**2747**	**1119**
35	10744	5914	4830	1009	716	293
36	11052	6073	4979	812	594	218
37	11422	6349	5073	751	541	210
38	13274	7208	6066	793	563	230
39	11355	6232	5123	501	333	168
40-44岁	**49850**	**27365**	**22485**	**1695**	**1187**	**508**
40	9841	5455	4386	443	320	123
41	11359	6186	5173	386	271	115
42	10199	5601	4598	331	239	92
43	9337	5120	4217	287	190	97
44	9114	5003	4111	248	167	81
45-49岁	**43088**	**24380**	**18708**	**1071**	**732**	**339**
45	8544	4800	3744	244	167	77
46	8391	4803	3588	236	169	67
47	8901	4913	3988	210	132	78
48	8506	4799	3707	183	124	59
49	8746	5065	3681	198	140	58
50-54岁	**33390**	**18982**	**14408**	**532**	**362**	**170**
50	8242	4635	3607	160	104	56
51	7330	4122	3208	123	89	34
52	6862	3848	3014	122	83	39
53	5091	2962	2129	64	44	20
54	5865	3415	2450	63	42	21
55-59岁	**39799**	**21241**	**18558**	**360**	**245**	**115**
55	6544	3768	2776	70	48	22
56	7698	4242	3456	83	56	27
57	11037	5773	5264	92	58	34
58	9055	4739	4316	71	54	17
59	5465	2719	2746	44	29	15
60-64岁	**24236**	**12738**	**11498**	**145**	**95**	**50**
60	6106	3173	2933	32	25	7
61	4813	2529	2284	31	23	8
62	5010	2608	2402	29	17	12
63	4848	2587	2261	34	21	13
64	3459	1841	1618	19	9	10
65岁及以上	**25833**	**14824**	**11009**	**152**	**95**	**57**

单位：人

有配偶			离婚			丧偶		
小计	男	女	小计	男	女	小计	男	女
349296	**190127**	**159169**	**15199**	**6769**	**8430**	**6038**	**1603**	**4435**
310	**93**	**217**	**1**	**1**				
1		1						
11	2	9						
34	7	27						
91	31	60	1	1				
173	53	120						
7144	**2695**	**4449**	**53**	**12**	**41**	**2**	**1**	**1**
361	117	244	2	1	1			
679	208	471	2		2			
1262	443	819	6	1	5	1	1	
2038	787	1251	13	2	11			
2804	1140	1664	30	8	22	1		1
32037	**15665**	**16372**	**691**	**277**	**414**	**5**	**1**	**4**
4201	1827	2374	57	22	35			
4956	2328	2628	81	25	56	1		1
6445	3101	3344	123	51	72	1		1
7601	3854	3747	178	73	105	1	1	
8834	4555	4279	252	106	146	2		2
61596	**32743**	**28853**	**2434**	**1159**	**1275**	**38**	**9**	**29**
11835	6219	5616	377	171	206	4	1	3
12108	6353	5755	443	215	228	4		4
12245	6481	5764	457	229	228	9	3	6
13858	7513	6345	604	281	323	11	3	8
11550	6177	5373	553	263	290	10	2	8
51414	**27830**	**23584**	**2496**	**1182**	**1314**	**71**	**17**	**54**
9301	5012	4289	425	184	241	9	2	7
9782	5259	4523	450	219	231	8	1	7
10138	5549	4589	521	258	263	12	1	11
11837	6346	5491	623	293	330	21	6	15
10356	5664	4692	477	228	249	21	7	14
45645	**25060**	**20585**	**2392**	**1091**	**1301**	**118**	**27**	**91**
8944	4912	4032	441	217	224	13	6	7
10394	5642	4752	560	272	288	19	1	18
9360	5152	4208	480	201	279	28	9	19
8541	4687	3854	482	237	245	27	6	21
8406	4667	3739	429	164	265	31	5	26
39562	**22561**	**17001**	**2276**	**1047**	**1229**	**179**	**40**	**139**
7858	4441	3417	422	188	234	20	4	16
7670	4411	3259	456	217	239	29	6	23
8197	4562	3635	449	208	241	45	11	34
7804	4444	3360	476	221	255	43	10	33
8033	4703	3330	473	213	260	42	9	33
30781	**17797**	**12984**	**1749**	**741**	**1008**	**328**	**82**	**246**
7602	4339	3263	422	179	243	58	13	45
6734	3825	2909	408	191	217	65	17	48
6294	3592	2702	380	154	226	66	19	47
4719	2804	1915	255	101	154	53	13	40
5432	3237	2195	284	116	168	86	20	66
36819	**20160**	**16659**	**1738**	**658**	**1080**	**882**	**178**	**704**
6060	3577	2483	297	120	177	117	23	94
7111	4016	3095	357	135	222	147	35	112
10246	5491	4755	472	182	290	227	42	185
8370	4494	3876	374	133	241	240	58	182
5032	2582	2450	238	88	150	151	20	131
22304	**12086**	**10218**	**918**	**383**	**535**	**869**	**174**	**695**
5623	3002	2621	271	114	157	180	32	148
4424	2390	2034	187	80	107	171	36	135
4577	2476	2101	194	74	120	210	41	169
4487	2463	2024	161	69	92	166	34	132
3193	1755	1438	105	46	59	142	31	111
21684	**13437**	**8247**	**451**	**218**	**233**	**3546**	**1074**	**2472**

5-3a 续表 6

受教育程度 年 龄	15岁及以上人口			未 婚		
	合计	男	女	小计	男	女
大学专科	**374825**	**195941**	**178884**	**133877**	**74560**	**59317**
15-19岁	**22031**	**11355**	**10676**	**21995**	**11341**	**10654**
15	126	76	50	125	76	49
16	438	253	185	437	253	184
17	1200	695	505	1196	692	504
18	6067	3221	2846	6062	3220	2842
19	14200	7110	7090	14175	7100	7075
20-24岁	**65087**	**33692**	**31395**	**60768**	**32341**	**28427**
20	14285	7327	6958	14205	7306	6899
21	11546	5997	5549	11319	5938	5381
22	12439	6550	5889	11872	6402	5470
23	13308	6876	6432	12095	6486	5609
24	13509	6942	6567	11277	6209	5068
25-29岁	**65183**	**33349**	**31834**	**33875**	**20365**	**13510**
25	13896	7230	6666	10209	5890	4319
26	12876	6644	6232	7995	4752	3243
27	12996	6648	6348	6643	4105	2538
28	12596	6352	6244	5055	3112	1943
29	12819	6475	6344	3973	2506	1467
30-34岁	**74196**	**37027**	**37169**	**12079**	**7609**	**4470**
30	15364	7806	7558	3860	2475	1385
31	15383	7714	7669	2905	1848	1057
32	14300	7094	7206	2102	1311	791
33	16237	8003	8234	1928	1172	756
34	12912	6410	6502	1284	803	481
35-39岁	**50887**	**25399**	**25488**	**3248**	**1874**	**1374**
35	10145	5052	5093	911	551	360
36	10330	5171	5159	752	454	298
37	10433	5175	5258	630	357	273
38	11452	5657	5795	581	306	275
39	8527	4344	4183	374	206	168
40-44岁	**31039**	**15907**	**15132**	**989**	**525**	**464**
40	6627	3331	3296	265	138	127
41	7135	3590	3545	219	110	109
42	6400	3291	3109	190	102	88
43	5538	2802	2736	154	83	71
44	5339	2893	2446	161	92	69
45-49岁	**21193**	**11622**	**9571**	**497**	**272**	**225**
45	4615	2501	2114	128	72	56
46	4173	2250	1923	97	54	43
47	4444	2443	2001	116	60	56
48	3907	2179	1728	74	43	31
49	4054	2249	1805	82	43	39
50-54岁	**14294**	**7982**	**6312**	**224**	**122**	**102**
50	3728	2066	1662	76	43	33
51	3217	1762	1455	57	35	22
52	2981	1632	1349	41	16	25
53	2104	1210	894	26	15	11
54	2264	1312	952	24	13	11
55-59岁	**11748**	**6906**	**4842**	**110**	**61**	**49**
55	2339	1336	1003	29	15	14
56	2551	1522	1029	27	16	11
57	3155	1831	1324	29	15	14
58	2286	1371	915	13	7	6
59	1417	846	571	12	8	4
60-64岁	**7353**	**4681**	**2672**	**33**	**20**	**13**
60	1538	923	615	6	1	5
61	1319	853	466	6	5	1
62	1464	960	504	5	3	2
63	1672	1060	612	10	6	4
64	1360	885	475	6	5	1
65岁及以上	**11814**	**8021**	**3793**	**59**	**30**	**29**

单位：人

有配偶			离婚			丧偶		
小计	男	女	小计	男	女	小计	男	女
230827	**117532**	**113295**	**8257**	**3198**	**5059**	**1864**	**651**	**1213**
36	**14**	**22**						
1		1						
1		1						
4	3	1						
5	1	4						
25	10	15						
4301	**1343**	**2958**	**17**	**8**	**9**	**1**		**1**
80	21	59						
225	58	167	2	1	1			
566	148	418	1		1			
1209	388	821	4	2	2			
2221	728	1493	10	5	5	1		1
30862	**12815**	**18047**	**438**	**166**	**272**	**8**	**3**	**5**
3651	1325	2326	36	15	21			
4840	1878	2962	41	14	27			
6267	2516	3751	84	26	58	2	1	1
7426	3195	4231	110	44	66	5	1	4
8678	3901	4777	167	67	100	1	1	
60369	**28741**	**31628**	**1728**	**672**	**1056**	**20**	**5**	**15**
11259	5225	6034	243	105	138	2	1	1
12163	5745	6418	311	120	191	4	1	3
11830	5635	6195	366	147	219	2	1	1
13851	6671	7180	452	159	293	6	1	5
11266	5465	5801	356	141	215	6	1	5
45761	**22771**	**22990**	**1832**	**743**	**1089**	**46**	**11**	**35**
8894	4359	4535	335	142	193	5		5
9210	4562	4648	362	153	209	6	2	4
9413	4668	4745	381	146	235	9	4	5
10421	5182	5239	437	165	272	13	4	9
7823	4000	3823	317	137	180	13	1	12
28520	**14844**	**13676**	**1456**	**527**	**929**	**74**	**11**	**63**
6066	3087	2979	281	104	177	15	2	13
6559	3353	3206	347	127	220	10		10
5902	3089	2813	286	97	189	22	3	19
5095	2620	2475	274	98	176	15	1	14
4898	2695	2203	268	101	167	12	5	7
19572	**10957**	**8615**	**1049**	**378**	**671**	**75**	**15**	**60**
4244	2352	1892	227	77	150	16		16
3879	2124	1755	182	67	115	15	5	10
4095	2300	1795	221	82	139	12	1	11
3630	2061	1569	189	72	117	14	3	11
3724	2120	1604	230	80	150	18	6	12
13210	**7566**	**5644**	**754**	**276**	**478**	**106**	**18**	**88**
3424	1937	1487	207	80	127	21	6	15
2981	1670	1311	163	53	110	16	4	12
2748	1554	1194	158	58	100	34	4	30
1945	1151	794	112	42	70	21	2	19
2112	1254	858	114	43	71	14	2	12
10942	**6597**	**4345**	**503**	**193**	**310**	**193**	**55**	**138**
2179	1275	904	99	38	61	32	8	24
2381	1452	929	97	42	55	46	12	34
2928	1754	1174	145	47	98	53	15	38
2145	1309	836	96	43	53	32	12	20
1309	807	502	66	23	43	30	8	22
6884	**4490**	**2394**	**269**	**117**	**152**	**167**	**54**	**113**
1450	893	557	46	19	27	36	10	26
1235	816	419	47	24	23	31	8	23
1362	918	444	68	27	41	29	12	17
1565	1021	544	61	24	37	36	9	27
1272	842	430	47	23	24	35	15	20
10370	**7394**	**2976**	**211**	**118**	**93**	**1174**	**479**	**695**

5-3a 续表 7

受教育程度 年 龄	15岁及以上人口			未 婚		
	合计	男	女	小计	男	女
大学本科	**392436**	**196050**	**196386**	**149569**	**72458**	**77111**
15-19岁	**18372**	**7988**	**10384**	**18363**	**7987**	**10376**
15	39	28	11	39	28	11
16	74	36	38	73	36	37
17	420	166	254	418	165	253
18	5271	2316	2955	5269	2316	2953
19	12568	5442	7126	12564	5442	7122
20-24岁	**71072**	**31989**	**39083**	**69149**	**31459**	**37690**
20	15792	6989	8803	15779	6983	8796
21	15396	6850	8546	15354	6840	8514
22	13057	5874	7183	12922	5843	7079
23	13166	6043	7123	12705	5918	6787
24	13661	6233	7428	12389	5875	6514
25-29岁	**73802**	**35007**	**38795**	**43032**	**22776**	**20256**
25	14827	6877	7950	12212	6030	6182
26	14286	6752	7534	10173	5313	4860
27	15166	7126	8040	8713	4688	4025
28	14969	7198	7771	6796	3846	2950
29	14554	7054	7500	5138	2899	2239
30-34岁	**80452**	**38925**	**41527**	**13610**	**7539**	**6071**
30	16903	8156	8747	4497	2602	1895
31	16488	7866	8622	3292	1810	1482
32	15536	7534	8002	2421	1333	1088
33	17397	8413	8984	2066	1076	990
34	14128	6956	7172	1334	718	616
35-39岁	**59663**	**29567**	**30096**	**3740**	**1869**	**1871**
35	11973	5844	6129	1067	553	514
36	12550	6242	6308	849	422	427
37	12329	6011	6318	746	377	369
38	13194	6629	6565	664	317	347
39	9617	4841	4776	414	200	214
40-44岁	**33471**	**17615**	**15856**	**969**	**462**	**507**
40	7391	3853	3538	269	140	129
41	7682	3911	3771	263	120	143
42	6908	3649	3259	170	76	94
43	5939	3157	2782	153	71	82
44	5551	3045	2506	114	55	59
45-49岁	**21683**	**12410**	**9273**	**376**	**178**	**198**
45	4770	2605	2165	102	48	54
46	4420	2502	1918	75	33	42
47	4549	2660	1889	91	43	48
48	4037	2339	1698	60	31	29
49	3907	2304	1603	48	23	25
50-54岁	**13902**	**8508**	**5394**	**190**	**104**	**86**
50	3528	2054	1474	57	26	31
51	3037	1801	1236	54	32	22
52	2930	1802	1128	31	18	13
53	2147	1374	773	28	16	12
54	2260	1477	783	20	12	8
55-59岁	**9184**	**6335**	**2849**	**80**	**50**	**30**
55	2330	1546	784	21	16	5
56	2100	1456	644	17	9	8
57	2371	1636	735	20	12	8
58	1537	1081	456	17	10	7
59	846	616	230	5	3	2
60-64岁	**3684**	**2665**	**1019**	**24**	**12**	**12**
60	888	649	239	6	4	2
61	627	475	152	6	3	3
62	743	523	220	3	1	2
63	784	555	229	7	3	4
64	642	463	179	2	1	1
65岁及以上	**7151**	**5041**	**2110**	**36**	**22**	**14**

单位：人

有配偶			离婚			丧偶		
小计	男	女	小计	男	女	小计	男	女
235535	**120896**	**114639**	**6073**	**2193**	**3880**	**1259**	**503**	**756**
9	**1**	**8**						
1		1						
2	1	1						
2		2						
4		4						
1918	**529**	**1389**	**5**	**1**	**4**			
13	6	7						
42	10	32						
134	31	103	1		1			
460	125	335	1		1			
1269	357	912	3	1	2			
30524	**12151**	**18373**	**243**	**79**	**164**	**3**	**1**	**2**
2606	846	1760	9	1	8			
4085	1434	2651	28	5	23			
6415	2428	3987	38	10	28			
8105	3330	4775	67	22	45	1		1
9313	4113	5200	101	41	60	2	1	1
65579	**30947**	**34632**	**1242**	**434**	**808**	**21**	**5**	**16**
12263	5502	6761	143	52	91			
13004	5983	7021	191	73	118	1		1
12844	6114	6730	265	85	180	6	2	4
14996	7226	7770	329	111	218	6		6
12472	6122	6350	314	113	201	8	3	5
54219	**27116**	**27103**	**1654**	**573**	**1081**	**50**	**9**	**41**
10614	5195	5419	287	95	192	5	1	4
11358	5695	5663	338	125	213	5		5
11238	5524	5714	335	108	227	10	2	8
12121	6175	5946	391	134	257	18	3	15
8888	4527	4361	303	111	192	12	3	9
31394	**16793**	**14601**	**1064**	**350**	**714**	**44**	**10**	**34**
6863	3628	3235	254	84	170	5	1	4
7175	3714	3461	239	76	163	5	1	4
6499	3494	3005	225	75	150	14	4	10
5610	3024	2586	165	59	106	11	3	8
5247	2933	2314	181	56	125	9	1	8
20456	**11918**	**8538**	**801**	**299**	**502**	**50**	**15**	**35**
4476	2498	1978	182	57	125	10	2	8
4168	2395	1773	169	72	97	8	2	6
4293	2553	1740	155	60	95	10	4	6
3796	2246	1550	168	58	110	13	4	9
3723	2226	1497	127	52	75	9	3	6
13092	**8169**	**4923**	**529**	**210**	**319**	**91**	**25**	**66**
3313	1970	1343	143	53	90	15	5	10
2859	1720	1139	108	44	64	16	5	11
2766	1732	1034	109	44	65	24	8	16
2016	1321	695	89	35	54	14	2	12
2138	1426	712	80	34	46	22	5	17
8698	**6106**	**2592**	**320**	**143**	**177**	**86**	**36**	**50**
2205	1484	721	86	40	46	18	6	12
1980	1402	578	77	35	42	26	10	16
2247	1580	667	79	30	49	25	14	11
1461	1044	417	48	25	23	11	2	9
805	596	209	30	13	17	6	4	2
3495	**2585**	**910**	**104**	**47**	**57**	**61**	**21**	**40**
841	627	214	25	11	14	16	7	9
600	465	135	16	6	10	5	1	4
701	508	193	29	12	17	10	2	8
741	536	205	22	12	10	14	4	10
612	449	163	12	6	6	16	7	9
6151	**4581**	**1570**	**111**	**57**	**54**	**853**	**381**	**472**

5-3a 续表 8

受教育程度 年龄	15岁及以上人口			未婚		
	合计	男	女	小计	男	女
硕士研究生	**44888**	**23502**	**21386**	**17550**	**8494**	**9056**
15-19岁	**25**	**10**	**15**	**25**	**10**	**15**
15						
16						
17	2	2		2	2	
18	9	3	6	9	3	6
19	14	5	9	14	5	9
20-24岁	**5860**	**2740**	**3120**	**5802**	**2719**	**3083**
20	38	18	20	38	18	20
21	155	62	93	154	62	92
22	1134	547	587	1131	546	585
23	2049	955	1094	2037	952	1085
24	2484	1158	1326	2442	1141	1301
25-29岁	**11238**	**5329**	**5909**	**8306**	**4080**	**4226**
25	2548	1203	1345	2420	1153	1267
26	2141	1010	1131	1880	925	955
27	2228	1038	1190	1650	811	839
28	2181	1026	1155	1333	662	671
29	2140	1052	1088	1023	529	494
30-34岁	**11214**	**5457**	**5757**	**2619**	**1313**	**1306**
30	2546	1227	1319	883	462	421
31	2437	1155	1282	677	348	329
32	2188	1047	1141	472	234	238
33	2204	1118	1086	355	177	178
34	1839	910	929	232	92	140
35-39岁	**7730**	**4152**	**3578**	**553**	**261**	**292**
35	1596	838	758	153	70	83
36	1651	876	775	145	74	71
37	1539	813	726	111	51	60
38	1689	920	769	96	41	55
39	1255	705	550	48	25	23
40-44岁	**3925**	**2341**	**1584**	**161**	**68**	**93**
40	971	570	401	47	21	26
41	967	560	407	38	19	19
42	733	438	295	32	11	21
43	639	391	248	28	12	16
44	615	382	233	16	5	11
45-49岁	**2126**	**1431**	**695**	**54**	**26**	**28**
45	494	342	152	13	9	4
46	428	293	135	16	5	11
47	463	306	157	9	6	3
48	364	242	122	5	2	3
49	377	248	129	11	4	7
50-54岁	**1357**	**935**	**422**	**24**	**13**	**11**
50	348	227	121	9	4	5
51	296	186	110	3	1	2
52	277	202	75	3	1	2
53	213	149	64	4	2	2
54	223	171	52	5	5	
55-59岁	**928**	**709**	**219**	**5**	**3**	**2**
55	259	195	64	2	1	1
56	227	173	54	1	1	
57	240	197	43	1	1	
58	129	91	38			
59	73	53	20	1		1
60-64岁	**280**	**228**	**52**	**1**	**1**	
60	68	54	14			
61	40	34	6			
62	56	50	6			
63	65	54	11	1	1	
64	51	36	15			
65岁及以上	**205**	**170**	**35**			

单位：人

有配偶			离婚			丧偶		
小计	男	女	小计	男	女	小计	男	女
26726	**14779**	**11947**	**579**	**213**	**366**	**33**	**16**	**17**
58	**21**	**37**						
1		1						
3	1	2						
12	3	9						
42	17	25						
2921	**1246**	**1675**	**11**	**3**	**8**			
128	50	78						
260	85	175	1		1			
576	226	350	2	1	1			
846	363	483	2	1	1			
1111	522	589	6	1	5			
8486	**4107**	**4379**	**109**	**37**	**72**			
1652	761	891	11	4	7			
1743	803	940	17	4	13			
1699	807	892	17	6	11			
1819	930	889	30	11	19			
1573	806	767	34	12	22			
6993	**3827**	**3166**	**183**	**64**	**119**	**1**		**1**
1416	759	657	27	9	18			
1478	790	688	28	12	16			
1378	748	630	49	14	35	1		1
1554	863	691	39	16	23			
1167	667	500	40	13	27			
3660	**2231**	**1429**	**102**	**41**	**61**	**2**	**1**	**1**
908	542	366	16	7	9			
905	531	374	24	10	14			
672	411	261	27	15	12	2	1	1
595	374	221	16	5	11			
580	373	207	19	4	15			
2001	**1385**	**616**	**67**	**20**	**47**	**4**		**4**
464	331	133	17	2	15			
399	282	117	11	6	5	2		2
444	297	147	10	3	7			
344	237	107	14	3	11	1		1
350	238	112	15	6	9	1		1
1278	**901**	**377**	**52**	**21**	**31**	**3**		**3**
324	216	108	15	7	8			
279	181	98	12	4	8	2		2
268	199	69	6	2	4			
197	143	54	12	4	8			
210	162	48	7	4	3	1		1
879	**685**	**194**	**40**	**19**	**21**	**4**	**2**	**2**
249	191	58	8	3	5			
215	166	49	10	6	4	1		1
223	188	35	14	6	8	2	2	
123	87	36	6	4	2			
69	53	16	2		2	1		1
266	**222**	**44**	**10**	**4**	**6**	**3**	**1**	**2**
64	53	11	4	1	3			
40	34	6						
55	49	6	1	1				
59	50	9	4	2	2	1	1	
48	36	12	1		1	2		2
184	**154**	**30**	**5**	**4**	**1**	**16**	**12**	**4**

5-3a 续表 9

受教育程度 年　　龄	15岁及以上人口			未　　婚		
	合计	男	女	小计	男	女
博士研究生	**5840**	**3728**	**2112**	**2067**	**1209**	**858**
15-19岁	**2**	**1**	**1**	**2**	**1**	**1**
15						
16						
17						
18						
19	2	1	1	2	1	1
20-24岁	**427**	**241**	**186**	**422**	**240**	**182**
20	3	2	1	3	2	1
21	21	15	6	21	15	6
22	83	45	38	83	45	38
23	136	73	63	135	73	62
24	184	106	78	180	105	75
25-29岁	**1211**	**696**	**515**	**988**	**576**	**412**
25	239	132	107	232	131	101
26	238	132	106	225	125	100
27	247	144	103	208	125	83
28	217	129	88	160	97	63
29	270	159	111	163	98	65
30-34岁	**1342**	**830**	**512**	**481**	**299**	**182**
30	276	170	106	146	95	51
31	285	145	140	129	68	61
32	257	150	107	83	50	33
33	286	193	93	67	46	21
34	238	172	66	56	40	16
35-39岁	**1039**	**669**	**370**	**110**	**62**	**48**
35	185	121	64	34	23	11
36	204	132	72	28	18	10
37	203	132	71	17	8	9
38	249	154	95	16	5	11
39	198	130	68	15	8	7
40-44岁	**734**	**483**	**251**	**35**	**16**	**19**
40	164	109	55	6	2	4
41	171	112	59	12	6	6
42	154	98	56	7	3	4
43	118	77	41	4	3	1
44	127	87	40	6	2	4
45-49岁	**509**	**345**	**164**	**17**	**9**	**8**
45	108	77	31	4	3	1
46	107	73	34	6	4	2
47	104	69	35	4	1	3
48	96	66	30	2	1	1
49	94	60	34	1		1
50-54岁	**254**	**195**	**59**	**8**	**5**	**3**
50	62	45	17	2	1	1
51	54	44	10	2	1	1
52	53	37	16	3	2	1
53	34	30	4			
54	51	39	12	1	1	
55-59岁	**220**	**183**	**37**	**2**	**1**	**1**
55	58	45	13	2	1	1
56	53	43	10			
57	54	50	4			
58	30	24	6			
59	25	21	4			
60-64岁	**52**	**45**	**7**	**1**		**1**
60	13	11	2			
61	12	10	2			
62	6	5	1	1		1
63	14	13	1			
64	7	6	1			
65岁及以上	**50**	**40**	**10**	**1**		**1**

单位：人

有配偶			离婚			丧偶		
小计	男	女	小计	男	女	小计	男	女
3683	**2477**	**1206**	**87**	**39**	**48**	**3**	**3**	
5	**1**	**4**						
1		1						
4	1	3						
220	**120**	**100**	**3**		**3**			
6	1	5	1		1			
13	7	6						
39	19	20						
56	32	24	1		1			
106	61	45	1		1			
851	**526**	**325**	**10**	**5**	**5**			
129	74	55	1	1				
152	76	76	4	1	3			
173	99	74	1	1				
216	146	70	3	1	2			
181	131	50	1	1				
904	**596**	**308**	**25**	**11**	**14**			
146	95	51	5	3	2			
174	113	61	2	1	1			
181	122	59	5	2	3			
225	146	79	8	3	5			
178	120	58	5	2	3			
680	**458**	**222**	**19**	**9**	**10**			
155	105	50	3	2	1			
153	102	51	6	4	2			
144	95	49	3		3			
111	72	39	3	2	1			
117	84	33	4	1	3			
473	**328**	**145**	**19**	**8**	**11**			
101	72	29	3	2	1			
97	67	30	4	2	2			
97	67	30	3	1	2			
93	65	28	1		1			
85	57	28	8	3	5			
241	**189**	**52**	**5**	**1**	**4**			
58	44	14	2		2			
52	43	9						
50	35	15						
33	29	4	1	1				
48	38	10	2		2			
212	**177**	**35**	**4**	**3**	**1**	**2**	**2**	
55	43	12	1	1				
52	42	10				1	1	
53	49	4	1	1				
28	23	5	1		1	1	1	
24	20	4	1	1				
48	**42**	**6**	**2**	**2**		**1**	**1**	
12	10	2				1	1	
12	10	2						
5	5							
13	12	1	1	1				
6	5	1	1	1				
49	**40**	**9**						

5-3b 全省分年龄、性别、受教育

受教育程度 / 年龄	15岁及以上人口 合计	男	女	未婚 小计	男	女
总计	**1179091**	**620315**	**558776**	**201137**	**128837**	**72300**
15-19岁	**68834**	**37159**	**31675**	**68129**	**36983**	**31146**
15	13966	7303	6663	13961	7301	6660
16	18338	9658	8680	18317	9655	8662
17	16257	8733	7524	16179	8717	7462
18	10496	5918	4578	10309	5869	4440
19	9777	5547	4230	9363	5441	3922
20-24岁	**66473**	**37889**	**28584**	**53887**	**33513**	**20374**
20	10112	5923	4189	9358	5712	3646
21	11308	6484	4824	10038	6093	3945
22	13580	7791	5789	11321	7065	4256
23	15006	8472	6534	11742	7343	4399
24	16467	9219	7248	11428	7300	4128
25-29岁	**100496**	**54868**	**45628**	**41376**	**28625**	**12751**
25	18770	10469	8301	11372	7505	3867
26	18554	10165	8389	9284	6318	2966
27	20391	11010	9381	8378	5815	2563
28	20788	11314	9474	6720	4824	1896
29	21993	11910	10083	5622	4163	1459
30-34岁	**136055**	**72726**	**63329**	**18651**	**14178**	**4473**
30	27387	14619	12768	5398	4052	1346
31	27203	14623	12580	4372	3291	1081
32	26299	14089	12210	3466	2647	819
33	29706	15713	13993	3082	2354	728
34	25460	13682	11778	2333	1834	499
35-39岁	**113671**	**60225**	**53446**	**6753**	**5252**	**1501**
35	21271	11377	9894	1675	1303	372
36	21874	11754	10120	1454	1135	319
37	22141	11560	10581	1357	1054	303
38	25962	13712	12250	1281	1013	268
39	22423	11822	10601	986	747	239
40-44岁	**112796**	**58952**	**53844**	**3592**	**2811**	**781**
40	20259	10673	9586	848	676	172
41	23205	12277	10928	779	615	164
42	22905	11875	11030	698	536	162
43	22161	11591	10570	621	473	148
44	24266	12536	11730	646	511	135
45-49岁	**130268**	**68056**	**62212**	**2825**	**2250**	**575**
45	24105	12635	11470	618	483	135
46	25036	13044	11992	583	463	120
47	26920	14039	12881	555	438	117
48	26858	14034	12824	539	443	96
49	27349	14304	13045	530	423	107
50-54岁	**129050**	**67840**	**61210**	**2132**	**1795**	**337**
50	28231	14714	13517	503	407	96
51	26950	14191	12759	484	420	64
52	26629	14055	12574	391	322	69
53	22604	11861	10743	362	302	60
54	24636	13019	11617	392	344	48
55-59岁	**101741**	**53548**	**48193**	**1333**	**1174**	**159**
55	24565	13088	11477	350	304	46
56	22583	11880	10703	276	241	35
57	25103	13245	11858	341	308	33
58	19290	10059	9231	243	217	26
59	10200	5276	4924	123	104	19
60-64岁	**67269**	**34886**	**32383**	**784**	**712**	**72**
60	12937	6789	6148	164	147	17
61	11491	6036	5455	139	129	10
62	13821	7130	6691	142	133	9
63	15352	7994	7358	192	172	20
64	13668	6937	6731	147	131	16
65岁及以上	**152438**	**74166**	**78272**	**1675**	**1544**	**131**

程度、婚姻状况的人口(镇)

单位：人

有配偶			离婚			丧偶		
小计	男	女	小计	男	女	小计	男	女
900651	**465696**	**434955**	**28135**	**14880**	**13255**	**49168**	**10902**	**38266**
703	**176**	**527**	**2**		**2**			
5	2	3						
21	3	18						
78	16	62						
185	49	136	2		2			
414	106	308						
12490	**4343**	**8147**	**95**	**32**	**63**	**1**	**1**	
749	209	540	5	2	3			
1263	388	875	7	3	4			
2243	721	1522	16	5	11			
3236	1119	2117	28	10	18			
4999	1906	3093	39	12	27	1	1	
58002	**25775**	**32227**	**1096**	**459**	**637**	**22**	**9**	**13**
7294	2930	4364	103	34	69	1		1
9129	3796	5333	140	50	90	1	1	
11822	5116	6706	187	77	110	4	2	2
13775	6359	7416	286	130	156	7	1	6
15982	7574	8408	380	168	212	9	5	4
113765	**56710**	**57055**	**3571**	**1817**	**1754**	**68**	**21**	**47**
21443	10298	11145	531	264	267	15	5	10
22235	11039	11196	592	293	299	4		4
22144	11104	11040	673	333	340	16	5	11
25716	12868	12848	888	482	406	20	9	11
22227	11401	10826	887	445	442	13	2	11
102527	**52710**	**49817**	**4220**	**2218**	**2002**	**171**	**45**	**126**
18895	9717	9178	683	349	334	18	8	10
19607	10190	9417	776	418	358	37	11	26
19897	10052	9845	857	450	407	30	4	26
23565	12112	11453	1075	576	499	41	11	30
20563	10639	9924	829	425	404	45	11	34
104384	**53703**	**50681**	**4459**	**2353**	**2106**	**361**	**85**	**276**
18571	9541	9030	794	443	351	46	13	33
21436	11162	10274	933	490	443	57	10	47
21188	10818	10370	933	501	432	86	20	66
20601	10642	9959	864	454	410	75	22	53
22588	11540	11048	935	465	470	97	20	77
121777	**63101**	**58676**	**4746**	**2491**	**2255**	**920**	**214**	**706**
22440	11614	10826	943	513	430	104	25	79
23407	12053	11354	883	482	401	163	46	117
25224	13048	12176	957	512	445	184	41	143
25149	13057	12092	959	486	473	211	48	163
25557	13329	12228	1004	498	506	258	54	204
120848	**63509**	**57339**	**4161**	**2147**	**2014**	**1909**	**389**	**1520**
26523	13767	12756	940	482	458	265	58	207
25255	13240	12015	893	462	431	318	69	249
24925	13208	11717	881	450	431	432	75	357
21166	11142	10024	700	348	352	376	69	307
22979	12152	10827	747	405	342	518	118	400
94375	**50168**	**44207**	**2899**	**1551**	**1348**	**3134**	**655**	**2479**
22904	12240	10664	750	411	339	561	133	428
20979	11154	9825	704	354	350	624	131	493
23263	12407	10856	700	366	334	799	164	635
17838	9437	8401	495	274	221	714	131	583
9391	4930	4461	250	146	104	436	96	340
60683	**32336**	**28347**	**1457**	**871**	**586**	**4345**	**967**	**3378**
11809	6300	5509	323	196	127	641	146	495
10437	5602	4835	296	164	132	619	141	478
12488	6636	5852	303	182	121	888	179	709
13778	7392	6386	304	191	113	1078	239	839
12171	6406	5765	231	138	93	1119	262	857
111097	**63165**	**47932**	**1429**	**941**	**488**	**38237**	**8516**	**29721**

5-3b 续表 1

受教育程度 年 龄	15岁及以上人口			未 婚		
	合计	男	女	小计	男	女
未上过学	**37890**	**8900**	**28990**	**1338**	**1053**	**285**
15-19岁	**60**	**29**	**31**	**60**	**29**	**31**
15	11	7	4	11	7	4
16	13	7	6	13	7	6
17	14	4	10	14	4	10
18	12	7	5	12	7	5
19	10	4	6	10	4	6
20-24岁	**77**	**40**	**37**	**68**	**39**	**29**
20	18	8	10	16	8	8
21	11	7	4	11	7	4
22	14	11	3	12	10	2
23	19	10	9	18	10	8
24	15	4	11	11	4	7
25-29岁	**158**	**65**	**93**	**86**	**58**	**28**
25	31	16	15	20	15	5
26	23	9	14	14	8	6
27	34	16	18	20	15	5
28	32	12	20	15	9	6
29	38	12	26	17	11	6
30-34岁	**234**	**97**	**137**	**86**	**59**	**27**
30	41	22	19	20	14	6
31	44	20	24	20	12	8
32	52	18	34	16	12	4
33	55	23	32	21	15	6
34	42	14	28	9	6	3
35-39岁	**362**	**121**	**241**	**99**	**66**	**33**
35	58	19	39	16	12	4
36	69	28	41	20	12	8
37	60	16	44	20	13	7
38	87	33	54	26	17	9
39	88	25	63	17	12	5
40-44岁	**709**	**178**	**531**	**86**	**62**	**24**
40	103	29	74	16	14	2
41	131	30	101	13	7	6
42	125	32	93	19	14	5
43	155	42	113	16	11	5
44	195	45	150	22	16	6
45-49岁	**1437**	**308**	**1129**	**92**	**63**	**29**
45	217	48	169	19	13	6
46	237	43	194	19	12	7
47	293	65	228	14	11	3
48	361	90	271	23	14	9
49	329	62	267	17	13	4
50-54岁	**2580**	**625**	**1955**	**139**	**113**	**26**
50	433	98	335	26	20	6
51	511	131	380	26	23	3
52	546	125	421	23	20	3
53	525	131	394	30	24	6
54	565	140	425	34	26	8
55-59岁	**2962**	**620**	**2342**	**112**	**101**	**11**
55	578	139	439	24	22	2
56	616	157	459	22	20	2
57	670	134	536	33	29	4
58	658	113	545	24	22	2
59	440	77	363	9	8	1
60-64岁	**4607**	**938**	**3669**	**107**	**98**	**9**
60	659	135	524	20	19	1
61	742	145	597	14	13	1
62	989	203	786	20	18	2
63	1103	229	874	29	29	
64	1114	226	888	24	19	5
65岁及以上	**24704**	**5879**	**18825**	**403**	**365**	**38**

单位：人

有配偶			离婚			丧偶		
小计	男	女	小计	男	女	小计	男	女
23889	**6396**	**17493**	**338**	**148**	**190**	**12325**	**1303**	**11022**
9	**1**	**8**						
2		2						
2	1	1						
1		1						
4		4						
70	**7**	**63**	**2**		**2**			
11	1	10						
9	1	8						
13	1	12	1		1			
16	3	13	1		1			
21	1	20						
144	**38**	**106**	**4**		**4**			
20	8	12	1		1			
24	8	16						
35	6	29	1		1			
34	8	26						
31	8	23	2		2			
253	**54**	**199**	**10**	**1**	**9**			
42	7	35						
47	16	31	2		2			
39	3	36	1		1			
57	15	42	4	1	3			
68	13	55	3		3			
606	**110**	**496**	**9**	**5**	**4**	**8**	**1**	**7**
84	14	70	1	1		2		2
114	21	93	3	2	1	1		1
102	17	85	2		2	2	1	1
137	30	107	1	1		1		1
169	28	141	2	1	1	2		2
1280	**227**	**1053**	**33**	**15**	**18**	**32**	**3**	**29**
192	33	159	5	2	3	1		1
207	30	177	6	1	5	5		5
272	52	220	2	1	1	5	1	4
314	68	246	11	7	4	13	1	12
295	44	251	9	4	5	8	1	7
2279	**477**	**1802**	**56**	**22**	**34**	**106**	**13**	**93**
385	68	317	12	8	4	10	2	8
452	101	351	16	3	13	17	4	13
485	100	385	12	4	8	26	1	25
465	101	364	6	2	4	24	4	20
492	107	385	10	5	5	29	2	27
2585	**494**	**2091**	**48**	**16**	**32**	**217**	**9**	**208**
510	113	397	9	3	6	35	1	34
543	132	411	12	3	9	39	2	37
573	99	474	13	6	7	51		51
577	87	490	9	2	7	48	2	46
382	63	319	5	2	3	44	4	40
3801	**779**	**3022**	**67**	**32**	**35**	**632**	**29**	**603**
556	106	450	11	7	4	72	3	69
610	121	489	18	6	12	100	5	95
829	170	659	15	7	8	125	8	117
895	188	707	16	8	8	163	4	159
911	194	717	7	4	3	172	9	163
12862	**4209**	**8653**	**109**	**57**	**52**	**11330**	**1248**	**10082**

5-3b 续表 2

受教育程度 年龄	15岁及以上人口			未婚		
	合计	男	女	小计	男	女
学前教育	**1649**	**533**	**1116**	**77**	**56**	**21**
15-19岁	**26**	**15**	**11**	**25**	**15**	**10**
15	11	5	6	11	5	6
16	4	4		4	4	
17	4	2	2	3	2	1
18	6	3	3	6	3	3
19	1	1		1	1	
20-24岁	**9**	**4**	**5**	**8**	**4**	**4**
20						
21	2	1	1	2	1	1
22	1	1		1	1	
23	2	1	1	1	1	
24	4	1	3	4	1	3
25-29岁	**11**	**4**	**7**	**6**	**3**	**3**
25	3	1	2	2	1	1
26	3	2	1	1	1	
27	3	1	2	3	1	2
28	1		1			
29	1		1			
30-34岁	**13**	**5**	**8**	**3**	**2**	**1**
30	3	1	2	2	1	1
31	1		1			
32	3	2	1	1	1	
33	2	1	1			
34	4	1	3			
35-39岁	**24**	**12**	**12**	**4**	**4**	
35	3	1	2	1	1	
36	6	4	2	2	2	
37	5	3	2			
38	5	1	4			
39	5	3	2	1	1	
40-44岁	**33**	**12**	**21**	**2**	**1**	**1**
40	4	1	3	1	1	
41	5	3	2			
42	9	2	7	1		1
43	10	3	7			
44	5	3	2			
45-49岁	**74**	**21**	**53**	**4**	**3**	**1**
45	16	8	8	1	1	
46	14	3	11	1		1
47	15	5	10	2	2	
48	14	2	12			
49	15	3	12			
50-54岁	**117**	**44**	**73**	**2**	**1**	**1**
50	12	5	7			
51	31	13	18	1	1	
52	28	10	18			
53	26	9	17	1		1
54	20	7	13			
55-59岁	**105**	**32**	**73**	**2**	**2**	
55	27	9	18	1	1	
56	23	7	16	1	1	
57	22	7	15			
58	22	5	17			
59	11	4	7			
60-64岁	**198**	**56**	**142**	**7**	**7**	
60	28	8	20	1	1	
61	28	12	16	3	3	
62	47	9	38	2	2	
63	55	16	39			
64	40	11	29	1	1	
65岁及以上	**1039**	**328**	**711**	**14**	**14**	

单位：人

有配偶			离婚			丧偶		
小计	男	女	小计	男	女	小计	男	女
1100	**395**	**705**	**17**	**7**	**10**	**455**	**75**	**380**
1		**1**						
1		1						
1		**1**						
1		1						
5	**1**	**4**						
1		1						
2	1	1						
1		1						
1		1						
10	**3**	**7**						
1		1						
1		1						
2	1	1						
2	1	1						
4	1	3						
19	**7**	**12**	**1**	**1**				
2		2						
4	2	2						
5	3	2						
5	1	4						
3	1	2	1	1				
30	**10**	**20**	**1**	**1**				
3		3						
5	3	2						
8	2	6						
9	2	7	1	1				
5	3	2						
68	**18**	**50**				**2**		**2**
14	7	7				1		1
13	3	10						
13	3	10						
14	2	12						
14	3	11				1		1
102	**39**	**63**	**5**	**2**	**3**	**8**	**2**	**6**
11	4	7	1	1				
28	12	16	1		1	1		1
27	10	17	1		1			
21	8	13	2	1	1	2		2
15	5	10				5	2	3
96	**29**	**67**	**1**		**1**	**6**	**1**	**5**
26	8	18						
21	6	15				1		1
20	7	13	1		1	1		1
19	5	14				3		3
10	3	7				1	1	
174	**46**	**128**	**4**	**1**	**3**	**13**	**2**	**11**
26	6	20	1	1				
22	9	13	1		1	2		2
43	7	36				2		2
52	15	37	1		1	2	1	1
31	9	22	1		1	7	1	6
594	**242**	**352**	**5**	**2**	**3**	**426**	**70**	**356**

5-3b 续表 3

受教育程度 年 龄	15岁及以上人口 合计	男	女	未婚 小计	男	女
小 学	**275881**	**127856**	**148025**	**9016**	**7393**	**1623**
15-19岁	**642**	**382**	**260**	**581**	**370**	**211**
15	54	29	25	53	29	24
16	87	52	35	84	52	32
17	137	90	47	128	88	40
18	147	86	61	130	82	48
19	217	125	92	186	119	67
20-24岁	**1668**	**957**	**711**	**1010**	**739**	**271**
20	249	141	108	198	133	65
21	268	160	108	191	135	56
22	352	195	157	217	155	62
23	353	207	146	186	145	41
24	446	254	192	218	171	47
25-29岁	**3476**	**1853**	**1623**	**1070**	**815**	**255**
25	520	290	230	235	173	62
26	560	290	270	197	148	49
27	689	370	319	234	179	55
28	809	428	381	212	159	53
29	898	475	423	192	156	36
30-34岁	**7148**	**3488**	**3660**	**966**	**762**	**204**
30	1158	547	611	200	148	52
31	1341	688	653	218	176	42
32	1371	655	716	189	151	38
33	1680	807	873	180	139	41
34	1598	791	807	179	148	31
35-39岁	**9160**	**4079**	**5081**	**684**	**553**	**131**
35	1505	713	792	138	110	28
36	1630	743	887	131	112	19
37	1735	778	957	147	120	27
38	2079	898	1181	140	106	34
39	2211	947	1264	128	105	23
40-44岁	**17786**	**7692**	**10094**	**795**	**647**	**148**
40	2386	1022	1364	129	104	25
41	3255	1443	1812	180	148	32
42	3641	1592	2049	161	129	32
43	3816	1653	2163	147	119	28
44	4688	1982	2706	178	147	31
45-49岁	**32104**	**13907**	**18197**	**864**	**721**	**143**
45	5208	2248	2960	184	145	39
46	5676	2464	3212	169	140	29
47	6407	2804	3603	157	132	25
48	7168	3109	4059	178	158	20
49	7645	3282	4363	176	146	30
50-54岁	**44248**	**20173**	**24075**	**867**	**763**	**104**
50	8617	3826	4791	164	133	31
51	9164	4214	4950	220	197	23
52	9329	4281	5048	147	124	23
53	8152	3708	4444	157	144	13
54	8986	4144	4842	179	165	14
55-59岁	**35527**	**15758**	**19769**	**618**	**568**	**50**
55	8561	3862	4699	156	143	13
56	7680	3452	4228	134	118	16
57	8434	3767	4667	160	151	9
58	6973	2993	3980	113	106	7
59	3879	1684	2195	55	50	5
60-64岁	**33220**	**15257**	**17963**	**477**	**440**	**37**
60	5389	2398	2991	87	79	8
61	5248	2422	2826	84	80	4
62	6838	3157	3681	91	86	5
63	8045	3771	4274	124	111	13
64	7700	3509	4191	91	84	7
65岁及以上	**90902**	**44310**	**46592**	**1084**	**1015**	**69**

单位：人

有配偶			离　婚			丧　偶		
小计	男	女	小计	男	女	小计	男	女
234046	**110846**	**123200**	**5518**	**3113**	**2405**	**27301**	**6504**	**20797**
61	**12**	**49**						
1		1						
3		3						
9	2	7						
17	4	13						
31	6	25						
650	**213**	**437**	**8**	**5**	**3**			
49	7	42	2	1	1			
75	24	51	2	1	1			
134	39	95	1	1				
165	60	105	2	2				
227	83	144	1		1			
2343	**1014**	**1329**	**61**	**22**	**39**	**2**	**2**	
279	115	164	6	2	4			
353	140	213	9	1	8	1	1	
446	187	259	8	3	5	1	1	
584	263	321	13	6	7			
681	309	372	25	10	15			
5996	**2630**	**3366**	**181**	**96**	**85**	**5**		**5**
935	391	544	22	8	14	1		1
1094	496	598	28	16	12	1		1
1146	484	662	34	20	14	2		2
1455	644	811	45	24	21			
1366	615	751	52	28	24	1		1
8131	**3347**	**4784**	**322**	**171**	**151**	**23**	**8**	**15**
1316	580	736	49	23	26	2		2
1444	605	839	48	24	24	7	2	5
1514	619	895	71	39	32	3		3
1856	741	1115	78	48	30	5	3	2
2001	802	1199	76	37	39	6	3	3
16362	**6736**	**9626**	**552**	**292**	**260**	**77**	**17**	**60**
2165	867	1298	84	49	35	8	2	6
2967	1233	1734	101	59	42	7	3	4
3340	1391	1949	121	68	53	19	4	15
3545	1474	2071	111	56	55	13	4	9
4345	1771	2574	135	60	75	30	4	26
29929	**12609**	**17320**	**992**	**517**	**475**	**319**	**60**	**259**
4820	1991	2829	172	105	67	32	7	25
5274	2209	3065	176	101	75	57	14	43
5989	2554	3435	200	109	91	61	9	52
6710	2843	3867	210	96	114	70	12	58
7136	3012	4124	234	106	128	99	18	81
41360	**18655**	**22705**	**1147**	**610**	**537**	**874**	**145**	**729**
8129	3556	4573	224	121	103	100	16	84
8582	3872	4710	223	116	107	139	29	110
8734	3991	4743	259	138	121	189	28	161
7592	3432	4160	219	106	113	184	26	158
8323	3804	4519	222	129	93	262	46	216
32596	**14453**	**18143**	**851**	**492**	**359**	**1462**	**245**	**1217**
7916	3538	4378	232	134	98	257	47	210
7071	3173	3898	204	115	89	271	46	225
7726	3457	4269	191	104	87	357	55	302
6346	2735	3611	154	94	60	360	58	302
3537	1550	1987	70	45	25	217	39	178
29625	**13930**	**15695**	**586**	**349**	**237**	**2532**	**538**	**1994**
4872	2189	2683	104	64	40	326	66	260
4711	2208	2503	109	54	55	344	80	264
6099	2903	3196	128	77	51	520	91	429
7140	3429	3711	133	87	46	648	144	504
6803	3201	3602	112	67	45	694	157	537
66993	**37247**	**29746**	**818**	**559**	**259**	**22007**	**5489**	**16518**

5-3b 续表 4

受教育程度 年龄	15岁及以上人口 合计	男	女	未婚 小计	男	女
初 中	**458776**	**257970**	**200806**	**53815**	**40066**	**13749**
15-19岁	**14347**	**8594**	**5753**	**13846**	**8468**	**5378**
15	4563	2492	2071	4559	2490	2069
16	2336	1363	973	2320	1360	960
17	2100	1334	766	2047	1324	723
18	2387	1494	893	2253	1461	792
19	2961	1911	1050	2667	1833	834
20-24岁	**21277**	**13066**	**8211**	**14233**	**10480**	**3753**
20	3266	2076	1190	2757	1925	832
21	3772	2365	1407	2941	2103	838
22	4400	2696	1704	3010	2225	785
23	4706	2840	1866	2870	2174	696
24	5133	3089	2044	2655	2053	602
25-29岁	**34802**	**20012**	**14790**	**10760**	**8705**	**2055**
25	6086	3614	2472	2721	2176	545
26	6104	3563	2541	2264	1825	439
27	6965	3976	2989	2147	1747	400
28	7297	4147	3150	1854	1513	341
29	8350	4712	3638	1774	1444	330
30-34岁	**55379**	**30152**	**25227**	**6915**	**5729**	**1186**
30	10747	5879	4868	1835	1511	324
31	10709	5824	4885	1524	1246	278
32	10688	5876	4812	1314	1079	235
33	12214	6617	5597	1242	1034	208
34	11021	5956	5065	1000	859	141
35-39岁	**55474**	**29663**	**25811**	**3211**	**2659**	**552**
35	9875	5301	4574	766	633	133
36	10424	5645	4779	689	572	117
37	10827	5689	5138	638	523	115
38	12860	6824	6036	624	532	92
39	11488	6204	5284	494	399	95
40-44岁	**59907**	**31917**	**27990**	**1827**	**1505**	**322**
40	10494	5599	4895	458	387	71
41	12176	6596	5580	388	323	65
42	12223	6435	5788	350	285	65
43	11951	6400	5551	313	255	58
44	13063	6887	6176	318	255	63
45-49岁	**69207**	**37505**	**31702**	**1420**	**1146**	**274**
45	12981	6938	6043	316	253	63
46	13705	7389	6316	297	240	57
47	14542	7864	6678	296	232	64
48	13941	7592	6349	258	210	48
49	14038	7722	6316	253	211	42
50-54岁	**61733**	**34511**	**27222**	**868**	**731**	**137**
50	14071	7774	6297	222	192	30
51	12838	7104	5734	187	164	23
52	12611	7137	5474	170	137	33
53	10712	6027	4685	137	106	31
54	11501	6469	5032	152	132	20
55-59岁	**42321**	**24083**	**18238**	**446**	**383**	**63**
55	11411	6529	4882	130	108	22
56	10025	5532	4493	89	78	11
57	10385	5838	4547	108	97	11
58	7074	4133	2941	76	64	12
59	3426	2051	1375	43	36	7
60-64岁	**19045**	**12100**	**6945**	**145**	**132**	**13**
60	4088	2495	1593	37	36	1
61	3341	2118	1223	27	25	2
62	3939	2486	1453	27	25	2
63	4294	2775	1519	28	23	5
64	3383	2226	1157	26	23	3
65岁及以上	**25284**	**16367**	**8917**	**144**	**128**	**16**

单位：人

有配偶			离婚			丧偶		
小计	男	女	小计	男	女	小计	男	女
384980	**208305**	**176675**	**13383**	**7435**	**5948**	**6598**	**2164**	**4434**
499	**126**	**373**	**2**		**2**			
4	2	2						
16	3	13						
53	10	43						
132	33	99	2		2			
294	78	216						
6985	**2564**	**4421**	**59**	**22**	**37**			
507	150	357	2	1	1			
829	261	568	2	1	1			
1381	468	913	9	3	6			
1813	659	1154	23	7	16			
2455	1026	1429	23	10	13			
23536	**11061**	**12475**	**498**	**241**	**257**	**8**	**5**	**3**
3315	1418	1897	50	20	30			
3772	1712	2060	68	26	42			
4728	2185	2543	88	44	44	2		2
5311	2567	2744	130	66	64	2	1	1
6410	3179	3231	162	85	77	4	4	
46875	**23541**	**23334**	**1557**	**869**	**688**	**32**	**13**	**19**
8667	4237	4430	237	128	109	8	3	5
8940	4444	4496	244	134	110	1		1
9077	4632	4445	289	161	128	8	4	4
10570	5346	5224	394	233	161	8	4	4
9621	4882	4739	393	213	180	7	2	5
50029	**25753**	**24276**	**2140**	**1229**	**911**	**94**	**22**	**72**
8785	4490	4295	313	173	140	11	5	6
9312	4828	4484	407	239	168	16	6	10
9715	4897	4818	455	266	189	19	3	16
11685	5987	5698	530	302	228	21	3	18
10532	5551	4981	435	249	186	27	5	22
55506	**29017**	**26489**	**2391**	**1351**	**1040**	**183**	**44**	**139**
9615	4962	4653	396	242	154	25	8	17
11271	5997	5274	485	271	214	32	5	27
11321	5852	5469	506	288	218	46	10	36
11121	5872	5249	479	262	217	38	11	27
12178	6334	5844	525	288	237	42	10	32
64857	**34919**	**29938**	**2473**	**1318**	**1155**	**457**	**122**	**335**
12126	6411	5715	484	263	221	55	11	44
12849	6857	5992	477	266	211	82	26	56
13628	7316	6312	523	288	235	95	28	67
13105	7109	5996	476	246	230	102	27	75
13149	7226	5923	513	255	258	123	30	93
57979	**32461**	**25518**	**2115**	**1125**	**990**	**771**	**194**	**577**
13235	7280	5955	490	268	222	124	34	90
12059	6664	5395	459	249	210	133	27	106
11824	6735	5089	439	228	211	178	37	141
10071	5704	4367	357	182	175	147	35	112
10790	6078	4712	370	198	172	189	61	128
39500	**22683**	**16817**	**1304**	**723**	**581**	**1071**	**294**	**777**
10716	6169	4547	348	190	158	217	62	155
9368	5221	4147	325	167	158	243	66	177
9658	5475	4183	326	185	141	293	81	212
6583	3897	2686	206	122	84	209	50	159
3175	1921	1254	99	59	40	109	35	74
17589	**11363**	**6226**	**490**	**325**	**165**	**821**	**280**	**541**
3786	2337	1449	109	70	39	156	52	104
3099	1988	1111	108	72	36	107	33	74
3648	2342	1306	98	66	32	166	53	113
3957	2611	1346	101	70	31	208	71	137
3099	2085	1014	74	47	27	184	71	113
21625	**14817**	**6808**	**354**	**232**	**122**	**3161**	**1190**	**1971**

5-3b 续表 5

受教育程度 年　龄	15岁及以上人口			未　婚		
	合计	男	女	小计	男	女
高　中	**217652**	**125621**	**92031**	**76228**	**46657**	**29571**
15-19岁	**46671**	**24749**	**21922**	**46547**	**24715**	**21832**
15	9279	4745	4534	9279	4745	4534
16	15814	8188	7626	15812	8188	7624
17	13611	7096	6515	13597	7092	6505
18	5231	3026	2205	5200	3016	2184
19	2736	1694	1042	2659	1674	985
20-24岁	**15592**	**9790**	**5802**	**12686**	**8756**	**3930**
20	2595	1651	944	2441	1605	836
21	2651	1690	961	2368	1602	766
22	3126	1981	1145	2601	1807	794
23	3365	2097	1268	2626	1830	796
24	3855	2371	1484	2650	1912	738
25-29岁	**23548**	**13923**	**9625**	**9742**	**7452**	**2290**
25	4275	2643	1632	2552	1916	636
26	4410	2600	1810	2152	1617	535
27	4690	2778	1912	1958	1517	441
28	5017	2929	2088	1659	1284	375
29	5156	2973	2183	1421	1118	303
30-34岁	**31401**	**17858**	**13543**	**4601**	**3666**	**935**
30	6567	3791	2776	1416	1140	276
31	6417	3698	2719	1103	882	221
32	6147	3508	2639	856	688	168
33	6859	3817	3042	730	571	159
34	5411	3044	2367	496	385	111
35-39岁	**23138**	**13044**	**10094**	**1450**	**1140**	**310**
35	4350	2482	1868	385	311	74
36	4434	2523	1911	280	227	53
37	4527	2532	1995	299	231	68
38	5347	3003	2344	278	219	59
39	4480	2504	1976	208	152	56
40-44岁	**18795**	**10710**	**8085**	**527**	**397**	**130**
40	3868	2192	1676	137	111	26
41	4129	2350	1779	123	95	28
42	3796	2119	1677	103	68	35
43	3477	2009	1468	89	63	26
44	3525	2040	1485	75	60	15
45-49岁	**16070**	**9571**	**6499**	**296**	**232**	**64**
45	3286	1990	1296	56	45	11
46	3094	1790	1304	66	54	12
47	3282	1902	1380	57	45	12
48	3135	1879	1256	55	43	12
49	3273	2010	1263	62	45	17
50-54岁	**12495**	**7506**	**4989**	**190**	**145**	**45**
50	3132	1869	1263	71	50	21
51	2671	1600	1071	35	29	6
52	2500	1473	1027	34	26	8
53	1924	1154	770	29	22	7
54	2268	1410	858	21	18	3
55-59岁	**15290**	**9152**	**6138**	**125**	**104**	**21**
55	2621	1617	1004	31	26	5
56	2961	1840	1121	26	23	3
57	4194	2492	1702	33	27	6
58	3558	2082	1476	22	19	3
59	1956	1121	835	13	9	4
60-64岁	**7616**	**4637**	**2979**	**40**	**31**	**9**
60	2197	1316	881	17	11	6
61	1638	959	679	9	7	2
62	1484	911	573	2	2	
63	1307	809	498	8	7	1
64	990	642	348	4	4	
65岁及以上	**7036**	**4681**	**2355**	**24**	**19**	**5**

单位：人

有配偶			离　婚			丧　偶		
小计	男	女	小计	男	女	小计	男	女
134115	**75589**	**58526**	**5449**	**2759**	**2690**	**1860**	**616**	**1244**
124	**34**	**90**						
2		2						
14	4	10						
31	10	21						
77	20	57						
2890	**1030**	**1860**	**15**	**3**	**12**	**1**	**1**	
153	46	107	1		1			
281	87	194	2	1	1			
519	173	346	6	1	5			
738	267	471	1		1			
1199	457	742	5	1	4	1	1	
13481	**6339**	**7142**	**319**	**131**	**188**	**6**	**1**	**5**
1692	718	974	31	9	22			
2219	968	1251	39	15	24			
2675	1239	1436	56	21	35	1	1	
3269	1607	1662	86	38	48	3		3
3626	1807	1819	107	48	59	2		2
25772	**13664**	**12108**	**1015**	**522**	**493**	**13**	**6**	**7**
4994	2573	2421	155	77	78	2	1	1
5131	2723	2408	183	93	90			
5109	2729	2380	179	90	89	3	1	2
5867	3101	2766	257	141	116	5	4	1
4671	2538	2133	241	121	120	3		3
20720	**11415**	**9305**	**935**	**479**	**456**	**33**	**10**	**23**
3785	2079	1706	177	90	87	3	2	1
3986	2214	1772	162	80	82	6	2	4
4041	2213	1828	182	88	94	5		5
4813	2647	2166	245	133	112	11	4	7
4095	2262	1833	169	88	81	8	2	6
17281	**9814**	**7467**	**926**	**482**	**444**	**61**	**17**	**44**
3538	1979	1559	188	101	87	5	1	4
3779	2139	1640	216	115	101	11	1	10
3487	1942	1545	195	107	88	11	2	9
3206	1852	1354	165	87	78	17	7	10
3271	1902	1369	162	72	90	17	6	11
14888	**8867**	**6021**	**808**	**452**	**356**	**78**	**20**	**58**
3038	1843	1195	179	96	83	13	6	7
2863	1650	1213	151	83	68	14	3	11
3057	1776	1281	152	78	74	16	3	13
2893	1726	1167	171	104	67	16	6	10
3037	1872	1165	155	91	64	19	2	17
11633	**7066**	**4567**	**571**	**271**	**300**	**101**	**24**	**77**
2905	1763	1142	136	53	83	20	3	17
2486	1500	986	131	64	67	19	7	12
2319	1381	938	115	60	55	32	6	26
1800	1090	710	82	39	43	13	3	10
2123	1332	791	107	55	52	17	5	12
14326	**8729**	**5597**	**525**	**235**	**290**	**314**	**84**	**230**
2436	1511	925	118	63	55	36	17	19
2758	1760	998	119	45	74	58	12	46
3958	2391	1567	123	51	72	80	23	57
3353	2001	1352	102	45	57	81	17	64
1821	1066	755	63	31	32	59	15	44
7040	**4388**	**2652**	**237**	**122**	**115**	**299**	**96**	**203**
2019	1240	779	78	41	37	83	24	59
1524	911	613	48	24	24	57	17	40
1375	864	511	47	24	23	60	21	39
1207	765	442	43	21	22	49	16	33
915	608	307	21	12	9	50	18	32
5960	**4243**	**1717**	**98**	**62**	**36**	**954**	**357**	**597**

5-3b 续表 6

受教育程度 年 龄	15岁及以上人口			未 婚		
	合计	男	女	小计	男	女
大学专科	**105145**	**57081**	**48064**	**33657**	**19950**	**13707**
15-19岁	**4259**	**2113**	**2146**	**4241**	**2109**	**2132**
15	40	22	18	40	22	18
16	63	34	29	63	34	29
17	285	158	127	284	158	126
18	1582	785	797	1577	783	794
19	2289	1114	1175	2277	1112	1165
20-24岁	**16528**	**8813**	**7715**	**15032**	**8411**	**6621**
20	2530	1372	1158	2495	1366	1129
21	2864	1483	1381	2797	1471	1326
22	3417	1868	1549	3240	1832	1408
23	3737	1969	1768	3328	1872	1456
24	3980	2121	1859	3172	1870	1302
25-29岁	**21069**	**10882**	**10187**	**10042**	**6447**	**3595**
25	4458	2348	2110	3114	1873	1241
26	4095	2141	1954	2352	1497	855
27	4329	2174	2155	1996	1294	702
28	4085	2132	1953	1477	1013	464
29	4102	2087	2015	1103	770	333
30-34岁	**22941**	**11815**	**11126**	**3253**	**2284**	**969**
30	4885	2497	2388	1007	699	308
31	4858	2514	2344	818	568	250
32	4387	2222	2165	567	398	169
33	4840	2471	2369	503	353	150
34	3971	2111	1860	358	266	92
35-39岁	**13799**	**7195**	**6604**	**713**	**482**	**231**
35	2929	1510	1419	196	140	56
36	2869	1540	1329	190	128	62
37	2674	1322	1352	137	88	49
38	3034	1639	1395	116	82	34
39	2293	1184	1109	74	44	30
40-44岁	**8181**	**4508**	**3673**	**211**	**126**	**85**
40	1820	1025	795	63	38	25
41	1893	1036	857	49	29	20
42	1641	883	758	38	25	13
43	1410	764	646	36	17	19
44	1417	800	617	25	17	8
45-49岁	**6129**	**3592**	**2537**	**94**	**51**	**43**
45	1243	724	519	31	20	11
46	1234	721	513	16	7	9
47	1293	748	545	16	9	7
48	1218	746	472	17	11	6
49	1141	653	488	14	4	10
50-54岁	**4333**	**2613**	**1720**	**39**	**23**	**16**
50	1070	603	467	10	5	5
51	960	599	361	10	4	6
52	876	519	357	10	8	2
53	688	424	264	5	4	1
54	739	468	271	4	2	2
55-59岁	**3466**	**2338**	**1128**	**20**	**10**	**10**
55	791	516	275	7	4	3
56	770	510	260	3		3
57	897	621	276	5	2	3
58	659	468	191	4	4	
59	349	223	126	1		1
60-64岁	**1931**	**1386**	**545**	**7**	**4**	**3**
60	415	305	110	2	1	1
61	355	266	89	2	1	1
62	398	269	129			
63	419	295	124	3	2	1
64	344	251	93			
65岁及以上	**2509**	**1826**	**683**	**5**	**3**	**2**

单位：人

有配偶			离婚			丧偶		
小计	男	女	小计	男	女	小计	男	女
68824	**36053**	**32771**	**2215**	**918**	**1297**	**449**	**160**	**289**
18	**4**	**14**						
1		1						
5	2	3						
12	2	10						
1487	**400**	**1087**	**9**	**2**	**7**			
35	6	29						
67	12	55						
177	36	141						
407	96	311	2	1	1			
801	250	551	7	1	6			
10866	**4391**	**6475**	**157**	**43**	**114**	**4**	**1**	**3**
1330	472	858	13	3	10	1		1
1724	639	1085	19	5	14			
2307	876	1431	26	4	22			
2565	1104	1461	42	15	27	1		1
2940	1300	1640	57	16	41	2	1	1
19141	**9319**	**9822**	**533**	**211**	**322**	**14**	**1**	**13**
3793	1760	2033	82	37	45	3	1	2
3943	1914	2029	95	32	63	2		2
3700	1783	1917	117	41	76	3		3
4217	2069	2148	115	49	66	5		5
3488	1793	1695	124	52	72	1		1
12566	**6484**	**6082**	**510**	**226**	**284**	**10**	**3**	**7**
2636	1328	1308	95	41	54	2	1	1
2578	1366	1212	95	45	50	6	1	5
2438	1191	1247	97	42	55	2	1	1
2785	1492	1293	133	65	68			
2129	1107	1022	90	33	57			
7599	**4241**	**3358**	**354**	**139**	**215**	**17**	**2**	**15**
1665	950	715	87	36	51	5	1	4
1767	977	790	75	30	45	2		2
1530	835	695	68	22	46	5	1	4
1308	722	586	62	25	37	4		4
1329	757	572	62	26	36	1		1
5745	**3409**	**2336**	**272**	**125**	**147**	**18**	**7**	**11**
1153	673	480	58	31	27	1		1
1167	693	474	47	18	29	4	3	1
1230	716	514	46	23	23	1		1
1132	710	422	62	24	38	7	1	6
1063	617	446	59	29	30	5	3	2
4086	**2513**	**1573**	**171**	**66**	**105**	**37**	**11**	**26**
998	574	424	52	21	31	10	3	7
907	581	326	36	12	24	7	2	5
828	500	328	33	8	25	5	3	2
658	407	251	22	12	10	3	1	2
695	451	244	28	13	15	12	2	10
3288	**2262**	**1026**	**114**	**53**	**61**	**44**	**13**	**31**
745	494	251	30	15	15	9	3	6
733	496	237	26	12	14	8	2	6
849	604	245	28	11	17	15	4	11
627	452	175	19	8	11	9	4	5
334	216	118	11	7	4	3		3
1826	**1333**	**493**	**62**	**33**	**29**	**36**	**16**	**20**
394	294	100	16	9	7	3	1	2
338	255	83	8	5	3	7	5	2
374	259	115	14	7	7	10	3	7
399	286	113	9	4	5	8	3	5
321	239	82	15	8	7	8	4	4
2202	**1697**	**505**	**33**	**20**	**13**	**269**	**106**	**163**

5-3b 续表 7

受教育程度 年　　龄	15岁及以上人口			未　婚		
	合计	男	女	小计	男	女
大学本科	**78031**	**40123**	**37908**	**25229**	**12791**	**12438**
15-19岁	**2825**	**1276**	**1549**	**2825**	**1276**	**1549**
15	8	3	5	8	3	5
16	21	10	11	21	10	11
17	105	48	57	105	48	57
18	1129	517	612	1129	517	612
19	1562	698	864	1562	698	864
20-24岁	**10722**	**4954**	**5768**	**10264**	**4824**	**5440**
20	1451	673	778	1448	673	775
21	1710	767	943	1698	763	935
22	2126	973	1153	2097	969	1128
23	2618	1243	1375	2510	1207	1303
24	2817	1298	1519	2511	1212	1299
25-29岁	**16312**	**7588**	**8724**	**8808**	**4719**	**4089**
25	3154	1451	1703	2497	1250	1247
26	3120	1445	1675	2087	1116	971
27	3448	1572	1876	1829	956	873
28	3334	1571	1763	1372	786	586
29	3256	1549	1707	1023	611	412
30-34岁	**17841**	**8728**	**9113**	**2564**	**1527**	**1037**
30	3751	1762	1989	826	490	336
31	3611	1756	1855	618	366	252
32	3449	1712	1737	475	290	185
33	3831	1862	1969	375	225	150
34	3199	1636	1563	270	156	114
35-39岁	**11118**	**5751**	**5367**	**553**	**326**	**227**
35	2418	1274	1144	160	89	71
36	2322	1205	1117	134	78	56
37	2193	1138	1055	110	76	34
38	2407	1232	1175	90	53	37
39	1778	902	876	59	30	29
40-44岁	**7128**	**3759**	**3369**	**130**	**64**	**66**
40	1510	759	751	40	19	21
41	1564	785	779	24	12	12
42	1423	775	648	21	11	10
43	1300	694	606	20	8	12
44	1331	746	585	25	14	11
45-49岁	**5075**	**3025**	**2050**	**48**	**32**	**16**
45	1104	642	462	8	5	3
46	1040	610	430	13	10	3
47	1059	629	430	12	7	5
48	991	595	396	7	6	1
49	881	549	332	8	4	4
50-54岁	**3427**	**2277**	**1150**	**25**	**17**	**8**
50	868	524	344	10	7	3
51	752	510	242	5	2	3
52	705	480	225	5	5	
53	562	395	167	3	2	1
54	540	368	172	2	1	1
55-59岁	**2007**	**1513**	**494**	**10**	**6**	**4**
55	561	406	155	1		1
56	499	375	124	1	1	
57	478	366	112	2	2	
58	334	254	80	4	2	2
59	135	112	23	2	1	1
60-64岁	**624**	**486**	**138**	**1**		**1**
60	153	124	29			
61	133	109	24			
62	121	91	30			
63	123	93	30			
64	94	69	25	1		1
65岁及以上	**952**	**766**	**186**	**1**		**1**

单位：人

有配偶			离　婚			丧　偶		
小计	男	女	小计	男	女	小计	男	女
51456	**26770**	**24686**	**1167**	**483**	**684**	**179**	**79**	**100**
454	**130**	**324**	**4**		**4**			
3		3						
11	4	7	1		1			
29	4	25						
108	36	72						
303	86	217	3		3			
7445	**2847**	**4598**	**57**	**22**	**35**	**2**		**2**
655	201	454	2		2			
1028	326	702	5	3	2			
1611	611	1000	8	5	3			
1947	780	1167	14	5	9	1		1
2204	929	1275	28	9	19	1		1
15000	**7083**	**7917**	**273**	**117**	**156**	**4**	**1**	**3**
2891	1258	1633	33	14	19	1		1
2951	1372	1579	42	18	24			
2921	1401	1520	53	21	32			
3381	1603	1778	73	33	40	2	1	1
2856	1449	1407	72	31	41	1		1
10270	**5318**	**4952**	**284**	**105**	**179**	**11**	**2**	**9**
2212	1164	1048	46	21	25			
2126	1098	1028	60	29	31	2		2
2035	1049	986	47	13	34	1		1
2234	1152	1082	79	26	53	4	1	3
1663	855	808	52	16	36	4	1	3
6764	**3610**	**3154**	**219**	**81**	**138**	**15**	**4**	**11**
1432	726	706	37	13	24	1	1	
1483	759	724	53	13	40	4	1	3
1360	746	614	39	16	23	3	2	1
1235	665	570	43	21	22	2		2
1254	714	540	47	18	29	5		5
4851	**2929**	**1922**	**162**	**62**	**100**	**14**	**2**	**12**
1050	620	430	45	16	29	1	1	
1001	588	413	25	12	13	1		1
1009	610	399	32	12	20	6		6
955	579	376	26	9	17	3	1	2
836	532	304	34	13	21	3		3
3297	**2211**	**1086**	**93**	**49**	**44**	**12**		**12**
833	507	326	24	10	14	1		1
719	491	228	26	17	9	2		2
677	464	213	21	11	10	2		2
544	387	157	12	6	6	3		3
524	362	162	10	5	5	4		4
1924	**1468**	**456**	**53**	**30**	**23**	**20**	**9**	**11**
541	398	143	12	5	7	7	3	4
477	359	118	17	12	5	4	3	1
457	355	102	17	8	9	2	1	1
321	249	72	5	3	2	4		4
128	107	21	2	2		3	2	1
600	**471**	**129**	**11**	**9**	**2**	**12**	**6**	**6**
148	120	28	4	4		1		1
127	105	22	4	3	1	2	1	1
115	87	28	1	1		5	3	2
122	92	30	1	1				
88	67	21	1		1	4	2	2
851	**703**	**148**	**11**	**8**	**3**	**89**	**55**	**34**

5-3b 续表 8

受教育程度 年　　龄	15岁及以上人口			未　　婚		
	合计	男	女	小计	男	女
硕士研究生	**3791**	**2062**	**1729**	**1660**	**810**	**850**
15-19岁	**4**	**1**	**3**	**4**	**1**	**3**
15						
16						
17	1	1		1	1	
18	2		2	2		2
19	1		1	1		1
20-24岁	**572**	**253**	**319**	**558**	**248**	**310**
20	2	1	1	2	1	1
21	26	10	16	26	10	16
22	139	64	75	138	64	74
23	199	101	98	196	100	96
24	206	77	129	196	73	123
25-29岁	**1040**	**497**	**543**	**795**	**389**	**406**
25	225	96	129	214	91	123
26	219	104	115	197	95	102
27	221	114	107	182	100	82
28	192	86	106	117	54	63
29	183	97	86	85	49	36
30-34岁	**1033**	**543**	**490**	**247**	**139**	**108**
30	219	113	106	87	46	41
31	210	117	93	67	39	28
32	195	91	104	46	26	20
33	213	107	106	27	15	12
34	196	115	81	20	13	7
35-39岁	**562**	**342**	**220**	**34**	**21**	**13**
35	129	76	53	12	7	5
36	112	62	50	5	3	2
37	116	81	35	6	3	3
38	132	75	57	6	4	2
39	73	48	25	5	4	1
40-44岁	**237**	**159**	**78**	**13**	**8**	**5**
40	70	42	28	4	2	2
41	49	32	17	2	1	1
42	40	30	10	5	4	1
43	38	24	14			
44	40	31	9	2	1	1
45-49岁	**153**	**112**	**41**	**7**	**2**	**5**
45	42	31	11	3	1	2
46	35	24	11	2		2
47	25	18	7	1		1
48	28	19	9	1	1	
49	23	20	3			
50-54岁	**102**	**81**	**21**	**2**	**2**	
50	24	13	11			
51	21	19	2			
52	29	26	3	2	2	
53	13	12	1			
54	15	11	4			
55-59岁	**55**	**45**	**10**			
55	14	10	4			
56	7	5	2			
57	21	18	3			
58	9	8	1			
59	4	4				
60-64岁	**22**	**21**	**1**			
60	7	7				
61	5	4	1			
62	3	3				
63	5	5				
64	2	2				
65岁及以上	**11**	**8**	**3**			

单位：人

有配偶			离　婚			丧　偶		
小计	男	女	小计	男	女	小计	男	女
2084	**1236**	**848**	**47**	**16**	**31**			
14	**5**	**9**						
1		1						
3	1	2						
10	4	6						
243	**108**	**135**	**2**		**2**			
10	5	5	1		1			
22	9	13						
39	14	25						
75	32	43						
97	48	49	1		1			
778	**402**	**376**	**8**	**2**	**6**			
131	67	64	1		1			
143	78	65						
149	65	84						
182	90	92	4	2	2			
173	102	71	3		3			
510	**315**	**195**	**18**	**6**	**12**			
114	68	46	3	1	2			
105	58	47	2	1	1			
106	76	30	4	2	2			
120	70	50	6	1	5			
65	43	22	3	1	2			
217	**149**	**68**	**7**	**2**	**5**			
65	39	26	1	1				
47	31	16						
33	26	7	2		2			
36	23	13	2	1	1			
36	30	6	2		2			
141	**109**	**32**	**5**	**1**	**4**			
39	30	9						
32	23	9	1	1				
23	18	5	1		1			
24	18	6	3		3			
23	20	3						
97	**77**	**20**	**3**	**2**	**1**			
23	13	10	1		1			
20	18	2	1	1				
26	23	3	1	1				
13	12	1						
15	11	4						
52	**43**	**9**	**3**	**2**	**1**			
13	9	4	1	1				
6	5	1	1		1			
20	17	3	1	1				
9	8	1						
4	4							
22	**21**	**1**						
7	7							
5	4	1						
3	3							
5	5							
2	2							
10	**7**	**3**	**1**	**1**				

5-3b 续表 9

受教育程度 / 年龄	15岁及以上人口			未婚		
	合计	男	女	小计	男	女
博士研究生	**276**	**169**	**107**	**117**	**61**	**56**
15-19岁						
15						
16						
17						
18						
19						
20-24岁	**28**	**12**	**16**	**28**	**12**	**16**
20	1	1		1	1	
21	4	1	3	4	1	3
22	5	2	3	5	2	3
23	7	4	3	7	4	3
24	11	4	7	11	4	7
25-29岁	**80**	**44**	**36**	**67**	**37**	**30**
25	18	10	8	17	10	7
26	20	11	9	20	11	9
27	12	9	3	9	6	3
28	21	9	12	14	6	8
29	9	5	4	7	4	3
30-34岁	**65**	**40**	**25**	**16**	**10**	**6**
30	16	7	9	5	3	2
31	12	6	6	4	2	2
32	7	5	2	2	2	
33	12	8	4	4	2	2
34	18	14	4	1	1	
35-39岁	**34**	**18**	**16**	**5**	**1**	**4**
35	4	1	3	1		1
36	8	4	4	3	1	2
37	4	1	3			
38	11	7	4	1		1
39	7	5	2			
40-44岁	**20**	**17**	**3**	**1**	**1**	
40	4	4				
41	3	2	1			
42	7	7				
43	4	2	2			
44	2	2		1	1	
45-49岁	**19**	**15**	**4**			
45	8	6	2			
46	1		1			
47	4	4				
48	2	2				
49	4	3	1			
50-54岁	**15**	**10**	**5**			
50	4	2	2			
51	2	1	1			
52	5	4	1			
53	2	1	1			
54	2	2				
55-59岁	**8**	**7**	**1**			
55	1		1			
56	2	2				
57	2	2				
58	3	3				
59						
60-64岁	**6**	**5**	**1**			
60	1	1				
61	1	1				
62	2	1	1			
63	1	1				
64	1	1				
65岁及以上	**1**	**1**				

单位：人

有配偶			离婚			丧偶		
小计	男	女	小计	男	女	小计	男	女
157	**106**	**51**	**1**	**1**		**1**	**1**	
13	**7**	**6**						
1		1						
3	3							
7	3	4						
2	1	1						
49	**30**	**19**						
11	4	7						
8	4	4						
5	3	2						
8	6	2						
17	13	4						
29	**17**	**12**						
3	1	2						
5	3	2						
4	1	3						
10	7	3						
7	5	2						
19	**16**	**3**						
4	4							
3	2	1						
7	7							
4	2	2						
1	1							
18	**14**	**4**	**1**	**1**				
8	6	2						
1		1						
3	3		1	1				
2	2							
4	3	1						
15	**10**	**5**						
4	2	2						
2	1	1						
5	4	1						
2	1	1						
2	2							
8	**7**	**1**						
1		1						
2	2							
2	2							
3	3							
6	**5**	**1**						
1	1							
1	1							
2	1	1						
1	1							
1	1							
						1	**1**	

5-3c 全省分年龄、性别、受教育

受教育程度 年龄	15岁及以上人口			未婚		
	合计	男	女	小计	男	女
总 计	**1542714**	**812393**	**730321**	**197756**	**136795**	**60961**
15—19岁	**52648**	**28856**	**23792**	**51815**	**28618**	**23197**
15	11807	6198	5609	11799	6197	5602
16	11194	6049	5145	11140	6045	5095
17	9960	5466	4494	9876	5436	4440
18	10065	5578	4487	9832	5525	4307
19	9622	5565	4057	9168	5415	3753
20—24岁	**66068**	**37481**	**28587**	**53159**	**33041**	**20118**
20	10127	5876	4251	9329	5669	3660
21	11063	6413	4650	9789	6032	3757
22	13376	7637	5739	11111	6916	4195
23	14932	8363	6569	11567	7207	4360
24	16570	9192	7378	11363	7217	4146
25—29岁	**96750**	**54092**	**42658**	**40162**	**28819**	**11343**
25	18598	10473	8125	11099	7529	3570
26	18226	10283	7943	9202	6452	2750
27	19686	10998	8688	8174	5939	2235
28	19909	11070	8839	6471	4874	1597
29	20331	11268	9063	5216	4025	1191
30—34岁	**124130**	**69315**	**54815**	**18469**	**15114**	**3355**
30	24986	14048	10938	5247	4200	1047
31	25001	13966	11035	4238	3472	766
32	23876	13365	10511	3379	2782	597
33	27374	15239	12135	3202	2649	553
34	22893	12697	10196	2403	2011	392
35—39岁	**104963**	**58495**	**46468**	**7556**	**6444**	**1112**
35	19206	10726	8480	1734	1489	245
36	19895	11017	8878	1542	1278	264
37	20725	11544	9181	1481	1267	214
38	24208	13507	10701	1622	1386	236
39	20929	11701	9228	1177	1024	153
40—44岁	**111880**	**60010**	**51870**	**5060**	**4401**	**659**
40	18828	10358	8470	1027	887	140
41	22392	12244	10148	1083	937	146
42	22695	12202	10493	1063	925	138
43	22758	11953	10805	966	847	119
44	25207	13253	11954	921	805	116
45—49岁	**151583**	**79127**	**72456**	**4616**	**4148**	**468**
45	25950	13618	12332	889	784	105
46	28158	14614	13544	892	800	92
47	31446	16266	15180	948	840	108
48	31970	16735	15235	913	824	89
49	34059	17894	16165	974	900	74
50—54岁	**181710**	**95489**	**86221**	**4528**	**4248**	**280**
50	36507	19137	17370	1001	931	70
51	37403	19566	17837	975	907	68
52	37051	19444	17607	835	787	48
53	32885	17312	15573	831	784	47
54	37864	20030	17834	886	839	47
55—59岁	**162362**	**85096**	**77266**	**3521**	**3358**	**163**
55	37943	19879	18064	837	794	43
56	35925	18816	17109	852	812	40
57	40096	21072	19024	818	783	35
58	31624	16569	15055	659	629	30
59	16774	8760	8014	355	340	15
60—64岁	**128186**	**66728**	**61458**	**2688**	**2626**	**62**
60	22647	11723	10924	465	451	14
61	20430	10741	9689	423	411	12
62	26230	13656	12574	590	579	11
63	30559	15991	14568	612	598	14
64	28320	14617	13703	598	587	11
65岁及以上	**362434**	**177704**	**184730**	**6182**	**5978**	**204**

程度、婚姻状况的人口(乡村)

单位：人

有配偶			离婚			丧偶		
小计	男	女	小计	男	女	小计	男	女
1190674	**621919**	**568755**	**33446**	**24001**	**9445**	**120838**	**29678**	**91160**
831	**237**	**594**	**2**	**1**	**1**			
8	1	7						
54	4	50						
84	30	54						
232	53	179	1		1			
453	149	304	1	1				
12803	**4402**	**8401**	**104**	**38**	**66**	**2**		**2**
795	207	588	3		3			
1271	381	890	3		3			
2249	714	1535	16	7	9			
3334	1144	2190	29	12	17	2		2
5154	1956	3198	53	19	34			
55519	**24778**	**30741**	**1033**	**486**	**547**	**36**	**9**	**27**
7396	2901	4495	101	43	58	2		2
8897	3787	5110	119	42	77	8	2	6
11300	4965	6335	206	92	114	6	2	4
13171	6060	7111	261	135	126	6	1	5
14755	7065	7690	346	174	172	14	4	10
101959	**51965**	**49994**	**3581**	**2203**	**1378**	**121**	**33**	**88**
19213	9560	9653	516	286	230	10	2	8
20129	10118	10011	611	369	242	23	7	16
19771	10152	9619	699	424	275	27	7	20
23221	12018	11203	916	561	355	35	11	24
19625	10117	9508	839	563	276	26	6	20
92774	**48927**	**43847**	**4419**	**3069**	**1350**	**214**	**55**	**159**
16682	8716	7966	761	513	248	29	8	21
17554	9205	8349	767	526	241	32	8	24
18314	9655	8659	880	611	269	50	11	39
21472	11351	10121	1068	758	310	46	12	34
18752	10000	8752	943	661	282	57	16	41
101378	**52053**	**49325**	**4883**	**3416**	**1467**	**559**	**140**	**419**
16877	8845	8032	865	610	255	59	16	43
20228	10583	9645	988	695	293	93	29	64
20508	10547	9961	1024	703	321	100	27	73
20680	10407	10273	976	673	303	136	26	110
23085	11671	11414	1030	735	295	171	42	129
140089	**70663**	**69426**	**5534**	**3974**	**1560**	**1344**	**342**	**1002**
23869	12062	11807	1025	731	294	167	41	126
26020	13020	13000	1052	748	304	194	46	148
29056	14539	14517	1169	827	342	273	60	213
29617	15006	14611	1119	809	310	321	96	225
31527	16036	15491	1169	859	310	389	99	290
168229	**86387**	**81842**	**5282**	**3899**	**1383**	**3671**	**955**	**2716**
33762	17186	16576	1206	885	321	538	135	403
34635	17626	17009	1156	854	302	637	179	458
34475	17718	16757	1012	752	260	729	187	542
30414	15696	14718	902	656	246	738	176	562
34943	18161	16782	1006	752	254	1029	278	751
148945	**77173**	**71772**	**3861**	**3012**	**849**	**6035**	**1553**	**4482**
35028	18016	17012	994	759	235	1084	310	774
32981	17009	15972	887	703	184	1205	292	913
36734	19120	17614	975	762	213	1569	407	1162
28945	15090	13855	666	521	145	1354	329	1025
15257	7938	7319	339	267	72	823	215	608
114125	**59927**	**54198**	**2071**	**1688**	**383**	**9302**	**2487**	**6815**
20418	10549	9869	450	365	85	1314	358	956
18340	9704	8636	369	301	68	1298	325	973
23309	12213	11096	483	391	92	1848	473	1375
27119	14372	12747	436	369	67	2392	652	1740
24939	13089	11850	333	262	71	2450	679	1771
254022	**145407**	**108615**	**2676**	**2215**	**461**	**99554**	**24104**	**75450**

5-3c 续表 1

受教育程度 年 龄	15岁及以上人口 合计	男	女	未婚 小计	男	女
未上过学	**99508**	**24750**	**74758**	**4295**	**3739**	**556**
15-19岁	**98**	**60**	**38**	**96**	**60**	**36**
15	18	12	6	18	12	6
16	17	11	6	17	11	6
17	24	10	14	24	10	14
18	24	15	9	24	15	9
19	15	12	3	13	12	1
20-24岁	**153**	**88**	**65**	**139**	**86**	**53**
20	23	11	12	23	11	12
21	36	23	13	31	23	8
22	26	19	7	24	19	5
23	27	13	14	26	13	13
24	41	22	19	35	20	15
25-29岁	**239**	**123**	**116**	**175**	**113**	**62**
25	42	27	15	37	26	11
26	43	23	20	35	23	12
27	50	24	26	36	22	14
28	41	18	23	30	16	14
29	63	31	32	37	26	11
30-34岁	**386**	**192**	**194**	**214**	**153**	**61**
30	65	33	32	40	27	13
31	70	33	37	40	26	14
32	83	40	43	44	31	13
33	88	47	41	50	39	11
34	80	39	41	40	30	10
35-39岁	**539**	**191**	**348**	**183**	**124**	**59**
35	87	33	54	31	20	11
36	81	32	49	29	23	6
37	111	36	75	36	23	13
38	121	38	83	43	27	16
39	139	52	87	44	31	13
40-44岁	**1121**	**314**	**807**	**238**	**174**	**64**
40	161	49	112	45	34	11
41	218	68	150	55	39	16
42	207	63	144	50	38	12
43	255	65	190	47	34	13
44	280	69	211	41	29	12
45-49岁	**2354**	**545**	**1809**	**273**	**214**	**59**
45	325	87	238	52	40	12
46	387	91	296	54	42	12
47	495	104	391	54	39	15
48	523	113	410	51	40	11
49	624	150	474	62	53	9
50-54岁	**4416**	**1153**	**3263**	**434**	**379**	**55**
50	707	208	499	98	84	14
51	881	212	669	92	74	18
52	897	240	657	74	67	7
53	816	210	606	72	63	9
54	1115	283	832	98	91	7
55-59岁	**6225**	**1363**	**4862**	**406**	**383**	**23**
55	1183	294	889	93	91	2
56	1197	277	920	104	98	6
57	1479	312	1167	91	83	8
58	1460	296	1164	73	69	4
59	906	184	722	45	42	3
60-64岁	**11173**	**2520**	**8653**	**457**	**440**	**17**
60	1560	333	1227	69	65	4
61	1664	405	1259	81	76	5
62	2337	554	1783	99	96	3
63	2797	612	2185	100	99	1
64	2815	616	2199	108	104	4
65岁及以上	**72804**	**18201**	**54603**	**1680**	**1613**	**67**

单位：人

有配偶			离婚			丧偶		
小计	男	女	小计	男	女	小计	男	女
58705	**16184**	**42521**	**688**	**418**	**270**	**35820**	**4409**	**31411**
2		**2**						
2		2						
13	**2**	**11**	**1**		**1**			
4		4	1		1			
2		2						
1		1						
6	2	4						
62	**10**	**52**	**2**		**2**			
5	1	4						
8		8						
14	2	12						
11	2	9						
24	5	19	2		2			
159	**37**	**122**	**10**	**2**	**8**	**3**		**3**
25	6	19						
28	6	22	2	1	1			
35	9	26	2		2	2		2
35	8	27	2		2	1		1
36	8	28	4	1	3			
343	**64**	**279**	**12**	**3**	**9**	**1**		**1**
51	11	40	5	2	3			
51	9	42	1		1			
72	13	59	3		3			
75	10	65	2	1	1	1		1
94	21	73	1		1			
828	**126**	**702**	**37**	**12**	**25**	**18**	**2**	**16**
111	14	97	4	1	3	1		1
152	25	127	5	2	3	6	2	4
150	23	127	7	2	5			
193	27	166	11	4	7	4		4
222	37	185	10	3	7	7		7
1975	**306**	**1669**	**45**	**20**	**25**	**61**	**5**	**56**
258	44	214	9	3	6	6		6
315	43	272	7	4	3	11	2	9
427	62	365	7	2	5	7	1	6
448	69	379	8	3	5	16	1	15
527	88	439	14	8	6	21	1	20
3688	**710**	**2978**	**79**	**43**	**36**	**215**	**21**	**194**
569	109	460	17	12	5	23	3	20
729	125	604	21	9	12	39	4	35
769	163	606	15	7	8	39	3	36
696	137	559	11	5	6	37	5	32
925	176	749	15	10	5	77	6	71
5257	**892**	**4365**	**101**	**52**	**49**	**461**	**36**	**425**
1001	184	817	22	12	10	67	7	60
1007	164	843	16	8	8	70	7	63
1246	208	1038	25	11	14	117	10	107
1233	205	1028	30	15	15	124	7	117
770	131	639	8	6	2	83	5	78
9269	**1896**	**7373**	**95**	**59**	**36**	**1352**	**125**	**1227**
1332	245	1087	17	13	4	142	10	132
1402	304	1098	14	9	5	167	16	151
1934	419	1515	25	14	11	279	25	254
2300	461	1839	21	15	6	376	37	339
2301	467	1834	18	8	10	388	37	351
37109	**12141**	**24968**	**306**	**227**	**79**	**33709**	**4220**	**29489**

5-3c 续表 2

受教育程度 年 龄	15岁及以上人口			未 婚		
	合计	男	女	小计	男	女
学前教育	**5162**	**1630**	**3532**	**218**	**178**	**40**
15-19岁	**43**	**31**	**12**	**43**	**31**	**12**
15	14	9	5	14	9	5
16	13	11	2	13	11	2
17	4	2	2	4	2	2
18	6	6		6	6	
19	6	3	3	6	3	3
20-24岁	**25**	**15**	**10**	**23**	**15**	**8**
20	6	3	3	6	3	3
21	4	3	1	4	3	1
22	6	3	3	6	3	3
23	3	1	2	2	1	1
24	6	5	1	5	5	
25-29岁	**15**	**6**	**9**	**11**	**6**	**5**
25	2	1	1	2	1	1
26						
27	5	2	3	4	2	2
28	6	3	3	5	3	2
29	2		2			
30-34岁	**25**	**11**	**14**	**11**	**7**	**4**
30	3	2	1	2	2	
31	2	1	1	1	1	
32	6		6	4		4
33	7	4	3	2	2	
34	7	4	3	2	2	
35-39岁	**22**	**9**	**13**	**7**	**5**	**2**
35	5		5			
36	1		1	1		1
37	3	2	1	1	1	
38	7	5	2	5	4	1
39	6	2	4			
40-44岁	**53**	**20**	**33**	**9**	**7**	**2**
40	5	3	2	1	1	
41	6	2	4	1		1
42	16	8	8	3	3	
43	9	2	7	2	1	1
44	17	5	12	2	2	
45-49岁	**112**	**39**	**73**	**8**	**7**	**1**
45	12	3	9			
46	27	5	22	1	1	
47	17	8	9	2	2	
48	25	9	16	2	1	1
49	31	14	17	3	3	
50-54岁	**215**	**76**	**139**	**20**	**18**	**2**
50	37	16	21	2	2	
51	32	8	24	4	3	1
52	56	24	32	3	3	
53	37	9	28	4	3	1
54	53	19	34	7	7	
55-59岁	**314**	**86**	**228**	**20**	**19**	**1**
55	55	18	37	3	3	
56	58	21	37	8	8	
57	71	17	54	3	2	1
58	79	18	61	5	5	
59	51	12	39	1	1	
60-64岁	**588**	**169**	**419**	**18**	**17**	**1**
60	82	28	54	8	8	
61	80	29	51	4	4	
62	116	34	82	1	1	
63	146	31	115	2	1	1
64	164	47	117	3	3	
65岁及以上	**3750**	**1168**	**2582**	**48**	**46**	**2**

单位：人

有配偶			离婚			丧偶		
小计	男	女	小计	男	女	小计	男	女
3182	**1114**	**2068**	**61**	**46**	**15**	**1701**	**292**	**1409**
2		**2**						
1		1						
1		1						
4		**4**						
1		1						
1		1						
2		2						
12	**4**	**8**	**1**		**1**	**1**		**1**
1		1						
1		1						
2		2						
3	2	1	1		1	1		1
5	2	3						
15	**4**	**11**						
5		5						
2	1	1						
2	1	1						
6	2	4						
40	**11**	**29**	**2**	**2**		**2**		**2**
4	2	2						
5	2	3						
10	3	7	2	2		1		1
7	1	6						
14	3	11				1		1
99	**29**	**70**	**4**	**3**	**1**	**1**		**1**
11	3	8	1		1			
26	4	22						
15	6	9						
20	6	14	2	2		1		1
27	10	17	1	1				
179	**52**	**127**	**5**	**5**		**11**	**1**	**10**
32	11	21	2	2		1	1	
26	4	22	1	1		1		1
47	19	28	2	2		4		4
30	6	24				3		3
44	12	32				2		2
262	**58**	**204**	**8**	**5**	**3**	**24**	**4**	**20**
51	15	36				1		1
42	10	32	3	3		5		5
59	13	46	1	1		8	1	7
63	10	53	3	1	2	8	2	6
47	10	37	1		1	2	1	1
479	**127**	**352**	**14**	**12**	**2**	**77**	**13**	**64**
62	14	48	4	4		8	2	6
60	22	38	2	2		14	1	13
99	28	71	2	2		14	3	11
124	25	99	5	3	2	15	2	13
134	38	96	1	1		26	5	21
2090	**829**	**1261**	**27**	**19**	**8**	**1585**	**274**	**1311**

5-3c 续表 3

受教育程度 年龄	15岁及以上人口			未婚		
	合计	男	女	小计	男	女
小 学	**557046**	**267068**	**289978**	**17902**	**16223**	**1679**
15-19岁	**770**	**453**	**317**	**668**	**432**	**236**
15	87	51	36	83	51	32
16	99	58	41	91	58	33
17	153	96	57	144	91	53
18	192	115	77	161	112	49
19	239	133	106	189	120	69
20-24岁	**1956**	**1122**	**834**	**1146**	**845**	**301**
20	291	168	123	210	147	63
21	323	190	133	219	160	59
22	423	247	176	259	190	69
23	426	246	180	236	180	56
24	493	271	222	222	168	54
25-29岁	**3729**	**1946**	**1783**	**1080**	**884**	**196**
25	600	329	271	252	199	53
26	600	344	256	213	178	35
27	752	383	369	205	170	35
28	843	412	431	205	168	37
29	934	478	456	205	169	36
30-34岁	**7818**	**3758**	**4060**	**1119**	**933**	**186**
30	1324	647	677	249	205	44
31	1442	746	696	247	209	38
32	1516	744	772	215	182	33
33	1806	843	963	201	170	31
34	1730	778	952	207	167	40
35-39岁	**11000**	**4925**	**6075**	**958**	**832**	**126**
35	1795	827	968	185	156	29
36	1957	854	1103	180	157	23
37	1991	900	1091	193	169	24
38	2574	1150	1424	202	173	29
39	2683	1194	1489	198	177	21
40-44岁	**22034**	**9688**	**12346**	**1299**	**1143**	**156**
40	2867	1269	1598	200	178	22
41	3832	1715	2117	237	208	29
42	4339	1877	2462	271	235	36
43	4916	2183	2733	293	266	27
44	6080	2644	3436	298	256	42
45-49岁	**44975**	**19443**	**25532**	**1724**	**1576**	**148**
45	6720	2853	3867	267	234	33
46	7873	3333	4540	323	295	28
47	9085	3943	5142	333	301	32
48	10000	4329	5671	386	358	28
49	11297	4985	6312	415	388	27
50-54岁	**73027**	**32704**	**40323**	**2241**	**2137**	**104**
50	13093	5777	7316	425	402	23
51	14780	6632	8148	494	469	25
52	15374	6850	8524	411	392	19
53	13644	6110	7534	444	425	19
54	16136	7335	8801	467	449	18
55-59岁	**71472**	**31185**	**40287**	**1945**	**1869**	**76**
55	16249	7267	8982	456	437	19
56	15373	6741	8632	451	431	20
57	17248	7499	9749	453	438	15
58	14434	6187	8247	381	365	16
59	8168	3491	4677	204	198	6
60-64岁	**78548**	**37121**	**41427**	**1715**	**1682**	**33**
60	12239	5517	6722	274	266	8
61	11759	5436	6323	245	240	5
62	16085	7532	8553	383	377	6
63	19479	9347	10132	409	399	10
64	18986	9289	9697	404	400	4
65岁及以上	**241717**	**124723**	**116994**	**4007**	**3890**	**117**

单位：人

有配偶			离婚			丧偶		
小计	男	女	小计	男	女	小计	男	女
458840	**224275**	**234565**	**9390**	**7086**	**2304**	**70914**	**19484**	**51430**
102	**21**	**81**						
4		4						
8		8						
9	5	4						
31	3	28						
50	13	37						
805	**274**	**531**	**5**	**3**	**2**			
81	21	60						
104	30	74						
162	55	107	2	2				
190	66	124						
268	102	166	3	1	2			
2600	**1046**	**1554**	**46**	**15**	**31**	**3**	**1**	**2**
346	129	217	2	1	1			
379	165	214	8	1	7			
535	210	325	10	3	7	2		2
626	241	385	12	3	9			
714	301	413	14	7	7	1	1	
6491	**2705**	**3786**	**189**	**114**	**75**	**19**	**6**	**13**
1054	428	626	21	14	7			
1156	516	640	35	19	16	4	2	2
1264	537	727	34	24	10	3	1	2
1552	644	908	46	28	18	7	1	6
1465	580	885	53	29	24	5	2	3
9677	**3887**	**5790**	**327**	**200**	**127**	**38**	**6**	**32**
1556	641	915	49	28	21	5	2	3
1714	663	1051	55	31	24	8	3	5
1737	696	1041	56	34	22	5	1	4
2281	926	1355	84	51	33	7		7
2389	961	1428	83	56	27	13		13
19847	**8019**	**11828**	**746**	**497**	**249**	**142**	**29**	**113**
2556	1026	1530	97	62	35	14	3	11
3453	1420	2033	127	85	42	15	2	13
3907	1553	2354	139	84	55	22	5	17
4422	1801	2621	159	107	52	42	9	33
5509	2219	3290	224	159	65	49	10	39
41362	**16767**	**24595**	**1397**	**993**	**404**	**492**	**107**	**385**
6199	2471	3728	195	133	62	59	15	44
7254	2865	4389	236	159	77	60	14	46
8334	3404	4930	326	223	103	92	15	77
9185	3714	5471	306	229	77	123	28	95
10390	4313	6077	334	249	85	158	35	123
67014	**28764**	**38250**	**1940**	**1417**	**523**	**1832**	**386**	**1446**
12045	5060	6985	383	271	112	240	44	196
13543	5778	7765	441	313	128	302	72	230
14222	6108	8114	377	275	102	364	75	289
12453	5351	7102	347	255	92	400	79	321
14751	6467	8284	392	303	89	526	116	410
64649	**27393**	**37256**	**1607**	**1251**	**356**	**3271**	**672**	**2599**
14817	6376	8441	400	304	96	576	150	426
13920	5906	8014	373	294	79	629	110	519
15589	6593	8996	384	308	76	822	160	662
13011	5454	7557	289	223	66	753	145	608
7312	3064	4248	161	122	39	491	107	384
69440	**32909**	**36531**	**1238**	**1011**	**227**	**6155**	**1519**	**4636**
10908	4855	6053	251	200	51	806	196	610
10464	4836	5628	214	175	39	836	185	651
14212	6648	7564	281	231	50	1209	276	933
17194	8320	8874	266	225	41	1610	403	1207
16662	8250	8412	226	180	46	1694	459	1235
176853	**102490**	**74363**	**1895**	**1585**	**310**	**58962**	**16758**	**42204**

5-3c 续表 4

受教育程度 年龄	15岁及以上人口 合计	男	女	未婚 小计	男	女
初 中	**573038**	**337788**	**235250**	**56494**	**44056**	**12438**
15-19岁	**15242**	**8878**	**6364**	**14640**	**8702**	**5938**
15	5711	3025	2686	5707	3024	2683
16	2782	1586	1196	2743	1584	1159
17	2077	1299	778	2013	1277	736
18	2196	1392	804	2034	1356	678
19	2476	1576	900	2143	1461	682
20-24岁	**19241**	**11816**	**7425**	**12191**	**9237**	**2954**
20	2848	1812	1036	2315	1661	654
21	3238	2025	1213	2392	1751	641
22	3958	2443	1515	2593	1984	609
23	4279	2583	1696	2438	1897	541
24	4918	2953	1965	2453	1944	509
25-29岁	**33178**	**19259**	**13919**	**9901**	**8312**	**1589**
25	5650	3371	2279	2369	1960	409
26	5923	3483	2440	2135	1744	391
27	6544	3780	2764	1983	1670	313
28	7225	4174	3051	1834	1576	258
29	7836	4451	3385	1580	1362	218
30-34岁	**56329**	**31743**	**24586**	**7272**	**6410**	**862**
30	10262	5924	4338	1783	1556	227
31	10935	6219	4716	1632	1436	196
32	10782	6082	4700	1310	1157	153
33	12714	7075	5639	1388	1233	155
34	11636	6443	5193	1159	1028	131
35-39岁	**61352**	**34244**	**27108**	**4080**	**3645**	**435**
35	10517	5859	4658	868	781	87
36	11310	6245	5065	819	717	102
37	12248	6860	5388	825	736	89
38	14589	8137	6452	915	830	85
39	12688	7143	5545	653	581	72
40-44岁	**70116**	**38559**	**31557**	**2784**	**2500**	**284**
40	11672	6574	5098	574	503	71
41	14158	7884	6274	622	560	62
42	14331	7882	6449	593	532	61
43	14328	7699	6629	520	466	54
44	15627	8520	7107	475	439	36
45-49岁	**89744**	**49717**	**40027**	**2266**	**2053**	**213**
45	16011	8832	7179	504	457	47
46	17089	9378	7711	443	400	43
47	18898	10296	8602	479	427	52
48	18559	10404	8155	410	369	41
49	19187	10807	8380	430	400	30
50-54岁	**92385**	**53454**	**38931**	**1604**	**1505**	**99**
50	19846	11229	8617	407	380	27
51	19183	10990	8193	337	318	19
52	18433	10731	7702	313	293	20
53	16544	9686	6858	276	263	13
54	18379	10818	7561	271	251	20
55-59岁	**68047**	**40998**	**27049**	**967**	**919**	**48**
55	17810	10413	7397	242	224	18
56	16096	9503	6593	244	233	11
57	16780	10088	6692	230	220	10
58	11746	7355	4391	164	159	5
59	5615	3639	1976	87	83	4
60-64岁	**30451**	**21382**	**9069**	**413**	**407**	**6**
60	6537	4260	2277	90	90	
61	5364	3719	1645	69	67	2
62	6311	4508	1803	91	90	1
63	6821	4988	1833	91	90	1
64	5418	3907	1511	72	70	2
65岁及以上	**36953**	**27738**	**9215**	**376**	**366**	**10**

单位：人

有配偶			离　婚			丧　偶		
小计	男	女	小计	男	女	小计	男	女
489070	**276743**	**212327**	**17057**	**12491**	**4566**	**10417**	**4498**	**5919**
600	**175**	**425**	**2**	**1**	**1**			
4	1	3						
39	2	37						
64	22	42						
161	36	125	1		1			
332	114	218	1	1				
7004	**2562**	**4442**	**44**	**17**	**27**	**2**		**2**
530	151	379	3		3			
844	274	570	2		2			
1360	457	903	5	2	3			
1826	680	1146	13	6	7	2		2
2444	1000	1444	21	9	12			
22805	**10693**	**12112**	**457**	**250**	**207**	**15**	**4**	**11**
3233	1383	1850	47	28	19	1		1
3725	1714	2011	57	24	33	6	1	5
4461	2062	2399	99	47	52	1	1	
5282	2536	2746	108	62	46	1		1
6104	2998	3106	146	89	57	6	2	4
47323	**24184**	**23139**	**1685**	**1135**	**550**	**49**	**14**	**35**
8261	4237	4024	214	130	84	4	1	3
9016	4594	4422	279	186	93	8	3	5
9134	4701	4433	324	220	104	14	4	10
10888	5551	5337	426	286	140	12	5	7
10024	5101	4923	442	313	129	11	1	10
54427	**28610**	**25817**	**2712**	**1952**	**760**	**133**	**37**	**96**
9207	4773	4434	426	302	124	16	3	13
10048	5221	4827	423	302	121	20	5	15
10843	5722	5121	546	393	153	34	9	25
12950	6793	6157	695	506	189	29	8	21
11379	6101	5278	622	449	173	34	12	22
63803	**33653**	**30150**	**3198**	**2318**	**880**	**331**	**88**	**243**
10494	5633	4861	569	427	142	35	11	24
12831	6833	5998	647	471	176	58	20	38
12996	6854	6142	675	479	196	67	17	50
13071	6748	6323	665	470	195	72	15	57
14411	7585	6826	642	471	171	99	25	74
83317	**44947**	**38370**	**3455**	**2517**	**938**	**706**	**200**	**506**
14729	7860	6869	688	492	196	90	23	67
15858	8457	7401	678	493	185	110	28	82
17569	9326	8243	693	504	189	157	39	118
17302	9481	7821	686	498	188	161	56	105
17859	9823	8036	710	530	180	188	54	134
86425	**49296**	**37129**	**2864**	**2157**	**707**	**1492**	**496**	**996**
18497	10245	8252	684	522	162	258	82	176
17978	10120	7858	596	462	134	272	90	182
17277	9925	7352	548	414	134	295	99	196
15493	8974	6519	500	364	136	275	85	190
17180	10032	7148	536	395	141	392	140	252
63524	**38070**	**25454**	**1689**	**1333**	**356**	**1867**	**676**	**1191**
16687	9685	7002	490	375	115	391	129	262
15013	8792	6221	397	321	76	442	157	285
15617	9345	6272	431	334	97	502	189	313
10973	6861	4112	250	205	45	359	130	229
5234	3387	1847	121	98	23	173	71	102
28068	**19837**	**8231**	**571**	**484**	**87**	**1399**	**654**	**745**
6060	3958	2102	123	106	17	264	106	158
4973	3472	1501	105	89	16	217	91	126
5786	4158	1628	144	120	24	290	140	150
6266	4619	1647	125	107	18	339	172	167
4983	3630	1353	74	62	12	289	145	144
31774	**24716**	**7058**	**380**	**327**	**53**	**4423**	**2329**	**2094**

5-3c 续表 5

受教育程度 年龄	15岁及以上人口 合计	男	女	未婚 小计	男	女
高 中	**190127**	**118645**	**71482**	**62067**	**41261**	**20806**
15-19岁	**28373**	**15403**	**12970**	**28258**	**15366**	**12892**
15	5927	3080	2847	5927	3080	2847
16	8197	4343	3854	8191	4342	3849
17	7192	3777	3415	7181	3774	3407
18	4047	2333	1714	4010	2320	1690
19	3010	1870	1140	2949	1850	1099
20-24岁	**17706**	**11127**	**6579**	**14584**	**10075**	**4509**
20	3054	1926	1128	2903	1897	1006
21	2984	1896	1088	2737	1833	904
22	3403	2144	1259	2874	1982	892
23	3895	2413	1482	3038	2123	915
24	4370	2748	1622	3032	2240	792
25-29岁	**26746**	**16401**	**10345**	**11409**	**9082**	**2327**
25	5074	3191	1883	3021	2317	704
26	5116	3178	1938	2638	2083	555
27	5496	3382	2114	2378	1916	462
28	5470	3289	2181	1846	1510	336
29	5590	3361	2229	1526	1256	270
30-34岁	**32609**	**19484**	**13125**	**5083**	**4384**	**699**
30	6850	4108	2742	1498	1285	213
31	6650	3958	2692	1212	1050	162
32	6379	3797	2582	968	843	125
33	7175	4307	2868	835	715	120
34	5555	3314	2241	570	491	79
35-39岁	**21010**	**12781**	**8229**	**1443**	**1216**	**227**
35	4055	2446	1609	386	329	57
36	4113	2485	1628	318	256	62
37	4146	2474	1672	256	218	38
38	4787	2954	1833	292	247	45
39	3909	2422	1487	191	166	25
40-44岁	**14222**	**8800**	**5422**	**512**	**432**	**80**
40	3084	1867	1217	136	116	20
41	3151	1936	1215	121	100	21
42	2929	1831	1098	110	92	18
43	2547	1581	966	74	64	10
44	2511	1585	926	71	60	11
45-49岁	**11893**	**7667**	**4226**	**271**	**238**	**33**
45	2348	1493	855	51	41	10
46	2290	1478	812	56	50	6
47	2434	1538	896	59	53	6
48	2381	1555	826	51	46	5
49	2440	1603	837	54	48	6
50-54岁	**9890**	**6786**	**3104**	**194**	**178**	**16**
50	2365	1588	777	63	59	4
51	2134	1442	692	38	33	5
52	1940	1329	611	30	28	2
53	1574	1085	489	29	25	4
54	1877	1342	535	34	33	1
55-59岁	**15029**	**10469**	**4560**	**171**	**159**	**12**
55	2340	1641	699	40	36	4
56	2909	2056	853	42	39	3
57	4225	2919	1306	39	38	1
58	3656	2521	1135	33	30	3
59	1899	1332	567	17	16	1
60-64岁	**6772**	**4989**	**1783**	**79**	**74**	**5**
60	2103	1480	623	23	21	2
61	1451	1061	390	23	23	
62	1234	906	328	14	13	1
63	1159	880	279	10	9	1
64	825	662	163	9	8	1
65岁及以上	**5877**	**4738**	**1139**	**63**	**57**	**6**

单位：人

有配偶			离　婚			丧　偶		
小计	男	女	小计	男	女	小计	男	女
121732	**73438**	**48294**	**4595**	**3091**	**1504**	**1733**	**855**	**878**
115	**37**	**78**						
6	1	5						
11	3	8						
37	13	24						
61	20	41						
3085	**1039**	**2046**	**37**	**13**	**24**			
151	29	122						
247	63	184						
520	159	361	9	3	6			
845	284	561	12	6	6			
1322	504	818	16	4	12			
14984	**7159**	**7825**	**341**	**156**	**185**	**12**	**4**	**8**
2018	863	1155	34	11	23	1		1
2443	1084	1359	34	10	24	1	1	
3050	1434	1616	67	31	36	1	1	
3524	1726	1798	95	52	43	5	1	4
3949	2052	1897	111	52	59	4	1	3
26423	**14433**	**11990**	**1075**	**661**	**414**	**28**	**6**	**22**
5174	2726	2448	176	96	80	2	1	1
5249	2796	2453	184	112	72	5		5
5203	2838	2365	203	115	88	5	1	4
6045	3410	2635	286	180	106	9	2	7
4752	2663	2089	226	158	68	7	2	5
18581	**10887**	**7694**	**959**	**672**	**287**	**27**	**6**	**21**
3475	1988	1487	191	128	63	3	1	2
3600	2094	1506	192	135	57	3		3
3683	2117	1566	199	138	61	8	1	7
4276	2551	1725	212	154	58	7	2	5
3547	2137	1410	165	117	48	6	2	4
12960	**7881**	**5079**	**701**	**472**	**229**	**49**	**15**	**34**
2798	1657	1141	145	94	51	5		5
2862	1728	1134	158	105	53	10	3	7
2648	1623	1025	161	111	50	10	5	5
2348	1436	912	113	79	34	12	2	10
2304	1437	867	124	83	41	12	5	7
11006	**7015**	**3991**	**542**	**386**	**156**	**74**	**28**	**46**
2170	1357	813	115	92	23	12	3	9
2112	1346	766	112	80	32	10	2	8
2232	1394	838	127	86	41	16	5	11
2216	1434	782	98	66	32	16	9	7
2276	1484	792	90	62	28	20	9	11
9253	**6327**	**2926**	**334**	**240**	**94**	**109**	**41**	**68**
2193	1463	730	96	63	33	13	3	10
1992	1336	656	85	64	21	19	9	10
1828	1247	581	59	47	12	23	7	16
1487	1028	459	36	26	10	22	6	16
1753	1253	500	58	40	18	32	16	16
14058	**9821**	**4237**	**408**	**334**	**74**	**392**	**155**	**237**
2187	1528	659	68	55	13	45	22	23
2726	1935	791	86	67	19	55	15	40
3944	2733	1211	125	103	22	117	45	72
3437	2379	1058	82	69	13	104	43	61
1764	1246	518	47	40	7	71	30	41
6246	**4636**	**1610**	**144**	**114**	**30**	**303**	**165**	**138**
1935	1376	559	54	41	13	91	42	49
1333	982	351	33	25	8	62	31	31
1139	845	294	27	21	6	54	27	27
1085	819	266	17	17		47	35	12
754	614	140	13	10	3	49	30	19
5021	**4203**	**818**	**54**	**43**	**11**	**739**	**435**	**304**

5-3c 续表 6

受教育程度 年 龄	15岁及以上人口			未 婚		
	合计	男	女	小计	男	女
大学专科	**79387**	**43215**	**36172**	**36544**	**21196**	**15348**
15-19岁	**5577**	**2891**	**2686**	**5565**	**2887**	**2678**
15	40	18	22	40	18	22
16	78	35	43	77	34	43
17	414	233	181	414	233	181
18	2374	1180	1194	2371	1179	1192
19	2671	1425	1246	2663	1423	1240
20-24岁	**18071**	**9272**	**8799**	**16515**	**8833**	**7682**
20	2846	1498	1348	2815	1492	1323
21	3212	1694	1518	3148	1681	1467
22	3630	1894	1736	3451	1854	1597
23	4091	2077	2014	3681	1977	1704
24	4292	2109	2183	3420	1829	1591
25-29岁	**20913**	**10741**	**10172**	**10627**	**6717**	**3910**
25	4667	2379	2288	3330	1979	1351
26	4188	2170	2018	2522	1569	953
27	4306	2219	2087	2119	1367	752
28	3998	2061	1937	1521	1012	509
29	3754	1912	1842	1135	790	345
30-34岁	**18016**	**9543**	**8473**	**3042**	**2177**	**865**
30	4206	2176	2030	1032	724	308
31	3945	2018	1927	716	519	197
32	3440	1857	1583	553	395	158
33	3763	2008	1755	469	339	130
34	2662	1484	1178	272	200	72
35-39岁	**7773**	**4425**	**3348**	**576**	**423**	**153**
35	1887	1054	833	174	138	36
36	1664	942	722	126	87	39
37	1580	901	679	107	82	25
38	1519	864	655	108	68	40
39	1123	664	459	61	48	13
40-44岁	**3172**	**1910**	**1262**	**140**	**97**	**43**
40	774	439	335	51	41	10
41	767	474	293	30	22	8
42	619	384	235	18	13	5
43	516	317	199	20	11	9
44	496	296	200	21	10	11
45-49岁	**1868**	**1274**	**594**	**44**	**34**	**10**
45	390	250	140	6	5	1
46	360	237	123	10	7	3
47	373	270	103	12	10	2
48	370	253	117	11	8	3
49	375	264	111	5	4	1
50-54岁	**1348**	**985**	**363**	**21**	**18**	**3**
50	359	248	111	3	1	2
51	284	199	85	7	7	
52	276	211	65	3	3	
53	207	160	47	5	4	1
54	222	167	55	3	3	
55-59岁	**1001**	**778**	**223**	**4**	**2**	**2**
55	231	190	41	1	1	
56	228	172	56	1	1	
57	235	190	45			
58	198	146	52	1		1
59	109	80	29	1		1
60-64岁	**553**	**466**	**87**	**3**	**3**	
60	107	87	20			
61	89	72	17	1	1	
62	118	101	17	1	1	
63	143	125	18			
64	96	81	15	1	1	
65岁及以上	**1095**	**930**	**165**	**7**	**5**	**2**

单位：人

有配偶			离　婚			丧　偶		
小计	男	女	小计	男	女	小计	男	女
41406	**21238**	**20168**	**1238**	**673**	**565**	**199**	**108**	**91**
12	**4**	**8**						
1	1							
3	1	2						
8	2	6						
1541	**435**	**1106**	**15**	**4**	**11**			
31	6	25						
64	13	51						
179	40	139						
407	100	307	3		3			
860	276	584	12	4	8			
10135	**3968**	**6167**	**146**	**56**	**90**	**5**		**5**
1323	397	926	14	3	11			
1645	594	1051	20	7	13	1		1
2161	842	1319	24	10	14	2		2
2443	1032	1411	34	17	17			
2563	1103	1460	54	19	35	2		2
14514	**7138**	**7376**	**444**	**223**	**221**	**16**	**5**	**11**
3097	1417	1680	74	35	39	3		3
3139	1455	1684	85	42	43	5	2	3
2784	1411	1373	102	51	51	1		1
3178	1616	1562	112	51	61	4	2	2
2316	1239	1077	71	44	27	3	1	2
6875	**3814**	**3061**	**310**	**183**	**127**	**12**	**5**	**7**
1643	875	768	65	39	26	5	2	3
1463	810	653	74	45	29	1		1
1417	787	630	55	32	23	1		1
1352	757	595	57	37	20	2	2	
1000	585	415	59	30	29	3	1	2
2855	**1708**	**1147**	**163**	**100**	**63**	**14**	**5**	**9**
676	371	305	43	25	18	4	2	2
692	423	269	42	28	14	3	1	2
568	349	219	33	22	11			
469	294	175	23	12	11	4		4
450	271	179	22	13	9	3	2	1
1738	**1191**	**547**	**76**	**47**	**29**	**10**	**2**	**8**
368	235	133	16	10	6			
332	220	112	15	10	5	3		3
347	251	96	13	9	4	1		1
340	232	108	15	11	4	4	2	2
351	253	98	17	7	10	2		2
1280	**938**	**342**	**39**	**23**	**16**	**8**	**6**	**2**
339	237	102	15	9	6	2	1	1
267	188	79	7	1	6	3	3	
263	202	61	8	5	3	2	1	1
197	151	46	4	4		1	1	
214	160	54	5	4	1			
950	**745**	**205**	**30**	**22**	**8**	**17**	**9**	**8**
216	177	39	11	10	1	3	2	1
214	161	53	9	7	2	4	3	1
230	188	42	3	1	2	2	1	1
185	141	44	6	3	3	6	2	4
105	78	27	1	1		2	1	1
531	**448**	**83**	**5**	**5**		**14**	**10**	**4**
103	84	19	1	1		3	2	1
86	70	16				2	1	1
114	97	17	1	1		2	2	
138	121	17	2	2		3	2	1
90	76	14	1	1		4	3	1
975	**849**	**126**	**10**	**10**		**103**	**66**	**37**

5-3c 续表 7

受教育程度 年 龄	15岁及以上人口			未 婚		
	合计	男	女	小计	男	女
大学本科	**36770**	**18422**	**18348**	**19190**	**9621**	**9569**
15-19岁	**2543**	**1138**	**1405**	**2543**	**1138**	**1405**
15	10	3	7	10	3	7
16	8	5	3	8	5	3
17	96	49	47	96	49	47
18	1226	537	689	1226	537	689
19	1203	544	659	1203	544	659
20-24岁	**8511**	**3860**	**4651**	**8156**	**3769**	**4387**
20	1055	455	600	1053	455	598
21	1254	580	674	1246	579	667
22	1831	837	994	1805	834	971
23	2062	966	1096	1997	952	1045
24	2309	1022	1287	2055	949	1106
25-29岁	**11309**	**5314**	**5995**	**6465**	**3458**	**3007**
25	2398	1106	1292	1935	981	954
26	2224	1018	1206	1537	791	746
27	2399	1143	1256	1338	736	602
28	2210	1050	1160	962	549	413
29	2078	997	1081	693	401	292
30-34岁	**8577**	**4374**	**4203**	**1626**	**987**	**639**
30	2190	1107	1083	609	377	232
31	1871	947	924	367	220	147
32	1596	803	793	267	163	104
33	1742	908	834	238	139	99
34	1178	609	569	145	88	57
35-39岁	**3139**	**1845**	**1294**	**278**	**179**	**99**
35	826	485	341	80	59	21
36	744	445	299	63	36	27
37	622	358	264	58	33	25
38	585	345	240	48	31	17
39	362	212	150	29	20	9
40-44岁	**1101**	**683**	**418**	**69**	**43**	**26**
40	245	146	99	19	13	6
41	248	156	92	17	8	9
42	242	150	92	14	10	4
43	178	102	76	8	3	5
44	188	129	59	11	9	2
45-49岁	**613**	**424**	**189**	**29**	**25**	**4**
45	141	98	43	9	7	2
46	127	89	38	5	5	
47	140	104	36	9	8	1
48	106	67	39	2	2	
49	99	66	33	4	3	1
50-54岁	**410**	**317**	**93**	**13**	**12**	**1**
50	96	69	27	3	3	
51	103	78	25	3	3	
52	73	57	16	1	1	
53	59	49	10	1	1	
54	79	64	15	5	4	1
55-59岁	**252**	**199**	**53**	**8**	**7**	**1**
55	70	52	18	2	2	
56	59	43	16	2	2	
57	51	41	10	2	2	
58	47	42	5	2	1	1
59	25	21	4			
60-64岁	**91**	**73**	**18**	**2**	**2**	
60	17	16	1	1	1	
61	23	19	4			
62	22	15	7			
63	13	8	5			
64	16	15	1	1	1	
65岁及以上	**224**	**195**	**29**	**1**	**1**	

单位：人

有配偶			离婚			丧偶		
小计	男	女	小计	男	女	小计	男	女
17124	**8581**	**8543**	**404**	**189**	**215**	**52**	**31**	**21**
353	**90**	**263**	**2**	**1**	**1**			
2		2						
8	1	7						
26	3	23						
64	14	50	1		1			
253	72	181	1	1				
4802	**1847**	**2955**	**41**	**9**	**32**	**1**		**1**
459	125	334	4		4			
687	227	460						
1055	406	649	6	1	5			
1236	500	736	12	1	11			
1365	589	776	19	7	12	1		1
6770	**3317**	**3453**	**176**	**68**	**108**	**5**	**2**	**3**
1549	719	830	31	11	20	1		1
1477	718	759	26	9	17	1		1
1294	625	669	33	14	19	2	1	1
1460	752	708	43	16	27	1	1	
990	503	487	43	18	25			
2763	**1609**	**1154**	**95**	**56**	**39**	**3**	**1**	**2**
722	413	309	24	13	11			
660	397	263	21	12	9			
542	312	230	20	13	7	2		2
520	305	215	17	9	8			
319	182	137	13	9	4	1	1	
996	**624**	**372**	**33**	**15**	**18**	**3**	**1**	**2**
219	132	87	7	1	6			
221	143	78	9	4	5	1	1	
222	137	85	6	3	3			
164	98	66	4	1	3	2		2
170	114	56	7	6	1			
571	**392**	**179**	**13**	**7**	**6**			
131	90	41	1	1				
118	82	36	4	2	2			
129	94	35	2	2				
101	65	36	3		3			
92	61	31	3	2	1			
373	**288**	**85**	**20**	**13**	**7**	**4**	**4**	
84	60	24	8	5	3	1	1	
94	70	24	5	4	1	1	1	
67	52	15	3	2	1	2	2	
54	46	8	4	2	2			
74	60	14						
224	**177**	**47**	**17**	**14**	**3**	**3**	**1**	**2**
64	47	17	3	3		1		1
54	38	16	3	3				
43	35	8	5	3	2	1	1	
39	36	3	6	5	1			
24	21	3				1		1
84	**68**	**16**	**3**	**2**	**1**	**2**	**1**	**1**
16	15	1						
22	18	4	1	1				
20	14	6	2	1	1			
11	7	4				2	1	1
15	14	1						
188	**169**	**19**	**4**	**4**		**31**	**21**	**10**

5-3c 续表 8

受教育程度 年龄	15岁及以上人口			未婚		
	合计	男	女	小计	男	女
硕士研究生	**1524**	**786**	**738**	**953**	**473**	**480**
15-19岁	**1**	**1**		**1**	**1**	
15						
16						
17						
18						
19	1	1		1	1	
20-24岁	**388**	**173**	**215**	**388**	**173**	**215**
20	3	2	1	3	2	1
21	9	1	8	9	1	8
22	92	47	45	92	47	45
23	146	62	84	146	62	84
24	138	61	77	138	61	77
25-29岁	**562**	**274**	**288**	**442**	**223**	**219**
25	156	68	88	144	65	79
26	121	62	59	111	59	52
27	114	53	61	94	46	48
28	106	57	49	58	34	24
29	65	34	31	35	19	16
30-34岁	**333**	**185**	**148**	**85**	**52**	**33**
30	75	42	33	29	20	9
31	75	38	37	20	10	10
32	68	38	30	14	9	5
33	72	42	30	15	9	6
34	43	25	18	7	4	3
35-39岁	**115**	**67**	**48**	**27**	**17**	**10**
35	31	20	11	10	6	4
36	23	14	9	5	2	3
37	21	11	10	4	4	
38	23	11	12	7	4	3
39	17	11	6	1	1	
40-44岁	**52**	**30**	**22**	**7**	**4**	**3**
40	18	9	9	1	1	
41	9	7	2			
42	11	6	5	3	1	2
43	8	3	5	2	2	
44	6	5	1	1		1
45-49岁	**21**	**16**	**5**	**1**	**1**	
45	3	2	1			
46	3	2	1			
47	3	2	1			
48	6	5	1			
49	6	5	1	1	1	
50-54岁	**16**	**11**	**5**	**1**	**1**	
50	3	1	2			
51	5	4	1			
52	1	1				
53	4	3	1			
54	3	2	1	1	1	
55-59岁	**15**	**13**	**2**			
55	2	2				
56	4	3	1			
57	5	4	1			
58	3	3				
59	1	1				
60-64岁	**9**	**7**	**2**	**1**	**1**	
60	2	2				
61						
62	6	5	1	1	1	
63	1		1			
64						
65岁及以上	**12**	**9**	**3**			

单位：人

有配偶			离婚			丧偶		
小计	男	女	小计	男	女	小计	男	女
561	**309**	**252**	**8**	**3**	**5**	**2**	**1**	**1**
120	**51**	**69**						
12	3	9						
10	3	7						
20	7	13						
48	23	25						
30	15	15						
247	**133**	**114**	**1**		**1**			
46	22	24						
55	28	27						
53	29	24	1		1			
57	33	24						
36	21	15						
85	**48**	**37**	**3**	**2**	**1**			
21	14	7						
17	11	6	1	1				
16	6	10	1	1				
15	7	8	1		1			
16	10	6						
43	**26**	**17**	**2**		**2**			
17	8	9						
9	7	2						
7	5	2	1		1			
5	1	4	1		1			
5	5							
19	**15**	**4**	**1**		**1**			
3	2	1						
3	2	1						
3	2	1						
5	5		1		1			
5	4	1						
15	**10**	**5**						
3	1	2						
5	4	1						
1	1							
4	3	1						
2	1	1						
15	**13**	**2**						
2	2							
4	3	1						
5	4	1						
3	3							
1	1							
7	**5**	**2**	**1**	**1**				
2	2							
4	3	1	1	1				
1		1						
10	**8**	**2**				**2**	**1**	**1**

5-3c 续表 9

受教育程度 年龄	15岁及以上人口			未婚		
	合计	男	女	小计	男	女
博士研究生	**152**	**89**	**63**	**93**	**48**	**45**
15-19岁	**1**	**1**		**1**	**1**	
15						
16						
17						
18						
19	1	1		1	1	
20-24岁	**17**	**8**	**9**	**17**	**8**	**9**
20	1	1		1	1	
21	3	1	2	3	1	2
22	7	3	4	7	3	4
23	3	2	1	3	2	1
24	3	1	2	3	1	2
25-29岁	**59**	**28**	**31**	**52**	**24**	**28**
25	9	1	8	9	1	8
26	11	5	6	11	5	6
27	20	12	8	17	10	7
28	10	6	4	10	6	4
29	9	4	5	5	2	3
30-34岁	**37**	**25**	**12**	**17**	**11**	**6**
30	11	9	2	5	4	1
31	11	6	5	3	1	2
32	6	4	2	4	2	2
33	7	5	2	4	3	1
34	2	1	1	1	1	
35-39岁	**13**	**8**	**5**	**4**	**3**	**1**
35	3	2	1			
36	2		2	1		1
37	3	2	1	1	1	
38	3	3		2	2	
39	2	1	1			
40-44岁	**9**	**6**	**3**	**2**	**1**	**1**
40	2	2				
41	3	2	1			
42	1	1		1	1	
43	1	1				
44	2		2	1		1
45-49岁	**3**	**2**	**1**			
45						
46	2	1	1			
47	1	1				
48						
49						
50-54岁	**3**	**3**				
50	1	1				
51	1	1				
52	1	1				
53						
54						
55-59岁	**7**	**5**	**2**			
55	3	2	1			
56	1		1			
57	2	2				
58	1	1				
59						
60-64岁	**1**	**1**				
60						
61						
62	1	1				
63						
64						
65岁及以上	**2**	**2**				

单位：人

有配偶			离婚			丧偶		
小计	男	女	小计	男	女	小计	男	女
54	**37**	**17**	**5**	**4**	**1**			
7	**4**	**3**						
3	2	1						
4	2	2						
20	**14**	**6**						
6	5	1						
8	5	3						
2	2							
3	2	1						
1		1						
8	**4**	**4**	**1**	**1**				
2	1	1	1	1				
1		1						
2	1	1						
1	1							
2	1	1						
6	**5**	**1**	**1**		**1**			
2	2							
3	2	1						
1	1							
			1		1			
2	**1**	**1**	**1**	**1**				
2	1	1						
			1	1				
2	**2**		**1**	**1**				
			1	1				
1	1							
1	1							
6	**4**	**2**	**1**	**1**				
3	2	1						
1		1						
1	1		1	1				
1	1							
1	**1**							
1	1							
2	**2**							

5–4 全省分初婚年龄、性别、初婚年份的人口

单位：人

初婚年龄	初婚年份								
	合　计			1980年			1981年		
	合计	男	女	小计	男	女	小计	男	女
总　计	**3808281**	**1972799**	**1835482**	**84051**	**41065**	**42986**	**66426**	**32244**	**34182**
15岁以下	**2678**	**638**	**2040**	**135**	**28**	**107**	**57**	**14**	**43**
15–19岁	**324039**	**88903**	**235136**	**9698**	**1642**	**8056**	**8151**	**1298**	**6853**
15	14477	4122	10355	665	167	498	348	86	262
16	25256	6320	18936	1185	217	968	626	98	528
17	46451	11651	34800	2305	332	1973	1319	194	1125
18	83313	22240	61073	2407	356	2051	2635	390	2245
19	154542	44570	109972	3136	570	2566	3223	530	2693
20–24岁	**1964218**	**890139**	**1074079**	**47855**	**20239**	**27616**	**37371**	**15677**	**21694**
20	250508	75962	174546	5479	1176	4303	3992	742	3250
21	337200	128208	208992	7241	2119	5122	6316	1681	4635
22	443758	201223	242535	11279	4152	7127	7414	2788	4626
23	478109	233634	244475	12836	6130	6706	9889	4711	5178
24	454643	251112	203531	11020	6662	4358	9760	5755	4005
25–29岁	**1180398**	**762269**	**418129**	**23386**	**16827**	**6559**	**18767**	**13605**	**5162**
25	388845	234228	154617	9025	6033	2992	7204	4854	2350
26	300404	191316	109088	6248	4546	1702	5038	3628	1410
27	222210	148845	73365	3813	2932	881	3340	2574	766
28	158656	110145	48511	2638	2037	601	1940	1565	375
29	110283	77735	32548	1662	1279	383	1245	984	261
30–34岁	**232930**	**160880**	**72050**	**2434**	**1931**	**503**	**1748**	**1394**	**354**
30	77934	54835	23099	989	779	210	711	560	151
31	55708	38342	17366	594	469	125	465	373	92
32	42216	28960	13256	411	346	65	271	216	55
33	32367	22037	10330	272	207	65	182	154	28
34	24705	16706	7999	168	130	38	119	91	28
35–39岁	**62652**	**42956**	**19696**	**370**	**282**	**88**	**225**	**182**	**43**
35	19160	13174	5986	124	99	25	70	51	19
36	14903	10159	4744	83	67	16	66	58	8
37	11677	8050	3627	69	52	17	40	30	10
38	9378	6441	2937	47	32	15	26	24	2
39	7534	5132	2402	47	32	15	23	19	4
40–44岁	**23179**	**15268**	**7911**	**119**	**84**	**35**	**65**	**53**	**12**
40	6372	4281	2091	32	24	8	21	18	3
41	5173	3367	1806	25	15	10	13	11	2
42	4476	2958	1518	22	15	7	13	11	2
43	3732	2390	1342	21	16	5	7	7	
44	3426	2272	1154	19	14	5	11	6	5
45–49岁	**10025**	**6607**	**3418**	**41**	**24**	**17**	**31**	**17**	**14**
45	2729	1811	918	10	4	6	13	8	5
46	2300	1560	740	11	9	2	5	2	3
47	1985	1253	732	7	2	5	7	4	3
48	1591	1050	541	8	4	4	2		2
49	1420	933	487	5	5		4	3	1
50岁及以上	**8162**	**5139**	**3023**	**13**	**8**	**5**	**11**	**4**	**7**
平均初婚年龄	**24.73**	**25.68**	**23.71**	**23.73**	**25.03**	**22.48**	**23.73**	**25.07**	**22.48**

5-4　续表 1　　　单位：人

初婚年龄	初婚年份								
	1982年			1983年			1984年		
	小计	男	女	小计	男	女	小计	男	女
总　计	**74828**	**36714**	**38114**	**69282**	**34166**	**35116**	**71816**	**35666**	**36150**
15岁以下	**100**	**25**	**75**	**65**	**20**	**45**	**81**	**22**	**59**
15-19岁	**11519**	**2277**	**9242**	**10603**	**2425**	**8178**	**9984**	**2305**	**7679**
15	389	81	308	475	129	346	435	131	304
16	788	168	620	712	168	544	719	156	563
17	1497	312	1185	1499	290	1209	1329	254	1075
18	3071	557	2514	2623	522	2101	2679	609	2070
19	5774	1159	4615	5294	1316	3978	4822	1155	3667
20-24岁	**39067**	**16734**	**22333**	**36128**	**15149**	**20979**	**40604**	**17389**	**23215**
20	6076	1426	4650	8097	2183	5914	7785	2233	5552
21	5841	1723	4118	6763	2291	4472	10548	3824	6724
22	8441	3387	5054	6469	2644	3825	8633	3746	4887
23	8674	4231	4443	7785	3835	3950	6560	3294	3266
24	10035	5967	4068	7014	4196	2818	7078	4292	2786
25-29岁	**21568**	**15661**	**5907**	**20017**	**14663**	**5354**	**18322**	**13753**	**4569**
25	8365	5593	2772	7272	4891	2381	5674	3896	1778
26	5672	4101	1571	5551	4063	1488	5025	3714	1311
27	3776	2910	866	3420	2662	758	3880	3039	841
28	2378	1949	429	2333	1853	480	2220	1844	376
29	1377	1108	269	1441	1194	247	1523	1260	263
30-34岁	**2171**	**1725**	**446**	**2054**	**1613**	**441**	**2340**	**1863**	**477**
30	918	729	189	791	631	160	969	768	201
31	524	421	103	484	368	116	557	444	113
32	333	254	79	362	287	75	385	303	82
33	245	206	39	238	189	49	256	206	50
34	151	115	36	179	138	41	173	142	31
35-39岁	**271**	**214**	**57**	**296**	**221**	**75**	**327**	**235**	**92**
35	102	85	17	121	94	27	101	79	22
36	59	46	13	70	51	19	80	58	22
37	49	37	12	53	38	15	67	48	19
38	36	28	8	35	27	8	47	28	19
39	25	18	7	17	11	6	32	22	10
40-44岁	**77**	**46**	**31**	**71**	**45**	**26**	**90**	**58**	**32**
40	17	9	8	26	15	11	22	13	9
41	15	10	5	16	9	7	27	18	9
42	15	11	4	12	9	3	12	6	6
43	15	9	6	13	8	5	13	11	2
44	15	7	8	4	4		16	10	6
45-49岁	**37**	**19**	**18**	**32**	**22**	**10**	**47**	**27**	**20**
45	10	7	3	10	7	3	5	2	3
46	7	1	6	4	3	1	21	15	6
47	8	4	4	8	5	3	9	5	4
48	8	4	4	9	6	3	6	1	5
49	4	3	1	1	1		6	4	2
50岁及以上	**18**	**13**	**5**	**16**	**8**	**8**	**21**	**14**	**7**
平均初婚年龄	**23.60**	**24.96**	**22.30**	**23.48**	**24.83**	**22.17**	**23.40**	**24.71**	**22.12**

5-4 续表 2

单位：人

初婚年龄	初婚年份								
	1985年			1986年			1987年		
	小计	男	女	小计	男	女	小计	男	女
总　计	**98224**	**49442**	**48782**	**100139**	**50355**	**49784**	**98825**	**50029**	**48796**
15岁以下	**82**	**23**	**59**	**64**	**21**	**43**	**60**	**17**	**43**
15-19岁	**12983**	**3248**	**9735**	**11446**	**2823**	**8623**	**11587**	**2871**	**8716**
15	552	153	399	369	93	276	362	89	273
16	1095	284	811	837	187	650	703	143	560
17	1842	412	1430	1749	443	1306	1539	357	1182
18	3201	737	2464	2928	658	2270	3218	779	2439
19	6293	1662	4631	5563	1442	4121	5765	1503	4262
20-24岁	**59741**	**26938**	**32803**	**66354**	**30628**	**35726**	**66133**	**31538**	**34595**
20	9594	2974	6620	9414	2813	6601	8655	2578	6077
21	13596	5120	8476	12537	4753	7784	12720	4923	7797
22	17224	7865	9359	16743	7492	9251	15119	7156	7963
23	11709	6276	5433	17563	9217	8346	15662	8288	7374
24	7618	4703	2915	10097	6353	3744	13977	8593	5384
25-29岁	**21454**	**16161**	**5293**	**18356**	**13968**	**4388**	**17085**	**12616**	**4469**
25	7216	5078	2138	5853	4088	1765	6898	4756	2142
26	4899	3647	1252	4844	3667	1177	3533	2620	913
27	4407	3492	915	3084	2491	593	3032	2321	711
28	3127	2526	601	2691	2183	508	1937	1545	392
29	1805	1418	387	1884	1539	345	1685	1374	311
30-34岁	**3245**	**2537**	**708**	**3140**	**2396**	**744**	**3187**	**2418**	**769**
30	1259	1003	256	1147	874	273	1170	912	258
31	816	641	175	780	596	184	745	551	194
32	513	400	113	555	434	121	572	418	154
33	371	284	87	395	298	97	423	327	96
34	286	209	77	263	194	69	277	210	67
35-39岁	**522**	**399**	**123**	**539**	**374**	**165**	**557**	**429**	**128**
35	173	140	33	183	135	48	214	166	48
36	134	96	38	121	87	34	129	99	30
37	91	77	14	91	62	29	101	78	23
38	65	49	16	84	54	30	74	55	19
39	59	37	22	60	36	24	39	31	8
40-44岁	**112**	**81**	**31**	**162**	**100**	**62**	**127**	**80**	**47**
40	35	24	11	48	33	15	37	21	16
41	25	19	6	37	17	20	29	19	10
42	17	14	3	43	28	15	21	11	10
43	19	11	8	19	12	7	20	14	6
44	16	13	3	15	10	5	20	15	5
45-49岁	**53**	**35**	**18**	**52**	**30**	**22**	**54**	**37**	**17**
45	16	9	7	13	8	5	15	8	7
46	9	9		10	7	3	10	7	3
47	12	9	3	17	9	8	12	9	3
48	12	7	5	7	2	5	7	4	3
49	4	1	3	5	4	1	10	9	1
50岁及以上	**32**	**20**	**12**	**26**	**15**	**11**	**35**	**23**	**12**
平均初婚年龄	**23.30**	**24.45**	**22.14**	**23.35**	**24.38**	**22.31**	**23.35**	**24.33**	**22.36**

5-4 续表 3　　　　单位：人

初婚年龄	初婚年份								
	1988年			1989年			1990年		
	小计	男	女	小计	男	女	小计	男	女
总　计	**107491**	**54766**	**52725**	**102097**	**52557**	**49540**	**123107**	**64079**	**59028**
15岁以下	**80**	**22**	**58**	**96**	**18**	**78**	**148**	**34**	**114**
15-19岁	**12548**	**3254**	**9294**	**12117**	**3272**	**8845**	**15455**	**4632**	**10823**
15	419	115	304	468	144	324	756	258	498
16	774	172	602	838	202	636	1231	357	874
17	1611	344	1267	1535	366	1169	2291	646	1645
18	3171	750	2421	3044	789	2255	3892	1133	2759
19	6573	1873	4700	6232	1771	4461	7285	2238	5047
20-24岁	**68778**	**32660**	**36118**	**64172**	**30884**	**33288**	**76897**	**37440**	**39457**
20	9647	3078	6569	9815	3226	6589	11710	3935	7775
21	12226	4793	7433	12110	5044	7066	15741	6610	9131
22	16544	7743	8801	14193	6727	7466	17683	8659	9024
23	16308	8535	7773	15238	7993	7245	16619	8957	7662
24	14053	8511	5542	12816	7894	4922	15144	9279	5865
25-29岁	**21701**	**15485**	**6216**	**21732**	**15346**	**6386**	**26033**	**18518**	**7515**
25	10970	7438	3532	9592	6439	3153	10701	7269	3432
26	4939	3570	1369	6463	4661	1802	7072	5066	2006
27	2464	1867	597	3022	2250	772	4909	3646	1263
28	1996	1561	435	1448	1085	363	2236	1678	558
29	1332	1049	283	1207	911	296	1115	859	256
30-34岁	**3418**	**2640**	**778**	**2993**	**2304**	**689**	**3183**	**2431**	**752**
30	1173	930	243	821	662	159	1006	752	254
31	852	644	208	827	625	202	647	499	148
32	584	438	146	596	458	138	621	483	138
33	463	366	97	453	341	112	545	426	119
34	346	262	84	296	218	78	364	271	93
35-39岁	**696**	**522**	**174**	**693**	**540**	**153**	**982**	**748**	**234**
35	254	204	50	233	185	48	319	248	71
36	177	118	59	162	131	31	248	188	60
37	106	78	28	140	99	41	185	141	44
38	100	79	21	93	79	14	127	94	33
39	59	43	16	65	46	19	103	77	26
40-44岁	**166**	**115**	**51**	**180**	**118**	**62**	**244**	**173**	**71**
40	53	40	13	53	39	14	74	60	14
41	42	28	14	47	30	17	64	41	23
42	27	17	10	32	21	11	47	31	16
43	20	11	9	25	15	10	41	27	14
44	24	19	5	23	13	10	18	14	4
45-49岁	**65**	**43**	**22**	**64**	**45**	**19**	**97**	**59**	**38**
45	20	12	8	21	15	6	25	18	7
46	17	12	5	18	15	3	22	13	9
47	9	8	1	14	7	7	18	10	8
48	12	8	4	6	4	2	13	8	5
49	7	3	4	5	4	1	19	10	9
50岁及以上	**39**	**25**	**14**	**50**	**30**	**20**	**68**	**44**	**24**
平均初婚年龄	**23.42**	**24.35**	**22.45**	**23.41**	**24.32**	**22.45**	**23.35**	**24.23**	**22.40**

5-4 续表 4 单位：人

初婚年龄	初婚年份								
	1991年			1992年			1993年		
	小计	男	女	小计	男	女	小计	男	女
总　计	**84279**	**43326**	**40953**	**101274**	**52220**	**49054**	**101762**	**52489**	**49273**
15岁以下	**82**	**20**	**62**	**54**	**13**	**41**	**74**	**18**	**56**
15-19岁	**9445**	**2702**	**6743**	**10379**	**3058**	**7321**	**9482**	**2781**	**6701**
15	388	111	277	451	141	310	394	128	266
16	636	173	463	812	233	579	661	168	493
17	1264	307	957	1331	347	984	1306	356	950
18	2506	701	1805	2613	741	1872	2348	640	1708
19	4651	1410	3241	5172	1596	3576	4773	1489	3284
20-24岁	**52574**	**24628**	**27946**	**63343**	**29497**	**33846**	**63385**	**29194**	**34191**
20	7293	2393	4900	8065	2627	5438	7965	2596	5369
21	9996	3985	6011	11049	4470	6579	10865	4258	6607
22	13002	6090	6912	15424	6961	8463	14807	6727	8080
23	12616	6281	6335	16150	7933	8217	16259	7830	8429
24	9667	5879	3788	12655	7506	5149	13489	7783	5706
25-29岁	**19448**	**13895**	**5553**	**23801**	**16917**	**6884**	**24331**	**17280**	**7051**
25	7843	5274	2569	8661	5767	2894	9677	6490	3187
26	4956	3563	1393	6354	4539	1815	5865	4156	1709
27	3357	2530	827	4170	3117	1053	4155	3138	1017
28	2328	1790	538	2706	2057	649	2734	2075	659
29	964	738	226	1910	1437	473	1900	1421	479
30-34岁	**1874**	**1445**	**429**	**2400**	**1790**	**610**	**3066**	**2247**	**819**
30	523	398	125	848	618	230	1380	1018	362
31	465	363	102	429	321	108	605	440	165
32	335	258	77	440	322	118	409	289	120
33	310	237	73	338	257	81	390	283	107
34	241	189	52	345	272	73	282	217	65
35-39岁	**613**	**473**	**140**	**832**	**644**	**188**	**909**	**656**	**253**
35	184	144	40	292	226	66	283	209	74
36	134	96	38	182	142	40	216	162	54
37	135	106	29	148	118	30	163	117	46
38	83	67	16	123	93	30	121	85	36
39	77	60	17	87	65	22	126	83	43
40-44岁	**162**	**110**	**52**	**288**	**189**	**99**	**335**	**215**	**120**
40	47	33	14	101	63	38	93	54	39
41	41	31	10	64	46	18	77	52	25
42	32	18	14	49	30	19	61	41	20
43	25	18	7	43	26	17	59	39	20
44	17	10	7	31	24	7	45	29	16
45-49岁	**53**	**36**	**17**	**96**	**55**	**41**	**111**	**65**	**46**
45	12	8	4	29	15	14	31	21	10
46	13	9	4	20	13	7	26	18	8
47	12	9	3	16	10	6	22	11	11
48	10	7	3	21	10	11	21	10	11
49	6	3	3	10	7	3	11	5	6
50岁及以上	**28**	**17**	**11**	**81**	**57**	**24**	**69**	**33**	**36**
平均初婚年龄	**23.48**	**24.38**	**22.53**	**23.69**	**24.56**	**22.75**	**23.82**	**24.68**	**22.91**

5-4　续表 5　　　　单位：人

初婚年龄	初婚年份								
	1994年			1995年			1996年		
	小计	男	女	小计	男	女	小计	男	女
总　计	**102160**	**52665**	**49495**	**115004**	**59810**	**55194**	**100505**	**52283**	**48222**
15岁以下	**63**	**17**	**46**	**78**	**22**	**56**	**45**	**11**	**34**
15-19岁	**8288**	**2397**	**5891**	**9301**	**2785**	**6516**	**6850**	**1967**	**4883**
15	387	123	264	450	138	312	272	76	196
16	616	162	454	760	235	525	487	134	353
17	1067	285	782	1241	366	875	955	283	672
18	2079	602	1477	2317	652	1665	1739	517	1222
19	4139	1225	2914	4533	1394	3139	3397	957	2440
20-24岁	**62443**	**28233**	**34210**	**67490**	**31076**	**36414**	**56803**	**25377**	**31426**
20	7263	2253	5010	7436	2370	5066	6138	1893	4245
21	10383	4056	6327	11038	4447	6591	8600	3269	5331
22	14159	6290	7869	15758	7057	8701	12681	5647	7034
23	16139	7560	8579	17310	8178	9132	15394	6926	8468
24	14499	8074	6425	15948	9024	6924	13990	7642	6348
25-29岁	**26392**	**18404**	**7988**	**31344**	**21122**	**10222**	**30301**	**20383**	**9918**
25	10690	6948	3742	12631	7923	4708	11672	7264	4408
26	6794	4776	2018	8264	5640	2624	8001	5359	2642
27	4089	3061	1028	5118	3661	1457	5283	3783	1500
28	2913	2190	723	3038	2205	833	3321	2468	853
29	1906	1429	477	2293	1693	600	2024	1509	515
30-34岁	**3471**	**2578**	**893**	**4848**	**3487**	**1361**	**4792**	**3372**	**1420**
30	1398	1052	346	1680	1228	452	1569	1105	464
31	994	735	259	1267	886	381	1155	818	337
32	500	364	136	1048	752	296	906	625	281
33	300	227	73	527	380	147	770	542	228
34	279	200	79	326	241	85	392	282	110
35-39岁	**884**	**660**	**224**	**1117**	**819**	**298**	**872**	**648**	**224**
35	200	160	40	290	209	81	229	181	48
36	246	184	62	231	181	50	190	148	42
37	171	130	41	240	176	64	141	104	37
38	136	98	38	207	142	65	176	127	49
39	131	88	43	149	111	38	136	88	48
40-44岁	**369**	**225**	**144**	**491**	**313**	**178**	**443**	**292**	**151**
40	105	65	40	149	107	42	125	83	42
41	68	39	29	113	69	44	106	77	29
42	80	49	31	100	61	39	82	50	32
43	57	29	28	65	40	25	70	47	23
44	59	43	16	64	36	28	60	35	25
45-49岁	**142**	**88**	**54**	**179**	**111**	**68**	**215**	**128**	**87**
45	29	22	7	46	26	20	53	35	18
46	39	20	19	49	33	16	45	27	18
47	28	18	10	44	27	17	44	23	21
48	24	16	8	19	12	7	33	19	14
49	22	12	10	21	13	8	40	24	16
50岁及以上	**108**	**63**	**45**	**156**	**75**	**81**	**184**	**105**	**79**
平均初婚年龄	**24.03**	**24.89**	**23.12**	**24.21**	**25.02**	**23.33**	**24.49**	**25.33**	**23.58**

5－4 续表 6 单位：人

初婚年龄	初婚年份								
	1997年			1998年			1999年		
	小计	男	女	小计	男	女	小计	男	女
总　计	**94975**	**49337**	**45638**	**103227**	**53936**	**49291**	**91620**	**47810**	**43810**
15岁以下	**63**	**12**	**51**	**57**	**12**	**45**	**78**	**17**	**61**
15－19岁	**6412**	**1900**	**4512**	**6878**	**1911**	**4967**	**6172**	**1697**	**4475**
15	328	98	230	321	91	230	337	104	233
16	437	99	338	598	168	430	577	142	435
17	828	220	608	892	226	666	1008	262	746
18	1709	508	1201	1598	461	1137	1427	380	1047
19	3110	975	2135	3469	965	2504	2823	809	2014
20－24岁	**51568**	**22530**	**29038**	**53796**	**23529**	**30267**	**48085**	**20707**	**27378**
20	5358	1577	3781	5770	1659	4111	5572	1625	3947
21	8273	3037	5236	8121	2957	5164	7602	2655	4947
22	11263	4864	6399	12561	5417	7144	10570	4474	6096
23	13485	6158	7327	14039	6307	7732	12620	5672	6948
24	13189	6894	6295	13305	7189	6116	11721	6281	5440
25－29岁	**30018**	**20064**	**9954**	**33642**	**22399**	**11243**	**30331**	**20376**	**9955**
25	10791	6584	4207	11951	7357	4594	10172	6228	3944
26	7748	5243	2505	8497	5692	2805	7967	5340	2627
27	5513	3835	1678	6049	4328	1721	5482	3909	1573
28	3610	2662	948	4230	2990	1240	3947	2898	1049
29	2356	1740	616	2915	2032	883	2763	2001	762
30－34岁	**5028**	**3546**	**1482**	**6575**	**4470**	**2105**	**5275**	**3798**	**1477**
30	1532	1085	447	2094	1463	631	1856	1367	489
31	1227	863	364	1455	985	470	1258	882	376
32	920	631	289	1232	820	412	900	643	257
33	758	532	226	986	652	334	746	536	210
34	591	435	156	808	550	258	515	370	145
35－39岁	**924**	**683**	**241**	**1469**	**1062**	**407**	**1077**	**786**	**291**
35	325	250	75	623	450	173	393	295	98
36	154	127	27	339	238	101	310	220	90
37	176	124	52	175	134	41	184	137	47
38	112	79	33	175	125	50	94	68	26
39	157	103	54	157	115	42	96	66	30
40－44岁	**611**	**372**	**239**	**506**	**362**	**144**	**352**	**264**	**88**
40	147	94	53	139	107	32	70	52	18
41	137	70	67	119	90	29	95	71	24
42	116	76	40	96	65	31	74	61	13
43	105	66	39	76	54	22	55	40	15
44	106	66	40	76	46	30	58	40	18
45－49岁	**222**	**155**	**67**	**184**	**118**	**66**	**135**	**88**	**47**
45	60	41	19	54	34	20	29	21	8
46	42	33	9	41	25	16	37	26	11
47	49	25	24	30	19	11	31	16	15
48	35	28	7	33	21	12	23	16	7
49	36	28	8	26	19	7	15	9	6
50岁及以上	**129**	**75**	**54**	**120**	**73**	**47**	**115**	**77**	**38**
平均初婚年龄	**24.68**	**25.57**	**23.71**	**24.83**	**25.75**	**23.83**	**24.71**	**25.69**	**23.64**

5-4　续表 7　　单位：人

初婚年龄	初婚年份								
	2000年			2001年			2002年		
	小计	男	女	小计	男	女	小计	男	女
总　计	**108574**	**57170**	**51404**	**71813**	**37603**	**34210**	**86519**	**45564**	**40955**
15岁以下	**126**	**48**	**78**	**92**	**30**	**62**	**120**	**32**	**88**
15-19岁	**9114**	**2641**	**6473**	**5623**	**1593**	**4030**	**6886**	**2029**	**4857**
15	609	214	395	366	130	236	533	191	342
16	867	243	624	524	163	361	664	190	474
17	1366	360	1006	772	195	577	985	279	706
18	2462	680	1782	1323	358	965	1611	470	1141
19	3810	1144	2666	2638	747	1891	3093	899	2194
20-24岁	**57229**	**25508**	**31721**	**36581**	**15849**	**20732**	**44606**	**19826**	**24780**
20	6532	1961	4571	3980	1103	2877	5905	1644	4261
21	9545	3542	6003	5812	1990	3822	6641	2337	4304
22	12767	5585	7182	8521	3703	4818	9598	4334	5264
23	14092	6652	7440	9476	4416	5060	11583	5587	5996
24	14293	7768	6525	8792	4637	4155	10879	5924	4955
25-29岁	**34109**	**23042**	**11067**	**24106**	**16116**	**7990**	**28186**	**18714**	**9472**
25	11389	7044	4345	8262	4971	3291	9322	5565	3757
26	8823	5871	2952	5999	3926	2073	7342	4792	2550
27	6398	4557	1841	4467	3210	1257	5267	3701	1566
28	4467	3319	1148	3216	2404	812	3668	2712	956
29	3032	2251	781	2162	1605	557	2587	1944	643
30-34岁	**5888**	**4363**	**1525**	**4101**	**3058**	**1043**	**5107**	**3777**	**1330**
30	2217	1686	531	1506	1136	370	1772	1346	426
31	1440	1055	385	982	740	242	1288	964	324
32	1010	727	283	744	547	197	928	672	256
33	701	531	170	529	397	132	675	471	204
34	520	364	156	340	238	102	444	324	120
35-39岁	**1391**	**1050**	**341**	**903**	**663**	**240**	**1120**	**844**	**276**
35	438	329	109	296	205	91	346	256	90
36	374	289	85	192	134	58	262	212	50
37	297	217	80	170	137	33	191	139	52
38	176	138	38	152	113	39	176	126	50
39	106	77	29	93	74	19	145	111	34
40-44岁	**408**	**305**	**103**	**221**	**170**	**51**	**259**	**200**	**59**
40	103	77	26	57	43	14	100	83	17
41	74	53	21	42	33	9	29	20	9
42	85	67	18	40	29	11	49	33	16
43	86	61	25	42	30	12	44	38	6
44	60	47	13	40	35	5	37	26	11
45-49岁	**190**	**133**	**57**	**113**	**81**	**32**	**132**	**86**	**46**
45	51	36	15	30	19	11	29	17	12
46	41	31	10	28	22	6	33	27	6
47	39	24	15	17	12	5	21	12	9
48	31	25	6	16	11	5	20	10	10
49	28	17	11	22	17	5	29	20	9
50岁及以上	**119**	**80**	**39**	**73**	**43**	**30**	**103**	**56**	**47**
平均初婚年龄	**24.54**	**25.54**	**23.44**	**24.67**	**25.68**	**23.55**	**24.63**	**25.63**	**23.53**

5-4 续表 8 单位：人

初婚年龄	初婚年份								
	2003年			2004年			2005年		
	小计	男	女	小计	男	女	小计	男	女
总 计	**88669**	**46604**	**42065**	**90339**	**47418**	**42921**	**91963**	**48924**	**43039**
15岁以下	**93**	**28**	**65**	**71**	**17**	**54**	**62**	**16**	**46**
15-19岁	**6891**	**2004**	**4887**	**6775**	**1908**	**4867**	**8128**	**2443**	**5685**
15	473	174	299	449	153	296	473	160	313
16	738	216	522	623	173	450	751	227	524
17	1057	310	747	1112	298	814	1234	375	859
18	1623	438	1185	1659	468	1191	2139	618	1521
19	3000	866	2134	2932	816	2116	3531	1063	2468
20-24岁	**44388**	**19491**	**24897**	**45104**	**20035**	**25069**	**44929**	**20774**	**24155**
20	5575	1533	4042	5117	1401	3716	5300	1551	3749
21	8089	2794	5295	7970	2851	5119	7421	2828	4593
22	9273	4184	5089	11477	5185	6292	10487	4948	5539
23	10246	5022	5224	10301	5056	5245	12035	6029	6006
24	11205	5958	5247	10239	5542	4697	9686	5418	4268
25-29岁	**29550**	**19352**	**10198**	**30316**	**19552**	**10764**	**29245**	**18883**	**10362**
25	9468	5612	3856	9809	5729	4080	8812	5243	3569
26	7547	4852	2695	7784	4820	2964	7595	4776	2819
27	5650	3853	1797	5666	3831	1835	5797	3846	1951
28	3983	2912	1071	4280	3089	1191	4029	2825	1204
29	2902	2123	779	2777	2083	694	3012	2193	819
30-34岁	**5882**	**4379**	**1503**	**6007**	**4427**	**1580**	**6830**	**4822**	**2008**
30	2024	1521	503	1988	1503	485	2217	1574	643
31	1383	1017	366	1479	1076	403	1582	1116	466
32	1050	787	263	1092	776	316	1270	919	351
33	837	622	215	812	586	226	995	700	295
34	588	432	156	636	486	150	766	513	253
35-39岁	**1254**	**905**	**349**	**1358**	**979**	**379**	**1830**	**1328**	**502**
35	400	291	109	467	332	135	586	415	171
36	295	208	87	325	232	93	444	326	118
37	239	176	63	214	163	51	333	247	86
38	183	138	45	196	132	64	243	178	65
39	137	92	45	156	120	36	224	162	62
40-44岁	**328**	**250**	**78**	**408**	**308**	**100**	**558**	**395**	**163**
40	152	116	36	138	107	31	148	108	40
41	54	42	12	120	86	34	151	113	38
42	45	35	10	73	54	19	133	87	46
43	43	29	14	40	31	9	71	47	24
44	34	28	6	37	30	7	55	40	15
45-49岁	**170**	**116**	**54**	**152**	**105**	**47**	**201**	**148**	**53**
45	49	36	13	40	31	9	37	28	9
46	42	32	10	31	20	11	42	34	8
47	29	15	14	35	21	14	44	29	15
48	30	22	8	20	15	5	44	29	15
49	20	11	9	26	18	8	34	28	6
50岁及以上	**113**	**79**	**34**	**148**	**87**	**61**	**180**	**115**	**65**
平均初婚年龄	**24.78**	**25.81**	**23.64**	**24.83**	**25.83**	**23.72**	**24.93**	**25.91**	**23.81**

5–4 续表 9

单位：人

初婚年龄	初婚年份								
	2006年			2007年			2008年		
	小计	男	女	小计	男	女	小计	男	女
总 计	**94324**	**49615**	**44709**	**86013**	**45360**	**40653**	**112188**	**59498**	**52690**
15岁以下	**54**	**15**	**39**	**42**	**6**	**36**	**51**	**10**	**41**
15–19岁	**7438**	**2141**	**5297**	**7081**	**2096**	**4985**	**8751**	**2768**	**5983**
15	288	73	215	277	61	216	302	76	226
16	565	163	402	501	127	374	593	154	439
17	1006	298	708	1029	274	755	1119	296	823
18	1891	543	1348	1792	552	1240	2436	786	1650
19	3688	1064	2624	3482	1082	2400	4301	1456	2845
20–24岁	**45530**	**20527**	**25003**	**40180**	**18274**	**21906**	**52151**	**23986**	**28165**
20	5623	1585	4038	6255	1893	4362	7484	2430	5054
21	7141	2768	4373	6983	2776	4207	10457	4189	6268
22	9381	4309	5072	8141	3876	4265	11394	5459	5935
23	11038	5422	5616	8965	4489	4476	11034	5573	5461
24	12347	6443	5904	9836	5240	4596	11782	6335	5447
25–29岁	**31812**	**20112**	**11700**	**29301**	**18316**	**10985**	**38748**	**23997**	**14751**
25	9471	5445	4026	9820	5582	4238	11999	6852	5147
26	7926	4880	3046	6808	4195	2613	11059	6642	4417
27	6511	4225	2286	5410	3511	1899	6774	4351	2423
28	4679	3244	1435	4293	2945	1348	4972	3407	1565
29	3225	2318	907	2970	2083	887	3944	2745	1199
30–34岁	**6845**	**4940**	**1905**	**6516**	**4618**	**1898**	**8437**	**5885**	**2552**
30	2338	1693	645	2022	1495	527	2739	1942	797
31	1601	1158	443	1589	1120	469	1992	1365	627
32	1203	867	336	1158	803	355	1562	1105	457
33	948	669	279	959	659	300	1195	829	366
34	755	553	202	788	541	247	949	644	305
35–39岁	**1794**	**1267**	**527**	**1934**	**1363**	**571**	**2662**	**1872**	**790**
35	604	420	184	582	405	177	802	550	252
36	433	306	127	461	319	142	653	459	194
37	325	239	86	396	280	116	495	342	153
38	258	183	75	290	216	74	404	285	119
39	174	119	55	205	143	62	308	236	72
40–44岁	**530**	**388**	**142**	**613**	**453**	**160**	**798**	**584**	**214**
40	144	106	38	152	114	38	225	160	65
41	147	107	40	142	107	35	180	134	46
42	104	76	28	120	93	27	138	102	36
43	83	61	22	110	81	29	127	94	33
44	52	38	14	89	58	31	128	94	34
45–49岁	**163**	**126**	**37**	**169**	**127**	**42**	**290**	**189**	**101**
45	33	27	6	55	47	8	105	72	33
46	36	31	5	25	17	8	50	30	20
47	31	21	10	30	21	9	42	30	12
48	36	29	7	21	15	6	45	30	15
49	27	18	9	38	27	11	48	27	21
50岁及以上	**158**	**99**	**59**	**177**	**107**	**70**	**300**	**207**	**93**
平均初婚年龄	**25.05**	**26.03**	**23.97**	**25.09**	**26.08**	**23.99**	**25.14**	**26.07**	**24.10**

5-4 续表 10

单位：人

初婚年龄	初婚年份								
	2009年			2010年			2011年		
	小计	男	女	小计	男	女	小计	男	女
总 计	**101135**	**53373**	**47762**	**117754**	**62727**	**55027**	**94743**	**49654**	**45089**
15岁以下	**43**	**7**	**36**	**78**	**10**	**68**	**29**	**6**	**23**
15-19岁	**8149**	**2596**	**5553**	**8677**	**2764**	**5913**	**5588**	**1873**	**3715**
15	285	65	220	310	67	243	224	47	177
16	521	133	388	612	140	472	450	105	345
17	1084	327	757	1275	363	912	778	229	549
18	1980	640	1340	2232	745	1487	1454	505	949
19	4279	1431	2848	4248	1449	2799	2682	987	1695
20-24岁	**47640**	**22177**	**25463**	**57460**	**27464**	**29996**	**45216**	**20764**	**24452**
20	6594	2175	4419	7890	2834	5056	4841	1627	3214
21	9171	3772	5399	9806	4154	5652	7732	3113	4619
22	12018	5854	6164	13011	6431	6580	9699	4576	5123
23	10293	5292	5001	14498	7373	7125	11066	5378	5688
24	9564	5084	4480	12255	6672	5583	11878	6070	5808
25-29岁	**33486**	**20564**	**12922**	**37513**	**23100**	**14413**	**33280**	**19757**	**13523**
25	9422	5315	4107	10512	5987	4525	9721	5243	4478
26	8930	5196	3734	9244	5548	3696	7789	4424	3365
27	7398	4750	2648	7731	4864	2867	6512	3961	2551
28	4582	3102	1480	6376	4202	2174	5262	3403	1859
29	3154	2201	953	3650	2499	1151	3996	2726	1270
30-34岁	**7796**	**5264**	**2532**	**8975**	**5935**	**3040**	**7123**	**4840**	**2283**
30	2475	1716	759	2690	1823	867	2194	1517	677
31	1793	1216	577	2128	1439	689	1708	1177	531
32	1427	954	473	1692	1113	579	1417	965	452
33	1210	781	429	1358	863	495	1004	651	353
34	891	597	294	1107	697	410	800	530	270
35-39岁	**2552**	**1774**	**778**	**3129**	**2143**	**986**	**2251**	**1531**	**720**
35	745	520	225	891	622	269	680	466	214
36	564	398	166	697	465	232	501	337	164
37	467	328	139	635	432	203	417	278	139
38	444	293	151	501	350	151	373	256	117
39	332	235	97	405	274	131	280	194	86
40-44岁	**888**	**589**	**299**	**1120**	**764**	**356**	**765**	**544**	**221**
40	251	162	89	335	234	101	221	163	58
41	216	137	79	265	170	95	192	134	58
42	160	113	47	207	146	61	160	104	56
43	131	88	43	161	107	54	109	79	30
44	130	89	41	152	107	45	83	64	19
45-49岁	**306**	**213**	**93**	**448**	**313**	**135**	**305**	**217**	**88**
45	96	68	28	127	86	41	91	65	26
46	93	66	27	120	85	35	64	43	21
47	54	47	7	104	70	34	66	48	18
48	23	14	9	57	45	12	52	36	16
49	40	18	22	40	27	13	32	25	7
50岁及以上	**275**	**189**	**86**	**354**	**234**	**120**	**186**	**122**	**64**
平均初婚年龄	**25.17**	**26.06**	**24.18**	**25.25**	**26.08**	**24.31**	**25.41**	**26.21**	**24.53**

5-4　续表 11　　　　单位：人

初婚年龄	初婚年份								
	2012年			2013年			2014年		
	小计	男	女	小计	男	女	小计	男	女
总　计	**110636**	**58372**	**52264**	**100386**	**52707**	**47679**	**99700**	**52059**	**47641**
15岁以下	**53**	**8**	**45**	**31**	**6**	**25**	**34**	**2**	**32**
15−19岁	**6695**	**2188**	**4507**	**5451**	**1665**	**3786**	**5080**	**1555**	**3525**
15	253	43	210	224	42	182	177	35	142
16	488	113	375	474	103	371	407	75	332
17	988	291	697	793	214	579	715	213	502
18	1779	603	1176	1457	484	973	1359	417	942
19	3187	1138	2049	2503	822	1681	2422	815	1607
20−24岁	**50389**	**23619**	**26770**	**42068**	**19353**	**22715**	**38593**	**17258**	**21335**
20	5259	1903	3356	4282	1379	2903	3920	1169	2751
21	7582	3079	4503	5845	2352	3493	5194	1971	3223
22	11563	5552	6011	8867	4194	4673	7594	3496	4098
23	12399	6069	6330	11273	5426	5847	9539	4447	5092
24	13586	7016	6570	11801	6002	5799	12346	6175	6171
25−29岁	**40230**	**23739**	**16491**	**38777**	**22509**	**16268**	**41226**	**23747**	**17479**
25	13355	7224	6131	12249	6568	5681	12170	6412	5758
26	9694	5546	4148	10614	5987	4627	10909	6123	4786
27	7366	4487	2879	7174	4330	2844	9012	5365	3647
28	5534	3610	1924	5026	3136	1890	5413	3446	1967
29	4281	2872	1409	3714	2488	1226	3722	2401	1321
30−34岁	**8807**	**5832**	**2975**	**9327**	**6026**	**3301**	**9529**	**6091**	**3438**
30	3136	2110	1026	3031	1962	1069	2921	1939	982
31	1906	1285	621	2469	1599	870	2279	1438	841
32	1460	950	510	1558	1028	530	1951	1224	727
33	1249	795	454	1214	765	449	1304	825	479
34	1056	692	364	1055	672	383	1074	665	409
35−39岁	**2717**	**1822**	**895**	**2830**	**1871**	**959**	**3113**	**2003**	**1110**
35	760	496	264	783	504	279	996	641	355
36	648	432	216	678	424	254	680	434	246
37	509	349	160	551	387	164	541	336	205
38	413	272	141	459	322	137	541	366	175
39	387	273	114	359	234	125	355	226	129
40−44岁	**1041**	**694**	**347**	**1159**	**766**	**393**	**1258**	**818**	**440**
40	319	208	111	341	233	108	348	222	126
41	210	134	76	224	138	86	279	193	86
42	208	143	65	218	149	69	219	146	73
43	164	109	55	198	130	68	199	125	74
44	140	100	40	178	116	62	213	132	81
45−49岁	**428**	**281**	**147**	**465**	**319**	**146**	**520**	**343**	**177**
45	111	78	33	113	79	34	157	101	56
46	82	50	32	117	83	34	115	74	41
47	91	63	28	99	69	30	86	59	27
48	70	44	26	63	44	19	91	58	33
49	74	46	28	73	44	29	71	51	20
50岁及以上	**276**	**189**	**87**	**278**	**192**	**86**	**347**	**242**	**105**
平均初婚年龄	**25.53**	**26.28**	**24.70**	**25.90**	**26.67**	**25.04**	**26.19**	**26.97**	**25.33**

5-4 续表 12

单位：人

初婚年龄	初婚年份								
	2015年			2016年			2017年		
	小计	男	女	小计	男	女	小计	男	女
总　计	**100057**	**52606**	**47451**	**85891**	**44987**	**40904**	**77283**	**40457**	**36826**
15岁以下	**37**	**1**	**36**	**30**	**1**	**29**	**19**	**3**	**16**
15-19岁	**4631**	**1355**	**3276**	**3635**	**1053**	**2582**	**3019**	**863**	**2156**
15	175	40	135	127	23	104	111	27	84
16	341	84	257	273	66	207	222	55	167
17	650	168	482	563	158	405	434	112	322
18	1213	341	872	931	284	647	796	233	563
19	2252	722	1530	1741	522	1219	1456	436	1020
20-24岁	**35592**	**16015**	**19577**	**28993**	**12699**	**16294**	**25027**	**10816**	**14211**
20	3659	1095	2564	3046	932	2114	2420	693	1727
21	5057	1979	3078	3940	1519	2421	3643	1368	2275
22	7359	3439	3920	5780	2568	3212	5063	2338	2725
23	8478	4070	4408	7466	3457	4009	6184	2750	3434
24	11039	5432	5607	8761	4223	4538	7717	3667	4050
25-29岁	**43505**	**24895**	**18610**	**38784**	**22140**	**16644**	**34561**	**19493**	**15068**
25	12443	6555	5888	9736	5042	4694	8031	4095	3936
26	10857	5970	4887	9938	5476	4462	8275	4456	3819
27	8851	5235	3616	8133	4761	3372	7820	4508	3312
28	6943	4332	2611	6381	3902	2479	5970	3592	2378
29	4411	2803	1608	4596	2959	1637	4465	2842	1623
30-34岁	**10395**	**6572**	**3823**	**9381**	**5889**	**3492**	**9572**	**6082**	**3490**
30	3090	1983	1107	2904	1861	1043	3328	2135	1193
31	2395	1486	909	2051	1292	759	2194	1370	824
32	1983	1234	749	1705	1070	635	1622	1040	582
33	1755	1102	653	1455	906	549	1306	839	467
34	1172	767	405	1266	760	506	1122	698	424
35-39岁	**3253**	**2053**	**1200**	**2880**	**1819**	**1061**	**2863**	**1796**	**1067**
35	895	562	333	842	528	314	929	578	351
36	846	511	335	670	423	247	628	374	254
37	631	392	239	563	361	202	521	341	180
38	454	297	157	420	255	165	434	278	156
39	427	291	136	385	252	133	351	225	126
40-44岁	**1480**	**927**	**553**	**1216**	**749**	**467**	**1137**	**726**	**411**
40	400	260	140	300	180	120	304	203	101
41	302	201	101	263	161	102	256	153	103
42	285	175	110	237	155	82	229	140	89
43	252	134	118	216	129	87	170	110	60
44	241	157	84	200	124	76	178	120	58
45-49岁	**689**	**468**	**221**	**567**	**372**	**195**	**540**	**337**	**203**
45	192	132	60	171	106	65	140	91	49
46	169	120	49	146	100	46	120	76	44
47	129	76	53	113	71	42	110	69	41
48	89	66	23	82	60	22	91	49	42
49	110	74	36	55	35	20	79	52	27
50岁及以上	**475**	**320**	**155**	**405**	**265**	**140**	**545**	**341**	**204**
平均初婚年龄	**26.54**	**27.30**	**25.68**	**26.71**	**27.47**	**25.88**	**27.00**	**27.78**	**26.13**

5-4　续表 13　　单位：人

初婚年龄	初婚年份								
	2018年			2019年			2020年		
	小计	男	女	小计	男	女	小计	男	女
总　计	**85497**	**44348**	**41149**	**67471**	**34957**	**32514**	**46234**	**23837**	**22397**
15岁以下	**33**	**3**	**30**	**13**	**2**	**11**	**5**	**1**	**4**
15-19岁	**3126**	**894**	**2232**	**2663**	**814**	**1849**	**1340**	**415**	**925**
15	117	24	93	100	13	87	38	8	30
16	260	49	211	197	50	147	93	25	68
17	457	115	342	405	109	296	221	65	156
18	821	236	585	765	233	532	385	124	261
19	1471	470	1001	1196	409	787	603	193	410
20-24岁	**26562**	**11350**	**15212**	**20775**	**9031**	**11744**	**12618**	**5276**	**7342**
20	2514	690	1824	2053	680	1373	1135	327	808
21	3418	1281	2137	2713	1005	1708	1474	525	949
22	5272	2334	2938	4116	1890	2226	2410	1082	1328
23	6946	3118	3828	5268	2374	2894	3074	1322	1752
24	8412	3927	4485	6625	3082	3543	4525	2020	2505
25-29岁	**37894**	**21017**	**16877**	**28236**	**15407**	**12829**	**19504**	**10374**	**9130**
25	8768	4283	4485	6675	3195	3480	4553	2096	2457
26	8613	4576	4037	6402	3334	3068	4526	2335	2191
27	8062	4525	3537	5619	3125	2494	4229	2303	1926
28	7266	4414	2852	5129	3038	2091	3416	1950	1466
29	5185	3219	1966	4411	2715	1696	2780	1690	1090
30-34岁	**11592**	**7253**	**4339**	**10085**	**6231**	**3854**	**7493**	**4611**	**2882**
30	3897	2450	1447	3206	1989	1217	2405	1520	885
31	2957	1862	1095	2581	1588	993	1765	1055	710
32	2086	1319	767	2035	1260	775	1370	859	511
33	1446	898	548	1294	798	496	1153	700	453
34	1206	724	482	969	596	373	800	477	323
35-39岁	**3524**	**2155**	**1369**	**2885**	**1800**	**1085**	**2234**	**1341**	**893**
35	1059	621	438	768	472	296	578	351	227
36	948	576	372	742	469	273	531	334	197
37	611	387	224	620	377	243	426	256	170
38	472	307	165	413	263	150	415	240	175
39	434	264	170	342	219	123	284	160	124
40-44岁	**1346**	**802**	**544**	**1369**	**799**	**570**	**1307**	**742**	**565**
40	337	200	137	336	190	146	267	158	109
41	276	164	112	309	168	141	282	157	125
42	287	173	114	267	169	98	261	144	117
43	220	124	96	243	140	103	255	143	112
44	226	141	85	214	132	82	242	140	102
45-49岁	**714**	**448**	**266**	**775**	**464**	**311**	**778**	**519**	**259**
45	192	114	78	220	131	89	189	126	63
46	144	95	49	158	95	63	198	132	66
47	149	91	58	151	79	72	148	96	52
48	126	81	45	135	86	49	140	94	46
49	103	67	36	111	73	38	103	71	32
50岁及以上	**706**	**426**	**280**	**670**	**409**	**261**	**955**	**558**	**397**
平均初婚年龄	**27.27**	**28.05**	**26.43**	**27.52**	**28.30**	**26.68**	**28.38**	**29.20**	**27.50**

5–4a 全省分初婚年龄、性别、初婚年份的人口(城市)

单位：人

初婚年龄	初婚年份								
	合计			1980年			1981年		
	合计	男	女	小计	男	女	小计	男	女
总　计	**1999786**	**1025061**	**974725**	**35940**	**17121**	**18819**	**29384**	**13808**	**15576**
15岁以下	**1224**	**329**	**895**	**61**	**15**	**46**	**22**	**7**	**15**
15–19岁	**152640**	**45544**	**107096**	**3507**	**702**	**2805**	**2883**	**524**	**2359**
15	6817	2107	4710	257	79	178	135	41	94
16	11707	3233	8474	420	98	322	215	37	178
17	21566	5914	15652	863	151	712	482	91	391
18	39110	11354	27756	844	139	705	905	153	752
19	73440	22936	50504	1123	235	888	1146	202	944
20–24岁	**987304**	**437776**	**549528**	**19354**	**7549**	**11805**	**15652**	**5912**	**9740**
20	120353	38353	82000	2019	450	1569	1449	246	1203
21	162951	62909	100042	2731	780	1951	2421	562	1859
22	218817	97844	120973	4594	1569	3025	3075	1064	2011
23	243839	113162	130677	5229	2216	3013	4294	1762	2532
24	241344	125508	115836	4781	2534	2247	4413	2278	2135
25–29岁	**675772**	**418031**	**257741**	**11477**	**7681**	**3796**	**9708**	**6512**	**3196**
25	216504	123272	93232	4184	2527	1657	3494	2125	1369
26	172327	104275	68052	2995	2017	978	2650	1747	903
27	129578	83361	46217	1974	1420	554	1761	1265	496
28	93116	62693	30423	1426	1050	376	1096	844	252
29	64247	44430	19817	898	667	231	707	531	176
30–34岁	**129797**	**88050**	**41747**	**1259**	**963**	**296**	**977**	**749**	**228**
30	44452	30714	13738	557	422	135	398	306	92
31	31272	21246	10026	284	209	75	285	220	65
32	23225	15679	7546	212	176	36	141	106	35
33	17535	11626	5909	127	97	30	91	77	14
34	13313	8785	4528	79	59	20	62	40	22
35–39岁	**32974**	**22269**	**10705**	**185**	**144**	**41**	**97**	**74**	**23**
35	10220	6886	3334	62	51	11	27	18	9
36	7813	5205	2608	49	41	8	28	24	4
37	6231	4263	1968	32	26	6	19	13	6
38	4854	3290	1564	21	13	8	13	12	1
39	3856	2625	1231	21	13	8	10	7	3
40–44岁	**11478**	**7531**	**3947**	**68**	**48**	**20**	**24**	**18**	**6**
40	3170	2136	1034	17	11	6	7	6	1
41	2568	1654	914	15	9	6	3	3	
42	2201	1478	723	10	8	2	5	3	2
43	1865	1183	682	13	11	2	4	4	
44	1674	1080	594	13	9	4	5	2	3
45–49岁	**4858**	**3218**	**1640**	**25**	**16**	**9**	**13**	**8**	**5**
45	1295	869	426	6	4	2	5	4	1
46	1104	750	354	5	5		2	1	1
47	994	630	364	4	1	3	4	2	2
48	771	503	268	6	2	4			
49	694	466	228	4	4		2	1	1
50岁及以上	**3739**	**2313**	**1426**	**4**	**3**	**1**	**8**	**4**	**4**
平均初婚年龄	**24.93**	**25.79**	**24.02**	**24.10**	**25.32**	**22.99**	**24.16**	**25.40**	**23.05**

5-4a　续表 1　　　　单位：人

初婚年龄	初婚年份 1982年 小计	1982年 男	1982年 女	1983年 小计	1983年 男	1983年 女	1984年 小计	1984年 男	1984年 女
总　计	**34348**	**16426**	**17922**	**31760**	**15233**	**16527**	**32766**	**15865**	**16901**
15岁以下	**41**	**11**	**30**	**20**	**6**	**14**	**29**	**12**	**17**
15–19岁	**4475**	**1018**	**3457**	**4298**	**1118**	**3180**	**4279**	**1169**	**3110**
15	171	39	132	209	63	146	198	71	127
16	299	71	228	313	88	225	303	78	225
17	560	151	409	629	146	483	564	140	424
18	1178	236	942	996	205	791	1106	296	810
19	2267	521	1746	2151	616	1535	2108	584	1524
20–24岁	**17255**	**6848**	**10407**	**15877**	**6222**	**9655**	**17665**	**7101**	**10564**
20	2439	616	1823	3356	983	2373	3220	978	2242
21	2388	655	1733	2787	964	1823	4401	1592	2809
22	3589	1294	2295	2820	1027	1793	3657	1506	2151
23	3920	1665	2255	3555	1501	2054	3005	1244	1761
24	4919	2618	2301	3359	1747	1612	3382	1781	1601
25–29岁	**11240**	**7539**	**3701**	**10311**	**6953**	**3358**	**9443**	**6568**	**2875**
25	4169	2487	1682	3679	2195	1484	2954	1867	1087
26	3053	2016	1037	2854	1920	934	2658	1783	875
27	1991	1448	543	1816	1324	492	1918	1393	525
28	1279	1013	266	1224	934	290	1109	881	228
29	748	575	173	738	580	158	804	644	160
30–34岁	**1148**	**874**	**274**	**1062**	**804**	**258**	**1148**	**879**	**269**
30	490	367	123	397	297	100	482	373	109
31	292	234	58	254	184	70	268	198	70
32	181	133	48	195	156	39	179	142	37
33	108	85	23	117	91	26	130	97	33
34	77	55	22	99	76	23	89	69	20
35–39岁	**126**	**100**	**26**	**149**	**102**	**47**	**131**	**91**	**40**
35	52	43	9	56	42	14	38	31	7
36	27	22	5	34	22	12	31	20	11
37	19	15	4	31	20	11	33	24	9
38	15	11	4	17	12	5	17	8	9
39	13	9	4	11	6	5	12	8	4
40–44岁	**37**	**22**	**15**	**25**	**16**	**9**	**35**	**22**	**13**
40	6	3	3	10	6	4	10	7	3
41	8	4	4	5	3	2	10	6	4
42	10	9	1	5	4	1	3	2	1
43	5	2	3	4	2	2	6	4	2
44	8	4	4	1	1		6	3	3
45–49岁	**18**	**8**	**10**	**12**	**9**	**3**	**22**	**12**	**10**
45	4	2	2	4	3	1	1		1
46	4	1	3	1	1		12	10	2
47	5	3	2	4	3	1	3	1	2
48	5	2	3	3	2	1	3		3
49							3	1	2
50岁及以上	**8**	**6**	**2**	**6**	**3**	**3**	**14**	**11**	**3**
平均初婚年龄	**23.96**	**25.18**	**22.84**	**23.78**	**24.98**	**22.68**	**23.64**	**24.80**	**22.55**

5-4a 续表 2　　单位：人

初婚年龄	初婚年份								
	1985年			1986年			1987年		
	小计	男	女	小计	男	女	小计	男	女
总　计	**44611**	**22001**	**22610**	**46568**	**22940**	**23628**	**45839**	**22753**	**23086**
15岁以下	**38**	**12**	**26**	**32**	**11**	**21**	**33**	**11**	**22**
15-19岁	**5561**	**1598**	**3963**	**4925**	**1382**	**3543**	**5170**	**1442**	**3728**
15	250	78	172	159	47	112	171	48	123
16	471	146	325	339	90	249	311	85	226
17	802	203	599	719	203	516	670	178	492
18	1353	356	997	1316	345	971	1459	394	1065
19	2685	815	1870	2392	697	1695	2559	737	1822
20-24岁	**26384**	**11330**	**15054**	**30142**	**13232**	**16910**	**29944**	**13704**	**16240**
20	3993	1310	2683	4118	1296	2822	3819	1194	2625
21	5773	2148	3625	5511	2033	3478	5528	2167	3361
22	7546	3236	4310	7401	3144	4257	6551	2999	3552
23	5318	2572	2746	8221	3908	4313	7257	3527	3730
24	3754	2064	1690	4891	2851	2040	6789	3817	2972
25-29岁	**10772**	**7674**	**3098**	**9673**	**7032**	**2641**	**8870**	**6270**	**2600**
25	3658	2407	1251	3094	2001	1093	3444	2236	1208
26	2490	1749	741	2593	1869	724	1862	1297	565
27	2204	1678	526	1638	1303	335	1660	1229	431
28	1542	1178	364	1439	1128	311	1024	797	227
29	878	662	216	909	731	178	880	711	169
30-34岁	**1530**	**1149**	**381**	**1428**	**1045**	**383**	**1472**	**1073**	**399**
30	608	465	143	535	378	157	553	420	133
31	394	299	95	359	276	83	347	253	94
32	226	173	53	253	189	64	255	172	83
33	175	129	46	175	123	52	190	135	55
34	127	83	44	106	79	27	127	93	34
35-39岁	**239**	**179**	**60**	**263**	**177**	**86**	**257**	**198**	**59**
35	75	56	19	95	65	30	96	74	22
36	69	48	21	58	39	19	53	39	14
37	41	36	5	37	28	9	53	42	11
38	28	22	6	44	27	17	37	30	7
39	26	17	9	29	18	11	18	13	5
40-44岁	**48**	**31**	**17**	**67**	**41**	**26**	**55**	**32**	**23**
40	17	12	5	17	12	5	18	8	10
41	10	7	3	17	9	8	9	5	4
42	6	3	3	16	10	6	10	6	4
43	10	5	5	10	5	5	8	6	2
44	5	4	1	7	5	2	10	7	3
45-49岁	**21**	**14**	**7**	**22**	**12**	**10**	**23**	**14**	**9**
45	7	4	3	6	3	3	7	4	3
46	5	5		3	3		2	1	1
47	3	2	1	7	3	4	5	3	2
48	4	2	2	4	2	2	2		2
49	2	1	1	2	1	1	7	6	1
50岁及以上	**18**	**14**	**4**	**16**	**8**	**8**	**15**	**9**	**6**
平均初婚年龄	**23.48**	**24.51**	**22.47**	**23.51**	**24.46**	**22.58**	**23.49**	**24.38**	**22.61**

5-4a　续表 3　　单位：人

初婚年龄	初婚年份								
	1988年			1989年			1990年		
	小计	男	女	小计	男	女	小计	男	女
总　计	**50182**	**25125**	**25057**	**47342**	**24058**	**23284**	**57323**	**29481**	**27842**
15岁以下	**21**	**7**	**14**	**42**	**6**	**36**	**64**	**18**	**46**
15-19岁	**5670**	**1661**	**4009**	**5498**	**1671**	**3827**	**7134**	**2325**	**4809**
15	179	60	119	224	77	147	339	127	212
16	353	86	267	387	113	274	527	172	355
17	722	171	551	672	191	481	1058	315	743
18	1361	373	988	1404	410	994	1842	580	1262
19	3055	971	2084	2811	880	1931	3368	1131	2237
20-24岁	**31234**	**14361**	**16873**	**28969**	**13641**	**15328**	**35339**	**16898**	**18441**
20	4383	1500	2883	4455	1595	2860	5439	1963	3476
21	5363	2145	3218	5412	2330	3082	7190	3097	4093
22	7271	3301	3970	6276	2879	3397	7978	3800	4178
23	7373	3619	3754	6918	3355	3563	7618	3873	3745
24	6844	3796	3048	5908	3482	2426	7114	4165	2949
25-29岁	**11283**	**7636**	**3647**	**11025**	**7427**	**3598**	**12735**	**8768**	**3967**
25	5665	3581	2084	4770	2994	1776	5155	3338	1817
26	2540	1742	798	3292	2282	1010	3437	2397	1040
27	1340	984	356	1559	1120	439	2475	1793	682
28	1047	795	252	791	572	219	1096	806	290
29	691	534	157	613	459	154	572	434	138
30-34岁	**1565**	**1166**	**399**	**1401**	**1027**	**374**	**1458**	**1058**	**400**
30	560	422	138	382	302	80	494	362	132
31	399	301	98	400	282	118	301	220	81
32	265	191	74	259	191	68	257	184	73
33	197	147	50	219	156	63	244	178	66
34	144	105	39	141	96	45	162	114	48
35-39岁	**299**	**221**	**78**	**284**	**210**	**74**	**429**	**312**	**117**
35	105	84	21	84	67	17	132	98	34
36	77	51	26	71	48	23	113	78	35
37	44	28	16	60	44	16	79	63	16
38	48	40	8	41	32	9	62	44	18
39	25	18	7	28	19	9	43	29	14
40-44岁	**73**	**49**	**24**	**79**	**46**	**33**	**98**	**64**	**34**
40	22	15	7	24	15	9	33	25	8
41	17	12	5	16	11	5	19	9	10
42	14	8	6	15	10	5	15	7	8
43	9	6	3	12	5	7	23	16	7
44	11	8	3	12	5	7	8	7	1
45-49岁	**22**	**13**	**9**	**24**	**19**	**5**	**41**	**23**	**18**
45	6	4	2	7	6	1	7	4	3
46	5	2	3	10	8	2	9	5	4
47	3	3		2	2		8	4	4
48	5	3	2	3	2	1	7	5	2
49	3	1	2	2	1	1	10	5	5
50岁及以上	**15**	**11**	**4**	**20**	**11**	**9**	**25**	**15**	**10**
平均初婚年龄	**23.52**	**24.35**	**22.69**	**23.50**	**24.29**	**22.68**	**23.39**	**24.16**	**22.56**

5–4a 续表 4

单位：人

初婚年龄	初婚年份 1991年 小计	1991年 男	1991年 女	1992年 小计	1992年 男	1992年 女	1993年 小计	1993年 男	1993年 女
总 计	**39559**	**20099**	**19460**	**48226**	**24591**	**23635**	**48808**	**24939**	**23869**
15岁以下	**38**	**11**	**27**	**30**	**6**	**24**	**40**	**13**	**27**
15–19岁	**4451**	**1384**	**3067**	**4843**	**1509**	**3334**	**4442**	**1391**	**3051**
15	164	52	112	212	73	139	166	63	103
16	301	98	203	359	112	247	277	75	202
17	598	151	447	594	173	421	583	173	410
18	1203	362	841	1247	381	866	1119	321	798
19	2185	721	1464	2431	770	1661	2297	759	1538
20–24岁	**24306**	**11137**	**13169**	**30018**	**13723**	**16295**	**30301**	**13717**	**16584**
20	3443	1237	2206	3831	1347	2484	3788	1305	2483
21	4555	1854	2701	5212	2169	3043	5174	2092	3082
22	6013	2758	3255	7160	3197	3963	7001	3152	3849
23	5839	2734	3105	7737	3591	4146	7851	3637	4214
24	4456	2554	1902	6078	3419	2659	6487	3531	2956
25–29岁	**9534**	**6649**	**2885**	**11647**	**8116**	**3531**	**11894**	**8311**	**3583**
25	3786	2448	1338	4169	2679	1490	4805	3130	1675
26	2406	1678	728	3080	2126	954	2812	1941	871
27	1760	1305	455	2092	1548	544	1982	1492	490
28	1128	875	253	1373	1057	316	1335	1018	317
29	454	343	111	933	706	227	960	730	230
30–34岁	**877**	**666**	**211**	**1116**	**830**	**286**	**1523**	**1101**	**422**
30	256	195	61	410	310	100	727	537	190
31	216	168	48	204	159	45	288	210	78
32	166	127	39	200	140	60	214	146	68
33	142	105	37	150	105	45	170	114	56
34	97	71	26	152	116	36	124	94	30
35–39岁	**254**	**189**	**65**	**370**	**281**	**89**	**401**	**279**	**122**
35	86	62	24	136	99	37	119	83	36
36	54	39	15	84	66	18	96	71	25
37	51	39	12	61	49	12	77	51	26
38	30	23	7	52	36	16	52	35	17
39	33	26	7	37	31	6	57	39	18
40–44岁	**68**	**39**	**29**	**124**	**78**	**46**	**133**	**86**	**47**
40	22	13	9	39	22	17	41	24	17
41	16	9	7	29	20	9	30	22	8
42	11	7	4	20	14	6	22	16	6
43	9	6	3	24	13	11	21	15	6
44	10	4	6	12	9	3	19	9	10
45–49岁	**18**	**16**	**2**	**40**	**21**	**19**	**43**	**29**	**14**
45	3	3		14	6	8	10	8	2
46	4	3	1	8	5	3	7	5	2
47	3	3		6	4	2	11	7	4
48	5	5		7	3	4	10	5	5
49	3	2	1	5	3	2	5	4	1
50岁及以上	**13**	**8**	**5**	**38**	**27**	**11**	**31**	**12**	**19**
平均初婚年龄	**23.50**	**24.33**	**22.64**	**23.71**	**24.53**	**22.86**	**23.84**	**24.63**	**23.00**

5-4a 续表 5

单位：人

初婚年龄	初婚年份								
	1994年			1995年			1996年		
	小计	男	女	小计	男	女	小计	男	女
总　计	**49571**	**25248**	**24323**	**56263**	**28991**	**27272**	**50478**	**25956**	**24522**
15岁以下	**28**	**8**	**20**	**41**	**14**	**27**	**16**	**4**	**12**
15–19岁	**3890**	**1233**	**2657**	**4450**	**1411**	**3039**	**3321**	**1031**	**2290**
15	181	55	126	220	68	152	121	33	88
16	270	69	201	361	125	236	259	78	181
17	483	146	337	564	177	387	443	142	301
18	953	315	638	1083	322	761	813	255	558
19	2003	648	1355	2222	719	1503	1685	523	1162
20–24岁	**30256**	**13464**	**16792**	**32998**	**15118**	**17880**	**28331**	**12495**	**15836**
20	3471	1131	2340	3557	1200	2357	3006	970	2036
21	4972	1998	2974	5370	2253	3117	4125	1621	2504
22	6726	3001	3725	7608	3421	4187	6337	2794	3543
23	7948	3583	4365	8500	3947	4553	7683	3372	4311
24	7139	3751	3388	7963	4297	3666	7180	3738	3442
25–29岁	**13094**	**8874**	**4220**	**15635**	**10254**	**5381**	**15764**	**10330**	**5434**
25	5431	3377	2054	6408	3882	2526	6187	3695	2492
26	3331	2282	1049	4121	2721	1400	4118	2705	1413
27	1984	1467	517	2537	1780	757	2743	1934	809
28	1451	1071	380	1471	1070	401	1698	1247	451
29	897	677	220	1098	801	297	1018	749	269
30–34岁	**1695**	**1247**	**448**	**2304**	**1646**	**658**	**2305**	**1615**	**690**
30	716	542	174	804	573	231	773	545	228
31	481	355	126	598	427	171	529	376	153
32	232	163	69	501	359	142	441	314	127
33	131	98	33	230	166	64	360	241	119
34	135	89	46	171	121	50	202	139	63
35–39岁	**359**	**267**	**92**	**512**	**359**	**153**	**403**	**285**	**118**
35	106	83	23	131	87	44	110	85	25
36	85	63	22	102	75	27	82	55	27
37	67	51	16	113	84	29	71	51	20
38	50	35	15	101	66	35	79	54	25
39	51	35	16	65	47	18	61	40	21
40–44岁	**143**	**89**	**54**	**175**	**109**	**66**	**161**	**96**	**65**
40	40	24	16	59	41	18	42	22	20
41	25	16	9	47	31	16	39	28	11
42	35	22	13	26	16	10	28	16	12
43	21	13	8	16	6	10	26	17	9
44	22	14	8	27	15	12	26	13	13
45–49岁	**61**	**39**	**22**	**78**	**46**	**32**	**81**	**45**	**36**
45	9	7	2	20	13	7	19	12	7
46	17	7	10	18	9	9	14	9	5
47	13	10	3	24	14	10	16	7	9
48	12	9	3	6	4	2	15	8	7
49	10	6	4	10	6	4	17	9	8
50岁及以上	**45**	**27**	**18**	**70**	**34**	**36**	**96**	**55**	**41**
平均初婚年龄	**24.03**	**24.82**	**23.21**	**24.19**	**24.93**	**23.41**	**24.49**	**25.25**	**23.68**

5-4a 续表 6

单位：人

初婚年龄	初婚年份								
	1997年			1998年			1999年		
	小计	男	女	小计	男	女	小计	男	女
总　计	**48611**	**25067**	**23544**	**53131**	**27471**	**25660**	**47258**	**24443**	**22815**
15岁以下	**32**	**9**	**23**	**28**	**4**	**24**	**37**	**11**	**26**
15-19岁	**3174**	**987**	**2187**	**3318**	**971**	**2347**	**3015**	**885**	**2130**
15	162	48	114	144	44	100	172	58	114
16	222	47	175	282	84	198	288	75	213
17	391	114	277	436	114	322	465	127	338
18	859	264	595	777	242	535	709	206	503
19	1540	514	1026	1679	487	1192	1381	419	962
20-24岁	**26291**	**11424**	**14867**	**27637**	**12032**	**15605**	**24660**	**10589**	**14071**
20	2687	833	1854	2858	869	1989	2775	837	1938
21	4098	1553	2545	4031	1529	2502	3770	1351	2419
22	5677	2516	3161	6386	2772	3614	5421	2354	3067
23	6988	3102	3886	7319	3196	4123	6574	2896	3678
24	6841	3420	3421	7043	3666	3377	6120	3151	2969
25-29岁	**15910**	**10389**	**5521**	**17891**	**11607**	**6284**	**16151**	**10530**	**5621**
25	5792	3405	2387	6471	3813	2658	5460	3230	2230
26	4155	2759	1396	4527	2936	1591	4202	2690	1512
27	2889	1939	950	3195	2255	940	2936	2037	899
28	1855	1378	477	2192	1538	654	2113	1558	555
29	1219	908	311	1506	1065	441	1440	1015	425
30-34岁	**2368**	**1704**	**664**	**3213**	**2135**	**1078**	**2597**	**1861**	**736**
30	736	531	205	1039	715	324	950	692	258
31	579	405	174	724	486	238	625	447	178
32	421	306	115	579	373	206	429	299	130
33	343	246	97	464	291	173	360	261	99
34	289	216	73	407	270	137	233	162	71
35-39岁	**415**	**307**	**108**	**698**	**491**	**207**	**529**	**377**	**152**
35	152	120	32	297	213	84	198	145	53
36	73	59	14	161	109	52	140	101	39
37	82	55	27	86	63	23	89	63	26
38	48	31	17	78	51	27	49	32	17
39	60	42	18	76	55	21	53	36	17
40-44岁	**275**	**146**	**129**	**207**	**149**	**58**	**154**	**116**	**38**
40	67	44	23	55	44	11	31	21	10
41	61	22	39	51	35	16	44	35	9
42	47	29	18	47	34	13	34	27	7
43	48	25	23	28	20	8	23	18	5
44	52	26	26	26	16	10	22	15	7
45-49岁	**94**	**69**	**25**	**83**	**47**	**36**	**60**	**42**	**18**
45	21	15	6	23	11	12	11	9	2
46	19	15	4	19	10	9	13	8	5
47	20	10	10	17	10	7	17	12	5
48	15	11	4	18	12	6	14	11	3
49	19	18	1	6	4	2	5	2	3
50岁及以上	**52**	**32**	**20**	**56**	**35**	**21**	**55**	**32**	**23**
平均初婚年龄	**24.65**	**25.48**	**23.76**	**24.83**	**25.66**	**23.94**	**24.73**	**25.63**	**23.77**

5-4a　续表 7　　　　单位：人

初婚年龄	初婚年份								
	2000年			2001年			2002年		
	小计	男	女	小计	男	女	小计	男	女
总　计	**57507**	**29937**	**27570**	**37476**	**19392**	**18084**	**46462**	**24235**	**22227**
15岁以下	**54**	**21**	**33**	**51**	**18**	**33**	**56**	**19**	**37**
15–19岁	**4546**	**1351**	**3195**	**2698**	**807**	**1891**	**3389**	**1073**	**2316**
15	308	123	185	178	69	109	271	108	163
16	421	128	293	270	92	178	325	92	233
17	671	167	504	346	86	260	486	152	334
18	1230	351	879	666	204	462	765	239	526
19	1916	582	1334	1238	356	882	1542	482	1060
20–24岁	**30175**	**13321**	**16854**	**18879**	**8035**	**10844**	**23678**	**10344**	**13334**
20	3341	1030	2311	1944	551	1393	3006	869	2137
21	4991	1903	3088	2904	1032	1872	3316	1177	2139
22	6688	2937	3751	4349	1866	2483	5030	2246	2784
23	7502	3423	4079	4963	2204	2759	6337	2909	3428
24	7653	4028	3625	4719	2382	2337	5989	3143	2846
25–29岁	**18705**	**12319**	**6386**	**13227**	**8597**	**4630**	**15875**	**10276**	**5599**
25	6228	3707	2521	4524	2615	1909	5291	3054	2237
26	4800	3112	1688	3316	2093	1223	4159	2629	1530
27	3507	2446	1061	2471	1736	735	2978	2054	924
28	2469	1800	669	1721	1273	448	2033	1494	539
29	1701	1254	447	1195	880	315	1414	1045	369
30–34岁	**2993**	**2172**	**821**	**2045**	**1508**	**537**	**2674**	**1943**	**731**
30	1136	852	284	808	597	211	947	712	235
31	747	542	205	486	364	122	679	504	175
32	530	368	162	363	257	106	486	344	142
33	332	248	84	253	193	60	353	230	123
34	248	162	86	135	97	38	209	153	56
35–39岁	**705**	**518**	**187**	**413**	**311**	**102**	**554**	**420**	**134**
35	218	156	62	138	100	38	164	124	40
36	202	151	51	76	53	23	124	99	25
37	145	109	36	81	64	17	102	74	28
38	82	61	21	74	58	16	89	67	22
39	58	41	17	44	36	8	75	56	19
40–44岁	**181**	**134**	**47**	**100**	**76**	**24**	**125**	**93**	**32**
40	52	39	13	27	18	9	56	46	10
41	32	23	9	16	13	3	10	6	4
42	30	22	8	20	15	5	19	10	9
43	32	24	8	18	14	4	23	19	4
44	35	26	9	19	16	3	17	12	5
45–49岁	**92**	**67**	**25**	**39**	**26**	**13**	**59**	**39**	**20**
45	29	23	6	14	8	6	10	4	6
46	20	17	3	8	6	2	16	14	2
47	23	13	10	8	5	3	8	3	5
48	12	9	3	3	1	2	9	4	5
49	8	5	3	6	6		16	14	2
50岁及以上	**56**	**34**	**22**	**24**	**14**	**10**	**52**	**28**	**24**
平均初婚年龄	**24.58**	**25.50**	**23.57**	**24.70**	**25.65**	**23.69**	**24.71**	**25.62**	**23.71**

5-4a 续表 8

单位：人

初婚年龄	初婚年份								
	2003年			2004年			2005年		
	小计	男	女	小计	男	女	小计	男	女
总　计	**47562**	**24770**	**22792**	**49513**	**25714**	**23799**	**49959**	**26298**	**23661**
15岁以下	**45**	**18**	**27**	**33**	**9**	**24**	**31**	**7**	**24**
15-19岁	**3450**	**1042**	**2408**	**3329**	**961**	**2368**	**4232**	**1353**	**2879**
15	241	96	145	225	67	158	247	85	162
16	354	113	241	335	98	237	406	129	277
17	558	166	392	532	147	385	635	212	423
18	815	230	585	825	237	588	1107	340	767
19	1482	437	1045	1412	412	1000	1837	587	1250
20-24岁	**23376**	**10171**	**13205**	**24114**	**10498**	**13616**	**23899**	**10868**	**13031**
20	2782	797	1985	2624	725	1899	2698	798	1900
21	4106	1430	2676	4112	1485	2627	3849	1487	2362
22	4749	2104	2645	6044	2696	3348	5564	2590	2974
23	5561	2672	2889	5521	2596	2925	6499	3147	3352
24	6178	3168	3010	5813	2996	2817	5289	2846	2443
25-29岁	**16700**	**10617**	**6083**	**17758**	**11095**	**6663**	**16792**	**10528**	**6264**
25	5298	3019	2279	5745	3190	2555	4949	2835	2114
26	4290	2672	1618	4571	2759	1812	4387	2648	1739
27	3255	2140	1115	3359	2189	1170	3392	2204	1188
28	2224	1598	626	2507	1761	746	2374	1625	749
29	1633	1188	445	1576	1196	380	1690	1216	474
30-34岁	**3108**	**2282**	**826**	**3291**	**2436**	**855**	**3719**	**2619**	**1100**
30	1092	816	276	1137	868	269	1250	871	379
31	765	558	207	817	597	220	859	594	265
32	534	385	149	578	418	160	691	503	188
33	420	311	109	412	294	118	536	381	155
34	297	212	85	347	259	88	383	270	113
35-39岁	**591**	**422**	**169**	**647**	**477**	**170**	**861**	**628**	**233**
35	204	151	53	229	168	61	288	202	86
36	129	88	41	157	118	39	220	168	52
37	114	84	30	103	78	25	148	111	37
38	82	56	26	93	62	31	102	76	26
39	62	43	19	65	51	14	103	71	32
40-44岁	**165**	**124**	**41**	**199**	**148**	**51**	**268**	**193**	**75**
40	77	57	20	62	45	17	70	52	18
41	24	19	5	61	43	18	75	54	21
42	26	19	7	35	28	7	70	51	19
43	22	18	4	22	19	3	24	14	10
44	16	11	5	19	13	6	29	22	7
45-49岁	**84**	**59**	**25**	**79**	**56**	**23**	**87**	**61**	**26**
45	25	20	5	16	14	2	14	10	4
46	21	16	5	18	13	5	20	16	4
47	13	6	7	22	12	10	22	13	9
48	19	13	6	12	9	3	18	11	7
49	6	4	2	11	8	3	13	11	2
50岁及以上	**43**	**35**	**8**	**63**	**34**	**29**	**70**	**41**	**29**
平均初婚年龄	**24.85**	**25.81**	**23.80**	**24.92**	**25.88**	**23.88**	**24.95**	**25.88**	**23.93**

5-4a　续表 9　　　　单位：人

初婚年龄	初婚年份								
	2006年			2007年			2008年		
	小计	男	女	小计	男	女	小计	男	女
总　计	**53867**	**27964**	**25903**	**48718**	**25363**	**23355**	**65266**	**34170**	**31096**
15岁以下	**29**	**9**	**20**	**23**		**23**	**24**	**5**	**19**
15-19岁	**3771**	**1139**	**2632**	**3692**	**1141**	**2551**	**4527**	**1485**	**3042**
15	148	37	111	139	29	110	157	43	114
16	254	82	172	249	67	182	282	76	206
17	516	160	356	547	156	391	585	171	414
18	998	298	700	911	282	629	1279	414	865
19	1855	562	1293	1846	607	1239	2224	781	1443
20-24岁	**25149**	**11109**	**14040**	**21988**	**9803**	**12185**	**29264**	**13231**	**16033**
20	2905	828	2077	3247	992	2255	3978	1326	2652
21	3767	1514	2253	3673	1445	2228	5626	2261	3365
22	5003	2283	2720	4354	2056	2298	6254	2955	3299
23	6236	2931	3305	5003	2394	2609	6334	3073	3261
24	7238	3553	3685	5711	2916	2795	7072	3616	3456
25-29岁	**19532**	**11824**	**7708**	**17798**	**10726**	**7072**	**24514**	**14636**	**9878**
25	5700	3106	2594	5872	3164	2708	7537	4080	3457
26	4888	2866	2022	4166	2438	1728	7023	4045	2978
27	4020	2478	1542	3297	2098	1199	4324	2674	1650
28	2916	1940	976	2661	1792	869	3182	2145	1037
29	2008	1434	574	1802	1234	568	2448	1692	756
30-34岁	**3980**	**2897**	**1083**	**3682**	**2618**	**1064**	**4879**	**3361**	**1518**
30	1382	1001	381	1186	877	309	1655	1152	503
31	955	698	257	927	658	269	1166	787	379
32	702	520	182	609	429	180	850	604	246
33	533	378	155	546	376	170	668	451	217
34	408	300	108	414	278	136	540	367	173
35-39岁	**964**	**667**	**297**	**1025**	**711**	**314**	**1393**	**985**	**408**
35	347	231	116	323	215	108	411	289	122
36	233	172	61	245	169	76	342	236	106
37	170	119	51	213	153	60	283	201	82
38	133	92	41	136	102	34	195	137	58
39	81	53	28	108	72	36	162	122	40
40-44岁	**285**	**207**	**78**	**322**	**237**	**85**	**379**	**283**	**96**
40	74	55	19	76	57	19	102	74	28
41	72	48	24	83	64	19	80	60	20
42	63	48	15	62	48	14	66	49	17
43	44	32	12	59	41	18	67	51	16
44	32	24	8	42	27	15	64	49	15
45-49岁	**89**	**72**	**17**	**95**	**74**	**21**	**151**	**103**	**48**
45	22	17	5	28	23	5	57	42	15
46	16	16		16	12	4	29	20	9
47	18	12	6	13	11	2	19	16	3
48	21	19	2	11	7	4	21	14	7
49	12	8	4	27	21	6	25	11	14
50岁及以上	**68**	**40**	**28**	**93**	**53**	**40**	**135**	**81**	**54**
平均初婚年龄	**25.20**	**26.11**	**24.22**	**25.21**	**26.15**	**24.19**	**25.24**	**26.09**	**24.31**

5-4a 续表 10

单位：人

初婚年龄	初婚年份								
	2009年			2010年			2011年		
	小计	男	女	小计	男	女	小计	男	女
总　计	**59032**	**30726**	**28306**	**68844**	**36194**	**32650**	**56245**	**29160**	**27085**
15岁以下	**15**	**3**	**12**	**40**	**6**	**34**	**15**	**3**	**12**
15-19岁	**4291**	**1419**	**2872**	**4582**	**1510**	**3072**	**2989**	**1032**	**1957**
15	156	40	116	138	39	99	109	20	89
16	276	67	209	314	78	236	231	50	181
17	557	183	374	667	196	471	422	123	299
18	980	317	663	1171	412	759	787	278	509
19	2322	812	1510	2292	785	1507	1440	561	879
20-24岁	**26565**	**12122**	**14443**	**32501**	**15288**	**17213**	**25611**	**11582**	**14029**
20	3467	1159	2308	4360	1623	2737	2668	940	1728
21	5023	2055	2968	5392	2304	3088	4122	1678	2444
22	6587	3144	3443	7312	3543	3769	5425	2506	2919
23	5825	2869	2956	8197	4041	4156	6316	2971	3345
24	5663	2895	2768	7240	3777	3463	7080	3487	3593
25-29岁	**21464**	**12633**	**8831**	**23896**	**14160**	**9736**	**21515**	**12374**	**9141**
25	5890	3158	2732	6582	3579	3003	5994	3104	2890
26	5785	3171	2614	5975	3421	2554	5118	2799	2319
27	4855	3003	1852	5031	3051	1980	4341	2528	1813
28	2951	1926	1025	4099	2616	1483	3450	2181	1269
29	1983	1375	608	2209	1493	716	2612	1762	850
30-34岁	**4608**	**3099**	**1509**	**5174**	**3423**	**1751**	**4244**	**2881**	**1363**
30	1491	1025	466	1619	1086	533	1380	954	426
31	1103	748	355	1259	852	407	998	694	304
32	847	558	289	953	625	328	853	575	278
33	685	444	241	729	468	261	576	379	197
34	482	324	158	614	392	222	437	279	158
35-39岁	**1350**	**943**	**407**	**1706**	**1171**	**535**	**1239**	**834**	**405**
35	401	289	112	496	342	154	359	248	111
36	305	211	94	385	266	119	293	184	109
37	236	168	68	339	230	109	230	160	70
38	224	144	80	265	188	77	206	142	64
39	184	131	53	221	145	76	151	100	51
40-44岁	**457**	**320**	**137**	**550**	**375**	**175**	**380**	**274**	**106**
40	136	95	41	168	119	49	107	82	25
41	116	75	41	138	89	49	103	74	29
42	68	52	16	98	69	29	83	52	31
43	73	50	23	75	50	25	48	36	12
44	64	48	16	71	48	23	39	30	9
45-49岁	**145**	**97**	**48**	**225**	**151**	**74**	**156**	**115**	**41**
45	42	28	14	62	38	24	47	37	10
46	43	29	14	60	39	21	38	24	14
47	26	21	5	53	39	14	35	28	7
48	10	6	4	27	20	7	21	14	7
49	24	13	11	23	15	8	15	12	3
50岁及以上	**137**	**90**	**47**	**170**	**110**	**60**	**96**	**65**	**31**
平均初婚年龄	**25.30**	**26.13**	**24.39**	**25.32**	**26.08**	**24.48**	**25.53**	**26.28**	**24.72**

5-4a　续表 11　　　　单位：人

初婚年龄	初婚年份								
	2012年			2013年			2014年		
	小计	男	女	小计	男	女	小计	男	女
总　计	**65861**	**34403**	**31458**	**59287**	**30914**	**28373**	**59512**	**30757**	**28755**
15岁以下	**31**	**5**	**26**	**12**	**6**	**6**	**15**	**1**	**14**
15–19岁	**3580**	**1190**	**2390**	**2818**	**897**	**1921**	**2673**	**832**	**1841**
15	122	18	104	112	24	88	97	18	79
16	257	59	198	257	59	198	198	39	159
17	539	160	379	409	107	302	367	105	262
18	960	340	620	740	261	479	697	217	480
19	1702	613	1089	1300	446	854	1314	453	861
20–24岁	**28750**	**13351**	**15399**	**23836**	**10906**	**12930**	**21763**	**9586**	**12177**
20	2857	1062	1795	2257	744	1513	2047	631	1416
21	4198	1687	2511	3124	1249	1875	2819	1060	1759
22	6436	3121	3315	4992	2381	2611	4235	1924	2311
23	7148	3413	3735	6442	3058	3384	5383	2452	2931
24	8111	4068	4043	7021	3474	3547	7279	3519	3760
25–29岁	**25851**	**14778**	**11073**	**24428**	**13792**	**10636**	**26311**	**14762**	**11549**
25	8366	4380	3986	7535	3934	3601	7608	3857	3751
26	6279	3440	2839	6696	3652	3044	7018	3842	3176
27	4800	2830	1970	4522	2627	1895	5832	3383	2449
28	3644	2309	1335	3261	1973	1288	3475	2175	1300
29	2762	1819	943	2414	1606	808	2378	1505	873
30–34岁	**5277**	**3476**	**1801**	**5612**	**3599**	**2013**	**5873**	**3693**	**2180**
30	1988	1305	683	1864	1199	665	1831	1216	615
31	1133	771	362	1494	971	523	1420	878	542
32	856	566	290	918	598	320	1184	738	446
33	713	445	268	726	457	269	765	457	308
34	587	389	198	610	374	236	673	404	269
35–39岁	**1491**	**1025**	**466**	**1595**	**1056**	**539**	**1792**	**1156**	**636**
35	435	283	152	441	282	159	610	393	217
36	351	244	107	370	230	140	377	242	135
37	276	201	75	330	233	97	313	193	120
38	215	149	66	262	185	77	307	206	101
39	214	148	66	192	126	66	185	122	63
40–44岁	**547**	**357**	**190**	**604**	**395**	**209**	**676**	**442**	**234**
40	173	108	65	178	133	45	193	125	68
41	105	63	42	125	72	53	137	97	40
42	117	78	39	113	73	40	123	81	42
43	83	56	27	105	65	40	122	77	45
44	69	52	17	83	52	31	101	62	39
45–49岁	**207**	**133**	**74**	**239**	**165**	**74**	**255**	**168**	**87**
45	49	34	15	49	33	16	81	57	24
46	37	21	16	61	46	15	54	33	21
47	44	32	12	56	38	18	42	29	13
48	42	25	17	34	24	10	45	25	20
49	35	21	14	39	24	15	33	24	9
50岁及以上	**127**	**88**	**39**	**143**	**98**	**45**	**154**	**117**	**37**
平均初婚年龄	**25.62**	**26.32**	**24.85**	**26.01**	**26.71**	**25.24**	**26.29**	**27.03**	**25.51**

5-4a 续表 12

单位：人

初婚年龄	初婚年份								
	2015年			2016年			2017年		
	小计	男	女	小计	男	女	小计	男	女
总 计	**59162**	**30808**	**28354**	**51895**	**26959**	**24936**	**46014**	**23945**	**22069**
15岁以下	**16**		**16**	**12**		**12**	**10**	**1**	**9**
15-19岁	**2435**	**729**	**1706**	**1911**	**577**	**1334**	**1608**	**463**	**1145**
15	80	22	58	53	11	42	60	12	48
16	181	46	135	143	36	107	108	28	80
17	314	84	230	298	81	217	238	57	181
18	669	177	492	484	153	331	433	130	303
19	1191	400	791	933	296	637	769	236	533
20-24岁	**20086**	**9033**	**11053**	**16652**	**7266**	**9386**	**13981**	**6029**	**7952**
20	1946	572	1374	1666	501	1165	1334	399	935
21	2695	1058	1637	2162	847	1315	1945	739	1206
22	4052	1932	2120	3249	1438	1811	2750	1297	1453
23	4865	2324	2541	4291	1975	2316	3460	1491	1969
24	6528	3147	3381	5284	2505	2779	4492	2103	2389
25-29岁	**27205**	**15139**	**12066**	**24536**	**13629**	**10907**	**21626**	**11955**	**9671**
25	7476	3818	3658	6013	3012	3001	4894	2460	2434
26	6959	3689	3270	6326	3360	2966	5161	2708	2453
27	5578	3207	2371	5198	2986	2212	4983	2785	2198
28	4384	2648	1736	4092	2431	1661	3804	2239	1565
29	2808	1777	1031	2907	1840	1067	2784	1763	1021
30-34岁	**6274**	**3929**	**2345**	**5903**	**3674**	**2229**	**5960**	**3742**	**2218**
30	1885	1184	701	1842	1166	676	2049	1308	741
31	1465	919	546	1311	818	493	1387	850	537
32	1193	738	455	1069	671	398	1013	645	368
33	1060	646	414	914	566	348	817	513	304
34	671	442	229	767	453	314	694	426	268
35-39岁	**1848**	**1139**	**709**	**1709**	**1061**	**648**	**1679**	**1032**	**647**
35	503	311	192	497	298	199	561	337	224
36	460	267	193	393	252	141	373	210	163
37	379	226	153	351	222	129	298	190	108
38	256	164	92	252	154	98	254	164	90
39	250	171	79	216	135	81	193	131	62
40-44岁	**753**	**467**	**286**	**669**	**422**	**247**	**632**	**410**	**222**
40	194	124	70	171	107	64	172	118	54
41	167	110	57	139	93	46	135	83	52
42	133	83	50	127	88	39	129	81	48
43	140	74	66	126	74	52	92	59	33
44	119	76	43	106	60	46	104	69	35
45-49岁	**321**	**229**	**92**	**293**	**193**	**100**	**276**	**167**	**109**
45	92	67	25	90	59	31	76	47	29
46	76	53	23	83	56	27	62	39	23
47	64	40	24	54	33	21	57	32	25
48	41	33	8	39	28	11	42	25	17
49	48	36	12	27	17	10	39	24	15
50岁及以上	**224**	**143**	**81**	**210**	**137**	**73**	**242**	**146**	**96**
平均初婚年龄	**26.59**	**27.28**	**25.83**	**26.81**	**27.52**	**26.05**	**27.08**	**27.80**	**26.30**

5-4a　续表 13

单位：人

初婚年龄	初婚年份								
	2018年			2019年			2020年		
	小计	男	女	小计	男	女	小计	男	女
总　计	**51086**	**26379**	**24707**	**40285**	**20762**	**19523**	**28265**	**14595**	**13670**
15岁以下	**13**		**13**	**3**	**1**	**2**	**3**	**1**	**2**
15-19岁	**1614**	**464**	**1150**	**1439**	**424**	**1015**	**762**	**243**	**519**
15	62	11	51	61	7	54	19	4	15
16	127	26	101	105	27	78	57	14	43
17	224	51	173	226	53	173	131	40	91
18	429	123	306	416	121	295	221	75	146
19	772	253	519	631	216	415	334	110	224
20-24岁	**15195**	**6495**	**8700**	**11776**	**5112**	**6664**	**7453**	**3129**	**4324**
20	1368	369	999	1144	377	767	608	200	408
21	1941	724	1217	1526	578	948	848	303	545
22	2966	1332	1634	2289	1065	1224	1402	644	758
23	3943	1792	2151	2998	1335	1663	1868	792	1076
24	4977	2278	2699	3819	1757	2062	2727	1190	1537
25-29岁	**23607**	**12911**	**10696**	**17730**	**9513**	**8217**	**12645**	**6647**	**5998**
25	5272	2542	2730	4076	1923	2153	2879	1318	1561
26	5327	2750	2577	3998	2041	1957	2909	1483	1426
27	5067	2826	2241	3550	1932	1618	2764	1470	1294
28	4647	2778	1869	3284	1920	1364	2249	1259	990
29	3294	2015	1279	2822	1697	1125	1844	1117	727
30-34岁	**7142**	**4393**	**2749**	**6251**	**3815**	**2436**	**4662**	**2898**	**1764**
30	2461	1531	930	2019	1253	766	1563	987	576
31	1773	1103	670	1608	977	631	1093	654	439
32	1283	797	486	1268	772	496	839	528	311
33	910	546	364	785	475	310	679	426	253
34	715	416	299	571	338	233	488	303	185
35-39岁	**2086**	**1259**	**827**	**1651**	**1047**	**604**	**1275**	**764**	**511**
35	634	365	269	465	289	176	339	207	132
36	551	321	230	429	265	164	311	189	122
37	373	236	137	355	218	137	247	148	99
38	275	185	90	241	155	86	229	129	100
39	253	152	101	161	120	41	149	91	58
40-44岁	**718**	**439**	**279**	**736**	**429**	**307**	**683**	**409**	**274**
40	191	123	68	181	102	79	133	82	51
41	144	83	61	169	92	77	166	97	69
42	156	96	60	145	93	52	139	91	48
43	112	62	50	133	75	58	125	74	51
44	115	75	40	108	67	41	120	65	55
45-49岁	**382**	**229**	**153**	**395**	**241**	**154**	**388**	**271**	**117**
45	102	56	46	105	65	40	95	65	30
46	76	47	29	77	52	25	96	68	28
47	76	46	30	84	40	44	82	57	25
48	71	43	28	67	44	23	62	41	21
49	57	37	20	62	40	22	53	40	13
50岁及以上	**329**	**189**	**140**	**304**	**180**	**124**	**394**	**233**	**161**
平均初婚年龄	**27.32**	**28.03**	**26.57**	**27.52**	**28.25**	**26.73**	**28.15**	**28.94**	**27.30**

5-4b 全省分初婚年龄、性别、初婚年份的人口(镇)

单位：人

初婚年龄	初婚年份								
	合　计			1980年			1981年		
	合计	男	女	小计	男	女	小计	男	女
总　计	**826268**	**427144**	**399124**	**16445**	**8016**	**8429**	**12778**	**6239**	**6539**
15岁以下	**619**	**141**	**478**	**27**	**4**	**23**	**17**	**3**	**14**
15-19岁	**76051**	**20640**	**55411**	**2251**	**391**	**1860**	**1862**	**333**	**1529**
15	3507	958	2549	153	32	121	86	21	65
16	6196	1506	4690	298	44	254	148	26	122
17	11225	2831	8394	556	80	476	285	47	238
18	19512	5248	14264	566	96	470	591	98	493
19	35611	10097	25514	678	139	539	752	141	611
20-24岁	**435420**	**199248**	**236172**	**9466**	**4208**	**5258**	**7297**	**3243**	**4054**
20	57347	17298	40049	1141	267	874	809	178	631
21	76343	29121	47222	1512	500	1012	1289	395	894
22	99477	45546	53931	2198	854	1344	1487	616	871
23	104717	52370	52347	2511	1270	1241	1848	928	920
24	97536	54913	42623	2104	1317	787	1864	1126	738
25-29岁	**243333**	**159115**	**84218**	**4200**	**3019**	**1181**	**3272**	**2399**	**873**
25	81367	49628	31739	1645	1121	524	1306	886	420
26	62061	40283	21778	1148	814	334	898	656	242
27	45588	30998	14590	667	517	150	574	451	123
28	32013	22419	9594	451	339	112	326	268	58
29	22304	15787	6517	289	228	61	168	138	30
30-34岁	**48381**	**33140**	**15241**	**413**	**329**	**84**	**272**	**218**	**54**
30	16070	11261	4809	148	118	30	104	80	24
31	11536	7866	3670	113	93	20	67	54	13
32	8666	5844	2822	70	56	14	50	39	11
33	6811	4626	2185	50	38	12	35	31	4
34	5298	3543	1755	32	24	8	16	14	2
35-39岁	**13508**	**9096**	**4412**	**62**	**47**	**15**	**41**	**32**	**9**
35	4100	2769	1331	19	15	4	17	13	4
36	3288	2210	1078	12	11	1	9	6	3
37	2436	1633	803	12	7	5	6	4	2
38	2010	1382	628	11	8	3	5	5	
39	1674	1102	572	8	6	2	4	4	
40-44岁	**5034**	**3248**	**1786**	**17**	**11**	**6**	**10**	**9**	**1**
40	1388	904	484	4	3	1	5	4	1
41	1145	737	408	4	4				
42	970	620	350	3		3	4	4	
43	799	500	299	3	2	1			
44	732	487	245	3	2	1	1	1	
45-49岁	**2167**	**1403**	**764**	**6**	**5**	**1**	**5**	**2**	**3**
45	603	399	204				1	1	
46	519	350	169	3	3		2	1	1
47	395	240	155	2	1	1	1		1
48	337	219	118	1	1		1		1
49	313	195	118						
50岁及以上	**1755**	**1113**	**642**	**3**	**2**	**1**	**2**		**2**
平均初婚年龄	**24.59**	**25.55**	**23.56**	**23.45**	**24.76**	**22.21**	**23.44**	**24.72**	**22.21**

5-4b 续表 1　　　　单位：人

初婚年龄	初婚年份								
	1982年			1983年			1984年		
	小计	男	女	小计	男	女	小计	男	女
总　计	**14741**	**7289**	**7452**	**13453**	**6638**	**6815**	**14702**	**7306**	**7396**
15岁以下	**20**	**4**	**16**	**22**	**9**	**13**	**23**	**7**	**16**
15-19岁	**2614**	**561**	**2053**	**2344**	**550**	**1794**	**2210**	**501**	**1709**
15	97	24	73	116	29	87	100	26	74
16	213	50	163	163	36	127	187	40	147
17	362	75	287	335	65	270	312	61	251
18	688	140	548	597	136	461	610	135	475
19	1254	272	982	1133	284	849	1001	239	762
20-24岁	**7877**	**3559**	**4318**	**7216**	**3175**	**4041**	**8663**	**3867**	**4796**
20	1304	335	969	1692	475	1217	1744	521	1223
21	1253	410	843	1411	480	931	2300	873	1427
22	1710	740	970	1263	562	701	1867	843	1024
23	1723	899	824	1531	810	721	1345	710	635
24	1887	1175	712	1319	848	471	1407	920	487
25-29岁	**3797**	**2833**	**964**	**3454**	**2567**	**887**	**3293**	**2549**	**744**
25	1539	1065	474	1305	925	380	1057	733	324
26	933	698	235	976	733	243	853	677	176
27	674	532	142	542	407	135	748	616	132
28	425	347	78	399	307	92	383	312	71
29	226	191	35	232	195	37	252	211	41
30-34岁	**350**	**276**	**74**	**356**	**293**	**63**	**391**	**301**	**90**
30	143	116	27	135	114	21	166	117	49
31	89	67	22	72	59	13	82	70	12
32	56	45	11	70	58	12	69	51	18
33	37	28	9	55	46	9	49	40	9
34	25	20	5	24	16	8	25	23	2
35-39岁	**54**	**40**	**14**	**38**	**30**	**8**	**81**	**55**	**26**
35	16	12	4	11	7	4	26	20	6
36	14	10	4	15	12	3	17	12	5
37	14	10	4	7	6	1	14	9	5
38	4	3	1	4	4		11	5	6
39	6	5	1	1	1		13	9	4
40-44岁	**19**	**10**	**9**	**18**	**11**	**7**	**26**	**15**	**11**
40	6	4	2	6	3	3	7	3	4
41	2	1	1	5	4	1	5	2	3
42	4	2	2	1		1	4	2	2
43	3	2	1	5	3	2	5	5	
44	4	1	3	1	1		5	3	2
45-49岁	**7**	**4**	**3**	**3**	**2**	**1**	**11**	**8**	**3**
45	2	2		1	1		2	2	
46	1		1				2	1	1
47	2	1	1	1	1		4	2	2
48	2	1	1	1		1	1	1	
49							2	2	
50岁及以上	**3**	**2**	**1**	**2**	**1**	**1**	**4**	**3**	**1**
平均初婚年龄	**23.29**	**24.62**	**21.99**	**23.16**	**24.50**	**21.85**	**23.14**	**24.43**	**21.87**

5-4b 续表 2

单位：人

初婚年龄	初婚年份								
	1985年			1986年			1987年		
	小计	男	女	小计	男	女	小计	男	女
总 计	**20002**	**10117**	**9885**	**20704**	**10416**	**10288**	**20669**	**10497**	**10172**
15岁以下	**13**	**2**	**11**	**11**	**3**	**8**	**14**	**4**	**10**
15-19岁	**2927**	**707**	**2220**	**2598**	**648**	**1950**	**2653**	**628**	**2025**
15	129	28	101	91	20	71	85	20	65
16	266	69	197	197	36	161	165	28	137
17	438	104	334	432	113	319	377	87	290
18	731	167	564	649	146	503	722	165	557
19	1363	339	1024	1229	333	896	1304	328	976
20-24岁	**12304**	**5789**	**6515**	**13896**	**6545**	**7351**	**14021**	**6890**	**7131**
20	2054	670	1384	2014	611	1403	1932	600	1332
21	2839	1118	1721	2664	1053	1611	2732	1092	1640
22	3593	1732	1861	3541	1583	1958	3263	1595	1668
23	2361	1337	1024	3584	1983	1601	3294	1827	1467
24	1457	932	525	2093	1315	778	2800	1776	1024
25-29岁	**4063**	**3091**	**972**	**3507**	**2696**	**811**	**3270**	**2452**	**818**
25	1410	1005	405	1148	812	336	1378	969	409
26	960	728	232	927	710	217	688	521	167
27	815	645	170	580	463	117	551	430	121
28	555	457	98	488	418	70	348	286	62
29	323	256	67	364	293	71	305	246	59
30-34岁	**555**	**432**	**123**	**567**	**437**	**130**	**570**	**427**	**143**
30	210	174	36	212	165	47	209	162	47
31	134	102	32	142	109	33	136	99	37
32	92	67	25	90	68	22	91	64	27
33	71	51	20	74	56	18	84	62	22
34	48	38	10	49	39	10	50	40	10
35-39岁	**100**	**71**	**29**	**82**	**59**	**23**	**97**	**67**	**30**
35	32	26	6	24	18	6	42	30	12
36	23	16	7	22	16	6	18	10	8
37	22	17	5	19	14	5	13	7	6
38	13	8	5	10	7	3	16	12	4
39	10	4	6	7	4	3	8	8	
40-44岁	**21**	**15**	**6**	**32**	**21**	**11**	**25**	**14**	**11**
40	8	4	4	10	8	2	7	3	4
41	4	4		9	4	5	7	5	2
42	2	2		8	5	3	5	1	4
43	2	1	1	4	4		3	2	1
44	5	4	1	1		1	3	3	
45-49岁	**12**	**7**	**5**	**9**	**6**	**3**	**13**	**10**	**3**
45	4	2	2	3	2	1	3	1	2
46	1	1		2	1	1	5	4	1
47	3	2	1	2	1	1	1	1	
48	3	2	1				2	2	
49	1		1	2	2		2	2	
50岁及以上	**7**	**3**	**4**	**2**	**1**	**1**	**6**	**5**	**1**
平均初婚年龄	**23.09**	**24.20**	**21.95**	**23.16**	**24.18**	**22.13**	**23.15**	**24.11**	**22.17**

5-4b 续表 3

单位：人

初婚年龄	初婚年份								
	1988年			1989年			1990年		
	小计	男	女	小计	男	女	小计	男	女
总　计	**22690**	**11624**	**11066**	**22189**	**11419**	**10770**	**26819**	**13979**	**12840**
15岁以下	**16**	**5**	**11**	**23**	**6**	**17**	**39**	**7**	**32**
15—19岁	**2818**	**713**	**2105**	**2805**	**722**	**2083**	**3671**	**1090**	**2581**
15	111	23	88	111	36	75	192	65	127
16	181	38	143	199	42	157	319	88	231
17	383	89	294	375	76	299	554	166	388
18	749	164	585	676	172	504	908	266	642
19	1394	399	995	1444	396	1048	1698	505	1193
20—24岁	**14871**	**7240**	**7631**	**14203**	**6964**	**7239**	**16816**	**8351**	**8465**
20	2152	680	1472	2192	700	1492	2576	841	1735
21	2702	1057	1645	2754	1178	1576	3519	1529	1990
22	3637	1796	1841	3128	1511	1617	3936	1977	1959
23	3491	1901	1590	3331	1825	1506	3614	2029	1585
24	2889	1806	1083	2798	1750	1048	3171	1975	1196
25—29岁	**4164**	**3059**	**1105**	**4395**	**3154**	**1241**	**5417**	**3886**	**1531**
25	2143	1514	629	1995	1377	618	2227	1545	682
26	929	680	249	1300	940	360	1539	1099	440
27	480	374	106	587	441	146	974	746	228
28	387	306	81	278	221	57	450	320	130
29	225	185	40	235	175	60	227	176	51
30—34岁	**628**	**471**	**157**	**559**	**429**	**130**	**598**	**436**	**162**
30	215	174	41	170	134	36	185	131	54
31	150	94	56	139	106	33	131	101	30
32	106	75	31	120	93	27	114	86	28
33	100	86	14	83	62	21	100	70	30
34	57	42	15	47	34	13	68	48	20
35—39岁	**134**	**93**	**41**	**137**	**101**	**36**	**192**	**150**	**42**
35	49	34	15	47	33	14	59	47	12
36	34	23	11	29	23	6	46	36	10
37	23	17	6	23	15	8	35	27	8
38	20	15	5	22	21	1	28	22	6
39	8	4	4	16	9	7	24	18	6
40—44岁	**35**	**27**	**8**	**37**	**25**	**12**	**48**	**32**	**16**
40	11	9	2	8	6	2	13	10	3
41	10	8	2	11	6	5	15	10	5
42	4	2	2	8	6	2	9	5	4
43	3	1	2	5	3	2	8	4	4
44	7	7		5	4	1	3	3	
45—49岁	**16**	**10**	**6**	**16**	**9**	**7**	**22**	**15**	**7**
45	7	4	3	5	3	2	7	5	2
46	5	4	1	5	4	1	6	4	2
47	2	1	1	4	1	3	3	3	
48	2	1	1	1		1	3	2	1
49				1	1		3	1	2
50岁及以上	**8**	**6**	**2**	**14**	**9**	**5**	**16**	**12**	**4**
平均初婚年龄	**23.24**	**24.16**	**22.27**	**23.26**	**24.17**	**22.30**	**23.19**	**24.07**	**22.25**

5-4b 续表 4　　　　单位：人

初婚年龄	初婚年份								
	1991年			1992年			1993年		
	小计	男	女	小计	男	女	小计	男	女
总　计	**18491**	**9514**	**8977**	**22374**	**11514**	**10860**	**22776**	**11697**	**11079**
15岁以下	**15**	**2**	**13**	**10**	**3**	**7**	**12**	**2**	**10**
15-19岁	**2228**	**640**	**1588**	**2512**	**743**	**1769**	**2240**	**643**	**1597**
15	104	28	76	108	37	71	114	32	82
16	163	41	122	196	50	146	176	52	124
17	303	81	222	354	75	279	324	86	238
18	588	168	420	601	180	421	532	144	388
19	1070	322	748	1253	401	852	1094	329	765
20-24岁	**11610**	**5537**	**6073**	**14080**	**6686**	**7394**	**14227**	**6606**	**7621**
20	1653	522	1131	1855	589	1266	1884	611	1273
21	2232	934	1298	2550	1013	1537	2487	955	1532
22	2839	1342	1497	3517	1667	1850	3372	1574	1798
23	2718	1394	1324	3462	1781	1681	3602	1724	1878
24	2168	1345	823	2696	1636	1060	2882	1742	1140
25-29岁	**4094**	**2929**	**1165**	**5072**	**3572**	**1500**	**5409**	**3809**	**1600**
25	1652	1116	536	1908	1258	650	2147	1449	698
26	1063	774	289	1320	952	368	1312	903	409
27	679	510	169	860	634	226	920	680	240
28	488	369	119	583	431	152	602	461	141
29	212	160	52	401	297	104	428	316	112
30-34岁	**379**	**285**	**94**	**485**	**361**	**124**	**604**	**442**	**162**
30	111	81	30	171	125	46	270	194	76
31	103	77	26	95	67	28	128	96	32
32	61	43	18	76	60	16	65	48	17
33	57	47	10	77	58	19	80	56	24
34	47	37	10	66	51	15	61	48	13
35-39岁	**119**	**89**	**30**	**133**	**96**	**37**	**174**	**125**	**49**
35	25	17	8	41	29	12	57	41	16
36	37	27	10	29	19	10	37	25	12
37	21	15	6	25	20	5	29	25	4
38	22	20	2	18	14	4	25	19	6
39	14	10	4	20	14	6	26	15	11
40-44岁	**31**	**23**	**8**	**46**	**33**	**13**	**71**	**48**	**23**
40	10	8	2	22	16	6	15	10	5
41	6	6		9	7	2	16	11	5
42	7	4	3	9	4	5	13	7	6
43	5	3	2	3	3		15	11	4
44	3	2	1	3	3		12	9	3
45-49岁	**13**	**7**	**6**	**20**	**10**	**10**	**24**	**14**	**10**
45	4	2	2	6	2	4	8	6	2
46	3	2	1	2	2		6	5	1
47	3	2	1	5	1	4	3	1	2
48	2	1	1	4	2	2	5	2	3
49	1		1	3	3		2		2
50岁及以上	**2**	**2**		**16**	**10**	**6**	**15**	**8**	**7**
平均初婚年龄	**23.36**	**24.25**	**22.42**	**23.51**	**24.36**	**22.61**	**23.71**	**24.57**	**22.80**

5-4b　续表 5　　　　　　　　　　　　　　　　　　　　　　　　　　单位：人

初婚年龄	初婚年份								
	1994年			1995年			1996年		
	小计	男	女	小计	男	女	小计	男	女
总　计	**22627**	**11651**	**10976**	**25925**	**13410**	**12515**	**22542**	**11666**	**10876**
15岁以下	**18**	**5**	**13**	**17**	**3**	**14**	**11**	**3**	**8**
15—19岁	**1996**	**551**	**1445**	**2287**	**681**	**1606**	**1637**	**447**	**1190**
15	99	34	65	96	30	66	69	22	47
16	166	48	118	196	62	134	105	28	77
17	278	73	205	329	99	230	253	78	175
18	530	153	377	556	154	402	407	115	292
19	923	243	680	1110	336	774	803	204	599
20—24岁	**13989**	**6415**	**7574**	**15456**	**7189**	**8267**	**12880**	**5791**	**7089**
20	1681	522	1159	1847	603	1244	1473	464	1009
21	2382	937	1445	2580	1036	1544	2011	762	1249
22	3220	1446	1774	3627	1658	1969	2851	1290	1561
23	3527	1681	1846	3885	1867	2018	3452	1537	1915
24	3179	1829	1350	3517	2025	1492	3093	1738	1355
25—29岁	**5639**	**3985**	**1654**	**6761**	**4560**	**2201**	**6671**	**4491**	**2180**
25	2213	1459	754	2679	1683	996	2505	1570	935
26	1518	1091	427	1805	1241	564	1792	1214	578
27	863	635	228	1134	818	316	1197	826	371
28	614	461	153	668	469	199	711	537	174
29	431	339	92	475	349	126	466	344	122
30—34岁	**684**	**498**	**186**	**1008**	**714**	**294**	**1024**	**709**	**315**
30	277	202	75	367	276	91	331	231	100
31	198	144	54	279	187	92	269	188	81
32	100	77	23	188	128	60	198	126	72
33	60	40	20	116	82	34	161	116	45
34	49	35	14	58	41	17	65	48	17
35—39岁	**171**	**122**	**49**	**227**	**158**	**69**	**154**	**115**	**39**
35	26	23	3	75	55	20	48	38	10
36	57	39	18	41	30	11	28	23	5
37	42	28	14	46	30	16	24	15	9
38	23	16	7	42	28	14	30	24	6
39	23	16	7	23	15	8	24	15	9
40—44岁	**75**	**43**	**32**	**105**	**66**	**39**	**87**	**61**	**26**
40	20	13	7	33	26	7	27	21	6
41	16	7	9	22	13	9	23	17	6
42	19	13	6	24	11	13	13	7	6
43	13	5	8	16	11	5	11	7	4
44	7	5	2	10	5	5	13	9	4
45—49岁	**36**	**22**	**14**	**39**	**24**	**15**	**45**	**31**	**14**
45	8	5	3	10	5	5	14	11	3
46	12	5	7	13	9	4	12	9	3
47	6	5	1	5	4	1	8	5	3
48	4	2	2	8	6	2	7	4	3
49	6	5	1	3		3	4	2	2
50岁及以上	**19**	**10**	**9**	**25**	**15**	**10**	**33**	**18**	**15**
平均初婚年龄	**23.89**	**24.74**	**22.98**	**24.04**	**24.84**	**23.18**	**24.36**	**25.21**	**23.45**

5-4b 续表 6

单位：人

初婚年龄	初婚年份								
	1997年			1998年			1999年		
	小计	男	女	小计	男	女	小计	男	女
总　计	**21369**	**10965**	**10404**	**23110**	**11996**	**11114**	**21053**	**10841**	**10212**
15岁以下	**11**	**2**	**9**	**10**	**2**	**8**	**19**	**3**	**16**
15-19岁	**1514**	**425**	**1089**	**1691**	**481**	**1210**	**1528**	**407**	**1121**
15	71	26	45	82	29	53	70	19	51
16	88	23	65	153	43	110	157	34	123
17	198	48	150	212	61	151	269	71	198
18	411	115	296	389	105	284	355	94	261
19	746	213	533	855	243	612	677	189	488
20-24岁	**11816**	**5177**	**6639**	**12058**	**5246**	**6812**	**11102**	**4729**	**6373**
20	1262	338	924	1366	362	1004	1314	378	936
21	1902	682	1220	1879	684	1195	1836	639	1197
22	2618	1125	1493	2883	1238	1645	2398	994	1404
23	3054	1453	1601	3084	1413	1671	2858	1267	1591
24	2980	1579	1401	2846	1549	1297	2696	1451	1245
25-29岁	**6528**	**4350**	**2178**	**7494**	**4985**	**2509**	**6937**	**4653**	**2284**
25	2273	1377	896	2578	1615	963	2302	1412	890
26	1682	1137	545	1963	1309	654	1821	1224	597
27	1250	890	360	1390	972	418	1284	931	353
28	801	581	220	944	669	275	885	616	269
29	522	365	157	619	420	199	645	470	175
30-34岁	**1088**	**729**	**359**	**1386**	**956**	**430**	**1139**	**820**	**319**
30	333	223	110	453	318	135	404	303	101
31	286	202	84	314	213	101	278	194	84
32	195	123	72	253	169	84	184	131	53
33	162	109	53	205	145	60	162	110	52
34	112	72	40	161	111	50	111	82	29
35-39岁	**203**	**152**	**51**	**310**	**218**	**92**	**223**	**157**	**66**
35	81	61	20	146	102	44	84	64	20
36	34	29	5	69	47	22	67	42	25
37	36	26	10	34	26	8	36	26	10
38	20	16	4	32	23	9	20	16	4
39	32	20	12	29	20	9	16	9	7
40-44岁	**128**	**83**	**45**	**108**	**70**	**38**	**68**	**51**	**17**
40	34	19	15	29	19	10	11	8	3
41	29	20	9	26	19	7	22	17	5
42	24	15	9	15	10	5	12	11	1
43	19	13	6	17	11	6	12	7	5
44	22	16	6	21	11	10	11	8	3
45-49岁	**51**	**31**	**20**	**32**	**24**	**8**	**22**	**12**	**10**
45	17	9	8	10	9	1	8	4	4
46	5	3	2	8	7	1	6	3	3
47	14	8	6	4	3	1	3	1	2
48	7	5	2	2	1	1	3	2	1
49	8	6	2	8	4	4	2	2	
50岁及以上	**30**	**16**	**14**	**21**	**14**	**7**	**15**	**9**	**6**
平均初婚年龄	**24.59**	**25.48**	**23.66**	**24.71**	**25.63**	**23.71**	**24.59**	**25.58**	**23.54**

5-4b 续表 7

单位：人

初婚年龄	初婚年份								
	2000年			2001年			2002年		
	小计	男	女	小计	男	女	小计	男	女
总　计	**24876**	**13001**	**11875**	**16464**	**8562**	**7902**	**19543**	**10243**	**9300**
15岁以下	**32**	**14**	**18**	**18**	**5**	**13**	**33**	**8**	**25**
15—19岁	**2192**	**654**	**1538**	**1335**	**377**	**958**	**1634**	**452**	**1182**
15	147	42	105	96	34	62	142	43	99
16	198	55	143	126	35	91	151	45	106
17	323	93	230	195	52	143	223	56	167
18	609	166	443	278	64	214	398	115	283
19	915	298	617	640	192	448	720	193	527
20—24岁	**13269**	**5847**	**7422**	**8528**	**3672**	**4856**	**10140**	**4508**	**5632**
20	1550	444	1106	979	273	706	1362	375	987
21	2213	789	1424	1367	449	918	1622	587	1035
22	2991	1290	1701	1986	847	1139	2198	963	1235
23	3262	1542	1720	2205	1062	1143	2574	1243	1331
24	3253	1782	1471	1991	1041	950	2384	1340	1044
25—29岁	**7693**	**5230**	**2463**	**5366**	**3626**	**1740**	**6295**	**4207**	**2088**
25	2577	1606	971	1850	1145	705	2035	1210	825
26	2053	1360	693	1321	858	463	1653	1090	563
27	1472	1067	405	997	725	272	1224	871	353
28	967	721	246	740	554	186	822	615	207
29	624	476	148	458	344	114	561	421	140
30—34岁	**1262**	**943**	**319**	**913**	**672**	**241**	**1107**	**827**	**280**
30	498	379	119	309	237	72	400	301	99
31	293	211	82	231	174	57	283	224	59
32	198	148	50	155	109	46	180	129	51
33	147	113	34	125	89	36	142	102	40
34	126	92	34	93	63	30	102	71	31
35—39岁	**287**	**209**	**78**	**209**	**140**	**69**	**236**	**174**	**62**
35	91	69	22	63	44	19	71	47	24
36	64	45	19	60	39	21	64	51	13
37	69	44	25	39	30	9	37	29	8
38	41	34	7	26	13	13	34	25	9
39	22	17	5	21	14	7	30	22	8
40—44岁	**90**	**67**	**23**	**51**	**40**	**11**	**56**	**45**	**11**
40	22	19	3	12	10	2	20	18	2
41	18	12	6	14	11	3	8	5	3
42	20	15	5	9	6	3	12	9	3
43	20	12	8	10	7	3	11	9	2
44	10	9	1	6	6		5	4	1
45—49岁	**28**	**19**	**9**	**24**	**19**	**5**	**21**	**12**	**9**
45	5	4	1	4	4		7	3	4
46	4	2	2	5	4	1	2	1	1
47	4	2	2	5	4	1	5	4	1
48	5	4	1	5	5		3	2	1
49	10	7	3	5	2	3	4	2	2
50岁及以上	**23**	**18**	**5**	**20**	**11**	**9**	**21**	**10**	**11**
平均初婚年龄	**24.41**	**25.42**	**23.31**	**24.60**	**25.61**	**23.49**	**24.53**	**25.55**	**23.39**

5-4b 续表 8

单位：人

初婚年龄	初婚年份								
	2003年			2004年			2005年		
	小计	男	女	小计	男	女	小计	男	女
总 计	**20667**	**10706**	**9961**	**21016**	**10905**	**10111**	**21337**	**11192**	**10145**
15岁以下	**29**	**7**	**22**	**19**	**5**	**14**	**18**	**5**	**13**
15–19岁	**1635**	**472**	**1163**	**1702**	**490**	**1212**	**1871**	**566**	**1305**
15	104	33	71	107	40	67	116	44	72
16	196	56	140	147	41	106	173	51	122
17	237	75	162	282	72	210	299	78	221
18	369	101	268	429	124	305	478	142	336
19	729	207	522	737	213	524	805	251	554
20–24岁	**10481**	**4485**	**5996**	**10565**	**4595**	**5970**	**10509**	**4718**	**5791**
20	1345	356	989	1185	329	856	1245	371	874
21	1949	620	1329	1916	627	1289	1771	619	1152
22	2246	998	1248	2683	1186	1497	2432	1113	1319
23	2349	1133	1216	2438	1183	1255	2781	1386	1395
24	2592	1378	1214	2343	1270	1073	2280	1229	1051
25–29岁	**6780**	**4471**	**2309**	**6859**	**4484**	**2375**	**6674**	**4321**	**2353**
25	2225	1308	917	2160	1281	879	2035	1212	823
26	1746	1136	610	1849	1156	693	1755	1114	641
27	1208	848	360	1266	885	381	1297	866	431
28	958	703	255	954	708	246	894	619	275
29	643	476	167	630	454	176	693	510	183
30–34岁	**1321**	**982**	**339**	**1396**	**1007**	**389**	**1604**	**1126**	**478**
30	459	347	112	442	331	111	526	378	148
31	309	229	80	365	256	109	367	264	103
32	236	179	57	264	182	82	285	207	78
33	183	132	51	190	134	56	228	153	75
34	134	95	39	135	104	31	198	124	74
35–39岁	**306**	**210**	**96**	**313**	**212**	**101**	**441**	**304**	**137**
35	96	63	33	111	74	37	151	106	45
36	81	55	26	70	48	22	98	70	28
37	53	36	17	44	35	9	77	49	28
38	45	33	12	43	24	19	63	41	22
39	31	23	8	45	31	14	52	38	14
40–44岁	**53**	**40**	**13**	**88**	**68**	**20**	**120**	**82**	**38**
40	26	19	7	24	20	4	35	26	9
41	8	6	2	31	24	7	31	24	7
42	7	6	1	16	11	5	23	13	10
43	6	3	3	10	6	4	17	12	5
44	6	6		7	7		14	7	7
45–49岁	**31**	**19**	**12**	**30**	**17**	**13**	**41**	**32**	**9**
45	7	4	3	10	7	3	9	8	1
46	9	7	2	3		3	10	7	3
47	6	2	4	5	3	2	6	6	
48	3	3		5	4	1	7	4	3
49	6	3	3	7	3	4	9	7	2
50岁及以上	**31**	**20**	**11**	**44**	**27**	**17**	**59**	**38**	**21**
平均初婚年龄	**24.69**	**25.76**	**23.55**	**24.76**	**25.78**	**23.66**	**24.92**	**25.92**	**23.82**

5-4b　续表 9　　　　　　　　　　　　　　　　　　　　　　　　　　　单位：人

初婚年龄	初婚年份								
	2006年			2007年			2008年		
	小计	男	女	小计	男	女	小计	男	女
总　计	**21536**	**11248**	**10288**	**19279**	**10100**	**9179**	**24727**	**13049**	**11678**
15岁以下	**11**	**2**	**9**	**6**	**3**	**3**	**9**	**2**	**7**
15—19岁	**1836**	**523**	**1313**	**1627**	**451**	**1176**	**2100**	**648**	**1452**
15	74	18	56	60	14	46	67	18	49
16	154	41	113	126	36	90	154	44	110
17	249	76	173	243	56	187	247	51	196
18	455	138	317	413	124	289	600	195	405
19	904	250	654	785	221	564	1032	340	692
20—24岁	**10711**	**4763**	**5948**	**9191**	**4144**	**5047**	**11804**	**5413**	**6391**
20	1377	403	974	1453	437	1016	1749	537	1212
21	1735	612	1123	1588	628	960	2404	917	1487
22	2281	1021	1260	1922	897	1025	2657	1268	1389
23	2515	1234	1281	2078	1039	1039	2549	1316	1233
24	2803	1493	1310	2150	1143	1007	2445	1375	1070
25—29岁	**6921**	**4499**	**2422**	**6397**	**4076**	**2321**	**8003**	**5045**	**2958**
25	2076	1182	894	2145	1259	886	2462	1425	1037
26	1763	1132	631	1509	974	535	2249	1379	870
27	1402	954	448	1196	777	419	1381	930	451
28	994	724	270	918	621	297	1039	709	330
29	686	507	179	629	445	184	872	602	270
30—34岁	**1508**	**1071**	**437**	**1447**	**1004**	**443**	**1891**	**1317**	**574**
30	531	387	144	438	329	109	605	428	177
31	332	246	86	335	223	112	432	298	134
32	255	173	82	279	184	95	372	257	115
33	207	141	66	229	156	73	266	192	74
34	183	124	59	166	112	54	216	142	74
35—39岁	**369**	**270**	**99**	**417**	**289**	**128**	**610**	**416**	**194**
35	124	97	27	117	82	35	200	129	71
36	90	62	28	91	61	30	141	98	43
37	61	43	18	100	69	31	94	56	38
38	49	37	12	67	48	19	107	81	26
39	45	31	14	42	29	13	68	52	16
40—44岁	**105**	**71**	**34**	**128**	**89**	**39**	**189**	**130**	**59**
40	30	21	9	23	14	9	55	38	17
41	29	21	8	24	18	6	53	39	14
42	19	11	8	30	21	9	28	18	10
43	17	11	6	25	20	5	24	16	8
44	10	7	3	26	16	10	29	19	10
45—49岁	**37**	**23**	**14**	**28**	**18**	**10**	**57**	**33**	**24**
45	4	4		9	7	2	22	12	10
46	10	6	4	5	2	3	12	7	5
47	6	3	3	3	2	1	6	3	3
48	10	6	4	5	4	1	9	6	3
49	7	4	3	6	3	3	8	5	3
50岁及以上	**38**	**26**	**12**	**38**	**26**	**12**	**64**	**45**	**19**
平均初婚年龄	**24.87**	**25.89**	**23.75**	**24.99**	**25.98**	**23.90**	**25.03**	**26.00**	**23.95**

5–4b 续表 10 单位：人

初婚年龄	初婚年份								
	2009年			2010年			2011年		
	小计	男	女	小计	男	女	小计	男	女
总　计	**22276**	**11728**	**10548**	**25694**	**13725**	**11969**	**20724**	**10811**	**9913**
15岁以下	**12**	**2**	**10**	**17**	**2**	**15**	**4**	**1**	**3**
15–19岁	**1962**	**598**	**1364**	**2050**	**625**	**1425**	**1332**	**436**	**896**
15	64	12	52	92	12	80	63	14	49
16	130	35	95	139	28	111	121	28	93
17	266	78	188	305	86	219	175	50	125
18	492	162	330	554	173	381	341	131	210
19	1010	311	699	960	326	634	632	213	419
20–24岁	**10956**	**5131**	**5825**	**12850**	**6149**	**6701**	**10429**	**4798**	**5631**
20	1646	544	1102	1775	607	1168	1151	360	791
21	2080	868	1212	2198	902	1296	1830	712	1118
22	2832	1394	1438	2940	1442	1498	2225	1064	1161
23	2320	1226	1094	3235	1681	1554	2555	1278	1277
24	2078	1099	979	2702	1517	1185	2668	1384	1284
25–29岁	**6692**	**4229**	**2463**	**7622**	**4863**	**2759**	**6659**	**4031**	**2628**
25	1957	1115	842	2168	1289	879	2115	1168	947
26	1746	1078	668	1859	1188	671	1528	902	626
27	1452	965	487	1517	1000	517	1251	783	468
28	915	642	273	1272	837	435	983	640	343
29	622	429	193	806	549	257	782	538	244
30–34岁	**1750**	**1154**	**596**	**2002**	**1309**	**693**	**1513**	**1016**	**497**
30	579	394	185	584	387	197	438	305	133
31	361	234	127	473	324	149	380	256	124
32	309	211	98	369	234	135	301	193	108
33	279	168	111	324	204	120	203	127	76
34	222	147	75	252	160	92	191	135	56
35–39岁	**563**	**402**	**161**	**701**	**470**	**231**	**513**	**349**	**164**
35	160	113	47	196	137	59	164	108	56
36	128	100	28	160	96	64	108	79	29
37	104	73	31	150	100	50	94	61	33
38	105	67	38	109	76	33	84	56	28
39	66	49	17	86	61	25	63	45	18
40–44岁	**201**	**110**	**91**	**255**	**171**	**84**	**181**	**122**	**59**
40	52	27	25	81	55	26	70	46	24
41	45	22	23	55	33	22	44	27	17
42	42	25	17	42	26	16	35	26	9
43	29	18	11	35	25	10	19	12	7
44	33	18	15	42	32	10	13	11	2
45–49岁	**83**	**60**	**23**	**120**	**84**	**36**	**58**	**38**	**20**
45	24	19	5	30	24	6	13	7	6
46	32	26	6	36	26	10	12	10	2
47	10	9	1	27	14	13	13	7	6
48	5	2	3	19	16	3	13	7	6
49	12	4	8	8	4	4	7	7	
50岁及以上	**57**	**42**	**15**	**77**	**52**	**25**	**35**	**20**	**15**
平均初婚年龄	**25.01**	**25.93**	**23.99**	**25.19**	**26.07**	**24.17**	**25.22**	**26.03**	**24.33**

5-4b　续表 11　　　　单位：人

初婚年龄	初婚年份								
	2012年			2013年			2014年		
	小计	男	女	小计	男	女	小计	男	女
总　计	**23647**	**12404**	**11243**	**22084**	**11509**	**10575**	**21260**	**11170**	**10090**
15岁以下	**12**	**2**	**10**	**9**		**9**	**9**		**9**
15—19岁	**1604**	**516**	**1088**	**1327**	**394**	**933**	**1236**	**371**	**865**
15	63	10	53	57	7	50	32	7	25
16	102	21	81	112	27	85	110	21	89
17	235	72	163	185	53	132	184	65	119
18	428	134	294	357	119	238	334	101	233
19	776	279	497	616	188	428	576	177	399
20—24岁	**11129**	**5147**	**5982**	**9696**	**4439**	**5257**	**8724**	**3995**	**4729**
20	1224	411	813	1057	326	731	951	282	669
21	1720	691	1029	1397	572	825	1190	471	719
22	2641	1224	1417	2036	929	1107	1712	801	911
23	2689	1346	1343	2608	1265	1343	2184	1054	1130
24	2855	1475	1380	2598	1347	1251	2687	1387	1300
25—29岁	**8040**	**4860**	**3180**	**8027**	**4734**	**3293**	**8144**	**4793**	**3351**
25	2754	1513	1241	2605	1390	1215	2461	1345	1116
26	1883	1138	745	2191	1282	909	2099	1205	894
27	1525	941	584	1521	952	569	1784	1069	715
28	1031	689	342	984	636	348	1084	710	374
29	847	579	268	726	474	252	716	464	252
30—34岁	**1845**	**1206**	**639**	**1989**	**1273**	**716**	**1991**	**1269**	**722**
30	602	411	191	646	404	242	616	411	205
31	398	263	135	530	344	186	457	277	180
32	326	204	122	321	211	110	415	250	165
33	283	181	102	256	163	93	281	192	89
34	236	147	89	236	151	85	222	139	83
35—39岁	**637**	**418**	**219**	**610**	**397**	**213**	**690**	**442**	**248**
35	171	111	60	169	104	65	209	133	76
36	159	106	53	167	111	56	171	113	58
37	112	71	41	97	64	33	104	63	41
38	109	66	43	91	67	24	122	82	40
39	86	64	22	86	51	35	84	51	33
40—44岁	**227**	**154**	**73**	**264**	**167**	**97**	**290**	**188**	**102**
40	63	45	18	78	43	35	75	41	34
41	51	31	20	58	36	22	78	55	23
42	51	38	13	53	41	12	40	29	11
43	35	22	13	39	28	11	49	30	19
44	27	18	9	36	19	17	48	33	15
45—49岁	**99**	**67**	**32**	**105**	**69**	**36**	**102**	**65**	**37**
45	35	24	11	34	25	9	25	14	11
46	19	16	3	25	18	7	29	18	11
47	19	11	8	14	8	6	16	12	4
48	9	6	3	15	8	7	13	9	4
49	17	10	7	17	10	7	19	12	7
50岁及以上	**54**	**34**	**20**	**57**	**36**	**21**	**74**	**47**	**27**
平均初婚年龄	**25.41**	**26.21**	**24.52**	**25.72**	**26.52**	**24.86**	**26.03**	**26.82**	**25.16**

5-4b 续表 12

单位：人

初婚年龄	初婚年份								
	2015年			2016年			2017年		
	小计	男	女	小计	男	女	小计	男	女
总　计	**21451**	**11298**	**10153**	**17728**	**9257**	**8471**	**16222**	**8521**	**7701**
15岁以下	**11**	**1**	**10**	**8**	**1**	**7**	**3**	**1**	**2**
15-19岁	**1096**	**312**	**784**	**835**	**231**	**604**	**692**	**200**	**492**
15	41	7	34	33	4	29	19	7	12
16	95	23	72	56	12	44	56	9	47
17	183	49	134	126	35	91	101	31	70
18	254	78	176	235	74	161	186	60	126
19	523	155	368	385	106	279	330	93	237
20-24岁	**7987**	**3585**	**4402**	**6367**	**2760**	**3607**	**5587**	**2401**	**3186**
20	858	268	590	702	206	496	536	142	394
21	1180	465	715	873	327	546	869	329	540
22	1688	728	960	1298	565	733	1140	514	626
23	1890	921	969	1634	747	887	1386	633	753
24	2371	1203	1168	1860	915	945	1656	783	873
25-29岁	**8862**	**5169**	**3693**	**7631**	**4451**	**3180**	**6969**	**4002**	**2967**
25	2720	1448	1272	2000	1058	942	1671	885	786
26	2126	1214	912	1928	1116	812	1687	907	780
27	1770	1070	700	1571	935	636	1587	941	646
28	1368	890	478	1238	765	473	1162	705	457
29	878	547	331	894	577	317	862	564	298
30-34岁	**2153**	**1378**	**775**	**1786**	**1129**	**657**	**1911**	**1237**	**674**
30	644	416	228	571	371	200	686	439	247
31	480	291	189	365	235	130	428	283	145
32	390	252	138	320	199	121	334	211	123
33	353	237	116	269	168	101	242	155	87
34	286	182	104	261	156	105	221	149	72
35-39岁	**730**	**456**	**274**	**614**	**384**	**230**	**592**	**383**	**209**
35	208	133	75	181	107	74	178	118	60
36	199	115	84	156	101	55	134	90	44
37	127	84	43	111	72	39	114	76	38
38	98	63	35	76	47	29	87	55	32
39	98	61	37	90	57	33	79	44	35
40-44岁	**346**	**222**	**124**	**273**	**163**	**110**	**237**	**153**	**84**
40	102	68	34	69	40	29	56	39	17
41	60	39	21	57	28	29	69	40	29
42	68	44	24	61	39	22	50	30	20
43	59	31	28	39	23	16	33	24	9
44	57	40	17	47	33	14	29	20	9
45-49岁	**158**	**101**	**57**	**134**	**85**	**49**	**110**	**69**	**41**
45	42	28	14	47	28	19	22	15	7
46	48	34	14	26	18	8	29	16	13
47	26	13	13	26	16	10	24	17	7
48	16	8	8	20	13	7	19	10	9
49	26	18	8	15	10	5	16	11	5
50岁及以上	**108**	**74**	**34**	**80**	**53**	**27**	**121**	**75**	**46**
平均初婚年龄	**26.43**	**27.25**	**25.51**	**26.56**	**27.37**	**25.67**	**26.82**	**27.66**	**25.89**

5-4b　续表 13　　　　单位：人

初婚年龄	初婚年份								
	2018年			2019年			2020年		
	小计	男	女	小计	男	女	小计	男	女
总　计	**17392**	**9031**	**8361**	**13954**	**7275**	**6679**	**8932**	**4615**	**4317**
15岁以下	**7**	**1**	**6**	**4**		**4**			
15–19岁	**738**	**204**	**534**	**583**	**183**	**400**	**278**	**75**	**203**
15	25	6	19	14	3	11	7	2	5
16	59	5	54	45	12	33	10	3	7
17	112	26	86	82	30	52	44	12	32
18	202	67	135	166	50	116	78	17	61
19	340	100	240	276	88	188	139	41	98
20–24岁	**5649**	**2443**	**3206**	**4490**	**1976**	**2514**	**2510**	**1072**	**1438**
20	545	146	399	459	145	314	253	69	184
21	728	282	446	581	210	371	298	117	181
22	1181	527	654	921	417	504	519	215	304
23	1505	674	831	1109	506	603	576	265	311
24	1690	814	876	1420	698	722	864	406	458
25–29岁	**7314**	**4084**	**3230**	**5493**	**3046**	**2447**	**3455**	**1855**	**1600**
25	1756	883	873	1346	650	696	839	365	474
26	1659	897	762	1220	638	582	810	418	392
27	1567	858	709	1091	613	478	740	430	310
28	1337	819	518	983	591	392	584	346	238
29	995	627	368	853	554	299	482	296	186
30–34岁	**2342**	**1474**	**868**	**2090**	**1294**	**796**	**1504**	**889**	**615**
30	756	469	287	669	412	257	457	287	170
31	619	382	237	522	315	207	371	215	156
32	427	281	146	412	260	152	270	163	107
33	282	182	100	271	168	103	233	136	97
34	258	160	98	216	139	77	173	88	85
35–39岁	**756**	**470**	**286**	**677**	**409**	**268**	**505**	**315**	**190**
35	228	140	88	164	93	71	123	76	47
36	214	129	85	170	103	67	125	82	43
37	130	80	50	148	93	55	90	61	29
38	86	60	26	97	66	31	95	55	40
39	98	61	37	98	54	44	72	41	31
40–44岁	**287**	**161**	**126**	**301**	**178**	**123**	**285**	**159**	**126**
40	72	38	34	78	45	33	59	35	24
41	59	38	21	60	33	27	52	30	22
42	64	37	27	60	37	23	52	27	25
43	43	23	20	56	35	21	71	35	36
44	49	25	24	47	28	19	51	32	19
45–49岁	**147**	**100**	**47**	**163**	**96**	**67**	**189**	**124**	**65**
45	37	25	12	50	28	22	47	33	14
46	32	22	10	29	14	15	43	28	15
47	35	22	13	33	21	12	30	17	13
48	25	19	6	26	15	11	46	33	13
49	18	12	6	25	18	7	23	13	10
50岁及以上	**152**	**94**	**58**	**153**	**93**	**60**	**206**	**126**	**80**
平均初婚年龄	**27.18**	**28.02**	**26.28**	**27.54**	**28.34**	**26.67**	**28.62**	**29.52**	**27.66**

5－4c　全省分初婚年龄、性别、初婚年份的人口(乡村)

单位：人

初婚年龄	初婚年份								
	合　计			1980年			1981年		
	合计	男	女	小计	男	女	小计	男	女
总　计	**982227**	**520594**	**461633**	**31666**	**15928**	**15738**	**24264**	**12197**	**12067**
15岁以下	**835**	**168**	**667**	**47**	**9**	**38**	**18**	**4**	**14**
15－19岁	**95348**	**22719**	**72629**	**3940**	**549**	**3391**	**3406**	**441**	**2965**
15	4153	1057	3096	255	56	199	127	24	103
16	7353	1581	5772	467	75	392	263	35	228
17	13660	2906	10754	886	101	785	552	56	496
18	24691	5638	19053	997	121	876	1139	139	1000
19	45491	11537	33954	1335	196	1139	1325	187	1138
20－24岁	**541494**	**253115**	**288379**	**19035**	**8482**	**10553**	**14422**	**6522**	**7900**
20	72808	20311	52497	2319	459	1860	1734	318	1416
21	97906	36178	61728	2998	839	2159	2606	724	1882
22	125464	57833	67631	4487	1729	2758	2852	1108	1744
23	129553	68102	61451	5096	2644	2452	3747	2021	1726
24	115763	70691	45072	4135	2811	1324	3483	2351	1132
25－29岁	**261293**	**185123**	**76170**	**7709**	**6127**	**1582**	**5787**	**4694**	**1093**
25	90974	61328	29646	3196	2385	811	2404	1843	561
26	66016	46758	19258	2105	1715	390	1490	1225	265
27	47044	34486	12558	1172	995	177	1005	858	147
28	33527	25033	8494	761	648	113	518	453	65
29	23732	17518	6214	475	384	91	370	315	55
30－34岁	**54752**	**39690**	**15062**	**762**	**639**	**123**	**499**	**427**	**72**
30	17412	12860	4552	284	239	45	209	174	35
31	12900	9230	3670	197	167	30	113	99	14
32	10325	7437	2888	129	114	15	80	71	9
33	8021	5785	2236	95	72	23	56	46	10
34	6094	4378	1716	57	47	10	41	37	4
35－39岁	**16170**	**11591**	**4579**	**123**	**91**	**32**	**87**	**76**	**11**
35	4840	3519	1321	43	33	10	26	20	6
36	3802	2744	1058	22	15	7	29	28	1
37	3010	2154	856	25	19	6	15	13	2
38	2514	1769	745	15	11	4	8	7	1
39	2004	1405	599	18	13	5	9	8	1
40－44岁	**6667**	**4489**	**2178**	**34**	**25**	**9**	**31**	**26**	**5**
40	1814	1241	573	11	10	1	9	8	1
41	1460	976	484	6	2	4	10	8	2
42	1305	860	445	9	7	2	4	4	
43	1068	707	361	5	3	2	3	3	
44	1020	705	315	3	3		5	3	2
45－49岁	**3000**	**1986**	**1014**	**10**	**3**	**7**	**13**	**7**	**6**
45	831	543	288	4		4	7	3	4
46	677	460	217	3	1	2	1		1
47	596	383	213	1		1	2	2	
48	483	328	155	1	1		1		1
49	413	272	141	1	1		2	2	
50岁及以上	**2668**	**1713**	**955**	**6**	**3**	**3**	**1**		**1**
平均初婚年龄	**24.44**	**25.55**	**23.19**	**23.45**	**24.85**	**22.03**	**23.38**	**24.87**	**21.88**

5-4c　续表 1　　　　单位：人

初婚年龄	初婚年份								
	1982年			1983年			1984年		
	小计	男	女	小计	男	女	小计	男	女
总　计	**25739**	**12999**	**12740**	**24069**	**12295**	**11774**	**24348**	**12495**	**11853**
15岁以下	**39**	**10**	**29**	**23**	**5**	**18**	**29**	**3**	**26**
15-19岁	**4430**	**698**	**3732**	**3961**	**757**	**3204**	**3495**	**635**	**2860**
15	121	18	103	150	37	113	137	34	103
16	276	47	229	236	44	192	229	38	191
17	575	86	489	535	79	456	453	53	400
18	1205	181	1024	1030	181	849	963	178	785
19	2253	366	1887	2010	416	1594	1713	332	1381
20-24岁	**13935**	**6327**	**7608**	**13035**	**5752**	**7283**	**14276**	**6421**	**7855**
20	2333	475	1858	3049	725	2324	2821	734	2087
21	2200	658	1542	2565	847	1718	3847	1359	2488
22	3142	1353	1789	2386	1055	1331	3109	1397	1712
23	3031	1667	1364	2699	1524	1175	2210	1340	870
24	3229	2174	1055	2336	1601	735	2289	1591	698
25-29岁	**6531**	**5289**	**1242**	**6252**	**5143**	**1109**	**5586**	**4636**	**950**
25	2657	2041	616	2288	1771	517	1663	1296	367
26	1686	1387	299	1721	1410	311	1514	1254	260
27	1111	930	181	1062	931	131	1214	1030	184
28	674	589	85	710	612	98	728	651	77
29	403	342	61	471	419	52	467	405	62
30-34岁	**673**	**575**	**98**	**636**	**516**	**120**	**801**	**683**	**118**
30	285	246	39	259	220	39	321	278	43
31	143	120	23	158	125	33	207	176	31
32	96	76	20	97	73	24	137	110	27
33	100	93	7	66	52	14	77	69	8
34	49	40	9	56	46	10	59	50	9
35-39岁	**91**	**74**	**17**	**109**	**89**	**20**	**115**	**89**	**26**
35	34	30	4	54	45	9	37	28	9
36	18	14	4	21	17	4	32	26	6
37	16	12	4	15	12	3	20	15	5
38	17	14	3	14	11	3	19	15	4
39	6	4	2	5	4	1	7	5	2
40-44岁	**21**	**14**	**7**	**28**	**18**	**10**	**29**	**21**	**8**
40	5	2	3	10	6	4	5	3	2
41	5	5		6	2	4	12	10	2
42	1		1	6	5	1	5	2	3
43	7	5	2	4	3	1	2	2	
44	3	2	1	2	2		5	4	1
45-49岁	**12**	**7**	**5**	**17**	**11**	**6**	**14**	**7**	**7**
45	4	3	1	5	3	2	2		2
46	2		2	3	2	1	7	4	3
47	1		1	3	1	2	2	2	
48	1	1		5	4	1	2		2
49	4	3	1	1	1		1	1	
50岁及以上	**7**	**5**	**2**	**8**	**4**	**4**	**3**		**3**
平均初婚年龄	**23.31**	**24.87**	**21.72**	**23.26**	**24.81**	**21.65**	**23.25**	**24.75**	**21.66**

5-4c 续表 2 单位：人

初婚年龄	初婚年份								
	1985年			1986年			1987年		
	小计	男	女	小计	男	女	小计	男	女
总　计	**33611**	**17324**	**16287**	**32867**	**16999**	**15868**	**32317**	**16779**	**15538**
15岁以下	**31**	**9**	**22**	**21**	**7**	**14**	**13**	**2**	**11**
15-19岁	**4495**	**943**	**3552**	**3923**	**793**	**3130**	**3764**	**801**	**2963**
15	173	47	126	119	26	93	106	21	85
16	358	69	289	301	61	240	227	30	197
17	602	105	497	598	127	471	492	92	400
18	1117	214	903	963	167	796	1037	220	817
19	2245	508	1737	1942	412	1530	1902	438	1464
20-24岁	**21053**	**9819**	**11234**	**22316**	**10851**	**11465**	**22168**	**10944**	**11224**
20	3547	994	2553	3282	906	2376	2904	784	2120
21	4984	1854	3130	4362	1667	2695	4460	1664	2796
22	6085	2897	3188	5801	2765	3036	5305	2562	2743
23	4030	2367	1663	5758	3326	2432	5111	2934	2177
24	2407	1707	700	3113	2187	926	4388	3000	1388
25-29岁	**6619**	**5396**	**1223**	**5176**	**4240**	**936**	**4945**	**3894**	**1051**
25	2148	1666	482	1611	1275	336	2076	1551	525
26	1449	1170	279	1324	1088	236	983	802	181
27	1388	1169	219	866	725	141	821	662	159
28	1030	891	139	764	637	127	565	462	103
29	604	500	104	611	515	96	500	417	83
30-34岁	**1160**	**956**	**204**	**1145**	**914**	**231**	**1145**	**918**	**227**
30	441	364	77	400	331	69	408	330	78
31	288	240	48	279	211	68	262	199	63
32	195	160	35	212	177	35	226	182	44
33	125	104	21	146	119	27	149	130	19
34	111	88	23	108	76	32	100	77	23
35-39岁	**183**	**149**	**34**	**194**	**138**	**56**	**203**	**164**	**39**
35	66	58	8	64	52	12	76	62	14
36	42	32	10	41	32	9	58	50	8
37	28	24	4	35	20	15	35	29	6
38	24	19	5	30	20	10	21	13	8
39	23	16	7	24	14	10	13	10	3
40-44岁	**43**	**35**	**8**	**63**	**38**	**25**	**47**	**34**	**13**
40	10	8	2	21	13	8	12	10	2
41	11	8	3	11	4	7	13	9	4
42	9	9		19	13	6	6	4	2
43	7	5	2	5	3	2	9	6	3
44	6	5	1	7	5	2	7	5	2
45-49岁	**20**	**14**	**6**	**21**	**12**	**9**	**18**	**13**	**5**
45	5	3	2	4	3	1	5	3	2
46	3	3		5	3	2	3	2	1
47	6	5	1	8	5	3	6	5	1
48	5	3	2	3		3	3	2	1
49	1		1	1	1		1	1	
50岁及以上	**7**	**3**	**4**	**8**	**6**	**2**	**14**	**9**	**5**
平均初婚年龄	**23.20**	**24.50**	**21.81**	**23.24**	**24.38**	**22.02**	**23.29**	**24.39**	**22.11**

5-4c　续表 3　　　　单位：人

初婚年龄	初婚年份								
	1988年			1989年			1990年		
	小计	男	女	小计	男	女	小计	男	女
总　计	**34619**	**18017**	**16602**	**32566**	**17080**	**15486**	**38965**	**20619**	**18346**
15岁以下	**43**	**10**	**33**	**31**	**6**	**25**	**45**	**9**	**36**
15-19岁	**4060**	**880**	**3180**	**3814**	**879**	**2935**	**4650**	**1217**	**3433**
15	129	32	97	133	31	102	225	66	159
16	240	48	192	252	47	205	385	97	288
17	506	84	422	488	99	389	679	165	514
18	1061	213	848	964	207	757	1142	287	855
19	2124	503	1621	1977	495	1482	2219	602	1617
20-24岁	**22673**	**11059**	**11614**	**21000**	**10279**	**10721**	**24742**	**12191**	**12551**
20	3112	898	2214	3168	931	2237	3695	1131	2564
21	4161	1591	2570	3944	1536	2408	5032	1984	3048
22	5636	2646	2990	4789	2337	2452	5769	2882	2887
23	5444	3015	2429	4989	2813	2176	5387	3055	2332
24	4320	2909	1411	4110	2662	1448	4859	3139	1720
25-29岁	**6254**	**4790**	**1464**	**6312**	**4765**	**1547**	**7881**	**5864**	**2017**
25	3162	2343	819	2827	2068	759	3319	2386	933
26	1470	1148	322	1871	1439	432	2096	1570	526
27	644	509	135	876	689	187	1460	1107	353
28	562	460	102	379	292	87	690	552	138
29	416	330	86	359	277	82	316	249	67
30-34岁	**1225**	**1003**	**222**	**1033**	**848**	**185**	**1127**	**937**	**190**
30	398	334	64	269	226	43	327	259	68
31	303	249	54	288	237	51	215	178	37
32	213	172	41	217	174	43	250	213	37
33	166	133	33	151	123	28	201	178	23
34	145	115	30	108	88	20	134	109	25
35-39岁	**263**	**208**	**55**	**272**	**229**	**43**	**361**	**286**	**75**
35	100	86	14	102	85	17	128	103	25
36	66	44	22	62	60	2	89	74	15
37	39	33	6	57	40	17	71	51	20
38	32	24	8	30	26	4	37	28	9
39	26	21	5	21	18	3	36	30	6
40-44岁	**58**	**39**	**19**	**64**	**47**	**17**	**98**	**77**	**21**
40	20	16	4	21	18	3	28	25	3
41	15	8	7	20	13	7	30	22	8
42	9	7	2	9	5	4	23	19	4
43	8	4	4	8	7	1	10	7	3
44	6	4	2	6	4	2	7	4	3
45-49岁	**27**	**20**	**7**	**24**	**17**	**7**	**34**	**21**	**13**
45	7	4	3	9	6	3	11	9	2
46	7	6	1	3	3		7	4	3
47	4	4		8	4	4	7	3	4
48	5	4	1	2	2		3	1	2
49	4	2	2	2	2		6	4	2
50岁及以上	**16**	**8**	**8**	**16**	**10**	**6**	**27**	**17**	**10**
平均初婚年龄	**23.38**	**24.45**	**22.21**	**23.40**	**24.46**	**22.22**	**23.41**	**24.43**	**22.25**

5-4c 续表 4

单位：人

初婚年龄	初婚年份								
	1991年			1992年			1993年		
	小计	男	女	小计	男	女	小计	男	女
总 计	**26229**	**13713**	**12516**	**30674**	**16115**	**14559**	**30178**	**15853**	**14325**
15岁以下	**29**	**7**	**22**	**14**	**4**	**10**	**22**	**3**	**19**
15-19岁	**2766**	**678**	**2088**	**3024**	**806**	**2218**	**2800**	**747**	**2053**
15	120	31	89	131	31	100	114	33	81
16	172	34	138	257	71	186	208	41	167
17	363	75	288	383	99	284	399	97	302
18	715	171	544	765	180	585	697	175	522
19	1396	367	1029	1488	425	1063	1382	401	981
20-24岁	**16658**	**7954**	**8704**	**19245**	**9088**	**10157**	**18857**	**8871**	**9986**
20	2197	634	1563	2379	691	1688	2293	680	1613
21	3209	1197	2012	3287	1288	1999	3204	1211	1993
22	4150	1990	2160	4747	2097	2650	4434	2001	2433
23	4059	2153	1906	4951	2561	2390	4806	2469	2337
24	3043	1980	1063	3881	2451	1430	4120	2510	1610
25-29岁	**5820**	**4317**	**1503**	**7082**	**5229**	**1853**	**7028**	**5160**	**1868**
25	2405	1710	695	2584	1830	754	2725	1911	814
26	1487	1111	376	1954	1461	493	1741	1312	429
27	918	715	203	1218	935	283	1253	966	287
28	712	546	166	750	569	181	797	596	201
29	298	235	63	576	434	142	512	375	137
30-34岁	**618**	**494**	**124**	**799**	**599**	**200**	**939**	**704**	**235**
30	156	122	34	267	183	84	383	287	96
31	146	118	28	130	95	35	189	134	55
32	108	88	20	164	122	42	130	95	35
33	111	85	26	111	94	17	140	113	27
34	97	81	16	127	105	22	97	75	22
35-39岁	**240**	**195**	**45**	**329**	**267**	**62**	**334**	**252**	**82**
35	73	65	8	115	98	17	107	85	22
36	43	30	13	69	57	12	83	66	17
37	63	52	11	62	49	13	57	41	16
38	31	24	7	53	43	10	44	31	13
39	30	24	6	30	20	10	43	29	14
40-44岁	**63**	**48**	**15**	**118**	**78**	**40**	**131**	**81**	**50**
40	15	12	3	40	25	15	37	20	17
41	19	16	3	26	19	7	31	19	12
42	14	7	7	20	12	8	26	18	8
43	11	9	2	16	10	6	23	13	10
44	4	4		16	12	4	14	11	3
45-49岁	**22**	**13**	**9**	**36**	**24**	**12**	**44**	**22**	**22**
45	5	3	2	9	7	2	13	7	6
46	6	4	2	10	6	4	13	8	5
47	6	4	2	5	5		8	3	5
48	3	1	2	10	5	5	6	3	3
49	2	1	1	2	1	1	4	1	3
50岁及以上	**13**	**7**	**6**	**27**	**20**	**7**	**23**	**13**	**10**
平均初婚年龄	**23.54**	**24.56**	**22.43**	**23.78**	**24.76**	**22.69**	**23.88**	**24.82**	**22.85**

5-4c　续表 5　　　　单位：人

初婚年龄	初婚年份								
	1994年			1995年			1996年		
	小计	男	女	小计	男	女	小计	男	女
总　计	**29962**	**15766**	**14196**	**32816**	**17409**	**15407**	**27485**	**14661**	**12824**
15岁以下	**17**	**4**	**13**	**20**	**5**	**15**	**18**	**4**	**14**
15-19岁	**2402**	**613**	**1789**	**2564**	**693**	**1871**	**1892**	**489**	**1403**
15	107	34	73	134	40	94	82	21	61
16	180	45	135	203	48	155	123	28	95
17	306	66	240	348	90	258	259	63	196
18	596	134	462	678	176	502	519	147	372
19	1213	334	879	1201	339	862	909	230	679
20-24岁	**18198**	**8354**	**9844**	**19036**	**8769**	**10267**	**15592**	**7091**	**8501**
20	2111	600	1511	2032	567	1465	1659	459	1200
21	3029	1121	1908	3088	1158	1930	2464	886	1578
22	4213	1843	2370	4523	1978	2545	3493	1563	1930
23	4664	2296	2368	4925	2364	2561	4259	2017	2242
24	4181	2494	1687	4468	2702	1766	3717	2166	1551
25-29岁	**7659**	**5545**	**2114**	**8948**	**6308**	**2640**	**7866**	**5562**	**2304**
25	3046	2112	934	3544	2358	1186	2980	1999	981
26	1945	1403	542	2338	1678	660	2091	1440	651
27	1242	959	283	1447	1063	384	1343	1023	320
28	848	658	190	899	666	233	912	684	228
29	578	413	165	720	543	177	540	416	124
30-34岁	**1092**	**833**	**259**	**1536**	**1127**	**409**	**1463**	**1048**	**415**
30	405	308	97	509	379	130	465	329	136
31	315	236	79	390	272	118	357	254	103
32	168	124	44	359	265	94	267	185	82
33	109	89	20	181	132	49	249	185	64
34	95	76	19	97	79	18	125	95	30
35-39岁	**354**	**271**	**83**	**378**	**302**	**76**	**315**	**248**	**67**
35	68	54	14	84	67	17	71	58	13
36	104	82	22	88	76	12	80	70	10
37	62	51	11	81	62	19	46	38	8
38	63	47	16	64	48	16	67	49	18
39	57	37	20	61	49	12	51	33	18
40-44岁	**151**	**93**	**58**	**211**	**138**	**73**	**195**	**135**	**60**
40	45	28	17	57	40	17	56	40	16
41	27	16	11	44	25	19	44	32	12
42	26	14	12	50	34	16	41	27	14
43	23	11	12	33	23	10	33	23	10
44	30	24	6	27	16	11	21	13	8
45-49岁	**45**	**27**	**18**	**62**	**41**	**21**	**89**	**52**	**37**
45	12	10	2	16	8	8	20	12	8
46	10	8	2	18	15	3	19	9	10
47	9	3	6	15	9	6	20	11	9
48	8	5	3	5	2	3	11	7	4
49	6	1	5	8	7	1	19	13	6
50岁及以上	**44**	**26**	**18**	**61**	**26**	**35**	**55**	**32**	**23**
平均初婚年龄	**24.14**	**25.11**	**23.07**	**24.37**	**25.32**	**23.29**	**24.60**	**25.56**	**23.50**

5-4c 续表 6

单位：人

初婚年龄	初婚年份								
	1997年			1998年			1999年		
	小计	男	女	小计	男	女	小计	男	女
总　计	**24995**	**13305**	**11690**	**26986**	**14469**	**12517**	**23309**	**12526**	**10783**
15岁以下	**20**	**1**	**19**	**19**	**6**	**13**	**22**	**3**	**19**
15-19岁	**1724**	**488**	**1236**	**1869**	**459**	**1410**	**1629**	**405**	**1224**
15	95	24	71	95	18	77	95	27	68
16	127	29	98	163	41	122	132	33	99
17	239	58	181	244	51	193	274	64	210
18	439	129	310	432	114	318	363	80	283
19	824	248	576	935	235	700	765	201	564
20-24岁	**13461**	**5929**	**7532**	**14101**	**6251**	**7850**	**12323**	**5389**	**6934**
20	1409	406	1003	1546	428	1118	1483	410	1073
21	2273	802	1471	2211	744	1467	1996	665	1331
22	2968	1223	1745	3292	1407	1885	2751	1126	1625
23	3443	1603	1840	3636	1698	1938	3188	1509	1679
24	3368	1895	1473	3416	1974	1442	2905	1679	1226
25-29岁	**7580**	**5325**	**2255**	**8257**	**5807**	**2450**	**7243**	**5193**	**2050**
25	2726	1802	924	2902	1929	973	2410	1586	824
26	1911	1347	564	2007	1447	560	1944	1426	518
27	1374	1006	368	1464	1101	363	1262	941	321
28	954	703	251	1094	783	311	949	724	225
29	615	467	148	790	547	243	678	516	162
30-34岁	**1572**	**1113**	**459**	**1976**	**1379**	**597**	**1539**	**1117**	**422**
30	463	331	132	602	430	172	502	372	130
31	362	256	106	417	286	131	355	241	114
32	304	202	102	400	278	122	287	213	74
33	253	177	76	317	216	101	224	165	59
34	190	147	43	240	169	71	171	126	45
35-39岁	**306**	**224**	**82**	**461**	**353**	**108**	**325**	**252**	**73**
35	92	69	23	180	135	45	111	86	25
36	47	39	8	109	82	27	103	77	26
37	58	43	15	55	45	10	59	48	11
38	44	32	12	65	51	14	25	20	5
39	65	41	24	52	40	12	27	21	6
40-44岁	**208**	**143**	**65**	**191**	**143**	**48**	**130**	**97**	**33**
40	46	31	15	55	44	11	28	23	5
41	47	28	19	42	36	6	29	19	10
42	45	32	13	34	21	13	28	23	5
43	38	28	10	31	23	8	20	15	5
44	32	24	8	29	19	10	25	17	8
45-49岁	**77**	**55**	**22**	**69**	**47**	**22**	**53**	**34**	**19**
45	22	17	5	21	14	7	10	8	2
46	18	15	3	14	8	6	18	15	3
47	15	7	8	9	6	3	11	3	8
48	13	12	1	13	8	5	6	3	3
49	9	4	5	12	11	1	8	5	3
50岁及以上	**47**	**27**	**20**	**43**	**24**	**19**	**45**	**36**	**9**
平均初婚年龄	**24.81**	**25.82**	**23.66**	**24.94**	**26.01**	**23.72**	**24.79**	**25.92**	**23.48**

5-4c 续表 7

单位：人

初婚年龄	初婚年份								
	2000年			2001年			2002年		
	小计	男	女	小计	男	女	小计	男	女
总 计	**26191**	**14232**	**11959**	**17873**	**9649**	**8224**	**20514**	**11086**	**9428**
15岁以下	**40**	**13**	**27**	**23**	**7**	**16**	**31**	**5**	**26**
15-19岁	**2376**	**636**	**1740**	**1590**	**409**	**1181**	**1863**	**504**	**1359**
15	154	49	105	92	27	65	120	40	80
16	248	60	188	128	36	92	188	53	135
17	372	100	272	231	57	174	276	71	205
18	623	163	460	379	90	289	448	116	332
19	979	264	715	760	199	561	831	224	607
20-24岁	**13785**	**6340**	**7445**	**9174**	**4142**	**5032**	**10788**	**4974**	**5814**
20	1641	487	1154	1057	279	778	1537	400	1137
21	2341	850	1491	1541	509	1032	1703	573	1130
22	3088	1358	1730	2186	990	1196	2370	1125	1245
23	3328	1687	1641	2308	1150	1158	2672	1435	1237
24	3387	1958	1429	2082	1214	868	2506	1441	1065
25-29岁	**7711**	**5493**	**2218**	**5513**	**3893**	**1620**	**6016**	**4231**	**1785**
25	2584	1731	853	1888	1211	677	1996	1301	695
26	1970	1399	571	1362	975	387	1530	1073	457
27	1419	1044	375	999	749	250	1065	776	289
28	1031	798	233	755	577	178	813	603	210
29	707	521	186	509	381	128	612	478	134
30-34岁	**1633**	**1248**	**385**	**1143**	**878**	**265**	**1326**	**1007**	**319**
30	583	455	128	389	302	87	425	333	92
31	400	302	98	265	202	63	326	236	90
32	282	211	71	226	181	45	262	199	63
33	222	170	52	151	115	36	180	139	41
34	146	110	36	112	78	34	133	100	33
35-39岁	**399**	**323**	**76**	**281**	**212**	**69**	**330**	**250**	**80**
35	129	104	25	95	61	34	111	85	26
36	108	93	15	56	42	14	74	62	12
37	83	64	19	50	43	7	52	36	16
38	53	43	10	52	42	10	53	34	19
39	26	19	7	28	24	4	40	33	7
40-44岁	**137**	**104**	**33**	**70**	**54**	**16**	**78**	**62**	**16**
40	29	19	10	18	15	3	24	19	5
41	24	18	6	12	9	3	11	9	2
42	35	30	5	11	8	3	18	14	4
43	34	25	9	14	9	5	10	10	
44	15	12	3	15	13	2	15	10	5
45-49岁	**70**	**47**	**23**	**50**	**36**	**14**	**52**	**35**	**17**
45	17	9	8	12	7	5	12	10	2
46	17	12	5	15	12	3	15	12	3
47	12	9	3	4	3	1	8	5	3
48	14	12	2	8	5	3	8	4	4
49	10	5	5	11	9	2	9	4	5
50岁及以上	**40**	**28**	**12**	**29**	**18**	**11**	**30**	**18**	**12**
平均初婚年龄	**24.59**	**25.72**	**23.25**	**24.67**	**25.82**	**23.31**	**24.58**	**25.71**	**23.24**

5-4c 续表 8　　单位：人

初婚年龄	初婚年份								
	2003年			2004年			2005年		
	小计	男	女	小计	男	女	小计	男	女
总　计	**20440**	**11128**	**9312**	**19810**	**10799**	**9011**	**20667**	**11434**	**9233**
15岁以下	**19**	**3**	**16**	**19**	**3**	**16**	**13**	**4**	**9**
15-19岁	**1806**	**490**	**1316**	**1744**	**457**	**1287**	**2025**	**524**	**1501**
15	128	45	83	117	46	71	110	31	79
16	188	47	141	141	34	107	172	47	125
17	262	69	193	298	79	219	300	85	215
18	439	107	332	405	107	298	554	136	418
19	789	222	567	783	191	592	889	225	664
20-24岁	**10531**	**4835**	**5696**	**10425**	**4942**	**5483**	**10521**	**5188**	**5333**
20	1448	380	1068	1308	347	961	1357	382	975
21	2034	744	1290	1942	739	1203	1801	722	1079
22	2278	1082	1196	2750	1303	1447	2491	1245	1246
23	2336	1217	1119	2342	1277	1065	2755	1496	1259
24	2435	1412	1023	2083	1276	807	2117	1343	774
25-29岁	**6070**	**4264**	**1806**	**5699**	**3973**	**1726**	**5779**	**4034**	**1745**
25	1945	1285	660	1904	1258	646	1828	1196	632
26	1511	1044	467	1364	905	459	1453	1014	439
27	1187	865	322	1041	757	284	1108	776	332
28	801	611	190	819	620	199	761	581	180
29	626	459	167	571	433	138	629	467	162
30-34岁	**1453**	**1115**	**338**	**1320**	**984**	**336**	**1507**	**1077**	**430**
30	473	358	115	409	304	105	441	325	116
31	309	230	79	297	223	74	356	258	98
32	280	223	57	250	176	74	294	209	85
33	234	179	55	210	158	52	231	166	65
34	157	125	32	154	123	31	185	119	66
35-39岁	**357**	**273**	**84**	**398**	**290**	**108**	**528**	**396**	**132**
35	100	77	23	127	90	37	147	107	40
36	85	65	20	98	66	32	126	88	38
37	72	56	16	67	50	17	108	87	21
38	56	49	7	60	46	14	78	61	17
39	44	26	18	46	38	8	69	53	16
40-44岁	**110**	**86**	**24**	**121**	**92**	**29**	**170**	**120**	**50**
40	49	40	9	52	42	10	43	30	13
41	22	17	5	28	19	9	45	35	10
42	12	10	2	22	15	7	40	23	17
43	15	8	7	8	6	2	30	21	9
44	12	11	1	11	10	1	12	11	1
45-49岁	**55**	**38**	**17**	**43**	**32**	**11**	**73**	**55**	**18**
45	17	12	5	14	10	4	14	10	4
46	12	9	3	10	7	3	12	11	1
47	10	7	3	8	6	2	16	10	6
48	8	6	2	3	2	1	19	14	5
49	8	4	4	8	7	1	12	10	2
50岁及以上	**39**	**24**	**15**	**41**	**26**	**15**	**51**	**36**	**15**
平均初婚年龄	**24.71**	**25.88**	**23.32**	**24.66**	**25.77**	**23.34**	**24.86**	**25.96**	**23.49**

5-4c　续表 9　　　　单位：人

初婚年龄	初婚年份								
	2006年			2007年			2008年		
	小计	男	女	小计	男	女	小计	男	女
总　计	**18921**	**10403**	**8518**	**18016**	**9897**	**8119**	**22195**	**12279**	**9916**
15岁以下	**14**	**4**	**10**	**13**	**3**	**10**	**18**	**3**	**15**
15-19岁	**1831**	**479**	**1352**	**1762**	**504**	**1258**	**2124**	**635**	**1489**
15	66	18	48	78	18	60	78	15	63
16	157	40	117	126	24	102	157	34	123
17	241	62	179	239	62	177	287	74	213
18	438	107	331	468	146	322	557	177	380
19	929	252	677	851	254	597	1045	335	710
20-24岁	**9670**	**4655**	**5015**	**9001**	**4327**	**4674**	**11083**	**5342**	**5741**
20	1341	354	987	1555	464	1091	1757	567	1190
21	1639	642	997	1722	703	1019	2427	1011	1416
22	2097	1005	1092	1865	923	942	2483	1236	1247
23	2287	1257	1030	1884	1056	828	2151	1184	967
24	2306	1397	909	1975	1181	794	2265	1344	921
25-29岁	**5359**	**3789**	**1570**	**5106**	**3514**	**1592**	**6231**	**4316**	**1915**
25	1695	1157	538	1803	1159	644	2000	1347	653
26	1275	882	393	1133	783	350	1787	1218	569
27	1089	793	296	917	636	281	1069	747	322
28	769	580	189	714	532	182	751	553	198
29	531	377	154	539	404	135	624	451	173
30-34岁	**1357**	**972**	**385**	**1387**	**996**	**391**	**1667**	**1207**	**460**
30	425	305	120	398	289	109	479	362	117
31	314	214	100	327	239	88	394	280	114
32	246	174	72	270	190	80	340	244	96
33	208	150	58	184	127	57	261	186	75
34	164	129	35	208	151	57	193	135	58
35-39岁	**461**	**330**	**131**	**492**	**363**	**129**	**659**	**471**	**188**
35	133	92	41	142	108	34	191	132	59
36	110	72	38	125	89	36	170	125	45
37	94	77	17	83	58	25	118	85	33
38	76	54	22	87	66	21	102	67	35
39	48	35	13	55	42	13	78	62	16
40-44岁	**140**	**110**	**30**	**163**	**127**	**36**	**230**	**171**	**59**
40	40	30	10	53	43	10	68	48	20
41	46	38	8	35	25	10	47	35	12
42	22	17	5	28	24	4	44	35	9
43	22	18	4	26	20	6	36	27	9
44	10	7	3	21	15	6	35	26	9
45-49岁	**37**	**31**	**6**	**46**	**35**	**11**	**82**	**53**	**29**
45	7	6	1	18	17	1	26	18	8
46	10	9	1	4	3	1	9	3	6
47	7	6	1	14	8	6	17	11	6
48	5	4	1	5	4	1	15	10	5
49	8	6	2	5	3	2	15	11	4
50岁及以上	**52**	**33**	**19**	**46**	**28**	**18**	**101**	**81**	**20**
平均初婚年龄	**24.83**	**25.94**	**23.46**	**24.87**	**26.00**	**23.49**	**24.96**	**26.07**	**23.59**

5-4c 续表 10 单位：人

初婚年龄	初婚年份								
	2009年			2010年			2011年		
	小计	男	女	小计	男	女	小计	男	女
总 计	**19827**	**10919**	**8908**	**23216**	**12808**	**10408**	**17774**	**9683**	**8091**
15岁以下	**16**	**2**	**14**	**21**	**2**	**19**	**10**	**2**	**8**
15-19岁	**1896**	**579**	**1317**	**2045**	**629**	**1416**	**1267**	**405**	**862**
15	65	13	52	80	16	64	52	13	39
16	115	31	84	159	34	125	98	27	71
17	261	66	195	303	81	222	181	56	125
18	508	161	347	507	160	347	326	96	230
19	947	308	639	996	338	658	610	213	397
20-24岁	**10119**	**4924**	**5195**	**12109**	**6027**	**6082**	**9176**	**4384**	**4792**
20	1481	472	1009	1755	604	1151	1022	327	695
21	2068	849	1219	2216	948	1268	1780	723	1057
22	2599	1316	1283	2759	1446	1313	2049	1006	1043
23	2148	1197	951	3066	1651	1415	2195	1129	1066
24	1823	1090	733	2313	1378	935	2130	1199	931
25-29岁	**5330**	**3702**	**1628**	**5995**	**4077**	**1918**	**5106**	**3352**	**1754**
25	1575	1042	533	1762	1119	643	1612	971	641
26	1399	947	452	1410	939	471	1143	723	420
27	1091	782	309	1183	813	370	920	650	270
28	716	534	182	1005	749	256	829	582	247
29	549	397	152	635	457	178	602	426	176
30-34岁	**1438**	**1011**	**427**	**1799**	**1203**	**596**	**1366**	**943**	**423**
30	405	297	108	487	350	137	376	258	118
31	329	234	95	396	263	133	330	227	103
32	271	185	86	370	254	116	263	197	66
33	246	169	77	305	191	114	225	145	80
34	187	126	61	241	145	96	172	116	56
35-39岁	**639**	**429**	**210**	**722**	**502**	**220**	**499**	**348**	**151**
35	184	118	66	199	143	56	157	110	47
36	131	87	44	152	103	49	100	74	26
37	127	87	40	146	102	44	93	57	36
38	115	82	33	127	86	41	83	58	25
39	82	55	27	98	68	30	66	49	17
40-44岁	**230**	**159**	**71**	**315**	**218**	**97**	**204**	**148**	**56**
40	63	40	23	86	60	26	44	35	9
41	55	40	15	72	48	24	45	33	12
42	50	36	14	67	51	16	42	26	16
43	29	20	9	51	32	19	42	31	11
44	33	23	10	39	27	12	31	23	8
45-49岁	**78**	**56**	**22**	**103**	**78**	**25**	**91**	**64**	**27**
45	30	21	9	35	24	11	31	21	10
46	18	11	7	24	20	4	14	9	5
47	18	17	1	24	17	7	18	13	5
48	8	6	2	11	9	2	18	15	3
49	4	1	3	9	8	1	10	6	4
50岁及以上	**81**	**57**	**24**	**107**	**72**	**35**	**55**	**37**	**18**
平均初婚年龄	**24.98**	**26.01**	**23.72**	**25.12**	**26.08**	**23.93**	**25.26**	**26.20**	**24.13**

5-4c　续表 11

单位：人

初婚年龄	初婚年份								
	2012年			2013年			2014年		
	小计	男	女	小计	男	女	小计	男	女
总　计	**21128**	**11565**	**9563**	**19015**	**10284**	**8731**	**18928**	**10132**	**8796**
15岁以下	**10**	**1**	**9**	**10**		**10**	**10**	**1**	**9**
15-19岁	**1511**	**482**	**1029**	**1306**	**374**	**932**	**1171**	**352**	**819**
15	68	15	53	55	11	44	48	10	38
16	129	33	96	105	17	88	99	15	84
17	214	59	155	199	54	145	164	43	121
18	391	129	262	360	104	256	328	99	229
19	709	246	463	587	188	399	532	185	347
20-24岁	**10510**	**5121**	**5389**	**8536**	**4008**	**4528**	**8106**	**3677**	**4429**
20	1178	430	748	968	309	659	922	256	666
21	1664	701	963	1324	531	793	1185	440	745
22	2486	1207	1279	1839	884	955	1647	771	876
23	2562	1310	1252	2223	1103	1120	1972	941	1031
24	2620	1473	1147	2182	1181	1001	2380	1269	1111
25-29岁	**6339**	**4101**	**2238**	**6322**	**3983**	**2339**	**6771**	**4192**	**2579**
25	2235	1331	904	2109	1244	865	2101	1210	891
26	1532	968	564	1727	1053	674	1792	1076	716
27	1041	716	325	1131	751	380	1396	913	483
28	859	612	247	781	527	254	854	561	293
29	672	474	198	574	408	166	628	432	196
30-34岁	**1685**	**1150**	**535**	**1726**	**1154**	**572**	**1665**	**1129**	**536**
30	546	394	152	521	359	162	474	312	162
31	375	251	124	445	284	161	402	283	119
32	278	180	98	319	219	100	352	236	116
33	253	169	84	232	145	87	258	176	82
34	233	156	77	209	147	62	179	122	57
35-39岁	**589**	**379**	**210**	**625**	**418**	**207**	**631**	**405**	**226**
35	154	102	52	173	118	55	177	115	62
36	138	82	56	141	83	58	132	79	53
37	121	77	44	124	90	34	124	80	44
38	89	57	32	106	70	36	112	78	34
39	87	61	26	81	57	24	86	53	33
40-44岁	**267**	**183**	**84**	**291**	**204**	**87**	**292**	**188**	**104**
40	83	55	28	85	57	28	80	56	24
41	54	40	14	41	30	11	64	41	23
42	40	27	13	52	35	17	56	36	20
43	46	31	15	54	37	17	28	18	10
44	44	30	14	59	45	14	64	37	27
45-49岁	**122**	**81**	**41**	**121**	**85**	**36**	**163**	**110**	**53**
45	27	20	7	30	21	9	51	30	21
46	26	13	13	31	19	12	32	23	9
47	28	20	8	29	23	6	28	18	10
48	19	13	6	14	12	2	33	24	9
49	22	15	7	17	10	7	19	15	4
50岁及以上	**95**	**67**	**28**	**78**	**58**	**20**	**119**	**78**	**41**
平均初婚年龄	**25.40**	**26.24**	**24.38**	**25.77**	**26.73**	**24.64**	**26.05**	**26.98**	**24.98**

5-4c 续表 12 单位：人

初婚年龄	初婚年份								
	2015年			2016年			2017年		
	小计	男	女	小计	男	女	小计	男	女
总 计	**19444**	**10500**	**8944**	**16268**	**8771**	**7497**	**15047**	**7991**	**7056**
15岁以下	**10**		**10**	**10**		**10**	**6**	**1**	**5**
15-19岁	**1100**	**314**	**786**	**889**	**245**	**644**	**719**	**200**	**519**
15	54	11	43	41	8	33	32	8	24
16	65	15	50	74	18	56	58	18	40
17	153	35	118	139	42	97	95	24	71
18	290	86	204	212	57	155	177	43	134
19	538	167	371	423	120	303	357	107	250
20-24岁	**7519**	**3397**	**4122**	**5974**	**2673**	**3301**	**5459**	**2386**	**3073**
20	855	255	600	678	225	453	550	152	398
21	1182	456	726	905	345	560	829	300	529
22	1619	779	840	1233	565	668	1173	527	646
23	1723	825	898	1541	735	806	1338	626	712
24	2140	1082	1058	1617	803	814	1569	781	788
25-29岁	**7438**	**4587**	**2851**	**6617**	**4060**	**2557**	**5966**	**3536**	**2430**
25	2247	1289	958	1723	972	751	1466	750	716
26	1772	1067	705	1684	1000	684	1427	841	586
27	1503	958	545	1364	840	524	1250	782	468
28	1191	794	397	1051	706	345	1004	648	356
29	725	479	246	795	542	253	819	515	304
30-34岁	**1968**	**1265**	**703**	**1692**	**1086**	**606**	**1701**	**1103**	**598**
30	561	383	178	491	324	167	593	388	205
31	450	276	174	375	239	136	379	237	142
32	400	244	156	316	200	116	275	184	91
33	342	219	123	272	172	100	247	171	76
34	215	143	72	238	151	87	207	123	84
35-39岁	**675**	**458**	**217**	**557**	**374**	**183**	**592**	**381**	**211**
35	184	118	66	164	123	41	190	123	67
36	187	129	58	121	70	51	121	74	47
37	125	82	43	101	67	34	109	75	34
38	100	70	30	92	54	38	93	59	34
39	79	59	20	79	60	19	79	50	29
40-44岁	**381**	**238**	**143**	**274**	**164**	**110**	**268**	**163**	**105**
40	104	68	36	60	33	27	76	46	30
41	75	52	23	67	40	27	52	30	22
42	84	48	36	49	28	21	50	29	21
43	53	29	24	51	32	19	45	27	18
44	65	41	24	47	31	16	45	31	14
45-49岁	**210**	**138**	**72**	**140**	**94**	**46**	**154**	**101**	**53**
45	58	37	21	34	19	15	42	29	13
46	45	33	12	37	26	11	29	21	8
47	39	23	16	33	22	11	29	20	9
48	32	25	7	23	19	4	30	14	16
49	36	20	16	13	8	5	24	17	7
50岁及以上	**143**	**103**	**40**	**115**	**75**	**40**	**182**	**120**	**62**
平均初婚年龄	**26.50**	**27.42**	**25.41**	**26.56**	**27.44**	**25.53**	**26.93**	**27.87**	**25.88**

5-4c　续表 13　　　　单位：人

初婚年龄	初婚年份								
	2018年			2019年			2020年		
	小计	男	女	小计	男	女	小计	男	女
总　计	**17019**	**8938**	**8081**	**13232**	**6920**	**6312**	**9037**	**4627**	**4410**
15岁以下	**13**	**2**	**11**	**6**	**1**	**5**	**2**		**2**
15-19岁	**774**	**226**	**548**	**641**	**207**	**434**	**300**	**97**	**203**
15	30	7	23	25	3	22	12	2	10
16	74	18	56	47	11	36	26	8	18
17	121	38	83	97	26	71	46	13	33
18	190	46	144	183	62	121	86	32	54
19	359	117	242	289	105	184	130	42	88
20-24岁	**5718**	**2412**	**3306**	**4509**	**1943**	**2566**	**2655**	**1075**	**1580**
20	601	175	426	450	158	292	274	58	216
21	749	275	474	606	217	389	328	105	223
22	1125	475	650	906	408	498	489	223	266
23	1498	652	846	1161	533	628	630	265	365
24	1745	835	910	1386	627	759	934	424	510
25-29岁	**6973**	**4022**	**2951**	**5013**	**2848**	**2165**	**3404**	**1872**	**1532**
25	1740	858	882	1253	622	631	835	413	422
26	1627	929	698	1184	655	529	807	434	373
27	1428	841	587	978	580	398	725	403	322
28	1282	817	465	862	527	335	583	345	238
29	896	577	319	736	464	272	454	277	177
30-34岁	**2108**	**1386**	**722**	**1744**	**1122**	**622**	**1327**	**824**	**503**
30	680	450	230	518	324	194	385	246	139
31	565	377	188	451	296	155	301	186	115
32	376	241	135	355	228	127	261	168	93
33	254	170	84	238	155	83	241	138	103
34	233	148	85	182	119	63	139	86	53
35-39岁	**682**	**426**	**256**	**557**	**344**	**213**	**454**	**262**	**192**
35	197	116	81	139	90	49	116	68	48
36	183	126	57	143	101	42	95	63	32
37	108	71	37	117	66	51	89	47	42
38	111	62	49	75	42	33	91	56	35
39	83	51	32	83	45	38	63	28	35
40-44岁	**341**	**202**	**139**	**332**	**192**	**140**	**339**	**174**	**165**
40	74	39	35	77	43	34	75	41	34
41	73	43	30	80	43	37	64	30	34
42	67	40	27	62	39	23	70	26	44
43	65	39	26	54	30	24	59	34	25
44	62	41	21	59	37	22	71	43	28
45-49岁	**185**	**119**	**66**	**217**	**127**	**90**	**201**	**124**	**77**
45	53	33	20	65	38	27	47	28	19
46	36	26	10	52	29	23	59	36	23
47	38	23	15	34	18	16	36	22	14
48	30	19	11	42	27	15	32	20	12
49	28	18	10	24	15	9	27	18	9
50岁及以上	**225**	**143**	**82**	**213**	**136**	**77**	**355**	**199**	**156**
平均初婚年龄	**27.21**	**28.15**	**26.17**	**27.50**	**28.38**	**26.53**	**28.86**	**29.71**	**27.98**

5-5 全省分年龄、性别、初婚年龄的人口

单位：人

年龄	初婚年龄 合计 合计	合计 男	合计 女	15岁以下 小计	15岁以下 男	15岁以下 女
总计	**4618853**	**2316910**	**2301943**	**5459**	**899**	**4560**
20岁以下	**3342**	**868**	**2474**	**134**	**10**	**124**
20-24岁	**56518**	**19910**	**36608**	**228**	**33**	**195**
20	3234	929	2305	37	4	33
21	5604	1721	3883	36	7	29
22	9829	3214	6615	57	11	46
23	15021	5325	9696	46	4	42
24	22830	8721	14109	52	7	45
25-29岁	**272875**	**122202**	**150673**	**279**	**59**	**220**
25	34017	13724	20293	50	6	44
26	42068	17778	24290	43	8	35
27	55283	24212	31071	64	17	47
28	65470	30168	35302	47	11	36
29	76037	36320	39717	75	17	58
30-34岁	**543292**	**272210**	**271082**	**491**	**137**	**354**
30	101516	49501	52015	77	18	59
31	106539	52716	53823	111	32	79
32	106067	53398	52669	94	20	74
33	123298	62455	60843	122	41	81
34	105872	54140	51732	87	26	61
35-39岁	**489748**	**253818**	**235930**	**305**	**84**	**221**
35	90129	46376	43753	82	32	50
36	94698	49095	45603	62	14	48
37	97101	50142	46959	60	16	44
38	112293	58237	54056	51	12	39
39	95527	49968	45559	50	10	40
40-44岁	**478351**	**248114**	**230237**	**415**	**101**	**314**
40	84773	44299	40474	68	20	48
41	98994	51500	47494	88	20	68
42	97395	50549	46846	79	20	59
43	94741	48787	45954	76	17	59
44	102448	52979	49469	104	24	80
45-49岁	**561715**	**290227**	**271488**	**407**	**111**	**296**
45	102153	52891	49262	107	23	84
46	107320	55291	52029	89	20	69
47	116535	60041	56494	70	22	48
48	115785	59809	55976	68	24	44
49	119922	62195	57727	73	22	51
50-54岁	**575721**	**297822**	**277899**	**410**	**102**	**308**
50	123955	63773	60182	72	18	54
51	120289	62214	58075	90	28	62
52	118996	61731	57265	81	20	61
53	100126	51770	48356	75	16	59
54	112355	58334	54021	92	20	72
55-59岁	**475743**	**244214**	**231529**	**292**	**49**	**243**
55	111419	57676	53743	93	21	72
56	105186	54006	51180	46	7	39
57	118800	61076	57724	72	12	60
58	91390	46792	44598	55	6	49
59	48948	24664	24284	26	3	23
60-64岁	**340251**	**172508**	**167743**	**346**	**45**	**301**
60	63538	32157	31381	41	3	38
61	56745	29063	27682	53	8	45
62	70111	35593	34518	70	12	58
63	78843	40120	38723	79	8	71
64	71014	35575	35439	103	14	89
65岁及以上	**821297**	**395017**	**426280**	**2152**	**168**	**1984**

5-5　续表 1　　　　单位：人

年　龄	初婚年龄								
	15岁			16岁			17岁		
	小计	男	女	小计	男	女	小计	男	女
总　计	**30356**	**5278**	**25078**	**55154**	**8344**	**46810**	**94742**	**16063**	**78679**
20岁以下	**441**	**89**	**352**	**686**	**152**	**534**	**907**	**248**	**659**
20-24岁	**1006**	**196**	**810**	**1853**	**419**	**1434**	**2982**	**807**	**2175**
20	134	22	112	241	65	176	436	111	325
21	184	44	140	305	80	225	496	122	374
22	216	40	176	393	75	318	615	178	437
23	223	37	186	439	92	347	692	188	504
24	249	53	196	475	107	368	743	208	535
25-29岁	**1448**	**332**	**1116**	**2684**	**662**	**2022**	**5140**	**1490**	**3650**
25	285	56	229	493	116	377	908	254	654
26	298	68	230	552	127	425	886	268	618
27	309	77	232	550	125	425	1083	311	772
28	285	68	217	554	139	415	1184	341	843
29	271	63	208	535	155	380	1079	316	763
30-34岁	**2285**	**796**	**1489**	**3315**	**957**	**2358**	**5541**	**1563**	**3978**
30	417	140	277	542	147	395	1087	294	793
31	458	148	310	697	215	482	1023	287	736
32	444	169	275	652	184	468	1107	328	779
33	563	195	368	752	218	534	1235	341	894
34	403	144	259	672	193	479	1089	313	776
35-39岁	**1894**	**604**	**1290**	**3078**	**838**	**2240**	**5084**	**1345**	**3739**
35	538	202	336	566	164	402	941	291	650
36	419	130	289	736	204	532	873	219	654
37	315	86	229	680	184	496	1067	278	789
38	336	98	238	615	160	455	1230	322	908
39	286	88	198	481	126	355	973	235	738
40-44岁	**2022**	**629**	**1393**	**3188**	**884**	**2304**	**5159**	**1445**	**3714**
40	350	93	257	456	115	341	758	204	554
41	452	144	308	698	218	480	952	284	668
42	379	130	249	630	181	449	1177	338	839
43	427	126	301	644	166	478	1051	291	760
44	414	136	278	760	204	556	1221	328	893
45-49岁	**2371**	**700**	**1671**	**4236**	**1087**	**3149**	**7910**	**2011**	**5899**
45	600	200	400	697	192	505	1283	348	935
46	593	180	413	998	285	713	1343	342	1001
47	441	126	315	975	244	731	1894	518	1376
48	401	107	294	811	209	602	1826	451	1375
49	336	87	249	755	157	598	1564	352	1212
50-54岁	**2225**	**579**	**1646**	**4096**	**947**	**3149**	**8040**	**1797**	**6243**
50	479	123	356	738	146	592	1582	357	1225
51	491	142	349	1005	262	743	1724	442	1282
52	477	146	331	910	214	696	1831	417	1414
53	398	83	315	678	150	528	1404	291	1113
54	380	85	295	765	175	590	1499	290	1209
55-59岁	**1934**	**368**	**1566**	**3391**	**507**	**2884**	**6829**	**1088**	**5741**
55	551	140	411	697	126	571	1521	308	1213
56	458	105	353	968	177	791	1297	213	1084
57	427	70	357	856	114	742	1989	298	1691
58	323	34	289	588	63	525	1425	201	1224
59	175	19	156	282	27	255	597	68	529
60-64岁	**1759**	**200**	**1559**	**3123**	**317**	**2806**	**5252**	**503**	**4749**
60	262	31	231	386	21	365	651	61	590
61	254	27	227	504	74	430	739	74	665
62	355	38	317	616	61	555	1128	99	1029
63	458	53	405	717	80	637	1348	142	1206
64	430	51	379	900	81	819	1386	127	1259
65岁及以上	**12971**	**785**	**12186**	**25504**	**1574**	**23930**	**41898**	**3766**	**38132**

5-5 续表 2

单位：人

年 龄	初婚年龄								
	18岁			19岁			20岁		
	小计	男	女	小计	男	女	小计	男	女
总 计	**148781**	**31409**	**117372**	**239899**	**63618**	**176281**	**343676**	**104612**	**239064**
20岁以下	**862**	**265**	**597**	**312**	**104**	**208**			
20-24岁	**4823**	**1412**	**3411**	**7405**	**2336**	**5069**	**9984**	**2941**	**7043**
20	764	218	546	987	329	658	635	180	455
21	806	246	560	1325	457	868	1732	546	1186
22	908	271	637	1499	452	1047	2375	692	1683
23	1068	302	766	1558	452	1106	2448	678	1770
24	1277	375	902	2036	646	1390	2794	845	1949
25-29岁	**8660**	**2885**	**5775**	**14211**	**4901**	**9310**	**21263**	**6932**	**14331**
25	1493	483	1010	2389	768	1621	3602	1087	2515
26	1571	545	1026	2435	828	1607	3627	1084	2543
27	1660	564	1096	2913	985	1928	4196	1346	2850
28	1868	624	1244	2971	1065	1906	4902	1656	3246
29	2068	669	1399	3503	1255	2248	4936	1759	3177
30-34岁	**10172**	**3107**	**7065**	**19813**	**6328**	**13485**	**33947**	**11016**	**22931**
30	2391	761	1630	4496	1522	2974	7073	2444	4629
31	1969	637	1332	4280	1439	2841	7128	2456	4672
32	1807	544	1263	3606	1199	2407	6725	2195	4530
33	2142	611	1531	3789	1090	2699	7162	2231	4931
34	1863	554	1309	3642	1078	2564	5859	1690	4169
35-39岁	**8531**	**2338**	**6193**	**15274**	**4385**	**10889**	**26350**	**7383**	**18967**
35	1529	396	1133	2977	865	2112	5176	1487	3689
36	1613	471	1142	3014	854	2160	5227	1485	3742
37	1419	383	1036	2947	835	2112	5279	1442	3837
38	2111	578	1533	2999	876	2123	6005	1665	4340
39	1859	510	1349	3337	955	2382	4663	1304	3359
40-44岁	**9091**	**2640**	**6451**	**17044**	**5015**	**12029**	**28667**	**8439**	**20228**
40	1440	391	1049	3142	938	2204	5294	1528	3766
41	1753	533	1220	3316	947	2369	6296	1853	4443
42	1702	493	1209	3156	948	2208	5782	1682	4100
43	2039	590	1449	3297	950	2347	5314	1556	3758
44	2157	633	1524	4133	1232	2901	5981	1820	4161
45-49岁	**14031**	**3933**	**10098**	**24987**	**7661**	**17326**	**37599**	**12040**	**25559**
45	2232	615	1617	4132	1221	2911	6886	2189	4697
46	2502	673	1829	4631	1431	3200	7383	2299	5084
47	2611	750	1861	5035	1597	3438	7763	2497	5266
48	3352	980	2372	4907	1470	3437	7915	2584	5331
49	3334	915	2419	6282	1942	4340	7652	2471	5181
50-54岁	**15438**	**3590**	**11848**	**30925**	**8468**	**22457**	**48594**	**15517**	**33077**
50	3201	770	2431	6599	1896	4703	10322	3361	6961
51	3158	750	2408	6497	1854	4643	10461	3540	6921
52	3162	732	2430	6260	1725	4535	10004	3254	6750
53	2986	670	2316	5304	1336	3968	8484	2566	5918
54	2931	668	2263	6265	1657	4608	9323	2796	6527
55-59岁	**12309**	**2131**	**10178**	**23250**	**5116**	**18134**	**37112**	**10236**	**26876**
55	2646	576	2070	5295	1332	3963	9687	2970	6717
56	2716	508	2208	4888	1187	3701	7982	2360	5622
57	2875	477	2398	5727	1257	4470	8324	2341	5983
58	2861	420	2441	4651	874	3777	7245	1748	5497
59	1211	150	1061	2689	466	2223	3874	817	3057
60-64岁	**8527**	**969**	**7558**	**14160**	**2429**	**11731**	**21760**	**4718**	**17042**
60	1272	134	1138	2573	463	2110	5246	1045	4201
61	1164	142	1022	2044	352	1692	3741	866	2875
62	1623	170	1453	2650	426	2224	3923	891	3032
63	2295	262	2033	3136	521	2615	4313	945	3368
64	2173	261	1912	3757	667	3090	4537	971	3566
65岁及以上	**56337**	**8139**	**48198**	**72518**	**16875**	**55643**	**78400**	**25390**	**53010**

5-5　续表 3　　　　单位：人

年　龄	初婚年龄								
	21岁			22岁			23岁		
	小计	男	女	小计	男	女	小计	男	女
总　计	**426716**	**163152**	**263564**	**529990**	**242945**	**287045**	**553815**	**277333**	**276482**
20岁以下									
20-24岁	**9725**	**3555**	**6170**	**9819**	**4438**	**5381**	**6332**	**2751**	**3581**
20									
21	720	219	501						
22	2421	894	1527	1345	601	744			
23	3161	1165	1996	3670	1667	2003	1716	740	976
24	3423	1277	2146	4804	2170	2634	4616	2011	2605
25-29岁	**26005**	**10161**	**15844**	**33099**	**15269**	**17830**	**36839**	**17000**	**19839**
25	3898	1468	2430	5238	2367	2871	6536	2989	3547
26	4583	1807	2776	5429	2439	2990	6271	2783	3488
27	5137	1947	3190	6896	3183	3713	7132	3255	3877
28	5653	2248	3405	7481	3456	4025	8277	3899	4378
29	6734	2691	4043	8055	3824	4231	8623	4074	4549
30-34岁	**45008**	**18377**	**26631**	**57867**	**27897**	**29970**	**60464**	**29851**	**30613**
30	7978	3234	4744	11108	5266	5842	11151	5316	5835
31	9226	3808	5418	10497	4974	5523	12273	5988	6285
32	9109	3803	5306	11511	5643	5868	11171	5425	5746
33	10517	4246	6271	13189	6436	6753	14209	7129	7080
34	8178	3286	4892	11562	5578	5984	11660	5993	5667
35-39岁	**37294**	**13708**	**23586**	**49279**	**22812**	**26467**	**53242**	**26533**	**26709**
35	6765	2628	4137	8753	4188	4565	10236	5195	5041
36	7378	2810	4568	9010	4189	4821	9650	4831	4819
37	7581	2804	4777	9862	4547	5315	10182	5034	5148
38	8431	2970	5461	11667	5390	6277	12300	6132	6168
39	7139	2496	4643	9987	4498	5489	10874	5341	5533
40-44岁	**38776**	**13900**	**24876**	**52869**	**23082**	**29787**	**57279**	**27130**	**30149**
40	5862	2046	3816	8995	4065	4930	9634	4710	4924
41	8309	2971	5338	9201	4052	5149	11556	5587	5969
42	8539	3068	5471	11298	4910	6388	10243	4887	5356
43	7789	2805	4984	11367	4896	6471	12262	5685	6577
44	8277	3010	5267	12008	5159	6849	13584	6261	7323
45-49岁	**50845**	**19961**	**30884**	**67778**	**30089**	**37689**	**75102**	**34419**	**40683**
45	8299	3093	5206	11491	4966	6525	13431	6044	7387
46	10173	4056	6117	12223	5432	6791	13764	6242	7522
47	10761	4201	6560	14990	6692	8298	15072	6754	8318
48	10724	4291	6433	14345	6439	7906	16326	7583	8743
49	10888	4320	6568	14729	6560	8169	16509	7796	8713
50-54岁	**62410**	**25253**	**37157**	**76545**	**35959**	**40586**	**77451**	**39092**	**38359**
50	10439	4216	6223	15330	6991	8339	16629	7921	8708
51	13681	5575	8106	13663	6277	7386	15983	7857	8126
52	14060	5971	8089	16896	8097	8799	14191	7010	7181
53	11424	4501	6923	14553	6980	7573	14440	7632	6808
54	12806	4990	7816	16103	7614	8489	16208	8672	7536
55-59岁	**51237**	**18749**	**32488**	**66856**	**30301**	**36555**	**69851**	**36735**	**33116**
55	12860	4936	7924	15814	7466	8348	16003	8302	7701
56	12510	4667	7843	15391	7004	8387	15052	7999	7053
57	12164	4533	7631	18034	8155	9879	17901	9297	8604
58	8647	3056	5591	11811	5258	6553	14382	7769	6613
59	5056	1557	3499	5806	2418	3388	6513	3368	3145
60-64岁	**30751**	**8342**	**22409**	**41633**	**15526**	**26107**	**46429**	**22355**	**24074**
60	6565	1815	4750	8212	3286	4926	7865	3823	4042
61	6514	1858	4656	7342	2840	4502	7755	3847	3908
62	6095	1661	4434	10171	3727	6444	9549	4522	5027
63	6104	1530	4574	8711	3102	5609	12446	5928	6518
64	5473	1478	3995	7197	2571	4626	8814	4235	4579
65岁及以上	**74665**	**31146**	**43519**	**74245**	**37572**	**36673**	**70826**	**41467**	**29359**

5-5 续表 4 单位：人

年龄	初婚年龄								
	24岁			25岁			26岁		
	小计	男	女	小计	男	女	小计	男	女
总　计	**519073**	**293534**	**225539**	**437389**	**269057**	**168332**	**333947**	**216696**	**117251**
20岁以下									
20-24岁	**2361**	**1022**	**1339**						
20									
21									
22									
23									
24	2361	1022	1339						
25-29岁	**40521**	**19208**	**21313**	**34240**	**16868**	**17372**	**24886**	**13108**	**11778**
25	6313	2887	3426	2812	1243	1569			
26	7767	3628	4139	6009	2868	3141	2597	1325	1272
27	8071	3779	4292	8343	4019	4324	6265	3202	3063
28	8374	4028	4346	8142	4106	4036	8088	4268	3820
29	9996	4886	5110	8934	4632	4302	7936	4313	3623
30-34岁	**62581**	**32138**	**30443**	**60917**	**32463**	**28454**	**52288**	**29121**	**23167**
30	12127	6083	6044	12281	6461	5820	9758	5309	4449
31	12124	6087	6037	12042	6336	5706	10873	5963	4910
32	12803	6586	6217	11603	6163	5440	10042	5655	4387
33	13186	6777	6409	14075	7600	6475	11463	6383	5080
34	12341	6605	5736	10916	5903	5013	10152	5811	4341
35-39岁	**53974**	**28884**	**25090**	**51252**	**29139**	**22113**	**44673**	**26443**	**18230**
35	9978	5342	4636	9823	5483	4340	7856	4474	3382
36	11054	5944	5110	9920	5676	4244	9063	5404	3659
37	10274	5512	4762	10699	6061	4638	8878	5172	3706
38	12065	6292	5773	11086	6307	4779	10921	6516	4405
39	10603	5794	4809	9724	5612	4112	7955	4877	3078
40-44岁	**53711**	**28926**	**24785**	**45842**	**27101**	**18741**	**37951**	**23870**	**14081**
40	9497	5200	4297	8466	4924	3542	7163	4385	2778
41	11360	6036	5324	9812	5768	4044	8037	5076	2961
42	10854	5883	4971	9706	5726	3980	7719	4777	2942
43	9463	5019	4444	9170	5436	3734	7528	4753	2775
44	12537	6788	5749	8688	5247	3441	7504	4879	2625
45-49岁	**67861**	**36668**	**31193**	**55191**	**33928**	**21263**	**38988**	**26006**	**12982**
45	12702	6805	5897	10360	6374	3986	6317	4161	2156
46	12814	6880	5934	10700	6581	4119	7970	5240	2730
47	13491	7131	6360	11686	7133	4553	8429	5668	2761
48	13484	7311	6173	10938	6711	4227	8244	5555	2689
49	15370	8541	6829	11507	7129	4378	8028	5382	2646
50-54岁	**65673**	**38558**	**27115**	**50517**	**32979**	**17538**	**35638**	**24642**	**10996**
50	15217	8499	6718	12552	7831	4721	8106	5415	2691
51	13531	7781	5750	11049	7141	3908	8176	5625	2551
52	13293	7754	5539	10296	6813	3483	7194	5002	2192
53	9923	6122	3801	8303	5579	2724	5839	4074	1765
54	13709	8402	5307	8317	5615	2702	6323	4526	1797
55-59岁	**60324**	**37085**	**23239**	**44084**	**29918**	**14166**	**27514**	**19848**	**7666**
55	13746	8407	5339	9992	6701	3291	5373	3889	1484
56	12938	7835	5103	9503	6410	3093	6274	4473	1801
57	14873	9078	5795	11129	7518	3611	7004	5038	1966
58	11931	7532	4399	8423	5821	2602	5602	4061	1541
59	6836	4233	2603	5037	3468	1569	3261	2387	874
60-64岁	**44209**	**26464**	**17745**	**35673**	**24395**	**11278**	**25557**	**18913**	**6644**
60	7800	4808	2992	7377	5186	2191	4721	3545	1176
61	6608	3942	2666	5721	4007	1714	4595	3457	1138
62	9025	5382	3643	6819	4608	2211	5040	3723	1317
63	10284	6035	4249	8335	5568	2767	5627	4173	1454
64	10492	6297	4195	7421	5026	2395	5574	4015	1559
65岁及以上	**67858**	**44581**	**23277**	**59673**	**42266**	**17407**	**46452**	**34745**	**11707**

5-5　续表 5　　　　单位：人

年　龄	初婚年龄								
	27岁			28岁			29岁		
	小计	男	女	小计	男	女	小计	男	女
总　计	**245523**	**167151**	**78372**	**174555**	**122801**	**51754**	**121060**	**86334**	**34726**
20岁以下									
20-24岁									
20									
21									
22									
23									
24									
25-29岁	**15205**	**8436**	**6769**	**6757**	**3904**	**2853**	**1638**	**987**	**651**
25									
26									
27	2664	1402	1262						
28	5420	3016	2404	2224	1243	981			
29	7121	4018	3103	4533	2661	1872	1638	987	651
30-34岁	**41719**	**24486**	**17233**	**32311**	**19814**	**12497**	**23072**	**14493**	**8579**
30	8197	4648	3549	7047	4284	2763	4266	2620	1646
31	8126	4750	3376	6283	3758	2525	5079	3145	1934
32	8302	4895	3407	5975	3675	2300	4464	2818	1646
33	9328	5536	3792	7259	4515	2744	4795	3093	1702
34	7766	4657	3109	5747	3582	2165	4468	2817	1651
35-39岁	**36011**	**22498**	**13513**	**27149**	**17656**	**9493**	**19631**	**13126**	**6505**
35	7092	4310	2782	4904	3110	1794	3714	2384	1330
36	6834	4162	2672	5548	3547	2001	3717	2489	1228
37	7234	4520	2714	5178	3366	1812	4080	2744	1336
38	7959	5087	2872	6395	4214	2181	4288	2883	1405
39	6892	4419	2473	5124	3419	1705	3832	2626	1206
40-44岁	**29193**	**19302**	**9891**	**22213**	**15418**	**6795**	**16314**	**11517**	**4797**
40	5457	3529	1928	4519	3098	1421	3102	2152	950
41	6437	4166	2271	4650	3179	1471	3771	2630	1141
42	5988	3942	2046	4608	3196	1412	3304	2326	978
43	5659	3818	1841	4083	2847	1236	3058	2173	885
44	5652	3847	1805	4353	3098	1255	3079	2236	843
45-49岁	**27669**	**19662**	**8007**	**19406**	**14345**	**5061**	**13461**	**10005**	**3456**
45	5375	3791	1584	3995	2941	1054	2851	2119	732
46	4677	3299	1378	3682	2696	986	2823	2065	758
47	5875	4156	1719	3431	2571	860	2726	2060	666
48	5791	4185	1606	4071	3000	1071	2217	1638	579
49	5951	4231	1720	4227	3137	1090	2844	2123	721
50-54岁	**24598**	**17757**	**6841**	**17291**	**12621**	**4670**	**12526**	**9099**	**3427**
50	5677	3969	1708	4244	3040	1204	2902	2118	784
51	5331	3808	1523	3623	2647	976	2885	2023	862
52	5278	3771	1507	3480	2587	893	2535	1854	681
53	4041	2986	1055	2909	2116	793	1975	1458	517
54	4271	3223	1048	3035	2231	804	2229	1646	583
55-59岁	**18205**	**13605**	**4600**	**11784**	**8958**	**2826**	**8092**	**6090**	**2002**
55	4236	3180	1056	2861	2184	677	2082	1544	538
56	3360	2505	855	2570	1959	611	1783	1336	447
57	4721	3535	1186	2570	1966	604	2014	1518	496
58	3759	2806	953	2386	1807	579	1308	1005	303
59	2129	1579	550	1397	1042	355	905	687	218
60-64岁	**17733**	**13920**	**3813**	**11881**	**9532**	**2349**	**7804**	**6196**	**1608**
60	3093	2366	727	1957	1516	441	1299	978	321
61	2878	2327	551	1844	1454	390	1229	969	260
62	4021	3187	834	2520	2047	473	1559	1255	304
63	4237	3346	891	3143	2550	593	1937	1597	340
64	3504	2694	810	2417	1965	452	1780	1397	383
65岁及以上	**35190**	**27485**	**7705**	**25763**	**20553**	**5210**	**18522**	**14821**	**3701**

5-5 续表 6

单位：人

年 龄	初婚年龄								
	30岁			31岁			32岁		
	小计	男	女	小计	男	女	小计	男	女
总 计	**84870**	**60377**	**24493**	**60092**	**41756**	**18336**	**45271**	**31317**	**13954**
20岁以下									
20-24岁									
20									
21									
22									
23									
24									
25-29岁									
25									
26									
27									
28									
29									
30-34岁	**14997**	**9477**	**5520**	**8927**	**5516**	**3411**	**4931**	**3075**	**1856**
30	1520	954	566						
31	3183	1989	1194	1167	704	463			
32	3513	2179	1334	2318	1408	910	821	509	312
33	3710	2386	1324	3067	1928	1139	1981	1242	739
34	3071	1969	1102	2375	1476	899	2129	1324	805
35-39岁	**14599**	**9622**	**4977**	**11194**	**7131**	**4063**	**8960**	**5691**	**3269**
35	2879	1868	1011	1987	1229	758	1673	1076	597
36	3002	1939	1063	2312	1448	864	1730	1096	634
37	2919	1896	1023	2246	1423	823	1815	1136	679
38	3269	2178	1091	2508	1624	884	2072	1287	785
39	2530	1741	789	2141	1407	734	1670	1096	574
40-44岁	**12120**	**8547**	**3573**	**9232**	**6325**	**2907**	**7573**	**5069**	**2504**
40	2368	1621	747	1653	1143	510	1432	929	503
41	2667	1821	846	2046	1393	653	1480	995	485
42	2677	1908	769	1930	1284	646	1626	1074	552
43	2132	1549	583	1911	1316	595	1500	1004	496
44	2276	1648	628	1692	1189	503	1535	1067	468
45-49岁	**9783**	**7272**	**2511**	**7425**	**5393**	**2032**	**5890**	**4216**	**1674**
45	2279	1643	636	1603	1155	448	1237	871	366
46	1983	1455	528	1552	1093	459	1167	820	347
47	2084	1568	516	1564	1132	432	1289	934	355
48	1788	1349	439	1386	1016	370	1110	801	309
49	1649	1257	392	1320	997	323	1087	790	297
50-54岁	**9250**	**6728**	**2522**	**6396**	**4545**	**1851**	**4811**	**3434**	**1377**
50	2057	1570	487	1083	806	277	947	694	253
51	1873	1402	471	1287	949	338	785	589	196
52	2172	1522	650	1382	979	403	995	711	284
53	1567	1106	461	1305	890	415	873	622	251
54	1581	1128	453	1339	921	418	1211	818	393
55-59岁	**6055**	**4467**	**1588**	**4628**	**3327**	**1301**	**3936**	**2758**	**1178**
55	1670	1209	461	1196	854	342	982	657	325
56	1389	1025	364	1150	795	355	861	599	262
57	1463	1091	372	1138	839	299	1044	744	300
58	1017	741	276	756	552	204	676	494	182
59	516	401	115	388	287	101	373	264	109
60-64岁	**5180**	**4021**	**1159**	**3489**	**2652**	**837**	**2560**	**1940**	**620**
60	920	676	244	482	365	117	461	341	120
61	830	653	177	576	442	134	355	262	93
62	1084	872	212	766	589	177	526	413	113
63	1244	979	265	885	666	219	637	497	140
64	1102	841	261	780	590	190	581	427	154
65岁及以上	**12886**	**10243**	**2643**	**8801**	**6867**	**1934**	**6610**	**5134**	**1476**

5-5　续表 7　　　　　　　　　　　　　　　　　　　　　　　　　　　　单位：人

年　龄	初婚年龄								
	33岁			34岁			35岁		
	小计	男	女	小计	男	女	小计	男	女
总　计	**34580**	**23767**	**10813**	**26185**	**17849**	**8336**	**20184**	**13932**	**6252**
20岁以下									
20–24岁									
20									
21									
22									
23									
24									
25–29岁									
25									
26									
27									
28									
29									
30–34岁	**2120**	**1285**	**835**	**526**	**313**	**213**			
30									
31									
32									
33	754	457	297						
34	1366	828	538	526	313	213			
35–39岁	**7241**	**4563**	**2678**	**5678**	**3506**	**2172**	**3966**	**2418**	**1548**
35	1359	853	506	938	573	365	363	226	137
36	1339	852	487	1118	668	450	754	460	294
37	1349	842	507	1124	704	420	942	547	395
38	1780	1106	674	1320	798	522	1048	635	413
39	1414	910	504	1178	763	415	859	550	309
40–44岁	**6048**	**3849**	**2199**	**5125**	**3268**	**1857**	**4133**	**2656**	**1477**
40	1153	717	436	1063	669	394	825	509	316
41	1294	824	470	1072	663	409	1006	647	359
42	1092	702	390	1100	713	387	813	520	293
43	1277	830	447	842	553	289	765	504	261
44	1232	776	456	1048	670	378	724	476	248
45–49岁	**5009**	**3492**	**1517**	**4224**	**2892**	**1332**	**3647**	**2538**	**1109**
45	1197	820	377	941	622	319	859	607	252
46	1031	701	330	920	615	305	755	537	218
47	932	671	261	840	575	265	789	533	256
48	1003	692	311	756	543	213	662	460	202
49	846	608	238	767	537	230	582	401	181
50–54岁	**3516**	**2587**	**929**	**2598**	**1882**	**716**	**2175**	**1562**	**613**
50	867	643	224	687	498	189	601	438	163
51	679	481	198	605	452	153	507	358	149
52	590	434	156	486	351	135	425	299	126
53	645	488	157	341	248	93	329	251	78
54	735	541	194	479	333	146	313	216	97
55–59岁	**3453**	**2405**	**1048**	**2681**	**1911**	**770**	**2023**	**1512**	**511**
55	951	628	323	530	385	145	394	284	110
56	750	519	231	710	482	228	405	311	94
57	830	594	236	675	479	196	590	428	162
58	626	440	186	469	347	122	432	324	108
59	296	224	72	297	218	79	202	165	37
60–64岁	**2017**	**1525**	**492**	**1525**	**1160**	**365**	**1270**	**961**	**309**
60	384	280	104	314	230	84	294	216	78
61	333	248	85	260	186	74	201	146	55
62	326	250	76	332	263	69	269	212	57
63	502	393	109	284	229	55	303	226	77
64	472	354	118	335	252	83	203	161	42
65岁及以上	**5176**	**4061**	**1115**	**3828**	**2917**	**911**	**2970**	**2285**	**685**

5-5 续表 8

单位：人

年 龄	初婚年龄								
	36岁			37岁			38岁		
	小计	男	女	小计	男	女	小计	男	女
总 计	**15655**	**10723**	**4932**	**12218**	**8452**	**3766**	**9773**	**6712**	**3061**
20岁以下									
20-24岁									
20									
21									
22									
23									
24									
25-29岁									
25									
26									
27									
28									
29									
30-34岁									
30									
31									
32									
33									
34									
35-39岁	**2682**	**1648**	**1034**	**1505**	**919**	**586**	**716**	**437**	**279**
35									
36	325	203	122						
37	710	449	261	261	161	100			
38	952	590	362	624	365	259	261	152	109
39	695	406	289	620	393	227	455	285	170
40-44岁	**3504**	**2211**	**1293**	**2787**	**1793**	**994**	**2303**	**1484**	**819**
40	630	396	234	501	326	175	440	277	163
41	805	509	296	567	372	195	448	284	164
42	748	459	289	598	383	215	434	277	157
43	652	395	257	593	360	233	435	281	154
44	669	452	217	528	352	176	546	365	181
45-49岁	**2929**	**2005**	**924**	**2548**	**1750**	**798**	**2211**	**1511**	**700**
45	536	347	189	534	373	161	451	304	147
46	667	456	211	447	310	137	424	288	136
47	593	411	182	596	398	198	408	275	133
48	621	433	188	480	333	147	461	322	139
49	512	358	154	491	336	155	467	322	145
50-54岁	**1815**	**1318**	**497**	**1580**	**1152**	**428**	**1451**	**1033**	**418**
50	451	321	130	456	327	129	425	289	136
51	441	317	124	318	231	87	301	223	78
52	362	258	104	334	246	88	271	199	72
53	274	196	78	252	184	68	242	167	75
54	287	226	61	220	164	56	212	155	57
55-59岁	**1390**	**1020**	**370**	**1034**	**778**	**256**	**807**	**593**	**214**
55	205	148	57	206	154	52	182	131	51
56	309	233	76	179	136	43	159	113	46
57	360	263	97	252	199	53	176	130	46
58	358	248	110	244	173	71	184	140	44
59	158	128	30	153	116	37	106	79	27
60-64岁	**1061**	**817**	**244**	**906**	**662**	**244**	**793**	**563**	**230**
60	205	161	44	184	131	53	157	112	45
61	183	142	41	141	105	36	108	76	32
62	257	195	62	220	160	60	170	122	48
63	222	173	49	195	144	51	204	143	61
64	194	146	48	166	122	44	154	110	44
65岁及以上	**2274**	**1704**	**570**	**1858**	**1398**	**460**	**1492**	**1091**	**401**

5-5　续表 9　　　　单位：人

年　龄	初婚年龄					
	39岁			40岁及以上		
	小计	男	女	小计	男	女
总　计	**7830**	**5348**	**2482**	**42060**	**27451**	**14609**
20岁以下						
20-24岁						
20						
21						
22						
23						
24						
25-29岁						
25						
26						
27						
28						
29						
30-34岁						
30						
31						
32						
33						
34						
35-39岁	**186**	**107**	**79**			
35						
36						
37						
38						
39	186	107	79			
40-44岁	**1921**	**1226**	**695**	**3871**	**2287**	**1584**
40	337	208	129	168	106	62
41	406	242	164	515	286	229
42	378	243	135	835	479	356
43	368	241	127	1039	626	413
44	432	292	140	1314	790	524
45-49岁	**1783**	**1199**	**584**	**8424**	**5333**	**3091**
45	361	236	125	1397	831	566
46	370	238	132	1639	1057	582
47	376	257	119	1814	1167	647
48	311	220	91	1787	1102	685
49	365	248	117	1787	1176	611
50-54岁	**1296**	**931**	**365**	**8456**	**5690**	**2766**
50	366	259	107	1926	1257	669
51	313	231	82	1832	1229	603
52	224	165	59	1807	1200	607
53	173	110	63	1389	948	441
54	220	166	54	1502	1056	446
55-59岁	**666**	**490**	**176**	**6006**	**4169**	**1837**
55	183	137	46	1463	1007	456
56	136	97	39	1402	951	451
57	137	95	42	1455	1007	448
58	119	95	24	1112	777	335
59	91	66	25	574	427	147
60-64岁	**683**	**476**	**207**	**4170**	**2907**	**1263**
60	102	71	31	715	493	222
61	133	102	31	640	457	183
62	166	111	55	831	597	234
63	147	89	58	1050	741	309
64	135	103	32	934	619	315
65岁及以上	**1295**	**919**	**376**	**11133**	**7065**	**4068**

5-5a 全省分年龄、性别、初婚年龄的人口(城市)

单位：人

年　龄	初婚年龄					
	合　计			15岁以下		
	合计	男	女	小计	男	女
总　计	**2295941**	**1149834**	**1146107**	**1991**	**420**	**1571**
20岁以下	**1804**	**454**	**1350**	**58**	**3**	**55**
20-24岁	**31023**	**11094**	**19929**	**108**	**19**	**89**
20	1682	511	1171	12	1	11
21	3060	949	2111	20	5	15
22	5305	1767	3538	26	7	19
23	8392	3040	5352	24	3	21
24	12584	4827	7757	26	3	23
25-29岁	**157167**	**70686**	**86481**	**137**	**32**	**105**
25	19120	7816	11304	24	3	21
26	23774	10100	13674	22	5	17
27	31758	13958	17800	25	8	17
28	37964	17482	20482	29	6	23
29	44551	21330	23221	37	10	27
30-34岁	**320227**	**159461**	**160766**	**236**	**75**	**161**
30	59788	29086	30702	32	5	27
31	62945	30890	32055	52	17	35
32	62737	31373	31364	48	14	34
33	72502	36506	35996	64	28	36
34	62255	31606	30649	40	11	29
35-39岁	**285423**	**146794**	**138629**	**151**	**45**	**106**
35	53061	27065	25996	37	16	21
36	55925	28737	27188	28	4	24
37	57073	29359	27714	32	11	21
38	65026	33417	31609	28	8	20
39	54338	28216	26122	26	6	20
40-44岁	**262327**	**136364**	**125963**	**194**	**54**	**140**
40	47561	24831	22730	26	11	15
41	55259	28531	26728	43	10	33
42	53556	27933	25623	38	11	27
43	51409	26563	24846	39	9	30
44	54542	28506	26036	48	13	35
45-49岁	**287305**	**149442**	**137863**	**166**	**53**	**113**
45	53605	27905	25700	51	13	38
46	55601	28896	26705	32	7	25
47	59672	31014	28658	25	9	16
48	58409	30307	28102	29	11	18
49	60018	31320	28698	29	13	16
50-54岁	**271621**	**140536**	**131085**	**164**	**45**	**119**
50	60721	31260	29461	31	8	23
51	57395	29784	27611	37	17	20
52	56542	29341	27201	28	4	24
53	45830	23683	22147	32	6	26
54	51133	26468	24665	36	10	26
55-59岁	**216494**	**110102**	**106392**	**111**	**25**	**86**
55	50098	25807	24291	35	11	24
56	47806	24363	23443	12	4	8
57	54760	27850	26910	34	7	27
58	41378	21010	20368	18	2	16
59	22452	11072	11380	12	1	11
60-64岁	**148268**	**74232**	**74036**	**87**	**18**	**69**
60	28583	14243	14340	12		12
61	25386	12826	12560	14	2	12
62	30792	15519	15273	19	6	13
63	33736	16905	16831	16	2	14
64	29771	14739	15032	26	8	18
65岁及以上	**314282**	**150669**	**163613**	**579**	**51**	**528**

5-5a 续表 1

单位：人

年 龄	初婚年龄								
	15岁			16岁			17岁		
	小计	男	女	小计	男	女	小计	男	女
总 计	**11413**	**2470**	**8943**	**20329**	**3834**	**16495**	**36094**	**7117**	**28977**
20岁以下	**239**	**45**	**194**	**354**	**82**	**272**	**495**	**128**	**367**
20-24岁	**484**	**92**	**392**	**963**	**227**	**736**	**1532**	**404**	**1128**
20	55	9	46	125	35	90	228	51	177
21	89	24	65	162	42	120	271	67	204
22	108	21	87	194	43	151	294	83	211
23	104	15	89	223	46	177	345	90	255
24	128	23	105	259	61	198	394	113	281
25-29岁	**728**	**185**	**543**	**1357**	**336**	**1021**	**2706**	**803**	**1903**
25	137	33	104	255	57	198	484	130	354
26	154	43	111	285	69	216	478	144	334
27	159	40	119	285	65	220	574	166	408
28	139	37	102	281	70	211	602	190	412
29	139	32	107	251	75	176	568	173	395
30-34岁	**1157**	**420**	**737**	**1668**	**512**	**1156**	**2842**	**852**	**1990**
30	225	78	147	265	84	181	572	181	391
31	233	66	167	346	106	240	549	158	391
32	222	86	136	361	112	249	564	178	386
33	278	108	170	368	121	247	598	174	424
34	199	82	117	328	89	239	559	161	398
35-39岁	**927**	**312**	**615**	**1519**	**439**	**1080**	**2459**	**672**	**1787**
35	278	110	168	293	90	203	481	167	314
36	213	73	140	359	108	251	415	106	309
37	139	37	102	338	95	243	502	127	375
38	171	56	115	288	87	201	590	150	440
39	126	36	90	241	59	182	471	122	349
40-44岁	**927**	**305**	**622**	**1465**	**429**	**1036**	**2364**	**720**	**1644**
40	175	51	124	235	61	174	358	99	259
41	218	70	148	334	117	217	440	149	291
42	157	54	103	303	93	210	543	162	381
43	203	69	134	265	69	196	478	144	334
44	174	61	113	328	89	239	545	166	379
45-49岁	**1081**	**366**	**715**	**1898**	**571**	**1327**	**3567**	**998**	**2569**
45	261	97	164	330	113	217	576	173	403
46	276	90	186	450	142	308	607	164	443
47	206	76	130	418	123	295	903	261	642
48	174	54	120	373	102	271	798	216	582
49	164	49	115	327	91	236	683	184	499
50-54岁	**977**	**290**	**687**	**1745**	**480**	**1265**	**3457**	**889**	**2568**
50	209	60	149	315	78	237	715	179	536
51	217	73	144	434	134	300	716	209	507
52	222	79	143	377	108	269	796	201	595
53	170	36	134	289	72	217	620	154	466
54	159	42	117	330	88	242	610	146	464
55-59岁	**732**	**171**	**561**	**1161**	**226**	**935**	**2522**	**506**	**2016**
55	205	62	143	242	47	195	582	147	435
56	184	55	129	327	72	255	492	109	383
57	167	36	131	303	59	244	716	133	583
58	123	14	109	200	30	170	537	88	449
59	53	4	49	89	18	71	195	29	166
60-64岁	**489**	**71**	**418**	**815**	**105**	**710**	**1530**	**177**	**1353**
60	80	14	66	101	11	90	201	25	176
61	81	10	71	138	18	120	237	27	210
62	106	20	86	166	16	150	348	46	302
63	122	16	106	185	28	157	372	42	330
64	100	11	89	225	32	193	372	37	335
65岁及以上	**3672**	**213**	**3459**	**7384**	**427**	**6957**	**12620**	**968**	**11652**

5-5a 续表 2

单位：人

年龄	初婚年龄								
	18岁			19岁			20岁		
	小计	男	女	小计	男	女	小计	男	女
总 计	**59316**	**13887**	**45429**	**101395**	**28772**	**72623**	**151813**	**47190**	**104623**
20岁以下	**483**	**139**	**344**	**175**	**57**	**118**			
20-24岁	**2579**	**759**	**1820**	**3927**	**1276**	**2651**	**5444**	**1642**	**3802**
20	399	120	279	523	182	341	340	113	227
21	431	131	300	712	249	463	967	307	660
22	480	153	327	790	238	552	1288	365	923
23	599	156	443	812	246	566	1354	396	958
24	670	199	471	1090	361	729	1495	461	1034
25-29岁	**4485**	**1551**	**2934**	**7591**	**2704**	**4887**	**11410**	**3788**	**7622**
25	755	255	500	1281	438	843	1964	577	1387
26	817	295	522	1285	441	844	1884	568	1316
27	903	326	577	1522	543	979	2188	720	1468
28	969	338	631	1622	583	1039	2646	927	1719
29	1041	337	704	1881	699	1182	2728	996	1732
30-34岁	**5281**	**1653**	**3628**	**10395**	**3472**	**6923**	**18052**	**6007**	**12045**
30	1241	399	842	2433	837	1596	3917	1425	2492
31	1048	349	699	2265	784	1481	3775	1336	2439
32	918	276	642	1881	666	1215	3580	1180	2400
33	1108	336	772	1944	595	1349	3767	1188	2579
34	966	293	673	1872	590	1282	3013	878	2135
35-39岁	**4210**	**1230**	**2980**	**7480**	**2228**	**5252**	**13359**	**3830**	**9529**
35	748	201	547	1456	441	1015	2665	778	1887
36	798	253	545	1485	443	1042	2656	756	1900
37	700	208	492	1471	438	1033	2644	747	1897
38	1048	298	750	1446	436	1010	3035	869	2166
39	916	270	646	1622	470	1152	2359	680	1679
40-44岁	**4341**	**1357**	**2984**	**8394**	**2615**	**5779**	**14347**	**4402**	**9945**
40	723	210	513	1584	490	1094	2642	793	1849
41	876	296	580	1611	488	1123	3212	968	2244
42	793	232	561	1537	484	1053	2865	877	1988
43	977	292	685	1624	506	1118	2643	815	1828
44	972	327	645	2038	647	1391	2985	949	2036
45-49岁	**6661**	**2011**	**4650**	**11856**	**3899**	**7957**	**17889**	**6120**	**11769**
45	1056	300	756	2020	647	1373	3291	1113	2178
46	1191	346	845	2228	722	1506	3493	1135	2358
47	1269	391	878	2371	814	1557	3742	1286	2456
48	1585	515	1070	2299	719	1580	3741	1320	2421
49	1560	459	1101	2938	997	1941	3622	1266	2356
50-54岁	**6752**	**1811**	**4941**	**13840**	**4204**	**9636**	**22089**	**7586**	**14503**
50	1398	377	1021	3031	944	2087	4850	1704	3146
51	1423	396	1027	2943	932	2011	4724	1730	2994
52	1432	379	1053	2852	882	1970	4586	1605	2981
53	1264	329	935	2304	647	1657	3755	1221	2534
54	1235	330	905	2710	799	1911	4174	1326	2848
55-59岁	**4520**	**871**	**3649**	**9298**	**2377**	**6921**	**15188**	**4443**	**10745**
55	1019	238	781	2228	665	1563	4005	1280	2725
56	1015	205	810	2047	564	1483	3341	1036	2305
57	1065	201	864	2315	603	1712	3433	1035	2398
58	997	161	836	1756	359	1397	2931	782	2149
59	424	66	358	952	186	766	1478	310	1168
60-64岁	**2592**	**340**	**2252**	**4720**	**923**	**3797**	**7632**	**1660**	**5972**
60	387	56	331	913	194	719	1908	381	1527
61	347	56	291	703	146	557	1365	316	1049
62	499	64	435	879	179	700	1360	314	1046
63	732	88	644	1029	187	842	1432	314	1118
64	627	76	551	1196	217	979	1567	335	1232
65岁及以上	**17412**	**2165**	**15247**	**23719**	**5017**	**18702**	**26403**	**7712**	**18691**

5-5a　续表 3　　　　单位：人

年　龄	初婚年龄								
	21岁			22岁			23岁		
	小计	男	女	小计	男	女	小计	男	女
总　计	**194679**	**74154**	**120525**	**250865**	**111782**	**139083**	**273291**	**128271**	**145020**
20岁以下									
20-24岁	**5411**	**1995**	**3416**	**5489**	**2512**	**2977**	**3727**	**1596**	**2131**
20									
21	408	124	284						
22	1358	511	847	767	346	421			
23	1806	685	1121	2100	968	1132	1025	435	590
24	1839	675	1164	2622	1198	1424	2702	1161	1541
25-29岁	**14099**	**5510**	**8589**	**18431**	**8576**	**9855**	**20874**	**9545**	**11329**
25	2127	809	1318	2932	1358	1574	3677	1696	1981
26	2466	976	1490	3016	1364	1652	3499	1548	1951
27	2781	1067	1714	3827	1796	2031	4100	1836	2264
28	2997	1175	1822	4106	1870	2236	4721	2221	2500
29	3728	1483	2245	4550	2188	2362	4877	2244	2633
30-34岁	**24371**	**9979**	**14392**	**32141**	**15320**	**16821**	**34480**	**16581**	**17899**
30	4269	1731	2538	6189	2936	3253	6378	3008	3370
31	5039	2083	2956	5856	2763	3093	7022	3319	3703
32	5045	2118	2927	6514	3133	3381	6402	3030	3372
33	5634	2262	3372	7236	3473	3763	8084	3932	4152
34	4384	1785	2599	6346	3015	3331	6594	3292	3302
35-39岁	**19197**	**7151**	**12046**	**26123**	**11936**	**14187**	**29631**	**14159**	**15472**
35	3569	1398	2171	4705	2222	2483	5795	2804	2991
36	3835	1483	2352	4867	2240	2627	5552	2667	2885
37	3934	1512	2422	5241	2397	2844	5716	2686	3030
38	4286	1510	2776	6172	2809	3363	6698	3217	3481
39	3573	1248	2325	5138	2268	2870	5870	2785	3085
40-44岁	**19502**	**7219**	**12283**	**27274**	**11948**	**15326**	**30584**	**13988**	**16596**
40	2963	1066	1897	4637	2068	2569	5198	2466	2732
41	4299	1563	2736	4786	2080	2706	6342	2929	3413
42	4314	1603	2711	5883	2566	3317	5434	2495	2939
43	3851	1442	2409	5872	2573	3299	6496	2883	3613
44	4075	1545	2530	6096	2661	3435	7114	3215	3899
45-49岁	**24439**	**9906**	**14533**	**33100**	**14759**	**18341**	**37982**	**16966**	**21016**
45	4094	1574	2520	5818	2547	3271	7002	3063	3939
46	4916	2037	2879	6154	2736	3418	7176	3156	4020
47	5145	2098	3047	7308	3280	4028	7627	3364	4263
48	5186	2116	3070	6823	3091	3732	8059	3691	4368
49	5098	2081	3017	6997	3105	3892	8118	3692	4426
50-54岁	**28009**	**11620**	**16389**	**34689**	**15938**	**18751**	**36275**	**17294**	**18981**
50	4842	2025	2817	7230	3243	3987	8049	3704	4345
51	6221	2581	3640	6287	2868	3419	7617	3544	4073
52	6404	2802	3602	7637	3541	4096	6694	3089	3605
53	4947	2008	2939	6455	3013	3442	6635	3322	3313
54	5595	2204	3391	7080	3273	3807	7280	3635	3645
55-59岁	**21785**	**7910**	**13875**	**29189**	**12521**	**16668**	**32183**	**15423**	**16760**
55	5655	2157	3498	6839	3087	3752	7250	3482	3768
56	5341	1974	3367	6745	2972	3773	6941	3431	3510
57	5135	1888	3247	7927	3348	4579	8403	3972	4431
58	3570	1261	2309	5165	2180	2985	6587	3217	3370
59	2084	630	1454	2513	934	1579	3002	1321	1681
60-64岁	**11388**	**2972**	**8416**	**16831**	**5744**	**11087**	**19988**	**8373**	**11615**
60	2561	627	1934	3473	1231	2242	3567	1467	2100
61	2483	669	1814	3112	1085	2027	3506	1505	2001
62	2242	607	1635	4160	1447	2713	4176	1709	2467
63	2157	563	1594	3351	1103	2248	5171	2185	2986
64	1945	506	1439	2735	878	1857	3568	1507	2061
65岁及以上	**26478**	**9892**	**16586**	**27598**	**12528**	**15070**	**27567**	**14346**	**13221**

5-5a 续表 4

单位：人

年龄	初婚年龄								
	24岁			25岁			26岁		
	小计	男	女	小计	男	女	小计	男	女
总 计	**267545**	**141030**	**126515**	**237278**	**136851**	**100427**	**187348**	**114937**	**72411**
20岁以下									
20-24岁	**1359**	**572**	**787**						
20									
21									
22									
23									
24	1359	572	787						
25-29岁	**23867**	**11126**	**12741**	**20931**	**10137**	**10794**	**15521**	**8020**	**7501**
25	3718	1676	2042	1766	784	982			
26	4527	2063	2464	3667	1729	1938	1674	855	819
27	4706	2168	2538	5059	2395	2664	3913	1951	1962
28	5024	2393	2631	4922	2446	2476	4994	2556	2438
29	5892	2826	3066	5517	2783	2734	4940	2658	2282
30-34岁	**37212**	**18495**	**18717**	**37570**	**19382**	**18188**	**33358**	**17922**	**15436**
30	7176	3514	3662	7387	3791	3596	6203	3244	2959
31	7261	3515	3746	7450	3758	3692	6918	3662	3256
32	7606	3786	3820	7116	3660	3456	6430	3507	2923
33	7879	3920	3959	8809	4610	4199	7292	3934	3358
34	7290	3760	3530	6808	3563	3245	6515	3575	2940
35-39岁	**31561**	**16100**	**15461**	**31646**	**17094**	**14552**	**28773**	**16253**	**12520**
35	5958	3073	2885	6062	3217	2845	5198	2847	2351
36	6510	3317	3193	6257	3412	2845	5856	3345	2511
37	6061	3129	2932	6692	3600	3092	5804	3194	2610
38	7062	3466	3596	6774	3651	3123	6913	3940	2973
39	5970	3115	2855	5861	3214	2647	5002	2927	2075
40-44岁	**29509**	**15286**	**14223**	**26050**	**14761**	**11289**	**22196**	**13443**	**8753**
40	5332	2781	2551	4867	2716	2151	4383	2555	1828
41	6351	3235	3116	5648	3149	2499	4692	2821	1871
42	5963	3121	2842	5568	3160	2408	4537	2740	1797
43	5152	2606	2546	5162	2956	2206	4346	2655	1691
44	6711	3543	3168	4805	2780	2025	4238	2672	1566
45-49岁	**35185**	**18221**	**16964**	**29769**	**17624**	**12145**	**21029**	**13569**	**7460**
45	6673	3428	3245	5667	3331	2336	3529	2230	1299
46	6730	3475	3255	5753	3460	2293	4328	2791	1537
47	7043	3578	3465	6336	3702	2634	4510	2927	1583
48	6924	3566	3358	5939	3492	2447	4377	2819	1558
49	7815	4174	3641	6074	3639	2435	4285	2802	1483
50-54岁	**31411**	**17453**	**13958**	**25188**	**15831**	**9357**	**17779**	**11985**	**5794**
50	7480	3923	3557	6429	3847	2582	4221	2754	1467
51	6556	3579	2977	5567	3440	2127	4122	2785	1337
52	6408	3537	2871	5166	3328	1838	3571	2403	1168
53	4601	2665	1936	4040	2618	1422	2769	1883	886
54	6366	3749	2617	3986	2598	1388	3096	2160	936
55-59岁	**28951**	**16459**	**12492**	**22120**	**14092**	**8028**	**13726**	**9497**	**4229**
55	6368	3748	2620	4797	3064	1733	2574	1786	788
56	6135	3394	2741	4726	2996	1730	3015	2094	921
57	7355	4114	3241	5676	3604	2072	3545	2443	1102
58	5762	3369	2393	4254	2732	1522	2865	2001	864
59	3331	1834	1497	2667	1696	971	1727	1173	554
60-64岁	**20715**	**10931**	**9784**	**17976**	**11182**	**6794**	**13363**	**9183**	**4180**
60	3753	2055	1698	3737	2443	1294	2509	1800	709
61	3202	1666	1536	2916	1904	1012	2385	1696	689
62	4358	2308	2050	3475	2110	1365	2611	1778	833
63	4832	2502	2330	4175	2471	1704	2898	1958	940
64	4570	2400	2170	3673	2254	1419	2960	1951	1009
65岁及以上	**27775**	**16387**	**11388**	**26028**	**16748**	**9280**	**21603**	**15065**	**6538**

5-5a　续表 5　　　　单位：人

年　龄	初婚年龄								
	27岁			28岁			29岁		
	小计	男	女	小计	男	女	小计	男	女
总　计	**140392**	**91550**	**48842**	**100466**	**68351**	**32115**	**69335**	**48397**	**20938**
20岁以下									
20-24岁									
20									
21									
22									
23									
24									
25-29岁	**9585**	**5229**	**4356**	**4376**	**2499**	**1877**	**1069**	**645**	**424**
25									
26									
27	1716	877	839						
28	3449	1875	1574	1463	795	668			
29	4420	2477	1943	2913	1704	1209	1069	645	424
30-34岁	**26654**	**15214**	**11440**	**20630**	**12355**	**8275**	**14639**	**9075**	**5564**
30	5265	2904	2361	4475	2660	1815	2781	1670	1111
31	5192	2970	2222	4019	2357	1662	3189	1948	1241
32	5242	3033	2209	3844	2298	1546	2793	1746	1047
33	5990	3454	2536	4602	2779	1823	3032	1946	1086
34	4965	2853	2112	3690	2261	1429	2844	1765	1079
35-39岁	**23450**	**14119**	**9331**	**17638**	**11137**	**6501**	**12625**	**8326**	**4299**
35	4564	2708	1856	3159	1952	1207	2373	1500	873
36	4537	2642	1895	3669	2267	1402	2413	1599	814
37	4727	2849	1878	3395	2155	1240	2656	1759	897
38	5231	3214	2017	4108	2629	1479	2771	1836	935
39	4391	2706	1685	3307	2134	1173	2412	1632	780
40-44岁	**17564**	**11212**	**6352**	**13693**	**9259**	**4434**	**9952**	**6952**	**3000**
40	3407	2151	1256	2893	1943	950	1928	1328	600
41	3967	2457	1510	2894	1930	964	2313	1587	726
42	3520	2250	1270	2905	1955	950	2005	1400	605
43	3388	2224	1164	2439	1646	793	1890	1330	560
44	3282	2130	1152	2562	1785	777	1816	1307	509
45-49岁	**15139**	**10549**	**4590**	**10674**	**7791**	**2883**	**7506**	**5545**	**1961**
45	3048	2117	931	2240	1617	623	1602	1197	405
46	2581	1778	803	2025	1453	572	1578	1155	423
47	3258	2249	1009	1879	1409	470	1502	1122	380
48	3078	2185	893	2221	1612	609	1234	904	330
49	3174	2220	954	2309	1700	609	1590	1167	423
50-54岁	**12432**	**8797**	**3635**	**8794**	**6390**	**2404**	**6424**	**4647**	**1777**
50	3011	2034	977	2204	1568	636	1552	1122	430
51	2731	1911	820	1832	1347	485	1490	1040	450
52	2683	1885	798	1819	1346	473	1325	983	342
53	1963	1438	525	1430	1037	393	1008	738	270
54	2044	1529	515	1509	1092	417	1049	764	285
55-59岁	**9307**	**6807**	**2500**	**5850**	**4433**	**1417**	**3955**	**2983**	**972**
55	2123	1585	538	1405	1078	327	995	736	259
56	1711	1257	454	1290	986	304	892	682	210
57	2382	1745	637	1253	973	280	1011	764	247
58	1945	1395	550	1156	867	289	604	459	145
59	1146	825	321	746	529	217	453	342	111
60-64岁	**9175**	**6875**	**2300**	**6155**	**4752**	**1403**	**3943**	**3080**	**863**
60	1695	1253	442	1040	779	261	660	497	163
61	1520	1205	315	992	772	220	650	500	150
62	2042	1575	467	1316	1041	275	784	624	160
63	2118	1562	556	1572	1208	364	977	794	183
64	1800	1280	520	1235	952	283	872	665	207
65岁及以上	**17086**	**12748**	**4338**	**12656**	**9735**	**2921**	**9222**	**7144**	**2078**

5-5a 续表 6

单位：人

年龄	初婚年龄								
	30岁			31岁			32岁		
	小计	男	女	小计	男	女	小计	男	女
总　计	**47624**	**33260**	**14364**	**33234**	**22777**	**10457**	**24583**	**16731**	**7852**
20岁以下									
20-24岁									
20									
21									
22									
23									
24									
25-29岁									
25									
26									
27									
28									
29									
30-34岁	**9453**	**5945**	**3508**	**5475**	**3358**	**2117**	**3043**	**1876**	**1167**
30	980	619	361						
31	2009	1263	746	722	436	286			
32	2219	1362	857	1446	879	567	506	309	197
33	2286	1456	830	1868	1147	721	1224	770	454
34	1959	1245	714	1439	896	543	1313	797	516
35-39岁	**9105**	**5930**	**3175**	**6930**	**4388**	**2542**	**5471**	**3458**	**2013**
35	1773	1123	650	1280	772	508	1024	651	373
36	1869	1200	669	1441	900	541	1092	683	409
37	1812	1179	633	1405	881	524	1102	709	393
38	2051	1339	712	1505	981	524	1269	769	500
39	1600	1089	511	1299	854	445	984	646	338
40-44岁	**7248**	**5073**	**2175**	**5465**	**3751**	**1714**	**4374**	**2916**	**1458**
40	1428	967	461	955	666	289	844	542	302
41	1619	1094	525	1204	822	382	875	594	281
42	1615	1136	479	1179	781	398	947	613	334
43	1266	916	350	1147	782	365	878	587	291
44	1320	960	360	980	700	280	830	580	250
45-49岁	**5452**	**4012**	**1440**	**4150**	**3002**	**1148**	**3195**	**2300**	**895**
45	1316	933	383	935	673	262	669	471	198
46	1118	823	295	868	599	269	680	491	189
47	1169	874	295	881	641	240	699	514	185
48	954	708	246	755	555	200	595	438	157
49	895	674	221	711	534	177	552	386	166
50-54岁	**4629**	**3350**	**1279**	**3190**	**2255**	**935**	**2399**	**1664**	**735**
50	1056	796	260	568	419	149	497	358	139
51	938	693	245	628	464	164	399	291	108
52	1087	751	336	708	503	205	511	345	166
53	777	554	223	650	440	210	432	301	131
54	771	556	215	636	429	207	560	369	191
55-59岁	**3029**	**2234**	**795**	**2188**	**1591**	**597**	**1886**	**1334**	**552**
55	799	567	232	566	412	154	466	321	145
56	692	506	186	527	369	158	401	295	106
57	778	581	197	544	404	140	504	358	146
58	497	373	124	362	260	102	319	230	89
59	263	207	56	189	146	43	196	130	66
60-64岁	**2455**	**1841**	**614**	**1653**	**1220**	**433**	**1144**	**831**	**313**
60	439	319	120	231	175	56	214	159	55
61	390	300	90	262	193	69	159	109	50
62	507	394	113	366	268	98	240	182	58
63	587	439	148	425	311	114	272	199	73
64	532	389	143	369	273	96	259	182	77
65岁及以上	**6253**	**4875**	**1378**	**4183**	**3212**	**971**	**3071**	**2352**	**719**

5-5a　续表 7　　　　单位：人

年　龄	初婚年龄								
	33岁			34岁			35岁		
	小计	男	女	小计	男	女	小计	男	女
总　计	**18476**	**12360**	**6116**	**13912**	**9252**	**4660**	**10641**	**7209**	**3432**
20岁以下									
20-24岁									
20									
21									
22									
23									
24									
25-29岁									
25									
26									
27									
28									
29									
30-34岁	**1259**	**774**	**485**	**311**	**194**	**117**			
30									
31									
32									
33	439	273	166						
34	820	501	319	311	194	117			
35-39岁	**4455**	**2729**	**1726**	**3407**	**2075**	**1332**	**2373**	**1424**	**949**
35	844	504	340	587	356	231	212	135	77
36	828	518	310	631	356	275	443	267	176
37	849	523	326	695	428	267	578	331	247
38	1100	674	426	794	474	320	632	382	250
39	834	510	324	700	461	239	508	309	199
40-44岁	**3450**	**2189**	**1261**	**2948**	**1844**	**1104**	**2376**	**1512**	**864**
40	696	427	269	635	383	252	459	279	180
41	758	474	284	639	383	256	596	376	220
42	626	399	227	629	411	218	487	311	176
43	690	454	236	464	286	178	427	279	148
44	680	435	245	581	381	200	407	267	140
45-49岁	**2763**	**1919**	**844**	**2278**	**1566**	**712**	**1972**	**1372**	**600**
45	670	454	216	521	345	176	475	339	136
46	590	395	195	518	347	171	391	281	110
47	517	371	146	431	289	142	431	301	130
48	552	385	167	413	298	115	352	239	113
49	434	314	120	395	287	108	323	212	111
50-54岁	**1743**	**1257**	**486**	**1272**	**910**	**362**	**1075**	**779**	**296**
50	444	325	119	363	266	97	311	223	88
51	343	233	110	313	221	92	242	174	68
52	290	207	83	236	174	62	222	158	64
53	307	233	74	143	109	34	160	124	36
54	359	259	100	217	140	77	140	100	40
55-59岁	**1587**	**1084**	**503**	**1331**	**924**	**407**	**986**	**732**	**254**
55	441	284	157	234	163	71	203	145	58
56	346	239	107	350	225	125	199	147	52
57	387	272	115	349	255	94	283	203	80
58	287	196	91	229	163	66	208	159	49
59	126	93	33	169	118	51	93	78	15
60-64岁	**917**	**657**	**260**	**672**	**489**	**183**	**588**	**416**	**172**
60	161	114	47	145	99	46	142	91	51
61	155	105	50	117	80	37	96	70	26
62	144	107	37	149	117	32	117	90	27
63	233	173	60	117	90	27	139	97	42
64	224	158	66	144	103	41	94	68	26
65岁及以上	**2302**	**1751**	**551**	**1693**	**1250**	**443**	**1271**	**974**	**297**

5-5a 续表 8

单位：人

年 龄	初婚年龄								
	36岁			37岁			38岁		
	小计	男	女	小计	男	女	小计	男	女
总 计	**8128**	**5448**	**2680**	**6453**	**4426**	**2027**	**5007**	**3397**	**1610**
20岁以下									
20-24岁									
20									
21									
22									
23									
24									
25-29岁									
25									
26									
27									
28									
29									
30-34岁									
30									
31									
32									
33									
34									
35-39岁	**1564**	**922**	**642**	**872**	**535**	**337**	**402**	**241**	**161**
35									
36	171	98	73						
37	428	268	160	152	96	56			
38	549	329	220	360	212	148	145	81	64
39	416	227	189	360	227	133	257	160	97
40-44岁	**1947**	**1229**	**718**	**1670**	**1057**	**613**	**1343**	**869**	**474**
40	375	242	133	306	190	116	259	175	84
41	445	267	178	339	220	119	255	161	94
42	404	254	150	366	232	134	266	169	97
43	360	212	148	343	200	143	238	150	88
44	363	254	109	316	215	101	325	214	111
45-49岁	**1602**	**1081**	**521**	**1387**	**973**	**414**	**1184**	**823**	**361**
45	304	186	118	305	219	86	248	171	77
46	377	263	114	237	178	59	233	164	69
47	310	213	97	312	210	102	217	151	66
48	334	232	102	254	174	80	248	177	71
49	277	187	90	279	192	87	238	160	78
50-54岁	**904**	**677**	**227**	**794**	**581**	**213**	**693**	**487**	**206**
50	240	180	60	251	190	61	207	134	73
51	216	162	54	163	108	55	141	109	32
52	183	138	45	157	116	41	140	99	41
53	126	87	39	118	89	29	109	76	33
54	139	110	29	105	78	27	96	69	27
55-59岁	**656**	**474**	**182**	**510**	**378**	**132**	**384**	**277**	**107**
55	79	56	23	101	71	30	77	53	24
56	162	119	43	90	70	20	79	56	23
57	171	124	47	133	106	27	94	73	21
58	168	116	52	112	78	34	81	59	22
59	76	59	17	74	53	21	53	36	17
60-64岁	**450**	**332**	**118**	**420**	**299**	**121**	**358**	**239**	**119**
60	92	66	26	87	58	29	72	47	25
61	82	58	24	65	48	17	49	33	16
62	94	67	27	108	78	30	76	50	26
63	96	74	22	85	64	21	99	66	33
64	86	67	19	75	51	24	62	43	19
65岁及以上	**1005**	**733**	**272**	**800**	**603**	**197**	**643**	**461**	**182**

5–5a　续表 9　　　　单位：人

年　龄	初婚年龄					
	39岁			40岁及以上		
	小计	男	女	小计	男	女
总　计	**3975**	**2718**	**1257**	**20358**	**13243**	**7115**
20岁以下						
20–24岁						
20						
21						
22						
23						
24						
25–29岁						
25						
26						
27						
28						
29						
30–34岁						
30						
31						
32						
33						
34						
35–39岁	**95**	**61**	**34**			
35						
36						
37						
38						
39	95	61	34			
40–44岁	**1057**	**695**	**362**	**2093**	**1279**	**814**
40	167	118	49	86	53	33
41	222	132	90	281	159	122
42	213	139	74	459	285	174
43	206	131	75	565	347	218
44	249	175	74	702	435	267
45–49岁	**962**	**642**	**320**	**4419**	**2804**	**1615**
45	191	127	64	713	427	286
46	214	142	72	857	566	291
47	193	122	71	970	639	331
48	169	123	46	943	565	378
49	195	128	67	936	607	329
50–54岁	**677**	**472**	**205**	**4220**	**2844**	**1376**
50	200	137	63	1017	662	355
51	173	126	47	922	617	305
52	116	83	33	892	595	297
53	90	53	37	636	430	206
54	98	73	25	753	540	213
55–59岁	**317**	**233**	**84**	**3022**	**2097**	**925**
55	80	60	20	730	502	228
56	61	43	18	685	463	222
57	63	42	21	734	507	227
58	64	53	11	581	406	175
59	49	35	14	292	219	73
60–64岁	**308**	**215**	**93**	**1904**	**1307**	**597**
60	58	39	19	345	243	102
61	65	48	17	295	205	90
62	68	47	21	382	275	107
63	65	44	21	479	325	154
64	52	37	15	403	259	144
65岁及以上	**559**	**400**	**159**	**4700**	**2912**	**1788**

5-5b 全省分年龄、性别、初婚年龄的人口(镇)

单位：人

年龄	初婚年龄					
	合计			15岁以下		
	合计	男	女	小计	男	女
总计	**977954**	**491478**	**486476**	**1192**	**201**	**991**
20岁以下	**705**	**176**	**529**	**28**	**3**	**25**
20-24岁	**12586**	**4376**	**8210**	**58**	**7**	**51**
20	754	211	543	15	2	13
21	1270	391	879	7	1	6
22	2259	726	1533	15	3	12
23	3264	1129	2135	10		10
24	5039	1919	3120	11	1	10
25-29岁	**59120**	**26243**	**32877**	**56**	**12**	**44**
25	7398	2964	4434	11	2	9
26	9270	3847	5423	11	1	10
27	12013	5195	6818	13	2	11
28	14068	6490	7578	5	2	3
29	16371	7747	8624	16	5	11
30-34岁	**117404**	**58548**	**58856**	**130**	**34**	**96**
30	21989	10567	11422	23	7	16
31	22831	11332	11499	37	10	27
32	22833	11442	11391	20	3	17
33	26624	13359	13265	25	7	18
34	23127	11848	11279	25	7	18
35-39岁	**106918**	**54973**	**51945**	**66**	**19**	**47**
35	19596	10074	9522	21	9	12
36	20420	10619	9801	13	4	9
37	20784	10506	10278	11	3	8
38	24681	12699	11982	10	2	8
39	21437	11075	10362	11	1	10
40-44岁	**109204**	**56141**	**53063**	**84**	**18**	**66**
40	19411	9997	9414	16	3	13
41	22426	11662	10764	17	4	13
42	22207	11339	10868	14	4	10
43	21540	11118	10422	16	4	12
44	23620	12025	11595	21	3	18
45-49岁	**127443**	**65806**	**61637**	**96**	**24**	**72**
45	23487	12152	11335	29	4	25
46	24453	12581	11872	20	5	15
47	26365	13601	12764	13	4	9
48	26319	13591	12728	19	8	11
49	26819	13881	12938	15	3	12
50-54岁	**126918**	**66045**	**60873**	**106**	**25**	**81**
50	27728	14307	13421	18	3	15
51	26466	13771	12695	27	9	18
52	26238	13733	12505	17	6	11
53	22242	11559	10683	14	2	12
54	24244	12675	11569	30	5	25
55-59岁	**100408**	**52374**	**48034**	**77**	**14**	**63**
55	24215	12784	11431	26	6	20
56	22307	11639	10668	13	2	11
57	24762	12937	11825	14	2	12
58	19047	9842	9205	18	3	15
59	10077	5172	4905	6	1	5
60-64岁	**66485**	**34174**	**32311**	**87**	**10**	**77**
60	12773	6642	6131	11	2	9
61	11352	5907	5445	19	4	15
62	13679	6997	6682	17	2	15
63	15160	7822	7338	21		21
64	13521	6806	6715	19	2	17
65岁及以上	**150763**	**72622**	**78141**	**404**	**35**	**369**

5-5b 续表 1 单位：人

年 龄	初婚年龄								
	15岁			16岁			17岁		
	小计	男	女	小计	男	女	小计	男	女
总 计	**6664**	**1215**	**5449**	**12016**	**1927**	**10089**	**20571**	**3734**	**16837**
20岁以下	**80**	**21**	**59**	**151**	**26**	**125**	**194**	**56**	**138**
20–24岁	**251**	**43**	**208**	**451**	**99**	**352**	**753**	**220**	**533**
20	34	4	30	49	11	38	103	33	70
21	42	7	35	81	20	61	111	26	85
22	51	10	41	104	16	88	175	53	122
23	58	6	52	119	32	87	176	52	124
24	66	16	50	98	20	78	188	56	132
25–29岁	**355**	**72**	**283**	**665**	**167**	**498**	**1203**	**347**	**856**
25	73	10	63	118	26	92	203	63	140
26	82	12	70	137	28	109	205	61	144
27	62	18	44	127	30	97	246	72	174
28	72	14	58	139	37	102	299	78	221
29	66	18	48	144	46	98	250	73	177
30–34岁	**566**	**187**	**379**	**819**	**235**	**584**	**1319**	**346**	**973**
30	99	33	66	132	34	98	254	56	198
31	109	45	64	178	58	120	242	65	177
32	103	32	71	150	38	112	263	67	196
33	148	43	105	200	54	146	311	82	229
34	107	34	73	159	51	108	249	76	173
35–39岁	**442**	**148**	**294**	**745**	**192**	**553**	**1231**	**336**	**895**
35	131	46	85	129	29	100	226	67	159
36	85	23	62	169	49	120	199	48	151
37	84	29	55	165	46	119	261	72	189
38	76	25	51	173	36	137	312	89	223
39	66	25	41	109	32	77	233	60	173
40–44岁	**512**	**159**	**353**	**796**	**234**	**562**	**1333**	**369**	**964**
40	76	16	60	94	26	68	186	48	138
41	103	37	66	179	54	125	248	69	179
42	113	40	73	152	50	102	310	98	212
43	97	24	73	175	52	123	267	80	187
44	123	42	81	196	52	144	322	74	248
45–49岁	**580**	**160**	**420**	**1052**	**248**	**804**	**1959**	**485**	**1474**
45	150	51	99	171	42	129	324	79	245
46	144	45	99	246	65	181	346	85	261
47	113	22	91	257	60	197	435	130	305
48	102	26	76	177	47	130	467	111	356
49	71	16	55	201	34	167	387	80	307
50–54岁	**541**	**130**	**411**	**986**	**218**	**768**	**1922**	**447**	**1475**
50	120	27	93	158	23	135	361	89	272
51	108	26	82	230	63	167	429	116	313
52	117	30	87	243	52	191	455	111	344
53	108	26	82	169	38	131	307	62	245
54	88	21	67	186	42	144	370	69	301
55–59岁	**467**	**86**	**381**	**860**	**116**	**744**	**1606**	**265**	**1341**
55	122	27	95	176	36	140	337	70	267
56	121	27	94	244	41	203	299	50	249
57	98	15	83	216	19	197	473	76	397
58	84	9	75	156	17	139	341	50	291
59	42	8	34	68	3	65	156	19	137
60–64岁	**392**	**52**	**340**	**718**	**80**	**638**	**1206**	**127**	**1079**
60	63	6	57	102	5	97	165	15	150
61	54	8	46	137	23	114	181	19	162
62	83	7	76	133	13	120	250	20	230
63	100	15	85	160	20	140	320	39	281
64	92	16	76	186	19	167	290	34	256
65岁及以上	**2478**	**157**	**2321**	**4773**	**312**	**4461**	**7845**	**736**	**7109**

5-5b 续表 2

单位：人

年龄	初婚年龄								
	18岁			19岁			20岁		
	小计	男	女	小计	男	女	小计	男	女
总 计	**32015**	**7024**	**24991**	**51817**	**13743**	**38074**	**75030**	**22823**	**52207**
20岁以下	**180**	**48**	**132**	**72**	**22**	**50**			
20-24岁	**1123**	**353**	**770**	**1686**	**490**	**1196**	**2223**	**621**	**1602**
20	178	54	124	229	70	159	146	37	109
21	192	68	124	305	103	202	379	115	264
22	228	66	162	341	93	248	524	156	368
23	239	78	161	360	96	264	508	124	384
24	286	87	199	451	128	323	666	189	477
25-29岁	**2127**	**705**	**1422**	**3371**	**1113**	**2258**	**5070**	**1603**	**3467**
25	357	116	241	565	167	398	821	250	571
26	393	130	263	595	192	403	904	291	613
27	391	128	263	732	237	495	1033	313	720
28	469	160	309	674	239	435	1152	359	793
29	517	171	346	805	278	527	1160	390	770
30-34岁	**2433**	**751**	**1682**	**4673**	**1417**	**3256**	**8025**	**2531**	**5494**
30	598	181	417	1053	338	715	1577	497	1080
31	450	140	310	1015	331	684	1740	591	1149
32	431	143	288	832	251	581	1627	522	1105
33	511	148	363	903	241	662	1662	505	1157
34	443	139	304	870	256	614	1419	416	1003
35-39岁	**2025**	**543**	**1482**	**3673**	**1076**	**2597**	**6220**	**1742**	**4478**
35	353	90	263	733	230	503	1220	362	858
36	389	112	277	728	213	515	1219	362	857
37	323	85	238	690	178	512	1247	319	928
38	505	128	377	717	207	510	1417	391	1026
39	455	128	327	805	248	557	1117	308	809
40-44岁	**2217**	**614**	**1603**	**4130**	**1188**	**2942**	**6771**	**1914**	**4857**
40	376	95	281	755	229	526	1268	350	918
41	416	109	307	801	232	569	1477	422	1055
42	391	115	276	771	216	555	1369	381	988
43	480	136	344	805	219	586	1256	346	910
44	554	159	395	998	292	706	1401	415	986
45-49岁	**3230**	**922**	**2308**	**5817**	**1736**	**4081**	**8852**	**2811**	**6041**
45	525	144	381	941	252	689	1738	548	1190
46	575	168	407	1059	316	743	1766	578	1188
47	580	167	413	1166	351	815	1796	569	1227
48	797	237	560	1185	370	815	1834	576	1258
49	753	206	547	1466	447	1019	1718	540	1178
50-54岁	**3516**	**782**	**2734**	**6866**	**1852**	**5014**	**10775**	**3409**	**7366**
50	750	175	575	1533	420	1113	2340	743	1597
51	705	144	561	1415	405	1010	2315	760	1555
52	712	164	548	1395	369	1026	2232	711	1521
53	686	156	530	1147	300	847	1883	573	1310
54	663	143	520	1376	358	1018	2005	622	1383
55-59岁	**2808**	**541**	**2267**	**5042**	**1142**	**3900**	**7956**	**2330**	**5626**
55	600	136	464	1153	273	880	2087	671	1416
56	617	139	478	1018	257	761	1738	546	1192
57	660	125	535	1217	277	940	1803	526	1277
58	641	105	536	1053	215	838	1509	390	1119
59	290	36	254	601	120	481	819	197	622
60-64岁	**1849**	**221**	**1628**	**3035**	**556**	**2479**	**4503**	**1058**	**3445**
60	286	34	252	570	116	454	1091	245	846
61	260	25	235	469	80	389	817	212	605
62	352	33	319	587	95	492	818	192	626
63	499	69	430	621	116	505	887	215	672
64	452	60	392	788	149	639	890	194	696
65岁及以上	**10507**	**1544**	**8963**	**13452**	**3151**	**10301**	**14635**	**4804**	**9831**

5-5b　续表 3　　　　单位：人

年　龄	初婚年龄								
	21岁			22岁			23岁		
	小计	男	女	小计	男	女	小计	男	女
总　计	**93259**	**35832**	**57427**	**115915**	**53642**	**62273**	**118952**	**60791**	**58161**
20岁以下									
20-24岁	**2123**	**791**	**1332**	**2213**	**989**	**1224**	**1241**	**562**	**679**
20									
21	153	51	102						
22	525	194	331	296	135	161			
23	650	238	412	802	347	455	342	156	186
24	795	308	487	1115	507	608	899	406	493
25-29岁	**6000**	**2374**	**3626**	**7483**	**3354**	**4129**	**8201**	**3837**	**4364**
25	885	327	558	1131	491	640	1432	658	774
26	1056	413	643	1222	531	691	1404	619	785
27	1175	457	718	1579	692	887	1548	702	846
28	1345	551	794	1721	781	940	1856	889	967
29	1539	626	913	1830	859	971	1961	969	992
30-34岁	**10300**	**4112**	**6188**	**13313**	**6366**	**6947**	**13638**	**6844**	**6794**
30	1893	744	1149	2552	1157	1395	2524	1209	1315
31	2081	857	1224	2371	1133	1238	2741	1368	1373
32	2018	816	1202	2606	1261	1345	2561	1291	1270
33	2448	974	1474	3064	1481	1583	3144	1594	1550
34	1860	721	1139	2720	1334	1386	2668	1382	1286
35-39岁	**8982**	**3063**	**5919**	**11661**	**5275**	**6386**	**12242**	**6139**	**6103**
35	1602	569	1033	2096	983	1113	2331	1225	1106
36	1770	628	1142	2097	956	1141	2213	1129	1084
37	1820	598	1222	2305	1030	1275	2315	1155	1160
38	2013	662	1351	2785	1277	1508	2857	1424	1433
39	1777	606	1171	2378	1029	1349	2526	1206	1320
40-44岁	**9111**	**3220**	**5891**	**12266**	**5257**	**7009**	**13135**	**6245**	**6890**
40	1395	480	915	2126	950	1176	2267	1092	1175
41	1942	685	1257	2131	930	1201	2547	1263	1284
42	2011	704	1307	2622	1100	1522	2362	1099	1263
43	1798	660	1138	2602	1120	1482	2826	1343	1483
44	1965	691	1274	2785	1157	1628	3133	1448	1685
45-49岁	**11708**	**4562**	**7146**	**15451**	**6965**	**8486**	**16743**	**7791**	**8952**
45	1904	708	1196	2640	1156	1484	2981	1350	1631
46	2356	931	1425	2752	1226	1526	3072	1434	1638
47	2494	948	1546	3407	1567	1840	3363	1500	1863
48	2437	992	1445	3349	1493	1856	3676	1733	1943
49	2517	983	1534	3303	1523	1780	3651	1774	1877
50-54岁	**13948**	**5807**	**8141**	**17075**	**8260**	**8815**	**16900**	**8780**	**8120**
50	2360	957	1403	3488	1672	1816	3727	1743	1984
51	3088	1324	1764	3032	1393	1639	3432	1744	1688
52	3169	1395	1774	3773	1881	1892	3045	1588	1457
53	2603	1036	1567	3243	1562	1681	3144	1713	1431
54	2728	1095	1633	3539	1752	1787	3552	1992	1560
55-59岁	**10866**	**4114**	**6752**	**14151**	**6669**	**7482**	**14565**	**8031**	**6534**
55	2737	1071	1666	3442	1708	1734	3449	1872	1577
56	2624	1014	1610	3281	1472	1809	3141	1756	1385
57	2587	1007	1580	3768	1803	1965	3628	1961	1667
58	1859	683	1176	2456	1123	1333	2970	1687	1283
59	1059	339	720	1204	563	641	1377	755	622
60-64岁	**6303**	**1890**	**4413**	**8265**	**3288**	**4977**	**9033**	**4619**	**4414**
60	1388	457	931	1647	698	949	1517	786	731
61	1340	424	916	1421	610	811	1558	808	750
62	1281	365	916	2030	787	1243	1845	952	893
63	1238	340	898	1760	668	1092	2357	1172	1185
64	1056	304	752	1407	525	882	1756	901	855
65岁及以上	**13918**	**5899**	**8019**	**14037**	**7219**	**6818**	**13254**	**7943**	**5311**

5-5b 续表 4 单位：人

年 龄	初婚年龄								
	24岁			25岁			26岁		
	小计	男	女	小计	男	女	小计	男	女
总 计	**109356**	**62852**	**46504**	**90119**	**56036**	**34083**	**67909**	**44763**	**23146**
20岁以下									
20-24岁	**464**	**201**	**263**						
20									
21									
22									
23									
24	464	201	263						
25-29岁	**8528**	**4159**	**4369**	**6877**	**3460**	**3417**	**4786**	**2520**	**2266**
25	1295	637	658	507	217	290			
26	1603	776	827	1204	565	639	454	228	226
27	1724	816	908	1698	839	859	1205	624	581
28	1739	849	890	1665	874	791	1528	829	699
29	2167	1081	1086	1803	965	838	1599	839	760
30-34岁	**13604**	**7120**	**6484**	**12875**	**6945**	**5930**	**10320**	**5986**	**4334**
30	2631	1356	1275	2674	1406	1268	1918	1096	822
31	2611	1363	1248	2458	1340	1118	2143	1203	940
32	2724	1409	1315	2518	1346	1172	1951	1163	788
33	2938	1535	1403	2852	1567	1285	2311	1319	992
34	2700	1457	1243	2373	1286	1087	1997	1205	792
35-39岁	**11894**	**6436**	**5458**	**10778**	**6255**	**4523**	**8960**	**5554**	**3406**
35	2140	1157	983	2053	1219	834	1523	912	611
36	2427	1358	1069	2046	1186	860	1821	1149	672
37	2168	1156	1012	2190	1248	942	1734	1072	662
38	2694	1437	1257	2362	1384	978	2207	1353	854
39	2465	1328	1137	2127	1218	909	1675	1068	607
40-44岁	**12189**	**6585**	**5604**	**10336**	**6150**	**4186**	**8737**	**5590**	**3147**
40	2206	1200	1006	1934	1120	814	1627	1023	604
41	2577	1366	1211	2209	1325	884	1823	1186	637
42	2445	1361	1084	2183	1274	909	1817	1126	691
43	2106	1132	974	2059	1232	827	1768	1143	625
44	2855	1526	1329	1951	1199	752	1702	1112	590
45-49岁	**15103**	**8281**	**6822**	**12109**	**7490**	**4619**	**8855**	**5896**	**2959**
45	2913	1588	1325	2355	1473	882	1389	924	465
46	2790	1514	1276	2441	1479	962	1846	1197	649
47	3036	1631	1405	2538	1593	945	1927	1287	640
48	3004	1652	1352	2282	1404	878	1903	1294	609
49	3360	1896	1464	2493	1541	952	1790	1194	596
50-54岁	**14153**	**8547**	**5606**	**10780**	**7062**	**3718**	**7807**	**5418**	**2389**
50	3341	1938	1403	2643	1642	1001	1799	1224	575
51	2925	1760	1165	2362	1556	806	1764	1210	554
52	2833	1666	1167	2218	1472	746	1616	1152	464
53	2176	1398	778	1796	1218	578	1340	921	419
54	2878	1785	1093	1761	1174	587	1288	911	377
55-59岁	**12521**	**7875**	**4646**	**8949**	**6236**	**2713**	**5670**	**4128**	**1542**
55	3037	1872	1165	2132	1459	673	1167	862	305
56	2692	1710	982	1956	1347	609	1372	977	395
57	2993	1879	1114	2184	1520	664	1445	1051	394
58	2446	1544	902	1706	1235	471	1072	775	297
59	1353	870	483	971	675	296	614	463	151
60-64岁	**8409**	**5269**	**3140**	**6663**	**4674**	**1989**	**4629**	**3526**	**1103**
60	1523	986	537	1473	1055	418	927	699	228
61	1238	804	434	1080	760	320	877	673	204
62	1758	1092	666	1226	854	372	880	680	200
63	1924	1165	759	1526	1064	462	1006	783	223
64	1966	1222	744	1358	941	417	939	691	248
65岁及以上	**12491**	**8379**	**4112**	**10752**	**7764**	**2988**	**8145**	**6145**	**2000**

5-5b 续表 5

单位：人

年龄	初婚年龄								
	27岁			28岁			29岁		
	小计	男	女	小计	男	女	小计	男	女
总 计	**49585**	**34150**	**15435**	**34757**	**24617**	**10140**	**24114**	**17245**	**6869**
20岁以下									
20-24岁									
20									
21									
22									
23									
24									
25-29岁	**2894**	**1628**	**1266**	**1216**	**712**	**504**	**288**	**180**	**108**
25									
26									
27	480	265	215						
28	1013	586	427	391	242	149			
29	1401	777	624	825	470	355	288	180	108
30-34岁	**8295**	**4974**	**3321**	**6242**	**3911**	**2331**	**4463**	**2850**	**1613**
30	1627	924	703	1329	830	499	795	507	288
31	1591	957	634	1187	711	476	997	630	367
32	1665	996	669	1161	723	438	863	560	303
33	1841	1106	735	1424	907	517	921	592	329
34	1571	991	580	1141	740	401	887	561	326
35-39岁	**7212**	**4642**	**2570**	**5281**	**3493**	**1788**	**3869**	**2596**	**1273**
35	1504	907	597	962	618	344	710	446	264
36	1340	852	488	1044	694	350	720	482	238
37	1417	910	507	981	641	340	801	536	265
38	1563	1045	518	1256	837	419	847	579	268
39	1388	928	460	1038	703	335	791	553	238
40-44岁	**6371**	**4319**	**2052**	**4737**	**3327**	**1410**	**3522**	**2487**	**1035**
40	1193	785	408	920	634	286	644	432	212
41	1373	916	457	1003	688	315	848	603	245
42	1359	909	450	953	687	266	707	487	220
43	1219	847	372	896	628	268	646	463	183
44	1227	862	365	965	690	275	677	502	175
45-49岁	**6374**	**4572**	**1802**	**4418**	**3268**	**1150**	**2934**	**2186**	**748**
45	1230	884	346	949	708	241	670	476	194
46	1081	764	317	852	632	220	629	466	163
47	1337	976	361	794	598	196	585	448	137
48	1364	999	365	898	663	235	464	348	116
49	1362	949	413	925	667	258	586	448	138
50-54岁	**5450**	**3890**	**1560**	**3784**	**2734**	**1050**	**2776**	**1983**	**793**
50	1276	910	366	935	664	271	675	492	183
51	1220	839	381	821	587	234	603	417	186
52	1173	842	331	741	556	185	563	392	171
53	865	629	236	651	467	184	460	331	129
54	916	670	246	636	460	176	475	351	124
55-59岁	**3684**	**2783**	**901**	**2485**	**1863**	**622**	**1766**	**1334**	**432**
55	898	674	224	604	458	146	456	352	104
56	669	494	175	567	431	136	396	295	101
57	968	746	222	550	409	141	430	323	107
58	733	559	174	491	357	134	286	216	70
59	416	310	106	273	208	65	198	148	50
60-64岁	**3266**	**2593**	**673**	**2146**	**1769**	**377**	**1429**	**1132**	**297**
60	559	449	110	374	303	71	253	191	62
61	555	436	119	345	275	70	219	177	42
62	734	579	155	469	394	75	278	227	51
63	803	651	152	557	473	84	356	288	68
64	615	478	137	401	324	77	323	249	74
65岁及以上	**6039**	**4749**	**1290**	**4448**	**3540**	**908**	**3067**	**2497**	**570**

5-5b 续表 6

单位：人

年龄	初婚年龄								
	30岁			31岁			32岁		
	小计	男	女	小计	男	女	小计	男	女
总计	**17238**	**12175**	**5063**	**12309**	**8454**	**3855**	**9186**	**6231**	**2955**
20岁以下									
20-24岁									
20									
21									
22									
23									
24									
25-29岁									
25									
26									
27									
28									
29									
30-34岁	**2987**	**1877**	**1110**	**1853**	**1126**	**727**	**997**	**626**	**371**
30	310	192	118						
31	633	385	248	247	145	102			
32	696	437	259	481	280	201	163	104	59
33	747	477	270	617	388	229	402	245	157
34	601	386	215	508	313	195	432	277	155
35-39岁	**2996**	**1973**	**1023**	**2207**	**1402**	**805**	**1808**	**1148**	**660**
35	603	397	206	351	229	122	367	235	132
36	616	397	219	444	279	165	317	209	108
37	619	394	225	426	263	163	343	208	135
38	666	448	218	543	347	196	429	266	163
39	492	337	155	443	284	159	352	230	122
40-44岁	**2701**	**1895**	**806**	**2001**	**1348**	**653**	**1683**	**1093**	**590**
40	504	343	161	379	262	117	324	206	118
41	613	418	195	461	311	150	314	192	122
42	611	421	190	396	259	137	330	215	115
43	447	332	115	398	269	129	338	227	111
44	526	381	145	367	247	120	377	253	124
45-49岁	**2197**	**1643**	**554**	**1659**	**1216**	**443**	**1336**	**937**	**399**
45	530	392	138	335	245	90	280	196	84
46	458	325	133	358	262	96	253	163	90
47	446	340	106	353	250	103	283	204	79
48	400	304	96	326	235	91	259	183	76
49	363	282	81	287	224	63	261	191	70
50-54岁	**2001**	**1450**	**551**	**1421**	**1013**	**408**	**970**	**693**	**277**
50	449	336	113	252	189	63	189	140	49
51	425	324	101	290	213	77	155	106	49
52	467	335	132	286	199	87	207	155	52
53	326	217	109	281	196	85	177	129	48
54	334	238	96	312	216	96	242	163	79
55-59岁	**1248**	**909**	**339**	**1004**	**704**	**300**	**790**	**528**	**262**
55	376	276	100	268	185	83	213	131	82
56	285	203	82	252	167	85	182	119	63
57	280	208	72	253	184	69	200	134	66
58	213	155	58	146	111	35	130	95	35
59	94	67	27	85	57	28	65	49	16
60-64岁	**978**	**752**	**226**	**662**	**481**	**181**	**471**	**355**	**116**
60	187	130	57	103	76	27	70	56	14
61	164	125	39	129	101	28	70	49	21
62	204	165	39	133	100	33	97	74	23
63	207	167	40	154	103	51	110	86	24
64	216	165	51	143	101	42	124	90	34
65岁及以上	**2130**	**1676**	**454**	**1502**	**1164**	**338**	**1131**	**851**	**280**

5-5b 续表 7

单位：人

年龄	初婚年龄								
	33岁			34岁			35岁		
	小计	男	女	小计	男	女	小计	男	女
总计	**7212**	**4936**	**2276**	**5578**	**3758**	**1820**	**4263**	**2878**	**1385**
20岁以下									
20-24岁									
20									
21									
22									
23									
24									
25-29岁									
25									
26									
27									
28									
29									
30-34岁	**431**	**250**	**181**	**121**	**60**	**61**			
30									
31									
32									
33	155	94	61						
34	276	156	120	121	60	61			
35-39岁	**1418**	**932**	**486**	**1214**	**766**	**448**	**828**	**507**	**321**
35	282	190	92	187	111	76	72	43	29
36	252	158	94	255	167	88	169	105	64
37	252	166	86	227	152	75	195	113	82
38	340	211	129	277	166	111	213	134	79
39	292	207	85	268	170	98	179	112	67
40-44岁	**1346**	**850**	**496**	**1146**	**732**	**414**	**917**	**583**	**334**
40	250	160	90	242	154	88	192	116	76
41	272	176	96	225	134	91	222	150	72
42	242	155	87	247	158	89	165	102	63
43	291	188	103	193	134	59	173	112	61
44	291	171	120	239	152	87	165	103	62
45-49岁	**1144**	**780**	**364**	**1000**	**663**	**337**	**820**	**567**	**253**
45	281	187	94	228	152	76	203	137	66
46	230	166	64	212	140	72	167	120	47
47	214	150	64	193	128	65	170	105	65
48	224	145	79	172	115	57	157	113	44
49	195	132	63	195	128	67	123	92	31
50-54岁	**775**	**567**	**208**	**606**	**428**	**178**	**505**	**350**	**155**
50	187	141	46	158	112	46	139	103	36
51	153	107	46	132	99	33	131	86	45
52	142	104	38	107	70	37	98	69	29
53	131	99	32	92	64	28	67	42	25
54	162	116	46	117	83	34	70	50	20
55-59岁	**724**	**503**	**221**	**526**	**373**	**153**	**454**	**334**	**120**
55	196	130	66	132	98	34	77	53	24
56	145	105	40	142	100	42	81	63	18
57	191	132	59	125	82	43	139	100	39
58	128	90	38	83	58	25	106	78	28
59	64	46	18	44	35	9	51	40	11
60-64岁	**393**	**283**	**110**	**297**	**219**	**78**	**232**	**172**	**60**
60	82	57	25	55	38	17	67	51	16
61	69	48	21	57	40	17	34	25	9
62	64	54	10	63	49	14	54	41	13
63	95	68	27	57	48	9	45	32	13
64	83	56	27	65	44	21	32	23	9
65岁及以上	**981**	**771**	**210**	**668**	**517**	**151**	**507**	**365**	**142**

5-5b 续表 8 单位：人

年龄	初婚年龄								
	36岁			37岁			38岁		
	小计	男	女	小计	男	女	小计	男	女
总　计	**3440**	**2321**	**1119**	**2528**	**1701**	**827**	**2097**	**1438**	**659**
20岁以下									
20-24岁									
20									
21									
22									
23									
24									
25-29岁									
25									
26									
27									
28									
29									
30-34岁									
30									
31									
32									
33									
34									
35-39岁	**606**	**381**	**225**	**342**	**216**	**126**	**171**	**111**	**60**
35									
36	87	59	28						
37	159	98	61	51	34	17			
38	212	125	87	152	94	58	55	32	23
39	148	99	49	139	88	51	116	79	37
40-44岁	**843**	**542**	**301**	**551**	**356**	**195**	**461**	**300**	**161**
40	137	87	50	100	67	33	74	46	28
41	194	122	72	120	80	40	100	64	36
42	186	112	74	111	75	36	79	50	29
43	162	105	57	126	75	51	90	61	29
44	164	116	48	94	59	35	118	79	39
45-49岁	**646**	**442**	**204**	**551**	**367**	**184**	**502**	**332**	**170**
45	125	85	40	100	63	37	99	64	35
46	143	92	51	107	73	34	98	64	34
47	141	102	39	148	101	47	94	60	34
48	143	96	47	101	68	33	108	76	32
49	94	67	27	95	62	33	103	68	35
50-54岁	**409**	**289**	**120**	**356**	**240**	**116**	**340**	**242**	**98**
50	99	70	29	105	65	40	110	84	26
51	92	63	29	71	52	19	75	51	24
52	87	61	26	70	45	25	50	39	11
53	64	43	21	57	41	16	61	40	21
54	67	52	15	53	37	16	44	28	16
55-59岁	**304**	**208**	**96**	**217**	**156**	**61**	**177**	**124**	**53**
55	65	44	21	36	28	8	50	33	17
56	56	39	17	37	27	10	32	24	8
57	71	45	26	61	42	19	26	14	12
58	77	49	28	53	36	17	44	32	12
59	35	31	4	30	23	7	25	21	4
60-64岁	**193**	**137**	**56**	**176**	**121**	**55**	**145**	**107**	**38**
60	35	28	7	32	25	7	29	21	8
61	31	24	7	31	19	12	20	16	4
62	56	39	17	39	27	12	28	21	7
63	43	30	13	42	24	18	40	30	10
64	28	16	12	32	26	6	28	19	9
65岁及以上	**439**	**322**	**117**	**335**	**245**	**90**	**301**	**222**	**79**

5-5b 续表 9 单位：人

年 龄	初婚年龄					
	39岁			40岁及以上		
	小计	男	女	小计	男	女
总 计	**1720**	**1129**	**591**	**9112**	**5862**	**3250**
20岁以下						
20-24岁						
20						
21						
22						
23						
24						
25-29岁						
25						
26						
27						
28						
29						
30-34岁						
30						
31						
32						
33						
34						
35-39岁	**47**	**28**	**19**			
35						
36						
37						
38						
39	47	28	19			
40-44岁	**458**	**268**	**190**	**850**	**498**	**352**
40	91	47	44	35	26	9
41	102	64	38	109	62	47
42	85	49	36	176	92	84
43	86	55	31	220	131	89
44	94	53	41	310	187	123
45-49岁	**412**	**274**	**138**	**1895**	**1188**	**707**
45	88	59	29	309	185	124
46	82	49	33	370	222	148
47	89	61	28	393	249	144
48	75	53	22	396	250	146
49	78	52	26	427	282	145
50-54岁	**281**	**208**	**73**	**1869**	**1221**	**648**
50	75	61	14	441	284	157
51	62	45	17	404	272	132
52	47	34	13	375	235	140
53	37	24	13	357	232	125
54	60	44	16	292	198	94
55-59岁	**158**	**113**	**45**	**1333**	**895**	**438**
55	50	37	13	329	222	107
56	33	23	10	314	211	103
57	33	25	8	349	232	117
58	20	12	8	226	158	68
59	22	16	6	115	72	43
60-64岁	**121**	**79**	**42**	**884**	**604**	**280**
60	14	9	5	150	104	46
61	28	21	7	149	101	48
62	30	18	12	170	117	53
63	26	14	12	206	142	64
64	23	17	6	209	140	69
65岁及以上	**243**	**159**	**84**	**2281**	**1456**	**825**

5-5c　全省分年龄、性别、初婚年龄的人口(乡村)

单位：人

年　龄	初婚年龄					
	合　计			15岁以下		
	合计	男	女	小计	男	女
总　计	**1344958**	**675598**	**669360**	**2276**	**278**	**1998**
20岁以下	**833**	**238**	**595**	**48**	**4**	**44**
20-24岁	**12909**	**4440**	**8469**	**62**	**7**	**55**
20	798	207	591	10	1	9
21	1274	381	893	9	1	8
22	2265	721	1544	16	1	15
23	3365	1156	2209	12	1	11
24	5207	1975	3232	15	3	12
25-29岁	**56588**	**25273**	**31315**	**86**	**15**	**71**
25	7499	2944	4555	15	1	14
26	9024	3831	5193	10	2	8
27	11512	5059	6453	26	7	19
28	13438	6196	7242	13	3	10
29	15115	7243	7872	22	2	20
30-34岁	**105661**	**54201**	**51460**	**125**	**28**	**97**
30	19739	9848	9891	22	6	16
31	20763	10494	10269	22	5	17
32	20497	10583	9914	26	3	23
33	24172	12590	11582	33	6	27
34	20490	10686	9804	22	8	14
35-39岁	**97407**	**52051**	**45356**	**88**	**20**	**68**
35	17472	9237	8235	24	7	17
36	18353	9739	8614	21	6	15
37	19244	10277	8967	17	2	15
38	22586	12121	10465	13	2	11
39	19752	10677	9075	13	3	10
40-44岁	**106820**	**55609**	**51211**	**137**	**29**	**108**
40	17801	9471	8330	26	6	20
41	21309	11307	10002	28	6	22
42	21632	11277	10355	27	5	22
43	21792	11106	10686	21	4	17
44	24286	12448	11838	35	8	27
45-49岁	**146967**	**74979**	**71988**	**145**	**34**	**111**
45	25061	12834	12227	27	6	21
46	27266	13814	13452	37	8	29
47	30498	15426	15072	32	9	23
48	31057	15911	15146	20	5	15
49	33085	16994	16091	29	6	23
50-54岁	**177182**	**91241**	**85941**	**140**	**32**	**108**
50	35506	18206	17300	23	7	16
51	36428	18659	17769	26	2	24
52	36216	18657	17559	36	10	26
53	32054	16528	15526	29	8	21
54	36978	19191	17787	26	5	21
55-59岁	**158841**	**81738**	**77103**	**104**	**10**	**94**
55	37106	19085	18021	32	4	28
56	35073	18004	17069	21	1	20
57	39278	20289	18989	24	3	21
58	30965	15940	15025	19	1	18
59	16419	8420	7999	8	1	7
60-64岁	**125498**	**64102**	**61396**	**172**	**17**	**155**
60	22182	11272	10910	18	1	17
61	20007	10330	9677	20	2	18
62	25640	13077	12563	34	4	30
63	29947	15393	14554	42	6	36
64	27722	14030	13692	58	4	54
65岁及以上	**356252**	**171726**	**184526**	**1169**	**82**	**1087**

5-5c　续表 1　　　　单位：人

年　龄	初婚年龄								
	15岁			16岁			17岁		
	小计	男	女	小计	男	女	小计	男	女
总　计	**12279**	**1593**	**10686**	**22809**	**2583**	**20226**	**38077**	**5212**	**32865**
20岁以下	**122**	**23**	**99**	**181**	**44**	**137**	**218**	**64**	**154**
20-24岁	**271**	**61**	**210**	**439**	**93**	**346**	**697**	**183**	**514**
20	45	9	36	67	19	48	105	27	78
21	53	13	40	62	18	44	114	29	85
22	57	9	48	95	16	79	146	42	104
23	61	16	45	97	14	83	171	46	125
24	55	14	41	118	26	92	161	39	122
25-29岁	**365**	**75**	**290**	**662**	**159**	**503**	**1231**	**340**	**891**
25	75	13	62	120	33	87	221	61	160
26	62	13	49	130	30	100	203	63	140
27	88	19	69	138	30	108	263	73	190
28	74	17	57	134	32	102	283	73	210
29	66	13	53	140	34	106	261	70	191
30-34岁	**562**	**189**	**373**	**828**	**210**	**618**	**1380**	**365**	**1015**
30	93	29	64	145	29	116	261	57	204
31	116	37	79	173	51	122	232	64	168
32	119	51	68	141	34	107	280	83	197
33	137	44	93	184	43	141	326	85	241
34	97	28	69	185	53	132	281	76	205
35-39岁	**525**	**144**	**381**	**814**	**207**	**607**	**1394**	**337**	**1057**
35	129	46	83	144	45	99	234	57	177
36	121	34	87	208	47	161	259	65	194
37	92	20	72	177	43	134	304	79	225
38	89	17	72	154	37	117	328	83	245
39	94	27	67	131	35	96	269	53	216
40-44岁	**583**	**165**	**418**	**927**	**221**	**706**	**1462**	**356**	**1106**
40	99	26	73	127	28	99	214	57	157
41	131	37	94	185	47	138	264	66	198
42	109	36	73	175	38	137	324	78	246
43	127	33	94	204	45	159	306	67	239
44	117	33	84	236	63	173	354	88	266
45-49岁	**710**	**174**	**536**	**1286**	**268**	**1018**	**2384**	**528**	**1856**
45	189	52	137	196	37	159	383	96	287
46	173	45	128	302	78	224	390	93	297
47	122	28	94	300	61	239	556	127	429
48	125	27	98	261	60	201	561	124	437
49	101	22	79	227	32	195	494	88	406
50-54岁	**707**	**159**	**548**	**1365**	**249**	**1116**	**2661**	**461**	**2200**
50	150	36	114	265	45	220	506	89	417
51	166	43	123	341	65	276	579	117	462
52	138	37	101	290	54	236	580	105	475
53	120	21	99	220	40	180	477	75	402
54	133	22	111	249	45	204	519	75	444
55-59岁	**735**	**111**	**624**	**1370**	**165**	**1205**	**2701**	**317**	**2384**
55	224	51	173	279	43	236	602	91	511
56	153	23	130	397	64	333	506	54	452
57	162	19	143	337	36	301	800	89	711
58	116	11	105	232	16	216	547	63	484
59	80	7	73	125	6	119	246	20	226
60-64岁	**878**	**77**	**801**	**1590**	**132**	**1458**	**2516**	**199**	**2317**
60	119	11	108	183	5	178	285	21	264
61	119	9	110	229	33	196	321	28	293
62	166	11	155	317	32	285	530	33	497
63	236	22	214	372	32	340	656	61	595
64	238	24	214	489	30	459	724	56	668
65岁及以上	**6821**	**415**	**6406**	**13347**	**835**	**12512**	**21433**	**2062**	**19371**

5-5c 续表 2 单位：人

年龄	初婚年龄								
	18岁			19岁			20岁		
	小计	男	女	小计	男	女	小计	男	女
总　计	**57450**	**10498**	**46952**	**86687**	**21103**	**65584**	**116833**	**34599**	**82234**
20岁以下	**199**	**78**	**121**	**65**	**25**	**40**			
20-24岁	**1121**	**300**	**821**	**1792**	**570**	**1222**	**2317**	**678**	**1639**
20	187	44	143	235	77	158	149	30	119
21	183	47	136	308	105	203	386	124	262
22	200	52	148	368	121	247	563	171	392
23	230	68	162	386	110	276	586	158	428
24	321	89	232	495	157	338	633	195	438
25-29岁	**2048**	**629**	**1419**	**3249**	**1084**	**2165**	**4783**	**1541**	**3242**
25	381	112	269	543	163	380	817	260	557
26	361	120	241	555	195	360	839	225	614
27	366	110	256	659	205	454	975	313	662
28	430	126	304	675	243	432	1104	370	734
29	510	161	349	817	278	539	1048	373	675
30-34岁	**2458**	**703**	**1755**	**4745**	**1439**	**3306**	**7870**	**2478**	**5392**
30	552	181	371	1010	347	663	1579	522	1057
31	471	148	323	1000	324	676	1613	529	1084
32	458	125	333	893	282	611	1518	493	1025
33	523	127	396	942	254	688	1733	538	1195
34	454	122	332	900	232	668	1427	396	1031
35-39岁	**2296**	**565**	**1731**	**4121**	**1081**	**3040**	**6771**	**1811**	**4960**
35	428	105	323	788	194	594	1291	347	944
36	426	106	320	801	198	603	1352	367	985
37	396	90	306	786	219	567	1388	376	1012
38	558	152	406	836	233	603	1553	405	1148
39	488	112	376	910	237	673	1187	316	871
40-44岁	**2533**	**669**	**1864**	**4520**	**1212**	**3308**	**7549**	**2123**	**5426**
40	341	86	255	803	219	584	1384	385	999
41	461	128	333	904	227	677	1607	463	1144
42	518	146	372	848	248	600	1548	424	1124
43	582	162	420	868	225	643	1415	395	1020
44	631	147	484	1097	293	804	1595	456	1139
45-49岁	**4140**	**1000**	**3140**	**7314**	**2026**	**5288**	**10858**	**3109**	**7749**
45	651	171	480	1171	322	849	1857	528	1329
46	736	159	577	1344	393	951	2124	586	1538
47	762	192	570	1498	432	1066	2225	642	1583
48	970	228	742	1423	381	1042	2340	688	1652
49	1021	250	771	1878	498	1380	2312	665	1647
50-54岁	**5170**	**997**	**4173**	**10219**	**2412**	**7807**	**15730**	**4522**	**11208**
50	1053	218	835	2035	532	1503	3132	914	2218
51	1030	210	820	2139	517	1622	3422	1050	2372
52	1018	189	829	2013	474	1539	3186	938	2248
53	1036	185	851	1853	389	1464	2846	772	2074
54	1033	195	838	2179	500	1679	3144	848	2296
55-59岁	**4981**	**719**	**4262**	**8910**	**1597**	**7313**	**13968**	**3463**	**10505**
55	1027	202	825	1914	394	1520	3595	1019	2576
56	1084	164	920	1823	366	1457	2903	778	2125
57	1150	151	999	2195	377	1818	3088	780	2308
58	1223	154	1069	1842	300	1542	2805	576	2229
59	497	48	449	1136	160	976	1577	310	1267
60-64岁	**4086**	**408**	**3678**	**6405**	**950**	**5455**	**9625**	**2000**	**7625**
60	599	44	555	1090	153	937	2247	419	1828
61	557	61	496	872	126	746	1559	338	1221
62	772	73	699	1184	152	1032	1745	385	1360
63	1064	105	959	1486	218	1268	1994	416	1578
64	1094	125	969	1773	301	1472	2080	442	1638
65岁及以上	**28418**	**4430**	**23988**	**35347**	**8707**	**26640**	**37362**	**12874**	**24488**

5-5c 续表 3

单位：人

年 龄	初婚年龄								
	21岁			22岁			23岁		
	小计	男	女	小计	男	女	小计	男	女
总 计	**138778**	**53166**	**85612**	**163210**	**77521**	**85689**	**161572**	**88271**	**73301**
20岁以下									
20-24岁	**2191**	**769**	**1422**	**2117**	**937**	**1180**	**1364**	**593**	**771**
20									
21	159	44	115						
22	538	189	349	282	120	162			
23	705	242	463	768	352	416	349	149	200
24	789	294	495	1067	465	602	1015	444	571
25-29岁	**5906**	**2277**	**3629**	**7185**	**3339**	**3846**	**7764**	**3618**	**4146**
25	886	332	554	1175	518	657	1427	635	792
26	1061	418	643	1191	544	647	1368	616	752
27	1181	423	758	1490	695	795	1484	717	767
28	1311	522	789	1654	805	849	1700	789	911
29	1467	582	885	1675	777	898	1785	861	924
30-34岁	**10337**	**4286**	**6051**	**12413**	**6211**	**6202**	**12346**	**6426**	**5920**
30	1816	759	1057	2367	1173	1194	2249	1099	1150
31	2106	868	1238	2270	1078	1192	2510	1301	1209
32	2046	869	1177	2391	1249	1142	2208	1104	1104
33	2435	1010	1425	2889	1482	1407	2981	1603	1378
34	1934	780	1154	2496	1229	1267	2398	1319	1079
35-39岁	**9115**	**3494**	**5621**	**11495**	**5601**	**5894**	**11369**	**6235**	**5134**
35	1594	661	933	1952	983	969	2110	1166	944
36	1773	699	1074	2046	993	1053	1885	1035	850
37	1827	694	1133	2316	1120	1196	2151	1193	958
38	2132	798	1334	2710	1304	1406	2745	1491	1254
39	1789	642	1147	2471	1201	1270	2478	1350	1128
40-44岁	**10163**	**3461**	**6702**	**13329**	**5877**	**7452**	**13560**	**6897**	**6663**
40	1504	500	1004	2232	1047	1185	2169	1152	1017
41	2068	723	1345	2284	1042	1242	2667	1395	1272
42	2214	761	1453	2793	1244	1549	2447	1293	1154
43	2140	703	1437	2893	1203	1690	2940	1459	1481
44	2237	774	1463	3127	1341	1786	3337	1598	1739
45-49岁	**14698**	**5493**	**9205**	**19227**	**8365**	**10862**	**20377**	**9662**	**10715**
45	2301	811	1490	3033	1263	1770	3448	1631	1817
46	2901	1088	1813	3317	1470	1847	3516	1652	1864
47	3122	1155	1967	4275	1845	2430	4082	1890	2192
48	3101	1183	1918	4173	1855	2318	4591	2159	2432
49	3273	1256	2017	4429	1932	2497	4740	2330	2410
50-54岁	**20453**	**7826**	**12627**	**24781**	**11761**	**13020**	**24276**	**13018**	**11258**
50	3237	1234	2003	4612	2076	2536	4853	2474	2379
51	4372	1670	2702	4344	2016	2328	4934	2569	2365
52	4487	1774	2713	5486	2675	2811	4452	2333	2119
53	3874	1457	2417	4855	2405	2450	4661	2597	2064
54	4483	1691	2792	5484	2589	2895	5376	3045	2331
55-59岁	**18586**	**6725**	**11861**	**23516**	**11111**	**12405**	**23103**	**13281**	**9822**
55	4468	1708	2760	5533	2671	2862	5304	2948	2356
56	4545	1679	2866	5365	2560	2805	4970	2812	2158
57	4442	1638	2804	6339	3004	3335	5870	3364	2506
58	3218	1112	2106	4190	1955	2235	4825	2865	1960
59	1913	588	1325	2089	921	1168	2134	1292	842
60-64岁	**13060**	**3480**	**9580**	**16537**	**6494**	**10043**	**17408**	**9363**	**8045**
60	2616	731	1885	3092	1357	1735	2781	1570	1211
61	2691	765	1926	2809	1145	1664	2691	1534	1157
62	2572	689	1883	3981	1493	2488	3528	1861	1667
63	2709	627	2082	3600	1331	2269	4918	2571	2347
64	2472	668	1804	3055	1168	1887	3490	1827	1663
65岁及以上	**34269**	**15355**	**18914**	**32610**	**17825**	**14785**	**30005**	**19178**	**10827**

5-5c 续表 4 单位：人

年龄	初婚年龄								
	24岁			25岁			26岁		
	小计	男	女	小计	男	女	小计	男	女
总　计	**142172**	**89652**	**52520**	**109992**	**76170**	**33822**	**78690**	**56996**	**21694**
20岁以下									
20-24岁	**538**	**249**	**289**						
20									
21									
22									
23									
24	538	249	289						
25-29岁	**8126**	**3923**	**4203**	**6432**	**3271**	**3161**	**4579**	**2568**	**2011**
25	1300	574	726	539	242	297			
26	1637	789	848	1138	574	564	469	242	227
27	1641	795	846	1586	785	801	1147	627	520
28	1611	786	825	1555	786	769	1566	883	683
29	1937	979	958	1614	884	730	1397	816	581
30-34岁	**11765**	**6523**	**5242**	**10472**	**6136**	**4336**	**8610**	**5213**	**3397**
30	2320	1213	1107	2220	1264	956	1637	969	668
31	2252	1209	1043	2134	1238	896	1812	1098	714
32	2473	1391	1082	1969	1157	812	1661	985	676
33	2369	1322	1047	2414	1423	991	1860	1130	730
34	2351	1388	963	1735	1054	681	1640	1031	609
35-39岁	**10519**	**6348**	**4171**	**8828**	**5790**	**3038**	**6940**	**4636**	**2304**
35	1880	1112	768	1708	1047	661	1135	715	420
36	2117	1269	848	1617	1078	539	1386	910	476
37	2045	1227	818	1817	1213	604	1340	906	434
38	2309	1389	920	1950	1272	678	1801	1223	578
39	2168	1351	817	1736	1180	556	1278	882	396
40-44岁	**12013**	**7055**	**4958**	**9456**	**6190**	**3266**	**7018**	**4837**	**2181**
40	1959	1219	740	1665	1088	577	1153	807	346
41	2432	1435	997	1955	1294	661	1522	1069	453
42	2446	1401	1045	1955	1292	663	1365	911	454
43	2205	1281	924	1949	1248	701	1414	955	459
44	2971	1719	1252	1932	1268	664	1564	1095	469
45-49岁	**17573**	**10166**	**7407**	**13313**	**8814**	**4499**	**9104**	**6541**	**2563**
45	3116	1789	1327	2338	1570	768	1399	1007	392
46	3294	1891	1403	2506	1642	864	1796	1252	544
47	3412	1922	1490	2812	1838	974	1992	1454	538
48	3556	2093	1463	2717	1815	902	1964	1442	522
49	4195	2471	1724	2940	1949	991	1953	1386	567
50-54岁	**20109**	**12558**	**7551**	**14549**	**10086**	**4463**	**10052**	**7239**	**2813**
50	4396	2638	1758	3480	2342	1138	2086	1437	649
51	4050	2442	1608	3120	2145	975	2290	1630	660
52	4052	2551	1501	2912	2013	899	2007	1447	560
53	3146	2059	1087	2467	1743	724	1730	1270	460
54	4465	2868	1597	2570	1843	727	1939	1455	484
55-59岁	**18852**	**12751**	**6101**	**13015**	**9590**	**3425**	**8118**	**6223**	**1895**
55	4341	2787	1554	3063	2178	885	1632	1241	391
56	4111	2731	1380	2821	2067	754	1887	1402	485
57	4525	3085	1440	3269	2394	875	2014	1544	470
58	3723	2619	1104	2463	1854	609	1665	1285	380
59	2152	1529	623	1399	1097	302	920	751	169
60-64岁	**15085**	**10264**	**4821**	**11034**	**8539**	**2495**	**7565**	**6204**	**1361**
60	2524	1767	757	2167	1688	479	1285	1046	239
61	2168	1472	696	1725	1343	382	1333	1088	245
62	2909	1982	927	2118	1644	474	1549	1265	284
63	3528	2368	1160	2634	2033	601	1723	1432	291
64	3956	2675	1281	2390	1831	559	1675	1373	302
65岁及以上	**27592**	**19815**	**7777**	**22893**	**17754**	**5139**	**16704**	**13535**	**3169**

5-5c 续表 5

单位：人

年 龄	初婚年龄								
	27岁			28岁			29岁		
	小计	男	女	小计	男	女	小计	男	女
总 计	**55546**	**41451**	**14095**	**39332**	**29833**	**9499**	**27611**	**20692**	**6919**
20岁以下									
20-24岁									
20									
21									
22									
23									
24									
25-29岁	**2726**	**1579**	**1147**	**1165**	**693**	**472**	**281**	**162**	**119**
25									
26									
27	468	260	208						
28	958	555	403	370	206	164			
29	1300	764	536	795	487	308	281	162	119
30-34岁	**6770**	**4298**	**2472**	**5439**	**3548**	**1891**	**3970**	**2568**	**1402**
30	1305	820	485	1243	794	449	690	443	247
31	1343	823	520	1077	690	387	893	567	326
32	1395	866	529	970	654	316	808	512	296
33	1497	976	521	1233	829	404	842	555	287
34	1230	813	417	916	581	335	737	491	246
35-39岁	**5349**	**3737**	**1612**	**4230**	**3026**	**1204**	**3137**	**2204**	**933**
35	1024	695	329	783	540	243	631	438	193
36	957	668	289	835	586	249	584	408	176
37	1090	761	329	802	570	232	623	449	174
38	1165	828	337	1031	748	283	670	468	202
39	1113	785	328	779	582	197	629	441	188
40-44岁	**5258**	**3771**	**1487**	**3783**	**2832**	**951**	**2840**	**2078**	**762**
40	857	593	264	706	521	185	530	392	138
41	1097	793	304	753	561	192	610	440	170
42	1109	783	326	750	554	196	592	439	153
43	1052	747	305	748	573	175	522	380	142
44	1143	855	288	826	623	203	586	427	159
45-49岁	**6156**	**4541**	**1615**	**4314**	**3286**	**1028**	**3021**	**2274**	**747**
45	1097	790	307	806	616	190	579	446	133
46	1015	757	258	805	611	194	616	444	172
47	1280	931	349	758	564	194	639	490	149
48	1349	1001	348	952	725	227	519	386	133
49	1415	1062	353	993	770	223	668	508	160
50-54岁	**6716**	**5070**	**1646**	**4713**	**3497**	**1216**	**3326**	**2469**	**857**
50	1390	1025	365	1105	808	297	675	504	171
51	1380	1058	322	970	713	257	792	566	226
52	1422	1044	378	920	685	235	647	479	168
53	1213	919	294	828	612	216	507	389	118
54	1311	1024	287	890	679	211	705	531	174
55-59岁	**5214**	**4015**	**1199**	**3449**	**2662**	**787**	**2371**	**1773**	**598**
55	1215	921	294	852	648	204	631	456	175
56	980	754	226	713	542	171	495	359	136
57	1371	1044	327	767	584	183	573	431	142
58	1081	852	229	739	583	156	418	330	88
59	567	444	123	378	305	73	254	197	57
60-64岁	**5292**	**4452**	**840**	**3580**	**3011**	**569**	**2432**	**1984**	**448**
60	839	664	175	543	434	109	386	290	96
61	803	686	117	507	407	100	360	292	68
62	1245	1033	212	735	612	123	497	404	93
63	1316	1133	183	1014	869	145	604	515	89
64	1089	936	153	781	689	92	585	483	102
65岁及以上	**12065**	**9988**	**2077**	**8659**	**7278**	**1381**	**6233**	**5180**	**1053**

5-5c 续表 6 单位：人

年 龄	初婚年龄								
	30岁			31岁			32岁		
	小计	男	女	小计	男	女	小计	男	女
总 计	**20008**	**14942**	**5066**	**14549**	**10525**	**4024**	**11502**	**8355**	**3147**
20岁以下									
20-24岁									
20									
21									
22									
23									
24									
25-29岁									
25									
26									
27									
28									
29									
30-34岁	**2557**	**1655**	**902**	**1599**	**1032**	**567**	**891**	**573**	**318**
30	230	143	87						
31	541	341	200	198	123	75			
32	598	380	218	391	249	142	152	96	56
33	677	453	224	582	393	189	355	227	128
34	511	338	173	428	267	161	384	250	134
35-39岁	**2498**	**1719**	**779**	**2057**	**1341**	**716**	**1681**	**1085**	**596**
35	503	348	155	356	228	128	282	190	92
36	517	342	175	427	269	158	321	204	117
37	488	323	165	415	279	136	370	219	151
38	552	391	161	460	296	164	374	252	122
39	438	315	123	399	269	130	334	220	114
40-44岁	**2171**	**1579**	**592**	**1766**	**1226**	**540**	**1516**	**1060**	**456**
40	436	311	125	319	215	104	264	181	83
41	435	309	126	381	260	121	291	209	82
42	451	351	100	355	244	111	349	246	103
43	419	301	118	366	265	101	284	190	94
44	430	307	123	345	242	103	328	234	94
45-49岁	**2134**	**1617**	**517**	**1616**	**1175**	**441**	**1359**	**979**	**380**
45	433	318	115	333	237	96	288	204	84
46	407	307	100	326	232	94	234	166	68
47	469	354	115	330	241	89	307	216	91
48	434	337	97	305	226	79	256	180	76
49	391	301	90	322	239	83	274	213	61
50-54岁	**2620**	**1928**	**692**	**1785**	**1277**	**508**	**1442**	**1077**	**365**
50	552	438	114	263	198	65	261	196	65
51	510	385	125	369	272	97	231	192	39
52	618	436	182	388	277	111	277	211	66
53	464	335	129	374	254	120	264	192	72
54	476	334	142	391	276	115	409	286	123
55-59岁	**1778**	**1324**	**454**	**1436**	**1032**	**404**	**1260**	**896**	**364**
55	495	366	129	362	257	105	303	205	98
56	412	316	96	371	259	112	278	185	93
57	405	302	103	341	251	90	340	252	88
58	307	213	94	248	181	67	227	169	58
59	159	127	32	114	84	30	112	85	27
60-64岁	**1747**	**1428**	**319**	**1174**	**951**	**223**	**945**	**754**	**191**
60	294	227	67	148	114	34	177	126	51
61	276	228	48	185	148	37	126	104	22
62	373	313	60	267	221	46	189	157	32
63	450	373	77	306	252	54	255	212	43
64	354	287	67	268	216	52	198	155	43
65岁及以上	**4503**	**3692**	**811**	**3116**	**2491**	**625**	**2408**	**1931**	**477**

5-5c　续表 7　　　　单位：人

年　龄	初婚年龄								
	33岁			34岁			35岁		
	小计	男	女	小计	男	女	小计	男	女
总　计	**8892**	**6471**	**2421**	**6695**	**4839**	**1856**	**5280**	**3845**	**1435**
20岁以下									
20–24岁									
20									
21									
22									
23									
24									
25–29岁									
25									
26									
27									
28									
29									
30–34岁	**430**	**261**	**169**	**94**	**59**	**35**			
30									
31									
32									
33	160	90	70						
34	270	171	99	94	59	35			
35–39岁	**1368**	**902**	**466**	**1057**	**665**	**392**	**765**	**487**	**278**
35	233	159	74	164	106	58	79	48	31
36	259	176	83	232	145	87	142	88	54
37	248	153	95	202	124	78	169	103	66
38	340	221	119	249	158	91	203	119	84
39	288	193	95	210	132	78	172	129	43
40–44岁	**1252**	**810**	**442**	**1031**	**692**	**339**	**840**	**561**	**279**
40	207	130	77	186	132	54	174	114	60
41	264	174	90	208	146	62	188	121	67
42	224	148	76	224	144	80	161	107	54
43	296	188	108	185	133	52	165	113	52
44	261	170	91	228	137	91	152	106	46
45–49岁	**1102**	**793**	**309**	**946**	**663**	**283**	**855**	**599**	**256**
45	246	179	67	192	125	67	181	131	50
46	211	140	71	190	128	62	197	136	61
47	201	150	51	216	158	58	188	127	61
48	227	162	65	171	130	41	153	108	45
49	217	162	55	177	122	55	136	97	39
50–54岁	**998**	**763**	**235**	**720**	**544**	**176**	**595**	**433**	**162**
50	236	177	59	166	120	46	151	112	39
51	183	141	42	160	132	28	134	98	36
52	158	123	35	143	107	36	105	72	33
53	207	156	51	106	75	31	102	85	17
54	214	166	48	145	110	35	103	66	37
55–59岁	**1142**	**818**	**324**	**824**	**614**	**210**	**583**	**446**	**137**
55	314	214	100	164	124	40	114	86	28
56	259	175	84	218	157	61	125	101	24
57	252	190	62	201	142	59	168	125	43
58	211	154	57	157	126	31	118	87	31
59	106	85	21	84	65	19	58	47	11
60–64岁	**707**	**585**	**122**	**556**	**452**	**104**	**450**	**373**	**77**
60	141	109	32	114	93	21	85	74	11
61	109	95	14	86	66	20	71	51	20
62	118	89	29	120	97	23	98	81	17
63	174	152	22	110	91	19	119	97	22
64	165	140	25	126	105	21	77	70	7
65岁及以上	**1893**	**1539**	**354**	**1467**	**1150**	**317**	**1192**	**946**	**246**

5-5c 续表 8

单位：人

年龄	初婚年龄								
	36岁			37岁			38岁		
	小计	男	女	小计	男	女	小计	男	女
总 计	**4087**	**2954**	**1133**	**3237**	**2325**	**912**	**2669**	**1877**	**792**
20岁以下									
20-24岁									
20									
21									
22									
23									
24									
25-29岁									
25									
26									
27									
28									
29									
30-34岁									
30									
31									
32									
33									
34									
35-39岁	**512**	**345**	**167**	**291**	**168**	**123**	**143**	**85**	**58**
35									
36	67	46	21						
37	123	83	40	58	31	27			
38	191	136	55	112	59	53	61	39	22
39	131	80	51	121	78	43	82	46	36
40-44岁	**714**	**440**	**274**	**566**	**380**	**186**	**499**	**315**	**184**
40	118	67	51	95	69	26	107	56	51
41	166	120	46	108	72	36	93	59	34
42	158	93	65	121	76	45	89	58	31
43	130	78	52	124	85	39	107	70	37
44	142	82	60	118	78	40	103	72	31
45-49岁	**681**	**482**	**199**	**610**	**410**	**200**	**525**	**356**	**169**
45	107	76	31	129	91	38	104	69	35
46	147	101	46	103	59	44	93	60	33
47	142	96	46	136	87	49	97	64	33
48	144	105	39	125	91	34	105	69	36
49	141	104	37	117	82	35	126	94	32
50-54岁	**502**	**352**	**150**	**430**	**331**	**99**	**418**	**304**	**114**
50	112	71	41	100	72	28	108	71	37
51	133	92	41	84	71	13	85	63	22
52	92	59	33	107	85	22	81	61	20
53	84	66	18	77	54	23	72	51	21
54	81	64	17	62	49	13	72	58	14
55-59岁	**430**	**338**	**92**	**307**	**244**	**63**	**246**	**192**	**54**
55	61	48	13	69	55	14	55	45	10
56	91	75	16	52	39	13	48	33	15
57	118	94	24	58	51	7	56	43	13
58	113	83	30	79	59	20	59	49	10
59	47	38	9	49	40	9	28	22	6
60-64岁	**418**	**348**	**70**	**310**	**242**	**68**	**290**	**217**	**73**
60	78	67	11	65	48	17	56	44	12
61	70	60	10	45	38	7	39	27	12
62	107	89	18	73	55	18	66	51	15
63	83	69	14	68	56	12	65	47	18
64	80	63	17	59	45	14	64	48	16
65岁及以上	**830**	**649**	**181**	**723**	**550**	**173**	**548**	**408**	**140**

5-5c　续表 9　　　　单位：人

年　龄	初婚年龄					
	39岁			40岁及以上		
	小计	男	女	小计	男	女
总　计	**2135**	**1501**	**634**	**12590**	**8346**	**4244**
20岁以下						
20-24岁						
20						
21						
22						
23						
24						
25-29岁						
25						
26						
27						
28						
29						
30-34岁						
30						
31						
32						
33						
34						
35-39岁	**44**	**18**	**26**			
35						
36						
37						
38						
39	44	18	26			
40-44岁	**406**	**263**	**143**	**928**	**510**	**418**
40	79	43	36	47	27	20
41	82	46	36	125	65	60
42	80	55	25	200	102	98
43	76	55	21	254	148	106
44	89	64	25	302	168	134
45-49岁	**409**	**283**	**126**	**2110**	**1341**	**769**
45	82	50	32	375	219	156
46	74	47	27	412	269	143
47	94	74	20	451	279	172
48	67	44	23	448	287	161
49	92	68	24	424	287	137
50-54岁	**338**	**251**	**87**	**2367**	**1625**	**742**
50	91	61	30	468	311	157
51	78	60	18	506	340	166
52	61	48	13	540	370	170
53	46	33	13	396	286	110
54	62	49	13	457	318	139
55-59岁	**191**	**144**	**47**	**1651**	**1177**	**474**
55	53	40	13	404	283	121
56	42	31	11	403	277	126
57	41	28	13	372	268	104
58	35	30	5	305	213	92
59	20	15	5	167	136	31
60-64岁	**254**	**182**	**72**	**1382**	**996**	**386**
60	30	23	7	220	146	74
61	40	33	7	196	151	45
62	68	46	22	279	205	74
63	56	31	25	365	274	91
64	60	49	11	322	220	102
65岁及以上	**493**	**360**	**133**	**4152**	**2697**	**1455**

5-6 全省分性别、受教育程度、初婚年龄的人口

单位：人

受教育程度	初婚年龄					
	合　计			15岁以下		
	合计	男	女	小计	男	女
总　计	**4618853**	**2316910**	**2301943**	**5459**	**899**	**4560**
未上过学	195397	42588	152809	945	36	909
学前教育	8926	2654	6272	24	1	23
小　学	1296116	590659	705457	2490	316	2174
初　中	1775838	966665	809173	1532	396	1136
高　中	640017	354847	285170	305	91	214
大学专科	355279	180531	174748	107	39	68
大学本科	313249	159725	153524	54	20	34
硕士研究生	30040	16573	13467	2		2
博士研究生	3991	2668	1323			

5-6 续表 1

单位：人

受教育程度	初婚年龄								
	15岁			16岁			17岁		
	小计	男	女	小计	男	女	小计	男	女
总　计	**30356**	**5278**	**25078**	**55154**	**8344**	**46810**	**94742**	**16063**	**78679**
未上过学	5308	176	5132	9888	265	9623	15463	543	14920
学前教育	227	8	219	386	22	364	626	30	596
小　学	13977	1668	12309	26631	2922	23709	45603	5923	39680
初　中	8397	2507	5890	14688	3921	10767	26964	7598	19366
高　中	1680	623	1057	2588	853	1735	4675	1477	3198
大学专科	474	176	298	637	240	397	973	313	660
大学本科	276	115	161	320	115	205	411	164	247
硕士研究生	16	5	11	14	5	9	26	14	12
博士研究生	1		1	2	1	1	1	1	

5-6　续表 2　　　　单位：人

受教育程度	初婚年龄								
	18岁			19岁			20岁		
	小计	男	女	小计	男	女	小计	男	女
总　计	**148781**	**31409**	**117372**	**239899**	**63618**	**176281**	**343676**	**104612**	**239064**
未上过学	19779	1098	18681	23792	2287	21505	24074	3375	20699
学前教育	768	76	692	989	141	848	1088	188	900
小　学	68594	11741	56853	102650	24055	78595	131706	37938	93768
初　中	48672	14900	33772	89428	29657	59771	142343	49622	92721
高　中	8738	2854	5884	18259	6005	12254	33897	10884	23013
大学专科	1645	515	1130	3657	1064	2593	8142	1973	6169
大学本科	555	212	343	1072	382	690	2335	595	1740
硕士研究生	27	12	15	43	21	22	83	31	52
博士研究生	3	1	2	9	6	3	8	6	2

5-6　续表 3　　　　单位：人

受教育程度	初婚年龄								
	21岁			22岁			23岁		
	小计	男	女	小计	男	女	小计	男	女
总　计	**426716**	**163152**	**263564**	**529990**	**242945**	**287045**	**553815**	**277333**	**276482**
未上过学	20182	3760	16422	17333	4370	12963	13800	4464	9336
学前教育	949	251	698	872	293	579	707	298	409
小　学	144941	52475	92466	157591	68998	88593	145149	74016	71133
初　中	188251	80147	108104	236493	118934	117559	237686	129716	107970
高　中	51563	20513	31050	75174	35712	39462	87032	44023	43009
大学专科	15539	4536	11003	29353	10630	18723	42424	16317	26107
大学本科	5111	1399	3712	12729	3841	8888	25902	8083	17819
硕士研究生	142	56	86	386	139	247	978	350	628
博士研究生	38	15	23	59	28	31	137	66	71

5-6 续表 4

单位：人

受教育程度	初婚年龄								
	24岁			25岁			26岁		
	小计	男	女	小计	男	女	小计	男	女
总　计	**519073**	**293534**	**225539**	**437389**	**269057**	**168332**	**333947**	**216696**	**117251**
未上过学	10757	4357	6400	8042	3867	4175	5528	2893	2635
学前教育	582	300	282	401	225	176	301	203	98
小　学	121187	73247	47940	90500	61395	29105	62183	44789	17394
初　中	206943	127530	79413	158912	105958	52954	112098	78739	33359
高　中	85242	48300	36942	73471	45713	27758	55657	36977	18680
大学专科	51042	22982	28060	50797	26187	24610	43731	24790	18941
大学本科	40885	15690	25195	51207	23668	27539	49028	25557	23471
硕士研究生	2176	970	1206	3661	1812	1849	4942	2439	2503
博士研究生	259	158	101	398	232	166	479	309	170

5-6 续表 5

单位：人

受教育程度	初婚年龄								
	27岁			28岁			29岁		
	小计	男	女	小计	男	女	小计	男	女
总　计	**245523**	**167151**	**78372**	**174555**	**122801**	**51754**	**121060**	**86334**	**34726**
未上过学	4240	2474	1766	3194	1844	1350	2489	1436	1053
学前教育	215	152	63	162	102	60	112	82	30
小　学	43451	32285	11166	31221	23399	7822	22725	16795	5930
初　中	78288	56666	21622	54843	40363	14480	39088	28339	10749
高　中	40723	28484	12239	28104	20227	7877	19379	14229	5150
大学专科	33008	20528	12480	23809	15743	8066	15380	10621	4759
大学本科	39940	23496	16444	28605	18403	10202	18574	12708	5866
硕士研究生	5098	2712	2386	4088	2364	1724	2865	1808	1057
博士研究生	560	354	206	529	356	173	448	316	132

5-6　续表 6

单位：人

受教育程度	初婚年龄								
	30岁			31岁			32岁		
	小计	男	女	小计	男	女	小计	男	女
总　计	**84870**	**60377**	**24493**	**60092**	**41756**	**18336**	**45271**	**31317**	**13954**
未上过学	1940	1095	845	1480	778	702	1102	566	536
学前教育	86	48	38	70	40	30	54	30	24
小　学	16770	12121	4649	12274	8634	3640	9931	6930	3001
初　中	28699	20659	8040	21081	14657	6424	16667	11586	5081
高　中	13382	9596	3786	9507	6813	2694	7098	4935	2163
大学专科	10105	7130	2975	6776	4662	2114	4663	3211	1452
大学本科	11728	8278	3450	7491	5177	2314	4863	3413	1450
硕士研究生	1882	1247	635	1184	813	371	739	533	206
博士研究生	278	203	75	229	182	47	154	113	41

5-6　续表 7

单位：人

受教育程度	初婚年龄								
	33岁			34岁			35岁		
	小计	男	女	小计	男	女	小计	男	女
总　计	**34580**	**23767**	**10813**	**26185**	**17849**	**8336**	**20184**	**13932**	**6252**
未上过学	920	517	403	741	411	330	553	298	255
学前教育	42	23	19	46	31	15	34	16	18
小　学	7980	5587	2393	6114	4231	1883	4978	3496	1482
初　中	13157	9159	3998	10167	6990	3177	7931	5586	2345
高　中	5280	3669	1611	3939	2736	1203	3049	2130	919
大学专科	3317	2169	1148	2392	1580	812	1729	1115	614
大学本科	3275	2202	1073	2377	1570	807	1652	1105	547
硕士研究生	502	359	143	328	234	94	201	140	61
博士研究生	107	82	25	81	66	15	57	46	11

5-6 续表 8

单位：人

受教育程度	初婚年龄								
	36岁			37岁			38岁		
	小计	男	女	小计	男	女	小计	男	女
总　计	**15655**	**10723**	**4932**	**12218**	**8452**	**3766**	**9773**	**6712**	**3061**
未上过学	468	254	214	387	205	182	337	155	182
学前教育	30	16	14	16	8	8	17	7	10
小　学	3843	2646	1197	3212	2222	990	2733	1826	907
初　中	6236	4318	1918	4833	3340	1493	3919	2729	1190
高　中	2367	1633	734	1790	1273	517	1342	977	365
大学专科	1282	867	415	955	677	278	699	508	191
大学本科	1211	830	381	887	626	261	625	428	197
硕士研究生	186	134	52	112	81	31	77	64	13
博士研究生	32	25	7	26	20	6	24	18	6

5-6 续表 9

单位：人

受教育程度	初婚年龄					
	39岁			40岁及以上		
	小计	男	女	小计	男	女
总　计	**7830**	**5348**	**2482**	**42060**	**27451**	**14609**
未上过学	305	139	166	2350	925	1425
学前教育	9	6	3	113	57	56
小　学	2300	1496	804	15382	9508	5874
初　中	3135	2190	945	15387	10458	4929
高　中	1021	728	293	4755	3392	1363
大学专科	528	393	135	2115	1565	550
大学本科	449	328	121	1687	1320	367
硕士研究生	65	51	14	217	179	38
博士研究生	18	17	1	54	47	7

5-6a　全省分性别、受教育程度、初婚年龄的人口(城市)

单位：人

受教育程度	初婚年龄					
	合　计			15岁以下		
	合计	男	女	小计	男	女
总　计	**2295941**	**1149834**	**1146107**	**1991**	**420**	**1571**
未上过学	63632	13730	49902	269	5	264
学前教育	2410	725	1685	7		7
小　学	490107	219351	270756	744	122	622
初　中	854333	455029	399304	704	210	494
高　中	370533	198499	172034	161	45	116
大学专科	240948	121381	119567	64	25	39
大学本科	242867	123592	119275	41	13	28
硕士研究生	27338	15008	12330	1		1
博士研究生	3773	2519	1254			

5-6a　续表 1　　　单位：人

受教育程度	初婚年龄								
	15岁			16岁			17岁		
	小计	男	女	小计	男	女	小计	男	女
总　计	**11413**	**2470**	**8943**	**20329**	**3834**	**16495**	**36094**	**7117**	**28977**
未上过学	1494	51	1443	2797	82	2715	4537	172	4365
学前教育	63	1	62	76	3	73	136	2	134
小　学	4430	638	3792	8316	1071	7245	15038	2104	12934
初　中	4013	1271	2742	7052	1954	5098	12842	3695	9147
高　中	899	325	574	1429	481	948	2563	801	1762
大学专科	286	100	186	416	159	257	628	199	429
大学本科	211	79	132	230	78	152	325	131	194
硕士研究生	16	5	11	11	5	6	24	12	12
博士研究生	1		1	2	1	1	1	1	

5-6a 续表 2

单位：人

受教育程度	初婚年龄								
	18岁			19岁			20岁		
	小计	男	女	小计	男	女	小计	男	女
总　计	**59316**	**13887**	**45429**	**101395**	**28772**	**72623**	**151813**	**47190**	**104623**
未上过学	5984	318	5666	7462	752	6710	7776	1095	6681
学前教育	159	18	141	251	32	219	311	48	263
小　学	23462	4156	19306	37526	9002	28524	49524	14190	35334
初　中	23505	7359	16146	43273	14805	28468	68834	24419	44415
高　中	4773	1555	3218	9871	3259	6612	18657	5844	12813
大学专科	989	310	679	2200	624	1576	4980	1156	3824
大学本科	416	160	256	768	273	495	1652	408	1244
硕士研究生	25	10	15	36	19	17	73	26	47
博士研究生	3	1	2	8	6	2	6	4	2

5-6a 续表 3

单位：人

受教育程度	初婚年龄								
	21岁			22岁			23岁		
	小计	男	女	小计	男	女	小计	男	女
总　计	**194679**	**74154**	**120525**	**250865**	**111782**	**139083**	**273291**	**128271**	**145020**
未上过学	6857	1199	5658	6187	1526	4661	5050	1545	3505
学前教育	252	67	185	273	98	175	217	90	127
小　学	55789	20044	35745	61656	26289	35367	56945	27531	29414
初　中	90093	38403	51690	112543	55824	56719	112948	59332	53616
高　中	28208	10692	17516	41592	18639	22953	49698	23179	26519
大学专科	9629	2694	6935	18838	6528	12310	27830	10246	17584
大学本科	3697	997	2700	9396	2742	6654	19584	5973	13611
硕士研究生	120	45	75	327	113	214	886	312	574
博士研究生	34	13	21	53	23	30	133	63	70

5-6a　续表 4　　单位：人

受教育程度	初婚年龄								
	24岁			25岁			26岁		
	小计	男	女	小计	男	女	小计	男	女
总　计	**267545**	**141030**	**126515**	**237278**	**136851**	**100427**	**187348**	**114937**	**72411**
未上过学	3868	1451	2417	2859	1303	1556	1899	927	972
学前教育	188	90	98	115	57	58	87	59	28
小　学	47600	27114	20486	35779	22938	12841	24046	16598	7448
初　中	98842	58370	40472	77106	49342	27764	54642	36920	17722
高　中	49546	26254	23292	43341	25588	17753	33190	21328	11862
大学专科	34189	15003	19186	34836	17617	17219	30235	16822	13413
大学本科	31102	11742	19360	39556	18165	21391	38286	19793	18493
硕士研究生	1964	856	1108	3313	1623	1690	4501	2194	2307
博士研究生	246	150	96	373	218	155	462	296	166

5-6a　续表 5　　单位：人

受教育程度	初婚年龄								
	27岁			28岁			29岁		
	小计	男	女	小计	男	女	小计	男	女
总　计	**140392**	**91550**	**48842**	**100466**	**68351**	**32115**	**69335**	**48397**	**20938**
未上过学	1395	761	634	1033	571	462	813	437	376
学前教育	61	42	19	39	22	17	39	26	13
小　学	16665	11892	4773	11870	8547	3323	8608	6074	2534
初　中	38235	26830	11405	27028	19358	7670	19404	13819	5585
高　中	24566	16803	7763	16997	11995	5002	11849	8617	3232
大学专科	23024	14156	8868	16821	10988	5833	10880	7462	3418
大学本科	31259	18273	12986	22423	14373	8050	14693	10011	4682
硕士研究生	4655	2460	2195	3755	2159	1596	2629	1652	977
博士研究生	532	333	199	500	338	162	420	299	121

5-6a 续表 6

单位：人

受教育程度	初婚年龄								
	30岁			31岁			32岁		
	小计	男	女	小计	男	女	小计	男	女
总　计	**47624**	**33260**	**14364**	**33234**	**22777**	**10457**	**24583**	**16731**	**7852**
未上过学	623	324	299	445	213	232	341	168	173
学前教育	25	13	12	16	8	8	18	13	5
小　学	6334	4415	1919	4659	3137	1522	3713	2474	1239
初　中	14045	9826	4219	10181	6923	3258	8074	5455	2619
高　中	8183	5763	2420	5771	4080	1691	4354	2994	1360
大学专科	7218	5083	2135	4845	3333	1512	3329	2265	1064
大学本科	9242	6517	2725	6017	4155	1862	3940	2774	1166
硕士研究生	1698	1134	564	1081	751	330	671	484	187
博士研究生	256	185	71	219	177	42	143	104	39

5-6a 续表 7

单位：人

受教育程度	初婚年龄								
	33岁			34岁			35岁		
	小计	男	女	小计	男	女	小计	男	女
总　计	**18476**	**12360**	**6116**	**13912**	**9252**	**4660**	**10641**	**7209**	**3432**
未上过学	331	165	166	224	110	114	157	80	77
学前教育	12	5	7	10	5	5	7	3	4
小　学	2927	1932	995	2352	1553	799	1851	1254	597
初　中	6267	4235	2032	4846	3251	1595	3799	2626	1173
高　中	3268	2228	1040	2424	1638	786	1914	1302	612
大学专科	2442	1601	841	1756	1157	599	1287	828	459
大学本科	2668	1787	881	1920	1256	664	1384	941	443
硕士研究生	459	328	131	301	217	84	187	131	56
博士研究生	102	79	23	79	65	14	55	44	11

5-6a　续表 8　　　　单位：人

受教育程度	初婚年龄								
	36岁			37岁			38岁		
	小计	男	女	小计	男	女	小计	男	女
总　计	**8128**	**5448**	**2680**	**6453**	**4426**	**2027**	**5007**	**3397**	**1610**
未上过学	147	80	67	115	59	56	85	26	59
学前教育	7	1	6	7	4	3	3	1	2
小　学	1398	910	488	1220	813	407	1032	655	377
初　中	2969	2002	967	2313	1577	736	1865	1273	592
高　中	1478	1001	477	1171	819	352	857	607	250
大学专科	931	622	309	756	530	226	530	390	140
大学本科	994	682	312	738	527	211	543	370	173
硕士研究生	175	127	48	107	77	30	69	58	11
博士研究生	29	23	6	26	20	6	23	17	6

5-6a　续表 9　　　　单位：人

受教育程度	初婚年龄					
	39岁			40岁及以上		
	小计	男	女	小计	男	女
总　计	**3975**	**2718**	**1257**	**20358**	**13243**	**7115**
未上过学	99	44	55	785	266	519
学前教育	3	2	1	28	15	13
小　学	859	529	330	5764	3369	2395
初　中	1513	1043	470	7397	4907	2490
高　中	662	469	193	3111	2193	918
大学专科	396	293	103	1613	1190	423
大学本科	366	272	94	1416	1100	316
硕士研究生	60	50	10	194	160	34
博士研究生	17	16	1	50	43	7

5-6b 全省分性别、受教育程度、初婚年龄的人口(镇)

单位：人

受教育程度	初婚年龄					
	合计			15岁以下		
	合计	男	女	小计	男	女
总　计	**977954**	**491478**	**486476**	**1192**	**201**	**991**
未上过学	36552	7847	28705	163	9	154
学前教育	1572	477	1095	4		4
小　学	266865	120463	146402	545	69	476
初　中	404961	217904	187057	350	77	273
高　中	141424	78964	62460	93	31	62
大学专科	71488	37131	34357	28	9	19
大学本科	52802	27332	25470	9	6	3
硕士研究生	2131	1252	879			
博士研究生	159	108	51			

5-6b 续表 1

单位：人

受教育程度	初婚年龄								
	15岁			16岁			17岁		
	小计	男	女	小计	男	女	小计	男	女
总　计	**6664**	**1215**	**5449**	**12016**	**1927**	**10089**	**20571**	**3734**	**16837**
未上过学	978	35	943	1862	55	1807	2861	106	2755
学前教育	42	2	40	67	5	62	115	11	104
小　学	3056	376	2680	5714	663	5051	9704	1331	8373
初　中	1989	566	1423	3551	939	2612	6472	1844	4628
高　中	432	159	273	631	195	436	1135	347	788
大学专科	125	55	70	126	46	80	219	70	149
大学本科	42	22	20	62	24	38	64	24	40
硕士研究生				3		3	1	1	
博士研究生									

5-6b 续表 2 单位：人

受教育程度	初婚年龄								
	18岁			19岁			20岁		
	小计	男	女	小计	男	女	小计	男	女
总 计	**32015**	**7024**	**24991**	**51817**	**13743**	**38074**	**75030**	**22823**	**52207**
未上过学	3611	212	3399	4395	396	3999	4536	623	3913
学前教育	142	15	127	165	32	133	153	27	126
小 学	14279	2447	11832	21141	4940	16201	27234	7837	19397
初 中	11391	3510	7881	20803	6643	14160	32992	11264	21728
高 中	2095	684	1411	4237	1406	2831	7718	2440	5278
大学专科	391	117	274	859	249	610	1906	495	1411
大学本科	104	37	67	214	76	138	484	133	351
硕士研究生	2	2		3	1	2	7	4	3
博士研究生									

5-6b 续表 3 单位：人

受教育程度	初婚年龄								
	21岁			22岁			23岁		
	小计	男	女	小计	男	女	小计	男	女
总 计	**93259**	**35832**	**57427**	**115915**	**53642**	**62273**	**118952**	**60791**	**58161**
未上过学	3791	699	3092	3257	832	2425	2585	794	1791
学前教育	199	51	148	153	59	94	118	56	62
小 学	29878	10828	19050	32569	14545	18024	29509	15309	14200
初 中	43178	18193	24985	54234	26871	27363	54184	29600	24584
高 中	11749	4739	7010	16991	8177	8814	18999	9917	9082
大学专科	3434	1024	2410	6233	2346	3887	8864	3610	5254
大学本科	1011	289	722	2420	785	1635	4616	1473	3143
硕士研究生	17	9	8	52	22	30	74	30	44
博士研究生	2		2	6	5	1	3	2	1

5-6b 续表 4 单位：人

受教育程度	初婚年龄								
	24岁			25岁			26岁		
	小计	男	女	小计	男	女	小计	男	女
总　计	**109356**	**62852**	**46504**	**90119**	**56036**	**34083**	**67909**	**44763**	**23146**
未上过学	2056	845	1211	1474	685	789	1019	528	491
学前教育	103	51	52	70	40	30	52	28	24
小　学	24505	14796	9709	18186	12164	6022	12598	8773	3825
初　中	46633	28805	17828	35277	23409	11868	25043	17567	7476
高　中	18277	10497	7780	16039	10151	5888	12137	8182	3955
大学专科	10399	4844	5555	10019	5321	4698	8620	5096	3524
大学本科	7203	2917	4286	8758	4103	4655	8072	4380	3692
硕士研究生	169	90	79	278	152	126	356	199	157
博士研究生	11	7	4	18	11	7	12	10	2

5-6b 续表 5 单位：人

受教育程度	初婚年龄								
	27岁			28岁			29岁		
	小计	男	女	小计	男	女	小计	男	女
总　计	**49585**	**34150**	**15435**	**34757**	**24617**	**10140**	**24114**	**17245**	**6869**
未上过学	789	431	358	615	331	284	484	284	200
学前教育	42	25	17	29	16	13	14	10	4
小　学	8714	6331	2383	6371	4668	1703	4625	3336	1289
初　中	17680	12720	4960	12179	8857	3322	8701	6198	2503
高　中	8953	6296	2657	6127	4437	1690	4202	3079	1123
大学专科	6404	4110	2294	4510	3092	1418	2933	2103	830
大学本科	6633	4021	2612	4652	3047	1605	2957	2103	854
硕士研究生	349	202	147	256	160	96	179	121	58
博士研究生	21	14	7	18	9	9	19	11	8

5-6b 续表 6 单位：人

受教育程度	初婚年龄								
	30岁			31岁			32岁		
	小计	男	女	小计	男	女	小计	男	女
总　计	**17238**	**12175**	**5063**	**12309**	**8454**	**3855**	**9186**	**6231**	**2955**
未上过学	350	179	171	288	143	145	212	111	101
学前教育	16	6	10	17	9	8	9	3	6
小　学	3426	2381	1045	2625	1792	833	2042	1329	713
初　中	6544	4668	1876	4793	3265	1528	3792	2577	1215
高　中	2889	2046	843	2070	1491	579	1473	1021	452
大学专科	1914	1392	522	1278	897	381	895	648	247
大学本科	1940	1398	542	1147	804	343	703	495	208
硕士研究生	143	91	52	82	48	34	52	40	12
博士研究生	16	14	2	9	5	4	8	7	1

5-6b 续表 7 单位：人

受教育程度	初婚年龄								
	33岁			34岁			35岁		
	小计	男	女	小计	男	女	小计	男	女
总　计	**7212**	**4936**	**2276**	**5578**	**3758**	**1820**	**4263**	**2878**	**1385**
未上过学	167	93	74	142	82	60	113	53	60
学前教育	7	4	3	8	6	2	8	2	6
小　学	1749	1207	542	1306	865	441	1061	698	363
初　中	3044	2101	943	2427	1628	799	1882	1301	581
高　中	1149	798	351	875	615	260	678	487	191
大学专科	586	381	205	437	295	142	294	193	101
大学本科	469	322	147	358	251	107	214	134	80
硕士研究生	38	28	10	23	15	8	11	8	3
博士研究生	3	2	1	2	1	1	2	2	

5-6b 续表 8

单位：人

受教育程度	初婚年龄								
	36岁			37岁			38岁		
	小计	男	女	小计	男	女	小计	男	女
总　计	**3440**	**2321**	**1119**	**2528**	**1701**	**827**	**2097**	**1438**	**659**
未上过学	106	54	52	80	38	42	72	29	43
学前教育	3	2	1	3	2	1	7	2	5
小　学	852	560	292	709	477	232	604	397	207
初　中	1463	997	466	1106	732	374	911	636	275
高　中	567	395	172	355	257	98	300	227	73
大学专科	260	182	78	144	107	37	127	89	38
大学本科	180	125	55	126	84	42	71	54	17
硕士研究生	6	4	2	5	4	1	4	3	1
博士研究生	3	2	1				1	1	

5-6b 续表 9

单位：人

受教育程度	初婚年龄					
	39岁			40岁及以上		
	小计	男	女	小计	男	女
总　计	**1720**	**1129**	**591**	**9112**	**5862**	**3250**
未上过学	68	26	42	478	174	304
学前教育	1	1		25	12	13
小　学	498	305	193	3365	2039	1326
初　中	763	523	240	3579	2413	1166
高　中	220	155	65	1033	735	298
大学专科	102	77	25	381	283	98
大学本科	65	41	24	228	184	44
硕士研究生	2		2	19	18	1
博士研究生	1	1		4	4	

5-6c　全省分性别、受教育程度、初婚年龄的人口(乡村)

单位：人

受教育程度	初婚年龄					
	合　计			15岁以下		
	合计	男	女	小计	男	女
总　计	**1344958**	**675598**	**669360**	**2276**	**278**	**1998**
未上过学	95213	21011	74202	513	22	491
学前教育	4944	1452	3492	13	1	12
小　学	539144	250845	288299	1201	125	1076
初　中	516544	293732	222812	478	109	369
高　中	128060	77384	50676	51	15	36
大学专科	42843	22019	20824	15	5	10
大学本科	17580	8801	8779	4	1	3
硕士研究生	571	313	258	1		1
博士研究生	59	41	18			

5-6c　续表 1　　单位：人

受教育程度	初婚年龄								
	15岁			16岁			17岁		
	小计	男	女	小计	男	女	小计	男	女
总　计	**12279**	**1593**	**10686**	**22809**	**2583**	**20226**	**38077**	**5212**	**32865**
未上过学	2836	90	2746	5229	128	5101	8065	265	7800
学前教育	122	5	117	243	14	229	375	17	358
小　学	6491	654	5837	12601	1188	11413	20861	2488	18373
初　中	2395	670	1725	4085	1028	3057	7650	2059	5591
高　中	349	139	210	528	177	351	977	329	648
大学专科	63	21	42	95	35	60	126	44	82
大学本科	23	14	9	28	13	15	22	9	13
硕士研究生							1	1	
博士研究生									

5–6c 续表 2

单位：人

受教育程度	初婚年龄								
	18岁			19岁			20岁		
	小计	男	女	小计	男	女	小计	男	女
总 计	**57450**	**10498**	**46952**	**86687**	**21103**	**65584**	**116833**	**34599**	**82234**
未上过学	10184	568	9616	11935	1139	10796	11762	1657	10105
学前教育	467	43	424	573	77	496	624	113	511
小 学	30853	5138	25715	43983	10113	33870	54948	15911	39037
初 中	13776	4031	9745	25352	8209	17143	40517	13939	26578
高 中	1870	615	1255	4151	1340	2811	7522	2600	4922
大学专科	265	88	177	598	191	407	1256	322	934
大学本科	35	15	20	90	33	57	199	54	145
硕士研究生				4	1	3	3	1	2
博士研究生				1		1	2	2	

5–6c 续表 3

单位：人

受教育程度	初婚年龄								
	21岁			22岁			23岁		
	小计	男	女	小计	男	女	小计	男	女
总 计	**138778**	**53166**	**85612**	**163210**	**77521**	**85689**	**161572**	**88271**	**73301**
未上过学	9534	1862	7672	7889	2012	5877	6165	2125	4040
学前教育	498	133	365	446	136	310	372	152	220
小 学	59274	21603	37671	63366	28164	35202	58695	31176	27519
初 中	54980	23551	31429	69716	36239	33477	70554	40784	29770
高 中	11606	5082	6524	16591	8896	7695	18335	10927	7408
大学专科	2476	818	1658	4282	1756	2526	5730	2461	3269
大学本科	403	113	290	913	314	599	1702	637	1065
硕士研究生	5	2	3	7	4	3	18	8	10
博士研究生	2	2					1	1	

5-6c 续表 4

单位：人

受教育程度	初婚年龄								
	24岁			25岁			26岁		
	小计	男	女	小计	男	女	小计	男	女
总　计	**142172**	**89652**	**52520**	**109992**	**76170**	**33822**	**78690**	**56996**	**21694**
未上过学	4833	2061	2772	3709	1879	1830	2610	1438	1172
学前教育	291	159	132	216	128	88	162	116	46
小　学	49082	31337	17745	36535	26293	10242	25539	19418	6121
初　中	61468	40355	21113	46529	33207	13322	32413	24252	8161
高　中	17419	11549	5870	14091	9974	4117	10330	7467	2863
大学专科	6454	3135	3319	5942	3249	2693	4876	2872	2004
大学本科	2580	1031	1549	2893	1400	1493	2670	1384	1286
硕士研究生	43	24	19	70	37	33	85	46	39
博士研究生	2	1	1	7	3	4	5	3	2

5-6c 续表 5

单位：人

受教育程度	初婚年龄								
	27岁			28岁			29岁		
	小计	男	女	小计	男	女	小计	男	女
总　计	**55546**	**41451**	**14095**	**39332**	**29833**	**9499**	**27611**	**20692**	**6919**
未上过学	2056	1282	774	1546	942	604	1192	715	477
学前教育	112	85	27	94	64	30	59	46	13
小　学	18072	14062	4010	12980	10184	2796	9492	7385	2107
初　中	22373	17116	5257	15636	12148	3488	10983	8322	2661
高　中	7204	5385	1819	4980	3795	1185	3328	2533	795
大学专科	3580	2262	1318	2478	1663	815	1567	1056	511
大学本科	2048	1202	846	1530	983	547	924	594	330
硕士研究生	94	50	44	77	45	32	57	35	22
博士研究生	7	7		11	9	2	9	6	3

5－6c 续表 6

单位：人

受教育程度	初婚年龄								
	30岁			31岁			32岁		
	小计	男	女	小计	男	女	小计	男	女
总　计	**20008**	**14942**	**5066**	**14549**	**10525**	**4024**	**11502**	**8355**	**3147**
未上过学	967	592	375	747	422	325	549	287	262
学前教育	45	29	16	37	23	14	27	14	13
小　学	7010	5325	1685	4990	3705	1285	4176	3127	1049
初　中	8110	6165	1945	6107	4469	1638	4801	3554	1247
高　中	2310	1787	523	1666	1242	424	1271	920	351
大学专科	973	655	318	653	432	221	439	298	141
大学本科	546	363	183	327	218	109	220	144	76
硕士研究生	41	22	19	21	14	7	16	9	7
博士研究生	6	4	2	1		1	3	2	1

5－6c 续表 7

单位：人

受教育程度	初婚年龄								
	33岁			34岁			35岁		
	小计	男	女	小计	男	女	小计	男	女
总　计	**8892**	**6471**	**2421**	**6695**	**4839**	**1856**	**5280**	**3845**	**1435**
未上过学	422	259	163	375	219	156	283	165	118
学前教育	23	14	9	28	20	8	19	11	8
小　学	3304	2448	856	2456	1813	643	2066	1544	522
初　中	3846	2823	1023	2894	2111	783	2250	1659	591
高　中	863	643	220	640	483	157	457	341	116
大学专科	289	187	102	199	128	71	148	94	54
大学本科	138	93	45	99	63	36	54	30	24
硕士研究生	5	3	2	4	2	2	3	1	2
博士研究生	2	1	1						

5-6c 续表 8

单位：人

受教育程度	初婚年龄								
	36岁			37岁			38岁		
	小计	男	女	小计	男	女	小计	男	女
总　计	**4087**	**2954**	**1133**	**3237**	**2325**	**912**	**2669**	**1877**	**792**
未上过学	215	120	95	192	108	84	180	100	80
学前教育	20	13	7	6	2	4	7	4	3
小　学	1593	1176	417	1283	932	351	1097	774	323
初　中	1804	1319	485	1414	1031	383	1143	820	323
高　中	322	237	85	264	197	67	185	143	42
大学专科	91	63	28	55	40	15	42	29	13
大学本科	37	23	14	23	15	8	11	4	7
硕士研究生	5	3	2				4	3	1
博士研究生									

5-6c 续表 9

单位：人

受教育程度	初婚年龄					
	39岁			40岁及以上		
	小计	男	女	小计	男	女
总　计	**2135**	**1501**	**634**	**12590**	**8346**	**4244**
未上过学	138	69	69	1087	485	602
学前教育	5	3	2	60	30	30
小　学	943	662	281	6253	4100	2153
初　中	859	624	235	4411	3138	1273
高　中	139	104	35	611	464	147
大学专科	30	23	7	121	92	29
大学本科	18	15	3	43	36	7
硕士研究生	3	1	2	4	1	3
博士研究生						

第二部分　长表数据资料

第六卷　生育

6-1 各地区分性别、孩次的出生人口
(2019.11.1-2020.10.31)

单位：人

地区	出生人数				第一孩			
	合计	男	女	性别比(女=100)	小计	男	女	性别比(女=100)
合计	**49119**	**25820**	**23299**	**110.82**	**24842**	**13018**	**11824**	**110.10**
杭州市	**10444**	**5446**	**4998**	**108.96**	**5892**	**3084**	**2808**	**109.83**
上城区	209	122	87	140.23	111	63	48	131.25
下城区	298	161	137	117.52	172	89	83	107.23
江干区	1396	724	672	107.74	794	419	375	111.73
拱墅区	538	265	273	97.07	354	185	169	109.47
西湖区	887	486	401	121.20	498	278	220	126.36
滨江区	477	247	230	107.39	291	151	140	107.86
萧山区	2023	1087	936	116.13	1170	623	547	113.89
余杭区	2659	1310	1349	97.11	1498	752	746	100.80
富阳区	702	373	329	113.37	362	183	179	102.23
临安区	410	210	200	105.00	226	117	109	107.34
桐庐县	367	199	168	118.45	175	94	81	116.05
淳安县	204	113	91	124.18	100	52	48	108.33
建德市	274	149	125	119.20	141	78	63	123.81
宁波市	**7172**	**3777**	**3395**	**111.25**	**3852**	**1977**	**1875**	**105.44**
海曙区	780	388	392	98.98	426	203	223	91.03
江北区	423	213	210	101.43	243	123	120	102.50
北仑区	712	387	325	119.08	395	211	184	114.67
镇海区	496	265	231	114.72	263	134	129	103.88
鄞州区	1336	716	620	115.48	772	406	366	110.93
奉化区	286	164	122	134.43	159	92	67	137.31
象山县	351	171	180	95.00	175	85	90	94.44
宁海县	561	310	251	123.51	234	119	115	103.48
余姚市	892	480	412	116.50	460	247	213	115.96
慈溪市	1335	683	652	104.75	725	357	368	97.01
温州市	**6748**	**3679**	**3069**	**119.88**	**3130**	**1704**	**1426**	**119.50**
鹿城区	808	442	366	120.77	368	213	155	137.42
龙湾区	573	319	254	125.59	270	142	128	110.94
瓯海区	716	387	329	117.63	358	194	164	118.29
洞头区	74	44	30	146.67	30	19	11	172.73
永嘉县	516	287	229	125.33	227	120	107	112.15
平阳县	613	340	273	124.54	294	167	127	131.50
苍南县	562	308	254	121.26	282	154	128	120.31
文成县	118	70	48	145.83	50	32	18	177.78
泰顺县	141	83	58	143.10	58	34	24	141.67
瑞安市	1062	563	499	112.83	507	269	238	113.03
乐清市	1168	609	559	108.94	501	258	243	106.17
龙港市	397	227	170	133.53	185	102	83	122.89
嘉兴市	**4377**	**2282**	**2095**	**108.93**	**2271**	**1193**	**1078**	**110.67**
南湖区	679	354	325	108.92	372	206	166	124.10
秀洲区	611	303	308	98.38	312	159	153	103.92
嘉善县	478	247	231	106.93	251	126	125	100.80
海盐县	317	176	141	124.82	177	96	81	118.52
海宁市	864	445	419	106.21	428	223	205	108.78
平湖市	528	280	248	112.90	291	152	139	109.35
桐乡市	900	477	423	112.77	440	231	209	110.53
湖州市	**2367**	**1207**	**1160**	**104.05**	**1260**	**655**	**605**	**108.26**
吴兴区	719	379	340	111.47	374	201	173	116.18
南浔区	356	185	171	108.19	191	100	91	109.89
德清县	373	179	194	92.27	194	100	94	106.38
长兴县	518	273	245	111.43	288	154	134	114.93
安吉县	401	191	210	90.95	213	100	113	88.50

6-1　续表 1　　　　单位：人

地　区	出生人数				第　一　孩			
	合计	男	女	性别比（女=100）	小计	男	女	性别比（女=100）
绍兴市	**3363**	**1720**	**1643**	**104.69**	**1754**	**898**	**856**	**104.91**
越城区	648	315	333	94.59	350	173	177	97.74
柯桥区	911	471	440	107.05	446	230	216	106.48
上虞区	512	266	246	108.13	275	146	129	113.18
新昌县	231	119	112	106.25	107	51	56	91.07
诸暨市	761	387	374	103.48	400	206	194	106.19
嵊州市	300	162	138	117.39	176	92	84	109.52
金华市	**6152**	**3262**	**2890**	**112.87**	**2758**	**1452**	**1306**	**111.18**
婺城区	760	422	338	124.85	374	211	163	129.45
金东区	408	225	183	122.95	188	97	91	106.59
武义县	423	230	193	119.17	179	97	82	118.29
浦江县	317	184	133	138.35	124	73	51	143.14
磐安县	115	59	56	105.36	37	16	21	76.19
兰溪市	295	159	136	116.91	145	75	70	107.14
义乌市	2068	1056	1012	104.35	970	493	477	103.35
东阳市	955	515	440	117.05	426	226	200	113.00
永康市	811	412	399	103.26	315	164	151	108.61
衢州市	**1511**	**801**	**710**	**112.82**	**694**	**382**	**312**	**122.44**
柯城区	414	209	205	101.95	205	106	99	107.07
衢江区	240	124	116	106.90	106	57	49	116.33
常山县	155	77	78	98.72	71	36	35	102.86
开化县	155	91	64	142.19	69	45	24	187.50
龙游县	217	121	96	126.04	109	69	40	172.50
江山市	330	179	151	118.54	134	69	65	106.15
舟山市	**642**	**339**	**303**	**111.88**	**393**	**204**	**189**	**107.94**
定海区	330	176	154	114.29	196	99	97	102.06
普陀区	225	116	109	106.42	145	74	71	104.23
岱山县	62	31	31	100.00	38	20	18	111.11
嵊泗县	25	16	9	177.78	14	11	3	366.67
台州市	**4802**	**2522**	**2280**	**110.61**	**2163**	**1121**	**1042**	**107.58**
椒江区	715	399	316	126.27	344	182	162	112.35
黄岩区	548	273	275	99.27	250	123	127	96.85
路桥区	441	226	215	105.12	198	102	96	106.25
三门县	301	161	140	115.00	125	64	61	104.92
天台县	320	164	156	105.13	148	78	70	111.43
仙居县	273	137	136	100.74	120	66	54	122.22
温岭市	935	493	442	111.54	420	227	193	117.62
临海市	747	397	350	113.43	322	158	164	96.34
玉环市	522	272	250	108.80	236	121	115	105.22
丽水市	**1541**	**785**	**756**	**103.84**	**675**	**348**	**327**	**106.42**
莲都区	406	205	201	101.99	194	105	89	117.98
青田县	203	110	93	118.28	84	44	40	110.00
缙云县	266	139	127	109.45	116	55	61	90.16
遂昌县	105	53	52	101.92	46	24	22	109.09
松阳县	155	88	67	131.34	64	36	28	128.57
云和县	99	48	51	94.12	37	19	18	105.56
庆元县	84	43	41	104.88	35	17	18	94.44
景宁畲族自治县	70	33	37	89.19	25	10	15	66.67
龙泉市	153	66	87	75.86	74	38	36	105.56

6-1 续表 2

单位：人

地区	第二孩				第三孩			
	小计	男	女	性别比（女=100）	小计	男	女	性别比（女=100）
合计	**21525**	**11190**	**10335**	**108.27**	**2414**	**1421**	**993**	**143.10**
杭州市	**4200**	**2151**	**2049**	**104.98**	**315**	**193**	**122**	**158.20**
上城区	93	55	38	144.74	5	4	1	400.00
下城区	120	68	52	130.77	6	4	2	200.00
江干区	563	284	279	101.79	37	21	16	131.25
拱墅区	170	75	95	78.95	13	5	8	62.50
西湖区	379	202	177	114.12	9	6	3	200.00
滨江区	176	92	84	109.52	7	3	4	75.00
萧山区	757	404	353	114.45	83	53	30	176.67
余杭区	1053	493	560	88.04	96	60	36	166.67
富阳区	316	175	141	124.11	22	13	9	144.44
临安区	168	83	85	97.65	14	8	6	133.33
桐庐县	178	96	82	117.07	13	8	5	160.00
淳安县	100	58	42	138.10	4	3	1	300.00
建德市	127	66	61	108.20	6	5	1	500.00
宁波市	**2893**	**1542**	**1351**	**114.14**	**375**	**230**	**145**	**158.62**
海曙区	317	163	154	105.84	32	20	12	166.67
江北区	157	73	84	86.90	17	12	5	240.00
北仑区	276	152	124	122.58	31	19	12	158.33
镇海区	211	118	93	126.88	20	12	8	150.00
鄞州区	508	279	229	121.83	52	28	24	116.67
奉化区	103	56	47	119.15	20	13	7	185.71
象山县	152	73	79	92.41	24	13	11	118.18
宁海县	296	170	126	134.92	29	19	10	190.00
余姚市	360	192	168	114.29	62	37	25	148.00
慈溪市	513	266	247	107.69	88	57	31	183.87
温州市	**3155**	**1692**	**1463**	**115.65**	**411**	**252**	**159**	**158.49**
鹿城区	386	194	192	101.04	51	33	18	183.33
龙湾区	266	155	111	139.64	34	21	13	161.54
瓯海区	317	169	148	114.19	36	22	14	157.14
洞头区	37	20	17	117.65	6	4	2	200.00
永嘉县	246	139	107	129.91	37	24	13	184.62
平阳县	285	154	131	117.56	29	15	14	107.14
苍南县	246	130	116	112.07	31	21	10	210.00
文成县	62	35	27	129.63	5	3	2	150.00
泰顺县	77	44	33	133.33	6	5	1	500.00
瑞安市	479	262	217	120.74	69	30	39	76.92
乐清市	569	282	287	98.26	82	58	24	241.67
龙港市	185	108	77	140.26	25	16	9	177.78
嘉兴市	**1898**	**972**	**926**	**104.97**	**180**	**101**	**79**	**127.85**
南湖区	281	135	146	92.47	25	12	13	92.31
秀洲区	261	123	138	89.13	29	17	12	141.67
嘉善县	196	104	92	113.04	28	15	13	115.38
海盐县	128	74	54	137.04	11	5	6	83.33
海宁市	411	207	204	101.47	21	13	8	162.50
平湖市	216	114	102	111.76	19	13	6	216.67
桐乡市	405	215	190	113.16	47	26	21	123.81
湖州市	**1010**	**497**	**513**	**96.88**	**81**	**44**	**37**	**118.92**
吴兴区	316	161	155	103.87	25	14	11	127.27
南浔区	148	76	72	105.56	14	8	6	133.33
德清县	161	70	91	76.92	15	7	8	87.50
长兴县	217	111	106	104.72	9	5	4	125.00
安吉县	168	79	89	88.76	18	10	8	125.00

6-1　续表 3　　　　　　　　　　　　　　　　　　　　　　　　　　　　　　单位：人

地　　区	第　二　孩				第　三　孩			
	小计	男	女	性别比(女=100)	小计	男	女	性别比(女=100)
绍兴市	**1434**	**730**	**704**	**103.69**	**152**	**81**	**71**	**114.08**
越城区	269	127	142	89.44	25	13	12	108.33
柯桥区	403	205	198	103.54	57	33	24	137.50
上虞区	205	101	104	97.12	27	16	11	145.45
新昌县	113	62	51	121.57	9	6	3	200.00
诸暨市	333	169	164	103.05	21	9	12	75.00
嵊州市	111	66	45	146.67	13	4	9	44.44
金华市	**2883**	**1508**	**1375**	**109.67**	**452**	**263**	**189**	**139.15**
婺城区	342	182	160	113.75	39	26	13	200.00
金东区	194	109	85	128.24	22	16	6	266.67
武义县	205	110	95	115.79	37	22	15	146.67
浦江县	169	98	71	138.03	21	10	11	90.91
磐安县	65	35	30	116.67	11	6	5	120.00
兰溪市	131	71	60	118.33	19	13	6	216.67
义乌市	910	459	451	101.77	162	87	75	116.00
东阳市	460	245	215	113.95	62	39	23	169.57
永康市	407	199	208	95.67	79	44	35	125.71
衢州市	**734**	**369**	**365**	**101.10**	**74**	**45**	**29**	**155.17**
柯城区	198	99	99	100.00	9	4	5	80.00
衢江区	114	52	62	83.87	18	14	4	350.00
常山县	75	36	39	92.31	8	4	4	100.00
开化县	75	39	36	108.33	10	6	4	150.00
龙游县	97	46	51	90.20	10	6	4	150.00
江山市	175	97	78	124.36	19	11	8	137.50
舟山市	**232**	**121**	**111**	**109.01**	**16**	**13**	**3**	**433.33**
定海区	122	67	55	121.82	12	10	2	500.00
普陀区	76	38	38	100.00	3	3		
岱山县	23	11	12	91.67	1		1	
嵊泗县	11	5	6	83.33				
台州市	**2327**	**1225**	**1102**	**111.16**	**262**	**150**	**112**	**133.93**
椒江区	329	190	139	136.69	38	25	13	192.31
黄岩区	270	132	138	95.65	25	16	9	177.78
路桥区	202	103	99	104.04	34	19	15	126.67
三门县	163	88	75	117.33	11	7	4	175.00
天台县	151	73	78	93.59	15	11	4	275.00
仙居县	128	60	68	88.24	20	7	13	53.85
温岭市	440	226	214	105.61	62	34	28	121.43
临海市	386	218	168	129.76	33	17	16	106.25
玉环市	258	135	123	109.76	24	14	10	140.00
丽水市	**759**	**383**	**376**	**101.86**	**96**	**49**	**47**	**104.26**
莲都区	191	89	102	87.25	16	8	8	100.00
青田县	81	45	36	125.00	36	20	16	125.00
缙云县	131	75	56	133.93	17	8	9	88.89
遂昌县	56	28	28	100.00	1	1		
松阳县	82	44	38	115.79	9	8	1	800.00
云和县	56	27	29	93.10	6	2	4	50.00
庆元县	44	24	20	120.00	5	2	3	66.67
景宁畲族自治县	42	23	19	121.05	3		3	
龙泉市	76	28	48	58.33	3		3	

6-1 续表 4

单位：人

地 区	第四孩				第五孩及以上			
	小计	男	女	性别比(女=100)	小计	男	女	性别比(女=100)
合计	**274**	**150**	**124**	**120.97**	**64**	**41**	**23**	**178.26**
杭州市	**34**	**15**	**19**	**78.95**	**3**	**3**		
上城区								
下城区								
江干区	2		2					
拱墅区	1		1					
西湖区	1		1					
滨江区	3	1	2	50.00				
萧山区	13	7	6	116.67				
余杭区	11	4	7	57.14	1	1		
富阳区					2	2		
临安区	2	2						
桐庐县	1	1						
淳安县								
建德市								
宁波市	**41**	**22**	**19**	**115.79**	**11**	**6**	**5**	**120.00**
海曙区	3	1	2	50.00	2	1	1	100.00
江北区	5	4	1	400.00	1	1		
北仑区	9	4	5	80.00	1	1		
镇海区	2	1	1	100.00				
鄞州区	4	3	1	300.00				
奉化区	3	2	1	200.00	1	1		
象山县								
宁海县	1	1			1	1		
余姚市	7	3	4	75.00	3	1	2	50.00
慈溪市	7	3	4	75.00	2		2	
温州市	**41**	**27**	**14**	**192.86**	**11**	**4**	**7**	**57.14**
鹿城区	3	2	1	200.00				
龙湾区	3	1	2	50.00				
瓯海区	4	2	2	100.00	1		1	
洞头区	1	1						
永嘉县	4	3	1	300.00	2	1	1	100.00
平阳县	5	4	1	400.00				
苍南县	2	2			1	1		
文成县	1		1					
泰顺县								
瑞安市	6	2	4	50.00	1		1	
乐清市	10	9	1	900.00	6	2	4	50.00
龙港市	2	1	1	100.00				
嘉兴市	**20**	**10**	**10**	**100.00**	**8**	**6**	**2**	**300.00**
南湖区	1	1						
秀洲区	6	1	5	20.00	3	3		
嘉善县	2	1	1	100.00	1	1		
海盐县					1	1		
海宁市	4	2	2	100.00				
平湖市	1	1			1		1	
桐乡市	6	4	2	200.00	2	1	1	100.00
湖州市	**10**	**6**	**4**	**150.00**	**6**	**5**	**1**	**500.00**
吴兴区	2	1	1	100.00	2	2		
南浔区	2		2		1	1		
德清县	3	2	1	200.00				
长兴县	1	1			3	2	1	200.00
安吉县	2	2						

6-1　续表 5　　　　单位：人

地　区	第四孩				第五孩及以上			
	小计	男	女	性别比(女=100)	小计	男	女	性别比(女=100)
绍兴市	**20**	**11**	**9**	**122.22**	**3**		**3**	
越城区	4	2	2	100.00				
柯桥区	5	3	2	150.00				
上虞区	4	3	1	300.00	1		1	
新昌县	1		1		1		1	
诸暨市	6	3	3	100.00	1		1	
嵊州市								
金华市	**50**	**33**	**17**	**194.12**	**9**	**6**	**3**	**200.00**
婺城区	2	1	1	100.00	3	2	1	200.00
金东区	3	2	1	200.00	1	1		
武义县	2	1	1	100.00				
浦江县	3	3						
磐安县	2	2						
兰溪市								
义乌市	23	15	8	187.50	3	2	1	200.00
东阳市	6	4	2	200.00	1	1		
永康市	9	5	4	125.00	1		1	
衢州市	**8**	**4**	**4**	**100.00**	**1**	**1**		
柯城区	2		2					
衢江区	2	1	1	100.00				
常山县	1	1						
开化县	1	1						
龙游县	1		1					
江山市	1	1			1	1		
舟山市					**1**	**1**		
定海区								
普陀区					1	1		
岱山县								
嵊泗县								
台州市	**41**	**18**	**23**	**78.26**	**9**	**8**	**1**	**800.00**
椒江区	4	2	2	100.00				
黄岩区	3	2	1	200.00				
路桥区	6	1	5	20.00	1	1		
三门县	1	1			1	1		
天台县	6	2	4	50.00				
仙居县	1		1		4	4		
温岭市	11	5	6	83.33	2	1	1	100.00
临海市	6	4	2	200.00				
玉环市	3	1	2	50.00	1	1		
丽水市	**9**	**4**	**5**	**80.00**	**2**	**1**	**1**	**100.00**
莲都区	5	3	2	150.00				
青田县	1		1		1	1		
缙云县	2	1	1	100.00				
遂昌县	1		1		1		1	
松阳县								
云和县								
庆元县								
景宁畲族自治县								
龙泉市								

6-1a 各地区分性别、孩次的出生人口 (2019.11.1-2020.10.31)(城市)

单位：人

地区	出生人数				第一孩			
	合计	男	女	性别比(女=100)	小计	男	女	性别比(女=100)
合计	**28238**	**14761**	**13477**	**109.53**	**14737**	**7691**	**7046**	**109.15**
杭州市	**8288**	**4328**	**3960**	**109.29**	**4747**	**2507**	**2240**	**111.92**
上城区	209	122	87	140.23	111	63	48	131.25
下城区	298	161	137	117.52	172	89	83	107.23
江干区	1396	724	672	107.74	794	419	375	111.73
拱墅区	538	265	273	97.07	354	185	169	109.47
西湖区	852	464	388	119.59	477	264	213	123.94
滨江区	477	247	230	107.39	291	151	140	107.86
萧山区	1648	898	750	119.73	965	532	433	122.86
余杭区	1989	981	1008	97.32	1125	571	554	103.07
富阳区	544	294	250	117.60	279	142	137	103.65
临安区	227	109	118	92.37	127	59	68	86.76
桐庐县								
淳安县								
建德市	110	63	47	134.04	52	32	20	160.00
宁波市	**4379**	**2277**	**2102**	**108.33**	**2420**	**1222**	**1198**	**102.00**
海曙区	686	342	344	99.42	370	178	192	92.71
江北区	356	178	178	100.00	199	102	97	105.15
北仑区	532	288	244	118.03	296	154	142	108.45
镇海区	420	218	202	107.92	224	113	111	101.80
鄞州区	858	466	392	118.88	509	271	238	113.87
奉化区	183	107	76	140.79	107	61	46	132.61
象山县								
宁海县								
余姚市	593	304	289	105.19	309	153	156	98.08
慈溪市	751	374	377	99.20	406	190	216	87.96
温州市	**3650**	**1973**	**1677**	**117.65**	**1703**	**918**	**785**	**116.94**
鹿城区	737	411	326	126.07	336	195	141	138.30
龙湾区	365	199	166	119.88	175	88	87	101.15
瓯海区	600	318	282	112.77	299	155	144	107.64
洞头区	45	28	17	164.71	14	9	5	180.00
永嘉县								
平阳县								
苍南县								
文成县								
泰顺县								
瑞安市	772	409	363	112.67	378	202	176	114.77
乐清市	754	391	363	107.71	324	171	153	111.76
龙港市	377	217	160	135.63	177	98	79	124.05
嘉兴市	**1997**	**1044**	**953**	**109.55**	**1035**	**557**	**478**	**116.53**
南湖区	574	302	272	111.03	320	179	141	126.95
秀洲区	287	150	137	109.49	145	81	64	126.56
嘉善县								
海盐县								
海宁市	374	185	189	97.88	186	86	100	86.00
平湖市	242	126	116	108.62	138	74	64	115.63
桐乡市	520	281	239	117.57	246	137	109	125.69
湖州市	**581**	**306**	**275**	**111.27**	**322**	**168**	**154**	**109.09**
吴兴区	414	217	197	110.15	231	119	112	106.25
南浔区	167	89	78	114.10	91	49	42	116.67
德清县								
长兴县								
安吉县								

6-1a　续表 1　　　　单位：人

地　　区	出生人数				第　一　孩			
	合计	男	女	性别比(女=100)	小计	男	女	性别比(女=100)
绍兴市	**2327**	**1181**	**1146**	**103.05**	**1213**	**620**	**593**	**104.55**
越城区	565	274	291	94.16	316	157	159	98.74
柯桥区	734	379	355	106.76	348	174	174	100.00
上虞区	369	192	177	108.47	197	110	87	126.44
新昌县								
诸暨市	460	231	229	100.87	237	121	116	104.31
嵊州市	199	105	94	111.70	115	58	57	101.75
金华市	**3286**	**1702**	**1584**	**107.45**	**1487**	**766**	**721**	**106.24**
婺城区	541	300	241	124.48	255	142	113	125.66
金东区	138	77	61	126.23	60	30	30	100.00
武义县								
浦江县								
磐安县								
兰溪市	160	80	80	100.00	81	36	45	80.00
义乌市	1466	747	719	103.89	690	354	336	105.36
东阳市	482	256	226	113.27	211	111	100	111.00
永康市	499	242	257	94.16	190	93	97	95.88
衢州市	**586**	**299**	**287**	**104.18**	**269**	**130**	**139**	**93.53**
柯城区	316	163	153	106.54	146	71	75	94.67
衢江区	93	48	45	106.67	49	22	27	81.48
常山县								
开化县								
龙游县								
江山市	177	88	89	98.88	74	37	37	100.00
舟山市	**423**	**226**	**197**	**114.72**	**265**	**133**	**132**	**100.76**
定海区	251	133	118	112.71	149	72	77	93.51
普陀区	172	93	79	117.72	116	61	55	110.91
岱山县								
嵊泗县								
台州市	**2281**	**1216**	**1065**	**114.18**	**1065**	**557**	**508**	**109.65**
椒江区	542	311	231	134.63	271	149	122	122.13
黄岩区	354	176	178	98.88	167	84	83	101.20
路桥区	224	113	111	101.80	101	52	49	106.12
三门县								
天台县								
仙居县								
温岭市	481	261	220	118.64	210	117	93	125.81
临海市	329	167	162	103.09	155	72	83	86.75
玉环市	351	188	163	115.34	161	83	78	106.41
丽水市	**440**	**209**	**231**	**90.48**	**211**	**113**	**98**	**115.31**
莲都区	332	162	170	95.29	156	85	71	119.72
青田县								
缙云县								
遂昌县								
松阳县								
云和县								
庆元县								
景宁畲族自治县								
龙泉市	108	47	61	77.05	55	28	27	103.70

6-1a 续表 2

单位：人

地区	第二孩				第三孩			
	小计	男	女	性别比（女=100）	小计	男	女	性别比（女=100）
合计	**12053**	**6209**	**5844**	**106.25**	**1272**	**769**	**503**	**152.88**
杭州市	**3265**	**1660**	**1605**	**103.43**	**246**	**146**	**100**	**146.00**
上城区	93	55	38	144.74	5	4	1	400.00
下城区	120	68	52	130.77	6	4	2	200.00
江干区	563	284	279	101.79	37	21	16	131.25
拱墅区	170	75	95	78.95	13	5	8	62.50
西湖区	365	194	171	113.45	9	6	3	200.00
滨江区	176	92	84	109.52	7	3	4	75.00
萧山区	611	322	289	111.42	62	38	24	158.33
余杭区	777	360	417	86.33	77	45	32	140.63
富阳区	245	139	106	131.13	18	11	7	157.14
临安区	91	43	48	89.58	8	6	2	300.00
桐庐县								
淳安县								
建德市	54	28	26	107.69	4	3	1	300.00
宁波市	**1726**	**901**	**825**	**109.21**	**199**	**136**	**63**	**215.87**
海曙区	284	144	140	102.86	27	18	9	200.00
江北区	138	63	75	84.00	14	9	5	180.00
北仑区	209	119	90	132.22	19	11	8	137.50
镇海区	182	96	86	111.63	13	9	4	225.00
鄞州区	323	178	145	122.76	25	16	9	177.78
奉化区	60	34	26	130.77	14	10	4	250.00
象山县								
宁海县								
余姚市	238	121	117	103.42	39	27	12	225.00
慈溪市	292	146	146	100.00	48	36	12	300.00
温州市	**1699**	**903**	**796**	**113.44**	**223**	**140**	**83**	**168.67**
鹿城区	352	182	170	107.06	47	32	15	213.33
龙湾区	170	95	75	126.67	18	15	3	500
瓯海区	269	143	126	113.49	28	18	10	180.00
洞头区	25	15	10	150.00	5	3	2	150.00
永嘉县								
平阳县								
苍南县								
文成县								
泰顺县								
瑞安市	340	184	156	117.95	49	22	27	81.48
乐清市	366	180	186	96.77	55	36	19	189.47
龙港市	177	104	73	142.47	21	14	7	200.00
嘉兴市	**859**	**427**	**432**	**98.84**	**92**	**53**	**39**	**135.90**
南湖区	232	112	120	93.33	21	10	11	90.91
秀洲区	125	58	67	86.57	16	10	6	166.67
嘉善县								
海盐县								
海宁市	174	92	82	112.20	11	5	6	83.33
平湖市	95	45	50	90.00	9	7	2	350.00
桐乡市	233	120	113	106.19	35	21	14	150.00
湖州市	**240**	**126**	**114**	**110.53**	**18**	**11**	**7**	**157.14**
吴兴区	172	91	81	112.35	10	6	4	150.00
南浔区	68	35	33	106.06	8	5	3	166.67
德清县								
长兴县								
安吉县								

6-1a　续表 3　　　　　　　　　　　　　　　　　　　　　　单位：人

地　　区	第　二　孩				第　三　孩			
	小计	男	女	性别比 (女=100)	小计	男	女	性别比 (女=100)
绍兴市	**992**	**499**	**493**	**101.22**	**107**	**55**	**52**	**105.77**
越城区	225	104	121	85.95	21	11	10	110.00
柯桥区	331	173	158	109.49	51	30	21	142.86
上虞区	153	71	82	86.59	15	9	6	150.00
新昌县								
诸暨市	205	105	100	105.00	14	4	10	40.00
嵊州市	78	46	32	143.75	6	1	5	20.00
金华市	**1532**	**780**	**752**	**103.72**	**233**	**135**	**98**	**137.76**
婺城区	260	140	120	116.67	21	15	6	250.00
金东区	71	42	29	144.83	6	4	2	200.00
武义县								
浦江县								
磐安县								
兰溪市	71	37	34	108.82	8	7	1	700.00
义乌市	649	326	323	100.93	109	56	53	105.66
东阳市	231	120	111	108.11	35	22	13	169.23
永康市	250	115	135	85.19	54	31	23	134.78
衢州市	**294**	**157**	**137**	**114.60**	**20**	**11**	**9**	**122.22**
柯城区	161	88	73	120.55	7	4	3	133.33
衢江区	40	22	18	122.22	4	4		
常山县								
开化县								
龙游县								
江山市	93	47	46	102.17	9	3	6	50.00
舟山市	**146**	**82**	**64**	**128.13**	**11**	**10**	**1**	**1000.00**
定海区	93	53	40	132.50	9	8	1	800.00
普陀区	53	29	24	120.83	2	2		
岱山县								
嵊泗县								
台州市	**1088**	**586**	**502**	**116.73**	**110**	**66**	**44**	**150.00**
椒江区	249	147	102	144.12	20	14	6	233.33
黄岩区	166	79	87	90.80	18	11	7	157.14
路桥区	103	49	54	90.74	17	11	6	183.33
三门县								
天台县								
仙居县								
温岭市	238	128	110	116.36	29	15	14	107.14
临海市	163	89	74	120.27	7	4	3	133.33
玉环市	169	94	75	125.33	19	11	8	137.50
丽水市	**212**	**88**	**124**	**70.97**	**13**	**6**	**7**	**85.71**
莲都区	159	69	90	76.67	13	6	7	85.71
青田县								
缙云县								
遂昌县								
松阳县								
云和县								
庆元县								
景宁畲族自治县								
龙泉市	53	19	34	55.88				

6-1a 续表 4　　　　单位：人

地　区	第四孩 小计	第四孩 男	第四孩 女	第四孩 性别比(女=100)	第五孩及以上 小计	第五孩及以上 男	第五孩及以上 女	第五孩及以上 性别比(女=100)
合计	**146**	**77**	**69**	**111.59**	**30**	**15**	**15**	**100.00**
杭州市	**27**	**12**	**15**	**80.00**	**3**	**3**		
上城区								
下城区								
江干区	2		2					
拱墅区	1		1					
西湖区	1		1					
滨江区	3	1	2	50.00				
萧山区	10	6	4	150.00				
余杭区	9	4	5	80.00	1	1		
富阳区					2	2		
临安区	1	1						
桐庐县								
淳安县								
建德市								
宁波市	**27**	**14**	**13**	**107.69**	**7**	**4**	**3**	**133.33**
海曙区	3	1	2	50.00	2	1	1	100.00
江北区	4	3	1	300.00	1	1		
北仑区	7	3	4	75.00	1	1		
镇海区	1		1					
鄞州区	1	1						
奉化区	1	1			1	1		
象山县								
宁海县								
余姚市	6	3	3	100.00	1		1	
慈溪市	4	2	2	100.00	1		1	
温州市	**19**	**12**	**7**	**171.43**	**6**		**6**	
鹿城区	2	2						
龙湾区	2	1	1	100.00				
瓯海区	3	2	1	200.00	1		1	
洞头区	1	1						
永嘉县								
平阳县								
苍南县								
文成县								
泰顺县								
瑞安市	4	1	3	33.33	1		1	
乐清市	5	4	1	400.00	4		4	
龙港市	2	1	1	100.00				
嘉兴市	**8**	**5**	**3**	**166.67**	**3**	**2**	**1**	**200.00**
南湖区	1	1						
秀洲区					1	1		
嘉善县								
海盐县								
海宁市	3	2	1	200.00				
平湖市								
桐乡市	4	2	2	100.00	2	1	1	100.00
湖州市					**1**	**1**		
吴兴区					1	1		
南浔区								
德清县								
长兴县								
安吉县								

6−1a　续表 5　　　　单位：人

地　区	第四孩				第五孩及以上			
	小计	男	女	性别比(女=100)	小计	男	女	性别比(女=100)
绍兴市	**13**	**7**	**6**	**116.67**	**2**		**2**	
越城区	3	2	1	200.00				
柯桥区	4	2	2	100.00				
上虞区	3	2	1	200.00	1		1	
新昌县								
诸暨市	3	1	2	50.00	1		1	
嵊州市								
金华市	**29**	**18**	**11**	**163.64**	**5**	**3**	**2**	**150.00**
婺城区	2	1	1	100.00	3	2	1	200.00
金东区	1	1						
武义县								
浦江县								
磐安县								
兰溪市								
义乌市	17	11	6	183.33	1		1	
东阳市	4	2	2	100.00	1	1		
永康市	5	3	2	150.00				
衢州市	**2**		**2**		**1**	**1**		
柯城区	2		2					
衢江区								
常山县								
开化县								
龙游县								
江山市					1	1		
舟山市					**1**	**1**		
定海区								
普陀区					1	1		
岱山县								
嵊泗县								
台州市	**17**	**7**	**10**	**70.00**	**1**		**1**	
椒江区	2	1	1	100.00				
黄岩区	3	2	1	200.00				
路桥区	3	1	2	50.00				
三门县								
天台县								
仙居县								
温岭市	3	1	2	50.00	1		1	
临海市	4	2	2	100.00				
玉环市	2		2					
丽水市	**4**	**2**	**2**	**100.00**				
莲都区	4	2	2	100.00				
青田县								
缙云县								
遂昌县								
松阳县								
云和县								
庆元县								
景宁畲族自治县								
龙泉市								

6－1b 各地区分性别、孩次的出生人口
(2019.11.1－2020.10.31)(镇)

单位：人

地　区	出生人数				第　一　孩			
	合计	男	女	性别比(女=100)	小计	男	女	性别比(女=100)
合计	**10502**	**5598**	**4904**	**114.15**	**4997**	**2664**	**2333**	**114.19**
杭州市	**905**	**476**	**429**	**110.96**	**470**	**237**	**233**	**101.72**
上城区								
下城区								
江干区								
拱墅区								
西湖区								
滨江区								
萧山区	69	32	37	86.49	34	15	19	78.95
余杭区	278	150	128	117.19	173	92	81	113.58
富阳区	18	9	9	100.00	12	5	7	71.43
临安区	49	30	19	157.89	21	13	8	162.50
桐庐县	285	150	135	111.11	137	71	66	107.58
淳安县	146	77	69	111.59	64	29	35	82.86
建德市	60	28	32	87.50	29	12	17	70.59
宁波市	**1579**	**855**	**724**	**118.09**	**796**	**431**	**365**	**118.08**
海曙区	9	7	2	350.00	4	3	1	300.00
江北区								
北仑区	48	30	18	166.67	26	16	10	160.00
镇海区	37	24	13	184.62	22	13	9	144.44
鄞州区	291	163	128	127.34	163	92	71	129.58
奉化区	30	16	14	114.29	18	13	5	260.00
象山县	252	116	136	85.29	120	54	66	81.82
宁海县	398	221	177	124.86	165	84	81	103.70
余姚市	184	111	73	152.05	92	60	32	187.50
慈溪市	330	167	163	102.45	186	96	90	106.67
温州市	**1665**	**921**	**744**	**123.79**	**777**	**430**	**347**	**123.92**
鹿城区	6	1	5	20.00	2	1	1	100.00
龙湾区	208	120	88	136	95	54	41	131.71
瓯海区	15	10	5	200.00	7	6	1	600.00
洞头区	3	2	1	200.00				
永嘉县	347	184	163	112.88	151	74	77	96.10
平阳县	419	234	185	126.49	206	118	88	134.09
苍南县	409	223	186	119.89	205	111	94	118.09
文成县	68	41	27	151.85	28	20	8	250.00
泰顺县	80	49	31	158.06	30	22	8	275.00
瑞安市	21	8	13	61.54	10	3	7	42.86
乐清市	76	43	33	130.30	37	18	19	94.74
龙港市	13	6	7	85.71	6	3	3	100.00
嘉兴市	**1334**	**706**	**628**	**112.42**	**677**	**360**	**317**	**113.56**
南湖区	44	25	19	131.58	19	12	7	171.43
秀洲区	137	68	69	98.55	62	31	31	100.00
嘉善县	388	202	186	108.60	205	102	103	99.03
海盐县	213	119	94	126.60	118	68	50	136.00
海宁市	276	156	120	130.00	137	83	54	153.70
平湖市	140	71	69	102.90	73	38	35	108.57
桐乡市	136	65	71	91.55	63	26	37	70.27
湖州市	**1123**	**567**	**556**	**101.98**	**572**	**303**	**269**	**112.64**
吴兴区	169	94	75	125.33	67	45	22	204.55
南浔区	92	44	48	91.67	50	24	26	92.31
德清县	255	123	132	93.18	128	66	62	106.45
长兴县	347	174	173	100.58	196	101	95	106.32
安吉县	260	132	128	103.13	131	67	64	104.69

6-1b 续表 1

单位：人

地 区	出生人数				第 一 孩			
	合计	男	女	性别比（女=100）	小计	男	女	性别比（女=100）
绍兴市	**388**	**204**	**184**	**110.87**	**187**	**101**	**86**	**117.44**
越城区	4	2	2	100.00	3	2	1	200.00
柯桥区	53	27	26	103.85	28	16	12	133.33
上虞区	20	13	7	185.71	8	6	2	300.00
新昌县	195	104	91	114.29	88	42	46	91.30
诸暨市	99	49	50	98.00	51	29	22	131.82
嵊州市	17	9	8	112.50	9	6	3	200.00
金华市	**1395**	**760**	**635**	**119.69**	**603**	**327**	**276**	**118.48**
婺城区	84	48	36	133.33	45	27	18	150.00
金东区	141	82	59	138.98	64	39	25	156.00
武义县	285	158	127	124.41	109	58	51	113.73
浦江县	174	99	75	132.00	68	37	31	119.35
磐安县	80	41	39	105.13	27	12	15	80.00
兰溪市	28	18	10	180.00	14	11	3	366.67
义乌市	285	145	140	103.57	133	69	64	107.81
东阳市	232	125	107	116.82	108	54	54	100.00
永康市	86	44	42	104.76	35	20	15	133.33
衢州市	**391**	**213**	**178**	**119.66**	**170**	**99**	**71**	**139.44**
柯城区	9	3	6	50.00	4	2	2	100.00
衢江区	26	15	11	136.36	10	5	5	100.00
常山县	90	41	49	83.67	43	20	23	86.96
开化县	94	58	36	161.11	37	26	11	236.36
龙游县	132	72	60	120.00	62	39	23	169.57
江山市	40	24	16	150.00	14	7	7	100.00
舟山市	**106**	**55**	**51**	**107.84**	**59**	**33**	**26**	**126.92**
定海区	27	14	13	107.69	14	7	7	100.00
普陀区	9	3	6	50.00	5	2	3	66.67
岱山县	48	24	24	100.00	27	14	13	107.69
嵊泗县	22	14	8	175.00	13	10	3	333.33
台州市	**919**	**480**	**439**	**109.34**	**403**	**203**	**200**	**101.50**
椒江区	4	2	2	100.00	2		2	
黄岩区	22	13	9	144.44	8	6	2	300.00
路桥区	74	38	36	105.56	34	17	17	100.00
三门县	206	110	96	114.58	87	45	42	107.14
天台县	196	102	94	108.51	82	42	40	105.00
仙居县	164	84	80	105.00	75	38	37	102.70
温岭市	139	72	67	107.46	60	29	31	93.55
临海市	97	51	46	110.87	46	20	26	76.92
玉环市	17	8	9	88.89	9	6	3	200.00
丽水市	**697**	**361**	**336**	**107.44**	**283**	**140**	**143**	**97.90**
莲都区	15	7	8	87.50	5	2	3	66.67
青田县	139	70	69	101.45	61	30	31	96.77
缙云县	177	93	84	110.71	73	37	36	102.78
遂昌县	65	38	27	140.74	30	17	13	130.77
松阳县	83	47	36	130.56	35	18	17	105.88
云和县	86	41	45	91.11	30	15	15	100.00
庆元县	70	34	36	94.44	29	12	17	70.59
景宁畲族自治县	54	27	27	100.00	18	7	11	63.64
龙泉市	8	4	4	100.00	2	2		

6-1b 续表 2　　单位：人

地　区	第　二　孩				第　三　孩			
	小计	男	女	性别比(女=100)	小计	男	女	性别比(女=100)
合计	**4872**	**2566**	**2306**	**111.27**	**563**	**324**	**239**	**135.56**
杭州市	**407**	**220**	**187**	**117.65**	**25**	**18**	**7**	**257.14**
上城区								
下城区								
江干区								
拱墅区								
西湖区								
滨江区								
萧山区	30	14	16	87.50	4	3	1	300.00
余杭区	97	52	45	115.56	7	6	1	600.00
富阳区	6	4	2	200.00				
临安区	27	16	11	145.45	1	1		
桐庐县	137	72	65	110.77	10	6	4	150.00
淳安县	79	46	33	139.39	3	2	1	200.00
建德市	31	16	15	106.67				
宁波市	**681**	**369**	**312**	**118.27**	**97**	**52**	**45**	**115.56**
海曙区	5	4	1	400.00				
江北区								
北仑区	19	11	8	137.50	3	3		
镇海区	11	9	2	450.00	4	2	2	100.00
鄞州区	115	64	51	125.49	12	6	6	100.00
奉化区	11	3	8	37.50	1		1	
象山县	112	52	60	86.67	20	10	10	100.00
宁海县	211	120	91	131.87	20	15	5	300.00
余姚市	77	46	31	148.39	14	5	9	55.56
慈溪市	120	60	60	100.00	23	11	12	91.67
温州市	**777**	**420**	**357**	**117.65**	**95**	**60**	**35**	**171.43**
鹿城区	4		4					
龙湾区	96	60	36	166.67	16	6	10	60
瓯海区	7	3	4	75.00	1	1		
洞头区	3	2	1	200.00				
永嘉县	166	90	76	118.42	24	16	8	200.00
平阳县	187	101	86	117.44	22	12	10	120.00
苍南县	182	96	86	111.63	20	14	6	233.33
文成县	37	19	18	105.56	2	2		
泰顺县	47	24	23	104.35	3	3		
瑞安市	11	5	6	83.33				
乐清市	32	18	14	128.57	5	5		
龙港市	5	2	3	66.67	2	1	1	100.00
嘉兴市	**590**	**306**	**284**	**107.75**	**58**	**34**	**24**	**141.67**
南湖区	23	11	12	91.67	2	2		
秀洲区	65	31	34	91.18	6	4	2	200.00
嘉善县	158	85	73	116.44	23	13	10	130.00
海盐县	87	46	41	112.20	7	4	3	133.33
海宁市	133	68	65	104.62	6	5	1	500.00
平湖市	57	28	29	96.55	8	4	4	100.00
桐乡市	67	37	30	123.33	6	2	4	50.00
湖州市	**504**	**236**	**268**	**88.06**	**37**	**21**	**16**	**131.25**
吴兴区	92	43	49	87.76	9	5	4	125.00
南浔区	39	19	20	95.00	2	1	1	100.00
德清县	114	51	63	80.95	10	4	6	66.67
长兴县	141	66	75	88.00	6	4	2	200.00
安吉县	118	57	61	93.44	10	7	3	233.33

6-1b　续表 3

单位：人

地　区	第二孩				第三孩			
	小计	男	女	性别比(女=100)	小计	男	女	性别比(女=100)
绍兴市	**177**	**89**	**88**	**101.14**	**20**	**13**	**7**	**185.71**
越城区	1		1					
柯桥区	20	8	12	66.67	5	3	2	150.00
上虞区	10	6	4	150.00	2	1	1	100.00
新昌县	97	56	41	136.59	8	6	2	300.00
诸暨市	43	17	26	65.38	3	2	1	200.00
嵊州市	6	2	4	50.00	2	1	1	100.00
金华市	**664**	**357**	**307**	**116.29**	**117**	**68**	**49**	**138.78**
婺城区	30	16	14	114.29	9	5	4	125.00
金东区	67	36	31	116.13	9	6	3	200.00
武义县	145	81	64	126.56	29	18	11	163.64
浦江县	95	56	39	143.59	11	6	5	120.00
磐安县	45	24	21	114.29	7	4	3	133.33
兰溪市	11	5	6	83.33	3	2	1	200.00
义乌市	124	59	65	90.77	27	16	11	145.45
东阳市	110	61	49	124.49	12	8	4	200.00
永康市	37	19	18	105.56	10	3	7	42.86
衢州市	**203**	**103**	**100**	**103.00**	**15**	**9**	**6**	**150.00**
柯城区	5	1	4	25.00				
衢江区	12	6	6	100.00	4	4		
常山县	46	20	26	76.92				
开化县	50	28	22	127.27	6	3	3	100.00
龙游县	65	32	33	96.97	4	1	3	33.33
江山市	25	16	9	177.78	1	1		
舟山市	**44**	**21**	**23**	**91.30**	**3**	**1**	**2**	**50.00**
定海区	11	6	5	120.00	2	1	1	100.00
普陀区	4	1	3	33.33				
岱山县	20	10	10	100.00	1		1	
嵊泗县	9	4	5	80.00				
台州市	**465**	**252**	**213**	**118.31**	**45**	**21**	**24**	**87.50**
椒江区	2	2						
黄岩区	14	7	7	100.00				
路桥区	34	20	14	142.86	6	1	5	20.00
三门县	110	59	51	115.69	7	4	3	133.33
天台县	104	54	50	108.00	6	4	2	200.00
仙居县	80	43	37	116.22	9	3	6	50.00
温岭市	70	38	32	118.75	9	5	4	125.00
临海市	44	28	16	175.00	7	3	4	75.00
玉环市	7	1	6	16.67	1	1		
丽水市	**360**	**193**	**167**	**115.57**	**51**	**27**	**24**	**112.50**
莲都区	10	5	5	100.00				
青田县	54	27	27	100.00	23	12	11	109.09
缙云县	94	51	43	118.60	9	5	4	125.00
遂昌县	33	20	13	153.85	1	1		
松阳县	43	24	19	126.32	5	5		
云和县	51	24	27	88.89	5	2	3	66.67
庆元县	36	20	16	125.00	5	2	3	66.67
景宁畲族自治县	33	20	13	153.85	3		3	
龙泉市	6	2	4	50.00				

6-1b　续表 4　　单位：人

地　区	第四孩				第五孩及以上			
	小计	男	女	性别比(女=100)	小计	男	女	性别比(女=100)
合计	**52**	**33**	**19**	**173.68**	**18**	**11**	**7**	**157.14**
杭州市	**3**	**1**	**2**	**50.00**				
上城区								
下城区								
江干区								
拱墅区								
西湖区								
滨江区								
萧山区	1		1					
余杭区	1		1					
富阳区								
临安区								
桐庐县	1	1						
淳安县								
建德市								
宁波市	**3**	**2**	**1**	**200.00**	**2**	**1**	**1**	**100.00**
海曙区								
江北区								
北仑区								
镇海区								
鄞州区	1	1						
奉化区								
象山县								
宁海县	1	1			1	1		
余姚市					1		1	
慈溪市	1		1					
温州市	**13**	**9**	**4**	**225.00**	**3**	**2**	**1**	**200.00**
鹿城区								
龙湾区	1		1					
瓯海区								
洞头区								
永嘉县	4	3	1	300.00	2	1	1	100.00
平阳县	4	3	1	300.00				
苍南县	2	2						
文成县	1		1					
泰顺县								
瑞安市								
乐清市	1	1			1	1		
龙港市								
嘉兴市	**5**	**3**	**2**	**150.00**	**4**	**3**	**1**	**300.00**
南湖区								
秀洲区	3	1	2	50.00	1	1		
嘉善县	1	1			1	1		
海盐县					1	1		
海宁市								
平湖市	1	1			1		1	
桐乡市								
湖州市	**6**	**4**	**2**	**200.00**	**4**	**3**	**1**	**300.00**
吴兴区					1	1		
南浔区	1		1					
德清县	3	2	1	200.00				
长兴县	1	1			3	2	1	200.00
安吉县	1	1						

6-1b　续表 5　　　　单位：人

地　区	第四孩				第五孩及以上			
	小计	男	女	性别比(女=100)	小计	男	女	性别比(女=100)
绍兴市	**3**	**1**	**2**	**50.00**	**1**		**1**	
越城区								
柯桥区								
上虞区								
新昌县	1		1		1		1	
诸暨市	2	1	1	100.00				
嵊州市								
金华市	**10**	**8**	**2**	**400.00**	**1**		**1**	
婺城区								
金东区	1	1						
武义县	2	1	1	100.00				
浦江县								
磐安县	1	1						
兰溪市								
义乌市	1	1						
东阳市	2	2						
永康市	3	2	1	200.00	1		1	
衢州市	**3**	**2**	**1**	**200.00**				
柯城区								
衢江区								
常山县	1	1						
开化县	1	1						
龙游县	1		1					
江山市								
舟山市								
定海区								
普陀区								
岱山县								
嵊泗县								
台州市	**5**	**3**	**2**	**150.00**	**1**	**1**		
椒江区								
黄岩区								
路桥区								
三门县	1	1			1	1		
天台县	4	2	2	100.00				
仙居县								
温岭市								
临海市								
玉环市								
丽水市	**1**		**1**		**2**	**1**	**1**	**100.00**
莲都区								
青田县					1	1		
缙云县	1		1					
遂昌县					1		1	
松阳县								
云和县								
庆元县								
景宁畲族自治县								
龙泉市								

6-1c 各地区分性别、孩次的出生人口
(2019.11.1-2020.10.31)(乡村)

单位：人

地　　区	出生人数				第　一　孩			
	合计	男	女	性别比(女=100)	小计	男	女	性别比(女=100)
合计	**10379**	**5461**	**4918**	**111.04**	**5108**	**2663**	**2445**	**108.92**
杭州市	**1251**	**642**	**609**	**105.42**	**675**	**340**	**335**	**101.49**
上城区								
下城区								
江干区								
拱墅区								
西湖区	35	22	13	169.23	21	14	7	200.00
滨江区								
萧山区	306	157	149	105.37	171	76	95	80.00
余杭区	392	179	213	84.04	200	89	111	80.18
富阳区	140	70	70	100.00	71	36	35	102.86
临安区	134	71	63	112.70	78	45	33	136.36
桐庐县	82	49	33	148.48	38	23	15	153.33
淳安县	58	36	22	163.64	36	23	13	176.92
建德市	104	58	46	126.09	60	34	26	130.77
宁波市	**1214**	**645**	**569**	**113.36**	**636**	**324**	**312**	**103.85**
海曙区	85	39	46	84.78	52	22	30	73.33
江北区	67	35	32	109.38	44	21	23	91.30
北仑区	132	69	63	109.52	73	41	32	128.13
镇海区	39	23	16	143.75	17	8	9	88.89
鄞州区	187	87	100	87.00	100	43	57	75.44
奉化区	73	41	32	128.13	34	18	16	112.50
象山县	99	55	44	125.00	55	31	24	129.17
宁海县	163	89	74	120.27	69	35	34	102.94
余姚市	115	65	50	130.00	59	34	25	136.00
慈溪市	254	142	112	126.79	133	71	62	114.52
温州市	**1433**	**785**	**648**	**121.14**	**650**	**356**	**294**	**121.09**
鹿城区	65	30	35	85.71	30	17	13	130.77
龙湾区								
瓯海区	101	59	42	140.48	52	33	19	173.68
洞头区	26	14	12	116.67	16	10	6	166.67
永嘉县	169	103	66	156.06	76	46	30	153.33
平阳县	194	106	88	120.45	88	49	39	125.64
苍南县	153	85	68	125.00	77	43	34	126.47
文成县	50	29	21	138.10	22	12	10	120.00
泰顺县	61	34	27	125.93	28	12	16	75.00
瑞安市	269	146	123	118.70	119	64	55	116.36
乐清市	338	175	163	107.36	140	69	71	97.18
龙港市	7	4	3	133.33	2	1	1	100.00
嘉兴市	**1046**	**532**	**514**	**103.50**	**559**	**276**	**283**	**97.53**
南湖区	61	27	34	79.41	33	15	18	83.33
秀洲区	187	85	102	83.33	105	47	58	81.03
嘉善县	90	45	45	100.00	46	24	22	109.09
海盐县	104	57	47	121.28	59	28	31	90.32
海宁市	214	104	110	94.55	105	54	51	105.88
平湖市	146	83	63	131.75	80	40	40	100.00
桐乡市	244	131	113	115.93	131	68	63	107.94
湖州市	**663**	**334**	**329**	**101.52**	**366**	**184**	**182**	**101.10**
吴兴区	136	68	68	100.00	76	37	39	94.87
南浔区	97	52	45	115.56	50	27	23	117.39
德清县	118	56	62	90.32	66	34	32	106.25
长兴县	171	99	72	137.50	92	53	39	135.90
安吉县	141	59	82	71.95	82	33	49	67.35

6-1c　续表 1　　　　单位：人

地　区	出生人数				第　一　孩			
	合计	男	女	性别比(女=100)	小计	男	女	性别比(女=100)
绍兴市	**648**	**335**	**313**	**107.03**	**354**	**177**	**177**	**100.00**
越城区	79	39	40	97.50	31	14	17	82.35
柯桥区	124	65	59	110.17	70	40	30	133.33
上虞区	123	61	62	98.39	70	30	40	75.00
新昌县	36	15	21	71.43	19	9	10	90.00
诸暨市	202	107	95	112.63	112	56	56	100.00
嵊州市	84	48	36	133.33	52	28	24	116.67
金华市	**1471**	**800**	**671**	**119.23**	**668**	**359**	**309**	**116.18**
婺城区	135	74	61	121.31	74	42	32	131.25
金东区	129	66	63	104.76	64	28	36	77.78
武义县	138	72	66	109.09	70	39	31	125.81
浦江县	143	85	58	146.55	56	36	20	180.00
磐安县	35	18	17	105.88	10	4	6	66.67
兰溪市	107	61	46	132.61	50	28	22	127.27
义乌市	317	164	153	107.19	147	70	77	90.91
东阳市	241	134	107	125.23	107	61	46	132.61
永康市	226	126	100	126.00	90	51	39	130.77
衢州市	**534**	**289**	**245**	**117.96**	**255**	**153**	**102**	**150.00**
柯城区	89	43	46	93.48	55	33	22	150.00
衢江区	121	61	60	101.67	47	30	17	176.47
常山县	65	36	29	124.14	28	16	12	133.33
开化县	61	33	28	117.86	32	19	13	146.15
龙游县	85	49	36	136.11	47	30	17	176.47
江山市	113	67	46	145.65	46	25	21	119.05
舟山市	**113**	**58**	**55**	**105.45**	**69**	**38**	**31**	**122.58**
定海区	52	29	23	126.09	33	20	13	153.85
普陀区	44	20	24	83.33	24	11	13	84.62
岱山县	14	7	7	100.00	11	6	5	120.00
嵊泗县	3	2	1	200.00	1	1		
台州市	**1602**	**826**	**776**	**106.44**	**695**	**361**	**334**	**108.08**
椒江区	169	86	83	103.61	71	33	38	86.84
黄岩区	172	84	88	95.45	75	33	42	78.57
路桥区	143	75	68	110.29	63	33	30	110.00
三门县	95	51	44	115.91	38	19	19	100.00
天台县	124	62	62	100.00	66	36	30	120.00
仙居县	109	53	56	94.64	45	28	17	164.71
温岭市	315	160	155	103.23	150	81	69	117.39
临海市	321	179	142	126.06	121	66	55	120.00
玉环市	154	76	78	97.44	66	32	34	94.12
丽水市	**404**	**215**	**189**	**113.76**	**181**	**95**	**86**	**110.47**
莲都区	59	36	23	156.52	33	18	15	120.00
青田县	64	40	24	166.67	23	14	9	155.56
缙云县	89	46	43	106.98	43	18	25	72.00
遂昌县	40	15	25	60.00	16	7	9	77.78
松阳县	72	41	31	132.26	29	18	11	163.64
云和县	13	7	6	116.67	7	4	3	133.33
庆元县	14	9	5	180.00	6	5	1	500.00
景宁畲族自治县	16	6	10	60.00	7	3	4	75.00
龙泉市	37	15	22	68.18	17	8	9	88.89

6-1c 续表 2

单位：人

地 区	第 二 孩				第 三 孩			
	小计	男	女	性别比（女=100）	小计	男	女	性别比（女=100）
合计	**4600**	**2415**	**2185**	**110.53**	**579**	**328**	**251**	**130.68**
杭州市	**528**	**271**	**257**	**105.45**	**44**	**29**	**15**	**193.33**
上城区								
下城区								
江干区								
拱墅区								
西湖区	14	8	6	133.33				
滨江区								
萧山区	116	68	48	141.67	17	12	5	240.00
余杭区	179	81	98	82.65	12	9	3	300.00
富阳区	65	32	33	96.97	4	2	2	100.00
临安区	50	24	26	92.31	5	1	4	25.00
桐庐县	41	24	17	141.18	3	2	1	200.00
淳安县	21	12	9	133.33	1	1		
建德市	42	22	20	110.00	2	2		
宁波市	**486**	**272**	**214**	**127.10**	**79**	**42**	**37**	**113.51**
海曙区	28	15	13	115.38	5	2	3	66.67
江北区	19	10	9	111.11	3	3		
北仑区	48	22	26	84.62	9	5	4	125.00
镇海区	18	13	5	260.00	3	1	2	50.00
鄞州区	70	37	33	112.12	15	6	9	66.67
奉化区	32	19	13	146.15	5	3	2	150.00
象山县	40	21	19	110.53	4	3	1	300.00
宁海县	85	50	35	142.86	9	4	5	80.00
余姚市	45	25	20	125.00	9	5	4	125.00
慈溪市	101	60	41	146.34	17	10	7	142.86
温州市	**679**	**369**	**310**	**119.03**	**93**	**52**	**41**	**126.83**
鹿城区	30	12	18	66.67	4	1	3	33.33
龙湾区								
瓯海区	41	23	18	127.78	7	3	4	75.00
洞头区	9	3	6	50.00	1	1		
永嘉县	80	49	31	158.06	13	8	5	160.00
平阳县	98	53	45	117.78	7	3	4	75.00
苍南县	64	34	30	113.33	11	7	4	175.00
文成县	25	16	9	177.78	3	1	2	50.00
泰顺县	30	20	10	200.00	3	2	1	200.00
瑞安市	128	73	55	132.73	20	8	12	66.67
乐清市	171	84	87	96.55	22	17	5	340.00
龙港市	3	2	1	200.00	2	1	1	100.00
嘉兴市	**449**	**239**	**210**	**113.81**	**30**	**14**	**16**	**87.50**
南湖区	26	12	14	85.71	2		2	
秀洲区	71	34	37	91.89	7	3	4	75.00
嘉善县	38	19	19	100.00	5	2	3	66.67
海盐县	41	28	13	215.38	4	1	3	33.33
海宁市	104	47	57	82.46	4	3	1	300.00
平湖市	64	41	23	178.26	2	2		
桐乡市	105	58	47	123.40	6	3	3	100.00
湖州市	**266**	**135**	**131**	**103.05**	**26**	**12**	**14**	**85.71**
吴兴区	52	27	25	108.00	6	3	3	100.00
南浔区	41	22	19	115.79	4	2	2	100.00
德清县	47	19	28	67.86	5	3	2	150.00
长兴县	76	45	31	145.16	3	1	2	50.00
安吉县	50	22	28	78.57	8	3	5	60.00

6—1c　续表 3　　单位：人

地区	第二孩				第三孩			
	小计	男	女	性别比(女=100)	小计	男	女	性别比(女=100)
绍兴市	**265**	**142**	**123**	**115.45**	**25**	**13**	**12**	**108.33**
越城区	43	23	20	115.00	4	2	2	100.00
柯桥区	52	24	28	85.71	1		1	
上虞区	42	24	18	133.33	10	6	4	150.00
新昌县	16	6	10	60.00	1		1	
诸暨市	85	47	38	123.68	4	3	1	300.00
嵊州市	27	18	9	200.00	5	2	3	66.67
金华市	**687**	**371**	**316**	**117.41**	**102**	**60**	**42**	**142.86**
婺城区	52	26	26	100.00	9	6	3	200.00
金东区	56	31	25	124.00	7	6	1	600.00
武义县	60	29	31	93.55	8	4	4	100.00
浦江县	74	42	32	131.25	10	4	6	66.67
磐安县	20	11	9	122.22	4	2	2	100.00
兰溪市	49	29	20	145.00	8	4	4	100.00
义乌市	137	74	63	117.46	26	15	11	136.36
东阳市	119	64	55	116.36	15	9	6	150.00
永康市	120	65	55	118.18	15	10	5	200.00
衢州市	**237**	**109**	**128**	**85.16**	**39**	**25**	**14**	**178.57**
柯城区	32	10	22	45.45	2		2	
衢江区	62	24	38	63.16	10	6	4	150.00
常山县	29	16	13	123.08	8	4	4	100.00
开化县	25	11	14	78.57	4	3	1	300.00
龙游县	32	14	18	77.78	6	5	1	500.00
江山市	57	34	23	147.83	9	7	2	350.00
舟山市	**42**	**18**	**24**	**75.00**	**2**	**2**		
定海区	18	8	10	80.00	1	1		
普陀区	19	8	11	72.73	1	1		
岱山县	3	1	2	50.00				
嵊泗县	2	1	1	100.00				
台州市	**774**	**387**	**387**	**100.00**	**107**	**63**	**44**	**143.18**
椒江区	78	41	37	110.81	18	11	7	157.14
黄岩区	90	46	44	104.55	7	5	2	250.00
路桥区	65	34	31	109.68	11	7	4	175.00
三门县	53	29	24	120.83	4	3	1	300.00
天台县	47	19	28	67.86	9	7	2	350.00
仙居县	48	17	31	54.84	11	4	7	57.14
温岭市	132	60	72	83.33	24	14	10	140.00
临海市	179	101	78	129.49	19	10	9	111.11
玉环市	82	40	42	95.24	4	2	2	100.00
丽水市	**187**	**102**	**85**	**120.00**	**32**	**16**	**16**	**100.00**
莲都区	22	15	7	214.29	3	2	1	200.00
青田县	27	18	9	200.00	13	8	5	160.00
缙云县	37	24	13	184.62	8	3	5	60.00
遂昌县	23	8	15	53.33				
松阳县	39	20	19	105.26	4	3	1	300.00
云和县	5	3	2	150.00	1		1	
庆元县	8	4	4	100.00				
景宁畲族自治县	9	3	6	50.00				
龙泉市	17	7	10	70.00	3		3	

6-1c 续表 4

单位：人

地区	第四孩				第五孩及以上			
	小计	男	女	性别比(女=100)	小计	男	女	性别比(女=100)
合计	**76**	**40**	**36**	**111.11**	**16**	**15**	**1**	**1500.00**
杭州市	**4**	**2**	**2**	**100.00**				
上城区								
下城区								
江干区								
拱墅区								
西湖区								
滨江区								
萧山区	2	1	1	100.00				
余杭区	1		1					
富阳区								
临安区	1	1						
桐庐县								
淳安县								
建德市								
宁波市	**11**	**6**	**5**	**120.00**	**2**	**1**	**1**	**100.00**
海曙区								
江北区	1	1						
北仑区	2	1	1	100.00				
镇海区	1	1						
鄞州区	2	1	1	100.00				
奉化区	2	1	1	100.00				
象山县								
宁海县								
余姚市	1		1		1	1		
慈溪市	2	1	1	100.00	1		1	
温州市	**9**	**6**	**3**	**200.00**	**2**	**2**		
鹿城区	1		1					
龙湾区								
瓯海区	1		1					
洞头区								
永嘉县								
平阳县	1	1						
苍南县					1	1		
文成县								
泰顺县								
瑞安市	2	1	1	100.00				
乐清市	4	4			1	1		
龙港市								
嘉兴市	**7**	**2**	**5**	**40.00**	**1**	**1**		
南湖区								
秀洲区	3		3		1	1		
嘉善县	1		1					
海盐县								
海宁市	1		1					
平湖市								
桐乡市	2	2						
湖州市	**4**	**2**	**2**	**100.00**	**1**	**1**		
吴兴区	2	1	1	100.00				
南浔区	1		1		1	1		
德清县								
长兴县								
安吉县	1	1						

6-1c　续表 5　　　　单位：人

地　区	第四孩				第五孩及以上			
	小计	男	女	性别比(女=100)	小计	男	女	性别比(女=100)
绍兴市	**4**	**3**	**1**	**300.00**				
越城区	1		1					
柯桥区	1	1						
上虞区	1	1						
新昌县								
诸暨市	1	1						
嵊州市								
金华市	**11**	**7**	**4**	**175.00**	**3**	**3**		
婺城区								
金东区	1		1		1	1		
武义县								
浦江县	3	3						
磐安县	1	1						
兰溪市								
义乌市	5	3	2	150.00	2	2		
东阳市								
永康市	1		1					
衢州市	**3**	**2**	**1**	**200.00**				
柯城区								
衢江区	2	1	1	100.00				
常山县								
开化县								
龙游县								
江山市	1	1						
舟山市								
定海区								
普陀区								
岱山县								
嵊泗县								
台州市	**19**	**8**	**11**	**72.73**	**7**	**7**		
椒江区	2	1	1	100.00				
黄岩区								
路桥区	3		3		1	1		
三门县								
天台县	2		2					
仙居县	1		1		4	4		
温岭市	8	4	4	100.00	1	1		
临海市	2	2						
玉环市	1	1			1	1		
丽水市	**4**	**2**	**2**	**100.00**				
莲都区	1	1						
青田县	1		1					
缙云县	1	1						
遂昌县	1		1					
松阳县								
云和县								
庆元县								
景宁畲族自治县								
龙泉市								

6–2 全省按年龄、受教育程度、生育孩次

受教育程度 年龄	合计	生男孩的妇女人数	生女孩的妇女人数	一孩		
				小计	男	女
总计	**49119**	**25820**	**23299**	**24842**	**13018**	**11824**
15–19岁	**634**	**329**	**305**	**519**	**266**	**253**
15	9	5	4	8	4	4
16	35	18	17	34	17	17
17	78	32	46	68	30	38
18	170	85	85	141	68	73
19	342	189	153	268	147	121
20–24岁	**6146**	**3214**	**2932**	**4463**	**2341**	**2122**
20	511	262	249	402	205	197
21	740	395	345	549	292	257
22	1168	612	556	833	443	390
23	1586	796	790	1152	577	575
24	2141	1149	992	1527	824	703
25–29岁	**18077**	**9403**	**8674**	**11582**	**5979**	**5603**
25	2925	1542	1383	2058	1078	980
26	3339	1718	1621	2342	1194	1148
27	3926	2087	1839	2589	1395	1194
28	3972	2043	1929	2431	1231	1200
29	3915	2013	1902	2162	1081	1081
30–34岁	**16370**	**8637**	**7733**	**6337**	**3353**	**2984**
30	4105	2194	1911	2004	1037	967
31	3667	1931	1736	1540	835	705
32	3208	1673	1535	1156	616	540
33	3026	1585	1441	930	473	457
34	2364	1254	1110	707	392	315
35–39岁	**5984**	**3196**	**2788**	**1411**	**756**	**655**
35	1630	894	736	411	221	190
36	1405	744	661	353	184	169
37	1188	622	566	275	150	125
38	1049	539	510	246	122	124
39	712	397	315	126	79	47
40–44岁	**1470**	**799**	**671**	**347**	**204**	**143**
40	473	245	228	99	52	47
41	356	201	155	77	45	32
42	287	157	130	67	38	29
43	214	114	100	55	40	15
44	140	82	58	49	29	20
45–49岁	**438**	**242**	**196**	**183**	**119**	**64**
45	103	57	46	36	20	16
46	77	48	29	36	24	12
47	81	44	37	33	23	10
48	86	44	42	36	23	13
49	91	49	42	42	29	13

分的育龄妇女人数(2019.11.1—2020.10.31)

单位：人

二孩			三孩及以上		
小计	男	女	小计	男	女
21525	**11190**	**10335**	**2752**	**1612**	**1140**
107	**60**	**47**	**8**	**3**	**5**
1	1				
1	1				
9	1	8	1	1	
28	17	11	1		1
68	40	28	6	2	4
1486	**765**	**721**	**197**	**108**	**89**
100	52	48	9	5	4
167	88	79	24	15	9
293	148	145	42	21	21
384	192	192	50	27	23
542	285	257	72	40	32
5849	**3040**	**2809**	**646**	**384**	**262**
784	416	368	83	48	35
910	466	444	87	58	29
1202	613	589	135	79	56
1391	730	661	150	82	68
1562	815	747	191	117	74
9036	**4683**	**4353**	**997**	**601**	**396**
1895	1022	873	206	135	71
1928	979	949	199	117	82
1843	926	917	209	131	78
1894	1007	887	202	105	97
1476	749	727	181	113	68
3944	**2067**	**1877**	**629**	**373**	**256**
1070	586	484	149	87	62
902	459	443	150	101	49
801	403	398	112	69	43
678	353	325	125	64	61
493	266	227	93	52	41
917	**484**	**433**	**206**	**111**	**95**
295	154	141	79	39	40
237	137	100	42	19	23
179	92	87	41	27	14
135	61	74	24	13	11
71	40	31	20	13	7
186	**91**	**95**	**69**	**32**	**37**
49	25	24	18	12	6
33	18	15	8	6	2
36	17	19	12	4	8
33	16	17	17	5	12
35	15	20	14	5	9

6–2 续表 1

受教育程度 年龄	合计	生男孩的妇女人数	生女孩的妇女人数	一孩 小计	一孩 男	一孩 女
未上过学	**72**	**48**	**24**	**29**	**20**	**9**
15–19岁	**3**	**3**		**2**	**2**	
15	1	1		1	1	
16						
17						
18						
19	2	2		1	1	
20–24岁	**7**	**5**	**2**	**5**	**4**	**1**
20	1	1		1	1	
21	1	1		1	1	
22	2	1	1	1	1	
23						
24	3	2	1	2	1	1
25–29岁	**11**	**7**	**4**	**5**	**2**	**3**
25	1		1	1		1
26	3	2	1	2	1	1
27	4	3	1	1	1	
28	2	1	1	1		1
29	1	1				
30–34岁	**9**	**6**	**3**	**5**	**3**	**2**
30	1	1				
31						
32	3	1	2	2	1	1
33	3	2	1	2	1	1
34	2	2		1	1	
35–39岁	**17**	**11**	**6**	**5**	**4**	**1**
35	3	1	2	2	1	1
36	2	2		1	1	
37	2		2			
38	3	2	1	1	1	
39	7	6	1	1	1	
40–44岁	**13**	**9**	**4**	**2**	**1**	**1**
40	4	1	3	1		1
41	3	3				
42	2	2				
43	3	2	1			
44	1	1		1	1	
45–49岁	**12**	**7**	**5**	**5**	**4**	**1**
45	2	1	1			
46	1	1		1	1	
47	1	1		1	1	
48	6	3	3	2	1	1
49	2	1	1	1	1	

单位：人

二孩			三孩及以上		
小计	男	女	小计	男	女
27	**19**	**8**	**16**	**9**	**7**
1	**1**				
1	1				
2	**1**	**1**			
1		1			
1	1				
5	**4**	**1**	**1**	**1**	
1	1				
2	1	1	1	1	
1	1				
1	1				
2	**2**		**2**	**1**	**1**
1	1				
			1		1
1	1				
			1	1	
8	**5**	**3**	**4**	**2**	**2**
1		1			
1	1				
2		2			
1	1		1		1
3	3		3	2	1
5	**4**	**1**	**6**	**4**	**2**
1	1		2		2
1	1		2	2	
			2	2	
3	2	1			
4	**2**	**2**	**3**	**1**	**2**
1	1		1		1
2	1	1	2	1	1
1		1			

6-2 续表 2

受教育程度 年龄	合计	生男孩的妇女人数	生女孩的妇女人数	一孩		
				小计	男	女
学前教育	**3**	**1**	**2**			
15-19岁						
15						
16						
17						
18						
19						
20-24岁						
20						
21						
22						
23						
24						
25-29岁	**1**		**1**			
25						
26	1		1			
27						
28						
29						
30-34岁						
30						
31						
32						
33						
34						
35-39岁						
35						
36						
37						
38						
39						
40-44岁						
40						
41						
42						
43						
44						
45-49岁	**2**	**1**	**1**			
45						
46						
47						
48	1		1			
49	1	1				

单位：人

二孩			三孩及以上		
小计	男	女	小计	男	女
2	**1**	**1**	**1**		**1**
1		**1**			
1		1			
1	**1**		**1**		**1**
			1		1
1	1				

6-2 续表 3

受教育程度 年　　龄	合　计	生男孩的 妇女人数	生女孩的 妇女人数	一　　孩		
				小计	男	女
小　学	**1812**	**994**	**818**	**642**	**373**	**269**
15-19岁	**62**	**27**	**35**	**39**	**19**	**20**
15	3		3	3		3
16	6	6		5	5	
17	6		6	3		3
18	22	7	15	15	5	10
19	25	14	11	13	9	4
20-24岁	**269**	**145**	**124**	**136**	**69**	**67**
20	44	19	25	30	14	16
21	39	20	19	20	9	11
22	54	26	28	27	15	12
23	55	29	26	27	14	13
24	77	51	26	32	17	15
25-29岁	**370**	**208**	**162**	**153**	**95**	**58**
25	68	39	29	27	14	13
26	66	41	25	38	26	12
27	84	44	40	37	21	16
28	76	47	29	27	19	8
29	76	37	39	24	15	9
30-34岁	**452**	**253**	**199**	**127**	**73**	**54**
30	76	45	31	20	10	10
31	92	59	33	27	20	7
32	105	49	56	28	11	17
33	93	46	47	22	12	10
34	86	54	32	30	20	10
35-39岁	**343**	**187**	**156**	**101**	**55**	**46**
35	75	44	31	19	6	13
36	82	48	34	24	17	7
37	59	30	29	19	11	8
38	75	37	38	24	12	12
39	52	28	24	15	9	6
40-44岁	**192**	**107**	**85**	**47**	**32**	**15**
40	56	34	22	15	11	4
41	36	19	17	5	4	1
42	39	20	19	9	3	6
43	35	18	17	9	7	2
44	26	16	10	9	7	2
45-49岁	**124**	**67**	**57**	**39**	**30**	**9**
45	25	14	11	5	5	
46	20	15	5	8	6	2
47	23	9	14	8	6	2
48	24	15	9	7	6	1
49	32	14	18	11	7	4

单位：人

二孩			三孩及以上		
小计	男	女	小计	男	女
857	**447**	**410**	**313**	**174**	**139**
20	**7**	**13**	**3**	**1**	**2**
1	1				
3		3			
6	2	4	1		1
10	4	6	2	1	1
94	**54**	**40**	**39**	**22**	**17**
10	4	6	4	1	3
16	9	7	3	2	1
20	7	13	7	4	3
16	9	7	12	6	6
32	25	7	13	9	4
165	**89**	**76**	**52**	**24**	**28**
33	18	15	8	7	1
21	12	9	7	3	4
37	20	17	10	3	7
39	23	16	10	5	5
35	16	19	17	6	11
247	**134**	**113**	**78**	**46**	**32**
43	26	17	13	9	4
48	30	18	17	9	8
60	31	29	17	7	10
57	27	30	14	7	7
39	20	19	17	14	3
175	**89**	**86**	**67**	**43**	**24**
37	24	13	19	14	5
41	17	24	17	14	3
30	14	16	10	5	5
37	19	18	14	6	8
30	15	15	7	4	3
104	**51**	**53**	**41**	**24**	**17**
27	15	12	14	8	6
22	11	11	9	4	5
19	10	9	11	7	4
23	9	14	3	2	1
13	6	7	4	3	1
52	**23**	**29**	**33**	**14**	**19**
13	5	8	7	4	3
9	6	3	3	3	
7	1	6	8	2	6
11	7	4	6	2	4
12	4	8	9	3	6

6–2 续表 4

受教育程度 年 龄	合 计	生男孩的 妇女人数	生女孩的 妇女人数	一 孩		
				小计	男	女
初 中	**14208**	**7485**	**6723**	**5663**	**2979**	**2684**
15–19岁	**473**	**246**	**227**	**393**	**197**	**196**
15	5	4	1	4	3	1
16	26	10	16	26	10	16
17	60	27	33	54	25	29
18	129	64	65	110	51	59
19	253	141	112	199	108	91
20–24岁	**2893**	**1517**	**1376**	**1834**	**960**	**874**
20	333	178	155	248	129	119
21	482	255	227	338	179	159
22	670	343	327	433	216	217
23	687	359	328	427	221	206
24	721	382	339	388	215	173
25–29岁	**4111**	**2147**	**1964**	**1693**	**865**	**828**
25	852	457	395	439	235	204
26	808	432	376	361	186	175
27	886	443	443	365	182	183
28	749	382	367	262	130	132
29	816	433	383	266	132	134
30–34岁	**3939**	**2077**	**1862**	**1079**	**577**	**502**
30	902	507	395	262	134	128
31	811	401	410	231	123	108
32	806	421	385	213	113	100
33	766	391	375	189	96	93
34	654	357	297	184	111	73
35–39岁	**1991**	**1061**	**930**	**422**	**233**	**189**
35	529	288	241	116	67	49
36	433	226	207	99	49	50
37	412	227	185	81	50	31
38	359	170	189	81	38	43
39	258	150	108	45	29	16
40–44岁	**597**	**321**	**276**	**155**	**91**	**64**
40	185	94	91	44	24	20
41	143	79	64	36	21	15
42	119	63	56	28	16	12
43	87	46	41	27	18	9
44	63	39	24	20	12	8
45–49岁	**204**	**116**	**88**	**87**	**56**	**31**
45	45	23	22	18	7	11
46	41	24	17	19	12	7
47	36	20	16	13	9	4
48	42	21	21	16	12	4
49	40	28	12	21	16	5

单位：人

二孩			三孩及以上		
小计	男	女	小计	男	女
6991	**3592**	**3399**	**1554**	**914**	**640**
75	**47**	**28**	**5**	**2**	**3**
1	1				
5	1	4	1	1	
19	13	6			
50	32	18	4	1	3
925	**481**	**444**	**134**	**76**	**58**
80	45	35	5	4	1
126	65	61	18	11	7
207	112	95	30	15	15
227	118	109	33	20	13
285	141	144	48	26	22
2009	**1024**	**985**	**409**	**258**	**151**
358	189	169	55	33	22
389	206	183	58	40	18
438	210	228	83	51	32
396	197	199	91	55	36
428	222	206	122	79	43
2323	**1180**	**1143**	**537**	**320**	**217**
525	294	231	115	79	36
480	222	258	100	56	44
474	234	240	119	74	45
469	239	230	108	56	52
375	191	184	95	55	40
1232	**637**	**595**	**337**	**191**	**146**
338	180	158	75	41	34
259	132	127	75	45	30
268	137	131	63	40	23
207	98	109	71	34	37
160	90	70	53	31	22
339	**178**	**161**	**103**	**52**	**51**
101	49	52	40	21	19
87	52	35	20	6	14
75	37	38	16	10	6
45	20	25	15	8	7
31	20	11	12	7	5
88	**45**	**43**	**29**	**15**	**14**
18	9	9	9	7	2
18	10	8	4	2	2
19	9	10	4	2	2
18	7	11	8	2	6
15	10	5	4	2	2

6-2 续表 5

受教育程度 年 龄	合 计	生男孩的妇女人数	生女孩的妇女人数	一 孩 小计	一 孩 男	一 孩 女
高 中	**9846**	**5189**	**4657**	**4701**	**2484**	**2217**
15-19岁	**91**	**48**	**43**	**80**	**43**	**37**
15						
16	3	2	1	3	2	1
17	12	5	7	11	5	6
18	18	13	5	15	11	4
19	58	28	30	51	25	26
20-24岁	**1534**	**805**	**729**	**1187**	**632**	**555**
20	106	52	54	96	49	47
21	162	92	70	140	79	61
22	256	137	119	204	112	92
23	455	216	239	347	168	179
24	555	308	247	400	224	176
25-29岁	**3700**	**1955**	**1745**	**2105**	**1102**	**1003**
25	721	372	349	479	247	232
26	723	372	351	491	254	237
27	745	417	328	414	236	178
28	790	426	364	419	217	202
29	721	368	353	302	148	154
30-34岁	**3156**	**1639**	**1517**	**1021**	**543**	**478**
30	772	381	391	289	143	146
31	715	383	332	260	142	118
32	600	312	288	194	112	82
33	614	323	291	172	89	83
34	455	240	215	106	57	49
35-39岁	**1034**	**557**	**477**	**224**	**117**	**107**
35	257	147	110	57	36	21
36	220	124	96	52	29	23
37	214	100	114	47	19	28
38	205	110	95	46	21	25
39	138	76	62	22	12	10
40-44岁	**271**	**158**	**113**	**53**	**30**	**23**
40	91	53	38	17	9	8
41	67	43	24	15	8	7
42	53	34	19	7	4	3
43	39	18	21	7	5	2
44	21	10	11	7	4	3
45-49岁	**60**	**27**	**33**	**31**	**17**	**14**
45	15	9	6	5	4	1
46	12	6	6	6	4	2
47	13	7	6	7	4	3
48	8	2	6	7	2	5
49	12	3	9	6	3	3

单位：人

二孩			三孩及以上		
小计	男	女	小计	男	女
4684	**2428**	**2256**	**461**	**277**	**184**
11	**5**	**6**			
1		1			
3	2	1			
7	3	4			
326	**165**	**161**	**21**	**8**	**13**
10	3	7			
20	12	8	2	1	1
48	24	24	4	1	3
104	47	57	4	1	3
144	79	65	11	5	6
1483	**792**	**691**	**112**	**61**	**51**
227	120	107	15	5	10
218	109	109	14	9	5
306	166	140	25	15	10
341	193	148	30	16	14
391	204	187	28	16	12
1941	**976**	**965**	**194**	**120**	**74**
434	208	226	49	30	19
409	210	199	46	31	15
370	177	193	36	23	13
408	218	190	34	16	18
320	163	157	29	20	9
708	**370**	**338**	**102**	**70**	**32**
173	93	80	27	18	9
146	78	68	22	17	5
148	68	80	19	13	6
139	75	64	20	14	6
102	56	46	14	8	6
188	**111**	**77**	**30**	**17**	**13**
62	38	24	12	6	6
45	30	15	7	5	2
42	27	15	4	3	1
27	11	16	5	2	3
12	5	7	2	1	1
27	**9**	**18**	**2**	**1**	**1**
9	4	5	1	1	
6	2	4			
6	3	3			
1		1			
5		5	1		1

6-2 续表 6

受教育程度 年　龄	合　计	生男孩的妇女人数	生女孩的妇女人数	一孩 小计	一孩 男	一孩 女
大学专科	**11142**	**5771**	**5371**	**6327**	**3269**	**3058**
15-19岁	**5**	**5**		**5**	**5**	
15						
16						
17						
18	1	1		1	1	
19	4	4		4	4	
20-24岁	**1079**	**548**	**531**	**960**	**493**	**467**
20	23	9	14	23	9	14
21	48	22	26	42	19	23
22	165	93	72	149	87	62
23	308	150	158	275	134	141
24	535	274	261	471	244	227
25-29岁	**4980**	**2559**	**2421**	**3574**	**1842**	**1732**
25	854	449	405	718	381	337
26	974	481	493	782	395	387
27	1084	587	497	809	438	371
28	1057	543	514	673	344	329
29	1011	499	512	592	284	308
30-34岁	**3780**	**1974**	**1806**	**1465**	**756**	**709**
30	971	493	478	495	243	252
31	877	442	435	346	182	164
32	720	392	328	244	136	108
33	703	371	332	223	106	117
34	509	276	233	157	89	68
35-39岁	**1113**	**585**	**528**	**272**	**137**	**135**
35	335	172	163	89	46	43
36	268	144	124	70	32	38
37	211	111	100	48	26	22
38	194	106	88	48	23	25
39	105	52	53	17	10	7
40-44岁	**166**	**86**	**80**	**38**	**26**	**12**
40	64	29	35	10	6	4
41	42	20	22	5	3	2
42	38	22	16	13	10	3
43	12	8	4	7	5	2
44	10	7	3	3	2	1
45-49岁	**19**	**14**	**5**	**13**	**10**	**3**
45	8	4	4	6	3	3
46	2	2		1	1	
47	3	3		2	2	
48	3	3		2	2	
49	3	2	1	2	2	

单位：人

二孩			三孩及以上		
小计	男	女	小计	男	女
4577	**2357**	**2220**	**238**	**145**	**93**
116	**53**	**63**	**3**	**2**	**1**
5	2	3	1	1	
15	5	10	1	1	
32	16	16	1		1
64	30	34			
1367	**694**	**673**	**39**	**23**	**16**
133	66	67	3	2	1
187	83	104	5	3	2
265	144	121	10	5	5
376	194	182	8	5	3
406	207	199	13	8	5
2208	**1149**	**1059**	**107**	**69**	**38**
459	239	220	17	11	6
507	247	260	24	13	11
459	244	215	17	12	5
452	247	205	28	18	10
331	172	159	21	15	6
769	**407**	**362**	**72**	**41**	**31**
227	117	110	19	9	10
179	99	80	19	13	6
149	77	72	14	8	6
133	76	57	13	7	6
81	38	43	7	4	3
112	**51**	**61**	**16**	**9**	**7**
50	22	28	4	1	3
33	15	18	4	2	2
19	8	11	6	4	2
5	3	2			
5	3	2	2	2	
5	**3**	**2**	**1**	**1**	
2	1	1			
			1	1	
1	1				
1	1				
1		1			

6-2 续表 7

受教育程度 年龄	合计	生男孩的妇女人数	生女孩的妇女人数	一孩		
				小计	男	女
大学本科	**10781**	**5680**	**5101**	**6640**	**3442**	**3198**
15–19岁						
15						
16						
17						
18						
19						
20–24岁	**357**	**190**	**167**	**334**	**179**	**155**
20	4	3	1	4	3	1
21	8	5	3	8	5	3
22	20	11	9	18	11	7
23	79	41	38	74	39	35
24	246	130	116	230	121	109
25–29岁	**4611**	**2373**	**2238**	**3779**	**1928**	**1851**
25	422	221	201	387	197	190
26	744	379	365	649	321	328
27	1071	561	510	914	487	427
28	1198	600	598	957	479	478
29	1176	612	564	872	444	428
30–34岁	**4321**	**2331**	**1990**	**2161**	**1150**	**1011**
30	1182	649	533	776	410	366
31	1010	576	434	552	316	236
32	825	429	396	380	194	186
33	743	394	349	264	134	130
34	561	283	278	189	96	93
35–39岁	**1279**	**674**	**605**	**318**	**166**	**152**
35	372	204	168	105	49	56
36	350	170	180	86	44	42
37	248	134	114	69	37	32
38	180	92	88	35	19	16
39	129	74	55	23	17	6
40–44岁	**197**	**103**	**94**	**40**	**17**	**23**
40	56	28	28	9	1	8
41	60	35	25	14	8	6
42	31	14	17	8	4	4
43	34	19	15	3	3	
44	16	7	9	6	1	5
45–49岁	**16**	**9**	**7**	**8**	**2**	**6**
45	7	5	2	2	1	1
46	1		1	1		1
47	5	4	1	2	1	1
48	2		2	2		2
49	1		1	1		1

单位：人

二孩			三孩及以上		
小计	男	女	小计	男	女
3983	**2150**	**1833**	**158**	**88**	**70**
23	**11**	**12**			
2		2			
5	2	3			
16	9	7			
800	**429**	**371**	**32**	**16**	**16**
33	23	10	2	1	1
92	55	37	3	3	
151	70	81	6	4	2
230	120	110	11	1	10
294	161	133	10	7	3
2084	**1137**	**947**	**76**	**44**	**32**
394	233	161	12	6	6
446	252	194	12	8	4
426	220	206	19	15	4
462	253	209	17	7	10
356	179	177	16	8	8
918	**484**	**434**	**43**	**24**	**19**
259	150	109	8	5	3
249	116	133	15	10	5
173	94	79	6	3	3
139	70	69	6	3	3
98	54	44	8	3	5
150	**82**	**68**	**7**	**4**	**3**
43	25	18	4	2	2
46	27	19			
21	9	12	2	1	1
30	15	15	1	1	
10	6	4			
8	**7**	**1**			
5	4	1			
3	3				

6-2 续表 8

受教育程度 年龄	合计	生男孩的妇女人数	生女孩的妇女人数	一孩		
				小计	男	女
硕士研究生	**1171**	**609**	**562**	**783**	**419**	**364**
15-19岁						
15						
16						
17						
18						
19						
20-24岁	**7**	**4**	**3**	**7**	**4**	**3**
20						
21						
22	1	1		1	1	
23	2	1	1	2	1	1
24	4	2	2	4	2	2
25-29岁	**279**	**145**	**134**	**259**	**136**	**123**
25	5	3	2	5	3	2
26	20	11	9	19	11	8
27	49	29	20	46	27	19
28	98	42	56	90	40	50
29	107	60	47	99	55	44
30-34岁	**664**	**331**	**333**	**445**	**232**	**213**
30	192	114	78	156	94	62
31	150	62	88	115	47	68
32	132	61	71	84	42	42
33	98	54	44	54	32	22
34	92	40	52	36	17	19
35-39岁	**187**	**113**	**74**	**60**	**40**	**20**
35	54	37	17	21	15	6
36	44	27	17	18	12	6
37	39	18	21	9	5	4
38	29	21	8	10	7	3
39	21	10	11	2	1	1
40-44岁	**33**	**15**	**18**	**12**	**7**	**5**
40	16	6	10	3	1	2
41	5	2	3	2	1	1
42	5	2	3	2	1	1
43	4	3	1	2	2	
44	3	2	1	3	2	1
45-49岁	**1**	**1**				
45	1	1				
46						
47						
48						
49						

单位：人

二孩			三孩及以上		
小计	男	女	小计	男	女
379	**187**	**192**	**9**	**3**	**6**
19	**8**	**11**	**1**	**1**	
1		1			
3	2	1			
8	2	6			
7	4	3	1	1	
216	**98**	**118**	**3**	**1**	**2**
36	20	16			
35	15	20			
48	19	29			
43	21	22	1	1	
54	23	31	2		2
125	**73**	**52**	**2**		**2**
32	22	10	1		1
26	15	11			
30	13	17			
19	14	5			
18	9	9	1		1
18	**7**	**11**	**3**	**1**	**2**
10	4	6	3	1	2
3	1	2			
3	1	2			
2	1	1			
1	**1**				
1	1				

6-2 续表 9

受教育程度 年 龄	合 计	生男孩的 妇女人数	生女孩的 妇女人数	一 孩		
				小计	男	女
博士研究生	**84**	**43**	**41**	**57**	**32**	**25**
15-19岁						
15						
16						
17						
18						
19						
20-24岁						
20						
21						
22						
23						
24						
25-29岁	**14**	**9**	**5**	**14**	**9**	**5**
25	2	1	1	2	1	1
26						
27	3	3		3	3	
28	2	2		2	2	
29	7	3	4	7	3	4
30-34岁	**49**	**26**	**23**	**34**	**19**	**15**
30	9	4	5	6	3	3
31	12	8	4	9	5	4
32	17	8	9	11	7	4
33	6	4	2	4	3	1
34	5	2	3	4	1	3
35-39岁	**20**	**8**	**12**	**9**	**4**	**5**
35	5	1	4	2	1	1
36	6	3	3	3		3
37	3	2	1	2	2	
38	4	1	3	1	1	
39	2	1	1	1		1
40-44岁	**1**		**1**			
40	1		1			
41						
42						
43						
44						
45-49岁						
45						
46						
47						
48						
49						

单位：人

二孩			三孩及以上		
小计	男	女	小计	男	女
25	**9**	**16**	**2**	**2**	
15	**7**	**8**			
3	1	2			
3	3				
6	1	5			
2	1	1			
1	1				
9	**2**	**7**	**2**	**2**	
3		3			
1	1		2	2	
1		1			
3		3			
1	1				
1		**1**			
1		1			

6-2a 全省按年龄、受教育程度、生育孩次

受教育程度 年龄	合计	生男孩的妇女人数	生女孩的妇女人数	一孩 小计	一孩 男	一孩 女
总计	**28238**	**14761**	**13477**	**14737**	**7691**	**7046**
15-19岁	**349**	**182**	**167**	**286**	**145**	**141**
15	3	2	1	3	2	1
16	17	9	8	17	9	8
17	50	20	30	43	18	25
18	91	46	45	73	35	38
19	188	105	83	150	81	69
20-24岁	**3140**	**1620**	**1520**	**2325**	**1206**	**1119**
20	234	115	119	187	90	97
21	387	203	184	300	159	141
22	616	312	304	447	233	214
23	790	400	390	576	285	291
24	1113	590	523	815	439	376
25-29岁	**10259**	**5281**	**4978**	**6806**	**3492**	**3314**
25	1547	800	747	1095	574	521
26	1828	916	912	1296	644	652
27	2227	1188	1039	1550	837	713
28	2332	1179	1153	1503	753	750
29	2325	1198	1127	1362	684	678
30-34岁	**9949**	**5248**	**4701**	**4167**	**2201**	**1966**
30	2519	1329	1190	1345	699	646
31	2236	1180	1056	997	533	464
32	1962	1038	924	781	416	365
33	1808	955	853	594	305	289
34	1424	746	678	450	248	202
35-39岁	**3506**	**1870**	**1636**	**870**	**482**	**388**
35	980	543	437	263	149	114
36	848	445	403	216	109	107
37	686	360	326	166	93	73
38	612	317	295	148	79	69
39	380	205	175	77	52	25
40-44岁	**810**	**438**	**372**	**189**	**105**	**84**
40	265	137	128	52	25	27
41	204	117	87	44	27	17
42	152	83	69	40	22	18
43	116	60	56	27	17	10
44	73	41	32	26	14	12
45-49岁	**225**	**122**	**103**	**94**	**60**	**34**
45	51	26	25	18	9	9
46	38	23	15	17	12	5
47	43	24	19	16	11	5
48	45	24	21	22	14	8
49	48	25	23	21	14	7

分的育龄妇女人数(2019.11.1–2020.10.31)(城市)

单位：人

二孩			三孩及以上		
小计	男	女	小计	男	女
12053	**6209**	**5844**	**1448**	**861**	**587**
58	**34**	**24**	**5**	**3**	**2**
6	1	5	1	1	
18	11	7			
34	22	12	4	2	2
724	**365**	**359**	**91**	**49**	**42**
44	23	21	3	2	1
78	40	38	9	4	5
148	70	78	21	9	12
189	100	89	25	15	10
265	132	133	33	19	14
3111	**1580**	**1531**	**342**	**209**	**133**
396	190	206	56	36	20
484	239	245	48	33	15
613	312	301	64	39	25
756	390	366	73	36	37
862	449	413	101	65	36
5238	**2717**	**2521**	**544**	**330**	**214**
1065	562	503	109	68	41
1121	574	547	118	73	45
1065	548	517	116	74	42
1108	593	515	106	57	49
879	440	439	95	58	37
2302	**1188**	**1114**	**334**	**200**	**134**
626	334	292	91	60	31
559	286	273	73	50	23
466	237	229	54	30	24
397	202	195	67	36	31
254	129	125	49	24	25
524	**280**	**244**	**97**	**53**	**44**
179	93	86	34	19	15
133	78	55	27	12	15
97	51	46	15	10	5
75	36	39	14	7	7
40	22	18	7	5	2
96	**45**	**51**	**35**	**17**	**18**
25	12	13	8	5	3
16	6	10	5	5	
19	10	9	8	3	5
17	8	9	6	2	4
19	9	10	8	2	6

6-2a 续表 1

受教育程度 年龄	合计	生男孩的妇女人数	生女孩的妇女人数	一孩 小计	一孩 男	一孩 女
未上过学	**30**	**21**	**9**	**11**	**9**	**2**
15-19岁	**3**	**3**		**2**	**2**	
15	1	1		1	1	
16						
17						
18						
19	2	2		1	1	
20-24岁	**3**	**2**	**1**	**2**	**2**	
20						
21						
22	2	1	1	1	1	
23						
24	1	1		1	1	
25-29岁	**1**	**1**				
25						
26						
27						
28						
29	1	1				
30-34岁	**6**	**4**	**2**	**3**	**1**	**2**
30	1	1				
31						
32	1		1	1		1
33	2	1	1	1		1
34	2	2		1	1	
35-39岁	**7**	**4**	**3**	**2**	**2**	
35	1		1			
36						
37	1		1			
38	1	1		1	1	
39	4	3	1	1	1	
40-44岁	**5**	**4**	**1**			
40						
41	1	1				
42	1	1				
43	3	2	1			
44						
45-49岁	**5**	**3**	**2**	**2**	**2**	
45	1		1			
46						
47						
48	3	2	1	1	1	
49	1	1		1	1	

单位：人

二孩			三孩及以上		
小计	男	女	小计	男	女
11	**7**	**4**	**8**	**5**	**3**
1	**1**				
1	1				
1		**1**			
1		1			
1	**1**				
1	1				
2	**2**		**1**	**1**	
1	1				
1	1				
			1	1	
3	**1**	**2**	**2**	**1**	**1**
1		1			
1		1			
1	1		2	1	1
3	**2**	**1**	**2**	**2**	
			1	1	
			1	1	
3	2	1			
****			**3**	**1**	**2**
			1		1
			2	1	1

6-2a 续表 2

受教育程度 年　　龄	合　计	生男孩的 妇女人数	生女孩的 妇女人数	一　孩		
				小计	男	女
学前教育	**2**		**2**			
15-19岁						
15						
16						
17						
18						
19						
20-24岁						
20						
21						
22						
23						
24						
25-29岁	**1**		**1**			
25						
26	1		1			
27						
28						
29						
30-34岁						
30						
31						
32						
33						
34						
35-39岁						
35						
36						
37						
38						
39						
40-44岁						
40						
41						
42						
43						
44						
45-49岁	**1**		**1**			
45						
46						
47						
48	1		1			
49						

单位：人

二孩			三孩及以上		
小计	男	女	小计	男	女
1		**1**	**1**		**1**
1		**1**			
1		1			
			1		**1**
			1		1

6-2a 续表 3

受教育程度 年　龄	合　计	生男孩的 妇女人数	生女孩的 妇女人数	一　孩		
				小计	男	女
小　学	**806**	**431**	**375**	**292**	**162**	**130**
15-19岁	**30**	**10**	**20**	**17**	**6**	**11**
15	1		1	1		1
16	1	1		1	1	
17	5		5	2		2
18	11	2	9	7	1	6
19	12	7	5	6	4	2
20-24岁	**118**	**66**	**52**	**64**	**32**	**32**
20	18	9	9	13	7	6
21	16	9	7	10	5	5
22	23	10	13	9	5	4
23	26	13	13	17	8	9
24	35	25	10	15	7	8
25-29岁	**177**	**93**	**84**	**66**	**39**	**27**
25	27	16	11	10	6	4
26	35	20	15	17	10	7
27	38	19	19	17	9	8
28	36	21	15	10	8	2
29	41	17	24	12	6	6
30-34岁	**218**	**115**	**103**	**63**	**32**	**31**
30	30	17	13	8	2	6
31	47	29	18	15	10	5
32	43	15	28	12	4	8
33	51	26	25	11	7	4
34	47	28	19	17	9	8
35-39岁	**126**	**71**	**55**	**50**	**29**	**21**
35	33	17	16	11	4	7
36	33	19	14	10	7	3
37	22	10	12	12	7	5
38	20	14	6	9	6	3
39	18	11	7	8	5	3
40-44岁	**83**	**49**	**34**	**16**	**11**	**5**
40	25	15	10	4	3	1
41	20	13	7	3	3	
42	12	7	5	4	1	3
43	16	9	7	2	2	
44	10	5	5	3	2	1
45-49岁	**54**	**27**	**27**	**16**	**13**	**3**
45	5	1	4			
46	9	6	3	2	1	1
47	12	5	7	5	4	1
48	11	8	3	4	4	
49	17	7	10	5	4	1

单位：人

二孩			三孩及以上		
小计	男	女	小计	男	女
382	**195**	**187**	**132**	**74**	**58**
12	**3**	**9**	**1**	**1**	
3		3			
4	1	3			
5	2	3	1	1	
41	**25**	**16**	**13**	**9**	**4**
4	1	3	1	1	
6	4	2			
11	3	8	3	2	1
5	3	2	4	2	2
15	14	1	5	4	1
85	**43**	**42**	**26**	**11**	**15**
12	6	6	5	4	1
13	7	6	5	3	2
16	9	7	5	1	4
24	13	11	2		2
20	8	12	9	3	6
118	**62**	**56**	**37**	**21**	**16**
20	14	6	2	1	1
24	14	10	8	5	3
24	9	15	7	2	5
32	15	17	8	4	4
18	10	8	12	9	3
52	**26**	**26**	**24**	**16**	**8**
15	7	8	7	6	1
16	7	9	7	5	2
7	3	4	3		3
8	6	2	3	2	1
6	3	3	4	3	1
48	**26**	**22**	**19**	**12**	**7**
14	8	6	7	4	3
11	6	5	6	4	2
6	4	2	2	2	
12	6	6	2	1	1
5	2	3	2	1	1
26	**10**	**16**	**12**	**4**	**8**
5	1	4			
5	3	2	2	2	
3		3	4	1	3
6	4	2	1		1
7	2	5	5	1	4

6-2a 续表 4

受教育程度 年龄	合计	生男孩的妇女人数	生女孩的妇女人数	一孩 小计	一孩 男	一孩 女
初中	**6973**	**3641**	**3332**	**2878**	**1534**	**1344**
15-19岁	**268**	**146**	**122**	**224**	**117**	**107**
15	1	1		1	1	
16	13	6	7	13	6	7
17	39	18	21	35	16	19
18	72	38	34	59	29	30
19	143	83	60	116	65	51
20-24岁	**1490**	**768**	**722**	**976**	**514**	**462**
20	156	80	76	118	57	61
21	261	139	122	193	108	85
22	360	175	185	238	116	122
23	349	187	162	220	116	104
24	364	187	177	207	117	90
25-29岁	**2107**	**1078**	**1029**	**853**	**428**	**425**
25	458	235	223	225	116	109
26	415	217	198	178	90	88
27	455	229	226	190	94	96
28	364	177	187	125	61	64
29	415	220	195	135	67	68
30-34岁	**1895**	**981**	**914**	**529**	**297**	**232**
30	455	235	220	142	78	64
31	398	190	208	109	55	54
32	381	207	174	96	54	42
33	351	185	166	88	46	42
34	310	164	146	94	64	30
35-39岁	**849**	**467**	**382**	**183**	**107**	**76**
35	252	143	109	57	35	22
36	178	105	73	38	24	14
37	161	91	70	28	18	10
38	152	67	85	39	17	22
39	106	61	45	21	13	8
40-44岁	**263**	**141**	**122**	**72**	**44**	**28**
40	79	39	40	19	11	8
41	60	34	26	14	10	4
42	54	31	23	15	10	5
43	42	21	21	15	8	7
44	28	16	12	9	5	4
45-49岁	**101**	**60**	**41**	**41**	**27**	**14**
45	20	12	8	7	3	4
46	20	10	10	11	7	4
47	19	11	8	4	3	1
48	21	12	9	9	7	2
49	21	15	6	10	7	3

单位：人

二孩			三孩及以上		
小计	男	女	小计	男	女
3312	**1634**	**1678**	**783**	**473**	**310**
40	**27**	**13**	**4**	**2**	**2**
3	1	2	1	1	
13	9	4			
24	17	7	3	1	2
447	**217**	**230**	**67**	**37**	**30**
36	22	14	2	1	1
60	27	33	8	4	4
106	53	53	16	6	10
110	58	52	19	13	6
135	57	78	22	13	9
1041	**508**	**533**	**213**	**142**	**71**
194	92	102	39	27	12
205	105	100	32	22	10
224	108	116	41	27	14
201	94	107	38	22	16
217	109	108	63	44	19
1085	**516**	**569**	**281**	**168**	**113**
252	117	135	61	40	21
234	102	132	55	33	22
222	114	108	63	39	24
207	108	99	56	31	25
170	75	95	46	25	21
503	**263**	**240**	**163**	**97**	**66**
146	77	69	49	31	18
109	61	48	31	20	11
108	56	52	25	17	8
82	36	46	31	14	17
58	33	25	27	15	12
152	**80**	**72**	**39**	**17**	**22**
48	22	26	12	6	6
34	21	13	12	3	9
33	18	15	6	3	3
20	9	11	7	4	3
17	10	7	2	1	1
44	**23**	**21**	**16**	**10**	**6**
7	5	2	6	4	2
7	1	6	2	2	
11	6	5	4	2	2
10	4	6	2	1	1
9	7	2	2	1	1

6-2a 续表 5

受教育程度 年 龄	合 计	生男孩的 妇女人数	生女孩的 妇女人数	一 孩		
				小计	男	女
高 中	**4965**	**2574**	**2391**	**2379**	**1218**	**1161**
15-19岁	**45**	**20**	**25**	**40**	**17**	**23**
15						
16	3	2	1	3	2	1
17	6	2	4	6	2	4
18	7	5	2	6	4	2
19	29	11	18	25	9	16
20-24岁	**725**	**372**	**353**	**555**	**284**	**271**
20	48	23	25	44	23	21
21	80	41	39	69	34	35
22	129	69	60	104	56	48
23	207	97	110	155	73	82
24	261	142	119	183	98	85
25-29岁	**1777**	**921**	**856**	**1037**	**528**	**509**
25	355	166	189	237	112	125
26	332	164	168	229	114	115
27	361	197	164	214	113	101
28	385	206	179	210	113	97
29	344	188	156	147	76	71
30-34岁	**1633**	**845**	**788**	**556**	**289**	**267**
30	416	204	212	163	81	82
31	362	192	170	134	74	60
32	313	161	152	110	59	51
33	320	166	154	98	51	47
34	222	122	100	51	24	27
35-39岁	**586**	**310**	**276**	**138**	**73**	**65**
35	134	77	57	33	23	10
36	128	67	61	32	14	18
37	120	57	63	30	13	17
38	133	67	66	29	14	15
39	71	42	29	14	9	5
40-44岁	**163**	**91**	**72**	**35**	**18**	**17**
40	58	33	25	13	6	7
41	41	23	18	11	5	6
42	31	18	13	4	1	3
43	22	9	13	4	3	1
44	11	8	3	3	3	
45-49岁	**36**	**15**	**21**	**18**	**9**	**9**
45	12	6	6	4	3	1
46	7	5	2	3	3	
47	6	3	3	4	2	2
48	6	1	5	5	1	4
49	5		5	2		2

单位：人

二孩			三孩及以上		
小计	男	女	小计	男	女
2327	**1201**	**1126**	**259**	**155**	**104**
5	**3**	**2**			
1	1				
4	2	2			
160	**86**	**74**	**10**	**2**	**8**
4		4			
10	7	3	1		1
24	13	11	1		1
50	24	26	2		2
72	42	30	6	2	4
682	**361**	**321**	**58**	**32**	**26**
109	50	59	9	4	5
96	45	51	7	5	2
137	78	59	10	6	4
158	85	73	17	8	9
182	103	79	15	9	6
966	**488**	**478**	**111**	**68**	**43**
226	107	119	27	16	11
200	99	101	28	19	9
180	88	92	23	14	9
204	107	97	18	8	10
156	87	69	15	11	4
388	**196**	**192**	**60**	**41**	**19**
84	41	43	17	13	4
87	46	41	9	7	2
78	37	41	12	7	5
87	42	45	17	11	6
52	30	22	5	3	2
110	**62**	**48**	**18**	**11**	**7**
38	22	16	7	5	2
25	15	10	5	3	2
26	16	10	1	1	
14	5	9	4	1	3
7	4	3	1	1	
16	**5**	**11**	**2**	**1**	**1**
7	2	5	1	1	
4	2	2			
2	1	1			
1		1			
2		2	1		1

6-2a 续表 6

受教育程度 年　　龄	合　计	生男孩的 妇女人数	生女孩的 妇女人数	一　孩		
				小计	男	女
大学专科	**6653**	**3461**	**3192**	**3720**	**1913**	**1807**
15-19岁	**3**	**3**		**3**	**3**	
15						
16						
17						
18	1	1		1	1	
19	2	2		2	2	
20-24岁	**578**	**285**	**293**	**515**	**253**	**262**
20	11	3	8	11	3	8
21	24	11	13	22	9	13
22	88	48	40	82	46	36
23	161	76	85	140	63	77
24	294	147	147	260	132	128
25-29岁	**2807**	**1442**	**1365**	**2031**	**1045**	**986**
25	441	240	201	374	208	166
26	541	253	288	434	204	230
27	601	329	272	468	256	212
28	623	324	299	399	203	196
29	601	296	305	356	174	182
30-34岁	**2384**	**1275**	**1109**	**951**	**496**	**455**
30	590	311	279	315	161	154
31	540	279	261	217	109	108
32	471	266	205	170	99	71
33	456	250	206	147	72	75
34	327	169	158	102	55	47
35-39岁	**750**	**387**	**363**	**188**	**96**	**92**
35	227	119	108	61	34	27
36	182	91	91	47	18	29
37	144	75	69	32	18	14
38	132	73	59	35	18	17
39	65	29	36	13	8	5
40-44岁	**117**	**60**	**57**	**21**	**12**	**9**
40	48	24	24	6	4	2
41	32	17	15	2	1	1
42	25	13	12	8	5	3
43	5	2	3	3	1	2
44	7	4	3	2	1	1
45-49岁	**14**	**9**	**5**	**11**	**8**	**3**
45	7	3	4	6	3	3
46	2	2		1	1	
47	1	1		1	1	
48	1	1		1	1	
49	3	2	1	2	2	

单位：人

二孩			三孩及以上		
小计	男	女	小计	男	女
2793	**1461**	**1332**	**140**	**87**	**53**
62	**31**	**31**	**1**	**1**	
2	2				
5	1	4	1	1	
21	13	8			
34	15	19			
757	**385**	**372**	**19**	**12**	**7**
65	31	34	2	1	1
105	48	57	2	1	1
131	72	59	2	1	1
218	116	102	6	5	1
238	118	120	7	4	3
1375	**741**	**634**	**58**	**38**	**20**
265	144	121	10	6	4
306	161	145	17	9	8
291	159	132	10	8	2
298	170	128	11	8	3
215	107	108	10	7	3
511	**262**	**249**	**51**	**29**	**22**
153	78	75	13	7	6
122	64	58	13	9	4
102	52	50	10	5	5
87	49	38	10	6	4
47	19	28	5	2	3
86	**42**	**44**	**10**	**6**	**4**
40	19	21	2	1	1
27	15	12	3	1	2
14	6	8	3	2	1
2	1	1			
3	1	2	2	2	
2		**2**	**1**	**1**	
1		1			
			1	1	
1		1			

6-2a　续表 7

受教育程度 年　　龄	合　计	生男孩的妇女人数	生女孩的妇女人数	一　孩		
				小计	男	女
大学本科	**7694**	**4059**	**3635**	**4714**	**2459**	**2255**
15-19岁						
15						
16						
17						
18						
19						
20-24岁	**222**	**125**	**97**	**209**	**119**	**90**
20	1		1	1		1
21	6	3	3	6	3	3
22	14	9	5	13	9	4
23	45	26	19	42	24	18
24	156	87	69	147	83	64
25-29岁	**3136**	**1614**	**1522**	**2581**	**1327**	**1254**
25	260	140	120	243	129	114
26	485	251	234	419	215	204
27	728	387	341	619	340	279
28	840	416	424	682	335	347
29	823	420	403	618	308	310
30-34岁	**3169**	**1709**	**1460**	**1632**	**860**	**772**
30	846	456	390	570	291	279
31	746	427	319	411	237	174
32	613	325	288	304	154	150
33	537	277	260	200	100	100
34	427	224	203	147	78	69
35-39岁	**1003**	**524**	**479**	**249**	**137**	**112**
35	285	158	127	82	40	42
36	280	134	146	69	34	35
37	198	108	90	54	31	23
38	145	76	69	27	17	10
39	95	48	47	17	15	2
40-44岁	**151**	**80**	**71**	**37**	**15**	**22**
40	41	21	20	9	1	8
41	46	27	19	12	7	5
42	25	11	14	8	4	4
43	25	15	10	2	2	
44	14	6	8	6	1	5
45-49岁	**13**	**7**	**6**	**6**	**1**	**5**
45	5	3	2	1		1
46						
47	5	4	1	2	1	1
48	2		2	2		2
49	1		1	1		1

单位：人

二孩			三孩及以上		
小计	男	女	小计	男	女
2865	**1537**	**1328**	**115**	**63**	**52**
13	**6**	**7**			
1		1			
3	2	1			
9	4	5			
529	**275**	**254**	**26**	**12**	**14**
16	11	5	1		1
64	34	30	2	2	
103	43	60	6	4	2
148	80	68	10	1	9
198	107	91	7	5	2
1484	**816**	**668**	**53**	**33**	**20**
267	160	107	9	5	4
325	183	142	10	7	3
296	160	136	13	11	2
325	172	153	12	5	7
271	141	130	9	5	4
724	**373**	**351**	**30**	**14**	**16**
199	115	84	4	3	1
200	93	107	11	7	4
140	76	64	4	1	3
112	56	56	6	3	3
73	33	40	5		5
108	**61**	**47**	**6**	**4**	**2**
29	18	11	3	2	1
34	20	14			
15	6	9	2	1	1
22	12	10	1	1	
8	5	3			
7	**6**	**1**			
4	3	1			
3	3				

6-2a 续表 8

受教育程度 年龄	合计	生男孩的妇女人数	生女孩的妇女人数	一孩 小计	一孩 男	一孩 女
硕士研究生	**1039**	**534**	**505**	**693**	**367**	**326**
15-19岁						
15						
16						
17						
18						
19						
20-24岁	**4**	**2**	**2**	**4**	**2**	**2**
20						
21						
22						
23	2	1	1	2	1	1
24	2	1	1	2	1	1
25-29岁	**242**	**125**	**117**	**227**	**118**	**109**
25	5	3	2	5	3	2
26	19	11	8	19	11	8
27	41	24	17	39	22	17
28	83	34	49	76	32	44
29	94	53	41	88	50	38
30-34岁	**599**	**293**	**306**	**402**	**207**	**195**
30	173	101	72	141	83	58
31	132	55	77	103	43	60
32	125	56	69	79	39	40
33	85	46	39	45	26	19
34	84	35	49	34	16	18
35-39岁	**166**	**100**	**66**	**52**	**35**	**17**
35	44	29	15	18	13	5
36	41	26	15	17	12	5
37	37	17	20	8	4	4
38	25	18	7	7	5	2
39	19	10	9	2	1	1
40-44岁	**27**	**13**	**14**	**8**	**5**	**3**
40	13	5	8	1		1
41	4	2	2	2	1	1
42	4	2	2	1	1	
43	3	2	1	1	1	
44	3	2	1	3	2	1
45-49岁	**1**	**1**				
45	1	1				
46						
47						
48						
49						

单位：人

二孩			三孩及以上		
小计	男	女	小计	男	女
338	**165**	**173**	**8**	**2**	**6**
15	**7**	**8**			
2	2				
7	2	5			
6	3	3			
194	**85**	**109**	**3**	**1**	**2**
32	18	14			
29	12	17			
46	17	29			
39	19	20	1	1	
48	19	29	2		2
112	**65**	**47**	**2**		**2**
25	16	9	1		1
24	14	10			
29	13	16			
18	13	5			
16	9	7	1		1
16	**7**	**9**	**3**	**1**	**2**
9	4	5	3	1	2
2	1	1			
3	1	2			
2	1	1			
1	**1**				
1	1				

6-2a 续表 9

受教育程度 年 龄	合 计	生男孩的妇女人数	生女孩的妇女人数	一孩		
				小计	男	女
博士研究生	**76**	**40**	**36**	**50**	**29**	**21**
15-19岁						
15						
16						
17						
18						
19						
20-24岁						
20						
21						
22						
23						
24						
25-29岁	**11**	**7**	**4**	**11**	**7**	**4**
25	1		1	1		1
26						
27	3	3		3	3	
28	1	1		1	1	
29	6	3	3	6	3	3
30-34岁	**45**	**26**	**19**	**31**	**19**	**12**
30	8	4	4	6	3	3
31	11	8	3	8	5	3
32	15	8	7	9	7	2
33	6	4	2	4	3	1
34	5	2	3	4	1	3
35-39岁	**19**	**7**	**12**	**8**	**3**	**5**
35	4		4	1		1
36	6	3	3	3		3
37	3	2	1	2	2	
38	4	1	3	1	1	
39	2	1	1	1		1
40-44岁	**1**		**1**			
40	1		1			
41						
42						
43						
44						
45-49岁						
45						
46						
47						
48						
49						

单位：人

二　孩			三孩及以上		
小计	男	女	小计	男	女
24	**9**	**15**	**2**	**2**	
14	**7**	**7**			
2	1	1			
3	3				
6	1	5			
2	1	1			
1	1				
9	**2**	**7**	**2**	**2**	
3		3			
1	1		2	2	
1		1			
3		3			
1	1				
1		**1**			
1		1			

6-2b 全省按年龄、受教育程度、生育孩次

受教育程度 年　　龄	合　计	生男孩的 妇女人数	生女孩的 妇女人数	一　　孩		
				小计	男	女
总　计	**10502**	**5598**	**4904**	**4997**	**2664**	**2333**
15—19岁	**131**	**69**	**62**	**108**	**58**	**50**
15	4	3	1	3	2	1
16	4	2	2	4	2	2
17	12	5	7	10	5	5
18	29	15	14	27	15	12
19	82	44	38	64	34	30
20—24岁	**1373**	**740**	**633**	**955**	**513**	**442**
20	125	68	57	98	53	45
21	150	89	61	106	59	47
22	266	147	119	176	97	79
23	373	191	182	261	137	124
24	459	245	214	314	167	147
25—29岁	**3843**	**2063**	**1780**	**2350**	**1251**	**1099**
25	634	361	273	432	239	193
26	714	377	337	489	248	241
27	848	465	383	522	290	232
28	830	445	385	466	249	217
29	817	415	402	441	225	216
30—34岁	**3382**	**1775**	**1607**	**1180**	**623**	**557**
30	838	453	385	353	181	172
31	753	386	367	307	172	135
32	645	327	318	196	101	95
33	630	322	308	170	81	89
34	516	287	229	154	88	66
35—39岁	**1326**	**704**	**622**	**279**	**133**	**146**
35	338	176	162	70	28	42
36	287	155	132	68	38	30
37	259	141	118	58	30	28
38	251	122	129	58	24	34
39	191	110	81	25	13	12
40—44岁	**345**	**188**	**157**	**82**	**58**	**24**
40	107	54	53	23	14	9
41	84	45	39	21	13	8
42	66	36	30	10	7	3
43	59	38	21	17	17	
44	29	15	14	11	7	4
45—49岁	**102**	**59**	**43**	**43**	**28**	**15**
45	21	12	9	8	4	4
46	19	10	9	6	2	4
47	19	14	5	10	8	2
48	20	9	11	9	7	2
49	23	14	9	10	7	3

分的育龄妇女人数(2019.11.1—2020.10.31)(镇)

单位：人

二孩			三孩及以上		
小计	男	女	小计	男	女
4872	**2566**	**2306**	**633**	**368**	**265**
21	**11**	**10**	**2**		**2**
1	1				
2		2			
2		2			
16	10	6	2		2
370	**203**	**167**	**48**	**24**	**24**
25	14	11	2	1	1
38	25	13	6	5	1
78	44	34	12	6	6
98	47	51	14	7	7
131	73	58	14	5	9
1347	**725**	**622**	**146**	**87**	**59**
195	118	77	7	4	3
204	116	88	21	13	8
286	153	133	40	22	18
324	170	154	40	26	14
338	168	170	38	22	16
1977	**1014**	**963**	**225**	**138**	**87**
433	239	194	52	33	19
406	192	214	40	22	18
406	196	210	43	30	13
416	218	198	44	23	21
316	169	147	46	30	16
900	**482**	**418**	**147**	**89**	**58**
238	133	105	30	15	15
178	89	89	41	28	13
170	90	80	31	21	10
170	88	82	23	10	13
144	82	62	22	15	7
211	**106**	**105**	**52**	**24**	**28**
61	31	30	23	9	14
56	29	27	7	3	4
42	21	21	14	8	6
37	17	20	5	4	1
15	8	7	3		3
46	**25**	**21**	**13**	**6**	**7**
11	7	4	2	1	1
11	7	4	2	1	1
8	5	3	1	1	
7	2	5	4		4
9	4	5	4	3	1

6-2b 续表 1

受教育程度 年龄	合 计	生男孩的妇女人数	生女孩的妇女人数	一孩 小计	一孩 男	一孩 女
未上过学	**14**	**9**	**5**	**7**	**4**	**3**
15-19岁						
15						
16						
17						
18						
19						
20-24岁	**1**	**1**		**1**	**1**	
20	1	1		1	1	
21						
22						
23						
24						
25-29岁	**6**	**4**	**2**	**3**	**1**	**2**
25	1		1	1		1
26	2	2		1	1	
27	1	1				
28	2	1	1	1		1
29						
30-34岁	**1**	**1**		**1**	**1**	
30						
31						
32	1	1		1	1	
33						
34						
35-39岁	**3**	**2**	**1**	**2**	**1**	**1**
35	2	1	1	2	1	1
36						
37						
38						
39	1	1				
40-44岁	**2**	**1**	**1**			
40	2	1	1			
41						
42						
43						
44						
45-49岁	**1**		**1**			
45						
46						
47						
48	1		1			
49						

单位：人

二　孩			三孩及以上		
小计	男	女	小计	男	女
6	**5**	**1**	**1**		**1**
3	**3**				
1	1				
1	1				
1	1				
1	**1**				
1	1				
1	**1**		**1**		**1**
1	1		1		1
1		**1**			
1		1			

6-2b 续表 2

受教育程度 年龄	合 计	生男孩的妇女人数	生女孩的妇女人数	一孩		
				小计	男	女
学前教育	**1**	**1**				
15-19岁						
15						
16						
17						
18						
19						
20-24岁						
20						
21						
22						
23						
24						
25-29岁						
25						
26						
27						
28						
29						
30-34岁						
30						
31						
32						
33						
34						
35-39岁						
35						
36						
37						
38						
39						
40-44岁						
40						
41						
42						
43						
44						
45-49岁	**1**	**1**				
45						
46						
47						
48						
49	1	1				

单位：人

二孩			三孩及以上		
小计	男	女	小计	男	女
1	**1**				
1	**1**				
1	1				

6-2b 续表 3

受教育程度 年龄	合计	生男孩的妇女人数	生女孩的妇女人数	一孩		
				小计	男	女
小 学	**464**	**264**	**200**	**161**	**99**	**62**
15-19岁	**12**	**5**	**7**	**9**	**4**	**5**
15	1		1	1		1
16						
17	1		1	1		1
18	3	1	2	3	1	2
19	7	4	3	4	3	1
20-24岁	**69**	**39**	**30**	**30**	**16**	**14**
20	12	6	6	9	5	4
21	9	7	2	3	2	1
22	15	9	6	6	4	2
23	14	7	7	5	2	3
24	19	10	9	7	3	4
25-29岁	**85**	**54**	**31**	**41**	**29**	**12**
25	16	10	6	6	5	1
26	10	6	4	7	4	3
27	22	17	5	10	8	2
28	22	14	8	12	8	4
29	15	7	8	6	4	2
30-34岁	**108**	**63**	**45**	**29**	**17**	**12**
30	19	9	10	6	4	2
31	23	15	8	5	4	1
32	31	17	14	10	3	7
33	16	9	7	2	1	1
34	19	13	6	6	5	1
35-39岁	**108**	**55**	**53**	**27**	**14**	**13**
35	23	13	10	5	1	4
36	18	9	9	5	4	1
37	24	15	9	4	3	1
38	27	10	17	10	4	6
39	16	8	8	3	2	1
40-44岁	**55**	**32**	**23**	**16**	**13**	**3**
40	15	9	6	5	5	
41	5	3	2			
42	17	9	8	4	2	2
43	11	7	4	4	4	
44	7	4	3	3	2	1
45-49岁	**27**	**16**	**11**	**9**	**6**	**3**
45	5	3	2	1	1	
46	6	4	2	2	1	1
47	4	3	1	3	2	1
48	5	2	3	1	1	
49	7	4	3	2	1	1

单位：人

二孩			三孩及以上		
小计	男	女	小计	男	女
224	**123**	**101**	**79**	**42**	**37**
2	**1**	**1**	**1**		**1**
2	1	1	1		1
28	**18**	**10**	**11**	**5**	**6**
2	1	1	1		1
5	4	1	1	1	
5	3	2	4	2	2
6	4	2	3	1	2
10	6	4	2	1	1
37	**22**	**15**	**7**	**3**	**4**
10	5	5			
2	2		1		1
10	8	2	2	1	1
9	5	4	1	1	
6	2	4	3	1	2
61	**36**	**25**	**18**	**10**	**8**
11	5	6	2		2
14	10	4	4	1	3
15	10	5	6	4	2
11	6	5	3	2	1
10	5	5	3	3	
59	**28**	**31**	**22**	**13**	**9**
9	6	3	9	6	3
10	3	7	3	2	1
14	8	6	6	4	2
13	5	8	4	1	3
13	6	7			
27	**12**	**15**	**12**	**7**	**5**
6	2	4	4	2	2
4	3	1	1		1
7	3	4	6	4	2
6	2	4	1	1	
4	2	2			
10	**6**	**4**	**8**	**4**	**4**
3	2	1	1		1
3	2	1	1	1	
			1	1	
2	1	1	2		2
2	1	1	3	2	1

6-2b 续表 4

受教育程度 年龄	合计	生男孩的 妇女人数	生女孩的 妇女人数	一孩		
				小计	男	女
初中	**3306**	**1749**	**1557**	**1257**	**650**	**607**
15-19岁	**93**	**49**	**44**	**77**	**40**	**37**
15	3	3		2	2	
16	4	2	2	4	2	2
17	7	3	4	6	3	3
18	22	11	11	21	11	10
19	57	30	27	44	22	22
20-24岁	**647**	**349**	**298**	**388**	**204**	**184**
20	81	45	36	61	34	27
21	93	55	38	63	34	29
22	148	83	65	88	46	42
23	170	87	83	99	51	48
24	155	79	76	77	39	38
25-29岁	**919**	**489**	**430**	**369**	**184**	**185**
25	184	107	77	91	50	41
26	181	96	85	79	35	44
27	195	95	100	68	34	34
28	179	97	82	59	29	30
29	180	94	86	72	36	36
30-34岁	**941**	**498**	**443**	**251**	**129**	**122**
30	225	140	85	56	29	27
31	191	91	100	54	32	22
32	186	95	91	50	27	23
33	175	80	95	43	15	28
34	164	92	72	48	26	22
35-39岁	**509**	**261**	**248**	**106**	**52**	**54**
35	120	63	57	19	9	10
36	109	51	58	28	13	15
37	99	60	39	23	15	8
38	106	45	61	24	9	15
39	75	42	33	12	6	6
40-44岁	**146**	**76**	**70**	**43**	**27**	**16**
40	42	20	22	14	7	7
41	46	23	23	15	9	6
42	25	13	12	3	2	1
43	21	15	6	6	6	
44	12	5	7	5	3	2
45-49岁	**51**	**27**	**24**	**23**	**14**	**9**
45	12	5	7	6	2	4
46	9	6	3	2	1	1
47	9	5	4	4	3	1
48	11	4	7	6	4	2
49	10	7	3	5	4	1

单位：人

二孩			三孩及以上		
小计	男	女	小计	男	女
1695	**895**	**800**	**354**	**204**	**150**
15	**9**	**6**	**1**		**1**
1	1				
1		1			
1		1			
12	8	4	1		1
228	**130**	**98**	**31**	**15**	**16**
19	10	9	1	1	
26	18	8	4	3	1
54	34	20	6	3	3
61	31	30	10	5	5
68	37	31	10	3	7
456	**244**	**212**	**94**	**61**	**33**
88	54	34	5	3	2
88	53	35	14	8	6
104	47	57	23	14	9
91	47	44	29	21	8
85	43	42	23	15	8
568	**295**	**273**	**122**	**74**	**48**
139	91	48	30	20	10
115	47	68	22	12	10
112	52	60	24	16	8
110	54	56	22	11	11
92	51	41	24	15	9
328	**169**	**159**	**75**	**40**	**35**
93	51	42	8	3	5
60	26	34	21	12	9
59	34	25	17	11	6
67	30	37	15	6	9
49	28	21	14	8	6
77	**37**	**40**	**26**	**12**	**14**
17	7	10	11	6	5
27	13	14	4	1	3
18	9	9	4	2	2
11	6	5	4	3	1
4	2	2	3		3
23	**11**	**12**	**5**	**2**	**3**
5	2	3	1	1	
6	5	1	1		1
5	2	3			
3		3	2		2
4	2	2	1	1	

6-2b 续表 5

受教育程度 年 龄	合 计	生男孩的 妇女人数	生女孩的 妇女人数	一 孩		
				小计	男	女
高 中	**2276**	**1266**	**1010**	**1010**	**574**	**436**
15－19岁	**25**	**14**	**11**	**21**	**13**	**8**
15						
16						
17	4	2	2	3	2	1
18	4	3	1	3	3	
19	17	9	8	15	8	7
20－24岁	**363**	**208**	**155**	**270**	**161**	**109**
20	24	13	11	20	10	10
21	39	24	15	32	20	12
22	65	35	30	47	28	19
23	103	55	48	77	43	34
24	132	81	51	94	60	34
25－29岁	**847**	**476**	**371**	**437**	**251**	**186**
25	156	93	63	92	53	39
26	169	96	73	107	60	47
27	165	101	64	80	52	28
28	177	97	80	88	47	41
29	180	89	91	70	39	31
30－34岁	**721**	**386**	**335**	**220**	**117**	**103**
30	167	84	83	59	29	30
31	149	79	70	57	31	26
32	134	76	58	40	25	15
33	150	81	69	33	15	18
34	121	66	55	31	17	14
35－39岁	**247**	**138**	**109**	**48**	**22**	**26**
35	68	34	34	14	5	9
36	49	35	14	11	9	2
37	48	21	27	11	3	8
38	40	25	15	8	3	5
39	42	23	19	4	2	2
40－44岁	**59**	**36**	**23**	**7**	**5**	**2**
40	19	12	7			
41	14	10	4	3	2	1
42	10	6	4			
43	11	6	5	2	2	
44	5	2	3	2	1	1
45－49岁	**14**	**8**	**6**	**7**	**5**	**2**
45	1	1				
46	3		3	1		1
47	4	4		2	2	
48	1	1		1	1	
49	5	2	3	3	2	1

单位：人

二孩			三孩及以上		
小计	男	女	小计	男	女
1151	**621**	**530**	**115**	**71**	**44**
4	**1**	**3**			
1		1			
1		1			
2	1	1			
87	**43**	**44**	**6**	**4**	**2**
4	3	1			
6	3	3	1	1	
16	6	10	2	1	1
25	11	14	1	1	
36	20	16	2	1	1
381	**211**	**170**	**29**	**14**	**15**
63	40	23	1		1
59	34	25	3	2	1
74	44	30	11	5	6
81	46	35	8	4	4
104	47	57	6	3	3
454	**239**	**215**	**47**	**30**	**17**
95	46	49	13	9	4
84	44	40	8	4	4
86	45	41	8	6	2
109	62	47	8	4	4
80	42	38	10	7	3
173	**96**	**77**	**26**	**20**	**6**
47	25	22	7	4	3
30	19	11	8	7	1
32	14	18	5	4	1
30	20	10	2	2	
34	18	16	4	3	1
45	**28**	**17**	**7**	**3**	**4**
15	11	4	4	1	3
10	7	3	1	1	
8	5	3	2	1	1
9	4	5			
3	1	2			
7	**3**	**4**			
1	1				
2		2			
2	2				
2		2			

6-2b 续表 6

受教育程度 年龄	合计	生男孩的妇女人数	生女孩的妇女人数	一孩 小计	一孩 男	一孩 女
大学专科	**2352**	**1194**	**1158**	**1326**	**680**	**646**
15-19岁	**1**	**1**		**1**	**1**	
15						
16						
17						
18						
19	1	1		1	1	
20-24岁	**217**	**108**	**109**	**194**	**98**	**96**
20	6	2	4	6	2	4
21	8	2	6	7	2	5
22	36	19	17	33	18	15
23	66	32	34	61	31	30
24	101	53	48	87	45	42
25-29岁	**1104**	**575**	**529**	**797**	**413**	**384**
25	194	101	93	166	86	80
26	222	113	109	180	94	86
27	258	145	113	187	107	80
28	213	113	100	133	70	63
29	217	103	114	131	56	75
30-34岁	**760**	**365**	**395**	**279**	**137**	**142**
30	195	85	110	86	31	55
31	194	90	104	84	47	37
32	138	68	70	40	20	20
33	128	56	72	36	15	21
34	105	66	39	33	24	9
35-39岁	**227**	**119**	**108**	**41**	**18**	**23**
35	58	29	29	11	4	7
36	53	30	23	12	6	6
37	45	23	22	8	3	5
38	43	24	19	7	4	3
39	28	13	15	3	1	2
40-44岁	**38**	**21**	**17**	**12**	**11**	**1**
40	12	5	7	3	2	1
41	7	2	5	1	1	
42	9	5	4	3	3	
43	7	6	1	4	4	
44	3	3		1	1	
45-49岁	**5**	**5**		**2**	**2**	
45	1	1				
46						
47	2	2		1	1	
48	2	2		1	1	
49						

单位：人

二孩			三孩及以上		
小计	男	女	小计	男	女
975	**480**	**495**	**51**	**34**	**17**
23	**10**	**13**			
1		1			
3	1	2			
5	1	4			
14	8	6			
296	**156**	**140**	**11**	**6**	**5**
27	14	13	1	1	
40	17	23	2	2	
67	36	31	4	2	2
79	43	36	1		1
83	46	37	3	1	2
460	**211**	**249**	**21**	**17**	**4**
105	51	54	4	3	1
105	39	66	5	4	1
96	46	50	2	2	
85	36	49	7	5	2
69	39	30	3	3	
172	**92**	**80**	**14**	**9**	**5**
43	23	20	4	2	2
36	20	16	5	4	1
35	19	16	2	1	1
34	19	15	2	1	1
24	11	13	1	1	
21	**8**	**13**	**5**	**2**	**3**
7	3	4	2		2
5		5	1	1	
4	1	3	2	1	1
3	2	1			
2	2				
3	**3**				
1	1				
1	1				
1	1				

6-2b 续表 7

受教育程度 年龄	合计	生男孩的妇女人数	生女孩的妇女人数	一孩		
				小计	男	女
大学本科	**1987**	**1060**	**927**	**1167**	**619**	**548**
15—19岁						
15						
16						
17						
18						
19						
20—24岁	**73**	**33**	**40**	**69**	**31**	**38**
20	1	1		1	1	
21	1	1		1	1	
22	1		1	1		1
23	20	10	10	19	10	9
24	50	21	29	47	19	28
25—29岁	**855**	**451**	**404**	**678**	**359**	**319**
25	82	49	33	75	44	31
26	129	64	65	115	54	61
27	202	102	100	172	85	87
28	225	118	107	162	90	72
29	217	118	99	154	86	68
30—34岁	**799**	**434**	**365**	**367**	**205**	**162**
30	220	129	91	136	82	54
31	182	105	77	99	55	44
32	148	66	82	50	23	27
33	148	88	60	47	29	18
34	101	46	55	35	16	19
35—39岁	**214**	**118**	**96**	**48**	**21**	**27**
35	57	28	29	15	5	10
36	55	29	26	11	6	5
37	42	22	20	12	6	6
38	33	16	17	7	2	5
39	27	23	4	3	2	1
40—44岁	**43**	**22**	**21**	**3**	**2**	**1**
40	15	7	8			
41	12	7	5	2	1	1
42	5	3	2			
43	9	4	5	1	1	
44	2	1	1			
45—49岁	**3**	**2**	**1**	**2**	**1**	**1**
45	2	2		1	1	
46	1		1	1		1
47						
48						
49						

单位：人

二孩			三孩及以上		
小计	男	女	小计	男	女
787	**424**	**363**	**33**	**17**	**16**
4	**2**	**2**			
1		1			
3	2	1			
172	**89**	**83**	**5**	**3**	**2**
7	5	2			
13	9	4	1	1	
30	17	13			
62	28	34	1		1
60	30	30	3	2	1
415	**222**	**193**	**17**	**7**	**10**
81	46	35	3	1	2
82	49	33	1	1	
95	41	54	3	2	1
97	58	39	4	1	3
60	28	32	6	2	4
156	**90**	**66**	**10**	**7**	**3**
40	23	17	2		2
40	20	20	4	3	1
29	15	14	1	1	
26	14	12			
21	18	3	3	3	
39	**20**	**19**	**1**		**1**
14	7	7	1		1
10	6	4			
5	3	2			
8	3	5			
2	1	1			
1	**1**				
1	1				

6-2b 续表 8

受教育程度 年龄	合计	生男孩的妇女人数	生女孩的妇女人数	一孩 小计	一孩 男	一孩 女
硕士研究生	**96**	**52**	**44**	**64**	**35**	**29**
15-19岁						
15						
16						
17						
18						
19						
20-24岁	**3**	**2**	**1**	**3**	**2**	**1**
20						
21						
22	1	1		1	1	
23						
24	2	1	1	2	1	1
25-29岁	**25**	**12**	**13**	**23**	**12**	**11**
25						
26	1		1			
27	5	4	1	5	4	1
28	11	4	7	10	4	6
29	8	4	4	8	4	4
30-34岁	**49**	**28**	**21**	**31**	**17**	**14**
30	11	6	5	10	6	4
31	14	6	8	8	3	5
32	5	4	1	3	2	1
33	13	8	5	9	6	3
34	6	4	2	1		1
35-39岁	**17**	**10**	**7**	**6**	**4**	**2**
35	9	7	2	3	2	1
36	3	1	2	1		1
37	1		1			
38	2	2		2	2	
39	2		2			
40-44岁	**2**		**2**	**1**		**1**
40	2		2	1		1
41						
42						
43						
44						
45-49岁						
45						
46						
47						
48						
49						

单位：人

二孩			三孩及以上		
小计	男	女	小计	男	女
32	**17**	**15**			
2		**2**			
1		1			
1		1			
18	**11**	**7**			
1		1			
6	3	3			
2	2				
4	2	2			
5	4	1			
11	**6**	**5**			
6	5	1			
2	1	1			
1		1			
2		2			
1		**1**			
1		1			

6-2b 续表 9

受教育程度 年龄	合计	生男孩的妇女人数	生女孩的妇女人数	一孩		
				小计	男	女
博士研究生	**6**	**3**	**3**	**5**	**3**	**2**
15-19岁						
15						
16						
17						
18						
19						
20-24岁						
20						
21						
22						
23						
24						
25-29岁	**2**	**2**		**2**	**2**	
25	1	1		1	1	
26						
27						
28	1	1		1	1	
29						
30-34岁	**3**		**3**	**2**		**2**
30	1		1			
31						
32	2		2	2		2
33						
34						
35-39岁	**1**	**1**		**1**	**1**	
35	1	1		1	1	
36						
37						
38						
39						
40-44岁						
40						
41						
42						
43						
44						
45-49岁						
45						
46						
47						
48						
49						

单位：人

二孩			三孩及以上		
小计	男	女	小计	男	女
1		**1**			
1		**1**			
1		1			

6-2c 全省按年龄、受教育程度、生育孩次

受教育程度 年龄	合计	生男孩的妇女人数	生女孩的妇女人数	一孩 小计	一孩 男	一孩 女
总计	**10379**	**5461**	**4918**	**5108**	**2663**	**2445**
15-19岁	**154**	**78**	**76**	**125**	**63**	**62**
15	2		2	2		2
16	14	7	7	13	6	7
17	16	7	9	15	7	8
18	50	24	26	41	18	23
19	72	40	32	54	32	22
20-24岁	**1633**	**854**	**779**	**1183**	**622**	**561**
20	152	79	73	117	62	55
21	203	103	100	143	74	69
22	286	153	133	210	113	97
23	423	205	218	315	155	160
24	569	314	255	398	218	180
25-29岁	**3975**	**2059**	**1916**	**2426**	**1236**	**1190**
25	744	381	363	531	265	266
26	797	425	372	557	302	255
27	851	434	417	517	268	249
28	810	419	391	462	229	233
29	773	400	373	359	172	187
30-34岁	**3039**	**1614**	**1425**	**990**	**529**	**461**
30	748	412	336	306	157	149
31	678	365	313	236	130	106
32	601	308	293	179	99	80
33	588	308	280	166	87	79
34	424	221	203	103	56	47
35-39岁	**1152**	**622**	**530**	**262**	**141**	**121**
35	312	175	137	78	44	34
36	270	144	126	69	37	32
37	243	121	122	51	27	24
38	186	100	86	40	19	21
39	141	82	59	24	14	10
40-44岁	**315**	**173**	**142**	**76**	**41**	**35**
40	101	54	47	24	13	11
41	68	39	29	12	5	7
42	69	38	31	17	9	8
43	39	16	23	11	6	5
44	38	26	12	12	8	4
45-49岁	**111**	**61**	**50**	**46**	**31**	**15**
45	31	19	12	10	7	3
46	20	15	5	13	10	3
47	19	6	13	7	4	3
48	21	11	10	5	2	3
49	20	10	10	11	8	3

分的育龄妇女人数(2019.11.1—2020.10.31)(乡村)

单位：人

二孩			三孩及以上		
小计	男	女	小计	男	女
4600	**2415**	**2185**	**671**	**383**	**288**
28	**15**	**13**	**1**		**1**
1	1				
1		1			
8	6	2	1		1
18	8	10			
392	**197**	**195**	**58**	**35**	**23**
31	15	16	4	2	2
51	23	28	9	6	3
67	34	33	9	6	3
97	45	52	11	5	6
146	80	66	25	16	9
1391	**735**	**656**	**158**	**88**	**70**
193	108	85	20	8	12
222	111	111	18	12	6
303	148	155	31	18	13
311	170	141	37	20	17
362	198	164	52	30	22
1821	**952**	**869**	**228**	**133**	**95**
397	221	176	45	34	11
401	213	188	41	22	19
372	182	190	50	27	23
370	196	174	52	25	27
281	140	141	40	25	15
742	**397**	**345**	**148**	**84**	**64**
206	119	87	28	12	16
165	84	81	36	23	13
165	76	89	27	18	9
111	63	48	35	18	17
95	55	40	22	13	9
182	**98**	**84**	**57**	**34**	**23**
55	30	25	22	11	11
48	30	18	8	4	4
40	20	20	12	9	3
23	8	15	5	2	3
16	10	6	10	8	2
44	**21**	**23**	**21**	**9**	**12**
13	6	7	8	6	2
6	5	1	1		1
9	2	7	3		3
9	6	3	7	3	4
7	2	5	2		2

6-2c 续表 1

受教育程度 年 龄	合 计	生男孩的 妇女人数	生女孩的 妇女人数	一 孩		
				小计	男	女
未上过学	**28**	**18**	**10**	**11**	**7**	**4**
15-19岁						
15						
16						
17						
18						
19						
20-24岁	**3**	**2**	**1**	**2**	**1**	**1**
20						
21	1	1		1	1	
22						
23						
24	2	1	1	1		1
25-29岁	**4**	**2**	**2**	**2**	**1**	**1**
25						
26	1		1	1		1
27	3	2	1	1	1	
28						
29						
30-34岁	**2**	**1**	**1**	**1**	**1**	
30						
31						
32	1		1			
33	1	1		1	1	
34						
35-39岁	**7**	**5**	**2**	**1**	**1**	
35						
36	2	2		1	1	
37	1		1			
38	2	1	1			
39	2	2				
40-44岁	**6**	**4**	**2**	**2**	**1**	**1**
40	2		2	1		1
41	2	2				
42	1	1				
43						
44	1	1		1	1	
45-49岁	**6**	**4**	**2**	**3**	**2**	**1**
45	1	1				
46	1	1		1	1	
47	1	1		1	1	
48	2	1	1	1		1
49	1		1			

单位：人

二孩			三孩及以上		
小计	男	女	小计	男	女
10	**7**	**3**	**7**	**4**	**3**
1	**1**				
1	1				
1		**1**	**1**	**1**	
1		1	1	1	
			1		**1**
			1		1
4	**3**	**1**	**2**	**1**	**1**
1	1				
1		1			
1	1		1		1
1	1		1	1	
1	**1**		**3**	**2**	**1**
			1		1
1	1		1	1	
			1	1	
3	**2**	**1**			
1	1				
1	1				
1		1			

6-2c 续表 2

受教育程度 年 龄	合 计	生男孩的 妇女人数	生女孩的 妇女人数	一 孩		
				小计	男	女
学前教育						
15-19岁						
15						
16						
17						
18						
19						
20-24岁						
20						
21						
22						
23						
24						
25-29岁						
25						
26						
27						
28						
29						
30-34岁						
30						
31						
32						
33						
34						
35-39岁						
35						
36						
37						
38						
39						
40-44岁						
40						
41						
42						
43						
44						
45-49岁						
45						
46						
47						
48						
49						

单位：人

二　　孩			三孩及以上		
小计	男	女	小计	男	女

6-2c 续表 3

受教育程度 年龄	合计	生男孩的妇女人数	生女孩的妇女人数	一孩 小计	一孩 男	一孩 女
小学	**542**	**299**	**243**	**189**	**112**	**77**
15-19岁	**20**	**12**	**8**	**13**	**9**	**4**
15	1		1	1		1
16	5	5		4	4	
17						
18	8	4	4	5	3	2
19	6	3	3	3	2	1
20-24岁	**82**	**40**	**42**	**42**	**21**	**21**
20	14	4	10	8	2	6
21	14	4	10	7	2	5
22	16	7	9	12	6	6
23	15	9	6	5	4	1
24	23	16	7	10	7	3
25-29岁	**108**	**61**	**47**	**46**	**27**	**19**
25	25	13	12	11	3	8
26	21	15	6	14	12	2
27	24	8	16	10	4	6
28	18	12	6	5	3	2
29	20	13	7	6	5	1
30-34岁	**126**	**75**	**51**	**35**	**24**	**11**
30	27	19	8	6	4	2
31	22	15	7	7	6	1
32	31	17	14	6	4	2
33	26	11	15	9	4	5
34	20	13	7	7	6	1
35-39岁	**109**	**61**	**48**	**24**	**12**	**12**
35	19	14	5	3	1	2
36	31	20	11	9	6	3
37	13	5	8	3	1	2
38	28	13	15	5	2	3
39	18	9	9	4	2	2
40-44岁	**54**	**26**	**28**	**15**	**8**	**7**
40	16	10	6	6	3	3
41	11	3	8	2	1	1
42	10	4	6	1		1
43	8	2	6	3	1	2
44	9	7	2	3	3	
45-49岁	**43**	**24**	**19**	**14**	**11**	**3**
45	15	10	5	4	4	
46	5	5		4	4	
47	7	1	6			
48	8	5	3	2	1	1
49	8	3	5	4	2	2

单位：人

二孩			三孩及以上		
小计	男	女	小计	男	女
251	**129**	**122**	**102**	**58**	**44**
6	**3**	**3**	**1**		**1**
1	1				
2	1	1	1		1
3	1	2			
25	**11**	**14**	**15**	**8**	**7**
4	2	2	2		2
5	1	4	2	1	1
4	1	3			
5	2	3	5	3	2
7	5	2	6	4	2
43	**24**	**19**	**19**	**10**	**9**
11	7	4	3	3	
6	3	3	1		1
11	3	8	3	1	2
6	5	1	7	4	3
9	6	3	5	2	3
68	**36**	**32**	**23**	**15**	**8**
12	7	5	9	8	1
10	6	4	5	3	2
21	12	9	4	1	3
14	6	8	3	1	2
11	5	6	2	2	
64	**35**	**29**	**21**	**14**	**7**
13	11	2	3	2	1
15	7	8	7	7	
9	3	6	1	1	
16	8	8	7	3	4
11	6	5	3	1	2
29	**13**	**16**	**10**	**5**	**5**
7	5	2	3	2	1
7	2	5	2		2
6	3	3	3	1	2
5	1	4			
4	2	2	2	2	
16	**7**	**9**	**13**	**6**	**7**
5	2	3	6	4	2
1	1				
4	1	3	3		3
3	2	1	3	2	1
3	1	2	1		1

6-2c 续表 4

受教育程度 年龄	合计	生男孩的妇女人数	生女孩的妇女人数	一孩		
				小计	男	女
初中	**3929**	**2095**	**1834**	**1528**	**795**	**733**
15-19岁	**112**	**51**	**61**	**92**	**40**	**52**
15	1		1	1		1
16	9	2	7	9	2	7
17	14	6	8	13	6	7
18	35	15	20	30	11	19
19	53	28	25	39	21	18
20-24岁	**756**	**400**	**356**	**470**	**242**	**228**
20	96	53	43	69	38	31
21	128	61	67	82	37	45
22	162	85	77	107	54	53
23	168	85	83	108	54	54
24	202	116	86	104	59	45
25-29岁	**1085**	**580**	**505**	**471**	**253**	**218**
25	210	115	95	123	69	54
26	212	119	93	104	61	43
27	236	119	117	107	54	53
28	206	108	98	78	40	38
29	221	119	102	59	29	30
30-34岁	**1103**	**598**	**505**	**299**	**151**	**148**
30	222	132	90	64	27	37
31	222	120	102	68	36	32
32	239	119	120	67	32	35
33	240	126	114	58	35	23
34	180	101	79	42	21	21
35-39岁	**633**	**333**	**300**	**133**	**74**	**59**
35	157	82	75	40	23	17
36	146	70	76	33	12	21
37	152	76	76	30	17	13
38	101	58	43	18	12	6
39	77	47	30	12	10	2
40-44岁	**188**	**104**	**84**	**40**	**20**	**20**
40	64	35	29	11	6	5
41	37	22	15	7	2	5
42	40	19	21	10	4	6
43	24	10	14	6	4	2
44	23	18	5	6	4	2
45-49岁	**52**	**29**	**23**	**23**	**15**	**8**
45	13	6	7	5	2	3
46	12	8	4	6	4	2
47	8	4	4	5	3	2
48	10	5	5	1	1	
49	9	6	3	6	5	1

单位：人

二孩			三孩及以上		
小计	男	女	小计	男	女
1984	**1063**	**921**	**417**	**237**	**180**
20	**11**	**9**			
1		1			
5	4	1			
14	7	7			
250	**134**	**116**	**36**	**24**	**12**
25	13	12	2	2	
40	20	20	6	4	2
47	25	22	8	6	2
56	29	27	4	2	2
82	47	35	16	10	6
512	**272**	**240**	**102**	**55**	**47**
76	43	33	11	3	8
96	48	48	12	10	2
110	55	55	19	10	9
104	56	48	24	12	12
126	70	56	36	20	16
670	**369**	**301**	**134**	**78**	**56**
134	86	48	24	19	5
131	73	58	23	11	12
140	68	72	32	19	13
152	77	75	30	14	16
113	65	48	25	15	10
401	**205**	**196**	**99**	**54**	**45**
99	52	47	18	7	11
90	45	45	23	13	10
101	47	54	21	12	9
58	32	26	25	14	11
53	29	24	12	8	4
110	**61**	**49**	**38**	**23**	**15**
36	20	16	17	9	8
26	18	8	4	2	2
24	10	14	6	5	1
14	5	9	4	1	3
10	8	2	7	6	1
21	**11**	**10**	**8**	**3**	**5**
6	2	4	2	2	
5	4	1	1		1
3	1	2			
5	3	2	4	1	3
2	1	1	1		1

6–2c　续表 5

受教育程度 年　　龄	合　计	生男孩的 妇女人数	生女孩的 妇女人数	一　孩		
				小计	男	女
高　中	**2605**	**1349**	**1256**	**1312**	**692**	**620**
15–19岁	**21**	**14**	**7**	**19**	**13**	**6**
15						
16						
17	2	1	1	2	1	1
18	7	5	2	6	4	2
19	12	8	4	11	8	3
20–24岁	**446**	**225**	**221**	**362**	**187**	**175**
20	34	16	18	32	16	16
21	43	27	16	39	25	14
22	62	33	29	53	28	25
23	145	64	81	115	52	63
24	162	85	77	123	66	57
25–29岁	**1076**	**558**	**518**	**631**	**323**	**308**
25	210	113	97	150	82	68
26	222	112	110	155	80	75
27	219	119	100	120	71	49
28	228	123	105	121	57	64
29	197	91	106	85	33	52
30–34岁	**802**	**408**	**394**	**245**	**137**	**108**
30	189	93	96	67	33	34
31	204	112	92	69	37	32
32	153	75	78	44	28	16
33	144	76	68	41	23	18
34	112	52	60	24	16	8
35–39岁	**201**	**109**	**92**	**38**	**22**	**16**
35	55	36	19	10	8	2
36	43	22	21	9	6	3
37	46	22	24	6	3	3
38	32	18	14	9	4	5
39	25	11	14	4	1	3
40–44岁	**49**	**31**	**18**	**11**	**7**	**4**
40	14	8	6	4	3	1
41	12	10	2	1	1	
42	12	10	2	3	3	
43	6	3	3	1		1
44	5		5	2		2
45–49岁	**10**	**4**	**6**	**6**	**3**	**3**
45	2	2		1	1	
46	2	1	1	2	1	1
47	3		3	1		1
48	1		1	1		1
49	2	1	1	1	1	

单位：人

二孩			三孩及以上		
小计	男	女	小计	男	女
1206	**606**	**600**	**87**	**51**	**36**
2	**1**	**1**			
1	1				
1		1			
79	**36**	**43**	**5**	**2**	**3**
2		2			
4	2	2			
8	5	3	1		1
29	12	17	1		1
36	17	19	3	2	1
420	**220**	**200**	**25**	**15**	**10**
55	30	25	5	1	4
63	30	33	4	2	2
95	44	51	4	4	
102	62	40	5	4	1
105	54	51	7	4	3
521	**249**	**272**	**36**	**22**	**14**
113	55	58	9	5	4
125	67	58	10	8	2
104	44	60	5	3	2
95	49	46	8	4	4
84	34	50	4	2	2
147	**78**	**69**	**16**	**9**	**7**
42	27	15	3	1	2
29	13	16	5	3	2
38	17	21	2	2	
22	13	9	1	1	
16	8	8	5	2	3
33	**21**	**12**	**5**	**3**	**2**
9	5	4	1		1
10	8	2	1	1	
8	6	2	1	1	
4	2	2	1	1	
2		2	1		1
4	**1**	**3**			
1	1				
2		2			
1		1			

6-2c 续表 6

受教育程度 年龄	合计	生男孩的妇女人数	生女孩的妇女人数	一孩		
				小计	男	女
大学专科	**2137**	**1116**	**1021**	**1281**	**676**	**605**
15-19岁	**1**	**1**		**1**	**1**	
15						
16						
17						
18						
19	1	1		1	1	
20-24岁	**284**	**155**	**129**	**251**	**142**	**109**
20	6	4	2	6	4	2
21	16	9	7	13	8	5
22	41	26	15	34	23	11
23	81	42	39	74	40	34
24	140	74	66	124	67	57
25-29岁	**1069**	**542**	**527**	**746**	**384**	**362**
25	219	108	111	178	87	91
26	211	115	96	168	97	71
27	225	113	112	154	75	79
28	221	106	115	141	71	70
29	193	100	93	105	54	51
30-34岁	**636**	**334**	**302**	**235**	**123**	**112**
30	186	97	89	94	51	43
31	143	73	70	45	26	19
32	111	58	53	34	17	17
33	119	65	54	40	19	21
34	77	41	36	22	10	12
35-39岁	**136**	**79**	**57**	**43**	**23**	**20**
35	50	24	26	17	8	9
36	33	23	10	11	8	3
37	22	13	9	8	5	3
38	19	9	10	6	1	5
39	12	10	2	1	1	
40-44岁	**11**	**5**	**6**	**5**	**3**	**2**
40	4		4	1		1
41	3	1	2	2	1	1
42	4	4		2	2	
43						
44						
45-49岁						
45						
46						
47						
48						
49						

单位：人

二孩			三孩及以上		
小计	男	女	小计	男	女
809	**416**	**393**	**47**	**24**	**23**
31	**12**	**19**	**2**	**1**	**1**
2		2	1	1	
7	3	4			
6	2	4	1		1
16	7	9			
314	**153**	**161**	**9**	**5**	**4**
41	21	20			
42	18	24	1		1
67	36	31	4	2	2
79	35	44	1		1
85	43	42	3	3	
373	**197**	**176**	**28**	**14**	**14**
89	44	45	3	2	1
96	47	49	2		2
72	39	33	5	2	3
69	41	28	10	5	5
47	26	21	8	5	3
86	**53**	**33**	**7**	**3**	**4**
31	16	15	2		2
21	15	6	1		1
12	6	6	2	2	
12	8	4	1		1
10	8	2	1	1	
5	**1**	**4**	**1**	**1**	
3		3			
1		1			
1	1		1	1	

6-2c 续表 7

受教育程度 年 龄	合 计	生男孩的 妇女人数	生女孩的 妇女人数	一 孩		
				小计	男	女
大学本科	**1100**	**561**	**539**	**759**	**364**	**395**
15-19岁						
15						
16						
17						
18						
19						
20-24岁	**62**	**32**	**30**	**56**	**29**	**27**
20	2	2		2	2	
21	1	1		1	1	
22	5	2	3	4	2	2
23	14	5	9	13	5	8
24	40	22	18	36	19	17
25-29岁	**620**	**308**	**312**	**520**	**242**	**278**
25	80	32	48	69	24	45
26	130	64	66	115	52	63
27	141	72	69	123	62	61
28	133	66	67	113	54	59
29	136	74	62	100	50	50
30-34岁	**353**	**188**	**165**	**162**	**85**	**77**
30	116	64	52	70	37	33
31	82	44	38	42	24	18
32	64	38	26	26	17	9
33	58	29	29	17	5	12
34	33	13	20	7	2	5
35-39岁	**62**	**32**	**30**	**21**	**8**	**13**
35	30	18	12	8	4	4
36	15	7	8	6	4	2
37	8	4	4	3		3
38	2		2	1		1
39	7	3	4	3		3
40-44岁	**3**	**1**	**2**			
40						
41	2	1	1			
42	1		1			
43						
44						
45-49岁						
45						
46						
47						
48						
49						

单位：人

二孩			三孩及以上		
小计	男	女	小计	男	女
331	**189**	**142**	**10**	**8**	**2**
6	**3**	**3**			
1		1			
1		1			
4	3	1			
99	**65**	**34**	**1**	**1**	
10	7	3	1	1	
15	12	3			
18	10	8			
20	12	8			
36	24	12			
185	**99**	**86**	**6**	**4**	**2**
46	27	19			
39	20	19	1		1
35	19	16	3	2	1
40	23	17	1	1	
25	10	15	1	1	
38	**21**	**17**	**3**	**3**	
20	12	8	2	2	
9	3	6			
4	3	1	1	1	
1		1			
4	3	1			
3	**1**	**2**			
2	1	1			
1		1			

6-2c 续表 8

受教育程度 年龄	合计	生男孩的妇女人数	生女孩的妇女人数	一孩		
				小计	男	女
硕士研究生	**36**	**23**	**13**	**26**	**17**	**9**
15-19岁						
15						
16						
17						
18						
19						
20-24岁						
20						
21						
22						
23						
24						
25-29岁	**12**	**8**	**4**	**9**	**6**	**3**
25						
26						
27	3	1	2	2	1	1
28	4	4		4	4	
29	5	3	2	3	1	2
30-34岁	**16**	**10**	**6**	**12**	**8**	**4**
30	8	7	1	5	5	
31	4	1	3	4	1	3
32	2	1	1	2	1	1
33						
34	2	1	1	1	1	
35-39岁	**4**	**3**	**1**	**2**	**1**	**1**
35	1	1				
36						
37	1	1		1	1	
38	2	1	1	1		1
39						
40-44岁	**4**	**2**	**2**	**3**	**2**	**1**
40	1	1		1	1	
41	1		1			
42	1		1	1		1
43	1	1		1	1	
44						
45-49岁						
45						
46						
47						
48						
49						

单位：人

二孩			三孩及以上		
小计	男	女	小计	男	女
9	**5**	**4**	**1**	**1**	
2	**1**	**1**	**1**	**1**	
1		1			
1	1		1	1	
4	**2**	**2**			
3	2	1			
1		1			
2	**2**				
1	1				
1	1				
1		**1**			
1		1			

6-2c 续表 9

受教育程度 年龄	合计	生男孩的妇女人数	生女孩的妇女人数	一孩 小计	一孩 男	一孩 女
博士研究生	**2**		**2**	**2**		**2**
15-19岁						
15						
16						
17						
18						
19						
20-24岁						
20						
21						
22						
23						
24						
25-29岁	**1**		**1**	**1**		**1**
25						
26						
27						
28						
29	1		1	1		1
30-34岁	**1**		**1**	**1**		**1**
30						
31	1		1	1		1
32						
33						
34						
35-39岁						
35						
36						
37						
38						
39						
40-44岁						
40						
41						
42						
43						
44						
45-49岁						
45						
46						
47						
48						
49						

单位：人

二孩			三孩及以上		
小计	男	女	小计	男	女

6-3 全省育龄妇女分年龄、孩次的生育状况
(2019.11.1-2020.10.31)

单位：人、‰

年龄	平均育龄妇女人数	出生人数	生育率	第一孩		第二孩		第三孩及以上	
				出生数	生育率	出生数	生育率	出生数	生育率
总计	**1597609**	**49142**	**30.76**	**24847**	**15.55**	**21541**	**13.48**	**2754**	**1.72**
15-19岁	**135518**	**842**	**6.21**	**688**	**5.08**	**144**	**1.06**	**10**	**0.07**
15	28174	15	0.53	13	0.46	2	0.07		
16	28380	56	1.97	52	1.83	3	0.11	1	0.04
17	25627	126	4.92	104	4.06	21	0.82	1	0.04
18	23498	235	10.00	193	8.21	40	1.70	2	0.09
19	29839	410	13.74	326	10.93	78	2.61	6	0.20
20-24岁	**176469**	**7323**	**41.50**	**5262**	**29.82**	**1829**	**10.36**	**232**	**1.31**
20	30630	646	21.09	484	15.80	141	4.60	21	0.69
21	31438	964	30.66	701	22.30	230	7.32	33	1.05
22	34253	1320	38.54	957	27.94	323	9.43	40	1.17
23	38017	1829	48.11	1301	34.22	464	12.21	64	1.68
24	42131	2564	60.86	1819	43.17	671	15.93	74	1.76
25-29岁	**234125**	**18824**	**80.40**	**11662**	**49.81**	**6457**	**27.58**	**705**	**3.01**
25	42470	3179	74.85	2238	52.70	857	20.18	84	1.98
26	43783	3633	82.98	2484	56.73	1031	23.55	118	2.70
27	45940	3975	86.53	2537	55.22	1301	28.32	137	2.98
28	47842	3972	83.02	2308	48.24	1481	30.96	183	3.83
29	54090	4065	75.15	2095	38.73	1787	33.04	183	3.38
30-34岁	**292440**	**15081**	**51.57**	**5493**	**18.78**	**8621**	**29.48**	**967**	**3.31**
30	61235	3831	62.56	1741	28.43	1901	31.04	189	3.09
31	58967	3462	58.71	1378	23.37	1855	31.46	229	3.88
32	62426	3143	50.35	1044	16.72	1895	30.36	204	3.27
33	59670	2698	45.22	820	13.74	1696	28.42	182	3.05
34	50142	1947	38.83	510	10.17	1274	25.41	163	3.25
35-39岁	**240519**	**5360**	**22.29**	**1238**	**5.15**	**3526**	**14.66**	**596**	**2.48**
35	45825	1523	33.24	402	8.77	955	20.84	166	3.62
36	47881	1262	26.36	294	6.14	844	17.63	124	2.59
37	52231	1118	21.40	255	4.88	746	14.28	117	2.24
38	53466	930	17.39	193	3.61	623	11.65	114	2.13
39	41116	527	12.82	94	2.29	358	8.71	75	1.82
40-44岁	**239581**	**1312**	**5.48**	**333**	**1.39**	**792**	**3.31**	**187**	**0.78**
40	46171	446	9.66	103	2.23	275	5.96	68	1.47
41	47345	313	6.61	75	1.58	198	4.18	40	0.84
42	47463	252	5.31	57	1.20	157	3.31	38	0.80
43	47938	156	3.25	50	1.04	88	1.84	18	0.38
44	50664	145	2.86	48	0.95	74	1.46	23	0.45
45-49岁	**278957**	**400**	**1.43**	**171**	**0.61**	**172**	**0.62**	**57**	**0.20**
45	50549	75	1.48	33	0.65	36	0.71	6	0.12
46	54735	82	1.50	34	0.62	32	0.58	16	0.29
47	57520	82	1.43	32	0.56	38	0.66	12	0.21
48	57246	87	1.52	41	0.72	33	0.58	13	0.23
49	58907	74	1.26	31	0.53	33	0.56	10	0.17

6-3a　全省育龄妇女分年龄、孩次的生育状况
(2019.11.1—2020.10.31)(城市)

单位：人、‰

年　龄	平均育龄妇女人数	出生人数	生育率	第　一　孩		第　二　孩		第三孩及以上	
				出生数	生育率	出生数	生育率	出生数	生育率
总　计	**929353**	**28250**	**30.40**	**14741**	**15.86**	**12060**	**12.98**	**1449**	**1.56**
15—19岁	**81950**	**443**	**5.41**	**370**	**4.51**	**68**	**0.83**	**5**	**0.06**
15	14749	9	0.61	9	0.61				
16	15758	31	1.97	28	1.78	2	0.13	1	0.06
17	14696	77	5.24	62	4.22	15	1.02		
18	15134	118	7.80	97	6.41	20	1.32	1	0.07
19	21613	208	9.62	174	8.05	31	1.43	3	0.14
20—24岁	**114934**	**3779**	**32.88**	**2754**	**23.96**	**907**	**7.89**	**118**	**1.03**
20	21524	327	15.19	249	11.57	69	3.21	9	0.42
21	21019	499	23.74	372	17.70	112	5.33	15	0.71
22	22097	675	30.55	489	22.13	164	7.42	22	1.00
23	24069	931	38.68	676	28.09	227	9.43	28	1.16
24	26225	1347	51.36	968	36.91	335	12.77	44	1.68
25—29岁	**142727**	**10807**	**75.72**	**6988**	**48.96**	**3454**	**24.20**	**365**	**2.56**
25	26144	1691	64.68	1205	46.09	437	16.72	49	1.87
26	26812	2042	76.16	1437	53.60	544	20.29	61	2.28
27	27863	2298	82.47	1541	55.31	690	24.76	67	2.40
28	29030	2331	80.30	1447	49.84	793	27.32	91	3.13
29	32878	2445	74.37	1358	41.30	990	30.11	97	2.95
30—34岁	**176470**	**9179**	**52.01**	**3602**	**20.41**	**5038**	**28.55**	**539**	**3.05**
30	37141	2389	64.32	1159	31.21	1120	30.16	110	2.96
31	35821	2123	59.27	924	25.79	1073	29.95	126	3.52
32	37638	1872	49.74	686	18.23	1073	28.51	113	3.00
33	35585	1622	45.58	518	14.56	1005	28.24	99	2.78
34	30285	1173	38.73	315	10.40	767	25.33	91	3.00
35—39岁	**141544**	**3116**	**22.01**	**759**	**5.36**	**2053**	**14.50**	**304**	**2.15**
35	27470	897	32.65	255	9.28	557	20.28	85	3.09
36	28599	766	26.78	175	6.12	529	18.50	62	2.17
37	31045	647	20.84	152	4.90	434	13.98	61	1.96
38	31031	523	16.85	123	3.96	340	10.96	60	1.93
39	23399	283	12.09	54	2.31	193	8.25	36	1.54
40—44岁	**130563**	**720**	**5.51**	**180**	**1.38**	**451**	**3.45**	**89**	**0.68**
40	26035	260	9.99	57	2.19	168	6.45	35	1.34
41	26417	169	6.40	40	1.51	111	4.20	18	0.68
42	25879	136	5.26	35	1.35	84	3.25	17	0.66
43	25608	78	3.05	22	0.86	47	1.84	9	0.35
44	26624	77	2.89	26	0.98	41	1.54	10	0.38
45—49岁	**141165**	**206**	**1.46**	**88**	**0.62**	**89**	**0.63**	**29**	**0.21**
45	26332	35	1.33	17	0.65	17	0.65	1	0.04
46	27938	48	1.72	15	0.54	21	0.75	12	0.43
47	29200	40	1.37	16	0.55	20	0.68	4	0.14
48	28717	47	1.64	25	0.87	16	0.56	6	0.21
49	28978	36	1.24	15	0.52	15	0.52	6	0.21

6-3b 全省育龄妇女分年龄、孩次的生育状况 (2019.11.1-2020.10.31)(镇)

单位：人、‰

年龄	平均育龄妇女人数	出生人数	生育率	第一孩		第二孩		第三孩及以上	
				出生数	生育率	出生数	生育率	出生数	生育率
总计	**342255**	**10509**	**30.71**	**4998**	**14.60**	**4877**	**14.25**	**634**	**1.85**
15-19岁	**30578**	**184**	**6.02**	**148**	**4.84**	**33**	**1.08**	**3**	**0.10**
15	7913	2	0.25	1	0.13	1	0.13		
16	8043	9	1.12	8	0.99	1	0.12		
17	6399	18	2.81	16	2.50	2	0.31		
18	4017	53	13.19	44	10.95	8	1.99	1	0.25
19	4206	102	24.25	79	18.78	21	4.99	2	0.48
20-24岁	**30846**	**1625**	**52.68**	**1119**	**36.28**	**455**	**14.75**	**51**	**1.65**
20	4598	132	28.71	98	21.31	30	6.52	4	0.87
21	5332	214	40.14	145	27.19	60	11.25	9	1.69
22	5982	313	52.32	219	36.61	85	14.21	9	1.50
23	6972	403	57.80	269	38.58	117	16.78	17	2.44
24	7962	563	70.71	388	48.73	163	20.47	12	1.51
25-29岁	**47571**	**3989**	**83.85**	**2347**	**49.34**	**1476**	**31.03**	**166**	**3.49**
25	8332	691	82.93	472	56.65	207	24.84	12	1.44
26	8765	770	87.85	505	57.62	232	26.47	33	3.76
27	9345	852	91.17	510	54.57	307	32.85	35	3.75
28	9837	837	85.09	445	45.24	346	35.17	46	4.68
29	11292	839	74.30	415	36.75	384	34.01	40	3.54
30-34岁	**62149**	**3099**	**49.86**	**1012**	**16.28**	**1874**	**30.15**	**213**	**3.43**
30	12939	764	59.05	304	23.49	417	32.23	43	3.32
31	12351	688	55.70	253	20.48	385	31.17	50	4.05
32	13291	660	49.66	183	13.77	440	33.11	37	2.78
33	12871	577	44.83	163	12.66	371	28.82	43	3.34
34	10697	410	38.33	109	10.19	261	24.40	40	3.74
35-39岁	**52919**	**1211**	**22.88**	**249**	**4.71**	**815**	**15.40**	**147**	**2.78**
35	9865	334	33.86	73	7.40	221	22.40	40	4.05
36	10283	253	24.60	61	5.93	158	15.37	34	3.31
37	11376	254	22.33	57	5.01	172	15.12	25	2.20
38	11919	239	20.05	39	3.27	173	14.51	27	2.27
39	9476	131	13.82	19	2.01	91	9.60	21	2.22
40-44岁	**55086**	**304**	**5.52**	**81**	**1.47**	**182**	**3.30**	**41**	**0.74**
40	10526	96	9.12	27	2.57	55	5.23	14	1.33
41	10757	78	7.25	20	1.86	48	4.46	10	0.93
42	10949	58	5.30	8	0.73	39	3.56	11	1.00
43	11081	41	3.70	16	1.44	23	2.08	2	0.18
44	11773	31	2.63	10	0.85	17	1.44	4	0.34
45-49岁	**63106**	**97**	**1.54**	**42**	**0.67**	**42**	**0.67**	**13**	**0.21**
45	11452	18	1.57	5	0.44	10	0.87	3	0.26
46	12397	17	1.37	11	0.89	6	0.48		
47	13053	20	1.53	10	0.77	6	0.46	4	0.31
48	12861	21	1.63	7	0.54	10	0.78	4	0.31
49	13343	21	1.57	9	0.67	10	0.75	2	0.15

6–3c　全省育龄妇女分年龄、孩次的生育状况
(2019.11.1–2020.10.31)(乡村)

单位：人、‰

年　龄	平均育龄妇女人数	出生人数	生育率	第一孩		第二孩		第三孩及以上	
				出生数	生育率	出生数	生育率	出生数	生育率
总　计	**326001**	**10383**	**31.85**	**5108**	**15.67**	**4604**	**14.12**	**671**	**2.06**
15–19岁	**22990**	**215**	**9.35**	**170**	**7.39**	**43**	**1.87**	**2**	**0.09**
15	5512	4	0.73	3	0.54	1	0.18		
16	4579	16	3.49	16	3.49				
17	4532	31	6.84	26	5.74	4	0.88	1	0.22
18	4347	64	14.72	52	11.96	12	2.76		
19	4020	100	24.88	73	18.16	26	6.47	1	0.25
20–24岁	**30689**	**1919**	**62.53**	**1389**	**45.26**	**467**	**15.22**	**63**	**2.05**
20	4508	187	41.48	137	30.39	42	9.32	8	1.77
21	5087	251	49.34	184	36.17	58	11.40	9	1.77
22	6174	332	53.77	249	40.33	74	11.99	9	1.46
23	6976	495	70.96	356	51.03	120	17.20	19	2.72
24	7944	654	82.33	463	58.28	173	21.78	18	2.27
25–29岁	**43827**	**4028**	**91.91**	**2327**	**53.10**	**1527**	**34.84**	**174**	**3.97**
25	7994	797	99.70	561	70.18	213	26.64	23	2.88
26	8206	821	100.05	542	66.05	255	31.07	24	2.92
27	8732	825	94.48	486	55.66	304	34.81	35	4.01
28	8975	804	89.58	416	46.35	342	38.11	46	5.13
29	9920	781	78.73	322	32.46	413	41.63	46	4.64
30–34岁	**53821**	**2803**	**52.08**	**879**	**16.33**	**1709**	**31.75**	**215**	**3.99**
30	11155	678	60.78	278	24.92	364	32.63	36	3.23
31	10795	651	60.31	201	18.62	397	36.78	53	4.91
32	11497	611	53.14	175	15.22	382	33.23	54	4.70
33	11214	499	44.50	139	12.40	320	28.54	40	3.57
34	9160	364	39.74	86	9.39	246	26.86	32	3.49
35–39岁	**46056**	**1033**	**22.43**	**230**	**4.99**	**658**	**14.29**	**145**	**3.15**
35	8490	292	34.39	74	8.72	177	20.85	41	4.83
36	8999	243	27.00	58	6.45	157	17.45	28	3.11
37	9810	217	22.12	46	4.69	140	14.27	31	3.16
38	10516	168	15.98	31	2.95	110	10.46	27	2.57
39	8241	113	13.71	21	2.55	74	8.98	18	2.18
40–44岁	**53932**	**288**	**5.34**	**72**	**1.34**	**159**	**2.95**	**57**	**1.06**
40	9610	90	9.37	19	1.98	52	5.41	19	1.98
41	10171	66	6.49	15	1.47	39	3.83	12	1.18
42	10635	58	5.45	14	1.32	34	3.20	10	0.94
43	11249	37	3.29	12	1.07	18	1.60	7	0.62
44	12267	37	3.02	12	0.98	16	1.30	9	0.73
45–49岁	**74686**	**97**	**1.30**	**41**	**0.55**	**41**	**0.55**	**15**	**0.20**
45	12765	22	1.72	11	0.86	9	0.71	2	0.16
46	14400	17	1.18	8	0.56	5	0.35	4	0.28
47	15267	22	1.44	6	0.39	12	0.79	4	0.26
48	15668	19	1.21	9	0.57	7	0.45	3	0.19
49	16586	17	1.02	7	0.42	8	0.48	2	0.12

6-4 各地区育龄妇女年龄别生育率

单位：‰

地　区	15-19岁	20-24岁	25-29岁	30-34岁	35-39岁	40-44岁	45-49岁	总和生育率
合计	**6.21**	**41.50**	**80.40**	**51.57**	**22.29**	**5.48**	**1.43**	**1044.38**
杭州市	**2.89**	**23.92**	**74.48**	**59.04**	**24.76**	**6.19**	**1.65**	**964.65**
上城区		9.35	54.52	58.02	25.68	11.18	1.88	803.13
下城区		6.70	47.79	47.90	23.43	11.45	1.30	692.84
江干区	0.58	11.57	64.24	59.22	26.00	5.57	1.55	843.61
拱墅区		9.61	62.60	61.68	25.55	8.74	5.02	865.97
西湖区	0.58	9.67	52.83	62.63	29.76	7.33	1.79	823.01
滨江区		10.96	52.60	71.03	28.99	3.64	0.85	840.32
萧山区	8.25	40.37	84.96	53.24	18.13	4.77	1.15	1054.33
余杭区	4.10	35.77	82.54	58.93	21.61	5.77	1.39	1050.55
富阳区	3.90	50.08	96.37	63.84	32.61	5.07	0.28	1260.68
临安区	2.80	22.12	98.86	54.69	20.76	3.98	3.10	1031.55
桐庐县	3.83	49.20	90.78	62.01	36.04	11.68	2.70	1281.17
淳安县	5.32	62.50	114.73	82.28	27.78	4.56	1.62	1493.95
建德市	2.92	64.41	109.95	57.57	33.24	5.39	2.55	1380.15
宁波市	**9.41**	**43.80**	**76.52**	**46.01**	**19.56**	**4.35**	**1.42**	**1005.34**
海曙区	8.13	30.35	73.60	46.08	21.55	4.40	1.30	927.00
江北区	10.57	48.02	87.49	56.23	19.26	5.16	0.50	1136.14
北仑区	9.94	52.63	72.07	42.83	16.83	5.66	1.08	1005.28
镇海区	7.25	49.71	85.57	57.71	22.06	5.27	0.40	1139.80
鄞州区	3.90	26.56	75.32	51.03	21.64	3.59	2.33	921.86
奉化区	4.21	52.68	66.75	36.06	13.59	4.49		888.88
象山县	13.68	50.18	91.95	52.87	22.93	3.13	1.50	1181.22
宁海县	8.13	61.22	103.34	61.30	34.82	7.93	2.51	1396.25
余姚市	12.88	52.47	76.52	38.86	16.16	4.39	1.91	1015.98
慈溪市	14.67	51.41	68.71	37.53	14.29	2.93	1.10	953.11
温州市	**6.82**	**48.40**	**84.08**	**47.59**	**21.02**	**5.74**	**1.49**	**1075.70**
鹿城区	3.99	27.07	60.17	42.72	23.35	8.93	0.80	835.11
龙湾区	10.96	51.16	82.57	47.98	18.11	2.34	1.98	1075.55
瓯海区	4.91	29.15	77.64	46.69	18.40	3.58	1.25	908.11
洞头区	1.98	34.83	96.21	48.84	23.15	2.06	1.62	1043.42
永嘉县	3.23	43.11	80.96	55.50	24.24	7.02	1.27	1076.61
平阳县	3.76	65.10	104.24	51.03	26.38	3.64	0.78	1274.65
苍南县	4.31	61.04	93.88	56.11	17.12	4.92	2.84	1201.15
文成县		53.51	95.56	49.91	26.32	17.33	1.34	1219.83
泰顺县		59.03	111.76	56.90	41.54	7.02		1381.25
瑞安市	10.78	62.35	85.90	42.44	15.72	4.90	2.13	1121.07
乐清市	13.31	61.85	88.33	44.28	20.57	6.43	1.23	1180.01
龙港市	9.63	71.86	92.35	60.80	25.25	6.66	1.44	1340.00
嘉兴市	**8.66**	**52.33**	**81.21**	**42.60**	**15.08**	**3.61**	**0.89**	**1021.95**
南湖区	3.60	30.41	81.37	49.40	16.30	4.48	1.24	934.04
秀洲区	13.32	76.23	74.66	43.00	13.54	4.02	1.26	1130.17
嘉善县	7.27	52.72	76.05	33.77	16.72	3.55	0.34	952.05
海盐县	11.89	58.59	92.90	38.37	12.21	2.73	2.31	1095.03
海宁市	10.43	48.11	76.10	39.79	14.59	3.19	0.59	964.03
平湖市	6.54	46.12	84.41	48.45	16.47	4.19	0.65	1034.12
桐乡市	10.21	64.97	88.25	43.58	14.97	3.29	0.61	1129.40
湖州市	**5.25**	**52.09**	**78.64**	**40.98**	**14.72**	**3.51**	**0.86**	**980.30**
吴兴区	2.20	42.78	62.09	32.11	12.94	3.29	0.23	778.19
南浔区	19.20	72.94	85.61	45.85	12.49	2.92	1.24	1201.25
德清县	5.47	50.82	79.77	46.25	14.98	2.87	0.76	1004.58
长兴县	2.97	59.05	101.95	49.59	17.29	2.96	1.25	1175.21
安吉县	4.95	51.42	84.57	45.36	17.30	5.70	1.16	1052.31

6-4　续表

单位：‰

地　区	15-19岁	20-24岁	25-29岁	30-34岁	35-39岁	40-44岁	45-49岁	总和生育率
绍兴市	**4.21**	**34.97**	**77.52**	**51.74**	**22.24**	**4.61**	**1.21**	**982.51**
越城区	2.30	24.01	72.39	52.23	24.06	3.10	0.47	892.77
柯桥区	9.68	38.36	82.31	48.70	19.48	5.52	1.77	1029.04
上虞区	2.39	48.09	74.92	48.97	14.71	5.48		972.79
新昌县	1.26	26.36	96.40	68.94	32.24	2.59	1.18	1144.83
诸暨市	5.17	37.32	71.81	55.06	26.11	5.71	1.79	1014.94
嵊州市	0.80	28.50	82.32	44.87	18.90	3.49	1.66	902.66
金华市	**8.89**	**48.67**	**80.45**	**54.23**	**26.53**	**6.66**	**2.04**	**1137.33**
婺城区	2.32	27.56	91.85	65.55	28.91	6.11	0.79	1115.45
金东区	7.47	47.81	74.99	52.26	29.38	7.18	1.49	1102.93
武义县	17.01	79.31	93.53	53.01	27.76	6.14	0.49	1386.25
浦江县	7.18	47.62	72.62	51.19	22.71	8.93	0.49	1053.75
磐安县		57.14	104.11	73.59	37.38	11.25	1.19	1423.35
兰溪市	2.91	28.71	91.75	55.20	33.97	4.88	1.70	1095.62
义乌市	13.49	48.21	76.69	47.74	23.24	5.27	2.38	1085.09
东阳市	10.25	56.94	85.23	58.22	28.11	5.82	3.88	1242.25
永康市	12.33	60.07	69.79	57.99	24.81	9.72	2.50	1186.08
衢州市	**1.65**	**50.64**	**113.15**	**69.36**	**31.42**	**7.36**	**1.23**	**1374.01**
柯城区		30.76	99.81	69.24	33.28	5.46	0.44	1194.94
衢江区	5.86	49.91	119.02	62.56	34.86	8.00	3.43	1418.18
常山县	2.07	77.97	135.42	57.47	26.21	6.40	0.90	1532.10
开化县	2.08	81.63	135.19	68.38	29.62	6.52		1617.13
龙游县		49.54	109.09	70.30	21.93	6.87	1.88	1298.01
江山市	1.94	66.17	111.43	81.32	37.62	10.53	0.88	1549.45
舟山市	**5.62**	**32.89**	**92.54**	**51.26**	**17.26**	**1.51**	**0.77**	**1009.25**
定海区	1.98	28.60	98.08	52.30	20.48	1.14	1.77	1021.77
普陀区	15.56	38.46	94.11	53.44	16.64	1.37		1097.92
岱山县		40.49	71.86	37.10	10.64	3.48		817.81
嵊泗县		27.40	76.34	65.22	5.03			869.88
台州市	**7.50**	**57.03**	**86.08**	**52.04**	**25.45**	**6.94**	**1.49**	**1182.66**
椒江区	10.35	46.98	92.01	51.44	25.73	6.46	1.08	1170.32
黄岩区	7.85	62.16	87.08	55.30	28.83	8.20	1.26	1253.42
路桥区	8.65	56.37	74.92	47.81	17.89	4.32	0.61	1052.84
三门县	4.03	56.39	104.83	77.56	43.74	20.32	8.12	1574.94
天台县	3.60	50.34	103.66	73.76	26.95	3.84	2.21	1321.85
仙居县	1.44	57.87	106.54	64.52	27.65	6.46	1.14	1328.07
温岭市	9.67	62.15	68.30	40.81	19.15	4.62	0.89	1027.89
临海市	2.88	48.30	89.12	58.17	34.12	10.01	1.56	1220.82
玉环市	23.30	78.46	96.11	46.00	18.85	4.77	0.57	1340.26
丽水市	**2.13**	**47.78**	**96.95**	**71.99**	**27.93**	**6.54**	**1.61**	**1274.69**
莲都区	1.38	41.36	85.52	68.71	19.43	4.24	1.90	1112.67
青田县		45.77	72.86	55.51	28.50	2.30	1.47	1032.03
缙云县	2.29	57.28	117.42	68.16	31.20	8.39	1.19	1429.68
遂昌县	9.46	56.22	88.07	56.31	38.17	9.12	2.34	1298.47
松阳县	2.30	60.61	117.51	88.96	29.94	11.92	3.05	1571.45
云和县		39.30	105.80	97.45	34.15	6.17		1414.35
庆元县		55.25	108.87	102.34	25.58	3.87		1479.51
景宁畲族自治县	4.74	44.78	108.57	83.33	48.11	15.31		1524.18
龙泉市	3.60	49.75	123.60	76.06	24.48	5.83	2.69	1430.00

6-4a 各地区育龄妇女年龄别生育率(城市)

单位：‰

地　　区	15-19岁	20-24岁	25-29岁	30-34岁	35-39岁	40-44岁	45-49岁	总　和 生育率
合计	**5.41**	**32.88**	**75.72**	**52.01**	**22.01**	**5.51**	**1.46**	**975.03**
杭州市	**2.12**	**19.86**	**70.02**	**59.13**	**24.85**	**6.41**	**1.78**	**920.90**
上城区		9.35	54.52	58.02	25.68	11.18	1.88	803.13
下城区		6.70	47.79	47.90	23.43	11.45	1.30	692.84
江干区	0.58	11.57	64.24	59.22	26.00	5.57	1.55	843.61
拱墅区		9.61	62.60	61.68	25.55	8.74	5.02	865.97
西湖区	0.59	9.48	50.90	62.00	29.93	7.25	1.85	809.97
滨江区		10.96	52.60	71.03	28.99	3.64	0.85	840.32
萧山区	6.24	38.68	84.15	57.84	18.56	5.92	1.47	1064.29
余杭区	3.58	30.39	80.10	58.54	22.31	5.93	1.78	1013.16
富阳区	5.07	52.52	93.18	63.47	33.19	4.24	0.40	1260.39
临安区	2.02	16.39	87.87	44.21	20.11	3.44	2.44	882.45
桐庐县								
淳安县								
建德市		44.72	92.68	58.55	32.44	7.56	3.45	1197.01
宁波市	**7.56**	**35.74**	**73.65**	**45.73**	**19.40**	**4.00**	**1.11**	**935.95**
海曙区	6.70	27.42	73.70	45.25	22.77	4.82	1.03	908.44
江北区	8.53	40.30	87.52	57.25	20.37	5.56	0.63	1100.80
北仑区	7.07	50.29	72.05	45.07	19.42	4.39	0.38	993.32
镇海区	3.52	42.99	88.35	58.33	20.99	5.72	0.49	1101.96
鄞州区	1.12	14.19	71.79	53.12	24.19	3.29	1.85	847.76
奉化区	8.02	41.38	73.56	37.25	15.29	3.44		894.63
象山县								
宁海县								
余姚市	13.59	50.34	72.07	38.88	15.18	3.50	1.02	972.90
慈溪市	13.53	47.25	66.60	35.62	14.01	3.09	1.72	909.17
温州市	**7.35**	**43.58**	**78.20**	**46.27**	**20.08**	**6.43**	**1.49**	**1017.02**
鹿城区	4.41	26.63	58.61	43.05	22.91	9.15	0.88	828.26
龙湾区	4.23	50.67	90.74	52.47	21.00	2.09	2.15	1116.79
瓯海区	3.69	25.78	74.18	48.04	20.78	3.71	1.20	886.89
洞头区	4.59	10.42	88.89	61.22	39.68	3.64	2.95	1056.93
永嘉县								
平阳县								
苍南县								
文成县								
泰顺县								
瑞安市	9.28	68.87	85.62	43.32	14.17	6.19	2.11	1147.73
乐清市	14.98	57.09	84.35	42.28	18.61	7.69	1.18	1130.82
龙港市	8.55	74.12	94.43	61.55	23.91	7.04	1.55	1355.71
嘉兴市	**5.56**	**43.66**	**82.03**	**46.61**	**15.85**	**3.97**	**0.81**	**992.46**
南湖区	2.89	27.48	82.68	51.77	16.39	5.41	1.19	939.02
秀洲区	6.87	50.17	76.43	50.36	15.36	1.67	1.50	1011.79
嘉善县								
海盐县								
海宁市	7.26	54.75	79.89	45.66	19.17	3.17	0.98	1054.42
平湖市	2.93	36.38	86.99	42.13	14.23	2.81	0.74	931.11
桐乡市	9.14	62.06	83.30	41.70	13.79	4.93		1074.58
湖州市	**4.81**	**45.45**	**81.56**	**43.87**	**13.35**	**4.17**	**0.66**	**969.35**
吴兴区	1.27	35.77	80.98	42.55	14.20	4.67	0.47	899.60
南浔区	23.73	80.16	83.22	48.02	10.48	2.80	1.09	1247.51
德清县								
长兴县								
安吉县								

6-4a　续表　　　　单位：‰

地　　区	15-19岁	20-24岁	25-29岁	30-34岁	35-39岁	40-44岁	45-49岁	总　和 生育率
绍兴市	**4.27**	**34.62**	**77.70**	**50.26**	**22.39**	**4.72**	**1.33**	**976.45**
越城区	2.50	24.60	71.85	50.23	24.88	2.60	0.55	886.07
柯桥区	8.50	38.25	84.37	50.85	21.27	7.22	2.30	1063.84
上虞区	3.18	41.09	78.60	49.15	11.79	5.31		945.59
新昌县								
诸暨市	3.89	39.90	70.40	53.48	29.59	4.58	2.24	1020.44
嵊州市	1.49	30.88	85.17	43.51	21.52	3.16	1.24	934.89
金华市	**7.48**	**39.74**	**78.92**	**53.79**	**25.58**	**6.61**	**2.45**	**1072.89**
婺城区	2.77	21.47	83.33	59.32	27.12	6.13	0.74	1004.42
金东区	2.58	20.18	109.01	79.21	34.55	11.97		1287.49
武义县								
浦江县								
磐安县								
兰溪市		22.76	104.17	50.56	30.47	7.30	0.94	1081.01
义乌市	12.47	43.95	79.43	48.67	23.57	5.95	3.15	1085.95
东阳市	13.27	53.34	78.34	53.58	25.33	4.89	4.33	1165.49
永康市	8.30	53.89	60.19	58.89	25.00	8.27	2.51	1085.26
衢州市	**1.51**	**32.90**	**93.26**	**67.07**	**29.23**	**7.41**	**1.48**	**1164.26**
柯城区		25.07	91.50	69.92	29.75	4.85		1105.45
衢江区	7.35	28.57	91.98	45.29	24.81	4.06	6.97	1045.15
常山县								
开化县								
龙游县								
江山市	2.03	60.44	98.14	77.03	31.21	13.54	0.91	1416.51
舟山市	**6.60**	**26.26**	**94.43**	**55.44**	**18.95**	**1.65**	**1.03**	**1021.66**
定海区	1.28	21.79	96.87	53.91	20.56	1.46	1.83	988.45
普陀区	16.32	35.32	91.03	57.89	16.56	1.89		1095.05
岱山县								
嵊泗县								
台州市	**8.84**	**49.67**	**77.43**	**48.56**	**23.60**	**5.96**	**1.15**	**1076.04**
椒江区	8.80	39.83	90.10	52.43	26.28	6.72	0.37	1122.65
黄岩区	9.25	58.66	78.00	55.33	28.87	6.59	1.59	1191.48
路桥区	3.75	52.32	73.30	46.86	16.14	3.11	0.66	980.68
三门县								
天台县								
仙居县								
温岭市	10.53	52.38	58.66	39.33	19.09	4.04	0.30	921.63
临海市	1.31	35.38	89.13	60.00	35.50	11.52	3.97	1184.02
玉环市	22.19	69.59	84.42	45.10	17.51	4.70	0.79	1221.54
丽水市	**1.73**	**36.52**	**89.78**	**70.67**	**20.48**	**4.23**	**1.74**	**1125.79**
莲都区	0.79	36.98	80.24	71.66	19.64	3.99	1.90	1076.09
青田县								
缙云县								
遂昌县								
松阳县								
云和县								
庆元县								
景宁畲族自治县								
龙泉市	4.20	34.48	126.80	67.40	23.70	4.82	1.39	1313.94

6-4b 各地区育龄妇女年龄别生育率(镇)

单位：‰

地　　区	15-19岁	20-24岁	25-29岁	30-34岁	35-39岁	40-44岁	45-49岁	总　和 生育率
合计	**6.02**	**52.68**	**83.85**	**49.86**	**22.88**	**5.52**	**1.54**	**1111.78**
杭州市	**6.91**	**41.70**	**89.12**	**57.44**	**25.32**	**6.81**	**1.75**	**1145.25**
上城区								
下城区								
江干区								
拱墅区								
西湖区								
滨江区								
萧山区	37.04	24.84	60.29	25.20	14.99	1.96	1.66	829.88
余杭区	3.67	48.68	91.80	56.77	17.93	6.43	0.87	1130.72
富阳区		17.86	95.24	83.33	21.05			1087.41
临安区	8.06	43.10	85.00	67.86	18.05	3.80	2.97	1144.23
桐庐县	2.87	41.30	85.54	55.18	35.92	11.44	2.96	1176.04
淳安县	4.98	45.08	109.44	86.40	30.59	5.29	1.48	1416.31
建德市	5.13	48.00	114.41	56.86	28.93	6.39		1298.53
宁波市	**8.25**	**54.99**	**85.46**	**48.92**	**23.16**	**4.57**	**2.39**	**1138.72**
海曙区			70.42	37.04	14.49			609.76
江北区								
北仑区		43.82	52.96	46.68	4.50			739.86
镇海区	26.32	92.78	69.36	43.24	45.45			1385.81
鄞州区	4.94	52.49	100.08	55.52	19.67	4.06	3.43	1200.92
奉化区		69.31	58.39	50.25	18.87	4.95		1008.85
象山县	12.78	48.23	88.00	48.81	21.84	3.59	1.66	1124.56
宁海县	8.37	57.92	99.02	53.76	35.40	7.06	2.75	1321.44
余姚市	7.56	64.25	92.33	36.22	19.36	6.08	6.08	1159.37
慈溪市	9.27	52.80	69.82	47.49	15.69	3.11	0.46	993.22
温州市	**4.86**	**53.86**	**93.62**	**50.57**	**22.59**	**5.38**	**1.05**	**1159.69**
鹿城区			71.43	137.93	31.25			1203.05
龙湾区	21.49	51.92	70.38	41.67	12.90	2.80	1.65	1014.03
瓯海区	37.74	81.08	126.98	27.03				1364.14
洞头区		111.11		111.11				1111.11
永嘉县	2.21	43.91	81.22	51.17	26.92	7.47		1064.43
平阳县	0.73	65.33	112.89	48.28	25.33	4.57	1.23	1291.86
苍南县	3.12	60.68	92.63	56.99	17.02	3.99	2.10	1182.64
文成县		37.97	112.40	45.75	31.43	20.05		1238.04
泰顺县		64.52	113.88	60.34	35.71	6.19		1403.20
瑞安市		15.87	160.00	47.06	41.24			1320.84
乐清市	19.61	51.89	93.15	49.76	18.81	3.33		1182.75
龙港市	55.56	27.78	57.97	49.18	66.67			1285.76
嘉兴市	**10.97**	**55.36**	**78.59**	**39.98**	**13.58**	**3.67**	**1.02**	**1015.92**
南湖区	37.04	58.82	64.00	47.30	15.54		3.92	1133.12
秀洲区	20.00	90.53	74.47	33.01	14.57	5.45	2.60	1203.19
嘉善县	7.26	50.44	74.75	34.59	15.70	4.48	0.45	938.34
海盐县	6.80	61.67	83.57	39.95	11.51	1.87	1.99	1036.88
海宁市	14.13	37.01	77.86	41.00	10.46	3.85	0.64	924.71
平湖市	12.82	60.76	81.60	47.93	19.37	7.39		1149.36
桐乡市	11.03	68.72	92.33	53.12	9.88			1175.42
湖州市	**4.66**	**50.91**	**74.31**	**39.46**	**14.79**	**3.43**	**0.87**	**942.16**
吴兴区	2.68	45.35	38.66	20.99	7.96	0.99		583.13
南浔区	14.98	71.73	105.39	43.48	12.89	2.12		1252.96
德清县	4.60	54.25	80.63	46.71	13.54	3.27	0.61	1018.09
长兴县	4.05	58.77	94.94	50.92	15.01	3.87	1.00	1142.80
安吉县	3.20	38.28	81.40	42.78	22.88	5.46	1.97	979.93

6-4b　续表　　　　　　　　　　　　　　　　　　单位：‰

地　　区	15—19岁	20—24岁	25—29岁	30—34岁	35—39岁	40—44岁	45—49岁	总　和 生育率
绍兴市	**3.39**	**32.41**	**73.78**	**49.81**	**24.35**	**3.12**	**1.43**	**941.41**
越城区		166.67		230.77				1987.18
柯桥区	17.14	45.61	47.41	22.68	2.56		1.15	682.82
上虞区		58.82	48.39	47.30	7.19			808.51
新昌县	1.83	22.08	92.71	71.02	34.88	3.27	1.63	1137.06
诸暨市	2.00	29.76	81.29	38.03	23.45	4.46	1.13	900.61
嵊州市		12.05	67.96	35.09	16.26	9.43	3.80	722.97
金华市	**10.36**	**62.12**	**72.94**	**48.48**	**27.78**	**7.24**	**1.64**	**1152.88**
婺城区		79.65	150.00	80.60	48.16	3.18		1807.93
金东区	15.71	60.39	48.81	36.84	27.34	7.77	2.80	998.33
武义县	17.83	65.32	90.75	46.57	29.65	3.91	0.71	1273.70
浦江县	5.01	50.96	73.93	55.85	26.71	9.91		1111.86
磐安县		60.81	115.23	76.19	33.13	18.39		1518.75
兰溪市	16.22	77.92	53.69	16.30	38.10		3.98	1031.07
义乌市	12.28	62.06	57.14	37.34	22.18	2.92	1.97	979.40
东阳市	5.58	55.16	70.07	65.27	25.02	6.99	1.57	1148.33
永康市	27.78	81.85	79.86	35.55	26.63	22.86	7.69	1411.06
衢州市	**1.97**	**52.63**	**110.78**	**71.91**	**29.25**	**4.78**	**1.22**	**1362.74**
柯城区		43.48	60.61	125.00	60.61			1448.45
衢江区		51.28	111.11	123.29	88.61	9.52		1919.06
常山县	3.21	75.14	133.33	56.56	23.75	3.82	1.79	1488.03
开化县	2.60	44.78	121.21	59.24	32.13	4.93		1324.44
龙游县		39.22	98.53	81.72	19.52	4.97	1.20	1225.83
江山市	5.88	74.47	94.59	72.46	40.27	4.46	3.28	1477.10
舟山市	**3.32**	**42.30**	**82.83**	**44.42**	**16.37**	**1.34**		**952.88**
定海区	13.33	40.00	108.43	62.94	51.72			1382.14
普陀区		34.48	102.56	40.54	11.90			947.46
岱山县		45.69	70.37	32.33	10.55	2.29		806.15
嵊泗县		36.36	87.38	65.79	6.49			980.13
台州市	**3.76**	**51.79**	**89.28**	**56.91**	**28.39**	**8.57**	**3.20**	**1209.49**
椒江区			45.45	96.77				711.14
黄岩区		76.92	63.16	54.69	17.09	7.30		1095.81
路桥区	15.29	54.85	86.05	37.36	17.28	4.54	1.71	1085.42
三门县	3.72	39.76	100.20	86.84	46.19	29.59	13.21	1597.60
天台县	2.00	36.96	103.73	75.73	22.01	3.93	2.79	1235.80
仙居县	0.99	50.85	104.23	69.87	24.50	5.13	0.97	1282.67
温岭市	2.16	70.73	56.95	27.71	21.30	3.62	0.73	916.03
临海市	10.83	58.82	97.04	40.90	40.08	3.88		1257.75
玉环市		27.03	95.24	81.08	40.54	13.16		1285.22
丽水市	**1.68**	**50.03**	**94.87**	**74.17**	**31.21**	**8.31**	**0.69**	**1304.83**
莲都区		55.56	138.89	69.44	16.95	14.08	12.50	1537.11
青田县		46.09	68.08	56.76	33.59	2.29	1.14	1039.75
缙云县	3.26	61.09	108.61	68.64	27.27	7.55		1382.14
遂昌县	4.42	23.95	74.80	58.50	42.55	9.15		1066.91
松阳县	3.00	64.94	107.28	76.92	16.45	14.15	2.06	1423.98
云和县		43.24	105.49	99.45	43.08	7.79		1495.23
庆元县		64.75	114.43	101.08	25.08	5.21		1552.73
景宁畲族自治县		37.38	117.65	93.14	39.82	20.69		1543.40
龙泉市			150.00	142.86		20.41		1566.33

6-4c 各地区育龄妇女年龄别生育率(乡村)

单位：‰

地　区	15-19岁	20-24岁	25-29岁	30-34岁	35-39岁	40-44岁	45-49岁	总　和 生育率
合计	**9.35**	**62.53**	**91.91**	**52.08**	**22.43**	**5.34**	**1.30**	**1224.69**
杭州市	**6.25**	**60.19**	**104.91**	**59.64**	**23.50**	**4.50**	**1.11**	**1300.49**
上城区								
下城区								
江干区								
拱墅区								
西湖区		23.53	141.67	86.09	21.28	10.31		1414.37
滨江区								
萧山区	11.34	55.02	97.74	40.24	17.25	1.30		1114.48
余杭区	7.58	62.20	90.53	62.98	20.97	4.61	0.46	1246.65
富阳区	1.68	46.67	110.66	62.88	32.08	8.58		1312.74
临安区	3.16	42.31	135.07	75.93	24.18	5.11	3.96	1448.58
桐庐县	11.76	95.59	120.19	100.69	36.59	12.62	2.00	1897.24
淳安县	6.17	101.85	128.49	70.25	20.30	2.94	1.81	1659.08
建德市	6.85	95.89	129.45	56.64	37.46	2.19	3.10	1657.91
宁波市	**20.51**	**67.14**	**77.33**	**43.32**	**15.34**	**5.22**	**1.24**	**1150.50**
海曙区	31.06	75.00	73.23	55.79	10.34	2.14	3.17	1253.62
江北区	24.00	95.00	87.27	50.00	11.28	3.28		1354.15
北仑区	28.44	66.67	81.04	29.91	9.42	11.58	3.32	1151.84
镇海区	57.97	97.09	69.44	63.83	12.20	5.43		1529.81
鄞州区	25.56	69.71	61.63	35.55	11.13	4.08	2.49	1050.71
奉化区		70.27	53.49	28.17	7.52	6.28		828.63
象山县	16.85	55.81	104.43	65.30	26.42	1.78	1.17	1358.77
宁海县	7.38	70.97	116.63	84.62	33.02	10.13	1.97	1623.57
余姚市	16.95	47.03	80.07	43.04	16.79	6.13		1050.01
慈溪市	30.11	63.23	73.78	30.61	13.54	2.18		1067.19
温州市	**8.19**	**57.67**	**89.25**	**48.08**	**21.69**	**4.51**	**1.91**	**1156.55**
鹿城区		34.48	77.99	32.18	28.10	7.13		899.45
龙湾区								
瓯海区	10.20	54.29	94.54	41.03	6.96	3.24	1.68	1059.69
洞头区		52.08	111.11	23.95				935.73
永嘉县	5.98	41.67	80.45	66.41	18.22	6.10	3.40	1111.15
平阳县	12.00	64.72	85.96	56.99	28.63	1.72		1250.09
苍南县	8.82	61.86	97.67	53.49	17.38	7.36	4.40	1254.92
文成县		70.92	72.92	54.90	20.27	14.25	2.72	1179.90
泰顺县		52.63	109.17	51.72	49.65	8.11		1356.40
瑞安市	16.83	50.56	82.54	39.52	18.25	2.16	2.32	1060.89
乐清市	7.15	77.52	97.19	48.25	25.61	4.10	1.54	1306.84
龙港市		62.50	73.17	46.51	26.32			1042.49
嘉兴市	**15.57**	**65.88**	**83.05**	**37.86**	**15.49**	**2.85**	**0.87**	**1107.88**
南湖区		45.80	82.71	29.34	15.94			868.92
秀洲区	22.99	101.43	72.24	35.64	8.75	6.76		1238.98
嘉善县	7.35	61.83	81.97	29.85	22.28			1016.41
海盐县	29.59	52.15	113.40	33.83	14.49	5.03	3.04	1257.66
海宁市	12.66	55.35	69.09	30.30	11.79	2.51		908.53
平湖市	12.88	52.37	82.27	62.20	18.69	3.72	1.00	1165.59
桐乡市	13.37	69.18	96.77	43.00	22.14	1.04	1.97	1237.34
湖州市	**7.22**	**60.79**	**84.07**	**41.24**	**16.05**	**3.10**	**0.97**	**1067.19**
吴兴区	6.25	61.26	62.43	26.61	18.07	2.82		887.19
南浔区	17.96	62.09	73.27	44.41	15.05	3.80	2.21	1093.97
德清县	7.63	44.08	78.17	45.14	18.99	1.91	1.03	984.78
长兴县		59.59	117.25	46.24	23.37	1.22	1.67	1246.71
安吉县	10.95	77.10	90.78	51.87	3.71	6.17		1202.90

6-4c　续表　　　　单位：‰

地　　区	15-19岁	20-24岁	25-29岁	30-34岁	35-39岁	40-44岁	45-49岁	总　和 生育率
绍兴市	**4.60**	**37.61**	**79.09**	**59.19**	**19.81**	**5.34**	**0.80**	**1032.22**
越城区		17.24	77.10	63.92	17.34	6.56		910.84
柯桥区	13.95	33.98	96.62	55.06	22.11	1.72		1117.25
上虞区		71.43	69.34	48.67	29.35	7.42		1130.98
新昌县		43.10	116.67	58.25	19.69			1188.54
诸暨市	11.26	34.92	69.56	69.66	18.97	8.46	1.49	1071.57
嵊州市		27.85	79.40	50.49	12.47	2.55	1.76	872.57
金华市	**11.98**	**62.99**	**92.98**	**61.92**	**27.32**	**6.21**	**1.74**	**1325.67**
婺城区		64.29	114.29	89.93	25.24	7.37	1.23	1511.72
金东区	11.05	70.22	81.52	49.93	27.65	2.73	1.23	1221.69
武义县	15.27	116.35	101.45	70.55	22.11	11.72		1687.24
浦江县	10.64	44.57	71.24	45.95	18.18	7.95	0.91	997.24
磐安县		51.55	81.97	68.03	44.33		2.74	1243.08
兰溪市	3.18	28.30	86.75	78.51	38.24	2.76	1.94	1198.44
义乌市	20.99	57.67	84.51	55.39	23.07	5.26	0.59	1237.40
东阳市	8.20	70.95	123.57	62.36	37.99	6.30	5.17	1572.70
永康市	19.05	67.98	96.08	64.58	23.71	8.66	0.82	1404.33
衢州市	**1.50**	**77.70**	**143.96**	**70.70**	**36.83**	**9.57**	**1.03**	**1706.37**
柯城区		62.18	137.25	59.03	51.28	9.01	1.99	1603.69
衢江区	7.07	74.38	155.49	76.50	37.41	11.39	1.29	1817.61
常山县		81.97	138.46	59.06	29.61	9.66		1593.75
开化县		161.29	169.12	92.02	23.70	9.65		2278.88
龙游县		63.29	127.15	48.19	26.25	9.96	2.65	1387.44
江山市		72.46	146.76	94.02	50.28	7.62		1855.68
舟山市	**3.76**	**50.75**	**95.33**	**43.59**	**11.63**	**1.26**	**0.85**	**1035.77**
定海区		66.23	99.60	40.00	7.12		2.10	1075.23
普陀区	12.82	51.72	104.17	40.54	18.45			1138.51
岱山县		20.00	78.13	58.82	10.99	7.19		875.66
嵊泗县			35.71	62.50				491.07
台州市	**8.59**	**72.31**	**99.75**	**55.32**	**26.73**	**7.43**	**1.00**	**1355.60**
椒江区	18.63	76.77	100.48	46.21	24.27	5.73	3.05	1375.70
黄岩区	6.48	67.33	114.75	55.33	30.75	11.92	0.88	1437.17
路桥区	10.17	64.18	71.77	55.84	21.25	6.11		1146.63
三门县	4.83	82.93	114.41	61.50	39.34	5.79	1.35	1550.74
天台县	7.73	68.42	103.54	69.77	36.51	3.68	1.36	1454.99
仙居县	2.59	66.33	110.29	54.50	33.80	8.73	1.39	1388.15
温岭市	13.33	79.08	98.64	53.05	17.93	6.43	1.88	1351.73
临海市	3.07	60.30	86.44	61.80	31.02	10.41		1265.23
玉环市	31.25	109.42	133.48	45.16	20.41	4.10		1719.10
丽水市	**3.85**	**63.05**	**110.66**	**69.72**	**30.55**	**5.63**	**2.76**	**1431.14**
莲都区	5.71	73.03	109.09	50.51	18.66	3.17		1300.88
青田县		45.05	83.92	53.16	18.23	2.31	2.07	1023.72
缙云县		49.02	136.93	67.04	40.54	10.20	3.22	1534.77
遂昌县	21.98	121.95	122.45	51.28	27.03	9.05	5.49	1796.16
松阳县		55.94	132.95	110.17	50.76	9.06	4.03	1814.59
云和县		22.73	107.14	86.96				1084.13
庆元县		23.81	85.11	107.69	27.78			1221.93
景宁畲族自治县	27.78	74.07	76.92	59.52	76.92			1576.11
龙泉市		123.29	102.56	97.74	35.40	5.38	6.47	1854.22

6-5 各地区按活产子女数分的15-64岁妇女人数

单位：人

地区	15-64岁妇女人数	活产0个	活产1个	活产2个	活产3个	活产4个	活产5个及以上
合计	**2260256**	**470449**	**917731**	**750766**	**101170**	**16577**	**3563**
杭州市	**435004**	**121730**	**184132**	**115516**	**11585**	**1729**	**312**
上城区	11020	3327	5900	1638	133	19	3
下城区	16900	5625	8534	2443	262	35	1
江干区	59340	23233	22598	12019	1255	190	45
拱墅区	23510	8285	11143	3674	348	50	10
西湖区	41293	16330	16976	7272	612	85	18
滨江区	18909	8243	6742	3580	283	53	8
萧山区	81653	18452	32562	27093	3001	464	81
余杭区	93052	21892	39950	27426	3224	488	72
富阳区	28942	5566	12343	9947	938	122	26
临安区	21701	4500	10237	6424	439	85	16
桐庐县	15077	2692	6441	5425	443	61	15
淳安县	10151	1472	4609	3834	204	28	4
建德市	13456	2113	6097	4741	443	49	13
宁波市	**346517**	**68045**	**157873**	**103045**	**14586**	**2397**	**571**
海曙区	38954	9161	18362	9946	1260	179	46
江北区	17276	3805	8671	4116	565	95	24
北仑区	31038	5741	14122	9624	1291	214	46
镇海区	19881	4103	9492	5417	734	100	35
鄞州区	61147	15347	28776	14623	1984	352	65
奉化区	19650	3336	9815	5534	750	168	47
象山县	19285	2611	8545	7040	952	120	17
宁海县	22982	3534	9032	8937	1262	168	49
余姚市	45829	7940	21265	13923	2179	419	103
慈溪市	70475	12467	29793	23885	3609	582	139
温州市	**314304**	**59411**	**92456**	**131052**	**26186**	**4270**	**929**
鹿城区	41967	9311	16154	13911	2157	345	89
龙湾区	24719	4660	6983	10935	1813	275	53
瓯海区	33751	8611	9532	12929	2251	345	83
洞头区	4530	972	1573	1634	294	44	13
永嘉县	24912	5427	5658	10926	2378	437	86
平阳县	28361	4769	9019	11495	2564	414	100
苍南县	26727	4600	7596	11486	2545	424	76
文成县	6175	1084	1572	2615	720	153	31
泰顺县	6777	1285	1778	2875	716	96	27
瑞安市	50577	7860	15950	21834	4079	696	158
乐清市	50374	8560	12750	23098	5043	763	160
龙港市	15434	2272	3891	7314	1626	278	53
嘉兴市	**199191**	**35749**	**92768**	**61689**	**7350**	**1331**	**304**
南湖区	31241	7656	14777	7699	926	152	31
秀洲区	25293	4294	11072	8480	1145	233	69
嘉善县	23111	4321	10871	6886	854	153	26
海盐县	16213	2388	8817	4437	455	95	21
海宁市	41007	6916	18183	13974	1584	284	66
平湖市	24396	3956	12480	6969	820	142	29
桐乡市	37930	6218	16568	13244	1566	272	62
湖州市	**120243**	**20735**	**59718**	**35963**	**3130**	**585**	**112**
吴兴区	39597	7534	19302	11508	1061	171	21
南浔区	17733	2317	9360	5294	602	128	32
德清县	19489	3251	9645	5970	497	109	17
长兴县	23618	4024	11848	7222	443	70	11
安吉县	19806	3609	9563	5969	527	107	31

6-5 续表 单位：人

地区	15-64岁妇女人数	活产0个	活产1个	活产2个	活产3个	活产4个	活产5个及以上
绍兴市	**184071**	**35548**	**87173**	**55191**	**5159**	**840**	**160**
越城区	36205	8297	17659	9310	790	130	19
柯桥区	41898	7881	16584	15309	1782	290	52
上虞区	29455	5367	14939	8284	710	130	25
新昌县	13222	2219	6846	3753	345	46	13
诸暨市	41326	7734	19046	13113	1212	184	37
嵊州市	21965	4050	12099	5422	320	60	14
金华市	**249356**	**54266**	**81296**	**96331**	**14319**	**2552**	**592**
婺城区	33440	9079	13527	9492	1095	202	45
金东区	17671	3779	6170	6558	940	186	38
武义县	15842	2524	5276	6649	1074	261	58
浦江县	16010	2925	5289	6506	1031	192	67
磐安县	5688	836	2014	2563	233	38	4
兰溪市	18491	3575	7440	6687	663	111	15
义乌市	72519	17713	20795	28410	4714	724	163
东阳市	38164	7072	12729	15950	2034	305	74
永康市	31531	6763	8056	13516	2535	533	128
衢州市	**71979**	**12386**	**31442**	**25408**	**2357**	**331**	**55**
柯城区	18374	4098	9039	4827	338	62	10
衢江区	10961	1757	4557	4175	416	47	9
常山县	7891	1137	3209	3107	380	50	8
开化县	7857	1038	3282	3219	267	44	7
龙游县	11607	1928	5375	3988	269	41	6
江山市	15289	2428	5980	6092	687	87	15
舟山市	**39012**	**6648**	**22624**	**8716**	**869**	**137**	**18**
定海区	17627	3485	10081	3666	338	53	4
普陀区	13497	2115	7770	3186	368	49	9
岱山县	5701	780	3313	1445	128	31	4
嵊泗县	2187	268	1460	419	35	4	1
台州市	**226851**	**41822**	**83112**	**88247**	**11635**	**1659**	**376**
椒江区	29416	6555	11294	10074	1282	180	31
黄岩区	24139	4474	9874	8766	864	129	32
路桥区	22266	3633	8548	8780	1104	171	30
三门县	12040	1883	4178	5128	729	104	18
天台县	14922	3464	4385	5927	976	144	26
仙居县	13416	3089	3571	5926	718	90	22
温岭市	50104	8354	19303	19119	2841	380	107
临海市	37221	7175	13600	14689	1513	198	46
玉环市	23327	3195	8359	9838	1608	263	64
丽水市	**73728**	**14109**	**25137**	**29608**	**3994**	**746**	**134**
莲都区	18280	4434	6595	6342	732	141	36
青田县	11285	2427	2315	4871	1340	287	45
缙云县	12339	2166	3951	5503	618	91	10
遂昌县	5967	858	2738	2197	140	25	9
松阳县	6613	1032	2549	2707	262	51	12
云和县	4170	668	1739	1569	158	30	6
庆元县	4370	635	1387	1973	318	51	6
景宁畲族自治县	3161	504	1101	1349	168	34	5
龙泉市	7543	1385	2762	3097	258	36	5

6-6 全省按受教育程度、活产子女数分的15-64岁妇女人数

单位：人

受教育程度	15-64岁妇女人数	活产0个	活产1个	活产2个	活产3个	活产4个	活产5个及以上
总　计	**2260256**	**470449**	**917731**	**750766**	**101170**	**16577**	**3563**
未上过学	49703	2017	12312	25015	7953	1913	493
学前教育	2066	159	593	1002	240	62	10
小　学	463549	14136	172081	224260	43158	8014	1900
初　中	822375	87261	359612	328411	40635	5486	970
高　中	387683	131249	159584	89474	6478	746	152
大学专科	258479	104207	106859	45419	1765	209	20
大学本科	250317	117213	97799	34274	883	130	18
硕士研究生	23812	12983	8089	2671	53	16	
博士研究生	2272	1224	802	240	5	1	

6-7 全省按职业、活产子女数分的15-64岁妇女人数

单位：人

职业大类	15-64岁妇女人数	活产0个	活产1个	活产2个	活产3个	活产4个	活产5个及以上	妇女平均活产子女数
总　计	**1410778**	**261894**	**574643**	**496128**	**65355**	**10494**	**2264**	**2.32**
党的机关、国家机关、群众团体和社会组织、企事业单位负责人	26473	3092	13118	9342	817	84	20	2.19
专业技术人员	211089	69717	97960	41470	1688	226	28	1.31
办事人员和有关人员	79132	20438	40805	16832	903	133	21	1.46
社会生产服务和生活服务人员	522880	113694	219324	167191	19239	2870	562	2.08
农、林、牧、渔业生产及辅助人员	52529	1932	20579	25952	3355	590	121	3.07
生产制造及有关人员	517888	52761	182600	235119	39312	6586	1510	3.03
不便分类的其他从业人员	787	260	257	222	41	5	2	2.01

6-8 各地区按存活子女数分的15-64岁妇女人数

单位：人

地区	15-64岁妇女人数	存活0个	存活1个	存活2个	存活3个	存活4个	存活5个及以上
合计	**2260256**	**512928**	**904217**	**729883**	**95645**	**14723**	**2860**
杭州市	**435004**	**127001**	**182446**	**112849**	**10977**	**1493**	**238**
上城区	11020	3411	5868	1595	127	16	3
下城区	16900	5732	8498	2386	254	29	1
江干区	59340	23815	22382	11721	1210	173	39
拱墅区	23510	8508	11065	3559	332	37	9
西湖区	41293	16637	16851	7138	580	72	15
滨江区	18909	8513	6615	3470	260	44	7
萧山区	81653	19285	32388	26624	2875	416	65
余杭区	93052	23183	39494	26794	3095	432	54
富阳区	28942	6040	12211	9701	873	101	16
临安区	21701	5015	10026	6189	394	67	10
桐庐县	15077	2886	6433	5294	406	47	11
淳安县	10151	1694	4558	3703	176	20	
建德市	13456	2282	6057	4675	395	39	8
宁波市	**346517**	**75236**	**155143**	**99734**	**13788**	**2151**	**465**
海曙区	38954	9963	18049	9556	1202	147	37
江北区	17276	4103	8521	4001	546	87	18
北仑区	31038	6319	13913	9356	1217	197	36
镇海区	19881	4459	9369	5243	705	80	25
鄞州区	61147	16199	28396	14285	1890	327	50
奉化区	19650	3837	9611	5323	692	146	41
象山县	19285	3002	8467	6831	870	99	16
宁海县	22982	4132	8832	8660	1178	146	34
余姚市	45829	8797	20957	13509	2083	395	88
慈溪市	70475	14425	29028	22970	3405	527	120
温州市	**314304**	**67817**	**89950**	**126911**	**24958**	**3932**	**736**
鹿城区	41967	10231	15793	13492	2055	321	75
龙湾区	24719	5387	6756	10561	1711	258	46
瓯海区	33751	9651	9205	12367	2145	321	62
洞头区	4530	1041	1560	1607	276	37	9
永嘉县	24912	5908	5532	10709	2291	401	71
平阳县	28361	5956	8576	10979	2397	375	78
苍南县	26727	5137	7449	11234	2449	400	58
文成县	6175	1158	1567	2586	693	144	27
泰顺县	6777	1392	1767	2821	689	90	18
瑞安市	50577	9393	15472	21093	3858	634	127
乐清市	50374	9926	12473	22351	4817	688	119
龙港市	15434	2637	3800	7111	1577	263	46
嘉兴市	**199191**	**38934**	**91674**	**60033**	**7063**	**1224**	**263**
南湖区	31241	8062	14612	7514	888	137	28
秀洲区	25293	4705	10913	8281	1115	220	59
嘉善县	23111	4790	10707	6648	814	131	21
海盐县	16213	2713	8660	4305	429	88	18
海宁市	41007	7549	18001	13604	1523	270	60
平湖市	24396	4334	12368	6754	784	132	24
桐乡市	37930	6781	16413	12927	1510	246	53
湖州市	**120243**	**23119**	**58757**	**34852**	**2903**	**512**	**100**
吴兴区	39597	8140	19081	11194	1009	155	18
南浔区	17733	2786	9137	5088	574	117	31
德清县	19489	3649	9467	5812	455	92	14
长兴县	23618	4480	11696	6994	386	53	9
安吉县	19806	4064	9376	5764	479	95	28

6-8 续表 单位：人

地　　区	15-64岁妇女人数	存活0个	存活1个	存活2个	存活3个	存活4个	存活5个及以上
绍兴市	**184071**	**37925**	**86334**	**54048**	**4891**	**747**	**126**
越城区	36205	8781	17438	9091	755	123	17
柯桥区	41898	8364	16466	15045	1711	265	47
上虞区	29455	5787	14818	8054	658	117	21
新昌县	13222	2356	6793	3706	320	37	10
诸暨市	41326	8259	18852	12887	1146	161	21
嵊州市	21965	4378	11967	5265	301	44	10
金华市	**249356**	**59663**	**79813**	**93572**	**13528**	**2276**	**504**
婺城区	33440	9746	13275	9209	1014	166	30
金东区	17671	3905	6176	6480	904	174	32
武义县	15842	2931	5166	6446	1003	243	53
浦江县	16010	3497	5066	6259	958	175	55
磐安县	5688	1008	1973	2479	205	21	2
兰溪市	18491	3898	7371	6509	609	90	14
义乌市	72519	19021	20482	27666	4539	664	147
东阳市	38164	8188	12413	15353	1893	261	56
永康市	31531	7469	7891	13171	2403	482	115
衢州市	**71979**	**13725**	**31125**	**24774**	**2094**	**221**	**40**
柯城区	18374	4400	8913	4712	302	41	6
衢江区	10961	2016	4497	4058	359	24	7
常山县	7891	1268	3188	3044	347	37	7
开化县	7857	1232	3257	3112	229	24	3
龙游县	11607	2042	5378	3907	242	34	4
江山市	15289	2767	5892	5941	615	61	13
舟山市	**39012**	**7000**	**22555**	**8492**	**826**	**123**	**16**
定海区	17627	3606	10050	3589	330	49	3
普陀区	13497	2258	7732	3110	348	41	8
岱山县	5701	844	3311	1397	116	29	4
嵊泗县	2187	292	1462	396	32	4	1
台州市	**226851**	**46416**	**81837**	**85956**	**10939**	**1421**	**282**
椒江区	29416	7250	11018	9763	1217	148	20
黄岩区	24139	4935	9736	8528	810	108	22
路桥区	22266	4014	8477	8539	1055	154	27
三门县	12040	2093	4124	5043	680	90	10
天台县	14922	3845	4288	5730	929	112	18
仙居县	13416	3384	3494	5798	650	78	12
温岭市	50104	9421	19040	18578	2646	333	86
临海市	37221	7758	13441	14402	1430	161	29
玉环市	23327	3716	8219	9575	1522	237	58
丽水市	**73728**	**16092**	**24583**	**28662**	**3678**	**623**	**90**
莲都区	18280	4944	6446	6098	645	120	27
青田县	11285	2727	2248	4735	1286	260	29
缙云县	12339	2558	3826	5319	560	68	8
遂昌县	5967	1011	2694	2132	113	13	4
松阳县	6613	1137	2539	2648	243	37	9
云和县	4170	799	1694	1507	142	25	3
庆元县	4370	761	1351	1916	294	45	3
景宁畲族自治县	3161	568	1098	1303	161	27	4
龙泉市	7543	1587	2687	3004	234	28	3

6-9　全省按受教育程度、存活子女数分的15-64岁妇女人数

单位：人

受教育程度	15-64岁妇女人数	存活0个	存活1个	存活2个	存活3个	存活4个	存活5个及以上
总　计	**2260256**	**512928**	**904217**	**729883**	**95645**	**14723**	**2860**
未上过学	49703	3356	12421	24208	7525	1786	407
学前教育	2066	203	591	978	235	52	7
小　学	463549	25741	170350	217700	40863	7299	1596
初　中	822375	105712	353301	319374	38469	4772	747
高　中	387683	136872	156972	87076	6090	585	88
大学专科	258479	107218	105277	44198	1631	145	10
大学本科	250317	119463	96502	33498	778	71	5
硕士研究生	23812	13123	8011	2617	49	12	
博士研究生	2272	1240	792	234	5	1	

6-10　全省按职业、存活子女数分的15-64岁妇女人数

单位：人

职业大类	15-64岁妇女人数	存活0个	存活1个	存活2个	存活3个	存活4个	存活5个及以上	妇女平均存活子女数
总　计	**1410778**	**288845**	**565583**	**482974**	**62122**	**9391**	**1863**	**2.31**
党的机关、国家机关、群众团体和社会组织、企事业单位负责人	26473	3611	12905	9100	775	69	13	2.18
专业技术人员	211089	72431	96469	40453	1570	150	16	1.30
办事人员和有关人员	79132	21654	40175	16342	851	99	11	1.45
社会生产服务和生活服务人员	522880	122922	215977	162806	18196	2535	444	2.07
农、林、牧、渔业生产及辅助人员	52529	2925	20596	25354	3094	474	86	3.04
生产制造及有关人员	517888	65031	179204	228704	37597	6061	1291	3.02
不便分类的其他从业人员	787	271	257	215	39	3	2	1.99

6-11 各地区15-64岁妇女平均活产子女数和平均存活子女数

单位：人、%

地区	15-64岁妇女人数	活产子女总数			存活子女总数			存活子女数占活产子女数的百分比	妇女平均活产子女数	妇女平均存活子女数
		合计	男	女	合计	男	女			
合计	**2260256**	**2808053**	**1525869**	**1282184**	**2724942**	**1476554**	**1248388**	**97.04**	**1.24**	**1.21**
杭州市	**435004**	**458484**	**246754**	**211730**	**448291**	**240744**	**207547**	**97.78**	**1.05**	**1.03**
上城区	11020	9667	5193	4474	9519	5106	4413	98.47	0.88	0.86
下城区	16900	14351	7677	6674	14153	7554	6599	98.62	0.85	0.84
江干区	59340	51405	27665	23740	50356	27047	23309	97.96	0.87	0.85
拱墅区	23510	19791	10434	9357	19376	10194	9182	97.90	0.84	0.82
西湖区	41293	33791	18072	15719	33232	17747	15485	98.35	0.82	0.80
滨江区	18909	15004	8003	7001	14547	7742	6805	96.95	0.79	0.77
萧山区	81653	98031	52947	45084	96261	51872	44389	98.19	1.20	1.18
余杭区	93052	106799	58464	48335	104370	57042	47328	97.73	1.15	1.12
富阳区	28942	35674	19224	16450	34719	18642	16077	97.32	1.23	1.20
临安区	21701	24832	13117	11715	23910	12612	11298	96.29	1.14	1.10
桐庐县	15077	18942	10024	8918	18484	9736	8748	97.58	1.26	1.23
淳安县	10151	13022	6732	6290	12572	6464	6108	96.54	1.28	1.24
建德市	13456	17175	9202	7973	16792	8986	7806	97.77	1.28	1.25
宁波市	**346517**	**420319**	**228120**	**192199**	**407023**	**220362**	**186661**	**96.84**	**1.21**	**1.17**
海曙区	38954	42987	23255	19732	41545	22425	19120	96.65	1.10	1.07
江北区	17276	19104	10295	8809	18602	10008	8594	97.37	1.11	1.08
北仑区	31038	38349	21070	17279	37255	20415	16840	97.15	1.24	1.20
镇海区	19881	23110	12694	10416	22422	12301	10121	97.02	1.16	1.13
鄞州区	61147	65723	35338	30385	64204	34461	29743	97.69	1.07	1.05
奉化区	19650	24054	12931	11123	23136	12408	10728	96.18	1.22	1.18
象山县	19285	26048	13878	12170	25216	13365	11851	96.81	1.35	1.31
宁海县	22982	31625	17446	14179	30454	16752	13702	96.30	1.38	1.33
余姚市	45829	57868	31391	26477	56269	30431	25838	97.24	1.26	1.23
慈溪市	70475	91451	49822	41629	87920	47796	40124	96.14	1.30	1.25
温州市	**314304**	**455111**	**253183**	**201928**	**438232**	**243160**	**195072**	**96.29**	**1.45**	**1.39**
鹿城区	41967	52306	28547	23759	50627	27608	23019	96.79	1.25	1.21
龙湾区	24719	35673	20175	15498	34286	19376	14910	96.11	1.44	1.39
瓯海区	33751	43970	24319	19651	41986	23150	18836	95.49	1.30	1.24
洞头区	4530	5967	3304	2663	5798	3198	2600	97.17	1.32	1.28
永嘉县	24912	36851	20553	16298	35802	19907	15895	97.15	1.48	1.44
平阳县	28361	41878	23140	18738	39626	21818	17808	94.62	1.48	1.40
苍南县	26727	40297	22648	17649	39162	21959	17203	97.18	1.51	1.47
文成县	6175	9738	5308	4430	9534	5175	4359	97.91	1.58	1.54
泰顺县	6777	10207	5466	4741	9931	5290	4641	97.30	1.51	1.47
瑞安市	50577	75469	41868	33601	72436	40038	32398	95.98	1.49	1.43
乐清市	50374	77964	43803	34161	74999	42064	32935	96.20	1.55	1.49
龙港市	15434	24791	14052	10739	24045	13577	10468	96.99	1.61	1.56
嘉兴市	**199191**	**245152**	**131582**	**113570**	**239224**	**128099**	**111125**	**97.58**	**1.23**	**1.20**
南湖区	31241	33727	18010	15717	33001	17595	15406	97.85	1.08	1.06
秀洲区	25293	32772	17595	15177	32019	17144	14875	97.70	1.30	1.27
嘉善县	23111	27953	15223	12730	27079	14702	12377	96.87	1.21	1.17
海盐县	16213	19549	10312	9237	19004	10002	9002	97.21	1.21	1.17
海宁市	41007	52374	28154	24220	51175	27444	23731	97.71	1.28	1.25
平湖市	24396	29600	15853	13747	28883	15421	13462	97.58	1.21	1.18
桐乡市	37930	49177	26435	22742	48063	25791	22272	97.73	1.30	1.27
湖州市	**120243**	**143975**	**76577**	**67398**	**139757**	**74140**	**65617**	**97.07**	**1.20**	**1.16**
吴兴区	39597	46300	24889	21411	45215	24277	20938	97.66	1.17	1.14
南浔区	17733	22441	11910	10531	21673	11462	10211	96.58	1.27	1.22
德清县	19489	23602	12473	11129	22899	12062	10837	97.02	1.21	1.17
长兴县	23618	27961	14713	13248	27103	14214	12889	96.93	1.18	1.15
安吉县	19806	23671	12592	11079	22867	12125	10742	96.60	1.20	1.15

6-11　续表　　　　单位：人、%

地　区	15-64岁妇女人数	活产子女总数			存活子女总数			存活子女数占活产子女数的百分比	妇女平均活产子女数	妇女平均存活子女数
		合计	男	女	合计	男	女			
绍兴市	**184071**	**217228**	**117250**	**99978**	**212750**	**114600**	**98150**	**97.94**	**1.18**	**1.16**
越城区	36205	39268	21118	18150	38466	20661	17805	97.96	1.08	1.06
柯桥区	41898	53979	29751	24228	52994	29167	23827	98.18	1.29	1.26
上虞区	29455	34288	18107	16181	33479	17650	15829	97.64	1.16	1.14
新昌县	13222	15642	8335	7307	15364	8161	7203	98.22	1.18	1.16
诸暨市	41326	49834	26859	22975	48817	26229	22588	97.96	1.21	1.18
嵊州市	21965	24217	13080	11137	23630	12732	10898	97.58	1.10	1.08
金华市	**249356**	**330326**	**181911**	**148415**	**319366**	**175247**	**144119**	**96.68**	**1.32**	**1.28**
婺城区	33440	36849	19834	17015	35560	19063	16497	96.50	1.10	1.06
金东区	17671	23055	12450	10605	22718	12247	10471	98.54	1.30	1.29
武义县	15842	23150	12342	10808	22318	11818	10500	96.41	1.46	1.41
浦江县	16010	22545	12909	9636	21474	12245	9229	95.25	1.41	1.34
磐安县	5688	8011	4265	3746	7640	4038	3602	95.37	1.41	1.34
兰溪市	18491	23325	12814	10511	22649	12410	10239	97.10	1.26	1.22
义乌市	72519	95514	53538	41976	92864	51978	40886	97.23	1.32	1.28
东阳市	38164	52352	28766	23586	50142	27417	22725	95.78	1.37	1.31
永康市	31531	45525	24993	20532	44001	24031	19970	96.65	1.44	1.40
衢州市	**71979**	**90952**	**48318**	**42634**	**88054**	**46563**	**41491**	**96.81**	**1.26**	**1.22**
柯城区	18374	20010	10500	9510	19438	10148	9290	97.14	1.09	1.06
衢江区	10961	14390	7639	6751	13822	7292	6530	96.05	1.31	1.26
常山县	7891	10808	5808	5000	10505	5635	4870	97.20	1.37	1.33
开化县	7857	10733	5738	4995	10280	5469	4811	95.78	1.37	1.31
龙游县	11607	14357	7628	6729	14076	7440	6636	98.04	1.24	1.21
江山市	15289	20654	11005	9649	19933	10579	9354	96.51	1.35	1.30
舟山市	**39012**	**43309**	**22886**	**20423**	**42595**	**22450**	**20145**	**98.35**	**1.11**	**1.09**
定海区	17627	18660	9839	8821	18429	9702	8727	98.76	1.06	1.05
普陀区	13497	15490	8271	7219	15202	8082	7120	98.14	1.15	1.13
岱山县	5701	6734	3496	3238	6592	3419	3173	97.89	1.18	1.16
嵊泗县	2187	2425	1280	1145	2372	1247	1125	97.81	1.11	1.08
台州市	**226851**	**303145**	**166318**	**136827**	**293733**	**160684**	**133049**	**96.90**	**1.34**	**1.29**
椒江区	29416	36186	19659	16527	34896	18892	16004	96.44	1.23	1.19
黄岩区	24139	30682	16521	14161	29767	15988	13779	97.02	1.27	1.23
路桥区	22266	30262	16523	13739	29479	16061	13418	97.41	1.36	1.32
三门县	12040	17131	9490	7641	16660	9179	7481	97.25	1.42	1.38
天台县	14922	19879	10955	8924	19079	10488	8591	95.98	1.33	1.28
仙居县	13416	18056	9732	8324	17417	9319	8098	96.46	1.35	1.30
温岭市	50104	68148	37533	30615	65922	36206	29716	96.73	1.36	1.32
临海市	37221	48557	27076	21481	47332	26324	21008	97.48	1.30	1.27
玉环市	23327	34244	18829	15415	33181	18227	14954	96.90	1.47	1.42
丽水市	**73728**	**100052**	**52970**	**47082**	**95917**	**50505**	**45412**	**95.87**	**1.36**	**1.30**
莲都区	18280	22231	11891	10340	21198	11264	9934	95.35	1.22	1.16
青田县	11285	17481	9506	7975	16776	9090	7686	95.97	1.55	1.49
缙云县	12339	17233	9017	8216	16463	8568	7895	95.53	1.40	1.33
遂昌县	5967	7700	4112	3588	7371	3909	3462	95.73	1.29	1.24
松阳县	6613	9017	4747	4270	8759	4580	4179	97.14	1.36	1.32
云和县	4170	5504	2887	2617	5250	2739	2511	95.39	1.32	1.26
庆元县	4370	6521	3389	3132	6260	3257	3003	96.00	1.49	1.43
景宁畲族自治县	3161	4465	2296	2169	4316	2200	2116	96.66	1.41	1.37
龙泉市	7543	9900	5125	4775	9524	4898	4626	96.20	1.31	1.26

6-12 全省按年龄分的15-64岁妇女平均活产子女数和平均存活子女数

单位：人、%

年龄	15-64岁妇女人数	活产子女总数			存活子女总数			存活子女数占活产子女数的百分比	妇女平均活产子女数	妇女平均存活子女数
		合计	男	女	合计	男	女			
总计	**2260256**	**2808053**	**1525869**	**1282184**	**2724942**	**1476554**	**1248388**	**97.04**	**1.24**	**1.21**
15-19岁	**132549**	**1353**	**710**	**643**	**1333**	**699**	**634**	**98.52**	**0.01**	**0.01**
15	24546	9	5	4	9	5	4	100.00		
16	30490	52	30	22	52	30	22	100.00		
17	27501	140	63	77	140	63	77	100.00	0.01	0.01
18	21882	362	186	176	356	182	174	98.34	0.02	0.02
19	28130	790	426	364	776	419	357	98.23	0.03	0.03
20-24岁	**169030**	**33911**	**18106**	**15805**	**33018**	**17595**	**15423**	**97.37**	**0.20**	**0.20**
20	30128	1780	935	845	1730	906	824	97.19	0.06	0.06
21	30219	3287	1793	1494	3207	1746	1461	97.57	0.11	0.11
22	33089	6039	3208	2831	5905	3127	2778	97.78	0.18	0.18
23	36284	9185	4836	4349	8939	4697	4242	97.32	0.25	0.25
24	39310	13620	7334	6286	13237	7119	6118	97.19	0.35	0.34
25-29岁	**226852**	**173096**	**92763**	**80333**	**168681**	**90212**	**78469**	**97.45**	**0.76**	**0.74**
25	43336	20037	10640	9397	19510	10345	9165	97.37	0.46	0.45
26	42164	25424	13599	11825	24821	13261	11560	97.63	0.60	0.59
27	46073	34582	18497	16085	33737	18012	15725	97.56	0.75	0.73
28	46605	42166	22759	19407	41056	22093	18963	97.37	0.90	0.88
29	48674	50887	27268	23619	49557	26501	23056	97.39	1.05	1.02
30-34岁	**298235**	**393855**	**212044**	**181811**	**383678**	**206215**	**177463**	**97.42**	**1.32**	**1.29**
30	60222	70653	38107	32546	68856	37043	31813	97.46	1.17	1.14
31	60248	76093	40833	35260	74038	39678	34360	97.30	1.26	1.23
32	57626	76705	41287	35418	74718	40143	34575	97.41	1.33	1.30
33	65320	91198	48981	42217	88874	47650	41224	97.45	1.40	1.36
34	54819	79206	42836	36370	77192	41701	35491	97.46	1.44	1.41
35-39岁	**245050**	**371417**	**201327**	**170090**	**361378**	**195478**	**165900**	**97.30**	**1.52**	**1.47**
35	46083	68459	37125	31334	66607	36029	30578	97.29	1.49	1.45
36	47575	72140	39202	32938	70213	38065	32148	97.33	1.52	1.48
37	48726	73881	40029	33852	71874	38885	32989	97.28	1.52	1.48
38	55848	84948	45942	39006	82687	44623	38064	97.34	1.52	1.48
39	46818	71989	39029	32960	69997	37876	32121	97.23	1.54	1.50
40-44岁	**234329**	**356976**	**195219**	**161757**	**346964**	**189357**	**157607**	**97.20**	**1.52**	**1.48**
40	41413	64157	34938	29219	62322	33852	28470	97.14	1.55	1.50
41	48452	73958	40381	33577	71875	39160	32715	97.18	1.53	1.48
42	47656	72674	39505	33169	70709	38362	32347	97.30	1.52	1.48
43	46679	70663	38644	32019	68713	37502	31211	97.24	1.51	1.47
44	50129	75524	41751	33773	73345	40481	32864	97.11	1.51	1.46
45-49岁	**274268**	**409983**	**225791**	**184192**	**397647**	**218391**	**179256**	**96.99**	**1.49**	**1.45**
45	49889	75323	41595	33728	73202	40311	32891	97.18	1.51	1.47
46	52597	79458	44222	35236	77059	42758	34301	96.98	1.51	1.47
47	57106	85066	46861	38205	82545	45337	37208	97.04	1.49	1.45
48	56477	84292	46190	38102	81618	44601	37017	96.83	1.49	1.45
49	58199	85844	46923	38921	83223	45384	37839	96.95	1.48	1.43
50-54岁	**279471**	**421973**	**229918**	**192055**	**408851**	**222062**	**186789**	**96.89**	**1.51**	**1.46**
50	60625	90243	49296	40947	87432	47631	39801	96.89	1.49	1.44
51	58415	87143	47615	39528	84366	46002	38364	96.81	1.49	1.44
52	57589	87085	47315	39770	84553	45760	38793	97.09	1.51	1.47
53	48603	74467	40488	33979	72108	39060	33048	96.83	1.53	1.48
54	54239	83035	45204	37831	80392	43609	36783	96.82	1.53	1.48
55-59岁	**232366**	**360857**	**196676**	**164181**	**348970**	**189456**	**159514**	**96.71**	**1.55**	**1.50**
55	53961	82343	44867	37476	79655	43215	36440	96.74	1.53	1.48
56	51372	79141	43399	35742	76557	41833	34724	96.73	1.54	1.49
57	57930	89561	48644	40917	86545	46848	39697	96.63	1.55	1.49
58	44737	71069	38744	32325	68771	37349	31422	96.77	1.59	1.54
59	24366	38743	21022	17721	37442	20211	17231	96.64	1.59	1.54
60-64岁	**168106**	**284632**	**153315**	**131317**	**274422**	**147089**	**127333**	**96.41**	**1.69**	**1.63**
60	31459	50333	27125	23208	48646	26063	22583	96.65	1.60	1.55
61	27740	45503	24389	21114	43950	23463	20487	96.59	1.64	1.58
62	34579	58080	31218	26862	55975	29957	26018	96.38	1.68	1.62
63	38818	67088	36345	30743	64526	34766	29760	96.18	1.73	1.66
64	35510	63628	34238	29390	61325	32840	28485	96.38	1.79	1.73

6-13　全省按受教育程度分的15-64岁妇女平均活产子女数和平均存活子女数

单位：人、%

受教育程度	15-64岁妇女人数	活产子女总数		
		合计	男	女
总　计	**2260256**	**2808053**	**1525869**	**1282184**
未上过学	49703	96482	53190	43292
学前教育	2066	3620	1997	1623
小　学	463549	792257	435351	356906
初　中	822375	1165426	635908	529518
高　中	387683	361766	194239	167527
大学专科	258479	203933	107965	95968
大学本科	250317	169614	89304	80310
硕士研究生	23812	13654	7263	6391
博士研究生	2272	1301	652	649

6-13　续表

单位：人、%

受教育程度	存活子女总数			存活子女数占活产子女数的百分比	妇女平均活产子女数	妇女平均存活子女数
	合计	男	女			
总　计	**2724942**	**1476554**	**1248388**	**97.04**	**1.24**	**1.21**
未上过学	92714	50924	41790	96.09	1.94	1.87
学前教育	3499	1919	1580	96.66	1.75	1.69
小　学	765990	419522	346468	96.68	1.71	1.65
初　中	1130484	615272	515212	97.00	1.42	1.37
高　中	352194	188643	163551	97.35	0.93	0.91
大学专科	199201	105234	93967	97.68	0.79	0.77
大学本科	166141	87258	78883	97.95	0.68	0.66
硕士研究生	13440	7143	6297	98.43	0.57	0.56
博士研究生	1279	639	640	98.31	0.57	0.56

第二部分　长表数据资料

第七卷　迁移和户口登记地

7-1 全省按现住地、户口登记地类型分的户口登记地在外乡镇街道人口

单位：人

现住地	合计					省内				
	合计	乡	镇的村委会	镇的居委会	街道	小计	乡	镇的村委会	镇的居委会	街道
合计	**3105848**	**649036**	**1811555**	**187612**	**457645**	**1232183**	**152256**	**608171**	**115991**	**355765**
杭州市	**642868**	**124479**	**338730**	**50488**	**129171**	**266051**	**28703**	**113648**	**29527**	**94173**
上城区	13147	1835	4267	1513	5532	7567	516	1566	989	4496
下城区	22759	2773	8106	2211	9669	12917	796	2970	1364	7787
江干区	102162	14860	52644	10016	24642	45447	4289	17906	5458	17794
拱墅区	33487	4193	13287	3119	12888	18670	1274	5426	1912	10058
西湖区	57490	10888	23220	6708	16674	26439	2903	8317	3690	11529
滨江区	27641	5877	11086	2447	8231	12836	1611	4530	1241	5454
萧山区	129888	25975	80606	7629	15678	39245	2675	20547	4614	11409
余杭区	154867	36864	85451	10546	22006	45475	6070	19772	5345	14288
富阳区	39030	9174	22470	1511	5875	20593	3258	11370	1017	4948
临安区	26855	4892	16420	2029	3514	14020	1484	8067	1667	2802
桐庐县	17172	3440	10114	1016	2602	9062	1152	5002	789	2119
淳安县	8536	2657	4846	696	337	7152	2281	4047	592	232
建德市	9834	1051	6213	1047	1523	6628	394	4128	849	1257
宁波市	**537866**	**100030**	**336164**	**30401**	**71271**	**170843**	**12828**	**84808**	**18293**	**54914**
海曙区	63582	8575	40328	4091	10588	26875	1788	13636	2534	8917
江北区	29597	5018	14802	2165	7612	11928	591	3499	1451	6387
北仑区	55760	11214	35114	3049	6383	11471	812	5068	1241	4350
镇海区	35585	5815	22812	2719	4239	10620	720	4961	1775	3164
鄞州区	95804	12904	55859	7984	19057	40149	1881	17568	5383	15317
奉化区	25962	6465	14313	1147	4037	10386	871	5449	820	3246
象山县	23753	4935	15481	994	2343	11359	1820	7019	631	1889
宁海县	29883	4991	20281	1093	3518	13826	1907	8854	637	2428
余姚市	66007	14386	42571	2503	6547	15517	1240	8064	1386	4827
慈溪市	111933	25727	74603	4656	6947	18712	1198	10690	2435	4389
温州市	**443121**	**86271**	**275357**	**26865**	**54628**	**187949**	**19285**	**104813**	**18926**	**44925**
鹿城区	71197	12017	34750	5803	18627	32825	1779	10142	4279	16625
龙湾区	50578	11218	31554	1933	5873	14034	1264	7332	834	4604
瓯海区	66163	14239	37758	3073	11093	27035	3451	12488	1906	9190
洞头区	5236	677	2689	328	1542	2138	85	655	187	1211
永嘉县	27309	5051	19243	1227	1788	12602	1596	8786	875	1345
平阳县	29599	4697	20620	3491	791	17550	1863	12173	2960	554
苍南县	21144	3730	14327	2521	566	14601	2032	10055	2130	384
文成县	2730	408	1941	265	116	1931	249	1414	198	70
泰顺县	4083	1226	2512	225	120	3417	1073	2117	161	66
瑞安市	69220	15904	42405	2445	8466	23740	2719	12755	1295	6971
乐清市	68000	14309	46093	2545	5053	18357	2118	11323	1335	3581
龙港市	27862	2795	21465	3009	593	19719	1056	15573	2766	324
嘉兴市	**281067**	**57190**	**175248**	**18063**	**30566**	**75995**	**5898**	**38931**	**9566**	**21600**
南湖区	48196	9093	25092	3772	10239	18136	1481	6589	2271	7795
秀洲区	38424	7190	24797	2086	4351	8879	629	4055	1060	3135
嘉善县	38346	9609	23499	2774	2464	8062	728	4531	1439	1364
海盐县	17060	3507	10668	1024	1861	4979	393	2831	481	1274
海宁市	59026	12919	37541	3368	5198	14705	1013	8213	1741	3738
平湖市	31631	5013	21409	2286	2923	9242	406	5554	1195	2087
桐乡市	48384	9859	32242	2753	3530	11992	1248	7158	1379	2207
湖州市	**144696**	**31252**	**87097**	**8545**	**17802**	**57034**	**6676**	**30706**	**5572**	**14080**
吴兴区	62210	12298	36997	3391	9524	24369	2341	12004	2077	7947
南浔区	18866	6229	11065	978	594	3978	753	2446	448	331
德清县	22391	3920	13779	1694	2998	8884	836	4926	1173	1949
长兴县	20232	3654	11999	1406	3173	11823	1591	6440	1091	2701
安吉县	20997	5151	13257	1076	1513	7980	1155	4890	783	1152

7-1 续表 1

单位：人

现住地	合计					省内				
	合计	乡	镇的村委会	镇的居委会	街道	小计	乡	镇的村委会	镇的居委会	街道
绍兴市	**221819**	**39587**	**131943**	**13403**	**36886**	**100900**	**8095**	**53109**	**8988**	**30708**
越城区	47999	6309	24537	4327	12826	24292	982	8878	3317	11115
柯桥区	65637	13195	41776	3527	7139	17155	1025	9128	1815	5187
上虞区	28957	4749	17977	1272	4959	12412	1028	6368	810	4206
新昌县	15138	2170	9171	968	2829	12699	1698	7611	836	2554
诸暨市	46166	9795	28124	2517	5730	22353	1727	14282	1572	4772
嵊州市	17922	3369	10358	792	3403	11989	1635	6842	638	2874
金华市	**369751**	**107170**	**202906**	**16671**	**43004**	**122594**	**20488**	**62314**	**8546**	**31246**
婺城区	47977	10812	24997	2772	9396	27338	4320	13033	2003	7982
金东区	26597	6155	16612	799	3031	8363	1123	4611	363	2266
武义县	25177	7055	14666	783	2673	8700	1552	4661	441	2046
浦江县	19177	6312	10102	801	1962	7352	2295	3087	490	1480
磐安县	3956	770	2554	284	348	2618	420	1696	222	280
兰溪市	11316	1953	5683	459	3221	7196	824	3200	388	2784
义乌市	134286	45509	69715	6819	12243	31365	5971	14827	3107	7460
东阳市	52085	13755	29664	2590	6076	17876	2399	10167	1073	4237
永康市	49180	14849	28913	1364	4054	11786	1584	7032	459	2711
衢州市	**62827**	**15535**	**31912**	**2992**	**12388**	**50633**	**11656**	**25248**	**2486**	**11243**
柯城区	23146	5748	9855	1069	6474	19090	4490	7802	854	5944
衢江区	8998	2484	4919	311	1284	7002	1786	3809	262	1145
常山县	5124	1319	2476	376	953	4110	1044	1873	322	871
开化县	5278	1088	3597	443	150	4610	993	3102	406	109
龙游县	9674	3159	4440	449	1626	7029	2011	3211	359	1448
江山市	10607	1737	6625	344	1901	8792	1332	5451	283	1726
舟山市	**57228**	**8508**	**31162**	**5551**	**12007**	**27237**	**1864**	**11509**	**3971**	**9893**
定海区	23555	3197	10772	2683	6903	13226	735	4336	2171	5984
普陀区	19312	2349	11024	1791	4148	10109	547	4749	1195	3618
岱山县	12412	2312	8398	872	830	2880	152	2058	450	220
嵊泗县	1949	650	968	205	126	1022	430	366	155	71
台州市	**252890**	**47113**	**162452**	**10803**	**32522**	**101043**	**11993**	**54925**	**6984**	**27141**
椒江区	41780	6197	23788	2842	8953	19053	1104	8472	1956	7521
黄岩区	27435	6525	15757	1099	4054	10842	1753	4924	687	3478
路桥区	30851	6102	20183	1089	3477	9806	882	5373	680	2871
三门县	8850	1489	6276	572	513	5770	753	4199	430	388
天台县	10793	2019	5754	211	2809	8540	1550	4300	149	2541
仙居县	12345	3590	5321	376	3058	10288	2931	4241	300	2816
温岭市	59487	10681	42869	2098	3839	15109	971	10125	1344	2669
临海市	28167	4245	18967	1082	3873	15499	1375	9926	728	3470
玉环市	33182	6265	23537	1434	1946	6136	674	3365	710	1387
丽水市	**91715**	**31901**	**38584**	**3830**	**17400**	**71904**	**24770**	**28160**	**3132**	**15842**
莲都区	31500	8796	13283	1264	8157	22891	6062	8436	976	7417
青田县	11851	4502	4913	602	1834	8354	3217	3041	505	1591
缙云县	9390	3095	5064	423	808	6571	1928	3647	330	666
遂昌县	4518	1407	2142	223	746	4002	1250	1872	202	678
松阳县	5854	2521	2588	249	496	4445	1903	1941	196	405
云和县	6800	2197	2934	491	1178	5660	1749	2380	407	1124
庆元县	6279	2590	2547	221	921	5833	2391	2348	212	882
景宁畲族自治县	4867	2517	1350	112	888	4488	2367	1217	103	801
龙泉市	10656	4276	3763	245	2372	9660	3903	3278	201	2278

7-1　续表 2　　　　单位：人

现住地	省外									
	小计					北京				
	小计	乡	镇的村委会	镇的居委会	街道	小计	乡	镇的村委会	镇的居委会	街道
合计	**1873665**	**496780**	**1203384**	**71621**	**101880**	**1494**	**72**	**190**	**228**	**1004**
杭州市	**376817**	**95776**	**225082**	**20961**	**34998**	**828**	**40**	**65**	**113**	**610**
上城区	5580	1319	2701	524	1036	31		1	2	28
下城区	9842	1977	5136	847	1882	35	2		4	29
江干区	56715	10571	34738	4558	6848	128	7	12	22	87
拱墅区	14817	2919	7861	1207	2830	32	1	3	3	25
西湖区	31051	7985	14903	3018	5145	190	7	10	25	148
滨江区	14805	4266	6556	1206	2777	106	7	6	14	79
萧山区	90643	23300	60059	3015	4269	89	6	14	16	53
余杭区	109392	30794	65679	5201	7718	177	7	15	18	137
富阳区	18437	5916	11100	494	927	23	1	2	6	14
临安区	12835	3408	8353	362	712	11	1	1	3	6
桐庐县	8110	2288	5112	227	483	3				3
淳安县	1384	376	799	104	105					
建德市	3206	657	2085	198	266	3	1	1		1
宁波市	**367023**	**87202**	**251356**	**12108**	**16357**	**155**	**1**	**14**	**30**	**110**
海曙区	36707	6787	26692	1557	1671	22		2	1	19
江北区	17669	4427	11303	714	1225	16		1	1	14
北仑区	44289	10402	30046	1808	2033	11			4	7
镇海区	24965	5095	17851	944	1075	9		1	2	6
鄞州区	55655	11023	38291	2601	3740	55		2	10	43
奉化区	15576	5594	8864	327	791	3		2		1
象山县	12394	3115	8462	363	454	3			1	2
宁海县	16057	3084	11427	456	1090	3			1	2
余姚市	50490	13146	34507	1117	1720	5		1	1	3
慈溪市	93221	24529	63913	2221	2558	28	1	5	9	13
温州市	**255172**	**66986**	**170544**	**7939**	**9703**	**106**	**6**	**31**	**26**	**43**
鹿城区	38372	10238	24608	1524	2002	24		3	4	17
龙湾区	36544	9954	24222	1099	1269	8	1	3	1	3
瓯海区	39128	10788	25270	1167	1903	18	2	3	5	8
洞头区	3098	592	2034	141	331	1				1
永嘉县	14707	3455	10457	352	443	2		1		1
平阳县	12049	2834	8447	531	237	3			2	1
苍南县	6543	1698	4272	391	182	7		2	5	
文成县	799	159	527	67	46	3		1	2	
泰顺县	666	153	395	64	54	4		4		
瑞安市	45480	13185	29650	1150	1495	16	2	4	3	7
乐清市	49643	12191	34770	1210	1472	15	1	9	1	4
龙港市	8143	1739	5892	243	269	5		1	3	1
嘉兴市	**205072**	**51292**	**136317**	**8497**	**8966**	**95**	**1**	**19**	**8**	**67**
南湖区	30060	7612	18503	1501	2444	34		5	2	27
秀洲区	29545	6561	20742	1026	1216	14		2	1	11
嘉善县	30284	8881	18968	1335	1100	7	1	3	1	2
海盐县	12081	3114	7837	543	587	6		3		3
海宁市	44321	11906	29328	1627	1460	13		2	1	10
平湖市	22389	4607	15855	1091	836	13		3	3	7
桐乡市	36392	8611	25084	1374	1323	8		1		7
湖州市	**87662**	**24576**	**56391**	**2973**	**3722**	**43**	**3**	**7**	**7**	**26**
吴兴区	37841	9957	24993	1314	1577	17	1	2		14
南浔区	14888	5476	8619	530	263	4	2		1	1
德清县	13507	3084	8853	521	1049	12		3	3	6
长兴县	8409	2063	5559	315	472	4		1		3
安吉县	13017	3996	8367	293	361	6		1	3	2

7-1 续表 3　　　　单位：人

现住地	省外									
	小计					北京				
	小计	乡	镇的村委会	镇的居委会	街道	小计	乡	镇的村委会	镇的居委会	街道
绍兴市	**120919**	**31492**	**78834**	**4415**	**6178**	**68**	**7**	**13**	**16**	**32**
越城区	23707	5327	15659	1010	1711	22	2	4	2	14
柯桥区	48482	12170	32648	1712	1952	12		2	8	2
上虞区	16545	3721	11609	462	753	12		3	2	7
新昌县	2439	472	1560	132	275	6	1		2	3
诸暨市	23813	8068	13842	945	958	11	4	1	2	4
嵊州市	5933	1734	3516	154	529	5		3		2
金华市	**247157**	**86682**	**140592**	**8125**	**11758**	**78**	**6**	**18**	**7**	**47**
婺城区	20639	6492	11964	769	1414	13	1	1	1	10
金东区	18234	5032	12001	436	765	6		5		1
武义县	16477	5503	10005	342	627	2	1			1
浦江县	11825	4017	7015	311	482	4		2	1	1
磐安县	1338	350	858	62	68	1			1	
兰溪市	4120	1129	2483	71	437	2				2
义乌市	102921	39538	54888	3712	4783	31	2	6	2	21
东阳市	34209	11356	19497	1517	1839	17	2	4	1	10
永康市	37394	13265	21881	905	1343	2			1	1
衢州市	**12194**	**3879**	**6664**	**506**	**1145**	**26**	**2**	**2**	**4**	**18**
柯城区	4056	1258	2053	215	530	11			2	9
衢江区	1996	698	1110	49	139					
常山县	1014	275	603	54	82	3	1	1		1
开化县	668	95	495	37	41	1			1	
龙游县	2645	1148	1229	90	178	7	1	1		5
江山市	1815	405	1174	61	175	4			1	3
舟山市	**29991**	**6644**	**19653**	**1580**	**2114**	**24**		**1**	**7**	**16**
定海区	10329	2462	6436	512	919	11			1	10
普陀区	9203	1802	6275	596	530	7		1	3	3
岱山县	9532	2160	6340	422	610	5			3	2
嵊泗县	927	220	602	50	55	1				1
台州市	**151847**	**35120**	**107527**	**3819**	**5381**	**55**	**2**	**18**	**7**	**28**
椒江区	22727	5093	15316	886	1432	16		1	2	13
黄岩区	16593	4772	10833	412	576	7	2	1		4
路桥区	21045	5220	14810	409	606	4		1		3
三门县	3080	736	2077	142	125	2		2		
天台县	2253	469	1454	62	268	3				3
仙居县	2057	659	1080	76	242	2		1		1
温岭市	44378	9710	32744	754	1170	9		4	1	4
临海市	12668	2870	9041	354	403	9		7	2	
玉环市	27046	5591	20172	724	559	3		1	2	
丽水市	**19811**	**7131**	**10424**	**698**	**1558**	**16**	**4**	**2**	**3**	**7**
莲都区	8609	2734	4847	288	740	6	4	1		1
青田县	3497	1285	1872	97	243					
缙云县	2819	1167	1417	93	142	3			2	1
遂昌县	516	157	270	21	68					
松阳县	1409	618	647	53	91					
云和县	1140	448	554	84	54					
庆元县	446	199	199	9	39					
景宁畲族自治县	379	150	133	9	87	2			1	1
龙泉市	996	373	485	44	94	5		1		4

7-1 续表 4

单位：人

现住地	省外									
	天津					河北				
	小计	乡	镇的村委会	镇的居委会	街道	小计	乡	镇的村委会	镇的居委会	街道
合计	**1050**	**95**	**233**	**169**	**553**	**12732**	**2883**	**7404**	**803**	**1642**
杭州市	**486**	**47**	**93**	**75**	**271**	**3993**	**882**	**2099**	**326**	**686**
上城区	10		2	1	7	63	7	25	17	14
下城区	27	3	2	6	16	176	38	89	10	39
江干区	103	8	14	17	64	769	141	399	71	158
拱墅区	26	2	9	2	13	239	39	118	28	54
西湖区	78	7	10	12	49	452	90	187	56	119
滨江区	53	6	5	7	35	220	46	86	24	64
萧山区	68	3	26	10	29	720	146	437	36	101
余杭区	84	10	22	15	37	1022	276	580	67	99
富阳区	19	6	2	2	9	169	65	84	5	15
临安区	10	1			9	79	15	46	5	13
桐庐县	2				2	51	9	32	4	6
淳安县	1			1		13	7	3	1	2
建德市	5	1	1	2	1	20	3	13	2	2
宁波市	**169**	**17**	**36**	**24**	**92**	**1945**	**421**	**1119**	**130**	**275**
海曙区	8	4	2	1	1	189	22	116	15	36
江北区	14		3	1	10	125	22	75	1	27
北仑区	20	1	6	2	11	257	63	162	14	18
镇海区	17	5	1	3	8	179	43	96	7	33
鄞州区	64	3	16	2	43	426	68	211	52	95
奉化区	3	1	2			48	18	29	1	
象山县	11	1	1	5	4	48	13	28	1	6
宁海县						74	19	44	8	3
余姚市	7		2	1	4	185	43	128	7	7
慈溪市	25	2	3	9	11	414	110	230	24	50
温州市	**65**	**4**	**21**	**9**	**31**	**708**	**144**	**428**	**47**	**89**
鹿城区	16			2	14	143	34	87	3	19
龙湾区	4		2		2	114	28	65	6	15
瓯海区	8		4		4	130	29	67	8	26
洞头区						7		5	1	1
永嘉县	4	2	1	1		42	4	28	3	7
平阳县	8		2		6	36	8	16	8	4
苍南县	1				1	28	2	22	2	2
文成县	1			1		1		1		
泰顺县						9		7		2
瑞安市	8		2	2	4	90	18	56	12	4
乐清市	10	1	6	3		79	17	53	4	5
龙港市	5	1	4			29	4	21		4
嘉兴市	**87**	**3**	**19**	**25**	**40**	**2007**	**474**	**1239**	**108**	**186**
南湖区	20	1	3	3	13	259	58	132	20	49
秀洲区	10		1	6	3	290	41	203	8	38
嘉善县	6		2	2	2	192	71	105	9	7
海盐县	4	1		2	1	70	24	24	7	15
海宁市	26		8	6	12	649	177	412	31	29
平湖市	8	1	1	4	2	145	24	101	13	7
桐乡市	13		4	2	7	402	79	262	20	41
湖州市	**32**	**5**	**10**	**7**	**10**	**653**	**139**	**423**	**23**	**68**
吴兴区	15	1	6	2	6	404	69	279	14	42
南浔区	3			1	2	84	38	40	2	4
德清县	8	4	2	1	1	75	10	49	7	9
长兴县	4		1	2	1	60	16	33		11
安吉县	2		1	1		30	6	22		2

7-1 续表 5

单位：人

现住地	省外									
	天津					河北				
	小计	乡	镇的村委会	镇的居委会	街道	小计	乡	镇的村委会	镇的居委会	街道
绍兴市	**56**	**3**	**14**	**5**	**34**	**841**	**198**	**521**	**49**	**73**
越城区	12	1	4		7	256	50	167	10	29
柯桥区	11		2	2	7	315	88	186	27	14
上虞区	12		2	1	9	84	11	62	4	7
新昌县	6		4		2	19	2	14		3
诸暨市	3	1		1	1	125	40	64	5	16
嵊州市	12	1	2	1	8	42	7	28	3	4
金华市	**73**	**9**	**20**	**10**	**34**	**1335**	**376**	**782**	**50**	**127**
婺城区	19		10	3	6	120	14	78	3	25
金东区	6		3		3	121	31	84	1	5
武义县						32	10	16	2	4
浦江县						27	8	12	6	1
磐安县	2				2	16	5	10		1
兰溪市	3	1			2	24	5	14	2	3
义乌市	25	7	3	5	10	664	216	382	22	44
东阳市	15	1	1	2	11	196	49	107	11	29
永康市	3		3			135	38	79	3	15
衢州市	**8**	**3**	**2**	**1**	**2**	**132**	**24**	**79**	**6**	**23**
柯城区	3	1		1	1	63	11	37	5	10
衢江区	3	2	1			19	4	13		2
常山县						12	2	7		3
开化县						15		12		3
龙游县						18	7	5	1	5
江山市	2		1		1	5		5		
舟山市	**26**	**2**	**8**	**6**	**10**	**369**	**64**	**237**	**19**	**49**
定海区	8	2	1		5	133	17	84	9	23
普陀区	5			4	1	37	4	20	1	12
岱山县	12		6	2	4	189	40	126	9	14
嵊泗县	1		1			10	3	7		
台州市	**36**	**1**	**7**	**5**	**23**	**612**	**112**	**420**	**33**	**47**
椒江区	8		1		7	134	19	80	16	19
黄岩区	7		2	2	3	50	9	37		4
路桥区	2	1			1	115	27	79	6	3
三门县	2			1	1	24	4	17	2	1
天台县	2				2	15	5	7		3
仙居县	2				2	20	2	13	1	4
温岭市	4			2	2	117	17	88	5	7
临海市	3		2		1	92	10	76	2	4
玉环市	6		2		4	45	19	23	1	2
丽水市	**12**	**1**	**3**	**2**	**6**	**137**	**49**	**57**	**12**	**19**
莲都区	5	1	2		2	37	15	12	2	8
青田县						13	5	6		2
缙云县	2			1	1	28	11	13		4
遂昌县						6	3	3		
松阳县	1			1		12	4	6	2	
云和县						13	6	2	5	
庆元县						5	1	2	1	1
景宁畲族自治县	3		1		2	10	2	4	2	2
龙泉市	1				1	13	2	9		2

7-1　续表 6　　　　　　　　　　　　　　　　　　　　　　单位：人

现住地	省外									
	山西					内蒙古				
	小计	乡	镇的村委会	镇的居委会	街道	小计	乡	镇的村委会	镇的居委会	街道
合计	**10228**	**2345**	**5717**	**675**	**1491**	**4216**	**857**	**2008**	**547**	**804**
杭州市	**3453**	**748**	**1760**	**289**	**656**	**1581**	**301**	**641**	**224**	**415**
上城区	57	16	21	7	13	19	4	10	1	4
下城区	119	39	50	6	24	58	7	18	5	28
江干区	806	163	411	67	165	300	42	118	47	93
拱墅区	139	16	66	18	39	80	10	32	15	23
西湖区	399	77	162	50	110	230	45	74	45	66
滨江区	256	62	103	26	65	139	24	51	24	40
萧山区	560	121	337	37	65	268	45	131	34	58
余杭区	753	172	407	58	116	320	80	120	46	74
富阳区	130	37	64	11	18	55	13	34		8
临安区	101	19	60	6	16	34	7	14	3	10
桐庐县	103	22	66	2	13	64	19	31	4	10
淳安县	9	1	5	1	2	3		3		
建德市	21	3	8		10	11	5	5		1
宁波市	**1609**	**343**	**960**	**94**	**212**	**708**	**121**	**348**	**118**	**121**
海曙区	158	20	89	15	34	72	7	25	14	26
江北区	94	24	35	5	30	33	5	15	4	9
北仑区	334	101	187	18	28	124	29	66	13	16
镇海区	130	12	85	8	25	47	10	21	9	7
鄞州区	259	41	161	13	44	170	22	70	37	41
奉化区	86	26	51	1	8	25	11	8	6	
象山县	48	11	26	9	2	34	2	24	4	4
宁海县	63	15	38	2	8	22	3	10	4	5
余姚市	133	35	83	9	6	70	15	43	6	6
慈溪市	304	58	205	14	27	111	17	66	21	7
温州市	**644**	**115**	**405**	**48**	**76**	**245**	**52**	**139**	**21**	**33**
鹿城区	96	22	39	9	26	46	5	26	5	10
龙湾区	94	14	64	10	6	48	17	28	2	1
瓯海区	100	20	53	8	19	35	7	15	5	8
洞头区	14	3	7	1	3	2	1	1		
永嘉县	29	5	23		1	10	6	4		
平阳县	32	4	17	8	3	4	1	2		1
苍南县	44	6	30	4	4	8	4	1	2	1
文成县	7		6	1		1		1		
泰顺县	2		1		1	1		1		
瑞安市	64	17	39	4	4	29	6	16	3	4
乐清市	119	22	85	3	9	52	5	36	4	7
龙港市	43	2	41			9		8		1
嘉兴市	**1304**	**334**	**758**	**89**	**123**	**432**	**80**	**241**	**51**	**60**
南湖区	269	69	130	14	56	88	20	38	8	22
秀洲区	133	32	81	6	14	41	4	23	8	6
嘉善县	298	105	167	18	8	72	10	49	8	5
海盐县	43	8	31	1	3	43	15	26	2	
海宁市	333	71	213	32	17	93	17	52	14	10
平湖市	122	25	84	6	7	32	1	22	3	6
桐乡市	106	24	52	12	18	63	13	31	8	11
湖州市	**424**	**120**	**239**	**28**	**37**	**172**	**43**	**93**	**21**	**15**
吴兴区	210	52	120	13	25	73	11	40	11	11
南浔区	58	18	36	2	2	19	10	3	4	2
德清县	68	24	33	5	6	28	9	17	1	1
长兴县	43	10	28	2	3	26	8	15	2	1
安吉县	45	16	22	6	1	26	5	18	3	

7-1 续表 7

单位：人

现住地	省外									
	山西					内蒙古				
	小计	乡	镇的村委会	镇的居委会	街道	小计	乡	镇的村委会	镇的居委会	街道
绍兴市	**621**	**131**	**361**	**39**	**90**	**226**	**47**	**126**	**21**	**32**
越城区	152	23	79	12	38	48	9	23	8	8
柯桥区	228	58	122	11	37	84	23	49	7	5
上虞区	109	16	80	7	6	42	3	27	2	10
新昌县	24	9	10	3	2	9	1	4		4
诸暨市	87	19	59	4	5	29	8	17	1	3
嵊州市	21	6	11	2	2	14	3	6	3	2
金华市	**1242**	**369**	**665**	**47**	**161**	**483**	**131**	**231**	**53**	**68**
婺城区	115	26	53	6	30	93	20	47	8	18
金东区	93	16	63	3	11	53	6	36	3	8
武义县	57	19	30		8	23	9	8	6	
浦江县	30	20	9		1	7	3	3	1	
磐安县	13	10	3			3		3		
兰溪市	21		9	2	10	4		2		2
义乌市	632	194	346	25	67	180	60	75	15	30
东阳市	198	49	114	6	29	90	25	39	16	10
永康市	83	35	38	5	5	30	8	18	4	
衢州市	**110**	**24**	**63**	**7**	**16**	**44**	**16**	**19**	**2**	**7**
柯城区	32	10	13	3	6	15	4	4	1	6
衢江区	25	5	19		1	6	5	1		
常山县	5	3	2			2	2			
开化县	2	1	1			1		1		
龙游县	27	1	21	2	3	9	3	6		
江山市	19	4	7	2	6	11	2	7	1	1
舟山市	**292**	**49**	**179**	**8**	**56**	**118**	**19**	**64**	**13**	**22**
定海区	50	5	20	2	23	43	3	24	6	10
普陀区	28	3	20	1	4	30	12	11	1	6
岱山县	214	41	139	5	29	45	4	29	6	6
嵊泗县										
台州市	**442**	**85**	**287**	**25**	**45**	**168**	**41**	**84**	**19**	**24**
椒江区	97	16	55	12	14	37	9	15	7	6
黄岩区	34	8	24	1	1	14	6	5		3
路桥区	61	13	36	1	11	19	5	7	3	4
三门县	11	3	7	1		7		2	4	1
天台县	21	2	13		6	4	1	3		
仙居县	6	3	2		1	4	4			
温岭市	69	21	40	5	3	31	7	19	1	4
临海市	78	12	56	4	6	30	7	16	4	3
玉环市	65	7	54	1	3	22	2	17		3
丽水市	**87**	**27**	**40**	**1**	**19**	**39**	**6**	**22**	**4**	**7**
莲都区	34	9	13	1	11	23	3	13	3	4
青田县	10	3	5		2	4		3	1	
缙云县	19	6	11		2	2	1	1		
遂昌县	4	1	2		1	1		1		
松阳县	9	1	5		3	1				1
云和县	3	1	2			2	1	1		
庆元县	2	2								
景宁畲族自治县	2	1	1			4	1	1		2
龙泉市	4	3	1			2		2		

7-1　续表 8　　　　　　　　　　　　　　　　　　　　　　单位：人

现住地	省外									
	辽宁					吉林				
	小计	乡	镇的村委会	镇的居委会	街道	小计	乡	镇的村委会	镇的居委会	街道
合计	**8990**	**1484**	**3892**	**1011**	**2603**	**10033**	**1988**	**4905**	**972**	**2168**
杭州市	**3259**	**466**	**1148**	**436**	**1209**	**2868**	**492**	**1175**	**355**	**846**
上城区	93	8	25	10	50	93	7	49	19	18
下城区	169	8	49	28	84	112	13	36	12	51
江干区	672	76	247	79	270	504	76	182	74	172
拱墅区	205	17	58	39	91	141	18	48	16	59
西湖区	417	66	97	57	197	330	53	116	54	107
滨江区	220	36	62	29	93	181	36	58	22	65
萧山区	523	71	221	69	162	455	72	210	45	128
余杭区	715	126	288	100	201	708	164	279	81	184
富阳区	116	31	41	10	34	138	33	66	17	22
临安区	45	12	20		13	98	12	61	9	16
桐庐县	47	8	26	4	9	73	8	48	1	16
淳安县	17	4	3	7	3	15		9	3	3
建德市	20	3	11	4	2	20		13	2	5
宁波市	**1463**	**181**	**695**	**176**	**411**	**1774**	**337**	**960**	**163**	**314**
海曙区	143	18	65	9	51	148	21	86	9	32
江北区	88	13	39	17	19	104	11	55	10	28
北仑区	232	31	117	22	62	289	58	162	25	44
镇海区	152	26	75	24	27	181	30	91	30	30
鄞州区	308	18	124	41	125	324	52	147	42	83
奉化区	62	11	36	8	7	68	23	28	5	12
象山县	53	4	28	12	9	49	11	28	2	8
宁海县	47	5	28	4	10	56	7	39	4	6
余姚市	100	16	63	4	17	189	39	116	14	20
慈溪市	278	39	120	35	84	366	85	208	22	51
温州市	**542**	**113**	**279**	**40**	**110**	**550**	**84**	**294**	**66**	**106**
鹿城区	103	18	45	13	27	97	13	31	14	39
龙湾区	88	36	36	2	14	60	11	35	6	8
瓯海区	81	17	39	9	16	97	16	47	14	20
洞头区	13	1	8		4	8	2	3	1	2
永嘉县	33	5	26		2	33	4	27		2
平阳县	24	3	14	2	5	31	3	15	7	6
苍南县	11	6	2		3	18	1	13	3	1
文成县	5	1	3		1	10	3	3	2	2
泰顺县	2				2	2		1		1
瑞安市	58	9	31	3	15	57	11	32	6	8
乐清市	94	14	58	10	12	103	15	65	8	15
龙港市	30	3	17	1	9	34	5	22	5	2
嘉兴市	**959**	**166**	**397**	**119**	**277**	**1056**	**177**	**531**	**97**	**251**
南湖区	152	16	52	22	62	211	40	87	27	57
秀洲区	106	14	39	13	40	148	22	82	8	36
嘉善县	103	30	49	10	14	193	37	100	17	39
海盐县	39	3	16	6	14	54	4	26	4	20
海宁市	233	50	104	31	48	235	33	140	19	43
平湖市	92	10	43	14	25	109	12	58	8	31
桐乡市	234	43	94	23	74	106	29	38	14	25
湖州市	**371**	**67**	**204**	**42**	**58**	**384**	**93**	**184**	**39**	**68**
吴兴区	215	44	104	28	39	160	30	77	14	39
南浔区	46	4	33	7	2	72	22	35	12	3
德清县	35	5	19	1	10	64	9	34	8	13
长兴县	43	7	26	4	6	31	8	15	2	6
安吉县	32	7	22	2	1	57	24	23	3	7

7-1 续表 9　　　　单位：人

现住地	省外									
	辽宁					吉林				
	小计	乡	镇的村委会	镇的居委会	街道	小计	乡	镇的村委会	镇的居委会	街道
绍兴市	**464**	**96**	**242**	**40**	**86**	**1010**	**288**	**555**	**58**	**109**
越城区	109	20	50	12	27	133	21	72	11	29
柯桥区	170	36	85	15	34	590	183	340	22	45
上虞区	64	11	35	8	10	85	19	50	5	11
新昌县	18	1	13	1	3	21	6	8	3	4
诸暨市	75	22	41	2	10	146	49	69	14	14
嵊州市	28	6	18	2	2	35	10	16	3	6
金华市	**919**	**216**	**433**	**59**	**211**	**1339**	**326**	**664**	**101**	**248**
婺城区	97	19	37	5	36	121	25	67	9	20
金东区	66	14	37	5	10	107	18	66	4	19
武义县	22	7	8		7	57	16	30	8	3
浦江县	35	3	19	3	10	21	4	9		8
磐安县	6		3		3	6	2	1	1	2
兰溪市	19	7	9		3	14	2	8		4
义乌市	462	104	209	33	116	763	210	361	57	135
东阳市	160	39	86	11	24	174	31	79	14	50
永康市	52	23	25	2	2	76	18	43	8	7
衢州市	**96**	**19**	**34**	**15**	**28**	**116**	**20**	**50**	**10**	**36**
柯城区	44	5	15	9	15	51	7	20	4	20
衢江区	16	7	4		5	16	5	4	2	5
常山县	10	2	2	4	2	6	5		1	
开化县	4		3		1	6		4	2	
龙游县	13	5	4		4	21	3	12	1	5
江山市	9		6	2	1	16		10		6
舟山市	**474**	**84**	**246**	**42**	**102**	**413**	**84**	**219**	**25**	**85**
定海区	105	18	50	8	29	111	18	47	12	34
普陀区	94	15	49	13	17	70	20	27	5	18
岱山县	270	50	144	21	55	229	45	143	8	33
嵊泗县	5	1	3		1	3	1	2		
台州市	**356**	**53**	**180**	**39**	**84**	**423**	**60**	**244**	**45**	**74**
椒江区	93	14	47	11	21	115	11	62	16	26
黄岩区	34	7	11	2	14	28	4	15	5	4
路桥区	44	6	26	7	5	71	9	41	7	14
三门县	16		7	3	6	6		4		2
天台县	14		5		9	5	3			2
仙居县	16	3	9	2	2	14		5	3	6
温岭市	73	10	47	5	11	66	11	46	6	3
临海市	43	10	19	4	10	62	10	37	7	8
玉环市	23	3	9	5	6	56	12	34	1	9
丽水市	**87**	**23**	**34**	**3**	**27**	**100**	**27**	**29**	**13**	**31**
莲都区	34	7	12	2	13	54	16	16	7	15
青田县	14	5	6		3	8		4	1	3
缙云县	13	5	6		2	8	2	1	1	4
遂昌县	2			1	1	4		1		3
松阳县	4	1	1		2	7	3	2	1	1
云和县	14	3	8		3	13	5	2	3	3
庆元县										
景宁畲族自治县	1		1							
龙泉市	5	2			3	6	1	3		2

7−1　续表 10　　　　单位：人

现住地	省外									
	黑龙江					上海				
	小计	乡	镇的村委会	镇的居委会	街道	小计	乡	镇的村委会	镇的居委会	街道
合计	**19335**	**3890**	**8973**	**2529**	**3943**	**6345**	**280**	**966**	**1209**	**3890**
杭州市	**6633**	**1189**	**2623**	**1044**	**1777**	**1606**	**80**	**180**	**269**	**1077**
上城区	108	17	38	21	32	82	3	8	7	64
下城区	333	52	113	49	119	85	6	11	6	62
江干区	1287	181	519	235	352	260	8	32	47	173
拱墅区	413	43	131	59	180	90	3	9	12	66
西湖区	813	155	269	136	253	280	12	18	39	211
滨江区	413	88	121	74	130	148	8	5	35	100
萧山区	1191	206	536	179	270	177	10	33	36	98
余杭区	1599	338	650	236	375	353	23	37	67	226
富阳区	190	44	95	17	34	55	1	13	8	33
临安区	115	29	57	16	13	33	2	8	6	17
桐庐县	86	18	47	10	11	27	3	4	3	17
淳安县	21	7	12	1	1	9	1		1	7
建德市	64	11	35	11	7	7		2	2	3
宁波市	**4049**	**749**	**2057**	**508**	**735**	**1279**	**38**	**145**	**241**	**855**
海曙区	420	71	194	59	96	126	2	8	21	95
江北区	230	33	123	24	50	79	2	4	15	58
北仑区	786	152	423	82	129	113	6	12	32	63
镇海区	290	46	156	50	38	95	2	7	30	56
鄞州区	788	121	337	135	195	324	4	22	51	247
奉化区	146	50	52	13	31	88	7	10	14	57
象山县	103	21	57	11	14	35	3	8	6	18
宁海县	146	26	72	13	35	74		6	14	54
余姚市	339	58	220	20	41	144	8	17	20	99
慈溪市	801	171	423	101	106	201	4	51	38	108
温州市	**1071**	**189**	**549**	**127**	**206**	**304**	**16**	**72**	**53**	**163**
鹿城区	195	23	90	31	51	79		6	12	61
龙湾区	181	29	97	20	35	17		4	5	8
瓯海区	183	36	80	11	56	36	1	6	7	22
洞头区	18	1	13	1	3	18	5	5	1	7
永嘉县	59	12	37	6	4	18	1	12	2	3
平阳县	64	14	39	6	5	16		1	7	8
苍南县	57	9	35	9	4	16	1	6	1	8
文成县	9	1	5	3						
泰顺县	11	4	1	3	3	7	2	3	1	1
瑞安市	102	24	49	17	12	27		3	5	19
乐清市	164	32	88	16	28	48	5	15	9	19
龙港市	28	4	15	4	5	22	1	11	3	7
嘉兴市	**1940**	**377**	**897**	**294**	**372**	**1604**	**58**	**258**	**380**	**908**
南湖区	411	71	165	65	110	428	12	31	67	318
秀洲区	216	38	85	33	60	162	1	28	30	103
嘉善县	303	52	168	44	39	386	21	74	124	167
海盐县	87	20	38	13	16	100	2	13	24	61
海宁市	415	93	202	59	61	124	3	14	29	78
平湖市	201	34	108	32	27	291	13	71	81	126
桐乡市	307	69	131	48	59	113	6	27	25	55
湖州市	**775**	**205**	**392**	**64**	**114**	**359**	**19**	**72**	**62**	**206**
吴兴区	306	72	144	26	64	164	4	33	18	109
南浔区	127	49	61	10	7	65	5	13	16	31
德清县	147	38	81	6	22	45	1	9	9	26
长兴县	91	15	46	12	18	46	5	9	8	24
安吉县	104	31	60	10	3	39	4	8	11	16

7-1 续表 11

单位：人

现住地	省外									
	黑龙江					上海				
	小计	乡	镇的村委会	镇的居委会	街道	小计	乡	镇的村委会	镇的居委会	街道
绍兴市	**854**	**186**	**452**	**74**	**142**	**423**	**14**	**104**	**64**	**241**
越城区	244	62	110	13	59	85	1	14	7	63
柯桥区	284	46	175	31	32	78	3	22	18	35
上虞区	119	25	74	10	10	96	4	24	15	53
新昌县	36	7	10	8	11	12			2	10
诸暨市	113	30	52	12	19	121	4	34	20	63
嵊州市	58	16	31		11	31	2	10	2	17
金华市	**2280**	**613**	**1083**	**232**	**352**	**271**	**30**	**58**	**41**	**142**
婺城区	249	57	103	26	63	55	4	7	8	36
金东区	200	53	109	10	28	55	2	16	6	31
武义县	96	17	53	15	11	5			1	4
浦江县	57	7	42	3	5	5		1	2	2
磐安县	6	1	2	2	1	4	1	2		1
兰溪市	35	7	17		11	13		2	1	10
义乌市	1206	376	517	131	182	80	17	16	15	32
东阳市	291	69	146	31	45	38	3	9	5	21
永康市	140	26	94	14	6	16	3	5	3	5
衢州市	**156**	**48**	**71**	**4**	**33**	**54**	**1**	**6**	**8**	**39**
柯城区	77	23	30	2	22	21		1	3	17
衢江区	23	9	8	1	5	7		1	2	4
常山县	6	2	3	1		3	1	1		1
开化县	4		4			6		2	2	2
龙游县	32	11	18		3	8		1		7
江山市	14	3	8		3	9			1	8
舟山市	**617**	**135**	**315**	**72**	**95**	**199**	**6**	**32**	**39**	**122**
定海区	165	25	90	19	31	118	5	15	28	70
普陀区	148	40	66	18	24	23		5	3	15
岱山县	294	66	156	33	39	26	1	2	6	17
嵊泗县	10	4	3	2	1	32		10	2	20
台州市	**812**	**154**	**464**	**97**	**97**	**200**	**14**	**32**	**43**	**111**
椒江区	216	28	116	35	37	65	3	3	18	41
黄岩区	57	17	31	7	2	29	2	1	3	23
路桥区	125	30	70	11	14	11		3	1	7
三门县	14	4	6	1	3	8	1	3	3	1
天台县	17	5	9	1	2	15	1	5	1	8
仙居县	16	2	8	2	4	6	1		2	3
温岭市	121	23	74	10	14	31	1	9	2	19
临海市	129	25	65	22	17	16	3	5	4	4
玉环市	117	20	85	8	4	19	2	3	9	5
丽水市	**148**	**45**	**70**	**13**	**20**	**46**	**4**	**7**	**9**	**26**
莲都区	63	15	36	4	8	21	1	3	1	16
青田县	29	17	9	1	2	1		1		
缙云县	14	4	7	2	1	3	1	1		1
遂昌县	5	1	2		2	2				2
松阳县	7	3	2	1	1	6	1	1	4	
云和县	9		6	3		7	1		4	2
庆元县	5		4		1					
景宁畲族自治县	4	2			2					
龙泉市	12	3	4	2	3	6		1		5

7-1 续表 12

单位：人

现住地	省外									
	江苏					安徽				
	小计	乡	镇的村委会	镇的居委会	街道	小计	乡	镇的村委会	镇的居委会	街道
合计	**59013**	**10425**	**37410**	**4749**	**6429**	**371733**	**88284**	**256969**	**12457**	**14023**
杭州市	**17512**	**3118**	**9995**	**1728**	**2671**	**92772**	**23180**	**60559**	**3820**	**5213**
上城区	514	80	260	58	116	1327	335	727	103	162
下城区	961	151	523	100	187	2225	513	1309	133	270
江干区	3289	479	1896	412	502	13606	2487	9292	833	994
拱墅区	1030	165	528	108	229	3548	696	2065	259	528
西湖区	1851	346	859	219	427	6581	1836	3629	502	614
滨江区	847	165	373	98	211	2915	892	1492	171	360
萧山区	2896	489	1884	224	299	23459	5736	16622	510	591
余杭区	4697	984	2770	409	534	28964	8029	18483	1084	1368
富阳区	620	113	412	32	63	3450	957	2318	80	95
临安区	394	85	232	35	42	4045	1044	2833	62	106
桐庐县	204	43	127	12	22	1719	424	1183	40	72
淳安县	79	10	43	9	17	363	102	237	18	6
建德市	130	8	88	12	22	570	129	369	25	47
宁波市	**12566**	**2215**	**8536**	**797**	**1018**	**86289**	**17574**	**63873**	**2413**	**2429**
海曙区	1309	209	916	93	91	9157	1464	7091	382	220
江北区	773	124	528	42	79	5045	1134	3563	152	196
北仑区	1661	262	1191	88	120	10605	2314	7517	388	386
镇海区	1141	189	807	66	79	6447	1146	4911	202	188
鄞州区	2820	452	1877	193	298	13462	2303	10208	496	455
奉化区	480	160	266	19	35	3168	996	1988	61	123
象山县	327	41	238	26	22	3429	644	2605	74	106
宁海县	426	62	302	26	36	2435	394	1893	55	93
余姚市	1022	174	696	68	84	11651	2610	8519	221	301
慈溪市	2607	542	1715	176	174	20890	4569	15578	382	361
温州市	**3104**	**510**	**2129**	**191**	**274**	**35265**	**8372**	**24742**	**968**	**1183**
鹿城区	519	80	340	37	62	5490	1271	3714	237	268
龙湾区	399	65	281	24	29	4767	1190	3328	112	137
瓯海区	507	83	335	26	63	6016	1522	4086	162	246
洞头区	99	12	66	9	12	404	70	288	7	39
永嘉县	184	35	132	7	10	1490	349	1080	30	31
平阳县	143	14	94	23	12	1058	197	813	33	15
苍南县	104	27	60	11	6	666	138	474	29	25
文成县	21	2	14	4	1	97	9	78	6	4
泰顺县	18	6	10	1	1	64	25	34	1	4
瑞安市	444	94	303	18	29	5012	1324	3377	117	194
乐清市	555	85	413	23	34	8723	1977	6355	195	196
龙港市	111	7	81	8	15	1478	300	1115	39	24
嘉兴市	**9808**	**1552**	**6626**	**817**	**813**	**38737**	**9002**	**27328**	**1383**	**1024**
南湖区	1725	314	983	165	263	4957	1080	3422	222	233
秀洲区	1488	214	1069	91	114	4797	932	3576	146	143
嘉善县	1398	262	962	105	69	6005	1780	3847	227	151
海盐县	430	67	287	33	43	2025	473	1416	76	60
海宁市	1807	321	1214	139	133	9067	2415	6213	270	169
平湖市	1145	119	838	115	73	6135	1162	4626	212	135
桐乡市	1815	255	1273	169	118	5751	1160	4228	230	133
湖州市	**4440**	**911**	**2848**	**340**	**341**	**29346**	**8174**	**19574**	**812**	**786**
吴兴区	1971	377	1274	142	178	15686	4205	10742	446	293
南浔区	1089	300	663	82	44	4445	1773	2512	116	44
德清县	557	81	402	41	33	2957	584	1988	118	267
长兴县	469	78	288	40	63	2492	516	1814	66	96
安吉县	354	75	221	35	23	3766	1096	2518	66	86

7-1 续表 13 单位：人

现住地	省外									
	江苏					安徽				
	小计	乡	镇的村委会	镇的居委会	街道	小计	乡	镇的村委会	镇的居委会	街道
绍兴市	**3091**	**460**	**2018**	**239**	**374**	**23210**	**5283**	**16318**	**799**	**810**
越城区	850	138	543	55	114	4058	818	2815	186	239
柯桥区	1101	131	741	108	121	9868	2085	7301	288	194
上虞区	492	71	334	28	59	2993	573	2215	90	115
新昌县	99	22	64	2	11	259	23	194	13	29
诸暨市	393	79	234	30	50	5031	1547	3138	195	151
嵊州市	156	19	102	16	19	1001	237	655	27	82
金华市	**3621**	**815**	**2073**	**274**	**459**	**28494**	**9052**	**17228**	**1019**	**1195**
婺城区	406	65	221	37	83	3338	913	2150	122	153
金东区	339	51	228	20	40	2307	552	1609	60	86
武义县	126	30	74	6	16	1260	335	861	19	45
浦江县	160	58	86	7	9	1172	407	647	30	88
磐安县	34	4	27	1	2	125	28	87	5	5
兰溪市	93	20	45	9	19	533	134	334	5	60
义乌市	1626	421	891	130	184	13059	4612	7491	471	485
东阳市	501	91	294	42	74	3703	1094	2221	217	171
永康市	336	75	207	22	32	2997	977	1828	90	102
衢州市	**384**	**84**	**211**	**33**	**56**	**1553**	**473**	**884**	**60**	**136**
柯城区	180	37	98	16	29	531	153	286	25	67
衢江区	60	19	31		10	284	90	171	9	14
常山县	29	6	17	3	3	113	36	67	3	7
开化县	16	1	13	2		98	23	64	5	6
龙游县	64	19	29	10	6	341	126	180	9	26
江山市	35	2	23	2	8	186	45	116	9	16
舟山市	**1688**	**240**	**1130**	**152**	**166**	**9364**	**1701**	**6770**	**543**	**350**
定海区	464	75	270	53	66	3252	711	2285	119	137
普陀区	413	62	267	37	47	4060	547	3038	333	142
岱山县	744	99	541	52	52	1734	365	1233	80	56
嵊泗县	67	4	52	10	1	318	78	214	11	15
台州市	**2316**	**353**	**1632**	**140**	**191**	**24801**	**4850**	**18616**	**583**	**752**
椒江区	527	81	345	48	53	3909	763	2854	99	193
黄岩区	230	39	174	6	11	4721	1091	3387	111	132
路桥区	362	50	279	9	24	3988	805	3049	58	76
三门县	84	6	60	9	9	438	104	302	19	13
天台县	102	17	56	3	26	333	65	221	9	38
仙居县	62	13	36	6	7	256	77	128	15	36
温岭市	526	88	389	22	27	5549	996	4314	110	129
临海市	217	29	152	14	22	1778	382	1290	43	63
玉环市	206	30	141	23	12	3829	567	3071	119	72
丽水市	**483**	**167**	**212**	**38**	**66**	**1902**	**623**	**1077**	**57**	**145**
莲都区	249	102	91	17	39	982	315	569	27	71
青田县	53	19	23	6	5	353	101	224	2	26
缙云县	84	32	36	9	7	236	104	104	10	18
遂昌县	16		9	4	3	42	13	22	1	6
松阳县	27	8	17		2	97	36	50	1	10
云和县	10	1	7	2		77	25	42	7	3
庆元县	7	1	5		1	16	5	10		1
景宁畲族自治县	7	2			5	13	10	2	1	
龙泉市	30	2	24		4	86	14	54	8	10

7-1 续表 14

单位：人

现住地	省外									
	福建					江西				
	小计	乡	镇的村委会	镇的居委会	街道	小计	乡	镇的村委会	镇的居委会	街道
合计	**26461**	**5941**	**16357**	**1554**	**2609**	**210330**	**60040**	**132453**	**8137**	**9700**
杭州市	**6138**	**1194**	**3471**	**499**	**974**	**45588**	**12126**	**27781**	**2500**	**3181**
上城区	223	35	103	30	55	708	199	343	60	106
下城区	262	36	131	31	64	1251	259	716	108	168
江干区	1178	188	689	100	201	8091	1519	5383	587	602
拱墅区	353	64	159	36	94	2033	417	1179	160	277
西湖区	636	176	251	65	144	3477	924	1759	354	440
滨江区	365	77	177	42	69	1566	503	711	113	239
萧山区	1117	225	715	75	102	7463	1910	4896	325	332
余杭区	1357	280	810	90	177	16505	5110	9978	632	785
富阳区	277	72	179	6	20	1726	565	1018	58	85
临安区	110	12	78	10	10	1081	264	729	35	53
桐庐县	134	13	93	9	19	986	292	618	20	56
淳安县	32	1	24	2	5	250	82	140	17	11
建德市	94	15	62	3	14	451	82	311	31	27
宁波市	**2993**	**589**	**1979**	**163**	**262**	**34187**	**9070**	**22678**	**1119**	**1320**
海曙区	468	84	336	21	27	4791	943	3513	188	147
江北区	178	45	99	16	18	1445	400	874	62	109
北仑区	255	57	169	9	20	2520	633	1661	109	117
镇海区	188	42	117	12	17	1463	309	1035	62	57
鄞州区	699	88	440	59	112	5742	1305	3883	281	273
奉化区	82	36	36	4	6	1202	412	709	22	59
象山县	75	9	57	2	7	2924	995	1812	51	66
宁海县	197	44	140	9	4	1399	291	948	43	117
余姚市	385	61	298	7	19	2620	671	1754	81	114
慈溪市	466	123	287	24	32	10081	3111	6489	220	261
温州市	**4886**	**1098**	**3256**	**226**	**306**	**39961**	**11240**	**26331**	**1151**	**1239**
鹿城区	719	135	460	43	81	6356	1800	4049	250	257
龙湾区	394	85	264	13	32	3736	1050	2431	130	125
瓯海区	910	220	591	30	69	7741	2249	5002	207	283
洞头区	50	14	17	5	14	296	61	186	11	38
永嘉县	275	67	187	7	14	2963	718	2088	83	74
平阳县	329	62	227	27	13	1434	387	959	65	23
苍南县	758	180	509	53	16	339	81	233	17	8
文成县	44	6	32	6		78	34	28	8	8
泰顺县	160	66	83	5	6	52	6	41	4	1
瑞安市	563	117	402	19	25	9647	2819	6383	191	254
乐清市	394	94	272	12	16	6912	1932	4648	172	160
龙港市	290	52	212	6	20	407	103	283	13	8
嘉兴市	**2614**	**591**	**1671**	**162**	**190**	**14293**	**3783**	**9211**	**690**	**609**
南湖区	593	132	367	42	52	1924	502	1141	132	149
秀洲区	313	62	211	18	22	1694	339	1173	104	78
嘉善县	499	138	304	22	35	1461	396	881	103	81
海盐县	91	26	53	6	6	384	81	261	12	30
海宁市	488	73	328	46	41	5278	1599	3388	159	132
平湖市	267	76	170	15	6	1116	216	760	87	53
桐乡市	363	84	238	13	28	2436	650	1607	93	86
湖州市	**827**	**183**	**550**	**41**	**53**	**3987**	**1051**	**2606**	**166**	**164**
吴兴区	440	84	308	15	33	2123	542	1423	92	66
南浔区	85	20	58	5	2	402	109	259	26	8
德清县	126	39	71	9	7	733	158	487	27	61
长兴县	94	25	50	11	8	267	86	163	7	11
安吉县	82	15	63	1	3	462	156	274	14	18

7－1 续表 15 单位：人

现住地	省外									
	福建					江西				
	小计	乡	镇的村委会	镇的居委会	街道	小计	乡	镇的村委会	镇的居委会	街道
绍兴市	**2051**	**416**	**1348**	**126**	**161**	**9329**	**2333**	**6134**	**403**	**459**
越城区	294	57	189	15	33	1706	382	1122	97	105
柯桥区	1122	198	774	75	75	3184	699	2205	131	149
上虞区	237	66	147	11	13	760	179	488	40	53
新昌县	43	4	30	3	6	375	75	257	19	24
诸暨市	290	83	164	19	24	2753	858	1709	107	79
嵊州市	65	8	44	3	10	551	140	353	9	49
金华市	**4171**	**1253**	**2371**	**196**	**351**	**43731**	**15533**	**24845**	**1481**	**1872**
婺城区	456	121	263	18	54	2285	618	1382	100	185
金东区	314	67	206	13	28	2403	652	1604	60	87
武义县	79	21	46	1	11	1509	459	957	46	47
浦江县	149	43	88	6	12	1299	387	820	20	72
磐安县	26	10	10	3	3	158	48	94	14	2
兰溪市	54	15	35		4	397	102	219	13	63
义乌市	2220	720	1215	130	155	23869	9214	12957	822	876
东阳市	474	144	262	17	51	6952	2262	4091	266	333
永康市	399	112	246	8	33	4859	1791	2721	140	207
衢州市	**425**	**100**	**237**	**25**	**63**	**2335**	**732**	**1308**	**106**	**189**
柯城区	164	50	81	7	26	707	201	381	50	75
衢江区	50	11	23	3	13	325	137	158	8	22
常山县	29	5	15	1	8	266	63	165	14	24
开化县	17	2	10	4	1	160	28	113	8	11
龙游县	36	17	12	5	2	404	169	194	16	25
江山市	129	15	96	5	13	473	134	297	10	32
舟山市	**365**	**60**	**237**	**17**	**51**	**1056**	**236**	**675**	**59**	**86**
定海区	128	21	73	10	24	453	104	270	33	46
普陀区	147	9	116	5	17	351	63	246	19	23
岱山县	76	27	37	2	10	219	66	131	5	17
嵊泗县	14	3	11			33	3	28	2	
台州市	**1265**	**223**	**878**	**58**	**106**	**13770**	**3179**	**9757**	**388**	**446**
椒江区	275	43	179	17	36	1363	338	868	85	72
黄岩区	150	37	85	7	21	1146	355	714	31	46
路桥区	164	30	114	6	14	1647	387	1153	62	45
三门县	32	3	24	1	4	195	52	118	16	9
天台县	34	2	23	2	7	223	37	174	2	10
仙居县	28	8	13	5	2	269	87	147	3	32
温岭市	312	61	228	8	15	5817	1249	4331	89	148
临海市	137	18	111	6	2	844	161	619	43	21
玉环市	133	21	101	6	5	2266	513	1633	57	63
丽水市	**726**	**234**	**359**	**41**	**92**	**2093**	**757**	**1127**	**74**	**135**
莲都区	160	44	74	6	36	899	268	549	28	54
青田县	61	12	40	2	7	422	165	209	16	32
缙云县	62	13	40	4	5	256	105	112	17	22
遂昌县	25	12	8	1	4	45	14	23	1	7
松阳县	38	11	25		2	146	76	58	5	7
云和县	71	11	36	19	5	105	45	56		4
庆元县	182	88	76	3	15	36	19	16		1
景宁畲族自治县	24	11	12		1	26	10	10	2	4
龙泉市	103	32	48	6	17	158	55	94	5	4

7-1 续表 16

单位：人

现住地	省外									
	山东					河南				
	小计	乡	镇的村委会	镇的居委会	街道	小计	乡	镇的村委会	镇的居委会	街道
合计	**35879**	**7164**	**23631**	**1565**	**3519**	**248585**	**80362**	**153053**	**6272**	**8898**
杭州市	**10157**	**2005**	**5994**	**609**	**1549**	**61224**	**19547**	**36305**	**2122**	**3250**
上城区	133	19	68	8	38	849	282	437	57	73
下城区	263	39	115	23	86	1278	361	666	100	151
江干区	1871	281	1095	161	334	8845	2212	5619	395	619
拱墅区	447	65	235	28	119	2524	683	1417	141	283
西湖区	1125	200	550	98	277	5717	1945	2950	378	444
滨江区	548	105	274	51	118	2414	957	1117	87	253
萧山区	1746	353	1148	69	176	16380	5246	10445	266	423
余杭区	3169	773	1941	140	315	17049	5618	10073	588	770
富阳区	400	81	283	12	24	3327	1331	1848	53	95
临安区	203	47	122	7	27	1235	344	784	27	80
桐庐县	134	23	97	2	12	1166	441	672	13	40
淳安县	48	6	29	2	11	129	56	64	4	5
建德市	70	13	37	8	12	311	71	213	13	14
宁波市	**8783**	**1669**	**6199**	**321**	**594**	**44920**	**13633**	**29021**	**930**	**1336**
海曙区	683	102	484	37	60	3879	957	2707	105	110
江北区	673	160	415	28	70	2268	712	1392	56	108
北仑区	2347	495	1662	85	105	6000	1663	3967	184	186
镇海区	945	134	726	34	51	3059	764	2135	62	98
鄞州区	1177	154	842	55	126	5575	1435	3736	154	250
奉化区	436	153	251	8	24	1491	647	769	18	57
象山县	249	50	177	9	13	1284	353	887	12	32
宁海县	236	44	149	17	26	1923	416	1369	29	109
余姚市	740	122	555	20	43	7052	2244	4547	96	165
慈溪市	1297	255	938	28	76	12389	4442	7512	214	221
温州市	**1374**	**232**	**887**	**91**	**164**	**22438**	**6479**	**14765**	**582**	**612**
鹿城区	190	22	116	22	30	3324	1067	2001	120	136
龙湾区	254	40	181	13	20	3798	1128	2500	74	96
瓯海区	250	41	153	12	44	2869	906	1764	70	129
洞头区	41	8	19	2	12	388	104	242	17	25
永嘉县	92	30	51	4	7	1030	235	753	20	22
平阳县	48	6	37	5		1369	352	967	33	17
苍南县	49	8	36	1	4	663	126	473	59	5
文成县	6		6			85	34	46	3	2
泰顺县	7		3		4	71	9	56	1	5
瑞安市	155	41	88	4	22	2852	886	1830	67	69
乐清市	230	30	161	26	13	5118	1478	3468	97	75
龙港市	52	6	36	2	8	871	154	665	21	31
嘉兴市	**5630**	**1084**	**3989**	**202**	**355**	**31386**	**9619**	**20326**	**759**	**682**
南湖区	1251	214	902	47	88	4191	1380	2576	102	133
秀洲区	708	96	542	26	44	4725	1239	3257	104	125
嘉善县	534	152	331	29	22	4226	1534	2478	122	92
海盐县	328	69	230	7	22	2314	793	1382	79	60
海宁市	1080	283	691	36	70	5700	1811	3651	130	108
平湖市	975	116	787	31	41	4305	1143	2979	115	68
桐乡市	754	154	506	26	68	5925	1719	4003	107	96
湖州市	**1721**	**372**	**1187**	**51**	**111**	**11108**	**3527**	**6908**	**237**	**436**
吴兴区	639	127	430	17	65	4871	1512	3120	98	141
南浔区	223	71	139	3	10	1618	656	910	34	18
德清县	238	45	164	13	16	2028	556	1234	46	192
长兴县	438	86	323	14	15	1218	342	789	41	46
安吉县	183	43	131	4	5	1373	461	855	18	39

7-1 续表 17　　单位：人

现住地	省外									
	山东					河南				
	小计	乡	镇的村委会	镇的居委会	街道	小计	乡	镇的村委会	镇的居委会	街道
绍兴市	**2480**	**486**	**1721**	**86**	**187**	**16231**	**5204**	**10098**	**352**	**577**
越城区	704	137	479	28	60	3450	939	2262	77	172
柯桥区	726	129	504	23	70	6567	2319	3935	155	158
上虞区	608	118	455	17	18	2056	524	1440	27	65
新昌县	45	7	28	2	8	322	72	216	12	22
诸暨市	312	79	203	10	20	3078	1097	1802	74	105
嵊州市	85	16	52	6	11	758	253	443	7	55
金华市	**2478**	**638**	**1504**	**85**	**251**	**32548**	**13659**	**17060**	**767**	**1062**
婺城区	257	52	143	11	51	3387	1310	1902	73	102
金东区	232	47	164	1	20	2399	805	1491	42	61
武义县	86	24	54		8	906	350	523	16	17
浦江县	86	18	60	1	7	848	349	468	13	18
磐安县	20	5	12	2	1	170	42	122	3	3
兰溪市	48	10	27	1	10	320	100	189	2	29
义乌市	1231	335	758	46	92	18147	8290	8873	406	578
东阳市	337	95	171	18	53	3834	1424	2090	164	156
永康市	181	52	115	5	9	2537	989	1402	48	98
衢州市	**253**	**66**	**138**	**9**	**40**	**1299**	**492**	**685**	**29**	**93**
柯城区	116	31	52	4	29	522	223	242	10	47
衢江区	46	11	34		1	227	67	144	5	11
常山县	7	3	3	1		104	41	56	3	4
开化县	26		24	1	1	45	10	29	3	3
龙游县	33	16	10	3	4	253	108	126	3	16
江山市	25	5	15		5	148	43	88	5	12
舟山市	**1574**	**342**	**1049**	**59**	**124**	**5514**	**1801**	**3375**	**133**	**205**
定海区	315	75	183	19	38	2035	668	1214	45	108
普陀区	281	54	201	8	18	1403	520	807	34	42
岱山县	934	200	638	31	65	1932	572	1261	47	52
嵊泗县	44	13	27	1	3	144	41	93	7	3
台州市	**1179**	**203**	**824**	**42**	**110**	**19107**	**5324**	**13021**	**279**	**483**
椒江区	288	33	195	18	42	4110	1101	2777	79	153
黄岩区	119	35	73	2	9	1924	636	1220	30	38
路桥区	160	32	113	4	11	2949	954	1911	25	59
三门县	33	5	26		2	359	111	232	8	8
天台县	38	8	23	1	6	287	77	173	9	28
仙居县	22	5	10	1	6	204	68	125	3	8
温岭市	195	32	143	6	14	6433	1563	4648	81	141
临海市	186	31	138	4	13	1516	424	1055	18	19
玉环市	138	22	103	6	7	1325	390	880	26	29
丽水市	**250**	**67**	**139**	**10**	**34**	**2810**	**1077**	**1489**	**82**	**162**
莲都区	117	34	55	7	21	1541	540	877	38	86
青田县	40	14	26			559	239	257	21	42
缙云县	47	11	29		7	273	110	150	4	9
遂昌县	10	1	8	1		43	9	28	3	3
松阳县	11	3	6	1	1	155	56	91	5	3
云和县	8	2	6			74	28	37	5	4
庆元县	3		1	1	1	38	21	15		2
景宁畲族自治县	7	2	4		1	46	24	10		12
龙泉市	7		4		3	81	50	24	6	1

7-1　续表 18　　单位：人

现住地	省外									
	湖北					湖南				
	小计	乡	镇的村委会	镇的居委会	街道	小计	乡	镇的村委会	镇的居委会	街道
合计	**109184**	**24652**	**71748**	**5559**	**7225**	**102712**	**28486**	**66013**	**3943**	**4270**
杭州市	**21518**	**4795**	**12813**	**1607**	**2303**	**17636**	**4753**	**10779**	**899**	**1205**
上城区	240	45	122	32	41	176	37	90	14	35
下城区	516	72	274	51	119	364	62	201	43	58
江干区	2953	396	1829	313	415	1800	364	1034	185	217
拱墅区	820	134	444	88	154	515	110	260	44	101
西湖区	2040	451	974	243	372	1062	280	480	127	175
滨江区	941	240	411	103	187	622	196	289	40	97
萧山区	4053	956	2564	236	297	6799	1847	4611	156	185
余杭区	7612	1974	4643	431	564	3575	993	2154	200	228
富阳区	749	191	464	35	59	1657	623	948	37	49
临安区	903	192	639	27	45	434	119	286	15	14
桐庐县	460	99	308	27	26	383	82	262	15	24
淳安县	73	14	42	9	8	51	9	31	9	2
建德市	158	31	99	12	16	198	31	133	14	20
宁波市	**15136**	**2929**	**10321**	**871**	**1015**	**21059**	**5304**	**14340**	**784**	**631**
海曙区	1376	253	948	81	94	2516	494	1843	104	75
江北区	798	182	474	61	81	864	228	543	48	45
北仑区	2367	476	1619	129	143	2274	533	1559	112	70
镇海区	930	145	651	60	74	1375	316	977	47	35
鄞州区	2526	436	1699	201	190	3701	777	2605	162	157
奉化区	561	177	331	26	27	647	240	363	19	25
象山县	409	60	299	27	23	519	140	346	20	13
宁海县	1243	190	873	34	146	923	234	590	34	65
余姚市	1990	369	1431	91	99	4169	1235	2743	112	79
慈溪市	2936	641	1996	161	138	4071	1107	2771	126	67
温州市	**28536**	**6514**	**19758**	**1073**	**1191**	**16940**	**4683**	**11166**	**561**	**530**
鹿城区	5433	1239	3701	232	261	3262	996	2039	115	112
龙湾区	4462	985	3075	186	216	2406	663	1579	89	75
瓯海区	5913	1386	4124	187	216	2859	853	1788	95	123
洞头区	475	60	336	26	53	160	41	102	10	7
永嘉县	1526	342	1110	38	36	1524	397	1033	35	59
平阳县	1259	253	916	66	24	816	199	572	39	6
苍南县	471	114	294	51	12	288	69	199	19	1
文成县	75	9	47	12	7	76	11	56	4	5
泰顺县	66	8	44	2	12	23	5	14	4	
瑞安市	2731	778	1759	83	111	2746	846	1732	77	91
乐清市	5625	1252	3987	168	218	2288	513	1681	50	44
龙港市	500	88	365	22	25	492	90	371	24	7
嘉兴市	**8079**	**1668**	**5498**	**441**	**472**	**9160**	**2129**	**6295**	**410**	**326**
南湖区	1117	202	698	99	118	1069	240	689	64	76
秀洲区	1149	229	799	50	71	1106	211	806	50	39
嘉善县	1067	247	685	66	69	1531	479	933	70	49
海盐县	366	70	226	27	43	330	88	207	19	16
海宁市	2635	619	1831	98	87	1664	440	1119	57	48
平湖市	700	103	507	52	38	671	164	443	45	19
桐乡市	1045	198	752	49	46	2789	507	2098	105	79
湖州市	**3073**	**773**	**1880**	**208**	**212**	**2626**	**660**	**1744**	**110**	**112**
吴兴区	1332	310	836	89	97	981	201	683	58	39
南浔区	507	172	284	37	14	553	179	344	17	13
德清县	625	137	395	42	51	562	131	383	16	32
长兴县	250	51	152	16	31	202	58	123	8	13
安吉县	359	103	213	24	19	328	91	211	11	15

7-1 续表 19 单位：人

现住地	省外									
	湖北					湖南				
	小计	乡	镇的村委会	镇的居委会	街道	小计	乡	镇的村委会	镇的居委会	街道
绍兴市	**5633**	**1146**	**3750**	**287**	**450**	**7903**	**2148**	**5118**	**300**	**337**
越城区	1381	267	929	71	114	1840	436	1233	65	106
柯桥区	2593	473	1767	143	210	2944	823	1926	102	93
上虞区	566	128	371	22	45	1117	261	772	31	53
新昌县	164	42	103	7	12	153	21	106	5	21
诸暨市	648	160	413	32	43	1491	489	889	81	32
嵊州市	281	76	167	12	26	358	118	192	16	32
金华市	**9762**	**2965**	**5585**	**484**	**728**	**16168**	**5652**	**9331**	**532**	**653**
婺城区	663	167	378	56	62	1222	367	735	58	62
金东区	720	176	474	25	45	1198	315	804	36	43
武义县	669	168	431	19	51	1315	479	768	29	39
浦江县	287	67	175	12	33	591	219	333	10	29
磐安县	82	11	64	5	2	71	23	32	8	8
兰溪市	226	61	116	8	41	284	82	185	6	11
义乌市	4380	1485	2343	231	321	7130	2707	3880	262	281
东阳市	1327	338	808	71	110	2228	753	1307	73	95
永康市	1408	492	796	57	63	2129	707	1287	50	85
衢州市	**640**	**202**	**337**	**38**	**63**	**687**	**231**	**390**	**22**	**44**
柯城区	220	73	111	19	17	224	72	123	5	24
衢江区	87	36	38	2	11	99	44	49	4	2
常山县	32	10	14	1	7	57	8	45	2	2
开化县	52	6	40	1	5	35	6	25	3	1
龙游县	166	70	76	5	15	179	81	87	5	6
江山市	83	7	58	10	8	93	20	61	3	9
舟山市	**1281**	**276**	**813**	**83**	**109**	**1098**	**255**	**691**	**56**	**96**
定海区	444	132	241	30	41	449	103	296	23	27
普陀区	400	77	279	22	22	290	67	153	21	49
岱山县	408	62	276	25	45	319	76	218	8	17
嵊泗县	29	5	17	6	1	40	9	24	4	3
台州市	**13958**	**2882**	**10109**	**426**	**541**	**8095**	**2177**	**5443**	**227**	**248**
椒江区	1560	283	1063	79	135	1025	259	664	41	61
黄岩区	913	245	583	47	38	982	355	579	24	24
路桥区	1253	234	922	36	61	1484	426	1000	21	37
三门县	229	38	167	14	10	193	31	141	12	9
天台县	137	28	75	6	28	78	11	57	3	7
仙居县	124	38	52	11	23	155	57	79	6	13
温岭市	4719	974	3528	95	122	1772	390	1273	55	54
临海市	688	150	476	20	42	854	221	590	23	20
玉环市	4335	892	3243	118	82	1552	427	1060	42	23
丽水市	**1568**	**502**	**884**	**41**	**141**	**1340**	**494**	**716**	**42**	**88**
莲都区	689	181	433	16	59	534	168	301	22	43
青田县	439	160	235	8	36	324	131	180	5	8
缙云县	144	59	67	5	13	196	83	102	5	6
遂昌县	43	13	20		10	41	12	21	1	7
松阳县	71	21	42	2	6	81	42	31	1	7
云和县	61	33	17	8	3	71	33	33		5
庆元县	14	3	8	2	1	26	6	15	2	3
景宁畲族自治县	52	21	26		5	18	7	9		2
龙泉市	55	11	36		8	49	12	24	6	7

7-1 续表 20

单位：人

现住地	省外									
	广东					广西				
	小计	乡	镇的村委会	镇的居委会	街道	小计	乡	镇的村委会	镇的居委会	街道
合计	**10323**	**1558**	**5289**	**1160**	**2316**	**21053**	**5583**	**13463**	**798**	**1209**
杭州市	**3052**	**402**	**1177**	**424**	**1049**	**4929**	**1128**	**3038**	**304**	**459**
上城区	74	5	27	12	30	81	12	42	10	17
下城区	121	15	55	16	35	92	26	32	9	25
江干区	659	65	248	106	240	616	97	360	69	90
拱墅区	185	27	70	11	77	159	22	64	16	57
西湖区	442	57	115	63	207	396	95	187	53	61
滨江区	242	28	57	55	102	210	62	91	20	37
萧山区	476	66	247	59	104	1855	431	1316	57	51
余杭区	660	120	271	72	197	907	257	533	47	70
富阳区	58	7	26	7	18	282	62	187	14	19
临安区	48	7	17	9	15	173	31	118	3	21
桐庐县	39		24	5	10	97	14	68	6	9
淳安县	16	2	7	2	5	15	4	10		1
建德市	32	3	13	7	9	46	15	30		1
宁波市	**1312**	**180**	**732**	**150**	**250**	**3665**	**857**	**2534**	**97**	**177**
海曙区	145	17	87	17	24	338	72	228	11	27
江北区	68	10	35	10	13	145	37	82	7	19
北仑区	93	10	57	10	16	288	54	201	9	24
镇海区	71	8	39	14	10	155	33	108	2	12
鄞州区	302	23	133	50	96	468	89	312	28	39
奉化区	49	12	21	5	11	104	31	61	3	9
象山县	30	2	17	4	7	82	16	58	5	3
宁海县	57	9	36	5	7	176	41	120	5	10
余姚市	221	41	137	19	24	681	175	485	8	13
慈溪市	276	48	170	16	42	1228	309	879	19	21
温州市	**816**	**131**	**462**	**78**	**145**	**2484**	**646**	**1679**	**69**	**90**
鹿城区	170	31	86	13	40	336	79	223	15	19
龙湾区	84	11	46	6	21	500	145	330	8	17
瓯海区	160	26	86	14	34	360	96	232	9	23
洞头区	6		6			33	8	24	1	
永嘉县	46	7	29	4	6	140	33	101	2	4
平阳县	40	3	21	9	7	105	19	83	2	1
苍南县	35	8	18	6	3	103	33	60	7	3
文成县	9		3	3	3	11	3	8		
泰顺县	1	1				4		3	1	
瑞安市	119	22	70	14	13	363	109	227	16	11
乐清市	104	17	66	5	16	289	61	213	7	8
龙港市	42	5	31	4	2	240	60	175	1	4
嘉兴市	**874**	**109**	**501**	**111**	**153**	**1672**	**418**	**1113**	**75**	**66**
南湖区	178	17	98	18	45	206	44	124	18	20
秀洲区	90	7	58	10	15	140	28	106	4	2
嘉善县	90	15	49	17	9	233	69	153	7	4
海盐县	47	3	31	3	10	65	14	44	5	2
海宁市	182	37	100	16	29	509	122	343	26	18
平湖市	75	8	31	24	12	251	97	143	6	5
桐乡市	212	22	134	23	33	268	44	200	9	15
湖州市	**403**	**54**	**237**	**45**	**67**	**573**	**144**	**375**	**19**	**35**
吴兴区	215	22	133	20	40	185	44	126	7	8
南浔区	43	16	16	7	4	75	17	52	2	4
德清县	57	9	24	10	14	157	34	104	7	12
长兴县	39	3	28	1	7	45	11	30	1	3
安吉县	49	4	36	7	2	111	38	63	2	8

7-1 续表 21　　　　单位：人

现住地	省外									
	广东					广西				
	小计	乡	镇的村委会	镇的居委会	街道	小计	乡	镇的村委会	镇的居委会	街道
绍兴市	**849**	**101**	**480**	**89**	**179**	**2284**	**593**	**1520**	**74**	**97**
越城区	138	20	63	25	30	359	63	247	22	27
柯桥区	520	61	320	46	93	1105	308	736	28	33
上虞区	47	7	20	9	11	406	89	289	11	17
新昌县	20		4	2	14	28	3	19	3	3
诸暨市	83	7	49	7	20	313	110	182	10	11
嵊州市	41	6	24		11	73	20	47		6
金华市	**2151**	**462**	**1195**	**191**	**303**	**3244**	**1190**	**1793**	**93**	**168**
婺城区	123	20	49	13	41	260	67	164	10	19
金东区	116	18	69	12	17	287	87	178	8	14
武义县	41	4	23	9	5	289	112	168	1	8
浦江县	38	15	17		6	143	54	69	7	13
磐安县	12	1	6	2	3	13	3	6		4
兰溪市	31	2	20	1	8	68	15	42	1	10
义乌市	1476	346	808	127	195	1320	522	712	35	51
东阳市	202	35	127	21	19	421	159	229	11	22
永康市	112	21	76	6	9	443	171	225	20	27
衢州市	**125**	**24**	**51**	**8**	**42**	**245**	**68**	**146**	**17**	**14**
柯城区	59	19	23	2	15	91	25	55	4	7
衢江区	17	2	4	2	9	30	10	17	1	2
常山县	9		4	2	3	16	4	10		2
开化县	5	1	2	1	1	10	2	8		
龙游县	10		4	1	5	40	17	14	8	1
江山市	25	2	14		9	58	10	42	4	2
舟山市	**134**	**6**	**75**	**19**	**34**	**192**	**49**	**102**	**12**	**29**
定海区	54	1	29	8	16	95	19	47	4	25
普陀区	51	2	31	7	11	40	10	27	1	2
岱山县	29	3	15	4	7	46	18	20	6	2
嵊泗县						11	2	8	1	
台州市	**492**	**55**	**330**	**39**	**68**	**1509**	**402**	**1024**	**30**	**53**
椒江区	94	9	58	11	16	275	89	164	7	15
黄岩区	46	2	31	2	11	104	27	70		7
路桥区	69	9	48	6	6	201	48	148	3	2
三门县	12		6	5	1	32	14	15	1	2
天台县	24	3	17	1	3	22	4	12	1	5
仙居县	9	1	5		3	26	10	14	1	1
温岭市	135	18	97	10	10	443	125	307	3	8
临海市	49	6	36	1	6	208	47	141	9	11
玉环市	54	7	32	3	12	198	38	153	5	2
丽水市	**115**	**34**	**49**	**6**	**26**	**256**	**88**	**139**	**8**	**21**
莲都区	68	25	25	3	15	101	23	59	5	14
青田县	10		8	2		42	16	25		1
缙云县	14	3	11			59	35	20	2	2
遂昌县	3				3	9	1	8		
松阳县	7	3			4	10	5	5		
云和县	4	1			3	17	1	15	1	
庆元县						4	1	1		2
景宁畲族自治县	3	1	2			3	1	1		1
龙泉市	6	1	3	1	1	11	5	5		1

7-1　续表 22　　　　　　　　　　　　　　　　　　　　　　　　　　　　单位：人

现住地	省外									
	海南					重庆				
	小计	乡	镇的村委会	镇的居委会	街道	小计	乡	镇的村委会	镇的居委会	街道
合计	**1170**	**163**	**577**	**196**	**234**	**65892**	**15931**	**43542**	**2580**	**3839**
杭州市	**382**	**45**	**164**	**69**	**104**	**11037**	**2682**	**6949**	**545**	**861**
上城区	10		4	1	5	102	38	39	13	12
下城区	28	3	11	7	7	198	35	104	14	45
江干区	82	6	32	17	27	1361	223	882	113	143
拱墅区	21	4	6	2	9	304	59	175	23	47
西湖区	50	7	15	11	17	600	128	324	66	82
滨江区	35	6	14	4	11	301	99	130	19	53
萧山区	55	3	32	10	10	3138	747	2154	92	145
余杭区	76	11	35	16	14	3356	778	2157	169	252
富阳区	10	3	4		3	861	317	484	12	48
临安区	9	2	6		1	603	200	375	10	18
桐庐县	2		2			124	37	75	4	8
淳安县						28	3	18	4	3
建德市	4		3	1		61	18	32	6	5
宁波市	**232**	**23**	**119**	**41**	**49**	**9186**	**1991**	**6277**	**366**	**552**
海曙区	40	1	21	5	13	1638	217	1316	57	48
江北区	10	2	5		3	367	104	207	26	30
北仑区	14	1	5	7	1	1373	347	869	73	84
镇海区	25	1	13	5	6	854	176	602	33	43
鄞州区	68	3	32	11	22	1075	204	741	41	89
奉化区	7	1	6			383	135	207	10	31
象山县	7	2	5			264	52	186	15	11
宁海县	9	2	3	4		255	55	175	4	21
余姚市	19	6	9	1	3	1074	285	647	57	85
慈溪市	33	4	20	8	1	1903	416	1327	50	110
温州市	**92**	**10**	**48**	**25**	**9**	**15784**	**4024**	**10455**	**489**	**816**
鹿城区	13	2	7	3	1	1351	286	908	54	103
龙湾区	13	2	9	1	1	4817	1403	3133	123	158
瓯海区	17	2	10	2	3	1344	358	853	41	92
洞头区	4		1		3	159	25	101	18	15
永嘉县	9	1	2	6		514	91	366	11	46
平阳县	2			2		615	129	445	25	16
苍南县	6		3	2	1	594	138	398	26	32
文成县						25	4	21		
泰顺县	2		1	1		31	3	21	3	4
瑞安市	7	1	4	2		2000	695	1136	68	101
乐清市	10	2	8			3970	826	2808	105	231
龙港市	9		3	6		364	66	265	15	18
嘉兴市	**84**	**20**	**38**	**16**	**10**	**8368**	**1911**	**5778**	**330**	**349**
南湖区	23	4	9	6	4	1197	296	767	57	77
秀洲区	10		9	1		1400	353	949	54	44
嘉善县	6	3	2		1	1461	376	1009	35	41
海盐县	6	1		3	2	378	89	261	13	15
海宁市	17	3	11	2	1	1085	280	685	54	66
平湖市	7	4	2		1	549	97	398	33	21
桐乡市	15	5	5	4	1	2298	420	1709	84	85
湖州市	**23**	**3**	**10**	**2**	**8**	**2312**	**508**	**1593**	**90**	**121**
吴兴区	10	2	6		2	1045	182	780	47	36
南浔区	6		1	1	4	373	123	230	12	8
德清县	5		3	1	1	330	80	211	11	28
长兴县						231	48	134	10	39
安吉县	2	1			1	333	75	238	10	10

7-1 续表 23 单位：人

现住地	省外									
	海南					重庆				
	小计	乡	镇的村委会	镇的居委会	街道	小计	乡	镇的村委会	镇的居委会	街道
绍兴市	**60**	**14**	**34**	**1**	**11**	**6320**	**1195**	**4499**	**227**	**399**
越城区	17	2	10	1	4	2056	379	1517	78	82
柯桥区	15	2	10		3	3068	587	2202	116	163
上虞区	8	4	3		1	554	108	419	10	17
新昌县	4		2		2	43	6	32	1	4
诸暨市	16	6	9		1	460	73	245	20	122
嵊州市						139	42	84	2	11
金华市	**161**	**29**	**90**	**19**	**23**	**5365**	**1824**	**2980**	**239**	**322**
婺城区	26	4	9	7	6	917	341	511	23	42
金东区	8	3	5			385	114	240	11	20
武义县	9		6		3	371	108	228	21	14
浦江县						167	36	115	8	8
磐安县	2		2			38	9	26		3
兰溪市	9		7		2	93	38	35	3	17
义乌市	72	15	36	9	12	1714	609	894	85	126
东阳市	26	5	18	3		824	299	428	56	41
永康市	9	2	7			856	270	503	32	51
衢州市	**16**	**3**	**8**	**3**	**2**	**270**	**77**	**155**	**13**	**25**
柯城区	4	1	1		2	109	34	53	8	14
衢江区	4		2	2		56	16	35		5
常山县	2		1	1		26	4	18	3	1
开化县						11		9	2	
龙游县	1		1			48	20	25		3
江山市	5	2	3			20	3	15		2
舟山市	**24**	**1**	**8**	**9**	**6**	**300**	**71**	**163**	**23**	**43**
定海区	14	1	4	4	5	117	21	59	9	28
普陀区	8		3	5		69	13	42	7	7
岱山县	2		1		1	102	33	56	7	6
嵊泗县						12	4	6		2
台州市	**85**	**11**	**55**	**9**	**10**	**6163**	**1404**	**4284**	**214**	**261**
椒江区	17	3	9		5	688	128	465	36	59
黄岩区	11		8	2	1	1290	371	830	50	39
路桥区	6	1	5			1106	268	774	34	30
三门县	3	1	2			95	20	68	3	4
天台县	6	2	2		2	76	23	39	3	11
仙居县	4	1	1	2		96	25	56	2	13
温岭市	21	2	16	2	1	1539	338	1103	38	60
临海市	12	1	9	1	1	399	89	276	20	14
玉环市	5		3	2		874	142	673	28	31
丽水市	**11**	**4**	**3**	**2**	**2**	**787**	**244**	**409**	**44**	**90**
莲都区	5	1	2	1	1	284	72	164	10	38
青田县	1	1				153	48	84	8	13
缙云县	1		1			70	23	35	10	2
遂昌县						24	8	11	2	3
松阳县	1			1		139	51	63	8	17
云和县						33	9	16	5	3
庆元县	1				1	7	1	5		1
景宁畲族自治县	2	2				32	4	17		11
龙泉市						45	28	14	1	2

7-1 续表 24

单位：人

现住地	省外									
	四川					贵州				
	小计	乡	镇的村委会	镇的居委会	街道	小计	乡	镇的村委会	镇的居委会	街道
合计	**158735**	**41378**	**106568**	**4807**	**5982**	**234681**	**72815**	**150877**	**4635**	**6354**
杭州市	**18602**	**5199**	**11125**	**884**	**1394**	**18712**	**5603**	**11793**	**510**	**806**
上城区	147	47	53	12	35	110	41	48	7	14
下城区	360	64	181	36	79	251	72	136	13	30
江干区	1817	403	999	154	261	1430	304	885	98	143
拱墅区	463	110	240	31	82	329	66	203	9	51
西湖区	1009	295	420	112	182	954	296	510	69	79
滨江区	485	136	217	27	105	428	166	198	23	41
萧山区	6130	1614	4104	203	209	6346	1788	4371	93	94
余杭区	5852	1795	3486	248	323	3658	1184	2161	119	194
富阳区	1102	377	667	19	39	1890	614	1205	16	55
临安区	645	191	397	21	36	1593	542	969	25	57
桐庐县	340	90	215	8	27	1218	399	757	26	36
淳安县	64	21	37	1	5	78	29	45	2	2
建德市	188	56	109	12	11	427	102	305	10	10
宁波市	**42815**	**10220**	**30283**	**1076**	**1236**	**46622**	**12963**	**31775**	**716**	**1168**
海曙区	4670	915	3449	163	143	2718	597	1986	70	65
江北区	2031	556	1334	56	85	1306	409	809	35	53
北仑区	5325	1168	3815	193	149	3401	993	2276	70	62
镇海区	4400	1034	3203	90	73	1445	338	1042	31	34
鄞州区	7041	1469	5058	208	306	4689	1379	3075	103	132
奉化区	1996	796	1080	39	81	3427	1327	1923	23	154
象山县	780	235	497	20	28	875	261	577	20	17
宁海县	1448	272	1073	43	60	1977	408	1399	55	115
余姚市	4105	1038	2892	75	100	10478	2989	7067	125	297
慈溪市	11019	2737	7882	189	211	16306	4262	11621	184	239
温州市	**22298**	**5783**	**15042**	**682**	**791**	**44258**	**13099**	**29234**	**901**	**1024**
鹿城区	2651	701	1721	86	143	5983	1844	3850	159	130
龙湾区	3195	854	2148	108	85	5686	1798	3656	125	107
瓯海区	2873	810	1827	93	143	5149	1727	3177	77	168
洞头区	462	67	319	16	60	288	83	184	7	14
永嘉县	870	211	618	20	21	3158	756	2271	60	71
平阳县	868	185	640	26	17	2976	809	2042	88	37
苍南县	459	117	314	23	5	1035	380	601	37	17
文成县	62	9	48	4	1	110	28	76	2	4
泰顺县	43	3	13	27		45	7	33	1	4
瑞安市	6192	1700	4112	174	206	10559	3241	6886	191	241
乐清市	3599	854	2554	96	95	8033	2106	5611	123	193
龙港市	1024	272	728	9	15	1236	320	847	31	38
嘉兴市	**28323**	**7681**	**19161**	**804**	**677**	**13393**	**3592**	**9192**	**336**	**273**
南湖区	5368	1745	3332	121	170	1291	372	811	48	60
秀洲区	4530	1120	3217	110	83	2941	639	2196	58	48
嘉善县	4493	1274	3000	134	85	1854	603	1190	36	25
海盐县	2697	678	1828	108	83	683	205	442	27	9
海宁市	4639	1258	3138	131	112	3043	909	2025	58	51
平湖市	2193	526	1538	86	43	1269	248	929	52	40
桐乡市	4403	1080	3108	114	101	2312	616	1599	57	40
湖州市	**5800**	**1866**	**3528**	**191**	**215**	**10764**	**3487**	**6834**	**181**	**262**
吴兴区	2454	740	1570	57	87	2518	784	1627	50	57
南浔区	1578	685	818	58	17	2138	764	1324	35	15
德清县	895	184	603	39	69	1566	398	1006	44	118
长兴县	449	130	277	23	19	1064	359	658	24	23
安吉县	424	127	260	14	23	3478	1182	2219	28	49

7-1 续表 25 单位：人

现住地	省外									
	四川					贵州				
	小计	乡	镇的村委会	镇的居委会	街道	小计	乡	镇的村委会	镇的居委会	街道
绍兴市	**10146**	**2399**	**7017**	**314**	**416**	**18307**	**6171**	**11219**	**451**	**466**
越城区	2034	497	1334	89	114	2646	729	1758	56	103
柯桥区	5278	1210	3729	164	175	5924	1892	3830	118	84
上虞区	1550	311	1177	24	38	2715	769	1843	36	67
新昌县	99	29	57	5	8	434	101	270	17	46
诸暨市	812	241	506	29	36	5283	2220	2795	191	77
嵊州市	373	111	214	3	45	1305	460	723	33	89
金华市	**9467**	**3231**	**5437**	**331**	**468**	**52205**	**19447**	**30168**	**1059**	**1531**
婺城区	1196	399	680	40	77	3582	1370	2036	74	102
金东区	800	219	517	24	40	4222	1295	2765	64	98
武义县	958	314	581	22	41	5488	1957	3242	64	225
浦江县	414	144	246	9	15	3515	1133	2230	74	78
磐安县	73	17	49	5	2	322	87	214	6	15
兰溪市	268	68	171	6	23	986	290	640	6	50
义乌市	3387	1278	1802	133	174	12041	5039	6471	228	303
东阳市	1155	402	630	65	58	9029	3376	5028	311	314
永康市	1216	390	761	27	38	13020	4900	7542	232	346
衢州市	**646**	**231**	**355**	**24**	**36**	**1444**	**497**	**850**	**32**	**65**
柯城区	170	59	91	13	7	378	139	206	9	24
衢江区	108	46	55	1	6	273	96	166	4	7
常山县	84	14	55	6	9	108	28	75	3	2
开化县	50	3	43		4	55	4	51		
龙游县	167	91	69	3	4	369	168	165	14	22
江山市	67	18	42	1	6	261	62	187	2	10
舟山市	**1767**	**377**	**1249**	**56**	**85**	**1149**	**303**	**776**	**32**	**38**
定海区	811	177	564	25	45	442	137	268	15	22
普陀区	402	77	288	18	19	310	57	236	10	7
岱山县	491	104	358	11	18	339	84	241	6	8
嵊泗县	63	19	39	2	3	58	25	31	1	1
台州市	**17565**	**3899**	**12691**	**402**	**573**	**24107**	**6152**	**17089**	**327**	**539**
椒江区	3234	755	2211	95	173	2304	597	1528	55	124
黄岩区	957	265	620	22	50	1776	633	1089	23	31
路桥区	2955	850	1987	36	82	2452	614	1755	43	40
三门县	318	81	214	11	12	561	139	398	11	13
天台县	148	41	92	4	11	348	65	255	7	21
仙居县	94	22	55		17	439	164	229	6	40
温岭市	4053	728	3147	67	111	8427	2119	6083	58	167
临海市	1349	301	990	34	24	2273	556	1648	35	34
玉环市	4457	856	3375	133	93	5527	1265	4104	89	69
丽水市	**1306**	**492**	**680**	**43**	**91**	**3720**	**1501**	**1947**	**90**	**182**
莲都区	518	158	302	14	44	1525	537	871	34	83
青田县	262	103	137	4	18	475	173	259	12	31
缙云县	109	45	58	4	2	713	316	371	8	18
遂昌县	33	16	14		3	84	16	58	6	4
松阳县	151	59	74	9	9	286	173	95	10	8
云和县	79	41	32	5	1	407	171	206	17	13
庆元县	16	6	8		2	48	28	17		3
景宁畲族自治县	29	7	13	1	8	44	20	8		16
龙泉市	109	57	42	6	4	138	67	62	3	6

7−1　续表 26　　　　单位：人

现住地	省外									
	云南					西藏				
	小计	乡	镇的村委会	镇的居委会	街道	小计	乡	镇的村委会	镇的居委会	街道
合计	**89686**	**28039**	**57273**	**2089**	**2285**	**194**	**76**	**57**	**16**	**45**
杭州市	**8476**	**2431**	**5313**	**293**	**439**	**76**	**20**	**26**	**6**	**24**
上城区	47	18	19	3	7					
下城区	129	27	88	5	9	2				2
江干区	943	200	572	65	106	20	4	7	2	7
拱墅区	145	43	69	15	18					
西湖区	372	121	174	35	42	17	5	4	2	6
滨江区	240	75	114	15	36	12	3	7		2
萧山区	2025	526	1391	49	59	3		3		
余杭区	2954	841	1935	69	109	15	7	2		6
富阳区	598	233	336	13	16	2		1	1	
临安区	482	147	295	12	28	4	1	1	1	1
桐庐县	327	150	169	4	4	1		1		
淳安县	28	11	15	2						
建德市	186	39	136	6	5					
宁波市	**11692**	**3360**	**7778**	**220**	**334**	**8**	**2**	**1**		**5**
海曙区	602	117	429	26	30					
江北区	346	104	230	6	6	2				2
北仑区	1409	445	901	26	37					
镇海区	421	106	298	10	7	1	1			
鄞州区	1195	254	857	33	51	2				2
奉化区	493	173	301	7	12					
象山县	413	112	277	12	12	1				1
宁海县	1511	339	1071	10	91					
余姚市	1995	670	1265	24	36					
慈溪市	3307	1040	2149	66	52	2	1	1		
温州市	**7801**	**2384**	**5052**	**175**	**190**	**13**	**3**	**8**		**2**
鹿城区	1219	435	725	19	40	2	1			1
龙湾区	733	239	461	9	24					
瓯海区	796	232	517	22	25	9	2	6		1
洞头区	64	11	48	2	3					
永嘉县	389	91	276	8	14					
平阳县	600	163	397	34	6					
苍南县	630	203	412	5	10					
文成县	18	4	10	4						
泰顺县	20	7	10	3		1		1		
瑞安市	920	262	614	22	22					
乐清市	1843	590	1189	37	27	1		1		
龙港市	569	147	393	10	19					
嘉兴市	**17313**	**5065**	**11548**	**466**	**234**	**8**		**2**	**3**	**3**
南湖区	1895	459	1318	57	61	7		1	3	3
秀洲区	2679	823	1789	42	25	1		1		
嘉善县	2765	928	1725	76	36					
海盐县	1114	277	776	46	15					
海宁市	3827	1018	2647	123	39					
平湖市	866	227	606	22	11					
桐乡市	4167	1333	2687	100	47					
湖州市	**5841**	**1675**	**3963**	**118**	**85**	**59**	**45**	**9**	**4**	**1**
吴兴区	1257	392	815	27	23	15	5	8	1	1
南浔区	1078	342	713	22	1	43	40		3	
德清县	1897	489	1331	45	32					
长兴县	580	137	417	14	12	1		1		
安吉县	1029	315	687	10	17					

7-1 续表 27 单位：人

现住地	省外									
	云南					西藏				
	小计	乡	镇的村委会	镇的居委会	街道	小计	乡	镇的村委会	镇的居委会	街道
绍兴市	**5962**	**1940**	**3704**	**147**	**171**	**1**		**1**		
越城区	608	170	370	25	43					
柯桥区	1796	561	1154	32	49					
上虞区	1452	353	1036	32	31					
新昌县	130	27	80	8	15					
诸暨市	1603	687	851	48	17					
嵊州市	373	142	213	2	16	1		1		
金华市	**20188**	**7398**	**11839**	**436**	**515**	**12**	**3**	**5**		**4**
婺城区	1016	381	585	24	26	4	1	2		1
金东区	1439	416	982	11	30					
武义县	2878	1009	1774	46	49					
浦江县	2652	1009	1491	97	55	1		1		
磐安县	99	35	62	2						
兰溪市	464	157	280	2	25					
义乌市	4260	1875	2198	85	102	2	1	1		
东阳市	1440	477	857	51	55					
永康市	5940	2039	3610	118	173	5	1	1		3
衢州市	**765**	**342**	**378**	**10**	**35**	**8**	**2**	**2**	**3**	**1**
柯城区	140	50	65	7	18	5	2	1	1	1
衢江区	159	63	94		2	1		1		
常山县	48	27	18	1	2	1			1	
开化县	27	7	20							
龙游县	322	178	134	1	9	1			1	
江山市	69	17	47	1	4					
舟山市	**867**	**274**	**547**	**20**	**26**	**1**				**1**
定海区	213	78	117	6	12	1				1
普陀区	385	126	238	12	9					
岱山县	260	69	184	2	5					
嵊泗县	9	1	8							
台州市	**9552**	**2669**	**6516**	**170**	**197**	**8**	**1**	**3**		**4**
椒江区	1329	325	931	33	40					
黄岩区	1562	534	968	22	38	2				2
路桥区	1090	321	742	13	14					
三门县	303	110	180	9	4					
天台县	174	37	123	8	6					
仙居县	129	49	67	3	10	1	1			
温岭市	2561	723	1751	41	46					
临海市	1202	291	859	22	30	5		3		2
玉环市	1202	279	895	19	9					
丽水市	**1229**	**501**	**635**	**34**	**59**					
莲都区	398	127	227	20	24					
青田县	152	41	98	6	7					
缙云县	370	173	176	7	14					
遂昌县	63	35	27		1					
松阳县	105	46	53	1	5					
云和县	44	24	20							
庆元县	30	16	13		1					
景宁畲族自治县	26	17	5		4					
龙泉市	41	22	16		3					

7-1　续表 28

单位：人

现住地	省外									
	陕西					甘肃				
	小计	乡	镇的村委会	镇的居委会	街道	小计	乡	镇的村委会	镇的居委会	街道
合计	**30287**	**6034**	**20830**	**1326**	**2097**	**17176**	**4540**	**10344**	**859**	**1433**
杭州市	**5960**	**1234**	**3563**	**397**	**766**	**6637**	**1785**	**3838**	**355**	**659**
上城区	126	19	84	3	20	120	41	46	10	23
下城区	186	40	94	16	36	182	26	109	7	40
江干区	1149	187	732	96	134	1775	396	1122	111	146
拱墅区	214	39	102	17	56	265	57	142	18	48
西湖区	639	132	313	59	135	677	154	371	57	95
滨江区	389	95	186	37	71	375	113	169	27	66
萧山区	1148	207	768	64	109	1227	433	704	30	60
余杭区	1449	360	871	72	146	1492	418	863	82	129
富阳区	295	60	205	6	24	182	63	95	8	16
临安区	138	35	82	5	16	158	34	110	4	10
桐庐县	150	43	86	6	15	138	44	84		10
淳安县	23	4	13	5	1	14	2	8		4
建德市	54	13	27	11	3	32	4	15	1	12
宁波市	**8387**	**1406**	**6253**	**287**	**441**	**3045**	**752**	**1900**	**166**	**227**
海曙区	810	130	589	31	60	209	42	124	14	29
江北区	408	83	279	21	25	120	23	67	5	25
北仑区	1139	199	834	50	56	830	222	535	29	44
镇海区	617	109	457	24	27	275	67	176	14	18
鄞州区	1769	206	1376	71	116	397	68	239	37	53
奉化区	383	102	262	5	14	107	42	51	9	5
象山县	256	44	186	8	18	62	24	29	5	4
宁海县	1139	174	891	20	54	187	32	138	11	6
余姚市	741	144	552	9	36	284	73	185	13	13
慈溪市	1125	215	827	48	35	574	159	356	29	30
温州市	**3163**	**622**	**2259**	**118**	**164**	**1302**	**332**	**837**	**60**	**73**
鹿城区	352	75	237	12	28	144	34	88	7	15
龙湾区	453	93	325	16	19	183	54	112	6	11
瓯海区	379	84	252	15	28	176	40	103	8	25
洞头区	64	9	43	3	9	19	5	10	1	3
永嘉县	181	34	136	4	7	51	12	39		
平阳县	122	10	97	12	3	40	11	29		
苍南县	43	9	27	4	3	80	26	42	11	1
文成县	27		18	1	8	12	1	10	1	
泰顺县	10		5	2	3	9	1	5	3	
瑞安市	539	114	383	24	18	138	45	80	6	7
乐清市	940	184	699	22	35	252	64	175	5	8
龙港市	53	10	37	3	3	198	39	144	12	3
嘉兴市	**2956**	**608**	**2020**	**128**	**200**	**2196**	**592**	**1374**	**102**	**128**
南湖区	548	103	341	31	73	471	155	225	24	67
秀洲区	344	53	255	14	22	200	44	128	13	15
嘉善县	695	187	457	25	26	333	98	209	16	10
海盐县	182	40	113	9	20	160	58	85	4	13
海宁市	539	100	392	26	21	501	121	360	16	4
平湖市	411	78	315	7	11	347	84	243	15	5
桐乡市	237	47	147	16	27	184	32	124	14	14
湖州市	**852**	**235**	**541**	**33**	**43**	**556**	**179**	**323**	**19**	**35**
吴兴区	274	86	156	15	17	200	52	118	4	26
南浔区	85	31	48	4	2	50	20	24	5	1
德清县	173	31	127	6	9	99	24	68	2	5
长兴县	155	39	103	4	9	50	18	28	3	1
安吉县	165	48	107	4	6	157	65	85	5	2

7-1 续表 29

单位：人

现住地	省外									
	陕西					甘肃				
	小计	乡	镇的村委会	镇的居委会	街道	小计	乡	镇的村委会	镇的居委会	街道
绍兴市	**1459**	**318**	**966**	**80**	**95**	**694**	**211**	**377**	**29**	**77**
越城区	263	46	154	27	36	173	43	86	7	37
柯桥区	543	118	375	24	26	202	75	106	8	13
上虞区	189	30	136	7	16	127	32	85	6	4
新昌县	37	8	22	3	4	17	3	10	1	3
诸暨市	354	94	234	18	8	139	48	70	6	15
嵊州市	73	22	45	1	5	36	10	20	1	5
金华市	**2734**	**774**	**1662**	**123**	**175**	**1285**	**364**	**771**	**60**	**90**
婺城区	252	61	160	13	18	170	34	105	9	22
金东区	237	58	163	5	11	74	13	60		1
武义县	152	35	103	8	6	38	16	19	1	2
浦江县	64	19	37	1	7	41	11	28		2
磐安县	20	6	10	1	3	13	1	11		1
兰溪市	62	6	43	2	11	27	6	19	1	1
义乌市	1339	415	780	67	77	670	215	372	39	44
东阳市	320	80	196	20	24	168	42	106	6	14
永康市	288	94	170	6	18	84	26	51	4	3
衢州市	**191**	**60**	**109**	**6**	**16**	**117**	**27**	**74**	**6**	**10**
柯城区	50	13	29	3	5	42	9	24	2	7
衢江区	23	7	14	1	1	28	5	23		
常山县	18	5	13			13	3	9	1	
开化县	18		15	1	2	4	1	2	1	
龙游县	55	33	20		2	13	1	10	2	
江山市	27	2	18	1	6	17	8	6		3
舟山市	**559**	**101**	**386**	**40**	**32**	**416**	**84**	**261**	**23**	**48**
定海区	179	30	121	17	11	87	11	50	6	20
普陀区	88	14	68	4	2	44	6	30	1	7
岱山县	271	53	181	18	19	283	67	179	16	21
嵊泗县	21	4	16	1		2		2		
台州市	**3722**	**586**	**2892**	**105**	**139**	**756**	**163**	**500**	**26**	**67**
椒江区	674	132	488	28	26	152	36	87	11	18
黄岩区	307	78	212	9	8	74	12	53	2	7
路桥区	610	85	481	13	31	78	9	57	1	11
三门县	83	5	64	8	6	16	4	9		3
天台县	79	10	54	1	14	34	16	12		6
仙居县	30	6	17	1	6	19	9	7	1	2
温岭市	1069	156	860	23	30	228	41	173	3	11
临海市	373	62	293	4	14	83	18	56	5	4
玉环市	497	52	423	18	4	72	18	46	3	5
丽水市	**304**	**90**	**179**	**9**	**26**	**172**	**51**	**89**	**13**	**19**
莲都区	139	29	90	7	13	89	27	40	10	12
青田县	41	20	18	2	1	25	12	11		2
缙云县	53	17	36			22	4	17	1	
遂昌县	7	2	3		2	2		1		1
松阳县	24	13	10		1	12	1	10		1
云和县	15	5	9		1	1	1			
庆元县	1		1			4	1	2		1
景宁畲族自治县	13	3	5		5	5		1	2	2
龙泉市	11	1	7		3	12	5	7		

7-1 续表 30

单位：人

现住地	省外									
	青海					宁夏				
	小计	乡	镇的村委会	镇的居委会	街道	小计	乡	镇的村委会	镇的居委会	街道
合计	**1561**	**385**	**850**	**118**	**208**	**1661**	**359**	**816**	**209**	**277**
杭州市	**355**	**51**	**190**	**35**	**79**	**461**	**78**	**176**	**67**	**140**
上城区	9		6		3	16	3	3	5	5
下城区	16	5	9		2	7		4	1	2
江干区	83	8	37	14	24	123	17	41	29	36
拱墅区	12		3	2	7	23	3	8	1	11
西湖区	41	2	25	4	10	60	11	22	3	24
滨江区	19	5	8	1	5	42	6	12	6	18
萧山区	76	14	49	6	7	43	4	19	10	10
余杭区	60	8	33	6	13	98	26	42	9	21
富阳区	14	7	5		2	19	4	11		4
临安区	8	2	4		2	16	3	4	3	6
桐庐县	1				1	14	1	10		3
淳安县	2		1	1						
建德市	14		10	1	3					
宁波市	**341**	**96**	**194**	**23**	**28**	**165**	**43**	**69**	**24**	**29**
海曙区	23	1	18	2	2	8	1	6		1
江北区	16	1	10	3	2	5	2	1		2
北仑区	79	29	33	5	12	41	12	15	7	7
镇海区	25	1	13	7	4	10		5	3	2
鄞州区	42	8	28	5	1	55	16	23	5	11
奉化区	14	6	6		2	2		2		
象山县	15	8	7			4	1		2	1
宁海县	8	1	7			4		2	2	
余姚市	47	13	29	1	4	17	8	5	2	2
慈溪市	72	28	43		1	19	3	10	3	3
温州市	**157**	**48**	**93**	**9**	**7**	**51**	**8**	**25**	**11**	**7**
鹿城区	30	16	8	3	3	7	2		4	1
龙湾区	26	9	15	2		12	2	9	1	
瓯海区	22	10	11		1	7	2	1	3	1
洞头区	1	1				2				2
永嘉县	14	7	7			6		4	1	1
平阳县	1		1			2	1			1
苍南县	7	1	4	2		4		3	1	
文成县										
泰顺县						1			1	
瑞安市	28	2	26			1		1		
乐清市	28	2	21	2	3	9	1	7		1
龙港市										
嘉兴市	**167**	**50**	**89**	**9**	**19**	**195**	**62**	**100**	**9**	**24**
南湖区	49	24	19	2	4	60	30	22		8
秀洲区	14		13	1		19	1	16	2	
嘉善县	13	2	7		4	33	7	20	1	5
海盐县	16	2	11	2	1	8	2	4	1	1
海宁市	38	12	22	1	3	22	9	10	1	2
平湖市	21	6	8	2	5	34	4	23	3	4
桐乡市	16	4	9	1	2	19	9	5	1	4
湖州市	**31**	**16**	**9**	**4**	**2**	**44**	**8**	**23**	**3**	**10**
吴兴区	10	3	4	3		23		16		7
南浔区	7	6		1		3	2	1		
德清县	2	1			1	10	3	3	2	2
长兴县	4	3	1			2	2			
安吉县	8	3	4		1	6	1	3	1	1

7-1 续表 31 单位：人

现住地	省外									
	青海					宁夏				
	小计	乡	镇的村委会	镇的居委会	街道	小计	乡	镇的村委会	镇的居委会	街道
绍兴市	**80**	**21**	**33**	**11**	**15**	**52**	**9**	**20**	**12**	**11**
越城区	20	5	8	5	2	7		3	2	2
柯桥区	13	2	8	1	2	11	4	2	1	4
上虞区	17	5	9		3	9	2	6		1
新昌县	3	1	1		1	10		1	9	
诸暨市	19	5	5	5	4	9	3	2		4
嵊州市	8	3	2		3	6		6		
金华市	**311**	**83**	**174**	**20**	**34**	**583**	**119**	**355**	**66**	**43**
婺城区	84	20	46	7	11	27	5	11	1	10
金东区	15	2	11	1	1	10		7		3
武义县	2	2				4		1	2	1
浦江县	6	2	4			3		2		1
磐安县	2	1		1		1				1
兰溪市	5		2		3	3	1	2		
义乌市	137	48	72	9	8	511	110	315	61	25
东阳市	39	5	21	2	11	18	3	12	2	1
永康市	21	3	18			6		5		1
衢州市	**11**	**2**	**5**		**4**	**10**	**6**	**1**	**1**	**2**
柯城区	4	1			3	4	3			1
衢江区	1				1					
常山县	2		2			1			1	
开化县										
龙游县	3		3			4	3	1		
江山市	1	1				1				1
舟山市	**23**	**4**	**15**	**2**	**2**	**36**	**11**	**17**	**4**	**4**
定海区	8		8			2		2		
普陀区	2	1		1		6		2	2	2
岱山县	13	3	7	1	2	28	11	13	2	2
嵊泗县										
台州市	**73**	**12**	**43**	**5**	**13**	**52**	**11**	**24**	**10**	**7**
椒江区	25	1	18	4	2	14		5	7	2
黄岩区	6	1	2	1	2	6	1	4	1	
路桥区	2	1	1			8	3	2	2	1
三门县	3		2		1					
天台县	12	5	4		3	1				1
仙居县						1	1			
温岭市	8	1	7			9	1	8		
临海市	15	3	8		4	3		3		
玉环市	2		1		1	10	5	2		3
丽水市	**12**	**2**	**5**		**5**	**12**	**4**	**6**	**2**	
莲都区	8	1	4		3	6	3	1	2	
青田县						1		1		
缙云县	1		1			3		3		
遂昌县										
松阳县	1	1								
云和县						1		1		
庆元县	1				1					
景宁畲族自治县	1				1	1	1			
龙泉市										

7-1　续表 32　　　　单位：人

现住地	省外 新疆 小计	乡	镇的村委会	镇的居委会	街道
合计	**2926**	**671**	**976**	**449**	**830**
杭州市	**886**	**155**	**249**	**157**	**325**
上城区	12	1	1	1	9
下城区	36	3	10	8	15
江干区	195	33	50	39	73
拱墅区	62	6	18	6	32
西湖区	116	12	28	24	52
滨江区	73	24	12	12	25
萧山区	157	25	71	19	42
余杭区	156	32	40	30	54
富阳区	23	5	3	9	6
临安区	27	8	5	3	11
桐庐县	17	6	7	2	2
淳安县	3			2	1
建德市	9		4	2	3
宁波市	**469**	**118**	**160**	**60**	**131**
海曙区	41	6	14	6	15
江北区	18	1	6	2	9
北仑区	102	48	25	13	16
镇海区	18	2	3	3	10
鄞州区	132	25	37	25	45
奉化区	15	1	13	1	
象山县	5		2		3
宁海县	19	1	11		7
余姚市	27	4	18	5	
慈溪市	92	30	31	5	26
温州市	**214**	**45**	**98**	**42**	**29**
鹿城区	22	7	8		7
龙湾区	12	2	5	1	4
瓯海区	83	11	38	27	7
洞头区	2			1	1
永嘉县	15		15		
平阳县	4	1	1	2	
苍南县	19	11	1	1	6
文成县	6		6		
泰顺县					
瑞安市	13	2	5	2	4
乐清市	36	11	18	7	
龙港市	2		1	1	
嘉兴市	**332**	**86**	**98**	**73**	**75**
南湖区	68	12	15	15	26
秀洲区	77	19	28	15	15
嘉善县	27	4	9	11	3
海盐县	11	1	3	4	3
海宁市	79	32	13	16	18
平湖市	39	9	18	5	7
桐乡市	31	9	12	7	3
湖州市	**63**	**11**	**25**	**6**	**21**
吴兴区	28	3	13		12
南浔区	9	2	2	5	
德清县	8		2	1	5
长兴县	11	2	6		3
安吉县	7	4	2		1

7-1 续表 33 单位：人

现住地	省外				
	新疆				
	小计	乡	镇的村委会	镇的居委会	街道
绍兴市	**214**	**74**	**71**	**22**	**47**
越城区	42	10	14	4	14
柯桥区	130	56	40	8	26
上虞区	19	2	7	7	3
新昌县	3	1	1	1	
诸暨市	16	5	5	2	4
嵊州市	4		4		
金华市	**458**	**115**	**172**	**50**	**121**
婺城区	86	10	29	4	43
金东区	22	2	5	11	4
武义县	3	1	1		1
浦江县	3	1	1		1
磐安县					
兰溪市	14		11		3
义乌市	287	95	104	31	57
东阳市	32	4	16	4	8
永康市	11	2	5		4
衢州市	**28**	**3**	**14**	**4**	**7**
柯城区	19	2	11		6
衢江区	3	1		2	
常山县	2			1	1
开化县					
龙游县	1		1		
江山市	3		2	1	
舟山市	**51**	**9**	**13**	**7**	**22**
定海区	22	5	4	1	12
普陀区	11	3	4		4
岱山县	18	1	5	6	6
嵊泗县					
台州市	**168**	**42**	**60**	**26**	**40**
椒江区	83	17	27	16	23
黄岩区	7		4		3
路桥区	9	2	6	1	
三门县	1		1		
天台县	1	1			
仙居县	3	2	1		
温岭市	41	15	11	6	9
临海市	15	3	5	3	4
玉环市	8	2	5		1
丽水市	**43**	**13**	**16**	**2**	**12**
莲都区	20	8	5	1	6
青田县	5		3		2
缙云县	14	4	8	1	1
遂昌县	2				2
松阳县					
云和县	1				1
庆元县					
景宁畲族自治县	1	1			
龙泉市					

7–1a　全省按现住地、户口登记地类型分的户口登记地在外乡镇街道人口(城市)

单位：人

现住地	合计					省内				
	合计	乡	镇的村委会	镇的居委会	街道	小计	乡	镇的村委会	镇的居委会	街道
合计	**1997914**	**383540**	**1106623**	**135673**	**372078**	**855694**	**85212**	**389093**	**85831**	**295558**
杭州市	**538138**	**99315**	**273628**	**45104**	**120091**	**230254**	**22701**	**93302**	**26147**	**88104**
上城区	13147	1835	4267	1513	5532	7567	516	1566	989	4496
下城区	22759	2773	8106	2211	9669	12917	796	2970	1364	7787
江干区	102162	14860	52644	10016	24642	45447	4289	17906	5458	17794
拱墅区	33487	4193	13287	3119	12888	18670	1274	5426	1912	10058
西湖区	56351	10636	22590	6610	16515	26033	2848	8164	3604	11417
滨江区	27641	5877	11086	2447	8231	12836	1611	4530	1241	5454
萧山区	105430	19319	64565	7069	14477	35477	2085	18109	4448	10835
余杭区	118387	28316	62626	8510	18935	37418	5148	15378	4360	12532
富阳区	33686	7901	19340	1275	5170	18409	2985	10188	852	4384
临安区	19624	3199	11821	1737	2867	11292	990	6496	1434	2372
桐庐县										
淳安县										
建德市	5464	406	3296	597	1165	4188	159	2569	485	975
宁波市	**333931**	**56470**	**197148**	**23063**	**57250**	**120251**	**6804**	**52657**	**14874**	**45916**
海曙区	55414	7323	33976	3827	10288	24386	1527	11765	2401	8693
江北区	24160	3701	11182	1956	7321	11133	502	3104	1339	6188
北仑区	40479	7867	25186	2425	5001	9150	662	3972	1074	3442
镇海区	28977	4470	18065	2496	3946	9747	605	4437	1706	2999
鄞州区	57169	5489	28141	6568	16971	31822	1188	12028	4630	13976
奉化区	16151	3410	8824	828	3089	8081	640	4179	597	2665
象山县										
宁海县										
余姚市	47583	10166	29578	2038	5801	12622	978	6089	1142	4413
慈溪市	63998	14044	42196	2925	4833	13310	702	7083	1985	3540
温州市	**289465**	**53245**	**171696**	**17082**	**47442**	**124100**	**10102**	**61668**	**11981**	**40349**
鹿城区	65841	10685	31074	5713	18369	31930	1677	9562	4242	16449
龙湾区	31261	6235	18987	1277	4762	11230	885	5616	670	4059
瓯海区	57875	11814	32757	2923	10381	25087	3073	11365	1865	8784
洞头区	2295	289	812	144	1050	1170	47	203	84	836
永嘉县										
平阳县										
苍南县										
文成县										
泰顺县										
瑞安市	53103	10901	32392	2009	7801	20496	1952	10720	1200	6624
乐清市	52468	10842	35081	2049	4496	15028	1522	9043	1187	3276
龙港市	26622	2479	20593	2967	583	19159	946	15159	2733	321
嘉兴市	**138510**	**25714**	**80046**	**9932**	**22818**	**51158**	**3631**	**24371**	**5875**	**17281**
南湖区	41191	7916	19963	3479	9833	16953	1371	5830	2134	7618
秀洲区	20526	3610	11457	1547	3912	7144	472	2794	931	2947
嘉善县										
海盐县										
海宁市	25579	5023	15174	1421	3961	9969	543	5521	817	3088
平湖市	15824	2290	10236	1233	2065	7181	294	4430	813	1644
桐乡市	35390	6875	23216	2252	3047	9911	951	5796	1180	1984
湖州市	**42076**	**8820**	**21562**	**3012**	**8682**	**21879**	**1964**	**10266**	**2099**	**7550**
吴兴区	31654	4669	16140	2362	8483	20021	1592	9119	1838	7472
南浔区	10422	4151	5422	650	199	1858	372	1147	261	78
德清县										
长兴县										
安吉县										

7-1a 续表 1

单位：人

现住地	合计					省内				
	合计	乡	镇的村委会	镇的居委会	街道	小计	乡	镇的村委会	镇的居委会	街道
绍兴市	**168257**	**26446**	**99162**	**10979**	**31670**	**79156**	**5326**	**39773**	**7538**	**26519**
越城区	43979	5293	21784	4250	12652	23695	942	8441	3304	11008
柯桥区	51520	8904	33147	3137	6332	15215	768	7991	1726	4730
上虞区	23946	3791	14536	1089	4530	10827	902	5385	693	3847
新昌县										
诸暨市	33499	5858	20853	1789	4999	18687	1322	11879	1242	4244
嵊州市	15313	2600	8842	714	3157	10732	1392	6077	573	2690
金华市	**223297**	**62764**	**116360**	**11753**	**32420**	**84263**	**12428**	**41163**	**6464**	**24208**
婺城区	41217	8745	21676	2538	8258	23596	3382	11356	1852	7006
金东区	8795	1599	4521	399	2276	5342	575	2576	259	1932
武义县										
浦江县										
磐安县										
兰溪市	8730	1353	4092	391	2894	6069	569	2591	356	2553
义乌市	96226	32133	47909	5789	10395	26003	4851	11862	2793	6497
东阳市	31554	7740	17381	1540	4893	12836	1665	6723	786	3662
永康市	36775	11194	20781	1096	3704	10417	1386	6055	418	2558
衢州市	**37588**	**8667**	**18515**	**1600**	**8806**	**31215**	**6760**	**15072**	**1304**	**8079**
柯城区	21736	5380	9185	1043	6128	18126	4246	7415	833	5632
衢江区	7549	2032	4143	280	1094	6009	1474	3312	235	988
常山县										
开化县										
龙游县	26	3	23			13	1	12		
江山市	8277	1252	5164	277	1584	7067	1039	4333	236	1459
舟山市	**32244**	**3405**	**15064**	**3992**	**9783**	**20609**	**1105**	**7653**	**3175**	**8676**
定海区	17875	2029	7052	2492	6302	11672	639	3463	2080	5490
普陀区	14369	1376	8012	1500	3481	8937	466	4190	1095	3186
岱山县										
嵊泗县										
台州市	**156852**	**26938**	**99004**	**7818**	**23092**	**62878**	**5245**	**32744**	**5315**	**19574**
椒江区	34490	4764	18817	2634	8275	17968	1011	7863	1922	7172
黄岩区	22307	5047	12716	917	3627	9013	1304	4006	548	3155
路桥区	17996	3238	11005	803	2950	7568	651	3822	566	2529
三门县										
天台县										
仙居县										
温岭市	38056	6925	26651	1444	3036	10278	576	6493	1015	2194
临海市	18948	2649	12085	742	3472	12950	1168	7976	580	3226
玉环市	25055	4315	17730	1278	1732	5101	535	2584	684	1298
丽水市	**37556**	**11756**	**14438**	**1338**	**10024**	**29931**	**9146**	**10424**	**1059**	**9302**
莲都区	27944	7860	11204	1119	7761	21138	5581	7565	869	7123
青田县										
缙云县										
遂昌县										
松阳县										
云和县										
庆元县										
景宁畲族自治县										
龙泉市	9612	3896	3234	219	2263	8793	3565	2859	190	2179

7-1a　续表 2　　　　单位：人

现住地	省外									
	小计					北京				
	小计	乡	镇的村委会	镇的居委会	街道	小计	乡	镇的村委会	镇的居委会	街道
合计	**1142220**	**298328**	**717530**	**49842**	**76520**	**1255**	**62**	**130**	**176**	**887**
杭州市	**307884**	**76614**	**180326**	**18957**	**31987**	**786**	**38**	**57**	**104**	**587**
上城区	5580	1319	2701	524	1036	31		1	2	28
下城区	9842	1977	5136	847	1882	35	2		4	29
江干区	56715	10571	34738	4558	6848	128	7	12	22	87
拱墅区	14817	2919	7861	1207	2830	32	1	3	3	25
西湖区	30318	7788	14426	3006	5098	189	7	9	25	148
滨江区	14805	4266	6556	1206	2777	106	7	6	14	79
萧山区	69953	17234	46456	2621	3642	81	5	12	16	48
余杭区	80969	23168	47248	4150	6403	154	7	11	12	124
富阳区	15277	4916	9152	423	786	21	1	2	4	14
临安区	8332	2209	5325	303	495	6			2	4
桐庐县										
淳安县										
建德市	1276	247	727	112	190	3	1	1		1
宁波市	**213680**	**49666**	**144491**	**8189**	**11334**	**125**	**1**	**11**	**19**	**94**
海曙区	31028	5796	22211	1426	1595	22		2	1	19
江北区	13027	3199	8078	617	1133	16		1	1	14
北仑区	31329	7205	21214	1351	1559	7			4	3
镇海区	19230	3865	13628	790	947	9		1	2	6
鄞州区	25347	4301	16113	1938	2995	53		1	9	43
奉化区	8070	2770	4645	231	424	3		2		1
象山县										
宁海县										
余姚市	34961	9188	23489	896	1388	5		1	1	3
慈溪市	50688	13342	35113	940	1293	10	1	3	1	5
温州市	**165365**	**43143**	**110028**	**5101**	**7093**	**73**	**5**	**16**	**17**	**35**
鹿城区	33911	9008	21512	1471	1920	24		3	4	17
龙湾区	20031	5350	13371	607	703	5		3	1	1
瓯海区	32788	8741	21392	1058	1597	18	2	3	5	8
洞头区	1125	242	609	60	214	1				1
永嘉县										
平阳县										
苍南县										
文成县										
泰顺县										
瑞安市	32607	8949	21672	809	1177	13	2	2	3	6
乐清市	37440	9320	26038	862	1220	7	1	4	1	1
龙港市	7463	1533	5434	234	262	5		1	3	1
嘉兴市	**87352**	**22083**	**55675**	**4057**	**5537**	**68**		**7**	**6**	**55**
南湖区	24238	6545	14133	1345	2215	33		4	2	27
秀洲区	13382	3138	8663	616	965	13		1	1	11
嘉善县										
海盐县										
海宁市	15610	4480	9653	604	873	8			1	7
平湖市	8643	1996	5806	420	421	8		1	2	5
桐乡市	25479	5924	17420	1072	1063	6		1		5
湖州市	**20197**	**6856**	**11296**	**913**	**1132**	**14**	**2**	**1**	**1**	**10**
吴兴区	11633	3077	7021	524	1011	12	1	1		10
南浔区	8564	3779	4275	389	121	2	1		1	
德清县										
长兴县										
安吉县										

7-1a 续表 3　　　　单位：人

现住地	省外									
	小计					北京				
	小计	乡	镇的村委会	镇的居委会	街道	小计	乡	镇的村委会	镇的居委会	街道
绍兴市	**89101**	**21120**	**59389**	**3441**	**5151**	**57**	**6**	**12**	**12**	**27**
越城区	20284	4351	13343	946	1644	22	2	4	2	14
柯桥区	36305	8136	25156	1411	1602	9		2	6	1
上虞区	13119	2889	9151	396	683	12		3	2	7
新昌县										
诸暨市	14812	4536	8974	547	755	9	4		2	3
嵊州市	4581	1208	2765	141	467	5		3		2
金华市	**139034**	**50336**	**75197**	**5289**	**8212**	**53**	**4**	**13**	**4**	**32**
婺城区	17621	5363	10320	686	1252	10	1	1	1	7
金东区	3453	1024	1945	140	344	4		3		1
武义县										
浦江县										
磐安县										
兰溪市	2661	784	1501	35	341	2				2
义乌市	70223	27282	36047	2996	3898	27	2	5	2	18
东阳市	18718	6075	10658	754	1231	8	1	4		3
永康市	26358	9808	14726	678	1146	2			1	1
衢州市	**6373**	**1907**	**3443**	**296**	**727**	**12**			**3**	**9**
柯城区	3610	1134	1770	210	496	11			2	9
衢江区	1540	558	831	45	106					
常山县										
开化县										
龙游县	13	2	11							
江山市	1210	213	831	41	125	1			1	
舟山市	**11635**	**2300**	**7411**	**817**	**1107**	**17**		**1**	**4**	**12**
定海区	6203	1390	3589	412	812	11			1	10
普陀区	5432	910	3822	405	295	6		1	3	2
岱山县										
嵊泗县										
台州市	**93974**	**21693**	**66260**	**2503**	**3518**	**39**	**2**	**10**	**6**	**21**
椒江区	16522	3753	10954	712	1103	16		1	2	13
黄岩区	13294	3743	8710	369	472	5	2			3
路桥区	10428	2587	7183	237	421	4		1		3
三门县										
天台县										
仙居县										
温岭市	27778	6349	20158	429	842	4		1	1	2
临海市	5998	1481	4109	162	246	7		6	1	
玉环市	19954	3780	15146	594	434	3		1	2	
丽水市	**7625**	**2610**	**4014**	**279**	**722**	**11**	**4**	**2**		**5**
莲都区	6806	2279	3639	250	638	6	4	1		1
青田县										
缙云县										
遂昌县										
松阳县										
云和县										
庆元县										
景宁畲族自治县										
龙泉市	819	331	375	29	84	5		1		4

7-1a　续表 4　　单位：人

现住地	省外									
	天津					河北				
	小计	乡	镇的村委会	镇的居委会	街道	小计	乡	镇的村委会	镇的居委会	街道
合计	**841**	**69**	**177**	**126**	**469**	**8804**	**1899**	**4958**	**606**	**1341**
杭州市	**458**	**43**	**83**	**71**	**261**	**3437**	**727**	**1766**	**301**	**643**
上城区	10		2	1	7	63	7	25	17	14
下城区	27	3	2	6	16	176	38	89	10	39
江干区	103	8	14	17	64	769	141	399	71	158
拱墅区	26	2	9	2	13	239	39	118	28	54
西湖区	77	7	9	12	49	438	87	177	56	118
滨江区	53	6	5	7	35	220	46	86	24	64
萧山区	57	2	19	10	26	583	116	347	32	88
余杭区	79	9	20	13	37	753	191	420	55	87
富阳区	16	5	2	1	8	132	49	67	4	12
临安区	5				5	59	12	35	3	9
桐庐县										
淳安县										
建德市	5	1	1	2	1	5	1	3	1	
宁波市	**123**	**12**	**32**	**12**	**67**	**1279**	**252**	**712**	**87**	**228**
海曙区	8	4	2	1	1	178	22	105	15	36
江北区	14		3	1	10	100	19	53	1	27
北仑区	17		6	2	9	204	50	129	8	17
镇海区	17	5	1	3	8	156	36	84	6	30
鄞州区	53	3	14	2	34	329	50	142	45	92
奉化区	2		2			27	11	16		
象山县										
宁海县										
余姚市	5		2	1	2	126	21	96	4	5
慈溪市	7		2	2	3	159	43	87	8	21
温州市	**45**	**1**	**16**	**6**	**22**	**453**	**109**	**262**	**25**	**57**
鹿城区	16			2	14	125	34	70	3	18
龙湾区	3		2		1	66	16	37	2	11
瓯海区	8		4		4	109	27	59	7	16
洞头区						1				1
永嘉县										
平阳县										
苍南县										
文成县										
泰顺县										
瑞安市	6		1	2	3	72	16	40	12	4
乐清市	7		5	2		52	12	36	1	3
龙港市	5	1	4			28	4	20		4
嘉兴市	**57**	**2**	**14**	**13**	**28**	**1293**	**275**	**796**	**73**	**149**
南湖区	20	1	3	3	13	236	51	116	20	49
秀洲区	10		1	6	3	227	38	148	6	35
嘉善县										
海盐县										
海宁市	17		7	2	8	484	129	308	24	23
平湖市	2	1		1		85	7	63	8	7
桐乡市	8		3	1	4	261	50	161	15	35
湖州市	**12**		**2**	**2**	**8**	**160**	**49**	**74**	**9**	**28**
吴兴区	9		2	1	6	114	25	57	7	25
南浔区	3			1	2	46	24	17	2	3
德清县										
长兴县										
安吉县										

7-1a 续表 5

单位：人

现住地	省外									
	天津					河北				
	小计	乡	镇的村委会	镇的居委会	街道	小计	乡	镇的村委会	镇的居委会	街道
绍兴市	**46**	**2**	**7**	**5**	**32**	**660**	**140**	**412**	**47**	**61**
越城区	10	1	2		7	224	40	145	10	29
柯桥区	10		1	2	7	266	69	161	26	10
上虞区	12		2	1	9	71	8	53	3	7
新昌县										
诸暨市	2			1	1	66	16	34	5	11
嵊州市	12	1	2	1	8	33	7	19	3	4
金华市	**52**	**4**	**16**	**8**	**24**	**918**	**247**	**543**	**30**	**98**
婺城区	18		10	3	5	104	13	66	3	22
金东区	3				3	36	10	21	1	4
武义县										
浦江县										
磐安县										
兰溪市	1				1	12	4	7		1
义乌市	21	4	3	5	9	557	177	321	19	40
东阳市	6				6	94	15	58	4	17
永康市	3		3			115	28	70	3	14
衢州市	**5**	**2**		**1**	**2**	**65**	**12**	**38**	**5**	**10**
柯城区	2			1	1	46	9	24	5	8
衢江区	2	2				15	3	10		2
常山县										
开化县										
龙游县						1		1		
江山市	1				1	3		3		
舟山市	**11**	**1**	**1**	**4**	**5**	**104**	**12**	**60**	**8**	**24**
定海区	7	1	1		5	92	12	51	8	21
普陀区	4			4		12		9		3
岱山县										
嵊泗县										
台州市	**26**	**1**	**4**	**4**	**17**	**386**	**59**	**275**	**19**	**33**
椒江区	8		1		7	115	14	71	11	19
黄岩区	5			2	3	43	6	33		4
路桥区	1	1				76	16	52	6	2
三门县										
天台县										
仙居县										
温岭市	4			2	2	68	7	58		3
临海市	3		2		1	51	2	45	1	3
玉环市	5		1		4	33	14	16	1	2
丽水市	**6**	**1**	**2**		**3**	**49**	**17**	**20**	**2**	**10**
莲都区	5	1	2		2	37	15	12	2	8
青田县										
缙云县										
遂昌县										
松阳县										
云和县										
庆元县										
景宁畲族自治县										
龙泉市	1				1	12	2	8		2

7-1a　续表 6　　　　单位：人

现住地	省外									
	山西					内蒙古				
	小计	乡	镇的村委会	镇的居委会	街道	小计	乡	镇的村委会	镇的居委会	街道
合计	**6714**	**1451**	**3526**	**503**	**1234**	**2888**	**552**	**1235**	**417**	**684**
杭州市	**2972**	**633**	**1459**	**270**	**610**	**1385**	**260**	**529**	**211**	**385**
上城区	57	16	21	7	13	19	4	10	1	4
下城区	119	39	50	6	24	58	7	18	5	28
江干区	806	163	411	67	165	300	42	118	47	93
拱墅区	139	16	66	18	39	80	10	32	15	23
西湖区	396	75	161	50	110	225	45	72	44	64
滨江区	256	62	103	26	65	139	24	51	24	40
萧山区	431	87	259	30	55	230	42	101	32	55
余杭区	593	141	297	54	101	266	68	92	40	66
富阳区	85	18	47	6	14	43	12	24		7
临安区	78	14	42	6	16	24	6	11	3	4
桐庐县										
淳安县										
建德市	12	2	2		8	1				1
宁波市	**984**	**174**	**576**	**61**	**173**	**449**	**77**	**188**	**82**	**102**
海曙区	148	19	81	15	33	68	7	22	13	26
江北区	84	19	31	4	30	27	5	10	3	9
北仑区	244	71	135	12	26	95	22	47	11	15
镇海区	96	6	60	7	23	38	9	15	9	5
鄞州区	170	25	95	11	39	121	13	40	30	38
奉化区	42	11	26		5	17	5	8	4	
象山县										
宁海县										
余姚市	92	18	59	9	6	47	9	27	5	6
慈溪市	108	5	89	3	11	36	7	19	7	3
温州市	**399**	**73**	**234**	**29**	**63**	**168**	**28**	**93**	**17**	**30**
鹿城区	90	21	34	9	26	45	4	26	5	10
龙湾区	50	8	32	6	4	30	12	16	1	1
瓯海区	85	14	45	7	19	33	6	14	5	8
洞头区	5	1	1		3					
永嘉县										
平阳县										
苍南县										
文成县										
泰顺县										
瑞安市	55	13	34	4	4	20	4	9	3	4
乐清市	71	14	47	3	7	31	2	20	3	6
龙港市	43	2	41			9		8		1
嘉兴市	**549**	**149**	**270**	**37**	**93**	**199**	**37**	**96**	**23**	**43**
南湖区	227	67	97	13	50	81	18	33	8	22
秀洲区	101	24	61	5	11	33	4	16	8	5
嘉善县										
海盐县										
海宁市	102	33	51	7	11	33	6	19	4	4
平湖市	51	14	32	2	3	9	1	7		1
桐乡市	68	11	29	10	18	43	8	21	3	11
湖州市	**113**	**26**	**55**	**9**	**23**	**60**	**10**	**32**	**11**	**7**
吴兴区	87	12	44	8	23	49	5	31	7	6
南浔区	26	14	11	1		11	5	1	4	1
德清县										
长兴县										
安吉县										

7-1a 续表 7

单位：人

现住地	省外									
	山西					内蒙古				
	小计	乡	镇的村委会	镇的居委会	街道	小计	乡	镇的村委会	镇的居委会	街道
绍兴市	**492**	**97**	**280**	**32**	**83**	**170**	**29**	**94**	**20**	**27**
越城区	136	23	63	12	38	45	9	20	8	8
柯桥区	198	46	109	10	33	56	12	33	6	5
上虞区	102	13	76	7	6	36	3	21	2	10
新昌县										
诸暨市	42	10	27	1	4	21	4	14	1	2
嵊州市	14	5	5	2	2	12	1	6	3	2
金华市	**820**	**230**	**433**	**39**	**118**	**281**	**76**	**122**	**32**	**51**
婺城区	101	20	47	6	28	57	11	27	7	12
金东区	20	1	11	1	7	20	3	7	3	7
武义县										
浦江县										
磐安县										
兰溪市	11		3		8					
义乌市	490	147	265	24	54	147	46	59	15	27
东阳市	123	30	74	3	16	36	10	17	4	5
永康市	75	32	33	5	5	21	6	12	3	
衢州市	**61**	**17**	**30**	**4**	**10**	**18**	**4**	**7**	**2**	**5**
柯城区	26	8	10	3	5	14	4	4	1	5
衢江区	18	5	13			1		1		
常山县										
开化县										
龙游县										
江山市	17	4	7	1	5	3		2	1	
舟山市	**53**	**4**	**25**	**2**	**22**	**35**	**2**	**17**	**5**	**11**
定海区	43	4	17	2	20	29	1	15	5	8
普陀区	10		8		2	6	1	2		3
岱山县										
嵊泗县										
台州市	**237**	**38**	**152**	**19**	**28**	**99**	**26**	**42**	**12**	**19**
椒江区	80	11	46	12	11	30	9	9	6	6
黄岩区	22	5	16	1		9	4	2		3
路桥区	42	8	22	1	11	11	2	3	3	3
三门县										
天台县										
仙居县										
温岭市	32	8	20	3	1	21	6	11		4
临海市	24	5	14	1	4	17	3	8	3	3
玉环市	37	1	34	1	1	11	2	9		
丽水市	**34**	**10**	**12**	**1**	**11**	**24**	**3**	**15**	**2**	**4**
莲都区	30	7	11	1	11	22	3	13	2	4
青田县										
缙云县										
遂昌县										
松阳县										
云和县										
庆元县										
景宁畲族自治县										
龙泉市	4	3	1			2		2		

7-1a 续表 8

单位：人

现住地	省外									
	辽宁					吉林				
	小计	乡	镇的村委会	镇的居委会	街道	小计	乡	镇的村委会	镇的居委会	街道
合计	**6253**	**941**	**2497**	**747**	**2068**	**6698**	**1206**	**3080**	**743**	**1669**
杭州市	**2900**	**392**	**976**	**393**	**1139**	**2506**	**427**	**956**	**325**	**798**
上城区	93	8	25	10	50	93	7	49	19	18
下城区	169	8	49	28	84	112	13	36	12	51
江干区	672	76	247	79	270	504	76	182	74	172
拱墅区	205	17	58	39	91	141	18	48	16	59
西湖区	410	63	95	57	195	326	52	114	54	106
滨江区	220	36	62	29	93	181	36	58	22	65
萧山区	433	52	181	60	140	373	46	172	39	116
余杭区	566	101	205	83	177	577	142	197	64	174
富阳区	88	21	33	7	27	110	31	45	16	18
临安区	35	9	16		10	75	6	46	7	16
桐庐县										
淳安县										
建德市	9	1	5	1	2	14		9	2	3
宁波市	**966**	**109**	**449**	**119**	**289**	**1104**	**185**	**582**	**112**	**225**
海曙区	131	14	58	9	50	122	14	69	8	31
江北区	78	12	31	16	19	94	9	48	9	28
北仑区	184	24	97	17	46	224	43	133	13	35
镇海区	119	18	53	24	24	149	23	70	27	29
鄞州区	251	15	94	32	110	214	32	78	33	71
奉化区	37	4	22	7	4	40	11	16	3	10
象山县										
宁海县										
余姚市	72	8	47	4	13	165	33	105	11	16
慈溪市	94	14	47	10	23	96	20	63	8	5
温州市	**383**	**79**	**188**	**36**	**80**	**371**	**56**	**190**	**45**	**80**
鹿城区	102	18	44	13	27	92	13	29	14	36
龙湾区	65	26	28	2	9	26	2	19	2	3
瓯海区	72	16	33	9	14	90	15	45	13	17
洞头区	1	1				5	2		1	2
永嘉县										
平阳县										
苍南县										
文成县										
泰顺县										
瑞安市	33	3	17	2	11	40	8	24	3	5
乐清市	80	12	49	9	10	84	11	51	7	15
龙港市	30	3	17	1	9	34	5	22	5	2
嘉兴市	**529**	**82**	**206**	**60**	**181**	**546**	**89**	**253**	**59**	**145**
南湖区	140	15	49	19	57	188	35	78	26	49
秀洲区	75	11	28	6	30	106	14	54	6	32
嘉善县										
海盐县										
海宁市	135	29	61	12	33	115	14	60	13	28
平湖市	36	5	14	5	12	48	3	27	2	16
桐乡市	143	22	54	18	49	89	23	34	12	20
湖州市	**102**	**15**	**51**	**12**	**24**	**107**	**22**	**47**	**19**	**19**
吴兴区	67	11	27	5	24	56	4	24	10	18
南浔区	35	4	24	7		51	18	23	9	1
德清县										
长兴县										
安吉县										

7-1a 续表 9 单位：人

现住地	省外									
	辽宁					吉林				
	小计	乡	镇的村委会	镇的居委会	街道	小计	乡	镇的村委会	镇的居委会	街道
绍兴市	**375**	**71**	**187**	**38**	**79**	**594**	**104**	**360**	**42**	**88**
越城区	104	18	48	12	26	130	21	69	11	29
柯桥区	140	18	73	15	34	315	57	213	12	33
上虞区	54	11	26	7	10	74	14	45	5	10
新昌县										
诸暨市	61	19	31	2	9	52	5	25	12	10
嵊州市	16	5	9	2		23	7	8	2	6
金华市	**625**	**147**	**278**	**45**	**155**	**981**	**254**	**465**	**82**	**180**
婺城区	91	18	34	5	34	95	20	54	8	13
金东区	23	3	9	4	7	22	6	9	2	5
武义县										
浦江县										
磐安县										
兰溪市	8	1	4		3	10	1	5		4
义乌市	377	90	157	31	99	681	188	319	56	118
东阳市	88	20	53	5	10	106	23	40	8	35
永康市	38	15	21		2	67	16	38	8	5
衢州市	**57**	**6**	**21**	**11**	**19**	**72**	**8**	**30**	**6**	**28**
柯城区	42	4	14	9	15	46	5	19	4	18
衢江区	7	2	2		3	12	3	3	2	4
常山县										
开化县										
龙游县										
江山市	8		5	2	1	14		8		6
舟山市	**76**	**3**	**29**	**8**	**36**	**105**	**12**	**34**	**13**	**46**
定海区	51	2	19	3	27	75	9	24	10	32
普陀区	25	1	10	5	9	30	3	10	3	14
岱山县										
嵊泗县										
台州市	**206**	**31**	**100**	**23**	**52**	**256**	**34**	**144**	**33**	**45**
椒江区	73	9	38	8	18	87	7	45	16	19
黄岩区	21	2	6		13	23	4	10	5	4
路桥区	26	3	13	7	3	31	5	13	6	7
三门县										
天台县										
仙居县										
温岭市	37	7	22	1	7	37	7	26	3	1
临海市	28	7	13	2	6	36	3	25	2	6
玉环市	21	3	8	5	5	42	8	25	1	8
丽水市	**34**	**6**	**12**	**2**	**14**	**56**	**15**	**19**	**7**	**15**
莲都区	31	5	12	2	12	51	14	16	7	14
青田县										
缙云县										
遂昌县										
松阳县										
云和县										
庆元县										
景宁畲族自治县										
龙泉市	3	1			2	5	1	3		1

7-1a　续表 10　　　　　　　　　　　　　　　　单位：人

现住地	省外									
	黑龙江					上海				
	小计	乡	镇的村委会	镇的居委会	街道	小计	乡	镇的村委会	镇的居委会	街道
合计	**13442**	**2519**	**5868**	**1919**	**3136**	**4226**	**144**	**489**	**755**	**2838**
杭州市	**5879**	**1012**	**2241**	**967**	**1659**	**1481**	**71**	**150**	**255**	**1005**
上城区	108	17	38	21	32	82	3	8	7	64
下城区	333	52	113	49	119	85	6	11	6	62
江干区	1287	181	519	235	352	260	8	32	47	173
拱墅区	413	43	131	59	180	90	3	9	12	66
西湖区	803	152	267	136	248	279	11	18	39	211
滨江区	413	88	121	74	130	148	8	5	35	100
萧山区	989	156	434	162	237	153	7	21	35	90
余杭区	1254	262	482	194	316	303	23	30	60	190
富阳区	163	35	84	14	30	52		12	8	32
临安区	86	21	38	15	12	27	2	4	6	15
桐庐县										
淳安县										
建德市	30	5	14	8	3	2				2
宁波市	**2613**	**436**	**1306**	**347**	**524**	**863**	**16**	**71**	**162**	**614**
海曙区	401	60	187	59	95	116	2	3	19	92
江北区	206	28	106	24	48	76	2	4	14	56
北仑区	642	120	350	68	104	93	5	9	25	54
镇海区	215	39	106	36	34	83	1	6	27	49
鄞州区	575	88	229	104	154	249	1	10	38	200
奉化区	68	22	27	4	15	37	1	2	8	26
象山县										
宁海县										
余姚市	264	46	167	16	35	106	2	12	13	79
慈溪市	242	33	134	36	39	103	2	25	18	58
温州市	**661**	**112**	**317**	**89**	**143**	**221**	**12**	**39**	**36**	**134**
鹿城区	183	19	85	30	49	78		5	12	61
龙湾区	95	16	50	14	15	11		3	1	7
瓯海区	152	30	69	11	42	36	1	6	7	22
洞头区	3		2		1	10	5	2	1	2
永嘉县										
平阳县										
苍南县										
文成县										
泰顺县										
瑞安市	78	19	37	14	8	23		1	4	18
乐清市	122	24	59	16	23	41	5	11	8	17
龙港市	28	4	15	4	5	22	1	11	3	7
嘉兴市	**999**	**175**	**405**	**175**	**244**	**710**	**12**	**79**	**136**	**483**
南湖区	366	60	145	61	100	369	6	30	60	273
秀洲区	158	25	57	26	50	132	1	21	27	83
嘉善县										
海盐县										
海宁市	184	43	67	32	42	79	1	4	19	55
平湖市	85	13	45	18	9	67	3	11	12	41
桐乡市	206	34	91	38	43	63	1	13	18	31
湖州市	**250**	**78**	**102**	**16**	**54**	**148**	**1**	**18**	**23**	**106**
吴兴区	160	36	66	9	49	126	1	17	17	91
南浔区	90	42	36	7	5	22		1	6	15
德清县										
长兴县										
安吉县										

7–1a 续表 11

单位：人

现住地	省外									
	黑龙江					上海				
	小计	乡	镇的村委会	镇的居委会	街道	小计	乡	镇的村委会	镇的居委会	街道
绍兴市	**649**	**123**	**360**	**51**	**115**	**298**	**4**	**68**	**49**	**177**
越城区	232	55	105	13	59	70		10	6	54
柯桥区	208	21	142	23	22	65	2	17	18	28
上虞区	96	22	54	10	10	59		13	10	36
新昌县										
诸暨市	63	13	31	5	14	80		21	13	46
嵊州市	50	12	28		10	24	2	7	2	13
金华市	**1531**	**415**	**695**	**173**	**248**	**201**	**18**	**41**	**29**	**113**
婺城区	194	34	86	23	51	43	3	5	8	27
金东区	37	11	14	2	10	48		14	4	30
武义县										
浦江县										
磐安县										
兰溪市	25	5	9		11	12		2	1	9
义乌市	1018	320	431	119	148	61	12	10	13	26
东阳市	146	22	85	17	22	24	1	6	1	16
永康市	111	23	70	12	6	13	2	4	2	5
衢州市	**94**	**21**	**43**	**3**	**27**	**34**		**2**	**6**	**26**
柯城区	69	16	30	2	21	21		1	3	17
衢江区	17	5	8	1	3	6		1	2	3
常山县										
开化县										
龙游县										
江山市	8		5		3	7			1	6
舟山市	**180**	**34**	**76**	**23**	**47**	**105**	**1**	**9**	**27**	**68**
定海区	95	17	36	12	30	92	1	8	25	58
普陀区	85	17	40	11	17	13		1	2	10
岱山县										
嵊泗县										
台州市	**520**	**97**	**289**	**70**	**64**	**141**	**8**	**9**	**31**	**93**
椒江区	176	21	91	31	33	63	3	3	17	40
黄岩区	47	16	23	6	2	25	1		2	22
路桥区	53	17	26	4	6	7			1	6
三门县										
天台县										
仙居县										
温岭市	76	12	46	9	9	21	1	2	1	17
临海市	74	16	35	12	11	7	1	1	1	4
玉环市	94	15	68	8	3	18	2	3	9	4
丽水市	**66**	**16**	**34**	**5**	**11**	**24**	**1**	**3**	**1**	**19**
莲都区	54	13	30	3	8	21	1	3	1	16
青田县										
缙云县										
遂昌县										
松阳县										
云和县										
庆元县										
景宁畲族自治县										
龙泉市	12	3	4	2	3	3				3

7-1a　续表 12　　　　单位：人

现住地	省外									
	江苏					安徽				
	小计	乡	镇的村委会	镇的居委会	街道	小计	乡	镇的村委会	镇的居委会	街道
合计	**37780**	**6448**	**22766**	**3401**	**5165**	**235698**	**55909**	**160334**	**8897**	**10558**
杭州市	**15237**	**2637**	**8518**	**1565**	**2517**	**76854**	**19061**	**49641**	**3452**	**4700**
上城区	514	80	260	58	116	1327	335	727	103	162
下城区	961	151	523	100	187	2225	513	1309	133	270
江干区	3289	479	1896	412	502	13606	2487	9292	833	994
拱墅区	1030	165	528	108	229	3548	696	2065	259	528
西湖区	1810	334	836	216	424	6412	1793	3513	500	606
滨江区	847	165	373	98	211	2915	892	1492	171	360
萧山区	2423	379	1566	205	273	19303	4666	13670	458	509
余杭区	3480	722	1980	309	469	21477	6082	13485	842	1068
富阳区	531	98	345	31	57	2988	812	2016	76	84
临安区	285	63	165	23	34	2750	714	1892	58	86
桐庐县										
淳安县										
建德市	67	1	46	5	15	303	71	180	19	33
宁波市	**7223**	**1088**	**4799**	**564**	**772**	**54018**	**11191**	**39302**	**1761**	**1764**
海曙区	1160	189	794	88	89	7997	1304	6140	341	212
江北区	629	91	424	39	75	3745	828	2598	140	179
北仑区	1114	164	790	61	99	7931	1819	5495	320	297
镇海区	810	107	578	62	63	5349	942	4076	165	166
鄞州区	1471	144	902	161	264	6756	1192	4836	369	359
奉化区	225	70	116	13	26	1902	589	1178	55	80
象山县										
宁海县										
余姚市	700	107	456	59	78	8319	1869	6011	178	261
慈溪市	1114	216	739	81	78	12019	2648	8968	193	210
温州市	**2158**	**343**	**1474**	**129**	**212**	**25356**	**5941**	**17813**	**686**	**916**
鹿城区	473	67	310	37	59	4982	1148	3341	232	261
龙湾区	265	36	190	16	23	2827	647	2031	62	87
瓯海区	462	77	304	24	57	5032	1227	3459	142	204
洞头区	40	11	12	8	9	143	39	78	4	22
永嘉县										
平阳县										
苍南县										
文成县										
泰顺县										
瑞安市	357	75	239	16	27	4074	1010	2827	83	154
乐清市	452	70	340	20	22	6939	1593	5057	124	165
龙港市	109	7	79	8	15	1359	277	1020	39	23
嘉兴市	**4632**	**763**	**2873**	**434**	**562**	**14268**	**3276**	**9819**	**598**	**575**
南湖区	1518	288	829	151	250	3962	934	2620	202	206
秀洲区	750	133	469	48	100	1837	415	1227	86	109
嘉善县										
海盐县										
海宁市	737	127	476	57	77	2462	644	1680	74	64
平湖市	374	40	245	51	38	2028	467	1419	62	80
桐乡市	1253	175	854	127	97	3979	816	2873	174	116
湖州市	**1517**	**376**	**876**	**125**	**140**	**6379**	**2355**	**3617**	**210**	**197**
吴兴区	855	164	500	67	124	3283	880	2113	115	175
南浔区	662	212	376	58	16	3096	1475	1504	95	22
德清县										
长兴县										
安吉县										

7-1a 续表 13 单位：人

现住地	省外									
	江苏					安徽				
	小计	乡	镇的村委会	镇的居委会	街道	小计	乡	镇的村委会	镇的居委会	街道
绍兴市	**2484**	**337**	**1609**	**215**	**323**	**18098**	**3826**	**12928**	**651**	**693**
越城区	769	120	483	55	111	3476	684	2396	171	225
柯桥区	913	87	623	97	106	7843	1551	5892	244	156
上虞区	422	63	276	28	55	2532	473	1874	81	104
新昌县										
诸暨市	248	50	145	20	33	3403	928	2211	130	134
嵊州市	132	17	82	15	18	844	190	555	25	74
金华市	**2281**	**486**	**1257**	**183**	**355**	**16923**	**5520**	**9846**	**711**	**846**
婺城区	327	40	184	34	69	2833	720	1865	106	142
金东区	115	10	72	6	27	612	149	402	19	42
武义县										
浦江县										
磐安县										
兰溪市	66	14	30	6	16	368	99	217	2	50
义乌市	1224	309	656	105	154	8790	3212	4783	380	415
东阳市	276	53	148	17	58	2073	569	1272	124	108
永康市	273	60	167	15	31	2247	771	1307	80	89
衢州市	**232**	**53**	**121**	**18**	**40**	**835**	**241**	**469**	**39**	**86**
柯城区	157	35	79	16	27	453	139	227	24	63
衢江区	51	17	25		9	245	80	146	8	11
常山县										
开化县										
龙游县						1		1		
江山市	24	1	17	2	4	136	22	95	7	12
舟山市	**446**	**61**	**239**	**63**	**83**	**4882**	**804**	**3527**	**329**	**222**
定海区	303	53	144	45	61	1865	398	1256	90	121
普陀区	143	8	95	18	22	3017	406	2271	239	101
岱山县										
嵊泗县										
台州市	**1349**	**217**	**914**	**91**	**127**	**17223**	**3401**	**12897**	**428**	**497**
椒江区	426	71	266	41	48	3036	603	2202	88	143
黄岩区	197	33	147	6	11	4054	928	2921	107	98
路桥区	241	35	177	8	21	2395	518	1783	30	64
三门县										
天台县										
仙居县										
温岭市	219	38	149	11	21	3659	685	2811	75	88
临海市	124	19	79	9	17	1086	263	759	22	42
玉环市	142	21	96	16	9	2993	404	2421	106	62
丽水市	**221**	**87**	**86**	**14**	**34**	**862**	**293**	**475**	**32**	**62**
莲都区	197	85	68	14	30	789	279	432	25	53
青田县										
缙云县										
遂昌县										
松阳县										
云和县										
庆元县										
景宁畲族自治县										
龙泉市	24	2	18		4	73	14	43	7	9

7−1a　续表 14　　　　单位：人

现住地	省外									
	福建					江西				
	小计	乡	镇的村委会	镇的居委会	街道	小计	乡	镇的村委会	镇的居委会	街道
合计	**18261**	**3889**	**11113**	**1135**	**2124**	**141841**	**39927**	**88310**	**6087**	**7517**
杭州市	**5399**	**1062**	**2974**	**460**	**903**	**39237**	**10324**	**23701**	**2301**	**2911**
上城区	223	35	103	30	55	708	199	343	60	106
下城区	262	36	131	31	64	1251	259	716	108	168
江干区	1178	188	689	100	201	8091	1519	5383	587	602
拱墅区	353	64	159	36	94	2033	417	1179	160	277
西湖区	624	168	248	65	143	3425	917	1718	354	436
滨江区	365	77	177	42	69	1566	503	711	113	239
萧山区	903	172	577	69	85	6156	1560	4015	286	295
余杭区	1130	239	661	73	157	13606	4253	8151	539	663
富阳区	232	67	147	5	13	1441	464	858	48	71
临安区	86	9	60	9	8	760	196	498	30	36
桐庐县										
淳安县										
建德市	43	7	22		14	200	37	129	16	18
宁波市	**2096**	**401**	**1350**	**131**	**214**	**20805**	**5333**	**13755**	**780**	**937**
海曙区	441	83	312	20	26	4263	838	3110	176	139
江北区	174	44	96	16	18	1188	319	712	52	105
北仑区	189	46	122	9	12	1884	483	1230	80	91
镇海区	147	30	94	10	13	1188	237	853	49	49
鄞州区	541	68	310	53	110	2700	516	1741	215	228
奉化区	58	24	27	3	4	771	245	472	9	45
象山县										
宁海县										
余姚市	316	55	236	7	18	1921	502	1256	70	93
慈溪市	230	51	153	13	13	6890	2193	4381	129	187
温州市	**2752**	**561**	**1852**	**109**	**230**	**27550**	**7637**	**18224**	**777**	**912**
鹿城区	659	122	419	42	76	5669	1572	3615	247	235
龙湾区	250	55	161	9	25	2026	526	1363	63	74
瓯海区	816	183	544	27	62	6297	1778	4115	180	224
洞头区	18		6	1	11	104	25	48	2	29
永嘉县										
平阳县										
苍南县										
文成县										
泰顺县										
瑞安市	438	87	316	13	22	7450	2046	5053	139	212
乐清市	311	75	211	11	14	5615	1597	3754	133	131
龙港市	260	39	195	6	20	389	93	276	13	7
嘉兴市	**1394**	**288**	**896**	**87**	**123**	**6977**	**1845**	**4373**	**371**	**388**
南湖区	549	124	332	41	52	1681	468	945	124	144
秀洲区	211	36	142	15	18	1171	244	784	74	69
嘉善县										
海盐县										
海宁市	266	48	183	10	25	1660	493	1040	57	70
平湖市	117	26	77	10	4	569	119	377	38	35
桐乡市	251	54	162	11	24	1896	521	1227	78	70
湖州市	**290**	**50**	**205**	**8**	**27**	**809**	**192**	**513**	**71**	**33**
吴兴区	231	34	166	5	26	582	133	372	47	30
南浔区	59	16	39	3	1	227	59	141	24	3
德清县										
长兴县										
安吉县										

7-1a 续表 15 单位：人

现住地	省外									
	福建					江西				
	小计	乡	镇的村委会	镇的居委会	街道	小计	乡	镇的村委会	镇的居委会	街道
绍兴市	**1747**	**325**	**1159**	**117**	**146**	**7031**	**1559**	**4731**	**347**	**394**
越城区	280	51	181	15	33	1487	294	993	96	104
柯桥区	1014	152	715	74	73	2609	543	1820	118	128
上虞区	200	52	126	11	11	642	153	407	35	47
新昌县										
诸暨市	197	62	98	14	23	1818	444	1216	89	69
嵊州市	56	8	39	3	6	475	125	295	9	46
金华市	**2991**	**895**	**1678**	**153**	**265**	**27686**	**10172**	**15053**	**1051**	**1410**
婺城区	408	111	233	17	47	1902	489	1151	93	169
金东区	99	19	58	10	12	387	121	215	21	30
武义县										
浦江县										
磐安县										
兰溪市	48	13	32		3	270	59	143	8	60
义乌市	1823	573	1002	112	136	16976	6675	8891	676	734
东阳市	299	83	173	7	36	4336	1363	2582	140	251
永康市	314	96	180	7	31	3815	1465	2071	113	166
衢州市	**291**	**67**	**167**	**12**	**45**	**1213**	**371**	**662**	**65**	**115**
柯城区	157	49	76	7	25	638	181	339	49	69
衢江区	38	7	17	2	12	269	121	120	8	20
常山县										
开化县										
龙游县	1		1			2	2			
江山市	95	11	73	3	8	304	67	203	8	26
舟山市	**191**	**18**	**123**	**12**	**38**	**586**	**119**	**366**	**43**	**58**
定海区	105	14	58	10	23	335	70	190	31	44
普陀区	86	4	65	2	15	251	49	176	12	14
岱山县										
嵊泗县										
台州市	**895**	**158**	**618**	**39**	**80**	**9138**	**2118**	**6467**	**249**	**304**
椒江区	242	38	153	16	35	1056	278	657	69	52
黄岩区	119	28	69	5	17	911	275	575	24	37
路桥区	130	18	93	6	13	1115	258	775	48	34
三门县										
天台县										
仙居县										
温岭市	219	47	159	4	9	3914	831	2920	46	117
临海市	68	9	55	3	1	336	70	238	16	12
玉环市	117	18	89	5	5	1806	406	1302	46	52
丽水市	**215**	**64**	**91**	**7**	**53**	**809**	**257**	**465**	**32**	**55**
莲都区	128	36	50	6	36	670	207	385	27	51
青田县										
缙云县										
遂昌县										
松阳县										
云和县										
庆元县										
景宁畲族自治县										
龙泉市	87	28	41	1	17	139	50	80	5	4

7−1a　续表 16　　　　单位：人

现住地	省外									
	山东					河南				
	小计	乡	镇的村委会	镇的居委会	街道	小计	乡	镇的村委会	镇的居委会	街道
合计	**22266**	**4234**	**14085**	**1184**	**2763**	**158500**	**52019**	**95521**	**4324**	**6636**
杭州市	**8056**	**1515**	**4562**	**566**	**1413**	**50835**	**16043**	**29984**	**1903**	**2905**
上城区	133	19	68	8	38	849	282	437	57	73
下城区	263	39	115	23	86	1278	361	666	100	151
江干区	1871	281	1095	161	334	8845	2212	5619	395	619
拱墅区	447	65	235	28	119	2524	683	1417	141	283
西湖区	1100	199	530	98	273	5606	1900	2889	376	441
滨江区	548	105	274	51	118	2414	957	1117	87	253
萧山区	1419	264	935	65	155	13290	4098	8609	233	350
余杭区	1775	435	986	112	242	12168	4090	7044	439	595
富阳区	326	68	228	10	20	2885	1185	1572	49	79
临安区	144	33	86	7	18	870	252	546	23	49
桐庐县										
淳安县										
建德市	30	7	10	3	10	106	23	68	3	12
宁波市	**5423**	**1002**	**3751**	**236**	**434**	**26337**	**8198**	**16636**	**594**	**909**
海曙区	559	90	376	37	56	3444	873	2372	100	99
江北区	522	111	318	28	65	1649	545	964	43	97
北仑区	1676	348	1185	70	73	4226	1156	2810	119	141
镇海区	694	102	519	28	45	2296	594	1564	52	86
鄞州区	612	49	404	47	112	2295	551	1431	119	194
奉化区	273	101	152	6	14	778	354	386	12	26
象山县										
宁海县										
余姚市	525	93	376	17	39	5573	1789	3561	84	139
慈溪市	562	108	421	3	30	6076	2336	3548	65	127
温州市	**897**	**127**	**585**	**66**	**119**	**14491**	**4181**	**9515**	**339**	**456**
鹿城区	184	21	111	22	30	2899	922	1732	118	127
龙湾区	147	16	111	11	9	2024	531	1422	29	42
瓯海区	214	31	139	11	33	2461	743	1538	65	115
洞头区	15	3	4	2	6	128	43	69	4	12
永嘉县										
平阳县										
苍南县										
文成县										
泰顺县										
瑞安市	121	31	67	3	20	2139	626	1416	41	56
乐清市	171	19	124	15	13	4074	1191	2749	61	73
龙港市	45	6	29	2	8	766	125	589	21	31
嘉兴市	**2704**	**515**	**1865**	**100**	**224**	**13927**	**4416**	**8808**	**314**	**389**
南湖区	1115	197	792	47	79	3438	1187	2042	90	119
秀洲区	435	59	319	19	38	2153	628	1382	49	94
嘉善县										
海盐县										
海宁市	460	143	268	9	40	2031	711	1225	32	63
平湖市	233	37	170	9	17	1676	503	1093	45	35
桐乡市	461	79	316	16	50	4629	1387	3066	98	78
湖州市	**440**	**104**	**267**	**12**	**57**	**2848**	**1118**	**1573**	**59**	**98**
吴兴区	308	60	183	10	55	1698	574	1002	36	86
南浔区	132	44	84	2	2	1150	544	571	23	12
德清县										
长兴县										
安吉县										

7-1a 续表 17

单位：人

现住地	省外									
	山东					河南				
	小计	乡	镇的村委会	镇的居委会	街道	小计	乡	镇的村委会	镇的居委会	街道
绍兴市	**1892**	**346**	**1310**	**74**	**162**	**12051**	**3643**	**7655**	**274**	**479**
越城区	595	107	407	28	53	2958	771	1944	74	169
柯桥区	601	75	440	23	63	4584	1505	2847	117	115
上虞区	459	97	330	14	18	1671	431	1156	23	61
新昌县										
诸暨市	190	59	105	8	18	2227	752	1342	54	79
嵊州市	47	8	28	1	10	611	184	366	6	55
金华市	**1582**	**405**	**934**	**67**	**176**	**21851**	**9450**	**11006**	**555**	**840**
婺城区	202	33	115	9	45	3013	1140	1712	61	100
金东区	72	14	46		12	637	284	317	9	27
武义县										
浦江县										
磐安县										
兰溪市	36	7	20	1	8	234	75	133	2	24
义乌市	979	272	588	43	76	13500	6260	6433	338	469
东阳市	142	35	72	9	26	2386	874	1280	102	130
永康市	151	44	93	5	9	2081	817	1131	43	90
衢州市	**156**	**36**	**84**	**4**	**32**	**760**	**280**	**396**	**18**	**66**
柯城区	102	25	44	4	29	470	193	220	10	47
衢江区	38	8	29		1	161	46	102	4	9
常山县										
开化县										
龙游县										
江山市	16	3	11		2	129	41	74	4	10
舟山市	**262**	**42**	**163**	**18**	**39**	**1975**	**699**	**1106**	**59**	**111**
定海区	190	40	106	13	31	1232	422	680	38	92
普陀区	72	2	57	5	8	743	277	426	21	19
岱山县										
嵊泗县										
台州市	**748**	**112**	**517**	**34**	**85**	**12174**	**3511**	**8181**	**174**	**308**
椒江区	245	25	163	15	42	3135	861	2107	63	104
黄岩区	89	25	54	2	8	1565	528	980	28	29
路桥区	108	26	73	4	5	1708	577	1072	14	45
三门县										
天台县										
仙居县										
温岭市	137	19	98	6	14	4181	1097	2945	38	101
临海市	78	8	58	1	11	674	205	454	7	8
玉环市	91	9	71	6	5	911	243	623	24	21
丽水市	**106**	**30**	**47**	**7**	**22**	**1251**	**480**	**661**	**35**	**75**
莲都区	101	30	44	7	20	1186	437	643	32	74
青田县										
缙云县										
遂昌县										
松阳县										
云和县										
庆元县										
景宁畲族自治县										
龙泉市	5		3		2	65	43	18	3	1

7－1a　续表 18　　　　单位：人

现住地	省外									
	湖北					湖南				
	小计	乡	镇的村委会	镇的居委会	街道	小计	乡	镇的村委会	镇的居委会	街道
合计	**71375**	**16004**	**46098**	**3947**	**5326**	**60458**	**16603**	**38067**	**2687**	**3101**
杭州市	**18055**	**4013**	**10493**	**1437**	**2112**	**13249**	**3514**	**7837**	**793**	**1105**
上城区	240	45	122	32	41	176	37	90	14	35
下城区	516	72	274	51	119	364	62	201	43	58
江干区	2953	396	1829	313	415	1800	364	1034	185	217
拱墅区	820	134	444	88	154	515	110	260	44	101
西湖区	1999	448	941	242	368	1032	270	462	127	173
滨江区	941	240	411	103	187	622	196	289	40	97
萧山区	3114	706	1962	193	253	4312	1102	2937	126	147
余杭区	6138	1641	3662	355	480	2665	729	1568	161	207
富阳区	623	168	374	31	50	1417	545	797	30	45
临安区	661	153	448	24	36	273	85	167	14	7
桐庐县										
淳安县										
建德市	50	10	26	5	9	73	14	32	9	18
宁波市	**9191**	**1730**	**6226**	**602**	**633**	**12359**	**3129**	**8260**	**540**	**430**
海曙区	1191	210	814	75	92	1983	400	1417	95	71
江北区	621	138	355	51	77	670	171	420	37	42
北仑区	1776	338	1228	107	103	1569	357	1066	91	55
镇海区	688	101	470	54	63	966	217	681	37	31
鄞州区	1509	223	978	157	151	1487	246	1002	115	124
奉化区	332	96	202	18	16	334	116	195	11	12
象山县										
宁海县										
余姚市	1533	298	1087	77	71	3130	995	1981	95	59
慈溪市	1541	326	1092	63	60	2220	627	1498	59	36
温州市	**19216**	**4448**	**13185**	**701**	**882**	**10191**	**2821**	**6648**	**361**	**361**
鹿城区	4865	1081	3326	206	252	2766	863	1688	110	105
龙湾区	2497	584	1678	115	120	1319	356	876	51	36
瓯海区	5210	1203	3650	173	184	2353	693	1468	91	101
洞头区	149	24	86	10	29	65	15	41	5	4
永嘉县										
平阳县										
苍南县										
文成县										
泰顺县										
瑞安市	1843	530	1172	56	85	1595	434	1039	48	74
乐清市	4163	940	2916	120	187	1616	372	1178	32	34
龙港市	489	86	357	21	25	477	88	358	24	7
嘉兴市	**3531**	**689**	**2358**	**216**	**268**	**4312**	**912**	**2962**	**221**	**217**
南湖区	947	179	568	88	112	821	199	488	59	75
秀洲区	660	154	422	31	53	462	107	301	24	30
嘉善县										
海盐县										
海宁市	880	187	606	43	44	511	140	319	26	26
平湖市	300	50	219	14	17	277	82	167	15	13
桐乡市	744	119	543	40	42	2241	384	1687	97	73
湖州市	**779**	**224**	**427**	**53**	**75**	**550**	**184**	**311**	**38**	**17**
吴兴区	442	88	266	24	64	262	63	162	25	12
南浔区	337	136	161	29	11	288	121	149	13	5
德清县										
长兴县										
安吉县										

7-1a 续表 19　　　　单位：人

现住地	省外									
	湖北					湖南				
	小计	乡	镇的村委会	镇的居委会	街道	小计	乡	镇的村委会	镇的居委会	街道
绍兴市	**4529**	**853**	**3049**	**231**	**396**	**5683**	**1440**	**3744**	**218**	**281**
越城区	1247	228	842	64	113	1581	369	1044	63	105
柯桥区	2209	375	1528	122	184	2132	546	1438	76	72
上虞区	476	102	310	20	44	873	188	608	27	50
新昌县										
诸暨市	396	93	259	14	30	821	250	510	38	23
嵊州市	201	55	110	11	25	276	87	144	14	31
金华市	**5795**	**1848**	**3115**	**340**	**492**	**8500**	**3064**	**4683**	**326**	**427**
婺城区	547	132	308	53	54	1075	306	658	55	56
金东区	125	30	66	10	19	168	55	93	10	10
武义县										
浦江县										
磐安县										
兰溪市	121	35	63	1	22	158	54	95	3	6
义乌市	3142	1066	1610	192	274	4542	1756	2375	195	216
东阳市	798	191	498	39	70	993	332	573	30	58
永康市	1062	394	570	45	53	1564	561	889	33	81
衢州市	**332**	**103**	**172**	**27**	**30**	**317**	**109**	**174**	**8**	**26**
柯城区	203	67	102	18	16	196	67	104	4	21
衢江区	72	32	29	2	9	74	37	32	3	2
常山县										
开化县										
龙游县						3		3		
江山市	57	4	41	7	5	44	5	35	1	3
舟山市	**493**	**108**	**303**	**42**	**40**	**394**	**81**	**247**	**30**	**36**
定海区	277	80	141	21	35	260	53	166	16	25
普陀区	216	28	162	21	5	134	28	81	14	11
岱山县										
嵊泗县										
台州市	**8877**	**1825**	**6420**	**287**	**345**	**4427**	**1185**	**2952**	**131**	**159**
椒江区	1257	237	842	62	116	669	174	418	35	42
黄岩区	745	196	472	43	34	743	250	449	21	23
路桥区	771	139	571	26	35	588	159	397	11	21
三门县										
天台县										
仙居县										
温岭市	2816	628	2053	53	82	926	202	653	29	42
临海市	278	75	174	13	16	380	100	261	5	14
玉环市	3010	550	2308	90	62	1121	300	774	30	17
丽水市	**577**	**163**	**350**	**11**	**53**	**476**	**164**	**249**	**21**	**42**
莲都区	532	152	321	11	48	435	152	230	17	36
青田县										
缙云县										
遂昌县										
松阳县										
云和县										
庆元县										
景宁畲族自治县										
龙泉市	45	11	29		5	41	12	19	4	6

7-1a　续表 20　　　　单位：人

现住地	省外									
	广东					广西				
	小计	乡	镇的村委会	镇的居委会	街道	小计	乡	镇的村委会	镇的居委会	街道
合计	**7831**	**1180**	**3802**	**926**	**1923**	**12438**	**3124**	**7807**	**579**	**928**
杭州市	**2735**	**355**	**1006**	**388**	**986**	**3809**	**803**	**2299**	**291**	**416**
上城区	74	5	27	12	30	81	12	42	10	17
下城区	121	15	55	16	35	92	26	32	9	25
江干区	659	65	248	106	240	616	97	360	69	90
拱墅区	185	27	70	11	77	159	22	64	16	57
西湖区	434	57	110	62	205	394	94	186	53	61
滨江区	242	28	57	55	102	210	62	91	20	37
萧山区	394	48	206	47	93	1350	280	974	55	41
余杭区	525	100	194	59	172	592	148	338	43	63
富阳区	55	6	26	6	17	208	41	142	13	12
临安区	30	3	8	8	11	97	19	62	3	13
桐庐县										
淳安县										
建德市	16	1	5	6	4	10	2	8		
宁波市	**929**	**136**	**495**	**113**	**185**	**1976**	**462**	**1316**	**66**	**132**
海曙区	133	14	81	14	24	283	63	182	11	27
江北区	60	8	30	10	12	119	23	70	7	19
北仑区	73	7	43	10	13	147	31	102	5	9
镇海区	61	6	35	10	10	112	24	74	2	12
鄞州区	234	17	88	41	88	271	44	168	23	36
奉化区	28	9	9	3	7	45	9	29	2	5
象山县										
宁海县										
余姚市	196	37	122	17	20	365	97	249	8	11
慈溪市	144	38	87	8	11	634	171	442	8	13
温州市	**549**	**84**	**312**	**52**	**101**	**1394**	**348**	**948**	**39**	**59**
鹿城区	159	29	77	13	40	218	51	135	13	19
龙湾区	45	3	25	5	12	182	52	123	4	3
瓯海区	140	23	78	12	27	310	82	199	7	22
洞头区	4		4			15	4	10	1	
永嘉县										
平阳县										
苍南县										
文成县										
泰顺县										
瑞安市	82	9	51	13	9	226	66	147	8	5
乐清市	79	15	48	5	11	213	38	164	5	6
龙港市	40	5	29	4	2	230	55	170	1	4
嘉兴市	**511**	**49**	**281**	**75**	**106**	**624**	**143**	**406**	**33**	**42**
南湖区	148	13	82	17	36	170	41	93	17	19
秀洲区	61	4	37	9	11	87	18	65	4	
嘉善县										
海盐县										
海宁市	83	11	37	11	24	120	34	75	1	10
平湖市	41	3	16	16	6	53	21	26	3	3
桐乡市	178	18	109	22	29	194	29	147	8	10
湖州市	**129**	**15**	**69**	**19**	**26**	**101**	**29**	**59**	**5**	**8**
吴兴区	104	5	65	12	22	76	19	48	3	6
南浔区	25	10	4	7	4	25	10	11	2	2
德清县										
长兴县										
安吉县										

7-1a 续表 21 单位：人

现住地	省外									
	广东					广西				
	小计	乡	镇的村委会	镇的居委会	街道	小计	乡	镇的村委会	镇的居委会	街道
绍兴市	**748**	**86**	**431**	**81**	**150**	**1648**	**381**	**1136**	**53**	**78**
越城区	127	13	62	24	28	308	47	212	22	27
柯桥区	497	58	309	44	86	795	199	552	20	24
上虞区	40	3	18	8	11	317	66	227	8	16
新昌县										
诸暨市	57	6	31	5	15	171	56	105	3	7
嵊州市	27	6	11		10	57	13	40		4
金华市	**1669**	**372**	**898**	**148**	**251**	**1732**	**638**	**923**	**59**	**112**
婺城区	114	20	41	13	40	218	54	136	10	18
金东区	37	6	17	3	11	43	9	19	4	11
武义县										
浦江县										
磐安县										
兰溪市	16	2	6		8	38	7	24		7
义乌市	1297	300	708	115	174	893	341	484	25	43
东阳市	107	25	60	12	10	224	90	116	6	12
永康市	98	19	66	5	8	316	137	144	14	21
衢州市	**80**	**18**	**31**	**4**	**27**	**131**	**31**	**84**	**6**	**10**
柯城区	51	14	20	2	15	81	23	48	4	6
衢江区	11	2	2	2	5	22	8	11	1	2
常山县										
开化县										
龙游县										
江山市	18	2	9		7	28		25	1	2
舟山市	**86**	**3**	**46**	**15**	**22**	**87**	**19**	**40**	**3**	**25**
定海区	47	1	23	8	15	69	14	28	3	24
普陀区	39	2	23	7	7	18	5	12		1
岱山县										
嵊泗县										
台州市	**322**	**36**	**205**	**28**	**53**	**848**	**243**	**552**	**20**	**33**
椒江区	85	9	49	11	16	200	70	113	6	11
黄岩区	44	2	31	1	10	81	23	53		5
路桥区	46	6	31	4	5	107	23	80	2	2
三门县										
天台县										
仙居县										
温岭市	83	11	56	8	8	223	69	150	1	3
临海市	22	1	14	1	6	108	27	64	6	11
玉环市	42	7	24	3	8	129	31	92	5	1
丽水市	**73**	**26**	**28**	**3**	**16**	**88**	**27**	**44**	**4**	**13**
莲都区	67	25	25	2	15	80	22	42	4	12
青田县										
缙云县										
遂昌县										
松阳县										
云和县										
庆元县										
景宁畲族自治县										
龙泉市	6	1	3	1	1	8	5	2		1

7-1a　续表 22　　　　单位：人

现住地	省外									
	海南					重庆				
	小计	乡	镇的村委会	镇的居委会	街道	小计	乡	镇的村委会	镇的居委会	街道
合计	**865**	**109**	**404**	**144**	**208**	**41609**	**10020**	**27090**	**1742**	**2757**
杭州市	**350**	**41**	**143**	**65**	**101**	**8099**	**1891**	**4975**	**485**	**748**
上城区	10		4	1	5	102	38	39	13	12
下城区	28	3	11	7	7	198	35	104	14	45
江干区	82	6	32	17	27	1361	223	882	113	143
拱墅区	21	4	6	2	9	304	59	175	23	47
西湖区	50	7	15	11	17	567	119	300	66	82
滨江区	35	6	14	4	11	301	99	130	19	53
萧山区	49	1	28	10	10	2319	499	1627	77	116
余杭区	58	10	24	12	12	1951	462	1160	137	192
富阳区	7	2	3		2	658	248	358	11	41
临安区	9	2	6		1	312	103	189	6	14
桐庐县										
淳安县										
建德市	1			1		26	6	11	6	3
宁波市	**158**	**14**	**73**	**25**	**46**	**5567**	**1209**	**3756**	**237**	**365**
海曙区	35	1	16	5	13	1157	138	929	50	40
江北区	10	2	5		3	260	88	125	24	23
北仑区	10		5	4	1	965	223	630	47	65
镇海区	25	1	13	5	6	638	153	425	24	36
鄞州区	56	3	23	8	22	449	87	272	23	67
奉化区	2	1	1			190	59	105	8	18
象山县										
宁海县										
余姚市	9	4	3	1	1	756	194	459	36	67
慈溪市	11	2	7	2		1152	267	811	25	49
温州市	**53**	**4**	**29**	**13**	**7**	**10551**	**2741**	**6911**	**320**	**579**
鹿城区	12	1	7	3	1	1217	257	812	53	95
龙湾区	4		2	1	1	3361	1068	2116	76	101
瓯海区	16	1	10	2	3	1090	262	717	39	72
洞头区	2				2	45	5	25	5	10
永嘉县										
平阳县										
苍南县										
文成县										
泰顺县										
瑞安市	3	1	1	1		1493	506	856	49	82
乐清市	7	1	6			3010	586	2137	85	202
龙港市	9		3	6		335	57	248	13	17
嘉兴市	**59**	**14**	**27**	**13**	**5**	**4203**	**957**	**2839**	**171**	**236**
南湖区	22	4	9	6	3	973	269	589	46	69
秀洲区	10		9	1		610	150	409	21	30
嘉善县										
海盐县										
海宁市	11	2	6	2	1	532	164	285	25	58
平湖市	5	4	1			179	30	136	8	5
桐乡市	11	4	2	4	1	1909	344	1420	71	74
湖州市	**11**		**5**	**1**	**5**	**725**	**151**	**506**	**40**	**28**
吴兴区	6		4		2	647	113	471	35	28
南浔区	5		1	1	3	78	38	35	5	
德清县										
长兴县										
安吉县										

7-1a 续表 23

单位：人

现住地	省外									
	海南					重庆				
	小计	乡	镇的村委会	镇的居委会	街道	小计	乡	镇的村委会	镇的居委会	街道
绍兴市	**45**	**7**	**28**	**1**	**9**	**4856**	**837**	**3506**	**173**	**340**
越城区	17	2	10	1	4	1699	319	1239	64	77
柯桥区	11	1	7		3	2287	382	1701	85	119
上虞区	7	3	3		1	455	80	355	5	15
新昌县										
诸暨市	10	1	8		1	323	36	152	17	118
嵊州市						92	20	59	2	11
金华市	**98**	**22**	**48**	**9**	**19**	**3204**	**1177**	**1667**	**143**	**217**
婺城区	23	4	9	4	6	808	296	453	19	40
金东区						68	27	29	3	9
武义县										
浦江县										
磐安县										
兰溪市	6		4		2	63	33	21	3	6
义乌市	55	13	27	4	11	1112	410	548	61	93
东阳市	9	3	5	1		466	184	233	26	23
永康市	5	2	3			687	227	383	31	46
衢州市	**11**	**1**	**6**	**2**	**2**	**138**	**42**	**78**	**7**	**11**
柯城区	4	1	1		2	92	31	46	7	8
衢江区	4		2	2		36	11	24		1
常山县										
开化县										
龙游县										
江山市	3		3			10		8		2
舟山市	**20**	**1**	**5**	**9**	**5**	**121**	**26**	**55**	**14**	**26**
定海区	13	1	3	4	5	92	18	42	8	24
普陀区	7		2	5		29	8	13	6	2
岱山县										
嵊泗县										
台州市	**56**	**4**	**39**	**5**	**8**	**3869**	**900**	**2654**	**141**	**174**
椒江区	15	2	8		5	497	90	335	28	44
黄岩区	10		8	1	1	1135	320	733	45	37
路桥区	4	1	3			465	128	302	12	23
三门县										
天台县										
仙居县										
温岭市	14		12	1	1	933	222	652	24	35
临海市	9	1	6	1	1	153	43	97	7	6
玉环市	4		2	2		686	97	535	25	29
丽水市	**4**	**1**	**1**	**1**	**1**	**276**	**89**	**143**	**11**	**33**
莲都区	4	1	1	1	1	245	65	139	10	31
青田县										
缙云县										
遂昌县										
松阳县										
云和县										
庆元县										
景宁畲族自治县										
龙泉市						31	24	4	1	2

7-1a 续表 24

单位：人

现住地	省外									
	四川					贵州				
	小计	乡	镇的村委会	镇的居委会	街道	小计	乡	镇的村委会	镇的居委会	街道
合计	**94770**	**24841**	**62465**	**3183**	**4281**	**114570**	**35394**	**73031**	**2458**	**3687**
杭州市	**14750**	**4066**	**8659**	**774**	**1251**	**11751**	**3456**	**7250**	**404**	**641**
上城区	147	47	53	12	35	110	41	48	7	14
下城区	360	64	181	36	79	251	72	136	13	30
江干区	1817	403	999	154	261	1430	304	885	98	143
拱墅区	463	110	240	31	82	329	66	203	9	51
西湖区	967	284	389	112	182	890	279	466	68	77
滨江区	485	136	217	27	105	428	166	198	23	41
萧山区	4558	1122	3106	170	160	3817	1032	2648	71	66
余杭区	4523	1452	2597	195	279	2171	724	1227	79	141
富阳区	935	298	590	16	31	1440	483	897	11	49
临安区	438	125	268	17	28	792	272	480	19	21
桐庐县										
淳安县										
建德市	57	25	19	4	9	93	17	62	6	8
宁波市	**24521**	**5763**	**17260**	**715**	**783**	**22891**	**6059**	**15815**	**380**	**637**
海曙区	4026	823	2923	147	133	1828	387	1321	58	62
江北区	1292	310	862	46	74	752	280	405	24	43
北仑区	3726	777	2684	147	118	1871	538	1254	38	41
镇海区	3383	796	2446	75	66	925	198	675	21	31
鄞州区	2353	480	1594	126	153	933	211	598	53	71
奉化区	1248	472	690	36	50	1117	394	663	14	46
象山县										
宁海县										
余姚市	2527	659	1733	54	81	6282	1802	4179	90	211
慈溪市	5966	1446	4328	84	108	9183	2249	6720	82	132
温州市	**14895**	**3919**	**9885**	**454**	**637**	**25046**	**7419**	**16487**	**502**	**638**
鹿城区	2368	613	1531	84	140	5166	1655	3228	154	129
龙湾区	1714	482	1121	63	48	2395	740	1558	56	41
瓯海区	2394	655	1531	81	127	4134	1343	2591	65	135
洞头区	263	38	168	8	49	62	13	39	4	6
永嘉县										
平阳县										
苍南县										
文成县										
泰顺县										
瑞安市	4681	1276	3094	131	180	6702	1934	4498	121	149
乐清市	2510	606	1748	78	78	5550	1473	3858	75	144
龙港市	965	249	692	9	15	1037	261	715	27	34
嘉兴市	**12439**	**3790**	**7899**	**355**	**395**	**4846**	**1386**	**3131**	**166**	**163**
南湖区	4372	1521	2598	105	148	906	299	516	43	48
秀洲区	2267	682	1463	66	56	787	172	554	30	31
嘉善县										
海盐县										
海宁市	1990	629	1216	67	78	1060	394	621	15	30
平湖市	882	256	566	36	24	588	107	426	32	23
桐乡市	2928	702	2056	81	89	1505	414	1014	46	31
湖州市	**2409**	**985**	**1278**	**88**	**58**	**1365**	**531**	**760**	**42**	**32**
吴兴区	1262	429	747	38	48	622	210	355	28	29
南浔区	1147	556	531	50	10	743	321	405	14	3
德清县										
长兴县										
安吉县										

7-1a 续表 25 单位：人

现住地	省外									
	四川					贵州				
	小计	乡	镇的村委会	镇的居委会	街道	小计	乡	镇的村委会	镇的居委会	街道
绍兴市	**7845**	**1745**	**5501**	**252**	**347**	**11431**	**3532**	**7310**	**249**	**340**
越城区	1778	426	1167	77	108	2011	523	1346	49	93
柯桥区	4101	862	2959	136	144	3922	1160	2604	87	71
上虞区	1258	267	933	21	37	1889	540	1264	25	60
新昌县										
诸暨市	439	125	275	15	24	2670	1036	1534	55	45
嵊州市	269	65	167	3	34	939	273	562	33	71
金华市	**4933**	**1728**	**2693**	**195**	**317**	**22176**	**8894**	**11978**	**487**	**817**
婺城区	1003	308	590	36	69	3055	1173	1730	60	92
金东区	175	51	99	9	16	458	153	271	11	23
武义县										
浦江县										
磐安县										
兰溪市	175	44	110	3	18	605	207	355	2	41
义乌市	2199	830	1135	103	131	5851	2586	2947	132	186
东阳市	531	201	262	23	45	4356	1629	2390	136	201
永康市	850	294	497	21	38	7851	3146	4285	146	274
衢州市	**290**	**115**	**143**	**15**	**17**	**670**	**218**	**409**	**13**	**30**
柯城区	157	59	78	13	7	325	126	168	9	22
衢江区	83	41	36	1	5	177	66	103	4	4
常山县										
开化县										
龙游县						5		5		
江山市	50	15	29	1	5	163	26	133		4
舟山市	**639**	**101**	**460**	**32**	**46**	**374**	**80**	**251**	**20**	**23**
定海区	451	81	315	22	33	204	53	122	10	19
普陀区	188	20	145	10	13	170	27	129	10	4
岱山县										
嵊泗县										
台州市	**11574**	**2439**	**8456**	**288**	**391**	**12709**	**3327**	**8925**	**164**	**293**
椒江区	2464	588	1658	76	142	1112	291	738	22	61
黄岩区	764	188	521	19	36	1246	448	755	19	24
路桥区	1069	318	684	13	54	577	163	384	13	17
三门县										
天台县										
仙居县										
温岭市	2826	505	2212	42	67	5074	1391	3525	33	125
临海市	742	192	513	23	14	1009	273	705	9	22
玉环市	3709	648	2868	115	78	3691	761	2818	68	44
丽水市	**475**	**190**	**231**	**15**	**39**	**1311**	**492**	**715**	**31**	**73**
莲都区	382	136	200	11	35	1204	433	674	30	67
青田县										
缙云县										
遂昌县										
松阳县										
云和县										
庆元县										
景宁畲族自治县										
龙泉市	93	54	31	4	4	107	59	41	1	6

7-1a　续表 26　　　　单位：人

现住地	省外									
	云南					西藏				
	小计	乡	镇的村委会	镇的居委会	街道	小计	乡	镇的村委会	镇的居委会	街道
合计	**39202**	**12389**	**24460**	**1006**	**1347**	**132**	**31**	**49**	**11**	**41**
杭州市	**5507**	**1497**	**3414**	**244**	**352**	**73**	**20**	**24**	**5**	**24**
上城区	47	18	19	3	7					
下城区	129	27	88	5	9	2				2
江干区	943	200	572	65	106	20	4	7	2	7
拱墅区	145	43	69	15	18					
西湖区	360	114	169	35	42	17	5	4	2	6
滨江区	240	75	114	15	36	12	3	7		2
萧山区	1191	295	824	35	37	3		3		
余杭区	1775	511	1141	51	72	15	7	2		6
富阳区	404	146	232	11	15					
临安区	217	60	141	8	8	4	1	1	1	1
桐庐县										
淳安县										
建德市	56	8	45	1	2					
宁波市	**5069**	**1411**	**3391**	**104**	**163**	**6**	**1**	**1**		**4**
海曙区	438	86	300	22	30					
江北区	201	66	128	4	3	2				2
北仑区	901	255	607	13	26					
镇海区	307	75	218	8	6					
鄞州区	481	90	327	23	41	2				2
奉化区	222	87	126	6	3					
象山县										
宁海县										
余姚市	1117	361	715	14	27					
慈溪市	1402	391	970	14	27	2	1	1		
温州市	**4496**	**1434**	**2826**	**99**	**137**	**11**	**3**	**6**		**2**
鹿城区	1005	372	575	19	39	2	1			1
龙湾区	321	119	179	5	18					
瓯海区	655	199	416	22	18	9	2	6		1
洞头区	18	4	11	1	2					
永嘉县										
平阳县										
苍南县										
文成县										
泰顺县										
瑞安市	576	151	391	18	16					
乐清市	1423	472	900	26	25					
龙港市	498	117	354	8	19					
嘉兴市	**5282**	**1582**	**3436**	**151**	**113**	**7**		**1**	**3**	**3**
南湖区	930	273	588	28	41	7		1	3	3
秀洲区	545	131	381	13	20					
嘉善县										
海盐县										
海宁市	1307	412	836	40	19					
平湖市	432	110	302	11	9					
桐乡市	2068	656	1329	59	24					
湖州市	**502**	**214**	**260**	**16**	**12**	**13**	**2**	**8**	**2**	**1**
吴兴区	296	132	151	1	12	12	2	8	1	1
南浔区	206	82	109	15		1			1	
德清县										
长兴县										
安吉县										

7－1a　续表 27　　　　　　　　　　　　　　　　　　　　　　　　　　单位：人

现住地	省外									
	云南					西藏				
	小计	乡	镇的村委会	镇的居委会	街道	小计	乡	镇的村委会	镇的居委会	街道
绍兴市	**3866**	**1195**	**2461**	**96**	**114**					
越城区	497	133	300	25	39					
柯桥区	897	239	615	17	26					
上虞区	1058	242	769	24	23					
新昌县										
诸暨市	1144	490	613	28	13					
嵊州市	270	91	164	2	13					
金华市	**8703**	**3354**	**4871**	**182**	**296**	**10**	**3**	**4**		**3**
婺城区	831	307	479	20	25	4	1	2		1
金东区	170	54	104	2	10					
武义县										
浦江县										
磐安县										
兰溪市	296	119	162	1	14					
义乌市	2298	1041	1143	54	60	2	1	1		
东阳市	820	273	482	27	38					
永康市	4288	1560	2501	78	149	4	1	1		2
衢州市	**301**	**105**	**168**	**7**	**21**	**6**	**2**	**2**	**1**	**1**
柯城区	133	49	59	7	18	5	2	1	1	1
衢江区	128	49	79			1		1		
常山县										
开化县										
龙游县										
江山市	40	7	30		3					
舟山市	**135**	**32**	**83**	**7**	**13**	**1**				**1**
定海区	73	18	41	5	9	1				1
普陀区	62	14	42	2	4					
岱山县										
嵊泗县										
台州市	**5004**	**1453**	**3366**	**82**	**103**	**5**		**3**		**2**
椒江区	693	189	474	17	13					
黄岩区	1047	380	617	19	31					
路桥区	376	110	258	1	7					
三门县										
天台县										
仙居县										
温岭市	1534	447	1024	24	39					
临海市	521	131	374	7	9	5		3		2
玉环市	833	196	619	14	4					
丽水市	**337**	**112**	**184**	**18**	**23**					
莲都区	310	100	172	18	20					
青田县										
缙云县										
遂昌县										
松阳县										
云和县										
庆元县										
景宁畲族自治县										
龙泉市	27	12	12		3					

7-1a 续表 28

单位：人

现住地	省外									
	陕西					甘肃				
	小计	乡	镇的村委会	镇的居委会	街道	小计	乡	镇的村委会	镇的居委会	街道
合计	**17212**	**3384**	**11404**	**879**	**1545**	**11476**	**2897**	**6772**	**635**	**1172**
杭州市	**4884**	**980**	**2852**	**359**	**693**	**5639**	**1472**	**3238**	**327**	**602**
上城区	126	19	84	3	20	120	41	46	10	23
下城区	186	40	94	16	36	182	26	109	7	40
江干区	1149	187	732	96	134	1775	396	1122	111	146
拱墅区	214	39	102	17	56	265	57	142	18	48
西湖区	626	127	305	59	135	648	149	349	56	94
滨江区	389	95	186	37	71	375	113	169	27	66
萧山区	803	137	525	50	91	973	325	571	25	52
余杭区	1050	263	607	62	118	1051	295	585	63	108
富阳区	223	46	153	4	20	152	53	83	7	9
临安区	87	22	51	4	10	81	15	57	3	6
桐庐县										
淳安县										
建德市	31	5	13	11	2	17	2	5		10
宁波市	**4096**	**702**	**2948**	**162**	**284**	**1851**	**409**	**1176**	**93**	**173**
海曙区	671	112	475	29	55	169	38	92	10	29
江北区	303	58	210	14	21	98	19	53	4	22
北仑区	787	134	575	37	41	617	134	434	13	36
镇海区	485	98	340	23	24	229	45	152	14	18
鄞州区	741	79	525	43	94	266	39	151	29	47
奉化区	199	53	136	3	7	54	22	22	6	4
象山县										
宁海县										
余姚市	509	111	360	8	30	234	59	152	11	12
慈溪市	401	57	327	5	12	184	53	120	6	5
温州市	**1839**	**396**	**1258**	**72**	**113**	**854**	**194**	**564**	**38**	**58**
鹿城区	321	68	214	12	27	134	31	81	7	15
龙湾区	182	28	144	4	6	80	18	55	5	2
瓯海区	325	73	209	15	28	161	36	92	8	25
洞头区	18	5	3	3	7	7	4			3
永嘉县										
平阳县										
苍南县										
文成县										
泰顺县										
瑞安市	359	74	253	17	15	92	24	59	4	5
乐清市	582	139	398	18	27	183	42	134	2	5
龙港市	52	9	37	3	3	197	39	143	12	3
嘉兴市	**1257**	**229**	**837**	**60**	**131**	**966**	**263**	**561**	**54**	**88**
南湖区	426	84	243	28	71	420	148	188	21	63
秀洲区	246	41	175	11	19	141	32	87	10	12
嘉善县										
海盐县										
海宁市	141	21	101	7	12	123	33	82	5	3
平湖市	297	55	230	4	8	140	26	101	12	1
桐乡市	147	28	88	10	21	142	24	103	6	9
湖州市	**176**	**63**	**96**	**8**	**9**	**131**	**47**	**62**	**6**	**16**
吴兴区	123	39	68	7	9	102	32	50	4	16
南浔区	53	24	28	1		29	15	12	2	
德清县										
长兴县										
安吉县										

7-1a 续表 29 单位：人

现住地	省外									
	陕西					甘肃				
	小计	乡	镇的村委会	镇的居委会	街道	小计	乡	镇的村委会	镇的居委会	街道
绍兴市	**993**	**196**	**663**	**60**	**74**	**516**	**143**	**284**	**21**	**68**
越城区	250	41	147	26	36	166	41	81	7	37
柯桥区	336	65	234	21	16	138	50	74	3	11
上虞区	150	22	107	7	14	113	28	76	5	4
新昌县										
诸暨市	203	50	144	5	4	74	19	39	5	11
嵊州市	54	18	31	1	4	25	5	14	1	5
金华市	**1486**	**424**	**874**	**66**	**122**	**785**	**223**	**434**	**55**	**73**
婺城区	227	54	144	11	18	154	26	98	9	21
金东区	44	4	36		4	16	4	11		1
武义县										
浦江县										
磐安县										
兰溪市	40	2	27	1	10	18	2	14	1	1
义乌市	816	264	445	45	62	462	158	229	36	39
东阳市	144	34	92	5	13	70	11	46	5	8
永康市	215	66	130	4	15	65	22	36	4	3
衢州市	**86**	**21**	**49**	**5**	**11**	**75**	**17**	**46**	**2**	**10**
柯城区	46	13	26	3	4	38	9	20	2	7
衢江区	23	7	14	1	1	26	5	21		
常山县										
开化县										
龙游县										
江山市	17	1	9	1	6	11	3	5		3
舟山市	**132**	**18**	**88**	**17**	**9**	**88**	**12**	**48**	**7**	**21**
定海区	102	14	65	15	8	66	8	33	6	19
普陀区	30	4	23	2	1	22	4	15	1	2
岱山县										
嵊泗县										
台州市	**2141**	**333**	**1659**	**65**	**84**	**485**	**88**	**324**	**22**	**51**
椒江区	531	113	372	24	22	106	22	57	10	17
黄岩区	259	67	176	9	7	67	10	50	2	5
路桥区	408	48	325	13	22	59	5	42	1	11
三门县										
天台县										
仙居县										
温岭市	497	59	407	7	24	169	33	123	2	11
临海市	105	17	79	3	6	34	6	21	4	3
玉环市	341	29	300	9	3	50	12	31	3	4
丽水市	**122**	**22**	**80**	**5**	**15**	**86**	**29**	**35**	**10**	**12**
莲都区	112	21	74	5	12	75	24	29	10	12
青田县										
缙云县										
遂昌县										
松阳县										
云和县										
庆元县										
景宁畲族自治县										
龙泉市	10	1	6		3	11	5	6		

7-1a 续表 30　　　　单位：人

现住地	省外									
	青海					宁夏				
	小计	乡	镇的村委会	镇的居委会	街道	小计	乡	镇的村委会	镇的居委会	街道
合计	**1112**	**242**	**603**	**99**	**168**	**1313**	**279**	**635**	**168**	**231**
杭州市	**328**	**45**	**174**	**34**	**75**	**417**	**75**	**147**	**62**	**133**
上城区	9		6		3	16	3	3	5	5
下城区	16	5	9		2	7		4	1	2
江干区	83	8	37	14	24	123	17	41	29	36
拱墅区	12		3	2	7	23	3	8	1	11
西湖区	41	2	25	4	10	57	11	21	3	22
滨江区	19	5	8	1	5	42	6	12	6	18
萧山区	66	8	46	6	6	34	3	15	7	9
余杭区	51	8	25	6	12	87	26	31	9	21
富阳区	13	7	4		2	16	4	9		3
临安区	5	2	1		2	12	2	3	1	6
桐庐县										
淳安县										
建德市	13		10	1	2					
宁波市	**199**	**45**	**113**	**18**	**23**	**97**	**26**	**36**	**16**	**19**
海曙区	13	1	9	2	1	6	1	5		
江北区	15	1	9	3	2	4	2	1		1
北仑区	39	10	17	2	10	26	5	9	7	5
镇海区	20		11	5	4	10		5	3	2
鄞州区	32	3	23	5	1	32	11	11	2	8
奉化区	9	4	5			1		1		
象山县										
宁海县										
余姚市	34	11	18	1	4	12	6	3	2	1
慈溪市	37	15	21		1	6	1	1	2	2
温州市	**117**	**32**	**74**	**6**	**5**	**29**	**6**	**11**	**8**	**4**
鹿城区	30	16	8	3	3	7	2		4	1
龙湾区	23	6	15	2		9	1	7	1	
瓯海区	18	7	10		1	6	2		3	1
洞头区						2				2
永嘉县										
平阳县										
苍南县										
文成县										
泰顺县										
瑞安市	26	2	24			1		1		
乐清市	20	1	17	1	1	4	1	3		
龙港市										
嘉兴市	**87**	**31**	**42**	**6**	**8**	**123**	**42**	**61**	**4**	**16**
南湖区	48	24	19	2	3	57	28	21		8
秀洲区	12		11	1		17	1	14	2	
嘉善县										
海盐县										
海宁市	16	3	10		3	2		1		1
平湖市	2			2		28	4	20	1	3
桐乡市	9	4	2	1	2	19	9	5	1	4
湖州市	**16**	**9**	**4**	**3**		**11**		**7**		**4**
吴兴区	9	3	4	2		11		7		4
南浔区	7	6		1						
德清县										
长兴县										
安吉县										

7－1a 续表 31

单位：人

现住地	省外									
	青海					宁夏				
	小计	乡	镇的村委会	镇的居委会	街道	小计	乡	镇的村委会	镇的居委会	街道
绍兴市	**64**	**18**	**21**	**11**	**14**	**38**	**9**	**17**	**3**	**9**
越城区	20	5	8	5	2	6		2	2	2
柯桥区	10	2	5	1	2	11	4	2	1	4
上虞区	14	5	6		3	9	2	6		1
新昌县										
诸暨市	12	3		5	4	6	3	1		2
嵊州市	8	3	2		3	6		6		
金华市	**245**	**53**	**146**	**16**	**30**	**547**	**113**	**335**	**62**	**37**
婺城区	81	18	45	7	11	24	5	9	1	9
金东区	3		2		1	2				2
武义县										
浦江县										
磐安县										
兰溪市	5		2		3	3	1	2		
义乌市	116	33	67	9	7	504	106	313	61	24
东阳市	25		17		8	10	1	8		1
永康市	15	2	13			4		3		1
衢州市	**5**	**2**			**3**	**4**	**2**			**2**
柯城区	4	1			3	3	2			1
衢江区										
常山县										
开化县										
龙游县										
江山市	1	1				1				1
舟山市	**5**		**4**	**1**		**5**		**2**	**1**	**2**
定海区	4		4			1		1		
普陀区	1			1		4		1	1	2
岱山县										
嵊泗县										
台州市	**38**	**6**	**21**	**4**	**7**	**36**	**3**	**18**	**10**	**5**
椒江区	10	1	5	3	1	14		5	7	2
黄岩区	6	1	2	1	2	6	1	4	1	
路桥区	2	1	1			3			2	1
三门县										
天台县										
仙居县										
温岭市	8	1	7			8	1	7		
临海市	10	2	5		3					
玉环市	2		1		1	5	1	2		2
丽水市	**8**	**1**	**4**		**3**	**6**	**3**	**1**	**2**	
莲都区	8	1	4		3	6	3	1	2	
青田县										
缙云县										
遂昌县										
松阳县										
云和县										
庆元县										
景宁畲族自治县										
龙泉市										

7-1a　续表 32　　　　单位：人

现住地	省外				
	新疆				
	小计	乡	镇的村委会	镇的居委会	街道
合计	**2390**	**562**	**754**	**358**	**716**
杭州市	**816**	**141**	**218**	**145**	**312**
上城区	12	1	1	1	9
下城区	36	3	10	8	15
江干区	195	33	50	39	73
拱墅区	62	6	18	6	32
西湖区	116	12	28	24	52
滨江区	73	24	12	12	25
萧山区	146	24	66	17	39
余杭区	136	27	26	29	54
富阳区	13	3	2	4	4
临安区	24	8	4	3	9
桐庐县					
淳安县					
建德市	3		1	2	
宁波市	**362**	**95**	**105**	**51**	**111**
海曙区	37	3	14	6	14
江北区	18	1	6	2	9
北仑区	92	45	22	11	14
镇海区	15	2	3	2	8
鄞州区	111	21	26	22	42
奉化区	9		9		
象山县					
宁海县					
余姚市	21	2	16	3	
慈溪市	59	21	9	5	24
温州市	**146**	**29**	**66**	**30**	**21**
鹿城区	20	7	6		7
龙湾区	9	2	4		3
瓯海区	82	10	38	27	7
洞头区	1				1
永嘉县					
平阳县					
苍南县					
文成县					
泰顺县					
瑞安市	9	2	3	1	3
乐清市	23	8	14	1	
龙港市	2		1	1	
嘉兴市	**253**	**72**	**74**	**43**	**64**
南湖区	68	12	15	15	26
秀洲区	65	14	25	11	15
嘉善县					
海盐县					
海宁市	61	29	9	9	14
平湖市	31	9	15	1	6
桐乡市	28	8	10	7	3
湖州市	**30**	**4**	**11**	**5**	**10**
吴兴区	22	2	10		10
南浔区	8	2	1	5	
德清县					
长兴县					
安吉县					

7-1a 续表 33 单位：人

现住地	省外				
	新疆				
	小计	乡	镇的村委会	镇的居委会	街道
绍兴市	**195**	**66**	**66**	**18**	**45**
越城区	39	8	13	4	14
柯桥区	128	55	40	7	26
上虞区	18	1	7	7	3
新昌县					
诸暨市	7	2	3		2
嵊州市	3		3		
金华市	**375**	**100**	**148**	**39**	**88**
婺城区	59	6	28	4	21
金东区	9			6	3
武义县					
浦江县					
磐安县					
兰溪市	14		11		3
义乌市	263	90	92	26	55
东阳市	22	2	12	3	5
永康市	8	2	5		1
衢州市	**22**	**3**	**11**	**2**	**6**
柯城区	18	2	10		6
衢江区	3	1		2	
常山县					
开化县					
龙游县					
江山市	1		1		
舟山市	**27**	**7**	**3**	**1**	**16**
定海区	18	5		1	12
普陀区	9	2	3		4
岱山县					
嵊泗县					
台州市	**146**	**38**	**47**	**24**	**37**
椒江区	81	17	27	16	21
黄岩区	6		3		3
路桥区	5	2	2	1	
三门县					
天台县					
仙居县					
温岭市	38	15	9	5	9
临海市	9	2	1	2	4
玉环市	7	2	5		
丽水市	**18**	**7**	**5**		**6**
莲都区	18	7	5		6
青田县					
缙云县					
遂昌县					
松阳县					
云和县					
庆元县					
景宁畲族自治县					
龙泉市					

7-1b　全省按现住地、户口登记地类型分的户口登记地在外乡镇街道人口(镇)

单位：人

现住地	合计					省内				
	合计	乡	镇的村委会	镇的居委会	街道	小计	乡	镇的村委会	镇的居委会	街道
合计	**684174**	**160077**	**424126**	**39531**	**60440**	**283874**	**50950**	**163209**	**24886**	**44829**
杭州市	**53832**	**12526**	**32120**	**3762**	**5424**	**24098**	**4289**	**13479**	**2473**	**3857**
上城区										
下城区										
江干区										
拱墅区										
西湖区	13		13			2		2		
滨江区										
萧山区	8097	2636	4715	219	527	1274	345	708	39	182
余杭区	16607	3225	9887	1611	1884	4984	361	2520	858	1245
富阳区	756	168	509	21	58	246	22	168	14	42
临安区	2846	657	1986	97	106	1181	218	789	89	85
桐庐县	15825	3120	9305	966	2434	8482	1067	4681	752	1982
淳安县	7435	2422	4233	560	220	6402	2144	3627	474	157
建德市	2253	298	1472	288	195	1527	132	984	247	164
宁波市	**115527**	**24417**	**76455**	**4996**	**9659**	**35560**	**4461**	**22159**	**2425**	**6515**
海曙区	1149	166	753	107	123	490	53	269	64	104
江北区										
北仑区	4001	1066	2022	276	637	830	51	246	65	468
镇海区	3029	686	2056	115	172	397	48	204	35	110
鄞州区	19630	3442	13780	1008	1400	5266	402	3270	585	1009
奉化区	1749	400	1065	127	157	672	60	375	101	136
象山县	19441	3995	12644	811	1991	10094	1582	6310	542	1660
宁海县	24644	4240	16458	858	3088	12261	1759	7821	525	2156
余姚市	11975	2555	8722	315	383	1805	120	1299	171	215
慈溪市	29909	7867	18955	1379	1708	3745	386	2365	337	657
温州市	**91944**	**17405**	**62583**	**7835**	**4121**	**47295**	**6304**	**31966**	**6223**	**2802**
鹿城区	174	10	164			60	1	59		
龙湾区	19274	4955	12554	656	1109	2799	376	1714	164	545
瓯海区	933	159	663	9	102	198	13	131		54
洞头区	82	6	54	3	19	25		7	2	16
永嘉县	22380	3956	15897	1114	1413	10939	1321	7662	821	1135
平阳县	21689	3071	14748	3239	631	14434	1382	9725	2848	479
苍南县	16362	2704	10918	2242	498	12650	1701	8634	1961	354
文成县	1903	296	1301	233	73	1445	172	1034	190	49
泰顺县	3342	1085	2000	171	86	2980	955	1812	157	56
瑞安市	780	228	450	26	76	609	172	348	20	69
乐清市	4134	732	3177	116	109	727	123	518	42	44
龙港市	891	203	657	26	5	429	88	322	18	1
嘉兴市	**92776**	**19640**	**60553**	**6734**	**5849**	**18658**	**1502**	**10655**	**3203**	**3298**
南湖区	3261	506	2338	157	260	571	32	360	76	103
秀洲区	8673	1705	6358	342	268	1020	92	735	84	109
嘉善县	32113	8087	19247	2523	2256	7227	625	3952	1362	1288
海盐县	13437	2930	7891	958	1658	4381	352	2434	447	1148
海宁市	20801	3714	14610	1699	778	3333	234	1874	836	389
平湖市	8554	1358	6002	729	465	1085	55	606	249	175
桐乡市	5937	1340	4107	326	164	1041	112	694	149	86
湖州市	**77491**	**16952**	**47757**	**4908**	**7874**	**30155**	**3947**	**17207**	**3185**	**5816**
吴兴区	20785	5409	14063	822	491	2767	474	1956	179	158
南浔区	3799	917	2383	225	274	1237	196	700	144	197
德清县	17798	3251	10192	1585	2770	7965	756	4265	1123	1821
长兴县	17942	3123	10523	1311	2985	11053	1484	5973	1026	2570
安吉县	17167	4252	10596	965	1354	7133	1037	4313	713	1070

7-1b 续表 1 单位：人

现住地	合计					省内				
	合计	乡	镇的村委会	镇的居委会	街道	小计	乡	镇的村委会	镇的居委会	街道
绍兴市	**33237**	**7531**	**20143**	**1856**	**3707**	**16707**	**2041**	**10341**	**1227**	**3098**
越城区	95	12	77	1	5	28		26		2
柯桥区	9659	3026	5760	325	548	1335	192	769	67	307
上虞区	1465	258	1045	60	102	548	54	374	38	82
新昌县	14046	1966	8561	926	2593	11861	1567	7151	813	2330
诸暨市	7138	2138	4086	513	401	2511	179	1722	282	328
嵊州市	834	131	614	31	58	424	49	299	27	49
金华市	**94357**	**27682**	**55955**	**3470**	**7250**	**28682**	**5940**	**15990**	**1618**	**5134**
婺城区	3628	936	1889	110	693	2397	564	1150	76	607
金东区	12030	2810	8477	241	502	2042	334	1441	65	202
武义县	20263	5623	11588	714	2338	7622	1338	4069	410	1805
浦江县	11556	4010	5453	615	1478	6077	1968	2441	415	1253
磐安县	3427	676	2228	239	284	2386	388	1558	202	238
兰溪市	1421	230	1051	32	108	551	92	367	12	80
义乌市	22864	7609	13557	659	1039	3346	642	1914	202	588
东阳市	14605	4241	8809	793	762	3814	529	2726	227	332
永康市	4563	1547	2903	67	46	447	85	324	9	29
衢州市	**19303**	**5258**	**10221**	**1155**	**2669**	**15537**	**3973**	**8157**	**1006**	**2401**
柯城区	268	49	179	4	36	129	24	72	4	29
衢江区	474	173	254	6	41	340	140	159	5	36
常山县	4498	1132	2129	339	898	3705	920	1653	302	830
开化县	4781	979	3278	405	119	4258	917	2889	370	82
龙游县	8218	2716	3669	374	1459	6351	1863	2848	307	1333
江山市	1064	209	712	27	116	754	109	536	18	91
舟山市	**13416**	**2685**	**8673**	**1039**	**1019**	**4274**	**574**	**2664**	**603**	**433**
定海区	1412	306	940	62	104	521	35	349	45	92
普陀区	797	153	437	67	140	358	36	167	39	116
岱山县	9809	1725	6642	757	685	2534	120	1847	400	167
嵊泗县	1398	501	654	153	90	861	383	301	119	58
台州市	**49012**	**9954**	**30683**	**1640**	**6735**	**27854**	**5112**	**15735**	**1105**	**5902**
椒江区	481	58	379	18	26	51	2	32		17
黄岩区	936	343	516	15	62	423	169	190	8	56
路桥区	5130	1076	3637	141	276	1198	102	829	77	190
三门县	7698	1258	5541	511	388	5243	635	3920	395	293
天台县	9396	1738	4920	192	2546	7760	1410	3888	135	2327
仙居县	10551	2917	4500	296	2838	9239	2500	3827	259	2653
温岭市	11261	2066	8405	331	459	2617	235	1966	156	260
临海市	2756	328	2179	125	124	1194	46	979	75	94
玉环市	803	170	606	11	16	129	13	104		12
丽水市	**43279**	**16027**	**18983**	**2136**	**6133**	**35054**	**12807**	**14856**	**1818**	**5573**
莲都区	886	250	550	40	46	441	128	254	28	31
青田县	10459	4082	4124	569	1684	7690	2966	2742	482	1500
缙云县	8246	2743	4405	371	727	5918	1734	3269	299	616
遂昌县	3664	1165	1724	172	603	3326	1052	1562	157	555
松阳县	4554	1888	2068	212	386	3673	1554	1629	170	320
云和县	5759	1627	2579	461	1092	4819	1288	2098	387	1046
庆元县	5394	2063	2290	207	834	5118	1951	2162	200	805
景宁畲族自治县	4005	2121	1038	99	747	3796	2049	969	92	686
龙泉市	312	88	205	5	14	273	85	171	3	14

7−1b　续表 2

单位：人

现住地	省外									
	小计					北京				
	小计	乡	镇的村委会	镇的居委会	街道	小计	乡	镇的村委会	镇的居委会	街道
合计	**400300**	**109127**	**260917**	**14645**	**15611**	**153**	**8**	**30**	**33**	**82**
杭州市	**29734**	**8237**	**18641**	**1289**	**1567**	**20**	**1**	**1**	**3**	**15**
上城区										
下城区										
江干区										
拱墅区										
西湖区	11		11							
滨江区										
萧山区	6823	2291	4007	180	345	6	1			5
余杭区	11623	2864	7367	753	639	12		1	3	8
富阳区	510	146	341	7	16					
临安区	1665	439	1197	8	21					
桐庐县	7343	2053	4624	214	452	2				2
淳安县	1033	278	606	86	63					
建德市	726	166	488	41	31					
宁波市	**79967**	**19956**	**54296**	**2571**	**3144**	**20**		**1**	**7**	**12**
海曙区	659	113	484	43	19					
江北区										
北仑区	3171	1015	1776	211	169	1				1
镇海区	2632	638	1852	80	62					
鄞州区	14364	3040	10510	423	391	1		1		
奉化区	1077	340	690	26	21					
象山县	9347	2413	6334	269	331	3			1	2
宁海县	12383	2481	8637	333	932	1				1
余姚市	10170	2435	7423	144	168					
慈溪市	26164	7481	16590	1042	1051	14			6	8
温州市	**44649**	**11101**	**30617**	**1612**	**1319**	**22**	**1**	**7**	**9**	**5**
鹿城区	114	9	105							
龙湾区	16475	4579	10840	492	564	3	1			2
瓯海区	735	146	532	9	48					
洞头区	57	6	47	1	3					
永嘉县	11441	2635	8235	293	278	1		1		
平阳县	7255	1689	5023	391	152	3			2	1
苍南县	3712	1003	2284	281	144	7		2	5	
文成县	458	124	267	43	24	3		1	2	
泰顺县	362	130	188	14	30	2		2		
瑞安市	171	56	102	6	7	2		1		1
乐清市	3407	609	2659	74	65	1				1
龙港市	462	115	335	8	4					
嘉兴市	**74118**	**18138**	**49898**	**3531**	**2551**	**20**	**1**	**8**	**1**	**10**
南湖区	2690	474	1978	81	157					
秀洲区	7653	1613	5623	258	159					
嘉善县	24886	7462	15295	1161	968	6	1	2	1	2
海盐县	9056	2578	5457	511	510	6		3		3
海宁市	17468	3480	12736	863	389	5		2		3
平湖市	7469	1303	5396	480	290	3		1		2
桐乡市	4896	1228	3413	177	78					
湖州市	**47336**	**13005**	**30550**	**1723**	**2058**	**18**		**4**	**3**	**11**
吴兴区	18018	4935	12107	643	333	1				1
南浔区	2562	721	1683	81	77					
德清县	9833	2495	5927	462	949	10		2	2	6
长兴县	6889	1639	4550	285	415	4		1		3
安吉县	10034	3215	6283	252	284	3		1	1	1

7-1b 续表 3　　　　单位：人

现住地	省外									
	小计					北京				
	小计	乡	镇的村委会	镇的居委会	街道	小计	乡	镇的村委会	镇的居委会	街道
绍兴市	**16530**	**5490**	**9802**	**629**	**609**	**8**	**1**		**2**	**5**
越城区	67	12	51	1	3					
柯桥区	8324	2834	4991	258	241	1				1
上虞区	917	204	671	22	20					
新昌县	2185	399	1410	113	263	6	1		2	3
诸暨市	4627	1959	2364	231	73	1				1
嵊州市	410	82	315	4	9					
金华市	**65675**	**21742**	**39965**	**1852**	**2116**	**19**	**2**	**4**	**2**	**11**
婺城区	1231	372	739	34	86	2				2
金东区	9988	2476	7036	176	300	2		2		
武义县	12641	4285	7519	304	533	2	1			1
浦江县	5479	2042	3012	200	225	2		1		1
磐安县	1041	288	670	37	46	1			1	
兰溪市	870	138	684	20	28					
义乌市	19518	6967	11643	457	451	4		1		3
东阳市	10791	3712	6083	566	430	6	1		1	4
永康市	4116	1462	2579	58	17					
衢州市	**3766**	**1285**	**2064**	**149**	**268**	**9**	**2**	**1**	**1**	**5**
柯城区	139	25	107		7					
衢江区	134	33	95	1	5					
常山县	793	212	476	37	68	3	1	1		1
开化县	523	62	389	35	37	1			1	
龙游县	1867	853	821	67	126	5	1			4
江山市	310	100	176	9	25					
舟山市	**9142**	**2111**	**6009**	**436**	**586**	**5**			**3**	**2**
定海区	891	271	591	17	12					
普陀区	439	117	270	28	24					
岱山县	7275	1605	4795	357	518	5			3	2
嵊泗县	537	118	353	34	32					
台州市	**21158**	**4842**	**14948**	**535**	**833**	**9**		**4**	**1**	**4**
椒江区	430	56	347	18	9					
黄岩区	513	174	326	7	6					
路桥区	3932	974	2808	64	86					
三门县	2455	623	1621	116	95	2		2		
天台县	1636	328	1032	57	219	2				2
仙居县	1312	417	673	37	185	2		1		1
温岭市	8644	1831	6439	175	199	2		1		1
临海市	1562	282	1200	50	30	1			1	
玉环市	674	157	502	11	4					
丽水市	**8225**	**3220**	**4127**	**318**	**560**	**3**			**1**	**2**
莲都区	445	122	296	12	15					
青田县	2769	1116	1382	87	184					
缙云县	2328	1009	1136	72	111	2			1	1
遂昌县	338	113	162	15	48					
松阳县	881	334	439	42	66					
云和县	940	339	481	74	46					
庆元县	276	112	128	7	29					
景宁畲族自治县	209	72	69	7	61	1				1
龙泉市	39	3	34	2						

7-1b　续表 4　　　　单位：人

现住地	省外									
	天津					河北				
	小计	乡	镇的村委会	镇的居委会	街道	小计	乡	镇的村委会	镇的居委会	街道
合计	**154**	**16**	**33**	**40**	**65**	**2410**	**617**	**1464**	**130**	**199**
杭州市	**10**	**1**	**2**	**2**	**5**	**250**	**65**	**151**	**13**	**21**
上城区										
下城区										
江干区										
拱墅区										
西湖区										
滨江区										
萧山区	3		1		2	41	13	20	2	6
余杭区	3	1	1	1		136	36	87	7	6
富阳区	1				1	7	1	5		1
临安区						3	1	2		
桐庐县	2				2	50	9	32	3	6
淳安县	1			1		8	4	1	1	2
建德市						5	1	4		
宁波市	**43**	**4**	**4**	**12**	**23**	**428**	**112**	**250**	**30**	**36**
海曙区						3		3		
江北区										
北仑区	3	1			2	24	6	17		1
镇海区						12	2	9		1
鄞州区	9		2		7	53	8	37	7	1
奉化区						2		1	1	
象山县	11	1	1	5	4	32	12	17	1	2
宁海县						52	14	31	5	2
余姚市	2				2	30	12	18		
慈溪市	18	2	1	7	8	220	58	117	16	29
温州市	**13**		**3**	**3**	**7**	**136**	**22**	**81**	**18**	**15**
鹿城区						3		3		
龙湾区	1				1	48	12	28	4	4
瓯海区						1		1		
洞头区										
永嘉县	2		1	1		30	3	21	3	3
平阳县	7		2		5	27	6	10	8	3
苍南县	1				1	18	1	13	2	2
文成县	1			1						
泰顺县						3		1		2
瑞安市						1		1		
乐清市	1			1		4		2	1	1
龙港市						1		1		
嘉兴市	**25**	**1**	**4**	**11**	**9**	**490**	**138**	**293**	**30**	**29**
南湖区						10	3	7		
秀洲区						33	3	26	1	3
嘉善县	5		2	2	1	170	63	93	8	6
海盐县	4	1		2	1	52	12	19	7	14
海宁市	8		1	4	3	128	34	82	6	6
平湖市	5		1	3	1	30	4	21	5	
桐乡市	3				3	67	19	45	3	
湖州市	**18**	**5**	**6**	**5**	**2**	**369**	**78**	**248**	**7**	**36**
吴兴区	6	1	4	1		226	38	172	2	14
南浔区						19	8	10		1
德清县	6	4		1	1	52	10	28	5	9
长兴县	4		1	2	1	44	16	18		10
安吉县	2		1	1		28	6	20		2

7-1b 续表 5

单位：人

现住地	省外									
	天津					河北				
	小计	乡	镇的村委会	镇的居委会	街道	小计	乡	镇的村委会	镇的居委会	街道
绍兴市	**7**	**1**	**4**		**2**	**95**	**28**	**57**		**10**
越城区										
柯桥区	1		1			29	14	13		2
上虞区						4	1	3		
新昌县	5		3		2	19	2	14		3
诸暨市	1	1				38	11	22		5
嵊州市						5		5		
金华市	**15**	**4**	**2**	**2**	**7**	**280**	**87**	**163**	**13**	**17**
婺城区						11		10		1
金东区	1		1			52	11	41		
武义县						24	9	10	2	3
浦江县						13	3	3	6	1
磐安县	2				2	11	4	7		
兰溪市						5		4		1
义乌市	4	3			1	67	23	41	2	1
东阳市	8	1	1	2	4	86	29	44	3	10
永康市						11	8	3		
衢州市	**1**		**1**			**38**	**2**	**26**	**1**	**9**
柯城区						4		4		
衢江区						3		3		
常山县						6	1	4		1
开化县						14		11		3
龙游县						10	1	3	1	5
江山市	1		1			1		1		
舟山市	**12**		**6**	**2**	**4**	**162**	**36**	**109**	**8**	**9**
定海区						7		7		
普陀区										
岱山县	12		6	2	4	154	35	102	8	9
嵊泗县						1	1			
台州市	**4**			**1**	**3**	**94**	**23**	**58**	**2**	**11**
椒江区						3		2	1	
黄岩区										
路桥区						13	5	8		
三门县	2			1	1	18	4	13		1
天台县	1				1	8	4	2		2
仙居县	1				1	17	1	12		4
温岭市						16	4	8		4
临海市						15	2	12	1	
玉环市						4	3	1		
丽水市	**6**		**1**	**2**	**3**	**68**	**26**	**28**	**8**	**6**
莲都区										
青田县						9	4	5		
缙云县	2			1	1	24	10	10		4
遂昌县						4	3	1		
松阳县	1			1		9	1	6	2	
云和县						12	6	1	5	
庆元县						3	1	2		
景宁畲族自治县	3		1		2	7	1	3	1	2
龙泉市										

7-1b　续表 6　　　　单位：人

现住地	省外									
	山西					内蒙古				
	小计	乡	镇的村委会	镇的居委会	街道	小计	乡	镇的村委会	镇的居委会	街道
合计	**2342**	**602**	**1427**	**135**	**178**	**829**	**190**	**474**	**92**	**73**
杭州市	**259**	**58**	**159**	**10**	**32**	**111**	**27**	**62**	**5**	**17**
上城区										
下城区										
江干区										
拱墅区										
西湖区										
滨江区										
萧山区	59	19	29	3	8	16	1	14		1
余杭区	82	11	57	4	10	27	4	16	2	5
富阳区	4	3	1							
临安区	12	4	8			2		1		1
桐庐县	89	19	56	2	12	59	17	29	3	10
淳安县	9	1	5	1	2	2		2		
建德市	4	1	3			5	5			
宁波市	**417**	**122**	**243**	**24**	**28**	**158**	**25**	**94**	**24**	**15**
海曙区	1		1			1			1	
江北区										
北仑区	55	18	31	4	2	10	5	5		
镇海区	27	6	19	1	1	9	1	6		2
鄞州区	52	13	35	1	3	24	2	17	4	1
奉化区	23	8	13	1	1	2			2	
象山县	40	9	22	7	2	32	2	22	4	4
宁海县	44	15	24	1	4	12	1	5	2	4
余姚市	16	5	11			12	6	6		
慈溪市	159	48	87	9	15	56	8	33	11	4
温州市	**138**	**17**	**95**	**16**	**10**	**36**	**13**	**21**	**2**	
鹿城区										
龙湾区	44	6	32	4	2	18	5	12	1	
瓯海区	3		2	1						
洞头区										
永嘉县	22	4	17		1	7	5	2		
平阳县	22		12	7	3					
苍南县	35	6	21	4	4	4	2	1	1	
文成县	2		2			1		1		
泰顺县										
瑞安市										
乐清市	10	1	9			6	1	5		
龙港市										
嘉兴市	**597**	**149**	**383**	**47**	**18**	**183**	**34**	**112**	**25**	**12**
南湖区	5		3		2	4		4		
秀洲区	28	8	18	1	1	7		7		
嘉善县	273	97	153	16	7	60	8	41	7	4
海盐县	34	7	25	1	1	36	15	21		
海宁市	189	28	133	23	5	47	7	26	10	4
平湖市	49	6	37	4	2	15		8	3	4
桐乡市	19	3	14	2		14	4	5	5	
湖州市	**216**	**69**	**120**	**16**	**11**	**76**	**19**	**43**	**8**	**6**
吴兴区	81	29	47	4	1	17	4	6	3	4
南浔区	23	2	19	1	1					
德清县	44	19	17	3	5	23	9	12	1	1
长兴县	37	9	23	2	3	19	2	14	2	1
安吉县	31	10	14	6	1	17	4	11	2	

7-1b 续表 7　　　　单位：人

现住地	省外									
	山西					内蒙古				
	小计	乡	镇的村委会	镇的居委会	街道	小计	乡	镇的村委会	镇的居委会	街道
绍兴市	**68**	**25**	**31**	**6**	**6**	**37**	**15**	**16**	**1**	**5**
越城区										
柯桥区	25	10	11	1	3	24	9	14	1	
上虞区										
新昌县	21	8	9	2	2	7	1	2		4
诸暨市	18	7	7	3	1	4	3			1
嵊州市	4		4			2	2			
金华市	**295**	**87**	**172**	**6**	**30**	**144**	**41**	**76**	**18**	**9**
婺城区	9	4	4		1	10	7	3		
金东区	56	8	45	2	1	28	3	25		
武义县	44	9	27		8	23	9	8	6	
浦江县	13	6	6		1	7	3	3	1	
磐安县	13	10	3			1		1		
兰溪市	6		5		1	4		2		2
义乌市	95	32	51	1	11	22	7	13		2
东阳市	57	18	29	3	7	47	12	19	11	5
永康市	2		2			2		2		
衢州市	**31**	**4**	**22**	**1**	**4**	**11**	**6**	**4**		**1**
柯城区										
衢江区						1	1			
常山县	4	3	1			2	2			
开化县	2	1	1							
龙游县	24		20	1	3	7	3	4		
江山市	1				1	1				1
舟山市	**201**	**34**	**133**	**5**	**29**	**41**	**8**	**21**	**7**	**5**
定海区										
普陀区	3		2		1	9	5	3	1	
岱山县	198	34	131	5	28	32	3	18	6	5
嵊泗县										
台州市	**80**	**22**	**48**	**4**	**6**	**24**	**1**	**20**	**1**	**2**
椒江区										
黄岩区	1		1			1		1		
路桥区	3		3			5	1	3		1
三门县	10	3	6	1		3		2		1
天台县	14	1	9		4	2		2		
仙居县	5	2	2		1					
温岭市	21	9	11	1		2		1	1	
临海市	17	2	12	2	1	4		4		
玉环市	9	5	4			7		7		
丽水市	**40**	**15**	**21**		**4**	**8**	**1**	**5**	**1**	**1**
莲都区	4	2	2			1			1	
青田县	8	2	4		2	3		3		
缙云县	15	6	8		1					
遂昌县	4	1	2		1	1		1		
松阳县	3		3			1				1
云和县	3	1	2			1	1			
庆元县	2	2								
景宁畲族自治县	1	1				1		1		
龙泉市										

7-1b　续表 8　　　　单位：人

现住地	省外									
	辽宁					吉林				
	小计	乡	镇的村委会	镇的居委会	街道	小计	乡	镇的村委会	镇的居委会	街道
合计	**1645**	**293**	**829**	**182**	**341**	**2212**	**555**	**1157**	**160**	**340**
杭州市	**158**	**27**	**78**	**25**	**28**	**191**	**33**	**104**	**17**	**37**
上城区										
下城区										
江干区										
拱墅区										
西湖区										
滨江区										
萧山区	20	8	7		5	34	18	5	1	10
余杭区	75	10	40	12	13	61	5	38	12	6
富阳区	2			2		3	1			2
临安区						7	2	5		
桐庐县	44	5	26	4	9	69	7	46	1	15
淳安县	15	4	3	7	1	15		9	3	3
建德市	2		2			2		1		1
宁波市	**321**	**44**	**143**	**40**	**94**	**406**	**99**	**210**	**38**	**59**
海曙区	4	4				2		1	1	
江北区										
北仑区	18	2	9	2	5	34	7	10	11	6
镇海区	16	6	10			19	7	10	1	1
鄞州区	36	2	18	3	13	60	11	39	7	3
奉化区	2		2			1		1		
象山县	30		18	7	5	33	8	22	2	1
宁海县	37	4	20	4	9	34	6	22	2	4
余姚市	17	4	10		3	11	2	7	1	1
慈溪市	161	22	56	24	59	212	58	98	13	43
温州市	**83**	**25**	**45**	**1**	**12**	**116**	**22**	**65**	**16**	**13**
鹿城区						1		1		
龙湾区	23	10	8		5	34	9	16	4	5
瓯海区	1		1			1		1		
洞头区										
永嘉县	26	5	19		2	32	4	26		2
平阳县	13	2	10	1		19	3	7	6	3
苍南县	9	6	1		2	11	1	8	2	
文成县	4	1	2		1	8	3	1	2	2
泰顺县	1				1	1		1		
瑞安市	3		3			4		2	1	1
乐清市	3	1	1		1	5	2	2	1	
龙港市										
嘉兴市	**279**	**41**	**136**	**47**	**55**	**388**	**70**	**202**	**31**	**85**
南湖区	5		1	2	2	5		1		4
秀洲区	18	3	5	5	5	26	4	16	2	4
嘉善县	82	21	41	8	12	158	30	81	14	33
海盐县	35	3	12	6	14	46	4	20	4	18
海宁市	70	10	33	19	8	100	18	65	6	11
平湖市	38	2	22	6	8	42	8	17	4	13
桐乡市	31	2	22	1	6	11	6	2	1	2
湖州市	**216**	**42**	**115**	**27**	**32**	**208**	**54**	**98**	**17**	**39**
吴兴区	119	24	58	22	15	74	18	38	3	15
南浔区	7		5		2	11		7	3	1
德清县	25	4	13		8	47	9	20	6	12
长兴县	41	7	24	4	6	31	8	15	2	6
安吉县	24	7	15	1	1	45	19	18	3	5

7-1b 续表 9

单位：人

现住地	省外									
	辽宁					吉林				
	小计	乡	镇的村委会	镇的居委会	街道	小计	乡	镇的村委会	镇的居委会	街道
绍兴市	**56**	**19**	**30**	**1**	**6**	**348**	**158**	**162**	**12**	**16**
越城区										
柯桥区	25	17	8			240	108	114	7	11
上虞区	2		2			1		1		
新昌县	12	1	7	1	3	15	6	2	3	4
诸暨市	12	1	10		1	85	42	40	2	1
嵊州市	5		3		2	7	2	5		
金华市	**180**	**40**	**99**	**9**	**32**	**240**	**52**	**138**	**17**	**33**
婺城区	1		1			8	2	5	1	
金东区	30	5	21	1	3	68	10	47	1	10
武义县	20	6	7		7	52	16	25	8	3
浦江县	15	1	13		1	14	1	8		5
磐安县	1		1			4	2	1		1
兰溪市	3		3			1	1			
义乌市	41	9	22	2	8	37	14	20	1	2
东阳市	66	18	29	6	13	53	5	30	6	12
永康市	3	1	2			3	1	2		
衢州市	**19**	**4**	**8**		**7**	**28**	**8**	**13**	**2**	**5**
柯城区						1		1		
衢江区	1				1					
常山县	6	2	2		2	5	5			
开化县	4		3		1	6		4	2	
龙游县	8	2	3		3	15	3	7		5
江山市						1		1		
舟山市	**238**	**34**	**131**	**25**	**48**	**182**	**34**	**121**	**3**	**24**
定海区	8	3	2	2	1	6	3	3		
普陀区	9	4	2	3		3		3		
岱山县	219	27	126	20	46	172	30	115	3	24
嵊泗县	2		1		1	1	1			
台州市	**64**	**6**	**34**	**6**	**18**	**68**	**13**	**35**	**3**	**17**
椒江区	1	1				6	1	4		1
黄岩区						1		1		
路桥区	6	2	4			18	4	8	1	5
三门县	9		5	2	2	6		4		2
天台县	12		3		9	4	3			1
仙居县	9		6	1	2	9		3		6
温岭市	21	3	14	2	2	14	3	9	1	1
临海市	6		2	1	3	7		5	1	1
玉环市						3	2	1		
丽水市	**31**	**11**	**10**	**1**	**9**	**37**	**12**	**9**	**4**	**12**
莲都区						2	2			
青田县	6	2	3		1	7		4	1	2
缙云县	11	5	4		2	8	2	1	1	4
遂昌县	2			1	1	2				2
松阳县	4	1	1		2	7	3	2	1	1
云和县	8	3	2		3	11	5	2	1	3
庆元县										
景宁畲族自治县										
龙泉市										

7-1b 续表 10 单位：人

现住地	省外									
	黑龙江					上海				
	小计	乡	镇的村委会	镇的居委会	街道	小计	乡	镇的村委会	镇的居委会	街道
合计	**3717**	**797**	**1876**	**464**	**580**	**1408**	**72**	**243**	**352**	**741**
杭州市	**372**	**78**	**186**	**50**	**58**	**74**	**3**	**14**	**13**	**44**
上城区										
下城区										
江干区										
拱墅区										
西湖区	1		1							
滨江区										
萧山区	77	20	29	10	18	9	1	3		5
余杭区	177	37	88	29	23	34		3	7	24
富阳区	4		2		2					
临安区	8	1	7			4		3		1
桐庐县	82	15	46	10	11	19	2	4	3	10
淳安县	14	4	8	1	1	5			1	4
建德市	9	1	5		3	3		1	2	
宁波市	**892**	**180**	**439**	**116**	**157**	**245**	**4**	**36**	**51**	**154**
海曙区	9	7	1		1	3		2	1	
江北区										
北仑区	75	18	38	5	14	4				4
镇海区	31	3	19	6	3	9		1	1	7
鄞州区	127	18	57	27	25	37		2	6	29
奉化区	12	1	3	6	2	7		4	2	1
象山县	59	6	34	10	9	24	1	5	5	13
宁海县	107	21	45	8	33	60		4	9	47
余姚市	46	7	32	2	5	23	1	2	7	13
慈溪市	426	99	210	52	65	78	2	16	20	40
温州市	**244**	**45**	**132**	**31**	**36**	**60**	**3**	**21**	**15**	**21**
鹿城区										
龙湾区	86	13	47	6	20	6		1	4	1
瓯海区	2				2					
洞头区										
永嘉县	45	10	30	4	1	18	1	12	2	3
平阳县	42	11	20	6	5	16		1	7	8
苍南县	50	7	31	9	3	15		6	1	8
文成县	7	1	3	3						
泰顺县	8	2		3	3	4	2	1		1
瑞安市										
乐清市	4	1	1		2	1			1	
龙港市										
嘉兴市	**726**	**143**	**376**	**99**	**108**	**702**	**34**	**106**	**205**	**357**
南湖区	17	4	7	2	4	52	6	1	7	38
秀洲区	38	4	20	5	9	27		6	3	18
嘉善县	271	51	144	38	38	312	20	42	106	144
海盐县	83	20	35	13	15	91	1	10	24	56
海宁市	183	33	108	24	18	35	1	6	8	20
平湖市	73	12	34	14	13	172	6	34	53	79
桐乡市	61	19	28	3	11	13		7	4	2
湖州市	**380**	**90**	**197**	**43**	**50**	**131**	**9**	**24**	**29**	**69**
吴兴区	112	27	60	15	10	13		4	1	8
南浔区	12	2	6	3	1	13	1		6	6
德清县	98	27	47	5	19	41	1	7	8	25
长兴县	82	15	37	12	18	37	3	8	7	19
安吉县	76	19	47	8	2	27	4	5	7	11

7-1b 续表 11 单位：人

现住地	省外									
	黑龙江					上海				
	小计	乡	镇的村委会	镇的居委会	街道	小计	乡	镇的村委会	镇的居委会	街道
绍兴市	**134**	**36**	**53**	**23**	**22**	**55**	**4**	**10**	**9**	**32**
越城区						2				2
柯桥区	70	24	29	8	9	8		5		3
上虞区	7	1	6			14	1	1	2	10
新昌县	33	6	8	8	11	12			2	10
诸暨市	23	5	10	7	1	18	3	4	5	6
嵊州市	1				1	1				1
金华市	**515**	**121**	**265**	**46**	**83**	**47**	**10**	**10**	**8**	**19**
婺城区	20	2	10		8	7	1			6
金东区	120	30	71	6	13	5	1	1	2	1
武义县	84	15	46	13	10	5			1	4
浦江县	37	6	23	3	5	3			1	2
磐安县	3		1	2		2		2		
兰溪市	4		4							
义乌市	115	30	51	7	27	13	5	5	1	2
东阳市	127	38	55	14	20	11	2	2	3	4
永康市	5		4	1		1	1			
衢州市	**30**	**12**	**15**		**3**	**16**	**1**	**3**	**2**	**10**
柯城区	2	2								
衢江区										
常山县	5	2	3			2	1	1		
开化县	4		4			6		2	2	2
龙游县	17	8	6		3	6				6
江山市	2		2			2				2
舟山市	**273**	**52**	**142**	**38**	**41**	**31**		**6**	**7**	**18**
定海区	22		17	4	1	2				2
普陀区	7	1	3	1	2	3		1		2
岱山县	239	50	121	31	37	16		1	5	10
嵊泗县	5	1	1	2	1	10		4	2	4
台州市	**91**	**22**	**45**	**10**	**14**	**31**	**2**	**11**	**6**	**12**
椒江区	5	1	3	1						
黄岩区										
路桥区	20	6	7	4	3	3		2		1
三门县	10	2	5	1	2	6	1	2	3	
天台县	13	4	7		2	11		3	1	7
仙居县	7		4	1	2	4	1			3
温岭市	27	9	14		4	5		3	1	1
临海市	7		3	3	1	2		1	1	
玉环市	2		2							
丽水市	**60**	**18**	**26**	**8**	**8**	**16**	**2**	**2**	**7**	**5**
莲都区	3		2	1						
青田县	22	12	8	1	1	1		1		
缙云县	13	4	6	2	1	2	1			1
遂昌县	5	1	2		2	2				2
松阳县	5	1	2	1	1	3			3	
云和县	9		6	3		7	1		4	2
庆元县	1				1					
景宁畲族自治县	2				2					
龙泉市						1		1		

7-1b　续表 12　　　　　　　　　　　　　　　　　　　　　　　　　　单位：人

现住地	省外									
	江苏					安徽				
	小计	乡	镇的村委会	镇的居委会	街道	小计	乡	镇的村委会	镇的居委会	街道
合计	**11857**	**2234**	**7848**	**961**	**814**	**77731**	**18833**	**54284**	**2488**	**2126**
杭州市	**1027**	**223**	**612**	**119**	**73**	**7101**	**1808**	**4757**	**260**	**276**
上城区										
下城区										
江干区										
拱墅区										
西湖区						3		3		
滨江区										
萧山区	172	47	103	9	13	1355	447	853	14	41
余杭区	551	119	318	84	30	3095	727	2032	188	148
富阳区	17		16		1	60	9	49	2	
临安区	40	7	27	4	2	569	114	453		2
桐庐县	186	40	114	12	20	1612	406	1097	38	71
淳安县	40	4	24	6	6	310	86	203	17	4
建德市	21	6	10	4	1	97	19	67	1	10
宁波市	**2484**	**528**	**1628**	**154**	**174**	**17335**	**3531**	**12969**	**438**	**397**
海曙区	7		7			169	20	136	12	1
江北区										
北仑区	82	23	48	6	5	458	111	293	25	29
镇海区	130	29	87	2	12	516	124	360	20	12
鄞州区	647	155	451	23	18	3498	571	2794	89	44
奉化区	19	8	10		1	192	49	142		1
象山县	231	25	172	20	14	2667	509	2021	57	80
宁海县	314	52	207	22	33	1956	321	1507	49	79
余姚市	182	31	145	4	2	2423	485	1872	37	29
慈溪市	872	205	501	77	89	5456	1341	3844	149	122
温州市	**516**	**108**	**345**	**38**	**25**	**5073**	**1122**	**3680**	**141**	**130**
鹿城区						9	1	8		
龙湾区	134	29	91	8	6	1930	535	1295	50	50
瓯海区	2		2			74	7	56	2	9
洞头区						7		6		1
永嘉县	152	33	112	4	3	1169	268	859	25	17
平阳县	102	11	68	16	7	732	137	560	24	11
苍南县	74	23	41	5	5	428	75	310	19	24
文成县	9	2	4	2	1	47	4	37	6	
泰顺县	12	6	5	1		45	24	19		2
瑞安市	4		4			22	3	17	2	
乐清市	26	4	17	2	3	521	60	432	13	16
龙港市	1		1			89	8	81		
嘉兴市	**3286**	**509**	**2301**	**296**	**180**	**15132**	**3464**	**10703**	**631**	**334**
南湖区	79	8	56	8	7	356	47	279	11	19
秀洲区	357	43	276	31	7	1425	258	1105	43	19
嘉善县	1130	222	751	96	61	5009	1520	3138	210	141
海盐县	359	67	222	33	37	1514	407	981	72	54
海宁市	730	92	524	73	41	3610	641	2747	158	64
平湖市	421	46	320	36	19	2349	422	1790	102	35
桐乡市	210	31	152	19	8	869	169	663	35	2
湖州市	**1940**	**378**	**1255**	**166**	**141**	**17352**	**4633**	**11706**	**541**	**472**
吴兴区	702	143	483	53	23	9496	2711	6415	298	72
南浔区	212	42	133	15	22	600	131	444	15	10
德清县	386	64	256	37	29	2166	474	1348	107	237
长兴县	369	64	223	31	51	2050	398	1511	64	77
安吉县	271	65	160	30	16	3040	919	1988	57	76

7-1b 续表 13　　　　单位：人

现住地	省外									
	江苏					安徽				
	小计	乡	镇的村委会	镇的居委会	街道	小计	乡	镇的村委会	镇的居委会	街道
绍兴市	**319**	**70**	**198**	**20**	**31**	**2296**	**672**	**1491**	**78**	**55**
越城区	1		1			4		4		
柯桥区	112	26	67	10	9	1154	320	775	33	26
上虞区	24	6	18			122	23	93	4	2
新昌县	90	21	56	2	11	241	23	184	9	25
诸暨市	80	16	45	8	11	730	301	397	30	2
嵊州市	12	1	11			45	5	38	2	
金华市	**852**	**189**	**532**	**53**	**78**	**7376**	**2112**	**4848**	**212**	**204**
婺城区	38	13	14	1	10	210	59	141	5	5
金东区	158	28	110	8	12	1111	224	835	23	29
武义县	100	24	57	4	15	1023	272	701	16	34
浦江县	105	50	46	3	6	671	264	338	18	51
磐安县	25	2	22		1	94	21	66	4	3
兰溪市	15	3	10		2	90	5	81	2	2
义乌市	211	39	133	16	23	2624	783	1750	59	32
东阳市	179	26	123	21	9	1187	382	674	84	47
永康市	21	4	17			366	102	262	1	1
衢州市	**102**	**21**	**57**	**13**	**11**	**500**	**159**	**294**	**16**	**31**
柯城区	3		3			16	1	15		
衢江区						17	4	13		
常山县	24	6	13	2	3	92	25	57	3	7
开化县	12		10	2		87	18	58	5	6
龙游县	54	14	26	9	5	261	98	141	8	14
江山市	9	1	5		3	27	13	10		4
舟山市	**688**	**80**	**500**	**63**	**45**	**2059**	**504**	**1414**	**77**	**64**
定海区	25		22	3		402	111	289		2
普陀区	50	10	32	5	3	157	49	95	7	6
岱山县	578	67	423	47	41	1283	291	889	61	42
嵊泗县	35	3	23	8	1	217	53	141	9	14
台州市	**469**	**72**	**334**	**26**	**37**	**2785**	**568**	**2035**	**73**	**109**
椒江区	5		5			61	6	53		2
黄岩区	3	1	2			106	27	78		1
路桥区	62	7	53	1	1	654	128	502	19	5
三门县	71	5	53	7	6	370	95	246	17	12
天台县	72	9	39	3	21	266	58	166	8	34
仙居县	42	10	22	4	6	158	46	75	6	31
温岭市	185	36	138	9	2	904	162	706	13	23
临海市	23	3	18	2		180	33	140	6	1
玉环市	6	1	4		1	86	13	69	4	
丽水市	**174**	**56**	**86**	**13**	**19**	**722**	**260**	**387**	**21**	**54**
莲都区	10		7	1	2	28	6	22		
青田县	43	19	17	6	1	277	90	167	2	18
缙云县	72	29	32	5	6	206	93	86	10	17
遂昌县	10		6	1	3	34	11	17	1	5
松阳县	20	6	13		1	79	27	42		10
云和县	6	1	5			67	22	36	6	3
庆元县	6		5		1	11	1	9		1
景宁畲族自治县	6	1			5	12	10	1	1	
龙泉市	1		1			8		7	1	

7-1b　续表 14　　　　　　　　　　　　　　　　　　　　　　　　单位：人

现住地	省外									
	福建					江西				
	小计	乡	镇的村委会	镇的居委会	街道	小计	乡	镇的村委会	镇的居委会	街道
合计	**5276**	**1309**	**3321**	**321**	**325**	**39658**	**11265**	**25632**	**1436**	**1325**
杭州市	**388**	**63**	**254**	**29**	**42**	**2961**	**805**	**1882**	**130**	**144**
上城区										
下城区										
江干区										
拱墅区										
西湖区										
滨江区										
萧山区	78	20	50	2	6	483	149	293	19	22
余杭区	146	28	90	13	15	1144	284	737	68	55
富阳区	3		3			42	11	27		4
临安区	15	3	10	1	1	107	23	83		1
桐庐县	113	9	78	9	17	903	269	563	20	51
淳安县	22		17	2	3	168	52	92	15	9
建德市	11	3	6	2		114	17	87	8	2
宁波市	**562**	**121**	**388**	**25**	**28**	**8727**	**2527**	**5701**	**243**	**256**
海曙区	5	1	3		1	90	4	77	8	1
江北区										
北仑区	20	2	18			199	65	106	16	12
镇海区	24	8	14		2	141	42	86	10	3
鄞州区	108	12	89	5	2	1539	368	1107	42	22
奉化区	5	1	4			116	45	66	5	
象山县	55	8	38	2	7	2684	939	1646	49	50
宁海县	167	40	117	7	3	1193	258	799	27	109
余姚市	43	6	37			487	107	362	8	10
慈溪市	135	43	68	11	13	2278	699	1452	78	49
温州市	**1359**	**338**	**890**	**83**	**48**	**5888**	**1519**	**3982**	**237**	**150**
鹿城区						21	2	19		
龙湾区	140	28	103	4	5	1708	524	1066	67	51
瓯海区	9	1	7	1		130	31	85	2	12
洞头区										
永嘉县	226	53	154	7	12	2374	545	1701	76	52
平阳县	233	40	161	22	10	889	226	598	54	11
苍南县	581	138	384	43	16	205	64	116	17	8
文成县	25	5	17	3		56	25	17	7	7
泰顺县	114	61	45	3	5	31	4	23	3	1
瑞安市	5		5			30	6	21		3
乐清市	15	6	9			433	87	330	11	5
龙港市	11	6	5			11	5	6		
嘉兴市	**839**	**196**	**532**	**68**	**43**	**4065**	**864**	**2791**	**250**	**160**
南湖区	17		16	1		116	8	102	2	4
秀洲区	34	8	22	1	3	261	41	190	22	8
嘉善县	423	122	251	21	29	1214	338	715	87	74
海盐县	81	26	43	6	6	276	62	179	12	23
海宁市	151	9	104	35	3	1671	306	1256	80	29
平湖市	91	23	64	2	2	337	66	221	35	15
桐乡市	42	8	32	2		190	43	128	12	7
湖州市	**423**	**105**	**266**	**31**	**21**	**2459**	**710**	**1551**	**87**	**111**
吴兴区	166	39	112	9	6	1242	348	832	39	23
南浔区	16	2	11	2	1	84	20	58	1	5
德清县	107	37	56	8	6	536	139	314	27	56
长兴县	80	19	45	11	5	217	71	128	7	11
安吉县	54	8	42	1	3	380	132	219	13	16

7-1b 续表 15　　单位：人

现住地	省外									
	福建					江西				
	小计	乡	镇的村委会	镇的居委会	街道	小计	乡	镇的村委会	镇的居委会	街道
绍兴市	**169**	**47**	**105**	**7**	**10**	**1418**	**461**	**863**	**49**	**45**
越城区						7	3	4		
柯桥区	64	23	38	1	2	423	107	286	13	17
上虞区	12	9	2		1	40	7	27	5	1
新昌县	38	4	25	3	6	361	74	247	17	23
诸暨市	52	11	37	3	1	568	268	282	14	4
嵊州市	3		3			19	2	17		
金华市	**770**	**217**	**463**	**30**	**60**	**10164**	**3244**	**6360**	**300**	**260**
婺城区	26	5	17	1	3	145	41	93	3	8
金东区	156	32	107	3	14	1343	311	973	24	35
武义县	66	18	36	1	11	1199	359	757	42	41
浦江县	87	20	54	5	8	625	199	369	12	45
磐安县	16	6	7		3	130	42	76	11	1
兰溪市	5	2	3			80	28	49	3	
义乌市	237	79	139	11	8	4205	1443	2591	106	65
东阳市	153	51	80	9	13	2040	675	1214	90	61
永康市	24	4	20			397	146	238	9	4
衢州市	**91**	**25**	**42**	**10**	**14**	**708**	**201**	**417**	**32**	**58**
柯城区	2	1	1			20	5	15		
衢江区	6	3	2	1		23	6	16		1
常山县	23	3	12		8	212	48	130	13	21
开化县	17	2	10	4	1	116	16	84	8	8
龙游县	30	15	8	5	2	263	102	126	11	24
江山市	13	1	9		3	74	24	46		4
舟山市	**100**	**26**	**60**	**4**	**10**	**217**	**60**	**131**	**9**	**17**
定海区	8	1	6		1	28	7	20		1
普陀区	18	2	14	2		22	4	14	3	1
岱山县	66	22	33	2	9	154	48	86	5	15
嵊泗县	8	1	7			13	1	11	1	
台州市	**182**	**33**	**125**	**8**	**16**	**2128**	**508**	**1489**	**64**	**67**
椒江区	5		5			21	1	20		
黄岩区	5	5				56	12	39	4	1
路桥区	15	4	10		1	213	50	155	7	1
三门县	28	2	21	1	4	145	34	92	13	6
天台县	27	2	18	2	5	169	29	130	2	8
仙居县	14	4	8	1	1	200	72	98	1	29
温岭市	60	9	42	4	5	1162	277	836	30	19
临海市	24	5	19			137	25	102	7	3
玉环市	4	2	2			25	8	17		
丽水市	**393**	**138**	**196**	**26**	**33**	**923**	**366**	**465**	**35**	**57**
莲都区	15	5	10			94	30	62		2
青田县	59	12	38	2	7	367	144	184	13	26
缙云县	47	10	31	3	3	214	92	90	16	16
遂昌县	19	11	6		2	24	8	13		3
松阳县	36	11	23		2	101	54	37	4	6
云和县	66	10	32	19	5	88	30	55		3
庆元县	130	70	45	2	13	19	5	14		
景宁畲族自治县	16	8	7		1	10	3	4	2	1
龙泉市	5	1	4			6		6		

7-1b　续表 16　　　　单位：人

现住地	省外									
	山东					河南				
	小计	乡	镇的村委会	镇的居委会	街道	小计	乡	镇的村委会	镇的居委会	街道
合计	**7654**	**1621**	**5265**	**283**	**485**	**51183**	**16547**	**31868**	**1369**	**1399**
杭州市	**979**	**189**	**688**	**32**	**70**	**4440**	**1556**	**2580**	**147**	**157**
上城区										
下城区										
江干区										
拱墅区										
西湖区										
滨江区										
萧山区	111	39	61	2	9	1136	504	578	18	36
余杭区	662	119	480	21	42	1841	537	1128	101	75
富阳区	22	1	19	1	1	75	14	59	1	1
临安区	12	2	8		2	90	24	64	1	1
桐庐县	126	23	89	2	12	1116	413	650	13	40
淳安县	31	4	22	2	3	103	43	52	4	4
建德市	15	1	9	4	1	79	21	49	9	
宁波市	**1606**	**334**	**1116**	**57**	**99**	**9770**	**3105**	**6174**	**225**	**266**
海曙区	21	6	14		1	28	5	19		4
江北区										
北仑区	189	46	120	8	15	616	236	317	43	20
镇海区	89	17	68	3	1	422	104	313	2	3
鄞州区	297	47	234	8	8	1479	407	1014	23	35
奉化区	21	1	17		3	108	35	71	1	1
象山县	152	36	103	4	9	816	251	532	9	24
宁海县	168	44	95	9	20	1526	334	1074	25	93
余姚市	145	20	120	3	2	1040	298	726	5	11
慈溪市	524	117	345	22	40	3735	1435	2108	117	75
温州市	**273**	**53**	**187**	**15**	**18**	**4508**	**1267**	**3012**	**140**	**89**
鹿城区						19	2	17		
龙湾区	107	24	70	2	11	1772	596	1077	45	54
瓯海区	3		2		1	58	15	40	1	2
洞头区						5	4	1		
永嘉县	60	18	35	3	4	806	186	590	20	10
平阳县	38	4	29	5		982	253	688	27	14
苍南县	37	7	28	1	1	380	80	255	40	5
文成县	4		4			59	28	28	1	2
泰顺县	1				1	37	6	29		2
瑞安市						7	3	3	1	
乐清市	16		12	4		310	66	239	5	
龙港市	7		7			73	28	45		
嘉兴市	**1969**	**403**	**1383**	**86**	**97**	**11650**	**3493**	**7581**	**373**	**203**
南湖区	48	10	31		7	275	55	206	5	9
秀洲区	130	15	104	5	6	1421	315	1056	32	18
嘉善县	441	137	261	26	17	3580	1317	2078	105	80
海盐县	259	59	176	7	17	1888	679	1086	74	49
海宁市	450	74	322	26	28	2589	689	1780	91	29
平湖市	492	53	403	16	20	1382	307	1003	59	13
桐乡市	149	55	86	6	2	515	131	372	7	5
湖州市	**898**	**201**	**618**	**33**	**46**	**6203**	**1928**	**3817**	**157**	**301**
吴兴区	188	35	140	6	7	2073	608	1377	52	36
南浔区	55	16	31	1	7	239	60	170	7	2
德清县	179	39	114	11	15	1684	518	934	43	189
长兴县	349	76	247	11	15	1054	315	656	40	43
安吉县	127	35	86	4	2	1153	427	680	15	31

7－1b 续表 17 单位：人

现住地	省外									
	山东					河南				
	小计	乡	镇的村委会	镇的居委会	街道	小计	乡	镇的村委会	镇的居委会	街道
绍兴市	**230**	**56**	**153**	**5**	**16**	**2365**	**891**	**1353**	**68**	**53**
越城区	3		2		1	16	5	11		
柯桥区	81	28	47		6	1480	622	795	37	26
上虞区	14	3	11			83	16	65		2
新昌县	43	5	28	2	8	302	59	210	11	22
诸暨市	66	15	48	2	1	441	182	236	20	3
嵊州市	23	5	17	1		43	7	36		
金华市	**570**	**149**	**355**	**15**	**51**	**6611**	**2574**	**3778**	**141**	**118**
婺城区	20	9	10	1		162	57	102	3	
金东区	114	20	91	1	2	1230	348	828	28	26
武义县	65	16	42		7	698	286	385	14	13
浦江县	53	13	36	1	3	462	214	230	11	7
磐安县	13	1	10	1	1	141	36	104		1
兰溪市	6	2	4			64	16	44		4
义乌市	134	38	82	2	12	2626	1134	1411	36	45
东阳市	157	43	79	9	26	1062	407	585	48	22
永康市	8	7	1			166	76	89	1	
衢州市	**57**	**12**	**37**	**3**	**5**	**364**	**133**	**200**	**8**	**23**
柯城区	3		3			13	5	8		
衢江区	3	1	2			32	6	26		
常山县	5	3	2			98	39	52	3	4
开化县	21		20		1	37	5	26	3	3
龙游县	21	7	7	3	4	172	77	78	1	16
江山市	4	1	3			12	1	10	1	
舟山市	**849**	**169**	**586**	**33**	**61**	**1772**	**541**	**1134**	**42**	**55**
定海区	18	1	15	2		153	58	94		1
普陀区	15	2	11		2	45	15	23	3	4
岱山县	788	158	542	30	58	1503	457	961	38	47
嵊泗县	28	8	18	1	1	71	11	56	1	3
台州市	**130**	**30**	**83**	**1**	**16**	**2493**	**654**	**1739**	**32**	**68**
椒江区						71	8	63		
黄岩区	3	2	1			56	18	38		
路桥区	17	4	10		3	426	142	276	2	6
三门县	25	4	19		2	295	92	187	8	8
天台县	24	3	16	1	4	210	60	116	8	26
仙居县	13	4	3		6	137	37	93	2	5
温岭市	32	11	21			1084	230	823	11	20
临海市	11	2	8		1	175	51	121	1	2
玉环市	5		5			39	16	22		1
丽水市	**93**	**25**	**59**	**3**	**6**	**1007**	**405**	**500**	**36**	**66**
莲都区	2	2				51	20	27	1	3
青田县	32	14	18			466	210	203	20	33
缙云县	36	5	25		6	228	93	124	2	9
遂昌县	5		4	1		36	7	24	3	2
松阳县	5	1	3	1		114	29	78	5	2
云和县	8	2	6			68	24	35	5	4
庆元县	2		1	1		12	9	2		1
景宁畲族自治县	3	1	2			32	13	7		12
龙泉市										

7-1b 续表 18 单位：人

现住地	省外									
	湖北					湖南				
	小计	乡	镇的村委会	镇的居委会	街道	小计	乡	镇的村委会	镇的居委会	街道
合计	**21193**	**4658**	**14279**	**1041**	**1215**	**21789**	**6170**	**14075**	**817**	**727**
杭州市	**1721**	**417**	**1092**	**115**	**97**	**1465**	**392**	**938**	**69**	**66**
上城区										
下城区										
江干区										
拱墅区										
西湖区	7		7							
滨江区										
萧山区	436	141	241	30	24	578	188	346	17	27
余杭区	649	150	409	52	38	383	101	246	26	10
富阳区	18		18			46	13	33		
临安区	106	19	86		1	42	10	28	1	3
桐庐县	418	89	277	27	25	331	67	227	13	24
淳安县	61	12	36	6	7	41	7	23	9	2
建德市	26	6	18		2	44	6	35	3	
宁波市	**3575**	**686**	**2433**	**184**	**272**	**4310**	**1105**	**2929**	**151**	**125**
海曙区	12		11		1	53	10	42	1	
江北区										
北仑区	159	42	97	9	11	169	62	92	11	4
镇海区	137	26	103	5	3	117	24	91	1	1
鄞州区	549	108	392	29	20	943	213	688	28	14
奉化区	34	7	25	2		39	12	26	1	
象山县	291	40	220	12	19	371	111	228	19	13
宁海县	1100	177	760	28	135	732	199	453	24	56
余姚市	314	38	252	9	15	658	146	485	10	17
慈溪市	979	248	573	90	68	1228	328	824	56	20
温州市	**4890**	**964**	**3563**	**197**	**166**	**3269**	**845**	**2210**	**118**	**96**
鹿城区	27		27			13	1	12		
龙湾区	1959	398	1394	71	96	1086	306	703	38	39
瓯海区	88	12	72		4	96	27	61	2	6
洞头区	2			1	1	1		1		
永嘉县	1169	218	904	26	21	1162	296	795	29	42
平阳县	849	167	611	51	20	535	139	367	26	3
苍南县	283	59	179	35	10	129	34	79	15	1
文成县	39	8	24	4	3	34	7	21	4	2
泰顺县	47	7	34		6	10	4	6		
瑞安市	11	4	7			10	2	8		
乐清市	407	89	304	9	5	179	27	145	4	3
龙港市	9	2	7			14	2	12		
嘉兴市	**2901**	**558**	**2006**	**173**	**164**	**3047**	**784**	**2035**	**144**	**84**
南湖区	57	8	41	3	5	120	18	100	1	1
秀洲区	317	55	231	17	14	201	31	155	10	5
嘉善县	876	210	546	57	63	1268	398	775	54	41
海盐县	293	63	169	24	37	255	83	139	17	16
海宁市	976	159	752	38	27	727	151	532	29	15
平湖市	250	24	181	29	16	230	44	154	28	4
桐乡市	132	39	86	5	2	246	59	180	5	2
湖州市	**1682**	**417**	**1027**	**126**	**112**	**1379**	**340**	**903**	**61**	**75**
吴兴区	627	155	401	52	19	474	99	323	31	21
南浔区	80	23	53	4		88	25	59	1	3
德清县	477	107	281	40	49	391	95	259	14	23
长兴县	211	45	125	13	28	162	41	103	5	13
安吉县	287	87	167	17	16	264	80	159	10	15

7-1b 续表 19

单位：人

现住地	省外									
	湖北					湖南				
	小计	乡	镇的村委会	镇的居委会	街道	小计	乡	镇的村委会	镇的居委会	街道
绍兴市	**645**	**144**	**412**	**43**	**46**	**1218**	**396**	**712**	**65**	**45**
越城区	6		5	1		2		2		
柯桥区	305	81	177	21	26	593	199	353	22	19
上虞区	23	2	19	2		88	25	58	3	2
新昌县	117	11	90	4	12	128	20	85	5	18
诸暨市	157	37	97	15	8	384	147	197	34	6
嵊州市	37	13	24			23	5	17	1	
金华市	**2523**	**694**	**1593**	**94**	**142**	**4669**	**1572**	**2830**	**128**	**139**
婺城区	44	11	26	2	5	57	20	32	2	3
金东区	396	76	297	8	15	712	161	508	15	28
武义县	518	131	327	17	43	990	381	553	22	34
浦江县	135	37	73	9	16	236	97	123	8	8
磐安县	62	7	50	3	2	62	22	26	7	7
兰溪市	57	15	35	4	3	85	13	65	3	4
义乌市	825	257	513	22	33	1421	488	877	35	21
东阳市	369	107	209	28	25	947	340	538	36	33
永康市	117	53	63	1		159	50	108		1
衢州市	**192**	**70**	**104**	**5**	**13**	**230**	**78**	**135**	**8**	**9**
柯城区	6	2	4			9	1	8		
衢江区	4		3		1	9	1	8		
常山县	22	8	12		2	40	4	32	2	2
开化县	41	4	31	1	5	18	3	12	2	1
龙游县	107	53	47	2	5	118	56	56	2	4
江山市	12	3	7	2		36	13	19	2	2
舟山市	**339**	**39**	**240**	**17**	**43**	**313**	**71**	**205**	**14**	**23**
定海区	14	5	8	1		32	8	18	4	2
普陀区	22	1	20		1	7	1	3	2	1
岱山县	284	30	200	12	42	243	55	165	6	17
嵊泗县	19	3	12	4		31	7	19	2	3
台州市	**2055**	**415**	**1477**	**65**	**98**	**1269**	**316**	**874**	**45**	**34**
椒江区	38	3	29	6		31	7	23	1	
黄岩区	35	7	24	2	2	25	14	9	1	1
路桥区	219	37	167	1	14	299	85	207	1	6
三门县	195	34	139	13	9	143	25	101	11	6
天台县	115	25	58	5	27	57	9	43	3	2
仙居县	70	20	31	6	13	122	48	58	4	12
温岭市	1124	214	857	25	28	417	100	295	16	6
临海市	85	10	70	1	4	112	20	83	8	1
玉环市	174	65	102	6	1	63	8	55		
丽水市	**670**	**254**	**332**	**22**	**62**	**620**	**271**	**304**	**14**	**31**
莲都区	46	11	30	1	4	26	5	19	2	
青田县	350	139	174	7	30	258	124	124	5	5
缙云县	116	47	54	4	11	174	78	87	3	6
遂昌县	28	10	9		9	19	4	8	1	6
松阳县	58	15	37	2	4	52	25	20		7
云和县	45	23	13	6	3	64	28	31		5
庆元县	12	1	8	2	1	11	3	6	2	
景宁畲族自治县	13	8	5			14	4	8		2
龙泉市	2		2			2		1	1	

7-1b 续表 20

单位：人

现住地	省外									
	广东					广西				
	小计	乡	镇的村委会	镇的居委会	街道	小计	乡	镇的村委会	镇的居委会	街道
合计	**1574**	**203**	**949**	**170**	**252**	**4457**	**1252**	**2895**	**145**	**165**
杭州市	**156**	**18**	**80**	**19**	**39**	**430**	**123**	**275**	**10**	**22**
上城区										
下城区										
江干区										
拱墅区										
西湖区										
滨江区										
萧山区	21	8	7	2	4	152	42	103	1	6
余杭区	69	4	37	11	17	114	42	64	3	5
富阳区						9	5	4		
临安区	7	2	2		3	32	6	24		2
桐庐县	36		21	5	10	93	13	65	6	9
淳安县	12	2	7	1	2	13	4	9		
建德市	11	2	6		3	17	11	6		
宁波市	**272**	**31**	**168**	**30**	**43**	**861**	**181**	**635**	**22**	**23**
海曙区	3			3		7	5	2		
江北区										
北仑区	7		6		1	24	7	11	3	3
镇海区	8	2	2	4		16	7	9		
鄞州区	46	6	29	6	5	109	17	87	3	2
奉化区	12	1	9	1	1	11	2	9		
象山县	24	2	15	3	4	41	9	27	2	3
宁海县	49	9	29	5	6	112	28	74	4	6
余姚市	18	3	11	2	2	174	32	140		2
慈溪市	105	8	67	6	24	367	74	276	10	7
温州市	**142**	**22**	**77**	**18**	**25**	**565**	**150**	**379**	**15**	**21**
鹿城区						1	1			
龙湾区	39	8	21	1	9	315	91	206	4	14
瓯海区						10	2	8		
洞头区										
永嘉县	32	6	19	2	5	111	28	79	2	2
平阳县	23		12	7	4	48	8	37	2	1
苍南县	30	7	15	5	3	47	10	29	7	1
文成县	8		2	3	3	5	2	3		
泰顺县	1	1				3		3		
瑞安市						5	4			1
乐清市	7		6		1	11		9		2
龙港市	2		2			9	4	5		
嘉兴市	**236**	**28**	**148**	**29**	**31**	**660**	**144**	**463**	**35**	**18**
南湖区	22	4	12	1	5	11	1	9		1
秀洲区	19	3	14	1	1	27	5	20		2
嘉善县	71	10	37	16	8	181	53	117	7	4
海盐县	41	3	25	3	10	58	14	37	5	2
海宁市	56	7	40	4	5	272	51	193	22	6
平湖市	14		8	4	2	83	17	63	1	2
桐乡市	13	1	12			28	3	24		1
湖州市	**199**	**29**	**123**	**19**	**28**	**291**	**67**	**191**	**13**	**20**
吴兴区	71	13	45	5	8	57	9	43	4	1
南浔区	7	3	4			18	3	14		1
德清县	46	9	17	7	13	97	17	63	6	11
长兴县	33	1	26	1	5	35	8	23	1	3
安吉县	42	3	31	6	2	84	30	48	2	4

7-1b 续表 21 单位：人

现住地	省外									
	广东					广西				
	小计	乡	镇的村委会	镇的居委会	街道	小计	乡	镇的村委会	镇的居委会	街道
绍兴市	**61**	**2**	**33**	**5**	**21**	**266**	**85**	**160**	**12**	**9**
越城区										
柯桥区	18	2	9	2	5	163	58	97	3	5
上虞区	1		1			10	1	9		
新昌县	20		4	2	14	26	3	17	3	3
诸暨市	17		14	1	2	61	20	34	6	1
嵊州市	5		5			6	3	3		
金华市	**344**	**57**	**214**	**33**	**40**	**959**	**364**	**539**	**21**	**35**
婺城区	6		6			14	5	9		
金东区	61	6	46	6	3	153	45	103	2	3
武义县	30	3	14	8	5	232	88	135	1	8
浦江县	22	12	8		2	83	34	38	7	4
磐安县	7	1	3		3	9	2	5		2
兰溪市	10		10			13	2	8	1	2
义乌市	128	28	70	10	20	251	112	129	4	6
东阳市	73	6	52	9	6	144	59	71	5	9
永康市	7	1	5		1	60	17	41	1	1
衢州市	**24**	**1**	**12**	**4**	**7**	**53**	**22**	**24**	**3**	**4**
柯城区	3		3			1				1
衢江区						1	1			
常山县	7		3	2	2	7	2	3		2
开化县	4	1	2	1		9	2	7		
龙游县	9		3	1	5	24	12	8	3	1
江山市	1		1			11	5	6		
舟山市	**26**	**2**	**13**	**4**	**7**	**52**	**18**	**25**	**7**	**2**
定海区	2		2			3		3		
普陀区	2		1		1	4	3	1		
岱山县	22	2	10	4	6	37	13	16	6	2
嵊泗县						8	2	5	1	
台州市	**88**	**10**	**64**	**7**	**7**	**211**	**53**	**148**	**3**	**7**
椒江区						2		2		
黄岩区						6	1	5		
路桥区	6		5		1	33	7	26		
三门县	10		5	5		22	11	9	1	1
天台县	17	2	11	1	3	15	3	8		4
仙居县	7	1	4		2	13	3	8	1	1
温岭市	35	5	28	1	1	99	23	74	1	1
临海市	12	2	10			18	4	14		
玉环市	1		1			3	1	2		
丽水市	**26**	**3**	**17**	**2**	**4**	**109**	**45**	**56**	**4**	**4**
莲都区						5		4	1	
青田县	9		7	2		28	10	17		1
缙云县	8		8			47	33	12	2	
遂昌县	1				1	3		3		
松阳县	4	1			3	3	1	2		
云和县	1	1				14		13	1	
庆元县						3		1		2
景宁畲族自治县	3	1	2			3	1	1		1
龙泉市						3		3		

7-1b　续表 22　　　　单位：人

现住地	省外									
	海南					重庆				
	小计	乡	镇的村委会	镇的居委会	街道	小计	乡	镇的村委会	镇的居委会	街道
合计	**188**	**31**	**97**	**41**	**19**	**12014**	**2931**	**7975**	**479**	**629**
杭州市	**19**	**2**	**13**	**2**	**2**	**917**	**280**	**570**	**26**	**41**
上城区										
下城区										
江干区										
拱墅区										
西湖区										
滨江区										
萧山区	3	2	1			233	79	129	7	18
余杭区	13		9	2	2	340	92	224	14	10
富阳区						20	2	18		
临安区						180	71	109		
桐庐县	2		2			102	24	67	3	8
淳安县						26	3	18	2	3
建德市	1		1			16	9	5		2
宁波市	**38**	**5**	**21**	**11**	**1**	**1642**	**336**	**1122**	**69**	**115**
海曙区						63	14	44	2	3
江北区										
北仑区	3	1		2		70	19	42	5	4
镇海区						88	9	71	6	2
鄞州区	5		5			317	66	223	12	16
奉化区	1		1			38	16	22		
象山县	1	1				184	24	144	8	8
宁海县	4	1		3		176	34	121	4	17
余姚市	4	1	3			224	57	144	14	9
慈溪市	20	1	12	6	1	482	97	311	18	56
温州市	**29**	**3**	**14**	**11**	**1**	**2696**	**590**	**1898**	**84**	**124**
鹿城区						2		2		
龙湾区	9	2	7			1452	331	1017	47	57
瓯海区						21	6	14		1
洞头区										
永嘉县	9	1	2	6		425	77	306	6	36
平阳县	2			2		348	73	253	14	8
苍南县	6		3	2	1	253	74	151	10	18
文成县						13	2	11		
泰顺县						11	3	8		
瑞安市	1			1		7	1	6		
乐清市	2		2			144	20	115	5	4
龙港市						20	3	15	2	
嘉兴市	**16**	**5**	**5**	**3**	**3**	**2509**	**585**	**1738**	**102**	**84**
南湖区						111	14	88	5	4
秀洲区						340	116	206	8	10
嘉善县	4	3	1			1066	265	734	31	36
海盐县	6	1		3	2	265	72	166	13	14
海宁市	4	1	3			387	69	290	23	5
平湖市	2		1		1	170	26	119	16	9
桐乡市						170	23	135	6	6
湖州市	**12**	**3**	**5**	**1**	**3**	**983**	**253**	**612**	**36**	**82**
吴兴区	4	2	2			155	33	114	2	6
南浔区	1				1	135	45	81	5	4
德清县	5		3	1	1	221	66	121	9	25
长兴县						205	44	113	10	38
安吉县	2	1			1	267	65	183	10	9

7－1b 续表 23　　单位：人

现住地	省外									
	海南					重庆				
	小计	乡	镇的村委会	镇的居委会	街道	小计	乡	镇的村委会	镇的居委会	街道
绍兴市	**6**	**1**	**3**		**2**	**653**	**185**	**408**	**34**	**26**
越城区						4	3	1		
柯桥区						517	153	314	28	22
上虞区	1	1				19	5	12	2	
新昌县	4		2		2	38	5	29	1	3
诸暨市	1		1			65	19	42	3	1
嵊州市						10		10		
金华市	**42**	**6**	**25**	**8**	**3**	**1284**	**375**	**802**	**58**	**49**
婺城区	3			3		57	21	32	3	1
金东区	6	3	3			184	27	149	2	6
武义县	7		5		2	281	87	165	20	9
浦江县						74	18	51	2	3
磐安县	2		2			29	8	19		2
兰溪市						9		7		2
义乌市	9	1	4	3	1	305	98	185	9	13
东阳市	12	2	8	2		272	91	146	22	13
永康市	3		3			73	25	48		
衢州市	**2**		**1**	**1**		**79**	**25**	**39**	**4**	**11**
柯城区						13	2	6		5
衢江区						3		1		2
常山县	1			1		22	3	16	2	1
开化县						8		6	2	
龙游县	1		1			29	17	9		3
江山市						4	3	1		
舟山市	**2**		**1**		**1**	**92**	**29**	**52**	**5**	**6**
定海区						5	1	4		
普陀区						6	1	5		
岱山县	2		1		1	73	24	39	5	5
嵊泗县						8	3	4		1
台州市	**16**	**4**	**7**	**3**	**2**	**851**	**175**	**588**	**35**	**53**
椒江区						8	4	3		1
黄岩区						10	6	4		
路桥区	1		1			252	59	177	10	6
三门县	2		2			71	18	48	2	3
天台县	5	2	1		2	51	8	31	3	9
仙居县	4	1	1	2		66	16	35	2	13
温岭市	2	1		1		320	51	241	9	19
临海市	2		2			54	12	31	9	2
玉环市						19	1	18		
丽水市	**6**	**2**	**2**	**1**	**1**	**308**	**98**	**146**	**26**	**38**
莲都区	1		1			9	1	7		1
青田县						110	39	51	8	12
缙云县	1		1			54	19	27	6	2
遂昌县						17	7	7	2	1
松阳县	1			1		59	23	22	6	8
云和县						28	7	15	4	2
庆元县	1				1	6	1	4		1
景宁畲族自治县	2	2				20	1	8		11
龙泉市						5		5		

7-1b　续表 24　　　　单位：人

现住地	省外									
	四川					贵州				
	小计	乡	镇的村委会	镇的居委会	街道	小计	乡	镇的村委会	镇的居委会	街道
合计	**33224**	**8745**	**22454**	**1059**	**966**	**58174**	**18472**	**37175**	**1172**	**1355**
杭州市	**1522**	**432**	**935**	**60**	**95**	**2770**	**865**	**1778**	**57**	**70**
上城区										
下城区										
江干区										
拱墅区										
西湖区										
滨江区										
萧山区	502	179	272	13	38	673	181	475	2	15
余杭区	547	121	364	34	28	577	174	356	26	21
富阳区	24	10	12		2	73	31	41	1	
临安区	61	20	41			235	91	143		1
桐庐县	291	77	182	8	24	1029	344	630	23	32
淳安县	41	14	25		2	47	19	26	2	
建德市	56	11	39	5	1	136	25	107	3	1
宁波市	**8509**	**2113**	**5934**	**228**	**234**	**10302**	**2994**	**6886**	**174**	**248**
海曙区	76	6	61	5	4	61	26	30	5	
江北区										
北仑区	233	81	127	17	8	197	58	126	12	1
镇海区	437	93	332	8	4	217	69	139	9	
鄞州区	1954	422	1410	54	68	1497	428	1017	22	30
奉化区	76	22	50	1	3	276	121	150		5
象山县	571	163	373	14	21	527	154	355	13	5
宁海县	1072	226	769	37	40	1359	283	944	26	106
余姚市	1041	259	762	15	5	2478	705	1726	14	33
慈溪市	3049	841	2050	77	81	3690	1150	2399	73	68
温州市	**3385**	**778**	**2433**	**107**	**67**	**8609**	**2527**	**5714**	**201**	**167**
鹿城区	2		2			15	2	13		
龙湾区	1479	370	1027	45	37	3287	1056	2096	69	66
瓯海区	43	5	37		1	166	35	122		9
洞头区	40	2	37		1	1		1		
永嘉县	687	171	490	14	12	2394	589	1719	52	34
平阳县	518	97	389	25	7	1378	404	903	49	22
苍南县	237	64	153	16	4	431	195	205	19	12
文成县	32	6	24	2		68	26	37	2	3
泰顺县	10	3	5	2		10	2	4		4
瑞安市	10	5	4	1		36	25	10		1
乐清市	287	45	235	2	5	690	159	513	6	12
龙港市	40	10	30			133	34	91	4	4
嘉兴市	**10574**	**2694**	**7298**	**369**	**213**	**4784**	**1285**	**3306**	**127**	**66**
南湖区	637	131	478	11	17	166	36	120	3	7
秀洲区	1118	259	815	27	17	935	183	730	17	5
嘉善县	3743	1081	2475	115	72	1415	477	888	31	19
海盐县	2016	564	1278	106	68	439	150	257	23	9
海宁市	1710	342	1290	55	23	1256	302	906	34	14
平湖市	597	120	433	32	12	219	33	166	11	9
桐乡市	753	197	529	23	4	354	104	239	8	3
湖州市	**2083**	**580**	**1295**	**85**	**123**	**5683**	**1828**	**3593**	**103**	**159**
吴兴区	553	164	362	9	18	977	277	672	16	12
南浔区	155	72	74	5	4	401	120	274	3	4
德清县	665	146	421	35	63	1173	340	690	42	101
长兴县	384	106	238	22	18	721	216	471	18	16
安吉县	326	92	200	14	20	2411	875	1486	24	26

7-1b 续表 25

单位：人

现住地	省外									
	四川					贵州				
	小计	乡	镇的村委会	镇的居委会	街道	小计	乡	镇的村委会	镇的居委会	街道
绍兴市	**1062**	**305**	**684**	**41**	**32**	**3301**	**1260**	**1907**	**76**	**58**
越城区	3		3			17	1	16		
柯桥区	760	214	504	25	17	1292	476	786	25	5
上虞区	48	5	43			278	55	218	4	1
新昌县	84	23	48	5	8	385	86	245	9	45
诸暨市	144	59	70	11	4	1232	620	569	38	5
嵊州市	23	4	16		3	97	22	73		2
金华市	**2861**	**957**	**1722**	**98**	**84**	**16742**	**5931**	**10084**	**318**	**409**
婺城区	69	22	43	1	3	195	61	123	5	6
金东区	434	112	298	8	16	2443	724	1642	21	56
武义县	715	254	408	21	32	4103	1467	2382	57	197
浦江县	193	74	108	6	5	1319	451	813	38	17
磐安县	47	17	30			262	69	172	6	15
兰溪市	48	5	40	3		237	35	197	2	3
义乌市	747	266	440	22	19	3577	1390	2059	68	60
东阳市	480	162	274	35	9	2634	1027	1462	95	50
永康市	128	45	81	2		1972	707	1234	26	5
衢州市	**242**	**80**	**142**	**6**	**14**	**491**	**204**	**259**	**18**	**10**
柯城区	2		2			34	6	28		
衢江区	5		5			18	8	10		
常山县	62	9	43	3	7	85	20	60	3	2
开化县	42	3	35		4	39	4	35		
龙游县	123	67	50	3	3	260	142	101	13	4
江山市	8	1	7			55	24	25	2	4
舟山市	**496**	**130**	**337**	**14**	**15**	**256**	**67**	**179**	**4**	**6**
定海区	90	46	43	1		21	8	13		
普陀区	24	11	13			10	2	8		
岱山县	352	64	264	11	13	199	47	144	3	5
嵊泗县	30	9	17	2	2	26	10	14	1	1
台州市	**1967**	**467**	**1411**	**33**	**56**	**3642**	**850**	**2647**	**45**	**100**
椒江区	44	4	37	1	2	47	6	35	5	1
黄岩区	25	9	16			103	58	45		
路桥区	622	164	446	7	5	650	153	475	6	16
三门县	255	71	167	7	10	432	116	294	10	12
天台县	110	32	66	4	8	243	34	185	7	17
仙居县	42	13	28		1	263	110	120	3	30
温岭市	653	139	471	13	30	1482	310	1141	10	21
临海市	154	29	125			324	50	268	4	2
玉环市	62	6	55	1		98	13	84		1
丽水市	**523**	**209**	**263**	**18**	**33**	**1594**	**661**	**822**	**49**	**62**
莲都区	13	1	12			102	28	67	4	3
青田县	209	95	97	4	13	346	136	180	9	21
缙云县	77	31	42	2	2	591	274	298	8	11
遂昌县	23	16	6		1	59	12	38	5	4
松阳县	101	30	58	6	7	133	78	41	8	6
云和县	65	31	29	5		320	115	178	15	12
庆元县	10	2	6		2	25	10	12		3
景宁畲族自治县	24	3	12	1	8	13	6	5		2
龙泉市	1		1			5	2	3		

7-1b　续表 26

单位：人

现住地	省外									
	云南					西藏				
	小计	乡	镇的村委会	镇的居委会	街道	小计	乡	镇的村委会	镇的居委会	街道
合计	**26597**	**8577**	**16807**	**680**	**533**	**49**	**44**	**2**	**3**	
杭州市	**1268**	**421**	**789**	**26**	**32**	**1**		**1**		
上城区										
下城区										
江干区										
拱墅区										
西湖区										
滨江区										
萧山区	343	79	242	10	12					
余杭区	442	136	276	14	16					
富阳区	62	40	22							
临安区	96	26	70							
桐庐县	268	115	148	1	4	1		1		
淳安县	22	10	11	1						
建德市	35	15	20							
宁波市	**3327**	**985**	**2159**	**65**	**118**	**1**	**1**			
海曙区	15	4	11							
江北区										
北仑区	153	55	84	9	5					
镇海区	55	27	27		1	1	1			
鄞州区	275	63	202	4	6					
奉化区	30	5	25							
象山县	255	56	182	5	12					
宁海县	956	223	654	6	73					
余姚市	575	184	381	9	1					
慈溪市	1013	368	593	32	20					
温州市	**1472**	**436**	**975**	**36**	**25**					
鹿城区										
龙湾区	412	120	282	4	6					
瓯海区	22	5	16		1					
洞头区	1		1							
永嘉县	274	73	187	6	8					
平阳县	318	90	205	18	5					
苍南县	303	105	188	5	5					
文成县	8	3	5							
泰顺县	6	5	1							
瑞安市	11	1	10							
乐清市	75	21	53	1						
龙港市	42	13	27	2						
嘉兴市	**6670**	**1970**	**4397**	**225**	**78**	**1**		**1**		
南湖区	525	114	374	19	18					
秀洲区	779	235	520	22	2	1		1		
嘉善县	2152	766	1298	58	30					
海盐县	576	167	362	37	10					
海宁市	1479	336	1077	57	9					
平湖市	219	50	159	9	1					
桐乡市	940	302	607	23	8					
湖州市	**3212**	**877**	**2202**	**73**	**60**	**45**	**43**		**2**	
吴兴区	449	118	317	10	4	3	3			
南浔区	320	102	214	4		42	40		2	
德清县	1138	319	755	35	29					
长兴县	520	119	375	14	12					
安吉县	785	219	541	10	15					

7-1b 续表 27

单位：人

现住地	省外									
	云南					西藏				
	小计	乡	镇的村委会	镇的居委会	街道	小计	乡	镇的村委会	镇的居委会	街道
绍兴市	**1204**	**476**	**659**	**35**	**34**					
越城区	1		1							
柯桥区	695	273	390	13	19					
上虞区	108	38	69		1					
新昌县	112	27	64	8	13					
诸暨市	264	128	121	14	1					
嵊州市	24	10	14							
金华市	**6815**	**2494**	**4033**	**168**	**120**					
婺城区	77	25	49	2	1					
金东区	905	243	634	8	20					
武义县	2185	785	1321	41	38					
浦江县	1256	520	641	68	27					
磐安县	76	31	44	1						
兰溪市	109	10	96	1	2					
义乌市	1259	541	682	18	18					
东阳市	395	142	226	15	12					
永康市	553	197	340	14	2					
衢州市	**336**	**182**	**143**	**3**	**8**	**1**			**1**	
柯城区	4		4							
衢江区	8	2	6							
常山县	31	19	9	1	2					
开化县	17	2	15							
龙游县	256	154	96	1	5	1			1	
江山市	20	5	13	1	1					
舟山市	**163**	**46**	**111**	**1**	**5**					
定海区	25	18	7							
普陀区	6	2	4							
岱山县	127	26	95	1	5					
嵊泗县	5		5							
台州市	**1528**	**416**	**1043**	**36**	**33**					
椒江区	54	5	48	1						
黄岩区	69	10	58		1					
路桥区	298	89	199	5	5					
三门县	250	97	141	8	4					
天台县	113	21	80	8	4					
仙居县	71	15	44	2	10					
温岭市	519	148	356	10	5					
临海市	123	22	95	2	4					
玉环市	31	9	22							
丽水市	**602**	**274**	**296**	**12**	**20**					
莲都区	29	6	23							
青田县	98	35	52	5	6					
缙云县	313	153	148	6	6					
遂昌县	34	21	12		1					
松阳县	67	24	38	1	4					
云和县	33	22	11							
庆元县	17	6	11							
景宁畲族自治县	11	7	1		3					
龙泉市										

7-1b 续表 28 单位：人

现住地	省外									
	陕西					甘肃				
	小计	乡	镇的村委会	镇的居委会	街道	小计	乡	镇的村委会	镇的居委会	街道
合计	**8182**	**1724**	**5775**	**312**	**371**	**3716**	**1121**	**2248**	**177**	**170**
杭州市	**510**	**141**	**307**	**20**	**42**	**541**	**198**	**297**	**19**	**27**
上城区										
下城区										
江干区										
拱墅区										
西湖区										
滨江区										
萧山区	137	40	78	10	9	131	63	63	4	1
余杭区	196	49	124	3	20	231	73	131	15	12
富阳区	14	1	12		1	4	4			
临安区	7	1	6			27	12	15		
桐庐县	136	41	77	6	12	134	44	80		10
淳安县	12	4	7	1		11	1	6		4
建德市	8	5	3			3	1	2		
宁波市	**2740**	**476**	**2071**	**82**	**111**	**746**	**236**	**412**	**61**	**37**
海曙区	12		11		1	7	1	2	4	
江北区										
北仑区	184	47	117	9	11	132	76	40	14	2
镇海区	68	8	56	1	3	40	22	18		
鄞州区	596	79	492	11	14	70	16	45	5	4
奉化区	28	4	24			18	1	14	3	
象山县	150	23	110	4	13	41	14	19	4	4
宁海县	1016	169	788	16	43	107	21	75	8	3
余姚市	160	21	133	1	5	28	2	23	2	1
慈溪市	526	125	340	40	21	303	83	176	21	23
温州市	**754**	**114**	**576**	**35**	**29**	**298**	**92**	**182**	**13**	**11**
鹿城区	1		1							
龙湾区	271	65	181	12	13	103	36	57	1	9
瓯海区	5		5							
洞头区										
永嘉县	145	24	110	4	7	43	10	33		
平阳县	73	6	56	10	1	33	10	23		
苍南县	35	9	19	4	3	76	26	39	10	1
文成县	8		7	1		11	1	10		
泰顺县	5		1	2	2					
瑞安市						2	2			
乐清市	211	10	196	2	3	30	7	20	2	1
龙港市										
嘉兴市	**1278**	**286**	**882**	**54**	**56**	**906**	**223**	**619**	**36**	**28**
南湖区	29	5	24			23	2	18		3
秀洲区	63	11	50		2	38	9	27	2	
嘉善县	615	166	405	19	25	298	79	194	16	9
海盐县	169	39	101	9	20	142	54	75	4	9
海宁市	294	48	219	19	8	294	58	225	10	1
平湖市	59	7	50	1	1	101	21	75	3	2
桐乡市	49	10	33	6		10		5	1	4
湖州市	**485**	**120**	**323**	**17**	**25**	**314**	**108**	**182**	**13**	**11**
吴兴区	76	25	41	6	4	50	12	33		5
南浔区	9	2	6		1	12		9	3	
德清县	126	21	95	4	6	73	18	50	2	3
长兴县	139	34	93	3	9	46	16	26	3	1
安吉县	135	38	88	4	5	133	62	64	5	2

7−1b 续表 29 单位：人

现住地	省外									
	陕西					甘肃				
	小计	乡	镇的村委会	镇的居委会	街道	小计	乡	镇的村委会	镇的居委会	街道
绍兴市	**346**	**96**	**217**	**19**	**14**	**132**	**49**	**69**	**7**	**7**
越城区						1		1		
柯桥区	183	47	126	3	7	58	23	29	5	1
上虞区	9	3	6			6	1	5		
新昌县	35	8	20	3	4	15	3	8	1	3
诸暨市	108	37	55	13	3	48	22	22	1	3
嵊州市	11	1	10			4		4		
金华市	**889**	**232**	**580**	**41**	**36**	**340**	**91**	**232**	**4**	**13**
婺城区	8	2	5	1		5	1	3		1
金东区	152	40	103	3	6	40	5	35		
武义县	132	30	89	7	6	35	16	17	1	1
浦江县	31	10	16	1	4	16	7	8		1
磐安县	17	5	10		2	9	1	8		
兰溪市	14	1	12	1		5		5		
义乌市	382	94	257	19	12	147	33	108	2	4
东阳市	125	35	77	7	6	80	26	47	1	6
永康市	28	15	11	2		3	2	1		
衢州市	**76**	**25**	**45**	**1**	**5**	**27**	**7**	**16**	**4**	
柯城区	2		1		1					
衢江区										
常山县	15	4	11			11	2	8	1	
开化县	14		11	1	2	4	1	2	1	
龙游县	37	20	15		2	7		5	2	
江山市	8	1	7			5	4	1		
舟山市	**265**	**55**	**174**	**19**	**17**	**247**	**60**	**151**	**16**	**20**
定海区	7		7			8	1	6		1
普陀区	11	2	8	1		5	1	4		
岱山县	230	49	146	18	17	232	58	139	16	19
嵊泗县	17	4	13			2		2		
台州市	**735**	**135**	**549**	**22**	**29**	**110**	**40**	**59**	**2**	**9**
椒江区	7	3	3	1		9	6	2		1
黄岩区	7	4	3			1		1		
路桥区	87	24	57		6	9	3	6		
三门县	61	5	48	5	3	13	4	9		
天台县	43	5	30	1	7	21	9	6		6
仙居县	19	2	14		3	14	9	2	1	2
温岭市	431	83	327	15	6	27	4	22	1	
临海市	52	8	40		4	11	2	9		
玉环市	28	1	27			5	3	2		
丽水市	**104**	**44**	**51**	**2**	**7**	**55**	**17**	**29**	**2**	**7**
莲都区	3	2	1							
青田县	36	18	15	2	1	22	11	9		2
缙云县	35	16	19			15	4	11		
遂昌县	5	1	3		1	1				1
松阳县	7	2	5			7		6		1
云和县	13	5	8			1	1			
庆元县						4	1	2		1
景宁畲族自治县	5				5	5		1	2	2
龙泉市										

7-1b 续表 30　　　　单位：人

现住地	省外									
	青海					宁夏				
	小计	乡	镇的村委会	镇的居委会	街道	小计	乡	镇的村委会	镇的居委会	街道
合计	**308**	**104**	**164**	**11**	**29**	**243**	**56**	**130**	**34**	**23**
杭州市	**8**	**1**	**3**	**1**	**3**	**25**	**2**	**16**	**4**	**3**
上城区										
下城区										
江干区										
拱墅区										
西湖区										
滨江区										
萧山区	3	1	1		1	4	1		3	
余杭区	1		1			5		5		
富阳区										
临安区	1		1			2		1	1	
桐庐县	1				1	14	1	10		3
淳安县	1			1						
建德市	1				1					
宁波市	**108**	**44**	**60**		**4**	**53**	**15**	**27**	**7**	**4**
海曙区	7		6		1					
江北区										
北仑区	36	19	16		1	13	7	4		2
镇海区	3	1	2							
鄞州区	5	2	3			18	5	11	2	
奉化区	3	1			2	1		1		
象山县	15	8	7			4	1		2	1
宁海县	8	1	7			4		2	2	
余姚市	12	1	11			2		2		
慈溪市	19	11	8			11	2	7	1	1
温州市	**18**	**10**	**6**	**2**		**13**	**2**	**8**	**2**	**1**
鹿城区										
龙湾区	3	3				3	1	2		
瓯海区										
洞头区										
永嘉县	9	7	2			4		2	1	1
平阳县	1		1			1	1			
苍南县	5		3	2		4		3	1	
文成县										
泰顺县										
瑞安市										
乐清市						1		1		
龙港市										
嘉兴市	**69**	**12**	**44**	**3**	**10**	**54**	**12**	**31**	**4**	**7**
南湖区										
秀洲区	1		1			1		1		
嘉善县	13	2	7		4	24	1	17	1	5
海盐县	14	2	9	2	1	8	2	4	1	1
海宁市	15	2	12	1		18	9	7	1	1
平湖市	19	6	8		5	3		2	1	
桐乡市	7		7							
湖州市	**12**	**6**	**5**		**1**	**23**	**7**	**10**	**3**	**3**
吴兴区						4		4		
南浔区						2	2			
德清县	1	1				9	2	3	2	2
长兴县	3	2	1			2	2			
安吉县	8	3	4		1	6	1	3	1	1

7−1b 续表 31 单位：人

现住地	省外									
	青海					宁夏				
	小计	乡	镇的村委会	镇的居委会	街道	小计	乡	镇的村委会	镇的居委会	街道
绍兴市	**13**	**3**	**9**		**1**	**10**		**1**	**9**	
越城区										
柯桥区	3		3							
上虞区	2		2							
新昌县	3	1	1		1	10		1	9	
诸暨市	5	2	3							
嵊州市										
金华市	**40**	**19**	**16**	**3**	**2**	**25**	**6**	**15**	**2**	**2**
婺城区										
金东区	11	1	9	1		7		6		1
武义县	2	2				3		1	2	
浦江县	3	1	2			2		1		1
磐安县	2	1		1						
兰溪市										
义乌市	12	11	1			5	4	1		
东阳市	10	3	4	1	2	6	2	4		
永康市						2		2		
衢州市	**1**		**1**			**2**	**1**		**1**	
柯城区										
衢江区										
常山县	1		1			1			1	
开化县										
龙游县						1	1			
江山市										
舟山市	**11**	**4**	**4**	**1**	**2**	**29**	**11**	**14**	**2**	**2**
定海区						1		1		
普陀区	1	1								
岱山县	10	3	4	1	2	28	11	13	2	2
嵊泗县										
台州市	**24**	**4**	**15**	**1**	**4**	**4**		**3**		**1**
椒江区	12		10	1	1					
黄岩区										
路桥区						1		1		
三门县										
天台县	9	4	2		3	1				1
仙居县										
温岭市										
临海市	3		3			2		2		
玉环市										
丽水市	**4**	**1**	**1**		**2**	**5**		**5**		
莲都区										
青田县						1		1		
缙云县	1		1			3		3		
遂昌县										
松阳县	1	1								
云和县						1		1		
庆元县	1				1					
景宁畲族自治县	1				1					
龙泉市										

7-1b　续表 32　　　　单位：人

现住地	省外				
	新疆				
	小计	乡	镇的村委会	镇的居委会	街道
合计	**363**	**80**	**141**	**58**	**84**
杭州市	**40**	**8**	**17**	**6**	**9**
上城区					
下城区					
江干区					
拱墅区					
西湖区					
滨江区					
萧山区	7		3	1	3
余杭区	10	4	5	1	
富阳区					
临安区					
桐庐县	15	4	7	2	2
淳安县	3			2	1
建德市	5		2		3
宁波市	**69**	**12**	**43**	**3**	**11**
海曙区					
江北区					
北仑区	3	1	2		
镇海区					
鄞州区	13	1	9	2	1
奉化区					
象山县	3		1		2
宁海县	17		11		6
余姚市	5	2	2	1	
慈溪市	28	8	18		2
温州市	**44**	**13**	**16**	**8**	**7**
鹿城区					
龙湾区	3		1	1	1
瓯海区					
洞头区					
永嘉县	7		7		
平阳县	3	1		2	
苍南县	18	10	1	1	6
文成县	6		6		
泰顺县					
瑞安市					
乐清市	7	2	1	4	
龙港市					
嘉兴市	**62**	**12**	**14**	**27**	**9**
南湖区					
秀洲区	8	4	1	3	
嘉善县	26	4	8	11	3
海盐县	10	1	3	3	3
海宁市	14	3	1	7	3
平湖市	4		1	3	
桐乡市					
湖州市	**26**	**6**	**11**	**1**	**8**
吴兴区	2		2		
南浔区	1		1		
德清县	7		1	1	5
长兴县	10	2	5		3
安吉县	6	4	2		

7-1b 续表 33

单位：人

现住地	省外				
	新疆				
	小计	乡	镇的村委会	镇的居委会	街道
绍兴市	**8**	**4**	**2**	**2**	
越城区					
柯桥区					
上虞区	1	1			
新昌县	3	1	1	1	
诸暨市	4	2	1	1	
嵊州市					
金华市	**64**	**15**	**15**	**4**	**30**
婺城区	27	4	1		22
金东区	10	2	5	3	
武义县	3	1	1		1
浦江县	2	1			1
磐安县					
兰溪市					
义乌市	15	5	7	1	2
东阳市	5	2	1		2
永康市	2				2
衢州市	**5**		**3**	**1**	**1**
柯城区	1		1		
衢江区					
常山县	1				1
开化县					
龙游县	1		1		
江山市	2		1	1	
舟山市	**21**	**1**	**9**	**6**	**5**
定海区	4		4		
普陀区					
岱山县	17	1	5	6	5
嵊泗县					
台州市	**6**	**3**	**3**		
椒江区					
黄岩区					
路桥区					
三门县	1		1		
天台县	1	1			
仙居县	3	2	1		
温岭市					
临海市	1		1		
玉环市					
丽水市	**18**	**6**	**8**		**4**
莲都区	1	1			
青田县	2				2
缙云县	13	4	8		1
遂昌县					
松阳县					
云和县	1				1
庆元县					
景宁畲族自治县	1	1			
龙泉市					

7-1c 全省按现住地、户口登记地类型分的户口登记地在外乡镇街道人口(乡村)

单位：人

现住地	合计					省内				
	合计	乡	镇的村委会	镇的居委会	街道	小计	乡	镇的村委会	镇的居委会	街道
合计	**423760**	**105419**	**280806**	**12408**	**25127**	**92615**	**16094**	**55869**	**5274**	**15378**
杭州市	**50898**	**12638**	**32982**	**1622**	**3656**	**11699**	**1713**	**6867**	**907**	**2212**
上城区										
下城区										
江干区										
拱墅区										
西湖区	1126	252	617	98	159	404	55	151	86	112
滨江区										
萧山区	16361	4020	11326	341	674	2494	245	1730	127	392
余杭区	19873	5323	12938	425	1187	3073	561	1874	127	511
富阳区	4588	1105	2621	215	647	1938	251	1014	151	522
临安区	4385	1036	2613	195	541	1547	276	782	144	345
桐庐县	1347	320	809	50	168	580	85	321	37	137
淳安县	1101	235	613	136	117	750	137	420	118	75
建德市	2117	347	1445	162	163	913	103	575	117	118
宁波市	**88408**	**19143**	**62561**	**2342**	**4362**	**15032**	**1563**	**9992**	**994**	**2483**
海曙区	7019	1086	5599	157	177	1999	208	1602	69	120
江北区	5437	1317	3620	209	291	795	89	395	112	199
北仑区	11280	2281	7906	348	745	1491	99	850	102	440
镇海区	3579	659	2691	108	121	476	67	320	34	55
鄞州区	19005	3973	13938	408	686	3061	291	2270	168	332
奉化区	8062	2655	4424	192	791	1633	171	895	122	445
象山县	4312	940	2837	183	352	1265	238	709	89	229
宁海县	5239	751	3823	235	430	1565	148	1033	112	272
余姚市	6449	1665	4271	150	363	1090	142	676	73	199
慈溪市	18026	3816	13452	352	406	1657	110	1242	113	192
温州市	**61712**	**15621**	**41078**	**1948**	**3065**	**16554**	**2879**	**11179**	**722**	**1774**
鹿城区	5182	1322	3512	90	258	835	101	521	37	176
龙湾区	43	28	13		2	5	3	2		
瓯海区	7355	2266	4338	141	610	1750	365	992	41	352
洞头区	2859	382	1823	181	473	943	38	445	101	359
永嘉县	4929	1095	3346	113	375	1663	275	1124	54	210
平阳县	7910	1626	5872	252	160	3116	481	2448	112	75
苍南县	4782	1026	3409	279	68	1951	331	1421	169	30
文成县	827	112	640	32	43	486	77	380	8	21
泰顺县	741	141	512	54	34	437	118	305	4	10
瑞安市	15337	4775	9563	410	589	2635	595	1687	75	278
乐清市	11398	2735	7835	380	448	2602	473	1762	106	261
龙港市	349	113	215	16	5	131	22	92	15	2
嘉兴市	**49781**	**11836**	**34649**	**1397**	**1899**	**6179**	**765**	**3905**	**488**	**1021**
南湖区	3744	671	2791	136	146	612	78	399	61	74
秀洲区	9225	1875	6982	197	171	715	65	526	45	79
嘉善县	6233	1522	4252	251	208	835	103	579	77	76
海盐县	3623	577	2777	66	203	598	41	397	34	126
海宁市	12646	4182	7757	248	459	1403	236	818	88	261
平湖市	7253	1365	5171	324	393	976	57	518	133	268
桐乡市	7057	1644	4919	175	319	1040	185	668	50	137
湖州市	**25129**	**5480**	**17778**	**625**	**1246**	**5000**	**765**	**3233**	**288**	**714**
吴兴区	9771	2220	6794	207	550	1581	275	929	60	317
南浔区	4645	1161	3260	103	121	883	185	599	43	56
德清县	4593	669	3587	109	228	919	80	661	50	128
长兴县	2290	531	1476	95	188	770	107	467	65	131
安吉县	3830	899	2661	111	159	847	118	577	70	82

7-1c 续表 1 单位：人

现住地	合计					省内				
	合计	乡	镇的村委会	镇的居委会	街道	小计	乡	镇的村委会	镇的居委会	街道
绍兴市	**20325**	**5610**	**12638**	**568**	**1509**	**5037**	**728**	**2995**	**223**	**1091**
越城区	3925	1004	2676	76	169	569	40	411	13	105
柯桥区	4458	1265	2869	65	259	605	65	368	22	150
上虞区	3546	700	2396	123	327	1037	72	609	79	277
新昌县	1092	204	610	42	236	838	131	460	23	224
诸暨市	5529	1799	3185	215	330	1155	226	681	48	200
嵊州市	1775	638	902	47	188	833	194	466	38	135
金华市	**52097**	**16724**	**30591**	**1448**	**3334**	**9649**	**2120**	**5161**	**464**	**1904**
婺城区	3132	1131	1432	124	445	1345	374	527	75	369
金东区	5772	1746	3614	159	253	979	214	594	39	132
武义县	4914	1432	3078	69	335	1078	214	592	31	241
浦江县	7621	2302	4649	186	484	1275	327	646	75	227
磐安县	529	94	326	45	64	232	32	138	20	42
兰溪市	1165	370	540	36	219	576	163	242	20	151
义乌市	15196	5767	8249	371	809	2016	478	1051	112	375
东阳市	5926	1774	3474	257	421	1226	205	718	60	243
永康市	7842	2108	5229	201	304	922	113	653	32	124
衢州市	**5936**	**1610**	**3176**	**237**	**913**	**3881**	**923**	**2019**	**176**	**763**
柯城区	1142	319	491	22	310	835	220	315	17	283
衢江区	975	279	522	25	149	653	172	338	22	121
常山县	626	187	347	37	55	405	124	220	20	41
开化县	497	109	319	38	31	352	76	213	36	27
龙游县	1430	440	748	75	167	665	147	351	52	115
江山市	1266	276	749	40	201	971	184	582	29	176
舟山市	**11568**	**2418**	**7425**	**520**	**1205**	**2354**	**185**	**1192**	**193**	**784**
定海区	4268	862	2780	129	497	1033	61	524	46	402
普陀区	4146	820	2575	224	527	814	45	392	61	316
岱山县	2603	587	1756	115	145	346	32	211	50	53
嵊泗县	551	149	314	52	36	161	47	65	36	13
台州市	**47026**	**10221**	**32765**	**1345**	**2695**	**10311**	**1636**	**6446**	**564**	**1665**
椒江区	6809	1375	4592	190	652	1034	91	577	34	332
黄岩区	4192	1135	2525	167	365	1406	280	728	131	267
路桥区	7725	1788	5541	145	251	1040	129	722	37	152
三门县	1152	231	735	61	125	527	118	279	35	95
天台县	1397	281	834	19	263	780	140	412	14	214
仙居县	1794	673	821	80	220	1049	431	414	41	163
温岭市	10170	1690	7813	323	344	2214	160	1666	173	215
临海市	6463	1268	4703	215	277	1355	161	971	73	150
玉环市	7324	1780	5201	145	198	906	126	677	26	77
丽水市	**10880**	**4118**	**5163**	**356**	**1243**	**6919**	**2817**	**2880**	**255**	**967**
莲都区	2670	686	1529	105	350	1312	353	617	79	263
青田县	1392	420	789	33	150	664	251	299	23	91
缙云县	1144	352	659	52	81	653	194	378	31	50
遂昌县	854	242	418	51	143	676	198	310	45	123
松阳县	1300	633	520	37	110	772	349	312	26	85
云和县	1041	570	355	30	86	841	461	282	20	78
庆元县	885	527	257	14	87	715	440	186	12	77
景宁畲族自治县	862	396	312	13	141	692	318	248	11	115
龙泉市	732	292	324	21	95	594	253	248	8	85

7-1c　续表 2　　　　　　　　　　　　　　　　　　　　　　　　　　　　单位：人

现住地	省外									
	小计					北京				
	小计	乡	镇的村委会	镇的居委会	街道	小计	乡	镇的村委会	镇的居委会	街道
合计	**331145**	**89325**	**224937**	**7134**	**9749**	**86**	**2**	**30**	**19**	**35**
杭州市	**39199**	**10925**	**26115**	**715**	**1444**	**22**	**1**	**7**	**6**	**8**
上城区										
下城区										
江干区										
拱墅区										
西湖区	722	197	466	12	47	1		1		
滨江区										
萧山区	13867	3775	9596	214	282	2		2		
余杭区	16800	4762	11064	298	676	11		3	3	5
富阳区	2650	854	1607	64	125	2			2	
临安区	2838	760	1831	51	196	5	1	1	1	2
桐庐县	767	235	488	13	31	1				1
淳安县	351	98	193	18	42					
建德市	1204	244	870	45	45					
宁波市	**73376**	**17580**	**52569**	**1348**	**1879**	**10**		**2**	**4**	**4**
海曙区	5020	878	3997	88	57					
江北区	4642	1228	3225	97	92					
北仑区	9789	2182	7056	246	305	3				3
镇海区	3103	592	2371	74	66					
鄞州区	15944	3682	11668	240	354	1			1	
奉化区	6429	2484	3529	70	346					
象山县	3047	702	2128	94	123					
宁海县	3674	603	2790	123	158	2			1	1
余姚市	5359	1523	3595	77	164					
慈溪市	16369	3706	12210	239	214	4		2	2	
温州市	**45158**	**12742**	**29899**	**1226**	**1291**	**11**		**8**		**3**
鹿城区	4347	1221	2991	53	82					
龙湾区	38	25	11		2					
瓯海区	5605	1901	3346	100	258					
洞头区	1916	344	1378	80	114					
永嘉县	3266	820	2222	59	165	1				1
平阳县	4794	1145	3424	140	85					
苍南县	2831	695	1988	110	38					
文成县	341	35	260	24	22					
泰顺县	304	23	207	50	24	2		2		
瑞安市	12702	4180	7876	335	311	1		1		
乐清市	8796	2262	6073	274	187	7		5		2
龙港市	218	91	123	1	3					
嘉兴市	**43602**	**11071**	**30744**	**909**	**878**	**7**		**4**	**1**	**2**
南湖区	3132	593	2392	75	72	1		1		
秀洲区	8510	1810	6456	152	92	1		1		
嘉善县	5398	1419	3673	174	132	1		1		
海盐县	3025	536	2380	32	77					
海宁市	11243	3946	6939	160	198					
平湖市	6277	1308	4653	191	125	2		1	1	
桐乡市	6017	1459	4251	125	182	2				2
湖州市	**20129**	**4715**	**14545**	**337**	**532**	**11**	**1**	**2**	**3**	**5**
吴兴区	8190	1945	5865	147	233	4		1		3
南浔区	3762	976	2661	60	65	2	1			1
德清县	3674	589	2926	59	100	2		1	1	
长兴县	1520	424	1009	30	57					
安吉县	2983	781	2084	41	77	3			2	1

7-1c 续表 3 单位：人

现住地	省外									
	小计					北京				
	小计	乡	镇的村委会	镇的居委会	街道	小计	乡	镇的村委会	镇的居委会	街道
绍兴市	**15288**	**4882**	**9643**	**345**	**418**	**3**		**1**	**2**	
越城区	3356	964	2265	63	64					
柯桥区	3853	1200	2501	43	109	2			2	
上虞区	2509	628	1787	44	50					
新昌县	254	73	150	19	12					
诸暨市	4374	1573	2504	167	130	1		1		
嵊州市	942	444	436	9	53					
金华市	**42448**	**14604**	**25430**	**984**	**1430**	**6**		**1**	**1**	**4**
婺城区	1787	757	905	49	76	1				1
金东区	4793	1532	3020	120	121					
武义县	3836	1218	2486	38	94					
浦江县	6346	1975	4003	111	257	2		1	1	
磐安县	297	62	188	25	22					
兰溪市	589	207	298	16	68					
义乌市	13180	5289	7198	259	434					
东阳市	4700	1569	2756	197	178	3				3
永康市	6920	1995	4576	169	180					
衢州市	**2055**	**687**	**1157**	**61**	**150**	**5**		**1**		**4**
柯城区	307	99	176	5	27					
衢江区	322	107	184	3	28					
常山县	221	63	127	17	14					
开化县	145	33	106	2	4					
龙游县	765	293	397	23	52	2		1		1
江山市	295	92	167	11	25	3				3
舟山市	**9214**	**2233**	**6233**	**327**	**421**	**2**				**2**
定海区	3235	801	2256	83	95					
普陀区	3332	775	2183	163	211	1				1
岱山县	2257	555	1545	65	92					
嵊泗县	390	102	249	16	23	1				1
台州市	**36715**	**8585**	**26319**	**781**	**1030**	**7**		**4**		**3**
椒江区	5775	1284	4015	156	320					
黄岩区	2786	855	1797	36	98	2		1		1
路桥区	6685	1659	4819	108	99					
三门县	625	113	456	26	30					
天台县	617	141	422	5	49	1				1
仙居县	745	242	407	39	57					
温岭市	7956	1530	6147	150	129	3		2		1
临海市	5108	1107	3732	142	127	1		1		
玉环市	6418	1654	4524	119	121					
丽水市	**3961**	**1301**	**2283**	**101**	**276**	**2**			**2**	
莲都区	1358	333	912	26	87					
青田县	728	169	490	10	59					
缙云县	491	158	281	21	31	1			1	
遂昌县	178	44	108	6	20					
松阳县	528	284	208	11	25					
云和县	200	109	73	10	8					
庆元县	170	87	71	2	10					
景宁畲族自治县	170	78	64	2	26	1			1	
龙泉市	138	39	76	13	10					

7-1c　续表 4　　　　单位：人

现住地	省外									
	天津					河北				
	小计	乡	镇的村委会	镇的居委会	街道	小计	乡	镇的村委会	镇的居委会	街道
合计	**55**	**10**	**23**	**3**	**19**	**1518**	**367**	**982**	**67**	**102**
杭州市	**18**	**3**	**8**	**2**	**5**	**306**	**90**	**182**	**12**	**22**
上城区										
下城区										
江干区										
拱墅区										
西湖区	1		1			14	3	10		1
滨江区										
萧山区	8	1	6		1	96	17	70	2	7
余杭区	2		1	1		133	49	73	5	6
富阳区	2	1		1		30	15	12	1	2
临安区	5	1			4	17	2	9	2	4
桐庐县						1			1	
淳安县						5	3	2		
建德市						10	1	6	1	2
宁波市	**3**	**1**			**2**	**238**	**57**	**157**	**13**	**11**
海曙区						8		8		
江北区						25	3	22		
北仑区						29	7	16	6	
镇海区						11	5	3	1	2
鄞州区	2				2	44	10	32		2
奉化区	1	1				19	7	12		
象山县						16	1	11		4
宁海县						22	5	13	3	1
余姚市						29	10	14	3	2
慈溪市						35	9	26		
温州市	**7**	**3**	**2**		**2**	**119**	**13**	**85**	**4**	**17**
鹿城区						15		14		1
龙湾区										
瓯海区						20	2	7	1	10
洞头区						6		5	1	
永嘉县	2	2				12	1	7		4
平阳县	1				1	9	2	6		1
苍南县						10	1	9		
文成县						1		1		
泰顺县						6		6		
瑞安市	2		1		1	17	2	15		
乐清市	2	1	1			23	5	15	2	1
龙港市										
嘉兴市	**5**		**1**	**1**	**3**	**224**	**61**	**150**	**5**	**8**
南湖区						13	4	9		
秀洲区						30		29	1	
嘉善县	1				1	22	8	12	1	1
海盐县						18	12	5		1
海宁市	1				1	37	14	22	1	
平湖市	1				1	30	13	17		
桐乡市	2		1	1		74	10	56	2	6
湖州市	**2**		**2**			**124**	**12**	**101**	**7**	**4**
吴兴区						64	6	50	5	3
南浔区						19	6	13		
德清县	2		2			23		21	2	
长兴县						16		15		1
安吉县						2		2		

7－1c 续表 5

单位：人

现住地	省外									
	天津					河北				
	小计	乡	镇的村委会	镇的居委会	街道	小计	乡	镇的村委会	镇的居委会	街道
绍兴市	**3**		**3**			**86**	**30**	**52**	**2**	**2**
越城区	2		2			32	10	22		
柯桥区						20	5	12	1	2
上虞区						9	2	6	1	
新昌县	1		1							
诸暨市						21	13	8		
嵊州市						4		4		
金华市	**6**	**1**	**2**		**3**	**137**	**42**	**76**	**7**	**12**
婺城区	1				1	5	1	2		2
金东区	2		2			33	10	22		1
武义县						8	1	6		1
浦江县						14	5	9		
磐安县						5	1	3		1
兰溪市	2	1			1	7	1	3	2	1
义乌市						40	16	20	1	3
东阳市	1				1	16	5	5	4	2
永康市						9	2	6		1
衢州市	**2**	**1**	**1**			**29**	**10**	**15**		**4**
柯城区	1	1				13	2	9		2
衢江区	1		1			1	1			
常山县						6	1	3		2
开化县						1		1		
龙游县						7	6	1		
江山市						1		1		
舟山市	**3**	**1**	**1**		**1**	**103**	**16**	**68**	**3**	**16**
定海区	1	1				34	5	26	1	2
普陀区	1				1	25	4	11	1	9
岱山县						35	5	24	1	5
嵊泗县	1		1			9	2	7		
台州市	**6**		**3**		**3**	**132**	**30**	**87**	**12**	**3**
椒江区						16	5	7	4	
黄岩区	2		2			7	3	4		
路桥区	1				1	26	6	19		1
三门县						6		4	2	
天台县	1				1	7	1	5		1
仙居县	1				1	3	1	1	1	
温岭市						33	6	22	5	
临海市						26	6	19		1
玉环市	1		1			8	2	6		
丽水市						**20**	**6**	**9**	**2**	**3**
莲都区										
青田县						4	1	1		2
缙云县						4	1	3		
遂昌县						2		2		
松阳县						3	3			
云和县						1		1		
庆元县						2			1	1
景宁畲族自治县						3	1	1	1	
龙泉市						1		1		

7-1c　续表 6　　　　单位：人

现住地	省外									
	山西					内蒙古				
	小计	乡	镇的村委会	镇的居委会	街道	小计	乡	镇的村委会	镇的居委会	街道
合计	**1172**	**292**	**764**	**37**	**79**	**499**	**115**	**299**	**38**	**47**
杭州市	**222**	**57**	**142**	**9**	**14**	**85**	**14**	**50**	**8**	**13**
上城区										
下城区										
江干区										
拱墅区										
西湖区	3	2	1			5		2	1	2
滨江区										
萧山区	70	15	49	4	2	22	2	16	2	2
余杭区	78	20	53		5	27	8	12	4	3
富阳区	41	16	16	5	4	12	1	10		1
临安区	11	1	10			8	1	2		5
桐庐县	14	3	10		1	5	2	2	1	
淳安县						1		1		
建德市	5		3		2	5		5		
宁波市	**208**	**47**	**141**	**9**	**11**	**101**	**19**	**66**	**12**	**4**
海曙区	9	1	7		1	3		3		
江北区	10	5	4	1		6		5	1	
北仑区	35	12	21	2		19	2	14	2	1
镇海区	7		6		1					
鄞州区	37	3	31	1	2	25	7	13	3	2
奉化区	21	7	12		2	6	6			
象山县	8	2	4	2		2		2		
宁海县	19		14	1	4	10	2	5	2	1
余姚市	25	12	13			11		10	1	
慈溪市	37	5	29	2	1	19	2	14	3	
温州市	**107**	**25**	**76**	**3**	**3**	**41**	**11**	**25**	**2**	**3**
鹿城区	6	1	5			1	1			
龙湾区										
瓯海区	12	6	6			2	1	1		
洞头区	9	2	6	1		2	1	1		
永嘉县	7	1	6			3	1	2		
平阳县	10	4	5	1		4	1	2		1
苍南县	9		9			4	2		1	1
文成县	5		4	1						
泰顺县	2		1		1	1		1		
瑞安市	9	4	5			9	2	7		
乐清市	38	7	29		2	15	2	11	1	1
龙港市										
嘉兴市	**158**	**36**	**105**	**5**	**12**	**50**	**9**	**33**	**3**	**5**
南湖区	37	2	30	1	4	3	2	1		
秀洲区	4		2		2	1				1
嘉善县	25	8	14	2	1	12	2	8	1	1
海盐县	9	1	6		2	7		5	2	
海宁市	42	10	29	2	1	13	4	7		2
平湖市	22	5	15		2	8		7		1
桐乡市	19	10	9			6	1	5		
湖州市	**95**	**25**	**64**	**3**	**3**	**36**	**14**	**18**	**2**	**2**
吴兴区	42	11	29	1	1	7	2	3	1	1
南浔区	9	2	6		1	8	5	2		1
德清县	24	5	16	2	1	5		5		
长兴县	6	1	5			7	6	1		
安吉县	14	6	8			9	1	7	1	

7-1c 续表 7　　　　单位：人

现住地	省外									
	山西					内蒙古				
	小计	乡	镇的村委会	镇的居委会	街道	小计	乡	镇的村委会	镇的居委会	街道
绍兴市	**61**	**9**	**50**	**1**	**1**	**19**	**3**	**16**		
越城区	16		16			3		3		
柯桥区	5	2	2		1	4	2	2		
上虞区	7	3	4			6		6		
新昌县	3	1	1	1		2		2		
诸暨市	27	2	25			4	1	3		
嵊州市	3	1	2							
金华市	**127**	**52**	**60**	**2**	**13**	**58**	**14**	**33**	**3**	**8**
婺城区	5	2	2		1	26	2	17	1	6
金东区	17	7	7		3	5		4		1
武义县	13	10	3							
浦江县	17	14	3							
磐安县						2		2		
兰溪市	4		1	2	1					
义乌市	47	15	30		2	11	7	3		1
东阳市	18	1	11		6	7	3	3	1	
永康市	6	3	3			7	2	4	1	
衢州市	**18**	**3**	**11**	**2**	**2**	**15**	**6**	**8**		**1**
柯城区	6	2	3		1	1				1
衢江区	7		6		1	4	4			
常山县	1		1							
开化县						1		1		
龙游县	3	1	1	1		2		2		
江山市	1			1		7	2	5		
舟山市	**38**	**11**	**21**	**1**	**5**	**42**	**9**	**26**	**1**	**6**
定海区	7	1	3		3	14	2	9	1	2
普陀区	15	3	10	1	1	15	6	6		3
岱山县	16	7	8		1	13	1	11		1
嵊泗县										
台州市	**125**	**25**	**87**	**2**	**11**	**45**	**14**	**22**	**6**	**3**
椒江区	17	5	9		3	7		6	1	
黄岩区	11	3	7		1	4	2	2		
路桥区	16	5	11			3	2	1		
三门县	1		1			4			4	
天台县	7	1	4		2	2	1	1		
仙居县	1	1				4	4			
温岭市	16	4	9	1	2	8	1	7		
临海市	37	5	30	1	1	9	4	4	1	
玉环市	19	1	16		2	4		1		3
丽水市	**13**	**2**	**7**		**4**	**7**	**2**	**2**	**1**	**2**
莲都区										
青田县	2	1	1			1			1	
缙云县	4		3		1	2	1	1		
遂昌县										
松阳县	6	1	2		3					
云和县						1		1		
庆元县										
景宁畲族自治县	1		1			3	1			2
龙泉市										

7-1c　续表 8　　　　　　　　　　　　　　　　　　　　单位：人

现住地	省外									
	辽宁					吉林				
	小计	乡	镇的村委会	镇的居委会	街道	小计	乡	镇的村委会	镇的居委会	街道
合计	**1092**	**250**	**566**	**82**	**194**	**1123**	**227**	**668**	**69**	**159**
杭州市	**201**	**47**	**94**	**18**	**42**	**171**	**32**	**115**	**13**	**11**
上城区										
下城区										
江干区										
拱墅区										
西湖区	7	3	2		2	4	1	2		1
滨江区										
萧山区	70	11	33	9	17	48	8	33	5	2
余杭区	74	15	43	5	11	70	17	44	5	4
富阳区	26	10	8	1	7	25	1	21	1	2
临安区	10	3	4		3	16	4	10	2	
桐庐县	3	3				4	1	2		1
淳安县	2				2					
建德市	9	2	4	3		4		3		1
宁波市	**176**	**28**	**103**	**17**	**28**	**264**	**53**	**168**	**13**	**30**
海曙区	8		7		1	24	7	16		1
江北区	10	1	8	1		10	2	7	1	
北仑区	30	5	11	3	11	31	8	19	1	3
镇海区	17	2	12		3	13		11	2	
鄞州区	21	1	12	6	2	50	9	30	2	9
奉化区	23	7	12	1	3	27	12	11	2	2
象山县	23	4	10	5	4	16	3	6		7
宁海县	10	1	8		1	22	1	17	2	2
余姚市	11	4	6		1	13	4	4	2	3
慈溪市	23	3	17	1	2	58	7	47	1	3
温州市	**76**	**9**	**46**	**3**	**18**	**63**	**6**	**39**	**5**	**13**
鹿城区	1		1			4		1		3
龙湾区										
瓯海区	8	1	5		2	6	1	1	1	3
洞头区	12		8		4	3		3		
永嘉县	7		7			1		1		
平阳县	11	1	4	1	5	12		8	1	3
苍南县	2		1		1	7		5	1	1
文成县	1		1			2		2		
泰顺县	1				1	1				1
瑞安市	22	6	11	1	4	13	3	6	2	2
乐清市	11	1	8	1	1	14	2	12		
龙港市										
嘉兴市	**151**	**43**	**55**	**12**	**41**	**122**	**18**	**76**	**7**	**21**
南湖区	7	1	2	1	3	18	5	8	1	4
秀洲区	13		6	2	5	16	4	12		
嘉善县	21	9	8	2	2	35	7	19	3	6
海盐县	4		4			8		6		2
海宁市	28	11	10		7	20	1	15		4
平湖市	18	3	7	3	5	19	1	14	2	2
桐乡市	60	19	18	4	19	6		2	1	3
湖州市	**53**	**10**	**38**	**3**	**2**	**69**	**17**	**39**	**3**	**10**
吴兴区	29	9	19	1		30	8	15	1	6
南浔区	4		4			10	4	5		1
德清县	10	1	6	1	2	17		14	2	1
长兴县	2		2							
安吉县	8		7	1		12	5	5		2

7-1c 续表 9 单位：人

现住地	省外									
	辽宁					吉林				
	小计	乡	镇的村委会	镇的居委会	街道	小计	乡	镇的村委会	镇的居委会	街道
绍兴市	**33**	**6**	**25**	**1**	**1**	**68**	**26**	**33**	**4**	**5**
越城区	5	2	2		1	3		3		
柯桥区	5	1	4			35	18	13	3	1
上虞区	8		7	1		10	5	4		1
新昌县	6		6			6		6		
诸暨市	2	2				9	2	4		3
嵊州市	7	1	6			5	1	3	1	
金华市	**114**	**29**	**56**	**5**	**24**	**118**	**20**	**61**	**2**	**35**
婺城区	5	1	2		2	18	3	8		7
金东区	13	6	7			17	2	10	1	4
武义县	2	1	1			5		5		
浦江县	20	2	6	3	9	7	3	1		3
磐安县	5		2		3	2			1	1
兰溪市	8	6	2			3		3		
义乌市	44	5	30		9	45	8	22		15
东阳市	6	1	4		1	15	3	9		3
永康市	11	7	2	2		6	1	3		2
衢州市	**20**	**9**	**5**	**4**	**2**	**16**	**4**	**7**	**2**	**3**
柯城区	2	1	1			4	2			2
衢江区	8	5	2		1	4	2	1		1
常山县	4			4		1			1	
开化县										
龙游县	5	3	1		1	6		5	1	
江山市	1		1			1		1		
舟山市	**160**	**47**	**86**	**9**	**18**	**126**	**38**	**64**	**9**	**15**
定海区	46	13	29	3	1	30	6	20	2	2
普陀区	60	10	37	5	8	37	17	14	2	4
岱山县	51	23	18	1	9	57	15	28	5	9
嵊泗县	3	1	2			2		2		
台州市	**86**	**16**	**46**	**10**	**14**	**99**	**13**	**65**	**9**	**12**
椒江区	19	4	9	3	3	22	3	13		6
黄岩区	13	5	5	2	1	4		4		
路桥区	12	1	9		2	22		20		2
三门县	7		2	1	4					
天台县	2		2			1				1
仙居县	7	3	3	1		5		2	3	
温岭市	15		11	2	2	15	1	11	2	1
临海市	9	3	4	1	1	19	7	7	4	1
玉环市	2		1		1	11	2	8		1
丽水市	**22**	**6**	**12**		**4**	**7**		**1**	**2**	**4**
莲都区	3	2			1	1				1
青田县	8	3	3		2	1				1
缙云县	2		2							
遂昌县						2		1		1
松阳县										
云和县	6		6			2			2	
庆元县										
景宁畲族自治县	1		1							
龙泉市	2	1			1	1				1

7-1c 续表 10

单位：人

现住地	省外									
	黑龙江					上海				
	小计	乡	镇的村委会	镇的居委会	街道	小计	乡	镇的村委会	镇的居委会	街道
合计	**2176**	**574**	**1229**	**146**	**227**	**711**	**64**	**234**	**102**	**311**
杭州市	**382**	**99**	**196**	**27**	**60**	**51**	**6**	**16**	**1**	**28**
上城区										
下城区										
江干区										
拱墅区										
西湖区	9	3	1		5	1	1			
滨江区										
萧山区	125	30	73	7	15	15	2	9	1	3
余杭区	168	39	80	13	36	16		4		12
富阳区	23	9	9	3	2	3	1	1		1
临安区	21	7	12	1	1	2		1		1
桐庐县	4	3	1			8	1			7
淳安县	7	3	4			4	1			3
建德市	25	5	16	3	1	2		1		1
宁波市	**544**	**133**	**312**	**45**	**54**	**171**	**18**	**38**	**28**	**87**
海曙区	10	4	6			7		3	1	3
江北区	24	5	17		2	3			1	2
北仑区	69	14	35	9	11	16	1	3	7	5
镇海区	44	4	31	8	1	3	1		2	
鄞州区	86	15	51	4	16	38	3	10	7	18
奉化区	66	27	22	3	14	44	6	4	4	30
象山县	44	15	23	1	5	11	2	3	1	5
宁海县	39	5	27	5	2	14		2	5	7
余姚市	29	5	21	2	1	15	5	3		7
慈溪市	133	39	79	13	2	20		10		10
温州市	**166**	**32**	**100**	**7**	**27**	**23**	**1**	**12**	**2**	**8**
鹿城区	12	4	5	1	2	1		1		
龙湾区										
瓯海区	29	6	11		12					
洞头区	15	1	11	1	2	8		3		5
永嘉县	14	2	7	2	3					
平阳县	22	3	19							
苍南县	7	2	4		1	1	1			
文成县	2		2							
泰顺县	3	2	1			3		2	1	
瑞安市	24	5	12	3	4	4		2	1	1
乐清市	38	7	28		3	6		4		2
龙港市										
嘉兴市	**215**	**59**	**116**	**20**	**20**	**192**	**12**	**73**	**39**	**68**
南湖区	28	7	13	2	6	7				7
秀洲区	20	9	8	2	1	3		1		2
嘉善县	32	1	24	6	1	74	1	32	18	23
海盐县	4		3		1	9	1	3		5
海宁市	48	17	27	3	1	10	1	4	2	3
平湖市	43	9	29		5	52	4	26	16	6
桐乡市	40	16	12	7	5	37	5	7	3	22
湖州市	**145**	**37**	**93**	**5**	**10**	**80**	**9**	**30**	**10**	**31**
吴兴区	34	9	18	2	5	25	3	12		10
南浔区	25	5	19		1	30	4	12	4	10
德清县	49	11	34	1	3	4		2	1	1
长兴县	9		9			9	2	1	1	5
安吉县	28	12	13	2	1	12		3	4	5

7-1c 续表 11 单位：人

现住地	省外									
	黑龙江					上海				
	小计	乡	镇的村委会	镇的居委会	街道	小计	乡	镇的村委会	镇的居委会	街道
绍兴市	**71**	**27**	**39**		**5**	**70**	**6**	**26**	**6**	**32**
越城区	12	7	5			13	1	4	1	7
柯桥区	6	1	4		1	5	1			4
上虞区	16	2	14			23	3	10	3	7
新昌县	3	1	2							
诸暨市	27	12	11		4	23	1	9	2	11
嵊州市	7	4	3			6		3		3
金华市	**234**	**77**	**123**	**13**	**21**	**23**	**2**	**7**	**4**	**10**
婺城区	35	21	7	3	4	5		2		3
金东区	43	12	24	2	5	2	1	1		
武义县	12	2	7	2	1					
浦江县	20	1	19			2		1	1	
磐安县	3	1	1		1	2	1			1
兰溪市	6	2	4			1				1
义乌市	73	26	35	5	7	6		1	1	4
东阳市	18	9	6		3	3		1	1	1
永康市	24	3	20	1		2		1	1	
衢州市	**32**	**15**	**13**	**1**	**3**	**4**		**1**		**3**
柯城区	6	5			1					
衢江区	6	4			2	1				1
常山县	1			1		1				1
开化县										
龙游县	15	3	12			2		1		1
江山市	4	3	1							
舟山市	**164**	**49**	**97**	**11**	**7**	**63**	**5**	**17**	**5**	**36**
定海区	48	8	37	3		24	4	7	3	10
普陀区	56	22	23	6	5	7		3	1	3
岱山县	55	16	35	2	2	10	1	1	1	7
嵊泗县	5	3	2			22		6		16
台州市	**201**	**35**	**130**	**17**	**19**	**28**	**4**	**12**	**6**	**6**
椒江区	35	6	22	3	4	2			1	1
黄岩区	10	1	8	1		4	1	1	1	1
路桥区	52	7	37	3	5	1		1		
三门县	4	2	1		1	2		1		1
天台县	4	1	2	1		4	1	2		1
仙居县	9	2	4	1	2	2			2	
温岭市	18	2	14	1	1	5		4		1
临海市	48	9	27	7	5	7	2	3	2	
玉环市	21	5	15		1	1				1
丽水市	**22**	**11**	**10**		**1**	**6**	**1**	**2**	**1**	**2**
莲都区	6	2	4							
青田县	7	5	1		1					
缙云县	1		1			1		1		
遂昌县										
松阳县	2	2				3	1	1	1	
云和县										
庆元县	4		4							
景宁畲族自治县	2	2								
龙泉市						2				2

7-1c　续表 12　　　　单位：人

现住地	省外									
	江苏					安徽				
	小计	乡	镇的村委会	镇的居委会	街道	小计	乡	镇的村委会	镇的居委会	街道
合计	**9376**	**1743**	**6796**	**387**	**450**	**58304**	**13542**	**42351**	**1072**	**1339**
杭州市	**1248**	**258**	**865**	**44**	**81**	**8817**	**2311**	**6161**	**108**	**237**
上城区										
下城区										
江干区										
拱墅区										
西湖区	41	12	23	3	3	166	43	113	2	8
滨江区										
萧山区	301	63	215	10	13	2801	623	2099	38	41
余杭区	666	143	472	16	35	4392	1220	2966	54	152
富阳区	72	15	51	1	5	402	136	253	2	11
临安区	69	15	40	8	6	726	216	488	4	18
桐庐县	18	3	13		2	107	18	86	2	1
淳安县	39	6	19	3	11	53	16	34	1	2
建德市	42	1	32	3	6	170	39	122	5	4
宁波市	**2859**	**599**	**2109**	**79**	**72**	**14936**	**2852**	**11602**	**214**	**268**
海曙区	142	20	115	5	2	991	140	815	29	7
江北区	144	33	104	3	4	1300	306	965	12	17
北仑区	465	75	353	21	16	2216	384	1729	43	60
镇海区	201	53	142	2	4	582	80	475	17	10
鄞州区	702	153	524	9	16	3208	540	2578	38	52
奉化区	236	82	140	6	8	1074	358	668	6	42
象山县	96	16	66	6	8	762	135	584	17	26
宁海县	112	10	95	4	3	479	73	386	6	14
余姚市	140	36	95	5	4	909	256	636	6	11
慈溪市	621	121	475	18	7	3415	580	2766	40	29
温州市	**430**	**59**	**310**	**24**	**37**	**4836**	**1309**	**3249**	**141**	**137**
鹿城区	46	13	30		3	499	122	365	5	7
龙湾区						10	8	2		
瓯海区	43	6	29	2	6	910	288	571	18	33
洞头区	59	1	54	1	3	254	31	204	3	16
永嘉县	32	2	20	3	7	321	81	221	5	14
平阳县	41	3	26	7	5	326	60	253	9	4
苍南县	30	4	19	6	1	238	63	164	10	1
文成县	12		10	2		50	5	41		4
泰顺县	6		5		1	19	1	15	1	2
瑞安市	83	19	60	2	2	916	311	533	32	40
乐清市	77	11	56	1	9	1263	324	866	58	15
龙港市	1		1			30	15	14		1
嘉兴市	**1890**	**280**	**1452**	**87**	**71**	**9337**	**2262**	**6806**	**154**	**115**
南湖区	128	18	98	6	6	639	99	523	9	8
秀洲区	381	38	324	12	7	1535	259	1244	17	15
嘉善县	268	40	211	9	8	996	260	709	17	10
海盐县	71		65		6	511	66	435	4	6
海宁市	340	102	214	9	15	2995	1130	1786	38	41
平湖市	350	33	273	28	16	1758	273	1417	48	20
桐乡市	352	49	267	23	13	903	175	692	21	15
湖州市	**983**	**157**	**717**	**49**	**60**	**5615**	**1186**	**4251**	**61**	**117**
吴兴区	414	70	291	22	31	2907	614	2214	33	46
南浔区	215	46	154	9	6	749	167	564	6	12
德清县	171	17	146	4	4	791	110	640	11	30
长兴县	100	14	65	9	12	442	118	303	2	19
安吉县	83	10	61	5	7	726	177	530	9	10

7-1c 续表 13　　单位：人

现住地	省外									
	江苏					安徽				
	小计	乡	镇的村委会	镇的居委会	街道	小计	乡	镇的村委会	镇的居委会	街道
绍兴市	**288**	**53**	**211**	**4**	**20**	**2816**	**785**	**1899**	**70**	**62**
越城区	80	18	59		3	578	134	415	15	14
柯桥区	76	18	51	1	6	871	214	634	11	12
上虞区	46	2	40		4	339	77	248	5	9
新昌县	9	1	8			18		10	4	4
诸暨市	65	13	44	2	6	898	318	530	35	15
嵊州市	12	1	9	1	1	112	42	62		8
金华市	**488**	**140**	**284**	**38**	**26**	**4195**	**1420**	**2534**	**96**	**145**
婺城区	41	12	23	2	4	295	134	144	11	6
金东区	66	13	46	6	1	584	179	372	18	15
武义县	26	6	17	2	1	237	63	160	3	11
浦江县	55	8	40	4	3	501	143	309	12	37
磐安县	9	2	5	1	1	31	7	21	1	2
兰溪市	12	3	5	3	1	75	30	36	1	8
义乌市	191	73	102	9	7	1645	617	958	32	38
东阳市	46	12	23	4	7	443	143	275	9	16
永康市	42	11	23	7	1	384	104	259	9	12
衢州市	**50**	**10**	**33**	**2**	**5**	**218**	**73**	**121**	**5**	**19**
柯城区	20	2	16		2	62	13	44	1	4
衢江区	9	2	6		1	22	6	12	1	3
常山县	5		4	1		21	11	10		
开化县	4	1	3			11	5	6		
龙游县	10	5	3	1	1	79	28	38	1	12
江山市	2		1		1	23	10	11	2	
舟山市	**554**	**99**	**391**	**26**	**38**	**2423**	**393**	**1829**	**137**	**64**
定海区	136	22	104	5	5	985	202	740	29	14
普陀区	220	44	140	14	22	886	92	672	87	35
岱山县	166	32	118	5	11	451	74	344	19	14
嵊泗县	32	1	29	2		101	25	73	2	1
台州市	**498**	**64**	**384**	**23**	**27**	**4793**	**881**	**3684**	**82**	**146**
椒江区	96	10	74	7	5	812	154	599	11	48
黄岩区	30	5	25			561	136	388	4	33
路桥区	59	8	49		2	939	159	764	9	7
三门县	13	1	7	2	3	68	9	56	2	1
天台县	30	8	17		5	67	7	55	1	4
仙居县	20	3	14	2	1	98	31	53	9	5
温岭市	122	14	102	2	4	986	149	797	22	18
临海市	70	7	55	3	5	512	86	391	15	20
玉环市	58	8	41	7	2	750	150	581	9	10
丽水市	**88**	**24**	**40**	**11**	**13**	**318**	**70**	**215**	**4**	**29**
莲都区	42	17	16	2	7	165	30	115	2	18
青田县	10		6		4	76	11	57		8
缙云县	12	3	4	4	1	30	11	18		1
遂昌县	6		3	3		8	2	5		1
松阳县	7	2	4		1	18	9	8	1	
云和县	4		2	2		10	3	6	1	
庆元县	1	1				5	4	1		
景宁畲族自治县	1	1				1		1		
龙泉市	5		5			5		4		1

7-1c　续表 14　　　　单位：人

现住地	省外									
	福建					江西				
	小计	乡	镇的村委会	镇的居委会	街道	小计	乡	镇的村委会	镇的居委会	街道
合计	**2924**	**743**	**1923**	**98**	**160**	**28831**	**8848**	**18511**	**614**	**858**
杭州市	**351**	**69**	**243**	**10**	**29**	**3390**	**997**	**2198**	**69**	**126**
上城区										
下城区										
江干区										
拱墅区										
西湖区	12	8	3		1	52	7	41		4
滨江区										
萧山区	136	33	88	4	11	824	201	588	20	15
余杭区	81	13	59	4	5	1755	573	1090	25	67
富阳区	42	5	29	1	7	243	90	133	10	10
临安区	9		8		1	214	45	148	5	16
桐庐县	21	4	15		2	83	23	55		5
淳安县	10	1	7		2	82	30	48	2	2
建德市	40	5	34	1		137	28	95	7	7
宁波市	**335**	**67**	**241**	**7**	**20**	**4655**	**1210**	**3222**	**96**	**127**
海曙区	22		21	1		438	101	326	4	7
江北区	4	1	3			257	81	162	10	4
北仑区	46	9	29		8	437	85	325	13	14
镇海区	17	4	9	2	2	134	30	96	3	5
鄞州区	50	8	41	1		1503	421	1035	24	23
奉化区	19	11	5	1	2	315	122	171	8	14
象山县	20	1	19			240	56	166	2	16
宁海县	30	4	23	2	1	206	33	149	16	8
余姚市	26		25		1	212	62	136	3	11
慈溪市	101	29	66		6	913	219	656	13	25
温州市	**775**	**199**	**514**	**34**	**28**	**6523**	**2084**	**4125**	**137**	**177**
鹿城区	60	13	41	1	5	666	226	415	3	22
龙湾区	4	2			2	2		2		
瓯海区	85	36	40	2	7	1314	440	802	25	47
洞头区	32	14	11	4	3	192	36	138	9	9
永嘉县	49	14	33		2	589	173	387	7	22
平阳县	96	22	66	5	3	545	161	361	11	12
苍南县	177	42	125	10		134	17	117		
文成县	19	1	15	3		22	9	11	1	1
泰顺县	46	5	38	2	1	21	2	18	1	
瑞安市	120	30	81	6	3	2167	767	1309	52	39
乐清市	68	13	52	1	2	864	248	564	28	24
龙港市	19	7	12			7	5	1		1
嘉兴市	**381**	**107**	**243**	**7**	**24**	**3251**	**1074**	**2047**	**69**	**61**
南湖区	27	8	19			127	26	94	6	1
秀洲区	68	18	47	2	1	262	54	199	8	1
嘉善县	76	16	53	1	6	247	58	166	16	7
海盐县	10		10			108	19	82		7
海宁市	71	16	41	1	13	1947	800	1092	22	33
平湖市	59	27	29	3		210	31	162	14	3
桐乡市	70	22	44		4	350	86	252	3	9
湖州市	**114**	**28**	**79**	**2**	**5**	**719**	**149**	**542**	**8**	**20**
吴兴区	43	11	30	1	1	299	61	219	6	13
南浔区	10	2	8			91	30	60	1	
德清县	19	2	15	1	1	197	19	173		5
长兴县	14	6	5		3	50	15	35		
安吉县	28	7	21			82	24	55	1	2

7-1c 续表 15

单位：人

现住地	省外									
	福建					江西				
	小计	乡	镇的村委会	镇的居委会	街道	小计	乡	镇的村委会	镇的居委会	街道
绍兴市	**135**	**44**	**84**	**2**	**5**	**880**	**313**	**540**	**7**	**20**
越城区	14	6	8			212	85	125	1	1
柯桥区	44	23	21			152	49	99		4
上虞区	25	5	19		1	78	19	54		5
新昌县	5		5			14	1	10	2	1
诸暨市	41	10	29	2		367	146	211	4	6
嵊州市	6		2		4	57	13	41		3
金华市	**410**	**141**	**230**	**13**	**26**	**5881**	**2117**	**3432**	**130**	**202**
婺城区	22	5	13		4	238	88	138	4	8
金东区	59	16	41		2	673	220	416	15	22
武义县	13	3	10			310	100	200	4	6
浦江县	62	23	34	1	4	674	188	451	8	27
磐安县	10	4	3	3		28	6	18	3	1
兰溪市	1				1	47	15	27	2	3
义乌市	160	68	74	7	11	2688	1096	1475	40	77
东阳市	22	10	9	1	2	576	224	295	36	21
永康市	61	12	46	1	2	647	180	412	18	37
衢州市	**43**	**8**	**28**	**3**	**4**	**414**	**160**	**229**	**9**	**16**
柯城区	5		4		1	49	15	27	1	6
衢江区	6	1	4		1	33	10	22		1
常山县	6	2	3	1		54	15	35	1	3
开化县						44	12	29		3
龙游县	5	2	3			139	65	68	5	1
江山市	21	3	14	2	2	95	43	48	2	2
舟山市	**74**	**16**	**54**	**1**	**3**	**253**	**57**	**178**	**7**	**11**
定海区	15	6	9			90	27	60	2	1
普陀区	43	3	37	1	2	78	10	56	4	8
岱山县	10	5	4		1	65	18	45		2
嵊泗县	6	2	4			20	2	17	1	
台州市	**188**	**32**	**135**	**11**	**10**	**2504**	**553**	**1801**	**75**	**75**
椒江区	28	5	21	1	1	286	59	191	16	20
黄岩区	26	4	16	2	4	179	68	100	3	8
路桥区	19	8	11			319	79	223	7	10
三门县	4	1	3			50	18	26	3	3
天台县	7		5		2	54	8	44		2
仙居县	14	4	5	4	1	69	15	49	2	3
温岭市	33	5	27		1	741	141	575	13	12
临海市	45	4	37	3	1	371	66	279	20	6
玉环市	12	1	10	1		435	99	314	11	11
丽水市	**118**	**32**	**72**	**8**	**6**	**361**	**134**	**197**	**7**	**23**
莲都区	17	3	14			135	31	102	1	1
青田县	2		2			55	21	25	3	6
缙云县	15	3	9	1	2	42	13	22	1	6
遂昌县	6	1	2	1	2	21	6	10	1	4
松阳县	2		2			45	22	21	1	1
云和县	5	1	4			17	15	1		1
庆元县	52	18	31	1	2	17	14	2		1
景宁畲族自治县	8	3	5			16	7	6		3
龙泉市	11	3	3	5		13	5	8		

7-1c　续表 16　　　　单位：人

现住地	省外									
	山东					河南				
	小计	乡	镇的村委会	镇的居委会	街道	小计	乡	镇的村委会	镇的居委会	街道
合计	**5959**	**1309**	**4281**	**98**	**271**	**38902**	**11796**	**25664**	**579**	**863**
杭州市	**1122**	**301**	**744**	**11**	**66**	**5949**	**1948**	**3741**	**72**	**188**
上城区										
下城区										
江干区										
拱墅区										
西湖区	25	1	20		4	111	45	61	2	3
滨江区										
萧山区	216	50	152	2	12	1954	644	1258	15	37
余杭区	732	219	475	7	31	3040	991	1901	48	100
富阳区	52	12	36	1	3	367	132	217	3	15
临安区	47	12	28		7	275	68	174	3	30
桐庐县	8		8			50	28	22		
淳安县	17	2	7		8	26	13	12		1
建德市	25	5	18	1	1	126	27	96	1	2
宁波市	**1754**	**333**	**1332**	**28**	**61**	**8813**	**2330**	**6211**	**111**	**161**
海曙区	103	6	94		3	407	79	316	5	7
江北区	151	49	97		5	619	167	428	13	11
北仑区	482	101	357	7	17	1158	271	840	22	25
镇海区	162	15	139	3	5	341	66	258	8	9
鄞州区	268	58	204		6	1801	477	1291	12	21
奉化区	142	51	82	2	7	605	258	312	5	30
象山县	97	14	74	5	4	468	102	355	3	8
宁海县	68		54	8	6	397	82	295	4	16
余姚市	70	9	59		2	439	157	260	7	15
慈溪市	211	30	172	3	6	2578	671	1856	32	19
温州市	**204**	**52**	**115**	**10**	**27**	**3439**	**1031**	**2238**	**103**	**67**
鹿城区	6	1	5			406	143	252	2	9
龙湾区						2	1	1		
瓯海区	33	10	12	1	10	350	148	186	4	12
洞头区	26	5	15		6	255	57	172	13	13
永嘉县	32	12	16	1	3	224	49	163		12
平阳县	10	2	8			387	99	279	6	3
苍南县	12	1	8		3	283	46	218	19	
文成县	2		2			26	6	18	2	
泰顺县	6		3		3	34	3	27	1	3
瑞安市	34	10	21	1	2	706	257	411	25	13
乐清市	43	11	25	7		734	221	480	31	2
龙港市						32	1	31		
嘉兴市	**957**	**166**	**741**	**16**	**34**	**5809**	**1710**	**3937**	**72**	**90**
南湖区	88	7	79		2	478	138	328	7	5
秀洲区	143	22	119	2		1151	296	819	23	13
嘉善县	93	15	70	3	5	646	217	400	17	12
海盐县	69	10	54		5	426	114	296	5	11
海宁市	170	66	101	1	2	1080	411	646	7	16
平湖市	250	26	214	6	4	1247	333	883	11	20
桐乡市	144	20	104	4	16	781	201	565	2	13
湖州市	**383**	**67**	**302**	**6**	**8**	**2057**	**481**	**1518**	**21**	**37**
吴兴区	143	32	107	1	3	1100	330	741	10	19
南浔区	36	11	24		1	229	52	169	4	4
德清县	59	6	50	2	1	344	38	300	3	3
长兴县	89	10	76	3		164	27	133	1	3
安吉县	56	8	45		3	220	34	175	3	8

7-1c 续表 17 单位：人

现住地	省外									
	山东					河南				
	小计	乡	镇的村委会	镇的居委会	街道	小计	乡	镇的村委会	镇的居委会	街道
绍兴市	**358**	**84**	**258**	**7**	**9**	**1815**	**670**	**1090**	**10**	**45**
越城区	106	30	70		6	476	163	307	3	3
柯桥区	44	26	17		1	503	192	293	1	17
上虞区	135	18	114	3		302	77	219	4	2
新昌县	2	2				20	13	6	1	
诸暨市	56	5	50		1	410	163	224		23
嵊州市	15	3	7	4	1	104	62	41	1	
金华市	**326**	**84**	**215**	**3**	**24**	**4086**	**1635**	**2276**	**71**	**104**
婺城区	35	10	18	1	6	212	113	88	9	2
金东区	46	13	27		6	532	173	346	5	8
武义县	21	8	12		1	208	64	138	2	4
浦江县	33	5	24		4	386	135	238	2	11
磐安县	7	4	2	1		29	6	18	3	2
兰溪市	6	1	3		2	22	9	12		1
义乌市	118	25	88	1	4	2021	896	1029	32	64
东阳市	38	17	20		1	386	143	225	14	4
永康市	22	1	21			290	96	182	4	8
衢州市	**40**	**18**	**17**	**2**	**3**	**175**	**79**	**89**	**3**	**4**
柯城区	11	6	5			39	25	14		
衢江区	5	2	3			34	15	16	1	2
常山县	2		1	1		6	2	4		
开化县	5		4	1		8	5	3		
龙游县	12	9	3			81	31	48	2	
江山市	5	1	1		3	7	1	4		2
舟山市	**463**	**131**	**300**	**8**	**24**	**1767**	**561**	**1135**	**32**	**39**
定海区	107	34	62	4	7	650	188	440	7	15
普陀区	194	50	133	3	8	615	228	358	10	19
岱山县	146	42	96	1	7	429	115	300	9	5
嵊泗县	16	5	9		2	73	30	37	6	
台州市	**301**	**61**	**224**	**7**	**9**	**4440**	**1159**	**3101**	**73**	**107**
椒江区	43	8	32	3		904	232	607	16	49
黄岩区	27	8	18		1	303	90	202	2	9
路桥区	35	2	30		3	815	235	563	9	8
三门县	8	1	7			64	19	45		
天台县	14	5	7		2	77	17	57	1	2
仙居县	9	1	7	1		67	31	32	1	3
温岭市	26	2	24			1168	236	880	32	20
临海市	97	21	72	3	1	667	168	480	10	9
玉环市	42	13	27		2	375	131	235	2	7
丽水市	**51**	**12**	**33**		**6**	**552**	**192**	**328**	**11**	**21**
莲都区	14	2	11		1	304	83	207	5	9
青田县	8		8			93	29	54	1	9
缙云县	11	6	4		1	45	17	26	2	
遂昌县	5	1	4			7	2	4		1
松阳县	6	2	3		1	41	27	13		1
云和县						6	4	2		
庆元县	1				1	26	12	13		1
景宁畲族自治县	4	1	2		1	14	11	3		
龙泉市	2		1		1	16	7	6	3	

7-1c　续表 18　　　　　　　　　　　　　　　　　　　　　　　　　　单位：人

现住地	省外									
	湖北					湖南				
	小计	乡	镇的村委会	镇的居委会	街道	小计	乡	镇的村委会	镇的居委会	街道
合计	**16616**	**3990**	**11371**	**571**	**684**	**20465**	**5713**	**13871**	**439**	**442**
杭州市	**1742**	**365**	**1228**	**55**	**94**	**2922**	**847**	**2004**	**37**	**34**
上城区										
下城区										
江干区										
拱墅区										
西湖区	34	3	26	1	4	30	10	18		2
滨江区										
萧山区	503	109	361	13	20	1909	557	1328	13	11
余杭区	825	183	572	24	46	527	163	340	13	11
富阳区	108	23	72	4	9	194	65	118	7	4
临安区	136	20	105	3	8	119	24	91		4
桐庐县	42	10	31		1	52	15	35	2	
淳安县	12	2	6	3	1	10	2	8		
建德市	82	15	55	7	5	81	11	66	2	2
宁波市	**2370**	**513**	**1662**	**85**	**110**	**4390**	**1070**	**3151**	**93**	**76**
海曙区	173	43	123	6	1	480	84	384	8	4
江北区	177	44	119	10	4	194	57	123	11	3
北仑区	432	96	294	13	29	536	114	401	10	11
镇海区	105	18	78	1	8	292	75	205	9	3
鄞州区	468	105	329	15	19	1271	318	915	19	19
奉化区	195	74	104	6	11	274	112	142	7	13
象山县	118	20	79	15	4	148	29	118	1	
宁海县	143	13	113	6	11	191	35	137	10	9
余姚市	143	33	92	5	13	381	94	277	7	3
慈溪市	416	67	331	8	10	623	152	449	11	11
温州市	**4430**	**1102**	**3010**	**175**	**143**	**3480**	**1017**	**2308**	**82**	**73**
鹿城区	541	158	348	26	9	483	132	339	5	7
龙湾区	6	3	3			1	1			
瓯海区	615	171	402	14	28	410	133	259	2	16
洞头区	324	36	250	15	23	94	26	60	5	3
永嘉县	357	124	206	12	15	362	101	238	6	17
平阳县	410	86	305	15	4	281	60	205	13	3
苍南县	188	55	115	16	2	159	35	120	4	
文成县	36	1	23	8	4	42	4	35		3
泰顺县	19	1	10	2	6	13	1	8	4	
瑞安市	877	244	580	27	26	1141	410	685	29	17
乐清市	1055	223	767	39	26	493	114	358	14	7
龙港市	2		1	1		1		1		
嘉兴市	**1647**	**421**	**1134**	**52**	**40**	**1801**	**433**	**1298**	**45**	**25**
南湖区	113	15	89	8	1	128	23	101	4	
秀洲区	172	20	146	2	4	443	73	350	16	4
嘉善县	191	37	139	9	6	263	81	158	16	8
海盐县	73	7	57	3	6	75	5	68	2	
海宁市	779	273	473	17	16	426	149	268	2	7
平湖市	150	29	107	9	5	164	38	122	2	2
桐乡市	169	40	123	4	2	302	64	231	3	4
湖州市	**612**	**132**	**426**	**29**	**25**	**697**	**136**	**530**	**11**	**20**
吴兴区	263	67	169	13	14	245	39	198	2	6
南浔区	90	13	70	4	3	177	33	136	3	5
德清县	148	30	114	2	2	171	36	124	2	9
长兴县	39	6	27	3	3	40	17	20	3	
安吉县	72	16	46	7	3	64	11	52	1	

7-1c 续表 19 单位：人

现住地	省外									
	湖北					湖南				
	小计	乡	镇的村委会	镇的居委会	街道	小计	乡	镇的村委会	镇的居委会	街道
绍兴市	**459**	**149**	**289**	**13**	**8**	**1002**	**312**	**662**	**17**	**11**
越城区	128	39	82	6	1	257	67	187	2	1
柯桥区	79	17	62			219	78	135	4	2
上虞区	67	24	42		1	156	48	106	1	1
新昌县	47	31	13	3		25	1	21		3
诸暨市	95	30	57	3	5	286	92	182	9	3
嵊州市	43	8	33	1	1	59	26	31	1	1
金华市	**1444**	**423**	**877**	**50**	**94**	**2999**	**1016**	**1818**	**78**	**87**
婺城区	72	24	44	1	3	90	41	45	1	3
金东区	199	70	111	7	11	318	99	203	11	5
武义县	151	37	104	2	8	325	98	215	7	5
浦江县	152	30	102	3	17	355	122	210	2	21
磐安县	20	4	14	2		9	1	6	1	1
兰溪市	48	11	18	3	16	41	15	25		1
义乌市	413	162	220	17	14	1167	463	628	32	44
东阳市	160	40	101	4	15	288	81	196	7	4
永康市	229	45	163	11	10	406	96	290	17	3
衢州市	**116**	**29**	**61**	**6**	**20**	**140**	**44**	**81**	**6**	**9**
柯城区	11	4	5	1	1	19	4	11	1	3
衢江区	11	4	6		1	16	6	9	1	
常山县	10	2	2	1	5	17	4	13		
开化县	11	2	9			17	3	13	1	
龙游县	59	17	29	3	10	58	25	28	3	2
江山市	14		10	1	3	13	2	7		4
舟山市	**449**	**129**	**270**	**24**	**26**	**391**	**103**	**239**	**12**	**37**
定海区	153	47	92	8	6	157	42	112	3	
普陀区	162	48	97	1	16	149	38	69	5	37
岱山县	124	32	76	13	3	76	21	53	2	
嵊泗县	10	2	5	2	1	9	2	5	2	
台州市	**3026**	**642**	**2212**	**74**	**98**	**2399**	**676**	**1617**	**51**	**55**
椒江区	265	43	192	11	19	325	78	223	5	19
黄岩区	133	42	87	2	2	214	91	121	2	
路桥区	263	58	184	9	12	597	182	396	9	10
三门县	34	4	28	1	1	50	6	40	1	3
天台县	22	3	17	1	1	21	2	14		5
仙居县	54	18	21	5	10	33	9	21	2	1
温岭市	779	132	618	17	12	429	88	325	10	6
临海市	325	65	232	6	22	362	101	246	10	5
玉环市	1151	277	833	22	19	368	119	231	12	6
丽水市	**321**	**85**	**202**	**8**	**26**	**244**	**59**	**163**	**7**	**15**
莲都区	111	18	82	4	7	73	11	52	3	7
青田县	89	21	61	1	6	66	7	56		3
缙云县	28	12	13	1	2	22	5	15	2	
遂昌县	15	3	11		1	22	8	13		1
松阳县	13	6	5		2	29	17	11	1	
云和县	16	10	4	2		7	5	2		
庆元县	2	2				15	3	9		3
景宁畲族自治县	39	13	21		5	4	3	1		
龙泉市	8		5		3	6		4	1	1

7-1c　续表 20　　　　　　　　　　　　　　　　　　　　　　　　　　　　　单位：人

现住地	省外									
	广东					广西				
	小计	乡	镇的村委会	镇的居委会	街道	小计	乡	镇的村委会	镇的居委会	街道
合计	**918**	**175**	**538**	**64**	**141**	**4158**	**1207**	**2761**	**74**	**116**
杭州市	**161**	**29**	**91**	**17**	**24**	**690**	**202**	**464**	**3**	**21**
上城区										
下城区										
江干区										
拱墅区										
西湖区	8		5	1	2	2	1	1		
滨江区										
萧山区	61	10	34	10	7	353	109	239	1	4
余杭区	66	16	40	2	8	201	67	131	1	2
富阳区	3	1		1	1	65	16	41	1	7
临安区	11	2	7	1	1	44	6	32		6
桐庐县	3		3			4	1	3		
淳安县	4			1	3	2		1		1
建德市	5		2	1	2	19	2	16		1
宁波市	**111**	**13**	**69**	**7**	**22**	**828**	**214**	**583**	**9**	**22**
海曙区	9	3	6			48	4	44		
江北区	8	2	5		1	26	14	12		
北仑区	13	3	8		2	117	16	88	1	12
镇海区	2		2			27	2	25		
鄞州区	22		16	3	3	88	28	57	2	1
奉化区	9	2	3	1	3	48	20	23	1	4
象山县	6		2	1	3	41	7	31	3	
宁海县	8		7		1	64	13	46	1	4
余姚市	7	1	4		2	142	46	96		
慈溪市	27	2	16	2	7	227	64	161	1	1
温州市	**125**	**25**	**73**	**8**	**19**	**525**	**148**	**352**	**15**	**10**
鹿城区	11	2	9			117	27	88	2	
龙湾区						3	2	1		
瓯海区	20	3	8	2	7	40	12	25	2	1
洞头区	2		2			18	4	14		
永嘉县	14	1	10	2	1	29	5	22		2
平阳县	17	3	9	2	3	57	11	46		
苍南县	5	1	3	1		56	23	31		2
文成县	1		1			6	1	5		
泰顺县						1			1	
瑞安市	37	13	19	1	4	132	39	80	8	5
乐清市	18	2	12		4	65	23	40	2	
龙港市						1	1			
嘉兴市	**127**	**32**	**72**	**7**	**16**	**388**	**131**	**244**	**7**	**6**
南湖区	8		4		4	25	2	22	1	
秀洲区	10		7		3	26	5	21		
嘉善县	19	5	12	1	1	52	16	36		
海盐县	6		6			7		7		
海宁市	43	19	23	1		117	37	75	3	2
平湖市	20	5	7	4	4	115	59	54	2	
桐乡市	21	3	13	1	4	46	12	29	1	4
湖州市	**75**	**10**	**45**	**7**	**13**	**181**	**48**	**125**	**1**	**7**
吴兴区	40	4	23	3	10	52	16	35		1
南浔区	11	3	8			32	4	27		1
德清县	11		7	3	1	60	17	41	1	1
长兴县	6	2	2		2	10	3	7		
安吉县	7	1	5	1		27	8	15		4

7-1c 续表 21 单位：人

现住地	省外									
	广东					广西				
	小计	乡	镇的村委会	镇的居委会	街道	小计	乡	镇的村委会	镇的居委会	街道
绍兴市	**40**	**13**	**16**	**3**	**8**	**370**	**127**	**224**	**9**	**10**
越城区	11	7	1	1	2	51	16	35		
柯桥区	5	1	2		2	147	51	87	5	4
上虞区	6	4	1	1		79	22	53	3	1
新昌县						2		2		
诸暨市	9	1	4	1	3	81	34	43	1	3
嵊州市	9		8		1	10	4	4		2
金华市	**138**	**33**	**83**	**10**	**12**	**553**	**188**	**331**	**13**	**21**
婺城区	3		2		1	28	8	19		1
金东区	18	6	6	3	3	91	33	56	2	
武义县	11	1	9	1		57	24	33		
浦江县	16	3	9		4	60	20	31		9
磐安县	5		3	2		4	1	1		2
兰溪市	5		4	1		17	6	10		1
义乌市	51	18	30	2	1	176	69	99	6	2
东阳市	22	4	15		3	53	10	42		1
永康市	7	1	5	1		67	17	40	5	5
衢州市	**21**	**5**	**8**		**8**	**61**	**15**	**38**	**8**	
柯城区	5	5				9	2	7		
衢江区	6		2		4	7	1	6		
常山县	2		1		1	9	2	7		
开化县	1				1	1		1		
龙游县	1		1			16	5	6	5	
江山市	6		4		2	19	5	11	3	
舟山市	**22**	**1**	**16**		**5**	**53**	**12**	**37**	**2**	**2**
定海区	5		4		1	23	5	16	1	1
普陀区	10		7		3	18	2	14	1	1
岱山县	7	1	5		1	9	5	4		
嵊泗县						3		3		
台州市	**82**	**9**	**61**	**4**	**8**	**450**	**106**	**324**	**7**	**13**
椒江区	9		9			73	19	49	1	4
黄岩区	2			1	1	17	3	12		2
路桥区	17	3	12	2		61	18	42	1	
三门县	2		1		1	10	3	6		1
天台县	7	1	6			7	1	4	1	1
仙居县	2		1		1	13	7	6		
温岭市	17	2	13	1	1	121	33	83	1	4
临海市	15	3	12			82	16	63	3	
玉环市	11		7		4	66	6	59		1
丽水市	**16**	**5**	**4**	**1**	**6**	**59**	**16**	**39**		**4**
莲都区	1			1		16	1	13		2
青田县	1		1			14	6	8		
缙云县	6	3	3			12	2	8		2
遂昌县	2				2	6	1	5		
松阳县	3	2			1	7	4	3		
云和县	3				3	3	1	2		
庆元县						1	1			
景宁畲族自治县										
龙泉市										

7-1c　续表 22　　　　单位：人

现住地	省外									
	海南					重庆				
	小计	乡	镇的村委会	镇的居委会	街道	小计	乡	镇的村委会	镇的居委会	街道
合计	**117**	**23**	**76**	**11**	**7**	**12269**	**2980**	**8477**	**359**	**453**
杭州市	**13**	**2**	**8**	**2**	**1**	**2021**	**511**	**1404**	**34**	**72**
上城区										
下城区										
江干区										
拱墅区										
西湖区						33	9	24		
滨江区										
萧山区	3		3			586	169	398	8	11
余杭区	5	1	2	2		1065	224	773	18	50
富阳区	3	1	1		1	183	67	108	1	7
临安区						111	26	77	4	4
桐庐县						22	13	8	1	
淳安县						2			2	
建德市	2		2			19	3	16		
宁波市	**36**	**4**	**25**	**5**	**2**	**1977**	**446**	**1399**	**60**	**72**
海曙区	5		5			418	65	343	5	5
江北区						107	16	82	2	7
北仑区	1			1		338	105	197	21	15
镇海区						128	14	106	3	5
鄞州区	7		4	3		309	51	246	6	6
奉化区	4		4			155	60	80	2	13
象山县	6	1	5			80	28	42	7	3
宁海县	5	1	3	1		79	21	54		4
余姚市	6	1	3		2	94	34	44	7	9
慈溪市	2	1	1			269	52	205	7	5
温州市	**10**	**3**	**5**	**1**	**1**	**2537**	**693**	**1646**	**85**	**113**
鹿城区	1	1				132	29	94	1	8
龙湾区						4	4			
瓯海区	1	1				233	90	122	2	19
洞头区	2		1		1	114	20	76	13	5
永嘉县						89	14	60	5	10
平阳县						267	56	192	11	8
苍南县						341	64	247	16	14
文成县						12	2	10		
泰顺县	2		1	1		20		13	3	4
瑞安市	3		3			500	188	274	19	19
乐清市	1	1				816	220	556	15	25
龙港市						9	6	2		1
嘉兴市	**9**	**1**	**6**		**2**	**1656**	**369**	**1201**	**57**	**29**
南湖区	1				1	113	13	90	6	4
秀洲区						450	87	334	25	4
嘉善县	2		1		1	395	111	275	4	5
海盐县						113	17	95		1
海宁市	2		2			166	47	110	6	3
平湖市						200	41	143	9	7
桐乡市	4	1	3			219	53	154	7	5
湖州市						**604**	**104**	**475**	**14**	**11**
吴兴区						243	36	195	10	2
南浔区						160	40	114	2	4
德清县						109	14	90	2	3
长兴县						26	4	21		1
安吉县						66	10	55		1

7-1c 续表 23 单位：人

现住地	省外									
	海南					重庆				
	小计	乡	镇的村委会	镇的居委会	街道	小计	乡	镇的村委会	镇的居委会	街道
绍兴市	**9**	**6**	**3**			**811**	**173**	**585**	**20**	**33**
越城区						353	57	277	14	5
柯桥区	4	1	3			264	52	187	3	22
上虞区						80	23	52	3	2
新昌县						5	1	3		1
诸暨市	5	5				72	18	51		3
嵊州市						37	22	15		
金华市	**21**	**1**	**17**	**2**	**1**	**877**	**272**	**511**	**38**	**56**
婺城区						52	24	26	1	1
金东区	2		2			133	60	62	6	5
武义县	2		1		1	90	21	63	1	5
浦江县						93	18	64	6	5
磐安县						9	1	7		1
兰溪市	3		3			21	5	7		9
义乌市	8	1	5	2		297	101	161	15	20
东阳市	5		5			86	24	49	8	5
永康市	1		1			96	18	72	1	5
衢州市	**3**	**2**	**1**			**53**	**10**	**38**	**2**	**3**
柯城区						4	1	1	1	1
衢江区						17	5	10		2
常山县	1		1			4	1	2	1	
开化县						3		3		
龙游县						19	3	16		
江山市	2	2				6		6		
舟山市	**2**		**2**			**87**	**16**	**56**	**4**	**11**
定海区	1		1			20	2	13	1	4
普陀区	1		1			34	4	24	1	5
岱山县						29	9	17	2	1
嵊泗县						4	1	2		1
台州市	**13**	**3**	**9**	**1**		**1443**	**329**	**1042**	**38**	**34**
椒江区	2	1	1			183	34	127	8	14
黄岩区	1			1		145	45	93	5	2
路桥区	1		1			389	81	295	12	1
三门县	1	1				24	2	20	1	1
天台县	1		1			25	15	8		2
仙居县						30	9	21		
温岭市	5	1	4			286	65	210	5	6
临海市	1		1			192	34	148	4	6
玉环市	1		1			169	44	120	3	2
丽水市	**1**	**1**				**203**	**57**	**120**	**7**	**19**
莲都区						30	6	18		6
青田县	1	1				43	9	33		1
缙云县						16	4	8	4	
遂昌县						7	1	4		2
松阳县						80	28	41	2	9
云和县						5	2	1	1	1
庆元县						1		1		
景宁畲族自治县						12	3	9		
龙泉市						9	4	5		

7-1c　续表 24　　　　单位：人

现住地	省外									
	四川					贵州				
	小计	乡	镇的村委会	镇的居委会	街道	小计	乡	镇的村委会	镇的居委会	街道
合计	**30741**	**7792**	**21649**	**565**	**735**	**61937**	**18949**	**40671**	**1005**	**1312**
杭州市	**2330**	**701**	**1531**	**50**	**48**	**4191**	**1282**	**2765**	**49**	**95**
上城区										
下城区										
江干区										
拱墅区										
西湖区	42	11	31			64	17	44	1	2
滨江区										
萧山区	1070	313	726	20	11	1856	575	1248	20	13
余杭区	782	222	525	19	16	910	286	578	14	32
富阳区	143	69	65	3	6	377	100	267	4	6
临安区	146	46	88	4	8	566	179	346	6	35
桐庐县	49	13	33		3	189	55	127	3	4
淳安县	23	7	12	1	3	31	10	19		2
建德市	75	20	51	3	1	198	60	136	1	1
宁波市	**9785**	**2344**	**7089**	**133**	**219**	**13429**	**3910**	**9074**	**162**	**283**
海曙区	568	86	465	11	6	829	184	635	7	3
江北区	739	246	472	10	11	554	129	404	11	10
北仑区	1366	310	1004	29	23	1333	397	896	20	20
镇海区	580	145	425	7	3	303	71	228	1	3
鄞州区	2734	567	2054	28	85	2259	740	1460	28	31
奉化区	672	302	340	2	28	2034	812	1110	9	103
象山县	209	72	124	6	7	348	107	222	7	12
宁海县	376	46	304	6	20	618	125	455	29	9
余姚市	537	120	397	6	14	1718	482	1162	21	53
慈溪市	2004	450	1504	28	22	3433	863	2502	29	39
温州市	**4018**	**1086**	**2724**	**121**	**87**	**10603**	**3153**	**7033**	**198**	**219**
鹿城区	281	88	188	2	3	802	187	609	5	1
龙湾区	2	2				4	2	2		
瓯海区	436	150	259	12	15	849	349	464	12	24
洞头区	159	27	114	8	10	225	70	144	3	8
永嘉县	183	40	128	6	9	764	167	552	8	37
平阳县	350	88	251	1	10	1598	405	1139	39	15
苍南县	222	53	161	7	1	604	185	396	18	5
文成县	30	3	24	2	1	42	2	39		1
泰顺县	33		8	25		35	5	29	1	
瑞安市	1501	419	1014	42	26	3821	1282	2378	70	91
乐清市	802	203	571	16	12	1793	474	1240	42	37
龙港市	19	13	6			66	25	41		
嘉兴市	**5310**	**1197**	**3964**	**80**	**69**	**3763**	**921**	**2755**	**43**	**44**
南湖区	359	93	256	5	5	219	37	175	2	5
秀洲区	1145	179	939	17	10	1219	284	912	11	12
嘉善县	750	193	525	19	13	439	126	302	5	6
海盐县	681	114	550	2	15	244	55	185	4	
海宁市	939	287	632	9	11	727	213	498	9	7
平湖市	714	150	539	18	7	462	108	337	9	8
桐乡市	722	181	523	10	8	453	98	346	3	6
湖州市	**1308**	**301**	**955**	**18**	**34**	**3716**	**1128**	**2481**	**36**	**71**
吴兴区	639	147	461	10	21	919	297	600	6	16
南浔区	276	57	213	3	3	994	323	645	18	8
德清县	230	38	182	4	6	393	58	316	2	17
长兴县	65	24	39	1	1	343	143	187	6	7
安吉县	98	35	60		3	1067	307	733	4	23

7-1c 续表 25　　　　单位：人

现住地	省外									
	四川					贵州				
	小计	乡	镇的村委会	镇的居委会	街道	小计	乡	镇的村委会	镇的居委会	街道
绍兴市	**1239**	**349**	**832**	**21**	**37**	**3575**	**1379**	**2002**	**126**	**68**
越城区	253	71	164	12	6	618	205	396	7	10
柯桥区	417	134	266	3	14	710	256	440	6	8
上虞区	244	39	201	3	1	548	174	361	7	6
新昌县	15	6	9			49	15	25	8	1
诸暨市	229	57	161	3	8	1381	564	692	98	27
嵊州市	81	42	31		8	269	165	88		16
金华市	**1673**	**546**	**1022**	**38**	**67**	**13287**	**4622**	**8106**	**254**	**305**
婺城区	124	69	47	3	5	332	136	183	9	4
金东区	191	56	120	7	8	1321	418	852	32	19
武义县	243	60	173	1	9	1385	490	860	7	28
浦江县	221	70	138	3	10	2196	682	1417	36	61
磐安县	26		19	5	2	60	18	42		
兰溪市	45	19	21		5	144	48	88	2	6
义乌市	441	182	227	8	24	2613	1063	1465	28	57
东阳市	144	39	94	7	4	2039	720	1176	80	63
永康市	238	51	183	4		3197	1047	2023	60	67
衢州市	**114**	**36**	**70**	**3**	**5**	**283**	**75**	**182**	**1**	**25**
柯城区	11		11			19	7	10		2
衢江区	20	5	14		1	78	22	53		3
常山县	22	5	12	3	2	23	8	15		
开化县	8		8			16		16		
龙游县	44	24	19		1	104	26	59	1	18
江山市	9	2	6		1	43	12	29		2
舟山市	**632**	**146**	**452**	**10**	**24**	**519**	**156**	**346**	**8**	**9**
定海区	270	50	206	2	12	217	76	133	5	3
普陀区	190	46	130	8	6	130	28	99		3
岱山县	139	40	94		5	140	37	97	3	3
嵊泗县	33	10	22		1	32	15	17		
台州市	**4024**	**993**	**2824**	**81**	**126**	**7756**	**1975**	**5517**	**118**	**146**
椒江区	726	163	516	18	29	1145	300	755	28	62
黄岩区	168	68	83	3	14	427	127	289	4	7
路桥区	1264	368	857	16	23	1225	298	896	24	7
三门县	63	10	47	4	2	129	23	104	1	1
天台县	38	9	26		3	105	31	70		4
仙居县	52	9	27		16	176	54	109	3	10
温岭市	574	84	464	12	14	1871	418	1417	15	21
临海市	453	80	352	11	10	940	233	675	22	10
玉环市	686	202	452	17	15	1738	491	1202	21	24
丽水市	**308**	**93**	**186**	**10**	**19**	**815**	**348**	**410**	**10**	**47**
莲都区	123	21	90	3	9	219	76	130		13
青田县	53	8	40		5	129	37	79	3	10
缙云县	32	14	16	2		122	42	73		7
遂昌县	10		8		2	25	4	20	1	
松阳县	50	29	16	3	2	153	95	54	2	2
云和县	14	10	3		1	87	56	28	2	1
庆元县	6	4	2			23	18	5		
景宁畲族自治县	5	4	1			31	14	3		14
龙泉市	15	3	10	2		26	6	18	2	

7-1c　续表 26　　单位：人

现住地	省外									
	云南					西藏				
	小计	乡	镇的村委会	镇的居委会	街道	小计	乡	镇的村委会	镇的居委会	街道
合计	**23887**	**7073**	**16006**	**403**	**405**	**13**	**1**	**6**	**2**	**4**
杭州市	**1701**	**513**	**1110**	**23**	**55**	**2**		**1**	**1**	
上城区										
下城区										
江干区										
拱墅区										
西湖区	12	7	5							
滨江区										
萧山区	491	152	325	4	10					
余杭区	737	194	518	4	21					
富阳区	132	47	82	2	1	2		1	1	
临安区	169	61	84	4	20					
桐庐县	59	35	21	3						
淳安县	6	1	4	1						
建德市	95	16	71	5	3					
宁波市	**3296**	**964**	**2228**	**51**	**53**	**1**				**1**
海曙区	149	27	118	4						
江北区	145	38	102	2	3					
北仑区	355	135	210	4	6					
镇海区	59	4	53	2						
鄞州区	439	101	328	6	4					
奉化区	241	81	150	1	9					
象山县	158	56	95	7		1				1
宁海县	555	116	417	4	18					
余姚市	303	125	169	1	8					
慈溪市	892	281	586	20	5					
温州市	**1833**	**514**	**1251**	**40**	**28**	**2**		**2**		
鹿城区	214	63	150		1					
龙湾区										
瓯海区	119	28	85		6					
洞头区	45	7	36	1	1					
永嘉县	115	18	89	2	6					
平阳县	282	73	192	16	1					
苍南县	327	98	224		5					
文成县	10	1	5	4						
泰顺县	14	2	9	3		1		1		
瑞安市	333	110	213	4	6					
乐清市	345	97	236	10	2	1		1		
龙港市	29	17	12							
嘉兴市	**5361**	**1513**	**3715**	**90**	**43**					
南湖区	440	72	356	10	2					
秀洲区	1355	457	888	7	3					
嘉善县	613	162	427	18	6					
海盐县	538	110	414	9	5					
海宁市	1041	270	734	26	11					
平湖市	215	67	145	2	1					
桐乡市	1159	375	751	18	15					
湖州市	**2127**	**584**	**1501**	**29**	**13**	**1**		**1**		
吴兴区	512	142	347	16	7					
南浔区	552	158	390	3	1					
德清县	759	170	576	10	3					
长兴县	60	18	42			1		1		
安吉县	244	96	146		2					

7-1c 续表 27

单位：人

现住地	省外									
	云南					西藏				
	小计	乡	镇的村委会	镇的居委会	街道	小计	乡	镇的村委会	镇的居委会	街道
绍兴市	**892**	**269**	**584**	**16**	**23**	**1**		**1**		
越城区	110	37	69		4					
柯桥区	204	49	149	2	4					
上虞区	286	73	198	8	7					
新昌县	18		16		2					
诸暨市	195	69	117	6	3					
嵊州市	79	41	35		3	1		1		
金华市	**4670**	**1550**	**2935**	**86**	**99**	**2**		**1**		**1**
婺城区	108	49	57	2						
金东区	364	119	244	1						
武义县	693	224	453	5	11					
浦江县	1396	489	850	29	28	1		1		
磐安县	23	4	18	1						
兰溪市	59	28	22		9					
义乌市	703	293	373	13	24					
东阳市	225	62	149	9	5					
永康市	1099	282	769	26	22	1				1
衢州市	**128**	**55**	**67**		**6**	**1**			**1**	
柯城区	3	1	2							
衢江区	23	12	9		2					
常山县	17	8	9			1			1	
开化县	10	5	5							
龙游县	66	24	38		4					
江山市	9	5	4							
舟山市	**569**	**196**	**353**	**12**	**8**					
定海区	115	42	69	1	3					
普陀区	317	110	192	10	5					
岱山县	133	43	89	1						
嵊泗县	4	1	3							
台州市	**3020**	**800**	**2107**	**52**	**61**	**3**	**1**			**2**
椒江区	582	131	409	15	27					
黄岩区	446	144	293	3	6	2				2
路桥区	416	122	285	7	2					
三门县	53	13	39	1						
天台县	61	16	43		2					
仙居县	58	34	23	1		1	1			
温岭市	508	128	371	7	2					
临海市	558	138	390	13	17					
玉环市	338	74	254	5	5					
丽水市	**290**	**115**	**155**	**4**	**16**					
莲都区	59	21	32	2	4					
青田县	54	6	46	1	1					
缙云县	57	20	28	1	8					
遂昌县	29	14	15							
松阳县	38	22	15		1					
云和县	11	2	9							
庆元县	13	10	2		1					
景宁畲族自治县	15	10	4		1					
龙泉市	14	10	4							

7-1c　续表 28　　　　单位：人

现住地	省外									
	陕西					甘肃				
	小计	乡	镇的村委会	镇的居委会	街道	小计	乡	镇的村委会	镇的居委会	街道
合计	**4893**	**926**	**3651**	**135**	**181**	**1984**	**522**	**1324**	**47**	**91**
杭州市	**566**	**113**	**404**	**18**	**31**	**457**	**115**	**303**	**9**	**30**
上城区										
下城区										
江干区										
拱墅区										
西湖区	13	5	8			29	5	22	1	1
滨江区										
萧山区	208	30	165	4	9	123	45	70	1	7
余杭区	203	48	140	7	8	210	50	147	4	9
富阳区	58	13	40	2	3	26	6	12	1	7
临安区	44	12	25	1	6	50	7	38	1	4
桐庐县	14	2	9		3	4		4		
淳安县	11		6	4	1	3	1	2		
建德市	15	3	11		1	12	1	8	1	2
宁波市	**1551**	**228**	**1234**	**43**	**46**	**448**	**107**	**312**	**12**	**17**
海曙区	127	18	103	2	4	33	3	30		
江北区	105	25	69	7	4	22	4	14	1	3
北仑区	168	18	142	4	4	81	12	61	2	6
镇海区	64	3	61			6		6		
鄞州区	432	48	359	17	8	61	13	43	3	2
奉化区	156	45	102	2	7	35	19	15		1
象山县	106	21	76	4	5	21	10	10	1	
宁海县	123	5	103	4	11	80	11	63	3	3
余姚市	72	12	59		1	22	12	10		
慈溪市	198	33	160	3	2	87	23	60	2	2
温州市	**570**	**112**	**425**	**11**	**22**	**150**	**46**	**91**	**9**	**4**
鹿城区	30	7	22		1	10	3	7		
龙湾区										
瓯海区	49	11	38			15	4	11		
洞头区	46	4	40		2	12	1	10	1	
永嘉县	36	10	26			8	2	6		
平阳县	49	4	41	2	2	7	1	6		
苍南县	8		8			4		3	1	
文成县	19		11		8	1			1	
泰顺县	5		4		1	9	1	5	3	
瑞安市	180	40	130	7	3	44	19	21	2	2
乐清市	147	35	105	2	5	39	15	21	1	2
龙港市	1	1				1		1		
嘉兴市	**421**	**93**	**301**	**14**	**13**	**324**	**106**	**194**	**12**	**12**
南湖区	93	14	74	3	2	28	5	19	3	1
秀洲区	35	1	30	3	1	21	3	14	1	3
嘉善县	80	21	52	6	1	35	19	15		1
海盐县	13	1	12			18	4	10		4
海宁市	104	31	72		1	84	30	53	1	
平湖市	55	16	35	2	2	106	37	67		2
桐乡市	41	9	26		6	32	8	16	7	1
湖州市	**191**	**52**	**122**	**8**	**9**	**111**	**24**	**79**		**8**
吴兴区	75	22	47	2	4	48	8	35		5
南浔区	23	5	14	3	1	9	5	3		1
德清县	47	10	32	2	3	26	6	18		2
长兴县	16	5	10	1		4	2	2		
安吉县	30	10	19		1	24	3	21		

7-1c 续表 29

单位：人

现住地	省外									
	陕西					甘肃				
	小计	乡	镇的村委会	镇的居委会	街道	小计	乡	镇的村委会	镇的居委会	街道
绍兴市	**120**	**26**	**86**	**1**	**7**	**46**	**19**	**24**	**1**	**2**
越城区	13	5	7	1		6	2	4		
柯桥区	24	6	15		3	6	2	3		1
上虞区	30	5	23		2	8	3	4	1	
新昌县	2		2			2		2		
诸暨市	43	7	35		1	17	7	9		1
嵊州市	8	3	4		1	7	5	2		
金华市	**359**	**118**	**208**	**16**	**17**	**160**	**50**	**105**	**1**	**4**
婺城区	17	5	11	1		11	7	4		
金东区	41	14	24	2	1	18	4	14		
武义县	20	5	14	1		3		2		1
浦江县	33	9	21		3	25	4	20		1
磐安县	3	1		1	1	4		3		1
兰溪市	8	3	4		1	4	4			
义乌市	141	57	78	3	3	61	24	35	1	1
东阳市	51	11	27	8	5	18	5	13		
永康市	45	13	29		3	16	2	14		
衢州市	**29**	**14**	**15**			**15**	**3**	**12**		
柯城区	2		2			4		4		
衢江区						2		2		
常山县	3	1	2			2	1	1		
开化县	4		4							
龙游县	18	13	5			6	1	5		
江山市	2		2			1	1			
舟山市	**162**	**28**	**124**	**4**	**6**	**81**	**12**	**62**		**7**
定海区	70	16	49	2	3	13	2	11		
普陀区	47	8	37	1	1	17	1	11		5
岱山县	41	4	35		2	51	9	40		2
嵊泗县	4		3	1						
台州市	**846**	**118**	**684**	**18**	**26**	**161**	**35**	**117**	**2**	**7**
椒江区	136	16	113	3	4	37	8	28	1	
黄岩区	41	7	33		1	6	2	2		2
路桥区	115	13	99		3	10	1	9		
三门县	22		16	3	3	3				3
天台县	36	5	24		7	13	7	6		
仙居县	11	4	3	1	3	5		5		
温岭市	141	14	126	1		32	4	28		
临海市	216	37	174	1	4	38	10	26	1	1
玉环市	128	22	96	9	1	17	3	13		1
丽水市	**78**	**24**	**48**	**2**	**4**	**31**	**5**	**25**	**1**	
莲都区	24	6	15	2	1	14	3	11		
青田县	5	2	3			3	1	2		
缙云县	18	1	17			7		6	1	
遂昌县	2	1			1	1		1		
松阳县	17	11	5		1	5	1	4		
云和县	2		1		1					
庆元县	1		1							
景宁畲族自治县	8	3	5							
龙泉市	1		1			1		1		

7-1c　续表 30　　　　单位：人

现住地	省外									
	青海					宁夏				
	小计	乡	镇的村委会	镇的居委会	街道	小计	乡	镇的村委会	镇的居委会	街道
合计	**141**	**39**	**83**	**8**	**11**	**105**	**24**	**51**	**7**	**23**
杭州市	**19**	**5**	**13**		**1**	**19**	**1**	**13**	**1**	**4**
上城区										
下城区										
江干区										
拱墅区										
西湖区						3		1		2
滨江区										
萧山区	7	5	2			5		4		1
余杭区	8		7		1	6		6		
富阳区	1		1			3		2		1
临安区	2		2			2	1		1	
桐庐县										
淳安县	1		1							
建德市										
宁波市	**34**	**7**	**21**	**5**	**1**	**15**	**2**	**6**	**1**	**6**
海曙区	3		3			2		1		1
江北区	1		1			1				1
北仑区	4			3	1	2		2		
镇海区	2			2						
鄞州区	5	3	2			5		1	1	3
奉化区	2	1	1							
象山县										
宁海县										
余姚市	1	1				3	2			1
慈溪市	16	2	14			2		2		
温州市	**22**	**6**	**13**	**1**	**2**	**9**		**6**	**1**	**2**
鹿城区										
龙湾区										
瓯海区	4	3	1			1		1		
洞头区	1	1								
永嘉县	5		5			2		2		
平阳县						1				1
苍南县	2	1	1							
文成县										
泰顺县						1			1	
瑞安市	2		2							
乐清市	8	1	4	1	2	4		3		1
龙港市										
嘉兴市	**11**	**7**	**3**		**1**	**18**	**8**	**8**	**1**	**1**
南湖区	1				1	3	2	1		
秀洲区	1		1			1		1		
嘉善县						9	6	3		
海盐县	2		2							
海宁市	7	7				2		2		
平湖市						3		1	1	1
桐乡市										
湖州市	**3**	**1**		**1**	**1**	**10**	**1**	**6**		**3**
吴兴区	1			1		8		5		3
南浔区						1		1		
德清县	1				1	1	1			
长兴县	1	1								
安吉县										

7-1c 续表 31

单位：人

现住地	省外									
	青海					宁夏				
	小计	乡	镇的村委会	镇的居委会	街道	小计	乡	镇的村委会	镇的居委会	街道
绍兴市	**3**		**3**			**4**		**2**		**2**
越城区						1		1		
柯桥区										
上虞区	1		1							
新昌县										
诸暨市	2		2			3		1		2
嵊州市										
金华市	**26**	**11**	**12**	**1**	**2**	**11**		**5**	**2**	**4**
婺城区	3	2	1			3		2		1
金东区	1	1				1		1		
武义县						1				1
浦江县	3	1	2			1		1		
磐安县						1				1
兰溪市										
义乌市	9	4	4		1	2		1		1
东阳市	4	2		1	1	2			2	
永康市	6	1	5							
衢州市	**5**		**4**		**1**	**4**	**3**	**1**		
柯城区						1	1			
衢江区	1				1					
常山县	1		1							
开化县										
龙游县	3		3			3	2	1		
江山市										
舟山市	**7**		**7**			**2**		**1**	**1**	
定海区	4		4							
普陀区						2		1	1	
岱山县	3		3							
嵊泗县										
台州市	**11**	**2**	**7**		**2**	**12**	**8**	**3**		**1**
椒江区	3		3							
黄岩区										
路桥区						4	3	1		
三门县	3		2		1					
天台县	3	1	2							
仙居县						1	1			
温岭市						1		1		
临海市	2	1			1	1		1		
玉环市						5	4			1
丽水市						**1**	**1**			
莲都区										
青田县										
缙云县										
遂昌县										
松阳县										
云和县										
庆元县										
景宁畲族自治县						1	1			
龙泉市										

7-1c　续表 32　　　　单位：人

现住地	省外				
	新疆				
	小计	乡	镇的村委会	镇的居委会	街道
合计	**173**	**29**	**81**	**33**	**30**
杭州市	**30**	**6**	**14**	**6**	**4**
上城区					
下城区					
江干区					
拱墅区					
西湖区					
滨江区					
萧山区	4	1	2	1	
余杭区	10	1	9		
富阳区	10	2	1	5	2
临安区	3		1		2
桐庐县	2	2			
淳安县					
建德市	1		1		
宁波市	**38**	**11**	**12**	**6**	**9**
海曙区	4	3			1
江北区					
北仑区	7	2	1	2	2
镇海区	3			1	2
鄞州区	8	3	2	1	2
奉化区	6	1	4	1	
象山县	2		1		1
宁海县	2	1			1
余姚市	1			1	
慈溪市	5	1	4		
温州市	**24**	**3**	**16**	**4**	**1**
鹿城区	2		2		
龙湾区					
瓯海区	1	1			
洞头区	1			1	
永嘉县	8		8		
平阳县	1		1		
苍南县	1	1			
文成县					
泰顺县					
瑞安市	4		2	1	1
乐清市	6	1	3	2	
龙港市					
嘉兴市	**17**	**2**	**10**	**3**	**2**
南湖区					
秀洲区	4	1	2	1	
嘉善县	1		1		
海盐县	1			1	
海宁市	4		3		1
平湖市	4		2	1	1
桐乡市	3	1	2		
湖州市	**7**	**1**	**3**		**3**
吴兴区	4	1	1		2
南浔区					
德清县	1		1		
长兴县	1		1		
安吉县	1				1

7-1c 续表 33

单位：人

现住地	省外 新疆 小计	乡	镇的村委会	镇的居委会	街道
绍兴市	**11**	**4**	**3**	**2**	**2**
越城区	3	2	1		
柯桥区	2	1		1	
上虞区					
新昌县					
诸暨市	5	1	1	1	2
嵊州市	1		1		
金华市	**19**		**9**	**7**	**3**
婺城区					
金东区	3			2	1
武义县					
浦江县	1		1		
磐安县					
兰溪市					
义乌市	9		5	4	
东阳市	5		3	1	1
永康市	1				1
衢州市	**1**			**1**	
柯城区					
衢江区					
常山县	1			1	
开化县					
龙游县					
江山市					
舟山市	**3**	**1**	**1**		**1**
定海区					
普陀区	2	1	1		
岱山县	1				1
嵊泗县					
台州市	**16**	**1**	**10**	**2**	**3**
椒江区	2				2
黄岩区	1		1		
路桥区	4		4		
三门县					
天台县					
仙居县					
温岭市	3		2	1	
临海市	5	1	3	1	
玉环市	1				1
丽水市	**7**		**3**	**2**	**2**
莲都区	1			1	
青田县	3		3		
缙云县	1			1	
遂昌县	2				2
松阳县					
云和县					
庆元县					
景宁畲族自治县					
龙泉市					

7-2 全省按现住地、职业和性别分的户口登记地在本省其他乡镇街道人口

单位：人

现住地	合计			党的机关、国家机关、群众团体和社会组织、企事业单位负责人		
	合计	男	女	小计	男	女
合计	**647911**	**365874**	**282037**	**33931**	**25036**	**8895**
杭州市	**143281**	**80186**	**63095**	**7077**	**5209**	**1868**
上城区	3847	1981	1866	183	129	54
下城区	6823	3528	3295	404	282	122
江干区	22973	12570	10403	912	651	261
拱墅区	9716	5195	4521	423	320	103
西湖区	13447	7363	6084	634	445	189
滨江区	7019	3878	3141	326	240	86
萧山区	22157	12465	9692	1479	1099	380
余杭区	26857	15902	10955	1346	993	353
富阳区	10769	6165	4604	639	474	165
临安区	7368	4312	3056	339	275	64
桐庐县	5057	2787	2270	160	128	32
淳安县	3836	2141	1695	91	70	21
建德市	3412	1899	1513	141	103	38
宁波市	**93704**	**51748**	**41956**	**5506**	**4117**	**1389**
海曙区	14091	7822	6269	387	309	78
江北区	5923	3339	2584	372	267	105
北仑区	6872	4022	2850	250	191	59
镇海区	5824	3403	2421	375	279	96
鄞州区	22490	12172	10318	1452	1098	354
奉化区	5882	3285	2597	455	332	123
象山县	6046	3430	2616	370	283	87
宁海县	7684	4261	3423	521	380	141
余姚市	8567	4547	4020	574	429	145
慈溪市	10325	5467	4858	750	549	201
温州市	**92434**	**54613**	**37821**	**5803**	**4514**	**1289**
鹿城区	15959	8897	7062	1068	830	238
龙湾区	7230	4418	2812	536	417	119
瓯海区	12272	7288	4984	700	536	164
洞头区	835	497	338	45	34	11
永嘉县	5973	3676	2297	189	149	40
平阳县	8358	4933	3425	368	296	72
苍南县	7498	4454	3044	386	279	107
文成县	820	507	313	25	21	4
泰顺县	1207	740	467	31	24	7
瑞安市	12249	7379	4870	740	588	152
乐清市	10191	5722	4469	818	632	186
龙港市	9842	6102	3740	897	708	189
嘉兴市	**42941**	**23236**	**19705**	**2339**	**1735**	**604**
南湖区	9072	4845	4227	367	283	84
秀洲区	4957	2638	2319	277	214	63
嘉善县	4364	2376	1988	283	209	74
海盐县	3101	1686	1415	156	117	39
海宁市	8712	4795	3917	716	515	201
平湖市	5615	3094	2521	265	197	68
桐乡市	7120	3802	3318	275	200	75
湖州市	**30625**	**17046**	**13579**	**2484**	**1737**	**747**
吴兴区	12503	6871	5632	936	647	289
南浔区	2275	1323	952	245	162	83
德清县	5025	2872	2153	439	320	119
长兴县	6397	3568	2829	442	335	107
安吉县	4425	2412	2013	422	273	149

7-2 续表 1

单位：人

现住地	合计			党的机关、国家机关、群众团体和社会组织、企事业单位负责人		
	合计	男	女	小计	男	女
绍兴市	**53765**	**30100**	**23665**	**2469**	**1804**	**665**
越城区	11778	6487	5291	604	438	166
柯桥区	9930	5533	4397	779	553	226
上虞区	6869	3897	2972	212	174	38
新昌县	7324	4193	3131	328	246	82
诸暨市	11627	6522	5105	231	179	52
嵊州市	6237	3468	2769	315	214	101
金华市	**64886**	**36562**	**28324**	**3358**	**2287**	**1071**
婺城区	13289	7438	5851	316	208	108
金东区	4401	2561	1840	187	132	55
武义县	4920	2847	2073	477	321	156
浦江县	3781	2107	1674	309	220	89
磐安县	1534	862	672	103	74	29
兰溪市	3390	1899	1491	207	139	68
义乌市	18342	10212	8130	1004	650	354
东阳市	9102	5061	4041	45	38	7
永康市	6127	3575	2552	710	505	205
衢州市	**26068**	**14617**	**11451**	**697**	**545**	**152**
柯城区	10002	5524	4478	263	206	57
衢江区	3540	2112	1428	36	28	8
常山县	2068	1120	948	36	27	9
开化县	2106	1134	972	51	40	11
龙游县	3692	2083	1609	106	86	20
江山市	4660	2644	2016	205	158	47
舟山市	**14094**	**8582**	**5512**	**398**	**314**	**84**
定海区	6540	3826	2714	211	165	46
普陀区	5347	3259	2088	147	118	29
岱山县	1557	1094	463	20	15	5
嵊泗县	650	403	247	20	16	4
台州市	**51415**	**28979**	**22436**	**2282**	**1703**	**579**
椒江区	10962	6010	4952	559	424	135
黄岩区	5338	3107	2231	191	154	37
路桥区	5669	3190	2479	112	86	26
三门县	2691	1647	1044	184	149	35
天台县	3605	2044	1561	119	89	30
仙居县	4279	2444	1835	294	204	90
温岭市	7972	4418	3554	327	225	102
临海市	7250	4086	3164	275	202	73
玉环市	3649	2033	1616	221	170	51
丽水市	**34698**	**20205**	**14493**	**1518**	**1071**	**447**
莲都区	11621	6738	4883	812	540	272
青田县	3128	1814	1314	79	59	20
缙云县	3049	1765	1284	72	53	19
遂昌县	2078	1216	862	40	30	10
松阳县	2265	1292	973	126	87	39
云和县	3174	1844	1330	79	57	22
庆元县	2758	1638	1120	92	73	19
景宁畲族自治县	2048	1185	863	45	38	7
龙泉市	4577	2713	1864	173	134	39

7-2 续表 2 单位：人

现住地	专业技术人员			办事人员和有关人员			社会生产服务和生活服务人员		
	小计	男	女	小计	男	女	小计	男	女
合计	**115714**	**46043**	**69671**	**61354**	**35489**	**25865**	**285569**	**156296**	**129273**
杭州市	**34752**	**14971**	**19781**	**5845**	**3444**	**2401**	**72340**	**39939**	**32401**
上城区	1075	427	648	139	83	56	2148	1106	1042
下城区	2015	798	1217	362	214	148	3624	1916	1708
江干区	5908	2573	3335	695	454	241	12785	6935	5850
拱墅区	2977	1278	1699	328	171	157	5168	2801	2367
西湖区	4047	1765	2282	596	315	281	7099	4034	3065
滨江区	2153	1000	1153	238	122	116	3691	2110	1581
萧山区	5850	2518	3332	840	494	346	10125	5593	4532
余杭区	5933	2704	3229	892	563	329	13489	7934	5555
富阳区	1910	755	1155	645	390	255	5106	2747	2359
临安区	1157	470	687	354	219	135	3439	1851	1588
桐庐县	733	283	450	303	176	127	2354	1273	1081
淳安县	561	236	325	177	109	68	1923	943	980
建德市	433	164	269	276	134	142	1389	696	693
宁波市	**17822**	**6697**	**11125**	**11850**	**6379**	**5471**	**37060**	**19889**	**17171**
海曙区	2604	950	1654	1719	943	776	6380	3603	2777
江北区	1324	521	803	1027	555	472	2401	1393	1008
北仑区	1337	531	806	758	375	383	2498	1412	1086
镇海区	1077	418	659	859	449	410	2052	1167	885
鄞州区	5137	2015	3122	3341	1715	1626	9433	5151	4282
奉化区	740	253	487	662	371	291	2077	1073	1004
象山县	912	370	542	669	399	270	2214	1087	1127
宁海县	1100	423	677	792	467	325	2963	1448	1515
余姚市	1494	480	1014	1086	593	493	3219	1638	1581
慈溪市	2097	736	1361	937	512	425	3823	1917	1906
温州市	**13904**	**5115**	**8789**	**9301**	**5748**	**3553**	**40201**	**23801**	**16400**
鹿城区	3147	1048	2099	2880	1627	1253	7309	4252	3057
龙湾区	1233	462	771	892	556	336	3033	1812	1221
瓯海区	2257	840	1417	1249	765	484	5499	3357	2142
洞头区	131	60	71	142	77	65	269	138	131
永嘉县	812	340	472	558	377	181	2685	1614	1071
平阳县	1074	431	643	588	370	218	3380	1996	1384
苍南县	683	293	390	343	229	114	3543	2141	1402
文成县	134	52	82	118	72	46	293	178	115
泰顺县	168	70	98	169	111	58	566	311	255
瑞安市	1722	606	1116	1019	686	333	5376	3151	2225
乐清市	1589	568	1021	862	543	319	4422	2400	2022
龙港市	954	345	609	481	335	146	3826	2451	1375
嘉兴市	**7790**	**2925**	**4865**	**4620**	**2380**	**2240**	**17999**	**9714**	**8285**
南湖区	2310	875	1435	1131	580	551	3972	2195	1777
秀洲区	1007	390	617	552	280	272	2118	1137	981
嘉善县	749	261	488	694	365	329	1759	963	796
海盐县	543	204	339	394	193	201	1101	585	516
海宁市	1371	522	849	747	381	366	3426	1803	1623
平湖市	859	345	514	517	251	266	2202	1210	992
桐乡市	951	328	623	585	330	255	3421	1821	1600
湖州市	**5248**	**2062**	**3186**	**4023**	**2274**	**1749**	**12154**	**6386**	**5768**
吴兴区	2370	971	1399	1816	986	830	5216	2793	2423
南浔区	318	115	203	189	123	66	781	427	354
德清县	842	329	513	628	346	282	1778	948	830
长兴县	1142	443	699	900	538	362	2628	1355	1273
安吉县	576	204	372	490	281	209	1751	863	888

7-2 续表 3

单位：人

现住地	专业技术人员			办事人员和有关人员			社会生产服务和生活服务人员		
	小计	男	女	小计	男	女	小计	男	女
绍兴市	**8528**	**3393**	**5135**	**5508**	**3203**	**2305**	**22518**	**11956**	**10562**
越城区	2687	1097	1590	2207	1245	962	4557	2496	2061
柯桥区	1462	477	985	884	507	377	4910	2716	2194
上虞区	1149	473	676	822	485	337	2579	1318	1261
新昌县	818	338	480	369	232	137	2620	1324	1296
诸暨市	1713	722	991	779	465	314	5333	2764	2569
嵊州市	699	286	413	447	269	178	2519	1338	1181
金华市	**9206**	**3558**	**5648**	**6195**	**3753**	**2442**	**30935**	**16939**	**13996**
婺城区	2507	1036	1471	1934	1142	792	6337	3456	2881
金东区	691	269	422	599	340	259	1910	1121	789
武义县	680	268	412	452	278	174	1791	954	837
浦江县	435	163	272	321	207	114	1416	772	644
磐安县	189	80	109	137	81	56	546	296	250
兰溪市	434	179	255	399	245	154	1345	723	622
义乌市	2084	782	1302	1232	758	474	10835	6008	4827
东阳市	1392	520	872	677	427	250	4010	2089	1921
永康市	794	261	533	444	275	169	2745	1520	1225
衢州市	**3800**	**1499**	**2301**	**2891**	**1641**	**1250**	**11348**	**5745**	**5603**
柯城区	1902	776	1126	1294	702	592	4670	2390	2280
衢江区	361	142	219	362	208	154	1481	818	663
常山县	297	111	186	279	171	108	811	391	420
开化县	245	88	157	179	101	78	968	438	530
龙游县	456	171	285	390	246	144	1536	745	791
江山市	539	211	328	387	213	174	1882	963	919
舟山市	**2620**	**1293**	**1327**	**2026**	**1170**	**856**	**6001**	**3192**	**2809**
定海区	1377	605	772	978	562	416	2755	1472	1283
普陀区	948	507	441	735	429	306	2503	1324	1179
岱山县	199	138	61	217	126	91	459	251	208
嵊泗县	96	43	53	96	53	43	284	145	139
台州市	**7923**	**2982**	**4941**	**5830**	**3548**	**2282**	**21401**	**11391**	**10010**
椒江区	2103	830	1273	1596	941	655	4765	2463	2302
黄岩区	817	320	497	648	376	272	2082	1096	986
路桥区	791	278	513	495	293	202	3013	1695	1318
三门县	330	143	187	218	143	75	997	559	438
天台县	496	190	306	351	231	120	1523	793	730
仙居县	575	210	365	378	224	154	1454	753	701
温岭市	1101	409	692	841	559	282	3338	1766	1572
临海市	1180	438	742	841	494	347	2901	1614	1287
玉环市	530	164	366	462	287	175	1328	652	676
丽水市	**4121**	**1548**	**2573**	**3265**	**1949**	**1316**	**13612**	**7344**	**6268**
莲都区	1712	645	1067	1446	839	607	5008	2719	2289
青田县	416	133	283	326	220	106	1389	761	628
缙云县	341	120	221	196	112	84	1224	638	586
遂昌县	217	101	116	171	113	58	811	401	410
松阳县	224	77	147	148	83	65	824	408	416
云和县	214	73	141	232	139	93	872	496	376
庆元县	287	116	171	245	148	97	844	479	365
景宁畲族自治县	244	125	119	199	109	90	849	434	415
龙泉市	466	158	308	302	186	116	1791	1008	783

7-2　续表 4　　　　单位：人

现住地	农、林、牧、渔业生产及辅助人员			生产制造及有关人员			不便分类的其他从业人员		
	小计	男	女	小计	男	女	小计	男	女
合计	**11506**	**7709**	**3797**	**139378**	**95004**	**44374**	**459**	**297**	**162**
杭州市	**1034**	**653**	**381**	**22195**	**15935**	**6260**	**38**	**35**	**3**
上城区	2	1	1	300	235	65			
下城区	4	3	1	413	314	99	1	1	
江干区	59	40	19	2608	1911	697	6	6	
拱墅区	5	3	2	812	620	192	3	2	1
西湖区	45	28	17	1024	774	250	2	2	
滨江区	9	6	3	601	399	202	1	1	
萧山区	255	169	86	3607	2591	1016	1	1	
余杭区	193	123	70	4983	3566	1417	21	19	2
富阳区	109	71	38	2358	1726	632	2	2	
临安区	92	51	41	1987	1446	541			
桐庐县	59	37	22	1447	889	558	1	1	
淳安县	83	58	25	1001	725	276			
建德市	119	63	56	1054	739	315			
宁波市	**1845**	**1213**	**632**	**19526**	**13391**	**6135**	**95**	**62**	**33**
海曙区	226	142	84	2772	1872	900	3	3	
江北区	63	37	26	736	566	170			
北仑区	102	66	36	1913	1439	474	14	8	6
镇海区	253	150	103	1204	937	267	4	3	1
鄞州区	278	174	104	2826	2003	823	23	16	7
奉化区	164	118	46	1770	1128	642	14	10	4
象山县	282	227	55	1599	1064	535			
宁海县	205	134	71	2093	1406	687	10	3	7
余姚市	103	61	42	2089	1346	743	2		2
慈溪市	169	104	65	2524	1630	894	25	19	6
温州市	**1546**	**1158**	**388**	**21633**	**14243**	**7390**	**46**	**34**	**12**
鹿城区	31	22	9	1523	1118	405	1		1
龙湾区	66	54	12	1460	1107	353	10	10	
瓯海区	132	83	49	2426	1700	726	9	7	2
洞头区	33	28	5	214	159	55	1	1	
永嘉县	66	44	22	1663	1152	511			
平阳县	216	179	37	2728	1658	1070	4	3	1
苍南县	333	231	102	2205	1279	926	5	2	3
文成县	41	29	12	209	155	54			
泰顺县	31	23	8	240	200	40	2	1	1
瑞安市	202	151	51	3185	2193	992	5	4	1
乐清市	171	118	53	2327	1459	868	2	2	
龙港市	224	196	28	3453	2063	1390	7	4	3
嘉兴市	**584**	**364**	**220**	**9601**	**6111**	**3490**	**8**	**7**	**1**
南湖区	48	29	19	1241	881	360	3	2	1
秀洲区	90	56	34	913	561	352			
嘉善县	89	49	40	790	529	261			
海盐县	67	39	28	840	548	292			
海宁市	122	82	40	2330	1492	838			
平湖市	76	51	25	1694	1038	656	2	2	
桐乡市	92	58	34	1793	1062	731	3	3	
湖州市	**596**	**376**	**220**	**6052**	**4166**	**1886**	**68**	**45**	**23**
吴兴区	119	73	46	2004	1373	631	42	28	14
南浔区	150	95	55	591	400	191	1	1	
德清县	145	94	51	1187	831	356	6	4	2
长兴县	113	70	43	1164	821	343	8	6	2
安吉县	69	44	25	1106	741	365	11	6	5

7-2 续表 5　　　　单位：人

现住地	农、林、牧、渔业生产及辅助人员			生产制造及有关人员			不便分类的其他从业人员		
	小计	男	女	小计	男	女	小计	男	女
绍兴市	**794**	**463**	**331**	**13935**	**9274**	**4661**	**13**	**7**	**6**
越城区	78	46	32	1640	1160	480	5	5	
柯桥区	57	37	20	1837	1242	595	1	1	
上虞区	150	85	65	1957	1362	595			
新昌县	176	100	76	3013	1953	1060			
诸暨市	174	106	68	3397	2286	1111			
嵊州市	159	89	70	2091	1271	820	7	1	6
金华市	**769**	**502**	**267**	**14401**	**9511**	**4890**	**22**	**12**	**10**
婺城区	154	110	44	2040	1486	554	1		1
金东区	89	57	32	924	641	283	1	1	
武义县	118	76	42	1399	948	451	3	2	1
浦江县	51	37	14	1244	704	540	5	4	1
磐安县	22	15	7	533	315	218	4	1	3
兰溪市	81	52	29	922	560	362	2	1	1
义乌市	56	35	21	3130	1978	1152	1	1	
东阳市	126	73	53	2850	1913	937	2	1	1
永康市	72	47	25	1359	966	393	3	1	2
衢州市	**624**	**366**	**258**	**6693**	**4811**	**1882**	**15**	**10**	**5**
柯城区	88	54	34	1779	1393	386	6	3	3
衢江区	76	49	27	1222	865	357	2	2	
常山县	102	41	61	543	379	164			
开化县	34	25	9	628	442	186	1		1
龙游县	132	78	54	1069	754	315	3	3	
江山市	192	119	73	1452	978	474	3	2	1
舟山市	**726**	**669**	**57**	**2323**	**1944**	**379**			
定海区	118	105	13	1101	917	184			
普陀区	371	345	26	643	536	107			
岱山县	151	136	15	511	428	83			
嵊泗县	86	83	3	68	63	5			
台州市	**1293**	**903**	**390**	**12672**	**8441**	**4231**	**14**	**11**	**3**
椒江区	191	127	64	1748	1225	523			
黄岩区	78	51	27	1516	1104	412	6	6	
路桥区	123	77	46	1134	761	373	1		1
三门县	120	88	32	842	565	277			
天台县	104	63	41	1010	677	333	2	1	1
仙居县	133	99	34	1440	950	490	5	4	1
温岭市	277	213	64	2088	1246	842			
临海市	155	89	66	1898	1249	649			
玉环市	112	96	16	996	664	332			
丽水市	**1695**	**1042**	**653**	**10347**	**7177**	**3170**	**140**	**74**	**66**
莲都区	249	163	86	2365	1814	551	29	18	11
青田县	116	67	49	798	573	225	4	1	3
缙云县	130	80	50	1086	762	324			
遂昌县	166	93	73	673	478	195			
松阳县	302	161	141	639	475	164	2	1	1
云和县	151	95	56	1617	980	637	9	4	5
庆元县	206	124	82	1020	654	366	64	44	20
景宁畲族自治县	163	107	56	520	367	153	28	5	23
龙泉市	212	152	60	1629	1074	555	4	1	3

7-3　全省按现住地、职业和性别分的户口登记地在外省人口

单位：人

现住地	合计			党的机关、国家机关、群众团体和社会组织、企事业单位负责人		
	合计	男	女	小计	男	女
合计	**1468958**	**927836**	**541122**	**18250**	**14009**	**4241**
杭州市	**289022**	**185657**	**103365**	**3982**	**3024**	**958**
上城区	4224	2496	1728	56	43	13
下城区	7373	4204	3169	150	115	35
江干区	41028	25479	15549	688	548	140
拱墅区	10662	6502	4160	209	148	61
西湖区	22092	13861	8231	348	235	113
滨江区	11738	7208	4530	189	126	63
萧山区	72170	47360	24810	821	623	198
余杭区	86548	55786	30762	1198	920	278
富阳区	14040	9827	4213	158	125	33
临安区	9612	6664	2948	100	87	13
桐庐县	6158	3982	2176	26	24	2
淳安县	1020	706	314	10	8	2
建德市	2357	1582	775	29	22	7
宁波市	**284269**	**176266**	**108003**	**3542**	**2776**	**766**
海曙区	27306	16578	10728	228	202	26
江北区	12976	8454	4522	182	146	36
北仑区	35102	22812	12290	277	232	45
镇海区	18955	12348	6607	462	343	119
鄞州区	42162	25767	16395	637	496	141
奉化区	12113	7696	4417	207	155	52
象山县	9607	5828	3779	92	67	25
宁海县	12461	7554	4907	238	183	55
余姚市	38502	23148	15354	434	342	92
慈溪市	75085	46081	29004	785	610	175
温州市	**206808**	**131366**	**75442**	**2108**	**1695**	**413**
鹿城区	32643	20239	12404	262	205	57
龙湾区	29900	19613	10287	341	271	70
瓯海区	31801	20898	10903	333	285	48
洞头区	2504	1864	640	16	7	9
永嘉县	12607	8300	4307	81	68	13
平阳县	9192	5952	3240	66	46	20
苍南县	4883	3140	1743	54	41	13
文成县	656	531	125	6	5	1
泰顺县	463	356	107	6	6	
瑞安市	36720	22673	14047	283	225	58
乐清市	39380	23915	15465	577	467	110
龙港市	6059	3885	2174	83	69	14
嘉兴市	**161766**	**101519**	**60247**	**1674**	**1323**	**351**
南湖区	21607	14032	7575	230	199	31
秀洲区	23296	14301	8995	215	171	44
嘉善县	23088	15031	8057	282	211	71
海盐县	8792	5762	3030	105	82	23
海宁市	37485	23590	13895	457	358	99
平湖市	17957	11427	6530	142	120	22
桐乡市	29541	17376	12165	243	182	61
湖州市	**69588**	**44466**	**25122**	**1518**	**1100**	**418**
吴兴区	31718	19299	12419	771	529	242
南浔区	10943	7220	3723	349	258	91
德清县	10711	7203	3508	149	122	27
长兴县	6225	4208	2017	89	65	24
安吉县	9991	6536	3455	160	126	34

7-3 续表 1

单位：人

现住地	合计			党的机关、国家机关、群众团体和社会组织、企事业单位负责人		
	合计	男	女	小计	男	女
绍兴市	**95396**	**59816**	**35580**	**1098**	**826**	**272**
越城区	17395	10984	6411	324	242	82
柯桥区	39615	25301	14314	584	431	153
上虞区	12785	8113	4672	52	49	3
新昌县	1879	1230	649	26	19	7
诸暨市	19297	11372	7925	60	49	11
嵊州市	4425	2816	1609	52	36	16
金华市	**191254**	**117361**	**73893**	**3130**	**2339**	**791**
婺城区	14067	9113	4954	103	83	20
金东区	14005	8975	5030	229	179	50
武义县	12962	8038	4924	244	196	48
浦江县	9245	5277	3968	128	89	39
磐安县	1097	758	339	16	12	4
兰溪市	3239	1972	1267	39	30	9
义乌市	81523	49024	32499	1906	1414	492
东阳市	26300	16007	10293	19	17	2
永康市	28816	18197	10619	446	319	127
衢州市	**9080**	**6132**	**2948**	**86**	**68**	**18**
柯城区	2936	1985	951	28	19	9
衢江区	1450	1010	440	11	8	3
常山县	771	496	275	1	1	
开化县	518	380	138	11	11	
龙游县	2093	1385	708	19	16	3
江山市	1312	876	436	16	13	3
舟山市	**24055**	**18146**	**5909**	**61**	**51**	**10**
定海区	7365	5102	2263	28	23	5
普陀区	7319	4918	2401	22	18	4
岱山县	8640	7589	1051	8	8	
嵊泗县	731	537	194	3	2	1
台州市	**122517**	**76749**	**45768**	**815**	**633**	**182**
椒江区	18202	11601	6601	148	118	30
黄岩区	12558	7980	4578	76	60	16
路桥区	16617	10545	6072	62	55	7
三门县	2376	1590	786	30	25	5
天台县	1685	1119	566	18	12	6
仙居县	1502	1017	485	36	22	14
温岭市	37324	22877	14447	197	156	41
临海市	10061	6353	3708	89	69	20
玉环市	22192	13667	8525	159	116	43
丽水市	**15203**	**10358**	**4845**	**236**	**174**	**62**
莲都区	6750	4588	2162	152	112	40
青田县	2621	1708	913	12	8	4
缙云县	2167	1497	670	12	9	3
遂昌县	415	318	97	6	6	
松阳县	1009	685	324	23	15	8
云和县	908	611	297	13	10	3
庆元县	322	202	120	5	3	2
景宁畲族自治县	285	208	77	3	3	
龙泉市	726	541	185	10	8	2

7-3　续表 2　　　　单位：人

现住地	专业技术人员			办事人员和有关人员			社会生产服务和生活服务人员		
	小计	男	女	小计	男	女	小计	男	女
合计	**68204**	**39993**	**28211**	**27127**	**17054**	**10073**	**452897**	**277507**	**175390**
杭州市	**27248**	**14602**	**12646**	**1991**	**1286**	**705**	**132148**	**79849**	**52299**
上城区	514	222	292	29	20	9	3069	1742	1327
下城区	1121	491	630	69	54	15	4886	2619	2267
江干区	4757	2405	2352	225	129	96	23351	13333	10018
拱墅区	1759	771	988	81	50	31	6402	3645	2757
西湖区	3470	1714	1756	286	131	155	13939	8440	5499
滨江区	2264	1201	1063	84	44	40	6821	3995	2826
萧山区	5372	3269	2103	166	113	53	28063	17722	10341
余杭区	6158	3341	2817	646	474	172	35568	22265	13303
富阳区	898	623	275	233	166	67	4502	2772	1730
临安区	442	260	182	51	34	17	2734	1644	1090
桐庐县	282	187	95	66	38	28	1737	1036	701
淳安县	90	39	51	4	3	1	391	236	155
建德市	121	79	42	51	30	21	685	400	285
宁波市	**12029**	**7483**	**4546**	**7144**	**4327**	**2817**	**77434**	**47243**	**30191**
海曙区	1233	645	588	800	479	321	10043	6023	4020
江北区	629	346	283	693	418	275	5099	3197	1902
北仑区	1759	1114	645	1088	656	432	10678	6960	3718
镇海区	1004	650	354	840	467	373	5627	3374	2253
鄞州区	2644	1464	1180	1561	900	661	15362	8785	6577
奉化区	492	358	134	249	161	88	2645	1490	1155
象山县	274	191	83	154	107	47	2184	1302	882
宁海县	483	340	143	218	140	78	2557	1413	1144
余姚市	1094	720	374	815	525	290	8230	5132	3098
慈溪市	2417	1655	762	726	474	252	15009	9567	5442
温州市	**6475**	**4175**	**2300**	**4546**	**2852**	**1694**	**51353**	**32019**	**19334**
鹿城区	770	381	389	891	506	385	8802	5256	3546
龙湾区	1258	860	398	866	520	346	7189	4575	2614
瓯海区	1059	599	460	751	451	300	8468	5638	2830
洞头区	169	122	47	91	71	20	563	399	164
永嘉县	430	306	124	301	182	119	3124	1860	1264
平阳县	251	179	72	123	85	38	2123	1308	815
苍南县	191	127	64	95	66	29	1489	940	549
文成县	59	47	12	26	17	9	130	85	45
泰顺县	48	30	18	28	21	7	107	65	42
瑞安市	656	436	220	529	359	170	7352	4604	2748
乐清市	1462	1011	451	786	533	253	10308	6203	4105
龙港市	122	77	45	59	41	18	1698	1086	612
嘉兴市	**5403**	**3483**	**1920**	**3146**	**1919**	**1227**	**44446**	**27835**	**16611**
南湖区	1422	850	572	632	355	277	8648	5381	3267
秀洲区	756	457	299	450	281	169	6364	4094	2270
嘉善县	919	626	293	752	459	293	5955	3738	2217
海盐县	322	236	86	158	83	75	1857	1159	698
海宁市	874	555	319	539	356	183	9015	5729	3286
平湖市	534	380	154	232	131	101	4284	2620	1664
桐乡市	576	379	197	383	254	129	8323	5114	3209
湖州市	**2308**	**1527**	**781**	**1299**	**828**	**471**	**16525**	**10118**	**6407**
吴兴区	898	568	330	511	329	182	7546	4441	3105
南浔区	450	296	154	215	137	78	2926	1894	1032
德清县	443	330	113	231	143	88	2260	1425	835
长兴县	276	185	91	144	88	56	1827	1138	689
安吉县	241	148	93	198	131	67	1966	1220	746

7—3 续表 3

单位：人

现住地	专业技术人员			办事人员和有关人员			社会生产服务和生活服务人员		
	小计	男	女	小计	男	女	小计	男	女
绍兴市	**2710**	**1622**	**1088**	**1935**	**1223**	**712**	**27682**	**17178**	**10504**
越城区	761	447	314	635	374	261	6046	3630	2416
柯桥区	821	434	387	832	533	299	12789	8160	4629
上虞区	433	282	151	305	212	93	3113	1968	1145
新昌县	169	124	45	16	13	3	434	236	198
诸暨市	329	189	140	69	36	33	4099	2468	1631
嵊州市	197	146	51	78	55	23	1201	716	485
金华市	**6305**	**3370**	**2935**	**3528**	**2267**	**1261**	**61688**	**38943**	**22745**
婺城区	771	427	344	498	322	176	4771	2977	1794
金东区	429	236	193	364	247	117	4079	2765	1314
武义县	318	184	134	181	120	61	1887	1120	767
浦江县	156	88	68	67	39	28	1360	794	566
磐安县	67	54	13	19	12	7	262	172	90
兰溪市	115	66	49	50	30	20	534	319	215
义乌市	2555	1165	1390	1617	996	621	35160	22284	12876
东阳市	1189	740	449	297	199	98	6939	4215	2724
永康市	705	410	295	435	302	133	6696	4297	2399
衢州市	**790**	**466**	**324**	**308**	**180**	**128**	**2549**	**1459**	**1090**
柯城区	372	214	158	115	65	50	1076	585	491
衢江区	80	45	35	49	29	20	407	250	157
常山县	83	45	38	43	30	13	185	102	83
开化县	64	45	19	8	5	3	118	65	53
龙游县	101	66	35	44	20	24	403	229	174
江山市	90	51	39	49	31	18	360	228	132
舟山市	**1124**	**857**	**267**	**639**	**443**	**196**	**6450**	**3668**	**2782**
定海区	394	265	129	172	115	57	2659	1474	1185
普陀区	312	227	85	155	120	35	2646	1494	1152
岱山县	383	336	47	303	202	101	822	529	293
嵊泗县	35	29	6	9	6	3	323	171	152
台州市	**3121**	**1948**	**1173**	**2250**	**1510**	**740**	**29317**	**17288**	**12029**
椒江区	778	504	274	459	317	142	5864	3260	2604
黄岩区	387	251	136	274	178	96	2999	1768	1231
路桥区	489	299	190	266	183	83	5195	3284	1911
三门县	80	55	25	47	35	12	504	291	213
天台县	67	51	16	33	20	13	550	311	239
仙居县	86	63	23	15	11	4	319	186	133
温岭市	478	310	168	445	300	145	7416	4440	2976
临海市	355	226	129	259	169	90	2335	1341	994
玉环市	401	189	212	452	297	155	4135	2407	1728
丽水市	**691**	**460**	**231**	**341**	**219**	**122**	**3305**	**1907**	**1398**
莲都区	366	232	134	182	113	69	1678	959	719
青田县	93	52	41	78	54	24	600	365	235
缙云县	76	56	20	27	18	9	390	249	141
遂昌县	23	19	4	10	9	1	81	47	34
松阳县	43	29	14	14	7	7	174	81	93
云和县	14	10	4	4	3	1	134	88	46
庆元县	30	20	10	5	5		71	37	34
景宁畲族自治县	26	25	1	17	8	9	47	25	22
龙泉市	20	17	3	4	2	2	130	56	74

7-3　续表 4　　　　单位：人

现住地	农、林、牧、渔业生产及辅助人员			生产制造及有关人员			不便分类的其他从业人员		
	小计	男	女	小计	男	女	小计	男	女
合计	**11874**	**7907**	**3967**	**889943**	**570929**	**319014**	**663**	**437**	**226**
杭州市	**2198**	**1301**	**897**	**121414**	**85565**	**35849**	**41**	**30**	**11**
上城区	2	1	1	554	468	86			
下城区	4	3	1	1143	922	221			
江干区	91	56	35	11910	9003	2907	6	5	1
拱墅区	1	1		2206	1885	321	4	2	2
西湖区	60	41	19	3988	3299	689	1	1	
滨江区	11	8	3	2369	1834	535			
萧山区	1402	812	590	36346	24821	11525			
余杭区	345	206	139	42603	28558	14045	30	22	8
富阳区	139	91	48	8110	6050	2060			
临安区	46	25	21	6239	4614	1625			
桐庐县	21	15	6	4026	2682	1344			
淳安县	28	17	11	497	403	94			
建德市	48	25	23	1423	1026	397			
宁波市	**2666**	**1823**	**843**	**181132**	**112398**	**68734**	**322**	**216**	**106**
海曙区	111	73	38	14891	9156	5735			
江北区	65	38	27	6308	4309	1999			
北仑区	337	213	124	20927	13613	7314	36	24	12
镇海区	132	81	51	10887	7431	3456	3	2	1
鄞州区	218	138	80	21728	13974	7754	12	10	2
奉化区	342	278	64	8135	5234	2901	43	20	23
象山县	442	404	38	6461	3757	2704			
宁海县	88	52	36	8870	5421	3449	7	5	2
余姚市	203	117	86	27718	16307	11411	8	5	3
慈溪市	728	429	299	55207	33196	22011	213	150	63
温州市	**900**	**562**	**338**	**141318**	**89999**	**51319**	**108**	**64**	**44**
鹿城区	26	17	9	21892	13874	8018			
龙湾区	117	76	41	20092	13292	6800	37	19	18
瓯海区	103	57	46	21073	13859	7214	14	9	5
洞头区	56	42	14	1591	1210	381	18	13	5
永嘉县	27	16	11	8644	5868	2776			
平阳县	67	42	25	6561	4291	2270	1	1	
苍南县	77	49	28	2977	1917	1060			
文成县	7	3	4	428	374	54			
泰顺县	18	10	8	237	212	25	19	12	7
瑞安市	134	90	44	27757	16955	10802	9	4	5
乐清市	204	113	91	26038	15586	10452	5	2	3
龙港市	64	47	17	4028	2561	1467	5	4	1
嘉兴市	**1346**	**801**	**545**	**105718**	**66135**	**39583**	**33**	**23**	**10**
南湖区	107	59	48	10559	7183	3376	9	5	4
秀洲区	226	144	82	15282	9152	6130	3	2	1
嘉善县	313	168	145	14867	9829	5038			
海盐县	69	49	20	6279	4151	2128	2	2	
海宁市	199	125	74	26392	16461	9931	9	6	3
平湖市	319	183	136	12446	7993	4453			
桐乡市	113	73	40	19893	11366	8527	10	8	2
湖州市	**568**	**349**	**219**	**47296**	**30497**	**16799**	**74**	**47**	**27**
吴兴区	170	106	64	21804	13314	8490	18	12	6
南浔区	115	78	37	6880	4552	2328	8	5	3
德清县	119	64	55	7502	5115	2387	7	4	3
长兴县	95	54	41	3791	2675	1116	3	3	
安吉县	69	47	22	7319	4841	2478	38	23	15

7-3 续表 5

单位：人

现住地	农、林、牧、渔业生产及辅助人员			生产制造及有关人员			不便分类的其他从业人员		
	小计	男	女	小计	男	女	小计	男	女
绍兴市	**519**	**297**	**222**	**61448**	**38667**	**22781**	**4**	**3**	**1**
越城区	66	42	24	9563	6249	3314			
柯桥区	179	103	76	24408	15639	8769	2	1	1
上虞区	105	53	52	8777	5549	3228			
新昌县	11	3	8	1223	835	388			
诸暨市	112	73	39	14628	8557	6071			
嵊州市	46	23	23	2849	1838	1011	2	2	
金华市	**899**	**532**	**367**	**115665**	**69884**	**45781**	**39**	**26**	**13**
婺城区	225	138	87	7698	5165	2533	1	1	
金东区	128	72	56	8774	5475	3299	2	1	1
武义县	42	26	16	10290	6392	3898			
浦江县	16	7	9	7513	4255	3258	5	5	
磐安县	6	2	4	727	506	221			
兰溪市	42	20	22	2459	1507	952			
义乌市	166	106	60	40117	23059	17058	2		2
东阳市	121	66	55	17735	10770	6965			
永康市	153	95	58	20352	12755	7597	29	19	10
衢州市	**156**	**80**	**76**	**5189**	**3877**	**1312**	**2**	**2**	
柯城区	13	11	2	1331	1090	241	1	1	
衢江区	30	15	15	873	663	210			
常山县	22	8	14	437	310	127			
开化县	11	8	3	306	246	60			
龙游县	48	23	25	1477	1030	447	1	1	
江山市	32	15	17	765	538	227			
舟山市	**1211**	**1128**	**83**	**14570**	**11999**	**2571**			
定海区	38	30	8	4074	3195	879			
普陀区	250	200	50	3934	2859	1075			
岱山县	781	761	20	6343	5753	590			
嵊泗县	142	137	5	219	192	27			
台州市	**1197**	**923**	**274**	**85807**	**54439**	**31368**	**10**	**8**	**2**
椒江区	125	91	34	10828	7311	3517			
黄岩区	18	13	5	8801	5709	3092	3	1	2
路桥区	275	174	101	10330	6550	3780			
三门县	6	3	3	1709	1181	528			
天台县	14	7	7	998	713	285	5	5	
仙居县	18	10	8	1028	725	303			
温岭市	521	459	62	28267	17212	11055			
临海市	61	27	34	6961	4520	2441	1	1	
玉环市	159	139	20	16885	10518	6367	1	1	
丽水市	**214**	**111**	**103**	**10386**	**7469**	**2917**	**30**	**18**	**12**
莲都区	68	45	23	4285	3112	1173	19	15	4
青田县	12	6	6	1826	1223	603			
缙云县	13	7	6	1649	1158	491			
遂昌县	10	5	5	285	232	53			
松阳县	86	36	50	669	517	152			
云和县	6	2	4	737	498	239			
庆元县	9	4	5	195	130	65	7	3	4
景宁畲族自治县	1		1	187	147	40	4		4
龙泉市	9	6	3	553	452	101			

7-4 全省按现住地、户口登记地类型、受教育程度分的户口登记地在本省其他乡镇街道人口

单位：人

现住地	合计					未上过学				
	合计	乡	镇的村委会	镇的居委会	街道	小计	乡	镇的村委会	镇的居委会	街道
合计	**1207008**	**149414**	**595750**	**113744**	**348100**	**24635**	**4288**	**13572**	**1672**	**5103**
杭州市	**260987**	**28255**	**111445**	**29025**	**92262**	**3628**	**517**	**1776**	**305**	**1030**
上城区	7468	509	1549	977	4433	87	8	16	14	49
下城区	12743	788	2940	1350	7665	173	25	45	18	85
江干区	44756	4246	17679	5380	17451	529	57	222	56	194
拱墅区	18404	1259	5359	1881	9905	219	15	75	13	116
西湖区	26125	2877	8225	3655	11368	247	33	103	28	83
滨江区	12673	1596	4483	1224	5370	127	23	49	18	37
萧山区	38254	2621	20037	4503	11093	685	47	414	50	174
余杭区	44477	5952	19370	5228	13927	675	124	323	50	178
富阳区	20068	3193	11063	997	4815	275	58	167	5	45
临安区	13736	1470	7891	1644	2731	146	26	97	13	10
桐庐县	8844	1134	4874	775	2061	200	32	113	15	40
淳安县	6977	2223	3949	582	223	187	65	108	13	1
建德市	6462	387	4026	829	1220	78	4	44	12	18
宁波市	**167897**	**12609**	**83395**	**17959**	**53934**	**2414**	**247**	**1387**	**197**	**583**
海曙区	26486	1769	13446	2489	8782	421	42	268	27	84
江北区	11764	585	3447	1426	6306	186	11	72	18	85
北仑区	11259	802	4978	1218	4261	152	17	89	14	32
镇海区	10466	716	4888	1745	3117	141	20	74	20	27
鄞州区	39509	1865	17302	5284	15058	546	37	283	53	173
奉化区	10231	858	5386	807	3180	157	12	99	9	37
象山县	11138	1779	6891	620	1848	186	36	131	5	14
宁海县	13476	1849	8651	619	2357	200	33	125	10	32
余姚市	15211	1216	7911	1362	4722	204	25	114	12	53
慈溪市	18357	1170	10495	2389	4303	221	14	132	29	46
温州市	**184053**	**18956**	**102629**	**18499**	**43969**	**6615**	**1016**	**4155**	**452**	**992**
鹿城区	32308	1750	9991	4220	16347	779	70	331	78	300
龙湾区	13726	1240	7176	821	4489	343	43	172	24	104
瓯海区	26491	3411	12247	1852	8981	879	192	480	21	186
洞头区	2106	82	647	185	1192	39	2	5	4	28
永嘉县	12370	1571	8647	851	1301	343	67	230	15	31
平阳县	17165	1829	11911	2882	543	800	111	588	80	21
苍南县	14259	1988	9819	2078	374	801	165	533	90	13
文成县	1895	245	1386	194	70	97	13	78	6	
泰顺县	3306	1046	2046	153	61	133	46	79	7	1
瑞安市	23262	2678	12512	1266	6806	1243	212	736	38	257
乐清市	17968	2084	11094	1300	3490	338	44	233	18	43
龙港市	19197	1032	15153	2697	315	820	51	690	71	8
嘉兴市	**74131**	**5766**	**37926**	**9363**	**21076**	**1245**	**115**	**679**	**137**	**314**
南湖区	17721	1452	6411	2228	7630	269	29	126	25	89
秀洲区	8645	602	3937	1029	3077	200	19	98	21	62
嘉善县	7868	713	4409	1412	1334	189	16	111	31	31
海盐县	4841	385	2767	465	1224	99	14	53	4	28
海宁市	14376	1000	8027	1702	3647	204	15	118	19	52
平湖市	8978	402	5390	1173	2013	167	8	105	18	36
桐乡市	11702	1212	6985	1354	2151	117	14	68	19	16
湖州市	**55696**	**6528**	**29938**	**5464**	**13766**	**854**	**104**	**495**	**70**	**185**
吴兴区	23811	2295	11700	2042	7774	411	39	230	36	106
南浔区	3884	737	2382	439	326	73	19	43	7	4
德清县	8672	812	4799	1154	1907	119	13	76	9	21
长兴县	11556	1549	6289	1070	2648	139	23	67	11	38
安吉县	7773	1135	4768	759	1111	112	10	79	7	16

7–4 续表 1　　单位：人

现住地	合计					未上过学				
	合计	乡	镇的村委会	镇的居委会	街道	小计	乡	镇的村委会	镇的居委会	街道
绍兴市	**98867**	**8002**	**52098**	**8796**	**29971**	**1219**	**107**	**662**	**106**	**344**
越城区	23813	977	8711	3250	10875	180	6	87	19	68
柯桥区	16770	1014	8947	1767	5042	311	12	173	45	81
上虞区	12180	1020	6260	801	4099	215	17	101	12	85
新昌县	12426	1670	7450	814	2492	174	32	107	6	29
诸暨市	21891	1699	13989	1540	4663	222	18	129	19	56
嵊州市	11787	1622	6741	624	2800	117	22	65	5	25
金华市	**119883**	**20080**	**60900**	**8371**	**30532**	**2190**	**452**	**1133**	**126**	**479**
婺城区	26749	4222	12726	1973	7828	511	105	272	35	99
金东区	8182	1097	4507	356	2222	96	14	54	1	27
武义县	8513	1523	4560	428	2002	191	61	101	9	20
浦江县	7238	2251	3046	480	1461	164	82	55	11	16
磐安县	2549	412	1653	215	269	66	18	37	7	4
兰溪市	7055	811	3142	377	2725	204	26	95	6	77
义乌市	30654	5858	14492	3040	7264	489	82	235	32	140
东阳市	17428	2356	9901	1053	4118	299	45	172	21	61
永康市	11515	1550	6873	449	2643	170	19	112	4	35
衢州市	**49389**	**11368**	**24631**	**2439**	**10951**	**1070**	**283**	**559**	**39**	**189**
柯城区	18594	4357	7597	844	5796	319	83	134	10	92
衢江区	6852	1754	3714	255	1129	209	59	105	7	38
常山县	4001	1025	1828	310	838	136	47	62	9	18
开化县	4482	962	3023	396	101	143	31	105	5	2
龙游县	6884	1969	3147	356	1412	140	49	67	4	20
江山市	8576	1301	5322	278	1675	123	14	86	4	19
舟山市	**26823**	**1838**	**11376**	**3910**	**9699**	**377**	**36**	**186**	**39**	**116**
定海区	13016	727	4281	2137	5871	124	7	39	18	60
普陀区	9951	538	4692	1175	3546	155	6	80	14	55
岱山县	2848	148	2043	445	212	65	4	54	6	1
嵊泗县	1008	425	360	153	70	33	19	13	1	
台州市	**99006**	**11779**	**53869**	**6861**	**26497**	**2560**	**417**	**1502**	**129**	**512**
椒江区	18651	1084	8292	1923	7352	420	21	188	39	172
黄岩区	10637	1722	4829	681	3405	230	55	109	7	59
路桥区	9602	865	5285	664	2788	195	29	125	7	34
三门县	5636	745	4102	423	366	216	40	156	11	9
天台县	8351	1521	4219	147	2464	144	30	75	4	35
仙居县	10087	2877	4165	295	2750	333	133	132	5	63
温岭市	14831	953	9942	1317	2619	317	21	251	19	26
临海市	15208	1349	9741	713	3405	360	28	270	10	52
玉环市	6003	663	3294	698	1348	345	60	196	27	62
丽水市	**70276**	**24233**	**27543**	**3057**	**15443**	**2463**	**994**	**1038**	**72**	**359**
莲都区	22349	5905	8263	958	7223	678	233	282	27	136
青田县	8186	3170	2972	492	1552	334	148	126	13	47
缙云县	6410	1892	3547	324	647	150	52	80	5	13
遂昌县	3911	1220	1834	192	665	147	57	59	6	25
松阳县	4350	1866	1897	188	399	147	83	55	1	8
云和县	5529	1705	2326	402	1096	217	73	103	12	29
庆元县	5684	2332	2297	206	849	275	113	142	3	17
景宁畲族自治县	4396	2316	1197	99	784	171	93	59		19
龙泉市	9461	3827	3210	196	2228	344	142	132	5	65

7-4　续表 2　　　　单位：人

现住地	学前教育					小学				
	小计	乡	镇的村委会	镇的居委会	街道	小计	乡	镇的村委会	镇的居委会	街道
合计	**36849**	**4388**	**18049**	**3219**	**11193**	**210571**	**32930**	**115576**	**16202**	**45863**
杭州市	**6612**	**617**	**2797**	**694**	**2504**	**32206**	**4001**	**16012**	**3054**	**9139**
上城区	141	10	18	14	99	828	74	205	112	437
下城区	307	15	68	26	198	1434	116	391	137	790
江干区	925	53	346	119	407	4228	365	1954	468	1441
拱墅区	389	17	99	43	230	1961	156	583	190	1032
西湖区	452	39	126	64	223	2154	254	806	307	787
滨江区	227	21	61	23	122	910	145	354	71	340
萧山区	1229	65	619	153	392	5596	393	3222	587	1394
余杭区	1142	145	412	138	447	5916	843	2889	623	1561
富阳区	695	104	408	25	158	3345	645	1992	117	591
临安区	384	27	217	39	101	1882	271	1167	152	292
桐庐县	294	29	166	19	80	1452	224	860	91	277
淳安县	220	81	121	9	9	1331	442	790	73	26
建德市	207	11	136	22	38	1169	73	799	126	171
宁波市	**4256**	**313**	**1934**	**455**	**1554**	**27920**	**2604**	**16097**	**2258**	**6961**
海曙区	608	35	285	58	230	4456	368	2761	284	1043
江北区	283	12	74	31	166	1700	121	632	179	768
北仑区	281	17	101	36	127	1762	119	878	194	571
镇海区	204	13	78	45	68	1691	166	956	197	372
鄞州区	841	24	256	139	422	5478	303	2898	588	1689
奉化区	232	18	116	13	85	2199	217	1261	126	595
象山县	318	59	185	11	63	2405	401	1588	98	318
宁海县	481	81	308	10	82	2948	432	2039	103	374
余姚市	436	26	220	35	155	2512	256	1423	174	659
慈溪市	572	28	311	77	156	2769	221	1661	315	572
温州市	**6227**	**607**	**3517**	**662**	**1441**	**42831**	**5588**	**26548**	**3535**	**7160**
鹿城区	823	31	247	109	436	5424	381	1849	594	2600
龙湾区	444	35	244	18	147	2576	268	1433	108	767
瓯海区	748	67	329	51	301	4957	885	2594	237	1241
洞头区	37	2	6	2	27	291	14	59	19	199
永嘉县	481	63	311	36	71	2862	439	2028	136	259
平阳县	662	74	441	130	17	4969	631	3645	617	76
苍南县	514	75	343	82	14	4456	692	3120	566	78
文成县	76	4	61	11		660	106	513	26	15
泰顺县	156	40	100	13	3	1054	349	662	33	10
瑞安市	817	98	402	40	277	5858	859	3367	267	1365
乐清市	642	88	387	39	128	3740	582	2462	216	480
龙港市	827	30	646	131	20	5984	382	4816	716	70
嘉兴市	**2415**	**146**	**1164**	**267**	**838**	**12373**	**1086**	**6859**	**1420**	**3008**
南湖区	595	28	216	60	291	2524	208	1021	281	1014
秀洲区	322	20	139	33	130	1378	99	726	148	405
嘉善县	333	23	192	60	58	1573	183	927	236	227
海盐县	133	10	68	15	40	755	63	429	69	194
海宁市	388	15	199	40	134	2254	174	1365	194	521
平湖市	236	9	107	28	92	1637	93	1012	224	308
桐乡市	408	41	243	31	93	2252	266	1379	268	339
湖州市	**1779**	**216**	**989**	**151**	**423**	**10072**	**1321**	**5721**	**859**	**2171**
吴兴区	792	77	422	57	236	4332	526	2288	330	1188
南浔区	127	27	71	11	18	912	191	599	74	48
德清县	271	33	160	26	52	1627	167	947	187	326
长兴县	373	47	210	31	85	2008	253	1097	171	487
安吉县	216	32	126	26	32	1193	184	790	97	122

7-4 续表 3 单位：人

现住地	学前教育					小学				
	小计	乡	镇的村委会	镇的居委会	街道	小计	乡	镇的村委会	镇的居委会	街道
绍兴市	**2977**	**168**	**1443**	**284**	**1082**	**15115**	**1310**	**8492**	**1277**	**4036**
越城区	801	17	243	114	427	3726	149	1574	491	1512
柯桥区	522	16	277	54	175	2811	173	1556	305	777
上虞区	265	10	117	18	120	1605	128	871	104	502
新昌县	387	41	233	33	80	2041	320	1269	111	341
诸暨市	690	52	418	43	177	3100	259	2129	184	528
嵊州市	312	32	155	22	103	1832	281	1093	82	376
金华市	**4356**	**693**	**2221**	**276**	**1166**	**17221**	**3432**	**9209**	**1096**	**3484**
婺城区	914	156	445	51	262	3575	719	1820	237	799
金东区	295	42	167	13	73	1021	183	609	30	199
武义县	344	65	185	13	81	1497	308	883	58	248
浦江县	173	51	78	11	33	1263	477	549	65	172
磐安县	107	19	68	9	11	501	106	318	36	41
兰溪市	237	25	98	14	100	1074	149	482	68	375
义乌市	1141	186	509	117	329	4094	835	2003	401	855
东阳市	687	92	384	37	174	2502	411	1468	157	466
永康市	458	57	287	11	103	1694	244	1077	44	329
衢州市	**1998**	**454**	**1027**	**65**	**452**	**8957**	**2333**	**4795**	**371**	**1458**
柯城区	780	183	332	16	249	2830	769	1208	106	747
衢江区	255	53	160	6	36	1331	363	791	41	136
常山县	175	49	76	12	38	769	208	383	45	133
开化县	220	54	149	12	5	1127	250	792	71	14
龙游县	238	71	113	10	44	1217	443	535	58	181
江山市	330	44	197	9	80	1683	300	1086	50	247
舟山市	**571**	**36**	**220**	**75**	**240**	**5328**	**454**	**2624**	**713**	**1537**
定海区	265	12	73	38	142	2264	155	837	363	909
普陀区	235	15	103	24	93	2150	157	1180	217	596
岱山县	58	1	40	13	4	641	29	498	93	21
嵊泗县	13	8	4		1	273	113	109	40	11
台州市	**3143**	**305**	**1735**	**198**	**905**	**19382**	**2836**	**11462**	**1002**	**4082**
椒江区	579	24	258	56	241	3025	209	1517	257	1042
黄岩区	361	42	183	21	115	2042	437	1000	101	504
路桥区	349	19	201	14	115	2080	240	1225	86	529
三门县	218	20	159	9	30	1263	206	916	78	63
天台县	228	29	106	3	90	1652	364	817	31	440
仙居县	314	90	121	11	92	1913	705	826	30	352
温岭市	441	28	298	45	70	3342	237	2457	216	432
临海市	469	35	318	18	98	2831	249	1999	97	486
玉环市	184	18	91	21	54	1234	189	705	106	234
丽水市	**2515**	**833**	**1002**	**92**	**588**	**19166**	**7965**	**7757**	**617**	**2827**
莲都区	753	188	276	32	257	4544	1462	1907	137	1038
青田县	310	112	124	17	57	2974	1238	1132	163	441
缙云县	223	59	134	8	22	1325	461	736	34	94
遂昌县	119	43	49	5	22	975	329	441	44	161
松阳县	171	62	82	2	25	1122	589	442	27	64
云和县	188	53	79	10	46	1812	654	811	115	232
庆元县	244	98	89	10	47	2003	911	880	43	169
景宁畲族自治县	168	92	41	4	31	1598	939	446	18	195
龙泉市	339	126	128	4	81	2813	1382	962	36	433

7-4　续表 4　　　　单位：人

现住地	初中					高中				
	小计	乡	镇的村委会	镇的居委会	街道	小计	乡	镇的村委会	镇的居委会	街道
合计	**301721**	**44027**	**166306**	**23394**	**67994**	**253504**	**29873**	**127870**	**23030**	**72731**
杭州市	**50584**	**6441**	**25671**	**4580**	**13892**	**49884**	**5389**	**22950**	**5343**	**16202**
上城区	1661	127	438	218	878	1401	104	315	184	798
下城区	2299	163	648	241	1247	2311	142	614	257	1298
江干区	7342	605	3327	760	2650	7441	697	3033	843	2868
拱墅区	3081	216	1045	265	1555	3216	238	907	312	1759
西湖区	3335	362	1264	464	1245	4361	513	1354	577	1917
滨江区	1176	155	418	131	472	1413	221	447	138	607
萧山区	6976	616	4072	682	1606	7393	460	4143	805	1985
余杭区	9301	1476	4908	870	2047	8122	949	3905	1043	2225
富阳区	5309	1011	3219	193	886	4991	750	2672	252	1317
临安区	3670	493	2376	290	511	3094	298	1941	338	517
桐庐县	2691	407	1642	164	478	2196	276	1224	207	489
淳安县	2014	687	1199	87	41	2005	629	1178	152	46
建德市	1729	123	1115	215	276	1940	112	1217	235	376
宁波市	**42482**	**3806**	**24067**	**3780**	**10829**	**32493**	**2386**	**16070**	**3301**	**10736**
海曙区	6678	462	3928	509	1779	4781	337	2239	465	1740
江北区	2632	168	892	345	1227	1983	93	505	242	1143
北仑区	2882	224	1435	255	968	2241	160	893	221	967
镇海区	2535	198	1370	377	590	1707	99	813	305	490
鄞州区	7855	441	4049	927	2438	6875	360	2900	948	2667
奉化区	3413	302	1964	223	924	2069	154	1055	160	700
象山县	3641	616	2361	187	477	2373	355	1519	131	368
宁海县	4155	630	2848	131	546	2957	386	1921	99	551
余姚市	4200	393	2405	334	1068	3742	262	1913	311	1256
慈溪市	4491	372	2815	492	812	3765	180	2312	419	854
温州市	**45135**	**5332**	**26622**	**3900**	**9281**	**37602**	**3184**	**20940**	**4029**	**9449**
鹿城区	7994	568	2654	921	3851	6288	274	1882	893	3239
龙湾区	3058	313	1741	143	861	3286	249	1615	236	1186
瓯海区	5645	894	3000	305	1446	4546	451	1935	503	1657
洞头区	376	29	62	14	271	615	14	190	77	334
永嘉县	3310	470	2364	160	316	3189	343	2418	190	238
平阳县	4119	492	2920	624	83	3883	361	2634	683	205
苍南县	3760	539	2640	506	75	2685	275	1871	448	91
文成县	499	66	389	34	10	229	31	152	25	21
泰顺县	752	239	472	29	12	671	223	415	26	7
瑞安市	6257	804	3518	294	1641	4298	377	2380	226	1315
乐清市	4500	629	2982	234	655	4575	423	2793	245	1114
龙港市	4865	289	3880	636	60	3337	163	2655	477	42
嘉兴市	**19557**	**1727**	**11056**	**2151**	**4623**	**14314**	**1118**	**7418**	**1802**	**3976**
南湖区	3683	314	1361	505	1503	3072	271	1009	447	1345
秀洲区	2030	153	1080	204	593	1464	83	599	201	581
嘉善县	2273	256	1332	370	315	1322	107	717	259	239
海盐县	1475	122	902	118	333	935	74	568	76	217
海宁市	4036	330	2543	303	860	3155	281	1851	250	773
平湖市	2584	148	1659	295	482	1705	70	1041	253	341
桐乡市	3476	404	2179	356	537	2661	232	1633	316	480
湖州市	**15041**	**1907**	**8780**	**1300**	**3054**	**12174**	**1408**	**6521**	**1213**	**3032**
吴兴区	6085	642	3269	432	1742	4532	399	2204	437	1492
南浔区	1248	259	819	112	58	820	134	471	110	105
德清县	2255	226	1297	306	426	1915	174	1066	247	428
长兴县	3293	450	1952	271	620	2813	401	1541	225	646
安吉县	2160	330	1443	179	208	2094	300	1239	194	361

7-4 续表 5 单位：人

现住地	初中					高中				
	小计	乡	镇的村委会	镇的居委会	街道	小计	乡	镇的村委会	镇的居委会	街道
绍兴市	**28566**	**2757**	**17121**	**2106**	**6582**	**22170**	**1863**	**11866**	**1805**	**6636**
越城区	4937	168	2141	686	1942	4187	139	1535	551	1962
柯桥区	4655	376	2738	443	1098	3488	213	1843	323	1109
上虞区	3335	317	1908	200	910	2871	244	1573	171	883
新昌县	3932	607	2528	187	610	3274	406	1992	150	726
诸暨市	7449	665	5183	409	1192	5224	413	3123	445	1243
嵊州市	4258	624	2623	181	830	3126	448	1800	165	713
金华市	**31881**	**6374**	**17468**	**1861**	**6178**	**30020**	**4803**	**15359**	**1937**	**7921**
婺城区	5316	1026	2727	320	1243	6501	1122	3105	477	1797
金东区	1859	322	1148	69	320	2021	237	1099	75	610
武义县	2750	552	1590	96	512	2122	341	1104	116	561
浦江县	2332	831	1026	145	330	1950	494	845	111	500
磐安县	820	126	558	67	69	524	85	358	39	42
兰溪市	1918	285	841	94	698	1958	204	916	88	750
义乌市	8059	1819	4122	673	1445	7157	1362	3407	644	1744
东阳市	5253	853	3144	273	983	4521	514	2615	276	1116
永康市	3574	560	2312	124	578	3266	444	1910	111	801
衢州市	**14780**	**3744**	**8120**	**576**	**2340**	**12289**	**2839**	**6137**	**573**	**2740**
柯城区	4807	1307	2182	163	1155	4395	1135	1782	204	1274
衢江区	2262	601	1336	67	258	1772	468	885	77	342
常山县	1200	362	580	71	187	999	231	511	63	194
开化县	1446	279	1042	104	21	951	262	585	86	18
龙游县	2239	735	1097	97	310	1827	399	905	80	443
江山市	2826	460	1883	74	409	2345	344	1469	63	469
舟山市	**7788**	**573**	**3796**	**1071**	**2348**	**4727**	**283**	**1964**	**739**	**1741**
定海区	3251	189	1274	534	1254	2449	115	860	422	1052
普陀区	3192	196	1602	369	1025	1689	79	739	226	645
岱山县	1021	44	794	128	55	457	27	320	72	38
嵊泗县	324	144	126	40	14	132	62	45	19	6
台州市	**25222**	**3705**	**14782**	**1328**	**5407**	**24447**	**2584**	**13274**	**1665**	**6924**
椒江区	3510	231	1733	319	1227	3645	165	1556	360	1564
黄岩区	2865	542	1435	146	742	2530	351	1102	211	866
路桥区	2587	272	1567	123	625	2222	187	1165	206	664
三门县	1604	238	1185	113	68	1357	150	1050	79	78
天台县	2755	544	1512	49	650	2045	360	1009	25	651
仙居县	2804	1012	1217	62	513	3047	617	1275	72	1083
温岭市	3715	273	2583	260	599	4014	271	2640	339	764
临海市	3789	391	2595	129	674	4232	386	2765	177	904
玉环市	1593	202	955	127	309	1355	97	712	196	350
丽水市	**20685**	**7661**	**8823**	**741**	**3460**	**13384**	**4016**	**5371**	**623**	**3374**
莲都区	5864	1761	2493	217	1393	4876	1231	1717	217	1711
青田县	2169	858	807	136	368	1390	533	503	79	275
缙云县	2355	770	1323	85	177	1503	356	902	74	171
遂昌县	1316	430	674	45	167	794	232	397	35	130
松阳县	1406	619	668	34	85	878	307	434	51	86
云和县	1738	561	766	107	304	840	229	349	67	195
庆元县	1639	742	673	45	179	768	269	311	32	156
景宁畲族自治县	1251	683	350	21	197	668	307	191	29	141
龙泉市	2947	1237	1069	51	590	1667	552	567	39	509

7-4　续表 6　　　　单位：人

现住地	大学专科					大学本科				
	小计	乡	镇的村委会	镇的居委会	街道	小计	乡	镇的村委会	镇的居委会	街道
合计	**180363**	**19253**	**84673**	**19895**	**56542**	**181810**	**13760**	**66014**	**23935**	**78101**
杭州市	**47846**	**5497**	**20371**	**5758**	**16220**	**60544**	**5207**	**19983**	**8015**	**27339**
上城区	1184	81	250	153	700	1769	80	260	231	1198
下城区	2294	135	559	248	1352	3185	158	525	351	2151
江干区	9879	1251	4134	1248	3246	12423	1119	4169	1583	5552
拱墅区	3353	219	1052	389	1693	5451	360	1512	590	2989
西湖区	5319	710	1924	817	1868	8390	831	2309	1178	4072
滨江区	3418	445	1523	279	1171	4455	525	1434	447	2049
萧山区	7241	533	3902	811	1995	8071	463	3409	1235	2964
余杭区	8010	1267	3272	986	2485	9827	1033	3419	1326	4049
富阳区	2855	379	1491	203	782	2406	239	1057	187	923
临安区	1769	143	995	272	359	2598	190	1042	513	853
桐庐县	1070	95	510	121	344	899	67	347	149	336
淳安县	676	193	334	102	47	527	124	215	141	47
建德市	778	46	425	129	178	543	18	285	84	156
宁波市	**27076**	**1932**	**12727**	**3438**	**8979**	**28939**	**1262**	**10690**	**4152**	**12835**
海曙区	4189	293	1964	455	1477	5034	224	1949	643	2218
江北区	2248	98	725	305	1120	2437	78	530	286	1543
北仑区	2081	182	918	245	736	1757	79	634	240	804
镇海区	2051	142	953	367	589	1925	69	609	390	857
鄞州区	7371	409	3299	1058	2605	9568	276	3454	1391	4447
奉化区	1240	100	561	157	422	879	51	325	109	394
象山县	1194	187	670	84	253	988	121	429	101	337
宁海县	1555	179	913	116	347	1134	106	484	146	398
余姚市	2142	154	1067	230	691	1885	96	745	248	796
慈溪市	3005	188	1657	421	739	3332	162	1531	598	1041
温州市	**24104**	**1915**	**12558**	**2981**	**6650**	**19943**	**1259**	**7854**	**2727**	**8103**
鹿城区	5356	242	1735	769	2610	5031	169	1204	753	2905
龙湾区	2395	204	1305	175	711	1503	116	627	111	649
瓯海区	4138	469	2015	293	1361	5082	440	1768	403	2471
洞头区	437	15	197	51	174	301	6	126	17	152
永嘉县	1244	129	796	131	188	906	60	480	171	195
平阳县	1597	111	1035	392	59	1082	47	621	338	76
苍南县	1322	159	866	248	49	699	80	434	136	49
文成县	150	11	92	39	8	180	13	98	53	16
泰顺县	309	84	188	22	15	224	63	127	21	13
瑞安市	2524	205	1248	199	872	2145	118	816	189	1022
乐清市	2400	201	1397	256	546	1708	116	806	283	503
龙港市	2232	85	1684	406	57	1082	31	747	252	52
嘉兴市	**11364**	**859**	**5685**	**1412**	**3408**	**12246**	**691**	**4908**	**2083**	**4564**
南湖区	2984	271	1157	387	1169	4316	324	1466	492	2034
秀洲区	1759	152	750	226	631	1401	73	526	182	620
嘉善县	1061	68	588	198	207	1076	59	526	249	242
海盐县	745	70	391	80	204	677	32	351	99	195
海宁市	1881	100	1083	183	515	2354	78	836	690	750
平湖市	1495	47	897	177	374	1126	24	560	175	367
桐乡市	1439	151	819	161	308	1296	101	643	196	356
湖州市	**7686**	**831**	**3996**	**820**	**2039**	**7652**	**711**	**3301**	**988**	**2652**
吴兴区	3682	318	1810	315	1239	3731	283	1417	405	1626
南浔区	383	68	219	57	39	306	38	153	67	48
德清县	1172	110	631	175	256	1252	84	596	191	381
长兴县	1408	185	738	152	333	1447	184	656	199	408
安吉县	1041	150	598	121	172	916	122	479	126	189

7-4 续表 7 单位：人

现住地	大学专科					大学本科				
	小计	乡	镇的村委会	镇的居委会	街道	小计	乡	镇的村委会	镇的居委会	街道
绍兴市	**13996**	**1035**	**6910**	**1328**	**4723**	**14035**	**738**	**5433**	**1770**	**6094**
越城区	4538	317	1648	564	2009	5021	173	1423	752	2673
柯桥区	2120	91	1092	241	696	2771	132	1240	339	1060
上虞区	2010	155	1032	126	697	1806	145	636	167	858
新昌县	1457	161	838	132	326	1104	98	467	185	354
诸暨市	2635	175	1655	178	627	2469	113	1321	250	785
嵊州市	1236	136	645	87	368	864	77	346	77	364
金华市	**19865**	**2929**	**9769**	**1705**	**5462**	**13552**	**1345**	**5530**	**1303**	**5374**
婺城区	5764	755	2798	501	1710	3840	327	1478	331	1704
金东区	1582	189	886	97	410	1228	103	523	68	534
武义县	967	133	459	70	305	620	61	228	65	266
浦江县	748	191	299	66	192	592	122	191	69	210
磐安县	305	41	184	32	48	220	17	128	25	50
兰溪市	714	70	285	58	301	933	49	421	49	414
义乌市	6013	1105	2849	652	1407	3523	453	1327	495	1248
东阳市	2327	291	1243	152	641	1723	143	837	128	615
永康市	1445	154	766	77	448	873	70	397	73	333
衢州市	**5455**	**1045**	**2361**	**383**	**1666**	**4636**	**650**	**1591**	**419**	**1976**
柯城区	2901	538	1175	170	1018	2416	328	758	166	1164
衢江区	597	132	293	31	141	410	76	140	25	169
常山县	317	75	110	38	94	397	52	102	70	173
开化县	306	47	182	50	27	285	36	167	68	14
龙游县	664	173	258	56	177	543	99	169	50	225
江山市	670	80	343	38	209	585	59	255	40	231
舟山市	**3815**	**232**	**1456**	**576**	**1551**	**3977**	**218**	**1084**	**650**	**2025**
定海区	1962	116	590	336	920	2522	128	580	390	1424
普陀区	1433	55	639	162	577	1048	29	337	154	528
岱山县	343	32	197	66	48	253	11	135	65	42
嵊泗县	77	29	30	12	6	154	50	32	41	31
台州市	**12833**	**1270**	**6662**	**1069**	**3832**	**10777**	**642**	**4296**	**1356**	**4483**
椒江区	3696	304	1759	364	1269	3488	124	1229	466	1669
黄岩区	1589	229	665	93	602	971	63	321	94	493
路桥区	1118	74	599	92	353	998	43	388	125	442
三门县	531	52	385	55	39	427	39	247	75	66
天台县	838	119	421	15	283	668	73	270	20	305
仙居县	944	208	381	42	313	703	109	210	71	313
温岭市	1696	80	1075	198	343	1253	43	620	230	360
临海市	1717	140	1011	116	450	1710	116	752	154	688
玉环市	704	64	366	94	180	559	32	259	121	147
丽水市	**6323**	**1708**	**2178**	**425**	**2012**	**5509**	**1037**	**1344**	**472**	**2656**
莲都区	2868	659	967	146	1096	2608	362	603	177	1466
青田县	419	125	137	36	121	578	153	141	47	237
缙云县	490	114	246	55	75	357	80	126	61	90
遂昌县	320	73	138	26	83	233	55	75	29	74
松阳县	387	137	148	33	69	228	67	66	38	57
云和县	397	88	133	54	122	334	47	82	37	168
庆元县	411	133	128	31	119	335	65	73	40	157
景宁畲族自治县	281	125	67	11	78	248	75	42	16	115
龙泉市	750	254	214	33	249	588	133	136	27	292

7-4　续表 8　　　　单位：人

现住地	硕士研究生					博士研究生				
	小计	乡	镇的村委会	镇的居委会	街道	小计	乡	镇的村委会	镇的居委会	街道
合计	**15877**	**810**	**3411**	**2137**	**9519**	**1678**	**85**	**279**	**260**	**1054**
杭州市	**8622**	**529**	**1712**	**1106**	**5275**	**1061**	**57**	**173**	**170**	**661**
上城区	363	24	41	42	256	34	1	6	9	18
下城区	670	33	84	68	485	70	1	6	4	59
江干区	1767	92	446	266	963	222	7	48	37	130
拱墅区	653	35	78	67	473	81	3	8	12	58
西湖区	1535	111	276	164	984	332	24	63	56	189
滨江区	885	58	188	107	532	62	3	9	10	40
萧山区	999	40	248	167	544	64	4	8	13	39
余杭区	1328	103	227	166	832	156	12	15	26	103
富阳区	179	7	54	15	103	13		3		10
临安区	172	21	52	24	75	21	1	4	3	13
桐庐县	36	3	9	9	15	6	1	3		2
淳安县	17	2	4	5	6					
建德市	18		5	6	7					
宁波市	**2140**	**55**	**400**	**339**	**1346**	**177**	**4**	**23**	**39**	**111**
海曙区	301	8	52	43	198	18			5	13
江北区	270	2	16	20	232	25	2	1		22
北仑区	91	3	28	12	48	12	1	2	1	8
镇海区	189	9	35	36	109	23			8	15
鄞州区	902	15	156	158	573	73		7	22	44
奉化区	40	3	5	9	23	2	1		1	
象山县	29	4	7	1	17	4		1	2	1
宁海县	44	2	12	4	26	2		1		1
余姚市	87	4	23	18	42	3		1		2
慈溪市	187	5	66	38	78	15		10		5
温州市	**1431**	**47**	**403**	**193**	**788**	**165**	**8**	**32**	**20**	**105**
鹿城区	555	13	86	95	361	58	2	3	8	45
龙湾区	112	10	38	6	58	9	2	1		6
瓯海区	424	11	112	30	271	72	2	14	9	47
洞头区	10		2	1	7					
永嘉县	33		18	12	3	2		2		
平阳县	52	2	27	18	5	1				1
苍南县	20	2	12	1	5	2	1		1	
文成县	4	1	3							
泰顺县	6	2	2	2		1		1		
瑞安市	108	5	40	12	51	12		5	1	6
乐清市	61	1	31	8	21	4		3	1	
龙港市	46		32	8	6	4	1	3		
嘉兴市	**571**	**23**	**149**	**85**	**314**	**46**	**1**	**8**	**6**	**31**
南湖区	253	6	52	30	165	25	1	3	1	20
秀洲区	83	3	17	12	51	8		2	2	4
嘉善县	40	1	16	8	15	1			1	
海盐县	21		5	4	12	1				1
海宁市	96	7	30	21	38	8		2	2	4
平湖市	27	3	9	3	12	1				1
桐乡市	51	3	20	7	21	2		1		1
湖州市	**405**	**29**	**129**	**59**	**188**	**33**	**1**	**6**	**4**	**22**
吴兴区	220	11	56	26	127	26		4	4	18
南浔区	14	1	7	1	5	1				1
德清县	59	4	25	13	17	2	1	1		
长兴县	72	6	27	10	29	3		1		2
安吉县	40	7	14	9	10	1				1

7-4 续表 9　　　　　　　　　　　　　　　　　　　　单位：人

现住地	硕士研究生					博士研究生				
	小计	乡	镇的村委会	镇的居委会	街道	小计	乡	镇的村委会	镇的居委会	街道
绍兴市	**734**	**21**	**164**	**111**	**438**	**55**	**3**	**7**	**9**	**36**
越城区	391	7	56	66	262	32	1	4	7	20
柯桥区	86	1	27	17	41	6		1		5
上虞区	67	4	21	2	40	6		1	1	4
新昌县	52	5	15	10	22	5		1		4
诸暨市	98	2	31	12	53	4	2			2
嵊州市	40	2	14	4	20	2			1	1
金华市	**756**	**48**	**196**	**64**	**448**	**42**	**4**	**15**	**3**	**20**
婺城区	303	12	70	21	200	25		11		14
金东区	77	7	21	2	47	3			1	2
武义县	21	2	9	1	9	1		1		
浦江县	15	3	2	2	8	1		1		
磐安县	6		2		4					
兰溪市	16	2	4		10	1	1			
义乌市	168	13	38	24	93	10	3	2	2	3
东阳市	115	7	38	9	61	1				1
永康市	35	2	12	5	16					
衢州市	**195**	**17**	**39**	**13**	**126**	**9**	**3**	**2**		**4**
柯城区	138	11	25	9	93	8	3	1		4
衢江区	16	2	4	1	9					
常山县	8	1	4	2	1					
开化县	4	3	1							
龙游县	15		2	1	12	1		1		
江山市	14		3		11					
舟山市	**213**	**6**	**43**	**43**	**121**	**27**		**3**	**4**	**20**
定海区	155	5	25	32	93	24		3	4	17
普陀区	46	1	12	9	24	3				3
岱山县	10		5	2	3					
嵊泗县	2		1		1					
台州市	**596**	**17**	**150**	**109**	**320**	**46**	**3**	**6**	**5**	**32**
椒江区	260	5	51	58	146	28	1	1	4	22
黄岩区	43	2	13	7	21	6	1	1	1	3
路桥区	53	1	15	11	26					
三门县	20		4	3	13					
天台县	21	2	9		10					
仙居县	26	3	2	2	19	3		1		2
温岭市	52		17	10	25	1		1		
临海市	92	3	29	12	48	8	1	2		5
玉环市	29	1	10	6	12					
丽水市	**214**	**18**	**26**	**15**	**155**	**17**	**1**	**4**		**12**
莲都区	145	9	15	5	116	13		3		10
青田县	11	3	2	1	5	1				1
缙云县	7			2	5					
遂昌县	5		1	2	2	2	1			1
松阳县	11	2	2	2	5					
云和县	2		2			1		1		
庆元县	9	1	1	2	5					
景宁畲族自治县	11	2	1		8					
龙泉市	13	1	2	1	9					

7–5　全省按现住地、户口登记地类型、受教育程度分的户口登记地在外省人口

单位：人

现住地	合计					未上过学				
	合计	乡	镇的村委会	镇的居委会	街道	小计	乡	镇的村委会	镇的居委会	街道
合计	**1848161**	**490209**	**1186657**	**70667**	**100628**	**30835**	**9144**	**20057**	**756**	**878**
杭州市	**372286**	**94685**	**222243**	**20720**	**34638**	**4719**	**1336**	**2987**	**167**	**229**
上城区	5521	1303	2671	519	1028	70	17	34	6	13
下城区	9743	1957	5086	842	1858	135	36	75	7	17
江干区	56114	10464	34359	4503	6788	709	164	482	29	34
拱墅区	14620	2879	7744	1196	2801	200	57	103	9	31
西湖区	30739	7904	14747	2994	5094	343	116	170	26	31
滨江区	14683	4243	6492	1195	2753	148	63	69	6	10
萧山区	89381	22993	59197	2975	4216	1182	302	849	12	19
余杭区	108054	30451	64838	5126	7639	1321	387	825	61	48
富阳区	18192	5829	10956	492	915	249	98	142	2	7
临安区	12711	3383	8269	356	703	137	38	90	3	6
桐庐县	7995	2258	5040	223	474	154	40	102	2	10
淳安县	1363	368	787	103	105	38	12	25	1	
建德市	3170	653	2057	196	264	33	6	21	3	3
宁波市	**361551**	**85999**	**247474**	**11939**	**16139**	**5712**	**1420**	**4034**	**111**	**147**
海曙区	36140	6682	26281	1528	1649	529	108	392	15	14
江北区	17390	4368	11117	700	1205	309	77	210	10	12
北仑区	43683	10273	29622	1784	2004	684	148	504	11	21
镇海区	24544	5007	17547	929	1061	406	93	295	10	8
鄞州区	54859	10874	37702	2573	3710	1024	233	749	26	16
奉化区	15349	5511	8734	323	781	279	106	156	5	12
象山县	12208	3080	8320	361	447	181	54	119	3	5
宁海县	15801	3041	11231	454	1075	233	56	160	2	15
余姚市	49737	12963	33979	1099	1696	838	220	584	13	21
慈溪市	91840	24200	62941	2188	2511	1229	325	865	16	23
温州市	**252072**	**66177**	**168483**	**7839**	**9573**	**5065**	**1515**	**3346**	**101**	**103**
鹿城区	38087	10156	24437	1512	1982	602	184	386	14	18
龙湾区	36093	9822	23933	1085	1253	833	257	546	13	17
瓯海区	38799	10699	25058	1157	1885	620	226	370	10	14
洞头区	3070	587	2018	138	327	51	7	42		2
永嘉县	14597	3428	10382	351	436	210	51	148	7	4
平阳县	11847	2785	8307	521	234	327	69	245	11	2
苍南县	6444	1672	4210	385	177	171	48	116	6	1
文成县	792	159	521	66	46	14	3	8	2	1
泰顺县	656	152	387	63	54	13	7	6		
瑞安市	44868	13013	29249	1130	1476	1306	446	809	26	25
乐清市	48835	11998	34208	1190	1439	714	184	504	9	17
龙港市	7984	1706	5773	241	264	204	33	166	3	2
嘉兴市	**202004**	**50535**	**134249**	**8365**	**8855**	**2855**	**728**	**1982**	**86**	**59**
南湖区	29562	7470	18191	1483	2418	449	118	295	20	16
秀洲区	29010	6440	20364	1014	1192	550	118	409	12	11
嘉善县	29845	8766	18681	1310	1088	492	126	345	12	9
海盐县	11902	3069	7720	534	579	210	74	121	9	6
海宁市	43801	11779	28969	1607	1446	590	174	394	11	11
平湖市	22092	4537	15657	1073	825	295	47	234	12	2
桐乡市	35792	8474	24667	1344	1307	269	71	184	10	4
湖州市	**86566**	**24274**	**55697**	**2932**	**3663**	**1269**	**435**	**773**	**33**	**28**
吴兴区	37419	9849	24730	1297	1543	401	137	249	6	9
南浔区	14659	5389	8489	524	257	336	152	172	11	1
德清县	13341	3051	8738	512	1040	151	33	99	10	9
长兴县	8285	2031	5478	309	467	121	38	75	4	4
安吉县	12862	3954	8262	290	356	260	75	178	2	5

7-5 续表 1

单位：人

现住地	合计					未上过学				
	合计	乡	镇的村委会	镇的居委会	街道	小计	乡	镇的村委会	镇的居委会	街道
绍兴市	**119078**	**31039**	**77603**	**4340**	**6096**	**1577**	**441**	**1043**	**38**	**55**
越城区	23344	5234	15430	996	1684	168	28	117	10	13
柯桥区	47700	12004	32095	1677	1924	630	166	441	13	10
上虞区	16296	3666	11420	461	749	307	75	222	3	7
新昌县	2417	471	1543	130	273	31	8	19		4
诸暨市	23457	7950	13638	924	945	363	140	195	10	18
嵊州市	5864	1714	3477	152	521	78	24	49	2	3
金华市	**243551**	**85425**	**138536**	**8002**	**11588**	**5521**	**2128**	**3092**	**134**	**167**
婺城区	20323	6375	11785	762	1401	568	217	321	12	18
金东区	17970	4964	11819	431	756	401	145	247	5	4
武义县	16235	5409	9866	341	619	507	215	277	7	8
浦江县	11670	3965	6924	307	474	369	133	218	7	11
磐安县	1331	347	855	61	68	39	8	25	2	4
兰溪市	4083	1117	2461	71	434	59	15	38		6
义乌市	101377	38959	54069	3647	4702	1628	686	848	54	40
东阳市	33679	11210	19178	1488	1803	884	326	499	35	24
永康市	36883	13079	21579	894	1331	1066	383	619	12	52
衢州市	**12010**	**3819**	**6567**	**499**	**1125**	**185**	**66**	**106**	**5**	**8**
柯城区	3997	1236	2026	213	522	48	18	26		4
衢江区	1965	691	1090	48	136	49	21	26	1	1
常山县	995	270	591	53	81	23	10	12	1	
开化县	657	95	485	37	40	6	2	4		
龙游县	2611	1128	1217	89	177	41	13	22	3	3
江山市	1785	399	1158	59	169	18	2	16		
舟山市	**29658**	**6580**	**19428**	**1561**	**2089**	**394**	**109**	**263**	**14**	**8**
定海区	10171	2424	6338	506	903	129	38	83	4	4
普陀区	9090	1786	6196	586	522	179	39	129	9	2
岱山县	9480	2152	6299	419	610	69	27	40		2
嵊泗县	917	218	595	50	54	17	5	11	1	
台州市	**149825**	**34642**	**106084**	**3782**	**5317**	**3201**	**832**	**2257**	**58**	**54**
椒江区	22417	5022	15107	880	1408	445	99	317	12	17
黄岩区	16324	4695	10650	407	572	306	83	209	3	11
路桥区	20723	5152	14566	405	600	489	148	333	4	4
三门县	3045	730	2051	140	124	100	21	78	1	
天台县	2236	465	1442	62	267	18	5	12		1
仙居县	2029	650	1065	76	238	51	15	31		5
温岭市	43866	9578	32386	746	1156	684	174	501	3	6
临海市	12507	2828	8929	353	397	173	63	105	1	4
玉环市	26678	5522	19888	713	555	935	224	671	34	6
丽水市	**19560**	**7034**	**10293**	**688**	**1545**	**337**	**134**	**174**	**9**	**20**
莲都区	8521	2711	4789	287	734	150	42	97	4	7
青田县	3456	1269	1848	97	242	35	19	14	1	1
缙云县	2779	1146	1402	89	142	45	22	22		1
遂昌县	509	154	268	20	67	11	2	4	1	4
松阳县	1376	605	630	51	90	30	22	7	1	
云和县	1122	440	546	83	53	32	15	15	1	1
庆元县	442	196	199	8	39	11	5	5		1
景宁畲族自治县	373	148	131	9	85	5	2	3		
龙泉市	982	365	480	44	93	18	5	7	1	5

7–5　续表 2　　　　　　　　　　　　　　　　　　　　　　　　　单位：人

现住地	学前教育					小学				
	小计	乡	镇的村委会	镇的居委会	街道	小计	乡	镇的村委会	镇的居委会	街道
合计	**40943**	**10717**	**26622**	**1605**	**1999**	**421141**	**119053**	**279903**	**9959**	**12226**
杭州市	**6214**	**1548**	**3788**	**369**	**509**	**65969**	**18730**	**42857**	**1782**	**2600**
上城区	88	19	50	6	13	719	203	388	53	75
下城区	181	43	94	11	33	1312	299	794	71	148
江干区	911	179	575	77	80	6786	1336	4800	314	336
拱墅区	304	55	168	24	57	1949	460	1167	104	218
西湖区	407	98	217	37	55	3545	1149	1989	182	225
滨江区	196	56	80	15	45	1450	528	747	53	122
萧山区	1685	421	1143	46	75	20174	5644	13920	275	335
余杭区	1471	396	841	118	116	19912	6024	12501	558	829
富阳区	426	142	258	14	12	4366	1452	2743	72	99
临安区	225	61	151	4	9	3044	880	2043	33	88
桐庐县	209	55	141	7	6	1742	497	1146	28	71
淳安县	33	6	19	5	3	281	93	168	10	10
建德市	78	17	51	5	5	689	165	451	29	44
宁波市	**8840**	**2092**	**6139**	**287**	**322**	**87130**	**22507**	**60882**	**1701**	**2040**
海曙区	877	166	649	39	23	8448	1630	6435	224	159
江北区	423	117	262	22	22	3866	1092	2556	110	108
北仑区	863	183	595	41	44	7466	1875	5185	194	212
镇海区	573	120	428	13	12	5805	1255	4315	123	112
鄞州区	1204	223	870	50	61	12144	2700	8807	298	339
奉化区	389	136	230	6	17	4722	1838	2660	57	167
象山县	345	89	235	8	13	3511	971	2391	65	84
宁海县	485	100	340	14	31	4539	942	3299	89	209
余姚市	1366	340	954	34	38	13357	3853	8971	227	306
慈溪市	2315	618	1576	60	61	23272	6351	16263	314	344
温州市	**5850**	**1531**	**3939**	**172**	**208**	**63126**	**17544**	**42560**	**1440**	**1582**
鹿城区	491	129	310	18	34	7496	2140	4896	214	246
龙湾区	854	230	565	20	39	9230	2702	6128	201	199
瓯海区	640	162	430	19	29	8153	2391	5362	168	232
洞头区	57	7	35	4	11	694	161	460	22	51
永嘉县	223	46	164	5	8	3491	805	2512	79	95
平阳县	330	74	240	12	4	3624	832	2632	115	45
苍南县	187	45	126	14	2	2075	564	1362	107	42
文成县	7		4	3		198	47	135	9	7
泰顺县	11	3	7	1		179	44	114	9	12
瑞安市	1172	352	754	31	35	13076	4005	8516	231	324
乐清市	1619	420	1126	36	37	12395	3257	8628	230	280
龙港市	259	63	178	9	9	2515	596	1815	55	49
嘉兴市	**4250**	**1067**	**2824**	**196**	**163**	**44533**	**11721**	**30578**	**1192**	**1042**
南湖区	649	170	414	33	32	6003	1709	3888	178	228
秀洲区	682	145	489	19	29	6751	1563	4885	153	150
嘉善县	738	224	450	36	28	6549	1962	4272	193	122
海盐县	325	78	214	18	15	3175	857	2146	97	75
海宁市	568	153	363	30	22	9445	2543	6496	211	195
平湖市	446	98	308	28	12	4971	1104	3605	154	108
桐乡市	842	199	586	32	25	7639	1983	5286	206	164
湖州市	**1849**	**529**	**1152**	**83**	**85**	**21591**	**6427**	**14151**	**455**	**558**
吴兴区	677	178	419	37	43	7551	2132	5097	168	154
南浔区	425	151	245	25	4	4549	1717	2699	101	32
德清县	252	69	153	9	21	3608	753	2556	77	222
长兴县	210	45	143	9	13	2089	545	1418	60	66
安吉县	285	86	192	3	4	3794	1280	2381	49	84

7-5 续表 3 单位：人

现住地	学前教育					小学				
	小计	乡	镇的村委会	镇的居委会	街道	小计	乡	镇的村委会	镇的居委会	街道
绍兴市	**2652**	**601**	**1803**	**115**	**133**	**26650**	**7335**	**17583**	**811**	**921**
越城区	683	129	488	33	33	5479	1322	3724	197	236
柯桥区	912	195	646	42	29	10411	2732	7125	286	268
上虞区	378	72	283	9	14	3792	888	2733	79	92
新昌县	59	13	41	3	2	550	112	360	19	59
诸暨市	459	145	261	21	32	5199	1879	2936	207	177
嵊州市	161	47	84	7	23	1219	402	705	23	89
金华市	**6415**	**2152**	**3683**	**237**	**343**	**54391**	**19764**	**31529**	**1340**	**1758**
婺城区	617	194	373	22	28	4817	1691	2862	96	168
金东区	436	139	274	6	17	4215	1320	2745	70	80
武义县	496	161	302	10	23	4609	1586	2841	56	126
浦江县	325	102	197	14	12	3423	1192	2040	83	108
磐安县	22	8	10	1	3	287	78	192	9	8
兰溪市	92	21	58	1	12	1008	316	592	12	88
义乌市	2627	940	1403	128	156	17516	6964	9561	456	535
东阳市	924	273	551	37	63	8048	2799	4600	333	316
永康市	876	314	515	18	29	10468	3818	6096	225	329
衢州市	**290**	**94**	**147**	**17**	**32**	**2441**	**898**	**1340**	**56**	**147**
柯城区	84	27	36	5	16	655	235	345	20	55
衢江区	61	19	38	3	1	407	157	228	4	18
常山县	14	2	7		5	197	58	119	5	15
开化县	10	1	7		2	158	33	118	5	2
龙游县	70	29	30	7	4	660	324	282	18	36
江山市	51	16	29	2	4	364	91	248	4	21
舟山市	**564**	**120**	**378**	**35**	**31**	**7787**	**1971**	**5217**	**319**	**280**
定海区	272	53	184	13	22	2670	749	1719	85	117
普陀区	187	38	128	13	8	2586	483	1853	148	102
岱山县	89	23	56	9	1	2236	658	1446	81	51
嵊泗县	16	6	10			295	81	199	5	10
台州市	**3552**	**823**	**2522**	**76**	**131**	**42464**	**10245**	**30457**	**743**	**1019**
椒江区	571	119	388	20	44	5617	1376	3880	121	240
黄岩区	420	133	270	7	10	4825	1392	3197	94	142
路桥区	550	129	400	8	13	6091	1566	4374	69	82
三门县	73	24	35	2	12	870	249	577	24	20
天台县	39	8	26		5	547	112	368	18	49
仙居县	51	16	26	5	4	526	179	297	11	39
温岭市	863	187	643	13	20	12575	2765	9390	161	259
临海市	286	73	199	6	8	3066	752	2184	67	63
玉环市	699	134	535	15	15	8347	1854	6190	178	125
丽水市	**467**	**160**	**247**	**18**	**42**	**5059**	**1911**	**2749**	**120**	**279**
莲都区	184	49	112	6	17	2051	648	1264	41	98
青田县	83	17	51	5	10	903	360	465	23	55
缙云县	77	39	32	3	3	637	262	337	10	28
遂昌县	9	3	4		2	142	49	80	4	9
松阳县	39	18	17	1	3	430	211	193	8	18
云和县	29	11	16	1	1	376	172	169	20	15
庆元县	18	9	8		1	121	54	62	1	4
景宁畲族自治县	7	5			2	141	53	51	1	36
龙泉市	21	9	7	2	3	258	102	128	12	16

7-5 续表 4

单位：人

现住地	初中					高中				
	小计	乡	镇的村委会	镇的居委会	街道	小计	乡	镇的村委会	镇的居委会	街道
合计	**911605**	**251064**	**605697**	**25140**	**29704**	**255751**	**63710**	**160511**	**13720**	**17810**
杭州市	**146638**	**40662**	**94945**	**4777**	**6254**	**64659**	**15927**	**38996**	**4049**	**5687**
上城区	1902	534	1022	124	222	1241	310	602	119	210
下城区	2897	650	1753	182	312	2116	413	1134	194	375
江干区	17922	3541	12371	988	1022	11844	2291	7556	896	1101
拱墅区	4054	930	2397	239	488	3024	605	1660	244	515
西湖区	7516	2265	4254	469	528	5920	1651	3008	549	712
滨江区	2969	1038	1562	136	233	2229	727	1048	136	318
萧山区	40163	10880	27582	824	877	13562	3304	8938	608	712
余杭区	48939	14684	30955	1417	1883	17739	4735	10776	987	1241
富阳区	8473	2837	5250	149	237	3012	920	1729	134	229
临安区	5836	1673	3893	78	192	1889	459	1266	66	98
桐庐县	3918	1148	2536	81	153	1252	334	775	46	97
淳安县	556	156	340	31	29	265	68	153	22	22
建德市	1493	326	1030	59	78	566	110	351	48	57
宁波市	**184487**	**44987**	**130028**	**4419**	**5053**	**45543**	**10070**	**30229**	**2388**	**2856**
海曙区	17205	3186	13065	541	413	5423	1035	3744	340	304
江北区	8304	2192	5617	247	248	2356	564	1471	121	200
北仑区	22893	5515	15913	759	706	7402	1676	4880	394	452
镇海区	11708	2469	8695	319	225	3310	645	2321	189	155
鄞州区	24429	5236	17682	714	797	8329	1532	5541	582	674
奉化区	7355	2602	4300	129	324	1837	640	1004	48	145
象山县	6337	1590	4399	180	168	1310	288	889	60	73
宁海县	7773	1488	5638	181	466	1845	328	1269	71	177
余姚市	27255	6999	18992	471	793	4827	1158	3212	201	256
慈溪市	51228	13710	35727	878	913	8904	2204	5898	382	420
温州市	**131516**	**35230**	**89085**	**3351**	**3850**	**33611**	**8014**	**22271**	**1574**	**1752**
鹿城区	22287	6210	14590	681	806	4947	1161	3058	318	410
龙湾区	17858	4917	12037	448	456	5130	1240	3394	238	258
瓯海区	20807	5940	13761	463	643	5583	1397	3620	277	289
洞头区	1435	311	973	54	97	487	63	317	23	84
永嘉县	7602	1925	5304	149	224	2540	475	1921	77	67
平阳县	5735	1473	3985	189	88	1348	274	921	106	47
苍南县	2835	738	1912	136	49	854	218	532	65	39
文成县	365	84	250	21	10	113	15	73	14	11
泰顺县	244	62	156	11	15	122	19	82	6	15
瑞安市	23368	6722	15353	570	723	4623	1189	3044	174	216
乐清市	25203	6048	18021	513	621	6918	1784	4618	238	278
龙港市	3777	800	2743	116	118	946	179	691	38	38
嘉兴市	**105916**	**27303**	**72416**	**3332**	**2865**	**28129**	**6818**	**17846**	**1675**	**1790**
南湖区	12996	3421	8543	470	562	4887	1210	2905	307	465
秀洲区	15073	3451	10799	413	410	3830	794	2594	204	238
嘉善县	14896	4529	9479	506	382	4752	1380	2836	276	260
海盐县	5773	1517	3846	208	202	1643	401	1010	119	113
海宁市	24323	6946	16184	631	562	5963	1503	3872	295	293
平湖市	11754	2458	8565	448	283	2960	587	1960	214	199
桐乡市	21101	4981	15000	656	464	4094	943	2669	260	222
湖州市	**45394**	**12750**	**30078**	**1277**	**1289**	**10936**	**2977**	**6695**	**586**	**678**
吴兴区	21399	5812	14540	596	451	4576	1064	2968	245	299
南浔区	7112	2611	4181	221	99	1556	561	834	102	59
德清县	6570	1464	4398	236	472	1946	573	1128	92	153
长兴县	3927	942	2716	121	148	1336	344	817	75	100
安吉县	6386	1921	4243	103	119	1522	435	948	72	67

7-5 续表 5 单位：人

现住地	初中					高中				
	小计	乡	镇的村委会	镇的居委会	街道	小计	乡	镇的村委会	镇的居委会	街道
绍兴市	**66365**	**18107**	**43815**	**1981**	**2462**	**14479**	**3270**	**9371**	**747**	**1091**
越城区	11827	2833	8033	402	559	3178	631	2033	188	326
柯桥区	27432	7174	18600	812	846	5785	1321	3796	299	369
上虞区	8428	1926	6058	192	252	2016	409	1380	80	147
新昌县	1150	239	733	53	125	376	58	268	13	37
诸暨市	14345	4980	8475	461	429	2200	630	1307	132	131
嵊州市	3183	955	1916	61	251	924	221	587	35	81
金华市	**125453**	**45502**	**72193**	**3393**	**4365**	**33010**	**10723**	**18623**	**1515**	**2149**
婺城区	8458	2841	5048	263	306	3184	938	1809	167	270
金东区	9505	2608	6406	205	286	2164	515	1451	73	125
武义县	8436	2811	5171	171	283	1607	489	981	54	83
浦江县	6329	2162	3795	153	219	898	273	517	31	77
磐安县	715	191	463	37	24	156	46	103	5	2
兰溪市	2058	612	1276	32	138	509	105	325	17	62
义乌市	51839	20942	27882	1372	1643	17093	6078	9125	833	1057
东阳市	18282	6208	10503	728	843	3843	1171	2162	217	293
永康市	19831	7127	11649	432	623	3556	1108	2150	118	180
衢州市	**5246**	**1760**	**3027**	**156**	**303**	**2139**	**601**	**1186**	**105**	**247**
柯城区	1588	546	864	52	126	727	195	369	58	105
衢江区	874	312	494	21	47	375	126	201	11	37
常山县	449	133	282	17	17	180	44	114	5	17
开化县	284	38	231	7	8	91	7	72	5	7
龙游县	1247	559	594	40	54	413	147	220	9	37
江山市	804	172	562	19	51	353	82	210	17	44
舟山市	**14847**	**3390**	**10155**	**620**	**682**	**3057**	**586**	**1931**	**267**	**273**
定海区	4612	1159	3022	188	243	1149	247	700	94	108
普陀区	4731	1027	3223	268	213	887	135	582	96	74
岱山县	5082	1103	3625	142	212	918	185	589	63	81
嵊泗县	422	101	285	22	14	103	19	60	14	10
台州市	**76170**	**17704**	**54845**	**1565**	**2056**	**17553**	**3891**	**11997**	**684**	**981**
椒江区	10567	2468	7347	276	476	3187	671	2100	173	243
黄岩区	8182	2418	5358	186	220	1888	509	1209	79	91
路桥区	10071	2521	7136	182	232	2586	626	1753	75	132
三门县	1431	350	990	49	42	381	62	262	34	23
天台县	1145	238	770	26	111	333	78	182	12	61
仙居县	945	328	490	34	93	314	83	168	12	51
温岭市	24054	5250	17905	362	537	4628	1029	3258	137	204
临海市	6540	1483	4777	150	130	1575	292	1156	62	65
玉环市	13235	2648	10072	300	215	2661	541	1909	100	111
丽水市	**9573**	**3669**	**5110**	**269**	**525**	**2635**	**833**	**1366**	**130**	**306**
莲都区	3988	1374	2288	108	218	1317	413	686	52	166
青田县	1818	704	967	38	109	465	135	273	17	40
缙云县	1511	673	751	35	52	336	117	170	19	30
遂昌县	248	77	146	7	18	46	15	16	2	13
松阳县	656	283	304	26	43	150	54	72	9	15
云和县	524	193	272	35	24	115	37	52	20	6
庆元县	200	102	82	2	14	53	16	28	2	7
景宁畲族自治县	137	63	51	4	19	39	14	14		11
龙泉市	491	200	249	14	28	114	32	55	9	18

7-5　续表 6　　　　单位：人

现住地	大学专科					大学本科				
	小计	乡	镇的村委会	镇的居委会	街道	小计	乡	镇的村委会	镇的居委会	街道
合计	**104005**	**22873**	**57962**	**9325**	**13845**	**73880**	**12376**	**32533**	**8901**	**20070**
杭州市	**39973**	**8917**	**20907**	**4098**	**6051**	**37687**	**6671**	**15627**	**4685**	**10704**
上城区	676	117	316	83	160	686	85	226	103	272
下城区	1514	250	697	177	390	1312	211	465	173	463
江干区	8189	1576	4507	924	1182	8459	1210	3552	1112	2585
拱墅区	2406	384	1143	283	596	2418	333	1033	266	786
西湖区	5239	1284	2426	673	856	6124	1149	2198	828	1949
滨江区	2929	793	1296	293	547	3893	890	1411	460	1132
萧山区	7162	1499	4195	589	879	4909	868	2349	545	1147
余杭区	9696	2510	5132	896	1158	7840	1559	3462	967	1852
富阳区	901	230	498	50	123	696	144	318	60	174
临安区	598	122	360	57	59	837	133	394	105	205
桐庐县	417	117	214	31	55	287	64	120	27	76
淳安县	99	20	47	16	16	77	11	30	15	21
建德市	147	15	76	26	30	149	14	69	24	42
宁波市	**17382**	**3325**	**10513**	**1503**	**2041**	**11100**	**1460**	**5223**	**1360**	**3057**
海曙区	2174	386	1346	178	264	1395	156	631	175	433
江北区	1184	228	653	102	201	788	90	330	84	284
北仑区	2985	617	1847	224	297	1263	239	646	146	232
镇海区	1522	280	961	148	133	1026	136	470	105	315
鄞州区	3895	608	2358	407	522	3458	316	1585	435	1122
奉化区	513	141	267	40	65	222	41	105	34	42
象山县	351	63	210	33	45	153	23	73	9	48
宁海县	605	89	372	54	90	295	36	144	38	77
余姚市	1378	287	863	82	146	634	96	366	61	111
慈溪市	2775	626	1636	235	278	1866	327	873	273	393
温州市	**8407**	**1638**	**5144**	**696**	**929**	**4053**	**660**	**1978**	**442**	**973**
鹿城区	1473	234	857	150	232	701	92	311	97	201
龙湾区	1589	358	943	114	174	569	110	310	46	103
瓯海区	1452	330	870	101	151	1330	229	579	101	421
洞头区	209	23	126	16	44	122	15	57	16	34
永嘉县	389	85	259	22	23	135	41	68	11	15
平阳县	335	46	202	55	32	135	16	78	27	14
苍南县	217	49	115	33	20	97	10	42	22	23
文成县	50	8	29	7	6	42	2	19	10	11
泰顺县	39	6	10	13	10	48	11	12	23	2
瑞安市	959	234	582	56	87	331	63	173	40	55
乐清市	1504	238	1024	114	128	457	64	278	45	70
龙港市	191	27	127	15	22	86	7	51	4	24
嘉兴市	**9935**	**1971**	**5866**	**940**	**1158**	**5944**	**888**	**2591**	**867**	**1598**
南湖区	2239	465	1229	207	338	2199	363	872	246	718
秀洲区	1397	274	843	115	165	658	88	326	83	161
嘉善县	1758	427	982	174	175	606	116	296	98	96
海盐县	463	83	255	49	76	286	58	117	31	80
海宁市	1849	345	1180	173	151	994	110	454	249	181
平湖市	1158	177	745	123	113	467	61	229	84	93
桐乡市	1071	200	632	99	140	734	92	297	76	269
湖州市	**3215**	**753**	**1800**	**242**	**420**	**2089**	**375**	**978**	**228**	**508**
吴兴区	1572	320	914	116	222	1111	190	504	112	305
南浔区	438	138	230	40	30	228	56	121	23	28
德清县	431	97	240	34	60	343	53	155	48	87
长兴县	377	82	208	21	66	203	35	94	16	58
安吉县	397	116	208	31	42	204	41	104	29	30

7-5 续表 7

单位：人

现住地	大学专科					大学本科				
	小计	乡	镇的村委会	镇的居委会	街道	小计	乡	镇的村委会	镇的居委会	街道
绍兴市	**4182**	**808**	**2463**	**330**	**581**	**2872**	**451**	**1396**	**280**	**745**
越城区	1056	180	610	68	198	855	106	388	85	276
柯桥区	1465	263	919	119	164	1026	145	556	101	224
上虞区	807	186	463	62	96	485	102	234	32	117
新昌县	96	11	65	9	11	115	29	35	24	27
诸暨市	561	125	310	58	68	301	50	145	29	77
嵊州市	197	43	96	14	44	90	19	38	9	24
金华市	**13162**	**3928**	**6790**	**901**	**1543**	**5269**	**1185**	**2499**	**460**	**1125**
婺城区	1567	349	871	107	240	968	132	448	84	304
金东区	798	182	480	44	92	433	53	209	26	145
武义县	441	116	234	30	61	132	30	57	12	33
浦江县	227	78	105	12	32	92	24	47	6	15
磐安县	69	12	44	4	9	42	4	18	3	17
兰溪市	155	32	65	6	52	193	16	105	3	69
义乌市	7886	2564	3958	556	808	2693	769	1257	245	422
东阳市	1181	326	605	83	167	479	101	239	52	87
永康市	838	269	428	59	82	237	56	119	29	33
衢州市	**903**	**241**	**434**	**60**	**168**	**716**	**139**	**292**	**88**	**197**
柯城区	424	124	189	28	83	429	84	175	45	125
衢江区	117	29	70	1	17	73	23	31	6	13
常山县	89	17	42	13	17	37	5	13	10	9
开化县	51	6	30	7	8	43	4	20	10	9
龙游县	114	40	49	6	19	58	14	19	6	19
江山市	108	25	54	5	24	76	9	34	11	22
舟山市	**1528**	**236**	**864**	**146**	**282**	**1316**	**150**	**558**	**135**	**473**
定海区	507	79	287	51	90	710	87	290	57	276
普陀区	329	43	201	25	60	170	17	79	21	53
岱山县	659	110	359	66	124	410	44	177	55	134
嵊泗县	33	4	17	4	8	26	2	12	2	10
台州市	**4455**	**828**	**2754**	**356**	**517**	**2237**	**303**	**1184**	**267**	**483**
椒江区	1104	201	618	133	152	840	85	434	121	200
黄岩区	500	125	299	20	56	189	34	102	18	35
路桥区	676	120	424	42	90	254	40	143	25	46
三门县	105	18	60	16	11	82	6	48	13	15
天台县	86	17	47	2	20	63	7	35	4	17
仙居县	74	14	35	8	17	57	14	16	6	21
温岭市	794	137	537	37	83	245	35	138	30	42
临海市	505	100	320	39	46	331	58	176	26	71
玉环市	611	96	414	59	42	176	24	92	24	36
丽水市	**863**	**228**	**427**	**53**	**155**	**597**	**94**	**207**	**89**	**207**
莲都区	443	127	214	21	81	371	56	120	55	140
青田县	102	26	56	6	14	47	7	20	7	13
缙云县	110	25	60	10	15	59	8	28	12	11
遂昌县	30	4	12	5	9	22	3	6	1	12
松阳县	55	11	32	4	8	16	6	5	2	3
云和县	24	7	12	2	3	21	4	10	4	3
庆元县	23	8	7	2	6	15	2	7	1	5
景宁畲族自治县	18	7	6	1	4	26	4	6	3	13
龙泉市	58	13	28	2	15	20	4	5	4	7

7-5　续表 8　　　　单位：人

现住地	硕士研究生					博士研究生				
	小计	乡	镇的村委会	镇的居委会	街道	小计	乡	镇的村委会	镇的居委会	街道
合计	**9003**	**1204**	**3105**	**1113**	**3581**	**998**	**68**	**267**	**148**	**515**
杭州市	**5737**	**847**	**1944**	**688**	**2258**	**690**	**47**	**192**	**105**	**346**
上城区	127	17	31	24	55	12	1	2	1	8
下城区	250	54	63	26	107	26	1	11	1	13
江干区	1215	164	498	151	402	79	3	18	12	46
拱墅区	251	52	69	25	105	14	3	4	2	5
西湖区	1234	162	356	163	553	411	30	129	67	185
滨江区	835	146	270	91	328	34	2	9	5	18
萧山区	517	74	213	72	158	27	1	8	4	14
余杭区	1072	151	338	115	468	64	5	8	7	44
富阳区	59	5	17	7	30	10	1	1	4	4
临安区	134	17	70	9	38	11		2	1	8
桐庐县	15	3	6	1	5	1				1
淳安县	14	2	5	3	4					
建德市	14		8	1	5	1			1	
宁波市	**1231**	**129**	**398**	**158**	**546**	**126**	**9**	**28**	**12**	**77**
海曙区	82	13	19	14	36	7	2		2	3
江北区	156	8	18	4	126	4				4
北仑区	116	17	48	13	38	11	3	4	2	2
镇海区	164	8	49	19	88	30	1	13	3	13
鄞州区	323	25	105	57	136	53	1	5	4	43
奉化区	30	7	12	4	7	2				2
象山县	19	2	4	3	10	1				1
宁海县	26	2	9	5	10					
余姚市	74	10	35	10	19	8		2		6
慈溪市	241	37	99	29	76	10	2	4	1	3
温州市	**409**	**39**	**151**	**53**	**166**	**35**	**6**	**9**	**10**	**10**
鹿城区	84	6	28	18	32	6		1	2	3
龙湾区	28	8	10	4	6	2			1	1
瓯海区	196	19	61	15	101	18	5	5	3	5
洞头区	15		8	3	4					
永嘉县	6		5	1		1		1		
平阳县	10	1	4	3	2	3			3	
苍南县	8		5	2	1					
文成县	3		3							
泰顺县										
瑞安市	33	2	18	2	11					
乐清市	20	2	7	4	7	5	1	2	1	1
龙港市	6	1	2	1	2					
嘉兴市	**407**	**37**	**142**	**70**	**158**	**35**	**2**	**4**	**7**	**22**
南湖区	126	12	45	20	49	14	2		2	10
秀洲区	62	7	17	13	25	7		2	2	3
嘉善县	53	2	21	14	16	1			1	
海盐县	27	1	11	3	12					
海宁市	59	5	24	6	24	10		2	1	7
平湖市	38	5	11	9	13	3			1	2
桐乡市	42	5	13	5	19					
湖州市	**205**	**28**	**66**	**26**	**85**	**18**		**4**	**2**	**12**
吴兴区	119	16	37	16	50	13		2	1	10
南浔区	14	3	6	1	4	1		1		
德清县	37	9	8	5	15	3		1	1	1
长兴县	21		7	3	11	1				1
安吉县	14		8	1	5					

7-5 续表 9　　单位：人

现住地	硕士研究生					博士研究生				
	小计	乡	镇的村委会	镇的居委会	街道	小计	乡	镇的村委会	镇的居委会	街道
绍兴市	**280**	**26**	**123**	**36**	**95**	**21**		**6**	**2**	**13**
越城区	87	5	33	12	37	11		4	1	6
柯桥区	38	8	11	5	14	1		1		
上虞区	79	8	47	4	20	4				4
新昌县	36	1	21	8	6	4		1	1	2
诸暨市	28	1	9	6	12	1				1
嵊州市	12	3	2	1	6					
金华市	**303**	**41**	**118**	**20**	**124**	**27**	**2**	**9**	**2**	**14**
婺城区	128	13	47	10	58	16		6	1	9
金东区	17	2	7	2	6	1				1
武义县	6	1	3	1	1	1				1
浦江县	6	1	4	1		1		1		
磐安县	1				1					
兰溪市	9		2		7					
义乌市	91	15	34	2	40	4	1	1	1	1
东阳市	34	5	18	3	8	4	1	1		2
永康市	11	4	3	1	3					
衢州市	**89**	**19**	**35**	**12**	**23**	**1**	**1**			
柯城区	42	7	22	5	8					
衢江区	8	3	2	1	2	1	1			
常山县	6	1	2	2	1					
开化县	14	4	3	3	4					
龙游县	8	2	1		5					
江山市	11	2	5	1	3					
舟山市	**145**	**18**	**57**	**20**	**50**	**20**		**5**	**5**	**10**
定海区	105	12	48	11	34	17		5	3	9
普陀区	18	4	1	4	9	3			2	1
岱山县	17	2	7	3	5					
嵊泗县	5		1	2	2					
台州市	**171**	**15**	**58**	**30**	**68**	**22**	**1**	**10**	**3**	**8**
椒江区	78	2	21	21	34	8	1	2	3	2
黄岩区	12	1	6		5	2				2
路桥区	6	2	3		1					
三门县	2			1	1	1		1		
天台县	3		2		1	2				2
仙居县	10	1	2		7	1				1
温岭市	22	1	13	3	5	1		1		
临海市	24	7	6	2	9	7		6		1
玉环市	14	1	5	3	5					
丽水市	**26**	**5**	**13**		**8**	**3**				**3**
莲都区	15	2	8		5	2				2
青田县	3	1	2							
缙云县	3		2		1	1				1
遂昌县	1	1								
松阳县										
云和县	1	1								
庆元县	1				1					
景宁畲族自治县										
龙泉市	2		1		1					

7-6 全省按现住地和出生地分的人口

单位：人

现住地	出生地							
	合计	省内		省外				
		本县市区	本省其他县市区	北京	天津	河北	山西	内蒙古
合计	**6467791**	**3986075**	**551524**	**3048**	**1254**	**16080**	**12927**	**5812**
杭州市	**1214878**	**595423**	**196181**	**1206**	**545**	**5643**	**4943**	**2347**
上城区	31043	17739	6235	52	14	120	99	42
下城区	46764	22574	11638	57	32	252	192	94
江干区	154626	41600	47250	198	120	1073	1107	489
拱墅区	63082	27273	17302	74	43	377	263	128
西湖区	112143	43663	28361	216	85	799	708	361
滨江区	49576	17609	13882	107	54	347	401	203
萧山区	233408	122559	18873	127	59	877	690	329
余杭区	257791	99269	36713	292	107	1350	1064	478
富阳区	85768	60896	5424	31	18	216	153	79
临安区	63279	45320	4445	27	8	105	112	47
桐庐县	44812	33113	3052	17	4	73	115	72
淳安县	31146	28313	906	2		20	13	6
建德市	41440	35495	2100	6	1	34	26	19
宁波市	**967638**	**502660**	**87426**	**298**	**220**	**2661**	**2058**	**1080**
海曙区	105885	48460	18317	37	15	264	201	110
江北区	48978	21956	7809	22	19	201	127	52
北仑区	88324	34569	6074	27	18	387	399	179
镇海区	56466	20874	8174	23	22	279	177	94
鄞州区	164190	74711	28560	93	96	645	422	315
奉化区	57452	39751	2770	8	3	65	94	35
象山县	55290	41733	1469	15	6	73	66	41
宁海县	67159	48954	2321	4	5	79	74	31
余姚市	128683	74792	4660	27	11	206	159	86
慈溪市	195211	96860	7272	42	25	462	339	137
温州市	**918026**	**608372**	**68200**	**388**	**106**	**890**	**800**	**308**
鹿城区	115895	66161	13721	49	17	176	109	58
龙湾区	71975	32151	6206	47	4	120	100	50
瓯海区	93713	41390	15047	44	13	139	123	48
洞头区	13775	9282	1447	1		10	15	4
永嘉县	77187	61059	2216	28	7	59	57	15
平阳县	84376	67234	5006	11	16	59	77	15
苍南县	79883	72067	1987	4	2	23	47	8
文成县	21069	18907	674	2	1	5	12	2
泰顺县	21690	20461	309	4	1	10	6	1
瑞安市	145057	95787	6307	54	19	135	82	40
乐清市	148361	96226	5567	131	23	120	137	57
龙港市	45045	27647	9713	13	3	34	35	10
嘉兴市	**567644**	**317998**	**31386**	**303**	**109**	**2262**	**1540**	**563**
南湖区	87562	44472	8621	55	31	332	348	119
秀洲区	71284	34724	4486	39	9	318	157	59
嘉善县	68277	34798	2548	81	9	217	310	87
海盐县	47902	33051	1461	8	10	103	80	68
海宁市	116105	62931	6908	62	26	704	371	107
平湖市	71509	45513	2275	18	8	179	143	45
桐乡市	105005	62509	5087	40	16	409	131	78
湖州市	**345807**	**234966**	**17632**	**120**	**28**	**772**	**480**	**198**
吴兴区	107885	60167	7658	62	11	450	252	88
南浔区	54756	36886	2459	10	4	107	62	20
德清县	57164	39363	3359	25	8	93	72	32
长兴县	69269	57099	2197	15	2	86	51	29
安吉县	56733	41451	1959	8	3	36	43	29

7-6 续表 1

单位：人

现住地	出生地							
	合计	省内		省外				
		本县市区	本省其他县市区	北京	天津	河北	山西	内蒙古
绍兴市	**527086**	**376831**	**25535**	**106**	**65**	**937**	**720**	**301**
越城区	100692	68862	7442	31	7	272	195	68
柯桥区	117942	58726	8988	33	15	359	258	101
上虞区	84286	64333	3195	9	15	100	104	56
新昌县	39164	35400	1115	4	7	28	35	16
诸暨市	118485	90684	3216	25	7	136	105	40
嵊州市	66517	58826	1579	4	14	42	23	20
金华市	**705844**	**416096**	**54250**	**269**	**82**	**1452**	**1295**	**530**
婺城区	93035	59087	12723	31	24	193	127	113
金东区	51683	28463	5301	17	7	139	112	52
武义县	46702	29057	2114	3	2	42	53	25
浦江县	46382	33971	1287	26	2	37	34	6
磐安县	17230	14975	747	4		19	18	3
兰溪市	55786	49264	1918	3	1	28	23	10
义乌市	195307	78741	19300	106	28	691	635	194
东阳市	108427	69988	6814	51	13	170	202	100
永康市	91292	52550	4046	28	5	133	91	27
衢州市	**217964**	**185855**	**16335**	**34**	**13**	**174**	**127**	**71**
柯城区	52067	37822	9154	19	8	82	38	31
衢江区	34899	30278	2100	1	2	20	23	4
常山县	24789	22379	996	2		11	9	5
开化县	24093	21990	1071	1		19	6	4
龙游县	35279	30229	2059	5	1	25	27	10
江山市	46837	43157	955	6	2	17	24	17
舟山市	**119252**	**81395**	**6730**	**44**	**16**	**420**	**305**	**130**
定海区	50249	34848	3810	20	5	191	75	56
普陀区	38958	27644	1910	11	2	50	36	28
岱山县	23339	13532	670	11	9	169	193	46
嵊泗县	6706	5371	340	2		10	1	
台州市	**660046**	**481744**	**30019**	**210**	**48**	**712**	**545**	**229**
椒江区	83116	49888	10677	25	9	161	122	56
黄岩区	70396	51451	2884	66	7	64	48	22
路桥区	63913	39311	4190	14	4	117	76	21
三门县	36641	32281	1143	2	2	30	11	7
天台县	44872	41531	914	6	1	29	34	8
仙居县	40645	37726	746	12	6	25	16	5
温岭市	144017	97253	4248	47	9	141	75	45
临海市	109672	93773	3026	25	5	87	91	39
玉环市	66774	38530	2191	13	5	58	72	26
丽水市	**223606**	**184735**	**17830**	**70**	**22**	**157**	**114**	**55**
莲都区	53503	34916	9949	23	5	49	47	25
青田县	35130	29923	1203	22	1	15	17	7
缙云县	38351	34440	927	3	2	23	20	3
遂昌县	18363	16934	802			6	3	3
松阳县	20092	17625	925	2		10	11	2
云和县	12389	9209	2026	4		15	5	3
庆元县	13178	12304	378		1	6	2	
景宁畲族自治县	9820	8871	441	14	12	18	3	10
龙泉市	22780	20513	1179	2	1	15	6	2

7-6　续表 2　　　　单位：人

现住地	出生地 省外 辽宁	吉林	黑龙江	上海	江苏	安徽	福建	江西	山东
合计	**11907**	**13087**	**25395**	**10414**	**70523**	**370182**	**29165**	**215346**	**42419**
杭州市	**4772**	**4358**	**9658**	**2992**	**22456**	**97333**	**7461**	**50565**	**13574**
上城区	139	141	219	199	715	1440	240	781	256
下城区	251	190	494	347	1318	2476	329	1489	492
江干区	969	795	1952	508	4224	14488	1464	8965	2569
拱墅区	329	246	643	270	1476	3929	442	2378	721
西湖区	745	586	1326	543	2890	7489	940	4268	1860
滨江区	332	309	594	193	1194	3241	462	1837	793
萧山区	685	600	1422	256	3185	22877	1181	7719	1978
余杭区	1007	1025	2352	467	5711	30758	1688	18127	3844
富阳区	150	183	259	79	769	3451	305	1846	482
临安区	57	113	155	53	470	4248	118	1153	249
桐庐县	54	102	118	48	253	1805	138	1055	162
淳安县	19	26	48	9	93	492	38	354	62
建德市	35	42	76	20	158	639	116	593	106
宁波市	**2138**	**2369**	**5552**	**2056**	**14178**	**84953**	**3505**	**35499**	**9992**
海曙区	238	195	647	309	1596	9290	548	5051	857
江北区	134	152	372	157	967	5029	215	1611	781
北仑区	330	379	1136	157	1919	10900	310	2965	2636
镇海区	291	255	476	212	1348	6588	251	1790	1109
鄞州区	552	535	1233	591	3345	13641	895	6221	1635
奉化区	66	75	163	99	488	3010	96	1214	415
象山县	57	64	127	38	350	3168	93	2796	248
宁海县	54	77	169	71	447	2333	194	1367	239
余姚市	111	223	374	167	1085	10943	410	2548	758
慈溪市	305	414	855	255	2633	20051	493	9936	1314
温州市	**649**	**607**	**1177**	**320**	**3219**	**32352**	**4777**	**37155**	**1528**
鹿城区	127	110	248	79	589	4979	704	5939	262
龙湾区	85	63	185	29	387	4309	388	3397	233
瓯海区	100	117	202	45	502	5609	848	7298	264
洞头区	19	8	15	17	97	392	42	287	43
永嘉县	39	25	61	28	193	1375	253	2681	109
平阳县	43	47	75	20	179	977	383	1388	66
苍南县	13	14	53	4	86	598	575	303	59
文成县	7	7	9	8	35	108	97	139	15
泰顺县	5	3	11	15	28	67	263	69	12
瑞安市	71	71	115	26	453	4589	561	8905	171
乐清市	104	107	171	33	561	7986	381	6337	232
龙港市	36	35	32	16	109	1363	282	412	62
嘉兴市	**1188**	**1438**	**2619**	**2834**	**11962**	**39478**	**3026**	**15797**	**6313**
南湖区	232	323	639	777	2497	5349	681	2517	1528
秀洲区	141	228	309	332	1956	5067	415	2058	842
嘉善县	123	228	378	672	1568	5883	565	1572	588
海盐县	81	85	128	149	564	2083	130	446	394
海宁市	267	262	506	215	2085	9241	557	5437	1152
平湖市	107	156	261	528	1253	6161	293	1276	1004
桐乡市	237	156	398	161	2039	5694	385	2491	805
湖州市	**435**	**494**	**917**	**567**	**5838**	**30022**	**930**	**4483**	**1940**
吴兴区	251	210	390	270	2469	15902	497	2437	802
南浔区	57	74	134	119	1305	4328	88	456	231
德清县	42	90	162	54	750	3011	133	815	257
长兴县	51	59	111	72	864	2844	123	299	455
安吉县	34	61	120	52	450	3937	89	476	195

7-6 续表 3 单位：人

现住地	出生地								
	省外								
	辽宁	吉林	黑龙江	上海	江苏	安徽	福建	江西	山东
绍兴市	**585**	**1174**	**1050**	**487**	**3448**	**23088**	**2256**	**9975**	**2647**
越城区	134	191	317	122	918	4015	332	1849	771
柯桥区	221	654	348	101	1223	9900	1224	3365	827
上虞区	80	94	129	120	529	2970	262	806	603
新昌县	29	31	58	10	108	288	49	400	47
诸暨市	93	165	135	102	494	4956	323	2937	311
嵊州市	28	39	63	32	176	959	66	618	88
金华市	**946**	**1398**	**2370**	**392**	**3895**	**26790**	**4187**	**41693**	**2644**
婺城区	126	151	298	98	571	3239	511	2526	372
金东区	79	124	231	68	379	2258	297	2331	247
武义县	27	49	101	10	133	1142	98	1449	98
浦江县	35	25	66	17	158	1126	146	1264	84
磐安县	6	7	6	7	36	130	30	174	22
兰溪市	22	24	39	16	117	548	73	517	60
义乌市	448	776	1190	122	1654	12219	2149	22374	1253
东阳市	159	171	284	36	502	3360	475	6476	345
永康市	44	71	155	18	345	2768	408	4582	163
衢州市	**143**	**170**	**218**	**109**	**578**	**1753**	**535**	**3487**	**403**
柯城区	75	67	114	61	277	573	193	932	206
衢江区	24	26	25	14	88	323	61	465	54
常山县	10	12	10	9	41	146	39	451	22
开化县	10	6	11	9	25	141	17	298	28
龙游县	12	27	36	4	88	362	38	508	51
江山市	12	32	22	12	59	208	187	833	42
舟山市	**523**	**458**	**697**	**225**	**1882**	**9231**	**403**	**1219**	**1750**
定海区	146	138	249	130	636	3314	154	565	519
普陀区	121	88	170	33	431	3962	168	398	310
岱山县	249	227	266	24	731	1639	72	215	879
嵊泗县	7	5	12	38	84	316	9	41	42
台州市	**428**	**505**	**960**	**337**	**2504**	**23316**	**1330**	**13378**	**1359**
椒江区	121	155	265	83	599	3703	303	1392	327
黄岩区	39	28	67	30	236	4406	150	1091	129
路桥区	54	78	139	32	379	3742	180	1614	177
三门县	18	9	24	6	90	412	26	221	46
天台县	16	9	18	35	113	319	39	238	61
仙居县	18	18	16	19	73	229	33	281	29
温岭市	78	77	135	78	555	5206	317	5506	208
临海市	56	69	156	26	252	1691	132	856	227
玉环市	28	62	140	28	207	3608	150	2179	155
丽水市	**100**	**116**	**177**	**95**	**563**	**1866**	**755**	**2095**	**269**
莲都区	45	63	78	50	284	936	158	865	132
青田县	14	13	24	3	60	319	54	411	38
缙云县	14	10	18	22	92	234	74	264	42
遂昌县	4	5	6	6	24	55	25	61	11
松阳县	5	7	12	9	37	113	49	154	13
云和县	13	10	11	4	13	83	74	107	11
庆元县	1		5		13	16	189	37	2
景宁畲族自治县		1	5		10	16	27	30	10
龙泉市	4	7	18	1	30	94	105	166	10

7-6　续表 4　　　　　　　　　　　　　　　　　　　　　　　　　　　单位：人

现住地	出生地								
	省外								
	河南	湖北	湖南	广东	广西	海南	重庆	四川	贵州
合计	**246493**	**114519**	**104603**	**11725**	**23856**	**1618**	**63240**	**159977**	**225677**
杭州市	**63511**	**25356**	**19602**	**3377**	**6057**	**492**	**10976**	**20331**	**19173**
上城区	926	355	214	88	94	11	110	201	138
下城区	1414	669	466	133	112	28	221	437	268
江干区	9313	3667	2206	729	737	100	1399	2093	1533
拱墅区	2751	1112	647	210	194	22	305	623	356
西湖区	6250	2739	1476	506	522	58	653	1355	1039
滨江区	2633	1217	796	233	277	39	314	624	442
萧山区	15945	4368	6828	502	2187	79	3041	6125	6153
余杭区	18078	8672	4149	704	1212	106	3346	6321	3910
富阳区	3279	844	1705	74	310	22	809	1196	1954
临安区	1251	913	451	71	187	13	549	681	1583
桐庐县	1174	492	405	60	119	5	119	369	1224
淳安县	162	98	67	26	28		35	95	99
建德市	335	210	192	41	78	9	75	211	474
宁波市	**44997**	**16923**	**21646**	**1520**	**4165**	**322**	**9030**	**42432**	**44901**
海曙区	3976	1702	2611	181	372	47	1579	4673	2713
江北区	2353	985	971	81	177	17	391	2070	1301
北仑区	6187	2753	2461	131	326	27	1351	5537	3357
镇海区	3266	1158	1556	97	176	26	855	4347	1478
鄞州区	5867	3103	3947	338	559	92	1120	7093	4540
奉化区	1408	588	653	53	99	12	367	1868	3076
象山县	1226	421	513	28	91	10	253	783	844
宁海县	1896	1250	913	75	192	13	246	1427	1889
余姚市	6765	1984	4094	247	781	32	1050	3994	10122
慈溪市	12053	2979	3927	289	1392	46	1818	10640	15581
温州市	**20870**	**26827**	**15940**	**1017**	**2457**	**141**	**14152**	**21024**	**40975**
鹿城区	3058	5094	2994	189	333	17	1191	2482	5332
龙湾区	3448	4105	2262	103	443	24	4246	3030	5220
瓯海区	2689	5486	2695	162	344	25	1248	2708	4809
洞头区	367	479	154	3	36	5	145	459	277
永嘉县	973	1448	1429	61	132	13	484	807	2945
平阳县	1302	1246	836	68	144	5	573	854	2901
苍南县	595	459	257	44	102	6	514	432	907
文成县	84	79	80	19	20		31	126	149
泰顺县	77	79	28	12	11	2	27	57	78
瑞安市	2677	2579	2620	160	373	14	1795	5724	9712
乐清市	4773	5283	2135	137	296	22	3565	3403	7517
龙港市	827	490	450	59	223	8	333	942	1128
嘉兴市	**31751**	**9044**	**9672**	**1119**	**1987**	**142**	**8524**	**29380**	**13223**
南湖区	4496	1421	1230	239	247	22	1213	5518	1314
秀洲区	4789	1359	1251	124	162	25	1447	4692	2818
嘉善县	4141	1155	1543	110	237	14	1406	4492	1757
海盐县	2312	431	362	59	87	12	441	3003	684
海宁市	5848	2745	1762	220	612	25	1124	4752	3058
平湖市	4325	785	732	106	326	20	606	2323	1263
桐乡市	5840	1148	2792	261	316	24	2287	4600	2329
湖州市	**11048**	**3261**	**2856**	**430**	**703**	**39**	**2390**	**6155**	**11275**
吴兴区	4869	1422	1087	217	226	18	1052	2569	2622
南浔区	1606	515	574	55	92	11	389	1646	2144
德清县	2001	671	606	60	207	5	356	1014	1669
长兴县	1229	281	240	47	61	3	273	482	1418
安吉县	1343	372	349	51	117	2	320	444	3422

7-6 续表 5 单位：人

现住地	出生地								
	省外								
	河南	湖北	湖南	广东	广西	海南	重庆	四川	贵州
绍兴市	**16048**	**6125**	**8299**	**918**	**2739**	**84**	**6057**	**10488**	**18256**
越城区	3407	1474	1893	149	394	21	1900	2096	2605
柯桥区	6567	2860	3070	566	1268	31	3037	5501	5890
上虞区	2019	604	1184	66	539	8	508	1515	2627
新昌县	304	179	171	24	32	1	46	107	438
诸暨市	3035	702	1622	77	414	20	431	886	5352
嵊州市	716	306	359	36	92	3	135	383	1344
金华市	**30543**	**9573**	**15223**	**2214**	**3220**	**206**	**4976**	**9166**	**48199**
婺城区	3154	783	1311	145	297	38	872	1244	3261
金东区	2299	735	1163	113	265	13	378	780	4057
武义县	851	637	1222	60	298	10	343	941	5111
浦江县	834	267	569	51	141	3	147	420	3178
磐安县	175	95	92	15	23	9	42	87	339
兰溪市	330	215	304	38	93	12	95	288	1142
义乌市	17071	4235	6600	1432	1245	82	1572	3188	11147
东阳市	3484	1258	2021	233	420	25	744	1088	8028
永康市	2345	1348	1941	127	438	14	783	1130	11936
衢州市	**1389**	**782**	**865**	**153**	**369**	**22**	**287**	**841**	**1836**
柯城区	528	296	293	62	139	3	114	228	387
衢江区	241	94	129	19	56	5	61	125	393
常山县	126	48	70	12	24	3	26	97	138
开化县	59	64	63	7	18	2	12	74	76
龙游县	279	178	197	11	48	1	48	199	415
江山市	156	102	113	42	84	8	26	118	427
舟山市	**5471**	**1412**	**1190**	**133**	**203**	**25**	**305**	**1814**	**1192**
定海区	2101	523	520	62	97	16	127	844	461
普陀区	1364	433	316	46	51	4	69	417	328
岱山县	1860	416	307	25	45	5	95	486	338
嵊泗县	146	40	47		10		14	67	65
台州市	**18191**	**13669**	**7967**	**601**	**1633**	**129**	**5768**	**17027**	**22940**
椒江区	3962	1619	1073	108	280	23	641	3067	2157
黄岩区	1765	903	943	58	111	14	1218	957	1745
路桥区	2841	1242	1444	77	232	11	1004	2890	2285
三门县	375	255	186	16	33	4	100	339	538
天台县	266	153	81	28	31	4	68	165	374
仙居县	195	109	160	22	32	9	96	98	455
温岭市	6002	4518	1723	159	479	30	1421	3908	7925
临海市	1486	700	860	72	228	24	389	1345	2241
玉环市	1299	4170	1497	61	207	10	831	4258	5220
丽水市	**2674**	**1547**	**1343**	**243**	**323**	**16**	**775**	**1319**	**3707**
莲都区	1461	668	519	86	110	4	282	532	1463
青田县	523	418	312	10	44	3	148	240	475
缙云县	267	142	201	111	97	3	67	114	676
遂昌县	32	47	46	3	8		25	38	111
松阳县	157	79	93	7	20	2	131	151	297
云和县	66	58	68	1	19		36	69	410
庆元县	37	19	28	6	7	2	6	24	53
景宁畲族自治县	52	52	21	6	7	2	37	34	64
龙泉市	79	64	55	13	11		43	117	158

7-6　续表 6　　　　单位：人

现住地	出生地							
	省外							港澳台或国外
	云南	西藏	陕西	甘肃	青海	宁夏	新疆	
合计	**88584**	**230**	**31749**	**19114**	**1895**	**2092**	**4704**	**2557**
杭州市	**8766**	**90**	**7016**	**7489**	**504**	**692**	**1725**	**264**
上城区	58	2	158	163	15	28	40	11
下城区	150	2	276	223	22	25	70	23
江干区	989	25	1365	1933	114	178	423	51
拱墅区	170	1	275	328	28	37	112	17
西湖区	439	23	856	860	71	99	282	75
滨江区	267	13	470	452	25	59	133	24
萧山区	1943	4	1190	1249	90	59	205	23
余杭区	3072	11	1680	1714	87	147	303	27
富阳区	606	3	330	200	17	23	51	4
临安区	474	5	153	169	17	18	63	1
桐庐县	334	1	153	137	4	12	21	2
淳安县	63		33	26	2	4	4	3
建德市	201		77	35	12	3	18	3
宁波市	**11448**	**14**	**8592**	**3538**	**406**	**231**	**768**	**60**
海曙区	609	1	864	267	34	17	97	7
江北区	355	3	426	172	23	11	37	1
北仑区	1393	2	1227	901	81	50	148	7
镇海区	423		672	354	35	16	41	3
鄞州区	1199	1	1868	553	66	80	251	23
奉化区	479	2	337	114	16	4	20	4
象山县	409		256	73	19	6	13	1
宁海县	1469	3	1098	217	13	7	31	1
余姚市	1935		720	301	47	21	26	4
慈溪市	3177	2	1124	586	72	19	104	9
温州市	**7538**	**19**	**3051**	**1287**	**168**	**70**	**285**	**1357**
鹿城区	1116	3	345	156	31	15	34	177
龙湾区	695		403	170	26	11	19	16
瓯海区	766	9	386	164	24	10	93	306
洞头区	75		62	18	1	2	6	7
永嘉县	389		178	46	15	8	29	25
平阳县	615	1	134	62	2	7	13	17
苍南县	582		39	76	6	3	17	1
文成县	40		33	13	1		6	360
泰顺县	25		15	11		2		1
瑞安市	906	1	507	134	32	2	23	412
乐清市	1800	5	890	252	29	10	43	28
龙港市	529		59	185	1		2	7
嘉兴市	**17353**	**6**	**3150**	**2528**	**192**	**240**	**477**	**40**
南湖区	1921	5	606	524	60	72	143	10
秀洲区	2699	1	388	244	18	31	92	4
嘉善县	2665		686	349	16	34	38	7
海盐县	1114		231	275	19	7	21	3
海宁市	3860		554	548	43	25	95	3
平湖市	864		439	396	16	46	36	6
桐乡市	4230		246	192	20	25	52	7
湖州市	**6014**	**62**	**917**	**608**	**41**	**57**	**108**	**21**
吴兴区	1237	19	300	224	13	28	61	5
南浔区	1168	42	95	54	9	3	10	3
德清县	1976		191	101	2	13	16	10
长兴县	623	1	159	66	9	5	14	1
安吉县	1010		172	163	8	8	7	2

7–6　续表 7　　　　单位：人

现住地	出生地							
	省外							港澳台或国外
	云南	西藏	陕西	甘肃	青海	宁夏	新疆	
绍兴市	**6089**	**6**	**1545**	**779**	**86**	**63**	**277**	**22**
越城区	600	3	294	214	29	12	70	5
柯桥区	1850		566	222	13	14	138	6
上虞区	1419	1	196	139	19	11	24	2
新昌县	147		46	23	3	10	6	2
诸暨市	1632	2	376	144	17	10	31	5
嵊州市	441		67	37	5	6	8	2
金华市	**18686**	**14**	**2669**	**1279**	**333**	**597**	**616**	**41**
婺城区	986	6	306	184	96	27	130	5
金东区	1404		226	83	17	14	27	4
武义县	2618	2	147	41	4	4	6	4
浦江县	2364		56	41	6	6	12	3
磐安县	118		28	14	5	3	1	
兰溪市	481		63	31	6	2	20	3
义乌市	3939	2	1266	635	130	517	351	15
东阳市	1374	3	323	165	40	19	50	6
永康市	5402	1	254	85	29	5	19	1
衢州市	**913**	**5**	**236**	**154**	**23**	**18**	**52**	**14**
柯城区	163	4	90	53	10	9	31	5
衢江区	209	1	23	30	1		4	
常山县	61		22	17			2	1
开化县	55		17	6		1	1	2
龙游县	327		56	21	7	5	5	
江山市	98		28	27	5	3	9	6
舟山市	**927**	**3**	**599**	**402**	**23**	**43**	**79**	**3**
定海区	258	3	202	111	11	9	46	2
普陀区	388		107	45	3	10	15	
岱山县	268		269	244	8	24	17	
嵊泗县	13		21	2	1		1	1
台州市	**9501**	**9**	**3657**	**865**	**108**	**68**	**259**	**30**
椒江区	1272		674	186	34	17	114	3
黄岩区	1539	1	301	85	8	6	19	5
路桥区	1071		575	81	5	8	17	2
三门县	338	1	85	27	8	2	5	1
天台县	168		90	48	18	4	2	1
仙居县	146	1	32	20	1	3	10	4
温岭市	2543		1026	226	13	8	51	7
临海市	1254	4	385	112	18	9	28	6
玉环市	1170	2	489	80	3	11	13	1
丽水市	**1349**	**2**	**317**	**185**	**11**	**13**	**58**	**705**
莲都区	409		141	92	8	5	23	75
青田县	147		43	28		4	5	606
缙云县	382	1	55	24	1	2	16	4
遂昌县	87		12	5			4	
松阳县	135	1	26	8			4	7
云和县	54		14	1		1	2	2
庆元县	29		5	7	1			
景宁畲族自治县	47		9	8	1	1	4	7
龙泉市	59		12	12				4

7—7 全省按现住地和五年前常住地分的人口

单位：人

现住地	五年前常住地							
	合计	省内		省外				
		本县市区	本省其他县市区	北京	天津	河北	山西	内蒙古
合计	**6184250**	**5255654**	**248409**	**7723**	**2040**	**7696**	**6457**	**2515**
杭州市	**1158155**	**919012**	**83221**	**3531**	**784**	**2406**	**2305**	**905**
上城区	29878	26239	1245	76	11	25	25	12
下城区	44949	37322	3028	131	40	80	74	33
江干区	147383	100525	20743	594	152	535	570	202
拱墅区	60138	49002	4961	169	44	132	66	30
西湖区	107032	79437	10606	562	115	345	278	137
滨江区	46925	32374	5777	348	81	139	177	88
萧山区	222603	180093	10562	500	142	420	363	132
余杭区	244812	188668	16733	954	134	505	493	162
富阳区	81767	70060	3596	95	39	103	90	50
临安区	60761	52764	2859	37	5	63	75	19
桐庐县	42688	37400	1517	36	12	32	75	27
淳安县	29699	28092	751	15	4	14	5	3
建德市	39520	37036	843	14	5	13	14	10
宁波市	**929421**	**782029**	**33660**	**769**	**328**	**1172**	**899**	**391**
海曙区	101713	86265	5658	82	23	95	83	38
江北区	46881	39068	2708	47	14	65	51	15
北仑区	84731	69407	1946	70	30	152	171	60
镇海区	53873	44282	3337	72	22	101	55	24
鄞州区	156779	130330	9680	232	95	282	151	109
奉化区	55677	49205	1272	27	4	36	51	15
象山县	53232	48950	943	14	22	18	30	13
宁海县	64005	57373	1219	31	20	42	36	14
余姚市	124067	105602	2318	53	28	112	92	30
慈溪市	188463	151547	4579	141	70	269	179	73
温州市	**876061**	**768487**	**27419**	**679**	**169**	**538**	**401**	**185**
鹿城区	111464	96781	4017	70	22	67	36	27
龙湾区	69017	54955	3732	60	26	66	66	24
瓯海区	90291	70956	7121	73	18	79	57	22
洞头区	13228	10395	1142	3	2	10	11	4
永嘉县	73456	67223	811	38	11	52	56	13
平阳县	80495	73626	2445	40	8	33	29	14
苍南县	75835	72646	1012	8	1	10	11	8
文成县	19963	17409	589	7	4	3	7	3
泰顺县	20373	19631	239	12	1	9	7	3
瑞安市	138423	121925	2478	122	24	104	34	25
乐清市	140908	124873	2012	229	42	87	66	35
龙港市	42608	38067	1821	17	10	18	21	7
嘉兴市	**543613**	**447503**	**21356**	**1179**	**238**	**1120**	**868**	**275**
南湖区	83528	67878	4009	129	46	146	188	44
秀洲区	67973	56184	2476	81	32	158	81	24
嘉善县	65661	53125	1014	84	20	113	199	52
海盐县	45907	40546	850	27	19	35	29	32
海宁市	111508	85860	8657	581	61	367	201	62
平湖市	68633	58142	1558	86	39	104	86	21
桐乡市	100403	85768	2792	191	21	197	84	40
湖州市	**331810**	**289639**	**9061**	**200**	**53**	**415**	**294**	**100**
吴兴区	103717	85662	3673	91	23	252	145	40
南浔区	52688	47683	1017	23	3	39	28	10
德清县	54893	47814	1916	39	15	52	49	14
长兴县	66282	61620	951	18	5	45	31	15
安吉县	54230	46860	1504	29	7	27	41	21

7-7 续表 1　　　　单位：人

现住地	五年前常住地							
	合计	省内		省外				
		本县市区	本省其他县市区	北京	天津	河北	山西	内蒙古
绍兴市	**505996**	**444456**	**13002**	**196**	**99**	**442**	**363**	**131**
越城区	96546	83920	3921	42	21	141	117	21
柯桥区	112877	92117	4251	92	29	143	135	52
上虞区	81123	71928	2032	27	20	53	53	25
新昌县	37591	35994	485	3	11	14	9	6
诸暨市	113591	99960	1566	25	4	63	40	21
嵊州市	64268	60537	747	7	14	28	9	6
金华市	**671922**	**550253**	**29214**	**532**	**168**	**792**	**668**	**273**
婺城区	88490	75117	5750	69	24	121	86	59
金东区	49253	37639	3929	44	19	80	57	34
武义县	44338	36561	1802	14	5	23	25	20
浦江县	44463	38453	1068	27	5	7	16	5
磐安县	16362	15096	531	13	3	12	14	3
兰溪市	53363	49770	1340	8	2	11	15	1
义乌市	185917	139899	8354	230	71	350	311	98
东阳市	103072	86474	4436	96	27	132	107	44
永康市	86664	71244	2004	31	12	56	37	9
衢州市	**207283**	**193660**	**6695**	**92**	**14**	**77**	**69**	**31**
柯城区	49408	44034	3090	28	3	43	21	14
衢江区	33310	31335	985	16	4	2	16	2
常山县	23446	22155	647	6	1	2	5	1
开化县	22793	21753	539	9	1	13	2	2
龙游县	33883	31626	774	12	2	12	12	5
江山市	44443	42757	660	21	3	5	13	7
舟山市	**115780**	**97703**	**3378**	**68**	**34**	**250**	**254**	**99**
定海区	48436	42245	2037	32	13	85	45	36
普陀区	37851	34122	612	22	3	20	18	9
岱山县	22931	15292	579	13	18	141	191	54
嵊泗县	6562	6044	150	1		4		
台州市	**631325**	**568491**	**14618**	**365**	**112**	**392**	**271**	**89**
椒江区	79295	66404	4677	84	20	105	67	18
黄岩区	67270	61280	1354	56	8	32	22	7
路桥区	61216	53711	1733	45	25	44	24	6
三门县	34724	32869	693	7	1	13	8	2
天台县	42751	40731	563	7	9	16	16	5
仙居县	38653	37080	467	18	4	22	2	
温岭市	138691	123111	2030	92	18	83	32	26
临海市	104775	97112	1859	32	17	46	63	18
玉环市	63950	56193	1242	24	10	31	37	7
丽水市	**212884**	**194421**	**6785**	**112**	**41**	**92**	**65**	**36**
莲都区	50829	43964	3046	23	11	30	24	17
青田县	33585	29211	735	33		8	8	7
缙云县	36402	34246	655	15	6	15	10	2
遂昌县	17575	16896	367			2	3	1
松阳县	19082	17684	661	8	1	7	5	1
云和县	11801	10881	437	3		11	6	1
庆元县	12514	12071	202	2		3	5	
景宁畲族自治县	9345	8672	315	23	23	12	1	5
龙泉市	21751	20796	367	5		4	3	2

7-7　续表 2　　单位：人

现住地	五年前常住地								
	省外								
	辽宁	吉林	黑龙江	上海	江苏	安徽	福建	江西	山东
合计	**6186**	**5539**	**10303**	**20522**	**36047**	**94481**	**13802**	**59815**	**15376**
杭州市	**2538**	**1780**	**3970**	**5637**	**10291**	**25709**	**3521**	**14359**	**4918**
上城区	62	47	56	128	198	353	71	239	67
下城区	85	74	176	239	371	669	130	418	148
江干区	529	335	796	995	1825	3901	635	2507	1008
拱墅区	132	78	237	253	522	971	176	598	214
西湖区	397	256	559	670	1241	2372	385	1539	717
滨江区	214	131	289	361	629	1183	252	705	354
萧山区	416	282	722	1006	1895	5701	609	2374	805
余杭区	506	361	862	1421	2499	7169	840	4450	1172
富阳区	91	84	117	255	508	1232	188	631	196
临安区	35	49	64	96	270	1222	62	359	95
桐庐县	35	52	42	137	172	548	86	319	66
淳安县	19	10	12	42	71	143	27	110	30
建德市	17	21	38	34	90	245	60	110	46
宁波市	**910**	**1016**	**1987**	**2556**	**5928**	**18338**	**1532**	**8145**	**2864**
海曙区	76	67	170	247	529	1756	196	1095	205
江北区	44	57	100	157	327	899	67	391	190
北仑区	122	174	362	261	679	2073	122	665	648
镇海区	82	91	125	201	494	923	92	378	280
鄞州区	204	189	399	539	1234	2564	352	1423	491
奉化区	42	48	78	125	258	871	68	363	130
象山县	42	20	60	140	205	601	73	400	75
宁海县	36	39	63	122	295	565	94	385	96
余姚市	64	100	176	208	553	2625	142	685	218
慈溪市	198	231	454	556	1354	5461	326	2360	531
温州市	**359**	**294**	**500**	**1018**	**2134**	**7719**	**2238**	**9238**	**779**
鹿城区	60	37	78	118	257	977	278	1320	78
龙湾区	38	35	82	132	298	1040	250	926	125
瓯海区	56	55	105	145	328	1266	461	1762	125
洞头区	13	5	9	27	100	177	53	138	41
永嘉县	21	14	22	52	141	539	107	840	51
平阳县	27	27	23	58	148	291	137	421	31
苍南县	12	4	22	18	46	208	182	140	37
文成县	4	3	4	30	25	68	27	72	12
泰顺县	2	2	6	48	68	31	60	34	13
瑞安市	46	47	53	159	300	1001	375	1926	115
乐清市	55	53	81	164	339	1723	218	1527	128
龙港市	25	12	15	67	84	398	90	132	23
嘉兴市	**647**	**534**	**944**	**6637**	**6087**	**9076**	**1373**	**3974**	**1906**
南湖区	132	92	249	1209	1059	1241	227	589	414
秀洲区	72	81	118	800	1002	985	164	434	197
嘉善县	80	91	137	1772	931	1253	194	418	209
海盐县	36	37	52	378	288	554	66	117	114
海宁市	152	105	173	619	1161	2428	368	1513	347
平湖市	72	70	101	1354	739	1270	119	304	363
桐乡市	103	58	114	505	907	1345	235	599	262
湖州市	**202**	**206**	**383**	**1042**	**2928**	**8109**	**548**	**1482**	**655**
吴兴区	110	76	180	457	1268	4296	321	830	257
南浔区	16	27	44	212	631	751	39	113	84
德清县	23	44	77	119	386	828	79	267	102
长兴县	26	21	40	165	332	827	49	102	135
安吉县	27	38	42	89	311	1407	60	170	77

7-7 续表 3　　　　单位：人

现住地	五年前常住地								
	省外								
	辽宁	吉林	黑龙江	上海	江苏	安徽	福建	江西	山东
绍兴市	**265**	**470**	**434**	**818**	**1838**	**7765**	**887**	**3508**	**1051**
越城区	59	62	97	169	477	1343	138	573	302
柯桥区	81	276	137	218	623	2661	437	836	296
上虞区	50	46	81	281	331	970	131	301	211
新昌县	18	12	24	14	63	97	19	145	22
诸暨市	43	52	69	88	221	2243	142	1353	174
嵊州市	14	22	26	48	123	451	20	300	46
金华市	**512**	**576**	**1079**	**1298**	**2872**	**8164**	**2071**	**13246**	**1169**
婺城区	61	72	124	174	324	864	248	728	135
金东区	41	56	105	172	334	697	187	776	113
武义县	12	25	45	80	155	335	82	440	54
浦江县	21	12	30	33	124	434	83	506	37
磐安县	6	8	5	14	59	60	24	49	12
兰溪市	15	6	20	23	95	213	44	175	30
义乌市	249	297	567	548	1175	3660	942	7155	536
东阳市	80	72	117	171	372	1036	236	1977	173
永康市	27	28	66	83	234	865	225	1440	79
衢州市	**52**	**78**	**86**	**193**	**349**	**633**	**237**	**1051**	**164**
柯城区	23	29	49	50	119	226	87	307	77
衢江区	7	13	6	29	53	82	18	118	31
常山县	4	5	4	25	33	54	22	134	7
开化县	3	1	4	27	37	38	11	96	26
龙游县	11	18	18	19	69	159	20	162	12
江山市	4	12	5	43	38	74	79	234	11
舟山市	**394**	**283**	**414**	**266**	**1202**	**2569**	**244**	**478**	**1119**
定海区	83	68	97	103	289	802	77	183	182
普陀区	57	38	92	61	213	738	80	153	117
岱山县	251	174	222	65	653	955	85	127	801
嵊泗县	3	3	3	37	47	74	2	15	19
台州市	**247**	**240**	**442**	**819**	**1957**	**5683**	**818**	**3491**	**625**
椒江区	75	84	129	179	419	918	166	414	162
黄岩区	12	4	26	73	191	978	55	288	66
路桥区	40	32	55	75	274	799	96	391	69
三门县	7	2	1	19	68	115	21	48	29
天台县	12	5	11	76	140	171	27	105	36
仙居县	13	11	8	50	103	87	22	107	19
温岭市	38	28	62	202	381	1297	243	1423	103
临海市	37	41	79	61	199	602	85	314	84
玉环市	13	33	71	84	182	716	103	401	57
丽水市	**60**	**62**	**64**	**238**	**461**	**716**	**333**	**843**	**126**
莲都区	29	31	25	114	230	369	86	359	53
青田县	10	8	8	12	50	95	32	130	19
缙云县	6	4	7	33	74	103	37	107	18
遂昌县	1	2	2	6	10	23	12	20	13
松阳县	2	4	7	22	50	51	31	74	9
云和县	8	8		5	12	28	24	42	2
庆元县	1		5	9	11	9	55	25	1
景宁畲族自治县	1		3	6	11	6	12	17	6
龙泉市	2	5	7	31	13	32	44	69	5

7-7　续表 4　　　　单位：人

现住地	五年前常住地								
	省外								
	河南	湖北	湖南	广东	广西	海南	重庆	四川	贵州
合计	**84863**	**33241**	**30908**	**21928**	**8150**	**1140**	**17350**	**40745**	**78843**
杭州市	**21213**	**8146**	**6080**	**5328**	**2219**	**387**	**3397**	**6326**	**6951**
上城区	330	103	59	97	54	7	39	65	34
下城区	514	216	152	156	51	18	82	145	112
江干区	3288	1244	820	911	406	89	450	863	787
拱墅区	826	320	176	185	78	22	109	198	166
西湖区	2162	1024	565	571	242	38	268	516	439
滨江区	1115	513	297	369	109	32	156	234	224
萧山区	4860	1392	1782	1073	519	68	823	1683	1968
余杭区	5538	2385	1267	1430	423	76	898	1660	1393
富阳区	1223	334	523	205	130	20	280	421	619
临安区	581	261	158	110	102	9	194	242	574
桐庐县	559	209	153	141	49	5	42	164	422
淳安县	66	39	25	29	16	1	15	46	51
建德市	151	106	103	51	40	2	41	89	162
宁波市	**15308**	**4527**	**5668**	**2995**	**1188**	**190**	**2432**	**9513**	**14494**
海曙区	1012	466	528	277	126	32	312	841	797
江北区	652	231	234	131	44	4	113	473	403
北仑区	2068	604	638	348	88	16	331	1136	998
镇海区	822	237	263	233	53	22	161	530	417
鄞州区	1680	711	915	512	183	55	332	1420	1181
奉化区	521	202	208	103	40	2	150	468	958
象山县	368	129	153	117	33	10	60	196	243
宁海县	677	366	262	170	78	11	93	339	595
余姚市	2540	530	1217	405	177	7	296	1111	3428
慈溪市	4968	1051	1250	699	366	31	584	2999	5474
温州市	**6469**	**6582**	**4247**	**2837**	**878**	**87**	**3407**	**5417**	**13044**
鹿城区	853	1058	634	460	110	10	308	624	1685
龙湾区	1014	927	552	550	141	20	758	782	1691
瓯海区	793	1151	684	385	138	8	320	713	1587
洞头区	220	216	61	33	20	5	101	148	161
永嘉县	333	510	459	82	52	8	162	290	1084
平阳县	405	377	272	233	70	3	170	233	941
苍南县	240	137	128	65	32		122	171	326
文成县	76	63	47	27	9		15	50	76
泰顺县	37	13	12	16	5	1	14	40	31
瑞安市	887	687	653	500	136	4	488	1279	2692
乐清市	1358	1308	606	385	109	24	854	775	2391
龙港市	253	135	139	101	56	4	95	312	379
嘉兴市	**9954**	**2640**	**2567**	**2807**	**638**	**127**	**1809**	**5963**	**4113**
南湖区	1398	404	343	402	101	21	216	1018	483
秀洲区	1118	324	282	427	35	21	257	808	663
嘉善县	1567	335	452	275	113	15	323	815	542
海盐县	725	147	108	122	34	8	101	585	256
海宁市	2070	843	540	671	159	29	284	1197	1059
平湖市	1385	245	232	272	88	11	154	522	405
桐乡市	1691	342	610	638	108	22	474	1018	705
湖州市	**3845**	**1081**	**876**	**846**	**266**	**37**	**691**	**1608**	**3799**
吴兴区	1752	502	344	390	89	15	273	700	981
南浔区	362	94	112	108	20	8	110	246	498
德清县	632	195	195	128	87	8	103	305	534
长兴县	488	103	74	96	29		82	158	422
安吉县	611	187	151	124	41	6	123	199	1364

7-7 续表 5　　　　单位：人

现住地	五年前常住地 省外 河南	湖北	湖南	广东	广西	海南	重庆	四川	贵州
绍兴市	**6462**	**1913**	**2730**	**999**	**848**	**43**	**1776**	**3173**	**7820**
越城区	1223	387	517	163	140	14	490	610	971
柯桥区	2204	799	875	559	340	13	768	1346	2251
上虞区	942	215	383	134	168	6	195	570	1007
新昌县	150	71	74	10	15	2	17	51	167
诸暨市	1577	324	708	79	150	8	223	413	2846
嵊州市	366	117	173	54	35		83	183	578
金华市	**11371**	**3309**	**5038**	**3693**	**1212**	**117**	**1675**	**3241**	**18348**
婺城区	1016	219	365	316	122	16	232	388	1022
金东区	936	277	376	347	110	7	154	304	1530
武义县	271	165	379	290	97	6	133	366	1753
浦江县	324	109	244	121	52	2	81	166	1418
磐安县	75	46	29	27	5	6	19	36	118
兰溪市	167	113	140	66	46	7	40	119	543
义乌市	6490	1472	2194	1677	441	38	520	1065	4349
东阳市	1289	427	654	428	162	23	260	383	2934
永康市	803	481	657	421	177	12	236	414	4681
衢州市	**676**	**349**	**363**	**230**	**141**	**21**	**135**	**349**	**768**
柯城区	272	105	122	66	62	12	58	94	217
衢江区	111	40	53	29	18		32	53	146
常山县	59	22	34	29	13		10	47	60
开化县	32	40	33	22	5	3	4	25	25
龙游县	152	95	84	40	17		18	96	207
江山市	50	47	37	44	26	6	13	34	113
舟山市	**2675**	**615**	**512**	**238**	**121**	**29**	**159**	**699**	**562**
定海区	666	171	178	96	67	13	50	240	180
普陀区	525	149	98	78	20	4	22	116	123
岱山县	1428	283	216	58	29	12	79	324	241
嵊泗县	56	12	20	6	5		8	19	18
台州市	**5841**	**3484**	**2325**	**1605**	**514**	**77**	**1557**	**3900**	**7403**
椒江区	1311	455	385	280	98	16	187	741	791
黄岩区	497	254	250	125	37	2	273	241	448
路桥区	775	270	365	223	61	5	225	543	692
三门县	125	79	67	49	18	3	45	112	163
天台县	141	81	40	50	16	2	49	87	158
仙居县	105	51	70	43	15	15	33	44	127
温岭市	1828	1141	467	411	123	14	412	972	2672
临海市	648	298	368	132	95	10	158	518	987
玉环市	411	855	313	292	51	10	175	642	1365
丽水市	**1049**	**595**	**502**	**350**	**125**	**25**	**312**	**556**	**1541**
莲都区	486	221	166	124	49	5	82	203	614
青田县	202	153	131	25	13	2	59	104	197
缙云县	125	50	86	120	32	12	32	42	325
遂昌县	16	23	16	11	4		13	21	43
松阳县	70	33	36	23	6		45	38	115
云和县	41	41	20	13	4	1	23	37	109
庆元县	31	9	12	5	1	4	1	9	20
景宁畲族自治县	31	43	8	4	9		33	28	32
龙泉市	47	22	27	25	7	1	24	74	86

7-7　续表 6　　　　单位：人

现住地	五年前常住地							
	省外							港澳台或国外
	云南	西藏	陕西	甘肃	青海	宁夏	新疆	
合计	**36871**	**289**	**12577**	**8559**	**905**	**1126**	**3339**	**10851**
杭州市	**4065**	**98**	**3075**	**3114**	**224**	**311**	**1024**	**1310**
上城区	29		47	49	3	9	11	88
下城区	90	5	101	81	8	8	35	157
江干区	624	23	570	844	65	97	265	185
拱墅区	86	1	113	124	6	16	50	77
西湖区	215	21	415	378	30	50	135	347
滨江区	142	12	262	175	14	22	73	74
萧山区	953	6	557	543	39	27	164	124
余杭区	1132	18	650	612	32	43	187	139
富阳区	293	4	154	117	10	19	43	37
临安区	216	6	71	83	9	12	48	11
桐庐县	173	1	95	86	5	7	6	15
淳安县	21		12	7	1		1	21
建德市	91	1	28	15	2	1	6	35
宁波市	**4996**	**18**	**2787**	**1537**	**175**	**122**	**538**	**409**
海曙区	256	1	232	111	5	6	45	81
江北区	148	1	114	62	11	3	23	34
北仑区	548	1	413	403	44	23	110	20
镇海区	187	3	171	143	10	11	27	24
鄞州区	467	5	526	190	16	36	144	132
奉化区	186		160	50	10	1	9	16
象山县	152		100	22	9	4	11	19
宁海县	539		291	98	6	6	29	15
余姚市	855		271	142	22	14	15	31
慈溪市	1658	7	509	316	42	18	125	37
温州市	**3112**	**28**	**1123**	**659**	**99**	**51**	**304**	**5560**
鹿城区	428	4	115	56	16	2	23	855
龙湾区	327	7	156	77	12	3	27	118
瓯海区	301	9	128	100	11	11	95	1228
洞头区	37		32	18	1		5	40
永嘉县	163	1	78	20	10	6	19	188
平阳县	283	2	53	34	3	1	16	41
苍南县	175		26	28	5	1	8	6
文成县	23		27	12			5	1266
泰顺县	10	1	8	9		1		9
瑞安市	397	2	182	77	22	6	37	1640
乐清市	775	2	302	137	18	18	56	158
龙港市	193		16	91	1	2	13	11
嘉兴市	**5814**	**19**	**1343**	**1138**	**87**	**153**	**423**	**301**
南湖区	715	7	260	296	26	49	65	72
秀洲区	752	1	157	92	9	12	94	32
嘉善县	1017	1	270	163	8	24	32	17
海盐县	413	2	93	71	9	9	15	29
海宁市	1284	4	254	234	20	17	126	62
平湖市	361	2	207	205	8	19	47	42
桐乡市	1272	2	102	77	7	23	44	47
湖州市	**2383**	**59**	**425**	**320**	**31**	**32**	**76**	**118**
吴兴区	597	14	137	131	11	17	35	48
南浔区	283	43	29	22	6	2	14	11
德清县	708	2	72	48	3	9	10	30
长兴县	299		87	25	3	2	12	20
安吉县	496		100	94	8	2	5	9

7-7 续表 7 单位：人

现住地	五年前常住地							
	省外							港澳台或国外
	云南	西藏	陕西	甘肃	青海	宁夏	新疆	
绍兴市	**3046**	**6**	**704**	**362**	**43**	**33**	**177**	**136**
越城区	298		128	99	14	5	45	39
柯桥区	850	5	245	113	6	8	85	26
上虞区	732		101	66	10	7	20	27
新昌县	52		16	10	2	10	2	6
诸暨市	905	1	180	58	7	2	19	27
嵊州市	209		34	16	4	1	6	11
金华市	**8101**	**19**	**1178**	**644**	**147**	**319**	**400**	**223**
婺城区	421	4	111	92	44	33	90	43
金东区	720	1	99	39	6	10	29	25
武义县	1084		60	23	5	4	11	13
浦江县	1002	1	37	22	3	1	9	10
磐安县	62		14	3	2	2	5	4
兰溪市	257		33	10	1	4	24	25
义乌市	1774	9	587	334	48	243	182	52
东阳市	630	2	143	77	24	18	28	40
永康市	2151	2	94	44	14	4	22	11
衢州市	**439**	**8**	**129**	**61**	**12**	**6**	**25**	**90**
柯城区	80	5	43	20	4	3	16	29
衢江区	77		5	17	1		2	9
常山县	39		7	7	1		2	11
开化县	17		18	2	1			4
龙游县	186		36	5	2	3	1	10
江山市	40	3	20	10	3		4	27
舟山市	**545**	**4**	**379**	**271**	**18**	**35**	**82**	**81**
定海区	117	3	105	74	6	4	37	52
普陀区	262	1	46	21	2	3	11	15
岱山县	158		223	174	10	28	34	13
嵊泗县	8		5	2				1
台州市	**3789**	**23**	**1260**	**352**	**63**	**55**	**257**	**160**
椒江区	599	2	242	93	25	14	115	20
黄岩区	541	3	88	29	6	3	11	10
路桥区	415	2	149	27	2	8	17	18
三门县	111		21	12	4	1	7	4
天台县	107	1	54	17	9	1	3	5
仙居县	79		27	15		3	5	8
温岭市	920	3	351	89	4	8	55	52
临海市	611	8	182	39	9	15	20	28
玉环市	406	4	146	31	4	2	24	15
丽水市	**581**	**7**	**174**	**101**	**6**	**9**	**33**	**2463**
莲都区	188		61	55	5	7	12	140
青田县	61		21	20		1	4	2226
缙云县	166	2	40	9	1		5	17
遂昌县	46	1	2	2			4	15
松阳县	46	2	26	1			2	22
云和县	21	1	5	1		1	1	14
庆元县	19		1	2			1	
景宁畲族自治县	12	1	13	6			1	11
龙泉市	22		5	5			3	18

第二部分　长表数据资料

第八卷　老年人口

8—1　各地区分性别、健康状况的60岁及以上老年人口

单位：人

地　区	60岁及以上人口			健　康		
	合计	男	女	小计	男	女
合计	**1176613**	**581439**	**595174**	**764948**	**394258**	**370690**
杭州市	**198393**	**96964**	**101429**	**134847**	**68527**	**66320**
上城区	8255	3912	4343	5437	2673	2764
下城区	11144	5240	5904	7897	3829	4068
江干区	16787	8116	8671	12604	6233	6371
拱墅区	11019	5301	5718	7593	3784	3809
西湖区	15881	7605	8276	11534	5677	5857
滨江区	5253	2446	2807	4034	1951	2083
萧山区	36850	18164	18686	25938	13392	12546
余杭区	30337	14935	15402	23035	11651	11384
富阳区	16862	8442	8420	10429	5471	4958
临安区	13942	6926	7016	7342	3922	3420
桐庐县	10248	5017	5231	6282	3272	3010
淳安县	9955	4926	5029	5268	2820	2448
建德市	11860	5934	5926	7454	3852	3602
宁波市	**168593**	**82555**	**86038**	**110711**	**56828**	**53883**
海曙区	18663	9129	9534	12943	6632	6311
江北区	8386	4097	4289	5761	2900	2861
北仑区	12229	6047	6182	8700	4463	4237
镇海区	8058	3966	4092	5495	2794	2701
鄞州区	25149	12191	12958	18102	9092	9010
奉化区	13188	6621	6567	7890	4229	3661
象山县	12960	6371	6589	6802	3595	3207
宁海县	13723	6726	6997	8572	4447	4125
余姚市	24703	11913	12790	15867	8023	7844
慈溪市	31534	15494	16040	20579	10653	9926
温州市	**150482**	**75538**	**74944**	**95708**	**50032**	**45676**
鹿城区	18223	8731	9492	13938	6884	7054
龙湾区	6923	3513	3410	4744	2573	2171
瓯海区	10646	5373	5273	7129	3766	3363
洞头区	2687	1265	1422	1861	915	946
永嘉县	15398	7745	7653	8462	4485	3977
平阳县	16546	8471	8075	10176	5387	4789
苍南县	15494	7981	7513	8799	4766	4033
文成县	5844	3106	2738	2878	1591	1287
泰顺县	5291	2862	2429	2096	1166	930
瑞安市	23866	11895	11971	16106	8340	7766
乐清市	23309	11398	11911	15798	8115	7683
龙港市	6255	3198	3057	3721	2044	1677
嘉兴市	**103322**	**50449**	**52873**	**76850**	**38816**	**38034**
南湖区	15369	7492	7877	11496	5805	5691
秀洲区	11164	5488	5676	8240	4172	4068
嘉善县	11938	5880	6058	8018	4147	3871
海盐县	10613	5086	5527	7636	3785	3851
海宁市	20538	10086	10452	15521	7862	7659
平湖市	14847	7150	7697	10648	5351	5297
桐乡市	18853	9267	9586	15291	7694	7597
湖州市	**70444**	**34811**	**35633**	**50140**	**25656**	**24484**
吴兴区	17705	8803	8902	13147	6756	6391
南浔区	14430	7213	7217	10714	5585	5129
德清县	12333	6079	6254	9368	4749	4619
长兴县	15020	7365	7655	9959	5053	4906
安吉县	10956	5351	5605	6952	3513	3439

8-1 续表 1

单位：人

地区	60岁及以上人口			健康		
	合计	男	女	小计	男	女
绍兴市	**115762**	**57625**	**58137**	**74723**	**38776**	**35947**
越城区	20612	10184	10428	14496	7423	7073
柯桥区	18164	9123	9041	12100	6384	5716
上虞区	20676	10051	10625	13670	6924	6746
新昌县	10283	5272	5011	6942	3664	3278
诸暨市	27155	13543	13612	16000	8422	7578
嵊州市	18872	9452	9420	11515	5959	5556
金华市	**108102**	**53794**	**54308**	**62382**	**32707**	**29675**
婺城区	15308	7472	7836	9374	4783	4591
金东区	8202	4022	4180	4555	2369	2186
武义县	7828	3916	3912	4209	2202	2007
浦江县	8553	4163	4390	4368	2257	2111
磐安县	4202	2137	2065	1885	1025	860
兰溪市	14884	7525	7359	7973	4264	3709
义乌市	18428	9511	8917	11494	6234	5260
东阳市	19145	9285	9860	11063	5643	5420
永康市	11552	5763	5789	7461	3930	3531
衢州市	**55795**	**28168**	**27627**	**30721**	**16488**	**14233**
柯城区	10532	5200	5332	6606	3422	3184
衢江区	9388	4860	4528	5013	2750	2263
常山县	6628	3360	3268	3484	1905	1579
开化县	7117	3499	3618	3809	2002	1807
龙游县	9330	4705	4625	4691	2535	2156
江山市	12800	6544	6256	7118	3874	3244
舟山市	**28446**	**13625**	**14821**	**19251**	**9689**	**9562**
定海区	11158	5450	5708	7778	3963	3815
普陀区	9533	4503	5030	6416	3195	3221
岱山县	5600	2658	2942	3584	1798	1786
嵊泗县	2155	1014	1141	1473	733	740
台州市	**126613**	**61871**	**64742**	**83052**	**42444**	**40608**
椒江区	12434	6088	6346	8741	4456	4285
黄岩区	14496	7149	7347	9556	4917	4639
路桥区	10248	5087	5161	7082	3655	3427
三门县	8244	3972	4272	4757	2485	2272
天台县	10622	5177	5445	6597	3320	3277
仙居县	9444	4695	4749	5841	3016	2825
温岭市	27151	13240	13911	17737	9038	8699
临海市	23965	11596	12369	16253	8209	8044
玉环市	10009	4867	5142	6488	3348	3140
丽水市	**50661**	**26039**	**24622**	**26563**	**14295**	**12268**
莲都区	9424	4812	4612	5696	3026	2670
青田县	8460	4250	4210	4542	2385	2157
缙云县	9397	4744	4653	4948	2647	2301
遂昌县	5128	2652	2476	2565	1380	1185
松阳县	4802	2465	2337	2320	1259	1061
云和县	2516	1358	1158	1196	687	509
庆元县	3162	1653	1509	1584	877	707
景宁畲族自治县	2472	1337	1135	1160	655	505
龙泉市	5300	2768	2532	2552	1379	1173

8-1　续表 2　　　　单位：人

地　区	基本健康			不健康，但生活能自理			不健康，生活不能自理		
	小计	男	女	小计	男	女	小计	男	女
合计	**311544**	**139522**	**172022**	**76120**	**36729**	**39391**	**24001**	**10930**	**13071**
杭州市	**48950**	**21832**	**27118**	**10404**	**4804**	**5600**	**4192**	**1801**	**2391**
上城区	2286	1021	1265	378	157	221	154	61	93
下城区	2454	1098	1356	408	177	231	385	136	249
江干区	3311	1467	1844	541	260	281	331	156	175
拱墅区	2653	1194	1459	499	195	304	274	128	146
西湖区	3440	1534	1906	586	258	328	321	136	185
滨江区	1003	407	596	141	64	77	75	24	51
萧山区	8562	3750	4812	1646	748	898	704	274	430
余杭区	5885	2642	3243	951	430	521	466	212	254
富阳区	4981	2263	2718	1098	545	553	354	163	191
临安区	5001	2280	2721	1276	586	690	323	138	185
桐庐县	2792	1204	1588	875	415	460	299	126	173
淳安县	3376	1479	1897	1047	490	557	264	137	127
建德市	3206	1493	1713	958	479	479	242	110	132
宁波市	**44906**	**19767**	**25139**	**9911**	**4578**	**5333**	**3065**	**1382**	**1683**
海曙区	4627	2038	2589	817	343	474	276	116	160
江北区	2124	955	1169	321	155	166	180	87	93
北仑区	2823	1282	1541	515	225	290	191	77	114
镇海区	2146	968	1178	285	137	148	132	67	65
鄞州区	5748	2494	3254	897	419	478	402	186	216
奉化区	3857	1745	2112	1149	530	619	292	117	175
象山县	4217	1864	2353	1600	762	838	341	150	191
宁海县	3668	1589	2079	1198	569	629	285	121	164
余姚市	7008	3034	3974	1370	640	730	458	216	242
慈溪市	8688	3798	4890	1759	798	961	508	245	263
温州市	**40742**	**18503**	**22239**	**10659**	**5367**	**5292**	**3373**	**1636**	**1737**
鹿城区	3333	1409	1924	591	277	314	361	161	200
龙湾区	1742	750	992	320	141	179	117	49	68
瓯海区	2738	1234	1504	557	263	294	222	110	112
洞头区	595	258	337	177	69	108	54	23	31
永嘉县	5149	2379	2770	1425	697	728	362	184	178
平阳县	4535	2116	2419	1406	755	651	429	213	216
苍南县	4988	2356	2632	1444	722	722	263	137	126
文成县	2058	1034	1024	711	403	308	197	78	119
泰顺县	2292	1178	1114	737	419	318	166	99	67
瑞安市	5945	2645	3300	1278	646	632	537	264	273
乐清市	5490	2313	3177	1482	717	765	539	253	286
龙港市	1877	831	1046	531	258	273	126	65	61
嘉兴市	**20615**	**8960**	**11655**	**4189**	**1947**	**2242**	**1668**	**726**	**942**
南湖区	3025	1310	1715	557	245	312	291	132	159
秀洲区	2281	1018	1263	444	212	232	199	86	113
嘉善县	3141	1396	1745	577	258	319	202	79	123
海盐县	2286	983	1303	536	250	286	155	68	87
海宁市	3921	1707	2214	742	358	384	354	159	195
平湖市	3213	1368	1845	754	338	416	232	93	139
桐乡市	2748	1178	1570	579	286	293	235	109	126
湖州市	**15995**	**7128**	**8867**	**3214**	**1572**	**1642**	**1095**	**455**	**640**
吴兴区	3703	1649	2054	611	297	314	244	101	143
南浔区	2832	1241	1591	646	294	352	238	93	145
德清县	2451	1094	1357	367	167	200	147	69	78
长兴县	3949	1757	2192	867	447	420	245	108	137
安吉县	3060	1387	1673	723	367	356	221	84	137

8-1 续表 3 单位：人

地区	基本健康			不健康，但生活能自理			不健康，生活不能自理		
	小计	男	女	小计	男	女	小计	男	女
绍兴市	**32501**	**14618**	**17883**	**6710**	**3393**	**3317**	**1828**	**838**	**990**
越城区	5109	2249	2860	740	377	363	267	135	132
柯桥区	5057	2249	2808	768	379	389	239	111	128
上虞区	5435	2365	3070	1242	625	617	329	137	192
新昌县	2482	1150	1332	646	357	289	213	101	112
诸暨市	8757	3970	4787	1938	942	996	460	209	251
嵊州市	5661	2635	3026	1376	713	663	320	145	175
金华市	**33457**	**15187**	**18270**	**9571**	**4644**	**4927**	**2692**	**1256**	**1436**
婺城区	4361	1948	2413	1212	563	649	361	178	183
金东区	2666	1224	1442	788	343	445	193	86	107
武义县	2538	1177	1361	895	447	448	186	90	96
浦江县	3014	1338	1676	962	465	497	209	103	106
磐安县	1735	808	927	454	236	218	128	68	60
兰溪市	5005	2290	2715	1597	825	772	309	146	163
义乌市	5153	2431	2722	1289	629	660	492	217	275
东阳市	6041	2673	3368	1515	728	787	526	241	285
永康市	2944	1298	1646	859	408	451	288	127	161
衢州市	**18316**	**8349**	**9967**	**5355**	**2653**	**2702**	**1403**	**678**	**725**
柯城区	3003	1354	1649	647	304	343	276	120	156
衢江区	3123	1472	1651	1046	533	513	206	105	101
常山县	2264	1026	1238	706	346	360	174	83	91
开化县	2319	1016	1303	794	375	419	195	106	89
龙游县	3362	1542	1820	1042	524	518	235	104	131
江山市	4245	1939	2306	1120	571	549	317	160	157
舟山市	**7240**	**3055**	**4185**	**1494**	**679**	**815**	**461**	**202**	**259**
定海区	2700	1172	1528	515	243	272	165	72	93
普陀区	2418	986	1432	541	248	293	158	74	84
岱山县	1570	669	901	340	146	194	106	45	61
嵊泗县	552	228	324	98	42	56	32	11	21
台州市	**31704**	**13853**	**17851**	**8970**	**4268**	**4702**	**2887**	**1306**	**1581**
椒江区	2817	1243	1574	605	269	336	271	120	151
黄岩区	3515	1552	1963	1026	502	524	399	178	221
路桥区	2305	1037	1268	607	293	314	254	102	152
三门县	2546	1079	1467	772	342	430	169	66	103
天台县	2971	1334	1637	810	401	409	244	122	122
仙居县	2482	1119	1363	865	444	421	256	116	140
温岭市	6795	2963	3832	2008	946	1062	611	293	318
临海市	5764	2457	3307	1488	715	773	460	215	245
玉环市	2509	1069	1440	789	356	433	223	94	129
丽水市	**17118**	**8270**	**8848**	**5643**	**2824**	**2819**	**1337**	**650**	**687**
莲都区	2608	1254	1354	865	412	453	255	120	135
青田县	2974	1371	1603	745	398	347	199	96	103
缙云县	2989	1400	1589	1186	563	623	274	134	140
遂昌县	1775	871	904	639	326	313	149	75	74
松阳县	1828	883	945	524	259	265	130	64	66
云和县	965	500	465	294	148	146	61	23	38
庆元县	1105	540	565	408	207	201	65	29	36
景宁畲族自治县	924	482	442	314	162	152	74	38	36
龙泉市	1950	969	981	668	349	319	130	71	59

8-1a　各地区分性别、健康状况的60岁及以上老年人口(城市)

单位：人

地　　区	60岁及以上人口			健　　康		
	合计	男	女	小计	男	女
合计	**466286**	**227955**	**238331**	**339035**	**171427**	**167608**
杭州市	**122322**	**59192**	**63130**	**89366**	**44619**	**44747**
上城区	8255	3912	4343	5437	2673	2764
下城区	11144	5240	5904	7897	3829	4068
江干区	16787	8116	8671	12604	6233	6371
拱墅区	11019	5301	5718	7593	3784	3809
西湖区	15174	7273	7901	11128	5469	5659
滨江区	5253	2446	2807	4034	1951	2083
萧山区	23125	11324	11801	16794	8596	8198
余杭区	17018	8304	8714	13571	6776	6795
富阳区	8255	4163	4092	5902	3075	2827
临安区	3493	1735	1758	2295	1188	1107
桐庐县						
淳安县						
建德市	2799	1378	1421	2111	1045	1066
宁波市	**84203**	**41001**	**43202**	**59871**	**30191**	**29680**
海曙区	14412	7022	7390	10324	5250	5074
江北区	6677	3246	3431	4767	2374	2393
北仑区	7049	3462	3587	5302	2670	2632
镇海区	6367	3102	3265	4365	2186	2179
鄞州区	14400	6862	7538	10590	5193	5397
奉化区	4934	2456	2478	3566	1866	1700
象山县						
宁海县						
余姚市	12338	5975	6363	8563	4291	4272
慈溪市	18026	8876	9150	12394	6361	6033
温州市	**59144**	**29163**	**29981**	**43168**	**22147**	**21021**
鹿城区	16222	7736	8486	12693	6236	6457
龙湾区	4984	2515	2469	3503	1878	1625
瓯海区	7776	3916	3860	5504	2904	2600
洞头区	1130	534	596	840	419	421
永嘉县						
平阳县						
苍南县						
文成县						
泰顺县						
瑞安市	12347	6137	6210	9060	4671	4389
乐清市	11147	5471	5676	8151	4168	3983
龙港市	5538	2854	2684	3417	1871	1546
嘉兴市	**32841**	**15934**	**16907**	**25560**	**12716**	**12844**
南湖区	11555	5599	5956	8592	4296	4296
秀洲区	3745	1834	1911	2980	1484	1496
嘉善县						
海盐县						
海宁市	6815	3322	3493	5374	2676	2698
平湖市	4707	2240	2467	3575	1756	1819
桐乡市	6019	2939	3080	5039	2504	2535
湖州市	**13004**	**6367**	**6637**	**9976**	**5031**	**4945**
吴兴区	10257	5012	5245	7790	3909	3881
南浔区	2747	1355	1392	2186	1122	1064
德清县						
长兴县						
安吉县						

8-1a 续表 1

单位：人

地区	60岁及以上人口			健康		
	合计	男	女	小计	男	女
绍兴市	**50170**	**24752**	**25418**	**36331**	**18544**	**17787**
越城区	15999	7916	8083	11772	6011	5761
柯桥区	10966	5517	5449	7665	4022	3643
上虞区	9458	4578	4880	6908	3444	3464
新昌县						
诸暨市	8119	4020	4099	5814	2997	2817
嵊州市	5628	2721	2907	4172	2070	2102
金华市	**32798**	**16365**	**16433**	**22997**	**11943**	**11054**
婺城区	8038	3913	4125	5802	2925	2877
金东区	1680	808	872	1111	563	548
武义县						
浦江县						
磐安县						
兰溪市	5184	2557	2627	3123	1611	1512
义乌市	8360	4332	4028	6083	3276	2807
东阳市	4998	2445	2553	3540	1803	1737
永康市	4538	2310	2228	3338	1765	1573
衢州市	**11868**	**5826**	**6042**	**7975**	**4068**	**3907**
柯城区	6389	3063	3326	4400	2206	2194
衢江区	1669	845	824	1087	583	504
常山县						
开化县						
龙游县	29	15	14	20	12	8
江山市	3781	1903	1878	2468	1267	1201
舟山市	**11253**	**5409**	**5844**	**8375**	**4157**	**4218**
定海区	6399	3109	3290	4741	2374	2367
普陀区	4854	2300	2554	3634	1783	1851
岱山县						
嵊泗县						
台州市	**41354**	**20240**	**21114**	**30258**	**15353**	**14905**
椒江区	8589	4178	4411	6372	3209	3163
黄岩区	6414	3181	3233	4747	2451	2296
路桥区	4303	2148	2155	3111	1610	1501
三门县						
天台县						
仙居县						
温岭市	9010	4444	4566	6655	3379	3276
临海市	6695	3232	3463	5050	2514	2536
玉环市	6343	3057	3286	4323	2190	2133
丽水市	**7329**	**3706**	**3623**	**5158**	**2658**	**2500**
莲都区	5245	2635	2610	3855	1984	1871
青田县						
缙云县						
遂昌县						
松阳县						
云和县						
庆元县						
景宁畲族自治县						
龙泉市	2084	1071	1013	1303	674	629

8-1a　续表 2　　单位：人

地　区	基本健康			不健康，但生活能自理			不健康，生活不能自理		
	小计	男	女	小计	男	女	小计	男	女
合计	**101033**	**44647**	**56386**	**17738**	**8131**	**9607**	**8480**	**3750**	**4730**
杭州市	**26178**	**11608**	**14570**	**4347**	**1935**	**2412**	**2431**	**1030**	**1401**
上城区	2286	1021	1265	378	157	221	154	61	93
下城区	2454	1098	1356	408	177	231	385	136	249
江干区	3311	1467	1844	541	260	281	331	156	175
拱墅区	2653	1194	1459	499	195	304	274	128	146
西湖区	3223	1442	1781	527	236	291	296	126	170
滨江区	1003	407	596	141	64	77	75	24	51
萧山区	5070	2194	2876	838	362	476	423	172	251
余杭区	2774	1225	1549	445	198	247	228	105	123
富阳区	1859	847	1012	329	164	165	165	77	88
临安区	991	453	538	141	64	77	66	30	36
桐庐县									
淳安县									
建德市	554	260	294	100	58	42	34	15	19
宁波市	**19815**	**8790**	**11025**	**3161**	**1392**	**1769**	**1356**	**628**	**728**
海曙区	3331	1461	1870	539	224	315	218	87	131
江北区	1606	715	891	198	104	94	106	53	53
北仑区	1437	663	774	223	101	122	87	28	59
镇海区	1708	778	930	193	90	103	101	48	53
鄞州区	3129	1359	1770	436	191	245	245	119	126
奉化区	1017	447	570	255	103	152	96	40	56
象山县									
宁海县									
余姚市	3140	1391	1749	443	196	247	192	97	95
慈溪市	4447	1976	2471	874	383	491	311	156	155
温州市	**12380**	**5336**	**7044**	**2466**	**1170**	**1296**	**1130**	**510**	**620**
鹿城区	2751	1151	1600	454	205	249	324	144	180
龙湾区	1153	497	656	239	101	138	89	39	50
瓯海区	1752	780	972	361	156	205	159	76	83
洞头区	207	87	120	52	18	34	31	10	21
永嘉县									
平阳县									
苍南县									
文成县									
泰顺县									
瑞安市	2648	1153	1495	431	218	213	208	95	113
乐清市	2285	954	1331	500	258	242	211	91	120
龙港市	1584	714	870	429	214	215	108	55	53
嘉兴市	**5644**	**2464**	**3180**	**1050**	**488**	**562**	**587**	**266**	**321**
南湖区	2337	1018	1319	416	184	232	210	101	109
秀洲区	565	255	310	116	54	62	84	41	43
嘉善县									
海盐县									
海宁市	1102	489	613	228	111	117	111	46	65
平湖市	867	366	501	172	81	91	93	37	56
桐乡市	773	336	437	118	58	60	89	41	48
湖州市	**2399**	**1066**	**1333**	**418**	**191**	**227**	**211**	**79**	**132**
吴兴区	1970	876	1094	335	160	175	162	67	95
南浔区	429	190	239	83	31	52	49	12	37
德清县									
长兴县									
安吉县									

8–1a 续表 3

单位：人

地 区	基本健康			不健康，但生活能自理			不健康，生活不能自理		
	小计	男	女	小计	男	女	小计	男	女
绍兴市	**11603**	**5142**	**6461**	**1586**	**774**	**812**	**650**	**292**	**358**
越城区	3611	1602	2009	424	202	222	192	101	91
柯桥区	2830	1273	1557	345	165	180	126	57	69
上虞区	2065	905	1160	347	179	168	138	50	88
新昌县									
诸暨市	1935	844	1091	279	138	141	91	41	50
嵊州市	1162	518	644	191	90	101	103	43	60
金华市	**7532**	**3386**	**4146**	**1597**	**748**	**849**	**672**	**288**	**384**
婺城区	1727	771	956	363	148	215	146	69	77
金东区	435	182	253	97	42	55	37	21	16
武义县									
浦江县									
磐安县									
兰溪市	1543	700	843	394	199	195	124	47	77
义乌市	1796	840	956	321	150	171	160	66	94
东阳市	1116	473	643	226	119	107	116	50	66
永康市	915	420	495	196	90	106	89	35	54
衢州市	**3067**	**1378**	**1689**	**529**	**233**	**296**	**297**	**147**	**150**
柯城区	1597	700	897	222	84	138	170	73	97
衢江区	458	202	256	91	41	50	33	19	14
常山县									
开化县									
龙游县	6		6	1	1		2	2	
江山市	1006	476	530	215	107	108	92	53	39
舟山市	**2375**	**1017**	**1358**	**353**	**168**	**185**	**150**	**67**	**83**
定海区	1372	607	765	202	95	107	84	33	51
普陀区	1003	410	593	151	73	78	66	34	32
岱山县									
嵊泗县									
台州市	**8375**	**3649**	**4726**	**1865**	**857**	**1008**	**856**	**381**	**475**
椒江区	1706	753	953	324	137	187	187	79	108
黄岩区	1251	524	727	262	135	127	154	71	83
路桥区	923	421	502	186	80	106	83	37	46
三门县									
天台县									
仙居县									
温岭市	1783	793	990	403	201	202	169	71	98
临海市	1227	522	705	279	126	153	139	70	69
玉环市	1485	636	849	411	178	233	124	53	71
丽水市	**1665**	**811**	**854**	**366**	**175**	**191**	**140**	**62**	**78**
莲都区	1066	513	553	225	100	125	99	38	61
青田县									
缙云县									
遂昌县									
松阳县									
云和县									
庆元县									
景宁畲族自治县									
龙泉市	599	298	301	141	75	66	41	24	17

8-1b　各地区分性别、健康状况的60岁及以上老年人口(镇)

单位：人

地　区	60岁及以上人口			健　康		
	合计	男	女	小计	男	女
合计	**219707**	**109052**	**110655**	**147803**	**76370**	**71433**
杭州市	**18562**	**9234**	**9328**	**12544**	**6552**	**5992**
上城区						
下城区						
江干区						
拱墅区						
西湖区	9	4	5	8	4	4
滨江区						
萧山区	2050	1053	997	1467	785	682
余杭区	3920	1931	1989	2847	1437	1410
富阳区	808	386	422	417	219	198
临安区	1525	754	771	825	450	375
桐庐县	5377	2642	2735	3605	1869	1736
淳安县	2732	1387	1345	1901	1014	887
建德市	2141	1077	1064	1474	774	700
宁波市	**29698**	**14574**	**15124**	**20285**	**10443**	**9842**
海曙区	785	386	399	575	299	276
江北区						
北仑区	618	310	308	438	230	208
镇海区	600	297	303	382	197	185
鄞州区	4862	2394	2468	3655	1859	1796
奉化区	1064	538	526	765	410	355
象山县	5264	2566	2698	3278	1681	1597
宁海县	6138	3013	3125	4377	2234	2143
余姚市	5087	2449	2638	3372	1712	1660
慈溪市	5280	2621	2659	3443	1821	1622
温州市	**31932**	**16218**	**15714**	**20147**	**10708**	**9439**
鹿城区	138	69	69	85	45	40
龙湾区	1930	993	937	1234	691	543
瓯海区	241	116	125	164	88	76
洞头区	197	92	105	144	69	75
永嘉县	5962	3014	2948	3868	2037	1831
平阳县	8623	4377	4246	5778	3020	2758
苍南县	8651	4462	4189	5339	2895	2444
文成县	2320	1158	1162	1374	716	658
泰顺县	1780	950	830	871	488	383
瑞安市	756	354	402	517	258	259
乐清市	1002	479	523	627	320	307
龙港市	332	154	178	146	81	65
嘉兴市	**27540**	**13614**	**13926**	**20725**	**10582**	**10143**
南湖区	1107	558	549	897	465	432
秀洲区	2054	1027	1027	1615	833	782
嘉善县	6821	3365	3456	4837	2480	2357
海盐县	5607	2701	2906	4203	2094	2109
海宁市	5404	2695	2709	4059	2097	1962
平湖市	3252	1614	1638	2519	1273	1246
桐乡市	3295	1654	1641	2595	1340	1255
湖州市	**23234**	**11395**	**11839**	**17074**	**8606**	**8468**
吴兴区	1603	793	810	1226	638	588
南浔区	3204	1619	1585	2377	1240	1137
德清县	5872	2878	2994	4614	2309	2305
长兴县	7853	3835	4018	5494	2752	2742
安吉县	4702	2270	2432	3363	1667	1696

8-1b 续表 1

单位：人

地区	60岁及以上人口			健康		
	合计	男	女	小计	男	女
绍兴市	**12938**	**6535**	**6403**	**8805**	**4620**	**4185**
越城区	104	49	55	26	14	12
柯桥区	1349	716	633	924	516	408
上虞区	1353	683	670	903	485	418
新昌县	4422	2238	2184	3556	1839	1717
诸暨市	3482	1743	1739	2032	1070	962
嵊州市	2228	1106	1122	1364	696	668
金华市	**20238**	**10150**	**10088**	**12548**	**6580**	**5968**
婺城区	1108	543	565	675	335	340
金东区	1815	906	909	1145	603	542
武义县	3275	1650	1625	2163	1138	1025
浦江县	3022	1493	1529	1874	949	925
磐安县	1523	787	736	831	455	376
兰溪市	1600	816	784	955	521	434
义乌市	2699	1406	1293	1630	907	723
东阳市	4108	2011	2097	2620	1333	1287
永康市	1088	538	550	655	339	316
衢州市	**11588**	**5790**	**5798**	**6765**	**3538**	**3227**
柯城区	300	156	144	180	97	83
衢江区	1049	546	503	581	318	263
常山县	2543	1274	1269	1392	743	649
开化县	2484	1208	1276	1629	831	798
龙游县	3293	1618	1675	1889	958	931
江山市	1919	988	931	1094	591	503
舟山市	**5321**	**2519**	**2802**	**3636**	**1813**	**1823**
定海区	639	310	329	428	215	213
普陀区	515	246	269	318	165	153
岱山县	2930	1383	1547	1998	996	1002
嵊泗县	1237	580	657	892	437	455
台州市	**21582**	**10468**	**11114**	**15030**	**7589**	**7441**
椒江区	39	17	22	31	14	17
黄岩区	826	405	421	550	284	266
路桥区	1527	759	768	1197	605	592
三门县	3266	1577	1689	2108	1105	1003
天台县	4255	2071	2184	3103	1540	1563
仙居县	3812	1869	1943	2767	1404	1363
温岭市	4906	2359	2547	3224	1615	1609
临海市	2710	1294	1416	1894	943	951
玉环市	241	117	124	156	79	77
丽水市	**17074**	**8555**	**8519**	**10244**	**5339**	**4905**
莲都区	448	221	227	238	123	115
青田县	4305	2090	2215	2691	1365	1326
缙云县	3975	1981	1994	2472	1287	1185
遂昌县	1982	993	989	1242	633	609
松阳县	1763	868	895	1019	530	489
云和县	1521	826	695	861	478	383
庆元县	1580	808	772	895	471	424
景宁畲族自治县	1122	568	554	640	348	292
龙泉市	378	200	178	186	104	82

8-1b　续表 2　　　　单位：人

地　区	基本健康			不健康，但生活能自理			不健康，生活不能自理		
	小计	男	女	小计	男	女	小计	男	女
合计	**55245**	**24641**	**30604**	**12311**	**6056**	**6255**	**4348**	**1985**	**2363**
杭州市	**4598**	**2015**	**2583**	**1022**	**484**	**538**	**398**	**183**	**215**
上城区									
下城区									
江干区									
拱墅区									
西湖区				1		1			
滨江区									
萧山区	428	201	227	110	54	56	45	13	32
余杭区	933	431	502	98	41	57	42	22	20
富阳区	299	124	175	74	34	40	18	9	9
临安区	519	224	295	144	62	82	37	18	19
桐庐县	1305	555	750	324	153	171	143	65	78
淳安县	601	257	344	147	74	73	83	42	41
建德市	513	223	290	124	66	58	30	14	16
宁波市	**7331**	**3146**	**4185**	**1556**	**756**	**800**	**526**	**229**	**297**
海曙区	156	64	92	45	20	25	9	3	6
江北区									
北仑区	137	58	79	24	12	12	19	10	9
镇海区	154	65	89	50	25	25	14	10	4
鄞州区	1028	443	585	121	66	55	58	26	32
奉化区	224	96	128	48	23	25	27	9	18
象山县	1471	645	826	400	190	210	115	50	65
宁海县	1309	574	735	345	162	183	107	43	64
余姚市	1340	561	779	264	129	135	111	47	64
慈溪市	1512	640	872	259	129	130	66	31	35
温州市	**9043**	**4116**	**4927**	**2105**	**1078**	**1027**	**637**	**316**	**321**
鹿城区	43	18	25	9	5	4	1	1	
龙湾区	587	252	335	81	40	41	28	10	18
瓯海区	49	16	33	19	7	12	9	5	4
洞头区	34	15	19	15	6	9	4	2	2
永嘉县	1671	761	910	324	160	164	99	56	43
平阳县	2091	961	1130	560	303	257	194	93	101
苍南县	2594	1192	1402	593	302	291	125	73	52
文成县	672	312	360	192	102	90	82	28	54
泰顺县	699	347	352	156	88	68	54	27	27
瑞安市	197	79	118	29	12	17	13	5	8
乐清市	279	113	166	80	37	43	16	9	7
龙港市	127	50	77	47	16	31	12	7	5
嘉兴市	**5363**	**2373**	**2990**	**1039**	**498**	**541**	**413**	**161**	**252**
南湖区	156	68	88	37	20	17	17	5	12
秀洲区	340	149	191	63	32	31	36	13	23
嘉善县	1599	718	881	265	120	145	120	47	73
海盐县	1095	473	622	237	110	127	72	24	48
海宁市	1069	466	603	191	96	95	85	36	49
平湖市	579	269	310	118	58	60	36	14	22
桐乡市	525	230	295	128	62	66	47	22	25
湖州市	**4935**	**2208**	**2727**	**857**	**428**	**429**	**368**	**153**	**215**
吴兴区	324	134	190	43	19	24	10	2	8
南浔区	602	282	320	158	69	89	67	28	39
德清县	1038	467	571	128	59	69	92	43	49
长兴县	1883	838	1045	360	195	165	116	50	66
安吉县	1088	487	601	168	86	82	83	30	53

8-1b 续表 3 单位：人

地　　区	基本健康			不健康，但生活能自理			不健康，生活不能自理		
	小计	男	女	小计	男	女	小计	男	女
绍兴市	**3282**	**1508**	**1774**	**622**	**303**	**319**	**229**	**104**	**125**
越城区	73	32	41	2	1	1	3	2	1
柯桥区	374	170	204	37	21	16	14	9	5
上虞区	334	140	194	96	47	49	20	11	9
新昌县	642	298	344	130	56	74	94	45	49
诸暨市	1177	542	635	211	107	104	62	24	38
嵊州市	682	326	356	146	71	75	36	13	23
金华市	**5790**	**2604**	**3186**	**1384**	**695**	**689**	**516**	**271**	**245**
婺城区	323	150	173	69	36	33	41	22	19
金东区	513	239	274	117	49	68	40	15	25
武义县	811	356	455	235	119	116	66	37	29
浦江县	879	393	486	211	112	99	58	39	19
磐安县	541	257	284	113	53	60	38	22	16
兰溪市	479	205	274	141	78	63	25	12	13
义乌市	793	368	425	173	89	84	103	42	61
东阳市	1127	500	627	247	116	131	114	62	52
永康市	324	136	188	78	43	35	31	20	11
衢州市	**3575**	**1650**	**1925**	**967**	**476**	**491**	**281**	**126**	**155**
柯城区	84	42	42	32	16	16	4	1	3
衢江区	334	157	177	115	63	52	19	8	11
常山县	849	392	457	240	112	128	62	27	35
开化县	620	262	358	180	81	99	55	34	21
龙游县	1073	510	563	235	109	126	96	41	55
江山市	615	287	328	165	95	70	45	15	30
舟山市	**1362**	**562**	**800**	**234**	**107**	**127**	**89**	**37**	**52**
定海区	168	78	90	28	11	17	15	6	9
普陀区	145	54	91	43	21	22	9	6	3
岱山县	762	313	449	122	56	66	48	18	30
嵊泗县	287	117	170	41	19	22	17	7	10
台州市	**4844**	**2080**	**2764**	**1246**	**589**	**657**	**462**	**210**	**252**
椒江区	5	2	3	1		1	2	1	1
黄岩区	190	84	106	58	27	31	28	10	18
路桥区	225	102	123	72	39	33	33	13	20
三门县	859	352	507	231	95	136	68	25	43
天台县	866	388	478	218	109	109	68	34	34
仙居县	721	307	414	221	112	109	103	46	57
温岭市	1297	555	742	288	134	154	97	55	42
临海市	622	265	357	137	64	73	57	22	35
玉环市	59	25	34	20	9	11	6	4	2
丽水市	**5122**	**2379**	**2743**	**1279**	**642**	**637**	**429**	**195**	**234**
莲都区	131	62	69	58	27	31	21	9	12
青田县	1290	560	730	228	116	112	96	49	47
缙云县	1074	499	575	325	153	172	104	42	62
遂昌县	539	254	285	141	79	62	60	27	33
松阳县	568	254	314	132	60	72	44	24	20
云和县	515	272	243	106	60	46	39	16	23
庆元县	502	242	260	155	82	73	28	13	15
景宁畲族自治县	359	170	189	93	41	52	30	9	21
龙泉市	144	66	78	41	24	17	7	6	1

8-1c　各地区分性别、健康状况的60岁及以上老年人口(乡村)

单位：人

地　区	60岁及以上人口			健　康		
	合计	男	女	小计	男	女
合计	**490620**	**244432**	**246188**	**278110**	**146461**	**131649**
杭州市	**57509**	**28538**	**28971**	**32937**	**17356**	**15581**
上城区						
下城区						
江干区						
拱墅区						
西湖区	698	328	370	398	204	194
滨江区						
萧山区	11675	5787	5888	7677	4011	3666
余杭区	9399	4700	4699	6617	3438	3179
富阳区	7799	3893	3906	4110	2177	1933
临安区	8924	4437	4487	4222	2284	1938
桐庐县	4871	2375	2496	2677	1403	1274
淳安县	7223	3539	3684	3367	1806	1561
建德市	6920	3479	3441	3869	2033	1836
宁波市	**54692**	**26980**	**27712**	**30555**	**16194**	**14361**
海曙区	3466	1721	1745	2044	1083	961
江北区	1709	851	858	994	526	468
北仑区	4562	2275	2287	2960	1563	1397
镇海区	1091	567	524	748	411	337
鄞州区	5887	2935	2952	3857	2040	1817
奉化区	7190	3627	3563	3559	1953	1606
象山县	7696	3805	3891	3524	1914	1610
宁海县	7585	3713	3872	4195	2213	1982
余姚市	7278	3489	3789	3932	2020	1912
慈溪市	8228	3997	4231	4742	2471	2271
温州市	**59406**	**30157**	**29249**	**32393**	**17177**	**15216**
鹿城区	1863	926	937	1160	603	557
龙湾区	9	5	4	7	4	3
瓯海区	2629	1341	1288	1461	774	687
洞头区	1360	639	721	877	427	450
永嘉县	9436	4731	4705	4594	2448	2146
平阳县	7923	4094	3829	4398	2367	2031
苍南县	6843	3519	3324	3460	1871	1589
文成县	3524	1948	1576	1504	875	629
泰顺县	3511	1912	1599	1225	678	547
瑞安市	10763	5404	5359	6529	3411	3118
乐清市	11160	5448	5712	7020	3627	3393
龙港市	385	190	195	158	92	66
嘉兴市	**42941**	**20901**	**22040**	**30565**	**15518**	**15047**
南湖区	2707	1335	1372	2007	1044	963
秀洲区	5365	2627	2738	3645	1855	1790
嘉善县	5117	2515	2602	3181	1667	1514
海盐县	5006	2385	2621	3433	1691	1742
海宁市	8319	4069	4250	6088	3089	2999
平湖市	6888	3296	3592	4554	2322	2232
桐乡市	9539	4674	4865	7657	3850	3807
湖州市	**34206**	**17049**	**17157**	**23090**	**12019**	**11071**
吴兴区	5845	2998	2847	4131	2209	1922
南浔区	8479	4239	4240	6151	3223	2928
德清县	6461	3201	3260	4754	2440	2314
长兴县	7167	3530	3637	4465	2301	2164
安吉县	6254	3081	3173	3589	1846	1743

8-1c 续表 1

单位：人

地 区	60岁及以上人口			健 康		
	合计	男	女	小计	男	女
绍兴市	**52654**	**26338**	**26316**	**29587**	**15612**	**13975**
越城区	4509	2219	2290	2698	1398	1300
柯桥区	5849	2890	2959	3511	1846	1665
上虞区	9865	4790	5075	5859	2995	2864
新昌县	5861	3034	2827	3386	1825	1561
诸暨市	15554	7780	7774	8154	4355	3799
嵊州市	11016	5625	5391	5979	3193	2786
金华市	**55066**	**27279**	**27787**	**26837**	**14184**	**12653**
婺城区	6162	3016	3146	2897	1523	1374
金东区	4707	2308	2399	2299	1203	1096
武义县	4553	2266	2287	2046	1064	982
浦江县	5531	2670	2861	2494	1308	1186
磐安县	2679	1350	1329	1054	570	484
兰溪市	8100	4152	3948	3895	2132	1763
义乌市	7369	3773	3596	3781	2051	1730
东阳市	10039	4829	5210	4903	2507	2396
永康市	5926	2915	3011	3468	1826	1642
衢州市	**32339**	**16552**	**15787**	**15981**	**8882**	**7099**
柯城区	3843	1981	1862	2026	1119	907
衢江区	6670	3469	3201	3345	1849	1496
常山县	4085	2086	1999	2092	1162	930
开化县	4633	2291	2342	2180	1171	1009
龙游县	6008	3072	2936	2782	1565	1217
江山市	7100	3653	3447	3556	2016	1540
舟山市	**11872**	**5697**	**6175**	**7240**	**3719**	**3521**
定海区	4120	2031	2089	2609	1374	1235
普陀区	4164	1957	2207	2464	1247	1217
岱山县	2670	1275	1395	1586	802	784
嵊泗县	918	434	484	581	296	285
台州市	**63677**	**31163**	**32514**	**37764**	**19502**	**18262**
椒江区	3806	1893	1913	2338	1233	1105
黄岩区	7256	3563	3693	4259	2182	2077
路桥区	4418	2180	2238	2774	1440	1334
三门县	4978	2395	2583	2649	1380	1269
天台县	6367	3106	3261	3494	1780	1714
仙居县	5632	2826	2806	3074	1612	1462
温岭市	13235	6437	6798	7858	4044	3814
临海市	14560	7070	7490	9309	4752	4557
玉环市	3425	1693	1732	2009	1079	930
丽水市	**26258**	**13778**	**12480**	**11161**	**6298**	**4863**
莲都区	3731	1956	1775	1603	919	684
青田县	4155	2160	1995	1851	1020	831
缙云县	5422	2763	2659	2476	1360	1116
遂昌县	3146	1659	1487	1323	747	576
松阳县	3039	1597	1442	1301	729	572
云和县	995	532	463	335	209	126
庆元县	1582	845	737	689	406	283
景宁畲族自治县	1350	769	581	520	307	213
龙泉市	2838	1497	1341	1063	601	462

8−1c　续表 2　　　　单位：人

地　区	基本健康			不健康，但生活能自理			不健康，生活不能自理		
	小计	男	女	小计	男	女	小计	男	女
合计	**155266**	**70234**	**85032**	**46071**	**22542**	**23529**	**11173**	**5195**	**5978**
杭州市	**18174**	**8209**	**9965**	**5035**	**2385**	**2650**	**1363**	**588**	**775**
上城区									
下城区									
江干区									
拱墅区									
西湖区	217	92	125	58	22	36	25	10	15
滨江区									
萧山区	3064	1355	1709	698	332	366	236	89	147
余杭区	2178	986	1192	408	191	217	196	85	111
富阳区	2823	1292	1531	695	347	348	171	77	94
临安区	3491	1603	1888	991	460	531	220	90	130
桐庐县	1487	649	838	551	262	289	156	61	95
淳安县	2775	1222	1553	900	416	484	181	95	86
建德市	2139	1010	1129	734	355	379	178	81	97
宁波市	**17760**	**7831**	**9929**	**5194**	**2430**	**2764**	**1183**	**525**	**658**
海曙区	1140	513	627	233	99	134	49	26	23
江北区	518	240	278	123	51	72	74	34	40
北仑区	1249	561	688	268	112	156	85	39	46
镇海区	284	125	159	42	22	20	17	9	8
鄞州区	1591	692	899	340	162	178	99	41	58
奉化区	2616	1202	1414	846	404	442	169	68	101
象山县	2746	1219	1527	1200	572	628	226	100	126
宁海县	2359	1015	1344	853	407	446	178	78	100
余姚市	2528	1082	1446	663	315	348	155	72	83
慈溪市	2729	1182	1547	626	286	340	131	58	73
温州市	**19319**	**9051**	**10268**	**6088**	**3119**	**2969**	**1606**	**810**	**796**
鹿城区	539	240	299	128	67	61	36	16	20
龙湾区	2	1	1						
瓯海区	937	438	499	177	100	77	54	29	25
洞头区	354	156	198	110	45	65	19	11	8
永嘉县	3478	1618	1860	1101	537	564	263	128	135
平阳县	2444	1155	1289	846	452	394	235	120	115
苍南县	2394	1164	1230	851	420	431	138	64	74
文成县	1386	722	664	519	301	218	115	50	65
泰顺县	1593	831	762	581	331	250	112	72	40
瑞安市	3100	1413	1687	818	416	402	316	164	152
乐清市	2926	1246	1680	902	422	480	312	153	159
龙港市	166	67	99	55	28	27	6	3	3
嘉兴市	**9608**	**4123**	**5485**	**2100**	**961**	**1139**	**668**	**299**	**369**
南湖区	532	224	308	104	41	63	64	26	38
秀洲区	1376	614	762	265	126	139	79	32	47
嘉善县	1542	678	864	312	138	174	82	32	50
海盐县	1191	510	681	299	140	159	83	44	39
海宁市	1750	752	998	323	151	172	158	77	81
平湖市	1767	733	1034	464	199	265	103	42	61
桐乡市	1450	612	838	333	166	167	99	46	53
湖州市	**8661**	**3854**	**4807**	**1939**	**953**	**986**	**516**	**223**	**293**
吴兴区	1409	639	770	233	118	115	72	32	40
南浔区	1801	769	1032	405	194	211	122	53	69
德清县	1413	627	786	239	108	131	55	26	29
长兴县	2066	919	1147	507	252	255	129	58	71
安吉县	1972	900	1072	555	281	274	138	54	84

8-1c 续表 3

单位：人

地　区	基本健康			不健康，但生活能自理			不健康，生活不能自理		
	小计	男	女	小计	男	女	小计	男	女
绍兴市	**17616**	**7968**	**9648**	**4502**	**2316**	**2186**	**949**	**442**	**507**
越城区	1425	615	810	314	174	140	72	32	40
柯桥区	1853	806	1047	386	193	193	99	45	54
上虞区	3036	1320	1716	799	399	400	171	76	95
新昌县	1840	852	988	516	301	215	119	56	63
诸暨市	5645	2584	3061	1448	697	751	307	144	163
嵊州市	3817	1791	2026	1039	552	487	181	89	92
金华市	**20135**	**9197**	**10938**	**6590**	**3201**	**3389**	**1504**	**697**	**807**
婺城区	2311	1027	1284	780	379	401	174	87	87
金东区	1718	803	915	574	252	322	116	50	66
武义县	1727	821	906	660	328	332	120	53	67
浦江县	2135	945	1190	751	353	398	151	64	87
磐安县	1194	551	643	341	183	158	90	46	44
兰溪市	2983	1385	1598	1062	548	514	160	87	73
义乌市	2564	1223	1341	795	390	405	229	109	120
东阳市	3798	1700	2098	1042	493	549	296	129	167
永康市	1705	742	963	585	275	310	168	72	96
衢州市	**11674**	**5321**	**6353**	**3859**	**1944**	**1915**	**825**	**405**	**420**
柯城区	1322	612	710	393	204	189	102	46	56
衢江区	2331	1113	1218	840	429	411	154	78	76
常山县	1415	634	781	466	234	232	112	56	56
开化县	1699	754	945	614	294	320	140	72	68
龙游县	2283	1032	1251	806	414	392	137	61	76
江山市	2624	1176	1448	740	369	371	180	92	88
舟山市	**3503**	**1476**	**2027**	**907**	**404**	**503**	**222**	**98**	**124**
定海区	1160	487	673	285	137	148	66	33	33
普陀区	1270	522	748	347	154	193	83	34	49
岱山县	808	356	452	218	90	128	58	27	31
嵊泗县	265	111	154	57	23	34	15	4	11
台州市	**18485**	**8124**	**10361**	**5859**	**2822**	**3037**	**1569**	**715**	**854**
椒江区	1106	488	618	280	132	148	82	40	42
黄岩区	2074	944	1130	706	340	366	217	97	120
路桥区	1157	514	643	349	174	175	138	52	86
三门县	1687	727	960	541	247	294	101	41	60
天台县	2105	946	1159	592	292	300	176	88	88
仙居县	1761	812	949	644	332	312	153	70	83
温岭市	3715	1615	2100	1317	611	706	345	167	178
临海市	3915	1670	2245	1072	525	547	264	123	141
玉环市	965	408	557	358	169	189	93	37	56
丽水市	**10331**	**5080**	**5251**	**3998**	**2007**	**1991**	**768**	**393**	**375**
莲都区	1411	679	732	582	285	297	135	73	62
青田县	1684	811	873	517	282	235	103	47	56
缙云县	1915	901	1014	861	410	451	170	92	78
遂昌县	1236	617	619	498	247	251	89	48	41
松阳县	1260	629	631	392	199	193	86	40	46
云和县	450	228	222	188	88	100	22	7	15
庆元县	603	298	305	253	125	128	37	16	21
景宁畲族自治县	565	312	253	221	121	100	44	29	15
龙泉市	1207	605	602	486	250	236	82	41	41

8–2　全省分年龄、性别、健康状况的60岁及以上老年人口

单位：人

年　龄	60岁及以上人口			健　康		
	合计	男	女	小计	男	女
总　计	**1176613**	**581439**	**595174**	**764948**	**394258**	**370690**
60—64岁	**345068**	**176962**	**168106**	**277952**	**144821**	**133131**
60	64445	32986	31459	53809	27975	25834
61	57544	29804	27740	47306	24870	22436
62	71090	36511	34579	57471	29971	27500
63	79962	41144	38818	63395	33192	30203
64	72027	36517	35510	55971	28813	27158
65—69岁	**318048**	**158428**	**159620**	**229153**	**117391**	**111762**
65	69642	35314	34328	52909	27441	25468
66	71963	36147	35816	53308	27556	25752
67	61025	30165	30860	43698	22155	21543
68	61644	30487	31157	42948	21811	21137
69	53774	26315	27459	36290	18428	17862
70—74岁	**222904**	**110045**	**112859**	**136486**	**70406**	**66080**
70	49659	24618	25041	32452	16714	15738
71	49406	24672	24734	31124	16209	14915
72	46947	23252	23695	28558	14756	13802
73	41000	20146	20854	24105	12467	11638
74	35892	17357	18535	20247	10260	9987
75—79岁	**124053**	**61069**	**62984**	**63077**	**33022**	**30055**
75	30301	15040	15261	16525	8753	7772
76	28073	13901	14172	14728	7750	6978
77	24207	11807	12400	12232	6312	5920
78	20256	9867	10389	9792	4993	4799
79	21216	10454	10762	9800	5214	4586
80—84岁	**88439**	**42024**	**46415**	**35255**	**17974**	**17281**
80	18203	8788	9415	8076	4102	3974
81	16904	8126	8778	6996	3582	3414
82	19924	9512	10412	7832	4033	3799
83	17736	8362	9374	6673	3390	3283
84	15672	7236	8436	5678	2867	2811
85—89岁	**56248**	**24563**	**31685**	**17740**	**8437**	**9303**
85	14920	6811	8109	5066	2523	2543
86	12869	5664	7205	4198	1987	2211
87	11889	5103	6786	3671	1734	1937
88	9668	4122	5546	2906	1334	1572
89	6902	2863	4039	1899	859	1040
90—94岁	**18167**	**7122**	**11045**	**4511**	**1918**	**2593**
90	5622	2256	3366	1497	641	856
91	4259	1716	2543	1100	463	637
92	3860	1491	2369	906	400	506
93	2602	987	1615	604	254	350
94	1824	672	1152	404	160	244
95—99岁	**3384**	**1133**	**2251**	**725**	**270**	**455**
95	1286	472	814	297	120	177
96	879	272	607	182	59	123
97	573	181	392	130	46	84
98	408	122	286	73	25	48
99	238	86	152	43	20	23
100岁及以上	**302**	**93**	**209**	**49**	**19**	**30**

8-2 续表 单位：人

年龄	基本健康			不健康，但生活能自理			不健康，生活不能自理		
	小计	男	女	小计	男	女	小计	男	女
总 计	**311544**	**139522**	**172022**	**76120**	**36729**	**39391**	**24001**	**10930**	**13071**
60-64岁	**55326**	**25466**	**29860**	**9864**	**5604**	**4260**	**1926**	**1071**	**855**
60	8795	3965	4830	1534	885	649	307	161	146
61	8472	3914	4558	1451	824	627	315	196	119
62	11206	5159	6047	2057	1196	861	356	185	171
63	13669	6327	7342	2439	1370	1069	459	255	204
64	13184	6101	7083	2383	1329	1054	489	274	215
65-69岁	**73074**	**32513**	**40561**	**13083**	**7011**	**6072**	**2738**	**1513**	**1225**
65	13837	6256	7581	2423	1327	1096	473	290	183
66	15436	6812	8624	2699	1491	1208	520	288	232
67	14212	6354	7858	2576	1377	1199	539	279	260
68	15309	6852	8457	2754	1471	1283	633	353	280
69	14280	6239	8041	2631	1345	1286	573	303	270
70-74岁	**69239**	**30926**	**38313**	**13933**	**6974**	**6959**	**3246**	**1739**	**1507**
70	13960	6212	7748	2647	1377	1270	600	315	285
71	14768	6642	8126	2871	1457	1414	643	364	279
72	14773	6667	8106	2920	1442	1478	696	387	309
73	13438	5979	7459	2788	1351	1437	669	349	320
74	12300	5426	6874	2707	1347	1360	638	324	314
75-79岁	**45908**	**20721**	**25187**	**11800**	**5674**	**6126**	**3268**	**1652**	**1616**
75	10644	4765	5879	2477	1179	1298	655	343	312
76	10250	4597	5653	2469	1209	1260	626	345	281
77	8992	4030	4962	2330	1135	1195	653	330	323
78	7749	3547	4202	2125	1034	1091	590	293	297
79	8273	3782	4491	2399	1117	1282	744	341	403
80-84岁	**36363**	**16521**	**19842**	**12455**	**5587**	**6868**	**4366**	**1942**	**2424**
80	7274	3390	3884	2158	946	1212	695	350	345
81	6883	3141	3742	2266	1044	1222	759	359	400
82	8265	3747	4518	2831	1306	1525	996	426	570
83	7396	3354	4042	2695	1197	1498	972	421	551
84	6545	2889	3656	2505	1094	1411	944	386	558
85-89岁	**23345**	**10131**	**13214**	**10363**	**4182**	**6181**	**4800**	**1813**	**2987**
85	6261	2817	3444	2575	1079	1496	1018	392	626
86	5372	2367	3005	2270	921	1349	1029	389	640
87	4976	2105	2871	2183	864	1319	1059	400	659
88	3939	1676	2263	1888	765	1123	935	347	588
89	2797	1166	1631	1447	553	894	759	285	474
90-94岁	**7019**	**2819**	**4200**	**3845**	**1440**	**2405**	**2792**	**945**	**1847**
90	2253	901	1352	1177	478	699	695	236	459
91	1662	719	943	881	302	579	616	232	384
92	1476	577	899	820	303	517	658	211	447
93	982	380	602	541	198	343	475	155	320
94	646	242	404	426	159	267	348	111	237
95-99岁	**1178**	**396**	**782**	**719**	**241**	**478**	**762**	**226**	**536**
95	467	156	311	285	106	179	237	90	147
96	305	99	206	181	58	123	211	56	155
97	186	69	117	125	32	93	132	34	98
98	139	40	99	84	31	53	112	26	86
99	81	32	49	44	14	30	70	20	50
100岁及以上	**92**	**29**	**63**	**58**	**16**	**42**	**103**	**29**	**74**

8-2a　全省分年龄、性别、健康状况的60岁及以上老年人口(城市)

单位：人

年　龄	60岁及以上人口			健　康		
	合计	男	女	小计	男	女
总　计	**466286**	**227955**	**238331**	**339035**	**171427**	**167608**
60–64岁	**149613**	**75348**	**74265**	**127463**	**64826**	**62637**
60	28861	14474	14387	25149	12720	12429
61	25623	13027	12596	22102	11359	10743
62	31039	15725	15314	26535	13545	12990
63	34051	17159	16892	28679	14630	14049
64	30039	14963	15076	24998	12572	12426
65–69岁	**126216**	**62096**	**64120**	**100081**	**50212**	**49869**
65	28679	14301	14378	23636	11913	11723
66	28984	14395	14589	23404	11888	11516
67	23876	11610	12266	18860	9322	9538
68	23967	11746	12221	18513	9232	9281
69	20710	10044	10666	15668	7857	7811
70–74岁	**83642**	**40724**	**42918**	**58304**	**29468**	**28836**
70	19081	9385	9696	13919	7061	6858
71	18707	9107	9600	13409	6759	6650
72	17185	8288	8897	11918	5982	5936
73	15361	7516	7845	10321	5262	5059
74	13308	6428	6880	8737	4404	4333
75–79岁	**45551**	**22241**	**23310**	**27255**	**14134**	**13121**
75	11067	5511	5556	7054	3706	3348
76	10259	5056	5203	6265	3268	2997
77	9070	4367	4703	5384	2748	2636
78	7587	3578	4009	4335	2145	2190
79	7568	3729	3839	4217	2267	1950
80–84岁	**32066**	**14891**	**17175**	**15542**	**7826**	**7716**
80	6594	3043	3551	3517	1742	1775
81	6130	2849	3281	3119	1556	1563
82	7067	3299	3768	3398	1717	1681
83	6426	2991	3435	2921	1488	1433
84	5849	2709	3140	2587	1323	1264
85–89岁	**20993**	**9444**	**11549**	**8018**	**3933**	**4085**
85	5596	2597	2999	2237	1146	1091
86	4788	2140	2648	1938	922	1016
87	4367	1950	2417	1637	824	813
88	3639	1657	1982	1318	642	676
89	2603	1100	1503	888	399	489
90–94岁	**6788**	**2741**	**4047**	**2036**	**904**	**1132**
90	2103	876	1227	685	310	375
91	1545	646	899	476	203	273
92	1480	588	892	402	190	212
93	979	385	594	277	123	154
94	681	246	435	196	78	118
95–99岁	**1302**	**432**	**870**	**313**	**116**	**197**
95	500	170	330	123	47	76
96	331	104	227	85	28	57
97	208	75	133	46	19	27
98	161	49	112	31	11	20
99	102	34	68	28	11	17
100岁及以上	**115**	**38**	**77**	**23**	**8**	**15**

8-2a 续表　　　　单位：人

年 龄	基本健康			不健康，但生活能自理			不健康，生活不能自理		
	小计	男	女	小计	男	女	小计	男	女
总 计	**101033**	**44647**	**56386**	**17738**	**8131**	**9607**	**8480**	**3750**	**4730**
60-64岁	**19102**	**8834**	**10268**	**2461**	**1349**	**1112**	**587**	**339**	**248**
60	3189	1449	1740	415	247	168	108	58	50
61	3052	1406	1646	379	204	175	90	58	32
62	3897	1839	2058	500	284	216	107	57	50
63	4655	2147	2508	587	304	283	130	78	52
64	4309	1993	2316	580	310	270	152	88	64
65-69岁	**22489**	**9965**	**12524**	**2827**	**1464**	**1363**	**819**	**455**	**364**
65	4397	2019	2378	501	275	226	145	94	51
66	4849	2117	2732	581	309	272	150	81	69
67	4283	1905	2378	584	310	274	149	73	76
68	4664	2102	2562	595	300	295	195	112	83
69	4296	1822	2474	566	270	296	180	95	85
70-74岁	**21209**	**9276**	**11933**	**3067**	**1433**	**1634**	**1062**	**547**	**515**
70	4358	1916	2442	591	297	294	213	111	102
71	4455	1941	2514	653	309	344	190	98	92
72	4419	1919	2500	633	271	362	215	116	99
73	4175	1857	2318	620	275	345	245	122	123
74	3802	1643	2159	570	281	289	199	100	99
75-79岁	**14622**	**6410**	**8212**	**2542**	**1154**	**1388**	**1132**	**543**	**589**
75	3268	1444	1824	531	249	282	214	112	102
76	3264	1429	1835	522	240	282	208	119	89
77	2938	1274	1664	523	244	279	225	101	124
78	2557	1110	1447	470	225	245	225	98	127
79	2595	1153	1442	496	196	300	260	113	147
80-84岁	**12047**	**5255**	**6792**	**2886**	**1160**	**1726**	**1591**	**650**	**941**
80	2338	1022	1316	478	163	315	261	116	145
81	2238	973	1265	498	207	291	275	113	162
82	2685	1162	1523	637	275	362	347	145	202
83	2468	1093	1375	659	257	402	378	153	225
84	2318	1005	1313	614	258	356	330	123	207
85-89岁	**8458**	**3684**	**4774**	**2657**	**1095**	**1562**	**1860**	**732**	**1128**
85	2297	1009	1288	664	282	382	398	160	238
86	1874	832	1042	563	238	325	413	148	265
87	1795	763	1032	553	213	340	382	150	232
88	1468	662	806	500	218	282	353	135	218
89	1024	418	606	377	144	233	314	139	175
90-94岁	**2611**	**1064**	**1547**	**1052**	**394**	**658**	**1089**	**379**	**710**
90	831	340	491	320	135	185	267	91	176
91	602	267	335	235	80	155	232	96	136
92	579	226	353	230	81	149	269	91	178
93	364	150	214	149	51	98	189	61	128
94	235	81	154	118	47	71	132	40	92
95-99岁	**461**	**148**	**313**	**223**	**74**	**149**	**305**	**94**	**211**
95	194	57	137	93	36	57	90	30	60
96	112	34	78	50	14	36	84	28	56
97	68	28	40	38	9	29	56	19	37
98	52	15	37	32	12	20	46	11	35
99	35	14	21	10	3	7	29	6	23
100岁及以上	**34**	**11**	**23**	**23**	**8**	**15**	**35**	**11**	**24**

8-2b　全省分年龄、性别、健康状况的60岁及以上老年人口(镇)

单位：人

年龄	60岁及以上人口			健康		
	合计	男	女	小计	男	女
总计	**219707**	**109052**	**110655**	**147803**	**76370**	**71433**
60-64岁	**67269**	**34886**	**32383**	**55048**	**28985**	**26063**
60	12937	6789	6148	11005	5864	5141
61	11491	6036	5455	9559	5079	4480
62	13821	7130	6691	11344	5955	5389
63	15352	7994	7358	12358	6515	5843
64	13668	6937	6731	10782	5572	5210
65-69岁	**59688**	**29650**	**30038**	**43894**	**22389**	**21505**
65	13110	6664	6446	10099	5249	4850
66	13623	6838	6785	10317	5331	4986
67	11449	5668	5781	8325	4251	4074
68	11546	5625	5921	8268	4126	4142
69	9960	4855	5105	6885	3432	3453
70-74岁	**40943**	**20280**	**20663**	**26054**	**13468**	**12586**
70	9149	4514	4635	6250	3200	3050
71	8968	4527	4441	5830	3050	2780
72	8779	4322	4457	5524	2833	2691
73	7563	3753	3810	4642	2434	2208
74	6484	3164	3320	3808	1951	1857
75-79岁	**22552**	**11147**	**11405**	**11980**	**6271**	**5709**
75	5501	2773	2728	3151	1708	1443
76	5132	2561	2571	2796	1489	1307
77	4343	2141	2202	2307	1185	1122
78	3695	1758	1937	1868	918	950
79	3881	1914	1967	1858	971	887
80-84岁	**15789**	**7454**	**8335**	**6591**	**3329**	**3262**
80	3303	1596	1707	1560	787	773
81	3017	1492	1525	1312	679	633
82	3574	1673	1901	1455	745	710
83	3109	1410	1699	1227	597	630
84	2786	1283	1503	1037	521	516
85-89岁	**9606**	**4160**	**5446**	**3222**	**1522**	**1700**
85	2492	1121	1371	917	448	469
86	2224	967	1257	764	357	407
87	2023	875	1148	674	313	361
88	1618	682	936	513	235	278
89	1249	515	734	354	169	185
90-94岁	**3198**	**1260**	**1938**	**868**	**357**	**511**
90	977	379	598	286	118	168
91	731	287	444	210	85	125
92	698	292	406	191	85	106
93	464	171	293	104	37	67
94	328	131	197	77	32	45
95-99岁	**597**	**195**	**402**	**140**	**45**	**95**
95	215	78	137	53	19	34
96	154	42	112	32	6	26
97	98	32	66	27	9	18
98	81	23	58	19	6	13
99	49	20	29	9	5	4
100岁及以上	**65**	**20**	**45**	**6**	**4**	**2**

8-2b 续表

单位：人

年 龄	基本健康			不健康，但生活能自理			不健康，生活不能自理		
	小计	男	女	小计	男	女	小计	男	女
总 计	**55245**	**24641**	**30604**	**12311**	**6056**	**6255**	**4348**	**1985**	**2363**
60-64岁	**10102**	**4694**	**5408**	**1736**	**978**	**758**	**383**	**229**	**154**
60	1606	743	863	260	147	113	66	35	31
61	1586	747	839	284	166	118	62	44	18
62	2037	932	1105	370	204	166	70	39	31
63	2490	1180	1310	399	236	163	105	63	42
64	2383	1092	1291	423	225	198	80	48	32
65-69岁	**12988**	**5725**	**7263**	**2249**	**1246**	**1003**	**557**	**290**	**267**
65	2474	1112	1362	438	247	191	99	56	43
66	2726	1181	1545	473	278	195	107	48	59
67	2586	1129	1457	414	223	191	124	65	59
68	2683	1176	1507	469	253	216	126	70	56
69	2519	1127	1392	455	245	210	101	51	50
70-74岁	**12121**	**5374**	**6747**	**2219**	**1142**	**1077**	**549**	**296**	**253**
70	2409	1048	1361	402	218	184	88	48	40
71	2596	1184	1412	443	237	206	99	56	43
72	2644	1180	1464	468	232	236	143	77	66
73	2363	1033	1330	445	225	220	113	61	52
74	2109	929	1180	461	230	231	106	54	52
75-79岁	**8151**	**3658**	**4493**	**1833**	**912**	**921**	**588**	**306**	**282**
75	1834	804	1030	387	204	183	129	57	72
76	1844	813	1031	378	195	183	114	64	50
77	1560	696	864	364	193	171	112	67	45
78	1409	647	762	310	130	180	108	63	45
79	1504	698	806	394	190	204	125	55	70
80-84岁	**6438**	**2873**	**3565**	**1944**	**879**	**1065**	**816**	**373**	**443**
80	1302	612	690	332	133	199	109	64	45
81	1177	559	618	372	183	189	156	71	85
82	1491	643	848	442	211	231	186	74	112
83	1294	546	748	416	191	225	172	76	96
84	1174	513	661	382	161	221	193	88	105
85-89岁	**3959**	**1715**	**2244**	**1575**	**626**	**949**	**850**	**297**	**553**
85	1025	460	565	383	159	224	167	54	113
86	945	421	524	340	125	215	175	64	111
87	833	354	479	313	129	184	203	79	124
88	647	267	380	293	120	173	165	60	105
89	509	213	296	246	93	153	140	40	100
90-94岁	**1255**	**525**	**730**	**624**	**229**	**395**	**451**	**149**	**302**
90	387	150	237	179	68	111	125	43	82
91	300	129	171	132	43	89	89	30	59
92	267	115	152	140	55	85	100	37	63
93	172	71	101	98	37	61	90	26	64
94	129	60	69	75	26	49	47	13	34
95-99岁	**208**	**69**	**139**	**121**	**43**	**78**	**128**	**38**	**90**
95	76	24	52	44	18	26	42	17	25
96	52	18	34	35	11	24	35	7	28
97	32	12	20	19	6	13	20	5	15
98	31	8	23	13	5	8	18	4	14
99	17	7	10	10	3	7	13	5	8
100岁及以上	**23**	**8**	**15**	**10**	**1**	**9**	**26**	**7**	**19**

8-2c 全省分年龄、性别、健康状况的60岁及以上老年人口(乡村)

单位：人

年龄	60岁及以上人口			健康		
	合计	男	女	小计	男	女
总计	**490620**	**244432**	**246188**	**278110**	**146461**	**131649**
60–64岁	**128186**	**66728**	**61458**	**95441**	**51010**	**44431**
60	22647	11723	10924	17655	9391	8264
61	20430	10741	9689	15645	8432	7213
62	26230	13656	12574	19592	10471	9121
63	30559	15991	14568	22358	12047	10311
64	28320	14617	13703	20191	10669	9522
65–69岁	**132144**	**66682**	**65462**	**85178**	**44790**	**40388**
65	27853	14349	13504	19174	10279	8895
66	29356	14914	14442	19587	10337	9250
67	25700	12887	12813	16513	8582	7931
68	26131	13116	13015	16167	8453	7714
69	23104	11416	11688	13737	7139	6598
70–74岁	**98319**	**49041**	**49278**	**52128**	**27470**	**24658**
70	21429	10719	10710	12283	6453	5830
71	21731	11038	10693	11885	6400	5485
72	20983	10642	10341	11116	5941	5175
73	18076	8877	9199	9142	4771	4371
74	16100	7765	8335	7702	3905	3797
75–79岁	**55950**	**27681**	**28269**	**23842**	**12617**	**11225**
75	13733	6756	6977	6320	3339	2981
76	12682	6284	6398	5667	2993	2674
77	10794	5299	5495	4541	2379	2162
78	8974	4531	4443	3589	1930	1659
79	9767	4811	4956	3725	1976	1749
80–84岁	**40584**	**19679**	**20905**	**13122**	**6819**	**6303**
80	8306	4149	4157	2999	1573	1426
81	7757	3785	3972	2565	1347	1218
82	9283	4540	4743	2979	1571	1408
83	8201	3961	4240	2525	1305	1220
84	7037	3244	3793	2054	1023	1031
85–89岁	**25649**	**10959**	**14690**	**6500**	**2982**	**3518**
85	6832	3093	3739	1912	929	983
86	5857	2557	3300	1496	708	788
87	5499	2278	3221	1360	597	763
88	4411	1783	2628	1075	457	618
89	3050	1248	1802	657	291	366
90–94岁	**8181**	**3121**	**5060**	**1607**	**657**	**950**
90	2542	1001	1541	526	213	313
91	1983	783	1200	414	175	239
92	1682	611	1071	313	125	188
93	1159	431	728	223	94	129
94	815	295	520	131	50	81
95–99岁	**1485**	**506**	**979**	**272**	**109**	**163**
95	571	224	347	121	54	67
96	394	126	268	65	25	40
97	267	74	193	57	18	39
98	166	50	116	23	8	15
99	87	32	55	6	4	2
100岁及以上	**122**	**35**	**87**	**20**	**7**	**13**

8-2c 续表 单位：人

年龄	基本健康			不健康，但生活能自理			不健康，生活不能自理		
	小计	男	女	小计	男	女	小计	男	女
总计	**155266**	**70234**	**85032**	**46071**	**22542**	**23529**	**11173**	**5195**	**5978**
60-64岁	**26122**	**11938**	**14184**	**5667**	**3277**	**2390**	**956**	**503**	**453**
60	4000	1773	2227	859	491	368	133	68	65
61	3834	1761	2073	788	454	334	163	94	69
62	5272	2388	2884	1187	708	479	179	89	90
63	6524	3000	3524	1453	830	623	224	114	110
64	6492	3016	3476	1380	794	586	257	138	119
65-69岁	**37597**	**16823**	**20774**	**8007**	**4301**	**3706**	**1362**	**768**	**594**
65	6966	3125	3841	1484	805	679	229	140	89
66	7861	3514	4347	1645	904	741	263	159	104
67	7343	3320	4023	1578	844	734	266	141	125
68	7962	3574	4388	1690	918	772	312	171	141
69	7465	3290	4175	1610	830	780	292	157	135
70-74岁	**35909**	**16276**	**19633**	**8647**	**4399**	**4248**	**1635**	**896**	**739**
70	7193	3248	3945	1654	862	792	299	156	143
71	7717	3517	4200	1775	911	864	354	210	144
72	7710	3568	4142	1819	939	880	338	194	144
73	6900	3089	3811	1723	851	872	311	166	145
74	6389	2854	3535	1676	836	840	333	170	163
75-79岁	**23135**	**10653**	**12482**	**7425**	**3608**	**3817**	**1548**	**803**	**745**
75	5542	2517	3025	1559	726	833	312	174	138
76	5142	2355	2787	1569	774	795	304	162	142
77	4494	2060	2434	1443	698	745	316	162	154
78	3783	1790	1993	1345	679	666	257	132	125
79	4174	1931	2243	1509	731	778	359	173	186
80-84岁	**17878**	**8393**	**9485**	**7625**	**3548**	**4077**	**1959**	**919**	**1040**
80	3634	1756	1878	1348	650	698	325	170	155
81	3468	1609	1859	1396	654	742	328	175	153
82	4089	1942	2147	1752	820	932	463	207	256
83	3634	1715	1919	1620	749	871	422	192	230
84	3053	1371	1682	1509	675	834	421	175	246
85-89岁	**10928**	**4732**	**6196**	**6131**	**2461**	**3670**	**2090**	**784**	**1306**
85	2939	1348	1591	1528	638	890	453	178	275
86	2553	1114	1439	1367	558	809	441	177	264
87	2348	988	1360	1317	522	795	474	171	303
88	1824	747	1077	1095	427	668	417	152	265
89	1264	535	729	824	316	508	305	106	199
90-94岁	**3153**	**1230**	**1923**	**2169**	**817**	**1352**	**1252**	**417**	**835**
90	1035	411	624	678	275	403	303	102	201
91	760	323	437	514	179	335	295	106	189
92	630	236	394	450	167	283	289	83	206
93	446	159	287	294	110	184	196	68	128
94	282	101	181	233	86	147	169	58	111
95-99岁	**509**	**179**	**330**	**375**	**124**	**251**	**329**	**94**	**235**
95	197	75	122	148	52	96	105	43	62
96	141	47	94	96	33	63	92	21	71
97	86	29	57	68	17	51	56	10	46
98	56	17	39	39	14	25	48	11	37
99	29	11	18	24	8	16	28	9	19
100岁及以上	**35**	**10**	**25**	**25**	**7**	**18**	**42**	**11**	**31**

8-3　全省分性别、婚姻状况、健康状况的60岁及以上老年人口

单位：人

婚姻状况	60岁及以上人口			健　康		
	合计	男	女	小计	男	女
总　计	**1176613**	**581439**	**595174**	**764948**	**394258**	**370690**
未　婚	15065	13914	1151	5387	4814	573
有配偶	916113	505316	410797	645808	360049	285759
离　婚	15533	9792	5741	10006	5913	4093
丧　偶	229902	52417	177485	103747	23482	80265

8-3　续表　　单位：人

婚姻状况	基本健康			不健康，但生活能自理			不健康，生活不能自理		
	小计	男	女	小计	男	女	小计	男	女
总　计	**311544**	**139522**	**172022**	**76120**	**36729**	**39391**	**24001**	**10930**	**13071**
未　婚	5403	5082	321	3481	3347	134	794	671	123
有配偶	215987	112697	103290	42341	25173	17168	11977	7397	4580
离　婚	3966	2677	1289	1311	1009	302	250	193	57
丧　偶	86188	19066	67122	28987	7200	21787	10980	2669	8311

8-3a　全省分性别、婚姻状况、健康状况的60岁及以上老年人口(城市)

单位：人

婚姻状况	60岁及以上人口			健　康		
	合计	男	女	小计	男	女
总　计	**466286**	**227955**	**238331**	**339035**	**171427**	**167608**
未　婚	3736	3054	682	1892	1512	380
有配偶	376186	204481	171705	290556	158816	131740
离　婚	7900	4077	3823	5547	2725	2822
丧　偶	78464	16343	62121	41040	8374	32666

8-3a　续表　　单位：人

婚姻状况	基本健康			不健康，但生活能自理			不健康，生活不能自理		
	小计	男	女	小计	男	女	小计	男	女
总　计	**101033**	**44647**	**56386**	**17738**	**8131**	**9607**	**8480**	**3750**	**4730**
未　婚	1066	889	177	530	461	69	248	192	56
有配偶	71479	37306	34173	10064	5851	4213	4087	2508	1579
离　婚	1775	974	801	476	307	169	102	71	31
丧　偶	26713	5478	21235	6668	1512	5156	4043	979	3064

8–3b 全省分性别、婚姻状况、健康状况的60岁及以上老年人口(镇)

单位：人

婚姻状况	60岁及以上人口			健康		
	合计	男	女	小计	男	女
总计	**219707**	**109052**	**110655**	**147803**	**76370**	**71433**
未婚	2459	2256	203	930	825	105
有配偶	171780	95501	76279	124624	69961	54663
离婚	2886	1812	1074	1937	1158	779
丧偶	42582	9483	33099	20312	4426	15886

8–3b 续表

单位：人

婚姻状况	基本健康			不健康，但生活能自理			不健康，生活不能自理		
	小计	男	女	小计	男	女	小计	男	女
总计	**55245**	**24641**	**30604**	**12311**	**6056**	**6255**	**4348**	**1985**	**2363**
未婚	852	814	38	527	499	28	150	118	32
有配偶	38107	19969	18138	6924	4232	2692	2125	1339	786
离婚	679	452	227	223	165	58	47	37	10
丧偶	15607	3406	12201	4637	1160	3477	2026	491	1535

8–3c 全省分性别、婚姻状况、健康状况的60岁及以上老年人口(乡村)

单位：人

婚姻状况	60岁及以上人口			健康		
	合计	男	女	小计	男	女
总计	**490620**	**244432**	**246188**	**278110**	**146461**	**131649**
未婚	8870	8604	266	2565	2477	88
有配偶	368147	205334	162813	230628	131272	99356
离婚	4747	3903	844	2522	2030	492
丧偶	108856	26591	82265	42395	10682	31713

8–3c 续表

单位：人

婚姻状况	基本健康			不健康，但生活能自理			不健康，生活不能自理		
	小计	男	女	小计	男	女	小计	男	女
总计	**155266**	**70234**	**85032**	**46071**	**22542**	**23529**	**11173**	**5195**	**5978**
未婚	3485	3379	106	2424	2387	37	396	361	35
有配偶	106401	55422	50979	25353	15090	10263	5765	3550	2215
离婚	1512	1251	261	612	537	75	101	85	16
丧偶	43868	10182	33686	17682	4528	13154	4911	1199	3712

8-4　全省分性别、主要生活来源、健康状况的60岁及以上老年人口

单位：人

主要生活来源	60岁及以上人口			健　康		
	合计	男	女	小计	男	女
总　计	**1176613**	**581439**	**595174**	**764948**	**394258**	**370690**
劳动收入	238243	165713	72530	194218	136833	57385
离退休金/养老金	548826	268612	280214	382300	190040	192260
最低生活保障金	37337	19717	17620	11768	5392	6376
失业保险金	200	98	102	102	43	59
财产性收入	9770	5452	4318	7037	3986	3051
家庭其他成员供养	288318	96059	192259	137999	42801	95198
其　他	53919	25788	28131	31524	15163	16361

8-4　续表

单位：人

主要生活来源	基本健康			不健康，但生活能自理			不健康，生活不能自理		
	小计	男	女	小计	男	女	小计	男	女
总　计	**311544**	**139522**	**172022**	**76120**	**36729**	**39391**	**24001**	**10930**	**13071**
劳动收入	41579	27190	14389	2248	1565	683	198	125	73
离退休金/养老金	135192	62821	72371	22920	11542	11378	8414	4209	4205
最低生活保障金	13472	7034	6438	9490	5858	3632	2607	1433	1174
失业保险金	71	37	34	15	8	7	12	10	2
财产性收入	2270	1194	1076	387	227	160	76	45	31
家庭其他成员供养	101668	33256	68412	37021	15429	21592	11630	4573	7057
其　他	17292	7990	9302	4039	2100	1939	1064	535	529

8-4a 全省分性别、主要生活来源、健康状况的60岁及以上老年人口(城市)

单位：人

主要生活来源	60岁及以上人口			健康		
	合计	男	女	小计	男	女
总计	**466286**	**227955**	**238331**	**339035**	**171427**	**167608**
劳动收入	55641	40515	15126	48926	35852	13074
离退休金/养老金	320629	154463	166166	234318	115321	118997
最低生活保障金	7442	3337	4105	3372	1407	1965
失业保险金	25	11	14	13	4	9
财产性收入	5360	2986	2374	4115	2320	1795
家庭其他成员供养	63618	20329	43289	38911	12068	26843
其他	13571	6314	7257	9380	4455	4925

8-4a 续表

单位：人

主要生活来源	基本健康			不健康，但生活能自理			不健康，生活不能自理		
	小计	男	女	小计	男	女	小计	男	女
总计	**101033**	**44647**	**56386**	**17738**	**8131**	**9607**	**8480**	**3750**	**4730**
劳动收入	6406	4439	1967	271	199	72	38	25	13
离退休金/养老金	70596	31797	38799	10659	4966	5693	5056	2379	2677
最低生活保障金	2507	1093	1414	1105	602	503	458	235	223
失业保险金	8	4	4	2	1	1	2	2	
财产性收入	1048	550	498	158	91	67	39	25	14
家庭其他成员供养	17251	5375	11876	4909	1968	2941	2547	918	1629
其他	3217	1389	1828	634	304	330	340	166	174

8-4b　全省分性别、主要生活来源、健康状况的60岁及以上老年人口(镇)

单位：人

主要生活来源	60岁及以上人口			健　康		
	合计	男	女	小计	男	女
总　计	**219707**	**109052**	**110655**	**147803**	**76370**	**71433**
劳动收入	41179	29057	12122	34929	24870	10059
离退休金/养老金	106762	53133	53629	75026	37894	37132
最低生活保障金	6848	3354	3494	2529	1093	1436
失业保险金	80	37	43	36	12	24
财产性收入	2045	1117	928	1412	800	612
家庭其他成员供养	51969	17232	34737	27241	8537	18704
其　他	10824	5122	5702	6630	3164	3466

8-4b　续表

单位：人

主要生活来源	基本健康			不健康，但生活能自理			不健康，生活不能自理		
	小计	男	女	小计	男	女	小计	男	女
总　计	**55245**	**24641**	**30604**	**12311**	**6056**	**6255**	**4348**	**1985**	**2363**
劳动收入	5904	3949	1955	311	216	95	35	22	13
离退休金/养老金	25959	12160	13799	4304	2267	2037	1473	812	661
最低生活保障金	2391	1144	1247	1460	864	596	468	253	215
失业保险金	35	19	16	3	2	1	6	4	2
财产性收入	539	265	274	78	46	32	16	6	10
家庭其他成员供养	17115	5582	11533	5480	2331	3149	2133	782	1351
其　他	3302	1522	1780	675	330	345	217	106	111

8-4c 全省分性别、主要生活来源、健康状况的60岁及以上老年人口(乡村)

单位：人

主要生活来源	60岁及以上人口			健康		
	合计	男	女	小计	男	女
总　计	**490620**	**244432**	**246188**	**278110**	**146461**	**131649**
劳动收入	141423	96141	45282	110363	76111	34252
离退休金/养老金	121435	61016	60419	72956	36825	36131
最低生活保障金	23047	13026	10021	5867	2892	2975
失业保险金	95	50	45	53	27	26
财产性收入	2365	1349	1016	1510	866	644
家庭其他成员供养	172731	58498	114233	71847	22196	49651
其　他	29524	14352	15172	15514	7544	7970

8-4c 续表

单位：人

主要生活来源	基本健康			不健康，但生活能自理			不健康，生活不能自理		
	小计	男	女	小计	男	女	小计	男	女
总　计	**155266**	**70234**	**85032**	**46071**	**22542**	**23529**	**11173**	**5195**	**5978**
劳动收入	29269	18802	10467	1666	1150	516	125	78	47
离退休金/养老金	38637	18864	19773	7957	4309	3648	1885	1018	867
最低生活保障金	8574	4797	3777	6925	4392	2533	1681	945	736
失业保险金	28	14	14	10	5	5	4	4	
财产性收入	683	379	304	151	90	61	21	14	7
家庭其他成员供养	67302	22299	45003	26632	11130	15502	6950	2873	4077
其　他	10773	5079	5694	2730	1466	1264	507	263	244

8-5　全省分性别、居住状况、健康状况的60岁及以上老年人口

单位：人

居住状况	60岁及以上人口			健康		
	合计	男	女	小计	男	女
总　计	**1176613**	**581439**	**595174**	**764948**	**394258**	**370690**
与配偶和子女同住	281365	159788	121577	214376	122704	91672
与配偶同住	539714	293853	245861	361257	199080	162177
与子女同住	153453	40774	112679	87901	24183	63718
独居(有保姆)	2920	1210	1710	787	377	410
独居(无保姆)	152257	60162	92095	75670	32832	42838
养老机构	12545	5405	7140	1846	782	1064
其　他	34359	20247	14112	23111	14300	8811

8-5　续表

单位：人

居住状况	基本健康			不健康，但生活能自理			不健康，生活不能自理		
	小计	男	女	小计	男	女	小计	男	女
总　计	**311544**	**139522**	**172022**	**76120**	**36729**	**39391**	**24001**	**10930**	**13071**
与配偶和子女同住	53724	28814	24910	10218	6317	3901	3047	1953	1094
与配偶同住	143013	73668	69345	28384	16676	11708	7060	4429	2631
与子女同住	46906	11641	35265	13391	3648	9743	5255	1302	3953
独居(有保姆)	800	351	449	429	170	259	904	312	592
独居(无保姆)	55853	19380	36473	18607	7283	11324	2127	667	1460
养老机构	3691	1658	2033	2841	1377	1464	4167	1588	2579
其　他	7557	4010	3547	2250	1258	992	1441	679	762

8-5a 全省分性别、居住状况、健康状况的60岁及以上老年人口(城市)

单位：人

居住状况	60岁及以上人口			健康		
	合计	男	女	小计	男	女
总　计	**466286**	**227955**	**238331**	**339035**	**171427**	**167608**
与配偶和子女同住	125313	71010	54303	101849	58000	43849
与配偶同住	204817	110983	93834	152706	83241	69465
与子女同住	64069	16124	47945	42915	11096	31819
独居(有保姆)	1491	602	889	434	190	244
独居(无保姆)	49425	18177	31248	29208	11869	17339
养老机构	6478	2497	3981	991	364	627
其　他	14693	8562	6131	10932	6667	4265

8-5a 续表

单位：人

居住状况	基本健康			不健康，但生活能自理			不健康，生活不能自理		
	小计	男	女	小计	男	女	小计	男	女
总　计	**101033**	**44647**	**56386**	**17738**	**8131**	**9607**	**8480**	**3750**	**4730**
与配偶和子女同住	19593	10613	8980	2810	1699	1111	1061	698	363
与配偶同住	44147	22995	21152	6025	3527	2498	1939	1220	719
与子女同住	16303	3805	12498	3247	841	2406	1604	382	1222
独居(有保姆)	448	183	265	201	84	117	408	145	263
独居(无保姆)	16028	4987	11041	3648	1182	2466	541	139	402
养老机构	1986	781	1205	1169	464	705	2332	888	1444
其　他	2528	1283	1245	638	334	304	595	278	317

8-5b　全省分性别、居住状况、健康状况的60岁及以上老年人口(镇)

单位：人

居住状况	60岁及以上人口			健　康		
	合计	男	女	小计	男	女
总　计	**219707**	**109052**	**110655**	**147803**	**76370**	**71433**
与配偶和子女同住	54870	31204	23666	42172	24113	18059
与配偶同住	97698	53679	44019	67952	37775	30177
与子女同住	30191	8069	22122	17731	4828	12903
独居(有保姆)	616	271	345	168	83	85
独居(无保姆)	26730	10477	16253	14355	6272	8083
养老机构	2438	1112	1326	397	183	214
其　他	7164	4240	2924	5028	3116	1912

8-5b　续表

单位：人

居住状况	基本健康			不健康，但生活能自理			不健康，生活不能自理		
	小计	男	女	小计	男	女	小计	男	女
总　计	**55245**	**24641**	**30604**	**12311**	**6056**	**6255**	**4348**	**1985**	**2363**
与配偶和子女同住	10224	5521	4703	1894	1198	696	580	372	208
与配偶同住	24131	12469	11662	4376	2637	1739	1239	798	441
与子女同住	9091	2297	6794	2319	676	1643	1050	268	782
独居(有保姆)	172	92	80	98	35	63	178	61	117
独居(无保姆)	9349	3115	6234	2692	994	1698	334	96	238
养老机构	792	369	423	558	305	253	691	255	436
其　他	1486	778	708	374	211	163	276	135	141

8-5c 全省分性别、居住状况、健康状况的60岁及以上老年人口(乡村)

单位：人

居住状况	60岁及以上人口			健康		
	合计	男	女	小计	男	女
总计	**490620**	**244432**	**246188**	**278110**	**146461**	**131649**
与配偶和子女同住	101182	57574	43608	70355	40591	29764
与配偶同住	237199	129191	108008	140599	78064	62535
与子女同住	59193	16581	42612	27255	8259	18996
独居(有保姆)	813	337	476	185	104	81
独居(无保姆)	76102	31508	44594	32107	14691	17416
养老机构	3629	1796	1833	458	235	223
其他	12502	7445	5057	7151	4517	2634

8-5c 续表

单位：人

居住状况	基本健康			不健康，但生活能自理			不健康，生活不能自理		
	小计	男	女	小计	男	女	小计	男	女
总计	**155266**	**70234**	**85032**	**46071**	**22542**	**23529**	**11173**	**5195**	**5978**
与配偶和子女同住	23907	12680	11227	5514	3420	2094	1406	883	523
与配偶同住	74735	38204	36531	17983	10512	7471	3882	2411	1471
与子女同住	21512	5539	15973	7825	2131	5694	2601	652	1949
独居(有保姆)	180	76	104	130	51	79	318	106	212
独居(无保姆)	30476	11278	19198	12267	5107	7160	1252	432	820
养老机构	913	508	405	1114	608	506	1144	445	699
其他	3543	1949	1594	1238	713	525	570	266	304

8-6　各地区分性别、主要生活来源的60岁及以上老年人口

单位：人

地　　区	60岁及以上人口			劳动收入		
	合计	男	女	小计	男	女
合计	**1176613**	**581439**	**595174**	**238243**	**165713**	**72530**
杭州市	**198393**	**96964**	**101429**	**26816**	**19355**	**7461**
上城区	8255	3912	4343	186	131	55
下城区	11144	5240	5904	295	200	95
江干区	16787	8116	8671	914	714	200
拱墅区	11019	5301	5718	294	222	72
西湖区	15881	7605	8276	869	654	215
滨江区	5253	2446	2807	372	277	95
萧山区	36850	18164	18686	6278	4717	1561
余杭区	30337	14935	15402	3840	2979	861
富阳区	16862	8442	8420	2436	1870	566
临安区	13942	6926	7016	3294	2300	994
桐庐县	10248	5017	5231	2203	1511	692
淳安县	9955	4926	5029	3270	1980	1290
建德市	11860	5934	5926	2565	1800	765
宁波市	**168593**	**82555**	**86038**	**28483**	**20439**	**8044**
海曙区	18663	9129	9534	1806	1342	464
江北区	8386	4097	4289	554	433	121
北仑区	12229	6047	6182	1626	1240	386
镇海区	8058	3966	4092	1001	754	247
鄞州区	25149	12191	12958	2242	1733	509
奉化区	13188	6621	6567	3170	2237	933
象山县	12960	6371	6589	3239	2312	927
宁海县	13723	6726	6997	3423	2289	1134
余姚市	24703	11913	12790	4471	3094	1377
慈溪市	31534	15494	16040	6951	5005	1946
温州市	**150482**	**75538**	**74944**	**30787**	**22116**	**8671**
鹿城区	18223	8731	9492	1215	887	328
龙湾区	6923	3513	3410	1215	961	254
瓯海区	10646	5373	5273	1571	1259	312
洞头区	2687	1265	1422	660	463	197
永嘉县	15398	7745	7653	2758	2098	660
平阳县	16546	8471	8075	3833	2786	1047
苍南县	15494	7981	7513	4515	3042	1473
文成县	5844	3106	2738	1100	840	260
泰顺县	5291	2862	2429	984	781	203
瑞安市	23866	11895	11971	4465	3332	1133
乐清市	23309	11398	11911	6716	4435	2281
龙港市	6255	3198	3057	1755	1232	523
嘉兴市	**103322**	**50449**	**52873**	**23772**	**15356**	**8416**
南湖区	15369	7492	7877	2194	1440	754
秀洲区	11164	5488	5676	2512	1672	840
嘉善县	11938	5880	6058	2346	1578	768
海盐县	10613	5086	5527	2854	1730	1124
海宁市	20538	10086	10452	5188	3395	1793
平湖市	14847	7150	7697	3492	2167	1325
桐乡市	18853	9267	9586	5186	3374	1812
湖州市	**70444**	**34811**	**35633**	**13951**	**10257**	**3694**
吴兴区	17705	8803	8902	2649	1988	661
南浔区	14430	7213	7217	3450	2463	987
德清县	12333	6079	6254	2717	1958	759
长兴县	15020	7365	7655	3024	2235	789
安吉县	10956	5351	5605	2111	1613	498

8-6 续表 1

单位：人

地区	60岁及以上人口			劳动收入		
	合计	男	女	小计	男	女
绍兴市	**115762**	**57625**	**58137**	**26112**	**18080**	**8032**
越城区	20612	10184	10428	2451	1765	686
柯桥区	18164	9123	9041	4313	3173	1140
上虞区	20676	10051	10625	5321	3500	1821
新昌县	10283	5272	5011	3137	1986	1151
诸暨市	27155	13543	13612	5946	4250	1696
嵊州市	18872	9452	9420	4944	3406	1538
金华市	**108102**	**53794**	**54308**	**23808**	**16040**	**7768**
婺城区	15308	7472	7836	2849	1896	953
金东区	8202	4022	4180	2175	1430	745
武义县	7828	3916	3912	2308	1482	826
浦江县	8553	4163	4390	1962	1300	662
磐安县	4202	2137	2065	1204	800	404
兰溪市	14884	7525	7359	4572	3010	1562
义乌市	18428	9511	8917	2969	2199	770
东阳市	19145	9285	9860	3252	2184	1068
永康市	11552	5763	5789	2517	1739	778
衢州市	**55795**	**28168**	**27627**	**14016**	**10139**	**3877**
柯城区	10532	5200	5332	1507	1159	348
衢江区	9388	4860	4528	2757	2061	696
常山县	6628	3360	3268	2038	1451	587
开化县	7117	3499	3618	1537	1154	383
龙游县	9330	4705	4625	2415	1743	672
江山市	12800	6544	6256	3762	2571	1191
舟山市	**28446**	**13625**	**14821**	**4878**	**3705**	**1173**
定海区	11158	5450	5708	1579	1206	373
普陀区	9533	4503	5030	1667	1273	394
岱山县	5600	2658	2942	1218	918	300
嵊泗县	2155	1014	1141	414	308	106
台州市	**126613**	**61871**	**64742**	**33532**	**21924**	**11608**
椒江区	12434	6088	6346	2724	1851	873
黄岩区	14496	7149	7347	2973	2046	927
路桥区	10248	5087	5161	2449	1652	797
三门县	8244	3972	4272	2118	1558	560
天台县	10622	5177	5445	1726	1204	522
仙居县	9444	4695	4749	2238	1581	657
温岭市	27151	13240	13911	8856	5223	3633
临海市	23965	11596	12369	7491	4786	2705
玉环市	10009	4867	5142	2957	2023	934
丽水市	**50661**	**26039**	**24622**	**12088**	**8302**	**3786**
莲都区	9424	4812	4612	2226	1509	717
青田县	8460	4250	4210	1320	924	396
缙云县	9397	4744	4653	2461	1684	777
遂昌县	5128	2652	2476	1470	987	483
松阳县	4802	2465	2337	1819	1117	702
云和县	2516	1358	1158	561	418	143
庆元县	3162	1653	1509	635	475	160
景宁畲族自治县	2472	1337	1135	753	514	239
龙泉市	5300	2768	2532	843	674	169

8-6 续表 2

单位：人

地 区	离退休金/养老金			最低生活保障金			失业保险金		
	小计	男	女	小计	男	女	小计	男	女
合计	**548826**	**268612**	**280214**	**37337**	**19717**	**17620**	**200**	**98**	**102**
杭州市	**132137**	**63446**	**68691**	**4724**	**2321**	**2403**	**8**	**6**	**2**
上城区	7849	3707	4142	13	5	8			
下城区	10543	4939	5604	30	14	16			
江干区	14051	6719	7332	111	67	44	1	1	
拱墅区	10121	4875	5246	59	33	26			
西湖区	13254	6302	6952	155	71	84			
滨江区	4244	1963	2281	80	27	53			
萧山区	24076	11224	12852	621	295	326			
余杭区	19582	9358	10224	649	280	369	1	1	
富阳区	11340	5338	6002	413	246	167			
临安区	4945	2638	2307	1100	477	623	2	1	1
桐庐县	4362	2188	2174	448	229	219	2	1	1
淳安县	2712	1575	1137	552	296	256			
建德市	5058	2620	2438	493	281	212	2	2	
宁波市	**101529**	**48468**	**53061**	**8226**	**3586**	**4640**	**8**	**4**	**4**
海曙区	15267	7216	8051	317	125	192			
江北区	7271	3448	3823	96	60	36			
北仑区	8670	4077	4593	439	196	243			
镇海区	6225	2923	3302	141	55	86			
鄞州区	20656	9686	10970	426	163	263			
奉化区	5214	2645	2569	1530	667	863	3	2	1
象山县	4312	2157	2155	711	365	346			
宁海县	4799	2413	2386	1105	525	580	3	1	2
余姚市	13242	6345	6897	1691	723	968	1		1
慈溪市	15873	7558	8315	1770	707	1063	1	1	
温州市	**49176**	**25161**	**24015**	**4614**	**2670**	**1944**	**14**	**8**	**6**
鹿城区	14524	6863	7661	149	74	75			
龙湾区	2741	1394	1347	180	77	103			
瓯海区	4500	2260	2240	286	145	141			
洞头区	826	418	408	67	33	34			
永嘉县	2917	1644	1273	611	359	252	1	1	
平阳县	4271	2253	2018	876	525	351	6	3	3
苍南县	2864	1688	1176	588	355	233	1		1
文成县	924	533	391	312	217	95			
泰顺县	707	421	286	312	230	82	2	2	
瑞安市	9366	4620	4746	579	305	274	2	1	1
乐清市	4687	2538	2149	542	290	252	2	1	1
龙港市	849	529	320	112	60	52			
嘉兴市	**54494**	**25820**	**28674**	**1467**	**768**	**699**	**3**	**2**	**1**
南湖区	11231	5364	5867	127	62	65			
秀洲区	5577	2620	2957	212	118	94			
嘉善县	6950	3288	3662	193	112	81			
海盐县	4750	2269	2481	161	71	90			
海宁市	9632	4581	5051	222	120	102	1	1	
平湖市	8029	3751	4278	262	132	130	1	1	
桐乡市	8325	3947	4378	290	153	137	1		1
湖州市	**35614**	**17033**	**18581**	**1757**	**880**	**877**	**2**	**1**	**1**
吴兴区	10755	5230	5525	276	125	151			
南浔区	6084	2943	3141	453	218	235			
德清县	6845	3176	3669	219	99	120	1	1	
长兴县	7410	3514	3896	441	243	198			
安吉县	4520	2170	2350	368	195	173	1		1

8-6 续表 3 单位：人

地区	离退休金/养老金			最低生活保障金			失业保险金		
	小计	男	女	小计	男	女	小计	男	女
绍兴市	**53700**	**26516**	**27184**	**2786**	**1706**	**1080**	**4**	**2**	**2**
越城区	15128	7373	7755	250	136	114			
柯桥区	9908	4640	5268	322	162	160			
上虞区	7828	3878	3950	558	331	227	3	1	2
新昌县	4333	2212	2121	312	198	114			
诸暨市	10275	5252	5023	759	501	258	1	1	
嵊州市	6228	3161	3067	585	378	207			
金华市	**37725**	**19739**	**17986**	**4058**	**2260**	**1798**	**66**	**31**	**35**
婺城区	7664	3810	3854	368	203	165	7	3	4
金东区	3108	1512	1596	280	155	125	5	2	3
武义县	1763	970	793	432	222	210	1	1	
浦江县	1841	1059	782	388	200	188	2	1	1
磐安县	1103	581	522	263	147	116	30	15	15
兰溪市	4432	2303	2129	637	466	171	1		1
义乌市	7912	4056	3856	666	338	328	1	1	
东阳市	7232	3922	3310	631	324	307	14	5	9
永康市	2670	1526	1144	393	205	188	5	3	2
衢州市	**17464**	**9085**	**8379**	**2729**	**1677**	**1052**	**12**	**5**	**7**
柯城区	6450	3135	3315	399	217	182	4	1	3
衢江区	2257	1156	1101	543	350	193	2	1	1
常山县	1817	963	854	440	239	201			
开化县	1674	891	783	272	157	115	2	1	1
龙游县	2313	1283	1030	521	324	197	2		2
江山市	2953	1657	1296	554	390	164	2	2	
舟山市	**16219**	**7519**	**8700**	**470**	**258**	**212**			
定海区	7682	3574	4108	138	83	55			
普陀区	4935	2309	2626	197	100	97			
岱山县	2798	1255	1543	106	57	49			
嵊泗县	804	381	423	29	18	11			
台州市	**36046**	**18098**	**17948**	**3860**	**2034**	**1826**	**67**	**30**	**37**
椒江区	5585	2746	2839	307	138	169	1	1	
黄岩区	4881	2453	2428	363	205	158	18	9	9
路桥区	3912	1900	2012	199	106	93	11	7	4
三门县	1633	895	738	290	139	151	3	2	1
天台县	3158	1609	1549	524	283	241	11	5	6
仙居县	2254	1136	1118	455	253	202	4	2	2
温岭市	6572	3342	3230	773	428	345	14	3	11
临海市	5247	2717	2530	755	376	379	3		3
玉环市	2804	1300	1504	194	106	88	2	1	1
丽水市	**14722**	**7727**	**6995**	**2646**	**1557**	**1089**	**16**	**9**	**7**
莲都区	3807	1922	1885	484	263	221	2	2	
青田县	1768	921	847	369	228	141	4	2	2
缙云县	2387	1275	1112	562	317	245	4	2	2
遂昌县	1578	845	733	245	150	95	1		1
松阳县	1436	726	710	193	116	77			
云和县	757	411	346	183	101	82			
庆元县	615	358	257	150	89	61	5	3	2
景宁畲族自治县	556	318	238	123	83	40			
龙泉市	1818	951	867	337	210	127			

8-6　续表 4　　　　单位：人

地　区	财产性收入			家庭其他成员供养			其　他		
	小计	男	女	小计	男	女	小计	男	女
合计	**9770**	**5452**	**4318**	**288318**	**96059**	**192259**	**53919**	**25788**	**28131**
杭州市	**1029**	**576**	**453**	**28610**	**8856**	**19754**	**5069**	**2404**	**2665**
上城区	8	5	3	157	45	112	42	19	23
下城区	13	7	6	224	62	162	39	18	21
江干区	101	56	45	1388	465	923	221	94	127
拱墅区	30	19	11	431	115	316	84	37	47
西湖区	136	77	59	1318	428	890	149	73	76
滨江区	23	11	12	478	141	337	56	27	29
萧山区	109	62	47	5180	1580	3600	586	286	300
余杭区	326	190	136	5056	1696	3360	883	431	452
富阳区	47	26	21	1586	488	1098	1040	474	566
临安区	139	68	71	3674	1072	2602	788	370	418
桐庐县	29	16	13	2873	899	1974	331	173	158
淳安县	41	25	16	2925	834	2091	455	216	239
建德市	27	14	13	3320	1031	2289	395	186	209
宁波市	**1069**	**548**	**521**	**23942**	**7047**	**16895**	**5336**	**2463**	**2873**
海曙区	41	21	20	947	294	653	285	131	154
江北区	37	18	19	350	104	246	78	34	44
北仑区	27	14	13	994	301	693	473	219	254
镇海区	31	15	16	558	170	388	102	49	53
鄞州区	142	77	65	1352	375	977	331	157	174
奉化区	28	14	14	2632	768	1864	611	288	323
象山县	97	53	44	3876	1132	2744	725	352	373
宁海县	140	73	67	3743	1174	2569	510	251	259
余姚市	97	56	41	4291	1294	2997	910	401	509
慈溪市	429	207	222	5199	1435	3764	1311	581	730
温州市	**2320**	**1326**	**994**	**55592**	**20260**	**35332**	**7979**	**3997**	**3982**
鹿城区	224	129	95	1663	564	1099	448	214	234
龙湾区	137	83	54	2205	768	1437	445	230	215
瓯海区	297	170	127	3232	1147	2085	760	392	368
洞头区	15	9	6	998	286	712	121	56	65
永嘉县	269	150	119	7663	2932	4731	1179	561	618
平阳县	122	70	52	6333	2264	4069	1105	570	535
苍南县	140	80	60	6787	2531	4256	599	285	314
文成县	32	17	15	2997	1247	1750	479	252	227
泰顺县	30	15	15	2626	1081	1545	630	332	298
瑞安市	302	169	133	8097	2941	5156	1055	527	528
乐清市	653	374	279	9892	3363	6529	817	397	420
龙港市	99	60	39	3099	1136	1963	341	181	160
嘉兴市	**434**	**240**	**194**	**20828**	**7143**	**13685**	**2324**	**1120**	**1204**
南湖区	23	13	10	1663	539	1124	131	74	57
秀洲区	123	67	56	2489	878	1611	251	133	118
嘉善县	45	24	21	1981	682	1299	423	196	227
海盐县	19	9	10	2482	844	1638	347	163	184
海宁市	93	53	40	4765	1655	3110	637	281	356
平湖市	20	13	7	2898	1015	1883	145	71	74
桐乡市	111	61	50	4550	1530	3020	390	202	188
湖州市	**344**	**192**	**152**	**16174**	**5211**	**10963**	**2602**	**1237**	**1365**
吴兴区	134	73	61	3396	1139	2257	495	248	247
南浔区	86	42	44	3860	1313	2547	497	234	263
德清县	27	19	8	2169	648	1521	355	178	177
长兴县	16	10	6	3506	1095	2411	623	268	355
安吉县	81	48	33	3243	1016	2227	632	309	323

8-6 续表 5 单位：人

地　　区	财产性收入			家庭其他成员供养			其　　他		
	小计	男	女	小计	男	女	小计	男	女
绍兴市	**392**	**232**	**160**	**28237**	**8837**	**19400**	**4531**	**2252**	**2279**
越城区	23	15	8	2527	780	1747	233	115	118
柯桥区	79	41	38	3140	934	2206	402	173	229
上虞区	65	32	33	6047	1913	4134	854	396	458
新昌县	13	7	6	1971	608	1363	517	261	256
诸暨市	138	92	46	8719	2766	5953	1317	681	636
嵊州市	74	45	29	5833	1836	3997	1208	626	582
金华市	**1786**	**1042**	**744**	**32747**	**10897**	**21850**	**7912**	**3785**	**4127**
婺城区	99	65	34	3426	1078	2348	895	417	478
金东区	37	25	12	2017	616	1401	580	282	298
武义县	82	47	35	2456	830	1626	786	364	422
浦江县	100	62	38	3621	1249	2372	639	292	347
磐安县	16	9	7	1222	430	792	364	155	209
兰溪市	18	13	5	4423	1368	3055	801	365	436
义乌市	1016	589	427	4663	1688	2975	1201	640	561
东阳市	116	71	45	6404	2065	4339	1496	714	782
永康市	302	161	141	4515	1573	2942	1150	556	594
衢州市	**138**	**87**	**51**	**19244**	**6093**	**13151**	**2192**	**1082**	**1110**
柯城区	20	10	10	1946	586	1360	206	92	114
衢江区	22	13	9	3464	1102	2362	343	177	166
常山县	21	11	10	2037	576	1461	275	120	155
开化县	15	10	5	3309	1131	2178	308	155	153
龙游县	33	21	12	3464	1035	2429	582	299	283
江山市	27	22	5	5024	1663	3361	478	239	239
舟山市	**165**	**87**	**78**	**5017**	**1337**	**3680**	**1697**	**719**	**978**
定海区	38	21	17	1340	384	956	381	182	199
普陀区	86	44	42	2083	563	1520	565	214	351
岱山县	24	10	14	1130	282	848	324	136	188
嵊泗县	17	12	5	464	108	356	427	187	240
台州市	**1663**	**897**	**766**	**41393**	**14228**	**27165**	**10052**	**4660**	**5392**
椒江区	166	80	86	2801	903	1898	850	369	481
黄岩区	121	67	54	4518	1605	2913	1622	764	858
路桥区	115	70	45	3043	1097	1946	519	255	264
三门县	62	35	27	3476	1060	2416	662	283	379
天台县	74	41	33	4114	1529	2585	1015	506	509
仙居县	86	47	39	3034	1012	2022	1373	664	709
温岭市	662	363	299	8484	3042	5442	1790	839	951
临海市	172	97	75	8784	2947	5837	1513	673	840
玉环市	205	97	108	3139	1033	2106	708	307	401
丽水市	**430**	**225**	**205**	**16534**	**6150**	**10384**	**4225**	**2069**	**2156**
莲都区	165	76	89	2093	728	1365	647	312	335
青田县	76	47	29	3960	1650	2310	963	478	485
缙云县	51	34	17	3076	1024	2052	856	408	448
遂昌县	16	10	6	1345	436	909	473	224	249
松阳县	7	3	4	1110	397	713	237	106	131
云和县	14	5	9	774	294	480	227	129	98
庆元县	35	18	17	1443	567	876	279	143	136
景宁畲族自治县	32	16	16	887	342	545	121	64	57
龙泉市	34	16	18	1846	712	1134	422	205	217

8-6a　各地区分性别、主要生活来源的60岁及以上老年人口(城市)

单位：人

地　区	60岁及以上人口			劳动收入		
	合计	男	女	小计	男	女
合计	**466286**	**227955**	**238331**	**55641**	**40515**	**15126**
杭州市	**122322**	**59192**	**63130**	**9275**	**7053**	**2222**
上城区	8255	3912	4343	186	131	55
下城区	11144	5240	5904	295	200	95
江干区	16787	8116	8671	914	714	200
拱墅区	11019	5301	5718	294	222	72
西湖区	15174	7273	7901	785	590	195
滨江区	5253	2446	2807	372	277	95
萧山区	23125	11324	11801	3026	2312	714
余杭区	17018	8304	8714	1789	1381	408
富阳区	8255	4163	4092	982	758	224
临安区	3493	1735	1758	409	304	105
桐庐县						
淳安县						
建德市	2799	1378	1421	223	164	59
宁波市	**84203**	**41001**	**43202**	**9214**	**6868**	**2346**
海曙区	14412	7022	7390	1216	909	307
江北区	6677	3246	3431	306	238	68
北仑区	7049	3462	3587	771	605	166
镇海区	6367	3102	3265	638	476	162
鄞州区	14400	6862	7538	675	512	163
奉化区	4934	2456	2478	738	522	216
象山县						
宁海县						
余姚市	12338	5975	6363	1698	1243	455
慈溪市	18026	8876	9150	3172	2363	809
温州市	**59144**	**29163**	**29981**	**9071**	**6680**	**2391**
鹿城区	16222	7736	8486	877	645	232
龙湾区	4984	2515	2469	795	620	175
瓯海区	7776	3916	3860	1064	853	211
洞头区	1130	534	596	278	187	91
永嘉县						
平阳县						
苍南县						
文成县						
泰顺县						
瑞安市	12347	6137	6210	1941	1479	462
乐清市	11147	5471	5676	2579	1820	759
龙港市	5538	2854	2684	1537	1076	461
嘉兴市	**32841**	**15934**	**16907**	**3904**	**2737**	**1167**
南湖区	11555	5599	5956	814	592	222
秀洲区	3745	1834	1911	511	375	136
嘉善县						
海盐县						
海宁市	6815	3322	3493	1032	719	313
平湖市	4707	2240	2467	498	335	163
桐乡市	6019	2939	3080	1049	716	333
湖州市	**13004**	**6367**	**6637**	**1084**	**845**	**239**
吴兴区	10257	5012	5245	639	515	124
南浔区	2747	1355	1392	445	330	115
德清县						
长兴县						
安吉县						

8-6a 续表 1

单位：人

地　区	60岁及以上人口			劳动收入		
	合计	男	女	小计	男	女
绍兴市	**50170**	**24752**	**25418**	**6803**	**4894**	**1909**
越城区	15999	7916	8083	1191	883	308
柯桥区	10966	5517	5449	2100	1597	503
上虞区	9458	4578	4880	1662	1123	539
新昌县						
诸暨市	8119	4020	4099	1086	786	300
嵊州市	5628	2721	2907	764	505	259
金华市	**32798**	**16365**	**16433**	**4569**	**3225**	**1344**
婺城区	8038	3913	4125	832	566	266
金东区	1680	808	872	289	201	88
武义县						
浦江县						
磐安县						
兰溪市	5184	2557	2627	732	487	245
义乌市	8360	4332	4028	1238	938	300
东阳市	4998	2445	2553	658	444	214
永康市	4538	2310	2228	820	589	231
衢州市	**11868**	**5826**	**6042**	**1434**	**1035**	**399**
柯城区	6389	3063	3326	541	387	154
衢江区	1669	845	824	262	203	59
常山县						
开化县						
龙游县	29	15	14	3	2	1
江山市	3781	1903	1878	628	443	185
舟山市	**11253**	**5409**	**5844**	**1197**	**925**	**272**
定海区	6399	3109	3290	588	459	129
普陀区	4854	2300	2554	609	466	143
岱山县						
嵊泗县						
台州市	**41354**	**20240**	**21114**	**8141**	**5552**	**2589**
椒江区	8589	4178	4411	1398	977	421
黄岩区	6414	3181	3233	1001	726	275
路桥区	4303	2148	2155	816	581	235
三门县						
天台县						
仙居县						
温岭市	9010	4444	4566	2070	1297	773
临海市	6695	3232	3463	1171	785	386
玉环市	6343	3057	3286	1685	1186	499
丽水市	**7329**	**3706**	**3623**	**949**	**701**	**248**
莲都区	5245	2635	2610	691	503	188
青田县						
缙云县						
遂昌县						
松阳县						
云和县						
庆元县						
景宁畲族自治县						
龙泉市	2084	1071	1013	258	198	60

8-6a 续表 2　　　　单位：人

地区	离退休金/养老金			最低生活保障金			失业保险金		
	小计	男	女	小计	男	女	小计	男	女
合计	**320629**	**154463**	**166166**	**7442**	**3337**	**4105**	**25**	**11**	**14**
杭州市	**99498**	**47276**	**52222**	**859**	**412**	**447**	**3**	**3**	
上城区	7849	3707	4142	13	5	8			
下城区	10543	4939	5604	30	14	16			
江干区	14051	6719	7332	111	67	44	1	1	
拱墅区	10121	4875	5246	59	33	26			
西湖区	12808	6086	6722	113	57	56			
滨江区	4244	1963	2281	80	27	53			
萧山区	17472	8161	9311	140	61	79			
余杭区	11792	5621	6171	145	57	88			
富阳区	5977	2910	3067	90	56	34			
临安区	2466	1217	1249	36	13	23			
桐庐县									
淳安县									
建德市	2175	1078	1097	42	22	20	2	2	
宁波市	**61875**	**29545**	**32330**	**2754**	**1101**	**1653**	**2**	**1**	**1**
海曙区	12042	5702	6340	184	72	112			
江北区	5932	2849	3083	68	37	31			
北仑区	4978	2373	2605	188	79	109			
镇海区	5102	2420	2682	69	22	47			
鄞州区	12738	6013	6725	87	31	56			
奉化区	2846	1454	1392	473	199	274			
象山县									
宁海县									
余姚市	7749	3725	4024	737	289	448	1		1
慈溪市	10488	5009	5479	948	372	576	1	1	
温州市	**31066**	**15175**	**15891**	**856**	**397**	**459**			
鹿城区	13831	6490	7341	81	41	40			
龙湾区	2136	1095	1041	150	64	86			
瓯海区	3888	1937	1951	194	92	102			
洞头区	443	232	211	8	5	3			
永嘉县									
平阳县									
苍南县									
文成县									
泰顺县									
瑞安市	6880	3308	3572	184	72	112			
乐清市	3070	1603	1467	145	73	72			
龙港市	818	510	308	94	50	44			
嘉兴市	**25027**	**11838**	**13189**	**212**	**90**	**122**			
南湖区	9791	4666	5125	47	26	21			
秀洲区	2727	1292	1435	29	10	19			
嘉善县									
海盐县									
海宁市	4868	2285	2583	50	25	25			
平湖市	3723	1734	1989	42	14	28			
桐乡市	3918	1861	2057	44	15	29			
湖州市	**9977**	**4872**	**5105**	**201**	**75**	**126**			
吴兴区	8361	4085	4276	116	42	74			
南浔区	1616	787	829	85	33	52			
德清县									
长兴县									
安吉县									

8-6a 续表 3

单位：人

地区	离退休金/养老金			最低生活保障金			失业保险金		
	小计	男	女	小计	男	女	小计	男	女
绍兴市	**35048**	**16979**	**18069**	**554**	**301**	**253**			
越城区	13665	6645	7020	90	59	31			
柯桥区	7096	3312	3784	109	53	56			
上虞区	5638	2709	2929	209	102	107			
新昌县									
诸暨市	5106	2557	2549	82	51	31			
嵊州市	3543	1756	1787	64	36	28			
金华市	**18412**	**9311**	**9101**	**628**	**304**	**324**	**8**	**4**	**4**
婺城区	5890	2892	2998	86	35	51			
金东区	1064	497	567	17	12	5	1	1	
武义县									
浦江县									
磐安县									
兰溪市	3167	1602	1565	141	89	52	1		1
义乌市	3502	1803	1699	163	66	97			
东阳市	2907	1520	1387	125	53	72	4	2	2
永康市	1882	997	885	96	49	47	2	1	1
衢州市	**8037**	**3985**	**4052**	**257**	**137**	**120**	**4**	**3**	**1**
柯城区	5158	2486	2672	82	32	50	2	1	1
衢江区	966	477	489	52	23	29			
常山县									
开化县									
龙游县	6	5	1						
江山市	1907	1017	890	123	82	41	2	2	
舟山市	**8372**	**3975**	**4397**	**124**	**51**	**73**			
定海区	5072	2402	2670	49	22	27			
普陀区	3300	1573	1727	75	29	46			
岱山县									
嵊泗县									
台州市	**19195**	**9421**	**9774**	**837**	**390**	**447**	**8**		**8**
椒江区	4908	2412	2496	178	71	107			
黄岩区	3281	1606	1675	87	52	35	1		1
路桥区	2013	981	1032	60	31	29			
三门县									
天台县									
仙居县									
温岭市	3236	1652	1584	284	141	143	4		4
临海市	3422	1695	1727	138	50	88	3		3
玉环市	2335	1075	1260	90	45	45			
丽水市	**4122**	**2086**	**2036**	**160**	**79**	**81**			
莲都区	2996	1499	1497	110	50	60			
青田县									
缙云县									
遂昌县									
松阳县									
云和县									
庆元县									
景宁畲族自治县									
龙泉市	1126	587	539	50	29	21			

8-6a　续表 4

单位：人

地　区	财产性收入			家庭其他成员供养			其　他		
	小计	男	女	小计	男	女	小计	男	女
合计	**5360**	**2986**	**2374**	**63618**	**20329**	**43289**	**13571**	**6314**	**7257**
杭州市	**733**	**420**	**313**	**10012**	**3134**	**6878**	**1942**	**894**	**1048**
上城区	8	5	3	157	45	112	42	19	23
下城区	13	7	6	224	62	162	39	18	21
江干区	101	56	45	1388	465	923	221	94	127
拱墅区	30	19	11	431	115	316	84	37	47
西湖区	132	76	56	1196	395	801	140	69	71
滨江区	23	11	12	478	141	337	56	27	29
萧山区	62	37	25	2180	630	1550	245	123	122
余杭区	279	163	116	2570	869	1701	443	213	230
富阳区	38	21	17	654	197	457	514	221	293
临安区	43	23	20	432	122	310	107	56	51
桐庐县									
淳安县									
建德市	4	2	2	302	93	209	51	17	34
宁波市	**589**	**307**	**282**	**7590**	**2203**	**5387**	**2179**	**976**	**1203**
海曙区	38	20	18	750	233	517	182	86	96
江北区	36	18	18	288	84	204	47	20	27
北仑区	24	12	12	714	223	491	374	170	204
镇海区	28	13	15	460	141	319	70	30	40
鄞州区	119	64	55	646	184	462	135	58	77
奉化区	6	2	4	664	183	481	207	96	111
象山县									
宁海县									
余姚市	66	39	27	1654	502	1152	433	177	256
慈溪市	272	139	133	2414	653	1761	731	339	392
温州市	**1318**	**760**	**558**	**14668**	**5071**	**9597**	**2165**	**1080**	**1085**
鹿城区	203	116	87	960	315	645	270	129	141
龙湾区	109	66	43	1495	511	984	299	159	140
瓯海区	238	135	103	1930	666	1264	462	233	229
洞头区	5	4	1	370	95	275	26	11	15
永嘉县									
平阳县									
苍南县									
文成县									
泰顺县									
瑞安市	192	104	88	2759	985	1774	391	189	202
乐清市	472	275	197	4493	1518	2975	388	182	206
龙港市	99	60	39	2661	981	1680	329	177	152
嘉兴市	**113**	**59**	**54**	**3254**	**1048**	**2206**	**331**	**162**	**169**
南湖区	18	9	9	802	258	544	83	48	35
秀洲区	6	1	5	428	136	292	44	20	24
嘉善县									
海盐县									
海宁市	16	9	7	788	261	527	61	23	38
平湖市	12	8	4	376	120	256	56	29	27
桐乡市	61	32	29	860	273	587	87	42	45
湖州市	**66**	**31**	**35**	**1437**	**441**	**996**	**239**	**103**	**136**
吴兴区	34	16	18	931	276	655	176	78	98
南浔区	32	15	17	506	165	341	63	25	38
德清县									
长兴县									
安吉县									

8-6a 续表 5

单位：人

地区	财产性收入			家庭其他成员供养			其他		
	小计	男	女	小计	男	女	小计	男	女
绍兴市	**180**	**113**	**67**	**6528**	**1967**	**4561**	**1057**	**498**	**559**
越城区	10	5	5	899	256	643	144	68	76
柯桥区	34	18	16	1412	436	976	215	101	114
上虞区	30	15	15	1625	489	1136	294	140	154
新昌县									
诸暨市	73	55	18	1560	481	1079	212	90	122
嵊州市	33	20	13	1032	305	727	192	99	93
金华市	**1159**	**670**	**489**	**6243**	**2028**	**4215**	**1779**	**823**	**956**
婺城区	84	55	29	831	231	600	315	134	181
金东区	9	5	4	246	63	183	54	29	25
武义县									
浦江县									
磐安县									
兰溪市	8	5	3	931	279	652	204	95	109
义乌市	787	459	328	2121	785	1336	549	281	268
东阳市	60	36	24	1003	298	705	241	92	149
永康市	211	110	101	1111	372	739	416	192	224
衢州市	**38**	**20**	**18**	**1811**	**528**	**1283**	**287**	**118**	**169**
柯城区	18	8	10	519	127	392	69	22	47
衢江区	8	5	3	315	106	209	66	31	35
常山县									
开化县									
龙游县				18	7	11	2	1	1
江山市	12	7	5	959	288	671	150	64	86
舟山市	**44**	**24**	**20**	**1183**	**290**	**893**	**333**	**144**	**189**
定海区	14	7	7	469	123	346	207	96	111
普陀区	30	17	13	714	167	547	126	48	78
岱山县									
嵊泗县									
台州市	**934**	**495**	**439**	**9437**	**3087**	**6350**	**2802**	**1295**	**1507**
椒江区	117	54	63	1447	426	1021	541	238	303
黄岩区	100	56	44	1325	454	871	619	287	332
路桥区	72	42	30	1044	366	678	298	147	151
三门县									
天台县									
仙居县									
温岭市	405	225	180	2391	818	1573	620	311	309
临海市	77	43	34	1588	531	1057	296	128	168
玉环市	163	75	88	1642	492	1150	428	184	244
丽水市	**186**	**87**	**99**	**1455**	**532**	**923**	**457**	**221**	**236**
莲都区	156	73	83	963	351	612	329	159	170
青田县									
缙云县									
遂昌县									
松阳县									
云和县									
庆元县									
景宁畲族自治县									
龙泉市	30	14	16	492	181	311	128	62	66

8-6b　各地区分性别、主要生活来源的60岁及以上老年人口(镇)

单位：人

地　区	60岁及以上人口			劳动收入		
	合计	男	女	小计	男	女
合计	**219707**	**109052**	**110655**	**41179**	**29057**	**12122**
杭州市	**18562**	**9234**	**9328**	**2829**	**2056**	**773**
上城区						
下城区						
江干区						
拱墅区						
西湖区	9	4	5			
滨江区						
萧山区	2050	1053	997	484	364	120
余杭区	3920	1931	1989	362	282	80
富阳区	808	386	422	106	80	26
临安区	1525	754	771	327	225	102
桐庐县	5377	2642	2735	922	651	271
淳安县	2732	1387	1345	333	235	98
建德市	2141	1077	1064	295	219	76
宁波市	**29698**	**14574**	**15124**	**5508**	**3946**	**1562**
海曙区	785	386	399	86	62	24
江北区						
北仑区	618	310	308	58	50	8
镇海区	600	297	303	90	70	20
鄞州区	4862	2394	2468	596	464	132
奉化区	1064	538	526	209	154	55
象山县	5264	2566	2698	965	691	274
宁海县	6138	3013	3125	1100	760	340
余姚市	5087	2449	2638	1088	723	365
慈溪市	5280	2621	2659	1316	972	344
温州市	**31932**	**16218**	**15714**	**6330**	**4575**	**1755**
鹿城区	138	69	69	20	15	5
龙湾区	1930	993	937	415	338	77
瓯海区	241	116	125	40	32	8
洞头区	197	92	105	56	36	20
永嘉县	5962	3014	2948	974	730	244
平阳县	8623	4377	4246	1583	1150	433
苍南县	8651	4462	4189	2131	1457	674
文成县	2320	1158	1162	365	281	84
泰顺县	1780	950	830	254	213	41
瑞安市	756	354	402	118	78	40
乐清市	1002	479	523	276	171	105
龙港市	332	154	178	98	74	24
嘉兴市	**27540**	**13614**	**13926**	**5261**	**3565**	**1696**
南湖区	1107	558	549	317	205	112
秀洲区	2054	1027	1027	445	298	147
嘉善县	6821	3365	3456	829	605	224
海盐县	5607	2701	2906	933	623	310
海宁市	5404	2695	2709	1388	934	454
平湖市	3252	1614	1638	660	421	239
桐乡市	3295	1654	1641	689	479	210
湖州市	**23234**	**11395**	**11839**	**3739**	**2733**	**1006**
吴兴区	1603	793	810	433	297	136
南浔区	3204	1619	1585	542	387	155
德清县	5872	2878	2994	916	678	238
长兴县	7853	3835	4018	1216	887	329
安吉县	4702	2270	2432	632	484	148

8-6b 续表 1 单位：人

地 区	60岁及以上人口			劳动收入		
	合计	男	女	小计	男	女
绍兴市	**12938**	**6535**	**6403**	**2745**	**1954**	**791**
越城区	104	49	55	12	9	3
柯桥区	1349	716	633	420	320	100
上虞区	1353	683	670	361	255	106
新昌县	4422	2238	2184	654	453	201
诸暨市	3482	1743	1739	634	465	169
嵊州市	2228	1106	1122	664	452	212
金华市	**20238**	**10150**	**10088**	**4194**	**2887**	**1307**
婺城区	1108	543	565	231	155	76
金东区	1815	906	909	397	272	125
武义县	3275	1650	1625	833	561	272
浦江县	3022	1493	1529	496	328	168
磐安县	1523	787	736	336	242	94
兰溪市	1600	816	784	595	392	203
义乌市	2699	1406	1293	466	355	111
东阳市	4108	2011	2097	585	412	173
永康市	1088	538	550	255	170	85
衢州市	**11588**	**5790**	**5798**	**2340**	**1679**	**661**
柯城区	300	156	144	53	40	13
衢江区	1049	546	503	304	238	66
常山县	2543	1274	1269	534	375	159
开化县	2484	1208	1276	371	268	103
龙游县	3293	1618	1675	549	383	166
江山市	1919	988	931	529	375	154
舟山市	**5321**	**2519**	**2802**	**945**	**717**	**228**
定海区	639	310	329	144	111	33
普陀区	515	246	269	109	83	26
岱山县	2930	1383	1547	498	382	116
嵊泗县	1237	580	657	194	141	53
台州市	**21582**	**10468**	**11114**	**4546**	**3013**	**1533**
椒江区	39	17	22	6	5	1
黄岩区	826	405	421	191	122	69
路桥区	1527	759	768	414	259	155
三门县	3266	1577	1689	578	439	139
天台县	4255	2071	2184	485	353	132
仙居县	3812	1869	1943	624	453	171
温岭市	4906	2359	2547	1354	833	521
临海市	2710	1294	1416	816	502	314
玉环市	241	117	124	78	47	31
丽水市	**17074**	**8555**	**8519**	**2742**	**1932**	**810**
莲都区	448	221	227	101	70	31
青田县	4305	2090	2215	458	328	130
缙云县	3975	1981	1994	690	497	193
遂昌县	1982	993	989	306	209	97
松阳县	1763	868	895	391	242	149
云和县	1521	826	695	306	221	85
庆元县	1580	808	772	221	172	49
景宁畲族自治县	1122	568	554	205	147	58
龙泉市	378	200	178	64	46	18

8-6b　续表 2　　　　单位：人

地　区	离退休金/养老金			最低生活保障金			失业保险金		
	小计	男	女	小计	男	女	小计	男	女
合计	**106762**	**53133**	**53629**	**6848**	**3354**	**3494**	**80**	**37**	**43**
杭州市	**11359**	**5720**	**5639**	**512**	**229**	**283**	**2**	**1**	**1**
上城区									
下城区									
江干区									
拱墅区									
西湖区	9	4	5						
滨江区									
萧山区	1081	500	581	59	29	30			
余杭区	3081	1488	1593	34	12	22			
富阳区	546	235	311	34	20	14			
临安区	558	316	242	116	40	76			
桐庐县	3282	1617	1665	139	62	77	2	1	1
淳安县	1501	886	615	72	31	41			
建德市	1301	674	627	58	35	23			
宁波市	**16456**	**7970**	**8486**	**1683**	**730**	**953**	**1**	**1**	
海曙区	631	301	330	44	12	32			
江北区									
北仑区	422	200	222	54	29	25			
镇海区	427	191	236	31	15	16			
鄞州区	3805	1783	2022	94	30	64			
奉化区	490	257	233	121	52	69	1	1	
象山县	2825	1382	1443	180	80	100			
宁海县	3143	1586	1557	397	180	217			
余姚市	2605	1232	1373	371	175	196			
慈溪市	2108	1038	1070	391	157	234			
温州市	**9914**	**5401**	**4513**	**1001**	**546**	**455**	**7**	**3**	**4**
鹿城区	64	35	29	3	2	1			
龙湾区	601	297	304	30	13	17			
瓯海区	55	21	34	4	2	2			
洞头区	38	23	15	2	1	1			
永嘉县	1872	1034	838	157	92	65	1	1	
平阳县	3406	1751	1655	318	177	141	3		3
苍南县	2436	1432	1004	274	148	126	1		1
文成县	527	294	233	77	42	35			
泰顺县	421	250	171	61	30	31	2	2	
瑞安市	243	126	117	35	20	15			
乐清市	237	130	107	32	15	17			
龙港市	14	8	6	8	4	4			
嘉兴市	**16733**	**7937**	**8796**	**347**	**178**	**169**	**2**	**1**	**1**
南湖区	607	287	320	6	4	2			
秀洲区	1106	522	584	19	11	8			
嘉善县	4903	2336	2567	86	42	44			
海盐县	3604	1696	1908	67	22	45			
海宁市	2519	1194	1325	56	34	22	1	1	
平湖市	2120	1002	1118	72	43	29			
桐乡市	1874	900	974	41	22	19	1		1
湖州市	**14323**	**6809**	**7514**	**492**	**228**	**264**	**1**		**1**
吴兴区	411	199	212	28	11	17			
南浔区	1855	925	930	108	52	56			
德清县	4198	1952	2246	69	32	37			
长兴县	4885	2332	2553	183	91	92			
安吉县	2974	1401	1573	104	42	62	1		1

8-6b 续表 3 单位：人

地　区	离退休金/养老金			最低生活保障金			失业保险金		
	小计	男	女	小计	男	女	小计	男	女
绍兴市	**6679**	**3332**	**3347**	**278**	**160**	**118**			
越城区	41	21	20	1	1				
柯桥区	664	308	356	36	17	19			
上虞区	427	226	201	56	33	23			
新昌县	3032	1535	1497	36	17	19			
诸暨市	1747	870	877	95	58	37			
嵊州市	768	372	396	54	34	20			
金华市	**8303**	**4294**	**4009**	**693**	**361**	**332**	**43**	**20**	**23**
婺城区	463	228	235	25	13	12	1	1	
金东区	850	398	452	76	43	33	2	1	1
武义县	1302	682	620	97	40	57			
浦江县	1161	634	527	140	71	69			
磐安县	717	370	347	66	37	29	30	15	15
兰溪市	372	186	186	77	53	24			
义乌市	1284	646	638	69	37	32			
东阳市	1962	1036	926	92	41	51	10	3	7
永康市	192	114	78	51	26	25			
衢州市	**5067**	**2611**	**2456**	**504**	**272**	**232**	**3**	**1**	**2**
柯城区	150	76	74	39	20	19			
衢江区	229	118	111	72	45	27			
常山县	1316	681	635	94	48	46			
开化县	1241	630	611	65	33	32	2	1	1
龙游县	1698	874	824	151	65	86	1		1
江山市	433	232	201	83	61	22			
舟山市	**2890**	**1349**	**1541**	**115**	**52**	**63**			
定海区	332	149	183	8	3	5			
普陀区	171	89	82	16	6	10			
岱山县	1705	792	913	75	34	41			
嵊泗县	682	319	363	16	9	7			
台州市	**8141**	**4095**	**4046**	**668**	**314**	**354**	**17**	**8**	**9**
椒江区	28	10	18	1	1				
黄岩区	296	152	144	28	14	14			
路桥区	655	320	335	12	7	5	6	4	2
三门县	1269	675	594	115	47	68			
天台县	2095	1058	1037	168	78	90			
仙居县	1471	733	738	130	63	67	3	2	1
温岭市	1850	865	985	112	61	51	8	2	6
临海市	443	261	182	97	40	57			
玉环市	34	21	13	5	3	2			
丽水市	**6897**	**3615**	**3282**	**555**	**284**	**271**	**4**	**2**	**2**
莲都区	184	94	90	36	9	27			
青田县	1317	671	646	60	36	24	2	1	1
缙云县	1781	920	861	185	86	99	1	1	
遂昌县	1098	577	521	57	28	29	1		1
松阳县	893	454	439	48	23	25			
云和县	650	349	301	82	46	36			
庆元县	457	262	195	31	21	10			
景宁畲族自治县	409	233	176	26	13	13			
龙泉市	108	55	53	30	22	8			

8-6b　续表 4　　　　单位：人

地　区	财产性收入			家庭其他成员供养			其　他		
	小计	男	女	小计	男	女	小计	男	女
合计	**2045**	**1117**	**928**	**51969**	**17232**	**34737**	**10824**	**5122**	**5702**
杭州市	**83**	**42**	**41**	**3293**	**945**	**2348**	**484**	**241**	**243**
上城区									
下城区									
江干区									
拱墅区									
西湖区									
滨江区									
萧山区	11	6	5	382	137	245	33	17	16
余杭区	20	12	8	356	109	247	67	28	39
富阳区				91	31	60	31	20	11
临安区	16	6	10	431	129	302	77	38	39
桐庐县	16	8	8	911	253	658	105	50	55
淳安县	15	8	7	702	166	536	109	61	48
建德市	5	2	3	420	120	300	62	27	35
宁波市	**281**	**136**	**145**	**4738**	**1321**	**3417**	**1031**	**470**	**561**
海曙区				19	9	10	5	2	3
江北区									
北仑区				69	24	45	15	7	8
镇海区				39	13	26	13	8	5
鄞州区	9	4	5	259	72	187	99	41	58
奉化区	3	1	2	187	46	141	53	27	26
象山县	66	32	34	1008	272	736	220	109	111
宁海县	96	52	44	1211	344	867	191	91	100
余姚市	17	9	8	844	240	604	162	70	92
慈溪市	90	38	52	1102	301	801	273	115	158
温州市	**540**	**291**	**249**	**12276**	**4464**	**7812**	**1864**	**938**	**926**
鹿城区				35	12	23	16	5	11
龙湾区	28	17	11	710	257	453	146	71	75
瓯海区	12	7	5	115	45	70	15	9	6
洞头区	1	1		96	29	67	4	2	2
永嘉县	202	108	94	2422	887	1535	334	162	172
平阳县	87	45	42	2660	959	1701	566	295	271
苍南县	121	69	52	3383	1208	2175	305	148	157
文成县	22	11	11	1142	438	704	187	92	95
泰顺县	23	12	11	803	327	476	216	116	100
瑞安市	16	9	7	319	104	215	25	17	8
乐清市	28	12	16	389	133	256	40	18	22
龙港市				202	65	137	10	3	7
嘉兴市	**96**	**57**	**39**	**4391**	**1550**	**2841**	**710**	**326**	**384**
南湖区				160	56	104	17	6	11
秀洲区	31	19	12	399	149	250	54	28	26
嘉善县	33	17	16	738	265	473	232	100	132
海盐县	7	4	3	872	299	573	124	57	67
海宁市	17	11	6	1212	421	791	211	100	111
平湖市	3	3		362	132	230	35	13	22
桐乡市	5	3	2	648	228	420	37	22	15
湖州市	**134**	**72**	**62**	**3750**	**1194**	**2556**	**795**	**359**	**436**
吴兴区	66	33	33	599	221	378	66	32	34
南浔区	5	4	1	612	207	405	82	44	38
德清县	12	7	5	545	149	396	132	60	72
长兴县	11	7	4	1242	393	849	316	125	191
安吉县	40	21	19	752	224	528	199	98	101

8-6b 续表 5

单位：人

地 区	财产性收入			家庭其他成员供养			其 他		
	小计	男	女	小计	男	女	小计	男	女
绍兴市	**32**	**19**	**13**	**2669**	**807**	**1862**	**535**	**263**	**272**
越城区				50	18	32			
柯桥区	6	5	1	164	46	118	59	20	39
上虞区	2	1	1	415	122	293	92	46	46
新昌县	10	4	6	545	154	391	145	75	70
诸暨市	11	6	5	852	275	577	143	69	74
嵊州市	3	3		643	192	451	96	53	43
金华市	**318**	**187**	**131**	**5209**	**1713**	**3496**	**1478**	**688**	**790**
婺城区	3	2	1	281	99	182	104	45	59
金东区	13	9	4	331	118	213	146	65	81
武义县	61	34	27	726	229	497	256	104	152
浦江县	55	33	22	928	319	609	242	108	134
磐安县	13	6	7	287	90	197	74	27	47
兰溪市	1	1		483	148	335	72	36	36
义乌市	116	69	47	578	191	387	186	108	78
东阳市	29	16	13	1146	367	779	284	136	148
永康市	27	17	10	449	152	297	114	59	55
衢州市	**35**	**22**	**13**	**3218**	**1012**	**2206**	**421**	**193**	**228**
柯城区				40	11	29	18	9	9
衢江区	1	1		411	131	280	32	13	19
常山县	5	3	2	508	128	380	86	39	47
开化县	11	7	4	720	236	484	74	33	41
龙游县	15	8	7	724	211	513	155	77	78
江山市	3	3		815	295	520	56	22	34
舟山市	**21**	**12**	**9**	**953**	**227**	**726**	**397**	**162**	**235**
定海区	3	2	1	128	34	94	24	11	13
普陀区	4	3	1	167	46	121	48	19	29
岱山县	12	6	6	459	99	360	181	70	111
嵊泗县	2	1	1	199	48	151	144	62	82
台州市	**341**	**186**	**155**	**6209**	**2056**	**4153**	**1660**	**796**	**864**
椒江区				4	1	3			
黄岩区	1	1		235	78	157	75	38	37
路桥区	22	13	9	375	134	241	43	22	21
三门县	39	22	17	1064	298	766	201	96	105
天台县	43	22	21	1125	394	731	339	166	173
仙居县	66	36	30	1029	333	696	489	249	240
温岭市	114	59	55	1159	399	760	309	140	169
临海市	47	29	18	1118	385	733	189	77	112
玉环市	9	4	5	100	34	66	15	8	7
丽水市	**164**	**93**	**71**	**5263**	**1943**	**3320**	**1449**	**686**	**763**
莲都区	1	1		94	34	60	32	13	19
青田县	57	34	23	1905	779	1126	506	241	265
缙云县	41	27	14	966	307	659	311	143	168
遂昌县	7	4	3	355	104	251	158	71	87
松阳县	4	2	2	339	110	229	88	37	51
云和县	10	4	6	382	149	233	91	57	34
庆元县	25	12	13	674	262	412	172	79	93
景宁畲族自治县	17	9	8	411	142	269	54	24	30
龙泉市	2		2	137	56	81	37	21	16

8-6c　各地区分性别、主要生活来源的60岁及以上老年人口(乡村)

单位：人

地　区	60岁及以上人口			劳动收入		
	合计	男	女	小计	男	女
合计	**490620**	**244432**	**246188**	**141423**	**96141**	**45282**
杭州市	**57509**	**28538**	**28971**	**14712**	**10246**	**4466**
上城区						
下城区						
江干区						
拱墅区						
西湖区	698	328	370	84	64	20
滨江区						
萧山区	11675	5787	5888	2768	2041	727
余杭区	9399	4700	4699	1689	1316	373
富阳区	7799	3893	3906	1348	1032	316
临安区	8924	4437	4487	2558	1771	787
桐庐县	4871	2375	2496	1281	860	421
淳安县	7223	3539	3684	2937	1745	1192
建德市	6920	3479	3441	2047	1417	630
宁波市	**54692**	**26980**	**27712**	**13761**	**9625**	**4136**
海曙区	3466	1721	1745	504	371	133
江北区	1709	851	858	248	195	53
北仑区	4562	2275	2287	797	585	212
镇海区	1091	567	524	273	208	65
鄞州区	5887	2935	2952	971	757	214
奉化区	7190	3627	3563	2223	1561	662
象山县	7696	3805	3891	2274	1621	653
宁海县	7585	3713	3872	2323	1529	794
余姚市	7278	3489	3789	1685	1128	557
慈溪市	8228	3997	4231	2463	1670	793
温州市	**59406**	**30157**	**29249**	**15386**	**10861**	**4525**
鹿城区	1863	926	937	318	227	91
龙湾区	9	5	4	5	3	2
瓯海区	2629	1341	1288	467	374	93
洞头区	1360	639	721	326	240	86
永嘉县	9436	4731	4705	1784	1368	416
平阳县	7923	4094	3829	2250	1636	614
苍南县	6843	3519	3324	2384	1585	799
文成县	3524	1948	1576	735	559	176
泰顺县	3511	1912	1599	730	568	162
瑞安市	10763	5404	5359	2406	1775	631
乐清市	11160	5448	5712	3861	2444	1417
龙港市	385	190	195	120	82	38
嘉兴市	**42941**	**20901**	**22040**	**14607**	**9054**	**5553**
南湖区	2707	1335	1372	1063	643	420
秀洲区	5365	2627	2738	1556	999	557
嘉善县	5117	2515	2602	1517	973	544
海盐县	5006	2385	2621	1921	1107	814
海宁市	8319	4069	4250	2768	1742	1026
平湖市	6888	3296	3592	2334	1411	923
桐乡市	9539	4674	4865	3448	2179	1269
湖州市	**34206**	**17049**	**17157**	**9128**	**6679**	**2449**
吴兴区	5845	2998	2847	1577	1176	401
南浔区	8479	4239	4240	2463	1746	717
德清县	6461	3201	3260	1801	1280	521
长兴县	7167	3530	3637	1808	1348	460
安吉县	6254	3081	3173	1479	1129	350

8-6c 续表 1 单位：人

地区	60岁及以上人口			劳动收入		
	合计	男	女	小计	男	女
绍兴市	**52654**	**26338**	**26316**	**16564**	**11232**	**5332**
越城区	4509	2219	2290	1248	873	375
柯桥区	5849	2890	2959	1793	1256	537
上虞区	9865	4790	5075	3298	2122	1176
新昌县	5861	3034	2827	2483	1533	950
诸暨市	15554	7780	7774	4226	2999	1227
嵊州市	11016	5625	5391	3516	2449	1067
金华市	**55066**	**27279**	**27787**	**15045**	**9928**	**5117**
婺城区	6162	3016	3146	1786	1175	611
金东区	4707	2308	2399	1489	957	532
武义县	4553	2266	2287	1475	921	554
浦江县	5531	2670	2861	1466	972	494
磐安县	2679	1350	1329	868	558	310
兰溪市	8100	4152	3948	3245	2131	1114
义乌市	7369	3773	3596	1265	906	359
东阳市	10039	4829	5210	2009	1328	681
永康市	5926	2915	3011	1442	980	462
衢州市	**32339**	**16552**	**15787**	**10242**	**7425**	**2817**
柯城区	3843	1981	1862	913	732	181
衢江区	6670	3469	3201	2191	1620	571
常山县	4085	2086	1999	1504	1076	428
开化县	4633	2291	2342	1166	886	280
龙游县	6008	3072	2936	1863	1358	505
江山市	7100	3653	3447	2605	1753	852
舟山市	**11872**	**5697**	**6175**	**2736**	**2063**	**673**
定海区	4120	2031	2089	847	636	211
普陀区	4164	1957	2207	949	724	225
岱山县	2670	1275	1395	720	536	184
嵊泗县	918	434	484	220	167	53
台州市	**63677**	**31163**	**32514**	**20845**	**13359**	**7486**
椒江区	3806	1893	1913	1320	869	451
黄岩区	7256	3563	3693	1781	1198	583
路桥区	4418	2180	2238	1219	812	407
三门县	4978	2395	2583	1540	1119	421
天台县	6367	3106	3261	1241	851	390
仙居县	5632	2826	2806	1614	1128	486
温岭市	13235	6437	6798	5432	3093	2339
临海市	14560	7070	7490	5504	3499	2005
玉环市	3425	1693	1732	1194	790	404
丽水市	**26258**	**13778**	**12480**	**8397**	**5669**	**2728**
莲都区	3731	1956	1775	1434	936	498
青田县	4155	2160	1995	862	596	266
缙云县	5422	2763	2659	1771	1187	584
遂昌县	3146	1659	1487	1164	778	386
松阳县	3039	1597	1442	1428	875	553
云和县	995	532	463	255	197	58
庆元县	1582	845	737	414	303	111
景宁畲族自治县	1350	769	581	548	367	181
龙泉市	2838	1497	1341	521	430	91

8-6c　续表 2　　单位：人

地　区	离退休金/养老金			最低生活保障金			失业保险金		
	小计	男	女	小计	男	女	小计	男	女
合计	**121435**	**61016**	**60419**	**23047**	**13026**	**10021**	**95**	**50**	**45**
杭州市	**21280**	**10450**	**10830**	**3353**	**1680**	**1673**	**3**	**2**	**1**
上城区									
下城区									
江干区									
拱墅区									
西湖区	437	212	225	42	14	28			
滨江区									
萧山区	5523	2563	2960	422	205	217			
余杭区	4709	2249	2460	470	211	259	1	1	
富阳区	4817	2193	2624	289	170	119			
临安区	1921	1105	816	948	424	524	2	1	1
桐庐县	1080	571	509	309	167	142			
淳安县	1211	689	522	480	265	215			
建德市	1582	868	714	393	224	169			
宁波市	**23198**	**10953**	**12245**	**3789**	**1755**	**2034**	**5**	**2**	**3**
海曙区	2594	1213	1381	89	41	48			
江北区	1339	599	740	28	23	5			
北仑区	3270	1504	1766	197	88	109			
镇海区	696	312	384	41	18	23			
鄞州区	4113	1890	2223	245	102	143			
奉化区	1878	934	944	936	416	520	2	1	1
象山县	1487	775	712	531	285	246			
宁海县	1656	827	829	708	345	363	3	1	2
余姚市	2888	1388	1500	583	259	324			
慈溪市	3277	1511	1766	431	178	253			
温州市	**8196**	**4585**	**3611**	**2757**	**1727**	**1030**	**7**	**5**	**2**
鹿城区	629	338	291	65	31	34			
龙湾区	4	2	2						
瓯海区	557	302	255	88	51	37			
洞头区	345	163	182	57	27	30			
永嘉县	1045	610	435	454	267	187			
平阳县	865	502	363	558	348	210	3	3	
苍南县	428	256	172	314	207	107			
文成县	397	239	158	235	175	60			
泰顺县	286	171	115	251	200	51			
瑞安市	2243	1186	1057	360	213	147	2	1	1
乐清市	1380	805	575	365	202	163	2	1	1
龙港市	17	11	6	10	6	4			
嘉兴市	**12734**	**6045**	**6689**	**908**	**500**	**408**	**1**	**1**	
南湖区	833	411	422	74	32	42			
秀洲区	1744	806	938	164	97	67			
嘉善县	2047	952	1095	107	70	37			
海盐县	1146	573	573	94	49	45			
海宁市	2245	1102	1143	116	61	55			
平湖市	2186	1015	1171	148	75	73	1	1	
桐乡市	2533	1186	1347	205	116	89			
湖州市	**11314**	**5352**	**5962**	**1064**	**577**	**487**	**1**	**1**	
吴兴区	1983	946	1037	132	72	60			
南浔区	2613	1231	1382	260	133	127			
德清县	2647	1224	1423	150	67	83	1	1	
长兴县	2525	1182	1343	258	152	106			
安吉县	1546	769	777	264	153	111			

8-6c 续表 3 单位：人

地区	离退休金/养老金			最低生活保障金			失业保险金		
	小计	男	女	小计	男	女	小计	男	女
绍兴市	**11973**	**6205**	**5768**	**1954**	**1245**	**709**	**4**	**2**	**2**
越城区	1422	707	715	159	76	83			
柯桥区	2148	1020	1128	177	92	85			
上虞区	1763	943	820	293	196	97	3	1	2
新昌县	1301	677	624	276	181	95			
诸暨市	3422	1825	1597	582	392	190	1	1	
嵊州市	1917	1033	884	467	308	159			
金华市	**11010**	**6134**	**4876**	**2737**	**1595**	**1142**	**15**	**7**	**8**
婺城区	1311	690	621	257	155	102	6	2	4
金东区	1194	617	577	187	100	87	2		2
武义县	461	288	173	335	182	153	1	1	
浦江县	680	425	255	248	129	119	2	1	1
磐安县	386	211	175	197	110	87			
兰溪市	893	515	378	419	324	95			
义乌市	3126	1607	1519	434	235	199	1	1	
东阳市	2363	1366	997	414	230	184			
永康市	596	415	181	246	130	116	3	2	1
衢州市	**4360**	**2489**	**1871**	**1968**	**1268**	**700**	**5**	**1**	**4**
柯城区	1142	573	569	278	165	113	2		2
衢江区	1062	561	501	419	282	137	2	1	1
常山县	501	282	219	346	191	155			
开化县	433	261	172	207	124	83			
龙游县	609	404	205	370	259	111	1		1
江山市	613	408	205	348	247	101			
舟山市	**4957**	**2195**	**2762**	**231**	**155**	**76**			
定海区	2278	1023	1255	81	58	23			
普陀区	1464	647	817	106	65	41			
岱山县	1093	463	630	31	23	8			
嵊泗县	122	62	60	13	9	4			
台州市	**8710**	**4582**	**4128**	**2355**	**1330**	**1025**	**42**	**22**	**20**
椒江区	649	324	325	128	66	62	1	1	
黄岩区	1304	695	609	248	139	109	17	9	8
路桥区	1244	599	645	127	68	59	5	3	2
三门县	364	220	144	175	92	83	3	2	1
天台县	1063	551	512	356	205	151	11	5	6
仙居县	783	403	380	325	190	135	1		1
温岭市	1486	825	661	377	226	151	2	1	1
临海市	1382	761	621	520	286	234			
玉环市	435	204	231	99	58	41	2	1	1
丽水市	**3703**	**2026**	**1677**	**1931**	**1194**	**737**	**12**	**7**	**5**
莲都区	627	329	298	338	204	134	2	2	
青田县	451	250	201	309	192	117	2	1	1
缙云县	606	355	251	377	231	146	3	1	2
遂昌县	480	268	212	188	122	66			
松阳县	543	272	271	145	93	52			
云和县	107	62	45	101	55	46			
庆元县	158	96	62	119	68	51	5	3	2
景宁畲族自治县	147	85	62	97	70	27			
龙泉市	584	309	275	257	159	98			

8-6c　续表 4　　单位：人

地　　区	财产性收入			家庭其他成员供养			其　　他		
	小计	男	女	小计	男	女	小计	男	女
合计	**2365**	**1349**	**1016**	**172731**	**58498**	**114233**	**29524**	**14352**	**15172**
杭州市	**213**	**114**	**99**	**15305**	**4777**	**10528**	**2643**	**1269**	**1374**
上城区									
下城区									
江干区									
拱墅区									
西湖区	4	1	3	122	33	89	9	4	5
滨江区									
萧山区	36	19	17	2618	813	1805	308	146	162
余杭区	27	15	12	2130	718	1412	373	190	183
富阳区	9	5	4	841	260	581	495	233	262
临安区	80	39	41	2811	821	1990	604	276	328
桐庐县	13	8	5	1962	646	1316	226	123	103
淳安县	26	17	9	2223	668	1555	346	155	191
建德市	18	10	8	2598	818	1780	282	142	140
宁波市	**199**	**105**	**94**	**11614**	**3523**	**8091**	**2126**	**1017**	**1109**
海曙区	3	1	2	178	52	126	98	43	55
江北区	1		1	62	20	42	31	14	17
北仑区	3	2	1	211	54	157	84	42	42
镇海区	3	2	1	59	16	43	19	11	8
鄞州区	14	9	5	447	119	328	97	58	39
奉化区	19	11	8	1781	539	1242	351	165	186
象山县	31	21	10	2868	860	2008	505	243	262
宁海县	44	21	23	2532	830	1702	319	160	159
余姚市	14	8	6	1793	552	1241	315	154	161
慈溪市	67	30	37	1683	481	1202	307	127	180
温州市	**462**	**275**	**187**	**28648**	**10725**	**17923**	**3950**	**1979**	**1971**
鹿城区	21	13	8	668	237	431	162	80	82
龙湾区									
瓯海区	47	28	19	1187	436	751	283	150	133
洞头区	9	4	5	532	162	370	91	43	48
永嘉县	67	42	25	5241	2045	3196	845	399	446
平阳县	35	25	10	3673	1305	2368	539	275	264
苍南县	19	11	8	3404	1323	2081	294	137	157
文成县	10	6	4	1855	809	1046	292	160	132
泰顺县	7	3	4	1823	754	1069	414	216	198
瑞安市	94	56	38	5019	1852	3167	639	321	318
乐清市	153	87	66	5010	1712	3298	389	197	192
龙港市				236	90	146	2	1	1
嘉兴市	**225**	**124**	**101**	**13183**	**4545**	**8638**	**1283**	**632**	**651**
南湖区	5	4	1	701	225	476	31	20	11
秀洲区	86	47	39	1662	593	1069	153	85	68
嘉善县	12	7	5	1243	417	826	191	96	95
海盐县	12	5	7	1610	545	1065	223	106	117
海宁市	60	33	27	2765	973	1792	365	158	207
平湖市	5	2	3	2160	763	1397	54	29	25
桐乡市	45	26	19	3042	1029	2013	266	138	128
湖州市	**144**	**89**	**55**	**10987**	**3576**	**7411**	**1568**	**775**	**793**
吴兴区	34	24	10	1866	642	1224	253	138	115
南浔区	49	23	26	2742	941	1801	352	165	187
德清县	15	12	3	1624	499	1125	223	118	105
长兴县	5	3	2	2264	702	1562	307	143	164
安吉县	41	27	14	2491	792	1699	433	211	222

8-6c 续表 5

单位：人

地区	财产性收入			家庭其他成员供养			其他		
	小计	男	女	小计	男	女	小计	男	女
绍兴市	**180**	**100**	**80**	**19040**	**6063**	**12977**	**2939**	**1491**	**1448**
越城区	13	10	3	1578	506	1072	89	47	42
柯桥区	39	18	21	1564	452	1112	128	52	76
上虞区	33	16	17	4007	1302	2705	468	210	258
新昌县	3	3		1426	454	972	372	186	186
诸暨市	54	31	23	6307	2010	4297	962	522	440
嵊州市	38	22	16	4158	1339	2819	920	474	446
金华市	**309**	**185**	**124**	**21295**	**7156**	**14139**	**4655**	**2274**	**2381**
婺城区	12	8	4	2314	748	1566	476	238	238
金东区	15	11	4	1440	435	1005	380	188	192
武义县	21	13	8	1730	601	1129	530	260	270
浦江县	45	29	16	2693	930	1763	397	184	213
磐安县	3	3		935	340	595	290	128	162
兰溪市	9	7	2	3009	941	2068	525	234	291
义乌市	113	61	52	1964	712	1252	466	251	215
东阳市	27	19	8	4255	1400	2855	971	486	485
永康市	64	34	30	2955	1049	1906	620	305	315
衢州市	**65**	**45**	**20**	**14215**	**4553**	**9662**	**1484**	**771**	**713**
柯城区	2	2		1387	448	939	119	61	58
衢江区	13	7	6	2738	865	1873	245	133	112
常山县	16	8	8	1529	448	1081	189	81	108
开化县	4	3	1	2589	895	1694	234	122	112
龙游县	18	13	5	2722	817	1905	425	221	204
江山市	12	12		3250	1080	2170	272	153	119
舟山市	**100**	**51**	**49**	**2881**	**820**	**2061**	**967**	**413**	**554**
定海区	21	12	9	743	227	516	150	75	75
普陀区	52	24	28	1202	350	852	391	147	244
岱山县	12	4	8	671	183	488	143	66	77
嵊泗县	15	11	4	265	60	205	283	125	158
台州市	**388**	**216**	**172**	**25747**	**9085**	**16662**	**5590**	**2569**	**3021**
椒江区	49	26	23	1350	476	874	309	131	178
黄岩区	20	10	10	2958	1073	1885	928	439	489
路桥区	21	15	6	1624	597	1027	178	86	92
三门县	23	13	10	2412	762	1650	461	187	274
天台县	31	19	12	2989	1135	1854	676	340	336
仙居县	20	11	9	2005	679	1326	884	415	469
温岭市	143	79	64	4934	1825	3109	861	388	473
临海市	48	25	23	6078	2031	4047	1028	468	560
玉环市	33	18	15	1397	507	890	265	115	150
丽水市	**80**	**45**	**35**	**9816**	**3675**	**6141**	**2319**	**1162**	**1157**
莲都区	8	2	6	1036	343	693	286	140	146
青田县	19	13	6	2055	871	1184	457	237	220
缙云县	10	7	3	2110	717	1393	545	265	280
遂昌县	9	6	3	990	332	658	315	153	162
松阳县	3	1	2	771	287	484	149	69	80
云和县	4	1	3	392	145	247	136	72	64
庆元县	10	6	4	769	305	464	107	64	43
景宁畲族自治县	15	7	8	476	200	276	67	40	27
龙泉市	2	2		1217	475	742	257	122	135

8-7 全省分年龄、性别、主要生活来源的人口

单位：人

年龄	15岁及以上人口			劳动收入		
	合计	男	女	小计	男	女
总计	**5632551**	**2945227**	**2687324**	**3642114**	**2195320**	**1446794**
45岁以下	**2810552**	**1504507**	**1306045**	**2196218**	**1267616**	**928602**
45-49岁	**575686**	**301418**	**274268**	**494639**	**281662**	**212977**
45	105119	55230	49889	92006	51943	40063
46	110168	57571	52597	96088	53986	42102
47	119421	62315	57106	103003	58297	44706
48	118397	61920	56477	101002	57652	43350
49	122581	64382	58199	102540	59784	42756
50-54岁	**586614**	**307143**	**279471**	**430430**	**276594**	**153836**
50	126559	65934	60625	99032	60597	38435
51	122681	64266	58415	92270	58388	33882
52	121091	63502	57589	88890	57223	31667
53	101989	53386	48603	72312	47674	24638
54	114294	60055	54239	77926	52712	25214
55-59岁	**483086**	**250720**	**232366**	**282584**	**203735**	**78849**
55	113239	59278	53961	72162	50478	21684
56	106879	55507	51372	65034	46210	18824
57	120610	62680	57930	69321	50588	18733
58	92704	47967	44737	51165	37850	13315
59	49654	25288	24366	24902	18609	6293
60-64岁	**345068**	**176962**	**168106**	**117833**	**82725**	**35108**
60	64445	32986	31459	24858	17482	7376
61	57544	29804	27740	20624	14586	6038
62	71090	36511	34579	24313	17097	7216
63	79962	41144	38818	26032	18290	7742
64	72027	36517	35510	22006	15270	6736
65-69岁	**318048**	**158428**	**159620**	**77407**	**52987**	**24420**
65	69642	35314	34328	19682	13523	6159
66	71963	36147	35816	18902	13003	5899
67	61025	30165	30860	14821	10117	4704
68	61644	30487	31157	13576	9284	4292
69	53774	26315	27459	10426	7060	3366

8-7 续表 1 单位：人

年龄	15岁及以上人口			劳动收入		
	合计	男	女	小计	男	女
70-74岁	**222904**	**110045**	**112859**	**31088**	**21536**	**9552**
70	49659	24618	25041	8704	5919	2785
71	49406	24672	24734	7595	5260	2335
72	46947	23252	23695	6394	4479	1915
73	41000	20146	20854	4767	3335	1432
74	35892	17357	18535	3628	2543	1085
75-79岁	**124053**	**61069**	**62984**	**8571**	**6143**	**2428**
75	30301	15040	15261	2647	1932	715
76	28073	13901	14172	2122	1497	625
77	24207	11807	12400	1589	1130	459
78	20256	9867	10389	1168	861	307
79	21216	10454	10762	1045	723	322
80-84岁	**88439**	**42024**	**46415**	**2523**	**1802**	**721**
80	18203	8788	9415	717	514	203
81	16904	8126	8778	542	390	152
82	19924	9512	10412	545	387	158
83	17736	8362	9374	427	313	114
84	15672	7236	8436	292	198	94
85-89岁	**56248**	**24563**	**31685**	**714**	**453**	**261**
85	14920	6811	8109	243	158	85
86	12869	5664	7205	178	118	60
87	11889	5103	6786	147	96	51
88	9668	4122	5546	85	53	32
89	6902	2863	4039	61	28	33
90-94岁	**18167**	**7122**	**11045**	**95**	**58**	**37**
90	5622	2256	3366	33	23	10
91	4259	1716	2543	19	10	9
92	3860	1491	2369	18	9	9
93	2602	987	1615	13	8	5
94	1824	672	1152	12	8	4
95-99岁	**3384**	**1133**	**2251**	**11**	**8**	**3**
95	1286	472	814	6	5	1
96	879	272	607	3	2	1
97	573	181	392	2	1	1
98	408	122	286			
99	238	86	152			
100岁及以上	**302**	**93**	**209**	**1**	**1**	

8-7　续表 2　　　　单位：人

年　龄	离退休金/养老金			最低生活保障金			失业保险金		
	小计	男	女	小计	男	女	小计	男	女
总　计	**701275**	**283198**	**418077**	**54731**	**29921**	**24810**	**2283**	**1241**	**1042**
45岁以下	**55**	**19**	**36**	**5922**	**3475**	**2447**	**981**	**495**	**486**
45-49岁	**2266**	**51**	**2215**	**2763**	**1700**	**1063**	**580**	**184**	**396**
45	147	4	143	457	273	184	65	26	39
46	178	4	174	506	309	197	77	25	52
47	291	9	282	574	350	224	115	41	74
48	487	17	470	579	369	210	140	37	103
49	1163	17	1146	647	399	248	183	55	128
50-54岁	**55396**	**2791**	**52605**	**3926**	**2348**	**1578**	**272**	**233**	**39**
50	8368	264	8104	742	470	272	59	40	19
51	10519	433	10086	801	484	317	46	40	6
52	11645	567	11078	737	445	292	56	53	3
53	10858	545	10313	757	440	317	49	42	7
54	14006	982	13024	889	509	380	62	58	4
55-59岁	**94732**	**11725**	**83007**	**4783**	**2681**	**2102**	**250**	**231**	**19**
55	17973	1644	16329	1000	583	417	92	91	1
56	19085	2006	17079	1055	624	431	41	33	8
57	24708	2965	21743	1145	612	533	34	31	3
58	19931	2686	17245	986	535	451	45	41	4
59	13035	2424	10611	597	327	270	38	35	3
60-64岁	**144898**	**67055**	**77843**	**6972**	**3864**	**3108**	**38**	**17**	**21**
60	25788	11220	14568	1021	556	465	6	3	3
61	23883	11061	12822	1068	579	489	10	4	6
62	29981	13932	16049	1426	791	635	7	1	6
63	34236	16148	18088	1704	957	747	7	5	2
64	31010	14694	16316	1753	981	772	8	4	4
65-69岁	**146989**	**71135**	**75854**	**8933**	**4828**	**4105**	**62**	**22**	**40**
65	31093	15014	16079	1737	985	752	12	7	5
66	32748	15892	16856	1872	1027	845	14	4	10
67	27884	13366	14518	1765	941	824	15	5	10
68	29203	14145	15058	1845	982	863	12	2	10
69	26061	12718	13343	1714	893	821	9	4	5

8-7 续表 3 单位：人

年 龄	离退休金/养老金			最低生活保障金			失业保险金		
	小计	男	女	小计	男	女	小计	男	女
70-74岁	**113149**	**56975**	**56174**	**7997**	**4231**	**3766**	**49**	**31**	**18**
70	24437	12249	12188	1577	846	731	8	6	2
71	24728	12479	12249	1712	943	769	12	8	4
72	23862	11969	11893	1744	914	830	7	4	3
73	21431	10878	10553	1542	813	729	15	8	7
74	18691	9400	9291	1422	715	707	7	5	2
75-79岁	**64773**	**33537**	**31236**	**5330**	**2883**	**2447**	**35**	**20**	**15**
75	15963	8336	7627	1214	643	571	11	8	3
76	14769	7689	7080	1180	637	543	10	5	5
77	12695	6467	6228	1058	564	494	1		1
78	10603	5400	5203	921	518	403	6	4	2
79	10743	5645	5098	957	521	436	7	3	4
80-84岁	**43271**	**22253**	**21018**	**4140**	**2177**	**1963**	**9**	**5**	**4**
80	9117	4692	4425	778	409	369			
81	8307	4242	4065	805	465	340	1		1
82	9600	4927	4673	957	512	445	2	1	1
83	8566	4412	4154	884	454	430	4	3	1
84	7681	3980	3701	716	337	379	2	1	1
85-89岁	**26375**	**13330**	**13045**	**2822**	**1291**	**1531**	**5**	**2**	**3**
85	7248	3737	3511	718	363	355	2		2
86	6148	3071	3077	608	296	312	2	2	
87	5510	2749	2761	658	286	372	1		1
88	4412	2257	2155	495	203	292			
89	3057	1516	1541	343	143	200			
90-94岁	**7921**	**3753**	**4168**	**945**	**383**	**562**	**2**	**1**	**1**
90	2577	1217	1360	281	118	163	1		1
91	1878	917	961	231	112	119	1	1	
92	1665	785	880	199	76	123			
93	1049	484	565	138	46	92			
94	752	350	402	96	31	65			
95-99岁	**1347**	**535**	**812**	**173**	**53**	**120**			
95	528	214	314	64	24	40			
96	328	122	206	41	15	26			
97	231	98	133	38	8	30			
98	172	59	113	15	3	12			
99	88	42	46	15	3	12			
100岁及以上	**103**	**39**	**64**	**25**	**7**	**18**			

8-7　续表 4　　　　单位：人

年　龄	财产性收入			家庭其他成员供养			其　　他		
	小计	男	女	小计	男	女	小计	男	女
总　计	**43414**	**23507**	**19907**	**982400**	**312205**	**670195**	**206334**	**99835**	**106499**
45岁以下	**14293**	**7077**	**7216**	**505953**	**184045**	**321908**	**87130**	**41780**	**45350**
45-49岁	**5974**	**2948**	**3026**	**49356**	**5584**	**43772**	**20108**	**9289**	**10819**
45	1040	506	534	7961	888	7073	3443	1590	1853
46	1066	537	529	8639	1001	7638	3614	1709	1905
47	1216	592	624	10140	1159	8981	4082	1867	2215
48	1269	646	623	10636	1203	9433	4284	1996	2288
49	1383	667	716	11980	1333	10647	4685	2127	2558
50-54岁	**6687**	**3840**	**2847**	**66956**	**10091**	**56865**	**22947**	**11246**	**11701**
50	1413	789	624	12338	1574	10764	4607	2200	2407
51	1374	767	607	12908	1839	11069	4763	2315	2448
52	1347	774	573	13692	2044	11648	4724	2396	2328
53	1141	672	469	12740	2005	10735	4132	2008	2124
54	1412	838	574	15278	2629	12649	4721	2327	2394
55-59岁	**6690**	**4190**	**2500**	**71817**	**16426**	**55391**	**22230**	**11732**	**10498**
55	1563	943	620	15554	3050	12504	4895	2489	2406
56	1424	883	541	15431	3279	12152	4809	2472	2337
57	1714	1099	615	18054	4294	13760	5634	3091	2543
58	1331	857	474	14810	3641	11169	4436	2357	2079
59	658	408	250	7968	2162	5806	2456	1323	1133
60-64岁	**3533**	**1943**	**1590**	**57335**	**14622**	**42713**	**14459**	**6736**	**7723**
60	694	390	304	9542	2144	7398	2536	1191	1345
61	607	333	274	9020	2150	6870	2332	1091	1241
62	706	413	293	11652	2878	8774	3005	1399	1606
63	808	422	386	13806	3719	10087	3369	1603	1766
64	718	385	333	13315	3731	9584	3217	1452	1765
65-69岁	**3093**	**1698**	**1395**	**66505**	**20629**	**45876**	**15059**	**7129**	**7930**
65	647	376	271	13324	3921	9403	3147	1488	1659
66	698	373	325	14368	4312	10056	3361	1536	1825
67	629	329	300	12949	4014	8935	2962	1393	1569
68	587	311	276	13444	4295	9149	2977	1468	1509
69	532	309	223	12420	4087	8333	2612	1244	1368

8-7 续表 5 单位：人

年 龄	财产性收入			家庭其他成员供养			其 他		
	小计	男	女	小计	男	女	小计	男	女
70-74岁	**1812**	**1029**	**783**	**57542**	**20623**	**36919**	**11267**	**5620**	**5647**
70	477	271	206	11869	4045	7824	2587	1282	1305
71	430	245	185	12370	4453	7917	2559	1284	1275
72	364	192	172	12247	4504	7743	2329	1190	1139
73	282	181	101	10985	3952	7033	1978	979	999
74	259	140	119	10071	3669	6402	1814	885	929
75-79岁	**708**	**435**	**273**	**38752**	**15097**	**23655**	**5884**	**2954**	**2930**
75	179	106	73	8793	3262	5531	1494	753	741
76	162	98	64	8503	3299	5204	1327	676	651
77	140	96	44	7613	2988	4625	1111	562	549
78	111	69	42	6495	2557	3938	952	458	494
79	116	66	50	7348	2991	4357	1000	505	495
80-84岁	**403**	**243**	**160**	**34033**	**13565**	**20468**	**4060**	**1979**	**2081**
80	104	64	40	6652	2701	3951	835	408	427
81	79	47	32	6352	2557	3795	818	425	393
82	84	51	33	7769	3170	4599	967	464	503
83	71	42	29	7022	2775	4247	762	363	399
84	65	39	26	6238	2362	3876	678	319	359
85-89岁	**173**	**90**	**83**	**23814**	**8338**	**15476**	**2345**	**1059**	**1286**
85	40	19	21	5990	2201	3789	679	333	346
86	50	27	23	5376	1937	3439	507	213	294
87	38	19	19	5048	1727	3321	487	226	261
88	32	18	14	4254	1425	2829	390	166	224
89	13	7	6	3146	1048	2098	282	121	161
90-94岁	**41**	**13**	**28**	**8456**	**2649**	**5807**	**707**	**265**	**442**
90	13	6	7	2484	797	1687	233	95	138
91	9	2	7	1964	612	1352	157	62	95
92	11	2	9	1832	565	1267	135	54	81
93	3	2	1	1293	414	879	106	33	73
94	5	1	4	883	261	622	76	21	55
95-99岁	**7**	**1**	**6**	**1720**	**494**	**1226**	**126**	**42**	**84**
95	3	1	2	643	211	432	42	17	25
96	1		1	481	125	356	25	8	17
97	1		1	277	69	208	24	5	19
98	2		2	199	56	143	20	4	16
99				120	33	87	15	8	7
100岁及以上				**161**	**42**	**119**	**12**	**4**	**8**

8-7a 全省分年龄、性别、主要生活来源的人口(城市)

单位：人

年 龄	15岁及以上人口			劳动收入		
	合计	男	女	小计	男	女
总 计	**2910746**	**1512519**	**1398227**	**1916565**	**1134048**	**782517**
45岁以下	**1655788**	**874439**	**781349**	**1294968**	**732536**	**562432**
45-49岁	**293835**	**154235**	**139600**	**254542**	**144516**	**110026**
45	55064	28977	26087	48563	27331	21232
46	56974	29913	27061	50168	28160	22008
47	61055	32010	29045	53122	30029	23093
48	59569	31151	28418	51203	29063	22140
49	61173	32184	28989	51486	29933	21553
50-54岁	**275854**	**143814**	**132040**	**196402**	**128854**	**67548**
50	61821	32083	29738	47545	29422	18123
51	58328	30509	27819	42671	27653	15018
52	57411	30003	27408	40873	26851	14022
53	46500	24213	22287	31744	21478	10266
54	51794	27006	24788	33569	23450	10119
55-59岁	**218983**	**112076**	**106907**	**115012**	**87627**	**27385**
55	50731	26311	24420	29896	21901	7995
56	48371	24811	23560	26909	20118	6791
57	55411	28363	27048	28342	21957	6385
58	41790	21339	20451	20340	16001	4339
59	22680	11252	11428	9525	7650	1875
60-64岁	**149613**	**75348**	**74265**	**32523**	**23998**	**8525**
60	28861	14474	14387	7536	5553	1983
61	25623	13027	12596	6034	4455	1579
62	31039	15725	15314	6753	5001	1752
63	34051	17159	16892	6807	5026	1781
64	30039	14963	15076	5393	3963	1430
65-69岁	**126216**	**62096**	**64120**	**16599**	**11879**	**4720**
65	28679	14301	14378	4606	3299	1307
66	28984	14395	14589	4215	3044	1171
67	23876	11610	12266	3068	2174	894
68	23967	11746	12221	2723	1947	776
69	20710	10044	10666	1987	1415	572

8-7a 续表 1

单位：人

年 龄	15岁及以上人口			劳动收入		
	合计	男	女	小计	男	女
70-74岁	**83642**	**40724**	**42918**	**4977**	**3509**	**1468**
70	19081	9385	9696	1536	1068	468
71	18707	9107	9600	1248	856	392
72	17185	8288	8897	967	704	263
73	15361	7516	7845	700	502	198
74	13308	6428	6880	526	379	147
75-79岁	**45551**	**22241**	**23310**	**1149**	**854**	**295**
75	11067	5511	5556	366	278	88
76	10259	5056	5203	280	203	77
77	9070	4367	4703	212	164	48
78	7587	3578	4009	160	121	39
79	7568	3729	3839	131	88	43
80-84岁	**32066**	**14891**	**17175**	**297**	**216**	**81**
80	6594	3043	3551	86	61	25
81	6130	2849	3281	51	40	11
82	7067	3299	3768	72	55	17
83	6426	2991	3435	57	41	16
84	5849	2709	3140	31	19	12
85-89岁	**20993**	**9444**	**11549**	**73**	**47**	**26**
85	5596	2597	2999	25	15	10
86	4788	2140	2648	23	19	4
87	4367	1950	2417	6	5	1
88	3639	1657	1982	8	5	3
89	2603	1100	1503	11	3	8
90-94岁	**6788**	**2741**	**4047**	**20**	**9**	**11**
90	2103	876	1227	6	4	2
91	1545	646	899	4	1	3
92	1480	588	892	5	1	4
93	979	385	594	4	2	2
94	681	246	435	1	1	
95-99岁	**1302**	**432**	**870**	**2**	**2**	
95	500	170	330	1	1	
96	331	104	227	1	1	
97	208	75	133			
98	161	49	112			
99	102	34	68			
100岁及以上	**115**	**38**	**77**	**1**	**1**	

8-7a 续表 2

单位：人

年 龄	离退休金/养老金			最低生活保障金			失业保险金		
	小计	男	女	小计	男	女	小计	男	女
总 计	**421610**	**164568**	**257042**	**11660**	**5606**	**6054**	**1498**	**812**	**686**
45岁以下	**37**	**13**	**24**	**1398**	**774**	**624**	**713**	**349**	**364**
45—49岁	**1557**	**33**	**1524**	**655**	**372**	**283**	**403**	**122**	**281**
45	99	3	96	105	55	50	45	19	26
46	125	3	122	115	75	40	52	14	38
47	201	8	193	137	69	68	76	26	50
48	314	7	307	140	83	57	100	26	74
49	818	12	806	158	90	68	130	37	93
50—54岁	**36991**	**1913**	**35078**	**943**	**512**	**431**	**178**	**157**	**21**
50	5830	168	5662	193	115	78	37	25	12
51	7285	294	6991	172	91	81	27	24	3
52	7790	406	7384	197	105	92	36	35	1
53	6995	375	6620	178	93	85	34	32	2
54	9091	670	8421	203	108	95	44	41	3
55—59岁	**62396**	**8146**	**54250**	**1222**	**611**	**611**	**179**	**173**	**6**
55	11595	1112	10483	231	100	131	63	62	1
56	12521	1414	11107	256	132	124	31	27	4
57	16472	2089	14383	320	165	155	24	24	
58	13051	1872	11179	252	140	112	34	33	1
59	8757	1659	7098	163	74	89	27	27	
60—64岁	**92362**	**42975**	**49387**	**1516**	**704**	**812**	**4**		**4**
60	17006	7491	9515	216	95	121	1		1
61	15513	7208	8305	241	111	130	2		2
62	19148	8974	10174	318	148	170	1		1
63	21473	10169	11304	359	168	191			
64	19222	9133	10089	382	182	200			
65—69岁	**86113**	**41404**	**44709**	**1782**	**824**	**958**	**6**	**1**	**5**
65	18808	9042	9766	393	190	203			
66	19575	9446	10129	343	164	179	2	1	1
67	16266	7749	8517	354	158	196	2		2
68	16722	8069	8653	371	168	203			
69	14742	7098	7644	321	144	177	2		2

8—7a 续表 3 单位：人

年 龄	离退休金/养老金			最低生活保障金			失业保险金		
	小计	男	女	小计	男	女	小计	男	女
70—74岁	**62220**	**30761**	**31459**	**1547**	**674**	**873**	**7**	**5**	**2**
70	13754	6852	6902	270	115	155	2	2	
71	13789	6781	7008	334	153	181	1	1	
72	12828	6256	6572	356	151	205	2	1	1
73	11722	5864	5858	311	148	163	1	1	
74	10127	5008	5119	276	107	169	1		1
75—79岁	**35069**	**17600**	**17469**	**947**	**441**	**506**	**7**	**4**	**3**
75	8555	4352	4203	204	95	109	2	2	
76	7876	3996	3880	215	98	117	2		2
77	7007	3454	3553	201	95	106			
78	5833	2842	2991	179	80	99	1	1	
79	5798	2956	2842	148	73	75	2	1	1
80—84岁	**24108**	**11757**	**12351**	**789**	**346**	**443**	**1**	**1**	
80	5008	2388	2620	153	74	79			
81	4649	2243	2406	138	66	72			
82	5274	2573	2701	197	83	114			
83	4795	2370	2425	168	75	93	1	1	
84	4382	2183	2199	133	48	85			
85—89岁	**15221**	**7481**	**7740**	**589**	**252**	**337**			
85	4199	2092	2107	142	68	74			
86	3542	1704	1838	129	58	71			
87	3112	1534	1578	141	55	86			
88	2567	1294	1273	105	39	66			
89	1801	857	944	72	32	40			
90—94岁	**4673**	**2156**	**2517**	**218**	**80**	**138**			
90	1520	728	792	57	18	39			
91	1098	517	581	53	22	31			
92	978	439	539	52	23	29			
93	642	286	356	30	8	22			
94	435	186	249	26	9	17			
95—99岁	**798**	**302**	**496**	**48**	**14**	**34**			
95	302	116	186	19	4	15			
96	197	70	127	13	5	8			
97	133	56	77	7	2	5			
98	110	35	75	5	2	3			
99	56	25	31	4	1	3			
100岁及以上	**65**	**27**	**38**	**6**	**2**	**4**			

8-7a　续表 4

单位：人

年　龄	财产性收入			家庭其他成员供养			其　他		
	小计	男	女	小计	男	女	小计	男	女
总　计	**27908**	**15045**	**12863**	**444168**	**149751**	**294417**	**87337**	**42689**	**44648**
45岁以下	**10210**	**4941**	**5269**	**301872**	**113739**	**188133**	**46590**	**22087**	**24503**
45-49岁	**4002**	**1963**	**2039**	**23585**	**2990**	**20595**	**9091**	**4239**	**4852**
45	712	344	368	3948	481	3467	1592	744	848
46	693	345	348	4192	552	3640	1629	764	865
47	828	396	432	4830	620	4210	1861	862	999
48	866	445	421	5047	618	4429	1899	909	990
49	903	433	470	5568	719	4849	2110	960	1150
50-54岁	**4159**	**2467**	**1692**	**27824**	**5004**	**22820**	**9357**	**4907**	**4450**
50	907	515	392	5364	824	4540	1945	1014	931
51	871	516	355	5341	929	4412	1961	1002	959
52	830	483	347	5722	1047	4675	1963	1076	887
53	690	427	263	5209	956	4253	1650	852	798
54	861	526	335	6188	1248	4940	1838	963	875
55-59岁	**4177**	**2688**	**1489**	**27269**	**7689**	**19580**	**8728**	**5142**	**3586**
55	973	602	371	6066	1451	4615	1907	1083	824
56	860	560	300	5918	1502	4416	1876	1058	818
57	1104	715	389	6875	2040	4835	2274	1373	901
58	805	532	273	5596	1720	3876	1712	1041	671
59	435	279	156	2814	976	1838	959	587	372
60-64岁	**2008**	**1103**	**905**	**17011**	**4570**	**12441**	**4189**	**1998**	**2191**
60	388	220	168	2944	727	2217	770	388	382
61	349	196	153	2783	715	2068	701	342	359
62	425	252	173	3525	929	2596	869	421	448
63	441	220	221	4042	1147	2895	929	429	500
64	405	215	190	3717	1052	2665	920	418	502
65-69岁	**1696**	**948**	**748**	**16195**	**5220**	**10975**	**3825**	**1820**	**2005**
65	382	216	166	3608	1134	2474	882	420	462
66	394	217	177	3619	1127	2492	836	396	440
67	322	170	152	3139	1022	2117	725	337	388
68	319	171	148	3114	1033	2081	718	358	360
69	279	174	105	2715	904	1811	664	309	355

8-7a 续表 5 单位：人

年 龄	财产性收入			家庭其他成员供养			其 他		
	小计	男	女	小计	男	女	小计	男	女
70-74岁	**948**	**529**	**419**	**11301**	**4006**	**7295**	**2642**	**1240**	**1402**
70	259	139	120	2634	919	1715	626	290	336
71	231	131	100	2492	885	1607	612	300	312
72	181	87	94	2334	851	1483	517	238	279
73	133	89	44	2029	694	1335	465	218	247
74	144	83	61	1812	657	1155	422	194	228
75-79岁	**376**	**232**	**144**	**6743**	**2531**	**4212**	**1260**	**579**	**681**
75	104	66	38	1529	574	955	307	144	163
76	100	61	39	1512	577	935	274	121	153
77	67	48	19	1337	492	845	246	114	132
78	51	29	22	1151	420	731	212	85	127
79	54	28	26	1214	468	746	221	115	106
80-84岁	**209**	**121**	**88**	**5794**	**2058**	**3736**	**868**	**392**	**476**
80	52	31	21	1101	402	699	194	87	107
81	48	25	23	1070	383	687	174	92	82
82	38	21	17	1298	486	812	188	81	107
83	31	20	11	1209	413	796	165	71	94
84	40	24	16	1116	374	742	147	61	86
85-89岁	**91**	**43**	**48**	**4440**	**1408**	**3032**	**579**	**213**	**366**
85	20	9	11	1053	357	696	157	56	101
86	21	9	12	962	314	648	111	36	75
87	25	9	16	959	297	662	124	50	74
88	19	12	7	840	264	576	100	43	57
89	6	4	2	626	176	450	87	28	59
90-94岁	**27**	**9**	**18**	**1681**	**429**	**1252**	**169**	**58**	**111**
90	8	3	5	475	112	363	37	11	26
91	4	1	3	341	89	252	45	16	29
92	8	2	6	395	107	288	42	16	26
93	2	2		274	77	197	27	10	17
94	5	1	4	196	44	152	18	5	13
95-99岁	**5**	**1**	**4**	**414**	**101**	**313**	**35**	**12**	**23**
95	3	1	2	163	43	120	12	5	7
96	1		1	108	26	82	11	2	9
97				63	16	47	5	1	4
98	1		1	40	9	31	5	3	2
99				40	7	33	2	1	1
100岁及以上				**39**	**6**	**33**	**4**	**2**	**2**

8-7b 全省分年龄、性别、主要生活来源的人口(镇)

单位：人

年龄	15岁及以上人口			劳动收入		
	合计	男	女	小计	男	女
总计	**1179091**	**620315**	**558776**	**773582**	**469355**	**304227**
45岁以下	**598325**	**321819**	**276506**	**465997**	**272069**	**193928**
45-49岁	**130268**	**68056**	**62212**	**111566**	**63655**	**47911**
45	24105	12635	11470	21064	11903	9161
46	25036	13044	11992	21700	12207	9493
47	26920	14039	12881	23097	13147	9950
48	26858	14034	12824	22915	13097	9818
49	27349	14304	13045	22790	13301	9489
50-54岁	**129050**	**67840**	**61210**	**95151**	**61110**	**34041**
50	28231	14714	13517	22231	13565	8666
51	26950	14191	12759	20419	12907	7512
52	26629	14055	12574	19558	12663	6895
53	22604	11861	10743	16111	10617	5494
54	24636	13019	11617	16832	11358	5474
55-59岁	**101741**	**53548**	**48193**	**59689**	**43464**	**16225**
55	24565	13088	11477	15718	11137	4581
56	22583	11880	10703	13762	9873	3889
57	25103	13245	11858	14443	10636	3807
58	19290	10059	9231	10658	7963	2695
59	10200	5276	4924	5108	3855	1253
60-64岁	**67269**	**34886**	**32383**	**22137**	**15760**	**6377**
60	12937	6789	6148	5001	3581	1420
61	11491	6036	5455	3859	2799	1060
62	13821	7130	6691	4510	3215	1295
63	15352	7994	7358	4744	3371	1373
64	13668	6937	6731	4023	2794	1229
65-69岁	**59688**	**29650**	**30038**	**12938**	**9013**	**3925**
65	13110	6664	6446	3409	2397	1012
66	13623	6838	6785	3237	2244	993
67	11449	5668	5781	2434	1691	743
68	11546	5625	5921	2238	1564	674
69	9960	4855	5105	1620	1117	503

8-7b 续表 1 单位：人

年 龄	15岁及以上人口			劳动收入		
	合计	男	女	小计	男	女
70-74岁	**40943**	**20280**	**20663**	**4584**	**3204**	**1380**
70	9149	4514	4635	1335	903	432
71	8968	4527	4441	1125	782	343
72	8779	4322	4457	952	665	287
73	7563	3753	3810	694	502	192
74	6484	3164	3320	478	352	126
75-79岁	**22552**	**11147**	**11405**	**1111**	**794**	**317**
75	5501	2773	2728	345	254	91
76	5132	2561	2571	286	207	79
77	4343	2141	2202	197	126	71
78	3695	1758	1937	150	111	39
79	3881	1914	1967	133	96	37
80-84岁	**15789**	**7454**	**8335**	**320**	**229**	**91**
80	3303	1596	1707	93	69	24
81	3017	1492	1525	74	52	22
82	3574	1673	1901	68	48	20
83	3109	1410	1699	52	35	17
84	2786	1283	1503	33	25	8
85-89岁	**9606**	**4160**	**5446**	**78**	**49**	**29**
85	2492	1121	1371	26	18	8
86	2224	967	1257	21	11	10
87	2023	875	1148	13	9	4
88	1618	682	936	9	6	3
89	1249	515	734	9	5	4
90-94岁	**3198**	**1260**	**1938**	**11**	**8**	**3**
90	977	379	598	3	2	1
91	731	287	444	4	3	1
92	698	292	406			
93	464	171	293	3	2	1
94	328	131	197	1	1	
95-99岁	**597**	**195**	**402**			
95	215	78	137			
96	154	42	112			
97	98	32	66			
98	81	23	58			
99	49	20	29			
100岁及以上	**65**	**20**	**45**			

8-7b　续表 2　　　　单位：人

年　龄	离退休金/养老金			最低生活保障金			失业保险金		
	小计	男	女	小计	男	女	小计	男	女
总　计	**137703**	**56182**	**81521**	**10089**	**5137**	**4952**	**408**	**223**	**185**
45岁以下	**14**	**4**	**10**	**1123**	**653**	**470**	**132**	**74**	**58**
45-49岁	**451**	**14**	**437**	**513**	**322**	**191**	**105**	**38**	**67**
45	32		32	80	50	30	11	3	8
46	36		36	112	70	42	16	8	8
47	49	1	48	106	70	36	19	10	9
48	110	8	102	100	63	37	23	5	18
49	224	5	219	115	69	46	36	12	24
50-54岁	**11315**	**595**	**10720**	**705**	**375**	**330**	**50**	**40**	**10**
50	1654	60	1594	117	69	48	13	8	5
51	2052	92	1960	146	83	63	11	8	3
52	2406	113	2293	124	69	55	10	9	1
53	2310	119	2191	155	79	76	5	4	1
54	2893	211	2682	163	75	88	11	11	
55-59岁	**19161**	**2436**	**16725**	**900**	**433**	**467**	**41**	**34**	**7**
55	3823	360	3463	178	93	85	18	18	
56	3862	417	3445	213	106	107	3	2	1
57	4907	625	4282	211	85	126	7	5	2
58	4010	532	3478	191	95	96	6	4	2
59	2559	502	2057	107	54	53	7	5	2
60-64岁	**28297**	**13409**	**14888**	**1325**	**685**	**640**	**10**	**6**	**4**
60	5038	2260	2778	186	105	81	1	1	
61	4709	2273	2436	219	109	110	4	3	1
62	5918	2780	3138	262	127	135	3	1	2
63	6707	3239	3468	335	180	155	1	1	
64	5925	2857	3068	323	164	159	1		1
65-69岁	**28799**	**14048**	**14751**	**1624**	**810**	**814**	**25**	**7**	**18**
65	6000	2927	3073	302	160	142	1		1
66	6405	3162	3243	362	180	182	7	2	5
67	5501	2704	2797	326	161	165	7	1	6
68	5799	2759	3040	319	152	167	6	1	5
69	5094	2496	2598	315	157	158	4	3	1

8-7b 续表 3　　　　单位：人

年龄	离退休金/养老金			最低生活保障金			失业保险金		
	小计	男	女	小计	男	女	小计	男	女
70-74岁	**22523**	**11522**	**11001**	**1432**	**727**	**705**	**24**	**15**	**9**
70	4868	2416	2452	275	141	134	3	2	1
71	4784	2502	2282	284	153	131	7	4	3
72	4849	2468	2381	328	163	165	3	2	1
73	4309	2217	2092	281	141	140	8	5	3
74	3713	1919	1794	264	129	135	3	2	1
75-79岁	**12693**	**6701**	**5992**	**964**	**476**	**488**	**13**	**7**	**6**
75	3149	1715	1434	214	115	99	5	2	3
76	2924	1535	1389	210	93	117	5	4	1
77	2425	1281	1144	189	92	97			
78	2060	1063	997	161	89	72	3	1	2
79	2135	1107	1028	190	87	103			
80-84岁	**8204**	**4289**	**3915**	**773**	**364**	**409**	**3**		**3**
80	1793	949	844	124	59	65			
81	1562	831	731	154	83	71			
82	1846	946	900	175	83	92	1		1
83	1560	796	764	176	80	96	1		1
84	1443	767	676	144	59	85	1		1
85-89岁	**4592**	**2356**	**2236**	**534**	**223**	**311**	**3**	**1**	**2**
85	1228	638	590	137	63	74	2		2
86	1098	554	544	97	40	57	1	1	
87	982	505	477	123	51	72			
88	733	375	358	101	40	61			
89	551	284	267	76	29	47			
90-94岁	**1399**	**701**	**698**	**163**	**60**	**103**	**2**	**1**	**1**
90	453	214	239	45	17	28	1		1
91	319	159	160	31	17	14	1	1	
92	335	182	153	41	13	28			
93	163	79	84	28	8	20			
94	129	67	62	18	5	13			
95-99岁	**235**	**99**	**136**	**28**	**8**	**20**			
95	94	40	54	9	3	6			
96	53	17	36	7	3	4			
97	44	20	24	6	1	5			
98	29	14	15	3		3			
99	15	8	7	3	1	2			
100岁及以上	**20**	**8**	**12**	**5**	**1**	**4**			

8-7b 续表 4 单位：人

年龄	财产性收入			家庭其他成员供养			其他		
	小计	男	女	小计	男	女	小计	男	女
总计	**8703**	**4700**	**4003**	**203125**	**62804**	**140321**	**45481**	**21914**	**23567**
45岁以下	**2541**	**1298**	**1243**	**108942**	**38474**	**70468**	**19576**	**9247**	**10329**
45-49岁	**1207**	**596**	**611**	**11604**	**1204**	**10400**	**4822**	**2227**	**2595**
45	213	103	110	1867	190	1677	838	386	452
46	237	120	117	2030	205	1825	905	434	471
47	236	114	122	2448	259	2189	965	438	527
48	226	110	116	2462	277	2185	1022	474	548
49	295	149	146	2797	273	2524	1092	495	597
50-54岁	**1511**	**832**	**679**	**15036**	**2275**	**12761**	**5282**	**2613**	**2669**
50	298	166	132	2827	348	2479	1091	498	593
51	308	154	154	2914	398	2516	1100	549	551
52	308	183	125	3099	446	2653	1124	572	552
53	271	145	126	2836	446	2390	916	451	465
54	326	184	142	3360	637	2723	1051	543	508
55-59岁	**1399**	**857**	**542**	**15574**	**3619**	**11955**	**4977**	**2705**	**2272**
55	341	200	141	3372	682	2690	1115	598	517
56	311	174	137	3333	728	2605	1099	580	519
57	347	224	123	3905	940	2965	1283	730	553
58	285	185	100	3189	779	2410	951	501	450
59	115	74	41	1775	490	1285	529	296	233
60-64岁	**723**	**392**	**331**	**11678**	**3182**	**8496**	**3099**	**1452**	**1647**
60	146	85	61	2018	491	1527	547	266	281
61	123	72	51	2011	519	1492	566	261	305
62	128	70	58	2362	627	1735	638	310	328
63	162	85	77	2701	782	1919	702	336	366
64	164	80	84	2586	763	1823	646	279	367
65-69岁	**698**	**361**	**337**	**12593**	**3987**	**8606**	**3011**	**1424**	**1587**
65	118	67	51	2623	801	1822	657	312	345
66	146	71	75	2813	888	1925	653	291	362
67	159	83	76	2421	738	1683	601	290	311
68	149	76	73	2448	795	1653	587	278	309
69	126	64	62	2288	765	1523	513	253	260

8-7b 续表 5 单位：人

年 龄	财产性收入			家庭其他成员供养			其 他		
	小计	男	女	小计	男	女	小计	男	女
70-74岁	**364**	**214**	**150**	**9937**	**3571**	**6366**	**2079**	**1027**	**1052**
70	100	64	36	2061	730	1331	507	258	249
71	89	50	39	2207	803	1404	472	233	239
72	77	39	38	2134	763	1371	436	222	214
73	60	42	18	1861	684	1177	350	162	188
74	38	19	19	1674	591	1083	314	152	162
75-79岁	**144**	**87**	**57**	**6467**	**2516**	**3951**	**1160**	**566**	**594**
75	32	19	13	1472	529	943	284	139	145
76	29	15	14	1405	567	838	273	140	133
77	27	18	9	1288	516	772	217	108	109
78	30	18	12	1099	392	707	192	84	108
79	26	17	9	1203	512	691	194	95	99
80-84岁	**73**	**43**	**30**	**5620**	**2152**	**3468**	**796**	**377**	**419**
80	18	9	9	1134	440	694	141	70	71
81	9	7	2	1050	437	613	168	82	86
82	23	13	10	1266	488	778	195	95	100
83	16	9	7	1160	426	734	144	64	80
84	7	5	2	1010	361	649	148	66	82
85-89岁	**31**	**17**	**14**	**3884**	**1311**	**2573**	**484**	**203**	**281**
85	9	5	4	952	334	618	138	63	75
86	10	5	5	880	307	573	117	49	68
87	4	4		820	275	545	81	31	50
88	5	2	3	675	219	456	95	40	55
89	3	1	2	557	176	381	53	20	33
90-94岁	**10**	**3**	**7**	**1444**	**423**	**1021**	**169**	**64**	**105**
90	3	2	1	415	121	294	57	23	34
91	4	1	3	341	95	246	31	11	20
92	2		2	295	85	210	25	12	13
93	1		1	238	71	167	31	11	20
94				155	51	104	25	7	18
95-99岁	**2**		**2**	**309**	**80**	**229**	**23**	**8**	**15**
95				108	33	75	4	2	2
96				89	22	67	5		5
97	1		1	42	9	33	5	2	3
98	1		1	46	9	37	2		2
99				24	7	17	7	4	3
100岁及以上				**37**	**10**	**27**	**3**	**1**	**2**

8-7c　全省分年龄、性别、主要生活来源的人口(乡村)

单位：人

年　龄	15岁及以上人口			劳动收入		
	合计	男	女	小计	男	女
总　计	**1542714**	**812393**	**730321**	**951967**	**591917**	**360050**
45岁以下	**556439**	**308249**	**248190**	**435253**	**263011**	**172242**
45-49岁	**151583**	**79127**	**72456**	**128531**	**73491**	**55040**
45	25950	13618	12332	22379	12709	9670
46	28158	14614	13544	24220	13619	10601
47	31446	16266	15180	26784	15121	11663
48	31970	16735	15235	26884	15492	11392
49	34059	17894	16165	28264	16550	11714
50-54岁	**181710**	**95489**	**86221**	**138877**	**86630**	**52247**
50	36507	19137	17370	29256	17610	11646
51	37403	19566	17837	29180	17828	11352
52	37051	19444	17607	28459	17709	10750
53	32885	17312	15573	24457	15579	8878
54	37864	20030	17834	27525	17904	9621
55-59岁	**162362**	**85096**	**77266**	**107883**	**72644**	**35239**
55	37943	19879	18064	26548	17440	9108
56	35925	18816	17109	24363	16219	8144
57	40096	21072	19024	26536	17995	8541
58	31624	16569	15055	20167	13886	6281
59	16774	8760	8014	10269	7104	3165
60-64岁	**128186**	**66728**	**61458**	**63173**	**42967**	**20206**
60	22647	11723	10924	12321	8348	3973
61	20430	10741	9689	10731	7332	3399
62	26230	13656	12574	13050	8881	4169
63	30559	15991	14568	14481	9893	4588
64	28320	14617	13703	12590	8513	4077
65-69岁	**132144**	**66682**	**65462**	**47870**	**32095**	**15775**
65	27853	14349	13504	11667	7827	3840
66	29356	14914	14442	11450	7715	3735
67	25700	12887	12813	9319	6252	3067
68	26131	13116	13015	8615	5773	2842
69	23104	11416	11688	6819	4528	2291

8-7c 续表 1 单位：人

年 龄	15岁及以上人口			劳动收入		
	合计	男	女	小计	男	女
70-74岁	**98319**	**49041**	**49278**	**21527**	**14823**	**6704**
70	21429	10719	10710	5833	3948	1885
71	21731	11038	10693	5222	3622	1600
72	20983	10642	10341	4475	3110	1365
73	18076	8877	9199	3373	2331	1042
74	16100	7765	8335	2624	1812	812
75-79岁	**55950**	**27681**	**28269**	**6311**	**4495**	**1816**
75	13733	6756	6977	1936	1400	536
76	12682	6284	6398	1556	1087	469
77	10794	5299	5495	1180	840	340
78	8974	4531	4443	858	629	229
79	9767	4811	4956	781	539	242
80-84岁	**40584**	**19679**	**20905**	**1906**	**1357**	**549**
80	8306	4149	4157	538	384	154
81	7757	3785	3972	417	298	119
82	9283	4540	4743	405	284	121
83	8201	3961	4240	318	237	81
84	7037	3244	3793	228	154	74
85-89岁	**25649**	**10959**	**14690**	**563**	**357**	**206**
85	6832	3093	3739	192	125	67
86	5857	2557	3300	134	88	46
87	5499	2278	3221	128	82	46
88	4411	1783	2628	68	42	26
89	3050	1248	1802	41	20	21
90-94岁	**8181**	**3121**	**5060**	**64**	**41**	**23**
90	2542	1001	1541	24	17	7
91	1983	783	1200	11	6	5
92	1682	611	1071	13	8	5
93	1159	431	728	6	4	2
94	815	295	520	10	6	4
95-99岁	**1485**	**506**	**979**	**9**	**6**	**3**
95	571	224	347	5	4	1
96	394	126	268	2	1	1
97	267	74	193	2	1	1
98	166	50	116			
99	87	32	55			
100岁及以上	**122**	**35**	**87**			

8-7c　续表 2　　　　单位：人

年　龄	离退休金/养老金			最低生活保障金			失业保险金		
	小计	男	女	小计	男	女	小计	男	女
总　计	**141962**	**62448**	**79514**	**32982**	**19178**	**13804**	**377**	**206**	**171**
45岁以下	**4**	**2**	**2**	**3401**	**2048**	**1353**	**136**	**72**	**64**
45-49岁	**258**	**4**	**254**	**1595**	**1006**	**589**	**72**	**24**	**48**
45	16	1	15	272	168	104	9	4	5
46	17	1	16	279	164	115	9	3	6
47	41		41	331	211	120	20	5	15
48	63	2	61	339	223	116	17	6	11
49	121		121	374	240	134	17	6	11
50-54岁	**7090**	**283**	**6807**	**2278**	**1461**	**817**	**44**	**36**	**8**
50	884	36	848	432	286	146	9	7	2
51	1182	47	1135	483	310	173	8	8	
52	1449	48	1401	416	271	145	10	9	1
53	1553	51	1502	424	268	156	10	6	4
54	2022	101	1921	523	326	197	7	6	1
55-59岁	**13175**	**1143**	**12032**	**2661**	**1637**	**1024**	**30**	**24**	**6**
55	2555	172	2383	591	390	201	11	11	
56	2702	175	2527	586	386	200	7	4	3
57	3329	251	3078	614	362	252	3	2	1
58	2870	282	2588	543	300	243	5	4	1
59	1719	263	1456	327	199	128	4	3	1
60-64岁	**24239**	**10671**	**13568**	**4131**	**2475**	**1656**	**24**	**11**	**13**
60	3744	1469	2275	619	356	263	4	2	2
61	3661	1580	2081	608	359	249	4	1	3
62	4915	2178	2737	846	516	330	3		3
63	6056	2740	3316	1010	609	401	6	4	2
64	5863	2704	3159	1048	635	413	7	4	3
65-69岁	**32077**	**15683**	**16394**	**5527**	**3194**	**2333**	**31**	**14**	**17**
65	6285	3045	3240	1042	635	407	11	7	4
66	6768	3284	3484	1167	683	484	5	1	4
67	6117	2913	3204	1085	622	463	6	4	2
68	6682	3317	3365	1155	662	493	6	1	5
69	6225	3124	3101	1078	592	486	3	1	2

8-7c 续表 3

单位：人

年 龄	离退休金/养老金			最低生活保障金			失业保险金		
	小计	男	女	小计	男	女	小计	男	女
70-74岁	**28406**	**14692**	**13714**	**5018**	**2830**	**2188**	**18**	**11**	**7**
70	5815	2981	2834	1032	590	442	3	2	1
71	6155	3196	2959	1094	637	457	4	3	1
72	6185	3245	2940	1060	600	460	2	1	1
73	5400	2797	2603	950	524	426	6	2	4
74	4851	2473	2378	882	479	403	3	3	
75-79岁	**17011**	**9236**	**7775**	**3419**	**1966**	**1453**	**15**	**9**	**6**
75	4259	2269	1990	796	433	363	4	4	
76	3969	2158	1811	755	446	309	3	1	2
77	3263	1732	1531	668	377	291	1		1
78	2710	1495	1215	581	349	232	2	2	
79	2810	1582	1228	619	361	258	5	2	3
80-84岁	**10959**	**6207**	**4752**	**2578**	**1467**	**1111**	**5**	**4**	**1**
80	2316	1355	961	501	276	225			
81	2096	1168	928	513	316	197	1		1
82	2480	1408	1072	585	346	239	1	1	
83	2211	1246	965	540	299	241	2	2	
84	1856	1030	826	439	230	209	1	1	
85-89岁	**6562**	**3493**	**3069**	**1699**	**816**	**883**	**2**	**1**	**1**
85	1821	1007	814	439	232	207			
86	1508	813	695	382	198	184	1	1	
87	1416	710	706	394	180	214	1		1
88	1112	588	524	289	124	165			
89	705	375	330	195	82	113			
90-94岁	**1849**	**896**	**953**	**564**	**243**	**321**			
90	604	275	329	179	83	96			
91	461	241	220	147	73	74			
92	352	164	188	106	40	66			
93	244	119	125	80	30	50			
94	188	97	91	52	17	35			
95-99岁	**314**	**134**	**180**	**97**	**31**	**66**			
95	132	58	74	36	17	19			
96	78	35	43	21	7	14			
97	54	22	32	25	5	20			
98	33	10	23	7	1	6			
99	17	9	8	8	1	7			
100岁及以上	**18**	**4**	**14**	**14**	**4**	**10**			

8-7c　续表 4　　　　　　　　　　　　　　　　　　　　　　　　单位：人

年　龄	财产性收入			家庭其他成员供养			其　　他		
	小计	男	女	小计	男	女	小计	男	女
总　计	**6803**	**3762**	**3041**	**335107**	**99650**	**235457**	**73516**	**35232**	**38284**
45岁以下	**1542**	**838**	**704**	**95139**	**31832**	**63307**	**20964**	**10446**	**10518**
45-49岁	**765**	**389**	**376**	**14167**	**1390**	**12777**	**6195**	**2823**	**3372**
45	115	59	56	2146	217	1929	1013	460	553
46	136	72	64	2417	244	2173	1080	511	569
47	152	82	70	2862	280	2582	1256	567	689
48	177	91	86	3127	308	2819	1363	613	750
49	185	85	100	3615	341	3274	1483	672	811
50-54岁	**1017**	**541**	**476**	**24096**	**2812**	**21284**	**8308**	**3726**	**4582**
50	208	108	100	4147	402	3745	1571	688	883
51	195	97	98	4653	512	4141	1702	764	938
52	209	108	101	4871	551	4320	1637	748	889
53	180	100	80	4695	603	4092	1566	705	861
54	225	128	97	5730	744	4986	1832	821	1011
55-59岁	**1114**	**645**	**469**	**28974**	**5118**	**23856**	**8525**	**3885**	**4640**
55	249	141	108	6116	917	5199	1873	808	1065
56	253	149	104	6180	1049	5131	1834	834	1000
57	263	160	103	7274	1314	5960	2077	988	1089
58	241	140	101	6025	1142	4883	1773	815	958
59	108	55	53	3379	696	2683	968	440	528
60-64岁	**802**	**448**	**354**	**28646**	**6870**	**21776**	**7171**	**3286**	**3885**
60	160	85	75	4580	926	3654	1219	537	682
61	135	65	70	4226	916	3310	1065	488	577
62	153	91	62	5765	1322	4443	1498	668	830
63	205	117	88	7063	1790	5273	1738	838	900
64	149	90	59	7012	1916	5096	1651	755	896
65-69岁	**699**	**389**	**310**	**37717**	**11422**	**26295**	**8223**	**3885**	**4338**
65	147	93	54	7093	1986	5107	1608	756	852
66	158	85	73	7936	2297	5639	1872	849	1023
67	148	76	72	7389	2254	5135	1636	766	870
68	119	64	55	7882	2467	5415	1672	832	840
69	127	71	56	7417	2418	4999	1435	682	753

8-7c 续表 5　　　　单位：人

年龄	财产性收入			家庭其他成员供养			其他		
	小计	男	女	小计	男	女	小计	男	女
70-74岁	**500**	**286**	**214**	**36304**	**13046**	**23258**	**6546**	**3353**	**3193**
70	118	68	50	7174	2396	4778	1454	734	720
71	110	64	46	7671	2765	4906	1475	751	724
72	106	66	40	7779	2890	4889	1376	730	646
73	89	50	39	7095	2574	4521	1163	599	564
74	77	38	39	6585	2421	4164	1078	539	539
75-79岁	**188**	**116**	**72**	**25542**	**10050**	**15492**	**3464**	**1809**	**1655**
75	43	21	22	5792	2159	3633	903	470	433
76	33	22	11	5586	2155	3431	780	415	365
77	46	30	16	4988	1980	3008	648	340	308
78	30	22	8	4245	1745	2500	548	289	259
79	36	21	15	4931	2011	2920	585	295	290
80-84岁	**121**	**79**	**42**	**22619**	**9355**	**13264**	**2396**	**1210**	**1186**
80	34	24	10	4417	1859	2558	500	251	249
81	22	15	7	4232	1737	2495	476	251	225
82	23	17	6	5205	2196	3009	584	288	296
83	24	13	11	4653	1936	2717	453	228	225
84	18	10	8	4112	1627	2485	383	192	191
85-89岁	**51**	**30**	**21**	**15490**	**5619**	**9871**	**1282**	**643**	**639**
85	11	5	6	3985	1510	2475	384	214	170
86	19	13	6	3534	1316	2218	279	128	151
87	9	6	3	3269	1155	2114	282	145	137
88	8	4	4	2739	942	1797	195	83	112
89	4	2	2	1963	696	1267	142	73	69
90-94岁	**4**	**1**	**3**	**5331**	**1797**	**3534**	**369**	**143**	**226**
90	2	1	1	1594	564	1030	139	61	78
91	1		1	1282	428	854	81	35	46
92	1		1	1142	373	769	68	26	42
93				781	266	515	48	12	36
94				532	166	366	33	9	24
95-99岁				**997**	**313**	**684**	**68**	**22**	**46**
95				372	135	237	26	10	16
96				284	77	207	9	6	3
97				172	44	128	14	2	12
98				113	38	75	13	1	12
99				56	19	37	6	3	3
100岁及以上				**85**	**26**	**59**	**5**	**1**	**4**

8-8　全省分性别、婚姻状况、主要生活来源的60岁及以上老年人口

单位：人

婚姻状况	60岁及以上人口			劳动收入		
	合计	男	女	小计	男	女
总　计	**1176613**	**581439**	**595174**	**238243**	**165713**	**72530**
未　婚	15065	13914	1151	2498	2382	116
有配偶	916113	505316	410797	213795	153716	60079
离　婚	15533	9792	5741	3148	2613	535
丧　偶	229902	52417	177485	18802	7002	11800

8-8　续表 1

单位：人

婚姻状况	离退休金/养老金			最低生活保障金			失业保险金		
	小计	男	女	小计	男	女	小计	男	女
总　计	**548826**	**268612**	**280214**	**37337**	**19717**	**17620**	**200**	**98**	**102**
未　婚	3200	2674	526	6902	6726	176	1	1	
有配偶	441128	238772	202356	19530	9830	9700	152	87	65
离　婚	8722	4594	4128	901	768	133	2	2	
丧　偶	95776	22572	73204	10004	2393	7611	45	8	37

8-8　续表 2

单位：人

婚姻状况	财产性收入			家庭其他成员供养			其　他		
	小计	男	女	小计	男	女	小计	男	女
总　计	**9770**	**5452**	**4318**	**288318**	**96059**	**192259**	**53919**	**25788**	**28131**
未　婚	64	52	12	937	798	139	1463	1281	182
有配偶	8473	5026	3447	192287	76545	115742	40748	21340	19408
离　婚	124	84	40	1912	1207	705	724	524	200
丧　偶	1109	290	819	93182	17509	75673	10984	2643	8341

8-8a 全省分性别、婚姻状况、主要生活来源的60岁及以上老年人口(城市)

单位：人

婚姻状况	60岁及以上人口			劳动收入		
	合计	男	女	小计	男	女
总　计	**466286**	**227955**	**238331**	**55641**	**40515**	**15126**
未　婚	3736	3054	682	626	566	60
有配偶	376186	204481	171705	50818	38116	12702
离　婚	7900	4077	3823	866	636	230
丧　偶	78464	16343	62121	3331	1197	2134

8-8a 续表 1

单位：人

婚姻状况	离退休金/养老金			最低生活保障金			失业保险金		
	小计	男	女	小计	男	女	小计	男	女
总　计	**320629**	**154463**	**166166**	**7442**	**3337**	**4105**	**25**	**11**	**14**
未　婚	1706	1291	415	786	731	55			
有配偶	261702	139275	122427	4337	2026	2311	19	11	8
离　婚	6011	2845	3166	230	177	53			
丧　偶	51210	11052	40158	2089	403	1686	6		6

8-8a 续表 2

单位：人

婚姻状况	财产性收入			家庭其他成员供养			其　他		
	小计	男	女	小计	男	女	小计	男	女
总　计	**5360**	**2986**	**2374**	**63618**	**20329**	**43289**	**13571**	**6314**	**7257**
未　婚	32	25	7	260	199	61	326	242	84
有配偶	4735	2792	1943	44096	16826	27270	10479	5435	5044
离　婚	70	47	23	524	251	273	199	121	78
丧　偶	523	122	401	18738	3053	15685	2567	516	2051

8-8b　全省分性别、婚姻状况、主要生活来源的60岁及以上老年人口(镇)

单位：人

婚姻状况	60岁及以上人口			劳动收入		
	合计	男	女	小计	男	女
总　计	**219707**	**109052**	**110655**	**41179**	**29057**	**12122**
未　婚	2459	2256	203	425	398	27
有配偶	171780	95501	76279	37217	27181	10036
离　婚	2886	1812	1074	569	450	119
丧　偶	42582	9483	33099	2968	1028	1940

8-8b　续表 1　　单位：人

婚姻状况	离退休金/养老金			最低生活保障金			失业保险金		
	小计	男	女	小计	男	女	小计	男	女
总　计	**106762**	**53133**	**53629**	**6848**	**3354**	**3494**	**80**	**37**	**43**
未　婚	560	488	72	997	962	35			
有配偶	85771	47215	38556	3732	1861	1871	59	33	26
离　婚	1600	909	691	139	111	28	1	1	
丧　偶	18831	4521	14310	1980	420	1560	20	3	17

8-8b　续表 2　　单位：人

婚姻状况	财产性收入			家庭其他成员供养			其　他		
	小计	男	女	小计	男	女	小计	男	女
总　计	**2045**	**1117**	**928**	**51969**	**17232**	**34737**	**10824**	**5122**	**5702**
未　婚	8	6	2	201	162	39	268	240	28
有配偶	1741	1025	716	35058	13887	21171	8202	4299	3903
离　婚	32	21	11	388	218	170	157	102	55
丧　偶	264	65	199	16322	2965	13357	2197	481	1716

8-8c 全省分性别、婚姻状况、主要生活来源的60岁及以上老年人口(乡村)

单位：人

婚姻状况	60岁及以上人口			劳动收入		
	合计	男	女	小计	男	女
总　计	**490620**	**244432**	**246188**	**141423**	**96141**	**45282**
未　婚	8870	8604	266	1447	1418	29
有配偶	368147	205334	162813	125760	88419	37341
离　婚	4747	3903	844	1713	1527	186
丧　偶	108856	26591	82265	12503	4777	7726

8-8c 续表 1

单位：人

婚姻状况	离退休金/养老金			最低生活保障金			失业保险金		
	小计	男	女	小计	男	女	小计	男	女
总　计	**121435**	**61016**	**60419**	**23047**	**13026**	**10021**	**95**	**50**	**45**
未　婚	934	895	39	5119	5033	86	1	1	
有配偶	93655	52282	41373	11461	5943	5518	74	43	31
离　婚	1111	840	271	532	480	52	1	1	
丧　偶	25735	6999	18736	5935	1570	4365	19	5	14

8-8c 续表 2

单位：人

婚姻状况	财产性收入			家庭其他成员供养			其　他		
	小计	男	女	小计	男	女	小计	男	女
总　计	**2365**	**1349**	**1016**	**172731**	**58498**	**114233**	**29524**	**14352**	**15172**
未　婚	24	21	3	476	437	39	869	799	70
有配偶	1997	1209	788	113133	45832	67301	22067	11606	10461
离　婚	22	16	6	1000	738	262	368	301	67
丧　偶	322	103	219	58122	11491	46631	6220	1646	4574

8-9　全省分性别、居住状况、主要生活来源的60岁及以上老年人口

单位：人

居住状况	60岁及以上人口			劳动收入		
	合计	男	女	小计	男	女
总　计	**1176613**	**581439**	**595174**	**238243**	**165713**	**72530**
与配偶和子女同住	281365	159788	121577	67593	50006	17587
与配偶同住	539714	293853	245861	117266	81180	36086
与子女同住	153453	40774	112679	14935	7376	7559
独居(有保姆)	2920	1210	1710	133	87	46
独居(无保姆)	152257	60162	92095	23602	16031	7571
养老机构	12545	5405	7140	153	49	104
其　他	34359	20247	14112	14561	10984	3577

8-9　续表 1

单位：人

居住状况	离退休金/养老金			最低生活保障金			失业保险金		
	小计	男	女	小计	男	女	小计	男	女
总　计	**548826**	**268612**	**280214**	**37337**	**19717**	**17620**	**200**	**98**	**102**
与配偶和子女同住	135636	74962	60674	4984	2562	2422	46	24	22
与配偶同住	268661	145923	122738	12984	6484	6500	100	59	41
与子女同住	65598	17780	47818	5058	1299	3759	19	5	14
独居(有保姆)	1638	768	870	100	41	59			
独居(无保姆)	62305	22335	39970	10987	6885	4102	33	8	25
养老机构	5883	2351	3532	1437	1102	335			
其　他	9105	4493	4612	1787	1344	443	2	2	

8-9　续表 2

单位：人

居住状况	财产性收入			家庭其他成员供养			其　他		
	小计	男	女	小计	男	女	小计	男	女
总　计	**9770**	**5452**	**4318**	**288318**	**96059**	**192259**	**53919**	**25788**	**28131**
与配偶和子女同住	2816	1756	1060	59244	24469	34775	11046	6009	5037
与配偶同住	5037	2906	2131	110659	44325	66334	25007	12976	12031
与子女同住	776	270	506	60749	12245	48504	6318	1799	4519
独居(有保姆)	20	12	8	939	272	667	90	30	60
独居(无保姆)	921	399	522	46939	11601	35338	7470	2903	4567
养老机构	22	7	15	4210	1332	2878	840	564	276
其　他	178	102	76	5578	1815	3763	3148	1507	1641

8-9a 全省分性别、居住状况、主要生活来源的60岁及以上老年人口(城市)

单位：人

居住状况	60岁及以上人口			劳动收入		
	合计	男	女	小计	男	女
总 计	**466286**	**227955**	**238331**	**55641**	**40515**	**15126**
与配偶和子女同住	125313	71010	54303	17483	13598	3885
与配偶同住	204817	110983	93834	22159	15928	6231
与子女同住	64069	16124	47945	3688	1919	1769
独居(有保姆)	1491	602	889	32	24	8
独居(无保姆)	49425	18177	31248	5709	4177	1532
养老机构	6478	2497	3981	68	21	47
其 他	14693	8562	6131	6502	4848	1654

8-9a 续表 1

单位：人

居住状况	离退休金/养老金			最低生活保障金			失业保险金		
	小计	男	女	小计	男	女	小计	男	女
总 计	**320629**	**154463**	**166166**	**7442**	**3337**	**4105**	**25**	**11**	**14**
与配偶和子女同住	83577	46218	37359	1364	672	692	8	4	4
与配偶同住	154401	82603	71798	2521	1180	1341	11	7	4
与子女同住	38696	9914	28782	1306	293	1013	2		2
独居(有保姆)	1102	480	622	26	6	20			
独居(无保姆)	32931	10946	21985	1651	823	828	4		4
养老机构	4358	1682	2676	277	179	98			
其 他	5564	2620	2944	297	184	113			

8-9a 续表 2

单位：人

居住状况	财产性收入			家庭其他成员供养			其 他		
	小计	男	女	小计	男	女	小计	男	女
总 计	**5360**	**2986**	**2374**	**63618**	**20329**	**43289**	**13571**	**6314**	**7257**
与配偶和子女同住	1677	1059	618	17577	7432	10145	3627	2027	1600
与配偶同住	2680	1532	1148	17870	7048	10822	5175	2685	2490
与子女同住	425	146	279	17823	3303	14520	2129	549	1580
独居(有保姆)	12	6	6	286	79	207	33	7	26
独居(无保姆)	432	171	261	7168	1540	5628	1530	520	1010
养老机构	16	5	11	1547	486	1061	212	124	88
其 他	118	67	51	1347	441	906	865	402	463

8-9b 全省分性别、居住状况、主要生活来源的60岁及以上老年人口(镇)

单位：人

居住状况	60岁及以上人口			劳动收入		
	合计	男	女	小计	男	女
总　计	**219707**	**109052**	**110655**	**41179**	**29057**	**12122**
与配偶和子女同住	54870	31204	23666	12521	9355	3166
与配偶同住	97698	53679	44019	18743	13237	5506
与子女同住	30191	8069	22122	2664	1280	1384
独居(有保姆)	616	271	345	28	18	10
独居(无保姆)	26730	10477	16253	4045	2797	1248
养老机构	2438	1112	1326	41	11	30
其　他	7164	4240	2924	3137	2359	778

8-9b 续表 1

单位：人

居住状况	离退休金/养老金			最低生活保障金			失业保险金		
	小计	男	女	小计	男	女	小计	男	女
总　计	**106762**	**53133**	**53629**	**6848**	**3354**	**3494**	**80**	**37**	**43**
与配偶和子女同住	26251	14640	11611	987	489	498	16	9	7
与配偶同住	52521	28875	23646	2424	1207	1217	39	22	17
与子女同住	12856	3681	9175	1012	228	784	8	1	7
独居(有保姆)	326	168	158	26	12	14			
独居(无保姆)	12134	4463	7671	1755	938	817	16	4	12
养老机构	844	373	471	342	268	74			
其　他	1830	933	897	302	212	90	1	1	

8-9b 续表 2

单位：人

居住状况	财产性收入			家庭其他成员供养			其　他		
	小计	男	女	小计	男	女	小计	男	女
总　计	**2045**	**1117**	**928**	**51969**	**17232**	**34737**	**10824**	**5122**	**5702**
与配偶和子女同住	605	368	237	12054	5018	7036	2436	1325	1111
与配偶同住	1029	583	446	18225	7303	10922	4717	2452	2265
与子女同住	174	55	119	12082	2450	9632	1395	374	1021
独居(有保姆)	4	4		214	63	151	18	6	12
独居(无保姆)	199	85	114	7223	1697	5526	1358	493	865
养老机构	3	1	2	1009	321	688	199	138	61
其　他	31	21	10	1162	380	782	701	334	367

8-9c 全省分性别、居住状况、主要生活来源的60岁及以上老年人口(乡村)

单位：人

居住状况	60岁及以上人口			劳动收入		
	合计	男	女	小计	男	女
总　计	**490620**	**244432**	**246188**	**141423**	**96141**	**45282**
与配偶和子女同住	101182	57574	43608	37589	27053	10536
与配偶同住	237199	129191	108008	76364	52015	24349
与子女同住	59193	16581	42612	8583	4177	4406
独居(有保姆)	813	337	476	73	45	28
独居(无保姆)	76102	31508	44594	13848	9057	4791
养老机构	3629	1796	1833	44	17	27
其　他	12502	7445	5057	4922	3777	1145

8-9c 续表 1

单位：人

居住状况	离退休金/养老金			最低生活保障金			失业保险金		
	小计	男	女	小计	男	女	小计	男	女
总　计	**121435**	**61016**	**60419**	**23047**	**13026**	**10021**	**95**	**50**	**45**
与配偶和子女同住	25808	14104	11704	2633	1401	1232	22	11	11
与配偶同住	61739	34445	27294	8039	4097	3942	50	30	20
与子女同住	14046	4185	9861	2740	778	1962	9	4	5
独居(有保姆)	210	120	90	48	23	25			
独居(无保姆)	17240	6926	10314	7581	5124	2457	13	4	9
养老机构	681	296	385	818	655	163			
其　他	1711	940	771	1188	948	240	1	1	

8-9c 续表 2

单位：人

居住状况	财产性收入			家庭其他成员供养			其　他		
	小计	男	女	小计	男	女	小计	男	女
总　计	**2365**	**1349**	**1016**	**172731**	**58498**	**114233**	**29524**	**14352**	**15172**
与配偶和子女同住	534	329	205	29613	12019	17594	4983	2657	2326
与配偶同住	1328	791	537	74564	29974	44590	15115	7839	7276
与子女同住	177	69	108	30844	6492	24352	2794	876	1918
独居(有保姆)	4	2	2	439	130	309	39	17	22
独居(无保姆)	290	143	147	32548	8364	24184	4582	1890	2692
养老机构	3	1	2	1654	525	1129	429	302	127
其　他	29	14	15	3069	994	2075	1582	771	811

8-10　各地区分性别、居住状况的60岁及以上老年人口

单位：人

地区	60岁及以上人口			与配偶和子女同住		
	合计	男	女	小计	男	女
合计	**1176613**	**581439**	**595174**	**281365**	**159788**	**121577**
杭州市	**198393**	**96964**	**101429**	**61566**	**34273**	**27293**
上城区	8255	3912	4343	2176	1196	980
下城区	11144	5240	5904	2734	1490	1244
江干区	16787	8116	8671	5390	2962	2428
拱墅区	11019	5301	5718	3045	1691	1354
西湖区	15881	7605	8276	5702	3098	2604
滨江区	5253	2446	2807	1848	998	850
萧山区	36850	18164	18686	14557	8220	6337
余杭区	30337	14935	15402	12567	6939	5628
富阳区	16862	8442	8420	4812	2736	2076
临安区	13942	6926	7016	3011	1703	1308
桐庐县	10248	5017	5231	2178	1241	937
淳安县	9955	4926	5029	1265	698	567
建德市	11860	5934	5926	2281	1301	980
宁波市	**168593**	**82555**	**86038**	**29637**	**16780**	**12857**
海曙区	18663	9129	9534	2674	1547	1127
江北区	8386	4097	4289	1269	715	554
北仑区	12229	6047	6182	2258	1266	992
镇海区	8058	3966	4092	1296	745	551
鄞州区	25149	12191	12958	4003	2255	1748
奉化区	13188	6621	6567	1485	862	623
象山县	12960	6371	6589	2109	1186	923
宁海县	13723	6726	6997	2086	1218	868
余姚市	24703	11913	12790	5270	2942	2328
慈溪市	31534	15494	16040	7187	4044	3143
温州市	**150482**	**75538**	**74944**	**29394**	**17549**	**11845**
鹿城区	18223	8731	9492	3988	2270	1718
龙湾区	6923	3513	3410	1745	1035	710
瓯海区	10646	5373	5273	2462	1459	1003
洞头区	2687	1265	1422	480	282	198
永嘉县	15398	7745	7653	2685	1542	1143
平阳县	16546	8471	8075	3166	1963	1203
苍南县	15494	7981	7513	3108	1908	1200
文成县	5844	3106	2738	767	467	300
泰顺县	5291	2862	2429	886	535	351
瑞安市	23866	11895	11971	4636	2787	1849
乐清市	23309	11398	11911	4097	2445	1652
龙港市	6255	3198	3057	1374	856	518
嘉兴市	**103322**	**50449**	**52873**	**35007**	**18967**	**16040**
南湖区	15369	7492	7877	3609	2000	1609
秀洲区	11164	5488	5676	3610	1986	1624
嘉善县	11938	5880	6058	3613	1957	1656
海盐县	10613	5086	5527	3417	1800	1617
海宁市	20538	10086	10452	8410	4504	3906
平湖市	14847	7150	7697	4933	2628	2305
桐乡市	18853	9267	9586	7415	4092	3323
湖州市	**70444**	**34811**	**35633**	**20123**	**11252**	**8871**
吴兴区	17705	8803	8902	4926	2813	2113
南浔区	14430	7213	7217	3980	2239	1741
德清县	12333	6079	6254	4269	2338	1931
长兴县	15020	7365	7655	3747	2106	1641
安吉县	10956	5351	5605	3201	1756	1445

8-10 续表 1 单位：人

地区	60岁及以上人口			与配偶和子女同住		
	合计	男	女	小计	男	女
绍兴市	**115762**	**57625**	**58137**	**25366**	**14625**	**10741**
越城区	20612	10184	10428	4793	2815	1978
柯桥区	18164	9123	9041	5164	3066	2098
上虞区	20676	10051	10625	4369	2439	1930
新昌县	10283	5272	5011	1505	869	636
诸暨市	27155	13543	13612	5716	3311	2405
嵊州市	18872	9452	9420	3819	2125	1694
金华市	**108102**	**53794**	**54308**	**23130**	**13546**	**9584**
婺城区	15308	7472	7836	2951	1721	1230
金东区	8202	4022	4180	1494	871	623
武义县	7828	3916	3912	1349	794	555
浦江县	8553	4163	4390	1840	1072	768
磐安县	4202	2137	2065	510	299	211
兰溪市	14884	7525	7359	3100	1819	1281
义乌市	18428	9511	8917	4888	2938	1950
东阳市	19145	9285	9860	4792	2707	2085
永康市	11552	5763	5789	2206	1325	881
衢州市	**55795**	**28168**	**27627**	**9497**	**5496**	**4001**
柯城区	10532	5200	5332	2387	1375	1012
衢江区	9388	4860	4528	1693	993	700
常山县	6628	3360	3268	917	538	379
开化县	7117	3499	3618	1168	657	511
龙游县	9330	4705	4625	958	565	393
江山市	12800	6544	6256	2374	1368	1006
舟山市	**28446**	**13625**	**14821**	**4082**	**2266**	**1816**
定海区	11158	5450	5708	1774	1000	774
普陀区	9533	4503	5030	1591	872	719
岱山县	5600	2658	2942	433	243	190
嵊泗县	2155	1014	1141	284	151	133
台州市	**126613**	**61871**	**64742**	**35077**	**20081**	**14996**
椒江区	12434	6088	6346	3885	2223	1662
黄岩区	14496	7149	7347	4157	2410	1747
路桥区	10248	5087	5161	3386	1946	1440
三门县	8244	3972	4272	1767	1006	761
天台县	10622	5177	5445	2655	1544	1111
仙居县	9444	4695	4749	2428	1393	1035
温岭市	27151	13240	13911	6340	3699	2641
临海市	23965	11596	12369	7461	4151	3310
玉环市	10009	4867	5142	2998	1709	1289
丽水市	**50661**	**26039**	**24622**	**8486**	**4953**	**3533**
莲都区	9424	4812	4612	1927	1115	812
青田县	8460	4250	4210	1105	648	457
缙云县	9397	4744	4653	1311	765	546
遂昌县	5128	2652	2476	978	551	427
松阳县	4802	2465	2337	947	561	386
云和县	2516	1358	1158	500	301	199
庆元县	3162	1653	1509	452	255	197
景宁畲族自治县	2472	1337	1135	419	247	172
龙泉市	5300	2768	2532	847	510	337

8-10 续表 2

单位：人

地区	与配偶同住			与子女同住			独居(有保姆)		
	小计	男	女	小计	男	女	小计	男	女
合计	**539714**	**293853**	**245861**	**153453**	**40774**	**112679**	**2920**	**1210**	**1710**
杭州市	**77393**	**41877**	**35516**	**30689**	**7837**	**22852**	**438**	**180**	**258**
上城区	3700	1969	1731	1023	251	772	36	12	24
下城区	5095	2663	2432	1327	329	998	56	20	36
江干区	6145	3303	2842	2972	762	2210	39	16	23
拱墅区	4633	2473	2160	1469	355	1114	38	19	19
西湖区	5396	2852	2544	2654	704	1950	58	21	37
滨江区	1886	1002	884	896	184	712	5		5
萧山区	12070	6541	5529	5816	1446	4370	47	19	28
余杭区	8505	4626	3879	6006	1618	4388	40	14	26
富阳区	7131	3903	3228	2559	680	1879	24	11	13
临安区	6793	3734	3059	1852	467	1385	38	20	18
桐庐县	4899	2678	2221	1365	342	1023	17	6	11
淳安县	5427	2964	2463	1035	266	769	13	10	3
建德市	5713	3169	2544	1715	433	1282	27	12	15
宁波市	**90995**	**48979**	**42016**	**17099**	**4363**	**12736**	**369**	**153**	**216**
海曙区	10928	5919	5009	1678	407	1271	63	23	40
江北区	4663	2501	2162	760	174	586	18	6	12
北仑区	6381	3426	2955	1408	392	1016	31	12	19
镇海区	4415	2373	2042	824	225	599	18	11	7
鄞州区	14184	7595	6589	2426	569	1857	64	20	44
奉化区	8013	4331	3682	976	271	705	21	7	14
象山县	6585	3607	2978	1329	357	972	29	12	17
宁海县	7346	3999	3347	1390	362	1028	27	15	12
余姚市	12300	6539	5761	3057	779	2278	44	20	24
慈溪市	16180	8689	7491	3251	827	2424	54	27	27
温州市	**74807**	**41293**	**33514**	**17035**	**4543**	**12492**	**709**	**298**	**411**
鹿城区	8862	4796	4066	2217	516	1701	151	51	100
龙湾区	2929	1612	1317	985	272	713	30	16	14
瓯海区	4963	2706	2257	1275	320	955	45	17	28
洞头区	1268	722	546	356	66	290	7	3	4
永嘉县	8013	4378	3635	1664	465	1199	64	25	39
平阳县	8204	4561	3643	1814	503	1311	68	25	43
苍南县	7659	4322	3337	1626	462	1164	51	24	27
文成县	2997	1679	1318	599	178	421	36	19	17
泰顺县	2499	1432	1067	746	257	489	19	8	11
瑞安市	12108	6642	5466	2590	668	1922	120	53	67
乐清市	12247	6692	5555	2457	629	1828	103	54	49
龙港市	3058	1751	1307	706	207	499	15	3	12
嘉兴市	**37513**	**20061**	**17452**	**18695**	**5159**	**13536**	**100**	**42**	**58**
南湖区	7265	3866	3399	2247	585	1662	25	9	16
秀洲区	4102	2209	1893	2091	566	1525	15	9	6
嘉善县	4853	2609	2244	1830	492	1338	12	3	9
海盐县	4242	2245	1997	1875	494	1381	9	3	6
海宁市	6269	3355	2914	3759	1083	2676	21	6	15
平湖市	5281	2780	2501	2912	805	2107	7	4	3
桐乡市	5501	2997	2504	3981	1134	2847	11	8	3
湖州市	**28751**	**15642**	**13109**	**11892**	**3157**	**8735**	**94**	**30**	**64**
吴兴区	7361	4022	3339	2926	757	2169	17	10	7
南浔区	5798	3207	2591	2433	648	1785	29	8	21
德清县	4343	2342	2001	2304	627	1677	15	3	12
长兴县	6907	3715	3192	2402	640	1762	17	4	13
安吉县	4342	2356	1986	1827	485	1342	16	5	11

8-10 续表 3　　　　单位：人

地　区	与配偶同住			与子女同住			独居(有保姆)		
	小计	男	女	小计	男	女	小计	男	女
绍兴市	**56379**	**30758**	**25621**	**13213**	**3470**	**9743**	**260**	**102**	**158**
越城区	10424	5621	4803	2198	564	1634	43	19	24
柯桥区	7654	4223	3431	2437	632	1805	29	10	19
上虞区	10009	5354	4655	2501	606	1895	47	17	30
新昌县	5577	3113	2464	864	244	620	23	14	9
诸暨市	13496	7416	6080	3011	812	2199	75	23	52
嵊州市	9219	5031	4188	2202	612	1590	43	19	24
金华市	**50398**	**27758**	**22640**	**13650**	**3731**	**9919**	**299**	**125**	**174**
婺城区	7488	4065	3423	1908	474	1434	47	17	30
金东区	4112	2265	1847	903	235	668	21	5	16
武义县	4101	2245	1856	788	228	560	25	6	19
浦江县	4014	2184	1830	975	254	721	17	9	8
磐安县	2370	1298	1072	332	109	223	6	2	4
兰溪市	6613	3713	2900	2070	537	1533	31	10	21
义乌市	7806	4370	3436	2549	744	1805	65	36	29
东阳市	8181	4465	3716	2828	766	2062	45	24	21
永康市	5713	3153	2560	1297	384	913	42	16	26
衢州市	**28276**	**15683**	**12593**	**6931**	**1818**	**5113**	**126**	**54**	**72**
柯城区	4906	2704	2202	1435	334	1101	26	13	13
衢江区	4787	2642	2145	1265	338	927	19	8	11
常山县	3566	1994	1572	773	203	570	17	6	11
开化县	3735	2050	1685	803	207	596	13	4	9
龙游县	5344	2960	2384	902	233	669	24	13	11
江山市	5938	3333	2605	1753	503	1250	27	10	17
舟山市	**15655**	**8376**	**7279**	**2666**	**621**	**2045**	**48**	**26**	**22**
定海区	6015	3240	2775	1102	284	818	21	10	11
普陀区	5002	2658	2344	1028	222	806	20	13	7
岱山县	3460	1851	1609	356	76	280	5	2	3
嵊泗县	1178	627	551	180	39	141	2	1	1
台州市	**53676**	**29063**	**24613**	**15643**	**4245**	**11398**	**298**	**115**	**183**
椒江区	4902	2634	2268	1728	478	1250	33	11	22
黄岩区	6072	3303	2769	1757	463	1294	38	15	23
路桥区	3947	2159	1788	1341	374	967	32	12	20
三门县	4130	2231	1899	906	254	652	12	4	8
天台县	4371	2397	1974	1401	381	1020	17	8	9
仙居县	4065	2201	1864	1173	352	821	28	14	14
温岭市	12766	6890	5876	2837	782	2055	62	23	39
临海市	9480	5090	4390	3252	869	2383	52	16	36
玉环市	3943	2158	1785	1248	292	956	24	12	12
丽水市	**25871**	**14363**	**11508**	**5940**	**1830**	**4110**	**179**	**85**	**94**
莲都区	4517	2490	2027	1186	373	813	40	16	24
青田县	4428	2473	1955	779	220	559	59	27	32
缙云县	5146	2855	2291	809	222	587	32	19	13
遂昌县	2516	1403	1113	740	231	509	5	3	2
松阳县	2303	1274	1029	667	207	460	13	4	9
云和县	1235	692	543	360	130	230	2	1	1
庆元县	1781	992	789	363	119	244	3		3
景宁畲族自治县	1236	697	539	329	100	229	6	3	3
龙泉市	2709	1487	1222	707	228	479	19	12	7

8-10　续表 4　　　　单位：人

地　区	独居(无保姆)			养老机构			其　他		
	小计	男	女	小计	男	女	小计	男	女
合计	**152257**	**60162**	**92095**	**12545**	**5405**	**7140**	**34359**	**20247**	**14112**
杭州市	**19210**	**7785**	**11425**	**2901**	**1140**	**1761**	**6196**	**3872**	**2324**
上城区	933	318	615	94	20	74	293	146	147
下城区	1103	383	720	435	142	293	394	213	181
江干区	1271	543	728	356	148	208	614	382	232
拱墅区	1110	417	693	425	176	249	299	170	129
西湖区	1143	459	684	311	105	206	617	366	251
滨江区	359	125	234	102	37	65	157	100	57
萧山区	3064	1174	1890	413	154	259	883	610	273
余杭区	1963	926	1037	184	73	111	1072	739	333
富阳区	1692	700	992	131	60	71	513	352	161
临安区	1730	728	1002	121	59	62	397	215	182
桐庐县	1398	543	855	128	47	81	263	160	103
淳安县	1754	718	1036	106	65	41	355	205	150
建德市	1690	751	939	95	54	41	339	214	125
宁波市	**24097**	**8909**	**15188**	**2128**	**878**	**1250**	**4268**	**2493**	**1775**
海曙区	2629	926	1703	227	75	152	464	232	232
江北区	1222	468	754	171	70	101	283	163	120
北仑区	1686	682	1004	137	56	81	328	213	115
镇海区	1144	410	734	106	48	58	255	154	101
鄞州区	3480	1248	2232	365	138	227	627	366	261
奉化区	2175	880	1295	183	61	122	335	209	126
象山县	2077	805	1272	385	159	226	446	245	201
宁海县	2418	894	1524	161	72	89	295	166	129
余姚市	3237	1195	2042	281	131	150	514	307	207
慈溪市	4029	1401	2628	112	68	44	721	438	283
温州市	**22097**	**8436**	**13661**	**1434**	**596**	**838**	**5006**	**2823**	**2183**
鹿城区	2013	622	1391	217	72	145	775	404	371
龙湾区	794	300	494	96	32	64	344	246	98
瓯海区	1294	534	760	129	39	90	478	298	180
洞头区	458	126	332	23	7	16	95	59	36
永嘉县	2393	1001	1392	104	58	46	475	276	199
平阳县	2662	1081	1581	141	62	79	491	276	215
苍南县	2540	999	1541	173	79	94	337	187	150
文成县	1121	584	537	41	26	15	283	153	130
泰顺县	893	492	401	35	28	7	213	110	103
瑞安市	3455	1251	2204	248	107	141	709	387	322
乐清市	3628	1184	2444	131	51	80	646	343	303
龙港市	846	262	584	96	35	61	160	84	76
嘉兴市	**8490**	**4122**	**4368**	**903**	**394**	**509**	**2614**	**1704**	**910**
南湖区	1598	697	901	156	69	87	469	266	203
秀洲区	981	490	491	55	34	21	310	194	116
嘉善县	1103	528	575	182	62	120	345	229	116
海盐县	754	350	404	79	41	38	237	153	84
海宁市	1398	722	676	171	63	108	510	353	157
平湖市	1278	654	624	131	64	67	305	215	90
桐乡市	1378	681	697	129	61	68	438	294	144
湖州市	**7029**	**3177**	**3852**	**391**	**207**	**184**	**2164**	**1346**	**818**
吴兴区	1733	746	987	88	38	50	654	417	237
南浔区	1675	819	856	90	39	51	425	253	172
德清县	939	467	472	69	39	30	394	263	131
长兴县	1559	655	904	45	40	5	343	205	138
安吉县	1123	490	633	99	51	48	348	208	140

8-10 续表 5　　　　单位：人

地区	独居(无保姆)			养老机构			其他		
	小计	男	女	小计	男	女	小计	男	女
绍兴市	**16859**	**6598**	**10261**	**741**	**344**	**397**	**2944**	**1728**	**1216**
越城区	2587	848	1739	114	53	61	453	264	189
柯桥区	2288	804	1484	58	27	31	534	361	173
上虞区	3108	1269	1839	115	59	56	527	307	220
新昌县	1970	849	1121	129	66	63	215	117	98
诸暨市	4009	1531	2478	130	48	82	718	402	316
嵊州市	2897	1297	1600	195	91	104	497	277	220
金华市	**15992**	**6132**	**9860**	**1210**	**555**	**655**	**3423**	**1947**	**1476**
婺城区	2295	855	1440	125	72	53	494	268	226
金东区	1353	441	912	54	32	22	265	173	92
武义县	1277	516	761	56	27	29	232	100	132
浦江县	1394	488	906	109	47	62	204	109	95
磐安县	804	337	467	46	22	24	134	70	64
兰溪市	2409	1061	1348	265	141	124	396	244	152
义乌市	2189	889	1300	230	84	146	701	450	251
东阳市	2477	920	1557	230	100	130	592	303	289
永康市	1794	625	1169	95	30	65	405	230	175
衢州市	**8737**	**3883**	**4854**	**536**	**315**	**221**	**1692**	**919**	**773**
柯城区	1310	544	766	130	60	70	338	170	168
衢江区	1354	708	646	21	17	4	249	154	95
常山县	1076	454	622	64	50	14	215	115	100
开化县	1146	464	682	33	11	22	219	106	113
龙游县	1683	695	988	110	69	41	309	170	139
江山市	2168	1018	1150	178	108	70	362	204	158
舟山市	**4822**	**1692**	**3130**	**355**	**138**	**217**	**818**	**506**	**312**
定海区	1799	676	1123	156	66	90	291	174	117
普陀区	1529	530	999	87	39	48	276	169	107
岱山县	1097	351	746	90	26	64	159	109	50
嵊泗县	397	135	262	22	7	15	92	54	38
台州市	**17131**	**5968**	**11163**	**1511**	**565**	**946**	**3277**	**1834**	**1443**
椒江区	1304	427	877	187	58	129	395	257	138
黄岩区	1747	600	1147	298	116	182	427	242	185
路桥区	1162	413	749	136	41	95	244	142	102
三门县	1252	382	870	46	24	22	131	71	60
天台县	1728	633	1095	85	36	49	365	178	187
仙居县	1363	537	826	72	31	41	315	167	148
温岭市	4231	1400	2831	337	136	201	578	310	268
临海市	2959	1101	1858	242	86	156	519	283	236
玉环市	1385	475	910	108	37	71	303	184	119
丽水市	**7793**	**3460**	**4333**	**435**	**273**	**162**	**1957**	**1075**	**882**
莲都区	1194	504	690	101	46	55	459	268	191
青田县	1503	594	909	78	50	28	508	238	270
缙云县	1812	724	1088	62	31	31	225	128	97
遂昌县	643	320	323	44	27	17	202	117	85
松阳县	715	327	388	36	27	9	121	65	56
云和县	324	166	158	31	27	4	64	41	23
庆元县	431	205	226	20	20		112	62	50
景宁畲族自治县	376	220	156	28	25	3	78	45	33
龙泉市	795	400	395	35	20	15	188	111	77

8-10a　各地区分性别、居住状况的60岁及以上老年人口(城市)

单位：人

地　区	60岁及以上人口			与配偶和子女同住		
	合计	男	女	小计	男	女
合计	**466286**	**227955**	**238331**	**125313**	**71010**	**54303**
杭州市	**122322**	**59192**	**63130**	**40822**	**22626**	**18196**
上城区	8255	3912	4343	2176	1196	980
下城区	11144	5240	5904	2734	1490	1244
江干区	16787	8116	8671	5390	2962	2428
拱墅区	11019	5301	5718	3045	1691	1354
西湖区	15174	7273	7901	5395	2932	2463
滨江区	5253	2446	2807	1848	998	850
萧山区	23125	11324	11801	9114	5130	3984
余杭区	17018	8304	8714	6890	3799	3091
富阳区	8255	4163	4092	2715	1564	1151
临安区	3493	1735	1758	1005	569	436
桐庐县						
淳安县						
建德市	2799	1378	1421	510	295	215
宁波市	**84203**	**41001**	**43202**	**16561**	**9330**	**7231**
海曙区	14412	7022	7390	2381	1366	1015
江北区	6677	3246	3431	1127	633	494
北仑区	7049	3462	3587	1486	839	647
镇海区	6367	3102	3265	1093	622	471
鄞州区	14400	6862	7538	2864	1597	1267
奉化区	4934	2456	2478	808	470	338
象山县						
宁海县						
余姚市	12338	5975	6363	2642	1469	1173
慈溪市	18026	8876	9150	4160	2334	1826
温州市	**59144**	**29163**	**29981**	**13212**	**7815**	**5397**
鹿城区	16222	7736	8486	3634	2070	1564
龙湾区	4984	2515	2469	1279	749	530
瓯海区	7776	3916	3860	1846	1094	752
洞头区	1130	534	596	235	144	91
永嘉县						
平阳县						
苍南县						
文成县						
泰顺县						
瑞安市	12347	6137	6210	2763	1685	1078
乐清市	11147	5471	5676	2154	1266	888
龙港市	5538	2854	2684	1301	807	494
嘉兴市	**32841**	**15934**	**16907**	**9413**	**5177**	**4236**
南湖区	11555	5599	5956	2407	1343	1064
秀洲区	3745	1834	1911	999	564	435
嘉善县						
海盐县						
海宁市	6815	3322	3493	2466	1328	1138
平湖市	4707	2240	2467	1450	790	660
桐乡市	6019	2939	3080	2091	1152	939
湖州市	**13004**	**6367**	**6637**	**3522**	**2003**	**1519**
吴兴区	10257	5012	5245	2625	1498	1127
南浔区	2747	1355	1392	897	505	392
德清县						
长兴县						
安吉县						

8-10a 续表 1

单位：人

地区	60岁及以上人口			与配偶和子女同住		
	合计	男	女	小计	男	女
绍兴市	**50170**	**24752**	**25418**	**13073**	**7552**	**5521**
越城区	15999	7916	8083	3693	2170	1523
柯桥区	10966	5517	5449	3517	2081	1436
上虞区	9458	4578	4880	2203	1223	980
新昌县						
诸暨市	8119	4020	4099	2080	1211	869
嵊州市	5628	2721	2907	1580	867	713
金华市	**32798**	**16365**	**16433**	**8600**	**5012**	**3588**
婺城区	8038	3913	4125	1783	1032	751
金东区	1680	808	872	424	242	182
武义县						
浦江县						
磐安县						
兰溪市	5184	2557	2627	1176	673	503
义乌市	8360	4332	4028	2494	1491	1003
东阳市	4998	2445	2553	1670	952	718
永康市	4538	2310	2228	1053	622	431
衢州市	**11868**	**5826**	**6042**	**2949**	**1688**	**1261**
柯城区	6389	3063	3326	1541	869	672
衢江区	1669	845	824	512	304	208
常山县						
开化县						
龙游县	29	15	14			
江山市	3781	1903	1878	896	515	381
舟山市	**11253**	**5409**	**5844**	**2120**	**1185**	**935**
定海区	6399	3109	3290	1198	673	525
普陀区	4854	2300	2554	922	512	410
岱山县						
嵊泗县						
台州市	**41354**	**20240**	**21114**	**13213**	**7536**	**5677**
椒江区	8589	4178	4411	2709	1539	1170
黄岩区	6414	3181	3233	2022	1184	838
路桥区	4303	2148	2155	1403	814	589
三门县						
天台县						
仙居县						
温岭市	9010	4444	4566	2668	1539	1129
临海市	6695	3232	3463	2305	1277	1028
玉环市	6343	3057	3286	2106	1183	923
丽水市	**7329**	**3706**	**3623**	**1828**	**1086**	**742**
莲都区	5245	2635	2610	1377	806	571
青田县						
缙云县						
遂昌县						
松阳县						
云和县						
庆元县						
景宁畲族自治县						
龙泉市	2084	1071	1013	451	280	171

8-10a　续表 2　　　　单位：人

地　区	与配偶同住			与子女同住			独居(有保姆)		
	小计	男	女	小计	男	女	小计	男	女
合计	**204817**	**110983**	**93834**	**64069**	**16124**	**47945**	**1491**	**602**	**889**
杭州市	**45125**	**24210**	**20915**	**19614**	**4959**	**14655**	**341**	**134**	**207**
上城区	3700	1969	1731	1023	251	772	36	12	24
下城区	5095	2663	2432	1327	329	998	56	20	36
江干区	6145	3303	2842	2972	762	2210	39	16	23
拱墅区	4633	2473	2160	1469	355	1114	38	19	19
西湖区	5232	2768	2464	2531	676	1855	57	20	37
滨江区	1886	1002	884	896	184	712	5		5
萧山区	7636	4102	3534	3587	890	2697	35	15	20
余杭区	4895	2660	2235	3392	884	2508	27	9	18
富阳区	3104	1708	1396	1426	382	1044	18	10	8
临安区	1389	777	612	536	129	407	16	8	8
桐庐县									
淳安县									
建德市	1410	785	625	455	117	338	14	5	9
宁波市	**44478**	**23879**	**20599**	**9141**	**2257**	**6884**	**244**	**99**	**145**
海曙区	8063	4367	3696	1441	338	1103	57	20	37
江北区	3646	1953	1693	693	155	538	16	6	10
北仑区	3474	1869	1605	929	248	681	24	10	14
镇海区	3459	1854	1605	695	188	507	18	11	7
鄞州区	7530	4035	3495	1639	361	1278	49	11	38
奉化区	2785	1508	1277	498	132	366	12	4	8
象山县									
宁海县									
余姚市	6208	3298	2910	1485	377	1108	31	14	17
慈溪市	9313	4995	4318	1761	458	1303	37	23	14
温州市	**28294**	**15554**	**12740**	**7067**	**1730**	**5337**	**364**	**142**	**222**
鹿城区	7792	4216	3576	2003	446	1557	141	47	94
龙湾区	2139	1171	968	686	189	497	28	16	12
瓯海区	3519	1923	1596	979	245	734	38	13	25
洞头区	496	288	208	156	26	130	4	2	2
永嘉县									
平阳县									
苍南县									
文成县									
泰顺县									
瑞安市	6014	3309	2705	1319	315	1004	70	26	44
乐清市	5663	3117	2546	1300	327	973	69	36	33
龙港市	2671	1530	1141	624	182	442	14	2	12
嘉兴市	**13698**	**7333**	**6365**	**5514**	**1419**	**4095**	**53**	**22**	**31**
南湖区	5774	3065	2709	1607	410	1197	22	7	15
秀洲区	1598	875	723	681	163	518	8	5	3
嘉善县									
海盐县									
海宁市	2490	1334	1156	1119	289	830	10	2	8
平湖市	1860	983	877	848	199	649	5	3	2
桐乡市	1976	1076	900	1259	358	901	8	5	3
湖州市	**5666**	**3081**	**2585**	**2035**	**492**	**1543**	**20**	**10**	**10**
吴兴区	4678	2543	2135	1545	347	1198	12	8	4
南浔区	988	538	450	490	145	345	8	2	6
德清县									
长兴县									
安吉县									

8-10a 续表 3

单位：人

地区	与配偶同住			与子女同住			独居(有保姆)		
	小计	男	女	小计	男	女	小计	男	女
绍兴市	**23328**	**12633**	**10695**	**6318**	**1616**	**4702**	**108**	**48**	**60**
越城区	8253	4453	3800	1705	434	1271	38	18	20
柯桥区	4422	2429	1993	1582	417	1165	18	6	12
上虞区	4509	2397	2112	1208	290	918	17	7	10
新昌县									
诸暨市	3718	2047	1671	1034	271	763	19	8	11
嵊州市	2426	1307	1119	789	204	585	16	9	7
金华市	**13940**	**7735**	**6205**	**4766**	**1252**	**3514**	**116**	**44**	**72**
婺城区	3813	2073	1740	1091	258	833	28	8	20
金东区	717	400	317	264	57	207	5		5
武义县									
浦江县									
磐安县									
兰溪市	2313	1282	1031	732	190	542	11	2	9
义乌市	3222	1819	1403	1271	376	895	37	21	16
东阳市	1783	990	793	843	203	640	13	6	7
永康市	2092	1171	921	565	168	397	22	7	15
衢州市	**5154**	**2854**	**2300**	**1729**	**425**	**1304**	**46**	**19**	**27**
柯城区	2908	1591	1317	860	191	669	20	9	11
衢江区	647	355	292	286	73	213	6	2	4
常山县									
开化县									
龙游县	23	12	11						
江山市	1576	896	680	583	161	422	20	8	12
舟山市	**5765**	**3106**	**2659**	**1293**	**299**	**994**	**30**	**18**	**12**
定海区	3298	1789	1509	712	170	542	17	9	8
普陀区	2467	1317	1150	581	129	452	13	9	4
岱山县									
嵊泗县									
台州市	**16142**	**8804**	**7338**	**5516**	**1361**	**4155**	**135**	**50**	**85**
椒江区	3378	1823	1555	1159	288	871	23	8	15
黄岩区	2566	1398	1168	824	210	614	26	9	17
路桥区	1703	931	772	581	153	428	16	7	9
三门县									
天台县									
仙居县									
温岭市	3770	2067	1703	1110	280	830	29	10	19
临海市	2471	1340	1131	964	242	722	21	7	14
玉环市	2254	1245	1009	878	188	690	20	9	11
丽水市	**3227**	**1794**	**1433**	**1076**	**314**	**762**	**34**	**16**	**18**
莲都区	2293	1275	1018	751	214	537	22	8	14
青田县									
缙云县									
遂昌县									
松阳县									
云和县									
庆元县									
景宁畲族自治县									
龙泉市	934	519	415	325	100	225	12	8	4

8-10a　续表 4　　　　单位：人

地　区	独居(无保姆)			养老机构			其　他		
	小计	男	女	小计	男	女	小计	男	女
合计	**49425**	**18177**	**31248**	**6478**	**2497**	**3981**	**14693**	**8562**	**6131**
杭州市	**10010**	**3881**	**6129**	**2299**	**849**	**1450**	**4111**	**2533**	**1578**
上城区	933	318	615	94	20	74	293	146	147
下城区	1103	383	720	435	142	293	394	213	181
江干区	1271	543	728	356	148	208	614	382	232
拱墅区	1110	417	693	425	176	249	299	170	129
西湖区	1098	439	659	276	91	185	585	347	238
滨江区	359	125	234	102	37	65	157	100	57
萧山区	1821	654	1167	318	116	202	614	417	197
余杭区	1094	501	593	92	33	59	628	418	210
富阳区	583	242	341	100	43	57	309	214	95
临安区	328	137	191	75	29	46	144	86	58
桐庐县									
淳安县									
建德市	310	122	188	26	14	12	74	40	34
宁波市	**10558**	**3790**	**6768**	**1071**	**433**	**638**	**2150**	**1213**	**937**
海曙区	1874	663	1211	195	67	128	401	201	200
江北区	902	342	560	77	31	46	216	126	90
北仑区	883	353	530	67	25	42	186	118	68
镇海区	839	294	545	80	34	46	183	99	84
鄞州区	1660	544	1116	272	102	170	386	212	174
奉化区	597	228	369	95	33	62	139	81	58
象山县									
宁海县									
余姚市	1478	550	928	209	92	117	285	175	110
慈溪市	2325	816	1509	76	49	27	354	201	153
温州市	**7282**	**2412**	**4870**	**686**	**244**	**442**	**2239**	**1266**	**973**
鹿城区	1770	537	1233	205	67	138	677	353	324
龙湾区	566	213	353	57	21	36	229	156	73
瓯海区	894	372	522	119	33	86	381	236	145
洞头区	183	48	135	21	6	15	35	20	15
永嘉县									
平阳县									
苍南县									
文成县									
泰顺县									
瑞安市	1642	516	1126	133	57	76	406	229	177
乐清市	1540	509	1031	61	26	35	360	190	170
龙港市	687	217	470	90	34	56	151	82	69
嘉兴市	**2810**	**1266**	**1544**	**409**	**162**	**247**	**944**	**555**	**389**
南湖区	1249	526	723	145	62	83	351	186	165
秀洲区	297	134	163	21	9	12	141	84	57
嘉善县									
海盐县									
海宁市	483	233	250	70	22	48	177	114	63
平湖市	363	171	192	87	31	56	94	63	31
桐乡市	418	202	216	86	38	48	181	108	73
湖州市	**1219**	**480**	**739**	**117**	**55**	**62**	**425**	**246**	**179**
吴兴区	990	384	606	79	37	42	328	195	133
南浔区	229	96	133	38	18	20	97	51	46
德清县									
长兴县									
安吉县									

8-10a 续表 5 单位：人

地　区	独居(无保姆)			养老机构			其　他		
	小计	男	女	小计	男	女	小计	男	女
绍兴市	**5617**	**1957**	**3660**	**376**	**157**	**219**	**1350**	**789**	**561**
越城区	1832	579	1253	96	47	49	382	215	167
柯桥区	1103	372	731	26	11	15	298	201	97
上虞区	1191	464	727	90	45	45	240	152	88
新昌县									
诸暨市	908	317	591	82	26	56	278	140	138
嵊州市	583	225	358	82	28	54	152	81	71
金华市	**3673**	**1428**	**2245**	**447**	**180**	**267**	**1256**	**714**	**542**
婺城区	979	376	603	55	23	32	289	143	146
金东区	222	78	144	2	1	1	46	30	16
武义县									
浦江县									
磐安县									
兰溪市	621	231	390	176	85	91	155	94	61
义乌市	820	341	479	116	35	81	400	249	151
东阳市	429	182	247	83	28	55	177	84	93
永康市	602	220	382	15	8	7	189	114	75
衢州市	**1424**	**558**	**866**	**197**	**96**	**101**	**369**	**186**	**183**
柯城区	737	255	482	106	45	61	217	103	114
衢江区	164	75	89	4	2	2	50	34	16
常山县									
开化县									
龙游县	5	3	2				1		1
江山市	518	225	293	87	49	38	101	49	52
舟山市	**1571**	**571**	**1000**	**160**	**62**	**98**	**314**	**168**	**146**
定海区	890	330	560	109	39	70	175	99	76
普陀区	681	241	440	51	23	28	139	69	70
岱山县									
嵊泗县									
台州市	**4502**	**1549**	**2953**	**610**	**213**	**397**	**1236**	**727**	**509**
椒江区	881	292	589	160	51	109	279	177	102
黄岩区	660	211	449	92	36	56	224	133	91
路桥区	447	164	283	42	11	31	111	68	43
三门县									
天台县									
仙居县									
温岭市	1065	377	688	108	42	66	260	129	131
临海市	640	222	418	129	49	80	165	95	70
玉环市	809	283	526	79	24	55	197	125	72
丽水市	**759**	**285**	**474**	**106**	**46**	**60**	**299**	**165**	**134**
莲都区	507	182	325	71	26	45	224	124	100
青田县									
缙云县									
遂昌县									
松阳县									
云和县									
庆元县									
景宁畲族自治县									
龙泉市	252	103	149	35	20	15	75	41	34

8-10b　各地区分性别、居住状况的60岁及以上老年人口(镇)

单位：人

地　区	60岁及以上人口			与配偶和子女同住		
	合计	男	女	小计	男	女
合计	**219707**	**109052**	**110655**	**54870**	**31204**	**23666**
杭州市	**18562**	**9234**	**9328**	**4860**	**2741**	**2119**
上城区						
下城区						
江干区						
拱墅区						
西湖区	9	4	5	1	1	
滨江区						
萧山区	2050	1053	997	712	406	306
余杭区	3920	1931	1989	1282	714	568
富阳区	808	386	422	214	118	96
临安区	1525	754	771	315	176	139
桐庐县	5377	2642	2735	1357	767	590
淳安县	2732	1387	1345	510	292	218
建德市	2141	1077	1064	469	267	202
宁波市	**29698**	**14574**	**15124**	**5855**	**3315**	**2540**
海曙区	785	386	399	47	27	20
江北区						
北仑区	618	310	308	158	88	70
镇海区	600	297	303	63	38	25
鄞州区	4862	2394	2468	611	346	265
奉化区	1064	538	526	171	96	75
象山县	5264	2566	2698	1072	594	478
宁海县	6138	3013	3125	1365	796	569
余姚市	5087	2449	2638	1237	691	546
慈溪市	5280	2621	2659	1131	639	492
温州市	**31932**	**16218**	**15714**	**7484**	**4512**	**2972**
鹿城区	138	69	69	25	15	10
龙湾区	1930	993	937	466	286	180
瓯海区	241	116	125	51	30	21
洞头区	197	92	105	45	25	20
永嘉县	5962	3014	2948	1548	876	672
平阳县	8623	4377	4246	1951	1207	744
苍南县	8651	4462	4189	2153	1328	825
文成县	2320	1158	1162	459	271	188
泰顺县	1780	950	830	481	290	191
瑞安市	756	354	402	127	73	54
乐清市	1002	479	523	141	87	54
龙港市	332	154	178	37	24	13
嘉兴市	**27540**	**13614**	**13926**	**9602**	**5185**	**4417**
南湖区	1107	558	549	278	161	117
秀洲区	2054	1027	1027	676	371	305
嘉善县	6821	3365	3456	2152	1174	978
海盐县	5607	2701	2906	1633	862	771
海宁市	5404	2695	2709	2355	1255	1100
平湖市	3252	1614	1638	1215	637	578
桐乡市	3295	1654	1641	1293	725	568
湖州市	**23234**	**11395**	**11839**	**6673**	**3724**	**2949**
吴兴区	1603	793	810	620	349	271
南浔区	3204	1619	1585	868	498	370
德清县	5872	2878	2994	1892	1050	842
长兴县	7853	3835	4018	1915	1072	843
安吉县	4702	2270	2432	1378	755	623

8-10b 续表 1

单位：人

地　区	60岁及以上人口			与配偶和子女同住		
	合计	男	女	小计	男	女
绍兴市	**12938**	**6535**	**6403**	**2917**	**1669**	**1248**
越城区	104	49	55	23	12	11
柯桥区	1349	716	633	280	167	113
上虞区	1353	683	670	269	156	113
新昌县	4422	2238	2184	1112	636	476
诸暨市	3482	1743	1739	793	454	339
嵊州市	2228	1106	1122	440	244	196
金华市	**20238**	**10150**	**10088**	**4850**	**2818**	**2032**
婺城区	1108	543	565	215	124	91
金东区	1815	906	909	320	184	136
武义县	3275	1650	1625	784	464	320
浦江县	3022	1493	1529	795	454	341
磐安县	1523	787	736	262	152	110
兰溪市	1600	816	784	322	196	126
义乌市	2699	1406	1293	687	408	279
东阳市	4108	2011	2097	1254	709	545
永康市	1088	538	550	211	127	84
衢州市	**11588**	**5790**	**5798**	**1980**	**1141**	**839**
柯城区	300	156	144	67	39	28
衢江区	1049	546	503	191	112	79
常山县	2543	1274	1269	355	204	151
开化县	2484	1208	1276	519	296	223
龙游县	3293	1618	1675	512	299	213
江山市	1919	988	931	336	191	145
舟山市	**5321**	**2519**	**2802**	**572**	**318**	**254**
定海区	639	310	329	95	53	42
普陀区	515	246	269	46	26	20
岱山县	2930	1383	1547	252	141	111
嵊泗县	1237	580	657	179	98	81
台州市	**21582**	**10468**	**11114**	**6414**	**3655**	**2759**
椒江区	39	17	22	5	3	2
黄岩区	826	405	421	294	162	132
路桥区	1527	759	768	596	334	262
三门县	3266	1577	1689	911	519	392
天台县	4255	2071	2184	1391	800	591
仙居县	3812	1869	1943	1192	682	510
温岭市	4906	2359	2547	1050	611	439
临海市	2710	1294	1416	906	503	403
玉环市	241	117	124	69	41	28
丽水市	**17074**	**8555**	**8519**	**3663**	**2126**	**1537**
莲都区	448	221	227	77	43	34
青田县	4305	2090	2215	847	487	360
缙云县	3975	1981	1994	784	458	326
遂昌县	1982	993	989	463	263	200
松阳县	1763	868	895	465	269	196
云和县	1521	826	695	362	219	143
庆元县	1580	808	772	325	186	139
景宁畲族自治县	1122	568	554	273	162	111
龙泉市	378	200	178	67	39	28

8-10b　续表 2　　单位：人

地　区	与配偶同住			与子女同住			独居(有保姆)		
	小计	男	女	小计	男	女	小计	男	女
合计	**97698**	**53679**	**44019**	**30191**	**8069**	**22122**	**616**	**271**	**345**
杭州市	**8074**	**4452**	**3622**	**2748**	**725**	**2023**	**35**	**18**	**17**
上城区									
下城区									
江干区									
拱墅区									
西湖区	6	3	3	1		1			
滨江区									
萧山区	760	426	334	303	76	227	1	1	
余杭区	1397	765	632	751	200	551	6	2	4
富阳区	364	193	171	107	23	84	1		1
临安区	736	405	331	189	57	132	1	1	
桐庐县	2436	1329	1107	737	191	546	12	5	7
淳安县	1388	777	611	347	94	253	8	7	1
建德市	987	554	433	313	84	229	6	2	4
宁波市	**15127**	**8205**	**6922**	**3415**	**838**	**2577**	**52**	**28**	**24**
海曙区	559	303	256	33	6	27	2	2	
江北区									
北仑区	269	148	121	87	22	65			
镇海区	324	178	146	66	17	49			
鄞州区	2967	1583	1384	428	107	321	7	3	4
奉化区	607	334	273	83	18	65	1	1	
象山县	2483	1367	1116	663	159	504	14	6	8
宁海县	2860	1576	1284	758	194	564	16	10	6
余姚市	2391	1272	1119	722	176	546	6	3	3
慈溪市	2667	1444	1223	575	139	436	6	3	3
温州市	**14812**	**8280**	**6532**	**3986**	**1075**	**2911**	**156**	**64**	**92**
鹿城区	75	41	34	12	3	9	1		1
龙湾区	783	437	346	298	83	215	2		2
瓯海区	107	58	49	31	11	20	1	1	
洞头区	84	50	34	30	6	24			
永嘉县	2681	1475	1206	789	213	576	27	9	18
平阳县	4108	2293	1815	1048	277	771	46	14	32
苍南县	4044	2278	1766	946	258	688	36	19	17
文成县	1080	603	477	317	88	229	25	12	13
泰顺县	745	438	307	288	89	199	8	3	5
瑞安市	383	209	174	89	17	72	7	4	3
乐清市	541	292	249	105	24	81	3	2	1
龙港市	181	106	75	33	6	27			
嘉兴市	**9587**	**5174**	**4413**	**4911**	**1375**	**3536**	**28**	**12**	**16**
南湖区	491	264	227	160	41	119	2	1	1
秀洲区	737	397	340	361	92	269	2	2	
嘉善县	2598	1403	1195	1110	298	812	6	2	4
海盐县	2387	1278	1109	980	261	719	9	3	6
海宁市	1417	781	636	1032	302	730	7	2	5
平湖市	974	513	461	672	217	455	1	1	
桐乡市	983	538	445	596	164	432	1	1	
湖州市	**9344**	**5088**	**4256**	**3883**	**1006**	**2877**	**57**	**15**	**42**
吴兴区	421	232	189	362	105	257	2	1	1
南浔区	1299	732	567	471	112	359	17	5	12
德清县	2170	1167	1003	1062	274	788	11	2	9
长兴县	3660	1980	1680	1195	308	887	14	4	10
安吉县	1794	977	817	793	207	586	13	3	10

8-10b 续表 3 单位：人

地　区	与配偶同住			与子女同住			独居(有保姆)		
	小计	男	女	小计	男	女	小计	男	女
绍兴市	**6064**	**3360**	**2704**	**1556**	**424**	**1132**	**35**	**17**	**18**
越城区	43	23	20	17	6	11			
柯桥区	604	339	265	170	48	122	2	1	1
上虞区	681	377	304	147	31	116	4	1	3
新昌县	1997	1123	874	587	166	421	9	6	3
诸暨市	1700	934	766	405	113	292	10	4	6
嵊州市	1039	564	475	230	60	170	10	5	5
金华市	**8862**	**4903**	**3959**	**2763**	**783**	**1980**	**55**	**28**	**27**
婺城区	493	271	222	188	57	131	4	4	
金东区	895	491	404	211	59	152	5	1	4
武义县	1534	853	681	407	112	295	13	5	8
浦江县	1298	710	588	411	116	295	6	4	2
磐安县	810	454	356	136	40	96	3	1	2
兰溪市	703	397	306	198	46	152	5	2	3
义乌市	1095	612	483	382	124	258	8	5	3
东阳市	1522	837	685	690	187	503	10	6	4
永康市	512	278	234	140	42	98	1		1
衢州市	**5919**	**3308**	**2611**	**1437**	**355**	**1082**	**44**	**21**	**23**
柯城区	146	84	62	23	2	21	1	1	
衢江区	558	314	244	127	26	101	7	3	4
常山县	1383	775	608	316	82	234	11	2	9
开化县	1199	666	533	327	84	243	10	4	6
龙游县	1713	951	762	376	82	294	12	10	2
江山市	920	518	402	268	79	189	3	1	2
舟山市	**3131**	**1680**	**1451**	**413**	**85**	**328**	**9**	**4**	**5**
定海区	333	181	152	66	16	50	2	1	1
普陀区	326	175	151	24	4	20	2	1	1
岱山县	1794	965	829	204	38	166	3	1	2
嵊泗县	678	359	319	119	27	92	2	1	1
台州市	**8693**	**4734**	**3959**	**2851**	**753**	**2098**	**58**	**23**	**35**
椒江区	21	11	10	4		4			
黄岩区	274	154	120	109	28	81	2	1	1
路桥区	535	293	242	176	46	130	6		6
三门县	1436	784	652	400	100	300	7	2	5
天台县	1492	822	670	708	186	522	11	4	7
仙居县	1446	782	664	584	175	409	19	11	8
温岭市	2356	1278	1078	475	124	351	7	3	4
临海市	1031	556	475	363	86	277	6	2	4
玉环市	102	54	48	32	8	24			
丽水市	**8085**	**4495**	**3590**	**2228**	**650**	**1578**	**87**	**41**	**46**
莲都区	225	123	102	50	17	33	3	1	2
青田县	2013	1120	893	490	134	356	40	19	21
缙云县	2016	1123	893	413	104	309	22	12	10
遂昌县	927	512	415	296	90	206	3	1	2
松阳县	732	400	332	276	82	194	8	3	5
云和县	701	392	309	236	86	150	2	1	1
庆元县	800	449	351	228	70	158	2		2
景宁畲族自治县	488	274	214	192	54	138	5	3	2
龙泉市	183	102	81	47	13	34	2	1	1

8-10b 续表 4

单位：人

地区	独居(无保姆)			养老机构			其他		
	小计	男	女	小计	男	女	小计	男	女
合计	**26730**	**10477**	**16253**	**2438**	**1112**	**1326**	**7164**	**4240**	**2924**
杭州市	**2037**	**819**	**1218**	**210**	**98**	**112**	**598**	**381**	**217**
上城区									
下城区									
江干区									
拱墅区									
西湖区	1		1						
滨江区									
萧山区	186	78	108	10	7	3	78	59	19
余杭区	296	128	168	33	16	17	155	106	49
富阳区	97	39	58	15	7	8	10	6	4
临安区	238	89	149	1	1		45	25	20
桐庐县	609	231	378	78	30	48	148	89	59
淳安县	328	135	193	43	19	24	108	63	45
建德市	282	119	163	30	18	12	54	33	21
宁波市	**4007**	**1484**	**2523**	**399**	**183**	**216**	**843**	**521**	**322**
海曙区	119	39	80	7		7	18	9	9
江北区									
北仑区	69	29	40	14	6	8	21	17	4
镇海区	98	29	69	10	5	5	39	30	9
鄞州区	700	270	430	20	6	14	129	79	50
奉化区	152	58	94	19	10	9	31	21	10
象山县	719	276	443	163	74	89	150	90	60
宁海县	865	302	563	118	52	66	156	83	73
余姚市	611	235	376	33	21	12	87	51	36
慈溪市	674	246	428	15	9	6	212	141	71
温州市	**4192**	**1589**	**2603**	**256**	**107**	**149**	**1046**	**591**	**455**
鹿城区	24	9	15				1	1	
龙湾区	228	87	141	39	11	28	114	89	25
瓯海区	44	13	31				7	3	4
洞头区	34	10	24				4	1	3
永嘉县	665	284	381	37	21	16	215	136	79
平阳县	1125	409	716	76	31	45	269	146	123
苍南县	1220	448	772	69	34	35	183	97	86
文成县	320	135	185	16	5	11	103	44	59
泰顺县	186	96	90	1	1		71	33	38
瑞安市	109	33	76	7	2	5	34	16	18
乐清市	165	49	116	5	1	4	42	24	18
龙港市	72	16	56	6	1	5	3	1	2
嘉兴市	**2275**	**1178**	**1097**	**342**	**138**	**204**	**795**	**552**	**243**
南湖区	122	60	62	7	3	4	47	28	19
秀洲区	216	121	95	14	8	6	48	36	12
嘉善县	567	287	280	160	50	110	228	151	77
海盐县	392	176	216	63	28	35	143	93	50
海宁市	372	208	164	56	20	36	165	127	38
平湖市	289	170	119	14	14		87	62	25
桐乡市	317	156	161	28	15	13	77	55	22
湖州市	**2319**	**998**	**1321**	**135**	**60**	**75**	**823**	**504**	**319**
吴兴区	94	44	50	1		1	103	62	41
南浔区	410	192	218	24	12	12	115	68	47
德清县	475	223	252	46	16	30	216	146	70
长兴县	856	342	514	19	15	4	194	114	80
安吉县	484	197	287	45	17	28	195	114	81

8-10b 续表 5

单位：人

地 区	独居(无保姆)			养老机构			其 他		
	小计	男	女	小计	男	女	小计	男	女
绍兴市	**1801**	**714**	**1087**	**156**	**84**	**72**	**409**	**267**	**142**
越城区	18	5	13	2	2		1	1	
柯桥区	192	72	120	2	1	1	99	88	11
上虞区	186	77	109	17	11	6	49	30	19
新昌县	518	214	304	79	35	44	120	58	62
诸暨市	481	175	306	7	6	1	86	57	29
嵊州市	406	171	235	49	29	20	54	33	21
金华市	**2640**	**1020**	**1620**	**287**	**150**	**137**	**781**	**448**	**333**
婺城区	174	65	109	2	1	1	32	21	11
金东区	262	87	175	13	9	4	109	75	34
武义县	392	157	235	20	5	15	125	54	71
浦江县	358	123	235	52	33	19	102	53	49
磐安县	227	95	132	30	15	15	55	30	25
兰溪市	299	128	171	28	22	6	45	25	20
义乌市	341	151	190	68	28	40	118	78	40
东阳市	414	152	262	69	35	34	149	85	64
永康市	173	62	111	5	2	3	46	27	19
衢州市	**1688**	**684**	**1004**	**145**	**69**	**76**	**375**	**212**	**163**
柯城区	41	21	20				22	9	13
衢江区	143	75	68	3	3		20	13	7
常山县	353	142	211	31	24	7	94	45	49
开化县	316	108	208	27	8	19	86	42	44
龙游县	522	190	332	55	22	33	103	64	39
江山市	313	148	165	29	12	17	50	39	11
舟山市	**932**	**286**	**646**	**82**	**33**	**49**	**182**	**113**	**69**
定海区	104	37	67	28	14	14	11	8	3
普陀区	90	22	68	5	3	2	22	15	7
岱山县	536	161	375	43	13	30	98	64	34
嵊泗县	202	66	136	6	3	3	51	26	25
台州市	**2682**	**884**	**1798**	**276**	**104**	**172**	**608**	**315**	**293**
椒江区	5		5				4	3	1
黄岩区	80	29	51	52	21	31	15	10	5
路桥区	161	61	100	10	3	7	43	22	21
三门县	425	127	298	19	5	14	68	40	28
天台县	449	158	291	41	20	21	163	81	82
仙居县	386	134	252	53	22	31	132	63	69
温岭市	846	254	592	48	21	27	124	68	56
临海市	299	109	190	53	12	41	52	26	26
玉环市	31	12	19				7	2	5
丽水市	**2157**	**821**	**1336**	**150**	**86**	**64**	**704**	**336**	**368**
莲都区	68	25	43	5	3	2	20	9	11
青田县	586	190	396	41	18	23	288	122	166
缙云县	594	212	382	33	13	20	113	59	54
遂昌县	197	76	121	20	11	9	76	40	36
松阳县	218	81	137	17	12	5	47	21	26
云和县	147	74	73	30	26	4	43	28	15
庆元县	166	71	95				59	32	27
景宁畲族自治县	125	59	66	4	3	1	35	13	22
龙泉市	56	33	23				23	12	11

8-10c　各地区分性别、居住状况的60岁及以上老年人口(乡村)

单位：人

地　区	60岁及以上人口			与配偶和子女同住		
	合计	男	女	小计	男	女
合计	**490620**	**244432**	**246188**	**101182**	**57574**	**43608**
杭州市	**57509**	**28538**	**28971**	**15884**	**8906**	**6978**
上城区						
下城区						
江干区						
拱墅区						
西湖区	698	328	370	306	165	141
滨江区						
萧山区	11675	5787	5888	4731	2684	2047
余杭区	9399	4700	4699	4395	2426	1969
富阳区	7799	3893	3906	1883	1054	829
临安区	8924	4437	4487	1691	958	733
桐庐县	4871	2375	2496	821	474	347
淳安县	7223	3539	3684	755	406	349
建德市	6920	3479	3441	1302	739	563
宁波市	**54692**	**26980**	**27712**	**7221**	**4135**	**3086**
海曙区	3466	1721	1745	246	154	92
江北区	1709	851	858	142	82	60
北仑区	4562	2275	2287	614	339	275
镇海区	1091	567	524	140	85	55
鄞州区	5887	2935	2952	528	312	216
奉化区	7190	3627	3563	506	296	210
象山县	7696	3805	3891	1037	592	445
宁海县	7585	3713	3872	721	422	299
余姚市	7278	3489	3789	1391	782	609
慈溪市	8228	3997	4231	1896	1071	825
温州市	**59406**	**30157**	**29249**	**8698**	**5222**	**3476**
鹿城区	1863	926	937	329	185	144
龙湾区	9	5	4			
瓯海区	2629	1341	1288	565	335	230
洞头区	1360	639	721	200	113	87
永嘉县	9436	4731	4705	1137	666	471
平阳县	7923	4094	3829	1215	756	459
苍南县	6843	3519	3324	955	580	375
文成县	3524	1948	1576	308	196	112
泰顺县	3511	1912	1599	405	245	160
瑞安市	10763	5404	5359	1746	1029	717
乐清市	11160	5448	5712	1802	1092	710
龙港市	385	190	195	36	25	11
嘉兴市	**42941**	**20901**	**22040**	**15992**	**8605**	**7387**
南湖区	2707	1335	1372	924	496	428
秀洲区	5365	2627	2738	1935	1051	884
嘉善县	5117	2515	2602	1461	783	678
海盐县	5006	2385	2621	1784	938	846
海宁市	8319	4069	4250	3589	1921	1668
平湖市	6888	3296	3592	2268	1201	1067
桐乡市	9539	4674	4865	4031	2215	1816
湖州市	**34206**	**17049**	**17157**	**9928**	**5525**	**4403**
吴兴区	5845	2998	2847	1681	966	715
南浔区	8479	4239	4240	2215	1236	979
德清县	6461	3201	3260	2377	1288	1089
长兴县	7167	3530	3637	1832	1034	798
安吉县	6254	3081	3173	1823	1001	822

8-10c 续表 1 单位：人

地 区	60岁及以上人口			与配偶和子女同住		
	合计	男	女	小计	男	女
绍兴市	**52654**	**26338**	**26316**	**9376**	**5404**	**3972**
越城区	4509	2219	2290	1077	633	444
柯桥区	5849	2890	2959	1367	818	549
上虞区	9865	4790	5075	1897	1060	837
新昌县	5861	3034	2827	393	233	160
诸暨市	15554	7780	7774	2843	1646	1197
嵊州市	11016	5625	5391	1799	1014	785
金华市	**55066**	**27279**	**27787**	**9680**	**5716**	**3964**
婺城区	6162	3016	3146	953	565	388
金东区	4707	2308	2399	750	445	305
武义县	4553	2266	2287	565	330	235
浦江县	5531	2670	2861	1045	618	427
磐安县	2679	1350	1329	248	147	101
兰溪市	8100	4152	3948	1602	950	652
义乌市	7369	3773	3596	1707	1039	668
东阳市	10039	4829	5210	1868	1046	822
永康市	5926	2915	3011	942	576	366
衢州市	**32339**	**16552**	**15787**	**4568**	**2667**	**1901**
柯城区	3843	1981	1862	779	467	312
衢江区	6670	3469	3201	990	577	413
常山县	4085	2086	1999	562	334	228
开化县	4633	2291	2342	649	361	288
龙游县	6008	3072	2936	446	266	180
江山市	7100	3653	3447	1142	662	480
舟山市	**11872**	**5697**	**6175**	**1390**	**763**	**627**
定海区	4120	2031	2089	481	274	207
普陀区	4164	1957	2207	623	334	289
岱山县	2670	1275	1395	181	102	79
嵊泗县	918	434	484	105	53	52
台州市	**63677**	**31163**	**32514**	**15450**	**8890**	**6560**
椒江区	3806	1893	1913	1171	681	490
黄岩区	7256	3563	3693	1841	1064	777
路桥区	4418	2180	2238	1387	798	589
三门县	4978	2395	2583	856	487	369
天台县	6367	3106	3261	1264	744	520
仙居县	5632	2826	2806	1236	711	525
温岭市	13235	6437	6798	2622	1549	1073
临海市	14560	7070	7490	4250	2371	1879
玉环市	3425	1693	1732	823	485	338
丽水市	**26258**	**13778**	**12480**	**2995**	**1741**	**1254**
莲都区	3731	1956	1775	473	266	207
青田县	4155	2160	1995	258	161	97
缙云县	5422	2763	2659	527	307	220
遂昌县	3146	1659	1487	515	288	227
松阳县	3039	1597	1442	482	292	190
云和县	995	532	463	138	82	56
庆元县	1582	845	737	127	69	58
景宁畲族自治县	1350	769	581	146	85	61
龙泉市	2838	1497	1341	329	191	138

8-10c 续表 2

单位：人

地 区	与配偶同住			与子女同住			独居(有保姆)		
	小计	男	女	小计	男	女	小计	男	女
合计	**237199**	**129191**	**108008**	**59193**	**16581**	**42612**	**813**	**337**	**476**
杭州市	**24194**	**13215**	**10979**	**8327**	**2153**	**6174**	**62**	**28**	**34**
上城区									
下城区									
江干区									
拱墅区									
西湖区	158	81	77	122	28	94	1	1	
滨江区									
萧山区	3674	2013	1661	1926	480	1446	11	3	8
余杭区	2213	1201	1012	1863	534	1329	7	3	4
富阳区	3663	2002	1661	1026	275	751	5	1	4
临安区	4668	2552	2116	1127	281	846	21	11	10
桐庐县	2463	1349	1114	628	151	477	5	1	4
淳安县	4039	2187	1852	688	172	516	5	3	2
建德市	3316	1830	1486	947	232	715	7	5	2
宁波市	**31390**	**16895**	**14495**	**4543**	**1268**	**3275**	**73**	**26**	**47**
海曙区	2306	1249	1057	204	63	141	4	1	3
江北区	1017	548	469	67	19	48	2		2
北仑区	2638	1409	1229	392	122	270	7	2	5
镇海区	632	341	291	63	20	43			
鄞州区	3687	1977	1710	359	101	258	8	6	2
奉化区	4621	2489	2132	395	121	274	8	2	6
象山县	4102	2240	1862	666	198	468	15	6	9
宁海县	4486	2423	2063	632	168	464	11	5	6
余姚市	3701	1969	1732	850	226	624	7	3	4
慈溪市	4200	2250	1950	915	230	685	11	1	10
温州市	**31701**	**17459**	**14242**	**5982**	**1738**	**4244**	**189**	**92**	**97**
鹿城区	995	539	456	202	67	135	9	4	5
龙湾区	7	4	3	1		1			
瓯海区	1337	725	612	265	64	201	6	3	3
洞头区	688	384	304	170	34	136	3	1	2
永嘉县	5332	2903	2429	875	252	623	37	16	21
平阳县	4096	2268	1828	766	226	540	22	11	11
苍南县	3615	2044	1571	680	204	476	15	5	10
文成县	1917	1076	841	282	90	192	11	7	4
泰顺县	1754	994	760	458	168	290	11	5	6
瑞安市	5711	3124	2587	1182	336	846	43	23	20
乐清市	6043	3283	2760	1052	278	774	31	16	15
龙港市	206	115	91	49	19	30	1	1	
嘉兴市	**14228**	**7554**	**6674**	**8270**	**2365**	**5905**	**19**	**8**	**11**
南湖区	1000	537	463	480	134	346	1	1	
秀洲区	1767	937	830	1049	311	738	5	2	3
嘉善县	2255	1206	1049	720	194	526	6	1	5
海盐县	1855	967	888	895	233	662			
海宁市	2362	1240	1122	1608	492	1116	4	2	2
平湖市	2447	1284	1163	1392	389	1003	1		1
桐乡市	2542	1383	1159	2126	612	1514	2	2	
湖州市	**13741**	**7473**	**6268**	**5974**	**1659**	**4315**	**17**	**5**	**12**
吴兴区	2262	1247	1015	1019	305	714	3	1	2
南浔区	3511	1937	1574	1472	391	1081	4	1	3
德清县	2173	1175	998	1242	353	889	4	1	3
长兴县	3247	1735	1512	1207	332	875	3		3
安吉县	2548	1379	1169	1034	278	756	3	2	1

8-10c 续表 3

单位：人

地 区	与配偶同住			与子女同住			独居(有保姆)		
	小计	男	女	小计	男	女	小计	男	女
绍兴市	**26987**	**14765**	**12222**	**5339**	**1430**	**3909**	**117**	**37**	**80**
越城区	2128	1145	983	476	124	352	5	1	4
柯桥区	2628	1455	1173	685	167	518	9	3	6
上虞区	4819	2580	2239	1146	285	861	26	9	17
新昌县	3580	1990	1590	277	78	199	14	8	6
诸暨市	8078	4435	3643	1572	428	1144	46	11	35
嵊州市	5754	3160	2594	1183	348	835	17	5	12
金华市	**27596**	**15120**	**12476**	**6121**	**1696**	**4425**	**128**	**53**	**75**
婺城区	3182	1721	1461	629	159	470	15	5	10
金东区	2500	1374	1126	428	119	309	11	4	7
武义县	2567	1392	1175	381	116	265	12	1	11
浦江县	2716	1474	1242	564	138	426	11	5	6
磐安县	1560	844	716	196	69	127	3	1	2
兰溪市	3597	2034	1563	1140	301	839	15	6	9
义乌市	3489	1939	1550	896	244	652	20	10	10
东阳市	4876	2638	2238	1295	376	919	22	12	10
永康市	3109	1704	1405	592	174	418	19	9	10
衢州市	**17203**	**9521**	**7682**	**3765**	**1038**	**2727**	**36**	**14**	**22**
柯城区	1852	1029	823	552	141	411	5	3	2
衢江区	3582	1973	1609	852	239	613	6	3	3
常山县	2183	1219	964	457	121	336	6	4	2
开化县	2536	1384	1152	476	123	353	3		3
龙游县	3608	1997	1611	526	151	375	12	3	9
江山市	3442	1919	1523	902	263	639	4	1	3
舟山市	**6759**	**3590**	**3169**	**960**	**237**	**723**	**9**	**4**	**5**
定海区	2384	1270	1114	324	98	226	2		2
普陀区	2209	1166	1043	423	89	334	5	3	2
岱山县	1666	886	780	152	38	114	2	1	1
嵊泗县	500	268	232	61	12	49			
台州市	**28841**	**15525**	**13316**	**7276**	**2131**	**5145**	**105**	**42**	**63**
椒江区	1503	800	703	565	190	375	10	3	7
黄岩区	3232	1751	1481	824	225	599	10	5	5
路桥区	1709	935	774	584	175	409	10	5	5
三门县	2694	1447	1247	506	154	352	5	2	3
天台县	2879	1575	1304	693	195	498	6	4	2
仙居县	2619	1419	1200	589	177	412	9	3	6
温岭市	6640	3545	3095	1252	378	874	26	10	16
临海市	5978	3194	2784	1925	541	1384	25	7	18
玉环市	1587	859	728	338	96	242	4	3	1
丽水市	**14559**	**8074**	**6485**	**2636**	**866**	**1770**	**58**	**28**	**30**
莲都区	1999	1092	907	385	142	243	15	7	8
青田县	2415	1353	1062	289	86	203	19	8	11
缙云县	3130	1732	1398	396	118	278	10	7	3
遂昌县	1589	891	698	444	141	303	2	2	
松阳县	1571	874	697	391	125	266	5	1	4
云和县	534	300	234	124	44	80			
庆元县	981	543	438	135	49	86	1		1
景宁畲族自治县	748	423	325	137	46	91	1		1
龙泉市	1592	866	726	335	115	220	5	3	2

8-10c　续表 4　　　　单位：人

地　区	独居(无保姆)			养老机构			其　他		
	小计	男	女	小计	男	女	小计	男	女
合计	**76102**	**31508**	**44594**	**3629**	**1796**	**1833**	**12502**	**7445**	**5057**
杭州市	**7163**	**3085**	**4078**	**392**	**193**	**199**	**1487**	**958**	**529**
上城区									
下城区									
江干区									
拱墅区									
西湖区	44	20	24	35	14	21	32	19	13
滨江区									
萧山区	1057	442	615	85	31	54	191	134	57
余杭区	573	297	276	59	24	35	289	215	74
富阳区	1012	419	593	16	10	6	194	132	62
临安区	1164	502	662	45	29	16	208	104	104
桐庐县	789	312	477	50	17	33	115	71	44
淳安县	1426	583	843	63	46	17	247	142	105
建德市	1098	510	588	39	22	17	211	141	70
宁波市	**9532**	**3635**	**5897**	**658**	**262**	**396**	**1275**	**759**	**516**
海曙区	636	224	412	25	8	17	45	22	23
江北区	320	126	194	94	39	55	67	37	30
北仑区	734	300	434	56	25	31	121	78	43
镇海区	207	87	120	16	9	7	33	25	8
鄞州区	1120	434	686	73	30	43	112	75	37
奉化区	1426	594	832	69	18	51	165	107	58
象山县	1358	529	829	222	85	137	296	155	141
宁海县	1553	592	961	43	20	23	139	83	56
余姚市	1148	410	738	39	18	21	142	81	61
慈溪市	1030	339	691	21	10	11	155	96	59
温州市	**10623**	**4435**	**6188**	**492**	**245**	**247**	**1721**	**966**	**755**
鹿城区	219	76	143	12	5	7	97	50	47
龙湾区							1	1	
瓯海区	356	149	207	10	6	4	90	59	31
洞头区	241	68	173	2	1	1	56	38	18
永嘉县	1728	717	1011	67	37	30	260	140	120
平阳县	1537	672	865	65	31	34	222	130	92
苍南县	1320	551	769	104	45	59	154	90	64
文成县	801	449	352	25	21	4	180	109	71
泰顺县	707	396	311	34	27	7	142	77	65
瑞安市	1704	702	1002	108	48	60	269	142	127
乐清市	1923	626	1297	65	24	41	244	129	115
龙港市	87	29	58				6	1	5
嘉兴市	**3405**	**1678**	**1727**	**152**	**94**	**58**	**875**	**597**	**278**
南湖区	227	111	116	4	4		71	52	19
秀洲区	468	235	233	20	17	3	121	74	47
嘉善县	536	241	295	22	12	10	117	78	39
海盐县	362	174	188	16	13	3	94	60	34
海宁市	543	281	262	45	21	24	168	112	56
平湖市	626	313	313	30	19	11	124	90	34
桐乡市	643	323	320	15	8	7	180	131	49
湖州市	**3491**	**1699**	**1792**	**139**	**92**	**47**	**916**	**596**	**320**
吴兴区	649	318	331	8	1	7	223	160	63
南浔区	1036	531	505	28	9	19	213	134	79
德清县	464	244	220	23	23		178	117	61
长兴县	703	313	390	26	25	1	149	91	58
安吉县	639	293	346	54	34	20	153	94	59

8—10c 续表 5　　　　单位：人

地　区	独居(无保姆)			养老机构			其　他		
	小计	男	女	小计	男	女	小计	男	女
绍兴市	**9441**	**3927**	**5514**	**209**	**103**	**106**	**1185**	**672**	**513**
越城区	737	264	473	16	4	12	70	48	22
柯桥区	993	360	633	30	15	15	137	72	65
上虞区	1731	728	1003	8	3	5	238	125	113
新昌县	1452	635	817	50	31	19	95	59	36
诸暨市	2620	1039	1581	41	16	25	354	205	149
嵊州市	1908	901	1007	64	34	30	291	163	128
金华市	**9679**	**3684**	**5995**	**476**	**225**	**251**	**1386**	**785**	**601**
婺城区	1142	414	728	68	48	20	173	104	69
金东区	869	276	593	39	22	17	110	68	42
武义县	885	359	526	36	22	14	107	46	61
浦江县	1036	365	671	57	14	43	102	56	46
磐安县	577	242	335	16	7	9	79	40	39
兰溪市	1489	702	787	61	34	27	196	125	71
义乌市	1028	397	631	46	21	25	183	123	60
东阳市	1634	586	1048	78	37	41	266	134	132
永康市	1019	343	676	75	20	55	170	89	81
衢州市	**5625**	**2641**	**2984**	**194**	**150**	**44**	**948**	**521**	**427**
柯城区	532	268	264	24	15	9	99	58	41
衢江区	1047	558	489	14	12	2	179	107	72
常山县	723	312	411	33	26	7	121	70	51
开化县	830	356	474	6	3	3	133	64	69
龙游县	1156	502	654	55	47	8	205	106	99
江山市	1337	645	692	62	47	15	211	116	95
舟山市	**2319**	**835**	**1484**	**113**	**43**	**70**	**322**	**225**	**97**
定海区	805	309	496	19	13	6	105	67	38
普陀区	758	267	491	31	13	18	115	85	30
岱山县	561	190	371	47	13	34	61	45	16
嵊泗县	195	69	126	16	4	12	41	28	13
台州市	**9947**	**3535**	**6412**	**625**	**248**	**377**	**1433**	**792**	**641**
椒江区	418	135	283	27	7	20	112	77	35
黄岩区	1007	360	647	154	59	95	188	99	89
路桥区	554	188	366	84	27	57	90	52	38
三门县	827	255	572	27	19	8	63	31	32
天台县	1279	475	804	44	16	28	202	97	105
仙居县	977	403	574	19	9	10	183	104	79
温岭市	2320	769	1551	181	73	108	194	113	81
临海市	2020	770	1250	60	25	35	302	162	140
玉环市	545	180	365	29	13	16	99	57	42
丽水市	**4877**	**2354**	**2523**	**179**	**141**	**38**	**954**	**574**	**380**
莲都区	619	297	322	25	17	8	215	135	80
青田县	917	404	513	37	32	5	220	116	104
缙云县	1218	512	706	29	18	11	112	69	43
遂昌县	446	244	202	24	16	8	126	77	49
松阳县	497	246	251	19	15	4	74	44	30
云和县	177	92	85	1	1		21	13	8
庆元县	265	134	131	20	20		53	30	23
景宁畲族自治县	251	161	90	24	22	2	43	32	11
龙泉市	487	264	223				90	58	32

8-11　全省分年龄、性别、居住状况的60岁及以上老年人口

单位：人

年龄	60岁及以上人口			与配偶和子女同住		
	合计	男	女	小计	男	女
总　计	**1176613**	**581439**	**595174**	**281365**	**159788**	**121577**
60-64岁	**345068**	**176962**	**168106**	**113402**	**61722**	**51680**
60	64445	32986	31459	22372	11975	10397
61	57544	29804	27740	19653	10755	8898
62	71090	36511	34579	23517	12811	10706
63	79962	41144	38818	25600	14054	11546
64	72027	36517	35510	22260	12127	10133
65-69岁	**318048**	**158428**	**159620**	**86796**	**47853**	**38943**
65	69642	35314	34328	20801	11423	9378
66	71963	36147	35816	20393	11222	9171
67	61025	30165	30860	16411	9026	7385
68	61644	30487	31157	16099	8933	7166
69	53774	26315	27459	13092	7249	5843
70-74岁	**222904**	**110045**	**112859**	**46889**	**27176**	**19713**
70	49659	24618	25041	11475	6560	4915
71	49406	24672	24734	11072	6462	4610
72	46947	23252	23695	9639	5528	4111
73	41000	20146	20854	8070	4759	3311
74	35892	17357	18535	6633	3867	2766
75-79岁	**124053**	**61069**	**62984**	**19555**	**12534**	**7021**
75	30301	15040	15261	5279	3256	2023
76	28073	13901	14172	4666	2984	1682
77	24207	11807	12400	3669	2359	1310
78	20256	9867	10389	2991	1963	1028
79	21216	10454	10762	2950	1972	978
80-84岁	**88439**	**42024**	**46415**	**9844**	**6842**	**3002**
80	18203	8788	9415	2311	1550	761
81	16904	8126	8778	1959	1334	625
82	19924	9512	10412	2233	1556	677
83	17736	8362	9374	1835	1304	531
84	15672	7236	8436	1506	1098	408
85-89岁	**56248**	**24563**	**31685**	**4055**	**3008**	**1047**
85	14920	6811	8109	1246	921	325
86	12869	5664	7205	971	718	253
87	11889	5103	6786	835	618	217
88	9668	4122	5546	614	453	161
89	6902	2863	4039	389	298	91
90-94岁	**18167**	**7122**	**11045**	**739**	**586**	**153**
90	5622	2256	3366	282	220	62
91	4259	1716	2543	169	126	43
92	3860	1491	2369	152	129	23
93	2602	987	1615	80	63	17
94	1824	672	1152	56	48	8
95-99岁	**3384**	**1133**	**2251**	**81**	**64**	**17**
95	1286	472	814	33	26	7
96	879	272	607	22	18	4
97	573	181	392	12	9	3
98	408	122	286	9	8	1
99	238	86	152	5	3	2
100岁及以上	**302**	**93**	**209**	**4**	**3**	**1**

8-11 续表 1

单位：人

年 龄	与配偶同住			与子女同住			独居(有保姆)		
	小计	男	女	小计	男	女	小计	男	女
总 计	**539714**	**293853**	**245861**	**153453**	**40774**	**112679**	**2920**	**1210**	**1710**
60-64岁	**157713**	**79281**	**78432**	**31337**	**9020**	**22317**	**205**	**124**	**81**
60	28190	14015	14175	5655	1597	4058	38	25	13
61	25684	12961	12723	5062	1451	3611	33	22	11
62	32275	16240	16035	6510	1881	4629	29	13	16
63	37220	18870	18350	7405	2147	5258	53	32	21
64	34344	17195	17149	6705	1944	4761	52	32	20
65-69岁	**160651**	**81262**	**79389**	**30944**	**8793**	**22151**	**207**	**94**	**113**
65	33782	17050	16732	6535	1926	4609	33	21	12
66	36105	18164	17941	6927	2047	4880	40	17	23
67	30853	15512	15341	6004	1666	4338	36	16	20
68	31719	16095	15624	6055	1700	4355	40	19	21
69	28192	14441	13751	5423	1454	3969	58	21	37
70-74岁	**114120**	**62280**	**51840**	**26901**	**7204**	**19697**	**189**	**75**	**114**
70	25920	13605	12315	5460	1520	3940	30	16	14
71	25562	13754	11808	5512	1506	4006	32	10	22
72	24301	13436	10865	5656	1515	4141	49	18	31
73	20543	11471	9072	5327	1411	3916	39	16	23
74	17794	10014	7780	4946	1252	3694	39	15	24
75-79岁	**56947**	**35022**	**21925**	**20397**	**4899**	**15498**	**305**	**111**	**194**
75	14583	8643	5940	4519	1147	3372	51	24	27
76	13261	7983	5278	4499	1059	3440	54	23	31
77	11139	6864	4275	3964	904	3060	69	23	46
78	8935	5635	3300	3489	820	2669	53	15	38
79	9029	5897	3132	3926	969	2957	78	26	52
80-84岁	**32977**	**22700**	**10277**	**19317**	**4768**	**14549**	**575**	**214**	**361**
80	7480	4951	2529	3612	868	2744	71	33	38
81	6843	4597	2246	3449	841	2608	103	27	76
82	7364	5092	2272	4402	1114	3288	117	41	76
83	6197	4392	1805	4067	1000	3067	145	57	88
84	5093	3668	1425	3787	945	2842	139	56	83
85-89岁	**14411**	**10906**	**3505**	**16116**	**4012**	**12104**	**819**	**321**	**498**
85	4532	3337	1195	3780	936	2844	169	58	111
86	3544	2649	895	3551	858	2693	149	51	98
87	2870	2195	675	3541	842	2699	187	89	98
88	2131	1686	445	2980	765	2215	180	72	108
89	1334	1039	295	2264	611	1653	134	51	83
90-94岁	**2654**	**2191**	**463**	**6779**	**1668**	**5111**	**484**	**212**	**272**
90	969	775	194	1992	486	1506	116	47	69
91	653	537	116	1545	383	1162	119	54	65
92	512	433	79	1460	373	1087	114	54	60
93	308	271	37	1054	252	802	79	33	46
94	212	175	37	728	174	554	56	24	32
95-99岁	**232**	**202**	**30**	**1494**	**374**	**1120**	**118**	**51**	**67**
95	104	92	12	567	163	404	41	19	22
96	51	45	6	363	80	283	37	18	19
97	35	31	4	276	65	211	17	7	10
98	27	20	7	174	33	141	14	4	10
99	15	14	1	114	33	81	9	3	6
100岁及以上	**9**	**9**		**168**	**36**	**132**	**18**	**8**	**10**

8-11　续表 2　　　　　　　　　　　　　　　　　　　　　　　　　　　　单位：人

年　龄	独居(无保姆)			养老机构			其　他		
	小计	男	女	小计	男	女	小计	男	女
总　计	**152257**	**60162**	**92095**	**12545**	**5405**	**7140**	**34359**	**20247**	**14112**
60-64岁	**27242**	**16416**	**10826**	**574**	**370**	**204**	**14595**	**10029**	**4566**
60	4920	3079	1841	85	60	25	3185	2235	950
61	4429	2724	1705	85	55	30	2598	1836	762
62	5588	3377	2211	123	75	48	3048	2114	934
63	6361	3806	2555	148	96	52	3175	2139	1036
64	5944	3430	2514	133	84	49	2589	1705	884
65-69岁	**29653**	**14512**	**15141**	**900**	**569**	**331**	**8897**	**5345**	**3552**
65	6017	3337	2680	161	107	54	2313	1450	863
66	6250	3305	2945	162	103	59	2086	1289	797
67	5864	2815	3049	171	102	69	1686	1028	658
68	5983	2713	3270	199	128	71	1549	899	650
69	5539	2342	3197	207	129	78	1263	679	584
70-74岁	**29038**	**10318**	**18720**	**1297**	**691**	**606**	**4470**	**2301**	**2169**
70	5474	2204	3270	218	111	107	1082	602	480
71	5969	2268	3701	252	145	107	1007	527	480
72	6124	2166	3958	269	138	131	909	451	458
73	5924	1939	3985	290	146	144	807	404	403
74	5547	1741	3806	268	151	117	665	317	348
75-79岁	**22807**	**6662**	**16145**	**1822**	**821**	**1001**	**2220**	**1020**	**1200**
75	4980	1524	3456	333	164	169	556	282	274
76	4769	1463	3306	340	160	180	484	229	255
77	4556	1303	3253	365	161	204	445	193	252
78	4069	1136	2933	358	147	211	361	151	210
79	4433	1236	3197	426	189	237	374	165	209
80-84岁	**21163**	**5714**	**15449**	**2800**	**1083**	**1717**	**1763**	**703**	**1060**
80	3957	1074	2883	434	168	266	338	144	194
81	3801	1032	2769	450	167	283	299	128	171
82	4751	1295	3456	641	245	396	416	169	247
83	4471	1210	3261	641	254	387	380	145	235
84	4183	1103	3080	634	249	385	330	117	213
85-89岁	**16053**	**4579**	**11474**	**3264**	**1191**	**2073**	**1530**	**546**	**984**
85	4095	1146	2949	714	262	452	384	151	233
86	3621	1021	2600	747	269	478	286	98	188
87	3446	1006	2440	657	232	425	353	121	232
88	2845	797	2048	644	248	396	274	101	173
89	2046	609	1437	502	180	322	233	75	158
90-94岁	**5272**	**1642**	**3630**	**1567**	**576**	**991**	**672**	**247**	**425**
90	1612	489	1123	468	168	300	183	71	112
91	1281	412	869	354	157	197	138	47	91
92	1133	336	797	348	108	240	141	58	83
93	724	236	488	250	95	155	107	37	70
94	522	169	353	147	48	99	103	34	69
95-99岁	**965**	**294**	**671**	**299**	**99**	**200**	**195**	**49**	**146**
95	380	126	254	105	29	76	56	17	39
96	266	73	193	84	29	55	56	9	47
97	148	40	108	57	24	33	28	5	23
98	117	37	80	35	12	23	32	8	24
99	54	18	36	18	5	13	23	10	13
100岁及以上	**64**	**25**	**39**	**22**	**5**	**17**	**17**	**7**	**10**

8-11a 全省分年龄、性别、居住状况的60岁及以上老年人口(城市)

单位：人

年龄	60岁及以上人口			与配偶和子女同住		
	合计	男	女	小计	男	女
总计	**466286**	**227955**	**238331**	**125313**	**71010**	**54303**
60-64岁	**149613**	**75348**	**74265**	**53840**	**29290**	**24550**
60	28861	14474	14387	10821	5843	4978
61	25623	13027	12596	9505	5165	4340
62	31039	15725	15314	11230	6144	5086
63	34051	17159	16892	12055	6600	5455
64	30039	14963	15076	10229	5538	4691
65-69岁	**126216**	**62096**	**64120**	**38685**	**21463**	**17222**
65	28679	14301	14378	9617	5311	4306
66	28984	14395	14589	9212	5055	4157
67	23876	11610	12266	7219	3984	3235
68	23967	11746	12221	6960	3906	3054
69	20710	10044	10666	5677	3207	2470
70-74岁	**83642**	**40724**	**42918**	**19206**	**11180**	**8026**
70	19081	9385	9696	4829	2775	2054
71	18707	9107	9600	4610	2706	1904
72	17185	8288	8897	3830	2211	1619
73	15361	7516	7845	3265	1932	1333
74	13308	6428	6880	2672	1556	1116
75-79岁	**45551**	**22241**	**23310**	**7695**	**4919**	**2776**
75	11067	5511	5556	2079	1301	778
76	10259	5056	5203	1792	1162	630
77	9070	4367	4703	1508	959	549
78	7587	3578	4009	1212	759	453
79	7568	3729	3839	1104	738	366
80-84岁	**32066**	**14891**	**17175**	**3840**	**2612**	**1228**
80	6594	3043	3551	879	560	319
81	6130	2849	3281	777	525	252
82	7067	3299	3768	850	575	275
83	6426	2991	3435	732	519	213
84	5849	2709	3140	602	433	169
85-89岁	**20993**	**9444**	**11549**	**1674**	**1259**	**415**
85	5596	2597	2999	517	385	132
86	4788	2140	2648	397	286	111
87	4367	1950	2417	326	253	73
88	3639	1657	1982	275	213	62
89	2603	1100	1503	159	122	37
90-94岁	**6788**	**2741**	**4047**	**339**	**259**	**80**
90	2103	876	1227	139	107	32
91	1545	646	899	63	42	21
92	1480	588	892	65	55	10
93	979	385	594	47	34	13
94	681	246	435	25	21	4
95-99岁	**1302**	**432**	**870**	**32**	**26**	**6**
95	500	170	330	13	10	3
96	331	104	227	6	6	
97	208	75	133	5	4	1
98	161	49	112	4	4	
99	102	34	68	4	2	2
100岁及以上	**115**	**38**	**77**	**2**	**2**	

8-11a　续表 1　　　　单位：人

年　龄	与配偶同住			与子女同住			独居(有保姆)		
	小计	男	女	小计	男	女	小计	男	女
总　计	**204817**	**110983**	**93834**	**64069**	**16124**	**47945**	**1491**	**602**	**889**
60－64岁	**62039**	**31485**	**30554**	**16675**	**4338**	**12337**	**86**	**49**	**37**
60	11404	5686	5718	3136	778	2358	15	11	4
61	10424	5314	5110	2744	720	2024	17	10	7
62	12775	6532	6243	3497	922	2575	10	2	8
63	14344	7333	7011	3852	997	2855	19	10	9
64	13092	6620	6472	3446	921	2525	25	16	9
65－69岁	**59504**	**30054**	**29450**	**14307**	**3770**	**10537**	**83**	**31**	**52**
65	12663	6378	6285	3181	861	2320	15	8	7
66	13481	6844	6637	3287	903	2384	24	8	16
67	11359	5695	5664	2736	691	2045	12	4	8
68	11667	5886	5781	2753	734	2019	12	5	7
69	10334	5251	5083	2350	581	1769	20	6	14
70－74岁	**42195**	**22624**	**19571**	**10630**	**2754**	**7876**	**86**	**34**	**52**
70	9565	5013	4552	2299	600	1699	14	7	7
71	9311	4881	4430	2369	624	1745	11	4	7
72	8781	4689	4092	2208	577	1631	19	7	12
73	7814	4283	3531	1936	498	1438	19	9	10
74	6724	3758	2966	1818	455	1363	23	7	16
75－79岁	**21461**	**12952**	**8509**	**7349**	**1712**	**5637**	**145**	**52**	**93**
75	5414	3191	2223	1634	412	1222	26	13	13
76	5003	2947	2056	1670	387	1283	21	9	12
77	4264	2565	1699	1476	303	1173	32	11	21
78	3422	2082	1340	1267	295	972	29	7	22
79	3358	2167	1191	1302	315	987	37	12	25
80－84岁	**12618**	**8469**	**4149**	**6617**	**1487**	**5130**	**283**	**98**	**185**
80	2872	1822	1050	1250	267	983	43	19	24
81	2579	1669	910	1248	270	978	52	9	43
82	2744	1855	889	1433	336	1097	55	17	38
83	2347	1640	707	1368	316	1052	63	25	38
84	2076	1483	593	1318	298	1020	70	28	42
85－89岁	**5804**	**4394**	**1410**	**5568**	**1370**	**4198**	**462**	**185**	**277**
85	1831	1328	503	1296	324	972	108	38	70
86	1390	1053	337	1221	280	941	77	26	51
87	1143	871	272	1250	305	945	97	50	47
88	886	707	179	1027	271	756	110	43	67
89	554	435	119	774	190	584	70	28	42
90－94岁	**1101**	**926**	**175**	**2306**	**549**	**1757**	**270**	**119**	**151**
90	396	324	72	675	165	510	65	27	38
91	280	229	51	497	110	387	67	35	32
92	219	189	30	514	136	378	59	27	32
93	131	115	16	365	85	280	45	18	27
94	75	69	6	255	53	202	34	12	22
95－99岁	**92**	**76**	**16**	**555**	**133**	**422**	**69**	**30**	**39**
95	43	35	8	216	58	158	21	8	13
96	17	14	3	133	32	101	18	10	8
97	18	17	1	93	21	72	14	5	9
98	11	7	4	66	10	56	10	4	6
99	3	3		47	12	35	6	3	3
100岁及以上	**3**	**3**		**62**	**11**	**51**	**7**	**4**	**3**

8−11a 续表 2 单位：人

年 龄	独居(无保姆)			养老机构			其 他		
	小计	男	女	小计	男	女	小计	男	女
总 计	**49425**	**18177**	**31248**	**6478**	**2497**	**3981**	**14693**	**8562**	**6131**
60−64岁	**9963**	**5540**	**4423**	**255**	**134**	**121**	**6755**	**4512**	**2243**
60	1946	1117	829	37	23	14	1502	1016	486
61	1699	964	735	43	24	19	1191	830	361
62	2051	1140	911	57	29	28	1419	956	463
63	2231	1213	1018	58	28	30	1492	978	514
64	2036	1106	930	60	30	30	1151	732	419
65−69岁	**9458**	**4333**	**5125**	**366**	**197**	**169**	**3813**	**2248**	**1565**
65	2063	1054	1009	71	41	30	1069	648	421
66	2013	984	1029	56	30	26	911	571	340
67	1804	793	1011	68	37	31	678	406	272
68	1838	814	1024	86	45	41	651	356	295
69	1740	688	1052	85	44	41	504	267	237
70−74岁	**9139**	**2982**	**6157**	**596**	**259**	**337**	**1790**	**891**	**899**
70	1780	673	1107	110	46	64	484	271	213
71	1894	647	1247	111	51	60	401	194	207
72	1877	587	1290	122	45	77	348	172	176
73	1888	595	1293	136	60	76	303	139	164
74	1700	480	1220	117	57	60	254	115	139
75−79岁	**7173**	**1873**	**5300**	**923**	**362**	**561**	**805**	**371**	**434**
75	1540	419	1121	166	67	99	208	108	100
76	1444	399	1045	168	69	99	161	83	78
77	1460	388	1072	174	76	98	156	65	91
78	1326	317	1009	185	64	121	146	54	92
79	1403	350	1053	230	86	144	134	61	73
80−84岁	**6633**	**1501**	**5132**	**1434**	**489**	**945**	**641**	**235**	**406**
80	1211	259	952	210	66	144	129	50	79
81	1137	262	875	229	78	151	108	36	72
82	1495	341	1154	344	118	226	146	57	89
83	1440	322	1118	345	125	220	131	44	87
84	1350	317	1033	306	102	204	127	48	79
85−89岁	**5116**	**1374**	**3742**	**1821**	**672**	**1149**	**548**	**190**	**358**
85	1307	339	968	402	141	261	135	42	93
86	1184	321	863	417	140	277	102	34	68
87	1064	294	770	360	132	228	127	45	82
88	906	247	659	346	141	205	89	35	54
89	655	173	482	296	118	178	95	34	61
90−94岁	**1620**	**470**	**1150**	**884**	**321**	**563**	**268**	**97**	**171**
90	491	131	360	270	101	169	67	21	46
91	377	119	258	202	89	113	59	22	37
92	373	102	271	192	53	139	58	26	32
93	218	69	149	133	49	84	40	15	25
94	161	49	112	87	29	58	44	13	31
95−99岁	**301**	**94**	**207**	**186**	**59**	**127**	**67**	**14**	**53**
95	118	33	85	70	21	49	19	5	14
96	86	25	61	50	16	34	21	1	20
97	38	15	23	33	13	20	7		7
98	37	12	25	21	8	13	12	4	8
99	22	9	13	12	1	11	8	4	4
100岁及以上	**22**	**10**	**12**	**13**	**4**	**9**	**6**	**4**	**2**

8-11b　全省分年龄、性别、居住状况的60岁及以上老年人口(镇)

单位：人

年　龄	60岁及以上人口			与配偶和子女同住		
	合计	男	女	小计	男	女
总　计	**219707**	**109052**	**110655**	**54870**	**31204**	**23666**
60-64岁	**67269**	**34886**	**32383**	**22140**	**12026**	**10114**
60	12937	6789	6148	4366	2334	2032
61	11491	6036	5455	3864	2108	1756
62	13821	7130	6691	4639	2529	2110
63	15352	7994	7358	4910	2692	2218
64	13668	6937	6731	4361	2363	1998
65-69岁	**59688**	**29650**	**30038**	**16931**	**9326**	**7605**
65	13110	6664	6446	3914	2179	1735
66	13623	6838	6785	3949	2180	1769
67	11449	5668	5781	3281	1835	1446
68	11546	5625	5921	3232	1767	1465
69	9960	4855	5105	2555	1365	1190
70-74岁	**40943**	**20280**	**20663**	**9281**	**5433**	**3848**
70	9149	4514	4635	2309	1307	1002
71	8968	4527	4441	2155	1287	868
72	8779	4322	4457	1918	1103	815
73	7563	3753	3810	1606	971	635
74	6484	3164	3320	1293	765	528
75-79岁	**22552**	**11147**	**11405**	**3803**	**2466**	**1337**
75	5501	2773	2728	978	613	365
76	5132	2561	2571	929	597	332
77	4343	2141	2202	704	455	249
78	3695	1758	1937	584	399	185
79	3881	1914	1967	608	402	206
80-84岁	**15789**	**7454**	**8335**	**1814**	**1290**	**524**
80	3303	1596	1707	450	316	134
81	3017	1492	1525	372	262	110
82	3574	1673	1901	393	286	107
83	3109	1410	1699	318	208	110
84	2786	1283	1503	281	218	63
85-89岁	**9606**	**4160**	**5446**	**759**	**548**	**211**
85	2492	1121	1371	223	154	69
86	2224	967	1257	188	141	47
87	2023	875	1148	159	111	48
88	1618	682	936	113	81	32
89	1249	515	734	76	61	15
90-94岁	**3198**	**1260**	**1938**	**126**	**104**	**22**
90	977	379	598	51	41	10
91	731	287	444	25	21	4
92	698	292	406	35	30	5
93	464	171	293	7	6	1
94	328	131	197	8	6	2
95-99岁	**597**	**195**	**402**	**16**	**11**	**5**
95	215	78	137	7	5	2
96	154	42	112	4	2	2
97	98	32	66	3	2	1
98	81	23	58	2	2	
99	49	20	29			
100岁及以上	**65**	**20**	**45**			

8-11b 续表 1

单位：人

年龄	与配偶同住			与子女同住			独居(有保姆)		
	小计	男	女	小计	男	女	小计	男	女
总 计	**97698**	**53679**	**44019**	**30191**	**8069**	**22122**	**616**	**271**	**345**
60-64岁	**30406**	**15684**	**14722**	**6243**	**1826**	**4417**	**46**	**30**	**16**
60	5788	3002	2786	1110	318	792	10	6	4
61	5069	2645	2424	1043	313	730	9	7	2
62	6216	3192	3024	1285	370	915	6	4	2
63	7080	3676	3404	1445	423	1022	13	9	4
64	6253	3169	3084	1360	402	958	8	4	4
65-69岁	**28991**	**14791**	**14200**	**6341**	**1733**	**4608**	**45**	**21**	**24**
65	6219	3181	3038	1371	380	991	7	4	3
66	6634	3393	3241	1453	405	1048	4	2	2
67	5441	2747	2694	1243	330	913	6	3	3
68	5650	2848	2802	1212	335	877	13	7	6
69	5047	2622	2425	1062	283	779	15	5	10
70-74岁	**20031**	**11004**	**9027**	**5317**	**1442**	**3875**	**34**	**14**	**20**
70	4618	2404	2214	1029	291	738	6	2	4
71	4429	2431	1998	1077	300	777	7	1	6
72	4374	2407	1967	1135	297	838	7	3	4
73	3567	2017	1550	1112	312	800	7	2	5
74	3043	1745	1298	964	242	722	7	6	1
75-79岁	**9901**	**6158**	**3743**	**4018**	**952**	**3066**	**62**	**26**	**36**
75	2581	1556	1025	916	225	691	10	8	2
76	2301	1417	884	863	205	658	12	4	8
77	1915	1188	727	776	194	582	7	3	4
78	1544	953	591	664	141	523	10	5	5
79	1560	1044	516	799	187	612	23	6	17
80-84岁	**5546**	**3867**	**1679**	**3779**	**962**	**2817**	**149**	**60**	**89**
80	1268	857	411	734	188	546	12	5	7
81	1153	807	346	667	179	488	25	8	17
82	1229	858	371	874	230	644	35	15	20
83	1034	727	307	805	186	619	37	15	22
84	862	618	244	699	179	520	40	17	23
85-89岁	**2333**	**1781**	**552**	**2882**	**728**	**2154**	**167**	**71**	**96**
85	724	543	181	661	163	498	25	6	19
86	591	433	158	638	156	482	37	15	22
87	484	380	104	618	146	472	44	21	23
88	323	256	67	516	136	380	28	12	16
89	211	169	42	449	127	322	33	17	16
90-94岁	**450**	**360**	**90**	**1288**	**345**	**943**	**94**	**43**	**51**
90	153	118	35	381	97	284	26	9	17
91	111	87	24	291	73	218	23	10	13
92	91	78	13	284	84	200	22	13	9
93	57	46	11	194	54	140	13	6	7
94	38	31	7	138	37	101	10	5	5
95-99岁	**39**	**33**	**6**	**286**	**73**	**213**	**15**	**4**	**11**
95	18	17	1	99	28	71	5	2	3
96	5	3	2	75	20	55	5	1	4
97	5	4	1	49	12	37	2	1	1
98	8	6	2	34	4	30	1		1
99	3	3		29	9	20	2		2
100岁及以上	**1**	**1**		**37**	**8**	**29**	**4**	**2**	**2**

8-11b　续表 2

单位：人

年　龄	独居(无保姆)			养老机构			其　他		
	小计	男	女	小计	男	女	小计	男	女
总　计	**26730**	**10477**	**16253**	**2438**	**1112**	**1326**	**7164**	**4240**	**2924**
60-64岁	**5218**	**3093**	**2125**	**124**	**85**	**39**	**3092**	**2142**	**950**
60	953	613	340	18	15	3	692	501	191
61	886	522	364	16	13	3	604	428	176
62	1036	602	434	31	18	13	608	415	193
63	1219	727	492	32	22	10	653	445	208
64	1124	629	495	27	17	10	535	353	182
65-69岁	**5278**	**2528**	**2750**	**194**	**130**	**64**	**1908**	**1121**	**787**
65	1075	588	487	35	23	12	489	309	180
66	1128	592	536	32	19	13	423	247	176
67	1057	501	556	43	24	19	378	228	150
68	1053	448	605	46	36	10	340	184	156
69	965	399	566	38	28	10	278	153	125
70-74岁	**5104**	**1778**	**3326**	**283**	**158**	**125**	**893**	**451**	**442**
70	949	381	568	37	17	20	201	112	89
71	1049	379	670	53	31	22	198	98	100
72	1073	378	695	65	40	25	207	94	113
73	1045	329	716	66	33	33	160	89	71
74	988	311	677	62	37	25	127	58	69
75-79岁	**3969**	**1172**	**2797**	**340**	**157**	**183**	**459**	**216**	**243**
75	834	281	553	66	38	28	116	52	64
76	864	267	597	61	28	33	102	43	59
77	771	214	557	78	34	44	92	53	39
78	750	200	550	69	27	42	74	33	41
79	750	210	540	66	30	36	75	35	40
80-84岁	**3609**	**901**	**2708**	**556**	**236**	**320**	**336**	**138**	**198**
80	698	175	523	84	30	54	57	25	32
81	645	168	477	92	35	57	63	33	30
82	845	204	641	120	53	67	78	27	51
83	713	186	527	123	50	73	79	38	41
84	708	168	540	137	68	69	59	15	44
85-89岁	**2545**	**702**	**1843**	**610**	**229**	**381**	**310**	**101**	**209**
85	659	172	487	138	58	80	62	25	37
86	585	157	428	128	46	82	57	19	38
87	518	147	371	124	48	76	76	22	54
88	447	125	322	128	51	77	63	21	42
89	336	101	235	92	26	66	52	14	38
90-94岁	**840**	**255**	**585**	**277**	**99**	**178**	**123**	**54**	**69**
90	253	70	183	77	26	51	36	18	18
91	206	63	143	57	25	32	18	8	10
92	178	53	125	63	22	41	25	12	13
93	113	32	81	57	19	38	23	8	15
94	90	37	53	23	7	16	21	8	13
95-99岁	**154**	**41**	**113**	**46**	**17**	**29**	**41**	**16**	**25**
95	55	14	41	16	4	12	15	8	7
96	48	12	36	8	2	6	9	2	7
97	24	4	20	10	6	4	5	3	2
98	20	8	12	9	2	7	7	1	6
99	7	3	4	3	3		5	2	3
100岁及以上	**13**	**7**	**6**	**8**	**1**	**7**	**2**	**1**	**1**

8-11c 全省分年龄、性别、居住状况的60岁及以上老年人口(乡村)

单位：人

年 龄	60岁及以上人口			与配偶和子女同住		
	合计	男	女	小计	男	女
总 计	**490620**	**244432**	**246188**	**101182**	**57574**	**43608**
60–64岁	**128186**	**66728**	**61458**	**37422**	**20406**	**17016**
60	22647	11723	10924	7185	3798	3387
61	20430	10741	9689	6284	3482	2802
62	26230	13656	12574	7648	4138	3510
63	30559	15991	14568	8635	4762	3873
64	28320	14617	13703	7670	4226	3444
65–69岁	**132144**	**66682**	**65462**	**31180**	**17064**	**14116**
65	27853	14349	13504	7270	3933	3337
66	29356	14914	14442	7232	3987	3245
67	25700	12887	12813	5911	3207	2704
68	26131	13116	13015	5907	3260	2647
69	23104	11416	11688	4860	2677	2183
70–74岁	**98319**	**49041**	**49278**	**18402**	**10563**	**7839**
70	21429	10719	10710	4337	2478	1859
71	21731	11038	10693	4307	2469	1838
72	20983	10642	10341	3891	2214	1677
73	18076	8877	9199	3199	1856	1343
74	16100	7765	8335	2668	1546	1122
75–79岁	**55950**	**27681**	**28269**	**8057**	**5149**	**2908**
75	13733	6756	6977	2222	1342	880
76	12682	6284	6398	1945	1225	720
77	10794	5299	5495	1457	945	512
78	8974	4531	4443	1195	805	390
79	9767	4811	4956	1238	832	406
80–84岁	**40584**	**19679**	**20905**	**4190**	**2940**	**1250**
80	8306	4149	4157	982	674	308
81	7757	3785	3972	810	547	263
82	9283	4540	4743	990	695	295
83	8201	3961	4240	785	577	208
84	7037	3244	3793	623	447	176
85–89岁	**25649**	**10959**	**14690**	**1622**	**1201**	**421**
85	6832	3093	3739	506	382	124
86	5857	2557	3300	386	291	95
87	5499	2278	3221	350	254	96
88	4411	1783	2628	226	159	67
89	3050	1248	1802	154	115	39
90–94岁	**8181**	**3121**	**5060**	**274**	**223**	**51**
90	2542	1001	1541	92	72	20
91	1983	783	1200	81	63	18
92	1682	611	1071	52	44	8
93	1159	431	728	26	23	3
94	815	295	520	23	21	2
95–99岁	**1485**	**506**	**979**	**33**	**27**	**6**
95	571	224	347	13	11	2
96	394	126	268	12	10	2
97	267	74	193	4	3	1
98	166	50	116	3	2	1
99	87	32	55	1	1	
100岁及以上	**122**	**35**	**87**	**2**	**1**	**1**

8-11c　续表 1

单位：人

年　龄	与配偶同住			与子女同住			独居(有保姆)		
	小计	男	女	小计	男	女	小计	男	女
总　计	**237199**	**129191**	**108008**	**59193**	**16581**	**42612**	**813**	**337**	**476**
60-64岁	**65268**	**32112**	**33156**	**8419**	**2856**	**5563**	**73**	**45**	**28**
60	10998	5327	5671	1409	501	908	13	8	5
61	10191	5002	5189	1275	418	857	7	5	2
62	13284	6516	6768	1728	589	1139	13	7	6
63	15796	7861	7935	2108	727	1381	21	13	8
64	14999	7406	7593	1899	621	1278	19	12	7
65-69岁	**72156**	**36417**	**35739**	**10296**	**3290**	**7006**	**79**	**42**	**37**
65	14900	7491	7409	1983	685	1298	11	9	2
66	15990	7927	8063	2187	739	1448	12	7	5
67	14053	7070	6983	2025	645	1380	18	9	9
68	14402	7361	7041	2090	631	1459	15	7	8
69	12811	6568	6243	2011	590	1421	23	10	13
70-74岁	**51894**	**28652**	**23242**	**10954**	**3008**	**7946**	**69**	**27**	**42**
70	11737	6188	5549	2132	629	1503	10	7	3
71	11822	6442	5380	2066	582	1484	14	5	9
72	11146	6340	4806	2313	641	1672	23	8	15
73	9162	5171	3991	2279	601	1678	13	5	8
74	8027	4511	3516	2164	555	1609	9	2	7
75-79岁	**25585**	**15912**	**9673**	**9030**	**2235**	**6795**	**98**	**33**	**65**
75	6588	3896	2692	1969	510	1459	15	3	12
76	5957	3619	2338	1966	467	1499	21	10	11
77	4960	3111	1849	1712	407	1305	30	9	21
78	3969	2600	1369	1558	384	1174	14	3	11
79	4111	2686	1425	1825	467	1358	18	8	10
80-84岁	**14813**	**10364**	**4449**	**8921**	**2319**	**6602**	**143**	**56**	**87**
80	3340	2272	1068	1628	413	1215	16	9	7
81	3111	2121	990	1534	392	1142	26	10	16
82	3391	2379	1012	2095	548	1547	27	9	18
83	2816	2025	791	1894	498	1396	45	17	28
84	2155	1567	588	1770	468	1302	29	11	18
85-89岁	**6274**	**4731**	**1543**	**7666**	**1914**	**5752**	**190**	**65**	**125**
85	1977	1466	511	1823	449	1374	36	14	22
86	1563	1163	400	1692	422	1270	35	10	25
87	1243	944	299	1673	391	1282	46	18	28
88	922	723	199	1437	358	1079	42	17	25
89	569	435	134	1041	294	747	31	6	25
90-94岁	**1103**	**905**	**198**	**3185**	**774**	**2411**	**120**	**50**	**70**
90	420	333	87	936	224	712	25	11	14
91	262	221	41	757	200	557	29	9	20
92	202	166	36	662	153	509	33	14	19
93	120	110	10	495	113	382	21	9	12
94	99	75	24	335	84	251	12	7	5
95-99岁	**101**	**93**	**8**	**653**	**168**	**485**	**34**	**17**	**17**
95	43	40	3	252	77	175	15	9	6
96	29	28	1	155	28	127	14	7	7
97	12	10	2	134	32	102	1	1	
98	8	7	1	74	19	55	3		3
99	9	8	1	38	12	26	1		1
100岁及以上	**5**	**5**		**69**	**17**	**52**	**7**	**2**	**5**

8-11c 续表 2 单位：人

年 龄	独居(无保姆)			养老机构			其 他		
	小计	男	女	小计	男	女	小计	男	女
总 计	**76102**	**31508**	**44594**	**3629**	**1796**	**1833**	**12502**	**7445**	**5057**
60-64岁	**12061**	**7783**	**4278**	**195**	**151**	**44**	**4748**	**3375**	**1373**
60	2021	1349	672	30	22	8	991	718	273
61	1844	1238	606	26	18	8	803	578	225
62	2501	1635	866	35	28	7	1021	743	278
63	2911	1866	1045	58	46	12	1030	716	314
64	2784	1695	1089	46	37	9	903	620	283
65-69岁	**14917**	**7651**	**7266**	**340**	**242**	**98**	**3176**	**1976**	**1200**
65	2879	1695	1184	55	43	12	755	493	262
66	3109	1729	1380	74	54	20	752	471	281
67	3003	1521	1482	60	41	19	630	394	236
68	3092	1451	1641	67	47	20	558	359	199
69	2834	1255	1579	84	57	27	481	259	222
70-74岁	**14795**	**5558**	**9237**	**418**	**274**	**144**	**1787**	**959**	**828**
70	2745	1150	1595	71	48	23	397	219	178
71	3026	1242	1784	88	63	25	408	235	173
72	3174	1201	1973	82	53	29	354	185	169
73	2991	1015	1976	88	53	35	344	176	168
74	2859	950	1909	89	57	32	284	144	140
75-79岁	**11665**	**3617**	**8048**	**559**	**302**	**257**	**956**	**433**	**523**
75	2606	824	1782	101	59	42	232	122	110
76	2461	797	1664	111	63	48	221	103	118
77	2325	701	1624	113	51	62	197	75	122
78	1993	619	1374	104	56	48	141	64	77
79	2280	676	1604	130	73	57	165	69	96
80-84岁	**10921**	**3312**	**7609**	**810**	**358**	**452**	**786**	**330**	**456**
80	2048	640	1408	140	72	68	152	69	83
81	2019	602	1417	129	54	75	128	59	69
82	2411	750	1661	177	74	103	192	85	107
83	2318	702	1616	173	79	94	170	63	107
84	2125	618	1507	191	79	112	144	54	90
85-89岁	**8392**	**2503**	**5889**	**833**	**290**	**543**	**672**	**255**	**417**
85	2129	635	1494	174	63	111	187	84	103
86	1852	543	1309	202	83	119	127	45	82
87	1864	565	1299	173	52	121	150	54	96
88	1492	425	1067	170	56	114	122	45	77
89	1055	335	720	114	36	78	86	27	59
90-94岁	**2812**	**917**	**1895**	**406**	**156**	**250**	**281**	**96**	**185**
90	868	288	580	121	41	80	80	32	48
91	698	230	468	95	43	52	61	17	44
92	582	181	401	93	33	60	58	20	38
93	393	135	258	60	27	33	44	14	30
94	271	83	188	37	12	25	38	13	25
95-99岁	**510**	**159**	**351**	**67**	**23**	**44**	**87**	**19**	**68**
95	207	79	128	19	4	15	22	4	18
96	132	36	96	26	11	15	26	6	20
97	86	21	65	14	5	9	16	2	14
98	60	17	43	5	2	3	13	3	10
99	25	6	19	3	1	2	10	4	6
100岁及以上	**29**	**8**	**21**	**1**		**1**	**9**	**2**	**7**

8-12　全省分性别、婚姻状况、居住状况的60岁及以上老年人口

单位：人

居住状况	60岁及以上人口			未婚		
	合计	男	女	小计	男	女
总　计	**1176613**	**581439**	**595174**	**15065**	**13914**	**1151**
与配偶和子女同住	281365	159788	121577			
与配偶同住	539714	293853	245861			
与子女同住	153453	40774	112679	350	312	38
独居(有保姆)	2920	1210	1710	74	64	10
独居(无保姆)	152257	60162	92095	9351	8824	527
养老机构	12545	5405	7140	1610	1501	109
其　他	34359	20247	14112	3680	3213	467

8-12　续表

单位：人

居住状况	有配偶			离婚			丧偶		
	小计	男	女	小计	男	女	小计	男	女
总　计	**916113**	**505316**	**410797**	**15533**	**9792**	**5741**	**229902**	**52417**	**177485**
与配偶和子女同住	281365	159788	121577						
与配偶同住	539714	293853	245861						
与子女同住	41512	16036	25476	4745	2519	2226	106846	21907	84939
独居(有保姆)	378	211	167	87	61	26	2381	874	1507
独居(无保姆)	30276	20536	9740	8479	5731	2748	104151	25071	79080
养老机构	3190	1607	1583	197	145	52	7548	2152	5396
其　他	19678	13285	6393	2025	1336	689	8976	2413	6563

8-12a　全省分性别、婚姻状况、居住状况的60岁及以上老年人口(城市)

单位：人

居住状况	60岁及以上人口			未婚		
	合计	男	女	小计	男	女
总　计	**466286**	**227955**	**238331**	**3736**	**3054**	**682**
与配偶和子女同住	125313	71010	54303			
与配偶同住	204817	110983	93834			
与子女同住	64069	16124	47945	92	72	20
独居(有保姆)	1491	602	889	31	24	7
独居(无保姆)	49425	18177	31248	2067	1747	320
养老机构	6478	2497	3981	346	296	50
其　他	14693	8562	6131	1200	915	285

8-12a　续表

单位：人

居住状况	有配偶			离婚			丧偶		
	小计	男	女	小计	男	女	小计	男	女
总　计	**376186**	**204481**	**171705**	**7900**	**4077**	**3823**	**78464**	**16343**	**62121**
与配偶和子女同住	125313	71010	54303						
与配偶同住	204817	110983	93834						
与子女同住	22946	7889	15057	2578	1034	1544	38453	7129	31324
独居(有保姆)	189	99	90	41	26	15	1230	453	777
独居(无保姆)	11327	7155	4172	4147	2319	1828	31884	6956	24928
养老机构	2193	1101	1092	101	68	33	3838	1032	2806
其　他	9401	6244	3157	1033	630	403	3059	773	2286

8–12b　全省分性别、婚姻状况、居住状况的60岁及以上老年人口(镇)

单位：人

居住状况	60岁及以上人口			未　　婚		
	合计	男	女	小计	男	女
总　计	**219707**	**109052**	**110655**	**2459**	**2256**	**203**
与配偶和子女同住	54870	31204	23666			
与配偶同住	97698	53679	44019			
与子女同住	30191	8069	22122	72	64	8
独居(有保姆)	616	271	345	16	14	2
独居(无保姆)	26730	10477	16253	1353	1271	82
养老机构	2438	1112	1326	394	371	23
其　他	7164	4240	2924	624	536	88

8–12b　续表

单位：人

居住状况	有 配 偶			离　　婚			丧　　偶		
	小计	男	女	小计	男	女	小计	男	女
总　计	**171780**	**95501**	**76279**	**2886**	**1812**	**1074**	**42582**	**9483**	**33099**
与配偶和子女同住	54870	31204	23666						
与配偶同住	97698	53679	44019						
与子女同住	8304	3267	5037	898	500	398	20917	4238	16679
独居(有保姆)	85	51	34	19	16	3	496	190	306
独居(无保姆)	6058	4117	1941	1509	986	523	17810	4103	13707
养老机构	503	256	247	37	28	9	1504	457	1047
其　他	4262	2927	1335	423	282	141	1855	495	1360

8-12c 全省分性别、婚姻状况、居住状况的60岁及以上老年人口(乡村)

单位：人

居住状况	60岁及以上人口			未婚		
	合计	男	女	小计	男	女
总　计	**490620**	**244432**	**246188**	**8870**	**8604**	**266**
与配偶和子女同住	101182	57574	43608			
与配偶同住	237199	129191	108008			
与子女同住	59193	16581	42612	186	176	10
独居(有保姆)	813	337	476	27	26	1
独居(无保姆)	76102	31508	44594	5931	5806	125
养老机构	3629	1796	1833	870	834	36
其　他	12502	7445	5057	1856	1762	94

8-12c 续表

单位：人

居住状况	有配偶			离婚			丧偶		
	小计	男	女	小计	男	女	小计	男	女
总　计	**368147**	**205334**	**162813**	**4747**	**3903**	**844**	**108856**	**26591**	**82265**
与配偶和子女同住	101182	57574	43608						
与配偶同住	237199	129191	108008						
与子女同住	10262	4880	5382	1269	985	284	47476	10540	36936
独居(有保姆)	104	61	43	27	19	8	655	231	424
独居(无保姆)	12891	9264	3627	2823	2426	397	54457	14012	40445
养老机构	494	250	244	59	49	10	2206	663	1543
其　他	6015	4114	1901	569	424	145	4062	1145	2917

第二部分　长表数据资料

第九卷　住房

9-1　各地区按建筑层数、承重类型分的家庭户户数

单位：户

地　区	合　计	建筑层数				承重类型				
		平房	多层(7层及以下)	高层(8-33层)	超高层(34层及以上)	钢及钢筋混凝土结构	混合结构	砖木结构	竹草土坯结构	其他结构
合计	**2279907**	**235593**	**1676891**	**361003**	**6420**	**1279681**	**793480**	**186113**	**9513**	**11120**
杭州市	**418325**	**17456**	**263396**	**132889**	**4584**	**300353**	**105853**	**9099**	**1396**	**1624**
上城区	11301	396	7585	3319	1	7998	3015	285	1	2
下城区	16924	102	10216	6605	1	11974	4920	24		6
江干区	48989	613	19358	27812	1206	38479	9834	204	1	471
拱墅区	22566	148	8598	13818	2	18798	3615	50	1	102
西湖区	35626	344	22400	12620	262	25692	9801	121		12
滨江区	15426	342	4667	9516	901	14198	1104	112		12
萧山区	75432	9144	48208	16894	1186	55145	18489	1615	19	164
余杭区	95677	2171	59602	32933	971	74784	20374	341	11	167
富阳区	28688	1213	24220	3237	18	16924	10355	1195	121	93
临安区	23145	804	20048	2292	1	12622	8659	1532	240	92
桐庐县	16373	573	14167	1599	34	9752	4949	1235	296	141
淳安县	12838	503	11155	1179	1	6778	4312	1148	358	242
建德市	15340	1103	13172	1065		7209	6426	1237	348	120
宁波市	**371595**	**82908**	**225695**	**62288**	**704**	**170855**	**150799**	**48690**	**84**	**1167**
海曙区	41288	7475	25392	8402	19	21432	15120	4594	4	138
江北区	18829	3846	8758	6224	1	11498	5183	2123	3	22
北仑区	33394	6886	20985	5405	118	16399	14112	2785	8	90
镇海区	20975	4788	10985	5202		11203	6980	2697	3	92
鄞州区	61739	7025	32751	21489	474	36516	20517	4437	5	264
奉化区	22274	4416	15201	2656	1	6836	11995	3323	23	97
象山县	21895	2639	17183	2073		12141	8781	883	2	88
宁海县	27060	2737	22140	2182	1	13219	11507	2232	15	87
余姚市	48741	16992	28407	3341	1	22333	17239	9065	6	98
慈溪市	75400	26104	43893	5314	89	19278	39365	16551	15	191
温州市	**312902**	**29448**	**239040**	**44258**	**156**	**185765**	**92834**	**32218**	**322**	**1763**
鹿城区	39554	2302	23927	13258	67	27502	10698	1233	1	120
龙湾区	21106	1280	15606	4218	2	14657	6047	352	1	49
瓯海区	27892	1842	19877	6129	44	16121	9366	2288	7	110
洞头区	4483	217	3869	397		2974	1058	395	1	55
永嘉县	26295	2148	22251	1883	13	13627	10193	2276	54	145
平阳县	28623	2712	22935	2976		15158	9154	4109	32	170
苍南县	27207	2929	22290	1988		16383	5965	4726	12	121
文成县	7567	758	6386	417	6	3733	2455	1220	69	90
泰顺县	8450	734	7050	666		6374	1304	559	100	113
瑞安市	50100	6106	37586	6386	22	22541	19773	7527	24	235
乐清市	57036	7362	45080	4592	2	37467	14288	4779	16	486
龙港市	14589	1058	12183	1348		9228	2533	2754	5	69
嘉兴市	**193895**	**10834**	**155159**	**27806**	**96**	**116460**	**69399**	**7719**	**10**	**307**
南湖区	30394	927	22089	7361	17	18011	11694	671	1	17
秀洲区	24369	1871	18377	4121		14277	8705	1325	3	59
嘉善县	25178	1541	21151	2485	1	16189	7497	1459		33
海盐县	15465	1337	11557	2571		9346	5154	914	1	50
海宁市	39202	2232	32476	4417	77	23376	14705	1049	1	71
平湖市	24414	1959	18284	4171		11606	11118	1658	1	31
桐乡市	34873	967	31225	2680	1	23655	10526	643	3	46
湖州市	**108063**	**7917**	**86222**	**13530**	**394**	**60851**	**41881**	**4942**	**107**	**282**
吴兴区	29704	1131	21023	7157	393	19430	9568	672	3	31
南浔区	18829	1162	16870	797		7700	10089	915	1	124
德清县	17075	767	14247	2061		8897	7640	501	3	34
长兴县	23572	2094	19239	2238	1	12937	9514	1110	5	6
安吉县	18883	2763	14843	1277		11887	5070	1744	95	87

注：本表数据为居住在普通住宅的家庭户，下表同。

9-1 续表 单位：户

地区	合计	建筑层数				承重类型				
		平房	多层(7层及以下)	高层(8-33层)	超高层(34层及以上)	钢及钢筋混凝土结构	混合结构	砖木结构	竹草土坯结构	其他结构
绍兴市	**183739**	**17837**	**139777**	**25766**	**359**	**87841**	**72787**	**21996**	**572**	**543**
越城区	34284	3368	24594	6258	64	19670	12301	2272		41
柯桥区	37091	6000	23419	7451	221	20222	12682	4079	14	94
上虞区	29864	3079	23037	3727	21	14336	11973	3532	7	16
新昌县	15574	906	13050	1616	2	4837	7782	2709	172	74
诸暨市	41419	1906	34830	4680	3	17615	17627	5945	41	191
嵊州市	25507	2578	20847	2034	48	11161	10422	3459	338	127
金华市	**251182**	**23840**	**210016**	**17217**	**109**	**146616**	**80456**	**20002**	**2449**	**1659**
婺城区	34820	2890	28133	3778	19	22065	10512	1633	419	191
金东区	16961	2280	13162	1518	1	9944	4749	2007	153	108
武义县	17171	2331	14139	700	1	7535	7177	1832	348	279
浦江县	15185	1036	13139	977	33	7555	5369	1909	190	162
磐安县	6851	603	6032	216		2876	2545	1290	54	86
兰溪市	19515	2681	15805	1028	1	7765	8281	2968	343	158
义乌市	68848	3809	60016	4971	52	51039	14786	2783	98	142
东阳市	38539	3046	32991	2501	1	19073	16958	1941	268	299
永康市	33292	5164	26599	1528	1	18764	10079	3639	576	234
衢州市	**82269**	**11527**	**65972**	**4768**	**2**	**35096**	**37018**	**8250**	**1237**	**668**
柯城区	18397	1361	14912	2123	1	11189	6154	920	53	81
衢江区	12823	2376	9661	785	1	6305	4389	1571	387	171
常山县	9907	1255	8459	193		2427	6370	835	154	121
开化县	9693	1006	8392	295		3166	5410	866	190	61
龙游县	13975	2930	10509	536		4584	6685	2252	304	150
江山市	17474	2599	14039	836		7425	8010	1806	149	84
舟山市	**45307**	**5863**	**32756**	**6688**		**25583**	**17480**	**2143**	**5**	**96**
定海区	19610	2543	13631	3436		12221	6367	978	1	43
普陀区	15252	1724	10804	2724		8622	5869	721	3	37
岱山县	7472	1340	5765	367		3503	3579	379	1	10
嵊泗县	2973	256	2556	161		1237	1665	65		6
台州市	**231321**	**17286**	**194435**	**19584**	**16**	**108423**	**99970**	**21215**	**313**	**1400**
椒江区	26956	1618	20395	4943		16347	8718	1726	10	155
黄岩区	24360	1799	20238	2318	5	11938	10657	1666	9	90
路桥区	21479	1198	17643	2638		11941	7650	1767	9	112
三门县	12821	918	10932	970	1	5166	6301	1281	3	70
天台县	15646	1699	12845	1098	4	8185	5214	2185	15	47
仙居县	13435	1173	11524	738		5867	4906	2307	247	108
温岭市	53670	3457	46640	3567	6	19053	29509	4849		259
临海市	37035	1296	33791	1948		15932	17818	3180	12	93
玉环市	25919	4128	20427	1364		13994	9197	2254	8	466
丽水市	**81309**	**10677**	**64423**	**6209**		**41838**	**25003**	**9839**	**3018**	**1611**
莲都区	17960	1008	13876	3076		10438	5856	1485		181
青田县	12290	953	10158	1179		7287	3684	1060	123	136
缙云县	14824	1693	12562	569		5536	6154	2066	705	363
遂昌县	7085	1438	5449	198		3250	2109	533	939	254
松阳县	7376	2337	4847	192		3907	1616	828	711	314
云和县	4665	714	3833	118		2121	1768	646	61	69
庆元县	4949	522	4233	194		2275	1578	712	252	132
景宁畲族自治县	3621	494	2941	186		1856	731	950	29	55
龙泉市	8539	1518	6524	497		5168	1507	1559	198	107

9-1a 各地区按建筑层数、承重类型分的家庭户户数(城市)

单位：户

地区	合计	建筑层数				承重类型				
		平房	多层(7层及以下)	高层(8-33层)	超高层(34层及以上)	钢及钢筋混凝土结构	混合结构	砖木结构	竹草土坯结构	其他结构
合计	**1181505**	**92975**	**782685**	**299703**	**6142**	**788699**	**335702**	**53483**	**301**	**3320**
杭州市	**311388**	**10225**	**171607**	**125010**	**4546**	**242146**	**66104**	**2218**	**23**	**897**
上城区	11301	396	7585	3319	1	7998	3015	285	1	2
下城区	16924	102	10216	6605	1	11974	4920	24		6
江干区	48989	613	19358	27812	1206	38479	9834	204	1	471
拱墅区	22566	148	8598	13818	2	18798	3615	50	1	102
西湖区	34782	329	21796	12395	262	25160	9498	120		4
滨江区	15426	342	4667	9516	901	14198	1104	112		12
萧山区	57880	6061	33977	16656	1186	44970	11991	804	3	112
余杭区	68631	1101	37905	28657	968	56580	11801	110		140
富阳区	19198	737	15318	3125	18	12998	5884	290	1	25
临安区	10649	289	8095	2264	1	7434	3066	140	2	7
桐庐县										
淳安县										
建德市	5042	107	4092	843		3557	1376	79	14	16
宁波市	**214777**	**42890**	**120210**	**51058**	**619**	**114065**	**76345**	**23745**	**27**	**595**
海曙区	34571	4791	21483	8278	19	19956	11503	3005	3	104
江北区	15209	2203	6933	6072	1	10801	3400	1002		6
北仑区	23048	3790	14385	4755	118	13203	8452	1348	2	43
镇海区	17183	3246	9111	4826		9891	5620	1628	2	42
鄞州区	37527	587	18159	18309	472	28237	8872	204		214
奉化区	10742	1463	6859	2419	1	4988	4866	843	6	39
象山县										
宁海县										
余姚市	30834	11296	16459	3078	1	15165	10037	5591		41
慈溪市	45663	15514	26821	3321	7	11824	23595	10124	14	106
温州市	**156472**	**12940**	**109351**	**34060**	**121**	**99192**	**45757**	**10736**	**19**	**768**
鹿城区	36521	1839	21541	13074	67	25890	9457	1072		102
龙湾区	13885	1067	9498	3318	2	9138	4392	313		42
瓯海区	22467	1122	15399	5902	44	13985	7152	1252	6	72
洞头区	2284	54	1999	231		1715	437	117		15
永嘉县										
平阳县										
苍南县										
文成县										
泰顺县										
瑞安市	32779	3879	22880	6014	6	16131	13152	3382	1	113
乐清市	35129	4094	26860	4173	2	23490	8841	2430	8	360
龙港市	13407	885	11174	1348		8843	2326	2170	4	64
嘉兴市	**80802**	**1215**	**60593**	**18950**	**44**	**58006**	**22203**	**551**	**1**	**41**
南湖区	24445	255	17208	6966	16	16112	8156	171		6
秀洲区	11178	155	7444	3579		9144	1979	53		2
嘉善县										
海盐县										
海宁市	15180	330	11676	3146	28	11294	3736	139		11
平湖市	10585	226	7398	2961		6561	3930	89		5
桐乡市	19414	249	16867	2298		14895	4402	99	1	17
湖州市	**26268**	**529**	**18690**	**6680**	**369**	**18787**	**7324**	**130**		**27**
吴兴区	19715	270	13073	6003	369	14653	5016	44		2
南浔区	6553	259	5617	677		4134	2308	86		25
德清县										
长兴县										
安吉县										

注：本表数据为居住在普通住宅的家庭户，下表同。

9-1a 续表

单位：户

地区	合计	建筑层数				承重类型				
		平房	多层(7层及以下)	高层(8-33层)	超高层(34层及以上)	钢及钢筋混凝土结构	混合结构	砖木结构	竹草土坯结构	其他结构
绍兴市	**103651**	**9530**	**70338**	**23427**	**356**	**64751**	**32550**	**6224**	**21**	**105**
越城区	28728	2356	20190	6118	64	18315	8764	1608		41
柯桥区	27573	4637	15404	7311	221	16682	8505	2353	2	31
上虞区	17614	1668	12214	3711	21	10486	5841	1281	2	4
新昌县										
诸暨市	18353	412	13624	4315	2	11394	6251	691	2	15
嵊州市	11383	457	8906	1972	48	7874	3189	291	15	14
金华市	**118467**	**5435**	**100574**	**12384**	**74**	**87489**	**28075**	**2537**	**177**	**189**
婺城区	24601	579	21000	3004	18	17501	6882	178	21	19
金东区	4810	224	3735	850	1	3490	1169	131	15	5
武义县										
浦江县										
磐安县										
兰溪市	7915	644	6253	1017	1	4129	3287	485	6	8
义乌市	46153	1521	40733	3847	52	39086	6528	504	14	21
东阳市	15691	664	12853	2173	1	10201	5282	147	8	53
永康市	19297	1803	16000	1493	1	13082	4927	1092	113	83
衢州市	**24622**	**1051**	**19898**	**3671**	**2**	**16814**	**7113**	**639**	**5**	**51**
柯城区	13483	312	11097	2073	1	9509	3807	157	3	7
衢江区	3881	218	2888	774	1	2639	1108	129	1	4
常山县										
开化县										
龙游县	52	13	39			6	37	8	1	
江山市	7206	508	5874	824		4660	2161	345		40
舟山市	**23229**	**1763**	**15454**	**6012**		**16125**	**6363**	**717**	**2**	**22**
定海区	13326	924	9059	3343		9622	3338	353		13
普陀区	9903	839	6395	2669		6503	3025	364	2	9
岱山县										
嵊泗县										
台州市	**103990**	**6550**	**82509**	**14920**	**11**	**58330**	**39508**	**5540**	**14**	**598**
椒江区	20738	1070	14832	4836		13928	5772	933	4	101
黄岩区	14427	1013	11299	2110	5	8277	5535	581	2	32
路桥区	10849	398	8048	2403		6894	3321	563	6	65
三门县										
天台县										
仙居县										
温岭市	25897	1128	22152	2611	6	11653	13058	1063		123
临海市	13628	269	11712	1647		6893	5737	989	1	8
玉环市	18451	2672	14466	1313		10685	6085	1411	1	269
丽水市	**17839**	**847**	**13461**	**3531**		**12994**	**4360**	**446**	**12**	**27**
莲都区	13097	321	9728	3048		9232	3729	129		7
青田县										
缙云县										
遂昌县										
松阳县										
云和县										
庆元县										
景宁畲族自治县										
龙泉市	4742	526	3733	483		3762	631	317	12	20

9-1b　各地区按建筑层数、承重类型分的家庭户户数(镇)

单位：户

地　　区	合　计	建筑层数				承重类型				
		平房	多层(7层及以下)	高层(8-33层)	超高层(34层及以上)	钢及钢筋混凝土结构	混合结构	砖木结构	竹草土坯结构	其他结构
合计	**453638**	**40133**	**359327**	**53922**	**256**	**261970**	**159690**	**29424**	**1115**	**1439**
杭州市	**36762**	**1217**	**29048**	**6462**	**35**	**25682**	**9909**	**980**	**104**	**87**
上城区										
下城区										
江干区										
拱墅区										
西湖区	13		12	1		6	7			
滨江区										
萧山区	2779	362	2396	21		1507	1149	118	1	4
余杭区	10374	101	6850	3423		8340	2020	13		1
富阳区	1004	63	940	1		410	502	76	5	11
临安区	2833	77	2729	27		1755	893	159	17	9
桐庐县	11355	342	9382	1597	34	7846	3002	410	51	46
淳安县	5337	78	4080	1178	1	4236	1016	66	11	8
建德市	3067	194	2659	214		1582	1320	138	19	8
宁波市	**70995**	**13722**	**47680**	**9510**	**83**	**35680**	**27214**	**7945**	**4**	**152**
海曙区	1081	558	494	29		271	515	293		2
江北区										
北仑区	1506	14	1258	234		1175	329	1		1
镇海区	1625	520	735	370		748	369	506		2
鄞州区	11779	2632	6843	2304		5055	5353	1354		17
奉化区	1935	213	1493	229		762	983	187		3
象山县	13425	1014	10376	2035		9298	3756	344	1	26
宁海县	16776	1405	13242	2128	1	9898	6128	706	1	43
余姚市	9251	3229	5761	261		3891	3681	1636	2	41
慈溪市	13617	4137	7478	1920	82	4582	6100	2918		17
温州市	**68943**	**4316**	**55861**	**8747**	**19**	**45467**	**18623**	**4605**	**39**	**209**
鹿城区	198	30	139	29		119	75	4		
龙湾区	7208	213	6095	900		5519	1643	38	1	7
瓯海区	521	35	468	18		399	83	39		
洞头区	275	20	244	11		179	68	20		8
永嘉县	14214	772	11659	1770	13	7506	6144	541	4	19
平阳县	17154	1087	13163	2904		11246	4665	1184	4	55
苍南县	17718	1185	14614	1919		12538	3467	1649	5	59
文成县	3337	281	2679	371	6	2085	822	402	6	22
泰顺县	3559	239	2662	658		3094	355	79	13	18
瑞安市	991	48	918	25		373	483	129	5	1
乐清市	3115	365	2608	142		2118	727	251	1	18
龙港市	653	41	612			291	91	269		2
嘉兴市	**58774**	**3788**	**46475**	**8459**	**52**	**37585**	**18976**	**2111**	**1**	**101**
南湖区	2254	310	1632	311	1	1106	984	161	1	2
秀洲区	5117	442	4162	513		2957	1852	297		11
嘉善县	18745	653	15648	2443	1	13805	4640	285		15
海盐县	10199	570	7065	2564		7689	2254	225		31
海宁市	11479	834	9404	1192	49	5737	5238	486		18
平湖市	5797	676	4013	1108		3198	2096	486		17
桐乡市	5183	303	4551	328	1	3093	1912	171		7
湖州市	**44926**	**3629**	**35205**	**6068**	**24**	**28349**	**14531**	**1943**	**34**	**69**
吴兴区	2882	144	2228	487	23	1488	1349	41		4
南浔区	4600	292	4189	119		2073	2252	259	1	15
德清县	10823	470	8348	2005		6917	3664	219	2	21
长兴县	15206	1018	11954	2233	1	9548	5068	582	3	5
安吉县	11415	1705	8486	1224		8323	2198	842	28	24

注：本表数据为居住在普通住宅的家庭户，下表同。

9-1b 续表 单位：户

地区	合计	建筑层数				承重类型				
		平房	多层(7层及以下)	高层(8-33层)	超高层(34层及以上)	钢及钢筋混凝土结构	混合结构	砖木结构	竹草土坯结构	其他结构
绍兴市	**20993**	**1786**	**17042**	**2162**	**3**	**8600**	**10113**	**2149**	**42**	**89**
越城区	142	8	123	11		75	60	7		
柯桥区	2116	345	1657	114		1207	691	206		12
上虞区	1692	190	1488	14		686	663	339		4
新昌县	9114	369	7129	1614	2	3395	5395	311	5	8
诸暨市	5431	328	4745	357	1	2535	2103	751	2	40
嵊州市	2498	546	1900	52		702	1201	535	35	25
金华市	**52331**	**3913**	**44056**	**4327**	**35**	**29706**	**18771**	**3343**	**269**	**242**
婺城区	2381	206	1515	659	1	1319	882	144	27	9
金东区	4769	473	3791	505		3276	1021	423	32	17
武义县	10350	781	8879	689	1	5083	4539	564	90	74
浦江县	6909	294	5683	899	33	4729	1765	368	11	36
磐安县	3256	130	2912	214		1996	1002	226	11	21
兰溪市	2131	331	1793	7		847	878	366	13	27
义乌市	9193	368	7808	1017		5942	2778	454	8	11
东阳市	10003	705	8979	319		4873	4753	318	24	35
永康市	3339	625	2696	18		1641	1153	480	53	12
衢州市	**19321**	**1985**	**16301**	**1035**		**7571**	**10165**	**1362**	**174**	**49**
柯城区	382	71	309	2		73	249	56	4	
衢江区	1274	249	1022	3		646	406	154	65	3
常山县	4450	390	3869	191		1263	2852	289	16	30
开化县	4544	218	4031	295		2404	1976	137	18	9
龙游县	6299	676	5089	534		2732	3023	495	43	6
江山市	2372	381	1981	10		453	1659	231	28	1
舟山市	**8750**	**945**	**7191**	**614**		**4795**	**3679**	**249**		**27**
定海区	1305	220	1021	64		749	479	73		4
普陀区	767	49	681	37		406	329	21		11
岱山县	4753	558	3833	362		2811	1809	123		10
嵊泗县	1925	118	1656	151		829	1062	32		2
台州市	**40420**	**2372**	**34133**	**3910**	**5**	**20445**	**16971**	**2813**	**67**	**124**
椒江区	192	10	182			86	99	5		2
黄岩区	1170	105	1020	45		525	546	97		2
路桥区	3422	193	3058	171		2109	1048	259		6
三门县	6359	243	5148	967	1	3156	2817	366		20
天台县	7831	574	6193	1060	4	5300	2125	390	1	15
仙居县	6805	454	5613	738		3764	2383	563	62	33
温岭市	9487	637	8159	691		3146	5456	849		36
临海市	4482	77	4169	236		1949	2294	236		3
玉环市	672	79	591	2		410	203	48	4	7
丽水市	**31423**	**2460**	**26335**	**2628**		**18090**	**10738**	**1924**	**381**	**290**
莲都区	578	62	500	16		181	318	73		6
青田县	6992	278	5550	1164		4923	1793	255	7	14
缙云县	7898	493	6845	560		3474	3608	598	136	82
遂昌县	3618	258	3163	197		2180	1219	101	68	50
松阳县	3319	646	2485	188		2190	724	256	84	65
云和县	3322	348	2856	118		1643	1412	203	30	34
庆元县	3096	216	2687	193		1824	1013	195	32	32
景宁畲族自治县	2070	102	1787	181		1363	557	138	9	3
龙泉市	530	57	462	11		312	94	105	15	4

9-1c　各地区按建筑层数、承重类型分的家庭户户数(乡村)

单位：户

地　　区	合　计	建筑层数				承重类型				
		平房	多层(7层及以下)	高层(8-33层)	超高层(34层及以上)	钢及钢筋混凝土结构	混合结构	砖木结构	竹草土坯结构	其他结构
合计	**644764**	**102485**	**534879**	**7378**	**22**	**229012**	**298088**	**103206**	**8097**	**6361**
杭州市	**70175**	**6014**	**62741**	**1417**	**3**	**32525**	**29840**	**5901**	**1269**	**640**
上城区										
下城区										
江干区										
拱墅区										
西湖区	831	15	592	224		526	296	1		8
滨江区										
萧山区	14773	2721	11835	217		8668	5349	693	15	48
余杭区	16672	969	14847	853	3	9864	6553	218	11	26
富阳区	8486	413	7962	111		3516	3969	829	115	57
临安区	9663	438	9224	1		3433	4700	1233	221	76
桐庐县	5018	231	4785	2		1906	1947	825	245	95
淳安县	7501	425	7075	1		2542	3296	1082	347	234
建德市	7231	802	6421	8		2070	3730	1020	315	96
宁波市	**85823**	**26296**	**57805**	**1720**	**2**	**21110**	**47240**	**17000**	**53**	**420**
海曙区	5636	2126	3415	95		1205	3102	1296	1	32
江北区	3620	1643	1825	152		697	1783	1121	3	16
北仑区	8840	3082	5342	416		2021	5331	1436	6	46
镇海区	2167	1022	1139	6		564	991	563	1	48
鄞州区	12433	3806	7749	876	2	3224	6292	2879	5	33
奉化区	9597	2740	6849	8		1086	6146	2293	17	55
象山县	8470	1625	6807	38		2843	5025	539	1	62
宁海县	10284	1332	8898	54		3321	5379	1526	14	44
余姚市	8656	2467	6187	2		3277	3521	1838	4	16
慈溪市	16120	6453	9594	73		2872	9670	3509	1	68
温州市	**87487**	**12192**	**73828**	**1451**	**16**	**41106**	**28454**	**16877**	**264**	**786**
鹿城区	2835	433	2247	155		1493	1166	157	1	18
龙湾区	13		13				12	1		
瓯海区	4904	685	4010	209		1737	2131	997	1	38
洞头区	1924	143	1626	155		1080	553	258	1	32
永嘉县	12081	1376	10592	113		6121	4049	1735	50	126
平阳县	11469	1625	9772	72		3912	4489	2925	28	115
苍南县	9489	1744	7676	69		3845	2498	3077	7	62
文成县	4230	477	3707	46		1648	1633	818	63	68
泰顺县	4891	495	4388	8		3280	949	480	87	95
瑞安市	16330	2179	13788	347	16	6037	6138	4016	18	121
乐清市	18792	2903	15612	277		11859	4720	2098	7	108
龙港市	529	132	397			94	116	315	1	3
嘉兴市	**54319**	**5831**	**48091**	**397**		**20869**	**28220**	**5057**	**8**	**165**
南湖区	3695	362	3249	84		793	2554	339		9
秀洲区	8074	1274	6771	29		2176	4874	975	3	46
嘉善县	6433	888	5503	42		2384	2857	1174		18
海盐县	5266	767	4492	7		1657	2900	689	1	19
海宁市	12543	1068	11396	79		6345	5731	424	1	42
平湖市	8032	1057	6873	102		1847	5092	1083	1	9
桐乡市	10276	415	9807	54		5667	4212	373	2	22
湖州市	**36869**	**3759**	**32327**	**782**	**1**	**13715**	**20026**	**2869**	**73**	**186**
吴兴区	7107	717	5722	667	1	3289	3203	587	3	25
南浔区	7676	611	7064	1		1493	5529	570		84
德清县	6252	297	5899	56		1980	3976	282	1	13
长兴县	8366	1076	7285	5		3389	4446	528	2	1
安吉县	7468	1058	6357	53		3564	2872	902	67	63

注：本表数据为居住在普通住宅的家庭户，下表同。

9-1c 续表

单位：户

地　区	合　计	建筑层数				承重类型				
		平房	多层(7层及以下)	高层(8-33层)	超高层(34层及以上)	钢及钢筋混凝土结构	混合结构	砖木结构	竹草土坯结构	其他结构
绍兴市	**59095**	**6521**	**52397**	**177**		**14490**	**30124**	**13623**	**509**	**349**
越城区	5414	1004	4281	129		1280	3477	657		
柯桥区	7402	1018	6358	26		2333	3486	1520	12	51
上虞区	10558	1221	9335	2		3164	5469	1912	5	8
新昌县	6460	537	5921	2		1442	2387	2398	167	66
诸暨市	17635	1166	16461	8		3686	9273	4503	37	136
嵊州市	11626	1575	10041	10		2585	6032	2633	288	88
金华市	**80384**	**14492**	**65386**	**506**		**29421**	**33610**	**14122**	**2003**	**1228**
婺城区	7838	2105	5618	115		3245	2748	1311	371	163
金东区	7382	1583	5636	163		3178	2559	1453	106	86
武义县	6821	1550	5260	11		2452	2638	1268	258	205
浦江县	8276	742	7456	78		2826	3604	1541	179	126
磐安县	3595	473	3120	2		880	1543	1064	43	65
兰溪市	9469	1706	7759	4		2789	4116	2117	324	123
义乌市	13502	1920	11475	107		6011	5480	1825	76	110
东阳市	12845	1677	11159	9		3999	6923	1476	236	211
永康市	10656	2736	7903	17		4041	3999	2067	410	139
衢州市	**38326**	**8491**	**29773**	**62**		**10711**	**19740**	**6249**	**1058**	**568**
柯城区	4532	978	3506	48		1607	2098	707	46	74
衢江区	7668	1909	5751	8		3020	2875	1288	321	164
常山县	5457	865	4590	2		1164	3518	546	138	91
开化县	5149	788	4361			762	3434	729	172	52
龙游县	7624	2241	5381	2		1846	3625	1749	260	144
江山市	7896	1710	6184	2		2312	4190	1230	121	43
舟山市	**13328**	**3155**	**10111**	**62**		**4663**	**7438**	**1177**	**3**	**47**
定海区	4979	1399	3551	29		1850	2550	552	1	26
普陀区	4582	836	3728	18		1713	2515	336	1	17
岱山县	2719	782	1932	5		692	1770	256	1	
嵊泗县	1048	138	900	10		408	603	33		4
台州市	**86911**	**8364**	**77793**	**754**		**29648**	**43491**	**12862**	**232**	**678**
椒江区	6026	538	5381	107		2333	2847	788	6	52
黄岩区	8763	681	7919	163		3136	4576	988	7	56
路桥区	7208	607	6537	64		2938	3281	945	3	41
三门县	6462	675	5784	3		2010	3484	915	3	50
天台县	7815	1125	6652	38		2885	3089	1795	14	32
仙居县	6630	719	5911			2103	2523	1744	185	75
温岭市	18286	1692	16329	265		4254	10995	2937		100
临海市	18925	950	17910	65		7090	9787	1955	11	82
玉环市	6796	1377	5370	49		2899	2909	795	3	190
丽水市	**32047**	**7370**	**24627**	**50**		**10754**	**9905**	**7469**	**2625**	**1294**
莲都区	4285	625	3648	12		1025	1809	1283		168
青田县	5298	675	4608	15		2364	1891	805	116	122
缙云县	6926	1200	5717	9		2062	2546	1468	569	281
遂昌县	3467	1180	2286	1		1070	890	432	871	204
松阳县	4057	1691	2362	4		1717	892	572	627	249
云和县	1343	366	977			478	356	443	31	35
庆元县	1853	306	1546	1		451	565	517	220	100
景宁畲族自治县	1551	392	1154	5		493	174	812	20	52
龙泉市	3267	935	2329	3		1094	782	1137	171	83

9-2　各地区按住房建成时间分的家庭户住房状况

单位：户、间、平方米

地　　区	合　　计			1949年以前		
	户数	间数	面积	户数	间数	面积
合计	**2279907**	**6127358**	**248475045**	**25188**	**47360**	**1699442**
杭州市	**418325**	**1076655**	**43556544**	**964**	**2161**	**80989**
上城区	11301	24136	848534	168	285	6030
下城区	16924	36410	1253989	5	10	276
江干区	48989	99627	3376544			
拱墅区	22566	50073	1729582	8	19	592
西湖区	35626	82013	2956677	29	62	1866
滨江区	15426	34908	1305099	81	135	3718
萧山区	75432	200381	8913240	196	415	16805
余杭区	95677	212767	8038484	11	31	1288
富阳区	28688	93130	4274084	167	378	16222
临安区	23145	76362	3575407	36	109	4362
桐庐县	16373	55220	2382268	105	267	10616
淳安县	12838	53981	2190833	76	219	9651
建德市	15340	57647	2711803	82	231	9563
宁波市	**371595**	**821821**	**31751416**	**7055**	**11242**	**395051**
海曙区	41288	85248	3087683	937	1474	59842
江北区	18829	41650	1453610	456	870	26802
北仑区	33394	70619	2325777	616	983	24943
镇海区	20975	44613	1472396	434	763	22298
鄞州区	61739	134664	5083781	1595	2419	88809
奉化区	22274	49695	2114186	1089	1712	65779
象山县	21895	62332	2480998	154	277	10031
宁海县	27060	66438	2593380	263	410	13779
余姚市	48741	113750	4634927	421	795	28152
慈溪市	75400	152812	6504678	1090	1539	54616
温州市	**312902**	**825224**	**30270696**	**2204**	**4139**	**135290**
鹿城区	39554	85066	3111255	321	564	14089
龙湾区	21106	47246	1607358	22	49	1560
瓯海区	27892	61481	2134555	94	193	6770
洞头区	4483	13585	577800	19	36	1452
永嘉县	26295	76303	2769148	462	922	30578
平阳县	28623	86198	3406302	226	385	14584
苍南县	27207	79796	3029472	173	315	11622
文成县	7567	30714	1088150	77	176	6668
泰顺县	8450	35557	1196739	111	312	9868
瑞安市	50100	120925	4580022	317	534	17990
乐清市	57036	147314	5167915	360	614	18630
龙港市	14589	41039	1601980	22	39	1479
嘉兴市	**193895**	**548670**	**23928618**	**360**	**693**	**22573**
南湖区	30394	78895	3112097	3	5	150
秀洲区	24369	65500	2694265	96	183	5445
嘉善县	25178	58201	2324095	57	107	3270
海盐县	15465	54037	2275126	2	8	520
海宁市	39202	107446	4687110	67	126	3998
平湖市	24414	76723	3285206	72	119	3449
桐乡市	34873	107868	5550719	63	145	5741
湖州市	**108063**	**338699**	**14820945**	**227**	**527**	**18913**
吴兴区	29704	79253	3124405	14	26	1066
南浔区	18829	56809	2574696	149	330	10877
德清县	17075	59599	2811357	29	68	2981
长兴县	23572	83145	3776924	14	41	1641
安吉县	18883	59893	2533563	21	62	2348

9-2 续表 1

单位：户、间、平方米

地区	合计			1949年以前		
	户数	间数	面积	户数	间数	面积
绍兴市	**183739**	**530786**	**23225671**	**4548**	**9083**	**361891**
越城区	34284	86702	3573782	677	1201	37312
柯桥区	37091	95393	4347518	793	1415	57673
上虞区	29864	84299	4018921	617	1159	51566
新昌县	15574	47670	1908763	383	733	25818
诸暨市	41419	129583	5730676	1597	3425	147193
嵊州市	25507	87139	3646011	481	1150	42329
金华市	**251182**	**637889**	**26064499**	**4744**	**8692**	**311060**
婺城区	34820	88965	3505019	359	711	28647
金东区	16961	44934	1907288	420	777	28771
武义县	17171	52245	1883347	315	665	19680
浦江县	15185	41556	1836023	566	1130	45059
磐安县	6851	22782	1043973	164	320	13951
兰溪市	19515	67663	3364124	570	1057	46575
义乌市	68848	132955	4436019	747	1462	45970
东阳市	38539	107869	5268330	468	884	37859
永康市	33292	78920	2820376	1135	1686	44548
衢州市	**82269**	**310862**	**13798309**	**730**	**1709**	**63352**
柯城区	18397	59524	2539464	148	350	13521
衢江区	12823	51518	2436456	128	280	11851
常山县	9907	40221	1857909	106	250	8363
开化县	9693	37472	1860956	40	103	4207
龙游县	13975	45116	1868158	159	354	12954
江山市	17474	77011	3235366	149	372	12456
舟山市	**45307**	**110574**	**4341558**	**256**	**396**	**13098**
定海区	19610	48218	1913705	147	230	7557
普陀区	15252	38789	1475464	51	76	2129
岱山县	7472	16942	679653	49	76	3042
嵊泗县	2973	6625	272736	9	14	370
台州市	**231321**	**663401**	**26901561**	**1723**	**3171**	**117445**
椒江区	26956	68687	2925230	77	113	4822
黄岩区	24360	67048	2794561	112	189	7652
路桥区	21479	53707	2250069	80	123	4545
三门县	12821	44915	1850772	118	208	7634
天台县	15646	50688	2219611	290	620	21481
仙居县	13435	43556	2014926	344	613	25884
温岭市	53670	142526	5306660	330	524	18539
临海市	37035	133115	5402410	320	696	24326
玉环市	25919	59159	2137322	52	85	2562
丽水市	**81309**	**262777**	**9815228**	**2377**	**5547**	**179780**
莲都区	17960	49291	1753626	429	1082	38670
青田县	12290	36245	1418084	202	462	16629
缙云县	14824	46518	1774880	809	1531	48252
遂昌县	7085	28673	1211793	72	198	8773
松阳县	7376	27975	1140563	413	1010	32377
云和县	4665	13202	501489	182	429	13688
庆元县	4949	20243	651234	50	191	4249
景宁畲族自治县	3621	12265	367662	108	317	7763
龙泉市	8539	28365	995897	112	327	9379

9-2　续表 2　　　　单位：户、间、平方米

地　　区	1949—1959年			1960—1969年		
	户数	间数	面积	户数	间数	面积
合计	**11792**	**23412**	**854452**	**24896**	**51391**	**1892003**
杭州市	**631**	**1386**	**52489**	**1455**	**3601**	**145260**
上城区	115	168	4323	118	199	4897
下城区	23	40	1079	55	102	2763
江干区	6	16	504	7	12	297
拱墅区	9	15	381	54	97	2502
西湖区	45	98	2998	40	84	2142
滨江区	3	5	142	9	13	305
萧山区	75	162	6854	210	448	18003
余杭区	17	28	1128	38	83	3854
富阳区	98	244	9888	191	526	22059
临安区	41	125	5293	123	362	16957
桐庐县	77	165	7251	262	701	30772
淳安县	63	161	6187	139	426	18021
建德市	59	159	6461	209	548	22688
宁波市	**2223**	**3517**	**119264**	**4144**	**6553**	**225453**
海曙区	333	514	17267	628	944	33949
江北区	96	167	4717	151	261	7404
北仑区	223	324	7893	472	647	14901
镇海区	106	170	3957	171	270	6714
鄞州区	406	610	21005	641	958	33567
奉化区	270	444	17668	332	525	19356
象山县	66	107	4166	148	312	12564
宁海县	177	298	10626	342	620	23727
余姚市	209	389	14990	439	879	33056
慈溪市	337	494	16975	820	1137	40215
温州市	**1713**	**3568**	**115423**	**4560**	**9073**	**307282**
鹿城区	174	466	11252	294	485	12007
龙湾区	36	78	2188	85	126	3262
瓯海区	67	148	5105	286	611	22032
洞头区	22	45	1660	92	195	7654
永嘉县	343	684	22489	588	1228	40534
平阳县	151	308	11293	472	967	35285
苍南县	190	394	14887	554	1153	43893
文成县	68	189	6505	128	327	11893
泰顺县	56	193	6190	116	388	13001
瑞安市	308	555	17202	1093	2023	65871
乐清市	257	425	13306	629	1136	35352
龙港市	41	83	3346	223	434	16498
嘉兴市	**121**	**233**	**8458**	**359**	**732**	**27020**
南湖区	16	27	944	54	98	3017
秀洲区	13	28	1063	46	102	3263
嘉善县	16	35	1010	58	109	4474
海盐县	4	7	276	21	68	2230
海宁市	29	51	2214	65	113	4598
平湖市	7	12	551	36	80	2407
桐乡市	36	73	2400	79	162	7031
湖州市	**160**	**349**	**14141**	**453**	**1098**	**44511**
吴兴区	20	42	1480	48	107	4329
南浔区	61	144	5927	184	446	19371
德清县	35	71	2943	85	229	9200
长兴县	20	39	1485	61	135	4794
安吉县	24	53	2306	75	181	6817

9-2 续表 3 单位：户、间、平方米

地区	1949—1959年			1960—1969年		
	户数	间数	面积	户数	间数	面积
绍兴市	**1890**	**3891**	**160276**	**3124**	**6722**	**278310**
越城区	236	410	15504	348	591	22410
柯桥区	291	542	22524	376	686	28110
上虞区	231	428	19197	353	678	29626
新昌县	254	457	17065	455	910	31971
诸暨市	579	1351	58923	972	2393	106089
嵊州市	299	703	27063	620	1464	60104
金华市	**1976**	**3702**	**136076**	**3808**	**7548**	**277270**
婺城区	143	312	11648	355	758	26743
金东区	155	269	9680	299	579	20577
武义县	116	246	6705	357	815	23314
浦江县	201	434	16924	397	804	34990
磐安县	114	200	9980	231	458	20947
兰溪市	205	426	17739	338	677	28958
义乌市	209	369	10773	506	1009	29782
东阳市	289	574	29192	546	1160	56386
永康市	544	872	23435	779	1288	35573
衢州市	**490**	**1188**	**44690**	**1241**	**2909**	**112020**
柯城区	62	157	6540	181	416	16464
衢江区	88	192	8025	197	449	18403
常山县	69	179	6294	151	331	12961
开化县	49	124	5421	171	402	17492
龙游县	79	174	6047	251	551	19328
江山市	143	362	12363	290	760	27372
舟山市	**190**	**315**	**11578**	**442**	**775**	**27973**
定海区	89	154	5616	108	189	7191
普陀区	36	58	1844	127	242	8147
岱山县	50	82	3254	162	268	9805
嵊泗县	15	21	864	45	76	2830
台州市	**1156**	**2248**	**87676**	**2983**	**6069**	**232713**
椒江区	53	90	3628	147	248	10696
黄岩区	97	191	7917	207	480	21256
路桥区	36	58	1859	108	174	6219
三门县	81	142	4963	239	480	17816
天台县	210	431	17410	514	1175	43854
仙居县	182	334	14744	406	847	35200
温岭市	157	265	10035	517	881	32598
临海市	214	516	20075	406	1008	40381
玉环市	126	221	7045	439	776	24693
丽水市	**1242**	**3015**	**104381**	**2327**	**6311**	**214191**
莲都区	185	461	16161	342	933	31606
青田县	140	271	10347	280	659	24371
缙云县	375	771	27310	526	1105	37561
遂昌县	79	231	9751	182	548	23888
松阳县	160	403	13934	267	664	23461
云和县	76	172	6134	91	207	7066
庆元县	45	180	4410	194	848	22218
景宁畲族自治县	79	240	6899	148	450	13392
龙泉市	103	286	9435	297	897	30628

9-2 续表 4 单位：户、间、平方米

地区	1970-1979年			1980-1989年			1990-1999年		
	户数	间数	面积	户数	间数	面积	户数	间数	面积
合计	**69234**	**151295**	**5656012**	**258965**	**652627**	**25403124**	**527248**	**1486582**	**59805533**
杭州市	**5163**	**12475**	**482698**	**29244**	**71521**	**2609411**	**64603**	**174603**	**7179594**
上城区	590	1069	28618	2215	4219	116998	3559	7245	230198
下城区	401	756	20954	3355	6940	187744	5123	10848	343149
江干区	141	279	7241	2493	4940	128357	4622	8673	258245
拱墅区	232	434	11488	2630	5371	146397	3517	7255	218184
西湖区	426	951	26085	3545	7937	228821	6371	14612	502730
滨江区	35	61	1713	161	320	9281	467	980	34951
萧山区	610	1339	58566	4059	10170	438456	13788	39026	1787880
余杭区	218	450	17594	2165	4946	199972	7226	18911	828518
富阳区	500	1374	58663	1865	5418	227362	6175	20205	914681
临安区	464	1339	64755	2110	6770	320862	4878	14720	671507
桐庐县	623	1762	76472	1804	5350	221914	3155	10973	474836
淳安县	401	1315	54712	1355	4592	184999	2261	8512	329061
建德市	522	1346	55837	1487	4548	198248	3461	12643	585654
宁波市	**10786**	**18489**	**656466**	**43797**	**89107**	**3392853**	**93195**	**207384**	**7882622**
海曙区	1427	2259	86868	5179	9363	352133	11583	23448	755352
江北区	429	689	18826	1713	3254	98712	3307	6640	201583
北仑区	901	1546	42348	3491	7069	215088	7175	14846	444816
镇海区	693	1144	30052	2457	4699	134148	4558	8912	261259
鄞州区	1710	2723	96802	6359	11568	423183	11928	23502	795795
奉化区	922	1635	67137	4887	10645	465549	5629	13329	569991
象山县	546	1218	47463	2872	7438	296054	5818	16437	651374
宁海县	768	1506	54128	3690	8506	327100	6778	18007	710927
余姚市	1292	2491	96064	4848	10771	433924	14656	36035	1486810
慈溪市	2098	3278	116778	8301	15794	646962	21763	46228	2004715
温州市	**14869**	**30779**	**1059385**	**45028**	**109760**	**3785351**	**92351**	**252213**	**8793203**
鹿城区	1177	2017	53939	5824	9927	273329	14851	28502	893740
龙湾区	420	754	21949	1879	3941	120396	6636	14733	450328
瓯海区	861	1796	59677	2766	6340	212822	8219	17665	574692
洞头区	341	813	33608	518	1471	59780	929	2816	116959
永嘉县	1280	2966	99866	4150	10559	370930	7418	21285	744808
平阳县	1829	4026	149202	4592	12784	470905	7554	26589	1029275
苍南县	1734	3736	143937	5247	14411	550601	7402	24816	934137
文成县	262	814	28421	1089	4190	143374	2464	10824	383695
泰顺县	177	547	19704	601	2303	82811	2373	10660	353965
瑞安市	3651	7104	237271	9058	20756	716402	16364	43263	1541189
乐清市	2029	4001	125171	6976	16766	543096	14383	38647	1303606
龙港市	1108	2205	86640	2328	6312	240905	3758	12413	466809
嘉兴市	**1688**	**3818**	**150989**	**14141**	**40414**	**1819879**	**38016**	**125230**	**5846641**
南湖区	255	557	16918	2852	6569	224655	5206	12706	465423
秀洲区	247	720	27382	1394	4203	183699	4138	12580	548316
嘉善县	284	529	20511	2459	6564	317653	3903	10202	448485
海盐县	163	377	13448	1426	4771	195140	3976	14765	617808
海宁市	328	671	27495	2306	6587	321162	7209	24607	1193071
平湖市	110	232	8887	1938	6179	279768	6682	22765	1016608
桐乡市	301	732	36348	1766	5541	297802	6902	27605	1556930
湖州市	**1657**	**4449**	**184686**	**9192**	**27072**	**1135779**	**23160**	**72406**	**3100602**
吴兴区	339	858	30595	2791	6921	251996	5517	13998	523714
南浔区	591	1633	72421	2649	7963	354927	4901	16048	726874
德清县	270	698	30795	1192	4021	181479	3998	13411	611037
长兴县	184	509	20518	1419	4424	193285	5193	17128	747179
安吉县	273	751	30357	1141	3743	154092	3551	11821	491798

9-2 续表 5

单位：户、间、平方米

地区	1970-1979年			1980-1989年			1990-1999年		
	户数	间数	面积	户数	间数	面积	户数	间数	面积
绍兴市	**7516**	**18142**	**767483**	**28568**	**77321**	**3392376**	**47750**	**143845**	**6336680**
越城区	773	1474	59437	5401	12528	527803	7877	20261	828676
柯桥区	988	1995	85483	5235	12024	555467	8191	21104	988301
上虞区	997	2164	97990	4807	12613	623763	9323	28176	1383097
新昌县	884	2039	75120	2062	5692	210421	3982	12763	501526
诸暨市	2619	6995	310470	6629	19557	865447	10313	32882	1428213
嵊州市	1255	3475	138983	4434	14907	609475	8064	28659	1206867
金华市	**8614**	**18966**	**725185**	**25814**	**67984**	**2771537**	**55216**	**152914**	**6313037**
婺城区	791	1784	62871	2582	6479	241725	7589	20117	785851
金东区	844	1812	68422	1842	4990	205877	3075	9449	422782
武义县	649	1670	49710	2096	6355	205375	4079	14036	504602
浦江县	1143	2568	109370	2197	5927	256528	3682	10981	490824
磐安县	436	893	41307	892	2221	103988	1419	4553	199309
兰溪市	910	2183	91138	2335	6135	271570	4564	15180	733976
义乌市	1237	2510	78330	3765	8890	294928	11948	25043	827335
东阳市	1283	3067	151510	5349	15798	819435	10534	32144	1595471
永康市	1321	2479	72527	4756	11189	372111	8326	21411	752887
衢州市	**2696**	**6968**	**267777**	**7417**	**22388**	**889689**	**19509**	**73651**	**3204055**
柯城区	346	916	36048	1505	4415	171922	4520	15425	642888
衢江区	534	1284	53229	927	2739	118401	2454	9921	470606
常山县	259	687	26341	754	2249	87933	2336	9134	420500
开化县	334	799	35489	865	2452	112892	2075	7428	365220
龙游县	610	1463	55176	1653	4542	169359	3839	12222	498515
江山市	613	1819	61494	1713	5991	229182	4285	19521	806326
舟山市	**1736**	**3416**	**123984**	**9188**	**21695**	**828987**	**10741**	**25297**	**959803**
定海区	433	810	28454	2501	5602	202058	4994	11836	459331
普陀区	554	1115	39619	3236	8090	299970	3185	7499	260969
岱山县	565	1149	42343	2273	5343	216579	1784	4213	168187
嵊泗县	184	342	13568	1178	2660	110380	778	1749	71316
台州市	**9973**	**21162**	**801193**	**35378**	**91021**	**3584016**	**65937**	**205228**	**8234830**
椒江区	658	1224	53972	3598	8198	354984	5283	13915	576625
黄岩区	720	1638	67514	4079	10852	450898	8122	23249	954431
路桥区	656	1236	49098	3472	8156	334127	5522	14694	599584
三门县	462	1080	38934	1394	4123	152570	3742	14044	567752
天台县	1079	2846	112253	2488	7565	310397	3928	13334	588586
仙居县	933	2160	90072	2251	6314	277190	4015	13911	654617
温岭市	2978	5550	198509	9829	22365	828820	15570	46288	1723609
临海市	1114	3002	115813	5308	17265	673349	12807	49085	1977496
玉环市	1373	2426	75028	2959	6183	201681	6948	16708	592130
丽水市	**4536**	**12631**	**436166**	**11198**	**34344**	**1193246**	**16770**	**53811**	**1954466**
莲都区	576	1367	49864	1692	4591	152513	4172	11252	370396
青田县	546	1301	49299	1562	4109	158178	3057	9101	346309
缙云县	983	2384	82005	2660	7891	289221	3301	11147	423812
遂昌县	548	1556	69345	1101	3531	148053	1261	4872	197648
松阳县	513	1388	48847	1032	3353	122497	1255	4764	190143
云和县	192	484	16269	536	1407	49691	809	2298	84421
庆元县	310	1391	35644	775	3252	86486	941	3749	124173
景宁畲族自治县	287	983	24400	594	1987	52757	745	2287	71070
龙泉市	581	1777	60493	1246	4223	133850	1229	4341	146494

9-2 续表 6

单位：户、间、平方米

地区	2000—2009年			2010—2014年			2015年以后		
	户数	间数	面积	户数	间数	面积	户数	间数	面积
合计	**687286**	**1859772**	**76932950**	**384074**	**1045776**	**43585070**	**291224**	**809143**	**32646459**
杭州市	**141929**	**362181**	**15134913**	**98158**	**249885**	**10231773**	**76178**	**198842**	**7639417**
上城区	3335	7951	336125	803	1947	84149	398	1053	37196
下城区	4768	11055	437657	2122	4642	183802	1072	2017	76565
江干区	17188	32018	1117061	15787	32863	1170784	8745	20826	694055
拱墅区	6338	14319	516376	4148	9765	384522	5630	12798	449140
西湖区	13169	30371	1161330	6021	15031	607419	5980	12867	423286
滨江区	7806	18723	739073	2951	6507	246448	3913	8164	269468
萧山区	25378	67012	3055438	15536	41378	1895004	15580	40431	1636234
余杭区	31294	66259	2563719	31461	66720	2435155	23247	55339	1987256
富阳区	10083	32532	1535140	5954	19767	912087	3655	12686	577982
临安区	8040	25496	1180384	4452	15845	748836	3001	11596	562451
桐庐县	5374	19163	829924	3290	10811	472669	1683	6028	257814
淳安县	3963	17243	704590	2939	13449	554314	1641	8064	329298
建德市	5193	20039	958096	2694	11160	536584	1633	6973	338672
宁波市	**111967**	**251550**	**9842101**	**56547**	**130958**	**5209532**	**41881**	**103021**	**4028074**
海曙区	11368	24587	924199	4915	11003	414341	4918	11656	443732
江北区	6132	14064	500721	3731	8322	320878	2814	7383	273967
北仑区	12814	27344	915330	4827	11322	417251	2875	6538	243207
镇海区	5504	11648	387208	4035	9248	341647	3017	7759	285113
鄞州区	18836	44423	1741481	9218	20940	831257	11046	27521	1051882
奉化区	4376	10362	450826	2705	6317	266956	2064	4726	190924
象山县	5985	17293	718077	3663	11410	432003	2643	7840	309266
宁海县	8026	20054	790921	3751	9027	356553	3265	8010	305619
余姚市	16115	36658	1492738	7378	17534	718809	3383	8198	330384
慈溪市	22811	45117	1920600	12324	25835	1109837	5856	13390	593980
温州市	**81471**	**223000**	**8522679**	**39254**	**106527**	**4169997**	**31452**	**86165**	**3382086**
鹿城区	10599	27649	1184493	2912	7433	339592	3402	8023	328814
龙湾区	7122	15128	526768	2806	6821	260911	2100	5616	219996
瓯海区	7230	14124	473442	3808	8829	336257	4561	11775	443758
洞头区	1170	3710	155890	816	2701	122553	576	1798	78244
永嘉县	5878	18283	674691	3735	12207	465542	2441	8169	319710
平阳县	7257	23194	956792	3727	10477	432825	2815	7468	306141
苍南县	6982	21544	817943	3046	8322	323013	1879	5105	189439
文成县	1801	7832	274541	947	3670	136408	731	2692	96645
泰顺县	3167	13800	462809	1155	4603	155422	694	2751	92969
瑞安市	10761	25517	1074505	4218	10078	432212	4330	11095	477380
乐清市	15370	40652	1449766	10211	26377	964988	6821	18696	714000
龙港市	4134	11567	471039	1873	5009	200274	1102	2977	114990
嘉兴市	**66526**	**173876**	**7439061**	**41402**	**112152**	**4777518**	**31282**	**91522**	**3836479**
南湖区	10632	28048	1142810	7160	18569	760753	4216	12316	497427
秀洲区	9227	22271	896806	4157	11622	484670	5051	13791	543621
嘉善县	8678	17941	635648	6251	14134	564618	3472	8580	328426
海盐县	3671	11144	460359	3675	12070	528723	2527	10827	456622
海宁市	11529	30292	1296712	9673	24412	1004827	7996	20587	833033
平湖市	8212	24095	997819	3883	12326	515485	3474	10915	460232
桐乡市	14577	40085	2008907	6603	19019	918442	4546	14506	717118
湖州市	**35720**	**110117**	**4823715**	**22564**	**72190**	**3246758**	**14930**	**50491**	**2251840**
吴兴区	10276	28145	1125038	6013	16332	677599	4686	12824	508588
南浔区	5618	16923	777978	2951	8265	378031	1725	5057	228290
德清县	5580	19568	957234	3403	12121	575379	2483	9412	440309
长兴县	7874	26574	1179186	5565	20973	981266	3242	13322	647570
安吉县	6372	18907	784279	4632	14499	634483	2794	9876	427083

9-2 续表 7 单位：户、间、平方米

地 区	2000-2009年			2010-2014年			2015年以后		
	户数	间数	面积	户数	间数	面积	户数	间数	面积
绍兴市	**47951**	**143314**	**6321103**	**23922**	**72663**	**3257397**	**18470**	**55805**	**2350155**
越城区	10802	27955	1159581	4367	11927	522177	3803	10355	400882
柯桥区	10182	26835	1229974	6779	19051	873065	4256	11741	506921
上虞区	7128	21092	1004715	3463	9809	447667	2945	8180	361300
新昌县	3692	12257	515919	2052	6693	281868	1810	6126	249055
诸暨市	10156	33710	1500753	4770	16455	755290	3784	12815	558298
嵊州市	5991	21465	910161	2491	8728	377330	1872	6588	273699
金华市	**76593**	**193188**	**8019488**	**41405**	**102342**	**4203650**	**33012**	**82553**	**3307196**
婺城区	14500	35061	1392285	5091	13955	572664	3410	9788	382585
金东区	4347	12187	533574	2742	7287	325337	3237	7584	292268
武义县	4868	15311	600807	2976	8166	296083	1715	4981	177071
浦江县	3567	10293	468734	1949	5262	228839	1483	4157	184755
磐安县	1615	6097	281247	1077	4325	199824	903	3715	173420
兰溪市	5127	19757	1017161	3357	13421	703120	2109	8827	453887
义乌市	24009	45750	1575371	13702	23981	773180	12725	23941	800350
东阳市	9680	27097	1330292	5981	15142	694266	4409	12003	553919
永康市	8880	21635	820017	4530	10803	410337	3021	7557	288941
衢州市	**29234**	**116082**	**5299886**	**13400**	**55015**	**2543112**	**7552**	**30952**	**1373728**
柯城区	7680	24622	1080925	2447	8158	363147	1508	5065	208009
衢江区	4668	20297	980341	2555	11029	525253	1272	5327	250347
常山县	3904	17299	812842	1543	6746	324242	785	3346	158433
开化县	3026	12315	624313	2067	8885	450971	1066	4964	244951
龙游县	3955	13562	586837	2051	7322	316314	1378	4926	203628
江山市	6001	27987	1214628	2737	12875	563185	1543	7324	308360
舟山市	**10119**	**24930**	**1003809**	**6991**	**18127**	**744512**	**5644**	**15623**	**627814**
定海区	4606	11679	470630	3280	8453	354357	3452	9265	378511
普陀区	3392	8470	334556	2889	7837	316370	1782	5402	211860
岱山县	1663	3727	152876	648	1414	57524	278	670	26043
嵊泗县	458	1054	45747	174	423	16261	132	286	11400
台州市	**63948**	**187270**	**7635703**	**28623**	**84380**	**3553380**	**21600**	**62852**	**2654605**
椒江区	9250	23700	978355	4458	11914	534870	3432	9285	407278
黄岩区	6085	16921	700475	2454	6749	284024	2484	6779	300394
路桥区	6645	16445	680642	2593	7102	324099	2367	5719	249896
三门县	3909	14372	609752	1934	7029	299415	942	3437	151936
天台县	4260	14686	671042	1746	6186	284115	1131	3845	170473
仙居县	3212	11388	540720	1162	4188	201224	930	3801	175275
温岭市	13179	37480	1388669	6217	16664	626546	4893	12509	479335
临海市	9338	33727	1392267	4542	16189	672250	2986	11627	486453
玉环市	8070	18551	673781	3517	8359	326837	2435	5850	233565
丽水市	**21828**	**74264**	**2890492**	**11808**	**41537**	**1647441**	**9223**	**31317**	**1195065**
莲都区	5145	14444	528585	2554	7470	287508	2865	7691	278323
青田县	4024	12579	495809	1502	4714	192242	977	3049	124900
缙云县	3326	11617	457966	1777	6160	254409	1067	3912	154344
遂昌县	1963	8804	373491	1020	4970	217233	859	3963	163611
松阳县	1730	7366	318712	1146	5256	229000	860	3771	161592
云和县	1338	3884	157689	942	2751	108375	499	1570	58156
庆元县	1264	5115	186592	719	2986	100346	651	2531	87116
景宁畲族自治县	893	3172	103439	448	1632	52180	319	1197	35762
龙泉市	2145	7283	268209	1700	5598	206148	1126	3633	131261

9–2a 各地区按住房建成时间分的家庭户住房状况(城市)

单位：户、间、平方米

地 区	合 计			1949年以前		
	户数	间数	面积	户数	间数	面积
合计	**1181505**	**2714007**	**101669041**	**6582**	**10966**	**346309**
杭州市	**311388**	**696781**	**25540531**	**421**	**784**	**22100**
上城区	11301	24136	848534	168	285	6030
下城区	16924	36410	1253989	5	10	276
江干区	48989	99627	3376544			
拱墅区	22566	50073	1729582	8	19	592
西湖区	34782	78774	2792615	29	62	1866
滨江区	15426	34908	1305099	81	135	3718
萧山区	57880	137811	5450481	103	210	6446
余杭区	68631	140423	4885823	5	13	508
富阳区	19198	54073	2270563	18	41	2309
临安区	10649	25503	1021125	1	1	20
桐庐县						
淳安县						
建德市	5042	15043	606176	3	8	335
宁波市	**214777**	**462060**	**17199443**	**2630**	**4118**	**129115**
海曙区	34571	72163	2515698	494	786	28233
江北区	15209	34358	1210365	238	429	12499
北仑区	23048	47601	1565961	367	535	11484
镇海区	17183	36929	1217141	230	396	10680
鄞州区	37527	88562	3319941	108	183	5106
奉化区	10742	24017	987554	351	530	18117
象山县						
宁海县						
余姚市	30834	66452	2578525	172	300	9690
慈溪市	45663	91978	3804258	670	959	33306
温州市	**156472**	**357584**	**13026722**	**704**	**1218**	**34747**
鹿城区	36521	76708	2799387	312	547	13598
龙湾区	13885	32483	1116238	20	47	1505
瓯海区	22467	48386	1685280	34	64	2524
洞头区	2284	6549	288237	9	17	912
永嘉县						
平阳县						
苍南县						
文成县						
泰顺县						
瑞安市	32779	73248	2803975	184	297	9073
乐清市	35129	82043	2837384	124	209	5746
龙港市	13407	38167	1496221	21	37	1389
嘉兴市	**80802**	**194523**	**7634028**	**51**	**96**	**3068**
南湖区	24445	60060	2272314	3	5	150
秀洲区	11178	26505	1003130	1	3	131
嘉善县						
海盐县						
海宁市	15180	38339	1559655	17	28	748
平湖市	10585	27153	1021216	19	33	851
桐乡市	19414	42466	1777713	11	27	1188
湖州市	**26268**	**64813**	**2509306**	**36**	**77**	**2670**
吴兴区	19715	49363	1878687	5	7	243
南浔区	6553	15450	630619	31	70	2427
德清县						
长兴县						
安吉县						

9-2a 续表 1

单位：户、间、平方米

地　区	合　计			1949年以前		
	户数	间数	面积	户数	间数	面积
绍兴市	**103651**	**272133**	**11264907**	**1494**	**2623**	**91428**
越城区	28728	71295	2806520	593	1051	30888
柯桥区	27573	68526	2944340	436	683	24040
上虞区	17614	46601	2057815	221	395	17002
新昌县						
诸暨市	18353	51166	2077856	196	389	15623
嵊州市	11383	34545	1378376	48	105	3875
金华市	**118467**	**242128**	**8569242**	**593**	**925**	**28064**
婺城区	24601	52997	1863169	44	80	2661
金东区	4810	11554	438740	33	62	2207
武义县						
浦江县						
磐安县						
兰溪市	7915	23713	1033582	101	198	7816
义乌市	46153	78818	2491695	82	129	3587
东阳市	15691	35661	1437337	39	71	2793
永康市	19297	39385	1304719	294	385	9000
衢州市	**24622**	**75250**	**2990984**	**54**	**125**	**4481**
柯城区	13483	37228	1485003	21	43	1769
衢江区	3881	12726	524713	6	16	796
常山县						
开化县						
龙游县	52	207	7985	1	3	84
江山市	7206	25089	973283	26	63	1832
舟山市	**23229**	**54719**	**2025431**	**129**	**190**	**5106**
定海区	13326	32038	1209564	88	132	3558
普陀区	9903	22681	815867	41	58	1548
岱山县						
嵊泗县						
台州市	**103990**	**249778**	**9408757**	**396**	**639**	**20597**
椒江区	20738	51304	2092963	62	89	3632
黄岩区	14427	33906	1310979	65	95	3248
路桥区	10849	26331	1068612	47	66	2258
三门县						
天台县						
仙居县						
温岭市	25897	58373	2013546	66	102	3009
临海市	13628	39269	1508988	114	218	6418
玉环市	18451	40595	1413669	42	69	2032
丽水市	**17839**	**44238**	**1499690**	**74**	**171**	**4933**
莲都区	13097	30376	1018145	29	53	1707
青田县						
缙云县						
遂昌县						
松阳县						
云和县						
庆元县						
景宁畲族自治县						
龙泉市	4742	13862	481545	45	118	3226

9-2a　续表 2　　　　单位：户、间、平方米

地　区	1949-1959年			1960-1969年		
	户数	间数	面积	户数	间数	面积
合计	**2819**	**4662**	**146307**	**6227**	**10591**	**328697**
杭州市	**274**	**490**	**14466**	**497**	**937**	**28066**
上城区	115	168	4323	118	199	4897
下城区	23	40	1079	55	102	2763
江干区	6	16	504	7	12	297
拱墅区	9	15	381	54	97	2502
西湖区	45	98	2998	40	84	2142
滨江区	3	5	142	9	13	305
萧山区	41	87	2983	140	275	9621
余杭区	8	11	253	13	16	454
富阳区	11	18	610	18	34	1260
临安区	4	5	135	6	14	547
桐庐县						
淳安县						
建德市	9	27	1058	37	91	3278
宁波市	**834**	**1236**	**36829**	**1520**	**2128**	**61376**
海曙区	225	331	9829	331	459	13079
江北区	66	116	3225	97	170	4668
北仑区	144	181	3745	318	373	7199
镇海区	53	81	1721	92	128	3038
鄞州区	19	31	914	24	45	1499
奉化区	67	109	4043	79	118	3852
象山县						
宁海县						
余姚市	74	120	4256	108	196	7224
慈溪市	186	267	9096	471	639	20817
温州市	**543**	**942**	**28165**	**1857**	**3355**	**105030**
鹿城区	115	195	5266	249	379	8943
龙湾区	22	48	1339	60	88	2313
瓯海区	24	52	2056	187	405	14840
洞头区	13	24	860	19	44	1684
永嘉县						
平阳县						
苍南县						
文成县						
泰顺县						
瑞安市	221	369	10745	800	1444	45235
乐清市	117	191	5483	346	615	17882
龙港市	31	63	2416	196	380	14133
嘉兴市	**21**	**33**	**1206**	**50**	**99**	**2872**
南湖区	11	19	521	21	44	1189
秀洲区	3	6	335			
嘉善县						
海盐县						
海宁市	2	2	130	11	20	588
平湖市	1	2	70	3	4	66
桐乡市	4	4	150	15	31	1029
湖州市	**8**	**16**	**637**	**60**	**111**	**4856**
吴兴区	4	7	150	14	25	834
南浔区	4	9	487	46	86	4022
德清县						
长兴县						
安吉县						

9-2a 续表 3

单位：户、间、平方米

地　区	1949-1959年			1960-1969年		
	户数	间数	面积	户数	间数	面积
绍兴市	**463**	**775**	**29878**	**705**	**1247**	**45104**
越城区	158	273	9670	179	284	9843
柯桥区	131	186	6789	189	279	9038
上虞区	87	144	6609	169	302	11889
新昌县						
诸暨市	55	111	4867	115	271	10132
嵊州市	32	61	1943	53	111	4202
金华市	**313**	**511**	**14816**	**634**	**1063**	**29161**
婺城区	16	36	1027	78	136	3816
金东区	13	20	535	22	43	1277
武义县						
浦江县						
磐安县						
兰溪市	51	103	4032	86	164	5995
义乌市	44	70	2020	143	262	6332
东阳市	14	18	502	34	51	1876
永康市	175	264	6700	271	407	9865
衢州市	**57**	**122**	**4218**	**117**	**263**	**8753**
柯城区	16	31	1189	54	110	3587
衢江区	6	19	942	7	22	972
常山县						
开化县						
龙游县				1	3	108
江山市	35	72	2087	55	128	4086
舟山市	**53**	**85**	**2227**	**69**	**122**	**3817**
定海区	34	57	1474	34	62	2184
普陀区	19	28	753	35	60	1633
岱山县						
嵊泗县						
台州市	**195**	**341**	**10608**	**615**	**1054**	**33678**
椒江区	32	49	1802	91	143	5717
黄岩区	28	50	1625	49	92	3329
路桥区	21	31	852	32	50	1627
三门县						
天台县						
仙居县						
温岭市	23	39	1136	89	133	4129
临海市	26	63	2001	88	182	6083
玉环市	65	109	3192	266	454	12793
丽水市	**58**	**111**	**3257**	**103**	**212**	**5984**
莲都区	26	43	1602	60	125	3281
青田县						
缙云县						
遂昌县						
松阳县						
云和县						
庆元县						
景宁畲族自治县						
龙泉市	32	68	1655	43	87	2703

9-2a　续表 4　　　　单位：户、间、平方米

地　区	1970—1979年			1980—1989年			1990—1999年		
	户数	间数	面积	户数	间数	面积	户数	间数	面积
合计	**21169**	**38603**	**1243539**	**102290**	**215053**	**7134526**	**252361**	**581748**	**20720070**
杭州市	**2482**	**4920**	**145584**	**20319**	**42924**	**1280757**	**44348**	**101199**	**3603047**
上城区	590	1069	28618	2215	4219	116998	3559	7245	230198
下城区	401	756	20954	3355	6940	187744	5123	10848	343149
江干区	141	279	7241	2493	4940	128357	4622	8673	258245
拱墅区	232	434	11488	2630	5371	146397	3517	7255	218184
西湖区	426	951	26085	3523	7840	223245	6268	14160	476534
滨江区	35	61	1713	161	320	9281	467	980	34951
萧山区	319	647	23346	2638	5826	204836	9644	24271	964801
余杭区	65	117	4098	1316	2608	92941	3554	7874	303249
富阳区	94	220	8782	985	2547	91318	4141	11824	480704
临安区	69	122	4425	628	1433	51766	2328	5099	182812
桐庐县									
淳安县									
建德市	110	264	8834	375	880	27874	1125	2970	110220
宁波市	**4200**	**6533**	**203333**	**19228**	**35563**	**1214274**	**54612**	**113484**	**4003738**
海曙区	790	1154	37103	3429	6024	200801	10208	20734	642329
江北区	251	406	10737	1103	1929	53971	2417	4886	142347
北仑区	547	822	19739	1696	2942	77355	4997	9569	270217
镇海区	488	793	19660	1861	3489	94365	3618	7136	203512
鄞州区	132	195	6093	1992	3502	101495	7146	14691	464790
奉化区	268	473	17877	1392	2765	113748	2699	6077	249004
象山县									
宁海县									
余姚市	434	740	26119	2326	4645	167194	9460	20735	800561
慈溪市	1290	1950	66005	5429	10267	405345	14067	29656	1230978
温州市	**6408**	**11645**	**370099**	**19907**	**41389**	**1303938**	**48452**	**108702**	**3633495**
鹿城区	1042	1650	42195	5088	7933	198906	13888	25806	794756
龙湾区	335	595	16634	1395	2981	89796	4183	9606	294835
瓯海区	542	1028	32453	1845	3952	128941	6500	13052	419889
洞头区	125	272	12069	259	681	29821	516	1421	63553
永嘉县									
平阳县									
苍南县									
文成县									
泰顺县									
瑞安市	2376	4288	137134	5202	10959	357741	11065	25698	913586
乐清市	1121	2061	60520	4132	9325	285884	8678	21159	695143
龙港市	867	1751	69094	1986	5558	212849	3622	11960	451733
嘉兴市	**308**	**599**	**19522**	**3526**	**7489**	**241785**	**10595**	**25826**	**948672**
南湖区	148	276	7980	2179	4482	130206	3938	8690	283317
秀洲区	2	4	270	66	159	6156	770	1877	67013
嘉善县									
海盐县									
海宁市	47	101	3105	565	1276	46612	2015	5197	198936
平湖市	26	51	1644	345	725	22212	1680	4118	141651
桐乡市	85	167	6523	371	847	36599	2192	5944	257755
湖州市	**206**	**426**	**14600**	**1848**	**3807**	**113687**	**4508**	**10166**	**343706**
吴兴区	117	210	6345	1473	3019	88791	3512	7696	253895
南浔区	89	216	8255	375	788	24896	996	2470	89811
德清县									
长兴县									
安吉县									

9-2a 续表 5

单位：户、间、平方米

地区	1970—1979年			1980—1989年			1990—1999年		
	户数	间数	面积	户数	间数	面积	户数	间数	面积
绍兴市	**2157**	**4308**	**170736**	**11533**	**26169**	**1047276**	**24703**	**64860**	**2618126**
越城区	495	890	32078	3502	7270	256776	5938	14335	528345
柯桥区	543	932	35896	2901	6101	257140	5420	13248	574639
上虞区	457	887	38342	2260	5383	247569	4637	12900	575518
新昌县									
诸暨市	453	1098	44260	1862	4460	169069	4784	12683	486019
嵊州市	209	501	20160	1008	2955	116722	3924	11694	453605
金华市	**1436**	**2690**	**80102**	**6743**	**14566**	**473216**	**23351**	**51675**	**1799039**
婺城区	194	468	12121	1344	2889	88636	5508	12320	418108
金东区	62	129	4487	157	482	17411	540	1572	60291
武义县									
浦江县									
磐安县									
兰溪市	194	451	16779	909	2206	84091	2290	6546	275147
义乌市	308	492	13393	932	1614	47327	6350	11357	350127
东阳市	219	401	15039	1237	2832	103159	3756	9186	362842
永康市	459	749	18283	2164	4543	132592	4907	10694	332524
衢州市	**277**	**786**	**26151**	**1782**	**4613**	**152538**	**5423**	**16284**	**609006**
柯城区	106	285	8884	893	2095	68568	3058	7956	295572
衢江区	41	115	4629	116	343	12335	580	2003	82604
常山县									
开化县									
龙游县	2	3	147	6	29	887	15	61	2177
江山市	128	383	12491	767	2146	70748	1770	6264	228653
舟山市	**415**	**756**	**21488**	**2828**	**5801**	**172644**	**5108**	**11132**	**375492**
定海区	192	370	10851	1312	2788	83233	2842	6419	223850
普陀区	223	386	10637	1516	3013	89411	2266	4713	151642
岱山县									
嵊泗县									
台州市	**2959**	**5340**	**174106**	**13156**	**29513**	**1038217**	**27175**	**68523**	**2478893**
椒江区	377	684	27663	2249	4982	198105	3816	9346	357011
黄岩区	343	681	25138	2118	5027	177895	4578	11087	415298
路桥区	203	357	12501	1124	2607	99816	2816	7152	274291
三门县									
天台县									
仙居县									
温岭市	823	1310	38974	3651	7200	242166	6638	15706	526092
临海市	316	744	24518	1898	5372	187339	4282	13251	497836
玉环市	897	1564	45312	2116	4325	132896	5045	11981	408365
丽水市	**321**	**600**	**17818**	**1420**	**3219**	**96194**	**4086**	**9897**	**306856**
莲都区	202	318	9090	996	2086	59933	3382	7677	234870
青田县									
缙云县									
遂昌县									
松阳县									
云和县									
庆元县									
景宁畲族自治县									
龙泉市	119	282	8728	424	1133	36261	704	2220	71986

9-2a　续表 6　　　　单位：户、间、平方米

地　区	2000-2009年			2010-2014年			2015年以后		
	户数	间数	面积	户数	间数	面积	户数	间数	面积
合计	**400278**	**927770**	**36265459**	**216051**	**503414**	**19777100**	**173728**	**421200**	**15707034**
杭州市	**106724**	**237611**	**9237479**	**74194**	**164670**	**6222086**	**62129**	**143246**	**4986946**
上城区	3335	7951	336125	803	1947	84149	398	1053	37196
下城区	4768	11055	437657	2122	4642	183802	1072	2017	76565
江干区	17188	32018	1117061	15787	32863	1170784	8745	20826	694055
拱墅区	6338	14319	516376	4148	9765	384522	5630	12798	449140
西湖区	12872	29073	1092985	5812	14275	569096	5767	12231	397664
滨江区	7806	18723	739073	2951	6507	246448	3913	8164	269468
萧山区	19611	46481	1923338	12065	28785	1191203	13319	31229	1123907
余杭区	21081	40622	1466417	23389	46150	1567622	19200	43012	1450281
富阳区	7449	20761	916752	4176	11910	495833	2306	6718	272995
临安区	4145	10000	412785	2170	5299	221689	1298	3530	146946
桐庐县									
淳安县									
建德市	2131	6608	278910	771	2527	106938	481	1668	68729
宁波市	**71144**	**156810**	**5997687**	**34563**	**78375**	**3097452**	**26046**	**63813**	**2455639**
海曙区	10194	22145	819723	4447	9968	368352	4453	10562	396249
江北区	5184	12237	443769	3326	7489	290740	2527	6696	248409
北仑区	9487	20239	689178	3494	8351	313011	1998	4589	174033
镇海区	4745	10166	338771	3596	8288	310207	2500	6452	235187
鄞州区	13583	34119	1344183	6405	14948	596163	8118	20848	799698
奉化区	2720	6391	272479	1744	4162	173607	1422	3392	134827
象山县									
宁海县									
余姚市	11137	23614	925703	5094	11596	466467	2029	4506	171311
慈溪市	14094	27899	1163881	6457	13573	578905	2999	6768	295925
温州市	**42071**	**100604**	**3983728**	**18857**	**45172**	**1801895**	**17673**	**44557**	**1765625**
鹿城区	10091	26374	1135351	2631	6669	308025	3105	7155	292347
龙湾区	4250	9668	346568	1740	4312	160708	1880	5138	202540
瓯海区	5924	11333	380088	3174	7539	293239	4237	10961	411250
洞头区	766	2286	96461	352	1094	51061	225	710	31816
永嘉县									
平阳县									
苍南县									
文成县									
泰顺县									
瑞安市	7307	16632	737885	2700	6288	276779	2924	7273	315797
乐清市	9810	23345	837818	6539	14637	526074	4262	10501	402834
龙港市	3923	10966	449557	1721	4633	186009	1040	2819	109041
嘉兴市	**36581**	**83702**	**3312965**	**17154**	**43099**	**1778486**	**12516**	**33580**	**1325452**
南湖区	9179	23574	940846	5678	14136	570266	3288	8834	337839
秀洲区	6354	14003	536996	2054	5419	213734	1928	5034	178495
嘉善县									
海盐县									
海宁市	6081	13519	527549	3306	9458	411656	3136	8738	370331
平湖市	4646	11496	439365	1801	4865	193983	2064	5859	221374
桐乡市	10321	21110	868209	4315	9221	388847	2100	5115	217413
湖州市	**9973**	**25444**	**1028822**	**5665**	**14385**	**596936**	**3964**	**10381**	**403392**
吴兴区	7329	19113	759842	4062	10729	438945	3199	8557	329642
南浔区	2644	6331	268980	1603	3656	157991	765	1824	73750
德清县									
长兴县									
安吉县									

9－2a 续表 7

单位：户、间、平方米

地区	2000—2009年			2010—2014年			2015年以后		
	户数	间数	面积	户数	间数	面积	户数	间数	面积
绍兴市	**32597**	**88239**	**3728794**	**16632**	**46398**	**2031263**	**13367**	**37514**	**1502302**
越城区	10108	25986	1064897	4188	11423	497344	3567	9783	376679
柯桥区	8413	21390	931489	5821	15782	703011	3719	9925	402298
上虞区	5057	14164	639456	2491	6517	278459	2235	5909	242971
新昌县									
诸暨市	5767	16343	670459	2615	8121	361619	2506	7690	315808
嵊州市	3252	10356	422493	1517	4555	190830	1340	4207	164546
金华市	**45436**	**93076**	**3462713**	**23004**	**44283**	**1563740**	**16957**	**33339**	**1118391**
婺城区	11859	24672	905660	3573	7717	277106	1985	4679	154034
金东区	1912	4576	183774	832	1929	75529	1239	2741	93229
武义县									
浦江县									
磐安县									
兰溪市	2193	7119	324116	1334	4377	204250	757	2549	111356
义乌市	18664	32883	1090375	10711	16861	504751	8919	15150	473783
东阳市	4751	11393	512849	3456	7197	276964	2185	4512	161313
永康市	6057	12433	445939	3098	6202	225140	1872	3708	124676
衢州市	**10671**	**33303**	**1386961**	**4007**	**12511**	**517858**	**2234**	**7243**	**281018**
柯城区	6252	17612	736197	1908	5417	229313	1175	3679	139924
衢江区	1703	5887	254740	946	2886	112970	476	1435	54725
常山县									
开化县									
龙游县	17	63	2741	8	33	1293	2	12	548
江山市	2699	9741	393283	1145	4175	174282	581	2117	85821
舟山市	**6251**	**15514**	**613825**	**4312**	**10679**	**434569**	**4064**	**10440**	**396263**
定海区	3663	9249	368057	2422	5951	245423	2739	7010	270934
普陀区	2588	6265	245768	1890	4728	189146	1325	3430	125329
岱山县									
嵊泗县									
台州市	**33337**	**79335**	**3012910**	**14512**	**35698**	**1439073**	**11645**	**29335**	**1200675**
椒江区	7921	19600	786070	3551	9521	419416	2639	6890	293547
黄岩区	3946	8983	349817	1572	3699	151714	1728	4192	182915
路桥区	3963	9124	362877	1369	3595	162311	1274	3349	152079
三门县									
天台县									
仙居县									
温岭市	7743	18445	641856	3620	8015	281927	3244	7423	274257
临海市	3815	10536	426188	1918	5214	206325	1171	3689	152280
玉环市	5949	12647	446102	2482	5654	217380	1589	3792	145597
丽水市	**5493**	**14132**	**499575**	**3151**	**8144**	**293742**	**3133**	**7752**	**271331**
莲都区	4083	9773	340391	1968	4727	172239	2351	5574	195032
青田县									
缙云县									
遂昌县									
松阳县									
云和县									
庆元县									
景宁畲族自治县									
龙泉市	1410	4359	159184	1183	3417	121503	782	2178	76299

9-2b 各地区按住房建成时间分的家庭户住房状况(镇)

单位：户、间、平方米

地区	合计			1949年以前		
	户数	间数	面积	户数	间数	面积
合计	**453638**	**1256512**	**50428811**	**4987**	**9232**	**322918**
杭州市	**36762**	**104067**	**4271865**	**113**	**300**	**11225**
上城区						
下城区						
江干区						
拱墅区						
西湖区	13	53	2264			
滨江区						
萧山区	2779	9099	492034	21	39	1819
余杭区	10374	23935	912602	2	5	230
富阳区	1004	3828	195822	19	46	1575
临安区	2833	8703	383628	15	65	2641
桐庐县	11355	32561	1293370	33	83	2548
淳安县	5337	15127	530172	4	12	538
建德市	3067	10761	461973	19	50	1874
宁波市	**70995**	**160938**	**6224589**	**1295**	**2029**	**73380**
海曙区	1081	2066	100482	159	225	11552
江北区						
北仑区	1506	3308	114441			
镇海区	1625	3299	109326	116	200	6164
鄞州区	11779	23798	897931	419	652	23302
奉化区	1935	5193	221179	48	75	2358
象山县	13425	34530	1243170	54	87	2813
宁海县	16776	38917	1440542	121	188	5609
余姚市	9251	22677	944956	132	263	10045
慈溪市	13617	27150	1152562	246	339	11537
温州市	**68943**	**203934**	**7660078**	**412**	**758**	**26858**
鹿城区	198	762	20517			
龙湾区	7208	14726	490235	2	2	55
瓯海区	521	1087	37211			
洞头区	275	1043	41755			
永嘉县	14214	38135	1371327	113	196	6645
平阳县	17154	53278	2182217	87	151	6008
苍南县	17718	55673	2144077	115	215	7693
文成县	3337	13668	487086	24	55	1854
泰顺县	3559	13682	488130	20	50	1634
瑞安市	991	3461	125831	9	16	596
乐清市	3115	6754	210604	41	71	2283
龙港市	653	1665	61088	1	2	90
嘉兴市	**58774**	**154011**	**6243497**	**289**	**546**	**16990**
南湖区	2254	5593	230491			
秀洲区	5117	12848	517591	94	178	5194
嘉善县	18745	40271	1447700	51	92	2675
海盐县	10199	30804	1203412	1	3	280
海宁市	11479	30205	1245458	45	88	2695
平湖市	5797	17255	723365	52	85	2558
桐乡市	5183	17035	875480	46	100	3588
湖州市	**44926**	**130103**	**5503027**	**153**	**319**	**11240**
吴兴区	2882	7427	267200	3	6	198
南浔区	4600	12772	553614	99	189	5850
德清县	10823	31372	1311592	28	65	2693
长兴县	15206	48025	2089502	10	22	1026
安吉县	11415	30507	1281119	13	37	1473

9-2b 续表 1

单位：户、间、平方米

地区	合计			1949年以前		
	户数	间数	面积	户数	间数	面积
绍兴市	**20993**	**64846**	**2765302**	**536**	**1105**	**42928**
越城区	142	397	19848			
柯桥区	2116	5506	247220	53	94	3849
上虞区	1692	5015	230996	112	215	8655
新昌县	9114	28535	1132933	67	114	3852
诸暨市	5431	16554	753532	208	460	19126
嵊州市	2498	8839	380773	96	222	7446
金华市	**52331**	**132058**	**5321658**	**871**	**1526**	**51470**
婺城区	2381	7084	309769	43	72	3075
金东区	4769	10746	401754	119	206	6489
武义县	10350	26119	934131	81	133	3265
浦江县	6909	17866	770724	121	216	8919
磐安县	3256	10169	442885	28	48	2513
兰溪市	2131	7610	392331	85	144	6437
义乌市	9193	18488	616664	136	274	8398
东阳市	10003	26418	1183850	66	157	5304
永康市	3339	7558	269550	192	276	7070
衢州市	**19321**	**66648**	**2892075**	**154**	**352**	**12268**
柯城区	382	1749	67121	13	41	1617
衢江区	1274	4868	251516	24	58	2366
常山县	4450	15692	672343	46	107	2983
开化县	4544	14522	652176	10	17	654
龙游县	6299	18727	739286	35	72	2510
江山市	2372	11090	509633	26	57	2138
舟山市	**8750**	**19899**	**784606**	**30**	**52**	**1785**
定海区	1305	3103	117565	5	10	330
普陀区	767	1960	69326			
岱山县	4753	10545	421256	22	37	1335
嵊泗县	1925	4291	176459	3	5	120
台州市	**40420**	**122656**	**5089088**	**481**	**836**	**31569**
椒江区	192	221	6597			
黄岩区	1170	4045	171297	6	11	570
路桥区	3422	8971	376512	19	32	1237
三门县	6359	20057	817491	47	86	3209
天台县	7831	24121	1030155	112	228	7890
仙居县	6805	20699	936478	103	180	7302
温岭市	9487	26782	1046260	172	265	10025
临海市	4482	16283	649546	22	34	1336
玉环市	672	1477	54752			
丽水市	**31423**	**97352**	**3673026**	**653**	**1409**	**43205**
莲都区	578	2121	82042	29	69	2173
青田县	6992	20382	763089	53	137	3864
缙云县	7898	23080	846108	271	517	16144
遂昌县	3618	13071	530370	15	40	1308
松阳县	3319	11194	473873	146	296	10166
云和县	3322	9215	346055	63	133	3923
庆元县	3096	10468	368418	25	75	1863
景宁畲族自治县	2070	6102	195875	46	134	3366
龙泉市	530	1719	67196	5	8	398

9-2b 续表 2

单位：户、间、平方米

地区	1949—1959年			1960—1969年		
	户数	间数	面积	户数	间数	面积
合计	**2133**	**4247**	**143149**	**4397**	**8892**	**316508**
杭州市	**74**	**154**	**6206**	**217**	**548**	**21540**
上城区						
下城区						
江干区						
拱墅区						
西湖区						
滨江区						
萧山区	13	30	1520	17	42	1745
余杭区	2	2	40	11	30	1490
富阳区	15	33	1580	17	51	2372
临安区	5	14	525	22	59	2225
桐庐县	24	48	1661	88	207	8070
淳安县	2	4	90	13	42	1536
建德市	13	23	790	49	117	4102
宁波市	**427**	**668**	**21173**	**728**	**1158**	**39403**
海曙区	5	6	452	30	49	2452
江北区						
北仑区						
镇海区	17	26	600	15	21	442
鄞州区	150	235	7137	268	405	13665
奉化区	14	28	945	10	18	755
象山县	26	38	1406	52	89	2933
宁海县	65	98	3311	89	155	5326
余姚市	53	93	3039	126	244	8702
慈溪市	97	144	4283	138	177	5128
温州市	**353**	**861**	**25985**	**807**	**1670**	**58108**
鹿城区	50	253	5270	8	28	514
龙湾区	14	30	849	24	37	909
瓯海区	3	6	230	2	4	140
洞头区	1	6	210	5	11	358
永嘉县	97	161	5224	274	554	17723
平阳县	71	139	5039	182	377	14128
苍南县	68	136	4688	198	412	15438
文成县	24	68	2270	34	83	3017
泰顺县	8	33	1160	17	46	1625
瑞安市	1	3	90	17	41	1580
乐清市	14	22	755	32	49	1386
龙港市	2	4	200	14	28	1290
嘉兴市	**76**	**142**	**4600**	**189**	**340**	**11308**
南湖区	5	8	423	27	42	1174
秀洲区	7	12	424	24	45	1293
嘉善县	14	29	735	28	49	1419
海盐县	1	1	40	5	12	305
海宁市	20	31	1129	31	54	2000
平湖市	5	7	251	22	45	1200
桐乡市	24	54	1598	52	93	3917
湖州市	**88**	**162**	**6175**	**214**	**461**	**15421**
吴兴区	4	7	345	7	16	460
南浔区	31	50	1817	73	135	4984
德清县	28	58	2245	62	151	4652
长兴县	15	29	1165	44	94	3129
安吉县	10	18	603	28	65	2196

9-2b 续表 3

单位：户、间、平方米

地区	1949-1959年			1960-1969年		
	户数	间数	面积	户数	间数	面积
绍兴市	**169**	**363**	**14551**	**308**	**703**	**28930**
越城区	4	8	350	2	3	103
柯桥区	22	38	1500	38	74	2877
上虞区	34	62	2519	27	57	2452
新昌县	15	33	1159	56	121	5153
诸暨市	60	132	5585	105	253	10085
嵊州市	34	90	3438	80	195	8260
金华市	**285**	**475**	**16198**	**580**	**1072**	**38216**
婺城区	10	17	666	27	54	1744
金东区	42	73	2368	45	84	2354
武义县	45	60	1438	106	191	4983
浦江县	31	55	2202	103	213	8777
磐安县	14	22	1156	35	71	3539
兰溪市	20	31	1350	35	63	3026
义乌市	33	67	1675	58	111	3242
东阳市	39	69	3135	90	175	7575
永康市	51	81	2208	81	110	2976
衢州市	**79**	**189**	**6683**	**219**	**475**	**17807**
柯城区	5	17	560	11	27	995
衢江区	7	18	805	27	59	2601
常山县	14	34	1133	35	63	2544
开化县	11	22	824	46	100	3816
龙游县	22	44	1479	60	118	3821
江山市	20	54	1882	40	108	4030
舟山市	**45**	**73**	**2772**	**124**	**217**	**7869**
定海区	11	18	760	10	15	555
普陀区	3	5	220	5	7	300
岱山县	26	42	1573	86	152	5292
嵊泗县	5	8	219	23	43	1722
台州市	**248**	**452**	**16527**	**604**	**1209**	**44004**
椒江区				4	6	230
黄岩区	8	20	540	17	31	1602
路桥区	5	9	250	16	32	992
三门县	35	62	2141	83	133	4987
天台县	49	87	2912	122	300	9491
仙居县	63	109	4361	150	314	11975
温岭市	70	119	4736	180	299	11089
临海市	18	46	1587	26	84	3228
玉环市				6	10	410
丽水市	**289**	**708**	**22279**	**407**	**1039**	**33902**
莲都区	13	34	1070	21	44	1844
青田县	30	72	2324	50	149	4944
缙云县	91	185	5660	112	240	7407
遂昌县	19	75	2725	29	101	4147
松阳县	55	131	4425	58	134	4621
云和县	30	72	2247	36	78	2815
庆元县	17	51	1376	52	180	4842
景宁畲族自治县	28	75	1945	33	74	2097
龙泉市	6	13	507	16	39	1185

9-2b 续表 4 单位：户、间、平方米

地区	1970–1979年			1980–1989年			1990–1999年		
	户数	间数	面积	户数	间数	面积	户数	间数	面积
合计	**12394**	**27297**	**982483**	**49293**	**128340**	**4878463**	**106979**	**312670**	**12384131**
杭州市	**648**	**1527**	**59713**	**2887**	**7602**	**291575**	**6411**	**18903**	**778549**
上城区									
下城区									
江干区									
拱墅区									
西湖区				1	4	80	1	4	200
滨江区									
萧山区	61	127	6121	250	686	33876	643	2019	112583
余杭区	57	110	3502	316	731	26458	1017	2464	93042
富阳区	51	151	6268	118	405	19962	230	914	47286
临安区	62	159	7359	281	852	37955	677	2065	90785
桐庐县	259	629	24076	1118	2882	105025	2096	6133	239324
淳安县	40	83	3093	454	1039	31182	1111	2969	95245
建德市	118	268	9294	349	1003	37037	636	2335	100084
宁波市	**1833**	**3216**	**110325**	**7669**	**15782**	**592436**	**16725**	**39535**	**1542497**
海曙区	70	101	5453	305	551	29303	217	423	20314
江北区									
北仑区	1	2	50	4	10	440	48	148	4419
镇海区	45	70	1889	200	378	10606	265	445	12878
鄞州区	569	918	30827	1574	2934	112533	2391	4332	155895
奉化区	38	65	2422	311	688	26583	591	1800	75430
象山县	216	386	12567	1237	2676	85987	3539	8925	314403
宁海县	247	500	15530	1715	3699	130069	3771	9707	361191
余姚市	357	739	26991	1093	2577	105842	2562	7091	306360
慈溪市	290	435	14596	1230	2269	91073	3341	6664	291607
温州市	**2450**	**5781**	**199171**	**9307**	**27103**	**989051**	**19808**	**64255**	**2357183**
鹿城区	21	109	1020	21	66	2295	24	96	3040
龙湾区	85	159	5315	484	960	30600	2441	5091	154648
瓯海区	7	17	530	62	114	3613	106	240	7739
洞头区	25	61	2539	45	192	6503	64	256	9603
永嘉县	672	1553	48834	2649	6172	215249	4463	11914	403961
平阳县	601	1426	52256	1905	6070	231025	4533	16328	655502
苍南县	630	1455	54730	2660	8503	328588	5204	18625	713409
文成县	93	304	10945	538	2165	72124	969	4440	156526
泰顺县	44	130	4255	261	1001	38830	942	3989	142415
瑞安市	53	146	4908	179	659	21846	357	1434	51348
乐清市	103	214	5910	377	929	28058	632	1568	49608
龙港市	116	207	7929	126	272	10320	73	274	9384
嘉兴市	**709**	**1348**	**44860**	**3587**	**8643**	**335908**	**9953**	**28522**	**1205228**
南湖区	79	174	4364	213	482	19451	444	1010	40177
秀洲区	108	183	6097	421	891	32176	874	2184	87330
嘉善县	121	194	6044	696	1511	56563	2343	5544	194232
海盐县	91	189	6498	633	1666	57169	1832	5328	190937
海宁市	143	279	10473	695	1733	76440	1853	6000	282643
平湖市	41	67	2091	348	927	36742	1258	3643	149857
桐乡市	126	262	9293	581	1433	57367	1349	4813	260052
湖州市	**606**	**1355**	**48056**	**2993**	**8259**	**326957**	**8898**	**24989**	**1001241**
吴兴区	40	89	3243	310	781	28858	539	1331	48048
南浔区	197	421	14912	659	1724	69579	1229	3345	143671
德清县	178	368	11780	673	1809	69058	2436	6436	244457
长兴县	105	275	10501	832	2453	101107	3016	9109	368130
安吉县	86	202	7620	519	1492	58355	1678	4768	196935

9-2b 续表 5 单位：户、间、平方米

地区	1970—1979年			1980—1989年			1990—1999年		
	户数	间数	面积	户数	间数	面积	户数	间数	面积
绍兴市	**825**	**2243**	**90771**	**2990**	**8702**	**359592**	**5847**	**18623**	**789040**
越城区	4	7	249	32	92	4866	71	217	11401
柯桥区	92	193	8312	398	921	41786	628	1539	65481
上虞区	51	114	5003	278	798	37306	539	1704	81203
新昌县	173	475	15828	756	2182	73550	2465	7813	297989
诸暨市	350	1025	44664	919	2720	120846	1448	4590	206300
嵊州市	155	429	16715	607	1989	81238	696	2760	126666
金华市	**1581**	**3279**	**125152**	**5723**	**14508**	**566992**	**13131**	**34636**	**1373350**
婺城区	58	122	4912	185	512	22855	430	1382	61962
金东区	207	426	15380	521	1271	47638	860	2166	86024
武义县	190	403	10533	1006	2548	76269	2599	7328	250949
浦江县	299	619	27546	670	1720	71773	1894	5283	227389
磐安县	79	171	8386	321	774	34379	739	2134	88109
兰溪市	116	258	11220	264	728	33638	459	1740	85479
义乌市	189	357	10925	709	1701	52270	2354	4268	127504
东阳市	238	550	24667	1374	3765	175917	2952	8238	370327
永康市	205	373	11583	673	1489	52253	844	2097	75607
衢州市	**511**	**1214**	**45511**	**1851**	**5002**	**195159**	**5052**	**17199**	**727544**
柯城区	24	64	2551	56	214	8563	125	632	24645
衢江区	65	142	6228	134	352	17897	320	1239	60753
常山县	74	181	6471	420	1093	37194	1100	3902	163178
开化县	99	196	7256	373	939	38228	1097	3341	145624
龙游县	154	349	12631	651	1585	55676	1807	5143	197228
江山市	95	282	10374	217	819	37601	603	2942	136116
舟山市	**446**	**875**	**32621**	**2158**	**4916**	**190846**	**2346**	**5294**	**208824**
定海区	34	57	1965	229	494	18684	419	904	37090
普陀区	47	100	4067	159	436	17307	214	557	18441
岱山县	264	532	19018	1126	2562	98590	1169	2621	103828
嵊泗县	101	186	7571	644	1424	56265	544	1212	49465
台州市	**1681**	**3662**	**134341**	**5918**	**15815**	**619857**	**11457**	**37835**	**1556007**
椒江区	5	5	190	7	9	300	14	18	710
黄岩区	52	111	4225	185	500	21117	415	1535	63545
路桥区	91	181	7239	521	1201	48619	827	2321	98839
三门县	197	405	13506	704	1946	71242	1740	6088	242924
天台县	266	659	23192	1021	2912	110700	2119	6922	294933
仙居县	269	625	25397	992	2762	117097	2099	6669	304593
温岭市	643	1225	44051	1890	4586	175728	2600	8328	319007
临海市	146	431	15841	542	1803	71591	1472	5533	215621
玉环市	12	20	700	56	96	3463	171	421	15835
丽水市	**1104**	**2797**	**91962**	**4210**	**12008**	**410090**	**7351**	**22879**	**844668**
莲都区	32	63	2311	121	424	15601	87	370	13680
青田县	191	490	15573	913	2392	84869	1824	5272	191012
缙云县	324	768	25593	1411	3983	133350	2060	6315	231334
遂昌县	99	290	10962	367	1103	41710	797	2787	111139
松阳县	138	336	11515	416	1336	48098	676	2409	96940
云和县	108	240	8058	331	829	28524	620	1775	64347
庆元县	105	327	9560	316	1021	30678	607	1991	70528
景宁畲族自治县	53	142	3159	269	725	20871	580	1630	52450
龙泉市	54	141	5231	66	195	6389	100	330	13238

9-2b　续表 6　　单位：户、间、平方米

地　　区	2000-2009年			2010-2014年			2015年以后		
	户数	间数	面积	户数	间数	面积	户数	间数	面积
合计	**138826**	**389755**	**16002732**	**81891**	**226769**	**9359645**	**52738**	**149310**	**6038782**
杭州市	**13035**	**35837**	**1465949**	**9244**	**26368**	**1109703**	**4133**	**12828**	**527405**
上城区									
下城区									
江干区									
拱墅区									
西湖区	6	24	1100	3	17	740	2	4	144
滨江区									
萧山区	859	2807	147767	615	2215	122245	300	1134	64358
余杭区	4056	8261	310948	3536	8636	341057	1377	3696	135835
富阳区	282	1208	61468	183	647	35636	89	373	19675
临安区	1135	3005	127830	422	1609	71357	214	875	42951
桐庐县	3917	11640	468299	2615	7409	304989	1205	3530	139378
淳安县	1804	5308	192841	1277	3630	133914	632	2040	71733
建德市	976	3584	155696	593	2205	99765	314	1176	53331
宁波市	**21700**	**49168**	**1938930**	**11611**	**27515**	**1069119**	**9007**	**21867**	**837326**
海曙区	161	392	17044	73	169	7154	61	150	6758
江北区									
北仑区	1147	2518	85303	167	352	13704	139	278	10525
镇海区	373	726	23306	211	431	14898	383	1002	38543
鄞州区	3073	6534	253644	1438	3170	128502	1897	4618	172426
奉化区	439	1319	59836	244	632	27953	240	568	24897
象山县	4177	10831	427065	2357	6891	229979	1767	4607	166017
宁海县	5779	13410	505309	2632	5795	218299	2357	5365	195898
余姚市	2779	6406	267764	1358	3276	135500	791	1988	80713
慈溪市	3772	7032	299659	3131	6799	293130	1372	3291	141549
温州市	**19586**	**58276**	**2240402**	**9900**	**27792**	**1091080**	**6320**	**17438**	**672240**
鹿城区	10	22	737	39	119	4307	25	69	3334
龙湾区	2872	5460	180200	1066	2509	100203	220	478	17456
瓯海区	193	465	17200	45	67	1826	103	174	5933
洞头区	54	210	9009	56	226	10068	25	81	3465
永嘉县	3214	9370	354162	1676	5014	195619	1056	3201	123910
平阳县	4813	15164	650397	2734	7602	319816	2228	6021	248046
苍南县	5102	15907	616934	2345	6549	256698	1396	3871	145899
文成县	786	3424	122029	538	1998	75719	331	1131	42602
泰顺县	1342	5257	187986	588	1986	69662	337	1190	40563
瑞安市	264	838	32324	98	293	11914	13	31	1225
乐清市	777	1690	52900	594	1128	33970	545	1083	35734
龙港市	159	469	16524	121	301	11278	41	108	4073
嘉兴市	**18609**	**46493**	**1872285**	**15870**	**41382**	**1692060**	**9492**	**26595**	**1060258**
南湖区	651	1679	72943	645	1602	64805	190	596	27154
秀洲区	1243	3169	131768	1145	3076	131570	1201	3110	121739
嘉善县	7685	15458	527473	4998	10959	426201	2809	6435	232358
海盐县	2877	8205	326709	3076	9315	384902	1683	6085	236572
海宁市	2738	7314	308588	3772	8985	350214	2182	5721	211276
平湖市	1906	5732	238946	1251	4119	172205	914	2630	119515
桐乡市	1509	4936	265858	983	3326	162163	513	2018	111644
湖州市	**15894**	**45299**	**1923222**	**10185**	**30675**	**1347077**	**5895**	**18584**	**823638**
吴兴区	1200	3014	101364	477	1296	51944	302	887	32740
南浔区	1262	3815	172599	679	2032	92260	371	1061	47942
德清县	3598	10889	479755	2222	6677	289238	1598	4919	207714
长兴县	5507	16648	715207	3755	12553	566960	1922	6842	322277
安吉县	4327	10933	454297	3052	8117	346675	1702	4875	212965

9-2b 续表 7 单位：户、间、平方米

地区	2000—2009年			2010—2014年			2015年以后		
	户数	间数	面积	户数	间数	面积	户数	间数	面积
绍兴市	**5143**	**16626**	**740635**	**3081**	**9667**	**419463**	**2094**	**6814**	**279392**
越城区	8	14	540	21	56	2339			
柯桥区	344	999	47997	398	1190	54224	143	458	21194
上虞区	332	1106	51574	209	673	28786	110	286	13498
新昌县	2599	8438	357181	1534	4744	197799	1449	4615	180422
诸暨市	1301	4032	193710	748	2306	107527	292	1036	45689
嵊州市	559	2037	89633	171	698	28788	100	419	18589
金华市	**14096**	**36741**	**1537364**	**8387**	**20398**	**825055**	**7677**	**19423**	**787861**
婺城区	512	1521	68245	528	1596	72113	588	1808	74197
金东区	949	2384	93467	895	1874	69897	1131	2262	78137
武义县	3373	8907	356821	1887	4140	146475	1063	2409	83398
浦江县	1917	5084	232335	1123	2689	108963	751	1987	82820
磐安县	952	3177	138263	589	1963	84007	499	1809	82533
兰溪市	536	2145	113348	354	1403	75748	262	1098	62085
义乌市	2483	5047	180191	1402	2827	96347	1829	3836	136112
东阳市	2743	7064	305361	1322	3204	146717	1179	3196	144847
永康市	631	1412	49333	287	702	24788	375	1018	43732
衢州市	**6644**	**24900**	**1124094**	**3052**	**10901**	**493525**	**1759**	**6416**	**269484**
柯城区	98	487	18155	24	158	5953	26	109	4082
衢江区	378	1576	81909	229	1055	57862	90	369	21095
常山县	1701	6490	286048	703	2508	114355	357	1314	58437
开化县	1588	5508	258508	926	2943	136109	394	1456	61157
龙游县	1989	6364	267950	866	2765	111458	715	2287	86533
江山市	890	4475	211524	304	1472	67788	177	881	38180
舟山市	**2112**	**4865**	**199952**	**1130**	**2728**	**103822**	**359**	**879**	**36115**
定海区	242	600	20539	256	718	25688	99	287	11954
普陀区	132	319	11324	198	495	16262	9	41	1405
岱山县	1363	3065	128600	543	1189	48995	154	345	14025
嵊泗县	375	881	39489	133	326	12877	97	206	8731
台州市	**12055**	**39004**	**1668928**	**5063**	**15458**	**660326**	**2913**	**8385**	**357529**
椒江区	15	21	570	76	87	2797	71	75	1800
黄岩区	347	1330	57061	103	366	16795	37	141	5842
路桥区	1150	3216	133519	412	1098	46840	381	881	38977
三门县	2024	6590	280795	1024	3211	130592	505	1536	68095
天台县	2648	8456	381809	949	2989	134187	545	1568	65041
仙居县	2119	6874	320044	592	1842	87336	418	1324	58373
温岭市	2183	6920	276586	1203	3534	143439	546	1506	61599
临海市	1362	5146	202734	583	2065	88800	311	1141	48808
玉环市	207	451	15810	121	266	9540	99	213	8994
丽水市	**9952**	**32546**	**1290971**	**4368**	**13885**	**548415**	**3089**	**10081**	**387534**
莲都区	136	547	21131	78	326	13825	61	244	10407
青田县	2731	8278	318143	696	2069	82004	504	1523	60356
缙云县	2010	6010	228952	1045	3178	123972	574	1884	73696
遂昌县	1295	5075	213342	487	1729	72749	510	1871	72288
松阳县	964	3632	163456	465	1625	76798	401	1295	57854
云和县	1083	3041	123948	700	1973	74845	351	1074	37348
庆元县	997	3601	137600	515	1755	61350	462	1467	50621
景宁畲族自治县	624	1972	68521	278	868	27703	159	482	15763
龙泉市	112	390	15878	104	362	15169	67	241	9201

9-2c 各地区按住房建成时间分的家庭户住房状况(乡村)

单位：户、间、平方米

地区	合计			1949年以前		
	户数	间数	面积	户数	间数	面积
合计	**644764**	**2156839**	**96377193**	**13619**	**27162**	**1030215**
杭州市	**70175**	**275807**	**13744148**	**430**	**1077**	**47664**
上城区						
下城区						
江干区						
拱墅区						
西湖区	831	3186	161798			
滨江区						
萧山区	14773	53471	2970725	72	166	8540
余杭区	16672	48409	2240059	4	13	550
富阳区	8486	35229	1807699	130	291	12338
临安区	9663	42156	2170654	20	43	1701
桐庐县	5018	22659	1088898	72	184	8068
淳安县	7501	38854	1660661	72	207	9113
建德市	7231	31843	1643654	60	173	7354
宁波市	**85823**	**198823**	**8327384**	**3130**	**5095**	**192556**
海曙区	5636	11019	471503	284	463	20057
江北区	3620	7292	243245	218	441	14303
北仑区	8840	19710	645375	249	448	13459
镇海区	2167	4385	145929	88	167	5454
鄞州区	12433	22304	865909	1068	1584	60401
奉化区	9597	20485	905453	690	1107	45304
象山县	8470	27802	1237828	100	190	7218
宁海县	10284	27521	1152838	142	222	8170
余姚市	8656	24621	1111446	117	232	8417
慈溪市	16120	33684	1547858	174	241	9773
温州市	**87487**	**263706**	**9583896**	**1088**	**2163**	**73685**
鹿城区	2835	7596	291351	9	17	491
龙湾区	13	37	885			
瓯海区	4904	12008	412064	60	129	4246
洞头区	1924	5993	247808	10	19	540
永嘉县	12081	38168	1397821	349	726	23933
平阳县	11469	32920	1224085	139	234	8576
苍南县	9489	24123	885395	58	100	3929
文成县	4230	17046	601064	53	121	4814
泰顺县	4891	21875	708609	91	262	8234
瑞安市	16330	44216	1650216	124	221	8321
乐清市	18792	58517	2119927	195	334	10601
龙港市	529	1207	44671			
嘉兴市	**54319**	**200136**	**10051093**	**20**	**51**	**2515**
南湖区	3695	13242	609292			
秀洲区	8074	26147	1173544	1	2	120
嘉善县	6433	17930	876395	6	15	595
海盐县	5266	23233	1071714	1	5	240
海宁市	12543	38902	1881997	5	10	555
平湖市	8032	32315	1540625	1	1	40
桐乡市	10276	48367	2897526	6	18	965
湖州市	**36869**	**143783**	**6808612**	**38**	**131**	**5003**
吴兴区	7107	22463	978518	6	13	625
南浔区	7676	28587	1390463	19	71	2600
德清县	6252	28227	1499765	1	3	288
长兴县	8366	35120	1687422	4	19	615
安吉县	7468	29386	1252444	8	25	875

9-2c 续表 1

单位：户、间、平方米

地区	合计			1949年以前		
	户数	间数	面积	户数	间数	面积
绍兴市	**59095**	**193807**	**9195462**	**2518**	**5355**	**227535**
越城区	5414	15010	747414	84	150	6424
柯桥区	7402	21361	1155958	304	638	29784
上虞区	10558	32683	1730110	284	549	25909
新昌县	6460	19135	775830	316	619	21966
诸暨市	17635	61863	2899288	1193	2576	112444
嵊州市	11626	43755	1886862	337	823	31008
金华市	**80384**	**263703**	**12173599**	**3280**	**6241**	**231526**
婺城区	7838	28884	1332081	272	559	22911
金东区	7382	22634	1066794	268	509	20075
武义县	6821	26126	949216	234	532	16415
浦江县	8276	23690	1065299	445	914	36140
磐安县	3595	12613	601088	136	272	11438
兰溪市	9469	36340	1938211	384	715	32322
义乌市	13502	35649	1327660	529	1059	33985
东阳市	12845	45790	2647143	363	656	29762
永康市	10656	31977	1246107	649	1025	28478
衢州市	**38326**	**168964**	**7915250**	**522**	**1232**	**46603**
柯城区	4532	20547	987340	114	266	10135
衢江区	7668	33924	1660227	98	206	8689
常山县	5457	24529	1185566	60	143	5380
开化县	5149	22950	1208780	30	86	3553
龙游县	7624	26182	1120887	123	279	10360
江山市	7896	40832	1752450	97	252	8486
舟山市	**13328**	**35956**	**1531521**	**97**	**154**	**6207**
定海区	4979	13077	586576	54	88	3669
普陀区	4582	14148	590271	10	18	581
岱山县	2719	6397	258397	27	39	1707
嵊泗县	1048	2334	96277	6	9	250
台州市	**86911**	**290967**	**12403716**	**846**	**1696**	**65279**
椒江区	6026	17162	825670	15	24	1190
黄岩区	8763	29097	1312285	41	83	3834
路桥区	7208	18405	804945	14	25	1050
三门县	6462	24858	1033281	71	122	4425
天台县	7815	26567	1189456	178	392	13591
仙居县	6630	22857	1078448	241	433	18582
温岭市	18286	57371	2246854	92	157	5505
临海市	18925	77563	3243876	184	444	16572
玉环市	6796	17087	668901	10	16	530
丽水市	**32047**	**121187**	**4642512**	**1650**	**3967**	**131642**
莲都区	4285	16794	653439	371	960	34790
青田县	5298	15863	654995	149	325	12765
缙云县	6926	23438	928772	538	1014	32108
遂昌县	3467	15602	681423	57	158	7465
松阳县	4057	16781	666690	267	714	22211
云和县	1343	3987	155434	119	296	9765
庆元县	1853	9775	282816	25	116	2386
景宁畲族自治县	1551	6163	171787	62	183	4397
龙泉市	3267	12784	447156	62	201	5755

9-2c 续表 2

单位：户、间、平方米

地区	1949—1959年			1960—1969年		
	户数	间数	面积	户数	间数	面积
合计	**6840**	**14503**	**564996**	**14272**	**31908**	**1246798**
杭州市	**283**	**742**	**31817**	**741**	**2116**	**95654**
上城区						
下城区						
江干区						
拱墅区						
西湖区						
滨江区						
萧山区	21	45	2351	53	131	6637
余杭区	7	15	835	14	37	1910
富阳区	72	193	7698	156	441	18427
临安区	32	106	4633	95	289	14185
桐庐县	53	117	5590	174	494	22702
淳安县	61	157	6097	126	384	16485
建德市	37	109	4613	123	340	15308
宁波市	**962**	**1613**	**61262**	**1896**	**3267**	**124674**
海曙区	103	177	6986	267	436	18418
江北区	30	51	1492	54	91	2736
北仑区	79	143	4148	154	274	7702
镇海区	36	63	1636	64	121	3234
鄞州区	237	344	12954	349	508	18403
奉化区	189	307	12680	243	389	14749
象山县	40	69	2760	96	223	9631
宁海县	112	200	7315	253	465	18401
余姚市	82	176	7695	205	439	17130
慈溪市	54	83	3596	211	321	14270
温州市	**817**	**1765**	**61273**	**1896**	**4048**	**144144**
鹿城区	9	18	716	37	78	2550
龙湾区				1	1	40
瓯海区	40	90	2819	97	202	7052
洞头区	8	15	590	68	140	5612
永嘉县	246	523	17265	314	674	22811
平阳县	80	169	6254	290	590	21157
苍南县	122	258	10199	356	741	28455
文成县	44	121	4235	94	244	8876
泰顺县	48	160	5030	99	342	11376
瑞安市	86	183	6367	276	538	19056
乐清市	126	212	7068	251	472	16084
龙港市	8	16	730	13	26	1075
嘉兴市	**24**	**58**	**2652**	**120**	**293**	**12840**
南湖区				6	12	654
秀洲区	3	10	304	22	57	1970
嘉善县	2	6	275	30	60	3055
海盐县	3	6	236	16	56	1925
海宁市	7	18	955	23	39	2010
平湖市	1	3	230	11	31	1141
桐乡市	8	15	652	12	38	2085
湖州市	**64**	**171**	**7329**	**179**	**526**	**24234**
吴兴区	12	28	985	27	66	3035
南浔区	26	85	3623	65	225	10365
德清县	7	13	698	23	78	4548
长兴县	5	10	320	17	41	1665
安吉县	14	35	1703	47	116	4621

9-2c 续表 3

单位：户、间、平方米

地区	1949-1959年			1960-1969年		
	户数	间数	面积	户数	间数	面积
绍兴市	**1258**	**2753**	**115847**	**2111**	**4772**	**204276**
越城区	74	129	5484	167	304	12464
柯桥区	138	318	14235	149	333	16195
上虞区	110	222	10069	157	319	15285
新昌县	239	424	15906	399	789	26818
诸暨市	464	1108	48471	752	1869	85872
嵊州市	233	552	21682	487	1158	47642
金华市	**1378**	**2716**	**105062**	**2594**	**5413**	**209893**
婺城区	117	259	9955	250	568	21183
金东区	100	176	6777	232	452	16946
武义县	71	186	5267	251	624	18331
浦江县	170	379	14722	294	591	26213
磐安县	100	178	8824	196	387	17408
兰溪市	134	292	12357	217	450	19937
义乌市	132	232	7078	305	636	20208
东阳市	236	487	25555	422	934	46935
永康市	318	527	14527	427	771	22732
衢州市	**354**	**877**	**33789**	**905**	**2171**	**85460**
柯城区	41	109	4791	116	279	11882
衢江区	75	155	6278	163	368	14830
常山县	55	145	5161	116	268	10417
开化县	38	102	4597	125	302	13676
龙游县	57	130	4568	190	430	15399
江山市	88	236	8394	195	524	19256
舟山市	**92**	**157**	**6579**	**249**	**436**	**16287**
定海区	44	79	3382	64	112	4452
普陀区	14	25	871	87	175	6214
岱山县	24	40	1681	76	116	4513
嵊泗县	10	13	645	22	33	1108
台州市	**713**	**1455**	**60541**	**1764**	**3806**	**155031**
椒江区	21	41	1826	52	99	4749
黄岩区	61	121	5752	141	357	16325
路桥区	10	18	757	60	92	3600
三门县	46	80	2822	156	347	12829
天台县	161	344	14498	392	875	34363
仙居县	119	225	10383	256	533	23225
温岭市	64	107	4163	248	449	17380
临海市	170	407	16487	292	742	31070
玉环市	61	112	3853	167	312	11490
丽水市	**895**	**2196**	**78845**	**1817**	**5060**	**174305**
莲都区	146	384	13489	261	764	26481
青田县	110	199	8023	230	510	19427
缙云县	284	586	21650	414	865	30154
遂昌县	60	156	7026	153	447	19741
松阳县	105	272	9509	209	530	18840
云和县	46	100	3887	55	129	4251
庆元县	28	129	3034	142	668	17376
景宁畲族自治县	51	165	4954	115	376	11295
龙泉市	65	205	7273	238	771	26740

9-2c　续表 4　　单位：户、间、平方米

地　区	1970-1979年			1980-1989年			1990-1999年		
	户数	间数	面积	户数	间数	面积	户数	间数	面积
合计	**35671**	**85395**	**3429990**	**107382**	**309234**	**13390135**	**167908**	**592164**	**26701332**
杭州市	**2033**	**6028**	**277401**	**6038**	**20995**	**1037079**	**13844**	**54501**	**2797998**
上城区									
下城区									
江干区									
拱墅区									
西湖区				21	93	5496	102	448	25996
滨江区									
萧山区	230	565	29099	1171	3658	199744	3501	12736	710496
余杭区	96	223	9994	533	1607	80573	2655	8573	432227
富阳区	355	1003	43613	762	2466	116082	1804	7467	386691
临安区	333	1058	52971	1201	4485	231141	1873	7556	397910
桐庐县	364	1133	52396	686	2468	116889	1059	4840	235512
淳安县	361	1232	51619	901	3553	153817	1150	5543	233816
建德市	294	814	37709	763	2665	133337	1700	7338	375350
宁波市	**4753**	**8740**	**342808**	**16900**	**37762**	**1586143**	**21858**	**54365**	**2336387**
海曙区	567	1004	44312	1445	2788	122029	1158	2291	92709
江北区	178	283	8089	610	1325	44741	890	1754	59236
北仑区	353	722	22559	1791	4117	137293	2130	5129	170180
镇海区	160	281	8503	396	832	29177	675	1331	44869
鄞州区	1009	1610	59882	2793	5132	209155	2391	4479	175110
奉化区	616	1097	46838	3184	7192	325218	2339	5452	245557
象山县	330	832	34896	1635	4762	210067	2279	7512	336971
宁海县	521	1006	38598	1975	4807	197031	3007	8300	349736
余姚市	501	1012	42954	1429	3549	160888	2634	8209	379889
慈溪市	518	893	36177	1642	3258	150544	4355	9908	482130
温州市	**6011**	**13353**	**490115**	**15814**	**41268**	**1492362**	**24091**	**79256**	**2802525**
鹿城区	114	258	10724	715	1928	72128	939	2600	95944
龙湾区							12	36	845
瓯海区	312	751	26694	859	2274	80268	1613	4373	147064
洞头区	191	480	19000	214	598	23456	349	1139	43803
永嘉县	608	1413	51032	1501	4387	155681	2955	9371	340847
平阳县	1228	2600	96946	2687	6714	239880	3021	10261	373773
苍南县	1104	2281	89207	2587	5908	222013	2198	6191	220728
文成县	169	510	17476	551	2025	71250	1495	6384	227169
泰顺县	133	417	15449	340	1302	43981	1431	6671	211550
瑞安市	1222	2670	95229	3677	9138	336815	4942	16131	576255
乐清市	805	1726	58741	2467	6512	229154	5073	15920	558855
龙港市	125	247	9617	216	482	17736	63	179	5692
嘉兴市	**671**	**1871**	**86607**	**7028**	**24282**	**1242186**	**17468**	**70882**	**3692741**
南湖区	28	107	4574	460	1605	74998	824	3006	141929
秀洲区	137	533	21015	907	3153	145367	2494	8519	393973
嘉善县	163	335	14467	1763	5053	261090	1560	4658	254253
海盐县	72	188	6950	793	3105	137971	2144	9437	426871
海宁市	138	291	13917	1046	3578	198110	3341	13410	711492
平湖市	43	114	5152	1245	4527	220814	3744	15004	725100
桐乡市	90	303	20532	814	3261	203836	3361	16848	1039123
湖州市	**845**	**2668**	**122030**	**4351**	**15006**	**695135**	**9754**	**37251**	**1755655**
吴兴区	182	559	21007	1008	3121	134347	1466	4971	221771
南浔区	305	996	49254	1615	5451	260452	2676	10233	493392
德清县	92	330	19015	519	2212	112421	1562	6975	366580
长兴县	79	234	10017	587	1971	92178	2177	8019	379049
安吉县	187	549	22737	622	2251	95737	1873	7053	294863

9-2c 续表 5 单位：户、间、平方米

地　区	1970—1979年			1980—1989年			1990—1999年		
	户数	间数	面积	户数	间数	面积	户数	间数	面积
绍兴市	**4534**	**11591**	**505976**	**14045**	**42450**	**1985508**	**17200**	**60362**	**2929514**
越城区	274	577	27110	1867	5166	266161	1868	5709	288930
柯桥区	353	870	41275	1936	5002	256541	2143	6317	348181
上虞区	489	1163	54645	2269	6432	338888	4147	13572	726376
新昌县	711	1564	59292	1306	3510	136871	1517	4950	203537
诸暨市	1816	4872	221546	3848	12377	575532	4081	15609	735894
嵊州市	891	2545	102108	2819	9963	411515	3444	14205	626596
金华市	**5597**	**12997**	**519931**	**13348**	**38910**	**1731329**	**18734**	**66603**	**3140648**
婺城区	539	1194	45838	1053	3078	130234	1651	6415	305781
金东区	575	1257	48555	1164	3237	140828	1675	5711	276467
武义县	459	1267	39177	1090	3807	129106	1480	6708	253653
浦江县	844	1949	81824	1527	4207	184755	1788	5698	263435
磐安县	357	722	32921	571	1447	69609	680	2419	111200
兰溪市	600	1474	63139	1162	3201	153841	1815	6894	373350
义乌市	740	1661	54012	2124	5575	195331	3244	9418	349704
东阳市	826	2116	111804	2738	9201	540359	3826	14720	862302
永康市	657	1357	42661	1919	5157	187266	2575	8620	344756
衢州市	**1908**	**4968**	**196115**	**3784**	**12773**	**541992**	**9034**	**40168**	**1867505**
柯城区	216	567	24613	556	2106	94791	1337	6837	322671
衢江区	428	1027	42372	677	2044	88169	1554	6679	327249
常山县	185	506	19870	334	1156	50739	1236	5232	257322
开化县	235	603	28233	492	1513	74664	978	4087	219596
龙游县	454	1111	42398	996	2928	112796	2017	7018	299110
江山市	390	1154	38629	729	3026	120833	1912	10315	441557
舟山市	**875**	**1785**	**69875**	**4202**	**10978**	**465497**	**3287**	**8871**	**375487**
定海区	207	383	15638	960	2320	100141	1733	4513	198391
普陀区	284	629	24915	1561	4641	193252	705	2229	90886
岱山县	301	617	23325	1147	2781	117989	615	1592	64359
嵊泗县	83	156	5997	534	1236	54115	234	537	21851
台州市	**5333**	**12160**	**492746**	**16304**	**45693**	**1925942**	**27305**	**98870**	**4199930**
椒江区	276	535	26119	1342	3207	156579	1453	4551	218904
黄岩区	325	846	38151	1776	5325	251886	3129	10627	475588
路桥区	362	698	29358	1827	4348	185692	1879	5221	226454
三门县	265	675	25428	690	2177	81328	2002	7956	324828
天台县	813	2187	89061	1467	4653	199697	1809	6412	293653
仙居县	664	1535	64675	1259	3552	160093	1916	7242	350024
温岭市	1512	3015	115484	4288	10579	410926	6332	22254	878510
临海市	652	1827	75454	2868	10090	414419	7053	30301	1264039
玉环市	464	842	29016	787	1762	65322	1732	4306	167930
丽水市	**3111**	**9234**	**326386**	**5568**	**19117**	**686962**	**5333**	**21035**	**802942**
莲都区	342	986	38463	575	2081	76979	703	3205	121846
青田县	355	811	33726	649	1717	73309	1233	3829	155297
缙云县	659	1616	56412	1249	3908	155871	1241	4832	192478
遂昌县	449	1266	58383	734	2428	106343	464	2085	86509
松阳县	375	1052	37332	616	2017	74399	579	2355	93203
云和县	84	244	8211	205	578	21167	189	523	20074
庆元县	205	1064	26084	459	2231	55808	334	1758	53645
景宁畲族自治县	234	841	21241	325	1262	31886	165	657	18620
龙泉市	408	1354	46534	756	2895	91200	425	1791	61270

9-2c 续表 6

单位：户、间、平方米

地 区	2000—2009年			2010—2014年			2015年以后		
	户数	间数	面积	户数	间数	面积	户数	间数	面积
合计	**148182**	**542247**	**24664759**	**86132**	**315593**	**14448325**	**64758**	**238633**	**10900643**
杭州市	**22170**	**88733**	**4431485**	**14720**	**58847**	**2899984**	**9916**	**42768**	**2125066**
上城区									
下城区									
江干区									
拱墅区									
西湖区	291	1274	67245	206	739	37583	211	632	25478
滨江区									
萧山区	4908	17724	984333	2856	10378	581556	1961	8068	447969
余杭区	6157	17376	786354	4536	11934	526476	2670	8631	401140
富阳区	2352	10563	556920	1595	7210	380618	1260	5595	285312
临安区	2760	12491	639769	1860	8937	455790	1489	7191	372554
桐庐县	1457	7523	361625	675	3402	167680	478	2498	118436
淳安县	2159	11935	511749	1662	9819	420400	1009	6024	257565
建德市	2086	9847	523490	1330	6428	329881	838	4129	216612
宁波市	**19123**	**45572**	**1905484**	**10373**	**25068**	**1042961**	**6828**	**17341**	**735109**
海曙区	1013	2050	87432	395	866	38835	404	944	40725
江北区	948	1827	56952	405	833	30138	287	687	25558
北仑区	2180	4587	140849	1166	2619	90536	738	1671	58649
镇海区	386	756	25131	228	529	16542	134	305	11383
鄞州区	2180	3770	143654	1375	2822	106592	1031	2055	79758
奉化区	1217	2652	118511	717	1523	65396	402	766	31200
象山县	1808	6462	291012	1306	4519	202024	876	3233	143249
宁海县	2247	6644	285612	1119	3232	138254	908	2645	109721
余姚市	2199	6638	299271	926	2662	116842	563	1704	78360
慈溪市	4945	10186	457060	2736	5463	237802	1485	3331	156506
温州市	**19814**	**64120**	**2298549**	**10497**	**33563**	**1277022**	**7459**	**24170**	**944221**
鹿城区	498	1253	48405	242	645	27260	272	799	33133
龙湾区									
瓯海区	1113	2326	76154	589	1223	41192	221	640	26575
洞头区	350	1214	50420	408	1381	61424	326	1007	42963
永嘉县	2664	8913	320529	2059	7193	269923	1385	4968	195800
平阳县	2444	8030	306395	993	2875	113009	587	1447	58095
苍南县	1880	5637	201009	701	1773	66315	483	1234	43540
文成县	1015	4408	152512	409	1672	60689	400	1561	54043
泰顺县	1825	8543	274823	567	2617	85760	357	1561	52406
瑞安市	3190	8047	304296	1420	3497	143519	1393	3791	160358
乐清市	4783	15617	559048	3078	10612	404944	2014	7112	275432
龙港市	52	132	4958	31	75	2987	21	50	1876
嘉兴市	**11336**	**43681**	**2253811**	**8378**	**27671**	**1306972**	**9274**	**31347**	**1450769**
南湖区	802	2795	129021	837	2831	125682	738	2886	132434
秀洲区	1630	5099	228042	958	3127	139366	1922	5647	243387
嘉善县	993	2483	108175	1253	3175	138417	663	2145	96068
海盐县	794	2939	133650	599	2755	143821	844	4742	220050
海宁市	2710	9459	460575	2595	5969	242957	2678	6128	251426
平湖市	1660	6867	319508	831	3342	149297	496	2426	119343
桐乡市	2747	14039	874840	1305	6472	367432	1933	7373	388061
湖州市	**9853**	**39374**	**1871671**	**6714**	**27130**	**1302745**	**5071**	**21526**	**1024810**
吴兴区	1747	6018	263832	1474	4307	186710	1185	3380	146206
南浔区	1712	6777	336399	669	2577	127780	589	2172	106598
德清县	1982	8679	477479	1181	5444	286141	885	4493	232595
长兴县	2367	9926	463979	1810	8420	414306	1320	6480	325293
安吉县	2045	7974	329982	1580	6382	287808	1092	5001	214118

9-2c 续表 7 单位：户、间、平方米

地区	2000-2009年			2010-2014年			2015年以后		
	户数	间数	面积	户数	间数	面积	户数	间数	面积
绍兴市	**10211**	**38449**	**1851674**	**4209**	**16598**	**806671**	**3009**	**11477**	**568461**
越城区	686	1955	94144	158	448	22494	236	572	24203
柯桥区	1425	4446	250488	560	2079	115830	394	1358	83429
上虞区	1739	5822	313685	763	2619	140422	600	1985	104831
新昌县	1093	3819	158738	518	1949	84069	361	1511	68633
诸暨市	3088	13335	636584	1407	6028	286144	986	4089	196801
嵊州市	2180	9072	398035	803	3475	157712	432	1962	90564
金华市	**17061**	**63371**	**3019411**	**10014**	**37661**	**1814855**	**8378**	**29791**	**1400944**
婺城区	2129	8868	418380	990	4642	223445	837	3301	154354
金东区	1486	5227	256333	1015	3484	179911	867	2581	120902
武义县	1495	6404	243986	1089	4026	149608	652	2572	93673
浦江县	1650	5209	236399	826	2573	119876	732	2170	101935
磐安县	663	2920	142984	488	2362	115817	404	1906	90887
兰溪市	2398	10493	579697	1669	7641	423122	1090	5180	280446
义乌市	2862	7820	304805	1589	4293	172082	1977	4955	190455
东阳市	2186	8640	512082	1203	4741	270585	1045	4295	247759
永康市	2192	7790	324745	1145	3899	160409	774	2831	120533
衢州市	**11919**	**57879**	**2788831**	**6341**	**31603**	**1531729**	**3559**	**17293**	**823226**
柯城区	1330	6523	326573	515	2583	127881	307	1277	64003
衢江区	2587	12834	643692	1380	7088	354421	706	3523	174527
常山县	2203	10809	526794	840	4238	209887	428	2032	99996
开化县	1438	6807	365805	1141	5942	314862	672	3508	183794
龙游县	1949	7135	316146	1177	4524	203563	661	2627	116547
江山市	2412	13771	609821	1288	7228	321115	785	4326	184359
舟山市	**1756**	**4551**	**190032**	**1549**	**4720**	**206121**	**1221**	**4304**	**195436**
定海区	701	1830	82034	602	1784	83246	614	1968	95623
普陀区	672	1886	77464	801	2614	110962	448	1931	85126
岱山县	300	662	24276	105	225	8529	124	325	12018
嵊泗县	83	173	6258	41	97	3384	35	80	2669
台州市	**18556**	**68931**	**2953865**	**9048**	**33224**	**1453981**	**7042**	**25132**	**1096401**
椒江区	1314	4079	191715	831	2306	112657	722	2320	111931
黄岩区	1792	6608	293597	779	2684	115515	719	2446	111637
路桥区	1532	4105	184246	812	2409	114948	712	1489	58840
三门县	1885	7782	328957	910	3818	168823	437	1901	83841
天台县	1612	6230	289233	797	3197	149928	586	2277	105432
仙居县	1093	4514	220676	570	2346	113888	512	2477	116902
温岭市	3253	12115	470227	1394	5115	201180	1103	3580	143479
临海市	4161	18045	763345	2041	8910	377125	1504	6797	285365
玉环市	1914	5453	211869	914	2439	99917	747	1845	78974
丽水市	**6383**	**27586**	**1099946**	**4289**	**19508**	**805284**	**3001**	**13484**	**536200**
莲都区	926	4124	167063	508	2417	101444	453	1873	72884
青田县	1293	4301	177666	806	2645	110238	473	1526	64544
缙云县	1316	5607	229014	732	2982	130437	493	2028	80648
遂昌县	668	3729	160149	533	3241	144484	349	2092	91323
松阳县	766	3734	155256	681	3631	152202	459	2476	103738
云和县	255	843	33741	242	778	33530	148	496	20808
庆元县	267	1514	48992	204	1231	38996	189	1064	36495
景宁畲族自治县	269	1200	34918	170	764	24477	160	715	19999
龙泉市	623	2534	93147	413	1819	69476	277	1214	45761

9–3　各地区按住房设施状况分的家庭户户数

单位：户

地　　区	合　计	住房所在建筑有无电梯		主要炊事燃料				
		有	无	燃气	电	煤炭	柴草	其他
合计	**2279907**	**429061**	**1850846**	**1948365**	**208398**	**5547**	**62685**	**54912**
杭州市	**418325**	**149105**	**269220**	**334855**	**62588**	**732**	**7893**	**12257**
上城区	11301	3591	7710	10761	367	25	1	147
下城区	16924	7089	9835	15468	1260	4		192
江干区	48989	30013	18976	40230	7395	2		1362
拱墅区	22566	14486	8080	21107	1229	5		225
西湖区	35626	14131	21495	27053	7232	1	1	1339
滨江区	15426	11333	4093	12044	2464	7	2	909
萧山区	75432	19740	55692	63543	8554	101	244	2990
余杭区	95677	37568	58109	63343	29707	93	102	2432
富阳区	28688	3935	24753	25335	1298	66	777	1212
临安区	23145	2765	20380	17533	1596	165	3263	588
桐庐县	16373	1894	14479	13778	680	63	1299	553
淳安县	12838	1298	11540	10497	574	124	1517	126
建德市	15340	1262	14078	14163	232	76	687	182
宁波市	**371595**	**70967**	**300628**	**340917**	**21363**	**378**	**1499**	**7438**
海曙区	41288	9937	31351	37647	3041	23	25	552
江北区	18829	6660	12169	17749	876	15	1	188
北仑区	33394	6389	27005	29804	2344	59	9	1178
镇海区	20975	5580	15395	19227	1295	15	4	434
鄞州区	61739	23282	38457	56582	4272	29	20	836
奉化区	22274	3134	19140	20899	910	20	162	283
象山县	21895	2502	19393	20751	301	65	454	324
宁海县	27060	2749	24311	24868	1090	1	498	603
余姚市	48741	3987	44754	44311	3052	112	268	998
慈溪市	75400	6747	68653	69079	4182	39	58	2042
温州市	**312902**	**57315**	**255587**	**263421**	**36036**	**720**	**6087**	**6638**
鹿城区	39554	12698	26856	30781	7055	57	39	1622
龙湾区	21106	5075	16031	15564	4692	35		815
瓯海区	27892	7444	20448	18503	8070	18	179	1122
洞头区	4483	461	4022	4150	202	2	15	114
永嘉县	26295	2356	23939	23306	796	52	1837	304
平阳县	28623	3915	24708	26798	927	97	434	367
苍南县	27207	2583	24624	26031	604	145	307	120
文成县	7567	570	6997	5996	205	76	1231	59
泰顺县	8450	866	7584	7090	34	5	1238	83
瑞安市	50100	8007	42093	38866	10024	65	255	890
乐清市	57036	11196	45840	52748	2780	100	548	860
龙港市	14589	2144	12445	13588	647	68	4	282
嘉兴市	**193895**	**32793**	**161102**	**165113**	**22648**	**569**	**1573**	**3992**
南湖区	30394	8128	22266	27371	2501	52	74	396
秀洲区	24369	5401	18968	21307	2424	79	118	441
嘉善县	25178	2989	22189	22321	2036	49	50	722
海盐县	15465	2794	12671	14337	793	23	157	155
海宁市	39202	5411	33791	30290	7418	120	486	888
平湖市	24414	4548	19866	20721	2736	68	376	513
桐乡市	34873	3522	31351	28766	4740	178	312	877
湖州市	**108063**	**15871**	**92192**	**95256**	**6090**	**413**	**4090**	**2214**
吴兴区	29704	8050	21654	27357	1401	96	245	605
南浔区	18829	1107	17722	16576	1113	89	601	450
德清县	17075	2352	14723	15590	983	14	158	330
长兴县	23572	2552	21020	20273	1832	99	1107	261
安吉县	18883	1810	17073	15460	761	115	1979	568

9-3 续表 1

单位：户

地　区	合　计	住房所在建筑有无电梯		主要炊事燃料				
		有	无	燃气	电	煤炭	柴草	其他
绍兴市	**183739**	**29389**	**154350**	**165722**	**9830**	**298**	**6575**	**1314**
越城区	34284	6997	27287	33081	1118	27	9	49
柯桥区	37091	8235	28856	32138	3817	50	615	471
上虞区	29864	4196	25668	27369	1817	74	350	254
新昌县	15574	1862	13712	13464	173	37	1859	41
诸暨市	41419	5636	35783	37055	1939	38	2102	285
嵊州市	25507	2463	23044	22615	966	72	1640	214
金华市	**251182**	**28604**	**222578**	**200483**	**31086**	**1034**	**8892**	**9687**
婺城区	34820	4847	29973	29322	2481	226	1240	1551
金东区	16961	2164	14797	14127	1431	56	508	839
武义县	17171	956	16215	15153	503	23	953	539
浦江县	15185	1322	13863	14160	349	45	306	325
磐安县	6851	372	6479	4574	168	61	1906	142
兰溪市	19515	1322	18193	18055	378	64	795	223
义乌市	68848	9688	59160	42611	22211	119	437	3470
东阳市	38539	5219	33320	32904	1775	243	1956	1661
永康市	33292	2714	30578	29577	1790	197	791	937
衢州市	**82269**	**5840**	**76429**	**71805**	**2313**	**385**	**6963**	**803**
柯城区	18397	2458	15939	17280	562	33	287	235
衢江区	12823	952	11871	11180	334	140	1046	123
常山县	9907	308	9599	9255	223	36	266	127
开化县	9693	422	9271	8689	269	116	554	65
龙游县	13975	703	13272	12645	366	13	873	78
江山市	17474	997	16477	12756	559	47	3937	175
舟山市	**45307**	**7113**	**38194**	**43684**	**1126**	**15**	**80**	**402**
定海区	19610	3806	15804	18934	409	7	33	227
普陀区	15252	2642	12610	14710	401	8	29	104
岱山县	7472	482	6990	7208	206		14	44
嵊泗县	2973	183	2790	2832	110		4	27
台州市	**231321**	**24145**	**207176**	**199896**	**11685**	**640**	**10385**	**8715**
椒江区	26956	5591	21365	23077	2187	113	170	1409
黄岩区	24360	2770	21590	21210	986	113	1272	779
路桥区	21479	3108	18371	19246	1064	32	141	996
三门县	12821	1173	11648	11547	317	33	776	148
天台县	15646	1304	14342	13324	758	1	1314	249
仙居县	13435	1020	12415	8997	361	144	3580	353
温岭市	53670	4559	49111	48328	2416		416	2510
临海市	37035	2610	34425	32321	1152	179	2589	794
玉环市	25919	2010	23909	21846	2444	25	127	1477
丽水市	**81309**	**7919**	**73390**	**67213**	**3633**	**363**	**8648**	**1452**
莲都区	17960	3570	14390	15740	1157	46	471	546
青田县	12290	1347	10943	10736	566	77	759	152
缙云县	14824	798	14026	11791	335	123	2320	255
遂昌县	7085	268	6817	5323	185	10	1430	137
松阳县	7376	317	7059	6328	313	7	662	66
云和县	4665	175	4490	3989	210	2	377	87
庆元县	4949	238	4711	3746	228	13	908	54
景宁畲族自治县	3621	215	3406	2924	134	19	497	47
龙泉市	8539	991	7548	6636	505	66	1224	108

9-3　续表 2

单位：户

地　区	住房内有无管道自来水		住房内有无厨房			住房内有无厕所	
	有	无	独立使用	与其他户合用	无	水冲式卫生厕所	水冲式非卫生厕所
合计	**2221680**	**58227**	**2000717**	**117022**	**162168**	**2132752**	**20524**
杭州市	**410395**	**7930**	**367588**	**20858**	**29879**	**406811**	**1867**
上城区	11145	156	10824	268	209	11056	73
下城区	16730	194	16248	299	377	16844	6
江干区	48632	357	44075	2429	2485	48644	116
拱墅区	22396	170	21290	797	479	22434	16
西湖区	35323	303	30101	638	4887	35380	155
滨江区	15345	81	12282	1633	1511	15248	98
萧山区	72158	3274	59674	7506	8252	70202	410
余杭区	94849	828	84660	4835	6182	94999	180
富阳区	27931	757	26121	1206	1361	27917	141
临安区	22254	891	20578	547	2020	22128	251
桐庐县	16095	278	14780	234	1359	15604	131
淳安县	12499	339	12125	225	488	11673	140
建德市	15038	302	14830	241	269	14682	150
宁波市	**357336**	**14259**	**312476**	**17152**	**41967**	**313813**	**2950**
海曙区	40380	908	36626	1629	3033	35917	202
江北区	18209	620	16554	592	1683	15938	51
北仑区	31105	2289	27582	2683	3129	29319	492
镇海区	20414	561	18020	548	2407	17209	76
鄞州区	60574	1165	53556	3388	4795	56777	224
奉化区	21895	379	20950	328	996	19851	162
象山县	21199	696	19991	980	924	21165	128
宁海县	26483	577	23442	2083	1535	25001	237
余姚市	47037	1704	39596	1477	7668	38354	754
慈溪市	70040	5360	56159	3444	15797	54282	624
温州市	**303591**	**9311**	**268784**	**24503**	**19615**	**298871**	**3243**
鹿城区	37831	1723	31332	4439	3783	38156	415
龙湾区	20550	556	14981	3770	2355	20270	261
瓯海区	27004	888	21713	2315	3864	26789	188
洞头区	4418	65	4153	217	113	4404	24
永嘉县	24618	1677	23745	1427	1123	24235	476
平阳县	27162	1461	27486	458	679	27715	312
苍南县	26481	726	26348	224	635	26345	305
文成县	7253	314	7271	211	85	7055	91
泰顺县	8256	194	8240	104	106	7811	44
瑞安市	49180	920	44209	3225	2666	48514	495
乐清市	56357	679	45430	7875	3731	53148	542
龙港市	14481	108	13876	238	475	14429	90
嘉兴市	**191587**	**2308**	**175717**	**5505**	**12673**	**190525**	**704**
南湖区	30081	313	28005	1065	1324	30045	46
秀洲区	23893	476	21355	685	2329	23390	88
嘉善县	24968	210	24101	346	731	24801	130
海盐县	15200	265	14657	425	383	15215	109
海宁市	38805	397	35320	1038	2844	38742	89
平湖市	24113	301	21774	821	1819	24030	10
桐乡市	34527	346	30505	1125	3243	34302	232
湖州市	**106356**	**1707**	**100441**	**3032**	**4590**	**103625**	**2079**
吴兴区	29398	306	27773	482	1449	29396	129
南浔区	18650	179	16814	1192	823	18072	118
德清县	16837	238	16094	433	548	15532	1284
长兴县	23193	379	22613	403	556	22861	302
安吉县	18278	605	17147	522	1214	17764	246

9-3 续表 3 单位：户

地 区	住房内有无管道自来水		住房内有无厨房			住房内有无厕所	
	有	无	独立使用	与其他户合用	无	水冲式卫生厕所	水冲式非卫生厕所
绍兴市	**181318**	**2421**	**171254**	**4576**	**7909**	**168624**	**2330**
越城区	34232	52	33295	612	377	33386	104
柯桥区	36204	887	30289	1914	4888	29962	230
上虞区	29554	310	28606	528	730	28465	132
新昌县	15573	1	14925	345	304	14281	127
诸暨市	40783	636	39644	587	1188	39506	462
嵊州市	24972	535	24495	590	422	23024	1275
金华市	**244141**	**7041**	**219465**	**11341**	**20376**	**237306**	**2758**
婺城区	34310	510	32677	276	1867	33798	219
金东区	16709	252	15503	289	1169	16293	123
武义县	16446	725	13482	2279	1410	15867	224
浦江县	14762	423	13612	855	718	14282	160
磐安县	6678	173	6200	350	301	5794	131
兰溪市	19159	356	18513	299	703	18145	273
义乌市	67438	1410	61338	1320	6190	66890	633
东阳市	36930	1609	32606	2422	3511	36229	448
永康市	31709	1583	25534	3251	4507	30008	547
衢州市	**79423**	**2846**	**79054**	**1447**	**1768**	**77832**	**1462**
柯城区	18037	360	17841	143	413	17954	78
衢江区	11728	1095	12236	185	402	11962	383
常山县	9651	256	9480	295	132	9417	158
开化县	9470	223	9424	152	117	9090	138
龙游县	13441	534	13136	363	476	13137	235
江山市	17096	378	16937	309	228	16272	470
舟山市	**43962**	**1345**	**42275**	**1103**	**1929**	**42134**	**350**
定海区	19175	435	18318	583	709	18613	233
普陀区	14600	652	13990	337	925	13871	87
岱山县	7314	158	7171	116	185	7020	23
嵊泗县	2873	100	2796	67	110	2630	7
台州市	**224430**	**6891**	**188482**	**25132**	**17707**	**218492**	**1735**
椒江区	26588	368	22857	1852	2247	26379	126
黄岩区	23418	942	20008	2966	1386	23598	134
路桥区	21196	283	16578	3141	1760	21067	79
三门县	12455	366	12099	355	367	11936	66
天台县	15488	158	14795	359	492	14122	145
仙居县	12389	1046	12192	471	772	11094	244
温岭市	53622	48	40572	8337	4761	52373	
临海市	35858	1177	34116	1709	1210	35522	404
玉环市	23416	2503	15265	5942	4712	22401	537
丽水市	**79141**	**2168**	**75181**	**2373**	**3755**	**74719**	**1046**
莲都区	17574	386	16062	352	1546	17264	144
青田县	12052	238	11611	430	249	11669	151
缙云县	14317	507	13604	560	660	13261	179
遂昌县	6770	315	6603	220	262	5966	126
松阳县	7248	128	6844	261	271	6820	97
云和县	4484	181	4022	274	369	4140	87
庆元县	4873	76	4791	61	97	4505	76
景宁畲族自治县	3535	86	3469	59	93	3260	57
龙泉市	8288	251	8175	156	208	7834	129

9-3 续表 4 单位：户

地 区	住房内有无厕所			住房内有无洗澡设施			
	卫生旱厕	普通旱厕	无	统一供热水	家庭自装热水器	其他	无
合计	**8553**	**11640**	**106438**	**32036**	**1955706**	**64835**	**227330**
杭州市	**1054**	**1207**	**7386**	**7366**	**375025**	**9127**	**26807**
上城区	13	3	156	265	10861	17	158
下城区	1	1	72	556	16248	25	95
江干区	18	31	180	956	45467	407	2159
拱墅区	1	8	107	643	21743	28	152
西湖区	4	5	82	881	34326	53	366
滨江区	1	1	78	428	14868	33	97
萧山区	190	116	4514	1160	63299	1839	9134
余杭区	36	19	443	1803	81922	3472	8480
富阳区	92	185	353	188	25789	878	1833
临安区	155	233	378	229	20606	672	1638
桐庐县	120	200	318	106	14615	384	1268
淳安县	314	270	441	78	11610	344	806
建德市	109	135	264	73	13671	975	621
宁波市	**1140**	**1618**	**52074**	**5543**	**279225**	**12027**	**74800**
海曙区	88	171	4910	863	33189	912	6324
江北区	15	40	2785	205	14993	405	3226
北仑区	35	180	3368	880	24745	1274	6495
镇海区	33	57	3600	204	15445	494	4832
鄞州区	44	64	4630	1053	52389	917	7380
奉化区	101	103	2057	312	18372	387	3203
象山县	46	77	479	158	19177	822	1738
宁海县	118	172	1532	248	22754	1017	3041
余姚市	399	518	8716	619	33088	2112	12922
慈溪市	261	236	19997	1001	45073	3687	25639
温州市	**918**	**1695**	**8175**	**5984**	**279095**	**7667**	**20156**
鹿城区	19	107	857	1524	34483	866	2681
龙湾区	65	47	463	1037	16743	1297	2029
瓯海区	49	74	792	608	24714	748	1822
洞头区	5	10	40	132	4217	44	90
永嘉县	209	476	899	371	24199	361	1364
平阳县	48	91	457	274	26688	488	1173
苍南县	122	107	328	216	25651	467	873
文成县	89	154	178	73	6966	149	379
泰顺县	114	328	153	166	7840	160	284
瑞安市	76	158	857	1068	44528	1120	3384
乐清市	117	127	3102	430	49091	1831	5684
龙港市	5	16	49	85	13975	136	393
嘉兴市	**213**	**155**	**2298**	**2154**	**166323**	**7098**	**18320**
南湖区	24	6	273	285	27922	613	1574
秀洲区	41	30	820	326	19254	682	4107
嘉善县	35	28	184	432	20680	1274	2792
海盐县	22	16	103	155	13876	443	991
海宁市	26	26	319	309	33025	2132	3736
平湖市	3		371	122	20679	900	2713
桐乡市	62	49	228	525	30887	1054	2407
湖州市	**475**	**418**	**1466**	**1544**	**96248**	**3751**	**6520**
吴兴区	27	31	121	426	27269	666	1343
南浔区	101	68	470	250	15967	787	1825
德清县	85	62	112	117	15652	542	764
长兴县	108	56	245	233	21561	759	1019
安吉县	154	201	518	518	15799	997	1569

9–3 续表 5 单位：户

地　区	住房内有无厕所			住房内有无洗澡设施			
	卫生旱厕	普通旱厕	无	统　一供热水	家庭自装热水器	其他	无
绍兴市	**646**	**598**	**11541**	**2467**	**160535**	**4739**	**15998**
越城区	45	27	722	656	31808	470	1350
柯桥区	90	115	6694	420	27989	1338	7344
上虞区	52	57	1158	195	26539	776	2354
新昌县			1166	431	12891	487	1765
诸暨市	281	212	958	443	38164	1014	1798
嵊州市	178	187	843	322	23144	654	1387
金华市	**1240**	**1935**	**7943**	**2573**	**209867**	**8745**	**29997**
婺城区	135	157	511	511	30294	1272	2743
金东区	92	123	330	118	14583	579	1681
武义县	96	117	867	167	12185	1306	3513
浦江县	181	190	372	106	12233	752	2094
磐安县	114	187	625	34	5290	191	1336
兰溪市	101	273	723	113	17217	489	1696
义乌市	152	175	998	772	61993	1186	4897
东阳市	260	568	1034	537	31930	1332	4740
永康市	109	145	2483	215	24142	1638	7297
衢州市	**534**	**396**	**2045**	**520**	**76110**	**1777**	**3862**
柯城区	74	51	240	258	17457	204	478
衢江区	18	19	441	48	11679	260	836
常山县	62	61	209	42	9125	276	464
开化县	109	35	321	60	9015	178	440
龙游县	137	104	362	54	12776	344	801
江山市	134	126	472	58	16058	515	843
舟山市	**260**	**468**	**2095**	**556**	**39834**	**1114**	**3803**
定海区	142	101	521	354	17535	465	1256
普陀区	64	225	1005	129	13236	330	1557
岱山县	51	118	260	53	6582	248	589
嵊泗县	3	24	309	20	2481	71	401
台州市	**913**	**1290**	**8891**	**2657**	**199818**	**6996**	**21850**
椒江区	31	36	384	496	24230	708	1522
黄岩区	64	153	411	336	21720	786	1518
路桥区	20	48	265	291	18955	713	1520
三门县	119	129	571	33	11532	246	1010
天台县	178	166	1035	33	13410	478	1725
仙居县	174	289	1634	328	10488	345	2274
温岭市	78	38	1181	2	46855	1223	5590
临海市	183	308	618	454	34007	881	1693
玉环市	66	123	2792	684	18621	1616	4998
丽水市	**1160**	**1860**	**2524**	**672**	**73626**	**1794**	**5217**
莲都区	87	138	327	242	16910	169	639
青田县	105	106	259	158	11702	129	301
缙云县	232	351	801	86	12724	342	1672
遂昌县	266	454	273	33	6310	224	518
松阳县	121	197	141	72	6663	220	421
云和县	44	144	250	33	3992	196	444
庆元县	126	134	108	24	4372	180	373
景宁畲族自治县	77	93	134	24	3138	109	350
龙泉市	102	243	231		7815	225	499

9-3a　各地区按住房设施状况分的家庭户户数(城市)

单位：户

地　区	合　计	住房所在建筑有无电梯		主要炊事燃料				
		有	无	燃气	电	煤炭	柴草	其他
合计	**1181505**	**345908**	**835597**	**1003311**	**140319**	**1711**	**1621**	**34543**
杭州市	**311388**	**139507**	**171881**	**248376**	**53040**	**206**	**87**	**9679**
上城区	11301	3591	7710	10761	367	25	1	147
下城区	16924	7089	9835	15468	1260	4		192
江干区	48989	30013	18976	40230	7395	2		1362
拱墅区	22566	14486	8080	21107	1229	5		225
西湖区	34782	13836	20946	26326	7116	1	1	1338
滨江区	15426	11333	4093	12044	2464	7	2	909
萧山区	57880	19285	38595	47977	7293	60	20	2530
余杭区	68631	32640	35991	43385	23704	36	10	1496
富阳区	19198	3728	15470	16961	1081	59	36	1061
临安区	10649	2591	8058	9237	1034	6	8	364
桐庐县								
淳安县								
建德市	5042	915	4127	4880	97	1	9	55
宁波市	**214777**	**57301**	**157476**	**195620**	**14412**	**132**	**31**	**4582**
海曙区	34571	9743	24828	31231	2847	12	5	476
江北区	15209	6493	8716	14374	706	5		124
北仑区	23048	5598	17450	20454	1667	10	2	915
镇海区	17183	5174	12009	15871	932	12	1	367
鄞州区	37527	19773	17754	34471	2701	3	1	351
奉化区	10742	2755	7987	10065	522	2	3	150
象山县								
宁海县								
余姚市	30834	3541	27293	27745	2206	57	5	821
慈溪市	45663	4224	41439	41409	2831	31	14	1378
温州市	**156472**	**42317**	**114155**	**125522**	**26014**	**267**	**29**	**4640**
鹿城区	36521	12469	24052	28160	6810	57	3	1491
龙湾区	13885	3751	10134	11204	2223	7		451
瓯海区	22467	7120	15347	14999	6493	13	4	958
洞头区	2284	262	2022	2219	30	2	1	32
永嘉县								
平阳县								
苍南县								
文成县								
泰顺县								
瑞安市	32779	7223	25556	24290	7735	35	3	716
乐清市	35129	9382	25747	32165	2143	86	16	719
龙港市	13407	2110	11297	12485	580	67	2	273
嘉兴市	**80802**	**20995**	**59807**	**70764**	**8102**	**195**	**108**	**1633**
南湖区	24445	7623	16822	22511	1608	49	13	264
秀洲区	11178	3829	7349	10018	942	2	12	204
嘉善县								
海盐县								
海宁市	15180	3682	11498	13405	1473	40	22	240
平湖市	10585	3123	7462	9075	1251	22	13	224
桐乡市	19414	2738	16676	15755	2828	82	48	701
湖州市	**26268**	**7617**	**18651**	**24510**	**1075**	**21**	**6**	**656**
吴兴区	19715	6720	12995	18669	676	19	1	350
南浔区	6553	897	5656	5841	399	2	5	306
德清县								
长兴县								
安吉县								

9-3a 续表 1

单位：户

地区	合计	住房所在建筑有无电梯		主要炊事燃料				
		有	无	燃气	电	煤炭	柴草	其他
绍兴市	**103651**	**26006**	**77645**	**96310**	**6100**	**149**	**142**	**950**
越城区	28728	6824	21904	27723	929	27	1	48
柯桥区	27573	7979	19594	24274	2848	44	18	389
上虞区	17614	4048	13566	16168	1171	53	21	201
新昌县								
诸暨市	18353	4914	13439	17213	868	21	52	199
嵊州市	11383	2241	9142	10932	284	4	50	113
金华市	**118467**	**20000**	**98467**	**90539**	**22087**	**375**	**222**	**5244**
婺城区	24601	3916	20685	20943	2192	148	29	1289
金东区	4810	1083	3727	4212	438	5	16	139
武义县								
浦江县								
磐安县								
兰溪市	7915	1213	6702	7614	132	31	62	76
义乌市	46153	7442	38711	26630	17152	86	11	2274
东阳市	15691	4025	11666	13701	1039	61	46	844
永康市	19297	2321	16976	17439	1134	44	58	622
衢州市	**24622**	**4095**	**20527**	**22906**	**843**	**61**	**486**	**326**
柯城区	13483	2354	11129	12748	516	28	8	183
衢江区	3881	855	3026	3702	116	4	15	44
常山县								
开化县								
龙游县	52		52	52				
江山市	7206	886	6320	6404	211	29	463	99
舟山市	**23229**	**6196**	**17033**	**22591**	**399**	**14**	**4**	**221**
定海区	13326	3669	9657	12961	214	6	3	142
普陀区	9903	2527	7376	9630	185	8	1	79
岱山县								
嵊泗县								
台州市	**103990**	**17446**	**86544**	**90002**	**7175**	**219**	**485**	**6109**
椒江区	20738	5396	15342	17615	1769	60	54	1240
黄岩区	14427	2442	11985	12780	786	81	186	594
路桥区	10849	2645	8204	9429	665	5	34	716
三门县								
天台县								
仙居县								
温岭市	25897	3267	22630	22404	1370		62	2061
临海市	13628	1844	11784	12606	560	59	141	262
玉环市	18451	1852	16599	15168	2025	14	8	1236
丽水市	**17839**	**4428**	**13411**	**16171**	**1072**	**72**	**21**	**503**
莲都区	13097	3491	9606	11737	884	34	1	441
青田县								
缙云县								
遂昌县								
松阳县								
云和县								
庆元县								
景宁畲族自治县								
龙泉市	4742	937	3805	4434	188	38	20	62

9-3a　续表 2

单位：户

地　区	住房内有无管道自来水		住房内有无厨房			住房内有无厕所	
	有	无	独立使用	与其他户合用	无	水冲式卫生厕所	水冲式非卫生厕所
合计	**1156461**	**25044**	**1009496**	**70142**	**101867**	**1117760**	**5820**
杭州市	**306446**	**4942**	**269714**	**16988**	**24686**	**305248**	**924**
上城区	11145	156	10824	268	209	11056	73
下城区	16730	194	16248	299	377	16844	6
江干区	48632	357	44075	2429	2485	48644	116
拱墅区	22396	170	21290	797	479	22434	16
西湖区	34479	303	29303	622	4857	34555	136
滨江区	15345	81	12282	1633	1511	15248	98
萧山区	55255	2625	44453	6389	7038	53891	216
余杭区	68036	595	60352	3209	5070	68129	132
富阳区	18904	294	17011	1010	1177	18942	79
临安区	10525	124	9031	222	1396	10523	40
桐庐县							
淳安县							
建德市	4999	43	4845	110	87	4982	12
宁波市	**206997**	**7780**	**180038**	**9490**	**25249**	**181634**	**1315**
海曙区	33817	754	30762	1512	2297	30316	134
江北区	14755	454	13651	447	1111	13538	30
北仑区	21442	1606	18732	2017	2299	20377	261
镇海区	16747	436	14900	442	1841	14491	58
鄞州区	37220	307	34006	2224	1297	37088	44
奉化区	10657	85	10013	171	558	9965	25
象山县							
宁海县							
余姚市	29627	1207	24311	951	5572	23540	476
慈溪市	42732	2931	33663	1726	10274	32319	287
温州市	**152592**	**3880**	**127073**	**16122**	**13277**	**150450**	**1271**
鹿城区	34905	1616	28737	4285	3499	35218	403
龙湾区	13446	439	10466	2039	1380	13234	173
瓯海区	21792	675	17651	1652	3164	21695	102
洞头区	2253	31	2175	50	59	2243	19
永嘉县							
平阳县							
苍南县							
文成县							
泰顺县							
瑞安市	32181	598	28405	2304	2070	31963	206
乐清市	34708	421	26906	5566	2657	32810	310
龙港市	13307	100	12733	226	448	13287	58
嘉兴市	**80254**	**548**	**72715**	**2304**	**5783**	**80320**	**85**
南湖区	24314	131	22837	756	852	24335	22
秀洲区	11080	98	9580	380	1218	11076	10
嘉善县							
海盐县							
海宁市	15079	101	14429	204	547	15089	14
平湖市	10545	40	9646	245	694	10549	2
桐乡市	19236	178	16223	719	2472	19271	37
湖州市	**26026**	**242**	**24102**	**1083**	**1083**	**25937**	**47**
吴兴区	19546	169	18967	158	590	19657	22
南浔区	6480	73	5135	925	493	6280	25
德清县							
长兴县							
安吉县							

9—3a 续表 3

单位：户

地　区	住房内有无管道自来水		住房内有无厨房			住房内有无厕所	
	有	无	独立使用	与其他户合用	无	水冲式卫生厕所	水冲式非卫生厕所
绍兴市	**102427**	**1224**	**94702**	**3079**	**5870**	**95842**	**432**
越城区	28685	43	27865	497	366	27908	85
柯桥区	26965	608	21872	1664	4037	21968	93
上虞区	17421	193	16648	371	595	16842	53
新昌县							
诸暨市	18141	212	17457	247	649	18058	109
嵊州市	11215	168	10860	300	223	11066	92
金华市	**116076**	**2391**	**104483**	**3312**	**10672**	**115189**	**747**
婺城区	24311	290	22966	128	1507	24438	40
金东区	4774	36	4587	22	201	4744	9
武义县							
浦江县							
磐安县							
兰溪市	7815	100	7746	74	95	7749	47
义乌市	45577	576	41474	412	4267	45381	314
东阳市	15198	493	13236	735	1720	15077	112
永康市	18401	896	14474	1941	2882	17800	225
衢州市	**24389**	**233**	**23997**	**162**	**463**	**24331**	**63**
柯城区	13361	122	13197	39	247	13378	25
衢江区	3850	31	3739	30	112	3827	10
常山县							
开化县							
龙游县	51	1	51		1	51	
江山市	7127	79	7010	93	103	7075	28
舟山市	**22465**	**764**	**21505**	**555**	**1169**	**21779**	**201**
定海区	13049	277	12507	352	467	12788	149
普陀区	9416	487	8998	203	702	8991	52
岱山县							
嵊泗县							
台州市	**101232**	**2758**	**75064**	**16811**	**12115**	**99413**	**694**
椒江区	20464	274	17424	1330	1984	20410	63
黄岩区	14170	257	10908	2438	1081	14064	88
路桥区	10726	123	8189	1456	1204	10612	31
三门县							
天台县							
仙居县							
温岭市	25895	2	15735	6373	3789	25086	
临海市	13267	361	12443	699	486	13386	85
玉环市	16710	1741	10365	4515	3571	15855	427
丽水市	**17557**	**282**	**16103**	**236**	**1500**	**17617**	**41**
莲都区	12878	219	11559	167	1371	12953	23
青田县							
缙云县							
遂昌县							
松阳县							
云和县							
庆元县							
景宁畲族自治县							
龙泉市	4679	63	4544	69	129	4664	18

9-3a　续表 4　　　　单位：户

地　区	住房内有无厕所			住房内有无洗澡设施			
	卫生旱厕	普通旱厕	无	统一供热水	家庭自装热水器	其他	无
合计	**1459**	**2002**	**54464**	**20849**	**1024494**	**27441**	**108721**
杭州市	**219**	**156**	**4841**	**6569**	**280594**	**5400**	**18825**
上城区	13	3	156	265	10861	17	158
下城区	1	1	72	556	16248	25	95
江干区	18	31	180	956	45467	407	2159
拱墅区	1	8	107	643	21743	28	152
西湖区	4	5	82	872	33499	50	361
滨江区	1	1	78	428	14868	33	97
萧山区	141	79	3553	1026	48835	1211	6808
余杭区	16	7	347	1548	57066	2891	7126
富阳区	17	14	146	113	17453	494	1138
临安区	6	3	77	124	9723	153	649
桐庐县							
淳安县							
建德市	1	4	43	38	4831	91	82
宁波市	**396**	**774**	**30658**	**3773**	**164264**	**5755**	**40985**
海曙区	30	128	3963	794	28164	676	4937
江北区	5	23	1613	198	12929	255	1827
北仑区	23	153	2234	636	17492	763	4157
镇海区	15	34	2585	189	13251	310	3433
鄞州区	15	2	378	806	35775	118	828
奉化区	12	10	730	226	9201	93	1222
象山县							
宁海县							
余姚市	246	312	6260	504	20212	1300	8818
慈溪市	50	112	12895	420	27240	2240	15763
温州市	**195**	**352**	**4204**	**3915**	**136757**	**4208**	**11592**
鹿城区	17	99	784	1460	31747	772	2542
龙湾区	61	46	371	579	11104	809	1393
瓯海区	19	40	611	564	20139	486	1278
洞头区		3	19	56	2175	26	27
永嘉县							
平阳县							
苍南县							
文成县							
泰顺县							
瑞安市	27	59	524	820	28971	743	2245
乐清市	66	89	1854	359	29741	1267	3762
龙港市	5	16	41	77	12880	105	345
嘉兴市	**27**	**14**	**356**	**803**	**72188**	**2161**	**5650**
南湖区	11	3	74	215	23246	308	676
秀洲区	7	1	84	167	9222	209	1580
嘉善县							
海盐县							
海宁市	4	2	71	85	13451	688	956
平湖市			34	26	9343	358	858
桐乡市	5	8	93	310	16926	598	1580
湖州市	**6**	**8**	**270**	**417**	**23992**	**414**	**1445**
吴兴区	2		34	259	18633	139	684
南浔区	4	8	236	158	5359	275	761
德清县							
长兴县							
安吉县							

9-3a 续表 5 单位：户

地 区	住房内有无厕所			住房内有无洗澡设施			
	卫生旱厕	普通旱厕	无	统一供热水	家庭自装热水器	其他	无
绍兴市	**178**	**167**	**7032**	**1526**	**91069**	**2193**	**8863**
越城区	44	26	665	517	26813	349	1049
柯桥区	58	82	5372	349	20567	915	5742
上虞区	5	14	700	122	15801	373	1318
新昌县							
诸暨市	47	30	109	288	17321	279	465
嵊州市	24	15	186	250	10567	277	289
金华市	**141**	**228**	**2162**	**1335**	**105201**	**2773**	**9158**
婺城区	18	26	79	349	21810	915	1527
金东区	17	13	27	22	4511	88	189
武义县							
浦江县							
磐安县							
兰溪市	15	25	79	87	7492	111	225
义乌市	13	51	394	458	43563	409	1723
东阳市	44	62	396	278	13625	392	1396
永康市	34	51	1187	141	14200	858	4098
衢州市	**18**	**21**	**189**	**317**	**23577**	**255**	**473**
柯城区	8	11	61	255	12974	94	160
衢江区		1	43	26	3714	23	118
常山县							
开化县							
龙游县			1		41	5	6
江山市	10	9	84	36	6848	133	189
舟山市	**102**	**85**	**1062**	**391**	**20949**	**400**	**1489**
定海区	63	23	303	294	12250	201	581
普陀区	39	62	759	97	8699	199	908
岱山县							
嵊泗县							
台州市	**165**	**167**	**3551**	**1590**	**88760**	**3758**	**9882**
椒江区	7	14	244	414	18794	507	1023
黄岩区	26	14	235	197	12856	460	914
路桥区	8	25	173	185	9724	401	539
三门县							
天台县							
仙居县							
温岭市	43	14	754	1	22072	737	3087
临海市	38	14	105	229	12496	380	523
玉环市	43	86	2040	564	12818	1273	3796
丽水市	**12**	**30**	**139**	**213**	**17143**	**124**	**359**
莲都区	4	4	113	213	12581	51	252
青田县							
缙云县							
遂昌县							
松阳县							
云和县							
庆元县							
景宁畲族自治县							
龙泉市	8	26	26		4562	73	107

9-3b 各地区按住房设施状况分的家庭户户数(镇)

单位：户

地区	合计	住房所在建筑有无电梯		主要炊事燃料				
		有	无	燃气	电	煤炭	柴草	其他
合计	**453638**	**66312**	**387326**	**405550**	**30954**	**1205**	**5383**	**10546**
杭州市	**36762**	**7400**	**29362**	**31788**	**3318**	**99**	**601**	**956**
上城区								
下城区								
江干区								
拱墅区								
西湖区	13	1	12	13				
滨江区								
萧山区	2779	52	2727	2448	182	28	31	90
余杭区	10374	3905	6469	8056	2124	4		190
富阳区	1004	10	994	841	87		25	51
临安区	2833	81	2752	2368	130	9	249	77
桐庐县	11355	1853	9502	10095	589	12	209	450
淳安县	5337	1218	4119	5059	164	13	50	51
建德市	3067	280	2787	2908	42	33	37	47
宁波市	**70995**	**11090**	**59905**	**65823**	**3587**	**93**	**111**	**1381**
海曙区	1081	36	1045	1067	10		3	1
江北区								
北仑区	1506	273	1233	1288	201			17
镇海区	1625	395	1230	1470	136		1	18
鄞州区	11779	2515	9264	10843	727	13	3	193
奉化区	1935	283	1652	1855	65		1	14
象山县	13425	2322	11103	12901	194	49	21	260
宁海县	16776	2576	14200	15375	869		54	478
余姚市	9251	361	8890	8552	538	24	16	121
慈溪市	13617	2329	11288	12472	847	7	12	279
温州市	**68943**	**11354**	**57589**	**62999**	**4359**	**183**	**460**	**942**
鹿城区	198	35	163	198				
龙湾区	7208	1324	5884	4352	2465	28		363
瓯海区	521	29	492	345	171	2		3
洞头区	275	22	253	275				
永嘉县	14214	2057	12157	13271	580	8	158	197
平阳县	17154	3600	13554	16320	450	72	65	247
苍南县	17718	2423	15295	17204	347	16	68	83
文成县	3337	478	2859	3148	60	56	56	17
泰顺县	3559	803	2756	3444	16	1	90	8
瑞安市	991	43	948	964	19		7	1
乐清市	3115	518	2597	2893	187		16	19
龙港市	653	22	631	585	64			4
嘉兴市	**58774**	**10089**	**48685**	**49783**	**7077**	**221**	**247**	**1446**
南湖区	2254	368	1886	1948	209		10	87
秀洲区	5117	1027	4090	4133	755	42	11	176
嘉善县	18745	2868	15877	16742	1435	48	5	515
海盐县	10199	2731	7468	9582	432	18	36	131
海宁市	11479	1401	10078	8175	2858	32	102	312
平湖市	5797	1265	4532	4927	657	41	31	141
桐乡市	5183	429	4754	4276	731	40	52	84
湖州市	**44926**	**7135**	**37791**	**39715**	**3352**	**152**	**562**	**1145**
吴兴区	2882	602	2280	2424	352	4	18	84
南浔区	4600	159	4441	4205	236	58	44	57
德清县	10823	2231	8592	9741	738	11	23	310
长兴县	15206	2459	12747	13273	1419	67	237	210
安吉县	11415	1684	9731	10072	607	12	240	484

9-3b 续表 1

单位：户

地区	合计	住房所在建筑有无电梯		主要炊事燃料				
		有	无	燃气	电	煤炭	柴草	其他
绍兴市	**20993**	**2574**	**18419**	**19562**	**851**	**60**	**414**	**106**
越城区	142	12	130	140	2			
柯桥区	2116	145	1971	1867	211	1	24	13
上虞区	1692	35	1657	1433	220	3	31	5
新昌县	9114	1787	7327	8902	82	20	81	29
诸暨市	5431	511	4920	5146	154	2	100	29
嵊州市	2498	84	2414	2074	182	34	178	30
金华市	**52331**	**6629**	**45702**	**43873**	**4981**	**187**	**702**	**2588**
婺城区	2381	719	1662	2206	75	9	49	42
金东区	4769	831	3938	3683	573	8	58	447
武义县	10350	885	9465	9612	294	13	43	388
浦江县	6909	1140	5769	6527	189	4	17	172
磐安县	3256	321	2935	2792	86	23	252	103
兰溪市	2131	22	2109	2035	24	10	49	13
义乌市	9193	1595	7598	5446	3028	3	21	695
东阳市	10003	937	9066	8664	439	104	171	625
永康市	3339	179	3160	2908	273	13	42	103
衢州市	**19321**	**1316**	**18005**	**17936**	**450**	**58**	**686**	**191**
柯城区	382	13	369	348	6		21	7
衢江区	1274	12	1262	1142	70	13	41	8
常山县	4450	244	4206	4149	127	18	57	99
开化县	4544	374	4170	4328	105	21	56	34
龙游县	6299	643	5656	6074	105	5	79	36
江山市	2372	30	2342	1895	37	1	432	7
舟山市	**8750**	**751**	**7999**	**8452**	**220**		**3**	**75**
定海区	1305	73	1232	1215	74			16
普陀区	767	49	718	741	20		1	5
岱山县	4753	468	4285	4658	62		1	32
嵊泗县	1925	161	1764	1838	64		1	22
台州市	**40420**	**4837**	**35583**	**36394**	**1818**	**77**	**999**	**1132**
椒江区	192		192	116	56			20
黄岩区	1170	66	1104	1086	28	1	25	30
路桥区	3422	273	3149	3128	142	7	16	129
三门县	6359	1088	5271	6043	124		104	88
天台县	7831	1224	6607	7201	373	1	112	144
仙居县	6805	951	5854	5747	294	65	490	209
温岭市	9487	837	8650	8659	519		48	261
临海市	4482	374	4108	3839	234	3	200	206
玉环市	672	24	648	575	48		4	45
丽水市	**31423**	**3137**	**28286**	**29225**	**941**	**75**	**598**	**584**
莲都区	578	20	558	529	26		18	5
青田县	6992	1239	5753	6545	284	15	31	117
缙云县	7898	736	7162	7290	140	41	275	152
遂昌县	3618	238	3380	3322	96	5	102	93
松阳县	3319	283	3036	3115	112	1	36	55
云和县	3322	165	3157	3106	116	1	16	83
庆元县	3096	229	2867	2874	123	4	52	43
景宁畲族自治县	2070	206	1864	1984	40	1	10	35
龙泉市	530	21	509	460	4	7	58	1

9-3b　续表 2　　　　单位：户

地　区	住房内有无管道自来水		住房内有无厨房			住房内有无厕所	
	有	无	独立使用	与其他户合用	无	水冲式卫生厕所	水冲式非卫生厕所
合计	**443742**	**9896**	**402658**	**22121**	**28859**	**431196**	**4000**
杭州市	**36330**	**432**	**33121**	**1372**	**2269**	**35871**	**157**
上城区							
下城区							
江干区							
拱墅区							
西湖区	13		12	1		13	
滨江区							
萧山区	2682	97	2355	177	247	2541	5
余杭区	10321	53	9377	695	302	10333	7
富阳区	995	9	927	43	34	956	12
临安区	2771	62	2426	152	255	2698	36
桐庐县	11225	130	9927	191	1237	11059	87
淳安县	5294	43	5117	68	152	5259	5
建德市	3029	38	2980	45	42	3012	5
宁波市	**68295**	**2700**	**58703**	**4510**	**7782**	**61555**	**599**
海曙区	1062	19	1036	12	33	1019	1
江北区							
北仑区	1471	35	1353	127	26	1485	5
镇海区	1563	62	1313	69	243	1150	6
鄞州区	11425	354	9687	535	1557	9889	88
奉化区	1908	27	1852	22	61	1763	24
象山县	12985	440	11910	791	724	12992	94
宁海县	16456	320	13786	1696	1294	15779	113
余姚市	8958	293	7402	347	1502	7351	135
慈溪市	12467	1150	10364	911	2342	10127	133
温州市	**67427**	**1516**	**61637**	**4252**	**3054**	**67378**	**492**
鹿城区	198		192	2	4	193	1
龙湾区	7092	116	4507	1731	970	7023	88
瓯海区	518	3	425	68	28	520	1
洞头区	275		275			269	1
永嘉县	13584	630	12309	1053	852	13714	123
平阳县	16882	272	16577	203	374	16916	90
苍南县	17371	347	17273	110	335	17437	115
文成县	3244	93	3243	68	26	3287	7
泰顺县	3533	26	3496	25	38	3457	15
瑞安市	979	12	986	3	2	985	4
乐清市	3103	12	1734	980	401	2934	41
龙港市	648	5	620	9	24	643	6
嘉兴市	**57975**	**799**	**53540**	**1851**	**3383**	**57440**	**299**
南湖区	2163	91	1886	161	207	2095	7
秀洲区	4994	123	4596	108	413	4802	28
嘉善县	18571	174	18032	268	445	18530	73
海盐县	10064	135	9753	258	188	10081	47
海宁市	11355	124	9642	638	1199	11298	35
平湖市	5720	77	5036	252	509	5664	4
桐乡市	5108	75	4595	166	422	4970	105
湖州市	**44121**	**805**	**41091**	**1217**	**2618**	**43115**	**812**
吴兴区	2813	69	2281	134	467	2838	5
南浔区	4556	44	4338	110	152	4411	34
德清县	10703	120	10008	331	484	10189	485
长兴县	14984	222	14544	235	427	14872	123
安吉县	11065	350	9920	407	1088	10805	165

9–3b 续表 3

单位：户

地　　区	住房内有无管道自来水		住房内有无厨房			住房内有无厕所	
	有	无	独立使用	与其他户合用	无	水冲式卫生厕所	水冲式非卫生厕所
绍兴市	**20762**	**231**	**19821**	**503**	**669**	**19621**	**404**
越城区	142		140	1	1	140	2
柯桥区	2024	92	1852	54	210	1814	6
上虞区	1674	18	1623	36	33	1561	24
新昌县	9113	1	8807	191	116	8937	16
诸暨市	5350	81	5049	132	250	5075	63
嵊州市	2459	39	2350	89	59	2094	293
金华市	**50865**	**1466**	**42928**	**4339**	**5064**	**49895**	**453**
婺城区	2369	12	2308	21	52	2314	30
金东区	4678	91	4188	83	498	4622	24
武义县	9841	509	7687	1707	956	9798	61
浦江县	6783	126	6131	372	406	6729	22
磐安县	3211	45	2974	142	140	3064	46
兰溪市	2100	31	1990	67	74	2004	42
义乌市	9043	150	7753	397	1043	8883	54
东阳市	9671	332	7573	1149	1281	9618	88
永康市	3169	170	2324	401	614	2863	86
衢州市	**18880**	**441**	**18597**	**433**	**291**	**18650**	**276**
柯城区	369	13	353	9	20	360	5
衢江区	1161	113	1192	36	46	1180	55
常山县	4353	97	4286	101	63	4310	39
开化县	4432	112	4431	57	56	4453	26
龙游县	6217	82	6065	139	95	6165	47
江山市	2348	24	2270	91	11	2182	104
舟山市	**8570**	**180**	**8339**	**146**	**265**	**8339**	**15**
定海区	1280	25	1221	40	44	1253	2
普陀区	735	32	713	19	35	715	
岱山县	4661	92	4602	49	102	4601	8
嵊泗县	1894	31	1803	38	84	1770	5
台州市	**39686**	**734**	**35853**	**2540**	**2027**	**39026**	**242**
椒江区	188	4	99	68	25	189	
黄岩区	1152	18	1054	78	38	1150	1
路桥区	3392	30	2552	651	219	3398	9
三门县	6280	79	6020	150	189	6131	15
天台县	7785	46	7358	186	287	7589	63
仙居县	6469	336	6152	287	366	6317	78
温岭市	9483	4	8163	809	515	9318	
临海市	4309	173	4081	162	239	4321	73
玉环市	628	44	374	149	149	613	3
丽水市	**30831**	**592**	**29028**	**958**	**1437**	**30306**	**251**
莲都区	571	7	536	18	24	562	3
青田县	6917	75	6659	160	173	6871	45
缙云县	7745	153	7110	341	447	7575	50
遂昌县	3549	69	3370	114	134	3469	31
松阳县	3251	68	3066	81	172	3222	20
云和县	3204	118	2833	172	317	3135	43
庆元县	3039	57	2975	33	88	2992	27
景宁畲族自治县	2035	35	1960	32	78	1978	26
龙泉市	520	10	519	7	4	502	6

9-3b　续表 4　　　　单位：户

地　　区	住房内有无厕所			住房内有无洗澡设施			
	卫生旱厕	普通旱厕	无	统　一 供热水	家庭自装 热水器	其他	无
合计	**1327**	**1481**	**15634**	**6450**	**393337**	**13278**	**40573**
杭州市	**86**	**99**	**549**	**347**	**33470**	**815**	**2130**
上城区							
下城区							
江干区							
拱墅区							
西湖区				2	11		
滨江区							
萧山区	10	6	217	15	2229	118	417
余杭区		2	32	112	9853	94	315
富阳区	5	2	29	5	851	64	84
临安区	13	25	61	45	2367	101	320
桐庐县	30	45	134	96	10273	197	789
淳安县	17	12	44	58	5075	89	115
建德市	11	7	32	14	2811	152	90
宁波市	**250**	**275**	**8316**	**1096**	**54077**	**2840**	**12982**
海曙区			61	29	910	4	138
江北区							
北仑区			16	29	1440	7	30
镇海区	9	10	450	6	994	55	570
鄞州区	12	25	1765	138	8721	362	2558
奉化区	4	2	142	6	1721	22	186
象山县	4	16	319	109	11746	515	1055
宁海县	59	63	762	214	14060	682	1820
余姚市	53	90	1622	85	6272	431	2463
慈溪市	109	69	3179	480	8213	762	4162
温州市	**136**	**185**	**752**	**1276**	**64252**	**1088**	**2327**
鹿城区			4		192	1	5
龙湾区	4	1	92	458	5626	488	636
瓯海区				7	497	1	16
洞头区			5		270		5
永嘉县	40	83	254	249	13258	170	537
平阳县	20	33	95	185	16429	180	360
苍南县	34	20	112	169	17111	142	296
文成县	13	9	21	18	3252	19	48
泰顺县	25	37	25	157	3334	31	37
瑞安市			2	9	966	11	5
乐清市		2	138	16	2701	42	356
龙港市			4	8	616	3	26
嘉兴市	**85**	**93**	**857**	**916**	**49528**	**2337**	**5993**
南湖区	6	2	144	22	1705	83	444
秀洲区	4	23	260	105	3910	165	937
嘉善县	30	23	89	391	15366	972	2016
海盐县	15	13	43	121	9361	231	486
海宁市	16	15	115	128	9643	584	1124
平湖市			129	73	4927	173	624
桐乡市	14	17	77	76	4616	129	362
湖州市	**191**	**148**	**660**	**783**	**39795**	**1412**	**2936**
吴兴区	14	1	24	69	2613	98	102
南浔区	31	16	108	47	4064	99	390
德清县	43	39	67	90	9930	285	518
长兴县	56	22	133	118	13958	433	697
安吉县	47	70	328	459	9230	497	1229

9-3b 续表 5 单位：户

地　　区	住房内有无厕所			住房内有无洗澡设施			
	卫生旱厕	普通旱厕	无	统　一供热水	家庭自装热水器	其他	无
绍兴市	**64**	**51**	**853**	**512**	**18688**	**533**	**1260**
越城区				2	140		
柯桥区	6	9	281	43	1701	43	329
上虞区	13	8	86	23	1441	47	181
新昌县			161	385	8248	155	326
诸暨市	22	21	250	47	4891	198	295
嵊州市	23	13	75	12	2267	90	129
金华市	**190**	**197**	**1596**	**637**	**41642**	**2416**	**7636**
婺城区	10	5	22	20	2189	34	138
金东区	23	26	74	70	4093	177	429
武义县	8	12	471	130	7255	812	2153
浦江县	13	15	130	43	5828	329	709
磐安县	12	28	106	18	2795	97	346
兰溪市	8	14	63	7	1853	66	205
义乌市	70	25	161	174	7455	274	1290
东阳市	26	59	212	146	8083	387	1387
永康市	20	13	357	29	2091	240	979
衢州市	**74**	**42**	**279**	**98**	**18312**	**299**	**612**
柯城区	1	1	15		348	5	29
衢江区	1	1	37	5	1163	20	86
常山县	20	12	69	21	4142	113	174
开化县	14	2	49	43	4371	39	91
龙游县	15	8	64	24	6043	81	151
江山市	23	18	45	5	2245	41	81
舟山市	**21**	**54**	**321**	**73**	**7917**	**177**	**583**
定海区	15	1	34	10	1178	28	89
普陀区		17	35	1	694	11	61
岱山县	4	27	113	48	4374	90	241
嵊泗县	2	9	139	14	1671	48	192
台州市	**117**	**163**	**872**	**420**	**36538**	**820**	**2642**
椒江区		2	1	11	145	4	32
黄岩区	1		18	11	1076	40	43
路桥区		1	14	37	3078	99	208
三门县	23	41	149		6025	46	288
天台县	27	25	127	20	7308	139	364
仙居县	40	67	303	297	5725	177	606
温岭市	15	3	151	1	8353	238	895
临海市	11	24	53	39	4231	75	137
玉环市			56	4	597	2	69
丽水市	**113**	**174**	**579**	**292**	**29118**	**541**	**1472**
莲都区	2	1	10		524	27	27
青田县	11	8	57	129	6765	19	79
缙云县	21	44	208	47	7140	104	607
遂昌县	32	45	41	18	3436	61	103
松阳县	14	26	37	34	3060	90	135
云和县	14	19	111	26	2973	99	224
庆元县	11	25	41	17	2870	74	135
景宁畲族自治县	5	4	57	21	1848	62	139
龙泉市	3	2	17		502	5	23

9–3c　各地区按住房设施状况分的家庭户户数(乡村)

单位：户

地　区	合　计	住房所在建筑有无电梯		主要炊事燃料				
		有	无	燃气	电	煤炭	柴草	其他
合计	**644764**	**16841**	**627923**	**539504**	**37125**	**2631**	**55681**	**9823**
杭州市	**70175**	**2198**	**67977**	**54691**	**6230**	**427**	**7205**	**1622**
上城区								
下城区								
江干区								
拱墅区								
西湖区	831	294	537	714	116			1
滨江区								
萧山区	14773	403	14370	13118	1079	13	193	370
余杭区	16672	1023	15649	11902	3879	53	92	746
富阳区	8486	197	8289	7533	130	7	716	100
临安区	9663	93	9570	5928	432	150	3006	147
桐庐县	5018	41	4977	3683	91	51	1090	103
淳安县	7501	80	7421	5438	410	111	1467	75
建德市	7231	67	7164	6375	93	42	641	80
宁波市	**85823**	**2576**	**83247**	**79474**	**3364**	**153**	**1357**	**1475**
海曙区	5636	158	5478	5349	184	11	17	75
江北区	3620	167	3453	3375	170	10	1	64
北仑区	8840	518	8322	8062	476	49	7	246
镇海区	2167	11	2156	1886	227	3	2	49
鄞州区	12433	994	11439	11268	844	13	16	292
奉化区	9597	96	9501	8979	323	18	158	119
象山县	8470	180	8290	7850	107	16	433	64
宁海县	10284	173	10111	9493	221	1	444	125
余姚市	8656	85	8571	8014	308	31	247	56
慈溪市	16120	194	15926	15198	504	1	32	385
温州市	**87487**	**3644**	**83843**	**74900**	**5663**	**270**	**5598**	**1056**
鹿城区	2835	194	2641	2423	245		36	131
龙湾区	13		13	8	4			1
瓯海区	4904	295	4609	3159	1406	3	175	161
洞头区	1924	177	1747	1656	172		14	82
永嘉县	12081	299	11782	10035	216	44	1679	107
平阳县	11469	315	11154	10478	477	25	369	120
苍南县	9489	160	9329	8827	257	129	239	37
文成县	4230	92	4138	2848	145	20	1175	42
泰顺县	4891	63	4828	3646	18	4	1148	75
瑞安市	16330	741	15589	13612	2270	30	245	173
乐清市	18792	1296	17496	17690	450	14	516	122
龙港市	529	12	517	518	3	1	2	5
嘉兴市	**54319**	**1709**	**52610**	**44566**	**7469**	**153**	**1218**	**913**
南湖区	3695	137	3558	2912	684	3	51	45
秀洲区	8074	545	7529	7156	727	35	95	61
嘉善县	6433	121	6312	5579	601	1	45	207
海盐县	5266	63	5203	4755	361	5	121	24
海宁市	12543	328	12215	8710	3087	48	362	336
平湖市	8032	160	7872	6719	828	5	332	148
桐乡市	10276	355	9921	8735	1181	56	212	92
湖州市	**36869**	**1119**	**35750**	**31031**	**1663**	**240**	**3522**	**413**
吴兴区	7107	728	6379	6264	373	73	226	171
南浔区	7676	51	7625	6530	478	29	552	87
德清县	6252	121	6131	5849	245	3	135	20
长兴县	8366	93	8273	7000	413	32	870	51
安吉县	7468	126	7342	5388	154	103	1739	84

9-3c 续表 1

单位：户

地区	合计	住房所在建筑有无电梯		主要炊事燃料				
		有	无	燃气	电	煤炭	柴草	其他
绍兴市	**59095**	**809**	**58286**	**49850**	**2879**	**89**	**6019**	**258**
越城区	5414	161	5253	5218	187		8	1
柯桥区	7402	111	7291	5997	758	5	573	69
上虞区	10558	113	10445	9768	426	18	298	48
新昌县	6460	75	6385	4562	91	17	1778	12
诸暨市	17635	211	17424	14696	917	15	1950	57
嵊州市	11626	138	11488	9609	500	34	1412	71
金华市	**80384**	**1975**	**78409**	**66071**	**4018**	**472**	**7968**	**1855**
婺城区	7838	212	7626	6173	214	69	1162	220
金东区	7382	250	7132	6232	420	43	434	253
武义县	6821	71	6750	5541	209	10	910	151
浦江县	8276	182	8094	7633	160	41	289	153
磐安县	3595	51	3544	1782	82	38	1654	39
兰溪市	9469	87	9382	8406	222	23	684	134
义乌市	13502	651	12851	10535	2031	30	405	501
东阳市	12845	257	12588	10539	297	78	1739	192
永康市	10656	214	10442	9230	383	140	691	212
衢州市	**38326**	**429**	**37897**	**30963**	**1020**	**266**	**5791**	**286**
柯城区	4532	91	4441	4184	40	5	258	45
衢江区	7668	85	7583	6336	148	123	990	71
常山县	5457	64	5393	5106	96	18	209	28
开化县	5149	48	5101	4361	164	95	498	31
龙游县	7624	60	7564	6519	261	8	794	42
江山市	7896	81	7815	4457	311	17	3042	69
舟山市	**13328**	**166**	**13162**	**12641**	**507**	**1**	**73**	**106**
定海区	4979	64	4915	4758	121	1	30	69
普陀区	4582	66	4516	4339	196		27	20
岱山县	2719	14	2705	2550	144		13	12
嵊泗县	1048	22	1026	994	46		3	5
台州市	**86911**	**1862**	**85049**	**73500**	**2692**	**344**	**8901**	**1474**
椒江区	6026	195	5831	5346	362	53	116	149
黄岩区	8763	262	8501	7344	172	31	1061	155
路桥区	7208	190	7018	6689	257	20	91	151
三门县	6462	85	6377	5504	193	33	672	60
天台县	7815	80	7735	6123	385		1202	105
仙居县	6630	69	6561	3250	67	79	3090	144
温岭市	18286	455	17831	17265	527		306	188
临海市	18925	392	18533	15876	358	117	2248	326
玉环市	6796	134	6662	6103	371	11	115	196
丽水市	**32047**	**354**	**31693**	**21817**	**1620**	**216**	**8029**	**365**
莲都区	4285	59	4226	3474	247	12	452	100
青田县	5298	108	5190	4191	282	62	728	35
缙云县	6926	62	6864	4501	195	82	2045	103
遂昌县	3467	30	3437	2001	89	5	1328	44
松阳县	4057	34	4023	3213	201	6	626	11
云和县	1343	10	1333	883	94	1	361	4
庆元县	1853	9	1844	872	105	9	856	11
景宁畲族自治县	1551	9	1542	940	94	18	487	12
龙泉市	3267	33	3234	1742	313	21	1146	45

9-3c　续表 2　　　　单位：户

地　区	住房内有无管道自来水		住房内有无厨房			住房内有无厕所	
	有	无	独立使用	与其他户合用	无	水冲式卫生厕所	水冲式非卫生厕所
合计	**621477**	**23287**	**588563**	**24759**	**31442**	**583796**	**10704**
杭州市	**67619**	**2556**	**64753**	**2498**	**2924**	**65692**	**786**
上城区							
下城区							
江干区							
拱墅区							
西湖区	831		786	15	30	812	19
滨江区							
萧山区	14221	552	12866	940	967	13770	189
余杭区	16492	180	14931	931	810	16537	41
富阳区	8032	454	8183	153	150	8019	50
临安区	8958	705	9121	173	369	8907	175
桐庐县	4870	148	4853	43	122	4545	44
淳安县	7205	296	7008	157	336	6414	135
建德市	7010	221	7005	86	140	6688	133
宁波市	**82044**	**3779**	**73735**	**3152**	**8936**	**70624**	**1036**
海曙区	5501	135	4828	105	703	4582	67
江北区	3454	166	2903	145	572	2400	21
北仑区	8192	648	7497	539	804	7457	226
镇海区	2104	63	1807	37	323	1568	12
鄞州区	11929	504	9863	629	1941	9800	92
奉化区	9330	267	9085	135	377	8123	113
象山县	8214	256	8081	189	200	8173	34
宁海县	10027	257	9656	387	241	9222	124
余姚市	8452	204	7883	179	594	7463	143
慈溪市	14841	1279	12132	807	3181	11836	204
温州市	**83572**	**3915**	**80074**	**4129**	**3284**	**81043**	**1480**
鹿城区	2728	107	2403	152	280	2745	11
龙湾区	12	1	8		5	13	
瓯海区	4694	210	3637	595	672	4574	85
洞头区	1890	34	1703	167	54	1892	4
永嘉县	11034	1047	11436	374	271	10521	353
平阳县	10280	1189	10909	255	305	10799	222
苍南县	9110	379	9075	114	300	8908	190
文成县	4009	221	4028	143	59	3768	84
泰顺县	4723	168	4744	79	68	4354	29
瑞安市	16020	310	14818	918	594	15566	285
乐清市	18546	246	16790	1329	673	17404	191
龙港市	526	3	523	3	3	499	26
嘉兴市	**53358**	**961**	**49462**	**1350**	**3507**	**52765**	**320**
南湖区	3604	91	3282	148	265	3615	17
秀洲区	7819	255	7179	197	698	7512	50
嘉善县	6397	36	6069	78	286	6271	57
海盐县	5136	130	4904	167	195	5134	62
海宁市	12371	172	11249	196	1098	12355	40
平湖市	7848	184	7092	324	616	7817	4
桐乡市	10183	93	9687	240	349	10061	90
湖州市	**36209**	**660**	**35248**	**732**	**889**	**34573**	**1220**
吴兴区	7039	68	6525	190	392	6901	102
南浔区	7614	62	7341	157	178	7381	59
德清县	6134	118	6086	102	64	5343	799
长兴县	8209	157	8069	168	129	7989	179
安吉县	7213	255	7227	115	126	6959	81

9-3c 续表 3 单位：户

地　区	住房内有无管道自来水		住房内有无厨房			住房内有无厕所	
	有	无	独立使用	与其他户合用	无	水冲式卫生厕所	水冲式非卫生厕所
绍兴市	**58129**	**966**	**56731**	**994**	**1370**	**53161**	**1494**
越城区	5405	9	5290	114	10	5338	17
柯桥区	7215	187	6565	196	641	6180	131
上虞区	10459	99	10335	121	102	10062	55
新昌县	6460		6118	154	188	5344	111
诸暨市	17292	343	17138	208	289	16373	290
嵊州市	11298	328	11285	201	140	9864	890
金华市	**77200**	**3184**	**72054**	**3690**	**4640**	**72222**	**1558**
婺城区	7630	208	7403	127	308	7046	149
金东区	7257	125	6728	184	470	6927	90
武义县	6605	216	5795	572	454	6069	163
浦江县	7979	297	7481	483	312	7553	138
磐安县	3467	128	3226	208	161	2730	85
兰溪市	9244	225	8777	158	534	8392	184
义乌市	12818	684	12111	511	880	12626	265
东阳市	12061	784	11797	538	510	11534	248
永康市	10139	517	8736	909	1011	9345	236
衢州市	**36154**	**2172**	**36460**	**852**	**1014**	**34851**	**1123**
柯城区	4307	225	4291	95	146	4216	48
衢江区	6717	951	7305	119	244	6955	318
常山县	5298	159	5194	194	69	5107	119
开化县	5038	111	4993	95	61	4637	112
龙游县	7173	451	7020	224	380	6921	188
江山市	7621	275	7657	125	114	7015	338
舟山市	**12927**	**401**	**12431**	**402**	**495**	**12016**	**134**
定海区	4846	133	4590	191	198	4572	82
普陀区	4449	133	4279	115	188	4165	35
岱山县	2653	66	2569	67	83	2419	15
嵊泗县	979	69	993	29	26	860	2
台州市	**83512**	**3399**	**77565**	**5781**	**3565**	**80053**	**799**
椒江区	5936	90	5334	454	238	5780	63
黄岩区	8096	667	8046	450	267	8384	45
路桥区	7078	130	5837	1034	337	7057	39
三门县	6175	287	6079	205	178	5805	51
天台县	7703	112	7437	173	205	6533	82
仙居县	5920	710	6040	184	406	4777	166
温岭市	18244	42	16674	1155	457	17969	
临海市	18282	643	17592	848	485	17815	246
玉环市	6078	718	4526	1278	992	5933	107
丽水市	**30753**	**1294**	**30050**	**1179**	**818**	**26796**	**754**
莲都区	4125	160	3967	167	151	3749	118
青田县	5135	163	4952	270	76	4798	106
缙云县	6572	354	6494	219	213	5686	129
遂昌县	3221	246	3233	106	128	2497	95
松阳县	3997	60	3778	180	99	3598	77
云和县	1280	63	1189	102	52	1005	44
庆元县	1834	19	1816	28	9	1513	49
景宁畲族自治县	1500	51	1509	27	15	1282	31
龙泉市	3089	178	3112	80	75	2668	105

9-3c 续表 4 单位：户

地 区	住房内有无厕所			住房内有无洗澡设施			
	卫生旱厕	普通旱厕	无	统 一 供热水	家庭自装 热水器	其他	无
合计	**5767**	**8157**	**36340**	**4737**	**537875**	**24116**	**78036**
杭州市	**749**	**952**	**1996**	**450**	**60961**	**2912**	**5852**
上城区							
下城区							
江干区							
拱墅区							
西湖区				7	816	3	5
滨江区							
萧山区	39	31	744	119	12235	510	1909
余杭区	20	10	64	143	15003	487	1039
富阳区	70	169	178	70	7485	320	611
临安区	136	205	240	60	8516	418	669
桐庐县	90	155	184	10	4342	187	479
淳安县	297	258	397	20	6535	255	691
建德市	97	124	189	21	6029	732	449
宁波市	**494**	**569**	**13100**	**674**	**60884**	**3432**	**20833**
海曙区	58	43	886	40	4115	232	1249
江北区	10	17	1172	7	2064	150	1399
北仑区	12	27	1118	215	5813	504	2308
镇海区	9	13	565	9	1200	129	829
鄞州区	17	37	2487	109	7893	437	3994
奉化区	85	91	1185	80	7450	272	1795
象山县	42	61	160	49	7431	307	683
宁海县	59	109	770	34	8694	335	1221
余姚市	100	116	834	30	6604	381	1641
慈溪市	102	55	3923	101	9620	685	5714
温州市	**587**	**1158**	**3219**	**793**	**78086**	**2371**	**6237**
鹿城区	2	8	69	64	2544	93	134
龙湾区					13		
瓯海区	30	34	181	37	4078	261	528
洞头区	5	7	16	76	1772	18	58
永嘉县	169	393	645	122	10941	191	827
平阳县	28	58	362	89	10259	308	813
苍南县	88	87	216	47	8540	325	577
文成县	76	145	157	55	3714	130	331
泰顺县	89	291	128	9	4506	129	247
瑞安市	49	99	331	239	14591	366	1134
乐清市	51	36	1110	55	16649	522	1566
龙港市			4		479	28	22
嘉兴市	**101**	**48**	**1085**	**435**	**44607**	**2600**	**6677**
南湖区	7	1	55	48	2971	222	454
秀洲区	30	6	476	54	6122	308	1590
嘉善县	5	5	95	41	5314	302	776
海盐县	7	3	60	34	4515	212	505
海宁市	6	9	133	96	9931	860	1656
平湖市	3		208	23	6409	369	1231
桐乡市	43	24	58	139	9345	327	465
湖州市	**278**	**262**	**536**	**344**	**32461**	**1925**	**2139**
吴兴区	11	30	63	98	6023	429	557
南浔区	66	44	126	45	6544	413	674
德清县	42	23	45	27	5722	257	246
长兴县	52	34	112	115	7603	326	322
安吉县	107	131	190	59	6569	500	340

9-3c 续表 5

单位：户

地区	住房内有无厕所			住房内有无洗澡设施			
	卫生旱厕	普通旱厕	无	统一供热水	家庭自装热水器	其他	无
绍兴市	**404**	**380**	**3656**	**429**	**50778**	**2013**	**5875**
越城区	1	1	57	137	4855	121	301
柯桥区	26	24	1041	28	5721	380	1273
上虞区	34	35	372	50	9297	356	855
新昌县			1005	46	4643	332	1439
诸暨市	212	161	599	108	15952	537	1038
嵊州市	131	159	582	60	10310	287	969
金华市	**909**	**1510**	**4185**	**601**	**63024**	**3556**	**13203**
婺城区	107	126	410	142	6295	323	1078
金东区	52	84	229	26	5979	314	1063
武义县	88	105	396	37	4930	494	1360
浦江县	168	175	242	63	6405	423	1385
磐安县	102	159	519	16	2495	94	990
兰溪市	78	234	581	19	7872	312	1266
义乌市	69	99	443	140	10975	503	1884
东阳市	190	447	426	113	10222	553	1957
永康市	55	81	939	45	7851	540	2220
衢州市	**442**	**333**	**1577**	**105**	**34221**	**1223**	**2777**
柯城区	65	39	164	3	4135	105	289
衢江区	17	17	361	17	6802	217	632
常山县	42	49	140	21	4983	163	290
开化县	95	33	272	17	4644	139	349
龙游县	122	96	297	30	6692	258	644
江山市	101	99	343	17	6965	341	573
舟山市	**137**	**329**	**712**	**92**	**10968**	**537**	**1731**
定海区	64	77	184	50	4107	236	586
普陀区	25	146	211	31	3843	120	588
岱山县	47	91	147	5	2208	158	348
嵊泗县	1	15	170	6	810	23	209
台州市	**631**	**960**	**4468**	**647**	**74520**	**2418**	**9326**
椒江区	24	20	139	71	5291	197	467
黄岩区	37	139	158	128	7788	286	561
路桥区	12	22	78	69	6153	213	773
三门县	96	88	422	33	5507	200	722
天台县	151	141	908	13	6102	339	1361
仙居县	134	222	1331	31	4763	168	1668
温岭市	20	21	276		16430	248	1608
临海市	134	270	460	186	17280	426	1033
玉环市	23	37	696	116	5206	341	1133
丽水市	**1035**	**1656**	**1806**	**167**	**27365**	**1129**	**3386**
莲都区	81	133	204	29	3805	91	360
青田县	94	98	202	29	4937	110	222
缙云县	211	307	593	39	5584	238	1065
遂昌县	234	409	232	15	2874	163	415
松阳县	107	171	104	38	3603	130	286
云和县	30	125	139	7	1019	97	220
庆元县	115	109	67	7	1502	106	238
景宁畲族自治县	72	89	77	3	1290	47	211
龙泉市	91	215	188		2751	147	369

9-4　各地区按住房来源分的家庭户户数

单位：户

地　区	合　计	租赁廉租住房/公租房	租　赁其他住房	购买新建商品房	购　买二手房	购买原公有住房	购买经济适用房/两限房	自建住房	继承或赠　予	其　他
合计	**2279907**	**98751**	**668355**	**326908**	**197866**	**36859**	**91174**	**798177**	**24098**	**37719**
杭州市	**418325**	**18391**	**150681**	**74933**	**37877**	**16101**	**28322**	**83701**	**1341**	**6978**
上城区	11301	184	2544	1630	1994	2867	1368	64	138	512
下城区	16924	397	4288	2913	3298	3801	1611	20	126	470
江干区	48989	2200	22168	9987	4984	1963	6153	865	90	579
拱墅区	22566	1432	6403	5331	2959	2530	3085	125	93	608
西湖区	35626	1679	13334	6493	4984	1847	4222	2394	123	550
滨江区	15426	1629	5726	3612	1937	76	2196	113	24	113
萧山区	75432	4165	30751	10729	4337	754	3384	20267	113	932
余杭区	95677	4764	47189	19505	5517	629	4141	12740	81	1111
富阳区	28688	560	7035	4472	2013	391	754	12261	142	1060
临安区	23145	601	5862	3083	1637	258	336	11057	71	240
桐庐县	16373	423	3248	2685	1405	302	304	7632	100	274
淳安县	12838	173	971	2205	1196	262	210	7508	131	182
建德市	15340	184	1162	2288	1616	421	558	8655	109	347
宁波市	**371595**	**22122**	**129042**	**51470**	**40669**	**4351**	**17484**	**96754**	**3292**	**6411**
海曙区	41288	1810	14295	7336	6490	1189	3003	5649	432	1084
江北区	18829	1011	6499	3369	2466	295	2530	1907	246	506
北仑区	33394	1604	15012	5466	4225	214	800	5424	195	454
镇海区	20975	802	8625	3557	3062	689	1298	2290	160	492
鄞州区	61739	2186	20810	13031	10321	1115	5550	6809	621	1296
奉化区	22274	1098	4845	3074	2704	109	806	8534	487	617
象山县	21895	617	5199	3010	2102	122	282	10067	116	380
宁海县	27060	832	7683	2040	2524	78	526	12537	410	430
余姚市	48741	4358	15271	5658	3891	198	1339	17181	216	629
慈溪市	75400	7804	30803	4929	2884	342	1350	26356	409	523
温州市	**312902**	**16489**	**84375**	**35433**	**32567**	**2393**	**10506**	**120208**	**4602**	**6329**
鹿城区	39554	2421	13252	6827	8763	951	2766	2638	398	1538
龙湾区	21106	2768	9079	2330	1068	87	882	4003	142	747
瓯海区	27892	2466	11695	3412	2265	105	1878	5449	168	454
洞头区	4483	62	732	554	355	8	186	2346	118	122
永嘉县	26295	1007	4753	1796	1407	117	846	15365	614	390
平阳县	28623	890	3200	4177	4056	153	1007	14275	470	395
苍南县	27207	441	2132	3570	4074	130	1118	14839	542	361
文成县	7567	74	348	506	412	34	190	5707	158	138
泰顺县	8450	67	275	788	445	103	151	6280	222	119
瑞安市	50100	3726	15015	4693	4325	502	1011	18678	793	1357
乐清市	57036	2070	21040	4339	2128	152	270	25766	737	534
龙港市	14589	497	2854	2441	3269	51	201	4862	240	174
嘉兴市	**193895**	**7909**	**67241**	**31397**	**16634**	**3281**	**11438**	**53156**	**333**	**2506**
南湖区	30394	1061	8528	6829	4849	1458	3988	3199	60	422
秀洲区	24369	998	9115	4088	2216	141	1675	5865	46	225
嘉善县	25178	1429	10546	4153	1847	188	246	6195	63	511
海盐县	15465	571	2931	2637	1357	409	1571	5576	37	376
海宁市	39202	1845	16434	5118	1800	524	1102	12003	44	332
平湖市	24414	451	6908	4058	2319	126	2600	7702	26	224
桐乡市	34873	1554	12779	4514	2246	435	256	12616	57	416
湖州市	**108063**	**3724**	**20347**	**21874**	**9062**	**1719**	**5845**	**43167**	**333**	**1992**
吴兴区	29704	955	6512	8937	3866	785	3154	4411	151	933
南浔区	18829	935	3987	3124	1233	290	870	8028	62	300
德清县	17075	631	3050	3054	1637	178	967	7363	26	169
长兴县	23572	545	2673	3894	1322	380	750	13676	60	272
安吉县	18883	658	4125	2865	1004	86	104	9689	34	318

9-4 续表 单位：户

地区	合计	租赁廉租住房/公租房	租赁其他住房	购买新建商品房	购买二手房	购买原公有住房	购买经济适用房/两限房	自建住房	继承或赠予	其他
绍兴市	**183739**	**5165**	**32464**	**35776**	**13534**	**1823**	**10135**	**79648**	**2874**	**2320**
越城区	34284	1243	6339	8660	4651	827	5547	6582	292	143
柯桥区	37091	1559	12641	5800	1532	195	2854	11619	258	633
上虞区	29864	732	3840	5417	2811	205	868	15256	334	401
新昌县	15574	245	1316	3962	978	185	212	8112	404	160
诸暨市	41419	891	5693	7723	1811	276	618	22372	1249	786
嵊州市	25507	495	2635	4214	1751	135	36	15707	337	197
金华市	**251182**	**14392**	**91455**	**22083**	**14071**	**2407**	**1288**	**97757**	**3729**	**4000**
婺城区	34820	1165	10884	6106	4734	775	169	10124	315	548
金东区	16961	1083	4553	1609	809	74	220	8037	304	272
武义县	17171	1091	5679	1334	1151	135	117	7036	296	332
浦江县	15185	408	3215	1088	937	137	68	8630	392	310
磐安县	6851	47	896	427	181	32	8	4895	230	135
兰溪市	19515	199	696	2988	1356	351	54	13061	533	277
义乌市	68848	4800	41050	3636	2032	365	369	15293	606	697
东阳市	38539	2562	11386	3035	1505	219	100	18450	340	942
永康市	33292	3037	13096	1860	1366	319	183	12231	713	487
衢州市	**82269**	**1139**	**6178**	**10801**	**8063**	**1425**	**877**	**51196**	**1717**	**873**
柯城区	18397	336	2698	4286	3536	706	358	6135	189	153
衢江区	12823	93	758	1048	716	47	28	9726	268	139
常山县	9907	134	401	921	494	135	97	7192	407	126
开化县	9693	150	585	1006	666	155	220	6715	96	100
龙游县	13975	153	691	1544	1210	195	117	9631	284	150
江山市	17474	273	1045	1996	1441	187	57	11797	473	205
舟山市	**45307**	**1182**	**8621**	**11502**	**7063**	**918**	**805**	**14249**	**253**	**714**
定海区	19610	496	4129	5517	2939	403	302	5336	106	382
普陀区	15252	467	3069	4217	2379	399	375	4092	71	183
岱山县	7472	185	1019	1418	1204	66	106	3336	57	81
嵊泗县	2973	34	404	350	541	50	22	1485	19	68
台州市	**231321**	**6133**	**63803**	**21641**	**11415**	**1498**	**3006**	**117943**	**2516**	**3366**
椒江区	26956	1279	8231	4556	2443	280	293	9151	159	564
黄岩区	24360	519	6605	2069	1150	214	761	12365	236	441
路桥区	21479	924	7498	1984	890	52	665	9012	65	389
三门县	12821	174	1019	1409	533	126	77	9266	148	69
天台县	15646	151	1575	1592	817	77	171	10632	448	183
仙居县	13435	227	1776	1059	506	171	115	9017	363	201
温岭市	53670	489	19443	3856	2377	52	244	26116	417	676
临海市	37035	978	5780	3109	1684	474	550	23580	502	378
玉环市	25919	1392	11876	2007	1015	52	130	8804	178	465
丽水市	**81309**	**2105**	**14148**	**9998**	**6911**	**943**	**1468**	**40398**	**3108**	**2230**
莲都区	17960	809	5206	3710	2103	280	257	4691	489	415
青田县	12290	302	1679	1527	734	109	179	6985	265	510
缙云县	14824	250	2010	1015	747	112	107	8900	1236	447
遂昌县	7085	132	566	691	706	59	135	4340	299	157
松阳县	7376	128	1003	439	365	53	41	4845	393	109
云和县	4665	72	1114	553	497	86	161	1974	101	107
庆元县	4949	73	632	443	390	63	452	2498	134	264
景宁畲族自治县	3621	82	709	502	407	43	16	1724	74	64
龙泉市	8539	257	1229	1118	962	138	120	4441	117	157

9-4a 各地区按住房来源分的家庭户户数(城市)

单位：户

地 区	合 计	租赁廉租住房/公租房	租 赁其他住房	购买新建商品房	购 买二手房	购买原公有住房	购买经济适用房/两限房	自建住房	继承或赠 予	其 他
合计	**1181505**	**61777**	**442725**	**242142**	**144212**	**30050**	**70095**	**163455**	**6096**	**20953**
杭州市	**311388**	**15065**	**127727**	**65955**	**33699**	**15072**	**25964**	**21566**	**797**	**5543**
上城区	11301	184	2544	1630	1994	2867	1368	64	138	512
下城区	16924	397	4288	2913	3298	3801	1611	20	126	470
江干区	48989	2200	22168	9987	4984	1963	6153	865	90	579
拱墅区	22566	1432	6403	5331	2959	2530	3085	125	93	608
西湖区	34782	1674	13154	6378	4984	1846	4141	1932	123	550
滨江区	15426	1629	5726	3612	1937	76	2196	113	24	113
萧山区	57880	3418	26310	10454	4227	742	3195	8750	78	706
余杭区	68631	3219	35700	16922	4651	474	3033	3826	45	761
富阳区	19198	502	6457	4445	1981	380	609	3894	45	885
临安区	10649	337	4211	2856	1464	182	324	1129	9	137
桐庐县										
淳安县										
建德市	5042	73	766	1427	1220	211	249	848	26	222
宁波市	**214777**	**13861**	**77633**	**40919**	**31152**	**3844**	**13431**	**28857**	**1298**	**3782**
海曙区	34571	1623	12247	7012	5982	1177	2704	2599	259	968
江北区	15209	837	4638	3361	2422	286	2466	668	159	372
北仑区	23048	969	10540	4664	3806	148	697	1870	116	238
镇海区	17183	549	6965	3307	2876	681	1168	1135	107	395
鄞州区	37527	1051	10441	11331	8549	1066	3892	266	193	738
奉化区	10742	701	2593	2719	1876	84	407	1815	144	403
象山县										
宁海县										
余姚市	30834	3220	11238	4901	3276	145	1069	6453	107	425
慈溪市	45663	4911	18971	3624	2365	257	1028	14051	213	243
温州市	**156472**	**11263**	**57915**	**23171**	**20784**	**1743**	**6425**	**29765**	**1621**	**3785**
鹿城区	36521	2241	12565	6738	8693	944	2649	903	376	1412
龙湾区	13885	1622	5521	2023	948	46	826	2264	96	539
瓯海区	22467	2042	9553	3371	2108	95	1768	3069	112	349
洞头区	2284	31	371	514	292	8	109	891	49	19
永嘉县										
平阳县										
苍南县										
文成县										
泰顺县										
瑞安市	32779	3029	11272	4323	3607	454	706	7978	448	962
乐清市	35129	1836	15954	3861	1946	146	188	10507	353	338
龙港市	13407	462	2679	2341	3190	50	179	4153	187	166
嘉兴市	**80802**	**2682**	**28732**	**20499**	**11227**	**2170**	**7933**	**6780**	**117**	**662**
南湖区	24445	818	6512	6498	4593	1412	3753	566	48	245
秀洲区	11178	328	3834	3203	1854	35	1514	356	15	39
嘉善县										
海盐县										
海宁市	15180	504	5802	3844	1289	344	832	2419	12	134
平湖市	10585	184	2897	3364	1605	102	1669	699	6	59
桐乡市	19414	848	9687	3590	1886	277	165	2740	36	185
湖州市	**26268**	**1060**	**6382**	**9525**	**4083**	**865**	**2602**	**912**	**105**	**734**
吴兴区	19715	541	3891	7919	3479	770	2073	319	84	639
南浔区	6553	519	2491	1606	604	95	529	593	21	95
德清县										
长兴县										
安吉县										

9-4a 续表　　　　单位：户

地　区	合　计	租赁廉租住房/公租房	租　赁其他住房	购买新建商品房	购　买二手房	购买原公有住房	购买经济适用房/两限房	自建住房	继承或赠　予	其　他
绍兴市	**103651**	**3946**	**26312**	**29908**	**11451**	**1451**	**9400**	**18913**	**690**	**1580**
越城区	28728	1163	5449	8552	4618	823	5409	2340	240	134
柯桥区	27573	1225	11072	5333	1396	160	2674	5072	114	527
上虞区	17614	571	3130	5141	2534	145	795	4925	95	278
新昌县										
诸暨市	18353	549	4387	6791	1390	226	500	3765	201	544
嵊州市	11383	438	2274	4091	1513	97	22	2811	40	97
金华市	**118467**	**7718**	**60001**	**16037**	**10471**	**1805**	**862**	**19224**	**543**	**1806**
婺城区	24601	961	10020	5320	4459	737	136	2553	88	327
金东区	4810	324	1852	816	467	28	162	1099	20	42
武义县										
浦江县										
磐安县										
兰溪市	7915	164	521	2837	1244	326	24	2541	106	152
义乌市	46153	3030	31735	2865	1744	258	306	5736	103	376
东阳市	15691	1212	6401	2447	1260	152	64	3428	63	664
永康市	19297	2027	9472	1752	1297	304	170	3867	163	245
衢州市	**24622**	**669**	**4129**	**7137**	**5460**	**902**	**431**	**5440**	**138**	**316**
柯城区	13483	325	2578	4177	3478	697	354	1736	28	110
衢江区	3881	84	670	1001	644	38	25	1302	33	84
常山县										
开化县										
龙游县	52	1						50	1	
江山市	7206	259	881	1959	1338	167	52	2352	76	122
舟山市	**23229**	**724**	**5079**	**8999**	**4871**	**771**	**446**	**1896**	**100**	**343**
定海区	13326	429	2884	5151	2744	392	246	1201	55	224
普陀区	9903	295	2195	3848	2127	379	200	695	45	119
岱山县										
嵊泗县										
台州市	**103990**	**3788**	**43011**	**15269**	**8107**	**1036**	**2287**	**27942**	**561**	**1989**
椒江区	20738	993	6788	4529	2421	276	292	4839	115	485
黄岩区	14427	363	5660	1943	1057	186	692	4139	107	280
路桥区	10849	371	4205	1741	697	46	617	2879	37	256
三门县										
天台县										
仙居县										
温岭市	25897	481	13483	2526	1591	41	139	7131	87	418
临海市	13628	617	3596	2645	1382	442	436	4226	95	189
玉环市	18451	963	9279	1885	959	45	111	4728	120	361
丽水市	**17839**	**1001**	**5804**	**4723**	**2907**	**391**	**314**	**2160**	**126**	**413**
莲都区	13097	760	4674	3665	2042	266	243	1055	80	312
青田县										
缙云县										
遂昌县										
松阳县										
云和县										
庆元县										
景宁畲族自治县										
龙泉市	4742	241	1130	1058	865	125	71	1105	46	101

9-4b 各地区按住房来源分的家庭户户数(镇)

单位：户

地 区	合 计	租赁廉租住房/公租房	租 赁其他住房	购买新建商品房	购 买二手房	购买原公有住房	购买经济适用房/两限房	自建住房	继承或赠 予	其 他
合计	**453638**	**21913**	**123928**	**77984**	**46403**	**5962**	**15391**	**148768**	**4429**	**8860**
杭州市	**36762**	**1346**	**10530**	**8482**	**3879**	**932**	**1723**	**9079**	**141**	**650**
上城区										
下城区										
江干区										
拱墅区										
西湖区	13		4	1				8		
滨江区										
萧山区	2779	92	764	117	60	4	118	1532	9	83
余杭区	10374	375	4524	2498	847	142	877	931	28	152
富阳区	1004	30	130	16	17	1	3	783	12	12
临安区	2833	186	913	211	148	60	6	1250	22	37
桐庐县	11355	401	3147	2659	1352	292	293	2961	32	218
淳安县	5337	172	792	2193	1162	247	200	450	24	97
建德市	3067	90	256	787	293	186	226	1164	14	51
宁波市	**70995**	**4432**	**25695**	**9205**	**7556**	**384**	**2755**	**19043**	**639**	**1286**
海曙区	1081	21	190	134	153	2	34	436	74	37
江北区										
北仑区	1506	114	494	389	246	52	39	148	2	22
镇海区	1625	87	676	240	159	1	129	259	33	41
鄞州区	11779	605	4673	1382	1254	30	1086	2290	139	320
奉化区	1935	80	318	259	407	16	306	483	19	47
象山县	13425	530	4484	2965	2034	112	270	2758	57	215
宁海县	16776	620	6497	1950	2391	66	504	4286	167	295
余姚市	9251	714	2883	704	504	29	176	4087	40	114
慈溪市	13617	1661	5480	1182	408	76	211	4296	108	195
温州市	**68943**	**3332**	**13629**	**10665**	**9932**	**564**	**3018**	**25632**	**918**	**1253**
鹿城区	198	3	20	15	8		10	94		48
龙湾区	7208	1146	3549	307	120	41	56	1736	46	207
瓯海区	521	187	137		19		3	172		3
洞头区	275		37	15	36		13	160	8	6
永嘉县	14214	895	4153	1648	1327	111	752	4858	188	282
平阳县	17154	603	1964	3879	3686	137	862	5573	191	259
苍南县	17718	311	1398	3343	3673	125	958	7351	282	277
文成县	3337	62	303	421	353	30	159	1871	73	65
泰顺县	3559	56	230	769	407	100	132	1782	40	43
瑞安市	991	10	73	57	219	16	39	528	18	31
乐清市	3115	24	1650	124	30	3	12	1211	34	27
龙港市	653	35	115	87	54	1	22	296	38	5
嘉兴市	**58774**	**3471**	**22391**	**10323**	**5133**	**1039**	**3182**	**11754**	**158**	**1323**
南湖区	2254	135	896	250	217	25	137	444	7	143
秀洲区	5117	360	2163	864	345	92	128	1011	22	132
嘉善县	18745	1095	8620	3991	1793	179	239	2371	47	410
海盐县	10199	453	2035	2618	1334	404	1562	1423	35	335
海宁市	11479	837	5339	1160	482	167	214	3150	20	110
平湖市	5797	204	2007	585	617	20	814	1448	15	87
桐乡市	5183	387	1331	855	345	152	88	1907	12	106
湖州市	**44926**	**1921**	**10287**	**11658**	**4727**	**818**	**1908**	**12752**	**135**	**720**
吴兴区	2882	74	1103	780	332	11	157	296	24	105
南浔区	4600	243	732	1277	526	192	133	1397	26	74
德清县	10823	544	2416	3027	1628	173	892	2000	22	121
长兴县	15206	518	2501	3814	1276	364	679	5791	44	219
安吉县	11415	542	3535	2760	965	78	47	3268	19	201

9－4b 续表 单位：户

地　区	合　计	租赁廉租住房/公租房	租　赁其他住房	购买新建商品房	购　买二手房	购买原公有住房	购买经济适用房/两限房	自建住房	继承或赠　予	其　他
绍兴市	**20993**	**546**	**2721**	**5507**	**1646**	**273**	**498**	**9125**	**329**	**348**
越城区	142	2	7	23	2		5	97	1	5
柯桥区	2116	67	458	445	109	25	134	850	6	22
上虞区	1692	39	135	241	175	27	54	926	61	34
新昌县	9114	231	1227	3816	919	173	191	2370	53	134
诸暨市	5431	182	800	907	303	34	106	2838	150	111
嵊州市	2498	25	94	75	138	14	8	2044	58	42
金华市	**52331**	**4386**	**19224**	**5493**	**3137**	**478**	**317**	**17701**	**497**	**1098**
婺城区	2381	29	369	698	223	19	9	871	24	139
金东区	4769	574	1548	608	269	27	51	1501	65	126
武义县	10350	818	4356	1315	1106	122	105	2267	66	195
浦江县	6909	214	2109	1001	857	126	63	2289	65	185
磐安县	3256	37	845	423	170	27	3	1614	46	91
兰溪市	2131	22	126	114	58	12	3	1727	38	31
义乌市	9193	1238	4654	704	242	91	51	2029	69	115
东阳市	10003	1095	3707	577	197	49	21	4154	54	149
永康市	3339	359	1510	53	15	5	11	1249	70	67
衢州市	**19321**	**434**	**1794**	**3527**	**2417**	**466**	**427**	**9636**	**327**	**293**
柯城区	382		35	30	13	2		272	22	8
衢江区	1274	8	57	25	47	3	1	1083	38	12
常山县	4450	133	380	916	470	127	96	2142	112	74
开化县	4544	148	566	1002	652	150	220	1702	29	75
龙游县	6299	135	647	1532	1179	172	110	2381	50	93
江山市	2372	10	109	22	56	12		2056	76	31
舟山市	**8750**	**197**	**1468**	**2225**	**1752**	**129**	**152**	**2613**	**51**	**163**
定海区	1305	8	335	307	119		3	474	13	46
普陀区	767	63	118	195	129	16	27	199		20
岱山县	4753	113	705	1394	1044	66	106	1242	32	51
嵊泗县	1925	13	310	329	460	47	16	698	6	46
台州市	**40420**	**934**	**9278**	**5807**	**2633**	**392**	**414**	**19918**	**503**	**541**
椒江区	192	18	131	2		1		36		4
黄岩区	1170	15	204	65	42	20	1	793	6	24
路桥区	3422	265	1154	220	149	2	3	1566	9	54
三门县	6359	154	883	1403	504	121	68	3122	71	33
天台县	7831	135	1398	1549	775	62	154	3471	167	120
仙居县	6805	202	1558	1054	440	155	110	3082	76	128
温岭市	9487	5	2883	1061	527	10	3	4749	132	117
临海市	4482	112	760	418	195	16	69	2817	42	53
玉环市	672	28	307	35	1	5	6	282		8
丽水市	**31423**	**914**	**6911**	**5092**	**3591**	**487**	**997**	**11515**	**731**	**1185**
莲都区	578	17	165	21	34	3	14	287	24	13
青田县	6992	258	1437	1484	672	105	168	2412	70	386
缙云县	7898	212	1845	999	664	102	102	3270	373	331
遂昌县	3618	108	534	690	668	48	125	1331	35	79
松阳县	3319	109	781	424	324	45	7	1464	113	52
云和县	3322	68	948	547	474	83	129	980	23	70
庆元县	3096	63	559	416	351	55	442	943	56	211
景宁畲族自治县	2070	79	605	477	369	43	9	432	30	26
龙泉市	530		37	34	35	3	1	396	7	17

9-4c　各地区按住房来源分的家庭户户数(乡村)

单位：户

地　区	合　计	租赁廉租住房/公租房	租　赁其他住房	购买新建商品房	购　买二手房	购买原公有住房	购买经济适用房/两限房	自建住房	继承或赠　予	其　他
合计	**644764**	**15061**	**101702**	**6782**	**7251**	**847**	**5688**	**485954**	**13573**	**7906**
杭州市	**70175**	**1980**	**12424**	**496**	**299**	**97**	**635**	**53056**	**403**	**785**
上城区										
下城区										
江干区										
拱墅区										
西湖区	831	5	176	114		1	81	454		
滨江区										
萧山区	14773	655	3677	158	50	8	71	9985	26	143
余杭区	16672	1170	6965	85	19	13	231	7983	8	198
富阳区	8486	28	448	11	15	10	142	7584	85	163
临安区	9663	78	738	16	25	16	6	8678	40	66
桐庐县	5018	22	101	26	53	10	11	4671	68	56
淳安县	7501	1	179	12	34	15	10	7058	107	85
建德市	7231	21	140	74	103	24	83	6643	69	74
宁波市	**85823**	**3829**	**25714**	**1346**	**1961**	**123**	**1298**	**48854**	**1355**	**1343**
海曙区	5636	166	1858	190	355	10	265	2614	99	79
江北区	3620	174	1861	8	44	9	64	1239	87	134
北仑区	8840	521	3978	413	173	14	64	3406	77	194
镇海区	2167	166	984	10	27	7	1	896	20	56
鄞州区	12433	530	5696	318	518	19	572	4253	289	238
奉化区	9597	317	1934	96	421	9	93	6236	324	167
象山县	8470	87	715	45	68	10	12	7309	59	165
宁海县	10284	212	1186	90	133	12	22	8251	243	135
余姚市	8656	424	1150	53	111	24	94	6641	69	90
慈溪市	16120	1232	6352	123	111	9	111	8009	88	85
温州市	**87487**	**1894**	**12831**	**1597**	**1851**	**86**	**1063**	**64811**	**2063**	**1291**
鹿城区	2835	177	667	74	62	7	107	1641	22	78
龙湾区	13		9					3		1
瓯海区	4904	237	2005	41	138	10	107	2208	56	102
洞头区	1924	31	324	25	27		64	1295	61	97
永嘉县	12081	112	600	148	80	6	94	10507	426	108
平阳县	11469	287	1236	298	370	16	145	8702	279	136
苍南县	9489	130	734	227	401	5	160	7488	260	84
文成县	4230	12	45	85	59	4	31	3836	85	73
泰顺县	4891	11	45	19	38	3	19	4498	182	76
瑞安市	16330	687	3670	313	499	32	266	10172	327	364
乐清市	18792	210	3436	354	152	3	70	14048	350	169
龙港市	529		60	13	25			413	15	3
嘉兴市	**54319**	**1756**	**16118**	**575**	**274**	**72**	**323**	**34622**	**58**	**521**
南湖区	3695	108	1120	81	39	21	98	2189	5	34
秀洲区	8074	310	3118	21	17	14	33	4498	9	54
嘉善县	6433	334	1926	162	54	9	7	3824	16	101
海盐县	5266	118	896	19	23	5	9	4153	2	41
海宁市	12543	504	5293	114	29	13	56	6434	12	88
平湖市	8032	63	2004	109	97	4	117	5555	5	78
桐乡市	10276	319	1761	69	15	6	3	7969	9	125
湖州市	**36869**	**743**	**3678**	**691**	**252**	**36**	**1335**	**29503**	**93**	**538**
吴兴区	7107	340	1518	238	55	4	924	3796	43	189
南浔区	7676	173	764	241	103	3	208	6038	15	131
德清县	6252	87	634	27	9	5	75	5363	4	48
长兴县	8366	27	172	80	46	16	71	7885	16	53
安吉县	7468	116	590	105	39	8	57	6421	15	117

9-4c 续表 单位：户

地　区	合　计	租赁廉租住房/公租房	租　赁其他住房	购买新建商品房	购　买二手房	购买原公有住房	购买经济适用房/两限房	自建住房	继承或赠　予	其　他
绍兴市	**59095**	**673**	**3431**	**361**	**437**	**99**	**237**	**51610**	**1855**	**392**
越城区	5414	78	883	85	31	4	133	4145	51	4
柯桥区	7402	267	1111	22	27	10	46	5697	138	84
上虞区	10558	122	575	35	102	33	19	9405	178	89
新昌县	6460	14	89	146	59	12	21	5742	351	26
诸暨市	17635	160	506	25	118	16	12	15769	898	131
嵊州市	11626	32	267	48	100	24	6	10852	239	58
金华市	**80384**	**2288**	**12230**	**553**	**463**	**124**	**109**	**60832**	**2689**	**1096**
婺城区	7838	175	495	88	52	19	24	6700	203	82
金东区	7382	185	1153	185	73	19	7	5437	219	104
武义县	6821	273	1323	19	45	13	12	4769	230	137
浦江县	8276	194	1106	87	80	11	5	6341	327	125
磐安县	3595	10	51	4	11	5	5	3281	184	44
兰溪市	9469	13	49	37	54	13	27	8793	389	94
义乌市	13502	532	4661	67	46	16	12	7528	434	206
东阳市	12845	255	1278	11	48	18	15	10868	223	129
永康市	10656	651	2114	55	54	10	2	7115	480	175
衢州市	**38326**	**36**	**255**	**137**	**186**	**57**	**19**	**36120**	**1252**	**264**
柯城区	4532	11	85	79	45	7	4	4127	139	35
衢江区	7668	1	31	22	25	6	2	7341	197	43
常山县	5457	1	21	5	24	8	1	5050	295	52
开化县	5149	2	19	4	14	5		5013	67	25
龙游县	7624	17	44	12	31	23	7	7200	233	57
江山市	7896	4	55	15	47	8	5	7389	321	52
舟山市	**13328**	**261**	**2074**	**278**	**440**	**18**	**207**	**9740**	**102**	**208**
定海区	4979	59	910	59	76	11	53	3661	38	112
普陀区	4582	109	756	174	123	4	148	3198	26	44
岱山县	2719	72	314	24	160			2094	25	30
嵊泗县	1048	21	94	21	81	3	6	787	13	22
台州市	**86911**	**1411**	**11514**	**565**	**675**	**70**	**305**	**70083**	**1452**	**836**
椒江区	6026	268	1312	25	22	3	1	4276	44	75
黄岩区	8763	141	741	61	51	8	68	7433	123	137
路桥区	7208	288	2139	23	44	4	45	4567	19	79
三门县	6462	20	136	6	29	5	9	6144	77	36
天台县	7815	16	177	43	42	15	17	7161	281	63
仙居县	6630	25	218	5	66	16	5	5935	287	73
温岭市	18286	3	3077	269	259	1	102	14236	198	141
临海市	18925	249	1424	46	107	16	45	16537	365	136
玉环市	6796	401	2290	87	55	2	13	3794	58	96
丽水市	**32047**	**190**	**1433**	**183**	**413**	**65**	**157**	**26723**	**2251**	**632**
莲都区	4285	32	367	24	27	11		3349	385	90
青田县	5298	44	242	43	62	4	11	4573	195	124
缙云县	6926	38	165	16	83	10	5	5630	863	116
遂昌县	3467	24	32	1	38	11	10	3009	264	78
松阳县	4057	19	222	15	41	8	34	3381	280	57
云和县	1343	4	166	6	23	3	32	994	78	37
庆元县	1853	10	73	27	39	8	10	1555	78	53
景宁畲族自治县	1551	3	104	25	38		7	1292	44	38
龙泉市	3267	16	62	26	62	10	48	2940	64	39

9–5　各地区按月租房费用分的家庭户户数

单位：户

地　　区	合　计	200元以下	200–499元	500–999元	1000–1999元
合计	**767106**	**51219**	**255147**	**258239**	**128756**
杭州市	**169072**	**3187**	**19623**	**56928**	**46111**
上城区	2728	148	22	80	433
下城区	4685	92	63	220	776
江干区	24368	309	277	5032	10292
拱墅区	7835	165	267	709	2055
西湖区	15013	165	194	2849	6782
滨江区	7355	35	64	393	2983
萧山区	34916	673	8096	12992	6785
余杭区	51953	244	3857	27233	12432
富阳区	7595	307	1946	3065	1808
临安区	6463	414	2386	2461	850
桐庐县	3671	369	1686	1112	353
淳安县	1144	103	356	396	239
建德市	1346	163	409	386	323
宁波市	**151164**	**21007**	**64116**	**35877**	**20988**
海曙区	16105	1057	6050	4272	3492
江北区	7510	420	3031	1779	1708
北仑区	16616	551	7720	5499	2233
镇海区	9427	626	4508	2119	1676
鄞州区	22996	1292	6343	5217	6002
奉化区	5943	997	2501	1290	816
象山县	5816	504	2639	2078	465
宁海县	8515	691	3743	3038	750
余姚市	19629	5342	8886	3504	1380
慈溪市	38607	9527	18695	7081	2466
温州市	**100864**	**5927**	**39620**	**35800**	**12304**
鹿城区	15673	487	4096	5378	3166
龙湾区	11847	237	5707	3864	1361
瓯海区	14161	326	4175	6281	1905
洞头区	794	38	339	315	96
永嘉县	5760	329	2044	2352	667
平阳县	4090	398	1507	1388	551
苍南县	2573	328	1173	572	292
文成县	422	32	156	143	66
泰顺县	342	32	75	126	89
瑞安市	18741	786	6581	8038	2260
乐清市	23110	2751	12757	5938	1320
龙港市	3351	183	1010	1405	531
嘉兴市	**75150**	**3556**	**24001**	**32270**	**12154**
南湖区	9589	394	1667	3286	3607
秀洲区	10113	464	3965	3247	1860
嘉善县	11975	719	5796	4079	1144
海盐县	3502	347	1221	998	860
海宁市	18279	599	4975	10269	1808
平湖市	7359	581	2781	2544	1285
桐乡市	14333	452	3596	7847	1590
湖州市	**24071**	**1544**	**8348**	**7879**	**4877**
吴兴区	7467	229	1584	2189	2691
南浔区	4922	627	2029	1515	651
德清县	3681	180	1241	1472	603
长兴县	3218	272	1572	921	347
安吉县	4783	236	1922	1782	585

9－5　续表 1　　　　单位：户

地　区	合　计	200元以下	200－499元	500－999元	1000－1999元
绍兴市	**37629**	**3863**	**14796**	**9098**	**7866**
越城区	7582	748	2135	1449	2622
柯桥区	14200	1548	6390	2339	3097
上虞区	4572	277	1878	1407	837
新昌县	1561	254	567	403	286
诸暨市	6584	800	2619	2156	749
嵊州市	3130	236	1207	1344	275
金华市	**105847**	**5327**	**40928**	**42799**	**13137**
婺城区	12049	522	6106	4005	1070
金东区	5636	315	2883	1903	366
武义县	6770	466	4555	1328	327
浦江县	3623	356	2063	888	214
磐安县	943	95	410	317	50
兰溪市	895	143	386	224	103
义乌市	45850	988	8825	24554	9332
东阳市	13948	710	6669	5349	836
永康市	16133	1732	9031	4231	839
衢州市	**7317**	**953**	**2036**	**2251**	**1638**
柯城区	3034	234	648	991	891
衢江区	851	76	320	307	123
常山县	535	121	178	139	90
开化县	735	82	287	228	98
龙游县	844	141	267	193	181
江山市	1318	299	336	393	255
舟山市	**9803**	**905**	**3534**	**2113**	**2386**
定海区	4625	377	1422	1100	1265
普陀区	3536	250	1471	682	831
岱山县	1204	228	470	210	215
嵊泗县	438	50	171	121	75
台州市	**69936**	**3254**	**32606**	**27176**	**5061**
椒江区	9510	384	3380	3845	1327
黄岩区	7124	331	3259	2614	695
路桥区	8422	349	4470	2676	658
三门县	1193	104	558	383	120
天台县	1726	87	675	596	272
仙居县	2003	255	849	643	194
温岭市	19932	731	8856	9354	645
临海市	6758	388	2965	2468	789
玉环市	13268	625	7594	4597	361
丽水市	**16253**	**1696**	**5539**	**6048**	**2234**
莲都区	6015	207	986	3054	1328
青田县	1981	344	785	574	219
缙云县	2260	385	1166	452	177
遂昌县	698	134	193	245	117
松阳县	1131	103	495	409	92
云和县	1186	191	648	267	62
庆元县	705	82	386	183	32
景宁畲族自治县	791	63	275	336	104
龙泉市	1486	187	605	528	103

9-5　续表 2　　　　单位：户

地　　区	2000–2999元	3000–3999元	4000–5999元	6000–7999元	8000–9999元	10000元及以上
合计	**40965**	**17627**	**10309**	**2380**	**816**	**1648**
杭州市	**20977**	**12135**	**7632**	**1542**	**441**	**496**
上城区	624	680	498	132	47	64
下城区	1223	1300	810	125	37	39
江干区	3688	2666	1669	259	92	84
拱墅区	2341	1480	672	108	18	20
西湖区	2172	1396	1083	222	72	78
滨江区	1382	821	1140	380	107	50
萧山区	3429	1716	888	185	46	106
余杭区	5274	1917	829	122	14	31
富阳区	354	75	22	6	5	7
临安区	288	49	8	2	1	4
桐庐县	106	26	8		1	10
淳安县	44	3	2	1		
建德市	52	6	3		1	3
宁波市	**6477**	**1579**	**693**	**155**	**81**	**191**
海曙区	979	146	78	9	9	13
江北区	450	82	26	8	1	5
北仑区	466	89	35	10	2	11
镇海区	368	83	20	3	6	18
鄞州区	2958	794	296	56	24	14
奉化区	170	56	49	22	17	25
象山县	81	32	9	4		4
宁海县	192	55	23	2	2	19
余姚市	292	92	63	22	8	40
慈溪市	521	150	94	19	12	42
温州市	**4300**	**1497**	**804**	**253**	**97**	**262**
鹿城区	1462	645	339	79	9	12
龙湾区	465	134	49	7	4	19
瓯海区	993	297	108	11	10	55
洞头区	4	1	1			
永嘉县	268	62	25	3		10
平阳县	124	29	27	17	14	35
苍南县	82	39	33	17	6	31
文成县	14	3	5			3
泰顺县	16	1	3			
瑞安市	555	179	132	88	42	80
乐清市	194	75	51	10	7	7
龙港市	123	32	31	21	5	10
嘉兴市	**2184**	**538**	**266**	**67**	**31**	**83**
南湖区	503	91	35	4		2
秀洲区	387	107	55	8	9	11
嘉善县	185	23	18	4	2	5
海盐县	55	10	6	2	2	1
海宁市	462	94	46	9	5	12
平湖市	133	24	8	3		
桐乡市	459	189	98	37	13	52
湖州市	**943**	**248**	**98**	**32**	**25**	**77**
吴兴区	454	168	56	23	20	53
南浔区	58	13	14	2		13
德清县	159	14	5	4		3
长兴县	72	18	8		4	4
安吉县	200	35	15	3	1	4

9-5 续表 3

单位：户

地 区	2000-2999元	3000-3999元	4000-5999元	6000-7999元	8000-9999元	10000元及以上
绍兴市	**1434**	**301**	**107**	**45**	**14**	**105**
越城区	515	85	16	9	1	2
柯桥区	558	130	55	13	3	67
上虞区	132	24	7	1		9
新昌县	37	9	2		1	2
诸暨市	140	43	25	21	9	22
嵊州市	52	10	2	1		3
金华市	**2005**	**695**	**401**	**192**	**81**	**282**
婺城区	219	74	19	9	4	21
金东区	76	44	18	10	7	14
武义县	50	14	10	9	2	9
浦江县	48	14	21	3	6	10
磐安县	17	8	12	15	9	10
兰溪市	16	3	8	3		9
义乌市	1250	404	215	115	38	129
东阳市	192	79	50	13	9	41
永康市	137	55	48	15	6	39
衢州市	**257**	**93**	**46**	**10**	**7**	**26**
柯城区	190	49	17	4	1	9
衢江区	9	7	6	1		2
常山县	5	1	1			
开化县	9	21	6			4
龙游县	26	9	10	4	5	8
江山市	18	6	6	1	1	3
舟山市	**656**	**100**	**67**	**17**	**10**	**15**
定海区	377	55	23	2		4
普陀区	203	33	39	14	8	5
岱山县	66	9	5			1
嵊泗县	10	3		1	2	5
台州市	**1280**	**313**	**122**	**41**	**11**	**72**
椒江区	367	110	36	19	5	37
黄岩区	189	21	9		2	4
路桥区	183	40	20	13	1	12
三门县	17	4	5			2
天台县	72	12	6	1	1	4
仙居县	45	7	4	3		3
温岭市	250	72	24			
临海市	90	32	14	3	2	7
玉环市	67	15	4	2		3
丽水市	**452**	**128**	**73**	**26**	**18**	**39**
莲都区	334	73	19	7	4	3
青田县	29	8	7	4	3	8
缙云县	35	14	9	7	1	14
遂昌县	5	2	1		1	
松阳县	15	9	4	1		3
云和县	9	5	2	1		1
庆元县	6	7	5			4
景宁畲族自治县	6	2	2		1	2
龙泉市	13	8	24	6	8	4

9—5a 各地区按月租房费用分的家庭户户数(城市)

单位：户

地 区	合 计	200元以下	200—499元	500—999元	1000—1999元
合计	**504502**	**24084**	**133553**	**175943**	**105528**
杭州市	**142792**	**1831**	**11551**	**44908**	**42756**
上城区	2728	148	22	80	433
下城区	4685	92	63	220	776
江干区	24368	309	277	5032	10292
拱墅区	7835	165	267	709	2055
西湖区	14828	164	179	2795	6752
滨江区	7355	35	64	393	2983
萧山区	29728	409	5362	11276	6467
余杭区	38919	155	2125	19208	10199
富阳区	6959	211	1654	2915	1748
临安区	4548	87	1311	2024	796
桐庐县					
淳安县					
建德市	839	56	227	256	255
宁波市	**91494**	**11195**	**34642**	**21480**	**16402**
海曙区	13870	638	4789	3849	3386
江北区	5475	252	1803	1326	1532
北仑区	11509	308	4855	3901	1909
镇海区	7514	381	3348	1748	1565
鄞州区	11492	153	569	2347	4662
奉化区	3294	339	1108	853	704
象山县					
宁海县					
余姚市	14458	3603	6481	2803	1163
慈溪市	23882	5521	11689	4653	1481
温州市	**69178**	**3203**	**24542**	**25925**	**9497**
鹿城区	14806	406	3679	5120	3088
龙湾区	7143	186	3398	2063	937
瓯海区	11595	170	2665	5556	1777
洞头区	402	20	125	197	55
永嘉县					
平阳县					
苍南县					
文成县					
泰顺县					
瑞安市	14301	484	4600	6309	1937
乐清市	17790	1799	9190	5305	1179
龙港市	3141	138	885	1375	524
嘉兴市	**31414**	**632**	**6469**	**14550**	**7756**
南湖区	7330	192	688	2494	3349
秀洲区	4162	97	1557	1130	1104
嘉善县					
海盐县					
海宁市	6306	189	1269	3360	1187
平湖市	3081	68	917	1152	817
桐乡市	10535	86	2038	6414	1299
湖州市	**7442**	**272**	**2085**	**2235**	**2388**
吴兴区	4432	114	817	1210	1895
南浔区	3010	158	1268	1025	493
德清县					
长兴县					
安吉县					

9－5a 续表 1

单位：户

地 区	合 计	200元以下	200－499元	500－999元	1000－1999元
绍兴市	**30258**	**2311**	**11316**	**7575**	**7218**
越城区	6612	619	1631	1241	2499
柯桥区	12297	1119	5309	2060	3027
上虞区	3701	173	1374	1199	793
新昌县					
诸暨市	4936	255	1977	1865	633
嵊州市	2712	145	1025	1210	266
金华市	**67719**	**1851**	**19124**	**33064**	**11081**
婺城区	10981	355	5566	3771	992
金东区	2176	47	920	930	205
武义县					
浦江县					
磐安县					
兰溪市	685	92	295	192	85
义乌市	34765	305	3648	20639	8434
东阳市	7613	268	2621	3865	613
永康市	11499	784	6074	3667	752
衢州市	**4798**	**508**	**1176**	**1599**	**1201**
柯城区	2903	221	613	948	856
衢江区	754	50	282	295	105
常山县					
开化县					
龙游县	1			1	
江山市	1140	237	281	355	240
舟山市	**5803**	**323**	**1664**	**1263**	**1877**
定海区	3313	261	735	762	1117
普陀区	2490	62	929	501	760
岱山县					
嵊泗县					
台州市	**46799**	**1720**	**19674**	**19972**	**3960**
椒江区	7781	321	2313	3364	1234
黄岩区	6023	241	2512	2407	651
路桥区	4576	173	2049	1534	586
三门县					
天台县					
仙居县					
温岭市	13964	217	5259	7695	493
临海市	4213	291	1752	1413	664
玉环市	10242	477	5789	3559	332
丽水市	**6805**	**238**	**1310**	**3372**	**1392**
莲都区	5434	115	736	2857	1294
青田县					
缙云县					
遂昌县					
松阳县					
云和县					
庆元县					
景宁畲族自治县					
龙泉市	1371	123	574	515	98

9-5a　续表 2　　　　单位：户

地　　区	2000—2999元	3000—3999元	4000—5999元	6000—7999元	8000—9999元	10000元及以上
合计	**35783**	**16241**	**9448**	**2108**	**662**	**1152**
杭州市	**19896**	**11915**	**7512**	**1529**	**433**	**461**
上城区	624	680	498	132	47	64
下城区	1223	1300	810	125	37	39
江干区	3688	2666	1669	259	92	84
拱墅区	2341	1480	672	108	18	20
西湖区	2120	1369	1078	222	72	77
滨江区	1382	821	1140	380	107	50
萧山区	3321	1693	879	180	43	98
余杭区	4559	1786	740	115	12	20
富阳区	320	73	21	6	4	7
临安区	277	43	5	2	1	2
桐庐县						
淳安县						
建德市	41	4				
宁波市	**5534**	**1342**	**571**	**131**	**63**	**134**
海曙区	966	141	75	8	7	11
江北区	442	80	26	8	1	5
北仑区	408	79	30	9	2	8
镇海区	348	80	19	3	6	16
鄞州区	2683	728	266	52	20	12
奉化区	153	45	37	20	15	20
象山县						
宁海县						
余姚市	248	69	43	12	3	33
慈溪市	286	120	75	19	9	29
温州市	**3604**	**1316**	**660**	**195**	**74**	**162**
鹿城区	1442	640	335	78	9	9
龙湾区	380	122	37	5	3	12
瓯海区	956	295	103	10	10	53
洞头区	4	1				
永嘉县						
平阳县						
苍南县						
文成县						
泰顺县						
瑞安市	515	156	112	74	40	74
乐清市	186	71	42	7	7	4
龙港市	121	31	31	21	5	10
嘉兴市	**1389**	**352**	**151**	**44**	**14**	**57**
南湖区	488	86	28	4		1
秀洲区	216	36	11	3	3	5
嘉善县						
海盐县						
海宁市	213	47	31	4		6
平湖市	98	21	6	2		
桐乡市	374	162	75	31	11	45
湖州市	**363**	**58**	**25**	**2**		**14**
吴兴区	322	49	18	1		6
南浔区	41	9	7	1		8
德清县						
长兴县						
安吉县						

9-5a 续表 3

单位：户

地　区	2000-2999元	3000-3999元	4000-5999元	6000-7999元	8000-9999元	10000元及以上
绍兴市	**1327**	**280**	**90**	**40**	**11**	**90**
越城区	510	85	15	9	1	2
柯桥区	527	127	51	11	2	64
上虞区	124	24	6	1		7
新昌县						
诸暨市	116	34	16	18	8	14
嵊州市	50	10	2	1		3
金华市	**1522**	**499**	**252**	**122**	**45**	**159**
婺城区	183	68	15	8	4	19
金东区	38	24	2	2	4	4
武义县						
浦江县						
磐安县						
兰溪市	10	2	3	3		3
义乌市	1052	317	166	95	25	84
东阳市	125	50	31	4	7	29
永康市	114	38	35	10	5	20
衢州市	**212**	**56**	**27**	**5**	**1**	**13**
柯城区	189	47	16	4	1	8
衢江区	7	6	6	1		2
常山县						
开化县						
龙游县						
江山市	16	3	5			3
舟山市	**555**	**81**	**29**	**5**	**2**	**4**
定海区	360	53	20	2		3
普陀区	195	28	9	3	2	1
岱山县						
嵊泗县						
台州市	**1037**	**261**	**90**	**26**	**8**	**51**
椒江区	352	106	32	19	5	35
黄岩区	181	19	7		2	3
路桥区	170	35	16	5		8
三门县						
天台县						
仙居县						
温岭市	209	67	24			
临海市	61	21	8		1	2
玉环市	64	13	3	2		3
丽水市	**344**	**81**	**41**	**9**	**11**	**7**
莲都区	331	73	18	4	3	3
青田县						
缙云县						
遂昌县						
松阳县						
云和县						
庆元县						
景宁畲族自治县						
龙泉市	13	8	23	5	8	4

9-5b　各地区按月租房费用分的家庭户户数(镇)

单位：户

地　　区	合　计	200元以下	200-499元	500-999元	1000-1999元
合计	**145841**	**12667**	**63289**	**47685**	**16413**
杭州市	**11876**	**799**	**3905**	**4364**	**1975**
上城区					
下城区					
江干区					
拱墅区					
西湖区	4			2	1
滨江区					
萧山区	856	59	462	231	66
余杭区	4899	35	587	2448	1247
富阳区	160	14	117	25	4
临安区	1099	202	670	190	27
桐庐县	3548	323	1650	1087	345
淳安县	964	88	319	278	232
建德市	346	78	100	103	53
宁波市	**30127**	**4406**	**12805**	**8636**	**3171**
海曙区	211	48	83	57	16
江北区					
北仑区	608	5	79	432	45
镇海区	763	88	412	167	81
鄞州区	5278	420	2254	1514	805
奉化区	398	55	146	116	62
象山县	5014	387	2185	1875	442
宁海县	7117	429	2990	2717	701
余姚市	3597	1111	1720	520	168
慈溪市	7141	1863	2936	1238	851
温州市	**16961**	**960**	**7473**	**5703**	**1953**
鹿城区	23	6	2	9	5
龙湾区	4695	51	2308	1795	423
瓯海区	324	4	200	100	19
洞头区	37	3	29	5	
永嘉县	5048	222	1788	2062	616
平阳县	2567	225	818	870	469
苍南县	1709	163	669	472	244
文成县	365	20	129	132	64
泰顺县	286	23	61	111	75
瑞安市	83	6	36	24	12
乐清市	1674	208	1349	96	19
龙港市	150	29	84	27	7
嘉兴市	**25862**	**1368**	**10110**	**10300**	**3411**
南湖区	1031	104	364	346	205
秀洲区	2523	165	842	1085	380
嘉善县	9715	368	4591	3478	1068
海盐县	2488	183	625	820	800
海宁市	6176	188	2264	2969	482
平湖市	2211	166	701	962	351
桐乡市	1718	194	723	640	125
湖州市	**12208**	**776**	**4374**	**4330**	**1887**
吴兴区	1177	21	150	374	330
南浔区	975	229	305	300	121
德清县	2960	111	856	1245	572
长兴县	3019	238	1464	888	332
安吉县	4077	177	1599	1523	532

9–5b 续表 1

单位：户

地 区	合 计	200元以下	200–499元	500–999元	1000–1999元
绍兴市	**3267**	**721**	**1316**	**744**	**386**
越城区	9	1	5	3	
柯桥区	525	143	255	102	19
上虞区	174	38	83	33	17
新昌县	1458	214	556	381	256
诸暨市	982	277	358	218	89
嵊州市	119	48	59	7	5
金华市	**23610**	**1400**	**13453**	**6781**	**1353**
婺城区	398	52	175	84	51
金东区	2122	95	1152	730	98
武义县	5174	323	3331	1139	301
浦江县	2323	161	1202	709	183
磐安县	882	84	388	298	45
兰溪市	148	30	65	22	16
义乌市	5892	171	2925	2206	426
东阳市	4802	205	2992	1300	192
永康市	1869	279	1223	293	41
衢州市	**2228**	**373**	**789**	**571**	**383**
柯城区	35	2	19	7	5
衢江区	65	18	30	5	11
常山县	513	111	172	136	87
开化县	714	77	277	225	96
龙游县	782	123	249	176	175
江山市	119	42	42	22	9
舟山市	**1665**	**241**	**511**	**374**	**387**
定海区	343	23	130	92	90
普陀区	181	74	13	15	30
岱山县	818	119	258	164	198
嵊泗县	323	25	110	103	69
台州市	**10212**	**608**	**4984**	**3594**	**763**
椒江区	149	10	59	77	3
黄岩区	219	23	142	39	12
路桥区	1419	38	881	454	30
三门县	1037	63	468	362	119
天台县	1533	57	552	572	260
仙居县	1760	163	737	621	179
温岭市	2888	220	1723	834	82
临海市	872	27	290	443	75
玉环市	335	7	132	192	3
丽水市	**7825**	**1015**	**3569**	**2288**	**744**
莲都区	182	44	107	25	4
青田县	1695	217	690	538	197
缙云县	2057	321	1082	414	166
遂昌县	642	99	178	241	115
松阳县	890	62	357	362	80
云和县	1016	147	546	251	61
庆元县	622	58	348	169	29
景宁畲族自治县	684	46	252	282	92
龙泉市	37	21	9	6	

9-5b 续表 2

单位：户

地 区	2000-2999元	3000-3999元	4000-5999元	6000-7999元	8000-9999元	10000元及以上
合计	**3697**	**938**	**555**	**170**	**101**	**326**
杭州市	**570**	**141**	**93**	**6**	**4**	**19**
上城区						
下城区						
江干区						
拱墅区						
西湖区	1					
滨江区						
萧山区	29	5	2	1		1
余杭区	384	105	80	5	2	6
富阳区						
临安区	5	3				2
桐庐县	102	24	7		1	9
淳安县	43	2	2			
建德市	6	2	2		1	1
宁波市	**768**	**184**	**88**	**19**	**15**	**35**
海曙区	4	1		1	1	
江北区						
北仑区	34	9	3			1
镇海区	14	1				
鄞州区	197	51	28	4	4	1
奉化区	6	5	5	2		1
象山县	80	32	9	1		3
宁海县	190	50	19	2	2	17
余姚市	31	13	14	9	5	6
慈溪市	212	22	10		3	6
温州市	**550**	**115**	**87**	**28**	**16**	**76**
鹿城区	1					
龙湾区	84	12	12	2	1	7
瓯海区	1					
洞头区						
永嘉县	264	60	24	2		10
平阳县	103	20	17	9	10	26
苍南县	66	21	25	15	5	29
文成县	14		3			3
泰顺县	13		3			
瑞安市	2	1	2			
乐清市			1			1
龙港市	2	1				
嘉兴市	**513**	**80**	**46**	**10**	**7**	**17**
南湖区	4	2	5			1
秀洲区	24	9	10	1	2	5
嘉善县	173	18	10	3	1	5
海盐县	45	8	4	1	1	1
海宁市	218	37	9	3	2	4
平湖市	28	1	2			
桐乡市	21	5	6	2	1	1
湖州市	**516**	**176**	**55**	**25**	**21**	**48**
吴兴区	92	112	24	19	17	38
南浔区	11	3	4			2
德清县	153	13	4	4		2
长兴县	66	17	8		3	3
安吉县	194	31	15	2	1	3

9-5b 续表 3

单位：户

地　区	2000-2999元	3000-3999元	4000-5999元	6000-7999元	8000-9999元	10000元及以上
绍兴市	**61**	**17**	**10**	**2**	**2**	**8**
越城区						
柯桥区	4	1	1			
上虞区	3					
新昌县	37	9	2		1	2
诸暨市	17	7	7	2	1	6
嵊州市						
金华市	**321**	**98**	**76**	**46**	**22**	**60**
婺城区	28	5	3			
金东区	22	10	3	4	2	6
武义县	44	11	8	7	2	8
浦江县	39	10	8	1	4	6
磐安县	16	8	12	15	9	7
兰溪市	5	1	5			4
义乌市	108	27	10	7	3	9
东阳市	55	23	16	8	1	10
永康市	4	3	11	4	1	10
衢州市	**40**	**33**	**19**	**4**	**4**	**12**
柯城区		1	1			
衢江区		1				
常山县	5	1	1			
开化县	8	21	6			4
龙游县	25	8	10	4	4	8
江山市	2	1	1			
舟山市	**84**	**14**	**32**	**11**	**3**	**8**
定海区	7	1				
普陀区	4	2	27	11	3	2
岱山县	64	9	5			1
嵊泗县	9	2				5
台州市	**186**	**38**	**19**	**6**	**1**	**13**
椒江区						
黄岩区	1	1				1
路桥区	9	4	1	1		1
三门县	15	4	5			1
天台县	69	11	6	1	1	4
仙居县	44	7	4	3		2
温岭市	26	3				
临海市	21	8	3	1		4
玉环市	1					
丽水市	**88**	**42**	**30**	**13**	**6**	**30**
莲都区			1	1		
青田县	25	6	7	4	3	8
缙云县	31	13	9	6	1	14
遂昌县	5	2	1		1	
松阳县	12	9	4	1		3
云和县	6	4		1		
庆元县	3	6	5			4
景宁畲族自治县	6	2	2		1	1
龙泉市			1			

9–5c　各地区按月租房费用分的家庭户户数(乡村)

单位：户

地　　区	合　计	200元以下	200–499元	500–999元	1000–1999元
合计	**116763**	**14468**	**58305**	**34611**	**6815**
杭州市	**14404**	**557**	**4167**	**7656**	**1380**
上城区					
下城区					
江干区					
拱墅区					
西湖区	181	1	15	52	29
滨江区					
萧山区	4332	205	2272	1485	252
余杭区	8135	54	1145	5577	986
富阳区	476	82	175	125	56
临安区	816	125	405	247	27
桐庐县	123	46	36	25	8
淳安县	180	15	37	118	7
建德市	161	29	82	27	15
宁波市	**29543**	**5406**	**16669**	**5761**	**1415**
海曙区	2024	371	1178	366	90
江北区	2035	168	1228	453	176
北仑区	4499	238	2786	1166	279
镇海区	1150	157	748	204	30
鄞州区	6226	719	3520	1356	535
奉化区	2251	603	1247	321	50
象山县	802	117	454	203	23
宁海县	1398	262	753	321	49
余姚市	1574	628	685	181	49
慈溪市	7584	2143	4070	1190	134
温州市	**14725**	**1764**	**7605**	**4172**	**854**
鹿城区	844	75	415	249	73
龙湾区	9		1	6	1
瓯海区	2242	152	1310	625	109
洞头区	355	15	185	113	41
永嘉县	712	107	256	290	51
平阳县	1523	173	689	518	82
苍南县	864	165	504	100	48
文成县	57	12	27	11	2
泰顺县	56	9	14	15	14
瑞安市	4357	296	1945	1705	311
乐清市	3646	744	2218	537	122
龙港市	60	16	41	3	
嘉兴市	**17874**	**1556**	**7422**	**7420**	**987**
南湖区	1228	98	615	446	53
秀洲区	3428	202	1566	1032	376
嘉善县	2260	351	1205	601	76
海盐县	1014	164	596	178	60
海宁市	5797	222	1442	3940	139
平湖市	2067	347	1163	430	117
桐乡市	2080	172	835	793	166
湖州市	**4421**	**496**	**1889**	**1314**	**602**
吴兴区	1858	94	617	605	466
南浔区	937	240	456	190	37
德清县	721	69	385	227	31
长兴县	199	34	108	33	15
安吉县	706	59	323	259	53

9-5c 续表 1

单位：户

地 区	合 计	200元以下	200-499元	500-999元	1000-1999元
绍兴市	**4104**	**831**	**2164**	**779**	**262**
越城区	961	128	499	205	123
柯桥区	1378	286	826	177	51
上虞区	697	66	421	175	27
新昌县	103	40	11	22	30
诸暨市	666	268	284	73	27
嵊州市	299	43	123	127	4
金华市	**14518**	**2076**	**8351**	**2954**	**703**
婺城区	670	115	365	150	27
金东区	1338	173	811	243	63
武义县	1596	143	1224	189	26
浦江县	1300	195	861	179	31
磐安县	61	11	22	19	5
兰溪市	62	21	26	10	2
义乌市	5193	512	2252	1709	472
东阳市	1533	237	1056	184	31
永康市	2765	669	1734	271	46
衢州市	**291**	**72**	**71**	**81**	**54**
柯城区	96	11	16	36	30
衢江区	32	8	8	7	7
常山县	22	10	6	3	3
开化县	21	5	10	3	2
龙游县	61	18	18	16	6
江山市	59	20	13	16	6
舟山市	**2335**	**341**	**1359**	**476**	**122**
定海区	969	93	557	246	58
普陀区	865	114	529	166	41
岱山县	386	109	212	46	17
嵊泗县	115	25	61	18	6
台州市	**12925**	**926**	**7948**	**3610**	**338**
椒江区	1580	53	1008	404	90
黄岩区	882	67	605	168	32
路桥区	2427	138	1540	688	42
三门县	156	41	90	21	1
天台县	193	30	123	24	12
仙居县	243	92	112	22	15
温岭市	3080	294	1874	825	70
临海市	1673	70	923	612	50
玉环市	2691	141	1673	846	26
丽水市	**1623**	**443**	**660**	**388**	**98**
莲都区	399	48	143	172	30
青田县	286	127	95	36	22
缙云县	203	64	84	38	11
遂昌县	56	35	15	4	2
松阳县	241	41	138	47	12
云和县	170	44	102	16	1
庆元县	83	24	38	14	3
景宁畲族自治县	107	17	23	54	12
龙泉市	78	43	22	7	5

9-5c　续表 2　　　　单位：户

地　区	2000—2999元	3000—3999元	4000—5999元	6000—7999元	8000—9999元	10000元及以上
合计	**1485**	**448**	**306**	**102**	**53**	**170**
杭州市	**511**	**79**	**27**	**7**	**4**	**16**
上城区						
下城区						
江干区						
拱墅区						
西湖区	51	27	5			1
滨江区						
萧山区	79	18	7	4	3	7
余杭区	331	26	9	2		5
富阳区	34	2	1		1	
临安区	6	3	3			
桐庐县	4	2	1			1
淳安县	1	1		1		
建德市	5		1			2
宁波市	**175**	**53**	**34**	**5**	**3**	**22**
海曙区	9	4	3		1	2
江北区	8	2				
北仑区	24	1	2	1		2
镇海区	6	2	1			2
鄞州区	78	15	2			1
奉化区	11	6	7		2	4
象山县	1			3		1
宁海县	2	5	4			2
余姚市	13	10	6	1		1
慈溪市	23	8	9			7
温州市	**146**	**66**	**57**	**30**	**7**	**24**
鹿城区	19	5	4	1		3
龙湾区	1					
瓯海区	36	2	5	1		2
洞头区			1			
永嘉县	4	2	1	1		
平阳县	21	9	10	8	4	9
苍南县	16	18	8	2	1	2
文成县		3	2			
泰顺县	3	1				
瑞安市	38	22	18	14	2	6
乐清市	8	4	8	3		2
龙港市						
嘉兴市	**282**	**106**	**69**	**13**	**10**	**9**
南湖区	11	3	2			
秀洲区	147	62	34	4	4	1
嘉善县	12	5	8	1	1	
海盐县	10	2	2	1	1	
海宁市	31	10	6	2	3	2
平湖市	7	2		1		
桐乡市	64	22	17	4	1	6
湖州市	**64**	**14**	**18**	**5**	**4**	**15**
吴兴区	40	7	14	3	3	9
南浔区	6	1	3	1		3
德清县	6	1	1			1
长兴县	6	1			1	1
安吉县	6	4		1		1

9–5c 续表 3

单位：户

地 区	2000—2999元	3000—3999元	4000—5999元	6000—7999元	8000—9999元	10000元及以上
绍兴市	**46**	**4**	**7**	**3**	**1**	**7**
越城区	5		1			
柯桥区	27	2	3	2	1	3
上虞区	5		1			2
新昌县						
诸暨市	7	2	2	1		2
嵊州市	2					
金华市	**162**	**98**	**73**	**24**	**14**	**63**
婺城区	8	1	1	1		2
金东区	16	10	13	4	1	4
武义县	6	3	2	2		1
浦江县	9	4	13	2	2	4
磐安县	1					3
兰溪市	1					2
义乌市	90	60	39	13	10	36
东阳市	12	6	3	1	1	2
永康市	19	14	2	1		9
衢州市	**5**	**4**		**1**	**2**	**1**
柯城区	1	1				1
衢江区	2					
常山县						
开化县	1					
龙游县	1	1			1	
江山市		2		1	1	
舟山市	**17**	**5**	**6**	**1**	**5**	**3**
定海区	10	1	3			1
普陀区	4	3	3		3	2
岱山县	2					
嵊泗县	1	1		1	2	
台州市	**57**	**14**	**13**	**9**	**2**	**8**
椒江区	15	4	4			2
黄岩区	7	1	2			
路桥区	4	1	3	7	1	3
三门县	2					1
天台县	3	1				
仙居县	1					1
温岭市	15	2				
临海市	8	3	3	2	1	1
玉环市	2	2	1			
丽水市	**20**	**5**	**2**	**4**	**1**	**2**
莲都区	3			2	1	
青田县	4	2				
缙云县	4	1		1		
遂昌县						
松阳县	3					
云和县	3	1	2			1
庆元县	3	1				
景宁畲族自治县						1
龙泉市				1		

9-6 各地区按住房来源分的同时拥有厨房和厕所的家庭户户数

单位：户

地区	合计	租赁廉租住房/公租房	租赁其他住房	购买新建商品房	购买二手房	购买原公有住房	购买经济适用房/两限房	自建住房	继承或赠予	其他
合计	**2062263**	**76274**	**510299**	**326440**	**196909**	**36576**	**91001**	**773999**	**19955**	**30810**
杭州市	**384851**	**15495**	**123634**	**74795**	**37753**	**16007**	**28258**	**81648**	**1173**	**6088**
上城区	11006	172	2326	1627	1990	2840	1368	60	132	491
下城区	16523	277	4055	2910	3294	3789	1611	20	126	441
江干区	46437	2112	19838	9945	4970	1962	6152	853	85	520
拱墅区	22063	1372	6110	5324	2950	2517	3085	125	93	487
西湖区	30715	1329	8883	6484	4975	1845	4204	2368	119	508
滨江区	13886	1380	4493	3599	1921	76	2185	110	23	99
萧山区	65167	2879	22439	10711	4321	746	3370	19954	99	648
余杭区	89333	4371	41498	19489	5501	620	4127	12639	77	1011
富阳区	27094	527	5787	4467	2010	387	748	12042	127	999
临安区	20892	421	4236	3079	1629	253	336	10700	56	182
桐庐县	14788	318	2151	2675	1393	301	304	7362	64	220
淳安县	12071	169	763	2202	1189	257	210	7031	87	163
建德市	14876	168	1055	2283	1610	414	558	8384	85	319
宁波市	**304578**	**12528**	**76053**	**51416**	**40464**	**4319**	**17466**	**94281**	**2901**	**5150**
海曙区	35580	1181	9471	7333	6472	1189	3000	5517	414	1003
江北区	15709	766	3763	3366	2460	292	2530	1861	235	436
北仑区	28740	1284	10887	5460	4194	214	800	5324	183	394
镇海区	16591	534	4705	3542	3045	689	1296	2230	142	408
鄞州区	54955	1643	14890	13022	10288	1109	5547	6696	579	1181
奉化区	19813	799	3391	3073	2668	104	802	8088	414	474
象山县	20664	540	4305	3008	2102	122	280	9928	97	282
宁海县	24311	666	5933	2039	2497	69	526	11982	315	284
余姚市	37451	1964	6966	5652	3876	192	1338	16801	196	466
慈溪市	50764	3151	11742	4921	2862	339	1347	25854	326	222
温州市	**288559**	**13942**	**67332**	**35399**	**32444**	**2385**	**10489**	**117280**	**4025**	**5263**
鹿城区	35470	2025	9922	6822	8735	950	2764	2579	381	1292
龙湾区	18600	2293	7187	2329	1058	87	882	3979	127	658
瓯海区	23821	1961	8365	3408	2257	104	1876	5374	148	328
洞头区	4339	56	648	554	354	8	185	2332	113	89
永嘉县	24511	789	4083	1792	1400	117	844	14737	440	309
平阳县	27629	793	2866	4176	4042	153	1005	13882	406	306
苍南县	26348	398	1951	3567	4061	128	1115	14330	493	305
文成县	7332	73	334	506	409	34	190	5533	130	123
泰顺县	8218	63	243	787	443	103	150	6133	195	101
瑞安市	47014	3329	12748	4686	4311	499	1009	18483	755	1194
乐清市	51192	1723	16481	4332	2121	151	269	25103	613	399
龙港市	14085	439	2504	2440	3253	51	200	4815	224	159
嘉兴市	**180413**	**6416**	**56101**	**31333**	**16568**	**3266**	**11429**	**52881**	**304**	**2115**
南湖区	28962	765	7506	6805	4836	1454	3984	3175	58	379
秀洲区	21808	839	6828	4077	2203	135	1674	5824	39	189
嘉善县	24331	1345	9878	4151	1846	188	246	6179	59	439
海盐县	15053	495	2648	2634	1356	409	1571	5544	33	363
海宁市	36228	1399	14060	5114	1795	522	1101	11932	37	268
平湖市	22476	344	5197	4048	2311	126	2598	7655	26	171
桐乡市	31555	1229	9984	4504	2221	432	255	12572	52	306
湖州市	**102661**	**3054**	**16531**	**21836**	**9030**	**1708**	**5825**	**42642**	**306**	**1729**
吴兴区	28200	823	5307	8913	3849	783	3143	4373	146	863
南浔区	17723	721	3269	3117	1231	284	866	7963	48	224
德清县	16464	528	2610	3052	1631	177	966	7330	26	144
长兴县	22860	480	2304	3891	1318	379	746	13435	55	252
安吉县	17414	502	3041	2863	1001	85	104	9541	31	246

9-6 续表 单位：户

地　区	合　计	租赁廉租住房/公租房	租　赁其他住房	购买新建商品房	购　买二手房	购买原公有住房	购买经济适用房/两限房	自建住房	继承或赠　予	其　他
绍兴市	**169612**	**4101**	**23383**	**35762**	**13452**	**1803**	**10128**	**76786**	**2320**	**1877**
越城区	33413	1187	5589	8660	4649	826	5546	6534	283	139
柯桥区	29638	931	6387	5797	1526	192	2852	11297	205	451
上虞区	28319	581	2999	5416	2791	199	867	14874	264	328
新昌县	14266	224	1191	3958	961	179	211	7159	239	144
诸暨市	39600	747	4856	7718	1788	275	618	21843	1080	675
嵊州市	24376	431	2361	4213	1737	132	34	15079	249	140
金华市	**226722**	**11908**	**75985**	**22053**	**13965**	**2379**	**1283**	**93550**	**2891**	**2708**
婺城区	32626	1083	9411	6100	4716	770	169	9642	250	485
金东区	15643	938	3860	1604	802	71	220	7743	247	158
武义县	15264	896	4571	1334	1138	130	114	6594	206	281
浦江县	14287	351	2736	1088	928	137	68	8371	328	280
磐安县	6031	40	764	424	176	31	8	4335	150	103
兰溪市	18343	183	619	2988	1341	346	54	12234	356	222
义乌市	62296	4285	35527	3630	2023	363	367	15108	543	450
东阳市	34542	1934	9059	3031	1496	218	100	17970	262	472
永康市	27690	2198	9438	1854	1345	313	183	11553	549	257
衢州市	**78917**	**1083**	**5623**	**10792**	**8034**	**1405**	**876**	**49029**	**1310**	**765**
柯城区	17829	320	2476	4284	3527	704	358	5884	144	132
衢江区	12122	83	667	1044	708	43	28	9251	177	121
常山县	9602	131	362	921	489	130	97	7009	346	117
开化县	9280	146	541	1006	665	153	220	6388	78	83
龙游县	13240	140	634	1543	1209	192	116	9061	214	131
江山市	16844	263	943	1994	1436	183	57	11436	351	181
舟山市	**42337**	**902**	**6558**	**11485**	**7023**	**908**	**805**	**13840**	**229**	**587**
定海区	18642	398	3422	5515	2935	401	302	5255	97	317
普陀区	13937	331	2051	4207	2365	393	375	3999	65	151
岱山县	7127	145	841	1418	1190	66	106	3238	50	73
嵊泗县	2631	28	244	345	533	48	22	1348	17	46
台州市	**207946**	**4883**	**47630**	**21580**	**11310**	**1462**	**2980**	**113524**	**1948**	**2629**
椒江区	24505	1051	6313	4534	2428	279	292	8989	144	475
黄岩区	22737	439	5434	2067	1145	213	759	12102	216	362
路桥区	19610	823	5948	1978	879	52	665	8907	49	309
三门县	11962	159	822	1409	525	123	76	8682	110	56
天台县	14292	143	1266	1591	810	76	171	9784	297	154
仙居县	11361	208	1395	1059	484	147	114	7655	155	144
温岭市	48226	393	14668	3853	2361	52	244	25766	385	504
临海市	35335	853	5006	3104	1668	468	531	23007	425	273
玉环市	19918	814	6778	1985	1010	52	128	8632	167	352
丽水市	**75667**	**1962**	**11469**	**9989**	**6866**	**934**	**1462**	**38538**	**2548**	**1899**
莲都区	16212	751	3925	3706	2098	278	255	4498	408	293
青田县	11848	293	1558	1526	730	108	179	6771	225	458
缙云县	13579	233	1645	1015	741	110	105	8395	951	384
遂昌县	6590	118	462	691	699	59	135	4043	246	137
松阳县	7002	118	839	438	363	53	41	4702	359	89
云和县	4130	62	781	553	495	85	161	1838	65	90
庆元县	4761	66	548	443	387	61	451	2424	127	254
景宁畲族自治县	3413	80	601	502	401	43	15	1647	67	57
龙泉市	8132	241	1110	1115	952	137	120	4220	100	137

9-6a 各地区按住房来源分的同时拥有厨房和厕所的家庭户户数(城市)

单位：户

地区	合计	租赁廉租住房/公租房	租赁其他住房	购买新建商品房	购买二手房	购买原公有住房	购买经济适用房/两限房	自建住房	继承或赠予	其他
合计	**1055018**	**47889**	**337605**	**241788**	**143741**	**29913**	**69984**	**160939**	**5544**	**17615**
杭州市	**284686**	**12704**	**104704**	**65839**	**33605**	**14996**	**25910**	**21259**	**767**	**4902**
上城区	11006	172	2326	1627	1990	2840	1368	60	132	491
下城区	16523	277	4055	2910	3294	3789	1611	20	126	441
江干区	46437	2112	19838	9945	4970	1962	6152	853	85	520
拱墅区	22063	1372	6110	5324	2950	2517	3085	125	93	487
西湖区	29901	1324	8733	6369	4975	1844	4123	1906	119	508
滨江区	13886	1380	4493	3599	1921	76	2185	110	23	99
萧山区	49327	2345	19255	10437	4212	734	3181	8595	70	498
余杭区	63445	2984	30895	16911	4636	469	3023	3785	44	698
富阳区	17947	474	5307	4440	1981	378	609	3870	43	845
临安区	9222	194	2992	2852	1459	180	324	1108	8	105
桐庐县										
淳安县										
建德市	4929	70	700	1425	1217	207	249	827	24	210
宁波市	**175223**	**7815**	**45594**	**40879**	**31039**	**3826**	**13422**	**28180**	**1185**	**3283**
海曙区	29979	1066	8348	7010	5976	1177	2701	2537	251	913
江北区	13334	685	2991	3359	2416	283	2466	654	153	327
北仑区	19783	760	7630	4661	3777	148	697	1795	108	207
镇海区	13922	431	3965	3292	2859	681	1166	1097	93	338
鄞州区	36020	992	9093	11325	8530	1060	3891	262	179	688
奉化区	9738	520	1921	2718	1862	80	407	1764	129	337
象山县										
宁海县										
余姚市	22755	1515	5083	4896	3269	142	1069	6337	102	342
慈溪市	29692	1846	6563	3618	2350	255	1025	13734	170	131
温州市	**141158**	**9456**	**45426**	**23150**	**20721**	**1739**	**6420**	**29522**	**1502**	**3222**
鹿城区	32735	1883	9441	6733	8665	943	2648	864	360	1198
龙湾区	12392	1333	4389	2023	946	46	826	2253	84	492
瓯海区	19160	1573	6881	3367	2102	95	1766	3029	97	250
洞头区	2212	30	315	514	292	8	109	885	46	13
永嘉县										
平阳县										
苍南县										
文成县										
泰顺县										
瑞安市	30469	2697	9490	4317	3595	451	706	7931	428	854
乐清市	31256	1536	12579	3856	1945	146	187	10437	309	261
龙港市	12934	404	2331	2340	3176	50	178	4123	178	154
嘉兴市	**74916**	**2017**	**23765**	**20450**	**11175**	**2164**	**7926**	**6731**	**112**	**576**
南湖区	23573	578	5942	6475	4583	1409	3750	561	48	227
秀洲区	9953	280	2688	3192	1846	35	1513	352	14	33
嘉善县										
海盐县										
海宁市	14604	389	5383	3841	1284	344	832	2410	11	110
平湖市	9882	133	2278	3359	1599	102	1667	688	6	50
桐乡市	16904	637	7474	3583	1863	274	164	2720	33	156
湖州市	**25028**	**897**	**5434**	**9507**	**4072**	**863**	**2596**	**892**	**94**	**673**
吴兴区	19109	509	3399	7903	3470	768	2071	308	80	601
南浔区	5919	388	2035	1604	602	95	525	584	14	72
德清县										
长兴县										
安吉县										

9-6a　续表　　　　单位：户

地　区	合　计	租赁廉租住房/公租房	租　赁其他住房	购买新建商品房	购　买二手房	购买原公有住房	购买经济适用房/两限房	自建住房	继承或赠　予	其　他
绍兴市	**94799**	**3236**	**18872**	**29901**	**11436**	**1445**	**9396**	**18562**	**617**	**1334**
越城区	27918	1109	4737	8552	4617	823	5408	2307	234	131
柯桥区	21594	781	5806	5330	1393	159	2672	4957	92	404
上虞区	16599	456	2419	5140	2528	141	794	4819	74	228
新昌县										
诸暨市	17663	495	3861	6789	1386	226	500	3734	185	487
嵊州市	11025	395	2049	4090	1512	96	22	2745	32	84
金华市	**107058**	**6639**	**50863**	**16016**	**10431**	**1795**	**862**	**18871**	**437**	**1144**
婺城区	23065	901	8637	5315	4444	734	136	2524	82	292
金东区	4603	307	1705	814	467	28	162	1070	14	36
武义县										
浦江县										
磐安县										
兰溪市	7768	154	474	2837	1239	323	24	2488	86	143
义乌市	41782	2830	27783	2860	1739	258	306	5695	82	229
东阳市	13858	967	5277	2444	1256	152	64	3369	43	286
永康市	15982	1480	6987	1746	1286	300	170	3725	130	158
衢州市	**24054**	**641**	**3750**	**7130**	**5449**	**896**	**431**	**5351**	**121**	**285**
柯城区	13211	312	2368	4175	3469	696	354	1713	24	100
衢江区	3750	76	588	998	643	35	25	1276	31	78
常山县										
开化县										
龙游县	50	1						49		
江山市	7043	252	794	1957	1337	165	52	2313	66	107
舟山市	**21695**	**553**	**3804**	**8989**	**4857**	**765**	**446**	**1872**	**91**	**318**
定海区	12731	342	2415	5149	2740	391	246	1191	48	209
普陀区	8964	211	1389	3840	2117	374	200	681	43	109
岱山县										
嵊泗县										
台州市	**90104**	**2994**	**30906**	**15211**	**8054**	**1034**	**2263**	**27568**	**501**	**1573**
椒江区	18628	806	5064	4507	2406	276	291	4751	106	421
黄岩区	13237	319	4610	1941	1054	186	690	4098	100	239
路桥区	9583	321	3112	1736	687	46	617	2839	27	198
三门县										
天台县										
仙居县										
温岭市	21670	388	9567	2523	1582	41	139	7060	71	299
临海市	13071	577	3238	2641	1371	440	417	4166	84	137
玉环市	13915	583	5315	1863	954	45	109	4654	113	279
丽水市	**16297**	**937**	**4487**	**4716**	**2902**	**390**	**312**	**2131**	**117**	**305**
莲都区	11697	707	3458	3661	2038	266	241	1033	74	219
青田县										
缙云县										
遂昌县										
松阳县										
云和县										
庆元县										
景宁畲族自治县										
龙泉市	4600	230	1029	1055	864	124	71	1098	43	86

9-6b 各地区按住房来源分的同时拥有厨房和厕所的家庭户户数(镇)

单位：户

地区	合计	租赁廉租住房/公租房	租赁其他住房	购买新建商品房	购买二手房	购买原公有住房	购买经济适用房/两限房	自建住房	继承或赠予	其他
合计	**416905**	**17087**	**97326**	**77902**	**46182**	**5884**	**15360**	**145976**	**3896**	**7292**
杭州市	**34190**	**1157**	**8506**	**8466**	**3865**	**922**	**1720**	**8883**	**114**	**557**
上城区										
下城区										
江干区										
拱墅区										
西湖区	13		4	1				8		
滨江区										
萧山区	2411	56	484	116	60	4	118	1499	6	68
余杭区	10059	355	4258	2495	846	138	874	925	26	142
富阳区	946	27	105	16	17	1	3	757	11	9
临安区	2547	168	685	211	146	59	6	1228	19	25
桐庐县	10042	303	2068	2653	1345	292	293	2886	21	181
淳安县	5167	168	664	2190	1158	243	200	437	19	88
建德市	3005	80	238	784	293	185	226	1143	12	44
宁波市	**59133**	**2467**	**16647**	**9197**	**7520**	**377**	**2753**	**18729**	**555**	**888**
海曙区	1005	17	135	133	151	2	34	433	71	29
江北区										
北仑区	1479	114	467	389	246	52	39	148	2	22
镇海区	1139	42	251	240	159	1	129	255	31	31
鄞州区	9560	329	2816	1380	1246	30	1085	2254	131	289
奉化区	1770	50	207	259	406	16	306	466	16	44
象山县	12516	467	3725	2964	2034	112	270	2731	48	165
宁海县	14916	494	5009	1949	2378	60	504	4186	137	199
余姚市	7072	255	1285	703	498	28	175	4034	35	59
慈溪市	9676	699	2752	1180	402	76	211	4222	84	50
温州市	**65489**	**2825**	**11412**	**10659**	**9895**	**561**	**3010**	**25241**	**836**	**1050**
鹿城区	194	1	18	15	8		10	94		48
龙湾区	6200	960	2793	306	112	41	56	1723	43	166
瓯海区	493	187	109		19		3	172		3
洞头区	270		33	15	36		13	159	8	6
永嘉县	13239	682	3558	1648	1323	111	750	4770	165	232
平阳县	16739	543	1735	3879	3676	137	860	5513	174	222
苍南县	17312	277	1258	3341	3663	123	955	7206	258	231
文成县	3295	61	291	421	351	30	159	1849	71	62
泰顺县	3502	53	202	768	406	100	131	1767	38	37
瑞安市	988	10	73	57	219	16	39	527	18	29
乐清市	2629	16	1229	122	29	2	12	1178	30	11
龙港市	628	35	113	87	53	1	22	283	31	3
嘉兴市	**55034**	**2974**	**19400**	**10312**	**5121**	**1031**	**3181**	**11707**	**143**	**1165**
南湖区	1984	107	681	250	214	24	137	439	7	125
秀洲区	4593	297	1737	864	341	87	128	999	16	124
嘉善县	18240	1037	8242	3989	1792	179	239	2367	44	351
海盐县	10002	404	1907	2615	1333	404	1562	1419	32	326
海宁市	10234	652	4320	1159	482	165	213	3135	17	91
平湖市	5243	161	1519	582	615	20	814	1446	15	71
桐乡市	4738	316	994	853	344	152	88	1902	12	77
湖州市	**42013**	**1551**	**8050**	**11640**	**4708**	**811**	**1898**	**12618**	**126**	**611**
吴兴区	2406	46	703	772	324	11	149	288	24	89
南浔区	4378	198	601	1274	526	188	133	1379	22	57
德清县	10299	457	2018	3025	1622	172	891	1989	22	103
长兴县	14716	457	2151	3811	1274	363	678	5733	42	207
安吉县	10214	393	2577	2758	962	77	47	3229	16	155

9-6b 续表 单位：户

地区	合计	租赁廉租住房/公租房	租赁其他住房	购买新建商品房	购买二手房	购买原公有住房	购买经济适用房/两限房	自建住房	继承或赠予	其他
绍兴市	**19823**	**402**	**2070**	**5502**	**1619**	**266**	**497**	**8898**	**279**	**290**
越城区	141	2	7	23	2		5	97	1	4
柯桥区	1797	32	198	445	109	25	134	831	4	19
上虞区	1588	9	100	241	165	26	54	910	54	29
新昌县	8878	213	1115	3814	911	169	190	2299	41	126
诸暨市	5044	135	571	904	297	33	106	2775	133	90
嵊州市	2375	11	79	75	135	13	8	1986	46	22
金华市	**46600**	**3420**	**15262**	**5487**	**3116**	**469**	**315**	**17247**	**435**	**849**
婺城区	2318	21	340	697	223	19	9	851	21	137
金东区	4253	472	1249	607	269	25	51	1458	55	67
武义县	9211	684	3471	1315	1099	117	104	2197	59	165
浦江县	6469	175	1763	1001	851	126	63	2252	59	179
磐安县	3024	33	728	420	168	27	3	1529	43	73
兰溪市	2010	18	106	114	56	11	3	1648	27	27
义乌市	8100	1021	3841	704	239	91	50	2009	67	78
东阳市	8618	767	2776	576	197	49	21	4100	44	88
永康市	2597	229	988	53	14	4	11	1203	60	35
衢州市	**18811**	**416**	**1650**	**3526**	**2409**	**462**	**426**	**9386**	**270**	**266**
柯城区	351		27	30	13	2		254	20	5
衢江区	1211	6	51	25	45	3	1	1042	28	10
常山县	4335	130	344	916	465	124	96	2092	99	69
开化县	4445	145	524	1002	652	150	220	1663	25	64
龙游县	6150	125	598	1531	1179	171	109	2312	34	91
江山市	2319	10	106	22	55	12		2023	64	27
舟山市	**8305**	**173**	**1194**	**2219**	**1737**	**128**	**152**	**2537**	**45**	**120**
定海区	1242	7	297	307	119		3	471	13	25
普陀区	706	54	96	193	125	16	27	180		15
岱山县	4596	102	601	1394	1036	66	106	1220	26	45
嵊泗县	1761	10	200	325	457	46	16	666	6	35
台州市	**37813**	**847**	**7435**	**5804**	**2619**	**374**	**414**	**19444**	**438**	**438**
椒江区	167	14	111	2		1		36		3
黄岩区	1127	15	170	65	42	20	1	787	6	21
路桥区	3195	249	963	219	148	2	3	1556	9	46
三门县	6044	145	721	1403	500	118	68	3000	64	25
天台县	7444	130	1108	1548	775	62	154	3411	148	108
仙居县	6225	192	1227	1054	434	141	110	2916	42	109
温岭市	8907	2	2414	1061	525	10	3	4677	131	84
临海市	4207	80	576	417	194	15	69	2782	38	36
玉环市	497	20	145	35	1	5	6	279		6
丽水市	**29694**	**855**	**5700**	**5090**	**3573**	**483**	**994**	**11286**	**655**	**1058**
莲都区	548	14	147	21	33	3	14	283	23	10
青田县	6799	249	1322	1483	668	104	168	2398	65	342
缙云县	7353	200	1510	999	663	101	101	3164	324	291
遂昌县	3459	97	433	690	666	48	125	1296	32	72
松阳县	3133	103	638	423	323	45	7	1446	104	44
云和县	2962	58	637	547	474	82	129	958	21	56
庆元县	2981	57	477	416	349	54	441	928	55	204
景宁畲族自治县	1949	77	502	477	364	43	8	430	26	22
龙泉市	510		34	34	33	3	1	383	5	17

9-6c　各地区按住房来源分的同时拥有厨房和厕所的家庭户户数(乡村)

单位：户

地　区	合　计	租赁廉租住房/公租房	租　赁其他住房	购买新建商品房	购　买二手房	购买原公有住房	购买经济适用房/两限房	自建住房	继承或赠　予	其　他
合计	**590340**	**11298**	**75368**	**6750**	**6986**	**779**	**5657**	**467084**	**10515**	**5903**
杭州市	**65975**	**1634**	**10424**	**490**	**283**	**89**	**628**	**51506**	**292**	**629**
上城区										
下城区										
江干区										
拱墅区										
西湖区	801	5	146	114		1	81	454		
滨江区										
萧山区	13429	478	2700	158	49	8	71	9860	23	82
余杭区	15829	1032	6345	83	19	13	230	7929	7	171
富阳区	8201	26	375	11	12	8	136	7415	73	145
临安区	9123	59	559	16	24	14	6	8364	29	52
桐庐县	4746	15	83	22	48	9	11	4476	43	39
淳安县	6904	1	99	12	31	14	10	6594	68	75
建德市	6942	18	117	74	100	22	83	6414	49	65
宁波市	**70222**	**2246**	**13812**	**1340**	**1905**	**116**	**1291**	**47372**	**1161**	**979**
海曙区	4596	98	988	190	345	10	265	2547	92	61
江北区	2375	81	772	7	44	9	64	1207	82	109
北仑区	7478	410	2790	410	171	14	64	3381	73	165
镇海区	1530	61	489	10	27	7	1	878	18	39
鄞州区	9375	322	2981	317	512	19	571	4180	269	204
奉化区	8305	229	1263	96	400	8	89	5858	269	93
象山县	8148	73	580	44	68	10	10	7197	49	117
宁海县	9395	172	924	90	119	9	22	7796	178	85
余姚市	7624	194	598	53	109	22	94	6430	59	65
慈溪市	11396	606	2427	123	110	8	111	7898	72	41
温州市	**81912**	**1661**	**10494**	**1590**	**1828**	**85**	**1059**	**62517**	**1687**	**991**
鹿城区	2541	141	463	74	62	7	106	1621	21	46
龙湾区	8		5					3		
瓯海区	4168	201	1375	41	136	9	107	2173	51	75
洞头区	1857	26	300	25	26		63	1288	59	70
永嘉县	11272	107	525	144	77	6	94	9967	275	77
平阳县	10890	250	1131	297	366	16	145	8369	232	84
苍南县	9036	121	693	226	398	5	160	7124	235	74
文成县	4037	12	43	85	58	4	31	3684	59	61
泰顺县	4716	10	41	19	37	3	19	4366	157	64
瑞安市	15557	622	3185	312	497	32	264	10025	309	311
乐清市	17307	171	2673	354	147	3	70	13488	274	127
龙港市	523		60	13	24			409	15	2
嘉兴市	**50463**	**1425**	**12936**	**571**	**272**	**71**	**322**	**34443**	**49**	**374**
南湖区	3405	80	883	80	39	21	97	2175	3	27
秀洲区	7262	262	2403	21	16	13	33	4473	9	32
嘉善县	6091	308	1636	162	54	9	7	3812	15	88
海盐县	5051	91	741	19	23	5	9	4125	1	37
海宁市	11390	358	4357	114	29	13	56	6387	9	67
平湖市	7351	50	1400	107	97	4	117	5521	5	50
桐乡市	9913	276	1516	68	14	6	3	7950	7	73
湖州市	**35620**	**606**	**3047**	**689**	**250**	**34**	**1331**	**29132**	**86**	**445**
吴兴区	6685	268	1205	238	55	4	923	3777	42	173
南浔区	7426	135	633	239	103	1	208	6000	12	95
德清县	6165	71	592	27	9	5	75	5341	4	41
长兴县	8144	23	153	80	44	16	68	7702	13	45
安吉县	7200	109	464	105	39	8	57	6312	15	91

9-6c 续表

单位：户

地 区	合 计	租赁廉租住房/公租房	租赁其他住房	购买新建商品房	购买二手房	购买原公有住房	购买经济适用房/两限房	自建住房	继承或赠予	其 他
绍兴市	**54990**	**463**	**2441**	**359**	**397**	**92**	**235**	**49326**	**1424**	**253**
越城区	5354	76	845	85	30	3	133	4130	48	4
柯桥区	6247	118	383	22	24	8	46	5509	109	28
上虞区	10132	116	480	35	98	32	19	9145	136	71
新昌县	5388	11	76	144	50	10	21	4860	198	18
诸暨市	16893	117	424	25	105	16	12	15334	762	98
嵊州市	10976	25	233	48	90	23	4	10348	171	34
金华市	**73064**	**1849**	**9860**	**550**	**418**	**115**	**106**	**57432**	**2019**	**715**
婺城区	7243	161	434	88	49	17	24	6267	147	56
金东区	6787	159	906	183	66	18	7	5215	178	55
武义县	6053	212	1100	19	39	13	10	4397	147	116
浦江县	7818	176	973	87	77	11	5	6119	269	101
磐安县	3007	7	36	4	8	4	5	2806	107	30
兰溪市	8565	11	39	37	46	12	27	8098	243	52
义乌市	12414	434	3903	66	45	14	11	7404	394	143
东阳市	12066	200	1006	11	43	17	15	10501	175	98
永康市	9111	489	1463	55	45	9	2	6625	359	64
衢州市	**36052**	**26**	**223**	**136**	**176**	**47**	**19**	**34292**	**919**	**214**
柯城区	4267	8	81	79	45	6	4	3917	100	27
衢江区	7161	1	28	21	20	5	2	6933	118	33
常山县	5267	1	18	5	24	6	1	4917	247	48
开化县	4835	1	17	4	13	3		4725	53	19
龙游县	7040	14	36	12	30	21	7	6700	180	40
江山市	7482	1	43	15	44	6	5	7100	221	47
舟山市	**12337**	**176**	**1560**	**277**	**429**	**15**	**207**	**9431**	**93**	**149**
定海区	4669	49	710	59	76	10	53	3593	36	83
普陀区	4267	66	566	174	123	3	148	3138	22	27
岱山县	2531	43	240	24	154			2018	24	28
嵊泗县	870	18	44	20	76	2	6	682	11	11
台州市	**80029**	**1042**	**9289**	**565**	**637**	**54**	**303**	**66512**	**1009**	**618**
椒江区	5710	231	1138	25	22	2	1	4202	38	51
黄岩区	8373	105	654	61	49	7	68	7217	110	102
路桥区	6832	253	1873	23	44	4	45	4512	13	65
三门县	5918	14	101	6	25	5	8	5682	46	31
天台县	6848	13	158	43	35	14	17	6373	149	46
仙居县	5136	16	168	5	50	6	4	4739	113	35
温岭市	17649	3	2687	269	254	1	102	14029	183	121
临海市	18057	196	1192	46	103	13	45	16059	303	100
玉环市	5506	211	1318	87	55	2	13	3699	54	67
丽水市	**29676**	**170**	**1282**	**183**	**391**	**61**	**156**	**25121**	**1776**	**536**
莲都区	3967	30	320	24	27	9		3182	311	64
青田县	5049	44	236	43	62	4	11	4373	160	116
缙云县	6226	33	135	16	78	9	4	5231	627	93
遂昌县	3131	21	29	1	33	11	10	2747	214	65
松阳县	3869	15	201	15	40	8	34	3256	255	45
云和县	1168	4	144	6	21	3	32	880	44	34
庆元县	1780	9	71	27	38	7	10	1496	72	50
景宁畲族自治县	1464	3	99	25	37		7	1217	41	35
龙泉市	3022	11	47	26	55	10	48	2739	52	34

9-7 全省按户主的受教育程度、住房来源分的家庭户户数

单位：户

受教育程度	合 计	租赁廉租住房/公租房	租 赁其他住房	购买新建商品房	购 买二手房	购买原公有住房	购买经济适用房/两限房	自建住房	继承或赠 予	其 他
总 计	**2201125**	**97612**	**660426**	**319737**	**192928**	**35102**	**89227**	**746789**	**22342**	**36962**
未上过学	71034	1978	7196	2435	2573	932	3103	48542	2034	2241
学前教育	3742	105	321	120	120	61	160	2677	106	72
小 学	586025	21421	126316	29450	25295	6479	24669	333425	8426	10544
初 中	844261	47970	330117	78536	53624	11947	29279	271977	7466	13345
高 中	312212	14071	101912	62433	36910	7437	14390	67388	2573	5098
大学专科	182126	6171	51161	60105	31575	4109	9072	16003	1039	2891
大学本科	178538	4972	38240	77237	37375	3634	7421	6568	658	2433
硕士研究生	20624	817	4698	8518	4871	389	812	196	37	286
博士研究生	2563	107	465	903	585	114	321	13	3	52

9-7a 全省按户主的受教育程度、住房来源分的家庭户户数(城市)

单位：户

受教育程度	合 计	租赁廉租住房/公租房	租 赁其他住房	购买新建商品房	购 买二手房	购买原公有住房	购买经济适用房/两限房	自建住房	继承或赠 予	其 他
总 计	**1155773**	**61046**	**437319**	**236620**	**140328**	**28500**	**68639**	**156942**	**5834**	**20545**
未上过学	21517	1293	4255	1593	1258	694	2274	8806	370	974
学前教育	962	69	178	74	67	48	94	394	16	22
小 学	209405	11967	72085	18691	13729	4765	17998	63702	1581	4887
初 中	420832	28550	206253	52545	35040	9613	21663	57947	1890	7331
高 中	194965	9533	73290	45265	27418	6111	11474	17737	931	3206
大学专科	138204	4734	42467	46320	25430	3538	7526	5562	576	2051
大学本科	148284	4118	33962	63371	32168	3240	6513	2695	437	1780
硕士研究生	19134	679	4382	7897	4652	377	780	91	30	246
博士研究生	2470	103	447	864	566	114	317	8	3	48

9-7b 全省按户主的受教育程度、住房来源分的家庭户户数(镇)

单位：户

受教育程度	合 计	租赁廉租住房/公租房	租 赁其他住房	购买新建商品房	购 买二手房	购买原公有住房	购买经济适用房/两限房	自建住房	继承或赠 予	其 他
总 计	**442289**	**21675**	**122600**	**76642**	**45618**	**5789**	**15071**	**141969**	**4191**	**8734**
未上过学	13288	418	1545	704	919	179	590	8046	324	563
学前教育	662	17	72	36	28	11	36	423	12	27
小 学	117162	5025	27073	9169	8761	1374	4620	57050	1500	2590
初 中	183155	11206	66016	23503	15957	2049	5554	54257	1463	3150
高 中	66792	3077	18045	16084	8783	1234	2267	15516	545	1241
大学专科	33407	1081	6240	13148	5879	544	1218	4466	218	613
大学本科	26471	718	3356	13391	5066	386	756	2162	125	511
硕士研究生	1276	129	240	573	209	12	27	47	4	35
博士研究生	76	4	13	34	16		3	2		4

9-7c 全省按户主的受教育程度、住房来源分的家庭户户数(乡村)

单位：户

受教育程度	合 计	租赁廉租住房/公租房	租 赁其他住房	购买新建商品房	购 买二手房	购买原公有住房	购买经济适用房/两限房	自建住房	继承或赠 予	其 他
总 计	**603063**	**14891**	**100507**	**6475**	**6982**	**813**	**5517**	**447878**	**12317**	**7683**
未上过学	36229	267	1396	138	396	59	239	31690	1340	704
学前教育	2118	19	71	10	25	2	30	1860	78	23
小 学	259458	4429	27158	1590	2805	340	2051	212673	5345	3067
初 中	240274	8214	57848	2488	2627	285	2062	159773	4113	2864
高 中	50455	1461	10577	1084	709	92	649	34135	1097	651
大学专科	10515	356	2454	637	266	27	328	5975	245	227
大学本科	3783	136	922	475	141	8	152	1711	96	142
硕士研究生	214	9	76	48	10		5	58	3	5
博士研究生	17		5	5	3		1	3		

9–8　全省按户主的受教育程度、月租房费用分的家庭户户数

单位：户

受教育程度	合　计	200元以下	200–499元	500–999元	1000–1999元
总　计	**758038**	**50735**	**252946**	**255561**	**126848**
未上过学	9174	1495	4027	2384	904
学前教育	426	62	188	123	36
小　学	147737	17137	68107	43201	13802
初　中	378087	26024	146349	140306	47282
高　中	115983	4121	26195	44895	26897
大学专科	57332	1067	5569	16582	20131
大学本科	43212	699	2210	7459	16089
硕士研究生	5515	120	276	556	1563
博士研究生	572	10	25	55	144

9–8　续表

单位：户

受教育程度	2000–2999元	3000–3999元	4000–5999元	6000–7999元	8000–9999元	10000元及以上
总　计	**40107**	**17197**	**9972**	**2280**	**789**	**1603**
未上过学	195	90	46	9	6	18
学前教育	12	4		1		
小　学	3150	1251	628	150	100	211
初　中	10864	3894	2015	509	208	636
高　中	8275	3281	1570	362	114	273
大学专科	7805	3475	1968	411	128	196
大学本科	8355	4326	3016	673	170	215
硕士研究生	1328	780	647	143	58	44
博士研究生	123	96	82	22	5	10

9-8a 全省按户主的受教育程度、月租房费用分的家庭户户数(城市)

单位：户

受教育程度	合 计	200元以下	200-499元	500-999元	1000-1999元
总 计	**498365**	**23873**	**132508**	**174222**	**104009**
未上过学	5548	660	2241	1627	712
学前教育	247	31	101	82	22
小 学	84052	7377	34543	27634	10194
初 中	234803	12524	76814	94044	36806
高 中	82823	2095	14102	31835	22466
大学专科	47201	626	3153	12641	17789
大学本科	38080	467	1348	5841	14458
硕士研究生	5061	86	186	465	1422
博士研究生	550	7	20	53	140

9-8a 续表

单位：户

受教育程度	2000-2999元	3000-3999元	4000-5999元	6000-7999元	8000-9999元	10000元及以上
总 计	**35027**	**15840**	**9121**	**2011**	**638**	**1116**
未上过学	163	81	41	7	5	11
学前教育	7	4				
小 学	2492	1043	474	106	65	124
初 中	8891	3267	1586	359	127	385
高 中	7276	3030	1433	306	92	188
大学专科	7094	3324	1895	401	121	157
大学本科	7741	4229	2964	668	166	198
硕士研究生	1244	770	646	142	57	43
博士研究生	119	92	82	22	5	10

9-8b 全省按户主的受教育程度、月租房费用分的家庭户户数(镇)

单位：户

受教育程度	合 计	200元以下	200-499元	500-999元	1000-1999元
总 计	**144275**	**12552**	**62727**	**47183**	**16136**
未上过学	1963	422	950	429	131
学前教育	89	13	41	22	9
小 学	32098	4426	16522	8161	2277
初 中	77222	6092	35847	26130	6997
高 中	21122	1105	7087	8324	3393
大学专科	7321	281	1552	2793	1885
大学本科	4074	180	647	1253	1324
硕士研究生	369	31	76	70	117
博士研究生	17	2	5	1	3

9-8b 续表

单位：户

受教育程度	2000-2999元	3000-3999元	4000-5999元	6000-7999元	8000-9999元	10000元及以上
总 计	**3619**	**918**	**550**	**170**	**99**	**321**
未上过学	19	4	1	1		6
学前教育	3			1		
小 学	388	122	96	26	19	61
初 中	1228	384	250	88	54	152
高 中	797	196	102	43	17	58
大学专科	592	119	58	5	6	30
大学本科	527	80	42	5	2	14
硕士研究生	63	9	1	1	1	
博士研究生	2	4				

9-8c 全省按户主的受教育程度、月租房费用分的家庭户户数(乡村)

单位：户

受教育程度	合 计	200元以下	200-499元	500-999元	1000-1999元
总 计	**115398**	**14310**	**57711**	**34156**	**6703**
未上过学	1663	413	836	328	61
学前教育	90	18	46	19	5
小 学	31587	5334	17042	7406	1331
初 中	66062	7408	33688	20132	3479
高 中	12038	921	5006	4736	1038
大学专科	2810	160	864	1148	457
大学本科	1058	52	215	365	307
硕士研究生	85	3	14	21	24
博士研究生	5	1		1	1

9-8c 续表

单位：户

受教育程度	2000-2999元	3000-3999元	4000-5999元	6000-7999元	8000-9999元	10000元及以上
总 计	**1461**	**439**	**301**	**99**	**52**	**166**
未上过学	13	5	4	1	1	1
学前教育	2					
小 学	270	86	58	18	16	26
初 中	745	243	179	62	27	99
高 中	202	55	35	13	5	27
大学专科	119	32	15	5	1	9
大学本科	87	17	10		2	3
硕士研究生	21	1				1
博士研究生	2					

9-9 全省按户主的职业、住房来源分的家庭户户数

单位：户

职业大类	合 计	租赁廉租住房/公租房	租 赁 其他住房	购买新建商品房	购 买 二手房
总 计	**1561906**	**80482**	**591197**	**228950**	**138331**
党的机关、国家机关、群众团体和社会组织、企事业单位负责人	59804	1255	10492	22283	9288
专业技术人员	140502	4963	35304	47463	27183
办事人员和有关人员	92888	2439	14074	31394	15381
社会生产服务和生活服务人员	557692	26660	226763	87837	57553
农、林、牧、渔业生产及辅助人员	109904	780	5527	2451	2453
生产制造及有关人员	600288	44344	298765	37427	26417
不便分类的其他从业人员	828	41	272	95	56

9-9 续表

单位：户

职业大类	购买原公有住房	购买经济适用房/两限房	自建住房	继承或赠 予	其 他
总 计	**9825**	**47041**	**431439**	**11530**	**23111**
党的机关、国家机关、群众团体和社会组织、企事业单位负责人	453	2187	12842	295	709
专业技术人员	1974	6448	14152	676	2339
办事人员和有关人员	1383	5184	20156	743	2134
社会生产服务和生活服务人员	4105	20676	123253	3442	7403
农、林、牧、渔业生产及辅助人员	237	904	93985	2450	1117
生产制造及有关人员	1669	11595	166766	3917	9388
不便分类的其他从业人员	4	47	285	7	21

9-9a 全省按户主的职业、住房来源分的家庭户户数(城市)

单位：户

职业大类	合 计	租赁廉租住房/公租房	租 赁其他住房	购买新建商品房	购 买二手房
总 计	**850249**	**49015**	**389234**	**168390**	**101867**
党的机关、国家机关、群众团体和社会组织、企事业单位负责人	38976	864	7603	16931	7031
专业技术人员	105728	3638	28631	37811	22679
办事人员和有关人员	60291	1662	10240	23479	12052
社会生产服务和生活服务人员	354948	18463	170085	65829	43362
农、林、牧、渔业生产及辅助人员	10489	260	1843	1109	698
生产制造及有关人员	279534	24111	170725	23170	16014
不便分类的其他从业人员	283	17	107	61	31

9-9a 续表

单位：户

职业大类	购买原公有住房	购买经济适用房/两限房	自建住房	继承或赠 予	其 他
总 计	**7333**	**34721**	**84299**	**2910**	**12480**
党的机关、国家机关、群众团体和社会组织、企事业单位负责人	357	1665	4012	105	408
专业技术人员	1660	5391	4080	320	1518
办事人员和有关人员	1102	4112	6016	353	1275
社会生产服务和生活服务人员	3182	15914	32243	1209	4661
农、林、牧、渔业生产及辅助人员	46	330	5878	100	225
生产制造及有关人员	985	7285	32035	820	4389
不便分类的其他从业人员	1	24	35	3	4

9-9b　全省按户主的职业、住房来源分的家庭户户数(镇)

单位：户

职业大类	合　计	租赁廉租住房/公租房	租　赁其他住房	购买新建商品房	购　买二手房
总　计	**312168**	**18019**	**108527**	**55872**	**31848**
党的机关、国家机关、群众团体和社会组织、企事业单位负责人	13336	272	1965	5063	2113
专业技术人员	24356	987	4697	9220	4293
办事人员和有关人员	20187	605	2567	7587	3147
社会生产服务和生活服务人员	104958	5156	33723	20244	12634
农、林、牧、渔业生产及辅助人员	15260	170	1499	1107	1024
生产制造及有关人员	133822	10819	64004	12617	8614
不便分类的其他从业人员	249	10	72	34	23

9-9b　续表

单位：户

职业大类	购买原公有住房	购买经济适用房/两限房	自建住房	继承或赠　予	其　他
总　计	**2060**	**8988**	**79052**	**2148**	**5654**
党的机关、国家机关、群众团体和社会组织、企事业单位负责人	89	405	3160	79	190
专业技术人员	293	850	3335	155	526
办事人员和有关人员	266	820	4461	161	573
社会生产服务和生活服务人员	769	3500	26526	715	1691
农、林、牧、渔业生产及辅助人员	67	330	10576	268	219
生产制造及有关人员	573	3061	30918	769	2447
不便分类的其他从业人员	3	22	76	1	8

9-9c 全省按户主的职业、住房来源分的家庭户户数(乡村)

单位：户

职业大类	合　计	租赁廉租住房/公租房	租　赁其他住房	购买新建商品房	购　买二手房
总　计	**399489**	**13448**	**93436**	**4688**	**4616**
党的机关、国家机关、群众团体和社会组织、企事业单位负责人	7492	119	924	289	144
专业技术人员	10418	338	1976	432	211
办事人员和有关人员	12410	172	1267	328	182
社会生产服务和生活服务人员	97786	3041	22955	1764	1557
农、林、牧、渔业生产及辅助人员	84155	350	2185	235	731
生产制造及有关人员	186932	9414	64036	1640	1789
不便分类的其他从业人员	296	14	93		2

9-9c 续表

单位：户

职业大类	购买原公有住房	购买经济适用房/两限房	自建住房	继承或赠　予	其　他
总　计	**432**	**3332**	**268088**	**6472**	**4977**
党的机关、国家机关、群众团体和社会组织、企事业单位负责人	7	117	5670	111	111
专业技术人员	21	207	6737	201	295
办事人员和有关人员	15	252	9679	229	286
社会生产服务和生活服务人员	154	1262	64484	1518	1051
农、林、牧、渔业生产及辅助人员	124	244	77531	2082	673
生产制造及有关人员	111	1249	103813	2328	2552
不便分类的其他从业人员		1	174	3	9

9－10　全省按户主的职业、月租房费用分的家庭户户数

单位：户

职业大类	合　计	200元以下	200－499元	500－999元	1000－1999元
总　计	**671679**	**42492**	**231205**	**229500**	**108429**
党的机关、国家机关、群众团体和社会组织、企事业单位负责人	11747	203	1375	3298	3394
专业技术人员	40267	1032	5324	10233	12750
办事人员和有关人员	16513	910	3765	5230	4195
社会生产服务和生活服务人员	253423	8579	55966	91549	62009
农、林、牧、渔业生产及辅助人员	6307	1109	2889	1597	483
生产制造及有关人员	343109	30624	161753	117505	25555
不便分类的其他从业人员	313	35	133	88	43

9－10　续表

单位：户

职业大类	2000－2999元	3000－3999元	4000－5999元	6000－7999元	8000－9999元	10000元及以上
总　计	**33451**	**14195**	**8378**	**1972**	**654**	**1403**
党的机关、国家机关、群众团体和社会组织、企事业单位负责人	1653	794	613	175	48	194
专业技术人员	5767	2780	1771	386	105	119
办事人员和有关人员	1457	536	298	64	16	42
社会生产服务和生活服务人员	19784	8572	4826	1078	350	710
农、林、牧、渔业生产及辅助人员	123	59	28	4	6	9
生产制造及有关人员	4656	1452	841	265	129	329
不便分类的其他从业人员	11	2	1			

9-10a 全省按户主的职业、月租房费用分的家庭户户数(城市)

单位：户

职业大类	合计	200元以下	200-499元	500-999元	1000-1999元
总计	**438249**	**19473**	**120620**	**156232**	**88955**
党的机关、国家机关、群众团体和社会组织、企事业单位负责人	8467	95	724	2215	2493
专业技术人员	32269	610	2892	7286	11151
办事人员和有关人员	11902	549	2176	3712	3340
社会生产服务和生活服务人员	188548	4482	32166	66806	53383
农、林、牧、渔业生产及辅助人员	2103	165	819	688	270
生产制造及有关人员	194836	13565	81805	75482	18294
不便分类的其他从业人员	124	7	38	43	24

9-10a 续表

单位：户

职业大类	2000-2999元	3000-3999元	4000-5999元	6000-7999元	8000-9999元	10000元及以上
总计	**29133**	**12989**	**7640**	**1724**	**519**	**964**
党的机关、国家机关、群众团体和社会组织、企事业单位负责人	1338	702	568	152	39	141
专业技术人员	5287	2711	1746	380	102	104
办事人员和有关人员	1249	490	284	58	13	31
社会生产服务和生活服务人员	17647	7931	4412	955	272	494
农、林、牧、渔业生产及辅助人员	80	50	20	2	2	7
生产制造及有关人员	3523	1103	609	177	91	187
不便分类的其他从业人员	9	2	1			

9−10b 全省按户主的职业、月租房费用分的家庭户户数(镇)

单位：户

职业大类	合 计	200元以下	200−499元	500−999元	1000−1999元
总 计	**126546**	**10188**	**56554**	**41539**	**13452**
党的机关、国家机关、群众团体和社会组织、企事业单位负责人	2237	56	368	713	698
专业技术人员	5684	248	1510	2128	1293
办事人员和有关人员	3172	231	945	1068	687
社会生产服务和生活服务人员	38879	2056	13068	15036	6092
农、林、牧、渔业生产及辅助人员	1669	268	839	402	125
生产制造及有关人员	74823	7324	39792	22165	4541
不便分类的其他从业人员	82	5	32	27	16

9−10b 续表

单位：户

职业大类	2000−2999元	3000−3999元	4000−5999元	6000−7999元	8000−9999元	10000元及以上
总 计	**3029**	**809**	**452**	**159**	**85**	**279**
党的机关、国家机关、群众团体和社会组织、企事业单位负责人	246	68	31	16	9	32
专业技术人员	419	52	17	4	2	11
办事人员和有关人员	180	38	9	3	2	9
社会生产服务和生活服务人员	1551	486	298	94	54	144
农、林、牧、渔业生产及辅助人员	26	4	3		1	1
生产制造及有关人员	605	161	94	42	17	82
不便分类的其他从业人员	2					

9-10c 全省按户主的职业、月租房费用分的家庭户户数(乡村)

单位：户

职业大类	合　计	200元以下	200-499元	500-999元	1000-1999元
总　计	**106884**	**12831**	**54031**	**31729**	**6022**
党的机关、国家机关、群众团体和社会组织、企事业单位负责人	1043	52	283	370	203
专业技术人员	2314	174	922	819	306
办事人员和有关人员	1439	130	644	450	168
社会生产服务和生活服务人员	25996	2041	10732	9707	2534
农、林、牧、渔业生产及辅助人员	2535	676	1231	507	88
生产制造及有关人员	73450	9735	40156	19858	2720
不便分类的其他从业人员	107	23	63	18	3

9-10c 续表

单位：户

职业大类	2000-2999元	3000-3999元	4000-5999元	6000-7999元	8000-9999元	10000元及以上
总　计	**1289**	**397**	**286**	**89**	**50**	**160**
党的机关、国家机关、群众团体和社会组织、企事业单位负责人	69	24	14	7		21
专业技术人员	61	17	8	2	1	4
办事人员和有关人员	28	8	5	3	1	2
社会生产服务和生活服务人员	586	155	116	29	24	72
农、林、牧、渔业生产及辅助人员	17	5	5	2	3	1
生产制造及有关人员	528	188	138	46	21	60
不便分类的其他从业人员						

9–11　全省按户主的职业分的家庭户住房状况

职业大类	户　数（户）	人　数（人）	平均每户住房间数（间/户）	人均住房建筑面积（平方米/人）	人均住房间　数（间/人）
总　计	**1561906**	**3986852**	**2.55**	**39.74**	**1.00**
党的机关、国家机关、群众团体和社会组织、企事业单位负责人	59804	182391	3.14	45.44	1.03
专业技术人员	140502	366368	2.59	39.39	0.99
办事人员和有关人员	92888	259991	2.91	43.53	1.04
社会生产服务和生活服务人员	557692	1416999	2.46	37.52	0.97
农、林、牧、渔业生产及辅助人员	109904	298128	3.78	61.52	1.39
生产制造及有关人员	600288	1460851	2.28	36.14	0.94
不便分类的其他从业人员	828	2124	2.66	41.76	1.04

9–11a　全省按户主的职业分的家庭户住房状况(城市)

职业大类	户　数（户）	人　数（人）	平均每户住房间数（间/户）	人均住房建筑面积（平方米/人）	人均住房间　数（间/人）
总　计	**850249**	**2108635**	**2.18**	**32.13**	**0.88**
党的机关、国家机关、群众团体和社会组织、企事业单位负责人	38976	118617	2.95	42.13	0.97
专业技术人员	105728	274819	2.48	36.77	0.95
办事人员和有关人员	60291	168534	2.73	39.72	0.98
社会生产服务和生活服务人员	354948	870530	2.15	31.62	0.88
农、林、牧、渔业生产及辅助人员	10489	31130	3.18	44.56	1.07
生产制造及有关人员	279534	644304	1.82	26.41	0.79
不便分类的其他从业人员	283	701	2.30	35.64	0.93

9-11b 全省按户主的职业分的家庭户住房状况(镇)

职业大类	户　数 (户)	人　数 (人)	平均每户 住房间数 (间/户)	人均住房 建筑面积 (平方米/人)	人均住房 间　　数 (间/人)
总　计	**312168**	**814110**	**2.62**	**39.64**	**1.00**
党的机关、国家机关、群众团体和社会组织、企事业单位负责人	13336	40579	3.26	46.71	1.07
专业技术人员	24356	64456	2.77	42.73	1.05
办事人员和有关人员	20187	56468	3.02	45.18	1.08
社会生产服务和生活服务人员	104958	278763	2.71	40.24	1.02
农、林、牧、渔业生产及辅助人员	15260	42999	3.59	54.55	1.27
生产制造及有关人员	133822	330166	2.28	34.76	0.93
不便分类的其他从业人员	249	679	2.79	41.34	1.02

9-11c 全省按户主的职业分的家庭户住房状况(乡村)

职业大类	户　数 (户)	人　数 (人)	平均每户 住房间数 (间/户)	人均住房 建筑面积 (平方米/人)	人均住房 间　　数 (间/人)
总　计	**399489**	**1064107**	**3.29**	**54.90**	**1.24**
党的机关、国家机关、群众团体和社会组织、企事业单位负责人	7492	23195	3.94	60.16	1.27
专业技术人员	10418	27093	3.32	58.00	1.28
办事人员和有关人员	12410	34989	3.62	59.26	1.28
社会生产服务和生活服务人员	97786	267706	3.32	53.90	1.21
农、林、牧、渔业生产及辅助人员	84155	223999	3.88	65.21	1.46
生产制造及有关人员	186932	486381	2.96	49.97	1.14
不便分类的其他从业人员	296	744	2.89	47.90	1.15

9–12　全省按户主的职业、人均住房建筑面积分的家庭户户数

单位：户

职业大类	合　计	人均住房建筑面积(平方米)			
		8及以下	9–12	13–16	17–19
总　计	**1561906**	**104521**	**159323**	**129991**	**46312**
党的机关、国家机关、群众团体和社会组织、企事业单位负责人	59804	1191	1947	2223	1521
专业技术人员	140502	2322	5585	7736	5171
办事人员和有关人员	92888	1592	3041	3953	2522
社会生产服务和生活服务人员	557692	30697	51543	47647	19734
农、林、牧、渔业生产及辅助人员	109904	1067	2336	3097	1192
生产制造及有关人员	600288	67615	94817	65270	16157
不便分类的其他从业人员	828	37	54	65	15

9–12　续表

单位：户

职业大类	人均住房建筑面积(平方米)					
	20–29	30–39	40–49	50–59	60–69	70及以上
总　计	**309097**	**202743**	**165926**	**91774**	**89966**	**262253**
党的机关、国家机关、群众团体和社会组织、企事业单位负责人	10898	10140	9471	4955	4823	12635
专业技术人员	32849	24209	22176	9781	8926	21747
办事人员和有关人员	17768	16198	15395	7691	7218	17510
社会生产服务和生活服务人员	124421	78735	61218	32392	29945	81360
农、林、牧、渔业生产及辅助人员	11271	12488	13073	9953	11707	43720
生产制造及有关人员	111715	60870	44475	26942	27298	85129
不便分类的其他从业人员	175	103	118	60	49	152

9-12a 全省按户主的职业、人均住房建筑面积分的家庭户户数(城市)

单位：户

职业大类	合　计	人均住房建筑面积(平方米)			
		8及以下	9-12	13-16	17-19
总　计	**850249**	**68309**	**100708**	**82205**	**31899**
党的机关、国家机关、群众团体和社会组织、企事业单位负责人	38976	782	1363	1514	1147
专业技术人员	105728	1677	4311	6309	4370
办事人员和有关人员	60291	1099	2016	2756	1931
社会生产服务和生活服务人员	354948	22591	37209	34732	15175
农、林、牧、渔业生产及辅助人员	10489	419	630	610	241
生产制造及有关人员	279534	41726	55157	36254	9026
不便分类的其他从业人员	283	15	22	30	9

9-12a　续表

单位：户

职业大类	人均住房建筑面积(平方米)					
	20-29	30-39	40-49	50-59	60-69	70及以上
总　计	**194713**	**117551**	**92520**	**43735**	**37128**	**81481**
党的机关、国家机关、群众团体和社会组织、企事业单位负责人	7832	6904	6547	3277	2831	6779
专业技术人员	26516	18511	17082	7161	6235	13556
办事人员和有关人员	12661	11303	10602	4966	4249	8708
社会生产服务和生活服务人员	88490	51828	38854	18327	14932	32810
农、林、牧、渔业生产及辅助人员	1813	1521	1377	841	869	2168
生产制造及有关人员	57333	27451	18022	9143	7996	17426
不便分类的其他从业人员	68	33	36	20	16	34

9–12b　全省按户主的职业、人均住房建筑面积分的家庭户户数(镇)

单位：户

职业大类	合　计	人均住房建筑面积(平方米)			
		8及以下	9–12	13–16	17–19
总　计	**312168**	**19008**	**29399**	**23570**	**8381**
党的机关、国家机关、群众团体和社会组织、企事业单位负责人	13336	235	335	435	280
专业技术人员	24356	364	764	947	654
办事人员和有关人员	20187	289	598	714	444
社会生产服务和生活服务人员	104958	4374	7708	7068	2946
农、林、牧、渔业生产及辅助人员	15260	196	459	517	222
生产制造及有关人员	133822	13544	19525	13874	3831
不便分类的其他从业人员	249	6	10	15	4

9–12b　续表

单位：户

职业大类	人均住房建筑面积(平方米)					
	20–29	30–39	40–49	50–59	60–69	70及以上
总　计	**61982**	**44370**	**35168**	**19348**	**19324**	**51618**
党的机关、国家机关、群众团体和社会组织、企事业单位负责人	2232	2369	2177	1079	1192	3002
专业技术人员	4881	4492	4015	1836	1847	4556
办事人员和有关人员	3635	3464	3376	1699	1768	4200
社会生产服务和生活服务人员	22129	16418	12554	6947	6755	18059
农、林、牧、渔业生产及辅助人员	1999	2087	1933	1387	1478	4982
生产制造及有关人员	27056	15502	11065	6380	6267	16778
不便分类的其他从业人员	50	38	48	20	17	41

9-12c　全省按户主的职业、人均住房建筑面积分的家庭户户数(乡村)

单位：户

职业大类	合　计	人均住房建筑面积(平方米)			
		8及以下	9-12	13-16	17-19
总　计	**399489**	**17204**	**29216**	**24216**	**6032**
党的机关、国家机关、群众团体和社会组织、企事业单位负责人	7492	174	249	274	94
专业技术人员	10418	281	510	480	147
办事人员和有关人员	12410	204	427	483	147
社会生产服务和生活服务人员	97786	3732	6626	5847	1613
农、林、牧、渔业生产及辅助人员	84155	452	1247	1970	729
生产制造及有关人员	186932	12345	20135	15142	3300
不便分类的其他从业人员	296	16	22	20	2

9-12c　续表

单位：户

职业大类	人均住房建筑面积(平方米)					
	20-29	30-39	40-49	50-59	60-69	70及以上
总　计	**52402**	**40822**	**38238**	**28691**	**33514**	**129154**
党的机关、国家机关、群众团体和社会组织、企事业单位负责人	834	867	747	599	800	2854
专业技术人员	1452	1206	1079	784	844	3635
办事人员和有关人员	1472	1431	1417	1026	1201	4602
社会生产服务和生活服务人员	13802	10489	9810	7118	8258	30491
农、林、牧、渔业生产及辅助人员	7459	8880	9763	7725	9360	36570
生产制造及有关人员	27326	17917	15388	11419	13035	50925
不便分类的其他从业人员	57	32	34	20	16	77

9-13　各地区按拥有全部家用汽车总价分的家庭户户数

单位：户

地　区	合　计	不　满 10万元	10万元以上，不满20万元	20万元以上，不满30万元	30万元以上，不满50万元	50万元以上，不满100万元	100万元及以上	没有汽车
合计	**2279907**	**195663**	**536189**	**195754**	**125924**	**62902**	**22486**	**1140989**
杭州市	**418325**	**25918**	**93613**	**45498**	**33529**	**17331**	**5975**	**196461**
上城区	11301	331	1785	1190	908	494	279	6314
下城区	16924	543	3222	1971	1462	651	164	8911
江干区	48989	2497	9595	5682	4249	2175	792	23999
拱墅区	22566	931	4379	2890	1974	780	256	11356
西湖区	35626	1330	6497	4686	3597	1858	664	16994
滨江区	15426	393	2509	2144	2004	1150	441	6785
萧山区	75432	4864	16520	8294	6805	4074	1401	33474
余杭区	95677	7065	23720	9965	6874	3373	975	43705
富阳区	28688	1912	7867	3263	2330	1332	415	11569
临安区	23145	2532	5882	2028	1238	578	233	10654
桐庐县	16373	1173	4266	1465	1045	494	235	7695
淳安县	12838	1273	3066	719	442	161	37	7140
建德市	15340	1074	4305	1201	601	211	83	7865
宁波市	**371595**	**27700**	**83840**	**28714**	**18983**	**9350**	**3094**	**199914**
海曙区	41288	3181	9717	3124	1881	777	253	22355
江北区	18829	1397	4466	1650	1061	460	120	9675
北仑区	33394	2428	8257	2407	1384	627	236	18055
镇海区	20975	1599	5285	1589	950	433	124	10995
鄞州区	61739	4148	13999	6402	4899	2471	837	28983
奉化区	22274	2108	5251	1348	828	362	117	12260
象山县	21895	1601	5193	1624	997	454	124	11902
宁海县	27060	2051	6033	1576	983	497	147	15773
余姚市	48741	3987	11180	3864	2654	1343	429	25284
慈溪市	75400	5200	14459	5130	3346	1926	707	44632
温州市	**312902**	**30673**	**61811**	**23882**	**13279**	**6429**	**2740**	**174088**
鹿城区	39554	3345	7563	3645	2367	1271	582	20781
龙湾区	21106	2195	4808	1840	1183	596	258	10226
瓯海区	27892	3095	6103	2101	1363	601	277	14352
洞头区	4483	320	867	272	137	71	20	2796
永嘉县	26295	3033	4888	2115	1088	372	145	14654
平阳县	28623	2833	5469	2037	1123	484	227	16450
苍南县	27207	2655	5113	1583	586	168	81	17021
文成县	7567	875	1197	351	152	86	30	4876
泰顺县	8450	945	1481	440	159	74	31	5320
瑞安市	50100	5230	10615	4281	2377	1180	484	25933
乐清市	57036	4625	10596	4051	2208	1232	490	33834
龙港市	14589	1522	3111	1166	536	294	115	7845
嘉兴市	**193895**	**15146**	**57186**	**18337**	**13008**	**6456**	**2160**	**81602**
南湖区	30394	2394	8444	2784	2265	941	329	13237
秀洲区	24369	2131	7111	2239	1450	807	291	10340
嘉善县	25178	1960	6732	1813	1073	535	172	12893
海盐县	15465	1163	5169	1751	1100	513	139	5630
海宁市	39202	2849	11311	3662	2839	1528	543	16470
平湖市	24414	2047	7998	2047	1259	553	147	10363
桐乡市	34873	2602	10421	4041	3022	1579	539	12669
湖州市	**108063**	**8602**	**33885**	**11631**	**7882**	**4040**	**1193**	**40830**
吴兴区	29704	2241	9092	3471	2541	1305	384	10670
南浔区	18829	1124	5770	1871	1175	636	201	8052
德清县	17075	1445	5854	1968	1278	590	163	5777
长兴县	23572	1892	7191	2397	1533	803	254	9502
安吉县	18883	1900	5978	1924	1355	706	191	6829

9–13　续表　　　　单位：户

地　　区	合　计	不　满10万元	10万元以上，不满20万元	20万元以上，不满30万元	30万元以上，不满50万元	50万元以上，不满100万元	100万元及以上	没有汽车
绍兴市	**183739**	**14118**	**49701**	**18339**	**10091**	**4730**	**1797**	**84963**
越城区	34284	2097	9495	3655	2111	933	315	15678
柯桥区	37091	2697	9435	4024	2384	1237	537	16777
上虞区	29864	1898	8788	2752	1710	790	300	13626
新昌县	15574	1671	3982	1045	562	280	88	7946
诸暨市	41419	3647	10687	4871	2421	1095	449	18249
嵊州市	25507	2108	7314	1992	903	395	108	12687
金华市	**251182**	**29306**	**58265**	**19141**	**11689**	**6340**	**2602**	**123839**
婺城区	34820	3820	9026	2613	1658	761	251	16691
金东区	16961	2129	4104	1160	726	326	126	8390
武义县	17171	2372	3684	874	568	291	115	9267
浦江县	15185	1959	4085	1127	627	333	118	6936
磐安县	6851	871	1451	448	271	110	40	3660
兰溪市	19515	2074	5099	1110	633	330	86	10183
义乌市	68848	8111	15182	6083	3600	2046	904	32922
东阳市	38539	3863	9231	3413	2138	1241	523	18130
永康市	33292	4107	6403	2313	1468	902	439	17660
衢州市	**82269**	**9366**	**20346**	**4828**	**2933**	**1223**	**366**	**43207**
柯城区	18397	1910	5267	1632	1088	456	148	7896
衢江区	12823	1646	3123	638	351	108	40	6917
常山县	9907	1018	2208	513	321	135	26	5686
开化县	9693	942	2318	427	257	100	31	5618
龙游县	13975	1625	3068	729	406	173	43	7931
江山市	17474	2225	4362	889	510	251	78	9159
舟山市	**45307**	**2025**	**8086**	**3061**	**1595**	**608**	**184**	**29748**
定海区	19610	954	4484	1657	924	352	113	11126
普陀区	15252	676	2584	1043	517	214	64	10154
岱山县	7472	257	887	319	140	33	5	5831
嵊泗县	2973	138	131	42	14	9	2	2637
台州市	**231321**	**22667**	**53674**	**18224**	**10570**	**5369**	**2025**	**118792**
椒江区	26956	2644	6947	2603	1716	907	352	11787
黄岩区	24360	2664	6265	2148	1237	636	226	11184
路桥区	21479	2380	5204	2185	1385	829	292	9204
三门县	12821	1327	2856	704	385	149	53	7347
天台县	15646	1611	3690	1082	543	264	127	8329
仙居县	13435	1369	3266	1060	575	239	78	6848
温岭市	53670	5050	10608	4083	2320	1211	431	29967
临海市	37035	3472	9678	2876	1509	678	266	18556
玉环市	25919	2150	5160	1483	900	456	200	15570
丽水市	**81309**	**10142**	**15782**	**4099**	**2365**	**1026**	**350**	**47545**
莲都区	17960	1914	4174	1311	846	340	104	9271
青田县	12290	981	1632	478	229	146	51	8773
缙云县	14824	2268	2735	647	332	125	53	8664
遂昌县	7085	1002	1538	313	124	64	13	4031
松阳县	7376	929	1676	377	235	97	33	4029
云和县	4665	638	988	230	153	61	26	2569
庆元县	4949	435	788	157	101	35	6	3427
景宁畲族自治县	3621	377	595	181	86	41	8	2333
龙泉市	8539	1598	1656	405	259	117	56	4448

9-13a　各地区按拥有全部家用汽车总价分的家庭户户数(城市)

单位：户

地　　区	合　计	不　满 10万元	10万元以上，不满20万元	20万元以上，不满30万元	30万元以上，不满50万元	50万元以上，不满100万元	100万元及以上	没有汽车
合计	**1181505**	**88887**	**275180**	**117737**	**81450**	**42231**	**15676**	**560344**
杭州市	**311388**	**16683**	**65917**	**35983**	**27006**	**14354**	**5020**	**146425**
上城区	11301	331	1785	1190	908	494	279	6314
下城区	16924	543	3222	1971	1462	651	164	8911
江干区	48989	2497	9595	5682	4249	2175	792	23999
拱墅区	22566	931	4379	2890	1974	780	256	11356
西湖区	34782	1273	6246	4569	3492	1807	651	16744
滨江区	15426	393	2509	2144	2004	1150	441	6785
萧山区	57880	3564	12139	6221	5264	3331	1163	26198
余杭区	68631	4703	16391	7285	4891	2422	722	32217
富阳区	19198	1245	5179	2314	1725	1062	345	7328
临安区	10649	901	2918	1184	762	372	164	4348
桐庐县								
淳安县								
建德市	5042	302	1554	533	275	110	43	2225
宁波市	**214777**	**14712**	**49046**	**19506**	**13623**	**6888**	**2384**	**108618**
海曙区	34571	2492	8434	2839	1766	742	242	18056
江北区	15209	1060	3734	1558	1011	445	115	7286
北仑区	23048	1629	5703	1805	1057	486	208	12160
镇海区	17183	1242	4500	1417	860	404	116	8644
鄞州区	37527	1827	8647	5125	4119	2122	742	14945
奉化区	10742	1002	2937	869	602	289	83	4960
象山县								
宁海县								
余姚市	30834	2451	6818	2565	1851	986	310	15853
慈溪市	45663	3009	8273	3328	2357	1414	568	26714
温州市	**156472**	**14068**	**32436**	**13662**	**8328**	**4317**	**1937**	**81724**
鹿城区	36521	2858	6900	3459	2282	1232	570	19220
龙湾区	13885	1379	3205	1311	871	441	207	6471
瓯海区	22467	2361	5121	1818	1230	525	255	11157
洞头区	2284	153	467	148	61	25	9	1421
永嘉县								
平阳县								
苍南县								
文成县								
泰顺县								
瑞安市	32779	3087	7013	3076	1835	900	393	16475
乐清市	35129	2811	6844	2746	1536	911	388	19893
龙港市	13407	1419	2886	1104	513	283	115	7087
嘉兴市	**80802**	**6192**	**22935**	**8172**	**6587**	**3328**	**1147**	**32441**
南湖区	24445	1904	6795	2340	1943	823	274	10366
秀洲区	11178	908	3262	1099	790	449	148	4522
嘉善县								
海盐县								
海宁市	15180	1031	4353	1545	1422	791	314	5724
平湖市	10585	819	3410	1109	773	357	90	4027
桐乡市	19414	1530	5115	2079	1659	908	321	7802
湖州市	**26268**	**1818**	**7451**	**3043**	**2313**	**1308**	**387**	**9948**
吴兴区	19715	1426	5771	2285	1812	953	253	7215
南浔区	6553	392	1680	758	501	355	134	2733
德清县								
长兴县								
安吉县								

9-13a 续表

单位：户

地区	合计	不满10万元	10万元以上，不满20万元	20万元以上，不满30万元	30万元以上，不满50万元	50万元以上，不满100万元	100万元及以上	没有汽车
绍兴市	**103651**	**6975**	**28318**	**12131**	**7376**	**3550**	**1365**	**43936**
越城区	28728	1705	7972	3250	1944	856	299	12702
柯桥区	27573	1930	6789	3088	1943	1049	460	12314
上虞区	17614	1070	5138	1887	1297	610	233	7379
新昌县								
诸暨市	18353	1409	4916	2715	1541	724	284	6764
嵊州市	11383	861	3503	1191	651	311	89	4777
金华市	**118467**	**12847**	**27679**	**10433**	**6713**	**3702**	**1639**	**55454**
婺城区	24601	2507	6544	2002	1251	579	197	11521
金东区	4810	539	1372	464	345	153	61	1876
武义县								
浦江县								
磐安县								
兰溪市	7915	808	2284	594	363	180	46	3640
义乌市	46153	5204	10158	4390	2736	1520	702	21443
东阳市	15691	1571	3682	1518	1069	637	296	6918
永康市	19297	2218	3639	1465	949	633	337	10056
衢州市	**24622**	**2787**	**7465**	**2157**	**1393**	**615**	**204**	**10001**
柯城区	13483	1309	4096	1343	934	394	129	5278
衢江区	3881	518	1234	273	153	64	16	1623
常山县								
开化县								
龙游县	52	10	10	1				31
江山市	7206	950	2125	540	306	157	59	3069
舟山市	**23229**	**1050**	**5140**	**2190**	**1214**	**477**	**149**	**13009**
定海区	13326	643	3300	1380	811	311	101	6780
普陀区	9903	407	1840	810	403	166	48	6229
岱山县								
嵊泗县								
台州市	**103990**	**9573**	**24373**	**9059**	**5976**	**3308**	**1306**	**50395**
椒江区	20738	1947	5462	2128	1501	815	318	8567
黄岩区	14427	1387	3509	1264	842	431	174	6820
路桥区	10849	1139	2654	1202	840	525	202	4287
三门县								
天台县								
仙居县								
温岭市	25897	2413	5101	2081	1388	801	309	13804
临海市	13628	1284	4022	1293	735	372	138	5784
玉环市	18451	1403	3625	1091	670	364	165	11133
丽水市	**17839**	**2182**	**4420**	**1401**	**921**	**384**	**138**	**8393**
莲都区	13097	1365	3344	1118	733	296	93	6148
青田县								
缙云县								
遂昌县								
松阳县								
云和县								
庆元县								
景宁畲族自治县								
龙泉市	4742	817	1076	283	188	88	45	2245

9-13b　各地区按拥有全部家用汽车总价分的家庭户户数(镇)

单位：户

地　　区	合　计	不　满10万元	10万元以上，不满20万元	20万元以上，不满30万元	30万元以上，不满50万元	50万元以上，不满100万元	100万元及以上	没有汽车
合计	**453638**	**41543**	**111544**	**36438**	**21840**	**10585**	**3641**	**228047**
杭州市	**36762**	**2928**	**9662**	**3450**	**2330**	**1132**	**387**	**16873**
上城区								
下城区								
江干区								
拱墅区								
西湖区	13		5	1	2			5
滨江区								
萧山区	2779	220	711	309	208	87	33	1211
余杭区	10374	769	2731	1139	873	448	131	4283
富阳区	1004	69	267	112	48	19	4	485
临安区	2833	377	636	197	104	48	14	1457
桐庐县	11355	755	2945	1081	765	392	166	5251
淳安县	5337	532	1520	400	241	105	26	2513
建德市	3067	206	847	211	89	33	13	1668
宁波市	**70995**	**5480**	**16833**	**5040**	**3210**	**1499**	**462**	**38471**
海曙区	1081	108	225	74	23	9	3	639
江北区								
北仑区	1506	116	481	136	56	23	6	688
镇海区	1625	158	386	81	51	16	1	932
鄞州区	11779	1004	2744	796	535	243	73	6384
奉化区	1935	197	506	127	77	28	16	984
象山县	13425	852	3324	1136	732	332	104	6945
宁海县	16776	1171	3932	1218	817	421	124	9093
余姚市	9251	824	2191	637	428	173	63	4935
慈溪市	13617	1050	3044	835	491	254	72	7871
温州市	**68943**	**6899**	**14257**	**5534**	**2755**	**1116**	**479**	**37903**
鹿城区	198	31	55	18	10	4	1	79
龙湾区	7208	814	1599	527	312	155	51	3750
瓯海区	521	100	78	7		2		334
洞头区	275	19	42	10	19	22	2	161
永嘉县	14214	1514	2774	1383	740	261	102	7440
平阳县	17154	1639	3672	1539	881	394	206	8823
苍南县	17718	1645	3798	1276	475	133	69	10322
文成县	3337	311	587	210	96	49	17	2067
泰顺县	3559	409	773	278	102	40	19	1938
瑞安市	991	75	192	82	43	13	4	582
乐清市	3115	283	542	170	68	37	8	2007
龙港市	653	59	145	34	9	6		400
嘉兴市	**58774**	**4668**	**16919**	**5120**	**3314**	**1675**	**540**	**26538**
南湖区	2254	179	542	155	140	56	34	1148
秀洲区	5117	482	1424	440	298	146	61	2266
嘉善县	18745	1496	4855	1329	843	430	144	9648
海盐县	10199	797	3324	1237	807	371	88	3575
海宁市	11479	846	3284	986	629	356	109	5269
平湖市	5797	488	1911	398	219	110	26	2645
桐乡市	5183	380	1579	575	378	206	78	1987
湖州市	**44926**	**3551**	**13556**	**4936**	**3385**	**1814**	**546**	**17138**
吴兴区	2882	202	833	453	305	190	65	834
南浔区	4600	259	1508	435	262	98	33	2005
德清县	10823	854	3403	1218	851	405	124	3968
长兴县	15206	1162	4494	1675	1087	618	189	5981
安吉县	11415	1074	3318	1155	880	503	135	4350

9-13b 续表 单位：户

地 区	合 计	不 满 10万元	10万元以上，不满20万元	20万元以上，不满30万元	30万元以上，不满50万元	50万元以上，不满100万元	100万元及以上	没有汽车
绍兴市	**20993**	**2154**	**6064**	**1914**	**927**	**458**	**185**	**9291**
越城区	142	17	50	6	1	3		65
柯桥区	2116	197	608	197	103	37	17	957
上虞区	1692	156	474	124	58	23	7	850
新昌县	9114	1000	2820	849	493	255	78	3619
诸暨市	5431	547	1437	578	229	121	79	2440
嵊州市	2498	237	675	160	43	19	4	1360
金华市	**52331**	**6329**	**12192**	**3805**	**2329**	**1250**	**483**	**25943**
婺城区	2381	307	666	220	168	86	34	900
金东区	4769	610	1094	265	162	63	28	2547
武义县	10350	1368	2355	606	411	217	94	5299
浦江县	6909	759	1900	671	426	216	75	2862
磐安县	3256	407	778	306	177	69	23	1496
兰溪市	2131	235	517	130	52	32	3	1162
义乌市	9193	1164	1988	626	334	221	73	4787
东阳市	10003	1051	2271	793	482	305	135	4966
永康市	3339	428	623	188	117	41	18	1924
衢州市	**19321**	**1959**	**4915**	**1123**	**670**	**288**	**85**	**10281**
柯城区	382	43	91	23	12	3		210
衢江区	1274	122	222	34	17	3		876
常山县	4450	434	1111	295	200	89	24	2297
开化县	4544	426	1300	259	140	64	20	2335
龙游县	6299	641	1653	424	253	105	38	3185
江山市	2372	293	538	88	48	24	3	1378
舟山市	**8750**	**366**	**1147**	**387**	**153**	**55**	**11**	**6631**
定海区	1305	71	312	71	28	15	2	806
普陀区	767	33	89	26	18	7	3	591
岱山县	4753	160	646	257	95	27	4	3564
嵊泗县	1925	102	100	33	12	6	2	1670
台州市	**40420**	**3656**	**9358**	**3351**	**1788**	**854**	**304**	**21109**
椒江区	192	33	49	4	3			103
黄岩区	1170	125	341	124	50	41	7	482
路桥区	3422	357	806	327	195	111	35	1591
三门县	6359	564	1484	442	271	110	35	3453
天台县	7831	705	2034	682	346	186	90	3788
仙居县	6805	672	1686	641	372	170	56	3208
温岭市	9487	766	1759	688	315	157	46	5756
临海市	4482	370	1052	397	219	74	34	2336
玉环市	672	64	147	46	17	5	1	392
丽水市	**31423**	**3553**	**6641**	**1778**	**979**	**444**	**159**	**17869**
莲都区	578	69	107	16	18	1	1	366
青田县	6992	506	1102	351	166	113	45	4709
缙云县	7898	1164	1720	461	242	100	35	4176
遂昌县	3618	463	979	237	86	52	13	1788
松阳县	3319	355	878	242	149	53	24	1618
云和县	3322	412	797	207	145	58	26	1677
庆元县	3096	266	560	111	81	28	6	2044
景宁畲族自治县	2070	205	417	143	75	30	6	1194
龙泉市	530	113	81	10	17	9	3	297

9-13c　各地区按拥有全部家用汽车总价分的家庭户户数(乡村)

单位：户

地　　区	合　计	不　满 10万元	10万元以上， 不满20万元	20万元以上， 不满30万元	30万元以上， 不满50万元	50万元以上， 不满100万元	100万元 及以上	没有汽车
合计	**644764**	**65233**	**149465**	**41579**	**22634**	**10086**	**3169**	**352598**
杭州市	**70175**	**6307**	**18034**	**6065**	**4193**	**1845**	**568**	**33163**
上城区								
下城区								
江干区								
拱墅区								
西湖区	831	57	246	116	103	51	13	245
滨江区								
萧山区	14773	1080	3670	1764	1333	656	205	6065
余杭区	16672	1593	4598	1541	1110	503	122	7205
富阳区	8486	598	2421	837	557	251	66	3756
临安区	9663	1254	2328	647	372	158	55	4849
桐庐县	5018	418	1321	384	280	102	69	2444
淳安县	7501	741	1546	319	201	56	11	4627
建德市	7231	566	1904	457	237	68	27	3972
宁波市	**85823**	**7508**	**17961**	**4168**	**2150**	**963**	**248**	**52825**
海曙区	5636	581	1058	211	92	26	8	3660
江北区	3620	337	732	92	50	15	5	2389
北仑区	8840	683	2073	466	271	118	22	5207
镇海区	2167	199	399	91	39	13	7	1419
鄞州区	12433	1317	2608	481	245	106	22	7654
奉化区	9597	909	1808	352	149	45	18	6316
象山县	8470	749	1869	488	265	122	20	4957
宁海县	10284	880	2101	358	166	76	23	6680
余姚市	8656	712	2171	662	375	184	56	4496
慈溪市	16120	1141	3142	967	498	258	67	10047
温州市	**87487**	**9706**	**15118**	**4686**	**2196**	**996**	**324**	**54461**
鹿城区	2835	456	608	168	75	35	11	1482
龙湾区	13	2	4	2				5
瓯海区	4904	634	904	276	133	74	22	2861
洞头区	1924	148	358	114	57	24	9	1214
永嘉县	12081	1519	2114	732	348	111	43	7214
平阳县	11469	1194	1797	498	242	90	21	7627
苍南县	9489	1010	1315	307	111	35	12	6699
文成县	4230	564	610	141	56	37	13	2809
泰顺县	4891	536	708	162	57	34	12	3382
瑞安市	16330	2068	3410	1123	499	267	87	8876
乐清市	18792	1531	3210	1135	604	284	94	11934
龙港市	529	44	80	28	14	5		358
嘉兴市	**54319**	**4286**	**17332**	**5045**	**3107**	**1453**	**473**	**22623**
南湖区	3695	311	1107	289	182	62	21	1723
秀洲区	8074	741	2425	700	362	212	82	3552
嘉善县	6433	464	1877	484	230	105	28	3245
海盐县	5266	366	1845	514	293	142	51	2055
海宁市	12543	972	3674	1131	788	381	120	5477
平湖市	8032	740	2677	540	267	86	31	3691
桐乡市	10276	692	3727	1387	985	465	140	2880
湖州市	**36869**	**3233**	**12878**	**3652**	**2184**	**918**	**260**	**13744**
吴兴区	7107	613	2488	733	424	162	66	2621
南浔区	7676	473	2582	678	412	183	34	3314
德清县	6252	591	2451	750	427	185	39	1809
长兴县	8366	730	2697	722	446	185	65	3521
安吉县	7468	826	2660	769	475	203	56	2479

9-13c 续表

单位：户

地　　区	合　计	不　满 10万元	10万元以上， 不满20万元	20万元以上， 不满30万元	30万元以上， 不满50万元	50万元以上， 不满100万元	100万元 及以上	没有汽车
绍兴市	**59095**	**4989**	**15319**	**4294**	**1788**	**722**	**247**	**31736**
越城区	5414	375	1473	399	166	74	16	2911
柯桥区	7402	570	2038	739	338	151	60	3506
上虞区	10558	672	3176	741	355	157	60	5397
新昌县	6460	671	1162	196	69	25	10	4327
诸暨市	17635	1691	4334	1578	651	250	86	9045
嵊州市	11626	1010	3136	641	209	65	15	6550
金华市	**80384**	**10130**	**18394**	**4903**	**2647**	**1388**	**480**	**42442**
婺城区	7838	1006	1816	391	239	96	20	4270
金东区	7382	980	1638	431	219	110	37	3967
武义县	6821	1004	1329	268	157	74	21	3968
浦江县	8276	1200	2185	456	201	117	43	4074
磐安县	3595	464	673	142	94	41	17	2164
兰溪市	9469	1031	2298	386	218	118	37	5381
义乌市	13502	1743	3036	1067	530	305	129	6692
东阳市	12845	1241	3278	1102	587	299	92	6246
永康市	10656	1461	2141	660	402	228	84	5680
衢州市	**38326**	**4620**	**7966**	**1548**	**870**	**320**	**77**	**22925**
柯城区	4532	558	1080	266	142	59	19	2408
衢江区	7668	1006	1667	331	181	41	24	4418
常山县	5457	584	1097	218	121	46	2	3389
开化县	5149	516	1018	168	117	36	11	3283
龙游县	7624	974	1405	304	153	68	5	4715
江山市	7896	982	1699	261	156	70	16	4712
舟山市	**13328**	**609**	**1799**	**484**	**228**	**76**	**24**	**10108**
定海区	4979	240	872	206	85	26	10	3540
普陀区	4582	236	655	207	96	41	13	3334
岱山县	2719	97	241	62	45	6	1	2267
嵊泗县	1048	36	31	9	2	3		967
台州市	**86911**	**9438**	**19943**	**5814**	**2806**	**1207**	**415**	**47288**
椒江区	6026	664	1436	471	212	92	34	3117
黄岩区	8763	1152	2415	760	345	164	45	3882
路桥区	7208	884	1744	656	350	193	55	3326
三门县	6462	763	1372	262	114	39	18	3894
天台县	7815	906	1656	400	197	78	37	4541
仙居县	6630	697	1580	419	203	69	22	3640
温岭市	18286	1871	3748	1314	617	253	76	10407
临海市	18925	1818	4604	1186	555	232	94	10436
玉环市	6796	683	1388	346	213	87	34	4045
丽水市	**32047**	**4407**	**4721**	**920**	**465**	**198**	**53**	**21283**
莲都区	4285	480	723	177	95	43	10	2757
青田县	5298	475	530	127	63	33	6	4064
缙云县	6926	1104	1015	186	90	25	18	4488
遂昌县	3467	539	559	76	38	12		2243
松阳县	4057	574	798	135	86	44	9	2411
云和县	1343	226	191	23	8	3		892
庆元县	1853	169	228	46	20	7		1383
景宁畲族自治县	1551	172	178	38	11	11	2	1139
龙泉市	3267	668	499	112	54	20	8	1906

第三部分 附录

附录1 全国人口普查条例

中华人民共和国国务院令

第 576 号

《全国人口普查条例》已经 2010 年 5 月 12 日国务院第 111 次常务会议通过，现予公布，自 2010 年 6 月 1 日起施行。

总理 温家宝

二〇一〇年五月二十四日

全国人口普查条例

第一章 总 则

第一条 为了科学、有效地组织实施全国人口普查，保障人口普查数据的真实性、准确性、完整性和及时性，根据《中华人民共和国统计法》，制定本条例。

第二条 人口普查的目的是全面掌握全国人口的基本情况，为研究制定人口政策和经济社会发展规划提供依据，为社会公众提供人口统计信息服务。

第三条 人口普查工作按照全国统一领导、部门分工协作、地方分级负责、各方共同参与的原则组织实施。

国务院统一领导全国人口普查工作，研究决定人口普查中的重大问题。地方各级人民政府按照国务院的统一规定和要求，领导本行政区域的人口普查工作。

在人口普查工作期间，各级人民政府设立由统计机构和有关部门组成的人口普查机构（以下简称普查机构），负责人口普查的组织实施工作。

村民委员会、居民委员会应当协助所在地人民政府动员和组织社会力量，做好本区域的人口普查工作。

国家机关、社会团体、企业事业单位应当按照《中华人民共和国统计法》和本条例的规定，参与并配合人口普查工作。

第四条 人口普查对象应当按照《中华人民共和国统计法》和本条例的规定，真实、准确、完整、及时地提供人口普查所需的资料。

人口普查对象提供的资料，应当依法予以保密。

第五条 普查机构和普查机构工作人员、普查指导员、普查员（以下统称普查人员）依法独立行使调查、报告、监督的职权，任何单位和个人不得干涉。

地方各级人民政府、各部门、各单位及其负责人，不得自行修改普查机构和普查人员依法搜集、整理的人口普查资料，不得以任何方式要求普查机构和普查人员及其他单位和个人伪造、篡改人口普查资料，不得对依法履行职责或者拒绝、抵制人口普查违法行为的普查人员打击报复。

第六条 各级人民政府应当利用报刊、广播、电视、互联网和户外广告等媒介，开展人口普查的宣传动员工作。

第七条 人口普查所需经费，由国务院和地方各级人民政府共同负担，并列入相应年度的财政预算，按时拨付，确保足额到位。

人口普查经费应当统一管理、专款专用，从严控制支出。

第八条 人口普查每10年进行一次，尾数逢0的年份为普查年度，标准时点为普查年度的11月1日零时。

第九条 国家统计局会同国务院有关部门制定全国人口普查方案（以下简称普查方案），报国务院批准。

人口普查应当按照普查方案的规定执行。

第十条 对认真执行本条例，忠于职守、坚持原则，做出显著成绩的单位和个人，按照国家有关规定给予表彰和奖励。

第二章 人口普查的对象、内容和方法

第十一条 人口普查对象是指普查标准时点在中华人民共和国境内的自然人以及在中华人民共和国境外但未定居的中国公民，不包括在中华人民共和国境内短期停留的境外人员。

第十二条 人口普查主要调查人口和住户的基本情况，内容包括姓名、性别、年龄、民族、国籍、受教育程度、行业、职业、迁移流动、社会保障、婚姻、生育、死亡、住房情况等。

第十三条 人口普查采用全面调查的方法，以户为单位进行登记。

第十四条 人口普查采用国家统计分类标准。

第三章 人口普查的组织实施

第十五条 人口普查登记前，公安机关应当按照普查方案的规定完成户口整顿工作，并将有关资料提交本级人口普查机构。

第十六条 人口普查登记前应当划分普查区，普查区以村民委员会、居民委员会所辖区域为基础划分，每个普查区划分为若干普查小区。

第十七条 每个普查小区应当至少有一名普查员负责入户登记等普查工作。每个普查区应当至少有一名普查指导员，负责安排、指导、督促和检查普查员的工作，也可以直接进行入户登记。

第十八条 普查指导员和普查员应当具有初中以上文化水平，身体健康，责任心强。

第十九条 普查指导员和普查员可以从国家机关、社会团体、企业事业单位借调，也可以从村民委员会、居民委员会或者社会招聘。借调和招聘工作由县级人民政府负责。

国家鼓励符合条件的公民作为志愿者参与人口普查工作。

第二十条 借调的普查指导员和普查员的工资由原单位支付，其福利待遇保持不变，并保留其原有工作岗位。

招聘的普查指导员和普查员的劳动报酬，在人口普查经费中予以安排，由聘用单位支付。

第二十一条 普查机构应当对普查指导员和普查员进行业务培训，并对考核合格的人员颁发全国统一的普查指导员证或者普查员证。

普查指导员和普查员执行人口普查任务时，应当出示普查指导员证或者普查员证。

第二十二条 人口普查登记前，普查指导员、普查员应当绘制普查小区图，编制普查小区户主姓名底册。

第二十三条 普查指导员、普查员入户登记时，应当向人口普查对象说明人口普查的目的、法律依据以及人口普查对象的权利和义务。

第二十四条 人口普查对象应当按时提供人口普查所需的资料，如实回答相关问题，不得隐瞒有关情况，不得提供虚假信息，不得拒绝或者阻碍人口普查工作。

第二十五条 人口普查对象应当在普查表上签字或者盖章确认，并对其内容的真实性负责。

第二十六条 普查人员应当坚持实事求是，恪守职业道德，拒绝、抵制人口普查工作中的违法行为。

普查机构和普查人员不得伪造、篡改普查资料，不得以任何方式要求任何单位和个人提供虚假的普查资料。

第二十七条 人口普查实行质量控制岗位责任制，普查机构应当对人口普查实施中的每个环节实行质量控制和检查，对人口普查数据进行审核、复查和验收。

第二十八条 国家统计局统一组织人口普查数据的事后质量抽查工作。

第四章 人口普查资料的管理和公布

第二十九条 地方各级普查机构应当按照普查方案的规定进行数据处理，并按时上报人口普查资料。

第三十条 人口普查汇总资料，除依法应当保密的外，应当予以公布。

全国和各省、自治区、直辖市主要人口普查数据，由国家统计局以公报形式公布。

地方人民政府统计机构公布本行政区域主要人口普查数据，应当报经上一级人民政府统计机构核准。

第三十一条 各级人民政府统计机构应当做好人口普查资料的管理、开发和应用，为社会公众提供查询、咨询等服务。

第三十二条 人口普查中获得的原始普查资料，按照国家有关规定保存、销毁。

第三十三条 人口普查中获得的能够识别或者推断单个普查对象身份的资料，任何单位和个人不得对外提供、泄露，不得作为对人口普查对象作出具体行政行为的依据，不得用于人口普查以外的目的。

人口普查数据不得作为对地方人民政府进行政绩考核和责任追究的依据。

第五章 法律责任

第三十四条 地方人民政府、政府统计机构或者有关部门、单位的负责人有下列行为之一的，由任免机关或者监察机关依法给予处分，并由县级以上人民政府统计机构予以通报；构成犯罪的，依法追究刑事责任：

（一）自行修改人口普查资料、编造虚假人口普查数据的；

（二）要求有关单位和个人伪造、篡改人口普查资料的；

（三）不按照国家有关规定保存、销毁人口普查资料的；

（四）违法公布人口普查资料的；

（五）对依法履行职责或者拒绝、抵制人口普查违法行为的普查人员打击报复的；

（六）对本地方、本部门、本单位发生的严重人口普查违法行为失察的。

第三十五条 普查机构在组织实施人口普查活动中有下列违法行为之一的，由本级人民政府或者上级人民政府统计机构责令改正，予以通报；对直接负责的主管人员和其他直接责任人员，由任免机关或者监察机关依法给予处分：

（一）不执行普查方案的；

（二）伪造、篡改人口普查资料的；

（三）要求人口普查对象提供不真实的人口普查资料的；

（四）未按照普查方案的规定报送人口普查资料的；

（五）违反国家有关规定，造成人口普查资料毁损、灭失的；

（六）泄露或者向他人提供能够识别或者推断单个普查对象身份的资料的。

普查人员有前款所列行为之一的，责令其停止执行人口普查任务，予以通报，依法给予处分。

第三十六条 人口普查对象拒绝提供人口普查所需的资料，或者提供不真实、不完整的人口普查资料的，由县级以上人民政府统计机构责令改正，予以批评教育。

人口普查对象阻碍普查机构和普查人员依法开展人口普查工作，构成违反治安管理行为的，由公安机关依法给予处罚。

第三十七条 县级以上人民政府统计机构应当设立举报电话和信箱，接受社会各界对人口普查违法行为的检举和监督。

第六章　附　　则

第三十八条 中国人民解放军现役军人、人民武装警察等人员的普查内容和方法，由国家统计局会同国务院有关部门、军队有关部门规定。

交通极为不便地区的人口普查登记的时间和方法，由国家统计局会同国务院有关部门规定。

第三十九条 香港特别行政区、澳门特别行政区的人口数，按照香港特别行政区政府、澳门特别行政区政府公布的资料计算。

台湾地区的人口数，按照台湾地区有关主管部门公布的资料计算。

第四十条 为及时掌握人口发展变化情况，在两次人口普查之间进行全国 1%人口抽样调查。全国 1%人口抽样调查参照本条例执行。

第四十一条 本条例自 2010 年 6 月 1 日起施行。

第三部分　附录

附录 2　浙江省人民政府关于做好第七次全国人口普查的通知

浙江省人民政府
关于做好第七次全国人口普查的通知

浙政发〔2019〕31 号

各市、县（市、区）人民政府，省政府直属各单位：

国务院决定于 2020 年开展第七次全国人口普查。为认真贯彻《国务院关于开展第七次全国人口普查的通知》（国发〔2019〕24 号）要求，切实做好我省第七次人口普查工作，现将有关事项通知如下：

一、总体要求

（一）指导思想。以习近平新时代中国特色社会主义思想为指导，全面贯彻党的十九大和十九届二中、三中、四中全会精神，认真落实党中央、国务院关于统计改革发展的决策部署，坚持实事求是、改革创新，科学设计、精心组织，周密部署、依法实施，确保第七次人口普查数据真实准确，全面客观反映我省人口发展状况。

（二）普查目的。第七次人口普查将全面查清我省人口数量、结构、分布、城乡住房等方面情况，为完善人口发展战略和政策体系，促进人口长期均衡发展，科学制定国民经济和社会发展规划，推动经济高质量发展，提供科学准确的统计信息支持。

二、普查内容和时间

普查主要调查人口和住户的基本情况，内容包括：姓名、公民身份号码、性别、年龄、民族、受教育程度、行业、职业、迁移流动、婚姻生育、死亡、住房情况等。

普查标准时点是 2020 年 11 月 1 日零时。

三、组织实施

第七次人口普查涉及范围广、参与单位多、技术要求高、工作难度大，各地、各单位要充分认识其重要性和艰巨性，切实增强大局意识和责任意识，认真做好普查的宣传动员和组织实施工作。

按照国务院确定的“全国统一领导、部门分工协作、地方分级负责、各方共同参与”的原则，省政府成立浙江省人民政府第七次人口普查领导小组，负责普查组织实施中重大问题的研究和决策。

普查领导小组办公室设在省统计局，具体负责普查的组织实施。各成员单位要按照职能分工，各负其责、通力协作、密切配合，共同做好普查工作。对普查工作中遇到的困难和问题，要及时采取措施予以解决。

根据国务院统一部署，全省各级政府要设立相应的普查领导小组及其办公室，认真做好本地区普查工作。要充分发挥街道办事处和乡镇政府、居民委员会和村民委员会的作用，广泛引导、动员和组织社会力量积极参与并认真配合做好普查工作。

地方普查机构可根据工作需要，招聘或者从有关单位借调符合条件的普查指导员和普查员。为稳定普查工作队伍，确保普查工作顺利进行，应当及时支付招聘人员的劳动报酬，保证借调人员在原单位的工资、福利及其他待遇不变，并保留其原有工作岗位。

四、经费保障

根据国务院部署要求，第七次人口普查所需经费，由中央和地方各级政府共同负担，并列入相应年度的财政预算，按时拨付、确保到位。

五、工作要求

（一）坚持依法普查。各地、各单位要按照《中华人民共和国统计法》和《全国人口普查条例》等法律法规要求，认真做好普查各项工作。普查取得的数据，严格限定用于普查目的，不得作为任何部门和单位对各级行政管理工作实施考核、奖惩的依据。普查中获得的能够识别或者推断单个普查对象身份的资料，不得作为对普查对象实施处罚等具体行政行为的依据。

（二）确保数据质量。建立健全普查数据质量追溯和问责机制，各级政府统计机构要加大对普查工作中违纪违法行为的查处和通报曝光力度，坚决杜绝人为干扰普查工作的现象，确保普查工作顺利进行和普查数据真实准确。对普查中发现应当给予党纪政务处分或者组织处理的统计违纪违法责任人，由统计机构按规定提出处分处理建议并及时移送任免机关、纪检监察机关或者组织（人事）部门。

（三）提升信息化水平。采取电子化方式开展普查登记，探索使用智能手机采集数据。广泛应用部门行政记录，推进大数据在普查中的应用，提高普查数据采集处理效能。全流程加强对公民个人信息的保护，各级普查机构及其工作人员必须严格履行保密义务，严禁向任何机构、单位、个人泄露或者出售公民个人信息。

（四）加强宣传工作。各级普查机构要会同宣传部门认真做好普查宣传的策划和组织工作。采用多种手段，广泛深入宣传第七次人口普查的重要意义和要求，引导广大普查对象依法配合普查，如实申报普查项目，为普查工作顺利实施创造良好舆论环境。

附件：浙江省第七次人口普查领导小组组成人员名单

浙江省人民政府

2019 年 12 月 26 日

（此件公开发布）

附件

浙江省第七次人口普查领导小组组成人员名单

组　长：冯　飞　常务副省长
副组长：周日星　省政府副秘书长
　　　　王　杰　省统计局局长
　　　　焦旭祥　省发展改革委副主任
　　　　金伯中　省公安厅副厅长
　　　　盛乐山　省自然资源厅副厅长
　　　　张清云　省建设厅副厅长
　　　　苏长聪　省卫生健康委一级巡视员
成　员：卢春中　省委宣传部副部长
　　　　季晓斌　省委网信办副主任
　　　　方　颖　省台办副主任
　　　　韩　平　省教育厅副厅长
　　　　钟新章　省民宗委副主任
　　　　俞志壮　省民政厅副厅长
　　　　劳　泓　省司法厅副厅长
　　　　章忠良　省财政厅副厅长
　　　　仉贻泓　省人力社保厅副厅长
　　　　徐建华　省农业农村厅二级巡视员
　　　　姚国文　省外办副主任
　　　　章根明　省市场监管局副局长
　　　　单　烈　省广电局副局长
　　　　张兴华　省统计局副局长
　　　　徐建刚　省机关事务局副局长
　　　　汪全立　省政府研究室副主任
　　　　蒋汝忠　省大数据局副局长
　　　　孙耀铜　省军区政治工作局副主任
　　　　王　进　省军区保障局局长
　　　　张祖民　国家统计局浙江调查总队二级巡视员

领导小组办公室主任由省统计局副局长张兴华兼任。普查结束后，该领导小组自行撤销。

第三部分 附录

附录 3 第七次全国人口普查方案

第七次全国人口普查方案

国家统计局
国务院第七次全国人口普查领导小组办公室

第一部分 总说明

根据《中华人民共和国统计法》《中华人民共和国统计法实施条例》《全国人口普查条例》和《国务院关于开展第七次全国人口普查的通知》，制定本方案。

一、普查目的

全面查清我国人口数量、结构、分布、城乡住房等方面情况，为完善人口发展战略和政策体系，促进人口长期均衡发展，科学制定国民经济和社会发展规划，推动经济高质量发展，开启全面建设社会主义现代化国家新征程，向第二个百年奋斗目标进军，提供科学准确的统计信息支持。

二、普查时点

普查的标准时点是 2020 年 11 月 1 日零时。

三、普查对象

普查对象是指普查标准时点在中华人民共和国境内的自然人以及在中华人民共和国境外但未定居的中国公民，不包括在中华人民共和国境内短期停留的境外人员。

四、普查内容和普查表

普查登记的主要内容包括：姓名、公民身份号码、性别、年龄、民族、受教育程度、行业、职业、迁移流动、婚姻生育、死亡、住房情况等。

根据不同的普查对象和普查内容，具体分为四种普查表。

（一）第七次全国人口普查短表

普查短表包括反映人口基本状况的项目，由全部住户（不包括港澳台居民和外籍人员）填报。

（二）第七次全国人口普查长表

普查长表包括所有短表项目和人口的经济活动、婚姻生育和住房等情况的项目，在全部住户中抽取 10% 的户（不包括港澳台居民和外籍人员）填报。

（三）第七次全国人口普查港澳台居民和外籍人员普查表

港澳台居民和外籍人员普查表包括反映人口基本状况的项目以及入境目的、居住时间、身份或国籍、就业情况等项目，由在境内居住的港澳台居民和外籍人员填报。

（四）第七次全国人口普查死亡人口调查表

死亡人口调查表包括死亡人口的基本信息，由 2019 年 11 月 1 日至 2020 年 10 月 31 日期间有死亡人口的户填报。

五、普查方法

普查采用全面调查的方法，以户为单位进行登记。

普查采用按现住地登记的原则，每个人必须在现住地进行登记。普查对象不在户口登记地居住的，户口登记地要登记相应信息。

普查登记采用普查员入户询问、当场填报，或由普查对象自主填报等方式进行。

普查数据采集原则上采用电子化的方式。采取普查员使用电子采集设备（PAD 或智能手机）登记普查对象信息并联网实时上报，或由普查对象通过互联网自主填报等方式进行。

普查员应按照工作要求，在户口整顿基础上对所负责普查小区进行全面摸底，掌握普查小区内的人口和居住情况，编制《户主姓名底册》，根据《户主姓名底册》进行入户登记工作，并参考部门行政记录等资料进行比对复查，确保普查登记真实准确、不重不漏。

六、普查数据处理

各级普查机构负责普查数据处理。国务院人口普查办公室统一编制数据采集、审核、编辑、汇总程序。

国务院人口普查办公室集中部署数据采集处理环境。各级普查机构应保障必要的数据处理办公环境和网络条件，采取必要的安全措施，确保数据处理工作安全、顺利地进行。

七、普查组织实施

（一）全国统一领导

国务院第七次全国人口普查领导小组负责普查组织实施中重大问题的研究和决策。普查领导小组办公室设在国家统计局，具体负责普查的组织实施。

（二）部门分工协作

领导小组各成员单位要按照职能分工，各负其责、通力协作、密切配合，共同做好普查工作。对普查工作中遇到的困难和问题，要及时采取措施予以解决。

（三）地方分级负责

地方各级人民政府设立相应的普查领导小组及其办公室，领导和组织实施本区域内的普查工作。村民委员会和居民委员会设立人口普查小组，协助街道办事处和乡镇政府动员和组织社会力量，做好本区域内的普查工作。

普查指导员和普查员可以从国家机关、社会团体、企业事业单位借调，也可以从村民委员会、居民委员会或者社会招聘。借调和招聘工作由县级人民政府负责。

（四）各方共同参与

国家机关、社会团体、企业事业单位应当按照《中华人民共和国统计法》《中华人民共和国统计法实施条例》和《全国人口普查条例》的规定，参与并配合普查工作。

八、普查质量控制

普查实行严格的质量控制制度，建立健全普查数据质量追溯和问责机制，确保普查数据可核查、可追溯、可问责。国务院人口普查办公室统一领导、统筹协调普查全过程质量控制的有关工作。地方各级普查机构主要负责人对本行政区域普查数据质量负总责，确保普查数据真实、准确、完整、及时。各级普查办公室必须严格执行各阶段工作要求，保证各阶段工作质量达到规定标准，确保普查工作质量与数据质量合格达标。

九、普查宣传

各级宣传部门和普查机构应制定宣传工作方案，深入开展普查宣传。

各级宣传部门应组织协调新闻媒体及有关部门，通过报刊、广播、电视、互联网、手机和户外广告等多种渠道，充分利用微博、微信、短视频等新媒体传播手段，宣传普查的重大意义、政策规定和工作要求，积极营造良好的普查氛围。

各级普查机构要组织开展形式多样的宣传活动，动员社会各界支持、参与普查。

十、普查法规与纪律要求

坚持依法普查，普查工作要严格按照《中华人民共和国统计法》《中华人民共和国统计法实施条例》《全国人口普查条例》《国务院关于开展第七次全国人口普查的通知》及相关规定组织开展。

普查对象应当依法履行普查义务，如实提供普查信息，不得虚报、瞒报、拒报。拒绝提供普查所需的资料，或者提供不真实、不完整的普查资料的，由县级以上人民政府统计机构责令改正，予以批评教育，情节严重的依法严肃处理。普查取得的数据，严格限定用于普查目的，不得作为任何部门和单位对各级行政管理工作实施考核、奖惩的依据。普查中获得的能够识别或者推断单个普查对象身份的资料，任何单位和个人不得对外提供、泄露，不得作为对普查对象实施处罚等具体行政行为的依据，不得用于普查以外的目的。各级普查机构及其工作人员，必须严格履行保密义务。

十一、普查主要工作阶段

普查工作分三个阶段进行：

一是准备阶段（2019 年 10 月—2020 年 10 月）。这一阶段的主要工作是：组建各级普查机构，制定普查方案和工作计划，进行普查试点，落实普查经费和物资，准备数据采集处理环境，开展普查宣传，选聘培训普查指导员和普查员，普查区域划分及绘图，进行户口整顿，开展摸底等。

二是普查登记阶段（2020 年 11 月—12 月）。这一阶段的主要工作是：普查员入户登记，进行比对复查，开展事后质量抽查等。

三是数据汇总和发布阶段（2020 年 12 月—2022 年 12 月）。这一阶段的主要工作是：数据处理、汇总、评估，发布主要数据公报，普查资料开发利用等。

十二、其他

（一）香港特别行政区、澳门特别行政区的人口数，按照香港特别行政区政府、澳门特别行政区政府公布的资料计算。

台湾地区的人口数，按照台湾地区有关主管部门公布的资料计算。

（二）因交通极为不便等特殊因素，需采用其他登记时间和方法的地区，须报请国务院人口普查办公室批准。

（三）对认真执行本方案，忠于职守，坚持原则，在普查工作中做出显著成绩的单位和个人，按照国家有关规定给予表彰奖励。

（四）本方案由国务院人口普查办公室负责解释。

第二部分　普查表式

第七次全国人口普查短表

经国务院批准进行第七次全国人口普查
人口普查的标准时点为2020年11月1日零时
人口普查的原始资料不向任何单位和个人提供，仅供汇总使用
公民应履行如实申报普查项目的义务

表　　号：R601表
制定机关：国家统计局
国务院人口普查办公室
批准文号：国发〔2019〕24号
有效期至：2021年3月

地址：_____省（区、市）_____市（地、州、盟）_____县（市、区、旗）_____乡（镇、街道）_____普查区_____普查小区_____户编号

一、住户项目

H1．户别
1．家庭户
2．集体户

H2．本户应登记人数
2020年10月31日晚居住本户的人数_____人
户口在本户，2020年10月31日晚未住本户的人数_____人

H3．本户2019年11月1日至2020年10月31日期间的出生人口
男_____人 女_____人

H4．本户2019年11月1日至2020年10月31日期间的死亡人口
男_____人 女_____人

H5．住所类型
1．普通住宅
2．集体住所
3．工作地住所
4．其他住房
5．无住房
（选择2—5的，跳至个人项目。）

H6．本户现住房建筑面积
_____平方米

H7．本户现住房间数

_____间

二、个人项目

每个人都填报的项目

D1．姓名

____

D2．与户主关系

0．户主

1．配偶

2．子女

3．父母

4．岳父母或公婆

5．祖父母

6．媳婿

7．孙子女

8．兄弟姐妹

9．其他

D3．公民身份号码

□□□□□□□□□□□□□□□□□□

D4．性别

1．男

2．女

D5．出生年月

出生于：_______年_______月

D6．民族

_______族

D7．普查时点（2020年11月1日零时）居住地

1．本普查小区

2．本村（居）委会其他普查小区

3．本乡（镇、街道）其他村（居）委会

4．本县（市、区、旗）其他乡（镇、街道）

5．其他县（市、区、旗），请在下面填写地址

_______省（区、市）
_______市（地、州、盟）
_______县（市、区、旗）
6．香港特别行政区、澳门特别行政区、台湾地区
7．国外

D8．户口登记地
1．本村（居）委会
2．本乡（镇、街道）其他村（居）委会
3．本县（市、区、旗）其他乡（镇、街道）
4．其他县（市、区、旗），请在下面填写地址
_______省（区、市）
_______市（地、州、盟）
_______县（市、区、旗）
5．户口待定→D11

D9．离开户口登记地时间
1．没有离开户口登记地→D11
2．不满半年
3．半年以上，不满一年
4．一年以上，不满二年
5．二年以上，不满三年
6．三年以上，不满四年
7．四年以上，不满五年
8．五年以上，不满十年
9．十年以上

D10．离开户口登记地原因
0．工作就业
1．学习培训
2．随同离开/投亲靠友
3．拆迁/搬家
4．寄挂户口
5．婚姻嫁娶
6．照料孙子女
7．为子女就学
8．养老/康养
9．其他

3 周岁及以上（2017 年 10 月 31 日以前出生）的人填报的项目
D11．受教育程度
1．未上过学

2．学前教育
3．小学
4．初中
5．高中
6．大学专科
7．大学本科
8．硕士研究生
9．博士研究生

15 周岁及以上（2005 年 10 月 31 日以前出生）的人填报的项目

D12．是否识字

1．是
2．否

第七次全国人口普查长表

经国务院批准进行第七次全国人口普查
人口普查的标准时点为2020年11月1日零时
人口普查的原始资料不向任何单位和个人提供，仅供汇总使用
公民应履行如实申报普查项目的义务

表　　号：R 6 0 2 表
制定机关：国家统计局
国务院人口普查办公室
批准文号：国发（2019）24号
有效期至：2021年3月

地址：_____省（区、市）_____市（地、州、盟）_____县（市、区、旗）_____乡（镇、街道）_____普查区_____普查小区_____户编号

一、住户项目

H1．户别

1．家庭户

2．集体户

H2．本户应登记人数

2020年10月31日晚居住本户的人数_____人

户口在本户，2020年10月31日晚未住本户的人数_____人

H3．本户2019年11月1日至2020年10月31日期间的出生人口

男_____人　女_____人

H4．本户2019年11月1日至2020年10月31日期间的死亡人口

男_____人　女_____人

H5．住所类型

1．普通住宅

2．集体住所

3．工作地住所

4．其他住房

5．无住房

（选择2—5的，跳至个人项目。）

H6．本户现住房建筑面积

_____平方米

H7．本户现住房间数

_____间

H8．住房所在建筑的总层数

1．平房

2．多层（7 层及以下）

3．高层（8—33 层）

4．超高层（34 层及以上）

H9．承重类型

1．钢及钢筋混凝土结构

2．混合结构

3．砖木结构

4．竹草土坯结构

5．其他结构

H10．住房建成年代

1．1949 年以前

2．1949—1959 年

3．1960—1969 年

4．1970—1979 年

5．1980—1989 年

6．1990—1999 年

7．2000—2009 年

8．2010—2014 年

9．2015 年以后

H11．住房所在建筑有无电梯

1．有

2．无

H12．主要炊事燃料

1．燃气

2．电

3．煤炭

4．柴草

5．其他

H13．住房内有无管道自来水

1．有

2．无

H14．住房内有无厨房

1．独立使用

2．与其他户合用

3．无

H15．住房内有无厕所

1．水冲式卫生厕所
2．水冲式非卫生厕所
3．卫生旱厕
4．普通旱厕
5．无

H16．住房内有无洗澡设施

1．统一供热水
2．家庭自装热水器
3．其他
4．无

H17．住房来源

1．租赁廉租房/公租房
2．租赁其他住房
3．购买新建商品房
4．购买二手房
5．购买原公有住房
6．购买经济适用房/两限房
7．自建住房
8．继承或赠予
9．其他
（选择3—9的，跳至H19。）

H18．月租房费用

0．200元以下
1．200—499元
2．500—999元
3．1000—1999元
4．2000—2999元
5．3000—3999元
6．4000—5999元
7．6000—7999元
8．8000—9999元
9．10000元以上

H19．拥有全部家用汽车的总价

1．不满10万元
2．10万元以上，不满20万元

3．20 万元以上，不满 30 万元
4．30 万元以上，不满 50 万元
5．50 万元以上，不满 100 万元
6．100 万元以上
7．没有汽车

二、个人项目

每个人都填报的项目

C1．姓名

______

C2．与户主关系

0．户主
1．配偶
2．子女
3．父母
4．岳父母或公婆
5．祖父母
6．媳婿
7．孙子女
8．兄弟姐妹
9．其他

C3．公民身份号码

□□□□□□□□□□□□□□□□□□

C4．性别

1．男
2．女

C5．出生年月

出生于：______年______月

C6．民族

______族

C7．普查时点（2020 年 11 月 1 日零时）居住地

1．本普查小区
2．本村（居）委会其他普查小区
3．本乡（镇、街道）其他村（居）委会
4．本县（市、区、旗）其他乡（镇、街道）

5．其他县（市、区、旗），请在下面填写地址

________省（区、市）

________市（地、州、盟）

________县（市、区、旗）

6．香港特别行政区、澳门特别行政区、台湾地区

7．国外

C8．户口登记地

1．本村（居）委会

2．本乡（镇、街道）其他村（居）委会

3．本县（市、区、旗）其他乡（镇、街道）

4．其他县（市、区、旗），请在下面填写地址

________省（区、市）

________市（地、州、盟）

________县（市、区、旗）

5．户口待定→C12

C9．离开户口登记地时间

1．没有离开户口登记地→C12

2．不满半年

3．半年以上，不满一年

4．一年以上，不满二年

5．二年以上，不满三年

6．三年以上，不满四年

7．四年以上，不满五年

8．五年以上，不满十年

9．十年以上

C10．离开户口登记地原因

0．工作就业

1．学习培训

2．随同离开/投亲靠友

3．拆迁/搬家

4．寄挂户口

5．婚姻嫁娶

6．照料孙子女

7．为子女就学

8．养老/康养

9．其他

C11．户口登记地类型

1．乡

2．镇的村委会
3．镇的居委会
4．街道

C12．是否有农村土地承包经营权
1．有
2．无

C13．出生地
1．本县（市、区、旗）
2．本省其他县（市、区、旗）
3．省外：______省（区、市）

5 周岁及以上（2015 年 10 月 31 日以前出生）的人填报的项目
C14．五年前常住地
2015 年 11 月 1 日常住地：
1．本县（市、区、旗）
2．其他地区，请在下面填写地址
_____省（区、市）
_____市（地、州、盟）
_____县（市、区、旗）

3 周岁及以上（2017 年 10 月 31 日以前出生）的人填报的项目
C15．受教育程度
1．未上过学→C17
2．学前教育→C17
3．小学
4．初中
5．高中
6．大学专科
7．大学本科
8．硕士研究生
9．博士研究生

C16．学业完成情况
1．在校
2．毕业
3．肄业
4．辍学
5．其他

15 周岁及以上（2005 年 10 月 31 日以前出生）的人填报的项目

C17．是否识字

1．是

2．否

C18．工作情况

10 月 25—31 日是否为取得收入而工作了一小时以上（包括临时工、依托互联网平台灵活就业、家庭经营无酬帮工等）

1．是，上周工作时间______小时

2．在职休假、在职学习培训、临时停工（保留工资）

3．未做任何工作→C22

C19．工作单位或生产经营活动所属类型

1．企业、事业、机关或社会团体等法人单位

2．个体经营户

3．经营农村家庭承包地（家庭农林牧渔生产经营活动）

4．自由职业/灵活就业

C20．行业

单位详细名称：______________________________

主要产品或主要业务：__________________________

C21．职业

本人从事的具体工作：__________________________→C23

C22．未工作原因

1．在校学习

2．离退休

3．料理家务

4．丧失工作能力

5．其他

C23．主要生活来源

1．劳动收入

2．离退休金/养老金

3．最低生活保障金

4．失业保险金

5．财产性收入

6．家庭其他成员供养

7．其他

C24．婚姻状况

1．未婚→C28

2．有配偶

3．离婚

4．丧偶

C25．初婚年月

_______年_______月

15至64周岁（1955年11月1日—2005年10月31日出生）的妇女填报的项目

C26．生育子女数

1．未生育→C28

2．有生育（请填报生育的子女数）

生过几个孩子：

男_______人

女_______人

其中现在存活几个孩子：

男_______人

女_______人

15至50周岁（1969年11月1日—2005年10月31日出生）的妇女填报的项目

C27．过去一年（2019年11月1日—2020年10月31日）的生育状况

1．一年内未生育（结束）

2．一年内有生育（请填报生育时间和孩子性别）

生育时间：

____月

婴儿性别：

1．男

2．女

一年内生育两个以上孩子的，请填报第二个孩子的状况。

生育时间：

____月

婴儿性别：

1．男

2．女

60周岁及以上（1960年10月31日以前出生）的人填报的项目

C28．居住状况

1．与配偶和子女同住

2．与配偶同住

3．与子女同住
4．独居（有保姆）
5．独居（无保姆）
6．养老机构
7．其他

C29．身体健康状况

1．健康
2．基本健康
3．不健康，但生活能自理
4．不健康，生活不能自理

第七次全国人口普查港澳台居民和外籍人员普查表
The Seventh National Population Census Form for Residents from Hong Kong, Macao, Taiwan and from Foreign Countries

中国政府决定进行第七次全国人口普查人口普查标准时点为2020年11月1日零时我们将对您在普查表中填写的信息给予保密，敬请合作。

The Government of China has decided to conduct the 7th National Population Census, with zero hour on 1 November 2020 as the reference time.
Information provided will be kept confidential.
Your cooperation is highly appreciated.

表号：R603表
制定机关：国家统计局
国务院人口普查办公室
批准文号：国发〔2019〕24号
有效期至：2021年3月
Form number: R603
Form issued by: National Bureau of Statistics
Office of the State Council for the Seventh National Population Census
Approval number: 〔2019〕24
Valid until: March 2021

地址 Address：

_____省（区、市）Province

_____市（地、州、盟）City (prefecture)

_____县（市、区、旗）County (city, district)

_____乡（镇、街道）Town (township, street)

_____普查区 Enumeration area (village/community committee)

_____普查小区 Enumeration block

_____户编号 Household number

一、住户项目

Household Information

F1. 户别

Type of household

1. 家庭户 Family household
2. 集体户 Collective household

F2. 住所类型

Type of dwelling

1. 普通住宅 Conventional dwellings
2. 集体住所 Collective living quarters
3. 工作地住所 Living in work places
4. 其他住房 Other dwellings
5. 无住房 With no dwellings

（选择2—5的，跳至个人项目。）

(If the answer is 2-5, then skip to 'Individual Information'.)

F3. 本户现住房建筑面积

Floor space for this household

_____平方米 m^2

F4. 本户现住房间数

Number of rooms for this household

_____间 rooms

二、个人项目

Individual Information

R1. 姓名 Full name

____

R2. 与户主关系

Relationship with head of household

0. 户主 Head of household
1. 配偶 Spouse
2. 子女 Son or daughter
3. 父母 Parent
4. 岳父母或公婆 Parent-in-law
5. 祖父母 Grandparent
6. 媳婿 Son-in-law or daughter-in-law
7. 孙子女 Grandchild
8. 兄弟姐妹 Brother or sister
9. 其他 Other relationship

R3. 性别

Sex

1. 男 Male
2. 女 Female

R4. 出生年月

Date of birth

出生于 Born in：_______年 year_______月 month

R5. 来内地（大陆）或来华目的

Purpose for stay in the mainland of China

1. 商务 Business
2. 就业 Work
3. 学习 Study
4. 定居 Residence
5. 探亲 Visiting relatives

6. 其他 Others

R6. 已在内地（大陆）或在华居住时间
Duration of stay in the mainland of China
1. 不满三个月 Less than 3 months
2. 三个月以上，不满半年 3 months to less than 6 months
3. 半年以上，不满一年 6 months to less than 12 months
4. 一年以上，不满二年 1 year to less than 2 years
5. 二年以上，不满五年 2 years to less than 5 years
6. 五年以上 5 years or more

R7. 受教育程度
3 周岁及以上（2017 年 10 月 31 日以前出生）的人填报
Educational attainment
For persons aged 3 and over（Born before 31st Oct. 2017）
1. 未上过学 No schooling
2. 学前教育 Pre-primary education
3. 小学 Primary education
4. 初中 Junior secondary education
5. 高中 Senior secondary education
6. 大学专科 College
7. 大学本科 University
8. 硕士研究生 Master
9. 博士研究生 Doctor

R8. 身份或国籍
Citizenship
1. 香港特别行政区居民 Hong Kong SAR resident
2. 澳门特别行政区居民 Macao SAR resident
3. 台湾地区居民 Taiwan resident
4. 外国人 Foreigner：国籍 Country_______（结束）(End)

15 周岁及以上（2005 年 10 月 31 日以前出生）港澳台居民填报的项目
For persons aged 15 and over (Born before 31st Oct. 2005) from Hong Kong, Macao and Taiwan

R9. 工作情况
10 月 25—31 日是否为取得收入而工作了一小时以上
1．是
2．在职休假、在职学习培训、临时停工（保留工资）
3．未做任何工作→R12

R10．行业
1．农、林、牧、渔业

2．采矿业
3．制造业
4．电力、热力、燃气及水生产和供应业
5．建筑业
6．批发和零售业
7．交通运输、仓储和邮政业
8．住宿和餐饮业
9．信息传输、软件和信息技术服务业
10．金融业
11．房地产业
12．租赁和商务服务业
13．科学研究和技术服务业
14．水利、环境和公共设施管理业
15．居民服务、修理和其他服务业
16．教育
17．卫生和社会工作
18．文化、体育和娱乐业
19．公共管理、社会保障和社会组织
20．国际组织

R11．职业
1．党的机关、国家机关、群众团体和社会组织、企事业单位负责人
2．专业技术人员
3．办事人员和有关人员
4．社会生产服务和生活服务人员
5．农、林、牧、渔业生产及辅助人员
6．生产制造及有关人员
7．不便分类的其他从业人员

R12．婚姻状况
1．未婚
2．有配偶
3．离婚
4．丧偶

第七次全国人口普查死亡人口调查表

（2019 年 11 月 1 日至 2020 年 10 月 31 日死亡的人口登记）

经国务院批准进行第七次全国人口普查
人口普查的标准时点为 2020 年 11 月 1 日零时
人口普查的原始资料不向任何单位和个人提供，
仅供汇总使用
公民应履行如实申报普查项目的义务

表　　号：R　6　0　4　表
制定机关：国　家　统　计　局
　　　　　国务院人口普查办公室
批准文号：国发（2019）24 号
有效期至：2 0 2 1　年　3　月

地址：_____省（区、市）_____市（地、州、盟）_____县（市、区、旗）_____乡（镇、街道）_____普查区_____普查小区_____户编号

每个死亡人口都登记的项目

S1．姓名

____

S2．公民身份号码

□□□□□□□□□□□□□□□□□□

S3．性别

1．男

2．女

S4．出生年月

出生于：_______年_______月

S5．死亡时间

死亡于：_______月

S6．民族

_______族

死亡时满 3 周岁的人登记的项目

S7．受教育程度

1．未上过学

2．学前教育

3．小学

4．初中

5．高中

6．大学专科

7．大学本科

8．硕士研究生

9．博士研究生

死亡时满 15 周岁的人登记的项目

S8．婚姻状况

1．未婚

2．有配偶

3．离婚

4．丧偶

第三部分　普查表填写说明

一、普查表的种类

第七次全国人口普查表分为《第七次全国人口普查短表》《第七次全国人口普查长表》《第七次全国人口普查港澳台居民和外籍人员普查表》和《第七次全国人口普查死亡人口调查表》四种表。

二、标准时点

第七次全国人口普查的标准时点为2020年11月1日零时。

普查员在掌握普查标准时点时，应注意以下两点：

（一）2020年11月1日零时以后出生的人不登记；2020年11月1日零时以后死亡的人仍要在普查短表中登记。

（二）2020年11月1日零时以后居住地发生变化的人，仍在原居住地登记。

三、普查对象

普查对象是指普查标准时点在中华人民共和国境内的自然人以及在中华人民共和国境外但未定居的中国公民，不包括在中华人民共和国境内短期停留的境外人员。

（一）普查短表和普查长表的普查对象具体是指2020年10月31日晚住本普查小区的人，以及户口登记在本普查小区但2020年10月31日晚未住本普查小区的人。

1.2020年10月31日晚住本普查小区的人，无论其户口登记在何处。

2.户口登记在本普查小区，但2020年10月31日晚未住本普查小区的人，无论其外出时间长短、外出原因如何。

（二）港澳台居民和外籍人员普查表的普查对象具体是指2020年10月31日晚住本普查小区的港澳台居民和外籍人员。

（三）死亡人口调查表的登记对象具体是指2019年11月1日至2020年10月31日期间本普查小区的死亡人口。

四、登记原则

人口普查采用按现住地登记的原则，每个人必须在现住地进行登记。普查对象不在户口登记地居住的，户口登记地要登记相应信息。

人口普查以户为单位进行登记，户分为家庭户和集体户。集体户以一个住房单元为一户进行普查登记。

为便于理解登记对象，并考虑到普查中可能遇到的特殊情况，普查员在入户登记时可采取以下方式询问住户：

应在您家普查登记的人包括：

•2020年10月31日晚住在您家里的人。

•经常居住在您家，由于临时出差、探亲、旅游或值夜班等原因，2020年10月31日晚未住在您家的人（视为2020年10月31日晚住在您家）。

•幼儿园全托孩子，小学、初中住校生（视为2020年10月31日晚住在您家）。

•户口登记在现住房地址的其他人。

不包括：

•现役军人和武警。

•由于临时出差、探亲、旅游等原因，2020 年 10 月 31 日晚暂住在您家的人。

•2020 年 11 月 1 日零时以后出生的人。

五、普查项目

（一）普查短表

按户填报的项目有：户别、本户应登记人数、本户 2019 年 11 月 1 日至 2020 年 10 月 31 日期间的出生人口、本户 2019 年 11 月 1 日至 2020 年 10 月 31 日期间的死亡人口、住所类型、本户现住房建筑面积、本户现住房间数。

按人填报的项目有：姓名、与户主关系、公民身份号码、性别、出生年月、民族、普查时点（2020 年 11 月 1 日零时）居住地、户口登记地、离开户口登记地时间、离开户口登记地原因、受教育程度、是否识字。

（二）普查长表

按户填报的项目有：户别、本户应登记人数、本户 2019 年 11 月 1 日至 2020 年 10 月 31 日期间的出生人口、本户 2019 年 11 月 1 日至 2020 年 10 月 31 日期间的死亡人口、住所类型、本户现住房建筑面积、本户现住房间数、住房所在建筑的总层数、承重类型、住房建成年代、住房所在建筑有无电梯、主要炊事燃料、住房内有无管道自来水、住房内有无厨房、住房内有无厕所、住房内有无洗澡设施、住房来源、月租房费用、拥有全部家用汽车的总价。

按人填报的项目有：姓名、与户主关系、公民身份号码、性别、出生年月、民族、普查时点（2020 年 11 月 1 日零时）居住地、户口登记地、离开户口登记地时间、离开户口登记地原因、户口登记地类型、是否有农村土地承包经营权、出生地、五年前常住地、受教育程度、学业完成情况、是否识字、工作情况、经常工作单位或生产经营活动所属类型、行业、职业、未工作原因、主要生活来源、婚姻状况、初婚年月、生育子女数、过去一年（2019 年 11 月 1 日—2020 年 10 月 31 日）的生育状况、居住状况、身体健康状况。

（三）港澳台居民和外籍人员普查表

按户填报的项目有：户别、住所类型、本户现住房建筑面积、本户现住房间数。

按人填报的项目有：姓名、与户主关系、性别、出生年月、来内地（大陆）或来华目的、已在内地（大陆）或在华居住时间、受教育程度、身份或国籍、工作情况、行业、职业、婚姻状况。

（四）死亡人口调查表

填报的项目有：姓名、公民身份号码、性别、出生年月、死亡时间、民族、受教育程度、婚姻状况。

六、普查表的填写方法

（一）普查表以户为单位进行登记。普查短表、死亡人口调查表采用普查员入户询问、当场填报，或由普查对象通过互联网自主填报等方式进行。普查长表、港澳台居民和外籍人员普查表采用普查指导员和普查员入户询问、当场填报的登记方式。

（二）普查小区中的每一户有且只有一个户编号，为“001”开始的 3 位顺序码，在《户主姓名底册》编制完成后自动生成，普查表上的户编号与其一致，不可修改。

（三）普查表的填写顺序：先填写住户项目，再逐人填写个人项目。

普查员填写普查短表时，填写按人登记的项目时，表内第一人应填户主，然后依次填户主的配偶和其他关系的人。全户死亡的户，只填写“H4.本户 2019 年 11 月 1 日至 2020 年 10 月 31 日期间的死亡人口”，其他住户项目和个人项目均不再登记。

普查员填写普查长表时，与普查短表相同的项目直接代入短表信息，经向普查对象核实确认后，再填报其他项目。

（四）普查表每户最多可以填写 20 人。对于超过 20 人的大集体户，可酌情分成若干集体户填写。

（五）有标准选项的项目，根据实际情况选填，并且每个问题只能选择一个标准选项。民族、普查时点（2020 年 11 月 1 日零时）居住地、户口登记地、出生地、五年前常住地等项目可根据列表栏进行选择。没有标准选项的项目，用文字或阿拉伯数字据情填报。

（六）如果填写错误或发生逻辑关系异常，数据采集程序会给出审核提示。审核类型分为强制性审核和确认性审核，若为强制性审核错误，必须根据提示信息对错误项目进行修改；若为确认性审核提示，应根据提示信息对异常项目进行核实，确认无误后，继续进行填报。

（七）普查员每填完一户，应即刻进行审核，将通过审核的信息向申报人当面宣读，核对无误后，由申报人签字确认。

第四部分　指标解释

一、普查短表

（一）住户项目

H1.户别——按家庭户、集体户的类别填报。

1.家庭户：以家庭成员关系为主，居住一处共同生活的人口，作为一个家庭户。单身居住独自生活的，也作为一个家庭户。

2.集体户：相互之间没有家庭成员关系，集体居住共同生活的人口作为一个集体户。

H2.本户应登记人数——包括两个部分。一部分是2020年10月31日晚居住本户的人数，既包括户口在本户、2020年10月31日晚居住本户的人数，也包括户口不在本户、2020年10月31日晚居住本户的人数，填写H2的第一项；另一部分是户口在本户，2020年10月31日晚未居住本户的人数，填写H2的第二项。

H3.本户2019年11月1日至2020年10月31日期间的出生人口——填写本户在2019年11月1日至2020年10月31日期间出生的人数。分别填写男、女的合计数。若本户在此期间没有出生人口，请填写“0”。

H4.本户2019年11月1日至2020年10月31日期间的死亡人口——填写本户在2019年11月1日至2020年10月31日期间死亡的人数。分别填写男、女的合计数。若本户在此期间没有死亡人口，请填写“0”。

填写H3、H4时应注意：

不要漏掉出生时有某种生命现象（如在胎儿脱离母体时，有呼吸或心跳，脐带搏动、随意肌收缩等）不久即死亡的婴儿，既要填写出生人数，也要填写死亡人数。

H5.住所类型——按居住的住所类型填报。

1.普通住宅：指人工建造的，有墙、顶、门、窗等结构，具有独立入口，专门供人居住的房屋或场所。如单元房、平房、四合院、独栋别墅、筒子楼、窑洞等传统意义上的住宅。

2.集体住所：指学生宿舍、职工宿舍、工棚、养老院、福利院、宗教场所等。

3.工作地住所：指居住在办公楼、发廊、商铺、餐馆等工作场所。

4.其他住房：指居住在上述场所以外的其他房屋或场所。

5.无住房：指本户没有住房，居无定所（如流动人口中那些睡在桥下、公园、车站或睡在运载货物、商品车辆上的人等）。

H6.本户现住房建筑面积——本户现住房的建筑面积以房屋所有权证（不动产权证）或租赁凭证上的相关信息为准。

若只知道使用面积的，可用使用面积乘以1.33，换算成建筑面积。填写本项目时应注意：

1.在租借房屋居住的户，按租借住房的实际情况填写其住房建筑面积。

2.合住在同一所住房里的住户，其建筑面积为各户所独立使用的房间面积加上公共使用面积（包括厨房、厕所、门厅、阳台等）的分摊部分：两户合住的，各按二分之一计算；三户合住的，各按三分之一计算，依此类推。

3.建筑面积应填写整数，不为整数时四舍五入获得。

H7.本户现住房间数——指除厨房、厕所、过道和厅以外的所有自然间数（包括扩建的房间）。填写本项目时应注意：

1.在租借房屋居住的户，按租借住房的实际居住情况填写其住房间数。

2.合住同一所住房的，在填写住房间数时，填写其独立使用的房间数。

（二）个人项目

D1.姓名——填写被登记人的正式姓名。没有正式姓名的可填小名或某某氏，但不能填笔名、代号等。婴儿未起名的，可填“未取名”。

D2.与户主关系——指被登记人与本户户主的关系。申报人不是户主的，不要将被登记人与申报人的关系错填为与户主的关系。

0.户主：按家庭日常生活习惯确定户主。

1.配偶：指户主的妻子或丈夫。

2.子女：指户主的子女。

3.父母：指户主的父母或继父母、养父母。

4.岳父母或公婆：指户主配偶的父母或继父母、养父母。

5.祖父母：指户主或配偶的祖父母、外祖父母、曾祖父母、外曾祖父母。

6.媳婿：指户主子女的配偶。

7.孙子女：指户主的孙子女、外孙子女、孙媳婿、外孙媳婿、重孙子女、重孙媳婿、重外孙子女、重外孙媳婿。

8.兄弟姐妹：指户主及其配偶的兄弟姐妹以及他们的配偶。

9.其他：指以上九种人以外的成员。

在登记家庭户时，户主应登记为第一人，选填“0.户主”。如果户主的配偶也在本户登记，应登记为第二人，选填“1.配偶”，然后再登记该户的其他成员；如果户主没有配偶，或户主配偶不在本户登记，第二人登记本户其他成员。

在登记集体户时，任选一人登记为户主，选填“0.户主”，本户其他成员与户主关系一律登记为其他，选填“9.其他”。

D3.公民身份号码——指 18 位公民身份号码。无公民身份号码的填写 18 位 0。

D4.性别——指被登记人的性别。

D5.出生年月——指被登记人的出生年、月。

出生年月按公历填写，只知道农历的，要换算成公历。按照一般的规律，农历的月份与公历的月份相差一个月左右，换算时农历的月份加 1 即可作为公历的月份，但要注意农历的 12 月应当是公历下一年的 1 月。

D6.民族——指被登记人的民族。

外国人加入中国籍，其民族和我国的某一民族相同的，就选填某一民族；没有相同民族的，按外国人加入中国籍填写，选填“入籍”。

D7.普查时点（2020 年 11 月 1 日零时）居住地——指被登记人在普查标准时点居住的地址。

1.本普查小区：指普查时点居住在本普查小区的人。如果本户在本普查小区拥有一套以上的住房，可确定其中一处进行登记。

2.本村（居）委会其他普查小区：指户口登记地在本普查小区，普查时点居住在本村（居）委会其他普查小区的人。

3.本乡（镇、街道）其他村（居）委会：指户口登记地在本普查小区，普查时点居住在本乡（镇、街道）其他村（居）委会的人。

4.本县（市、区、旗）其他乡（镇、街道）：指户口登记地在本普查小区，普查时点居住在本县（市、区、旗）的其他乡（镇、街道）的人。

5.其他县（市、区、旗）：指户口登记地在本普查小区，普查时点居住在本县（市、区、旗）以外地区的人。填报本选项的人还需选填普查时点居住地所在省（区、市）、市（地、州、盟）、县（市、区、旗）

的具体名称。

6.香港特别行政区、澳门特别行政区、台湾地区：指户口登记地在本户，普查时点居住在香港特别行政区、澳门特别行政区、台湾地区的人。

7.国外：指户口登记地在本户，普查时点居住在国外的人。

D8.户口登记地——指被登记人的居民户口簿上的地址。

1.本村（居）委会：指户口登记地在本村（居）委会的人。

2.本乡（镇、街道）其他村（居）委会：指普查时点居住本普查小区，户口登记地在本乡（镇、街道）其他村（居）委会的人。

3.本县（市、区、旗）其他乡（镇、街道）：指普查时点居住本普查小区，户口登记地在本县（市、区、旗）的其他乡（镇、街道）的人。

4.其他县（市、区、旗）：指普查时点居住本普查小区，户口登记地在本县（市、区、旗）以外地区的人。填报本选项的人还需填写户口登记地所在省（区、市）、市（地、州、盟）、县（市、区、旗）的具体名称。

5.户口待定：指普查时点居住本普查小区，在任何地方都没有登记户口的人。包括手持户口迁移证、出生证、退伍证等情况。

D9.离开户口登记地时间——指到普查标准时点为止，被登记人离开户口登记地（居住地与户口登记地不一致）的时间。

没有离开户口登记地是指户口登记地在本村（居）委会，普查标准时点居住在本普查小区或本村（居）委会其他普查小区。

若常年外出的人由于农忙、节假日等原因偶尔回家的，或回家后因疫情原因推迟外出的，还应该从第一次离开户口登记地的时间开始计算。

D10.离开户口登记地原因——指被登记人离开户口登记地（居住地与户口登记地不一致）的原因。

0.工作就业：指十五周岁及以上因务工经商、工作招聘、调动等原因离开户口登记地的人。

1.学习培训：指六周岁及以上因考入各级各类学校或参加各种学习班、培训班而离开户口登记地的人。

2.随同离开/投亲靠友：指因跟随亲属、投亲靠友而离开户口登记地的人。

3.拆迁/搬家：指因房屋拆迁、改造或者搬家而离开户口登记地的人。

4.寄挂户口：指户口落在集体户或没有在户口登记地居住过、只落户口的人。

5.婚姻嫁娶：指十五周岁及以上因结婚而离开户口登记地的人。

6.照料孙子女：指为照料孙子女而离开户口登记地的人。

7.为子女就学：指为子女就学而离开户口登记地的人。

8.养老/康养：指因旅游（度假）养老/康养、候鸟式养老/康养、回籍贯地养老/康养、居住在养老院而离开户口登记地的人，不包括跟随子女养老。

9.其他：指上述几种以外的原因。

凡具有两种以上原因的，按其主要的原因选填一个标准选项。

D11.受教育程度——指按照国家教育体制，被登记人接受教育的情况。通过自学或成人学历教育经国家统一考试合格的，分别归入相应的受教育程度。

1.未上过学：指从未接受过各级各类学校教育。包括参加过各种扫盲班或成人识字班学习，且以后再没有接受过各级各类学校教育的人。

2.学前教育：指仅接受过或正在接受专门学前教育机构教育，即在幼儿园或附设幼儿班接受保育和教育。

3.小学：指接受的最高一级教育为小学，无论其是否在校、毕业、肄业或辍学。

4.初中：指接受的最高一级教育为初中，无论其是否在校、毕业、肄业或辍学。

5.高中：指接受的最高一级教育为普通高中、成人高中和中等职业学校，无论其是否在校、毕业、肄业或辍学。

6.大学专科：指接受的最高一级教育为大学专科。在普通高等学校学习大学专科的，无论其是否在校、毕业、肄业或辍学，都填报此项。

凡国家授权承认学历的开放大学、广播电视大学、职工大学等成人高校和普通高等学校举办的函授大学、夜大学和其他形式的大学，按教育部颁布的大学专科教学大纲进行授课的，其毕业生选填此项；其肄业生、在校生按原有受教育程度填报。含成人专科和网络专科。

通过自学，经国家统一举办的自学考试合格，并取得大学专科毕业证书的，也选填此项。

7.大学本科：指接受的最高一级教育为大学本科。在普通高等学校学习大学本科的，无论其是否在校、毕业、肄业或辍学，都填报此项。

凡国家授权承认学历的开放大学、广播电视大学、职工大学等成人高校和普通高等学校举办的函授大学、夜大学和其他形式的大学，按教育部颁布的大学本科教学大纲进行授课的，其毕业生选填此项；其肄业生、在校生按原有受教育程度填报。含成人本科和网络本科。

通过自学和进修大学课程，经考试合格，并取得大学本科毕业证书的，也选填此项。

8.硕士研究生：指接受的最高一级教育为硕士研究生，无论其是否在校、毕业、肄业或辍学。含 2016 年 12 月 1 日以后录取的非全日制硕士研究生。

在职接受硕士研究生教育的，其毕业生选填此项；肄业生和在校生按原有受教育程度填报。

9.博士研究生：指接受的最高一级教育为博士研究生，无论其是否在校、毕业、肄业或辍学。含 2016 年 12 月 1 日以后录取的非全日制博士研究生。

在职接受博士研究生教育的，其毕业生选填此项；肄业生和在校生按原有受教育程度填报。

凡是没有按教育部的教学大纲培养或只学单科的人，不能填报“大学专科”“大学本科”“硕士研究生”或“博士研究生”，一律按原有受教育程度填报。

D12.是否识字：指被登记人是否达到国家规定的脱盲标准（城镇居民和企、事业单位职工识字 2000 个，农村居民识字 1500 个）。登记时可询问，日常生活中是否能读懂简单的书信或书写简短的句子。如果能阅读通俗书报、能写便条就认为具有识字能力。

二、普查长表

（一）住户项目

H1.户别——与短表 H1 相同。

H2.本户应登记人数——与短表 H2 相同。

H3.本户 2019 年 11 月 1 日至 2020 年 10 月 31 日期间的出生人口——与短表 H3 相同。

H4.本户 2019 年 11 月 1 日至 2020 年 10 月 31 日期间的死亡人口——与短表 H4 相同。

H5.住所类型——与短表 H5 相同。

H6.本户现住房建筑面积——与短表 H6 相同。

H7.本户现住房间数——与短表 H7 相同。

H8.住房所在建筑的总层数——层数是指建筑物的自然层数，一般按室内地坪以上计算。

采光窗在室外地坪以上的半地下室，其室内层高在 2.20m 以上（不含 2.20m）的，计算自然层数；假层、附层（夹层）、插层、阁楼（暗楼）、装饰性塔楼，以及突出屋面的楼梯间、水箱间不计层数。

其中，平房是指只有一层的房子。

H9.承重类型——指在房屋建筑中，由各种构件（屋架、梁、板、柱等）组成的能够承受各种作用的体系。

1.钢及钢筋混凝土结构：指承重的主要构件是用钢及钢筋混凝土建造的。它包括“钢结构”“钢、钢筋混凝土”和“钢筋混凝土”三种结构类型。

钢结构：承重的主要构件是钢材料建成的，包括悬索结构。

钢、钢筋混凝土结构：承重的主要构件是用钢、钢筋混凝土建造的。如一幢房屋一部分梁柱采用钢、钢筋混凝土构架建成。

钢筋混凝土结构：承重的主要构件是用钢筋混凝土建造的。包括薄壳结构、大模板现浇结构及使用滑模、升板等建造的钢筋混凝土结构的建筑物。

2.混合结构：指承重的主要构件是用钢筋混凝土和砖木建造的。如一幢房屋的梁是用钢筋混凝土制成，以砖墙为承重墙，或者梁是用木材建造，柱是用钢筋混凝土建造。

3.砖木结构：指承重的主要构件是用砖、木材建造的。如一幢房屋是木制房架、砖墙、木柱建成的。

4.竹草土坯结构：指承重的主要构件是用竹、草、土坯等建造的。如竹楼、土窑洞等。

5.其他结构：指不属于上述类型的结构。

H10.住房建成年代——指本户住房所属建筑物的建成年份。

本户住房所属建筑物翻修过的，按翻修时的年份选填。经过改建的，如改建面积大于原面积的，按改建时的年份选填；如改建面积小于原面积的，按原建成年份选填。

H11.住房所在建筑有无电梯——指本户住房所属建筑物内部、外部是否安装电梯。

H12.主要炊事燃料——指本户用于炊事的主要燃料。

如果本户用于炊事的燃料有两种以上，选填主要的一种。

H13.住房内有无管道自来水——指本户住房内是否有经过公用设施净化处理的管道输送水。

在院子里自己打的机井不能算作有自来水。

H14.住房内有无厨房——指本户住房内是否有专供做饭使用的房间，无论是否装有上下水道及固定灶具。

在公用过道、客堂等处烧饭的和在庭院、路边搭建的、临时简陋设施中做饭的都不算有厨房。

H15.住房内有无厕所——指本户住房内是否有厕所。

1.水冲式卫生厕所：指有上下水系统，或厕间有备水桶（瓢冲），坐便或蹲便器有水封或无水封的厕所，且粪便及污水冲入到下水道、化粪池和厕坑，无蝇，不会造成环境污染。

2.水冲式非卫生厕所：指虽然是水冲式厕所，但是粪便被冲到开放的水渠、沟塘等开放水体或者不确定冲到何处，会污染环境。

3.卫生旱厕：指有固定盖板的厕所，粪便基本无暴露，保持无蝇。比如通风改良厕所、堆肥厕所、双坑交替厕所、粪尿分集厕所、阁楼厕所、深坑防冻厕所等。

4.普通旱厕：包括无盖板的敞开式旱厕，有或无防渗处理。通常粪便暴露、有蛆蝇。

5.无：指没有厕所。

H16.住房内有无洗澡设施——指住房内是否有固定浴缸（浴盆）或淋浴龙头等能使用的洗浴设施。

1.统一供热水：指本户洗浴用热水由社区、物业管理部门或其他公共设施统一供应。

2.家庭自装热水器：指本户洗浴用热水是由自己安装的各种热水器，如电热水器、燃气（罐装、管道）热水器等。

3.其他：指上述两种以外的洗浴设施。

4.无：指住房内没有洗浴设施。

H17.住房来源——指本户获取现住房的方式。

1.租赁廉租房/公租房：指向政府相关部门申请并租住廉租房、公租房。

2.租赁其他住房：指通过私人、单位或房屋中介等渠道租住住房。

3.购买新建商品房：指按市场价购买的新建商品房。

4.购买二手房：指购买那些进入房屋市场进行交易，第二次及以上进行产权登记的住房，包括二手商品房、允许上市交易的已售公房、经济适用房等。

5.购买原公有住房：指个人以成本价或优惠价购买的、原作为福利分配给本单位职工的住房。

6.购买经济适用房/两限房：指向政府相关部门申请并购买经济适用房、两限房。

7.自建住房：指个人建造的住房，其产权属于个人所有。

8.继承或赠予：指从亲属处继承而来或者受他人赠予而获取住房。

9.其他：指上述几种住房来源以外的情况。

H18.月租房费用——指最近用于交纳房租的单月金额，不包括水电费、物业费、取暖费等附加费用。月租房费用不为整数时，按四舍五入计算。

若多人合租作一户登记时，则需将每人月租费加总计算。

H19.拥有全部家用汽车的总价——是指住户拥有的全部供家庭生活使用的汽车价格之和。

汽车价格按汽车实际购买价格（含税）的方式计算。

若住户有多辆家用汽车，则按全部家用汽车的价格总和选填。

（二）个人项目

C1.姓名——与短表 D1 相同。

C2.与户主关系——与短表 D2 相同。

C3.公民身份号码——与短表 D3 相同。

C4.性别——与短表 D4 相同。

C5.出生年月——与短表 D5 相同。

C6.民族——与短表 D6 相同。

C7.普查时点（2020 年 11 月 1 日零时）居住地——与短表 D7 相同。

C8.户口登记地——与短表 D8 相同。

C9.离开户口登记地时间——与短表 D9 相同。

C10.离开户口登记地原因——与短表 D10 相同。

C11.户口登记地类型——指离开户口登记地（居住地与户口登记地不一致）时的户口登记地类型。

若离开时户口登记地的类型是“乡”，而现在已改成“镇”，应选填“1.乡”，不要填报“2.镇的村委会”或“3.镇的居委会”。

C12.是否有农村土地承包经营权——指被登记人户口所在的户是否有农村土地承包经营权。

户口所在的户应以被登记人的户口簿为准。拥有农村土地承包经营权是指被登记人户口登记地在农村地区或以前的农村地区，目前户口所在的户与集体经济组织签订了农村土地承包合同。

拥有农村土地承包经营权的户，目前可能实际经营承包地，也可能因各种原因不再经营承包地，包括以转包、出租、入股、托管等方式流转所承包土地经营权。

C13.出生地——指被登记人的出生地点。

1.本县（市、区、旗）：指出生在本县、县级市、区、旗。

2.本省其他县（市、区、旗）：指出生在本省的其他县、县级市、区、旗。

3.省外：指出生在本省（区、市）以外其他地区，并选填出生地所在省（区、市）的名称。在港、澳、台或国外出生的，根据实际情况选填 “香港特别行政区”“澳门特别行政区”“台湾地区”或“国外”。

C14.五年前常住地——指被登记人在普查标准时点的五年前，即 2015 年 11 月 1 日零时的常住地。

五年前居住在本县（市、区、旗）以外其他地区的人，还需选填五年前常住地的地址。

五年前居住在港、澳、台或国外的，根据实际情况选填“香港特别行政区”“澳门特别行政区”“台湾地区”或“国外”。

C15.受教育程度——与短表 D11 项相同。

C16.学业完成情况——指受教育程度为小学及以上的人完成学业的情况。

1.在校：正在接受各级各类学校教育并有学籍。

2.毕业：已修完全部课程，并经过考试鉴定合格。

3.肄业：修完全部课程，但考试不及格或因种种原因未取得毕业资格。

4.辍学：未能修完所规定的全部课程，中途退学。

5.其他：私塾、自学等其他方式。

C17.是否识字——与短表D12项相同。

C18.工作情况——指被登记人在10月25—31日期间，即普查标准时点前一周，是否为取得收入而工作了1小时以上，包括临时工、互联网灵活就业、家庭经营无酬帮工。

工作是指为获取工资、实物报酬或经营收入而从事的各种生产、经营或服务性活动，其目的是为了取得收入，无论实际是否取得。不包括义务劳动和公益性劳动。

1.是：指在10月25—31日期间，为取得收入而干过固定的、临时的或兼职的工作，并且工作时间超过1小时。在校学生利用课余或假期以及退休人员为取得收入而从事了工作，也选填此项。

家庭成员在自家或亲属经营的公司、企业、商铺或网店工作，即使本人没有劳动报酬，也选填此项。

选填"1.是"的人，还需填写工作时间。工作时间按在10月25—31日期间实际的工作时间填写，而不是按国家或企业规定的制度工作时间填写。

计算工作时间，要注意把握以下几种情况：

（1）从事一种以上有收入工作的，几项工作时间相加计算。

（2）在规定的工作时间以外加班工作的，加班时间一并计算在内。

（3）农村既干家务又从事农业或其他有收入工作的人，家务劳动时间除外。

2.在职休假、在职学习培训、临时停工（保留工资）：

在职休假是指在10月25—31日期间，因各种休假或请假临时未工作，包括公休假、年休假、空勤人员、船员、火车乘务人员的轮休假、病假、工伤假、产假、事假、探亲假、婚丧假等。个人档案、人事关系已在某单位，但因各种原因尚未到新单位报到上班，如军人转业或工作调动等，也视为休假。

在职学习培训是指有工作单位，在10月25—31日期间参加脱产学习或培训。

临时停工（保留工资）是指在10月25—31日期间，由于机械或电力故障、原料或燃料短缺、天气或其他灾害等原因导致的暂时未工作，但仍可以有工资收入。

打零工、计件工等临时就业或灵活就业的人，因为上述原因停工并且没有收入，不填此项，应填"3.未做任何工作"。

3.未做任何工作：指在10月25—31日期间，没有工作单位，也未从事过任何可以有收入的工作。

对于下岗、内退人员，如果未与原单位解除劳动合同，仍有工资性收入的，选填"2.在职休假、在职学习培训、临时停工"；如果没有工资性收入，选填"3.未做任何工作"。对于承包土地的农民，在10月25—31日期间，如果干农活或其他有收入的工作超过1小时，选填"1.是"；如果外出打工，未从事任何工作，选填"3.未做任何工作"；如果正处于农业生产季节，没有外出打工，期间临时没有干农活，选填"2.在职休假、在职学习培训、临时停工"。

对于从事季节性生产经营的人，如果生产经营仍在进行中，只是在10月25—31日期间没有工作，选填"2.在职休假、在职学习培训、临时停工"；如果正处于季节性歇业，选填"3.未做任何工作"。

C19.工作单位或生产经营活动所属类型——指普查标准时点前一周的主要工作单位或生产经营活动类型。

1.企业、事业、机关或社会团体等法人单位：法人单位指依法成立，有自己的名称、组织机构和场所，能够独立承担民事责任，独立拥有和使用（或授权使用）资产承担负债，有权与其他单位签订合同，会计上独立核算，能够编制资产负债表的单位。包括企业、事业、机关、社会团体、民办非企业单位、基金会、居委会、村委会、农民专业合作社、农村集体经济组织和其他组织机构。

2.个体经营户：指资产归个人所有，以个体劳动为基础，劳动成果归劳动者个人占有和支配的一种经济组织。既包括在各级工商行政管理机关登记注册、领取《营业执照》的个体工商户，也包括没有领取《营业执照》，但实际从事个体经营活动的人。

3.经营农村家庭承包地（家庭农林牧渔生产经营活动）：指在自家承包的耕地、林地、草地、池塘以及其他合法用于农业的土地上，从事农林牧渔业生产经营活动，也包括家庭在转包和租用他人农业用地上从事农林牧渔业生产经营活动，所从事的农业生产活动以自营劳动为主，不雇佣长期雇工，但可能雇佣临时短工。

农业生产季节在承包土地上从事农业生产，但上周未做任何工作的人，也选填此项。

普查标准时点前一周未在自家承包土地上工作而从事其他生产经营活动的人，或外出务工经商的人不填此项，选填上周实际工作单位或生产经营活动。

4.自由职业/灵活就业：指除个体经营户以外的自雇就业或自主型的个体就业。包括律师、自由撰稿人、歌手、模特等自主就业人员，也包括家庭自雇家政服务、街头小贩、其他类型打零工的临时就业人员，还包括依赖平台承接工作任务、不隶属于任何雇主的劳动者。

C20.行业——指普查标准时点前一周主要工作所在单位的生产经营活动。如果前一周从事两项不同工作，按工作时间长短确定主要工作；如果工作时间相同，再按报酬高低确定主要工作。

行业是按照经济活动的同一性进行分类的，不是按其所属的行政管理系统来分的。产业活动单位是划分行业的分类标准。产业活动单位是指：（1）具有一个场所、从事一种或主要从事一种经济活动；（2）单独组织生产、经营或业务活动；（3）掌握收入和支出的会计核算资料。

填写行业时要注意以下情况：

有工作单位的，既要填写单位名称，也要填写单位的主要产品或从事的主要业务。单位名称要具体到分厂、分公司或营业部，即产业活动单位，不能笼统地只填写总厂名称。最重要的是单位的主要产品或主要业务要详细填写，要用动宾词组表达，如“生产服装”或“销售服装”，不能简写为“服装”。保密单位，填写其公开使用的名称和公开的主要产品或主要业务。

没有工作单位的，只填写主要产品或主要业务，如“送外卖”“当滴滴司机”。务农人员不能笼统地填写“农业”，要根据其具体的农业生产活动或农户具体从事的主要业务填写。如“种粮食”“养猪”等。

C21.职业——指普查标准时点前一周主要工作具体是干什么。如果前一周从事两项不同工作，按工作时间长短确定主要工作；如果工作时间相同，再按报酬高低确定主要工作。

职业分类是以工作性质的同一性为基本原则。所谓“同一性”，是指不论其所在工作单位是什么经济类型，不论用工形式是固定工还是临时工，也不论其隶属于哪个行业，凡是从事同一性质工作的人都划分为同一类。

填写职业时应注意以下情况：

填写职业要具体、详细。不能笼统地写“工人”“农民”“公务员”“工程师”等，而应具体填写其实际工作种类，如“铸轧工”“捕鱼”“统计人员”“通信工程技术员”等。具有专业技术职称的行政领导人员，应按行政领导职务填写其职业；同时担任两个以上职务的领导干部，应按主要职务填写其职业。工种尚未确定，暂时又无具体工作岗位的，要填写“工种未定”。

C22.未工作原因——指被登记人在普查标准时点前一周没有工作的主要原因。

1.在校学习：指在各级各类学校学习，并有正式学籍的人员。不包括有工作单位，脱产学习的人员。

2.离退休：指已办理离休、退休手续，定期领取离退休生活费，且未从事任何有收入劳动的人。

3.料理家务：指主要在自己家里从事家务劳动，且没有劳动收入的人。离、退休人员从事家务劳动的，选填“2.离退休”。为自家经营的摊位、商店、门市部、工厂工作的人，农村中既料理家务又务农或从事家庭副业的人，在别人家干家务活的临时工或小时工，均属于有工作的人，不选填此项。

4.丧失工作能力：指经专门机构鉴定或虽未鉴定但本人或其法定监护人认为，其因生理或心理疾患已丧失了从事劳动的能力。包括年老体弱生活不能自理的人员，但不包括离休、退休人员，这些人不论是身体残疾还是年老体弱生活不能自理，均选填“2.离退休”。

5.其他：指上述几种以外的原因。

C23.主要生活来源——指被登记人主要依靠什么生活。

如果被登记人同时有几种生活来源，选填其认为最主要的一项。

1.劳动收入：指主要依靠劳动报酬、经营利润或家庭收益（包括现金和实物收入）生活。

2.离退休金/养老金：指办理了离休、退休或退职手续，主要依靠从原工作单位或社会保险经办机构领取的离退休金（包括退职费）生活。

3.最低生活保障金：指建立最低生活保障制度的地区，家庭人均收入低于当地规定的最低生活保障线，主要依靠从政府有关部门或集体领取最低生活保障金生活，以及依靠民政部门发放的烈军属、五保户、残疾人等的生活抚恤金生活。

4.失业保险金：指失业保险经办机构依法支付给符合条件的失业人员的基本生活费用，是对失业人员在失业期间失去工资收入的一种临时补偿。

5.财产性收入：指以资金储蓄、借贷入股以及财产运营、房屋租赁等所取得的利息、股息、红利、租金等收入。

6.家庭其他成员供养：指主要依靠家庭其他成员或亲属的供养和资助生活。

7.其他：指上述几种以外的情况。

C24.婚姻状况——指被登记人在普查标准时点的实际婚姻状况。

1.未婚：指从未结过婚。

2.有配偶：指有配偶，处于婚姻中。

3.离婚：指曾经结过婚，但已办理了离婚手续且没有再婚，或正在办理离婚手续。

4.丧偶：指配偶已去世，且没有再婚。

人口普查的婚姻是指事实婚姻，不是单指法律意义上的婚姻，对不到法定结婚年龄，或未办理结婚手续而同居、实际结婚的人，应根据其在普查标准时点的实际情况，按照被登记人的申报选填。

C25.初婚年月——指被登记人第一次结婚时的年、月。

C26.生育子女数——指截止到普查标准时点，15至64周岁妇女的生育状况。

1.未生育：指被登记妇女没有生育过子女。

2.有生育：指被登记妇女生育过子女，需分别填写生过和存活的子女数。

生过几个孩子：指生育的活产男孩和女孩数，包括产后不久就死亡的婴儿。胎儿脱离母体时（不管孕期长短），凡有过呼吸或心跳、脐带搏动、随意肌收缩等生命现象的，都视为“活产”。这里所说的“子女”是指该妇女的亲生子女，不包括丈夫前妻的子女和领养的子女，但鉴于有些家庭不愿公开领养关系，可尊重申报人的意愿，按亲生子女填报。

其中现在存活几个孩子：指活产子女中，仍然存活的男孩和女孩数，无论是否与父母一起居住。在普查标准时点前已死亡的孩子不包括在内。无存活子女的填写“0”。

C27.过去一年（2019年11月1日—2020年10月31日）的生育状况——指普查标准时点前12个月内，15至50周岁被登记妇女的生育状况。

1.一年内未生育：指过去一年内没有生育过子女。

2.一年内有生育：指过去一年内生育过子女，需选填生育时间和孩子性别。

一年内生育两个以上孩子的，包括两次生育或生育多胞胎，还需填报第二个孩子的状况，第三个或以上的孩子不用填报。

C28.居住状况——指普查标准时点前一个月，60周岁及以上被登记人的主要居住状况。

1.与配偶和子女同住：指与配偶和子女住在一起。

2.与配偶同住：指子女不在身边，与配偶住在一起。

3.与子女同住：指配偶不在身边，与子女住在一起。

4.独居（有保姆）：指本户中只有老人和保姆。

5.独居（无保姆）：指独身一人居住。

6.养老机构：指在提供养老服务的场所，包括敬老院、老年公寓等居住的情况。凡在养老机构居住的老年人，不论与谁同住。

7.其他：指上述几种以外的状况。

C29.身体健康状况——指60周岁及以上被登记人根据自身健康状况，对普查标准时点前一个月能否保证正常生活做出的自我判断。

1.健康：指过去一个月健康状况良好，完全可以保证日常的生活。

2.基本健康：指过去一个月健康状况一般，可以保证日常的生活。

3.不健康，但生活能自理：指普查标准时点前一个月健康状况不是太好，但可以基本保证正常的生活。

4.不健康，生活不能自理：指普查标准时点前一个月健康状况较差，不能照顾自己日常的生活起居，如吃饭、穿衣、自行走动等。

三、港澳台居民和外籍人员普查表

（一）住户项目

F1.户别——与短表H1相同。

F2.住所类型——与短表H5相同。

F3.本户现住房建筑面积——与短表H6相同。

F4.本户现住房间数——与短表H7相同。

（二）个人项目

R1.姓名——填写被登记人的正式姓名。婴儿未起名的，可填“未取名”。外籍人员的姓名最好用中文填写，也可以用其它文字填写。

R2.与户主关系——与短表D2相同。

R3.性别——与短表D4相同。

R4.出生年月——与短表D5相同。

R5.来内地（大陆）或来华目的——指被登记人来中华人民共和国境内居住的原因。

1.商务：指进行各种商务活动的人。

2.就业：指已有工作或正在寻找工作的人。

3.学习：指已经或准备在各类学校学习的人。

4.定居：指在中华人民共和国境内定居但没有工作或上学的人。包括在中华人民共和国境内工作人士的家属。

5.探亲：指探望亲戚或朋友的人。

6.其他：指上述以外的其他原因。

R6.已在内地（大陆）或在华居住时间——指到普查标准时点为止，被登记人在中华人民共和国境内居住的时间。

R7.受教育程度——指被登记人接受教育情况。按照被登记人的申报选填。

R8.身份或国籍——指被登记人是香港特别行政区居民、澳门特别行政区居民还是台湾地区居民。如果是外国人，还应填写国籍。

R9.工作情况——参照长表C18。

R10.行业——指被登记人的工作单位主要生产的产品或提供的服务类别，参照《国民经济行业分类（GB/T4754—2017）》，按标准选项据情选填。

R11.职业——指被登记人所从事的工作类别，按标准选项据情选填。

1.党的机关、国家机关、群众团体和社会组织、企事业单位负责人：指在中国共产党机关，国家机关，民主党派和工商联，人民团体和群众团体、社会组织及其工作机构，基层群众自治组织，企业、事业单位中担任领导职务并具有决策、管理权的人员。

2.专业技术人员：指从事科学研究和专业技术工作的人员。

3.办事人员和有关人员：指在公共管理和社会组织机构中从事行政业务、行政事务、行政执法和仲裁、安全保卫、消防和应急救援等工作的人员。

4.社会生产服务和生活服务人员：指从事商品批发零售、交通运输、仓储、邮政和快递、信息传输、软件和信息技术、住宿和餐饮以及金融、房地产、租赁和商务技术辅助、生态保护、文化、体育和娱乐等社会生产服务与生活服务工作的人员。

5.农、林、牧、渔业生产及辅助人员：指从事农、林、牧、渔业生产活动及辅助生产的人员。

6.生产制造及有关人员：指从事产品生产及设备制造，矿产开采，工程施工和运输设备操作的人员及有关人员。

7.不便分类的其他从业人员。

R12.婚姻状况——参照长表 C24。

四、死亡人口调查表

凡在普查短表户记录 H4 中，登记了 2019 年 11 月 1 日至 2020 年 10 月 31 日期间有死亡人口的户，还要登记死亡人口的具体情况。

S1.姓名——与短表 D1 相同。

S2.公民身份号码——与短表 D3 相同。

S3.性别——与短表 D4 相同。

S4.出生年月——与短表 D5 相同。

S5.死亡时间——指死亡人口死亡时的月份。

S6.民族——与短表 D6 相同。

S7.受教育程度——与短表 D11 相同。

S8.婚姻状况——与长表 C24 相同。

为保证死亡人口的登记质量，普查员在入户登记时应注意以下几点：

1.登记死亡人口时，一般以死亡前的常住地为登记地，而不以死亡发生时的地点（如医院等）为登记地。

2.本户常住人口中有死亡的，不论其与该户有无亲属关系，都应作为该户死亡人口予以登记。

3.对于无法确定死亡人口常住地，或登记时与死亡人口常住地联系不上的，如孤寡老人、流动人口等，一律在死亡发生地登记。

第三部分 附录

附录 4 浙江省第七次全国人口普查公报

浙江省第七次全国人口普查公报

浙江省统计局

浙江省人民政府第七次人口普查领导小组办公室

2021 年 5 月 13 日

根据《全国人口普查条例》和国务院的决定，我国以 2020 年 11 月 1 日零时为标准时点进行了第七次全国人口普查。在国务院第七次全国人口普查领导小组的统一领导和省、市、县（市、区）各级人民政府的精心组织下，在全体普查对象的支持配合下，经过广大普查工作人员的艰苦努力，人口普查主要阶段任务已圆满完成。现将快速汇总的主要数据公布如下：

一、总人口

全省常住人口[2] 64567588 人，与 2010 年第六次全国人口普查的 54426891 人相比，十年共增加 10140697 人，增长 18.63%，年均增长 1.72%。

二、户别构成

全省共有家庭户[3] 25008606 户，集体户 1872244 户，家庭户人口为 58830838 人，集体户人口为 5736750 人。平均每个家庭户的人口为 2.35 人，比 2010 年第六次全国人口普查的 2.62 人减少 0.27 人。

三、民族构成

全省常住人口中，汉族人口为 62349874 人，占 96.57%；各少数民族人口为 2217714 人，占 3.43%。与 2010 年第六次全国人口普查相比，汉族人口比重下降 1.20 个百分点；各少数民族人口比重上升 1.20 个百分点。

四、性别构成

全省常住人口中，男性人口为 33680008 人，占 52.16%；女性人口为 30887580 人，占 47.84%。总人口性别比（以女性为 100，男性对女性的比例）为 109.04，与 2010 年第六次全国人口普查的 105.69 相比，性别比有所上升。

五、地区分布

表 1 各市人口

单位：人、%

地 区	人口数	比重	
		2020 年	2010 年
全 省	**64567588**	**100.00**	**100.00**
杭州市	11936010	18.49	15.99
宁波市	9404283	14.57	13.97
温州市	9572903	14.83	16.76
嘉兴市	5400868	8.36	8.27
湖州市	3367579	5.22	5.32
绍兴市	5270977	8.16	9.03

续表

地　区	人口数	比重	
		2020 年	2010 年
金华市	7050683	10.92	9.85
衢州市	2276184	3.53	3.90
舟山市	1157817	1.79	2.06
台州市	6622888	10.26	10.97
丽水市	2507396	3.88	3.89

六、年龄构成

全省常住人口中，0-14 岁人口为 8681781 人，占 13.45%；15-59 岁人口为 43813123 人，占 67.86%；60 岁及以上人口为 12072684 人，占 18.70%，其中 65 岁及以上人口为 8566349 人，占 13.27%。与 2010 年第六次全国人口普查相比，0-14 岁人口比重上升 0.24 个百分点，15-59 岁人口比重下降 5.04 个百分点，60 岁及以上人口比重上升 4.81 个百分点，65 岁及以上人口比重上升 3.93 个百分点。

表 2　全省人口年龄构成

单位：人、%

年　龄	人口数	比重
总　计	64567588	100.00
0-14 岁	8681781	13.45
15-59 岁	43813123	67.86
60 岁及以上	12072684	18.70
其中：65 岁及以上	8566349	13.27

七、教育程度

全省常住人口中，拥有大学（指大专及以上）文化程度的人口为 10970312 人；拥有高中（含中专）文化程度的人口为 9397637 人；拥有初中文化程度的人口为 21117295 人；拥有小学文化程度的人口为 17035699 人（以上各种受教育程度人口包括各类学校的毕业生、肄业生和在校生）。与 2010 年第六次全国人口普查相比，每 10 万人中拥有大学文化程度的人口由 9330 人升至 16990 人；拥有高中文化程度的人口由 13562 人升至 14555 人；拥有初中文化程度的人口由 36681 人降至 32706 人；拥有小学文化程度的人口由 28819 人降至 26384 人。

全省常住人口中，文盲人口（15 岁及以上不识字的人）为 1754402 人，与 2010 年第六次全国人口普查相比，减少 1302699 人，文盲率[4]由 5.62%降至 2.72%，下降 2.90 个百分点。

八、城乡[5]构成

全省常住人口中，居住在城镇的人口为 46598465 人，占 72.17%；居住在乡村的人口为 17969123 人，占 27.83%。与 2010 年第六次全国人口普查相比，城镇人口增加 13048256 人，乡村人口减少 2907559 人，城镇人口比重上升 10.55 个百分点。

九、流动人口[6]

全省常住人口中，人户分离人口[7]为 30107815 人，其中市辖区内人户分离人口[8]为 4550365 人。全省流动人口为 25557450 人，其中跨省流动人口为 16186454 人，省内流动人口为 9370996 人。

与 2010 年第六次全国人口普查相比，人户分离人口增加 10206952 人，增长 51.29%；市辖区内人户分离人口增加 3268147 人，增长 254.88%；全省流动人口增加 6938805 人，增长 37.27%。

注释：

[1]本公报中数据均为初步汇总数。

[2]常住人口包括：居住在本乡镇街道且户口在本乡镇街道或户口待定的人；居住在本乡镇街道且离开户口登记地所在的乡镇街道半年以上的人；户口在本乡镇街道且外出不满半年或在境外工作学习的人。

[3]家庭户是指以家庭成员关系为主、居住一处共同生活的人组成的户。

[4]文盲率是指常住人口中15岁及以上不识字人口所占比例。

[5]城镇、乡村按国家统计局《统计上划分城乡的规定》划分。

[6]流动人口是指人户分离人口中扣除市辖区内人户分离的人口。

[7]人户分离人口是指居住地与户口登记地所在的乡镇街道不一致且离开户口登记地半年以上的人口。

[8]市辖区内人户分离人口是指设区市所辖的区内和区与区之间，居住地和户口登记地不在同一乡镇街道的人口。

[9]部分分项数据之和不等于总量数据，是由于数值修约误差所致，未作机械调整。